PATROLOGIÆ CURSUS COMPLETUS,

SEU

BIBLIOTHECA UNIVERSALIS, INTEGRA, UNIFORMIS, COMMODA, OECONOMICA,

OMNIUM SS. PATRUM, DOCTORUM, SCRIPTORUMQUE ECCLESIASTICORUM,

SIVE LATINORUM, SIVE GRÆCORUM,

QUI AB ÆVO APOSTOLICO AD ÆTATEM INNOCENTII III (ANN. 1216) PRO LATINIS ET AD PHOTII TEMPORA (ANN. 891) PRO GRÆCIS FLORUERUNT.

RECUSIO CHRONOLOGICA

OMNIUM QUÆ EXSTITERE MONUMENTORUM CATHOLICÆ TRADITIONIS PER DUODECIM PRIMA ECCLESIÆ SÆCULA ET AMPLIUS,

JUXTA EDITIONES ACCURATISSIMAS, INTER SE CUMQUE NONNULLIS CODICIBUS MANUSCRIPTIS COLLATAS,
PERQUAM DILIGENTER CASTIGATA;
DISSERTATIONIBUS, COMMENTARIIS, VARIISQUE LECTIONIBUS CONTINENTER ILLUSTRATA;
OMNIBUS OPERIBUS POST AMPLISSIMAS EDITIONES QUÆ TRIBUS NOVISSIMIS SÆCULIS DEBENTUR ABSOLUTAS DETECTIS AUCTA;
INDICIBUS PARTICULARIBUS ANALYTICIS, SINGULOS SIVE TOMOS SIVE AUCTORES ALICUJUS MOMENTI SUBSEQUENTIBUS, DONATA;
CAPITULIS INTRA IPSUM TEXTUM RITE DISPOSITIS, NECNON ET TITULIS SINGULARUM PAGINARUM MARGINEM SUPERIOREM
DISTINGUENTIBUS SUBJECTAMQUE MATERIAM SIGNIFICANTIBUS, ADORNATA ;
OPERIBUS CUM DUBIIS, TUM APOCRYPHIS, ALIQUA VERO AUCTORITATE IN ORDINE AD TRADITIONEM
ECCLESIASTICAM POLLENTIBUS, AMPLIFICATA;
DUCENTIS ET AMPLIUS LOCUPLETATA INDICIBUS IN QUODQUE RELIGIONIS PUNCTUM, DOGMATICUM, MORALE, LITURGICUM,
CANONICUM, DISCIPLINARE, HISTORICUM, ET CUNCTA ALIA SINE ULLA EXCEPTIONE; SED PRÆSERTIM DUOBUS INDI-
CIBUS IMMENSIS ET GENERALIBUS, ALTERO SCILICET RERUM, QUO CONSULTO, QUIDQUID NON SOLUM TALIS
TALISVE PATER, VERUM ETIAM UNUSQUISQUE PATRUM, NE UNO QUIDEM OMISSO, IN QUODLIBET
THEMA SCRIPSERIT, UNO INTUITU CONSPICIATUR; ALTERO SCRIPTURÆ SACRÆ, EX QUO
LECTORI COMPERIRE SIT OBVIUM QUINAM PATRES ET IN QUIBUS OPERUM SUORUM LOCIS
SINGULOS SINGULORUM LIBRORUM SCRIPTURÆ VERSUS, A PRIMO GENESEOS USQUE AD
NOVISSIMUM APOCALYPSIS, COMMENTATI SINT.
EDITIO ACCURATISSIMA, CÆTERISQUE OMNIBUS FACILE ANTEPONENDA, SI PERPENDANTUR CHARACTERUM NITIDITAS,
CHARTÆ QUALITAS, INTEGRITAS TEXTUS, PERFECTIO CORRECTIONIS, OPERUM RECUSORUM TUM VARIETAS
TUM NUMERUS, FORMA VOLUMINUM PERQUAM COMMODA SIBIQUE IN TOTO PATROLOGIÆ DECURSU CONSTANTER
SIMILIS, PRETII EXIGUITAS, PRÆSERTIMQUE ISTA COLLECTIO, UNA, METHODICA ET CHRONOLOGICA,
SEXCENTORUM FRAGMENTORUM OPUSCULORUMQUE HACTENUS HIC ILLIC SPARSORUM,
PRIMUM AUTEM IN NOSTRA BIBLIOTHECA, EX OPERIBUS ET MSS. AD OMNES ÆTATES,
LOCOS, LINGUAS FORMASQUE PERTINENTIBUS, COADUNATORUM.

SERIES GRÆCA,

IN QUA PRODEUNT PATRES DOCTORES SCRIPTORESQUE ECCLESIÆ GRÆCÆ
A S. BARNABA AD PHOTIUM.

ACCURANTE J.-P. MIGNE,

Bibliothecæ Cleri universæ,

SIVE CURSUUM COMPLETORUM IN SINGULOS SCIENTIÆ ECCLESIASTICÆ RAMOS EDITORE.

PATROLOGIA, AD INSTAR IPSIUS ECCLESIÆ, IN DUAS PARTES DIVIDITUR, ALIA NEMPE LATINA, ALIA GRÆCO-LATINA.
LATINA, JAM PENITUS EXARATA, VIGINTI-QUINQUE ET DUCENTIS VOLUMINIBUS MOLE SUA STAT, MOXVE POST
PERACTOS INDICES STABIT, AC QUINQUE-VIGINTI-CENTUM ET MILLE FRANCIS VENIT. GRÆCA DUPLICI EDITIONE
TYPIS MANDATA EST. PRIOR GRÆCUM TEXTUM UNA CUM VERSIONE LATINA LATERALIS AMPLECTITUR, ET AD DUO-
DECIM ET CENTUM VOLUMINA UNA CUM INDICIBUS PERVENIET ; POSTERIOR AUTEM HANC VERSIONEM TANTUM EXHI-
BET, IDEOQUE INTRA OCTO ET QUINQUAGINTA VOLUMINA RETINEBITUR; UTRAQUE VIGESIMA QUARTA DIE DECEM-
BRIS 1860 OMNINO APPARUERAT, SED SINE INDICIBUS. UNUMQUODQUE VOLUMEN GRÆCO-LATINUM OCTO, UNUM-
QUODQUE MERE LATINUM QUINQUE FRANCIS SOLUMMODO EMITUR : UTROBIQUE VERO, UT PRETII HUJUS BENEFICIO
FRUATUR EMPTOR, COLLECTIONEM INTEGRAM SIVE GRÆCAM SIVE LATINAM COMPARET NECESSE ERIT, SECUS ENIM
CUJUSQUE VOLUMINIS AMPLITUDINEM NECNON ET DIFFICULTATES VARIA PRETIA ÆQUABUNT. ATTAMEN, SI QUIS
EMAT INTEGRE ET SEORSIM COLLECTIONEM GRÆCO-LATINAM, VEL EAMDEM EX GRÆCO LATINE VERSAM, TUM QUODQUE
VOLUMEN PRO NOVEM VEL PRO SEX FRANCIS OBTINEBIT.

PATROLOGIÆ GRÆCÆ, LATINE TANTUM EDITÆ, TOMUS LIII.

PHOTIUS, PATRIARCHA CONSTANTINOPOLITANUS.

EXCUDEBATUR ET VENIT APUD J.-P. MIGNE EDITOREM,
IN VIA DICTA D'AMBOISE, OLIM PROPE PORTAM LUTETIÆ PARISIORUM VULGO D'ENFER
NOMINATAM, SEU PETIT-MONTROUGE, NUNC VERO INTRA MŒNIA PARISINA.

1861

PATROLOGIÆ
CURSUS COMPLETUS,
SEU
BIBLIOTHECA UNIVERSALIS, INTEGRA, UNIFORMIS, COMMODA, OECONOMICA
OMNIUM SS. PATRUM, DOCTORUM, SCRIPTORUMQUE ECCLESIASTICORUM,
SIVE LATINORUM, SIVE GRÆCORUM,
QUI AB ÆVO APOSTOLICO AD ÆTATEM INNOCENTII III (ANN. 1216) PRO LATINIS,
ET AD PHOTII TEMPORA (ANN. 891) PRO GRÆCIS, FLORUERUNT:

RECUSIO CHRONOLOGICA
OMNIUM QUÆ EXSTITERE MONUMENTORUM CATHOLICÆ TRADITIONIS PER DUODECIM PRIMA
ECCLESIÆ SÆCULA ET AMPLIUS,

JUXTA EDITIONES ACCURATISSIMAS, INTER SE CUMQUE NONNULLIS CODICIBUS MANUSCRIPTIS COLLATAS,
PERQUAM DILIGENTER CASTIGATA;
DISSERTATIONIBUS, COMMENTARIIS VARIISQUE LECTIONIBUS CONTINENTER ILLUSTRATA;
OMNIBUS OPERIBUS POST AMPLISSIMAS EDITIONES QUÆ TRIBUS NOVISSIMIS SÆCULIS DEBENTUR ABSOLUTAS
DETECTIS, AUCTA;
INDICIBUS PARTICULARIBUS ANALYTICIS, SINGULOS SIVE TOMOS, SIVE AUCTORES ALICUJUS MOMENTI
SUBSEQUENTIBUS, DONATA;
CAPITULIS INTRA IPSUM TEXTUM RITE DISPOSITIS, NECNON ET TITULIS SINGULARUM PAGINARUM MARGINEM SUPERIOREM
DISTINGUENTIBUS SUBJECTAMQUE MATERIAM SIGNIFICANTIBUS, ADORNATA;
OPERIBUS CUM DUBIIS, TUM APOCRYPHIS, ALIQUA VERO AUCTORITATE IN ORDINE AD TRADITIONEM
ECCLESIASTICAM POLLENTIBUS, AMPLIFICATA;
DUCENTIS ET AMPLIUS LOCUPLETATA INDICIBUS IN QUODQUE RELIGIONIS PUNCTUM DOGMATICUM, MORALE, LITURGICUM,
CANONICUM, DISCIPLINARE, HISTORICUM, ET CUNCTA ALIA SINE ULLA EXCEPTIONE; SED PRÆSERTIM DUOBUS INDI-
CIBUS IMMENSIS ET GENERALIBUS, ALTERO SCILICET RERUM, QUO CONSULTO, QUIDQUID NON SOLUM
TALIS TALISVE PATER, VERUM AUTEM UNUSQUISQUE PATRUM, ABSQUE ULLA EXCEPTIONE, IN QUOD-
LIBET THEMA SCRIPSERIT, UNO INTUITU CONSPICIATUR; ALTERO SCRIPTURÆ SACRÆ,
EX QUO LECTORI COMPERIRE SIT OBVIUM QUINAM PATRES ET IN QUIBUS OPERUM SUORUM
LOCIS SINGULOS SINGULORUM LIBRORUM SCRIPTURÆ VERSUS, A PRIMO GENESEOS
USQUE AD NOVISSIMUM APOCALYPSIS, COMMENTATI SINT.
EDITIO ACCURATISSIMA, CÆTERISQUE OMNIBUS FACILE ANTEPONENDA, SI PERPENDANTUR CHARACTERUM NITIDITAS,
CHARTÆ QUALITAS, INTEGRITAS TEXTUS, PERFECTIO CORRECTIONIS, OPERUM RECUSORUM TUM VARIETAS
TUM NUMERUS, FORMA VOLUMINUM PERQUAM COMMODA SIBIQUE IN TOTO OPERIS DECURSU CONSTANTER
SIMILIS, PRETII EXIGUITAS, PRÆSERTIMQUE ISTA COLLECTIO, UNA, METHODICA ET CHRONOLOGICA,
SEXCENTORUM FRAGMENTORUM OPUSCULORUMQUE HACTENUS HIC ILLIC SPARSORUM,
PRIMUM AUTEM IN NOSTRA BIBLIOTHECA, EX OPERIBUS AD OMNES ÆTATES,
LOCOS, LINGUAS FORMASQUE PERTINENTIBUS, COADUNATORUM.

SERIES GRÆCA,
IN QUA PRODEUNT PATRES, DOCTORES SCRIPTORESQUE ECCLESIÆ GRÆCÆ
A S. BARNABA AD PHOTIUM.

ACCURANTE J.-P. MIGNE,
Bibliothecæ cleri universæ,
SIVE
CURSUUM COMPLETORUM IN SINGULOS SCIENTIÆ ECCLESIASTICÆ RAMOS EDITORE.

PATROLOGIA, AD INSTAR IPSIUS ECCLESIÆ, IN DUAS PARTES DIVIDITUR, ALIA NEMPE LATINA, ALIA GRÆCO-LATINA.
LATINA, JAM PENITUS EXARATA, VIGINTI-QUINQUE ET DUCENTIS VOLUMINIBUS MOLE SUA STAT, MOXVE POST
PERACTOS INDICES STABIT, AC QUINQUE-VIGINTI-CENTUM ET MILLE FRANCIS VENIT. GRÆCA DUPLICI EDITIONE
TYPIS MANDATA EST. PRIOR GRÆCUM TEXTUM UNA CUM VERSIONE LATINA LATERALIS AMPLECTITUR, ET AD
DUODECIM ET CENTUM VOLUMINA UNA CUM INDICIBUS PERVENIET. POSTERIOR AUTEM HANC VERSIONEM TANTUM
EXHIBET, IDEOQUE INTRA OCTO ET QUINQUAGINTA VOLUMINA RETINEBITUR; UTRAQUE VIGESIMA QUARTA DIE
DECEMBRIS 1860 OMNINO APPARUERAT, SED SINE INDICIBUS. UNUMQUODQUE VOLUMEN GRÆCO-LATINUM OCTO,
UNUMQUODQUE MERE LATINUM QUINQUE FRANCIS SOLUMMODO EMITUR : UTROBIQUE VERO, UT PRETII HUJUS
BENEFICIO FRUATUR EMPTOR, COLLECTIONEM INTEGRAM, SIVE GRÆCAM SIVE LATINAM COMPARET NECESSE ERIT;
SECUS ENIM CUJUSQUE VOLUMINIS AMPLITUDINEM NECNON ET DIFFICULTATES VARIA PRETIA ÆQUABUNT. ATTAMEN,
SI QUIS EMAT INTEGRE ET SEORSIM COLLECTIONEM GRÆCO-LATINAM, VEL EAMDEM EX GRÆCO LATINE VERSAM, TUM
QUODQUE VOLUMEN PRO NOVEM VEL PRO SEX FRANCIS OBTINEBIT.

PATROLOGIÆ GRÆCÆ, LATINE TANTUM EDITÆ, TOMUS LIII.

PHOTIUS PATRIARCHA CONSTANTINOPOLITANUS.

EXCUDEBATUR ET VENIT APUD J.-P. MIGNE EDITOREM,
IN VIA DICTA D'AMBOISE, OLIM PROPE PORTAM LUTETIÆ PARISIORUM VULGO D'ENFER
NOMINATAM, SEU PETIT-MONTROUGE, NUNC VERO INTRA MOENIA PARISINA.

1861

5.030.

SÆCULUM IX. ANNUS 891.

PHOTII,

CONSTANTINOPOLITANI PATRIARCHÆ,

OPERA OMNIA

IN CLASSES QUINQUE DISTRIBUTA :

EXEGETICA, DOGMATICA, PARÆNETICA, HISTORICA, CANONICA;

CURIS VARIORUM, NEMPE :

CHRISTOPHORI WOLFII, ANG. ANT. SCOTTI, FRANC. COMBEFISII, CARD. BARONII, STEWARTII, RICHARDI MONTACUTII, ANTIMII REMNICENSIS EPISCOPI, FR. SCORSI, JOANN. BAPT. COTELERII, JUSTELLI, VOELLI, FONTANI, CORDERII, ANDREÆ SCHOTTI, CRAMERI, CARD. ANG. MAII, JAGERI, EMMANUELIS BEKKERI, JOSEPHI HERGENROETHER,

JAM ANTEA LUCE DONATA, PARTIM NUNC PRIMUM EDITA;

ACCURANTE ET DENUO RECOGNOSCENTE J.-P. MIGNE,

Bibliothecæ Cleri universæ,

SIVE

CURSUUM COMPLETORUM IN SINGULOS SCIENTIÆ ECCLESIASTICÆ RAMOS EDITORE.

TOMUS SECUNDUS.

EXCUDEBATUR ET VENIT APUD J.-P. MIGNE EDITOREM,
IN VIA DICTA *D'AMBOISE*, OLIM PROPE PORTAM LUTETIÆ PARISIORUM VULGO *D'ENFER*
NOMINATAM, SEU *PETIT-MONTROUGE*, NUNC VERO INTRA MŒNIA PARISINA.

1861

SÆCULUM IX. ANNUS 891.

ELENCHUS

AUCTORUM ET OPERUM QUI IN HOC TOMO LIII CONTINENTUR.

PHOTIUS, PATRIARCHA CONSTANTINOPOLITANUS.

PHOTII OPERUM PARS II. — DOGMATICA.

Libri IV adversus Manichæos.	col. 15
Liber de Spiritus Sancti Mystagogia.	122
Animadversiones historicæ et theologicæ in huncce librum.	162

PARS III. — PARÆNETICA.

Homiliæ.	282
Carmina.	296
Odæ.	298

PARS IV. — HISTORICA.

Epistolæ.	299
Prolegomena in Photii Bibliothecam.	511
Bibliotheca sive Myriobiblon (codd. I-CXLIX.)	533

Col. 50, *lin.* 15, 16, *lege :* Domini nostri Jesu Christi Pater.

Parisiis. — Ex typis J.-P. MIGNE.

PHOTII
PATRIARCHÆ CONSTANTINOPOLITANI
OPERUM PARS SECUNDA.

DOGMATICA.

PRÆFATIO
J. CHRISTOPHORI WOLFII IN LIBROS IV CONTRA MANICHÆOS.

Sisto tibi, erudite lector, novam monumentorum, adhuc non editorum, collectionem, in posterum si Deo O. M. visum fuerit, per fasciculos aliquot continuandam. Nata mihi illa est tum aliunde, tum ex itineribus, quæ ante hos sedecim annos litterarum causa suscepisse me, cum voluptate recordor. Accipis itaque hic specimen duplex, alterum ad sacram, alterum ad profanam litteraturam magis pertinens. Ita enim hujus instituti rationes formandas esse putavi, ut ad novitatem accederet varietas. Agmen ducit Photius, patriarcha quondam CPolitanus, non minus de re sacra et ecclesiastica, quam litteris politioribus, apud æquales et posteros commentationibus suis, quæ ætatem tulerunt, præclare promeritus. Hujus libri IV *Contra Manichæos* veteres et recentiores exarati, lucem, qua tamen omnino digni erant, adhuc non viderunt. Primus eorum, fateor, a præstantissimo et supra laudes meas posito Bernardo de Montfaucon cum Latina versione insertus est *Bibliothecæ Coislinianæ*, quam indefessæ viri industriæ ab anno 1715 debere cœpimus, pag. 349 seqq. At cum egregium illud Opus in oris nostris rarius obvium sit, ista vero Photianæ commentationis pars inter tot alia præclara, quæ ibidem occurrunt, opuscula, quasi sepulta videatur, non solum consultum putavi, sed et necessarium, ut idem ille liber primus cum cæteris tribus hic recuderetur. Hujus consilii hanc præterea habeo rationem, quod intellexi, beneficio codicis nostri Hamburgensis, quem in editione hac potissimum secutus sum, varia loca male accepta integritati suæ vindicari posse, quod ipsum mihi occasionem suppeditavit, interpretationem Latinam, alioquin optimam, hinc inde emendandi. Ne quid de notis dicam, quibus indigere videbatur egregia narratio, quæ cæteris omnibus, ad hoc argumentum spectantibus, et brevitate, et dictionis nitore, et rerum copia merito præfertur. Laudatissimus Montfauconius libri hujus primi editionem ex duobus codicibus, *Coislinian.* altero, altero *Colbertino*, procuravit, quorum alter alteri interdum suppetias tulit. Num in utroque tres reliqui libri desiderati sint, dicere non habeo. Certe id suspicor, non sine veri specie, quia doctissimus editor, quod alias facere consuevit, illorum in codicis Coisliniani descriptione non facit mentionem. Fortasse omissioni in utroque codice occasionem suppeditavit argumenti diversitas, cum liber ille primus tantum ad historiam Manichæismi, tres vero reliqui ad confutationem doctrinæ, quæ jam ab aliis suscepta erat, et qua proinde forte non adeo opus videbatur, spectent. In nostro Holsteniano integra commentatio, sine interrupto ordine, exstat. Nec dubitari potest, ab eodem auctore libros singulos esse profectos, cum in calce primi spes diserte fiat cæterorum, qui confutationem errorum exhibituri sint, ac præterea ipsa scribendi commentandique ratio Photium referat. At librum 1, Photium auctorem habere, præter constans codicum mss. testimonium, dubitare non sinit Euthymius, qui parte II *Panopliæ* suæ, titulo 21, compendium narrationis Photianæ totidem ut plurimum verbis exhibet, et diserte Photio tribuit, iis verbis, quæ in notis ad p. 1 attuli.

Atque hæc quidem causa est, cur totam hanc scriptionem in lucem proferendam censuerim, nactus inprimis in ipsa hac urbe tam insignem opportunitatem. Bibliotheca enim nostra publica inter Græcos codices, quos liberalitati præstantissimi Lucæ Holstenii, civis nostri, debet, exhibet insigne volumen ordinis majoris, quod, præter Serapionis et Titi Bostrensis contra Manichæos scripta, Photianas illas curas complectitur. Monumenta illa singula, quemadmodum et pleraque eorum quæ Holstenius bibliothecæ nostræ legavit, ἀπόγραφα exhibent, ex bonæ antiquissimæque notæ codicibus, a recentiori manu diligenter exarata, et ab Holstenio, ceu ex notulis quibusdam marginalibus patere videtur, recognita. Fortasse illorum copiam ipsi fecit bibliotheca Vaticana, cujus curam agebat. Hujus conjecturæ hanc causam habeo. Cl. Laurentius Alexander Zacagnius, ejusdem bibliothecæ quondam præfectus, et an. 1712, 26 Febr. cum litterarum jactura fatis functus, ex libro I Photii, tum non edito, affert locum illustrem, quo præsul diligentissimus Archelai, Carcharorum episcopi, industriam in compescendis Manichæorum veterum conatibus collocatam laudat. Codex ille cum apographo Holsteniano ita convenit, ut nulla prorsus differentia nisi in unius litteræ scriptione observetur. Hinc conjectura mihi fit Holstenium nostrum eodem, quem is habuit, codice usum fuisse. Quanta vero cura exemplum illud Holstenianum, ex primitivo non minus castigato, descriptum sit, vel ex eo patet quod illud unum semper bene habeat, ubi duo, Coislinianus et Colbertinus, ex quibus Cl. Montfauconius suam editionem curavit, dissentiunt; passim vero etiam utrique, ubi labes est, succurrat, et vix una alterave vice necessitatem mihi imposuerit, a lectione ipsius recedendi. Exempla hujus assertionis in notis, lector, invenies, quæ effecerunt, ut nostro potissimum codici putaverim insistendum. In quo tamen negotio ita versatus sum, ut non negligerem auctoritatem duorum illorum Parisiensium, quos Cl. Montfauconius secutus est. Istis vero adjunxi compendium Euthymianum, prout l. c. in *Panoplia* exstat Tergobysti Græce an. 1710, fol. edita, et a me olim, quod ad hanc partem spectat, descripta. Hæc enim summa passim nostri codicis lectiones asseruit et vindicavit. Præsidio porro mihi fuit Petri Siculi *Historia* (Manichæorum) ex ms. codice bibliothecæ Vaticanæ Græce cum Latina versione edita per Matthæum Raderum, Ingolstadii 1604, in-4. Cum enim, quod subinde in notis ostendi, insignis inter Photii et Petri Siculi commentationes affinitas intercedat, quia in recensendis veterum Manichæorum rebus eosdem auctores, in novorum autem eamdem uterque rationem secuti sunt, fieri non potuit, quin sæpe is genuinam lectionem confirmaret, corruptam autem configeret. Quemadmodum vicissim is, qui istam Petri Siculi *Historiam* recognitione et versione nova, quam omnino requirit, dignari velit, non parum subsidii ex Photiana hac scriptione sibi cum ratione promittet.

Quæ dum memoro, non possum non significare dubitationem, quam in notis meis professus sum, et in qua me adhuc hærere fateor, uter scilicet horum alterum in scribendo imitatus videatur. Alterum alterius vestigia pressisse non dubitabit, qui utrumque scriptum comparaverit, et vel ea legerit, quorum indicium ipse feci. Proferam hic unum convenientiæ argumentum, idque meo judicio luculentum, ex num. VI lib. I. Ibi potiores Manichæorum recentiorum errores ad sex capita revocantur. Totidem constituit Petrus Siculus. Hoc a nemine veterum fieri memini. Et si factum esset, vel sic tamen rationi huic suum constaret pondus, quia utrinque idem ordo, et eædem interdum phrases observantur. Compara, quæso, quæ de primo Paulicianorum errore apud nostrum leguntur, cum his, quæ ex Siculo Latine proferam : « Primum illorum axioma est, duo rerum esse principia, Deum malum et Deum bonum : aliumque hujus mundi conditorem ac principem, et alium futuri ævi. — Age dic, inquit, quid nos a Romanis secernit? seipsos enim exsecrati illi, et nefarii prorsusque ingrati et perfidi Christianos nuncupant, nos autem vere Christi, veri Dei nostri cognomines, Romanos, ethnico nomine proprium permutare conati, appellant. — Asserunt autem sejunctionem suam a nobis in hoc consistere, quod ipsi quidem alium aiant esse Deum mundi conditorem, et alium, quem Patrem cœlestem vocabant, exclusum a mundi administratione, solaque in æternitate dominantem. » Uter hic utrum duxerit, aut secutus sit, arduum fuerit definire. Ætatis investigatio hic rem non confecerit. Fuerunt enim æquales, et sæculo IX medio claruerunt. Photium, A. C. 858, patriarcham CPoli constitutum esse et A. 891 obiisse constat. Lege hanc in rem doctissimi amicissimique nobis Jo. Alberti Fabricii *Bibliothecam Græcam*, tom. IX, p. 369 et 370. Petrum Siculum eodem tempore vixisse ex calce *Historiæ* ejus apparet. Referam argumentum verbis Matthæi Raderi, editoris ejus, quæ in limine libelli ita leguntur : « Vixit Petrus Siculus A. P. C. N. præter propter 870, quo tempore ex imperio Basilii et filiorum Constantini et Leonis, imperatorum Orientis, legatus Tibricam, Armeniæ civitatem, ut de captivorum permutatione ageret, missus est, causamque feliciter, ut ipse extremis narrat paginis, cum novem Tibricæ menses moratus esset, transegit. » Itaque uterque provocare potuit in scripto suo ad ea, quæ a Manichæis sua ætate gesta vel viderit, vel audiverit. Cl. Montfauconio, p. 349 *Bibliothecæ Coislinianæ* narrationis illius Photianæ pars maxima ut plurimum desumpta videtur ex historia de ortu, progressu et occasu Manichæorum a Petro Siculo, descripta. In eamdem sententiam penitus concederem, nisi obstaret, quod Photius in limine narrationis suæ varios alios allegans, quorum opera usus sit, Siculum nostrum tacet, ad quem tamen pro candore, qui alioquin in eo observatur, hoc magis, siquidem ea usus fuisset, provocaturus fuisse videtur, quod ipsum rebus contra Manichæos gestis interfuisse ex ipsa commentatione nosset. Vicissim vix veri videtur simile, Petrum Siculum Photii forulos compilasse, in primis in iis, quæ ad recentiorum Manichæorum, seu Paulicianorum, historiam spectant. Ad eam enim scribendam invitatum et permotum se ait legatione regia, qua in oris, his hominibus refertis, perfunctus sit. Verba ita habent Latine, p. 3 : « Ego vero inductus rei necessitate hoc muneris suscepi, quando regia legatione perfuncturus ad ea loca accessi, ipso excidio imperii Basilii Magni imperatoris nostri, a Deo delecti, etc. Porro legatus ibam, ut de captivorum permutatione agerem, etc. Tibricæ igitur legationis obeundæ causa apud Paulicianos diu moratus, sæpe disputando cum illis sum congressus, illorumque arcana omnia per Catholicos etiam ibi degentes curiose investigavi, » etc. Hic clarum est, Petrum videri velle eorum narratorem, quæ vel gesta ipsa viderit, vel ex æqualibus et Manichæis audiverit. Fortasse itaque sic statuendum fuerit, Petrum Siculum Photii commentationem ante oculos habuisse in enarranda veterum Manichæorum historia et doctrina, deinde vero ubi ad recentiorum res (nam et horum doctrinas eodem modo, quo Photius, recenset) pervenerat, proprium fundum consuluisse. Et sane minorem in extrema narratione inter utrumque scriptorem convenientiam deprehendisse mihi videor, quam quæ in limine et continuatione operis apparet. Veri quoque est similius, Petrum Siculum, scriptorem cætera incognitum, peritum ducem, quem sequeretur, elegisse, quam Photium, hominem in scribendo exercitatissimum. Monere denique et hoc liceat, Siculum æque, ac Photium, p. 17 et 21 *Historiæ* suæ promittere confutationem Manichæismi, imo eadem perfunctum esse, ea, quæ Photio se probavit, ratione. Raderus enim, § 4 Præmonitionis suæ ad Siculi libellum, ex Jac. Sirmundi fide refert, duorum capitum, ex sex illis, de quibus modo diximus, refutationem exstare in bibliotheca Vaticana manu exaratam, eamque ex nudis prope divinarum Litterarum testimoniis contextam. Idem hoc Photio curæ potissimum fuisse non negabit, qui librum ejus II vel obiter inspexerit.

Quidquid hujus erit, eruditorum non unus dignum censuit hoc opus, quod in lucem ederetur. Ita Abrahamus Hinckelmannus, ὁ μακαρίτης, prædecessor meus, de Græcis libris non minus præclare quam de Orientalibus, promeriturus, luci id cum versione sua Latina, cujus partem perfecerat, destinabat. Vide *Detectionem fundamenti Böhmiani*, p. 52 et 123. Illius ἀπόγραφον una cum Serapionis et Titi Bostrensis commentationibus supra memoratis, devenit postea in manus Sebast. Gottfridi Starckii, professoris quondam linguarum Oriental. Gryphiswaldensis ac deinde scholæ equestris Brandenburgensis moderatoris, qui telam ab Hinckelmanno cœptam pertexturus erat, si per fata licuisset. Lege illius præfationem ad librum *Kelila Wadimna*, Græce ab ipso editum, in calce, et confer Cl. Martini Dieterich Programma singulare, Berolini an. 1711 vulgatum, et memoriæ viri optimi destinatum. Idem animus fuit Laurentio Alexandro Zacagnio supra laudato, quod ex Præfatione ejus ad tomum I *Collectaneorum Monumentorum veterum Ecclesiæ Græcæ*, p. 15, intelligitur : « Sed ut ad Archelaum, inquit is, redeam, reperto hoc vetustissimo adversus Manichæos Opere, ad nefariæ eorumdem hæreseos historiam conscribendam animum admovi, eique non modo integram Archelai disputationem, sed et Photii patriarchæ CP. libros IV adversus Manichæos suo tempore iterum exortos, aliaque multa adhuc inedita magnique facienda veterum auctorum scripta, appendicis loco subjungere decreveram : sed doctissimorum virorum consilio factum est, ut in antecessum acta ista in primo Collectionis nostræ tomo ederentur. » Horum itaque exemplo adductus de perficiendo hoc negotio jam ante aliquot annos, consilium cepi, nuper vero serio cogitavi, postquam vidi Cl. Jacobum Basnag., in Specimine novæ, quam suscepit, editionis *Antiquarum lectionum Canisii*, Serapionis et Titi Bostrensis scripta contra Manichæos ex apographo codicis Holsteniani, quod a S. Rever. Jo. Friderico Wincklero, collega meo conjunctissimo, accepit, Græce edidisse, cum antea ibi Latine tantum legerentur. Consultum itaque putabam, efficere, ut triumviri isti, quos eodem volumine ms. junctos videbam, publice in posterum non essent disjuncti, in primis cum viderem, Photium in Confutatione sua duorum istorum laborem supplere. Illi enim, ut de historia hæreseos pestilentissimæ taceant, erroresque ipsos argumentis, ex ratione et philosophia petitis, oppugnant; ita Photius narratione historica egregie perfungitur, ac furorem illorum hominum ex Scriptura diviniore compescendum sumpsit.

Ita enim rationes suas in toto opere hoc instituit Photius, ut lib. I tantum historiam tradat, reliquis vero potiores eorum errores profliget; atque adeo, lib. II, contra eos evincat, Deum eumdem et animas et corpora et cætera sensibus subjecta condidisse; lib. III, Veteri Testamento originem divinam vindicet; IV, denique varia repetat, ad eadem argumenta pertinentia, et exceptionibus Manichæorum nonnullis satisfaciat. De titulo, quem libro II præfixum videbis, ita habe. Is non tam proxime et sigillatim ad librum illum quam ad reliquos duos pertinet, et generalem operis inscriptionem, ab alia manu profectam, sistit, docetque quod illud in oppugnandis Manichæis eorumque exceptionibus repellendis occupetur. Promittit enim Ἀπορίας καὶ λύσεις τῶν Μανιχαίων; hoc est, *Dubia Manichæorum eorumque solutiones*.

PHOTII

CONSTANTINOPOLITANI PATRIARCHÆ

CONTRA MANICHÆOS LIBRI QUATUOR.

SERMO PRIMUS.

Ejusdem (1) *sanctissimi Photii narratio de Manichæis recens repullulantibus.*

I. Cum multis ignotum esse videamus, undenam exsecrandus ille nuper exortus Paulicianorum cœtus hoc nomen acceperit, ac varias ea de re nec sibi mutuo consentaneas opiniones circumquaque sparsas esse sciamus, non abs re fore duxi, quæ narratu eorum accepi, qui hujusmodi defectionis scelus detestati fuerant, pœnitentiæque lacrymis abluerant, populari brevique sermone de hoc argumento recensere, eaque addere, quæ præter priscorum Manichæorum sententiam a posteris eorum novata et adinventa fuerunt.

II. Samosata urbs est Syriæ, ubi olim Manichæorum doctrina Deo perosa floruit. Ibi erat mulier quædam nomine Callinice, quæ totum hujus hæresis cœnum in se collegerat. Hæc duos parit filios, quod utinam Deus avertisset : alium Paulum, alium Joannem appellarunt. Hi non minus infaustæ illius hæresis, quam uteri proles, defectionis virus sine ullo temperamento acceperunt. Illos vero utpote impietate alios præstantes et actuosos, maloque fovendo natos, qui tum detestandæ sectæ præfecti et mystagogi erant, in regionem Armeniacorum, ut nunc vocant, ad prædicandam impietatem miserunt : Phanarea, vicus sic ab incolis dictus, eos ante alios omnes excepit, impietatisque semina fovit; unde etiam unus ex circumpositis vicis *Episparis* nomen sortitus est. Ex prædictorum igitur altero, cui Paulo nomen, defectionis amatores, mutata ea, quæ a Christo derivatur, nomenclatura Pauliciani appellati sunt. Alii dicunt non ex altero, sed ex utroque conjunctis nominibus denominationem accepisse barbaram, et pro eo, quod Paulojoannes dici debebant, appellari ita, ut nunc vocantur (id est, Pauliciani).

III. Elapso tempore defectionis senatus ille alium sibi constituit doctorem, qui a parentibus Constantinus appellatus, hoc nomen mutavit in Silvanum. Et quidem hunc multo pluris habent defectionis primipilares quam Callinices filios. Hic itaque, hic, inquam, ad nefaria et non audenda perpetranda promptissimus, hæretica tamen illa dogmata scripto tradere non ausus est. Moribus autem ac frequenti doctrina impietatis Orgia discipulis suis firmiter tenenda tradit. Evangelium quidem et Apostolum quæ divinus Christianorum cœtus complectitur et honorat, descripta ipsis tradidit, nulla facta in verbis et nominibus alicujus momenti mutatione, neque adulterata verbi forma, ut Valentinus et alii fecerant (2); sed pio sensu penitus subverso atque corrupto, nihil non agens, ut omnia ad defectionis suæ sententiam pertraheret. Et verba quidem divini Evangelii, ut dictum est, tradebat, nullis parenthesibus vel additionibus aperte vitiata, sed iis sensa subjiciebat, cum quibus sacra eloquia nihil affinitatis habent: nulla inter hæc convenientia perspicitur, imo illæ inter se pugnant, et ab his omnibus magis ostenditur apostolicorum et evangelicorum verborum consensus. His itaque constitutis decretum ponit, nihil ipsis esse legendum præter Evangelium et Apostolum : sed ille quidem, elapso quodam tempore, magis anima, quam corpore, periit.

IV. Post Silvanum impiæ doctrinæ magisterium obtinet Simeon, qui nomen et ipse suum in Titum commutavit : deinde Armenius quidam gente, nomine Gegnæsius, qui nomen suum vertit in Timo-

---

(1) Græce, Τοῦ αὐτοῦ, etc. Ita habet titulus apographi Holsteniani, quamvis in eo volumine, quod in bibliotheca nostra publica exstat, nihil quidquam Photii præterea legatur, sed Serapionis et Titi Bostrensis contra Manichæos commentationes proxime antecedant. Hinc forte non præter rem colligas, in codice Vaticano, ex quo Holstenius Photiana hæc describi forte curavit, haec ejusdem lecta fuisse. Codex Coislinianus titulum nonnihil, sed vocibus tantum diversum, exhibet ita : Φωτίου τοῦ ἁγιωτάτου ἀρχιεπισκόπου Κωνσταντινουπόλεως ἐν συνόψει διήγησις τῶν νεοφαντῶν Μανιχαίων ἀναβλαστήσεως. Cæterum ipsum hoc Photii opus edituri erant, si per fata licuisset, viri præstantissimi, de quibus in præfatione diximus. Photii genuinum esse opus, tum dictionis genus tum in primis luculentum Euthymii, sæc. XII scriptoris, testimonium in *Panoplia dogmatica*, tit. 20, contra Paulicianos exstans, ubi is copiosa excerpta ex his Photii libris affert, eaque ipsius nomini inscribit. Afferam hic verba, prout in editione Operis Euthymiani Tergobystensi Græce leguntur: Χρὴ δὲ γινώσκειν, κ. τ. λ. *Illud sciendum est, me, qui capita hæc, quæ in hoc titulo continentur, collegi, partim integra posuisse, partim, ut longitudinem evitarem, compendio comprehendisse, et ex patriarchæ, quem ante commemoravi, scriptis ea prætermisisse, quæ vel profundiora vel imperfectiora paucis essent profutura, aut placitura, sententias tamen easdem, licet aliis verbis, aliisque dicendi rationibus retinui.*

(2) De Valentinianorum aliorumque hæreticorum studio Scripturas canonicas cum apocryphis permutandi, vel interpolandi, lege vel Philastrium *De hæresibus*, hæresi 88, et quæ ibi erudite monuit doctissimus conjunctissimus Fabricius noster. Adde ejusdem notas ad codic. pseudepigraphum N. T., tom. II, p. 922 seq.

theum. Quartus Joseph, relicto proprio nomine, se Josephi, qui et Epaphroditus, et Zachariæ, mercenarii pastoris, discipuli fuerunt, his Philippensium nomenclaturam ascribunt. Iis vero, qui in oppidulo Argao degunt, Laodicenorum nomen induunt. Eos, qui Mopsuestiæ versantur, in Ephesios convertunt; quemadmodum *Cynochoritas* in Colossensium appellationem transferunt. Harum porro trium Ecclesiarum tum cœtum tum doctrinam Sergio, qui et Tychicum dicitur, ascribunt. Verum tam doctores quam Ecclesiæ, ab ipsis sic nuncupatæ, non ex uno errore, sed ex multis, variis et implicatis hoc defectionis agmen et figmentum concreverunt.
Epaphroditum vocari fecit. Postea Zacharias, quem pars hæreseos non minima mercenarium putat, et doctrinæ magisterio indignum. Sextus ipsis advenit Baanes, impurus ille, quem excipit septimum et postremum malum Sergius, qui mutato item nomine se Tychicum appellavit. Hi fuere, ex quo rebellis ille et Christi inimicus cœtus Pauli nomen accepit, defectionis magistri, qui usque ad nostra tempora eo provecti sunt. Illud autem probe animadvertendum et sciendum est, hodiernos scilicet hujus defectionis filios, cum quispiam ab illis exegerit, ut detestandæ hujusmodi sectæ principes repudient, Manem quidem, Paulum et Joannem, et quosdam alios libenter anathemate damnare, Constantinum vero, quem Silvanum vocant, Symeonem, quem Titum, Gegnæsium, quem Timotheum, et Josephum, quem Epaphroditum appellant, nec non impurum Baanem et Sergium seu Tychicum nullo anathemate ferire; sed quasi Christi apostolos et piæ religionis magistros amplecti et suscipere. Neque tamen omnes, neque singulos supra memoratos, similiter tuentur. Sed eos, qui ad Baanem quidem et Sergium usque successione devenerunt, divinos viros pariter admittunt. Exinde autem in contrarias partes duas divisi, alii Baanem, alii Sergium Deo exæquant: hinc in tantam mutuo contentionem et seditionem excitantur, ut usque ad cædes jurgia foveant.

VI. Nam duo quidem principia, quemadmodum et Manichæi confitentur esse, aiuntque alium esse Deum Patrem, quem ab universi hujus potestate eliminant, ac futuri tantum (sæculi) imperium ipsi tradunt; alium vero Creatorem mundi, cui præsentis sæculi imperium largiuntur. Illos autem, qui vere Christiani sunt, Romanos (1) sceleratissimi homines nuncupant; sibi vero Christianorum (2) appellationem, a qua sunt alienissimi, assignant. Dicunt Patrem et Filium et Spiritum sanctum: verba quidam pia; sed extremam ipsis impietatem subjiciunt. Non enim ut catholica et apostolica Dei Ecclesia sentiunt, dum sic loquuntur; sed dicta inde excerpta, impiissimis sententiis adjuncta celebrant, et libentissime dicunt: « Anathema sint, quotquot non credunt in Patrem et Filium et Spiritum sanctum. » Patrem statim non omnipotentem illum, ac cœli terræque opificem, visibiliumque omnium et invisibilium prædicantes; sed Patrem dicentes, cœlestem adjiciunt, cui dominationem et potestatem cœli et eorum, quæ in cœlo sunt, nullatenus ascribunt; quidam tamen præfecturam cœli ipsi tribuunt, eorum autem, quæ in illo continentur, non item. Et hic quidem primus est eorum impietatis articulus.

V. Sex autem Ecclesias sibi esse profitentur: primam, Macedoniam vocant; secundam, Achaiam; tertiam, Philippensium; quartam, Laodicenorum; quintam, Ephesiorum; postremam, Colossensium. Sed hæc quidem nomina sunt urbium, quas vetus historia præfert, et divinus Paulus memorat. Illi vero, qui nihil non dolosum, nihil non adulteratum relinquere in animo habent, ac nec ex rebus quidem ipso visu exploratis et falsi notatis pudore suffunduntur, Macedoniam quidem vocant oppidulum quoddam Coloniæ quod appellatur *Cibossa*; ubi Constantinus, Silvanus dictus, defectionis magister fuit. Vicus autem Samosatensium est *Mananalis* nomine, in quo Gegnæsius, qui et Timotheus, docuit: huic Achaiæ appellationem dederunt. Quotquot autem

VII. In sanctissimam autem Dominam nostram Deiparam blasphemantes homines illi, qui non semel ac ter ipsi perire merentur, non horrent ea dicere, quæ nec scripto tradere, nec auditu percipere fas est, nempe: « Credimus in sanctam Deiparam, in quam ingressus et egressus est Dominus. » Ilis porro verbis supernam Jerusalem subindicant,

---

(1) *Romanos.* Cur Romanos vocarunt reliquum Christianorum cœtum? num forte ideo, quod, quemadmodum Roma olim gentium et urbium domina ac regina dicta est (vide Ezechielem Spanhemium *De usu et præstantia numismatum*, p. 880, edit. in-4; et *Ad Julianum*, p. 50; nec non Joan. Dougthæum in *Analectis Novi Testamenti*, excurs. 106): ita, isto Paulicianorum ævo, eadem per episcopos suos res Christianorum præ cæteris administrare crederetur? Spectat etiam huc Sozomeni *Elogium*, lib. III, c. 8 *Histor. eccles.* Romam Ἀποστόλων φροντιστήριον καὶ εὐσεβείας μητρόπολιν ἐξ ἀρχῆς γεγενημένην appellantis. Cæterum Judæos hodie Christianos Romanorum (רומיים) nomine vocare, pervulgatum est. Vide Jo. Andr. Eisenmengerum in *Judaismo detecto* part. I, p. 632; et Cl. Georg. Eliez. Edzardum in Notis ad *Avoda Sara*, cap. 1, p. 151 seq.

(2) *Christianorum.* Ita agebant exemplo hæreticorum antiquiorum, de quibus ita Augustinus epist. 56: « Videmus nullum jam errorem se audere extollere ad congregandas sibi turbas imperitorum, qui non Christiani nominis velamenta conquirat. » Similes aliorum Ecclesiæ doctorum querelas lege apud B. Christianum Kortholtum in Notis ad Justini Martyris *Apolog.* I, p. 7 et 21. Primi veritatis testes a magistratibus interrogati, hoc uno prolato nomine, quid sentirent, professi sunt, ceu variis veterum locis commonstravit Guil. Cave in libro *De primitivo Christianismo*, part. I, c. 4. Idem nomen hodie Æthiopes, in regno Maroccitano habitantes, admodum aversari testatur auctor Gallus libri, *De statu imperii Maroccitani* exponentis, quemadmodum recentiori memoria apud Italos quosdam Christiani nomen inter ignominiosa numeratum esse accipimus.

aiuntque in eam præcursorem pro nobis ingressum esse Christum, quemadmodum divus Apostolus ait¹. Interdum vero, cum compelluntur confiteri Christum ex Virgine prodiisse, quando penitus urgentur, ipsum desuper corpus detulisse portentose fatentur, sed per ipsam veluti per canalem transiisse, ipsamque immaculatam et puram Virginem post salutarem partum alios filios ex Joseph suscepisse (1). Pari modo communionem pretiosi corporis et sanguinis Christi, Dei nostri, sexcentis contumeliis aspergentes suscipere se dicunt corpus et sanguinem, monstrosas explicationes aptantes verbis Domini, quæ, ut aiunt, protulit, cum traderet apostolis : « Accipite, comedite et bibite²; » sed nec panem nec vinum ullatenus obtulit. Vivificæ cruci maledicentes aiunt, se ipsam adorare et admittere : crucem errones et præstigiatores illi Christum ipsum esse comminiscentes. Etenim ille, inquiunt, manus in crucis modum expandit. Veram autem crucem utpote lignum maleficorum instrumentum et maledicto subjacens adorare et amplecti nefas esse dicunt.

VIII. Quin etiam sacros prophetas, omnemque veterem Scripturam aliosque sanctos aversantur, quos fures et latrones appellant, maximeque coryphæo (2) apostolorum Petro maledicunt quia, inquiunt, fidem in magistrum et Christum abnegavit, quamvis magister eorum Manes diserte clamet, ipsisque dicat : « Non si ego immisericors, ut Christus qui ait : Quicunque me negaverit coram hominibus, negabo et illum ego³. At ego dico, eum qui me negaverit coram hominibus, et mendacio saluti suæ prospexerit, ac si non negaverit me, cum gaudio suscipiam, ac defectionem mendaciumque ejus quasi custodiam et conservationem confessionis meæ reputabo. » Attamen cum ita se habeant ac propriæ dogmatis confessionem, ubi instat formido, nullo negotio abnegent, nullique se crimini ideo obnoxios esse dicant, etiamsi millies negationem repetant, eum nihilominus, qui ad breve tempus, cum tot periculorum formido cir-

cumquaque adesset, humanum quidpiam passus, et in abnegationem delapsus fuerat, omnino abjiciendum et repudiandum esse statuunt, non ob ementitam illam, quam prætendunt, causam, sed ob aliam, quam silent, et occultant, quia nempe de defectione illorum prænuntiavit his verbis : « Satagite (3) immaculati et inviolati ei inveniri in pace, et Domini nostri longanimitatem salutem arbitremini; sicut et charissimus frater noster Paulus secundum datam sibi sapientiam scripsit vobis, et in omnibus Epistolis loquens in eis de his in quibus sunt quædam difficilia intellectu, quæ indocti et instabiles depravant, sicut et cæteras Scripturas ad suam ipsorum perditionem. » Nam hæc coryphæi eloquia ipsorum audaciam et impietatem prænuntiant, qui ipsa Domini eloquia, nec non apostolica aliasque Scripturas, nempe Actus apostolorum et Catholicas, ut vocant, Epistolas (4) admittunt, præter eas, quæ coryphæo (Petro) tribuuntur; illas enim ne verbo quidem recipiunt : illi, inquam, sunt, qui vere detorquent, et evertunt in propriam sibi perniciem. Actus vero apostolorum et Catholicas non omnes aliis adjungunt, sed quædam ex illis cum cæteris annumerant. Sed circa prophetas quidem et Vetus Testamentum, et circa cæteros sanctos viros, qui in eo effulserunt, et circa coryphæum apostolorum, sic illi insaniunt.

IX. Catholicam (5) vero Ecclesiam suos vocant cœtus, cum maxime ad pia colloquia et dissertationes deveniunt. Inter se autem cœtus suos vocant proseuchas seu oratoria. Imo etiam si salutarem baptismum respuunt, se tamen ipsum admittere simulant, Evangelii verba baptismatis voce subindicantes. Etenim, inquiunt, Dominus dixit : « Ego sum aqua vivens⁴. » Cæterum quando in vehementem corporis ægritudinem incidunt, venerandam et vivificam crucem ex ligno factam sibi imponunt. Deinde vero incolumitatem consecuti illam confringunt, aut conculcant, et abjiciunt. Quin etiam liberos suos (quando apud Ecclesiæ presbyteros in captivitate detinentur), ut sæpe contingit,

---

¹ Hebr. XII, 22. ² Matth. XXVI, 26 27. ³ Matth. X, 33. ⁴ Joan. IV, 10.

(1) *De Antidicomarianitis*, quos Augustinus et Facundus Antidicomaritas vocant, aliisque hujus sententiæ impiæ asseclis lege ex veteribus commentantes Dionysium Petavium in *Dogmatibus theologicis*, tom. IV, lib. XIV, cap. 3, et Cl. Jac. Basnag. in *Dissert. historico-theolog.* p. 58.

(2) *Coryphæo*. His et similibus elogiis Petrum in veterum scriptis mactari constat. Vide loca collecta a Richardo Montacutio, II *Originum*, p. 172; Isaaco Barrow. in tractatu *De primatu papæ*, et Guilielmo Forbesio, lib. XV, cap. 1 et seqq. *Instructionum*, qui tamen et ipsi eadem opera evincunt, eadem encomia et in Paulum a veteribus collata fuisse.

(3) *Satagite*. Lege locum Petrinum : II Petr. III, 14-16. Quæ inter hanc allegationem, cum qua et Euthymius prorsus concordat, et vulgatos codices N. T. differentia intercedit, eam ipse facile observabis et tribues veterum consuetudini ex memoria Scripturæ sacræ oracula citandi, de qua Jo. Crojus in *Observatt. sacr.*, Jo. Millius in *Prolegom. ad N. T.*, et in primis Daniel Whitby, in *Examine variantium lectionum N. T.*

(4) *Epistolas*. Hi igitur forte soli ex omni Christianorum antiquitate utramque Petri Epistolam aversati sunt, cum Eusebius, lib. III, c. 3, *Histor. eccles.* testetur priorem ab omnibus, posteriorem ab antiquioribus non receptam fuisse. At hi quidem id fecerunt, oborta, an Petri ea sit, dubitatione; illi vero ex temerario quodam in Petrum odio.

(5) *Catholicam*. Catholica scilicet sive vocabatur quævis Ecclesia particularis, modo in veritate doctrinæ salutaris, quam hoc ipso nomine sibi vindicare conabantur Pauliciani, persisteret, sicut et episcopus particularis Ecclesiæ orthodoxæ hoc nomen ferebat. Loca huc pertinentia in scriptoribus ecclesiasticis sæpissime exstant.

rogant salutari baptismate illuminari, futiliter putantes, crucem et baptisma corpori prodesse, homines sane omni commodo et opitulatione indigni, sed eorum vim et operationem, nec ad animae mundationem, nec ad aliam quampiam ejus utilitatem conferre arbitrantur. Sane ex illis non pauci in venerandi corporis et sanguinis Christi Dei nostri, communione sunt, sed ut simpliciores circumveniant tantum, illis participant. Praeter haec vero, quae dicta sunt, neque catholicae Ecclesiae presbyteros, neque reliquos sacerdotes admittunt, quoniam, inquiunt, consilium contra Christum initum sacerdotes et presbyteri, seu seniores populi constituebant, sed synecdemos et notarios appellant. Hi vero nec habitu nec vivendi ritu, neque alio quopiam modo, qui venerabiliorem vivendi rationem praeferat, suam a plebe differentiam exhibent.

X. Evangelium, quod apud nos habetur, adorare non dubitant, non quidem, ubi venerandae crucis figura delineatur, sed in reliquis libri partibus, ubi imago crucis non repraesentatur. Dicunt autem se librum adorare, utpote qui Dominicos sermones complectatur, sed quantum ad dogmatum rationem pertinet, ita sunt impii ac contra veritatem, contraque se invicem omnino pugnantes. Eorum vitae genus libidine plenum, item nefandis impuritatibus ac foeditatibus, quae in mentem non cadunt. Nam utriusque naturae commistionibus utuntur, nullam non vel inenarrabilem obscenitatem sine pudore admittentes: tantummodo dicitur, nonnullos eorum a coitu cum matribus abstinere, ebrietati autem et luxui per totam vitam se dedunt, omnemque aliam morum corruptelam sectantur. Quid vero singula persequar? at illud tamen dicendum, vitam apud eos in nullo a doctrina differre.

XI. Et illa quidem hactenus. Si qui autem velint a principio eorum impietatem, et unde prima semina jacta fuerint, conspicere, Cyrillus, cui sacrae urbis gubernacula tradita fuere, ipsis in historiam dux erit, nec non miraculis magnus Epiphanius, itemque non pauci eorum, qui Historias ecclesiasticas adornarunt, Titus quoque (1) Bostrenorum episcopus, et Sarapion Thmuitanus; Alexander etiam, qui Cyropoleos archiepiscopatum tenuit. Praeter hos autem is, qui de iis omnibus fortiter triumphavit, et hanc, de qua agitur, impietatem confutavit, Heraclianus, Chalcedonis episcopus, qui viginti libris certamina contra eorum apostasiam instituit. Caeterum non abs re neque inutile fore duxi, cursim et strictim quaedam eorum recensere, quae ad notitiam hujus argumenti exploratissimam faciunt.

XII. Scythianus quidam, patria Aegyptius, genere autem Saracenus, Alexandriae habitabat, neque cum Christianis versans neque Judaeorum doctrinam amplexus. Hic ex Aristotelicis male intellectis libris linguae (Graecae) usum assecutus, quatuor composuit libros quorum unum quidem Evangelium appellavit, ubi acta quaedam Christi, Dei nostri, perniciosa et abominanda, impia ac Deo perosa mente confinguntur; secundum Κεφάλαιον, seu *Capitulum* inscripsit, tertium *Mysteriorum* nomine insignivit, ubi secundum mentem suam legis et prophetarum refutationes et calumniae contra eos instituuntur; quartus, qui mortem animae parit, *Thesaurus vitae* inscribitur. Huic autem Scythiano discipulus fuit nomine Terebinthus. Ac cum acerba morte magister in Judaea, quo commigraverat, periisset, nequitiae discipulus, et pecuniarum et librorum haereditatem adiit. In Palaestina vero et in Judaea degens ac piorum omnium judicio damnatus, opprobrium non ferens, in Persidem proficiscitur, assumpto Budae nomine. Jam enim fama ejus pervagata odium impio viro conciliaverat, antequam in cujuspiam consortium veniret. Verum non cepit fructum permutati nominis. Cum enim ex operibus et ex doctrina iis, qui ipsum prius ignorabant, notus evasisset, a viris apud Persas eruditis, qui non pie quidem sentiebant, sed meliorem tamen eo circa omnia sententiam tuebantur, confutatus et expulsus est. Hinc profugus, apud viduam quamdam, hospitium quaerens, dolose se insinuavit. Postea, conscenso quodam tecto, daemonas pro more suo cum clamore invocat, quos hodieque Manichaicae defectionis amatores, quando detestandam suam Ischada celebrant, invocare solent. Postquam hic detestandam initiationem persolvisset, divinae ac vere justae comminationis opus efficitur. Projectus namque de tecto, in ipsa impietate et exsecrandis mysteriis toto corpore contritus est, et vitam cum morte commutavit: sicque altera impietatis fera concisa est. Non bonum autem vidua impii hospitii fructum percepit. Cum enim videret se et viro, et liberis, et toto genere orbatam, pecuniarum ac detestabilium librorum haereditate auctam esse, in solitudinis suae consolationem, puerum sibi, Cubricum nomine, argenti pretio emit adoptatumque Persarum disciplinis erudivit, atque acerbum contra huma-

---

(1) *Titus.* Hujus libri quatuor dimidiam fere partem Graece periisse visi sunt, ita ut tantum liber I et II, cum parte exigua tertii superesse crederetur, secundum codicem scilicet Holstenianum, obiter inspectum, et, prout a librario textus series turbata erat, consideratum. Nunc vero libros tres priores integros Graece et Latine ex ipso illo codice Holsteniano, in bibliotheca publica Hamburgensi obvio, et a Rev. Jo. Friderico Wincklero, conjunctissimo collega meo, descripto exhibebit, vel potius jam exhibuit Cl. Jac. Basnag. in nova, quam parat,

Antiq. Canisii *lectionum* editione, cujus Specimen luci superiore anno expositum, et Titi et Sarapionis commentationes inter caetera sistit. Is enim in praemissa animadversione observavit, codicem Holstenianum Hamburgensem passim esse mutilum, et, inverso ordine, turbatum, quem tamen ductu designationis argumentorum a Tito ipsi tractationi praemissae, ita nunc restituit, ut libri tres integri appareant. Caeterum auctor ipse argumentis philosophicis frequenter, Scriptura vero diviniore raro utitur.

num genus telum exacuit. Defuncta namque vidua, et pecuniarum et impiorum librorum hæres efficitur. Domesticæ porro fortunæ nomen ne sibi vituperii notam servitas inureret, in Manem mutavit : hoc vero nomen lingua Persica significat disertum, et in disputando strenuum. Et talis multis esse videbatur, qui tamen magis Græca lingua Manes (furiosus) quam Persica (Manes sive disertus) vocari merebatur : nam ipso opere vere insaniæ receptaculum, si quisquam alius, erat, totum quippe erroris spiritum in se continens, ab ipso agitabatur, qui se Paracletum ac Spiritum sanctum furiosi instar nominavit, mores imitatus eorum, qui hujus instituti auctores sibi fuerunt, quorumque successor erat. Ex iis namque Scythianus se Patrem, Terebinthus vero se Filium Dei ex Virgine natum, o impietatem nullum modum habentem ! nuncupare ausus est. Exinde vero discipulos congregavit duodecim, quos etiam erroris præcones emisit. Sed furiosus ille Manes cum scelere celebris evasisset, nuntia fama ad aures usque Persarum regis pervenit. Ille cum filium morbo laborantem haberet, audiretque, Manem pollicitum esse, se filium ejus ex morbo precibus erepturum esse, arrogantem hominem ad filii curationem adhibet : ac medicos tum præsentes tametsi ægritudinis curationem facilem fore promittebant, ejecit. Ille vixdum orationem compleverat, et vitam eripuit ei, qui id forte passus non esset, nisi ille incolumitatem promisisset. Cum itaque subito et aperte impietas et arrogantia scelesti hominis deprehensa fuisset, in maleficorum carcerem impostor ille damnatus conjicitur. Sed cum servus esset ac servilis artificii peritus, sciretque se non diu postea patratæ cædis pœnas daturum esse, utpote qui regis filium impietate sua occidisset, e domo aufugit, et custodibus carceris necis causa fuit : nam quia scelestum illum non accurate custodierant, capite omnes plexi sunt.

XIII. At hic servus, erro, homicida carceri mancipatus, advenit profugus in Mesopotamiam, et defectionis suæ zizania rursum serere incipit. Carcharorum autem episcopus, cui nomen Archelaus, vir sacer et divinarum humanarumque rerum peritissimus, collecta Græcorum seu gentilium auditorum manu, ne Christianis judicantibus veritas per favorem triumphasse videretur, instituta adversus maniæ cognominem pia disputatione, impiissimum hominem ita pudefecit et confutavit, ut inde statim aufugeret, et defectionis ejus semina nullam ibi radicem ponere possent. Hinc profugus vicum quemdam ignobilem occupat, ibique rursum impietatem suam fovere et patefacere satagit. Sed fervens ille pietatis propugnator et vere pastor Archelaus cum non modicam ovium curam gereret, non segnis erat in persequendo eo, qui sævior lupo, in gregem discerpendam insurrexerat. Quamobrem ille maniæ cognominis, qui ejusmodi viri præsentiam non sine magna anxietate sustinebat, aufugit, et e loco in locum transmigrat. Dum sic vagaretur, Persarum regis satellites, qui sectas tum ubique perquirebant, comprehensum adducunt vinctum ad eum, qui se miserat. Qui cum ejus mendacium, fallaciam et fugam irrisisset, eumque opprobriis insectatus esset, ultionem sumpsit pro omnibus unam, mortem infligens, quæ uni huic plano conveniebat. Licet enim id humanæ naturæ nullatenus sit, nec quempiam tale vel pati vel facere fas esse videatur ; attamen horribilium Manetis impietatum non indigna mors erat. Cum enim infelix ille adhuc in vivis esset, corpus, detracta pelle, in utrem excoriantes sic ex vita detrahunt, et quasi dissecant ; reliquum vero corpus in prædam feris projiciunt ipsamque pellem utris instar vento repletam præ foribus suspenderunt. Talem apostata et scelestissimus homo vitæ terminum consecutus est.

XIV. Alius porro tempore paulo hoc antiquior par impietate, Zaranis nomine, non pauca impietatibus suis humano generi damna importavit. Discipuli autem infausti nominis viri Manetis fuere duodecim ; Sisinnius, qui principatum ejus in impia doctrina tuenda accepit ; Thomas, qui Evangelium suo nomine scripsit ; Budas, Adamantus, Adimantus, quem in diversa orbis climata, erroris et defectionis præconem misit. Explanatores vero et quasi commentatores ejus fuerunt Hierax, Heraclides et Aphthonius. In discipulorum item ejus choro numerabantur Agapius, qui Heptalogum, ut vocant, conscripsit, Zaruas et Gauriabius. Chorus autem impietatis eorum, qui tunc temporis una floruerunt, hos complectebatur, quorum acta narrare, vel dogmata recensere quis valeat? Eo enim impuritatis omni modo devenerunt, eo usque immunditiæ, eo usque impiæ doctrinæ, totque sordibus et absurditatibus eorum libri repleti sunt, ut ne quidem successores illorum, qui maximam eorum impietatis partem retinuerunt, eos amplecti et recipere audeant ; tum quod abominationum in illis contentarum exsuperantiam legere non valeant ; tum quod irrationabilitatem præceptorum ratiociniis subjicere non possint, tum etiam quod metuant et caveant, ne opprobrium risum atque odium apud omnes sibi concilient. Quamobrem hæc nuper exorta veterum illorum abominationis seminum fruticatio, ut supra diximus, quæ ab illis olim magistris scripto sibi tradita sunt, neque amplectuntur, neque tuentur ; sed iis solum se adhærere vafre et callide simulant, in quibus Dominica oracula et magni apostoli Pauli Epistolæ descriptæ sunt ; nonnullis etiam Acta apostolorum et catholicæ Epistolæ, præter eas, quæ coryphæi (Petri) sunt, admittuntur. Hujusmodi sacra eloquia tueri se simulant, ut eos qui circa piam religionem hebetiores et imperitiores sunt, facilius decipere queant, quasi ab ipso Christo et a discipulis ejus ea receperint, quæ defectionis suæ insania peperit.

XV. Hic itaque Manes, tantæ defectionis princeps, anno Valeriani et Gallieni, Romæ imperatorum, nono e custodia Persarum elapsos (nihil enim impedit, quominus ea persequamur, quæ supra historiæ series prætermisit), et in Mesopotamiam profectus, a divino Archelao, sancto viro, qui tum Carcharorum in ea regione præsul erat, multis magnisque contra impietatem suam argumentis exagitatus est. Atque inde insperato suffusus pudore, profugus Dioridem, Carcharorum vicum, subit : atque ibi cum Tryphone quodam, strenuo et sacro viro, presbyteratus gradum obtinente, congressus, parem subiit casum; imo etiam ipse Archelaus, cum seductorem eo se recepisse comperit, acer quippe vir erat, et pio studio movebatur, statim in vicum se contulit; ac postquam seductorem illum in magnas angustias et in pudorem, a quo declinabat, conjecisset, ac exsecranda ejus dogmata evertisset, confutassetque, virumque omnibus deridendum detestandumque propinasset, eum ad fugam denuo perpulit, in qua quod et diximus, a perquirentibus et scrutantibus captus regi Persarum acerbas illas pœnas dedit.

XVI. Cum autem ille vitam ita misere et infeliciter clausisset, elapso quodam tempore, quidam ejus impietatis discipuli usque ad Samosata Armeniæ, maligni zizania sparserant : nec multo post intervallo, corrupta ejusdem sementis ad Phanaream usque pullulare visa est. Unde improba illa Callinica cœno repleta, ut supra dixi, Paulum et Joannem, genimina viperarum, in generis humani perniciem peperit. Inde vero et impietatis successoribus, usque ad tempora Constantini imperatoris, qui erat Heraclii abnepos, impietas illa sine ulla innovatione progressa est. Ac postquam multæ adhortationes et monitiones, licet inutili exitu, factæ fuerant, et postquam multi pii imperatores in apostatas gladio animadverterant, neque tamen impietatis cursus destiterat, apostatis Armenius quidam supervenit nomine Constantinus, cujus patria erat vicus Samosatensium, Mananalis nomine, quem ad hæc usque tempora incolunt Manichæi. Hic porro Constantinus quemdam ex Ecclesiæ diaconis, ex Syria, ubi captivus fuerat, in patriam suam revertentem, diebus non paucis hospitio excepit. Qui captivus libros ex Syria duos secum detulerat ; unum sancti Evangelii ; alterum magni apostoli Pauli, quos in hospitii remunerationem, impiam hospitis sui religionem ignorans, dono ipsi obtulit. Conspicatus autem Constantinus Armenius, impietatem et defectionem suam abominandam, omnibusque invisam ac perosam esse, diabolico consilio hoc machinatur. Omnes quidem libros, quos religio sua diligebat et amplectebatur, objicit et repudiat; sed dogmata sua scriptis destituta retinens, ipsis Evangelii et Apostoli dicta adaptare et adjungere conatur. Quamobrem damnato quolibet libro, impietatem suam præferente uni Evangelio et apostolo attendendum esse statuit ac decernit, ut pravo hujusmodi artificio apostasiæ suæ cœnum obtegens, mortiferum opinionum suarum venenum multis miscere posset. Sed ille specie solum et

figmento quodam, ut dictum est, Manichæorum libros ablegat; utpote qui cerneret, Christianorum leges, eos qui apostasiæ libris utantur, gladio subjicere, eosque ipsos libros igni absumendos tradere. Ex dogmatibus ergo suis ea, quæ ad impietatem opportuniora et perfectiora erant, fovens et amplectens, nullam non machinam et contentionem adhibebat, ut eas Dominicis apostolicisque dictis subjiceret adaptaretque. Valentini autem portentosam de triginta æonibus et diis doctrinam, et Cubrici abominandam de pluvia fabulam, Basilidisque sordes et lascivias, nec non putidum quodque similium hominum cœnum, æque confidenter et palam amplectebatur, neque secundum sententiam et mystagogiam suam rejiciebat, sed velut quidam recens novusque legislator, ex meretrice et ex varie commista impietate dogmata gignens, apostasiæ dux et præfectus in extremam obtemperantium perniciem declaratur. Quamobrem hodierni Manichæi, ut superius dixi, Scythianum, Budem et Manetem libenter anathemate feriunt, Constantinum vero maxime celebrant et colunt; ejusque successores pares apostolis Christi, ne quid amplius dicam, prædicant.

XVII. Hic porro Constantinus, qui et Silvanus, mutatis sedibus, Mananali Cibossam profectus (o impiam animam, mentemque impudentiæ atque mendacio deditam !) se Silvanum esse dicebat eum, quem divini Pauli Epistolæ memorant. Quid vero dicetur tanta insania dignum ? In quantam absurditatem delapsus; quanto pudore convictus perfundetur is, qui ab ipso principio per manifestam fraudem et insaniam prorumpere non erubuit? Attamen, licet ita conspicue portenta confingeret ac mentiretur, non defuere, qui ejus dictis pellecti ipsi obtemperarent. Et ille quidem Macedonas vocabat discipulos suos, seque, ut supra dictum est, Silvanum, seque a divino Paulo missum jactitabat, aliaque similia multa effutiebat. Sed postquam monstrum illud seducendo populo natum viginti septem annos in dictis locis manserat, incolarumque multos in eamdem traxerat perniciem, in impietate deprehensus sua, cum jactu lapidum pœnas dedisset, in infernum ingressus est. Re comperta enim Constantinus imperator Symeonem quemdam misit, qui seductorem supplicio plecteret; erroris vero consortes, siquidem ab illo resilirent et toto animo pœnitentiæ locum implere vellent, ad disciplinam sanæ doctrinæ et apostasiæ damnationem Ecclesiis traderet erudiendos. Cum prædictus (Symeon) pervenisset ad locum, ubi erroris officina aperta fuerat. Tryphonem quemdam, ibi præfecturam gerentem, adjungens sibi, tum eos, qui seducti fuerant, tum ipsum perniciei doctorem apprehendit, atque eos, qui ad pœnitentiam respiciebant, vel respicere se simulabant, Ecclesiarum Dei præsulibus tradidit; iis autem, qui adhuc apostasiæ dediti erant, simul adductis atque, ut par erat, admonitis, ducem erroris in scopum proposuit, præcepitque ut lapides in eum mitterent. Verum alii quidem rem segnius sunt aggressi. Justus autem quidam, qui adoptatus in filium fuerat a Constantino, a quo etiam Manichaicam hæresin edoctus fuerat; agnoscens, ut verisimile est, in quantum se barathrum magister ille conjecisset, arrepto grandi saxo, lethalem ictum in pravum immisit doctorem, miserumque misere vita privavit: post eum vero reliqua multitudo, manum operi admovens, acervum lapidum cadaveri imposuit: unde factum est ut ad hanc usque diem locus ille Soros seu *acervus* appelletur.

XVIII. Et illi quidem Dei Ecclesiis adjuncti fuere; maxima pars eorum obstinata in proposito mansit: imo miser quoque Symeon, utpote salutaris doctrinæ imperitus, et aliunde mente levis ac versatilis, percontatus ac curiose perquirens ea, quæ ad apostatas pertinebant, qui alios ad sententiam revocare debebat, ipse ad perniciosam eorum religionem accessit. Peractis igitur iis, quæ supra dicta sunt, et reversus ad imperatorem, a quo missus fuerat, feram illam (erroris) intra se occultans annos tres, atque fovens, cum jam proximum esset, ut omnibus intra se devastatis foras erumperet, ex imperatoria urbe furtim se subducit, cumque ad memoratam Cibossam remigrasset, Constantini consortes et socios convocat, quem ille jussus interfecerat, seque apostasiæ doctorem et successorem constituit: atque exemplo eorum, qui præcesserant, defectionis præfectorum, mutato nomine se Titum appellavit. Tribus autem annis in hujusmodi errore transactis, cum multos a pia religione avertisset, in hujusmodi gestis comprehensus, igne debitas pœnas luit, tam ipse quam ejus discipuli, qui resipiscere noluerant. Etenim Justus supra memoratus, qui apostatam manu sua interfecerat, post alias multas, ut fieri solet, confabulationes ac quæstiones apostolicum hoc dictum proferens: *Quoniam in ipso creata sunt omnia, quæ in cœlis, et quæ in terra, visibilia et invisibilia; sive throni, sive principatus, sive potestates, omnia per ipsum et in ipso creata sunt: et ipse est ante omnia, et omnia in ipso constant*[a]. Hoc, inquam, dictum objiciens, contra Symeonem insurrexit, dicens: Ne forte ipsi decepti essent, sequacesque suos deciperent, non eumdem factorem cœli et terræ, Deumque vero et Patrem Domini nostri Christi prædicantes; sed præter hunc alium quemdam, quem apostolica eloquia non norunt. Cum ex hujusmodi commotione lis et pugna irreconciliabilis inter eos orta esset; Justus Coloniæ episcopum convenit, ut apostolici dicti sensum clarius assequeretur: cui ille omnia enarravit, quæ inter sese et sodales suos contigerant. Ille rem Imperatori denuntiavit. Is tum erat Justinianus, qui post Heraclium imperium acceperat, quique mandavit, ut hæc negotia perquisitioni et justo judicio subjicerentur; ita ut iis, qui resipiscere nollent, aut qui pœnitentiam olim polliciti, nihilominus in apostasia sua perseverarent, ignis supplicium subirent. Et alia quidem multitudo una cum Symeone, qui et Titus vocabatur, acerbo mortis genere periit.

XIX. Paulus vero quidam, Armenius genere, cui duo filii erant Gegnæsius et Theodorus, supplicio, quod toti Apostatarum cœtui destinatum fuerat, se fuga subducens, in vicum supra memoratum, Episparim nomine, receptum habuit, ubi impietatem disseminare conabatur. Ab hoc autem Paulo pars defectionis non minima, et detestanda Manichæorum putat se denominationem accepisse, potius quam ex Callinices filiis. Hic filium suum Gegnæsium impietatis magistrum constituit, ejus nomine in Timotheum commutato. Qua de causa frater ejus invidia stimulatur: invidia autem seditionem peperit: ita ut divisa impietas se ipsam dilaceraret, altercantibus illis tam natura quam impietate fratribus, alio quidem dicente, missam a Patre desuper gratiam ab eo, qui acceperat, se suscepisse: seque præfecturam impietatis secundo non cessuram esse; Theodoro autem hanc ad se trahente, ac dicente se non a Patre ex ejus, qui acceperat, manu quasi secundo dono accepisse, sed ex primo dono, et inde hausisse, unde Pater traxerat. Hæc porro seditio contentioque ad usque finem impiissimæ amborum vitæ perseveravit. Leo autem, Germaniciæ in Syria ortus, tunc Romani imperii sceptra moderabatur, qui compertis impiissimorum hominum gestis, Gegnæsium accersivit. Cum autem probe sciret hæc examinandi jus non sibi competere, reum ad patriarcham illius temporis remisit, qui de religione ejus quæstionem haberet. Multis itaque habitis cum apostata colloquiis, cum ille in quibusdam negando, ut mos ipsis erat, elaberetur, in aliis autem defectionis et apostasiæ suæ sententiam orthodoxis verbis multiplicique vocum mutatione obtegeret, atque ita a crimine declinaret, auditorum calculus jam ad eum innocentem declarandum paratus erat: et omnimodæ impietatis homo innoxius, et ab omni crimine purus existimabatur. Hujusmodi autem erat, exempli gratia, colloquii forma: « Heus tu, dicebat Patriarcha, quare orthodoxam fidem negasti? » Respondebat apostata, eum, qui orthodoxam fidem negaret, anathema esse, orthodoxam vocans impietatem suam. Hinc altera proposita quæstione: « Quare crucem Christi non adoras, et amplecteris? » Ille vero pari maledictioni eum, qui vivificam crucem non adoraret, subjiciebat. At ille omni exsecratione dignus homo, qui omnia susque deque vertebat, crucem vocabat ipsum Christum, qui manuum extensione crucem delineabat. Ac verba quidem erant theatrica et communia, sed ea, quæ verbis significabantur, apostasiæ propria et mystica. Sciscitabatur iterum: « Cur sanctissimam Deiparam debito honore et adoratione non dignaris? » Ille, con-

---

[a] Coloss. I, 16-18.

sueto sibi more, anathema dixit in eos qui sanctam Deiparam non adorent; adjecitque se illam amplecti et colere, in quam ingressus, et ex qua egressus est Dominus noster Jesus Christus, eamque omnium nostrum esse matrem. Haec subdolus ille oretenus dicens, secundum exsecrandam ejus initiationem atque sententiam, qua supernam Jerusalem Deiparam esse confingebat simulabatque, in quam praecursorem pro nobis ingressum fuisse Christum, Apostoli verba praedicant. Quarta ipsi quaestio proponebatur: « Cur immaculatum et tremendum Christi, Dei nostri, corpus et sanguinem contumeliis afficeret et respueret, neque ipsi participare vellet? » Ille scelestissimus iterum eum, qui corpus et sanguinem Christi, Dei nostri, contumeliis afficeret, et extra participationem ejus maneret, anathemate feriebat, corpus et sanguinem intelligens homo detestandus, non quae Dominus noster corpus et sanguinem vocanda esse docuit, sed Dominica eloquia. De catholica Ecclesia interrogatus, dum similia responderet, per catholicam Ecclesiam confessus Manichaeorum intelligebat, ipsosque hoc honore afficiebat. Haec secuta sexta de baptismo interrogatio: « Num videlicet ipsum putaret esse purgationem animae et animae sordium ac lavacrum remissionis peccatorum. » Ille vero pari artificio alacriterque responsionem dedit, qua baptismum venerabatur et admittebat: at per baptismi vocem ille, omnia miscens et confundens, Dominum nostrum Jesum Christum subindicabat; scriptum esse enim, ipsum esse aquam viventem. Sic dolosum illud et malis artibus plenum monstrum; ille, inquam, qui nihil omnino, quod catholicae et apostolicae Ecclesiae esset, sentiebat, imo potius omnia ipsi contraria fovebat, sectabatur, venerabatur, quoniam ecclesiasticis verbis iis, qui tunc praesentes erant, adversari non videbatur; quarum involucris vocum ille mortiferum defectionis suae virus occultabat scelestus ille, ut initio diximus, quasi nullius impietatis reus, sed Ecclesiasticae doctrinae sequax evasit. Quamobrem post examen absolvitur, qui duplici dignus erat supplicio, ob paternam scilicet impietatem, et ob fallaciam, qua justum judicium pervertit, ac sibi, impiissimus cum esset, verae nostrae religionis gloriam conciliavit. Caeterum cum talibus artificiis in judicio absolutus fuisset, ab imperatore decretum petit et impetrat, qua sibi facultas datur domi secure versandi, negotia absque obice gerendi sua, nec calumniatorum linguas ultra metuendi. Ab imperatoria itaque urbe profectus, cum Episparim se contulisset, defectionis discipulos convocat: atque inde Mananalin, ex qua memoratus supra Constantinus prodierat, profugus cum sociis advenit. Ibique annis commoratus multis cum plurimas miser animas corrupisset, pestilentiae morbo, qui tunc temporis grassabatur, diem clausit extremum, postquam annis circiter triginta impietatis praefectus fuerat. Hic scelestissimus homo ex occulta commistione filium suscepit, Zachariam nomine: quem, ut jam diximus, quidam ex Manichaeis mercenarium et pastoris titulo indignum habent, atque a magistrorum choro eliminandum.

XX. Caeterum, defuncto Gegnaesio, discipulorum turba in duas partes dividitur; alii quidem Zachariae societati se adjungunt: alii Josephum sequuntur, quem nonnulli spurium esse dicebant. Multaque inter hos orta contentione, cum alius Spiritus sancti vim et operationem in se totam habitare affirmaret, alius vero eamdem ipsam in se pertraheret, illaque vacuum esse adversarium suum probare conaretur. Quinam autem Spiritus ille fuerit, qui in tales homines adveniat, nisi fortasse malignus et impurus hujusmodique receptaculis dignus? Caeterum accrescente ea de causa contentione, cum jam manibus et plagis decerneretur, admodum indignatus Zacharias, quod paterna haereditate pelleretur, Josephum ita feriit, ut in mortis periculum adduxerit. Altero autem ex ducibus pene prostrato, utraque factio ultro citroque urgebat, tempusque certaminis observabat secum reputans, ancipiti marte congrediendum esse. Modico elapso tempore e re fore visum est, ut altera ab altera factione separaretur, ne incerto pugnae exitu mutua se internecione delerent. Cum autem post dissensionem ita conspicuam, non modo sese mutuo opprobriis impeterent, sed etiam vicinorum conviciis, cantibus, derisioni paterent, inter se utrinque consultant, ut occulta fuga sedes mutarent. Interea vero cum Saraceni Romanorum fines incursarent, ac belli more expeditionem agerent, eorum inversionem antevertens Zacharias fugam fecit, discipulosque relinquens inimicis et gladiis expositos, solus se subducit, ita ut caesa tota suorum multitudine ipse incolumis evaserit; hinc porro factum est, ut pro pastore mercenarius a multis audierit. Joseph vero, qui pedum velocitati non tantum fidebat, quantum Zacharias, sed versutia et artibus plus valebat, cum in ipsa hostium invasione illius circa fidem dissensionis causa aufugeret; technis fidens, ut supra diximus, ac procul inimicorum agmen adveniens conspicatus, gradum e fuga revocat, revertique jubet jumenta et currus, ac se suosque fingens esse transfugas et deditos, in occursum hostium venit, quasi scilicet sponte cum sociis suis accederet, cumque dolis suis fidem adderet, atque juratus illorum se rebus prospicere confirmaret, cum sequacibus suis incolumis sine ullo rei familiaris damno dimissus est. Postea captato fugae tempore ubi occasionem sibi offerri vidit, cum sequacibus saepius memoratum vicum, Episparim nempe, se recipit, ubi splendide ab incolis exceptus est. Locus quidem ille hominum defectioni deditorum quasi officina erat, ita ut in ejus ingressu lampades accenderentur, aliaque honoris signa adjicerentur, qualia Christi discipulis debentur. Sic amice susceptus aliquo tempore ibidem versatus est, alios decipiens et deceptus ipse, associasque suos in perniciei barathrum deprimens

Quidam porro Cricoraches nomine, qui inter regionis magistratus numerabatur, doctrina pius, honestis moribus, religionis studio admirabilis, qui illos Dei osores detestabatur, ubi comperit seductorem in illo vico degere, et defectionem magis magisque propagari, collecta militum manu, in locum, ubi apostasiæ mysteria celebrantur, se contulit, obsessaque domo, impietatis principem, ut solet fieri, in repentinis hujusmodi expeditionibus, dum alii ad alia vertuntur, capere non potuit; fuga quippe se subduxerunt : discipulos autem ejus comprehendit, et grassantem tanti mali pestem coercuit et dissipavit. Ferox autem ille apostasiæ doctor Josephus, qui etiam Epaphroditus vocabatur, vi expulsus ex eo loco, ut dictum est, et fuga dilapsus in Phrygiam, brevi postea tempore Antiochiam Pisidiæ contendit ; ubi advena cum esset, tutusque ab insequentibus, utpote qui ab illis longissimo spatio distaret, multos incolarum ad pestiferam suam sectam abduxit, magnamque apud eos benignitatem expertus est, qui postquam impiam illam doctrinam per annos quadraginta plenos prædicaverat, scelestam exsecrandamque vitam cum morte commutavit in suburbio prædictæ urbis, quod Chortocopium vocatur.

XXI. Cum autem superstes adhuc esset, et impietate floreret, mulier quædam ipsi familiaris, quæ viro nupta erat, inviolabilem connubii torum despexit, et fornicationi se dedidit. Aiunt porro eum, qui alienas nuptias violavit, seductoris discipulum fuisse, qui ex Hebræis ad impiam illam religionem transmigraverat. Ex indigna porro et abominanda hujusmodi commistione adultera mulier famosum illud turpissimumque scelus peperit, exsecrandum nempe Baanem. Hic igitur nequissimus Baanes memoratum Epaphroditum excipit, qui omnia prius stabilitæ impietatis dogmata retinens, impuritate autem vitæ et nefandis corporum mistionibus aliisque sceleribus prædecessores suos occultare studens perniciosam disciplinam sequacibus tradere perseveravit. Eodem porro tempore huic multiformi et horrendæ feræ alia similis adnascitur, draconis veneno plena. Huic patria erat Ania, vicus Tabiæ urbi proximus: scelestoque nomen erat Dryinus, quod vocabulum latitantem in humano corpore venenosum perniciosumque serpentem indicabat. Feræ hujusmodi nascitur filius, ex ipsis, ut puto, veteris serpentis venenosis seminibus potius ortum ducens, quam ex parente suo. Proli suæ pater nomen imponit *Sergius*, quod vas esse totius diabolicæ nequitiæ capax sequentia demonstrarunt. Is erat ad pervadendam et prædicandam impietatem natus, versatus in occultandis, tempore ita suadente, sententia sua, ad simulandam virtutem compositus ; acutus ad dolos struendos, et ad pelliciendas in perniciem animas; atque ut compendio dicam, omnium qui ante se defectioni nomen dederunt, ad quodvis technarum genus paratissimus, et ad pervadendum aptissimus. Hic itaque maledictus homo cum alia multa deceptis sequacibus tradidit, tum, quid circa se ipsum sentiendum esset, paulatim de se sublimi modo proponens, et ad credendum inducens, non dubitavit, nec inhorruit : o linguam et animam et mentem et ora Dei inimica! et se ipsum et illos vocare Spiritum sanctum. Hæc porro tradidit impius ille, ut clam et mystice sic loquerentur, et crederent, talium mysteriorum externos auditores indignos esse jactitans. Illi autem miserrimi et ejus mystagogia revera digni tantam sceleris atrocitatem neque respuebant, neque detestabantur; sed recipiebant eam, etsi nulla major unquam impietas fuerit, suisque calamis et suffragiis illam confirmabant. Sic miserum illud animal homo, cum a Creatore suo recesserit, et ab ejus providentia se sequestraverit, statim præda maligni spiritus efficitur, in omnemque nequitiam demergitur. Se item nequissimus ille stellam splendidissimam dicebat, et multa alia, quæ potius silentio tegi, quam publicari debent. Improbus porro ille Sergius, etsi impiissimo patre natus esset, ut diximus, non a parente mysteriis apostasiæ initiatus est; sed cum adhuc teneræ esset ætatis, a muliere quadam, quæ perniciosa Manichæorum dogmata tuebatur et prædicabat, initiatus, et diuturna mysteriorum tractatione in impietate consummatus, Antichristi prodromus efficitur. Par erat enim, par erat detestandæ hujus et Deo inimicæ apostasiæ doctores et præcones alios Agarenorum prolem esse, alios servitutis contumeliosis notis inustos, alios adulteriorum partus, alios muliebris insaniæ et furiosæ doctrinæ discipulos comprobari. Cæterum, ut paucis dicam, Sergius apostasiæ disciplinam sic accipere incipit. Prædicta Manichæa mulier, ubi primum cum illo colloquia miscuit : Cur, inquit, divina non legis Evangelia? Ille vero, qui nondum apostasiæ virus in præcordiis tam profunde positum habebat, non licere inquit ei, qui laicorum ordinem impleret, sic impudenter tremendorum eloquiorum lectionem aggredi : illud enim sacerdotum officium esse. Tum a furiosa illa muliere audit, frustra se tantam reverentiam exhibere, nullam enim esse personarum acceptionem apud Deum, qui vellet omnes salvos fieri, et ad cognitionem veritatis venire. Sed, ait, quod ita reverenter vos habeatis circa Dominica eloquia, non ad honorem illorum ita provisum est, sed illud est artificium et techna eorum, qui apud vos sacerdotes dicuntur, qui verbum Dei adulterare volentes, curantesque, ne mysteriorum, quæ in Evangeliis sunt, participes sitis ; ideo vetant, ne perinde atque ipsi vos ea legatis. Siquidem ea, quæ vobis audientibus legunt a tota serie detruncantes et dilacerantes, sic vos, auditores, intercipiunt. Ita captiose illa mænas primum de illo ad lapsum jam prono experimentum accepit, miseri mentem succutiens ac pelliciens : iterumque interrogabat : Quid significat dictum illud Domini : *Multi dicent in die illa : Domine, Domine, nonne in nomine tuo prophetavimus, et in no-*

mine tuo dæmonia ejecimus, et in nomine tuo virtutes multas fecimus? Et tunc confitebor illis, quia nunquam novi vos, discedite a me, qui operamini iniquitatem ⁵. Quinam illi sunt, quibus Dominus ait : *Non novi vos.* Hæc ipsa interrogante, ille, qui ex gregalium numero adhuc erat, homo rudis et divinorum eloquiorum prorsus imperitus, dubius silebat, ab illa vero, quæ interrogaverat, quæstionis solutionem requirebat. Illa vero non statim rationem dabat. Callidum enim est mulierum genus ad captandum procrastinatione discendi cupidum : utque magis desiderium ejus, quem decipere volebat, ad quæsitorum notitiam adipiscendam incenderet, solutionem non dabat, sed aliud proponebat evangelicum dictum, nempe, de quibusnam putaret dixisse Dominum : *Multi ab Oriente et Occidente venient, et recumbent cum Abraham et Isaac et Jacob, in regno cœlorum : filii autem regni ejicientur in tenebras exteriores* ⁶. Quos esse putas filios regni, et quomodo ab hoc rejecti in tenebras exteriores abjicientur? Hæc et similia fallaciæ organum, muliebri forma, miserrimo offerens, et eum paulatim præstigiis alliciens, ubi vidit illum omnino pronum et se tanquam doctorem auscultantem, priora resumens : Regni filii, inquit, qui ab illo ejecti ad tenebras exteriores damnantur, ii sunt, quos et tu, et ii, qui tuæ sectæ sunt, sanctos vocatis et existimatis, qui et dæmonas ejiciunt et morbos sanant quibus cultum exhibere soletis, uno vivente et immortali relicto Deo. Ili sunt, hi, inquam, sunt, qui a justo illo judice audiunt : *Recedite a me, quia nunquam novi vos.* Ex hoc itaque nequissimo et pernicioso semine jam paratum ad zizaniorum agriculturam sibi concilians, reliqua impietatis germina facile in eo pullulare fecit, ejusque animam ut agrum exitii et corruptionis fructibus omnigenis plenum exhibuit ; ita ut omnes, qui ante fuerant impietate conspicui, in hac maxime hæresi, velut pueri putarentur esse comparati cum illius vafritie et captiosis moribus, aliisque ad fallaciam compositis machinamentis atque commentis. Nam ejus prædecessores, etiamsi in cœno lasciviæ, nefariis operibus, ingentibusque contra Deum blasphemiis prima tenuerint ; et illi abominandi et exsecrandi apud omnes fere habebantur : nam detestandorum facinorum conspicuitas omnium ipsis odium conciliabat, paucosque vidisses illorum fallaciis circumventos, quia aperte et sine ullo artificio res infames ignominiosæque proponebantur, ipsaque defectionis impudentia ad cautelam satis erat, ne quis facile ad eam declinaret, neve homines a maligno caperentur.

XXII. Hic vero, quæ turpiora erant, resecans, reliqua obtegens, si qua ob impietatem auditu intolerabilia essent, aut comprimens aut cum tolerabilioribus commiscens, et, ut summatim dicam, pelle ovis lupum abscondens, multis doctor pietatis et dux salutis esse videbatur ; multos ex improviso adortus in extremæ perniciei barathrum præcipitavit. Etenim quod prædecessores sui non neglexerant, id ille majore cum diligentia observavit ; nempe ut non ab ipso statim principio iis, qui ad initiationem accederent, sublimiores impietates concrederet, neque horribiliora proponeret mysteria ; quorum caput est abnegatio Dei omnimoda, et diaboli gloria ac imperium, vis creandi, honor et famulatus. Nihil itaque simile recens initiatis concredebat ; sed primo eorum mores, nec non alia, quæ nihil ad doctrinam spectabant, evangelicis verbis aptare studebat ; deinde ipsos pellicere, et præstigiis suis illaqueare initiatosque ad manum et obtemperantes sibi reddere conabatur. Postquam autem eos sibi benevolos, et tanquam salutari duci morigeros esse conspiciebat, tunc totum apostasiæ virus hiantibus ipsis sorbendum propinabat ; atque initiatis eamdem quam ipse tenebat, impietatem tradebat. Tychicum autem se scelestissimus homo denominabat, neque solum sibi nomen ex discipulorum numero tribuebat, sed ipsam exsistentiam usurpabat, et ad se pertinere comminiscebatur. Non enim se alium, o stultam linguam, stultioresque auditores! esse portentose dicebat, quam ipsum illum Tychicum, qui in epistolis Pauli memoratur, honorabili ejus mentione sæpe facta. Hoc commentum teterrimum, impudens, insanum, impium, cui simile nunquam apud hæreses, quæ ante fuerant, exstitit, hoc, inquam, ceu fundamentum ponens in deceptorum animis, cætera deinceps ædificabat : nam se ab Apostolo ad ipsos præconem missum esse dictitabat, et ea, quæ annuntiaret ac diceret, non suæ sapientiæ, sed Pauli docentis et mittentis esse præcepta mentiebatur. Ac qui sæpe perfectioris in impietate initiationis discipulis se Spiritum et Paracletum esse jactitabat ; rudiori multitudini se inter divini Pauli discipulos connumerabat, qui septingentis pene annis post Paulum et Tychicum vixit. Etenim maledictus ille et portentosus homo nostris pene temporibus cognitus est, impietatis præco, quo nullus alter ardentior fuit. Multas enim seductor ille urbes et regiones peragravit, multos captans, decipiens, illaqueans, o damnum! simpliciorum animas ; et ipse mendacii vere filius in aliqua epistolarum suarum ait : « Ab Oriente et Occidente, ab Aquilone et Meridie annuntians Evangelium Christi, genuino meorum labore cucurri. » Etiamsi enim hic ut alibi semper jactatione utatur ; verum tamen est eum non modicum cursum in suam sequaciumque suorum perniciem confecisse. Triginta autem et quatuor annis impietati præfuit, et erroris certamen consummavit. Irene porro, religiosa illa et Deo accepta mulier, imperium moderabatur, quo tempore Dei hostis et impius ille apostasiæ doctrina florebat, ex quo usque ad præsens tempus, quæ nunc in nostris regionibus grassatur, impietas, ab ejus doctrina

⁵ Matth. vii, 22, 23. ⁶ Matth. viii, 11.

profluxit. Fama autem cæteris ipsius æmulis impietatibus præstat, licet et hæc et illæ ipsi succenturiatæ in eamdem perniciem deducant. Tantum autem ipsi honoris exhibent ejus miseri discipuli, ut tum alia absurda, quæ ne auditu quidem tolerari possunt, de ipso narrent, tum etiam in nomine ejus orationes, seu potius latratus suos obsignent. « Oratio, inquiunt, Spiritus sancti miserebitur nostri. » Porro ille tortuosus serpens se ipsum ostiarium, pastorem et ducem vocabat. Scribit enim Coloniensibus : « Probationem fidei vestræ præscientes, vos commonefacimus quod, sicut Ecclesiæ, quæ ante fuerunt, pastores et doctores susceperunt, » dicit autem Constantinum et alios, qui supra numerati sunt : « Sic et vos lampadem lucidam et lucernam splendentem suscepistis : secundum id, quod scriptum est : *Si oculus tuus fuerit simplex, totum corpus lucidum erit* [1]. » Et paucis interpositis : « Nemo vos decipiat ullo modo. Has autem promissiones habentes a Deo, confidite. Nos enim persuasi in cordibus nostris scripsimus vobis, quod ostiarius et pastor bonus, et dux corporis Christi et lucerna domus Dei ego sim, et vobiscum sim omnibus diebus usque ad consummationem sæculi. » Hic igitur, o quid illo dignum dixeris! attamen mortalium nequissimus et impiissimus, qui sese supra modum jactabat et extollebat, in promeritam, ut narrabitur, ruinam dejectus est. Hic, inquam, ad Leonem quemdam Montanum scribens : « Tu autem, ait, cave tibi, ne fidem dividas indeclinabilem : quam enim accusationem habes adversum nos? Num aliquem circumveni, aut superbe egi? Non potes dicere : et si dicas, testimonium tuum verum non est. Mihi vero absit ut te odio habeam! sed solum te oro, quemadmodum apostolos et prophetas suscepisti, qui quatuor numero sunt, ita pastores et magistros suscipias, ne ferarum præda fias. » Ita se in sexcentas formas convertebat, ut ad diversos eorum, qui decipiebantur, mores se accommodaret, modo gigas, modo simia, nunc leo, nunc vulpes, modo illum, modo alium morem simulans, et præferens. Alibi vero iterum dicit : « Prima fornicatio, qua ex Adamo circumdamur, beneficium est; secunda autem major, de qua dicit Apostolus : Qui fornicatur, in proprium corpus peccat. » Fornicationem autem cum hic memorat sceleratissimus homo, secessum ab abominandis ejus dogmatibus ita vocat, corpusque Christi seipsum dicit. Quamobrem eos qui a se et a Deo perosis suis præceptis abscedebant, ut fornicationis nomine reos insectabatur. Multa quoque alia perinde impia et monstri similia in fœdissimis ejus scriptis videre est, quæ in secundo, et ad hanc rem « destinato libro » persequi operæ pretium erit, nec non si qua alia, ab his pendeant, vel cum his complicentur. Nam quæ supra diximus, ad specimen solum multiplicis hujus et callidissimæ impietatis dicta sunt.

[1] Matth. vi, 22.

XXII. Cæterum nemo putet hunc impurissimum surculum ab alia, quam Manetis, radice prodire, una quippe eademque radix est, quæ eumdem animæ perniciosum fructum profert. Quando autem Sergius doctrinalem apostasiæ thronum conscendit, cum multos ab Ecclesia catholica in errorem abducere vellet, aperte scinditur ab impuro Baane, quia hactenus conventus celebrabat : et in conspectu discipulorum adversus illum certamen init, contentioque ejus in publico theatro repræsentatur, qua re id moliebatur, ut multos inescaret, et ad errorem suum pertraheret, quotquot videlicet potuisset ex iis, qui Baanis sodales erant. Ipsi autem virtutum species et scena proposita erat, magna decipula iis, qui accederent; tum modestia inerat, atque ementita benignitatis et mansuetudinis species, quæ non suos modo domesticos commoveret, sed etiam eos, qui asperiori essent affectu, deliniret et raperet. Contra vero fœditatem gestorum adversarii ipsius Baanis palam facere et traducere, maxime vero publicis in locis, toto studio curabat. Quod ad impia vero dogmata spectabat, nihil ab eo differre videbatur. Baanes porro cum facinorum declarationem nulla posset ratione excusare, ad prædecessores tantum suos confugiebat, et ex conditione personarum turpitudinem suam, ut putabat, nec non, quod in sententia sua odiosum erat, defendebat et cohonestabat. Se esse discipulum Epaphroditi gloriabatur, utpote qui ejus traditionem veneraretur, circa illa abominanda gesta nihil dubitationis vel pudoris habere dicebat, ac si non facienda essent. Sergius vero quasi novitium conviciis insectabatur, qui nullum ex insignibus magistris vel vidisset, vel audisset : ideoque cum nihil inde lucis mutuatus esset, in errore et fallacia incederet. Scelestissimus itaque Baanes his æmulum et adversarium suum impetebat, seseque jactabat. Versipellis autem illa fera Sergius, qui non aperte in luto scelerum volutaretur, neque pravum impuritatis odorem præferret, ut Baanes, sed illam multis et verborum et fictionum involucris obtegeret, ita invaluit, ut apostasiam in duas partes scinderet, et quotquot in Baanis factione manebant, respuens Baanitas appellaret. Ille vero ut ipsi contumeliæ vicem redderet, eos, qui ex parte Sergii stabant, aversatus, Sergiotas similiter denominavit, quotidie vero contentio et dissidium inter eos augebatur et invalescebat, indeque odium inter detestandas illas factiones irreconciliabile factum est.

XXIII. Insequenti vero tempore vita functo Sergio in tantam discipuli ejus contra Baanitas contentionem eruperunt, ut non ultra verbis et contumeliis, sed manibus et gladiis, decerneretur, et magna cædes fieret Baanistarum. Prævalebat enim Sergii factio tum multitudine, tum, quia militum qui apud illos erat, præfectus, Sergio assentiebat, ac Baanitæ a contribulibus et consectaneis internecione deleti fuissent, nisi quidam, nomine Theodotus, cultu impius, si quis alius Sergii comperegrinus, grassantem cædem compescuisset, et sedasset, tum blanditiæ plenis verbis usus, tum etiam communi rei conferre dictitans, atque multis gestis verbisque probans, utramque factionem ejusdem esse originis, iisdemque consuetudinibus accrevisse, communem habuisse victum, concordia sibi securitatem parasse, cum in dubiis circa doctrinam nihil magni momenti esset; annisque multis ita perseverasse usque ad Sergii magistri inaugurationem: non oportere tot annorum consensum et societatem in sanguinem et cædes desinere, neque par esse eos, quin in rebus præcipuis etiam nunc conjuncti et ejusdem opinionis essent, ob quasdam recentes controversias ultro citroque subortas, quasi omnino heterodoxos et impios gladio et exitio tradi. Talibus ille dictis mutuam cædem compescuerat, quod utinam factum non fuisset: lues enim illa tot animarum perniciem non parasset.

XXIV. Michael vero, qui imperatoriam vestem in monachalem commutavit, et ejus successor Leo, de hujusmodi apostasia perquisitionem fieri non indiligenter curarunt, sed qua par erat sollicitudine per omnes imperii Romani fines viros dignitate præstantes miserunt, ut, quandoquidem ab episcopis et sacerdotibus frequenter moniti impii illi nec obtemperaverant, nec resipuerant, si quos deprehenderent tali impietati obnoxios, qui ad meliorem se frugem recipere nollent, quasi communem pestem et generis humani perniciem gladio plecterent Hæc itaque jussa venerunt in regionem Armeniacorum dictam. Thomas vero tunc Neocæsareæ episcopus erat, aderat et alius quidam nomine Paracondaces, qui tunc temporis eminebat inter eos, qui honestate morum præditi, sublimiorem vitæ rationem profitebantur. Ambo igitur imperatorio decreto cum aliis quibusdam eruditis viris consultare jussi, apostatas a politica manu ad hoc deputata deprehensos et oblatos examinabant, et minutatim interrogabant, sontesque ab insontibus sequestrantes, alios quidem absolvebant, nonnullos ecclesiasticis pœnis subjiciebant; penitus insanabiles politicis legibus et magistratuum tribunali tradebant. Dum examen, judicium, interrogatio et acta sic procederent, Cynochoritæ, ut vocabant, et ii qui dicebantur Astati; erant autem selecta pars discipulorum Sergii; prædictorum judicum cædem patrandam inter se dividunt. Astati igitur, nulla petita ope, memoratum præfectum dolo et proditione confodiunt, Cynochoritæ vero cum duce ad exsecrandum facinus egerent, assumpto ex Astatis uno, episcopum Thomam a Deo constitutum obtruncant. His audacter gestis, Astati, qui, ut supra dixi, utriusque parricidii auctores erant, cum sequacium turma festinantes fugiunt ab universis regionibus, quæ Christiana lege utebantur, et Melitinam secundæ Armeniæ urbem, se conferunt, quam tunc Christi osores Saraceni incolebant, quibus Amoras, nomine Monocherares imperabat, qui, Christi inimicus,

Christi inimicis profugis benigne exceptis, et omni metu liberatis, Argaum sic dictum oppidulum dat incolendum. Confluente autem eodem impiorum multitudine, ita ut jam prædatoriis incursibus pares essent, vicini Christiani multi ab iis frequenter in captivitatem abducti sunt: et malo in dies invalescente non modo veteres impietatis cultores libere potuerunt in ea perseverare, sed etiam quosdam ex captivis ad eam amplectendam cogere. Contigit autem, ut Sergius, cujus frequens mentio facta est, postquam aliquo tempore cum transfugis versatus fuerat, iisdem in impietate confirmandis intentis debitas cœlitus pœnas lueret. Ligna cædendi tempus erat, nec lignariæ artis imperitus erat Sergius, solebatque illam exercere, truncosque in asseres secare. Cum autem in montem Argai proximo huic operi vacaret, Tzanio quidam Nicopolitanus, religione pius, animo manibusque strenuus, ut vidit illum Dei hostem præstigiis suis fidentem, et veneficiis vitam concredentem, ita ut solus ligna cædere auderet, magna et ingenti contra seductorem emissa voce, quæ terrore stuporeque hominem replevit, inermis cum esset, securem e manibus ejus abstulit, scelestumque ita percussit, ut mors ejus sequeretur. Sic fallaciæ ille vere spiritus, pernicies humanarum animarum, acerba illa et profunda apostasiæ radix, extremum et pessimum malorum omnium, quæ ante fuerunt, manus et artis suæ instrumento obtruncatus impiorum, superborumque sermonum, vanarum promissionum et exspectationum, ipsiusque vitæ finem accepit, et in ignem inexstinguibilem æternumque cum impia sua sententia amandatus est.

XXV. Tertius et quadragesimus et trecentesimus post sexies millesimum a creatione mundi annus complebatur, cum impius ille morte scelera luit. Discipulos autem reliquit apostasiæ improbitatisque suæ, qui in mysticis maleficiis suis atque præstigiis primas tenebant, tres numero, Michaelem, Kanacarem et Joannem, quibuscum annumerabatur memoratus supra Theodotus; post illos autem Basilius et Zosimus, et alii complures. Sed hi illius scelestissimi hominis ter maledicti discipuli, quos decepta plebs comperegrinos appellat, populum in Argai locum congregatum, tametsi acerbam et divinitus immissam magistri mortem viderant, et nihil eorum, quæ ille portentose confinxerat, accidisset, populum, inquam, illum corrumpere, et pessumdare pergebant: nec ultra impietatis magisterium ad unum vel duos referebant. Sed pari inter se honore multitudini præficiebantur: attamen quosdam inferioris gradus constituerunt, quos appellabant notarios, quibus curam quamdam et officium in abominandis suis orgiis et initiationibus assignabant.

XXVI. Sub hoc tempus eminebat sceleratissimus Carbeas, vir ad subornandam plebem acutus, callidus ad ea occultanda, quæ efferre par non erat, et ad alia persuadenda, quam quæ in corde latebant, nullam revera tenens fidem, quippe qui Arabum religionem se admirari simularet : cæterum apostasiæ amatorem et dici et existimari honori et gloriæ sibi esse ducebat, neque bellicæ rei imperitus erat. Quamobrem cum apostatica illa multitudo jam eo incrementi venisset, ut militarem manum suppeditare posset, ad imperium ab illa evectus est, utpote qui impiissimum cœtum et augere et confirmare posse crederetur. Cum autem oppiduli angustia pressos cerneret subditos, aliam ampliorem urbem excitavit, quam Tephricam nominavit, ipsamque sequacibus suis incolendam dedit, ut imminentem Melitinorum tyrannidem declinaret. Nam etiamsi initio perhumaniter ab illis excepti fuissent, et tunc cum illos divites esse cernerent ac quotidianis deprædationibus rerum copia crescentes, non poterant eos sine invidia et cupiditate respicere. Quare non cessabant eis insidiari, ut spolia eriperent. Quæ quidem una ipsi causa fuit, cur procul a prima habitatione subditos suam sedem ponere decreverit. Ad hæc autem curabat, ut separati a cæteris hominibus, dæmoniacis et absurdis rebus seorsim positi liberius et cum fiducia vacarent. Cum enim antea vicinos haberent Saracenos, eorum simul ritus et suos observabant; sed eorum ritus theatrico more, suos vero mystico cultu.

XXVII. Præterea urbs illa a se structa opportuna videbatur esse ad Romanum imperium incursandum, utpote illius finibus vicinior. Quin etiam si quis inde transfugere vellet ex iis, qui eidem impietati assentiebantur, paratiorem ad fugam et secessum ob vicinitatem locum habebant. Bella vero deinde non prædationibus gessit, sed justis præliis et aciebus, sive solus cum suis sive cum Saracenis dimicaret : quandonam autem vicerit, et quandonam superatus fuerit, alterius est instituti temporisque referre. Quod vero vicinas sibi imperii Romani regiones innumeris affecerit calamitatibus, ipsa mali magnitudine plus quam verbis, posteri nostri cognituri sunt.

XXVII. Postquam autem sanguinarius ille et exsecrabilis homo longis temporibus intolerabilia perpetrasset, sero tandem et vix ægritudine consumptus periit. Ejusque tyrannidis et impietatis successor declaratur ejus gener ex filia, et consobrinus genere, cui nomen Chrysocheres : quo tempore hanc historiam describentes, quod futurorum notitiam nec habeamus, nec polliceamur, ultra progredi non possumus. Quod si quis eam spem dederit, quæ ex benignitate pendet, quæque humani generis amantes non fallit unquam, nec in errorem inducit, fortasse non nimis audacter scribatur, non multo abhinc tempore futurum esse, ut apostatici hujus et impii cœtus audacia, dogmata et robur dissolvantur et destruantur. Cæterum hic liber, unde initium duxerit error, repræsentavit, nec non quomodo secundo jacto semine hæc ipsa amaritudinis radix surculos impietatis emiserit, ac etiam, quomodo usque ad tertiam vicem zizania repullulaverint : item quænam et quot fuerint defectionis Ecclesiæ, ut vocabant, qui magistri, et quomodo illi sacras voces adulteraverint, quibusnam iterum verbis suam ipsi sententiam obumbrent, et alia multa, quæ postquam cursim historia enarravit; ad secundum librum remittit tum impiorum dogmatum refutationem, eorum maxime, quæ hactenus depulsa non fuere, tum, si qua alia, quæ dici oportuit, prætermiserit : si tamen divina gratia negotiis obruto Scriptori requiem et vacationem concesserit.

SERMO II.
Dubia et solutiones Manichæorum.

I. Si Bonus (Deus) animam quidem format, Malus vero corpus, quomodo Bonus ille creaturam suam cum creatura Mali istius conjungi passus est? imo qui conjunctionem eamdem Malus admisit? aut enim compositio illa bonum efficiet corpus, quod certe non convenit, quia sic Bonum Mali operi prodesset : aut malam efficiet animam, id quod longe foret absurdius, quia hoc modo opificium Dei ab opere mali superaretur. Quæ vero causa fuit, cur Deus bonus opus suum jungi pateretur operi Mali, a quo malo inficeretur, et qui vicissim sustinuit Malus, ut opus suum redderetur bonum? Præterea vero quis unionis illius auctor est? Si Bonus, quomodo is non malus effectus est, malo scilicet opere recepto; sin Malus, manifestum est eum in tantum Bonum evasisse, cum amore in bonum opus ferretur, sicut vicissim Bonum simul et bonum et malum factum oportuit. Conjunctio enim illa utriusque naturam miscens et confundens id, quod altera habebat proprium, injuria affecit, alienum vero sibi vindicavit, adeo ut et Bonus opus suum eadem opera bonum ac malum, Malus vero malum et bonum efficeret, quo nihil potest esse vel absurdius vel insolentius. Atque ita res se omnino habuit, si quidem juxta cum formatione operum illorum et ipsa conjunctio locum habuit : quod si vero aliquando a se invicem sejuncta illa fuere, alterutrum alterius conditoris curam ac providentiam sibi propriam habuit, et ab oppositi labe immune permansit, quomodo in cogitationem discriminis venerunt, et quomodo postea aliam de conjunctione facienda susceperunt? Aut enim prius uterque seipsum et opus suum in proprium commodum intaminatum conservavit, aut, cum id sibi noxium esse intelligerent, facti prudentiores in conjunctionem consenserunt. Taceo impia et absurda alia, quibus primum erroris hujus fundamentum abundat. Adeo Deo oppositum furoreque ac insania plenum est, alium quidem animæ, alium vero corporis fingere conditorem.

II. Quod vero illi, qui ita errant, dicunt, malum nos ad malitiam compellere, id omnino veritati, non autem errori, patrocinatur. Quod enim incitamur, ut indivisibilem et inseparabilem Dei potestatem ac imperium in duo dividamus, id quidem a doloso et vehemente impulsu Mali proficiscitur. At ille quidem tentare nos et impetere potest, nobis vero irritamenta ejus propellere omnino licet. Propulsamus vero tum corpore, tum anima. Quod si vero corpus nostrum impulsus ejus propulsare valet, imo non propulsare solum, sed omnes quoque artes ejus frangere, quomodo ejus conditor fuerit? Quod enim creatura Dei præceptum Domini sui negligere, et ab inimico opposito decipi possit, id argumentum est arbitrii in utramque partem liberi, cujus nobis copia in creatione facta est. Anima enim libera est : *Et ecce proposui tibi ante oculos mortem et vitam*[a]. Jam vero quod totum, quantum est, malum est, quomodo repugnare principio suo potest? Quomodo enim, judicio destitutum, a malo descivit ? vel quomodo in bonum deflexit, et pristinum imperium vicit? Itaque fieri non potest ut ad duo opposita principia corporis et animæ creatio referatur.

III. Præterea vero, idque recte, monent: hostem in animam eorum, qui se sponte ipsi dederent, ita non esse dominatum, ut tenebris obducti nullum prorsus veritatis radium ullo modo admittere potuerint. Aiunt itaque Deum bonum fuisse ab æterno, et esse et fore, eumdemque nec videri nec comprehendi posse. Atque is quidem splendor est radii veritatis; tenebræ vero cum tempore magnas accessiones nactæ ipsorumque intellectui offusæ rationem ita obcæcant, ut insanientes dicant malum prodiisse ex tenebris et igne, id quod multo risu vel potius lacrymis non sistendis dignum est, et pro incredibili animæ monstro habendum. Si enim de tenebris et igne sensibili ipsis sermo est, et illud, quod inde natum est, pro sensibili habendum fuerit. Itaque Malum principium sensibile est. Quod si vero tenebræ illæ et ignis mente tantum percipi possunt, multo magis ejusmodi quid fuerit Malum, tanquam quod hinc profectum est. Itaque tenebræ illæ ac ignis aut æterna erant æque ac Deus, aut postea demum orta? Ubi vero erat tunc Malum, illis jam exsistentibus? Si vero postea demum prodierunt, quis illa in lucem produxit? Tenebræ enim, quæ ratione tantum intelliguntur, ab initio tales fuerunt, neque permittunt ut illarum conditorem culpa vacare credamus. Similiter nec ignis, qui scilicet animo tantum cerni potest, auctor fuisse potuit principium mali. Et quomodo principium esse potest, quod aliis originem suam debet ? Et quot alia afferre possit is, qui stultam hanc conjunctionem sub rationis examen vocare voluerit?

IV. Cur nempe tenebræ solæ suffecerunt illi producendo? cur nec ignis suffecit? quis utraque illa ad productionem principii mali conjunxit ? quomodo non potius illa pro principio agnoscuntur? Quid vero de illis factum est? et quid nunc agunt, postquam illud quod progenuerunt, principatum sibi vindicavit? Præterea, si Malum ex tenebris et igne prodiit, quomodo vicissim Malum tenebrarum et ignis tradunt auctorem? Si vero Malum non est

principium ignis, ignis vero sensibus subjectus est, quomodo dicunt, Deum bonum nihil, quod ad sensus pertinet, condidisse? Si enim impudentissimos homines pudere posset hujus erroris, quo ignis originem in Malum referunt, caverentque adeo sibi, ne nunc quidem conditorem, nunc vero opus ipsum iisdem criminationibus impeterent; vel sic tamen rem non minus pudendam admissuros se esse sciant. Profitebitur enim factio hæc etiam invita et tacita, boni Dei esse opus, quod antea omni studio et opere omni ipsi surripiebat. Omnino enim ignem sensibus perceptibilem, quantumcunque etiam obtenebrati sint, nec initio carere, nec æternum esse dicent.

V. Tum vero, si non omnes, aliqui certe eorum, ex tenebris emersi, dicunt bonum quidem deum cœlestia tenere, et opificem esse cœli, ac hominibus bonarum actionum auctorem exsistere; at iidem caliginem suam non magna ex parte amoliti iterum nugantur, quando nec terræ, nec eorum quæ in ipsa sunt, creationem ascribunt, sed alium potius conditorem introducunt. Quidam vero eorum (in multas enim partes error abit), et cœlum ipsum, et quæ in eo sunt omnia, hostis audent fetus pronuntiare. Enimvero si pro stupore eorum, cœlum Mali opus est, quomodo bonus Deus in cœlestibus habitat, et si cœlum comprehendit aera et terram, et aquam (nam et subterranea eo continentur), quomodo cœlum, Dei cœlestis habitaculum exsistens, Mali opera, hoc est, terram, ignem et aerem continet, nec continet solum, sed et gubernat? Ex ortu enim et occasu solis, astrorumque, quæ cœli sunt, et terra, et aqua, et aer, et ignis, divinis auspiciis, tum bona sua temperatura gaudent, tum mutua inter se permutatione in commune bonum perfruuntur, humanoque generi aliisque animantibus ad præsentes necessitates opitulantur. Quod si principii mali opus cœlum est, quomodo Servator noster venerandam illam et mirandam precandi formulam docens et præscribens *Pater noster*, inquit, *qui in cœlis es*[9] ; iterumque : *sanctificetur nomen tuum, sicut in cœlo et in terra*[10]? Quomodo itaque in aliena creatura omnis creaturæ opifex habitat, quæque et mala sit et mali principii opus? Alibi quoque Servator homines in se invicem indulgentes esse cupiens : *Si remiseritis*, inquit, *hominibus lapsus eorum, et vobis Pater vester cœlestis vestros remittet*[11]. Alibi idem voluntati Dei obsecundandum præcipiens, sicut et ipse primum voluntatem ejus eminenter implevit : *Quicunque*, inquit, *voluntatem Patris mei, qui in cœlis est, perfecerit, is et frater meus, et soror et mater exsistit*[12]. Ex misericordia scilicet hominum amantissima id donans aliis, quod ipse natura possidebat : ipse enim Filius Patris non secundum gratiam, sed secundum naturam est. Cum vero ut homo voluntatem ejus perfecisset, eos, qui imitatione idem exprimunt, in filios recipit,

---

[a] Deut. xxx, 19. [9] Matth. vi, 9. [10] ibid. v, 9, 10. [11] ibid. 14. [12] Matth. xii, 50.

fratrumque nomine cohonestat. Et quid, quæso, quisquam obverterit eis, per quæ Servator Patrem suum cœlestem et in cœlis exsistentem prædicat? Et quid cætera commemorem? quomodo sacerrimorum hominum impudentia non frangitur, audita Domini voce : *Confiteor tibi, Pater, Domine cœli et terræ* [13], ubi eum non solum cœli, sed et terræ Dominum aperte pronuntiat? et quid hoc testimonio clarius est, quidque magis valere potest ad efficiendum, ut Patrem Domini nostri Jesu Christi opificem et Dominum totius universi constituamus, et de defectionis ejus impietate triumphemus?

VI. Cumque alibi Petrus, apostolorum coryphæus, communem nostrum Magistrum et Deum professus esset, is hujus professionis præmium ipsi quasi relaturus beatum quidem eum prædicat, revelationem vero hanc Patrem in cœlis ipsi exhibuisse docens : *Beatus es*, inquit, *fili Jonæ, quia caro et sanguis non revelavit tibi, sed Pater meus in cœlis. Ego vero dico tibi : Tu es Petrus, et in hac petra ædificabo Ecclesiam meam, et portæ inferorum ei non prævalebunt. Et dabo tibi claves regni cœlorum; et quidquid ligaveris in terra, ligatum erit in cœlis, et quidquid solveris in terra, solutum erit in cœlis* [14]. Millia ejusmodi in confutationem impiæ hujus sententiæ ex sacris Libris afferre liceret. Perpende vero et hoc : *Jesus baptizatus confestim ex aqua ascendit* [15]. En linguam impia declamantem ! Boni Patris Filius optimus in creatura Dei baptizatus exscendit; et : *Ecce cœli super ipsum aperiuntur* [16] ! En tibi aliam malæ manus creaturam ! cur vero aperti sunt, et cujus causa ? *Vidit*, inquit, *Spiritum Dei descendentem instar columbæ* [17]. Tertium hæc pauca verba de impietate triumphandi argumentum suppeditant. Quomodo enim per rem, a malo profectam principio, Spiritus Dei adumbratur? Prodit illa ex operibus hostis, atque inde progressa descendit in Christum. Accedit quartum impietatis argumentum. Vox enim e cœlo sonat: *Hic est Filius meus dilectus, in quo delectatus sum* [18]. Considera, quæso, singulas voces, ut cum eis invicta impietatis confutatio offeratur : *Hic est*, inquit, *Filius meus dilectus, in quo delectatus sum*. Quis est, qui in aqua baptizatur, super quo aperti sunt cœli, in quem Spiritus meus, habitu columbæ descendens ex cœlis, testatur baptizatum hunc esse Filium ? Omnia mea sunt, quia omnia condidi : Filius quoque meus est, qui, voluntatem meam perficiens, mundo salutem conciliat, dum interim virtus Spiritus mei, quæ ipsi, unius et ejusdem naturæ mecum participi, præsens est, opere ipso palam facit, eum verum esse Filium. Alibi iterum iis, qui omnia ideo faciebant ut placerent hominibus, *Mercedem*, inquit, *non habetis apud Patrem vestrum in cœlis* [19]. Item : *Quanto magis Pater vester in cœlis dabit bonum petentibus ab ipso* [20]. Item : *Unus est Pater vester in cœlis* [21].

Et quid optimi Patris optimus Filius cœlum, alienam creaturam, respexit, digitisque in aures immissis, muti tetigit linguam, sputoque emisso mutum malo suo liberavit? Nova hic est creatura mala, ut Deo adversantes loquuntur. Cui vero ipso dicenti : *Pater, glorifica Filium tuum*, ex cœlo venit vox dicens : *Et glorificavi, et iterum glorificabo* [22]. Noverat enim et ipse, quod et glorificaverit, et glorificaturus sit. Neque propterea exorabat Patrem. Ipse enim omnia, quæ Patris sunt, habens, et solus sciens Patrem, neque hoc ignorabat. Ut vero præsens audientium turba perspectum haberet, disceretque se et passionem instar hominis declinare, et tamen expetere, omnes docet se sponte sua illam subire. Hinc et ait : *Non propter me, sed propter vos vox ista facta est* [23]. Ego enim Patris consilia omnia noveram, neque quidquam eorum ignorabam. Neque propter me vocem ad ipsum emisi, neque propter me ille eam obsignavit, sed propter vos, ut sciatis voluntatem meam cum voluntate Patris conspirare, meque perpessionem gloriam appellare. Pro vobis enim omnibus hoc in me recipio. Hoc fine et precatio hæc, et Patris ex cœlo vox petita confirmavit. Atque hæc quidem de his sufficiant.

VII. Quod si vero ignis Mali opus est, quomodo bonus Deus, boni Filius, eos, qui ad ipsum adducuntur baptizat in Spiritu sancto et igne [24], creaturam Mali Spiritui sancto jungens, atque adeo per contraria baptizatum sanctificans? Quæ enim mens hæc capiat? quæ ratio inepta hæc ferat? quis vero impietatis magnitudinem non abominetur? quomodo itaque Deus bonus angelos suos facit spiritus, ministros suos ignis flammam [25], alienorum operum se ipsum venditans conditorem? Propheticam enim illam vocem tanquam divinam et veritatis præconium, Paulus obsignat. Quomodo vero paleam, quæ peccatorum levitatem designat, creaturæ Mali in supplicium tradit, quandoquidem eam igne inexstinguibili comburendam esse nuntiat [26]? Et quomodo domitor hostis venit, ut ignem jaceret in terram [27], hostis opus sic amplificans et augens? quomodo item diabolo paratus est ignis [28], si ipse est ejus conditor? neque enim ipse sibi parabit supplicium. Vicissim vero, si hostis ignem, ut videtur, non paravit, non paravit etiam quidquam, per quod homines sine emendatione peccantes punire possit, neque ipsum illum, qui zizania sparsit, per quem justam sumat ultionem. Et quis omnia ejusmodi enumerarit?

VIII. Quoniam vero maledica et impia lingua terrestria ad malum principium audet referre, quomodo ea sua dicit communis noster Dominus et Servator? *In propria enim venit*, inquit, *sed sui eum non receperunt* [29]. Quod si dixerint apostatæ, proprie hic dici sermones propheticos, in hos vero

---

[13] Matth. xi, 25. [14] Matth. xvi, 17, 18. [15] Matth. iii, 16. [16] ibid. 16. [17] ibid. [18] ibid. 17. [19] Matth. vi, 19. [20] Matth. vii, 11. [21] Matth. xxiii, 9. [22] Joan. xii, 28. [23] ibid. 30. [24] Luc. iii, 16. [25] Hebr. i, 7. [26] Luc. iii, 17. [27] Luc. xii, 49. [28] Matth. xxv, 41. [29] Joan. i, 11.

venisse Christum, ipsos vero eum non recepisse, vide, quæso, insignem eorum insaniam et impudentiam. Primum enim, quomodo propheticos sermones proprios Christi esse aiunt, cum ipsos prophetas et inspirationem eorum ad malum referant? Deinde, quomodo in propheticos sermones venit Christus? Primo enim, quod et ipsi aiunt, ad alienos venit, prophetici enim sermones alieni quid sunt, tanquam ab alieno inspirati, nec ad bonum Deum pertinent. Deinde, quomodo omnino proprii esse possunt Christi sermones prophetici, qui non receperunt eum? Dicitur enim: *In sua venit, sed sui eum non receperunt.* Porro, quibus potestatem fecit Christus, ut filii Dei fierent? num sermonibus propheticis? Hoccine non est nugari? Sermones enim si ex Deo sunt, eo ipso proprii sunt et domestici Dei; si vero mali, quomodo filii Dei efficientur? Tum, qualis sermo propheticus ex sanguinibus et voluntate viri et ex voluntate carnis pronatus est? Addit enim: *Qui non ex sanguinibus, nec ex voluntate viri, nec ex voluntate carnis, sed ex Deo nati sunt* [29]. Qui igitur sunt illi sermones, ex sanguinibus prognati, et qui non? Nullus enim sermo, sive bonus, sive malus, sive verus, sive falsus sit, sive a bono, sive a malo Deo proficiscatur, certe ex sanguinibus, quamvis maximopere insaniant ejusmodi res proferentes, natus dicetur. Itaque in his Domini verbis prophetici sermones nullum locum inveniunt. Sed propria ibi appellat mundum, sicut et alibi ad discipulos suos ait: *Ecce venit hora, et jam venit ut dispergantur singuli in sua* [30]. Quæ igitur ibi sua vocat? num sermones propheticos? an possessionem et domum cujusque? Sicut igitur ibi *sua* (τὰ ἴδια) prout illi quidem nugantur, non appellat sermones propheticos, sed propriam cujusque domum et facultates, ita et quando dicit: *In sua venit, et sui eum non receperunt:* sua quidem mundum sensibilem vocat; possessio enim ejus et creatura ille est: sicut et isti, qui in eo sunt, et quorum alii doctrinam ejus receperunt, alii minus. Alibi quoque ipse Jesus Servator noster suam circumiens patriam, atque hujus sui instituti rationem redditurus, testatus est dicens: *Propheta in patria sua honorem non habet* [31]. Cum itaque dictio hæc ex ipsis Evangelii verbis ita illustrata sit, ut per *propria* mundum, et quæ in eo est, patriam indicari appareat; nonne manifeste insaniunt, qui tam clara oracula ad ineptias et nugas transferunt? Quoniam igitur Domini verba propria Domini mundum vocant, proprios vero ejus, qui in eo sunt, sive receperint eum, sive minus (nam qui receperunt, postquam, ut creaturæ, ejus jam fuerant, etiam filii ejus effecti sunt, quam primum eum, qui salutis ipsorum causa venerat, amplexi sunt : qui vero non receperunt, quamvis proprii sint, tanquam creatura ejus, illi, non recipientes, seipsos dignitate filiorum spiritualium privarunt), quoniam, inquam,

evangelica verba *propria* et *proprios* ita interpretantur, quomodo non abominandus est eorum error, qui aliam notionem verbis subjiciunt? Quod vero *propria* mundum vocet, inde etiam clarissime perspici potest. Erat enim, inquit, *lux vera, quæ illuminat hominem omnem in mundum venientem* [32]. Quem innuit mundum? omnino sensibilem. Quando vero illuminavit? cum in eum venit. Quando vero venit? Evangelium clamat: *In mundo enim erat,* inquiens; omnino enim in sensibili mundo exsistens hominem in mundum sensibilem venientem illuminavit. Porro cujus fuerit creatura mundus, in quo et ipse erat, et venientem in illum illuminabat, non aliunde rectius discitur, quam ex ipsis verbis evangelicis: *Mundus enim,* inquit, *per ipsum factus est et mundus ipsum non cognovit* [33]. Id quod simile est alteri illi: *In sua venit, et sui eum non receperunt.* Vides, quomodo veritas undiquaque sibi testimonium ferat, et lux ejus magis magisque affulgeat ipsam quærentibus. Quandoquidem igitur sanctissima oracula et mundum hunc visibilem *propria* Servatoris vocat, et per eum factum esse pronuntiat, et eos, qui in mundum veniunt, non alium, quam ipsum illuminare, confirmat, quomodo non contremiscunt homines, defectionis vera progenies, et mali principii filii, quando alium quidem mundi visibilis conditorem ferunt, alium vero eum, qui venientem in mundum illuminet, quemque substantiæ intelligibilis tantum opificem profitentur?

IX. Et absurditatem rei aliunde quoque manifestam facere licet. Si enim terrestria Mali sunt, quomodo sustinuit, frugibus uti, quas creatura Mali protulit, ita ut nunc ex quinque panibus, nunc ex septem, multas myriadas saturaret? Multo enim satius Deoque convenientius erat disciplinæ suæ alumnos non ex fructibus alienis, sed de suis rebus pascere. Imo quomodo in universum cibo aut potu ipse usus est, tanquam fructibus operum principii mali? Quomodo iterum cæco oculos fabricans non ex alia materia, quam ex terra et aqua, quæ erant Mali, visum restituit, operas cum hoste partitus, atque illi quidem potiora permittens, ipse vero partem suam ex aliena materia, tanquam qui propria sit destitutus, et aliena accessione explens? Hujus certe, si nullus præterea, pudere debebat homines perditissimos, ut considerarent quod, qui oculos formavit ex luto, ipse vere est is, qui ab initio hominem ex luto condidit. Cujus enim materiæ pars est, ejusdem quoque est totum: et quem conditorem habuit universum, eum et pars habuit. Adde his: si corpus a Malo profectum est, quomodo flevit ipse, cum id in Lazaro periret, et quomodo opus Mali abolitum ipse restituere et in vitam vindicare, ac Lazarum resuscitare sustinuit, ipsum quoque Patrem eo tempore implorans, ut creaturam Mali optime [perditam ipse iterum reficeret et in vitam revocaret [34]? Imo si corpus mali

[29] Joan. I, 30. [30] Joan. XVI, 32. [31] Matth. XIII, 57. [32] Joan. I, 9. [33] ibid. 19. [34] Joan. XI.

est principii, quomodo filium viduæ mortuum resuscitavit ? quomodo tot mille alia miracula, quibus hominum profuit corporibus, perpetravit ? Nonne denique centurionis puer, Petri socrus, mulier ex morbo depressa, femina sanguinis fluxu per multos annos debilitata, omnique salutis spe privata, leprosi, paralytici, claudi, surdi, atque mille alia calamitatum et morborum exempla, a quibus corpora immunia reddidit: nonne, inquam, ista omnia idonea sunt ad perfundendos rubore illos, qui corpora hominum Mali creaturam dicunt? Quomodo enim opus hostis perditum bonus Deus renovavit, neque solum eorum, qui ad ipsum se recipiebant, mala averruncavit, sed et ipse ad eos accessit ? *Jesus enim urbes omnes et vicos obiit, docens in synagogis ipsorum, et morbos omnis generis ac infirmitates sanans* [35]. Neque solum medelam illis attulit, factamque tacuit medicinam, sed et, ut narrarent aliis, præcepit: *Euntes enim*, inquit, *renuntiate Joanni: Cæci vident, claudi ambulant, leprosi purgantur, muti audiunt, et mortui resurgunt* [36]. Discipulis vero signum potentiæ suæ virtutis ac gratiæ largitur, ut ægrotis manus imponant eisque medeantur. Adeo Christus, Deus noster, qui ad servandam animam et corpus venit, corporis, tanquam proprii operis, curam suscepit, neque beneficentiam suam in eo jussit acquiescere, sed et, ut eadem facerent, discipulis suis potestatem fecit. Si vero, quod mali principii ora contra Deum profitentur, corpus a malo ortum est, quomodo per illud præclarissima quæque efficimus, temperantiam, v. gr., continentiam, vigilantiam, resistentiam, patientiam in adversis, martyrii labores, quæ quidem omnia ad corpus magis quam animum pertinentia in Conditoris Creatorisque gloriam tendunt ? Anima enim, sibi relicta, non ingrederetur unquam studium ad ejusmodi præstanda, neque si omitteret, ad reddendam rationem vocari posset. Quomodo itaque creatura Mali perficit bona, et succurrit animæ ad præclara illa perficienda, quæ, eo absente, perficere non judicatur ? Tu vero etiam hoc velim consideres: si corpus Mali fuit principii, quomodo Paulus, ægrotante Epaphrodito, tristatus fuit, et dixit : *Deus misertus est illius, nec illius solum, sed et mei, ne tristitiam super tristitia haberem* [37]? Quid enim necesse erat Paulum tristari, videntem, quod creatura Mali perdita sit : et, si creatura fuisset Mali, quomodo idem vir divinus scripsit Timotheo : *Vini parum adhibe ob stomachum tuum, et morbos frequentiores* [38]? Divinum enim illum doctorem, siquidem vere de Timotheo sollicitus fuit, secundum vos, quia corpus Mali erat creatura, scribere decebat : Omnino non utere vino, ut eo citius id, quod Mali est, frangatur, tuque onere ejus leveris. Quod si corpora ad Malum originem suam referunt, quomodo Jesus Christus, Dominus noster, ait : *Nonne duo passeres uno assario venduntur, neque tamen unus eorum sine Patre vestro, qui in cœlis est, cadit* [39]? Quid enim bono Deo curæ est de creaturis Mali, quibus nec præmia, nec vita æterna, nec regnum cœlorum proposita sunt ? At quoniam Dominus eorum et conditor et superior est, ideo neque illa sine ipso vita privantur. Quomodo vero Christus in corpore Pauli glorificabitur, si quidem corpus a Malo est formatum ? Imo quomodo mysteriorum divinorum præco, si corpus non fuit creatura Dei, qui est super omnia, corpus et spiritum et animam precatur totam conservari, idque ad Domini adventum ? Ait enim : *Deus vero pacis sanctificet vos integros, et totus Spiritus vester, et anima et corpus inculpata conserventur in adventum Domini nostri Jesu Christi* [40]. Præter vero ista, si anima alterius principii opus exsisteret, alterius vero corpus, quomodo verus nostri conditor et Deus, servos suos curis non distractos esse cupiens, de utroque præcipit dicens : *Ne curate de anima vestra, quid edatis aut bibatis, neque corpori vestro, quid induatis* [41] ? Postea adhuc magis exemplo quodam ad percipiendas admonitiones perducturus : *Inspicite*, inquit, *in volucres cœli, quia non serunt, nec metunt, neque in granaria congerunt* [42]; et unde illis victus suppetit ? *Pater vester cœlestis nutrit eas* [43]. Si itaque Patrem nostrum cœlestem eum, qui volucres cœli nutrit, et agnoscit, et appellat veritatis fons, imo vero gramen agri, in fornacem conjici solitum, ab eodem Deo, ea forma indui ait, qua nec Salomon in omni sua gloria conspicuus fuerit, quomodo effrenata impietatis ora alium quidem graminis, et avium et corporis et rerum sensibilium omnium conditorem renuntiant, alteri vero dimidium principatum ex gratia quasi largiuntur?

X. Quod vero idem sit, qui et sæcularia hæc et cœlorum regnum largitur, paucis commonstraturus Servator : *Novit enim*, inquit, *Pater vester cœlestis, quod his omnibus indigetis. Quærite vero primum regnum Dei, et justitiam ejus, et ista omnia adjicientur vobis* [44]. Cujus est, homo perditissime, regnum cœlorum, et cujus est justitia ejus ? et quis suppeditat necessitatibus corporis consultura ? nonne idem Deus, qui unus est et solus ? nonne communis formator ? nonne omnium Dominus ? Si vero qui solem suum oriri facit super malos et bonos, et pluviam super justos et injustos demittit, idem est, qui ad perficiendas virtutes nos in filios adoptavit ; hic vero est Pater noster, qui in cœlis est, nonne vehementer abominanda est apostatarum impietas ? *Ego enim*, inquit Servator, *vobis dico : Diligite inimicos vestros, benefacite odio prosequentibus vos* [45]. Pergit, si quæratur, quænam sit obedientiæ merces ? *Ut fiatis filii Patris vestri cœlestis*. Quis vero est Pater cœlestis ? *Qui solem*

---

[35] Matth. IX, 35. [36] Matth. XI, 5. [37] Philipp. II, 27. [38] I Tim. V, 23. [39] Matth. X, 29. [40] I Thess. V, 23. [41] Matth. VI, 2. [42] ibid. 26. [43] ibid. [44] ibid. 32. [45] Matth. V, 44.

suum oriri facit super malos et bonos, et pluviam mittit super justos et injustos. Sitis igitur perfecti vos, sicut Pater vester cœlestis perfectus est ⁴⁶. Perfectus igitur Pater, quem imitari nos jubet, qui natura et Filius, idem ille est, non alius qui solem visibilem oriri facit, quique lucem sensibilem nobis, qui sensibus subjecti sumus, suppeditat, et pluit super justos et injustos, ut fructus ferre et coli terra possit, utque, si quid ob ariditatem ad intemperiem vergat, aer, quo ad respirationem utimur, per humorem pluviæ temperetur. Ubi igitur sunt nefandi illi imperii Dei partitores, qui terræ, aeris, pluviarum, solis, aliorumque ejusmodi alium fingunt conditorem, alium vero eorum, quæ in classe et ordine rerum intelligibilium locum tenent.

XI. Tu vero et hoc mihi expende : Si thronum Dei cœlum appellatis, qui præ aliis Patrem, et quæ Patris sunt, novit, terram scabellum, et Hierosolyma civitatem ejus, nonne maximæ impietatis argumentum est, ea, quorum filius testis est, quosdam ipsi præscindere, et eorum, quæ prærepta sunt, alium venditare auctorem? Christus enim Deus, qui omnia ad salutem nostram et facit, et monet, jusjurandum, tanquam perjurii inter homines portam, in civili societate claudens, ait : *Ego vero dico vobis : Ne juretis omnino, neque per cœlum, quia thronus est Dei ; neque per terram, quia scabellum est pedum ejus ; neque per Hierosolyma, quia civitas est regis magni. Sed neque per caput tuum,* addit, *quia non potes producere ex ea capillum album aut nigrum* ⁴⁷. Caput, et Hierosolyma, et terram, et cœlum sensibus et visu dignoscenda hic memorat, per quæ Judæi jurare consueverant. Caveat vero sibi insana cohors, ne denuo in fabulas et nugas caput, et Hierosolyma, et terram et cœlum convertat. Cœlum enim, quod conspicitur, et terram quæ sentitur, et Hierosolyma urbem olim quidem exstructam, aliquot autem sæculis post a Davide reædificatam, ea inquam, thronum, scabellum et urbem magni regis appellat. Cujus autem regis? sic ipse alibi clarius edocet : *Ne faciatis,* inquit, *domum Patris mei domum nundinationis* ⁴⁸, templum scilicet Hierosolymitanum domum Patris appellans, propter quod et Hierosolyma regis urbem vocat. Quem enim in prohibitione jurisjurandi magnum pronuntiavit regem, eum hic Patrem suum et simul Deum appellat. Ideo et vendentes boves et oves et columbas a Paterna domo, castigata mercandi insolentia, arcet, justamque illis iram comminatur, quos scilicet et paternæ domus et paterni præcepti contemptores videbat. Quid præterea dicent, si primum quidem David, a Spiritu sancto actus, deinde vero etiam divinus Paulus clara voce clamavit, quod Deus a Mose prædicatus ad Dominum nostrum Jesum Christum inquit : ad Servatorem enim nostrum Paulus, ad Hebræos scribens, Patris accommodat vocem per Davidem prænuntiatam : *Filius meus es tu, ego hodie genui te.* Iterumque alibi : *Ego ero tibi in Patrem, et ipse erit mihi in filium* ⁴⁹. Item : *Et adorabunt ipsum omnes angeli Dei* ⁵⁰. Et : *Thronus tuus, o Deus, est in sæculum sæculi : sceptrum regni tui* ⁵¹. Porro (attendite, surdi, et videte, cæci!), addit enim : *Tu vero a principio, Domine, terram fundasti, et opera manuum tuarum sunt cœli. Illi peribunt, tu vero permanebis. Et omnes instar involucri convolves eos, et immutabuntur. Tu vero idem es, et anni tui non deficient* ⁵². Quod si ista in Spiritu prædixit, qui Dei Pater est, David, obsignavit autem arcanis sacris initiatos et initians alios Paulus, quod scilicet Veteris Testamenti Deus idem est et Domini nostri Jesu Christi filius, idemque thronum sui natura filii in sæculum sæculi firmavit, et omnium angelorum ordines progeniei suæ adoratores et famulos constituit, imo qui idem, et non alius, terram fundavit, et cujus manuum opera cœli sunt ; nonne omnem impietatem in sinu reconditam habent, qui alium quidem Patrem Domini nostri Jesu Christi, alium vero cœli et terræ conditorem fingunt, conditori creaturas suas auferentes, easdemque zizaniorum satori vindicantes? Pro quo certe interitum ipsis retribuet, ut in pœnam, quæ illi parata est, cum ipso ducantur. Similia dictis in Actis afferens divinus Lucas, (quamvis maxima horum apostatarum pars dicta ejus non recipiat), Isaiæ scilicet vel potius Stephani lingua usus, egregie per Judæos ora illis obturat. Is enim, cum primus coronam victricem reportasset, in sua Judæorum confutatione, inter cætera argumenta, quibus impudentiam eorum confundit, Patrem Domini nostri Jesu Christi introducit clamantem et dicentem : *Cœlum mihi thronus est, et terra scabellum pedum meorum. Quam domum ædificabitis mihi, ait Dominus* ⁵³. Et quæ in Evangeliis Servator dixit de Patre, thronum quidem ejus cœlum, scabellum vero terram, et urbem ejus Hierosolyma vocans, eadem testatus primus martyr Isaiæ verbis Patrem introducit eadem dicentem. Alibi quoque iterum Servator, vaniloquentiam jurantium reprimens et cohibens eamdem doctrinam astruit. *Stulti enim,* ait, *et cæci, quis major est? aurumne, an templum, quod sanctificat aurum* ⁵⁴ ? Itaque templum veteris instrumenti non solum sanctum erat, sed et sanctificandi vi pollebat. Iterum : *Utrum majus est? donumne, an altare, sanctificans donum?* Ubi diserte ostendit, et altare sanctum fuisse, et quæ in eo offerebantur, sancta effecisse. Et post pauca : *Et qui jurat,* inquit, *per cœlum* (aperi, homo, aurem quam ad audiendum formavit Deus, transformavit autem is qui vere malus est, ut surdus esses; audi, inquam) : *Qui jurat,* inquit, *per cœlum, jurat per thronum Dei et per eum qui sedet super ipsum* ⁵⁵. Itaque sanctum quidem est templum,

---

⁴⁶ Matth. v, 45, 48. ⁴⁷ ibid. 34-36. ⁴⁸ Joan. ii, 16. ⁴⁹ Hebr. i, 5. ⁵⁰ Hebr. i, 7. ⁵¹ ibid. 8. ⁵² Psal. ci, 26, 27; Hebr. i, 10, 11. ⁵³ Act. vii, 49. ⁵⁴ Matth. xxiii, 27. ⁵⁵ Matth. xxii, 21.

sanctum vero et altare, idemque divino beneficio sanctificans : cœlum vero est thronus veri Dei et Patris Domini nostri Jesu Christi. Cujus et creatura universa opus et effectus est. Quod si vero Deo et Patri Domini nostri Jesu Christi, ista quidem proclamanti, obloquuntur, si Christo, Deo nostro vero, eadem cum Patre dicenti, non credunt ; si Paulum, a quo falso cognominantur, eadem testantem, et Davidem prophetantem supine negligunt ; si ad Lucam, discipulum et præconem salutaris doctrinæ non attendunt ; si Stephanum denique, martyrum primum et prophetam, adductum adunco naso suspendunt ; consequitur eos, quod et faciunt, malo solum principio obedire, cui et animas suas et corpora tradiderunt, illas quidem impiis cogitationibus, hæc vero sordidis actionibus indulgentes. Egregie vero in illos quadrat reprehensio, a Domino in ingratos Judæos conjecta, eo quod Patremfamilias, Beelzebul vocaverant. Apostatæ enim illi Patremfamilias totius universi Beelzebul vocant, vel potius injuriam aliam super aliam accumulant ; adeo omnem impietatem omnemque insolentiam factio hæc Deum oppugnans leviorem sua efficit.

XII. Alibi Servator Mosaica instituta præcepta appellans, et legem a Patre latam undique in pretio habens : *Deus*, inquit, *præcipit : Honora patrem tuum, et matrem tuam. Et : Maledicens patri aut matri, morte moriatur. Vos mandatum Dei abrogastis per traditionem vestram* [56]. Atque hæc dicens Isaiam testem affert, *Bene*, inquiens, *prædixit de vobis Isaias : Appropinquat ad me populus hic ore suo, et labiis suis honorat me ; cor vero eorum longe a me remotum est* [57]. Attende quoque ad sequentia : *Frustra vero colunt me.* Cur ? *Quia docent doctrinas, præcepta hominum* [58], adeo, quæ erant hominum præcepta, ea legislatori Deo non placebant. Imo et doctores eorum pœnæ obnoxios faciebat. Tradebant vero hæc Seniores Scribarum et Pharisæorum, labiis quidem se Deum colere verum dicentes, corde vero ab eo procul remoti. Verus igitur filius et natus Dei ac Patris, cujus legi suas præceptiones imperiti Israelitæ præferebant, ille, inquam, Servator noster et vanam ingratissimorum Judæorum in discipulos suos animadversionem obtundit, et cibos, tanquam Patris creaturam, ab omni prava suspicione liberat, sicut et testatur Evangelista : *Non quod ingreditur*, inquiens, *in os, inquinat hominem, sed quod egreditur ex ore, illud inquinat hominem* [59]. Alibi vero iterum paucis verbis concordiam et justitiam inter homines stabiliturus, ista præcipit : *Quæcunque volueritis ut faciant vobis homines, eadem et vos facite illis* [60]. Hanc suam admonitionem et legem ut inculpatam et utilem commendaturus, addito elogio legis et prophetarum, obsignat : *Ita enim*, inquiens, *habet lex et prophetæ* [61]. Sic et parabola illa, in qua regnum cælorum Servator noster cum homine bonum in agrum semen spargente comparat, non minus impios homines pudore suffundit. Nonne enim præsens mundus, et qui in ipso sunt, ad regnum Dei referri debent, quando agrum suum iisdem verbis vocat non semel, sed bis : agrum vero ait esse mundum, mundum autem ut agrum ita et regnum suum. Parabolam enim explicans : *Serens bonum semen*, inquit, *est Filius hominis, ager vero est mundus. Bonum vero semen sunt filii regni : zizania autem filii mali ; hostis denique, illa serens, diabolus est* [62]. Audisne, quomodo mundum quidem suum, et eos, qui in eo sunt, semen suum appellet, quos et filios regni vocat, solam zizaniorum projectionem in hostem referens ? Sed inquire argumentando, num quod manuum Conditoris vestigium tecum circumferas ? In sequentibus enim clarissime mundum regnum suum pronuntiat. Quomodo ? *in consummatione*, inquiens [63], *mundi hujus*, non autem futuri, mittet Filius hominis angelos suos, et colligent ex regno ejus, puta præsenti mundo, offendicula. Neque enim in futuro et æterno regno vel zizania crescunt, vel serit ea Malus, vel offendicula locum habent, ut ex eo angeli Filii hominis ista colligere valeant : sicut et post factam istam collectionem zizania in fornacem ignis conjicientur. Tunc vero et justi in regno Patris sui lucebunt instar solis. Quid his Domini vocibus hinc ad deprimendam defectorum impietatem, hinc ad provehendam et amplificandam pietatem illustrius aut efficacius esse potest ? Eæ enim mundum, et quæ in eo sunt, Christi et Servatoris ; ipsum autem Dominum et Regem universi, ut in futuro ita in præsenti regno esse prædicant. Quid vero homines magis sensu, quam ipsa inanimata, destituti esse cupiunt ? quandoquidem sol et terra et petræ, in quantum cum Domino patiuntur, principatum ejus publice edicunt. At illos ne tum quidem pudet, cum imprudentiam suam ab iis vident castigatam. *A sexta enim*, inquit, *hora usque ad nonam tenebræ factæ sunt, et terra commota est, et petræ scissæ sunt* [64]. Quæ enim inter creaturam malam et Dominicam perpessionem communio aut commiseratio intercedit ? Nam secundum impiorum illorum placita terram superbire decebat et splendido habitu indui, quandoquidem videbat eum, qui conditori suo perniciem allaturus erat, tantis cruciatibus exponi. Quomodo vero post resurrectionem, cum nondum in Patris sinum, quem nunquam deseruerat, rediisset, a Patre accepit potestatem in cœlum et terram, quorum, qui dederat, non exsistebat Dominus ? Ita enim lingua Deo adversa maledicit. Insuper vero si agri et domus a manu Mali proficiscuntur, quomodo bonus Deus, Servator noster, asseclis suis præter æterna bona et agros et domos exhibiturum se pollicetur, quippe quæ et mala sunt, et mali conditoris, et in quæ ipse

---

[56] Matth. xv, 46. [57] Matth. xxii, 7. [58] ibid. 8. [59] Matth. xv, 11. [60] Matth. vii, 12. [61] ibid. [62] Matth. xiii, 38. [63] Matth. xxiv, 31. [64] Matth. 27, 45.

potestatem non habet vel possidendi ea, vel aliis exhibendi? Quomodo vero fas erat, ea, quæ hostis sunt, præmii loco dare iis qui omnia reliquerant, et ipsum secuti erant, et inter præmia illa æternam quoque vitam reponere, atque adeo mala cum bonis conjungere, et accessione mali diminuere id quod sine illa accessione donorum omnium erat præstantissimum? Quomodo verus etiam Servator noster de præceptis legalibus interrogans primum dixit esse : *Audi, Israel : Dominus Deus tuus Dominus unus est. Et diliges Dominum Deum tuum ex toto corde tuo et tota anima tua, et ex omnibus viribus tuis, et ex omni mente tua* [65]. Alterum vero, quod quæstio ne requirebat quidem; *Diliges proximum tuum ut te ipsum* [66]. Neque in eo acquievit, sed cum interrogantem sibi consentientem nactus esset, non procul ab eo esse dixit Dei regnum. Quomodo autem leges Mosaicæ, si quidem fuissent hostis, primum quidem unum Deum et Dominum scire se et agnoscere, atque eumdem solum ex toto corde, et proximum ut hominem ipsum amandum esse profiterentur? Si igitur unum Deum et Dominum prædicat Moses, nec præter eum alium coli vel adorari vult, post illud vero primum præceptum mutuum in homines amorem præcepto Servatoris nostri convenienter urget, ubi, quæso te, malum apostatarum principium locum habet? At Scriba quidem ille intelligebat Dominum, Mosaicam legem approbantem, quod scilicet unus sit Deus, nec ullus præter eum. Qui vero Scribis et Pharisæis meliores esse jussi sunt, ne minimam quidem pietatis partem sibi servant. Lucas vero, verborum Domini scriptor, quomodo Zachariam et Elisabetham, in veteri testamento viventes, justos, eosque coram Deo, non tantum coram hominibus fuisse, et in omnibus Dei præceptis et statutis inculpate versatos testatur? Quomodo ait Zachariam sacerdotio coram Deo perfunctum? quomodo templum legale, in quod introibat, templum Dei appellat? et in ipso angelum Dei, eumque Gabrielem copiarum ducem, qui et nativitatem Domini ex Virgine, et ipsi illi intemeratæ Virgini ex cum ea mundo nuntiavit, visum, precesque sacerdotis exauditas esse in Evangeliis affirmat, puerumque ibidem memoratum magnum coram Domino futurum, Spiritu item sancto plenum, multisque magni gaudii interpretem, nec paucis Israelitarum conversionis ad Deum auctorem, Spirituque ac virtute Eliæ usurum pronuntiat? Itaque evangelista, vel potius Deus, qui hæc per archangelum loquitur, non Joannem solum, qui gratiam propullulantem videbat, sed et Eliam, qui diu ante gratiam exstitit, animas a vero Deo aversas, et post Satanam scortantes, ad verum Deum convertisse testimonio, omni exceptione majori, confirmat. Iterum vero Zacharias Spiritu Dei repletur, et prophetas antiquos sanctorum appellat chorum. *Erexit enim*, inquit prophetans et per Spiritum sanctum loquens, *cornu salutis in domo Davidis, filii sui* [67]. Et unde hoc demonstratur? *Sicut locutus est,* inquit, *per os sanctorum a sæculo prophetarum suorum* [68]. Prophetarum, inquit, *suorum,* non autem hostis. Quid autem vaticinati sunt illi? *Deum recordaturum testamenti sui sancti* [69], non sane, homo perditissime, hostis. Adhuc vero magis impiorum ora refrenaturus juramentum, quod Abrahamo patri nostro juravit, adducit, *Ut daret nobis potestatem, ex manu inimicorum nostrorum liberatis sine timore in sanctitate et justitia ipsi serviendi* [70]. Perpende quæ dicta sunt. Spiritus sanctus implet Zachariam, plenus eo prophetas antiquos sanctos Deique sacerdotes appellat, Mosis item testamentum prædicat sanctum, nobisque libertatem prænuntiat, et eum, qui Abrahamo juraverit, hujus libertatis datorem fore, eosque, qui cultum ipsi præstent, in sanctitate et justitia ei servire asseverat. Si hæc omnia Zacharias, Spiritu sancto repletus, edisserit, nonne spiritu malo pleni judicandi sunt, qui contraria his omnia contendant? Quid vero dicent amarulenti legis Mosaicæ accusatores, vel potius principatus Dei partitores, quando vident Jesum in Evangeliis Jerosolyma perductum, ibique Mosaica instituta observantem, sacrificia secundum præceptum legis Domini offerentem, brachiisque justi Symeonis instar doni susceptum, qui inter cætera pietatis et justitiæ argumenta per Spiritum sanctum oraculum nactus, et communem Servatorem brachiis complexus est, et benedixit ei, et prænuntiavit, eum in salutem advenisse coram facie omnium populorum, et instar lucis ad illuminationem gentium, quæ posthæc in eum sint crediturae, divinus vero evangelista non satis habuit id, quod tunc gestum erat, contra impios hos homines commemorare, sed impudentiam eorum, ut videtur, prævidens, etiam Annam, cujus tribus Aserem habebat auctorem, cum sene illo præsentem, Dominumque celebrantem, et de communi Domino eadem ac similia proferentem in sacra historia sistit. Quod vero postea contigit, multum omnino valet ad reprimendos et dejiciendos eos qui supercilium adversus divinam gloriam efferunt. Cum enim Jesus una cum Virgine Matre sua, quod ad carnem, et patre suo putatitio Hierosolyma profectus esset, peractis ibi, quæ sacer Codex præscribit, sacris, ipsisque postea domum revertentibus, et ob absentem puerum tum Matre secundum carnem, tum Patre putatitio sollicitis, et, quem desiderabant, quærentibus, is, qui omnium quidem conditor, sed ob amorem in homines Virginis erat filius : *Quid me,* inquit, *quærebatis? Nonne sciebatis me in iis quæ Patris mei sunt, esse debere* [71]? Idem illud templum Patris sui vocans, quod perditorum ora mali principii altare injuste nominant. Quomodo vero hæreticorum temulentia alium cœli et terræ conditorem petulanter fingit, cum Servator noster ipse, spiritu exsultans, ineffabili et incomprehensibili quadam

---

[65] Matth. xii, 29. [66] ibid. 30. [67] Luc. i, 69. [68] ibid. 70. [69] ibid. 72. [70] ibid. 74, 75. [71] Luc. ii, 49.

confessione clamat: *Confiteor tibi, Pater, Domine cœli et terræ, quod abscondisti hæc sapientibus et intelligentibus, et infantibus ista revelasti* [72]. *Pater, Domine cœli et terræ*, genuinus filius clamat, scelerata vero hæc hominum, impietatem omnem recondentium, turba Servatori obloquitur, et cœli terræque dominum Beelzebul vocat. Si vero erat a malo, quomodo legis gratiosæ auctor legisperitum tentantem ipsum, et vitam æternam quærere simulantem, ad legem tanquam ad eximiam medicinam amandat, et ibi ut quæsitum inveniret, adhortatur? Cumque legisperitus duo prima præcepta iisdem verbis repetiisset, cum bene respondisse Veritas ipsa ait, et de vita æterna, si secundum ea viveret, certum esse jussit.

XIII. Tu vero ex aliis quoque æqualem legis et gratiæ seu Evangelii dignitatem æstima, ut scias eumdem esse et veteris et novi testamenti legislatorem. *Amen, amen, dico vobis: cœlum et terra transibit, verba vero mea non transibunt* [73]. Hoc ad doctrinam de gratia pertinet. Vide vero simile de lege : *Facilius est, cœlum et terram transire, quam unum apicem legis in terram cadere* [74]. Vides quomodo Servator noster, defectorum insolentiam prævidens, æqualem dignitatem et gloriam veteri et novo instrumento tribuat, quamvis in multis gratia multum præstet. Lex enim pædagogus erat ad ea, quæ sunt gratiæ. Ut vero ostenderet eumdem et præterita et præsentia pro diverso et ineffabili dispensationis modo constituisse, iisdem et similibus phrasibus de utraque legislatione usus est. Ita et contra eos : qui non credunt salutari doctrinæ, non alium vel accusatorem vel victorem, quam Mosen affert. *Ne existimetis enim*, inquit, *quod ego vos apud Patrem accusaturus sum* [75]. Non sane, sed est, qui vos accusat, Moses scilicet, *apud Patrem*. Hujus enim leges ipse sibi creditas una cum prophetia de Christo nactus, accusator omnino fide dignus et testis omni exceptione major erit contra eos qui leges ejus et colere et amare multum quidem gloriantur, nihil vero eorum recipiant quæ ab ipso de communi nostro Domino et Servatore prædicta sunt, quod tamen et caput, et apex et initium totius legislationis ejus erat; imo nec correptione ob temeritatem eorum et pugnam adversus eum, qui prænuntiatus ab eo est, factam afficiantur. Postquam igitur multis Domini verbis, imo non verbis solum, sed et factis apostolorum, errorem illum confutatum dedimus, qui principatum regni Dei in duas contrarias partes scindit, quam tandem veniam sperare possunt illi qui post tot impietatis confutationes adhuc mali principii voluntati iis, quæ sapiunt et vivunt, obsecundant, et Patremfamilias universi Beelzebul vocant, Beelzebul vero Deum occultum, et ineffabilem, et Bonum, et Patrem, ut fœdiora non dicam, renuntiant, nec victoriam Domini a calumniantibus Judæis relatam stupent ac reverentur, quam per illorum latus non minus, si

non magis et illustrius, a præsenti defectione reportavit. Impietatem enim, quam utrique communem habent, etiamsi novus ille apostata audacius se hac in parte jactat, objectans dicebat : *Omne regnum in partes scissum, non consistet* [76]. Quoniam enim improbi et stupidi Judæi, videntes Creatorem et animas et corpora morbis liberantem, Beelzebul miracula hæc transcripserunt, ita et defectionis hujus propugnatores opera manuum ejus in eumdem transferunt. Propterea ex merito eadem Domini voce utriusque partis pugnam Deo intentatam confuderis. Quod si enim indivisum Omnipotentis imperium dividatur, divisum nunquam consistet. Sed prima illa divisio viam sternet, ut in mille distrahi queat, nec unquam certam sedem locumque consequi possit. Quemadmodum itaque uterque deprehenditur contra Deum pugnare, Judæus scilicet et apostata, ille quidem miracula, hic vero creaturas Dei hosti adscribens, ita contra utrosque valet communis et invincibilis Domini rejectio.

XIV. Sed quo devenitis, homines! cur Domino relicto, conservum vestrum, vel potius servum et apostatam, et universæ nostræ naturæ inde ab initio insidiatorem conditorem vobis constituitis? cur Creatori renuntiantes ei vos traditis, qui interitum nostrum quærit, et non animæ solum, sed et corpori perniciem afferre conatur? cur ad lucem cæcutitis? cur vero tenebras cum luce permutastis? Evigilate ex crapula, surgite ex lethali sopore, eripite vos perditioni. Quomodo vero fieri hoc potest? si ab actionibus illis, in quibus hostis vis posita est, avertere vos laboretis : et primum quidem a scortatione, per quam perditur corpus, multoque magis anima, a qua libertatem habetis indulgendi affectibus; tum ab injustitia, qua dominante nec domus, nec civitas, nec vita hominis omnino conservatur; a perjurio, quod animam in contemptionem Dei præcipitem agit : ab odio proximi, per quod communis Creator injuria afficitur : qui enim creaturam sine causa odit, impotentiam suam in ipsum conditorem transfert. Odio porro habeatis mendacium, cogitantes mendacii patrem esse diabolum ; aversemini fraudulentiam, quæ mala etiam non sperata conciliavit ; fugite homicidium : hostis enim ab initio homicida erat ; avaritiam item, Judam, nisi aliud quidquam, recogitantes ; exsecremini furtum et dolos contra proximum, itemque adulterium, et luxum et incontinentiam, et temulentiam a vitæ vestræ rationibus alienam habeatis. His enim consuescit, his delectatur hostis; in his facultatem accipit mentes vestras sibi subjiciendi, et avertendi a Deo conditore, persuadendique creaturis, ut suæ et sint et appellentur : si vero ab operibus ejus tum commemoratis tum illorum similibus abstineatis, etiam ipse abstinebit a vobis, non habens quidquam, in quo innitatur et acquiescat.

---

[72] Matth. xi, 25. [73] Matth. xxiv, 35. [74] Luc. xvi, 17. [75] Joan. v, 45. [76] Matth. xii, 25.

Tunc vero divina gratia affulgens illuminabit vos, ut conditorem et opificem agnoscatis, non inimicum illum insidiatorem, sed bonum illum et hominum amicum Deum, per quem creata sunt omnia, visibilia et invisibilia, magistratus, et throni, et potestates, et virtutes, et præsens omnis ac visibilis mundus. Per ipsum enim omnia facta sunt, quamvis defectio illa, mentis oculos fascinans, conditorem videre non patiatur. Quoad enim Mali voluntati obsecundatis, et sordibus turpium voluptatum maculamini, et pro salutaribus laboribus delicias animæ noxias sectamini, nunquam certe divinus et cœlestis splendor vos illustraverit, neque potestatem in animas et mentes vestras amiserit hostis, quas scilicet per actiones sibi subjectas habet. Interim nequaquam, posthabita industria, testimoniis Spiritus sancti vos ad lucem pietatis ducere, et defectionem confutare pigrabimur.

SERMO III.

I. Aperite mihi, o mei, aures castas, et quæ nullum Mali dogma ferunt, mecumque considerate injurias in Deum sententias eorum qui Vetus Testamentum calumniantur. Quod si enim illud a Malo est, quomodo illius codicem is, qui ad destruendum Malum venit, recipere sustinuit, et multis audientibus legere ea quæ de se prænuntiata erant, neque legere solum, sed et testari, ac dicere : *Hæc nunc impleta sunt in auribus vestris* [77]; ac præterea annum illum, qui est periodus temporum, sicut tempus est mensura motus sensibilis, *ut acceptum Deo prædicare* [78]. Quomodo vero etiam in parabola de Lazaro et divite optimus et hominum amantissimus Dominus noster Mosen et prophetas salutaris conversionis et pœnitentiæ magistros appellat ? *Habent enim*, inquiens, *Mosen et prophetas : audiant illos* [79]. Nunquid enim is qui in communem hominum salutem nostram naturam suscepit, doctrinæ suæ initiatos, et ab errore liberatos, ad servos et ministros hostis amandarit, ut salutis fiant compotes ? Quis creatura Dei exsistens, vere et serio hunc tantæ insaniæ gradum admittat ? Porro si veteris instrumenti auctor Malus est, quomodo veritatis fons præcipit : *Scrutamini Scripturas, quia in illis invenietis vitam æternam* [80] ? Ubi enim est vita æterna, in quibus aculeus peccati dominatur ? Ubi vita æterna, in quibus homicida leges fert, et præcipit ? Talia scilicet lingua Deo inimica proferre audet. Si præterea vetus testamentum a Malo est, quomodo Veritas ipsa ait : *Si crederetis Mosi, crederetis et mihi : de me enim is scripsit* [81]. Non sane ait : Si in nonnullis crederetis Mosi, sed simpliciter ipsum ut fide dignum renuntiat. Quomodo vero iterum adversus eos, qui circa dissolutionem conjugii suspensos se gerebant, atque in patrocinium perturbationis suæ ad Mosen provocabant, suscepta strenue Legislatoris causa ait : *Moses ob duritiem cordis vestri permisit vobis dimittere uxores. Ab initio vero non erat ita* [82]. Unde autem id probat ? *Qui enim fecit eos*, inquit, *marem et feminam fecit* [83]. Itaque ea, quæ Servator in Evangeliis de conjugio sanxit, ab illo proficisci et qui creaturis suis et operibus leges fixerit, et Mosen testatur non contempsisse leges in creatione latas, sed ex certis circumstantiis de postulatis ejus aliquid remisisse. Legi enim creationis ab initio factæ mea, inquit, lex concordat, solutio vero conjugii a dispensatione et dispositione Mosis pendet. Ob duritiem enim cordis vestri, inquit, scripsit ista Moses. Indissolubilem vero conjugii nexum, quem ego præcipio, et is qui hominem ab initio condidit, per diversam quod ad corpus creationem opere ipso idem mecum ante edixit, et constituit. Ideo addit : *In hoc relinquet homo patrem et matrem, et adhærebit propriæ uxori, eruntque duo illi in carnem unam* [84]. Ut vero rectius intelligas, quis sit, qui ita formarit corpora, ipse et eum qui conjunxit, et qui condidit, eadem opera appellat. Ait enim : *Quod itaque Deus conjunxit, homo ne separet* [85]. Testatur Servator, quod diversitas formæ viri et feminæ (1) a Deo, qui super omnia est, profecta sit, quodque conjunctionem illam indissolubilem conservare oporteat, Mosaica vero doctrina ad duritiem cordis eorum, qui legi obnoxii erant, tanquam ad circumstantiam seu conditionem respexerit, quæ de amplissimo legis, in creatione silentio præteritæ, postulato aliquid detraheret.

II. Ut vero ad alia transeamus, si mali principii vetus testamentum fuit, quomodo, qui gratiam cum lege conjunxit, Christus, Servator noster, ait : *Multi justi desideraverunt videre quæ videtis, sed non viderunt* [86]. Quomodo enim progenies Mali voluit videre, quæ sunt Boni ? Cupiditas enim Boni ab impetu bono proficiscitur. Quomodo idem alibi dicit : *Abraham vidit diem meum, et exsultavit* [87]. Qui enim consequi, et qui fieri potest, ut homo Veteris Testamenti ad eam visionis dignitatem perveniat, ut diem nativitatis boni Dei conspicia et lætetur ? præcipue cum divinus Paulus (2) testetur et dicat, quod mysterium Christi et adventus Servatoris potestates et principatus mundi, ipsumque mundi dominum latuerit. Quod si igitur et ipsum mundi dominum

---

[77] Luc. iv, 21. [78] ibid. 19. [79] Luc. xvi, 29. [80] Joan. v, 39. [81] ibid. 46. [82] Matth. xix, 8. [83] ibid. 9. [84] Gen. ii, 24; Matth. xix, 5. [85] Matth. xix, 6. [86] Matth. xiii, 17. [87] Joan. viii, 56.

(1) *Viri et feminæ*. Hæc igitur sexus diversitas instar symbolici præcepti fuisse videtur Photio, ex quo veteres indissolubilem conjugii nexum, quem Christus diserte ursit, tanquam Creatoris instituis conformem, discere potuerint.

(2) Alludere videtur ad locum Pauli, in Epistola ad Ephes. iii, 9, 10 ; etc., his similes, Rom. xvi, 25 ; ii, Tim. i, 9, 10 ; ubi tamen diserte mali dæmonis, hoc mysterium ignorantis, non fit mentio, quamvis ratione sensus subintelligi possit.

mysterium illud latuit, unde servi ejus id viderunt ante et perspexerunt? Tu vero audi et aliam eamque luculentiorem impietatis confutationem. Quando enim incredula et male sedula Sadducæorum factio septem finxit fratres, eorumque singulis successu temporis unam eamdemque uxorem tribuit, atque hoc figmento suo corporum resurrectionem avertere conata est, Servator illis insolubile, quod in commento suo esse opinabantur, opponentibus, quærentibusque, cujusnam ex septem istis futura sit uxor, primum quidem exprobravit tanquam Scripturas ignorantibus [88]. At quomodo animadversio in eos cadit qui ignorant quæ Mali sunt? At ille ex ignoratione Scripturarum aliud idque gravius ipsis impingit probrum, quod scilicet nec potentiam Dei norint. Hinc mysterium resurrectionis clarius expositurus: *In resurrectione enim*, inquit, *neque uxores ducunt, neque elocantur, sed ut angeli Dei in cœlo sunt* [89]. Imo imprudentiam hanc adhuc fortius efficaciusque castigaturus, et partim gratiæ ac legis concordem harmoniam expositurus iisdem vero, ac eadem opera recentibus adversariis plagas ex lege Mosaica inflicturus: *Nonne legistis*, inquit, *quod a Deo dictum est: Ego sum Deus Abrahami, et Deus Isaaci, et Deus Jacobi* [90]. Quo ipso diserte ostendit, quod Abraham et Isaac et Jacob æternæ vitæ hæredes sint, et quod Deus æternus, ac resurrectionis auctor, et, qui hinc pendet, fructus largitor illorum sit Deus. Adjungit vero in sequentibus hæc: *Non itaque Deus mortuorum Deus est, sed viventium* [91]. Atque hæc monuit, ut omnem impiorum hominum prætextum eluderet. Neque etiam omisit commemorare, ubi ista scripta exstent, sed per sanctum Marcum exclamat, in libro Mosis Deum hæc ad ipsum dixisse [92]. Quod si igitur Deus Deus mortuorum non est, sed potius apud eum vivit Abraham, vivit Isaac, vivit Jacob, omnesque, qui eamdem vivendi rationem sectati sunt, similesque sunt angelis Dei in cœlo, quomodo a malo principio, ceu impii isti nugantur, orti dicentur illi, qui ad veteris testamenti præscripta se composuerunt?

III. Adhuc vero magis refelli potest apostatarum sententia, quandoquidem Servator eos, qui cœlum ingredi cupiant, ad studium per angustam portam introeundi exhortatus, vicissim negligentes hujus mandati, tanquam operarios incuriæ illuc ablegat, ubi sit fletus et stridor dentium. Cumque undiquaque colligeret, qui se studiosos præcepti in regno suo præstiterint, iisque locum in eo assignaret, (adverte, o homo, mentem!), Abrahamo, et Isaaco, et Jacobo primum vindicat. Ait enim: Si audire nolitis, (quid fiet?) ubi videritis, et Abrahamum, et Isaacum, et Jacobum, et omnes prophetas in regno Dei, vos vero foras ejectos? Qui vero sunt ejecti illi, nisi isti, qui ad exemplum Abrahami et Isaaci ac Jacobi vitam non composuerunt? Quod si vero e regno Dei expellendi sunt, et ad fletum atque stridorem dentium amandandi, qui vitam pietatemque eorum imitatione non expresserunt, quæ tandem pœna statuenda est digna illis, qui eo insaniæ processerunt? O effrenata hominum ora, Patri mendacii adeo inservientium, ut et latrones et fures, et Mali progeniem ac servos eos appellare audeant! Nonne vero illi, qui ne hic quidem furori suo obicem ponunt, sed et eum, qui vitam æternam regnumque cœleste nobis largitur, qui idem est Deus Abrahami et Isaaci et Jacobi, Deus viventium non autem mortuorum, tanquam malum principium et malorum operum opificem calumniantur; nonne, inquam, illi, utpote Mali vere progenies, supplicium, per ignem et tenebras diabolo paratum, perpetuo provocantes, dignam facinore audacissimo pœnam luent? Et ne sic quidem hiatum, qui inter divitem et Lazarum interjectus est, quique animas, cum Abrahamo convivantes, ab illis separat, qui æternis cruciatibus affliguntur, expavescunt? Vah, quam misere homines, qui nullum pœnæ sensum nunc habentes ab ipsis Servatoris minis sibi non timent, eo, eo, inquam, tempore acerbitatem dolorum experiundo edocti, nullumque operæ suæ lucrum capientes, contra se ipsos duram, longam et non revocandam sententiam ferent! Idque in primis tunc, ubi secundum parabolam de divite prolatam Abrahamum in auxilium vocantes, eum, quem antea ludibrio habuerunt, nulla sui miseratione tactum invenient. Si enim homo in Lazarum injurius ab Abrahami sinu per tremendum hiatum excluditur, et igne nunquam finiendo inhumanitatis suæ pœnam luit, ac æternæ illius beatitatis et quietis desiderio capitur quidem, sed non potitur; linguaque insuper uritur, et acerbissimos sentit dolores, ob eam tantum insolentiam, quod non misertus est hominis sibi similis, non autem, quod ludibrio aut conviciis affecit, quomodo non longe gravius illorum os et lingua et viscera omnia urentur, qui in Abrahamum se tam insolentes præstiterint, et per ejus latus communem Dominum et conditorem instar hostium oppugnarint? Tu vero et reliqua mecum considera ac perpende.

IV. Servator arrogantiam, homicidia et incredulitatem Judæorum in Evangeliis castigans, eosque stirpe Abrahami, quamvis hinc orti essent, indignos judicans, *Si filii*, inquit, *Abrahami essetis, Abrahami opera faceretis* [93]. Tunc nec hic subsistens, sed ulterius progrediens in triumphante de iis confutatione, subjungit: *Non estis filii Abrahæ, sed diaboli* [94]. Ita enim ratio statuere jubet, illius quemdam et nomen et genus referre, cujus mores et genium in vita imitando exprimit. Quod si vero vetus testamentum mali, ceu inepte tradunt, principii esset, et Abraham ad illud pertineret, dicendum fuisset, filii

---

[88] Matth. XXII, 29. [89] ibid. 30. [90] ibid. 31, 32. [91] ibid. [92] Marc. XII, 26. [93] Joan. VIII, 39. [94] Joan. VIII, 39.

estis Abrahami et filii diaboli ; ex utroque enim, quod ut Deus odio, ita amore hostis prosequitur, Judæi utrumque colentes reprehendi poterant. Quomodo vero alibi iterum Servator illis, qui Abrahami sint, regnum cœlorum hæreditatis instar adjudicat, illisque jungit eos qui se ex toto corde et sine exceptione præceptorum studiosos præstiterint, purumque cultum exhibuerint, adeo ut convictum cum illis in regno cœlorum tanquam præclarum aliquod et mirandum præmium polliceatur? *Dico enim vobis, quod multi ab oriente et occidente venient, et recumbent cum Abrahamo et Isaaco et Jacobo in regno cœlorum* [95]. Hoccine vero sit præmium eorum qui ipsum agnoverunt? hoccine donum pro illis qui cædes pro eo sustinuerunt? hæccine prærogativa? hæccine merces? quod cum ministris Mali et esse, et numerari et versari possint? Quomodo hæc et alia hujusmodi tulerint aures divinis sermonibus assuetæ?

V. Si vetus testamentum a diabolo erat, quomodo Matthæus et Lucas, Servatoris genealogiam recensentes, inter majores ejus et patres numerant illos, quos vetus inter decora sua habet? Nunquid enim in bonum Deum cadere potest externa species et simulatio? Nam non minima pars defectionis hujus et sectæ est, ut adversus Verbi incarnati adventum vel hoc modo insaniat. At enimvero quomodo Deus optimus vel quoad speciem et simulate, vel vere et opere ipso eos, qui in testamento, quod illi ad Malum referunt, eminuerant, majores suos et patres esse jusserit, atque adeo aliquid ejusmodi assumpserit, cujus conditorem hostem esse non ignorabat? Et quomodo non ex alio populo natus est, qui scilicet vim et potentiam diaboli non repetita vice expertus sit, sed ex illo prodiit, quem leges veteris testamenti formarunt et finxerunt, deinde vero post primam illam eamque malam creationem ad actiones moresque longe pejores perduxerunt et incitarunt? Si vetus testamentum Deum auctorem non habet, quomodo violatores legum conditoris naturalium, et lasciviæ se permittentes, voluntatique hostis penitus subjectos, igne punit, et impiorum ausorum pœnas luere jubet? Malum enim pœnas reposcere impietatis, qua ipse delectatur, et cujus ipse auctor est, qui vel cogitarit omnino vel dixerit, nonne is insanire merito credatur? Apostata vero ait hostem homines malorum operum auctores per creaturam aliam malam, ignem scilicet, ad pœnam vocare, eosque qui cupiditatibus carnis abrepti sint, diluvio punire. Jam autem et boni et justi et malis infensi opus est, malum prohibere, impudentesque peccatores ad dignum rapere supplicium, quæ sane malum, aut peccatum amantem, imo legibus præcipientem non decent.

VI. Ut vero adhuc magis intelligas, quod idem bonus et hominum amans Deus est, qui et in veteri et in novo testamento justum tueatur, ficum exarescere jubet, quæ fructum petenti non exhibebat [96], infinitisque minis sibi non audientes exponit, legumque suarum transgressores graviori nec imitabili supplicio, igni scilicet, qui diabolo et angelis ejus paratus est, subjicit. Atque ita primum quidem igne et aqua temporali, tandem vero æterno et nunquam finiendo punit. Viden', quod et odium malorum et humanitas semper argumentum et signum sit bonitatis Dei? Nec ipse solum ita agit, discipulosque forte ab ejusmodi actionibus prohibet, sed et illustris in novo testamento Petrus, Ananiam et Sapphiram morte in mendacii pœnam afficit. Paulus quoque, strenuus Evangelii præco, et doctor orbis, Elymam ex vestigio cæcum fieri jubet [97], ipse scilicet ex iis, quæ perpessus erat, edoctus, quantum commodum pœna afferat. Idem hominem Corinthium, scortationi deditum, Satanæ in perniciem carnis tradit, Alexandrum vero eidem cruciatui et judicio adjudicat [98]. Imo cum idem Paulus testetur, quod ira, afflictio et angustia ventura sit super omnem animam hominis malum patrantis [99], sicut vicissim gloria et honor et pax sit hominis bonum operantis, nec personam Deus respiciat: quomodo, qui in Veteri Testamento damnati sunt, non ab eodem condemnentur Deo bono, qui et Evangelium promulgavit, et, quam nullus apud se sit personarum delectus, factis demonstravit? Quis vero suffecerit enarrandis gratiæ seu novi testamenti legibus, quæ evincant, justitiam malis inimicam ibi perpetuo valere?

VII. Præterea vero, si vetus testamentum mali est principii, quomodo divinus et cœlestis vir Paulus, statim ab initio epistolarum suarum, profitetur Deum per prophetas suos in Scriptura sacra testari de Filio suo, ex semine Davidis secundum carnem orituro [1]? Quod si enim Dei sunt prophetæ, et Scripturæ sacræ, per quas Deus de Filio suo ante nuntiavit, ubi Malus principium invenerit? Et si invisibilia ejus, hoc est Dei et Patris Domini nostri Jesu Christi, a creato mundo ex operibus cognita conspiciuntur, in quibus tandem opifex malus cognoscetur? Invisibilia et mente assequenda Dei sunt: hæc vero ex creatione visui et sensibus subjecta perspiciuntur. Nisi enim ex visibilibus creaturis invisibilia Dei intelligerentur, certe invisibilia hæc ab istis non distinxisset, neque ex istis ea perspici jussisset. Quomodo autem in creaturis sensibilibus, hoc est, in creaturis mali perspiciuntur invisibilia Dei, nempe æterna illius potentia et divinitas? Malitia sane potius et turpitudo Mali in iis conspicerentur, siquidem in universum tales ejus creaturæ exsisterent. Quod vero lex a bono Deo sit, etiam hinc facile demonstraveris. Paulus enim, os Christi, ait, quod non auscultatores, sed observatores legis justitiam consequentur. Quomodo lex a bono Deo profecta non sit, qui pro pœna irroganda eos, qui legem impleverunt, justos pronuntiat? Et si transgressor legis, etiam cir-

---

[95]. Matth. viii, 11. [96] Matth. xxi, 19. [97] Act. xiii, 8. [98] I Tim. i, 20. [99] Rom. ii, 9. [1] Rom. i, 2 seqq.

cumcisus carnem, pro præputiato habetur, et divina gratia indignus, præputiatus vero, si legis jussa sectetur, circumcisionem sanctissimi Spiritus in anima circumfert, nonne lex a bono Deo repeti debebit? Si vero Christus Jesus, prout Paulus exclamat [99], minister fuit circumcisionis, pro veritate scilicet Dei, ad confirmandas promissiones patribus factas, quas proinde Christus stabilivit; idem vero Deus patribus has promissiones fecit, qui et cœlum hoc sensibus expositum et terram condidit, quemque Moses in historia creationis Deum prædicat, qui insuper a Paulo in hoc et aliis locis pluribus Servatoris nostri pater appellatur, cujus promissiones ipse ut genuinus filius per se, non vero aliena opera usus, ratas et stabiles esse demonstraverit, qui fieri potest, ut impudentissima apostatarum factio non confundatur? Quid vero provoco ad Paulum, virum alioquin cognitione Veteris Testamenti, et sapientia Novi tantopere illustrem, cum communem Dominum audere liceat præcipientem et dicentem: *Ne existimetis me venisse ad solvendam legem aut Prophetas: non veni ut solverem legem, sed ut implerem* [1]. Et alibi: *Amen, amen, dico vobis: Non transibit cœlum et terra, aut iota unum, unusve apex, donec omnia ista evenerint* [2]. Ego ut impleturus legem veni, ait Christus, at impii oris est dicere me venisse ut Patris legem dissolverem. Ego vero nihil ejus non impletum relinquam; nihil in ea a Malo inspiratum est; nihil falsum deprehendetur: omnia veritatis plena sunt. Ego sum præsidium sermonum propheticorum. Mei enim et Patris servi ac ministri prophetæ sunt, qui et adventum meum, et omnia, quæ huc pertinent, præviderunt et prænuntiarunt. Itaque nec parvum quidquam, nec magnum eorum, quæ illi prædixerunt, vel quæ lex continet, præteribit, quod non a veritate tandem obsignetur. Si enim ego circumcisionis minister sum ad confirmandas promissiones, quas Pater fecit patribus, quomodo vel iota unum, hoc est, minimum eorum quæ a lege vel prophetis dicta sunt, omnino præterire aut non impleri poterit?

VIII. At converte nunc mecum mentem ad alia, ut appareat oracula legis divina esse. Paulus enim ait: *Quænam est prærogativa circumcisorum* [3]? Et postea: *Magna per omnem modum. Prima quidem, quod ipsis credita sunt oracula Dei. Nunquid enim, quia quidam non crediderunt, incredulitas eorum fidem Dei tollit? Absit! Deus vero sit verax, omnis autem homo mendax* [4]. Neque patitur ille, ut fides Dei aboleatur, sed vult potius hominem omnem mendacii convinci, ut Deus, circumcisionis auctor, verax cognoscatur. Quod si igitur Dei sunt oracula, quæ credita sunt Israeli, et incredulitas eorum Dei fidem non tollit, præstatque homines, Deo non credentes, pro mendacibus, eum vero, qui legem Israeli dederit, pro veracissimo habere; nonne hinc etiam lex vetus ad bonum Deum referri debebit? Neque enim Paulus malum, qui ab initio mendax fuit, et in veritate non perstitit, fontem veritatis appellat. Imo vero satius judicat homines omnes mendacii insimulari, ut et mendacii faber, et veritatis auctor publice renuntietur. Et si justitia Dei manifestata est, a lege ipsa et prophetis testimonium accipiens, quomodo non lex et prophetæ ex boni Dei inspiratione profecti et veritate pleni existimabuntur? Sed vide amplius horrendam et abominandam hostium Dei impietatem. Si Deus per sanguinem suum mundum a servitute hostis redemit, sanguis vero et caro (sed horrore ex ratiociniis et vocibus Dei hostium correptus sua ipsis proferenda relinquo) quomodo beneficio ejusmodi creaturæ genus nostrum ex servitute hostis retraxit? Ille enim adversarius noster multa et gratia et gloria et honore dignus erat, siquidem ipse materiam suggessisset, per quam a tyrannide ejus liberi evaderemus. Vicissim idem et imprudentiæ probro et risui multo se exponeret, si ea ipse finxisset, per quæ potestate in corpora et animas nostras excideret. Quid vero aliud ex hoc errore consequitur? Id omnino, quod Servator nec magnam nec omnem partem reparatæ salutis nostræ de suo perfecit, sed ita, ut maximam partem hosti debeat. O mentes Satanæ obnoxias! Mutuatus scilicet ab eo id, cujus non erat ipse conditor, idem perpessione sua, quod certe fieri non debebat, redimit (nam erronei homines id mali vocant opus), et ad immortalitatem transfert, et ut malum perpetuum sit, efficit.

IX. Et quomodo generis nostri hostis habendus erit, qui per suam creaturam in communem salutem nostram tam multum contulit? Quomodo in universum malum perfecit, suscepta corporis creatione, quod non solum servat, et postea a corruptione immune præstat, sed et per illud animabus insequentibus benefacit, corpora scilicet cum illis conjuncta in eamdem immortalitatem transferens? Adeo in tenebras, chaos et occæcationem rationis, furorem item et profundam temulentiam, abit omne horum hominum studium, qui solitarium imperium in duo scindunt, et unum Dominum, Jesum Christum, conditorem omnium, in duo principia dividunt, et aliud quidem intelligibilibus, aliud sensibilibus rebus præficiunt. At quomodo, per Bythum et Sigen, Conditoris sui cruciatus non verentur, qui corpus nostrum mali aiunt esse principii? Paulus enim ex adverso diserte clamat, *Corpus non scortationi, quæ mali opus est, sed Domino, et Dominus corpori* [5]. Quomodo enim creatura hostis omnino potest esse Domini? Quid vero refert munere, illud scortationi non tradendum esse, cum per se malum sit, et mali principii opus, et prorsus a voluntate ac creatione Dei alienum? Cum enim, quod apostatæ illi volunt, corpus et formatione, et natura et legibus malum sit, nunquam

[99] Rom. xv 8. [1] Matth. v, 17. [2] ibid. 18. [3] Rom. iii, 1. [4] ibid. 2-5. [5] 1 Cor. iii, 13.

omnino Domini exsistet, neque quidquam referet, utrum scortationi se dedat, an minus. Sive enim illi indulserit, sive minus, utrinque non desinet esse improbum, et mali principii opus. Perpende vero et hoc : Si corpus est creatura mali, quomodo is, qui malo strenue se opponit, et pro veritate dimicat, sanctum illud appellat? *Non nupta enim*, inquit, *curat quæ sunt Domini, ut sit sancta corpore et spiritu* [6]. Si vero corpus sanctum est, unde est malum? et unde est opus conditoris mali? Malæ quidem actiones, quæ creaturam boni Dei adulterant, vindicant illud et obnoxium faciunt malo. Quoad vero intra leges conditoris se continet, magis id quidem valet ad averruncandum malum, quam malus ad illud sibi subjiciendum.

X. Quod itaque nec dicere nec opinari fas sit, duo eaque sibi invicem opposita principia dari in iis, quorum voluntas in se libera illecebris mali non subjecta est, abunde puto disputatum. Expendamus vero nunc alterum apostaticæ doctrinæ caput, quod quidem in superioribus etiam non leviter nec perfunctorie sub examen vocatum et condemnatum est. Sed vel sic ex eadem Scriptura sacra eidem ulterius subjiciatur. Paulus, qui seipsum Deo penitus consecravit, clara voce clamat : *Num secundum hominem hæc loquor? vel nonne potius et lex ista profert* [7]? Quod idem est ac si diceret : Num ratiociniis hominum dicta confirmamus, nec potius propositum argumentum divinæ et plusquam humanæ legis est? Quis vero illa constituerit, ipse exponit, *In Mosis enim lege*, inquiens, *scriptum est : Non obturabis os bovi trituranti* [8]. Hæc vero afferens subjungit : *Num boves curæ sunt Deo?* Quorum vero potiorem curam agat, ostensurus addit : *Propter nos omnino id dicit, et propter nos scriptum est.* Itaque communis doctrina est, quæ et in Veteri valuit, et in Novo obtinuit Testamento. Postea, naturalem, quæ inter Patrem et Filium est, similitudinem et immutabilitatem ex similitudine legum utrinque latarum subindicans, *Sicut*, inquit, *præceptum est, ut, qui altari serviunt, altaris etiam fiant participes; ita et Dominus præcepit, ut, qui Evangelium prædicant, ex Evangelio vivant* [9]; legem, tanquam a Patre profectam, adeo extollens, ut Filium ad exemplum ejus præcepta sua statuisse innuat. Idem vero connexionem et cognationem legis et gratiæ adhuc magis expositurus : *Nolo vos*, inquit, *ignorare, fratres, quod patres nostri omnes sub nube erant, et omnes per mare transierunt, et omnes in Mosen baptizati sunt, in nube et mari, et omnes eumdem cibum spiritualem ederunt, et omnes eumdem potum spiritualem biberunt* [10]. Ostende mihi hic momentum vel unicum quod non immune sit a furente hostis potestate : *Biberunt enim,*

inquit, *ex spirituali, quæ sequebatur, petra : petra autem erat Christus* [11]. Audisne quomodo Pater Israel duxerit ad cultum Filii sui et conversionem? Per quos autem alios nisi per Mosen et prophetas? Ubi igitur hic est malus, ubi mali principii opus? ubi leges oppositæ partis? cum populus Mosaicus et spirituali cibo nutritus sit, et spiritualem potum biberit ex comitante et insequente petra, quæ erat Christus? Deinde rursus idem vir legem doctus, atque omnia illa, quibus olim efferebatur, pro rejectitiis declarans propter Christum, *Ne tentemus*, inquit, *Christum, sicut nonnulli eorum tentarunt* [12]. Quinam illi? nonne Israelitæ? Quæ vero eorum erant præmia? Ex serpentibus peribant. Itaque illi, qui Deum in lege præsentem tentabant, per Patrem etiam Filium ejus Dominum nostrum tentarunt. Tentavit enim populus Israeliticus legislatorem suum; et Paulus, gnarus ipse et doctor mysteriorum, imperium Patris et Filii indivisibile et inviolabile esse persuasus, contendit, eo ipso, quo boni Filii Pater Deus tentatus sit, etiam Chritum esse tentatum. Consectarii vero instar et hoc cape, quod Christus statim plagæ loco illis, qui se tentaverant, immiserit perniciem ex serpentibus. Hanc vero illis irrogans amorem in homines non dimisit. Alibi (idem Apostolus) testatur, prophetas ex mandato æterni Dei locutos esse, et ex vero prænuntiasse mysterium ante sæcula constitutum, quod principatus et potestates mundi, ipsumque adeo mundi Dominum latuerit. Quomodo itaque prophetæ aut lex a malo inspirati esse possunt, quandoquidem illi prænuntiarunt mysterium, quod artificibus omnis impietatis fuit absconditum? Rursus alis in locis eumdem Deum, non vero alium atque alium, olim per prophetas, tandem vero per Filium testatur locutum : *Multifariam* enim, ait, *et multis modis olim Deus patribus nostris per prophetas locutus, ultimis diebus his per Filium locutus est nobis* [13]. Idem, inquam, non alius atque alius. Qui igitur Novum Testamentum per Filium mundo largitus est, idem, juxta Paulum, qui, si quis alius, divina callebat, et Vetus per prophetas sanxit. Quomodo itaque errantium factio alium quidem illius, alium vero Novi, legislatorem et Deum fingit? Si vero etiam ab initio terram fundavit Deus, sicut idem mysteriorum gnarus et doctor scriptionem hanc sacram obsignat, et cœli opera manuum ejus sunt (nam Davidis, qui Dei pater (1) est, canticum adhibens suisque cogitatis attexens illud a Deo inspiratum esse innuit); quomodo defectorum colluvies falso quidem, sed tamen externa specie, hæc prædicantem doctorem suum appellare non veretur? Namque ab eo vocari se volunt, qui et eo ipso a lege ejus recedunt. Num enim Paulus crucifixus

---

[6] I Cor. vii, 34. [7] I Cor. ix, 8. [8] ibid. 9. [9] ibid. 13. [10] I Cor. x, 5. [11] ibid. 6. [12] ibid. 9. [13] Hebr. i, 1.

(1) *Dei pater.* Ita appellatur David respectu Christi, qui ex semine ejus, ut homo, natus est. Eodem nomine is venit Dionysio Areopagitæ epist. 8, et aliis. Similiter Maria Θεομήτωρ audit Gregorio Nysseno in Orat. de occursu Domini.

est pro nobis, aut num in Pauli nomen baptizati sumus? *Aut,* (num dicere licet?) *Ego quidem sum Pauli, ego Apollo, ego vero Cephæ: divisusne est Christus*[14]? At enimvero homines, qui etiam tum, ubi speciose loquuntur, sermones suos, ad gravitatem compositos, actionibus deturpant, ad nomen confugiunt, ut dedecus evitent, in quod eos conjicit vel solum illius nomen, quem erroris habent auctorem. At quomodo non confunduntur homines, qui, Paulo voce Davidica cœli et terræ Conditorem verum et bonum Deum esse prædicante, alium quidem cœli, alium terræ conditorem esse tradunt, neque audiunt hæc clamantem: *Decuit eum,* id est, Patrem, *propter quem omnia, et per quem omnia,* atque hoc ipso non quidem quorumdam, aliquorum vero non item, sed omnium simul Conditorem renuntiantem? Unde vero apparet, quod de Patre hæc loquatur? Certe verborum series exhibet *eum, qui filios multos in gloriam duxerit ducem salutis eorum, per passiones consummasse*[15]. Quis enim præter verum Deum et Patrem Domini nostri Jesu Christi, vel multos filios introduxit, vel ducem eorum per passiones perfecit? Idem vero vir divinus et sanctus, cum Dominum nostrum Jesum Christum nosset habere potestatem et imperium a Patre indivisum, alibi de eo ait: *Quod ex ipso, et per ipsum, et in ipso omnia sunt: ei sit gloria in æternum. Amen*[16]. Omnia, inquit, non intelligibilia tantum, ut illi insaniunt, sed et visibilia et invisibilia, omnia a manu ejus creante profecta sunt. Atque imperium in hæc omnia, et potestas, et vis, et cura provida Patris sunt, et Filii, et Spiritus sancti. Tu vero animum etiam ad alia Apostoli dicta converte, quibus credentes fratres appellat, et sanctos et participes vocationis cœlestis, quæ et ipsa Christum verum Deum nostrum Mosi, Dei servo, ad latus collocant; fidelem enim repræsentant utrumque Deo et Patri. Paulus enim iisdem verbis dicit: *Considerate apostolum et sacerdotem principem confessionis nostræ, Jesum Christum, qui fidelis fuit ei qui ipsum constituit*[17], scilicet sacerdotem. Postea idem, quomodo fidelis fuerit, explicaturus per Mosen id facit: *Sicut,* inquiens, *Moses in tota domo ejus.* Cujus vero domo, nisi ejus, qui Dominum nostrum Jesum Christum sacerdotem principem constituit? Deinde idem incomparabilem, quæ intercedat, differentiam ostensurus, alterum quidem servum et filium in tota domo Dei vocat, alterum vero ait domum illam struxisse. Itaque Deus omnia perficiens, structuram quoque terrestris domus suæ præcepit. *Omnia enim,* inquit, *efficiens Deus est,* cujus genuinus Filius cum Jesus Christus sit, idem vel ideo Dominus domus est, non vero servus, ut Moses. Post pauca vero: *Siquidem credentes præsidium spei et fiduciam usque ad finem firmam conservaverimus*[18]. Pollicetur nos domum Dei vocatum iri, et in fidem dictorum Davidis affert verba, in quibus primum quidem Spiritum sanctum per illum loqui ait, deinde vero confirmat, eamdem ab illis exigi pœnam, qui et nunc præceptis Domini immorigeras aures præbeant, et qui olim tempore exacerbationis cor suum obfirmarint. Quorum vero pœna est eadem, eorum nec delicta differunt; quorum vero simile est peccatum, eorum utraque pars in eumdem Deum peccasse convincitur. At strenuus ille et fervidus veritatis amator ne in his quidem acquiescit, ut gratiæ legem jungat, atque hæc communia Patris et Filii esse ostendat, sed monet, exacerbantes olim Mosen, et per eum Deum ipsum, non alium tentasse, quam illum quem Spiritus sanctus annuntiet: *In die enim,* inquit, *tentationis, in deserto, ubi tentarunt me patres vestri,* me, non autem alium *et probarunt me, et opera mea viderunt*[19]. Propterea seducti, quia vias meas cognoscere noluerunt, in requiem meam non introiverunt. Itaque ne, ut illi exacerbarunt Deum, et non crediderunt, et recesserunt ab eo, vos quoque recedatis a Deo, neque induretis corda vestra, ut illi, neque imitemini eos, quibus infensus fuit Deus per quadraginta annos in deserto, quorum et membra in eo collapsa sunt. Nam per incredulitatem illi non potuerunt ingredi in quietem Dei. Vereamur itaque, ne in ullo eorum, quæ præcepta sunt, deficiamus, aut incredulitate laboremus. Qui enim crediderint ex nobis ipsis, ingredientur in quietem ejus. Utque intelligatur, quis ista statuerit, dicta hæc sua amplius acuens, et docens eumdem Deum in Veteri et Novo Testamento et condere, et servare, et punire, et implere promissa, cum singulari fiducia addit: *Ita ut juraverim in ira mea, si ingredientur in requiem meam*[20]. Idem igitur, qui tunc quidem illos incredulos non introduxit, etiam nunc similiter non credentes a requie excludit. Et infinita alia ejusmodi in sacris oraculis, nobis ob oculos positis, expendens invenerit eumdem Deum, per Mosen, populum Israeliticum, et per Jesum Christum homines in Novo Testamento gubernare. Idem ille alios quidem introducit et olim et nunc in locum quietis, alios vero repellit. Vir enim contemplationis studiosissimus ejusdem videt esse et veterem illam requiem, quæ terra promissa erat, et alteram illam novam, quæ est regnum cœleste: videt eumdem et supplicio promerito afficere, et salutem præmii instar distribuere, et alia multa. Si vero, quod apostatarum mens vult, vetera illa a malo essent, oportebat eos, qui ad ipsum accederent, et præmiis et coronis affici, atque in quietem introire, adeoque nec membra in deserto relinquere, nec pœnas dare tales, quales paratæ sunt illis, qui in verum Deum peccant.

XII. At quomodo alibi idem ille orbis doctor Aaronem ait a Deo vocatum esse summum sacer-

---

[14] I Cor. 1, 12, 13. [15] Hebr. 11, 10. [16] Rom. xi, 36. [17] Hebr. 111, 2. [18] Hebr. 111, 6. [19] Hebr. 111, 9. [20] Psal. xciv, 11.

dotem, sicut et Christum? *Non enim sibi ipsi*, ait, quisquam sumit honorem, sed qui vocatus est a Deo, sicut et Aaron: ita et Christus non se ipsum honoravit, ut fieret summus sacerdos, sed qui locutus est ad ipsum : *Filius meus es tu, ego hodie genui te* [21]. Si vero, qui Christum vocavit sacerdotem summum, idem est, qui et Aaronem per Mosen unxit, et neuter eorum sacerdotis summi honore se mactavit, sed is qui eos vocavit, quomodo non res Novi et Veteris Testamenti ejusdem boni Dei et opera sunt et leges? Num vero defectionis turba, facta impudentior, Christum, veritatem ipsam, mendacii nota insimulare audeat? Ille enim ait : *Veniet princeps mundi, et in me inveniet nihil* [22]. Ipsa vero corpus, quod circumferebat, creaturam mali venditans, Veritatem virulente mendacii arguit. Atque ille quidem, ut Dominus omnium et superior, et Conditor, quando ad passionem, mundo profuturam, sponte sua veniebat, se et asinæ et pulli dominum adversus discipulos declarabat. Nam creaturas dominio suo et imperio æque vindicat, ac mundum, et quæ in eo sunt. Ideo ait: *Si quis quidquam vobis dixerit dicite: Dominus illis opus habet. Statim vero dimittet illa* [23]. Et Christus quidem, ut conditor, Dominum se et asinæ et pulli vocat: at apostatarum factio hoc non fert, sed potestati ejus surripiens potestati hostis subjicit. At homines omni pudore vacuos pudere debebat vel ob divini Pauli oracula. Illa enim affirmant, majorem eo, qui juraverit Abrahamo, non esse alium Deum, eumque in promissionibus suis immutabilem, et qui mentiri non possit (quo ipso veritas tanquam ad essentiam ejus pertinens declaratur) nostræque Christianorum spei auctor exsistat. Ait enim : *Abrahamo vero pollicitus Deus, quia per majorem jurare non potuit, per seipsum juravit, dicens* [24]; etc.; item quod *Abrahamus, patientia probata promissionem nactus est* [25]; nec non, quod idem *Deus, adhuc magis hæredibus promissionis, qui nos sumus, consilium suum ut non mutabile demonstraturus, jusjurandum interposuit, ut per duo non mutabilia, in quibus fallere Deus non potest, firmum solatium habeamus* [26]. Quinam? Nos omnino, qui confugimus ad tenendam spem propositam? Observastine quod Deum dicit non alium ab eo qui jusjurandum Abrahamo præstitit; quod eumdem veritatis fontem prædicat; quod et nos, qui credimus in Christum, inde habemus solatium et vires spem propositam consequendi? Ubi igitur Bonus ille et Malus est, ubi est illa veteris et novi testamenti divisio? Quis vero est, qui novum testamentum etiam super domum Juda perfecit? Nisi ipsi tibi respondere placet, audi Paulum doctorem respondentem ; respondet enim prophetica vaticinia adhibens : *Ecce dies veniunt, ait Dominus, et perficiam super domum Juda testamentum novum. Adhibe, o homo, mentem! Non secundum testamentum quod feci patribus eorum, in die illo, quo manus eorum apprehendi, cum reducerem eos ex Ægypto : quod feci ego*, inquit, non vero, ceu tu ais, malus, *quod feci patribus eorum* [27]. Et paulo post : *Illi non perstiterunt in testamento meo, et ego neglexi eos* [28]. Quis illa loquitur? Dominus inquit, at non Malus. Subjungit enim : *Hoc est testamentum, quod disponam ego domui Israelis post dies hos, inquit Dominus* [29]; disponam ego, non alius: disponam ego novum, ut disposui et vetus. Videsne, quomodo iterum iterumque Paulus eumdem et veteris et novi testamenti auctorem celebret? Quomodo vero sancta sunt et Sancta sanctorum illa, quæ ad vetus pertinent, si a Malo orta sunt? Ait enim : *Tabernaculum prius habebat præcepta cultus, et sanctum mundanum, et tabernaculum structum est primus, in quo candelabrum, mensa et propositio panum erat, quæ dicitur sancta : et quod post secundum velum erat Sancta sanctorum* [30]. Quomodo itaque Sancta sanctorum fuerunt, ubi *arca aurea habuit manna, et virga Aaronis reposita fuit, et tabulæ testamenti? et quomodo Cherubim gloriæ obumbrarunt illa* [31], siquidem hæc præcepta erat principii mali et adversantis? Quomodo vero idem gratiæ præco clamat, *verbo quidem Dei parata esse sæcula, et ab eodem Deo ex non apparentibus visibilia facta* [32]? Si enim visibilia verbo fecit Deus, sicut et sæcula, quomodo apostatæ alium quidem fingunt visibilium, alium intelligibilium conditorem? Et quam multa alia afferri possent, per quæ sententia apostatarum Deo adversa et sibi ipsi non constans, confutetur! Quomodo enim idem bonus Deus justum esse testatur Abelem, si mali fuisset conditoris, et quomodo sacrificium ejus recepit, donumque ejus fide oblatum Paulus nuntiat? *Fide* enim, inquit, *Abel sacrificium præ Cain obtulit Deo, per quam justus declaratus est, testante super donis ejus Deo* [33]. Quomodo vero fidei opus est translatio Enochi, et quomodo placuit Deo? et quomodo credere oportet eum, qui accedere vult ad Deum, horum beneficiorum auctorem, quod primum quidem ipse est, qui vere exsistit, et mercedis auctor est; si Malus, malorumque operum actor exsisteret. Sed quid attinet, sigillatim recensere illos, qui in veteri testamento eminuerunt, quorumque omnium in Deum fidem celebrat, Noachi, puta, et Abrahami, et Isaaci, et Jacobi, testatus, eos non solum per totam vitam fideles fuisse, sed et secundum fidem præsentem vitam deposuisse, seque peregrinos et advenas fragilis hujus commorationis credidisse, neque vereri Deum, ipsos domesticos suos vocare, aut ut ipsorum Deum invocari; quem autem? eum, qui ipsis cœlestem civitatem paraverat. Quomodo vero illis cœleste regnum parasset, nisi in vita ut servi ejus præceptorumque ejus observatores agniti fuissent, fidemque ipsi, quorum omnino cœlestis civitas præmium

---

[1] [21] Hebr. v, 4, 5. [22] Joan. xiv, 30. [23] Matth. xi, 3. [24] Hebr. vi, 13. [25] ibid. 15. [26] ibid. 17. [27] Jerem. xxxi, 31-33. [28] Hebr. viii, 8-9. [29] ibid. 10. [30] Hebr. ix, 2. [31] ibid. 4. [32] Hebr. xi, 3. [33] ibid. 4.

est, cum pura et intemerata confessione servaseut?

XIII. Tu vero nec mirabile illud et non mactatum Abrahami sacrificium præterito, quod Deus requirebat, propositumque ejus probabat; sicut vicissim is (Abrahamus) non invitus parebat, nec parebat solum, sed et credebat, Deum et mortuos excitare posse. Propterea imputatur hoc ei in justitiam, ipseque præterea patris titulum non in illam tantum sed et secuturas generationes accipit, sicut scriptum est : *Multarum gentium patrem te constitui. Pro quo credidit Deo* [34]. Tu vero probe observa, quem hic loquatur Deum. Subjungit enim docens Paulus : *Vivificanti mortuos, et vocanti ea quæ non sunt, tanquam sint* [35]. Et iterum : *De promissione vero Dei non dubitavit per incredulitatem, sed potius confirmatus est fide, dans Deo gloriam* [36]. Videsne, quis fuerit is, qui in lege et prophetis locutus est, scilicet non diversus ab eo, qui nobis largitus est gratiam, sed idem. Addit enim : « Non vero scripta hæc sunt propter ipsum solum, sed et propter nos, quibus imputari debet, credituris nempe in eum, qui Dominum nostrum Jesum Christum ex mortuis excitavit [36*]. » Itaque is, qui Abrahamum multarum gentium patrem constituit, qui jusjurandum ipsi præstitit, qui in promissionibus non fallit, qui non exsistentia vocat ut exsistentia, qui vivificat mortuos, idem est, qui suscitavit Dominum nostrum Jesum Christum ex mortuis : etiamsi perniciosa hæc apostatarum doctrina in duo imperia et deos distinguat. Tu vero et reliquos, qui in veteri testamento præ cæteris commonstrantur, perpende, Abrahamum, Jacobum, Josephum, ipsum etiam Mosen, quos dignis laudibus excipiens Paulus, eorumque fidem celebrans, de Mose addit : *Quod et ignominiam Christi pertulerit* [37]. Dicit enim, quod ignominiam Christi thesauris Ægypti potiorem habuerit, ea de causa, quia respexerit mercedem, quam scilicet Deus ipsi præstare potuerit. Sed nihil attinet, viros ejusmodi enumerando percensere. Occupat enim nos divinus vir, inquiens : *Deseret me tempus recitantem de Gideone, Baraco, Simsone et Jephtha, Davide item, Samuele et prophetis, qui per fidem debellarunt regna, operati sunt justitiam, consecuti sunt promissiones, ora leonum continuerunt, exstinxerunt vim ignis, effugerunt ora gladii, corroborati sunt ab infirmitate* [38]. Postea sanctas eorum et mirabiles actiones et perpessiones ut et commorationem in deserto ac patientiam dicendo persecutus subjungit, *Quibus mundus non erat dignus* [39]. Imo vero ad imitationem eorum nos excitaturus, eosque instar incitamenti ad studium virtutis nobis proponens,

addit : *Tantam habentes circumjectam testium nubem, deposito omni onere, et peccato nos circumvallante, in patientia curramus in stadio nobis proposito, respicientes in fidei auctorem et consummatorem Jesum, qui est Dominus noster Jesus Christus* [40]. Itaque is fidei illius, in qua patres nostri candidi et firmi permanserant, auctor fuit, et nostræ æque ac illorum salutis consummator. Quod si vero nihil aliud ab errore illos revocare, et ad pietatem pertrahere posset, certe decebat eos vel ex iis quæ mox afferentur, veritatem agnoscere. Ait enim Paulus : *Quid igitur dicemus? Num lex peccatum est? Absit* [41] ! Et alibi : *Novi enim, quod lex spiritualis est, ego vero carnalis sum* [42]. Et iterum : *Delector lege secundum interiorem hominem* [43]. Rursus : *Itaque ipse ego mente quidem servio legi Dei, carne vero legi peccati* [44]. *Caro enim concupiscit contra spiritum, spiritus vero contra carnem* [45], hoc est, anima, secundum imaginem Dei condita, et corpori ab eadem manu formato juncta, ad originem suam transferri cupit. Caro vero, id est, carnales cupiditates (ita enim et sub priore et sub posteriore gratia, quia pro gratia, gratia (1) nobis data est, affectus hos appellare fas est), hæ, inquam, carnales cupiditates non facile voluntati animæ obsecundant, sed sæpissime et graviter decertant, malum habentes commilitonem, nisi quis vigilans studiose, et per preces supernum consecutus impetum de illis triumphat.

XIV. Sed unde nonnihil divertit, eo regrediatur oratio. Prædictis enim addit hæc dicens : *Itaque lex quidem sancta est, et præceptum sanctum, et justum et bonum* [46]. Ubi clarum est non aliam legem esse sanctam, aliam justam, aliam bonam, quam ipsum legis præceptum, et ejusdem Dei tum justi, tum sancti, tum boni. Ex quo enim scaturit sanctum, et justum, et bonum, idem est illorum auctor et largitor. In quantum vero causa est, idem præ omnibus ea omnia est, quorum alios participes fecit, etiamsi non eodem modo possideat ; ex cujus etiam bonitate superabundante fit ut, quidquid ejus particeps est, in communione Boniformi exsistat. Et alibi idem veritatis præco clamat, *præcepta legis impleri in iis, qui non secundum carnem ambulant, sed secundum spiritum* [47], hoc est, in quibus actiones malæ et semina hostis, et peccata vim non habent, sed ratio vitæ secundum spiritum, id est virtutem et Dei auxilium ordinatur. Quod si vero præcepta legis non a peccatoribus et genio indulgentibus implentur, sed a spiritualibus et divino auxilio nixis, quomodo non horrent illa ad Malum referre? Alibi idem fervorem fidei suæ, studiumque omnium salutem promovendi, continere non valens, aut reprimere id, ad quod ipsum vehemens amor permo-

---

[34] Rom. IV, 17. [35] ibid. 19. [36] ibid. 20. [36*] ibid. 23. [37] Hebr. XI, 26. [38] ibid. 33, 34. [39] ibid. 38. [40] Hebr. XII, 1, 2. [41] Rom. VII, 3. [42] ibid. 14. [43] ibid. 22. [44] ibid. 25. [45] ibid. 26. [46] ibid. 12. [47] Rom. VIII, 4.

(1) *Pro gratia, gratia.* Locus est Joannis I, 16, quem varii varie explicarunt. Cum Nostro, ad legem et Evangelium, tanquam gratiæ documenta sibi invicem succedentia, respiciente, ex veteribus faciunt Chrysostomus, hom. 14, in Joan., et Theophylactus, in h. l.; ex recentioribus vero, post Bezam et Heinsium, novissime Rev. Salomon Deylingius in *Observatt. sacris,* part. III, num. 33.

vebat, studium scilicet omnes ad Christum perducendi, elata voce clamat : *Optarim ego ipse anathema esse a Christo pro fratribus meis, mihi quod ad carnem cognatis, quorum sunt testamenta, et legislatio et promissiones et cultus* [48]. Quæ omnia unde profecta sint et a cujus cura pendeant, clarissime docet, inquiens : *Qui est super omnia Deus benedictus in sæcula. Amen* [49]. Itaque Dei, super omnia exsistentis, sunt et leges, et cultus et promissiones, in quibus patres placuerunt Deo, et ex quibus, quod ad humanitatem, ortus est Christus. Alibi Mosaicam legem ut verbum Dei non irritum celebrat. *Neque enim,* inquit, *cecidit verbum Dei.* Idem aliquid de Jacobo et Esauo occupans, *quod scilicet major serviret minori,* erroris administros tam veteres, quam recens exortos, confutat. Ait enim : *Num injustitia est apud Deum? Absit! Mosi enim inquit : Miserebor, cujus miserebor, et clemens ero, cui clemens ero* [50]. Et ne quis opinetur se suo labore et sudore sine divino auxilio præcepta omnia perficere posse, subjungit : *Itaque, cujus vult, misereatur, et quem vult, indurat* [51]. Eumdem itaque Deum celebrans, tanquam qui misericordiæ in illos qui ipsum respiciant, fons exsistat, superborum vero et elatorum fastum ac supercilium deprimat at coerceat; eumdem, inquam, Deum, qui est Pater Domini nostri Jesu Christi, amantem hominum et bonum celebrans, omnesque, ut ipsi obediant, nullus vero resistat, argumentis domesticis et ex abscondita rerum gubernatione ductis exhortaturus, subjungit : *Enimvero, o homo, quis tu es respondens Deo* [52]? Cumque postea eumdem clare Conditorem renuntiasset, nec Conditorem solum, sed et judicem absolutum, et qui unicuique id, quod judicium affert, irrogare possit, eumdem ait ira ferri in vasa, in exitium parata, divitias autem gloriæ suæ largiter impertire illis qui misericordia sua digni sint. Atque hujus etiam non participes factos esse nuntiat, præparatos scilicet et ante vocatos ad fruitionem bonorum, tanquam qui crediderint in Dominum nostrum Jesum Christum. Alibi vero iterum scribens, quod verum Deum gratiæ suæ poenitere non possit, et quod ejus fuerit populus israeliticus, et lex, et præcepta, et quod non omnes propter transgressionem a filiorum jure removerit, ait : *Num repulit Deus populum suum, quem præcognovit* [52*]? Perspicuumque faciens, quem Deum dicat, et unde fides fiat quod populum suum non repulerit, addit : *Nam et ipse ego Iraelita sum, ex semine Abraami, et tribu Benjaminis* [53]. Itaque qui non repulit Paulum, sed eum vocavit in electionem, idem est, qui et Israelem, populum suum, in idem posuit, eumque non repulit, sed per fidem in Christum perfecit.

XV. Alibi ejusdem Dei et vetus et novum testamentum esse proclamans, ita ut hoc tanquam ex illius radice progerminarit, utrumque vero sanctitatis sit particeps, ait : *Si vero primitiæ sanctæ, etiam massa erit : et si radix sancta, etiam rami* [54]. Et : *Non tu radicem fers, sed radix te* [55]; item : *Si Deus ramis, natura talibus, non pepercit* (ceciderunt enim membra Deum tentantium in desi rio, et reos criminis multæ oppresserunt poenæ), *cave ne idem nec tibi parcat,* seque non alium tibi, alium illis, sed eumdem prorsus, exhibeat. Et iterum : *Vide itaque benignitatem et severitatem!* Cujus autem? Christi, *severitatem quidem in lapsos, in te vero benignitatem* [56]. Quid vero sibi volunt primitiæ, et massa, et radix, et rami, et sponte nati, et per insitionem tales, nisi quod convenientiam et affinitatem, et originem ab eodem legislatore derivandam, clarissima voce inculcant? Ait vero iterum de illis Israelitis, qui ad Christi fidem nondum accesserint : *Secundum Evangelium quidem inimici sunt propter nos, secundum electionem vero dilecti propter patres* [57]. Ibi sane eos dilectos declaraturus vocationem Dei memorat, quem donorum suorum poenitere non possit. *Donorum enim suorum et vocationis Deum poenitere non potest* [58]. Et : *Quæ ante scripta sunt, in vestram doctrinam scripta sunt.* Cur? *ut per patientiam et consolationem Scripturarum,* sub quibus vetus intelligitur testamentum, *spem habeamus* [59]. Deinde verum Deum patientiæ et consolationis Deum esse confirmaturus (absit enim, ut servi Mali adeo insaniant, ut hostem Deum consolationis et patientiæ appellent), addit : *Deus vero patientiæ et consolationis det vobis, ut idem inter vos sentiatis, secundum Christum Jesum, ut uno animo et uno ore laudetis Patrem Domini nostri Jesu Christi* [60]. Non alium atque alium, sed eum, qui ante nuntiavit adventum Filii sui, qui Scripturas tradidit, quique ad fidem in Filium suum vocavit, Deum consolationis et patientiæ, concordiæ datorem, in cujus gloriam nos assumpsit Christus, minister circumcisionis factus. Alibi vero iterum ait : *Circumcisus aliquis vocatus est, ne attrahat;* (præputium) *in præputio aliquis vocatus est, ne circumcidatur : circumcisio nihil est, et præputium nihil est* [61] : attende vero ad sequentia : *sed observatio mandatorum Dei* [62], non deorum. Mandatum vero aliud jussit circumcidi, aliud non item : et utrumque tamen ejusdem ait esse Dei, non autem deorum. Itaque unus Deus verus est, et Pater Domini nostri Jesu Christi, qui et circumcisionem per Abrahamum in mysterii consummationem tempore definito sanxit, eosque, qui in præputio erant, per Filium suum ad se recepit.

XV. Alibi vero : *Oportet corruptibile hoc* (quodnam vero aliud quam corpus nostrum?) *induere incorruptibilitatem, et mortale hoc immortalitatem* [63]. Quomodo vero decet Deum bonum, si corpus creatura Mali esset, ex corruptibili quidem incorruptibile, ex mortali vero facere immortale? Si enim corpus malum et creatura mali ex mortali in immortalitatem, ex corruptibili vero in incorruptibilitatem a Deo bono

[48] Rom. ix, 3, [49] ibid. 5. [50] ibid. 15. [51] ibid. 18.
[52] ibid. 18. [56] ibid. 22. [57] ibid. 28. [58] ibid. 29. [59] Rom. xv, 4. [60] Rom. xv, 5. [61] 1 Cor. vii, 15.
[62] ibid. [63] 1 Cor. xv, 53.

transferretur, non solum non verum foret, quod scriptum est : *Mors absorpta est in victoriam* [64], quodque in fine sæculorum excidet iis omnibus, in quæ olim potestatem habuit hostis, tanquam talia, quæ operibus ejus malis accommodata sint; sed et contraria illis omnia certissime firmissimeque locum habebunt, si mortalis et corruptibilis ejus creatura immortalis et a corruptione libera reddita fuerit. Tu vero vide mihi et hic divitias sapientiæ Pauli (quam in tertium cœlum sublatus didicisse videtur), quomodo differentiam novi et veteris testamenti exponat. Prævidens vero apostasiam hanc, ejusque vaniloquia omnia eversurus, statim ista subjungit. Ait enim : *Si quis in Christo, natura nova, renovemini, vetera transierunt, ecce omnia facta sunt nova* [65]. Tu vero vide prudentiam, sapientiam et dexteritatem viri. *Omnia vero*, inquit, id est et vetus et novum testamentum, *ex Deo sunt, qui reconciliavit nos sibi ipsi per Dominum nostrum Jesum Christum* [66]. Itaque bonus Pater Servatoris nostri Jesu Christi idem erat et dator et procurator et auctor rerum præteritarum et præsentium. Quomodo vero corpus creatura hostis fuerit, cum idem a Spiritu actus orator Isaiæ vaticinium adhibeat, et dicat : *Vos enim templum Dei vivi estis ; sicut dixit Deus, Quia habitabo in illis, et ambulabo, et ero illorum Deus, ipsi vero erunt mihi populus* [67]. Si igitur Christi nos sumus templum, prout Paulus clamat, testem afferens Isaiam, neque alius fuit Deus, qui per Isaiam locutus est, quam ipse Dei Filius, cujus templum divinus Paulus nos esse novit, et tales vocat, ubi tandem est creatura Mali? ubi duo et opposita sibi invicem principia?

XVI. Porro idem retegens veritatis lucem, nosque ad puritatem et secessionem ab impuris faciendam cohortatus, ut in filios et filias Dei referamur, ait : *Vos enim eritis mihi in filios et filias* [68]. Commemorat vero etiam eum, qui hæc sit pollicitus, quod scilicet Dominus sit omnipotens. Simul etiam innuit, ad quos pertineant hæ promissiones, nempe ad nos per patres. Subjungit enim : *Hæc igitur promissa habentes, dilecti, purificemus nos ipsos ab omnibus sordibus carnis et spiritus, perficientes sanctificationem in timore Dei* [69]. Itaque nobis hæc promissa facta sunt, initio facto a patribus. Et cujus Dei ille est populus, ejusdem sumus et nos : et sicut homines puri castique veteris testamenti templum sunt Dei, ita quoque puri in novo testamento templum ejusdem Dei sunt. Dum autem eum conditorem omnium idem veritatis præco sæpissime appellat, non minus Patrem Domini nostri Jesu Christi, quam verum ejus Filium prædicat, in iis quoque locis, in quibus gratiam sibi datam, et vim mysterii sibi crediti celebrat. Monens enim, sibi, minimo omnium, datam esse gratiam annuntiandi gentilibus divitias imperscrutabiles Christi, et docendi omnes,

quæ sit œconomia mysterii a sæculis in Deo absconditi; statim addit : *Qui omnia creavit per Jesum Christum*. Itaque omnium conditor Pater est, omnium vero conditor etiam Filius. Sicut enim natura, ita et potestas, et imperium, et potentia, et creatio visibilium omnium et invisibilium, ac rerum ex non exsistentibus ad exsistentiam productio communia utrique et indivisa sunt. Et post pauca : *Propterea flecto genua mea ad Patrem Domini nostri Jesu Christi, ex quo omnis paternitas in cælo et in terra nominatur* [70]. Omnis paternitas, inquit, non autem : aliqua, alia vero non item. Neque de omni cœlesti solum loquitur, sed de omni, sive cœlestem dicas, sive terrestrem, sive omnem, sive partem : omnium illorum conditor est Deus et Pater Domini nostri Jesu Christi : ex eo enim omnis paternitas in cœlo et in terra, sicut clare Paulus, spectator idem et doctor rerum absconditarum, pronuntiat, nominatur. Alibi vero eodem modo de Deo disserens ait : *Una fides, unus baptismus, unus Deus et Pater omnium, qui est super omnia et per omnia, et in nobis omnibus* [71]. Cumque idem nosset Patrem et Filium, sicut quod ad naturam et voluntatem, ita et quod ad creationem et potentiam, inseparabiles esse et indivisos, eadem etiam de Servatore libera voce proloquitur. *In ipso enim*, inquiens, *creata sunt omnia* [72]. Attende: *Omnia, quæ in cœlis et in terra sunt*. Et ne insana cohors nugas suas verbis sacris affricaret, in serie orationis edisserit, quænam sint ea in cœlis et in terra; docet enim visibilia et invisibilia, et omnia in eo creata esse, et per eum, et in ipsum. Quomodo itaque apostatarum rabies alium visibilium, alium invisibilium rerum conditorem facit? Si enim omnia per Christum et in Christum creata sunt, et idem est ante omnia, et omnia in ipso consistunt, ubi tandem est creatio hostis? Sane ipse ille bonus Deus producit; producens vero continet; continens vero prospicit ut perseverent. Quo vero alio argumento hosti potestatem in creaturas Dei vindicabunt, quam ex eo, quod ipsi perficiunt voluntatem hostis, et non verentur Deum ipsum oppugnare? Ipsi enim, dum contra communem Dominum et conditorem infame os aperiunt, dominiumque ejus, quod Creatori competit, oppugnant, insolentibusque affectibus seipsos subjiciunt, tum pugna sua in Deum, tum illicitis actionibus probant, se ipsos vere creaturas et servos hostis esse. A quo enim aliquis victus est, ab eodem in servitutem est redactus. Sicut autem sponte nostra in affectus nostros abrepti providentia Creatoris ejusque ut veri conditoris possessione excidimus, vicissim vero malum dominum nobis asciscimus, et ad acuendam in benefactorem linguam ab hoste adduci nos patimur ; ita, si affectuum caliginem fugiamus, facile et animam et corpus pro

---

[64] I Cor. xv, 54. [65] II Cor. v, 17. [66] ibid. 18. [67] II Cor. vi, 16. [68] ibid. 18. [69] II Cor. vii, 1. [70] Ephes. iii, 14. [71] Ephes. iv, 5. [72] ibid. 6.

creaturis Dei agnoscere velimus, tum statim hostem a tyrannico in nos imperio repellimus, et puris oculis cum nulla adversus nos vi aut potestate instructum, sed conculcatum potius a nobis et cum omni sua potentia ludibrio habitum conspicimus. *Super aspide enim*, inquit, *et basilisco gradieris, leonemque et draconem conculcabis* [73]. Quando vero in voluptatibus, animæ pestibus, volutamur, et cupiditates, in quas hostis nos impellit, sectamur, ac tum lingua tum vita minus et boni Dei nostri naturam et imperium, et creandi dignitatem secamus et in oppositas partes dividimus, nemini nostrum tam beato esse licebit, ut ab hostis suprema potestate et tyrannide liberetur, et ad verum Deum nostrum ac conditorem lucemque pietatis, ipsi probandæ, perducatur. Deum enim secamus unum et idem principium, et nos ab ipso abstrahimus, atque adeo verum creatorem et Dominum abrogamus, hostis, hoc ipso magnam in nos potestatem nactus, cum magna efficacia nos impellit, quos scilicet sibi ita jam obnoxios reddidit, ut creator et Dominus appelletur. Quo quid vel miserum magis vel impium cogitari potest? Accedimus scilicet, relicto Creatore, ad hostem, et deserentes Servatorem ad perditorem currimus : despicimus eum, qui regnum cœlorum nobis affert, qui vero ad pœnam sibi paratam nos pertrahit, eum cum studio sectamur, et cum deceptore decepti ipsi in gehennam ignis æterni condemnari volumus.

XVII. At, o vos naturæ nostræ et creationis, quo tamen dono et jure excidistis, participes, evigilate tandem aliquando, et animas vestras ad communem Dominum et conditorem nostrum, benefactorem item et provisorem, convertite, ad eum, inquam, qui corpus formavit, qui animam inspiravit, qui propter vos carnem assumpsit, qui homo factus est, et crucifixus, et resurrectionem proprio suo corpore restituit. Agnoscite bonum ejus Patrem, qui per Filium et Spiritum suum sanctum omnia ex non exsistentibus produxit, visibilia et invisibilia, potestates, et principatus, et ipsum quoque hostem; non quidem malitiæ quidquam illi tribuens : absit! quomodo enim a bono malum proficisci posset? sed bonitatis participem reddens, quam ipse in malitiam convertit, non minus ac illi, qui ipsi nunc obsequuntur. Nam et illi, postquam imperium in rationem suam, magnum sane bonum, nacti sunt, per quod ipse etiam Creator repræsentatur, id quidem, usum ejus pervertentes, in maximum malum transformarunt. Quod enim ad Creatorem laudandum acceperant, eo ad celebrandum hostem usi sunt : et quo recte usi fieri poterant hæredes regni cœlestis, eo abusi gehennam ignis, diabolo parati, ingredi allaborant. Sed evigilate tandem, surgite, vigilate, ut potestas hostis repellatur a vobis; neque ad vos rapite Apostoli vel potius Spiritus sancti prædictiones implendas

Spiritus enim diserte ait : *Ultimis temporibus quidam a fide recedent, attendentes spiritui erroris et doctrinis dæmoniorum, per hypocrisin falsiloquorum quorum conscientia cauterio inusta est : prohibentium nubere, jubentium abstinere a cibis quos Deus in usum condidit* [74]; quæ, inquit, Deus, non autem hostis condidit. Quibus autem? Fidelibus, et iis, qui veritatem agnoverunt, quod ne ullus tibi errandi prætextus relinquatur, statim subjungit. Itaque fidelis omnis, et qui veritatem agnovit, scit omnia et cum omnibus etiam cibos creaturas boni Dei esse. Qui vero quædam ex illis ad alium refert, is est, de quo Spiritus sanctus ait : *Est, qui attendit spiritibus erroris et doctrinis dæmonum*, et a vera Christianorum fide defector? De talibus etiam alibi Spiritus sanctus præco vaticinatur : *In ultimis diebus*, inquiens, *tempora difficilia imminent. Erunt enim homines sui amantes, avari, arrogantes, blasphemi, parentibus immorigeri*. Recensitis deinde aliis similibus flagitiis, vaticinii hunc facit finem : *Qui habent formam pietatis, vim vero ejus abnegant* [75]. *Et quemadmodum Jannes et Jambres restiterunt Mosi, ita et illi resistunt* [76]. Ibi conjungit veritatem cum Mose, eos autem qui, veritati resistant, cum Janne et Jambre. Si vero Moses et veritas in eadem classe sunt, Jannes autem et Jambres respondent iis qui resistunt veritati, quomodo non etiam de illis prophetia hæc accipienda est? Illi enim dum in Mosen insaniunt, resistunt quidem veritati, conjuncti vero sunt cum Janne et Jambre, cumque iis calumniantur. Imo cujus mendacii vi veteres illi apostatæ ad rebellionem contra Mosen excitandam permoti sunt, eadem et recentiores se extulerunt ad oppugnanda Mosis scripta ejusque, qui illa instar legum tradidit, dominium. Attamen inter eos ea est differentia, quæ recentiores hos pejores reddit. Apud priores enim malitia in consilio subsistebat, quia supplicium ante consecutam actionem eos, qui aliquid perpetraturi malum erant, nisi a conatu retraxit, omnino sustulit. At hi et meditati sunt malum, et cum divina benignitas pro pœna irroganda pœnitentiam ipsorum exspectaret, tanquam contemptores, malumque geminantes facinus destinatum perpetrant, linguamque suam contra Conditorem omnium acuere non desinunt, iisdem conviciis, quæ in divinum ministrum effundunt etiam leges Domini, quas receperunt, proscindentes, suaque in leges insolentia ipsum quoque legislatorem omniumque Dominum vocibus petulantibus et impiis petentes. Atque ita quidem comparata est nova illa et recens apostatarum contra Creatorem omnium insolentia, vel potius varia monstrosaque ex serpente progenita vipera, quæ ventrem matris conficit, et copiosius blasphemiæ venenum in Creatorem effudit. Sed de his postea.

XVIII. Quia vero sermo meus tanquam in transcursu persecutus est oracula sacra, quæ bonum

---

[73] Psal. xc, 13. [74] I Tim. iv, 1-3. [75] II Tim. iii, 5. [76] ibid. 8.

Patrem Domini nostri Jesu Christi, et ipsum dilectum Filium conditorem hujus universi, et creatorem omnium, quæ inter sensibilia et intelligibilia numerantur, clare pronuntiant et celebrant, consultum mihi videtur adhuc manifestius ostendere, quisnam primus et mente et verbis hujus in Deum insolentiæ auctor illis exsistat, qui omnino pœnam luent, quod regem hujus universi super se regnare nolunt, sed cum aliis rebus sensibilibus etiam corpora sua Conditori subtrahunt, et hosti mancipant. Non vero aliunde hæc commentatio repetitur quam ex illis ipsis sacris et a Deo inspiratis Oraculis. Audi itaque evangelistam Lucam : nihil enim prohibet ipsum audire. Is enim tentationem, qua noster inde ab origine rerum supplantator communem omnium Conditorem in assumpto habitu nostro despectum aggressus est, in sacra historia enarraturus, et post recensitam primam illam, alteram expositurus : *Et adducens ipsum*, inquit, *diabolus in montem excelsum, ostendit ei omnia regna orbis. Et dixit ei diabolus* [17]. Adverte mentem, o homo, ut scias, unde primum vox hæc Deo adversa profecta sit, et quodnam sit abominandum apostasiæ initium. Quis primus terrestria opus et regnum hostis dicere ausus est? nempe sator zizaniorum, qui homicida fuit ab initio, qui primus in Deum cervicem extulit, qui per fastum et arrogantiam instar fulguris ex cœlo prolapsus est. *Dixit enim illi diabolus : Tibi dabo hanc potestatem* [78]. Vide, quemnam doctorem hic malorum constituat, quem ducem, quem præceptorem ! O miseram meam naturam, quantam hosti potestatem in me feci ! Cum Evangelia tam clare prodant, unde provenerit tantum apostasiæ malum, et quis ejus sit auctor ; erronei tamen homines, tanquam obturatis auribus, aut earum usu penitus privati nolunt videre , cujus se faciant discipulos, et cujus voces suas faciant ac recipiant. *Et dixit ei diabolus : Tibi dabo potestatem hanc omnem, et gloriam eorum, quia mihi tradita sunt , et cuicunque voluero, ipse trado* [19]. Percellit vos, auditores Dei amantissimi, audacia mendacii, et insolentiæ magnitudo in horrorem inopinatum conjicit : me vero multo magis percellit pessimorum pessimi magistri discipulorum, præceptorem suum superandi studium. Ille enim, alioquin per omnia audax , et impudens, et mendax , et temerarius, prædicat tamen se ab alio dante regnum in terra nactum esse. Mihi enim, inquit, illa data sunt ; non vero : ego hæc ex non exsistentibus condidi. At genuini illi et præceptore suo pejores discipuli, quod cum horrore dico, ex eo, quod accepit, eidem imperium in terrena nequitiæ creatorem ipsum et conditorem terrestrium in mercedem scilicet acceptæ ab eo disciplinæ, renuntiantes. Atque ita sentire et loqui audentes nec horrent, nec videre cupiunt, in quantum exitii barathrum præcipites agantur. Tu vero nec sequentia prætereas.

Ait enim : *Tu igitur si me adoraveris, erit tua omnis*. Qui igitur credit terrena esse diaboli, seque, quæ in illis sunt , ab ipso accipere opinatur, is diabolum adorat. Neque enim, qui ab eo se accipere profitetur ea, quæ adorationis præmium erant, adorationem ipsam denegare possit. Quinam vero illi fuerint alii, quam isti, qui ab ea se habere fatentur corpus, atque hoc ad creationem et regnum ejus pertinere dicunt? Imo nec corpus solum, sed et panem et vinum , et aquam , et reliqua omnia, per quæ hominum substantia continetur et conservatur, vitamque hanc sensibilem producit. Nam sensibilis creatura eorum alia profundit, alia ex terra profert. Atque ita illi, qui sensibilia diaboli creaturas dicunt et ad imperium ejus, pro doctrina ab ipso hausta, constituunt, atque hæc ab ipso se habere, et in his vivere opere ipso ostendunt, manifeste et indubie, etiamsi videntium oculos et aures fallere conentur, cultum ipsi præstant. At facile inveneris aliud amentiæ eorum, qua magistrum ipsum superant, exemplum. Ille enim brevi tempore terna tentatione Dominum adortus, et ter objurgatus, tandem se a tentatione illa , fastuosaque illa et impia insolentia, abstinuit. Illi vero non triplici tantum vice iisdem Domini vocibus castigati (quibus enim verbis reprehensus diabolus tacuit, iisdem et discipuli ad silentium damnati sunt), sed mille, imo potius infinitis vicibus, annisque totidem, ex quo præceptoris insolentes et impiæ artes in ipsos ceciderunt, divinis oraculis reprehensi, adhuc impudentes et arrogantes se Conditori obvertunt, ejusque regnum vita et verbis dividentes, hosti permittunt, nolentes vere, ut communis Conditor super se regnet.

XIX. Sed videamus, si placet, quam ferant ex eo mercedem, quod hostem juvent, adorent, et ut regem renuntient, et quod præmium accipiant, qui regem universi sibi dominari noluerunt. Sacræ itaque parabolæ Dominum nostrum Jesum Christum, vel potius ipse se comparat cum homine nobili. Quodnam enim divinitate est nobilius? hominum vero cohortem, ut cætera omittam, cum civibus suis, tanquam qui creatura sua sint, et quibus terram suam incolendam dederit, imo quorum carne assumpta domesticus et concivis eorum fieri et vocari voluerit. At is divinitatis nobilitatem circumferens, regnumque æquale et inseparabile a Patre nactus, cum omnia scivit, tum non ignoravit rebellionem , quam quidam civium in ipsum moliebantur. Et illi quidem negarunt regnum ejus, nec voluerunt eum super se regnare. Hic hominum amantissimus , bonus Patris Filius, fons commiserationis, Deus misericordiæ, hæc misericordiæ nunquam vacuanda viscera, non potuit ferre tantam civium ingratorum insolentiam. Neque enim peccatorum humanorum aliquod ausi erant illi, sed contra Creatorem, contra auctorem, contra bene-

[17] Matth. iv, 8. [78] ibid. [19] ibid. 9.

factorem, contra providum amentia insurgebat: imo pro hoste ab origine malo, pro homicida primævo, pro adversario studium ab iis probatur: eo fine, ut alteri quidem imperium demant, alteri largiantur. Quid igitur facit, et quam pœnam justus judex ab apostatis illis repetit? Præstat enim audire ipsam illam sententiam: *Inimicos meos*, inquit, *qui noluerunt me super se regnare adducite, et occidite coram me* [80]. Quoniam enim oculis suis Creatorem despiciunt, ad supplantatorem respicientes, merito in oculis justitiæ omnia videntis et contemplantis ad dignam vocantur pœnam. Et occidite eos coram me, ut quem non voluerunt agnoscere regem, cum vel inviti ex iis, quibus plectuntur, pœnis et Regem et justum judicem agnoscant. Et quoniam corpus a me formatum et datum illis alienæ manus opus venditarunt, occidite illos, ut per quod injurii in me fuerunt, quodque meo imperio subreptum hosti manciparunt, ab eo sejuncti debitam apostasiæ pœnam solvant: Occidite eos coram me! Considerate pœnam, quam sit inevitabilis et acerba. Quis fert sententiam? Cujus et illud judicium? Ab hoste occidi quamvis lugubre sit, multum tamen solatii materiam suppeditat. Relinquit enim Dominum futurum ultorem, et spes resurrectionis, ac cum ea conjuncti gaudii, tanquam initium lætitiæ, cogitare eum facit de imminente hostium cæde. Quando vero Dominus ipse jubet occidi, a quo ultio, a quo misericordia, a quo post resurrectionem exsultatio et lætitia, a quo vita et salus proficiscitur: quæ oratio acerbas et intolerabiles repræsentabit pœnas? quæ dolores acutissimos, et nullo levandos solatio? ad quem confugietur? quodnam erit refrigerium sub cruciatu fine carente, et sub pœna interminabili? Hæc cogitate, hæc cogitantes timete vobis a pœna, quam in aliis videtis et ab horrendis tremendisque cruciatibus, antequam eos experiendo discatis. Recedite a simili amentia, antequam similem sustineatis pœnam. Qui enim sub afflictione nascitur timor et pœnitentia, nullum affert lucrum. Quoad pœnitentiæ tempus est, eam admittamus: quoad veniæ janua aperta est, ne pigremur per eam introire. Quoad minæ imminent, conversionem testemur. Dato enim signo, et vita soluta, nulla amplius salutis superest via, nec spes pœnas, minis præceptas, elabendi relinquitur. Postquam enim magister apostasiæ diserte et sine circuitione ab evangelicis verbis confutatus est, et ab iisdem prænuntiatum, quam gravem illustremque pœnam justus judex a discipulis ejus, qui noluerint ipsum super se regnare, repetiturus sit; quam tandem illi, qui, neglectis his omnibus, apostasiam amant, defensionem invenient. Quam veniæ speculam sibi reliquam fecerunt? quis oculus miserationis lacrymas super ipsos fundet? Magistrum suum diabolum esse didicerunt ex Evangeliis, nec minus id, quod discipuli ejus, se priores, coram Domino mactati sint, ideo quod noluerint ipsum super se regnare. Atque hoc etiam veneranda servatoris nostri Evangelia clare docent, quod adoratores sint diaboli, quodque injuria afficiant Creatorem, qui Dei regnum dividunt, id eadem sacra Eloquia clamant. Quod si igitur nullum horum eos ab apostasia sua avertit, reliquus est ignis intermipabilis, et tenebræ exteriores, quæ paratæ sunt ipsorum doctori. Illæ eos etiam invitos et sine ullo fructu ab impietate sua avertent. Sed hæc quidem pro præsenti commentatione et sermone sufficiant.

SERMO IV.

Ejusdem dissertatio contra repullulantem Manichæorum errorem, ad Arsenium, monachum sanctissimum, presbyterum et præfectum sacrorum.

1. Postquam, vir inter sanctos dilectissime, homines, a Manete instar surculorum recens orti, disputationes ingressi sunt, sententias suas ut pudendas prodiderunt. Olim illi versati frequenter sunt cum Nicephoro, hactenus quidem a nomine illo re ipsa nondum cognito. Nam ne fidem quidem amplexus is est, quæ mundum vicit: sed potius in apostasiæ reliquiis occupatus, nomen inde suum nactus est: *Berzelis* enim appellabatur. Quoniam igitur sermones illos, scripto comprehensos, desiderasti, rapina vero librorum, etiam illorum irreparabilem jacturam attulit, neque ad manus nunc est ista commentatio; tibi vero illis, quæ ista continentur, cum maxime opus est; scias ea omnia, quæ ex evangelicis et apostolicis oraculis germina novi illius Manichæorum surculi cum radicibus evellunt (nam illa sane præ cæteris omnibus inevitabilem, qua exscindantur, falcem immittunt), hæc, ut summatim dicam, evincere, quod gratia Mosaicæ de creato mundo narrationi consonet, nec minus ea omnia, quibus nunc ratio et instituta Deum cognoscendi continentur et diriguntur: imo et quod idem corpoream et visibilem creaturam ex non exsistentibus verbo creaverit, qui intelligibilem et invisibilem pro simili sapientiæ copia produxit. Præterea vero, quod corpus humanum æque ac anima ab eadem providentia benefica et hominum amante profectum sit; quodque insuper illi, qui in veteri œconomia inclaruerunt, Deum verum et bonum coluerunt, et malitiæ se opposuerunt. Atque ista quidem, quoad per vires licuerit, difficultasque temporum permiserit, commentationi nostræ destinantes, quibus ipsis etiam, puto, desiderium tuum absolvitur, sanctitati tuæ nunc mittimus. Quod si sperata inveneris, id quidem precibus tuis et orationi in fide factæ tribuendum fuerit. Si vero inveneris, quod non exspectasses, id perpetuæ invaletudini, qua cum corpusculum meum conflictatur, et temporum difficultati acceptum feres. Si quando fortasse divina providentia ad peccata nostra conniveat, rebusque nostris benignius consulat, hominumque

---

[80] Luc. XIX, 27.

iram non promeritam in mansuetudinem convertat, atque sic id, quod initio petiisti, ad manus tuas perveniat; non miraberis, ista relegens, si pleraque eorum, quæ ibi exstant, hic comprehensa inveneris. Sed nec miraberis vicissim, si illa non adsint. Nam oblivio sæpe in ea dominatur, quæ et præstabat et necesse erat scire, in primis ubi conflictum cum rebus præsentibus infert. Simul vero nec illud, velim, prætermittas; quod non aliam novamque commentationem in medium afferre constitutum sit, sed tantum in hac rerum inopia aliquid in solatium jacturæ prioris et oblivionis medelam nobis et amicis hoc qualecunque suggerere.

II. Initium aciei nostræ, contra adversarios instruendæ, ipsa Domini opera et verba sunt. Neque enim nos aliunde possumus pugnare felicius, neque hostibus quidquam, quam inde nos oppugnare, magis obvium est, neque iisdem ulla alia, quam hinc accepta clades, luctuosior aut gravior esse potest. Vide igitur, quomodo sub ipsam congressionem rex universi, et Servator noster, et dux belli vallum hostium ab ipsis fundamentis convellat et evertat, eorum molitiones confundat, et audaciam apostatarum dissipet. Quid meditetur, quidve moliatur, non longa arte quæritur, nec a contentione aut labore procedit, sed vix vocem emittit, et omnes hostium molitiones difflantur. *Omne enim*, inquit, *regnum, contra se ipsum divisum desolatur, et omnis urbs aut domus contra se divisa non consistet* [81]. Videsne, quomodo sonus buccinæ Dominicæ vix auditus vallum hostium everterit et destruxerit? Et quid dico vallum? imo et urbem, et regiam, quam apostatæ impiis suis et errorum plenissimis ratiociniis exstruxerunt et muniverunt. Si enim regnum, in se ipsum divisum, non consistit, sed ipsum per se citius diffluit et disturbatur, imperium certe Creatoris et regnum in æternum manet, quod nec apostatæ ipsi negare ausint. Neque enim hucdum tempus, omnia innovans, quemquam exhibuit, eo insaniæ provectum. Si igitur boni Dei imperium, ceu omnibus constat, omni dissolutione superius est, nonne multo magis manifestum est, quod, quibus illi institutis, integritatem ejus turbantes, malum principium effabricant, et a latere exstruunt, iisdem regnum quidem communis et boni Domini averruncandi insanum consilium ceperunt, simul vero id, quod ex adverso erigunt, et struunt, et solvunt. Dum enim boni principii regnum indivisum manet (namque divisio viam ad dissolutionem pandit), quia indissolubile divisionem omnem aversatur, Dominus noster etiam ante hanc incursionem prædixit fore ut divisum dissolvatur. Imo et creaturæ ipsi, tam multis sæculis, inde ab ipsa productione, pro integritate sua, solutione ejusmodi superiori esse licuit. Manifestum vero est terrestria cœlestibus arctissime juncta esse, et in eadem compage contineri, nec ea, quæ mente ac cogitatione investigantur, a corporeis sensuique subjectis rebus per continuam providentiam sejungi, sed eximiam connexionem præ se ferre. Et quod magis valet, ipsum illud animal rationale, homo, ex visibilibus et invisibilibus rebus compactus, consistit. Si igitur boni Dei imperium et regnum divisionem et separationem non admittit, id vero, quod ipsi inferunt, partem scilicet quamdam totius administrationis lingua sua subtrahentes, verbis apostaticis producunt, et hostem ejus regem constituunt; quomodo illa pars per se discordiam sibi conciliabit? quomodo vero consistet, quæ ortum suum ex divisione et dissolutione habeat, quæque separatione et sejunctione, per quas substantia integra perditur, provenit primum et defluxit? Sane vel hoc evincit totum linguæ infaniis figmentum esse. Quomodo vero non eodem modo, quo Boni principium tanquam indissolubile consistit, et, quo longius progreditur, tum constans est, tum in melius proficit; quomodo non, inquam, eodem modo principium illud quod, amentia hominum, in Deum injuriorum, invehit, siquidem non in nudis hominum calumniantium labiis exsistit, citius, quam ortum est, corrumpetur, et amasios suos risui ac ludibrio exponens peribit? Ita enim pœnam quasi repetit ab eis commentitiæ inaugurationis, per quam ipsi illi vano vel potius impio et improbissimo conatu reginæ nomen, quod nec ancillæ locum tuebatur, vindicarunt. Adeo omnipotens et militaris cæterisque omnibus dominus potestas copias hostium evertere, adeo spoliare hostes valet. Adeo ostendit ipsa illa tyrannide præliatores et satellites ejus ac quoscumque habet propugnatores vel uno verbo debellandi et ludibrio omnium exponendi potestate insuperabili pollere. Itaque defectores illos, propugnacula sua confestim diruta, et nec sonum regiæ buccinæ sustinentia videntes, neque imperio, quod novitatis cupidi sibi ipsis finxerunt, omnibus jam ad interitum spectantibus, militare amplius decebat, neque, sublata tyrannide, ad tyrannum se convertere, sed potius, cognito communi omnium Domino, imperio ejus se submittere, factaque vera conversione pœnitentiam seriam testantes confiteri, se manuum ejus opus esse et creaturam, ac ab ejusdem providentia et benignitate regi et gubernari: vicissim vero fas erat, odisse eosdem et aversari hostem maximum, eidemque nullis suis in vita actionibus potestatem imo nec excursum in se permittere.

III. Quod si vero profundæ defectionis tenebræ ipsorum sensus adeo hebetaverunt, ut, ne destructo quidem ac debellato hoc imperio, evigilantes ex sopore detrectare valeant, sed sub eo magis, quam optimi Dei regno, contineri malint, age, ostendamus regem universalem non in eo vindictam suam ab

---

[81] Matth. xii, 25.

illis qui regnum suum inficiantur, sumendam sistere, ut principem eorum evertat, deleat, et spoliet; sed iisdem, post probatam multam longanimitatem et patientiam, emendari nesciis interitum immittere. Fortasse istum sibi imminere videntes, sensu quodam facinoris sui capientur, nec amplius cogitabunt, vel dicent, nolle se ut sibi dominetur, aut corporibus suis reliquisque visibilibus creaturis Dominus et Rex universi imperet. Vide enim, quam graviter et severe is, qui natura sua hominum amans est, contra illos sententiam ferat. *Hostes meos*, inquit ille, *qui noluerunt me super se regnare, adducite huc, et mactate coram me* [82]. Quid ais? stupesne hanc sententiam? fugisne caedem illam? desistisne a dividendo imperio Dei Optimi? Convertisne te ad poenitentiam, ut imperium Domini plenarium confitearis, et ad idem tum corporum tum animae dominium transferas? an potius pugnare contra illud amas, usque dum ea perpetiaris, quae perpeti tristissimum est, et quibus graviora verbis exprimi non possunt? Namque non occidit solum, et ex praesenti vita tollit, sed postquam interemerit, te in perpetuam nec finiendam unquam gehennam ignis, anima et corpore puniendum, ablegat. Enimvero et alia tibi plura, sive tela mavis, impiam hanc sententiam variis modis conficientia et confodientia, sive salutaria contra morbum medicamina ex verbo oris omnipotentis et hominum amantis desumpta afferam, et ad propulsandum morbum studium conferam, si forte sanitati restitui potius, quam ex vulneribus perpetuo decumbere cupias.

« IV. Praedicavit Christum Joannes, foederis gratiae nondum particeps, sed secundum legem adhuc ductus. Praedicavit autem eum, et Deum professus est iis locis omnibus, quibus testatus est eum peccata mundi tollere, et quibus ipsum Dei Filium igne et Spiritu sancto baptizantem, id est, ignea et fulminea Spiritus virtute naturam nostram depressam excitantem et renovantem libera voce demonstrat. Praedicavit vero et Patrem, eumque, ut Deum, indubiam potestatem etiam ex lapidibus Abrahamo filios procreandi habere professus est. Praedicavit vero etiam Spiritum sanctum, quando eum ex coelis prodiisse, et in Filium Dei unigenitum descendisse, et super eo tanquam ejusdem essentiae consedisse videt, imo, quod magis Deum infert, quando eum ut participem operis celebrat, in quo salus mundi se conspiciendam praebuit. Namque utrique causam salutis hominum acceptam fert. Alter enim tollit peccatum mundi, hoc autem per Spiritum sanctissimum mundatur et abstergitur. Clare enim clamavit, quod mundus, a peccato liberatus, et salute dignus habitus, tum vero Spiritu sancto ac postea igne baptizatus, per quem vim Spiritus sancti igneam, efficacem et expiatoriam intelligere licet, tanto beneficio fruatur. Quorum vero opus commune est et indivisum, quod mundi renovatione et reparatione continetur, quomodo illis non eadem natura, eadem vero etiam potestas, eadem denique humanitas et providentia fuerit? Qui igitur in ipso limine Deum trinum praedicavit, et tremendum ac venerandum dogma hoc in introitu concionis suae proposuit, quod Servator post resurrectionem discipulis suis clarius explicavit, num is aliunde haec hausisse, et dixisse ac praedicasse tibi videtur, ut vel legem gratiae contrariam dixerit, vel negarit, eum, qui ex lapidibus Abrahamo semen excitare possit, Servatorem mundi filium suum et dilectum esse, omnibus demonstrasse? Si vero, qui sub lege gratiae praecones fuerunt, et ipse quoque legislator Deus, qui totum vetus testamentum instituit, Filium proprium Deum Bonum et mundi Servatorem renuntiavit, eumque aqua baptizatum, quomodo non omnia, quae in lege et gratia sunt, ejusdem providentiae, curae et bonitatis opera ac praecepta habenda erunt?

V. Considera vero simul, quibus encomiis Joannem mactet Servator, quando eum divitiis omnibus superiorem, et supra omnem mundi fastum collocatum, in fide praeterea firmum, ac in sententiis bonis rectisque tuendis immotum pronuntiat [83]. Ab his ipsum celebrans, vide, quam longe altius virum efferat, neminemque inter genitos ex mulieribus cum eo comparandum, sed palmam omnibus praecipientem, sistat. Postea a virtute ita laudatum etiam prophetam et propheta majorem appellat, prophetam quidem, ut ostenderet, prophetarum nomen ejusque usum ejusmodi operibus et praerogativis, quae bonitatis dona sunt, accommodatum esse. Propheta autem majorem vocat, quod qui aequalem cum illis gratiam nactus est, ut futura praevideret, idem adhuc plus habuit ut scilicet videret eum de quo illi vaticinati sunt et dignus haberetur, qui baptizaret aqua illum, qui mundum igne et Spiritu baptizaturus erat, et a peccatis mundaturus. Num igitur gratia cum lege pugnat? nonne potius magna est inter utramque consensio et affinitas? Quomodo vero, siquidem Joannes ab alio erat principio, gratiae auctor haec de eo testatus est, quae paucis eisque selectis tempore novi testamenti patrata esse constat? Quomodo item, cum boni Patris bonus sit Filius, idemque bonitatis fons, legali et manui et voci, quas apostatae oppositi principii opus et praeceptum dicere audent, immaculatum caput suum submittere, et baptismum per aquam recipere sustineat, o linguam venenum serpentis effundentem! si aqua non sit a bono creatore profecta?

VI. Quod vero amplius valet, non commemoro. Id vero tale est, quod nemo sine horrore dicere suscipiat, illis vero, in quibus error hic exsultat, conficiendis maxime aptum sit, atque adeo cum maximo fructu et studio a nobis exponendum. Natus enim est boni Patris bonus Filius ex Virgi-

---

[82] Luc. xix, 27.

n s utero, in mundi salutem, ita ut carnem nostram sibi ex immaculato sanguine formaret, et homo vocaretur. Atque id quidem veteres impietatis patroni refugerunt; illi autem, qui hinc orti sunt, et qui nescio quomodo, opere ipso negare id malunt, in sermonibus commemorare non refugiunt (1). Videas enim eos speciose loqui, quando et evangelica scripta se colere affirmant, et Paulum divinitus actum sententiæ suæ auctorem et doctorem mentiuntur. Cum itaque carnem assumpserit Dominus noster Jesus Christus : namque ille tonitru filius exclamavit : *Et Sermo caro factus et, et habitarit in nobis* [83]. Et Jesu Christi nativitatem alius iterum evangelistarum ex Spiritu sancto factam scribit, traditque Virginem peperisse Filium suum primogenitum, et vocasse nomen ejus Jesum [84]. Horum vero collega et sodalis, non solum incomprehensibilem partum, sed et absconditum ac ex parte antegressum conceptionis modum significat. Quomodo vero Filium suum promogenitum Virgo fasciis involverit, et in præsepi reposuerit [85]; quomodo item Servator Jesus Christus mundo natus sit in civitate David, angelorum turba cecinit. Præterea vero idem (id quod homines mysterium hoc specie tenus tenentes, et gratiam in nugas convertentes, nec minus illorum asseclas, contra quos his disputatur, adhuc magis compescit et confundit) penitus eosdem debellans et dejiciens, docet Servatorem nobis natum etiam circumcisionem carnis lege præceptam recepisse, ac præterea eumdem, etiam hac in parte Mosaica præcepta implentem, Jesu appellationem recepisse profitetur. Cum itaque incarnatio Verbi, seu carnis assumptio et nativitas tam manifesta sit (hucus que enim prono cursu sermo nos cum voluptate detulit : jam vero vertigo me fere et pavor occupat : sed dicendum tamen omnino est, quamvis non sine trepidatione, quod confutatio prætermittere non sinit), nunquid tu, qui non audenda audes, Dominicum hoc corpus ad malum principium referre mavis, an gravitatem flagitii hujus agnoscere? Si enim horror te capit, et timor occupat, subtrahes illud omnino malo conditori et principio, vel, ut rectius loquar, omni studio efficies, ut facinus hoc, blasphemiæ tuæ fœtum, amoliaris. Quod si vero, non habita ratione iræ divinæ, neglectoque rectæ rationis judicio, imo ipso erga homines pudore, sententiam tuam mordicus tueri pertinaciter constituisti, quomodo, quæso, Malum Bono junctum est, et quomodo bonus Deus salutem mundi per Malum reparare sustinuit, et, quod magis admiratione ac horrore dignum est, in thronum patrium collocat? id enim absconditarum rerum sciens et doctor tradit. Aut igitur has res omnes negare te oportebit, quod scilicet Verbum carnem assumpserit, in mundum per nativitatem in partu venerit, humanum genus redemerit, assumptumque corpus throno patrio vindicarit; aut relinquitur, si ea non negaris, negare te bonitatem Dei, quem, ipsa hac conjunctione astructa, malitiæ suspicione oneres et injuria afficias; quippe qui et malitiam, cum nec tum retinere possis, in bonum converterit. Et sane, si omnino contra Deum pugnare constitutum habeas, magis in promptu erat prius impietatis caput, quam posterius eligere. Fuit enim tempus, quo in flagitii hujus pœnam non vocabantur, qui priora illa nesciebant, eaque tanquam nondum exsistentia, non reverebantur. Qui vero Dei bonitatem in malum transtulerunt, aut hoc, tanquam Boni particeps factum, illustre reddiderunt, eos nulla non ætas inevitabili pœna dignos judicavit.

VII. Cum vero audacia hæc et impietas amasios suos tot malis circumdet, illi tamen adeo ab errore suo se non avertunt, ut potius, veriti quasi, ne satietate quadam Deum oppugnandi corripiantur, novæ cuidam profanationi Boni naturam exponant. Cum enim vetus ejus testamentum, atque eos, qui in eodem præ cæteris eminuerunt, ad mali principii potestatem ejusque cultum referant, cum tamen ad David et Abraham, ex quibus Christus quod ad carnem, ejusdem ordinis exstiterint, manifestum est quod Dominum universitatis rerum duplici injuria afficiunt, semel quidem, quod corpus, quod assumpsit, a Malo esse contendunt : deinde vero, quod illud non ab alio populo deducunt, quam eo, qui secundum legem, ab ipsis contemptam, vixit. Quod si enim Bonum Mali inest opus, quomodo, quæso, ab aliis illud evitari poterit? Nunquam vero ad insolentiam hominis accessio fieri potest, qui duplici crimine se obstringat? Etenim propriam creaturam ad peccatum aversam, per ejus assumptionem servare, maximæ curæ et bonitatis argumentum est : vicissim si alieni quid clanculum obrepat, quod natura alteri sit adversum, et contrarietate sua cum eo pugnet, nonne illam et curæ et bonitatis eminentiam in partem oppositam convertere judicandum est? Itaque non est ulla opinio vel insana magis, vel impura, vel impia, quam eorum, qui vel corpus vel legem Mosaicam a Malo repetunt. Præter hæc, si corpora a Creatore malo sunt, non vero a Patre et Filio et Spiritu sancto, una divinitate et potentia, quomodo ab alienis et malis corporibus, quæ sane Mali sunt opera, morbos propellit Deus optimus, et mirabilem iis affert medicinam? Hoc enim nihil foret aliud, quam ornare opus, ad cujus potestatem destruendam venerat, atque adeo augere vires ejus, qui ab initio defectionem procuraverat. Imo si fruges terræ non

[83] Joan. I, 14. [84] Matth. I, 25. [85] Luc. II, 7.

(1) Eos innuit ex veteribus hæreticos, tum Valentinianos, tum Manichæos, aliosque hujus generis, qui Christum verum hominem fuisse negarunt. Lege eos, in suas classes distinctos, apud Forbesium. lib. II *Instruction. historico-theolog.* c. 1, p. 77 seqq.

a bono sunt principio, quomodo panes, ex alienis seminibus fermentatos, ipse, o profundum stuporem! obtulit, qui sibi ipsi ex rebus non exsistentibus cibum parare poterat? Imo vero idem ille eos multiplicans, aliquot millia, assumpta in miraculi productionem Mali creatura, hosteque suo in beneficentiæ supernaturalis societatem cooptato, cibavit, tanquam cui non liceret ex alia materia et se, et illos, qui verbis ejus attendebant et auscultabant, nutrire. Quod si custodes et principes eorum, qui in veteri testamento vixerunt, non fuerunt ministri Dei benignissimi, quomodo discipulos, præter causam a pharisæis culices percolantibus, et camelos deglutientibus reprehensos, ideo, quod esurientes spicas in Sabbato, quibus corporis famem solarentur, evellebant et edebant, accusationi huic non obnoxios judicabat, sed a crimine pronuntiabat immunes, Davidem et sacerdotes, carnes scindentes et ligna findentes in Sabbato, in subsidium et patrocinium causæ afferens, atque id quidem eo tempore, quo sacrum ejus munus, quod ad salutem mundi referebatur, cum maxime urgeretur [86]?

VIII. Quodnam vero illustrius aut efficacius argumentum afferri potest, quo constet nulli rei terrestri dominari Malum, quam ipsa hujus verba, quibus creaturam sibi ipsi subjiciens, cum ad Creatorem omnium occultatum et latentem tentaturus accederet, regnis terrenis omnibus, et gloria illorum demonstratis, dicebat: *Hæc omnia tibi dabo, si procidens me adoraveris* [87]. Si enim mendax est, *neque unquam in veritate perstitit* [88] (ita enim nos docuit ipsissima veritas, neque quisquam est eorum, qui Christum profitentur, qui hanc assertionem admittere nolit), nonne omnium manifestissimum est, quod mendacii auctor nulli rerum terrestrium dominetur, neque ipse earum conditor exsistat, sed tantum auctor voluntatis et actionum illorum hominum sit, quos ipse occulte seminavit, et quorum rationem ita transformavit, ut ipsum conditorem et auctorem rerum inscriberent, non quasi ex animam aut corpus eorum ex non exsistentibus produxisset, sed quod adeo in transversum acti sunt, ut eum ipsi sibi Dominum constituerint? Itaque id, quod nonnulli errantium in defensionem impietatis suæ afferunt, quod scilicet terrestribus dominetur Malus, id, inquam, eo adhiberi potest, ut sub nullo imperio esse dicantur. Qui enim mendax est, et auctor mendacii, ipse sibi imperium rerum terrestrium vindicavit. Si porro corpora sunt a Malo, quomodo discipuli sal erant terræ? quomodo lux mundi [89]? ex dimidia enim tantum parte salient, et illuminabunt, imo vero ne ex dimidia quidem parte. Nam vicissim dimidiam tantum humanæ substantiæ partem, non vero toti homini id præstabunt, Creatura enim Mali salituram non admittit, ne malitia ad putredinem inclinare possit, cum tota pu-

tredo exsistat. Neque idem idoneum est ad recipiendas lucis stricturas, præcipue cum erronea eorum doctrina id quoque tradat eos, qui ad ejusmodi quid perpetrandum destinati sint, facultatem illam non habere, sed a delictis suis retineri. Quando vero ipse Servator diserte clamat: *Non veni legem solvere, aut prophetas, sed implere* [90], quomodo impudentissima impiorum mens non veretur dicere, legem et prophetas a malo principio profectas esse, atque huic in vita cultum exhibuisse? Si enim Servator noster implet legem et prophetas, consequeretur ex duobus abominandis, et in ipsorum perniciem vergentibus, alterutrum, vel quod Malum in Bonum convertat, vel si illud malitiæ terminis circumscriptum maneat, quod Christum spontaneum, illius ministrum constituant, qui per infinitam suam bonitatem ideo venit, ut Malum deturbaret de imperio quod inter homines exercet. Illa vero verba: *Amen dico vobis, donec transierit cœlum et terra, iota unum aut unus apex non transibit a Lege, donec omnia fiant* [91], nunquam probationis accessionem admittunt. Nonne potius erroris eversionem ebuccinant, aut indomita impiorum ora obturant, etiamsi mordicus adhuc tueri conentur, quod lex et prophetæ a Malo sint?

IX. Quando vero audiveris evangelistam adventum Jesu Christi, Filii Dei, inenarrabilem, ejusque actiones omnem sermonem excedentes inde a principio ad prophetas (tanquam prænuntios) referentem, nonne pudore et pœnitentia duceris, quod eos injuria afficere audes, quos sacra oracula tanti mysterii, amorem in homines testantis, præcones et doctores constituunt, et quorum vaticinia Evangelii sunt fundamentum? *Initium enim Evangelii Jesu Christi, Filii Dei*, inquit, *sicut scriptum est in prophetis: Ecce ego mitto angelum meum ante faciem tuam, qui parabit viam tuam ante te* [92]. Quis vero misit, ut pararetur via boni Filii et Dei, nisi bonus Pater, qui per suos in lege ministros multis sæculis ante nuntiavit, Filium suum usque ad assumptionem carnis et sanguinis exinanitum iri? In fine vero temporum illorum angelum suum, Joannem, misit dicentem: *Parate viam Domini, rectas facite semitas ejus* [93]. Aquam vero, in qua submersus Jesus, hominum-amantissimus, omnem justitiam implevit, quomodo vel tetigerit, ne dicam, ea omnino tingi sustinuerit, eamque purificandi et mundandi facultate instruxerit, nisi suæ potius, quam oppositæ potestatis opus exsisteret? Atque hanc gratiam ex baptismo tanquam fonte scaturire jussit non solum tunc, cum corpore præsens esset, sed gratiose effecit, ut in futura sæcula omnia salvandi hic per Spiritum sanctum regenerationem novamque creationem invenirent, atque adeo hoc gratiæ donum nunquam intercideret. Quomodo porro

---

[86] Matth. xii, 1 seqq. [87] Matth. iv, 9. [88] Joan. viii, 44. [89] Matth. v, 13. [90] Matth. v, 17. [91] ibid. 18. [92] Marc. i, 1, 2. [93] ibid. 3.

Joannes, dignus habitus, qui videret bonum Deum adventantem, idemque propheta, praestantior et major omnibus, qui ex uxoribus nati sunt, ab ipsa veritate renuntiat , pro praeceptis legis pugnare ingressus est, is scilicet, qui missus erat, ut gratiae esset praenuntius? Neque is tantum pro ea jam desitura (adeo illam norat Dei donum esse) certamen ingressus est, sed eo quoque est provectus, ut vitam suam postponeret serio illam observandi studio. Unde enim animadversionem illam suam in Herodem, dicens : *Non licet tibi habere uxorem fratris tui* [94], unde, inquam, eam nactus est, aut pro qua lege propugnans ita objurgavit regem ? Nonne vides, quam longe prodromus gratiae a contumelia, praeceptis legis inferenda, abfuerit, is omnino, qui ut auctorem gratiae baptizaret, dignus habitus est? Si vero mosaica praecepta non ab eadem divina et benefica inspiratione profecta fuissent, quomodo idem gratiae minister illa adeo non contemptim habuit, ut ea potius omni studio sectaretur et fervide urgeret? Servatore nostro imprimis clamante : *Nemo potest duobus dominis servire : aut enim unum odio habebit, et alterum diliget : aut uni adhaerebit, et alterum contemnet. Non potestis Deo servire et Mammonae* [95]. Quod si lex et gratia a duobus dominis oppositis non autem ab eadem bonitate et potestate profectae sunt, quomodo is, quo nullus inter homines major est, duobus dominis, prout impia hominum lingua tradit, servire visus est? Atque eodem modo comparatus fuit omnium, qui ante ipsum fuerunt, prophetarum coetus. Jam vero id, quod Servator ipse, homo factus, Patris voluntatem perfecit, quodque non venit ad solvendam legem aut prophetas, sed potius ad implendum, nolim amplius, ob maximam contrariae sententiae impietatem, evolvere.

X. At infandum illud, quoad fieri potest, et in quantum non omni ex parte gratificari hostibus simul licebit, tanquam priori isto secundum enarrabo. Joannes scilicet, in confinio legis et gratiae ministerio fungens, imo et omnis prophetarum, eo priorum, coetus argumentis non solvendis convincunt homines istos impios, quod veritatem substantialem tanquam mendacium insectentur, et, dum, invectis legislatoribus contrariis , praecepta distrahunt, eadem opera, qua priora calumniantur, quamvis id palam facere non audeant, non minus et ea, quae gratiae sunt (quid enim mali ex mendacio non proficiscatur ?) prodant et simul explodant. Si enim bonus Dominus gratiae auctor est, hujus vero inter reliqua hoc dogma est, quod nemo possit duobus dominis servire, utrique vero parti praedicti illi servierunt, nunc autem illa apostatarum colluvies alium Mosaicis praeceptis Dominum constituit; nonne inter medios praetextus ipsam gratiam probris insectantur, dum calumniantur legem ? Ita enim (quae, utut etiam in confutatione impietatis commemorare vix fas sit, magis tamen integrum fuerit) ipsum Testamentum mendacii insimulare judicabantur. Sed quid si quis exceperit : Si lex bona est, num, qui sub gratia sumus, secundam eam vivimus ? At tua quidem causa nihil attinet quemquam in subsidium vocare. Quodnam enim tibi impio amplius dubium erit, cujus solutionem non aggrediar ? Nunquid forte levius peccabis, et dum bonitatem, nulli injuriae obnoxiam injuria afficis, vel impune eam feres vel facilius dimittes? Imo vero ipsa illa difficultatis oppositio non minus defectionem hanc confutat: adeo undequaque etiam ex rebus ipsi contrariis veritatis robur resplendet. Si enim ex eo, quod lex ab illis, qui sunt sub Bono, non observatur, in suspicionem eadem admittitur , ac si cum gratia non concordet; quantae bonitatis particeps eadem renuntiatur eo ipso, quod Deus bonus venit, non, *ut solveret legem et prophetas, sed ut impleret?* Et apostatis quidem plura respondere non opus est. At piorum causa, qui digni sunt, ut gratiae mysteriis amplius initientur, facile edisseri potest, quod propterea secundum antiquas leges non vivimus, quia Christus, ubi advenerat, omnia implevit, gratiam scilicet pro gratia per Mosen tradita, proque sanctis, quae in sancto erant, typicis Sancta sanctorum, quae per illa praefigurata erant, exhibens, quorum alterum Paulus [95*], alterum Joannes [96], in divina sua doctrina tradit. Itaque nunc quidem, qui secundum eas vivere instituat, reprehendendus foret, tanquam qui auderet negare Christum , qui legem implevit, omnia ejus implevisse. Sed regrediendum eo est, unde sermonis impetus, ad affinia deflectens, nos avertit. Auctor gratiae et coelum et terram et Hierosolyma, imo et capillos adeo revereri nos jubet, ut nec ad jusjurandum adhiberi velit: et coelum quidem, *Thronum Dei* , *terram vero scabellum pedum ejus*, *Hierosolyma autem civitatem ejusdem Dei et magni Regis* [97], appellat. Si igitur ista ad creaturas boni Patris pertinent, sicut Filius, qui omnia, quae Patris sunt, novit, confirmat, quomodo non pro eo, quod in creaturas debacchantur, in ipsum potius Dominum nostrum Jesum Christum et Patrem ejus, eo ipso, quod apostatae illorum creationem a malo principio repetunt, furere existimandi sunt?

XI. Tu vero crassiorem adhuc impiorum illorum audaciam et dementiam perspice. Panem nostrum quotidianum, mysticam nobis orationem exhibens et tradens Servator, a Patre suo expetere jussit. At illi panem, sicut et omnia terrestria , ad perniciosum referunt principium, eoque corpora ab eodem producta nutriri nugantur. Adeo impudenter Dominico se illi praecepto opponunt, dum et corpora et cibum mala esse contendunt, quamvis Dominus diserte praecipiat, ut eum a bono Patre expetamus. At quomodo fieri potest, ut illi quidem hoc, non

[94] Marc. vi, 18. [95] Matth. vi, 24. [95*] Hebr. xi, 3. [96] Joan. i, 16. [97] Matth. v, 35.

dicam, pro veritatis præcepto habeant, sed vel sub *in fornacem conjici solitum Deus vestit, quomodo* tabulæ specie ista animo repræsentent? Idem enim *non multo magis vos, o exiguæ fidei homines* [99]? hoc est, ac si vereantur, ne a malo liberentur, Et naturalium quidem illorum indumentorum, quiadeoque a Bono expetant, ut illud tanquam dome- bus bonus Dominus gramen vestit, quæ et quanta sticum recipiant. Si enim cibus Mali est opus, cer- est magnificentia! Ea certe vestem regiam et purte is, qui ad salvandos homines venit, dum in fine pura splendentem, quam humana solertia inter orationis idem illud e medio tollit, ad eumdem, ad primas collocat, post se tanquam secundam relinquem preces pro cibo deferri vult, orationem quo- quit. *Dico enim vobis, quod neque Salomon in omni* que præstari jubet, per quam a Malo liberemur: in- *sua gloria vestitus ita fuit, ut unum ex illis* [1]. Quodicans scilicet, quod, qui nos a malo liberavit, idem modo igitur graminis quidem vestitum bonus parat nobis et corporeum cibum suppeditat, super qui- Deus, tu vero illius vestimenti, quo hominis anima bus et regnum, et potentiam, et gloriam in perpe- circumdatur, corporis, inquam, alium, non vero tuum esse et mansuram quoque unigenitus Patris, eumdem, requiris conditorem? Et quomodo non qui ista largitus est, Filius docuit. Videsne in quod simul te ipsum longe graviori pœnæ obnoxium fatebarathrum apostasia se præcipitet, et quomodo ver- ris, quam gramen illud, quod in fornacem conjicibum veritatis, efficax scilicet et ancipiti gladio tur? Et Servator quidem illis, qui justitiam Dei et quovis penetrantius, in eum grassetur? Si quis vero regnum per opera quærunt, eumdem, cujus regnum panem quotidianum dixerit non simpliciter eum illud est, et cibum et vestimenta aliaque, quibus esse qui corpori in escam suppeditatur, sed eum conservatur, suppeditaturum promittit. Tu vero qui in corpus Christi mutatur, et animam cum ista gratiæ et benignitatis munera ad contraria corpore sanctificat, non minus, nisi adhuc magis, omnia refers. Quomodo vero ipse, is eorum quohac commentatione impietas confoditur, et sermo rum non est auctor, sed quæ alterius sunt opera, hic immedicabilem ipsi cladem infert. auctorem inscribit? Quomodo, quod adhuc absur-

XII. Quod si vero duobus dominis servire non dius est, se hominibus pro virtute dimicantibus et licet, substantiæ vero humanæ dimidia pars, quippe regnum suum quærentibus, talem sistit, qui eis quæ ex impiorum hominum mente creatura Mali malas Mali creaturas præmium studii sui, divino exsistit, ipsi Malo etiam invita servit et subjecta amore pleni, et certaminum plurimorum tradat et est tanquam creatura conditori, nemo sane pure et exhibeat? integre Deo unquam serviverit. Adeo in nugas ipsis XIII. Quod vero lex consonet gratiæ, adeo cerabeunt divina præconia, et, o hominum insolen- tum est, ut altera ab altera stabiliatur. Gratia quitiam! ipse quoque tremendus Christi adventus et dem, tanquam quæ a lege præfigurata et prænunincarnatio, atque adeo omnia, quæ pro salute no- tiata est quasi expressa, imo manifestata et prostra Dominus ultro sustinuit et recepit. Scilicet tu mulgata est variis adumbrationibus: lex autem quidem, malus et ingratus in benefactorem futurus, postquam prædictiones et figuræ illæ per gratiam, cibum corporum humanorum malitiæ segetem esse in rem ipsam abierunt, quæ veritatem, sub velis tradis: Servator vero omnium et auctor Patrem ejus latentem retexit et in lucem produxit. Quod suum cœlestem ac Deum, cujus regnum nos præ si res gratiæ et res eam antegressæ mutuam hanc rebus corporeis omnibus quærere jubet, non illius consensionem non servassent, quomodo, quæ a solum cibi quo homines, sed et illorum, quibus vo- lege et prophetis prænuntiata erant, omnium oculis lucres nutriuntur, auctorem et procuratorem pro- ut impleta apparuerunt? Quomodo vero et Servator nuntiat. Et quomodo sana ratio quævis illis extre- noster, leprosos verbo mundatos, ad sacerdotes, mæ insaniæ pœnas non merito irroget, qui clamo- qui sub lege erant, ablegat, abire eos, seque ipsis res suos cum oraculis Dominicis et salutaribus ex præcepto legis ostendere, imo, quod plus valet, permutant? Hæc enim docent, Patrem nostrum in donum a Mose postulatum offerre jubens. Si vetera cœlis nosse, quibus opus habeamus, ad quem et novis opposita sunt, quomodo eos, qui Domini preces deferre jussi sumus clamantes: *Pater noster,* præcepta impleverunt, et in gratia versati sunt, *qui es in cœlis* [97]; eumque, si regnum ejus ejusque ipse Servator ab oriente et occidente collectos justitiam quæramus, nuntiant, non solum cibum cum Abrahamo et Isaaco et Jacob [2-3] qui secundum nobis præbere, sed et omnia reliqua, per quæ cor- legem Deo placuerunt, in regno cœlorum congrepus curatur, nec ea solum, quæ ad necessarium usum gat et conjungit, vel, quod dicere fas est, regni hominum conferunt, sed et quæ secundum imo ulti- sui ex utroque Testamento cohæredes constituit, mum locum occupant, habitu suo naturali instruxisse ut simul promissis et æternis bonis frui possint? et aluisse. *Considerate enim,* inquit, *lilia agri. quo-* XIV. Num quis igitur dabitur sermo magis furio*modo crescant: non laborant, neque nent* [98]. Neque sus, aut sententia magis impia, quam eorum est qui hæc solum, sed et ipsum adeo agri gramen, quod gratiam et legem ad opposita principia referunt, hodie exsistit, et cras in fornacem mittitur. Ait eosque qui sub utraque republica vixerunt, non enim: *Si vero gramen agri hodie exsistens, et cras* eumdem coluisse bonum Deum, sed contrariis prin-

[97] Matth. vi, 9. [98] Matth. vi, 28. [99] ibid. 30. [1] ibid. 29. [2-3] Matth. viii, 11.

cipiis divisos contrario etiam cultu usos esse dicant? Cumque doctor gratiæ Mosis iterum proferat præcepta, quorum et hoc est quod præcipit : *Patrem et matrem cole*; imo ultionem ejus suscipiat; ea quidem Dei præcepta esse edicit eademque opera per memoratam legem et dolum in animo latentem, et hypocrisin Judæorum denudat ac castigat, quod cum id ex præceptis divinis sit, ipsi legi divinæ sua præferant. Nam sane et facilius erat, præceptionibus humanis obedire, quam quas Malignus injunxerat. Interim per eam (legem) illos, qui præter rationem discipulis se infestos præbebant, graviter objurgat, ostendens, nihil eorum, quæ in cibum et potum assumuntur, vel inquinare vel polluere hominem. Et vide, quod non solum contra illos, sed et non minus contra vos ipsos divina sententia pronunciatur : contra illos quidem, quibus nota inuritur, ideo, quod cibi in se, nullam noxam afferant; vos autem, quorum calumniam occupat et præscindit, per quam ex Malo ea esse et dicere et existimare sustinetis. Quod si enim a malo conditore sunt semina et germina ex terra orta, et quæ ad rerum, ratione carentium, classem pertinent, nonne illa eos, qui his fruuntur et nutriuntur, polluunt et inquinant, ac duplici, imo vero multiplici ac continua pravitate implent dum, hinc malitiam humanis corporibus ab ortu insitam augent, conservant et continent ; hinc pravitatem innatam maturant et protrudunt. Sed si leges Mosaicæ non essent a benefica providentia profectæ, quomodo Dominus regni cœlorum scribam, illas approbantem, primamque et secundam earum recipientem, dilexit, et laudibus ornavit, quippe qui et principatum illis tribuerit cum ratione, easque cultu et studio prosecutus sit? Quod vero ad laudem plus valet, ideo, quod a Bono profecta erant Mosis præcepta, eum, qui in illis vixerit, cultumque illis exhibuerit, non procul a regno cœlorum esse professus est. Sic et Zachariam et Elisabetham, vitam secundum legem instruentes, videre licet a Scriptura sacra justos pronuntiatos, non simpliciter, sed ita ut justitia ipsorum coram Deo manifesta dicatur. Quod ipsum ostendit, eos non ex humana gloria justitiam nancisci, sed ea se, tanquam divini judicii ornatu, vestire. Quid vero tandem operis præstiterunt, ut hanc gratiam, se ornantem, consequerentur? *In omnibus*, inquit, *præceptis et institutis Domini ambularunt inculpabiles.* Quando igitur sacra oracula eos, qui Mosaicis præceptis exerciti sunt, justos et reprehensioni non obnoxios pronuntiant, tu vero eos ut malitiæ ministros calumniari audes, nonne ostendis, te non minus, quam alios, Christianum nomen mentiri? Imo nonne non minus, si non magis, contra ipsam gratiam quam contra legem insurgis, et impia labia in eam moves, quam tamen lingua adorare, et cultu prosequi te simulas? Missio vero Gabrielis a Deo facta, et sanctificatio uteri virginei ac semen non experti, nec minus renuntiatio Davidis, tan-

quam Patris boni universitatis rerum conditoris; traditio item throni Davidis regii a rege omnium in perpetuum facta; tum vero ipsa carnis assumptio, ac hominis appellatio, quam bonus boni Patris Filius suscepit (hæc enim quasi per reticentiam obiter commemorare fas sit, cum accurata confutatio blasphemiam secum ferat, nec ipsis auribus ferendam), quomodo, inquam, ista omnia non omnem mali principii audaciam et rabiem dejiciant? Quid enim id quod hinc consequitur, magis horrendum et silentio præteritum afferre attinet. quod et cogitatione assequi licet, et jam ante indicatum est? Cumque illi eo insaniæ mentisque pertinaciæ pervenerint, ut cultus legalis asseclas convicientur, et condemnent, suffecerit omnino, si pietas impietati tantæ nihil aliud opposuerit, quam tremendum illud mysterium, incarnationem scilicet Domini nostri Jesu Christi, assumptionem carnis ex semine Davidis, nec minus id, quod sanctissimi Spiritus supervenientis virtute virgineus sanguis, in carnem compactus, hominem produxerit, imo, si et hæreditatem aliquam, tanquam paternam, regi hujus universi attribuendam putas, successionem in regno Davidico, et reliqua omnia quæ tanto mysterio comprehenduntur : hæc, inquam, sine omni alia accessione aut additione suffecerint illis, qui non omnino illud, quod Conditoris dextra in ipsa creatione illis largita est, rationis beneficium abjecerunt, ad conversionem et excussionem sententiæ impiæ perducendis, non minus autem eorum, qui rationem per pugnam adversus Deum exstinxerunt, hostique tradiderunt, audaciæ contundendæ, ipsisque etiam invitis a disputatione ad silentium compellendis. Quidnam enim luculentius ad confutationem talis impietatis afferri potest? Quid vero efficacius ad maxillas eorum quasi camo et freno compescendas, ac ostendendam eminus flagrorum copiam, quibus se ipsi tanquam a veritate alieni, neque ad Deum accedere cupientes, obnoxios reddiderunt. Enimvero quamvis non omnia ea, quæ insaniam eorum coarguunt, in medium afferri possint, præcipua tamen persequi nec supervacaneum forte, nec inutile fuerit. Plenitudo enim Ecclesiæ Dei si nulla re alia, certe copiis et abundantia argumentorum contra defectionem huic superbit.

XV. Angelorum itaque hymnus in nativitate decantatus, per quos cœlum et terram in harmonia et concentum conjunxit, creaturas sensibiles omnes ad unum Conditorem retulit, per suprema earum ea quoque, quæ in medio sunt, in eamdem classem collocans. Idem quoque civitatem David primas hujus gaudii æterni partes ferre nuntiat, pace scilicet ineffabili et divino beneplacito per omnem terram dominandi facultatem exercente. Quibus vero rebus divina pax et benevolentia, per quas animas suas insolentes reddiderunt, ab ipsis propulsata est, iisdem eo impietatis redacti sunt, ut nec eorum Conditorem, qui et angelos hymnum cantaturos misit, hymnumque eorum recepit, non eumdem coeli et terrae creatorem profiterentur. Sed illa quidem non prima mysteriorum elementa, puto, superant. Quae vero secundum ab istis locum occupant, Symeon scilicet sub lege exsistens, Spiritus sanctus ipsi superveniens, vaticinium per eum editum, ejusdem senis in templum adventatio, nec ipsa sine Spiritu sancto facta; et Servator noster, ille bonitatis fons, legi se subjiciens, nec subjiciens solum, sed et ulnis, quae cultum legalem amplectebantur, susceptus, imo ipsum quoque templum, iterumque Symeon, qui ideo, quod finem spei suae consecutus erat, et majorem vaticinii partem viderat, Deum laudabat, qui et arcanum hoc ipsum visurum praedixerat, nec spe permiserat frustrari, sed potius dignum judicaverat, qui oculis suis videret Salutare omnium gentium, et gloriam Israelis, quae est ipse Servator noster Jesus Christus. Tu vero haec auribus non obiter accipe. Spiritus sanctus erat apud senem illum, o homo, non autem Malus ille: per eumdem et oraculum illud factum erat homini in lege viventi, sicut et Servator juxta legem in templum adducitur, et juxta legem ulnis portatur. Neque vero homo injurius aut Malo obnoxius, sed a Deo duplici nomine actus, quod et Spiritus Sanctus super eum erat, et manibus ferebat Christum, salutem omnium gentium imo et gloriam Israelis proclamat, non alium atque alium, sed ipsum Dominum nostrum Jesum Christum, mediatorem et conditorem. Nam quae Patris sunt, eadem sunt et ipsius omnia, sive veteris sint testamenti sive gratiae. Quae quidem, quamvis praedictis inferiora sint, non tamen in confutatione hominum contra Deum pugnantium secundum locum occupant. Ubi enim blasphemiam ullam contra legem, aut ea, quae sunt legis, aut sanctuarii legalis, inveniri ostendent? Sed quid dico blasphemiam? Nonne potius omni honore et cultu afficiunt ea, quae communia sunt et conjuncta, et affinia gratiae. Anna autem, prophetis[1], cujus vita erat precatio, et commoratio in templo, et ut summatim dicam, cultus legalis, nisi et ipsa a benefica manu et providentia profecta fuisset una cum iis, quibus in vita gaudebat, nisi etiam inspirationem inde habuisset quomodo laudasset Dominum, et de bono Deo locuta fuisset, quod scilicet saluti futurus sit illis, qui Hierosolymis ipsum exspectarent? Itane illi, qui sperabant Christum in salutem suam venturum, malum principium colentes, ad bonum retulissent spem suam? Quis vero, rationis compos, non aversetur et gravissimi erroris arguat ita ratiocinantem?

XVI. Sed procede mecum ulterius. Ascendit Servator in templum una cum Matre sua, vere tali, et virgine: simul vero ibat pater, ex desponsatione talis habitus. Et hic iterum legem implens Servator ascendit, non semel, sed saepius, quasi destinata opera non semel sed saepe coercere et dejicere vellet homines in praecepta legis injurios. Cum igitur aliquando pro more eo abiisset, absolutis iis, quae lex poscebat, ac tempore domuitionem inferente sanctissima quidem Mater cum aliis, et ipso quoque Josepho, domum revertebatur: et, qui nostri causa puer factus erat, per triduum integrum in templum commorabatur cumque inter medios doctores, uti decebat, consedisset, tum perceptione quaestionum, tum exquisitis et accuratis responsionibus ita cepit colloquentes, ut stuporem illis et admirationem Deo plenam afferret, neque illis solum, sed et omnibus, quibus doctrinam et sententiarum collationem audire licebat. Cum interea Jesus, templo addictus, in his versaretur, sanctissima Mater ejus et Josephus in via Jesum secum non esse videntes, cum cognatis autem versari opinantes, non adesse vero, instituto scrutinio, intelligentes, revertuntur quidem statim in templum, inveniuntque agentem ea, quae agere decebat eum, qui et salus mundi erat et gloria Israelis, quaeque verbum Dei praenuntiaverat. Postea dicit ei Mater: *Fili, quid fecisti nobis ita? ecce pater tuus et ego cum dolore quaesivimus te*[2]. Attende nunc: sed non opus est mentem colligere, adeo omnia clara sunt et ob oculos posita. Respondet enim illis fons veritatis et bonitatis: *Quid quaerebatis me? nonne sciebatis me esse debere in iis quae Patris mei sunt*[3]? Quid hoc clarius est, aut ad ora impiorum compescenda efficacius? Pater meus verus is est, cui templum hoc sacrum est: quae vero Patris sunt, et mea sunt omnia. Itaque non alibi decebat me quaerere, quem licet in iis invenire, quae Patris sunt. Ita quidem veritas ipsa templum legale et legis praecepta, quae et docebantur et disputabantur, Patris sui esse clara voce testatur, servi autem mendacii contradicere non verentur, sed eadem opera duo contraria audent, Patrem quidem Domini nostri Jesu Christi a legibus his et dominio in se repellentes, et Filii testimonium, quem extremis labiis Servatorem et veritatem vocare non defugiunt, perditissimi homines mendacii insimulare audent. Adeo aversatio legis ipsum quoque legislatorem a gratia repellit. Vel potius apostatae hi jampridem ab initio blasphemiam contra utriusque testamenti auctores parturientes, deinde vero, quamvis ad omnia audaces, a partu perniciosissimo metu auditorum prohibiti, pro eo, quod semen draconis, quod conceperant, perire pati debebant, brevi quidem tempore partum cohibent, deinde vero per ambages quasi et arte quaesita conceptum venenum lingua pariunt. Et effundunt illi quidem venenum contra legem, ab insolentia vero in legem non minus, nisi longe magis in ipsos legum actores abrepti petulanter agunt. Et sic in quantum crassiore insultu uti verentur, convictos omnino se praestant, quod magnitudinem facinoris sui non nesciant, in quantum vero id non ignorantes non recedunt, efficiunt, ut peccatum hoc ipsis non remittatur.

XVII. Videas vero veritatis discipulos, ipsum Do-

---

[1] Luc. II, 36. [2] ibid. 48. [3] ibid. 49.

minum nostrum Jesum Christum, non data occasione, aut semel, sed undiquaque circumferentes, et Nazaret patriam ejus appellantes, eosdemque nihil et ne ipsam quidem terrenam nativitatem recensere refugientes. Quantum vero requirebatur ad originem nativitatis ejus edisserendam! Jam si illa perniciosæ manus opus fuisset, nunquid putas bonum boni Patris Filium passurum, ut hæc ipsi patria vindicaretur, aut permissurum, ut discipuli id auderent, quod si quis alius dicere fuisset ausus, justum ipsi judicium immissurus et ab hac temeritate severe avocaturus fuisset? Atque ita quidem per patriam Domini eorum in communem patriam, vel potius totam creationem insultus evertitur et prosternitur. Si vero alius homo bonus est, alius vicissim malus, quorum ille ex bono thesauro cordis sui bonum profert, hic vero malum ex malo, quis non profiteatur, quod non creatio corporis primæva, nec anima, in conjunctionem et gubernationem ejus data, in hostile principium referenda sit, sed quod liberum arbitrium, in ea scilicet, in quæ non decebat, declinans, hac declinatione sua bonum in malum converterit. Quam enim aliam dederis causam, quod alii homines sint boni, alios vero in malum prospicientes videas, non minus, quod quidem nolim, quam vos? Quæ enim in actionibus et sententiis vestris spontanea est malitia, eadem separavit vos a grege bonorum, sicut et jam ante vos a bona secreverat intentione et consilio. Propterea alii quidem sunt præcones bonitatis Creatoris, suumque et norunt et celebrant Conditorem ; alii vero ad eum calumniandum et factis et lingua conversi, se ipsos quidem bonitati ejus et creationi et dominio subtrahunt, obnoxios vero, oh! stultitiamne dicam, an dementiam? manui hostili et rebelli faciunt. Si quis enim rem recte æstimare voluerit, is, qui ex anima (eam enim cor hic significat) bona profert [7], quomodo bonus esse potest, nisi tota substantia bona dicatur? sicut vicissim tota substantia mala est, quæ ex anima sua id, quod reconditum est, malum producit. Sane non video quam sibi veniam reliqua faciant, hi homines qui mihi potius, dum prophetas et legem injuria afficiunt, ejusmodi culpam contrahere videntur, quæ a pœna immunis esse non possit. Ipse enim Servator clamavit: *Multi prophetæ et justi;* ubi clarum est, hos esse eos, qui sub lege erant, *desideraverunt videre et audire, quæ videtis et auditis*[8]. Eadem opera discipulis quidem ostendit rationem dignitatis et gloriæ, ad quam pervenerint, defectionem vero subvertit in eo, quod gratiam quidem ejusque præcones potiores partes, secundas vero prophetas, et eos, qui sub lege vixerint, necnon veritatis bonitatisque studiosos, obtinere testatur. Quomodo vero Servatoris ejusque dogmatum amatores servi adversariæ partis esse possunt? quomodo iidem inspiratione a malo principio potiti sunt, cum per naturam fieri nequeat, eosdem simul et malitiæ indulgere, ne dicam, ab ea fabricatos esse, et desiderio tamen in bonum ferri? Hoc enim nihil aliud est, quam verbum Domini in contraria omnia vertere. Illud enim Bonum ex malo corde provenire contendit. Cumque alibi Servator nova cum veteribus conjungat, monet simul in eamdem ea ducere salutis viam, cum alia quidem initient, alia vero perfectionem donent : *Omnis Scriba,* inquit, *edoctus regnum cœlorum, similis est patri familias, qui ex thesauro suo bono profert nova et vetera* [8*]. Eo ipso enim, quo in eodem thesauro et ex eodem novum et vetus testamentum provenire docet, confirmat omnino, ea sibi invicem consentire et convenire, non autem secum pugnare. Dum vero utriusque doctrinam ad regnum cœlorum perducere tradit, adhuc clarius consensionem [9] et nexum mutuum indissolubilem astruxit. Quod si igitur utrumque testamentum in eadem re thesauri instar reconditum est, et ex eodem iterum prodit, in idem quoque cœlorum regnum eos, qui utrumque asservarunt, perducit, quomodo ea oppositæ factiones separabunt? Nonne potius utriusque testamenti auctor ea proloqui audentes ridebit et subsannabit, imo ut vasa figuli conteret, tanquam eos, qui se a via recta separaverint et perdiderint? Prænuntiat vero et propheta Isaias, ea quæ tempore Servatoris re ipsa præstita apparebant : *Ipse infirmitates nostras suscepit, et morbos pertulit : et plagis ejus nos omnes sanati sumus* [9*]. Ea quoque quæ dominum tenebrarum et potestates latuerunt, hæc præscire prophetam, donum propheticum et vita secundum legem acta fecit. Quomodo vero prophetia, quæ latronem latuit, ex ipsius inspiratione profecta est? Quomodo is qui Dominum nostrum Jesum Christum ita prædicavit, atque salutem nostram ita instaurandam prædixit, futura nisi a Deo bono et Patre, a quo fons veritatis, ipse Servator noster, profluxit, sed ab alio malo principio inspirationem habuisset, vaticinatus est?

XVIII. Nunquid igitur cessatis, contra Deum pugnare, neque vos ulla pœnitentia a longo errore revocat? At enimvero Servator noster illum, qui ad se veniens vitam æternam quærebat, hujus participem fore promittit, non certe, si legem conviciis proscinderet, aut prophetas subsannaret, sed si præcepta servaret. Cum enim homo, de vita æterna sollicitus, quæreret, quænam servanda essent (O eximium cultum, legi præstitum !) non ea quæ gratiæ, sed quæ legis erant, proponit, *Non occides,* inquiens, *non mœchaberis, non furaberis, non falsum testimonium dices. Honora patrem tuum, et matrem, et dilige proximum tuum sicut te ipsum* [10]. Vide vero bonum, quod in juvene illo erat, ut intelligas, quale quidem illud sit, cujus observatio vitam æternam conciliet. Cum enim is interrogaret, nihil aliud ipsum edocuit, quam, apostasiæ se opponens, legis

---

[7] Luc. VI, 45. [8] Matth. XIII, 7. [8*] Matth. XIII, 52. [9] Luc. II, 42. [9*] Isa. LIII, 5. [10] Matth. XIX, 16-20.

præcepta proposuit, cum multa asseveratione contendens, ea bona esse et ad vitam æternam ducere. Quod si vero a bono Patre non fuissent, ipsiusque præconio consona, sed a tyrannide orta, quomodo illa veritas ipsa tanquam veritatis plena produxisset? Quomodo vero vitam æternam quærenti eam per ea quærendam suasisset? Quomodo denique, o maximam insaniam! si quis hæc vel in se considerare voluerit, illius, qui ab initio homicida erat, lex fuerit : *Non occides, non mœchaberis*, et cæteræ, quibus malitia ejusque sator e diametro ipsis oppositus, non sane, fovetur, sed potius efficitur, ut obedientes a castigandorum pœnis procul amoveantur? Qui enim a cædibus, et furto, et adulterio et falso testimonio immunem se præstat, proximumque suum diligit ut se ipsum, hic est, qui leges Bono oppositas conculcat, et eum, qui ab initio malus fuit, tanquam hostem confundit, qui denique, præstitis præceptis Mosaicis, gratiam accepit se ab ejus actionibus abstinendi. Ita actiones, quæ a legis præceptis proficiscuntur, sua natura bonum secum ferunt, et robur Mali per se invalidum esse demonstrant. Dum vero adolescentem perfectum fore pronuntiavit Servator, si reciperet et sua, quæ gratiam parerent, præcepta, neque hoc sane quidquam, quod dictis contrarium sit, infert. Primum enim non unumquodque eorum, quæ sub gratia sunt, præceptum per se perfectionem confert, quia sic sufficeret unum, et reliquorum observatio supervacanea foret. Neque enim hoc tantum ad bonæ legis rationem requiritur, ut in se perfectionem exhibeat, sed id potius, ut nihil, quantum quidem in ipsa est, reliquum faciat, quominus eum, qui circa eam versatur, bono conjungat, et ab actionibus malis avocet. Deinde et ex ipsa hac assertione non minus, quam ex prædictis, perspicere licet, præcepta legis in honore fuisse. Dum enim Servator illa non abjicit, sed potius iisdem sua superaddit, præterea vero per utraque perfectum quemdam fieri pronuntiat, manifestum sane est, quod ea quoque ipsa hac eorum, quæ sub gratia sunt, connexione et conjunctione perfectionis consortia esse pronuntiat. Neque enim quisquam, qui rationis usum integrum habet, affirmarit, eas leges, quas ipsa veritas bonas esse, et ad ipsum cœlorum regnum ducere asserit, etiamsi ea quæ gratiæ sunt, simul adsint, nihil ad perfectionem conferre.

XIX. Mihi vero hæc ita argumentanti, et, quantum hostis contra homines valuerit, in quantamque perniciem præcipites illi acti sint, quam item procul natura a Conditore aversa sit, postquam adversarium loco Conditoris ut dominum suum elegit, exponenti, interiora invertuntur, viscerapque commoventur, lacrymæ ex oculis cadunt, et querelæ

¹⁰* Marc. v, 9. ¹¹ Matth. vi, 9.

(1) Ita fert variorum sanctorum Patrum sententia, malum dæmonem Christum, ut Deum et Servatorem mundi, sub nativitatem aut initium

argumenta superant. Sed quæ tandem lamentatio affectum satis exprimat? Ipsum enim Jeremiam, qui certe, si quis alius, threnos delictis pares concinnare valuit, hic inferiorem fore, et omni commiseratione profusa negotium relicturum esse crediderim. Tam gravis ob oculos nobis versatur lapsus, et tantum genus humanum vulnus accepit. Vide enim quomodo nunc quidem, proh dolor! se hostis administros sistant, nunc vero non administros modo, sed et ut tales, qui malitia ac factis hujusmodi ipsum ab origine malum et mali satorem superant ac vincunt, et ne sic quidem quamvis magistrum insolentia sua prætervehantur, mali sensu afficiuntur. Cum enim Servator noster divinitatem suam et potentiam miraculis jam declarasset, idem non solum aliis morbis creaturam suam liberavit, sed nec permisit, ut eadem a dæmonum caterva turbaretur, atque adeo cum auctoritate multa eam propulsavit, non sane tunc, ut antea, ausus est superbire hostis, suumque id, quo impetebatur, esse dixit. Sed simul ac Creator creaturam suam oculo miserante aspexit, legio dæmonum aufugit ¹⁰*, neque solum eo ipso, quod fugit, ab alieno se peti re ipsa, etiam invitus, testatur, sed et, quod nec porcorum natura malo conditori et principio subjecta sit, clarissime profitetur. Mali enim isti a communi Conditore et Creatore expetunt sibi facultatem vel in porcos ingrediendi. Qui vero omnia sapienter faciebat, certe non illis, ut videtur, gratificaturus, sed potius ostensurus, quam adversus homines inimicitiam foveant, cædemque spirent, imo vero et medicinam quamdam contra insolentem hunc morbum paraturus, petitionem eorum omni ex parte ratam esse, eorumque impetum et voluntatem triumphi loco inservire jubebat. Videsne, quomodo legio dæmonum non verbis sed factis, neque sponte sua, sed necessitate coacta, profiteatur, porcos opera esse veri Dei, sub carne occultati? Deinde hostis, qui primum mentitus erat dicens: *Hæc omnia mea sunt, et, si procidens adoraveris me, ea tibi dabo* ¹¹; is, inquam, quidem ignorans, Deum esse eum, in quem tentationem moliretur, atque adeo terrestria sua esse gloriatus, nunc, quando divina gloria per miracula eluxisset, timuit sibi impudens, et ab arrogantia abstinuit : atque sic opere ipso fatetur, se nec potestatem quidem in porcos habere, nedum eos creasse.

XX. Tu vero, o homo, expergiscere: nondumne Dominum tuum agnoscere cupis, sed adhuc corpus tuum creaturam Mali appellas? Is, cujus agebas patronum, timore correptus, deponit mendacium, tu vero in patrocinio pergis? Ille opere ipso clamat, quod nec porcorum sit dominus, tu vero eum tuum facis dominum? Is nondum perfecte Dominum agnoscens (1), neque enim crux adhuc erat fixa, neque

præconii ejus non cognovisse. Vide testimonia eorum collecta a Dionysio Petavio in *Dogmatibus theologicis*, tomo III, lib. 1, c. 8, p. 27.

sol tenebris obduxerat lucem, neque terram, per naturam alioquin quietam, mirabilis corripuerat tremor, neque conclavia inferorum locorum evacuata adhuc erant, neque resurrectio cognita: et vel sic, cum nihil horum adesset, latro, a veritate substantiali sibi metuens, a potestate, quam antea sibi ipsi affinxerat, se ipsum etiam invitus revocat. Veritas enim mendacem ita coercebat, ut cum antea regna omnia sua esse gloriaretur, opere ipso ne in porcos quidem, nedum in quidquam aliud, potestatem se habere clamaret. Tu vero post crucem perlatam, post spoliatum infernum, post factam resurrectionem, post triumphatos principatus et potestates tenebrarum, post datam tibi facultatem, omnem hostis, si velis, potestatem eludendi; tu, inquam, teipsum adhuc ferre potes, quando te alius, ne dicam tu temetipsum, obnoxium et creaturam Mali appellat? Quis vero non vel hinc facile perspexerit, quod, qui sub lege prophetæ erant et legati, quosque Jerusalem, ceu stupidissimorum Judæorum coetus prodit, lapidans et occidens non ferebat, illi omnino a bono principio inspirati et missi sint, atque inde originem duxerint, unde omnia ista profluxerant, nempe ab ipso Domino nostro Jesu Christo, veritatis fonte? Is enim miseram clamat esse Jerusalem ob ea, quibus facta sit obnoxia. Non vero miseram diceret Bonitas ipsa eam urbem, quæ lapidaret aut occideret pravitatis amatores aut ejusdem legatos: *Jerusalem enim*, inquit, *Jerusalem, quæ occidis prophetas, et lapidas missos ad eam* [12]. Et postea: *Quoties volui congregare filios tuos, quomodo gallina pullos suos, vos autem noluistis* [13]. Hoc est: Quoties volui ex commiseratione eos ad me recipere, et poenæ subtrahere, quæ vos pro cæde prophetarum et pro ludibrio, in leges vobis datas probato, manebat, præterea ea gratia donare, ut præsenti in hac vita felicitate frui possitis? At enimvero, quam tyrannidem insipidi ipsi vobis constituistis, ea non solum non permisit ad conversionem ullo modo, quam tamen tanta et talis benevolentia offerebat, et ad eam amplectendam cohortabatur, respicere, sed et ut prioribus similia addatis, impellit. Et quid dico similia? Imo longe pejora, quibus providentiam meam et humanitatem a vobis ipsis propulsatis. Propterea et tempus vos exspectare jubet poenas promeritas, quod non solum dispersionem a vobis invicem irrogabit, sed et ipsam urbem funditus evertet, et desertam reddet. Si igitur audax in prophetarum sanguinem facinus et missorum cædes Judæos in miseriam conjicit, atque initium facit extremæ ipsorum calamitatis, quomodo non idem judicio, ne dicam gravius, strenui Judæorum imitatores, imo eosdem ut superent, adnitentes, ipsi illi in se transferunt, idque manifeste inevitabile reddunt? Qui enim eos, quorum ultorem Servator se nobis sistit, a malo principio proficisci calumniantur, illi graviora audent istis, qui eos ex vita sustulerunt. Illi enim semel corporibus manus intulerunt, at, qui malitiam natura ipsis insitam nugantur, perpetuo illis plagas inferunt insanabiles et intolerabiles, siquidem et occisores eorum pro poenæ præmiis ornant, atque sic quoad mentem et animi sententiam cædis hujus corporeæ duces se probant. Quæ quamvis gravia sint, ne sic quidem illis sufficiunt, qui potius petulantiam suam a corporibus ad communem Dominum et Conditorem convertere non verentur. Quando enim eos, quorum ultor est, malitiæ opera et ministros esse dicunt, tum injuria, vix ausim dicere, ipsum quoque vindicem eorum afficiunt.

XXI. Quod vero prophetarum chorus et Moses in sacris oraculis, quæ ediderunt, ut opus Dei et ministri Boni comparuerunt, atque ea, quorum prænuntii appellari merebantur, ab afflatu et providentia divina profecta erant, et talia omnino, quibus eo tempore in auribus hominum nihil sapientius, verius nihil, aut ad salutem parandam aptius, vel ad docendum melius fuerit, ipse iterum Veteris et Novi Testamenti Dominus demonstrat. Operibus enim suis prophetis eam veritatis fidem fecit, eosque in tantam gloriam et dignitatem evexit, ut ostendat, eas non solum mirabilia opera sua prædixisse, aut, crucem et mortem, quam perpessurus, genusque nostrum ita redempturus sit; aut fel et acetum, quibus potandus sit, aut solis, passionem hanc non ferentis, obscurationem; aut cætera omnia, quæ quidem singula, ut supernaturalia erant, eventum indeclinabilem sortiebantur; sed et quod super pullum asinæ sessurus, et indignantium filios laudatores habiturus sit. Horum, inquam, nihil reliquum fecit, quod non secundum sermones eorum et vaticinia perficeretur, seque id efficere testaretur. Jam vero quid decebat eum, qui malum sublaturus erat e medio, et cujus adventus potissimum ad tyrannidis abolitionem spectabat, cum nosset tum prædicta, tum eos, qui ea prædixerant? Utrum omnia illis contraria facere, si a contrario principio essent profecta, an potius operam dare ipsum decebat, ut omnia implerentur, nihilque eorum, quæ ipsi prædixerant, irritum relinquere? Atqui Christus adeo nihil eorum, quæ ii vaticinati erant, neglexit, ut sæpe, cum aliquid faceret, innueret, se ista facere, prout illi quidem præviderint, et prædixerint, operaque sua nullatenus ab iis abire, quæ ab istis erant prædicta. Adeo operæ pretium putavit ostendere, eos esse veraces, magnamque in eo curam posuit, ut demonstraret, illos veri Dei et Patris veros esse prophetas et ministros. Et qui cum ratione conciliari posset, prophetas veritatis fontem constituere, aut opere ipso mirabilia eorum vaticinia confirmare et perficere, ac totum orbem fidei

[12] Matth. xxiii, 37. [13] ibid. 38.

eorum testes oculatos sistere? Idem certe hoc est, ac si veritas ipsa doceret, principii hostilis hoc esse negotium, ut veritatem suggerat. Nota vero, Servatorem, pullo vectum, alia quoque subinnuere. Hoc scilicet omnium maxime manifestum est, quod prophetiam confirmare conetur. Sanctissimum enim hoc oraculum edicit: *Hoc vero omne factum est, ut impleretur quod enuntiatum est per prophetam dicentem: Dicite filiæ Sion: Ecce Rex tuus venit tibi mansuetus, et sedens super asinam, et pullum filium subjugalis* [14]. Videsne, quomodo Servator mundi pullo insideat ad implendam et confirmandam prophetiam? Quæ enim, quæso, si ab hoc testimonio dando discesseris, alia causa adesse videtur, quæ, via adeo brevi exsistente, Jesum pullo insidere suaserit, qui sæpe et varias vias pedibus confecerat? Aut quam gloriam pullus attulit, dum portabat, ei, qui verbo virtutis suæ portat omnia? Quod vero regnum subjugale prædicavit, dum sustinebat vectum regem Israelis? Humilitatem enim et mansuetudinem si non magis, certe non minus testatam fecisset, si iter pedibus fecisset. Adeo ea, quæ veteris erant Testamenti, cum novo conjunxit: adeo et verbis et factis edocere perrexit, ex eadem bonitate et nova illa proficisci, quamvis inter cætera dogmata hoc ipsum gratia in primis urgeret.

XXIII. Quid enim, cum in templum iret, num illud ad se non pertinere edixit, ceu apostatis videtur? aut num profanari id permisit, tanquam futurum tyrannidis a se destruendæ, delubrum et domicilium? Certe si ita statuendum fuisset, quod absit dicere! initium omnino destructionis faciendum erat eo in loco, ubi ita hosti cultus exhiberetur. At enimvero ille omnia alia agebat, opere ipso homines impios castigaturus. Non solum enim nulla illud injuria affecit, sed eos, qui non satis reverenter id habuerant, ejicit et cum comminatione expellit, iram quoque, quâ digni erant profanatores templi Patris sui, declaraturus, flagellum ex funiculis complicatum ipsis infert [15]. Nec in hoc acquiescens mensas quoque nummulariorum, id est, eas quæ argentum permutationi aptum nummosque ferebant, insuper vero etiam sellas vendentium columbas aut boves, imo et oves, evertit. Atque hæc quidem non tantum fecit, et siluit; ipsa illa parrhesia quidem, sed per parabolas quasi enuntiavit, aut et hoc fecit, sed sine loquendi libertate. Imo aut non siluit, argumento est luculentissimo, Christum noluisse, ut quisquam eorum, qui malignitatem pro sapientia habent, aliam sibi occasionem prætexens, in illam facti causam referat? Ideo et faciebat ea, Patris sui templum a negligentia Judæorum immune et illibatum rediturus; et oraculum subjiciebat, cum auctoritate et libere causam reddens et comminationis, et iræ, et subversionis mensarum ac sellarum, quæ ad nundinationem spectabant. *Domus enim mea*, inquit, *domus precationis vocabitur: vos vero eam fecistis speluncam latronum* [15]; ubi domum precationis et Dei domum templum et agnoscit et appellat illud, quod sub lege exstructum erat, idemque profanatum vindicat, eo quod et boni Patris erat, et suum ipsius, cum omnia, quæ Patris sunt, et sua sint. Et quam exigua, quæso, erat ista profanatio, a mensa argentaria et nummulariorum tabula profecta, in qua præmium pro pecudibus irrationalibus persolvebatur. Sed adeo ipse noverat templum tanto honore et reverentia dignum, ut ne minimum quidem ferre posset eorum, quæ quisquam infra honorem ipsi debitum auderet. Nunquid putas, Servatorem nostrum Jesum Christum, qui templum adeo in pretio habuit, atque eos, qui id quodammodo profanare aggressi erant, tanta ira dignos pronuntiavit, istos homines, qui non tantum profana quadam nundinatione id profanare ausi sunt, sed totum, quantum est, infando flagitio et incredibili scelere inquinarunt, impunitos dimissurum esse? Quomodo vel somnians hæc sibi persuadere posset? Sed et hinc non minus, quam ex prædictis intelligas, quo honore et cultu Moses, et beatissimus prophetarum cœtus habitus fuerit, quodque lex cum gratia concordet.

XXIV. Cum enim Deus noster hominum amantissimus et optimus officio suo perfunctus esset, victoriamque illustrem a morte, et eo, qui hominibus mortem conciliaverat, retulisset, postquam morte spoliata resurrexerat, et corpus antea ab anima sejunctum receperat, atque cum Cleopha comitibus, qui Dominum non agnoscebant, versaretur [17]; ipsos quidem ignorantiæ, vel potius imprudentiæ et circa res fidei negligentiæ nomine reprehendit. Non alio vero nomine, quam quod ad scientiam pertinebat, reprehendit, quamvis in promptu esset, manus ostendere, et dextram et pedes, qui et clavorum et lanceæ vestigia et signa referebant, eumque, qui passus erat, ipsa illa perpessione demonstrabat: sicut et postea per ea incredulitatem a discipulis dubitantibus amoliebatur. Neque etiam in memoriam illis revocabat, quod ante passionem adhuc cum ipsis versatus ea prædixerit; nec memorabat quibus miraculis sermonum suorum veritatem comprobasset, quamvis et hoc illis, quibus deinde apparuit, recenseret. Sed nihil horum ipsis proponebat, nec ullum salutaris suæ passionis momentum ipsis objiciebat, aut exponebat, sed ostensurus quasi, et suos sermones et passionem, et Mosaica ac prophetica oracula ad demonstrandam veritatem et illustrandas hominum mentes sufficere: aliis quidem, ostensis in corpore passionis suæ vestigiis, quæ ipse prædixerat, resurrectionem suam confirmavit; aliis vero, qui visionem ejus animo præceperant, nullo eorum, quæ dicta sunt, seipsum vel revelans, vel in objurgatio-

---

[14] Matth. xxi, 4, 5; Isa. LXII, 11; Zach. ix, 9. [15] Joan. ii, 15. [16] Matth. xxi, 13. [17] Luc. xxiv, 18.

nem eorum utens, ex prophetis et Mose objurgationem nectit, eademque opera ignorantiam et mentis et oculorum ab iis amolitur. Quod vero ad vim ac dignitatem legis ostendendam multum facit, hinc quidem ad doctrinam et confutationem sermonibus suis et passione usus est, assumpto in consortium Mosaico et prophetico testimonio; hinc vero propheticis et Mosaicis verbis passionem suam et gloriam et resurrectionem revelans, in illis penitus acquievit, quippe qui confirmatione aliunde petita non egebat. Adeo is perspectam habebat vim veritatis verborum propheticorum et Mosaicorum, magnamque eorum utilitatem, non quod hæc illis prætulerit, sed quod pro prudentia sua efficere vellet, ut oracula fruerentur reverentia et virtute earum rerum, quæ ante nuntiatæ nunc evenerant. Illis enim domestica venustas sufficiebat, his autem ad nobilitatem insitam decoris aliquid addi oportebat. Sed nihil vetat, quominus ipsa Domini verba audiamus. Dicit enim : *O imprudentes et pigri corde ad credendum iis, quæ locuti sunt prophetæ* [18]! Audisne, quomodo objurgationem per prophetas inferat? Et postea : *Nonne hæc oportebat pati Christum, et sic ingredi in gloriam suam* [19]? Ita prophetæ gloriam Servatoris annuntiant : tu vero eos ad extremam ignominiam deturbas. Et is quidem, facto a Mose et omnibus prophetis initio, ex omnibus Scripturis ea, quæ ad se pertinebant, exposuit. Ita Servator noster prophetas profitetur esse interpretes operum per quæ nos a tyrannide liberavit : tu vero eos non vereris facere ministros tyrannidis. Aut num forte tu temetipsum non hoc solum, sed et alio modo tanta amentia et stupore implevisti, ut ne quidem sentias quod contraria et sentias et dicas. Nunc enim animum illum excelsum (1), Assyrium monarcham (2) et dominum universi, contra Deum pugnans, præ aliis evehis ; nunc vero vel inscius non permittis ipsi potestatem sibi ipsi dominandi et ratione utendi, sed nugas agere et incredibiliter desipere jubes. Quantæ enim, quæso, dementiæ esset, servos suos et cultores (indulgeant nobis hæc prophetæ, quando in ipsorum commodum et defensionem injuriam in ipsos effusam memoramus) afflare et parare, ut tyrannidis suæ destructionem proponant et prænuntient, imo et modum destructionis tam clare et accurate ebuccinent, neque ebuccinent modo ea, quorum ipse latro ignarus erat, sed et omni studio promoveant et provehant? Quantæ hæc, inquam, essent dementiæ, cum vicissim prudentiæ sit, naturalem impetum, etiam in extremis gradibus consistentem, conservare. Vel si alia id ratione cognoscere mavis, ei, quem recondita et supernaturalia præscire dicis, atque ea, quæ soli vero Deo cognita ac prædefinita erant, infinitam et inenarrabilem sapientiam, vah imprudentiam! tribuis, quem ipsum tamen, dum eum suam perniciem promovisse ais, nihil eorum quæ insani et deliri suscipere possint, quamvis Deum labiis facias, prætermittere pateris.

XXV. Atque isti sunt dogmatum tuorum fructus, hæc sunt studii in malitiam probati; vel potius blasphemiæ tuæ primitiarumque zizaniorum, quæ in te sparsa sunt, præmia. Sed illa quidem exigua sunt. Nunquid vero homines Sadducæis stupidiores (neque enim dixerim, magis impios, major enim est eorum defectio, quam ut pejoribus conferri possit), nunquid, inquam, pudore non suffunduntur homines, qui nec omnibus Dei minis, nec ira, nec gratia, nec beneficentiæ ejus fructu moventur, eo Servatoris dicto non perculsi quo, in Sadducæos, resurrectionem mortuorum negare, et eum, qui tentari non potest, tentare sustinentes, usus est : *De resurrectione vero mortuorum nonne legistis, quod vobis dictum est a Domino dicente : Ego sum Deus Abrahami, et Deus Isaaci, et Deus Jacobi : non igitur Deus mortuorum Deus, sed viventium* [20]? Quid enim quisquam hoc oraculo invenerit efficacius, aut ad audaciam hostium Dei destruendam aptius? Deus Abrahami, Isaaci et Jacobi, viventium Deus est. Et manifestum sane est, quod quorum est Deus, illi et nunc, et post resurrectionem in ipso vivant. Resurrectionem vero operatur Deus, adeoque quos resurgere facit Filius (resuscitat vero homines omnes, quibus omnino continentur et majores patriarcharum), iis omnino dominatur et nunc et post resurrectionem Deus, quando fictus ille corporis tui conditor igne et vermi æterno traditus erit, non solum ipse, sed et illi quibus volupe fuit obedire et obtemperare voluntati ejus. Ac illi quidem cum ipso pœnas sustinebunt, Abrahamus vero et Isaacus, et Jacobus, omnesque qui Deo per legem placent, gaudio nunquam finiendo nec edisserendo fruentur. Quid ais, miser homo, tuus, quem vocas, conditor ignis fit esca, illi vero, qui circa Abrahamum sunt, a vero Deo cœlestia sortiuntur tabernacula. Et tu ais imperare iis eum, quem exteriores tenebræ coercent. Servator mundi Patrem suum vocat Deum Abrahami et cæterorum patriarcharum. Tu vero eum de imperio deturbas, ejus vero loco introducis eum, qui igne tabescit, ac te ipsum,

---

[18] Luc. xxiv, 15. [19] ibid. 16. [20] Matth. xxii, 31.

(1) *Animum excelsum*, Græce, Νοῦν μέγαν, appellat Satanam, qui, fastu elatus, nil nisi excelsa cogitabat. Angeli alioquin νόες appellantur tum ab aliis, tum a Dionysio Areopagita, lib. i *De cœlesti hierarchia*, cap. 1, p. 4.

(2) *Assyrium monarcham*. Alludit procul dubio Noster ad Isa. xiv, 12, ubi secundum sensum litteralem sermo est de rege Babyloniæ, quem vero Patrum permulti mystice accommodant et interpretantur de diabolo, insolentia fastus de dignitate sua deturbato. Ita inter cæteros, Titus Bostrensis lib. i *Adversus Manichæos*. Aliorum Patrum loca habes apud Dionys. Petavium, in *Dogmatibus theologicis*, tom. III, lib. i, c. 94; et Julium Bartoloccium, t. I *Bibliothecæ magnæ rabbin.*, p. 287 seqq., qui et Judæorum in eamdem sententiam interpretationes producit.

nisi cito resipiscens errorem effugias, in easdem poenas abripit? Et Judaei quidem, Servatore haec dicente, percellebantur : imo et Sadducaeorum impudens factio coercebatur. Tu vero ne sic quidem linguam compescis, nec impias cogitationes deseris. Quomodo itaque, aut unde, aut quo tempore vel gutta veniae tibi stillabit?

XXVI. Sed nec hoc praetermittere fas est. Quidam Pharisaeorum, qui aliis legis scientia praestare videbantur, tentationem Jesu aggreditur, et interrogat, dicens, *Magister, quodnam praeceptum in lege majus est*[21]? Vide vero ex iis, quae respondet Jesus, quomodo praeceptis Mosaicis et dignitatem, et amorem Dei illis praeceptum, vindicet : *Diliges* enim, inquit, *Dominum Deum tuum ex toto corde tuo, et in tota anima tua, et in tota mente tua*[22]. Atque haec quidem legis mens est : attende vero et ad judicium Domini. Subjungit enim : *Hoc est primum et praecipuum praeceptum*[23]; magnum praeceptum et praecipuum eum, qui legi conformis est, Dei cultum vocans. Quaenam autem jubebat necessitas hoc judicium ferre, et hanc praerogativam vindicare cultui divino Mosaico, nisi pro paterno instituto illum habuisset? Sed ipsum quoque praeceptum per se, si quis consideraverit, nonne plenum est beneficae et divinae inspirationis, plenum primae philosophiae, quae jubet Deum nosse et Conditorem et Benefactorem, eumque prae omnibus aliis amare? Quem enim alium oportebat amare prae illo, qui omnium curam habet, et omnia ex nihilo creavit? Quomodo non omni anima, omni corde, et omni mente, sed potius cum dubitatione quadam mentisque distractione et quasi perfunctorie illi, qui corda scrutatur et renes, debitum amorem solvere conveniat pro eo quod produxit, quod nutrit et conservat, quod delinquentem adeo non a se repulit, ut potius Filium proprium, a suo sinu non remotum, in salutem reductionemque errantium indutum carne misit, ut inter homines versaretur : qui sane paternam voluntatem ita sectatus est, ut non solum nobiscum particeps factus sit carnis et sanguinis, et sine peccato homo appellatus, sed et crucem ac mortem pertulerit, per quam qui cecidit, excitaretur, et majore, quam antea, gloria afficeretur? Pro his enim omnibus eorumque similibus nonne eum, qui talia largitus est, omni corde, anima et mente amare oportet? Qui hoc praeceptum non salutare, nec Jesu instituta bene ordinata vel credit, vel appellat, is omnino prodit se indignum, qui verum Deum vere agnoscat. Tu vero considera et sequens praeceptum : *Diliges proximum tuum sicut te ipsum*[24]. Eo vero quodnam utilius aut melius est? quodnam ad vitam producendam aut ad socialitatem mansuetudinemque humanae naturae provehendam magis idoneum, quam diligere proximum ut seipsum? et nosse se ejusdem manus opificium, ejusdem naturae, ac ejusdem generationis beneficio in lucem editum, eadem quoque via ex vita hac abiturum, post quam immineat unus idemque rerum in vita gestarum arbiter et judex; et ante omnia statuere, nihil in proximum suscipiendum esse eorum, quae nemo in seipsum patrare unquam cernatur; optima vero quaeque et salutaria tum precari, tum illi, cui vicinus es, afferre. Ea enim est amoris ratio. Nonne tibi ista quidem potiora et praecipua videntur esse in humanis rebus officia? Addam vero nunc, quae divina divinique amoris plena, eodem praecepto observato, perfici possint. Neque enim hic subsistit Servator, sed ut omnem impiorum praetextum eludat, efficiatque, ne quid maligni suspicentur, quasi duo illa tantum praecepta hoc Domini judicio honorifico digna habita sint, reliquorum vero ratio haberi non debeat : ut, inquam, illis undiquaque malitiae apparatum occludat, vide quae subjicit : *Ex his duobus praeceptis tota lex et prophetae pendent*[25] : quasi diceret, quod in quantum illa duo justa mea approbatione potita sunt, et natura sua salutaria sunt ac amorem Dei urgent, in tantum et lex tota et prophetae eodem honore digni judicandi sunt. Mutuo enim nexu ea sibi invicem conjuncta sunt; et ab eodem legislatore profecta, et legislator ac doctor eorum omnium eodem undiquaque honore prosequendus est. Sic et Davidem alibi testem affert, qui ipsum et Dominum et victorem renuntiavit, non nude et per se, sed in Spiritu sancto, talem item qui a Domino, Dominus exsistens ipse, sessionem a dextris acceperit, videritque hostes suos scabello pedum suorum subjectos et prostratos. Qui vero pronuntiare haec et praedicare potuisset, contrarii principii afflatu actus, in primis, cum tam clare et palam Jesum Deum pronuntiet, eumque Dominium suum profiteatur, Patrisque dignitatem, commemorato dominio, ipsi vindicet, et quam illustrem invincibilemque potentiam adversus hostes probaturus sit, testetur. Haec omnia cujus fuerit et praenuntiare, et in effectum perducere, quam quidem beneficae Dei sapientiae, per quam et omnia consistunt, et ea, quae ad salutem nostram pertinent, ab origine mundi definita, eventumque sortita sunt eo, qui definiverat, non indignum?

XXVII. Perpendamus vero etiam hoc loco, an non Moses et Elias, secundum legem viventes, ministri fuerint boni et veri Dei, ipsique placuerint? Quomodo enim in monte, in quo Servator transfiguratus est, gloriamque divinitatis suae manifestavit, et praecipuis suis discipulis fulguris instar videndam dedit, aderant illi, divinoque splendore fruebantur, nisi ad cultores ejus et ministros pertinuissent? Imo quomodo non solum aderant, instar nudorum spectatorum, sed ut tales, qui. prae reliquis discipulis primitiis his visionis Dei fruebantur, et ex gratia praerogativa quadam prae illis, in quorum alioquin societate erant, ornabantur? Splendore enim circumfusi cum Jesu loquebantur, sermonumque

[21] Matth. xxii, 36. [22] ibid. 37. [23] ibid. [24] ibid. 38. [25] ibid. 40.

illorum summa erat crux, et victoria ac tropæa a morte reportanda. Quod igitur respectu cæterorum discipulorum Petrus, Jacobus et Joannes erant, id respectu illorum (veterum) Mosen et Eliam esse hoc ipso Servator declarabat, eosque evehebat. Quod vero collocuti cum eo sint, primumque locum occuparint, ita Scriptura sacra effert : *Cumque precaretur, habitus vultus ejus factus est alius, et vestimenta ejus alba ac refulgentia. Et ecce duo viri colloquebantur cum eo, qui erant Moses et Elias* [15]. Audisne? Moses, inquit, erant, et Elias, qui in gloria apparentes ipsi exitum prædicebant, quem sortiturus erat Hierosolymis. Vel si mavis intelligere gloriam de qua alia Scriptura testatur, Mosen et Eliam divinitatis suæ, quoad illa ab homine videri potest, spectatores Servator transfiguratus esse voluit, eosque cum discipulis conjungit, vel potius, ceu ostensum est, iis præfert, non quod per omnia secundas partes laturi essent, sed quod hi quidem animo adhuc per vitam quasi in mari vagari et fluctibus, quos humanæ res secum ferunt, jactari adhuc deberent, illis tranquillum portum tenentibus. Qui vero securitatem et portum nondum assecutus est, deterioris est conditionis eo, qui jam utrumque tenet; et cujus salus adhuc incerta est, illo est multo inferior, qui eam jam invenit. Quos vero tanta gloria dignatur Christus, ipsa veritas, ita ut et colloqui eos secum, et gloriam suam ac exitum prædicare faciat, eisne tu illudere, imo ad malum principium eos referre non vereris? Quis vero eum et necessario bonum et bonitatis fontem appellabit qui non sit sui, sed potius mali natura, tum aliis, quos diximus, modis colat, tum ad se advocet? Neque enim illi sponte sua ipsi præsto fuerunt, nec esse poterant : sed alium quidem ex sepulcro retractum, alium vero ex habitaculis supernis et a corruptione immunibus deductum sibi asciscebat ipse et jungebat. Neque hoc solum, sed et Pater ipse superne, præsentibus alienis, ut illi, qui ad alienum pertinent, aiunt, lucis nubem expandit eos obumbrantem, et vocem ex nube emisit dicentem : *Hic est Filius meus dilectus, in quo complacui : eum audite* [16]. Hos igitur tanti spectaculi contemplatores et mystas et doctores nonne omni honoris genere prosequi decet illos, qui vel actionum vel judiciorum Domini ullam habent rationem? Imo et Servator, qui omnia pro sapientiæ suæ amorisque in homines divitiis agit, et recipit, cum infantum hymnis, quos miranda sua opera ad laudem permoverant, efferretur, atque hoc ipso Judæis indurati difficilesque corde ad murmura compellerentur, non aliunde eos objurgatos compescit, sed iterum oraculum Davidicum instar argumenti non eludendi immittit, eoque illos quidem confundit, seipsum vero laudibus prosequi docet. Unde vero hoc bonum nascitur? Qui item conveniens est, imo quomodo justum æquumque erat, ut is qui venit ut solveret potestatem diaboli, per ipsum illum gloriæ partem et materiam sibi pararet (hic enim apostaticæ sationis fructus est), et eadem opera efficeret, ut et hostis, omnis fidei vacuus, adveniat, et potiores ipsi partes relinquat, nesciatque, seipsum eum juvare et corroborare, cui robur adempturus venerat? Quisquis enim per verba mendacis veritatem demonstrare conatur, quam ipse habet, et id quod definitum erat, inde producere, is eum, quem mendacium ducem habebat, veritatis auctorem faciens a crimine omni absolvit. Neque magis, quod tamen Deus prohibeat! se ipsum immunem a criminationibus Judæorum esse ostendit, quam illum, cujus ope ista amolitur, a mendacii, cujus auctor est, culpa liberat. Itaque defectionis amor vobis certe non vergit in commodum, quando veritatis Patrem prædicatis esse mendacii auctorem, ab hoc autem veritatem substantialem verum mutuo sumpsisse, et æquali, ne dicam majori, ea, quæ mutuatus est, studio excipienda dicitis.

XXVIII. Age vero, etiam per parabolas non parabolice, sed clare, dogma impiorum disjectum videamus. Quod enim Servator advenerit, ut quærat et servet id quod perditum erat [17], a nemine hucdum in dubium vocatum est. Si vero ovem vere perditam ab interitu voluit liberare, et ad se reducere, et ad salutem revocare, non difficile fuerit perspicere quod parabola docet, humanam substantiam manus beneficæ opus exsistere. Omnino enim ovis deperdita primum e caula earum fuit, quæ servatæ sunt, deinde vero a grege resiliens in viam ad exitium declinavit. Quod enim ab initio in pernicie natum fuit, ne naturam quidem ad salutem revertendi habet, vel potius reverti non potest, aut servari. Imo nec usu ipsi venire potuit perire, siquidem cum ipso ortu ex malo provenit principio, nec unquam boni et salutis particeps visum est. Cujus enim aliquis nunquam fuit, quomodo inde dici potest delapsus, et qui salutis in ortu ipso non fuit particeps, quomodo ad exitium pervenire aut periisse dici potest? Sed et Dominus noster hominum amantissimus, veritatis doctor et auctor, cum deperditi mentionem sæpissime faceret, nunquam tamen pravitatem tanquam cum eodem conditam, aut perniciem vel eminus commemorat : semper vero occasionem facit cogitandi, quod illud postliminio ab ordine pristino nexuque et communione eum cæteris disjunctum in perniciem devenerit. Ait enim : *Quid vobis videtur, si cui homini fuerint centum oves* [18]. Ecce oves illæ centum sunt totus grex nondum errans : nulla earum tunc vel errabat, vel perdita erat. Si postea vel una ex illis a grege aberraverit, a salvis illa se separat, a non errantibus aberrat, ex ovili recedit. Propterea et hominum amantissimus illam citius quærit, et repertam reliquis non deviis annumerat, et de reparata jactura gaudet, et amicos sibi angelos in societatem gaudii

---

[15] Matth. xvii, 2, 3. [16] Matth. xvii, 5. [17] Matth. xviii, 11. [18] Matth. xviii, 12.

excitat [19], quia ovem ab ordine et gloria ipsarum ante separatam ad suam, qua ipsi gaudebant, felicitatem et salutem reverti viderunt. Et illa quoque de decem drachmis parabola [20], ex quibus una perdita erat, eamdem sine exceptione sententiam nobis commendat. Quod enim decem illæ drachmæ eamdem sibi notam impressam habent, et ejusdem sunt valoris, imo etiam, si placet, ex eadem materia sunt compactæ, boni insiti incolumitatisque perpetuitatem undiquaque infert. Imo, si horum nihil inde relinqueretur, id certe evincitur, quod sub eodem Domino omnis potestas indivisa et indivulsa contineatur : quoniam vero etiam omnes servatæ sunt, id indicio quidem est, omnes esse potentiæ beneficæ opera. Et nonnulli quidem libero suo arbitrio recte usi in ea, qua donati erant, bonitate et incolumitate permanserunt : qui vero inde amotus est, in perniciem se ipse detrusit. Et quemadmodum liberum arbitrium, illis, qui eo recte utebantur, prosperitatis bonitatisque ipsis collatæ conservatorium erat, et majoris perfectionis accessio (quod enim etiam sine actionibus admirationi est, id, ubi gloria ex operibus accedit, multo magis miramur et magni facimus) : ita illis qui dono hoc abutebantur, occasio exstitit a nativa bonitate in perniciem incidendi, et mutationem in pejus admittendi, qui proinde, facta hac cum melioribus permutatione, nisi quis ex transversione hac, in exitium ducente, cum cura se receperit, produnt naturam suam lapsu isto absorptam fuisse.

XXIX. At converte te nunc etiam ad duos filios ex eodem patre natos, quorum natu minor non minorem, quam major, sortem accipiens, in dissitas abiit regiones, tantasque facultates dilapidans et profundens in itinere, tandem inopia immodica adductus, siliquis, porcorum cibo, usus est [31]. Quis non errorem hunc lacrymis prosequatur? Qui tantarum opum dominus erat, is mercenaria opera functus, porcorumque escam ad sublevandas naturæ necessitates suffuratus, postea malis his ipsaque fame meliora edoctus, revertitur ad patrem, et ex contrito corde pœnitentiam testatus, o magnam patris et domini humanitatem! majori, quam impetrata venia sperare jubebat, receptione dignus habetur. Pater enim juvenilem culpam non perstringit, nec errorem pudori exponit, neque conversionem illam fami potius quam animi proposito acceptam fert : nullum horum in delinquentem conjicit. Noverat enim, eum qui reversus erat, suam esse progeniem (quamvis per alienum semen adulteratus esset); noverat a se ex amore esse productum, non autem aliunde recens satum. Itaque nihil horum quo contristari is poterat, afferebat; neque diuturnis filii ærumnis adjiciebat quidquam. Utinam ut erroris tui, ita et conversionis, ac receptionis, in gratiam factæ, fructum percipiam! Scilicet humanissimus et optimus pater cum

eminus adhuc et sola pœnitentia ad se adventantem, nullum vero fructum hucdum ferentem, conspicatus, ne ferebat quidem istos pœnitentiæ labores, sed videns ipsum adeo squalidum, et sola pœnitentia se respicientem, misericordia permotus est, ut currens collumque ejus amplexatus eum deoscularetur. Quid vero filius? quis eos quibus distrahebatur, affectus enumeraverit? Aderant pudor, tristitia, quetus, angustia animi, timiditas, spes in solo desiderio fluctuans, memoria rerum superiorum, recordatio infandorum, cogitatio futurorum. Et illis tamen omnibus per pœnitentiam superior est. Ait enim : *Pater, peccavi in cœlum et coram te, neque dignus amplius sum, qui vocer filius tuus* [32]. Atque ista confessio verbis facta, ab animæ habitu non discrepans, facit ut pater ipsum veste præcipua induat, annulo manus suæ actiones obsignet, pedesque calceamentis, ne a serpente calces lædi possent, muniat. Postea et vitulum saginatum mactat, magnoque cum splendore et sumptu convivatur cum filio, a mortuis reverso, et post longam illam jacturam iterum reperto. Vides, quomodo parabola hæc in ænigmate omnium et exquisitissimo et luculentissimo tradat ista : a bono et Conditore et Creatore natum et ortum esse et prodigum illum filium, et alterum illum ejusdem ortus, ac tum ætate tum factis ipso majorem, qui et in patria domo permanserit, et pristinum decus ac facultates suas cum ætatis prærogativa retinuerit : non autem majorem illum natu ex alia, minorem vero itidem ex alia stirpe aut generatione derivat, sed utrumque ab iisdem originibus et productione et educatione deducit. Simul vero et hoc considerare fas est, quod, si quis filios in parabola illa memoratos humanam naturam indicare censeat, et per majorem natu illos, qui gratiam pristinam conservarint, nec donum illud intemperantia sua corruperint; per juniorem vero eos, qui mala præ bonis elegerint, et facultates suas luxuria dissiparint; sive illum quidem angelorum, hunc vero hominum repræsentare hinc statum, hinc mutationem, censeat; sive denique placeat (licebit enim quidquid libuerit) per eos intelligere illos, quorum alii sub lege alii sub gratia sint; certe utraque hæc meditatio clare et sine exceptione demonstrat, quod ab eodem Patre et bono et Ente proficiscantur et angelorum et hominum genus, lex item et gratia, et hominum natura, sive illa insitum bonum conservarit, sive pro dono gratiæ exitium receperit. Quodque in hac parabola et utilissimum et præcipuum est, quod scilicet una potestas tribus illis dominetur, id non minus, ac si tres illæ æqualem victoriam retulissent, apostatarum sententiam prosternit.

XXX. Prosternetur vero ea similiter per ista, quibus Christus Scribas et Pharisæos Judæorum miseros proclamavit, quia leges ipsis datas negligenter ratiocinia sua potiora ducebant : *Væ enim,* inquit,

---

[19] Luc. xv, 4. [20] Luc. xv, 8. [31] ibid. [32] ibid. 21.

vobis, duces et cæci, qui dicitis: Quicunque juraverit per templum, nihil est; qui vero juraverit per aurum templi, debet ³³: hoc est, crimini est obnoxius tanquam transgressor juramenti. Deinde, videte magnitudinem erroris vestri vel nunc, si minus antea. Addit enim præcedentibus objurgationibus et ista: *Stulti et cæci, quid majus est, aurumne an templum, quod sanctificat aurum* ³⁴? ubi non solum templum sub lege structum sanctum, sed et terram sanctitatis plenam agnoscit et appellat. Sed hanc quidem sententiam de templo Servator fert: vos vero non veremini maxima illud ignominia afficere, hostili manui acceptum ferentes? Et ad quos magis voces illas, *stulti et cæci*, referat: ad eosne qui utrumque ut sanctum colunt, aurum vero præferunt; an ad illos, qui et templum ipsum, et omnia quæ in eo erant, lingua maledica proscindunt, nec infandis conviciis temerare horrent, ac a providentia benefica ad vanos tyrannidis conceptus propellunt? Pergit Dominus: *Et qui juraverit per altare, nihil est: qui vero juraverit per donum, quod est super altari, debet* ³⁵. Simili huic insolentiæ similis impingitur objurgatio. *Stulti et cæci! quid enim majus est, donum an altare quod sanctificat donum* ³⁶? Ibi Servator non templum solum, sed et altare fontem esse ait sanctitatis. Et sancta quidem erant omnia quæ in templo erant: in communicanda vero et distribuenda sanctitate alia quidem primum locum sortita erant, alia secundum. Et Judæos quidem, non quod contumeliosos se in ea præstiterant, sed quod ordinem immutare ausi erant, lux mundi, substantialis Dei sapientia, cæcos et stultos appellat. Et qui Patrem bene norat: *Nemo enim Patrem novit nisi Filius, et cui Filius revelaverit* ³⁷; hic gratiam nobis Patris per templum et altare explicaturus, docet, illa alias quoque res sanctitatis participes reddere. Tu vero, at quo nomine te digne satis quisquam exceperit, cum insuperabilis audacia te longe ultra stultum et cæcum evehat! Non vereris res sanctas primo omnis abominationis auctori acceptas ferre? Atque ille quidem tanto honore et gloria sacra legalia cingit, et Judæos, eo quod, quamvis ea colerent, digno tamen cultu non prosequerentur, tantis comminationibus et poenæ obnoxios facit, ita quidem, ut illæ non tam ipsis quam tibi immittantur: tu autem ne sic quidem sentire vis, quanta sit tua calumnia. Et substantialis quidem Dei sapientia Scribis et Pharisæis *Væ* occlamat, quod non per omnia legi debitum cultum præstiterint, sed in levioribus quidem legem observarint, in gravioribus autem neglexerint. Tu vero, qui contra omnes et leges et sacra linguam acuis, imo et eos qui secundum legem versati sunt, in extremam impietatem pertrahis, non existimas poenas multiplices te manere? Namque Servator: *Væ vobis*, ait, *o Scribæ et Pharisæi hypocritæ, quia decimatis mentham et cyminum et dese-*

ruistis graviora legis, judicium et misericordiam, et fidem ³⁸. At secundum apostatarum sermones non ideo, quod neglexerant præcepta legis, sed quod eorum observationem sectati erant, ad poenas vocari debuissent. Quæ enim bono non placent, eorum ut praxis ad examen et poenas vocat facinorosos, ita aversatio extra omne crimen collocat. Sed Servator noster ut Veteris, ita et Novi Testamenti dominus et auctor existens, contra recentem illam impietatem magis, quam contra Judaicam negligentiam, sententiam dicit. *Hæc enim*, inquit, *decebat facere, et illa non omittere* ³⁹, legem veterem hoc modo per novam graviter et summa cum auctoritate stabiliens. Si igitur ab iis ideo, quod dimidiam legum partem neglexerant, tantam poenam justus judex exigit, quantam vos dare debebitis, tam impudenter non ex negligentia, sed ex odio injuriam tantam in omnes leges effundentes? Et si illos, qui prophetarum sepulcra ædificabant, et justorum monumenta ornabant, pietatisque speciem ex parte assumebant, ex propheticidis quippe orti, non judicavit a culpa immunes, sed quia mentem a sanguinario patrum ingenio non diversam circumferebant, inevitabilibus suppliciis subjecit, quæ tandem poena invenietur, quæ non longe subsidat infra scelus vestrum, qui contra prophetas magis, quam illi, cædes spiratis, et non solum ad structuram sepulcrorum monumentorumque vos convertitis, sed implacabilem contra eos etiam post mortem inimicitiam et injuriam nunquam superandam exercetis? Quod si vero mali principii cultores fuissent prophetæ divini, non solum non decebat maledictioni subjicere vel occisores eorum, vel occisorum posteros, eosque ad poenam rapere, sed potius eximiis mactare honoribus. At enimvero bonus hominumque amans Servator noster, suorumque ultor servorum, non solum in primos cædis auctores homicidii poenas transfert, sed et progeniem eorum serpentes et serpentum fetus appellans, inevitabilem ignis gehennam eos manere prænuntiat. Adhuc vero magis nova cum veteribus conjungens, et vetera novis adaptans, atque id, quod utrinque peccatur, æqualem poenam promereri ostensurus, quo ipso simul subinnuitur, utrisque eumdem cultum eumdemque dignitatis locum adjudicatum esse: *Propterea ego*, inquit, *mittam ad vos prophetas et sapientes, et scribas, et ex illis nonnullos cædetis in synagogis vestris, et persequemini ex una urbe in aliam* ⁴⁰; attende nunc! *Ut veniat super vos omnis sanguis justus, qui effusus est super terram inde a sanguine Abelis justi usque ad sanguinem Zachariæ, filii Barachiæ, quem occidistis intra templum et altare* ⁴¹. Videsne, quomodo eidem et cædi et poenæ obnoxios pronuntiet, tum eos, qui impias manus intulerunt iis qui ante gratiæ tempus Deo placuerunt, tum illos qui in homines sub

---

³³ Matth. xxiii, 16. ³⁴ ibid. 17. ³⁵ ibid. 18. ³⁶ ibid. 19. ³⁷ Matth. xi, 27. ³⁸ Matth. xxiii, 23.
³⁹ ibid. 24. ⁴⁰ ibid. 34. ⁴¹ ibid. 35.

gratia viventes eosque omnes, quos ipse regnum suum annuntiaturos in urbes et synagogas miserat, sanguinarium furorem effuderunt? Ita et tempus gratiæ, et ea quæ illud antecesserunt, æstimans et magni faciens Jesus, utriusque auctor et conditor, et ubique utriusque consensionem stabiliens, ac eodem cultu prosequenda ostendens, omnem impietatis prætextum præscindit.

XXXI. Decebat igitur apostatas, etiamsi unum principium in duo non distinguerent, hoc saltem nomine, quando legis mysteria rident (sed quomodo hæc facilior et remissior dico de hominibus, qui creaturam Conditori subripere ausi pessimi pessimo pessimum donum offerunt?); decebat, inquam, eos, si vel maxime nullo horum et ne eo quidem, quod prophetas calumniantur, crimine tenerentur, in omni ista sua insolentia, saltem hoc nomine, quod corpus suum malum et a mala manu profectum dicunt, confestim se præ pudore abscondere. At ubi terrarum? Imo vero subterranea, et si quid his profundius est, quærere loca debent, non quod hoc quod ad impietatem prioribus gravius sit, sed quod membrum illud, per quod voces blasphemas emittunt, ab impia origine se accepisse profitentes, non statim abjiciunt omnia et impietatem fugiunt, clamantes se, dum ista quidem loquerentur, malitiæ instrumento usos esse. Et vel sic tamen homines isti in aliorum conspectum venire audent? Quid ais, homo? Duone sunt principia? sed tu quidem ore impio ista profers. Lex, inquis, est a principio hostili, et gratiæ opposito, sed et hunc sonum malitiæ instrumentum edit; prophetæ malum agnoscunt auctorem? At ex eodem malitiæ vase et illud profluit. Corpus est malum et mali conditoris? Et qui non ad extremum te silentium componis, sed pergis loqui et gratificari illi, qui adeo malum te et abominandum reddidit, ut nihil omnino sani proferre possis, quod a summa feritate et mendacio remotum sit? Namque malitiæ thesaurus non potest nisi malitiam et errorem ut recipere, ita et proferre: quomodo enim lingua mendacis vera dixerit, aut quomodo malitia meditetur quidquam boni? Mendacium veritatem dicere refugit. Et quomodo tu tibimet ipsi credis loquenti, cum mendacii sis instrumentum? Si vero ego largiar et opiner te longe aliter sentire quam loqueris, multo te et sapientiorem et prudentiorem repræsentavero, quam si quis alius iis te vere delectari dicat, quæ proponis. Si enim hæc a malis instrumentis proficiscuntur, ac propterea mala aut falsa sunt, nonne, quippe in malis, levius peccatum est, ea quæ verbis contraria sunt, amplecti, quam cum lingua mentem quoque ipsam corrumpere? Quod si igitur ejusmodi homo de principiis loquitur, unum illum credere convenit; si de lege gratiæ adversa, utriusque conversionem astruere censendus est; si chorum prophetarum malum dixerit, nemo aliunde magis convincetur eum bonum esse. Si corpus ad malum referat, pro evidentissima demonstratione habe id manus esse beneficæ. Videte mihi insaniæ abyssum et impietatis magnitudinem, in iis hominibus qui nequidem in rebus imaginariis ratione certa uti possunt. Itaque nec incantando aures fascinare fas est, quia hoc ipso insanabili culpæ subjici eas merito quis affirmarit. Atqui, inquam ego, si quis salutaribus incantamentis aurem præbeat, initium faciet ad pristinam nobilitatem redeundi : sin minus, vel ex inde sententiam non revocandam ipse in se ipsum fert, quod pravam transformationem bonæ formationi omnino præfert, et mutationem in deterius, cum bonam decuisset, servat constanter. Non quippe incantatori potest vitio dare, quod silet, sed silentii causam sibi exprobrare omnem, culpæque omnis se reum facere debet, qui suam ipsius insaniam et cæcitatem pro silentii culpa nobis venditat. Propterea et reliqua his junge.

XXXII. Servator noster hominum amantissimus et optimus, qui venit, ut peccata mundi tolleret, tum morbis aliis et ærumnis liberavit homines, tum multis peccatorum remissionem largitus est, factæque remissionis argumentum a sanatione corporis petiit et aliis proposuit. Jam vero si mali conditoris opus esset corpus, sicut homines blasphemi audacter tradunt, fieri certe non poterat, ut illud solius bonæ divinitatis beneficium, veniam nempe peccatorum, in fidem confirmationemque per pravitatem suam reciperet. Idem enim hoc est, ac si dicas malitiæ compagem fontem esse, ex quo bonitas scaturiat, siquidem remissio peccatorum ex sanatione corporum, quæ malitiæ sunt progenies, procederet. At enimvero Servator noster non solum verbis, sed et manu sua, sanationem corporum condecoravit. Alibi enim apprehendit manum, cujus tamen non erat conditor, et puellam excitat, et filium viduæ in vitam revocat, corpusque ab anima optimo consilio separatum, reducit, et cum eadem conjungit. Atque id tamen secundum impiam hominum illorum linguam ita comparatum est, ut præstitisset nunquam illud accepisse, vel acceptum quam citissime deponere; pessimum vero sit, depositum iterum junctum videre. Qui vero venit ad potentiam hostis frangendam, is pro viribus opera ejus stabilire annititur. Quid, inquam, stabilire? imo vero destructor tyrannidis illius per totam suam vitam visus est ipsum hoc tyrannicum dominium, sæpius nunc quidem variis morbis, quibus opera ejus subjecta erant; nunc autem morte et corruptione, cui morbis consumpta tradebantur, destruere iterum instaurare, modo ab interitu excitans, modo a malis liberans, idque toties, quoties mortuos in vitam revocavit, et morbos a corporibus propulsavit.

XXXIII. Et, quod adhuc minus ferri posse videtur, inde ab eo tempore usque ad præsens, non desistit tum per discipulos suos divino Spiritu actos, tum per eos qui hos in officio exceperunt, similibus actionibus idem dominium confirmare et perlicere. Nunquid vero vel apud Græcos vel apud Barbaros quidquam est magis barbarum aut impium, quam quidem hoc? Ego quidem talequid nusquam video, neque putem me, ut viderem, alioquin indignum esse. Cum Pharisæi aliquando quærerent, num liceat homini quacunque de causa uxorem suam dimittere, vide mihi, quomodo non aliunde, nec ex propria potestate, aut ex gratiæ doctrina Dominus noster, hominum amantissimus, sed ex ipsa creationis historia et objectionem eorum solvat, et reprehensionem formet. *Nonne enim legistis, inquit, quod qui fecit eos ab initio, marem et feminam fecit eos*[42]? clare per ipsam hanc formationem diversam docens, non tam facile solvere licere connubia, neque tam temere eo abripi, quo impetus difficulter coercendus impellit. Cumque creationem ipsam magistram haberent, quod nec plures una conjuges ducere, nec conjugium dirimere liceat; illi tamen nec præceptum hoc ex disciplina Mosaica discere, neque difficultatem solutam videre volebant. At ille inde contra utrumque decertans, veterem tantum legem propriam sibi fecit, atque hinc eam, quæ gratiæ est, nectit. Qui enim ex non exsistentibus omnia produxit, ex quibus humanam naturam in masculum et feminam formando finxit, et utrumque in unum conjunxit; is, inquit, idem est, qui et hujus legis semina sparsit, et præcepit quod non liceat ex iniqua animi sententia semel conjunctos a se invicem separare, neque immodicas sectari cupiditates, et introducto polygamias vitio hominum generationem contaminare. Vides, quomodo inde ab originibus mundi Mosaicis legem suam repetat, atque inde initium suum habere ostendat. Postea non Judæos magis per Creatorem et creationem ad silentium redigens, quam eos omnes qui eo provecti sunt, ut humanam naturam calumnientur, et generationem hominum ex se invicem convicientur, post pauca subjungit: *Quod igitur Deus conjunxit, homo ne separet*[43]. Non decet, inquit, quas Deus condidit leges, humanis consiliis evertere, neque creaturæ convenit, contra Creatorem leges ferre. Neque solum in eam dignitatem Mosaicam physiologiam evehit, sed et cum Judæi pro commendatione sententiæ suæ et opinionis Mosen proferrent et objicerent, quippe qui ipsis permiserit dimittere uxores, nihil ipsi reprehensionis impegit, neque crimini eum fecit obnoxium. Sed, quamvis ex ipsa creatione primæva et ex Judæorum exceptione occasionem nactus esset, causam hujus rei in Mosen referendi, adeo tamen se a Mose accusando abstinuit, ut eum potius sapienter tanquam dispensantem egisse profiteatur. *Moses* enim, inquit, *ob duritiem cordis vestri permisit vobis dimittere uxores*[44]. Hoc est, non ipse pœnitentia ductus, veterem illam, quamque ipse scripsit, legem negligens ad alterum illud se convertit, neque quam acceperat latentem, gratiam divinam creationem exponendi, suis ratiociniis postposuit, atque adeo nec divisionis hujus causa exstitit, sed durities cordis vestri omnem in vos causam refert. Cum enim illa perfectam legis rationem recipere nollet, et prioris illius præcepti mutationem vobis peperit, et affectibus vestris frenum boni ordinis nonnihil laxare coegit. Neque enim vir, qui Deum vidit, neglecto creationis præcepto, ad aliud digressus est, sed vestra repugnantia a rigore ejus remittere aliquid per dispensationem suasit : ne forte, cum connubium nexum juberet esse indissolubilem, durities et rigiditas mentis multo pejora efficeret, homicidio scilicet solutionem procurans, quam vi legis et doctrinæ non liceret efficere. His ratiociniis et argumentis Servator flagitium Judæorum castigat quidem, sed et simul quæstionem sophistice prolatam solvit, omnesque docet ut eum sciant nostrum esse conditorem, cujus etiam hæc lex sit, ut maritus ab uxore non recedat. Quæ quidem initio ipsa creatione et conjunctione in antecessum adumbrata, deinde vero consilio et verbis ipsis promulgata et diserte proposita est. Namque Trinitatis infinitæ et omnipotentis ut bonitas et regnum et potentiam, ita et creationis dignitas communia sunt et indivisa. Proinde et præsentis legis semina in creatione ipsa Filius, Patri quod ad essentiam æqualis, spargit, carne vero nostra assumpta, et inter homines ut homo versatus, verbis ipsis eamdem perficit atque exponit. Et quis non exhorrescat, vel creationem nostram, vel Mosen, vel mundi productionem non solum ad contrarium principium referre, sed et blasphemis ejusmodi cogitationibus, annitente malo, indulgendo, vel brevi tempore impietatis fluctibus mentem permittere, nec potius quam citissime ipsam aggressionem evitare, et cum contentione aversari?

XXXIV. Præter ea vero quæ dicta sunt, Dominus videns mundum, agnoscit suum, et hoc nomine appellans, agnoscere se declarat. Nonne itaque illi, qui eum forti ipsius manui subtrahunt, ipsa quoque Christianorum appellatione indigni et privandi videbuntur? Parabolam enim de seminante bonum semen in agro suo, et zizaniorum disseminationem, quam malus, dormientibus insidiatus, suscepit, discipulis suis, utramque discendi cupidis, explicans: *Serens,* inquit, *bonum semen filius hominis est, ager vero est mundus*[45]. Quem in summa parabolæ agrum suum dixerat, cum in explicatione mundum vocat, atque hoc ipso manifestat, non alterius cujusdam, sed suum esse mundum terrestrem, in quo corpore præsens verbum salutis sparserit. Quando igitur veritas mundum suum esse dicit, idem vero et malus affirmat, regna omnia sibi subjecta habere gloriatus : hi autem homines temerariis linguis eum communi Creatori ac Conditori subripiunt, vicissimque diabolo vindicant, nonne iidem veritatem

---

[42] Matth. xix, 4. [43] ibid. 6. [44] ibid. 8. [45] Matth. xiii, 37.

in mendacium convertunt, mendacii vero auctorem veritatis aliarumque rerum gloria ornant, ac Domino quidem sua auferunt, et praedoni se jungentes apostatam, et mastigiam et refractarium conservorum suorum dominum constituunt? Quomodo vero illi verum hominumque amantissimum Deum videbunt, qui se ipsos tyrannidis illius socios et servos vel potius primipilos gesserunt? Quod si vero agri et mundus boni hominumque amantissimi Servatoris nostri non sunt, sed potius malum principium illorum dominatum distribuit, quomodo illis, qui ob nomen ejus reliquerunt domos et agros, et cognationis naturalis praeclarissima quaeque praemia in hac vita distribuens, non adimit agros, nec cætera quæ ad sensibiles creaturas pertinent, sed et illa centuplici præmio comprehendit, ac tribuit illis, quorum hæreditas est vita æterna [46], quomodo iisdem strenuos suos amatores mactat, quorum creatio, si mala fuisset, ipsum quoque eorum amorem apud eos exstinxisset? Quomodo præmii rependendi partem ea facit, quæ ne quidem ab initio possidere licebat? Multo itaque magis justitia requirebat, ob quæ his non darentur talia, præmii loco, aliis etiam auferrentur. Quomodo denique locum habere potest, ut sapientia, omnem rationem superans ea quæ a malo profecta sunt, cum bonis suis donis conjungat, si quidem agri agrorumque proventus mali essent principii (1)?

[46] Matth. xix, 29.

(1) Videntur hic nonnulla desiderari. Nam et abruptus sermo est, et verisimile fit Photium nostrum nova quadam ad Arsenium compellatione dicendi finem facturum fuisse. In ipso quoque ms. nulla, quæ alias comparere solet, colophonis impositi nota inveniebatur.

PHOTII PATRIARCHÆ
LIBER
DE SPIRITUS SANCTI MYSTAGOGIA.

PRIMUS EDIDIT

J. HERGENROETHER,

S. Theol. Doctor ejusdemque in Wirceburgensi lit. Universitate Professor P. O.

EXCERPTUM EX J. HERGENROETHERI PRÆFATIONE.

Viri catholici, dum dirum schisma per Photium in suæ ipsius gentis perniciem excitatum, quæque illud præibant ac comitabantur facinora, ex animo detestantur, nihilo tamen secius maximi semper fecere miram ejus eruditionem, cujus præter celeberrimum *Myriobiblion* vel *Amphilochianæ quæstiones* opera Em. Maii, immortalis memoriæ viri, maxima demum ex parte publici juris factæ testimonium faciunt luculentum; nemini deinde dubium est, quin ex accurata ejus historia tum dogmatum tum Ecclesiæ ipsius annales egregie juvari et illustrari possint. Atqui Photii patriarchæ historiam non ita pridem Gallico sermone Cl. Jager eleganter non minus quam solerter pertractavit; quod recens opus (1) auctoris scopo accommodatum, usu Photianarum epistolarum sagacissimo, insigni illorum temporum studio, judicio satis acuto, narrandi arte egregia aliisque ornamentis esse prædituum haud diffiteor. Attamen præterquam quod, mea quidem sententia, ampliori adhuc usui esse possunt Byzantinæ historiæ fontes, ac præsertim Cedreno, Zonara et Glyca longe vetustiores, quodque universim nationis nostræ historiographi strictiorem ac severiorem, licet minori venustate fulgentem, scribendi modum methodumque sectantur, mihi neque in omnibus, quæ occurrunt, quæstionibus eadem mens est idemque judicium, neque scopus meus (utpote latius excurrens, in iis vero potissimum, quæ ad historiam litterariam attinent) eos patitur fines, quos ille bene meritus auctor sibi voluit præstitutos. Quod ad præsentem spectat Photii librum, editio e tribus potissimum confecta fuit codicibus, quorum duo Romæ prostant, tertius vero in Regia Monacensi bibliotheca, aliis nonnullis, uti fieri poterat, in subsidium vocatis. Primus inter eruditos, quantum scio, hujus operis mentionem fecit Leo Al-

(1) *Histoire de Photius, patriarche de Constantinople,* par M. l'abbé Jager, chanoine honoraire de Paris et de Nancy, professeur d'histoire à la Sorbonne, 2ᵉ édition, Paris, A. Vaton, 1854.

latius, qui *tractatum sane luculentissimum* illud vocat (1) atque interdum ex eo quædam suis scriptis interserit. Ex Allatio suas de hoc Photiano opere hauserunt notitias, qui de Historia Græcorum sive ecclesiastica sive litteraria fusius egere (2). Ampliora demum sæculo nostro dedit Card. Maius, cum *Amphilochianarum Quæstionum* ineditam adhuc nobilissimam partem typis evulgaret ac simul plura Photii opera luce publica huc usque carentia recenseret. Quanquam, ita doctissimus cardinalis (3), alia quædam Photii scripta de Spiritu sancto (4) exstant, hic tamen liber luculentus et varius atque prolixus nondum lucem aspexit, etsi non uno in codice Vaticano inest atque in aliis etiam bibliothecis occurrit. Et in uno quidem ex Vaticanis, scilicet 216 (5), Metrophani id opus tribui observavit Allatius (6), in quo codice libros quoque adversus Manichæos eidem Metrophani, Smyrnensi episcopo (7), tribui ego ipse vidi. Sed tamen hanc inscriptionem quis non falsam agnoscit, quam tot alii codices refellunt? Si vero locus operis consideretur, ubi de Joanne papa sermo fit, nemo Photium auctorem esse dubitabit. Nunc, ut operis conspectum exhibeam, utar codice Columnensi Vaticano, quem sua vetustas emendatioque commendat. Titulus operis est : Περὶ τοῦ ἁγίου καὶ ζωοποιοῦ Πνεύματος. Φώτιος ἐλέῳ Θεοῦ ἐπίσκοπος Κωνσταντινουπόλεως νέας Ῥώμης τῷ ὁσιωτάτῳ εὐλαβεστάτῳ ἐπισκόπῳ Βέδᾳ (8), ἐν Κυρίῳ χαίρειν. Ἐν πολλοῖς μέν εἰσιν οἱ Ἔλεγχοι, κ. τ. λ. *De sancto ac vivifico Spiritu. Photius gratia Dei episcopus Constantinopolis novæ Romæ sanctissimo atque piissimo episcopo Bedæ, in Domino salutem. In multis quidem,* etc. Illico Photius sophismata septem supra triginta pro suo errore de sancti Spiritus a solo Patre processione proponit, quæ jamdiu sophismata in *Græcia* Allatii *orthodoxa* necnon apud alios theologos refutata scimus. Exin tricesimo octavo capitulo objicit sibi Photius Pauli effatum : *Misit Deus Spiritum Filii sui,* de quo dicto ratiocinatur usque ad quadragesimum tertium capitulum. Exin Latinorum Patrum, Ambrosii, Augustini atque Hieronymi verba sententiæ suæ repugnantia profert (9), quorum auctoritati ne acquiescat, ridiculo et pernicioso argumento utitur, nempe quod alii quoque ecclesiastici Patres parum accurate de aliis rebus interdum locuti fuerint; quos inter ponit Clementem Romanum, Dionysium Alex., Methodium, Pantænum, Clementem Alex., Pierium, Pamphilum, Theognostum, Irenæum, Hippolytum, Basilium : quasi vero hac sermonis ratione Patrum prope universæ auctoritati impune resistere non possimus. Porro non tres illos solum Latinos Patres, sed permultos Græcos orthodoxæ sententiæ favere, cum aliunde exploratum est, tum magnus eorum numerus coacervatur in Vaticanis codicibus 606, p. 240 seq., et 1115, p. 46 seq. Exin Photius recenset Romanos Pontifices, qui processionem Spiritus sancti sine additamento *Filioque* dixerunt (quod argumentum Allatius *De cons.* p. 583 vel hoc uno responso satis infirmat, quod hi non dixerint : *a solo Patre,* sed *a Patre,* et quidem ante natam hanc controversiam sic ipsi tute loquebantur). Sunt autem hi apud Photium pontifices : Damasus, Cœlestinus, Leo Magnus, Vigilius, Agatho, Gregorius Magnus, Zacharias, Leo III, Benedictus III, Joannes VIII , Adrianus III. (Nicolaum I, Adrianum II, et Marinum I, utpote sibi infensos, reticet pravo neo prorsus tolerando artificio. Reapse priores duos reticeri a Photianis solitos queritur Allatius *De cons.* p. 590.) Illam etiam clypeorum Romanorum famigeratam historiam, quibus symbolum inscriptum erat, attingit Photius p. 312, super qua legendus saltem Allatius l. c. p. 580, 581 et contra Hotting. p. 418. Post hæc additis paucis epicherematibus finem libello imponit.

---

(1) Leo Allatius, *De Eccles. Occid. et Orient. perpetua consensione,* lib. II, c. 6, n. 4, p. 575, ed. Colon. Agrip. 1648.

(2) Walch, *Historia controversiæ Græcorum Latinorumque de processione Spiritus sancti,* Ienæ 1751, p. 37. — Schrœckh, *Christliche Kirchengeschichte,* tom, XX, p. 499. — Fabricius, *Bibliotheca Græca,* t. XI, p. 28 ed. Harless.

(3) *Scriptorum Veterum nova Collectio,* tom. I, Præfat. *De Photio* § 7, p. XXIII seq. ed. Romæ 1851.

(4) Cf. Fabricium et Harless. l. c., p. 13, 14, 25, 28, 29.

(5) Scil. Palatino 216 membran. Sunt qui eum ad sæc. XII vel XIII pertingere censeant.

(6) *De consens.* l. c., p. 575.

(7) « Metrophanem hunc Photii æqualem memorat sanctus Nicolaus papa epist. 8, p. 53. Et quidem hujus episcopi celebre satis nomen in illorum temporum historia est. » M. — Ex Metrophanis Smyrnensis ep. exposit. in 1 Joan Ep. locum citat Veccus sive Beccus epigr. VIII in Allatii *Græcia orthodoxa,* vol. II, p. 605, 606, Romæ 1659.

(8) Supra Βέδα scribitur πόλεων. Tum p. 500 seqq. constat hunc Bedam fuisse orthodoxum et Photianis partibus adversantem, imo et tractatum *De spiritus Sancti a Filio processione* scripsisse. M. Inscriptio ad Bedam deest in aliis codicibus.

(9) Non citat Photius horum Patrum textus, sed potius variis ex rationibus textuum auctoritatem et authentiam impugnat. Unius Gregorii M. testimonium explicitum affert, versione tamen ab originali textu differente.

PHOTII PATRIARCHÆ

LIBER

DE SACRA SANCTISSIMI SPIRITUS DOCTRINA,

QUODQUE

SICUTI FILIUS EX SOLO PATRE NASCI A SACRIS ORACULIS DICITUR, ITA ET SPIRITUS SANCTUS EX IPSA SOLA EADEMQUE CAUSA PROCEDERE PRÆDICATUR, DICITUR VERO FILII ESSE UTPOTE EI CONSUBSTANTIALIS ET PER EUM MISSUS.

1. In multis quidem majorisque molis libris ea reperiuntur conspersa et inserta argumenta, quibus illorum fastus deprimitur, qui veritatem in injustitia detinere magna cum contentione conniuntur. Quoniam vero magnificum tuum Deique amantissimum studium argumenta illa in synopsin ac compendium redigi postulavit, divina nobis Providentia annuente, haud indigna tuo in Deum amore tuoque desiderio hujus rei fiet exsecutio.

2. Est igitur contra ipsos acutum atque inevitabile telum, et ante omnia alia vox Domini feram omnem ac vulpeculam quamlibet veluti fulgure prosternens atque exterminans. Quænam ista? Vox ea quæ dicit Spiritum ex Patre procedere. Ex Patre Spiritum procedere Filius ipse sacra sua institutione tradit, et tu alium quæris adhuc doctorem, qui te imbuat, imo potius inficiat impietate, Spiritumque e Filio progredi fabularis (1)? Si communis Servatoris et Conditoris et Legislatoris dogmata ut cedant insaniæ tuæ poscis, ac tale concipere desiderium haud exhorruisti, quid, quæso, alius præterea assumere quærat, quo impium tuum conatum validissime refutet atque convellat? Si tu Dominicas despicis leges, quis pie sentiens tuam haud exsecrabitur opinionem? Quid vero aliud a lapsu te erigere poterit, quænam alia medelæ ratio exitiale tuum sanabit vulnus? Vulnus, quod non a Salvatoris illatum verbo, sed spontanea inflictum et auctum ægritudine, quæ scilicet Dominicæ doctrinæ medicinam in virus mortiferum ex contumacia contendit convertere? Imo cum gladium nobis quidem propitium, hostibus vero infensum subierit ille, qui ad illorum partes transire concupivit, idcirco te ancipiti Spiritus gladio jam prostratum nihilo tamen minus et nos amorem in communem Dominum paratumque animum ostensuri ne ea quidem vulnera te effugere incuria nostra sinemus, quæ per ratiocinationes sacræ nostræ Theologiæ in acie nos instruentis ac communientis infliguntur.

3. Si enim ex una eademque causa, Patre, tum Filius tum Spiritus sanctus prodit, tametsi hic quidem per processionem, ille autem per generationem; rursus autem Filius Spiritum producit, ut blasphemia clamat: quomodo non ratio consecutionis nos cogat asserere Spiritum quoque esse Filii productivum (productorem)? Cum enim æque uterque a causa illa prodierit, si alterum erga alterum munere causæ fungitur, certe omni modo et invariata ordinis conservatio (perfectio) exigit, ut et alterum vicissim par pari referens causa alterius exsistat.

4. Deinde si Filius quidem ab ineffabili paterna simplicitate non recedit, Spiritus autem in duplicem causam refertur et ex duplici processione subsistit, quomodo non sequetur compositio? Quomodo vero non minor Filio Spiritus pari honore præditus per summum sacrilegium asseretur? Quomodo Trinitatis simplicitas (o linguam in impietate audacem!) dignitatem suam minime adulteratam retinebit?

5. Quis, inquam, sanctorum et gloriosorum nostrorum Patrum dixit, Spiritum a Filio procedere? Quæ synodus universalibus confessionibus suffulta et munita, imo quis sacerdotum atque episcoporum divinitus coactus cœtus sententiam istam etiam antequam in lucem prodiret, per sanctissimi Spiritus afflatum non condemnavit? Etenim Spiritu Patris juxta Christi Domini doctrinam ipsi quoque initiati illum a Patre procedere clara et alta voce prædicabant eosque qui non ita sentirent, utpote catholicæ et apostolicæ Ecclesiæ contemptores, anathemati subjiciebant, jam inde ab antiquis temporibus novam istam impietatem propheticis oculis prospicientes, ipsamque una cum multiplici priorum hæreseon defectione et scriptis et verbis et animo

---

(1) Ne qua in re catholici theologi muneri deesse videamur, neve quis vitio nobis vertat schismatici, imo hæretici operis editionem, eamque sinistro oculo intueatur — quamvis præsertim hac nostra ætate nemini theologorum formidabilia haberi queant obtusa schismaticorum arma, — dissertationem subjunximus antirrheticam, sive potius animadversiones refutandis Photii argumentis, quæ occasionem præbent universi fere de Spiritus sancti processione dogmatis explanandi, quantum satis esse putabamus, accommodatas. (J. Herg.)

condemnabant. Definivit statim universalium et sanctarum septem synodorum secunda, Spiritum sanctum ex Patre procedere; excepit tertia, confirmavit quarta, suffragata est quinta, prædicavit sexta; obsignavit claris certaminibus septima : in qualibet illarum est luculente cernere libere prædicatam pietatem, traditumque de Spiritu, illum a Patre, non autem a Filio procedere. Te vero quisnam impiorum grex diversa sentire docuit, quis ex iis qui Domino contraria sanciunt, in opiniones iniquas ut delabaris effecit?

6. Verum hinc quoque horum impietas Deoque repugnans licentia refutatur. Si enim quæcunque sunt communia secundum indifferentem et individuam simplicemque ac singularem communitatem; si, inquam, quæcunque horum Spiritui et Patri adsunt, hæc Filio quoque insunt; similiter et quæcunque in Spiritu et Filio intelliguntur, nequeunt Patri itidem negari; imo nec potest Spiritui adimi quidquam eorum quæ Filio et Patri adsunt : puta regnum, bonitas, substantiæ supersubstantialitas', incomparabilis virtus, æternitas, immunis a corpore spiritualitas, cæteræque innumeræ id genus voces, quibus divinissima de Deitate doctrina catholicis fuit ab initio tradita. Si ergo hæc ita considerantur, et nemo Christianorum iis adversari ausit; juxta vero hæreticam istam temeritatem Spiritus processio Patri et Filio communis est Spiritui quoque (quo quid queat scelestius auderi ?) in Spiritus processionem dividendus foret, essetque pars quidem illius producens, pars vero producta, et illa quidem causa, hæc autem causatum, et ingens aliarum blasphemiarum agmen sequeretur.

7. Sedenim procedit Spiritus a Filio. Quam ob causam ? Ut scilicet aliquid accipiat, quod non habuit procedens a Patre. Jam vero si potest admitti atque affirmari, quod Spiritus hinc aliquid pluris acceperit, quod modo non absque illius assumptione erat imperfectus? Vel omnino post illud acceptum? Nam hinc quoque sequeretur posse de simplici atque compositionis experte natura duplicitatem et compositionem prædicari. Sin vero nil pluris accepit, quænam est ratio (necessitas) processionis nihil omnino præstare valentis ?

8. Tu vero et hoc æqua lance judicis pondera. Si nascitur quidem Filius a Patre, procedit autem Spiritus a Filio, quænam alia relatio excogitari queat, per quam et Spiritus sibi conservet prærogativam producendi aliam personam nec a dignitate æqualitatis et consubstantialitatis degeneret ?

9. Hoc item considera. Si Spiritus a Patre procedens etiam a Filio procedit, quænam obstabit ratio, ne necessario (o mentem mera ebriam impietate!) concidat constantissima idiomatum firmitas, et Pater (propitius sit nobis et blasphemiam in eorum capita convertat quorum causa hæc loquimur) nudum relinquatur nomen? communi scilicet facto idiomate illo, quo ipse discernitur, atque in unam personam contractis et confusis (coalescentibus) duabus divinis hypostasibus; sicque rursum emerget nobis Sabellius, imo monstrum aliquod semisabellianum.

10. Neque vero generatio, quæ nunc in Filio intelligitur et in subterfugium absurditatis objicitur, leniorem ullatenus tolerabilioremque impietatem istam efficiet, quæ in paternam exsurgit proprietatem, quæ scilicet denotat processionis causam; cum hæc ipsa secundum impiorum fabulas in Filii refundatur et commisceatur proprietatem, Sectio enim rursus et partitio atque indivisi divisio. Si enim unum idiomatum suorum dat Pater et de proprietate, qua ipse per illud distinguitur, recedit, aliud vero inviolatum servat, quomodo non concedent, partem quidem ipsius in idiomate considerari, partem vero una cum idiomatis innovatione dividi? Verum horror subit, quod et eousque illorum blasphemiam in medium proferre sustinuimus.

11. Præter jam dicta, si duo principia in divina et supersubstantiali Trinitate conspiciuntur, ubinam erit toties decantatum ac Deo dignissimum monarchiæ robur? Quomodo non impium irrepet polytheismi dogma, atque adeo atheismus? Quomodo non sub specie Christianismi superstitio gentilitatis ab his qui hæc audent asserere, introducetur?

12. Rursum si duo principia in monarchica Trinitate admittantur, quomodo non etiam tertium ex eadem sententia prodiens emicabit? Semel enim principio summo et independente de sua sede ab impiis exturbato et in binarium dejecto, faciliori ausu etiam ad ternarium sectio principii procedet; quando quidem et in supernaturali atque individua singularique Deitatis natura ternarium potius quam binarium emicat, utpote quod et idiomatibus congruit et adaptatur.

13. Num ergo hæc Christianis sunt auribus toleranda? Nonne iram et fletum, affectus ut plurimum insociabiles, impiorum istorum temeritas coire super ipsos cogit? Iram quidem, quod tantam arrogantiam amentiamque conceperint; fletum vero, quod in perniciem irreparabilem præcipites agantur. Pietas enim, etiam dum irascitur, proximi sui commiserationem non abjicit (non deponit).

14. Porro etiam per ea quæ mox dicentur facile est impietatis magnitudinem conspicari. Si enim post supremum et independens paternum principium causamque iterum consubstantialis personæ principium et causa constituitur Filius, quomodo quis effugiet a duobus asscrendis in Trinitate principiis, quorum alterum principio careat et in hac principii carentia fundetur et firmetur, alterum vero principiatum simul et ad principium recurrat et una cum relationum differentia producatur ?

15. Quod si Pater est causa personarum ab ipso procedentium non ratione naturæ, sed ratione per-

sonæ, ratione autem paternæ personæ contineri et includi etiam Filii personam nemo hactenus, licet sublestus et impius, affirmavit (ne ipse quidem Sabellius, qui monstrosum Filiopaternitatis commentum excogitavit), nullatenus profecto Filius poterit causa esse ullius in Trinitate personæ.

16. Neque vero et hoc prætereundum, quod ipsam quoque Patris personam in duas impia illa doctrina dividit, vel certe Filii personam in partem paternæ hypostaseos assumi sancit ac statuit. Si enim, ut modo dictum est, non ratione naturæ, sed ratione hypostaseos Pater est causa prodeuntium ab ipso personarum; est vero et Spiritûs causa Filius quemadmodum sacrilega ista sententia clamat; necessario affirmare cogimur, aut Filium una cum Patre esse paternæ hypostaseos participem, ex qua et hoc habuerit, quod sit causa, aut Filium personam complere Patris, quæ proinde ante hoc complementum indiga et deficiens fuerit, sicque admittendo Filium quamdam esse portionem Patris, tremendum Trinitatis mysterium in binarium circumcidemus.

17. Ingens quoque aliorum zizaniorum copia ex malo hoc semine ab initio posito germinaverit; quod tamen non dormientibus, ut videtur, verum mortis secundum animam vigiliam vigilantibus quærentibusque insanis istis, quomodo supremum illud ingenuum et salutare semen adulterarent, superveniens humani generis hostis in miseris ipsorum animabus seminavit. Etenim quidquid proprie (per se) proprium alicujus est; si de duobus aliquibus, re ipsa ab illo translatum accipiatur, ac de uno quidem vere affirmetur, de altero non item, duo illa proposita diversæ naturæ esse ostendit; verbi gratia risibile (risivum), quod per se est homini proprium, et Josue quidem Israelis duci apte congruit, conspecto autem angelo principi copiarum Domini nullo omnino pacto convenit, perspicue ostendit, ducem illum populi nullatenus esse ejusdem atque archangelum substantiæ vel naturæ existimandum. Sicque in cæteris rebus omnibus qui eadem processerit methodo, clare ac nullo labore eamdem veritatem nanciscetur. Quod si istud ubique viget et eodem modo consideratur, processio autem Spiritus ex Patre paternam prædicat proprietatem, hæc vero, ut hæresis jactitat, congruit quidem Filio, Spiritui autem nequaquam (nondum enim quisquam istam blasphemiam animo concepit), quod hinc sequitur, ipsi talium malorum institutores contra suamet capita colligant. Quod si Spiritus processionem non esse paternam proprietatem dixerint, profecto nec Filii proprietas erit, quoniam vero nec Spiritus est, dicant qui omnia dicere audent, quomodo quod nullius trium personarum est proprium sed nec commune, locum omnino habeat, ut in aliqua divinarum hypostaseon intelligatur.

18. Affine autem jam dictis et hoc : Si quod proprium est Patris transfertur in proprietatem Filii, profecto et quod proprium Filii in Patris proprietatem erit transferendum. Ubi enim impia garrulitas semel aperuit viam, qua notionales hypostaseon proprietates mutuo transitu alias in alias migrare et mutari vult, Pater quoque per ipsos (o impietatis profunditatem!) subibit generationem, quia generatus est Filius; oportebat enim audacissimos istos nec ab hoc quidem impio ausu sibi temperare.

19. Universim vero in omnibus per se propriis quando aliquid horum de aliqua realiter hypostasi ab eo, quod illud sibi primario ut proprium vindicavit. acceptum verificatur, tametsi dignitatem reciprocæ conversionis secum non trahat, attamen illud, quod alteri præbet ut proprietatis sit particeps, videmus in naturæ rationem reduci. Si ergo quod ab initio proprium Patris agnoscebatur, hoc audacia istorum Filio quoque habendum tradit, videant vel inviti, quo demum ipsorum impietas desinat. Consequens enim foret, ab istis mendacii amatoribus contra Patris proprietates semel debacchatis, ipsam quoque hypostasin omnino in naturam resolvi, ita ut causæ ratio penitus a divinis hypostasibus auferatur.

20. Ita sane, inquiunt. At Salvator dixit discipulos erudiens et instruens, quod, *Spiritus de meo accipiet et annuntiabit vobis* [17]. Et quis non videt, te ad hanc Salvatoris confugisse vocem, non ut patrocinium invenias, sed ut ipsum quoque Dominum, perennem veritatis fontem, dissonantiæ insimules? Sic enim lingua tua ad quidlibet audendum est prona et ad ansas, ubi nullæ sunt, confingendas et excogitandas. Si enim hic ipse humani generis Conditor et curator modo quidem Spiritum docet a Patre procedere, nullatenus adjiciens quod et a se procedat, sed illum (Patrem) solum causam, quemadmodum suæ generationis, ita et Spiritus processionis credi a nobis et prædicari jubet; modo autem, ut tu asseris, quia dicit : *De meo accipiet*, alto quidem silentio compressit priorem institutionem ac doctrinam; quanquam oportebat, ut in secundam ingressus initiationem prioris quoque memoriam refricaret, doctrinasque adeo inter se dissitas conjungeret et ad invicem conciliaret; illa vero hoc quod faciendum erat non facit, et loco dicendi, Spiritum a Patre procedere, in ipsum processionem Spiritus transfert : quo modo non evidenter evincitur, substantialem atque inalterabilem veritatem a te inique dissonantiæ insimulari?

21. Quoniam vero vel ea quæ pueris sunt nota scire te vetuit summa illa, qua etiam ad impossibilia contendis temeritas, nunc saltem, etsi non prius, intelligere debes nihil tam clare tuæ vesaniæ adversari, quemadmodum hæc Domini atque Salvatoris vox. Si enim diceret : *De me accipiet*, nec

[17] Joan. XVI, 14, 15.

sic quidem quod studes evinceretur; haberet tamen aliquem praetextum error. Neque enim accipere ab aliquo ob alium quempiam usum et substantiali processione procedere in eumdem sensum conveniunt; multum abest ut hoc ita se habeat. Quoniam vero tantae impietatis magnitudinem Salvator praevidens, non talem emisit vocem; ne multos ope tua daemonis nequitia depasceretur, quomodo loco accusationis quam Domino intendis, ad ejus clementiam impetrandae veniae causa non confugis, nec cordis pandis aures ad ejus doctrinam?

22. Dixit Salvator, non, *de me* accipiet, sed *de meo* accipiet. Noverat enim qui venit hortaturus omnes, ut veritati concordent et consonent, multo magis sibi consonantiam illibatam conservare. *De meo accipiet*: licet modicum sono verborum discrepet, multum tamen et magnum interest discrimen inter *de meo* et *de me*. Nam dicendo *de me*, ille ipse qui vocem enuntiavit, inducitur; dicendo autem *de meo*, omnino alia a proferentis persona intelligitur. Haec vero quaenam alia fuerit, ex qua accipit Spiritus, nisi Pater? Neque enim hi ipsi Deo repugnantes aliud quid confingent; non enim ex alio Filio, imo neque ex ipsomet accipiente Spiritu. Vides, quomodo ne illa quidem, quae pueris trita sunt, calles; nam vel pueri grammaticorum frequentantes scholam sciunt, voce hac *de me* illum ipsum includi, qui orationis pericopen protulit; hac autem *de meo* aliam personam diserte significari, unitam quidem juribus conjunctionis cum eo qui vocem pronuntiavit, sed differentem omnino quoad hypostasin; ad hanc etiam auditorum cogitationes sine erroris periculo transmittit et secure deducit. Quare tuum subterfugium, dummodo pie malis quam impie sentire, poenitentiae tibi perfugium fuerit, non vero ulla ad repugnandum Deo occasio.

23. Quid ergo? Nonne oportebat te haec saltem, quae et pueri norunt, addiscere, prius quam blasphemiam efferres? Quomodo vero non pertimescis, licet dolo velando aptissimus, ita temere atque impudenter verbis Dominicis insultare et illudere, et quae nec orationis series nec sententiae integritas permittit, haec non erubescis asserere Dominum affirmare? Certe enim vocem *de me* Christus non enuntiavit; tu tamen, licet non voce, at saltem fraudis exercendae studio vocem *de meo* in hanc aliam *de me* transformans, asserensque Dominum docuisse id quod tibi per istam locutionem videtur significari, tria haec simul ei per calumniam tribuis: dixisse nempe, quod non dixit, non dixisse quod dixit, et sententiam docere quam non solum non significavit voce, sed etiam potius doctrinae suae adversari perspicue cernitur; et quarto eum sibi ipsi contraria sancientem inducis. Quonam pacto? Ipse dixit: *De meo accipiet*, non autem *de me*; tu vero docere ipsum affirmas, quod voce ista *de me* importari existimas; quamobrem quod quidem dixit, tollis ac negas, quod vero non dixit, quasi dictum obtrudis. Clamas enim Christum vocis, quam non enuntiavit, sententiam discipulis tradidisse et per ipsam docere, quod nullatenus labiis suis purissimis protulisse cognoscitur. Et sapientia quidem Dei per se subsistens Spiritum tradit procedere a Patre; tu vero omni contendens studio illum quasi dissonantem sibi redarguere - clamas ipsum mutato consilio docuisse, Spiritum ab ipso procedere, et a priori quidem theologia recessisse, per secundam vero illam priorem sprevisse, imo nec posteriori robur suum conservasse. Si enim semel gratiae theologia ab ipsamet gratia subvertatur, nusquam firma poterit permanere.

24. Sed jam tempus adest, ab initio audire tum verborum Dominicorum seriem, tum sententiae, quam verba illa important, scopum; multo enim validius per illa impietatis impudentia panditur et configitur. Postquam enim dixit: *Vado ad Patrem*[48]; subdit his ipsis verbis: *Sed quia haec locutus sum vobis, tristitia implevit cor vestrum. Sed ego veritatem dico vobis: expedit ut ego vadam. Si enim non abiero, Paracletus non veniet ad vos*[49]. Et post pauca: *Adhuc multa habeo vobis dicere; sed non potestis portare modo. Cum autem venerit ille Spiritus veritatis, docebit vos omnem veritatem. Non enim loquetur a semetipso, sed quaecumque audiet loquetur, et quae ventura sunt annuntiabit vobis. Ille me clarificabit, quia de meo accipiet, et annuntiabit vobis. Omnia quaecunque habet Pater, mea sunt. Propterea dixi, quia de meo accipiet et annuntiabit vobis*[50]. An non sunt haec sacra et divina oracula? An non haec clare intelligendum exhibent mysterium pietatis? An non causam manifestant, propter quam ea dicere voluit Servator? An non doctrinam ab initio traditam illibatam servant? An non omnem calumniam confundunt omnemque reserant impietatis ansam? Quoniam enim vidit discipulos in moestitiam collapsos, quia ipsis praesens declaraverat futuram suam per corpus sejunctionem suamque ad Patrem profectionem, propterea istos intuitus in moestas cogitationes demersos, erigens illos veraque consolatione reficiens, primo quidem expedire ipsis se abire docet; deinde explicans quoque, quomodo id expediat, *Si enim ego*, inquit, *non abiero, Paracletus non veniet ad vos*. Hae siquidem voces ad Spiritus sublimem majestatem ipsos excitant sublevantque, quemadmodum et ista: *Non potestis portare modo*. Sed quando? *Quando venerit Spiritus veritatis: ille enim docebit vos omnem veritatem*. Alia rursus hic miranda Spiritus emergit praerogativa, quae discipulis explicata mentem illorum in immensam altitudinem elevat, in qua Spiritus dignitas supra modum ipsis enitebat.

25. Quid ergo? Facile erat ipsis, has ferme cogitationes de Spiritu in animo agitare: Tu vero praesens, o Magister, vires nobis non suppeditabas

---

[48] Joan. xiv, 28; xvi, 5. [49] Joan. xvi, 6, 7. [50] ibid 12-15.

portando arcanorum oneri? Paracletus autem superveniens aptiores nos validioresque gestandæ illorum cognitioni absque onere efficiet? Et tu quidem ex parte nobis revelasti; ille autem in omnem nos deducet veritatem? Ac te quidem mysteria docente adhuc egemus et sapientia et virtute et veritate, ille vero adveniens omnia nobis perfruenda uberrime præbebit? Si ergo tu, substantialis sapientia et veritas, hæc doces, non utique ambigere nos decet, majorem quoque honorem ac gloriam a nobis Spiritui esse tribuendam.

26. Quoniam igitur sublimia hæc de Spiritu discipulis exponit Salvator, mœstitiam ab illis amovens, simulque veram de Spiritu doctrinam tradens; humanum autem erat cogitationibus non plane puris discipulorum agitari mentes (facile enim anima mœrore correpta vim judicandi caligine perturbans quod salutare est in noxium potest detorquere); propterea, ne Spiritum Filio majorem arbitrarentur utpote majora præbentem, neve illis ulla cogitatio oboriretur consubstantialitatem lædens æqualitatemque ipsorum in inæqualitatem distrahens, ut optimus et corporum et animarum medicus, salutare præparat medicamentum.

27. Quod si apostolos ejusmodi cogitationes nec tenebant nec agitabant nec turbabant (fortasse enim sanctius est fateri, sacrum illum cœtum non fuisse hujusmodi confusioni ac conturbationi obnoxium), attamen malitiæ inventor et artifex bonum mali specie circumvestiendi peritissimus multos potuisset suæ fraudis prædam efficere opinionemque hæreticam animabus hominum inserere; quam una cum ipsa fraude fraudisque artifice confundens ac dissipans Salvator acute admodum et divine adjecit, quod, *Non loquetur a semetipso, sed quæcunque audierit, loquetur*. Nam et de seipso antea dixerat: *Omnia quæcunque audivi a Patre meo, nota feci vobis* [51]. Ac si diceret: Uterque nostrum ex Patre habet docere et illuminare mentes vestras. Ideo et quia in progressu sermonis dixit de Patre suo: *Ego te clarificavi super terram* [52]; imo et Pater Filium clarificat. Nam *Et clarificavi*, inquit, *et iterum clarificabo* [53]; nunc vero et Spiritum clarificat Filius per prædictas sublimes divinasque voces: ideo paulo post subdit: *Ille me clarificabit*, ubique consubstantialitatem naturæque identitatem ac dignitatis æqualitatem inviolata servans. Ac si quis dicat: Commune est supersubstantiali ac superglorificatæ Trinitati, alteram ab altera persona ineffabili ratione glorificari. Glorificat Patrem Filius, sed et Pater Filium glorificat atque Spiritus; namque inde ei donorum divitiæ affluunt; sed et Spiritus Patrem, quoniam *scrutatur*, imo potius novit, *profunda Dei* [54], eaque revelat, quatenus queunt ab humana natura percipi, iis qui se ipsos ad lucem divinæ cognitionis suscipiendam idoneos dignosque comparaverint. Glorificat vero, ut modo dictum est, et Filius Spiritum et Spiritus Filium; estque ipsis, quemadmodum commune regnum et virtus et potentia, ita et gloria, non ea solum quæ a nobis offertur, sed etiam quam ipsi ab ipsis recipiunt.

28. *Ille me clarificabit*, hoc est: nec quia gloriam tribui Paracleto, ideo majorem me illum declaravi; neque rursus quia dixi: *Ille me clarificabit*, me ipsum ei honore antefero. *Me clarificabit*, hoc est: quantum illius altitudinem intelligis, meam per illum glorificationem potes contemplari. Nam sicut ego quæ audivi a Patre vos docui, ita et ille accipiet de meo et illustrabit vos. Æqualiter perennis nostrorum donorum emanat fons; æqualiter sempiterna e Patre processio, æqualiter consubstantialitas et naturæ identitas; omnia honoris et gradus æqualitatem indicant; undequaque majoris et minoris ratio eliminatur.

29. Deinde, cum dixisset, quod *accipiet*, clare etiam prædicat causam cur accipiet; neque enim ut procedat, ait, neque ut subsistat (attende, quæso, Dominicis vocibus): sed cur accipiet, cur? Ut quæ ventura sunt annuntiet vobis. Id enim cum prius asseruisset obsignat rursus inquiens: *De meo accipiet, et annuntiabit vobis*. Clarius vero explicans quid sibi velit his verbis, *De meo accipiet*, confestim addit: *Omnia quæcunque habet Pater, mea sunt*. Quare Spiritus mea accipiens et de meo Patre accipit. Nec vero eo usque tantum sententiæ ejusdem explicationem profert, sed adhuc exactius illam revelans et confirmans ait: *Propterea dixi, quia de meo accipiet*, quoniam in Patre quidem sunt mea, Spiritus autem ex Patre accipit; quæ enim sunt Patris mea sunt; ut ita propemodum clamare videatur: Quando dico *de meo*, ad meum Patrem, non vero ad alium vestras cogitationes vertere et convertere debetis. Nullum enim prætextum reliqui vobis, quem non resciderim, ne ad aliud quidpiam imaginationibus abripiamini, præsertim cum jam ante asseruerim vobis, quod *omnia quæcunque habet Pater, mea sunt*.

30. Quid lucidius his purissimis eloquiis? Quid clarius ad ostendendum verba illa *De meo accipiet* ad Patris personam nos transmittere et ad eam esse revocanda, atque Spiritum a Patre, tanquam a causa donorum operationem accipientem prædicari? donorum, inquam, illorum, quibus discipulos corroborabit, ut futurorum cognitionem constanti firmoque ferant animo, rerumque arcanarum atque reconditarum citra ullam difficultatem constituantur spectatores ac speculatores, imo et supernaturalium prodigiorum patratores et opifices. An non ergo undequaque tibi quilibet impie sentiendi prætextus resectus est? Adhucne audebis calumnias atque mendacia adversus veritatem comminisci aut dolos adversus salutem tuam consuere?

31. Ego sane ne deinceps quidem tui curam

---

[51] Joan. xv, 15. [52] Joan. xvii, 4. [53] Joan. xii, 28. [54] I Cor. ii, 10.

abjiciam, ut si insanabilis sis, arguam et corripiam teque humi jacentem adhuc percutiam, si autem sanari potes, medicinam tibi propinem ex ipso veritatis poculo et lenitivam doloris et morbi purgativam. Si enim (o quonam te quis nomine compellet?) Spiritus e Patre processio est perfecta, perfecta autem quoniam Deus perfectus ex Deo perfecto, quidnam ista e Filio processio contulerit? Si enim quid contulit, illud quoque ostendere oportebit quod contulit; quod si præter divinam Spiritus hypostasin nil aliud potest aut mente concipi aut lingua ostendi, cur, quæso, vis Filium mentiendo lædere atque Spiritum, imo cum ipsis et præ ipsis Patrem?

32. Rursus si in hoc quod a Patre procedat Spiritus, proprietas ipsius agnoscitur; similiter et in hoc quod generatur Filius, Filii agnoscitur proprietas; procedit autem juxta illorum delirium etiam Spiritus ex Filio, pluribus ergo proprietatibus distinguitur Spiritus a Patre, quam Filius. Processio enim ex Patre; tametsi alter prodeat per generationem, alter vero per processionem, æqualiter tamen horum utrumque distinguit a paterna hypostasi, distinguitur autem Spiritus et alia differentia, quam ei duplicitas processionis creat. Jam vero si pluribus differentiis distinguitur a Patre Spiritus quam Filius, propius accedet ad paternam substantiam Filius, geminisque exsistentibus proprietatibus, quæ Spiritum distinguunt, per alteram horum evincetur Spiritum esse Filio inferiorem in æqualitate consubstantialis cum Patre affinitatis, sicque Macedonii rursus adversus Spiritum emerget insania, ipsa quoque illius impietate deterior.

33. Quinimo si solius Spiritus est, in diversa referri principia, quomodo non necessario consequetur, et solius esse Spiritus, in multiplex principium referri?

34. Insuper si in quibus Patri ac Filio temeraria novitate audacissimi isti communionem effinxerunt, iis Spiritum secludunt; Pater autem Filio secundum substantiam, non secundum aliquam proprietatem in communionem conjungitur : ergo a paterna secundum substantiam cognatione consubstantialem Spiritum excludunt.

35. Spiritus a Filio procedit eademne processione an paternæ contraria? Si enim eadem, quomodo non communes redduntur proprietates, quibus et solis Trinitas trinitas esse et adorari dignoscitur? Si autem processione paternæ contraria, quomodo non Manetes nobis et Marciones rursus uno cum isto verbo sacrilego in medium prodeunt, impiam iterum adversus Patrem et Filium dilatantes garrulitatem?

36. Præterea si omne quod non est commune omnipotenti et consubstantiali atque supernaturali Trinitati, unius est solummodo trium personarum; productio autem Spiritus non est communis trium : ergo est tantummodo unius e tribus illis. Utrum igitur ex Patre dicent procedere Spiritum et quomodo non ejurabunt caram ipsis ac novam doctrinam? Si autem ex Filio, cur non statim ab initio sunt ausi totum suum venenum evomere, sed paulatim ac particulatim illud effundunt? Oportebat enim, si quidem impio suo dogmati confidebant, ab initio ipsos profiteri, a se non modo Filium productorem Spiritus prædicari, sed et Patrem ab ea productione excludi; atque adeo debebant etiam generationem una cum productione transvertere, monstrosa asserendo futilitate, non Filium ex Patre, sed Patrem ex Filio generari, ut non solum omnes a sæculo impios obscurarent, sed et insanis ipsis insaniores deprehenderentur.

37. Item si ex Patre Filius genitus est, Spiritus vero ex Patre Filioque procedit, cur Spiritui negatur, aliquid aliud etiam ex ipso procedere? ita ut colligantur ex impia ista sententia non tres, sed quatuor hypostases, imo infinitæ, dum quarta aliam rursus produceret et illa aliam, donec ethnica deorum multitudo superaretur.

38. Sed et illud potest in istos torqueri. Qualenam vero hoc? Si omnia quæcunque adsunt Filio a Patre accepit, inde utique et hoc accepit, quod causa sit productionis Spiritus. Unde igitur iste in partem alteram propensus favor, per quem cernitur quidem Filius processionis Spiritus causa, Spiritus autem, tametsi omnino æqualis et ex eadem causa æquali ortione et æquali honore profectus juribus æqualibus defraudatur?

39. Rursus causa est Pater, causa vero et Filius. Utrum igitur isti rerum minime audendarum arbitri magis esse causam pronuntiabunt? Si enim Patrem, quomodo non adscititius et spurius et injurius erit honor ab istis Filio vindicatus, præsertim cum robur jam, quippe et potiores partes habeat Pater? Si vero Filium, heu graviorem temeritatem! Non enim sibi satis esse censuerunt in suæ impietatis ausu paternam causam dividere partemque illius Filio tribuere, nisi etiam potiorem partem ei adimant et loco Patris Filium causam substituant Spiritui.

40. Quid ais? Accepit a Patre Filius ex ipso per generationem profectus alium quoque ejusdem naturæ producere? Quomodo igitur et ipse Filius producens ejusdem sibi naturæ Spiritum non communicavit, sicut ipse participaverat, similem virtutem et prærogativam, ut Spiritus itidem gloriam habeat alium consubstantialem producendi? Et tamen par erat, ut Filius, licet non ob aliud quidquam, at saltem ad Patris imitationem per operationes similes similitudinem conservaret.

41. Ego tamen neque hoc absurdum silentio prætermittam. Majorem asserere Patrem Filio, licet non natura (apage! consubstantialis est enim Trinitas), at ratione causæ permittit sacra vocis Dominicæ institutio, indeque derivata sanctorum nostrum Patrum traditio. Filium vero ratione causæ Spiritu majorem nec in divinis Eloquiis au-

divimus, nec quemquam pium hactenus sensisse comperimus; impia tamen lingua non modo Filium ratione causae Spiritu majorem facit, sed Patri propiorem.

42. Ad haec : si causa Spiritus est Filius, quomodo non secunda pullulat causa in supremo supernaturalique Trinitatis principio, eaque causata, et non in contumeliam primi principii solum excogitata, sed et illiusmet, in cujus favorem honor ille confingitur? Cum enim causalitas ista nullum omnino usum praestet, imo vero ne ansam quidem ullam praestandi reperire possit, quomodo non potius affectum contumelia Filium declarat eique sub honoris titulo injuriam atrociorem facit? Cum enim Spiritus processionem suam a Patre atque ab aeterno plenam nullaque ex parte deficientem habeat, quamnam aliam productionem aut substantiae formationem conficta ab ipsis causa poterit largiri?

43. Quomodo vero non ipsis Spiritus in duos dividetur, quorum alter a Patre, vera ac primaria causa, procedat (Pater quippe nullam aliam causam agnoscit), alter vero e secunda causataque causa (Filius quippe causam sui agnoscit Patrem), sicque non ordine duntaxat et relatione atque causalitate distinctionem Spiritus ac diversitatem haeresis nobis exhibet et in medium producit, verum et in quaternitatem loco Trinitatis numen a nobis adoratum propellere audet, imo omittit nullum studium, ut nihil in sanctissima rerumque omnium Conditrice Trinitate ab injuriis maneat immune.

44. Verum enimvero si causa Spiritus sit Filius, utriusque autem causa sit Pater, reperietur in perfecta et perfectrice Trinitate causa quaedam a perfectione propriae primaeque causae remota et imperfecta potius ac semicausa vel composita, ex imperfecta atque perfecta compositionem suscipiens. Estque hoc loco observandum, quod veterum mythologia in rebus generationi corruptionique obnoxiis hippocentauros olim per jocum confinxit, at istorum impietas in rebus sempiternis atque immutabilibus vel semicausam vel causam ex causa et causato conflctam serio praedicare non exhorrescit; quorum neutrum ab imperfectione se eximit; utrumque enim, licet mutuam inter se pugnam conservent (is enim est impiae sententiae fructus), in eamdem tamen imperfectionis notam conveniunt.

45. Praeter autem dicta si unus est Spiritus, et eminenter atque proprie unus, quemadmodum et Pater et Filius vere atque ineffabiliter unus, quomodo non iniquum simul et absurdum fuerit, geminas eidem causas ascribere?

46. Ob has igitur aliasque his similes rationes tandem aliquando sensu vos vestrae impietatis afficiamini oportet et ad catholicae atque apostolicae Ecclesiae sententiam relicta plurimorum errorum matre superstitione conveniatis; ac pura pietatis doctrina initiati addiscatis credere ex toto corde

[35] Galat. iv, 6.

ac sine ulla mentis haesitatione, quod quaelibet quidem persona consubstantialis ac divinissimae Trinitatis ineffabili ratione in communionem arctissimam cum natura jungantur, secundum vero hypostaseos rationem incommunicabilem inter se tueantur proprietatum characterem. Non enim ullum in ipsis aditum confusioni permittit distinctio; apage! sed sicut nullam partitionem seu divisionem illorum secundum naturam communio admittit, ita nec proprietates, quibus quaelibet trium personarum distinguitur, in ullam prorsus confusionem permiscentur. Et sicuti rursus Filius quidem generatur a Patre, permanet tamen inalteratam sibi conservans filiationis dignitatem, ita et sanctissimus Spiritus procedit quidem a Patre, manet vero incommutatam sibi servans processionis rationem; et qua ratione Spiritus ex Patre nullam agnoscente causam prodiens alterius generationem vel processionem divinam non operatur, nec per ullam mutationem processionem suam innovat, ita sane et Filius ex Patre principii experte generatus neque per generationem, imo vero neque per processionem poterit ullam aliam consubstantialem personam producere, aut aliam superinducendo relationem filiationis adulterare praerogativam.

47. Illud autem si nolis intelligere, merito te spontaneae arguam caecitatis. Si enim secundum rationem naturae Pater producit Spiritum, cum ejusdem naturae sit Trinitas, tunc sane una cum multis aliis affinibus absurdis esset tibi aliqua occasio impiae hujus fabulae confingendae. Non enim solum in productorem Spiritus posses Filium convertere, sed ipsummet Spiritum tum in Filii generationem tum in sui ipsius productionem scindere ac partiri; pressis interim silentio caeteris absurdis, quae etiam nullo prodita verbo a prudentibus piisque perscrutatoribus melius ac facilius intelliguntur. Atque ita quidem, si quis ratione naturae, non vero ratione hypostaseos propria a Patre Spiritum produci fingeret. Cum tamen Pater Spiritum producere et sacris dicatur Eloquiis et a catholicis constantissime credatur, profecto nec Filius, quatenus Filius praedicatur, per Spiritus productionem filiationis gradum sibi inmutabit, nec Patri ademptam ad se trahet Spiritus causationem, quemadmodum nec causationem pacatissimae purissimaeque sui generationis. Neque enim prorsus haec sunt naturae, secundum quam communio praedicatur, sed hypostaseos proprietates, per quas divinam in Trinitate distinctionem confitemur.

48. Esto. At inquiunt nonnulli haereticos dicere: Quomodo non manifeste repudiatis praeconem illum Ecclesiae orbisque doctorem Paulum, coelestem illum virum, qui ingenti vereque coelesti exclamat voce: *Misit Deus Spiritum Filii sui in corda vestra clamantem: Abba, Pater* [35]? Si igitur Paulus dogmatum rectorum norma Spiritum dicit e Filio pro-

cedere, quomodo qui hoc non admittunt, ipsum mysteriorum cœlestium doctorem non repudiant? At quis, quæso, Paulum arcanorum mysteriorum doctorem calculis omnibus respuit, an is qui eum Christo magistro suo et communi Domino contradicentem ostendere nititur, an vero qui ipsius cum illo consensionem concordiamque revereretur ac celebrat? Si enim Dominus quidem Spiritum ex Patre procedere docet, Paulum vero inducit hæresis asserentem ex Filio, uter, quæso, illum repudiat? Imo potius is illum repudiat, qui contradictionis adversus Dominum eum accusat inevitabilemque temeritatis pœnam sibi acquirere eum contendit. Vides, quomodo orbis universi doctorem doctoris honore haud exuere nosti, quomodo eum, qui nos ad pietatem ducit, non veneratione obsequiove prosequeris, sed infamia atque ignominia inspergis. Sed nihil præter morem suum hic agit hæresis. Quæ enim ipsum Filium Verbumque Dei calumniata fuit, quod secum ipse aliquando pugnarit, quomodo non sibi consentanea facit, dum et genuinum ejus famulum et discipulum ipsi contraria dicentem objicit cumque ostendere nititur magistri sui correctorem?

49. At ubinam, quæso, Paulus affirmat, *Spiritum procedere a Filio? Esse* quidem Spiritum Filii (neque enim alienus est; absit!) et ille dixit et Dei Ecclesia confitetur ac prædicat; *procedere* autem *ex Filio* neque ex illius divina lingua prodiit, neque ullus unquam catholicorum talem ei calumniam affinxit suis scriptis; tantum abest ut id factum fuerit, ut nec audire ejusmodi blasphemiam catholicus quis sustinuerit.

50. Dixit Paulus, qui cursu divinæ prædicationis breviorem suo studio telluris magnitudinem ostendit, *Spiritum Filii sui*. Cur igitur non et tu hæc dicis, sed fraudulenter agis, omnia susdeque vertis et pervertis præconis verbum, quodque gravius est, tuam istam perversionem et blasphemiam in doctoris vocem intrudis?

51. Dixit *Spiritum Filii*. Recte admodum et sapienter et divine. Tu vero quorsum depravas hanc vocem et quæ quidem dixit non dicis, quæ vero ne cogitavit quidem, quasi ab illo dicta jactare non erubescis? *Spiritum Filii sui*. Neque enim poterat id aliter aptius enuntiari. Est enim Spiritus ejusdem ac Filius naturæ et substantiæ, gloriæ, honoris et potestatis. Qui ergo dicit *Spiritum Filii sui*, naturæ quidem edocet perfectam sine ulla differentia similitudinem (et identitatem), causam vero processionis nusquam inducit; ac substantiæ quidem unitatem agnoscit, eum vero qui consubstantialiter produxit hypostasin, nullatenus declarat, nec causam subindicat.

52. Quid vero? Nonne ab omnibus theologice dicitur et Pater *esse Filii*? Ergo propterea et tu generari a Filio Patrem affirmabis? Quod si Pater dicitur Filii, non quia generatus, sed quia consubstantialis est, vel si vis, et quia genitus fuit (Filius), quomodo hic tu audiens *Spiritum Filii* non causam eum ac productorem asseris, sed in producti et causati ordinem traducis et detrudis? Nam si forte impium te exhibere per vocum similitudinem cupiebas, æque exsisteres impius dicendo Spiritum productorem Filii, quam si dicis vice versa Filium productorem Spiritus; nisi quod hic error per quamdam veri speciem procedere et exemplo confirmari videretur. Nunc vero et absurditas tua exsistit impia et impietas cum stultitia de præcellentia contendit ac litigat.

53. Prædicat igitur Ecclesia et Filium esse Patris et Patrem esse Filii; sunt enim consubstantiales; neque tamen quia dicitur generatus Filius a Patre et Pater dicitur esse Filii, idcirco vicissim affirmare licebit Patrem a Filio generari. Ita ergo quando dicimus Spiritum esse Patris ac Filii, consubstantialitatem quidem ejus cum utroque ex vocibus istis colligimus; scimus autem Spiritum consubstantialem esse Patri, quia ex ipso procedat, atque consubstantialem Filio, non quia procedat (absit! nam nec Filius consubstantialis est Spiritui propter generationem), sed quia ex una indivisaque causa ab æterno simul eodemque ordine uterque prodiit.

54. *Spiritum Filii sui*. Intellige, sodes, nec velis divinam salutaremque vocem præconis veritatis in perniciei materiam tibi convertere. Non est operosum resipiscere, non est ad hoc ingenio acutiori opus, quod valeat in abditiora mysteria penetrare. Aliud significat *Spiritus Filii sui*, et aliud denotat *Spiritus ex Patre procedens*. Nec te similitudo casuum in casum irreparabilem compellat. Multa enim verba, quæ simili efferuntur vocis forma, similem sensum nullatenus exhibent, plurimaque tibi hoc loco verba ejusmodi recenserem, nisi contumacia tua meum studium in desidiam verteret.

55. Tu vero forsitan affirmaveris, imo tuis serviens legibus omnino cogeris ab hac non recedere absurditate: Quoniam Filius non solum splendor Patris et lumen de lumine a nostris theologis nuncupatur, sed et ipse ait: *Ego sum lux mundi*, et quoniam est lumen lumini consubstantiale, Filius nimirum Patri (1), contextum per te ex tua vafritie et opinione et lingua laqueum tandem aliquando ne dicam ipsummet tibi imponere; at saltem deprecari te justum fuerit atque quærere, quomodo strangulationis mortem queas evadere.

56. Dixit divus Paulus, qui latitudine evangelicæ prædicationis telluris universæ ambitum coarctavit: *Misit Deus Spiritum Filii sui*. Dum id quod dixit enuntias, nullam a te pœnam exigimus; dum vero quod non dixit tanquam ab illo prædicatum constituis, reum te supplicii atque impietatis judicamus. Dixit ille cœlestis homo: *Spiritum Filii sui*; tu vero quasi tertium cœlum supergressus verborumque magis arcanorum auditor factus, vocem quidem illius tanquam imperfectam repudias et a fide tua

(1) Per aposiopesin omittit conseq.: Ergo ex mundo procedit Christus, etc.

eliminas, perficiens vero quod ille reliquerat imperfectum, loco dicendi : *Spiritum Filii sui*, asseris (o summam atque intolerandam audaciam !) a Filio Spiritum procedere; hæcque scenico confingens more et ore sacrilego recitans Apostolum ipsum sacrilegio tuo læsum doctorem ac patronum tibi vindicare non erubescis. Plane ostendisti, quo spiritu occupatus ac impletus tantum ac tale impietatis venenum evomueris.

57. Visne alias adhuc tibi sacras apponam voces, quibus vesaniæ dementiæque tuæ malus confutetur dolus ? Prædicatur sanctissimus Spiritus, Spiritus sapientiæ, Spiritus prudentiæ, Spiritus scientiæ, Spiritus dilectionis, Spiritus continentiæ, Spiritus adoptionis filiorum [56]. *Non enim accepistis spiritum servitutis in timorem*, ait Paulus, qui lucem veritatis nunquam vesperascentem quacunque solis cursus porrigitur propagavit terramque universam illius radiis est complexus, *sed Spiritum adoptionis filiorum* [57]. Et rursum : *Non enim dedit vobis spiritum servitutis, sed Spiritum sapientiæ et dilectionis et sobrietatis* [58]. Imo et Spiritus fidei dicitur et promissionis et virtutis et revelationis, consilii etiam et fortitudinis et pietatis et mansuetudinis [59]. *Et si præoccupatus fuerit homo*, inquit, *in aliquo delicto, vos qui spirituales estis, instruite eum in Spiritu mansuetudinis (lenitatis)* [60-66]. Ita Paulus, ignita Spiritus lingua. Dicitur etiam Spiritus sensationis; ait enim Scriptura : *Ecce vocavi ex nomine Beseleel; replevi eum Spiritu sapientiæ et scientiæ et sensationis* [67]. Non solum hoc, verum et Spiritus humilitatis, ut canunt pueri in igne refrigerium nacti : *Sed in animo contrito et in Spiritu humilitatis suscipiamur* [68]. Sed et Spiritus judicii et ardoris, quibus verbis ultrix et purgatrix Spiritus virtus manifestatur. Etenim Isaias clamat : *Purgabit eos Dominus Spiritu judicii et ardoris* [69] ; sed et Spiritus plenitudinis, nam quo prophetarum nullus magis compatiens cæteris est Jeremias, *Via filiæ Sion*, inquit, *non in sanctum, nec in purum Spiritum plenitudinis* [70], pro eo ut diceret : Non repleta est puro et sancto Spiritu. Quid ergo ? Ideone tu supercilio contracto ex donis, quæ ille largitur ac donat, procedere sanctissimum Spiritum impia ratiocinatione affirmabis ac subsistentiam ac processionem suam inde trahere ? Ne igitur te impietas blandimentis suis pelliciat ad fallacias contra tuam ipsius salutem consuendas. Quod enim Filius et Verbum Dei et Sapientia et Virtus et Veritas in sacris nostris codicibus nuncupetur [71], nemini non est notissimum; quod autem et sanctissimus Spiritus non solum dicatur Spiritus Filii, sed etiam Spiritus donorum, quorum distribuendorum potestatem habet, æque est iis exploratum qui intellectum ac sensum habent Christi.

58. Lex igitur tua tibi præcipiet, imo potius coget asserere, non solum Spiritum a Filio procedere, quia Spiritus Filii dicitur, sed etiam ab intelligentia et aliorum donorum distributione et a sexcentis aliis divinis operationibus ac virtutibus, quarum sanctissimus Spiritus fons et largitor prædicatur atque agnoscitur, præcipue vero a fide, revelatione, promissione, judicio et intelligentia, quoniam nequaquam contendere potes, licet id admodum præ malignitate velis, Filium his nominibus insigniri.

59. Quod si quis in his per *Spiritum* existimet accipi non ipsum sanctissimum et consubstantialem Patri ac Filio Spiritum, sed emanantia inde dona seu charismata, quæ eo quod ad illum referuntur et ab illo distribuuntur, Spiritus nomen sortita sint (sibi asciverint) : quanquam multa possem (contra hoc) afferre, ea tamen in præsentia non referam. Cur ? Quia, licet hoc concedatur, nihilo tamen minus iniquus ipsorum conatus refellitur ; quoniam enim dona illa dicuntur esse dona Spiritus, nova autem istorum lex præcipit, ut inde Spiritus procedere prædicemus, cujus et esse dicitur, non amplius affirmabunt, a Spiritu illa produci dona, quorum ipse dicitur Spiritus, sed vice versa asserent, ab intelligentia procedere ac prodire donum, nec non a sapientia cæterisque omnibus supra memoratis; quare non donum, nempe per donum spirituale ipse Spiritus intelligentiam largitur vel sapientiam vel virtutem, vel filiationem vel revelationem vel fidem vel pietatem, sed contra potius intelligentia et revelatio et pietas et fides et sobrietas producunt dona, quæ tibi placet Spiritus appellare et aliorum quodlibet eodem modo; imo vero si quodlibet donum nuncupari Spiritum arbitraris, utique cum donorum numero copiam quoque auges spirituum nihilque proinde per te differt spiritum dicere vel donum ; cujus autem dicitur esse spiritus, inde per leges tuas statuitur procedere atque produci. Singula igitur dona seu singulos spiritus bifariam secans pro uno plures efficies spiritus, quorum alter sit dans, alter sit datus, et alter producens, alter productus, fides nimirum producens fidem, et quid opus tempus terere tuas ineptias recensendo ?

60. Sed enim et hoc contra seipsam hæresis colligit. Sanctissimus Spiritus tribuit dona dignis ; hæresis autem, non contenta, ut apparet, hujus distributione, scindit hæc et comminuit et dividit in plures partes, ut habeat unde sectatores suos pluribus adhuc atque uberioribus compenset donis ; sicque mentis illorum turbatio et confusio rerum naturam et ordinem pervertit et confundit, primaque impietatis satio innumeras gignit hæreses. Verum tametsi satis hæc sunt flectendis iis, qui non penitus sese impietati devoverint, iisque confutandis, qui impudentia uti velint ; et iis qui supersti-

---

[56] Isa. xi, 2 ; II Tim. i, 7. [57] Rom. viii, 15. [58] II Tim. i, 7. [59] Isa. xi, 2 ; Ephes. i, 13, 17. [60-66] Galat. vi, 1. [67] Exod. xxxi, 2, 3. [68] Dan. iii, 39. [69] Isa. iv, 4. [70] Jerem. iv, 11, 12 [71] Joan. i, 1 seqq., xiv, 6 ; 1 Cor. i, 24-30.

tionem amant, ab errore revocandis, attamen nec reliqua prætermittam. Ægrotantium enim alius hac, alius illa cura vel morbo levatur vel evincitur sponte, etsi sua voluntatis nequitia insanabilis.

61. Quamobrem ne ista quidem prætereunda. Si generatus quidem est Filius a Patre, procedit vero Spiritus a Filio, quomodo non ex hac sua opinione impietas in *nepotis* conditionem Spiritum amandabit et tremendum theologiæ nostræ mysterium in risum et nugas ablegabit?

62. Videas autem hinc quoque excessum impietatis. Si proxima causa Spiritus est Pater, quemadmodum et Filii (nam immediate tam generatio quam processio exsistit; neque enim medio aliquo Filius generatur, pariterque immediate Spiritus procedit), cum impiorum delirium asserat procedere etiam a Filio Spiritum, eadem ipsa causa, videlicet Pater, et remota et proxima causa dicenda erit ejusdem, quod neque in fluxa hac alterationique obnoxia natura cogitari potest.

63. Videsne impietatis absurditatem? Vide et hanc alia ratione. Simul quidem a Patre generari Filium et simul Spiritum procedere, consentaneum est sacræ theologiæ nec a legibus incorporeæ supernaturalisque substantiæ alienum. Jam vero si Spiritus simul et a Patre procedat et a Filio (prius enim et posterius a sempiterna Trinitate alienum est), quomodo, quæso, differentia divinarum causarum non differentes etiam hypostases constituet scissionemque inducet in simplici et individua singularique Spiritus hypostasi? Ex eadem enim hypostasi diversas prodire operationes ac virtutes, præsertim in supernaturalibus nostramque mentem excedentibus, facile est intellectu, argumentisque innumeris declaratur; hypostasin vero, quæ in diversas causas referatur, nusquam reperias, quin simul cum differentia causarum ipsa quoque a se differat ac discindatur.

64. Præter autem jam dicta : si quodcunque inest quidem Deo, non autem in unitate et consubstantialitate omnipotentis cernitur Trinitatis, id plane unius est trium personarum; processio vero Spiritus non ejus est mirificæ unitatis, quæ in Trinitate consideratur; ergo unius est solummodo trium personarum. Attendendum quoque hujusmodi ratiocinationi. Si Spiritus a Filio procedit, non autem prius neque posterius, quam ipse a Patre generatur (nam quam longissime hæc temporis adverbia ab æterna Deitate absunt), quo momento generatur Filius a Patre, eo sane Spiritus a Filio procedet. Si ergo dum per generationem prodit Filius, tum per processionem producit Spiritum, sequeretur hunc una cum Filio producente ac producto constitui et exsistere (is enim impiæ sationis fructus) ; dum igitur generatur Filius, sequeretur eodem instanti Spiritum quoque una cum Filio generari et ab eodem procedere ; quare Spiritus generatus simul exsisteret et procedens ; generatus quidem, quia una cum Filio generato prodiret, procedens vero, quia duplicem pateretur processionem. Quibus quid aliud reperiri queat aut magis impium aut magis insanum ?

65. Vides, in qualem erroris perditionisque foveam tua te sophismata sacrorumque testimoniorum abusus protruderint, vides, quod verba illa, *De meo accipiet*, et : *Misit Deus Spiritum Filii sui* non solum nullum patrocinium exhibent blasphemæ tuæ linguæ, sed potius temeritatem illius redarguent tibique judicium ac supplicium inevitabile accersunt. Verum quousque tandem rebus jam plene ac multifariam demonstratis immorandum erit, cum potius oporteret etiam, si quid aliud pro nequissima sua sententia proferunt, dissipare ?

66. Ambrosium et Augustinum et Hieronymum et nonnullos alios dogmati Ecclesiæ objiciunt ; inquiunt enim ab ipsis doceri Spiritum procedere ex Filio. *Oportet autem* (aiunt) *sanctos Patres impietatis crimini non subjicere. Vel enim pie ac recte locuti sunt, et debent quicunque eos ut Patres agnoscunt, cum ipsorum sententia consentire ; vel impia docuere dogmata, et tunc oportet illos quoque una cum ipsorum doctrina velut impios rejicere.* Hæc vero quinam dicunt? Ii nimirum, qui juvenili elati arrogantia atque temeritate verentur, ne forte quidquam gravissimorum facinorum infectum irritumque relinquant, quantum in ipsis est. Neque enim satis istis fuit Dominicam pervertisse vocem, neque pietatis præconi impietatis inussisse notam ; sed aliquid studio suo deesse arbitrantur, nisi et rationes perquirant, quibus eos, quos tanquam Patres celebrant, contumelia afficiant. At simplex hic quoque et veritatis sermo ipsos his fere verbis confundens : Videte, quo ruitis, quousque vestram perniciem in interiora animæ penetralia protruditis.

67. Quinam sunt, qui sacros illos viros revera Patrum loco habent, quos male faustus defectionis amor vos veluti impietatis protectores in medium proferre coegit ? Quinam religiosius illis Patrum jura servant? An qui negant illos ullatenus communi Domino contradicere, an qui hos adigunt ad testimonium voci Dominicæ oppositum exhibendum et ad mirabilem illam theologiam, qua instituti credimus Spiritum a Patre procedere, commentis propriis evertendam ? Etenim quomodo non est manifestum hæresin verbo quidem memoratis viris nomen Patrum tribuere omni prorsus honore nudum, factis autem, quibus proprium placitum astruere machinantur, in partes impiorum et perniciosorum ipsos impellere, nisi forte viri ad omnia audaces talibus Patres suos prærogativis oblectari et gloriari credant ?

68. Affirmavit Ambrosius vel Augustinus vel quicunque alius Dominicæ voci contraria. Quis hoc ait? Si ego, utique tuis sum Patribus injurius ; sin vero tu quidem asseris, ego autem veto, utique tu illos afficis injuria, et ego te Patribus injurium condemno. At, inquis, illi hæc scripserunt, et in illorum libris continetur, Spiritum a Filio procedere.

Verum quid hoc? Si enim melius edocti sententiam non mutarunt, si justis evicti argumentis ab errore non recesserunt, tuum opus dicis tuumque inemendabilem animum (alia rursus hæc est adversus Patres tuos calumnia) illorum doctrinæ acceptum refers. Si vero, quæ est rerum humanarum conditio, licet cæteroquin optimis quibusque virtutibus ornati, vel ex ignorantia quadam lapsi vel negligentia abrepti sunt, non tamen admoniti restiterunt aut ad correctiones animum pertinaciter obdurabant, quid hoc ad te? Quomodo vero in iis, qui nihil simile tuis moribus habuerunt, perfugium invenies pœnæ inevitabilis evitandæ? Si enim eorum, quibus tu abundas, illi ne leviter quidem participes facti sunt, sed potius plurimis aliis admirandæ virtutis pietatisque speciminibus ornati impium tuum dogma ex ignorantia aut negligentia pronuntiarunt, quid tu humanum illorum defectum tanquam legem impie credendi tibi constituis exque hac tua lege illos, qui nil ejusmodi sanxisse deprehensi sunt, iniquos legisque violatores declaras extremæque impietatis sub amoris benevolentiæque larva reos judicas? Non bona tuorum sunt studiorum conatuumque præmia. Sed vide impietatis excessum improbique insipientiam animi. In suum patrocinium vocant Dominum: deprehensi fuerunt mendaces et calumniatores; advocarunt patronos apostolos: convicti sunt istos quoque eodem modo calumniis afficientes; confugerunt rursus ad Patres: et loco honoris ingentem ipsis blasphemiam offundunt.

69. Et Patres quidem vocant, ita est, sed non ut Patrum illis honorem tribuant, verum ut inveniant qua possint ratione fieri parricidæ. Neque divi Pauli perhorrescunt vocem, quam tamen et ipsi contra Patres suos non sine ingenti malitia contorquent. Hic enim, qui potestatem accepit ligandi ac solvendi, et sane vinculo tremendo simul et valido (pertingit enim ad ipsum regnum cœlorum); hic, inquam, ingenti claraque exclamat voce: *Licet nos aut angelus de cœlo evangelizet vobis præterquam quod evangelizavimus vobis, anathema sit* [72]. Paulus sonora et nunquam tacens Ecclesiæ tuba, vir tantus ac talis eos qui præter Evangelium aliud quidquam audent aut sentire aut docere, anathemati tradit; neque alios duntaxat, qui hoc fuerint ausi, diris immensis subjicit, sed et sibi ipsi, si reus exsistat, eamdem indicit pœnam. Nec eousque terrorem hujus sententiæ sistit ac limitat; sed et cœlos ipsos scrutatur, ibique si vel angelum inveniat hominibus a Deo præfectum et aliud quidpiam præter evangelicam prædicationem evangelizantem, paribus subjicit vinculis et ad diabolum amandat. Et tu, Patres allegans in contumeliam Dominicorum dogmatum, in contumeliam prædicationis, cujus præcones exstiterunt apostoli, in contumeliam omnium œcumenicarum synodorum, in contumeliam pietatis, quæ toto prædicatur orbe, non horres nec contremiscis nec expavescis minas? Sed et tuos Patres nisi ejus criminis participes efficias, intolerabilem tibi vitam arbitraris. Et Paulus ne incorpoream quidem veretur naturam, nec penitus curat, quod angeli ut mentes puræ pure atque immediate communi assistunt Domino; nihil omnino horum veretur, sed æque ac terrenos homines, angelos quoque ad anathema pertrahit. Tu vero Ambrosium et Augustinum et cæteros (heu perniciosum honorem!) Patres nuncupans et adversus Dominicam doctrinam eosdem in aciem instruens, leviorem putas in te vel in illos damnationem accersere? Non enim bonam tuis Patribus mercedem, nec bona educationis præmia genitoribus rependis. Verum enim vero in illos quidem beatos viros, quemadmodum ipsi nihil de tuis cavillis tuaque pervicacia ac impietate participabant, ita nec tuum anathema pertingere ullatenus valebit, tu tamen eo quod inde putas istam impietatem confirmari et comprobari, luculentis factis omni voce clarius clamantibus anathema in illos profers.

70. Neque hoc dico, revera quæcunque tu asseris, ab iis ita luculente tradi; verum licet contigisset, illos tale quidpiam dixisse (homines enim erant nec potest se immunem ab omni humano lapsu perpetuo conservare qui ex luto fluxaque natura constat; imo nonnunquam etiam viris optimis adnascuntur aliqua vestigia macularum); verum licet, inquam, forte ad aliquod indecorum ac turpe fuissent lapsi, ego sane probos Noemi filios imitarer et pro vestimentis silentio potius atque gratitudine paternam turpitudinem obtegerem, non autem, uti tu facis, Chami sequerer exemplum; imo vero tu multo acerbius illo atque impudentius tuorum quos vocas, Patrum turpitudinem evulgas [73]. Ille enim, non quia revelavit, sed quia non velavit, maledictionem sustinuit; tu vero et revelas et in hac audacia gloriaris, et ille quidem fratribus arcanum effert; tu vero non fratribus, nec uni aut alteri; sed quantum est ex tuo conatu et impudentia, universum quasi terrarum orbem theatrum constituens ingenti promulgas clamore, tuos Patres sordibus fœdos esse, et in ipsorum turpitudine luxuriaris (debaccharis) et ignominia illorum gaudes et socios quæris, per quos illorum dedecus ac deformitatem in publicam efferas lucem et solemniter celebres.

71. Dixit Augustinus et Hieronymus Spiritum a Filio procedere. Et unde potest haberi aut dari fides, post tot annos elapsos, non esse illorum scripta per malitiam depravata? Neque enim arbitrari debes, te solum esse ad impietatem fervidum et te solum audere non audenda; sed potius ex hac ipsa animi affectione reputa, tunc quoque facile fuisse versutissimo generis humani hosti talibus vasis abundare.

72. Dixerunt, quos tu adducis, ista. Quod si ob-

---

[72] Galat. i, 8. [73] Gen. ix, 21-27.

aliquam necessitatem vel paganorum insaniam oppugnantes vel aliam hæreticam opinionem refellentes, vel auditorum indulgentes infirmitati vel ob aliquid aliud his simile, qualia solent in vita humana quotidie evenire, si, inquam, ob aliquam ejusmodi causam sive etiam ob plures, iis forte talis vox excidit, quomodo tu quod illi non sensu dogmatico pronuntiarunt, pro dogmate ac lege sumens tibi quidem ipsi irreparabilem creas perniciem, illos vero in tuam abripere vesaniam contendis?

73. Dixit orbis terrarum præco, arcanorum contemplator, qui humanam naturam insignibus suis moribus nobilitavit, dixit ille adversus Athenienses ornato ac fluido dicendi genere pollentes disputans, illorumque animos nimium elatos submittens ac deprimens, imo potius ad illorum infirmitatem sese accommodans, quid igitur dixit? *Præteriens et videns simulacra vestra, inveni et aram in qua scriptum erat : Ignoto Deo. Quem igitur ignorantes colitis, hunc ego annuntio vobis*[74]. Quid igitur? Ea, per quæ Paulus Ecclesiæ doctor sapientes Græcorum aucupabatur atque ex impietate ad pietatem manuducens transferebat, hæc, inquam, tu pro dogmate accipies et asserere audebis, a Paulo idolorum eversore illum prædicari, quem gentilium error colebat nominabatque ignotum Deum? Non enim mira accedere nobis debet tui ingenii in fallacibus argutiis consuendis solertia. Erectum erat altare illud Pani; urbs autem Athenarum nomen ejus qui in eo colebatur interim ignorans inscripserat : *Ignoto Deo*. Jam vero quoniam ex prophetarum oraculis Christique Domini eloquiis egregius ille cœlestisque vir videbat, haudquaquam gentiles flecti, ex ipsismet exsecrandis simulacris ad cultum eos revocat Conditoris, et ex ipsis diaboli programmatibus potestatis ejusdem tyrannidem condemnat, ex munimentis ejus fortissimis robur potestatis ipsius evertit, ab errore metit pietatem, ex perditione germina nobis salutis profert, e diaboli laqueo ad cursum Evangelii excitat; summum defectionis verticem viæ facit initium, qua ipsi possent in Ecclesiam, purissimum atque intemeratum Christi thalamum, ingredi. Adeo pollebat sublimis illa mens per ipsa inimici arma ipsum inimicum confodere ac subigere. Quid igitur? Quia Paulus armis inimici delevit inimicum, ideone tu honore arma inimici prosequeris et divina nuncupabis arma, atque in tuam ipsius protrudes cædem? Et quot alia similia exempla apud hunc, qui omnia sapienter in Spiritus virtute disposuit, poterunt reperiri!

74. Quid vero opus est exemplis? Ipsemet alta et clara dicit voce : *Factus sum Judæis tanquam Judæus, ut Judæos lucrarer; iis qui sub lege sunt, quasi sub lege essem, ut eos qui sub lege erant lucrifacerem; iis qui sine lege erant, tanquam sine lege essem (cum sine lege Dei non essem, sed in lege essem Christi), ut lucrifacerem eos qui sine lege erant*[75]. Num ergo tu propterea Judaismum instaurabis, aut, divinis humanisque legibus abrogatis, vitam omni solutam lege in hominum commercio induces, atque impudenter, imo potius impie, clamabis hæc esse præcepta a Paulo prædicata?

75. Quot vero et alii beati et sancti Patres nostri exstant, in quibus talia reperias? Inspice Romanum pontificem Clementem et quæ inde denominantur *Clementina* (ne dicam cum veteribus, scripta illa fuisse jussu Petri apostolorum principis), Dionysium Alexandrinum, qui, dum contra Sabellium fervide disputat, Ario propemodum protendit manum, magnum atque inter beatos martyres fulgentem Methodium Patarensem, qui angelorum corporis passionumque expertem naturam in terrenum amorem et corporeum amplexum ruisse non incredibile censuit. Omittam Pantænum et Clementem, Pierium quoque, Pamphilum et Theognostum viros sanctos sanctarumque institutionum doctores, quos, licet propositiones eorum non cunctas omnino admittamus, præclaræ tamen vitæ cæterarumque doctrinarum præmia ipsis rependentes ingenti honore atque commendatione prosequimur, præcipue Pamphilum et Pierium, utpote martyrii quoque certaminibus inclytos. Cum quibus et Patres occidentales præterimus, Irenæum Dei sacerdotem et Lugdunensium episcopatum nactum, et Hippolytum, ipsius discipulum et inter pontifices martyrem, viros mirandos quidem in plurimis, interdum tamen ab exactissima veritatis norma alicubi deflectentes.

76. An igitur et contra hos omnes tuum objicies dilemma elatoque supercilio dices : Aut oportet hos viros honore prosequi et quæ fuerunt ab ipsis scripta non rejicere, aut si nonnulla eorum verba rejicimus, illos ipsos simul respuere debemus? Et quomodo non potius atque æquius tuum hoc ingeniosum argumentum isti in te retorquebunt, dicentes : Quid ea conjungis, o homo, quæ conjungi nequeunt? Si vere nos Patres nuncupas, quomodo non exhorrescis arma in Patres sumere, quodque est gravissimum, in ipsum communem omnium Dominum atque Conditorem? Si autem semel petulantia adversum nos uti decrevisti, quomodo non luculente insanis, dum Patres nos simul vocas et parricidiales in nos intendis manus? Et quot adhuc aliis modis tuum hoc sophisma converti adversum te posset! Verum quemadmodum memoratos Patres, ita et hæc in præsenti missa faciamus.

77. Cæterum regium illum amictum, magnum, inquam, Basilium quis ignorat in penitioribus animæ thalamis puram atque intemeratam conservasse pietatem, Spiritus tamen divinitatem subticuisse? O animam divino amore æstuantem, sed flammam non in propatulum efflantem ne ocius in ipso ortu ipsoque libertatis fulgore exstinguatur! Hic igitur

---

[74] Act. xvii, 23.   [75] I Cor. ix, 20, 21.

disponens sermones suos in judicio ac sedulo procurans, ut paulatim crescendo et per partes instillata firmius veritas in cordibus stabiliretur (quando enim fuerit sensim in hominum animis insinuata, validior flamma dogmatis excitatur, celeritate vero subitaneaque impressione fulgoris saepe mentalis oculus, praesertim rudiorum, offuscari solet, quemadmodum et fulgur lumen oculorum obtundit, maxime imbecilliorum); ideo silet quidem, quod prae alio quolibet praedicare ardentissime expetebat; silentium tamen adhibebat, ut tempore opportuno validiori voce id quod siluerat praedicare posset. Ingens vero volumen componeret, si quis litteris mandare vellet istorum nomina, et causas ob quas saepe veritatis non propalabant florem, ut et ipse flos venustius effloresceret et germen firmius cresceret fructumque uberiorem colligeret. Verum illos quidem admiramur et commendamus tum ob coelestem, quo ducebantur, afflatum, tum ob sapiens provide disponendi consilium; si quis autem haec ut leges et dogmata in Ecclesiam invehere conaretur, illum sane hostem sanctorum censeremus et inimicum veritatis et pietatis destructorem, poenisque condemnaremus, quas ipse sibi reatu ejusmodi accersivit.

78. Objicis occidentales Patres, imo altam istam caliginem universo orbi offundere contendis. Ego vero pietatis lucem occasui non obnoxiam et spiritalem ab ipso tibi accendam Occidente, ad cujus splendorem non poterit tua caligo non evanescere. *Dixit Ambrosius Spiritum a Filio procedere.* De tuo ore caligo haec procedit. Sed reluctator radios rectae fidei emittens ter beatus Damasus, et confestim tua evanescit obscuritas. Etenim hic secundam synodum, cujus dogmata extremi telluris universae termini venerantur, confirmans luculente profitetur ex Patre procedere Spiritum. *Dixit Ambrosius et Augustinus.* Alia rursus caligo, quam lingua tua profundit. Sed Coelestinus non dixit, non audivit, non admisit, sed luce rectae fidei fulgens verborum tuorum dissipat nebulas.

79. Sed quid opus est in aliis immorari? Leo Magnus, qui sacratas Romae curas sanctiores adhuc demonstravit, quartae columna synodi, tum per suas a Deo inspiratas dogmaticasque epistolas, tum per legatos, qui ejus locum obtinebant, tum per consensum suum quo magnum illum et a Deo collectum coetum illustrabat, eamdem orthodoxiae illustrationem non in totum tantummodo Occidentem, verum et in Orientis terminos effundens, sanctissimum Spiritum ex Patre procedere clarissima voce docet; neque id solum, sed et eos, qui quidquam aliud praeter synodi sententiam statuere ausint, si sacerdotio fungantur, sacerdotio exutos pronuntiat, si vero idiotarum locum teneant sive vitae monasticae sese addixerint sive plebis negotiis implicentur, anathemati subjicit. Etenim quae ea synodus a Deo inspirata decrevit, divinus hic Leo per Paschasinum, Lucentium atque Bonifacium sanctos

A viros palam obsignat, ut sexcenties ex ipsis illis audire licet, non vero ex ipsis duntaxat, sed et ex eo qui illos miserat. Namque synodales epistolas mittens suorum locum tenentium et sermones et sententiam et vota non eorum, sed suimetipsius esse contestatur et confirmat. Quanquam, etiamsi nihil ejusmodi adesset, sufficit tamen, quod pro se illos miserit in synodo consessuros, quodque ad finem perducta synodo se sancitis acquiescere profiteatur.

80. Verum praestat ipsamet sacra audire verba. Dicit enim (synodus) post expositionem fidei, quam prima et secunda synodus stabiliens tradidit: *Sufficeret igitur ad plenam pietatis cognitionem et confirmationem sapiens et salutare hoc divinae gratiae symbolum.* Perfectam dicit seu plenam, non autem B deficientem, cui aliquid addere aut demere opus sit. Et quomodo perfectam? Iis, quae sequuntur, animum adverte. *De Patre enim*, inquit, *et Filio et Spiritu sancto perfectum edocet.* Et quomodo docet perfectum? Videlicet Filium ex Patre generari clamat, Spiritum vero ex Patre procedere. Et post pauca: *Propter eos qui contra Spiritum sanctum pugnabant, sententiam olim a centum quinquaginta Patribus, qui in regia urbe convenerunt, de Spiritus sancti essentia traditam confirmat.* Et quomodo isti Spiritus sancti essentiam constituerunt? Nimirum ubi dixerunt, Spiritum a Patre procedere. Quamobrem qui aliud quidpiam praeter hoc docet, abrogat et confundit et pervertit, quantum quidem ad suam audaciam attinet, ipsammet Spiritus essentiam. Deinde expende verba illa: *Propter eos qui contra Spiritum sanctum pugnabant.* Et quinam hi erant? Olim quidem qui Macedonium loco sanctarum Scripturarum sibi ipsis magistrum constituerunt; nunc vero, qui loco Christi sacraeque illius institutionis, at non habeo quem nominem; adeo est capite destituta ipsorum impietas qui, inquam, loco Christi ad perditionem confugiunt. Atque haec quidem sancta synodus multilingui et a Spiritu acta voce proloquitur, Leoque sapientissimus una cum illis praedicat calculisque omnibus confirmat. Tu vero mentem iis quae sequuntur adhibe; versus finem namque totius sermonis pericopes ista dicit: *Iis igitur cum omni atque undique exacta cura et dili-* D *gentia a nobis dispositis, definivit sancta et oecumenica synodus* (cujus videlicet praeses erat Leo, regium revera et animum et sermonem nactus). Quid definivit? *Alteram fidem nulli licere proferre vel conscribere aut componere aut sentire aut alios docere; eos autem qui audent componere fidem alteram aut proferre aut docere aut tradere alterum symbolum volentibus ad agnitionem veritatis converti sive ex paganismo sive ex Judaismo sive ex haeresi quacunque, hos, si episcopi fuerint aut clerici, alienos esse episcopos ab episcopatu et clericos a clero, si vero monachi aut laici fuerint anathematizari.*

81. Inspicite, caeci, et audite, surdi, qui in tenebris haeretici occasus sedetis, intentis aspicite oculis lucem Ecclesiae perpetuo fulgentem, et intuemini

strenuum Leonem, imo potius Spiritus tubam quid per illum ebuccinet, audite, atque exhorrescite, si non alium quemquam, at saltem Patrem vestrum reveriti, imo potius per ipsum et cæteros, qui prioribus synodis acquiescentes inter eximios Patres recensentur. Tu Patres nominas Augustinum, Hieronymum et alios similes; ac recte facis, non ob causam propter quam illos allegas, sed quia tibi non gloriæ vertis paternum ipsorum nomen contemnere. Et sane si eousque tuum de Patribus artificium procederet, quanto esset imperfectius maleficium, tanto mitiorem pœnam exigeret. Inchoare enim impium consilium, illud vero ad finem nequaquam perducere, idem est atque resecare vehementiam sceleris, quod utique mitigat lenitque pœnæ rigorem. Larva Patrum, contra quos insolescis, territare nos tibi proposuisti. At Patrum cœtus quos tuæ machinæ objicit pietas, Patres Patrum (1) sunt; neque enim inficias ibitis, etiam illorum hos esse Patres, quos vos pro Patribus habetis; quod si id vos negetis, at illi certe non negabunt.

82. Considerate inclytum Vigilium et throno et gloria his æqualem; quintæ hic quoque synodo assistebat, quæ œcumenicis æque sanctisque decretis claruit. Hic ergo quasi norma rectissima nihilque deflectens rectis illius dogmatibus sese conformans tum in cæteris consonas emittit voces, tum sanctissimum consubstantialemque Spiritum æquali cum vetustioribus nec non cum suæ ætatis Patribus similique zelo ex Patre procedere enuntiavit, illosque, qui quidpiam aliud in ratione dogmatis præter unanimem et communem Catholicorum fidem producere auderent, eidem anathematis vinculo subjecit.

83. Videas vero bonum quoque probumque Agathonem iisdem recte factis gloriantem; nam et ipse sextam synodum, quæ itidem inter œcumenicas emicat, præsens non corpore sed animo omnique studio per suos legatos concelebrabat et collustrabat; ideo et symbolum sinceræ nostræ puræque fidei sine ulla variatione aut innovatione ad normam præcedentium synodorum conservavit illosque qui aliquid eorum, quæ ibi sanciuntur, imo potius ab initio sancita erant, audeant removere, ad diras æquales confirmans et obsignans rejicit.

84. Quomodo autem silentio prætereum Romanos pontifices Gregorium et Zachariam, viros qui et virtute claruerunt et divinæ sapientiæ doctrinis gregem suum auxerunt, imo et miraculorum donis effulserunt? Etenim licet neuter eorum in synodo œcumenica consideret, attamen palam et luculenter ad imitationem illorum sanctissimum Spiritum ex Patre procedere docuerunt. Et Gregorius quidem non multo post sextam synodum floruit, Zacharias vero centum sexaginta quinque post annis; hique traditum a Domino Patribusque dogma in animo tanquam in puro intemeratoque thalamo custodientes indeillud integrum atque incorruptum, alter Latina lingua, alter sermone Græco fidelibus populis exhibentes, Christo vero Deo et nostrarum animarum sponso per pium cultum gregem suum copularunt. Verum, ut jam dixi, hic sapiens Zacharias tum alia sacra scripta sancti Gregorii, tum utilissimas illas in modum dialogi concinnatas orationes per Græcæ linguæ tubam in orbem universum evulgavit. Ii duo igitur divini viri juxta finem secundi dialogi, quando et archidiacono Petro (vir autem hic erat Dei amans) dubitanti, cur exiguis et minutis sanctorum reliquiis potius quam integris (corporibus) miraculorum virtutes adsint, respondet, utrisque sane adesse divinam gratiam, magis autem operationem ostendi in exiguis reliquiarum frustulis; nam de integris nemo ambigit, quin sanctorum illorum sint, quorum dicuntur, et quin possint miraculis manare intuitu gloriosarum animarum, quæ in illis corporibus labores ac certamina sustinuerunt; non pauci autem infirmiorum exiguas illas spernunt particulas dubitando, ne forte illorum non sint sanctorum, quorum nominibus insigniuntur, neve sint eadem gratia et virtute præditæ; idcirco ubi dubium obtinere videbatur, ibi potius supra omnem spem supersubstantialis (personalis) et inexhaustus bonorum fons uberiora et majora effundit miracula. Prædictam igitur dubitationem alter ut dixi, Latina lingua, alter Græca interpretatione, multis quoque aliis exhibitis explicationibus ubi solverunt, hæc verba paulo post subdunt: *Paraclitus Spiritus a Patre procedit et in Filio permanet.*

85. Sacram hanc doctrinam Joannes Baptista primus in lege gratiæ declaravit, ab ipso vero fidelium multitudo hausit, et fides catholica perpetuo in ea gloriatur. Etenim ille homo propemodum superhumanus fontem vitæ atque immortalitatis, Dominum universi orbis conditorem mundique expiatorem undis Jordanis baptizans cœlosque apertos intuens, prodigium prodigiis comprobatum, in specie columbæ sanctissimum Spiritum descendentem vidit; emisit autem vocem vera Verbi vox, dum hæc portenta vidit: *Vidi Spiritum tanquam columbam descendentem et manentem super ipsum* [76,77]. Manet igitur descendens a Patre Spiritus super Filium, vel si mavis in Filio; nullam enim hoc loco varietatem differentia casuum inducit. Et Isaias propheta cœli-

---

[76,77] Joan. 1, 32.

(1) Patres Patrum vocat Photius eos doctores Latinos, quos ipse contra adversarium testes profert, Romanos nimirum pontifices tum alias nobilissimis titulis a se exornatos tum hic magisterii summi prærogativa insignitos. Notanda verba: « Quod vero etiam eorum, quos vos habetis Patres, ii Patres exsistant, non facile negaveritis; et si vos quidem negatis, haud tamen illi ipsi negaverint, » scilicet: Quos ego cito Romanos pontifices, etiam Ambrosius, Augustinus et cæteri, quos iactatis doctores, velut Patres habebunt.

tus similia his vaticinans et vaticinium in Christi personam referens, *Spiritus Domini*, inquit, *super me, eo quod unxerit Dominus me* [78]. Audisti aliquando inclytos illos Gregorium et Zachariam (hi enim forsan magis erunt appositi tuæ impudentiæ in verecundiam restituendæ), audisti, inquam, illos asserentes, Spiritum in Filio manere; et quomodo non inde confestim ad Pauli commigrasti vocem, qua dicit: *Spiritum Filii sui* [79] ? Certe loco effingendæ monstrosæ processionis facile intellexisses, merito dici Spiritum Filii, quoniam Spiritus manet in Filio. Mansio enim Spiritus in Filio causa non occulta nec nimium abstrusa fuerit, cur dicatur Spiritus Filii. Quid namque propius intelligendum exhibet illud Apostoli testimonium, Spiritum manere in Filio, an procedere a Filio? Imo et hæc ipsa comportatio est inepta. Illud enim et communis Domini Baptista prædicat, et propheta jam olim vaticinatus est, et ipsemet Salvator oraculum illud legens obsignat et comprobat; hancque doctrinam Ecclesia orthodoxa inde nacta cunctis fidelibus discendam profert; tu vero e caliginosis impietatis januis egressus loco prædicandi Spiritum manere in Filio et super Filium, Deo repugnans asseris illum a Filio procedere. Permanet in Filio; idcirco est Filii, et quia ejusdem, ut superius dixi, est naturæ et deitatis et gloriæ et potentiæ et virtutis; vel etiamsi vis, quia ungit Christum. *Spiritus* enim *Domini*, inquit, *super me, propterea unxit me*, et quia obumbrante ipso [80] Virgini incomprehensibilis peracta fuit conceptio, et ineffabilis sine semine partus prodiit; nec non quia et ipsum mittit. Nam *evangelizare pauperibus misit me* [81]. Quanto igitur rectius convenientiusque poteras et sentire et dicere, ob unam aliquam aut plures dictarum expositionum nominari Spiritum Filii et Spiritum Christi, non autem his adeo validis et consentaneis rationibus spretis commentis propriis imaginationibusque nullam habentibus subsistentiam conari Ecclesiæ dogmata corrumpere! Cæterum prodeant rursus inclytus Zacharias atque Gregorius, mecum adhuc opinionem tuam confutaturi (confutatio enim e domesticis profecta etiam impudentissimis pudorem creat).

86. Si ergo Zacharias et Gregorius tot annorum spatio ab invicem distantes non habuerunt sententias de sanctissimi Spiritus processione dissitas, certe et medius inter hos chorus pontificum, qui sacris Romanæ Ecclesiæ infulis per successionem præfuerunt, eamdem sine ulla innovatione prædicabat et fovebat fidem; ab extremis enim media, quemadmodum continentur et communiuntur, ita etiam constituuntur et diriguntur. Quanquam si quis vetustiorum et posteriorum sanctorum in sensum alienum deflexisse deprehendatur, is citra dubium, dum se ab illorum divulsit fide, ab ordine quoque atque throno et pontificatu semetipsum exscidit.

Ita igitur memoratorum sanctorum cœtus tota vita pietatem tuebatur.

87. At ignoras vetera pigetque te tuorum Patrum et revera Patrum sententiam perscrutari ? Nuperrime, nondum enim secunda generatio præteriit, Leo ille celeberrimus, qui et miraculorum gloria claruit, omnem omnibus exscindens hæreticum prætextum, quoniam sacram Patrum nostrorum doctrinam enuntians ob linguæ illius inopiam, quæ non æque late ac Græca patet, non pure nec sincere nec apposite Latina gens verba aptabat sensui, multisque præbebat circa fidem diversitatis suspicionem nimia illa nominum angustia non sufficiens explicandæ ad amussim sententiæ, propterea divinus ille sapientissimusque vir in animum induxit suum — (causa autem, cur id in animum induxerit, præter jam dicta fuit etiam hæresis illa, quæ nunc palam et aperte prædicatur, tunc vero intra dentes in Romanorum urbe mussitabatur) — præcipere, ut lingua Græca sacrum fidei symbolum etiam Romani recitarent; per hoc enim divinitus inspiratum consilium et linguæ inopiam suppleri et reparari et catholicis removeri diversitatis in fide suspicionem, nec non recens pullulantem impietatem radicitus a Romana civitate abscindi. Quamobrem non solum in ipsa Romanorum urbe programmata et edicta posuit, ut inter sacrarum missarum solemnia sacrum nostræ fidei symbolum, quemadmodum et ab initio synodicis vocibus decretisque fuerat enuntiatum, Græca lingua etiam apud illos ipsos, qui Latine loquebantur, recitaretur, sed etiam omnibus provinciis, quæ Romanum pontificatum atque regimen venerabantur, idem sentire idemque peragere et sermonibus et synodicis litteris mandavit dirisque anathematis vinculis dogmatis cavit firmitatem.

88. Idque non solum ipso pontificatum administrante peragebatur, sed et mitis ille ac mansuetus, certaminibusque clarus asceticis, inclytus Benedictus, illius in pontificali sede successor, in hoc tuendo et stabiliendo non esse secundus adnitebatur, tametsi secundum ratio temporis ipsum constituebat. Quod si quis post illos lingua dolosa et venerationem simulante (non enim aperta fronte [nudo capite] constitutiones optimas piissimasque oppugnare audebat) sub specioso titulo, quod in ore omnium symbolum illud fidei non esset circumferendum, memoratum piissimum utilissimumque opus rescindere ab Ecclesiis et abrumpere voluit (non enim est meum, nomine auctorum scelesta facinora prosequi) : ipse noverit, imo acerbe jam et misere novit pœnas inde luens subdolæ temeritatis. At ille quidem (silet enim et ipse, licet invitus) in silentii regionem projectus jaceat. Divinus autem Leo non ad ea solum, quæ diximus, bonam istam et a Deo inspiratam curam et actionem produxit, sed etiam, cum exstarent in repositoriis principum apostolorum Petri et Pauli ab antiquissimis tempo-

---

[78] Isa. LXI, 1; Luc. IV, 18.   [79] Galat. IV, 6.   [80] Luc. I, 35.   [81] Isa. LXI, 1; Luc. IV, 18.

ribus florente adhuc pietate in sacris illis thesauris repostæ parmulæ seu tabellæ duæ, quæ litteris verbisque Græcis exhibebant sæpe memoratam nostræ fidei sacram expositionem, has jussit coram Romano populo recitari conspiciendasque omnibus exponi, et multi illorum, qui tunc hæc viderunt et legerunt, etiam nunc inter vivos adhuc degunt.

89. Atque ita hi pietatis fulgoribus emicabant atque Spiritum a Patre procedere prædicabant. Meus quoque Joannes (meus enim est tum ob alia tum quia cæteris ardentius meas partes sustinuit), meus igitur Joannes, virili mente, virili quoque pietate, virili demum in oppugnanda ac profliganda quavis injustitia et impietate valensque non sacris solum, sed etiam civilibus legibus opitulari turbatumque ordinem restituere; hic, inquam, gratiosus Romæ pontifex per suos religiosissimos et illustres legatos Paulum, Eugenium et Petrum præsules et sacerdotes Dei, qui ad nostram synodum convenere, quemadmodum Ecclesia Dei catholica ejusque prædecessores Romani pontifices, symbolum fidei recipiens mente et lingua sacrisque manibus prædictorum illustrissimorum et admirandorum hominum subscripsit et obsignavit. Imo et ejus successor sacer Adrianus synodicam ad nos more vetere mittens epistolam eamdem pietatem in ipsa prædicabat et Spiritum a Patre procedere docebat. Cum igitur sancti isti beatique Romani pontifices ita, dum viverent, senserint et docuerint, atque e fragili hac ad immortalem vitam in eadem confessione transierint, quosnam possunt hæretica ægritudine laborantes in medium proferre, a quibus lethiferum illud talis impietatis venenum hauserint, quin illos confestim adversarios propalent iis, qui regiones occidentales recta fide illustrarunt?

90. At vero nondum vultis errorem istum deponere? Ego igitur alias quoque cantationes e Spiritus sancti Eloquiis vobis accinam, tametsi vos loco resipiscendi malitis aspidem imitari aures suas ad voces incantantium obturantem. *Spiritus Dei* dicitur sanctissimus Spiritus; dicit enim Salvator: *Si ego in Spiritu Dei ejicio dæmonia* [82]. — *Spiritus* præterea *Patris: Non enim vos estis, qui loquimini*, rursum ait idem veritatis fons, *sed Spiritus Patris vestri, qui loquitur in vobis* [83]; — dicitur *Spiritus Dei*, clamante Isaia: *Et requiescet super eum Spiritus Dei* [84]. — *Spiritus, qui ex Deo est. Vos autem*, ait magnus rectorum dogmatum præco Paulus, *non accepistis spiritum mundi, sed Spiritum qui ex Deo est* [85]; — et alibi: *Si Spiritu Dei ducimini, non estis in carne* [86]. — *Spiritum Domini* clamat Isaias: *Spiritus Domini super me, eo quod unxerit me* [87]. — Rursum dicitur *Spiritus Filii*, *Spiritus Christi*, *Spiritus suscitantis Jesum Christum*, ut Paulus rursus tradit [88-90]: *Misit Deus Spiritum Filii sui in corda vestra, clamantem, Abba, Pater*; et: *Spiritus suscitantis Jesum Christum habitat in vobis*, et: *Vos in carne non estis, siquidem Spiritus Dei habitat*

in vobis; et: *Si quis Spiritum Christi non habet, hic non est ejus*. Attente omnino vide, Spiritum dici Dei, ex Deo et Dei Patris, et Domini et suscitantis Christum ex mortuis, et Spiritum Patris. Anne igitur, quando dicimus: *Spiritus Dei* vel *Patris* vel *Domini* vel *suscitantis Jesum Christum*, vel *Spiritus qui ex Deo est*, voces hæ id ipsum denotant, quod significamus, cum dicimus, *Spiritum a Patre procedere*, an vero potius nemo est ita insipiens nec adeo ipsorum verborum simplicium ignarus, ut nequeat facillime conspicari, quod quælibet illarum locutionum, tametsi circa easdem personas enuntiatur, diversum tamen exhibet significatum vox ea quæ dicit e Patre procedere Spiritum, et diversum vox ea, quæ dicit Spiritum Dei vel Domini vel quælibet alia memoratarum? Illud enim processionem expresse enuntiat, hæc vero non item; sed quamvis hæc dicantur, quia Spiritus ab ipso procedit, attamen nulla illarum vocum conceptis affirmat verbis processionem. Etenim manifeste aliud est dicere, Spiritum a Patre procedere, et aliud ipsis verbis significant voces, quæ Spiritum dicunt Dei et Domini, et quæ his sunt similia.

91. Quanquam licet quælibet harum vocum processionem significaret, quoniam jam ipsis divinæ Scripturæ verbis declaratum fuit, Spiritum a Patre procedere, hoc quoque nobis faveret. Cum enim sexcenties secundum illam hypothesin intelligatur procedere Spiritus e Patre, quomodo ne semel quidem dictum fuit, illum a Filio procedere? Nec valet dicere, dictum hoc fuisse implicite illis verbis, quæ tamen non id expresse significant, tum qu'a neque divinis sacrarum Scripturarum neque humanis sanctorum Patrum verbis expresse unquam enuntiatum fuit, Spiritum procedere a Filio, tum quia formulæ quidem loquendi Spiritus Dei et similes processionem habent primam præcipuamque causam (consubstantialis enim Spiritus, quia procedit, non vero quia consubstantialis et procedens est), istæ autem locutiones *Spiritus Filii* vel *Christi* et cæteræ ex variis oriuntur causis (videlicet quia consubstantialis ei est Spiritus et quia ungit eum et quia manet super eum et in eo). Si igitur processio, licet sit causa potissima, cur Spiritus dicatur esse Dei et Domini et similia, tamen non dat istis vocibus, ut enuntient processionem, quomodo, quæso, fieri poterit, ut ubi plures considerantur causæ, ob quas Spiritus prædicatur Filii et Christi, ibi necessario admittenda videatur processio, quæ tamen neque inter causas numeratur?

92. Tu tamen aures ac mentem ad impietatem intendens, ubi audieris *Spiritum Christi* aut *Filii*, omnia præteriens, ex quibus poteras a recta non excidere theologia, ad illud prono capite curris, quod nemo asserere aggressus est. Dicitur Spiritus procedere a Patre, dicitur et Filii et Dei, et cætera, quæ sæpius enumeravimus; atque nulla harum

---

[82] Matth. xii, 28. [83] Matth. x, 20. [84] Isa. xi, 2. [88-90] Rom. viii, 9, 11, 15. [85] 1 Cor. ii, 12. [86] Rom. viii, 9. [87] Isa. lxi, 1.

locutionum, præter primam, processionem significat; dicitur Spiritus Filii et Christi et similia, nusquam vero procedere Spiritum a Filio. Cum igitur nullatenus fuerit enuntiata processio, quomodo non summa est insania atque vecordia, ad illud voces reducere, ad quod nullo unquam modo fuerunt enuntiatæ? Non enim hoc quoque isti maxime temerarii et ad quidlibet audendum proni dicere audebunt, posse expressis verbis e sacris eloquiis desumi Spiritus a Filio processionem.

93. Tu vero hinc quoque rem expende. Spiritus dicitur Spiritus Christi, et qua ratione dicatur, non est difficile ex Isaia discere, imo vero ex ipsamet Domini recitatione ac voce : *Spiritus* enim *Domini*, inquit, *super me; propterea unxit me*[91]. Quamobrem Spiritus alio modo dicitur Domini, alio modo Filii : Spiritus quidem Domini utpote consubstantialis ; Spiritus vero Filii, licet sit consubstantialis, tamen propter unctionem dicitur : Christi enim Spiritus, quia ungit ipsum, *Spiritus* enim, inquit ipsa Veritas, *super me; propterea unxit me.* Ungit Spiritus Christum, quomodo id, quæso, intelligis? An quatenus participavit de carne et sanguine et factus est homo, an quatenus ab æterno exsistebat Deus? At hoc posterius nunquam, opinor, tametsi audacissimus sis, affirmare audebis. Non enim ungitur Filius prout est Deus, apage ! Ergo prout est homo Spiritu ungitur Christus. Tu vero dicis : Quoniam dicitur Spiritus Christi, omnino et procedit a Christo. Ergo Spiritus Christi non quatenus est Deus ex ipso provenit, sed quatenus homo, non ab æterno et ante sæcula simul cum Patre substantiam possidens, sed tunc, quando humanam carnem assumpsit Filius.

94. Adverte animum et resipisce ab errore, o homo, nec tuam plagam vulnusque tuum talis esse naturæ ostende, ut omnem respuat curationem. Spiritus prædicatur Christi, quia ungit ipsum, tua autem perniciosa lex asserere jubet, quia procedit ab ipso ; procedit autem a Christo, ut ratio per tuam opinionem incedens ostendit, non quatenus Deus est Christus, sed quatenus nostram carnem assumpsit. Si igitur quatenus Christus de nostra carne participavit, secundum hoc Spiritus a Christo procedit, procedit autem rursus a Filio, quatenus est Deus (id enim leges a te sancitæ exigunt), concludetur profecto, naturam humanam Deitati esse consubstantialem ; si quidem Spiritum consubstantialem Filii et rursus Christi censes; procedere enim eum facis et ante incarnationem et post incarnationem; consubstantialitatem vero nondum sustulisti. Si igitur Spiritus Filio consubstantialis, et consubstantialis quoque assumptæ naturæ (ex ipsa namque eum procedere jubes), ineluctabili rationum vi evincetur, Christi deitatem consubstantialem esse ipsius humanitati. Nec volo interim demonstrare, eadem rationum vi e tuo dogmate colligi, cum ipso etiam Patre carnem Christi futuram consubstantialem ; et quid aliud fuerit aut hac impietate detestabilius aut hoc errore calamitosius ?

95. Tu tamen nondum vis conspicari, in qualia te præcipitia et in quam perniciosum animæ barathrum projiciat ac sepeliat improba hæc voluntas, qua renuis Christo ejusque discipulis obtemperare, synodos œcumenicas sequi argumentisque ac rationibus e sacris Eloquiis deductis animum impendere; sed accusas communem Dominum, mentiris in eximium Paulum, insurgis in œcumenicas et sanctas synodos, calumniaris Patres tuosque pontifices, ac Patres revera e Patrum censu eliminans in malam amandas crucem, et ad rationis argumentationes obsurdescis ; et omnia jam devorasti pharmaca, quæ poterant fallacis præoccupationis morbo mederi. Sed pro nobis David tibi Psalmista Deique proavus inclamabit : *Intelligite, insipientes in populo, et stulti, aliquando sapite*[92], ne forte communis generis humani hostis tot vos laqueis impetens rapiat, tanquam leo ferus et *rugiens*, animas vestras, *et non sit qui eripiat*[93,94].

96. Rudes igitur informationes istas habes, ut petivisti, virorum religiosissime atque studiosissime. Quodsi quando Dominus nobis direptos libros atque amanuenses restituat, fortasse habebis sanctissimo Spiritu nobis afflante atque annuente etiam testimonia, quæ proferunt novi isti Spiritus inimici, imo totius summe bonæ et trinæ Deitatis hostes furiosi (nihil enim in ea omiserunt, quod suis vesaniis non lacerent); nec non habebis confutationem ipsorum ex testimoniis, quæ ipsimet producunt, deductas, imo et ipsorum in his rebus dolos ac fraudes, itemque beatorum sapientissimorumque nostrorum Patrum testimonia constantissima atque irrefragabilia, quibus confunditur et impietatis arguitur istius apostasiæ sententia.

PHOTII PATRIARCHÆ

Contra veteris Romæ asseclas libellus, ostendens Spiritum sanctum ex solo Patre procedere, non vero etiam ex Filio.

1. Si simplex quidem Spiritus, ex Patre vero et Filio procedit, omnino hi una censendi forent persona, atque exinde induceretur contractio Sabelliana seu potius semisabelliana.

2. Si ex Patre et ex Filio procedit Spiritus sanctus, duplex omnino erit et compositus. Si ad duo principia refertur Spiritus sanctus, ubi erit tantumdem decantatus unius principatus?

3. Si producit Spiritum Pater, producit vero illum et Filius, erit Pater et contiguus productor Spiritus et longinquus propter illius ex Filio productionem.

---

[91] Isa. LXI, 1. [92] Psal. XCIII, 8. [93,94] I Petr. V, 8; Psal. XLIX, 22.

4. Si perfecta est sancti Spiritus ex Patre processio, superflua igitur ea quæ ex Filio.

5. Si eamdem Spiritus productionem habet Filius cum Patre, communis horum erit productionis proprietas, et quomodo commune erit proprietas? Si vero oppositum, quomodo hanc illa non destruit? Contrariorum enim alterum alterum destruit. Si diversam, pars quidem Spiritus hac ratione, pars vero alia ratione procedet, et ex partibus inæqualibus erit compositus.

6. Si ex una causa, Patre, tum Filius tum Spiritus prodierunt, rursum vero Filius producit Spiritum, producet quoque Filium Spiritus. Pari enim honore utrumque produxit Pater et productor.

7. Si Filius communicat cum Patre in sancti Spiritus productione, etiam Spiritus sanctus in ea communicabit; omnia enim quæ sunt Patri cum Filio communia, etiam sunt communia Spiritui sancto; hinc erit ipse causa simul et causatus, quod ipsis gentilium fabulis monstruosius est.

8. Si producit quidem et Filius, Spiritus vero productione privatus est, tenuioris esset facultatis quam Filius, quod fuit Macedonii deliramentum.

9. Prætendunt autem Ambrosium ita dixisse in suis libris, ac pariter Augustinum et Hieronymum: super quibus respondendum, vel Pneumatomachos eorum scripta depravasse, vel eos secundum œconomiam fortasse locutos fuisse, qua et magnus Basilius usus est, apud se servans aliquandiu sanctissimi Spiritus deitatis prædicationem, vel ab accurata eos theologia, quæ est hominum conditio, deflexisse, quod multi ex magnis viris in quibusdam passi sunt, ut Dionysius Alexandrinus, Methodius Patarensis et Pierius, Pamphilus, Theognostus et Irenæus Lugdunensis atque Hippolytus ejus discipulus. Quasdam enim eorum sententias non recipimus, quamvis eos in aliis magnopere admiremur.

10. Dixerunt isti tres, ut Romani aiunt; sed septem synodorum pontifices non dixerunt. Fidei enim nostræ definitionem omnes synodi secundum successiones confirmarunt, quibus Romanæ Ecclesiæ antistites ac lumina absque ulla contradictione assensi sunt, ac statuerunt nihil dictæ fidei definitioni addere nec ab ea subtrahere licere, verum qui hoc auderet omnino ab Ecclesia ejiciendum.

11. Gregorius tamen divinus, Dialogus, qui non multo post sextam synodum floruit, Romana lingua litterisque Latinis prædicavit ex Patre solo procedere Spiritum sanctum; Zacharias vero, centum sexaginta quinque annis post Dialogi libros Græca voce interpretans, *Paraclitus Spiritus*, ait, *ex Patre procedit et in Filio manet*, a Præcursore hoc edoctus, qui viderat Spiritum descendentem tanquam columbam et manentem super ipsum ⁹⁵.

12. Leo autem et Benedictus, magni Romæ pontifices, postea Græca lingua inter sacra Missarum solemnia fidei symbolum Romæ et in cæteris Ecclesiis Romanæ subjectis recitandum esse sanxerunt, ne linguæ angustiæ prætextum præberent blasphemandi. Ille vero Leo, cum apostolicæ Romanorum Ecclesiæ ærarium reserasset, scuta duo inter alia sacra donaria asservata eduxit Græcis et litteris et verbis catholicæ fidei expositionem continentia, quæ coram universo populo Romano recitari jussit; et usque ad pium Contantinopoleos patriarcham Sergium Romani pontifices in principio pontificatus systaticas professionis suæ mittentes epistolas in universas patriarchales sedes fidei symbolum absque ulla varietate inseruerunt (1).

13. Sed quid opus est multa dicere? Filius et Dominus Spiritum ex Patre procedere tradit ac prædicat, et magnus item Paulus decernit et sancit: *Licet nos vel angelus e cœlo evangelizaverit vobis præter id quod nos evangelizavimus vobis, anathema sit* ⁹⁶. Et quisnam alium doctorem adhuc quæret, nisi aperte insaniens?

Altera pars ejusdem operis ex cod. Vindobon. Gr. theol. 40.

9a. Dicens David, *et Spiritu oris ejus*, docuit etiam Spiritum ex solo Patre procedere, cum Patri attribuat illud *ex ore ejus*, non Filio, ut jam anticipando destruat blasphemiam illorum, qui etiam ex Filio procedere Spiritum opinantur.

10a. In cæteris omnibus processio denotat egressionem simpliciter, ut illud quod in Psalmis dicitur: *Egrediebatur foras et loquebatur in idipsum* ⁹⁷; sed sancti Spiritus ex Patre processio non egressionem simpliciter significat, quæ accidentalis est et modo locum habet, modo non amplius, verum substantialem et naturalem quæque est declarativa certi exsistentiæ modi et subsistentiæ sancti Spiritus indicativa, quod non per generationem est ut Filius, sed per processionem suoque proprio modo. Filii enim proprietas est ex Patre generari naturaliter, sancti vero Spiritus proprietas naturaliter ex Patre procedere; et secundum hoc solummodo ab invicem differunt, sive secundum subsistentiæ proprietatem, cum cæteroquin unum sint quoad substantiam et naturam, dignitatem et virtutem, atque, ut uno verbo dicam, quoad alia omnia tum cum Patre tum cum se ipsis. Quonam igitur pacto dicitis, sanctum Spiritum procedere etiam ex Filio? Si enim velut ex causa, ecce duæ causæ et duo principia, Pater et Filius, et tunc id quod veneramur ac colimus supplicando dyarchia (duorum principatus) potius erit quam

⁹⁵ Joan. I, 32. ⁹⁶ Galat. I, 9. ⁹⁷ Psal. XL, 7.

(1) Hæc Photii non esse re ipsa manifestum est; Allatius l. c., p. 418, posterius additamentum habet; alias tamen authentiam totius operis suspectam censet.

monarchia (unius principatus seu principii unitas). Neque nostrum est edicere, quanta inde secutura sint absurda. Si vero alio modo, velut ex mutua connexione propter eorum circumsessionem et, ut simpliciter dicam, ut ab eo missus (mittit enim, quemadmodum Pater Filium, ita et Filius Spiritum, *Quando*, inquit, *venerit Paraclitus, quem ego mittam vobis a Patre, Spiritum veritatis, qui a Patre procedit, ille testimonium perhibebit de me* [98]); si secundum hunc, inquam, sensum procedere et ex Filio dicitur, tunc quidem, quod ad mentem spectat, sani estis, peccatis tamen secundum aliam rationem; primo quidem fidei expositionem a septem synodis confirmatam hoc additamento immutantes et falsantes, et quidem inter omnes soli; deinde illud *et*, quod conjunctionem vocare solemus, æqualem processionem dat intelligere tum ex Patre tum ex Filio, licet vos aliter intelligatis eam quæ ex Filio secundum ea quæ prædiximus. Oportet autem non solum recte sentire, sed neque alios scandalizare.

[98] Joan. xv, 26.

(1) Sed minime dicunt Latini Christum humiliter et pro sua humanitate hic locutum, verum pro consuetudine uti cætera, ita Spiritus processionem ad Patrem ceu ad primam causam retulisse. Inanis

A Si enim qui unum scandalizat tremenda penes Evangelia judicatus est punitione dignus, quamnam ipsis convenientem pœnam invenerint qui universum propemodum scandalizant terrarum orbem!

11a. Cum Filius Dei et Deus de sancto Spiritu dixerit quod *a Patre* procedit, neque semel tantum, sed et bis secundum eamdem sermonis seriem, quomodo non dixit: *Procedit etiam a me?* Et hi quidem respondent ipsum pro humanitate sua humiliter esse locutum (1); nos vero statim occurrentes mendacii eos convincimus. Verba enim illa *quem ego mittam vobis* non ut homo dixit, sed potius ut Deus. Homo enim non mittit Deum, siquidem Deus est Spiritus sanctus. Bis igitur dixit *a Patre* in hujus sermonis confirmationem et ut ad silentium redigeret eos qui dicturi erant, ipsum ex Filio quoque procedere. Idque ex acumine sapientissimi imperatoris [Alexii Comneni] prodiit; hac enim propositione usus est cum contra Mediolanensem episcopum disputaret (2).

ergo sequens argumentatio.
(2) Petrus Mediolanensis esse videtur, de quo Baron. ad an. 1116, Allat. *De consens.* l. II, c. 10, n. 2 et *G. O.* I, 579 et in Append. ad lectorem.

[IN LIBRUM DE SPIRITUS SANCTI MYSTAGOGIA

ANIMADVERSIONES HISTORICÆ ET THEOLOGICÆ

AD OPERIS ILLUSTRATIONEM REFUTATIONEMQUE PERTINENTES.

I. — *Photii liber universim expenditur et illustratur.*

1. Inter dogmaticas disceptationes tum vetustate ac diuturnitate, tum rei gravitate ac difficultate omnium temporum nobilissimas vix ulli inferior est controversia *de Spiritus sancti processione*, quæ non apud theologos tantum agitata, verum et populorum contentionibus mirum in modum vexata, profanis quoque odiis et politicis studiis solerter olim nutrita ac propagata ad hodiernum usque diem Græcos ac Latinos dividit, sive potius orientalis Ecclesiæ a catholica unitate separationis non causa quidem, ansa tamen præcipua ac prætextus, imo vero fulcrum validissimum præsidiumque exsistit. Quamvis autem ea, quæ circa Spiritus sancti processionem litesque de ea obortas jam plurimi disputarunt eruditi (1), sufficienter omnino quæstionis indolem, originem, progressumque patefaciant eorumque studiis historicis ac dogmaticis summa laus sit tribuenda: vix quisquam tamen negaverit, multa adhuc in hac materia historiographis superesse

(1) Præ cæteris nominandi sunt Leo Allatius, Petavius, Natalis Alexander, Maimbourg, Le Quien,

illustranda, nonnulla quoque nova inquisitione novisque studiis indigere, præsertim cum plura scripta ad eam pertinentia nondum publicam aspexerint lucem et quædam illius historiæ partes adhuc caligine et obscuritate detineantur hiatusque ac lacunas plus semel ostendant. Qua in re Photii *De Spiritus sancti mystagogia* liber fructus affert haud contemnendos; eosque, qui illius dogmatis historiam iteratis curis tractaturi erunt, egregie sane juvabit. Interea nos nostrum esse censemus, antequam per partes editum nunc Photii librum theologicæ crisi subjiciamus, ejusdem in re theologica pretium ac pondus paucis declarare, ejus argumentum, scriptionis indolem, temporis adjuncta cæteraque quæ huc spectant breviter prosequi, plura denuo accuratius perpendenda alteri uberiori de Photio lucubrationi reservantes. Neque vero nobis universim celeberrimæ illius controversiæ historiam adumbrare, neque ejus dogmatis uberiorem explanationem tradere mens est, verum ea duntaxat historiæ ac theologiæ delibare documenta, quæ arctius cum

Walch, Jager, quibus addendum Pitzippii opus: *L'Eglise orientale*, Rome 1855.

hac Photii polemica dissertatione cohærent et ad aptius de illa judicandum conferre quid ac prodesse quodammodo videbuntur. Neque in his, quæ liti adhuc possunt esse obnoxia, sententiam veluti definitivam pronuntiamus, sed potius quædam suggerere volumus tum aliorum, quibus ejusmodi studia arrident, tum denique exiguis nostris curis et indaginibus denuo rimanda et perscrutanda.

2. Doctrina de Spiritus sancti *ex solo Patre* processione, quæ sæculo Ecclesiæ quarto, cum pugna cum Macedonianis ferveret, nondum fuerat audita, cujus prima veluti semina ac vestigia in Nestoriana primum controversia, deinde in concertationibus cum Monothelitis et Iconomachis deprehenduntur, Photium demum præcipuum propagatorem nacta est, cujus industria non suscitata tantum, verum etiam undequaque expolita ac veluti in systema redacta fuit. « Hic enim est, ait Hugo Etherianus (lib. II contra Græc. c. 16. *Bibl. PP.* Lugd. XXII, p. 1230), qui post Theodoritum in æquorea puteum fodiens arena, non semina, sed Circena venena sepeliendo diri valde languoris fidei Christianorum causa factus est. Profecto hunc cum suis complicibus deplorat Isaias dicendo : *Væ qui sapientes sunt apud semetipsos et in oculis suis prudentes (Isa.* v, 21)! » Hic fuit, ut Joh. Beccus (s. Veccus) in Orat. de un. Eccl. (c. 35, *Græc. orthod.* Allat. t. I, p. 454) inquit, Ὁ πρῶτος εὑρετὴς καὶ γεννήτωρ τῶν κατὰ τῆς Ῥωμαϊκῆς Ἐκκλησίας ψευδῶς ἐφευρημένων προτάσεων. Quantum in hac doctrina stabilienda laboraverit, præter Amphilochianas quasdam quæstiones ad hanc rem pertinentes, præter argumenta in epistola encyclica contenta, præter breve opusculum contra Romæ veteris asseclas, quod saltem dubiis ejus accensendum est operibus, luculenter ostendunt tum prolixæ litteræ ad Aquileiensem archiepiscopum (1) datæ, quas librum potius esse haud immerito dixeris, et qui cæteris omnibus præstat, liber *De Spiritus sancti mystagogia.*

3. Invicta Nicolai I constantia (2) a Romana sede repulsus et anathemate perculsus (c. a. 866), misit Photius encyclicam suam Orientis episcopis, quæ præter alia minoris momenti Latinis gravissimis verbis veluti turpissimam hæresin doctrinam illam exprobrabat, qua Spiritum sanctum ex Patre *Filioque* procedere profitebantur, eamque quatuordecim circiter argumentis acriter impugnavit. Sed hæc Photii argumenta tum Occidentalibus minime innotuisse videntur (3); nonnisi *in genere* accusationum capita habebant perspecta, qualia a Bulgarorum principe Nicolaus pontifex fuerat ea edoctus. Sane Ratramnus Corbeiensis monachus et Æneas antistes Parisiensis, qui tunc contra Græcos scripsere, illud unum noverant, quæ in Latinos crimina Græci congessissent, probationes ratiocinationesque Photii penitus ignorabant, quas neque alius quisquam Latinorum, neque ipse Nicolaus videtur novisse (4), ex cujus epistolis illi suas notitias hauserant. Ratramnus inter alia scribit (lib. III *Contra Græcorum opposita*, c. 6 ; Migne, t. CXXI, p. 303) : « Cum enim negare volunt (Græci) Spiritum sanctum de Filio procedere, *unde quod dicunt comprobent, nullam vel ratiocinationem vel auctoritatem ostendunt;* unde potius levitatis esse tumor videtur, quam prudentiæ gravitas. » Non potuit sane ita loqui, qui Photii encyclicam ipsam legerat. Hinc apertum est, cur accurata Photianorum syllogismorum confutatio ab his auctoribus confici haud potuerit; illos in Latinum sermonem translatos fuisse nullum est vestigium. Rursum in Oriente Ratramni, Æneæ aliorumque libri vix cogniti fuisse videntur. Post Photii primam expulsionem (anno 867) non amplius necessarium, imo imprudens videbatur, Græcos universim de ejus erroribus objurgare, quos Ignatium fovere nulla erat suspicio; neque legati ad concilium octavum missi quid ejusmodi in mandatis habuere. Postmodum vero cum Ignatio mortuo Photius iterum Constantinopolitanam sedem occuparet, pax, licet non duratura, fuit inita et in synodo sub Joanne VIII a. 879 celebrata de his tractatum fuisse nullo vestigio deprehenditur. Non ignoro, haud defuisse, qui Latinorum additionem ibi solemniter prohibitam fuisse affirmarint; verum, re accuratius perspecta, id defendi non posse liquido constat, ut multi viri docti jam demonstrarunt. Photius ipse in libro nostro (cap. 89) ex hac synodo, cujus ipse veluti anima et moderator exstiterat, nullum aliud pro causa sua potuit argumentum colligere, nisi quod Joannis papæ legati symbolum prisco more receperint, recitaverint eique subscripserint; nulloque argumento certo argumento constat, ipsam tunc Romanam Ecclesiam symbolum solemniter cum illo additamento recitare consuevisse, cujus tamen additamenti sensum tota mente amplectebatur. Quæ Photius (l. c.) de Joanne VIII scribit, ea in historia eorum temporum haud exigui momenti sunt; nos interim Joh. Becci verba adducemus, quæ recitatum hunc textum subsequuntur. « Hæc cum inveniant Photium scriben-

---

(1) Is Walpertus fuisse videtur, ad quem ep. 48 Joannis VIII (Mansi XIII, 43, 44) directa fuit et cui pariter inscriptum est Fragm. ep. Stephani V, a. 891 (Migne, t. CXXIX, p. 805). Vide de Rubeis *Monum. Eccl. Aquil.* Venet. 1740, p. 448.

(2) Sæculo elapso Nicolaum, ut alios pontifices, non solum acatholici scriptores, verum et nonnulli male dispositi catholici, inter quos Fontanius (*Dissert. de Phot.* in *Nov. erud. delic.* vol. I), in agendi ratione contra Photium injuste vituperare adamabant. Longe rectius hac in re judicavit sæculo nostro Neander in *Hist. eccl.* (t. IV, p. 607, præsert. n. 3 et alias).

(3) Aliter Walchium (*Hist. controv. de proc. Spirit. sanct.* Ienæ, 1751, c. 2, § 6, p. 55) statuisse apparet.

(4) Cf. Hincmar. Rem. epist. 51, t. II, p. 809, ed. Baluz. Nicol. I, ep. 70 ad Hincmar. ed. Migne, epist. 152, t. CXIX, 1152 seq.

tem hi quibuscum nobis sermo est, opinantur, ipsum inimicitias cum pace commutasse, quod papæ Joannis pii locum tenentes absque additione, quod apud nos legitur symbolum subscripserint et obsignaverint (1). Hoc vero nemo ex iis, qui ad bene conjectandum idonei sunt, facile sibi credendum proposuerit, cum *neque dogmatica ulla quæstio in ea synodo*, quæ pro pace sancienda coacta fuerat, *reperiatur mota*; sed veræ causæ illud erat occultatio, secundum quam cum universa Romana Ecclesia simultates ac inimicitiæ Photio exortæ fuerant. Cum enim vereretur, ne omnium reprehensionem incurreret, quod, cum papa Nicolaus eum non admitteret, Romanam Ecclesiam universam in Divinitatem injuriam, impiam et legum maxime prævaricatricem nuncuparet; et cum papa Joannes ejus in patriarchalem thronum restitutioni consensum præbuisset, eamdem sanctam et pietatis magistram prædicaret; pro pace cum Joanne inita quasi apologiam contexens, per suos locum tenentes Joannem accepisse symbolum, et mente et lingua et sacris illustrissimorum et admirandorum hominum manibus subscripsisse obsignasseque inculcat. Hoc autem isti ita perfecere, quia et qui ante Joannem papam Romanam sedem ornarunt, hoc sanctum et pietate plenum profitebantur symbolum, quod etiam qui post eum ad hæc usque tempora successere, et mente amplectuntur et lingua deprædicant. Et dictum meum demonstrabit Evangeliorum nulla facta commutatio, et omnia Patrum scripta, quæ Spiritum tradunt ex Patre procedere et absque additione apud eos leguntur atque probantur (2). » Demum ejusmodi fucata pace rupta non potuit Photius sibi temperare, quominus denuo hanc controversiam resuscitaret; imo suam opinionem tenaciter fovet et licet Romanos pontifices Nicolao excepto carpere non auderet, verum potius ab eis suæ causæ patrocinium peteret, Occidentales, quos posset, in eam trahere studuit. Consulto tamen, uti Adrianum II, ita et Marinum pontificem non nominat, censuram ab utroque sibi inflictam tacet, suum cum Romana Ecclesia jactat consensum. Verum resuscitata a Photio quæstio tum apud Latinos vix eum in modum innotuit, qui ad artificiosas ejus rationes refutandas eos provocaret; ac licet jam tum Venetiani cum Byzantinis frequenti commercio convenirent (3), tamen post Joannem VIII usque ad Leonis Sapientis imperium ex tristi temporum conditione Orientalium Occidentaliumque communicatio magis magisque languebat, adeo ut præter eos, quos Photius in suam partem alliciebat, episcopos (4), haud multi ejus conamina novisse videantur. Deploranda sane documentorum penuria, quæ ultima Photii tempora densis veluti tenebris offundit.

(1) Lib. III, ad Theod. c. 4, p. 139.
(2) Ibid.
(3) Id patet ex Joan. VIII epistolis, ut epist. 17, 20 ad Ursum Venet. ducem aliisque.
(4) Becens apud Allat. *de Purgatorio* Append. p. 625 ed. Rom. 1655 refert, et ad alios Italos epi-

4. Sed quid Latini potissimum ad defendendum dogma de processione Spiritus sancti ex Filio proponerent, id nullatenus diu potuit Photium latere et quadamtenus quæ Ratramni aliorumque libri continebant, si non aliunde, sane ex epistolis, quas etiam ex Occidentalibus partibus frequentes accipiebat, probe novit. Fortasse et postea una cum his epistolis libri illi Photio missi sunt. Hinc in posterioribus de hac quæstione scriptis, in ep. ad Aquileiensem præsulem, ut de opusculo breviori apud Euthymium taceamus, multo vero magis in tractatu de Spiritus sancti mystagogia ad ea quæ potiora sibi videbantur respicit Latinorum argumenta et suis demonstrationibus eorum refutationem intermiscet. Præclare noverat Latinos inniti Bibliorum testimoniis, ac potissimum Joan. XVI, 13-15; Galat. IV, 6; Rom. VIII, 9, et suorum Patrum auctoritati, maxime Ambrosii, Augustini atque Hieronymi. Quod si Ratramni Æneæve scripta vel ex toto vel ex parte legerat, ubi Græcorum quoque doctorum textus allegantur, hos callide dissimulasse dicendus est. Sed in fine nostri operis (cap. 96) pollicetur, « si convertat Dominus librorum et amanuensium suorum captivitatem, » illi cui hoc opus nuncupavit, etiam dicta atque sententias, quas « novi, » quos vocat, « Pneumatomachi in medium proferunt, » causæ suæ patrocinium inde petentes, una cum opportunis refutationibus adjectis Patrum testimoniis sese transmissurum. Id eum postmodum præstitisse nullo historiæ documento edocemur; verum illud sane recte colligimus, Photium *multo plura*, quam in hoc tractatu protulit, Latinorum argumenta cognovisse et ex auctoritate petita præsidia.

5. Sed quænam est illa *librorum et amanuensium captivitas*, quam hic Photius commemorat? Ne ad prius Photii exsilium hoc referamus, in quo frequenter de librorum jactura conqueritur, vetare videtur cap. 89, unde patet librum conscriptum fuisse pluribus post Photii restitutionem annis elapsis, nec ante an. 884, cum Adriani III mentio fiat. Si opus paulo post priorem Photii expulsionem exaratum fuisset, plana fere apertaque exstitissent ea quæ de scriptorum librorumque penuria scribit; Joannis vero VIII et Adriani III mentio rem interturbat. Quomodo enim Photius sub Joanne VIII solemniter sedi restitutus, Basilii imperatoris gavisus gratia, potentissimus fere in omnibus, librorum amanuensiumque inopiam patiebatur? Posset et de altero exsilio sub Leone Sapiente haberi suspicio; id temporum rationi congrueret, cum exsilium istud incidat in an. 886. Verum liber noster præter hanc scribentium librorumque captivitatem nuspiam ostendit auctorem exsilio atscopos hac de causa scripsisse Photium, ac nominatim ad Marinum Castellanum, Gaudericum Veliternum, et Zachariam Anagninum, qui in ejus temporis monumentis aliquoties occurrunt, ac præsertim in concilio Romano a. 879 et conc. Ravennat. a. 878.

que mœrore affectum, imo in ipso exordio (cap. 1) tii res rursus turbatæ sunt. Præterea Adriani III prospera tempora sibi a Providentia concessa videtur insinuare. Dicere quis posset Photium ista scripsisse vel scriptioni finem imposuisse a Leone VI gradu motum, nondum tamen judicatum, ideoque in monasterio otio fruentem, spe tamen vincendi adversariorum conatus adhuc repletum. Neque hoc officeret, quod in cod. Column. Photius semet patriarcham appellat in inscriptione; se enim semper, etiam in priori exsilio, legitimum habuit patriarcham et de jure novæ Romæ episcopum. Quid itaque dicendum? At res tanti non esse videtur. In priori exsilio amplissima librorum collectio, quam sibi Photius comparaverat, direpta discerptaque fuit; libri fortasse restituto patriarchæ reddidi nunquam fuere; amanuenses vero et tachygraphi, quos antea in promptu habuerat, nescimus quo casu præsto non amplius erant, ob suspicionem fortasse politicam detenti. Verum hoc fortassis non penitus omnibus satisfacit. Quid si dicatur Photium Providentiæ erga se benignitatem in hoc reposuisse, quod, amotis curis, libere studiis suis vacare posset, vel opus prius a se inceptum anno 886 initio exsilii posterioris absolvisse, in quem annum pleraque quadrarent? Verum utut sit, malim ego integrum librum putare, quam ad hypotheses confugere, quales in similibus rebus confingi plerumque solent, interpolatum esse opus et alia posterius addita iis quæ in priori editione habebantur. Attamen non nego et illud probabile esse, Photium ipsum opus non uno eodemque tempore continenter scripsisse, sed in aliis rerum adjunctis alia addidisse. En rursus fontium inopia certo rem definiri non sinit. Donec firmiora reperiantur, quid sibi probabilius videtur, eligat lector. Eodem tempore vel potius paulo ante scripta fuisse videtur epistola ad Aquileiensem archiepiscopum, in qua Joannis VIII, jam defuncti, non vero Adriani III fit mentio. Utrumque ergo opus ad ultima tempora patriarchatus Photii spectat. Id exploratum est; reliqua vero conjecturis campum aperiunt.

6. Ut tamen quoad propositam quæstionem sententiam meam proponam, verosimilius mihi opus nostrum circa annum 886 compositum esse videtur. Si non fallimur, dum Photii verba (cap. 89): « Cum igitur sancti ac beati hi pontifices ita, dum in terris degebant, senserint et ab his fluxis et corruptibilibus rebus ad incorruptibilem vitam in hac confessione transierint, » non solum ad priores, verum etiam ad proxime nominatum pontificem eorumque postremum referimus, tunc tuto colligi potest Adrianum III, dum hæc scribebat Photius, jam diem supremum obiisse ejusque mortem huic jam innotuisse. Cum vero Adrianus mense Maio a. 885 defunctus sit idque Photius probabiliter nonnisi aliquot elapsis mensibus didicerit, facile ad annum 886 deducimur, quo Basilio Macedone decedente ac Leone ejus filio imperii habenas assumente, Pho-

tii res rursus turbatæ sunt. Præterea Adriani III synodicam non ut nuper ac paulo ante sibi missam allegat Photius; ab ea missa ad tempus, quo Photius ista scripsit, intervallum temporis haud adeo breve cogitandum videtur. Igitur vel Photius eo momento, quo illa litteris consignavit, jam e cathedra turbatus erat vel saltem ejusmodi catastrophe non diu post subsecuta est. Si prius admittitur, facillime explicatur librorum amanuensiumque captivitas, de qua loquitur, et solum difficultas est in iis quæ ex cap. 1 colliguntur. Hæc vero solvi potest ex allata supra verborum huc pertinentium explicatione. Imo tota evanescit difficultas, si incisum illud *divina Providentia nobis annuente*, non, uti prima fronte videbatur, ad conditionem statumque auctoris refertur, quasi dicat, se ideo petitioni satisfacere, *quia* benigne Providentia sibi nunc prospiciat, sed eo legitimo sensu exponitur: *Deo propitio* non indigna tuo in Deum amore tuoque desiderio hujus rei fiet exsecutio; sive: Dei providentia annuente rem exsequemur et ad terminum perducemus, vel: *si benigne nos respicit Deus*. Non *causaliter*, sed *conditionaliter* genitivus absolutus accipiendus, et nihil est quod nos cogat reddere: *quia* vel *cum*. Quod si vero ante posteriorem e throno depulsionem finem libro imposuit, adjuncta talia facile cogitari possunt, in quibus deplorare poterat scribentium librorumque defectum, ut in superius dictis allata sunt. Jam Basilio ægrotante potuit Photius adversam fortunam experiri; quanquam non opus est ad hæc recurrere, saltem iis qui simpliciori explicationi supra datæ adhærent.

7. Sed quinam erant illi plures majorisque molis libri, quibus adversariorum fastum et alta supercilia flecti ac funditus profligari gloriatur auctor (cap. 1)? Erantne ante Photium uberiores hac de re tractatus, qui fusius Latinorum sententiam refutare conabantur? Num ante illum ita disputationis ignis exarserat, ut Spiritus sancti ex Filio processionis assertores jam abunde confutatos credere potuerit? An vero fortasse Patrum Græcorum, Damasceni v. gr., opera intellexit, quæ tamen nuspiam de hac controversia agendi scopum consiliumque manifestant? Num ipse alios uberiores libros de hac re ediderat, quorum tamen nullum hucusque habemus hoc nostro opere locupletiorem? Posterius non facile admittendum. Longe mihi credibilius Photium, qui ostentatione quadam fere ubique Græcorum Patrum theologiam jactat, qui cap. 96 ad eorumdem dicta a se vel collecta vel colligenda provocat, horum tractatus, etsi non ex professo, ut dici solet, hac de materia agentes, specie duntaxat et silentio potius quam apertis verbis sibi quodammodo faventes respexisse. Sane de libris multorum versuum (στίχων) loquitur, quibus *inserta* erant argumenta, quæ ad Latinos convincendos idonea reputabat; ea quæ in his dispersa erant, colligere et synoptice exhibere consilium

ceperat; proinde hi libri non in una illa quæstione versabantur. Ad hos vero provocat Photius ad antiquitatem auctoritatemque suis dictis conciliandam, quamvis fere omnia, quæ profert, proprii sui ingenii fetus exsistant.

8. Tum ipsius libri verba tum cod. Column. inscriptio suadent librum nostrum non secus ac illum, qui ad Aquileiensem præsulem missus fuit, epistolæ formam præ se tulisse, quæ ad varios directa videtur. Quis Beda episcopus fuerit, cui cod. Column., quis Eusebius, cui Beccus librum nuncupatum dicit, ignoramus. Quod ad dictionem spectat, modo ea dialecticorum instar concisa est, modo rhetoricis ornata floribus, interdum elegans, rudior alias, affectata sæpe, sed plerumque perspicua (1), nunquam fere penitus sale destituta. Ostendit auctorem, qui multa legerat, quique ex multis variorum temporum auctoribus stylum sibi formarat. Acriter omnino Latinos insectatur. Accusat eos tum ignorantiæ, erroris, stultitiæ, insaniæ, vesaniæ, furoris, tum temeritatis, audaciæ, impudentiæ, tum hæreseos, polytheismi, impietatis; horrenda eis contra fidem impingit crimina; artibus omnibus utitur ad eos confundendos et refellendos. Mira est ingenii fecunditas, quæ toties dicta aliis et aliis modis novit denuo, quasi revera nova sint, producere; iniqua fere semper est cum adversariis agendi ratio, quorum doctrinam perversis non solum consectariis, sed etiam interpretationibus fœdissimo sub aspectu ostendere totis viribus anhelat.

9. Operis authentia ita manifesta est, ut sit tempus consumere, velle ejus argumenta congerere. Quod ad ejus integritatem spectat, neque ea in dubium vocari potest. Id tamen fortasse dubitandi rationem affert, quod liber nihil fere contineat de eo, quod missio Spiritus sancti per Filium sit ratio cur Filii dicatur Spiritus, quod tamen in titulo trium codicum expressum est. Sed potest in primis dici titulum non totum, uti exstat, ab ipso Photio fuisse præpositum; deinde potest et illud affirmari, etsi titulum ipse posuerit, tamen dictorum copia abreptum hujus rei, quam moliebatur, expositionem

omisisse pluraque fortasse in mente habuisse, quam re ipsa tractaverit, præsertim si intervallis temporum totum opus perfecit. Si apud Hugonem Etherianum (l. II, c. 20, p. 1235) legitur : « Non dicitur Spiritus Filii ut consubstantiale et *qui mittitur per ipsum, ut Photii declarat descriptio,* » videtur hic *inscriptio* intelligenda, quam et Hugo præ oculis habuerit, qui præterea nihil ex hoc opere allegat, quod ad hanc quæstionem referatur. Theophylactus (not. 32 ad cap. 60) aliique posteriores Græci utramque rationem, consubstantialitatem ac missionem, solent conjungere, et propositio, qua Spiritus Filii Spiritus dici ob missionem affirmatur, minime a mente Photii abhorret, qui (cap. 91) multiplices hujus dicti rationes assignari posse tradit, ac (c. 85) breviter et illud tangit, quod Filius *mittatur* a Spiritu sancto.

10. *De Spiritus sancti mystagogia* librum inscriptum voluit Photius. Vocabulum hoc maxime ipsi familiare (2), non secus ac μυσταγωγεῖν (3) et μυσταγωγός, Paulus v. gr. apostolus μύστης καὶ μυσταγωγός ipsi dicitur (4). Est proprie μυσταγωγῶν qui in mysteria ducit, qui ritu mysterioso initiat, consecrat, qui mysteria perficit, qui mysteria tradit ac docet; hinc sacerdo squoque μυσταγωγός nuncupatur; μυσταγωγία est initiatio, immissio, inductio in mysteria, sacra institutio, sacri cujuslibet ritus perfectio. Porro cum in ecclesiastico loquendi usu tum sacramenta sacrique ritus quam dogmata sublimiora rationisque vires excedentia nominentur μυστήρια, μυσταγωγία quoque modo ad sacramenta Ecclesiæ (5), ac præsertim ad baptismum (6) et Eucharistiam (7), refertur, ac sæpe in posteriori acceptione idem ac λειτουργία significat (8); modo ad theologicam institutionem sacramque doctrinam denotandam adhibetur; atque adeo tum ἱερουργίαν tum ἱερολογίαν complectitur. Frequenter Photius μυσταγωγίαν dicit institutionem dogmaticam, doctrinam divinitus traditam; sic θεόσοφον μυσταγωγίαν vocat fidei expositionem ex œcumenicorum conciliorum definitionibus desumptam (9); sic verba μυσταγω-

---

(1) Non tamen male in genere A. Scottus (Præfat. in *Amphiloch.* qu. 18, Neapoli, 1814, p. v) monebat : « Compertum est... quantum medii ævi scriptores, ac Photius ipse, auctor alioqui disertissimus, a prisca Atticismi elegantia desciverint, et quanta denique obscuritate ex eodem scriptionis vitio sermones præsertim didascalici obvolvantur. Verba enim technica, et quidem scholastica, quæ tunc percrebuerant, argumentationum cavillationumque subtilitates, quibus ingenii acumen sese jactabat, ac periodorum μεγαλοκώλων implicata prolixitas, in qua præcipuus orationis cultus constituebatur, sunt quædam veluti impedimenta, quæ lectori ad sensum recte tenendum identidem objiciuntur. »

(2) Cf. in op. nostro cap. 5, 20, 23, 24.
(3) Cap. 2, 25, 28, 90, et sæpe.
(4) *Contra Manich.* II, 11. (Galland. *Bibl. PP.* XIII, p. 632.) Cf. ep. 205, p. 502; op. nostr. c. 48.
(5) Huc spectant verba Eus. Cæs. *Hist. eccl.* I,

2, p. 24 ed. Hein. 1829. Ait enim Deum Judæis per Moysen dedisse figuras ac symbola, ἑτέρων τε νοητῶν θεωρημάτων εἰσαγωγάς, ἀλλ' οὐκ αὐτὰς ἐναργεῖς τὰς μυσταγωγίας.
(6) Cyrill., Chrys., Theodoret. apud Klee in *Hist. dogmat.* II, p. 137; Phot. *Amphil.* q. 43; Mai. *Nova Collect.* I, II, p. 99.
(7) Chrys. *in Rom.* XVI, 3; Greg. Nyss. *in Cant.* Klee l. c., p. 170; Greg. Naz. orat. 17, p. 273 : Τὴν ἱερὰν καὶ ἄνω φέρουσαν μυσταγωγίαν. Cf. Neander K. G. II, p. 973, ed. III. Hinc Chrysostomus quoad utrumque sacramentum fideles sæpe vocat μεμυσταγωγημένους. Vide et Casaubon. exercit. 16, in Ann. Baronii.
(8) Germ. *Rer. eccles. contempl.* Galland. XIII, p. 209; Bona, *Rer. Lit.* l. II; Raynaud, *Onomast. Euchar.*; J. Dartis ad dist. 2, *De consecr.*; Selvaggio *Instit. antiq. Chr.* l. II, p. I, c. 6, § 5, n. 15.
(9) Phot. epist. 1, ad Mich. Bulg. n. 21. (Antiqu. lect. Canis ed. Basnage II, II, p. 397.)

γεῖν, θεολογεῖν, ἱερολογεῖν veluti synonyma usurpat (1). Et hoc pacto in opere nostro vocem intelligit ; tradere vult doctrinam sacram ac divinam de Spiritu sancto, vera dogmata circa tertiam Trinitatis personam. Æquipollere μυσταγωγίαν cum θεολογίᾳ ac ἱερολογίᾳ, et μυσταγωγεῖν cum θεολογεῖν ac ἱερολογεῖν promiscuus harum vocum usus satis manifestat (2).

11. Quanti momenti Photii liber *De Spiritus sancti mystagogia* sit, id in primis patet, si eum cum posteriorum temporum ejusdem argumenti operibus Græcorum conferamus, quod vel ex notis ideo operi a nobis appositis constabit. Patet id rursus, si eos consideramus, qui pro catholicæ Ecclesiæ dogmate contra Græcos calamum strinxere, quique non parum cum Photii syllogismis decertarunt. Ad Latinorum manus per tria sæcula vix hoc opus pervenit. Sæculo demum XII, Hugo Etherianus, qui apud Manuelem I imperatorem singulari fruebatur gratia, illud præ manibus habuit ac in suis libris ad Alexandrum III missis nonnulla ejus capita confutavit (3). Est autem Hugo, ut opinor, nobilissimis theologis annumerandus, qui in eo sane non imprudenter egit, quod Græcorum Patrum lectione nutritus loquendi morem eorum studiose secutus imitatusque est (4), quo faciliorem, quantum posset, ad desideratam unionem sterneret viam; qua in re, licet sæpe dura Latinorum theologicis auribus ejus dictio videatur, laudandus potius, quam culpandus est. Cæterum si non cuncta accurate pertractavit, meminisse oportet, sæculo XII non eam theologiæ ἀκρίβειαν constitutam inveniri, quam sæculo XIII illa adepta est; meminisse oportet, eum ingenue fateri et virium suarum inopiam et sublimis materiæ, quam tractabat, difficultatem. In præfat. ad lib. III *De hæresibus quas Græci in Latinos devolvunt* (*Bibl. PP. max.* Lugd. XXII, p. 1257 c), « De hac materia, inquit, edere aliquid formidabile est; nam in his non solum infirma facultas rationis orationisque, verum validissima vix se a mendacio temperat et ab inconsultis erroribus. » Hinc nos inter eos, quos sequentibus harum animadversionum articulis contra Photium disputantes inducemus, haud infimo subsellio Etherianum collocandum esse rati sumus. Neque minoris, in multis etiam majoris auctoritatis est Joan. Beccus, virtute ac doctrina æque nobilissimus Byzantinorum patriarcha, qui pro vero dogmate, semel ac illud cognovit, strenue decertavit, qui et operibus et discipulis suis Græcorum nationem mire illustravit. Illud tamen notandum, Beccum in orat. de un. Eccl. (*Græc. orth.* I, p. 154-180), dum Photii argumenta quædam profert ac solvit, non nostrum opus allegare, sed opusculum alterum ab Euthymio vulgatum; libro vero III, ad Theodorum Sugdææ episcopum (*ibid.* II, p. 133 seq.) ex illo manifeste hausisse. Alii, qui hunc Photii librum refellendum sibi sumpserint, noti huc usque non sunt; sed quoad rem ejus argumenta, quæ insequentium sæculorum schismaticis veluti facem præferebant, plurimi theologi feliciter enervarunt. Nos dum varios auctores in medium proferimus, licet selecti ii sint, nequaquam *singulorum* dicta nostra facere intendimus, verum potius uno veluti conspectu ea exhibere, quæ a diversis, diverso tempore, ac pro varia ingenii institutionisque indole, contra argutias illas modo feliciori marte, modo non satis felici, non tamen sine ullo fundamento, proferebantur.

12. At enimvero hujus operis pretium theologicum et aliunde patet. Quod ad pugnæ illius de Spiritus sancti processione varia stadia progressusque pertinet, id inprimis notandum, duplicis generis arma fuisse adhibita : *auctoritatis* scilicet et *rationis*. Prius genus Bibliorum et traditionis testimonia complectitur ; alterum ratiocinationes ex theologicis principiis profectas. Porro ad *auctoritatem* quod attinet, is fere ubique a Photio et ei adhærentibus assumitur canon : *Ubicunque*, sive in Scripturis sive in symbolis et synodorum actis, sive apud Patres, *ex Patre procedere dicitur Spiritus sanctus, ibi processio ex Filio prorsus excluditur*, quem ca-

---

(1) Vide op. nostr. c. 53 ; *Amphil.* 28, apud Scottum p. 26 et seq.

(2) Quam cap. 20 vocarat προτέραν μυσταγωγίαν, scilicet doctrinam a Christo Joan. XV, 26, enuntiatam, eamdem cap. 23 dicit προτέραν θεολογίαν. Cap. 67 ait, Admirabilem illam mystagogiam, per quam Spiritum ex Patre procedere theologica ratione prædicamus (θεολογοῦμεν), adversarios pervertere propriis suis figmentis et inventionibus.

(3) Quod ad versionem verborum Photii attinet, durius judicat Petavius (*De Trin.* VII, c. 2. n. 4), Hugonem ea non *integre* transtulisse. Verum Petavius e Photii operibus encyclicam tantum epistolam hic præ oculis habuisse videtur, nec nostrum opus inspexit, e quo fere omnia Photii verba, quæ affert, ille desumpsit.

(4) Sic *causæ* nomine, æque ac Græci vocibus αἰτίας et ἀρχῆς promiscue utuntur, passim *principium* significat, quod posterius vocabulum gravissimis ducti rationibus (vide Thom. *Sum.* p. 1, q. 33, a. 1 ad 1 et Opusc. contra Græc. ad Urban. IV, c. 7), prætulerunt Latini. Alia exempla infra suppeditabuntur. Universim vero opus nostri Theologi quoad majorem partem adeo Græcorum dictionem redolet, ut illud potius e Græco in Latinum sermonem translatum diceres, quam Latine conscriptum, nisi aliunde constaret, Hugonem Latine scripsisse. Exstitit teste Allatio (*De eccles. consensione*, l. II, c. 2, p. 654) Græca hujus operis versio, quæ si publicata foret, facilius de hac re judicaremus. Mihi non incredibile videtur Hugonem Constantinopoli Græce quædam pro imperatore scripsisse, hæc vero Latino eloquio rursus pertractata et in tres libros congesta amicis Occidentalibus tradidisse. Præfationes librorum ejusdem legenti id non sine fundamento dictum apparebit. Demum mihi et hoc persuasum est, qui Hugonis philosophemata et dialecticos excursus uberius scrutatus fuerit, inde non exiguos fructus pro historia philosophiæ medii ævi ante Thomam eum collecturum.

nonem falsum esse facili negotio Latini theologi evincunt. Ad Patres vero, ac speciatim Græcos, Latini *primi* in hac lite provocarunt. Constat ex celebri in hac controversia epistola sancti Maximi ad Marinum (1), jam sæculo vii Occidentales præter suos doctores Cyrilli Alexandrini expositionem in Joannis Evangelium appellasse; constat non solum posteriores Latinos, ut Etherianum et Anselmum Havelbergensem (*Dial.* l. ii, c. 24, p. 188 ed. Paris. 1723), verum etiam eos ipsos, qui primitus Photium impugnabant scriptores Occidentales, Athanasii, Didymi aliorumque Græcorum testimonia protulisse; Græcos vero nonnisi serius ex sententiis suorum doctorum arma petere cœpisse, atque in iis explicandis fluctuantium et incertorum more sæpenumero suas mutasse opiniones. Nicephorus Blemmida, vir insignis, cujus integritati et eruditioni vel ipsi schismatici summas tribuunt laudes (2), et testatur et probat vetustiores suorum civium Damascenum secutos admisisse διὰ τοῦ Υἱοῦ εἶναι τὸ Πνεῦμα, nonnisi τὸ, ἐκ τοῦ Υἱοῦ negantes; posteriores vero, quo melius formulam alteram tollerent, etiam priorem, veluti non minus causæ suæ exitialem, esse æque aspernatos (3). Provocat ipse ad opus τῆς ἱερᾶς ὁπλοθήκης jam dudum celeberrimum (4), ubi ad formulam ἐκ τοῦ Υἱοῦ impugnandam argumenta ex doctorum formula διὰ τοῦ Υἱοῦ petebantur. Incredibile dictu est, quot diversis modis interpretati fuerint suorum Patrum dicta, modo significationem τοῦ προέρχεσθαι, προϊέναι, προχεῖσθαι longe aliam quam τοῦ ἐκπορεύεσθαι prætendentes, modo alia vocum discrimina fingentes, modo præpositionem διά præpositionibus σύν et μετά æquiparantes, modo nescio quam ἔκφανσιν, quæ nulla modo sit πρόοδος, modo pervadere quoddam seu διήκειν, aliaque id genus comminiscentes. Qui vero primus, post Photium, qui id saltem jam moliebatur, Patrum dicta, quæ schismatis causæ favere putabantur, in unum collegit, Andronicus Camaterus sæculo xii (vel xi) florens, nonnisi adjectis suis observationibus iis nervum quemdam fucatæ probationis indere potuit ; adeo deerant testimonia diserte et pure ejus scopo conducentia præter illa, quibus supradictus canon applicabatur. Camateri observationes refellendas sibi sumpsit Beccus, qui simul in suis epigraphis Patrum textus pro processione ex Filio collegit; quibus Palamas, acerrimus schismatis defensor, postea suas ἀντιρρήσεις opposuit, quas card. Bessarion confutavit (5). Sed multa utriusque partis scripta lucem adhuc desiderant, quæ concertationis varios successus accuratius delinearent. Nemo rerum gnarus negaverit, Latinos scriptores jam sæc. ix Græcorum solvendis argutiis impares minime fuisse; posterius vero ac præsertim sæc. xiii et xv, eos in theologia et in philosophicis disciplinis undequaque superiores exstitisse manifestum est. Sed sæculo ix, hæc controversia nondum eo eruditionis splendore agitari potuit, quem tempore Becci et synodi Florentinæ animadvertimus; neque eæ quæstiones exegeticæ, philologicæ ac criticæ movebantur, in quibus postea summi theologi decertarunt. Attamen, ut pugna Græcis e voto cederet, certa quædam principia erant constituenda, et quibus doctrina Latinis contraria stabiliretur, quorumque ope auctoritatum dicta scopo accommodarentur. Et hic fuit Photii labor, qui pro sui ingenii facultate ea primus posuit fundamenta et facem prætulit cunctis ejusdem sententiæ patronis ; uberrimum ipse fontem aperuit, ex quo per sæcula insequentia pleraque sua hausere, quicunque Spiritus sancti ex Filio processionem impugnarunt.

13. *Rationes theologicæ* schismaticorum ex nonnullis principiis maxima ex parte pendent a Photio jam stabilitis. Hæc *axiomata*, struendorum sophismatum fundamenta, qui bene perspexerit, artificiosam illorum disputationem ex integro poterit dijudicare. Photius autem, ut fere ubique in talibus usu venit, miscet *veris falsa*, receptis et concessis principiis nunquam admittenda, eaque callide logicæ consecutionis filo inter se connectit. Quod attinet ad principia theologica ab omnibus admissa, his potissimum utitur Photius : I. Trinitas est omnino consubstantialis ; tres personæ eamdem habent omnino naturam atque potentiam. II. Pater est prima causa, primum principium, ex quo tum Filius tum Spiritus sanctus, etsi non eodem modo, suum esse divinamque habent essentiam. III. Essentia communicatur, sed personales proprietates sunt omnino incommunicabiles, vel, ut Gregorius Nazianzenus loquitur, τὸ ἴδιον ἐκάστου ἀκοινώνητον. (Cf. Joan. Theol. sess. 18 concilii Florentini, Hard. *Conc.* tom. IX, p. 201.) IV. Servanda in omnibus est divina monarchia, qua Trinitas, quam Christiani adorant, a polyarchia ethnicorum secernitur. Cum his alia effata connectuntur, quæ apud theologos et apud Patres non minus rata et explorata sunt. Sed *propria* Photii axiomata jam inspiciamus. Hæc potiora sunt : I. Filio quoque tribuere Spiritus sancti spirationem est *duo* in Trinitate statuere *principia*, eaque inter se diversa. II. Producere Spiritum sanctum sive spirare est

---

(1) Galland. *Bibl. PP.* XIII, p. 38, 39. Opp. Max. II, p. 38, 39 ; Allat. *contra Creyght.* p. 191.
(2) Cf. Georg. Acropol. *Annal.* c. 32, p. 54, ed. Bonn.; Pachym. *Hist.* v, 15; Ephrem monach. in *Chron.* (Mai. *Vett. scr. Coll.* III, 1, p. 211); Becc. orat. 2, De injusta depos. c. 5, 17 (*G. O.* II, 43, 62); Allat. *De consens.* l. ii, c. 14, n. 4.
(3) Niceph. Blem. orat. 1, c. 5-7 ; orat. 2, c. 3 (*G. O.* I, p. 4-8, 42).
(4) Id., l. c. p. 4.
(5) Camateri opus cum Refutatione Becci exstat in Gr. *orthod.* t. II, p. 293-521 ; Epigraphæ Becci ib. p. 522 seq. Palamæ Antirrheticus cum Bessarionis confut. ap. Arcud. in *Opusc. theol. aureis.* Rom. 1630, 1670 et in cod. Mon. cit. f. 57 seq.

hypostatica Patris proprietas. III. Pater quidquid ex se ut ex causa producit, *ratione personæ, non autem ratione naturæ*, producit. IV. Quidquid in sancta Trinitate concipitur, *aut trium personarum commune est aut personæ unius proprium*. V. *Nihil in Trinitate potest esse duabus personis commune*. VI. Quidquid de Trinitate dicitur, *aut naturale est aut hypostaticum* (eo scilicet sensu hypostaticum, quo unius personæ characteristicum et proprium). VII. Uti Filius, sic et Spiritus sanctus est ex Patre *immediate et proxime*, nullo medio exsistente. Hæc vero axiomata fere omnia jam adduxit Joan. Beccus tum in Camat. Animadv. (*Gr. orth.* II, p. 191), tum orat. 2, de depositione injusta, c. 24 (*Ibid.* p. 75) tanquam a Photio invecta et propugnata. Sed hæc *in libro nostro disertis verbis* reperiuntur, in quo potissimum theologicum ejus pretium constituendum esse censemus. Non solum doctrinam de Spiritus sancti ex solo Patre processione apud Græcos introduxit Photius, sed et methodo quadam et studio acerrimo cum systemate Patrum theologico eam connectere, sedem ei perpetuam figere in Græcorum dogmaticis institutionibus, eamque undequaque munire aggressus est. Nos hinc tribus continenter articulis tum argumenta ex auctoritate ab utraque parte prolata, quæ in Photii libro attinguntur, deinde hæc ipsa Photiana principia, postremo potiora ejusdem sophismata perlustrabimus, catholicorum theologorum selectas sententias responsionesque adjungentes.

II. — *Argumenta ex auctoritate utrinque petita, quæ potiora sunt, examini subjiciuntur.*

1. Quod ad argumenta spectat ex auctoritate petita, urget in primis Photius c. 2, verba Christi Joan. xv, 26 : *Qui a Patre procedit*, quasi inde Filius a Spiritus sancti spiratione activa excluderetur eaque *uni* Patri vindicaretur. Merito cum Petro Mediolanensi *(De proc. Spirit. sanct.* c. 6, *Græc. orth.* Romæ 1652, t. I, p. 384, 385) Leo Allatius (c. Hotting. p. 296. Cf. *Enchir. De proc. Spirit. sanct.* Romæ 1658, cap. 3, p. 16), « Criminantur schismatici Latinos quod verbis Christi addant *ex Filio*, nec erubescunt ipsi addere *ex solo*. Utraque additio est; si est culpanda, quare non in utroque ? » Catholici theologi respondent propositionem Joan. xv, 26, expressam esse affirmantem, *non excludentem*, ac præterea implicite Filium hic commemorari, tum ex verbis cum his intime connexis, tum ex certis theologicis principiis ; nec sine causa, imo pro more Scripturarum peculiariter Patri tribui spirationem ; neque demum obfuturum fuisse Latinis, si dictum esset : Qui *ex solo* Patre procedit. Etenim « regulariter, » ut ait S. Thomas (*Summa theol.* p. 1, q. 36, a. 2 ad 1), « etiam in sacra Scriptura tenendum est, quod id quod de Patre dicitur, oportet de Filio intelligi, *etiamsi dictio exclusiva addatur*, nisi solum in illis, in quibus Pater et Filius secundum oppositas relationes distinguuntur. Cum enim Dominus Matth. xi, dicit : *Nemo novit Filium nisi Pater*, non excluditur, quin Filius se ipsum cognoscat. Sic igitur, cum dicitur, quod Spiritus sanctus a Patre procedit, etiamsi adderetur quod a solo Patre procedit, non excluderetur inde Filius, quia quantum ad hoc, quod est esse principium Spiritus sancti, non opponuntur Pater et Filius, sed solum quantum ad hoc, quod hic est Pater et ille Filius. » Solemne est illud Augustini (tract. 99 in Joan.) : « Si ergo de Patre et de Filio procedit Spiritus sanctus, cur Filius dixit : De Patre procedit ? Cur, putas, nisi quemadmodum ad eum solet referre et quod ipsius est, de quo et ipse est ? Unde illud est quod ait : *Mea doctrina non est mea, sed ejus qui misit me*. Si igitur intelligitur hic ejus doctrina, quam tamen dixit *non suam*, sed Patris : quanto magis illic intelligendus est et de ipso procedere Spiritus sanctus, ubi sic ait : *De Patre procedit*, ut non diceret : *De me non procedit ?* » Uberius idem argumentum evolvunt Petrus Mediolanensis (l. c., c. 7, p. 386 seq.); Hugo Etherianus (l. iii, *c. Græc.* c. 15, p. 1251, ed. cit. apud Petav. *De Trin.* vii, 15, 2, 3, et Natal. Alex. *H. E.* sæc. ix, diss. 18, assert. 1, t. XII, p. 532, ed. Bing. 1788); Nicephorus Blemmida (orat. 1, c. 19-21, *Gr. orth.* I, p. 26-28); Joannes Beccus pluribus in locis (*Gr. orth.* I, p. 348 seq.; III, p. 130-132, 145, 146); Georgius Metoch. (*contra Manuel. Cret.* c. 49 ; ibid. II, p. 1030-1034); Joseph. Methon. (*contra Marc. Ephes.* Hard. *Concil.* t. IX, p. 570, 571); Leo Allatius (*Enchirid.* c. 3, p. 15 seq. ; c. 55, p. 170, 171 ; *contra Hotting.* c. 18, p. 324 seq.), aliique permulti.

2. Hinc theologi Latini illud *Filioque* verbis Christi adjunctum minime esse additamentum pro lubitu effictum, contrarium sensui et alienum, sed expositionem, ἐξήγησιν, σαφήνειαν verborum biblicorum ex re ipsa et analogia Scripturarum sponte semet offerentem summa cum concordia propugnant et evincunt. Ut alia in præsentia prætereamus, præclare Andreas Rhodii archiepiscopus in conc. Flor. sess. 6 (Hard. IX, p. 72 seq.), ex Christiana traditione, ex qua Græci non secus ac Romana Ecclesia legitimam Bibliorum interpretationem haurire se profitentur, quamque, prout est vel συστατικὴ vel ἐξηγητικὴ, ex æquo venerandam et pro dogmatica probatione sufficientem omnino putandam esse statuunt, ea evolvit principia, ex quibus Spiritus sancti etiam ex Filio processio evidenter colligitur : Patrem non intelligi, quin simul Filius intelligatur ; Trinitatem catenæ comparari, in qua attracto uno extremo annulo et alter extremus attrahatur; una persona intellecta reliquas simul comprehendi ; omnia Filium cum Patre habere communia, una paternitate excepta (1); omnia in Trinitate esse unum, ubi

---

(1) Basil. *Serm. de fide* : Athan. orat. 3 contra Arian. Cf. Chrys. hom. 38 in Joan. et multa alia te-

oppositæ non intrant relationes. « Omne quod non separat Patrem et Filium, » — ita Gregorius Cpl. ad imper. Trapezunt. c. 6 (*G. O.*, I, 429), — « Patri et Filio commune est : spirare vero non separat Patrem et Filium : est ergo utrique commune. » Præterea, ut præfatus præsul sess. 7 Flor. (Hard. l. c., p. 93) ostendit, eamdem relationem, quam habet Filius ad Patrem, habet Spiritus ad Filium ; unde sicut Pater est ἀρχή Filii, ita Filius est ἀρχή Spiritus sancti. Quare Hugo Etherianus (l. II, c. 17, p. 1232 e) : « In quantiscunque quidem Pater neque cum Filio neque cum Spiritu habere intelligitur commune, solus intelligitur Pater, velut cum dicitur ingenitus, absque causa et sine principio. In quantiscunque vero cum utroque aut cum altero tantum habere intelligitur commune, *quanquam solus nominetur, solus tamen non intelligitur.* At vero Spiritum habet cum Filio communem Pater ; quare cum dicitur : a Patre procedit, et a Filio procedere debet *subintelligi.* » Quod si vero quæratur, quid prohibuerit Christum, quominus addiderit, *et a me procedit*, quæri primo eodem jure potest, cur non dixerit, *ex solo Patre procedit* ; secundo respondetur, solemne fuisse Domino, sua omnia referre ad Patrem ut ad principium sine principio, ex quo erant omnia sua ; deinde ostenditur verba illa, *quem ego mittam a Patre*, *Spiritum veritatis* (1), sufficienter declarare, non abesse Filium a Spiritus sancti spiratione. Sed præ cæteris notandum est, theologorum illud argumentum, quo ex missione Spiritus per Filium, illius ab eodem processio comprobatur.

3. Jam ipsius Photii ævo Ratramnus Corbeiensis (l. I, c. 1, p. 229, ed. Migne) ita arguebat : « Legitis : *qui a Patre procedit*, et audire non vultis dicentem Filium : *Quem ego mittam vobis a Patre.* Dicite quemadmodum mittatur a Filio ; hoc namque dicere Filium non negatis, si tamen Evangelium legitis aut Evangelio si creditis. Aut ergo missionem hanc confitemini *processionem*, aut, quod est impium, *obsequium*, et eritis, quod absit ! cum Ario, qui minorem dogmate perverso Spiritum sanctum asserebat Filio... Igitur cum dicat Filius, missurum se esse Spiritum veritatis qui a Patre procedit, profecto fatetur quod a se dicat eum procedere, dum confirmat eum se mittere. Fortassis quæstionem facit, quod non simpliciter dixerit Salvator : *Quem ego mittam vobis*, sed addiderit : *A Patre.* Hoc Ariani movere primi, gradum facere volentes in Divinitate. Sed Evangelii veritas consubstantialem totius Trinitatis ostendit unitatem.

Procedit Spiritus sanctus a Patre; quia de illius substantia manat. Mittit quoque Filius Spiritum veritatis a Patre, quia Spiritus sanctus ut a Filio procedat, ipse natus est ex Patre, et sicut accepit de Patre Filius nascendo substantiam, sic itidem accepit a Patre, ut Spiritum veritatis mitteret a se procedendo. Alioquin cum dicit : *Qui a Patre procedit*, non negat a se procedere, quoniam *missio Filii processio est Spiritus sancti* ; ut mittat Spiritum veritatis non tanquam minorem, *jubendo* ipse major exsistens, sed missionis verbo monstratur, quia sicut procedit Spiritus veritatis a Patre; sic etiam procedit a Filio. » — Consona tradit Beccus (in Camateri *Animadv.* c. 4. *G. O.* II, 297, 298) : « Quod enim (Sp. sanct.) a Patre et Filio mittitur, cum a neutro *ad modum servi* (διακονικῶς), prorsus naturaliter veluti ex essentia utriusque exsistit. » Et Georgius Trapezuntius (*De una cath. Eccl.* c. 3, *G. O.* I, 540, 541) : « Inde procedit Spiritus sanctus unde et mittitur ; ex Patre igitur et Filio procedit. Nam qui temporarias in Deo et divinis personis progressiones contingunt, insaniunt... Indicantur rebus temporariis sempiterna. Namque mittens in illud quod mittitur, *dignitatem* quamdam prorsus obtinet ; at in sancta Trinitate non est fas nobis intelligere unius personæ in aliam dignitatem, nisi eam tantum quæ oritur ex origine. Ideo neque a Filio Patrem, neque a Spiritu Filium (nisi secundum humanitatem) mitti tradunt divina Eloquia (2). Revera cum missiones in divinis non sint secundum imperium, neque secundum consilium, sed secundum originem intelligendæ, theologi exinde colligunt divinam personam, quæ mittitur ab alia, ab ea certe habere originem, et cum a Filio sanctus Spiritus nobis communicari ac mitti dicatur (*Joan.* xv, 26 ; xvi, 7 ; xx, 22), inde deducunt hujus ab illo processionem. Hinc Augustinus (*De Trin.* iv, 20), quem etiam adducit Æneas Parisiensis (c. Græc. c. 40 ; Migne, *Patrol.* t. CXXI, p. 708) : « Pater, inquit, cum ex tempore a quoquam cognoscitur, *non dicitur missus*. Non enim habet de quo sit aut ex quo procedat ; » et Hugo Rothomagensis (*Contra hæret.* l. I, c. 2 *Bibl. PP. max.* Lugd. t. XXII, p. 1341) : « Pater a nullo est ; sic nec missus est ; quia vero ex Patre est Filius et ex utroque Spiritus, bene uterque mitti potuit, a quo exsistit. » Sagaciter quoque hoc argumento utitur Hugo Etherianus (l. c., l. I, c. 10, 14, p. 1204, 1208).

4. Sed reticendum hic non est, quid ad enervandum hoc argumentum alibi Photius statuat. Contendit enim (*Amphiloch.* q. 188, ed. Mai *Vett. Scr.*

---

stimonia apud Beccum epigr. 10. (*G. O.* II, 615 seq.) et L. Allat. (in *Vindic. syn. Ephes.* c. 20, 37, 38, p. 81, 179-191 ; *Enchirid.* cap. 4).

(1) Georgius Trapezunt. *De una cath. Eccl.* c. 3 (*G. O.* I, 540) illud urget, Spiritum hic dici Spiritum Veritatis, Veritatem vero esse Filium (*Joan.* xv, 6), jamque ad rem præsentem egregie referri, quæ Cyrillus scribit ad Nestor. Cf. apud Beccum, epigr. 1 ; *G. O.* II, 525) ; Ratramn.

Corbei. l. I, p. 230, ed. Migne ; Constant. Meliten. orat. 1, c. 13 (*G. O.* II, 666) ; Manuel Chrysob. *De proc. Spirit. sancti*, c. 5 (Ib. p. 1086).

(2) Præclare de his quoque disputat Georg. Metoch. *Contra Manuel. Cretens.* c. 9. (*G. O.* II, 990 seq.) Missione ἀξίωμα mittentis ostendi docet inter alios Greg. Naz. orat. 37 p. 596, 608, ed. Bill.

nova Collect. I, II, p. 180), quamlibet trium personarum ab alia mitti, imo ipsum Patrem a Filio et Spiritu sancto missum dici Isaiæ XLVIII, 16, verbis illis : *Et nunc Dominus (Deus) misit me et Spiritus ejus.* Quod rursum in alia quæstione tangit (Galland. *Bibl. PP.* XIII, 742, 743) de Joan. XIV, 10, agens, ubi Chrysostomum inducit ex allatis prophetæ verbis concludentem : Ὡς ὁ Πατὴρ εἴη ἀποστελλόμενος παρά τε τοῦ Πνεύματος καὶ τοῦ Υἱοῦ. Respicit certe ad homiliam de Spiritu sancto, cujus partem in *Bibliotheca,* cod. 277, p. 842, ed. vet. recitaverat. Sed in primis Isaiæ verba, quæ sæpe cum aliis c. LXI, 1, conjunguntur (de quibus aliter statuit Photius, ut infra videre est), rem non probant. Ut de recentioribus taceamus, qui ea ascribunt ipsi prophetæ (1), a Patribus communiter tribuuntur Filio, et quidem spectato ut est homo (2); nec dissidet homiliæ illius auctor, ut Petavius (*De Trin.* l. VIII, c. 1, § 14) ostendit, licet loquentem personam Creatorem cœli et terræ appellaverit. Hinc et posterioris schismatis patroni non ex persona Patris, sed ex Filii persona verba illa prolata volunt; sed non tanquam hominis, verum tanquam Dei (3). Sed non opus est his diutius immorari; dabimus D. Thomæ disputationem rei illustrandæ universim opportunam. Postquam (*Summa,* 1, q. 43, a. 8) tria protulit argumenta, quæ probare videntur, divinam personam mitti non posse nisi ab ea a qua æternaliter procedit, hisque oppositt, quod Isaiæ XLVIII, 16, Filius dicatur missus a Spiritu sancto, hæc docet : « Respondeo dicendum, quod circa hoc inveniuntur aliqui diversimode locuti esse. Secundum quosdam enim persona divina non mittitur, nisi ab eo, a quo est æternaliter; et secundum hoc, cum dicitur Filius Dei missus a Spiritu sancto, referendum est hoc ad humanam naturam, secundum quam missus est ad prædicandum a Spiritu sancto. Augustinus autem dicit (*De Trin.* n. 5), quod Filius mittitur et a se et a Spiritu sancto, et Spiritus sanctus etiam mittitur et a se et a Filio, ut sic *mitti* in divinis non conveniat cuilibet personæ, sed solum personæ ab alio exsistenti, *mittere* autem conveniat cuilibet personæ. Utrumque autem habet aliquo modo veritatem, quia cum dicitur aliqua persona mitti, designatur et ipsa persona ab alio exsistens, et effectus visibilis aut invisibilis, secundum quem missio divinæ personæ attenditur. Si igitur *mittens* designetur ut *principium personæ quæ mittitur,* sic non quælibet persona mittit, sed solum illa cui convenit esse principium alicujus personæ. Et sic mittitur Filius tantum a Patre, Spiritus sanctus autem a Patre et Filio. Si vero persona mittens intelligatur esse *principium effectus* secundum quem attenditur missio, sic *tota Trinitas* mittit personam missam. » Cum his connectenda sunt, quæ Thomas (l. c., a. 2) respondet ad illud argumentum : « Missio processionem importat; sed processio divinarum personarum est æterna; ergo et missio. » Ait enim : « Ad tertium dicendum, quod missio non solum importat processionem a principio, sed determinat processionis terminum temporalem. Unde missio solum est temporalis, vel missio includit processionem æternam et aliquid addit, scil. temporalem effectum. Habitudo enim divinæ personæ ad suum principium non est nisi ab æterno. Unde *gemina* dicitur *processio,* æterna scil. et temporalis, non propter hoc, quod habitudo ad principium geminetur; sed geminatio est ex parte termini temporalis et principii æterni. » Duplicem secernit Thomas in missione habitudinem: I) habitudinem missi *ad mittentem;* II) *ad terminum, ad quem mittitur.* (*Ibid.* a. 1.) Quilibet porro missus habitudinem habet ad eum *a quo,* et habitudinem ad eum *ad quem* mittitur. Prior σχέσις potest esse triplex : « vel secundum *imperium,* sicut dominus mittit servum ; vel secundum *consilium,* ut si consiliarius mittere dicatur regem ad debellandum ; vel secundum *originem,* ut si dicatur, quod flos emittatur ab arbore. » Jam vero in divinis neque secundum imperium, neque secundum consilium missio locum habere potest ; relinquitur solum missio secundum originem. Unde licet spectato termino *ad quem* et effectu missionis tota Trinitas dicatur mittere: tamen *relatio missi ad mittentem* ab origine dependet, et ea omnia argumenta immota persistunt, quibus ex missione processio Spiritus sancti a Filio confirmatur.

5. Eo vel magis, quod et Græci Patres ex missione qua Filius mittit Spiritum, hunc ex illo esse inferunt (4), et missio hæc ut propria et perso-

---

(1) Cornel. a Lapide in h. l. : « Sunt verba non Cyri, sed Isaiæ, qui missus est tanquam propheta et præco a Deo et Spiritu Dei ad hæc vaticinandum. » Cf. Knobel in h. l. Isa., p. 336.

(2) Vide Basil. l. III, C. *Eunom.,* at quem provocat Beccus (*G. O.* II, 638); Ambros. *De Spirit. sanct.* l. III, c. 1; Athan. orat. 1, c. Arian., cujus doctrinæ innititur Georg. Metochita, *Contra Manuel Cret.* (c. 5 ; *G. O.* II, 966-970) ostendens Christum ut Deum minime a Spiritu missum dici. Omnium loco audiatur Anselmus, *De process. Spirit. sanct.* « Si autem dicunt, quia Spiritus sanctus mittit etiam Filium, sicut idem ipse dicit per prophetam : *Et nunc Dominus,* etc..., hoc secundum hominem, quem gerebat, intelligendum est, quia Patris et Spiritus sancti una voluntate et dispositione mundum redempturus mundo apparuit. » In his quæ Hugo Etherianus (l. I, c. 18, p. 12, 13 e.) hac de re habet, lectio corrupta videtur ; neque tamen ex sua sententia ipse loquitur, ut incisum illud patefacit : « ut quidam autumant. »

(3) Ita inter alios Theophanes Procopowicz, *Tract. de proc. Spirit. sancti,* Gothæ 1772, c. 6, §§ 133, 134, p. 167 seq. Eodem textu Chrysostomo ascripto Andronicus Camaterus, c. 11 (*G. O.* II, 316, 317); et Marcus Ephesius (Syllog. cap. 10 ; cod. Mon. 27, f. 200, 201) pro re sua utuntur.

(4) Id. ex Chrys. hom. 39 in Joan. ostendit Bessarion ep. ad Alex. Lascar. c. 7. (Hard. *Conc.* IX, p. 1066); idem ostendit Athan. textu c. Arian. l, n. 5, quem Jo. Plusiad. pro conc. Flor. Apol. (*G. O.* I, 628, 629) aliique multi exhibent.

nalis cum effectibus personis duntaxat convenientibus ubique fere describitur, cum æterna processione communiter conjungitur, adeo ut et hinc in ea prorsus fundata appareat. « Si Filius, » ait Hugo Etherianus (lib. III, c. 13, p. 1249), « mittens et missus, causa et ex causa est, nihil inopinabile sequatur, quod Spiritum *emittit sicut mittit*. Nam si homo secundum naturam et ex propria voluntate corpulentum suum spiritum respirat et inspirat: multo magis Dei Filius Spiritum suum mittit et emittit æqualiter Patri, perfecte ac eodem modo ipsum complectens absque diminutione (1). Ex quo patet iterum, quod Filius Spiritus sancti quædam causa exsistat naturaliter, ut ipse Pater. » Huc et illud facit, quod Patres, ac præsertim Gregorius Naz., loco ἐκπορεύσεως in recensendis personarum characteribus voce ἐκπέμψεως utuntur, et quod (§ 4) ex Thoma audivimus, ad missionem duo omnino pertinere, tum externam efficientiam, tum æternam processionem, manifeste ex eorumdem doctrina eruitur. Qua de re cf. Petav. *De Trin*. VIII, 1, 7 seq.

6. Latini ergo tum ex Bibliis tum ex ecclesiastica traditione, quæ, ut scite monet Nicephorus Blemmida (orat. 1, *De proc. Spirit. sancti*, c. 3, *G. O*. I, p. 2, 3), per se deberet sufficere, illud « acutum et inevitabile telum » repellunt. Verum ex traditione pugnat et Photius, atque cap. 5 magno verborum strepitu adversariorum doctrinam exagitat ut novam, inauditam, synodis et Patribus plane contrariam. Atqui res exploratissima est, sexcenta in Græcorum Patrum scriptis reperiri testimonia (2), quibus processio Spiritus sancti etiam ex Filio stabilitur. Ejusmodi testimonia plurima, etsi non omnia, tamen quoad majorem partem genuina jam ex Athanasio, Gregorio Nazianzeno et Didymo Ratramnus (l. II, c. 3, 5; l. III, c. 6), ex Athanasio, Cyrillo, Didymo, Proclo Æneas Parisiensis (lib. *Adv. Græc*. c. 1-19, 29-34, 75), ipsius Photii temporibus collegerunt; multo locupletiora deinde posteriores theologi in medium protulere. Incredibile est Photium non novisse nec legisse eos Patrum suorum textus, in quibus Spiritus sanctus modo διὰ τοῦ Υἱοῦ ἐκ τοῦ Πατρὸς (3), modo παρὰ vel ἐκ τοῦ Πατρὸς καὶ τοῦ Υἱοῦ (4), modo παρ' ἀμφοτέρων (5) dicitur προέρχεσθαι, εἶναι, προϊέναι, ἐκλάμπειν, ἐκπορεύεσθαι, ἔετε. (6), in quibus variis sub imaginibus Spiritus sancti processio Patri et Filio perspicue asseritur. Imo iisdem plane verbis utuntur Patres ad exprimendam exsistentiam Filii ex Patre, quibus Spiritum ex Filio exsistentiam habere declarant; quod si in enarranda processione Spiritus ex Filio diversis interdum utuntur formulis ab iis quæ relate ad Patrem adhibentur, id ideo fit, quia non solum personarum discrimen expressum, verum etiam Patris prærogativam servatam volunt, quæ est ἀρχὴ προκαταρκτική, unde Filius communicatam habet, uti essentiam, ita et virtutem spiratricem. Neque etiam præpositiones ἐκ et διά hac in re eorum usu essentialer differunt (7); imo phrases διὰ τοῦ Υἱοῦ πεφηνέναι, Πνεῦμα Υἱοῦ εἶναι, διὰ τοῦ

---

(1) Hæc comparatio et Patribus familiaris est. Ex Græcis legatur Cyrillus *Expos. in Joan*. XIV, 16. Ex Latinis audiatur *Augustinus* de Joan. XX, 22 agens, *De Trin*. IV, 20 : « Neque enim flatus ille corporeus... substantia Spiritus S. fuit, sed demonstratio per congruam significationem, non tantum a Patre, sed et a Filio procedere Spiritum sanctum. Et rursum *contra Maxim*. III, 14 : « Si non procederet et de ipso, non diceret discipulis : *Accipite Spiritum sanctum* eumque insufflando daret, ut a se quoque procedere significaret, *aperte ostenderet flando, quod inspirando dabat occulte*. » Priorem Augustini textum Græce citat Gregorius Cpl. (l. c. c. 20, p. 467), alterum illustrat Ratramnus (l. III, c. 4, p. 291, ed. MIGNE). Cf. et Anselm. Havelberg. ep. *Dialog*. lib II, c. 15. (*Spicileg*. D'Achery, t. I, p. 181, 182, ed. Paris. 1723).

(2) J. G. Walch. *Histor. controvers. de proc. Spirit. sancti*, Jenæ, 1751, cap. 1, p. 3 : « Antiquiores Christianorum Græcorum doctores processionem Spiritus sancti non solum a Patre, verum etiam a Filio, credidisse, quæ in illorum scriptis habentur testimonia haud obscure comprobant. Equidem minus negandum est eos non semper distincte satis ac perspicue de hac re exposuisse, cum illa nondum in disputationem vocata esset; exstant tamen effata, ex quibus non sine causa colligitur, quod Spiritum sanctum pariter ac a Patre procedere a Filio professi sint. » Quod deinde pluribus Athanasii, Epiphanii, Gregorii Nysseni, Cyrilli aliorumque dictis probat. Etiam Montacutius ad Photii epist. 2, p. 62-64, quædam hujus generis [dicta protulit. In his colligendis, exponendis ac vindicandis egregie laborarunt : Jo. Beccus in *Epigraphis G. O*. II, p. 522-641); Bessarion (apud Arcud. opusc. theol. aurea. Romæ 1630 et 1670, p. 98 seq.), Petavius (*De Trin*. l. VII, c. 3 seq.), Steph. De Altimura s.; Le Quien (*Panoplia c. schisma Græcor*. p. 259 seq.), Card. Maius (*Spicil. Rom. Præf*. t. VI, *Nova PP. Biblioth*. I, p. 47 seq.) et Pitzipios (*L'Église orientale*, t. I, chap. 11, § 2, Rome 1855).

(3) Basil. *De Spirit. sancto ad Amphil*. Cf. ep. 52, n. 4. — Greg. Naz. *Carm*. ed. Bill. II, p. 68 (*G. O*. II, 418, 553). Cyrill. l. II, *ad Herm*.; in *Joan*. XV, 27; *Adv. Nest*. IV, 3; *Trin*. dial. 2, t. V, p. 423. Illud satis notum, formula illa διὰ τοῦ Υἱοῦ hac in re jam Origenem uti, et ex Latinis Tertullianum, *C. Prax*. c. 4.

(4) Cyrill. in Joel : Cf. Niceph. Blem. *G. O*. I, 13; Beccus, ibid. II, 526; Allat. op. cit. 42, p. 208.

(5) Epiphan. hær. 74, n. 7. Eadem expressio in Ancorato (n. 8, 9, 69-71, 77) sæpius occurrit. Cyrill. ep. ad Pallad. Quo testimonio utuntur Hugo Etherianus, l. III, c. 21, p. 1259; Nicephor. Blemmida, orat. 1, c. 5. (*G. O*. I, p. 4-6), J. Beccus. (Epigr. *G. O*. II, 526, 543), Allatius (*Enchirid*. c. 11. *Vindic. syn. Ephes*. p. 209).

(6) Æquipollere has et similes formulas late demonstrant Niceph. Blem. (l. c. c. 8 seq. *G. O*. I, p. 8-21), Beccus (*G. O*. I, 98 seq. 148), Constantin. Meleniota (orat. 1, c. 18; *G. O*. II, 675 seq.), Georg. Trapezunt. (ad Joan. Cuboclès. lib. I, 478 seq), Leo Allatius Petavius (*De Trin*. l. VIII, c. 4).

(7) Id Basilius *de Spirit. sanct*. c. 5 ex professo propugnat et probat; idque pro hac re uberius exponunt J. Beccus, *De un. Eccl*. c. 20 seq. 24; orat. 2, de injusta depos. c. 15; l. I, ad Theod. Sugd. c. 9 (*G. O*. I, 115, 123 seq. II, 60 seq. 110 seq.); Georg. Metoch. *C. Maxim. Plan*. (*G. O*. II, 944 seq.); Georg.

Υἱοῦ vel ἐκ τοῦ Υἱοῦ ἐκπορεύεσθαι omnino æqui-pollent, ut late post alios cardinalis Bessarion in dogmatica oratione c. 6 comprobavit (Hard. IX. 356 seq. 548 seq.). Neque prudens quisquam hodie affirmare audebit vel Macedonianos, vel Latinos Græcorum Patrum codices, quotquot ejusmodi quid continent (non secunda interpolatoris, sed prima omnino manu, absque ulla fraudis suspicione id præ se ferentes), quorum codicum plures exstant adhuc Photii ævo paulo antiquiores, in suum favorem corrupisse ; quam accusationem (quod ad Græcos libros attinet) nonnisi multis post schisma exortum sæculis, ex angustiis in quas in Flor. potissimum concilio Græci theologi redacti sunt, protensam pronum jam fuit catholicis confutare (1) ; quinimo ejusmodi convicium in auctores ipsos, falsatoriæ artis peritissimos, retorquere jure suo potuerunt (2). Jam vero Photius, qui Græcorum Patrum opera, quæcunque sibi comparare poterat, nocturna diurnaque versarat manu, ea omnia astute dissimulavit, quæ adversariorum causæ in iis favebant, ac silentio pressit omnino, nonnulla fortasse minus diserta testimonia suum in sensum trahi posse existimans, alia clariora, ut infra quoad Latinos doctores videbimus, veluti theologica ἀκριβείᾳ destituta parvipendens, magnopere vero in Latinorum confidens ignorantia ac penuria virorum Græcis litteris imbutorum, minime vero ea plane ignorans. Photii in hac controversia fidem non bonam vidit et castigavit sedulus operum ejusdem scrutator, Joan. Beccus (l. III, ad Theod. Sugd. c. 12 ; *G. O.* II, p. 147, 148).

7. Cæterum vidit acute Photius se facilius in suo placito Orientales confirmaturum, si adversariorum sententiam veluti ab ecclesiastica traditione aberrantem, quinimo ab ea prorsus condemnatam traduceret. Sed quid tandem affert ut hoc obtineat? Nil aliud habet, nisi concilii Cpltani I, definitionem a subsequentibus quinque synodis rursum confirmatam, ab omnibus Patribus propugnatam, ibique illud *qui ex Patre procedit* sensu exclusivo exponit. Hoc Photii caput fusius refellit epistola Simonis Cpltani ad Joannem Nomophylacem (apud Allatium contra Hotting. c. 18, p. 334 - 382), licet non sine apocryphorum documentorum usu, attamen in pluribus, ac præsertim in adductis Patrum testimoniis, non prorsus inaniter. Merito illud urget, nullam synodum processionem Spiritus ex Filio negasse, solum ea asseruisse synodos, quæ contra suorum temporum hæreses necessario erant statuenda, hinc uberiores dogmatum expositiones posteriores synodos promulgasse (3), Patres in his conciliis primas partes obtinentes, ut Alexandrinum Cyrillum (4), illud dogma Latinorum aperte tradidisse ; Ephesinum concilium specialiter nonum Cyrilli anathematismum approbasse (p. 356), quintam et sextam synodum solemniter eos Patres atque Ecclesiæ doctores proclamasse, qui processionis Spiritus sancti etiam ex Filio propugnatores exstiterant (p. 360); in septima synodo nemine reclamante Tarasii epistolam ad Orientales fuisse lectam et approbatam (act. 3), in qua ἐκ τοῦ Πατρὸς δι' Υἱοῦ Spiritus sanctus procedere dicitur, eamque nullatenus fuisse culpatam (p. 368, 369). Præterea et illud maximi momenti est, quod in concertatione cum Macedonianis et Eunomianis nunquam a Patribus negatum fuit, Spiritum sanctum esse per Filium vel ex Filio, quod illi fundamenti loco ponebant; sed negatum fuit eum esse creatum, esse ex solo Filio, et non simul ex Patre ; ea sane Græci doctores argumenta protulerunt, quæ prius admittunt, posterius repellunt. Ita v. gr. Basilius, l. II, c. Eunom. interrogat : Πῶς οὖν (Eunomius) τὴν τοῦ Πνεύματος αἰτίαν τῷ Μονογενεῖ μόνῳ προστίθησι ; Illud duntaxat vituperat, quod Patrem excludat, et adversarium ex eo refutat, quod οὐδεμία ἐνέργεια τοῦ Υἱοῦ ἀποτετμημένη ἐστὶ τοῦ Πατρός. Ac si diceret : Per te ἡ τοῦ Πνεύματος προβολή est Filii operatio ; sed nulla Filii operatio a Patre disjuncta et aliena est ; proinde et Patri hanc προβολὴν

Trapezunt. *De una Eccl.* c. 2 ; *De proc. Spirit. sanct.* ad J. Cuboel. c. 2 (ib. I, 558 seq. 471 seq. 495 seq.); Gregor. Cpl. ad imp. Trapez. c. 5 (ib. 426 seq. 461); Gregorius Protosyncellus *Apol. c. Marc. Ephes.* (Hard. Conc. IX, p. 623-626) ; Joseph. Methon. (ib. p. 586); Bessarion (*Orat. dogm.* c. 5, ib. p. 352 seq.); Hieron. Donati (*De process. Spirit. sanct.* ad Leonem X, lib. III, c. 9); Leo Allatius (*Enchir.* nec non *Vindic. syn. Eph.* c. 59, p. 582 seq.); Petavius, *De Trin.* l. VII, c. 17, n. 2 seq. — Schismatici interdum concedebant esse Spiritum διὰ τοῦ Υἱοῦ· sed id dicere processionem et æquivalere τῷ ἐκ τοῦ Υἱοῦ inficiabantur. Hinc Hugo Etherianus l. II, c. 9, p. 1222) : « At vero Latinus ei quidem qui asserit Spiritum exsistentiam habere *ex Filio ut ex Patre*, consentit ; dicentem autem : *Ex Patre per Filium*, et non subintelligentem *ex Filio*, aspernatur. » Cf. cum his quæ Florentiæ disputata sunt (apud Hard. IX, p. 577 seq.).

(1) Vide Niceph. Blem. orat. 1, c. 4 (*G. O.* I, p. 3, 4), Bessarionem, Gregorium Scholarium, ac Joseph. Methonensem (apud Hard. IX, p. 313, 449, 567 seq.) ; Leonem Allatium, *Vindic. synod. Ephes.*

e. 50, p. 274 seq. c. 59, p. 598 seq.

(2) Huc pertinet celeberrimus Gregorii Nysseni locus serm. de Orat. Dominica III, c. fin.

(3) Ratramnus, l. II, c. 2 (p. 245, 246, ed. MIGNE) notat, Patres concilii secundi Nicæno symbolo verba de Spiritus sancti divinitate contra Macedonianos addidisse et ecclesiis Christi exemplum dedisse : «Si quid secundum Scripturas sacras superaddere vellent, quod hæreticos expugnaret et fidem credentium roboraret; » nec dici posse, solum in Bibliis contenta esse recipienda, cum tali pacto cum Arianis τὸ ὁμοούσιον esset rejiciendum, imo fere tota Cpltana contra Macedonianos definitio ; si vero dicatur, hanc virtualiter in Scripturis contineri, etiam Latinos ostendere, suum dogma quoad rem et sensum et « virtute intelligentiæ » ibi inveniri. Eodem fere modo loquitur Anselm. Havelberg.

(4) De Cyrilli fide late disputat Leo Allatius in opere inscripto : *Vindiciæ synodi Ephesinæ.* Romæ 1661, cap. 17 seq. p. 65 seq. Res adeo manifesta est, ut et nonnulli schismatici eum in hac quæstione cum Augustino sensisse concedant (ib. c. 74, p. 608 seq.).

convenire fatearis oportet. Et hic præcise illis verbis Christi utitur, ex quibus et catholici arguunt theologi : *Omnia mea tua sunt*, etc. Quare cum luculentissime Patres ipsi Græci Latinis suffragentur : quod Photius afferre potuisset, vix ullius fuisset momenti. Poterat fortasse ad Theodorum Mopsuestenum provocare, quem tamen in re dogmatica nihili fere fecit, vel ad Theodoretum, quem « hujus negationis inventorem et præconem » vocat Hugo Etherianus [l. 1, c. 2, p. 1200 (1)], vel specie saltem ad Joannem Damascenum, qui tamen, licet (*De fid. orth.*, 1, 8, p. 141) affirmaverit, ἐκ τοῦ Υἱοῦ τὸ Πνεῦμα μὴ λέγεσθαι aperte Spiritum διὰ τοῦ Υἱοῦ προέρχεσθαι docuit, et a Latinis verbis potius quam re ipsa dissidere jure optimo censetur (2). Quæ cum ita sint, non temere Ratramnus (l. 1, c. 8, p. 242 seq. ed. cit.), Græcos sui temporis ita objurgat : « Cessent igitur reprehensores vel malevoli vel imperiti Christi Ecclesiam redarguere, quod Spiritum sanctum confitetur a Patre et Filio procedere. Hoc Evangelia docent, hoc apostoli profitentur, hoc prophetæ non tacent... Videte, quo tendat vestra . . . professio, qua dicitis Spiritum sanctum a Patre procedere, non autem a Filio. Hoc nec in Litteris divinis nec in doctoribus ecclesiasticis aliquando legistis. Dixit quidem sancta synodus Cplitana. . . Filium consubstantialem esse Patris, Spiritum quoque sanctum procedentem a Patre ; nunquid negavit eum a Filio procedere ? Vel consequens est, ut si procedit a Patre, non procedat a Filio? Potius ergo agnoscite, si filii vultis esse Ecclesiæ et Patrum sequi doctrinam, quod dicendo sanctum concilium Cpli collectum Spiritum sanctum procedentem a Patre, quod eum et a Filio procedere non negavit; sed tota Trinitas, cum sit consubstantialis et Filius natus a Patre, Spiritus quoque sanctus sit charitas utriusque, non possit quis negare Spiritum sanctum a Filio procedere, nisi negaverit Filium charitatem, qua diligit Patrem, habere. Quod quia vesanum, tenendum omnino et fideliter profitendum, quia Pater diligit Filium et Filius diligit Patrem, et hæc dilectio, qua Pater diligit Filium, a Patre procedit, et dilectio, qua Filius diligit Patrem, a Filio nihilominus procedit. Est autem hæc dilectio Spiritus sanctus. Procedit ergo Spiritus a Patre et Filio. » Concludimus cum Hugonis Etheriani verbis, qui (l. II, c. 17, p. 1252) ita Photio respondet : « Dixit Dominus : *Spiritus, qui a Patre procedit*; confirmaverunt hoc et sanctæ synodi Latinorumque omne collegium non solum non inficiatum est, sed cum omni diligentia et ex toto corde credit, et dicit confitetur que, et ex Filio procedere. Nam licet solus nominetur Pater, subintelligitur omnino et Filius, eo quod absque medio de Patre non procedat, et cum nusquam Pater dixisse reperiatur : *Ego solus emitto Spiritum*; sed neque prophetarum quisquam seu aliorum Patrum : *Solus Pater emittit Spiritum*, aliquando protulit. At vero neque contra decreta SS. Patrum, qui Nicææ, Constantinopoli, Chalcedone vel ubilibet locorum pro firmanda fide convenerunt. *Idem enim, sed aliter dicit explanando et interpretando*, quod pie intelligi oporteat Spiritum ex Patre procedere, subintellecto scil. Filio, tum quia verissimum est Spiritum ex Filio procedere, tum quia multi a Filio ipsum dividebant. Enimvero sicut intelligitur Filii esse Spiritus, cum dicitur esse Patris, ita concipiendus est ex Filio procedere, cum Deus a Patre procedit. . . Verum bonus Pastor suis falsis opinionibus consistentia et bene habentia dimovet et Latinorum S. Ecclesiam absque synodo pro suis viribus condemnat, contraque SS. synodos contraque apostolicæ sanctitatis viros mentitur, dum eos sanxisse affirmat, Spiritum a Patre, sed non a Filio procedere. . . Hic conviciator edocuisse illos asserit, quod indicare orationem arbitratur, scil. qui a Patre *solo* procedit. . . Non idem significant hæ duæ orationes : *Qui a Patre procedit*, et : *Qui a Patre solo procedit*, neque apud Græcos, neque apud Latinos, neque penes oratores, neque penes philosophos ; profecto rimari quidem oportet non solum dictionem, verum dictionis intentionem. Sane quæ dubia sunt, interdum per alia manifestantur et ex his quæ alibi scripta sunt. Nothum (*edit.* notum) quidem videtur Latinis *qui a Patre solo*, nothum vero Græcis *qui a Patre et Filio*, eo quod neutrum in Evangeliis scriptum reperiatur ; verum sic opposita sunt, ut alterum quidem duorum sit verum ex necessitate, alterum vero non ; sed ex Filio quidem procedere Scripturis consonat et concordat, et neque contrarium vel repugnans invenitur, quanquam a synodis expressum non sit. Etenim quisque Romanorum pontificum, qui synodos sanctificaverunt et confirmaverunt, semper hoc dixit ac dogmatizavit... *Ex solo* autem dicentem multa sequuntur inconvenientia... Si ex solo Patre procedit Spiritus, non est ipse *imago Filii* (3), sed Patris, ut sine medio ex ipso coruscans ; non est autem hoc, cum Spiritus

---

(1) Nonnulli vero eruditi non sine gravibus rationibus Theodoretum vindicant ab ejusmodi errore.
(2) Illud ἐκ τοῦ Υἱοῦ rejecit non alio sensu, nisi ὡς ἐκ τῆς πρώτης αἰτίας, ἐκ τῆς ἀρχῆς προκαταρκτικῆς, ut Græcus auctor apud Niceph. Blem., orat. 1, p. 7 advertit Hugo Ether. l. III, c. 21, p. 1259 : « Solus vero, inquit, Damascenus Joannes dissidere a magno Cyrillo aliisque Patribus videtur, si tamen ita scribit : *Spiritum ex Patre dicimus et Spiritum Patris nominamus. Ex Filio autem Spiritum non dicimus, Spiritum vero Filii nominamus.* »

Verumtamen *et Scriptura sic se habente* non discordat hic sanctus a Latina veritate; hoc ad consuetudinem Græcorum referendo, quæ non esse Spiritum ex Filio confitetur, etc.» Thomas Aquinas. (p. 1, q. 36, a. 2 ad 3) Damascenum Nestorianis hac in re accensuit; sed statim adjecit : « Quamvis a quibusdam dicatur, quod Damasc., sicut non confitetur Spiritum sanctum esse a Filio, ita etiam non negat ex vi verborum illorum. » Sed re ipsa eum cum aliis Patribus sentire ostendunt Niceph. Blem.
(3) Græci Patres, ut jam Gregorius Thaumat. in Confess. (Nysseni Opp III, 546), Basil. l. v, c. Eunom.

imago sit Filii et ex ipso *proxime* refulgeat. Propinquior erit Patri quam Filio et magis Patris quam Filii. Amplius si ex Patre solo procedit, ad mensuram dat Pater Filio Spiritum, cum solam missionem, et non emissionem ei tribuat. In quo scil. non videtur remetiri paternam excellentiam, nec ex integro Spiritum habere cum omnibus, quæ circa ipsum considerantur, sicut habet Pater. Ait enim magnus Cyrillus : « Non ad mensuram dat Spiritum Filius, juxta Joannis vocem ; sed ipse emittit ex se, quemadmodum utique et Pater. Quocirca quicunque orationem : *Qui a Patre procedit* transformat in eam quæ dicit *a Patre solo*, Salvatoris vocem, quæ est perennis fons veritatis, infirmat. »

8. At multo uberius Photius de iis agit documentis, quæ Latini pro sententia sua afferre solebant, atque imprimis cap. 20-30 longam habet disputationem, qua argumentum ex Joan. xvi, 13-15 petitum enervare connititur. Hoc textu Patrum occidentalium (1) vestigia premens utebatur Ratramnus (op. cit. I, 3, p. 229 seq.) inquiens : « Quid enim accipiet Spiritus sanctus a Filio, cum unius sint substantiæ uniusque potentiæ ? Nimirum *De meo accipiet* dixit, id est : a me procedit, quia sicut sunt unius substantiæ Pater et Filius, sic et de utroque procedendo Spiritus sanctus accepit consubstantialitatis exsistentiam. Nec debet movere, quod *accipiet* futuri temporis dixit ; hoc enim ad illud respicit, quod futurum erat, quod discipulis mitteretur, non ad illud, quod a Patre Filioque procedit ; sine tempore namque procedit a Patre, procedit et a Filio. » Sequitur : « *Omnia, quæcunque habet Pater, mea sunt ; propterea dixi, quia de meo accipiet et annuntiabit vobis.* Si omnia, quæcunque habet Pater, habet et Filius, profecto sicut est Spiritus sanctus Patris Spiritus, est et Filii Spiritus ; alioquin si Patris est tantum, non etiam Filii, non omnia, quæcunque habet Pater, sunt Filii. » Similiter posteriorum temporum Catholici disputant. Georgius Trapezuntius (*De una S. Eccl. O. G.* I, 542 seq.), « Cum Filius, inquit, verus Patris Filius sit, necesse est ipsum Filium remanentem omnia Patris possidere. Producit vero Pater Spiritum, producit igitur et Filius, ut idem asserit : *Quæcunque habet Pater, mea sunt ; propterea dixi vobis : quia de meo accipiet... Accipiet* futuro tempore dixit, non quod accepturus esset ; nihil enim *novum* aut *adjectum* aut *temporarium* in Deo ; sed quæ nondum peracta erat super apostolos, notat operationem, verum peragendam. Namque operationum manifestationes, cum sint quoad nos (πρὸς ἡμᾶς) temporariæ, in tempore quoque fiunt et comparent. Cum igitur similis Spiritus operatio apostolis manifestanda erat, ideo accepturum Paracletum a se dicit. Ad hæc fieri non potest, cum homines simus, ut aliter intelligamus et loquamur vel concipiamus, nisi in tempore et secundum tempus : ideoque quæ hic temporum intervallis exprimuntur, in divinis æternaliter intelliguntur. Quare quod nunc accepturus a Filio Paracletus asseritur, accepit ab eo ab ipsa æternitate. Quæ vero ab ipsa æternitate Deo insunt et quæ ab æterno possidet, aut naturæ aut hypostasibus accommodantur ; accipere vero hypostasin ab hypostasi non adaptatur naturæ ; ergo hypostasi. Quod nil aliud est, quam habere τὸ εἶναι personam accipientem ab ea, a qua accipit. Quod vero ab aliquo accipit esse, ex eo etiam habet, quidquid possidet). » Hinc enascitur celebre illud Joannis Theologi argumentum (*Conc. Flor.* sess. xviii, Hard. IX, 193 seq.) : « A quo Spiritus sanctus accipit esse in divinis, ab eo etiam procedit ; dicitur autem Spiritus sanctus accipere esse a Filio : ergo et a Filio procedit. » — « Quod autem accipit, » ait Bessarion (ep. ad Alex. Lasc. c. 7, ib. 1067, 1068), « est ejus essentia ; nec enim est aliud ipse, aliud ejus essentia... cum summe simplex sit, essentiam suam et esse accipit ex Filio. » Hinc catholici theologi ex illo textu multiplicia desumunt argumenta.

9. Jam vero Photius præ cæteris in eo insistit, quod Christus non dixerit ἐξ ἐμοῦ, quod hoc perperam Latinorum inducat interpretatio, quod illud ἐκ τοῦ ἐμοῦ personam potius Patris innuat, adeo ut sensum habeat : ἐκ τοῦ ἐμοῦ Πατρός. (Cf. potissimum capp. 22, 29, 30.) Sed : I) Suppositum, quod Latinos astringi ad verba Christi mutanda in ἐξ ἐμοῦ, cum omnes vertant non *de me*, sed *de meo*, id est, de eo quod habeo a Patre acceptum, de eo quod meum est. Imo fatentur Latini fere omnes immediate de scientia ac doctrina sermonem esse, nec repugnant Chrysostomo (hom. 78 in Joan.) interpretanti : Παρ' ἐμοῦ, τουτέστι παρὰ τῆς ἐμῆς γνώσεως (2). Sed inde jure suo colligunt processionem ex Filio. Observat Gregorius Cpl. in *Apol.*

Naz. orat. 2, *de Filio*, Athan. ep. ad Scrap. aliique Spiritum dicunt εἰκόνα τοῦ Υἱοῦ, sicut Filium εἰκόνα τοῦ Πατρός. Id schismatici de nuda consubstantialitate exponunt (cf. ipsum Photium *Amphil. quæst.* 255, ed. Mai. *Vett. Scr. nova Coll.* IX, p. 113). Verum certum est, id penes Patres plus aliquid dicere et idoneum esse ad Spiritus e Filio processionem confirmandam.

(1) Tertull. *C. Prax.* c. 20 : « Cæterum de meo sumit, inquit, *sicut ipse de (illo quod est) Patris.* » Ambros. *De Sp. S.* II, 12 (apud Ratramn. II, 4, p. 255) : « De Filio Spiritus sanctus accepit ; accepit autem per unitatem substantiæ, sicut accepit a Patre Filius. » *Joan.* xvi, 14. — Hilar. *de Trin.* viii,

20 : « A Filio igitur accipit, qui et ab eo mittitur et a Patre procedit, et interrogo utrum id ipsum sit, a Filio accipere, quod a Patre procedere. Quod si nihil differre credetur inter accipere a Filio et procedere a Patre, certe id ipsum atque unum esse existimatur a Filio accipere, quod sit accipere a Patre. Ipse enim Dominus ait : *Quoniam de meo accipiet,* etc. Hoc quod accipiet, sive potestas est, sive virtus, sive doctrina est, Filius a se accipiendum dixit. » Cf. Leon. M. serm. 2, *de Pentec.* et August. apud Ratramnum, iii, 2, p. 277.

(2) Cf. Perrone, *Prælect. theol.* Tract. *de SS. Trin.* cap. 5, prop. 1, ad obj. 1, 5, ubi etiam de Maldonati sententia agitur.

contra Marcum Ephes. adductis Chrysostomi verbis : « Non est scientia Filii aliud', aliud Filius ipse. Si enim ipse esset aliud, et aliud præter ipsum scientia quæ in eo est, compositus foret et non simplex. » Præterea, ut ait Georgius Trapezuntius (l. c. p. 544), si quis affirmaverit accipere quidem Paracletum a Filio quæcunque sanctis revelaturus erat, non vero ipsum esse, impia plane effutiet. « Habebit enim aliquid acquisitum (ἐπίκτητόν τι) Paracletus et sic non erit verus Deus. Quæcunque enim Deus possidet, ab ipsa æternitate possidet. » Nil, aiunt Patres, Spiritus sanctus habet adventitium, nil postmodum acquisitum, sed omnia habet ab æterno. Unde Joannes Theologus, sess. xxi conc. Flor. (Hard. l. c. 256, 257): « Omne quod Spiritus sanctus accepit et accipit et accipiet, id æternaliter habet; et quod Filius audit a Patre, idem est quod scientia; scientia vero in divinis idem est quod esse. » Breviter Allatius (*Contra Hotting.* c. 18, p. 295): « Ne Spiritus sanctus fiat creatura, non accipiet scientiam, nisi accipiendo essentiam. » Hinc quando dicitur Spiritum nonnisi ea loqui, quæ audivit, sicut Filius nonnisi a Patre audita loquitur, eadem essentialis scientia intelligitur. « Idem, ait Petavius (*De Trin.* vii. 5, 4) ad textum Joan. xvi, 13, in Deo audire quod videre vel scire; idem scire quod esse, ut et Augustinus tract. in Joan. xviii, 19, pluribus disserit. » II) Ex arbitrio conficta et nullatenus admittenda est illa interpretatio : ἐκ τοῦ ἐμοῦ Πατρός. « Si esset hæc vera intelligentia, ait Manuel Calecas (lib. i, *C. Græc.* p. 397, ed. cit.), nequaquam sine additamento diceretur. Nunquam enim possessiva pronomina masculini vel feminini generis sine adjectione Græcæ linguæ proprietate proferuntur. Dicimus enim : Ὁ ἐμὸς πατὴρ καὶ ἡ ἐμὴ οἰκία ἢ πόλις. Ita quippe Græcæ linguæ consuetudo proferre consuevit. Alias enim vitiosa esset pronuntiatio. Cum vero sine adjectione dicitur, *neutrum* esse et *rem* significare intelligitur, exempli causa : Εἴ τι καὶ τοὐμόν ἐστι παρά σοι, *si quid meum est apud te*, quod per se rem intelligi dat. Eodem pacto Bessarion (l. c.) : « Si cum dicitur *ex meo*, subintelligendum esset ex Patre, hoc *meo* esset pronomen generis masculini; nullus autem vel in Græca vel in Latina lingua edoctus aut masculini aut feminini generis pronomen profert, nisi cum additione : *meus frater*, *meus amicus*, aut *mea civitas* vel *domus*, dicens. Meus etenim simpliciter absque additione non magis patrem quam hostem significat. » III) Nec illud verum proinde est, ἐκ τοῦ ἐμοῦ duas personas insinuare, quarum altera sit possidens, altera ipsa possessio (c. 22). Non sine acumine Hugo Etherianus (l. ii, c. 19, p. 1234) hinc Photium refellit dicens : « Idem Salvator dicit : *Non possum ego a me ipso facere quidquam... quia non quæro voluntatem meam*. Et rursum : *Descendi de cœlo, non ut faciam voluntatem meam;* et item : *Mea doctrina non est mea*. At vero si secundum positionem Photii patriarchæ *meum* pronomen ubique duas personas significat, voluntas Filii alia fit a Filio persona... Quare non est necessarium, *meum* pronomen ubique duas significare personas, cum et *figurate* de eadem persona dicatur, ut Persius (*Satyr.* V, 88) dicit :

Vindicta postquam meus a prætore recessi;

et Euripides : « Ego autem *meus* sum. » Attendere debuisset homo ille, quod *aliter apud grammaticos* accipitur persona, *et aliter apud theologos*. Etenim in grammatica *quælibet res persona nuncupari potest*, sive per se subsistat, sive per aliud, sive substantia sit, sive accidens. Quare secundum hujusmodi disciplinam, cum Filius dicit : *mea* voluntas, *meum* judicium, *mea* doctrina... alia et alia intelligitur *ad similitudinem possessionum* persona (sc. grammatice). In theologia vero tacitis proprietatibus ab omnibus quæ secundum substantiam dicuntur, tres tantum insinuantur (*ed. imminuantur*) personæ, quarum nulla expresse intelligi videtur, ubi Salvator dicit : *De meo accipiet et annuntiabit vobis.* » Præterea : IV) Adversatur illa expositio Christi ipsius explanationi, qua v. 15 ex eo probat τὸ ἐκ τοῦ ἐμοῦ λήψεται ante a se affirmatum, quia omnia quæ habet Pater sua sunt. Hæc ultima verba juxta omnes essentiæ unitatem in Patre et Filio probant; hinc illud quod accipere dicitur Spiritus, manifeste patet esse ipsam divinitatem, non aliud quidquam. Deinde, ut Bessarion (l. c.) ait, ex Joan. xvi, 15, hoc construitur argumentum : « Spiritus accipit ex iis quæ Patris sunt; sed omnia Patris sunt mea; igitur Spiritus accipit ex meis vel ex meo. Et *cum ipse et sua unum et idem sint propter summam simplicitatem, accipiendo de suis, accipiet ex eo.* » Semel constituto, de ipsa divina essentia esse sermonem, non amplius negari potest, Spiritum hanc accipere a Filio. Si vero Spiritus a Filio accipit, Filius ei dat sive communicat essentiam; *dare* vero in divinis idem est ac producere, ut idem Bessarion (ib.) Chrysostomi in Joan. v, 22 suffragio confirmat. Etiamsi igitur quoad verba non est idem : Spiritum accipere a Filio et procedere a Filio (Phot. c. 21), re tamen ipsa idem est, quia *accipere* in Spiritu et *dare* in Filio sunt correlativa, et Spiritus ut Deus nil præter divinitatem accipere ab eo potest. Conjungit se Christus cum Patre, ad suam cum Patre communionem recurrit, ex quo cuncta habet; nec separat sua ab iis quæ sunt Patris, imo eadem esse ostendit. Absurde rursum Photius (c. 23) quasi duo contraria exhibet : procedere a Patre et procedere a Filio; prius posterius non excludit, sed includit; nec posterior mystagogia priorem institutionem tollit, imo vero confirmat : *Omnia quæ sunt Patris mea sunt*. Recte Manuel Calecas (l. c.) : « Si enim Spiritus a Filio accipit, Patris autem omnia et Filio communia sunt, manifestum est ex his insinuari Filium unum cum Patre Deum esse, Spiritum autem verum Deum ex Patris et Filii essentia denuntiari. Porro dicere : *Omnia quæ habet Pater, mea sunt; ideo* (διὰ τοῦτο) *dixi vobis : quia de meo accipiet*, etc.; aut nihil significat aut non significat propositum tibi; quippe suscepta ad structuram causa nihil de Filii dignitate excludit, nisi in quantum dictum est : *Omnia quæ habet Pater, mea sunt : quod etiam sine eo quod sequitur solum per se ipsum dici poterat.* » Sane inanis foret ea repetitio, inanis ea probatio, si tantum voluit dicere : De meo Patre sumet, non de me. Potius dicendum videtur, dum Christus se veluti medium terminum ponit inter Patrem et Spiritum, dum per suam cum Patre communionem quod asserit vindicat, dum quæ accipiet Spiritus sua prius vocat ac deinde ad Patrem refert, se ipsum proximum datorem eorum designasse. Accedit, quod universalis Christi propositio *omnia quæ*, etc., non permittit Spiritus προβολὴν a Filio removere (1). « Quod si accipiendo, ait Hugo Etherianus (l. c.), de iis quæ sunt Patris et habet Pater, accipit de Patre, et accipiendo de iis quæ sunt Filii et habet Filius, accipit de Filio : manifestum est igitur quod non de solo Patre accipit Spiritus, ut Photius asserit... Si emissor Spiritus non in eo quod generat secundum naturam est Pater, Filius vero minime, quomodo verax erit Salvator asserens : *Ideo dixi vobis, quia de meo accipiet, quia omnia quæ habet Pater, mea sunt?* Aut enim habebit secundum naturam, ut sit emissor, quod Patris non ut genitoris est,. aut si non hoc, Patris quidem sunt, quæ exsistunt Filii, *quæ vero sunt Patris, non pertinent ad Filium.* Quare si omnia quæ sunt Patris (non ut genitoris) habet Filius, emittere autem Spiritum Patris non ut genitoris est, hoc abesse non potest a Filio. » Hoc est illud, de quo supra (§ 2) egimus, argumentum : Quæ habet in divinis Pater excepta paternitate (et innascibilitate) communia sunt eidem cum Filio; ergo vis spiratrix, quæ est a paternitate (et a ratione ingeniti) distincta, est Patri cum Patre communis. In divinis juxta Anselmum (*De inc.*, c. 5; *De proc. Spirit. sanct.* c. 2), omnia sunt unum, ubi non obviat relationis oppositio. Cf. Petav. *De Trin.* VII, 9, 11.

10. Demum : V) Adversatur Photii expositio ipsis Græcis Patribus, quorum doctrinæ se tenacissime inhæsurum semper protestatur. Id satis præter alios Manuel Calecas et Bessarion nec minus luculenter Beccus (l. III, ad Theodor. n. 10; *G. O.* II, 144, 145 et in *Epigraph.*) atque Allatius (*Enchirid.* et *Vindiciæ synodi Ephesinæ* p. 294) demonstrarunt. Unum alterumve horum Patrum audiamus. Athanas. ad Serap. ait : Ὁ μὲν Υἱός· φησιν· Ἃ ἤκουσα παρὰ τοῦ Πατρὸς, ταῦτα λαλῶ εἰς τὸν κόσμον· τὸ δὲ Πνεῦμα ἐκ τοῦ Υἱοῦ λαμβάνει· ἐκ τοῦ ἐμοῦ γὰρ λήψεται, κ. τ. λ. Item orat. 3, c. Adrian. (Calecæ est orat. 3) : Τὸ Πνεῦμα παρὰ τοῦ Λόγου λαμβάνει... αὐτὸς γὰρ ὁ Υἱὸς τὸ Πνεῦμα δίδωσι καὶ ὅσα ἔχει τὸ Πνεῦμα ταῦτα παρὰ τοῦ Λόγου ἔχει. Hoc testimonio Nicephorus Blemmida, orat. 2, c. 6. (*G. O.* I, 44, 45), Gregor. Cpl. ad imp., Trapezunt. c. 4 (ib. 424), Bessarion (l. c.) aliique plurimi utuntur (cf. Petav. *De Trin.* VII, 5, 1 seqq.). Non minus luculenta argumenta suppeditat Epiphanius, dum in *Ancorato* (cf. Beccum *G. O.* II, 145, 580) scribit : « Quod si Christus ex Patre procedit, Deus ex Deo, et Spiritus ex Christo, aut ab utroque, ut ait Christus : *qui a Patre procedit*, et : *Hic ex meo accipiet.* » (Cf. et hær. 74, n. 10 Opp. I, 898). Certe Epiphanius probaturus τὸ πυρ' ἀμφοτέρων, quam vim tribuit verbis *qui a Patre procedit*, ad ostendendam Spiritus ex Patre originem, eamdem verbis, de quibus agimus, inesse existimat ad manifestandam processionem ex Filio. Audiatur et Didymus (lib. II *De Spirit. sanct.* Opp. Hier. IV, I, 514, ed. Mart.) : « Rursum hic *accipere*, ut divinæ naturæ conveniat, intelligendum. Quo modo ergo *Filius dans* non privatur his quæ tribuit, neque cum damno suo impertit aliis : sic et Spiritus non *accipit*, quod ante non habuit. Si enim quod prius non habebat, accepit, translato in alium munere, vacuus largitor effectus est, cessans habere quod tribuit. Quo modo igitur supra de naturis incorporalibus disputantes intelleximus, sic et nunc Spiritum sanctum *a Filio accipere id quod suæ naturæ fuerat*, cognoscendum est; et non dantem et accipientem, sed unam significare substantiam : si quidem *et Filius eadem a Patre accipere dicitur, quibus ipse subsistit.* Neque enim quid aliud est Filius, exceptis his, quæ ei dantur a Patre; *neque alia substantia est Spiritus sancti præter id quod datur ei a Filio.* » Addatur Cyrillus Alexandrinus, quem Constantinus Meliteniota (*De proc. Spirit. sancti*, orat. 1, c. 15; *G. O.* II, 571, 572), et Leo Allatius (*Vind. syn. Eph.* pag. 279, 295-297) locupletissimum testem adducunt multis in locis eumdem textum diverso omnino modo a Photii ratione explanantem. Ad verba illa : *Non enim loquetur a semetipso* (Joan. XVI, 13) notat : « Non utique uti ego futura prædicaret, nisi prorsus in me exsisteret et per me progrederetur. » Exponens vero Joan. XVI, 14 tradit : « Cum vero Filio consubstantialis sit et ut Deum decet *per ipsum prodeat*, omnem ejus in omnibus perfectissimam possidens operationem et virtutem, *propter hoc dicit : Quia de meo accipiet.* » Et ad v. 15 repetitis Christi verbis addit : « Spiritus videlicet, qui per ipsum et in ipso est. » Item in Joan.

---

(1) Profecto verba : *Omnia quæ habet Pater*, etc. 1) universalia sunt; ergo non possunt restringi et limitari nisi in iis, quæ natura rerum per se excludit ; 2) ad ipsam relationem ad Spiritum a Filio extenduntur ipso et ad id adhibentur, ut Spiritum secum intime conjungi et e eo quod ipsius est, accipere ostendat.

xv, 26 : « Ecce enim Spiritum veritatis *sui ipsius* nempe nuncupans, ex Patre illum procedere ait. Nam sicut *Filii Spiritus* est naturaliter in ipso manens et per ipsum prodiens, sic certe Patris quoque Spiritus est. Quibus autem *Spiritus communis* est, ii profecto secundum substantiam separari non possunt. » (Cf. Becci *Epigr.* V, *G. O.* II, 567.) Quid clarius iis quæ Cyrillus item ad Joan. xvi, 13, disputat (*G. O.* II, 570-572 :) « Cum enim prædixisset Paracletum ad eos venturum, Spiritum veritatis eum nominavit, hoc est sui ipsius. Ipse enim est Veritas. Namque ut addiscerent discipuli, non alienam neque peregrinam a se missurum virtutem, sed seipsum alio quodam modo daturum polliceri, *veritatis Spiritum*, *id est*, *sui ipsius*, Paracletum vocat. Non enim alienus a substantia Filii sanctus Spiritus intelligitur, sed *ex ea naturaliter progreditur*, nil aliud ab ipso exsistens, quantum ad naturæ identitatem, licet in persona propria concipiatur. » *Cum autem venerit*, ait, *non loquetur a seipso quidquam;* pro eo ut dicat: Prudentes vos reddet, et veritatis mysterium revelabit ; non loquetur quidquam prorsus, quod mihi non consentiat, neque peregrinis vos disciplinis instruet. Neque proprias forte leges feret. Cum vero Spiritus et quasi *mens mea* sit, loquetur omnino quæ in me sunt. Et hæc Dominus ait, non ut ministri locum habere Spiritum sanctum secundum quorumdam imperitiam cogitemus, sed potius discipulos certiores reddere volens, secundum essentiæ rationem a seipso non esse diversum Spiritum sanctum, et hæc prorsus loqui et operari et velle. Propterea que præmisit, quod *etiam ventura annuntiabit vobis*. Ac si diceret: Signum hoc erit vobis, *ex mea substantia* esse Spiritum et mentem esse quasi meam, quod ille futura sicut ego prædicabit. » Sic rursus ad Joan. xvi, 14 observat, per hoc, quod Spiritus accipiat a Filio, nihil omnino ei detrahi, et omnia eum habere perfecte. Cæterum quæ Cyrillus habet, ea ad illustrandum contextum et scopum verborum Christi insigniter conferunt; quæ autem disputat Photius, etsi magna ex parte vera sunt, tamen ipsius non prosunt intento. Christus consolatur discipulos, non alienum ac peregrinum se consolatorem missurum testatur, ostendit suam tum cum Patre tum cum Paracleto æqualitatem, sui et illius cum Patre ὁμοφυΐαν ; verum non hoc *duntaxat* ejus verba sibi volunt. Multo efficacius ea probat, si simul ostendit, *a se*, quem noscebant amabantque adeo discipuli, Spiritum sua omnia habere, et si auctore Photio (c. 26, 27) cavere vult, ne illi majorem se ipso putarent Spiritum, multo validius id efficit, si a se eumdem esse confirmat, se velut ejus principium repræsentat, quem superius a Patre procedere dixerat. Imo, ut Photii verbis utamur, priorem mystagogiam revera evolvit uberius et cum hac explanatione conjungit ac copulat per illa verba: *Omnia quæ habet Pater, mea sunt*. Quorsum vero illa ratiocinatio, si nihil a Filio accipit Spiritus ? Sed qui singulas Photii assertiones prosequi vellet, ampliorem adhuc probationum materiam dubio procul inveniet. Nos ad alia properamus.

11. Non minus prolixa est disputatio (a cap. 48), qua aliud Scripturarum testimonium Latinis eripere conatur Photius, videlicet *Galat.* iv, 6, ubi Spiritus sanctus vocatur *Spiritus Filii*. Quamvis verba *per se* non probent Spiritus a Filio processionem, tamen spectatis tum aliis tum traditionis Christianæ præsidiis, huic dicto aliisque similibus vim inesse ad eam ostendendam summo consensu theologi persuasum habuere semper ac variis modis argumenta exinde efformarunt. Photio coævus Ratramnus ita de hoc textu disserit (l. 1, c. 4. p. 232) : « Non ait Paulus : Misit Deus Spiritum *suum*. Quod si diceret, non penitus excluderet Filium, quoniam Deus est etiam Filius, quemadmodum Pater est Deus, et uterque non duo Dii, sed unus est Deus; quod enim persona separat, substantia conjungit. Volens autem auferre omnem quæstionem, personam Filii specialiter dixit misisse Deum Spiritum Filii sui in corda nostra. Num alius est Spiritus Filii quam Spiritus Patris ? Quod si idem est Spiritus amborum, profecto procedit ab utroque ; non enim sic dicitur Spiritus Filii, tanquam sit minor Filio; hoc qui sentit vel dicit non est catholicus. Qua de re non est, quare dicatur Spiritus Filii, nisi quia procedit a Filio, sicut dicitur Spiritus Patris, quia procedit a Patre. » Addit deinde Ratramnus alios textus, ubi Spiritus dicitur Spiritus Jesu, Spiritus Christi, ac potissimum *Rom.* viii, 9, concludens, Spiritum Christi esse eumdem qui et dicitur Spiritus Dei (c. 6, p. 236) atque comparans *Rom.* viii, 15 cum *Galat.* iv, 6 notat : « Videte, quod eumdem dicat Spiritum adoptionis filiorum, quem confitetur Spiritum Filii, quo nos doceat Apostolus, eumdem esse Spiritum Patris, quem dicit Spiritum adoptionis, et eumdem esse Spiritum Filii, quem misit Deus in corda nostra ; et in eodem, qui tam Patris quam Filii monstratur Spiritus, clamamus : *Abba, Pater.* Quod nequaquam facere possemus, si non quemadmodum procedit a Patre Spiritus sanctus, sic etiam procedat et a Filio. » Hinc rursum exclamat (c. 7, p. 238) : « Si Spiritus non procedit a Christo, quomodo Spiritus dicitur esse Christi ? Procedit igitur a Christo, quia non ex *subjectione*, nec *ex particulari sectione* dicitur ejus esse, sed quod ejus de substantia substantialiter procedit. » Neque aliter Georgius Trapezuntius ad Cretens. *De una S. Eccl.* c. 3, 4 (*G. O.* I, 541 seq.) : « Ex Patre et Filio habet Spiritus, quod sit, secundum divinum Evangelium. Nec non et Paulus dicit : *Misit Deus Spiritum Filii sui.* Itaque si *Patris et Filii Spiritus est*, quod sæpe sæpius legitur, manifestum est cum ab utroque spirari vel procedere. » His concordant multi alii Theologi (cf. Walch op. cit. c. 10, § 5, p. 168, 169), qui ita ratiocinari solent : Qui in divinis dicitur esse alterius, ab illo procedit ; quia

cum una persona sit alteri æqualis, non dicitur alterius esse ratione subjectionis aut servitutis, sed ratione originis; proinde si Spiritus sanctus dicitur Spiritus Filii, jam a Filio procedit.» (Cf. Demetr. Cydon. *De proc. Spirit. sanct.* c. 10.) Præclare Manuel Calecas contra Græcos ita disputat : « Cum unum alterius dici vel hujus *proprium* in divinis, rejecta materia et iis quæ materiam consequuntur, neque tanquam membrum, neque ut possessio, neque ratione alicujus excellentiæ vel alterius cujuspiam affinitatis dici queat, sed ratione solum principii et ejus quod est a principio, in quo uno alterum ab altero discerni comprehendimus, perspicuum est, cum dicimus Spiritum sanctum proprium esse Filii, id sola illa principii ratione intelligi posse. » Egregie quoque disserit Bessarion (*Orat. dogm.* c. 6; Hard. IX, 540) : » Spiritus quoque *relativum nomen* est et ad spirantem refertur; et cujus dicitur Spiritus, ab illo etiam spiratur. Quod enim personalia nomina Trinitatis *relativa* sint, nullus ignorat. *Personale* vero nomen Spiritus esse, quod Spiritus sanctus dicatur, nemo inficiatur quemadmodum Patris *Pater* et Filii *Filius*, et necessario relativum, quemadmodum et illa; siquidem essentia non sunt, nec aliud est in divinis præter essentiam et relationes. Quemadmodum igitur, Filius cum sit nomen relativum, et referatur ad Patrem, veremur Filium Spiritus dicere, ne Spiritus pater ejus putaretur, ita et Spiritus, cum sit nomen relativum et necessario ad spirantem referatur, ab eo etiam spiratur, cujus dicitur Spiritus esse. » Denique Patres non solum Latini (cf. v. gr. Aug. *De Trin.* IV, 20), verum etiam Græci ἴδιον Πνεῦμα τοῦ Υἱοῦ ea ratione dicunt, ut inde Spiritus a Filio origo plane manifestetur, quod præ cæteris Petavius (*De Trin.* VII, c. 4, § 8 seq.) ostendit.

12. Sed omnem movet Photius lapidem, ut inanem atque absurdam talem Paulini effati intelligentiam ostendat. In primis eodem artificio, quod c. 20 seq. circa verba Christi *Joan.* XVI, 13, adhibuerat, conclusionem e *Galat.* IV, 6 deductam contrariam doctrinæ Christi effingit, adversariosque Paulum cum Servatore committere et injuria utrumque afficere pronuntiat (c. 48). Deinde « Ubinam, inquit (c. 49), Paulus edixit Spiritum ex Filio procedere? *Esse* quidem *Filii* (neque enim alienus ab ipso, quod absit!) et ille dixit et Ecclesia Dei simul confitetur intelligitque; procedere autem ex Filio neque ex ejus labiis divinis rebus repletis prodiit unquam, neque piorum quispiam scripto protulit, imo ne auribus quidem hanc blasphemiam excipere toleraret. » Inde exigit, ut nihil ; dicatur præter id quod dixit Apostolus, ut ejus verba retineantur nec tali expositione immutentur. Quo ista spectant : « Quare igitur non et tu hæc dicis, sed prave agis, omnia susdeque vertis et verbum præconis pervertis et, quod gravius est, hanc tuam perversionem atque blasphemiam in ipsam doctoris vocem immittis? (C. 50.) Dixit: *Spiritum Filii sui*. Recte omnino ac pro sapientia ipsi divinitus data. Tu vero quid vocem adulteras, et quæ quidem dixit, non dicis, quæ autem ne cogitavit quidem, quasi ab illo dicta prædicare non erubescis? » (C. 51.) Sed hæc, uti cætera ejusmodi, vana sunt declamatio; illud unum quæritur, quonam pacto ex Pauli verbis Latini suam doctrinam stabiliant; atque planum est non deesse iis argumenta quibus suam conclusionem confirment. Hoc potius videndum est, quid Photio auctore Pauli phrasis τὸ Πνεῦμα τοῦ Υἱοῦ sibi velit. Is itaque potissimum ad nudam *consubstantialitatem* verba illa detorquet; id illis indicatum censet, quod Spiritus non sit alienus a Filio (c. 49) quod ejusdem naturæ cum Filio, ejusdem essentiæ, ejusdem gloriæ, ejusdem honoris et dominationis exsistat (c. 51). «Qui igitur dicit *Spiritum Filii*, naturæ quidem sine ulla differentia edocet unitatem, principium vero processionis nullo modo simul indicat; unitatem secundum essentiam novit, eum qui æqualis naturæ hypostasin producit nulla prorsus ratione simul prædicat neque principium insinuat. » (Ibid.) Deinde docet (c. 53) consubstantialem esse Spiritum Patri, quia ex ipso procedit; consubstantialem Filio, « non quia ex ipso procedit (apage, cum neque ille huic propter generationem), sed quia ex uno et indivisibili principio ab æterno æquali ordine utrique progressio est. »

13. Verum denominationem Πνεῦμα τοῦ Υἱοῦ ac similes in *biblico* et *patristico* sermone ad unam consubstantialitatem referendam esse inane prorsus et falsum est. Nam : 1) *latius* patet dictio : hic est illius, quam propositio : hic est illi consubstantialis. Quod in primis qui peculiarem tractatum contra asserentes Spiritum τοῦ Υἱοῦ dici διὰ τὸ ὁμοούσιον ἢ διὰ τὸ χορηγεῖσθαι ὑπ' αὐτοῦ τοῖς ἀξίοις conscripsit, Georgius Pachymeres urget (G. O.1, 393) dicens : « Quilibet fatebitur τόδε τοῦδέ τινος εἶναι universalius prædicari (ἐπιπλέον εἶναι) quam τὸ ὁμοούσιον. Domus etenim hæc Socratis et sedes Platonis ; sed non consubstantialis est, neque domus, neque sedes philosophis illis. » Revera nominativus Spiritus cum genitivo Filii nemini ingerit consubstantialitatis ideam. Verum II) nihil prodest si de iis solum agatur quæ *consubstantialia novimus*. « Quod si, » ita pergit præfatus auctor, « *in consubstantialibus etiam solis* quæratur, minime inveniemus, in consubstantialibus omnibus sequi hoc hujusce esse, sed et in his etiam plurimis modis deficere comperitur. Consubstantialis quippe Petrus est Paulo et Petro Paulus; sed neque Paulus Petri, neque Petrus Pauli. Ideo multo minus patebit τὸ ὁμοούσιον quam τὸ τόδε τοῦδέ τινος εἶναι καὶ λέγεσθαι. Tunc enim omnino minus diffunderetur consubstantiale, quam hoc alicujus esse et dici, si hoc quidem illi ex altera parte non responderet (οὐκ ἀντέστρεφε), responderet vero ac congrueret huic consubstantiale; cum vero minus sit et non

omne, quod est alicui consubstantiale, hujus dicatur, ampliori mensura consubstantiali inerit, minus esse, quam illi, quod hujusce est. » Similiter Hugo Etherianus (l. II, c. 20, p. 1225) : « Cum omnes homines inter se sint consubstantiales, tamen nullus homo in eo quod ´homo (vel alteri consubstantialis) alterius esse dicitur. » Pergit III) Pachymeres (p. 594) : « Hoc concesso inquirendum est, utrum magis se extendat causa (αἴτιον), an effectus (αἰτιατόν). Sine dubio causa. Quare si quis quærat, cur *lumen radii* dicitur (φῶς ἀκτῖνος λέγεται), stultum foret respondere : quia consubstantiale est; sed si quis quæsierit : Quomodo hæc consubstantialia sunt, tunc locum habet responsio, quia hoc hujusce dicitur, licet in pluribus consubstantialibus id causa non sit. Sic et in proposita quæstione quispiam audebit efferre. Si magis late patet esse et dici Spiritum Filii, ut jam ex dictis de consubstantialitate fateri debemus, si quis quæsierit : Quare consubstantialis Spiritus Filio est? commode respondebitur, quod Filii Spiritus dicitur Spiritus sanctus; neque enim ascititius (ἐπίκτητον) est illi, ut nobis sunt ea quæ possidemus, sed æterno ac naturali modo promanans. Sicut si quis quæreret : Quare consubstantialis est Filius Patri? dicimus, quia Patris Filius sit Filius; et est præterea ex Patre secundum substantiam, sed non uti creaturæ. At vero respondere ad quæstionem, cur Filii dicatur Spiritus, quod illi consubstantialis est, insulsa est responsio et non juxta dialecticas leges. Minus enim patet consubstantiale eo quod est hujusce esse. Et quomodo quod minus sese extendit, illius quod magis, causam esse fatebimur? Causa etenim de pluribus vel paribus, si contra vertatur, nunquam vero de paucioribus. » (P. 395.)

14. Alii vero Theologi et alias proferunt rationes, quibus commentum illud destruitur. « Qui asserunt, ait Georgius Trapezuntius (*G. O. I*, 541, c. 4), Filii Spiritum dici κατὰ τὸ ὁμοούσιον, delirant. Cur enim non dicimus τὸν Πατέρα τοῦ Πνεύματος, cum ejusdem ac Spiritus naturæ sit? An non apertum inde remanet, eum qui Patrem Spiritus dicit, Spiritum dicere Filium et blasphemare? Et pariter eum qui Filium Spiritus dicit, utpote Spiritum in Patrem transformantem? » Sane juxta illam expositionem cum tres personæ sint inter se consubstantiales, quælibet deberet dici alterius. Atqui abhorret ab hoc loquendi mos theologicus et Christianus; et si qui paucissimi vel e schismaticis fuere, qui Spiritus sancti proprium dicerent Filium (cf. Const. Meliten. orat. 1, c. 37; *G. O.* II, p. 746), plurimi tamen id omnino rejecerunt, inter quos Marcus Ephesius : «Filius, inquit, Spiritus sancti neque est neque dicitur secundum Gregorium Nyssenum. » Hujus enim hæc sunt verba : Ὁ Υἱὸς τοῦ Πνεύματος οὔτε ἔστιν οὔτε λέγεται, οὐδὲ ἀντιστρέφει ἡ σχετικὴ αὕτη ἀκολουθία. Sed si hoc non convertitur, id consubstantialitatem non denotat; si enim ad ὁμοούσιον foret referendum, jam e converso diceretur uti Spiritus Filii, sic Filius Spiritus. Præterea genitivus τοῦ Υἱοῦ vel indicat possessionem, proprietatem vel relationem quamdam; generatim id dicitur alicujus, *quod ad eum quocunque modo pertinet*. Sed ex principiis theologicis Patrum relationes in divinis sunt relationes originis; nomina trium personarum ipsa sunt relativa, denotatur itaque hic habitudo originis. Neque secus ratio reddi posset, cur non dicatur Filius proprius Spiritus sancti, Pater proprius Spiritus. Proprietatem non habet divina persona in aliam, nisi habitudine principii. Recolantur quæ (§ 11) ex Bessarione adduximus. Quibus ista consonant Georgii Trapezuntii (l. c. p. 541, 542) : « Quemadmodum Pater et Filius nomina sunt hypostatica modum exsistendi (τὸν τρόπον τοῦ εἶναι) harum hypostaseon indicantia, pari ratione et Spiritus nomen hypostaticum est, exsistendi modum ipsius manifestans. Ex Patre ergo et Filio spiratur, cum amborum sit Spiritus. » (Cf. eumd. ad Joan. Cubocl. c. 10, p. 487.) Accedit, quod juxta Patres Græcos eodem Spiritus modo proprius est Filii, quo est proprius Patris. Sed juxta eosdem Patres proprius est Patris ut ex eo procedens; juxta eosdem igitur est proprius Filii ut ab eo progrediens (1). Ergo non diversimode dicitur Spiritus Patris et Spiritus Filii, sed eodem plane modo et utrumque ad originem refertur. Basilius *c. Eum.* II, n. 34 probat Spiritum ex Patre esse, ex eo quod dicitur Spiritus Dei, sicut Spiritus Filii; legitime ergo probabitur ex Filio esse, eo quod dicitur Spiritus Filii. Diserte Cyrillus statuit : quod proprium est Dei, id ex ejus essentia est; proprium dicitur alicujus, quod ex ejus essentia est (2) ; sed juxta eumdem (infra III, § 9) quod ex essentia Patris vel Filii est, id quoque ex eo est. Ratum omnino esse debet ex Patribus, æqualiter esse Spiritum tum Patris tum Filii. Hinc Hugo Etherianus (l. I, c. 1, p. 1200, 1201) : « Si ab uno solo duorum processionem Spiritus haberet, duorum non esset *æqualiter* commune et *indifferenter*, sed *præcipue* illius, ex quo proveniret; at vero Spiritus est alterutrius (utriusque) *æqualiter* et *indifferenter*; non enim *minus* Filii et *magis* Patris est, quare non ab uno solo duorum procedit Spiritus. » Et rursus (l. I, c. 6, p. 1203) : « Æqualiter atque indifferenter ab utroque Spiritus *habetur*; igitur æqualiter atque indifferenter ab utroque idem Spiritus *emittitur* (3). » Si Spiritus *proprius* Patri ob processionem, ob eamdem proprius erit Filio. Quare Ratramnus (l. II, c. 4, p. 254) : « Unde Patris est Spiritus, quia procedit a Patre; hinc quoque Filii pariter est, quia procedit a Filio; non enim duo,

---

(1) Cyrill. Alex. in Joan. XVI.
(2) Cyrill. serm. ad Nest.

(3) Cf. eumdem l. I, c. 16, p. 1211; l. III, 11, 12, p. 1246 seq.

sed unus est Spiritus, nec enim alius dicitur esse Patris et alius Filii Spiritus, sed unus amborum; procedit ergo ab utroque. » Et rursum alio modo premi Photius potest, dum statuit, proprium Spiritum Filii vel Patris ob consubstantialitatem dici, consubstantialitatis vero cum Spiritu rationem in Patre et Filio esse diversam (1); tunc enim non omnino eodem modo « æqualiter et indifferenter » Patris et Filii foret Spiritus, sed plane diverso modo, quod Patribus contradiceret. Denique alii theologi advertunt, etiamsi Photio concedatur, phrasim Πνεῦμα τοῦ Υἱοῦ ad consubstantialitatem esse referendam, tamen immota manere Latinorum argumenta, quod ex infra (art. IV, § 20 fin.) dicendis luculentius patebit.

15. Illud vero quod dictum fuit, non vice versa dici Υἱὸν τοῦ Πνεύματος, confirmari potest etiam ex theologo non ignobili, cujus fragmenta ipse nobis Photius servavit. Jobus enim monachus, *De incarnat.* lib. VII (in *Biblioth.* Photii, cod. 222, p. 318, 319, ed. 1601) de eo agens, quod Filius apud Patres dicitur manus, dextera, etc. (2), notat, recte dici digitum manus esse, non vero manum digiti; sic Spiritum dici Filii, non vero Filium Spiritus, sicque de hac re disserit, ut congruum omnino suppeditet pro Latinorum doctrina argumentum. Quod si quis opponat, et Patrem *esse Filii,* quemadmodum Photius c. 52 arguit dicens : « An igitur propterea et e converso Patri tribues generationem? » responderi potest; nihil obstare, quominus *Pater Filii* dicatur, sed multum obstare, quominus *Filius* dicatur *Spiritus sancti;* non propterea Patrem generari dicendum, quia Filii esse dicitur, neque Latinos ad id statuendum adigi. Sane Pater et Filius sunt relativa nomina et talia, quæ *per se originis relationem* declarant, qua alter ex altero, ex Patre Filius, non ex Filio Pater; *Pater Filii* est et dicitur Pater, Filius vero *Patris Filius.* Spiritus quoque relativum nomen est (veluti spiratus), si in ecclesiastico loquendi usu et *personaliter* (3) accipiatur; attamen per se non ita relationem originis manifestat, sicut Patris et Filii nomina. « *Per se* enim Spiritus neque ad Patrem refertur, neque ad Filium, » (Bessarion supra § 11 et Joan. Theologus infra art. seq. § 1) « sed ad spirantem. » (Ibid.) Ex hinc jam disparitas patet. Dum dicitur Pater *Filii*, intelligitur Filii *Pater;* nec potest Filius pro principio sumi, Pater pro principiato; sed si dicitur *Filius sancti Spiritus,* verba indicant Filium a Spiritu originem habere, Spiritum esse Patrem, quod absurdum. *Pater Spiritus* dici nequit, quia tunc Spiritus foret Filius, *Filius Spiritus* dici non potest, quia tunc Spiritus foret Pater. Aliud est esse *alicujus simpliciter*, aliud esse *Patrem vel Filium alicujus*; porro Pater non dicitur Filii esse proprius simpliciter, sed *Filii Pater;* id subintelligitur, quod ejus sit *Pater.* Pari modo diceretur Spiritus spirantis esse et spirans Spiritus sancti *spirator* seu προβολεὺς Πνεύματος. Hæc vocabula sibi ad amussim respondent et ad idem pertinent genus, adeoque simplicitatem arcent. Recte rursum dicitur : Pater et Filius sunt προβολεῖ; (προβολεὺς) Πνεύματος, sed non simpliciter : *Pater et Filius sunt Spiritus sancti.*

16. Neque vero, quod subdole ac perverse Latinis ascribit Photius (c. 59), ii unquam docuere : *Quod alicujus esse dicitur, ex eo vel ab eo est.* Potest certe hoc illius dici vel ut possessio possidentis vel ut pars totius vel ut effectus causæ vel ut forma seu qualitas subjecti, etc., quocunque demum nomine genitivus casus cum nominativo subjecti conjungi potest, qua late patet genitivi usus. Latini non dicunt de quocunque, quod dicitur esse alicujus, id ab hoc exsistere; sed id dicunt de personis, nec de personis quibuslibet, sed *de personis divinis.* Creaturæ quoque sunt Patris et Filii; sed non propterea a creaturis procedunt Pater et Filius. Ex qualitate atque charactere subjecti determinatur, quomodo ad aliud pertineat id, quod ejus dicitur esse. Quicunque alterius dicitur, ad eum quodam modo pertinet; vel ut servus vel ut necessarius, etc., relationem ad ipsum habet. Porro a divinis omnes ii respectus excludendi, qui divinas non decent hypostases, ut servitus vel ministerium; ea σχέσις statuenda, quæ divinis concordat (4). Hæc porro est originis habitudo (§ 14), relatio inter prin-

---

(1) Ad id Hugo Etber. l. II, c. 20, p. 1235 hæc respondet : « Neque hoc videtur esse verum, ut Spiritus ideo sit Filii (s. Filio consubstantialis), quod ex una causa et indivisibili ante sæcula æqualiter utrique progressio. Inconvenientia enim sequuntur et hoc nuntiantem : nempe secundum quod sunt ex una causa, *uniuntur ambo*. Non enim *tot*, sed *hujusmodi* ostenduntur ex eo, quod secundum unionem non intercedat numerus. Impossibile est enim aliqua numerari in eo quod nihil differunt, cum secundum distantiam tantum numerum nanciscantur; at vero secundum quod Spiritus est Filii, differens ab ipso et quasi *altera persona* ostenditur; nihil quippe sui ipsius esse potest. Quare non ideo est Filii et ei consubstantiale, quod ex una causa et indivisibili ante sæcula æqualiter utrique processio. » Cf. quæ Hugo iterum, l. III, c. 4, p. 1241, de hac re disputat quæque non semper satis ad rem accedunt, ac Georgium Metoch. G. O. I, 975 seq., 931 seq.

(2) Cf. Iren. V, 1, 6; Tert. C. Prax. c. 13, Euseb. in psal. LIX, 7; Cyrill. Glaph. in Exod. l. II, thes. 13 (ap. Becc. G. O. II, 639, 640).

(3) Videlicet nomen *Spiritus* tum *essentiale* tum *personale* esse potest. Cf. Thom. Sum. 1, q. 36, a. 1 in corp. et ad 1. Jam Aug. De Trinit. v, 11; xv, 19 id præclare enarrat : « Quia Spiritus sanctus *communis est ambobus*, id vocatur proprie quod ambo communiter. » Cf. et Hugon. Ether. l. III, c. 3, p. 1240 seq. Pariter *Patris* nomen essentialiter quoque usurpatur, non tantum *personaliter*; sed priori modo nonnisi ad extra, ad creaturas dicitur, ut Matth. VI, 26, 32; X, 29, et tunc tribus personis convenit. De hac acceptione hic non est sermo. Si Spiritus alicujus esse dicitur, ut recte notat Bessar. (ep ad Alex. Lascar. c. 6), non absolute seu essentialiter sumitur, sed relative.

(4) Egregie Leo M. serm. 1 *de Pentec.* (Ball. serm. 75; *Patrol.* ed. MIGNE tom. LIV, p. 403), cap. 3 : « Cum in personarum proprietatibus alius

cipium et principiatum. Sicut calor solis dicitur calor a sole causatus, sicut fructus arboris fructus ob arbore productus, ita Spiritus Filii est Spiritus per Filium emissus, ut principiatum principii est. Vane ergo colliguntur exempla similium dictionum, ubi *de divinis personis* sermo non est. (Phot. c. 57 seq.) Dicitur Spiritus sapientiæ, spiritus intellectus, spiritus scientiæ, dilectionis, adoptionis filiorum, promissionis, fidei, et alia hujusmodi (1); sed sapientia, intellectus, scientia, etc., non sunt personæ divinæ; verum dona et charismata, « quorum Spiritus sanctus fons ac largitor glorificatur, » ut ipse Photius (c. 58) bene novit; hæc effectus, fructus, donationes, ac veluti possessio sunt Spiritus sancti; in his genitivus longe aliam habet significationem. « Nequaquam, ait Hugo Etherianus (l. II, c. 20, p. 1256), *hoc modo* (ut Spiritus consilii, fortitudinis, timoris, etc.) *Filii* nuncupatur *Spiritus*; Filii sane Spiritus, uti *Patris æque ac indifferenter* censetur. Intellectus vero, gratiarum et donorum dicitur Spiritus ut *dator et effectiva illorum causa.* » Sed multo uberius idem auctor jam ante (c. 13. p. 1228) contra Theophylactum eamdem rem pertractaverat. Atque præ cæteris hoc urget : « Ad hoc.... scil. aliud esse, *ex aliquo*, et aliud *alicujus*, eadem in pluribus convenire inveniuntur. Nam pars quidem totius est et ex toto, et arboris fructus et ex arbore, et spuma maris et ex mari; et sicut *impossibile est fontis esse aquam et non ex fonte, sic impossibile est Spiritum esse Filii et non ex Filio,* aut Patris et non ex Patre, Filium Spiritumque; *Pater vero non in eo quod sit alicujus ut ex aliquo, sed in eo, quod generat Filium, ejus dicitur.* » Secundum hanc doctrinam bene dici potest, quædam ita alicujus dici, ut etiam ex eo siat, quædam vero non ita; quæ priori modo alicujus dicuntur, manifeste inde dignosci, quod alia ratio, cur hujus dicantur, locum omnino non habeat, vel nexus talis inter utrumque intercedat, qui id per se patefacere possit. Deinde ad illud Theophylacti : « Dicitur Spiritus esse Filii, secundum quod unitas est Filius et virtus et sapientia, sanctus vero Spiritus et unitatis et fortitudinis et sapientiæ Spiritus apud Isaiam describitur, » observat Hugo virtutem, sapientiam, unitatem tribus personis convenire et per se esse nomina essentialia; si *essentialiter* sumuntur, nihil sane hic explicatur; si vero *personaliter* et prout Filio *appropriantur*, eadem Latinorum argumenta recurrunt. Præterea exempla varia ab adversariis allata sic repellit : « Deus dicitur (Deus) Abraham ut creator et Dominus Abraham, forsan vero et ut amicus illius; intellectus autem et fortitudinis sit Pater, alius sit Filius, alius Spiritus sanctus, non tamen alia Deitas, nec diversa natura est. Si quidem cum et de Patre sit Filius unigenitus, et *Spiritus sanctus Patris Filiique sit Spiritus, non sicut quæcunque creatura, quæ et Patris et Filii est, sed sicut cum utroque vivens et potens, et sempiterne ex eo quod est Pater Filiusque subsistens.* »

(1) Vidit acute Photius, cum Filius dicatur

et similium ut *efficiens causa* dicitur. Sed Spiritus dicitur Filii et Patris, ut ex Deo ens et ipse Deus, non ut adventitium adveniendo extrinsecus, (hoc enim quis asseverare audeat ?) sed ut plenitudo ejus, qui certe non aliter sano intellectu comprehendi potest, secundum quod tertius dicitur a Patre..., nisi ex Filio habere substantiam intelligatur et consideretur; hic utique Spiritus juxta Domini vocem *Veritatis* est, quia dicitur Spiritus veritatis; qui profecto, in quantum *Veritatis* est, in tantum *Filii* exsistit, et ex ipso exsistentiam sortitur... Si (Spiritus sanctus) ex Veritate non habet esse, adveniens et adventitia est ejus veritas; cum ipse Veritatis prædicetur, et ejus dicatur esse. Igitur sicut est Veritatis, sic et esse et subsistere habet ea Veritate, et ex ipsa, Filio scilicet, procedit secundum personarum ordinem. »

17. Objicit sibi Photius (cap. 59) in adductis Bibliorum testimoniis (c. 57), ut *Isa.* XI, 2; *II Tim.* I, 7; *Galat.* VI, 1; *Exod.* XXXI, 2, 3, aliisque, non ipsum Spiritum sanctum intelligendum. sed dona et charismata ab eo promanantia quæque ipse largitur; sed nihil hoc adversarios juvare contendit, quia secundum eorum legem ratiocinari ita debeamus : inde procedit Spiritus, cujus dicitur, sive persona Spiritus sive charisma intelligatur; ergo non charisma producit sapientiam, filiationem, fidem, etc., sed sapientia, filiatio, fides, etc., producunt charismata. Imo cum juxta adversarios idem sit dicere Πνεῦμα ac dicere charisma, tot erunt ipsis πνεύματα quot χαρίσματα et quodlibet horum pneumatum sive charismatum in duo dividetur, quorum unum producat, alterum producatur, unum donet, alterum donetur, fides fidem, intellectus intellectum et sic deinceps donet. Sed absurdæ plane ejusmodi sunt conclusiones. In primis docent Latini, πνεύματος vocem multipliciter usurpari; significare interdum ἐνέργειαν, δύναμιν haud per se subsistentem, significare aera, ventum, flatum, etc.; cum vero cum articulo ponatur, plerumque rem certam, singularem ac regulariter subsistentem notare; in Bibliis, ut jam advertit Didymus. l. I *De Trin.*, τὸ Πνεῦμα communiter dici Spiritum sanctum; posse vero et τὸ Πνεῦμα dona Spiritus sancti significare figura metonymiæ, qua pro effectibus persona effectrix ponitur, ut *Ephes.* IV, 23; *I Thess.* v, 19; *I Joan.* IV, 1 (H. Kilber. Theol. Wirc. Tract. *De Deo uno et trino,* disp. 6, c. 2; art. 1 fin. n. 543). Et recte in multis Bibliorum locis per Spiritum intelligunt charismata, ut jam pluralis τὰ πνεύματα, v. gr. *I Joan.* IV, 1, ostendit. Sed inde non sequuntur, quæ comminiscitur Photius; nam canonem illum a Photio Latinis ascriptum nemo advertit. Spiritus est Filii, sicuti et Patris, per modum causæ; veritas, virtus, sapientia, expressiones Πνεῦμα ἀληθείας, δυνάμεως, σοφίας eodem modo intelligi posse, quo Πνεῦμα Υἱοῦ; ideo ponit alias dictiones, ut Sp. fidei, Sp. promissionis, Sp. revelationis, etc., in quibus adversarii Filii nomina invenire nequeant (c. 58). Sed eo ipso jam subjectum non est amplius idem illud, de quo Latini ita statuunt.

mittit eorum (§ 16) et hinc ratiocinatio *illi unice,* *superstructa* cadit ; non est genitivus hic causam indicans, sed effectum denotat; non sunt divinæ personæ sapientia, fides, revelatio, etc. Atque licet sensu vero et biblico πνεύματα dicantur charismata et tot possint haberi πνεύματα hac significatione sumpta, quot charismata : tamen hæc non dividuntur in duo, ut ex falso supposito arguit Photius (c. 59, 60). Sed his puerilibus ludis non est immorandum.

18. Sed alias quoque rationes in promptu habet Photius, quare Spiritus Filii dicatur. Quarum una licet in opere non fusius explicata, tamen in titulo expressa et sæpius insinuata est : quod Spiritus *a Filio mittatur et suppeditetur dignis fidelibus.* Hanc rationem sedulo exornarunt Photii sequaces eamque catholici theologi accurate refutarunt. Etenim I) etiamsi ad missionem referatur quod Spiritus dicitur Filii, adhuc processio exinde deduci potest, cum missio temporalis æternæ processioni innitatur (§§ 3, 4). II) Spiritus a Patribus dicitur proprius Filii secundum naturam; sic Basilius l. 1, *c. Eunom.* explicat Πνεῦμα Χριστοῦ, ὡς κατὰ φύσιν ᾠκειωμένον αὐτῷ (Gregor. Cpl. *Apolog. contra M. Ephes. Confess.* cod. Mon. 27 f. 117 b, hoc textu præter alios utitur) ; sed natura est æterna et si quid natura proprium alterius, ejus rei ratio nequit ex temporariis repeti ; est proinde Spiritus proprius Filii non aliquo alio respectu, sed prout est divina persona, et inde ex ipso est. III) Causa (sic ratiocinatur Georgius Pachymeres, l. c. *G. O.* I, 390 seq.) prius intelligi debet quam effectus; et sempiternum in personis divinis prius quam effectus earum qui sunt temporales. Spiritus sanctus ideo in tempore suppeditatur fidelibus a Filio, quia est et dicitur Spiritus Filii; hoc est veluti causa, illud veluti effectus. Ergo quod Spiritus dicatur Filii, ex eo ratio non peti potest, quod donetur a Filio dignis. Eodem modo Bessarion (epist. ad Alex. Lasc. c. 7; Hard. IX, 1067): « Quod si quis dicat : Ideo dicitur Spiritus Filii, quia ex eo mittitur, falsa est ratio; e converso namque quia ejus est, mittitur ab eo ; priora enim sunt causa posteriorum (non vice versa). Prius autem est, quod Spiritus sit Spiritus Filii; posterius vero, quod mittatur ab eo. » IV) Non minus opportuna sunt, quæ disputat Hugo Etherianus (l. II, c. 20, p. 1235) : « Non dicitur Spiritus Filii ut consubstantiale et qui mittitur per ipsum, ut Photii declarat descripto; aut enim æternaliter est Filii perque ipsum æternaliter mittitur, aut prius Filii erat, quam per ipsum mitteretur. Quod si antequam mitteretur, Filii erat Spiritus, non quia per ipsum mittitur, ejus exsistit. Et rursus si per Filium Spiritus æternaliter mittitur, aut mittitur Filio cum Patre mittente ipsum, aut tanquam per instrumentum mittitur per Filium, veluti per arcum mittitur sagitta; sed hoc est impossibile ; eo quod alia natura sit causæ, et alia instrumenti; alienus foret Filius a Patre, ut instrumentum ab artifice. Quare mittit Filius et habet Spiritum omnino, quemadmodum et Pater, qui scilicet Spiritus neque in eo quod mittitur alicubi (*l.* alicui) consubstantialis est. Profecto quæ minime substantialiter insunt, substantialia esse non possunt. Quomodo enim a proprietatibus ad substantiales qualitates, scil. substantiales differentias rationem transferri possibile ? Existimo non recte. Non enim est proprietas idem substantiali qualitati ; propterea non potest transigi consubstantiale in proprietatum communitatem. Ergo Filius Dei est Spiritus dator et ejus emissor ut suæ plenitudinis. Est enim ejus *plenitudo* Spiritus sancti sicut Joannes sanctus inquit : *Nos de plenitudine ejus omnes accepimus* (Joan. I, 16), videlicet de Spiritu ejus. Quod si Spiritus in eo quod persona, Filio non communicat, plenitudo Filii non communicat Filio ; item si Spiritus non est ex Filio, quod est inconveniens ; cum ergo ex Filio, et ex ipso procedit. Hoc qui negant, asserere videntur non propria virtute per Spiritum fecisse miracula. » Præterea V) si Filius dat Spiritum, sane ipsum habet; sed quidquid habet *ut Filius,* id non ex gratia habet, sed natura, id ab æterno habet. Hinc rursum Hugo Etherianus (l. II, c. 11, p. 1226): « Non habet Filius Spiritum *secundum participationem,* qui per se vita, per se lux, per se veritas exsistit ; nec ab alio modicum quid ipsius Spiritus accipit, ut ideo impotens sit emittere ipsum, cum Pater ad plenum hoc queat facere. Quod semper habuit, quomodo ab alio accepit ? *Quid autem apostolis plus habet,* si *Patrem interpellando mittat Spiritum,* non habens per se neque ex se prodeuntem ? Quare mittit et emittit Filius Spiritum, sicut Pater... In prophetis, in apostolis et in Christo unus Spiritus sanctus loquebatur, sed tamen *aliter* ab illis et aliter a Christo idem Spiritus habebatur. Nam Christus *per se* Spiritum, illi vero *per Christum* habebant. » Et denuo (l. III, c. 12, p. 1248) : « Spiritus Filii est aut ratione *naturæ* aut ratione *gratiæ.* At Dei Verbum nihil ex gratia, quia Deus est, possidet ; quare nihil adjectum, nihil habet nuper adveniens, sed ut a principio constiterant exuberantiæ divinæ ratione consistunt naturæ, videlicet naturaliter. » Similiter Beccus in Camat. *Animadv.* c. 2 (*G. O,* II, 294) : « Si a Patre uti ex eo exsistens datur Spiritus, per Filium vero non uti ex eo exsistens, quis demum non existimaverit uti a servo et administro (διακονικῶς καὶ ὑπηρετικῶς) per Filium Spiritum dari ? »

19. Usitatissimum Græcis heterodoxis effugium hoc loco commemorandum est, quo statuunt sæpenumero Patres largitionem donorum et missionem temporalem intellexisse, non vero æternam processionem, dum Spiritum per Filium effundi, prodire, manifestari ac suppeditari dicunt. Evertunt hanc exceptionem quæ præmisimus, evertunt ipsa Patrum verba, quibus dicunt Spiritum effundi a Filio *sicut a Patre* et ita ut *connaturalis* Spiritus ei sit, quod de donis per se dici nequit, effundi

Spiritum a Filio ex *propria natura atque substantia* (1), aliaque hujusmodi sexcenta. Neque solum dona ac charismata fidelibus dantur, sed ipse Spiritus sanctus qui in eis inhabitat (Petav. *De Trin.* VIII, 4 seq.), quod frustra a Græcis plane negatur. Late de his disputant Hugo Ether. (l. III, c. 18, p. 1254 seq. Cf. II, 13, 14, p. 1228 seq.); Beccus (*Orat. de un. Eccl.* c. 16-19 ad Theod. l. I, c. 2 in Camat. *Animadv.* et epigr. 8, G. O. I, 104 seq. II, 89 seq. 320-323, 586 seq.); Constantin. Meliten. (orat. 1, c. 20; ib. 2, 682 seq.); Georgius Trapezuntins (*De proc. Spiritus sancti* ad Joan. Cub. G. O. I, 479 seq. 482 seq.); Bessarion (*Or. dogm.* c. 8. epist. ad Alex. Lasc. 7, Hard. IX, 361, 1063); Bellarm. *De Chr.* II, 22); Leo Allatius (*Vind. syn. Eph.* c. 47, p. 229 seq. c. 51, p. 286; c. 55, p. 354-357). Unum Hugonem Etherianum adducamus, qui (l. c.) scribit : « Licet apostoli et prophetæ in tempore a Christo Spiritum acceperint, Dei tamen Filius non in tempore Spiritum habere cœpit, neque idem Spiritus a Filio exire initium sumpsit per tempus aliquod (2). Sane a diebus æternitatis, sicut Filius a Patre generatur, ita Spiritus sanctus ab utroque exit, ab utroque mittitur æternaliter, et ab utroque, ut ostensum est, *univoce* procedit. Nam apud tres nihil præterit, nihil futurum est; apud tres personas non est transmutatio nec vicissitudinis obumbratio... *Quantum ad ipsos* (Patrem et Filium) spectat, ante omnia sæcula mittunt et donant (Spiritum sanctum). Exsistentibus autem dono missioneve dignis incipere dicuntur mittere vel donare; *nequaquam secundum se*, (sed) *quantum ad suscipientes*. Igitur si mittere æternum, et missio; versaque vice : si missio æterna, et mittere. Atqui missio æterna est. Non enim ut in lithotomon (sic) ratio turris fabricandæ fabricationem præcedit et ab ea dividitur, ita in Filio et Patre ratio missionis Spiritus missionem prævenit et ab ipsa separatur. Nam si ratio missionis Spiritus sancti ab æterno in Filio est, et missio ipsius Spiritus cœpit esse in Filio ab aliquo tempore, prius et posterius, adjectum et separabile habet Filius et accidentium non effugit multiplicitatem. Nonne sol cum illuminat domum, aliqua hodie incipit irradiare; pretiosi similiter splendent jugiter lapides, stellæ quoque; attamen illarum in tenebris, harum vero in luce minime splendor rutilat, *non ex interceptione splendoris, sed ex aspicientium imbecillitate?* Amplius : missio Spiritus sancti et cognitio missionis simul sunt in Patre et Filio; neutrum enim horum duorum tempus præ-

judicat; at vero *cognitio* æterna est; ergo et missio Spiritus sancti ab utroque æterna est et uterque æqualiter et æternaliter causa missionis Spiritus... Si utique (Pater) causa est, et Filius est aliqua causa Spiritus sancti ; si neuter est causa, missio Spiritus sancti nec causam habet nec principium, quod est solius Patris privilegium in Trinitate. Quare forsitan non sit inconveniens , si processio Spiritus sancti æternaliter de Patre ac Filio manans penes suscipientes creaturas *missio*, usitatius *donatio* et si quid aliud hujusmodi nuncupetur, sublimioribus quidem semper divino , inferioribus vero semper creato referendis. Nam idem Evangelium in Christo *doctrina*, in apostolis vero nobisque omnibus *disciplina* censetur. Lux quoque solis perennis est; quandiu nobis oritur, diem vocamus, breve attribuentes ei temporis spatium. » Quibus exemplis aliud copulat duce Hieronymo ex incarnatione desumptum , quæ velut jam ab initio sæculi facta perhibetur, ac deinde (p. 1255 c.) pergit : « Quod si unitas mysterii Dominicæ incarnationis in Filio principium temporis non habuit, multo minus credibile est missionem Spiritus sancti a Patre ac Filio in alterutro eorum incœpisse sub tempore. » Præterea idem auctor contra Theophylactum aliosque, qui arguebant Spiritum non ter vel sæpius datum discipulis, neque verbis *Joan.* XX, 22, neque ante Christi e mundo discessum, sed priores ante Pentecosten donationes ad Spiritus dona esse referenda, ac *Joan.* XX, 22 ad donum duntaxat dimittendi peccata (3), inter alia docet (l. II, 13, p. 1228) ex Gregorio Nazianzeno et Gregorio I Romano, Christum non dedisse solum donum quoddam, sed *ipsum Spiritum sanctum*. Quod denuo (c. 15, p. 1229) aliis argumentis confirmare studet , Chrysostomi, quæ contraria esse verba videbantur, explanans et in verbis ipsis, *Accipite Spiritum sanctum*, insistens. Si quis vero dicat nonnisi donum remittendi peccata datum fuisse, « attendat », ait Hugo, si hujusmodi virtus *separabilis* sit. Sed patet, quod non sit separabilis, cum nihil secundum accidens divinis insit hypostasibus; ergo dum *dat Spiritum* , largitur *totum*, *non partem*. » Deinde docet Christum in die resurrectionis dedisse *totum Spiritum*, sed *non secundum omnem operationis speciem* , in die vero Pentecostes dedisse *secundum omnem in ipsis operationis speciem*; distinctiones fieri ad personarum discretionem et propter operationum in ipsis apostolis efficaciam (4). « Ad hoc — ita prosequitur —

---

(1) V. gr. Cyrill. ad Theod. (Allat. *Vind.* 353.)
(2) Idem l. II, c. 15, 16 , p. 1229, 1230 ex Bibliis et Patribus inculcaverat, Christum non accidentaliter, non ex adjectione vel extrinsecus , sed ex se ipso ut Dei Filium Spiritus plenitudinem habuisse, quam in rem et Cyrilli Alexandrini anathematismo nono utitur adnectens Theodoreti oppositionem ac Cyrilli responsum una cum testimonio ex ejus ad Nestorium epistolis.
(3) Theophylact. apud Hugon. II, 13, p. 1228;

apud Beccum Gr. orth. I, p. 220, 221. Cf. Nicol. Methon. *Syllog.* in cod. Mon. 66 f. 81 b. cap. 33 : Et
(4) Præclare Greg. Nazianz. orat. 37, p. 608, tres veluti gradus communicationis Spiritus distinguit. Insigni verborum majestate Leo M. 2 de Pentec. c. 3, 4. (Baller. 76, p. 405 seq. ed. MIGNE) : « Non ambigamus, quod cum in die Pentecostes discipulos Domini Spiritus sanctus implevit, *non fuit inchoatio muneris, sed adjectio largitatis*; quoniam et patriarchæ et prophetæ et sacerdotes omnesque sancti, qui

insufflasse Christus ut emissor in eo *quod Deus* in faciem discipulorum creditur, tum ut per hoc intelligeremus Spiritum vere de illo procedere, ut de profundo corporis ejus ille flatus evaporabat sensibiliter, tum quod ad habendum et quasi possidendum Spiritum eis daret, quod in die Pentecostes ad robur et operationem ostensionemque signorum e cœlis discipulis eisdem misisse fertur. Quod ex hoc liquido apparet : præsente Christo raro signa faciebant ejus discipuli ; quo in cœlum abeunte ac mittente Spiritum per manus apostolorum signa fiebant (*Act.* II, 43) ; unde in specie ignis missus dicitur, ut eos qui adhuc quasi limus erant, molles exsistentes corroboraret atque confirmaret... Ex his igitur manifestum esse potest, quod non sit vecordiæ neque imprudentiæ, si quis dicat Christum discipulis tunc Spiritum dedisse, quando post resurrectionem eis dixit : *Accipite Spiritum sanctum*, cum scientissimi Græcorum iidemque sanctissimi hoc comprobaverint, ut ostensum est ; porro nostri temporis homines errorem hoc reputant et insaniam, pro eo solum, quod Spiritum processionem ex Filio abolere conantur. »

20. Eamdem materiam rursus versat Photius, c. 90-94, ubi imprimis (c. 90) varias ex Scripturis formulas colligit, quibus Spiritus sanctus dicitur Spiritus Dei, Spiritus Domini (1), Spiritus, qui ex Deo est, Spiritus Patris, Spiritus suscitantis Jesum Christum, Spiritus Christi, Spiritus Filii, etc. (2). Porro pergit : Nihil horum declarat per se et vi verborum processionem Spiritus sancti, quemadmodum dictio expressa : *Spiritus a Patre procedens*. Hinc omnino differunt ab ista illæ formulæ. Si autem quoad sensum ejusmodi dictionibus processio indicari dicatur, nil hoc adversarios juvat (c. 91). Etenim cum sexcenties fere dicatur Spiritus ex Patre procedere, possent sane formulæ : Spiritus Dei, Spiritus Patris ad processionem quodammodo referri tanquam ad primam et præcipuam dictionis rationem : per se ad consubstantialitatem referuntur : sed consubstantialitas Spiritus sancti cum Patre in processione fundatur [consubstantialis Spiritus Patri, quia ex ipso procedit, non vero quia consubstantialis, ideo procedens], proinde ad processionem referri possunt ut ad principalissimam causam. Sed nec semel dicitur Spiritus sanctus ex Filio procedere, neque in Bibliis, neque apud Patres ; proinde ingens est disparitas ; nullum nobis jus suppetit processionis ex Filio astruendæ, neque id ex verbis κατὰ ῥητὸν id non dicentibus elici potest. Verum aliæ adsunt rationes ob quas dicatur Spiritus Filii vel Christi, eæque variæ : I) quia consubstantialis est Filio, II) quia ungit Christum, III) quia manet super ipsum et in ipso. En duas novas rationes addit, quæ non ad ipsam divinitatem, sed ad humanitatem Christi spectant, quarumque posteriorem jam cap. 85 occasione Græcæ versionis *Dialogorum* Gregorii Magni, cujus verba allegaverat, uberius illustravit. Hinc contendit (c. 93, 94), aliud esse Spiritum *Filii* dicere, aliud Spiritum *Christi* ; Christi Spiritus dicitur utpote inungens Christum, sed ungebatur Christus, ut pronuntiatur : ita inter spiritus Dei solus Spiritus sanctus *de ore Filii* prodire creditur. Verbo enim *Domini cœli firmati sunt et spiritu oris ejus* (Verbi scilicet juxta Apostolum) *omnis virtus eorum* (*Psal.* XXXII, 6). Isto Spiritu ille iniquus Antichristus disperdetur, quia *Dominus Jesus interficiet eum spiritu oris sui et destruet illustratione adventus sui*, ut Paulus dicit (II *Thess.* II, 8), quod de anima Christi nullus intelligere præsumat. Nam illa in eo quod anima est, neque interficit neque destruit aliquid. Reliquum igitur est, ut sancto Spiritui solummodo attribuatur hoc. Qua ex re manifestum est , quod sicut Filius de Patre per nativitatem exsistit, ita Spiritus ex Patre et Filio per processionem. Quod iterum et sic monstrari potest : Spiritus oris Christi ex Christo procedit, cujus rei signum est insufflatio in faciem discipulorum facta ; scil. Spiritus oris Christi Spiritus sanctus est ; unum enim habet Spiritum consubstantialiter, ut Dei Filius, non plures. Itaque Spiritus sanctus ex Christo Dei Filio procedit. » Notari debet, additis Patrum expositionibus ex ejusmodi locutione non incongrua argumenta confici. (Cf. Anastas. Syn. *De rect. dogm.* hanc in rem ab Andrea Rhod. in conc. Flor. sess. VII ; Hard. IX, 93-96 allegatum . Theodorum Raithen. in epigr. 1, a Becco Gr. O. II, 531, adductum , Beccum ipsum in Camat. *Anim.* c. 18, ib. II, 328 ; Georg. Metoch. *c. Man. Cret.* c. 13 ; ib. p. 1013, 1014 et infra art. 3, § 5, not. 1.) — Alia plura quæ huc referuntur ex Bibliis, sanæ exegesi minus probantur, neque nos ea curamus ; verum haud pauca sunt ita Patrum solemni usu recepta, ut spernere ea haud fas sit, eaque plerumque et melius fundata reperiuntur.

---

prioribus fuere temporibus , ejusdem sunt Spiritus sanctificatione vegetati, et sine hac gratia nulla unquam instituta sacramenta, nulla sunt celebrata mysteria , *ut eadem semper fuerit virtus charismatum*, quamvis *non eadem* fuerit *mensura donorum*. Ipsi quoque beati Apostoli *ante passionem Domini sancto Spiritu non carebant*, nec potentia hujus virtutis aberat ab operibus Salvatoris..... Sed illi perfectioni, quæ erat discipulis conferenda , major gratia et abundantior inspiratio servabatur, per quam et quæ nondum acceperant sumerent et excellentius possent habere quæ sumpserant. » Cf. et Beccum, *Or. de una Eccl.* c. 68 (G. O. II, 220, 221.)

(1) Cum Κυρίου nomen appropriari soleat Filio (Greg. Naz. orat. 23, p. 420, 29, p. 490, unde κυριολογία apud theologos) Spiritus Domini communiter theologis est Spiritus Filii. Quare Hugo Ether. l. II, c. 20, p. 1256 : « Is idem sicut Dei dicitur Spiritus , ita et *Domini Spiritus* nominatur, sed non convertitur. Etenim licet Deus Pater *Spiritus* juxta Domini vocem censeatur, *Spiritus est Deus, Spiritus* quoque et Filius Dei secundum illud : *Spiritus ante faciem vestram Christus Dominus* (dicuntur enim, ut dictum est § 15, n. 3, Pater et Filius *spiritus* essentialiter nomine accepto) : neque tamen Pater neque Filius *Dei Spiritus* dicitur ; sicut igitur commune est Patri et Filio, *non esse spiritum alicujus*, sic proprium est Spiritus, *esse amborum Spiritum*. »

(2) Multæ aliæ addi possunt hujus generis expressiones, ut Spiritus Jesu (*Act.* XVI, 17), Spiritus veritatis (*Joan.* XV, 26), Spiritus oris Domini Jesu (II *Thess.* II, 8). Hanc posteriorem dictionem ita illustrat Hugo Etherianus l. c. : « Sicut inter illos, qui ex Deo nati sunt, solum Dei Verbum de utero ejus genitum esse

homo, non ut Deus. Quare qui arguit : Spiritus dicitur Christi, ergo ex Christo procedit, is ex humanitate Christi procedere Spiritum, is humanitatem divinitati consubstantialem esse horrendo errore asserit. Cum vero tot rationes queant assignari, ob quas Spiritus dicitur Filii vel Christi, jam eliditur argumentum Latinorum, quo dictionem hujusmodi nonnisi ad processionem referri posse statuunt. Imo vero cum *per se et immediate* neque voces Πνεῦμα Θεοῦ, Πν. Πατρὸς processionem dicant, id multo minus de illis Πνεῦμα Υἱοῦ, Πν. Χριστοῦ cogitari debet, ubi nullum adest fundamentum ejusmodi, ubi præmissa nulla habetur ea certitudine fulgens, qua divinitus revelata gaudet propositio : Spiritus ex Patre procedit, ubi consubstantialitas non æque in processione fundatur (c. 53), cum alia sit ratio consubstantialitatis inter Filium et Spiritum, quam inter Spiritum et Patrem. — Hæc fere potiora sunt, quæ Photius prolixe rursum disputat. Mittimus in præsentia, quod Photius falso supponit, non certam esse Spiritus ex Filio processionem e fontibus revelationis, de quo ipso vertitur controversia quodque jam maxima ex parte pertractatum fuit ; mittimus, quod disertis verbis id tradi in Bibliis postulare videtur (c. 92 fin.), cum tamen quam plurima dogmata Græcis æque ac Latinis indubitata non κατὰ λέξιν in illis reperiantur expressa; mittimus quæ inter alia ejusdem argumenta recurrunt ibi opportuniora consideranda. Unam. adducemus Joan. Becci responsionem, qui (l. III, ad Theodor. Sugd. Ep. c. 5 seq. G. O. II, p. 441 seq.) hanc ipsam nostri operis pratem præ oculis habuit Photianamque doctrinam cum Græcorum Patrum theologia acute et solerter comparavit.

21. Itaque Beccus libenter Photio concedit Spiritum sanctum ideo dici Christi, quod ipsum inungat, illud vero negat, alio modo dici Spiritum Christi, alio vero Filii. « Subdola, inquit, est hæc praveque contorta expositio. Etenim si solummodo ea ratione, qua Christus carnis et sanguinis particeps factus est et humanitatem assumpsit, proprio inunctus Spiritu, dictum asserens *Christi Spiritum* assumendum est, qua vero ex æterno est Deus, nullatenus, retributionis et mutuæ duarum Christi naturarum communicationis inficias iverit. Pravam interpretationem hanc Nyssenus quoque refellet, dicens : Spiritum ex *Filio* esse astipulatu confirmatur; probatque hoc Apostoli dicto : *Qui Spiritum Christi non habet, hic ejus non est.* » Merito Beccus infert, a Photio communicatione idiomatum (in concreto) negari, quæ Patribus ac theologis rata est ; *Christi* nomen θεάνθρωπον significat, unam personam quæ et divinam et humanam habet naturam, quæ Filius Dei et filius hominis est, unus tamen idemque. Unde de *Christo* tum divina tum humana prædicantur; *de eodem, non tamen secundum idem* dicuntur. Qui separat Christum ceu hominis Filium a Dei Filio, in Nestorianismum incidat oportet. Christus est Verbum caro factum, est ipse Dei Filius; proinde *Spiritus Filii* est et *Spiritus Christi*, licet aliter ad humanitatem Christi quam ad ejus divinitatem se habeat Spiritus, naturis in se spectatis. Rursum, ita prosequitur Beccus (c. 6) : « Idem *Spiritum Filii* vocat Spiritum, quia consubstantialis Filio et quia super ipsum manet et in ipso. At rebus divinis pertractandis magnus Basilius nunc dicit Spiritum Filii esse Spiritum, quod *per Filium est ex Patre* (1), nunc nullum discrimen in rebus theologicis inter præpositiones *ex* et *per*, et patenter admodum docet. Iterum Photius *aliud* notare dicit dictum affirmans Spiritum Dei vel Patris, sive *Spiritum Filii* Spiritum, et *aliud* asserens, Spiritum *ex Patre procedere*. » At magnus Basilius : « Erga Patrem, ait, proprietatem intelligo, quando ex Patre procedit ; erga Filium autem, quando audio : *Quisquis Spiritum Christi non habet, hic illius non est.* Si itaque proprius est Spiritus Patri, quia ex Patre procedit, et proprius est Filio, quia est Spiritus Christi, ubinam est effectæ a Photio dictionum differentiæ vis? Et rursum idem magnus Basilius : « Neque enim minus quidpiam habituri sumus ad cognoscendum Spiritum esse ex Deo, cum audimus illum esse Spiritum oris illius. » Sed nomen hoc satis superque fuerit, illius ex Deo exsistentiam indicare. Quis fidem adhibebit Photio, nisi cerebrum in calcaneis ferat, dicenti : Aliud est manifesto *procedere ex Patre* Spiritum, et aliud innuitur, cum quis dixerit Spiritum *qui ex Deo est*? «Spiritum Dei, ait magnus Basilius, audientes ex Deo Spiritum esse cognoscimus ; indeque dictionem *ex Deo* Spiritus ex Deo exsistentiam significare constabilit, quod et dictio asserens illum *ex Deo procedere* notat, ut est apud omnes indubitatum. » Magni ergo Basilii auctoritate Photii assertum reprobat Beccus, aliud esse ἐκπορεύεσθαι ἐκ Πατρὸς τὸ Πνεῦμα, aliud ἐκ Θεοῦ τὸ Πνεῦμα dici, atque ita concludit : « Multo magis veritati consonum est, ejusdem cum Patre essentiæ dicere Spiritum, quia ex Patre est, et ejusdem essentiæ cum Filio, quia *per Filium*, quam Spiritum Filii et per Filium Spiritum, quod ejusdem sit cum Filio essentiæ. Neque enim quia *ejusdem* cum Filio *essentiæ* est, ideo et Spiritus Filii et per Filium dicitur (quemadmodum qui hujus rei argumenta hauserunt ex Photio nugantur hoc tempore), sed quia ex Patre per Filium exsistentiam habet, propterea et Spiritus Filii et Filio consubstantialis est. » Postremo Beccus illis quæ Photius ex Spiritus sancti super Christum baptizatum descensu deducit, magni Athanasii præclara verba opponit, quibus declarat : « Ipse (Christus) Spiritum de cœlo misit ut *Deus*, et ipse illum in terra suscepit ut *homo*. Ex ipso itaque in ipsum descendebat,

---

(1) Basil. in cap.: Quare non est Spiritus filius Filii. Vide infra art. 4, § 29.

ex divinitate ipsius in humanitatem ipsius. » A librorum fidem, qui fortasse interpolati ac corrupti fuerint (c. 71); deinde facile accidere potuisse, ut Patribus illis cum gentilibus et cum hæreticis decertantibus vox quædam minus accurata exciderit, ἀγωνιστικῶς; seu polemice dicta, non vero δογματικῶς, vel ut œconomia quadam usi fuerint (c. 72), Pauli (c. 73, 74) et Basilii (c. 77) agendi rationem secuti; denique neque deesse Patres, quorum sententias Ecclesia haud susceperit, licet alioquin magni eos faciat (c. 75); atque sic revera parricidas manus eos Patribus injicere, qui contra ipsorum intentionem illorum expressionibus ad impugnandam Christi saluberrimam doctrinam abutantur; in hos Patres ipsos insurrecturos et contra mentem sibi affictam solemniter protestaturos (c. 76). Sed quo plura hac in re congerit Photius, eo infelicior est pugna et quidem quoad omnes partes. Consultius Photio, qui nonnisi paucissima Latinorum doctorum scripta noverat, certe fuerat in hanc arenam non descendere. Etenim in primis non solum illi tres cum aliis paucis tradidere, Spiritum a Filio quoque procedere, verum Latini doctores ad unum omnes, quotquot fusius de divina Trinitate egerunt; ut Tertullianum prætereamus, jam ante Ambrosium id docuere Marius Victorinus et copiosissime Hilarius Pictaviensis (1); id cum Augustino innumeri doctores ac concilia Hispaniæ et Galliæ tradiderunt. Neque semel et iterum illis ejusmodi vox excidit; sed *constanter* et *ubique* hanc fidem sunt professi ut Ecclesiæ fidem. Vel unum Augustini eximium *De Trinitate* opus illud assertum abunde refellit. Imo universalitas ac consonantia hujus traditionis in Occidente summa cum perspicuitate effulget; ridiculæ proinde sunt Photii hypotheses de corruptis eorum Patrum libris, de quorumdam sanctorum œconomia, aliæque hujusmodi. Neque sermo esse potest de unius alteriusve Patris errore, sed de communi Occidentalium fide; nec erroris arguit Photius solum paucos scriptores, verum Occidentalium Ecclesiam universam, non sæculi noni tantum, sed retro omnium sæculorum. Ex ipsis vero Græcorum principiis egregie arguit Bessarion (*Orat. dogm.* c. 2, 4, 10; Hard. IX, 525 seq. 552, 568 seq.), doctores tum Orientales tum Occidentales sibi omnino concordes esse putandos et Patres minus clare loquentes ex iis, qui apertius loquuntur, explicandos; eos ubi consentiunt, velut testes fidei in omnibus admittendos. Sed dissensum Latinorum cum Græcis Patribus vel cum Christi ipsius doctrina, quem supponit Photius, falso confingi, consensum luculentissimo probari, liquido constat (cf. § 6 seq.), Occidentales hac in re apertissime locutos exploratum est, fidem veteris occidentalis Ecclesiæ constantem universalemque esse nonnisi documentorum ejus plane rudis negabit. Hinc

Quæ non solum ad præsentem Photii disputationem egregie faciunt, verum et ex Filio Spiritum esse Athanasium censuisse persuadent. Sic idem Athanasius dicit Christum unctum a Spiritu ut hominem, dantem vero ipsum fidelibus ut Deum; accipientem Spiritum pro natura humana, communicantem vero eumdem pro natura divina. Sed his, licet plura supersint dicenda, finem imponamus, ne fines tractationis nimis excedamus. Qui de postremo dictis plura cupit, adeat Nic. Blemmidam (*G. O.* I, 50); Beccum (ib. I, 201); Georg. Metoch. (ib. II, 968 seq.), et Leon. Allat. (*Vind. syn. Eph.* c. 73, p. 574 seq.) neque Cyrilli Alexandrini præclara verba in Joan. ev. prætermittat, quæ Beccus (*G. O.* II, 561-567 seq.) suæ sententiarum collectioni merito inserta voluit.

22. Tandem Photius (c. 66 seq.) adversarios inducit Ambrosii, Augustini, Hieronymi aliorumque doctorum Occidentalium auctoritate innitentes ac hunc in modum disputantes : « Aut isti Patres pia dogmata tradiderunt et tunc quicunque Patres eos cum honore nuncupant, eorum sententiis assentiantur oportet; aut impiorum dogmatum inventores propagatoresque exstitere, et tunc simul cum sua doctrina velut impii rejiciantur. » Non audet Photius Occidentalium doctorum penitus respuere auctoritatem; tergiversationibus, argutiis, suspicionibus et exceptionibus variis utitur, callide, velut si quæ de Bibliorum testimoniis disseruerat, certa omnia forent, atque indubitata, ignominia adversarios ipsos, quos laudant Patres, afficere exclamat : « Neque enim sufficiebat ipsis, quod verba Domini prava expositione perverterunt, neque quod pietatis præconem in impietatem violento modo abduxerunt; verum imperfecta sua studia arbitrantur, nisi et quos Patres celebrant, quonam pacto contumeliis petant, exquisierint (c. 66). Hos enim Patres vocant nomine tenus, reipsa vero Patrum eis prærogativas adimunt, cum eos Christo contradicentes confingant (c. 67). » Hinc quasi Patrum illorum honorem vindicaturus omnem in eo collocat operam, ut quadamtenus eos excuset, ex humana imbecillitate et ignorantia, ex bona fide cum defectu necessariæ correptionis, atque ex eo quod non dogma vel legem constituere voluerint (c. 68). Sed quantuscunque honor eis tribuatur, non obsequendum esse urget illis quæ præter Christi et apostolorum institutionem docuerint, cum neque angelo de cœlo fides sit habenda præter Evangelium quid prædicanti (c. 69); potius obvelanda fuisse quæ in eorum dedecus vergunt filiorum Noe exemplo, quam coram orbe terrarum manifestanda (c. 70). Præterea cum tam longum tempus interea effluxerit, incertam esse

---

(1) Vide Hilar. *De Trin.* VIII, 20; apud Hugon. Ether. l. III, c. 17, p. 1253 seq. et apud Maium *Spicil. Rom.* 1841, t. VI, Præf. p. xxxv; atque Patrum Latinorum seriem apud Æneam Paris. et Petav. *De Trin.* l. VII, c. 8.

merito Photium injurium in Occidentales Patres, quos Orientis doctores summo cum honore prosequebantur, quos quinta synodus solemniter approbavit, quos nemo suorum temporum erroris in eo dogmate incusavit, Beccus aliique traducunt. « Si et allegatos Romanæ Ecclesiæ Patres, ait Beccus (*Or. de una Eccl.* c. 45, *G. O.* I, p. 170), ab accurata rerum notitia excidisse cognovissent, tum alii Ecclesiæ Romanæ Patres, quos plurimos et summos ea ætas tulit (sæc. IV et V potissimum), tum Ecclesiæ nostræ lumina, qui id tempus Ecclesiarum unionem exosculabantur, non neglexissent, sed scripto signassent postmodum nobis enatum, dignissimum sane qui sciretur, errorem. » Sane si Augustinus in Occidente adversarios habuit, qui ejus circa gratiam et libertatem theologiam impugnarent, si nonnulla in ejus scriptis variis displicuerunt : quid factum esset, si novam de Spiritus sancti processione doctrinam invehentem Occidentales deprehendissent? Nullatenus id fieri passus esset Occidens, neque Oriens id tulisset, quando vel levissima innovationis circa fidem suspicio magnas excitavit turbas. Et quomodo tot doctores locis temporibusque dissiti, quomodo Itali, Africani, Galli atque Hispani in eamdem sententiam conspirassent, nisi a Christiana traditione ad eos pervenisset?

23. Sed opponit Photius (c. 78-89) recensitis Latinis Patribus Romanos pontifices, et eo quidem solo titulo, quod in fidei professione Spiritum sanctum simpliciter ex Patre procedere declaraverint, quasi hoc processionem ex Filio excludat, quam tamen plerique diserte docuerunt. Quod implicite in symbolo continebatur, id explicite et ipsi sicut Hispaniæ concilia plura docuerunt. Recte observat Beccus (l. c.), Latinos Græcorum symbolum neque hodiedum rejicere, sed facto ostendisse, non verbis, sed sententiis pietatem ab ipsis coli (quod Florentina synodus luculenter rursus confirmavit) ; minime eos Evangeliorum codicibus additamentum inseruisse, sed semper tenuisse, Spiritum ex Patre procedere nil aliud reipsa significare, quam procedere ex Patre et Filio. « Non itaque eo quod non simul pronuntiatur (συνεκφωνεῖται) aliquando Filius, non una simul intelligetur (συνεπι- νοηθήσεται) cum Patre, sed quod cum Patre simul intelligitur, simul enuntiatur tempore et modo, ut placuerit ei, qui verba de Patre et Filio instituerit, dummodo juxta piam sententiam simul cum eo intelligatur, licet non enuntiatus, et simul rursus enuntiabitur tanquam qui simul cum eo intelligitur. » Præterea nihil habet Photius quod afferat, nisi quod illi pontifices concilii Cpltani I Symbolum firmaverint, idque ejus intento non sufficit. Nominatim appellat Damasum (1), Cœlestinum et Leonem Magnum, Vigilium, Agathonem, Gregorium Magnum, Zachariam, Leonem III vel IV, Benedictum III, Joannem VIII et Adrianum III. Quam temere Gregorium I testem adducat, jam ostensum fuit; idem dicendum de Leone Magno, qui licet Symbolum vetusta sua forma retinuerit, tamen aperte docuit Spiritum a Patre et Filio procedere (2). Neque ipsum juvat quod (cap. 88) a Leone III vel IV factum refert ; nam, ut ait Natalis Alexander (l. c. p. 525 seq.), tametsi Leo III illud *Filioque* addi Symbolo et cantari non probaverit, nulla causa tunc id postulante, nulla urgente necessitate, et Symbolum absque illa additione in argenteis tabulis exaratum servari jusserit (3) ad memoriam posteritatis sempiternam, tamen processionem Spiritus sancti a Patre et Filio ceu dogma fidei ab Ecclesia credi professus est, ut constat ex actis collationis legatorum Gallicanæ Ecclesiæ et Caroli Magni imperatoris ex synodo Aquisgranensi ad sedem Apost. directorum cum Leone III, quæ ex abbate Smaragdo Sirmondus descripsit (4). « Lectis enim a prædictis missis (Bernario Wormatiensi, Jesse Ambianensi episcopis et Adalardo abbate Corbeiensi) per ordinem testimoniis (*De process. Sp. S. a P. et F.*) atque a Domino apostolico diligentissime auditis ait : Ita sentio, ita teneo, cum his auctoribus et sacræ Scripturæ auctoritatibus. Si quis aliter de hac re sentire vel docere voluerit, defendo, et nisi conversus fuerit, et secundum hunc sensum tenere voluerit, contraria sentientem funditus abjicio. Rogantibus deinde legatis, cur non esset bonum inserere Symbolo et cantare, quod credere bonum erat, respondet Pontifex : Bonum certe et valde bonum, utpote jam fidei sacramentum magnum,

---

(1) Simon Cpl. ep. cit. (§ 7) ; ap. Allat. c. Hott. l. c., Joseph. Methon. *Resp. ad Marc. Eph.*, Calecas et Genebrardus formulam de Spirit. sancti processione ex Patre et Filio Damaso auctori tribuerunt, verum ea res probari nullatenus potest. Cf. Petav. *De Trin.* VII, 2; Kilber Theol. Wirceb. l. c. n. 408, p. 584. Præfatus Kilber n. 410, prob. 3, cum Natali Alex. (sæc. IV, diss. 37, a. 5) existimat, Nicolaum I additamentum in Symbolum recepisse, quod et plures alii docuere; verum neque Photii verba ex encycl. ab eo allegata, quæ solum dicunt a Latinis symbolum vanis et adulterinis sermonibus corrumpi eosque prædicare, etiam ex Filio procedere Spiritum, neque Ratramni affirmatio, idem licere Romano pontifici quod concilio Cpolitano, id satis demonstrant.

(2) Vide Leonis verba § 16, nota 1. — Ep. 15 *ad Turrib.* (Migne I, p. 681) : Alius qui genuit, alius qui generatus est, alius qui de utroque processit. — Serm. 76, *de Pentec.* c. 2, 5 ; serm. 77, c. 6 (ib. I, 404, 405, 407, 415); Baron. ad an. 447, et ad an. 883, n. 32.

(3) Liber Pontificalis in Leone III. — Petr. Lomb. lib. I *Sent.* d. 11 ; Abælard. *Introd. in Theol.* l. II, c. 14 ; Petr. Dam. opusc. 32. c. 2 ; Bellarm. *De Chr.* II, 27 ; Allat. *Contra Hotting.* c. 19, p. 416 seq. Walch. op. cit. c. 2, § 4, p. 28-30 ; Baron. a. 883, n. 33.

(4) Sirmond. *Conc. Gall.* t. II, p. 256. — Baron. ad a. 809, n. 53 seq. Jager, *Histoire de Photius*, 2 edit. p. 355-357.

quod non licet non credere, quisquis ad hoc valet pertingere. » In sequentibus perstat pontifex petitionem abnuendo amore custodiendæ antiquitatis et servandæ pacis cum Græcis studio ductus, non autem a doctrina abhorrens, quam et suam aperte profitetur et quam in sua quoque ad Orientales epistola (1) expressit diligenter. Additio vero sensim in variis Occidentis ecclesiis recepta paulatim in universo Occidente obtinuit et Photii doctrina necessariam ejus apertam in Symbolum receptionem ostendit. Quocunque demum tempore Romana Ecclesia in fidei professionem eam explicite inseruit, fides ejusdem semper eadem fuit.

24. Superest, ut pauca dicamus quoad illam schismaticorum exceptionem, concilium III, act. 6 et concilium IV, act. 5 (cf. Phot. c. 80) omnem omnino ad Symbolum additionem prohibuisse. Sed manifestum est ejusmodi vetitum nonnisi contrariam fidei expositionem proscribere ac privata auctoritate factam, non vero expositionem fidei uberiorem, eamque a legitima auctoritate factam. Porro Catholici demonstrant additamentum illud *Filioque* nonnisi explicationem esse verborum jam in Symbolo expressorum (§ 2 et 7) eamque auctoritate Ecclesiæ, ac Romani pontificis in primis, synodorum plurimarum et demum Lugdun. II, et Florentini concilii stabilitam. Quod si nullam dogmaticam definitionem sanciendi post tertiam et quartam synodum Ecclesia haberet potestatem, absurda evidentissima sequerentur. Sed res hæc omni ex parte in Florentina synodo pertractata et illustrata fuit. Cf. præterea Natal. Alex. *H. E.* sæc. IX, dissert. 18, assert. 2; et Pitzipium *L'Eglise orientale* I, p. 27 seq. 115 seq.

III. — *Considerantur principia theologica a Photio propugnata.*

1. Quod fere ubique Photius et Photiani astruunt, *Filio quoque tribuere spirationem Spiritus sancti idem esse ac duo in Trinitate statuere principia ac duplicem* προβολήν, id jam cap. 4 diserte enuntiatur. Verum id nullo modo ostendi posse, imo falsissimum esse manifestum est, cum Pater et Filius in spiratione nonnisi *unum* dicantur *principium*, nec spirent ut hypostases distinctæ, nec ex distinctivis suis, sed ex communibus essentialibus. Quemadmodum concilium Lugdunense II docet, Spiritum sanctum ex Patre et Filio æternaliter non tanquam ex duobus principiis, sed tanquam ab uno principio, non duabus spirationibus, sed unica spiratione procedere (Hard. VII, 680) et Florentinum illud ὡς ἀπὸ μιᾶς ἀρχῆς καὶ μοναδικῆς προβολῆς rursum inculcat: ita semper Ecclesia Latina tenuit, ejus Patres ac theologi diu ante docuerunt. Hugo Etherianus (l. I, c. 4, p. 1201 D): « Non enim, inquit, simpliciter aliqua duo sunt Pater et Filius, ex quibus provenit Spiritus sanctus. Nam neque duæ res propriæ sunt, sed una, neque duæ substantiæ, sed una, neque duo principia, sed unum... Igitur cum hæ duæ personæ non sint duo principia, neque duo simpliciter, manifestum est, quidquid ab iis provenit, ex duobus minime prodire principiis, posito et concesso Spiritum sanctum ex utroque procedere. » Quod deinde quibusdam exemplis illustrare conatur. Præclare S. Anselmus (lib. *De proc. Spiritus sancti*, cap. 9): « Quod si dicunt, non eum esse posse de duabus causis sive duobus principiis, respondemus, quoniam sicut non credimus Spiritum sanctum esse *de hoc unde duo sunt* Pater et Filius, sed *de hoc in quo unum sunt*, ita non dicimus duo ejus principia, sed unum principium. Quippe cum dicimus Deum principium creaturæ, intelligimus Patrem et Filium et Spiritum sanctum unum principium, non tria principia, sicut unum creatorem, non tres creatores, quamvis tres sint Pater, et Filius, et Spiritus sanctus, quoniam per hoc, in quo unum sunt, non per hoc, in quo tres sunt, est Pater aut Filius aut Spiritus sanctus principium sive creator. Sicut igitur, quamvis Pater sit principium, et Filius sit principium et Spiritus sit principium, non tamen sunt tria principia, sed unum : ita cum Spiritus sanctus dicitur esse de Patre et Filio, non est de duobus principiis, sed de uno, quod est Pater et Filius. » Egregie id probat Thomas (*Summa*, 1, q. 36, a. 4): « Pater et Filius in omnibus unum sunt, in quibus non distinguit inter eos relationis oppositio. Unde cum in hoc, quod est esse principium Spiritus sancti, non opponantur relative, sequitur, quod Pater et Filius sunt unum principium Spiritus sancti. » Vere Manuel Calecas lib. III, c. Græc. (*Bibl. PP. max.* Lugd. t. XXVI, p. 436): « Tantum abest, ut Romani et Latini duo Spiritus principia duosve processus confiteantur, ut eos quoque anathematizent, qui talia dicere præsumunt. » Quod continuo probat ex citata definitione concilii Lugdunensis. Joannes vero Theologus in conc. Flor. sess. 22 (Hard. IX, 272, 273) rem hoc pacto declarat : « Non enim dicimus duo principia et duas causas, sed unum potius principium et unam causam. Nam Pater ut Pater ad Filium refertur ; Filii enim Pater ; similiter Filius ut Filius refertur ad Patrem ; Patris namque Filius ; et Filio non existente est impossibile esse Patrem, cum hæc relativa sint et ad aliquid. Spiritus autem sanctus per se neque ad Patrem neque ad Filium refertur, quatenus Pater et Filius, sed ad spirantem ; spirantes autem sunt Pater et Filius ; Patris namque et Filii Spiritus est ; et contra hoc nihil dici potest. Spirant ergo isti Spiritum sanctum una spirativa seu productiva potentia ; quæ productiva potentia cum una eademque numero sit, originaliter quidem Patris esse intelligitur, a quo illam et Filius habet. Et hoc sensu dicimus Patrem et Filium unum esse principium et unam causam Spiritus sancti. » De hac veritate uberius

(1) Mansi *Conc.* XIII, 798 ; Jaffé *Reg.* n. 1950 ; Walch. l. c. c. 2, § 5, p. 30, 31.

disputant Leo Allatius tum in *Vindiciis synodi Ephesinæ*, Romæ 1661 c. 69, 70, p. 534-534, tum in *Enchirid. de proc. Spirit. Sancti*; Petav. *De Trinit.* vii, 10, 10; Walch. *Histor. controv. de proc. Spiritus sancti*, Ienæ 1751, c. 10, p. 177, aliique permulti. Neque Græci id obtendere possunt, vetustiores Latinos rem non ita intellexisse, nullum enim ad id ostendendum habent testimonium, quin apertis Augustini aliorumque textibus (1) refelluntur.

2. Sed instant Photiani ac plura absurda inde promanare comminiscuntur. Occurrit sæpe dilemma illud : Si Spiritus sanctus ex Patre et Filio est, aut est ex iis tanquam ex uno et tunc etiam erit ex semetipso, quia Pater, et Filius , et Spiritus sanctus unum sunt, aut tanquam ex duobus, et tunc manifeste duo statuuntur principia. Similis objectio legitur apud sanctum Thomam (l. c. obj. 1) : « Videtur, quod Pater et Filius non sunt unum principium Spiritus sancti : quia Spiritus sanctus non videtur a Patre et Filio procedere, in quantum sunt unum : neque in natura, quia Spiritus sanctus sic etiam procederet a seipso, qui est unum cum eis in natura ; neque etiam in quantum sunt unum in aliqua proprietate, quia una proprietas non potest esse duorum suppositorum, ut videtur. Ergo Spiritus sanctus procedit a Patre et Filio, ut sunt plures. » Sed Thomas : «Ad primum dicendum, quod si attendatur *virtus spirativa*, Spiritus sanctus procedit a Patre et Filio, in quantum sunt unum in virtute spirativa, quæ significat quodam modo naturam cum proprietate... Neque est inconveniens unam proprietatem esse in duobus suppositis, quorum est una natura. Si vero considerentur *supposita spirationis*, sic Spiritus sanctus procedit a Patre et Filio, ut sunt plures. Procedit enim ab eis ut amor unitivus duorum. » Et accurate, uti solet, verborum vim perpendens advertit (ad 7) : « Videtur melius dicendum, quod quia spirans adjectivum est, spirator vero substantivum, possumus dicere, quod Pater et Filius sunt *duo spirantes* propter pluralitatem suppositorum, *non* autem *duo spiratores* propter unam spirationem. Nam adjectiva nomina numerum habent secundum supposita, substantiva vero a seipsis propter formam significatam. » Georgius Trapezuntius (ad Joh. Cubocl. n. 29 ; *č. O. l.* 532 seq.) respondet Patrem et Filium οὐχ ἤ Θεὸ; producere Spiritum, sed ut προϐολεὺς εἰ; sunt ; nec duo esse principia tum quod ad Patrem referatur, quidquid sit Unigeniti, tum quod Pater et Filius processione non discernantur. « Quibus enim aliqua in Trinitate non discernuntur, ea si confusionem non inferunt, communia sunt iis, quæ non discernuntur. Non discernuntur vero Pater et Filius processione. Communis est ergo Patri et Filio processio ut principium, si confusionem non infert ; at non infert,

imo et ordinem ipsum conservat ; igitur communis est. » Ac rursum : « Quibus aliqua in Trinitate non discernuntur, illis uniuntur. Quare omnino necessarium fuerit, cum producunt, unum esse Patrem et Filium ; et sic unus producens, et propterea productio una et unus productor, et productus unus , Spiritus sanctus ab utroque tanquam ab uno, unica productione, qui *unus* cum sit cum Patre et Filio *Deitate, discretus vero productione, non producit se ipsum*. Quo enim ab aliquo discernitur, fieri non potest ut in hoc unum cum eo sit. » Hinc fere omnia ea argumenta, quæ Spiritum sanctum etiam a Filio procedentem ostendunt, simul probant, nonnisi unum cum Patre Filium ibi esse principium. Verbis magis quam re ac sensu differt ab his ea responsio, qua ejusdem generis objectionem solvere nititur Georgius Scholarius : neque præcise et unice quaj unus, nec qua duo sunt Pater et Filius, Spiritum spirant, cum spiratio utpote filiationi non relative opposita a Patre Filio communicetur, una tamen sit utriusque actio ; sub diverso respectu utrumque dici potest : ratione unicæ operationis sunt unus , ratione personarum ac prout Pater a nullo, Filius a Patre acceptam habet spirationem, sunt duo ; sed utrumque simul considerandum apteque jungendum. Quæ, uti debent intellecta, cum Aquinatis doctrina plane conspirant.

5. Sed si de duplici principio ac de duplici spiratione ita res se habet, actum est de Photii conclusionibus (c. 4), Spiritum sanctum fore compositum et Filio minorem indeque destrui Trinitatis simplicitatem. Nulla sane sequitur compositio, si ab uno principio unica spiratione Spiritus simplex procedit ; nulla sequitur inæqualitas inter alteram et tertiam personam inde deducta, quod illa simplex, hæc duplex habeat principium ; verum etiamsi Latini duplex Spiritus sancti principium admitterent, quod tamen omni modo rejiciunt, adhuc concludi nequiret, inde Spiritum naturæ æqualitate cum Filio, quam et ipsi Tritheitæ propugnant, plane privari. Quod ad compositionem spectat, bene arguit Manuel Calecas, l. iii, c. *Græcos* : « Sive igitur *per se* quis compositionem vult, nihil aliud quam essentiam et esse et quod est, accipit; esse vero et essentia sancti Spiritus et quod est, unum quiddam et simplex est ; sive *propter eos qui dant aut producunt*, unum est Pater et Filius. Non enim in quantum duo sunt, sed in quantum unum, ex Patre et Filio est Spiritus sanctus ; sed quemadmodum Filius totus ex toto, ita et Spiritus *totus ex toto* asseritur. Neque aliud quidem totum Pater, aliud autem totum Filius ; sed *unum totum* est juxta fidei positionem, gignendi ac noscendi discretione servata. Nullo ergo modo compositionem cogitare licet. Quanquam etiam si plus quam tres personarum principium. » Hunc textum adducunt Æneas Paris *contra Græcos* c. 47. (Migne, t. CXXI, p. 710) ; et Ratramnus, l. iii, c. 4 (ib. p. 293, 294).

---

(1) Cf. Aug. *De Trin.* v, 14, *Contra Maxim.* iii, 17 : «Pater principium sine principio, Filius principium de principio, sed utrumque simul, non duo sed

sonæ esset Deus, nulla necessitas compositionis esset, et quod extremum, processionis ordine a singulis acciperet. Non enim dantium multitudine, sed ex eorum quæ dant, eorumque quæ insunt, differentia compositio judicatur. Si autem, quæ dantur, differentia sunt, et quæ insunt, differre necesse est; atque ita compositum erit, quod ex hujusmodi constabit; quod in Spiritu sancto nunquam habet locum. »

4. Ex dictis etiam illud dijudicari potest, quod affirmat Photius (c. 14), non solum duo principia in Trinitate statuere Latinos, verum etiam principia duo *diversa ac differentia*, alterum sine principio, alterum principiatum. Sane si spectantur *personæ*, duabus ejusdem naturæ personis convenit ratio principii, eatenus quidem diverso modo quatenus est in Trinitate « principium non de principio, quod est Pater, et principium a principio, quod est Filius » (Thomas l. c. q. 33. a. 4); sed sicut principii ratio et principiati naturæ æqualitatem non tollit, sic nec diversa in principiante relatio. Sed si spectatur *virtus et actio* spirandi, Pater et Filius sunt unum principium, uno eodemque actu spirant. Quod si stricte loquendo de duobus principiis sermo haberi nequit, multo minus de duobus principiis inter se diversis. Differentia solummodo est ex parte personarum, quatenus altera sine principio est et ex se habet spiratricem vim, altera a principio est et vim spirandi habet communicatam; seu quatenus sunt Pater et Filius; cum vero non spirent qua ille Pater, hic Filius, nulla est in spirando diversitas; et sicut natura non differunt, quia Pater ingenitus, Filius genitus, sic nec natura different, quia Pater a nullo, Filius a Patre habet spirativam virtutem. Potest sane dici duas esse personas principiantes, sed ideo non sunt duo principia. Advertit Joan. Argyropulus (*De proc. Spirit. sanct.* c. 10; *G. O.* I, 414-416) ἀρχὴν accipi posse tum pro δυνάμει tum pro ὑποστάσει: priori sensu non haberi duo principia, cum δύναμις προβλητικὴ nonnisi una eademque sit in Patre et Filio; posteriori sensu vocabulum δύο ἀρχάς admittit, cum tali pacto tres personæ in creatione quoque τρεῖς ἀρχαί sine absurditate dici, et uti tres, ita duæ personæ ejusdem actionis participes cogitari queant. Demum audiatur rursum Hugo Etherianus (l. II, c. 3, p. 1216) disputans: « Si Pater et Filius non simpliciter duo dicuntur, sed secundum quid, nec alter ab altero separatur, multo minus duo principia seu duæ causæ eo quod alteruter (uterque) causa sit sanctique Spiritus principium prædicabuntur. Nunquid Verbum Dei Patris Deus cum Deo? Et Deus quidem genitus ex Deo ingenito. Attamen non sunt duo Dii, genitus et ingenitus, sed unus et idem Deus. Sic igitur unum principium unaque causa Spiritus sanctus, qui est sine initio Pater et Filius, qui principium et caput dicitur, ut Hilarius dicit; caput enim omnium Filius est, sed caput Filii Deus est. Duo sunt, ubi similia nume-randi nomina rerum aliquam pluralitatem ostendere volunt, etsi earum exsistendi rationem taceant. Nam neque continuitatem neque discretionem neque dividendorum aperiunt differentiam, aliquam tantummodo manifestantia varietatem, quæ nulla inter Patrem et Filium, ex eo quod Spiritui esse præstant; verum una causa est Spiritus uterque. »

5. Alterum axioma a Photio invectum (vide c. 9, 17 seq. 47) est illud: *Producere seu emittere Spiritum sanctum est Patris idioma seu hypostatica Patris proprietas.* Hinc concludit, a Latinis personarum idiomata destrui, dum, quod dicit Patris idioma, et Filio vindicant. Verum hoc principium nulla ratione nullaque auctoritate fultum prorsus a Latinis rejicitur. Patris constitutivum idioma omnes *paternitatem* dicunt, cum qua spiratio identificari nequit; nemo præterea Patrum τὴν προβολὴν uni Patri vindicavit vel ejus characterem constitutivum censuit; addit Beccus (orat. 2, *De injusta dep.* c. 24; *G. O.* II, 76, 77) Photii πρότασιν iis omnibus doctorum testimoniis confutari, in quibus ἡ τοῦ Πατρὸς καὶ Υἱοῦ ἑνότης ἐπὶ πᾶσιν, ὅσα ἐκ Πατρὸς δι' Υἱοῦ λέγεται, apparet, quod adductis Basilii et Athanasii textibus declarat. Verum quo res luculentius pateat, accuratius divinarum personarum proprietates late dictas inspiciamus. Distinguuntur omnino proprietates personales, hypostaticæ, personas constituentes a diacriticis. (Vide Petav. *De Trin.* Proœm. l. IV.) Nonnisi tres *proprietates hypostaticas vel constituentes* (ἰδιώματα ὑποστατικά) agnoscunt Patres ac theologi; sunt autem: πατρότης, υἱότης, ἐκπόρευσις. « In divinis personis, » recte ait Hugo Etherianus (l. I, c. 8, p. 1204), tres proprietates immobiles sunt: paternitas, filiatio, processio; secundum quas solas tres personæ, Pater scil. et Filius et Spiritus sanctus *insigniuntur*. » Sane cum Græci nonnisi tres personas in Trinitate agnoscant, etiam tria solum admittere possunt idiomata constituentia, quæ notant tres relationes subsistentes ab invicem realiter distinctas (Thomas q. 30, a. 2); proprietates enim personales sunt idem cum personis ea ratione, qua abstractum est idem cum concreto (ib. q. 40, a. 1, ad 1). Hæc tria characteristica personarum idiomata immota prorsus manere omnes consentiunt. Post hæc recensentur diacriticæ et non constituentes proprietates: innascibilitas, quæ relationis est expers et ad unum Patrem spectat, et προβολή sive spiratio activa a passiva seu ἐκπορεύσει secernenda. Quæ notæ diacriticæ cum tribus illis hypostaticis notis quinque notiones (ἐννοίας, γνωρίσματα) efficiunt, quas Damascenus (*De fide orth.* I, 9-11) jam satis novit. Triplicis generis hinc secernuntur ἰδιώματα· ὑποστατικά primum, deinde σχετικά, tertio συστατικά. Ratio objectiva, qua persona designatur et ab alia dignoscitur, est notio seu ἰδίωμα συστατικόν; tales notiones igitur sunt paternitas, filiatio, processio, innascibilitas et activa spiratio. Duæ poste-

riores non constituunt personam; ideo dicuntur tantum notiones personarum, non autem personales; hoc vero inter se differunt, quod activa spiratio etiam relatio est seu ἰδίωμα σχετικὸν, innascibilitas vero, quæ nil aliud dicit, nisi Patrem non esse ab alio, nulla est relatio, ideoque mera et pura notio vocatur. Habemus ergo quinque notiones, ex quibus quatuor sunt relationes, tres notæ constituentes. (Cf. Thom. q. 32, a. 3.) Ex his jam patet activam spirationem non esse hypostaticum Patris idioma, esse vero relationem, cum σχέσιν dicat ad spiritum; patet quoque eam nullam habere oppositionem relativam ad paternitatem, neque ad filiationem. Si constitutiva foret Patris nota, cum paternitate identificaretur, et Spiritus sanctus esset Filius; si vero constitutiva non est, aliunde Photiani ostendant oportet, eam uni Patri esse tribuendam. Si ad Græcos doctores nos convertimus, ii dum Patris peculiares characteres describunt, nonnisi de paternitate et de innascibilitate loquuntur. Ita Basilius has duas solum notas adducit, non addit τὴν προβολὴν ut Patri propriam. Id de omnibus Græcis Patribus dici debet, qui in illa duplici nota immorantur nec unquam spiratricem vim ut ἰδίωμα ὑποστατικὸν Patris efferunt. (Cf. Petav. De Trin. III, 1 seq.; VII, 10, n. 19 seq.) Vocatur quidem Pater γεννήτωρ καὶ προβολεὺς (ex. gr. apud Naz. orat. 33, p. 562, ed. vet.), sed hoc liquido ostenditur eum, non quatenus est Pater, adeoque non constitutiva sua proprietate, spirare Spiritum; sed nunquam ἡ προβολὴ iis adjungitur notis, quæ uni ipsi conveniunt, quas, ut Basilius ait, μόνος αὐτὸς ἔχει; sed nunquam ratione τοῦ προβολέως, ut a Spiritu, sic a Filio distinctus apparet.

6. Hæc rursum ex Filii proprietate confirmantur, quæ nil per se habet, quod Filium ab activa spiratione excludat. Scite Hugo Etherianus (l. III, c. 2, p. 1238 G) : « Si paternitas non excludit Spiritum a Patre ratione causæ seu principii, neque nascibilitas excludit eumdem Spiritum a Filio secundum eamdem rationem. » Imo dum Patres Filium *Unigenitum* Μονογενῆ nominatum in Bibliis vident et ita hoc nomen explicant, ut ipse sit *solus qui ex solo sit Patre*, μόνος ἐκ μόνου, manifeste Spiritum non esse a solo Patre tradunt ac mirum in modum Latinæ Ecclesiæ fidei suffragantur. Si Filius est *solus* de solo Patre, ergo Spiritus non est de solo Patre; porro alia persona non suppetit, de qua sit simul, nisi Filius. Unde recte Ratramnus (l. II, c. 6, p. 270, ed. MIGNE) : « Dicatur, quod nostri dixere majores : Filius ex Patre natus, *solus de solo*, ac per hoc Unigenitus, Spiritus vero sanctus de Patre quidem procedens, sed *non de solo solus*, quoniam procedit et a Filio, ne *duos filios* videamur prædicare, processionem Spiritus si de Patre solummodo confiteamur. » Sane si Filius est *proprium*, ut sit de Patre solo, jam proprium Filii migrat in Spiritum, si sit et ipse de solo Patre, duoque dicentur Filii. » Et rursum (l. III, c. 5. p. 295) ex Fulgentio idem auctor : « Commune quidem inest tribus personis unius naturæ consubstantialitas, proprium vero singulis, quod Pater solus genuit, Filius solus natus de Patre solo, Spiritus sanctus quod de Patre Filioque procedit... Quod (postremum) si negare contendunt, dicant, quid ei (Sp.) sit proprium. Nam *processio* (1) de Patre communis est etiam Filio; quoniam omne quod nascitur, procedit etiam; ergo secundum doctoris hujus (Fulg.) sententiam proprium est Spiritus sancti quod de Patre Filioque procedit, quod nec Patri nec Filio cernitur commune. » Tantum ergo abest, ut hypostaticæ Patris et Filii notæ Filium a spiratione activa excludant, ut ei eamdem inesse ostendant. Neque vero processio per se vetat, ne et ex Filio dicatur Spiritus; imo vix ulla aptior res esse videtur ad declarandam differentiam inter generationem et processionem, quam quod illa fiat e solo Patre, hæc vero e Patre una cum Filio; Patres, licet de custodienda monarchia maxime solliciti primas partes tribuant personæ Patris, tamen Spiritum sanctum *immediate* conjungi Filio sæpissime docent. Hinc si Pater μόνος αἴτιος dicitur, sola causa, nonnisi ut suprema causa, fontalis et originalis, ut ἀρχικὸν αἴτιον, ut αἰτία προχαταρκτικὴ consideratur, ut Beccus ex Damasceno notat (orat. 2 *De injusta depos.* c. 20; G. O. II, 68) atque quoad Maximi verba (ep. ad Marinum) Bessarion rursum inculcat. Præclare idem *Beccus* (*De una Eccl.* c. 50, G. O. I, 183) Phurnæ objicienti : « Si Spiritus sanctus ex Patre et ex Filio procedit, proprietas Patris dimota est » ita occurrit : « Asserentes (Itali) Spiritum esse ex Filio, ut veluti *ex proprio absque Patre fonte* dicerent eum esse, tum paternæ proprietatis dimotionem inferrent, *sine principio* fontem Spiritus et Filium ut et Patrem decernentes; si vero cum dicunt ex Filio Spiritum esse, magnum Basilium proferunt affirmantem : Quod a Filio dicitur esse, ad primam causam relationem habet, nullam suspicionem dimotionis paternæ proprietatis relinquunt. » Audiatur demum et Nicephorus Blemmida, qui (orat. 1, c. 18; G. O. I, 23, 24) ita disserit : « Etenim si Pater generat Filium, a nullo id accipiens, et Filius habet Spiritum, eum a Patre naturaliter accipiens, non genitum, sed per eumdem procedentem ex Patre, prorsus non intelligo quamnam paternam proprietatem habiturum autumant Filium. Et quomodo Dei-genitorem Patrem indigitant? Si quod Deum generat Filium, vere hoc est paternæ hypostaseos præcipuum. At Filius non Deum-generans est, cum Filium non generet. Si vero generare et producere,

---

(1) Notum est dupliciter processionis nomen adhiberi. Cf. S. Thom. p. 1, q. 36, a. 2, corp. in fine et Joan. Theol. sess. 18 conc. Flor. (Hard. IX, p. 192, 193.)

et utraque in unum colligantes, hac ratione Deum-generantem Patrem appellant, ecce et Dei fœtus (genitus) est Spiritus, et quanam ratione unigenitus Filius erit ? »

7. Cæterum dum Photius hoc effatum : Spirare est hypostatica Patris proprietas, tanquam principium demonstrationis assumit, *petitionis principii* reus efficitur, cum idem plane sit illud pronuntiare et processionem Spiritus ex solo Patre affirmare. Subtiliores hac de re agitantur apud theologos quæstiones, quæ in præsentia ad rem nostram non spectant. Ea tamen hic proponere juvat, quæ ad quæstionem, quibusnam proprietatibus constituantur divinæ personæ, II. Kilber (*Tract. de Deo trino* in Theol. Wirceb. Disp. 6, c. 1, art. 3, n. 381 seq.) fusius disputat eaque per summa capita recensere. Persona constat, ut Joannes Theol. sess. 19 Flor. arguit, ex essentia et proprietate (τὸ πρόσωπον ἀπὸ τῆς οὐσίας καὶ τοῦ ἰδιώματος ὑφίσταται). Quæritur ergo, quænam hæ proprietates sint, quæ cum natura hanc constitutionem perficiunt; idque duplici potissimum sensu : primo, num sint aliquid *absolutum*, an vero quid *relativum*, et hic omnes fere unanimiter posterius admittunt, quod solum recte dici potest; secundo, sub quanam *formalitate* aut consideratione proprietas relativa constituat rationem personæ in divinis. Ut res plane intelligatur, notandum est : 1. Eadem proprietas potest esse hypostatica, relativa et notionalis; sicut revera paternitas, filiatio et spiratio passiva sunt in hoc triplici ordine. 2. Proprietas eadem spectari potest secundum *esse in*, sive quod dicit *absolute*, et præcise ad naturam divinam, cui per identitatem est immanens; et secundum *esse ad*, sive quod dicit *relative*, et ad terminum vel principium, cui opponitur. His aliisque ad quæstionis intelligentiam prænotatis jam docet laudatus Theologus : I.) Personas divinas non constitui formaliter per proprietates sub ratione formalitatis *absolutæ et secundum esse in*, sed sub ratione formalitatis *relativæ et secundum esse ad* acceptas, quia, ut docet Aug. *De Trin.* v, 5, 8, quidquid ad se, et non aliud dicitur, ad substantiam pertinet, ideoque non ut ratio personæ formaliter constitutiva haberi potest; II.) Personas divinas formaliter constitui per proprietates relativas, *prout hæ dicunt relationem*, non autem ut originem formalem exprimunt, quia forma constituens personam concipi debet ut aliquid personæ intrinsecum, fixum et permanenter exsistens, quod ipsa perseitas æque ac subsistentiæ ratio videtur exigere, nihil vero ejusmodi in conceptu formali originis apparet; deinde quia origines utpote actiones, quæ suppositorum sunt, non constituunt supposita producentia sed secundum nostrum intelligendi modum supponunt.

« Speciatim de *paternitate*. Hæc enim in divinis ut relatio transcendentalis ab actione ipsa non constituitur, et ut principium quo proximum generationis ante originem præsupponitur et ut subsistens forma antecedit terminum ejusque productionem. De *spiratione* autem *activa* cum constet, ne hanc quidem constituere Patrem, aut Filium, sed secundum rationem supponere jam constitutos per paternitatem ac filiationem; multo minus origo vel actio spirativa tanquam illarum personarum forma constitutiva cogitari poterit. Quod attinet ad personas productas, hæ in conceptu formali universim dicunt rationem termini et producti, speciatim vero rationem vel Verbi vel Spiritus subsistentis; sed certum est, viam ad terminum, productionem in fieri, actionem dictionis aut amoris adhuc quasi fluentem *anteire, non constituere* terminum ipsum, productum completum, et Verbum ac Spiritum perfectum. » Denique observat (n. 586) : « Quanquam ex dictis omnis proprietas hypostatica sit relativa, tamen *nec omnis relativa nec omnis notionalis proprietas est hypostatica*. Cum enim hæc per modum determinantis ad esse personale, proprium ac incommunicabile, concurrere debeat; illius ratio et formalitas *nec innascibilitati nec spirationi activæ congruit*. Non innascibilitati, quia juxta Aug. *De Trin.* v, 6 : *Nec ideo quisque pater, quia ingenitus, nec ingenitus ideo quia pater;* adeoque ab innascibilitate pater in esse patris ac personæ nec determinatur nec constituitur. Neque etiam spirationi activæ. Quamvis enim hæc propria sit Patri et Filio, tamen nec illum in esse Patris, nec hunc in esse Filii determinat; alioquin, cum utrique sit communis, Pater esset Filius et vicissim Filio paternitas conveniret. Unde habet se respectu utriusque, sicut essentia, commune pluribus et determinabile; dumque constituit Patrem et Filium in esse spiratoris distincti a Spiritu sancto, illis suppositis in sua persona jam constitutis concipitur supervenire hæc relatio, tanquam perficiens explicitam eorum distinctionem. » Sed ad præsentem tractationem sufficit simplex hæc demonstratio : Quælibet persona nonnisi unam constitutivam proprietatem habere potest, quia constitutivæ proprietates realiter idem sunt ac personæ subsistentes et cum his identificantur; unde Pater, si duas haberet ejusmodi proprietates, non una persona esset, sed duæ. Proinde Pater non simul paternitate et spiratione constituitur, sed aut paternitate aut spiratione. Sed Pater paternitate manifeste constituitur; Pater dicitur et est quia generat Filium; et ante Spiritum concipitur Filius, ante spirationem generatio; universa denique traditio paternitatem ut constitutivam Patris tesseram spectavit, ut supra (§ 5) ostensum est. Jam vero si spiratio Patrem non constituit, neque rationi Filii ullo modo opponitur, ea non Patris est propria, sed Patri Filioque communis. Uberius id evolventem Bessarionem art. seq. § 13, adducemus.

8. Sequitur tertium effatum : *Pater est principium eorum quæ ex ipso sunt non ratione naturæ, sed ratione personæ* (c. 15), quod apud Photii asseclas, ut Beccus advertit (in Camat. *G. O.* II, 291), in

axioma transiit. Ex hoc arguit contra Beccum Georgius Cyprius (apud Becc. in tom. Cypr. *G. O.* II, 158 seq. 236, 237). Viderunt orthodoxi satis acute, non simpliciter illud negari posse, habere tamen apud Photium pravum quemdam sensum minime tolerandum. Hinc laudatus Byzantinorum patriarcha adversario quidem concedit (l. c. c. 11, p. 237), Patrem non ratione naturæ, sed ratione personæ esse causam eorum quæ ex ipso; sed ibi cum Photianis naturæ respectum prorsus excludi naturamque ab hypostasi separari vetat; meliusque ex Patribus dici propugnat (c. 15, p. 246). tum λόγῳ τῆς ὑποστάσεως tum λόγῳ τῆς φύσεως principium esse Patrem. Certum est essentiam ab hypostasi nonnisi ratione differre, neque οὐσίαν ἀνυπόστατον neque ὑπόστασιν ἀνούσιον cogitari posse, ut Thomas (p. 1, q. 39, a. 1) et Petavius (*De Trin.* VII, 15, 13 seq.) declarant. Id nec ipsi schismatici prorsus diffitentur; id Gregorius Cyprius (apud Becc. l. 1 *Const.* c. 5, 6; in tom. Cypr. orat. 2, c. 5; *G. O.* II, 156-158, 258) concedit. Hinc Georgius Trapezuntius ad Jo. Cubocl. c. 11; *G. O.* I, 491 seq.) : « Quomodo concipies hypostasin, si in essentia ipsam non consideraveris? Essentiam enim et naturam absque hypostasi universaliori quodam modo intelligere possumus; quare et nonnullis visum est, eam universe subsistere. At enim hypostasin concipere et enuntiare non simul considerata aut concepta essentia modis omnibus fieri nequit. Ideo et cum ingenitum et procedens hypostaticas proprietates dicimus, essentiam intelligimus, quæ in speciali ingeniti, geniti et procedentis hypostasi consideratur. Neque enim in nudas proprietates credimus, neque eas essentias segregare, sed extra essentiam segregari confitemur. » Similiter Beccus, l. 1, *Ad Const.* c. 8, (*G. O.* II, 160 seq.) rem exponit et concordanter reliqui tradunt : quod si Spiritus est ex Patris hypostasi, est simul ex ejus essentia.

9. Priusquam vero uberius Photii effatum discutiatur, connexum cum his plurimorum Græcorum effugium considerandum est, quo ad elidendos suorum Patrum textus sibi contrarios, eorum tamen verbis coacti concedunt, Spiritum sanctum esse *ex essentia Filii*, sed ex *hypostasi Filii* esse pertinaciter negant (1). Sed id irrito conatu fieri cordati theologi demonstrant. Ac primo exinde, quod, ut diximus, hypostasis ab essentia et essentia ab hypostasi reipsa separari nequit. « Qui ex natura et essentia Filii, ait Georgius Trapezuntius (*De una S. Eccl.* c. 5; *G. O.* I, 543, 544, asserit Paracletum procedere, ex ipsa hypostasi Filii asserit. Haud enim fas est, hypostases nudas absque natura (ὑπο-

στάσεις ψιλὰς χωρὶς φύσεως) concipere, neque naturam sine hypostasi φύσιν ἀνυπόστατον), absolute in omnibus et in Deo ipso. » Et rursum alibi (ad Joan. Cubocl. c. 11 ; ib. p. 490, 491) : « Quidquid generatur procedique in exsistentiam, aut est ex hypostasi tantum, qua hypostasis est, aut ex essentia et natura tantum, et absque hypostasi considerata, aut ex utraque, ex natura scil. vel essentia, quæ in hypostasi est et in hypostasi concipitur. Secundum neque Græci ipsi dixerint; namque absurdum, ut videtur, existimant, quod inde sequitur ; ejusdem siquidem naturæ Trinitas confunderetur, adeo ut ex tribus unumquodque, et ex se ipso et ex aliis esset ; proptereaque ex hypostasi, qua hypostasis est (ἡ ὑπόστασις), existimant esse procedens et generatum. Heu vesaniam ! Etenim si hypostasis, qua hypostasis est, generat atque producit, erit ex hypostasi hypostasis secundum idem (κατ' αὐτό), et sic non erunt hæc naturæ, sed hypostasis.... Sancti vero tradunt : Sicut Filius ἐκ τῆς ἐνυποστάτου φύσεως· τοῦ Πατρὸς καὶ οὐσίας genitus exsistens ideo generanti Filius et consubstantialis Genitori est : ita Spiritus sanctus ἐκ τῆς ἐνυποστάτου τοῦ Πατρὸς φύσεως διὰ τῆς ἐνυποστάτου τοῦ Υἱοῦ οὐσίας processionis modum habens esse ideo Patri et Filio consubstantialis est (p. 493). Cf. Maxim. Chrysoberg. *De proc. Spirit. sanct.* c. 5. (*G. O.* II, 1086.) Præterea sane erat, cur contra Eunomianos ac Macedonianos Patres inculcarent, Spiritum sanctum esse *ex essentia* Patris et Filii ; videlicet ne creatura putaretur, ut consubstantialitas cum Patre et Filio ostenderetur ; ut non ex mera voluntate originem habens appareret ; ex Filii hypostasi eum prodire ac per Filium esse illi ultro concesserunt. Rem luculenter tractant J. Beccus, or. 1 *De una Eccl.* c. 29 seq. (*G. O.* I, 144, 150 seq.) et Georg. Trapezuntius (ib. p. 546, 547), qui advertit, merito in Patrum scriptis inculcari, φύσει Filium ex Patre esse et κατὰ φύσιν Spiritum ex Patre et Filio, ut ostendatur, ὡς οὐχ ἡ βούλησις αἰτία, ἀλλ' ἡ φυσικὴ δύναμις ἐνοῦσα ἄλλῳ μὲν τρόπῳ μόνῳ τῷ Πατρί, τῷ κατὰ γέννησιν, ἄλλῳ δὲ Πατρὶ ὁμοῦ καὶ Υἱῷ τῷ κατ' ἐκπόρευσιν. Deinde tertio ostendunt theologi, propositionem ἐκ τῆς οὐσίας τοῦ Υἱοῦ esse Spiritum, non eo pertinere nec unice nec principaliter, ut consubstantialis Filio declaretur. Nam, ut recte disputat Beccus ep. ad Agallian. (*G. O.* I, 360 seq.), differunt omnino hæ propositiones : Paulus est ejusdem naturæ cum Petro, et Paulus est ex Petri essentia ; posterior dicit Pauli parentem Petrum, prior non item. Duo angeli, duæ animæ sibi sunt consubstan-

---

(1) Photius ep. ad Zachar. Armenorum Cathol. (Lat. apud Mai *Spicil. Rom.* X, II, p. 456) hæc habet : « Spiritus sanctus Patrem Filiumque glorificat, quippe qui *de illorum substantia* accipiens creaturas innovat. » Fortasse hoc dictum eodem modo quo posteriores Græci intellexit ; probabile est eum ad Armenos scribentem, qui hoc in dogmate cum Romana Ecclesia sentiebant, callide hac expressione suum de Spiritu sancto placitum occuluisse et obvelasse, ne ad unionem cum Ecclesia Constantinopolitana sollicitatos hæreseos manifestatione deterreret.

tiales; neque tamen unus angelus ex essentia alterius angeli vel anima ex essentia alterius animæ esse dici vel cogitari potest. Accedit, quod si ita res se haberet, et Filius ex essentia Spiritus, et Pater ex essentia Filii esse dicendus foret, quod nemo tamen admittit. Rursum ex Patribus iisdem patet, penes eos idem esse dicere ex Filio, ex persona Filii, ex essentia Filii; hæc sæpenumero tum conjunguntur tum convertuntur. Postremo perspicuum est, Filium esse ex Patris essentia et simul ex Patris persona, modo illud modo hoc pronuntiari, utrumque etiam simul; idem proinde dicendum, si Spiritum ex essentia Filii esse audimus. Cf. Beccum *De una Eccl.* c. 29 seq. 64; orat. 2, in tom. Cypr. c. 4 seq. tota epigraphe 12 (*G. O.* I, 144 seq., 208 seq., II, 257 seq., 624 seq.) Allatium *Enchir.* c. ϑ'. p. ιη' seq. Jo. Theol. in conc. Flor. sess. 19 (Hard. IX, p. 217 et sæpe). Disputarat Georgius Cyprius (apud Beccum *G. O.* II, 233, 234, 256) hunc in modum : Communis essentia non est causa hypostaseos, cum neque generet neque producat unquam, verum essentia cum proprietatibus (ἡ μετ' ἰδιωμάτων οὐσία), quæ ipsam hypostasin notat. Porro Beccus id libenter admittit; verum petit, an solus Pater essentia cum proprietate habendus sit; id si affirmetur universim, pugnam cum Patrum doctrina esse apertam; si vero producendi proprietas uni Patri vindicetur, gratis hoc omnino supponi ac sine ullo testimonio traditionis (cf. § 5 seq.). Præterea, arguit, dum conceditur Spiritum esse ex essentia Filii, ut ex essentia Patris, essentia vero Patris cum proprietate hic intelligitur, etiam essentia Filii μετ' ἰδιώματος cogitari debet, quæ est hypostasis, ut ait ipse adversarius. Neque dicendum, alio sensu dici ἐξ οὐσίας τοῦ Πατρὸς, alio ἐξ οὐσίας τοῦ Υἱοῦ, hocque posterius ad unitatem essentiæ referendum; sic enim et Spiritus ex suamet essentia esse dicendus foret (orat. 1, in tom. Cypr. c. 11, l. c. p. 235, 236. Cf. orat. 2, c. 2, p. 255). Rem universam acu tetigisse videtur card. Bessarion, dum scribit epist. ad Alex. Lasc. c. 7 (Hard. IX, 1063, 1064 : « In sancta Trinitate, quod ex substantia alicujus est, ex persona quoque ejus sit necesse est,... » cum substantia et persona *realiter* unum sint et nonnisi ratione distinguantur; secus forent uti tres personæ, ita et tres essentiæ. «*Distinctio hypostasis et naturæ rationis est, unitas vero realis*; contra in nobis hominibus est. Nam in nobis unitas quidem naturæ cum cujusque persona rationis, distinctio vero realis est; alia namque res est humanitas ipsa, alia hujus personæ individuatio. Quare quemadmodum sumus multæ personæ, ita etiam multi homines. Quo fit, *ut quod sit ex natura alicujus hominum, non necessario etiam sit ex ejus persona. In sancta vero Trinitate e converso est... Unitas essentiæ et personæ est realis, distinctio vero rationis.* (Cf. Jo. Theol. sess. 19 Flor.: Hard. IX, 224, 225.) Quare *quod ex essentia alicujus personarum est, ex persona quoque ejus necesse est esse.* Si igitur Spiritus ex natura et essentia Filii est, ut in plerisque locis tum alii doctores, tum vel maxime Cyrillus probat, ex persona quoque ejus est. At nostri dicunt : Ideo hæc dicuntur a doctoribus, ut consubstantialitas eorum comprobetur et ut ostendatur Spiritus ejusdem esse substantiæ cum Filio. Hoc autem quanto verius est, tanto magis pro Latinis facit. Tunc enim magis ejusdem substantiæ Spiritus cum Patre et Filio est, cum ex eorum substantia personisque eorum prodeat, hoc est procedat... Nam si hoc *solum* consubstantialitatem significaret, ut nostri putant, diceretur etiam Pater ex substantia Filii et Spiritus sancti vel Filius ex substantia Spiritus; sed hoc nec ausus est nec audebit aliquis dicere. Præterea cum essentia nec generet nec spiret, secundum theologos, item etiam secundum philosophos (et ipsi enim ubique dicunt operationes individuorum esse, non universalium et generum. Me enim *non homo simpliciter sed quidam homo genuit*) si igitur *operationes individuorum,* non universalium *sunt,* nec substantiæ simpliciter, quid aliud intelligendum est, cum essentiam Filii audimus et ex ea Spiritum prodire, nisi divinam ejus personam ? Amplius : nec hoc nos lateat, quod qui hæc dicebant sancti doctores, contra Arianos et Eunomianos se opponentes, hæc dicebant, qui Filium ex Patre, Spiritum ex (Patre et) Filio asserentes ex substantia tamen eorum esse negabant, cum dicerent, Filium, etsi ex Patre, non tamen ex ejus essentia sive natura, sed voluntate natum fuisse, Spiritum vero ipsum etiam ex Filio, non tamen essentialiter, sive naturaliter, sed voluntarie. Quare Filium minorem Patre et alterius substantiæ asserebant; tresque in divinitate ponebant essentias. Patres igitur opinionem eorum tanquam falsam refellentes, non ex Filio solum, sed etiam ex ejus substantia conabantur Spiritum sanctum esse probare, similiter Filium non ex Patre solum, verum etiam ex ejus essentia. Considera ergo, quomodo ad hoc, quod hæretici dicebant, *ex voluntate, non ex essentia Filii* Spiritum esse, se opponebant doctores, ex essentia Filii illum esse asseverantes; ad hoc autem, quod illi dicebant ex Filio esse, nullus contradixit; nec dixit non esse illum ex Filio, tanquam et ipsi hoc sentientes (cf. II, § 7), et dicentes, esse ex essentia Filii, idem et ipsi intelligentes; ac si dicerent, *ex essentia et persona ejus,* et nos hoc idem dicentes. »

10. Ratum ergo est : Si Spiritus est ex essentia Filii, est quoque ex ejus persona. Sed non minus ex dictis (§§. 8, 9) ratum est : Si Spiritus est ex hypostasi Patris, est quoque ex ejus essentia. Sed essentia Patris jam Filio communicata intelligitur, dum processio Spiritus sancti concipitur, Pater et Filius in sua quisque persona constitutus jam supponitur, dum de illa processione sermo habetur. Hinc suscitata a Photio quæstio, quanam ratione sit Pater principium Filii et Spiritus sancti, opportuna

suggerit Latinis argumenta. Quod si dicatur Spiritus ex Patre *ut Patre* procedere, jam Spiritus dicetur Filius ac Filii prærogativa destructur; quod si dicatur procedere ex Patre *quatenus est Deus* vel *quatenus est spirator*, cum hic nulla relativa oppositio habeatur ad Filium, Filius nequit excludi. Ratiocinantur Theologi : Spiritus sanctus procedit ex Patre aut quatenus est *Pater* aut quatenus est *Deus*. Si prius, Spiritus sanctus necessario erit Filius, quod contra revelationem; si posterius, tum procedit etiam ex Filio; quia nullum signum concipi potest, quo Pater sit Deus, quo Filius non æque sit Deus. Proinde aut duo Filii in Trinitate subverso personarum discrimine admittendi, aut processio Spiritus sancti etiam a Filio rata est. Priorem argumenti partem ita effert Niceph. Blemmida (orat. *De proc. Spirit. sancti*, c. 22; *G. O.* I, 28); Εἰ Πατὴρ τοῦ Πνεύματος ὁ Θεὸς, ἐξ ἀνάγκης τὸ Πνεῦμα Υἱός · ὁ Πατὴρ γὰρ κυρίως Υἱοῦ Πατήρ · καὶ πῶς ὁ Λόγος μονογενής, εἰ καὶ τὸ Πνεῦμα Υἱός; Alteram sic evolvit Ratramnus (l. III, c. 6, p. 297, 298) Athanasii doctrinæ insistens : « Testatur et Spiritum ejusdem substantiæ fore, cujus sit et Filius, quoniam exsistat *de unita Deitate Patris et Filii;* quod dicens liquido monstrat, quod procedat ab utroque; *cum enim sit Deitas Patris et Filii sic unita, ut nullam differentiam recipere possit, non potest procedere Spiritus de Deitate Patris, nisi procedat et de Filii,* quemadmodum nec de Filii Deitate, nisi procedat etiam de Patris ; alioquin unita Deitas Patris et Filii non erit jam indifferens, si procedat Spiritus de Deitate Patris, et non pariter procedat de Deitate Filii ; ac per hoc jam non erit unita, quod est impium et Arianum. » Confirmat dicta Hugo Etherianus (l. 1, c. 8. p. 1203) ita scribens : « Si Spiritus non ut genitum ex Patre progreditur, Pater non emittit (προβάλλει) Spiritum ut genitor ; nam si in eo qui (quod) genitor Spiritum Pater emitteret, Spiritus ex Patre ut genitum prodiret ; at vero non est Spiritus ex Patre ut genitum ; non enim duos filios, sed unum solum Pater habere creditur; manifestum ergo, quod *non ut genitor* Spiritum Pater emittit. Amplius : Pater cum Spiritus emissor sit, aut in eo quo differt a Filio, ipsum emittit, aut secundum id, quo non differt. At in eo quo differt non emittit ; nam in eo *quod Pater*, non emittit Spiritum, in quo solo a Filio differt. » Differt Pater a Filio nonnisi innascibilitate et paternitate (§ 5), quarum notionum prior nullam relationem nullumque respectum habet ad Spiritus processionem, posterior terminum talis originis ac principiatum ostenderet esse Filium ; unde Pater nonnisi ex eo spirat, in quo a Filio non differt ; et tunc spiratio activa est Patri Filioque communis. « Aperte datur intelligi, » ait Etherianus, « quod non in eo quo differt Pater a Filio, emittit spiritum sanctum, sed in eo quo communicat. » Et rursum (c. 13, p. 1209) : Secundum quod (Pater) potest gignere, potest Filium habere; secundum vero quod potest emittere, non potest Filium habere. Quare secundum aliud potest gignere ac secundum aliud emittere. » Quod si igitur Photii effatum, τῷ λόγῳ τῆς ὑποστάσεως Patrem principium esse Spiritus sancti, illud sibi vult, Patrem qua talem, ratione paternitatis esse spiratorem, manifeste falsum est; quod si vero aliam uni Patri propriam notam intelligit ac quidem τὴν προβολὴν, falsa est suppositio, hanc esse paternæ hypostaseos characteristicum idioma (§ 5 seqq.). Si denique nil aliud dicere vellet, nisi quod communi theologorum principio traditur, actiones esse suppositorum (cf. Bessarionis verba § 9 præced.), verum quidem foret, sed ad rem præsentem non faceret.

11. Sed accuratius adhuc effatum istud perpendendum. Distinguunt theologi *principium quod generat* vel spirat, et *principium quo* illud generat vel spirat. Id optime exposuit Joannes Theologus in conc. Flor. sess. 18 (Hard. IX, 204) : Quod producit vel generat, *persona* est ; principium vero *quo* vel *per quod* (ἀρχὴ δι᾽ ἧς γεννᾷ), est essentia, quæ aliis communicatur [cf. Thom. 1, q. 41, a. 5). Hoc quod *communicatur* in generatione, natura est ; *agens* vero est hypostasis (τὸ κοινωνούμενόν ἐστι φύσις, τὸ δὲ ἐνεργοῦν ἐστιν ὑπόστασις). Hypostases, pergit sess. 19 (ib. p. 216), sunt quæ generant vel spirant. Actiones sunt suppositorum (αἱ ἐνέργειαι εἰσιν τῶν ὑποστάσεων). Essentia est nomen abstractum ; et hinc fieri nequit, ut ei conveniat generationis (vel spirationis) actio. *Substantia Patris et Filii est principium per quod spiratur Spiritus* ; *principium quod sunt spirantes.* « Pater — ita idem in sess. 244 (l. c. p. 508, 509) — indistinctus ab essentia, imo vero ipse αὐτοουσία exsistens, non intelligitur distinctam habere essentiam ab hypostasi ; non enim *re*, sed sola ratione distinguitur paterna hypostasis a sua essentia. Est ergo Pater substantialis (οὐσιώδης) hypostasis et generat substantialiter Filium ; et generatur Filius, substantialis et ipse hypostasis ; et sunt quidem duæ hypostases, sed unus Deus et una amborum natura, cum qua Spiritus sanctus indistincte (ἀχωρίστως) intelligitur ; et neque Pater est neque Filius, neque quid eorum, quæ sunt ad aliquid (τῶν πρός τι). Sed Spiritum, in quantum est Spiritus, ad spirantem (πρὸς τὸν πνέοντα) referri oportet. Quia vero Spiritus est Patris Spiritus, et Scriptura testatur illum esse quoque Filii Spiritum, spirantes sunt ergo Pater et Filius. » Quando ergo dicitur : « Pater non est principium ratione essentiæ, » verum id est de principio proximo *quod* generat et spirat, non vero de principio remoto *quo* generat et spirat ; verum non est, si essentia omnino excluditur, quæ est illud ipsum, quod tum generatione tum spiratione *communicatur*. Subdividunt præterea theologi *principium quo* in *radicale* seu *remotissimum*, quod in generatione æque ac in spiratione est ipsa divina natura ; in *potentiale* seu *remotum*, quod est potentia actionis seu virtus

agendi intermedia; in *formale* seu *proximum*, quod est forma aut vis actionis seu virtus agendi immediata. Communiter docent *principium quo proximum productivum* esse solas proprietates personarum producentium, *communicativum* vero naturam ipsam divinam (cf. Kilber l. c. c. 1, a. 2, n. 568 seq.). Deinde ὁ λόγος τῆς ὑποστάσεως cogitari potest vel prout consideratur persona per se universim et in abstracto vel prout persona talis intelligitur hac vel illa individuante affecta proprietate. Patrem esse αἴτιον τῶν ἐξ αὐτοῦ ratione hypostaseos in abstracto nemo dixerit, cum sit absurdum; intelligitur hinc ut persona concreta. Sed nunc rursus quaeritur, utrum Pater consideretur in proprietate constitutiva paternitatis, qua Pater est, an in alia proprietate, quae ab illa distinguatur. Si primum, nonnisi ut pater Spiritus sancti spectari potest et hic proinde erit Filius. Sane Patris nomen nonnisi relationem ad Filium notare Graeci doctores omnes diserte docent (1); quomodo ergo Pater ut Pater spirat, nec tamen Spiritus erit Filius? Si vero alterum, ea proprietas, quaecunque demum ea sit, cum filiationi non opponatur, Filio etiam inesse ex superius demonstratis infertur. Ea vero alia esse non potest, nisi ἡ προβολή seu spiratio; hinc dum Pater dicitur γεννήτωρ καὶ προβολεύς (§ 5), non qua Pater, sed qua Spirator Spiritum emittere dicitur; haec vero proprietas hypostatica et uni Patri propria non est, imo et Filio convenit. Denique si a Photio hypostasis Patris intelligitur sine essentia, quomodo essentiam Spiritui communicat? Si vero intelligitur in essentia et cum essentia, quomodo Filius non participat? Undequaque ergo patet, ex Photii effato, quocunque legitimo sensu exponatur, nil contra Latinos deduci posse, imo variis modis contra ipsum exinde argui. Quod si eodem modo Spiritus principium esse Patrem, quo Filii est ἀρχή, contendat, eadem proprietate, eadem actione; jam Filius et Spiritus, generatio et processio confundentur, plurimaque ex iis sequentur absurdis, quae ipse Latinis hucusque objecit. Rem quoad potiorem partem perspexit Hugo Etherianus, licet non satis accurate eam verbis exponat. Sic inter alia scribit (l. II, c. 4, p. 1217, 1218): « Dico, insufficientem esse factam *divisionem*, quae Spiritum ex Filio *aut ratione naturae aut ratione personae* provenire significat, eamdem quippe cum habeant naturam, non est alter ex altero secundum substantiam; natura *enim* se ipsam quomodo pariat? Similiter autem neque secundum personae rationem. Quemadmodum enim Pater non in eo, quod Pater, emittit, ita et Filius non in eo, quod Filius, causa principiumque Spiritus. Quapropter *ex natura quidem Patris et Filii et ex persona, quae est Pater, et quae est Filius, nequaquam vero in eo, quod hic quidem Pater, hic vero Filius exsistit, sed in eo quod ei exsistentiam praestant,* Spiritus esse habet, neque sunt duo principia, cum secundum Spiritus emissionem numerum non suscipiant. » Illud denique notandum, verbis illis λόγῳ τῆς ὑποστάσεως etc. potius insinuari principium *quo*, quam principium *quod*; licet autem essentia nec generet nec spiret, tamen secundum essentiam Pater generat, et Pater Filiusque spirant; unde essentia ut *principium quo* remotissimum cogitatur. Photium autem dum dicit, Pater est causa *ratione* personae, sub illa *ratione* principium *quo* intelligere propositio ipsa suadet, cujus subjectum est ipsum agens suppositum seu principium *quod*. Unde sic accepta propositio simpliciter negari potest. Principium enim *quo* est divina essentia secundum quod est activa spiratio, sicut essentia secundum quod est paternitas, est *principium quo* in generatione (Thom. in. l. 1, dist. 7, q. 1, a. 2); hocque sensu docet Georgius Trapezuntius (*G. O.* I, 492): Τὸ γεννᾶν καὶ τὸ προβάλλειν φύσεως ἔργον εἶναι, φύσεως δὲ οὐ πάσης, ἀλλὰ περὶ ἣν ἡ τοῦ γεννᾶν ἢ προβάλλειν ἰδιότης θεωρεῖται, prout est sive protentiae *proprietatibus* gignendi vel spirandi *affecta et modificata*.

12. Jam cap. 17 in fine, deinde cap. 56 et 64 Photius ac cap. 9 Nicolaus Methonensis quartam proferunt πρότασιν, ex qua non minus subtiliter argumentantur: *Quidquid in Trinitate dicitur, aut trium personarum commune est, aut unius personae proprium;* unde quod non est commune trium, id est unius proprium (τὸ ἐπὶ τῆς Τριάδος λεγόμενον ἢ ἑνός ἐστιν ἢ τῶν τριῶν sive ἢ κοινόν ἐστι τῆς Τριάδος ἢ μιᾶς ὑποστάσεως ἴδιον). Hoc principium pro causa Photiana confictum primam πρότασιν habet Beccus (orat. 2 *De injusta deposit.* c. 24; *G. O.* II, 75), quam vel eo uno Patrum effato refelli notat, quod *Filio ac Spiritui commune sit ex Patre esse.* Sane τὸ ἐκ τοῦ Πατρὸς neque est trium commune neque unius personae proprium; sed αἰτιατὸν εἶναι Filio ac Spiritui sancto convenit. Quod si ita est, Photii axioma non est generaliter verum. Praeterea ut arguit Nicephorus Blemmida (orat. 2, c. 11. *G. O.* 1, 32, 53) mittere Spiritum sanctum commune est Patri et Filio; ergo nec est unius tantum nec trium simul. Hinc post Blemmidam, Beccum (l. c. et in Camat. An. *G. O.* II, 291, *De una Eccl.* 63 ibid. I, 206, 207; cf. p. 162 seq.), Constantinum Meliteniotam (orat. 2, *De proc. Spirit. sancti*, c. 39; ib. II, 897) ita Leo Allatius (*Vind. syn. Eph.* c. 56, p. 560) Photianos premit: « Estne causatum sive effectus (αἰτιατόν) in Triade? Et illud estne commune Triadis an unius hypostasis proprium? Neutrum dicere valent. Nam causatum, quod in Deo conspicitur, nec est Triadis commune, nec unius Triadis hypostasis proprium, cum sit commune Filii et Spiritus, et non sit commune Patris. Et propius ad rem: Mittere Spiritum sanctum Patris et Filii est; id vero de Spiritu sancto nullo modo dicitur; neque enim

---

(1) Cf. Greg. Naz. orat. 55, p. 573; Nyssen. l. II, *contra Eunom.*, p. 434.

fieri potest, ut idem sit mittens et missus. » (Cf. eumd. *Enchir.*) Sic et ex Manuele Caleca et card.] Bessarione Petavius *De Trinitate* lib. vii, c. 15, n. 5, 6) : « Negant Latini nullam esse proprietatem, quæ non aut tribus communis sit aut unius tantum propria. Esse enim aliquam dicunt, quæ duabus convenit. Nam quæ de Deo dicuntur, aiunt Calecas et Bessarion, alia tribus personis communia sunt, ut sunt absoluta omnia, aut quæ ad creaturas ordinem habent, ut Creator, Dominus, etc., alia propria sunt, eaque vel duabus personis competunt comparatis ad tertiam, ut Filio et Spiritui sancto a principio procedere, Patri item et Filio Spiritum mittere, vel uni tantum congruunt. » Falsum proinde est illud principium : Quidquid in Trinitate dicitur, aut est trium personarum commune aut unius proprium. Neque dicatur, similia principia a Latinis theologis stabiliri. Nam longe a Photii effato differunt hæc catholicorum axiomata : Quidquid in Trinitate dicitur, aut *absolute* dicitur aut *relative*; vel etiam : Omne quod de Trinitate prædicatur, aut *commune* est aut *proprium*. In his sane disjunctio est omnino adæquata. In priori axiomate nulla difficultas est, cum activa spiratio relationibus comprehendatur: in altero τὸ proprium non supponit pro eo quod *uni* tantum personæ convenit; præterea nil vetat ne *commune* dicatur, quod vel tribus vel duabus personis convenit, et *proprium*, quod uni exclusis duabus vel duabus exclusa una aptatur, dummodo oppositionis ratio ubique servetur. Sane τὸ ἐξ αἰτίας εἶναι Gregorius Naz. (l. c.) dicit Filio et Spiritui κοινόν, Gregorius vero Nyssenus *Or. in Domin. Orat.* apud Beccum *G. O.* I, 163; II, 522, 523) τοῦ Υἱοῦ καὶ τοῦ Πνεύματος ἴδιον ; utrumque sane dici potest; hinc et Nyssenus pergit : Κοινοῦ δὲ ὄντος τῷ Υἱῷ καὶ τῷ Πνεύματι τὸ μὴ ἀγεννήτως εἶναι, κ.τ.λ. Cum spiratio activa Patri et Filio competat, *utrique communis* est, utpote non propria unius Patris nec propria unius Filii; potest etiam dici *utrique propria*, prout est incommunicabilis Spiritui sancto et pertinet ad duas personas spirantes exclusa spirata. Tritum est apud theologos, commune in Trinitate esse *absolutum*, proprium vero *relativum*; hoc pacto spiratio activa, quæ relatio est, recte dicitur duarum personarum Patris et Filii, *propria*, sicut passiva spiratio propria est Spiritus sancti. « Licet sint quatuor relationes in divinis, » ait S. Thomas (q. 30, a.2, ad 1), « tamen una earum, spiratio, non *separatur* a persona Patris et Filii, sed *convenit utrique*. Et sic licet sit relatio, non est tamen *proprietas* (sensu stricto theologico, cf. § 5), *quia non convenit uni tantum personæ*, nec *relatio personalis*, id est, constituens personam. Sed hæ tres relationes : paternitas, filiatio et processio dicuntur proprietates personales, quasi personas constituentes. » (Cf. q. 28, a. 1, 3, 4; q. 32, a. 3). Licet ergo catholici admittant axioma : Quidquid in Trinitate dicitur, aut commune est sive absolutum, aut proprium sive relativum : jure tamen rejiciunt Photii effatum : Quidquid in sancta Triade prædicatur, aut *tribus* personis *commune* est aut *unius personæ* proprium. » Sed hæc ex dicendis adhuc manifestiora erunt.

13. Si falsum est hoc Photii principium, falsum pariter est illud, quod corollarii adinstar inde deducitur : *Nil est duabus in Trinitate personis commune* (μηδέν τι εἶναι τοῖς δυσὶ προσώποις ἐπὶ τῆς ἁγίας Τριάδος κοινόν); sed si quid duabus personis commune sit, id et tertiæ commune erit. Unde cum Photio (cap. 6) arguunt schismatici : Si spiratio activa sit Patri et Filio communis, communis erit et Spiritui sancto. Patres interdum concludunt, quæ communia sunt Patri et Filio, communia quoque esse Spiritui sancto; at enim dum ita ratiocinantur, *de ipsa divina substantia ejusque attributis* agunt, non vero de relationibus ; de iis quæ absolute dicuntur, non de iis quæ dicuntur ad aliquid, ut recte advertit Georgius Trapezuntius (*De proc. Spiritus sancti*, ad Jo. Cubocl. n. 24. *G. O.* I, 519 seq.); ne vero id ad relationes et notiones extendatur, id per se ea vetant, quibus superius axioma convellunt (cf. Allat. *Euch.* l. c. « Licet enim, ita Leo Allatius (*Vind. syn. Eph.* p. 361,362), Nazianzenus dicat, quæ Patri et Filio insunt, ea inesse quoque Spiritui (τὰ τῷ Πατρὶ καὶ Υἱῷ προσόντα τῷ Πνεύματι ἐνεῖναι), sciant divinum illum virum de Divinitate contra Pneumatomachos verba facere, qui non de discernendi vim habentibus, sed de Spiritus divinitate tractabant. Et hæc est doctrina ipsius Cyrilli scribentis : Quibus enim Spiritus communis est, illis prorsus et quæ essentiæ sunt, separata non fuerint (art. præced. § 10, nota 6). Cyrillus ait, Spiritum esse communem Patri et Filio; uti enim Patris, ita dicitur et Filii, nec tamen dicitur Spiritus Spiritus, ne duo Spiritus insinuentur. Et ut magis in universum res pertractetur, in sanctissima Triade *tres* considerantur *conjunctiones*, et in singulis quid commune duabus reperitur. Sic cum *ingenitum* duobus modis dicatur, et cum *absque principio* est, et dicimus Patrem ingenitum ; et cum *non per modum generationis veluti Filius*, et tum Spiritus ingenitus est. Pari ratione et *genitum* ... et quod principium habet et quod naturaliter, hoc est per modum processionis exsistit ; et *oppositum* : quod principium non habet et per modum processionis non exsistit. » Photius : *Genitum* et quod a principio est, dicitur, et quod per generationem est; *non procedens dicitur* tum quod a nullo principio est, tum quod per modum processionis non exsistit.« Quæ cum ita sint, *ingenitum* secundo suo significatu *Patri et Spiritui commune* est : nullus enim ex ipsis per generationem est ; *genitum* primo significatu *commune* est *Filio et Spiritui*; uterque enim ex causa est ; et *per modum processionis non exsistere* rursus secundo significatu est *commune Patri et Filio*; nulli enim ex his hoc modo esse competit. Male ergo ratiocinantur schismatici : quæ duobus communia sunt, esse et tribus. Cum enim quæ discernunt hypostases (τὰ διακριτικὰ ὑποστάσεων) tum secundum principium et finem (κατά τε ἀρχὴν καὶ

πέρας), tum secundum oppositionem (κατ' ἀντίθεσιν) considerentur, primum si communiter accipiatur et ut duo, duobus inest et secundum principium et secundum finem. Et communissimum est omnium eorum, quæ secundum discretionem accipiuntur et tanquam aliquod universale, ex causa esse. Hoc erga principium causa vocatur, erga finem (terminum) effectus (causatum). Et quemadmodum absurdum non est, τὸ ex causa esse duobus inesse, quod tamen revera inest Filio et Spiritui, ita absurdum non fuerit, imo necessarium est *causam in duobus* considerari, ut medium fiat re ipsa *medium* et vera conjunctio extrema colligans, eo quod unum effectus sit, alterum causa [unius effectus alterius sit causa]. Si vero secundum oppositionem, una oppositionis pars in duobus plane consideratur: *sic genitum et ingenitum, et procedens et non procedens* duobus commune apparet. Cum enim Trinitas re ipsa sit Deus, si quo modo una hypostasis a duobus secernitur, id per oppositionem assumptum necessario duobus inerit. Quod enim ex tribus unum demit, duo prorsus relinquit. Nam absque generatione sive principio esse Patrem a Filio et Spiritu separat; proptereaque commune est *Filio et Spiritui* ex principio esse. Per modum generationis exsistere personam Filii constituit ille a duobus separatam; ideoque illi *oppositum Patri et Spiritui* inest. Pari ratione processionaliter (ἐκπορευτῶς) esse separat Spiritum a Patre et Filio; et ob hoc non per modum processionis exsistere (τὸ μὴ ἐκπορευτῶς εἶναι) quod illi opponitur, *Filio et Patri* necessario commune est. » Sic acutissime philosophatur Georgius Trapezuntius ad Joan. Cuboclesius concluditque: « In omnibus itaque discernentibus sive hypostasin constituentibus, si *proprium* hypostasis accipias, *quo discernitur a duobus, id per oppositionem sumptum*, si in duabus reliquis Trinitatis hypostasibus consideratur, *proprium* est, cujus dicitur; sin minus, male attributum est hoc proprium; proptereaque cum ingenitum sive absque principio proprium sit Patris, et per generationem esse Filii, et per processionem esse Spiritus sancti, *genitum, et ingenitum et non procedens* reliquis duobus *commune* fuerit, secundum illum, qui ex oppositione infertur, significatum. » Ita ex Trapezuntio Allatius. Ne vero quis ea nonnisi e posterioribus theologis petita existimet, illico idem Allatius (l. c. p. 365) Gregorii Nysseni præclarum affert testimonium, quod est hujusmodi: « Sed quemadmodum sine causa esse solius Patris est, quod neque Filio neque Spiritui adaptari potest, sic vice versa ex causa esse, quod est *proprium* Filii et Spiritus sancti, de Patre intelligi alienum a natura est. Cum vero Filio et Spiritui *commune* sit, ingenitos non esse, ne confusio circa subjectum introducatur, rursus potest immista in proprietatibus eorum differentia reperiri, ut et commune conservetur et proprium non confundatur. Namque unigenitus Filius ex Patre per Scripturam sanctam dicitur, nec ultra hoc illius proprietatem oratio ostendit. Spiritus vero sanctus et ex Patre dicitur, et ex Filio esse astruitur. Nam si quis Spiritum Christi non habet, non est illius. »

14. Discrimen illud, quod intercedit inter ea, quæ duabus personis communia sunt, et ea quæ tribus simul conveniunt, probe animadvertentes nonnulli scholastici *communia* illa, hæc vero *communissima* appellarunt. Id vitio vertit Latinis Marcus Ephesius, quod spreta nimirum ea Patrum partitione, qua ea quæ in Deo sunt, in *communia et propria* partiuntur, hanc novam effinxerint, aliam quasi theologiam statuentes. Verum hanc divisionem rei illustrandæ accommodatam Patrum doctrinæ nullo pacto repugnare, potius cum ea omnino esse concordem strenue Georgius Scholarius defendit. « Namque et nos dicimus, ait, eorum quæ in Deo sunt, quædam esse communia, quædam vero propria divinarum personarum, et sic nullatenus contra tuam divisionem pugnamus. Si vero *subdividentes* eorum rursus quæ *communia* sunt, hæc quidem duabus personis convenire, illa vero et omnibus inesse dicimus, vel eorum quæ *propria*, hæc quidem simpliciter, illa autem relative propria vocamus, divisionem illam non impugnamus, quin potius stabilimus. Quemadmodum neque cum quis animal in rationale et rationis expers diviserit, alius vero adjiciens remque perficiens dicat, et ratione præditorum animalium aliud mortale esse, aliud immortale, hic subdivisione sua illi refragabitur, qui secundum priorem modum divisionem fecerat; e contrario potius eamdem confirmabit ac suffragabitur illi. Si falsa omnis subdivisio est, multa eorum, quæ apud omnes in confesso sunt, negabuntur et e medio tollentur; et omnis circa scientias labor vanus erit. » Si autem non omnis subdivisio rejicienda, sed ea tantum quæ fallax est ac fundamento caret, disquirendum, an hæc de qua agitur, illarum numero ascribenda sit. Ostendit itaque uberius idem Scholarius, Patres, dum propria et communia secernunt, locum relinquere hæc et illa rimandi ulterius ac subtilius, eaque commode dispescendi, idque unum in quæstionem venire posse, an recte et vere, an secus ejusmodi subdivisio facta fuerit; porro adesse fundamentum illius subdivisionis in reipsa vel ex eo patere quod τὸ αἰτιατὸν neque tribus conveniat personis, neque uni duntaxat, verum duabus, Filio ac Spiritui, quod nec sit stricte eoque modo commune quo deitas, nec eo modo proprium quo paternitas vel filiatio. Perpendens deinde ea, quæ revera duabus personis sunt communia, illustrat et a perversa adversariorum explicatione vindicat celebre Gregorii Nyss. testimonium, quod infra allaturi sumus (art. 4, § 7, n. 1, et art. præs. § 17, n. 1) ex lib. *Ad Ablab.* (Opp. II', p. 459.) Illud autem axioma, quo omnia communia duabus personis et tertiæ convenire statuitur, aut rejiciendum aut de iis quæ non sunt opposita rationi tertiæ illius personæ (μὴ ἀντικείμενα τῷ λόγῳ τῆς ὑποστάσεως) intelli-

gendum esse docet. Ut omnis confusio arceatur, accuratæ distinctiones divisionesque theologis summopere expetendæ sunt et variæ acceptiones vocum secernendæ, ut scite monet Bessarion, qui propterea in Trinitate solum essentialia et personalia, absoluta et relativa, ea quæ ad intra et quæ ad extra dicuntur, affirmativa et negativa apte secernit, sed ea rursus subdividens adhuc subtilius alias attributorum et proprietatum classes ac species repræsentat. In tesseris personarum affirmativis, quæ propriæ dicuntur, secernit id quod uni convenit personæ et ita ei est *proprium*, ut et personam constituat, atque id quod duabus convenit et personam neutiquam constituit; atque consonans Scholario docet, posterius et tribus personis commune fore, nisi adversetur rationi hypostaseos unius; spirare sive τὸ προβάλλειν, Patri Filioque commune, ideo Spiritui sancto commune esse non posse, quia rationi spirati id repugnat, quia simul in eadem actione foret producens et productum, producens et non producens, quia sui ipsius tunc fieret principium.

15. Photiani axiomatis falsitatem perspexerat jam diu Hugo Etherianus, qui et illud recte notat, sibi ipsi contradicere Photium, dum ex una parte (ut cap. 3) agnoscit, commune esse Filio et Spiritui ex Patre esse, ex altera vero (ut cap. 6) contendit, quæ duabus personis communia sunt, et tertiæ convenire. Ait enim Etherianus (l. II, c. 18, p. 1232 H): « At vero cum quascunque proprietates habent duo, et tertius, ut retro monstratum est (ex mente Photii). Propterea hoc idem dicit sophista, sibimet invenire contrarius, cum dicat (cap. 53 fin.), Spiritus et Filii commune esse, una ex causa et indivisibili habere progressum. Quod utique nequaquam Patri causam non habenti convenit. Sed neque Theologus Gregorius consentit huic sententiæ in quodam sermone ad Ironam (Heronem) philosophum. Commune, inquit, Patri quidem et Filio et Spiritui sancto non fieri, Deitas quoque; Filio autem et sancto Spiritui esse ex Patre. Secundum, quemadmodum Spiritus ex Patre Filioque progressio, proprietas est, nec ulla cogit ratio, trium esse, quia duorum est proprietas. » De hac ipsa materia idem auctor jam antea disseruerat (libro I, c. 12, p. 1205, 1206; c. 16, p. 1210; l. II, cap. 3, p. 1217). Et in priori textu (p. 1205 seq.): « Quod erit inconveniens, inquit, personis prorsus inseparabiliter commanentibus, proprietatum aliquam Filii Patrisve communem esse? Non omnis proprietas personam describit..,... Proprietas, quæ causa nuncupatur sive principium, alicujus personæ minime *insignitiva* est, sicut et quædam aliæ, ut ingenitum, sine causa esse, sine principio esse, emittere, sine Patre esse, non esse Spiritum sanctum, non esse processibile, habere Spiritum sanctum, mittere Spiritum sanctum. Quare pleraque Filio Pater communicat; similiter quasdam habet proprietates et Filius, quæ insignitivæ non sunt. Quare quasdam Spiritui communicat, ut causativum (αἰτιατόν), non esse anarchum, non esse Patrem, et alia his similia. Juxta eumdem modum et Spiritus aliquas habet, quas Pater communicat, veluti non esse Filium, non esse genitum, differre a Filio, et alia hujusmodi, quæ non sunt hypostaticæ proprietates sive personales. Hæ omnes circa substantiam considerantur et singularem non sunt sortitæ personam; ergo sunt proprietates, quæ nequaquam personarum *insignitivæ* sunt..... Quamobrem non idem est *habere proprietates* et *ab iisdem insigniri*; plures enim quodlibet animalium proprietates habet, a nulla quarum insignitur. Patet igitur, ut arbitror, nullum inconveniens sequi, si Pater et quæ cum eo duæ personæ sunt, hujusmodi possident proprietates, cum differens habitudo compositionem non adducat. » Item contra Nicomediensem antistitem ex pari ratione argumento theologus noster (l. I, c. 13, p. 1207) observarat, commune esse Patri et Filio, ex aliquo non procedere, non esse Spiritum alicujus, nec Spiritum sanctum esse, habere habitudinem ad invicem, characterem habere ad invicem se respiciendi, et rursum æqualiter secundum habitudinem ad invicem, etc.

16. Affine his principiis est illud pariter a Becco (orat. 2, *De injusta depos.* c. 24 et in Camat. Anim. *G. O.* II, 75, 291) castigatum, videlicet: *Omne quod de divinis personis dicitur, aut personale est aut naturale* (πᾶν τὸ ἐπὶ τῶν θεαρχικῶν λεγόμενον ὑποστάσεων, ἢ ὑποστατικόν ἐστι ἢ φυσικόν), quod præsertim Nicolaus Methonensis urget (c. 9. ad cap. 56 Photii nota 3). « Hoc assumptum, » ait Beccus (l. c. p. 75, 76), « communiter multa Patrum dicta convellunt, quibus proprietates hypostaticæ naturaliter (φυσικῶς) unicuique personæ inesse demonstrantur. Neque enim quod talis proprietas hypostatica est Patri aut Filio aut Spiritui sancto, propterea naturalis non est; natura enim et non positione (φύσει γὰρ, καὶ οὐχὶ θέσει) Pater Pater est, quæ est suarum proprietatum prima; et natura est Filius Filius, et non positione, quæ est suarum proprietatum potissima; et Spiritus sanctus naturaliter ex Patre procedit, et processiva (ἡ ἐκπορευτική) suæ hypostasis proprietas naturaliter soli illius hypostasi inest. Propterea dicendum non erat: Quidquid de divinis dicitur hypostasibus, aut est hypostaticum sive proprium aut naturale. Commune enim (κοινόν) hypostaticis, non naturale opponitur. Simul enim et communia et hypostatica naturaliter divinis hypostasibus insunt, et nihil quod est positione et extraneum et secundum accidens (μηδὲν τῶν θέσει καὶ ἔξωθεν καὶ κατὰ τὸ συμβεβηκὸς ὑπαρχόντων) locum in illis habet. » Non aliter statuunt Constantinus Meliteniota (orat. 2, *de proc. Sp. sancti*, c. 39; *G. O.* II, 899, 900) quique eum presse sequitur Leo Allatius (*Vindic. syn. Ephes.* p. 361; *Enchir.* l. c.) Sed ejusmodi responsio non penitus satisfacere videtur. Verum quidem est, quæ

hypostatica sunt, ea *naturalia* quodam sensu dici posse, quatenus non sunt ex accidente, ex extrinseco, quatenus a natura ipsa pendent et personis reduplicative sumptis sunt essentialia ; verum tunc *latiori sensu* ita vocantur, non stricto, prout nunc oppositionis ratio videtur exigere. Interrogant etiam axiomatis illius assertores, [259] Allatius (*Enchir.* p. 95) aliique : an *Trinitas* sit φυσικὸν an ὑποστατικόν τι (de qua quæstione vide Thomam q 31, a. 1, ad 1), utrum *personæ* nomen censeant naturale an personale (de qua quæstione vide eumdem, q. 50, a. 4); ac premi exinde sane adversarii possunt : Si *personam* dixerint nomen hypostaticum, ex eorum sententia personalitas uni tantum ex tribus competet; si φυσικὸν, persona et natura in unum collabi videbuntur : personæ nomen, ut ait Thomas (l. c.), commune est tribus personis communitate rationis, non rei. Ex his aliisque ejusmodi Photiani deprehendere possunt, quonam pacto axioma illud affirmari queat. Si illud sonat : Omne quod in Trinitate percipitur, aut divinæ essentiæ est aut *unius personæ* tantum, tunc refunditur in primum illud jam refutatum (§ 12) effatum et cum eo cadit. Si vero sonat : Quidquid in Trinitate intelligitur, aut secundum substantiam, aut ad aliquid dicitur, sive aut absolutum aut relativum est, sive demum : aut ad essentiam spectat aut *ad personas*, poterit eis permitti. Sane quidquid in Trinitate consideratur, vel ad essentiam pertinet vel *ad personas*; sed non omne quod ad essentiam ceu talem non pertinet, ideo est proprium unius personæ. Præterea notant theologi cum S. Thoma (q. 41, a. 1, ad 1), notionales actus, qui a personarum relationibus differunt secundum modum significandi tantum, revera omnino sunt idem, distingui merito a personalibus ; eam divisionem, qua dicitur : Quidquid in divinis est, vel est essentia vel persona vel *notio*, omnes admittunt (cf. *Sum.* q. 43, a. 3, ad 1) et sane ea accurata undequaque est. Hinc objectioni illi : « Productio Spiritus sancti activa aut est personalis aut substantialis ; in priori casu ea non potest pluribus convenire personis, in altero ea est ipsi Spiritui tribuenda, » ita occurrit Henricus Kilber (Theol. Wirceb. *De Deo uno et trino* disp. vi, c. 2, a. 4, n. 406): productionem activam posse dici *personalem* et negari, quod ea duabus personis nequeat esse communis ; videri tamen potius dicendam nec personalem nec essentialem, sed *notionalem*, « quia scilicet quamvis non constituat Patrem et Filium in esse personæ, ut de innascibilitate respectu Patris diximus, nec etiam incommunicabilis sit Filio, cum filiationi relative non opponatur, ad distinctionem tamen a Spiritu sancto et notificationem utriusque personæ pertinet. »

17. Postremo et hoc solemne Photio et Photianis effatum est : *Ut Filius, ita Spiritus est ex Patre proxime et immediate* (ἀμέσως καὶ προσεχῶς), nullo medio exsistente (Phot. cap. 62, Nicol. Methon. c. 22). Atque hinc in Latinos invehuntur, quod Patrem faciant Spiritus principium simul proximum et remotum ; proximum, prout est ex Patre Spiritus immediate, remotum vero, prout est ex Filio, qui habet esse a Patre. Alii adhuc iniquiores prætendunt, Spiritum ita *mediate* ex Patre esse apud Latinos, ut revera nonnisi ex Filio sit, ex Patre vero solummodo, prout est Filii principium et genitor, sicut Enos filius Seth mediate ab Adamo est ortus ; et ab hac corruptela nec Photius alienus est, ut cap. 61 manifestat. Sed omissa in præsenti hac absurda interpretatione de priori tantum agemus. Respondet Beccus (*G. O.* I, 215 ; *Or. de un. Eccl.* n. 64) neminem SS. Patrum dixisse, τὸ Πνεῦμα ἀμέσως ἐκ τοῦ Πατρὸς εἶναι. Jam ante illum Nicephorus Blemmida controversiam ita proposuit : Εἰ δι' Υἱοῦ τὸ ἅγιον Πνεῦμα ἐκπορεύεται παρὰ Πατρός, ἢ μὴν ἐκ Πατρὸς προσεχῶς, ἀλλ' οὐ δι' Υἱοῦ · ac prius quidem permultos, posterius vero neminem Græcorum doctorum tradidisse affirmat ac probat (orat. 1, n. 2 seq ; orat. 2, c. 4 ; *G. O.* I, p. 2 seq. 42). Atque inter alios testes Gregorium Nyssenum adducit (p. 7), qui Filium vocat τὸ προσεχῶς ἐκ τοῦ πρώτου, Spiritum vero τὸ διὰ τοῦ προσεχῶς ἐκ τοῦ πρώτου [lib. *Ad Ablab.* t. II, p. 459]. Suffragantur Patres omnino omnes, qui Spiritum διὰ τοῦ Υἱοῦ ex Patre procedere docuerunt (art. 2, § 6) ; nam, ut ait Constantinus Meliteniota (orat. 1, c. 31 ; *G. O.* II, 712) : « Idem est dicere Filium et non immediate (ταυτὸν γάρ ἐστι δι' Υἱοῦ καὶ οὐκ ἀμέσως εἰπεῖν) ; » illud διὰ significat causam quamdam mediantem (αἰτίαν τινὰ μεσιτεύουσαν), ut late probat card. Bessarion in orat. dogm. c. 5 (Hard. IX, 332 seq.). Suffragantur ii omnes, qui Spiritum per Filium Patri conjungi docent (Const. Meliten. orat. 1, c. 41 seq. *G. O.* II, 760 seq.) quique solum Filium nullo exsistente medio, ex Patre esse statuunt (Beccus, epigr. 2-4, *G. O.* II, 544-558). Eodem omnino pacto cæteri οἱ τῆς ἑνώσεως Græci ratiocinantur. Quos presse sequitur Hugo Etherianus, qui Græcum loquendi morem in plurimis imitatur. « Filius, » inquit (l. 1, c. 1, p 1200), « juxta fecundam genitoris virtutem generatur, quo *medio exsistente* ex eodem Patre Spiritus prodit ut ex sua causa inexhausta et infinibili. » Et paulo post : « Similis est Filio Spiritus, sicut quidem ex causa et suo *immediato principio*, cui ut immediate communicat, sic ab ipso *absque medio* provenit et per ipsum Patri conjungitur. » Cum itaque Græci doctores Filium expresse solum ἀμέσως ex Patre esse dicant, Spiritum vero non item, cum διὰ τοῦ Υἱοῦ ex Patre procedere Spiritum miro consensu propugnent ; cum præterea doctorum aliqui quæstionem illam celeberrimam, cur Spiritus sancti spiratio non sit generatio et quanam ratione hæc ab illa differat (de qua consulendus Petavius, *De Trin.* VII, c. 14), exinde solvant, quod Spiritus sanctus non immediate a Patre sit, quemadmodum Filius (cf. Petav. l. c. c. 13, n. 11) sicut alii ex hoc, quod ex utroque procedat (ib. n. 9) : jam satis patet

eos a Photiana doctrina haud parum discrepare, ut Allatius (*Ench.* c. 6, p. 30 seq.) cum cæteris urget.

18. Attamen id difficultate non caret; unde id in primis indagandum, quonam pacto sit intelligendum, Spiritum sanctum *mediate* a Patre procedere. S. Thomas (*Sum.* p. 1, q. 36, a. 1) hanc primo loco sibi objectionem proponit : « Quod procedit ab aliquo per aliquem, non procedit ab eo immediate. Si igitur Spiritus sanctus procedit a Patre *per Filium, non procedit a Patre immediate*, quod videtur inconveniens. » Cui ita ipse satisfacit : « In qualibet actione est duo considerare, scil. suppositum agens et virtutem, qua agit, sicut ignis calefacit calore. Si igitur in Patre et Filio consideratur *virtus*, *qua spirant* Spiritum sanctum, non cadit ibi aliquod medium, quia hæc virtus est una et eadem. Si considerentur autem ipsæ *personæ spirantes*, sic cum Spiritus sanctus *communiter* procedat a Patre et Filio, invenitur Spiritus sanctus *immediate* a Patre procedere, in quantum est ab eo, et *mediate*, in quantum est a Filio; et sic dicitur procedere *a Patre per Filium*; sicut etiam Abel processit immediate ab Adam, in quantum Adam fuit pater ejus, et mediate, in quantum fuit Eva mater ejus, quæ processit ab Adam; licet hoc exemplum materialis processionis ineptum videatur ad significandam immediatam processionem divinarum personarum. » Hinc (in corp. art.) « quia Filius habet a Patre, inquit, quod ab eo procedat Spiritus sanctus, potest dici quod Pater per Filium spirat Spiritum sanctum. Hinc alibi (in l. 1 *Sent.* d. 12, q. 1, a. 3) Richardi Victorini verba (*de Trin.* v, 7), generationem in divinis esse immediate a Patre, sed Spiritus sancti processionem quodammodo esse mediate et quodammodo immediate, hunc in modum explanat : « *immediate*, quantum ad virtutem spirativam, quæ est una Patris et Filii, et iterum quantum ad ipsum suppositum Patris, quod immediate est principium processionis, quia ipse simul et Filius spirant ; sed *mediate*, in quantum Filius, qui spirat, est a Patre. » — Ex his tria consequuntur : 1) non negari a Latinis simpliciter, Patrem esse immediatum processionis principium ; 2) recte tamen dici respectu Filii simul cum Patre spirantis Spiritum *mediate* ex Patre procedere ; 3) deduci non posse, Patrem *eodem* prorsus *respectu* immediatum et mediatum, proximum et remotum haberi Spiritus sancti principium. Utrumque dici potest, sed sub consideratione plane *diversa.*

19. Quomodo igitur Photium impugnantes Græci orthodoxi id denegant, Spiritum esse *immediate* ex Patre, quod Latinorum præstantissimi plane concedunt? Sed hoc illi non infinite statuunt, verum pro suorum Patrum dicendi more, attendentes ad eas eorumdem locutiones, quibus egregie Spiritus sancti ex Filio etiam processio confirmatur, communicata vero a Patre Filio virtus spirativa simul ostenditur ; id contra cives suos schismaticos urgent qui ad excludendum Filium immediatam sancti A Spiritus ex Patre processionem propugnabant; atque licet ea ἀκριβείᾳ diversas τῆς μεσιτείας rationes non distinguant, qua Thomas utitur, tamen quoad rem ipsam cum Latinis omnino concordant, μεσιτείαν in eo potissimum reponentes, quod vim spiratricem Filius habet a Patre communicatam, illud διὰ veram αἰτίαν καὶ ἀρχὴν τῆς τοῦ Πνεύματος ὑπάρξεως (Flor. conc. Hard. IX, 421) significare statuentes, eatenus primæ causæ subordinatam, quatenus ab ipsa pendet et ex ipsa est. (Cf. Allat. *Vind. syn. Eph.* c. 58, p. 375 seq.) Hanc μεσιτείαν Photianis adeo exosam præclare explanat Joan. Beccus (lib. *De proc. Spirit. sancti* c. 7, n. 2; *G. O.* I, 292, 293) primum negans intervalla vel realem separationem illo nomine insinuari, deinde eam positive describens ac definiens : Τὴν μεσιτείαν ταύτην οὐδὲν ἄλλο εἶναί φημι ἢ φυσικὴν σχέσιν, καθ' ἣν ἐστι διὰ τοῦ Υἱοῦ τὸ Πνεῦμα συναπτόμενον τῷ Πατρί, ὡς ἐκ τοῦ Πατρὸς ἐκπορευόμενον δι' αὐτοῦ. Hæc uberius illustrat (p. 294-298) exponens quo sensu Filius dicatur secundus a Patre. Neque aliam mentem esse Hugonis Etheriani, ex his quæ lib. II, c. 9, p. 1222, 1223 fusius disputat, facile dignoscitur. Verum in primis Bessarionem audire juvat ita de proposita quæstione agentem (lib. *Ad Alex. Lascar.* c. 7 ; Hard. l. c. p. 1061, 1062) : « Tenemus cum Augustino, quod Spiritus immediate ab utroque procedat, sed intelligimus quod Filius, qui est Spiritus principium, est *medians* quantum ad esse inter Patrem et Spiritum sanctum, cum prius naturaliter intelligatur a Patre naturaliter productus, quam Spiritus sanctus ab utroque. » Et alibi (*Refutat. antirrhet. Palamæ adv. Joan. Becci capita*) : « Jamvero si quis ad singularem emissionem et identitatem processionis ex utroque respiciat, tum hoc animadvertat, Patrem esse fontem et causam divinitatis : *immediate* esse ex Patre Spiritum inveniet, eoque pertinere, quas affert, sententias. Sin ordinem consideret, qui reipsa inest in Trinitate, nec sola nostra cogitatione constat, *medium* videbit esse Filium et tertium a Patre Spiritum, ac per Filium a Patre procedentem, ac *priorem* se *cogitatione* habentem Filium, quemadmodum Patrem habet Filius. » Sane Pater non prius potest ut spirator cogitari, quam ut Pater concipiatur, proinde non prius, quam Filius cogitetur ; ideo *medium* vocant Patres Filium, μεσίτην eum dicit Gregorius Nyssenus (Tract. *Quod non tres sunt Dii.* Cf. Georg. Trapez. ad Joan. Cubocl. c. 21 ; *G. O.* I, 515 seq.). Neque e converso dici potest Spiritum esse *per Patrem* ex Filio, Patrem esse medium inter Filium et Spiritum, Spiritum esse ex Filio mediate. Præclare Thomas (l. c. a. 3, ad 4) : « *Ordo* non attenditur inter Patrem et Filium quantum ad virtutem, sed solum quantum *ad supposita* ; et ideo dicitur, quod Pater spirat per Filium, *et non e converso.* » Cf. et Petav. *de Trin.* l. VII, c. 11, n. 11.)

20. Hæc in re non abs re fuerit Leonis Allatii

observationes quasdam subjicere, quæ et in aliis rebus consideratione dignæ sunt. Scribit enim (*Vindic. syn. Eph.* c. 71, q. 555 seq.) : « Si dicat schismaticus : Itaque si Pater per medium Filium Spiritum producens mediate ipsum producit, Filius vero immediate emittit, quod per nullum alium Filius sit contigua causa Spiritus, et Pater non est contiguus, denuo sequeretur aut imminutio Filii respectu Patris aut Spiritus respectu Filii, et sic dabitur locus Ario, Eunomio, Macedonio et Apollinario : locum non dari dictis hæreticis manifestum est. Hi namque deitatem in diversas deitates discerpunt, quarum unam majorem, aliam minorem, tertiam mediam constituunt, aut a natura Patris increata abscindunt et Spiritum et Filium subalternas naturas, ut ita dicam, et creaturam hanc hujusce et hanc alterius firmant, aut Spiritum rursus in ordinem creaturarum detrahunt, apud quos et primum non pium, et contiguum impium et medium non minus reputatur et majus et minus et simpliciter ordo et anterius et posterius, et quod inde subsequitur, et similes voces summa cum impietate ab eisdem intelliguntur et declarantur. Apud Catholicos vero et *ordo* dum asseritur, non absona a pietate ratione in Trinitate assumitur, et *primum* et *prius*, et *anterius* et *posterius*, et *medium* et *majus* et *contiguum* et quidquid aliud in divinorum Patrum commentariis reperitur a piis hominibus, ut Deum addecet et divinis hypostasibus congruit, accipiuntur. *Licet enim ex nobis nostrisque voces similes trahantur, non ideo tamen de divinis uti de nostris philosophamur*, sed superiori quodam modo, ut divinæ naturæ et divinis hypostasibus convenit, sic de reliquis aliis nominibus, veluti sunt generatio, Verbum, Pater, Filius, Spiritus et alia theologica, quæ licet ex nostris desumantur, res tamen supra nos significant exprimuntque, cum alio modo de nobis dicta, alio de divina Triade considerentur; et *dictionis communio rerum differentias non dirimit* ; sed rerum differentia, quæ diversos de iisdem conceptus insinuat, et vocum similitudine nullo modo pietas læditur. Neque propterea quod apud hæreticos nonnullæ voces impias sententias exprimunt, earum usus rejiciendus est, sed admittendæ, si modo illæ pie intelligantur et asserantur. » — Demum et ea pensanda sunt quæ D. Leo M. inculcat : « Nulla ibi (in Trinitate) tempora, nulli gradus, nullæ differentiæ cogitentur; et si nemo de Deo potest explicare quod est, nemo audeat *affirmare quod non est*. Excusabilius enim est de natura ineffabili *non eloqui digna*, quam *definire contraria*. Quidquid itaque de sempiterna et incommutabili gloria Patris pia possunt corda concipere, hoc simul et de Filio et de Spiritu sancto inseparabiliter atque indifferenter intelligant. » (Serm. 1, de Pentec. c. 3 ; Baller. serm. 75, p. 402, ed. Migne.) « De qua (S. Trinitate) cum S. Scriptura sic loquitur, ut aut in factis aut in verbis aliquid assignet, quod *singulis* videatur *convenire personis*,

non perturbatur fides catholica, sed docetur; ut per proprietatem aut vocis aut operis insinuetur nobis veritas Trinitatis, et *non dividat intellectus, quod distinguit auditus*. Ob hoc enim quædam sive sub Patris sive sub Filii sive sub Spiritus sancti appellatione promuntur, ut confessio fidelium in Trinitate non erret; *quæ cum sit inseparabilis, nunquam intelligeretur esse Trinitas, si semper inseparabiliter diceretur*. Bene ergo ipsa difficultas loquendi cor nostrum ad intelligentiam trahit, et per infirmitatem nostram cœlestis doctrina nos adjuvat, ut quia in Deitate Patris et Filii et Spiritus sancti nec singularitas est nec diversitas cogitanda, vera unitas et vera Trinitas possit quidem simul mente aliquatenus sentiri, sed non possit *simul ore proferri*. » (Serm. 2, in Pentec. c. 2 ; Ball. serm. 76, p. 405, ed. cit.)

IV. — *Ad præcipua Photii sophismata variorum theologorum responsa proponuntur.*

1. His de principiis Photii delibatis jam miram illam sophismatum seriem perlustremus, qua suum placitum stabilire conatur. Adductis itaque Christi verbis *Joan.* xv, 26 (cap. 2) ita ratiocinatur (cap. 3): Filius et Spiritus ex eodem principio, Patre scil., suum habent esse, licet diverso modo ; sunt omnino eadem natura et pari honore præditi ; proinde si Filius Spiritus sancti esset principium, pariter Filii principium foret Spiritus sanctus, alter alteri vicissim deberet causa exsistere atque Filius ex Spiritu quoque generari. Quod sane argumentum non magni ponderis est. Sicut enim æqualitati et consubstantialitati Patris et Filii non officit, quod ex Patre suum esse habet Filius, ita neque æqualitati et consubstantialitati Filii et Spiritus obest hujus ex illo processio; sicut homousia Patris et Filii non postulat ut et Filius Patris habeatur principium, sic nec homousia Filii et Spiritus sancti exigit ut et Spiritus Filii ἀρχή censeatur ; et sicut, trium personarum æqualitas non tollit unius principatum, quo cæterarum est principium, ita eorum quæ sunt ex principio, æqualitas non tollit Spiritus processionem per Filium. Si ex consubstantialitate *nude ac per se spectata* illud deducitur consequens, manifeste est falsum ; tunc deberet et Patris principium dici Filius eo quod sint consubstantiales. Neque id quod ad Patrem ut ad commune principium tum Filius tum Spiritus referuntur, *per se* hanc reciprocam principiandi facultatem utrique vindicat, ut apertum est ; deinde præterquam quod ex revelata doctrina Spiritus sanctus habetur immanentium originum terminus, alia est, ut nec Photius diffitetur, generatio, alia Spiritus sancti processio, ita ut non eadem ratione Pater sit Filii et sancti Spiritus ἀρχή. (Cf. Beccum in Camateri Animadv. c. 30, 34, 43 ; *G. O.* II, 355, 362, 363, 373.) Quod una persona respectu ejusdem alterius personæ sit simul principium et principiatum, absurdum plane est; sed absurdum non est Filium una cum Patre, a

quo generatur, spirare Spiritum, relate ad primam personam esse αἰτιατὸν, relate ad tertiam vero αἴτιαν. « Eadem quippe res, ait Hugo Etherianus (l. 1, c. 10, p. 1204 G) alii potest esse causa (αἰτία) et alii causativum (αἰτιατόν); eidem vero nihil potest causa et causativum esse; Pater quidem Filii et Spiritus causa exsistit; at Filius nequaquam Spiritus causa negari debet. » Nulla sane ostenditur necessitas, ob quam Spiritus Filii ἀρχὴ sit existimandus; sed plura omnino evincunt, una cum Patre Filium Spiritus sancti ἀρχὴν esse habendum. Recte card. Bessarion (ep. Ad Alex. Lasc. c. 7; Hard. IX, 1062, 1063) contra dicentes: « Si spirativa potentia est Filio cum Patre communis, tunc generativa potentia cum Patre Spiritui communis est, » haec observat: 1) Generatio constitutiva est paternae personae et incommunicabilis, non vero spiratio; 2) implicat contradictionem, Spiritum ad idem (ad Filium) esse simul principium et principiatum; 3) generatio est prima et immediata Patris actio, et ideo non potest competere Spiritui, cujus spiratio sequitur generationem.

2. De praesenti Photii argumento breviter agit J. Beccus (De un. Eccl. c. 43, 63; G. O. 1, p. 164, 165, 206). Sed praestat Hugonem Etherianum audire, cujus si non omnia plane satisfaciunt, pleraque saltem digna sunt theologorum consideratione nec omni prorsus vi destituuntur. Itaque ad hoc ipsum Photii caput haec ille respondet (l. 11, c. 16, p. 1231 B, C): « Ecce, post primum vaniloquium et illecebras praesidis et auctoris totius schismatis impudica lingua et inficiatrix conscientia quantam conceperit et pepererit blasphemiam! scribere ausa, quae nullius alius, et supervacuos extrema arrogantia syllogismos componere. Similis interrogatio eidem imminet: si enim ex una causa, Patre, Filius Spiritusque proveniunt, *mittit* autem rursum Spiritum Filius, ut ipse perhibet, quomodo utique consequentiae sustineat ratio, non generari Filium vel mitti a Spiritu? Cum enim aequaliter ambo ex una causa proveniant, quantum a Patre Filius accipit, tantumdem accipere debet Spiritus. Quare si Filius mittit Spiritum, et Spiritus generat Filium, ut quemadmodum Filius a Patre mittit Spiritum, ita et Spiritus recompensando gratiam a Patre generet Filium. Amplius: Filius a Patre accipit, ut ejus sit Paracletus; quare non similiter accipiat Spiritus ut ejus dicatur Verbum? Quare quidem recompensatio et aequalitas in hoc exsistit, ut sicut Filius a Patre accipit causam esse Spiritus, sic utique Spiritus ab eodem Patre accipit (l. accipiat) causativum esse Filii. In quo non corrumpitur fidei ratio salvis adinvicem utique proprietatibus pariter atque aequaliter. » Cum his autem ea jungi debent, quae idem auctor ad Nicolai Methonensis ejusdem generis argumenta (Ph. c. 3, nota 9) jam prius responderat. Methonensi itaque (c. 5) arguenti, in Latinorum doctrina concedendum omnino esse, et Filium ex Spiritu generari, sicut ex Patre, quia Pater et Spiritus sint consubstantiales, nisi in Macedonii haeresin incidere velimus, Hugo (l. 11, c. 18, p. 1212 D, E) ita occurrit: « At hic quidem vir veritati minime appropinquat. Latini quippe non ideo dicunt Spiritum ex Filio esse, quod Pater et Filius unus Deus sint (sc. si id sine ullo alio respectu *per se* ut ratio habetur), nec per aliquam hoc dicere disputationem conati sunt; sed propterea ex utroque Spiritum procedere fatentur, quia aequaliter Filii atque Patris exsistit, non condibiliter, non nascibiliter, non possessive, sed similiter amborum est, nequaquam ut actus et opus est hominis, sed quodammodo ut radii alma lux exsistit et solis. » Et paulo post pergit: « Opponet autem aliquis: Spiritus par est personae Patris; at vero de persona Patris enuntiatur habere Filium; quare idem de Spiritu praedicabitur, et erit Filius filius Spiritus sancti. Sed dico, non esse hujusmodi aequipollentem comparationem, eo quod nunquam datum sit, *Filium aequaliter esse Patris ac Spiritus*, cum omnes confiteantur Spiritum esse aequaliter Filii atque Patris. Quare in quibus quidem nihil indignum nec indecens divinas personas consequitur, in his Patrem dicimus causam et Filium concausam, nec aliqua injuria Filio Patrive aut sancto Spiritui corrogatur. Nam in legationibus et donationibus Spiritus semper Patris Filius consors est; at Spiritum dicere patrem seu Filium Spiritus filium appellare exsecrabile profanumque est. Sed neque propositio illa, quae dicit emissionem Patri et Filio communem esse, proprium paternae personae, quo aptus natus est insigniri Pater solus, interimit (sicut interimeret proprietatem insignitivam Filii processio ex Spiritu sancto). » Deinde ad alium Methonensis syllogismum (c. 6), qui praesenti Photii argumento ad verbum fere respondet, accedens, postquam sedulo inculcavit: « Genitorem *secundum aliam proprietatem* generare, et *secundum aliam* emittere Spiritum, » ita prosequitur: « Et attendendum, quoniam non propter honoris parilitatem Patris et Filii, ut ex Patre, sic ex Filio Spiritus procedit. Si enim propter honoris parilitatem ex ambobus Spiritus emanaret, consequi videretur ut Filius propter honoris parilitatem, sicut est ex Patre, ita et ex Spiritu esset; quod Methonae astruit episcopus. » Hujus relatis verbis, « Hic quidem vir, inquit Hugo, et omnis intelligere volens verum esse quod dictum est reperiet: Spiritus sane Filio aequalis ut Deus Deo gratiam reddit. Nam qualem gratiam Patri (ed. Pater) ex ipso prodiens retribuit, eamdem Filio recompensat ex ipso procedens; utrumque enim emissum dicitur et est. » Tandem notetur minime recte dici a Marco Ephesio: Sicut Spiritus nil confert ad generationem, ita nec Filius ad processionem; disparitas est manifesta; quia ante processionem generatio, ante Spiritum Filius *cogitari* omnino debet, licet tempus eos non dividat, quia divina essentia jam Filio communicata concipitur,

dum Spiritus a Patre procedere intelligitur. Cf. § 30 seq.

3. Cap. 6 arguit Photius ex eo, quod si spiratio Spiritus sancti communis sit Patri et Filio, debeat et Spiritus sanctus ejus esse particeps, ita ut pars ejus sit principium, pars principiatum et ipse Spiritus a se ipso procedat. Ac si diceret: Latini τὴν προβολὴν ideo communem volunt Patri et Filio, quia quaecunque habet Pater, habet et Filius; sed Spiritus sanctus eodem modo habet quae sunt Patris et Filii; ideoque in eorum sententia eidem sui ipsius spiratio vindicanda est; erit itaque Spiritus ex una parte producens, ex altera vero productus. At enim haec rem non probant. Supponit primo Photius illud principium jam refutatum, nihil esse posse duabus personis commune, quod non competat etiam tertiae; deinde confundit *idiomata ac personarum tesseras* cum *essentialibus attributis*, ut jam Joan. Beccus (*G. O.* I, p. 166-168) observavit. Communia sane sunt omnia naturalia attributa, sed minime idiomata ac relationes oppositae; unde sicuti Filius non habet paternitatem seu activam generationem, ita quod spiratur nequit activam habere spirationem. Hanc Spiritui inesse, ait Bessarion (ep. *Ad Alex. Lasc.* c. 7; Hard. IX, 1062), impossibile *est eo quod opponitur ejus proprietati*. Recte Natalis Alexander resp. (*H. E.* saec. IX, diss. 18, ass. 1 p. 531, ed. 1788, 4): absoluta omnia attributa tribus personis communia et quae ad creaturas ordinem habent, ut creator, dominus, etc., non autem proprietates personarum. Harum enim quaedam sunt *hypostaticae*, quas Hugo Etherianus (l. I, c. 8, 12 et passim) vocat *personarum insignitivas*, sive quae personas constituunt, cujusmodi tres solae in Deo reperiuntur, scil. paternitas, filiatio et processio. Aliae sunt *notionales*, quae non constituunt, sed indicant personas, et harum nonnullae uni personae tantum conveniunt, ut esse ingenitum Patri, aliae duobus, ut spiratio activa Patri et Filio. Nec vero consequens est etiam Spiritum sanctum suae processionis auctorem futurum, quia eamdem habet essentiam cum Patre et Filio. Siquidem non praecise id essentiae divinae convenit, qua essentia est, ut producat Spiritum sanctum, sed *essentiae*, *qua paternitate et filiatione affecta est et modificata*, quibuscum spirandi proprietas complexa est, ut theologia docet. Jam Hugo Etherianus Photianae ratiocinationis vitium satis vidit, dum hoc pacto in ipsum Photium insurrexit (l. II, c. 18, p. 1252 H): « Acuti sophistae ac periti artificis complexio, ut videtur, non inviolatam servat fidem, dictiones proferendo in dolo et astutia, et in haereticae impietatis veneno obnoxium invectionibus se ipsum fecit, licet nolit, eum non habeat divinam advocatricem Scripturam, miscet non miscenda et comparat non comparan-

(1) Sic omnino legendum; editiones habent: « Non enim idem est proprietas naturali et substantia aequalitati. » Textus editus in multis adhuc da, et quia non dijudicat *naturales qualitates* a *proprietatibus*, in Acherusiam paludem praecipitatur. Non enim idem est proprietas naturali et substantiali qualitati (1). » Deinde ostendit illas naturales qualitates tribus personis esse communes, non vero proprietates. Id etiam Joan. Phurnes agnoscebat (apud Beccum l. c. p. 180), qui propterea ad principium illud recurrit, τὸ προβάλλειν esse Patris proprietatem seu personalem tesseram, de quo jam satis diximus.

4 Sequitur cap. 7 dilemma: Aut Spiritus sanctus per processionem a Filio nil accipit diversum ab eo quod accipit procedendo a Patre, et tunc processio a Filio est inutilis ac supervacanea; aut accipit quid ab illo diversum, et tunc sequitur compositio. Respondent theologi nil diversum accipere Spiritum sanctum per processionem a Filio et hinc nullam sequi compositionem, sed accipere idem, neque duas esse processiones, sed unam, neque processionem a Filio dici posse inutilem. Manuel Calecas (l. III, p. 439) et Bessarion (lib. *De proc. Spirit. sancti*, p. 254) advertunt, falso hic rursum duo supponi principia (vide praeced. art. § 1 seq.); deinde argumentum duplici modo retorquent: Productio, qua mundus est a Patre, aut perfecta est et tunc frustranea est Filii ac Spiritus efficientia; aut imperfecta, et tunc blasphematur Pater. Vel sic: si perfecte a Patre mittitur Spiritus sanctus, superfluum erit et a Filio mitti; sin autem imperfecte, non ergo perfectus est Pater. Quod vero hic valet, id valet quoque de processione, imo multo magis. « Perfecta, ut arbitror, ait Calecas, est ex Patre entium productio, una et eadem numero Filii et Spiritus ad ea producenda operatio, neque alia est illius, alia horum. Sic ergo et in his evenit. Perfecta est, et magis quam perfecta est ex Patre Spiritus sancti processio, una et eadem numero est, quae est ex eodem Filio processio... cum una et eadem numero potestate uterque producat. » Similiter retorsione jam usus fuerat Beccus, *Orat. de un. Eccl.* n. 40 (*G. O.* I, 160, 161): « Si propter perfectum processionis ex Patre supervacaneam esse ducis processionem ex Filio, quid respondebis dicentibus: Si suppeditatio Spiritus sancti ex Patre perfecta est, supervacanea igitur erit quae ex Filio? Verumtamen et perfectam esse ex Patre Spiritus sancti suppeditationem et nihilominus non supervacaneam (eam quae est) ex Filio propter perfectionem, quam ex Patre habet, indubitatum est. » Maximus Chrysoberga, *Orat. de proc. Spirit.* c. 4 (*G. O.* II, 1083) observat, argumentum Photii: « Si perfecte ex Patre procedit Spiritus, non amplius necesse est eum procedere quoque ex Filio, » omnino illud assimilari, quo Ariani uti visi sunt: Si Deus perfectus est Pater, quid opus est et Filium perfectum Deum esse correctione indiget, qua facta hujus praestantissimi theologi mens longe illustrius apparebit.

credere? Si perfecta Patris Deitas non impedit, quominus ea et Filio competat, nec perfecta Spiritus ex Patre processio prohibet, ne et Filius in ea cum Patre communicet. Præterea eodem jure negari potest Filium esse datorem Spiritus, quia perfecte datur a Patre; et tamen, Basilio teste, et Pater et Filius uno actu dant Spiritum (διὰ τοῦτο διδόντος αὐτὸ τοῦ Πατρὸς ὁ Υἱὸς αὐτὸ δίδωσι μιᾷ δόσει καὶ μιᾷ χορηγίᾳ), imo juxta Athanasium est μόνος τοῦ Πνεύματος χορηγὸς ὁ Υἱός (1). Ita Maximus Chrysoberga l. c. c. 5 (p. 1085). Nec abludit ab his Hugo Etherianus, qui (l. 1, c. 14, p. 1207, 1208) ita arguit contra Nicolaum Methonensem (c. 11) : « Si igitur perfectus Deus est Filius ex Deo Patre perfecto, quid, inquam, Spiritus ad hujusmodi conferat perfectionem? Qui si confert, neuter est perfectus, neque Pater, neque Filius. Quomodo enim perfectus si tanti eget, quanti Spiritus dator est? Sin vero unus Deus perfectus est, Pater et Filius, et nihil amplius est invenire neque dicere ad manifestationem paternæ perfectionis, superfluus utique sit Spiritus. Quod cogitare impium est. Nam sicut universitas videtur Patris et Filii esse, ita et Spiritus sancti ; atque quos vocat Pater et Filius, hos vocat Filius et Spiritus ; quos sanctificat Pater, hos sanctificat et Spiritus.... Propterea perfecta Spiritus ex Patre processio non debet prohibere eam quæ ex Filio esse dicitur, cum neque perfectio Filii ex Patre prohibeat perfectionem sancti Spiritus ex eodem ; quare planum est, quod ex utroque perfectionem et esse habeat Spiritus. » Ad præsens vero Photii caput idem auctor (l. II, c. 18, p. 1233) ita respondet : « Pater facit *per* Filium, aliquid accipiens, sine quo creare impotens erat, qui operatur omnia in omnibus. Nunquid imperfecta est operatio Patris aut Filii aut Spiritus? Non indiget Pater alicujus, perfectus cum sit ac sibi sufficiens. Verumtamen omnia per Filium condit, nihil accipiens, quod non habuit. Sed et Spiritus ex Filio et per Filium procedit, nihil ab ipso sumens, nisi quod a Patre accipit ; perfectus utique Deus ac nullius indigus cum sit Pater, generat tamen ex substantia Filium, per quem condit universa, æque sibi potentem. Nec adeo superabundat Spiritus ex utroque progressio, cum neque imperfectum Spiritum indicet, neque impotentem Patrem vel Filium demonstret, neque aliquam inducat compositionem. Si *substantiæ pars* foret causa et causativum, haberet utique locum ratio compositionis. Nunc vero natus (ed. natura) dicitur Filius, emissus vero Spiritus, non in eo quod substantia, sed in eo quod hic quidem gignitur, ille vero procedit.

Sed hoc ad naturam non spectat Divinitatis (2). Amplius : Verbum Dei cum sit perfectum et nullius indigens, quid accepit a Spiritu sancto, quando assumpsit carnem carni assistentem, unctionemque illius factam, sicut scriptum est : « Jesum a Nazareth, quem unxit Deus Spiritu sancto et virtute? » Non igitur indigentiam aliquam vel imperfectum quidpiam Filius supplens Spiritus emissor exsistit. At vero emittere Deus (3) cum Patre nullius indigo, tum quod amborum indifferenter est Spiritus, tum quod sine medio de Patre Filius provenit ; idcirco non ex solo Patre Spiritus, sed (et) ex Filio, qui solus fructus exsistit Patris secundum eamdem habitudinem, quæ ex Patre procedit. » Demum neque hoc prætereundum , quod similem objectionem sanctus Thomas sibi proposuit enodandam : « Spiritus sanctus perfecte procedit a Patre ; ergo superfluum est dicere, quod procedat a Filio. » Quam ita solvit (1, q. 36, a. 2 ad 6) : « Per hoc, quod Spiritus sanctus perfecte procedit a Patre, non solum non superfluum est dicere, quod Spiritus sanctus procedat a Filio, sed omnino necessarium, quia una virtus est Patris et Filii. Et quidquid est a Patre, necesse est esse a Filio, nisi proprietati filiationis repugnet. Non enim Filius est a se ipso, licet a Patre. » Cf. etiam Petav. *de Trin.* vii, 16, 2.

5. Pergit Photius (c. 8) : Nova aliqua relatio deberet in Latinorum hypothesi excogitari, vi cujus Spiritus sanctus Filio consubstantialis etiam principiandi haberet prærogativam ad suam dignitatem servandam. Hoc caput, etsi brevissimum, etsi affine cap. 3 (vide supra § 1, 2) atque ex parte in eo refutatum, etsi assertiones complectens a Photio non probatas, tamen plures animadversiones exposcit, quæ et circa alios ejusdem syllogismos valebunt. 1. Certum est ex revelata doctrina, Spiritum sanctum esse terminum æternarum et immanentium originum et ultra tres personas Divinitatem non extendi. Thomas (l. c. q. 27, a. 3) : « In divinis non est processio, nisi secundum actionem, quæ non tendit in aliquid extrinsecum, sed manet in ipso agente. Hujusmodi autem actio in intellectuali natura est actio *intellectus* et actio *voluntatis*. Processio autem Verbi attenditur secundum actionem intelligibilem. Secundum autem operationem voluntatis invenitur in nobis quædam alia processio, scil. *processio Amoris ;* secundum quam amatum est in amante, sicut per conceptionem verbi res dicta vel intellecta est in intelligente. Unde et præter processionem Verbi ponitur alia processio in divinis, quæ est *processio Amoris.* » Exinde etiam probat

(1) De hoc Athanasii dicto (ex orat. 1, c. Arianos, sive potius , ut communiter nunc vocatur, ex ep. encyclica ad Afros episc.) disputant Niceph. Blemmida orat. 24, c. 6 (*G. O.* I, 44), Georg. Metochita contra Manuel. Cretens. c. 19, 20 (lib II, 1034 seq.), Allatius in *Vindic. syn. Ephes.* c. 55, p. 544 seq.

(2) Hoc nil aliud sibi vult, nisi τὸ γεννητὸν, τὸ ἐκπορευτὸν, sicut neque τὸ ἀγέννητον, essentiam non constituere, quod contra Eunomium Patres inculcant.

(3) Et hic lectio corrupta videtur; legendum fortasse, At vero emittit cum.

(a. 5) in divinis non plures quam duas processiones esse, et (a. 3. ad 1) docet « quod non est necessarium procedere in divinis processionibus in infinitum. Processio enim, quæ est ad intra, in intellectuali natura, terminatur in processione voluntatis. » Ex hac egregia doctrina etiam per se consequitur processio Spiritus sancti ex Filio, cum processio amoris processionem intelligibilem præexigat et a Verbo oriatur Amor, ut idem doctor (Opusc. III, c. 3) ostendit. Hoc sublime argumentum jam exposuit Augustinus (De Trin. xv, 17 seq.) eoque utitur tum Ratramnus (supra II, § 7), tum Hugo Etherianus, qui (I. I, c. 14, p. 1208) adductis Hieronymi verbis (in psal. XIV) : « Spiritus sanctus nec Pater est nec Filius, sed dilectio, quam habet Pater in Filium et Filius in Patrem, » ita prosequitur : « Quoniam igitur Spiritus, ut est amor Patris, ita et Filii, ut procedit ex Patre, procedit ex Filio, manifestum igitur est ex dictis, quod non exsistente Filii Spiritu neque ex ipso procedente impossibile est eumdem Spiritum Patris esse vel ex Patre procedere. » Id pariter probat Joan. Argyropulus (De proc. Spirit. sancti, c. 3 seq. G. O. I, 404 seq.), occidentalium quoque doctorum principiis imbutus, in nominibus λόγου et ἀγάπης insistens. II. Inæqualitas dignitatis personarum inde repeti nequit, quod una est absque principio, altera a principio atque principians, tertia a principio, neque tamen principians. Id Photius statuit, dum supponit Spiritum non servare dignitatem suam, si non est ipse quoque alicujus principium, quemadmodum Filius. Revera posset ipse, qui tot hæreseon Latinos incusat, Eunomianismi argui, dum hic et alibi ex originis relationibus essentiæ æqualitatem affici censet. « Æqualitas, ait Thomas, in divinis et similitudo attenditur secundum essentialia, nec potest secundum dictionem relationum inæqualitas vel dissimilitudo dici. Unde Aug. c. Maxim. III, 18 dicit : Originis quæstio est, quod de quo sit, æqualitatis autem, qualis aut quantus sit..... Sicut eadem essentia, quæ est in Patre paternitas, in Filio est filiatio, ita eadem dignitas, quæ in Patre est paternitas, in Filio est filiatio. » (Q. 42, a. 4 ad 2.) Pari modo ad argumentum illud : « Filius non magis convenit cum Patre, quam Spiritus sanctus ; sed Spiritus sanctus et Pater non sunt unum principium respectu alicujus divinæ personæ ; ergo neque Pater et Filius, » ita respondet (q. 36, a. 4 ad 3) : « Ad tertium dicendum, quod secundum relativas proprietates non attenditur in divinis similitudo vel dissimilitudo, sed secundum essentiam. Unde sicut Pater non est similior sibi, quam Filio, ita nec Filius similior Patri quam Spiritus sanctus. » Ergo non admittit Spiritus sanctus suam dignitatem eo quod nulla ab eo persona procedat, et si Photius id contendit, cum Eunomio contendat oportet, ingenitum, genitum, ac generatim τὸ ἀρχὴν τινος εἶναι ipsam constituere naturam, quod a Patribus toties condemnatum est (1). III. Apud Latinos quælibet persona ab altera qualibet relationibus distinguitur, adeo ut nulla nova relatione opus sit ; Latini nec plures, nec pauciores σχέσει; admittunt, quam Patres Græci. Quod si activa spiratio et Filio tribuitur, hac ipsa discernitur Filius a Spiritu tanquam opposita relatione, et hoc ipsarum relationum nexus ac conditio postulat. Imo Photianum systema hac in parte mancum, imperfectum, ac debita cohærentia destitutum ostendi potest. Quod his subjectæ theologorum demonstrationes satis evidenter docebunt.

6. J. G. Walchius ex ordine trium personarum divinitus tradito consequi Spiritus sancti processionem etiam a Filio hoc pacto inculcat (Hist. controv. c. 10, § 2, p. 167, 168) : « Quod si enim, inquit, Spiritus procedit a Patre, quemadmodum Christus, Joan. xv, 26, testatur, idemque Græci docent, Filius autem inter divinas personas secundum locum tenet, atque ejusdem cum Patre est essentiæ, sequitur, ut processio Spiritus sancti etiam fiat a Filio. Sane qui hoc negant, in ejusmodi se conjiciunt difficultates, ut aut ordinem in divinitate personarum una cum ratione, qua altera refert se ad alteram, tollere aut affirmare debeant, istas sua natura inter se distare ac remoto Filio cum ejusdem essentia Spiritum sanctum a solo Patre procedere posse. Neutrum esse admittendum quisquis perspicit, qui rem ex veritate, non ex perversa opinione ac prava voluntate æstimat ; recteque præter alios Joan. Affelmannus (Syntagma exercit. academic. p. I, p. 416) dicit : Si Spiritus sanctus non procederet a Filio, omnis plane personalis nexus ac relatio inter Filium et Spiritum sanctum tolleretur. Requirit vero absoluta Trinitatis perfectio, ut personæ suis productionum respectibus et hypostaticis relationibus sic omnes ad se mutuo, adeoque singulæ ad singulas sint devinctæ, ut Pater quidem referatur hypostatica relatione ad Filium tanquam ad genitum, Filius ad Patrem ut progenies ad suum genitorem, Pater ad Spiritum sanctum ut spirans ad suum spiraculum, Spiritus sanctus item ad Patrem, tanquam suum spiratorem. Relinquitur ergo inter solum Filium et Spiritum sanctum quædam solitudo et hiatus, si nulla personalis inter τοῦ Λόγου et Spiritus sancti hypostasin interveniret relatio. Quale διάστημα sive qualem hiatum absoluta illa ac infinita Trinitatis perfectio nullo modo admittit. » Sed ista jam luculentissime versarant ac demonstraverant vetustiores theologi. Præclare Anselmus Havelbergensis episc. (lib. II Dial. c. 11, p. 179, ed. Paris, 1725) : « Cum hæc dicis (Spiritum sanctum non procedere a Filio), maximam utrique, Filio scilicet et Spiritui sancto, injuriam facis; nam cum Pater et Filius se invicem habeant ut gignens et genitus, et item Pater et Spiritus sanctus

---

(1) Cf. Greg. Naz. orat. 32, p. 519, ed. Bill. ; Basil. C. Eun. I, 5 seq. ; Cyrill. Thes. XVIII, p. 184, 185.

ut emissor et emissus, et ut donator et donum, dic, quæso, nunquid non magnam injuriam facis *Filio et Spiritui sancto*, quibus *nullam adinvicem relationem* tribuis, quinimo quos, ut ita dixerim, a socia processionis communione disjungis? Quid enim est, quod Filius aliqua media relatione respiciat Spiritum sanctum seu Spiritus sanctus Filium, si processionem istius ab illo de medio amborum abstuleris? » Eodem pertinent et ista Hugonis Etheriani (l. ii, c. 5, p. 1220) : « Spiritus ex Patre prodiens aut contingit Filium aut non contingit; si non contingit, non est aliquid quod conjungat et copulet Filio Spiritum. » Præterea ordinem, qui est in sancta Trinitate, perspicue asserit ac declarat Beccus (*De proc. Spirit. sanct.* c. 8 ; *G. O.* I, 301 seq.); hic vero ordo ut necessarius, æternus atque immutabilis ex contingenti ac temporaria missione repeti nequit, neque ex essentia, quæ eadem in tribus personis est; solum igitur ex originis relatione petendus (cf. Petav. *De Trin.* vii, 6, n. 6, 7). Uberius ostendit hujus ordinis naturam et relationes, quas ille flagitat, Georgius Trapezuntius (*De proc. Spirit. sanct.* ad Joan. Cubocl. *G. O.* I, 470 seq.) : « Triadis ipsius nomen, inquit, ordinem signat, et fieri nequit ut Trias vere et re ipsa dicatur, nisi relationem tria illa inter se habeant; nam si duo quis supposuerit, quæ relatione inter se non referantur, erunt duo illa prorsus et non dualitas. Quod si tria sunt quæ supponuntur, si unumquodque ad reliqua tria relationem habebit, erit Trias, sin minus, tria. Igitur si Pater erga Filium et erga Spiritum sanctum relationem habet naturalem, eam quæ secundum causam est, Filius vero erga Patrem, quod ex eo est, sed ad Spiritum nullam, neque Spiritus erga Filium, aut dualitas fuerit aut tres dii, et non Trinitas, Deus. Quam impietatem sedula provisione declinantes doctores optime affirmarunt, et communibus Christianorum notionibus creditur, divinas hypostases alteram alteri adhærere et conjungi; quod apud Græcos plane antiquatum est, ut jam versentur in periculo, ne de fide in Trinitatem decidant. Profecto in systemate Photiano Pater quidem habet relationem ad Filium et ad Spiritum sanctum, Filius et Spiritus sanctus relationem habent ad Patrem, sed nullam ad Spiritum Filius, nullam ad Filium Spiritus relationem habet; deest omnino mutuus nexus inter duas postremas hypostases; quod plane absonum. Neque ejusmodi relatio ex consubstantialitate *per se* spectata peti potest; etenim « quod aliqua consubstantialia sunt, non ideo relatio inter eos intercedit, ut in hominibus est deprehendere. Præterea omnibus notum est, in divinis personas essentia uniri, relationibus disjungi. Ergo quæ per similitudinem et identitatem naturæ relatio oboritur, unit potius, non disjungit ; at *Trinitatis nomen et mutua hypostaseon connexio, qua sibi invicem adhærescunt, plane relationem disjungentem exposcit.* »

7. Connectitur cum hac postrema Trapezuntii observatione Patrum ac theologorum ratiocinatio, quæ his innititur principiis : 1° nonnisi *relationibus* personas divinas ab invicem distingui ; 2° relationes autem personas distinguere non posse, nisi secundum quod sunt *oppositæ* ; 3° oppositas relationes in divinis nullas esse, nisi *relationes originis* ; unde efficitur, dempto originis nexu non amplius divinas personas posse ab invicem distingui. Quod nemo Angelico doctore explanavit accuratius, qui (p. i, q. 36, a. 2) ita disserit : « Non est possibile dicere, quod secundum aliquid absolutum divinæ personæ ab invicem distinguantur, quia sequeretur quod non trium esset una essentia. Quidquid enim in divinis absolute dicitur, ad unitatem essentiæ pertinet. Relinquitur ergo, quod solum *relationibus* divinæ personæ ab invicem distinguantur. Relationes autem personas distinguere non possunt, nisi secundum quod sunt *oppositæ*. Quod ex hoc patet, quia Pater habet duas relationes, quarum una refertur ad Filium, et alia ad Spiritum sanctum, quæ tamen quia non sunt oppositæ, non constituunt duas personas, sed ad unam personam Patris tantum pertinent. Si ergo in Filio et in Spiritu sancto non esset invenire nisi duas relationes, quibus uterque refertur ad Patrem, illæ relationes non essent ad invicem oppositæ, sicut neque duæ relationes, quibus Pater refertur ad illos. Unde sicut persona Patris est una, ita sequeretur quod persona Filii et Spiritus sancti esset una, habens duas relationes oppositas duabus relationibus Patris ; hoc autem est hæreticum, cum tollat fidem Trinitatis. Oportet ergo quod Filius et Spiritus sanctus adinvicem referantur oppositis relationibus. Non autem possunt esse in divinis relationes oppositæ, nisi *relationes originis*, ut supra probatum est. Oppositæ autem relationes originis accipiuntur *secundum principium et secundum id quod est a principio*. Relinquitur ergo quod necesse est dicere vel Filium esse a Spiritu sancto (quod nullus dicit) vel Spiritum sanctum esse a Filio, quod nos confitemur. Et huic quidem consonat ratio processionis utriusque. Dictum enim est supra quod Filius procedit per modum intellectus ut Verbum, Spiritus sanctus autem per modum voluntatis ut Amor. Necesse est autem, quod Amor a Verbo procedat. Non enim aliquid amamus, nisi secundum quod conceptione mentis apprehendimus; et secundum hoc manifestum est, quod Spiritus sanctus procedit a Filio. » Et rursum : « Si ab una persona Patris procedunt duæ personæ, scil. Filius et Spiritus sanctus, oportet esse aliquem *ordinem* eorum ad invicem. Nec potest aliquis ordo alius assignari, nisi ordo, quo alius est ex alio. Non est igitur possibile dicere, quod Filius et Spiritus sanctus sic procedant a Patre, quod neuter eorum procedat ab alio, nisi quis poneret in eis materialem distinctionem, quod est impossibile. » Imo secus nec ipsæ processiones distinguerentur, ut Thomas (ib. ad 7) docet : « Spiritus sanctus dis-

tinguitur personaliter a Filio in hoc, quod origo unius distinguitur ab origine alterius. Sed ipsa differentia originis est per hoc, quod Filius est solum a Patre, Spiritus sanctus vero a Patre et Filio. Non enim aliter processiones distinguerentur, sicut supra ostensum est. » Simili modo jam Hugo Etherianus disputarat (l. III, c. 12, p. 1247) : « Pater a Filio alia persona est, eo quod per generationem ei esse præstat. In hoc enim differt a Filio, quod ei esse dat per nativitatem ; rursus a genitore Filius differt, quod nascendo accipit ab ipso exsistentiam. Item a Spiritu sancto per hoc differt Pater, quia esse illi dat, dum ipsum emittit. At vero Spiritus sanctus non ob aliud exsistit alia a Patre persona, nisi quia ex ipso procedendo accipit. Igitur et a Filio dum alia sit persona, idem Spiritus aut illi esse dat aut ab ipso accipit. Non autem dat, ut palam est ; accipit ergo. Circa unam enim et simplicem substantiam Patris et Filii et Spiritus sancti aliam præter eas quæ dictæ sunt, causam differre ad invicem vix quis rectæ fidei assignabit. Quare si alia est a Filio persona Spiritus, dictarum aliquam habitudinum ad ipsum habet. Sin autem non, ab ipso non est alia persona. » Hinc et Nicephorus Blemmida (orat. 2, c. 14; *G. O.* I, 58) præter alia absurda ex Photianorum systemate sequi et illud affirmat, τὸ ἀντιδιῃρημένα εἶναι Λόγον καὶ Πνεῦμα non amplius verum fore ; hinc et Bessarion (*De proc. Spirit. sancti*, apud Arcud. *Opusc. theol. aur.* p. 232 seq.) omnino Thomæ concordans hanc propositionem propugnat : Εἰ μὴ τὸ Πνεῦμά ἐστιν ἐξ Υἱοῦ, οὐκ ἂν αὐτοῦ προσωπικῶς διακρίνοιτο. Quæ conclusio, licet Scotistæ eam negaverint, spectatis et perpensis Patrum principiis validissima existimari debet. Cæterum cf. Petav. *De Trin.* VII, c. 6, n. 6, 7; c. 9, n. 5 seq. Henr. Kilber in Theol. Wirceb. tract. *De Deo uno et trino*, disp. 6, c. 2, n. 407. Quæ cum ita sint, patet tantum abesse ut Latinis aliqua nova relatio effingenda sit, qua ipsorum systema perficiatur, ut præ Photianorum doctrina illud undique absolutum, perfectum sibique cohærens ostendatur; patet necessariam quamdam σχέσιν omnino in schismaticorum theoria desiderari, neque solum Photii argumentum optime retorqueri, verum simul oppugnati ab eo dogmatis veritatem luculentissime demonstrari.

8. Sed ad Photium revertamur. Nova effingit monstra, quæ Latinorum doctrina necessario inducat. « At enimvero concidunt proprietates personarum » (cap. 9). Videlicet : Patris proprietas constitutiva est spirare Spiritum; hæc vero tollitur, si communis sit spiratio et Filio. Sed illud assumptum jam refutatum est in altero Photii effato (supra III, §§ 5, 6). Unde cadit et quod inde deducitur : « Pater et Filius in unam contrahuntur personam, quod Sabellianum vel Semisabellianum est. » — Non sequitur, ait Petavius (l. c. c. 10, § 17) : « Nam personæ duæ sua singulæ proprietate constitutæ sunt, quæ sunt ἡ πατρότης καὶ υἱότης, quibus integre et invicem distinctæ hypotases exsistunt. His jam constitutis alia quæ est spirandi proprietas accedit, eaque divinam essentiam, ut est in Patre ac Filio, sive ut in Patre et a Patre est in Filio, *consequitur* ac modificat. Ita fit, ut unum fiat ex ambobus principium, unusque spirator, non tamen una persona ; si quidem ἡ προβολὴ non est personalis proprietas, sive τὸ ἴδιον ὑποστατικὸν, hoc est, personam constituens. »; Gennadius, in *Exposit. conc. Flor.* p. 1, sect. 10, hoc postremum merito inculcat : « Si hypostaticum personæ Patris producendi actum poneremus, tunc utique id inconveniens sequeretur, vereque esset Filius una cum Patre persona, constitutivæ proprietatis cum eo communicans. Sed quia constitutiva personæ Patris proprietas paternitas et generatio dicta est esse, producere vero proprietas sive notio, quæ sequitur *personam constitutam* ipsius, quæ necessitas est, eum qui cum illo communem habet eam proprietatem, quæ personæ ejus constitutiva non est, unam esse cum eo personam? Nam sicuti communicans cum Patre Filius, scilicet Spiritum ejus esse, quemadmodum et Patris, et mitti ab eo, quemadmodum et a Patre, tamen non cum eo personas communicat, quia Spiritum dici Patris vel ab eo mitti non est paternæ personæ constitutivum ; sic neque qui productionem communem cum Patre habet, in unam personam conjungitur, quia producere non est paternæ personæ constitutivum. Quod si mirum est duas personas esse unum principium et non conjungi (confundi), magis mirum erit, quod tres personæ sint unum principium nec conjungantur (confundantur). » Bessarion, epist. *ad Alex. Lasc.* c. 8. (Hard. IX, 1070) : « Quod si operationem spirandi, inquit, constitutivam personæ paternæ poneremus, tunc sequeretur hoc inconveniens.... Ponere autem potentiam spirandi constitutivam esse personæ Patris, ex et solo Patre Spiritum procedere, *unum et idem est.* Quare qui hoc dicit, *petit principium.* » Quæ J. Beccus in hanc rem respondet, ea potius in posteriores Latinomachos quadrant, quibuscum ille pugnabat, quam in ipsum Photium. Demum eodem jure, quo Græci Photiani Latinos, quia communem faciunt Patri Filioque spirationem activam, Sabellianismi incusant, eodem, imo majori possunt hi illos, quia Filium omnia Patris possidentem a spiratione excludunt, Filii coefficientia Patris honorem minui autumant et anxie nimis Patris prærogativas inculcant, Arianismi arguere. Quo Ratramnus (l. I, c. 3, p. 229 ; l. III, c. 6, p. 298) ; Petrus Mediolan. (ad imp. Alex. *G. O.* I, 380 seq.) ; Beccus (in Testam, ib. p. 377) aliique spectasse videntur. Neque postremo id advertisse amplius opus est, nullam hinc divisionem discorpionemque sequi, neque unum Patris idioma ipsi integrum servari, alterum vero destrui, quæ ex dictis jam satis refutata sunt.

9. Rursum declamat Photius (cap. 11) : « Præterea si duo principia in thearchica et superessen-

tiali Trinitate conspiciuntur, ubi erit tandem toties a Trinitate, neque Patris praerogativa quidquam mi-
decantata Deoque digna monarchiae vis? Quomodo nuitur, ut ex dictis patet. Quamobrem non erat
non polytheismi impietas nunc irrumpet ? Quomodo cur Photius « Christianorum auribus intolerabi-
non sub Christianismi specie ethnici erroris super- lia, iracundiam aeque ac luctum excitantia » (cap.
stitio ab iis qui talia audent dicere introducetur? » 15), quae Latinorum doctrinae consectaria logice ac
Sed quonam pacto monarchia destruitur et indu- vere necessaria sunt, traduceret; nullum ex allatis
citur polytheismus? « Duo principia inducuntur. » absurdis Ecclesiae occidentalis dogma ferit.
Sed hoc probandum Photio erat, non assumendum,
ut merito respondet Beccus (*Or. de un.* c. 38; *G. O.* 11. Post alia duo argumenta jam superius per-
I, 158, 159); imo contrarium supra probatum est pensa (III, §§ 4, 8 seq.), ita Photius (cap 16) prose-
(III, § 1 seq.). « Etiamsi enim, ait Bessarion, quitur : « Neque hoc praetereundum, quod ipsam
Pater et Filius non unum sint principium, *qua* Pa- personam Patris in duas impia illa doctrina dividit
ter et Filius, tamen unum sunt in principio εἰδικῷ, vel omnino Filii personam in partem paternae
quod est divina essentia, secundum quam unam et hypostaseos assumptam decernit. » Idque ex eo
eamdem numero in ambobus exsistentem Spiritum potissimum probat, quod « Pater non ratione es-
producunt; et hoc sufficit ad hoc, quod unum sentiae, sed ratione personae sit causa eorum quae
sit principium Divinitatis ; sicut etiam unum ex ipso, » quod axioma, prout hic ponitur, falsum
principium creationis Trinitas, licet Trinitas sit, esse demonstratum est (III, § 11). Non incongrue
propter unam et eamdem trium voluntatem. » contra Nicolaum Methonensem similia effutientem
Eodem jure, ait alibi (ep. *ad Alex. Lasc.* Hard. IX, ita disserit Hugo Etherianus (l. 11, c. 4, p. 1218) :
1071) praefatus cardinalis, quo gentiles olim Chri- « Manifestum quod Filius Patris personam ut pa-
stianos accusarunt, quod tres statuant deos, tria tientem defectum aliquem non adimplet; neque
principia, dum aequaliter Patri et Filio et Spiritui quispiam ipsum Filium partem esse personae Pa-
sancto tribuunt rerum creationem ac gubernatio- tris, eo quod Spiritus ex ipso procedat, dicere co-
nem, hic Graeci accusant Latinos ; et eodem modo, gitur. Quomodo enim si Filius eadem ratione con-
quo SS. Patres illos ethnicos refutarunt monar- numeratur Patri, qua Spiritus utrique, personae
chiae dogma exponentes, eodem et hi criminatores Patris portio inveniatur Filius? Sane si *nata Lot
refelluntur, quoniam ad Patrem omnia referuntur, eadem ratione est causa filii, qua parens utriusque
ab eo quidquid habet, habet Filius, et una eadem- causa exsistit,* minime ipsa in paternae compositio-
que in spirando est actio Patris atque Filii. » nem personae adigitur. » Photio vero ita Hugo (l. 11,
c. 18, p. 1233) breviter respondet : « Vanus est
10. Nec minus fallaciter ratiocinatur Photius, sermo et inefficax, qui propter causam et causati-
c. 12 : Si duo in Trinitate principia admittuntur, vum personam Patris in duo dividit aut Filii per-
etiam tertium admittendum est, cum trinum ma- sonam Patris personae causam (*l.* partem) consti-
gis locum habeat in Trinitate quam dualitas. Re- tuit. Causa (ed. causam) enim et causativum
sponderi potest primo, falso supponi, duo admitti nesciunt personam dividere, neque in inferioribus.
principia diversa a Latinis ; secundo, nullam esse Non ergo causa exsistens cum Patre Spiritus dividit
rationem, cur tres personae principiantes ad intra (Filius) paternam personam. » Praeterea card. Bes-
statuantur, imo admitti eas non posse, esse vero sarion, ep. *ad Alex. Lascar.* c. 7 (l. c. p. 1063), hoc
rationem, cur duabus personis principii ratio vin- pacto argumentum in Photianos retorquet : « Si
dicetur, licet non ut personae distinctae in pro- generatio et spiratio ita essent propriae personae
cessione concipiantur (cf. supra III, § 4). Quod paternae, ut utraque per se constitueret ejus
ad posterius attinet, id vel ipsa Patris ostendit ap- personam, uniuscujusque vero operationis prin-
pellatio, qua πρώτη αἰτία καὶ ἀρχὴ προκαταρκτικὴ cipium est *forma,* duae formae (per formam intel-
nuncupatur, nimirum ut hac praerogativa secerna- ligimus principium harum duarum operationum)
tur ab illa, quae ἀρχὴ ἐξ ἀρχῆς quaeque etiam essent principia. Sed unaquaeque forma, id est,
ἀρχὴ simpliciter dicitur (vide infra Greg. Naz. unumquodque principium operationis constituti-
§ 24); prius vero non minus ex dictis patet. Scite vae cum illa operatione aliquam personam consti-
sanctus Thomas (q. 30, art. 2 ad 4) : « Oppositio tuit, sicut essentia, quae est principium generatio-
relationis non permittit, ut cum relatione Spiritus nis activae, cum ipsa generatione Patrem consti-
sancti sit relatio principii respectu divinae personae, tuit ; et sic *Pater essent duae personae.* Hoc autem
quia *ipse procedit ab aliis personis, quae in divinis* inconveniens est. »
esse possunt. » Neque congruentiae ratio inde petita
juvat, quod τὸ τριαδικὸν magis locum habeat in 12. Docet Photius (cap. 17) et qui eum sequun-
Trinitate , quam τὸ δυαδικὸν, ternarius magis tur, ut Nicolaus Methonensis (c. 24) : Omne quod
quam binarius. Nonne et a Photianis τὸ δυαδικὸν proprium unius est, quod translatum de duobus
admittitur, dum docent, in Trinitate esse τὸ ἄναρ- aliis dicitur, si de utroque pari modo verificatur,
χον καὶ τὰ ἐξ ἀρχῆς, duas personas esse αἰτιατά, consubstantiales eos ostendit; si vero de uno tantum,
duplicem esse πρόοδον, generationem et processio- non autem de altero verum erit, diversae naturae
nem? Nulla exhinc sequitur dissectio ac divisio in eos esse manifestat. Quod continuo exemplis illustrare student; risibile v. gr. de homine, non de

angelo, de Socrate ac Platone, non vero de Socratis imagine praedicari potest. Sic igitur quod proprium est Patris, ita arguunt, videlicet spiratio activa, dum duabus caeteris personis transferendo adaptatur, atque de Filio quidem vere praedicari affirmatur, non autem de Spiritu sancto, diversae substantiae esse Filium ac Spiritum omnino convincit. Verum inanis est res universa; non solum quia proprietatum, quae ad unum κυρίως spectant aliisque accommodari possunt, varia sunt genera nec omnes illationem ad identitatem vel diversitatem naturae permittunt (1), sed multo magis quia Photii theoria in hypothesi falsa versatur, dum supponit, *Patris esse proprium producere Spiritum*, idque non nisi ex arbitrio adaptari et accommodari personae Filii atque in eam transferri (cf. art. praeced. § 5 seq.). Neque hinc sequitur ulla necessitas, qua Patris persona in naturam dissolvatur (c. 19); spiratio activa non essentiae qua tali nec ut principio agenti vindicatur; Patris persona aeque ac persona Filii jam constituta supponitur neque exinde destruitur; constitutiva personae non eripiuntur Patri, sed intacta prorsus manent, ut satis jam declaratum fuit.

13. Si proprium Patris » (ita Photius cap. 18), « transfertur in Filium, etiam proprium Filii transfertur in Patrem, ita ut et Pater generationem subeat ac genitus censeatur. At cum quod fundamenti loco ponit, falsum esse jam satis constet, neque ea consecutio quidquam virium habebit. Ne eadem repetamus, Bessarionis praeclaram disputationem hic exhibebimus jam dicta uberius illustrantem. Quaerit itaque Bessarion (ep. *ad Alex. Lascar.* c. 5; Hard. IX, 1060), quidnam sit personae Patris constitutivum (τί ποτ' ἐστὶν ἴδιον εἶδος τὸ πρόσωπον αὐτοῦ συνιστῶν). Ac primo inquirit, utrum sit τὸν ἀγέννητον. At non videtur, inquit; hoc enim est negatio [ἀπόφασις]; nil autem eorum quae sunt, secundum negationem hoc aliquid est. Imo innascibilitas non est nisi proprietas, quae sequitur jam constitutam ejus personam (ἰδίωμα ἑπόμενον συστάντι τῷ προσώπῳ αὐτοῦ). Secundo disceptat, an sit τὸ αἴτιον, hoc quod dicitur causa sive principium. Neque hoc admittendum. Nam si hoc esset constitutiva ejus forma, causa seu principium, αἴτιος, potius diceretur quam Pater; at ab omnibus doctoribus communiter Pater nominatur. Praeterea sic non reale quidquam, sed ideale quoddam foret, νόημα, non πρᾶγμα· communicabile esset, dum tamen communicabile nulli dat formaliter esse incommunicabile, quod facit erga personam formale ipsius constitutivum. Restat igitur, aut paternitatem solam aut spirationem (τὴν προβολὴν) solam, aut ambas esse constitutivum personae paternae. Sed imprimis tertium est impossibile, sive 1) ita concipitur, ut per se utraque constituere possit, sive ita 2) ut nonnisi ambae simul id valeant. Nam si utraque nota per se (ἰδίᾳ) constituerit, jam duas formas (δύο εἴδη) Pater haberet, et consequenter duae personae esset, et duas personas et duas formas habens. « Cum enim illae sint rationes distinctae, si quaelibet earum esset personae constitutiva, cum constitutivae formaliter diversae sint respectu diversorum constitutorum, sequitur id quod diximus: Pater esset duas personales formas habens, sicut si quis homo duas haberet animas, quod absurdum est. Quod si vero non utraque per se, sed ambae simul (ἅμα) constituerent, neque qui diceret Patrem solum, significaret personam paternam, neque qui προβολέα. Attamen hujus totum contrarium est in usu; omnes enim doctores et omnis Scriptura cum dicunt Patrem, divinam ejus personam significant; nostri etiam (Graeci) cum dicunt προβολέα, ipsum Patrem solum putant significare. Igitur nec ambae *simul* sunt constitutivae personae paternae nec utraque *per se*. Restat ergo aut paternitatem esse constitutivam et propriam Patris formam, spirationem vero sequi eum jam constitutum, aut e converso... At si τὸ προβάλλειν quidem constituit, τὸ γεννᾶν vero sive paternitas sequitur, absurdum quid et quod praeter omnium doctorum traditionem est, sequitur: esset spiratio prima et immediata Patris operatio (πρώτη καὶ ἄμεσος ἐνέργεια); nam haec a constitutiva cujusque personae forma prodit, per ipsam autem aliae operationes fiunt; hinc sequeretur ulterius, per spirationem fieri generationem, ita ut non amplius, ut theologi asserunt, Spiritus per Filium procederet, sed Filius per Spiritum generaretur. Cum vero haec absurda sint ac traditioni contraria, restat *paternitatem* constituere personam paternam, et hanc ejus esse incommunicabilem formam, spirationem vero sequi jam constitutam ejus personam. Inde efficitur ipsum τὸ γεννᾶν primam et immediatam operationem personae paternae esse; ipsum vero προβάλλειν fieri διὰ τοῦ γεννᾶν, non quidem tanquam per principium, sed ut per aliquid necessarium, quod *praeexigitur* (2). Quod si ita est, jam inde desumitur argumentum, quod Filium ab activa spiratione excludi non posse demonstrat. Id Bessarion (l. c. c. 6, init. p. 1061) hoc pacto proponit: « Per primam et immediatam operationem uniuscujusque personae perficiuntur omnes aliae operationes; sed prima et immediata operatio Patris est generatio; per generationem igitur perficitur actio spirandi: et sic ex Patre per Filium procedit Spiritus sanctus. »

14. Post longam illam de textu *Joan.* xvi, 13, 14, disputationem (cap. 20, 30) novum sophismatum cyclum auspicatur Photius, in quo plura jam dicta aliis verbis repetit novaque iis adjungit. Quae cap. 31 disserit, reipsa cum iis conveniunt quae cap. 7 disputarat (cf. § 4). Supponitur et hic duplex προβολὴ ut a Latinis propugnata, supponitur ab utroque

---

(1) Cf. Augustin. *De Trin.* v, 7; Thom. *Sum.* q. 52, a. 4 ad 1.

(2) Id declarat sanctus Thomas, *Sum.* 1, q. 33, a. 4 ad 5; et q. 27, a. 4.

spirante peculiare quid conferri ex eorum sententia, ex parte Patrem, ex parte Filium spirare. Sed « non ex parte, » ait Hugo Etherianus (l. ii, c. 2, p. 1260), « Pater et Filius Spiritum, sed *ex toto et perfecte uterque pariter* emittit; solus enim Filius exsistit de Patre absque medio, ideoque perfecte Spiritum emittit sicut Pater. » Reliqua, quae notanda veniunt, jam § 4 dicta sunt.

15. Quod ad illud spectat, pluribus proprietatibus a Patre distinctum fore Spiritum quam Filium, adeoque et a Patre remotiorem cogitandum esse in Lat. systemate (cap. 32), id falsum esse non minus superius dicta convincunt. Sola enim processione seu spiratione passiva distinguitur Spiritus a Patre et Filio; nec paternae substantiae Filius propior est quam Spiritus; quia reipsa uterque est immediate a Patre et ab eo totam divinitatis accipit plenitudinem. Nec obstat quod Patres dicunt Spiritum mediate esse a Patre, immediate a Filio; quo id sensu dicatur, satis (artic. praeced. § 17 seq.) declaratum fuit. Audiatur nunc et Manuel Calecas, qui (l. iii, p. 438, ed. cit.) hoc pacto objectioni occurrit : « At ista sacris doctoribus potius imputanda sunt, siquidem absurda videantur. Ipsi quippe sunt, qui Spiritum a Patre *tertium* docent, sumpta scil. ab ipso Domino occasione in salutaris traditione baptismatis, ac per Filium procedere dicunt, perque ipsum Patri conjungi.... Praeterea Spiritus sanctus, si a Patre quidem alio processu, a Filio autem alio procederet, essetque processus ex ambobus duplex, fortassis haberet rationem, culpare differentiam processuum; quod etiam differenter a Patre et Filio distaret Spiritus, ac propterea gradus in personis quosdam cogitare. Sin vero unus idemque sibi ab utroque processus est, similiter etiam ad utrumque referetur.... Quemadmodum Pater non magis perfectus est quam Filius, quod ille causa, iste causalis (causatus) sit, neque ideo ab illo distat, etsi secundum ab eo ratione causae dicitur; divinitas enim in utroque una : ita et Spiritus sanctus, etsi juxta unicum simplicemque processum ex Patre per Filium est, et ad Patrem et Filium veluti ad unum productorem spiraculumque refertur, quorum et Spiritus est et spiraculum dicitur; non tamen minor est Filio, neque Patre minor erit, licet per Filium Patri conjungatur; alioquin et Filius erit dissimilis Patri, eo quod causalis sit, etsi non ita sicut Spiritus, juxta tamen proportionis rationem.... Ordo autem et ad aliquid (πρός τι sive relative) quomodolibet habere, naturarum non facit differentiam. Nam v. gr. eo quod amicus sit, vel vicinus vel magister, nihil in se ipsum alicui accedit, ut propter habitum perfectior in se ipso secundum essentiam sit; neque si quispiam filium ac nepotem habeat, tertius maxime erit vel similior vel dissimilior avo secundum essentiam quam filius. Quod si in rebus humanis ita contingit, multo magis in divinis personis, ubi ab asseritur natura, ac praeter solam, quae secundum causam et causale est, differentiam nulla alia discretio est. » Hoc Calecae responso contra camdem difficultatem utitur Natalis Alexander (l. c. pag. 529, 530).

16. Quod Photius (cap. 33) urget, Spiritum ad plura referri principia differentia, id jam satis (art. praeced. § 4) discussum fuit; neque dici potest πολύαρχον ἀρχὴν admitti, ubi non nisi unum principium apparet. Dicant praeterea Photiani, an tres personae in communibus ad extra operationibus sint πολύαρχος ἀρχή. Si affirmarint, Muhamedanis et gentilibus victas dabunt manus; si negaverint, multo minus id in processione Spiritus sancti ex Patre et Filio asserere poterunt. Rursum ad jam dicta reducimur, dum sequens Photii sophisma (cap. 34) perpendimus, ubi arguit Spiritum a consubstantialitate cum Patre excludi, cum communio Patris et Filii sit secundum substantiam. Verum sane est Patrem et Filium communionem habere secundum substantiam, sed ex probatis quoque communionem habent in relatione ad Spiritum sanctum quae ab essentia, etsi non secundum rem, sed secundum rationem distinguitur. Filius excluditur a generatione activa etiam apud Graecos et tamen κατ' οὐσίαν cum Patre communicat; eadem ratione excludetur Spiritus ab activa spiratione et tamen a communione secundum substantiam cum Patre et Filio non arcetur. Neque enim ratio principii et principiati essentiam constituit, ut toties inculcatum est, nec minorem potentiam faciunt pauciores relationes vel notiones (cf. § 5, II). Joan. Argyropulus vero non absone notat (*De proc. Spirit. sanct.* c. 9 ; *G. O.* I, 413) a Patre generativam facultatem Filio, generativam et productivam facultatem Spiritui sancto communicari *non ut* δυνάμεις, *verum ut* τελειότητας; unde Filium non posse alterum Filium generare nec Spiritum alium Spiritum emittere vel gignere. Idem sibi vult Hugo Etherianus, dum scribit (l. i, c. 15, p. 1209) : « Eadem *potentia* est in Patre, secundum quam potest *generare*, quae est in Filio, secundum quam potest *generari*, quamvis diversis effulgeat proprietatibus, veluti una potentia est hominis disciplinae perceptibile,» etc. Haec cum iis connectenda, quae Thomas disputat 1, q. 42, a. 6 ad 1 et ad 3. Hoc posteriori loco haec habet: « Sicut eadem essentia, quae est in Patre paternitas, in Filio est filiatio, ita eadem est *potentia*, qua Pater generat et Filius generatur. Unde manifestum est, quod quidquid potest Pater, potest Filius; non tamen sequitur quod possit generare; sed mutatur quid in ad aliquid; nam generatio significat relationem in divinis. Habet ergo Filius *eamdem potentiam*, quam Pater, *sed cum alia relatione*, quia Pater habet eam ut *dans*, et hoc significatur, cum dicitur, quod potest generare; Filius autem habet eam ut *accipiens*; et hoc significatur, cum dicitur, quod potest generari. » Haec et aliis illustrandis Photii argumentis prosunt. Demum et alia ratione ostendit card. Bessarion (epist. *ad Alex. Lasc.* c. 7; Hard. IX, 1063) nullam sequi quoad

naturam inferioritatem, quod Spiritui ratio principii denegatur : « Quod si quis rursus, inquit, dicat: Igitur minor est Spiritus sanctus et Patre et Filio, si quidem Pater generat Filium , Filius et ipse cum Patre spirat Spiritum , Spiritus vero nec Filium generat nec se ipsum nec alium Spiritum spirat : vana ratio ejus est et contra seipsum, qui hæc dicit, concludit. Si enim nullius personæ principium esse imperfectionis et imminutionis signum in Trinitate putandum esset, *pauciorum* quoque *personarum causam esse* imperfectionis esset ; Filius igitur, cum unius personæ duntaxat , Spiritus videlicet, principium sit, minor esset hac ratione Patre, qui ambarum personarum est principium. At hoc inconveniens est solum cogitare. Igitur illud quoque similiter absurdum est. *Principium* enim, prout est actui conjunctum, *vel a principio esse*, cum de personalibus proprietatibus sit, neque majus neque minus alterum altero vel esse vel dici facit. »

17. [Novo dilemmate utitur Photius cap. 55 : « Processio Spiritus sancti ex Filio aut est eadem cum processione ex Patre, aut diversa vel contraria. Si prius, communicantur idiomata et characteres personarum ; si alterum , incidimus in Manichæorum vel Marcionitarum hæresin. » Concors vero est Catholicorum responsum, non esse diversam processionem Spiritus sancti a Filio ab illa, qua procedit ex Patre, ac multo minus contrariam; proinde a Manichæismi spectris, quæ jam satis derisit Beccus (G. O. I, 80, 81), nihil omnino fore timendum, sed esse omnino eamdem (III, § 1 seq.), neque tamen communicari personarum characteres, quod Photius nonnisi ex supposito falso principio (ib. § 5 seq.) affirmavit. Neque uberiori responso opus est ad cap. 56 post ea, quæ (art. 3, §§ 12-15) jam disputata sunt, ubi ostensum fuit, nequaquam ex eo quod ἡ πνεῦσις trium communis non sit, colligi posse, eam *unius personæ* propriam existere. Neque Patri eripitur spiratio, neque hypostaticæ proprietates transferuntur (cf. supra § 13).

18. Attamen nec hic quiescit schismatis pessimi auctor et jam dicta aliis inflexa formis reproducens cap. 57 rursum instat, in Latinorum hypothesi debere et Spiritum aliam producere personam, hanc porro aliam, et sic deinceps in infinitum, ita ut gentilium polytheismum adhuc superent et transcendant. Quæ plane absurda sunt. Constat primo minime Latinos cogi aliam etiam personam admittere a Spiritu sancto productam. Id supra (§§ 1, 5) ostendimus; id confirmat Georgii Trapezuntii disputatio (*De proc. Spirit. sanc.* c. 27 ; G. O. I, 527 seq.) notatu plane digna. « Generat Filium Pater vere, et cum generat exhibet ipsi quæcunque habet, præter ea quæ confusionem inferunt (πλὴν τὴν σύγχυσιν) et quæ ante et post hypostasin intelliguntur (τὰ προθεωρούμενα τῆς ὑποστάσεως καὶ τὰ ἐπιθεωρούμενα) et rationi hypostasis adversantur (ἐναντία τῷ λόγῳ τῆς ὑποστάσεως). Quæcunque vero (cum hypostasi) intelliguntur nec adversantur, non tantum extra omnem confusionem sunt, sed et ordinem constituunt. Cum igitur divina natura semel τὸ ἄναρχον habuerit in Patris persona, fieri non potuit ut illud Filio communicaretur. Præintelligitur enim adversaturque rationi Filii... Neque etiam fieri potest ut *vim generandi* communicet, ne, ut tradit Basilius, in multitudinem innumeram excrescens Trinitas filios ex filiis generaret. Hujusce præterea causa est, quod generatio secundum principium et finem (cf. art. 3, § 13 eumd. Trapez.) sumitur. Finem voco, in quem progressio (ἡ πρόοδος) finit (sc. terminum), principium, unde incipit, non interjecto tempore, sed cogitatione sola ipsius progressionis, quæ in generante ut principium (ἀρχὴ) est, ut finis (πέρας) vero in genito. Generatio itaque tanquam principium considerata ut est in Patre, præintelligitur fini (termino), qui in ea est : ideoque præconsiderata Filii hypostasi non potest illi inesse. Nihil enim ex iis, quæ personis in divina Trinitate insunt, præintelligitur hypostasi, in qua est; ne scil. unum ex his duobus subsequatur, aut ante et post intelligi unum et idem, et ex seipso esse, aut multitudinem Filiorum admittere. Non generat ergo Filius, verum producit, et ratio consentanea et consequens est. Producit Pater Spiritum , et cum producit, communicat illi *omnia, quæ non præintelliguntur illius hypostasi* ; propterearque fieri nequit ut ei communicet vim producendi aut generandi, quemadmodum neque Filio generandi; namque hæc in Patre præintelliguntur. Sed neque *generari*, quod finis generationis dicebatur, Spiritui inerit. Præintelligitur siquidem hypostasis Filii hypostasi Spiritus. Verum *producere* non præintelligitur Filii persona neque rationi hypostasis ullo modo adversatur. Neque enim ideo Pater Filius vel productio est, nec Filius in Patrem prolabitur, neque Spiritus ex suis propriis excedit. Cum itaque nullam confusionem generet producere, imo totum contrarium , si Filio inest , et ordinem servet et Triadis mutuam relationem (§ 6), illud prorsus Filio Pater communicabit ; et sic Spiritus erit et Filii, et non imperfectus, quod non producat, sicuti neque Filius, quod non generet. Imo *si produceret, esset imperfectus ;* nam vel se ipsum ipse produceret, quod fieri nequit, vel alium, et sic in infinitum produceretur progressio , quod non esse perfectionis tuæ etiam diceres. » Præterea idem auctor (c. 26, p. 526) ad objectionem, Spiritum sanctum mancum et imperfectum esse, si solus inter tres personas non esset principium , hoc pacto respondet: « Perfectum atque imperfectum non ex diacriticis, sed ex naturalibus colligitur. Quæ enim necessario naturæ insita sunt, illa si defuerint, imperfectam naturam efficiunt illius, cui non insunt. Verum quæ hypostases constituunt, et personas discernunt, nunquam imperfectum quidquam efficient natura, cum naturas non secernant, sed circa naturam secernantur, ut theologica vox insonat. Ex discernentibus vero est pro-

ducere. Non ergo imperfectum quid naturæ Spiritus inerit, quod non producat, sed nec hypostasi. Secernitur enim sufficienter *magis* a Patre et Filio *non producens*, quam secerneretur a Filio, ex Filio *non productus*. » Tandem digna sunt quæ considerentur Thomæ verba, quibus solvit difficultatem : « Cujuslibet amantis est aliquis amor ; sed Spiritus sanctus est Amor ; ergo est ejus aliquis amor. Si igitur Spiritus sanctus est Amor, erit amor amoris, et spiritus a spiritu. » Ait enim (q. 37. a. 1): « Ad quartum dicendum, quod sicut Filio, licet intelligat, non tamen sibi competit producere Verbum, quia intelligere convenit ei ut Verbo procedenti: ita licet Spiritus sanctus, amet, *essentialiter* accipiendo, non tamen convenit ei, quod spiret amorem, quod est diligere *notionaliter* sumptum, quia sic diligit essentialiter, ut *amor procedens*, non ut *a quo procedit amor*. » Sic ergo, uti jam supra dictum est, in Spiritu sancto terminum habent progressiones immanentes nullusque locus est progressus in infinitum, quem divinitus revelatus ordo proscribit radicitus. « Verum enim, ait Manuel Calecas (l. II, p. 421), ordinem servare opus est, neque ipsius terminos transgredi, sed intra Trinitatem stare juxta traditam nobis fidei regulam. »

19. Quod initio cap. 38 advertit Photius, nonnisi a Patre accipere potuisse Filium, ut Spiritus sancti sit principium, id Catholici uno ore docent. Quos inter Ratramnus (l. II, c. 3, p. 251) ad ea Nazianzeni verba : « Et ad primam omnium originem, qui est Pater, sicuti Unigeniti omnia, ita etiam sancti Spiritus omnia referuntur » observat : « Talia dicens ostendit omnia, quæ sunt Filii , ad Patrem habere relationem, et omnia, quæ sunt sancti Spiritus, ad eumdem referri velut ad primam omnium originem ; quoniam etsi Spiritus procedat a Filio, *accepit hoc Filius a Patre*, ut nascendo de Patre Filius, Spiritus sanctus procederet ab illo. » Sed si ita est, pergit Photius, unde fit, « ut Spiritus, licet iisdem fruatur honoribus et ex ea ipsa essentia pari ordine ac pari gloria prodeat, principiandi prærogativa privetur ? » Quod non ejusdem potentiæ, nec est ejusdem essentiæ ; aut Spiritus ergo eadem donatur prærogativa aut ab homousia dejicitur. Sane simili ratione dici potest : Si Filius non generat Filium, non est Patri consubstantialis. Recolantur ea quæ alias ac recipissimum quæ § 16, dicta sunt et solutio plana erit. Nolumus tamen præterire, quæ in hanc rem disserit Hugo Etherianus, Methonensem refellens præsulem (cap. 16 ad præsens Photii caput nota 5). In primis urget idem incommodum sequi ex missione ; deinde alia quædam adjungit. « Nam si Filius, ait (l. II, c. 11, p. 1225), quæcunque habet, a Patre accepit, et Spiritus missionem ab eodem accepit ; mittit quippe Spiritum sanctum Filius.... Patet, quod Filius mittat Spiritum sanctum et quod a Patre idem mittatur. Quomodo igitur a Patre accipiens Spiritus missionem (est enim mittens et missus) , Spiritus autem non accepit missionem neque Filii neque alterius sui similis ? Privatur ergo parili honore — liberalitas hæc. Potest tamen et de facili solutionem habere talis objectio, cum convenienter responderi possit, ideo non accepisse Spiritum Filii causam esse, quia Filius est ipsius causa , Spiritus vero ejus causa esse nusquam reperitur , neque alterius sui similis, ne quarta in Trinitate persona induci demonstretur. Amplius: Quomodo accipit judicium omne Filius a Patre et Spiritui non impertitur? Scriptum est enim : « Omne judicium « dedit Filio, ut omnes honorificent Filium, sicut « honorificant Patrem (*Joan.* v, 22). » Suspicor, imo credo firmiter, quod emissio Spiritus , si ad honorem Patris pertinet, ad honorem Filii referatur, qui sicut a Patre vitam habet, judicium habet, ita et Spiritus emissionem habet ; et sicut nascibilitas non impedit Filium, quin habeat naturam Patris, imo ex hac habere probatur : sic emissio Spiritus ex Patre et Filio non impedit Spiritum, quin habeat Patris Filiique naturam ; alioquin Spiritus et Filius non sunt ejusdem cum Patre naturæ , cum Pater solus generet, solusque Spiritum, ut Græcus arbitratur , emittat, Spiritus vero et Filius nullo modo. » — Pari modo responderi potest ad id quod cap. 40 Photius profert : « Accepit Filius a Patre ex ipso per generationem prodiens, et aliud ejusdem naturæ producere. Quomodo igitur, cum et ipse Filius consubstantialem producat Spiritum, non communicavit ipsi similem virtutem et honorem, sicut ipse accepit, ut et ille ejusdem naturæ personæ progressu et subsistentia lætari et gloriari possit ? » Neque « ad imitandum Patrem, » ut ibidem addit, id tribuere Spiritui vel potuit vel debuit Filius ; perfecte imitatur Patrem Filius , licet non generet et ipse Filium, et pari gloria fruitur Spiritus, licet nec producat nec generet ; æquales sunt tres hypostases , licet una sit absque principio , altera de principio principium, tertia terminus divinarum processionum. Neque *consubstantialitas per se spectata* unquam flagitat, ut et tertiæ personæ principii ratio asseratur.

20. Verum hac in re sedulo notanda sunt quæ varie a diversis proferuntur. Joan. Beccus disputans *De una Eccl.* c. 51 (G. O. I, 184-186) contra Phurnam (vide cap. 8 Photii not. 2) et cæteri Græci οἱ τῆς ἑνώσεως tenent, ex immanente origine ad consubstantialitatem, sed non vice versa ex consubstantialitate duarum personarum ad unius ab altera originem concludi posse. « Tres Divinitatis personæ, ait Beccus (l. c.), communiter inter se participant eamdem naturam eamdemque Divinitatem, et quod insitum est uni propter eamdem cum reliquis naturam, erit et duobus aliis. Et si Spiritus esset ex Filio propter Filii cum Patre consubstantialitatem, esset quoque et Filius ex Spiritu propter Spiritus eamdem cum Patre naturam ; vel potius hæc tria unum esset ex alio (ἢ μᾶλλον ἐξ ἀλλήλων ἂν ἦσαν τὰ τρία). At nunc sequi-

tur quidem Filium esse Patri consubstantialem (ὁμοφυῆ), quia ex essentia est Patris, nec ideo cogitur Pater esse ex Filio, quia eamdem naturam habet Pater cum Filio. Si quid enim ex Patre veluti Filius, id et Patri consubstantiale est, quia illud ex essentia Patris est, non vero si quid consubstantiale est cum aliquo, hoc veluti et ex Patre ejusdem essentiae est. Sic igitur et *Spiritus consubstantialis est Filio, quia ex essentia est Filii; at non quia consubstantialis Filio, ideo et ex Filio.* Namque si id esset, esset et ex Spiritu Filius, siquidem ea quae ejusdem essentiae sunt, inter se convertuntur. » Similiter et alii catholici Graeci decernunt. Nulli sane controversiae id potest esse obnoxium, consubstantialem ideo unam personam esse alteri, quia illam inter et hanc originis nexus intercedat, et Patrum doctrina omnino plana est, ὁμοούσιον τὸν Υἱὸν τῷ Πατρὶ εἶναι, ὅτι ἐξ αὐτοῦ ἢ ἐξ οὐσίας αὐτοῦ ἐστίν. Id ostendunt testimonia Cyrilli Alex. in Joan. XVI, 13; *Dial. de Trin.* p. 405, 408, aliaque a Jo. Becco, epigr. XI (*G. O.* II, 619 seq.) et Leone Allatio (*Vindic. syn. Ephes.* c. 36, p. 172 seq., c. 46, p. 225 seq.) collecta. Nota est illa ratiocinatio theologica : Filio consubstantialis est Spiritus, si est ex ejus essentia. Verum posterius assertum non eodem modo conceditur. Consubstantialitas quidem *per se* et *ex ipsius vi vocis* nullum dicit respectum ad habitudines originis, ex notione sua non exposcit, ut nonnisi de iis praedicetur, inter quos nexus principii et principiati intercedat, cum etiam *fratres* sint ac dicantur inter se consubstantiales; attamen si *de divinae Trinitatis personis* consubstantialitas praedicatur, negari prorsus non potest, eam cum originis notione cohaerere et a posteriori illationem habitudinis ad originem spectantis ex homousia fieri posse, non pro insita vocabuli ipsius vi, sed pro ratione ac natura Trinitatis juxta principia theologica omnino certa. Quo ista Ratramni pertinere videntur (l II, c. 3 p. 252) : « Monstratum igitur, ab eo (Filio) procedere Spiritum, cujus est naturae seu substantiae ; *neque enim potest ejusdem naturae seu substantiae, cujus est Filius, esse* (ὁμοούσιον τῷ Υἱῷ εἶναι), *nisi procedat ab illo.* » Qui hanc posteriorem illationem non admittunt, illud maxime verentur, ut ex Becco videre licet, ne et Spiritui sancto προβολή ascribatur neve ἐξ ἀλλήλων tres personae ita existimentur, ut quaelibet persona alterius habeatur principium et reciproca productio statuatur. Sed non advertunt minime agi de mutua productione, quae absurdum includit, sed de habitudine ac nexu originis, quo una persona alterius, quae ei consubstantialis dicitur, vel principium est vel ab ea principiata. Manuel Calecas, Bessarion et Demetrius Cydonius *duplicem* statuunt consubstantialitatem jam a Becco insinuatam, docentque primum ejus genus de iis praedicari, quae eamdem habent naturam, etsi unum ab alio prognatum non fuerit, ut Petrus et Paulus ; alterum vero genus unum cum altero ita copulare, ut per ipsum aut ex ipso naturaliter exsistens ac substantive (Allat. *Vind. syn. Eph.* c. 46, p. 227); hoc posterius genus proprie illud nomen sibi mereri, et solum locum habere in divinis, ut Calecas (lib. II, p. 407) exponit (1). Sed necessarium non videtur, duplex consubstantialitatis genus secernere, verum solummodo distinguere inter nativam vocis significationem et eam, quae ex subjecto attributionis eidem accedit. Theologi formalem consubstantialitatis rationem in essentiae unitate reponunt, causam materialem in hypostaseon pluralitate, efficientem vero in habitudine principii et principiati. Nec eorum ratiocinatio spernenda, qua ita concludunt: Quod si inter divinas personas consubstantialitas praedicatur, ea inde oritur, quod nexus originis inter eas intercedit ; proinde si Filius et Spiritus inter se consubstantiales dicuntur, ratio ex originis nexu ita repetenda, ut unus ad alterum ut ad principium referatur. Cum vero, quominus Filii dicamus principium Spiritum sanctum ordo Trinitatis prohibeat, Filium Spiritus sancti principium habeamus oportet (Cf. Bessarion. *Or. dogm.* c. 6 ; Hard. IX, 353-356).

21. Ex dictis judicari potest de iis, quae Hugo Etherianus (l. II, c. 20, p. 1235) contra illud assertum, *non eodem pacto Spiritum consubstantialem dici Filio, quo consubstantialis* dicitur *Patri*, in medium profert. « At vero, ait, mihi videtur non recte dici consubstantiale praedicari *aequivoce* de tribus personis. Inconvenientia enim sequuntur et impossibilia quamvis plurima. Nam *si Spiritus consubstantialis est Patri, eo quod ex ipso*, procedere *substantiale* est Spiritui. Etenim si Socrates Platoni consubstantialis, quia rationalis est, ambobus *rationale* substantialiter inesse contingit ; at vero procedere neque Patri neque Filio substantiale est; igitur non sunt ejusdem naturae cum Patre Filius atque Spiritus. Quod si verum constet, non sunt unus Deus, quoniam consubstantiale non aequaliter et univoce de tribus praedicatur personis. Quod quidem et Photio (cap. 53) videtur dicenti : « Consubstantiale quidem omnino ad utrumque vocibus, et non significatione, reddimus (2), » sed non bene. Nam substantialia (*l*. consubstantialia) ejusdem sunt substantiae atque naturae ; quae vero ejusdem substantiae atque naturae sunt, eamdem rationem substantiae suscipiunt ; quare (ed. quarum) omnia

---

(1) Quae Petavius, *De Trin.* VII, c. 4, n. 11, 12, de Basilii et Cyrilli textibus hic adduci solitis disserit, ea non immerito a cordatis Theologis tanquam non satis accurata expositio traducuntur ; neque Allatio locis citt. debita semper ἀκρίβεια praesto fuit.

(2) Cap. 91 expresse docet Photius : « Spiritus Patri consubstantialis, quia ex ipso procedit ; sed *non ex eo procedit quia consubstantialis.* » Priorem propositionem negat Hugo, sed immerito ; altera potius neganda erat.

consubstantialia eamdem substantiæ suscipiunt rationem. Quo fit, ut consubstantiale de omnibus consubstantialibus *similiter* et *eodem modo* enuntietur. Sane sicut specialissima species de suis individuis prædicatur : sic utique *Deus* et *substantia* de tribus dicitur personis, et quemadmodum omnia, quæ specie participant, ejusdem naturæ censentur, ac consubstantialia : sic utique Pater, Filius atque Spiritus sanctus *æqualiter* ejusdem naturæ dicuntur atque consubstantiales secundum substantiæ nomen, et non æquivoce. Ergo secundum quem modum dicitur Spiritus consubstantialis Patri, secundum eumdem et Filio consubstantialis est; et sicut Filius consubstantialis est Spiritui, ita Spiritus Filio et Patri. Nullam enim possident differentiam in eo, quod consubstantiales; quare *non quia procedit, consubstantialis est Patri Spiritus.* Amplius : Quoniam consubstantialis est Spiritus Patri, non differt a Patre; ergo quoniam procedit, non est ei consubstantialis. At enimvero quamvis detur, consubstantialitatem præcise per se spectatam non dicere nexum originis, et cum una essentia sit in tribus personis, quoad suam quidditatem, eam non æquivoce de iisdem prædicari : attamen *ratio ob quam* habetur distingui plane potest in singulis, et immerito prorsus negatur, illam cum habitudine principii et principiati connecti et ex hac ad illam conclusionem fieri posse, quæ tamen in Patrum scriptis sæpenumero occurrit (§ 20). Confundit Etherianus causam *formalem* cum *efficiente.* In exemplo Socratis et Platonis, quod affert, prior habetur; sed in propositione illa : Spiritum esse Patri consubstantialem διὰ τὸ ἐξ αὐτοῦ εἶναι, causa efficiens. Ex immanente enim origine fit, ut Filius ac Spiritus eamdem habeant cum Patre essentiam, adeoque sint ei consubstantiales. Procedere vero Spiritui substantiale esse, nequit plane deduci, nisi in processione formalis ratio consubstantialis reponatur, quod sane falsum est. Jam satis monuimus non semper solida et accurata esse, quæ nobilis iste theologus copiose disserit, licet in plurimis felici Marte dimicasse videatur. Hic Photio contradicendi ardore correptus justo longius processisse dicendus est.

22. Quærit Photius, cap. 39, *utrum magis causam esse censeant Latini, Patremne an Filium.* Si Patrem, honor ille Filio præparatus spurius et magis opprobrium erit ipsi; si vero Filium, gravioris id temeritatis est. Neque enim sufficere ipsis censuerint ad impietatis, quam intendunt, excessum Filio paternam causalitatem ascribere eamque dividere, nisi et potiores partes auferant et loco Patris Filium Spiritui principium statuant. Verum neque his premuntur Latini, qui toties inculcant, æqualiter et pari modo Patrem et Filium esse principium, et solum eatenus Patrem primas partes habere, quatenus est ipse prima causa, a qua et Filius ipse est, neque vero inde injuriam fieri Filio, sicut nihil eum lædit, quod non sine causa nec innascibilis est. Neque honor Filio datus spurius et ab extrinseco adjectus censeri potest; imo necessarius, ex interna profectus necessitate, ex ipsis divinarum personarum relationibus deductus est, ut Catholicorum pro hoc dogmate universa argumenta commonstrant. Nonne quod Filius *solus de solo Patre,* magna ejus prærogativa est, quæ hunc omnino exposcit honorem? (Cf. art. præced. § 6.)

23. « *Majorem* dicere, etsi non natura (apage! consubstantialis enim est Trinitas), verum *ratione causæ,* genito genitorem, docet quidem nos Domini vox idque tradit exinde initiatus sacer Patrum nostrorum chorus; *causæ* autem ratione Filium *Spiritu majorem* neque ex divinis Eloquiis audire est neque huc usque pius sensus id cogitare deprehendebatur. » Ita Photius cap. 41. Negat Filium μείζονα τοῦ Πνεύματος dici, quemadmodum Pater major Filio dicitur, ratione videlicet principii. Atqui tum Beccus (*Or. de una Eccl.* I, 27, 63, 67 in *Camat. Animadv.* et *Epigr.* XIII; *G. O.* I, 137, 206, 219; II, 383, 630), tum Constantin. Meliteniota (*G. O.* II, 748); Georgius Metochita (*Contra Man. Cret.* c. 7; ib. II, 983); Manuel Calecas lib. III, p. 438), Georgius Trapezuntius (*ad. Jo. Cubocl.* c. 22 ; *G, O.* I, 517); Joan. Plusiadenus sive Joseph. Methonensis (1) vel quisquis est auctor *Dialogi pro concilio Florentino G. O.* I, 628, 629), tum Leo Allatius (*Enchir.* c. 23, *Vindic. synodi Ephesinæ* c. 66, p. 481) aliique permulti diserta adducunt Athanasii verba orat. 1, *contra Arianos,* n. 50 : Τοῖς δὲ μαθηταῖς τὴν θεότητα καὶ τὴν μεγαλειότητα δεικνὺς ἑαυτοῦ, οὐκέτι ἐλάττονα ἑαυτοῦ τοῦ Πνεύματος, ἀλλὰ μείζονα καὶ ἴσον ὄντα σημαίνων ἐδίδου μὲν τὸ Πνεῦμα καὶ ἔλεγε · Λάβετε Πνεῦμα ἅγιον, καὶ Ἐγὼ ἀποστελῶ · κἀκεῖνος ἐμὲ δοξάσει καὶ ὅσα ἂν ἀκούσῃ, λαλήσει. » Quod e Patrum more ita recte exponit præfata *Disceptatio pro conc. Flor.* sub nomine Plusiadeni vulgata : Ἴσον μὲν κατὰ τὸ ὁμοούσιον · οὐδὲν γὰρ τῶν τριῶν προσώπων μεῖζον καὶ ἔλαττον τῇ οὐσίᾳ καὶ τῇ θεότητι, ἀλλ' ἄκρα ἰσότης · μείζονα δέ, ὅτι ἀπ' ἐκείνου τὸ εἶναι ἔχει. Quod si Montfaucon. in sua editione (I, p. 454) μείζονα illud omisit, disceptari adhuc potest, utrum merito an injuria fecerit. Sane præterquam quod ille nonnisi unius codicis Seguier. et *Catenæ* mss. auctoritate in sua lectione innititur, priores editiones vocem ab illo egregio alioquin eruditissimoque viro expunctam retinent, et citati auctores Græci non facile contra suorum temporum adversarios ea lectione usi fuissent, sufficienti auctoritate destituti; et illud perpendendum est, quod et ipse Andronicus Camaterus Latinis infensus (apud Beccum, *G. O.* II, 382) non aliter legisse videatur et quod contextus huic lectioni omnino faveat. Melius enim et fortius τῷ ἐλάττονι opponitur τὸ μεῖζον

---

(1) V. Allat. *De cons.* l. III, p. 933. Le Quien., *Or. Chr.* II, p. 232.

καὶ ἴσον, quam τὸ ἴσον solum ; et melius ostenditur Filii dignitas qui Spiritum ipsum elargiens exhibetur ; præterea phrasis ἐλάττων, vel μείζων καὶ ἴσος Patribus familiaris est, præsertim cum de Filio loquuntur, qui dicitur ipsis minor Patre (Joan. xiv, 28) respectu generationis et æqualis respectu communis naturæ (Joan. x, 20); illud ipse Athanasius declarat: Μείζονα ἑαυτοῦ τὸν Πατέρα ὁ Κύριος εἶπεν, οὐ μεγέθει τινὶ οὐδὲ χρόνῳ, ἀλλὰ διὰ τὴν ἐξ αὐτοῦ τοῦ Πατρὸς γέννησιν. Sic et Spiritus cohærenter minor Filio et simul æqualis eidem prædicatur, ut Georgius Metocita (l. c. p. 985) edisserit. Quo pertinet et codicis Basileensis scholion ad marginem hujus loci positum: Ὅρα ὁ Υἱὸς ἴσος καὶ μείζων τοῦ Πνεύματος, ἴσος μὲν κατὰ τὴν θεότητα, μείζων δὲ διὰ τὴν αἰτίαν. Utrumque, μείζονα et ἴσον, legendum esse suadent et Bibliorum testimonia adjecta, quibus se missurum Spiritum, imo se dare docet Christus. Hæc demum congruunt plane Athanasii doctrinæ. Qui enim statuit eumdem ordinem, quem habet Filius ad Patrem, habere Spiritum ad Filium (art. 2, § 2, nota 5), is manifeste non negabit Spiritu Filium eadem causæ ratione majorem, qua Pater Filio major dicitur, præsertim cum ordo (τάξις) in divinis ex principii et principiati habitudinibus repetatur (vide supra § 6 seq.).

24. Verum detur Photianis, ex hoc testimonio utpote unico vel non satis certo rem non non confici, id parum eos juvabit. Etiamsi enim explicite diceretur Filius major Spiritu, æquipollentia tamen verba tum Athanasii tum aliorum Patrum præsto sunt. Athanas. *De incarn.* n. 9, Filium vocat πηγὴν τοῦ Πνεύματος ; sed πηγῆς nomen apud Græcos theologos τὴν αἰτίαν omnino significat. (Cf. Petav. *de Trin.* vii, 4.) Eadem voce utitur Gregorius Theologus, dum Patrem ὀφθαλμὸν appellat, Filium πηγὴν, Spiritum ποταμὸν, ac Spiritum exhibet ut fluvium e fonte profluentem (orat. 57, de *Spiritu sancto*, p. 611, ed. Bill. Cf. art. 2, § 6, nota 6 ; Constant. Meliten. *Orat.* c. 29; Beccum, *Epigr.* ix ; *G. O.* II, 706, 707, 607 seq.) Et Photiani fere ubique inclamant : Μόνος πηγὴ ὁ Πατήρ ! Re ipsa quandoque Pater *unus* Deitatis *fons* appellatur, quia est veluti prima radix, causa non ex causa, principium non de principio, ex quo omnia. Eodem modo ita dicitur, ut advertit Gregorius Cpl. patriarcha contra Marcum Ephesium, quo quis protoparentem Adamum diceret *solum patrem* humanitatis, qui certe alios homines a paternitate excludere non vult, sed principaliter ei illam vindicat, a quo totum genus propagatum est, a quo reliqui genitores id habent, ut patres esse queant. Hinc nihilominus doctores Græci, ut vidimus, et Filium vocant *fontem* relate ad Spiritum sanctum. Unde Isaias Cyprius, in epist. ad Nicol. Sclengiam: «Dicis porro solum fontem supersubstantialis deitatis esse Patrem. Et nos id quoque fatemur, et te multo aptius, et ut magis theologos addecet;

sed fatemur præterea Filium fontem Spiritus sancti, magnum Athanasium et Gregorium Theologum et Joannem Chrysostomum (*Orat. de incarn. Dom.*) sequentes. » Rursum Gregorius Nazianzenus Patrem ἄναρχον, Filium ἀρχὴν vocat, Spiritum vero τὸ μετὰ τῆς ἀρχῆς, et quidem dum divinarum personarum notas describit sine ordine ad creaturas (Orat. 52, ed. Bill. 42, Clem.). «Ecce, ait allato hoc testimonio Hugo Etherianus (lib. ii, c. 3, p. 1216, 1217), ecce absolute sanctus iste vir *Filium* vocat *principium*, et ab ipso Spiritum sanctum numerat, quia principium Spiritus immediate Filius est. Creaturarum quippe omnium æqualiter tres personæ principium exsistunt ; ex quo patet, quod Spiritus sancti principium Filius est. Verumtamen ad Patrem et quæ Filii et quæ Spiritus sunt, referuntur, qui solus sine initio et sine causa est, Filius autem ex Patre genitus principium est Spiritus sancti. Quod syllogismo, qui supponitur, demonstrari potest : Quidquid est in sancta Trinitate principium, alicujus in ea principium exsistit ; alioquin solum pro nihilo Filium sanctus vir principium nominasset, cum omnium conditorum tres personæ pariter censeantur principium. At vero Filius est in sancta Trinitate principium ; Filius igitur alicujus est in ea principium ; sed non est Patris principium Filius ; necesse igitur ut Spiritus sancti principium exsistat. » Eodem præclaro testimonio et alii theologi utuntur. Demum æquipollentia omnino verba sunt Gregorii Nysseni, qui statuit *ratione causæ præintelligi Spiritu Filium* (l. 1, contra Eunom. p. 164) : «Quemadmodum enim Patri conjungitur Filius, et ex ipso esse habens secundum exsistentiam tamen ei non est posterior : ita rursus et *Unigenito* adhæret Spiritus sanctus, *præintellecto tantum secundum causæ rationem* præ hypostasi Spiritus. Temporis autem extensiones et intervalla in vita, quæ est ante sæcula, locum non habent, adeo ut ratione causæ ablata nulla re a se ipsa Trinitas dissideat. Hinc sicut Pater præintelligitur Filio secundum rationem τῆς αἰτίας, ita eadem ratione Filius præintelligitur Spiritui. Quibus nihil sane luculentius ad Photii refutandam instantiam.

25. Pergit Photius (cap. 42) : «Si principium est Spiritus Filii, quomodo non invenietur in superprincipali et superessentiali Trinitate secundum principium succrescens, idque principiatum, et non solum in primi principii opprobrium conflictum, verum etiam contra eum ipsum, circa quem honor ille figuratur ? Quod enim neque sibi neque alteri ullam utilitatem exhibeat, imo vero ne ansam quidem occasionemve ejus afferendæ undequaque inveniat, nonne id Filium injuria affectum manifestat et honoris nomine atrociorem adhuc injuriam reddit ? Nam cum Spiritus ex Patre ab æterno processionem abundanter possideat, cujus alterius productionis vel substantiationis suppeditator et argitor principium ab illis effictum apparebit ?»

Porro hic rursus duæ processiones supponuntur, rursus ea quæ ad capp. 7 et 31 dicta sunt (§§ 4, 14, 22) recurrunt animadvertenda. Imo vero cum et Pater et Filius præintelligantur præ Spiritu (§ 24), cum divina essentia jam communicata intelligatur Filio, priusquam Spiritui communicata percipiatur; divina autem essentia simplex et indivisibilis sit : fieri non potest ut Filius, si perfecte et vere eam possidet, a spiratione excludatur vel ut honor ei debitus retineatur, si nihil in spirationem ipse influat. Joan. Argyropulus hoc nobilissimum argumentum egregie evolvit.

26. « Sed quomodo non in duos ab ipsis dividetur Spiritus? Unum quidem ex Patre ut vero ac primario principio prodeuntem (absque principio enim est), alterum vero ex secundo et principiato (neque enim est absque principio) spiritum admittere debent.» (cap. 43). Eadem ratione apud Beccum (*de proc. Spirit.* c. 6; *G. O.* I, 288 seq.) hæc dubitatio proponitur : Si Spiritus sanctus per Filium procedit, quomodo non sunt duæ exsistentiæ (ὑπάρξεις) Spiritus, altera ex Patre, altera ex Filio? Cui respondet ille id potissimum urgens, neque in rebus inferioribus et sensui subjectis, in quibus duo effectus conspiciuntur ex prima causa provenientes, quorum unus per alium est, duas ὑπάρξεις dici posse illius, quod est tertium ordine et non continenter (προσεχῶς) ex prima causa subsistit. « Dicite nobis, ait Beccus, an duæ solaris luminis exsistentiæ sunt, una ex disco, altera per radium ? Palam facite nobis, an duæ exsistentiæ unius sunt fluvii, una ex oculo, altera ex fonte? (Alludit ad imagines Patrum art. 2, § 6.) Quod si in similibus sensui subjectis et naturæ creatæ finibus terminatis non possumus dicere duas esse unius rei exsistentias, quæ per effectum una secum emanantem ex prima causa exsistentiam possidet, quomodo de iis, de quibus naturæ ratio nutat, similia et quæcunque illa sint, dubitatis ?» Alia non minus evidens responsio ex Hugone Etheriano peti potest (l. 11, p. 1255 F) ita scribente : « Cæterum si ideo, quia ex duobus procedit, *dividuus* sit Spiritus, *Patrem* dicat quis eodem modo *dividuum* fore, cum ex se Filium generet emittatque Spiritum. Quomodo enim ex indivisibili duo quasi diversa Filius quidem per generationem, Spiritus vero per processionem progrediantur? Fallacia pro certo id est, *cum ex relativis compositio fieri putatur.*» Audiatur et Georgius Metochita Maximi Planudæ refellens argumentum (*G. O.* II, 939, 940) : « Sicut enim Pater neque dividuus est neque compositus, quod generet Filium et Spiritum producat, licet aliud atque aliud generare et producere consideretur ; ex ambobus item egressus idem est et unus, quod istæ partes non sunt, sed proprietates; neque secundum aliquam recisionem utriusque progressus cognoscitur : pari ratione neque Spiritus dividuus est neque compositus, quod ex Patre et Filio, ex simplicibus est, nempe ex simplice per simplicem simplex, et ex individuis individuus, et ejusdem naturæ cum iis, qui ejusdem naturæ cum ipso sunt.» Et rursum (ib. 947, 948) : « Si Pater ingenitus cum sit, genitor est et productor, hoc quidem Spiritus, illo Filii, et Filii quidem genitor est, non productor, Spiritus vero productor, et non genitor, alius atque alius a se ipso Pater erit, indeque etiam compositus. Et nihilominus Spiritus ex utroque progressus (πρόοδος) unus idemque est, sed facultas generandi et producendi Patris alia et alia. Sed quemadmodum propterea Pater nullo modo in partes scinditur neque compositioni subjicitur (οὐ μεριστὸς ἐντεῦθεν, οὐ μὴν σύνθετος), quia illa Deitatis *partes* minime sunt, et consequenter neque *compositio* ; simplex enim supra omnem simplicitatem Deitas est et supra omnem divisionem indivisa (ἁπλῆ γὰρ ἡ θεότης ὑπὲρ πᾶσαν ἁπλότητα, καὶ ἀμερὴς ὑπὲρ πᾶσαν ἀμέρειαν), sed proprietates circa ipsam consideratæ (ἰδιότητες περὶ αὐτὴν θεωρούμεναι) : pari modo neque qui ex duobus est progressus Spiritus a sua ipsius identitate cum exterminat aut compositum constituit (ἐξίστησιν αὐτὸ τῆς ταυτότητος ἑαυτοῦ ἢ σύνθετον παριστάνει), sed ex Patre est et ex Filio, ex Patre nempe per Filium, simplex ex simplicibus, ex simplici scil. per simplex, ut divinorum Patrum sententia est.» Qua dexteritate Metochita argumentum ab Hugone indicatum hic evolvit, eadem Patrum comparationibus egregie utitur (p. 937, 948, 949). Nec minus strenue Bessarion eamdem Planudæ ratiocinationem evertit, quam haud immerito velut materialia ac crassiora duntaxat sapientium et carnalibus inhærentium esse posse statuit. Quæ cum ita sint, inane prorsus est figmentum, quod Photius inde deducit, loco Trinitatis quaternitatem Christianis fore colendam, si Latinorum doctrina obtineret.

27. Quæ cap. 44 sequuntur, in Trinitate fore principium imperfectum, inutile, mancum, ex perfecto et imperfecto compositum, Filium scilicet, partim ex iis quæ nunc diximus (§ 26), partim ex ante dictis (art, 3, § 4 ; art. 4, § 4, 14) facile refutari possunt. Ad rem Hugo Etherianus (l. c.) : « Ast indubitato, inquit, (Filius) quidem *totus causa et totus ex causa* est, cum individuus sit et incorporeus. Quoniam vero *causa et causativum compositionem non inducunt*, manifestum. Ecce namque Filius et Spiritus principium et causa cum Patre sunt conditrix universitatis, ex Patre quidem causa Filio et sancto Spiritu secundum aliam et aliam speciem , in quo magis quam aliquo alio compositio (*ed.* composito) appareat, exsistentibus ; quippe creaturarum alteruter (uterque) causa dicitur, ut efficiens conditrix scil., secundum quam speciem habitudinis nullo modo Spiritus vel Filius ex Patre prodeunt ; eorum enim quisque creator est, non creatura... Igitur si causa et causativum (causatum) secundum differentem habitudinem Spiritus Filio Spirituique competentia nullam in eis-

dem faciunt compositionem, manifestum, quod neque Filius ex eo quod similiter Patri Spiritus causa nuncupetur, compositionem habeat. » Hic sequens Photii argumentum (c. 45) quo arguit causarum dualitatem minime congruere unitati et simplicitati Spiritus sancti hancque illam excludere, pariter expediendum est; unum sane est principium, una virtus et actio spirativa eaque simplex, unus et simplex est hujus actionis terminus. Ad id quod Methonensis ait: «Quod ex duobus est, ei quod ex uno tantum, nunquam est æquale, » scite respondet Hugo Etherianus (l. II, c. 12, p. 1226) argumentum ita retorquens: « Quod ex uno, ei quod ex nullo est, nunquam est æquale. At vero Filius ex uno solo, Patre scil., qui a nullo habet exsistentiam; inæquales sunt ergo Pater et Filius. » Sed « non sunt hæc in quantitatum proprietate, quia neque mensura neque quantitas in divinis est.

28. « Sed Filius suam servat proprietatem, filiationem, et Spiritus suam processionem ex Patre; et sicut Spiritus a Patre procedens nullam activam productionem vel generationem possidet, ita nec Filius a Patre genitus activa generatione vel emissione prærogativam filiationis adulterat » (cap. 46). Sane proprietatem characteristicam tum Filius tum Spiritus sanctus etiam in Latinorum doctrina conservant; verum quod hic nullius personæ sit principium, ille vero cum Patre sit principium Spiritus, id ad neutrius constitutiva pertinet. Nulla præterea in eo est contradictio, quod Filius sit principium simul et principiatum, quia non est ad idem seu ad eamdem personam; respectu quidem Patris est αἰτιατός, respectu Spiritus αἴτιος; habet ergo solum differentem relationem ad Patrem et ad Spiritum. Nulla denique in eo est filiationis adulteratio, quod Spiritum Filius spirat cum Patre; filiatio enim constituit eum in esse Filii et denotat ejus relationem ad Patrem tantum; neque Spiritus sancti Filius filius est, neque *quatenus Filius* ejus spirator. Nullum hoc detrimentum infert filiationi, quod non qua Filius spirat Filius; neque enim filiatio ulterius se extendit, quam diximus. Hæc contra Nicetam Byzantium (1) notat Hugo Etherianus (l. I, c. 17, p. 1211), obscurus interdum, sed nunquam sale et acumine penitus destitutus. « Quærit, quæ exhæreditatio ista, et Filii detrimentum, ut *non in eo quod Filius* Pater sit. Quod quidem quærendum non erat, sed multo minus inferendum, ut ex pluribus aliis videri potest; velut si Pater in eo quod factor Filium factorem ostendat (omnia enim per ipsum facta sunt), necessarium sit, Filium Patrem esse ad ostendendum eum in eo quod factor genitorem, nullum vero detrimentum circa divinam naturam inveniatur: quæ fallacia, si de his quæ apud nos sunt, exemplum sumatur, apertissima est hoc modo: Si pater in eo quod desipit, filium demonstrat insipientem, nulla certo videtur necessitas fatui filii generationem inferre, ne fiat paternæ detrimentum fatuitatis. Puto in figura dictionis hujusmodi peccatum obvolvi, eo quod non idem eadem exponatur interpretatione. Etenim hujusce consecutio *substantialium* est, *non proprietatum*; quod reclusis considerari potest latibulis, si omissa religione ad modicum divina mentem ad humani generis propagationem quis revocet. Nonne cujuslibet hominis filius, cum omnia, quæ patri substantialia sunt, habeat, eorum quæ talia non sunt, minimam interdum portionem retinet? Si Patri *substantialiter* (id est tanquam substantia) inesset Filii generatio emissioque Spiritus, ex necessitate Filius ipsum idem nactus foret, quin etiam et Spiritus sanctus, et hoc in infinitum; sed (neque) Pater in eo quod *substantia* generat aut Spiritum emittit, neque in eo quod *Deus* a Filio vel a Spiritu differt; unus enim et idem Deus hi tres sunt; sed in eo quidem quod Pater generat, a Filio differt; in eo autem quod emittit, *a Spiritu solo*. Qua de re manifestum, quod *penes substantialia* tantum talis locum habet consecutio. Nam indubitabile est personales sive hypostaticas proprietates *impermutabiles* esse et earum permutationem tantam confusionem et disparitionem personarum facere, quibus solis circumscriptis omnibus aliis differentes cognoscuntur personæ; at causa et, ut ita dicam, causativum, et mittere et mitti, et quam plures aliæ *hypostaticæ*, non sunt, sive personales; ideoque non fit confusio personarum, quando dicitur: Una causa sancti Spiritus Filius et Pater est. » Demum quod cap. 47 adjungit Photius, id partim ex hic dictis, partim ex iis, quæ ad effatum hic rursus repetitum (art. 3, § 8 seq.) adnotata sunt, solvi facile potest.

29. Sed nondum exhausta schismatici patriarchæ sophismata: tertiam post prolixam de *Galat.* IV, 6, disputationem argumentorum theologicorum seriem auspicatur novasque auxiliares copias in agmen producit. « Si genitus, ait cap. 61, Filius ex Patre, procedit vero Spiritus ex Filio, quomodo impietas non secundum propriam sententiam Spiritum *nepotem* constituet et tremendum theologiæ eo quod emissor Filium rursus emissorem ostendat? Si enim ex Patre indemnis est Filii generatio Spiritusque processio, quemadmodum emissor Filius ostendetur: necesse omnino, ut detrimentum circa divinam naturam non inveniatur quod generet Filium, et sit *nepos* hinc complasmatus aliquis, cum et emissor Spiritus *in eo quod ex Patre*, Filius monstretur; quod si ita est, congeries impietatis et profunda emerget fovea. »

---

(1) Nicetæ argumentum apud Hugonem tale est: « Aut non ex causa exsistens habet Filius Spiritus emissor esse aut ex causa exsistens, Patre scil. Atqui si *non* exsistens *ex causa*, erunt rursus in Trinitate duo principia et duæ causæ. Si autem *ex causa* Filius exsistens Spiritus emissor sit, omnino *ex Patre* hoc sortitus est... Sin autem ex Patre hoc habet, quæ est ista *exhæreditatio* et *detrimentum filialis exsistentiæ*, ut *non in eo quod Filius* Filium generet, et Pater censeatur, cum Pater in

nostræ mysterium in longas et meras nugas ablegabit? » Verum e contra Latini arguere possunt, Photium Spiritum facere Patris *filium*, cum eum ex Patre qua Pater est procedere statuat, et hinc Filium et Spiritum constituere *fratres*, cum utrumque ex solo Patre esse decernat: Ἀδελφὰ τὰ ἐξ ἑνὸς ὑφεστῶτα, ut Basilius ait (ep. ad canon. 52, al. 300), hic revera locum habere. Præterea respondent Catholici : « Ut nepos quispiam sit, gigni eum oportet a patre, et diversa quidem generatione ab illa, qua is qui nepotem proxime genuit pater, a suo patre, nepotis avo, genitus est. At Spiritus sancti processio neque generatio est, neque Patris et Filii actio diversa. » (Natal. Alex. *H. E.* l. c. p. 532.) Joan. Beccus eodem modo arguenti Camatero ita occurrit (*G. O.* II, 399, 400) : « Non est nepos (ἔκγονος) Patris Spiritus, quia Filius *pater* Spiritus non est. Cum vero dicis : Si non est Filius pater Spiritus, quomodo ex ipso Spiritus fuerit? profecto negas etiam Spiritum ex Patre esse. Pater enim non est Spiritus pater et nihilominus ex ipso Spiritus est. » Id jam declarat sanctus Maximus dicens : « Spiritus patrem non habet ; neque enim genitus est (τὸ γὰρ Πνεῦμα πατέρα οὐκ ἔχει· οὐδὲ γὰρ ἐγεννήθη). » Audiatur et Hugo Etherianus (l. I, c. 8, p. 1203) : « Propositio quæ dicit : Quod emittit Spiritum, Filium habet, major universaliter deberet esse et particulariter accipitur. Nam illatæ conclusionis causa proposito, quæ recte debet syllogismum talem perficere, hæc est : Omne quod emittit Spiritum, Filium habet, quæ indemonstrabilis est et impossibiliter, quia neque *maxima* est neque fidem ab aliqua maxima (s. axiomate) suscipere (potest). Emissio Spiritus non facit Patrem esse neque Filium, quoniam non est *nascibilitas* Spiritus progressio a Patre, qua sola Filius a Patre differt. » Et rursum (ib. c. 17, p. 1211) contra idem argumentum : « Hoc neque in naturalibus consecutionem habet ; ut *ales* quidem prima *ovum* peperit, ex alite autem et *ovo passer* prodiit ; igitur quæ progressa est avicula, *neptis* judicabitur *alitis*. *Multo minus in divinis* locum reperit redargutio hujuscemodi, ubi neque corporea generatio est, neque passibile ; omne autem quod talibus generationibus subjacet, necesse est secari ; omne autem quod secatur, passibile. » Deinde notat jam antiquissimos hæreticos eumdem paralogismum effutiisse (1), atque ad superius disputata provocans ita pergit : « Quod si genitor in eo quod Pater est, habitudinem relationemque habet ad Spiritum, consequitur ex necessitate propter identitatem habitudinis genitoris Spiritum genitum esse et filium ; ideoque aut confundi personas aut fratrem Filii

Spiritum confingere, quod idem personas confundit. Itaque genitor non in eo quod genitor, causa est Spiritus, sed in eo quod causa principiumque (spirans), ut sæpius inculcatum est. Quare neque alienus a Filio Spiritus est neque absque habitudine ad ipsum judicandus. Sed neque hoc inconveniens, si Filius non in eo quod Filius Spiritum emittat, cum Pater non in eo quod Pater Spiritus causa exsistat. » Breviter et nervose Ratramnus (l. III, c. 3, p. 288) : « Sic evidenti ratione monstratur ab utroque procedere Spiritus sanctus, dum manifeste docetur *non* eum *a solo Patre* procedere, ne *filius* esse Patris dicatur, sed *nec a solo Filio*, ne Filius *pater* esse blasphemetur, sed dicitur Spiritus sanctus *et procedens et de utroque procedens*. » (Cf. Petav. *de Trin.* VII, 16, 3). Cum his ea connectenda sunt, quæ supra (art. præced. § 17 seq.) de Patre, quatenus dicitur principium vel proximum vel remotum, dicta fuerunt quibusque sequens Photii syllogismus (cap. 62) refutatur.

30. In duobus quæ sequuntur argumentis ex eo profiscicitur Photii ratiocinatio, quod prius et posterius a sempiterna Trinitate prorsus sit alienum, quod quam longissime prædicata tempus significantia a summe æterna absint Divinitate. Inde deducitur, *simul* cogitandam esse et generationem et processionem, non alteram altera vel priorem vel posteriorem accipiendam. Quo posito in altero quidem capite (63) ita argumentatur : « Quomodo non theurgicarum causarum differentia differentes constituet personas et sectionem inferet contra insecabilem, simplicem et unicam Spiritus hypostasin ? Ex eadem enim persona diversas prodire operationes et virtutes, præsertim in iis quæ naturam atque rationem plane superant, facilius est intelligere et innumera ejus rei deprehendere documenta ; sed nullibi reperitur posse fieri, quin hypostasis, quæ ad differentia refertur principia, differentia ac diversitate causarum non et ipsa a se differat et simul dissecetur. » In altero vero (c. 64) arguit Spiritum fore et congenitum Filio et procedentem ex ipso, ita ut simul genitus et procedens sit ; « ac *genitus* quidem, quia simul progreditur cum Filio genito, *procedens* vero, quia duplicem subit processionem. » Sane id omnes docent ac propugnant, Deitatem, ideoque et tres personas extra tempus esse nihilque in iis esse *temporarium*. « Nulla ibi tempora cogitantur, ait Augustinus (*De Trin.* xv, 26), quæ habent prius et posterius (2). » Et Leo M. serm. 3, de Pentec. c. 4 (Ball. serm. 77, p. 415 ed. MIGNE) : « Cum ad confitendum Patrem et Filium et Spiritum sanctum, aciem mentis intendimus, procul ab animo formas visibilium rerum et ætates

---

(1) Revera Macedoniani apud Gregorium Nazianzenum orat. 37, p. 596 ed. Bill. (Clem. orat. 51) arguunt, Spiritum si ingenitus non sit, necessario aut a Patre genitum et tunc fratrem fore Filii, aut a Filio, et tunc esse υἱωνὸν Patris. Quod Gregorius refellit docens medium esse inter ἀγέννητον et γεννητὸν, ut Scripturæ manifestant, τὸ ἐκπορευτὸν, et processionem differre a generatione.

(2) Totum hoc Augustini caput ad rem pertinet nostram, de quo et ex quo haud male disputat Ratramnus, l. II, c. 3, p. 285.

temporalium naturarum, procul corpora locorum et loca corporum repellamus. Discedat a corde, quod spatio extenditur, quod fine concluditur, et quidquid nec semper ubique nec totum est. Cogitatio de Deitate Trinitatis concepta nihil per *distantiam* intelligat, nihil per gradus quærat. » Sed si excluditur in divinis *prioritas temporis*, non excluditur plane *prioritas rationis* (1). » Sane prius mente concipitur causa quam effectus, prius principium quam principiatum, prius Pater quam Filius, et prius Pater et Filius quam Spiritus sanctus. Progressionem simultaneam Filii et Spiritus ex Patre, quæ non solum temporis, sed et *cogitationis* prioritatem excludat, refellunt ea Patrum dicta, quæ docent Spiritum ita se habere ad Filium, ut Filius se habet ad Patrem (II, § 2, nota 5); refellunt diserta testimonia, quibus Filium *præintelligi* præ Spiritu affirmant (IV, § 24 fin.); refellunt rationes e rei visceribus petitæ, quæ generationem ante processionem præsupponi ostendunt. [IV, § 13 fin.] Quod si Patres simul cum Filio prodire (συμπροϊέναι) Spiritum affirmant, id ideo fit, ut *temporis* posteritas arceatur. Dicta ejusmodi cum aliis, quæ mediationem Filii (III, § 16) exprimunt, omnino concordare Beccus, *De proc. Spiritus sancti*, c. 9; et Constantinus Meliteniota, orat. 2, c. 28 (*G. O.* I, 508-513; II, 704 seq.) præclare ostendunt. Egregie ex jam adductis Gregorii Nysseni verbis (§ 24) et ex præstituta a se declaratione (§ 18) arguit Georgius Trapezuntius (*G. O.* I, 529): « Uterque (Pater et Filius) |præintelligitur Spiritus hypostasi (προθεωρεῖται τῆς τοῦ Πνεύματος ὑποστάσεως), ut Nyssenus asserit; propterea ab utroque (ἐξ ἀμφοῖν) Spiritus. Si non ab utroque, non præintelliguntur ambo; sed præintelliguntur; ex utroque igitur. » Sed difficultatem movent adversarii : « Causa præintelligitur effectui; effectus vero (αἰτιατός) Filius et producere (προβάλλειν) causæ est; præintelligitur ergo hypostasi Filii. » Auctor noster respondet : « Ratio ista ex penu sophistarum est. Præintelligitur enim Pater Filio *causa non ea quæ est secundum processionem* (τῷ αἰτίῳ οὐ τῷ κατ' ἐκπόρευσιν); namque hic modus alius exsistentiæ est (ἄλλος τρόπος ὑπάρξεως); causa vero quæ secundum processionem et προβολήν est, neque ante neque post intelligitur (οὔτε ἐπιθεωρεῖται οὔτε προθεωρεῖται) Pater Filio. Nemo enim ex ipsis erga alium aut veluti principium aut veluti finis (terminus cf. § 18) est hujuscemodi progressus, ne prorsus unus ex his Spiritus sit. Τὸ προβάλλεσθαι vero post utrumque intelligitur. » Sed instant rursum : « Deitas, quæ in Patre est, præintelligitur illi quæ est in Filio et in Spiritu, et nihilominus non communicat Pater eis quæ ex se sunt. » Verum hæc solida non esse respondet Trapezuntius : « Deitas enim quæ in Patre est, *qua* Deitas (ἡ Θεότης), non præintelligitur illi, quæ in Filio est, cum eadem sit secundum omnia nullaque relatio interjiciatur; sed præintelligitur quidem quæ in Patre est Deitas *qua generat* (ἡ γεννᾷ), postea intelligitur in Filio, *qua generatur* (ἡ γεννᾶται).

31. Est ergo generatio *prior* processione, non tempore, sed ἐπινοίᾳ, cogitatione, ordine; præintelligitur intellectus voluntate, Verbum Amore, Spiritu Filius. Ergo licet nullum tempus dividat, tamen non simul intelliguntur mente nostra generatio processioque, sed concipitur generatio ut præcedens processionem. In actu vero processionis simul spirantes concipiuntur Pater et Filius, dum spirant ut unum principium, unica virtute, unica operatione. « *Non est Spiritus sanctus*, ait Anselmus (*De process. Spirit. sancti*, c. 16), *prius de Patre quam de Filio, nec de Filio quam de Patre*; nec major nec minor est exsistens de Patre, quam exsistens de Filio, nec magis nec minus est de uno, quam de altero. » Id urget contra Nicetam Byzantium Hugo Etherianus (l. 1, c. 15, p. 1208, 1209). Argumentabatur ille hunc in modum : « Si Spiritus ex Patre Filioque procedit, necesse est, aut *simul sine tempore* et æternam esse progressionem Spiritus ex Patre et Filio, aut *secundum prius et posterius*. Quod si secundum prius et posterius, in quocunque duorum sit, evidens est blasphemia; erit enim Spiritus se ipso prior et posterior, æternus et temporalis... Sin autem *simul*, *præter tempus*, *æternaliter* ex ambobus, Patre dico et Filio, procedit, cui ut propugnaculo innituntur qui ex adverso dimicant, quærendum est ab ipsis, utrum *simul præter tempus et æternaliter*, an quomodo dicant. Nam si *principaliter* ex ambobus dicant, aperta est blasphemia. Erunt enim in... Trinitate duæ principales et sine principio, sine causa personæ, ideoque duæ causæ, duoque principia, et duo non habentia neque causam neque principium. Itaque in deorum (*ed.* duorum) pluralitatem quæ Christianæ sunt religionis transferentur, et injuria non quælibet zoarchicæ et supersubstantiali irrogabitur Trinitati. Quod si *non principaliter*, licet simul et æternaliter, sed *propius* atque *remotius*, aut *primo et secundario*, et sic parturitur impietas; primum quidem, quod magis erit Filius causa Spiritus, minus autem Pater. Nam quæ propinqua causa est, magis causa est, prout communes conceptiones et veritatis sermo declarat. » Ad hæc vero Hugo respondet Latinos merito de Deo non enuntiare proprie verba *prius* et *posterius*, *secundum tempus*, *principaliter et secundario*; non dicere Spiritum *principaliter* ab *alterutro*, sed *de utroque æqualiter*. Deinde notat : « Quod vero sequitur, scilicet propinquam quidem causam ma-

---

(1) Præter prioritatem temporis est prioritas *ordinis*, quo unum ante aliud numeratur et ponitur, vel *naturæ*, quo exhibetur conceptus naturæ, quæ completa est et ab alia distincta exsistit, vel *originis*, qua unum ab alio ortum habet. Si est in Trinitate *ordo*, habetur et prioritas quædam saltem logica.

gis esse causam, minus vero quæ remota est, (ad id) absolvendum sufficiens esse arbitror, quod id tale in naturalibus, logicis similibusque, in quibus non eadem causa ubique propinqua remotaque est, locum habet; in divinis vero personis nequaquam, tum propter alia multa, quæ silere nunc præstat, tum pro eo, quod propinqua remotaque causa *prorsus eadem* censeantur Pater et Filius, atque neque secundum tempus, neque secundum naturam, neque *secundum aliquem alium modum Pater Filio prior est* (1) *ut de Patre quidem Spiritus principaliter, de Filio vero secundario aut* nulla ratione, ut Græci nimium inopinabiliter affirmant, procedat; ut enim ante omnia tempora simul sunt natura Pater et Filius ejusdemque honoris, ita quidquid (*ed.* quidquam) potest Pater, potest et Filius, ne (*ed.* et) quidquam a Patris et Filii potentia removeretur. » Jam vero inane prorsus est, quod Photius (c. 63) de causarum differentia profert, quæ nulla omnino est; indeque deducta consecutio, sectionem et divisionem in ipsa Spiritus persona inferri. Utrumque quæ toties diximus convellunt. Neque vero sequitur (c. 64), Spi-

(1) Hæc minus præcise dicta videntur; restringenda tamen, ut ipsa verba ostendunt, ad Spiritus processionem. Licet enim Patrem prius cogitari

ritum fore simul genitum et procedentem; tum quia generatio et processio sunt duæ actiones diversæ, tum quia concipi nequit Spiritus simul cum Filio procedens, sed concipi debet generationem sequens ac præsupponens processio. Quod tempus non dividit inter generationem et processionem, id sane efficere nequit, ut terminus unius actionis induat characterem, quo terminus alterius insignitur. Imo cum Pater juxta Photium simul generet Filium et spiret Spiritum, quomodo tunc explicabit, quod non in unum concidant generatio et processio? (*Vide* Georg. Met. et Hug. Eth. § 26.)

32. Concludimus hanc tractationem, alia theologis rem perfectius meditantibus reservantes. Maluimus ἀντιῤῥήσεις non satis digestas et concinno ordine interdum destitutas Photiano operi adjungere, quam aut officio deesse ut editionem ipsam nimis diu differre. Contenti plane erimus, si his nostris studiis occasionem doctis viris præbuerimus subtiliores theologicas ejusmodi quæstiones felicius enodandi, dogmatumque hac parte historiam locupletandi ac proxime ea theologicæ scientiæ incrementa procurandi, quæ nos nonnisi remotius potuimus adjuvare.

quam Filium ordo ipse postulet, tamen quoad spirationem activam uterque concipi debet ut jam in sua personalitate constitutus et ut simul æqualiter spirans.

OPERUM PARS TERTIA.

PARÆNETICA.

PHOTII PATRIARCHÆ CP.

HOMILIÆ.

I.

Photii (1), *archiepiscopi Constantinopolitani, Oratio in sanctissimæ Dei Genitricis natalem diem* (2).

COMBEFIS. *Auct. nov.* p. 1583-1604.

Omnis quidem festivitas, celebrisque omnis conventus, quo piorum cœtus exhilaratur, tum dissidia, mutuasque lites dissolvit, tum animis, stu-

(1) Ut schisma excipias, erat ut Photius magnis quoque viris, ac Ecclesiæ magistris accenseri posset; cujus monumentum hoc in sanctam Deiparam diutius latere nolui, ex quo Photii vena in festivis ejusmodi orationibus velut specimine aliquo sese prodat. Nec enim alia ejus generis illius prodiisse arbitror, nec forte exstant. Seguierano codici præfixus index antiquo manu aliam ei tribuit, in sepulturam Domini, exstatque ibi fere integra excepto

diisque divisos, ac eos, qui amoris vinculum seditione diruperunt; Canticorum consonas voces, quibus ipsa re consoletur, ad concordiæ instaurationem exhibens; mire colligit, unitque : atque unius ejusdemque Domini ac creatoris, figmenta ac creaturas, eos qui collecti sunt, ostendit : exque unitate cultus, figmenti parem dignitatem subindicans,

exordio : valde illa luculenta, etsi nolui ita mutilam exscribere, atque hic loci repræsentare. Præcipue imitatus videtur auctor Gregorium Nazianzenum Orat. in sancta Lumina, ubi ille tam multis absona gentilium sacra traducit. Nolim ego immorari explicandis fabulis, quas perstingit. Adeat qui volet mythologos.

(2) Ex Eminentissimi cardinalis Mazarini Codice.

eorum qui in se invicem acerbis odiis afferentur, lenit, ac deprimit animos; suadens modeste sapere, ac pro humana ratione; docensque ad eamdem Fictoris manum respicere, atque idem fictionis lutum reputare. Ad hoc enim solemnes conferre conventus, congrua Christianis consuetudo documento est; ac alius quidem, Christum natum ostendit; alius testatur baptizatum; profert alius transfiguratum : alius exhibet divina patrantem signa ; dæmoniacos curantem; cæcis visum restituentem; sanguinum siccantem fontes; claudis ac paralyticis membra astringentem : mortuos suscitantem : ac demum alius pendentem in cruce traducit; alius vero iterum resurgentem, meamque visibilibus factis, gestisque resurrectionem initiantem.

Cum sic autem divinæ congrue religioni institutus omnis ejusmodi conventus, tum communia dona fruenda præbeat, tum propriam pariter emicantem gratiæ illustrationem prætenda, longe præ aliis, solemnis hic dies, Virginis ac Dei Matris natalitio inclytus, præclara honoris insignia refert. Quemadmodum enim radicem, ramorum, truncique, ac fructus, floresque agnoscimus causam, tametsi fructus gratia omne aliis studium laborque impenditur ; citraque radicem, aliorum nihil enascitur ; sic Virginis dempta festivitate, aliarum, ab ipsa germinantium, nulla illucescet. Ideo namque resurrectio est, quia mors : mors autem, quia crucifixio : cruxifixio, quia Lazarus quadriduanus ab inferni portis reversus est; ac quia cæci vident, paralyticusque, lectum in quo jacebat portat currens : ac demum quia admiranda alia patrata opera (nec enim per tempus licet percensere omnia) quibus Judæorum populus, cum ad laudem ac cantica provocari debuisset, invidia exarsit ; qua permovente, in suum ipsi interitum Salvatoris necem moliti sunt. Hæc autem eo fuere, quod Christus baptizans, atque ab infidelitatis errore homines liberans, opere pariter atque sermone, Dei scientiam ac fidem doceret : baptismus autem, quia nativitas : Christi autem nativitas, ut summa ac præclare dicam, quia Virginis nativitas : in qua initiamur, quamque meruimus celebrare. Quamobrem, radicis, fontisve, aut fundamenti, vel nescio quid germanius ac magis proprium dicam, rationem, virginalis festivitas implens, illis pariter universis honestatur, ac splendet, multisque ac magnis præpollet donis, ac mundi universi salutis dies noscitur.

Hodie enim Virgo mater, ex matre sterili nascitur, Dominicique adventus palatium præparatur. Hodie solvuntur sterilitatis vincula, ac virginitatis claustra obsignantur. Quibus enim infecundus uterus, ac cujus prolificæ rationes emortuæ essent, præclarorum fructum protulit, cum spes omnis abesset ; iis quoque virginalis incorruptio promittitur, partusque miraculum perspicuis rebus prænuntiatur. Equidem eximia res, ac tota quid majus natura, partus sine viro, ac servata virginitas ab edita prole ; verum naturæ quoque jura superat, ut sterilis a senio fecunditate augeatur, pariatque; ac rei prodigium, virginali partui exordio præit. Hodie Anna sterilitatis opprobrium amputat ; gaudiique segetes terrarum orbis metit. Joachim puellæ appellatur pater, nosque adoptionis arrhabonem honoris cumulo accipimus. Hodie Virgo ex infecundis lumbis procedit, peccatique fecundos partus sterilitas excipit, Synagoga Judæorum cœtus viduus manet, exque Ecclesiæ sinu filii prodeunt, qui Christo sponso divine crescant, ac pleno numero augeantur. Procedit virgo abs sterilibus lumbis, tum, cum etiam iis fecundis partus mirabilis ac insolitus foret. O rem mirabilem ! cum defecisset sementis tempus, tunc editionis fructus opportunitas advenit : ubi cupiditatis ignis exstinctus esset, tunc fecunditatis fax accensa est. Juventus non protulit florem, germenque senectus edit : vegeti uteri tumor ignotus fuit, effœtique ventris virgo perpetua infans noscitur partus.

Enimvero, dubitas, homo, num sterilis pepererit ? Quinimo quæris, quibus te quoque mirari oportebat, quibus admiramur ipsi, ut dignam rem miraculo ridiculam facias, spernasque, ac num sterilis pariat, verbis contendis ? Si enim non parit sterilis, nec quæ parit sterilis est ; quomodo arentia ubera in lactis fontes acuuntur? Siquidem enim senectus sanguinis thesauros nescit recondere, quomodo quod mammæ non acceperunt, in lactis dealbant speciem ? Qui vero etiam vulva emortua, maturam vivamque prolem edit, eamque ipsa continet, et alit? Hæc tu adversus teipsum, tuamque subtiliter consuis salutem : quis nempe exsistens ? Nec enim unus quis fidelium exsistas, ac eorum, qui miraculo digni sint. Nam neque fidelis producatur, qui iis abroget fidem, per quæ fides astruitur ; sed Judæus. At quomodo, ac ubi tibi excidit Sara ? Nonne enim illa, senectutis ac sterilitatis dispendiis editam prolem, Isaac vidit ? Siquidem Anna animum tibi confundit, ac turbat, potiori jure Sara, quando etiam prior. Quod si hoc dubitationem facit, ille tu, neque persentis, tuam te præscribere ac submovere cognationem, radicesque ex quibus tibi ramo esse accessit, amputare, atque a Judaicis juribus revinceris excidisse ?

Ut quidem ego naturæ serio partum factum dicens, postea rogarem in meam pedibus manibusque ires sententiam, merito sterilitas senectutem ; natura, rationum laborem progigneret : cum autem divinæ gratiæ opus doceam, quid gratiam cogis servire naturæ, cujus illa semper dominari comparata est ? Num Adamum admittis e luto formatum, ac absque nativitate productum esse ? Num admittis et Evam absque copula editam, ac lateris, costæque germen esse ? ut plane non hæc dicas rationem naturæ. Quæ enim humana successione accretio ac procreatio est, modum alium processionis servans, non sinit ut illorum processionem naturæ opus existimes : at neque rursum ut contra naturam :

HOMILIA I. — IN SS. MARIÆ NATIVITATEM.

siquidem illa naturalis hominum constitutionis principium est. Divini ergo consilii sit, atque potentiæ. Quid vero? Tum quidem potuisse concedis, in iis quoque quæ majorem admirationem habebant, divinum Numen, nec naturæ ordinem adversus ejus Fictorem instruis; nunc autem, tanquam potentissimum ac immortalem virtutem gravi senio defectam existimares, istis imbecilliorem pronuntias? cum prioribus exercitatus, par esset ut aliis quoque potius videreris, indubitatam in ejusmodi præbere fidem. Quocirca ne Judæus quidem dubitaverit, ut quidem Judæus sit; sed eorum aliquis, qui animum ac mentem habent gentilitio errore tentum.

Non credis ergo tu, subsannasque, ut puella abs sterili prodierit, qui homines putredine ortos confingis? qui draconis dentes majoribus tuis vulvas, quibus sint suscepti, efficis: adeoque utinam tibi ipse dicenti, eos sepulcra ostendisses, qui lapides jubes concrescere in homines, tuorumque majorum genus digna te serie recenses, in formicarum sanguinem referens. Tu hæc sapiens, quanquam sunt maximum delirium; nec usquam aliquid, non gratiam, non mentem, non naturam, non sensum, non alienam opinionem, non tuam ipsius, non aliud quidquam habens quod suffragetur, excepta duntaxat impudentia tua, sive insensibilitate; veneraris tamen, ac honori habes: ea vero quæ et pugnantes confirmant opiniones, cogente veritate ut de his eadem consentienter pronuntient: ac quorum primus testis est ipse aspectus, sensusque, quibus denique, plura olim simili ratione facta, exceptis etiam iis, quæ sunt dicta, fidem conciliant, subsannare contendis, ac floccipendere? Nec sane ego id dixerim, ut quibus illi res absurdissimas honorarunt, iis nos oporteat honestare nostras; neque, quod longe abest, tenebris lumen illustrare; aut veritatem mendacio astruere: vel fidem infidelitatis errore confirmare; sed plane nefas eos præsumere, omnino sensu ad ima depressos, quanto nos naturæ superiores sumus, ut quæ sunt contra naturam, quæque nulli comprobaverint mores, ea illi honori habeant, ac admirentur: quæ autem majori et oratione et natura, ac laude, præconio, hactenus quoque martyrum sepulcra, quandoque usu vocante, ac disponente providentia, prodigiis editis clara, attestantur, ea sermone atque errore convellere nitantur.

Illud quoque vide. Nonne affectio superat naturam? nonne morbus? nonne senium? nonne juventus ipsa, ita vigens ac aliud quodvis, generandæ prolis impotentia exsistens? quodque miraculum haberet, nisi sensim consuetudine, admirationis ac stuporis sensum auferret, qua quis provehit ut sit pater, ipsa hactenus patrem fieri prohibet. Quid ergo? affectiones naturam vincunt, nisi quid aliud absit, quod ejus sit affectio ac recrementum; nec gratia, quam finxit ac condidit, naturam in meliorem augebit? Senectus infrigidans genitales fontes exsiccat; nec fictor, conditorque fovens, irriguum faciet quod consenuit? Illa ad quæ hæc necdum devoluta est, ac cum adhuc non adsit tempus, cumque ea ad quæ pertrahunt sint deteriora, facile tamen ferent; fictor autem, ac conditor, in quibus ab initio constituit modis, ut velit non reducet? Non habes dictis fidem? præclare quidem agens, at non mihi, cui hæc longe sint honestis tuis transformationibus, quas tibi sum enumeraturus: quinimo tuum erit percensere, quo magis, humanam vitam juvantibus narrationibus tuis, adversum nos gloriari possis.

Dic factas ex hominibus populos, e quarum oculis fabulosum illud electrum defluit, ex quo tu stultitiæ divitias colligis. Daphnas quoque numera ac phœnices: luscinias ac hirundines: canoros cyenos, ac alcyones, hominumque amantes delphinos. Celebra ac lauda tuos illos ambigui sexus Tiresias, quo deorum litem, eorum dignam luxuria dissolvant: qui nimirum, quod ampliorem voluptatem deæ tribuissent, mala libertatis præmia retulerunt. Vis abunde in memoriam reducam tauros mare trajicientes, misellæ puellæ amore gubernante; longasque profectiones; ac viarum multos circuitus, morasque quam procul Olympo? Taceo alia. Nec enimvero par est ut fidei unguento, erroris cœnum commisceamus; vel ut pietatis elucentes radios, profunda impietatis caligine probro afficiamus. Quapropter amplis illis nugis ac fabulis procul valere jussis, eorumque, qui ea admirantur cum amentium miserantes, tum odio habentes superbiam, ad priorem orationis cursum dirigamur.

Olim itaque humano genere, peccatorum, quibus se primi parentes obstrinxissent, victoria, servituti addicto, neptis proles eorum futurum destructorem subtonans, ac obscuro velut clangore indicans, fore ut illud emergeret a tyrannide, ac a servitute liberaretur, claro signo monstrabat. Quapropter etiam Adamum una cum Eva, antiquas illas prævaricationis depurgantes sordes, tristemque a mœstitia vultum deponentes, libera tum voce, tum facie, lætis choreis virginalem coronant festivitatem: quin ejus potius exsistunt auspices. Cum enim peccati senem toti adnatum generi, illud vitiasset, eo radicitus exstirpato, merito potius gaudium ac choros auspicentur, accersantque, ac socios convocent, universos ab eis procreatos. Ex quo namque prolapsionis infirmitas, ab iis, qui primi prævaricati essent in omnes transfusa diffluxerat, universique similem curationem necessariam habebant; ac mundi totius salutis, hodie Virginis partu ponuntur fundamenta, operæ pretium erat ut communis, ac generis totius constitueretur celebritas; utque populi totius, ac mundanis majora, gratiarum actionis monumento, cantica pangerentur. Mundi enim totius salus, mundanis majores exigit, ac vendicat gratiarum actiones.

Gratiarum actionis cantica submittamus; quod Adam reformetur, ac instauretur Eva; diræque dissolvantur, ac humanum genus, mortuam peccati ac pelliceam exuens personam, in pristinam ac antiquam Dominicae imaginis restauretur dignitatem. Gratiarum actionis submittamus cantica, ac populi universi choros constituamus, quod Virgo, ab infecundo sinu prodiens, naturae vulvam infecundam sanctificet, ejusque sterilitatem, ad virtutum uberes fructus exstimulet. Quibus enim universorum Domino ac agricolae, purissimorum sanguinum rivulos ad massae totius aridae irrigationem commodavit; iis merito feracitatis benedictionem recipit. Scala in coelum subvehens coaptatur terrenaque natura suos ipsa terminos praesiliens, in coelestes mansiones transfertur. Dominica sedes in terra paratur, terrenaque sanctificantur, ac coelestium ordines nobiscum congregantur; illiusque nequam, ac qui nos primum decepit, fuitque auctor insidiarum humano positarum generi, dolis ejus ac molitionibus evanescentibus, potentia colliditur.

Quis Dei mirabilia enarrare poterit? Quis autem sermo ea explicet, quae vim totam sermonum excedunt? Qui vero animus non obtorpeat, ad rerum magnitudinem, comprehensionem contendens? Deus a principio formavit hominem, ineffabilibus impensioris in humanum genus amoris divitiis permotus; suaemet figmentum manus, ac fictoris largiens ferre imaginem : quorum alterum carnis, alterum spiritus manifestare dabat ingenuitatem. Porro paradisus, res delectabilis ac amoris plena, ad Orientem plantatus erat; quem pratorum immarcessibiles flores perflarent; pulchrique, ac omnigeni arborum fructus copia ditarent; ac flumina medium decurrentia, limpidisque aquis soli faciem irrigantia, immenso quodam decore augerent. In eo fictor, Dominicae manus arte compositum collocat opus; universorum quidem constituens Dominum; bonorumque omnium affatim affluentiam tribuens. Tum vero conjugem, ineffabili partu lateris obstetricatus produxit, ut eum, qui id commodasset, ex quo fuisset sumpta, caput sciret, ac debitum reputans in illum aspiceret; naturaeque vinculo, concordiae ipsis, individua vitae societate, vinculum constaret.

Caeterum, cum omnibus in paradiso positis concessisset frui, ac universorum dominio potiri; quia etiam praecepto erudiri oportebat, ac exerceri eum, cui talis ac tantae potestatis magnitudo concredita esset, fert ei legem, e cujus ratione, nec difficile admodum vitae rationes componere; nec omnino facile servare; quibus tum praemium, tum poenam mercede proponeret. Arborem namque pulchra venustate florentem sermone ab aliis segregans, praeceptum ponit, quo una hac vesci prohibeatur. Mala autem bestia, ac mali auctrix : diaboli cognomen actio tribuit : ab ipsa conditione lividis oculis aspiciens hominem, aliaque de reptilium genere bestia organo utens, blandaque ac mulcentia cum muliere collocuta, inque legislatorem multam spargens blasphemiam, mulieri suadet, ac per eam conjugi, ut spernant quidem praeceptum, edant vero de arbore de qua ne comederent sancitum erat. Porro illi, mox ut praeceptum transgressi essent, dona quoque omnia amisere; quod utique ponentis insidias consilium erat. In eum namque finem tota molitio comparata erat : indeque a majoribus in nepotes disseminata praevaricatione, universum humanum genus subjectum captivumque insidiator tenebat.

Quid ergo fictor curatorque? Num in finem, in miseriam prolapsum sprevit figmentum, inque tanti erroris profundo demersum, ac quotidie passionibus malisque mancipatum? Minime gentium. Quomodo enim quod magnifice condidisset, lubens spoliari atque errare videns sustinuisset? Quamobrem apud seipsam quidem sacrae Triadis Unitas, ut fas sit ita loqui, conventum agens : porro nihil nefas dicere in recreatione, quando etiam in creatione illud dictum est: *Faciamus hominem ad imaginem et similitudinem nostram*[1] : eodem, ac singulari voluntatis consilio, reformare quod contritum erat, figmentum constituit. Illa autem : valde quippe efferatum ac desolatum erat humanum genus, quod neque minis, neque poenis, neque legibus, nec monitis prophetarum reduci potuisset; hominem quaerebat ejusdem nobiscum consortem naturae, in quo legis latae observantiam nulla praevaricatione liceret perspicere; quo humanum idem genus, quibus sui generis hominem vitam instituentem videret, eumdem ipsum imitaretur; utque ipso eo, cui machinarum instructor adversus nos victoriam acceptam referebat, legitima victoria ac certamine profligatus, dominio caderet.

Ergo unum aliquem e Trinitate oportebat fieri hominem, ut cujus erat formatio, ac opus, ejusdem videretur esse reformatio ac instauratio operis. Illum porro omnino oportebat in terra filium appellari, nec supernam tamen violare dignitatem, qui ab aeterno hoc pariter esset, ac laudaretur. Censeri autem inter filios hominum impossibile erat absque incarnatione. Incarnatio enim, via est ad generationem : generatio vero, conceptionis, ac gestati uteri terminus est : cumque illa complectatur matrem, ejus merito praeparationem velut fundamento praeire petit. Erat itaque fictoris praeparanda mater, quo sic refingeretur, quod confractum erat, eamque Virginem esse oportebat, ut sicut primus homo e terra virgine fictus fuerat, sic ex vulva virgine nova iterum fictio ederetur, atque ut nulla prorsus voluptatis insinuatio, vel si ea legitima foret, in Creatoris partu intelligeretur. Quippe erat voluptatis captivus, quem Dominus ut liberaret, nasci voluerat. Enimvero quaenam mysterii digna sit esse ministra? Quaenam digna effici Dei Mater,

[1] Gen. 1, 26.

ac ei commodare carnem, in cujus universa censentur divitiis? Quænam ergo digna? nisi utique hæc quæ miraculo hodie ex Joachim ac Annæ germinat infecunda radice? cujus lætis gaudiis diem celebramus natalem; ac cujus partus, mysterii maximi, Verbi, inquam, in carne nativitatis, miraculum inchoat: cujus denique gratia, celebris hic totius populi concursu, sacerque indictus est ac coactus conventus.

Oportebat enim, plane oportebat ut ea, quæ ab ipsis cunabulis, castum corpus, castam animam; castas denique cogitationes, supra quam sermonis vi exprimi queat, conservasset, Fictoris Mater prædestinaretur. Oportebat ut quæ a puero in templo oblata esset, locaque inaccessa penetrasset, animatum ejus templum qui indiderat animam, conspiceretur. Oportebat ut quæ, nova ac insolita ratione, ab infecundis lumbis nata prodiisset, parentumque probrum abstulisset, avorum quoque ruinam instauraret. Neptis enim majorum habuit reparare casum, generis Salvatorem partu viri nescio edens, ac eum corpus induens. Oportebat ut quæ se animi decore pulchre perornasset, sponsa eximia cœlesti congrue sponso proderetur. Oportebat ut quæ se virtutum modis velut stellis cœlum effecisset, justitiæ Solem prætendens fidelibus universis agnosceretur. Oportebat ut quæ virginalium se sanguinum murice omnino imbuisset, in universorum regis trabeam cederet. O miraculum! Quem universa creata non capiunt, eum virginalis uterus nihil angustatum; eo fetus gestat. In quem Cherubim oculorum aciem figere non audent, eum Virgo luteis manibus in ulnis amplexatur. Mons sanctus e deserta sterilique vulva progreditur, ex quo pretiosus ille summangularis lapis Christus Deus noster nulla manuum opera abscissus, dæmonum delubra, ac inferni regiam, una cum tyrannide contrivit. Animatus ac cœlestis in terra fabricatur clibanus, in quo plastes ille ac conditor, meæ massæ primitias divino excoquens igne, ac zizania superseminata comburens, totam sibi mundam massam in panes efformat.

Verum quid quis non dicat, quidve non patiatur, Virginis donorum meritorumque pelagus pernavigans? Metuit ac gaudet; quiescit ac exsilit; rursumque tacet ac loquitur; contrahiturque ac dilatatur, qua timore, qua desiderio secum trahentibus. Porro ego in præsentiarum desiderio, quam timori amplius indulgens, lubens, probe nostis, longe vobis uberius congressus essem, quanquam inutili orationis fluxu, præstantibus miraculis Virginis velut stagnantes ac exundantes aquas: ac maxime, quod et vos tota alacritate videam adaperientes aures, totoque animo in perpetuæ Virginis accensos laudem; simulque persolvam ipse, si quid virginalibus orgiis ac sacris exsisto reus: verum tempus ad alia provocat: ad Virginis aliam laudem: ad mystici, inquam, ac incruenti sacrificii inchoationem, (earum enim passionum quæ Filius ultro suscepit, commemoratio, honor est Matris:) ad quod utique trahimur, ac cujus faciendi adest opportunissimum tempus.

Sed tu, o Virgo ac Verbi Parens, propitiatio mea ac refugium; quæ mirabili ratione ab sterili edita es; mirabilioreque, spicam nobis vitæ edidisti, apud Filium tuum ac Deum nostrum intercedens, ac mediatrix accedens, laudatores tuos ab omni sorde, omnique macula depurgatos, cœlesti thalamo dignos effice, ut in requie perpetua, trino, substantia omni majoris Trinitatis lumine, illustrentur, ejusque mirabili ac ineffabili spectaculo delectentur; in Christo Jesu Domino nostro, cui gloria ac potestas in sæcula sæculorum. Amen.

II.

De Symeone Christum in ulnas suscipiente.
(COMBEFIS. *Biblioth. Concionat.* t. VI, 230, ipso interprete.)

Non erat sacerdos Symeon: etsi longe virtutum ornamento sacerdotibus præstabat. Idcirco etiam sacerdos quidem, his ministrabat, quæ in puero lex fieri jubebat: at Symeon cum recte factis aliis, tum senis canitie venerabilis, juxta divina responsa votis fruebatur. Agnovit vere evenisse responsa: agnovit eum qui prædicabatur: eum portabat qui verbo omnia portat: visaque generis salute, ac diviniori repletus dulcedine, nullo jam vitæ amore tenebatur. Quin statim præsente salute, carnem deponere, atque his etiam qui erant in inferno faustum salutis ac redemptionis nuntium afferre, totus gestiebat. Atque Deum quidem benedicebat, hoc est, laudibus atque canticis celebrabat: alioqui vero etiam benedicebat, quod factas sibi promissiones evenisse videret, quod Israelis consolationem oculis aspectare atque manibus gestare meruisset: hinceque sacro plenus gaudio, *Nunc*, inquit, *dimittis servum tuum in pace* [1]. Quando promissorum nactus sum finem, finem quoque mortalis vita accipiat: nam hæc mihi verbum tuum olim promittebat. Etenim fore ut non viderem mortem nisi viso Christo Domini, ipse pridem mihi pollicitus eras. Quia vero in meos incurrerunt oculos, quæ cupiebam, quæ quærebam, quorum desiderio æstuabam, *Nunc dimittis servum tuum*, qui nec mortis periculum paveat, nec dubietatis cogitationibus terreatur, sed firma potiatur pace, ac quæ lætitiam plurimam pariat. Etenim vidi salutare omnium populorum.

Ac vide, quæso, divini sacrique senis accuratam diligentiam. Priusquam enim beati illius spectaculi compos efficeretur, exspectabat consolationem Israel: at ubi quod sperabat ac cupiebat obtinuit, non jam consolationem clamat, sed omnium salutem populorum: sic nimirum omni sermone ac cogitatu major ille in puero fulgor virum perstrinxerat. tantamque affuderat lucem, ut quæ processu temporis, paulatimque revelanda erant, tunc ille statim

---

[1] Luc. II, 29.

repenteque cognoverit. Ac ne cui occasionem præbeat opinandi omnes se populos dicere, qui Judæorum gente comprehenderentur, ista subjungit : *Lumen ad revelationem gentium* ; quasi dicat, Nemo putet omnem me vocare Judaicum populum : imo totum hac voce significo genus humanum. Etenim quem oculis video, inque ulnis fero, salus erit ac redemptio omnium. Neque hæc dixisse satis habuit; sed condistinguens contra Israelem omnes gentes, subjungit : *Lumen ad revelationem gentium, et gloriam plebis tuæ Israel* [1]; quasi dicat: Communis quidem salus est, quem in ulnis gesto, infans cunctis gentibus, ac Israeli : verum gentibus quidem lumen est, quod ab idololatriæ educat tenebris : Israeli vero gloria, quod data olim illis legalia, quibus ab idolorum cultus emerserunt caligine, in gloriam ac perfectionem conversurus sit. Præterea etiam gloria est natus puer Israelitici populi, tanquam qui ex Abrahami semine homo exstiterit. Eadem fere et Isaias clamans ait : *Ecce posui te in lucem gentium, ut aperias oculos cæcorum* [2] ; hoc est, illis visum præbeas, lucemque a tenebris, atque a mendacio veritatem, ab errore pietatem discernas. Unde et David hanc prædicans salutem, velutque plaudens manibus, ac choros ducens : *Omnes*, inquit, *gentes, plaudite manibus, quoniam Dominus excelsus, terribilis, Rex magnus super omnem terram* [3]. Sin autem Christi populus dicitur, estque Israel ut distinguitur agentibus; distinguitur autem Mosaicis legibus atque moribus, quanquam nondum gratiam consecutus, ejusque compos factus, cum, inquam, qui in Veteri Testamento est ejus populus sit, quomodo non obstruuntur perdita Manichæorum ora, quæ ad aliud eos principium referunt?

III.

Photii, patriarchæ Constantinopolitani, novæ sanctæ Dei Genitricis ecclesiæ, in palatio a Basilio Macedone exstructæ, descriptio.

(Combefis., *Manipulus rerum Const.* p. 296.)

Lætum video præsentis diei conventum : ac qualem nemo humana solertia atque opera, ac nisi divini afflatu Numinis conflare potuerit. Quamobrem etiam jucunda gratiæ suscipio munera, unaque cum vegeto ac pingui, lætoque Christi grege conventum agente, lætitia exsulto; qui nempe, non ad nos duntaxat solemnitatis lætitiam ac jucunditatem finiri intelligam, sed ad ipsum communem Dominum ejus venerationem spectare non nesciam. Solemnitatis namque splendor, quanta nobis celebrantibus gloriatio est, tantum ejus, qua Dominum prosequimur, dilectionis manifesta præbet indicia. Quando vero, ne eorum quidem quæ annuo ex more ritu peraguntur, memoriam celebrat, sed novi cujusdam recentisque in Deum honoris encænia habet, quomodo non etiam magis divini flammam amoris accenderit, magisque etiam eorum qui celebrant morum honestatem gloriamque in lucem protulerit? At, quinam tantus hic plebis concursus atque conventus? quæ panegyris? quis nos omnes pariter vocavit ac traxit? Vultis dicam ? an præstet ei propensius dicendi atque docendi partes cedamus, qui solemnitatis occasio ac causa sit; qui ejus et auctor, et sapiens architectus exsistit? Ille enim etiam merito subjectum argumentum sermonibus repræsentaverit, qui ante animo conceptis rerum formis, omni majus imitatione in terra opus condidit.

Dicas igitur nobis, o imperator Christi amantissime ac religiosissime, cunctosque superiores ipse pariter vincens, ac dignitatis consortio præclare exhilarans. Dicas, cui, ut vides, omni alacritate præsto auditores sint, qua ex causa invitaveris? Ostendas verbis, quæ prius ipsis rebus ostendisti. Num enim rursus adversus Barbaros victos, tropæa erexisti? Quibus multis continuisque liberaliter acceptis, his congregasti, ut pari gaudio fruamur, communemque ac populi universi conventu, victoriæ largitori gratiarum actionem promamus ; aut, qui hostes data fide deditiosque acceperis, sublimemque et superbum alienigenarum animum sensumque depresseris, velut qui pio religiosoque animi sensu cuncta tibi præclare gesta, in potentem Dei manum referas; aut qui imperio subjicias urbes, alias quidem, cum pridem cives alerent, melioribus ipse institutis composueris, alias etiam a fundamentis erexeris, aliasque instauraveris, ac imperii fines crebris oppidis [præsidiisque communieris; aut qui dives ipse subditos beatos efficias; doce nos, in quem orbis terrarum communem oculum toti aspiciamus; cujus tandem horum gratia invitasti? Aut siles ipse, imperante modestia, et quod tua ipse nolis narrare facinora, quibus necesse laudem contexamus : mihi vero præbes, ut tuarum ipse afflatu rerum, præsentis conventus causam omnium auribus ex oratoris munere inferam.

Alia igitur, amici, celebritas, aliudque hodierna die mysterium. Virginalis in terra templi encænia hodie peraguntur, Deique Matris, si quod aliud in mundo, dignum habitaculum consecratur. Virginale in terra templum hodie dedicatur, regalis magnificentiæ opus reipsa multis laudum canticis celebrandum. Templum in medio ipso palatio, divinum aliud venerandumque palatium excitatur; ejusmodi scilicet, ut, si cum aliis conferas, ac eorum rationem habeas, regia ipsa palatia, privatæ ædes aperte arguantur, quinimo quod sua qua pollet claritate ac venustate, illa quoque illustret ac reddat clariora, priorem illis mundum atque ornatum adaugeat. Dicas, oculos in ipsum conjiciens, non humanæ artis opus esse, sed divinam quamdam nobisque superiorem virtutem pulchritudinem illi indidisse. Templi aditus ac vestibulum, egregio

---

[1] ibid. 52. [2] Isa. XLIX, 6. [3] Psal. XLVI, 2.

ornatu ac decore compositum : candidi enim marmoris tabulæ splendidum quid gratiosumque effulgent, ejusmodi scilicet ut totum conspectum complectentes, ipsarum inter se situm, extremorumque juncturam, leni, plana, subtilique admodum commissura obtegant : adeo ut lapis unus lineis rectis velut inscriptus (res miraculo nova!) videatur, suavissimeque intuentium oculos capiant : indeque devincientes, ac in se convertentes, spectantem vetant, ne ad ea transire velit, quæ intus radiant : sed in ipso templi vestibulo, mox adiens præclaro exsuscitatus spectaculo, visisque figens oculum, velut radicibus fixus admiratione hæret. Orphæo Thraci fabulæ lyram assignant, ea pulsandi vi, ut res ipsas inanimes sonis moveat. Quod si etiam nobis in fabulas veritatem efferre, atque figmento tremendam reddere fas esset, dicat aliquis, qui sacræ ædis vestibulum adeant, in plantarum arborumque naturam, miraculo defigente transire. Sic qui semel conjecit oculos ægre avellitur, ac spectaculo tenetur.

Ubi autem quis vix inde avulsus in ipsum delubrum prospexerit, quanto qualique gaudio simul, et turbatione et admiratione impletur! Tanquam enim in ipsum cœlum nullo usquam obstante conscenderit, multiformibusque ac undequaque lucidis pulchritudinibus astrorum in morem collustratus, in stuporem totus agitur : videturque jam inde emotæ mentis ; ipsumque illi delubrum circumgyrare putatur. Quod enim spectator suis ipse, omnimodisque agitationibus ac continuis motibus circumversetur; quod ut illi omnino necessarioque accidat, miraculi undique incurrens varietas facit ; in re ipsa quam oculis usurpat, suam ipse affectionem cogitat.

Cæterum aurum argentumque pleraque sibi templi loca vindicant. Alterum, tessellati operis lapillis oblitum, alterum in tabulas laminasque deductum formatumque : atque aliud aliudque aliis partibus adhibitum. Hic columnarum capitella ornata, illic fasciæ ac subligacula aurea : alibi aurum catenis implexum, aut quod auro majus ad admirationem (sacra nimirum mensa) compositum exsistat. Loci altaris portulæ et columellæ argenteæ cum peristyliis, ipsumque coni figura divinæque mensæ impositum tectum, cum fulcientibus illi subjectis columellis cameraque. Varii coloris marmora, quæcunque vel auro non obtecta, vel non intercepta argento, artis opus stupendum, mireque oblectans, reliquis templi partibus ornatum præstant. Pavimenti conspectus, in animalium formas, aliarumque figurarum species, multiformi tessellati operis concinnatione efformatus, admirabilem quamdam artificis sapientiam exhibet ; tantam nimirum, ut vere pueros figmentorumque artifices, Phidias illos, Parasiosque, et Praxiteles, et Zeuxidas arte iis subtiliore coarguat. Democritus, puto, subtili pa-

vimenti opere conspecto, atque hinc conjecturam ducens, haud procul abesse dixisset, quin suas ob oculos versantes atomos invenisset : sic cuncta plena miraculo. Unum vero duntaxat mihi peccasse videtur delubri architectus, quod in unum eumdemque locum pulchris omnibus congestis, videntem clare spectaculo frui non sinit, aliis subinde alio trahentibus, vicissimque avellentibus, nec sinentibus quantum quis velit, ejus quod videt aspectu satiari.

Quod me vero præteriit, primumque dicendum fuit. Verum ne inter orandum quidem, templi miraculum suas orantem clare partes exsequi sinit : ac sane modo dicturus sum. In ipsa namque superiori fornice, virilis imago Christi formam præferens lapillorum vario flore depicta enitescit. Dixeris terram inspectare, ejusque ornatum ac gubernationem mente agitare : sic accurate pictor, gestu et habitu, coloribusque Creatoris erga nos providentiam curamque, numine propensius afflante, effinxit. Hemisphærii circa tholum insectis circulis, angelorum communem stipantium Dominum depicta multitudo : quæ vero ab altaris loco apsis assurgit, Virginis forma splendescit, nostri causa expansis intemeratis manibus, ac quæ salutem imperatori præstet, roburque ad bella fortiter gerenda illi conciliet. Apostolorum chorus atque martyrum; sane etiam prophetarum ac patriarcharum, egregium templo ornatum, quod pictis imaginibus impleant, afferunt : horum unus quis, tametsi silet, quibus olim locutus est, clamat : *Quam dilecta tabernacula tua, Domine virtutum! concupiscit et deficit anima mea in atria Domini* [1]. Alter vero : *Quam mirabilis est locus iste! non est hoc, nisi domus Dei* [2]. Succinit autem forte alius, qui nec ipse ex nostris, aut probatis sit, invitusque nostra deprædicat : *Quam pulchræ domus tuæ, Jacob ; tabernacula tua, Israel! Tanquam paradisi super flumina, et sicut tabernacula quæ fixit Deus, et non homo* [3].

Olim quidem Dei conspectori Mosi, Dei ipsius imperio tabernaculum excitatum est, ad hostias Deo immolandas, ac populi delicta expianda. Sed et Salomoni regi, templum deinde Hierosolymis conditum est ; opus scilicet aspectu delectabile, ac ejusmodi, ut quidquid ejus generis unquam exstiterat, pulchritudine, magnitudine, sumptuositate longe obscuraret. Enimvero quantum fortasse umbra et figura a veritate rebusque ipsis decidit, tantum illa a templo, quod nunc fidelis magnusque imperator noster exstruxit : non eo duntaxat nomine, quod istud gratiæ ac spiritus est, illa legis atque litteræ ; sed quod etiam pulchritudine ac reliqua artis concinnitate elegantiaque præ illis merito primas obtinet.

Ecquis vero brevi adeo tempore celeberrimi templi miracula tentet oratione percurrere ; cum

---

[1] Psal. LXXXIII, 2. [2] Gen. XXVIII, 17. [3] Num. XXIV, 5.

nec ipsum visum, diu multumque legendo, quanquam sensus reliquos celeriori motu longe exsuperat, hæc satis percipere posse ac comprehendere prorsus liqueat. Nihil itaque minore gaudio afficior, quanquam victa oratio est, quam si illa ad justæ modum narrationis, rem satis exsecuta esset. Non enim hoc animo constitutum, ut dicendi vim ostentarem, sed ut templum pulcherrimum esse ac venustissimum, longeque descriptionis leges vincere comprobarem.

Ad te enimvero, qui conventus auctor exsistis, sese orationis cursus verso tramite dirigat. Gaude itaque, imperator Deo gratissime ac religiosissime, et renovare vegeta, tum corpore [a] tum operibus bonis, juventute, qui celeberrimi templi tuæque sapientiæ ac manus, operum encænia agis. *Intende, prospere procede et regna; propter veritatem et mansuetudinem et justitiam* [b]. Deducit enim, ut palam videre licet; deducetque te Altissimi dextera qui creavit te, exque ipsis cunabulis in proprii sui ac peculiaris populi regem inunxit. Collætare ac pariter innovare et ipse, nempe omnium quos unquam sol aspexit, gloria Cæsarum ; quippe sapientiæ laude ac prudentiæ majoribus longe præcellens; quoque adeo divino suffragio, at non ipse imperii invidus, neque humanis studiis atque ambitu, tanti arcem imperii invadas. Collætare igitur unaque innovare cum eo, qui te socium, atque imperii consortem ad subditorum communem utilitatem, ac pro eo ac tuam in eum benevolentiam, sincerissimamque dilectionem decebat, assumpsit. Per vestram enim duorum societatem Trinitas pie culta ac adorata, suam in omnes providentiam explicans atque transmittens, sapienter subditos regit atque gubernat.

Vos quoque gaudete, Patres conscripti, gravis senectus, fidelique ac magno imperatori Augustoque venerabilis, unaque cum Cæsare, pari gaudio clarissimi templi encænia celebranti, renovamini. Gaudet vero et collætatur sanctorum doctorum ac episcoporum cœtus omnis, qui proprium decus atque gloriam templi consecrationem ducit. Gaudete vero etiam, ac una choros ducite, vos quoque reliqua ac religiosa turba, quæ cœlum aliud in terra, quod hodie dedicatur Virginis templum, conspicitis : cujus intercessionibus utinam omnes etiam beatæ illius ac immortalis gratiæ ac exsultationis compotes efficiamur; in Christo Jesu Domino nostro, cui gloria et imperium, nunc, et semper, et in sæcula. Amen.

IV.
SANCTI ATHANASII ENCOMIUM.

Photius archiepiscopus Constantinopolitanus, ad fratrem suum Tarasium, de sermonibus magni inter sanctos Athanasii Alexandriæ archiepiscopi.

... Hic et in sermonibus ubique locutione clarus est, brevis et simplex : acutus tamen et altus, et argumentationibus omnino vehemens, et in his tanta ubertas, ut admirabilis sit. Logicis autem methodis nihil tenuiter, nihil juveniliter, ut pueri et rudes, sed philosophice, sed magnifice utitur. Scripturarum testimoniis ac demonstrationibus et confirmationem communitus est, et in primis sermo ille contra gentiles et qui de humanitate Verbi Dei habitus est, quinque in Arium libri, qui revera sunt omnis hæreseos tropæum, sed Arianæ potissimum. Et si quis theologum Gregorium, et divinum Basilium diceret ex hoc libro tanquam fonte quodam haurientes, orationis suæ pulchros ac perlucidos contra errorem fundere fluvios, non erit, ut arbitror, procul a verisimilitudine. Scripta sunt autem ab eo, et in Ecclesiastem commentaria, et in Cantico canticorum, sic et in Psalterium, et in alia multa. Gratia tamen et ornatu vere excellunt sermones contra Apollinarium, et epistolæ, quotquot ejus excusationem continent.

[a] Psal. cii, 5. [b] Psal. xliv, 5.

CARMINA

I.
STICHERON IN SANCTUM METHODIUM CONSTANTINOPOLITANUM.

(Bolland. *Acta Sanctor.*, Junii t. II, p. 960.)

Ad Vesperas inter alia ponitur ex *Octoecho Sticheron* seu *Versiculus*, ad modulos tertii toni canendus, tanquam *poema Photii patriarchæ.*

Festive hodie ornatur Dei Ecclesia, et exsultans clamat : Illustrata est pulchritudo mea super omnem civitatem : ecce enim archipræsulum gemma præclara, gloriosus Methodius, iter ad cœlos tenuit. Agite ergo festi hujus amatores, cœtus orthodoxorum, chorosque simul ducite circum arcam, curationum gratiam inde exundantem suscipientes : precemur autem ut exoret Christum Deum nostrum, quatenus universum liberet ab omni hæresi.

CARMINA.

II.
ODÆ TRES (1).

Photii patriarchæ hymnus in persona Basilii imperatoris. — Ode I.

Hymnum e labiis ad te dirigo Creatorem, e cordis penetralibus tibi laudem emitto.
Sapientiæ tuæ profundum, judiciorum abyssos quis sermo prædicabit, universorum Domine !
Lingua autem quomodo dicat tuam, Altissime, potestatem ? O profundum ! o sapientia omnem sermonem superans !
Virtute incomprehensibili mirabilia operaris, nihilque tuæ divinæ resistit voluntati.
Stupeo, et terror pectus occupat, cum tuæ potentiæ opera considero.
Quærere impar est mea mens admirabilem misericordiæ magnitudinem, gratiarum tuarum divitias.
Eduxisti me, Domine, e lacu pessimo, et in medio populi tui principum collocasti me.
Deus, qui universa dominaris, Deus misericordiæ, quis sermo par erit ad te glorificandum ?
Videns et aspiciens omnem humilitatem et laborem cordis mei, pondus solvis ærumnarum.
Tanquam solus me nosti, animæ omnis Creator, e ventre matris meæ factus susceptor meus,
Inclyto lapide caput meum ornasti, ostendisti regem et principem tui populi.
Magnifico tuam, Salvator, divinam potestatem, quia fecit mihi magna qui potens est.
Minimus eram e patris mei filiis, sed, o mirabile tuum opus ! imperatorem ostendisti.
Cogitationem reipsa omnem confundit hoc mirabile, etenim inauditum est opus dexteræ tuæ.
Qui, antequam sint omnia ut præsentia conspicis, qui universa regis, exaudi meam vocem.
Rectam ingredi mandatorum tuorum viam largire, qui me antequam fierent elegisti.
Gladio tuæ virtutis me instruens, inimicos invisibiles da mihi in fugam vertere.
Sapientia, divinum Verbum Patris, quem assumpsisti ut tibi serviret, custodi a te nominatum populum tuum.
Tela populi tui acuta ostende hærentia cordi inimicorum tui imperii.
Propter quam tuum sanguinem fudisti, Salvator, sanctam Ecclesiam immotam conserva.
Qui homines amas et misereris, quam dedisti pacem divinis apostolis, populo tuo præsta.
Gratiam, quam pollicitus es Spiritus te præstiturum, emitte, o Creator omnium et Dominator.
Anima ut una, et cognitione et corde perpetuo te laudemus, divinum concede regnum.
Qui universa regis, quæ sursum et deorsum sunt, in te spem nosti omnem ut posuerim.
Tu ergo, ut omnium Creator, Deus et Rex meus, quem dedisti mihi populum dextera tua diriga

Ejusdem hymnus in persona Ecclesiæ in Basilium Christi amicum imperatorem. — Ode II.

Audiamus omnes regiam sponsam, Christi Ecclesiam, mystice exsistentem.
Consilium Altissimi in æternum manere scitote, consilia autem hominum firmitatem non habere.
Generatio laudabit tuam magnitudinem, et generatio loquetur operum tuorum virtutes.
Dedisti his qui contriti sunt brachium et potentiam, et ad solum dejecisti qui frontem extollebant.
Principium es Davidis cantici ; quis prædicabit potentias, canens Domini laudem ?
Quære musicos tibi cinyram pulsantes, dies enim festus Dominatoris agitur.
Quæ antea rupta erat turbatione filiorum, eorum nunc concordiam lætanter concelebro.
Puellæ virgines, juvenes, in domo quærite quæ canant universorum Regem.
Ecce me, ut alium cœlum splendidam, filiis ut astris decorat imperator.
Quiesce a labore, auriga diei, ortus est enim sol alius in mundum.
Lucem divinam omnibus lampadis in medio illucentem cernentes, Dei popule, gaudete.
Magnificemus simul, laudemus acclamantes : Hæc mutatio est dexteræ Excelsi.
Ita quidem, et imperatoris sancto capiti e sermonum floribus diadema contexatur.
Confundant me, o princeps, ista prudentia, opera tua, et divina consiliorum sapientia.
Non jam mihi turbatur filiorum cœtus, profunda enim pax e tua sapientia manat.
Divinum nunc thalamum simul circumaguntur, et in circuitu mensæ meæ filii disponuntur.
Romanorum magnum genus, extolle et gratulare robur et prudentiam sapientis imperatoris.
Abscondaris, nec multum de sapientia superbias, Salomon, imperatorem nostrum aspiciens.
Misericordiam et mansuetudinem videns nostri imperatoris, summa de charitate David congaudeat.

---

(1) Tres illæ odæ (Cf. Mai *Script. vet.* I, xxiii ; *Spicil. Rom.* IX, 759.) Græce exstant in codice Barberiano, itemque in ejus recenti apographo, inter aliorum auctorum bene multos multæque elegantiæ hymnos. Imo vero odas Photii novem mss. collegii Claromontani exstitisse ait Labbeus *Nov. Biblioth.* mss. p. 139. Istæ tres quas exhibemus cura nostra ex Græca in Latinam linguam translatas sub fine codicis supradicti leguntur ; quarum in priore Deum alloquitur Basilius imperator ; in altera Basilium ipsum imp. alloquitur Ecclesia ; in tertia demum imperfecta idem Basilius imp. laudatur. EDIT.

Subjicimini, alii Juda reges, non potestis soli scintillæ æquiparari.

Hostibus formidabilis fuit magnus Constantinus, sed imperatoris cerne tropæorum multitudinem.

Agrum qui conspexerit Dei plantis luxuriantem, jucundam hanc regiam, ad æmulationis certamen accedat.

Animæ vero pulchritudini quis conferre se audebit regum quos sol illustrat?

O sapientiæ effigies! pacis ornamentum, sceptrorum decus, applaude et lætare.

Ejusdem panegyricus in Basilium Christi amicum imperatorem. — Ode III.

Ex hortis rationalibus sapientiæ carpamus flores, ut sapientis imperatoris nobile coronemus caput.

Rex potentissime, salve, orbis divinum lumen, principum gloria, regum prodigium.

Genus magnum Romanorum, Christi hæreditas, tibi datum est, o rex, propter tuum divinum cor.

Itaque manibus plaudite, coronarum datorem cantate, et imperatorem coronis laudum adornate.

Tuæ sapientiæ vere ovile confovens, ad pascua illos agens vivifica dirigas.

OPERUM PARS QUARTA

HISTORICA.

PHOTII

PATRIARCHÆ CONSTANTINOPOLITANI

EPISTOLARUM LIBRI TRES

NOVO ORDINE DISPOSITI.

LIBER PRIMUS.

CONTINET EPISTOLAS AD ROMANOS PONTIFICES, AD PATRIARCHAS, AD EPISCOPOS, AD IMPERATORES ET AD PRINCIPES.

EPISTOLA PRIMA.

(JAGER, *Histoire de Photius*, 435. — Lat. Baronius ad ann. 869.)

In omnibus sanctissimo, sacratissimo, reverendissimo comministro Nicolao Papæ senioris Romæ Photius episcopus Constantinopoleos novæ Romæ.

Cum mihi pontificatus magnitudo in mentem venit, cumque cogito longe hominis vilitate ab ea quæ illi inest perfectione abesse, ac mearum virium imbecillitatem metior, subitque animum sublimitatis talis dignitatis mecum enutrita consideratio, quæ faciebat, ut eos admirarer, et obstupescerem quotquot unquam sæculi nostri, ne dicam superiorum ætatum, tremendum pontificatus jugum susceperunt, cum homines essent, carnique et sanguini devincti, periculose aggrederentur incorpo- A reorum Cherubim opera peragere: cum hæc ex animo et curiosius perscrutor, et quo in statu alios videns perturbabar, eodem me nunc captum intueor; dici non potest, quibus doloribus incessar, quoque mœrore detinéri perseverem. Quamvis enim hæc mihi cogitatio et cura fuerit, a puero simul augescens et comitans, liberum ab hujus vitæ negotiis ac tumultibus quiete, ac res meas contuentem perseverare (nam oportet me, qui ad sanctitatem vestram scribere incepi, verum dicere), regiarum dignitatum administrationes deorsum trahentes voluntatem, ad alia convertere cogebant. Verum me nunquam incessit fiducia, quæ faceret, ut mihi esset tolerabile pontificatus honorem subire. Erat enim mihi perpetuo venerabilis et tremendus, præsertim recordanti principis apostolorum Petri, qui quidem cum multa argumenta in Dominum nostrum Jesum Christum verum Deum nostrum ostendisset, ac multum undique specimen dilectionis in eum dedisset : quasi coronidem rerum præclare ab eo gestarum et peractarum pascendi ministerium dignatione Magistri suscepit. Et vero servo scio concredi talentum, eumque propter metum Dominicæ severitatis occultantem, ne unde sibi quod creditum erat, excidens diriperetur, ac propterea talentum ei qui dederat multiplicatum non reddidit, rationem ab eo reposci, eumque ignis ac gehennæ condemnationem subire.

Verum cur hæc a me scribuntur, et gliscit dolor, et molestia intenditur, et turbatio investigatur? Nam memoria rerum anxiarum malum acrius efficit, ac sublevari non sinit mœrorem. At enim hanc ob causam eorum quæ acciderunt tragœdia quasi in scena acta est, ut vestris orationibus, nescio quomodo creditum nobis gregem pulchre videntes agi et gubernari officientem nobis difficultatis nubem discutiamus, et inertiæ caliginem effugiamus. Novit enim, novit gubernatori secundo vento navis currens, ac egregie gubernaculis recta lætitiam afferre, et Ecclesiæ cœtus pietate, virtutibusque exuberans præfectum et pastorem afficere voluptate, et efficere, ut incertæ mentis, inopiæque consilii nebulam abstergat.

Nuper itaque cum is, cui ante nos sacerdotio fungi obtigerat, eo honore abiisset : nescio quomodo impulsi magna me vi aggrediuntur, et qui censebantur in clero, et episcoporum, metropolitanorum conventus, et ante hos, cumque iis pietate præstans Christumque diligens imperator, in omnes quidem benignus et æquus et humanus (quid enim? verum dicendum non est?) nec quemquam eorum qui ante ipsum imperarunt æquitate parem habens : mihi vero tum inhumanus quidem visus ac violentus, admodumque formidandus. Is enim una cum commemorato sacerdotum cœtu nihil remittebat de vi et impressione mihi facienda, sed quamobrem me dimissurus non esset, excusatione utebatur consentientis sacerdotum voluntatis et studii ; seque etiam si vellet, non posse postulatum meum perficere. Ad sacerdotes autem ac cæterum clerum (magnus enim numerus convenerat) ne obsecrationis quidem meæ verba clare perveniebant : si quibus vero ea incidebant, non recipiebant ; cum hoc unum et meditati essent, et dicere instituissent, me omnino vel nolentem hoc præfecturæ onus suscipere oportere.

Postquam vero omnes mihi viæ precum verbis faciendarum obstructæ sunt ; prosiliebant lacrymæ, ac desperationis caligo cum omnia interiora confusione implesset, et in ipsos usque oculos irrupisset, in rivum mutabatur. Nam cogitatio (desperata semel salute verbis consequenda) naturam ipsam ad supplicationem et lacrymas excitabat, his sperans auxilium et opem nancisci se posse, quamvis voluntate ac proposito suo deciderit. Nec enim sic remiserunt se, qui vim faciebant ; quoad contra voluntatem meam, illorum vero ex sententia res perfecta est. Sic in mediis de cætero tumultibus, iis judiciis, quæ scit qui novit omnia, toleranter dego, sed satis quærens tempestivum est dicere proverbium.

Quoniam vero omnium optima est fidei communio, maximaque omnium causa veræ dilectionis : ut id cum vestra sanctitate purum et insolubile vinculum faciamus ; censuimus nostram, vestramque fidem breviter tanquam in columna scribendam ; inde orationes vestras fervidius, promptiusque attrahentes, nostrumque in vos affectum explicantes.

Credo igitur in unum Deum, perfectum, et perfectionis efficientem Patrem, et Filium, et Spiritum sanctum, non dividens personarum distinctione etiam naturam (dividat enim Arii divisio), sed in identitate naturæ personarum differentiam credo. Tollatur enim pariter et Sabellii contractio. Trinitatem sanctissimam omnium opificem, omnipotentem ; ipsam sibimet simul exsistentem sine principio, ut omne temporale principium excedentem, et initio carentem, principii autem et causæ rationem in Patre implente : sic enim et super temporalem cogitationem pari honore Trinitas stabilitur ; et ejusdem substantiæ cum Patre, ex quo hic quidem sine fluxione et ineffabiliter genitus est, hic vero procedit theologice, hymnis celebrabitur. Trinitatem sanctissimam, supersubstantialem substantiam, hoc quidem, quod omnem substantiam Deo decente supergreditur ; hoc vero quod inde omnibus entibus participatio est essendi super omne bonum bonitatem, hoc quidem quod fons bonitatis, hoc vero quod bonis illinc est, quod bona sunt, hoc nobis est (ut in brevibus) theologiæ nostræ inculpabilis disciplina.

Filium vero et Verbum Dei et Patris in ultimis diebus ex semper Virgine et supergloriosa Domina nostra Deipara processisse cum carne animata anima intelligenti et rationali, id est, perfectum hominem assumpsisse veritate, non phantasia : non personaliter, neque aliquem in singulis proprio ac determinato charactere circumfinitum, sed totum hominem, quem in sua hypostasi individuum subsistere fecit, ut genus humanum salvaret. Servatas etiam in eodem et uno Christo naturas divinitatis et humanitatis, unitas quidem unione secundum hypostasim, sed non confusas substantias alterificatione ; unam quidem hypostasin, duas vero naturas ; et utrique earum propriam tribuo voluntatem. Duas enim voluntates in Christo non minutas, quia et duæ operationes : eumdem passibilem et impassibilem ; corruptibilem et incorruptibilem ; circumscriptibilem et incircumscriptibilem ; alia approprians divinitati, alia humanitati attribuens ; crucifixum voluntate pro nobis. Et qui nobis præbuit honorabilem et venerandam Crucem, destructionis mortis causam : sepultum eumdem ac in mortuis connumeratum. Qui tertia die juxta ipsius deiloquam vocem a mortuis resurrexit : quique visus est discipulis, et cum illis edendo ac bibendo, omnem ambiguitatem ac phantasiæ opinionem ab eis submovit. Deinde et ascendit una cum assumpta, sive cum animata anima intelligenti et rationali ipsius propria carne. Et iterum pariter venturus est ad judicandum vivos et mortuos. Sic enim dicit divina Scriptura : « Veniet quemadmodum vidistis eum euntem in cœlum [1]. »

Sic sentiens et confitens incommutabiliter eam fidem, quæ in catholica et apostolica Ecclesia stabilitur et prædicatur, sanctas et œcumenicas septem synodos recipio. Primam quidem, utpote quæ Arium, et eos qui cum eo sentiebant, una cum eorum abominanda creaturæ adoratione disrupit ac evertit. Secundam vero, quæ læsæ mentis Macedonium ab ecclesiastica communione exterminavit, et abscidit, qui pari atque Arius insania laborabat. In creaturis enim hic quoque sanctissimum, et omnium opificem ponens Spiritum, creaturam adorare non erubescebat. Verumenimvero et tertiam, quæ deposuit impium Nestorium, ac evertit innovatam ab eo Deo exosam superstitionem : hic enim indivise, et secundum hypostasin unitum Deo Verbo totalem hominem audacter et dementer a divina Verbi abstrahens hypostasi, in propria eum hypostasi esse, monstrose dicebat et imaginabatur. Ac idcirco nudum hominem eum qui carne apparuerat, Filium et Verbum Dei somnians, consequenter hic infelix appellare sanctissimam Dei Genitricem Deiparam proprie abnegavit. Quartam autem, ut quæ Eutychen, dystichen, id est, infelicem ac scelestum Dioscorum elisit, atque anathematizavit una cum eorum imaginativa dementia, eorumque omni caterva. Domini enim carnem non esse nobis consubstantialem, delire asserebant, sed ex duabus quidem naturis unionem factam esse, in unam vero naturam post unitionem consumptam fuisse neutrius conservantem proprietates, nec divinæ, nec vero humanæ. Quintam etiam, quæ excidit ac penitus exstinxit ea quæ in perniciem auctorum suorum suscitabantur, scelerata dogmata, et partus impii Nestorii, qui regiæ urbis sine Deo pontifex fuerat, et Theodori, qui Mopsuestiæ, magis etiam sine Deo, episcopatum gesserat; tum eos, tum omnes, qui eadem qua illi vana sententia ægrotabant; quin etiam et quæ dilaceravit et demessuit Origenem, Didymum, Evagrium, qui ratione cum gentilibus congruente ac insipiente sententia in ultimum profundum Deo adversariæ persuasionis inciderunt. Cum enim gradus et inferiores sedes Deitatis confinxissent, et animarum præexistentias, ac effluxus et decidentias respectionis earum ad Deum in seipsis constituentes, easque in diversa et multiformia corpora transvasantes, et transmutantes; et finem suppliciorum, ac dæmonum restitutionem, e ventre (sicut dicitur) eructantes, libero et aperto, nullis claustris, ore fabulati sunt, et commenta sua consuerunt. Sed et sextam, ut quæ abjecit ac demolita est Honorium (1) et Sergium, et Macarium, monstruosi homines sermonis ac dementes, unaque cum ipsis eos qui eamdem impietatem ad se duxerunt et expresserunt, cumque alienis eorum et absurdis commentis : unam enim voluntatem, et unam operationem Christo Deo nostro, qui ex duabus inconversis naturis est, mali miseri ascribebant. Præterea et eam, quæ Nicææ iterum facta est, sacram et magnam synodum, quæ iconomachos, id est, imaginum oppugnatores, ac propterea Christomachos, id est, Christum oppugnantes, et sanctorum obtrectatores, ut purgamenta eliminavit ac dejecit. Cum iis autem et detestandam æque Manichaicam eorum hæresim : Domini enim nostri Jesu Christi consubstantiale nobis sanctum corpus pingere in imagine abominabantur : pingi non posse, et incircumscriptum esse debacchando asseverantes, ac ideo nobis consubstantiale non esse, insano more concludentes. Has igitur sanctas et œcumenicas synodos recipio, anathematizans quos anathematizaverunt, et amplectens et magnificans quos laudibus celebrarunt.

Hæc est fidei meæ, et eorum quæ ad ipsam pertinent, et circa eam subsistunt, confessio, et in ea spes; nec mihi vero soli, sed et omnibus quibus meditatum est pie vivere, quibusque divinus amor innatus est, puram et sinceram Christianorum sententiam retinendi. Hanc igitur in scriptis fidei confessionem statuentes, et vestræ sacratissimæ sanctitati res nostras ut in tabula exprimentes, et sermone commemorantes ; quod sæpe petivimus, indigemus orationibus vestris, ut Deum propitium ac benignum in his quæ gerimus, inveniamus : omnem vero scandalorum radicem, et petram offensionis ex ecclesiastico ordine sublatam intueamur, ac bene pasci subditos, nec multitudine nostrorum delictorum, illorum in bono profectum ita retardari, ut inde nobis multiplex peccatum ascribatur; sed ego quidem ipsis faciam et dicam in doctrina quæ oportet; ii vero obedienter et tractabiliter ad suum ipsorum salutem ducantur, et Christo omnium capiti inhærenter coagmententur, ejus humanitate et benignitate, cui gloria et imperium cum Patre, et sancto Spiritu, vitæ principi et consubstantiali Trinitati, nunc et semper, et in sæcula sæculorum. Amen.

EPISTOLA II.

JAGER, l. c. p. 439. — Baronius ad ann. 861.

In omnibus sanctissimo, sacratissimo fratri et comministro Nicolao Papæ senioris Romæ, Photius episcopus Constantinopoleos novæ Romæ.

Charitate vere nihil venerabilius esse, nec pretiosius, et communibus sententiis confessum est, et sacris Eloquiis testatum. Per eam enim

---

[1] Act. 1, 11.

(1) Falso accusans Honorium, nec sine dolo potuit prætermisisse Pyrrhum et Paulum Constantinopolitanos patriarchas hæresis auctores et propugnatores. De Honorio vide tom. VIII Annal.

separata conjunguntur, et pacificantur pugnantia, et juncta, domesticaque magis consociantur, seditionibus, contentionibusque aditum non præbentia. Ipsa enim non cogitat malum, sed omnia suffert, omnia sperat, omnia sustinet, nec unquam (juxta bonum Paulum[1]) excidit. Ipsa et famulos qui offenderunt, dominis reconciliat, naturæ eumdem honorem ad defensionem lapsus opponens. Ipsa et dominorum sævientem furorem leniter ferre ministros edocet, fortunæ imparilitatem consolans ex eorum qui eadem patiuntur similitudine. Et patrum in filios iracundiam mitigat atque exhilarat; et mussitationem filiorum in parentes, sine dolore accipere hortatur, naturalem habitum et affectum mutuum armans contra eam disjunctionem quæ a natura abhorret: et amicis rixam incidentem facile repellit, ut communes sales æque ac naturam revereantur adhortans : et eos qui in eadem de Deo, rebusque divinis sententia sunt, quamvis sint locorum intervallo disjuncti, et oculis inter se nunquam viderint, conjungit et sententiis conglutinat, et veros facit amicos; ac si forte alteruter ad incusationes inconsiderantius venerit, casui illi medetur, omniaque redintegrat, firmum conjunctionis vinculum conservans.

Hæc et nostræ mediocritati persuasit, non graviter objurgationes ferre, quæ a vestra paterna sanctitate jaculorum instar emissæ sunt; ac fecit, ut arbitrarer, perturbati animi hos fetus non esse, nec mentis offensionum et inimicitiarum cupidæ verba; sed potius affectus veri ac nihil fingentis, et ecclesiasticum ordinem subtiliter examinantis, atque ad summum accurata diligentia ducere nitentis. Nam si propter summam benignitatem non concedit malum ut malum cogitare: quomodo sinet, malum esse, pronuntiare? ea enim ratio benignitatem esse novit, quæ eousque progreditur, ut eos etiam qui dolorem dant beneficio afficiat. Quoniam vero nihil prohibet, quominus et fratres cum fratribus, et cum patribus filii in vero dicendo libertatem obtineant (nihil enim amicius veritate), licet et nobis libero sermone uti ac scribere non contradicendi studio, sed defendendi voluntate. Oportuisse nempe vestram in virtute perfectionem, ante alia omnia considerantem invitos nos ad hoc jugum tractos esse, non increpare, sed misereri; nec despicere, sed condolere. Misericordia enim et humanitas iis quibus affertur vis, debetur, non objurgatio aut contemptus. Vim enim subiimus; quantam autem, Deus cui omnia etiam occulta aperta sunt, ipse simul scit: inviti detenti sumus; in custodia æque ac sontes habiti, custodiis observabamur; suffragium de nobis, nobis renuentibus, latum: creati sumus flentes, querentes, ipsi nosmetipsos ferientes, et afflictantes. Sciunt hæc omnes: non enim in angulo facta sunt; at impressionis et, ut ita dicam, obtrectationis magnitudo historiam ad omnes pertulit.

[1] I Cor. XIII, 7, 8.

Quid igitur oportet in eos, qui multa gravia et acerba passi sunt, invehi, objurgare, conviciis appetere potius quam misereri, et pro viribus consolari? Decidi e vita pacem habente; decidi a tranquillitate dulci et placida; decidi de gloria (si tamen quibusdam mundanæ gloriæ amor est); excidi e chara quiete, e pura illa et jucundissima cum iis qui mihi proximi erant, consuetudine, et conversatione doloris experte et doli et reprehensionis. Nemo erat qui me incusaret, nec alium quemquam ego accusavi vel advenarum vel indigenarum, nec vero hominum minus familiarium, nedum amicorum. Non ego sic unquam dedi alicui dolorem, ut contumeliam in nos exspueret: nisi forte velit quis suscepta pro pietate pericula intueri: nec quisquam in me ita peccavit, ut usque ad contumeliam in ipsum lingua laberetur. Adeo erant omnes erga nos benigni: nostra vero ratio, quæ fuerit, illi, quamvis taceam, clamant. Me amici magis diligebant quam consanguineos suos: at vero cognatis meis existimabar et cognatorum charissimus et cognatus omnium amantissimus.

Fama vero studii erga me proximorum meorum, ignotos quoque ad divinum amorem trahebat, et ad amicitiæ vinculum: nec eos fortasse laudum de me habitarum unquam pœnitebit. At hæc quomodo sine lacrymis commemorari possunt? Nam domi manentem grata voluptatum complectebatur oblectatio, cum discentium laborem intuerer, studium interrogantium, alloquentium exercitationem; quibus rebus informatur sententia, ne facillime possit decipi: eorum præterea, quorum mens scholis mathematicis exacuebatur, vel qui logicis methodis verum investigabant, vel quorum sensus divinis Eloquiis ad pietatem dirigebatur: qui aliorum omnium laborum est fructus: talis enim chorus, domus meæ chorus erat.

Ad regiam rursus aulam sæpe adeunti præsto erant prosequentium vota, hortatio ne morarer: nam præterea qui satisfacere animo meo omnes vellent, hic honor mihi habebatur eximius, ut voluntatem haberem, modum in Regia commorandi. Redeunti rursus ante portas stans chorus ille sapiens occurrebat: quibus propter virtutis præstantiam major quam cæteris fiducia concessa erat; alii contenti erant salutem dixisse; alii ostendisse tantum exspectationem suam. Atque hoc in orbem fiebat, nec occultis consiliis prohibitum, nec invidia intermissum.

Ecquisnam tali vita submotus libens mutationem, ac sine lamentis ferat? His omnibus excidi, super his ingemiscebam. Hæc cum abstraherentur, fontes lacrymarum profluebant, ac doloris caligo circumfundebatur. Sciebam enim cum nondum essem expertus, multiplicem hujus sedis turbationem et sollicitudinem; sciebam fastidium et contumaciam promiscuæ turbæ, lites inter ipsos, invidiam, seditiones, mutuos impetus, contumeliam in præfectos, et mussitationem si quando quibus egent, qui petunt, non adipiscuntur, et quando ad horum voluntatem illi se non conformant, nec accommodant: despicientiam rursus et contemptum cum ad postulatum adduxerint, et detraxerint ad voluntatem suam; non enim in voluntaria gratia, sed in violento jussu deputant optati sui eventum. Ac vulgus potestatem nactum imperii in eum qui rerum potitur, tum sibi, tum rectori perniciem creat. Navis etenim facile mergetur, cum nautæ gubernatore depulso, simul omnes gubernant. Et exercitus funditus interibit, cum eorum quisque nulli duci obtemperans, sibi adversus alterum officium ducis arrogat. Cur autem quis singula prosequatur? Nam sæpe necesse est præfectum colorem oris sui in tristitiam mutare, cum non ita afficiatur animus: ac rursus interdum, animo dolente lætum præbere os: et irasci nonnunquam cum iratus non sit: et subridere dum angitur: talis enim scena eorum est, qui multitudinis præfecturam suscipere adjudicati sunt. Antea vero qualis est? amicus amicis non gravis: qualis affectio est, talis species.

Nunc autem est, ubi acerbe necesse est increpare amicos, et propter mandatum cognatos spernere; et peccantibus apparere gravem. Invidia undique, licentia diuturnitate temporis confirmata. Quid me oportet cætera commemorare? qualia perpetior insectans Simonem? Quales quotidie tentationes sustineo, mundanam licentiam sermonis a sacro conventu prohibens, et contemptum potiorum rerum, et deligentiam vanarum? Hæc providebam, et animus mordebatur: nec vero meæ est opis, hæc convellere. Fugiebam suffragium, deprecabar creationem, præfecturam ingemiscebam; verum declinari non potuit quod erat præfinitum.

Sed cur hæc scribo et scripsi prius? ac si quidem credita sunt, nunc injuriam accipio, a misericordia desertus. Sin iis non est creditum, rursum afficior injuria, qui vera scribam nec fidem faciam: sic undique miser sum. A quibus sperabam doloris nacturum me sublevationem, inde increpor: a quibus exhortationem et consolationem, inde ad dolorem dolor adjungitur. Te non oportebat, inquiunt, affici injuria, hoc dicito iis qui intulerunt. Non oportuit tibi afferri vim. Egregia sane lex, sed qui objurgandi? nonne qui vim fecerunt? Misericordia quinam digni? Nonne ii qui vim subierunt? At si quis eos sinit, a quibus est illata vis; increpat autem cum qui vim passus est: sperabam tuæ justitiæ posse me in eum judicium implorare. At canones, inquis, violati sunt, quod ad pontificatus fastiginm e laicorum ordine ascendisti. Sed quis violavit? Is qui vim irrogavit, an qui per vim et invitus attractus est? Sed resistere oportuit. Quousque? restiti enim, et plus quam oportuit. Quod si sic non providissem infestorum ventorum procellas sæviores fore, restitissem etiam usque ad ipsam mortem. Quales autem canones hi, quorum asseritur prævaricatio? quos ad hunc usque diem Constantinopolitanorum Ecclesia non accepit. Illorum dicitur transgressio, quorum tradita est custodia: quæ vero tradita non sunt, ea non custodita, transgressionis non inferunt crimen.

Satis erant quæ jam exposui, ac multo etiam plura quam conveniebat. Nec enim ad hæc adductus sum ut me justa defensione commendarem. Quomodo enim aliter esse posset, cum optabile mihi esset omnimodis hac procella liberari, et hoc levari onere? Sic ergo sedis appetens sum, sic vehementer eam retineo. Non enim a principio quidem oneri thronus fuit, progressu vero temporis expetitus est: sed quemadmodum ingressus sum invitus, sic invitus sedeo. Quod autem initio mihi vis facta sit, cum ex aliis, tum ex hoc demonstratur, quod a principio usque adhuc velim cedere hac sede. At si mihi grata scribenda erunt; non oportuit benigna, cæteroqui et laudabilia scribi: Accepimus, lætamur, et gratias agimus sapientissimo Deo, qui Ecclesiam gubernat. Hoc vero ex laicorum ordine, laudabile non est: idcirco ambigui adhuc sumus, et perfectum assensum in apocrisiariorum nostrorum reditum distulimus. Verum scribi debuit, Omnino non assentimur, non probamus, non accipimus, nec vero unquam accipiemus; qui accurrit, qui præsulatum nundinatus est, qui non est justis suffragiis factus: in omnibus improbum. Abi hac sede, et de pastoris munere. Qui ita scripsisset, mihi scripsisset jucunda, quamvis falsa pleraque. An vero oportebat, qui in ingressu affectus erat injuria, in egressu itidem injuriam accipere? et qui aliena protervia invitus ad hæc inciderat, magis etiam præcise ac proterve expelli? Qui sic affectus est, quique hæc cogitat, non valde curat, nec laborat de calumniis propulsandis, quarum hæc potestas sola est, ut ei thronus adimatur. Satis ergo, ut dixi, hæc fuerant.

At quoniam propter nos nobiscum qui ante nos fuere, sancti ac beati Patres periclitantur in calumniam et crimen venire, ut Nicephorus et Tarasius (nam hi quoque ex ordine laico ad pontificatus fastigium pervenerunt, qui memoriæ nostræ clarissima lumina, pietatisque egregii præcones, veritatem et vita et verbis confirmarunt): existimavi quæ restant, orationi oportere adjungi; dum ostendo beatos illos viros crimen omne vincere, et calumniam omnem superare. Quod si ne alii quidem hos in crimen vocare possunt, quod autem e laicis ad pontificatum ascenderint, in offensione et scandalo ponunt; reprehendunt sane quos nec reprehendunt: nam hi quoque laici sunt producti, quos rursum in honore habent et admiratione, eorum non fugiunt vituperationem. At hi, Tarasius et Nicephorus, in sæculi vita astrorum instar collucentes, in sacerdotum ordinem allecti contra regulam et formam ecclesiasticam Ecclesiæ præfuerunt. Absit a me, ut hanc emittam vocem, aut alium hæc dicentem audiam! Hi enim regularum accurati fuere custodes, propugnatores pietatis, impietatis accusatores, orbis terræ lumina, ex divinis eloquiis verbum obtinentes vitæ. Quod vero regulas quas non norunt non servarunt, nemo eos jure reprehendere potest. Sed quod eorum quæ accepere, custodes fuerunt, idcirco a Deo glorificati sunt. Nam ea quæ tradita sunt, conservare, stabilis est mentis, ac novitatis studium repudiantis. At de iis quæ non acceperis, legem, usu non hortante, ferre, aut custodiam inducere, præproperum studium est animi res novas molientis, atque errabundi. Propria enim quisque mensura ac regula continetur et dirigitur. Multi canones aliis traditi sunt, aliis ne noti quidem sunt. Qui accipit et violat, dignus qui in judicium inducatur: qui vero non novit, nec recipit, quomodo obnoxius est? Multæ quoque leges ab iis quibus impositæ erant, custoditæ sunt, ac demonstrarunt Dei famulos eos esse qui custodierunt: qui vero non acceperunt, ideoque animum ad ea non adverterunt, nihilominus Deo amabiles esse cogniti sunt.

Atque in manibus sunt exempla. Abraham circumcisus, incircumcisus Melchisedech, qui ad similitudinem Filii Dei, et principium ortus sui et finem habuit incognitum. Enimvero Abrahæ custodiam circumcisionis probans Deus; nusquam apparet ipsi Melchisedech transgressionis inferens exprobrationem. Nec vero quisquam hunc legis violatæ unquam accusabit, aut illum, quod facinus circumcisionis ausus sit. Qui eos insimulare velit, redarguetur. Atque prognatis ex Abraham, qui eam legem in sinum acceperat suum, mortis pœna proposita erat, si quis transgressus esset, quæ non ab hominibus modo inferebatur, sed etiam vehementi ipsorum angelorum interminatione. Et cum in eo Abraham et Melchisedech dissiderent, gratam in communem Dominum mentem ac pietatem et consimilem inter se cultum servabant. Ex quibus neutri ab altero vituperatio impingebatur; sed in potissimis rebus constantissima inter eos, et in rerum novarum studio aliena societas non sinebat cæterarum rerum discrimen curiosius intueri. Nam revera communia omnibus sunt, quæ omnes custodire necesse est, et ante alia quæ de fide habemus, ubi vel paulum declinare, est mortifero se piaculo obstringere. Quædam proprie alios consequuntur, quorum prætermissio eis multam affert quibus illa tenenda data sunt: qui vero non acceperunt, hi propterea quod non observaverunt, minime condemnantur. Et quæ œcumenicis et communibus præcepta sunt suffragiis, convenit ab omnibus custodiri: quæ vero Patrum aliquis exposuit, auctoralis definivit synodus, eorum qui servant, non efficit superstitiosam mentem: qui autem non acceperunt, ea præterire sine periculo possunt. Sic tonderi aliis patrium est, aliis synodica etiam definitione abjiciendum.

Bonis enim verbis hæc dici oportebat, ut et nos diximus. Quod si eum canonem, qui in (1) Sida, proposuissemus, graves atque importuni fuissemus. Ita præter unum, alia Sabbata observare, nobis reprehensione non caret, aliis vero plura uno jejunantur, ac traditio putat se effugere vituperationem, quæ consuetudine canonem pervicit, eoque potior fuit. Legitimis nuptiis presbyter Romæ uxori conjunctus non invenitur: nos vero eos qui unico conjugio vitæ suæ moderati sunt, edocti sumus in presbyteri gradum efferre, eosque qui hoc in discrimine ponunt, ac se secernunt, ne ab his Domini corporis participationem capiant, undique excludimus, eodem loco ducentes eos qui legem aut fornicationis sanciunt, aut nuptiarum tollunt. Item si quis apud nos presbyterii consecrationem præteriens, episcopi honore diaconum effecerit, utpote qui maxime deliquerit, condemnatur: quibusdam vero pari ducitur loco, e presbytero provehere episcopum, et e diacono, medium transilientibus ordinem, ad episcopi abripere dignitatem. Et quidem inter hæc quantum interest? Aliæ enim in unoquoque ordine et gradu orationes, aliæ cæremoniæ, alia item ministeria, aliæ et observationes temporum et morum probationes. Verum quod quis in legis loco non accepit, ejus non observati defensionem hanc objiciens, quod non receperit: ab eo ratio nulla poscetur. Sin quis apud nos convinceretur hoc fecisse, nemo ei ullam veniæ guttam instillaverit: minorum enim legum inulta violatio, tritiores homines ad majorum contemptum facit. Aliis semel factis monachis esus carnium non exsecrantibus, sed se exercentibus usque interdicitur: ab aliis vero non diu hoc observatur. Ego et hominum audivi sermonem veritatem magno in honore habentium, cum nempe occasione ejus qui Alexandrinorum Ecclesiæ præsul futurus erat, hanc rationem subire cogi; quod ex aliquo iis in locis casu constitutum est: se nunquam ab esu carnium abstinere. At apud nos monachi habitum nemo unquam in clerici commutarit: nonnulli autem, cum voluerint monachum ad episcopi fastigium attollere, eum orbiculariter tondentes, priorem habitum immutant. Ita, ubi nulla est prævaricatio fidei, nec communis et catholici decreti eversio; cum aliis apud alios mores et leges custodiantur; nec custodes injuste agere, nec eos qui non acceperunt, contra legem facere, is qui recte judicare norit, definiat.

---

(1) Videtur obscure orare, ut misericordi indulgentia et dispensatione sedis apostolicæ episcopi nomen obtineat et dignitatem, cum suspicaretur Ignatium restitutum iri (sic concilium Ephesinum de Eustachio ad sacram quæ est in Pamphylia synodum Sidæ collectam: Sidæ quidem Pamphyliæ est Metropolis), vel (quod non minus verisimile est) ex eo orat, ne restitueretur Ignatius, sed tantum sit contentus nomine episcopi frui dum viveret. Sic astutus homo, quod maxime velit, haud admodum se curare demonstrat.

Et vero quod a nobis in crimine ponitur, si cum nonnullis quæ admemorata sunt, conferatur, recti et veri existimationem habebit : et alia quidem nefariorum et exsecrabilium loco ducuntur, hoc vero laudi est, et putatur esse pulcherrimum, hoc usque adhuc et factum esse, et fieri, libera voce et sententia, et vultu prædicatur. Quomodo enim non summis laudibus quis efferatur, quod nondum sacerdotum ordinem assecutus, ita vitam suam immoderatus est, ut et aliis, quibus sacerdotium obtigit, et ab omni reliquo cœtu ad pontificatum aliis præferatur ? Quædam vero ne ab iis quidem qui delinquunt (quod quidem sciam) quod fiunt, laudantur ob summam fortasse absurditatem, aut nescio quid dicam, iis qui fecerunt, inficiationem veritati anteponentibus. Quis enim sabbatizare, qui in Christianis censeatur, etiamsi millies his succumbat, non ejuret? Quis se conjugium exsecrari legitimum, nisi quis impiorum ac sine Deo hominum sententiam opifici proponat, et ei hypostasi, quæ inde per bonitatem exstitit ? Quis autem Dominicorum et paternorum, et synodalium decretorum (ne sigillatim dicam) non revereatur confiteri, se moliri contemptum ? Ex laicis sane eum qui sacrum vitæ genus susceperit, ad pontificatum promoveri, valde consequens esse divinis Patribus, non verbis pronuntiatum, sed re ipsa gestum, magnæ utilitatis sponsæ Christi Ecclesiæ causa, in pluribus demonstratum est.

Ad hæc, aspice, si vis, et ministeriorum varietates quæ in orationibus, quæ in invocationibus, in ordine et consequentia, in temporis diuturnitate et brevitate, in multitudine et paucitate. Et quidem in iis (o miraculum) communis panis in corpus Christi mutatur, et commune vinum sanguis ejus fit, qui eum in redemptionem nobis de proprio latere cum aqua effudit ; et horum discrimen ac varietas uniformem, Deificamque Spiritus gratiam multipliciter, et invariabiliter suscipi ab iis propter quæ hæc geruntur, non prohibuit. Quin etiam testes apud nos et regulis nostris ad tres numeramus : qui si cæteroqui vitio careant, satis sunt ad fidem veritati faciendam, quamvis in episcopi crimen asciscantur : apud alios vero nisi testium numerus superet septuaginta quasi populum, qui accusatur, quantumvis in re ipsa fuerit deprehensus, omni crimine liber absolvitur. Satis quæ dicta sunt esse duco hominibus æquis, quique non malint, quam intelligere, redargui. Quid autem figura capillorum, ac temporis prorogatio ad sacerdotium suscipiendum potest ? Mores enim hominem ante sacerdotii figuram dignum ostendunt, tametsi nondum quis ei manum imponat, nondum didicit preces. Multi vero, quos mores fugiunt, habitu venerandi, in habitu consistunt ; etenim capillorum resecatio signum est conversationis a mortuis operibus puræ. Et qui ita est, quamvis signi tuba nondum insonet, vitam ejus prædicans puram, hic in nihilo mihi eo inferior virtute est, qui signum gerit.

Atque hæc dicimus non nos ipsos commendantes. Absit ! æque enim nos a moribus atque ab habitu abfuimus, tantumque abest, ut hæc de meipso dicam, ut verius, si qui nos velint risu ac dicteriis incessere, possint magis ex moribus sacerdotio dignis, quam ex figura in nos insurgere. Non igitur pro nobis hæc, sed pro iis quos ante diximus, scribuntur. Patribus enim male audientibus pro iis non decertare metuo : nam tacere cum defendendi potestas sit, et comœdiis incessere non multum distat : a parricidii vero crimine ipsa quoque natura abhorret. Non igitur Tarasius aut Nicephorus in crimen adducendi, qui vitam throno etiam ante habitum præbuerant dignam. Neque Ambrosius male audiat, quinimo Latinis (sat scio) incutiet pudorem ; nisi forte alius exoriretur Ambrosius, Latinitatis decus, quique Latino sermone multa, eaque utilissima scripsit. Nec vero Nectarius in reprehensionem incidet, cui synodus universalis confirmavit episcopi dignitatem ; cuique si quis obtrectare conatur, non eum, sed synodum potius in jus vocat. Et quidem eorum uterque non e laico solum ad episcopatus progressus est consummationem, sed cum nondum essent initiati, simul et baptismatis munus ac pontificalem gratiam meruerunt. Quod si horum neutrum quisquam ad reddendam rationem accersere audet, etiam valde confidens, non Tarasium quidem nostrum proavunculum, nec Nicephorum illius et generis et sedis et morum dignum successorem. Prætermitto in præsens et Theologi parentem Gregorium, et Cæsareæ Thalassium, et pontificum vitam reliquorum, qui consimili ordine et ritu suscepto præsulatu Ecclesiarum, omni vituperatione et calumnia caruerunt.

Atque hæc pro quibus dici conveniebat, dicta sint. De nobis autem unum dictum est, ac dicetur. Inviti huc adducti sumus : usque adhuc retinemur, et sedemus. Demonstrantes autem nos obtemperare paternæ vestræ charitati, aperteque ostendentes, non contentionis causa hæc dicta esse, sed beatorum nostrorum Patrum purgationis : assensi sumus ut synodice (1) promulgaretur, ne posthac ad episcopatus sublimitatem confestim extollerentur, qui e laicis vel monachis crearentur, nisi per sacros deinceps gradus procederent. Nam ubi offensionis morbus Patribus exoritur, nisi forte medicina lædat (quandoquidem nonnullos vitio suo offendi sumus edocti, cum sponte propter invidiam cæcutiunt) parati sumus occasionem tollere offensionis et scandali, facillimamque præbere, sublato eo quod turbabat, ægritudinis curam. Quamobrem de rebus præteritis consilium accipere, et postulare ut ea quæ apud vos est, regula teneat, Patribus erat contumeliam admetiri, et ab iis qui nihil deliquissent, pœnas expetere. In posterum vero id concedere, et

---

(1) Can. 17, repetitus in octava synodo Photiana sub Joan. pap. octavo habita.

permittere multorum judicio nec Patribus contumeliam affert, nec cuiquam pœnam injustam, ac ne damnum quidem irrogat. Quæ enim constituta sunt, custodire oportet ; et patribus filios jus fasque est obedire.

Idcirco alterum quidem non accepimus, sed repulimus, et aliis ut repellerent, suasimus, atque suadebimus ; alterum vero et ascivimus, et synodaliter egimus. Atque utinam pridem Constantinopolitana Ecclesia regulam hanc servasset ! Sic enim fortasse intolerabilis violentiæ, et influentium in me opprimentiumque incommodorum turbam effugissem. Verum aliis quidem ob salutem et curarum liberationem regula ea scripta est : mihi vero crebri laborum, ægritudinumque influxus quæ liberatio, quæve ratio et via inveniri poterit ? Quod instabiles stabilire oporteat, ignaros edocere, ineruditos erudire, et ratione ac sermone eos aggredi, qui ægre convertuntur, et flagris protervos reprimere, ignavos excitare, avaris persuadere pecuniarum despicientiam, atque pauperum amorem ; refrenare ambitiosos, itaque assuefacere, ut honorem expetant qui honorabiliorem, divinioremque animam efficiat ; superbos deorsum trahere, eosque ad modestiam hortari, et ad modice de se sentiendum ; impuros ac libidinosos et fornicarios comprimere, et ad temperantiam conformare ; prohibere injurias, hominesque ad juste agendum adducere ; lenire et mansuefacere iracundos, pusillanimes consolari ; ac ne cætera sigillatim enumerem, consuetis passionibus et improbitate et nequitia quæ tum animas in servitutem redigunt, tum corpora sordidant, studere vel invitos eos liberare qui iis tenentur, eosque Christo veros famulos offerre. Et qua ratione quisquam cui tot tantarumque rerum cura sit imposita, non ademptionem magis quam administrationem hujus principatus requirat ?

In circuitu rursus impii : alii imaginem Christi conspuentes et ipsi Christo in ea obtrectantes ; alii naturas in eo confundentes, aut abnegantes, et alii novæ naturæ inductione priores exterminantes, et quartam synodum innumerabilibus maledictis incessantes, adversum quos nobis bellum excitatum et multo tempore gestum, multos in obedientiam Christi captivavit. Ecquis mihi det, ut omnes captivos videam ? Vulpes rursus ex latibulis suis prodeunt, eosque qui multis simpliciores sunt et prave faciles, per fraudem ut pullos devorant. Schismaticas dico vulpes, quarum abscondita est malitia, multo iis infestior, qui aperte insidiantur. Nam ingredientes in domos, juxta divinum Apostolum [a], decipiunt mulierculas oneratas peccatis, quæstum sibi esse ducentes ingluviei et vanæ gloriæ, et cæteræ omnis voluptatis atque impuræ libidinis, artificiosam in sanctam Ecclesiam insurrectionem.

Solent enim, ut plurimum, vulgi mores propter infirmitatem et instabilitatem mentis, novitatibus, novisque factionibus magis studere, quam bonis institutis niti. Quorum omnium quamvis audaciæ et contumeliæ flamma exstincta sit, (1) synodico decreto paternæ vestræ religionis, sententia in eos sua per venerabiles vicarios suos opitulantis : attamen fumus eos adhuc mordet et angit, qui gregi accommodate præesse volunt, ac exiguum eorum, qui pascuntur, peccatum, magnum suum damnum esse ducunt. Ac fortasse his canonibus constitutis, quibus integra Romanorum Ecclesia conservata est, insanis schismatibus non divisa, dissipabitur fumus et caligo discutietur, ac nobis mœroris præbebitur consolatio. Non enim tantum canon præfatus juxta exhortationem vestram custodiri jussus est; sed et alii, vestris vicariis assentientibus, sunt traditi : quorum vis et robur, et multam Ecclesiæ pacem afferet, et debitum honorem gloriamque iis dabit, qui dudum quidem acceperunt, nunc vero impertiverunt. Nec ulla regularum a beatissima in Deo paternitate vestra definitarum quin sanciretur prætermissa esset, nisi quædam imperatoria refragatio plusquam voluntas nostra pollens, de reliquis non sanciendis intercessisset. Idcirco una cum venerabilibus vicariis in rem esse arbitrati, non, dum omnes canones expetuntur, summam rei amittere, complures obtinendo, reliquorum damnum in præsens subiimus. Optimum enim est quidem eorum quæ quis expetat, nullo excidere : at desperantis est, nec satis sanæ mentis, cum plura dantur de iis quæ non dantur, nimis esse curiosum, ac de his contendentem, omnibus seipsum privare. Ideoque eos, de quibus sententiæ consonæ dictæ sunt, synodaliter exposuimus, unaque in litteris cum iis quæ a nobis prius exposita fuerant, subjecimus.

De iis vero, qui ordinationes ex se, et arbitrio suo pridem accipiunt, nobiscum communicarunt sanctitatis vestræ vicarii ; oportere eos reverti, et ad propriam recurrere eam, quæ prius fuit, matrem. Verum si quod volebamus in nostra fuisset potestate situm, nec negotium cum imperio divisum fuisset, dicenda causa non esset, sed ipsa res, quæ causæ dictione ac omni defensione est potior, esset exhibita. Quoniam vero ecclesiastici et maxime jura quæ de regionibus sunt et finibus, solent cum reipublicæ potestate ac administratione mutari ; vestræ religionis æquitas, nostram ad concedendum assensionem probans, id non obtinuisse, reipublicæ administrationis, non nostrum putet esse crimen. Ego enim non modo, quæ pridem in aliorum ditione erant, cum jure et amica parte studeo reddere ; sed etiamsi quorumdam ex iis quæ antea huic sedi dicata erant aliquis viribus pollens procurationem deposceret, paratus eram petenti potius cedere, quam plura retinere. Nam qui mihi aliquid eorum quæ non habeam addit, is plus imponit

---

[a] II Tim. III, 6.

(1) Can. 151 oct. synod. sub Phot.

oneris ; curam enim et sollicitudinem a me postulat : qui vero eorum quæ mihi erant, aliquid in se transfert, gratiam a me init ; levius enim mihi præfecturæ pondus facit. Quod si, qui mea cum charitate accepit, ei gratiam habeo, et qui propria quærit, quomodo non dabit quis lætus si modo nemo impediat? tanto præsertim Patri, quique hoc per tales, et per Deo amabiles optimosque viros postulavit. Hi enim revera vestræ paternæ perfectionis vicarii prudentia et virtute et multa rerum experientia fulgent, nec propria conversatione minus quam Christi discipuli eum qui misit honorant. Quibus complura eorum quæ dici ac scribi debuerant, exposuimus, cum persuasum nobis esset, et dicere eos posse quam vera essent, ac multo magis quam alios dignos esse quibus fides haberetur.

Ac volueram quidem nihil de nobis scribere, cum præsertim paterna vestra religiositas non per litteras, sed per proprios vicarios se certiorem fieri oportere decrevisset. At ne principio, nihil velle scribere, negligentia existimaretur, ideo per excursum res nostras exposuimus ; cum multa sint, ac multum otium requirentia, quæ prætermissa sunt. Cum autem Dei cultores vicarii complura ipsi viderint atque audierint, possunt aperte docere, si prudentia vestra, magno prædita ingenio, velit percontari.

(1) Quod autem dici oportet, ac pene me effugit, hoc cum addidero, finem faciam. Canonum custodia a quovis bono debetur, magis vero ab iis qui divinæ Providentiæ dignatione alios regunt, omnium sane maxime quibus in horum numero primatus obtigit : quanto enim aliis præstant, tanto diligentiores legum custodes debent esse ; nam celerius illorum delictum utpote in sublimitate positorum omnibus nuntiatur, atque inde alios oportebit ad virtutem reduci, vel ad vitia retrahi ac pessumdari. Quare vestra debet amabilis beatitudo ecclesiasticam disciplinam ac modestiam in omnibus curæ habens, et canonicam tenens rectitudinem, eos qui sine commendatitiis litteris ad Romanam Ecclesiam hinc proficiscuntur, non temere ac fortuito recipere, nec sinere hospitalitatis specie odii fraterni jaci semina. Nam quotidie ad vestram paternam sanctitatem eos, qui velint, adire, et pretiosis ejus frui vestigiis, hoc mihi valde amabile est, ac multis aliis rebus anteponendum : at sine nostra scientia, et absque commendatitiis litteris peregrinationes nullo ordine suscipi : id nec nobis, nec canonibus, nec vero vestro integerrimo judicio est acceptabile. Omitto enim alia quæ evenire solent iis qui hinc discedunt, iter ac peregrinationes non juxta canonem habentibus pugnas, seditiones, rixas, contentiones, calumnias, insidias, insurrectiones. Sed quod nunc videtur, ac fit, dicam ; cum enim hic nonnulli per impuram nequitiam vitam contaminarint ac sordidarint : sit vero exspectatio, de iis criminum pœnas expetitum iri : speciosa nuncupatione fugitivi fiunt, orationis ac voti nomen fugæ suæ indentes, ac turpe flagitium appellatione proba contegentes. Quorum alii aliena conjugia perfoderunt, alii furti damnati sunt, aut vinolentiæ se propinarunt, aut lasciviæ, libidini et intemperantiæ servierunt ; alii vero tenuiorum hominum percussores et homicidæ deprehensi sunt ; alii aliis passionibus immunditiæ se immerserunt. Qui cum in seipsos jus emitti, ut diximus, persentiscunt, simul omnia miscentes et conturbantes, flagitiorum ac facinorum suorum pœnas fuga amoliuntur, nec objurgationibus castigati, nec suppliciis curati, nec se a lapsu erigentes, sed sibi atque aliis usque perniciosi. Ex quibus ei qui velit passionibus delicias facere, lata exitii porta subaperitur. Habent enim pœnæ effugium,

---

(1) De his quæ sequuntur Ang. Mai;*Bibl. nov.* t. IV, p. 50, sic habet : — «Utrum, inquit, schismaticorum item fraudi tribuendum sit, necne, quod sum dicturus, æqui lectores judicabunt. Photii longam epistolam ad Nicolaum papam ob impetrandam sui in patriarchatu confirmationem, edidit Latine tantum, Petro Morino interprete, card. Baronius ad an. 861, n. 54 : sed ea Græce demum vulgata fuit ab Anthimo schismatico Remnicii episcopo in Valachia an. 1706, quem rursus textum prelo nuper in Gallia subjecit vir cl. Jagerus in sua præclara de Photio Græci schismatis auctore Historia, p. 439. Ego vero Græcum ibi textum legens, statim agnovi (p. 452) fine esse mutilatum, id quod illic tum hiulca sententia, et vocabula corrupta satis suadent, tum integra atque continua apud Baronium interpretatio plane demonstrat. Jam vero in Græca ante hanc diem parte inedita, Photius diserlis verbis fatetur Romani pontificis primatum, dum ait illum inter Christianorum rectores principem supremumque locum tenere. Fatetur item Photius vigentem consuetudinem Christianorum confugiendi appellandique undique ad Rom. sedem, ut pontificalium pedum fruerentur osculo, ut ad apostolorum limina orarent, et peccatorum veniam consequerentur. Tantum postulat, ne id sine commendatitiis patriarchæ epistolis fieret : quo astu Photius Romana peregrinatione et appellatione iis volebat interdicere, qui ne cum obtruso patriarcha, id est secum, communicarent, Romam confugiebant, ubi etiam Photii crimina revelabant ; ideoque callide iis maledicit. Jam vero tota hæc Photianæ epistolæ pars Græce excidit, ut in Valachorum atque etiam in Jageri editione videre est, qui sane vir doctus editionis defectum agnovit, neque tamen potuit Græce supplere. Displicuisse autem editori Anthimo hunc epistolæ Photii tractum, in quo papam Rom. ceu sibi superiorem adhuc revereretur, et de appellationibus ad apostolicam sedem loquitur, nil mirum est ; nam totus illi Anthimi tomus schismaticis opusculis, Romanæ præsertim auctoritati adversantibus, scatet. Tum vero Valachos, calogeris suis auscultantes, alieno plerumque animo a Romanis partibus exstitisse, disco ex Historia nupera quam de illa regione edidit Berolini vir doctus Mich. Kogalnitchanus tom. I, pag. 237. Haud ergo temeraria fortasse suspicio est, partem illam epistolæ dedita opera typis fuisse seclusam. Quod si quis mitius judicare velit, et Anthimi editionem Valachicam culpa potius codicis, fortasse multi, mancam existimare ; adhuc quærendum superest quis lacunam in illo codice fecerit, casusne aliquis, an schismatici hominis priscus dolus? Sed utcunque se ista habent, en demum hæc epistola a nobis ope duorum codicum Vaticanorum completur. »

Romam sub orationis obtentu proficisci. Quorum male artificiosa molimina considerans, vestrum passiones interficiens et Deo gratissimum caput, inutilem iis, et vanum et sine effectu ostendat dolum, et voluntatem multa nequiter machinantem, et varie consuentem, eos qui sine commendatitiis litteris adveniunt, diligenter illuc redigens, unde male, ac nullo ordine effugerunt. Sic enim et illorum salus procurabitur, et regularis modestia et ordo custodietur, et firmabitur amor fraternus, et communis sollicitudo omnibus ad salutem animæ et corporis impendetur.

EPISTOLA III.
Ad Orientales Patriarchas et OEconomum Ecclesiæ Antiochenæ (1).

EPISTOLA IV.
Bardæ, Magistro, Patritio et Curopalatæ.
Edita a Montacutio (ep. 3, p. 65.)

Dolorem dolori meorum vulnerum superaddere, dignum fortassis mea miseria fuit; indignum autem plane commiseratione vestra, et affectu illo quo in me animari debeas. Quod si quis sibi persuaserit contra vestram obvenire nobis ista voluntatem, is cum videat ista nos pati, te potestatem et vim pulsandi possidente, mutet omnino sententiam suam. Decepti sumus, affecti contumeliis, dedecore et injuriis, insuper et in nos conspirabatur; sed tamen plagas, aiunt, non accepimus : imo autem accepimus, et quod gravius est, haud in corpore; illud enim in oculos incurret omnium, et lacessentem redarguet, et in intuentium et commiserantium condolentia, quamdam habet consolationem; sed in anima plagas tulimus, per animam morbis affligitur corpus: hic qui affligit, veluti nihil faciens injuriæ, non pudefit; is autem qui vapulat poenæ quoddam additamentum habet, quod cum doleat, ejus non miserentur alii, quod pati eum ignorant. Enimvero plerosque latet istiusmodi punitionis species, qua et magis oblectatur qui plagam infert, et in id adducitur, ut ne poeniteat facti; afflictum vero magis atterit, utcunque majorem ei retributionis mercedem procurat.

Cæterum et ista nos propter Christum et divinas leges toleravimus antea; et gratias Deo agimus, qui, cum angimur, quod celantur ærumnæ, et sic inglorie patimur, mercedem majorem accumulavit. Intelligebam probe, ab initio primum certamine me hæc passurum; exspectabam quoque ante perpessionem et certamen (si vera non loquar, patiar ego adhuc iis quæ perpessus sum graviora), exspectabam quidem, prout dixi, ea quæ passus sum, angor nihilominus animi quod sub talibus patior. Finis mihi a Deo destinatus est, et lubens ebibo quodcunque mihi propinatur poculum. Nec propter illa quæ patior, succenseo; imo etiam et illa desidero quæ me adhuc pati oportet utcunque sine sensu dolorifico pati ista nequeam; homines enim ita comparati ut sine doloris sensu pati nequeant : et ita me animo affectum debere esse intelligo erga illa quæ me jampridem invaserunt, et deinceps sunt invasura. Te autem potius optarim ego ultorem eorum qui me injuriis afficiunt, quam causam et initium dedisse injuriarum : sed ea quæ me pati debere statutum est, effugere nequeo; qui nec cæterorum optionem vel judicium contra voluntatem ipsorum mutare possum.

Atque prius quidem tot et tanta patiebamur; sed tanquam non satis ingestum nobis malorum esset, excogitatur modus alius injuria afficiendi me, ut mea causa etiam alii malis afficiantur : fame clerus strangulatur, et qui mihi subsunt, illustriores quique, in eum finem, ut cum loquuntur et recordantur se meam ob causam hac calamitate pressos, in meum demum caput et exprobrationes et exsecrationes ejaculentur. Mitto illud dicere, quod mihimetipsi portio exhibetur ad dimensum, quod dimidia parte privor jurisdictionis meæ : certe præclara ratio inita est per auferentes, qui sic artificiosam in me persecutionem concitarunt. Quod si, ut meum expleant mihi desiderium (hoc est, ut isto jugo atque onere expediar), hæc perpetrarunt (utcunque mecum ludere visum in istis est), gratias certe de ablatis sum habiturus : et grave mihi est quod residui quidquam reliquerunt, quoque tardius incedant ad eorum ablationem, eo mihi sunt molestiores; quemadmodum qui relinquunt semimortuum et semisectum reum quem volebant occidere, potius quam qui penitus privarunt vita; hominem hic uterque interficit, sed alter cruciatum non per moras extendit, alter forte ratus detrimento se affici, si mera morte hominem hinc amandet, multis eum imprimis excarnificatum tormentis et dissectum membratim, non simplici morte affectum, per horrores et cruciatus dolorificos e vita trahit. Nec abludentem videre est nostram conditionem. Quotidie plectimur et afficimur plagis, in præsenti semisecti constituimur; videtur autem per partes tolli a nobis illud, quod simul et semel ut deponamus flagitant : quod si principatum partiri voluissemus, exauditi fuissemus in toto. Verum cum semisectum vivere possibile non sit, nec nos hic subsistere ita diminuto principatu : dedecori enim et exprobrationi facti fuissemus, non quidem prædecessoribus nostris, sed successoribus post futuris, si tamen futuri aliqui aliquando sint, nobis miserioris, qui post nos pro nobis jugum istud subire velint. Loco quin cedimus; cesset invidia. Quod si non facimus, quosdam afficimus mœrore, potius et ob hoc ipsum in jus rapiemur : excusso pulvere, sedem deserimus, quocirca dolos deinceps in nos construere et meditari desistant, ne observent, insidientur, impressiones faciant. Heu justitia, leges Dei, tribunal! Quod nequaquam vos conculcamus, injuria afficimur ; propterea quod

---
(1) Exstat in opere edito *Bucharest* an. 1705. Hoc frustra huc usque quæsivimus.

diligimus, non amamur; eo quod pro vobis stamus, a nobis fit dissidium. Comminiscuntur mendacia, et qui contra nos maximam proditionem finxerit, prudens habetur et actuosus; qui vicem nostram dolet, ut hostis et legum violator accusatur, frater licet fuerit, et natura ipsa moveatur ad compassionem. Quomodo quis, quæso, tolerare posset, quod de vita judices et censores habemus eos, quos prius laudatores, et qui bene secum agi putassent si nostro judicio non condemnarentur; quod ab amicis divellamur, a germanis abstrahamur? Ecquis est qui horum aliquid ferre possit?

Sed dicetur, despondendum non esse animum; Christi mihi passiones, Christi exemplum repræsentabit, et martyrium qui propter illum toleraverunt. Certe si mihi proditorem hic exhibeat, si custodiam, si tyrannos, multam ille largietur consolationem. At quandiu nusquam apparent isti, qui similitudinem sermone suo affingit infirmum solatium exhibebit. Quod si autem nostra ista statua plurifariam adhuc radenda fuerit, aut, ut purior fiat, liquefacienda sit; radant, liquefaciant, conflent, si velint, dummodo Christus suppeditet patientiam, et secundum proportionem naturalis nostræ infirmitatis tentationem admensuret. Quod si pœnarum excessus patientiam anticipet et absumat (in me haud est situm affirmare quod purgatur), fictor figmentum de tormentis liberet, neque quisquam optarim mea causa exsistat proditor, custodia nulla, nullus tyrannus; sint autem omnes a Deo electi, et digni qui supernam assequantur gloriam.

EPISTOLA V.
Eidem, Deprecatio pro Christodulo a secretis qui periclitabatur.
Edita a Montacutio (l. c. ep. 4, p. 68).

Utcunque molestus esse videor, et ultra mensuram frustra misericors, non tamen quod potero præstare diffugiam, fortassis aerem lacessens et frustra laborans : nam hoc me facit cogitare, quod spe dejectus aliquoties exciderim; in quantum vero potuerim, debitum persolvam. Pauper quidem jocans, antiquum suum obtinuit; jocatus est, et comico more, licet non in quos, aut qualiter oportuit. Erat ebrietas primipilus ; hac autem abrepti homines plurimum solent delinquendo labi. Dedit autem pœnas de lasciviente lingua, acerbiore multatus punitione, corpore vehementius cæsus et mutilatus. Ulterius ne progrediatur. Sacrum et sanctum est Dei templum, a nullo Christiano violandum ; ad hoc confugit iste : intercedit pro illo antistes templi; intercedit et culpæ tenuitas; et si adhuc pateris illud : *Dimittite, et dimittetur vobis*[3]; vel : *Qua mensura mensi estis, eadem vobis metietur*[4].

EPISTOLA VI.
Bardæ Magistro Patritio et Curopalatæ pro clerico Blasii in periculis constituto.
Edita a Montacutio (l. c. ep. 6, p. 69).

Noveram ego quidem, nondum expertus, indignum me fuisse cum gradu et dignitate archiepiscopali, tum pastoralis cujuscunque functionis, atque eam ob causam actus et attractus moleste eam rem ferebam ; atque utinam me prius mors invaserit antequam hac violenta, intolerabili potius, electione arriperet! Nequaquam tot et tantorum malorum fluctus animam meam quotidie abluissent, quorum spes et exspectatio (est enim natura hominum apprime comparata ad futuras difficultates prævidendas, præsertim ubi propriæ ipsius causa agitur) concussum me et conturbatum tunc temporis habuit : istis ego exagitatus et acerbe vexatus ploravi, deprecabar, nihil non potius in me admisissem quam ut in suffragia eorum irem, qui me compellebant; ut poculum illud multarum et multiplicium curarum a me transferatur atque tentationum, intercedebam. Nunc, siquidem res ipsæ me docent, et meam satis redarguunt indignitatem ; nec ulterius me metus exspectando, sed dolor accepti lethalis vulneris torquet, singultus, suspiria et desperatio tenuere. Cum afflictos intuear universos et singulos sacerdotes ob unicum admissum, verberibus, vinculis male tractatos, etiam excisis linguis (ignosce peccatis, quæso, nostris, Domine), cur non beatos prædicem defunctos, potius quam meipsum? cur non hoc onus mihi impositum reputem in meorum peccatorum redargutionem ? indigens homo et sine patrono, sed nec mente sana præditus (quæ sunt ejus generis ut misericordia potius quam indignatione digna habeantur) multas simul aggestas miserias pertulit : venditus, et verberibus cæsus est, in carcere demum conjectus, et, quod nullum solatium admittit, lingua illi exscindebatur, quodque magis est indignum, cum sacerdos esset ; pro illo sæpius intercessi, sæpius adhibui preces, in cujus causa verba tantum accepi ego vanus sine condolentiæ sensu, quod videntes intelligebant. Qui si horum obliti sint, at non divinum Numen obliviscetur. Cum in rebus tam perspicuis et sub oculos positis ita spe dejiciar, et risui exponar, quæ relicta erit spes mihi de incertis ? Quomodo pro peccatis et vestris et populi intercedam, et illa expiabo, cum pro vel uno apud te intercedens, adeo exciderim exspectatione, adeo fuerim deceptus? Ista quidem lacrymans cum sanguine exaravi. Penes te est deinceps ut hanc vel primam vel postremam epistolam a me habeas. Domino etenim teste denuntio, quod si id tibi propositum sit ut deceptos nos ableges et contemptos, ubi tam rationabiles offerimus supplicando admonitiones, ita ut, cum possit fieri non difficulter, miser ille nullam invenerit consolationem aut refocillamentum nequaquam deinceps scripturum, aut molestiam tibi creaturum, sed rebus meis consulens, et meam vicem deplorans, obmutescam. Si enim post quotidianas illas quæ a foris quotidie in me concitantur tentationes et exigentias, miseram quoque animam meam in eo sim ut disperdam, ultra omnes mortales deploratissimus essem.

[3] Luc. vi, 37. [4] Matth. vii, 2.

EPISTOLA VII.
Bardæ Cæsari.
Edita a Montacutio (l. c. ep. 8, p. 71).

Contumeliis affecti gaudemus; ægre tantum ferimus quod tu sis qui sic afficis : spes erat ut, si quis alius nos aggrederetur, tute te patronum interponeres. Adhuc magis ægre est quod, cum injuste patimur, injuriam tamen dicimur inferre, dolos consuere ; et illi hoc scribunt, qui nos multifariam quotidie dolis petunt. De cunctis Servatori Deo gratias agimus. Quod si autem hanc vitam non profiteremur tentatorium, certe quæ nobis accidunt vehementer doleremus. Tu autem, si e vetusta memoria nullum aliud exemplum recolere volueris, tamen excita temet ut recolas Herodis domum, et Antipatri mores : Quomodo Antipater, virum, utcunque solertem, contra amicissimos concitavit, multis circumventum machinamentis. Herodes cum externis bonis omnibus diffluere, et beatissimus habebatur, infelicissimus exstitit et miserrimus; invidiæ siquidem et calumniis patefactis auribus, domum progenie, amicis, liberis vacuarit. Quod si nos in aliquo amicorum ac familiarium ordine annumeras, vide, quæso, ne te committas circumducendum sycophantis, atque ita tuas ædes quoque spoliatas amicis et familiaribus reddas. Quod si oculus rebus nostris intersit justitiæ, nolito putare perpetuo illum somno sopitum : ea nos autem, non nunc primum, sed jam pridem injuste vel extrema pati paratos, utpote divinis innutritos præceptis, cognoscas. Certe gratias illi habituri sumus qui viam nobis maxime compendiariam, licet præcipitantem, ad cœlestem monstraverit conversationem.

EPISTOLA VIII.
Photii sanctissimi patriarchæ Constantinopolitani Epistola ad Michaelem Bulgariæ principem ; de officio principis.
Edita ab Henrico Canisio (*Antiq. lection.*, t. II, p. 11, edit. Basnagii, pag. 582), et a Montacutio (ep. 1, pag. 1).

1. Alia quidem dona, illustrissime ac nobis dilecte fili, exiguam plane eamque non diu adeo duraturam utilitatem iis afferunt in quos conferuntur. Quæcunque vero illa conditione naturali prædita sunt, ut animam nobis reddant meliorem, dum ab errore et pravis affectibus repurgant, luce vero et splendore virtutum ipsiusque veritatis collustrant, hæc jam verissima dona nobis data dicenda sunt ; utpote quæ menti, divinæ cuipiam rei et immortali, magna nec unquam emoritura largiuntur emolumenta : divitias autem illiusmodi ei comparant negotiando, quæ cum sint cœlestes non possunt sacrilege compilari. Primas inter ista et principatum tenet illud quod nos manu velut apprehensos sine ulla aberratione ad Deum perducit et salutem. Hoc ipsum autem imprimis, quin potius sola, præstat fides nostra Christiana, purissima illa ac ideo inculpata, cum mysteria ejus edocti edidicerimus.

2. Hæc enim homines, postquam ab errore mul-

A tiformi liberatos expediverit, illiusque tenebras omnino dispulerit, facultatem illis præbet in divini cultus pulchritudinem oculis defixis intuendi. Atque ita per istam, ad essentiam illam quæ superat intellectum, rerum scilicet omnium causam et opificem, subvecti, Trinitatis illius uniformem et transcendentem divinitatem, quatenus illam homines assequi poterimus, tanquam in speculo contuemur. Istiusmodi ergo gratia atque dono dignum et capacem prudentem tuum animum agnoscentes (virtutem te siquidem ac pietatem amare persuasum habemus) munus ad te tibi gratum futurum, in se magnificum, afferimus. Cui quidem fidei nostræ incontaminatæ et defæcatæ, et divinam et a Deo edoctam inserentes disciplinam, sacris septem universalibus synodis, non aliter quam vallo quodam et sepimento, doctrinam hanc cœlestem et orthodoxam, communivimus, quas perspicua et brevi oratione, una cognoscendas, adjunximus. Nec interea, quæ ad vitam recte instituendam pertinent, fideique rectitudini testimonium perhibent, prorsus silentio præteribimus. Certe sicut omnia sigillatim ab initio velle dicere, ineptum est ; ita nihil omnino dicere, turpe et inhonestum est.

3. Oportet autem virtutes et bona opera a fi le non divelli, sed utrinque virum bonum perfici et consummari : fides enim recta mores producit honestos ; et operum puritas fidem esse divinam plane probat : istorum vero alterum sine altero facile diffluere solet et aliorsum rapi : neque enim possunt sejuncta et divulsa in animis hominum sedem figere. Sed de istis videbimus in sequentibus. In præsenti sacram et divino oraculo fusam sacrosanctæ nostræ religionis doctrinam repræsentamus.

4. *Credo in unum Deum Patrem omnipotentem, cœli et terræ Creatorem, necnon visibilium omnium ac invisibilium : Et in unum Dominum Jesum Christum, Filium Dei unigenitum, ex Patre natum ante omnia sæcula; lumen de lumine, Deum verum de Deo vero; genitum, non factum; Patri consubstantialem, per quem omnia facta sunt : qui propter nos homines et propter nostram salutem descendit de cœlis ; incarnatus ex Spiritu sancto et Maria Virgine; et homo factus est, crucifixusque pro nobis sub Pontio Pilato, passus et sepultus ; et resurrexit tertia die secundum Scripturas ; et ascendit in cœlos ; et sedet a dextris Patris : et iterum venturus est cum gloria, judicaturus vivos atque mortuos ; cujus regni non erit finis : Et in Spiritum sanctum Dominum et auctorem vitæ ; qui procedit a Patre ; qui cum Patre ac Filio adoratur et glorificatur ; qui locutus est per prophetas : In unam catholicam et apostolicam Ecclesiam. Confiteor unum baptisma, in remissionem peccatorum. Exspecto resurrectionem mortuorum, et vitam venturi sæculi. Amen.*

5. Ad hunc ergo modum sentiens ac credens tu secundum traditionem sanctæ catholicæ et apostolicæ Ecclesiæ, o laborum meorum eximium ornamentum, sacras et œcumenicas septem synodos,

partim tanquam pietatis magistras, partim ut propugnatrices, suscipe et amplectere : per illas etenim et illarum ope omnis innovatio, hæresis omnis repellitur ; et quod orthodoxum est, puro et ab antiquis tradito intellectu conservatur, atque in piorum mentibus, dubitatione exclusa, collocatur. Harum ego synodorum narrationem aggredior instituere ; locum simul, numerum, multitudinem, præsides porro singularum, una cum actionibus, quo res melius intelligantur, descripturus.

6. Prima ideo synodus universalis apud Nicæam Bithyniæ civitatem coacta fuit. Convenerant eo trecenti decem et octo Dei sacerdotes : de veritate judicium latum. Erant istius cœtus principes, Alexander Constantinopolitanum archiepiscopalem thronum sortitus administrandum (erat ille vir profunda quidem canitie, et consimili prudentia, venerabilis; plurimam porro possidens apud Deum fiduciam, propter vitæ splendorem, animi sanctimoniam, et accuratam fidei professionem) : sed insuper (1) Silvester atque Julius insignes illi celeberrimique Romanæ Ecclesiæ præsules, neuter tamen eorum personaliter præsens, aderant : sed uterque sua vice, sui pontificatus tempore, Vitum et Vincentium, communi illi consessui adesse jusserunt, homines virtute præditos, quique ad presbyteratus dignitatem ascenderant : cum quibus et Cordubæ episcopus (Hosius) sociabatur ; qui per paganorum persecutiones nomen sibi veraciter impositum declaraverat : Hosius enim (i. e. sanctus) nominatus puram et sanctam professionem a cultu idolatrico conservarat.

7. Aderat etiam et Alexandriæ episcopus Alexander, vir rebus sancte et præclare gestis eximius. Adduxit ille secum colluctatorem et Athanasium, qui tunc diaconorum primicerius erat, post paulo autem in archiepiscopali throno successor. Una quoque aderat et illustris ille Eustathius, decus Antiochenæ Ecclesiæ singulare, qui propter fidei puritatem celebris habebatur, propter orationis et judicii castitatem erat omnibus admirationi. Cum illis aderat et Macarius Hierosolymitanus multis virtutum generibus recte conformatus. Sed et alii ab istis multi, donis apostolicis et martyrum passionibus conspicui : inter quos censebantur Paphnutius, et Spyridion, Jacobus, et Maximus, qui præstantis illius et admirandi conventus præclari quidam et admirandi ductores et principes agnoscebantur. Cum istis porro omnibus magnus ille et merito dignus admiratione Constantinus, qui tum Romani imperii sceptra moderabatur, præsens eminebat. Ille autem et synodum illam convocarat, et sua ipsius præsentia, ut honoratior esset, effecit.

8. E tot igitur et tam egregiis viris sacra illa synodus cum constaret, ab Ario quodam rebus innovandis dedito pœnas hæreticæ pravitatis exigebat; apostolicam ac divinam tum retinendo tum confirmando doctrinam. Erat autem miser ille maledictus Arius Alexandrinus ortu : qui cum in clerum illius Ecclesiæ fuisset cooptatus, et ad presbyteri gradum ascendisset, primum insolentius se contra proprium suum pastorem efferebat; ut ita deinceps fastum suum et insaniam ad communem pastorem et Dominum porro protenderet : Filium namque ac Verbum Dei (o audacissimam tum linguam tum etiam mentem!) ad creaturarum usque et rerum productarum statum et conditionem dejiciebat. Ac ne illud quidem, quod tamen omnes per se intelligunt et communiter in confesso ponunt, volebat videre, quod nimirum quilibet filius ejusdem sit essentiæ ac naturæ cum suo genitore; et quod is qui filium inter creaturas collocat, patrem eo ipso quoque, et quidem prius, creaturam statuat : uti et is qui Patrem essentia Creatoris præditum esse intelligit, et natura æterna, una simul et eadem opera et Filium ejusdem naturæ ac essentiæ esse confitetur. Ubi autem erit filialitatis (ut sic loquar) veritas, si unius essentiæ exsistat pater, alterius autem dicatur esse filius. Imo autem, quomodo non paganici erroris illa deorum multiplicitas sese exseret, si in substantiam majorem et minorem Divinitas discindatur : atque illa ipsa quoque in primum, creatorem, et seniorem Deum dispertiatur; necnon in secundum, in substitutum et juniorem Deum discerpatur? Hæc sunt enim impii illius Ariani seminis genimina. Hominem autem istum, utpote contra Creatorem suum labia blasphema armantem sua, sanctus ille cœtus privavit sacerdotio : impiam porro et Deo bellum inferentem hæresin anathemati subjecit. Ejusdem autem substantiæ exsistere, naturæ ejusdem velut coæternum, Filium atque Verbum Dei, suo genitori, pari præditum potestate, Domino exæquatum, quod divina statuunt oracula, et secundum ea recte omnium sentientium sententiæ, quas in unum collegerant, verum esse perspicue satis declarabant. Illud enim optime cognoscebant, quod quemadmodum Judaicum et Christi odium præ se fert, monarchiam et dominatum Trinitatis in unicam personam conclusam retinere, ita quoque in naturas inæquales ac substantias dissimilares omnem substantiam excedentem, omnem naturam exsuperantem unam, unicam, et unientem Deitatem dividere, paganorum proprium est multitudinem deorum subintroducentium. Atque in istis illa sancta universalis prima synodus versabatur.

9. Secunda porro sancta œcumenica synodus urbem regiam (nimirum Constantinopolim) sacrarum deliberationum consiliis locum sacrum, destinatum velut museum referebat. Eo namque congregati fuerunt centum quinquaginta sacrati viri. Principes inter illos erant, Timotheus, qui sedem archiepiscopalem Alexandrinam ; spectabilis Meletius, qui

---

(1) Vult concilium Nicænum sub Silvestro et Julio celebratum : quod est falsissimum. Julius enim successit Silvestro ; at Silvester concilio supervixit plures annos.

Antiochenam; Cyrillus, qui Hierosolymitanam administrabat Ecclesias. Certe quidem Nectarius ibi, qui non ita pridem de catechumenorum grege separatus divino lavacro sordes suæ vitæ abluerat, mundus factus mundissima pontificatus dignitate convestitur : de sententia illius synodi generalis, per manum vero prædictorum præsulum impositionem, ita ut simul regiæ urbis episcopus et synodi præses nominaretur. Aderat et istis Gregorius, Nyssæ in Cappadocia episcopus, et qui *Theologi* ex operibus nomen habebat. Cum quibus conspirare agnoscebatur Damasus Romanus episcopus, dum synodi istius acta, eamdem cum ipsis sententiam fovens, confirmaret.

10. Sacratissimus porro chorus iste Macedonium quemdam, qui sedem quondam Constantinopolitanam arreptam invaserat, juste censuit pœnas dare debuisse, eo quod in sanctissimum Spiritum vitæ fontem blasphemus exstiterat. Sicut enim Arius contra Filium, ita et iste contra Spiritum sanctum armis instructus prodierat in aciem : cujus dominium supremum et principatum excellentem ad servilem et subjectitiam redigat conditionem. Quanquam facile poterat, si in id intendere voluisset, infelix et improbus iste animadvertere, quod ut illi qui Filium compingunt in ordinem creaturarum, contumelia nihilominus afficiunt Patrem, ita et qui sacrosanctum ejus Spiritum annumerant creaturis, simili prorsus et æquali modo blasphemi in eumdem sunt. Nam si Spiritus creatura est, certe et ille creatura fuerit, cujus spiritus est. Quod si istius impietatis excessum aures nostræ ferre nequeant, unde factum ut miser ille non intellexerit, omni modo illud declinandum sibi esse unde fieri omnino debuit ut in istiusmodi impias et cum Deo pugnantes opiniones recidat? Concedere non vis Spiritum esse Deum? at quomodo profunda Dei scrutatur, ab ipso abstrusa? quomodo erit *alius* Paracletus? unde factum ut cum Patre et Filio componatur? *Euntes enim*, ait ipsemet Filius, *in mundum universum . docete omnes nationes, baptizantes eos in nomine Patris, et Filii, et Spiritus sancti* [s]. Quod si autem e tribus istis, in quorum nominibus baptizati illuminamur, unus erit creatura, certe quidem nec cæteri ab injuria hac et contumelia immunes fuerint. Quod si creatura sit, quomodo quidquam creat? quomodo sanctificat, vel vivificat? quomodo distribuit charismata? quomodo Deus? Nihil autem istorum delirus ille apud animam suam reputans cogitabat; sed ausus est homo importunus, insolenter a monarchica unica, indivisa Deitate dividere Spiritum. Quorcirca dignam sua molitione impia mercedem recepit. Nam et sacerdotio privatus multabatur; et una cum eo quotcunque incorrigibiles eamdem hæresim in Deum blasphemi sectabantur. Et quemadmodum ille sanctum Spiritum alienum a Trinuna Deitate et Dominatione jactitabat, ita illum sancta et universalis synodus, tanquam alterum Arium, a sacerdotio et fidelium sodalitio ac portione declaravit alienum. Sanctissimum porro et vitæ Auctorem principalem Spiritum, juxta Patrum et theologorum sententias, publico præconio demonstravit, una cum Patre ac Filio adorandum et simul glorificandum, utpote ejusdem exsistentem cum illis naturæ substantiæque, pari præditum vi, potentia, facultate. Quin et si quod zizaniorum adhuc de semine Arii suppullulaverat, et illud stirpitus evellebant. Imperii porro tunc temporis frena moderabatur magnus ille et magno laudum præconio celebrandus Theodosius; qui religiosæ pietatis propugnator egregius exsistebat. Atque ad hunc modum habuit se ista synodus.

11. Tertia autem sancta et universalis synodus Ephesi in Asia congregabatur, numero ducenario completa. Principes porro ferebantur, Cyrillus ille inter Patres nominatissimus, qui et virtute et prudentia instructissimus magnæ illius Alexandri urbis thronum insidebat : necnon Cœlestini Romanæ urbis episcopi obibat et peragebat vices. Aderat et Memnon, qui ad clavum Ephesinæ Ecclesiæ sedebat : Juvenalius quoque Hierosolymorum. Isti, una cum totius synodi consessu cætero, ab impio Nestorio impietatis suæ pœnas reposcebant. Ille autem Antiochia ortus ad Orontem flumen sita, atque inde profectus, solium Constantinopolitanum haud sane legitime conscenderat (1). Infelix iste homo de lutulentis Diodori et Theodori (2) impietatum scaturiginibus, ubi potaverat ipse, et mente ebrius esse cœperat, ad perniciem gregis sui, absurdas et abhorrendas quasdam voces multorum auribus ingerebat. Christum etenim, Dei Filium unicum, Deum nostrum verum, qui propter nos et salutem nostram carnis atque sanguinis nostri, similis nobis factus participavit, et in seipsum nostram suscipiens et substituens massam, unus e duobus contrariis conflatus

---

[s] Matth. xxviii, 18-20.

(1) *Haud sane legitime consc.* Inauspicato, alioquin perperam haud ascendit episcopatum, sed per canonicam, si quis alius, electionem. *Post excessum Sisinnii*, inquit Socrates, lib. vii, cap. 27, *visum est imperatori propter homines inanium rerum appetentes, neminem ex ista Ecclesia, licet aliqui Philippum, complures Proclum designatum cuperent, ad episcopatum illum eligere, sed advenam Antiochia arcessere.* Deinde hominem accersitum ita describit : *Erat illic Nestorius ex Germania oriundus, voce imprimis sonora, lingua diserta, et ob eam causam tanquam ad docendum populum admodum accommodatus.* Accersitus igitur, et canonice electus inthronizatur. Qualis autem ille postea in episcopatu exstiterit, notum est.

(2) *Diodori et Theodori*. Intelligit Mopsuestenum et Tarsensem episcopos, qui et doctissimi et orthodoxi erant, aut habebantur, præcipue Diodorus, et a Basilio, Chrysostomo ac aliis laudantur, nec nisi mortui in suspicionem hæreseos venere, et sequiorum sæculorum calamis punguntur, qui mihi non persuadent fuisse hæreseos labe infectos.

dicebatur: Deus nempe idem atque homo exsistens, unus Christus, Filius unus, idem desursum e Patre sine matre, qui deorsum erat e Matre sine patre: ipse et non alius, eadem persona, hypostasis una: hunc scilicet unum Dominum nostrum Jesum Christum infelicissimus ille nihil veritus in duas hypostases dissecare et dividere, alteram merum et purum hominem confinxit in sua propria hypostasi subsistentem, separatim a Verbo assumente, alteram vero divisim Deum assumento omni corporeo denudatum: veritus fortassis, qua fuit stultitia, ne quid pateretur Deus, dum propter amorem erga homines inexplicabilem suam ipsius subiit creaturam, ut illam refingeret et persanaret. Neque illud animadvertit, quod eo ipso in quo naturam humanam ab hypostasi Verbi separavit, eamdem plane insanabilem atque incurabilem prædicaverit; ipseque adeo suam propriam salutem aversetur, eam plane abnegando. Sed et ulterius, quasi ratio ipsi penitus fuisset expectorata a perversis hisce opinionibus suis, pati noluit matrem ejus secundum carnem, sanctissimam nempe Virginem, quæ veraciter quidem at peculiari suo modo Deum Verbum incarnatum pepererat, Deiparam nominari: sed uti Filium privarat deitate, ita parentem ejus a titulo Deiparæ alienam fecit.

12. Quocirca hunc, prout meritus fuerat per hanc suam insaniam et linguam blasphemam, sacer hic beatorum Patrum consessus omni sacerdotio denudavit, et, una cum ipsius propria et detestanda sententia, sempiterno subjecit anathemati. Dominum vero nostrum Jesum Christum, in una et eadem hypostasi, more veteri et a Patrum traditione accepto, prædicandum et adorandum decrevere: nec non, prout consequens erat, immaculatam et semper Virginem ejus Matrem proprie et vere nominandam et prædicandam Deiparam prodidere. Eo enim ipso quod Deum Verbum, in carne dignatum nasci, peperit, Deiparam nec injuria et dici et coli et par et sanctum est. Atque hisce ita determinatis finem suscepit et ista synodus quo tempore Theodosium juniorem Romana respublica oculis serenis intuebatur, regnum a patre acceptum suo, tertio jam ordine generis, gubernantem.

13. Sancta et œcumenica quarta synodus religiosissimum principem Marcianum præsentem vidit et conspirantem, quæ veritatis dogmatum auditorium Chalcedonem Bithyniæ urbem celebrem consecravit. Ad sexcentos et triginta numerus pertingebat convenarum. Quorum præcipui dicebantur Anatolius, qui in sacerdotale regiæ urbis solium fuerat inunctus: Paschasinus quoque et Lucentius episcopali dignitate fulgentes, una cum presbytero Bonifacio, locum Leonis sanctissimi papæ Romani obtinebant, cujus Leonis ingens gloria et multus pro pietate zelus. Aderant præterea Maximus Antiochiæ, et Juvenalius Hierosolymorum. Isti Eutychen infelicem et insolentissimum illum ipsius protectorem Dioscorum rationes reddere de impietate coegerunt. E diametro isti contrarium Nestorio errorem sibi appropriaverant; unde in parem cum illo impietatem proruerant. Unicum enim Dominum nostrum Jesum Christum a divina natura agnitum et humana, atque in utraque natura adoratum, summam per audaciam et stultitiam in unam naturam commiscentes, confuderunt. Nec miseri ut erant intelligebant, quod per hanc irritam rationem illum alienigenam, a paterna substantia diversum, necnon differenti ab hominibus natura constantem, definirent. Nam si unica tantummodo sit natura Christi, vel divina prorsus ea fuerit, vel humana. Quod si mere divina sit, ubi tunc humana? quod si tantum humana, fieri non potest quin negetur divina. Quod si quid diversum ab utraque natura fuerit (nam hoc in hac causa unicum iis relinquitur, et eo videntur propendere), quomodo non erit apud ipsos Christus alterius cujusdam et diversæ naturæ cum a suo Patre tum a nobis? quo quid magis impium aut delirum magis fingi potest? asserere nimirum Verbum Dei, Deum, hominem factum in eum finem, ut cum divinitas destrueretur propria, etiam assumpta humanitas in nihilum redigeretur. Hoc enim ita plane consequetur, si quis tueri ausus fuerit Christum non alterius istarum, sed præter istas alius naturæ participasse.

14. Quocirca dignum sua impietate supplicium subiere, qui dogmatum istorum, per quæ Christo bellum indicitur, auctores fuerant, sacerdotio nempe dejecti, et per omnes Ecclesias anathemati subjecti, cum quibus et ipsa hæresis expellebatur. Recta autem et orthodoxa sententia, nullis vulneribus confossa, majorem in modum testimoniis et e Scriptura et e Patribus deductis confirmatur, præconiis celeberrima clarescebat. Unum enim Christum, id est, unicam ejus hypostasin, naturam vero duplicem, divinam nempe et humanam, inconfusim et indivisim consideratam, per beatissimos hosce sacerdotes et theologos, in mundum universum et mundi extremos terminos, confessione et prædicatione agnoscendam, clare, perspicue et sine hæsitatione propagarunt. Hinc quoque liquet, quod cum claudis gressus confirmarentur, et cæcis cæcitas in efflorescentiam oculorum succresceret, cum mortui ab inferni portis retraherentur, et in vitam denuo transmitterentur, necnon cum et aliæ divinæ virtutes, quas non est facile enumerare, perpetrarentur, et in conspectu omnium propalarentur, divinæ naturæ dignitas et eminentia evidenter demonstrabatur. Rursus per id, quod defatigationem, laborem, sitim, famem sustinuerit et paupertatem, atque his similia et congenita, proprietas humanæ substantiæ manifestabatur. Quædam istorum ut Deo dignum erat, alia pro conditionis humanæ modo, idem et unus Christus, verus Deus noster, cum operaretur et perficeret, certe unam et unitate consistentem hypostasin suam, duas autem et diversas naturas in unione illa inconfusa, perspicue clara nec ullo pacto contradicenda ratione tum exhibuit tum confirmavit. Atque hactenus de quarta synodo.

15. Sancta universalis quinta synodus sequitur. Cui conveniendæ sacrabatur, tanquam septum sacrum, magna Constantini civitas. Obtinuit autem vim et confirmabatur per præsentiam et concursum quinque sexaginta centum episcoporum. Horum duces et tanquam lumina fuerunt, Mennas quidem ab initio, tum Eutychius successor, qui clavum regiæ istius et archiepiscopalis sedis moderabantur. Vigilius aderat (qui et ipse Romam susceperat procurandam) apud urbem quidem, synodo tamen non interfuit, eo quod nolebat sponte se ad illum aggregare conventum. Ille autem nihilominus, quod minime volebat sacri illius consessus sodalitio interesse, fidem communi Patrum suffragio editam, libello suo dato, confirmavit. Hisce aderant Apollinarius Alexandriæ, et Domnus dignitate Antiochenæ Ecclesiæ archiepiscopali præditi. Aderant Didymus et Evagrius, locum tenentes Eustochii Hierosolymitani archiepiscopi. Per id temporis Justinianus maximus imperator, Romani principatus curam manibus gubernabat, et cum ecclesiasticis dogmatibus conspirabat. Hæc itaque sancta et universalis synodus impura Nestorii dogmata repullulascentia penitus iterum demessuit, una cum zizaniorum ipso seminatore : et post eum, Theodorum atque Diodorum : quorum iste Tarsi civitatis, ille autem Mopsuestiæ episcopus erat. Isti enim Nestorio priores illam ipsam hæresim parturiebant, et post se defunctos, scriptis traditos reliquere spuriæ sententiæ spurios partus. Condemnavit insuper et anathemate feriit Origenem, Didymum, Evagrium, ab antiquis temporibus in fide languidos, quippe qui in Ecclesiam Dei subintroducere paganorum fabulas tentaverant. Delirabant enim, animas ante corpora præexstitisse, nec non unam et eamdem animam multa corpora subingredi : impium dogma et conspuendum, nullis dignum præter ipsos fautoribus. Finem quoque et terminum supplicii interminabilis constituebant : quæ est maxima omnium ad peccandum illecebra et præcipitium in ruinam ducens. Sed et impiis dæmonibus suum antiquum locum et dignitatem largiebantur : nam regressum illis ad cœlestem gloriam patefactum iri docebant, unde olim exciderant. Sed nec corpora cum suis animabus conjuncta resurrectura fingebant, sed nudas animas sine corporibus : nescio quam rem interea comminiscentes resurrectionem, siquidem resurrectio illius est quod concideret et moriebatur, non ejus quod jugiter consistebat et incorruptibile permanebat, cujusmodi animæ status est, nec intelligebant miseri aut reverebantur, quam magna injustitia justum interea Judicem onerabant. Nam quomodo non contra illum perhibent de summa injustitia testimonium, qui blaspheme pronuntiant, corpora illa quæ una cum animabus in stadio virtutis decertaverant, præmiis illorum laborum communibus privanda : aut ut quæ una peccaverant, ab omni A reatu et pœna pro actibus solverentur; animæ autem solæ et solitariæ ac semotæ a corporibus una operantibus, vel duplici pœna, vel duplicata mercede, retributionem haberent ?

16. Neque istiusmodi solum blasphemias sanctus ille Patrum illorum consessus proscripsit, sed et (1) insuper sede sua deposuit et anathematizavit Anthimum, qui non ita tum pridem Trapezuntiorum episcopus fuerat, qui tacite apud animum fovebat Eutychetis sententiam, et una cum illo Severum, Petrum Apameæ episcopum, Zooran, et universam illam impiam, multicipitem, dispersam varie societatem. Principes in hoc negotio sancto partes Agapetus Romæ episcopus obibat ; conspirantibus autem et conjunctas operas conferentibus celeberrimis illis antedictis archisacerdotibus. In quorum dein numero censebantur Euphraimius inclytus Antiochiæ, et sanctus Petrus Hierosolymorum episcopi. Sanctus istorum archisacerdotum consessus illos supra omnes ejectos ex Ecclesia publicavit : dum certa infallibilia divina Catholicæ Ecclesiæ dogmata confirmant et corroborant. Atque ita se habuit quinta synodus quæ fuit universalis.

17. Sacrum œcumenicum sextum concilium, et ipsum in urbe regia habebatur ; ibi enim mysticis spectaculis peragendis sanctum theatrum figebatur. Ubi centum et septuaginta divini viri certamen subiere, et splendidam veritati victoriam reportavere. Hujus concilii principes, utpote digni judicati qui cæteris præessent, erant Georgius, cui regiam urbem legibus moderari episcopalibus concredebatur ; Theodorus et Georgius, qui in sacerdotali ordine constituti, et Joannes diaconus pro Agathone sanctissimo papa Romano aderant, inter primores Patrum allecti. Locum magnæ urbis Alexandriæ episcopi Petrus monachus supplebat. Cum quibus aderat missus a sede Hierosolymæ Georgius monachus et presbyter. Qui una cum cæteris sanctis Patribus Sergium, Pyrrhum, Paulum Constantinopolitanum, Honorium Romanum, Cyrum Alexandrinum, et Theodorum Pharan, implicatilem mendacii catenam contexentes diripuerunt. Justæ quinetiam condemnationi subjecerunt Macarium episcopum Antiochiæ, una cum hæresis suæ discipulo Stephano, et misero quodam sene Polychronio, superioribus conjunctos, et patrocinium ipsorum impietatis suscipientes : dum voluntatem unam, unam operationem in Christo Deo nostro vero, e duabus naturis subsistente, sine omni ratione cum impietate constitutam sententiam promunt. Imprudentes nimium, qui cogitatione illud non revolvunt quod facile cuivis obviam venire potest: non esse unius et ejusdem operationis, claudum per potentiam rectificare, et fatigationem contrahere ex itinere : non ejusdem facultatis esse cæcis visum reddere, et sputo, digitorum ope, terram commiscere, lutum coagulare, procurante, Constantinopolin translatum, et hæreticum, extra synodum quintam œcumenicam deposuit.

(1) Quod ait, non est verum de illa-synodo, nedum de Vigilio. Agapetus, Anthimum, Theodora Augusta

oculis imponere; neque mortuos suscitare, et vita functum plangere. Ita nec ejusdem fuit voluntatis deprecari ut transeat mortis poculum, et eamdem rursus glorificationem dicere, atque ita velle non volitum. Qui fieri potuit ut non perciperent se naturarum tollere, his sublatis, differentiam? Est enim operationis cujuscunque fons, natura : et juxta diversas naturales operationes, voluntates naturales dispertiuntur. Quod si, secundum illorum hæresin, operatio unica sit et voluntas, certe et natura quoque unica fuerit necessario unde illæ oriuntur. Quod si dederint naturas duas (neque enim hoc insaniæ eruperunt, utpote habentes ante oculos dispersionem et perditionem eorum qui ita docuere primi), quomodo non utraque natura propriam emittet operationem et voluntatem? Verum dum suam propriam et blasphemam sententiam omni modo præferunt, anathemate æterno condemnantur. Duas porro voluntates, duas operationes in uno Christo Deo nostro, dum sanctus divinorum Patrum cœtus statuit, ubivis terrarum positis Ecclesiis orthodoxam confessionem et prædicationem duarum cum voluntatum tum operationum tradidere. Erat autem eo tempore Constantinus Heraclii proles cum regia majorum sorte constitutus : qui et suam alias operam synodo contulit, et orthodoxam Ecclesiæ sententiam tuebatur. Atque ita sexta synodus fuit.

18. Sancta universalis septima synodus metropolin Bithyniæ Nicæam, olim illud tribunal sanorum dogmatum, et nunc demum pietati judicandæ destinavit. Implebatur porro synodus numero ter centum sexaginta septem virorum, quorum primi fuerant ductores et sacrosanctæ ac numerosæ phalangis principes, Tarasius, inter Dei sacerdotes illustris, divinus plane et optimus omnimodo vir, dignus certe (si quis alius) qui regiæ urbis clavum gubernaret; Petrus deinceps archipresbyter sanctæ Romanæ Ecclesiæ piissimus ; et Petrus quoque alter aderat ipse quoque presbyter, qui monasterii, quod ibi est, sancti Sabbæ præfectus vel archimandrita fuit. Isti sortiebantur locum cathedræ apostolicæ, cui tum dignissime præerat Adrianus, archipræsul. Aderant una cum istis Joannes et Thomas, viri celebres in professione monachatus, et honore fulgentes sacerdotali, qui quidem locum tenebant universæ orientalis, apostolicæ, et magnæ diœcesis et archiepiscoporum ejusdem dignitatem habebant, Apollinarii nempe, Theodoreti et Heliæ: quorum primus Alexandriæ, secundus Antiochiæ, tertius Hierosolymorum Ecclesias prudenter, et ut sacerdotes decebat, gubernabant. Eo tempore Constantinus et Irene, orthodoxiæ corona redimiti, Romani imperii purpura vestiebantur. Ista porro sancta et magna synodus barbaram quamdam hæresin, tunc nuper ab impiis et profanis hominibus introductam, communi suo et divinitus gubernato suffragio condemnabat, ejusdemque auctores et propugnatores iisdem sententiis damnatos subjecerunt. Miseri autem isti Christum Deum verum ore non ausi vel confessione sua blasphemare, operibus tamen suis quoquo modo contumeliis affecerunt, et licentiose blasphemantibus viam adinvenerunt. Immediate ipsum insectari conviciis, et nudo ore, sine velo cum non audeant, voluntatem suam omnem adimplerunt, et Christo oppositam mentem et sententiam per venerandam ejus imaginem dehonestatam demonstrarunt. Idolum venerandam Christi imaginem (o nimis audacem impiæ linguæ sonum, et cordis atheistici boatum!) appellant, per quam idolatricus error eliminatur: hanc conviciis et omnibus dehonestamentis fœdatam per compita, forum et plateas pedibus proculcant, distrahunt varie, igni demum comburendam tradunt. Spectaculum Christianis deplorandum, dignum paganorum in Christum odio! Talismodi et in cæteras imagunculas sacras pedibus citi ad fundendum sanguinem exstiterunt : quas manibus sacrilegis, labris profanis fœdarunt. Neque exsatiari voluerunt alastores ad hunc modum insaniendo et furiendo. Neque certe minus quam paganorum exsecranda facinora, si non forte magis, Christianorum sacra signa et repræsentationes odio perciti conspuerunt : adeo ut bellum videantur internecinum contra Christum et ipsius sanctos susceptum indixisse.

19. Patet quippe cunctis, quod imaginibus honor habitus, eorum honor sit qui repræsentatur; quemadmodum et infamia atque dedecus transit ab imagine in imaginatum. Isti autem, nupera Judæorum, Christi hostium, progenies, in eo quod venerandam Christi imaginem illiusque sanctorum inhonorant, quod in ipsorum atavis desiderabatur, adimplerunt: nam usque ad audacia Judæorum facinora delati feruntur; imo id agunt contentione summa, ut progenitores suos longe supergrediantur voluntate. Porro, cum in medio Christianorum siti, labiis non audent abnegare Christum, ab ipsa Judaica avitaque invidia minime recedere convincuntur : sed et spuriam eorum imitationem expressisse, licet neutiquam sibi constare queant, sed hæretico quodam stupore huc illuc incerti aguntur et feruntur. Christianos se appellant; verum effrenes contra Christum pergunt : Judæorum titulum non admittunt, et tamen per hanc contra imagines pugnam non solum imitati sunt, sed et supergressi illorum contra Christum malitiam. Cum nomen aversentur idololatriæ, nihilo tamen tolerabilius quam idololatræ in divina et intemerata Christianorum mysteria insaniunt. Ideo autem propter istos omnes qui non id agunt, ut degenerem hanc, adulteram, variam et confusaneam doctrinam aversentur et declinent, sancta hæc et universalis synodus, tanquam prolem spuriam, ejectitiam, et ab omni fidelium nobilique societate excludendam, vinculo anathematis indissolubili innodavit : Christi autem veri Dei nostri imaginem, juxta traditiones priscas Patrum et apostolorum et sacrorum oraculorum declarationes, in honorem et cultum repræsentati adorandam et honorandam, communibus suffragiis sancit et confir-

mavit; cultu nimirum et honore sic habito, quomodo quoque signa et symbola sanctissimi nostri cultus solemus celebrare. Neque enim in iisdem ita insistimus ut cultum et honorem debitum ibidem circumscribamus, sed nec in alienos a pietate fines et diversos diffindimur; sed per conspicuam, differentem et divisam eorum venerationem atque cultum, modo quodam sacro et divino ac indiscreto, ad illam, quæ est indivisa, unica, unita et unionem procurans divinitatem deducimur.

20. Ad hunc modum et venerabilem crucem adoramus, in qua Domini corpus extendebatur, unde sanguis ille ebulliit quo mundus mundabatur: ligni autem natura illius stillicidiis irrigata pro morte vitam haud senescentem egerminavit. Ad hunc modum crucis adoramus effigiem, per quam agmina dæmonum effugantur, morbi autem varii persanantur, nimirum illa gratia et potentia quæ prima vice operata est in exemplari, usque ad imagines et repræsentationes cum eademmet vi et operatione progrediente. Singula igitur ista, hoc est, Christi imaginem, et ipsammet crucem, et figuram crucis, pari modo reverentia et adoratione consecrantes, non tamen ita cu.tum circumscribimus, et ad eadem terminamus, sed ad illum referimus, et in illo sacrate statuimus, qui per et propter humani generis amorem abundantissimum et inexplicabilem incarnatus fuit, et sponte sua et voluntate maledictam illam mortem nostra causa subiit. Ad eumdem morem sanctorum basilicas, sepulcra, reliquias, fidelibus curationes exuberantia, fideliter veneramur; Christum nimirum Deum nostrum, qui sic eos glorificavit, honorantes et laudibus prosequentes. Quod si solemnes nostræ et sacræ festivitates et sacrificia mystica aliquid hisce simile in se complectuntur, per virtutem illius gratiæ quæ inibi operatur, in eo ipso originalem et principalem beneficii causam tum recognoscimus tum glorificamus. Atque hanc ob causam sacer ille et Deo plenus sanctorum Patrum et beatorum consessus, non modo (quod diximus) Christi, verum etiam intemeratæ, semper Virginis Dominæ nostræ Deiparæ, et sanctorum omnes imagines, juxta gradum et proportionem excellentiæ et venerationis prototyporum, coli et adorari, communi suo suffragio et dictamine ratum et firmum veluti futurum consignarunt. Etenim per ipsas ad contemplationem quamdam unientem et compaginantem sursum ducimur, et per easdem digni fimus qui cum summo desideratorum omnium per divinam et supernaturalem copulationem aduniamur. Hæc autem sapienter admodum et secundum Dei beneplacitum decernens synodus determinavit: atque ita depulsis hæreseos morbis et immunditia a grege ratione prædito, nobis Ecclesiam repræsentavit in recuperato suo ornatu et pulchritudine conspicuam, et tanquam sponsam, non quidem bullis aut clavis ornatam aureis, sed sacris redimitam et resplendescentem imagunculis, a Christi sponsi dextris constitutam, universæ fidelium multitudini lætis et jucundis oculis aspiciendam et lustrandam exhibuit.

21. Est hæc nostra Christianorum pura, defæcata et inculpabilis fidei confessio: est hæc a divina sapientia profecta mystagogica institutio immaculati et sinceri nostri cultus, et venerandorum quæ eo tendunt mysteriorum: secundum istam ad occasum usque et exitum vitæ nostræ sentientes, credentes, conversantes, ad usque orientem Solem intelligibilem incedimus: quo pervenientes, multo evidentius et perfectius radiorum splendore et claritudine, sine ullo occasu, perfruemur. Hanc porro fidei confessionem, et vestram, par est, a Deo custoditam prudentiam, dum nostram pietatis sortem intuetur, sincero affectu, recto judicio, fide inconcussa nec vacillante, susceptam semel adamare, nec ab ea vel latum unguem, ad dextram vel sinistram, declinare. Hanc siquidem prædicarunt apostoli, hanc universales synodi censuerunt observandam. Atque ideo non te tantum oportet in hac versari sententia, ad hunc modum Deum magnificare, sed et illos qui tibi parentes subsunt, ad eamdem veritatem amplectendam quasi manuducere, in eadem fide perfectos consummare oportet, nec quidquam hac cura et cogitatione prius vel antiquius habere. Spectat enim revera ad officium principis, non sui ipsius tantum salutis habere rationem, verum et pari cura et providentia populo sibi concredito prospicere, ut ad ejusdem Dei eamdem cognitionem et perfectionem manu perducta devocetur. Noli igitur committere, ut nos spe nostra excidamus, ad quam tua nos inclinatio in virtutem et obedientia facile invitavit. Noli, quæso, labores illos et certamina, frustra nobis suscepta redarguere, et inanes reddere, quos summo cum gaudio in tua salute procuranda exantlavimus. Noli incipere cum alacritate summa divini præconii voces suscipere, et cum te talem præbueris aliquantisper, illud tuum studium convertere in ignaviam: verum finis initio correspondeat; vitæ conversatio fidem exprimat, et dum tuam potestatem omnium oculis et linguis usurpandam exhibes, in communem et generis et patriæ utilitatem, meum de te gaudium et animi solatium semper indeletum custodito.

22. Sed vide demum, quæso te, o tu mihi dilecte in Christo et spiritualis fili, et si quid aliud eximium usurpari potest et excellens nomen dignum paterno illo quo te amplector affectu; vide, inquam, et adverte quot adversus acies malus ille dæmon contra pium, solum verum Christianismi cultum instruxerit: hæreses nimirum plurimas, tumultus, pugnas, contentiones, prælia concitavit. Vide autem quemadmodum Christiana pietas ista omnia fudit fugavitque, et clarissimum inde triumphum reportavit. Nec te subeat admiratio, dum mente revolvas contra illam susceptas machinationes et insidias. Imprimis enim nequaquam victoriam tam illustrem, potenter partam et gloriosam reportasset Christiana pietas, si cum nullo congre-

deretur adversario. Deinde et illud facile intelligitur, quod ubi validius malus ille bello petitur, ibi et ipse sua iniquitatis tela fortius emittit, et machinas adaptat suas. Et certe inter alias gentes, eo quod nequaquam serio contra ipsum bellatur, nec ipse in adversum armatus adeo tendit. At populus qui a Christo sortitur nomen, natio illa sancta, regale sacerdotium, eo quod per fidem prævalentes, quotidie contra improbos ipsius actus et instituta decertant, et ipse quoque sexcentas insidias, diversas vias excogitat et machinatur, ut vel saltem nonnullos supplantare atque ita Christi Ecclesiam mœrore afficere et tristitia posset : utcunque tandem incepta omnia et impia illa machinamenta in ipsius dedecus conversa desinent. Sed et aliæ nationes dogmata sua et doctrinam indistinctam et confusam habent, nec quidquam apud illos defæcatum reperitur aut cum cura exasciatum. Hinc est quod nihil videatur inter illas distortum. Verum in illa mundissima, sacratissima et accuratissima Christianorum fide, propter summam ipsius puritatem et impermistam simplicitatem, propter rectitudinem et delectum quo præfertur cæteris, si quis vel tantillum in ea a rectitudine declinans, innovatum aliquid subintroduxerit, continuo quod obliquum est et adulteratum, si ad rectam veritatis rationem exigatur, et apparet et convincitur. Neque certe pati potest generosa illa indoles doctrinæ sanæ, ut spuria dogmata vel tantillum temporis sub uno secum nomine delitescerent. Quemadmodum enim in corpore pulchro vel minima labecula aut macula quæ adhæserit, cerni potest et citius animadverti, eo quod a reliqua discrepet pulchritudine, si ad eam componatur : ast in deformibus et visu turpibus, quæ turpicula sunt, non tam cito et facile deprehenduntur; nam per deformitatis similitudinem et congenerem formam latent : ita quoque et in Christianæ religionis et fidei splendore ac pulchritudine accidit : si quis vel tantillum in illa immutatum perverterit, magnam operatur deformitatem, quæ ipsa et statim deprehenditur; cum cæterarum gentium doctrina, utpote dedecore multiplici referta et turpitudine, nullum plane sensum ipsius sequacibus admissæ turpitudinis vel notitiam suggerat. Quod ipsum eodem modo animadvertere licet in cæteris omnibus, etiam artibus et scientiis: nam in iis quæ constant exactissime vel minima aberratio facile discernitur; cum in vulgaribus multa negligantur, et nec in errorum censu reputentur. Ita se res quoque habet et in principibus, et in dignitatis gradu super alios constitutis, eoque magis quo pluribus imperitaverint : illi enim si vel leviter cespitaverint, exaggeratur, et magnum flagitium admisisse omnium judicio denotantur : cum tamen subditi et inferioris ordinis, si multoties similia plane admiserint, nulla notitia notantur, neque id egisse animadvertuntur, sed quidquid fecerint, una cum parvitate et contemptu admittentis, et ipsum celatum atque occultatum penitus evanescit.

23. In quantum igitur magnitudine, potentia, pulchritudine, accuratione, puritate, et omnimoda alia perfectione Christianorum fides et religio paganorum superat et transcendit pietatem, in tantum malus ille bellum contra illam furiosius concitatum gerit; in tantum etiam stolidorum et insipientium hominum delicta, ad id quod rectum est apposita, discernuntur; nec fieri potest ut vel tantillo temporis spatio obvelentur, aut modum clam et secreto ingrediendi sortiantur. Verum, quod in antedictis positum est a nobis, catholica et apostolica Dei Ecclesia omnia diaboli machinamenta nulli usui nec actioni esse et inservire declarat, quin et in ipsum machinatorem eadem convertit; ita hæreticorum blasphemias facile refutat, impudentiam pudore afficit, contra omnes et omnia potestatem inexsuperabilem et invictam habens, triumphis in salutem mundi ductis, gloriosissime exaltatur.

24. Tu ideo (o quo te nomine designem, ut meum explicem in te animi affectum et desiderium?) divini Spiritus splendore mentem habens irradiatam, et ad lucem sublatus rectæ pietatis; et opus ejusmodi operatus quo ad Constantini illius Magni actiones subveharis, imitare adhuc primitias illas mentis, consilii, sapientiæ tuæ : consiste validius super petram fidei, in qua pulchre per Dominum fundatus fuisti : superædificato actiones bonas, emendatæ vitæ gravitatem, super fidem orthodoxam : noli superstruere ligna, fenum, stipulas, materiem peccati combustibilem ac conflagrationi tantum, nulli autem usui præterea, inservientem; sed aurum, argentum ædifices, et pretiosas recte factorum res. Hæc siquidem per tribulationes explorata, puriora redduntur, et pretiosiora apparent.

25. In mandatis Christus communis Dominus noster et magister hoc dedit, fructus nimirum virtutis proferre, nec fidem per opera pudefacere. Ad hunc modum Paulus magnus ille magister Ecclesiæ consilium dat ; ita suadet Petrus apostolorum coryphæus, cui claves et ingressus portarum cœlestium concreduntur ; sic et reliquus apostolorum chorus orbem terrarum informavit : hoc Patres nostri traditum susceperunt; ad hunc modum nobis posteris tradiderunt : hoc tibi nos suademus, et consilium damus, nempe ut fidem illustres per actiones, et fide reddas actiones speciosiores. Vellem ego quidem in rem præsentem esse tibi, et tuarum actionum regimen in me suscipere, eo fine ut per oculos bonorum tuorum operum cognitionem actu ipso usurpans, majori gaudio repletus sim et jucunditate ; et si præter rectam agendi rationem aliquid tibi excideret, retrahere continuo et reformare possem, nullo negotio correctionem adhibens : verum cum voluntati non respondeat possibilitas aut facultas, et impetum multa sint quæ interceptent atque reprimant, quod unicum mihi relictum est ut præstare possim, scripto, quod pollicitus sum ab initio, admonitiones conabor delineare.

27. Deum esse sincero affectu adamandum atque

colendum, diligendum nobis congenerem hominem et amplectendum, quasi insita quædam hominibus cognitio suggerit : dum autem voluntas cum cognitione non conspirat, necessario factum est ut notitia illa communis tanquam legis dictamen scripta traderetur. Porro, quod in Deum sincerus amor, et dilectio proximi, et illa quidem perfecta, cæterorum mandatorum in se contineant actiones, haud certe difficulter e re ipsa intelligi potest. Sed et docet hoc insuper verbum illud Domini, quo censebat : *In duobus hisce præceptis tota lex suspenditur et prophetæ* [54]. Qui enim divinum sibi amorem impectoravit et vicinum diligit sicut ipse se, patrem quidem et matrem excellentiori quodam modo complectetur, et post Deum præcipuo honore prosequetur; a sanguine porro et cædibus consanguineorum puras sibi manus conservabit, sed et linguam porro et cogitationes ab ejusmodi omni dispositione mundas : adhuc, nec furabitur qui talis est, neque enim unquam illum spoliasse invenitur aliquis quem diligit, cui custos apponitur; sed nec alienum irrumpet thalamum; nec falsum jurabit juramentum, nullum dicet falsum testimonium contra vicinum suum, neque dabit initium injuriarum; non pugnis cædere, non conspurcare maledictis aggredietur; non tyrannice concupiscet ea quæ pertinent ad vicinum suum. Qui enim quid istiusmodi attentaverit, uno actu utrumque violat, amorem nempe in Deum et Dominum, et erga cognatum sibi affectum : hunc enim adoritur ex insidiis, et malis circumscribit; illum vero despectum et contemptum habet. Patet autem omnibus, quibus se poenis, quam gravibus subjicit et ineluctabilibus. Si enim qui mandata transgreditur humana, et imperium despicit sibi præsidentis, condemnationem non effugiet, sed et capite quandoque peccatum luit; is profecto qui per vim oblatam et insidias structas in conservum suum, omnium rerum Dominum, regem et opificem inhonorat et nihili facit, verum leges ab eo latas ludibrio habet et lubentiæ exponit, qualem, par est, ut subeat poenam? Oportet igitur omni modo, omni cura et diligentia, hæc mandata una cum inculpata pietate et sincera religione conservare. Neque enim aliter partem habere possimus cum fidelibus et Deo charis, nec regni cœlorum digni judicabimur.

28. Enimvero cuilibet mortalium hoc incumbit, ut omnem exhibeat suam et quidem extremam potentiam in his conservandis. Spectat hoc ad principem æque ac ad subditos, juvenes et ætate provectiores, divites et pauperes : nam communis est natura omnibus, communia hæc mandata dantur, communi cura et sollicitudine custodienda. At quæ spectant ante alia ad informandos principes, quæ magis par est ut tua observet potestas, unde tibi major accrescet experientia, illa tibi in procinctu sum suggesturus. Principem enim oportet multiplici præditum esse probitate, cum alia tum imprimis illa quæ morum spectat pulchritudinem, unde illud adagium dicitur : Magistratus virum indicat. Et : Quemadmodum aurum probat acies lapidea, ita et humanam mentem actiones cum imperiales, tum subditorum dispositiones discernunt.

29. At tu mihi sedulus auditor adsis, nec auditor tantum, sed et operator actionum bonarum et admiratione dignarum. Principium porro a Deo et divinis arcessemus. Oratio igitur connectit Deo hominem, eique familiarem reddit. Est autem illa cum Deo collocutio et congressus quidam intellectualis, qui est omnium rerum pulcherrimus, et pretiosissimus. Ab illo emanat substantia omnis et consistentia; ab illo providentia et bonorum exhibitio; perfectio omnis, et affectuum omnis emundatio. Quocirca si ab oratione nulla alia utilitas egrederetur, istud tamen unicum apud homines Deum diligentes et videndi curiosos instar omnis alterius oblectamenti, omnis quæ in vita contingere potest beatitudinis et felicitatis, esset abunde suffecturum. Ast cum per eamdem peccatorum obtinemus remissionem, et quidquid nobis conducibile sit recipimus, donis donati optimis, et perfectos facientibus recipientes, necnon in se speciosissimis; ad operandum ea advocamur quæ inexplicabilia omnia nobis conferre solent : per gratiarum porro actionem, quam in precibus expedimus, benefactorem quasi remuneramus, et tanquam quasdam illi primitias offerimus, præsentes animi nostri affectiones et motus, doxologias quoque ab intelligibili nostra et rationali natura resultantes. Cum igitur tot et tanta per orationem procurentur, quomodo non æquum sit ut nos alacriter in illa extendamus, eam vehementius depereamus et omni modo amplectamur?

30. Orato igitur indesinenter privatim et apud te Deum : sed et palam et una cum multitudine orato. Certe per utrumque orandi modum, ut Deum amantem decet, observatum sanctificatio habetur. In quantum vero prius illud ad mentis tuæ conducit puritatem, in tantum id quod ponitur secundo loco, intuentes in imitationem vocat. Et alterum quidem privatis commodis inservit, alterum insuper conducit et alienis. Illorum porro salus et in virtute progressus illustre admodum testimonium virtuti imperantis perhibet.

31. Templa Deo et sanctis ejus secundum leges ædifica ecclesiasticas : eo populus convenire in cœtus assuescat, in eum finem ut communibus votis Deum propitium facientes, et communiter doxologiam ei offerentes, ita magis cum in communem concordiam coalescant, et communem referant cum salutem tum etiam alias utilitates.

32. Sacrificia sacrata nostræ religionis spectant ad sacerdotes : quibus si libenter te accommodaris, et oblationes tuas dederis, et benevolentiam ex eo facto, et simul gratiam inde non vulgarem repor-

---

[54] Matth. xxii, 40.

tabis. Poteris autem, modo animus adsit, et tute per te pulcherrimum Deo offerre sacrificium et delectabile, si vitam ipsi puram et animum rectum pulchre obtuleris.

33. Ad rei vero totius publicæ administrationem cum intelligas plurimum conferre mentis valentiam et agilem dexteritatem, noli curam hanc obire negligentius. Et certe prudentiam in procinctu non habebit ille qui non est a natura ad illam comparatus. Meditatio sedula, experientiaque rerum, quæ cognitionem ad manum suppeditant, non raro virum usu exercitatum faciunt multo acutius in procinctu videre quam alios quibus a natura hæc facultas concessa est. Quocirca providentiam decet exercere per totum totius vitæ cursum. Acquiritur illa autem dum recolimus et meditamur res olim gestas, dum congressum affectamur et familiarem sermonem prudentium in vita exsistentium, dum rerum quotidianam experientiam colligimus. Actio enim acquirit vires per imitationem, consilium et operationem, atque ita divino non adversante auxilio in finem commodum conducit.

34. Habitum, figuram, motum corporis noli tanquam vilia contemnere. Ordo enim in illis qui est optimus observatus, et dispositio præclara, non minima videtur esse prudentiæ portio. Illi autem quibus non est positum in proclivi vim, facultatem, pulchritudinem in animo delitescentem intueri, facile ducuntur externis spectaculis, et rerum oculis non subjectarum exinde amatores exsistunt et præcones. Ideo decet vultu bene disposito, coma exornata, vestitu et amictu gravitatem præ se ferre et decorem : non ad mollitiem vel curiositatem deviare, nec ultra quam par est ad neglectum transferri. Dedecet enim utrumque et contemptum parit, et abhorret a principis viri ratione et statu. Sed et principem decet incessus bene compositus : nam nec moveri debet dissoluto et muliebri motu, neque rursus novitatem affectare per confertum, perturbatum, disparem ingressum, omnis autem corporis motio ordine omnino disponatur.

35. Cavenda est et in sermone velocitas. Est autem illa forsitan alicujus usus in contentiosis et eristicis congressibus, nec virum dedecet generosum : sed stulta est et periculosa, adhibita si sit in colloquiis familiaribus : in mandatis dandis, politicis præsertim et rem spectantibus communem, humilis est et nullius pretii. Exaccurate dicere, celeriter perficere actibus, sermonibus, motibus, cum decore versari, divinæ sortis illum esse et ultra communem arguit qui ita comparatus est. Verum raro admodum et difficulter contingit ut simul omnia in unum conspirent : moderatio ornata, gravitas visu digna, cum pondere quodam et cautione conjuncta, ea possidentem conspicuum cum jucunditate quadam, et ornatum reddit ad imperandum, et, si quid vulgus quod optimum censetur adamare queat, placitum. Volubilitas vero sine ulla dispositione vel ordine furiosum quiddam et insanum videtur : sæpius aberrat a recto, etiamsi aliquando prodesse poterit vehementer. Tarditas cum confusione, stultum quid, imbelle : aberrare videtur plerumque, et quidem in magnis, licet interdum aliquid perficiat boni : sed illud tenue et nullius pretii, quodque non aliter habeatur bonum, quam collatum ad cæteras ejus actiones.

36. Risu disrumpi, cum deformitate vultus et morum dedecore, constantiam et gravitatem contumelia afficit.

37. Immunis sit cum auditus tum etiam lingua a turpiloquio. Quæcunque cum voluptate quis audire gestit, illa eadem effari non pudefit : et quæ quis dicere non erubescit, certe nec erubescet perpetrare, cujus rei ita edidit demonstrationem. Omnino caveas ne lingua prolabaris, sæpe enim vel levissimo sermone lapsa, ingens intulit detrimentum, et certo de capite periclitata est, jecitque aleam.

38. Aures præbe patulas injuria affectis, clausas contra ad afficientium injuria lenocinia et probabiles inductiones.

39. Labia accusatoria et sycophantica aspernere : nam non raro et liberos furere in parentes, et parentes in liberos, adegerunt, vitæ vincula et connexiones disruperunt, et in se invicem consanguineos excitarunt. Quid autem illa minora commemoro ? vel unica sycophantæ vox civitates et domos integras subvertit sæpe.

40. Ne sis in amicitia ineunda velox ; initam vero omni modo nexu conserva indissolubili, totum in te proximi derivans onus, nisi forte cum periculo tuæ animæ jungatur. Certamina et discordiæ inter amicos in contemptum adducunt universum hominum propositum et dispositionem : nec culpæ tantum obnoxii, sed et sine culpa qui sunt, in eamdem suspicionem trahuntur. Illorum fruere amicitia qui cum aliis sine fuco sinceram semper amicitiam custodierunt ; qui nec oculo invido intuiti sunt florentes, nec positos in adversis neglexerunt. Exstitere multi qui tulerunt opem afflictis et auxiliati sunt amicis, at felicitatem in prosperis eorum ferre nequivere : quos neutiquam redarguit oblata commiserandi occasio, illos affectus invidiæ palam fecit. Habe ergo tibi amicos non malos sed optimos. Certe qui in amicos eliguntur, mores et dispositiones propalant ipsos eligentium. Per probos et honestos, si quis in aliquo lapsus sit, tacite in amissum locum reducetur : improbi bonitatem qua quis præditus est depopulantur. Probi, si quid desit de virtutis mensura, e suo penu supplendo, defectum tollunt et resarciunt : sed cum improbis conversatio, quidquid boni sit reliquum, declarat esse adulterum. Noli ab amicis libenter ea quæ delectent audire, potius autem cum veritate juncta : si enim inimicis ne verum quidem dicentibus fides adhibenda, et id quod verum est ab amicis deperiit, eo quod id quod dulciter arridet tantum proloqui voluerint, unde erit ut in veritatis cognitionem, ad illam conversi, deducamur ? unde ut ab iis discedа-

mus quæ nos parum pie interdum dicimus vel facimus? Existima idcirco plurifariam differre assentatores ab amicis. Illi coram laudantes et in os, nullo sensu te affici permittent eorum quæ sunt a te minus recte gesta; apud alios autem calumniando, majora esse quam sunt revera clamabunt: amici vero, reprehensione sua amica, peccatum ut videre possis melius, efficient; quod si opus sit apud alienos de eo verba facere, non illi accusationem sed apologiam meditantur. In quantum igitur virtutis exercitium progressum in malis antecedit, et satius est apud subjectos criminibus absolvi quam accusari, in tantum te oportet benevolos omnibus adulatoribus anteferre.

41. De secretis, illa quibus in te virtutis studium augeatur amicis imperti. Sed quæ judicium depravant, illa nec actites, nec apud amicos deponas. Est hoc quidem optimum factu sine ullo alio respectu. Quod si, ut fit in humanis rebus, amicorum satietas te ceperit, hic scio id quod utile est admonitioni præferes. Malum enim si quid in secretis fuerit, tunc imprimis mentem et cogitationem hominis conscii alicujus subiens, tumultu implet, quantocius certe neci gravate recedit ab amicitia, ita ut nec admittat revertendi aut respiciendi animum. Propalam vero idem factum magno tibi futurum est dedecori, et in eum qui palam fecit, implacabiliorem faciet. Bonum vero quidvis illum qui est conscius non patitur ab amicitia divelli, cum virtutis fortissimo vinculo constringatur: et ad laudem optimæ tuæ et præclaræ voluntatis, animo cum sit repræsentatum, excitabit adhuc magis, neque tu qui tibi scilicet eorum conscius es, ægre persuadeberis illum, si quid perperam commissum est, ad familiarem iterum congressum et fruitionis desiderium admittere. De amicis igitur semper optime loquaris et persuasus sis, absentibus præsertim, idque coram aliis: ita et suspicionem adulandi evitabis, cum nec vel leviter impressum apud te vestigium illius vitii residere persuasum dabis, et amicis quæ grata et accepta sunt facies. Præsentes enim opinabuntur te eumdem erga ipsos futurum alias, quem agnoverint ipsi erga absentes te fuisse.

42. Ad hunc modum ubi te amicis communiveris, eris in illos qui contra alios tum etiam in rempublicam deliquerint, implacabilis; sed commisericors in eos qui te offenderint. Ita enim fiet, ut recte in republica procedant leges, et bene cognita et perspecta erit illa cura et sollicitudo quam erga subditos geris. Ita quoque fiet, ut intelligatur quam humanus sis, et bene animatus, qui mores regem cum deceant, in te erunt prædicabiles. Tyranni plerumque negligant et insuper habent injurias communitati hominum atque aliis irrogatas, sed suas ipsorum proprias rigidissime solent vindicare: regem vero, qui secundum justitiam imperium administrat, decet suas injurias humaniter condonare, sed communes et aliis irrogatas cum justitia reformare et disponere.

43. Ut magnam is meretur laudem, qui cum summam habeat lædendi potestatem, justum tamen se exhibet; ita multo vituperio dignus, qui cum nulla re indigeat necessaria, manus tamen rebus alienis injicit. Indigenti siquidem excusatio est paupertas, licet non admittenda, si deliquerit contra justitiam: sed qui, cum potestatem habeat, nec ulla re indigeat, injuriam facit, prorsus est sine omni excusatione.

44. Quanto quis majorem potestatem obtinet, tanto majori virtuti debet is præcellere. Qui contra facit, tria simul admittit improbissima: se perdit ipsum; intuentes ad peccandum allicit; Deum facit blasphemari, qui tam improbo tradidit potestatem. Quocirca decet unumquemque malum declinare; sed ante alios, eos qui sint cum imperio.

45. Ita ergo subditis tuis impera, ut nequaquam tyrannidi, sed eorum confidas benevolentiæ. Est enim benevolentia et longe excellentius et multo tutius firmamentum quam metus. Illud autem acquiritur virtutem possidendo, et labores curamque erga subditos impendendo. Ita fiet ut vitam vere vitalem et regiam agas ipse, atque illos dum tutos et incolumes præstas ab insidiis et calamitatibus præter jus illatis, gloriam tibi paratam immortalem conservabis.

46. Leges exactissime latas laudato et amplectere. Illas porro intuendo, vitam tuam dirige: noli autem juxta illarum legum calculos pœnas inexorabiles subditis tuis irrogare; potius autem clementioribus institutis illos eruditos rege. Ita fiet ut, dum exactam in teipso rationem inis, metuendus videberis delinquentibus, neque tamen subditis intolerandus.

47. Vim imperii obtinere oportet non puniendo, sed opinionem fovendo severitatis. Hanc morum procurat stabilitas, gravitas et sedula observantia. Pœnas infligere frequentiores iracundi potius quam prudentis est. Illi enim facile ad puniendum descendunt, cum per defectum moderationis mulcere homines nesciunt. Quorum alterum tyrannus, alterum is solus qui imperio dignus faciet: cujus virtus est præcipua, non perdere, sed meliores reddere suos subditos.

48. Sunt qui pronuntiant ad officium regis imprimis pertinere, rempublicam e parva magnam facere: mihi potius videtur, ex improba probam constituere. Illud enim interdum occasionis cursus præstat: hoc nullo modo contingere potest nisi per optime imperantem. Hunc tu si imitatus fueris, tuis præclaris factis rem subditorum communem virtute promovebis.

49. Mœnia sicut ruinam minitantia, urbem in contemptum ducunt, licet alias pulchre ædificatam interius, aeris salubritate, et rerum venalium ubertate præstet: ita quoque et impii apud principem, una cum ipsorum, et ejus etiam vitam vituperari faciunt: nam quisquis illorum nequitiam experitur,

eum in cujus sunt satellitio, ipsis omnino similem arbitrabitur.

50. Nullius improbitatem commendes, licet inde videatur felix esse : nam hoc modo ad majorem improbitatem provocabis, et suspicionem creabis probabilem te tantum opperiri occasionem ut illi similis fias. Certe qui nondum data justa occasione affectum se ostendit erga illa quæ commendat, nihil ille non effectum dabit ut primum occasio justa inciderit.

51. Mores principum legis vice sunt apud subditos, quocirca cum delinquant homines, causam rejiciunt in imperantem. Quo te ergo nexu obstrictum teneri putas, ut omni ope operaque virtutem colas, et bonis factis agendis invigiles?

52. Actionem quamcunque consilium præcedat. Sunt enim lubricæ et periculosæ, quæ sine consilio peraguntur. Quod si quid forte successerit bene, nec quidem injuria aliunde censebitur evenisse potius quam ab impetu et fortuita ejus operatione qui plerumque solet aberrare.

53. Quæ multorum manibus, et continuo operantibus, haud perficiuntur, illa unico consilio unius et semel actu eventum sortiuntur. Itaque rectum consilium multorum manibus prætuleris.

54. Adjuvassit pœnitentia providentiam. Si quæ igitur illum latuerint et effugerint, hæc resumpta et recollecta resarciat et conservet.

55. Est invidia cujuscunque animæ morbus ingens, sed præ aliis viri cum principatu exsistentis. Necesse enim habet illos tanquam hostes intueri, propter innatam ipsis virtutem, et ex insidiis velut hostes adoriri, quos vult et debet adhibere cooperantes ad suam ipsius et reipublicæ felicitatem constituendam. Quo quidem nihil vel perniciosius vel stultius esse queat.

56. In quantum vitanda est invidia, in tantum annitendum ut invideamur. Et hoc imprimis principi convenit, quem non est proclive malevolis ut lædant. Quod si autem comprimenda sit invidia (est enim bellua audax imprimis et versipellis), impressiones ejus eludere oportet, non virtutem minuendo, sed moderatione animorum, et per quamdam diminutionem subtractionemque ostentandi potestatem, et declarandi superioritatem in rebus non nimis necessariis.

57. Cum sibimet ipsi quis imperaverit, tum se suis subditis imperare putet cum effectu. Ubi enim illi viderint cum qui ipsis præest, affectibus suis imperantem, voluptatibus dominantem, libenter se et cum desiderio subjicient imperio ejus : quod si voluptatibus et affectibus suis servire viderint, servo subesse non patientur.

58. Judicem illum optimum arbitrare, qui justitiæ naturam et conditionem celerrime valet animo apprehendere, et intellectam ordine producit in apertum; qui celer ad opitulandum accedit injuria affectis, delinquentes tardius punit; qui non corrumpitur auro, nec inflatur potestate; qui vincit iracundiam, nec clementia vincitur; qui affinitatem solam, amicitiam, popularem auram non aliter agnoscit quam cum justitia judicando, solum injustitiam a se alienam, inimicam sibi et ignominiosam arbitratur.

59. Erga cognatos et affines noli esse abalienato animo, levi de causa et incerta. Nam utcunque subesse possunt latentes causæ quæ jure excusent abalienatum, illi tamen quibus sunt incognitæ, non in illos conjicient culpam abalienationis, sed tuam accusabunt omnino levitatem et mentis infirmitatem.

60. Principem non tam excolit virtus bellica et salvum præstat, quam benignitas et pius in compatriotas affectus. Multi, rebus bellicis præclare administratis, domi propter truculentiam per suos interierunt, multi per suos servati redierunt, quos bene captivos fecerunt hostiles copiæ, neque enim vitam illi suam principis saluti prætulerunt.

61. Illos oportet cum magistratu constituere, qui virtutum omnium copia instruuntur : quod si non omni virtute, justitia saltem instruantur. Quidquid enim deliquerint magistratus, odium et ira a populo concepta, eapropter in illos redundat per quos erant constituti.

62. Multis modis principem oportet subditorum mentes explorare, ut participes eos ita adhibeat cum amicitiæ, tum imperii, ac etiam consiliorum suorum : eorum scilicet imprimis quibus in sua ipsius privata familia ordinanda utitur; secundo, quibus ipse cum uxore, liberis et servis se impertit; tertio, quibus utitur erga amicos; quarto, quibus cum vicinis agit; quinto, quibus inimicitias exercet, et vim illatam depellit, vel pacem stabilit et reconciliationem. Sufficiunt autem ista ad naturam hominis cujuscunque patefaciendam, ad demonstrandum, nihil in illo prætextus, nihil hypocriseως esse, cujusmodi in scena solent observari.

63. Tum judicium optime in alios exercebis, cum tuas ipsius actiones contemplatus, sub judice propria conscientia uniuscujusque actus rationem exegeris, et peccatorum institueris correctionem. Siquidem enim alios si redargueris, cum iisdem ipse criminibus tenearis, necesse est ut erubescas. Quomodo rursus illos affectos iri putas, cum te qui nulli rationem reddere teneris obstrictus, severe tamen exercentem judicium intuebuntur?

64. Præclare gestas res collaudato, nec verbis tantum collaudato, sed ipse res pariles operando, et illos aliis anteferendo honorandosque declarando qui talia imitantur : quorum alterum cuicunque homini, alterum competit ei qui digne imperat.

65. Omnium omnino curam adhibeto moderatorum hominum, ita ut commendatissimi sint, et digno ipsis honore præmiisque fruantur; minime autem talium, in eum finem ut ad bonam frugem deveniant, et immunes sint a pœnis per leges infligendis, nec infamia notentur. Hoc enim revera

spectat ad officium ejus qui secundum leges cupit imperare.

66. Subditorum lites in hostes diverte, atque ad certamina pro patria subeunda transfer; tyrannicum est populum ad seditiones concitare, cum securitatem suam tyranni statuant in discordia et interitu populari: regium est autem, subditorum concordiam immotam conservare, cum in salute subjectorum potestatis eorum fulcrum statuatur.

67. Princeps ut adversus injustos terribilis esse debet, ita custodiam suscipere innocentum oportet, et eos qui secundum leges vivunt sartos tectos præstare.

68. Tria sunt quæ tangunt homines, pœna, vituperium, laus, sed et insuper, si placet, beneficentia. Pœna digni sunt inimici; vituperio, cives qui exorbitant in quibusdam, laudandi et beneficiis cumulandi, qui rebus bene gestis inclaruere. Quod si quis eo progreditur, ut quæ hostes facerent, et ipse audeat, eosque imitetur, hostium ille pœnam in se transfert. Quod si quis mutaverit ordinem suum et locum in quo constituitur, ultra etiam hostes inimicus habendus reipublicæ. Proditor est, qui beneficiis hostem afficit. Civitatem perdit, qui laudibus improbos attollit; nam cives ad male agendum stimulat. In quam ipsam deformitatem civitatem et is adducit qui recte incedentes inhonorat.

69. Difficile quidem metum amori immiscere. Amantes enim omnino sunt absque metu: qui timore percelluntur, amare nolunt. At tu tamen divide: teque ita compara ut ames optimos; neque enim hic opus est ullo metu. Reliquos necesse est metu terreas, ut a male agendo se abstineant. Metuent porro, si te videant semota iracundia punientem, et tanquam parentem informantem; si te animadvertant minime libenti animo punientem, rebus autem adversis et infortuniis sine aliquo prætextu, sincere, opem ferentem.

70. Qui naturæ dona in improbitatem convertunt, et non ad auxilium vicinorum, cum naturam spernunt, tum creatoris erga ipsos munificentiam in contumeliam ingrati pervertunt.

71. Quemadmodum turpe est et sordidum, plane plebeculis ad voluntatem obsecundari, et nimis familiariter se gerere: ita lubricum est et periculosum, superciliosum semper et tumidum apparere. Extremitatem ergo utramque fugere oportet, et medium tanquam virtutem consectari, suas partes cuique tempori congruas tribuendo.

72. Juramentum proclive, perjurium est stans in procinctu. Certe nec mores bene constitutos nec animum decet generosum, jurare. Vir etenim gravis et magnanimus pudefiet, si verba sua fidem non mereantur absque juramento, et conversationi suæ injuriam inuri: ita ut conjunctum sit cum utilitate et nostra cura, quod lege divina prohibeamur omnino jurare.

73. Beneficiorum semper memor esto; quæ beneficeris statim oblivioni trade. Illud enim bonitatem et probitatem animi indicat, hoc autem magnitudinem et puritatem; dum purum etiam præstat beneficium.

74. Beneficia exprobrari vel infortunium alicui, et levitatem indicat et inhumanitatem.

75. Fraus semper profitetur imbecillitatem: sed eadem erga amicos adhibita extremam indicat nequitiam et summam improbitatem: adhibita in hostes et inimicos, etiam improvidos, non longe abit a stratagemate. Tractatu autem habito de fœderatione, si ab illa non abhorreant adversarii, a fortitudine et probitate alienum est, fraudem adhibere. Quocirca qui fidem tibi adhibeant, ne si sint hostes, noli circumvenire: utcunque enim hostes sunt, is tamen qui fidem sibi adhibentem fallit, deceptor est et planus plane.

76. Proditorem dum prodit plerumque amant mortales; ubi autem prodiderit, odio habent. Tu autem inquire, an insidiis is petitus et circumventus a suis intrinsecis et urgentibus passionibus, proditor exstiterit. Si enim ita sit, non est desperandum quin vir probus et honestus exsistere possit: quod si nihil tale sit, eum et tui proditorem futurum arbitrare. Est enim humanum, eos qui nobis injuriosi exstiterint velle ulciscisci; sed sine causa rem tam impiam exordiri, insanabilis cujusdam est improbitatis.

77. Aurum quaqua versum res humanas ducit. Quocirca mores patrios inculpatos observa: nec non id age, ut omnes videant et intelligant aurum, præpotentem illum insidiatorem, nihil apud te posse, contra amicos.

78. Quæ tibi ipsi acciderint, forti et grato erga Deum animo tolerare decet: subditos autem si quid male habuerit, noli esse sine sensu, sed cum compassione una cum illis tolerato. Illud enim tolerantiæ et animi fortis est: hoc incuriam arguit, nec dignum est imperatoria cura et providentia.

79. Lex divina et erga homines charitas jubet, ut congeneres nobis tanquam hostes ne ulciscamur: sed et magna exinde rebus nostris utilitas accessura est. Nam si vindictam sumpseris, plus in te hostem irritaveris; cum qui beneficio afficiet, vel pro hoste amicum reddiderit, aut saltem modestiorem hostem.

80. Si quid aliis promiseris, ne videaris velle non implere. Quod si enim infidus vel in quibusdam reperiaris, in universum tuis moribus diffidere facies alios: et quos sic fuco facto illuseris, ad par pari referendum armabis. Quocirca decet omnes mendacium vitare, præsertim vero qui cum potestate sunt. Alii enim se ab impossibili, vel alio quovis modo, excusabunt: principes autem natura mala præditi esse existimabuntur, nec remanebit alia ipsis excusatio.

81. Vehementiori cum asseveratione noli aliquid polliceri. Si enim steteris promissis, plurimum decessit de gratitudine per illam vehementem pollicitationem tuam; nam dispertitam ab initio atque

ita deminutam illam gratiam reddidisti: quod si non steteris, dupliciter inde verecundaberis: eo nimirum nomine quod tam attestanter promiseris, et eo quod nihil præstiteris eorum quæ pollicebare: atque ita pro amico videberis inimicus, eo quod de spe dejectos eluseris. Alioqui certum est promissa tam violenta et asseverantia illos decere quibus fides haud bene adhibetur; et certe non tam indigentiam quam curam et patrocinium susceptum redarguunt, et eo nomine referendas gratias.

82. Gratia dignus est qui naturam gratiæ et nomen veneratur, quique omnem cogitationem suam contendit conferre ut remuneret: beneficio autem veluti indignus est, qui bene merentem ingratiis remunerat; ita et dignus est cui excellenter beneficiat, qui bene illis fecerit a quibus retributionem non exspectaverit.

83. Ne quidem amicis contra æquum aliquid elargitor. Nam si homines bene morati sint, odio te habebunt potius quod leges violaveris, quam ob beneficium collatum exosculabuntur: si vero mali sint, duplici dispendio afficieris: nam et improbis benefecisti, et odium apud probos incurristi. Sed utcunque his carueris, gaudio privato et temporali æternum opprobrium permutasti, quod stultum plane esset.

84. Gratiæ per procrastinationes, temporum extensiones, velut ad senectutem quamdam devergentes, propria deflorescunt pulchritudine: excusso etenim promptitudinis flore, qui cum adesset splendidam quamdam et immensam pulchritudinem repræsentabat, nullo modo ne ad horam possunt oblectare.

85. Gratiæ dimidiatæ nequaquam gratiæ sunt: erunt autem, consummatæ ubi fuerint. Qui per partes tantummodo gratiam facit, ipsummet se damno afficit, nec accipienti gratiam facit: nam plus ille de eo quod desideratur dolebit, quam lætabitur de accepta dimidiata portione.

86. Qui gratiam alicui factam exprobrat, similis est colono qui libenter seminat, sed porcos et feras in sementem immittit. Perdit ille semen, et fructum e semine; perdit iste ea quæ contulit, et gratitudinem sibi ex iis efflorescentem.

87. Si ab initio beneficio affeceris, quos deinceps neglectu habes, noli putare eos sic beneficio affectos velle benevolentiam priorem conservare. Multos egomet expertus cognovi, qui multis et magnis suis collatis beneficiis confisi, nullam prorsus curam eadem deinceps continuare habuerunt: persuaserant enim sibi exhibitam ab initio liberaliter benevolentiam sufficere debere ad obstringendum perpetuo beneficiis affectos, nec temporis diuturnitatem debere oblivionem collatorum beneficiorum a semel bene de se meritis procurare. Qua in re spe delusi exciderunt, re in contrariam partem procedente. Neque mirum sane malos sic affectos esse animo: tales enim, ne quidem dum in manus ipsorum beneficia depluerent, linguis sincerioribus bene merentes de se remunerari volebant. Sed et alioquin apud eos quibus etiam probitas curæ est, videre possumus memoriam eorum quibus fruebantur, haud retinere: et utcunque benemeritis dum afficiuntur, benefactoribus grati exsistant, verumtamen si deinceps non pari modo afficiantur, priorem illam suam animi promptitudinem nequaquam retinent sinceram et illibatam; verum temporis decursu (cum influxu de novo non supplerentur) gratiam emarcidam habentes, quod in amore vehementius et splendidius habebatur, avulsum et deflorescens admittunt. At qui medio quodam more tenebantur, beneficiis affecti ad gratitudinem disponebantur; neglecti autem, ne quidem ipsi pudore deterrentur quo minus priorem animi affectum convertant in contrarium; eoque magis si alios viderint sibi dignitate prælatos. Nam nequaquam solent recordari eorum quibus ipsi prius bene erant affecti beneficiis, quanquam redamare eos par fuerat; sed quibus fruuntur vicini, solent ea contueri, quibus irritati gratias in ingratias solent commutare. Conducibilibus quocirca cuicunque principi est, cum in republica administranda tum in privata vita, subditos sibi suos demereri donis collatis particulatim, sed quandiu sint in vivis, potius quam semel, nequeid profusiori modo. Sed par est ut gratiarum multitudo magnitudoque iis potius irrogetur, qui pro salute communi ingens aliquod et excellens facinus perpetraverint, quam ut in eos impendatur qui rarissime nostra ope et auxilio indigere videntur.

88. Ira est voluntaria quædam ecstasis, et mentis a statu suo abalienatio: quæ enim furiosi quotidie peragunt, similia plane perpetrant per illud tempus illi qui percelluntur iracundia.

89. Ignis veluti nutrientem se materiam annihilat, ita et iracundia animam exedit quam obsedit, quin et non raro consummatam totius animalis perditionem operatur.

90. Iratus neminem, ne quidem justo licet, suppliciis afficito. Utcunque enim tulerit ille qui punitur, tu nihilominus vituperium incurres, quod improvide negotium illud obiveris. Quocirca perbelle dictum ab antiquorum aliquo fuit erga delinquentem: *Certe te punirem, si non irascerer.*

91. Cæca quædam passio furor est, nec discernere potest utile ab inutili. Irato nihil proderit admonitio: postquam vero deferbuit ira, adhibeatur medicina per correctionem, ita ut comitate condiatur. Nam nisi melle illita pocula medicantia ægris exhibere paulo amariora non solent medici; ita nec insipientium animæ redargutiones admittunt meraciores.

92. Quemadmodum celeritatem adhibere par est in remunerandis iis qui digni sunt, ita tardum esse decet in delictorum pœnis infligendis. Gaudentem oportet bonos honorare, condolentem vero supplicio afficere obnoxios.

93. Illi qui tibi fidem adhibet diffidere noli.

Si enim credentibus infidi erimus, qualesnam aliis videbimur esse, aut cum quibusnam suaviter et sine metu versabimur?

94. Esse et opinione usurpari non coincidunt. Quocirca apud quos opinionem sui obtinere videris, exsulare ibidem actionem reputa et essentiam realem abesse,

95. Turpe est illum qui viris imperat succumbere mulieribus, et voluptatibus subditum inveniri. In illa femina tantummodo non delinquit aliquis, quam vitæ, secundum leges, adjutricem sortitur. Cælibatus quidem divina quædam res est, naturam superans, majus quiddam virtute politica et recta legum observantia. Univiratus humanæ naturæ opus est, cum ad successionem generis continuandam, tum ad societatem civilis et humanæ vitæ, et conversationis recte institutæ. Polygamia res turpissima et detestabilis, quæ belluarum convenit et impuritati et lasciviæ.

96. Alexander Macedo dominatum Asiæ bello acquirens, Persicas mulieres oculorum jacula dicebat esse: vir autem vere temperans et divinorum mandatorum sedulus observator non modo Persicarum, sed et omnium omnino feminarum intuitum, tanquam letiferum animæ telum et nimis velox, fugiet et aversabitur. Vocis quidem sonus aures feriit, et per aures passio animæ insculpitur: attrahit oculum corporis pulchritudo, et per eum modum captivum vinculis constrictum tenens rationem, sui prius juris et imperii, in servitutem simul redegit.

97. Quemadmodum impossibile est ut is qui mare navigat sit sine tempestate et turbato salo, ita fieri nequit ut is extra pericula et fluctus consistat qui corporalem sectatur paulo curiosius pulchritudinem. Oportet igitur initia passionum et causas declinare: quod et utilitatem afferet, neque sane difficulter præstabitur. Cum vero semel rationalem partem hoc malum invaserit, ita ut imaginem desideratæ rei eidem impresserit, difficulter hæc passio abjicitur, et vix est ut ab illa se expediat aliquis.

98. Sunt qui amatores pronuntiant in alienis corporibus suas animas habere: conjunctius opinor cum ratione dicitur, eos in corporibus alienis et mentem et animam perdidisse.

99. Ebrietatem principum atque luxum naufragium esse existima subditorum. Quando enim vino atque crapula gubernator, tanquam mari, demergitur, necesse est ut respublica ejus gubernationi credita, sexcentis fluctibus et alluvionibus allisa agitetur, imo et una cum gubernatore demerso, pari quoque interitu male pereat.

100. Neminem mortalium, ne quidem obscurissimorum, ad desperationem adigas. Est enim desperatio robustum quoddam et inevitabile telum. Quin sæpe accidit, ut progressa in aciem necessitas, rerum præter exspectationem mutationes una induxerit inexspectatas, quas loco fabularum habere volueris, antequam actu compleantur.

101. Optimum est ut homo nec omnino aberra-

ret, nec a sani judicii norma excederet; sed prudentis est, quantocius ut collapsus resurgat, et lapsum sic suum instituat ne deinceps labatur.

102. Voluntas in laboribus suscipiendis prompta, involuntariorum illud durum telum et intolerandum frangit. Optimum est igitur de voluntariis meditari, et in iisdem inhærere.

103. Ad virtutem et perfectionem principis spectat, tum turbam promiscuam, tum imprimis seipsum pudore a peccatis abstinere.

104. Contumelia verbis ingesta apud homines liberos parum differt a plagis acceptis et verberibus. Cavendum est ergo ne proclivis feraris ad conviciandum, siquidem id quod haud creditur magnum, magna damna procurat.

105. Multos urbanitas læsit: ab animo siquidem ludenti profecta, aliquando vulnus lethale illusis infligit: quæ per admodum brevem oblectationem cuicunque obvio impensam, inimicitias etiam graves inter prudentes excitavit. Hanc ideo quisque prudens evitabit, princeps imprimis; cum res sit, quæ contemptum potius parit, quam gratiam vel acceptationem aliquam.

106. Beneficiis subditos circumvallato, tanquam nervos imperii, et tua ipsius membra. Nam si illa discerpantur, periculum tibi interitus incumbet, et imperii ruinæ.

107. Seditiones conspirationesque quas facile non licet exstinguere, conduceret per dissimulationem et prætensam ignorantiam oblivioni tradere, quam publico quasi triumpho propalare. Ita enim fieri solet ut flamma magis ex eo accendatur et pericula non levia creentur; quin et nonnisi male multatus salutem sibi quis comparaverit. E contrario vero, moderatione sopitur malum, et præterquam quod sine periculo sit, misericordiæ, prudentiæ, utilitatisque rationem subit.

108. Principem oportet, cum statu secundo res ipsi succedant et in tuto sitæ esse videantur, non secus tamen quam in tempestate procurare, et salutis habendæ rationem gerere; conturbatis autem rebus, et in se collisis, omni consilio et cogitatione incumbere, ut in statum redigantur, et bene stabiliantur. Nam quæ ita comparata sunt, ut in partem utramlibet ferantur, ipsa experientia docente, desperari non debent. Sed interdum factum fuit ut secura negligentia, quamvis tantilla, principatus magnos et excellentes pessumdederit, quos ita deturbatos diligens cum recto consilio industria, in magnitudinem eximiam reductos, restauravit.

109. Prudentes et moribus compositi viri rebus prosperis non inflantur, sed moderata quadam de se opinione felicitatis suæ mensuram exornant, qua et invidorum quique malevolentiam asperatam lenire solent. Quod si cespitaverint, fortiter illud ferunt, in argumentum virtutis suæ, id, quod contigit, trahentes, cujus potestate mentem sibi suam roborant, et desperationem omnem ab animo procul amoliuntur. Intelligunt enim esse res humanas

omnes versatiles, instabiles et minime firmas: A num in rem præsentem auxilium præsto habet, magnam facultatem afferet ad illud peragendum.
levitatis porro et insipientiæ esse, imo et pusillanimitatis, rebus secundis attolli et inflari, adversis autem valde dejici, et mœrore turpiter macerari.

110. Prudentibus convenit adversa prævidere, eademque per consilium sanum opportune semovere. Nec minus convenit, quæcumque acciderint, optime composita ferre, et in rem suam vertere.

111. Novi ego confertim incurrentes rerum moles, inexspectato adventu, homines terrefactos et consternatos reddere, etiam spectatores, et qui tranquillius aliquanto ferrent ea, adeo ut, nec adversus futura stantes in procinctu, onus illud possint a se excutere; atque ita etiam cum damnum inde dimanans non adaugetur, verum potius remittatur, per mores alioqui modestiores. Vidi, inquam, vidi quasdam res ita compositas, ut per consuetam familiaritatem, paulatim progrediendo, alleviatæ, in omnis molestiæ carentiam evanuerint; alias vero interdum e contrario, eos etiam qui ita vivebant, ut auderent, curarent nihil, tanquam stimulis e somno punctos, excitasse. Quisque enim inexspectato et subitaneo rerum adventu excitatus, et quasi prurigine impulsus ad agendum accedit, ita ut ne quidem ad unius diei spatium potuerit resistere novitas: cum sint aliæ res, nec ipsæ assuetæ, quæ paulatim se subinferunt, et illapsæ quieto nec tumultuoso sensum omnem innovationis effugiunt, quæ sine labore illabuntur, nec novitatis alicujus accessoriæ vel memoriam relinquunt, ne quidem apud experientiam edoctos. Quædam vero cum ad eumdem modum subinferre se attentaverint, nec per tyrannicam quamdam vel arrogatam potestatem, et vim manifestariam, impressionem fulminis in modum facere, tamen sub prætextu timiditatis facillime, etiam ab obviis, subvertuntur. Dum enim naturaliter sibi insitam timiditatem ad audaciam intolerabilem, et præter omnem exspectationem exarmant, etiam eos qui multo moderati prius habebantur, ad primum inceptum perdiderunt. Adeo quæri potest qua ratione finem quis propositam assequatur, cum per easdem causas effectus progignuntur contrarii. Præstitisset certe, ne quidem ab istis incepisse: sunt enim novitates, non accedente aliunde molestia aliqua, ita quodammodo a se compositæ, ad mentem turbandam et de statu suo movendam, ad vulgus hominum inducendum ad calumnias et convicia ingerenda.

112. Cum interdum necesse sit ut is, qui rebus administrandis præest, aliquid innovet, non est sollicitius exquirendum, utrum inde aliquid vel utilitatis, vel jucunditatis communitati hominum acquiretur. Quod si per molestum id fuerit, non est, opinor, proclive rationem explicare, ut quam optime transigatur. Quæ enim speciatiores consectantur rerum instantias, non possunt accurate communi quodam sermone explicari, nec indagari eo qui recesserit longius ab operibus. Verumtamen qui cum laude versatus est in antedictis, et divi-

113. Armis, fortitudine, exercitu quovis prævalentiorem et tutiorem subditorum benevolentiam arbitrare. Hæc si adfuerit, et agmen duxerit, illa erunt utilia: ista autem sublata, præstaret et illa quoque una tolli. Nam multo citius contra principem invisum, quam contra hostes movebuntur.

114. Plurifariam consilium hastis cedit, sæpenumero etiam et rationis vis belli procinctus exercitusque hostiles magnos elusit: sint ergo manus cum consilio junctæ, duplex tropæum. Laborem spes roborat, et spem labores progignunt. Tu autem rite Deum veneratus, noli aliquid omittere quod agendum est; ita spem tibi metes et magnam et amplam.

115. Subvenire cujuslibet necessitatibus, animum regium decet et prudentem, ante alios iis qui in calamitates inciderunt. Solent enim illi, ad cætera, æternam beneficii collati memoriam conservare.

116. Subditorum felicitas summam principis deprædicat cum prudentiam, tum justitiam.

117. Deo causam ascribere æquum est eorum quæ prospere gesseris, seu in privata, sive in publica vita. Fiet enim ita ut illum habeas libentiorem auxiliatorem, et ut Deo dilectus videaris: nec redarguere te quisquam possit, vel levitatis vel superbiæ; sed et invidiæ quasvis acies retusas et anfractas reddes.

118. Hæc e multis pauca, apud te (o tu partus mei spiritualis verum et genuinum gennema) amicitiæ et filiationis tanquam a Deo quædam symbola et virtutis tabulas archetypas, depono, ut dum ad illas oculos converteris, et te ad ipsas conformaveris et composueris, non difficulter intueri possis et animadvertere, qualesnam illæ sunt actiones, quæ in animo tuo facient pulchritudinem efflorescere; quæque itidem eamdem, veluti maculæ quædam et sordes, in turpem et deformem effigiem solent alterare. Illas dum eluis, has dum inscribis, imaginem tute temet vere vivam et eximiam conversationis secundum Deum ordinatæ exhibebis: quam et ego lubentissime, et pii etiam omnes, cum et oculis velimus, tum etiam sermone usurpare. Ea propter manus in cœlum extendens, et meum erga te amorem, labores susceptos, divinamque exinde resultantem gloriam suppliciter Deo offerens, votis omnibus postulo, ut secundum spes de te conceptas opere ipso adimpleas admonitiones nostras, et fideliter easdem custodias, ita ut per species singulas præclarorum operum illustris et excellens conspiciare: ut prudentia summa polleas, memoria valeas, fias suavis affatu, moribus suavior, congredientibus amabilis, magis adhuc autem comitibus et amicis: ut de re præsenti quæcunque prudenter valeas statuere, ordinare, et futurum acute prospicere: cautus ad custodiendum, promptus et expeditus ad res magnas aggrediendum, easdemque consummatas possis et eodem statu conser-

vare : ut quod e re tua fuerit, studiose occultes, nec latebris extrahare, sed speculatores et vim facturos discooperias : sis terribilis hostibus, subditis desiderabilis, apud utrosque habeas et venerationem et admirationem : voluptates vincas temperantia, irae dominere. Sis amicus mansuetudinis, celer in justitia indaganda, impartiarius in distribuendo, constans sententia, promissis fidus, generoso animo in terroribus, meticulosus ad omne contra leges : noli socordiam vel remissionem animi aliquam praeferre laboribus et patientiae justis : sis ad benefaciendum promptus, tardus ad puniendum, amator amicitiae, inimicitiarum hostis, misericordiae fons : opinionem de te magnam ne concipias, humilitate te minorem judica, divitias contemne, pauperibus auxiliator, veritatem colito, foedus cum menda-

A cibus ferire noli : ne dejiciaris animo, si gloriam non assequaris; sin autem assequeris, noli clatior esse: linguam coerce, aures custodi, tactui et caeteris sensibus moderator assistas non dimovendus, passioni nulli te victum trade, nec prurigine orexium delinitus sis : et ut uno verbo complectar omnia, omnigenae virtutis et pietatis te exemplar exhibe et delineationem; neque tuis solum subditis, sed universo mortalium generi, qui vel post te futuri sunt, ut rerum magnarum et praeclare gerendarum habeant te egregium admonitorem. Ita autem tibi regnum illud coelorum in aeternum et inexplicabile, in sortem haereditatis haud auferendae, in tabernaculum sine successore possidendum, in voluptatem et gaudium
B supra naturam, planeque divinum, nulla non aeternitate perfruendum concedetur.

EPISTOLA IX.

Ad Zachariam patriarcham Armeniorum (1).

Edita ab Ang. Maio (Spicileg. Rom. t. X, p. 449-459).

Illustri atque omni genere virtutum fulgenti, dilectissimo domino nostro Zachariae, viro apostolico, et magni Thaddaei apostoli ac beatissimi sancti Gregorii sedem tenenti, magistro atque inspectori regionis Ararat, populi borealis primati, magno pastori exercituum Ascenez (2), *in pontificali eminentia constituto, et pignus futurae inter angelos remunerationis habenti, Photius archiepiscopus Constantinopoleos, novae Romae, salutem sanctitati vestrae dicit.*

1. Plurimas Deo gratias egimus, cujus beneficio nobis contigit, ut sanctitatis vestrae epistolam, quae catholicae vestrae fidei nuntia est, reciperemus; atque ut in ea, tanquam in theologiae sole, verbis quidem parca, sed doctrinis ubere, spiritalis concordiae studium cerneremus. Quod autem de concilio Chalcedonensi scribitis vos dubitare, ipsumque suspectum habere, propterea quod fama didita sit, id caeteris orthodoxis conciliis adversari; ita tamen ut subjungatis, vos omnino neque Jacobi Zanzali, a quo Jacobitae, neque Juliani Halicarnassensis, neque Petri Antiocheni, neque Eutychis discipulos esse, sed sancti Gregorii martyris et confessoris ac borealium omnium populorum illuminatoris, id, inquam, magna nos laetitia cumulavit. Cum enim tanti doctoris alumni sitis, prorsus non decet, vos mentis vestrae consilia sequi, sed illam potius amplecti sententiam, quam sacrae Litterae suadent; neque illorum falsam cavillationem pensi habere, qui Scripturam sacram pro sua opinione depravant, inconstantibus hominum animis fucum facientes; veluti olim pseudoprophetae, qui ex suae mentis arbitrio, non ex Dei voluntate loqui solebant.

2. Age vero nos diligenti vestigatione comperimus, anno adamussim quinto decimo post sancti Isaaci ex hac vita ad Christum Jesum discessu, coactum fuisse Chalcedonense concilium; quo anno sanctus Vardanus cum exercitu suo in Ardacensi provincia martyrium fecit, sedem episcopalem tenente Josepho ex Leontii (3) sodalibus uno. Quam ob rem Armenii Persarum incursione vexati, ei concilio interesse non potuerunt; atque hinc accidit, ut verax concilii ejus relatio ad eos non devenerit. Nihilo tamen minus Armenii concilio illi non sunt adversati, imo auctoritatem ejus agnoverunt usque ad Devinense conciliabulum, per annos 106 (4), nempe a secundo Marciani anno usque ad Justiniani decimum, et Nersetis

---

(1) Constat praecipuam Armeniorum haeresim in hoc verti, quod *neque duas in Christo naturas profiteri volunt, neque synodum Chalcedonensem, epistolamque sancti Leonis PP., quae id dogma definiit, admittere.* Quatuordecim jam prope saecula effluxerunt, ex quo pars Armeniorum maxima in praedicta secta doctrinaeque perversitate versatur; Graecorum autem ad insinuandam orthodoxiam, revocandamque concordiam conatus plerumque irritos vidimus. Latinorum tamen paulo feliciores tractatus cum Armeniis fuisse scimus : ecce enim gentis ejus mediocris numerus Dei gratia electus, abjecta illa quam designamus haereseos tessera, cum Romano pontifice, id est cum catholica Ecclesia, unitatem fovet. Qui utinam fortunatarum Deoque dilectarum animarum numerus magis magisque in dies augeatur!

quam rem haud inani fortasse neque infirma spe nos auguramur.

(2) Si Ascenez sunt Armenii, ut apparet etiam ex Hieremia LI, 27, vana est conclusio disputationis Calmeti ad Genes. x, 3, qui Ascenez definit esse populos Ascanticos circa Tanaim. Gravius adhuc allucinatur Combefisius in adnotationibus ad Joannis Nicaeni epistolam, qui vocabulum *Azat* de Armeniis dictum, existimat interpretandum esse ἀσκητάς, *religiosae vitae homines*; cum contra *Azat* Armeniace significet *liberae conditionis homines* seu *optimates*.

(3) Leontius insignis apud Armenios illius temporis sacerdos, qui cum caeteris necem illam gloriosam a Persis passus est, quam luculenta historia narravit Armenius Elisaeus.

(4) Cod. mendose 74.

catholici Ascitaracensis sextum, qui Devinense prædictum concilium congregavit (5), Persis in Armenia regnantibus, decimo quarto Chosrois imperantis anno; usus ad eam rem ministro Abdiscio Syro, qui de Sassane monasterioque Sareptæ cum sociis advenerat : hique ordinati sunt a Nersete episcopi, admiseruntque Dioscorum, et Flavianum civitatis Nabuchi (6-7) episcopum, ac Timotheum Alexandrinum cognomento Ælurum : iidemque libros varios in Armeniacam linguam transtulerunt, insertis multis contra Chalcedonense concilium calumniis (8). Hi idcirco postremorum interpretum titulo indigitantur.

3. Ergo Armenii istorum doctrina imbuti unam Jesu Christi hominis ac Dei naturam agnoverunt, et trisagio verba *qui crucifixus es* addiderunt; quod studiose fecerunt, ut Chalcedonensi concilio et quinque patriarchis contradicerent : atque ita a Græcorum communione, indicto his anathemate, recesserunt. Ea res Persarum regem magno gaudio affecit, quia nempe Armenios a Græcorum auctoritate recessisse videbat : quare collaudato Nersete, filium suum, prout promiserat, in adoptionem ei tradidit, et Armeniacæ provinciæ vectigalia administrationi ipsius et faventium ei episcoporum permisit. Attamen anno 16 æræ Armeniacæ (9) Vardanus Mamiconensis Surenam interfecit, provinciæ Armeniacæ pro Persarum rege præfectum, injuriæ impatiens, quam Surenas optimatibus intulerat, ablatas his dignitates ad episcopos transferendo : quo patrato facinore, ipse cum suis cognatis multisque opibus ad Græcos profugit.

4. Justiniani imperantis anno 17 (10), dum is sanctæ Sophiæ templum exstrueret, ipso sanctissimæ Crucis festo die, Vardanus communicare Græcorum sacris recusavit, dicens eam sibi rem per institutores suos non licere (11). Tunc imperator multorum episcoporum magistrorumque convocari concilium jussit, centumque et triginta homines Constantinopoli convenerunt. Hoc quintum concilium dicitur; cui Armenii quoque interfuerunt, et Chalcedonense concilium se admittere scripto testati sunt. Præterea cum Musceghus Mamiconensis Græcorum Armeniorumque copiis sociatis, Chorois Persarum regis potentiam fregit, atque ab ipso rege non sine honore dimissus ad Mauricium imperatorem rediit, oborto forte de rebus sacris sermone coram imperatore, hic novum concilium indixit, ad quod episcopi Armenii 21, Græci autem 160 (12) concurrerunt; idque sextum concilium appellatur : in quo rursus Armenii, quæstione instituta, Chalcedonense concilium scripto suffragio comprobaverunt sub Mose gentis catholico.

5. Postremo cum Heraclius imperator relata de Persis victoria Carinam (quæ est Erzerum) venit, Armeniorum catholicus Esdras multos gentis suæ episcopos, nec non Syros complures convocavit; a quibus ventilata accurate controversia triginta diebus, denuo consenserunt Armenii sponte sua, cogente nemine, ut concilium Chalcedonense scripto firmarent (13). Quod vero ad Johannem Mairacomensem attinet, is quidem Sabellii Petrique Antiocheni morbo correptus, mentes omnium furore conturbabat. Quam ob rem regnante Constantio Heraclii filio, patriarcha Nersete qui dicitur Scinoghus, Diodoro autem Restunio principatum Armeniorum tenente, hujus improbi hominis candente ferro frons signaculo vulpis notata fuit, atque ita infamatus ad Caucasi cautes relegatus est. Verum is post Nersetis obitum reversus in Armeniam, voti sui compos est factus, præcipue post conversum in Armeniacam linguam Juliani Halicarnassensis librum (14) Sergii opera in synodo Manazacertæ. Atque hinc doctrina sua confirmata, aligero prope cursu universam regionem vestram pervasit.

6. Jam vero vestra prudentia plane intelligit, quod si tantus episcoporum numerus Chalcedone convenit ut errores confirmarent, haud ipsi tantummodo forent vituperandi, verum et orbis totus qui ipsorum

---

(5) Galanus quidem, Villottus, et Lequinius, freti historicis Armeniis aliquot, quorum notitia ad eos pervenit, Devinense conciliabulum in Nersetis Ascitaracensis patriarchatu collocant. Sed tamen veraciores et graviores historiæ nostræ scriptores, rem illam in Abrahamo I patriarchatu peractam dicunt, qui anno 554 electus fuit, et Cyrioni Iberorum patriarchæ adversari cœpit Chalcedonensis concilii defensori; ideoque prædictum conciliabulum celebravit, ut Cyrionem excommunicaret, atque unam esse decerneret Christi Jesu naturam, et denique Trisagii notissimum illud additamentum cani juberet. Constat insuper librorum hæreticorum apud Armenios interpretationem, quam Photius in epistola memorat, sub Abrahamo patriarcha fuisse curatam, Syrum vero Abdiscium a Nersete haud quidem Ascitaracensi sed Scinogho fuisse consecratum, qui nonnisi anno 640 ordinatus fuit, et pseudosynodum Devini convocavit. Quia ergo, prout sana chronologia tradit, Chalcedonense concilium anno 451 habitum est, quo adamussim anno Vardani sociorumque ejus martyrium contigit, sequitur ut Devinense conciliabulum ad annum post Chalcedonense 144 referendum sit. E. HORMUTIUS.

(6-7) An *Nabachi*? Certe apud Assemanum *Bibl. orient.* t. II, p. 244, legimus, Dioscori Nabachæi opera catholicum Libani ducem, gente Maronitam, Jacobiticis erroribus infectum fuisse.

(8) De plurimis inter Armenios propagatis erroribus diu multumque loquitur Isaacus ipsorum catholicus apud Combefisium *Auct. B. PP.* p. 518-415.

(9) Initium æræ Armeniacæ, apud Samuelem Aniensem in *Chronico*, sumitur a Christi anno 554.

(10) Corruptas sæpe in hac epistola numerales notas comperimus. Vir cl. Invernitius in *magni Justiniani Vita* p. 122 seq. narrat ab hoc imperatore impensam fuisse operam templo sanctæ Sophiæ ædificando vel potius instaurando, annis sui imperii secundo et quinto, et undecimo demum solemni ritu dedicatum.

(11) Contraria his referuntur in Armeniorum historiis, nempe Vardanum sub Justiniano II, seu Rhinotmeto, venisse Constantinopolim, ibique in sanctæ Sophiæ templo cum sociis suis Græcorum sacra frequentasse. E. HORMUTIUS.

(12) Minor veritate numerus hic videtur, culpa, ut reor, amanuensis.

(13) Confirmatur hoc a *Chronico Armeniaco* apud Galanum t. I, p. 186.

(14) Intellige præcipue opus pro hæresi Incorrupticolarum, quod Juliani scriptum refutat Severus Antiochenus. Sergii autem interpretis meminit ill. et rev. Suniæ archiepiscopus in suo egregio *Conspectu historiæ litter. Arm.* p. 40.

sententiæ assensus est. Attamen vos pro virtute vestra cavete ne decipiamini. Namque infirmi quidem homines instabiles atque rudes, credulitate laborare solent et fraudibus decipi; sapientes vero fallacias hujusmodi auribus aversantur.

Postea Photius Christianæ religionis origines et incrementa paulo fusius narrat, Græcam gentem præcipue dilaudans ob variam humanarum litterarum scientiam, quæ veræ recipiendæ religioni viam stravit; atque ob tot ejus doctores catholicos, quos appellat : nominatimque Constantinopolim celebrat tanquam novam Jerusalem. Cæteroqui de patriarchatuum aliquot origine malitiose et procul omni veritate loquitur. Hanc nos epistolæ Photianæ partem, nulla rerum novitate utilem, ob arctatum libri nostri spatium non inviti omittimus: atque ad controversiam cum Armeniis properamus, quæ et tunc et omni tempore duplex fuit, de admittenda videlicet Chalcedonensis concilii auctoritate, et de credenda verbisque profitenda duplici in Christo natura. Quod enim Armenii heterodoxi Chalcedonense concilium ad hanc usque diem respuunt, in causa jam non est facti historici ignorantia aut error, sed ipsa potius hæresis Monophysitica, quam a concilio damnatam ipsi retinent a majoribus suis traditam ac propugnant, dum unam pertinaciter in scriptis et confessionibus suis Christi dicunt; reclamantibus omnibus, qui adversus eos quovis tempore disputarunt, Chalcedonensis synodi defensoribus, ut et in his Photii aliorumque Græcorum epistolis: et in evulgatis aliis a me veterum libris sæpe videre est. Sic ergo pergit Photius:

7. Nunc cum a Domini nostri Jesu Christi nativitate (15) usque ad annum Marciani imperantis secundum anni effluxerint 451 (16); et deinde post concilium Chalcedonense usque ad nos, anni 424 (17), mirum est ac prope portentosum, credi a vobis posse, quod populus sanctus, electus atque acceptabilis, qui annis 451 (18) recto cum dogmate Evangelium conservavit, quo veluti copioso fonte perpetuoque flumine orbis terrarum irrigatus est, subito errore abripi se permiserit; cum is potius hæreticos omnes semper refutaverit, fidemque orthodoxam servaverit. Præterea exploratissimum est omnes homines a prædictis doctoribus (19) evangelicam veritatem hausisse: etenim sanctorum doctorum quos supra laudavimus libri per orbem diffusi fuere, qui Christi divinitatem aperte asserunt. Ergo a sancto Nicæno concilio initium capiamus, cujus breviter argumentum exponemus, et cum Chalcedonensi conferemus, ut appareat num cum illo hoc consentiat, ejusque vestigiis insistat, an adversetur potius vel repugnet.

8. Beatus Epiphanius octoginta recenset hæreses, viginti quidem ante Domini nostri incarnationem, post hanc autem sexaginta. Attamen haud opus fuit universali concilio ob illas exstinguendas, quia videlicet sancti Ecclesiæ doctores omni tempore, una cum nonnullis episcopis, eas profligaverant, ac veritatis oraculis tanquam lapidibus obruerant. Igitur impius ille princeps, qui deitatem ambiens, thronum suum supra nubes statuere dixit, seque Altissimo parem esse, cum Evangelium citato cursu per quatuor mundi plagas, nemine obstante, pervagari cerneret, livore tactus, currum ipse quoque sibi machinatus est quadriformem, contra evangelicam quadrigam, quatuor scilicet rotas ex hæresibus quatuor componens, quarum duæ adversus sanctissimam Trinitatem blasphemias evomunt, reliquæ duæ contra Servatoris incarnationem, sicuti scriptum est: *Posuerunt in cœlum os suum, et lingua eorum transivit in terra* [b]. Scilicet convicium sacrosanctæ Trinitati fecerunt, Verbumque ob mundi salutem in terras delapsum, atque ejusdem incarnati œconomiam calumniati sunt. Causa autem illis erroris perniciosi fuit, ipsorum stultitia affirmantium unam naturam, unamque hypostasim, id est personam. Reapse Sabellius Libycus etsi unam sacratissimæ Trinitatis naturam profitebatur, personas tamen in unum confudit, seque in barathrum perditionis conjecit, quia confusionem mistionemque invexit atque alterum Judaismum. Arius contra Alexandrinus, æque ac tres in sanctissima Trinitate personas, naturam quoque subdividere nisus est in tres diversas differentesque substantias; consequenterque a veritate devius, creatum a Patre Filium dixit, non genitum.

9. Cum sic igitur a Sabellio et Ario Ecclesia Dei turbaretur, anno post Domini nostri Jesu Christi magni Dei nativitatem 325 (20), Constantini imperantis 19 (21), sancti Patres convenerunt Nicææ, adfueruntque ibi patriarchæ, Romæ quidem Silvester (22), Alexander Alexandriæ, Eustathius Antiochiæ, Alexander Constantinopoleos (23), Macarius Hierolosymorum, Aristaces (24) quoque Armeniorum sancti Gregorii locum te-

[b] Psal. LXXII, 9.

(15) Photius ait *a gloriosisissima resurrectione*. Usus sum hac libertate æram variandi; secus enim, totus temporum calculus corrueret, vel certe a communi supputatione desceret.

(16) Cod. 462, quæ fortasse amanuensis Armenii menda sunt hic et alibi. Et quidem anni etiam apud Chronicon Samuelis immaniter variant.

(17) Cod. 484. Atqui Zacharias patriarcha multo ante ann. 896 obierat (quot conficiuntur ex 462 et 434), teste Samuele Aniensi in editione nostra Mediolanensi p. 65, quo in loco idem Samuel memorat hanc Photii epistolam ad Zachariam extremo ejus viventis tempore missam.

(18) Cod. rursus 462.

(19) Apostolis, evangelistis, Justino, Irenæo, Athanasio, Gregoriis tribus Græcis, Gregorio item Armenio, Cyrillis duobus, Ambrosio, Dionysio, Joan. Chrysostomo, Epiphanio, Proclo; namque hæc nomina recitat Photius in parte epistolæ omissa.

(20) Cod. 315, *a resurrectione*.

(21) Ita recte codex.

(22) In epistola ad Michaelem Bulgarum Photius rectius dicit Silvestrum adfuisse Nicææ, non ipsum per se, sed per legatos suos.

(23) Omittit hunc recte S. Germanus apud nos in *Spicil.* t. VII, p. 19. Photius autem vana ambitione et contra omnem historiæ veritatem, facit hunc patriarcham Constantinopoleos ante Nicænum concilium.

(24) Aristaces hic dicitur Arethas in Nicænorum Patrum catalogo Theodori Lectoris apud nos *Script. vet.* t. X, p. 58, col. 2.

nens : hique simul cum 318 episcopis, Ecclesia cum anathematibus expulerunt Sabellium atque Arium, confessique sunt Filium de Patre genitum et radium substantiæ ejus. Mox de Arianorum secta Macedonius exstitit, Spiritus sancti hostis, quem creatum, non autem emissum neque procedentem a Patre aiebat. Montanus vero aliique Sabellii alumni, majore adhuc impietate sanctissimam Trinitatem ad unicam personam redegerunt. Igitur annis 56 (25) post Nicænum concilium decursis, anno magni Theodosii imperantis III (26), sancti Patres Constantinopoli sunt congregati. Aderant patriarchæ Damasus Romæ (27), Nectarius Constantinopoleos, Timotheus Alexandriæ, Cyrillus Hierosolymorum, Meletius Antiochiæ, sanctusque Nerses Armeniorum, qui simul cum episcopis 150 exturbaverunt Ecclesia non sine anathematibus Macedonium et Sabellii asseclas. Atque hæc duo sancta concilia duas contriverunt tartarei currus rotas, duas videlicet impias hæreses, quarum altera sacratissimam Trinitatem pessime dividebat, altera vero non sine scelere confundebat. Ab his duabus synodis edocemur personæ a natura distinctionem : etenim tres personæ, tres veluti facies et aspectus, tres proprietates, tres hypostases sacrosanctæ Trinitati insunt, Pater, Filius, et Spiritus sanctus : una vero natura est, una essentia, una substantia, una dominatio, una immensitas : distinguitur enim Trinitas secundum personalitatem, unitur autem secundum naturam : quippe cum sit una in tribus Deitas, distincta est tamen in singulis personalitas : unusquisque autem ex sua proprietate dignoscitur.

10. Ecce intelleximus diversam esse a natura personam : est enim distincta persona, natura vero adunata et singularis : nam et humana natura mente intelligitur, persona sensu percipitur. Etenim natura his definitionibus constat, nempe animal, rationale, mortale : persona vero ex accidentibus consurgit, videlicet colore nigro, albo, flavo, calvitie, oculis glaucis ; ita ut accidentia quidem augeri minuique queant, natura non item. Natura cunctis hominibus est communis, persona est peculiaris et in aliqua re subsistens. Etenim beatissimæ Trinitatis infinita natura æque pertinet ad singulas tres personas, Patrem, Filium, et Spiritum sanctum : at vero proprietates distinctæ sunt in unaquaque persona et hypostasi. Quippe a natura communiter habent ut sint Dominus, Deus, omnipotens, providentissimus, creator, intellectui impervius, incomprehensibilis sine qualitate aut quantitate, neque loco, neque tempore definitus, sine initio, sine fine. Quod vero ad proprietates attinet, Patris quidem proprietas est, ut sit genitor, et causa, utque careat principio, ipse autem illorum qui ab ipsomet sunt principium sit, idem tamen nunquam inceptus : idem mittens, non a quoquam genitus, neque a semet vel quovis factus. Filii autem proprietas est ut sit Filius, Verbum, genitus, lux, forma, sapientia, radius, imago, typus atque character. Denique Spiritus sancti proprietas est, ut procedat, ut sit veritatis spiritus, consolator, instaurator, rectus, bonus. A Patre sunt Filius et Spiritus sanctus, neque tamen hi appellantur fratres ; neque ambo filii sunt : veluti ab Adamo tum Seth tum Eva provenerunt, quin tamen vel fratres sint, vel ambo filii. Siquidem Pater est generans, Filius genitus, Spiritus sanctus procedens. Hinc Filius sedere ad Patris dexteram dicitur, Spiritus vero sanctus ad dexteram Filii. Etenim in psalmo CIX ait Pater Filio : *Dixit Dominus Domino meo : Sede a dextris meis* [7]. Et mox idem Pater ait Filio : *Tu es sacerdos in æternum secundum ordinem Melchisedech, Dominus a dextris tuis* [8].

11. Cæteroqui neque majus neque minus in Trinitate sanctissima comperitur ; etenim majus et minus, grave et leve, multum vel parum, a temporibus pendent et horis. Atqui ubi tempora esse queunt nec horæ, ut in divina natura usuvenit, ibi nihil est majus vel minus. Majorem autem dixi aliquando Patrem (28), ceu genitorem videlicet atque causam : neque id tamen absque metu dixi, debilitatem veluti ei attribuens, atque ipso obsequio meo lædens. Quippe Patri non est gloriosum, si minores ii sint qui ab ipso proveniunt : est enim infirmitas quædam, si Filium gignere nequeat, neque Spiritum emittere, sibi æquales. Nam gloriosissimam Patris potentiam decet, ut æque gloriosi sint qui de ejus natura promanant. Non est ergo genitus neque procedens Pater ; non est genitor neque procedens Filius ; non est genitor neque genitus Spiritus sanctus, quia perpetuo procedit. Lætatur Pater gloria Filii, gaudet Filius ob honorem Patris ; Spiritus demum sanctus Patrem Filiumque glorificat ; quippe qui de illorum substantia accipiens, creaturas renovat, ab ipsoque omnia facta sunt in cœlis et super terra, visibilia et invisibilia, sensilia et insensilia, corporalia et incorporea.

12. Hanc fidei professionem acceperunt Armeni a magno Gregorio, et a sancto Aristace, beatoque Nersete, qui illis eam attulerunt a duobus sanctis conciliis Nicæno et Constantinopolitano : qui duo consessus duas currus tartarei, ut diximus, rotas fregerunt, Sabellium videlicet atque Arium. Sed Diodorus quidam Tarsensis, qui primo Arianus, postea ad orthodoxam fidem conversus, Filium Patri gloria æqualem confessus fuerat ; cum indecorus ei videretur divini Verbi descensus in sanctæ Virginis uterum, commentus est Jesum Christum hominem tantummodo fuisse creatum in Virginis sinu, Virginemque ipsam dixit templum fuisse veluti et altare, ita ut in ipsa, tanquam in ara, divinum Verbum habitaverit : ideoque

---

[7] Psal. CIX, 1. [8] ibid. 4.

(25) Cod. 74.
(26) Cod. 25.
(27) Nimirum per suos legatos. Pro Damaso mendose prorsus scribitur *Cœlestinus* apud S. Germanum in *Spicil.* t. VII, p. 53. Neque enim Cœlestini ætas id patitur.
(28) Legatur Græcæ Ecclesiæ synodus sub Manuele Comneno ob locutionis Dominicæ, *Pater major me est*, difficultatem et controversiam celebrata, apud nos *Script. vet.* t. IV.

haud Deiparam fatebatur Mariam, sed hominis genitricem, duos censens esse filios, alterum natura, alterum secundum gratiam (29). Hujus alumnus fuit Theodorus Mopsuestenus : atque ab horum exsecrandis scriptis cæcatus Nestorius, cum hujus nostræ metropoleos cathedram inscendisset, corruptum suum patefecit animum, quem eatenus caute celaverat, cœpitque Ecclesiam Dei conturbare, et orthodoxos episcopos in exsilium pellere.

13. Igitur quinquagesimo (30) post Constantinopolitanum concilium anno, Theodosii vero junioris 23 (31), sancti Patres Ephesi concilium celebrarunt, quos inter præcipui patriarchæ erant Cœlestinus Romanus (32), Cyrillus Alexandrinus, Ioannes Antiochenus, Juvenalis Hierosolymitanus, qui simul cum ducentis (33) episcopis impium Nestorium anathemate perculsum ab Ecclesia exterminarunt. Cyrillus autem Alexandrinus, et Proclus Cyzicenus litteris ad sanctum Isaacum in Armeniam missis (34), causam celebrati concilii eum docuerunt : sanctus vero Isaacus concilii auctoritatem admisit, et Nestorio dixit anathema. Hæc fuerat rota tartarei currus tertia.

14. Posthinc apparuit scelestus Eutyches, Sabellianæ sectæ surculus, qui unam esse dixit deitatis et corporis Jesu Christi naturam : opinabatur enim factam unionem ante sæcula, et corpus de cœlo delatum, non autem ex Virgine captum. Nestorius divinum Verbum negavit natum esse de Virgine, negavit Eutyches Verbum naturam nostram sumpsisse de matre, ac ratione ineffabili et mira cum sua deitate copulavisse. Porro Flavianus nostræ metropoleos patriarcha, re cognita Eutychem jussu Leonis Romani patriarchæ sacerdotio statim atque Ecclesiæ communione privavit. Hic tamen primarium eunuchum, quem sua pestilentia afflaverat, Chrysaphium (35) rogavit, ut pro se ad Alexandrinum patriarcham scriberet : quod reapse eunuchus præstitit, datis ad Dioscorum litteris, a quo Eutyches in Ecclesiæ gremium fuit receptus. Mox tamen ipse Dioscorus conscientiæ morsibus ictus, timens Ecclesiæ canones (36) et legem excommunicationis, propterea quod deposito ordine hominem et anathemati subjectum recepisset, absque mora postulavit a præcipuo illo in aula eunucho, ut concilium Ephesi indiceretur, haud sane divinæ voluntati conforme, nec Ecclesiæ utile, sed ut patratum a se crimen velaret. Neque vero illic synodico jure se gessit Dioscorus, sed eunucho et militaribus copiis fultus, exsilio et nece Flavianum multavit, Leonis patriarchæ Romani epistolam sprevit, Domnum patriarcham Antiochenum excommunicavit, qui scelus ejus improbaverat : Juvenalem æque patriarcham Hierosolymitanum aspernatus est, prælato his Eutyche, quem uti orthodoxum in honore habuit. Cognita Dioscori fraude, mœsti episcopi discesserunt in suam quisque regionem atque stationem, mansitque tantum Dioscorus cum Eutyche et paucis aliis, ceu corvus in nido suo, ceu stryx in maceriis, ceu denique titio ardens in nemore. Ergo a magni Cyrilli ætate, et a priore Ephesi sancto concilio usque ad Dioscori conciliabulum anni effluxerunt 18 (37); ab hoc autem ad Chalcedonense anni duo (38).

15. Quippe junior Theodosius, tumultu audito quem in Ecclesia Dioscorus concitaverat, cujus late perturbatio propagabatur; dum magnopere ob eam rem æstuaret, litteras a Leone patriarcha Romano tempestive accepit, qui rogabat imperatorem, ut œcumenicum concilium contraheret, ob firmandam sanctorum veterum Patrum traditionem. Mandavit ergo imperator, ut episcoporum conventus fieret. Sed cum ipse eodem anno obiisset, caruit effectu decretum. Mox tamen successor ejus Marcianus primo quidem anno imperium ad obedientiam composuit, altero autem prædictum propositum exsequendum curavit.

16. Concludendum est igitur, prout jam supra arguimus, nempe quod si cunctæ ecclesiæ annis 451 post salutiferam incarnationem (39) usque ad Chalcedonense concilium in vera religione fideque orthodoxa perstiterunt, et nutricis instar lac in Christo ceu parvulis præbuerunt orbi terrarum, per doctores inclytos de evangelico fonte manans, quæ res toti mundo manifesta est, qui fieri potuit ut a recto tramite, quem semper tenuerant, aberraverint? Quis credat, quinque patriarchas ad eamdem falsam sententiam atque concilium potuisse divertere? Quod si hi reapse a vera fide descivissent, sine dubio a Deo derelicti sanctisque locis fuissent depulsi, haud secus quam populus Israeliticus Deo rebellis gloria sua spoliatus est.

17. Nunc jam orthodoxam doctrinam cum illa conferamus Jacobitarum acephalorum, Dioscori Eutychisque alumnorum, qui Christi Dei et hominis unam contenderunt esse naturam, unamque rem putarunt personam esse atque naturam. Certe ex illorum sententia consequitur, ut sanctissima Trinitas non exsistat : nam si Trinitatis natura una est, uti revera est, unam quoque personam esse opus est : atque

(29) Merito ergo reprehenditur Montacutius Anglus, qui valde ἀμούσως; se fecit Diodori hujus ac Theodori protectorem.
(30) Cod. 45.
(31) Cod. 15.
(32) Imo Cœlestinus per Cyrillum præfuit, uti exploratum est, atque ut nos ipsi emendavimus in S. Germano lib. cit. p. 37.
(33) In fragmentis Tusculanis dicuntur CCXL.
(34) Procli antea electi Cyziceni postea Constantinopolitani episcopi exstat dogmatica epistola ad Armenios; Cyrilli non item, nisi forte est una ex encyclicis.
(35) De Chrysaphii eunuchi cubicularii gratia apud Theodosium juniorem legantur etiam fragmenta Tusculana Spicil. t. II.
(36) Confer canonem apostolicum 13, et Nicænum 3, apud nos Spicil. t. VII, p. 205, 207.
(37) Cod. 28.
(38) Cod. quinque.
(39) Cod. annis 472 post salutiferam resurrectionem.

ita cum Sabellio conspirant, et cum Petro Fullone, ac Joanne Mairacomensi (40). Secus vero, si unum quid sunt persona atque natura, sequitur ut, quia tres sunt sanctissimæ Trinitatis personæ, necessario tres quoque naturæ sint, prout vestratium insana sententia postulat, qui hoc pacto cum Ario, Eunomio, et Macedonio consentiunt.

18. Adde quod contraria contrariis excluduntur, veluti bonum malo pellitur, visum cæcitas perimit, tenebræ lucem non patiuntur. Ita prorsus in re nostra arguendum est. Si Chalcedonense concilium priora tria non admittit, ergo illis repugnat, eademque abolet. Secus vero si ut a Constantinopolitano concilio receptum fuit Nicænum, ita Chalcedonense tria priora reveritum est; perspicue apparet hoc cum illis consentire, ac nullatenus esse contrarium. Præterea leges, regulæ, canones, et instituta vel conciliis confirmata fuerunt vel miraculis. Miraculis quidem v. gr. Moysis in Ægypto atque in Erythræo, vel Domini nostri Jesu Christi ægros sanantis, mortuos suscitantis, etc.; conciliis autem, veluti illo 318 Patrum, et illo 150, quæ unam esse in Trinitate naturam, personas tres, definiverunt, Sabellioque et Ario anathema dixerunt. Ephesi autem Patres docuerunt Mariam Virginem esse Deiparam, Nestoriumque excommunicarunt. Denique in quarto concilio divinum Verbum de Virgine Maria incarnatum affirmarunt, ac Dioscorum cum Eutyche communione Christiana removerunt. Age vero Dioscorus atque Eutyches, cum duo sint, concilium certe non conflant, neque miracula ediderunt, neque eos quisquam prodigiorum auctoritate fultos vidit ut Eliam atque Elisæum. Cur ergo liceat, omissis 680 episcopis Chalcedonensis concilii auctoribus, quorum multi concilio quoque Ephesino interfuerant, duobus tantum hominibus fidem adjungere? Summa hæc certe stultitia foret.

19. Calumniantur præterea prædictum concilium, quasi id opera Pulcheriæ, Theodosii imperatoris sorore, adunatum fuerit, ob ulciscendam Flaviani necem. Atqui hæc mera fallacia est: etenim id concilium Dei voluntate, mandatoque Leonis Romani pontificis, Anatolii patriarchæ Constantinopolitani, Maximiani patriarchæ Antiocheni, ac Juvenalis patriarchæ Hierosolymitani, indictum fuit. Hi enim quatuor patriarchæ una cum 630 episcopis fidei professionem in superioribus tribus conciliis editam confirmarunt, professique sunt unum Dominum Jesum Christum in unica persona et hypostasi, ex duabus unitis naturis, ut os obstruerent Nestorio ac Theodoro et Dioscoro: eumdemque ex duabus naturis dixerunt, ut iis silentium indicerent, qui deitatem simul et humanitatem Jesu Christi non admittunt, et ipsum unica natura constare dicunt.

20. Reapse Arius docuit creatum esse Filium, atque ex Virgine nihil præter corpus sumpsisse; ideoque unam Verbi creati factique naturam dixit. Sabellius aiebat divinum Verbum apparenter tantummodo, non re vera corpus in mundo sibi circumposuisse; ideoque et ipse unam naturam pronuntiavit. Petrus Verbum redactum esse in corpus existimavit, atque idcirco unam naturam fassus est. Photinus ac Paulus Samosatensis docuerunt Christum Jesum initium a Maria sumpsisse; proptereaque et ipsi unam esse illis naturam dixerunt. Eutyches ac Dioscorus opinati sunt Christum Jesum hominis similitudinem tantum gessisse, et per Virginem, instar aquæ per fistulam, transisse; ideoque unam Jesu Christi naturam affirmaverunt. Julianus Halicarnassensis Christi Jesu corpus impassibile dixit menteque carens, atque ob id unicam naturam credebat. Joannes Mairacomensis et Petrus Fullo Christi Jesu conjunctionem cum corpore ante sæcula factam docuerunt, atque hinc unam esse naturam. Apollinaris vero docuit Christum Jesum humanam animam non assumpsisse, sed ejus locum a deitate teneri: quare et ipse unius naturæ falsum dogma fovit. Sophronius (41) pariter atque Eunomius Jesum Christum humana mente caruisse dixerunt, consequenterque unicam naturam habere. Manes phantasticum Servatoris corpus fuisse, ideoque unicam in eo naturam prædicavit: imo in epistola ad Scythianum narravit, Dei Filium apostolis in monte lucis suæ perpetuæ naturam ostendisse, quia non duas naturas sed unam ex visibili atque invisibili concretam habebat (42).

Hic cessat in Armeniaco exemplari epistola Photii, cujus certe clausulam desiderari exploratum est.

EPISTOLA X.

Ad Asutium principem Armeniorum.

Edita ab Ang. Maio (l. c. p. 460-462).

Illustri, pio, potenti, celsa inter suos dignitate prædito, Asutio magnæ Armeniæ principi, Photius patriarcha œcumenicus, per Dei gratiam episcoporum novæ Romæ primus.

1. Magna nobis cura est, ut veritatis notitiam vobis impertiamur, præsertim quia regionem vestram supernæ gratiæ tutela fretam scimus, et cum sancta canonica Ecclesia copulatam, uno excepto articulo

---

(40) Joannis Mairacomensis crassos errores ab ipsis Armeniis scriptoribus fuisse refutatos, narrat ill. ac rev. archiepiscopus Suniæ op. cit. p. 29, et 42, nec non vir summus I. B. Aucherus in præf. ad adn. ad orat. Joan. Ozn.

(41) Num est Sophronius ille, de quo Photius cod. V? Hic tamen contra Eunomium potius pro S. Basilio scripsit.

(42) Similis huic locus (quod valde miror) exstat in oratione Joannis Ozniensis contra Phantasticos p. 47.

quod Deo veritatique contrarium fuisse creditis Chalcedonense concilium, cum id potius depositionem exsiliumque Nestorii confirmaverit, ejusque exsecrabile dogma funditus aboleverit. Etenim quis ignorat laborare stultitia eos, qui Chalcedonense concilium respuunt, prorsusque similes illis fieri qui Domino ac Redemptori nostro conviciabantur cum dæmones expellebat? Reapse dæmonum principes nihil ab iis differunt, qui dæmones ab hominibus ejicientem vituperabant. Jam vero cum sanctum illud concilium Nestorio ejusque asseclis anathema dixerit, quis jam dubitat ministrum Satanæ esse Nestorium, qui sanctum Ephesi concilium sprevit, seque novæ sectæ fecit auctorem ? Si quartum igitur concilium tertio consentit, cur ei vos maledicitis, atque ut impium traducitis ? Cum alioqui compertum nobis sit amplitudinem tuam Domini frui patrocinio, vosque populum Dei esse, et peregrino quovis dogmate alienum.

2 Attamen ineptos quosdam de hac controversia sermones a vobis scriptos accepimus (43) ; qui certe nullius momenti evadent, nihilque pravæ sententiæ posthinc supererit, cum quartum demum concilium haud secus quam superiora debito obsequio prosequemini. Namque et principalis Roma æque ac nos quarto concilio, ut prioribus, honorem defert : sic item magna Alexandriæ sedes, necnon illa Hierosolymorum, sine ulla querela : denique et consecuta postea concilia quintum, sextum ac septimum. Quis ergo fidei toto terrarum orbe diffusæ resistere audeat ? De qua fide Dominus dixit : *Portæ inferi non prævalebunt adversus eam* [a]. Cavete igitur ab illorum fraudibus, qui nomine tenus Antichristo differunt, qui mortiferum animabus venenum propinant, dum eas a sancti Spiritus doctrina datisque ejusdem demonstrationibus avertunt.

3. Quippe hi, propter suæ mentis imbecillitatem, Dominum nostrum Jesum Christum, Deum et hominem esse non agnoscunt, id est divina humanaque natura præditum ; atque hac vesania correpti utramque naturam negant. Reapse si illa unica quam confitentur natura simplex est, sine dubio alteram excludunt : sin ex duabus simplicibus est composita, procul dubio harum neutra propriam substantiam retinet, quæ in utraque potius perempta est. Age vero, quænam istorum sententia est ? Num compositam illam naturam, a Patris et Spiritus sancti natura distinctam credunt, an secus ? Si distinctam negant, blasphemia sua obruuntur, quia Patris natura composita evaderet. Sin contra distinctam aiunt, en Filius paterna natura caret : quod qui affirmant, jam apparet quonam se præcipites proruant. Quis vero ex divinis libris demonstrationes hujus dogmatis omnes coacervare queat, quas jam sanctus Spiritus per quartum concilium ceu invicta argumenta, ob firmandam fidem, adversarios profligandos, atque horum dissipanda consilia, exposuit ? Præter quam quod si ad vulgarem hominem hanc epistolam scriberem, multis veritatem verbis opus esset explicare : vestræ tamen amplitudini ac sapientiæ, vestroque veritatis et concordiæ studio, quæ hactenus dixi sufficiunt : præsertim quia ad supremum quoque antistitem vestrum diu nec semel hac de re scripsi (44).

4. Vestram igitur amplitudinem obsecramus, ut sanctis conciliis ducibus, pura in fide pedem figatis, neque a communione via deerretis, sed in ea recto tramite ambuletis. Nam qui unam profiteri in Christo Jesu naturam audet, is Eutychis in se damnationem provocat, et opinione Sassanitarum (45) corruptus, uni capiti subesse renuens, fit polycephalus, et Manetis simul discipulus. Præterea qui duas in Christo distinctas naturas non fatetur, sed duas potius personas astruit, is in Nestorii pœnam incidit. Quam obrem Dei Ecclesia, utroque errore refutato, hæresim a suis septis repulit, atque unam Domini nostri Jesu Christi personam confessa est, duasque naturas distinctas et inconfusas (46) ; atque illis adversata est qui deitati passiones attribuunt.

5. Da ergo operam, magne Princeps, ut Jesu Christi populum doceas, atque ad veræ fidei professionem adducas : neque enim quidquam Deo charius est, quam ut ipsum vera cum notitia agnoscamus, professione orthodoxa glorificemus, magnanimoque et constante amore in his perseveremus. Sic quippe majore semper progressu auctus, et divinæ gratiæ tutela adversus hostes munitus, et a periculis insidiisque tutus, aliorum instar sanctorum regum, utramque felicitatem consequeris, præsentem scilicet et futuram, Deiparæ reginæ inclytæ sanctorumque omnium intercessione. Excellentiæ et magnanimitati tuæ spiritalis monumenti gratia, venerabilis ac salutaris crucis particulam mittimus (47).

Reliquum est, ut pro hoc duplici Photii scripto gratiæ agantur RR. Patribus monasterii Veneti Mechitaristis, qui splendida morum honestate, bonorum officiorum multitudine, plurima litterarum scientia, editis tot civilis sacræque doctrinæ libris, quotidiano denique ampliandæ orthodoxiæ studio, optime de gente sua et de catholica Ecclesia meriti sunt.

[a] Matth. xvi, 18.

(43) Acerbam quamdam Armeniorum ad Græcos responsionem sub Asutio principe (hac tamen epistola posteriorem) memorat Serposius, t. II, p. 44.

(44) Hinc cognoscimus non semel Photium ad Armeniorum patriarcham scripsisse, quod revera dicit etiam Serposius *Compend. hist.* t. II, p. 44.

(45) Innuit Abdiscii Syri Monophysiticam sectam, quem de Sassane in Armeniam venisse ait Photius in præcedente epistola n. 2.

(46) Permanentes scilicet, atque ita nominandas etiam in hypostatica unione. Neque enim unio justam causam præbet heterodoxis, ut unam pro duabus dicant naturam. Hic porro, ut arbitror, controversiæ demum cardo vertitur ; huc omnis adversariorum subtilitas et tergiversatio quærit effugium ; ut ubi nos dicimus unum Christum, ipsi unam affirment naturam.

(47) Animadvertamus morem donandi sacras reliquias.

EPIST. XI.
Michaeli imperatori a Deo coronato.
Edita a Montacutio (ep. 18, p. 78).

Lecta quam accepimus ab imperatoria vere potestate, et Deo coronato principatu, epistola, gaudio simul repleti sumus et admiratione. Gaudio certe, eo quod lætum per eamdem accepimus nuntium, imperium vestrum extra omnem conspirationis aleam a Deo positum et custoditum, supra omnes insurgentium machinationes constitutum, liberum et quietum ab omni alio casu et infirmitate. Et hæc erant, quæ nos gaudio inexplicabili et exsultatione repleverunt: admiratione porro capti sumus, et ad lacrymas adacti effundendas, dum humanam deploramus vanitatem ; nimirum cum non pauci sint qui magna gratia, gloria multiplici floreant, qui cum possideant ingentes opes, ita ut contenti deberent esse cum possessis, et proprium ipsorum modulum agnoscere, benefactorum vero omni laudis præconio, et veneratione prosequi teneantur; illi tamen inexplebilem præ se ferunt cupiditatem, omni studio et contentione se immiscent omnibus, in ipsorum caput quidem benemeritum audent tumultuosius insolescere, ita ut de Salmoneo fabulam opere ipso exhibeant completam : unde contingit, ut non modo de spe, quam sibi per somnum confinxerant, et qua evehuntur, excidant; verum etiam per insipientiam ab iis ipsis se exterminent, quorum justa potestate, dominio et concessione fruebantur. Illiusmodi istud est quod (utinam non ita contigisset!) per litteras facti certiores intelleximus, in illo abjecto et humiliato homine perpetratum (neque enim quo alio eum nomine notem satis intelligo, qui memor sim humanæ miseriæ) ille tantum non ad regni sceptra per dextram vestram munificam exaltatus, ita ut licet nominis imperatorii et tituli non esset particeps, potestatem tamen tecum dividebat, magnitudinem beneficii ferre nequivit; non erat contentus iis quibus fuit dignatus, nec gratias habebat pro fruitione habitis, sed extra lineas pedem promovens, et manus in opprobrium benefactoris retendens, capitique ejus insidiatus, vitam ipsam tandem, insolentiores spes suas, inanes spiritus, miserum heu et miserandum in modum, abiit hinc relinquens. Indolui quidem (o misericors et mitissima potestas) cum rescivi immaturæ neci hominem datum ; magis, quod affectatæ tyrannidis pœnam, oppetiit mortem. Certe, non patitur subire animum meum suspicionem vestræ potestatis virtus et clementia, commentitias venisse ad me litteras, vel alio modo quam quo in illis narratur, quæ illum concernebant contigisse, unde fiet ut coronetur ille, ringantur alii. Atque hinc lethalem a dolore accepi inflictam plagam, dum memoria inter alia recolo, quod in ipso improbitatis actu hinc abripiebatur, ita ut neque lacrymis abluerit sordes vitæ et inquinamenta, quæ miseræ naturæ nostræ astricta solent inhærere ; nec ob injurias, quibus fortassis alios affecerat, ullam declararat pœnitentiam; A nec ullo alio modo Judicem in altera vita futurum conciliatum dare studuerat ; itaque delictis onustus ad ejusdem tribunal transmissus est : sed prout secreto Dei judicio decretum fuerat, ita ille finem vitæ consequebatur : multis quidem stupor, non paucis admonitio, quibusdam commiseratio, pluribus hæsitatio fiebat. Tu autem, rogamus (regum decus et ornamentum, patriæ exaltatio, imperii stabilimentum, et Christianorum omnium, qui vocantur amor, deliciæ et gloriatio), quantocius ad nos festinato ; redde desiderium desiderantibus ; libera nos primum a captivitate, qua, dum tua caremus præsentia, detinemur; refice nos et refrigera ab illa miseria, qua detinemur, dum vestra non adest præsens refocillatio ; gratiam hanc primam et præcipuam urbi tuæ et civibus impertito, ut possint manibus et linguis cum libertate summa debitas tibi acclamationes, et, o imperator, coram efferre ; tangat te canities sacri et venerandi senatus ; flectere ad preces cujuscunque ætatis, virorum, feminarum, puellorum : certe enim omnes uno animo, voce una, dominationis vestræ præsentiam efflagitant. Quod si apud te locum habeat cura et respectus (quod scio sic habere) archipræsulis tui, ipsum tibi finge coram adesse, et manu manum apprehensam ad propriam pertrahere civitatem, ad Dei templum, apud quem spes repositas habes, ad ipsius imperii sacraria. Certe, tibi supplicamus omnes ; spes nostras noli, quæso, pudefacere, aut preces rejicere. Speramus enim in Deo vero nostro Jesu Christo futurum esse, ut cum ad regiam hanc urbem vestra potentia revertetur, mœroris tenebras a republica depelles, hostium et inimicorum insolentias magis adhuc magisque contundes, consilio, prudentia, militari disciplina, superior deviceris ; idque per intercessionem sanctissimæ Dei Genitricis, et omnium sanctorum. Amen.

EPIST. XII.
Eidem.
Edita a Montacutio (ep. 19, p. 80).

Recessisti a nobis, et nos a nobismetipsis ; viventes non vivimus, nec movemur moti. Quod si Domini promissum dignaretur nostræ humilitatis precibus annuere, vel Cretam Byzantium transferremus, vel Byzantium cum nobisipsis Cretæ copularemus : sed moriens unde fit ut scribam, aut ut mutus loquar? unicum si dixero, silentium teneo. Festina, o regum et filiorum decus! et vel nos captivos Cretam ducito, vel Byzantinos de captivitate libera, qui captivos a conspectu tuo detineri tam male ferunt.

EPIST. XIII.
Encyclica epistola ad archiepiscopales thronos per Orientem obtinentes, Alexandrinum scilicet, et cæteros, in qua de capitibus quibusdam dubiis solutiones meditatur, et quod non licet dicere Spiritum procedere a Patre et a Filio, sed a Patre solo.
Edita a Montacutio (ep. 2, p. 47).

1. Nondum illi malo, ut videtur, abunde erat

improbitatis satietas; nondum adinventionum et machinationum terminus, quas ab ipso rerum exordio in humanum genus censuit commovendas. Sed et ante Domini nostri incarnationem hominem seductum in peregrinas, legibus contrarias, et generi incongruas actiones per varias fraudes impulsum seducebat, unde suam tyrannidem vehementius promovit, et ab illo tempore, sexcentis erroribus et inescationibus delinitos, sibi qui sunt obtemperantes, supplantare et aliorsum transferre sategit. Hinc orti Simones, Marciones, Montani, Manetes; hinc hæresium variegata et multiformis in Deum pugnantium ordinatio multiplicata fuit. Hinc Arius, Macedonius, Nestorius, Eutyches, Dioscorus, et cæteri de conventibus impiorum, contra quos septem sancta generalia illa concilia, nec non sanctorum et divinorum virorum per loca diversa, consessio colligebantur, ut impietatis istos stolones cultro spirituali radicitus exstirparent, et campum Ecclesiæ sativum purum atque impermistum curarunt efflorescere.

2. Istis autem de medio sublatis, ac silentio et oblivioni traditis, præclara et profunda spes bonis subinnutrita affulgebat, futurum ut nulli deinceps novarum impietatum exsisterint adinventores, cum in omnibus, quorum sumpserat experimentum diabolus, concilia ejus cessissent in contrarium. Nec illorum dogmatum quæ jam synodica condemnatione censuram meruerant, aliquos rebantur hyperaspistas prodituros aut propugnatores, quos nimirum exitus, et pœna auctorum, et qui deinceps in eorum imitationem, ducti exemplo, erant successuri excuderat. Atque hisce quidem cogitationibus piorum ratiocinia acquiescebant: imprimis autem apud regiam urbem, in qua per Dei cooperationem multa præter spem præclare geruntur; multæ linguæ vetustam conspuentes illam fœditatem, communem omnium fabricatorem, et creatorem, nobiscum hymnis concelebrare edocti sunt. Ita veluti ab excelso quodam et eminentiori loco, fidei fontes orthodoxæ regia urbs emittit, nec non purissimos pietatis latices in cunctos mundi terminos decurrentes, qui non aliter quam rivi solent, dogmasi irrigant hominum ibi degentium animas, quæ a longo temporis tractu æstu et conflagratione vel impietatis, vel spontanei cultus, exaruerant, atque ita in solitudines et infructuosum solum stereliverant; qui tamen imbribus doctrinæ sanæ susceptis, Christi coloniam, cultura lætificatam, fructibus adornant. Nam qui incolunt Armeniam, Jacobitarum impietate impediti, contra rectæ pietatis prædicationem audacius se gerentes, ex eo tempore, quo sancta et numerosa Patrum nostrorum synodus apud Chalcedonem convenerat, vestris nobiscum precibus in auxilium conspirantibus, longum illum errorem a se repellere valuere; ita ut hodie Armeniorum natio sincero et orthodoxo more Christianum cultum profiteatur, Eutychetem, Severum, Dioscorum, et Petros revera illos petro-bolos jaciendis in Ecclesiam lapidibus, Julianum Halicarnassensem, necnon universam ipsorum varie diffusam dispersionem, ut et catholica Ecclesia, exsecretur, et indissolubilibus anathematum nexibus supposuerit constrictos.

3. Sed et insuper barbara Bulgarorum gens, et Christo invisa et infesta, in tantam mansuetudinem et Dei cognitionem convertitur, ut a patriis diabolicisque orgiis recedentes, et paganicæ superstitionis errorem excutientes, præter omnem exspectationem in fidem Christianam insiti transierunt.

4. Sed o improbum, invidum Deo, invisum consilium et incœptum! Talis enim narratio, Evangelii vel boni nuntii argumentum quæ futura esset, in dejectionem vultus commutatur, delectatio et gaudium in luctum et lamentum abiere. Nondum enim gens illa per biennium rectam Christianorum religionem amplexabatur, cum impii quidam homines et exsecrandi, portenta (vel quo illos titulo Christianus insigniat) homines e tenebris prorepentes (erant enim exorti ab occiduis partibus) heu quomodo reliqua persequi potero? isti, inquam, in gentem, novella quorum pietas et nuper constituta, tanquam fulgur, terræ motus, seu copiosa grando; aut ut proprius, quod accedit ad rei veritatem, dicam, tanquam aper agrestis vineam Domini dilectam, nuper consitam insilientes, pedibus et dentibus, hoc est semitis quibusdam politiæ turpis, et dogmatum depravatorum, quæ illorum erat audacia, deprædantes devastabant; omni cum fraudulentia a sanis et puris dogmatibus, et fide inculpata Christianorum, eos subdole deducere et corrumpere conabantur.

5. Imprimis contra Ecclesiæ canones illicite ad Sabbatorum jejunia traducebant. Solet autem vel levissima traditionum neglectio homines ad totius doctrinæ contemptum traducere. In secundis, primam jejuniorum quadragesimalium scilicet septimanam a cætero jejunio discrepentes, in lactis potionem, casei esum, et similium ingurgitationem traxerunt. Ab his exordiis transgressionum vias dilatantes, de recto tramite et regia via deturbarunt; sacerdotes deinceps legitimo conjunctos matrimonio, qui puellas multas sine viro mulieres effecerunt, et mulieres pueros educantes, quorum nemo patrem novit, vere, uti dixeram, sacerdotes Dei abominari et adversari docuerunt; semina nimirum Manichæorum agricolationis apud illos serentes, et animas, tam nuperrime semen pietatis proferre incipientes, superiore seminatione zizaniorum male perdentes.

6. Sed et chrismate inunctos per sacerdotes, denuo chrismate inungere non dubitabant; cum se episcopos prædicarent, et presbyterorum chrisma inutile quiddam ac frustra factum comminiscerentur.

7. An talem quis insaniam aliquando fando audivit, quam non cohorruere insanientes isti facitare? ut semel oleo delibutos rursus inungerent, et augusta illa divinaque Christianorum mysteria in

bene longas nugas et risum lubentiamque conversa proculcarent. Sed vide insanctificatorum fallacias. Non licet, dicebant, sacerdotibus baptizatos oleo sanctificare : hoc enim solis lege concessum episcopis. Verum unde illa lex ? Quis legislator ? Ecquis apostolorum : sed an vel Patrum, aut e synodis aliqua ? ubi gentium illa, vel quando coacta, quorumve votis sancita et suffragiis ? Non licet sacerdoti, baptizatos oleo signare ? Certe tum nec baptizare, nec sacrificare, atque de media sui parte, sacerdos non perfectus, in sortem abeat abactus profanam. Qui corpus Dominicum consecrat, et Christi sanguinem, et per illa illos sanctificat qui sacris erant olim initiati ; unde erit ut non idem sanctificet oleo ungens consummatos ? baptizat sacerdos, donum expiatorium in baptizato consummat; qua ratione privabis illum custodia et sigillo illius purificationis, cujus ipse erat consummator ? verum aufers sigillum, nec dono pateris subservire, nec aliquos per illud consummare, ut nudo tantum nomine tuus insignitus sacerdos, te quidem cum ipso societatis et chorostasiae coryphaeum declaret, et episcopum.

8. Enimvero non in istis tantum peccare sunt inducti, sed in ipsam impietatis coronidem, si quae ulla est, devenerunt. Praeter enim memoratas absurditates sanctum et sacrum symbolum, quod ab omnibus oecumenicorum conciliorum calculis confirmatur, et vim obtinet irresistibilem, sensibus spuriis, verbis ascititiis, quae summa fuit ipsorum audacia, conabantur adulterare. O machinationes diabolicas! Spiritum sanctum novo more commiscebantur, non de solo Patre sed etiam Filio procedere.

9. Quis unquam olim talem vocem audivit ab impiis apud saeculum prius prolatam ? quis lubricus anguis in ipsorum corda hoc eructavit ? Quis cultui initiatus Christiano ferre queat duplicem in Triade causam dari, Patrem nempe causam Filii, et Spiritus, Spiritus autem causam Filium ? hoc est monarchiam in duplicem deitatem solvere, et non minus quam gentilitiam mythologiam Christianorum discerpere theologiam, atque ita Trinitatis dignitatem supersubstantialis et monarchicae per contumeliam imminuere. Sed quorsum e Filio procederet Spiritus? Si quidem profectio a Patre sit perfecta (est autem certe perfecta, quia perfectus Deus, a Deo perfecto), quae autem illa a Filio profectio, et quam ob rem? Certe res supervacanea, atque ita futilis.

10. Adhuc autem, si e Filio procedit Spiritus, uti et e Patre; cur non et Filius gignitur e Spiritu, ut e Patre? ut sic impiis omnia sint plane impia, hoc est, et sensus, atque sermo, nec quidquam illis relinquatur inausum.

11. Sed et hoc praeterea consideretur : siquidem in eo quod a Patre Spiritus procedat, proprietas ipsius agnoscatur; ita et Filii proprietas agnoscatur, in eo quod Filius generatur. Procedit autem,

ut illi delirant, et a Filio Spiritus ; quocirca pluribus proprietatibus dividitur Spiritus a Patre, quam Filius : siquidem processus Spiritus ex ipsis, commune quiddam Patri est, et Filio. Spiritus processio e Patre et e Filio est Spiritus proprietas. Quod si pluribus distantiis differt Spiritus quam Filius, proximior erit paternae substantiae Filius quam est Spiritus; atque ita demum audax illud facinus in Spiritum sanctum Macedonii prorepturum est, hominum istorum fabulam et scenam clam subiens.

12. Insuper vero, si omnia Patris et Filii communia sunt, certe et quae Spiritum spectant sunt etiam communia ; nempe Deus, rex, creator, omnipotens, supersubstantiale, simplex, infiguratum, incorporale, invisibile, et simpliciter alia omnia. Quod si processio Spiritus sit Patri communis atque Filio, tum e seipso procedet Spiritus, ipse sibi ipsi principium erit, causa simul et causatum ; quam fictionem ne Graecorum fabulae comminiscerentur.

13. Accedit autem quod, si proprium sit Spiritus solius in diversa principia relationem habere, certe solius erit Spiritus principium habere multiplex, et non unum.

14. Addam, si in quibus novam Patris et Filii communionem introduxerunt, ab iis ipsis Spiritum excludunt; et si Pater Filio per substantiam conjungitur, non autem secundum aliquam e proprietatibus ; Spiritum quoque circumscribant necesse est, illa quae per substantiam est cognatione.

15. Vides enim quam inaniter isti, sed tamen ut faciliuus plures inde aucupentur ; nomen sibi Christianum imposuerunt. Egreditur a Filio Spiritus ; Hoc unde fando factum accepisti ? E quibusnam Evangeliis hanc vocem habes? Cujusnam synodi blasphemum istud verbum ?

16. Dominus ac Deus noster inquit, *Spiritus qui procedit a Patre*. Istius autem novitianae impietatis parentes aiunt : *Spiritus qui a Filio procedit*.

Quis non ad enormem hanc blasphemiam occludet aures ? quae quasi stat ex adversa acie Evangelio, exarmatur contra sacras synodos, beatos et sanctos Patres falsificat, nempe magnum illum Athanasium, theologiae titulo decantatum Gregorium, Basilium illum Ecclesiae vere regiam stolam, aureum orbis os, vere Chrysostomum, sapientiae illud pelagus. Quid autem hunc vel illum compellem? Contra omnes omnino sanctos prophetas, apostolos, sacerdotes, martyres, et ipsius etiam Domini voces, blasphema haec, et Deo bellum indicens, vox exarmatur.

17. Spiritus nimirum procedit e Filio? Utrumne eadem processione, an ex adversa processioni a Patre? si eadem, quomodo non communicantur proprietates, a quibus tamen solis Trinitas et esse, et adorari characterem sortitur ? sin contraria quadam illi, quomodo non hac sua assertione Manetes et Marciones procuduntur, qui Deo bellum indicen-

tem linguam, contra Patrem et Filium rursus exseruere?

18. Accedit ad præmissa, si e Patre quidem Filius generatur, Spiritusque procedit e Patre et Filio, in duplicem exsistentiæ suæ causam relatus, non evadet, quin et compositus exsistat.

19. Adhuc si e Patre generatur Filius, si Spiritus e Patre procedit et Filio, quænam evenit nova innovatio, quominus ab ipso aliud procedat? Ita constituentur, juxta blasphemam hanc ipsorum sententiam, non tres hypostases solæ, sed quatuor, si non potius infinitæ, ut quarta aliam emittat, illa itidem aliam, usquedum in multiplicatam Paganorum divinitatem deveniatur.

20. Præter superiora, et hoc considerandum quod, si processio Spiritus e Patre in substantia determinetur, quidnam Spiritui, quæso, accedet ab illa de Filio processione, cum processio paterna ad essentiam sufficiat? Nemo enim eo audaciæ deveniet, opinor, ut affirmet conducere ad aliquid aliud, eorum quæ sunt circa substantiam, cum duplicatio quævis compositio ab illa natura divina quam longissime removeantur.

21. Præter supradicta, si omne quod non est commune Trinitati illi omnipotestativæ, homousiæ et supernaturali, unius solius est proprium e tribus; processio autem Spiritus non est tribus aliquid commune; omnino erit unius solius e tribus proprium. Utrum igitur affirmabunt Spiritum procedere e Patre, an non? Quod si autem, quomodo non necessario ejerabunt illam suam dilectam adeo, et communem mystagogiam? Quod si dicant e Filio, cur non ab initio eo provecti sunt audaciæ, ut totam suam blasphemiam simul revelarent? ut qui non tantum Filium ad productionem Spiritus admittant, sed Patrem privent penitus quidem productione. Quem demum ordinem consectantes, generationem non minus quam processionem alterabunt, nec Filium e Patre, sed Patrem e Filio genitum, quod est monstrosum, commentabuntur; unde se principes et antipilanos non tantum impiorum sed et furiosorum exhibebunt.

22. Quam furiosam et impiam ipsorum sententiam esse et ab isto quod dicemus manifestum faciemus. Quando quidquid consideratur vel dicetur in ea sacrosancta connaturali et supersubstantiali Trinitate, vel commune quiddam est universæ, vel unius alicujus illiusque solius e tribus personis; cumque Spiritus processio non sit quiddam commune, ne quidem ex ipsorum sententia, unius et solius (propitius autem nobis Deus esto ita loquentibus, et blasphemia resultet in eorum capita) non est ulla omnino Spiritus processio in perfectissima et vitam largienti Trinitate.

23. Certe, sexcenta quædam alia cum plena mensura quis addiderit ad ista, dum refellere atheam illorum sententiam aggreditur; quæ me epistolica lex non patitur in præsentia afferre, et his literis inserere: atque ideo etiam ea quæ dixi breviter et imperfecte sunt illata, particulares refutationes et ampliorem docendi modum, Deo concedente, in conventum communem sepositas reservamus.

24. Hanc impietatem tenebrarum illi episcopi (nam se episcopos præferebant) una cum illicitis et illegitimis aliis apud gentem Bulgaricam disseminabant. Harum rerum fama pervenit ad aures nostras; vulnerati sumus lethali vulnere per media viscera nostra, non secus quam si coram et sub aspectu suo viderit quispiam ventris sui fœtus a serpentibus et belluis huc illuc discerptos et direptos circumraptari. Qui enim studium, labores, sudores in illorum regenerationem et baptismum contuleramus, non sine ratione dolorem insufferendum et calamitatem tulerimus, partus nostros deperditos cernentes.

25. Atque eodem modo de hoc tristi casu condoluimus, quo gaudio majori perfundebamur, cum liberatos eosdem primum a vetusto paganismi errore videremus.

26. Verum illos quidem luximus, et lugemus adhuc, neque concessuri sumus oculis nostris requiem ut a lapsu hoc illos resuscitemus, neque palpebris connictionem dabimus, donec, quoad fieri per nos poterit, illos in Domini tabernaculum iterum compulerimus.

27. Novitios autem illos apostasiæ præcursores, Antichristi administros, mortibus multis dignissimos, communem pestem, qui tenellam illam nuper compaginatam gentem ad pietatem, tot tantis dilacerationibus discerpserunt; istos, inquam, perfidos deceptores, et Deo belligerantes divino synodico calculo notatos condemnavimus: non de præsenti illorum abstentionem decernentes, sed per antehabitas synodos, per scita et leges apostolicas, prædeterminatam in illos condemnationem in vulgus, ut omnibus ita innotescat, proferentes.

28. Ita enim natura comparantur homines, ut non tantum præteritis suppliciis sarti tecti remaneant, quantum præsentibus et in oculos incurrentibus, in ordine contineantur; dum cum præteritis præsentia conspirant, illa per isthæc roboris accipiunt firmitatem. Ad hunc modum per id quod hosce homines multiplici suo errori imminentes, ab universo grege Christianorum publico præconio exclusos denuntiavimus: sexagesimus enim quartus canon apostolicus, eos qui intendunt jejunio Sabbati, ad hunc modum percutiens, inquit:

29. *Si quis clericus inveniatur diem Dominicam jejunare, vel etiam Sabbatum, excepto uno Sabbato solo, deponatur; sin laicus fuerit, separetur a communione.* Sed et sanctæ universalis sextæ synodi canon quintus et quinquagesimus ad hunc modum sciscit:

30. *Eo quod pervenit ad notitiam nostram, eos qui Romam incolunt in sanctis Quadragesimæ jejuniis earumdem Sabbatis jejunare, contra consuetudinem et traditionem ecclesiasticam, visum est sacræ synodo, ut etiam et per Romanam Ecclesiam incon-*

cussus obtineat ille canon qui ait : « *Si quis clericus inveniatur in sancto Dominico die jejunare, vel in Sabbato, excepto uno, et solo, deponatur; sin autem laicus, separetur a communione.* »

31. Sed et quartus concilii Gangrensis canon, contra nuptias abominantes ait : *Si quis presbyter, qui uxorem duxit, discernat quasi non oporteat, eo sacra celebrante oblationi communicare, sit anathema.* Adversus quos sententiam similem præfert et sexta synodus, ad hunc modum scribens : *Quandoquidem in Romana Ecclesia canonis vicem obtinere novimus, ut qui ad diaconatum vel presbyteratum promovendi sunt, professionem faciant, se non amplius consuetudinem uxorum suarum habituros; nos antiquum canonem apostolicæ perfectionis ordinisque observantes, eorum qui sunt in sacris ordinibus constituti, conjugia deinceps, ab hoc temporis momento, firma et stabilia esse volumus, nequaquam eorum cum uxoribus suis copulam dissuentes, vel eos mutua consuetudine opportunis temporibus privantes. Quamobrem si quis dignus inventus fuerit, qui hypodiaconus, diaconus, presbyter ordinetur, hic ad talem gradum assumi nequaquam prohibeatur, si cum sua legitima uxore cohabitet. Sed nec ordinationis tempore, ab illo exigatur professio, se a legitima cum uxore sua consuetudine penitus abstenturum : Ne per illud nuptias, a Deo institutas, et sua præsentia honestatas contumelia afficere videamur, Evangelica voce dicente :* « *Quæ Deus conjunxit, homo ne separet;* » *et Apostolo docente :* « *Honorabiles esse nuptias, et torum immaculatum;* » *et,* « *Alligatus es uxori? noli quærere dissolutionem.* » *Si quis igitur contra canones apostolicos incitaverit aliquem eorum qui sunt in sacris, presbyterorum nimirum, vel diaconorum, vel hypodiaconorum, conjunctione cum legitima sua uxore privari, deponatur : similiter, et si quis presbyter, vel diaconus suam uxorem sub pietatis aut religionis prætextu ejecerit, segregetur; et si perseverat, deponatur.*

32. Verumenimvero primæ hebdomadis per eos inducta dissolutio, uti et baptizatorum atque oleo inunctorum reunctio, non opus habent ut per canones recitatos damnationi subjiciantur: nam vel solummodo mentionem eorum fecisse, impietatis cujuscunque eminentiam supergreditur.

33. Sed et illa in Spiritum sanctum, vel totam potius sacrosanctam Trinitatem, blasphemia, nullam a se secundam habens, si cætera omnia abessent, sufficeret ad mille anathematismis eos feriendos.

34. Istarum ita gestarum rerum notitiam, pro vetusta Ecclesiastica consuetudine, ad vestras in Domino fraternitates deferre, statuebamus æquum; quos paratos fore rogamus, et cupimus, ad opem communem vestram conferendam in istarum impiarum et a Deo abhorrentium propositionum condemnatione; ut nequaquam stationem paternam deferatis, quam vobis vestri antecessores, per suas res gestas, tuendam et ornandam tradidere. Quocirca studiose curetis, et cum diligentia, ut vestras vices obituros locum tenentes huc destinetis, qui vestras personas repræsentent, pietate consummatos, in sacris ordinibus constitutos, dicendi facultate et vitæ honestate ornatos, ut hanc late serpentem gangrænam de media ecclesia amoveamus, eosque qui in tantum insanierunt, ut impietatis suæ superseminationem subintroducerent in gentem hanc novellam, nuper coalitam et constitutam, radicitus exstirpatos igni mandemus adurendos, idque communi consensu omnium ; quod divinitus oracula nobis data, quod exsecrandos attinet, ut suscipiant, sanciverunt.

35. Ita enim futurum optime speramus, et depulsa impietate, et cultu pietatis constituto, Bulgarorum multitudo noviter in Christo catechizata, et lumine baptismatis illustrata, ad fidem ipsis annuntiatam sit reversura. Certe non modo gens universa antiquam suam impietatem pro fide in Christo commutavit ; sed insuper, quod multorum vocibus decantatur, cum post se omnes, quod crudelitatem attinet et sanguinis fundendi cupiditatem, in secundis reliquerint, et illud quod vocatur Rhos, apud eos ita obtinuerit, ut Romani imperii subditos sibi quaquaversum proximos, in servitutem redigerent, atque animis ultra modum elatis manus injicerent violentas : illi ipsi in præsenti sinceram, et impermistam religionem Christi pure profitentes, pro paganica impietate illa, qua prius possessi detinebantur, in numero semet et ordine reposuerant subditorum, adeo ut, cum non ita pridem prædarentur nostra cum audacia summa, nunc satis habeant si acquiescant. Et eo quidem usque fidei amor et zelus intendit (de qua re cum Paulo dixerim, *Benedictus sit in sæcula Deus*) ut pastorem et episcopum sibi propositum admittant, et Christianos ritus religionis sedulo suscipiant, et amplexentur libentissime.

36. Ad hunc ergo modum, cum per gratiam misericordis Dei qui vellet omnes homines salvari, et ad veritatis venire cognitionem, a vetustis opinionibus suis hi recesserint, et easdem pro sincera Christianorum fide mutaverint, profecto sic consurgere dignetur vestra fraternitas, et una cum affectu cooperari nobiscum ut exscindantur, et in incendium mittantur, qui succrevere stolones, valde confidimus per Dominum nostrum Jesum Christum, Deum verum, futurum ut ipsius adhuc magis exaugeatur ovile, et illud impleatur quod dictum est : *Cognoscent me omnes, a minimo ad maximum* [9], et, *In universam terram exivit sonus, doctrinæ apostolicæ, et ad terminos terræ verba eorum* [10].

37. Oportet igitur illos qui a vobis pro vobis mittendi sunt, quique sacram sanctamque vestram personam sustinebunt, cum vestra liberrima potestate legari, ea scilicet quam per Spiritum sanctum sortiti estis, et ut sententiam dicere possint, et suf-

---

[9] Act. viii, 10. [10] Psal. xviii, 5; Rom. x, 18.

fragium ferre valeant de capitibus propositis, et si quæ alia similia agitabuntur, ea cum libertate, quæ thronum decet apostolicum. Cum præcipue ab Italiæ partibus synodalis ad nos epistola perscripta venerit, accusationibus infandis repleta ; quas contra proprium ipsorum episcopum, Itali ad nos cum multiplici condemnatione, et juramentis non parvis transmiserant, rogantes, ne velimus pati adeo miserum in modum ipsos perire, qui tam urgente et intolerabili tyrannide opprimantur, per quam sacerdotii leges contumeliose refiguntur, et quæcunque consuetudines ecclesiasticæ subvertuntur : et certe non nunc primum, sed et olim per monachos et presbyteros inde profugos, hæc ad omnium aures dimanarunt. Basilius erat, Zosimas, et Metrophanes, necnon alii, qui tyrannidem istamce deplorabant, et qui cum lacrymis ad Ecclesiam vindicandam nos excitabant. In præsenti autem, quod dicebamus, diversæ de diversis locis litteræ abunde ad nos venerunt, tragicis sexcentis lessis repletæ et lamentis. Istarum porro litterarum exemplaria, secundum quod volebant et rogabant ipsi qui summopere contenderant et nos adjurarant vehementer, ut ad omnes ubique apostolicas sedes transmitterentur, vobis legenda offerimus, et quidem litteris nos his inclusimus, quod sancta et œcumenica quæ conventura est in Domino synodus, prout cum canonibus congruere videbuntur, suo communi suffragio confirmet, ut sic pace jugi et profunda Christi Ecclesia quaquaversum perfruatur.

38. Neque sane vestram solummodo beatitudinem huc convocamus, sed reliquarum quæ sunt archiepiscopalium et apostolicarum sedium antistites, vel jam advenerunt, vel propediem adventuri exspectantur.

39. Ne committat igitur fraternitas vestra in Domino quæ est, per aliquam dilationem, aut procrastinationem temporis, ut diutius quam par est fratres vos hic exspectent : noverit quod, si per vestrum aliqualem defectum res suo ordine rite non peragantur, non in alium, sed in ipsum delinquentem recidet contracta culpa.

40. Sed et illud insuper libris nostris duximus inferendum, ut nimirum sanctam et universalem septimam synodum in eumdem numerum velitis et ordinem referre cum sex sanctis et œcumenicis conciliis, per universas vestræ ditionis Ecclesias ; cum ad nos rumor increbuerit quod quædam apostolico vestro throno subditæ Ecclesiæ usque ad sextam computare solent universales synodos, septimam nequaquam agnoscentes : quæ in illa sanciebantur, cum veneratione suscepta fovere dicuntur ; ipsam tamen nondum eo processisse susceptionis, ut publice per Ecclesias, sicut priores, deprædicatione suscipiatur, etiam tum cum ubique pari cum cæteris dignitate suscipiatur.

41. Certe quidem illa synodus summam profligavit impietatem ; habuit consessores et suffragatores qui de quatuor archiepiscopalibus thronis aderant. Patet enim a vestra apostolica sede advenisse Alexandrinum Thomam monachum, et cum eo presbyteros ; ab Hierosolymis et Antiochia, Joannes, et qui cum illo venerunt ; ab antiqua Roma, aderat Petrus archipresbyter religiosissimus, et alius item Petrus presbyter, monachus et præpositus religiosæ domus sancti Sabbæ, quæ Romæ erat.

42. Isti omnes convenere una cum divino nostro Patre, sacratissimo et beatissimo viro, Tarasio, aderant, Constantinopolis archiepiscopo : magnum hoc et universale septimum concilium congregabatur, ut Iconomachorum, vel potius Christomachorum, impietatem convelleret, et de illa triumpharet. Et hujus forte synodi practica, propter barbaram illam et peregrinam gentem Arabum, quæ passim loca omnia infestabat, ad vos deferri non potuere. Atque hoc in causa fuisse videtur, cur a multis apud vos hujus synodi constitutiones, licet cum honore suscipiantur et admittantur, tamen in publicam cognitionem non venerunt.

43. Par est igitur, quod dicebamus, ut magna sancta œcumenica hæc synodus una cum sex prioribus publicetur. Nam si hoc fieri negligatur, imprimis Christi Ecclesia injuria afficitur, ubi talis et tanta synodus despectui habetur, et ipsius copula et conjunctio per talis modi partis temerationem dissoluta discerpitur. Secundo, accedit quod iconomachorum impietas, quam scio vos non minus detestari quam aliorum hæreticorum, ora distendentur ; cum non per synodum universalem, sed unius tantum sedis sententiam ipsorum impiam opinionem difflatam et judicio damnatam, cum quadam probabilitate ampullabuntur.

44. Ob ista omnia rogamus, et ut fratres germanos nostros exhortamur, ut quod par et æquum est in usum inducatur, nimirum ut in synodicis litteris, et quibuscunque aliis ecclesiasticis rebus gestis, et quæstionum agitationibus, hæc septima synodus eodem tenore collocata, cum cæteris sex sanctis et œcumenicis recitetur.

45. Christus autem verus ille Deus noster, ille princeps et maximus sacerdotum, qui spontaneam se pro nobis offerebat hostiam, et proprium sanguinem nostræ redemptionis pretium pro nobis contulit, concedat ut archisacerdotale vestrum et venerandum caput, supra barbaras, quæ in procinctu circumsistunt, nationes attollatur ; concedat tranquillum vobis et quietum vitæ cursum conficere ; det ut consequaris sortem illam supernam cum gaudio inexplicabili et delectamento, ubi sita exhilaratorum habitatio, a qua exsulat omnis dolor, gemitus et dejectio vultus, per ipsum Christum, Deum nostrum verum, cui gloria et potestas in sæcula sæculorum. Amen.

Maximopere vos rogamus ut juxta debitum paternæ sanctitatis, ne velitis intermittere nostræ mediocritatis meminisse.

EPIST. XIV.
Ad episcopos, ab exsilio suo.
Edita a Montacutio (ep. 174, p. 245).

Mirum unde fiat, ut ut quicumque tandem ille sit, quem intelligo, tam cito naturæ meæ et dispositionis sit oblitus: neque enim libet illum de nomine compellare, ne tum quidem si protervius in me feratur. Intelligo enim plurimos, cum sub larva et in tegumento taxentur, facilius redire ad cor instructos quam qui de nomine citati nequaquam ferre velint increpationem. Sed ille tamen quisquis est, inde factum, ut tam cito nostræ naturæ fuerit oblitus, ut amentiæ me incuset, et divinarum legum contemptus: unde motus aut incitatus tantopere invectus est in meam mediocritatem: imo, quis eum potius, adeo sublimem extulit, ut cum omnino taceremus, ille tamen nos exaudiret. Imo cum ne cogitatione quidem aliquid ejusmodi comprehenderemus, ille tamen e propria sua imaginatione, tanquam ab alta quadam specula cor hominis intuitu suo permeans, ea deprehendit et intellexit, quorum nemo sibi ipsi conscius fuit. Et de rebus aliorum majorem habere voluit cognitionem arrogatam, quam spiritus homines inhabitans habet: et tamen Paulus, qui proventum istorum hominum non exspectabat, parem cum spiritu hominis cognitionem omnino abnegavit alicui futuram aliquando. Verum enimvero quid tandem in causa reperietur esse tanti, ut de multiplici amentia incusemur, de Ecclesia catholica prodita, de legum contemptu latarum? quid omnino gessimus? quid agitavimus? cui tandem aliquid enuntiavimus? Nam utcunque non iisdem per omnia verbis convicium nobis fecit, ne tamen apud animum suum recolat et ominetur, meliori se esse conditione quam erit ille qui taliter fuerit conviciatus. Nam non gravant sensum et sententiam voces, sed animi quæ est amaritudo dictiones acerbas magis et intolerabiles reddunt. Cum vero verba consentiant animis, et sententiæ acerbitas cum sermonis virulentia correspondeat, nihil interest an eadem iisdem verbis proferantur, an idem sensus per æquipollentia verba proferatur. Quod si autem tempestatem et malorum salum in quo demersi collidimur respiciebat; ab insultum illarum calamitatum quibus circumsepti constringimur, ad amentiam referre justum arbitrabatur, humanas ille fovebat cogitationes, et pie meditabatur: quod solum in ejus gratiam dici potest. Malorum enim moles et excessus mentis emotionem et alienationem in graviter oppressis operantur. Quod si de sententia sua aliquid ei decessit, plus in nobis diabolo potestatis tributum dabit, quam olim ei tribuebatur in divinum virum Job. Nam in illius animam aut vitam non accepit potestatem: at contra nos etiam in animam ipsam permissam habet facultatem. In eo enim quod postquam alius in leges a nobis commissum etiam meram nec admistam mihi insaniam affricat, manifeste se patefacit hoc apud animum agitasse et certissimo id constituisse.

Quod si subito abreptus ad hanc de nobis cogitationem fuit, hanc ille viam facilem adinvenit ad alia convicia pertexenda. Ut omittam in præsenti apologiæ artificium et fucatam speciem, non debuit certe tanquam de loco superiori ex insidiis me aggredi, nec per aggestas e suo penu contumelias flebiliorem mihi statum procurare: sed consolatione potius nonnulla, et verborum delinimentis dolorem incumbentem alleviare, et modum si quæ facultas fuerit solatii excogitare: sed exasperare, insultare, exprobrare calamitates, lascivientis est in rebus proximi sui afflictis, non quod oportuit, condolentis, vel compatientis, non ejus qui amici partes agat, sed qui hostilem in modum malis afficit. Ego certe profiteor eos, quidquid erat improbitatis in torculari, id in me totum effudisse, dum amicos alieniores reddunt, affines sejungunt, a vobis me divisum abscindunt, quod ad cumulum malorum tristissimum accedit, dum famulis et ministris me privant, postquam in ergastulum concluserunt, appositis custodibus, qui circumstent undique: ideo scilicet ne mihi liceat, si maxime cupiam, miseram meam sortem deplorare: ne per rimulam aliquam vel tantillum me adreperet misericordiæ ab alicujus sermone vel actione. Quin dum multiplices mortis species excogitant, fame me (me miserum) divinorum oraculorum, et cujuscunque alterius affatus peremerunt. Nec cessant adhuc multiplicatis mala circumsepire: sensum mihi omnem divulsum expectorarunt, et adversus eorum singulos nova machinamentorum genera, ex adverso constituti, adinvenerunt (nam ad malefaciendum celeres sunt, qui sunt a Deo et humanitate alieni), et ad utrumque sibi oculos occluserunt. Quid enim aliud dicendum restat? cum nec hominum aliquem libere liceat intueri, nec cum libris commercium habere, præsertim iis qui maximum solamen et principale legentibus possunt suppeditare. Hanc illi in me sententiam de generali ipsorum assensu et consensu tulerunt. Aures autem obturarunt meas: non enim admittunt ut sermones amicorum, ne inimicorum quidem voces auribus nostris insonare possint. Quid aliud afferam? quam quod, quantum in ipsis est, nec Deo hymnos concinentes nec laudantes aut gratias agentes audimus. Non enim mihi permittunt cum aliquo conversari, ne quidem ad brevissimum tempus qui vel modicam canendi peritiam habent, adeo in sua crudelitate omnem barbariem exsuperant! sed clericorum loco, monachorum, psallentium et legentium, subscribentium dictata; pro amicis et consuetis, per quos plerumque calamitosorum tribulatio solet alleviari, pro omnibus, ut uno verbo dicam, militum custodiis et turmis vincti tradimur. Quid opus sigillatim percensere, aut vibices memorando refricare? Profecto, omnes nostros sensus innumerorum malorum inventis circumvallarunt: nec animam quidem ipsam, quantum per ipsorum opera stetit, immunem ab istis malis esse patiuntur. Ecquid est inter omnia quæ abominatur Deus, detestandum magis, et truculentius: divinas ædes demoliuntur: mendicos, mutilos, membris decurtatos, quos ad propitianda nostra peccata constitueramus, de propriis ipsorum sedibus et quiete exturbarunt, et eorum utensilia atque supellectilem tanquam spolia de hostibus capta distribuerunt: nervis servorum carnes conciderunt; ita ut per totum corpus propter flagrorum incussiones, charadræ velut quædam ducerentur: in eum finem ut indicium facerent, auri scilicet et argenti, quæ me reposuisse affirmabant: quod factum nunquam probare possunt, et tamen cæsos certo certius id resciscere pronuntiabant: ita semper de pecunia reposita me accusant. Nec sunt ipsi pecuniarum ita avidi quam nos contemptores, qui nunquam hactenus induci potuimus, ut aliquid contra rectam rationem pecuniarum causa faceremus, nedum ut illas thesaurizaremus. Sed quod sol exoriens intuebatur (nam malevolorum infesta nequitia, necessitatem vel beato Paulo virtutis doctori interdum imposuit ad verba ejusmodi proferenda), hoc ipsum diurni, saltem nocturni temporis opportunitas ebajulavit, et ut onus impositum exportavit. Istud autem cum non minus illi quam alii resciverant, tamen carnes conciderunt, flagris intentis lancinabant: non ut aliquid eorum quæ se quærere fingebant, invenirent (nisi forsitan et eo proruperint insaniæ ut illa se conquærere fingerent, quæ non ignorabant exstare nusquam), sed ut ab hac etiam parte nobis inurerent dolorem: nec aliquam nequitiæ rationem omitterent, quam in nos inferre possent. Verum quod ista dum et alia innumera contra nos machinatus sit Satan, non plane intelligo; sed profecto, quod ab istis exhaurimur, haud negaverim. Sed quod hæc improbitas de mentis meæ statu me dimoverit, aut redegerit ad oraculorum divinorum contemptum, et eorum proditione me infamaverit, concedere non possum: ut eapropter hostium meorum infensissimi me afflarent, et in os aperte ogganirent.

Sin quispiam vero, his talibus auditis, pudore suffunditur, erigat se aliquantulum, et emergat inde nec tale quidquam se contra nos perpetrasse dicat, sed nec cogitatione agitasse olim; sic enim natura comparatur peccatum, ut cum per justam reprehensionem denudetur, magis majori immodestia quam prius se venditet; nec quidem a parente suo pro partu genuino agnoscatur, sed ut spurius et exsecrandus fœtus oculis repræsentetur: præcipue, si per conscientiæ stimulos, quam sapienter omnino rerum Conditor naturæ nostræ inseruit, ad rerum contuitum agendarum excitetur. Quod si autem eapropter nihil tale se in animum admisisse contendant; sed quod videtur, eos qui ejusmodi attentent in partes amandent remotissimas cum diris dimissos exsecrationibus. Per ipsammet amicitiam interrogate illum, in quo differt talia de nobis prædicare, ab illa accusatione? quod cum hostibus in acie constiterimus, nullam plane differentiam statuamus inter amicum et inimicum, cujus autem? scilicet Christi: o injuriam intolerabilem! amicos et inimicos Christi. Huc enim tendunt, quod in album eorum nos referre satagimus, qui pro Christo patiuntur persecutionem, cum illis qui contra Christum bellum gerunt; qui sanguinem testamenti ipsius communem reddunt, et, ut cætera omittam in præsenti, Domini altaria profanarunt, et sanctum simul chrisma, vel, ut verius dicam, Spiritum sanctum per quem conficitur chrisma ludibrio habuerunt. Interrogate illos denuo, obtestor, quantum inter hæc et illa sit discriminis nisi quod extremum hæc contingunt improbitatis. Quod si quis contenderit leviora ista esse, vos tum me desipere et delirare dicatis, illum multiplici præconio licet efferatis. Cum tamen non eam ob causam ille angebatur, quod leviore nos quam alios contumelia impetiverat, aut eo quod cæteris ansam dederit, ut in contumeliis ingerendis ad excessum progressi fuerint: verum quod libere proloqui nihil potuit, unde juste reprehendi debeam, imo nisi parum distare ab encomiis criminationes suas docuerit, nolite eum exsibilare; si nec id demonstret, silentio indicto modestiam imperate: miseram interim meam sortem deplorate, et hinc recolite, quod sufferre cogar inimicorum insidias, amicorum conjurationes et convicia. Fieri enim qui poterit, ut is qui taliusmodi statuat autdicat, quæ dicere nos et sentire bonus ille amicus confinxit, non extrema laboret insania, et communis quidem Ecclesiæ proditor, contemnens et conculcans traditiones avitas habeatur, necnon sexcentis similibus aliis criminibus involvatur, mendaciis nempe, fallaciis, impietate, rationibus parum fidis, concertationibus mutuis, ac innumero aliarum impietatum cœtu.

Verum si non optimis coloribus pictor egregius nostram nobis imaginem delineavit, qui tanta vehementia asseverat, nihil se mali in nos aliquando protulisse; sed omnino, si a morum simplicitate proficiscuntur ista, dicto illi Servatoris obtemperemus, *Prudentes estote sicut serpentes, innocentes autem ut columbæ*[11], credamus ita esse: quod si malitiam indicare videantur, mutemus sententiam, et cum eodem Christo dicamus, *Nisi conversi fueritis, et fiatis sicut parvuli, non intrabitis in regnum cœlorum*[12]. Imprimis si recoluerimus supplicium illud repositum contra eum qui scandalizaverit vel unum e pusillis fratribus. Si autem in eum, qui vel unum ex illis scandalizet, pœna inexorabilis irrogetur, is qui concussam evertit universam Ecclesiam, reputet apud se quot se malis reum involvit: quibus faxit Deus, ut nemo nostrum sit obnoxius, Christo manum adjutricem et protectricem porrigente. Illud autem nequaquam sine lacrymis vel sine dolore sufferam, si illos admittat et ad se recipiat,

---

[11] Matth. x, 16. [12] Matth. xviii, 3.

quos Christus edicit non recipiendos, in quorum numero quidni et nos ipsos habet? Quod si tales ille propter metum futuri judicii non recipiat, nos vel reluctantes et inviti pietatem in Deum, quam praesentem fovemus, exculturi sumus : verumenimvero, de Deo, vir optime, de fide, futuro judicio, de conscientia, veritate, sententia constanti neque fluxa, et similibus nihil habeat : dicendum est letheo voragine Charybden omnia absorbuisse. Ego autem optarim, ut contrarium cum sentiat, tum etiam loquatur : ita ut, si quos non debuit, ad se recipiat, elata voce et clara tunc omnes acclamemus, nec quisquam inde excipiatur, ne quidem obstet paternum desiderium quod magni solemus aestimare : non illa reverentia quam docemur in parentes semper adhibere : non alius quilibet pudor, quem versus illum observamus; sed haec omnia longissime a nobis revolventes, quod dicebam, extenta voce inclamemus : Mi homo, quorsum ista ita patras? quo delatus abis? cur per ignorantiam te in hostium manus conjicis? quid nostra certamina inter nugamenta numeras? quorsum piorum consensum foedas? quorsum attollis sic hostiles spiritus? Talia ego illi fore inter curas primas existimabam, si in aliquo me exorbitantem deprehendisset, potius quam ut illudentium gestus imitaretur. Sperassem ulterius, quod si de meis inimicis aliquis illas ipsas voces protulisset coram ipso, quae sunt ab illo usurpatae, lapidum illos imbre obruisset tanquam deceptorem, mendacem, et similibus conviciis prolutum. Nam cum habeamus in mandatis illos tolerare qui nos alias vili faciunt, propterea quod illius discipuli simus, qui mitis et pacificus commemoratur, attamen ille tolerandus non est, qui fidem transgreditur 'Christianam : Christus certe ipsemet, qui omnia in se delicta aequanimice ferebat nec ulciscebatur, illos tamen, qui *domum sui Patris, domum reddiderant cauponantium*, non sine dura et vehementi objurgatione ejectos inde deturbat; et eos qui in Spiritum sanctum suas linguas exacuebant, duplici condicit condemnationi, *ignis* nimirum in futuro, et *esuriei* in praesenti saeculo, cum Judaeorum civitas funditus exscinderetur : et alibi vehementius excandescens pronuntiat futuram eos poenam non evasuros, licet etiam ulterius praesentem tulerant. Sed ego, quod apparet, qui sperabam aliter, me ad enectionem per famem refovebam. Quis ergo me thronum conscendentem archiepiscopalem, et principatum, in manus traditum totius et consilii et actionis recipientem intuitus, illi insusurravit? ejusmodi enim cum voces tum disquisitiones impiae sunt, et erga illos adhibendae sunt, qui moderamen et habenas gubernandas splendide et illustri modo acceperunt : et qui in bonum publicum throno praesident : et ubi ad genua provoluti abjiciebantur poenitentes, qui tellurem lacrymarum rivis irrigabant, ac ad movendam misericordiam multa loquebantur : ac qui ad finem usque pro veritate et virtute certamen initum sustinebant splendentibus coronis lemniscati sedent cum Christo judicantium sortiti locum, quorum nonnemo ad commiserandum congeneres sibi feruntur : quidam alii aequitatis nullam vel canonicae potestatis rationem habentes, sed tanquam qui justitiae oculos ad faciendam justitiam provocare vellent : certe opus est ut hic, hic inquam, si alicubi, talia obtendi debeant, apud illos praesertim, qui in illo ordine constituuntur : non in vita praesenti, non apud eos qui fame, nunc siti, custodiis et miserum quidem in modum intercipiuntur, de vita sua periclitantes. Ad illos enim spectat deputatus justitiae locus, judicii, condemnationis, remissionis tempus nempe futurum illud, et non hoc praesens. Ast, o tu bone vir et bellissime, si recipiendi non sunt, quidni te pudeat cum illis connumerari? et cum possis coronatus comparere, cum captivis malis aggregari : per somnium aliorum humanitatem laudare, cum sis longe ab illa coelesti nobilitate, et libera conditione semotus, etiam et proditionis illius reus. Verumtamen si cum illis censeri non ferebatur turpe, cognoscat quod versatur apud illos animo, a quorum vita abhorret et actionibus, et illum honorat gregem, cui pro pastoribus lupos praeesse prae se palam fert. Quos multo magis fovere comperitur, quam eorum quispiam, qui in illo coetu annumeratur. Sunt enim inter eos, qui utcunque corporibus suis assistant, tamen ab illorum societate practica, ab intus dissidente conscientia, vacillantes recedunt. Tu autem, nondum conjunctus corpore, judicio et affectu copulari desideras : quod non adhuc plene fueris adunitus, id a timiditate, non pietate ; a pudore proficiscitur et non voluntate. Quis autem ea admitteret, quae ne somnians approbavit aliquando? is scilicet, qui causam in timorem rejicit cur nondum illorum consortio aggregetur, cum inimicis pudefieri antiquius habuit, quam cum familiaribus suis et cognatis admirationi esse ; modo sit ei in posterum impune. Si recipere vel admittere non licebat, eequis post receptionem illam, ut possit quos non licuit, susceptos admittere, velit se in manifestum discrimen praecipitare? Verba sane non meliorant actiones, sed per actiones verba licet interpretari. Nam si quis contuitus latrones, aut civitatum expilatores, detestatione ubique habitos, exsecrationibus undiquaque proscissos : immunis adhuc ipse et purus ab illorum consortio tandem phantasmate abreptus, dicat legum arbitris et dispensatoribus, si hosce homines, rogo, sine poena dimittas, quos par et aequum fuerat de vita tolli, cur non ego statim latro fiam ac proditor, ut sic veniam possim sceleribus promovere : quod si poenam irroges, metu poenae nolim ego illos imitari. Si quis, inquam, obiter ista dicat, quis non illum furere et insanire? quis non mente in rebus aliis laborare similiter haud pronuntiabit? Quod si quis non urbium sed fidei proditores, praedones non corporalium sed divinae legis in medium productos sistat, et apud illos voces eas ipsas edat, annon eamdem in ipsum sententiam vel etiam duriorem per prudentes rerum æstimatores ferendam putamus? Verum sepositis quæ jam dicta sunt, si secundum canones, hoc est, leges ecclesiasticas actiones regulent, quid opus est hisce intempestive motis quæstionibus? quid ratiocinando vel contendere, vel alios suffocare? quidni potius actutum ad partes accedit, et veniam deprecetur suæ tarditatis? Sin vero actionum lege prohibitarum actores agnoscas, quid ita tandem curiose satagis, utrum hic supplicium luant aut non luant? Si dederint isthic pœnas, meliori tum erunt conditione, nimirum per pœnas irrogatas expiato peccati reatu : quod si non dent, hoc eo sunt miseriores, eo quod judicium aliquando cœleste cum majori subibunt acerbitate. Itaque, si modo inter hæc duo electio consistat, is minus malum videtur elegisse, et suo commodo melius prospexisse, non qui id agit ne hic puniatur, sed qui per supplicium isthicobitum tolerabilius reddet judicium illud. Nam et ægrotantem, nequaquam illum quem medicorum manus, sectiones, ustulationes morbo liberant; sed quem videmus artis medicæ praxin non ferentem, illum, inquam, statu positum desperato, et conclamatum, morbis extremis cruciatum, et doloribus confectum reputamus.

Quorsum vero quispiam ea quæ sequuntur rationibus putet apprehendanda? sane enim illa ut levius feramus quæ contingunt facient; atque ita nobis parient consolationem. Per ista nosmet iterum possidere sategisti, amice et frater; nam vocibus te affari honoratioribus non desistam, non omnia et singula consiliis et propositis ascribam; sed quod in actum hactenus producta non fuerint, illa ideo cum spe emendationis tuæ compellationes meas instituo : *Si sal infatuatus fuerit*, inquit Dominus, *in quo demum salietur* [13]? Si res meorum amicorum, fratrum, liberorum, membrorum, viscerum, si res eorum singulorum (qui mihi ante omnes sunt honorandi); propter quos in carne adhuc potius subsistere, quam dissolvi et cum Christo esse mallem : quorum causa concidor, distrahor, et lacrymæ meæ mihi panes fiunt : si eorum omnium hic sit status, quid debeam ab aliis exspectare? Nec injuria. Scio etenim, beatum Paulum, solus cum esset in vinculis destitutus, dixisse : *In prima mea defensione nemo mihi adfuit* [14] : et iterum, *solus Lucas mecum est* [15]. Nam non possunt omnes se obdurare, et patientia niti : quapropter cum Dominus prædiceret afflictiones venturas, et tentationes, cum quibus illi qui in ipsum credituri erant, confligere debebant, subnectit: *Ast qui in finem perseveraverit, is salvus erit* [16]. Scio, et anteriorem adhuc Davidem prophetam multorum solitudinem luxisse, et illam ab amicis desertionem Domino deprecationis loco repræsentasse : *Salvum me fac, Deus, quoniam defecit justus, et veritas paucitate laborat inter filios hominum* [17]. Quorsum vero hunc vel illum citem ? Scio Dominum et Deum meum tum cum apprehensus, vinculis constrictus abduceretur, solitarium fuisse derelictum : scriptum est enim : *Ipso deserto fugerant* [18]. Quid ergo mirum ? nos homunciones miseros et miserandos, quibus nec aerem spirare liberum licet, carceribus et vinculis mancipatos, mille moriendi modos quotidie exspectantes, omni destitutos meliori spe, ab omnibus ita desertos et derelictos : atque, o si tantum derelictos ! ferre hoc possemus, sed neutiquam nos nudi deserimur, sub nominis nostri prætextu, veritatem abnuunt, ecclesiasticam omnem et rectam sententiam deserunt : cujus observandi gratia, ni non hactenus elegerunt pati, ab illa se nunc abscindunt, et illam longe seponunt. Hoc est illud quod imprimis percellit mentem mihi, quod me absumit, cum videam membra, quibuscum nos incorporamur, et participes exstamus, ex æquo Christi a capite illo divelli et in perniciem redigi. Et tamen istud malum in se non sufferendum, sit certe tolerabile per prius exempla recitata. Attamen derelicti illius causam in nos artificiose transferre velle, cujus nondum potuit exemplum aliquod reperiri, quomodo quis, utcunque omnia ferendo sufficientissimus æquanimiter poterit tolerare. Omnino percipio præclaram ego remunerationem amoris in te mei paterni, cum Deo conjuncti, et spiritualis illius mirifici et tremendi illius partus, quo tu nobis enixus, lumen terrarum orbis in mystico Ecclesiæ thalamo per vitæ sermonem prodiisti. Et ista ego tolero per et propter admirabilem et divinam plane illius hominis prudentiam, qui nos heri ac nudiustertius epulo apposito recipiebat : quique ex animi sui impetu nostri in se patrocinium suscipere et tuitionem volebat : dedecoris, et admissorum criminum aversionem, depulsionemque scilicet, licet secus quam speraverat, id contingebat. Transmissio siquidem criminis in alium quempiam, si non admittatur artificiose excogitata machinatio, in graviorem concedere solet conscientiæ condemnationem, dum ab intus inevitabilem redargutionem manifestam patitur. Cur vero aliunde satagebas auxilium? cur formulam tibi defensionis et prætextum artificiosum procurabas, si conscientia interna destitutus eras tuæ voluntatis accusatrice? Quod per te non agis ipse, hoc per alios consequi moliris.

Certe si pateretur lex epistolaris, si mei amanuensis manus lassata se non subduxisset, pluribus adhuc persequerer justum meum dolorem, et in quibus ab illo læsus sum. At enimvero præclara illius professio, coram Deo et angelis, coram omnibus hominibus, regibus, principibus, subditis enuntiata, non pudore suffundit vehementius? Unde factum ut Ecclesiæ gloriatio non vereatur, quam semper et ubique propalare poterat et præ se ferre, superna præsertim

[13] Matth. v, 13. [14] II Tim. iv, 16. [15] ibid. 11. [16] Matth. xxiv, 13. [17] Psal. xi, 2. [18] Matth. xxvi, 56.

manu corroborante, in qua perpetuo triumpharet: suis autem viribus et quidem solitariis posse se putat adversarium delinire: casuque suo voluit, ut Ecclesiæ ille status communis præter omnem exspectationem claudicaret: volebat nimirum versutissimus ille serpens, audaciæ suæ novum et inusitatum quid, mundo palam facere: sed opus magis novum, inauditum et paradoxum magis, divinus naturæ nostræ Opifex et Conditor ex adverso edidit. Ille homines nefarios et improbos in nullo numero habendos, sacerdotali pridem dignitate spoliatos, cœtibus ecclesiasticis (sed quas ob causas, haud libet dicere) amotos, abactos, bis mortuos, eradicatos, juxta apostolicum de talibus pronuntiatum, *maculas, momos, audaces, arrogantes*: in istos ub se insinuaverat diabolus, et ad propriæ nequitiæ officinam applicuerat, per illos universam occupare Ecclesiam, per summam impudentiam nitebatur. Sed Deus, qui miracula operatur solus, et dilatat invocantes se in afflictionibus, qui suæ providentiæ sapientiam inexplicabilem ostendit, cum undique inextricabilibus circumdamur fluctibus oppressi, adeo comparatam et consummatam, vere in ipso fundatam, ut non solum parem et adæquatam malitiæ suæ plagam malus accipiat, sed multo vehementiorem et cum majori conjunctam tormento procuret. Quomodo enim non infligitur diabolo maxima et insanabilis plaga, cum in tanta procella, tali rerum confusione, tanta rerum mutatione, nemo parvus, magnus, obscuræ urbeculæ episcopus, nedum cui præest aliquis eximius: nemo rudis in sermone, nemo utrinque comparatus, qui linguæ volubilitatem cum acumine mentis conjunctam habet: nemo propter vitam illustris, propter dogmatum sublimitatem conspicuus, nullus plane homo cum tempore immutatus comprehenditur: nec cessit loco torrenti omnia abripienti: inter omnes omnino qui de choro fuerant religiosorum (quis eorum per auditionem antiquam, nedum per præsentem spem, priusquam res constaret, hoc credet?), omnes diaboli laqueos, insidias omnes, omnia artificia, vim omnem intentatam infra se positam demonstrarunt. Jucundum mihi est, ista apud vos imprimis prosequi, qui magna pars eorum estis, de quibus hæc mirifica recensentur: Neque enim quidquam commilitonibus accidere potest gratius, dolore alioqui confectis, quam ut rem pugnando bene gerant: sed malitiosus, quem dixi, dæmon omnes confertim deglutire, et per suas nequitias fraudulentas impedire tremendo gloriatur: sanctæ tamen Ecclesiæ multitudo ipsius machinationes et consilia deridet, et ludibrio habet, dum sub Christo capite militant, et ejus ductum observant: ut captivos potius quosdam abducunt veritati, quam ut aliquis ex ipsis fugitivus exsistat et desertor ordinum. Quapropter si diabolo daretur optio, utrum talia adhibere vasa voluerit, qualia sunt, in quæ nunc incidit, capacia totius operationis ipsius: tum Ecclesiam ita viriliter et animose concertantem ex adverso consistere; vasa illa ut figulina cum ipsomet artifice confringentem, annon istorum experimentum facere potius recusaret? nec talia vasa reperire, vel ab iis gaudium proventurum somniare, quam Ecclesiam intueri ita roboratam ac vigentem, et in media ipsius viscera vulnus tam mortiferum inferentem, et gloriosum de tota ipsius potentia tropæum statuentem. Quod profecto, si non aliud, oportebat eum, qui nunc nimium commotus est (neque enim intelligo, quid, aut quomodo, cum majori modestia dicam) revereri, nec victoriarum adoreas non conari a sua propria sede dimovere. Quidni enim? licet non effectum dedit, quod conceperat animo, gratiam tamen efflorescentem marcescere fecit, eo quod cogitavit, quæ cogitatio redarguit opinionem. Divina autem gratia providentiam, qua nos semper tutatus est, nunc ostendit, cum in effectum prodire non sit passa, quod apud animum ille constituerat.

Cæterum, mi fili, nulla talis deinceps mentem irrepat cogitatio. In præsenti enim omissa increpatione omni qua hactenus mea ipsius viscera feriendo vulneravi, quod ipsum dolenter fecisse me profiteor. Licet enim medicina, concisiones etiam, necessariæ sint, tamen erga laborantes et cruciatos compassio superat leges doctrinæ cujusque et medicinæ: et ego ideo compassionis tyrannidem haud sustinendo cum sim, prætermissis omnibus, tanquam præsentis in complexum ruor. Filium meum compello, partum meum immaculatum, membrum mei corporis. Quonam ego abripior? ubinam de te mea gloriatio? ubi spes? potius, post spem ubi compareant opera? Videsis tristem, vultu dejectum, lacrymantem: de te sollicitudo talia causat. Labor meus circa te, de vita dolor viscera mea penetrat interiora. Quare, si meæ vitæ tibi cura est ulla (et certe non probatur non esse tibi curæ), noli deinceps ejusmodi aliquid in deliberationem admittere. Beatus ille vir, non qui nequaquam cucurrit ad illicita malorum opera, sed qui ne quidem incessit in concilio malignantium. Nec quod sint, quam nos sumus, deteriores alii, gloriemur, sed si aliquibus impares inveniamur, pudore suffundimur. Nam et optimus miles haud desertor convictus, nec quod cum fugitivis censeatur, clarus obinde et illustris fit, sed si bello præstantior quam commilitones: si victoriam de hostibus reportavit, tum dignus judicatur qui coronetur. Hortor autem atque obsecro, ostende finem principio dignum, dignum certaminibus. O quantum adest gemitus et lacrymarum, si in marinis fluctibus, inter ventos, in procellosis tempestatibus rectum tenere cursum possimus, et in portu patiamur naufragium! prælio si vincamus hostes et depellamur a tropæo! in stadio cum laude certamen subire, et emollescere ad bravium! Vos ergo, o virtutis amatores, veritatis qui præcones estis, et in Deum pietatis defensores; ut contra cætera prævaluistis, ita date operam, et sedulo incumbite, ut quod exopto doloris habeatis levamentum. Non ob eam tantum causam, quia quod dolet, amicis si exponatur, diffindi quodam modo per sermones poterit, aut, ut sic dicam, evaporari ; sed multo magis quod spem egregiam concipio, futurum ut vestris prudentibus illis et praeclaris admonitionibus et insusurrationibus corroborandum hominem, serpentis illius difflato sibilo quasi consiliis ulterius non pariturum eorum qui fecerunt secessionem ; qui consilia recta et optima ab dubitationem inflectunt ruinae daturam occasionem, sed ad priorem integritatem reversum, ita ut immotus et inflexus, in Christianae confessionis petra solida et infracta conservetur, in omni vitae cursu, et sermonum varietate conservatus.

Atque haec quidem hactenus. *Quod si autem aliqua sit consolatio in Christo* [19], ita enim vocibus divini Pauli vobis sigillatim inclamabo ; *si quod solatium charitatis, si quae spiritus societas, si quae miserationis viscera, vos adimplete gaudium meum* [20] ; ut quemadmodum huc usque, *sic semper idem sapiatis, in uno spiritu unanimiter collaborantes praeconio veritatis, ut nunquam ab adversariis terreamini : Quod illis concedet in damnationem, vobis in salutem imputabitur, idque Deo operante; quia vobis donatum est a Christo, non solum ut in illum credatis, sed ut pro illo patiamini.* Ista autem scripsi, non quod sermonibus meis indigeatis, sed *propterea quod desiderem, quippe debitor quaedam vobiscum communicare, ubi fuerit occasio, opere ipso et concertatione; nec factis tantum sed interdum et verbis* [21]. Vos enim, ut cum Joanne Theologo dicam, *habetis a sancto Spiritu unctionem ; porro, quam accepistis, unctio in vobis manet, nec opus est ut quisquam vos erudiat, sed sicut eadem unctio docet vos, et sicut vos docuit manete in eo, ut cum apparuerit Filius Dei, habeamus fiduciam, nec confundamur in adventu ejus* [22] Pacis autem custos atque rex, qui vitam nobis dedit, et eamdem conservat : *In quo vivimus, movemur, sumus* [23], cujus amoris vinculis, nec dissolubilibus constricti tenemur : ille princeps sacerdos, idemque magnus, Christus nempe verus noster Deus : *Qui nos de non populo, populum constituit acquisitionis, per sanguinem proprium* [24] : nec populum simpliciter, sed *dilectam*, sed *gentem sanctam*, sed *regale sacerdotium*, quae ineffabilis illius bonitas est, *filios nos constituens, haeredes, et secum cohaeredes : apud quem non est conversio vel inversionis umbra* [25]: quos inculpatos ad finem usque est custoditurus, constringens nos vinculo pacis et amoris, formans nos in ipso, et inter nosmet mutuo immota et inconcussa pietatis sententia constitutus, unam et eamdem omnes cogitationem habentes, unum dicentes, ad unum prospectantes, ad bravium supernae vocationis properantes: ubi *primogenitorum Ecclesia est* [26] : ubi martyrum chorus, patriarcharum tabernacula ; ubi mendacium non antefertur veritati, non est contentio,

tyrannis, insanus furor: sed alta quies, veritatis irresistibilis pulchritudo nullo artificio inobscuranda : ubi quies, pax, concordia, beatarum visionum et inenarrabilium spectaculorum intuitus, participatio, et fruitio, adoptionis finis non ulterius speratae sed perfectae, cujus tamen etiamnum illustri quodam modo participes simus, propter quam in praesenti persecutiones patimur, et captivi abducimur ; propter quam sexcentas calamitates, mortes perpetimur quotidianas, quas laeti ferimus agentes praeterea gratias. *Pro regibus orandum esse*, divinus Paulus ante nos jam olim docuit [27] : et discipulorum summus Petrus [28] : *Subjecti estote*, inquit, *omni humanae creaturae propter Dominum : sive rex sit vel superior*. Iterumque : *Regem honorate :* utroque prior, communis ille noster et illorum Dominus, Doctor, Creator, a thesauro inaestimabili suo censum Caesari solvens, opere et verbo docuit, praerogativas regibus datas dare. Quocirca inter mysticas et venerandas nostras hierurgias orationes pro regibus offerimus. Quae per leges debita, conservare illaesa et communiter custodire, erga nostros a Christo dilectos reges institutum est Deo gratum, et nobis congruentissimum.

EPIST. XV.
Ab exsilio, ad episcopos similem passos persecutionem.

Persecutio gravis, sed Domini benedictio suavis : exsilium difficile, sed jucundum regnum coelorum. *Beati persecutionem passi propter justitiam, quia illorum est regnum coelorum* [29] : afflictiones multae, omnem excedentes gravitatem, sed a coelo gaudium et exsultatio non modo acerbitatem illarum alleviant : sed ita immutant, ut sint solatii argumentum iis, qui vivunt secundum spes supernas : quocirca certamina subeamus, ut consequamur praemia, ut cum Paulo clamare possimus : *Bonum certamen certavi, cursum confeci, fidem servavi; de caetero reposita mihi est justitiae corona* [30]. Hac voce triumphali, ecquid suavius, aut amplius erit : ecquid magis in dedecus communis generis humani hostis cedat : *Cursum perfeci, fidem servavi, deinceps reposita mihi justitiae corona*: vox est, quae turbulentas quasvis sedet tempestates, quae gratiam spiritualis gaudii suggerat, persecutores attonitos reddat, persecutionem passos coronet, infirmos corroboret, dejectos resuscitet. Hanc ego, si verbis meis facta respondeant, felicitatem consequar, una vobiscum praeclare mecum concertantibus, per intercessionem sanctissimae Dominae nostrae Deiparae, et sanctorum omnium. Amen.

EPIST. XVI.
Piissimo et maximo regi Basilio.

Audi autem, humanissime imperator, non ego nunc allego veterem nostram amicitiam; non tremenda ju-

---

[19] Philip. II, 1. [20] ibid. 2. [21] ibid. II, 2 ; 1, 29 et passim. [22] I Joan. II, 27, 28. [23] Act. XVII, 28.
[24] I Petr. II, 9. [25] Osee XIV, 8. [26] Hebr. XII, 23. [27] I Tim. II, 2. [28] I Petr. II, 13. [29] Matth. V, 10.
[30] II Tim. IV, 7.

ramenta, et stipulationes initas; unctionem et manuum impositionem regiam; non quod manibus nostris subditus, sacramentorum illorum reverendorum et immaculatorum fuisti particeps factus, non illud vinculum quo nos filii optimæ spei adoptio copulavit. Horum nihil commemoro; sed omnibus communem æquitatem tibi præfero. Omnes certe cum Græci tum etiam Barbari, si capitalem in aliquem sententiam statuant, vita privant; quibus autem vivere permittant, compellant fame enectos, et mille aliis malis emori. Ast ego vivo vitam quavis morte acerbiorem: in captivitatem abductus, rebus omnibus exuor: cognatis, familia, amicis, omni omnimodo humano ministerio. At certe divinus Paulus cum captivus circumduceretur, non tamen prohibebatur familiarium officiosa cura, et cognitorum : imo cum ad capitale supplicium duceretur, humanitatem experiebatur a paganis, et Christi nomen invisum habentibus. Verum fortassis temporis diuturnitas, licet haudquaquam archisacerdotes Dei, tamen improbitate notos, hujuscemodi docet pertulisse. At nos etiam libris privamur, et hoc certe novum, et paradoxum, recens in me excogitatum supplicium. In quem porro finem? certe ne verbum Domini audiremus. Absit autem, ut in diebus imperii tui, illa exsecratio finem sortiatur: *Erit in diebus illis fames panis, et fames audiendi verbum Dei* [31]. Nam cur a me libri sublati sunt? Si in aliquo læsi aliquem, adhuc plures dari deberent, etiam et informatores adhiberi, ut legendo majorem utilitatem, et convicti citius correctionem consequamur : sin nullos læsi, cur ego lædor? Nullus orthodoxus tale quid ab heterodoxis passus est. Athanasius ille, multarum palmarum auctor, sede sua episcopali sæpius, cum ab hæreticis, tum a paganis pellebatur; at nemo sancivit aliquando, ut libri ab illo auferrentur. Vir admirandus Eustathius similibus Arianorum fraudibus impetebatur; sed nec ab illo, ut a nobis, ablati libri. Paulus confessor, Joannes Chrysostomus, Flavianus eximius, infiniti alii. Quid enim opus est illos recensere, qui in libro cœlesti describuntur? Quid ego commemoro sanctos et orthodoxos episcopos? Magnus Constantinus Eusebium, Theogonium, alios cum illis hæreticis, propter impietatem et versatiles sententias exsilio multavit, sed neque facultatibus spoliatos, neque libris denudatos: puduit enim eum a sermocinatione excludere illos, quos ob eam causam exsilio multabat, quod ἀλόγως se gesserant ; impius Nestorius relegatur, ita et Dioscorus : Petrus ille infelix; Severus, alii quamplures ; sed nemo librorum captivitatem pertulit. Quid veteres recenseo? Multi etiamnum superstites norunt Leontem illum impium, feræ potius quam hominis naturam ostendisse: ille autem cum a solio depelleret Nicephorum, magnum et vere Nicephorum, eumque mitteret in exsilium, non una

relegavit exsulem a libris suis; sed nec inedia confecit, quemadmodum nos fame enecamur: et tamen summe in votis habebat, ut ille athleta interitu occumberet, non minus quam ut regnum ipsius impium quam diutissime perduraret : sed ille titulum homicidii subire noluit; nec carnes ministrorum suorum, non secus quam latronum aut proditorum frustatim dissecabat, utcunque alioquin impius, et sanguinem spirans; non quemquam ab amicorum visitatione exclusit; nec facultatum damno quemquam punivit. Reverebatur enim Christianismum, quem præ se ferebat, ita ut nollet crudelius quam pagani desævire. Illi enim cum martyres consummarent, non impediebant quominus amicorum famulitio uterentur; nec proprietate privarunt facultatum. Sed nec ille Leo psalmodias prohibebat, verum multorum monachorum in unum consessum fieri solatii causa ferebat. Domos divinas et sacratas Deo ædes non subruebat; metuens, ut probabile est, contra sacra opera insævire, cum homines non metueret offendere. At contra me, hei mihi! omnia nova, omnem tragœdiam exsuperantia usurpantur : captivor, ab omnibus deseror amicis, ab affinibus, famulis privor, psallentibus, monachismum colentibus; pro amicis, affinibus, monachis, psallentibus, ac pro cæteris omnibus, militum custodiæ, militaribus turmis trador : subversæ sunt Dei ædes, male multata pauperum corpora translata, facultates eorum non aliter quam belli spolia publicatæ: in quem finem? nempe ut ego excruciar: certe crudelem in modum ego excarnificor; qui pro peccatis meis cum propitiatorium, et illas ædes et ipsorum famulos destinaveram, a serviendo Deo illi abstrahuntur; sed cogitandum fuit an Deus damno a nobis afficiatur, et vehementius doleat. Certe quidem dolet si modo ille ipse est, qui pauperum statum in se recipit procurandum. Corporea tormenta civiles Romanorum leges in maleficos, ad purgandum animum adhibuerunt; animæ autem cruciatus, et in eam conspirationes, ne fando quidem, nisi nunc primum, apud aliquos intelleximus usurpatas : sed nos in præsenti eas experimur ; satis enim patet quod hoc intendat librorum ablatio, redemptionis peccatorum catastrophe, et sublatio : harum duarum, altera theoriæ oculum exstinguit et depravat : altera autem pulcherrimas alias actiones in partes divellit et dissolvit. Ab omni retro memoria quis audivit bellum ab hominibus contra animam hominis indictum? quasi non sufficerent omnem iram penitus evacuare corporea supplicia, exsilium nempe, captivitas, fames, custodia, mors quotidie inferenda ; ubi in eo tantum vitæ parcitur, ne cum vita simul sensus malorum auferatur; est hic acerbissimus mortis stimulus, carnificina intolerabilis, ut nimirum morientium patiamur dolores, et tamen sensum dolorum non in morte amittamus,

[31] Amos VIII, 11.

quod tamen morientibus in tantis malis, solum est solatium. Considera in teipso hæc, domine rex; et si tua te excuset conscientia, adjice adhuc aliquid contra me, si tamen quidquam est a te prætermissum. Sin te illa condemnat, noli exspectare futuram condemnationem, cum frustra futura sit pœnitentia. Deprecor autem ego te nova fortassis deprecatione, sed rebus novatis accommodata; siste, imperator, malorum cursum quocunque modo poteris, aut volueris: vel me de vita hac sustollendo, idque quantocius, non cum multa et inexplicanda mora, quasi sale conditum asservando; aut saltem tristitiarum mensuram qua premor imminuens. Memor sis quod mortalis exsistis, licet imperator; cogita quod uterque eadem carne amicimur, et ejusdem naturæ participes sumus, et reges et privatus quilibet. Memento quod communem Dominum, factorem et judicem habemus: tuam ipsius mansuetudinem, quid me affligendo convincis? quid tuam bonitatem injuriis meis accusas? Misericordiam in hypocrisin, et schema clementiæ odio in me et furore percitus gravi, ludibrio habes? Thronum non desidero, non gloriam, non dies bonos, non felices successus; illa tantum rogo, quæ in vincula conjectis exhibentur, a quibus nec captivi excluduntur, quæ et barbaris catenatis exhiberi solent cum humanitate: eo enim statu res meæ constitutur, ut a rege et Romanis clementissima natione hujuscemodi deprecatione uti necesse mihi sit. Quæ est autem illa? scilicet ut vel ne vita, quavis morte magis afflicta fruar, aut ut quam cito de corpore egredi liceat: reverere naturam ut exoreris; communes mortalitatis leges venerare; communia Romani imperii jura noli committere, ut de te narretur novum te in vita exemplum intulisse: nempe istud, quod imperator qui misericordiam et clementiam pollicebatur, archiepiscopum quem amicum habebat et communem filium: a cujus manibus, cum ipse tum imperatrix regni susceperant unctionem, et potestatem induerant dignitatis: a quo vehementer diligebatur, apud quem juratus fidem interposuerat reverendam: quem valde diligere et amore complecti passim omnibus ostenderat: illum inedia, exsilio multavit, et sexcentis aliis malis liquefactum interim precibus pro ipso intercedentem morti dedit.

EPIST. XVII.
Eidem.
Edita a Montacutio (ep. 98, p. 141).

Ego quidem arbitrabar te ad regni fastigia promoto, mihi gratias agendi multiplices adfuturas occasiones, pro amicis, cognatis, familiaribus, cæteris quibuscunque, quibus te sine fastidio mihi gratificaturum in quantum posses, putavi: eo me spei induxerat sincerus et sine fuco meus in te animus, nec dubitare sinebant promissiones sexcentæ juramentis confirmatæ; quas me vel invito, ipse coram omnibus studiose propagabas. At nostræ jam tandem huc spes devenerunt, ut licet sero, nec satis opportune, tuo imperio gratificari habeam. Quorsum autem et in quo inquies? quod latronum et suspendiosorum hominum supplicia, cum quibus usque ad absumptionem conflictabar, in cursum temperantiorem convertere pollicearis. Vide autem sis, dilecte mihi, licet nolis, imperator, quod tentare tantum ut persuadeas hominibus, non modo nihil confert ad persuadendum Deum, sed in plane contrarium immutatur; certe quæ sine ullo metu hic geruntur acerbiores pœnas olim justitiæ omnia lustranti dabunt.

PHOTII RESPONSA CANONICA.

Religiosissimo et sanctissimo Leoni Calabriæ archiepiscopo Photius archiepiscopus Constantinopolitanus.

Quæ vestra pietas ad nos misit capitula, cum religiosissimis nostris metropolitis (1) exhibita fuerint atque ab illis in examen vocata, ejusmodi retulerunt judicium ac solutionem.

CAP. I. Quod ad eos homines attinet qui, nullo sacro ordine præditi, baptismum manu sua administraverunt, hoc definitum fuit. Siquidem hi libera in regione et Christiana pace sacerdotumque copia, ejusmodi actui manum admovere ausi fuerint, sacrarum constitutionum ac ministeriorum legem flocci facientes, imo vero superbia sua elati; hi, inquam, severe increpiti, ob id quod hactenus perpetrarunt, a sacro etiam posthinc ministerio ob hanc noxam excludantur. Nam qui divini Spiritus gratiam usurpare voluerunt, sibique honorem absque Dei vocatione vindicare, veluti divinæ gratiæ contemptores, hac ipsa semet orbaverunt. Quam enim ante accipiendum spreverunt, eamdem etiamsi postea acceperint, aspernari non dubitabunt. Jam eos qui ab ipsis baptizati fuerunt, nequaquam Spiritus gratiam recepisse censemus: quare eos et aqua baptizari et sancto chrismate ungi atque ita consecrari decernimus. Nempe cum res ejusmodi contemptim et indigne antea peracta fuerit, sequimur apostolicos canones, qui magnopere objurgant, si quis minime baptiza-

(1) Intellige patriarchalem synodum, cujusmodi permultas legimus apud Leunclavium in canonicorum responsorum libris.

verit eos, qui ab impiis baptismum receperint, ceu qui falsos a veris sacerdotibus non discreverint(1). At enim si qui in barbarica ditione degentes, in sacerdotum defectu baptismum administraverint, meretur veniam necessitas; ne videlicet, tyrannidis causa, vacui gratia dimittantur ii qui illa potiri postulant. Quare homines qui baptizaverunt etiamsi sacro ordine non insigniti fuissent, judicio vindici subjicere visum non est. Baptizatos autem iterum chrismate ungi omnino definimus, etiamsi a prædictis uncti fuerint (2) : atque ita prorsus divino unguento consecrari in septenario dierum spatio (3) : cæteroqui illum baptismum, qui urgente necessitate ministratus fuerat, non antiquari. Etsi enim is ritus imperfectus erat, tamen Trinitatis invocatione, et pio invocantium fine, et recipientium fide, satis honoratus fuit. Quare nec iterum aqua baptizari eos qui baptizati fuerant, decernimus, ne scilicet rebaptizare videamur. Nam et petentium fides, et initiantium pietatis studium, et tyrannicæ auctoritatis contemptus, et impendentium periculorum propter Christum neglectus, nec sancto Spiritu expertem nec profanum videntur sinere peractum baptismum. Multos enim antiquitus Ecclesia Dei comprobavit baptismos, propter temporum et locorum necessitatem ceu commode administratos. De hoc hactenus.

CAP. II. — *De presbyteris et diaconis quorum uxores a barbaris violatæ fuerunt.*

De presbyteris ac diaconis, qui ex barbarica captivitate uxores suas receperunt, contumeliam a Barbaris passas, haud simplex decretum exstare videmus, sed pro rerum gestarum diversitate varium. Nam si illæ non invitæ vitiatæ fuerint, omnino oportet viros earum sacris ordinibus præditos aut hujusmodi feminas deserere, aut si illarum convictu uti velint, a sacro ministerio cessare (4). Ita, inquam, si mulieres non invitæ violatæ fuerunt. Rursus ejus stupri duo genera esse possunt; quorum alterum mistum habet cum necessitate consensum; alterum voluntarium omnino est et consensionis plenum et injuria liberum. Exemplum esto. Spe, timore verberum, nonnullæ feminæ, vel etiam cruciatuum experientia, vitiari se permiserunt. Hæ quidem venia magis dignæ sunt, quam illæ quæ antea quidem sponte stuprum passæ sunt, postea vero necessitate id admiserunt. Has quoque, inquam, feminas indignum et cum sacerdotibus viris vitam agitare. Quippe ingens inter labis indulgentiam et puritatem intervallum est. Quare si qui sacerdotes his copulari volent, ipsi quoque sua dignitate exciderint. Superest involuntarium stupri genus, quod in prædictorum societatem non venit. Exemplum esto. Si qua, admotis cruciatibus, aut sine his, manus pedesque devincta, nihilominus custodire se pro viribus nisa fuerit, nihil ipsa in rem contulit, etiamsi vitiari visa est : nam vitio puram animam revera conservavisse judicatur. Hisce feminis si qui sacris præditi ordinibus cohabitare velint, nullam durioris divisionis necessitatem imponendam videmus. Optabile tamen est atque laudabile si mutuo consensu ac voluntate convictum dirimant : non quod inde macula aut labes sequatur, sed uti vulgi opinio ad virtutis admirationem magis excitetur, atque ut eorum, qui alieno malo gaudent, ora prorsus obstruantur (5) : ac denique testimonium evidens fiat, vi tantummodo injuriam mulieri con-

---

(1) Canon est inter vulgo apostolicos quadragesimus septimus; quos sine dubio tribuisse apostolis auctoribus Photium jam vidimus. Atqui nemo jam ambigit, quin hi canones auctoritate atque ætate apostolica careant; et quidem etiam propter errores, quos continent, circa baptismum. Chrysostomi etiam (ut et hoc obiter notem) scripta complura spuria recensuit inter genuina Photius haud satis hac in re acutus criticus, fraude non agnita, uti nos admonet Montfauconius Chrysostomi editor, in præf. Jam ne miremur Photium tantopere, et præter veram sententiam, urgere ut baptismus a laico collatus, aliquando saltem habeatur invalidus, audiendus est Græcus Arcudius de bapt. cap. 11 dicens : *Totam ferme Græciam, Russiam, Moscoviam, et alias provincias, quæ in fide Christi ritu Græco perseverant, in eo versari errore ac scrupulo, ut absente presbytero malint permittere ut infantes sine baptismate e vita decedant, quam eos salutari lavacro abluere, quod existiment sibi laicis ne in necessitate quidem licere hoc munere fungi.* Photii sententia sine dubio innotuit Arcudio, a quo cap. cit. inter rebaptizantes ponitur Photius coryphæus schismatis, lingua et calamo, ut ait, ad lacessendum homo promptissimus. Hujusmodi fere errorem, jam inde a Cyprianicis temporibus repetitum, passim arguunt Latini theologi : quamobrem hic parcere verbis licet.

(2) Arcudius cap. 4 de neogræcorum erroribus agens ait : *Sacramentum confirmationis æque ac baptismum semel exhibitum veteres iterare nefas esse ducebant; recentes, si non iterarint, canones conciliorum violasse existimant.* Blastares apud eumdem Arcud. cap. 12 prorsus cum Photio conspirat dicens non esse rebaptizandum, sed tamen confirmationem repetendam. In eadem sententia est Zonaras cum Aristeno ad can. apost. Rursusque Zonaras ad can. Carth. Cypriani apud Beveregium t. I, p. 367. Sed et chrismatis repetitionem refutat Arcudius l. c. Denique Zonaras cum rebaptizantibus sentire videtur ad can. Carth. Aurelii t. I, p. 575. De re universa legendus omnino Blastares in syntagm. ubi de bapt., apud Beveregium. tom. II. p. 38 *sqq.*

(3) Intellige septenarium numerum dierum, post quos Græci solent puerum, qui in baptismo unctus fuerat, iterum deferre ad ecclesiam ut abluatur. Arcud. cap. 17. p. 55.

(4) Idem decernit etiam Michael patriarcha contra sacerdotem qui adulteram uxorem retinere velit. Leuncl. tom. I, p. 263.

(5) Quippe apud Græcos sacerdotis uxor παπαδία peculiari honore fruitur, ferme ut veteres diaconissæ; eaque sanctior quodammodo habetur, pudicitiæ, modestiæ ac solitudini præcipue studens, candido velo distinguitur, et æquata prope cum sacerdote viro veneratione colitur. Qua de re lege Goarium in adnot. ad *Euchologium Gr.* p. 219. Cæteroquin Latini sacerdotes meliore conditione sunt (*I Cor.* VII, 38), qui, nuptiis omissis, omni hoc sanctificandæ uxoris negotio curisque cæteris liberantur. Et quidem ex cælibatu majorem quoque virtutis admirationem creari in populo confirmat hoc loco Photius. Quare et in Græca Ecclesia episcopi, nedum monachi, cælibem vitam degunt. Porro Græcorum majus fuisse obsequium erga sacerdotes cælibes

tigisse. Cum enim huic liceat legitimo cum viro vivere, ea si adhærere potius Deo optet, nonne barbaram contumeliam sine dubio involuntariam sibi atque inculpatam accidisse demonstrat? Hoc dicimus, si vir de resolvendo convictu assentiatur : si minus, conjugium haudquaquam reum agimus.

CAP. III. — *Utrum baptizandi sint Saracenorum infantes in eorum regione ac domibus.*

Saracenorum infantes a matribus oblatos (1) nequaquam a sacro baptismo arcendos decretum fuit. Neque enim vetitum est ab Ecclesia Dei, quominus teneræ adhuc mentes baptismi gratiam recipiant ; etiamsi postea puberes facti partim bonam, partim improbam, vitam electuri sint. Nam quia futurum latet, absurdum sit nisi bona fundamenta præoccupentur ab eo qui vitæ ædificium arbitratu suo extollere potest. Quanquam vero barbarica institutio vanum baptismum redditura videtur, ejus rei baptismus ipse culpam non sustinet, sed is potius qui baptismum irritavit, vel certe irritare molitus est. Sicuti enim Christianæ fidei eruditio, licet hi qui erudiuntur male se gerant, irreprehensibilis est, ita etiam baptismus, etiamsi deinde baptizatorum vita improba evaserit atque incredula. Præstat igitur infantes baptizari, et fidei arrham interim accipere. Fortasse enim aliquando meminerint se Christum induisse (2), et gratia adjuti gratiam sequentur. Porro ubi spes ambigua est, bonum præstat eligere illique adhærere. Et sane oportet, etiamsi aliquis minime perficiatur, tamen initium boni facere. Tum quæ mulieres optaverunt ut sui liberi fidei arrham reciperent, si voti compotes fiant, ad perficiendam quoque eruditionem alacriores erunt : sin repellantur, non liberorum tantummodo, sed sui quoque ipsarum curam foitasse abjicient.

CAP. IV.—*Utrum oporteat divina munera (3) mulieribus deferenda concedere ad Christianos Saracenorum vinculis detentos.*

Quod attinet ad mulieres quæ sacram communionem ad Christianos in barbarorum domibus conclusos deferunt, definitum fuit ut hæ bene moratæ sint, prope ut virgines, vel decora senectute ornatæ, dignæque quæ ad ministerium diaconissarumque (4) gradum assumantur. Quod si feminæ e usmodi desiderentur, tunc enimvero ne illæ quidem vitandæ sunt, quæ etsi fide alienæ, tamen ut Christianis fratribus bene faciant, tantopere audent tantumque oneris non recusant. Harum quoque, inquam, manibus deferendam censemus divini boni communionem ad eos qui ne sub tyrannidis quidem jugo Christianam fidem negligunt. Non enim sanctum polluitur, imo ipsum eos sanctificat qui se contingunt. Nisi forte suspectæ quædam personæ, quæ rebus sacris illudere solent, officium illud sibi commissum simulent.

CAP. V. — *Utrum ad sacram communionem admittendi sint pueri quibus Saracenorum incontinentia vim attulit.*

Insuper decretum fuit, ne pueris quibus Barbarorum impudicitia vi stuprum obtulisset, habita ratione violentiæ et necessitatis, venia denegetur, neve it divina ac vivifica communione prohibeantur. Nisi forte voluntarium peccatum perpetraverunt : tunc enim, non secus ac illos qui sponte culpis ejusmodi semet irretiunt, pœna merita pueros quoque decet.

Atque hæ fuerunt a tua pietate quæstiones propositæ, consultatione prorsus dignissimæ, tuæque sapientiæ zelum satis demonstrantes. Hæc item a religiosissimis metropolitis concordi suffragio lata sententia est, quam nostra mediocritas (5) ratam habens atque confirmans ad religiosam tuam sanctitatem mittit. Excipe igitur dubitationum tuarum, quas postulasti perspicuas solutiones, easque commodo in tempore personisque idoneis utens serva. Et necubi in his labaris, vel quia incuria... Valere te cupio, jugique sanctitate ac justitia sacrum vestrum regere gregem, atque a noxiis animæ vitiis procul avertere. *Finis capitulorum.*

---

quam erga uxoratos, testis est Nanzianzenus Gregorius in oratione *De baptismo*, dum ait quosdam differre solitos baptismum, donec hunc acciperent vel ab episcopo vel a sacerdote potius cælibe quam uxorato.

(1) Cogitare licet Christianas mulieres in captivitatem abductas, de quibus agit Photius in superioribus, necnon sententia synodica infra citanda. Porro et nostri theologi docent, ut puer ex infidelibus parentibus genitus baptizari possit, sufficere alterutrius parentis consensum. Mirum tamen est quod in sententia synodica apud Leunclavium t. I, p. 226 dicitur, itemque apud Blastarem in Arcud. cap. 12, nempe alicubi Agarenorum nefariam superstitionem fuisse, ut non prius suos infantes circumciderent, quam qui in eorum ditione essent, Christiani sacerdotes, vel inviti eosdem baptizavissent. Jam vero Saracenorum Photianis temporibus in terras Christianorum crebras excensiones ac rapinas et infinita damna cognoscere licet ex epistolis etiam papæ synchroni Joannis VIII, qui de Christianorum tutela, et de calamitate Saracenica pro viribus avertenda plurimum laboravit.

(2) Formula hæc cantari solita a Græcis post baptisma. Phot. *Amphiloch.* 43, p. 119, et apud Arcud. cap. 17, p. 55.

(3) Munera hæc significare in ecclesiasticis scriptis sacram Eucharistiam satis compertum est, ex iis certe exemplis qnæ Suicerus profert.

(4) Scilicet ætate Photii adhuc vigebant diaconissæ, quas duodecimo certe sæculo jam exolevisse scribebat Balsamon ad 15 can. Chalced.

(5) Ita modeste semet appellare solent Græci patriarchæ in synodorum actis apud Leunclavium. Latini autem sæpe utuntur dictione *nostra mansuetudo,* cum Græca phrasi ferme conspirantes.

EPISTOLÆ CANONICÆ AD EPISCOPOS.

EPIST. XIX.
Edita a Montacutio (p. 385).

Omnia vestræ sacerdotis summi perfectionis et spiritualis sapientiæ plena sunt, cum exacta civilium rerum rite administrandarum peritia conjunctæ. Nam et ea quæ proponebantur ad disceptationem, ad synodicum judicium referre, nec solertiæ suæ robori fidere, quamvis sufficienti multiplex negotiorum pondus sustinere, et sopitis primum intestinis dissensionibus, ita demum ad ea quæ extra sunt dijudicanda procedere, quomodo non ejus sit qui ad divinæ sapientiæ regulam se comparet? Quatuor igitur initio statim ad examen propositi presbyteri, recte statim ex justo calculo, ab iniqua et præter rationem irrogata censura absoluti sunt; et vecordia irrationabilis in justam sententiam impegit. Non enim fas est, non est, inquam, fas, ex accusatione sola, sive exiguum, sive magnum, sive etiam maximum crimen sit, cujus intentio demonstrationem non habeat, ob illud vel sacerdotem gradu moveri, vel irrogari censuram. Multum sane lucrati essent sycophantæ, si quos intentorum criminum reos peragere non potuerunt, eorum pœnas pendere quasi convictos viderent. Quis enim exitus sit, si hæc ratio obtineat, quo immerito accusati manus sycophantarum evadant? Non convictos igitur de eis quorum accusabantur, mediocritas nostra, secundum vestram quæ ab initio processit sententiam, omnis condemnationis immunes dimittit. Qui autem intentis criminibus teneri deprehensi sunt, sive sæculares, sive in eadem causa versantes presbyteri, hos censuræ ad tempus inflictæ subjici, siquidem, ut diximus, crimen notum factum sit, etiam nos pronuntiamus. Quibus autem nulla indulta est venia, de eis non habemus quod judicemus, quibus de crimine non constat. De episcopo autem hoc, secundum rationem, et canones, et examen, et terminis processit examinis. Nos autem ad consternationem non mirari non possumus, quam prorsus alieno a præsenti sermone Amasiæ antistitis litteræ et narrent et subjiciant. Nam aliquem ex testimonio ordinare, etiamsi indignus postea deprehendatur, ordinantem culpæ obnoxium non reddit. Atqui nihil tale istæ litteræ demonstrabant, quin ejus contrarium narrabant. Rectum autem erit, adesse et eos qui testati sunt, cum ordinationem qui incusatur suscepit, ut innocentes et inculpati, etiam iniquius erga absolutionem fratrum affectis, et omnino odio habentibus, demonstrentur : et Dei sacerdos, in nihilo eorum quæ antistiti conveniunt, innovationem sustineat. Synodicum autem de dispensatione scriptum, quod archiepiscopum Cæsareæ inscriptum habet, et ex mente nostra scriptum, et ex nutu nostro missum est : nec quidquam, ut opinor, vel præter conscientiam, vel sacris Spiritus legibus adversum continet. Magna enim est differentia peccatorum ignorantiæ, ab eis quæ a scientibus contra jus fasque proficiscuntur. Sane, sacerdotum et Christianorum defunctorum neglecta cura, et Psalmodiæ sacræ omissum debitum officium, necessario nos, de exacto sacrorum canone ad id quod est benignius, remittere cogit. Sed hæc forte superfluum est scienti dicere. Capitula autem definitionis ut instanti tempore fieri potuit, formari decrevimus. Qui quidem ante rem contestatam digamis benedixerunt, tum propter ignorantiam, tum quod nihil ab episcopis de hac re constitutum fuerit, neque aliunde exactam canonum disciplinam noverint, et propterea lapsi sint, hi omnino, si nihil aliud, saltem, quandiu pigamum leges spirituales tremendorum mysteriorum communione prohibent, tandiu et ipsi, qui conjugibus præter rationem benedictionem imposuerunt, sacris faciendis abstinebunt. Nisi quæ alia implacabilis urgeat necessitas, et omnino vita hominis, tum tranquilla, tum notabilis : quæ sæpenumero apud Patres nostros æquitatis intuitu, præ exacto canone obtinuisse constat, et censuræ tempus abbreviasse. Mulierem autem, viro defuncto, novimus quidem a divinitus inspirato Paulo veniam adeptam secundas nuptias adeundi. Multæ enim sunt mulierum infirmitates, quæ pudorem incutiunt, ad naturam virilem eorum imbecillitatem exigendi. Virum autem a visceribus apostolicis eadem indulgentia dignari non novimus. Censura igitur ejus qui mulieri digamæ benedixerit, vel nulla omnino, vel mitior, quam ejus qui viro. Qui autem absolute conjunguntur mulieribus, quoniam non simplex actio est, proinde nec uniformis est censura, nec qui ipsis benedicunt sub unam pœnam cadunt. Quæ quidem mulier a viro dimissa est, ipso causam præstante, quod naturalis congressus impotentia teneretur, hæ si continere elegerint, melius fuerit; quod si vero jungi voluerint, nec illud condemnationem in ipsis habet, nec si quis sacerdos nuptias earum benedictione honoret. Quod si femina eamdem causam præstat, eadem libertate prædicta fruatur, qua prius solutum virum dignati sumus. Quod si qui præter ætatem desponsati sint, deinde lex ipsos tanquam præter legem conjunctos separaverit, tunc neutra personarum discedentium, quæ quidem in ordine laico censentur, si ad alias legitimas nuptias accedat, censuram subibit. Qui autem ob adulterium ejectam uxorem fecerit, sive conjugatus sive cælebs, adulter est, et adulterii censuræ subjacet. Quod si solum propter odium citra rationem a viro invita expulsa sit, melius erit si ad suum virum revertatur : sin hoc, quod ipse ad alias se nuptias jam applicuerit, fieri non possit, adulterii ipsa crimini, cum alio viro juncta, obnoxia non erit : at vero sacerdos, ipsi rite benedicens, super ipsa insons non erit, sed pœnam ejus præstabit qui digamis benedixerit. Citra rationem autem a conjugio discedere, quod ausum lege prohibitum est, neque virum, ad alias nuptias accedentem, insontem dimittit, neque feminam quæ idem faciat. Quin potius graves pœnæ legibus constitutæ sunt, si quis hoc facere ausus fuerit. Et manifestum est sacerdotem, qui adfuerit, et sacra rite celebraverit in hujusmodi nuptiis omnino honore suo juxta exactam canonum disciplinam excidere. Sed hæc festinate pronuntiata sint ; quod quæ inopinatæ disceptationi proposita erant considerationis moram non ferrent : quod si quid aliud vestra solertia diligenti disquisitione perspexerit, obtineat quod melius est. Et nos etiam fortassis, laxiori tempore concesso, exactius aliquid dispiciemus.

EPIST. XX.
Edita a Montacutio (p. 388).

Scripsit sanctitas tua de quibusdam, polluti cibi esu contaminatis : causa autem contaminationis erat ejusmodi. Iverant gentilis cujusdam monumentum refossuri ad inveniendas pecunias : cum autem incassum laborarent, nec quidquam invenirent, dixerunt inter sese, nisi cauem mactemus, et de carnibus ejus gustemus, non reddet nobis terra quod quærimus. Statim factum est quod dictum erat. Cum itaque ad interdicti cibi conscientiam venissent, genibus episcopi accidentes medicinam petierunt, et commissi peccati indulgentiam. Hæc sunt quæ pietatis tuæ litteræ narrant. Et de hac re formula ab Ecclesia constituta est, quadraginta dierum pœnitentia, et precibus quibusdam absolvi, qui huic crimini innexi sunt. Præsens autem polluti cibi participatio alterius cujusdam impietatis misturam habet. Propterea enim contaminatum cibum attingere, ut terra placaretur, secundum insanam ipsorum opinionem, crimen in majus attollit : etiamsi sine gravioris impietatis cogitatione, ad hanc opinionem accesserunt. Verumtamen et hominum mores, et reliquus vitæ actæ tenor, et animi constitutio, tum mentis, sive simplicitas sive solertia, vel producere potest tempus vel curtare : cum fortasse post quadraginta dies imposita censura sit. Quod si secunda aliqua definitio producenda est, sepositis circumstantiis, quæ producendo vel curtando tempori causam præbent, ad tres dierum quadragenas multa eorum qui in hoc crimine deprehensi sunt, redigenda erit : præter reliquam victus austeritatem, et tremendorum mysteriorum abstinentiam.

EPIST. XXI.
Edita a Montacutio (p. 389).

Non idcirco antistiti significavimus, ut certiores fieremus, num sciens episcopus adulterum, sacra facere permisisset, quod et grave esset ; sed num ipsum adulterum esse sciens ordinasset : quod gravius est. Ille autem, cujus nos certiores fieri velle significavimus, de eo nihil nos docuit, quod autem nemo quærebat, hoc renuntiavit. Verumtamen, siquidem ipsum adulterum esse sciens ordinavit, omnino et episcopatu et sacerdotio excidit : quod si ignorans adulterum esse eum ordinavit, tum certior factus, ad tempus quidem abstinuit, deinde sacra facere permisit, etiam ipsum quidem ad tempus sacris faciendis abstinere oportet. Aliud enim est Deum contemnere, aliud errore deceptum videri legem observasse etiamsi non observes. Cæterum, ad tempus abstinere ipsum decrevimus, si reliqua ejus merita, et virtutis copia, hujusmodi lapsum compensare videantur : sin, in perpetuum censuræ subjacebit. Hæc autem dicimus, non si antistes ipsius dicat quod ipsum adulterum esse sciens ordinavit, vel quod postquam ordinasset, certior factus adulterum esse, cum ipsum ad tempus abstinuisset, deinde sacris fungi permisit : sed si ipse testibus fide dignis et inculpatis convictus, vel non convictus, sed ore suo assensus sit et confessus. Hæc igitur mediocritas nostra convenire censuit : de ipso autem sanctitas vestra quod hortatur, constituet. Tu vero mihi in Domino vale

EPIST. XXII.
Edita a Montacutio (p. 390).

Admiratio quidem nos invasit ac stupor super tanta deliratione et vecordia, necnon insulsitate atque enormitate antistitis, etiam vetera quædam vestigia ejusmodi affectuum, memoria recolentes. Verum duratio atque incrementum præcedentium de præsentibus, tanquam præter opinionem factis, perturbationis nobis materiam præbuerunt. Cæterum molestia non vacat, singulorum causis particulatim insistere, quod sæpius diximus, et nunc etiam dicimus. Quod cum peccatores nos peccatrices manus capiti tuo imposuimus, gratiam sancti Spiritus antistiti propriam implorantes (non nostræ manuum impositioni, sed supernæ benignitati, et tuæ ipsius virtuti confisi, superventum ipsius nos benedictione ditaturum), non solum quæ in Ecclesia illegitime et contra canones ab ipsius antistite procedunt, sed quæ ab alio quopiam, similem animi sententiam demonstrante, hæc omnia a tua antistitis perfectione (tanquam humilitate nostra præsente, et spirituales leges adjuvante) reprimi, sufflaminari, et in meliorem, sive optimum statum reformari præcipimus : non nobis nunc hujusmodi spiritualem potestatem largientibus, sed sancto Spiritu tunc eam conferente, cum gratiam summi sacerdotii donaret. Absolvantur igitur præter rationem vinculo subjecti ab iniqua damnatione, et ad legitimum cultum reformentur : et qui degradationem legibus contrariam passi sunt, iniquo decreto cessante, in sacerdotio administrando pergant: et qui hæc imprudenter admisit, maxime quidem, quia corporis passiones congruos animi affectus exprimunt, discat si potest sermonis exhortatione, sin minus severitate, ab eo quod justum est, non recedere. Idcirco ad eum epistola jure et recte destinabitur: postquam nisi sanior evadat, sacra quidem facere, et inanimata administrare nondum prohibeatur, censuras autem irrogare, et animatos ad regulas exigere , ipse inanimis, potestate nobis a Spiritu sancto indulta ne permittatur.

EPIST. XXIII.
Edita a Montacutio (p. 391).

Pervenerunt ad nos litteræ sanctitatis tuæ Deo dilectæ, postulantes a mediocritate nostra sententiam ferri de presbytero, qui præter voluntatem parentum, non exspectato eorum consensu, liberos ipsorum coronaverat : quorum postea studio separati, cum aliis personis ad nuptiarum communionem cum venissent, opera parentum ab alio presbytero benedictionem acceperint. De primo itaque presbytero sic decernimus : si quidem contrariæ parentum voluntatis ignarus, ex inscitia, in coronandis istis quæ convenerunt personis, in errorem lapsus sit, talis cum sit, non prorsus latæ culpæ obnoxius, tanquam de voluntario peccato damnandus est : non tamen tanquam omnis culpæ expers dimittendus ; oportuit enim ipsum accurate sciscitatum , rescivisse num voluntate parentum qui ad nuptias coibant, conjugium contraherent. Idcirco ordinis sui jacturæ talis non subjicitur, sed ad tempus constitutum sacro celebrando prohibebitur ; tum , eam quæ in reliquis cernitur austeritatem, jejuniis scilicet atque orationibus, subibit: tempus autem pœnæ subeundæ, vel ad quadraginta dies, vel bis totidem extendetur, pro ratione ipsius in pœnitentia fervoris ; ne amplius in ejusmodi quid delicti, ex incuria, animique ignavia incidat. Hoc igitur obtineat, si ad inscitiam peccatum referat. Quod si voluntatem parentum consensui huic et conjugio adversari sciret, et ejus non ignarus, tum naturalem Legem tum spiritualem contempsit, quorum uterque irritum conjugium pronuntiat, parentibus assensus sui suffragium non ferentibus, pœnæ rite obnoxius esto. Si tamen parentes, postquam ætas liberorum per leges idonea ad nuptias esset, dilato per longum temporis spatium conjugio, necessitatem ipsi liberis præbuerint, etiam invitis parentibus ad nuptias accedentes, tum nec leges hujusmodi nuptias irritas faciunt, et qui interest sacerdos, et eis benedicit, nulla culpa tenetur. Ratum autem fit hujusmodi conjugium, judice ex causæ notitia, custodiam liberorum, et legitimam ipsorum voluntatem improbitati parentum præferente. De primo itaque presbytero, ista nobis jus suggerit. De secundo autem nec simplex est consideratio. Nam si conjugii prioris ignarus fuerit, nullo jure culpæ tenetur. Præsentia enim parentum in nuptiis magnum momentum illi ad absolutionem impendit, qui ideo ad anteactorum inquisitionem non venit, quod præsentia parentum, ea ad examen revocari non ferret. Quod si factum conjugium, et secutam copulam carnalem noverit, quoniam quasi ex necessitate, non sunt in cœlibatu continendi qui a priori conjugio discesserunt, sed legitimo conjugio vinciendi, ne in fornicatione versentur, non quidem ad finem arcebitur sacrorum præsidatu qui nuptias consecravit, sed moderatiores quasdam pœnas subibit. Scilicet quod, cum factas ante nuptias manifestum esset, quæ quidem fornicationis crimen evadere non possunt, ausus sit eos qui flagranti peccati crimine tenebantur, tanquam puros et inculpatos, sacerdotali benedictione dignari, et virginitatis coronis, eos qui ipsam male deposuerant ornare. Quod si prius conjugium ex assensu parentum processerit, a quo deinde, præter rationem, discesserint, prior quidem presbyter omnis culpæ absolvetur: secundus, sive interfuerint parentes, sive non, sacerdotio excidet. Nam alienum a legibus sacris conjugium, nec absentia et dissensus parentum facit, nec præsentia et assensus, aut quod profanatum est sanctitati restituit.

EPIST. XXIV.
Edita a Combefisio (Auct. Noviss., p. 527, et Jager, Histoire de Photius, p. 452.)

Deo charissimo, sanctissimo, sacratissimo præsuli fratri et comministro, omni admiratione dignissimo famaque clarissimo archiepiscopo et metropolitæ Aquileiæ, Photius Dei miseratione archiepiscopus Constantinopolis novæ Romæ et œcumenicus.

I. Quæ ad nos venerunt beatitudinis vestræ litteræ, primum quidem ejus religiosa pietate mentem certa velut nota obsignabant, spiritusque amoris vim, quam magna sit et excelsa, et vulgarium hominum conditionem superet, exhibebant. Deinde vero etiam, cui illæ creditæ erant, sacri hujus viri cum reliquas virtutes ac prudentiam , tum mentis constantiam ac solertiam, per quæ, ut per speculum, sacram vestram Deoque venerabilem sanctitatem, quæcunque ipsæ litteræ (quippe litteræ) missa faciebant; clarius perfectiusque pervidere, ipsiusque virtutum magnitudine delectari, nimiumque gaudere, præstabat. Vidimus enim hominem prudentia magis quam canitie venerandum : virtutum quoque reliqua varietate non minus quam prudentia ornatum, ac qui pati mentis constantia ac sagacitate fulciatur ; atque (ut verbo dicam) tali gratia præditum, qua par erat eum fulgere, qui a Deo accepit, ut tremendorum nostrorum mysteriorum sacerdos statueretur, vestraque et doctrina dignus et manuum impositione haberetur ; talem factæ vestræ sanctitatis, quam ciebamus, experientia nunti... ....deo intelligere licebat certoque conjicere, eum, qui præ illo primas ferebat, ejusque ordinator fuerat, et ut legatione ad nos fungeretur, illi auctor exstiterat, divinarum plenum gratiarum esse; ac qui totius vitæ splendore, dogmatumque ardenti zelo atque amore longe conspicuus, necnon salutis exemplar in ipsum contuentibus foret.

II. Nisi enim vestris religiosa pietate doctrinis ac documentis large imbutus, qui a vobis pontificalis muneris gratiam trahit, sic eluxuriaret, nec mirando quodam, tantoque velut ex fonte vestrarum virtutum irriguo potitus esset, nunquam ad tantam virtutum claritatem, pro eo ac summo Dei sacerdotes decet, evasisset. Non semper enim, vel exiguo jubare ac splendore, similitudinem servant, quæ secunda sunt, cum formis, quæ illis præiverunt. Quorum omnium causa habendæ Deo gratiæ, qui in omnes muneribus effusus universorumque conditor exsistens, sicut in Orientis partibus, sic etiam in Occidentis, luminaria ducesque consecrans, ut quotidie luceant, plebisque animos ac mentes illustrent, in celso episcopalium sedium culmine præficit.

III. Sed cum nos de sacra vestra virtute ea mens incesseret, ejusque præclaris dotibus ac ornamentis gestiremus et lætaremur, quod nunc in aures nostras incidit (atque utinam nunquam: dirus enim animi, non corporis dolor est: per hanc enim ex aspectu magna nobis concepta spe, ut et ipsum mœrorem aperiamus, operæ pretium duximus), haud plane scio quomodo non amaro tristique animo dicam. Velut namque Dominicæ voces ipsæ non bene haberent, aut eis sufficerent, vel nullam Patrum et conciliorum definitionum ac decretorum rationem haberent, eorumve eo nomine diligentiam spernerent, aut in talibus cæco animo essent, vel nescio quomodo quis etiam possit eloqui; atque utinam nec res esset, pervenit ad nostras aures, quod nonnulli Occidentalium, divinum ac sanctissimum Spiritum non solum ex Deo et Patre, verum etiam ex Filio procedere novo dogmate introducunt; multamque inde labem, per ejuscemodi vocem, illis creant, qui eis credunt ac parent. Quod vero ex eorum mente est, qui sic inconsulte occupata opinione imbuti sunt, etsi magnum, propter ignorantiæ tamen objectum velamen haud tantam eis forte noxam attulerint. Proposita vero indagine, eorumque errore cum ex aliis sacris Scripturis, tum ex ipsa utique Dominica voce clarius confutato, nisi quamprimum ab hujusmodi absurda opinione resipuerint, ociusque his, quæ rite probata sunt ac proposita non acquieverint, ad quam blasphemiam istusmodi prolabantur, ac quantæ damnationis reos

A seipsos efficiant, etsi nemine prædicante, plane compertum est. Excident enim cum reliquis bonis, etiam a pietatis sensu, ipsoque divino Spiritu, ut qui Spiritus dignitati detrahant; quippe qui dicant illum ex Filio procedere, aliaque processione; tum illi contumeliam irrogantes, tum et singularem unamque processionem ostentui habentes. Quomodo enim non absurdum; vel potius, quomodo non extremæ plenum blasphemiæ est, Dominicis ipsis vocibus adversari? traditioni quoque et doctrinæ refragari, quæ ubique apud magnas primique sacerdotii sedes viget?

IV. Atque ut illo superiores omittam, etiam Leo Romanus pontifex, tum senior, tumque rursus, qui illum secutus est, Leo junior, eadem sentire cum catholica et apostolica Ecclesia, et sanctis episcopis, qui eos præcesserunt, nec non apostolicis decretis assentiri, noscuntur. Nempe prior, qui quartæ œcumenicæ sanctæ synodo momenti plurimum attulit, tum per sacros viros quos ex persona sua legatos destinavit ac vicarios, tu per epistolam, qua Nestorium atque Eutychen prostravit: in qua etiam Spiritum sanctum ex Patre procedere, juxta superiora decreta, non autem ex Filio, prædicavit.

V. Similiter vero etiam Leo junior prioris illius nedum nomen, sed et parem fidem adeptus: hic nimirum; hic, inquam, pietatis fervens æmulator, ut nullo pacto, barbaro idiomate intemerata nostræ fidei regula corrumperetur, Græca lingua, ut et a principio dictata fuerat atque lecta, per eam Occidentalibus laudandam ac prædicandam divinam sanctamque Trinitatem tradidit. Neque id verbo solum ac jussione, verum etiam quibusdam ancilibus velut titulis columnarum more inscribens, obque omnium ponens oculos, ad fores ecclesiæ affixit: quo videlicet cunctis facile, nullaque depravatione fidem addiscere liceret; nec usquam via esset occultis ejusmodi depravatoribus ac vanarum doctrinarum auctoribus adulterandi nostram Christianorum fidem, alteramque præter Patrem, Spiritus causam, Filium invehendi; qui pari honore, quo a Patre Filius genitus est, a Patre procedit.

VI. Neque hi duo solum in Occidente quondam micantes sacrati viri, ab omni immunem novitate pietatem servarunt (non enim sic rati in Ecclesia Occidentali sacri præcones atque doctores) verum, etiam alius eorum non facile numerabilis cœtus ac chorus, qui illis, quos dicebam, viris, quasi extremis summisque interjecti, pari pietatis luce splendescunt. Cum igitur Ecclesia Romana (1) una cum aliis quatuor primi sacerdotii sedibus eadem sentiat et confiteatur; et in petra verborum Domini fundata sit atque firmata ac radicata Ecclesia (contra quam

---

(1) *Cum igitur Ecclesia Romana.* Quod Romanam Ecclesiam in partem dogmatis trahit Photius; argumento est necdum Romæ acrius pugnatum pro eo articulo: vel potius de Romana Ecclesia sic dissimulat Photius pro sua cum Joanne papa ne-

cessitudine, et accepta ab eo indulgentia, qua et ejus legatos sibi consensisse jactabat. Alios ergo incertos suggillat, puta Gallos aut Hispanos, sic palam ex Filio profitentes, a quorum sensu studet avocare Aquileiensem.

neque inferi portas [32], ora videlicet hæreticorum portis carentia, ullo pacto prævalere posse, ipsamet declaravit veritas), unde, et ex quibus nova hæc emersit adversus Spiritum blasphemia? Et quomodo non multis istud prosequendum lacrymis ac suspiriis? Multaque opus diligentia ad cohibendum hujus mali progressum, ac ne plures depascere labem videamus, eorum, qui in Dei grege numerantur.

VII. Hac igitur de causa, nos quoque humiles, velut magnum quoddam Ecclesiæ columen, ac quasi speculatorem positum domui Israel, præstantem vestram provocamus virtutem, ut Dei zelum, quem in corde habetis, in medium lucente flamma suscitetis : summique sacerdotii velut accensa lucerna, errantibus omnibus salutare lumen invehatis, atque ab errore avocatos, ad pietatem toto terrarum orbe explicatam, manu ducatis.

VIII. Primum quidem (uti jam dictum est) Dominicam habetis vocem, quavis face lucidius, Spiritum a Patre procedere prodentem : ad quam tandem aliquando levantes oculos, qui per blasphemiam, Spiritum ex Filio processionem docent, desinant in errore ac tenebris versari : fideique luce collustrati, pari cum orthodoxis fœdere caulas ingrediantur, orthodoxiæ radiantis jubare, quod nescit occasum ; eum præsertim reveriti qui e Dominico pectore haustis liquoribus, cœlestium dogmatum discipulus ac doctor, effectus, Joannes a Theologia nomen est consecutus : eo intercessore veniam precentur, quod illi ac magistro, discipulorumque albo theologiæ radiis micantissimo, contrariis opinionibus quandoque olim obstiterunt. Quod enim sanctissimus Spiritus a Patre et Filio dicatur procedere, duas omnino causas ac principia est introducere : eoque in sancta Trinitate monarchiam penitus abolere. Qui enim sic loquuntur, duas perinde causas prædicabunt : hincque adeo unum pariter principium (vertat Deus in reorum caput blasphemiam) in duo dividetur.

IX. Præterea, si perfecta est ex Patre processio, quid opus est altera processione, cum ex paterna jam processione Spiritus perfectus esse intelligatur? Sin autem imperfecta, quis feret quod ita absurde asseritur? Primum enim qui hoc audeat dicere, Trinitati, quæ modis omnibus perfecta est, imperfectionem tribuit. Deinde vero, ex duobus rursum imperfectis, auctorem omnis perfectionis Spiritum constituit : quin et compositum, velut ex duabus quibusdam causis ac auctoribus, fecit : et ita (o linguam incontinentem et reprobam mentem!) ex utroque imperfecte Spiritus procedit. Qui hac porro teneantur blasphemia, nec Spiritum nepotem dicere recusaverint. Etsi enim hanc vocem piorum metu vitant, at sensum tamen, quibus ita docent, subministrant. Nam si Filius ex Patre exit per generationem, Spiritus vero ex Filio per processionem exsistit, plane in nepotis ordinem transibit. Id vero qua ratione ferendum, quibus curæ sit ut pietatem colant, et Christianorum numero censeantur? aut quomodo diutius neglectum ne arguatur, non eos qui silent, Dei tamen munere sensu præditi sunt atque gratiis ad arguendum, in parem his qui blasphemant, trahet interitum?

X. Tu vero mihi, sacrorum hominum sacratissime, quod ex illorum absurda opinione emergit incommodum, eis objice. Si enim etiam Spiritus procedit Filii generatione, ac simul alter quidem gignitur ; alter vero ex eo procedit, qui gignitur, seu nascitur ; nihil minus etiam Spiritus, quam Filius, ex Patre gignendo procedet, quandoquidem generat Filium Pater ; Spiritus vero una cum Filio procedente per generationem, procedit. Sin autem aliud eis tempus Filium ex Patre gignendo cogitandum ingerit, aliud vero Spiritum ex Filio procedere facit (forsitan enim ipsum hoc pressi difficultate fingent), prorsus necesse erit ut Spiritum Filii generatione posteriorem, illoque juniorem statuant. Sin autem manifestæ hujus impietatis periculum subverentes resilierint, procul dubio Spiritum genitum esse fateri cogentur.

XI. Audio autem istos adversus Paulum audere, divinumque eum virum contra communem Dominum ac magistrum, hæresis suæ patrocinium objectare. Aiunt enim dixisse, *Misit Deus Spiritum Filii sui, clamantem in cordibus nostris, Abba, Pater* [33]. Sed illi, qui verbis istis Apostoli suam se inscitiam confirmare existimant, illud noverint, quibus sibi niti videntur Apostoli sententiis, iisdem magis errare ipsos argui. Non enim ea, quæ Paulus docet, ac prædicat, vitio vertimus : sed qua divinas illius voces depravant, reprehendimus. Et quoniam quæ nec dixit unquam ille, nec ut diceret ei in mentem venit, ad ejus calumniam impudenter adducunt : eaque ratione justam in seipsos deprehenduntur ferre damnationis sententiam. Filii igitur Spiritum vir ille cœlo sublimis, a Patre missum esse dixit. Dicito et tu eamdem ac Paulus vocem. Est enim Filii Spiritus ; nam nec alienus, nec pugnantia loquitur, aut ei contraria sancire visus est unquam : sed quia ejusdem essentiæ ac virtutis sunt, ita ejusdem quoque consilii ac voluntatis, eodemque similiter modo ad unum referuntur (qua alter natus est, alter processit), Filii Spiritum nuncupavit. Ita hi quoque loquantur : nullusque erit qui hæreseos insimulet. Non dixit, *Procedit a Filio* : quod si qui dicant, cum Pauli doctrinæ injurii sunt, tum se opinionis hæreticæ reos constituunt. Sin autem idcirco quod dicitur *Spiritus Filii*, etiam procedere eum existimant, Patrem quoque ex Filio procedere docebunt. Ubique enim Pater Filii dicitur ; multosque hi productores et causas [34], seu auctores Spiritus constituent. Nihil enim minus etiam Spiritus sapientiæ et scientiæ, intelligentiæ et fortitudinis,

---

[32] Matth. xvi, 18. [33] Gal. iv, 6. [34] Isa. xi, 1.

et aliorum istiusmodi divinorum donorum dicitur. Si igitur quod horum Spiritus dicatur, idcirco etiam ex illis procedere exigunt, licet intelligere in quod eos erroris barathrum praecipites agat, eorum mentis solertia.

XII. Alio praeterea modo, alia iterum blasphemia, ex eorum opinione oriri cernitur. Nam si Spiritus a Filio procedit, non utique posterius, neque prius Filii generatione procedet. Prorsus enim eliminantur a sanctissima Trinitate adverbia haec temporis. Si igitur simul quidem a Patre, simulque a Filio procedit, ab utrisque producentium pariter distinctus personis erit : ac pro uno, duplex illis erit Spiritus, alter qui a Patre, alter qui a Filio procedit. Sane enim nihil ejus novitatis occurrit, nec in his quibus per generationem ut sint in rerum natura contingit. Diversa enim secundum substantiam videre licet, quae ex una eademque substantia (seu hypostasi) procedunt. Quod vero unum et idem secundum substantiam ex diversis procedat, nec pari ac producentes substantiae distinctioni subjaceat, neque generatio ortusque productionis rerum agnoscit, nec si quid illo praestantius exsistit.

XIII. Etenim filii multi saepenumero ex uno eodemque utero, et simul, et seorsim cernuntur in lucem edi ; eademque manus et caedit et scribit, et beneficia praestat, et ad Deum tenditur : scribere autem cum manus integrum opus videre, tum similiter pedis : aut ambulare perinde utriusque dictorum munus esse, itemque oculorum auriumque videre, aut si qua ejusmodi sunt, nemo sanae mentis putaverit : sed quemadmodum membra sua circumscriptione alia ab aliis distincta sunt, sic et cujusque vis ex operantium indole condividitur, et a reliquis condistinguitur. Atque adeo in iis etiam quae penitus discretam nacta sunt substantiam, idem contemplationis ordo servatur.

XIV. Quae igitur alia volentibus blasphemare reliqua occasio ? Facile enim qui prava est mente in errorem labitur ; tametsi angularis lapidis sapientia ac virtus, per servos suos, eorum facile elidat consilia. At, quid illis ad blasphemiam reliquum ? Domini ipsam sibi vocem usurpant, quasi minus habeant, quod ipsi a se Dominum blasphemant, nisi prius eum qui blasphematur, ejus ipsius blasphemiae Legislatorem atque auctorem accersant : dixit enim, aiunt, Salvator, *Ille de meo accipiet, et annuntiabit vobis* [35]. At, si quidem istud a nobis adversus illos afferatur, ut probemus Spiritum ex Patre accipere, atque ex illo, non vero ex Filio procedere, quodnam aliud effugium ne coarguantur possint adinvenire ? Qui igitur ea quae manifeste illorum haeresis convincit insaniam, haec eamdem ejus confirmandae causa proferant, quomodo non deploratae mentis sensu miseri habendi sint, miserabilioresque mentis sententia et voluntate ? Quid enim clarius Dominica hac voce, ad eorum qui illam afferunt, elidendam impudentiam ? Quid apertius ad probandum quod non ex Filio, sed ex Patre procedat Spiritus ?

XV. Etenim quod aliis locis dixit Salvator, Spiritum ex Patre procedere, hoc ipsum nunc in proposita docet auctoritate, dicendo, *Spiritus de meo accipiet*. Non enim dixit, ex me, sed, *de meo*, videlicet Patre ; nisi forte velint, aliud quid praeterquam Patrem et Spiritum esse pariter ac dici Filii. Si igitur ita aperta contra sese argumenta pro se stare putant, undenam opem aliam conferre possint ut pravam mentem suam ac sententiam stabiliant ? Sed ut videtur, isti nec cunctis notas voces intelligentes, nec vel trivialem rerum notitiam habentes, nedum non ferunt ab aliis doceri quae ignorant (etsi orare deberent, et sedulo quaerere, qui ex ignorantiae profundo extraheret), ut ipsi potius suorum se deliriorum magistros constituant. Quomodo enim non pudet, dicente Domino, *Spiritus de meo accipiet, et annuntiabit vobis*, non ita ac ille dixit istud *de meo* accipere, sed vitiata littera, ejus loco *ex me* rescribere ? Nempe suam inde probatum iri sententiam forte putavere. Quanquam etsi ita dictum esset, uti certe non dictum est, ne sic quidem ullam ejus vim aggressio haberet. Non enim semper accipere, eamdem ipsam vim habet ac procedere, sed quandoque longe magnam diversitatem ac dissimilitudinem obscure indicat. Aliud est enim accipere atque haurire ex una substantia aliam substantiam, atque aliud ut exsistens vere substantia atque persona procedere. Sic neque circa ipsas vocum significationes rectam habent mentem. Ac si quid aliud ab eis allatum fuerit eidem haeret dementiae : ejusdem germen inscitiae cernitur, et ad eamdem invertit laesae pietatis perniciem ac interitum.

XVI. Esto, inquiunt ; atqui magnus Ambrosius et Augustinus et Hieronymus, aliique nonnulli paris meriti atque ordinis, virtutis luce ac vitae claritate longe conspicuum nomen consecuti, multis suarum lucubrationum locis, Spiritum ex Filio procedere scripserunt. Ac sane morem gerimus, ut sic illi et dicant et sentiant ; nec tamen haereticae labis calumniam noxamque Patribus inferamus. Ac primum, quod cunctis manifestum est, respondere ad eos licet : Si decem, seu etiam viginti e Patribus hanc vocem dixerunt, sexcenti vero ac innumeri non dixerunt ; quinam sunt qui Patres injuria afficiunt, iine qui brevi numero quotquot pie senserunt, circumscribunt, eosque statuunt qui oecumenicis synodis contradixerunt iisque adversati sunt, divinorumque Patrum, quanta nec numerari potest multitudini anteponunt, an qui multis partibus plures sibi patronos asciscunt ? Injuria quis Patres afficit, inquis, qui Spiritum ex Filio procedere non dicit : etenim sic illi locuti sunt ; et quomodo non longe plures injuria violat, qui hoc di-

---

[35] Joan. xvi, 14, 15.

cit? Nunquam enim sustinuerunt ut hoc dicerent. Enimvero Patres injuria afficit, qui præterquam quod illi locuti sunt, dicit? At quomodo non magis ea communem Dominum afficit, qui illius depravat ac corrumpit vocem, ejusque loco alium sibi doctorem ac theologiæ magistrum præficit? At quis hoc dicit? Quisnam injurius est contra sanctum Augustinum et Hieronymum et Ambrosium? isne qui communi Domino atque magistro tanquam contraria locutos opponit, an qui nihil ejusmodi facit, sed ut omnes communis Domini decretum sequantur, cupit?

XVII. At siquidem, inquit, probe docuerunt atque senserunt, eorum quoque illis omnibus fovenda sententia est, qui eos Patres agnoscunt: sin autem impie locuti sunt, una cum hæretico sensu et illi explodendi sunt. Hæc ita qui majori scelere litant impietati: Non enim ipsis (ut licet conjicere) magnum videtur ad impietatem, ut quam inducunt theologiæ perversionem statuant, sed quod ita moliuntur imperfectum existimant, nisi etiam quærant invenire, quos Patres vocant, quomodo improba ea indagine ac verendorum detectione injuria afficiant: hac quoque parte veros Cham illius discipulos sese exhibentes, qui nedum patris verenda non obtexit; verum etiam impudenti ore vultuque subsannavit. Secus vero Ecclesiæ alumni, nec quidquam sacra documenta obliti, Sem et Japhet hærentes vestigiis, cum paternam turpitudinem noverunt occultare, tum Cham illius æmulos reprobare ac aversari.

XVIII. Præterea vero, si quos superius Patres memoravimus, nihil communi Domino contrarium loquuntur, ne nos quidem illis loquemur contraria. Sin autem vos dicitis Dominicæ eos voci adversari, vestrum est ut et Dominum illis postponatis, ipsosque spreti Dominici præcepti reos, in inevitabilis judicii noxam ac damnationem trudatis. Quanta vero quis pro beatis illis viris possit dicere? Quantæ enim rerum negotiorumque perplexitates multos coegerunt ut partim male interpretarentur, partim dispensatione quadam loquerentur, cum et increduli adversarentur, et in quam prolapsi essent, ignorantia, ut se habent res humanæ. Alius namque decertans adversus hæreticos; alius pro auditorum imbecillitate composita doctrina, atque alius aliud quid moliens, et cum majori aliquo fine ab accurata disciplina non paucis in rebus temperare submississque agere tempus suaderet, tum locuti sunt, tumve egerunt, quæ nobis nec loqui nec agere licet.

XIX. Et ut reliquos omittam, perpende, quæso, admirandum Paulum ac orbis magistrum ut sanctificatus, ut rasus; eos qui recens ad disciplinam animum adjecissent, non solido cibo, sed lacte aleret. Ac si quis deinceps sacrorum virorum chorum percurrat, vitæ omne tempus teret talia percensendo, et ut ea conscribat. Si quis enim vero exempla ex ejusmodi sermonibus atque actibus auditorum imbecillitate, doctrinæque dispensatione, nec non adversariorum pugna, his nuda quæ dicta sunt, et ut dogma proponat foveatque, illos qui talia vel locuti sunt vel egerunt, lata in eum sententia, ipsum damnare inveniet.

XX. Præterea, si cum meminissent propositi capituli, dictorum Patrum cœtus contradixisset, et ut contentiosius obsisterent nec obtemperarent animos obfirmassent, atque in ea prava opinione perseverassent, ejusque reprehensi, sententiæ tenaces vitam cum morte commutassent; necesse esset ut cum errore sensuque suo exploderentur. Sin autem male quidem locuti sunt, aut aliqua causa nunc nobis ignota a recto tramite deviarunt; nulla tamen illis quæstio oblata est, nec quisquam ad condiscendam veritatem illos provocavit, perinde illos in Patrum albo admittimus, ac si istud minime dixissent, propter vitæ claritatem ac spectabilem virtutem, nec non reliquam inculpatam fidem ac pietatem: doctrinam vero, in qua a veritatis semita aberrarunt, non sequimur. Quotquot vero cogunt, ut contraria auctoritate Dominicæ voci adversentur, hi nuda quidem voce Patris eis titulum deferunt, facto vero omnique opera in parricidarum atque hostium eos classem detrudunt. Nos autem, qui alios quoque nonnullos sanctorum nostrorum Patrum ac magistrorum a rectorum dogmatum fide exorbitasse intelligamus, quod quidem exorbitarunt, in doctrina partem non assumimus, viros tamen amplectimur: ita etiam si quibus obrepsit ut Spiritum a Filio procedere dicerent; quod quidem Dominicæ voci adversetur non admittimus, illos tamen a Patrum cœtu non rejicimus.

XXI. Etenim Dionysium quoque Alexandrinum sanctorum Patrum choro accensentes, haud tamen dictas ab eo Arianicas voces adversus Sabellium Libycum perinde recipimus, quin etiam prorsus repudiamus. Magnum itidem Methodium martyrem, qui Patarensis Ecclesiæ clavum præsul gubernavit: præterea etiam Irenæum Lugdunensem episcopum, nec non Papiam Hierapolitanum: ex quibus prior quidem martyrii coronam consecutus est; alii vero apostolici viri exstitere, moribusque ac vita miro splendore effulsere. Si quid tamen veritatis tramite per negligentiam aliquid offenderunt, aut aberrarunt, ut adversus communem Ecclesiæ doctrinam quidpiam loquerentur, in his illos minime sequimur, nec ea tamen ratione ullum eorum Patris honore atque gloria abdicamus.

XXII. Deficiet me dies percensentem viros, quos Patrum quidem honore honestamus, nec tamen illis, in quibus a veritate deviarunt, auscultamus. Sic itaque etiamsi qui præter Dominicam vocem cunctos docentem mysteria dixisse videantur, Spiritum a Filio procedere; novitatem quidem, ut quæ Dominicam corrumpat vocem ejusque depravatio exsistat, aversamur; illius tamen parentem, qui maxime sileat, nec etiam præsens causam agere possit aut contradicere, nequaquam damnamus. Cum enim qui humanis rebus substractus est, non sit, nec ipse per se, nec per alios qui ejus tuendi partes munusque susceperint, nullus quidem sanae mentis actorem in eum agere velit. Nullo vero auctore, nec sententia erit damnati criminis. Nulla autem damnationis sententia, qui cum incessere audeat qui hos omnes casus excesserit, non magis in illum, quam in caput ipse suum contumeliam vertit.

XXIII. Verum, aiunt, dixerunt Patres Spiritum a Filio procedere? At pauci numero : plures vero dicere non sustinuerunt : dixerunt Patres quorum facile numerum ineas : etenim sanctarum synodorum decreta eos respuerunt, qui praeter Dominicam vocem locuti essent. Dixerunt Patres; sed quid opus de illorum numero, qui dixerunt, anxius sermonem trahere ? Nec si creatura universa unam misisset vocem, nemo tamen Conditoris ac Opificis relicta sacratiore doctrina ac initiatione, creaturae adversa Creatori loquenti, animum attenderet, aut Creatoris ac Opificis violatis legibus, creaturae legibus se submitteret.

XXIV. Patres quaeris tuae sententiae fautores? Ipsum Dominum habes, universalium synodorum suffragia; divinorum Patrum chorum, qui et numerum excedat : quorum doctrina imbuti , quos superius memoravi Romani antistites, ac per editam fidei sanctam regulam, trinae consubstantialitatis incorrupta accepta doctrina, cuncti per omnes Occidentis plagas eam tradiderunt : nec solum Leo sacer, qui in quarta et oecumenica sancta synodo celebris fuit, vel is etiam qui pari illi pietate, eodem etiam nomine fulsit; verumetiam Adrianus ille, qui eamdem apostolicam sedem rexit, in his quae ad sanctissimum ac beatissimum majorem patruum nostrum Tarasium rescripsit, aperte ac manifeste sentire noscitur, Spiritum sanctum a Patre, et non a Filio procedere.

XXV. Illud etiam haud mihi videtur omittendum, etsi omnibus pro temporis nuper propinquitate conspicuum; qui nostris temporibus legati, nedum semel, sed et tertio ex seniore Roma venerunt, cum de fide, ut par est, non cum illis sermonum contulissemus, ii nihil diversum autve dissonum a fide, quae per omnem terrarum orbem explicata est, aut dixerunt, aut sentire deprehensi sunt : quinimo clare nobiscum citraque omnem dubitationem Spiritum sanctum ex Patre procedere praedicaverunt. Quin et coacta synodo quorumdam ecclesiasticorum capitum causa, qui inde missi fuerant sancti Joannis papae vicarii, tanquam illo ipso praesente, ac una nobiscum rectam de Trinitate sententiam edente, fidei symbolum, quod omnium universalium synodorum calculo, consentanee voci Dominicae tum praedicatur, tum viget, tanquam eodem ipsi sensu eademque sententia, voce pariter et lingua, propriaeque manus subscriptione, firmaverunt.

XXVI. Haec cum ita se habeant, et Romana Ecclesia una cum aliis quatuor patriarchalibus sedibus eadem sentiat, eisque concors exsistat, quomodo qui Chamum aemulentur, Patrum suorum (ut vocant) turpitudinem detegere non verentur, omniumque oculis ipsos ridendos exponere? Decebat enim eos, siquidem Patrum quaerunt voces, ad synodica decreta recurrere; ad Romanorum antistitum voces mentem intendere ; ad reliquorum sanctorum divinorumque Patrum chorum confugere; non simul quosdam Patres facere, acerbeque illos criminari, tanquam adversus communem Dominum cervicem exseruerint, ac tum velut stylum ac indicem fideique regulam eos adhibere. Sed et illud eos advertere decebat, longe se graviore injuria afficere, quos Domino adversantes objiciant, non honorem habere quos Patrum titulo augeant. Enimvero vel si nihil illis curae est Patrum injuria, timenda tamen atque verenda, ei qui primus parricida fuit ac sceleris auctor, inflicta Dei calculo exsecratio ac sententia, nec aemulandum maledictum caput, aut magis detegendum, sed obtegendum, si quid in suis Patribus turpe deprehendissent atque verendum.

XXVII. Utinam vero nemo vel illius facinoris aemulus exsistat, vel reus maledictionis : quin propitius sit Christus Deus noster, his, quibus parricidarum illa injuria obrepsit, et qui adversus ipsius legem vocemque insurrexerunt : clementique sua bonitate ac misericordia ab errore reducat, et reconcilietur sic in illum injuria procacibus, praestetque ut emendari studeant, atque intra eorum allegat sortem, qui paternam obtexerunt turpitudinem : neminemque deinceps escam sinat fieri et praedam ferae, quae malorum auctor ac auspex est ; dum venerandum caput tuum, pro illorum salute certamina sustinet , et adversus communem humani generis hostem tropaea erigit; fructumque salutis eorum qui errore lapsi sunt Deo edit, eique affert, quibus et divinae charitatis erga nos amor inexstinguibilis inconcussusque consistat; in eodem Christo et Deo nostro, intercedentibus sanctissima Domina nostra Dei Genitrice, angelisque deiformibus ac sanctis omnibus. Amen.

PHOTII EPISTOLARUM LIBER SECUNDUS.

EPISTOLÆ AD EPISCOPOS, CLERICOS, MONACHOS, SANCTIMONIALES, PLERUMQUE FAMILIARES, COMMENDATITIÆ AUT CONSOLATORIÆ.

SERIES PRIMA. — AD EPISCOPOS.

EPISTOLA I.
Joanni metropolitæ Heracleæ.
Montacut. (ep. 9, p. 72).

Tuum ipsius deploras statum, nam ignoras nostrum. Quod si illa cognosceres, quæ nos patimur, et ad quæ certamina quotidie descendimus, opinor te nolle ulterius proprias tuas enumerare vel deplorare miserias. Fulminum certe sonos et tonitruum infaustos, dum majore cum horrore incutiantur, cum metu sufferre assuefacti sumus multo, quam olim, minore. Quid agendum igitur? Nihil certe aliud quam animosius colluctari cum iis quæ acciderunt : ut qui sciamus optime, quod sacra nobis et divina oracula suggerunt, non esse vitam hanc præsentem luxu transeundam, haud in illa corollas et præmia condonari, sed certamina, labores, colluctamenta subeunda ; retributionem, coronas, fruitionem inde exspectanda, unde etiam, id est de cœlo, per divinam misericordiam illa inveniemus.

EPIST. II.
Eustathio patriarchæ Antiocheno.
Montacut. (ep. 11, p. 73).

Viæ longitudo, et hostium metus, argumentum suppeditant laconismi. Et certe si hoc mutuo pacti fueramus, scutale epistolam expeditam traderet. Fertur sacerdotalem tuam perfectionem nos diligere, et conspectam cupere: noveris autem nos (nam quid hic opus contestatione ?) non minus, si non magis, hoc secundum Deum affectu detineri. Si verbis igitur comes adhæret veritas, nihil impedit, quominus qui se mutuo diligunt reipsa desiderium adimplere, alteri alterum patefieri, et inde resultante communi utilitate oblectari. Itinera quamvis longa, ubi alis amoris dilectio instruitur, et quamvis difficillima, expedite et leviter transmeantur. Quod cætera attinet, Patrum et fratrum optime, vale; scias nos tuam exspectare præsentiam, interim desiderii ardorem, spe futuræ consecutionis refocillemus. Vale.

Propria manu exarabatur.

EPIST. III.
Joanni metropolitæ Nicomediæ.
Montacut. (ep. 17, p. 77).

Nec illudere novi, nec ferre illudentes possum. Si tu homo antiqui adeo moris, et simplex fueris, ut cum simus affecti contumeliis, ejus sensu non tangi debere nos, opineris, haud æquum erat, ut tu nos læderes, eo fine quasi morum tuorum simplicitas culpam extenuaret, et leviorem redderet. Cum vero per illa, quæ ausus es facere, studiose id egeris; ut sensum omnem a nobis suffurari posses, hac tua rusticitate duxisti ingestam nobis calumniam : nec resilire poteris ad illam quam in scenam producis nobis levitatem. Verumtamen ne non tam corrigendi, quam puniendi causa videar reprehensionem struere, cum justitiæ omnia scrutanti et pervidenti satisfecisse deprehenderis pro injuriis et contumeliis quibus sumus affecti, tum temet ego injuria me afficientem libens merito immunem dimittam a supplicio, hoc tantum commonefaciens, cujus oportet meminisse, nempe pœnam et supplicium te subterfugisse non propter morum tuorum vel sævitatem, vel malam consuetudinem, (unde fortassis, altum sapis,) sed per nostram, quibus insidiabaris, bonitatem, quippe qui simus Christi discipuli et sectatores.

EPIST. IV.
Ignatio Lophorum episcopo.
(Montacut. (ep. 23, p. 84).

Dolet tibi quod inhibeam tibi injuste agere ; at mihi magis juste dolere debet, quod non impediverim hæc ipsa exordiri. Sin dolorem meum occultum necesse est effari, quod ipse tibi causam exhibuerim, unde cum fieri volebas improbus, improbus revera esse possis, vides ut memetipsum auctorem tuis improbitatibus ascribam. Quid reris de me dicturi sunt alii, cum de tuis factis ringantur, neque habent elabendi facultatem ? quomodo laturum illorum afflictiones, quarum tu es architectus, communem Dominum reris ? Annon infestum experiere, qui hominem evexerit dignitate eum, quem par erat cum infimis subditorum accenseri ? hoc modo me in te animatum puta : quod si non libenter et quantocius improbe agere desiveris, scito mihi incumbere necessitatem, ut te penitus a meiipsius et Ecclesiæ communione abscindam.

EPIST. V.
Georgio Nicomediæ metropolitæ.
Montacut. (ep. 24, p. 84).

Virum probum et honestum te prædicant, qui ad nos a vobis accedunt. Alii quidem cum admiratione gaudent ; ita enim interdum fit, ut sopito livore, non minus aliorum recte factis quam suismet ipsorum oblectantur homines. Ego mirari quidem mitto, tantum gaudeo. Neque enim te, qualis eras, ignorabam, nec dissimiles jam olim spes fovebam; quippe qui sacris Christianorum institutis episcopum ordinavi. Ad mirandum vero, arbitror, procederem, si quid accepissem fando immutatum de moribus, et mihi nota satis conditione, tuis. Quod si non subterfugere provinciam, in qua constitutus es, recte tecum statuas, desertionem ordinis existimans laudatam tibi olim tranquillitatem, notum tibi sit quod affectum istum cum gaudio, et magna etiam cum laude admirarer.

EPIST. VI.
Joanni Heracleensi metropolitæ, cum per Armeniam defectio agitaretur.
Montacut. (ep. 28, p. 87).

Mœrores insensatos enumeras in præsentium malorum diffusione, perinde ac si sensus voluntarie occluseras, neque animus' esset oculis usurpare. Universa pene Asia intestina concutitur seditione; civitates cum tota incolarum multitudine malo feruntur involuti, et suffocati undis. Qui ruinam hanc concepta spe suffulciturus credebatur, non modo nihil auxilii præstat, sed in præcipitium res deturbat, atque eam ob rem gloriose de se sentit. Exercituum ductores, omisso in hostes capessendorum armorum actu (nec refero quantopere in proprium ipsorum caput et imperium conjurent) in semet mutuo, barbarorum more, castra movent, nil leges Dei veriti, nil humanos reveriti mores. Quomodo putas, urbs, imperatores ipsi, etiam nos, si velis, afficimur hac tanta calamitate? Quod si commune hoc quiescat malum, omnino autem conquiescat (ita enim ut loquamur persuadet justitia), simul etiam evaniturae sunt, quae quemlibet privatim urgent calamitates; veterem vim et debitam obtinebunt leges; de iis qui injusti aliquid patrarunt, et injuste patrare volentibus, supplicium sumetur. Vale.

EPIST. VII.
Theodoro metropolitæ Laodiceæ.
Montacut. (ep. 40, p. 98).

Si stadium vita præsens fuerit, præmiorum, quae ventura est, politia erit. Noli mirari si justorum aliqui cum miseriis hic colluctentur: magis autem multo, si qui rentur idem esse tempus certaminum et locum coronarum, diem manifestationis et judicii tribunal.

EPIST. VIII.
Ignatio Lophorum episcopo.
Montacut. (ep. 69, p. 120).

Male te habet, deploras, sursum deorsum omnia misces, quod te tam cito, et tam vehementer (ut reris) sine respectu taxaverim. Ego te non minus incuso, qui te dignum dederis hisce reprehensionibus, et nos adegeris ut ad ista dicenda, præter consuetudinem, accederemus. Si autem revera percussus fueris, et profundius penetraverit reprehensionum cuspis, tute declarabis, dum illa averseris, quæ telum hoc a nobis extorscrunt. Ita plagam tibi ingestam, per Dei misericordiam, non modo persanaturi sumus, sed deinceps te ut membrum nostri corporis confovebimus.

EPIST. IX.
Theodoro metropolitæ Laodiceæ.
Montacut. (ep. 70, p. 120).

Occasio nunc, o amice, offertur, si ipse volueris, et noster filius exsistas, vel minime reformidare mortalium minas, dum immotum te præstes veritatis athletam, illustre laudum præconium de cœlo consequi, et victorem ibidem declarari: vel dum veritatem prodis, et proditor censeris, temporali et fluida voluptate et gloria frui.

EPIST. X.
Eidem.
Montacut. (ep. 71, p. 120).

Si finis doctrinæ et institutionis sit pudore suipsius teneri, extremæ fuerit ineruditionis necesse est, nullo aliorum pudore moveri. At gloriari de iis quæ occultanda potius fuerant, terminos excedit humanæ improbitatis.

EPIST. XI.
Theodoro metropolitæ Laodiceæ.
Montacut. (ep. 87, p. 132).

Quæ de te fando accepimus, si vera sunt, tardor quidem, et vix tu qualis sis, intellexi; sin falsa, quis fueras ab initio cognovi. In quantum ergo virum decet esse bonum et honestum, non malum et improbum, et me gaudere, non ægre ferre, quod te amicum mihi conciliavi; in tantum te oportet evitare illa, quæ rumor est te perpetrare; esto autem omnis hæc fama, precor, veritate destituta.

EPIST. XII.
Eulampio archiepiscopo et sceuophylaci.
Montacut. (ep. 95, p. 133).

Non possunt tenebræ una cum luce adesse, odit enim veritas congressum mendacii. Post tuum a nobis discessum, qui titulum mentitur affluit Emmanuel, qui ea nobis manifestavit quæ par et probabile fuit acturum illum, et quæ mores ipsius decebant.

EPIST. XIII.
Antonio Bosphori archiepiscopo.
Montacut. (ep. 96, p. 136)

Olim erat Axinus Scythicus pontus. Nam advenas intrantes, quod fando horribile, devorabant. Milesii vero in Euxinum transformarant per comitatem et civilitatem introductam, cicurata barbarica et bestiali consuetudine. In præsenti per te et tuos pro virtute susceptos labores et certamina et multiplicem Numinis cultum, non Euxinus sed et Eusebes, cum talis exsistat, nominatur. Quanto me gaudio, qua jucunditate, dum hoc ipsum scribo repletum arbitraris? Quod si Judæos qui inibi sunt captivos in Christi obedientiam duxeris, ab umbra et littera, quemadmodum scribis, in gratiam transtuleris, abstineo, et cum abundantia fovebo, maturos illosce optimæ spei fructus, quos continuo de temet ipso foveo.

EPIST. XIV.
Zachariæ Chalcedonis metropolitæ.
Montacut. (ep. 106, p. 151).

Si meum ignorem Zachariam, et meimet obliviscerer; sed ille mei (neque enim effari quid moderatius possum) ut videtur oblitus est : nec suspicetur me vulgi sermone, ab illa quam jam olim de eo fovi opinionem abstractum. At ille ibi valde timet ubi non tantum non est timor, sed nec timoris aliqua, ab iis qui me noverant, suspicio. Si enim diuturnum illud tempus in quo te a pueris cognovi, magnum, et cujus magna gloria, certamen pro nobis, aut Christo potius, susceptum, et in ipsius mandatis cursus, nondum de tua virtute me confirmatum reddidit, certe non video quomodo non, cum insipiente, iniquissimus videar; et qui metuerint, ne quid tale patiamur nos, eo quod ipsi nos non noverimus, satis justam habebunt causam, ut inter pessimos me recenseant. Sed tu hisce de rebus sis persuasissimus, et me cognoscas velim, sicut aliis notis, ita quod mentem aliorsum per alios pertrahi nolo : noli ergo ob nudam nec congruam satis suspicionem et me et te potius ipsum insigniter reos statuere ; sed et fratres etiam nostros, si quid humano more patiantur, tuis excitatos præeminentiis fraterne tolerato et sufferto, neque enim par est ut aliis succenseamus pro iis de quibus nobis agendæ sunt gratiæ ; nec e quibus demonstrari liquido poterit, nos obtinere principatum, tenemur ob illa succensere iis qui culpabiles sunt, ut sic irrationalem passionem in rationabilem apologiam commutemus. Sed et aliud e dictis te intelligere velim, hoc nempe, quod debemus nos qui validiores sumus, infirmitates infirmorum portare et sustinere. Imprimis per totæ vitæ cursum illius habeto curam, quod nihil indecore faciat cautus amor ; sedulo inquire quid sibi velit, Nihil facit indecore, (certe immensam et innarabilem utilitatis invenies profunditatem.) Nimirum quod non quærit quæ sua sunt, sed omnia tegit, sperat omnia, sublimia sunt ista onera sufferenda, emendatio semper et conversio in melius speranda est de proximo. Quid aliud vult Pauli sapientia, divitiæ, gratia? Charitas, inquit, nunquam excidit : beata plane vox, magis beatum os, sententia laudes et admirationem omnem excedens. Nunquam ait, excidit, licet tumultuentur alii, licet concertationibus gaudeant, licet primaria quærant, licet ipsos exstimulet invidia, licet manus injuste violentas injiciant, licet susque habeant deque ; nunquam charitas de sua statione dejicitur, nec deficit a virtute, non desperat, non aversatur dolentes ; semper occasiones quærit, semper omnem movet lapidem, omnem init methodum ut extra se desultores in proprium conjunctionis et unionis pratum reducat. Hæc, o fili mi, in Christo meditare, et hisce te conforma, tibi concinens. Certe bene noris quod nihil his panariis magis utile reperire poteris : cæterum vale, et precibus nostram mediocritatem commendatam habe.

EPIST. XV.
Eidem.
Montacut. (ep. 107, p. 152).

Gratia Christo vero Deo nostro qui in omnibus nos consolatur, qui naturas generosas si vel aliquatenus ab innata virtute exorbitent, potestate donat, ut quantocius suum lapsum intelligant, et ad suam nobilitatem et dignitatem regrediantur ; qui etiam nunc, non mearum rationum et orationum, ut tute putes, vi et admonitione, gratiam largitus est, ut viles et humiles cum despectu habitas cogitationes abjicias, sed facultate et robore tuæ ipsius quam possides magnanimitatis. Si autem innata et apposita propriæ voluntatis amplitudo quæ optima est, et cæteræ tuæ conversationis, sine difficultate reduxit, utcunque rerum contingentium occasio, multiplici me alea jactatum turbaverit, tu tamen usque in immotæ amicitiæ institutione solidatus persistes. Vale, mi fili sacratissime.

EPIST. XVI.
Gregorio Syracusæ archiepisc.
Montacut. (ep. 111, p. 154).

Quæcunque archiepiscopalis tua sanctitas ad constitutionem Dei Ecclesiæ operatur, ab ipso principio mea mediocritas tecum in iis conspirat : ut frequentius tibi in memoriam revocare non sit opus ; nunc temporis præcipue, cum voce quacunque clarius et consummatius nos id doceant quæ mutuo nobis contigerunt, ac utriusque statum æqualem, eumdem animum, cogitationes easdem suggerant, communis nostra in Christo causa, persecutio, communes passiones, ineffabiles quibus meremur conflictari propter observationem, et custodiam mandatorum Domini nostri. Intende autem porro, et recto tramite incedito, manus imponens, sacra peragens, Christi gregem multiplicans et adaugens, templa veneranda construens et dedicans ; præcipue cum tempora sint ejusmodi, in quibus sacerdotes et sacerdotium, magnam partem, miserandum in modum silentio obruuntur, et ex hominibus eliminantur ; cum templa passim desolata jaceant, et demolita sint aut expilata, pro illo ordine et pulchritudine qua prius Romana respublica florebat, et Christianismus tantum non ex imis subruitur fundamentis. Ingemiscere ad hæc, pro meritis quis alius suffecerit quam Jeremias, qui propriis suis lessis et lamentis, tantæ vastitatis et desolationis magnitudinem et exprimere possit, et tragice deplorare? sed hæc silentio pressa exclamant tamen. Tu cætera vale, et pro mea mediocritate apud Deum precibus intercede.

EPIST. XVII.
Ignatio metrop. Claudiopolitano.
Montacut. (ep. 115, p. 156).

Erat olim terribile anathema, et fugiendum ;

nempe cum a veritatis præconibus, contra reos et improbos ferebatur. Ex quo vero audax et impudens alastorum quorumdam vesania, contra leges omnes divinas et humanas; contra omnem rationem Græcam, barbaram, ipsorum anathema in propugnatores orthodoxæ pietatis jaciat insolenter, et furores barbaricos, ecclesiasticas transgressiones magna contentione habendas contendunt; e vestigio illud formidandum, et omnium suppliciorum extremum, in fabulam et ludibrium evasit: potius viri pii illud exoptaverint; non enim sententia per audacissimos veritatis hostes lata pœnas saltem ecclesiasticas formidabiles facit, sed reatus eorum in quos intorqueantur. Quod si innocens quis fuerit, ridendas illorum pœnas propinat, et in ipsorumem judicium mutat, illi autem quem multarunt coronam immarcescibilem, et immortalem gloriam pro suppliciis procurat. Quocirca quisque pius et sanctus vir mille modis optaverit, potius ab iis qui a Christo alieni sunt contumeliis affici, et anathemate feriri, quam cum splendore et applausu de ipsorum impietatibus participare, qui Christo odiosi, et Deo invisi sunt.

EPIST. XVIII.
Michaeli Mitylenes metropolitæ.
Montacut. (ep. 116, p. 157).

Quemadmodum discipulos Domini nostri Judæorum Christiosorum synedrium e synagogis ejicientes, illos eo facto, magis magistro et Domino dedere copulatos, at seipsos penitus a cœlesti mystagogia et regno cœlorum alienos reddidere. Ad eumdem modum et nunc Judæorum imitatores apostolorum zelotas nos e synagogis ejicientes, eo facto divinis illis, et Verbi incarnati spectatoribus nos magis conjunctos adunierunt; siquidem communes passiones, exactissimam vitæ et fidei conjunctionem operantur; semet autem ipsos ab eorum doctrina, et orthodoxa nostra fide, miserum et miserandum in modum absciderunt; et cum separati sunt omnino a Christianorum nomine et politia, in Judæorum quos zelo imitantur, oppositionem contra Christum, et homicidii pollutionem abrepti exciderunt.

EPIST. XIX.
Euschemoni et Georgio metrop.
Montacut. (ep. 126, p. 166).

Non despondeo animum, dum intueor tempestatem malorum, et tyrannidis intensionem; audio enim vos per fidem in Deo certam, et pietatem efflorescentes et vernantes: imo lætitia afficior eo quod illorum summa impudentia, qui dedecus vobis et turpitudinem volebant affricare, vos et pulchriores reddidit, et probatiores. Sed, o vos amici, filii, fratres, et si quid nomen filiali amore et naturali affectione magis familiare sit, usque ad finem consummatum in Deum hunc animum et affectum conservemus: et quemadmodum Jobus ille generosus, ipsorum ducem diabolum, per stupendam illam patientiam et fortitudinem triumpho duxit, ita vos ut Christi populus ille sanctus, regaleque sacerdotium, ut et olim, ita etiamnum istosce illius germanos primipilares discipulos, cum lessis et lamentis, nec quo se conferant scientes, publice spectandos exhibebimus. Nam quod vos probe nostis æque atque ego, brabia et coronæ exspectant eos, qui usque ad finem decertant.

EPIST. XX.
Theodoro metropol. Laodiceæ.
Montacut. (ep. 140, p. 198).

Scio plurimos fidelium ita affectos esse, ut occasionem omnem quærant, qua possint propriæ virtutis illustre quoddam specimen exhibere; et martyres felices prædicare, quod barbaram tyrannorum crudelitatem nacti fuerant, qua possint in æternum, suam ipsorum animi magnitudinem quasi columnæ insculptam stabilire. Sane adest hæc ipsa occasio, vel major potius, quam speraret etiam valentissimus. Confido, autem quod qui contra tuam generositatem insurrexit, ultimam, maximam, et perpetuo memorandam confusionem incurret, in opprobrium propriæ cum infirmitatis tum audaciæ. Ita ut immota tua formidine perculsus, ulterius aliquid attentare cessabit. Ita per hanc unicam concertationem, duo egregia consequere trophæa, cum ut victor proclamare, tum ut fratribus malorum impendentium gravitate, et labores multos, propriis tuis certaminibus allevies.

EPIST. XXI.
Eidem.
Montacut. (ep. 141, p. 199).

Generosos plane stadium exspectat: nemo feminea teneritudine emollitus, introeat. Quod si quis sit qui exsilierit, recedat quantocius; vel a sua sententia, vel a colluctatione. Neque enim labores talibus congruunt. Sed neque ab auro onustis: nec ambitione inflatis. Omnino qui corporeis voluptatibus inhiat, ut mihi stat sententia, ne se componat ad certamen: velim ego longe removeri, si non præveniat is, et impleat votum meum.

EPIST. XXII.
Euthymio Catanensi metropol.
Montacut. (ep. 148, p. 205).

Esse mihi otium, ut res tuas enarrem, opto; at ne eas intelligam præveniendo cavisti. Quid causaris ergo, quod quæ non sperabam, audiam; et quod silentio texerimus, quæ libens fando non acciperem? Quod si autem, quia fando necessario accepi, dignus sum cui dicam scribatur contemptæ amicitiæ. Quid et illi faciant, qui talia faciunt, quæ et amicos libertate privent pro ipsis dicendi, et malevolas linguas non tantum in ipsos, sed in eos etiam quibus olim utebantur familiariter, exacuunt. Quid ergo faciendum? Hoc ad te spectat (o quo te nomine compellem!) et, mihi libertatem condonare, si id placuerit, satis abunde jam olim habui; et ut nihil de te audiam quod minime placet ; sed tu ad priorem constitutionem revolvendo, eorum ora qui te nunc lacerant, obturabis.

EPIST. XXIII.
Georgio metropolitæ Nicomediensi.
Montacut. (ep. 169, p. 243).

Utinam ex æquo verbis tuis opera mea responderent, non ut Acestoridum gloria, Galenus et Hippocrates, ut tute me encomiis ornans scribis, mihi cedentes primas darent nec ut ingens illud Asclepiadarum nomen nostro nomine obrueretur, sed ut præstetur, licet non ad aliud quidpiam, saltem hac in parte exiguum quid quoad corporis passiones amicis et synathletis auxilium.

EPIST. XXIV.
Theodoro metropolitæ Laodiceno.
Montacut. (ep. 171, p. 244).

Aratro, quod proverbiis usurpatur, jacularis, qui cum debeas pœnitere, audaciam urges. Nec enim pœnitentis, sed insanientis est sibimet permittere errorum condonationem. Quod si tibi videro delirare, in te proverbium quod non ita dudum sæpe jactatum quadravit : Mus scilicet picem gustavit.

EPIST. XXV.
Euschemoni Cæsareæ archiepiscopo.
Montacut. (ep. 173, p. 245).

Mirum non est, si justis hominibus plerique omnes haud plane delectantur. Illud autem mirandum magis, si tanquam in conspectu justitiæ, omnes et singuli vitæ cursum instituant. Mihi sufficit si plusculi sint; ut certe pauci sunt tales, qui justitiam consectantur. Partem sane non magnam ad justitiam colendam propensos video, multitudinem ad se rapit injustitia. Hæc ita se habere, quid tute hæsitas, qui cum juste justitiam cui debetur administras, ab illis quibus justum quod est, odiosum est, pariter reportas contumeliam. Omnino te decuit contrario modo affectum esse, torvo vultu eos intueri, et id agere sedulo ut solamen invenias illius quod te contristatum reddet, si modo hostes qui se justos profitentur, linguam tibi amicam largiri vellent.

EPIST. XXVI.
Paulo Cæsareæ archiepiscopo lapso.
Montacut. (ep. 175, p. 262)

Arcadiam me flagitas, quispiam diceret, nec injuria, proverbialiter. Ego autem exhibeo, sed non e plaustro, nec a Scythis mutuatum verbum, sed quale amet charitas. Improbus exstitisti erga amicos, divinæ legis proditor, hostis propriæ confessionis : et tamen rogitas cur te ut improbum diffugiunt homines, nec congressu suo communi dignantur? Nimirum ideo (o quo te titulo jure designem !) quod terribile arbitrantur, vel per *salve* communionem habere cum operibus tuis impiis.

[1] Psal. xxxvi, 35.

EPIST. XXVII.
Zachariæ metropol. Chalcedonis.
Montacut. (ep. 179, p. 267).

Misi tibi amaram potionem, præparatione confectioneque novam, stomacho inservientem roborando, ab eadem arte qua prius profectam, sed tempore antiquiorem. Horum medicamentorum prius mane recipies cum tertia parte ejus quod una mittitur, sumatur in aqua tepida aut melicrato, prout alterutrum magis ferre possis : et post amari illius medicamenti potionem, sumas alterum licet per mensem integrum continuatum, usque ad nucis Ponticæ quantitatem, ternis porro bolis distributum sumito. Illam ante solis exortum, alteram ad occasum solis post cœnam, stomachi cachexiam ita in melius reformabis, et aurium dolorem sedabis. Non possum tibi promittere totalem sanationem : nam morbi inveterati vix ad tempus breve sanantur. Atque ut alibi, ita imprimis in promissionibus medicamentalibus id quod turgescit reprobandum : sed divino facile aspirante auxilio mitigatum magis statum consequeris et habitudinem.

EPIST. XXVIII.
Eulampio archiepiscopo et sceuophylaci.
Montacut. (ep. 184, p 273).

Adversatur virtuti improbitas, nec in amicitiam coalescent aliquando : utraque proprium subjectum habet, et amplectitur cui innititur : fieri non potest ut, subjectis pugnantibus, ea quæ incubant, inducias agant : si hoc ita se habet mirari noli, si is, qui minister est impietatis, bellum iis denuntiat cum magno statu, qui virtutem ipsi ex adverso constitutam repræsentant.

EPIST. XXIX.
Euschemoni archiepiscopo Cæsareæ.
Montacut. (ep. 186, p. 274).

Improbitas (neque hoc videatur tibi paradoxum quid, cum satis testetur verum quotidiana per vitam experientia) si non velo virtutis oppanso veletur, quantocius dissipatur. Noli quocirca despondere animum, si quod dici solet, aperte et nudato capite, audaciam illam videas insolescentem, et in conspectu contra omnes non erubescente vultu lascivientem. Tempus breve interveniet, cum illam videbis cum ingenti sonitu in perniciem præcipitatam. Atque hic mihi consentientem Prophetam habes. *Vidi*, aiebat ille, *impium in sublimi exaltatum, et tanquam e cedris Libani elatum ; præteribam vero, et ecce non erat : quærebam eum, et non est inventus locus ejus* [1].

EPIST. XXX.
Zachariæ metropolitæ Antiocneno.
Montacut. (ep. 191, p. 289).

Beatus et divinus Paulus, gentium apostolus, mundi doctor, qui totos terræ angulos prædicando circumiit : ille cœlesti magisterio edoctus, et inenarrabilium sermonum princeps, humanas aures audientes habens, multis in locis discipulos a conversatione impiorum excludens, non tantum versatus est ipse cum ejuscemodi, sed et *sine lege exsistentibus velut exlex convixit* [1]. Quid autem? An ut ipse libenter ageret, quod reliquis non permisit? an discipulorum securitati ut provideret, ipse sibi damnum creavit? an oblitus eorum quæ suggesserat, aliis contraria obivit? absit! utrumque optime noverat, se perfectionem assecutum immobilem ad malum, aliorum imperfectiones et quam labiles ad deteriora: horum conscius et intelligens, discipulis inhibuit congressum et conversationem cum improbis, præcidens nempe damna et amoliens exinde futura: seipsum medius intulit, sub eodem sæpe tecto cum iis, et eadem mensa familiarius versatus: neque enim maculam ab iis metuebat: imo communicaturum se confidens de puritate sua: atque ita contrariis viis ad eumdem finem contendebat Paulus, nec declinavit convictum improbe viventium, ob correctionem secum versantium, paria admittere non sinens discipulos, ne boni mores malis conversationibus corrumperentur. Quo spectat, quid vult sibi hæc oratio? certe solvit a vestra perfectione quæstionem propositam. Nam ut imperfecti facultatem non habebant libere cum improbis miscendi se: at Paulus faciens quod prohibebat, et quod facere cernebatur, ut lucrifaceret eo, quod aliis damnum crearet: ita oportet et de trienni exploratione statuere, quam statuit exacta disciplina erga monasticam professionem facturos: multos, utpote purificatione indigentes, melius est subire illam explorationem; at qui se prius purgantes vitam ineunt philosophicam, non necesse habent præcise illud tempus observare: quemadmodum in iis qui hanc vitam instituunt, multa et magna differentia invenitur, et diversa eapropter exploratio conceditur: ita et quod eos tangit, qui præponuntur, et informationi aliorum præficiuntur, non eadem prudentia aut facultas erudiendi ostendatur: quocirca præstaret ut simpliciores, nihil a suo ingenio faciant, sed omnia agant, canonis judicium intuentes et eo collimantes: præpositi vero, qui, vel per rerum humanarum experientiam et exercitium, vel per gratiam et adjutorium cœleste, satis instructi sunt ad discernendum affectus et dispositiones admittendorum, iis, ut mea fert sententia, non est opus ut triennii terminus præcise expleatur injunctus, nec a regula deficiet multum, qui sic judicaverit, judicii et conscientiæ cujusque calculus et discretio, in iis qui omnia ad salutem administrare volunt et gratiam de cœlo insuper ac sapientiam acceperunt ab experientia: et quid imprimis causæ mutationi favet, et veniam meretur, hujus temporis necessitate constringantur, in quo *volucres et vulpes*, si vis lupi, dracones, pardales, et, ut verbo dicam, belluinis moribus homines præditi, illustres et amplas domos incolunt, et licentiam sibi assumunt, quidquid placuerit agendi: discipuli vero et imitatores Filii hominis *non habeant ubi reclinent capita* [2], nec ullius rei usum liberum, sine quo vita non est vitalis. Is qui rebus necessariis privatur, qui nec libere aerem spirare permittitur, quomodo ad integrum triennium, virtutem addiscere volentes præstruet, et exercitium illis describet asceticæ futuræ? sufficit vel quocunque modo de nequitia multiplici extractum vitæ philosophicæ copulare. Ubi erit illud phrontisterium, in quo per triennium quis versari possit, cum passim diffusa sit persecutio: cum nec in montibus, speluncis, terræ foraminibus sine vexatione vivere piis permittatur? Ubi ordo et obsequium, quibus monachi labores asceticos subeunt, cum torrente malorum tam ingenti omnia corripiantur? Rebus sane ad voluntatem fluentibus, nec aliqua urgente necessitate, exactam disciplinam impediente, præstaret, opinor, formam præscriptam cuicunque observare: sed cum in proverbio est: *Retro flumina, omnia subversa sint*, melius fuerit, in quantum est possibile, et in quantum res patitur, salutem quovis modo procurare, quam nudo nomini exactæ disciplinæ adhærendo, proditores animarum humanarum, et malos dispensatores prodire: quocirca archiepiscopalis vestra perfectio cum sufficiat judicare quæ conveniunt, et tempestates istas consideret omnia contra accuratiorem promoventes, omnino ad tuum judicium rem integram deferendam sentio, ut ea facias potestatem sanctificando, quæ conscientia tibi pura, aut potius Spiritus gratia per immaculatam conscientiam operata suggesserit.

EPIST. XXXI.

Theodoro metropolitæ Laodicensi.

Montacut. (ep. 194, p. 293).

Meditatio mater est operationis rectæ, impetus improvisus cum peccato hæret. Quocirca neglecto consilio non oportet in illud procurrere, unde, præterquam quod nihil eorum perficiemus, quæ studiose sategimus, insipientiæ culpam incurrisse videbimur.

EPIST. XXXII.

Amphilochio metropolitæ Cyzici.

Montacut. (ep. 198, p. 293).

Justa persuasio non tam procedit a dicentis facultate, quam dispositione audientis. Nolo risum movere indocilem informans, si non persuasero, sed indoctis, utinam risum tantummodo incurrat, et non in futuro supremo supplicio luat!

EPIST. XXXIII.

Georgio metropolitæ Nicomediæ.

Montacut. (ep. 199, p. 293).

Si patet illud, quod si quis consilium dat, ut gloriam venetur, reprehensione acerbiore dignus: sed quod quis pro consilio dato male audiat, et de-

---

[1] I Cor. ix, 21. [2] Matth. viii, 20.

ridetur, nec novum, nec inexspectatum est. Quocirca mirari desine, si Petronius admonitus asperioribus verbis tuam perfectionem excepit : sed noli tu idcirco exhortationem debitam, vel erga illum, vel alium omittere. Ita enim videbimur nos ipsi, priusquam illi id faciant, dignos exhibere reprehensione, et incusationem ipsorum alias minime rationabilem in rationabilem transformare.

EPIST. XXXIV.

Georgio metropolitano Nicomediæ cujus clericus peregre diem clauserat extremam, post ordinationem ipsius ad presbyteratum.

Montacut. (ep. 201, p. 294).

Cupiebam ab accepto amaro nuntio, quod utinam in meas aures non venisset, consulentibus verbis dolorem tuum mitigare, et quibus possem solatiis afflictionem tuam lenire. At cum iisdem ego ipse hebetior essem redditus malis nec aliorum tristitias auferendo, cum ipse meis solatium reperire nequirem : ita enim tam mecum erat revera, ne quid gravius dicam : nec vereor ne fides mihi non adhibeatur, qui veritatem dico : certe excruciabar doloribus : et animo male affectus eram. Cumque sero ac vix tandem ad animum redieram, illud imprimis cogitabam : adhuc superstes est archiepiscopalis et sancta illa manus (et diu adhuc supersit precor, quæ tales nobis defingit et efformat sacerdotes rerum administros sacrarum) magis memetipsum recollegi, nec ulterius graviter patiebar, et ad eamdem mecum dispositionem perfectionem vestram volui deducere : ubi tamen absurdi quid mihi occurrebat : tamen nescio quid novi passus sum : membrum divulsum abstrahitur ; sed Deo dicatur, et nos qui per Deum divitiis illis abundavimus, illi primitias offerre debebamus : antiqua lex hæc obtinet, ut rerum pretiosarum primitias datori et communi Domino offeramus : germen præclarum, et fructus ferens maturos diffractum est : sed manet radix, germinabit denuo non inferiora : si is qui ablatus est mœrore afficiat, progerminet alios, ut ne ita demum tristitia percellatur, si ramos quosdam ad se transferat hortulanus ; sed per reliquorum oblectationem ablati sensum absconditum voluit. Abiit præclara et admirabilis virtutis imago ; sed idem pictor manum adhuc exercere potest, et qui præclaras ejus dotes diligebat, proculdubio plures tales imagines describet. At mihi quidem mali medicinam facit istud ; puto quemlibet religiosum prudenter sumpturum : sed Ecclesiæ corpus, ad quod vocati sumus, non opinor, ipse justificabis, non esse tibi compassionis solatium archipræsuli. Nam quid est ? ante tempus auferebatur : et quis, quæso, melius de temporibus judicare, et eadem observare novit, quam is, qui secundum rationem et ordinem disposuit omnia ? Sed raptus est in ætate vigente, et qui tales exsistunt, certamina subeunt viriliter : verum ad senectutem usque protendi interruptionem plerumque fortitudinis operatur. Ad virtutem nobiscum concurrebat : non oportet invidere, si stadium suum prior confecerit. At solamen erat urgentium afflictionum : sed nec omnes secum abstulit consolationis modos : imo plures nunc præstat, et quidem primo per generosas vitæ actiones : secundo per intercessionem apud Deum ; utpote jam vicinior ei factus, et cœleste adjumentum in partes assumens, cum ad succurrendum, tum ad vindicandum. Silent labra : clamant actiones. Lingua tacet, sed contra legum violatores ejus redargutiones ipsorum consilia perpetuo flagellant, et religiosum quemlibet ad oblectationem excitant et fortitudinem. Quid tandem ? in persecutione, afflictione, miseria, vitam clausit. At hæc me summopere consolantur. Non enim deliciis affluere illum decuit, qui ad regnum cœlorum anhelabat, et illam ibi adire hæreditatem voluit : luctatorem quiescere non decebat : nec certamini destinatum in umbraculis arborum paradisi recubare, ac dulcem somnum capere : sed inter certamina, per tribulationes, inter persequentium gladios explorari decuit : et sic approbari ab agonotheta, sudore madentem e colluctatione, et sic de cursu, laboribus anhelum, felicem prædicari : id quod ego coronis prætulerim : nam coronæ donantur ab athlotheta : hæc certantis labores clamant et lemniscos : inter medias et illas extremas persecutiones, abivit ad coronatorem. Quorsum enim in infinitam agonistam durare oportuit, ac non statim potius illa consequi propter ea quæ pertulit, et sic obduravit : hostium sane vota mihi istud narras, non pavidam amicorum curam, nec toleratorum commiserationem. Ab oculis omnium abiit publicus Ecclesiæ filius : præclarus ille Dei, et noster homo : sed in cœlos, ad communem Dominum abiit, sed choros cum angelis concelebraturus, sed sacerdos. Ego autem quantum in hoc uno solatii adinveni ! Ita enim par fuit ut sacerdos Deo offerretur, primitiarum loco, divinis legibus, pro Dei gloria passus persecutiones : sacerdos autem is, qui cum multa libertate profanis hominibus os obstruere potest, et frenum injicere linguis meditantium vana : sacerdos, velint nolint profani. Quid ulterius ? Virtute florebat undique. Quocirca citius hinc abivit ad immarcescibilem paradisi politiam, ut ne quid illi a rectis factis deflorescet : si enim denuo sit a sordibus purus, ne quidem si vel unius diei spatium vinceret, certe qui *diaulum* vitæ quantocius excessit, plurimas ille sordes abluit. Pietatis erat commune quoddam stabilimentum : præclaram ipsis regulam, et formam reliquit, qui in patiendo pro pietate excessit e vita. Ecclesiæ illius, pro qua certavit, restitutionem non vidit : quocirca, impermistam laborum mercedem in cœlis habet Nam si oblectamentum laborum hic perceperat, privaretur beatitudinis ibidem retributione : oculis sensitivis restaurationem non vidit : sed intellectus oculis nunc intuetur ; utpote Deo vicinior factus, eo properare et illis conducet, qui adhuc versantur in sensibilibus. Corpus sepulcrum continet, thalami autem coelestes animam, pulverem habet terra, spiritum vero sinus Abrahae : privabatur amicis, reperit meliores, et quos dereliquit, haud diu erit cum rursus inveniet, si permanserint, statu quo, amici Dei : hostium insidias evasit sensibilium, intellectualium, apertas, occultas, internas, externas, manifestas et clancularias. Vidit hic, sed ut in speculo (quod et ego per somnia a Deo immissa video), quae cupiebat, et continue anhelabat, quibus animae dedit alas, ad quae licet tabernaculo praegravatus ferebatur. Vidit Regem annuentem, angelos claritate conspicuos administros vocationis, sacrum illum, profanis intactum, et invisibilem locum, inexplicabilem gloriam et oblectationem interminabilem, quo transferebatur. Haec est dulcedinis fruitio, et visionis illius ante fruitionem : certe, excessus felix et admirandus, non lacrymis decorandus, sed aemulatione operandus, non lugendus. Illustri modo tumulatus coelestes sedes ascendit, cum lampade clara, non oleo tantum illuminata, sed certaminis sudoribus diffluente, non sola virginitate exculta, sed sacerdotali dignitate quoque diffusa ; nec istis solis, sed et aliis virtutibus unde abundantia perennis effuso lumine dilatatur : haec sunt illa, quae animum meum reficiunt ; haec quae consolantur : imo potius hinc initio consolationis derivato, ad spiritualem referatur oblectationem exaltationemque. Haec et tuam archiepiscopalem perfectionem solentur : haec in gaudii et consolationis argumentum cedant, eoque magis quod tuae disciplinae curae et instructioni translati hinc illius res praeclare olim gestae ascribi debeant.

EPIST. XXXV.
Euschemoni Caesareae archiepiscopo.
Montacut. (ep. 202, p. 299).

Suscepit quidam prophetam, aut justorum aliquem, eo quod multos illum admirationi habentes observat, qui ex illa sua admiratione, gloriam non mediocrem venabantur. Alius spem concipit, quod e tali susceptione, eximia divitiarum affluentium copia abundabit : vel statum aliquem bonum corporalem consequetur. At nemo plane istorum, vel *prophetae mercedem* consequetur, vel *justi viri retributionem*. Quis autem recepturus eam est ? Is nimirum, qui, quod Dei servus, et propheta quis exsistat (hoc enim vult illud, *In nomine prophetae, in nomine justi*), et non cauponando, vel commodum captando recipit, et quo potest obsequio eam demeretur, e pura conscientia et honesto animo. Certe, dignus omnino talis divina retributione, et redhostimento. Illud porro, *Mercedem justi, mercedem prophetae recipiet* [a], duplicem habet sententiam : vel enim sincerae hospitalitatis et purae mercedem illi recipient, certo certius, qui prophetam vel justum recipiunt : nec honore illo privari possunt, qui dignos se per res a se gestas praestiterunt ; vel quod illam non recipient simpliciter mercedem hospitalitatis, sed similem aut aequalem justis et prophetis. Magnum quid hospitalitas est : magnam conducet mercedem, imprimis, si honesti et legem Dei sectantes recipiantur. Hanc tu rationem si recte institueris, ac propter nomen ac titulum servorum Dei, non ob aliam ullam causam hospitio susceperis, oraculi Evangelici mentem tenebis, unde commodum percipies : felix omnium magis illa beatitudo, quam quae verbis poterit ullis explicari.

EPIST. XXXVI.
Paulo metropolitae Laodiceae.
Montacut. (ep. 206, p. 304).

Defatigatus sum serenos dies numerando, dum tuum adventum exspectem : sed sudum, ut videtur, tempestas tibi fuit : quem ergo terminum sortientur tempestates tuae ?

EPIST. XXXVII.
Paulo metropolitae Laodiceae.
Montacut. (ep. 215, p. 317).

Si hiems non erat, de qua dicebat Servator, *Orate, ne fuga vestra per hiemem fiat* [b], verborum in te hiemem concitarem : Non novi ego, dicam more minime amici, tam longinquam peregrinationem, quae propius accedat, ad antiqui illius corvi fugam incusare. Sin alae tibi adsint castae, purae et velocis columbae, sartum tectum amorem habeo, hiems plane nihili est, nec quid aliud grave : sin collisionem et anfractionem, quod non puto, illud perpeti, necesse est deorsum ut consistas, donec alae excreverint, et ne ad nos advoles, ne per sudum quidem. Sed valeas, Dei amorem magis adhuc magisque adurgendo, potius quam ut alae quae ab initio optime excreverant per socordiam collisae diffringantur.

EPIST. XXXVIII.
Paulo Laodicensi metropolitae.
Montacut. (ep. 220, p. 328).

Nec benefacere dictis improbos scio, licet (ut tute affirmas) qui magis philosophice rem complecteris in aliis : neque soloecismum admittentibus (nunc enim, si alias, occasio jocandi ministratur) mihi in more ponitur obtemperare : quandiu grati exsistant, qui sunt tam perverse affecti, ut et male productis verbis orationem laedant, ita ut linguam Graecam illiterati permutent, haud ego libenter admittam eos novorum rhetoricae mysteriorum epoptas. Tu igitur linguam tuam Atticismorum meditationibus, amicus autem tuus bonae dispositionis mysteriis, ubi animum purgaveritis, cum bono Deo consequemini id quod concupiscitis.

EPIST. XXXIX.
Zachariae metropolitae Chalcedonis.
Montacut. (ep. 221, p. 329.)

Dicam nobis inscribis, quam si alius inscripserat,

---
[a] Matth. x, 41.   [b] Marc. xiii, 18.

de lite injuste intentata illum non immerito accusares; et apologiam scribis dicæ, cum te nemo accuset; certe venia quam longissime ab accusatione distinguitur : non potest misericordiam expetere, qui rationem exigit acceptæ injuriæ, nisi prius reatum contraxerat. Tu apologiam contexendo, reum te prodis, et longissimæ rationis reddendæ debitorem. Omnino te non appellavi, apologiam nihilo moderatiorem Æsopi fabulis video : opinor haud deliqui, accusationem institutam video vehementiorem, quam illorum erat, qui in Socratem debacchabantur. Tu ergo aerem verberans pro teipso, concertas adversus me, cursu veloci, sed lubrico et incerto contendisti valide : laudationum siquidem excrescentia non modo nihil excusat contumelias in me jactas, sed accusationes institutas adauget. Concidunt coloni, nautæ, milites, caupones : si quis eorum lapsus ante veritatem amat, duci vel sacerdoti Dei appendat, aut cuicunque virtute præstanti viro, papæ, quam absurdum ille et machinator, et machinari convincitur : tu sic laudibus me in sublime efferens, in profundum mergis, causans me homines conviciis afficere et in eo malefacere, qui tamen extra culpam sum, qui innumeris calamitatibus, quod dolens dico, pro veritate exhaurior, qui omnium passiones gravitate vicerim, et ipsos inimicos mihi insultantes in misericordiam flexerim. Quis talibus, non dicam afflictiones excogitans, non valde inflectetur, si injustus, crudus, crudelis, barbarus non sit, si non omnem illi rationalem et humanum sensum potestas non exspectoravit? Ita sit, inquies, sed te oportuit me vocatum consolari : aut, saltem in secundis, si non illud, permittere ut avolem e vestigio. Horum neutrum cum succedat, cur non me summis malis immergat, et vivendi odium ac timorem faciat? Ast, o bone, tu et virtuose, si ignoras, quod me persequentium furor in me effunditur, si quas struunt ubique soli et sali insidias forte ad alios prætextus convertere possis orationem, quod tute tibi struere volueris, et non insinulare, cum quod diligar non redamem : at cum experientia hæc scias, et litteris ea tragice persequaris, tum demum causam sciscitari cur te non advocarim, nec annuerim ut accedas, cum id cuperes; non est hominis causam vere requirentis, sed veritatem ob oculos versantem negligentis et prætextus excogitantis, per quos non impudenter videaris me et de justa causa tractare. Sed scena et theatrum in nos commotum ita consedit : cætera quod attinet, sedulitatem video pueriliter libantem; dejectionem in risum versam lacrymas chorum comicum cantitantes : nam quæ contigerunt plangere, et ad passiones, morbos, fortunam referre animæ indicium est deplorantis, et sincere satagentis, ut labes contractas eluat : at affirmare, hunc deliquisse, alium eum defendere conantem, ne dicam : Quorsum te exagitas pro alio, quid res prosperæ illius te respiciunt, qui non relationem habet ad te? Permitte illum reatui suo : et si tibi torqueri, verberari, pati quæ dignum est eum pati, qui in te malitiam exercuit, et virtutem ipsam contumeliis affecit : ne aliquid hujusmodi proferam (in ludicris serio agendum non est), tamen congruum est, ut id omnes affirment, sapientiam illam decere, tales admittere apologias, quas suavis ille Aristophanes ut coryphæus texat. At enim non est hoc jucundum, utcunque per ipsas gratias Philistionem referat : illud autem summe delectabile ludentem contexere apologiam, tanquam in re valde seria et splendide justa : quin offerre juramentum, et sciscitari, an aliquis sit, qui cum unus captaverit, alium culpa teneri justum putet. Certe tuum hoc philosophice usurpatum, non modo sapientiam Aristophaneam, et universi poetici generis, artes et methodos novitate sua obscurat : quod si oblatum non esset juramentum, me in admiratione comicæ lusionis et dramatum sistere voluissem. Cum vero, quod non oportuit fieri, Deus jocis intermedius veniat, certe qui veritatem non vult dicere, reum te culpæ peractæ non peraget, sed nec omni culpa eximet; usquedum perspicue magis mentem tuam per verba tua intellexerit. Neminem olim, arbitror, similis jocandi modus reatu exemit, idque constanter ego affirmo, uti et neminem esse culpæ obnoxium propter jocandi usum, qui, cum alius revera peccaverit, mereatur pœnas subire, aut rationi reddendæ subjacere. Nec inter judices repertus est, qui absolverit eum cui talis scena obvenit, propterea quod doleat se peccasse : quin te rogo per justitiam ipsam, per sacra veritatis orgia, detrahe hanc scenam, rem ut est enuntia (certe magis mei interest quam aliorum hanc conditionem offerre), igitur dices juste reatu teneri illum qui, pro calumniis a se inflictis, tuam hanc in medium proferet accusationem; sed ne dixeris ita, licet ita dixeris. Hæc autem hactenus, ne videar adjuratus siluisse, et mendacium prætulisse veritati, et ut adhuc magis agnoscas quam jucunde nec perfunctorie epistolam tuam legerim, in qua grammaticalem tuam accurationem laudo, neutiquam hoc verbum dativo conjungendum, nisi ubi sensus syntaxin requirat circumlocutionis. Licebit ita cum dativo jungere, sermone docens, quod non ut te laudem, sed ut alium tua causa meliorem reddam. Et certe illud δίκην ὑφ' ἑτέρου εἰσπράττεται pro παρ' ἑτέρου, cavendum est dicere; barbara non dixero hujusmodi at barbarica, quæ epistolam, quod intelligere potes, alias scitulam adulterarunt. Sed hæc hactenus. Ego certe meum Zachariam non nunc primum incipio, Deus meliora, vel parcere, vel non ulterius punire desino, nec quod morbos et passiones decliment, fortunam, et calamitates, insidias et nequitias Phalaridis illis non minus tolerabiliores, sed animitus insidentem et antiquum affectum conservans, amicitiæque ergo meæ sinceræ et puræ non oblitus, et paterno more amplector, et sacro venerato foveo. Non quod tu scribis, errori pristino insultans, verum cum immotum permanentem diligam et in visceribus Christ recipiam cum gaudio accedentem, ita omnia pericula de sublimi despicio, nec tragicarum narrationum onus onustum, verum mentem propriam, et animam tenebrarum materiæ immersam, defæcatam, in quo stabilitas vitæ immobilis consistat, splendido cum apparatu hinc transmittendam optem, ad cœlestem coronam recipiendam.

EPIST. XL.
Paulo metropolitæ Laodiceæ.
Montacut. (ep. 222, p. 332).

Fugitivi, actionem illam aliquando vituperantes, una secum esse fugitivos induxere, illi non modo liberi sunt ab illa culpa, sed duplici se aut multiplici reatu prædicant teneri : Non enim communicatio injuriæ libertatem procurat eam auspicandi, sed imitatio male agentium in immensum acceptum crimen; nam desertor ordinis, fugitivus, princeps, et inducens alios est, et quod gravius est, eos qui illa patrare, priusquam captivarentur, dejerassent : videsis autem, videsis, inquam, quin videritis potius omnes (comitem enim, consilii, fugæ tuæ comitem socium adjungo discipulum) quid sis dicturus, cum ratio tui facti a te exigetur. Sed vale : nec deinceps fugitivi animum mentemque fove, nec alios una fugere allicito : et terribile judicium illud, ac indeclinabile, ultra comminationem non procedet.

EPIST. XLI.
Zachariæ metropolitæ Chalcedonis.
Montacut. (ep. 223, p. 333).

Inveni, opinor, sanguinis ablationem, licet per æstatem, tui corporis habitudini congruam. Quod quamvis sit contra opinionem medicorum qui nunc ubique abundant, non est paradoxum tamen. Nam ne alios ipsorum errores persequar, quibus hipparis habetur polygonum ; seselis, herculeum panaces, qui batrachion parvum chelidonium putant ; et pro peplio tithymallus habetur; quibus potamogiton est leimonium; et niger chamæleon tanquam albus; qui pro anemone proferunt argemonem ; apud quos infinitæ herbarum species et naturæ peregrinis subserviunt temporibus, usibus, nominibus : nam quæ jam dixi, præ manibus sunt, quæ sine quæstione certa debebant esse vel iis, qui a portu medicinam salutarunt. Quid mirum, si phlebotomia tibi conducens ab illis deputetur aliena ? Tu si consilium meum admiseris, cum bono Deo, illorum pudore, experientia profuturum invenies.

EPIST. XLII.
Michaeli Mitylenes metropolitæ.
Montacut. (ep. 225, p. 334).

Quæ tu passus es a persecutoribus, alii forte excedere solatium dicent, ego cum tua bona venia dixerim laude omni majora esse : opportune ergo considerandum est utrum inter eos velis esse qui miseratione, an felicitate excipiuntur. Si cum grato animo patiaris (scio quod sic patieris), optarim adhuc magis tuarum passionum et coronarum particeps fieri : sin, quod deprecor, nec efferam ; quia me ineptire persuasum habeo ; dicam communia denuo sint tua mecum certamina, remunerationesque. Vale.

EPIST. XLIII.
Michaeli metropolitæ Mitylenes.
Montacut. (ep. 227, p. 334).

Alius optaret tuarum coronarum participare; sed non tuas passiones, ac pro pietate certamina subire: mihi honorandæ sunt passiones tuæ, licet nemo manu extenta capiti meo coronam imponat. Virum tantopere æmulandum et felicem, tam illustrem et conspicuum in ipsis pathemasi despondere non decet animum. Rerum enim præsentium, licet legislatorum, prophetarum, regum piorum, virorum veritatis amantium acta, omnia omnino ora reticerent, ea est conditio, ut suam futilitatem tragice exponant : annon vides ut fluxu continuo et mutatione alterantur sine sensu, susque deque fertur gloria omnis, divitiæ, fortunæ, splendores, nec quidquam in rebus præsentibus, quod mentem sobriam alliciat aut ad se trahat? Quæ in cœlis sunt, cum omnem excedant explicationem, inalterabilia, nec fluxa sunt ; atque ita æternam præstant bonorum fruitionem iis qui merentur : ecquis est, cui oculi sunt aperti respectu stabilium illorum quæ sperantur ibi, cum malis præsentibus coincidet, quæ similia sunt insomniis dolorem inferentibus ? Quis in medio certaminum contristabitur, unde par est eum magnificari ? Quocirca, præstat, arbitror, et majori cum ratione conjunctum est, pejora pro insomniis habere vigilantem, vero bona ineffabilia et non diffundenda per fruitionem consequi, quam somniorum, exigua, temporalia, errantia, ludentia bona eligentem, malis interminabilibus permutare.

EPIST. XLIV.
Amphilochio Cyzici metropolitæ
Montacut. (ep. 207, p. 304).

Cæteri Platonis sermones gnomones quidam sunt politici sermones, nisi quod verborum electio nonnunquam negligitur. At epistolæ ejus ex æquo fortassis deficiunt, cum ab ipsius conditione, tum a forma epistolari. Aristotelis autem fere sunt cæteris ejus operibus accuratiores. et tamen Platonicas non exæquant. Demosthenis opera cætera et rhetorum et criticorum ora implent; sed nihilo meliores quam Platonis ejus epistolas reperies. Quænam igitur epistolæ lectitandæ : et a quibus exercitium adhibebimus, ut artificiosum, quem didicimus, characteræ exprimamus ? Certe ingens est earum numerus : habes autem, ne elongatius tibi stadium figas, epistolas quæ Phalaridis esse dicuntur Acragantini Tyranni et quibus Bruti Romanorum ducis nomen præscribitur : et qui apud imperatores philosophus erat, sophista apud vulgus, Libanium. Quod si una cum epistolari charactere, rerum multarum et magnarum utilitatem acquirere cupias, sufficiat suavis ille, si quis alius, Basilius : et inter omnes præcipuus pulchritudinis artifex Gregorius : et variata illa Isidori musa, qui, ut nos, monachus fuit. Ille ut orationis, ita quoque sacerdotalis et asceticæ vitæ canon dignissime inscribitur : his adjungas, si qui alii sint, qui eodem animo, eorum ideam, propriis suis epistolis expresserunt.

EPIST. XLV.
Joanni metropolitæ Heracleæ.
Montacut. (ep. 218, p. 324).

Videtur mihi Christus Deus et Rex noster cum sit, et Dominus rerum exsistentium, propter multas alias inexplicabiles causas, et mentis intuitum transcendentes, per voluntatem potius passionem subiisse, et non per potentiam absolutam totius mundi salutem operatus. Imprimis ob hoc ipsum, ut ita magnum, eximium et apparens solatium iis qui in hac vita affliguntur, et extrema omnia patiuntur, relinqueret suas ipsius passiones, et mortem contumeliosam. Hæc tu intuitus, lætare potius, eo quod habeas, servus cum sis, in quibus magistrum tuum imiteris : noli murmurare, ob illa quæ cedent tibi in argumentum coronarum, si a veritatis hostibus, licet invitis contribuleris.

SERIES SECUNDA. — AD ABBATES.

EPIST. XLVI.
Sabæ Pissadorum hegumeno.
Montacut. (ep. 15, pag. 76).

De tua dispositione et natura quid dicam nescio. Vidi quidem ego te pelliculam indutum ovilem, et perinde, quod illa tegebatur, simplex arbitrabar, sine malitia, Christi grege dignum. Vulgo autem aiunt, pellem illam vulpem obtegere; quæ mortua et olentia nutrit corpora, cujusmodi nempe in cœtu putrefacta ecclesiastico, dæmonibus pabulum atque eorum ministris fiunt. Ego certe te audivi longum errorem prædicantem, frustraneum errorem tuum deplorantem, antiquum scilicet errorem tuum. Aiunt autem, eumdem te adhuc errare errorem; neque aliter affectum quam insani Corybantes. In faciem tu nos benedixisti, servatores appellasti, qui te de puteo perditionis deceptionisque illius extraximus : ast in absentes aiunt te nos obmurmurare, et non secus quam in scena solent lascivire. Recordare an hæc omnino Christianum, nedum monachum deceant. Quod si hæc commentitia sint, deplorare me oportet ogganientes, *quod deficit sanctus, depauperata est veritas a filiis hominum* [a] : sin quæ renuntiantur vera sunt, deflendi plane sunt peccatores, eo quod stulta loquatur omnis apud proximum suum, et labiis dolosis osculatur. Omni autem modo dolendum est mihi : ad meum etenim et Christi gregem spectant, velint nolint, infecti lepra, et cum Paulo de ipsis angimur, utcunque simul sensu tangi nolint.

[a] Psal. xi, 2.

EPIST. XLVII.
Theoctisto hegumeno.
Montacut. (ep. 32, p. 94).

Virtutes lauda ; coram vero et in facie discipulos ne laudes, qui sequuntur eas ; instigare, et adhortari, boni operis pars est ; laudare coram, nec te submovet longe ab adulatione, et cum admiratione laudatos, vel ad sui opinionem perducere, vel virtutis tonum in mollitiem animi relaxare solet ; hinc fit ut laborum secundum Deum susceptorum dulcedo defluat, et carnis excitentur, velut igne afflato, voluptates.

EPIST. XLVIII.
Theodoro hegumeno.
Montacut. (ep. 142, p. 199).

Non est ille statim manu promptus habendus, qui torrentes verborum, lingua veluti fonte immittit : ita nec rebus gestis clarus, verborum suadelam labiis cum pompa insidentem semper habet. Apud alios, ego multis hoc effatum et multiplicibus probare possem exemplis : sed cum ad te scribam, qui Homerizantium unus es, unicum si suggeram, suffecturum arbitror. Fame laborabat exercitus Trojam circumobsidentium : Ulysses, frumentum impetraturus, ad Anium mittitur. Linguæ enim ejus confidebant Græci. Ille ubi Anium advenit, verba grandinis aut nivis instar depluebat, atque illis hominem inundabat ; sed non modo nihil eorum quæ sperabat obtinuit, verum molestus ei visus inanis reversus est ; et vitam sine fructu, sine victu reddidit Græcis qui in illum inhiabant. Verum Palamedes (de quo fando audisti, minus exstitisse illum quam Ulysses erat, loquacem) legationem, post illum rhetoricum declamatorem, obire ausus ; cum operi intentum rustico invenisset Anium, nihil prorsus dixit, sed exuta veste, operi se accinxit laboris socium. Cum finito opere ad cœnam vocaretur, cœnavit una : et inter cœnandum breviter exposuit adventus sui causam, ut frumentum exercitui impetraret, fame nimis quam laboranti. Quo impetrato, lætus revertitur ; pro verbis, contribulibus suis utilitatem ferens. Noli ergo tu nimium verbis fidere : nam taciturnitas prudentis viri logos longos sæpe obturat : necnon omnibus manifestum facit, esse illos inanes strepitus, et præter voces nihil.

EPIST. XLIX.
Eidem.
Montacut. (ep. 143, p. 200).

Æsopi sententiam, quam Chiloni Spartano interroganti protulit, non modo apposite et prudenter prolatam, sed valde commodam arbitrare (ut e rivulis, quibus oblectaris, admonitionis tibi poculum propinam). Certe e re ipsa manifeste licet animadvertere, quod firma et immota mens sæpenumero attollit (quemadmodum ille loquebatur) humilia in sublime, et deprimit sublimia in humilitatem. Hoc tuo animo recolens sæpe, licet in excelso elatus exsistere videaris, quæ deorsum sunt, intuere; ne præter exspectationem tuam, subito et confertim deturbatus excidas, et quo te vertas nescius, similis fias vertiginoso et circumacto, ita ut risum moveas (quæ est deploranda hominum conditio) iis qui per adulationem nunc te beatum prædicant: nobis autem dolorem procures, qui libere nunc optima tibi suggerimus. Et utcunque temet tunc vehementer incuses, quia suspectos aliquando habebas eos qui bene suadebant, nihil inde referes emolumenti, tantum post oblatam occasionem neglectam, pœnitentiam frustra ages, atque feres ægerrime.

EPIST. L.
Nicolao hegumeno monasterii Sancti Nicephori.
Montacut. (ep. 159, p. 213).

Amicus est res necessaria; quidni enim? sed magis necessarius sermo justi. Optaram utramque concurrere in eo pro quo intercedis, amicitiam nempe et justitiam. Ita enim cum gaudio gratificabor amico. Sin id minus, non jam ego culpandus, sed is qui amicitiam disjunxit a justitia. Animo certe haud feres, me amantem cum justitia, ei qui sine ea diligit, non præferri. Quin scio, quod hoc ante illud animo recoles, quod haud tibi libitum est, ut ego qui olim in futuro judicio pœnas pendam pro judicio nec æquo, nec recto, et ille duplici pœna plectatur. Nimirum quod injuste fecit primum; secundo, quod cum justitiam violasset, et solutus esset crimine, aliam rem injustam perpetravit, quod cum pœnam luere debuerat, illi non erat inflicta.

EPIST. LI.
Dorotheo hegumeno monasterii Cedronorum.
Montacut. (ep. 220, p. 344).

Tu quidem plangis et lacrymaris, eo quod a nostro olim in Christo amore separabare; recte facis: non enim est minus cum virtute conjunctum, amoris jacturam deflere; et non modo velle emendare, verum acerbe ferre, quod aliquando lapsus invaluit. Tantum abest ut ego alienationem priorem vituperem, propter præsentis concordiæ sinceritatem, aut ut tarde veniam concedam, ut gratias divinæ Providentiæ omnia administrandi ferendas tibi asseram. Qui enim tum profitebantur amicitiam, satis numerabiles generosam sane mentem tenuere: cæteros vel adulationem simulasse tempus convicit: quosdam, quod dum experirer, non metuebam, audacia exarmavit in contrarium; et tamen factum est, ut qui cum illis staret, ab illorum suspicione non esset purus; verum per istiusmodi tempora sinceram amicitiam viriliter conservasse, et dispositionis laudem egregiam habet, et futurorum sine dubio pignus, et præteritorum apologia, quæ nullam aliam requirat exigentiam, sed cum omni venia, de inertia in judicium si vocetur, apud tribunal nullis muneribus corrumpendum recte et egregie factum in præsenti ipsum per se honorem et venerationem consequetur.

EPIST. LII.
Eidem.
Montacut. (ep. 230, p. 345).

Munus ab amore est genuino; at hoc tempore missum ardenti desiderio: sed tantis periculis impendentibus martyrii zelo. Pro quo Deus noster Christus, nobis tacentibus, in regni sui sortem te transmittat: tua autem præsentia futura est mihi cum illustri et notabili salute, et spe sacra, cui anima tua sancta affigitur, non per procrastinationem rejecta, sed reipsa conspicue firmata.

SERIES TERTIA. — AD DIVERSOS CLERICOS.

EPIST. LIII.
Georgio diacono et hospitalario.
Montacut. (ep. 45, p. 100).

Rerum secretarum inspector et propalator, ebrietatem a regno Dei submovit longe. Quod si ebrii Dei regnum non hæreditabunt, quid tibi prodest, si (quod affers) aliorum peccatorum servus non exsistas? Est enim impossibile, cum ratio (viæ dux quæ esse debuit et injurias propulsare) cæca exstiterit per ebrietatem, non ad omnem lapidem offendere, non cujuslibet servum se exhibere.

EPIST. LIV.
Eidem.
Hæc epistola nunc quæstio CCII editionis nostræ.

EPIST. LV.
Theophani diacono et protonotario.
Montacut. (ep. 83, p. 129).

Dolet tibi quod invitus in me deliquisti; potius quod tyrannice compulsus, et plagis inflictis ad tentationem subditus, lingua tenus tantum, quam vim habuerit eorum violentia, docuisti; tormentis interim animum non succumbentem custodiens. Et quodnam aliud solatium haberi poterat hujusce præsentis animi, quod ne per tantam terribilium terrorum multitudinem conscientiæ tuæ judicium fœdaveris, nec improbitatum vim inserentium instrumentum te præstitisti, utcunque tormentis multarum specierum et variarum, non leviter, aut digito tenus tortus fuisti. Nos autem quomodo non te venia dignum, aut si quid venia excellentius sit, et quidem libentissime decernemus, ut torrente ac violentia in transversum actus, in offensionis peccatum incideris, ubi te taliter humiliasti, ut non sit tibi, opinor, opus, a nobis constantiam edoceri? Certe tantum abest ut nos aliquid acerbitatis in te statuamus, ut plerosque, te intueri, tanquam in exemplum jubeamus; tu autem vale, et virtutem cura per quam consummamur, et propter quam te jam olim amicorum albo et genuino meorum familiarium choro ascripsimus.

EPIST. LVI.
Georgio diacono, et hospitalario.
Montacut (ep. 88, p. 132).

Melanthium ferunt, tragœdiæ auctorem, tam voracem fuisse, ut indoleret, quod cycni collum non haberet, ut quam diuturno tempore ciborum per guttur descendentium voluptate frueretur : si tuorum particeps conviviorum fieret, opinor eum indolentiæ suæ et mœstitiæ remedium illius habiturum, et deprecaturum ne guttur in antiqua sua subsistat longitudine, ne multum temporis insumeret a tua mensa et eduliis tuis abstinens. Quid ergo faciendum ? Certe semper et ubique *Ne quid nimis*, optimum existimare.

EPIST. LVII.
Eidem.
Montacut. (ep. 89, p. 133).

Divitias amas, idcirco virtutem non amas. Nam impio amore, laudandus amor omnis bonorum exstinguitur. Sin avaritiæ flammam exstinxeris et spinas cupiditatis simul combures, tum facilius animæ tuæ tellus suum proprium fructum faciet pullulare, eleemosynam, et te alioqui cum hædis locandum inter ovium greges translatum dabit. Vale.

EPIST. LVIII.
Georgio diacono et hospitalario.
Montacut. (ep. 94, p. 135).

Qui apud Græcos videntur sapientes, materiam, sive *hylam* impensis multis et longis sermonibus, vix tandem potuere (ut ipsimet aiunt) tardo hebeti et infirmæ rationi persuadere, quod aliud illa esset, et diversum ab omnibus, perpetuis alterationibus subdita, fluxa, fluida, omnium formarum receptiva. Si te tum temporis nasci contigerat, tu solummodo in illorum notitiam deveniens, a multis longis laboribus et defatigationibus ipsos facile liberasses. Nemo enim, opinor, te aliquando deprehendit, ne per momentum in eadem sententia manentem ; sed defluentem semper, immutatum, et præsentibus implicitum et ad omnia transfiguratum et fœditate tanquam propria pulchritudine excultum.

EPIST. LIX.
Gregorio diacono et chartulario Amasiano.
Montacut. (ep. 99, p. 141).

Audio quosdam ex adversariis pacem circumannuntiare, et simpliciores conari, ut hoc nomine inescatos capiant : verumtamen, si pacem illam quam dat Dominus denuntiant, congruum non est ut annuntient illi, sed a nobis hanc acceptam debent agnoscere. Sin, quam ut tolleret, ipse advenit (nam *Non veni*, dicebat, *qui pacem darem, sed gladium* [a]), sciant tum quod contra Christum bellum gerunt, et, sub prætextu pacis, obsidione instituunt illum cingere.

EPIST. LX.
Eidem.
Montacut. (ep. 100, p. 142).

Si quæ doxologia , si eucharistia aliquid sit, illam ego toto animo in Deum refero, quod me non est passus hominibus præesse cum imperio per tales dies, nec oculis contueri inconsolabile malum, cum non civitas sed sepulcrum exsistat Constantini urbs, lamentatio cum pro psalmodiis, non domos tantum privatas, sed et ecclesias occupet : quarum nonnullæ e fundamentis subrutæ, solo æquantur ; miserandum cuivis spectaculum, et quod narratum fidem non inveniat : aliæ autem maxima ex parte, licet nulla clades desolaverit, ruinam tamen spectent : nec vel una ecclesiarum extra calamitatem hanc posita subsistat , sed et ipsa tellus, concussione et tremore intolerabili, in multas partes dissiluit : unde illa quoque quibus olim hæc civitas malis conflictabatur pro nullis habenda sunt. In præsenti res meas tantum speculor, in eas cura et sollicitudo mea omnis fertur. Quod si autem cum imperio essem necessum haberem, et pro aliis timere peccantibus, et vehementius eorum afflictionibus condolere, et metuere ne per peccatorum societatem, et nos, qui videmur eisdem præesse, ad supplicium commune condemnemur : ab istis nos omnibus hominum, quæ videbantur conspirationes, Deus autem revera, e sua gratia et bonitate liberavit.

EPIST. LXI.
Eidem.
Montacut. (ep. 101, p. 142).

Ego certe haud dixerim, urbem in sepulcretum redactam, in vindictam eorum qui in me injuste fecerunt ; aut hortor tuam sanctitatem ut eamdem foveas mecum opinionem. Quinam enim nos sumus licet passi inexplicabilia, ut tantam a Deo iracundiam devocemus : certe quidem in iis quæ patitur civitas, et nos plane compatimur, secundum legem naturæ et compassionis naturalis, plus quam per illa patiebamur, quæ a civibus sumus passi. Sin autem facinorum eorum pœnas luant, per quæ gloriam Dei et Ecclesiarum in toto Romano imperio positarum attonderunt , et insultarunt petulanter Christianorum mysteriis, episcopos, et Dei sacerdotes, nil non molientes, nullam vim non intentantes, de thronis et Ecclesiis suis ejectos abegerunt : et ubi Christiana professio vigebat, paganas actiones licentiose patrari curaverunt : silentio profundo, potius subversioni plenariæ, sacrificia divina, et veneranda illa orgia tradidere : si ob hæc omnia pœnas luant audaciæ, nihil est quod pronuntiare ego possum, donec multa his majora eos perpetrasse judicium illud in cœlis repræsentet.

---
[a] Matth. x, 34.

EPIST. LXII.
Georgio diacono et cubiclusio.
Montacut. (ep. 104, p. 149).

Denuntio tibi, amicorum optime, ne deinceps amicus nobis nomineris. Nunc enim intelligo me præ cunctis mortalibus in veris amicis habendis infelicissimum. Bonus ille et fidelis œconomus communis amicus (hei mihi qui hoc dico et scribo, ipso interim tacente), me relicto, temporali amico, pro me, ut videtur, æternos amicos permutavit. Non enim pati potuit tantam virtutem tali temporum opportunitate obtinere. Timon ille apud antiquos, improbitate hominum fortassis intolerabili motus, prudenter egisse quidem visus est, cum pro *philanthropo misanthropus* haberi volebat. Ego multo quidem rectius videbor, pro affectu quo sum, *misophilus* nominandus : nam cum inter amicos mira quidem virtutis admiratione frui viderer, de fruitione gaudebam, et statim cum dolore acerbo, inde, quod me male habet, exturbor ; ita ut quicunque ille est qui telum hoc in me amentavit, sive ex invidia sive aliunde motus, id egit tantum ut cruciaret, et de voluptate extremis quasi labeculis degustaremus. Extra me rapior ab iis quæ patior, nec est quod dicam aliud, quam quod omnino mei non sis misertus, nec cum in exsilium relegarer, nec cum in vincula conjicerer, nec in aliqua mearum quibus exhaurior miseriarum : in nullo ipsorum emollitus, magno impetu amicum arreptum a me avulsisti, qui abiit, stimulum acerbum et inflexibilem medio meo cordi infigens. Sed fortassis haud diuturnum erit tempus, et penitus hoc conficiet (istud enim solum, utpote in tantis malis, nos refrigerat) et ad desideratum nobis exturbabit. Tu autem, o vitæ meæ solamen solum, vale : me ama, exsequias mea vice perfice, prout dignum tua virtute et illius amicitia fuerit, et meo loco cognatis et affinibus et tibimetipsi curator et patronus constitutus, alleva magnam doloris partem. Neque enim, opinor, facultas est, defuncto amico aliunde opitulari. Certe plura me scribere volentem inhibuere lacrymæ profusiores.

EPIST. LXIII.
Damiano xexodocho.
Montacut. (ep. 112, p. 155).

Cum tacet qui injuriam patitur, multo magis afficientem convincit : patet enim quod nisi summam et inexplicabilem injuriam irrogantium crudelitatem sentiret, non ea omisisset, quæ movere ad misericordiam possent, nec silentium prætulisset justæ injuriarum deplorationi. Miser autem ille et pauper, in cujus jampridem causa ad te litteras dedi, fatetur te injuriam intulisse, injuriarum porro illatarum haud alios testes quam teipsum citat. Dominum earum rerum haberi te vis legitimum, quas [per vim et tyrannidem prius abstulisti. Non tamen desperato morbo teneri te, vel incurabili, nec pœnitentia corrigendo, arbitratur. Idcirco passim amicos adit, sermones serit miserabiles, atque inprimis jus ipsum deprecatorem offert : nec rem apud forensia tribunalia tractat, sed amicis arbitris, et ad tribunal conscientiæ tuæ. Si adhuc nil humanius, nihil cum justitia conjunctum, statues in hac ejus causa, nec cedere velis possessionem eorum quæ per tyrannidem, non legem, abstulisti, scias, quod utcunque ille quem tu pauperem affecisti injuria, id non contra te dixerit, temet tamen contra te sciscere, per ea quæ perpetras, esse te nimirum omnium hominum nequissimum.

EPIST. LXIV.
Gregorio diacono et chartulario.
Montacut. (ep. 113, p. 155).

Anathemate nos perculerunt jamdudum synodus hæretica, et universus Iconomachorum consessus ; nec nos tantum, sed et patrem et patruum etiam nostrum, viros Christi confessores, et episcoporum gloriam, sed tamen anathematizatum in thronum archiepiscopalem intruserunt non volentem ; anathemate, nunc etiam non] minus feriant illi, Domini mandata facientes flocci, sed et transgressioni cuicunque spatiosum et amplum portum aperientes, in eum finem ut me de terra in cœleste regnum transmittant.

EPIST. LXV.
Georgio diacono et orphanotropho.
[Montacut. (ep. 136, p. 189).]

Siquidem ab intentione de rebus actis judicas, et proposito consideres (quod par est facere, quandoquidem ita divina præcipiant oracula), habes et nos, ne quid gravius dicam, splendide a te coronatos et honoratos : sin actis dederis coronam, nos nullo, nec sic quidem, damno afficies. Neque enim nos, licet tempore adverso, defecimus officio : et illud te oportet scire, quod ita decernendo, non tam nos alterutra coronarum privas, quam utramque a teipso tollis ; nempe quam largiuntur opera, et quam voluntas plectit et propositum.

EPIST. LXVI.
Anastasio presbytero et bibliothecario Romano.
Montacut. (ep. 170, p. 244).

A sacra linea, ut proverbium habet, tibi certamen sumitur. Nec reprehendo, quod post usum et cognitionem opportunitatem elapsam video. Nec inscite mihi videtur ænigmatica oratio hoc insinuare, quæ fronte capillatam occasionem, a postico calvam pingit. Nam cum præterlapso tempore advenit, licet omnibus machinis persequatur, haud comprehendet tamen. Sed bene sit compatienti proposito tuo, utcunque tarde advenerit. Amici enim debent gratiam non usu et necessitate metiri, sed affectu et voluntate.

EPIST. LXVII.
Damiano xenodocho.
Montacut. (ep. 195, p. 203).

Si graviores quam delicta merentur pœnas ir

rogaveris, noli arbitrare te justitiæ fines non transilire : nam non tantum hoc rationi reddendæ te non subjiciet, licet legis prætextu fiat, sed duplicatæ injustitiæ reum facit, nimirum, quod injuriam intulit, et leges afficit contumelia : huc usque forsan æquum et legitimum est, ab injuria afficiente pœnam reposcere : at mensuram transgredi in inferendo supplicio, contra leges manifeste pugnat, et supplicio dignum facit eodem, quod irrogavit, si non graviore, certe non moderatiore : dat enim initium alteri injuriæ : si certe qui ab altero pœnas pro injuria reposcit, eo ipso debet ipse moderationem discere, ne juste ea pœna reposcatur ab ipso. Quod si debitorem decem millium talentorum animo recolas, et terribilem illam et horrore plenam comminationem, licet nihil extorquebat non debitum, tantum quod debitori non pepercit : scena illa et prætextus, te secundum leges facere, quid proderit? quod auxilium tunc procurabit?

EPIST. LXVIII.
Paulo monacho lapso.
Montacut. (ep. 7, p. 71).

Deum nostrum Christum abnegavit Petrus : diffidebat eidem Thomas; Judas autem prodidit. Tu autem si resipueris ab iis quæ contra nos, aut tuam potius salutem, furore percitus patraveris, quæ te ad mentem sanam reducere debebant, desperare noli. Nos enim, utcunque tute ipse emansor fueris, ab affectu in te nostro non excidimus. Sint Thomas et Petrus antiqua tibi exempla ad conversionem : sed et alios etiam collapsos conservabis, cum a casu tuo resuscitatus fueris. Quod si nequaquam pœnitentiam egeris, te licet dolentes sic affamur, reliquum est ut Judæ laqueum respicias.

EPIST. LXIX.
Monacho E. collapso.
Montacut. (ep. 12, p. 74).

Peccasti : humanum est. Sed peccato admisso inhæres, nec reverteris : hei mihi! hoc diabolicum est. Considera, quæso, an non professus cum monachis sortem, et stipulatus angelicam conversationem, in infaustum dæmoniorum statum recidens, ad illorum pœnas præcipitaris, ubi cessat propositum, et frustratur pœnitentia.

EPIST. LXX.
Athanasio monacho anachoretæ.
Montacut. (ep. 20, p. 81).]

Eristæ episcopus, vestris precibus erectus, a morbo convaluit, et de putredine liberatus schismatica, partis jam et membri munus obiens, cum ecclesiastico toto cœtu compaginatus est, priorem mentis suæ sanæ amotionem multis condemnans, lacrymis pavimentum rigavit multis, et præsentem synodum, quam in se videbat inexorabilem, lamentis, flebilibus sermonibus, tandem ad compassionem convertit. Nec veniam quasi insons canitiei deprecabatur, sed odio se habere ostendit, insolentiorem juventæ improbitatem. Certe non per simplicitatem senex, sed dolo captus peccaverat; horum duorum alteri opus est nudo auxilio, alteri autem purgatione. Cum vero per vestrum exhibitum ei studium optime reformetur ille senex, seminibus consilii prius sparsis, nos fructum illius salutis sine ullo nostro labore retulimus. Omnes porro species medicinæ nobis ad manus non erant præsto; quod erant in procinctu, missæ sunt. Cura de residuis, donec ipsæ suppeditentur, nec non deficiet. Donis nobis a tua sanctitate profectis maximopere exsultabamus : sunt autem inprimis illa a veraci profecta dilectione, quæ in eximiam magnitudinem et pulchritudinem succrevit, quæ amorem, unde oriebantur, faciunt vitæ excelsitatem et sublimitatem repræsentare.

EPIST. LXXI.
Zosimæ monacho et anachoretæ.
Montacut. (ep. 25, p. 85).

Montana tua munera sunt, castaneæ nempe et amanitæ; sed regiam adimplet munificentiam copia; montanismo delectasti, nec perinde abundantia; montes lædis, et regnum tibi in montibus suffuraris. Hæc ideo scripsi, ut de copia demas, et in muneribus congruam retineas speciem. Vellem tibi præsens adesse, sed retardatur ille impetus; verumtamen non diu erit cum nostra vice ablegabitur qui non dicam adimplebit, (neque enim hoc aliquando vel ipsi præstare poterimus) sed admensurabit defectum nostrum. Cætera quod attinet. Deum veneror, paterna sua sanctitas valeat, nolito nostræ oblivisci mediocritatis.

EPIST. LXXII.
Athanasio monacho et anachoretæ.
Montacut. (ep. 26, p. 85).

Ad principatum et magistratum promotus is est, quem tua sanctitas, experientia capta, præesse gregi fecit spirituali. Precare ergo, Pater, ut nec tuo judicio decipiaris (est enim hoc vel inprimis, si quid aliud, congruum cum tuæ sanctitati, tum etiam illi), nec manuum nostrarum impositio ad reddendam vocetur rationem, sed ut plane dignus ille demonstretur et vestro suffragio, et spe nobis concepta. Cætera quod spectat, valere exopto tuam sanctitatem, et nostræ mediocritatis jugiter meminisse.

EPIST. LXXIII.
Eidem.
Montacut. (ep. 27, p. 86).

Ad ea quæ attendere debuit is, qui vestræ sanctitatis litteras attulit, brevissimo et opportuno tempore instruebatur. Præstitit ille se morigerum vel maxime, et pollicitationibus declaravit fructum se laturum admonitionibus illis dignum, nimirum quoad cætera, complacente Deo, vitam instituere, nec vel digitum, quod dicitur, attollere absque vestra directione; Deum oro ut respondeant facta verbis, ne si forte in saxa seminantes, destituat nos tempus agri metendi.

Monachi symbolorum inordinate se gesserunt, qui censuram sibi arrogarunt et potestatem abbatis deponendi. Idem facinus ausi, ac si in aurigam insurgerent equi, greges in pastorem, nautæ in nauclerum: imo multo hoc magis absonum est, ut monachi audacia contra hegumenum insolescant, qui rationem aliis tenetur et non ipsis reddere. Si quid ab illo delictum fuerat, judicem adire majorem debebant, nec ad se arripere judicium episcopale, cum vix in numero consistant judicandorum. Nihilominus cum ad vestram confluxerint sanctitatem, remittitur illis audax illud anarchiæ facinus, et seditionis motæ, sed ita ut se recipiant promittendo de cætero futuros obedientiores; id autem ita demonstratum dederint, si in abbatem consenserint a tua sanctitate nominatum; neque enim illa versentur opinione, toleratum iri ut qui ad seditionem elati commovebantur, in illum denuo consentiant et conspirent eligendum, quem, calculis prius scriptis, sibi designarant. Sufficere delinquentibus debet si veniam de admissis impetraverint; nequaquam vero aspirabunt ad non delinquentium prærogativam, ut ne res indifferentes, bonum, malum, recte agere, et delinquere habeantur, judicio de utroque indifferenter affecto. Cætera quod spectat, precor tuam valere sanctitatem, et nostræ mediocritatis non oblivisci.

EPIST. LXXIV.
Barnabæ monacho.
Montacut. (ep. 41, p. 98).

Quid paupertatem defles? Justus non deseritur. Imo (inquies) deserebatur Job. Sed eo fine, ut impium illum vincendo vinceret qui per summam impudentiam, purissimam ipsius pietatem vitæ prospero cursu et felicitate volebat cauponari, atque ut longe pluribus instructus, quam quibus privabatur, videretur. Sed et Paulus inquit: In fame atque siti vixi, in frigore et nuditate; sponte tamen. Sufficiat autem tibi Pauli exemplum pro quibuslibet opibus, et quacunque felicitate.

EPIST. LXXV.
Sophronio monacho.
Montacut. (ep. 42, p. 98).

Quemadmodum obducta cicatricibus vulnera locos illos, in quibus callum superinductum habent, etiam post curationem morbis et impressionibus aptos reddunt: ita et animæ per peccatum inflicti livores, ipsam reddunt (post curationem) apte dispositam et paratiorem ad stigmata per peccatum inurenda. Declina igitur per adolescentiam peccatum omni studio: quoniam si te ab illis confodi contigerit, utcunque te a plaga cum multo labore extricaveris, stigmatum tamen impressa vestigia et characteres, usque ad senilem ætatem non omit-

tent irritationem: et cum tibi familiarium malorum et congenitorum imagines repræsentaverint, non difficulter te ad illa conformatum reddent.

EPIST. LXXVI.
Metrophani monacho apostatæ.
Montacut. (ep. 65, p. 118).

Nemo mortalium, ne quidem perfectus, a maculis purus et sordibus. Nullus homo, ne quidem pessimus, quin alicujus virtutis particeps sit: antiquum dogma est, etiamnum singulorum calculis et actionibus custoditum. Noli tu id, non exemplo evacuatum reddere: dum te penitus inanem, et quantalibet virtutis portione vacuum contendis exhibere, et fabula apud cunctos inanis fias.

EPIST. LXXVII.
Eidem.
Montacut. (ep. 66, p. 118).

Cecidit David, sed surrexit: surrexit autem per prophetæ preces, acerbis lacrymis, et amaris reprehensionibus, ficta quidem persona, occulte intentatis. Sed et per labores insuper, pœnitentiam, et virtutes alias ipsius qui per lapsum sternebatur. Comparabatur autem philosophice ad taxationem. Cecidisti et tu: prophetam nullum video; non Davidis humilitatem animi, non resipiscentiam. Ad te deinceps spectat videre et curare, ut a lapsu resuscideris, nisi tibi dare pœnas olim in votis magis hæreat proposito, quam a supplicio expediri.

EPIST. LXXVIII.
Euthymio monacho collapso.
Montacut. (ep. 68, p. 119).

Si neque cœlestis regni desiderium, nec ineluctabilis supplicii metus, nec eorum, qui tui similes, vitam tam insigni improbitate fœdam transigerunt, dura, difficilia et intoleranda quæ statim passi sunt, sed nec ab omnibus ingesta opprobria, ad conversionem et sobrietatem ab audacibus facinoribus adhuc excitarit: vereor ego certe, ne dæmonum natura formam in te simulaverit humanam. Utinam nunquam me ad ista proferenda adegisses. Certe procemia nobis venturi Antichristi in temetipso exhibes.

EPIST. LXXIX.
Marco Siculo monacho.
Montacut. (ep. 84, p. 130).

Multi historici docent, quod cum per terrarum orbem totum impietas diffundebatur, Saturnum, Venerem, et Proserpinam, Occidentales solos pro diis habuisse: et quod neque malorum toleratissimum Herculem, nec Vulcanum laudandum artificem, nec rhetoricantem Mercurium, nec alium quemlibet eorum, quos fabulæ operum optimorum et ingenuorum præsides et curatores suggerunt, in deorum album retulisse, aut admittere voluisse: sed nec aram justitiæ, temperantiæ, aut alicui alteri virtuti ædificasse, quas multas mortales tum deificabant, et superstitione prævalente colebant. Quid erat autem cur apud istos Saturnus, Venus, Proserpina colebantur, solum eo quod homines solis addicti erant voluptatibus ventris, et rerum venerearum. Certe enim illos quos colebant deos miscentes invicem, et promiscuis complexibus inhærentes, alimenta, luxum, omne genus voluptatum, ab illis diis, ut verbis ferebant, fluentes, actionibus suis coacervabant. Non est ergo mirum, si tu, qui genus ab Occidentalibus derivas, nihil prudens aut temperatum dicere vel facere possis : certe paternæ consuetudines vix aut ne vix quidem corrigis et in ordinem redigi possunt, maxima adhibita diligentia, cura, et laboribus.

EPIST. LXXX.

Sabæ anachoretæ, cum apostatis immorato.

Montacut. (ep. 90, p. 133).

Unde factum, ut cum ad omnia tarde et onerose movearis, ad machinationes contra me celer et vehemens exstiteris ? Liquet hinc, opinor, quod in quibus secundum rationem procedit ratio, utcunque ingenita ipsi celeritas non sit ad ante ventenda mala, tamen incitatius et continuo, nec suspenso motu, ad mala ferri non vult. At cum inde exciderit quod secundum naturam est, una etiam efferuntur, et motus omnes et actiones singulæ in statum turbulentum et furiosum. scito autem me valde pudore suffusum, et mœrore ultra modum arreptum, non quod omnes in præsentia aleæ jactæ sint in me, sed quod olim tu ex iis videbaris esse, qui me amabant.

EPIST. LXXXI.

Athanasio monacho et anachoretæ.

Montacut. (ep. 92, p. 134).

Aiunt palmam arborem salsa gaudere tellure, et frondes in altum attollere, et fructum multiplicem proferre, et summa præditum dulcedine : ita omnino soli salsa tellus palmæ congrua, quæ cætera omnia semina et plantas quæ dulcedine capiuntur et pinguedine salsugine enecat. Quare recte tu quidem, licet multos non habeas rivales, pro civilibus turmis et tumultibus eremum incolere elegisti : ex illa enim solitudine facile tibi fuerit et similibus excelsa coma præditis, ad cœlum ascendere per virtutes.

EPIST. LXXXII.

Metrophani monacho apostatæ.

Montacut. (ep. 103, p. 149).

Improbitatis passio (passionem ego intelligo quidquid illud quod secundum naturam est demolitur) hæc cum superior evaserit omni admonitorum medecina, vel per supplicii gravitatem, vel per mortem intercipitur ne in deterius procedat : admonui non semel, sed sæpius ; at tu, quod habet vetus verbum, *Pulsantes foras surdus non audivisti.* Verum morbo te laborare qui humanam excedat curationem, doces; sed, opinor, non præstabis ultra legibus pœnam irrogandam. Quod si, quæ tua est improba audacia, et illam volueris flocci facere, omnino evitare nequibis, quo minus tua illa importuna contentio in ipso fine male succumbat.

EPIST. LXXXIII.

Theodosio monacho et anachoretæ.

Montacut. (ep. 117, p. 158).

Quorsum miraris si profani cum supercilio præsident, gloriosi autem antistites Dei astent? quid, quod judicium exercent judicio damnati, culpa vacui judicio sistantur, gladiis circumvallati, ita ut ne vocem emittere audeant? sed hujuscemodi suppetunt multa, et vetera et novitia exempla. Annas, Caiphas, et Pilatus sedentes pro tribunali judicabant, astabat meus Dominus Deus, et communis olim omnium futurus judex, examini subjectus. Stephanus ille martyrii lemniscis et adorea gloriosus, pro tribunali stetit, et concilium homicidarum, athletam illum de Christi divinitate concionantem, lapidibus obruerunt. Jacobus ille princeps episcoporum, quique de manu Domini unctionem sacram, et Hierosolymitanum præsulatum accepit, pro tribunali stetit; et Ananias Sadducæus consessum congregavit, a quo mors decernebatur continuo contra virum justum quasi legis transgressorem. Paulus ille magnus et illustris totius orbis præco astitit, et Ananias, qui tempore ut præcessit Anano, ita moribus illi secundus haud exstitit, veritatis os illud pugnis cædi jubebat : Pauli autem ubi injecta est mentio, simul multa ejusmodi concilia in numerato repræsentabantur. Quid viritim singulos recensere opus? crudelitas et furor ille insanus persecutorum et tyrannorum quorumcunque, contra Christi martyres et confessores, illustrem tibi præclari istius concilii repræsentationem dabunt. Patet enim quod in illis homines, non una, aut simplici tantum morte digni, sed multiplici, cum superciliosa quadam gravitate pro tribunali consederint, legislatorum et judicium nomen induti ; et illi, quibus mundus haud dignus fuit, astiterint capitali sententia damnati. Noli igitur rebus gestis nimis vehementer percuti, sed nec Dei patientiam et longanimitatem in iis tolerandis sic interpretare, quasi rerum humanarum esset derelictio : neque enim per hæc tempora divina providentia rebus præesse, aut eas procurare destitit ; nam qui poterit illud fieri ? Sed ita est, dispensatio divina res nostras sapienter et ineffabili modo, supra captum humanum, optimum et mirandum in modum dirigit.

EPIST. LXXXIV.

Eidem.

Montacut. (ep. 118, p. 159).

Enimvero, licet hucusque non sit audacter tentatum, et sine exemplo sit, ut Ismaelitarum atheorum legati et administri in archiepiscopos refingantur, et ut patriarchalibus prærogativis exornentur, et admirandi ipsorum concilii præsides fiant; noli tamen ut hospes hac in re versari diutius; respondet enim cæteris ipsorum audaciis, sciebantque sacerdotii gratiam, et ipsis et illis ex æquo factam, competere : non erant facile profani illi inveniendi, qui alterius concilii consessum adimplerent; nec isti, cum essent apostoli eorum qui Christum oderant, fieri poterant principes et coryphæi aliorum ab ipsis quorumcunque. Ecqui enim alii ad eorum partes accederent, contra tot, tales, tantos Dei antistites et sacerdotes, et eorum furorem imitarentur, nisi barbarorum Christum et Deum oppugnantium ministri, alumni, soboles? Judicialem porro sive synodalem consessum eorum, barbaris immistum, insidiis occultandis locum appellare licet ; cum non testes injuriæ illatæ nec accusatores producere possunt, utcunque res susque deque agebantur, sed nec aliquid culpare quod certo constabat factum esse. Quid autem ulterius fiebat? certe gladiis armatus stabat exercitus, mortem intentans in circuitu vocatis in judicium, qui interea nec hiscere nec vocem efferre audebant; quo statu, ad sex aut novem etiam horas circumsepientes, nulla satietate tenebantur insolescendi lasciviendique, quin contumeliis perpetuo incesserent. Interea prodigiose multa ostendebantur, tanquam in scena peragebantur actus, barbaræ et blasphemæ legebantur epistolæ. His ita expeditis, tardius tandem theatrum dimiserunt, nihil humanitus, licet id prætendebant, nec actu nec voce facientes; nec corybantum more et bacchantium fortiter et inconsone eboabant, scilicet, Nos huc non accessimus, ut hanc causam cognosceremus : sed nec de vobis judicium fecimus; condemnavimus enim jampridem, et illa condemnatione sitis contenti. Hoc itaque, hoc, inquam, impium, impudens, nulla historia memoratum facinus, Judaicas omnes audacter perpetratas nequitias, quas sol vel vidit, vel abscondit luna, silentio involvit : sed ! et paganorum atheismos et impudentiam excessit, exlegum et barbarorum quotquot ubique gentium sunt furores et insanias post se reliquit. Noli tamen istis consternari, nec de sapientibus divinis judiciis animum tuum irrationabilis subeat cogitatio, vel obmurmuratio; longe ego absum ut istis percutiar; et tu, non dubio, deinceps ita affectus eris. Ex adverso, ego potius, licet paradoxum videar quibusdam dicere, ab istis ita gestis, divinæ et naturam transcendentis providentiæ inexplicabilem et omnia permanentem curam, ex priscissimis testimoniis confirmatam video. Quomodo autem? Nimirum cum eorum qui cum imperio sunt, iracundia adeo graviter et in immensum inflammetur contra fideles, eo quod a sanguine puras linguas et mentes conservarint : cumque veritas tot modis injuria afficiatur : mendacium splendido cultu prostet : cumque impia audacia omnem actum, verbum, motum acerbius exagitet; homines pii his visis soli ingemiscant, et ad judicii oculum, lumina manusque extendant. Cumque alii sycophantas adeant ut accommodent testimonium; multi potestatibus gra-

tificari cupiant et ad placitum obsecundari ; timor non unicus, nec mors singularis intentetur iis circumfusus, qui pro veritate proloqui cupiunt : cum tot ut illi audeant, et hæc plura, tolerantur; cum hi non habeant vel litteram scribendi facultatem concessam, aut si scripserint exhibendi; cum nemo testis cujuscunque criminis in sanctos producatur, cum nec barbarici judicii forma et processus observetur, sed tam pudendum in modum et ridicule, tam sine pudore et modestia dissolvatur. Quomodo non manifestissimas demonstrationes inde deducemus, et inexpressissimis et indubiis testimoniis arripiemus commendatam illam divinam providentiam, quæ universa amplectitur cum sapientia ; quodque illi adsit semper, licet se latenter exserat, et humanam mentem non afficiat, una tamen procedens ultrix justitia, quæ supplicium eroget in injustos, vindex adsit et auxiliatrix injuria affectis. Per hanc suam providentiam, Deus etiam contumeliosos illos, utcunque videantur splendidati exercere tyrannidem et ab omnibus observati, pudore supplevit et dedecore : certaminibus expositos, licet omnia extrema pati adjudicatos, gaudio replevit et exsultatione, et omnium linguarum applausionibus continuis, veluti coronis immarcescibilibus exornavit; et illis quidem propter ea quæ impie perpetrarunt, ab istis primitias quasdam apparat supplicii inferendi, et miseriæ aliquando inconsolabiliter subeundæ in futuro sæculo, quasi præmia quædam struit. Istis autem certaminis parat præmia, et pignus quoddam depositumque disponit retributionum in cœlis indicendarum, et felicitatis æternæ ac multum desideratæ. Habes ita, opinor, perspicue, ita ut nihil varius omnino dubites, admirandæ et naturam excedentis providentiæ inobliviosum et omniscium ; quæ ipsa, etiam in rebus, ab omni ratione quæ videntur alienissimæ, abscondita quadam vi, et potestate ineluctabili, sapienter justitiam et incommutabilitatem suam copulat, et libræ pondera justa statuminat, et divinam quamdam seriem, et concatinationem in rebus optimam, ordinem et pulcherrimum inmittens, licet hominum ratiociniis propter judiciorum profunditatem impervestigabilem, et ob pelagus non adeundum, non semper ut obvia arripienda.

EPIST. LXXXV.
Acacio monacho et medico.
Montacut. (ep. 119, p. 162).

Si neutiquam aliquando ab impuris cogitationibus purus exstitisti, prorsus novum est quod ais. nec lacrymæ exprimendæ quæ adæquent. Quod si fueris aliquando mundus (et certe fuisti); neque enim cœlestibus convenit nunquam mundari), sed nec in præsenti ullo puritatis amore tenerere, si non illius aliquando experientiam haberes; et certe si non expeditus fuisses, saltem aliqua ex parte, ab illis sordibus, haud circumspexisses quomodo se purum quis conservaret; at cum mundus factus fueris, eo modo quo ita factus exsistis, eo te ut conserves mundum operam dato. Oratio hoc tibi subministrabit, modo illam ad tempus aliquod extenderis. Paulus ille divinus, me prior, tibi exhortationem suggerat, ubi ait : *Indesinenter orate*[a]. Sed et abstinentiæ donum cum summa custodito cura : naturaliter enim accedit vis et potentia irresistibilis ad ejusmodi passiones retundendas. Sed et ad misericordiam erga indigentes accedito, nec ab illa velis resilire : sacrum quippe oleum istud facem accendit luculentam, operationes suas dividendo; nam per quasdam incensas consumit passiones; per alias illuminat et dirigit in virtutis currus gressus. Erga illos, qui videntur in te deliquisse, si potes, noli commoveri : sin in iram prolabaris, nihilominus ante solis occasum in te reversus, absolute concede veniam ut simpliciter dicam, unde tibi accidit, ut quam expedite mundatus fueris, inde omni modo decet indagare, nec abstinere a vitæ puritate : alioquin non continget facile quietem a molestiis adipisci, sed aut per aliquid e supradictis, aut etiam aliqua, si non per omnia simul conjuncta.

EPIST. LXXXVI.
Acacio monacho et medico.
Montacut. (ep. 122, p. 165).

Magnum malum est opinio sui, stultum enim hominem reddit, nec morbo patitur liberari, aut sero addiscere quod in rem erit; imo loco inimicorum habendos suggerit, qui operam impendunt ut ab errore retrahant et auxilientur : eos autem qui per adulationem morbum exulcerant et insanabilem reddunt, familiares magis reddit. Omni ope igitur operaque opinionem vita, inane præcipitium quippe est, omnemque obstruit salutis ascensum.

EPIST. LXXXVII.
Isacio monacho.
Montacut. (ep. 128, p. 169).

Utcunque ad messem illam obeundam ad quam misericordiæ visceribus Dominus tactus emisit discipulos suos, sis maxime immaturus; ad illam tamen, ad quam messores delegantur angeli, ætas tua valde comparatum docet. Unde ergo, proferendo fructum cum sis, spinas producis? zizania autem pro frumento? Nec est operosum, virum bonum probum fieri, licet serius, per pœnitentiam. Tu te autem, utinam solum inutilem, ac non, quod vereor, vas depravatæ corruptionis te præbeas ! Sed tu recognosce, vel nunc tandem, qui penitus in mortali vita immerges, quod sunt quæ congregantur et reponuntur in apothecas haud unquam dissolvendas, et regno cœlorum digna habentur : sunt, qui exscinduntur, eheu, et ejiciuntur, et igne exteriori, qui nunquam exstinguetur, et flamma consumenda et comburenda destinantur.

[a] 1 Thess. III, 17.

EPIST. LXXXVIII.
Metrophani monacho et hesychastæ e Sicilia.
Montacut. (ep. 149, p. 205).

Magnus certe dolor est, qui pro Dei Ecclesia est ; nam in orbem universum effunditur malum : at majus tamen resultat gaudium. Sub sole quippe admirationi sunt certamina, et virtutes tuæ, omnibus linguis narrantur, nec aliud quidquam agones tui, tropæa tua, multiplex illa felicitas prædicant, quam dignum te habitum, qui pro Christi causa patiaris.

EPIST. LXXXIX.
Arsenio monacho, et presbytero anachoretæ.
Montacut. (ep. 182, p. 271).

Erat tempus scribendi, ut nunc est tacendi, cum pax et tranquillitas per totam rempublicam diffunderetur : virtus, quæ nunc ludibrio habetur, cum esset admirationi : et pietas vim suam obtineret. Veritas (oh! quo nunc aufugisti) cum et oculis et linguis liberrima insideret : status civilis oblectationibus modestis se reficiebat : et vita philosophica ad imitationem sanctorum virorum conformata, digna et ipsa reputabatur imitatione : sacerdotalis ordo et episcopalis, non tam per sacra sua insignia, quam per virtutis actiones illustris esset, et sectatores agnoscendos exhiberet. At nunc quod scribo threni sunt, in quibus Jeremias nos prævenit. Sunt enim nostra in præsenti, quam illa erant, haudquaquam tolerabiliora : suspiria scribo? sed quæ illa et qualia tanto malorum torrenti sunt suffectura? lacrymarum rivos, unum post aliud malum incumbens, ita exhausit ut ipsi fontes exaruerint ; sancta profanantur, sacra conculcantur, sanctus Spiritus (o labia impia, et animas magis improbas), ut quid e trivio, blasphemiis incessitur et ludibriis. Deserta, montes, speluncæ, extrema terrarum Dei sacerdotes et episcopos, qui prius vinculis acerbioribus, et exsiliis tenebantur, vix salvos præstant : nec ulterius ista persequor. Nam profecto impendens comminationum metus haud patietur illa omnia deplorare quibus constricti tenemur (et tamen ut in ejusmodi malis solatium quæreretur). Hæc ego scribo, quæ tu nosti optime, cum visu percepta, tum auditu : sed ego doctus ab experientia et Christo compatiens, ista scribo : consiste autem per Deum placatum redditum figmento suo : attolle sanctas tuas ad illum manus, qui suas aliquando in cruce, tanquam deprecatorias extendebat : clavos, lanceam, sanguinem, mortem, sepulturam per quæ salvamur. Habes unde impetres a misericorde persecutionum allevamentum, vexatorum pro pietate constantiam, dilaceratos greges, pastores partim ubi terrarum delitescant incognitos : Ecclesiam Dei in partes scissam et divulsam : dividit enim eam Dei timor, et humanus metus. Divinum oraculum mentiri nequit, ait autem : *Spiritus quidem paratus est, infirmatur autem caro*[10]. Haec prae te feras, quae melius ipse nosti per quae illa impetrabis. Nam per quae cor purum (modo qui hominibus possibilis est) quo Deum, vident illi propius intuentes, ita rectius intelligunt placatior ille redditur. Mediatricem compella deprecationis Verbi Matrem Virginem, illam inclama, naturae illi repraesentes imbecillitatem magnam et inexplicabilem : tragoediam nostram intelligit ; novit cognatae naturae misereri : assumas licet martyrum choros, libertatem plenam adeundi habent, ex intuitu illorum quae pro Christo tulerunt, subvenire volunt et aliis qui pro illo patiuntur. Sed communio passionum cedit per se in consolationem, et est invitatio ad illis subveniendum, qui paria patiuntur : omnia expedient intercessionem : deprecatio conjungitur cum spe bona, solummodo deest constans et continuata tua oratio, atque in deprecando fervor.

EPIST. XC.
Nicephoro philosopho monachum agenti.
Montacut. (ep. 204, p. 301).

Omnia se habebant optime, nec syntaxis omnino aliquid in grammaticalibus accuratis claudicabat : nullus legum rhetoricalium defectus erat, vel solertiae quiddam solitae adhiberi : sed nec ita hic peccabatur ut scripta se impudentius venditarent. Haec prout rogaveris ut corrigerentur, ad te missa perfeci. Tu autem in istis, quemadmodum et in aliis illustris fias et praedicandus. Vale.

EPIST. XCI.
Nicephoro philosopho monacho.
Montacut. (ep. 217, p. 323).

Amorem corporalem corporales ipsi alatum pingunt : pingunt item divinum, quotquot pulchritudinem ejus intelligibilem animis puris effigiatam gestant : illi colorum tincturis et flore : isti virtutibus et illustribus factis. Testantur utrique, eo quod sic pingunt, quod celeritate mira praeditus est amor, propositi tyrannus, legum contemptor quibus retardatur. Cognoscas igitur, Deo sacrate vir, nos ab hoc tyranno vehementer oppressos, qui voluntatem cogit, et ante tempus tuam efflagitare praesentiam incitat. Vale.

EPIST. XCII.
Athanasio monacho et anachoretae.
Montacut. (ep. 212, p. 313).

Quandoquidem, ad exemplum Christi veri Dei nostri, *mundo te crucifixisti* et rectori mundano, misi ad te crucem custodiam crucifixionis.

EPIST. XCIII.
Arsenio monacho anachoretae.
Montacut. (ep. 231, p. 345).

Quorsum scribo? abiit deprecatio, virtus hominum abiit, libertas apud Deum aufertur, virorum vita vacua est, qui de coelo in terram providentiam devocant : justitia (quid dicam? certe nollem dicere) quiescit : iniquitas ingentes spiritus sumit, nulla verecundia est legum divinarum aut humanarum : homines prisca illa virtute praediti, qui vinculis et custodiis non antevertuntur, qui in exsilio non agunt, montibus et speluncis se includentes, qui tanquam invento fortuito, in communem incidunt calamitatem, a turbulentis quidem mundi procellis removentur, nullam autem curam et sollicitudinem habent illorum, qui in salo immersi fluctuantesque agitantur : propitiantes manus ad Deum non attollunt : nec cum Mose aiunt, *Si dimittis, dimitte :* et quae in illo sermone mirabilis amoris sequuntur : non liberationem a malis ineluctabilibus quibus eadem natura praediti continuo depascuntur. Si mentior, tuae partes sunt convincere, meae mutare sententiam et pudore suffundi et pudorem agnoscere laetitiae aeternae conciliatorem.

EPIST. XCIV.
Nicephoro philosopho, vitam monasticam amplexo.
Montacut. (ep. 255, p. 336).

De quibus accedat gravamen, ignoro : novi autem, tanquam per insomnium rogatus, rhetoricas exhibere tibi occasiones, vel praecepta, tum quae lingua efferuntur, tum quae libris repraesentantur. Novi etiam praeterea similem assensum exhibere, et in communi positum, verbis simpliciter et indefinite prolatis, interrogatus. Cum vero te in causa nihil adjeceris, nec quidem quod in rem praesentem adesse me oporteat, ita ut lingua facultatem dicendi illa habeat, quae dicenda sunt ; neque aliquid protuleris, quod particulari congruat, definitaeque interrogationi, ne quidem communi, et generaliori modo : nec perspicue edixeris, quorum tibi librorum usus est, quas desideres rhetorum scriptiones, cujus artificis artificiosas texturas. Quomodo putas posse me vocis repercussionem tuae, cum tanto intervallo simus disterminati, ad tuas usque aures derivatam extendere, nisi fabulam de Stentorea voce deponere me posse putes? Deinde, et incusare debes, quod ingentem librorum acervum hinc inde conquisitum, non incassum ad te miserim. Ignorantia certe rei quaesitae, hoc est, cum ipsius artis, tum librorum ad illam pertinentium, in necessitatem conjecisset conquirendi (omnes libros, de quacunque arte scriptos :). Si dolor hinc tuus sortiebatur originem, nihil ille quidem ad me spectat ; sin quid sit aliud, tu mihi ignoscas, virorum optime, qui temporis diuturnitate, et morbi insuper acerbitate, oblivionem obrepentem repellere nequivi. Sed valeas animo atque corpore, et noli tam facile gravaminum umbras, quas ipse projicis, subire, nec ab alio quoquam allevamen requiras doloris tui, qui nullam alibi sortitur originem quam apud tuas suspiciones, non illas, ego arbitror, legitime natas. Vale.

---
[10] Matth. xxvi, 41.

EPIST. XCV.

Arsenio monacho et anachoretæ, postquam dimissi ad illum fuerant, qui de Bulgaria profecti, vitam monasticam ingredi cupiebant.

Montacut. (ep. 236, p. 357).

Si tunc quoque oculis ego, quibus olim, videbam (hoc enim de me mihi tuæ litteræ occinuerunt, et illam gratiam prædicarunt, quam alioquin ego non libenter admitterem), non obscuræ meæ ignorantiæ convictionem affero. Verum si quovis modo ego videns eram, quare ducem me cæcum exhibebam iis, qui ad lucem veritatis festinabant? Non est hoc videntis, opinor, imo longe aliud, imo, quod gravius est, ad eum spectat qui excæcat videre cupientes : et longo tramite aberrare facit a veritate illos, qui rectis pedibus viam virtutis premere volebant. Si igitur hymnus non omnino insomnium sit, et scenicum videnti donum, ego illos contradicerim, qui manuductione indigebant; et si sententia processi ab incorrupto judicio, si animum dirigebat rectitudo, et non amor, cui ludibrio justitia habebatur, nec a visceribus per indulgentiam filialem in affectus irrationales diffusis, tuæ absolutæ perfectioni homines transmittere. Eat igitur quo velit id quod præter dignitatem accidit, et admiratio fugiens admirationem. Fiat aliquid solitum, quo imitetur actionum congrua consequentia, tuæ beatitati nos nihil condonamus, quod possit ad stuporem impellere, aut quod excedat moderationem. Potius gratissimum nobis est, quod ejusmodi affectos fratres habeamus, qui de fluctibus istius vitæ emerserunt, et per te cupiunt in portum tranquillitatis et vitæ philosophicæ deduci. Me morbus habuit (si morbum tamen, et non mortis potius vestibulum dicere debeam) acutus et inexspectatus. Sed per vestras preces, de acerbitate aliquid remisit; Deo demum de cœlo mihi vitam ad pœnitentiam, quod optaverim factum, annuente. Quocirca vivimus adhuc, licet mihi corpusculum reliquiæ illius mali male habeant affectum.

EPIST. XCVI.

Nicephoro philosopho monacho.

Montacut. (ep. 237, p. 358).

Hærenti mihi dubio, et vacillanti de mearum rerum statu (mea enim sunt, velim nolim, quæ mei sanguinis sunt), et quot malis amici premerentur, venit solatium (vide rei novitatem) a multiplicibus illis malis quibus amicus urgebatur : veni autem juxta quod expetebas, et celerrime quidem veni ad partes inventurus, favente Deo, liberationem ab iis quæ mœrore te afficiunt : veni etiam in partes alleviandi per amicam tuam præsentiam multimodam tristitiam.

EPIST. XCVII.

Eidem.

Montacut. (ep. 238, p. 359).

Transiit hiems, et hibernam tempestatem illam admodum congrue tuæ tarditatis causas discutiens, A sudum cœlum secutum est. Rursus tamen in nos hiems cogitationum nives et imbres immisit cum fragore. Quid autem factum ? Num aliquid accidit insperatum ? num impedimentum ? num sine magna necessitate aliqua quiescere potuit tantus ille impetus atque ardor ad regressum ? Talibus nos curis et cogitationum tempestatibus, etiam cum sudum erat, jactabamur. Modus enim, nescio unde, se vobis per crepidinem ostentavit, fortassis ab assiduitate poetica ; una enim secum attrahebat versus quosdam licentiæ apud poetas usurpatæ, quasi generis elatione tumens, et nobis ostendere volens, quam sit juris sui et potestatis. Verumtamen iste modus nondum satis libertatis nactus est, ad nos ingrediendi (qui magis rustici moris sumus) speciem quamdam prætextus potius subiens, quam veram causam habens, unde manifestetur. Nondum addo, quod si prohibuit hiems, frustra est rei modus ; sin ignoratus autem regrediendi modus inhibuit, hiemis illa vis prætextus est supervacuus : non quod post multos dies et periodum tam longi propositi modi cognitio jam tandem inquiritur. Sed hoc, uti dixeram omitto ; cum jam cessaverit hiems, et cœlum sudum diem ridendo serenaverit ; nusquam tamen comparet amicus, et ideo obnubilum et tetricum rursus ejus vultum facit. Et tamen si a scena prospexorit apologia, et præclarus ille mos se una cum tempestate choreuten prodat ; mihi jucundum est, si sic vel in scena agant. Cum enim esset procul dubio aliud, quod doleret, et adventum posset detinere, per amotionem a seipsis illius causæ, liberationem et exemptionem indicavit. Gaudium porro gaudere sincerum e litteris datum est iis, qui e litteris tuis resciscunt, te meliuscule de morbo habere, a quo optarim te perfecte liberari, sub conditione ne deinceps aliquid tale committas.

EPIST. XCVIII.

Nicephoro philosopho monachismum amplexo.

Montacut. (ep. 242, p. 363).

Pavidus est ad amicitiam contrahendum ; timidior erga meam dispositionem. Tu autem vide in quantum ego tibi confido, cum nec pavescenti percerim, sed ulterius adhuc et alius timiditatis semina jaciam ; in quo timiditatem reprehendam et exagitem : sed tu viriliter age, vale, et me eum esse intellige, quem non existimas. Cum tamen præsens hoc tempus non tibi sufficiat, ut in opinione confirmeris, quam qui aderit, aperiet (ut cum bono Deo dicam), cum timiditatem tuam re et opere redarguet : sed diligentem operam a te impensam in sanctam martyrem laudando, cum pro tua dignitate percenseamus, seminis Asiatici germen genuinum apprehendimus (ut id ita usurpem, absque Musarum nominis usurpatione, et ipse tecum Asiatico more agens). Errata nulla video, nisi forsan in syntaxi ; quod et ipsum rarissime indicavi. Quod si ad sermonis verborumque pulchritudinem hoc unum laude dignum videatur deesse, tamen et sic ad congenerem de cætero pulchritudinem universam operis pulchritudinem copulavit.

EPIST. XCIX.
Eidem.
Montacut. (ep. 243, p. 365).

Quemadmodum pusillanimitatem tuam negare non potes, ita nequis inficiari me bene satis de te persuasum, antequam suavem hanc epistolam missitares : passio ipsa ita est manifesta, ut volentem animadvertere latere non possit. At quomodo fieri possit ut in amicitia colenda pusillanimitas, in utramque partem, nempe fortunæ adversæ, et sanctæ imitationis referri possit, conjecturis adhuc assequi nequeo. Miserum me fateor, quocirca timidior in amicitia ; sed eodem modo afficitur et sanctorum cohors : a pusillanimitate non distillant dulcedo, vel voluptas, nec aliquid, quod per suam naturam oblectat per inconsequentiam, minus gratiæ habet : si enim adversa cum fortuna confligis, sanctos non poteris imitari. At si in quibus timidior trepidas, sanctorum accenseare choris, ubi infelicitas tuæ vitæ consistit ? Sin hanc adnumeres infelicitatem, quid est, quod voces felicitatem ? Paulus, ais, ille volucer et in sublimi raptus ; Petrus, in quo reposita sunt fidei fundamenta ; cæterorum sanctorum universa multitudo meæ sunt argumenta timiditatis : eheu mea mala, qui tot mihi possum imagines repræsentare meæ infelicitatis. Enimvero timore timeo in rebus quas alii non capiunt. Quidni qui griphos, aut Sphingis ænigmata, vitam vitalem imitari statuat, satius et melius a declaratione eorum semoveretur, quam qui hæc pronuntiat ? Sanctus timor, qui virtutis cujuslibet, ut tu pronuntias, fundus est, Paulum et consocios ejus ad immarcescibiles coronas hinc abduxit. Tu autem, nescio quomodo, ut Paulus quispiam metuis ; ut Ulysses aliquis, vel alius eo infelicior in consuetas infelicitates timorem refers. Arbitrari autem minime debes esse congruum, ut sanctus Paulus in exemplum talis timoris producatur doctor. Par autem fuit, si quidem tu illum volebas imitari, gaudio ut afficereris, conversus ad coronarum intuitum, nequaquam plangeres infelicitatem ; pusillanimitas te arreptum versat. Quid tu cum Paulo commune habes ? Temetipsum corripe ; a passione recede. Imo, inquis, hic Paulum præeuntem habeo. Lætare tum de imitatione ; de certaminibus tuis exsulta ; neutiquam vero muliebriter ludens infelicitatem tuam palpitare, ita ut permisceas omnia et confundas, aut per sermonis communionem, illa, quæ ab invicem multis disparantur parasangis, per vim sub eadem natura compingas ; ut te excolat et gloriosum reddat pulchra facie pusillanimitas. Quid inter se commune habent divinus timor, et pusillanimitas quæ offendit in amicitiam ; vel infor-

tuniorum gravamen, cum ratione recte factorum ? Quin ita affirmas, verum voca Paulum, cujus sunt : *Vereor ne dum aliis prædico, ipse fiam reprobus* [11]. Quid hoc vult sibi ? Separantur, aiunt, Mysorum termini atque Phrygum. Neque enim de promissionibus Dominicis, ut noster ille Paulus, expavescimus, quasi ille præ timore desponderet animum ; non de amicitia angebatur, non metuebat ne quis inæstimabilem margaritam, piratica quadam arte et impostura abripiens exspoliatam omnibus derelinquat. Hæc sunt proschemata illa gravitatem præferentia timiditatis. De nullo istorum metuebat ille ; e contrario confidens erat, et resolutus, si quis alius, de promissis illis mirandis ; firmus erat plane, et totus inconcussus in Domini amicitiam recolendo : utilitatem volebat omnibus communem exhiberi. Judæos ad communionem thesauri vocabat ; vocabat gentes, omnes barbaros, principes, subditos, imo, si lubet, latrones, piratas, et universam mortalium naturam ad participationem margaritæ convocabat. Nec hoc simpliciter, sed cum conatu, cursu, et omni tolerantia, ut sic omnes vel aliquem saltem pulchritudinis inde resultantis faciat participes. Quapropter, cum multa confidentia ait : *Bonum certavi certamen ; absolvi meum cursum ; fidem conservavi : de cætero, reposita est mihi justitiæ corona* [12]. Verum erat ille in istis tam imperterritus et obfirmatus, ut nihil metueret ; ne videretur in aliquo deficiens, aut præter congruum quidquam omisisse. Quam ob causam et cum anxietate dicebat : *Ita curro, ut non in obscuro positus ; ita concerto, ut non tanquam aerem verberem, sed subigo vibicibus corpus meum, et in servitutem redigo, ne forsan dum aliis prædico, ipse fiam reprobus* [13]. Quocirca, de proposito non erat dubius, desiderio non deliquium patiebatur, margaritam non metuit abripiendam ; sed ne quid ipse eo indignum pateretur, ne quem defectum, ne quid admittat quod mentem emoveat. Alius hic erat metuendi modus, alius qui respiceret retributiones, ille laudandus, vituperandus iste, ille fluctuantium, confirmatorum iste, a brabio abducit ille, hic componit victoriæ præmia, ille erat Pauli, hic est noster. At enim amo, inquies, ne quid nullus ego plus edicam. Metuo autem vel maxime (si quis alius) piratas in vita obeuntes, ne me spolient amicitiæ fructu, ne insidias struant margaritæ meæ. Quid, homo, tu balbutis ? amicosne malevolos facis ? nec in bonam partem, ut venustatem habeas admiratione, ut splendore coruscante ex amicitia illustratus afficiaris gaudio, et spe meliori luxuriere : sed uti proclive tibi sit, tanquam res inanimes prodere, latronum incursibus et rapinis cedens, partim ut ingestam contumeliam occultare queas perartificiose, et contemptus velo religiosæ verecundiæ famam veneris ; simul etiam ut amicos morsu graviore et profundiore corripias. Ita ut, non quo-

---

[11] I Cor. ix, 27. [12] II Tim. iv, 8. [13] I Cor. ix, 26, 27.

modo solent malevoli, ita et amici sint ob pusillanimitatem cavillandi ; sed ideo quod videre videor, omnem in eos potestatem, omnem voluntatis dominationem, ad mergendos fluctibus abiisse, quod insidiatores observem et naufragia. Enimvero, vir bone et laudande, artificiose procedens convicium, licet nihil tale intenderit, proderit tamen fortasse, dum foris illatum mentis tumorem compescat, frangendo illum quidem, sed et consilium adhibendo, et sedatiorem operando. 'At cum publice convicietur aliquis, multas superinducit absurditates, intolerandos mores, vituperium sub prætextu laudis, pudefactionem de iis quæ voluit, sed frustra, occultare. Plurima prætereo. Quod si conviciari propositum fuit, quid opus occultandi artificio ? sin clam esse et latere, certe præstitisset ab omni prorsus contumelia 'abstinuisse in initio. Qui vero contumeliam per margaritam occultat, nec celare novit artificiose, tamen, nescio quo pacto, a spe sua non excidit et desiderio. Neque enim latuit contumeliosius agens, et scenam illam, ne quid gravius dicam, frustra convincitur adornasse. Visne amicissimos tuos palam nominare ? Noli temetipsum distractioni subjicere, ita ut candorem amoris et splendorem in nigredinem convertas inimicitiarum. Noli ita meticulosus esse, ut tui instituti soliditatem, et statum undequaque æqualem, atque labe omni immunem, in angulos inæquales confictæ opinionis collidere. Sed curam dejiceris, ne forte quod pretiosissimum est violenter a te rapiatur. Amicus non est sine anima, nec immobilis natura sua ; a parte deteriore deducitur hujus exempli usus. Is qui se dicit rapinam metuere, quod in ipsa imagine utile habetur, idem oppugnat ex insidiis. Metuis porro, ne insidiantibus præda fiat ; quidni autem disertim affirmas ? vereor ne desertor nostri ad partes se transferat insidiatorum ; vereor ne obliviscatur amicitiæ, laborum, certaminum, quæ pro Christo sustinemus et Ecclesia. Hæc qui pronuntiat, et metus sui causam sic revelat, rem suam agit sine machina, et eum facile reducit in viam rectam qui est in culpa, et se in iis spem suam ponere agnoscit, quos advocat in auxilium. At qui scenam statuit, et in illam introducit actores, qui personas maledictis incessant, pro scena quam aliis adornavit, sese induit in labyrinthum, unde, quod facile apparet, non licet extricari ; sed a qua parte quis prospicere tentaverit, occursat ei labyrinthi paratura ; ut ad ea, quæ allata sunt, non attendas, si adhuc nunc amicitiam reformides, quid non illam abjicis, quæ sic te per totam tuam vitam exagitando deludit ? Quod si aliquando confidebas, cur non et in præsenti, per statum eum qui est et de futuro tibi acquiris securitatem ? Sed de rebus præsentibus minime lætaris, quæ suspicaris futura, non aliter gemis, quam si iisdem constrictus tenereris. Adhuc magis te accuset aliquis (is enim egomet non profiteor esse) quod utcunque non verbo re tamen ipsa profiteris, ex iis quæ ventura sunt, quod te conturbant, te ne quidem præsentibus adhibere fidem. Tu autem, amice mi, quæ a me dicuntur, simpliciter et aperte velim consideres ; non permitto te tuam prodere margaritam, quæ tamen facile prodi non potest ; est hæc ante illam acerbior et profunda magis proditio. Ne tuam prodas margaritam ; sed nec insensatam crede vel immobilem, nec hostili direptioni expositam : amicitiam ne metuito ; est enim plane illud injuria vel metuentis, vel de quibus metuimus. Margaritam culpa eximit, quod sit inanimatum quid ; hominem nihil eximet quandiu manet homo, et dominus est inclinationis suæ in utramque partem. Ecquid aliud restat ? Noli accedere sanctos hunc timorem intellexisse. Neque enim tu hoc modo a reprehensione immunis abiveris ; nec coronas cum illis communes consequeris : atque hoc modo ego te allocutus sum ; ita et te me alloqui par est ; si correptione opus sit, sincere corripias velim ; noli aliquid efflagitare ; noli quidquam artificiose adjicere ; occasiones meticulositatis dedimus ? hasce revela, sed proferre nequis. Noli igitur personatus hostis in me exprobrationem projicere : quorum satis tantam supellectilem e tuis litteris proreptantium videre licet ; et hæc forte pluribus quam secundum leges epistolicas. Quod restat, fortiter tuere amicitiam ; eam extende, recta incede ; piratas, insidiatores, et cæteros maleficos in pudoris pelagus propelle, et demerge profundo. Expedi te inde, et splendidam illam margaritam tuam splendide circumferto, oculus quicunque in eam convertetur, vel lippitudine, vel sua pulchritudine fruiscens, tu tamen apud te depositam custodito : hæc partim serio, partim joco scripsi. Et ideo quidem jocor, ut intelligas apud me rhetoricantem esse et vigere ultionis aciem, et solvendi sophismata scientem orationis vim, ab iis edoctam qui valentissime rhetoricantur : serio autem scribo, ne deinceps sis meticulosus, ubi virum temet præstare oportet. Depositum vero apud me tuum, et servatur et, noli metuere, servabitur.

EPIST. C.

Eidem.

Montacut. (ep. 244, p. 571).

Nec scenam ego nec theatrum sub alis meis gestans prodigiose sum locutus ; sed quod æquum et justum fuit, libere pro veritate constiti ; ego non contra amicos, sed et nec contra hostes tela, arcus, belli ordines institui, nullos hostes, clypeos nullos somniavi ; ut solent illi, qui cum aere depugnant ; sed libere locutus sum pro amicis. Quod si tibi arridet, ut ab ulceribus suis Lazarus liberetur, quibus conflictatur, nec deinceps ab iis molestiam patiatur ; si omnem fluctuum ingruentium vim in caput piratarum convertas, tum demum mare vitæ istius sine metu licet navigare. Vide autem, quod ego minime tibi insidias struam per hoc exemplum ; nec indigentis voluntatem subverto, cum gemitibus divitem prosequor, et sitim inexstinguibilem, et chasma illud, et ignem, et tormenta. Non enim a parte deteriore (quanquam recte tu illud in manus sumpseris), sed in meliore sumitur; arbitror me non frustra operam dedisse libertati linguæ; quod si mihi virum amicissimum nancisci contigit (quod a te scriptum gaudio me replevit et lætitia), qui timiditatem qua male premebatur longe a se removit, ejus autem loco elegit sibi moribus suis et recte factis congruam et congenerem fortitudinem; quique piratas illos cum suis artificiis et machinamentis profundo demersos obruit, ipse autem omnibus malorum ventorum flatibus et fluctibus super exstans, spe se fulcit et sublimat bona. Hæc porro exempla nequaquam mala mente a me proferuntur, et ne male multent, rationem inivi: illa autem quænam est? Ne quis scilicet, fontem et fluvium a natura sincera in exemplum trahens (quo tuum te lapsum sustinere posse exemplo putas), deinde metuat, ne sibi veneratio dilabatur, aut deploret tanquam ab aliis per rivulos deducta, dispareat: nec metuit ne aliquando ansam illis det sibi applaudendi de furto, qui ut auferant insidiantur, aut negligat insidiatores, quibus id in votis est, ut amatores justa fruitione defraudent. Hæc nos senili consilio secundum veritatem diximus, non autem ostentandi nos gratia, aut ut juvenes solent, disseruimus. Quocirca, non hortati sumus ut abrenunties amicitiæ (absit, ut aliqua rhetoricæ gravitas sic simplicitati meæ insultet), sed illi nuntium remittendum, quæ illudit amicos, quæ fluctuat et vacillat; illam rejiciendam esse, quæ quod ipsam spectat, jam recessit et reliquit sedem, cum non esset oneri sustinendo par, quæ verbis tenus arridet tantum, re autem ipsa per tetricitatem et dejectum vultum a partibus consistit hostium. Quod reliquum est, id quod volebas, alæ amicitiam abripuere, et providentiæ refocillant thalami: ego res meas mihi reddo familiares; nec adhuc mihi medicina opus est, aut curatione ulla, vel a quoquam miseratione, nedum alicujus intercessione. Quem enim desidero, hunc possideo, omni morbo et valetudine superiorem, quique vestigium omnis ægritudinis metum vel minimum generose, ut optaverim, rejiciat.

EPIST. CI.

Eusebiæ monachæ, et hegumenæ, de sororis obitu consolatoria.

Montacut. (ep. 243, p. 372).

Si a nobis mors inciperet, et omnium in genere nostro primi nos illam experiremur, merito quidem, ut de re inexspectata et inusitato casu conturbaremur. At cum post homines primum natos inter vitam et mortem dividamur, cumque majoribus nostris inflictum sit supplicium, nec sit qui vivit, quin gustabit mortem: commune debitum quorsum nos ut peculiare damnum reputamus, et tanquam ad noviter superinductam solutionem adacti gemimus? et cum aliter fieri non possit, nec legem admittat natura aliam, cur tanquam præter opinionem contingentem ad eam conturbamur, et tradimus nos mœrori immergendos, non sancto aliquo more, aut secundum leges spiritus? Nosne latet dum mortem nobis affinium lugemus, nos mortem nobis ipsis per luctum adornare? Quod si res adeo dura mors est, cur eam ita nobis acceleramus? et contra legem Creatoris nostri insurgimus, ut eam præveniamus? Sin e bonis sit et salutaribus, quorsum defunctos de Domini sententia ultra omnem modum deploramus? Soror me reliquit, inquies, solum post Deum solamen meum, doloris lenimen, acerbitatis dissipatrix, principale lætitiæ meæ subjectum. Et quid tum postea? Pater te et mater non dereliquerunt, cognati quoque alii, et ab Adamo longum genus? et tu post te relinques alios, nec invenies virum quem non plurimi deseruere. Soror deseruit sororem, sed parentes invenit præcedentes; deseruit sororem, sed ad Dominum et parentem communem abiit; in illam migravit rempublicam, ad quam nos quoque pergimus. Tu, quod te deseruit, commemoras; at quos invenit, non recolis; quod corpus non intuearis, gemis; at quod anima non impediendam tecum conjunctionem invenit, hoc non commemoras, cum gaudio intueri non curas. Quod a corruptione expedita sit, gravatim fers; quod fruatur incorruptione non magni facis. Verum te quomodo dereliquit? Certe si in non ens reciderit, si in alienam jurisdictionem et potestatem abiit, tum fatebor eam nos dereliquisse. Quod si eadem Conditoris sui manibus custoditur; si eumdem nos et illa Dominum imperantem et procurantem habemus; si eadem habitatio et conversatio utrisque apparatur, si illam habet vita tumultuum expers, nos autem fluctibus etiamnum jactati circumferimur: quare dicenda est illa nos dereliquisse? Si non ad eumdem quietis portum cursu directi feramur: si non eadem insistamus via; si non et nos quoque finis idem exspectet; tum ratiocinandum fuit eam dereliquisse; tum divortium factum deplorandum fuit. Sin vero quodcunque quis consilio agitet, et agendo perficiat, eo tantum contendat: quid frustra plangimus? Quid legi naturæ obmurmuramus, eo quod, cum mortalis exsisteret, morti subservivit; quod æqualibus spatiis cum patre, matre, universo genere vitam hanc transivit? An erat æquum ut nostra causa subrueretur natura, et ut creationis termini confunderentur? Nam quid unquam prodiit per generationem, quod non demum per dissolutionem et mortem remergitur? Omitto herbas florentes, pulchras, quibus non modo oculi, sed et sensus cæteri oblectantur: plantarum transeo decorem, et universorum animalium greges, quæ omnia temporibus transeunt, et sortiuntur generationem eam, quæ prœmium pangit dissolutioni. Sed recole astrorum chorum bene dispositorum, quanta firmitate exornant firmamentum, illustrioribus aerem coloribus florum in morem illuminantes; noctem qualiter funalibus exornant, dum horriditatem illius radiis emissis temperant, ita gratum hominibus spectaculum exhibentia : lunam deinceps intuere, quæ mutuata a sole lucem suam, sine dote gratis aerem illustrat, et donum acceptum impertit longe lateque, ita ut diem diei antecedaneum constituere nitatur. Sed terminum ista omnia respiciunt suum, debitum agnoscunt suum, et ad faciendam solutionem maturant. Sol ipse nonne mirabilis est aspectu, pulchritudine plane admirabilis ? de quo non aliud edixeris, quam quod *ut gigas exsultat conficere cursum suum, ab una cœli extremitate ad alteram* [14], cursu quodam ordinato, licet supernaturali, in orbis medio se explicans, tanquam in theatro manifestatur, et radiis omnia percutiens, partim vita dotata imbuit, partim fovet ; et compingit in se, quæcunque sublunaria secundum edictum conditionis suæ : neque interea, dum hoc peragit tantis et tam productis spatiis consenescit, neque decoris sui deliquium vel diminutionem patitur, non in cursu fatiscit, nihil agit, unde de dissolutione postuletur ; et tamen ille talis tantusque finem suum et consummationem non diffugit, sed decretis succumbit naturalibus. Omnia quippe immutantur, nec quidquam est, quod per generationem substantiatur, quin ante mortem aspiret immortalitatem. Quid ergo ? Hæc omnia refinguntur, et se immutant, nec de fine conditionis suæ murmurant, sed Opificis sui beneplacitum æquo animo ferunt : at nos, qui frustra plangimur, per nostram illam querelam Numen irritare non gravamur : neque cum tot habeamus præ oculis exempla, ad eorum aliquod excitati velut de somnio sapimus, sed potius nos iis tradimus exagitandos, quæ diabolus suggerit et affectus nostri. Transtulit opificium suum ad seipsum artifex ; tu autem ægre fers, ut a laboribus et curis, quæ passim per vitæ cursum occurrunt, se expediat. Pati non potes ut resurgat illa ; sed talem et tantam gratiam collatam doles. Deus illam reddidit immortalem, et tu idcirco, quasi non adhuc exstaret alicubi, in lessus te dedis et lamenta. Hæccine tuam an non dedecent virtutem ? Recolligamus nos ipsos autem, naturam nostram recolamus, Conditorem agnoscamus, abyssum divinæ misericordiæ cogitemus. Mortem ille constituit tanquam pœnam, sed per propriam suam mortem januam immortalitatis mortem constituit : sententia fuit irati, et indignantis Dei, sed tamen eximiam judicis bonitatem indicat ; rationis viam somnem exsuperat cogitatio. Per mortem natura solvitur ea, quæ conterebatur per primi parentis transgressionem ; sed illa dissolutio fit procemium nostræ recreationis. Corpus et animam separat mors ; illa autem conjunctionis alterius et illustrioris et divinioris initium reperitur : *Seminatur enim corpus animale, surgit corpus spirituale ; seminatur corpus in dedecore, surgit in gloria* [15]. Opus enim manuum suarum assumit Opifex, ad se transfert ; seponit ab humanis oculis, sed habitare facit in coruscante illuminatione angelorum. An lacrymæ hic jam congruunt ? an lamenta ? quam longe hinc removetur planctus ? Hæc tu revolvens, et apud animum tuum cogitans, et præter hæc omnia illius imprimis reminiscens, quod Deo ab incunabulis addicta fueras, incorruptibili et immortali sponso Christo copulata, parentes, fratres, consanguineos abnegans, ipsi soli vitam universam et vivendi rationem stipulata. Noli igitur lamentando illam tuam professionem dedecorare ; noli luctu illam gratiam offuscare, ne pro præsenti tetricitate gaudium commutes angelorum. Si enim, quibus illi nunc lætantur, animam virgineam passionibus superiorem humanis, ad supplendum locum et statum dæmoniorum, qui de illo exciderunt, suscipientes, tu in argumentum doloris transtuleris, vide an non priora tua recte facta, per ista posteriora vities. Nemo amore sui sponsi inflammatus amori nuntium remittet, ut se dedat luctui : oblitus quod illum amplectatur, mortes circumspicit, et curiose inquirat, et ob illas vehementer se affliget, passionibus immergens desiderium suum, et gaudium in vinculis constrictum luctui dedens : si autem illa suo fato functa, vel ut verius dicam, quæ nos antecessit, in earum fuisset numero, quæ securæ sui, nec secundum Deum vixerant, tum certe gemitibus indulgendum tibi foret. Nam Dominus et Servator noster ille fons et origo humani amoris sequaces suos nequaquam permisit talibus affectionibus abduci : *Permitte*, inquiens, *mortuos suos mortuos sepelire : tu autem sequere me* [16]. Cum vero inter eos qui secundum Dei dilectionem vixerunt, et Deo fidem sinceram et illibatam servaverunt, virgineum illud et beatum vas fuerit, unde est, quod Dominicam vocem non vereamur ? Cur non in eo vase dissipationem obnubilationis requirimus potius ? *Qui credit in me, licet moriatur vivet* [17], per mortem nempe adeptus immortalitatem, per solutionem nactus indissolubile tabernaculum. Dixit iterum communis ille hominum Servator, et salvandorum sponsus : *Filii sponsalis thalami lugere non possunt, quandiu cum illis manet sponsus* [18]. Audin quid dicit ? Noli te tuamet sententia damnare, ad separationem talis Sponsi per lamenta ; nec illud in teipsum decretum sancias, quod si quis alius tulisset, injuriam non ferres irrogatam, sed in loco hostis et malum tibi machinantis habere velles, et omnimodo a te relegandum diceres. Noli tu lugendo gloriam illam, qua fruitur illa, te ipsam lacrymis dignam facere : *Lugere non possunt, qui assistunt sponso* [19]. Hoc effatum quid sibi vult ? Quid voce hac Dominica terribilius ? Deploras ? itaque disjungis a sponso ; lamentaris ? atque ita genialem thalamum contumelia afficis, id quod homines plerique et vilis multitudo facit, nempe e thalamo excidisti. Quocirca ne ut mortuam

[14] Psal. xviii, 6. [15] I Cor. xv, 44. [16] Matth. viii, 22. [17] Joan. vi, 47. [18] Marc. ii, 19. [19] Matth. ix, 15.

deploremus eam, quæ cum Domino vivit; ne per ea illam dehonestemus, quibus eam amore prosequi videri volumus : planctus convicium illis facit, qui cœlestes thalamos incolunt ; lacrymæ conviciantur beato illorum statui ; de fruitione dubitant, qui dubitant de resurrectione, ne dicam qui tollunt. Hoc tu ruminans, et sobrio atque jejunante velut animo perpendens, amove luctum, lætitiam exprime, passionem hanc abdica, lamenta, dolores, lacrymas. Hoc efficies, cum ad ea quæ diximus attendendo, et imprimis si te abducas penitus ab omnibus aliis, solummodo ad beatum illum et duraturum semper amorem Christi, purissimi illius et impolluti sponsi, integrum integre assumptum convertas, et nequaquam desinas sic conversa illum anhelare.

EPIST. CII.

Theophani monacho.

Edita a Francisco Scorso (1) in Præfatione ad Opera Theophanis Ceramei (in-fol. Paris. 1644).

Si te humilitatis nostræ litteræ delectant, rursum accipe, desideratissime, quæ nihil quidem elegantiæ, facundiæque habeant, ut tu blande dicis ; charitatis vero symbolum sunt procul dubio : quantæque fuerint litterarum vices, tanto et charitatis crescat affectus. Quo quidem optabilius esse quid possit? Verum hæc missa faciamus : ad sequentia pergat oratio. Quid hoc est, quod nunc apud vos innovatum audio? Et quinam hi novi dracones, charybdis instar animas absorbentes quæ veritatis verbo firmatæ non sunt? Tu quidem haud nominasti : nos vero etiam antequam litteræ tuæ significarent, vehementer planximus, unius hominis causa hæretici, sed potius revera blasphemi in Deum, qui chartularii munus istic ab imperatore adeptus est, hoc dicentes celeberrimæ Siciliæ exitium obtigisse. Pernicies autem hæc non ex dogmatica doctrina conflata est : doctrinæ enim expers ingens hæc statua : sed ab impia mente profecta, atque,

ut quod verius est dicatur, ad impietatem prius nata : et quidem cum duabus aliis consanguineis. Sed hos Trinitas divinis oribus profligabit, et vestro et aliorum, quæ veritatem ibi defendunt. Te vero et tui similes minime turbet adhuc furens hæresis. Nondum enim excussum et contusum est malum, nec satis adhuc probatus fidelium in Deum amor ; ac tertio, non possumus ingredi in abyssum judiciorum Dei, quomodo populum suum infidelitatis procella usque adeo agitari sinat.

Cæterum sermonis conclusio est ut manifesti fiant electi, sicut sapientiæ dispensator Paulus ait, Quapropter hortamur et obsecramus, ne fatigeris neque cesses adversarios coarguere ex intimo cordis tui penu divina promens documenta, atque hinc perspicue demonstrans, Christum non esse Christum, nisi juxta figuram nostram circumscribatur. Nam si caro factus est, utique veluti caro circumscribetur. Quod vero non circumscribitur, id non intra humanitatem est, sed extra haud dubie et locum et tempus, Deus nudus, quem incomprehensibilis et indefinitæ naturæ dicimus et cogitamus. Atque hoc congruenter ad certam demonstrationem veritatis naturæ sequi necesse est, circumscribi Christum, et in imagine adorari, siquidem in ea archetypum repræsentatur, quemadmodum diviniloquus ait Dionysius, et alibi, alterum in altero, præter substantiæ differentiam. Quare qui negat depingi Christum, is natum hominem esse negavit ; et qui ejus imaginem non adorat, ne ipsum quidem prorsus adorat, licet adorare se putet : quando quidem, ut sermo sacer ait, infideles confitentur se Deum nosse, factis autem negant. Hæc ego non tanquam ignoranti reverentiæ tuæ exposui, sed tanquam una sentienti, ac veluti guttam ex dogmatum pelago hauriens, cum infinitæ præterea sint Patrum sententiæ, una cum vetere historia, ab exordio ipso evangelicæ prædicationis ad illibatæ fidei nostræ Christianæ confirmationem.

---

(1) Habeo in meis monumentis a P. Octavio Caetano collectis epistolam Photii missam Theophani monacho Græce scriptam manu P. Jacobi Sirmondi et Latine ab eo redditam, depromptam, ut judico, ex Bibliotheca cardinalis Sirletti, nunc ducis Altemps. (Fr. Scorsus.)

PHOTII EPISTOLARUM LIBER TERTIUS.

EPISTOLÆ AD OFFICIALES LAICOS ET MAGISTRATUS SÆCULARES.

EPIST. I.
Joanni aspathario et Philoponesi duci.
Montacut. (ep. 5, p. 69).

Adverso flumine, quod proverbio dicitur, in præsenti negotia ferri videntur : Joannes enim ille quondam laudatus bonusque subito non est is qui fuit ante (religio enim mihi est adhuc dicere aliter), non est qui fuerat, nec qualem manere eum in votis mihi erat, sed cum hac ætate sit, et ad vitæ occasum jamjam devergat, immutatur. Defluxere res præclaræ, mortua est virtus, oblivionis tumulo occultatur amicitia : amicus communi calculo censetur, non ille qui quod loquitur ex tota anima loquitur, et sine dolo diligit per totius vitæ cursum, sed is qui subdola et sublesta mente, coram et in faciem tranquilliter et jucunde conversatur, at cum extra fuerit oculorum conspectum, omnimodos fluctus malum intentando concitat.

EPIST. II.
Sergio magistro, et Dromi logothetæ.
Montacut. (ep. 10, p. 73).

Non quidem contra nos, ut tute scribis, sed pro nobis dicta, quæ dicebantur a te, reputamus; atque ideo veniam dictis precari non erat opus. Si quidem quæ protulisti vera sunt, commodo, non incommodo me affecisti, dum culparum instituis reprehensionem, quæ solet procurare emendationem ; sin falsa protuleris, magis quidem magisque profueris, eo quod falso culpaveris ; res enim magis attendere, et in præcinctura stare nos fecisti ; non tantum ut ab operibus iis abstineamus quæ retulisti, sed ut et a pravis cogitationibus quantocius quam longe recedamus ; eo quod retributio a cœlis reposita est iis, qui cum proposito mentiendi verba impia protulere. Noli igitur de dictis erubescere ; tantum abest ut te nos ob illa incusemus, ut etiam scripto consignatas habeamus gratias.

EPIST. III.
Basilio patricio urbis præfecto.
Montacut. (ep. 13, p. 74).

Diffluxit virtus, abiit ejus gratia, obtinet impietas, et mendacium aliis pullulantibus crescit, veritatis alæ floresque decidunt. Unde autem hæc invaluit malorum Ilias? Nimirum aiunt quod tu sis cum imperio, et qui multo digniores sunt ut tibi imperent, tuum tolerare et trahere jugum cogantur. Moderata certe videtur improbitas quæ vitam ipsis penitus non absciderit ; hoc est quod fures passim et carnifices per urbem scatent. Hæc ego

de te nullus prædico ; is autem qui in præsenti patrat ea quæ per omnium ora et aures celebrantur, ipse est qui (licet ego conticescam) istiusmodi titulis dignus est. Tu porro, si quod referunt, illa agis, odio potius habeto actionem ipsam, de perpetratis pudefias, quam memineris ut punias eos qui sic loquuntur. Sunt enim actiones propriis suis nominibus designandæ. Qui quemcunque titulum in malam partem capit, is potius id agere debebat, ut actiones ipsas evitaret : sin autem te mendaciis onerant, id agas oportet, ut quemadmodum recesseris ab agendo male, ita et omnem devites ejus propinquitatem. Illud supplicium meretur, laudem istud non meretur. Non modo lædit ignis arripientes, sed et fumus eorum oculos perstringit et fuliginat qui non longe ab igne consistunt.

EPIST. IV.
Sergio magistro et logothetæ.
Montacut. (ep. 14, p. 75).

Ab hostibus insidiæ, convicia, barathra parantur: amicorum est, indignis modis multatos tueri velle, periculis se ob eos offerre, et vim illatam prohibere, quantum quidem in ipsis fuerit. Inter inimicos modestus est, qui ab ante memoratis se expeditum tenens, nec sycophanta, nec dolosus, nec insidiarum structor erit. Improbus autem amicus ille (si modo talis amicus dicendus) qui nec protegit, nec periclitatur pro amico, nec festinat eos repellere, qui in amicum ejus irruere secum statuerunt. Id enim vel qui inter inimicos modestus est (ut dixi) efficiet. Vide sis ergo cui ipsorum te annumeres, per ea quæ pro te allegas. Te non affeci contumeliis, inquies, nec iis annumerabar qui te irridebant; nullos in te contexui dolos. Ego certe, nisi quod odiosum hoc fore verear, confirmare auderem hoc nullo modo ut æstimationi tuæ consuleres, aut sententiæ factum. Imo vero nullam habes occasionem tibi suppeditatam unde ista, nisi admodum absurde et ridicule, confingere possis.

EPIST. V.
Eliæ protospathario.
Montacut. (ep. 16, p. 77).

Supplicasti : condescendi : factum est. Gratias age Deo igitur largitori et causæ bonorum omnium, quod liber sis a tributo gravissimo colligendo.

EPIST. VI.
Theophylacto patricio, et duci Armeniacorum.
Montacut. (ep. 21, p. 82).

Tria odio prosequi certum est, et alios hortor ut

similiter exosa habeant, mendacium, dolos, interitum amoris. Si quid aliter efferre proposuerim quam quomodo gestum est, et apud animum meum cognitum, tribus istis ego culpabilis fiam. Ego te mihi amicum conciliavi, Dei amicum exsistentem (in quantum pia cogitatione assequi potuerim), amicum autem fidelem, regibus nostris a Christo dilectis : nec te reputabam, quod persuasum habebam, aliter in nos etiam animatum; bene verum tunc quidem ita forte persuasum habebam, imo et etiamnum eodem modo affecti sumus. Quare igitur gratus sum et acceptus tuis sycophantis ? pudet enim dicere me ad te accusandum descendisse, nec mihi certe tolerandum videtur ab hujusmodi suspicione me expedire : verum ille hostis, ille sycophanta omnigena malitia repletus est, qui talem, tantam machinationem instruxit, ut te penitus spoliatum amicis redderet, et nos tum etiam in maleficorum extrema regione locare destinarat, nimirum ut principium non violenter manuum illatarum, sed improbi animi, a nobis procederet (unde multo majorum malorum origo quam a manibus procedunt violentis), ut pro dilectione odium potius exspectaremus, et dolos refugium nobis in omnibus statueremus. Omnia in nos per hoc ipsum ingerit; coincidunt etenim in se ista, cum malum nos amicis machinari statuit, et tamen hæc ipsa effutire non horruit apud eos quibus optime nostri mores noti erant, utcunque de ridiculo habebatur. Quis demumcunque fuerit, manifestum illum facito: sic certe te a mala bestia expediveris quæ clanculum cum teipsum tum etiam amicos deprædatur et admordet, et sub prætextu benevolentiæ multiplices instimulat inimicitias. Sin abscondes illum, ego tanquam in conspectu Dei, apologiam dedi, me credere quidem et profiteri amicum te nostrum Deo, et piissimis imperatoribus devotum, non minus in præsenti quam ab olim. Improbus autem ille homo haud quadam, mihi crede, malitia destituetur, qua res tuas pessimo loco statuat. Consulerem ego tibi certe, ne velis communem illum hostem occultare. Certe autem si diffidas iis quæ dicta sunt per me, scio te illum occultaturum, et in amici censu habiturum; passus interim me longas ineptias agere et desipere frustra: sin propalam feceris, credidisti mihi ; quod in vobis est, utrique certe nostrum conducturum.

EPIST. VII.
Pantoleonti protospathario.
Montacut. (ep. 22, p. 83).

Qui vergis ad occasum vitæ tuæ, propellis te in illorum insolentes audacias quibus sanguis bullit. Quin quod verius est ut proferam, latronum facinora ut leviora habeantur præstas. Totos enim dies, noctes integras, in cædendis hominibus transmittis ; nec vel tantillum temporis omittis improbe gloriari de illorum pœnis quos puniendos tenes. Phalaris forte aliquis, aut Dionysius, aut si qui ob cru-

delitatem barbaram celebrius nomen habent, in certamen prodire ambitiosius tentas. Nec tibi vita vitalis habetur, si te æqualem illis præstes, nisi multis excedas parasangis. Ast certe cum viris in certamen descendit puer. Nam sine illis quæ magnifice alioquin gerebantur ab illis tyrannis, tibi tyrannis haud videtur, licet omni opere in id innixus fueris, et tempus similia perpetrandi non longe absit. Leges profecto, quarum beneficio vivunt respublicæ, haud adhuc emortuæ sunt, nec diutius tolerabit hæc justitiæ oculus. Cum enim qui per montes latrocinantur fures, pro meritis dignum supplicium sufferant, haud æquum est, ut qui per civitates multo impudentius homicidiis dant operam, cum improbius deliquerint, tranquillius agant.

EPIST. VIII.
Leonti spathario, cognominato Draconi.
Montacut. (ep. 29, p. 87).

Multi ad nos animitus lupi accesserunt, ovium indumenta gestantes, quique per externum habitum internam vestierunt improbitatem. Sed horum plerique diu non celabantur : revelavit enim tempus artificium ipsorum, et amictum pelliculæ non tantum in vanum excogitatum monstravit, sed insuper, quod minime volebant factum, duplicem ipsis adesse iniquitatem, absconditam nimirum et abscondentem. Tua autem magnificentia, quod par est credere, cum a longo tempore meditata, et artificiose construens fueris istud, prudenter bestiam occultavit; neque pellem deposuisti priusquam in agnum arreptum incidisti: illo potius, et exuisti, et te bestiam professus es. In tantum vero oblata, quod tuas partes attinebat, discerpsisti, ut nec crudelissimæ bestiæ publica devorarent. Lætamur hoc ipso tamen, quod celata improbitas prius nos occupavit, quam ad coercendam suspectam tantum accingeremur ; illud enim licet sæpenumero aberret, non tamen in minimis ; hoc, si latuerit, postremo vindictam non elongabit. Et hæc quidem scribo, non ut convertaris (nam licet invitus olim converteris), sed ut plane intelligas, quod ne quidem ab initio nos latueris, sed cooperantem nostram expertus sis clementiam. Cæterum te animo magis quam corpore valere cupiam, et ut per pœnitentiam stigmata impressa eluas, nec velis ovem, sed bestiam penitus deponere, ita ut, nec in hoc, nec futuro sæculo ad calculos voceris et reddendam rationem.

EPIST. IX.
Joanni spathario, chrysocheri.
Montacut. (ep. 39, p. 98).

Nequaquam eo fine scripsimus ut mirareris, sed ut stabilem te redderem in iis quibus fluctuabaris ; si in pignus confirmationis tuæ affers admirationem, lubenter admitto. Nam non a nobis proferimus quæ dicimus, sed ab iis unde de fonte in vitam salienti hausimus : qui præ se fert et profite-

EPIST. X.
Leonti logothetæ Madiam.
Montacut. (ep. 44, p. 100).

Felicitas est amicos possidere tentationis tempore usum atque debitum amicitiæ utile exhibentes : sed nec amanti plane sunt inutiles qui tales se non præstant. Nam in quantum amicitiæ deerint, in tantum diligentis virtutem valde præstant admirabilem : eo quod etiam tales nihilominus dilexerit, quod non omnia ex intuitu retributionis præstiterit, sed gratis amare novit, et Patrem, qui in cœlis est, imitari in eo, quod nec vel inimicos aversetur. Quocirca nec amoris nostri legem solvere poteris, utcunque (quod rumor est) ingratus exstiteris, et ementiaris amicitiam. Etenim quantumvis ingratus exstiteris, nos tamen, ut videre potes, occasiones nobismetipsis ministravimus, ut ne vel sic quidem odio te habeamus. Tu quid de te homines opinentur considera : et ante alia, tuam ipsius conscientiam, et futurum olim judicium recolito.

EPIST. XI.
Alexandro comiti.
Montacut. (ep. 46, p. 101).

Alexander Macedo, qui in summam sublimitatem evexit Macedoniæ regnum, eo die principatum abdicasse videbatur, quo neminem beneficio ornasse dicebatur. Rarissime hoc illi ita contingebat ; utpote qui in illud omni studio incumbebat, ut benefaceret hominibus. Quod si interdum ita contingebat ut nihil præstaret, dolens dicebat : *Hodie non regnavi.* Sed paganus ille fuit et inter paganos rex, et voluptati atque luxui deditus, et ob felicitatem ebrius, quique sibi consimiles deos suarum actionum inspectores fecerat. Tu autem Christianus cum Christianis vivens, et (ut secundum leges agas) cum imperio exsistens, sæpius in vitæ cursu fluctibus agitatus obrueris, in ipsis sacris, inter sacerdotes, idque cum temperantiam et virtutem honorare te non neges, sed et unum illum verum Deum actionum omnium inspectorem fallere non posse putes. Quid hinc sequatur, gravor ego dicere. Illud autem affirmo, neminem e tuo subditis regimini esse, quin loco alicujus beneficii aut benignitatis quam agnoscere vellet, non supplicia deplorat inaudita irrogata, aut damnum illatum inexspectatum. Alius aliud insigne facinus dextræ tuæ tragico cothurno dignum deplorans refert. Cum Alexander cum dolore professus fuerit : *Hodie quidem rex non fui* : tu, quod videtur, non præterlabi tibi diem patieris, in quo non verearis dicere : *Hodie tyrannus non fui.*

EPIST. XII.
Basilio quæstori.
Montacut. (ep. 47, p. 101).

Si justa cum mensura contendentes invicem judi-
tur, iis qui fidem sitiunt, atque ideo adeunt ut eam expleant, abundantissimos salutis latices subministrare.

caveris, haud te auri pallor majore pudore suffunderet, temetipsum quam illos qui tibi offerunt.

EPIST. XIII.
Joanni patricio et sacellano.
Montacut. (ep. 48, p. 102).

Illustri laudum præconio ob ea quæ geris apud viros probos et honestos dignus es. Neque ignorare te par et æquum est, quod quanto sublimior et admiratione dignior ab istis gloria comparatur, tanto majori illa cura et sedulitate custodienda, et sarta tectaque præstanda est. Plurima siquidem in eos qui prosperiore fama florent per insidiantes diabolos immittuntur tela ; neque multum deficiunt his homines, qui invidiæ suæ virus prurigine quadam excitatum effundunt. Tu autem nihil de virtutis cursu remittis, et ad eademmet ipsa, quæ jam olim adisti certamina, te apparas cum moderata et humili affectione animi ; tela irrita reddidisti, et insuper ipsos in extremam desperationem atque verecundiam adduxisti ; invidiam autem in auctores ipsos cum majori amaritudine retorquendam curasti. Certe fabulam quæ de vipera fertur, apud ipsos vim obtinere suam declarabis ; dum ostenderis haudquaquam illam alios sed ipsos parentes exedere et disperdere, ita pulchra propago est invidia. Tu tamen hanc ob causam illustriori quadam deprædicatione publicationeque te dignum imprimis arbitraris.

EPIST. XIV.
Joanni patricio et sacellano per Angurios.
Montacut. (ep. 49, p. 102).

Sunt qui te comparant Atti, Gallum nominantes : nimirum Græcanici sophistæ. Nostri nasutiores, qui et sciunt Androgynon, et ita nominant, Gynæcio includendum tradunt. Unde ergo factum ut utrinque terminos circumscriptos transiliens, in Ecclesiæ te sacraria injecisti ? omnia susque deque habes. Naturæ autem tuæ corruptissimæ quidquid sine fructu et inutile adhærebat, in fecundissima Christi Ecclesia et liberis quamplurimis feta, summam per impudentiam inserere voluisti. Sed clarissime intelligas oportet, quod per ea quæ operaris impudentissime, te palam declarasti quod ad infernum et inferni portas spectes. Quod porro sis quam illæ fores infirmior, nos et nobiscum una numerosissimus Christi grex, licet nostro cum dolore, manifestum facimus. Cum vero malorum omnium architectum illum, una cum ipsius portis (quarum fortassis tu una es, cum in solidum ipsi os, linguam, vocem concesseris), et omnes ipsius exercitus invalidos, et nihil agentes contra Ecclesiam, Christus ipsa veritas nobis confirmaverit : quousque tu de impudentia tua nil remittis ? quousque non omittes impudentiæ tuæ tela furioso more in cœlum ejaculari ? unde risum et ludibrium auxiliantibus diabolis ministras, dolorem vero de tua perditione sanctis suffundis. Genus porro tuum, ultra quam olim fuerat, odio haberi et detestationi facis, et ob improbitatem diffamatum.

EPIST. XV.
Anastasio tributi collectori.
Montacut. (ep. 51, p. 106).

Haud tibi patet ingressus per ostium in regnum: pecuniarum quippe amor eum tibi occlusit. Quod si murum interjectum quo excluderis, per pauperum amorem submoveris, quantocius te recipiet eleemosynæ destinata habitatio.

EPIST. XVI.
Eidem.
Montacut. (ep. 52, p. 106).

Nullum admittunt inter se commercium avaritia et humanitas. Longe abest enim vir misericors ab odio fraterno, quo laborant divites. Quocirca hiatus ingens constituitur inter infernum et cœlorum regnum.

EPIST. XVII.
Eidem.
Montacut. (ep. 53, p. 107).

Divitias evacuas, et vehementer gaudeo, quod tibi cœlorum regnum ædificatum videam: sed et una evacuentur affectus illi, qui divitias prius possederunt: ut non modo thalamus tibi regalis contingat, sed et sponsus etiam prodeat pulchre exornatus.

EPIST. XVIII.
Galatoni, a secretis.
Montacut. (ep. 55, p. 110).

Archetypon (opinor) est, nec ad imitationem aliorum institutum, præclari amici tui mendacium. Neque enim persuaderi ipsi possit, ut cum poetis vel amantissimis fictionum, ne dicam comicis aut tragicis, comparetur; multo magis qui res heroum gestas metro paronymo (hoc est, heroico) persecuti sunt. Cum vero poetas omnes in extemporalibus figmentis transgreditur, idque cum supercilio, historicus quispiam aut prosa scriptor, hic opus est, ut in memoriam revocetur ei, et ex adverso componatur strenuus quispiam mendaciorum sartor, ut ita magnum et dubium subeant certamen. Quis autem ille tandem erit? Certe nec inter Græcos, sed neque barbaros versari dignabitur ille. Sed opus autem est ut investiges terram hominibus incognitam, potius quæ nusquam habetur, et gentem aliquam innominatam; inde huc peregrinus adveniat; et cum terribili quodam supercilio, secretorum enarrator, fabulis præsideat enarrandis. Timoclem forte aliquem, cum vel puer vel adolescens disciplinarum scholas adires, audivisti, aut Clonthaconthlon ophicianum (nam monstra nobis nominum formanda sunt) Ophicianorum, quos sibi confixit, nationis naturam, politiam, pugnas, victorias, vitæ sæcula, ætates, felicitates,

neque hominum tantummodo, sed et plantarum et animalium, maris, et terræ, aerisque, hyperbolice mentientem, et prodigiose prosequentem. Certe si præclarus ille tuus amicus, in certamen de mentiendo, cum isto homine descenderet, judices et præmiorum distributores, ad istiusmodi certamina constitutos, in ambiguis sententiis distractos videremus, cui e duobus victoriæ calculum ascribere deberent. Omitte autem tu patens illud sepulcrum mendaciorum (satius fuerit a veraci sapientia mutuantes repræsentare, simul et propalare miserum illum), et ab exhalante inde fetore temet quam longissime submove. Si enim nec dextero oculo, aut etiam manui parcere jubemur [20], sed eruere et abscindere quantocius utrumque (quibus intelligi videtur amicorum dexteritas, qui partim quod conducit nobis cernere possint; partim libenter et prompto animo cooperari et adjutores esse possunt, in iis quæ accepimus, quique simpliciter ad omnes vitæ partes nobis utiliter inserviunt, etiam ubi periculum est, ne ad vitia abripiamur), quid putas faciendum in putrefacto, et non nunc primum, sed semper inutili, olim divulso, neque unius membri quod fuerat, sed multorum membrorum, jet quidem ab initio, vulneribus infami.

EPIST. XIX.
Joanni spathario.
Montacut. (ep. 56, p. 112).

Optimum quidem est ultra omnem mali suspicionem locari. Quod si non illud contigerit, at suspectum et examini subditum, non reum deprehendi. Qui autem sic judicium subierit, ut in culpa inventus fuerit, licet aliam pœnam non tulerit, at certe, quæ gravissima est, dedit; nempe quod improbus inventus, et dignus qui supplicio subjiciatur, habeatur. Age igitur, quandoquidem haud tibi in promptu est suspicionem amoliri, non ut ne pœnas des, sed ut ne pœnas juste meruisse convincaris.

EPIST. XX.
Michaeli patricio et sacellario.
Montacut. (ep. 57, p. 112).

Si diligis, injuriosus es; si non diligis, magis injuriosus. Illud, quod amatos calamitatibus obsessos negligas. Hoc, quod amantes haudquaquam amas. Ita quidem ille olim tuus, in præsenti, noster communis amicus, partim amanter reprehendendo, partim me advocato, intercedendo, et profitetur, et testimonio protestatur dato.

EPIST. XXI.
Arsenio monacho.
Montacut. (ep. 59, p. 113).

Multi qui apud Græcos cum fama vixerunt, et etiam qui inter nos virtutis laude floruerunt, per res a se gestas, testimonium perhibuerunt, virtutem esse

---

[20] Matth. v, 29.

rem inexpugnabilem et utilissimam : utcunque praesentium rerum status, tantum non clara voce pronuntiat, nihil vel infirmius, vel periculosius esse, quam ipsa est. Impellitur enim, et conviciis, quasi luto injecto, proscinditur omnis virtus. In admiratione et osculis est quaelibet improbitas. Noli autem mirari. Est enim virtus certo certius, et quidem virtutis primae flos. ....

EPIST. XXII.
Joanni patricio, et Graeciae duci.
Montacut. (ep. 60, p. 113).

Si amas, infirmus es : si non amas, injustus es. Sin amans, non infirmaris, certe amicos injuria affectos negligis. Ego quidem Deum oro, ne tu talibus calamitatibus et necessitatibus distinearis : et si in eas incideris, ut ne talem benevolentiam aut auxilium consequaris, qualem tu tuis amicis praestas. Tu autem utrumque in memoriam revoca Domini oraculum, quo declaratur : *Qua mensura aliis metiatis, eadem et vobis metietur*[11].

EPIST. XXIII.
Bardae patricio, et Macedoniae duci.
Montacut. (ep. 67, p. 119).

Impera potius cum aliorum desiderio et affectu, quam per timorem. Est enim impossibile ut non in odium timor hic mutetur. Illud autem subditorum benevolentiam omnibus vestigiis insequitur. Patet autem inter utrumque differentia, in omni actione et usu necessario. Quod si animum tuum subjecit opinio, futurum ut inde humile quid, abjectum, et contemptibile enascatur, unde tardius et invitus ad hoc consilium accedas : tu contra oppones mores constitutos et stabiles, sententiam obfirmatam, et quod assentationibus et scurris non attenditur, gravitatem in deliciis habitam opponendo. Notum porro tibi sit, quod tuo subditi imperio, pudorem suavem militari sagulo praelaturi sint, et te eo indutum magis illustrem iis apparituram. Hoc tu lenocinio, subditos tibi, quocunque volueris, perduces, multo efficacius et constantiori tenore, quam qui de fastu superciliso, et morum asperitate, magnos sibi sumunt spiritus.

EPIST. XXIV.
Joanni patricio et sacellano apud Angurios.
Montacut. (ep. 73, p. 122).

Omnino mihi recte et sapienter olim dictum videtur, ascendisse quidem multos in arborem illam, quae tyrannis nominatur : descendit autem nullus denuo, sed singuli ruina praecipitantur. Itaque quid adeo intumescis et exsultas tu? Tu nondum super ramos hujus arboris, gravis utcunque et tumidus conscendisti, sed insipienter in ipsis caulium foliis eveheris.

[11] Matth. vii, 2.

EPIST. XXV.
Tarasio fratri.
Montacut. (ep. 78, p. 126).

Ad summa perducitur passio, et intenditur malum. Ac praeter Deum et a Deo spem, nulla superest consolatio; insidiae, minae, terrores, qui experientiam fecerunt faciliorem, undique apparent. Quis haec sistet? Fortassis illa ipsa quam contra nos parturiunt mors, vel illos privabit potestate et supplicia ingerendi, vel nos liberatura est a tribulationibus.

EPIST. XXVI.
Joanni spathario.
Montacut. (ep. 79, p. 127).

Non dolore affecisti, quod fraudasti, et tempus satis longum est, ex quo serpentem sub humana forma latentem occultas; improbus apparuisti, amicis inimicus, temporibus serviens, fraudibus innixus : si te iniquum ista actio non manifestavit, et ad imitationem attraxit proditoris Judae, ut benemeritum malis pensatum habeas, illud habe cognitum, quod si laetitia affeceris ob ea quae patimur, aliquid inde boni tu consequeris.

EPIST. XXVII.
Constantino spathario Tyrrheni generis perversis moribus praedito.
Montacut. (ep. 80, p. 127).

Publica Tyrrhenorum opera, de quibus gloriantur, vetus habet verbum, orgia fiunt, ne quidem ab impudicissimis hominum sine pudore. Cogita idcirco ut cum urbem inhabitas Constantini vitam optime instituas, si enim te intellexerint cives, vel tantillum a recte vivendi ratione declinasse, ubi fumum Tyrrhenorum animadverterint, suspicabuntur et ignem, licet haud succenderis, in magnam flammam attollendum. Quod dum sedulo praecaves, sine lapsu, quemadmodum divina jubent oracula, coram omnibus ut incedas nitendum est.

EPIST. XXVIII.
Leonti, qui cum esset logotheta monachus fiebat, et ab amico maerore affecto.
Montacut. (ep. 81, p. 128).

Moribus piger, ad labores mollis, mens inconstans, succumbens donis, voluptatum mancipium, nec aliquid boni generosive faciet; sed nec in magnam nequitiam emanabit. Natura celeres, ad omnia sufferenda impigri, divitiarum voluptatumque contemptores, et qui facile e sententia dimoveri nolunt; isti, accedente aliquanto potestate, vel ad virtutem magno futuri sunt momento, vel ad malum cum inclinent, intolerandi, implacabiles amicis, familiaribus, singulis exsistunt : Quocirca non est aegre ferendum, quod optima quaeque ab amico generoso non semper impetramus, sed gratiae sunt agendae, eo quod non tantum nihil triste reportamus, sed potius quod nihil ab eo proficiscatur quod inter summe tristia et molesta numeretur. At si revertatur aliquando, et ad cognatas cum amicis virtutes recurret, fieri potest ut bona quae deinceps oblectant, omnia illa mala et tristia evanescere faciat, quibus pridem occupabamur.

EPIST. XXIX.
Basilio practori.
Montacut. (ep. 82, p. 128).

" Veterum fabulae depastum Prometheo hepar ferunt ab aquila detondente ; causam dant, quod de coelo furatus ignem, laborum et defatigationum causas hominibus dedit. Quod si te ceperint poetae tantum malorum pyram in patriam construentem, non illi aquilarum, milvorum, accipitrum species in te concitarent, quae viscera depascerent tua ; sed et pardos, leones, et caeteras bestias in tua intestina immittere non desisterent. Tu autem cogita, quod licet poetae non exsistant, qui haec talia confingant, veritatis tamen Christianae exacta ratio non cesset supplicium magis formidolosum intentare, ignem indefectibilem, tenebras exteriores, stridorem dentium, multitudinem vermium peccatoribus dum substernit. Quod si te timor futurorum in praesenti non coerceat, nec a cursu inordinato et irrationabili avertit ; attamen Sodomae et Gomorrhae quae litteris traditur perpessio inconsolabilis, et commune illud omnium hominum naufragium, diluvium, et quotidiana providentiae opera, animum, et cogitationes, ad sobriam et sapientem cogitationem reforment.

EPIST. XXX.
Michaeli protospathario.
Montacut. (ep. 85, p. 131).

Corpus morbis, patiendo anima, vita denique tota ab hominibus contumeliis afflicta despondet se : amicorum paucitas et absentia, servorum tortiones et vincula, cognati minarum acerbitate divulsi, rerum necessariarum ablatio, librorum direptio, sacrorum aedium expilatio, quas expiatoria nobis futura constitueramus, dum caneretur, legeretur, divinis in eisdem inserviretur ; contra omnes sententiae acerbae sunt et decreta dura edita, ita ut nemo ad nos propius accedere audeat. Quid opus commemorare quotidianas [excussiones, decisiones, condemnationes ; in quibus nemo testis compareat, nemo pro tribunali judex, nemo accusator ; non dixero contra memet, sed contra amicos, consanguineos, servos omnino omnes, quos aliqua suberat cogitatio, me omnino non negligere. Quod si tandem cessarunt, investigantes quaestiones, non fit id ex animi ipsorum sententia, aut propter aliquam virtutem meam ; sed ab excelsa fit et profunda Dei misericordia, a qua sola pendemus, et sub qua in vita agitamur ; his tot tantis talibusque exhausti fluctibus, pro cognatis autem, pro amicis, pro famulis, pro canentibus Psalmos, pro quocunque humano solatio ; milites, custodia tribuni, vicarii, militares copiae nos circumsistunt. Unde poterit anima tot malorum falcibus divisa, a corpore non abripi, et aufugere, certe et hoc mihi summam dubitationem movet.

EPIST. XXXI.
Joanni patricio et sacellano apud Angurios.
Montacut. (ep. 86, p. 131).

Talem ego mihimet amicum conjungere optarem, per quem neque superbiens aliqua gratia et excelsa impertiatur, neque a quo timeam, ne ex adverso mihi aliquid afflatur unde disjiciantur res meae, et ea in me contrahantur, quae ne per somnum quidem cogitaram. Ast unde mihi hoc consilii aboritur ? tuae me actiones impulerunt in hanc sententiam, qui olim me diligebas.

EPIST. XXXII.
Baanae praeposito et patricio.
Montacut. (ep. 91, p. 133).

Erat aliquando Joseph, latenter amicus et nocturnus discipulus Dei et Domini mei ; sed ruptis postea vinculis meticulositatis, inflammatius et confidentius se gessit, quam illi, qui amabant palam : Dominicum corpus contumeliose suspensum, de ligno sustulit, et quo potuit modo curavit. Quousque tu et me per noctem dilecturus es, et non lucis atque diei factus filius, vocem dignam rumpes Josephi fortitudine, et non quidem corpus de ligno auferes, sed de mille modis tentationum, afflictionum, miseriarum, acerba et quotidiana morte expedies. Quod si te impediat amicitia mundi et affectus erga mundum, frustra tibi excogitasti Josephum, et in medium adducis tanquam receptaculum et exemplar.

EPIST. XXXIII.
Joanni patricio, et Graeciae duci.
Montacut. (ep. 93, p. 134)

Celebris habetur Eunomus Locrensis cantor. Cum caneret, oblectabat audientes, et deliniebat ; at cum aliquando una e fidibus rumperetur, cicada jugo citharae insidens, chordae diruptae vices adimplebat, ita ut cum concentu Eumelus uti et prius caneret. Quod si tu loco cicadae et cantus alieni tuae amicitiae chordam nescio quo pacto diruptam resarcias, et intendas, fieri potest, ut vita nostra, ad priorem integritatem reducta optimam conficiet harmoniam, et pro praesenti tragoedia, concinet cantilenam felicitatis alicujus, quae suavis, et cum delectatione sit : et futuro saeculo non aliquis Eunomus citharedus aut cicada musices operatrix, vetustae cujusdam fabulae figmentum, sed Dei pontifex amicus divinus et bonus sufficiet, qui in proverbium abeat verum et exemplar.

EPIST. XXXIV.
Leonti et Galatoni fratribus et a secretis.
Montacut. (ep. 105, p. 150).

Si apparatus vestros ad contentionem missos fecistis, at nunc, siquidem non prius, præcepta mea observate, et librum corrigite. Nam qui eum in manus sumpserint, magis erroribus scatere quam litteris videbunt. Quod si gnaviter in hoc incubueritis veniam consequimini de præterita insuper habitione et neglectu, nec ultra veniam quid consequimini, nam secundum rectam rationem indulgebitur vobis.

EPIST. XXXV.
Damiano hospiti.
Montacut. (ep. 108, p. 153).

Venit ad me hesterno die, cum jam luminaria accenderentur (urgentior ejus miseria ab intempestivo accessu videbatur), homo indigens, cum ejulatu, et voce calamitatem testante, ita ut mollefacere et exorare posset ferarum animos ; tunica illum lacera vitæ opertura tegebat ; vultus plagas impactas hominum pugno præ se ferebat, quæ imprimis contuentes in compassionem et luctum adigerent ; me imprimis ita male habuerunt, quod intelligerem, illum pauperem ista passum, a mihi notis ; at causam cum rescivi, propter quam perpessus hæc insufferenda fuit ; cum nimirum ideo hæc luisse in corpore, eo quod cum silentio et voluntarie nolebat, terram ipsis tradere, quæ licet fluctuantem vitæ tamen spem ipsius fovebat ; hæc ubi velut cumulum cæteris adjecit, confusus ego omnino constiti, ne quidem minus, quam ipse ille pauper, ut ne dicam magis, et profecto qui meum dolorem de homine injuria affecto, et te considerabit, omnino dicturus est, duplicatum esse. Quare, mi homo, miseriam pauperi condona, redde quod injuste tenes, vulnera curato beneficentiæ oleo. Quod si pauperem despicatui habes, at meum dolorem et calamitatem dele, si non potius tuam ; certe, tua, et pauperis, et meam excedit, licet nondum, ut reor, communem illius sensum habeas.

EPIST. XXXVI.
Michaeli protospathario.
Montacut. (ep. 109, p. 153).

Institutionis possessio, ætate provectiori vitæ baculus firmissimus est, et ætate florentem juvenili, sine tristitia ad virtutis transmittit tempestatem. Quocirca tuos liberos prudentia imbuito et virtute ; ut adhuc adolescentes maturam exhibeant conversationem, et sic cum consenuerint, aliorum auxilio non indigebunt.

EPIST. XXXVII.
Nicetæ protospathario.
Montacut. (ep. 114, p. 154).

De nobilibus te natum parentibus gloriaris, at ego te potius juberem magnos tibi spiritus sumere si virtute tua mereres, ut generis princeps exsistas ipse ; illud enim nequissimus allegabit, at hoc nisi optimus nemo dicet.

EPIST. XXXVIII.
Banæ præposito et patricio.
Montacut. (ep. 120, p. 156).

Erat olim apud Romanos, sed et Græcos (nam quid opus Christianos nominare?) etiam contra inimicissimos, nedum bene meritos malefaciendi terminus, et modus statutus. Quin et barbari solent leges suppliciorum statas non excedere ; imo bestias non paucas narrant, revereri quodammodo et submittere se extremas inter angustias conclusis, nec feritatem in prostratos exercere. Ego in præsenti, o clementissime, per tuam operam ultra alia, et ex morbo decumbo ; medicum flagitat illa ægritudo quæ dies jam triginta me afflixit, multi interea multis apud te intercesserunt medici, ut præsentiam concedas mihi ; sed (o communem hominum naturam! o leges Romanas! o Christianorum titulos! ubi estis?) non impetrarunt : et tamen nondum mihi subiit sententia, te cum barbaris, aut bestiis annumerare ; cogitare autem te tua interest, quamobrem in me vilem et abjectum, peregrina hæc, nova, nec sub sole adhuc visa supplicia excogitaveris, quam tibi denominationem aliam pro Christiani titulo, Romani, Græci, barbari hominis, imo bestiæ, quæ tuis respondeat actionibus excogitare velis. Ego autem si morbo succumbam, exstinctus splendidiorem de te scias velim triumphum reportaturus sum : mortem enim mihi violenter illatam columnæ vicem obeuntem indelebilis, contra tuam sanguinariam crudelitatem statuam sum relicturus.

EPIST. XXXIX.
Theophilo præposito.
Montacut. (ep. 121, p. 163).

Odio habentes diligere, virtutis opus, et divinum ; diligentes, humanum et vulgare ; sed diligentes odio prosequi haud est, opinor, belluarum. Ego re ipsa docui me te diligere ; nec nunc primum, sed jamdudum, cum in cæteris (sed non ego soleo vel exprobrare, vel enumerare gratias) tum vel maxime scribendo, alloquendo, adhortando, et quæ tibi conveniunt suggerendo. Sin tute diligentes odio habes, certe me, quod vides, in superiorem gradum extulisti ; invenies autem, quod nolueris, et qui te ita tractabit.

EPIST. XL.
Heliæ protospathario.
Montacut. (ep. 122, p. 163).]

Tentationes tentantibus tentationes fiunt ; non tentantibus causant coronas et brabia.

EPIST. XLI.
Theophilo protospathario.
Montacut. (ep. 123, p. 164).

Citissime amicos ediscis : dediscis autem multo

citius: vale autem, et ne cito disce, nec citius eorum obliviscere; est enim illud animi leviculi, nimium properantis; et incerti, ut ne quid gravius dicam, judicii illud; intelligentiae tribunali ubi quod agendum stiteris, consiste firmus in iis quae videris addidicisse.

EPIST. XLII.
Theodoto spatharocandidato.
Montacut. (ep. 124, p. 164).

Humana omnia simul diffluunt cum tempore et evanescunt; virtus autem, ut igne et ferro, et omnibus rebus inconsumptibilis est, quibus omnia succumbunt quae generantur; ita quoque tempus, pathos, mortem ipsam superat. Sin intuearis perspicacius, a tempore et morte ipsa magis reviviscit, et egerminat; proprium splendorem gloriamque magis admirabili modo et illustriori immoriente iterum invidia reassumit. Quid tu igitur erga ea quae statim nunquam erunt, ac si semper perdurarent, sis affectus? aeterna interim susque deque habes, non aliter quam defluxura. Nonne aurum pro aere, quod in poesi est, permutas? Certe breviusculum est peccatum, quod natura fluida et corruptibilis sit: sed mutatur incorruptibile pro corrumpendo, sapientia pro insania, gloria pro dedecore, gehenna pro coelorum regno.

EPIST. XLIII.
Joanni patricio et sacellano apud Angurios.
Montacut. (ep. 130, p. 171).

Molestias intueri, volentem me oportuit; nolentem autem tu docuisti: et quid tibi adhuc reliquum est, quam ut sub omnium oculis et testimonio convictus tenearis, multa adhuc duriora in me machinari, quia per quotidianum exercitium, ea omnia cum minore dolore subire edoctus sum.

EPIST XLIV.
Tarasio patricio fratri.
Montacut. (ep. 131, p. 171).

Defunctus est nobis secundum corpus amicus, sed nec ipse tu inficias iveris quin reliquit columnam universae suae vitae virtutem: quocirca beatum praedicabimus eum, et tunc quemnam pro illo lessum meditabimur.

EPIST. XLV.
Manueli patricio.
Montacut. (ep. 146, p. 203).

Fortassis ob ea confidentior exsistis, quae a me, cum splendide in tuo theatro conspicarer, dicebantur: *Domine, nimirum ne imputes eis hoc peccatum, nesciunt enim quid faciunt* [22]. Atque adeo flatus tuos contra me non cessas. Ego autem, prout tunc temporis beatam illam precem proferre dignus habitus fui, ita et adusque idem votum emitto sine intermissione. Scias autem, o bone, quod quemadmodum, ut ego mihimet legem praescripsi, talibus remunerare conviciatores meos; ita et tu quoque teneris, cum homo sis (ne dicam Christianus), licet sero, tandem tamen a crudelitate recedere; sin minus feceris, ne sic quidem ego orare desinam, scilicet, ne coelesti adoptione excidam (inde et nunc ad te admonendum processi). Tuum est videre (ne longius ab oratione aberrem mea) ut exinde tute tibi omnia commodissime ordines.

EPIST. XLVI.
Joanni protospathario, et dungario ploimi.
Montacut. (ep. 150, p. 206).

Haud ita res dura est, si caecus sit Plutus, ut comicus eum fingit scite Aristophanes: sed illud plane intolerandum arbitror, si astat illi Justitia caeca, nec oculos habeat, quibus injuria affectos intueatur. At nunc per te magistratu praeditum, cum restituta sit oculis suis, ostendat illa Plutum non modo caecum, sed et mutum: etiam majorem sonum reddat Justitia in causa pauperis, quam in illorum qui propter aurum assolebant omnimodae justitiae sonum ablegare ab hoc venerando et suspiciendo tribunali.

EPIST. XLVII.
Tarasio fratri.
Montacut. (ep. 153, p. 208).

Quid opus est ut verba addam ulterius, rei de qua scribo? si hominem vidisti, et virtutem hominis attendisti, nescio an tibi visus fuerim in ejus gratiam scripsisse, cum tuo recto judicio eum commendaverim; et non potius tibi gratificatus fuisse quod, ut ejus benefactorem te praestes, induxerim, qui talis tantusque est, et tua tanta dignus humanitate.

EPIST. XLVIII.
Basilio quaestori.
Montacut. (ep. 154, p. 209).

Intelligo justitiam et aurum apud animum tuum contendere; sed ignoro num me in tantum reveritum aurum, aut imperium potius tuum, qui ab initio magistratus tui, locum tuum honoraveris per tuam a muneribus accipiendis aversionem. Multos enim novi hanc viam institisse, dum lucra majora venantur; verum abiit hinc aurum cum praejudicio, et quod justum est splendidam reportavit victoriam. At nunc ob pecuniam te omnia facere aiunt: Ego illis haud credulus sum. Aiunt, aurum tibi sunt manus, est lingua et justitia aurum. Sed ut ipse non credo, ita falsam esse famam exoptarim quoque. Is qui reddet epistolam, pauper, docebit, falsane fuerit, an, quod nollem, vera fama.

---
[22] Act. VII, 59.

EPIST. XLIX.
Alexandro comiti.
Montacut. (ep. 158, p. 213).

Si regis Alexandri sententiam amplexarere, haud excideres in contumeliam ferrarii Alexandri. Ille non admisit promiscuas quasvis accusationes ne contra subditos; sed dum accusator diceret, alteram auriculam obturabat: symbolice ostendens, quod qui accusabantur, et judicandi erant, tribunal invenirent purum a convicio solitario, nec linguæ detractionem admittens. Iste autem cum non egeret criminationibus, aut eas desperaret se reperire potuisse, seipsum, loco linguæ et manuum exhibuit contra eos, a quibus maximis beneficiis affectus fuerat. Quod nisi me præveniens divinus Paulus, venturum in te supplicium per eum, qui moribus tibi similis erat clarissime præsignasset, omnino idem et tibi iisdem ipsis verbis denuntiassem.

EPIST. L.
Tarasio patricio fratri.
Montacut. (ep. 160, p. 214).

Si illum expertus cognosceres, pro quo scribo, non me intercessorem pro illo haberes, sed illo u!erere pro multis aliis advocato: adeo confido tuæ facilitati et bonitati, ita ejus virtuti et dexteritati.

EPIST. LI.
Pantoleonti aspathario.
Montacut. (ep. 168, p. 243).

Ægyptiaca mulier fuit, quæ ab efflorescente Josephi pulchritudine flamma concepta incendebatur. Sed erat ille licet puer, Israelita, qui lascivientis amoris omnes aditus et accessus declinabat. Nec cupidinem, jaculis suis tantum, faculis et igne, ac aliis quibus illum fabulæ exornant, spoliavit: sed manifestius declaravit nullam omnino illa existentiam possidere: si non ab affectibus malis inescati homines amplecterentur et foverent. Vereor autem ne te, qui es Israelita secundum gratiam, et ad vitæ tuæ terminum provectum, barbara cupiditas, et non illa amoris, acerbum vero et turbulentum amatorem possidens, clanculum et paulatim in extremam proruat perniciem, et exinde ne contra quam Josephi, vitæ tuæ exitus enarretur. Senex amat meretricem barbaram, illa decipitur aut excutitur, sed ille amorem suum in eo consistere fecit, usque dum illa effetum amatorem, satietate et importunitate aversior, profundo perditionis barathro, una cum ipso præcipitata, allisit.

EPIST. LII.
Constantino notario.
Montacut. (ep. 172, p. 244).

Momus certe (nam ut video, quod dolendum est, frustra in præsenti de divinis Oraculis adhibentur admonitiones) duplicem camque discrepantem sortitur naturam. Nam si is qui calumniam impingit, cum veritate conjunctam infert, adversarium suum convictum mœrore afficit. Sin mendaciter vicinum impetit, ab illo oppugnato calumnia resilit, et in illo consedet, qui imputavit; in ipsum et ea omnia convertit quæ nequiter in illum contexuerat, qui reprehensioni justæ non dedit aditum. Tu igitur, qui calumnias illi incessas, quem, qui pro pietate certamen ineunt, germanum virtutis amorem agnoscunt, vide et considera sis, quid attentas. Cum enim Momus justissimus in hoc arbiter, non invenerit in eo, qui frustra accusatur ubi resideat (neque enim calumniarum umbræ, sed realiter actitata Momi sedes sunt) in eum qui injuste hominem accusavit magna cum confidentia et violentia resultans immortale ei dedecus justum comparat, nec injuria.

EPIST. LIII.
Joanni patricio.
Montacut. (ep. 183, p. 273).

Amicus ille, cujus ago causam, quod jamdudum recte intelligis de vita sua periclitatur: Tu porro, quod in illo licet intueri, Lesbiam, utcunque nihil dicat, manum porrigis: si ipse nihil tale aliquando perpessus es, magnum est quod dicis; sed tamen in eo quod perpessus nihil tale fueris, debitor misericordiæ faciendæ multo magis obligaris: naturaliter formidolosum est futura mala prævidere, imprimis, si quæ hominibus adversa contingere solent, seque ad hunc diem observata notasti. Non est legatione fungenti congruum constipatim proruere in malorum commemorationem, sed futurum oportet præcavere, per affectum et studium erga eos, qui sunt ejusdem naturæ participes. Usu enim ita comparatur, ut adversa illos invido magis animo intueantur, qui prospera fortuna diu usi sunt: quam illos, quos frequentius ea incursavit: nihil ego intelligo magis conducere ad avertendas ab hominibus calamitates, quam fuisse afflictis auxilio. Si homo cum sis, communicaveris cum hominibus, illa recolito, quæ te et ipsum tunc vexatum habebant, et viscera quæ subverterunt, et vitam ipsam morte gravius depascebant. Memini aliquando (nisi forte malorum magnitudo me somniare fecerit) aliquid tale (utinam non et denuo! tuam quoque felicitatem invasisse: cum sicci oculi in omnia aperirentur, humore congenito penitus per lacrymas desiccato; cum manus verba præcederent, et preces manus tenderent, facies et vultus dejectus præ manibus intuentes vocaret multis modis ad misericordiam: cum te totum possideret confusio, dejectio, tenebræ; præstat cætera tacere, quam profari, quæ te tunc contingebant. Hæc ipsa, quæso (o utinam unquam te denuo eadem patientem intuear!),moderate recordare (conducit etenim quamplurimum multoties malorum commeminisci): sis illius exhibitor, in quantum tunc desiderata expetebas, ei qui in similes incidit calamitates. Quid inde lucratus, non dicam scias velim, quod et mihi debitum persolveris, et eum cui auxilium attulisti in quibuscunque volueris, debitorem habebis. Bonum est autem et utile multos per vitam habere debitores præsertim gratiam redhibentes possidere.

EPIST. LIV.
Mariano patricio et domestico scholarum.
Montacut. (ep. 189, p. 287).

Si quis unquam optaverit offerri sibi in vita occasionem talem : per quam et amicitiæ et justitiæ simul opera perficiat, non ille potiorem aliquando inveniet illa, quam in præsenti tibi offero. Injuria affectus, pro quo intervenio, non est adhuc tibi notus : causa ejus est eximie justa : si in quem intenditur actio, amicus est tibi et pauper : et non fortassis quia malus est, sed quia pauper, injustitiæ faciendæ pronus : Tu judex, bene moratus, et quod utroque non est minus, utramque virtutem illustrando dispositus : Deum habes, qui te divitiis circumfluentem custodit, nec custodiet tantum, sed, ut qui veritatem prodere non solet, propter misericordiæ actiones tuas, easdem tibi accumulabit redundantius. Quomodo quis periclitanti amico secundum leges dilectionis veræ adesse poterit ? et injuriam passo alter justitiæ oculus factus manum porrigat auxiliatricem, si ut tute fecisti et recte incedisti, quod speramus (spes enim me futurum tanquam præsens intueri facit), injuriam passo injuriam resarciet : amicum vero, domi debitum amicitiæ continens, a faciendo liberabis: Vide autem ut res illa, ad quam te hortamur, cum sit unica, et duo tibi ista repræsentans, testimonium reddat, et amori diviti, et justitiæ invictæ, cujusvis et pulchritudo in te relucens celeberrime per totam vitam prædicabitur : ita ut archetypum te et exemplum præstet virtutem amantibus imitatione dignum, et quod maximum est, inter bona quæ nominari queunt, atque caput : quod cœlestes portas hoc tibi adaperiet, ad ingrediendum immaculatum et felicem thalamum divinæ æternæ fruitionis, eo transmisso, cujus fruitione claritatis sim ego dignus.

EPIST. LV.
Eidem.
Montacut. (ep. 190, pag. 288.)

Declarasti, quantum et amicitiæ, et justitiæ tribuas, vir consummate, præsertim cum tot præterfluxerint generationes, in quibus nullum utriuslibet actum sincerum viderimus : ego certe cum ob celeritatem, tum ob magnitudinem istius rei optime gestæ gaudeo : nec gaudere cum exsultatione desistam, quia priusquam litteris explorarem an molestus tibi essem, tantum dignatus es mihi attribuere : in præsenti, adeo attollor et allatus incedo, ob promptitudinem optimæ tuæ voluntatis : et in tantum efferor ob actum plane admirabilem, sine ulla excusatione, quod verear, ne plures tibi tales ministrem occasiones, unde et meam gratiam multiplicabo, et tuam virtutem reddam illustriorem : et pro eo, quod videbor molestus, ne parcus nimium tibi, quod molestum erit mihi, te judice, censear. Sed vale in Domino, etiamsi apud ipsum, multas ejusmodi actiones inveniens, et gloriam tibi per vitæ cursum acquirens, me minime captante experimentum.

EPIST. LVI.
Theophilo aspathario et sacellario.
Montacut. (ep. 193, p. 292).

Actionem instituere contra injustitiam, humanum est : non ulcisci, philosophicum : at benefactis compensare, divinum : quo Patris, qui in cœlis est, terreni homines filii per imitationem fiunt. Violentas manus injicere non provocatum cum inter superius memorata locum non habeat, belluinam aut dæmoniacam actionem notat : licet actor sub humana figura fuerit. Quocirca cum quatuor sint rerum notæ : tute per temet formam actioni tuæ congenerem adapta, re perspecta intelliges, licet alius non subindicet, est enim visu res turpis, cujusnam imaginem tibi per opera tua insculpseris.

EPIST. LVII.
Heliæ aspathario, et drungario ploimi.
Montacut. (ep. 197, p. 294).

Dixit quispiam Græciæ sapientum : *Celeritas soli fortunæ convenit.* Ego dixerim, quod si non a divino motu procedat, aut temporis necessitate, celeritas inconsulta est. Considerandum ergo illud est, quod instat, nec præcipitationi res concredenda. Nam si satis commode inciderit, quod finalem attinet utilitatem, laudem eo consequeris, quasi rectum consilium ceperis. Sin contra evenerit, quam consilio capto opinabaris, judicii detrimentum non sic subibis, nec quod utilitatem non ceperis, te juste incusabis, quod in talibus solamen non exiguum erit.

EPIST. LVIII.
Sergio aspathario fratri.
Montacut. (ep. 200, p. 295).

Immoderata redargutio in hæc duo incidit : quod intendit, haud perficit : quibus nollet, incidit. Intendit, ad resipiscentiam inducere redargutum : hoc non præstat ; studium divertitur in contrarium, exacerbat potius et ad desperationem adigit : opinionem de se suscitat, quod opprobriis indulget, quasi malis vicini sui gavisus, non quod humano affectu aut compassione tangatur. Quocirca consulto et sapienter, cum Nathan Davidi, tum Michæas Achabo, personatam repræsentant redargutionem : molliori sermone delinientes ; et quia nesciebant quo scena tenderet, ipsos judices habentes criminum ab ipsis patratorum. Ideo Nathan perfecit quod volebat. Virum enim [virtutis amantem, licet ab ea exorbitaverat, admonendo redarguit : alter autem, licet similiter apud talem bestiam non profecit, multum tamen fecit; in moerorem protinus et in luctum conjecit, utcunque statim ad pristinam impietatem revertebatur, tamen desperatum ejus animum et inflatum coercuit. Tu autem quoties necesse fuerit, reprehensionibus admisce comitatem, et sub parato velamento, admonitus te applica, atque ita magis, quod conaris, perfectum dabis.

EPIST. LIX.

Theophylacto aspathario.

Montacut. (ep. 224, p. 333).

Orarem, ut nunquam si fieri ita posset, morbo labores, nec medica arte indigeas : sin, quia homo es, necessario aegrotas, secundo, te cito convalescere, et talibus me donis remunerare, nempe Deo ingentes habentem gratias, pauperibus opitulantem, debitoribus condonantem debita. Talibusmodi ingentibus sane donis nequaquam exsaturari vel laetari desinam.

EPIST. LX.

Manueli patricio.

Montacut. (ep. 226, p. 334).

Non latebis, etiamsi lateas, Dei oculum non latibilem, qui ea agis, et apparas, quibus me per vim e vita extrahas. Qui praeter ordinatam mortem, per aliam viam vita homines privat, licet manu ensem non teneat, nec tingat illum sanguine, est nihilominus homicida; etiam cum carnificem non appellet. Si talia patrare, tribunalia coelestia reddat implacabiliora, quousque tu te non expedies ab illis, qui tam acerbe olim ibi, quod ego nollem tibi contingere, ne quidem si adhuc magis in me feraris, frustra tamen et sine fructu, ad quae homines undique gementes transmittuntur.

EPIST. LXI.

Leonti et Galatoni fratribus, a secretis.

Montacut. (ep. 232, p. 346).

Anatolio illo bono (nescio an ipse fictiones illas commentus est, an alterius fetum supposititium in suum adoptat?) Pontus impletur; tam vehementes, tam frequentes sunt mendaciorum venti; ita undique perflant, ut nec Argoae puppis Nautae celebrentur, nec vellus aureum, nec spirantes ignem tauri, vel multiformes dracones, nec quae sunt aliae monstrosae fabulae deinceps fingantur. Novitia mendaciorem hyperbole efficiet, ut illa absoleta fere fidem mereantur, neque enim ante quinque dies, non ante duos, imo ne ante unam horam ad nos accessit aliquis inter eos numeratus, qui sunt cum imperio, nec qui imperio parent; non tabellarius, non litteras annotans, non bonorum nuntius, non adversantium famulus; imo quae nunc in promissis dabantur, cum prioribus disperiere, aerem tantum verberantia? Quid dico in promissis? non enim promittebantur tantum, sed placituris isthisce clare ob oculos repraesentabantur, utcunque ne per insomnium cernebantur. Nam ab initio per imaginationes haud alicubi subsistentes conficta, circa easdem quoque diffluxere : verumtamen, quod nullus arbitror, mendacii continuatio cuivis de iis divinandi faciet potestatem exaccuratam. Quod si, contra opinionem, cum veritate coinciderint; omnia ille apud me obtinebit, quae per vos ut obtineret recusavit. Valete.

EPIST. LXII.

Arsaber aspathario.

Montacut. (ep. 233, p. 347).

Munus quidem cum sit magnificum, et quod sine dispositione alia quosvis allexisset, me, ut magnifice acciperem, invitavit. At dispositio, semoto quidem dono, cum quod suum erat peragere cogitaret, utpote aliam quamlibet honorandi causam excedens, omni beneficio majus, et cum pro tali censeri et nominari magnopere cuperet, in nulla re a primis deficit. Si ejusmodi munera afferantur, utcunque eximia sint, nihil per illa tamen voluntati accedet magnum, nisi et illa adsit; solitudine magis illustratur : ut sol a nube subductus, et materiam illam dispellens, illimes, et puros et defaecatos amicae compellationis radios, ab accipiente refractos admittentem mittunt. Quare non ulterius propter munerum indigentiam affari te tardabo. Sed salutatio in animi affectu evecta, et una secum tuas apportans salutationes, citius advolet : non est, nec erit terrenorum donorum aliquod magis jucundum, aut quod oblectationem majorem et gaudium operetur.

EPIST. LXIII.

Tarasio patricio, fratri, de obitu filiae suae consolatoria.

Montacut. (ep. 234, p. 347).

Ubi nunc Elias? ubi Eliseus? ubi Petrus, Paulus aut aliquis similis sanctus et sacer homo? Certe non esset epistolam scribere opus, si vel pedes illorum alicujus apprehenderem, neque enim res manibus agetur, sane omnia tentarem, nec absisterem, donec vitae restitutam parentibus suis puellam traderent. At nunc quid? certe talibus consanguineorum aerumnis exsilium nostrum non alleviatur. Epistola opus est, hei mihi, qua luctum mei fratris ob filiae excessum leniam. Cum liberorum spes esset, et accusarentur nuptiae, quod citius filiam matrem non declararent; nec filii filius in avorum manibus ludit, et circumsaltat, crepundiis blandiens : sed cum majora sperabantur, tum quae habebamus, eripiebantur. Hei vetustissimorum proavorum fraudem, transgressionem, poenam : quomodo in paradisum se insinuavit ille malus et perversus serpens? quomodo persuasit? quomodo exinde ad hunc usque diem acerbus ille mortis stimulus extenditur? Ad nos transivit ista plaga, telo velocior, fulgure terribilior; ita ut jaceat defuncta puella vix horae spatio efflorescens, grave et aversandum parentum oculis spectaculum; quo primum momento puerperii flos exeruit se, eodem exaruit, etiam radicitus. Natura parata est ad germinationem, et falx mortifera visceribus altius immissa vitae vitam demessuit. Quae suffecturae huic casui lacrymae? luctus, lamenta, gemitus qualis? os longo illo et fugiendo silentio obturatur, clauduntur labia, non gravitatem demonstrantia, non mores compositos referentia, sed ad dissolutionem conclusa : at quid? oculi[1], heu, passio haec silentium superat, nec admittit consolationem, oculi (quomodo id exprimam?) omnem vitalem liquorem evacuantes, reliquias immittunt in cilia; malas pro rubicunda tinctura naturali tenebrosus et mortifer inungit color, formae omnem exspolians venustatem. Vultus denique totus ut in tali casu, spectaculum intuentibus timendum exhibet et terribile. Quae haec invidia? quae injuria ejusmodi in nos contorquet tela? ubi transiit luctus unus, insequitur alter vehementior ; ille lactantem infantem occupavit, hic matrem mox futuram, nisi praevenisset mala mors. Undenam tot et tantae plagae? ab hominibus plagae, ab occultis inimicis, undique circumsistunt mala, mittuntur in nos jacula, in liberos ; tragoediis scena fimus, chorum in nos saltant luctus, dolor, tristitia, vultus dejecti, omnis plane malorum Erynnis : Clotho, nescio quae, ut videtur, chorum in nos ducit, fusus et infelices illius glomi vitam nostram actibus innectunt, et argumenta ministrant tragicorum modorum acerbis choreutis. Sed quid mihi accidit? quo ego feror ? qui institueram consolationem scribere, nescio quo pacto, luctu una abreptus, cum non valeret ratio, contra cursum mali in contrarium obnixi, quo nollem delatus sum; et solatii sermonem exorsurus, ad lacrymas plangentium abripiebar. Sed revertar ad meipsum; nec moeroris profundo immergar : multos dolor pessumdedit, non modo corpus destruens, sed lethaliter ipsam animam vulnerans. Hostibus ne gratificemur; oblectat hostes nostra dejectio injuriis affectorum; ne committamus in paterna fortitudinis certamina : viderunt illi liberorum mortes, mortes non ejusmodi nostrae sunt, Deus avertat! Horum proles ignis, aqua, lacus diviserunt; exsilium acerbissimum et intolerandum incubuit; omnibus amicis et affinibus destituti erant. Nihil denique non auferebatur, quod tantillum solatii afferre posset; et tamen gratias agentes tulere, et tamen supernum numen venerabantur; quod res humanas, ultra hominum cogitationes gubernaret. Cogitemus, qui sumus : unde orti, non e mortalibus mortales ? nonne e non exsistentibus, mox futuri ipsi quod non sumus? ubi pater? ubi mea mater? annon postquam pauxillum in hac vitae scena colluserant, nisi quod martyrum illos corona et patientiae cohonestabat, quantocius theatro excesserunt? Reges autem et tyranni, supercilio, et tumore immortales, annon cum suis potestatibus morte submersi sunt? Natura omnis humana, utcunque potentia fruatur, licet privati, senes, juvenes, viri, mulieres, per mortem de vita tollitur, nec est quod ejus falcem evitare queat. Novum non est, aut paradoxum, quod naturae exsilio subjiciamur, mortalis illa prodiit e visceribus mortalibus, et vitae mortali ubi juxta legem naturalem inservisset, per eamdem legem ad immortalem statum peregrinatur : liberos haud reliquit orphaniam gementes suam; non excessit una secum desiderium circa prolem asportans morte acerbiorem stimulum, experientiam miseriarum multiplicem non habuit, mortem non quaesivit, quam multi multoties malis inevitabilibus oppressi optarunt, cum parentibus versata et temporali procella exiit, exiit ministerio maternarum manuum, in manibus parentum emisit spiritum : curabatur corpus, mandabatur sepulcro fasciis tumularibus egregiis involuto pietate et modestia, multorum miserantium precibus comitata in regionem abiit, unde exsulat luctus et gemitus universim. Et quid ultra desiderari potest? In contrarium dolorem me adigunt, quae circa beatam illam filiam tuam administrabantur; excessum hunc illius felicem praedico; luctum in Dei gloriam muto, infortunium in gratiarum actionem : cum tam feliciter, ita ut vix optares, videam praesentibus liberatam. Verum haud ita diu in vita fuit; quid interest si plures, an pauciores dies vitam nostram dividant; cum minus et magis in easdem mortis portas nos transmittant? Praeteritis nemo delectatur; quod futurum est, nondum est ; praesens, in quo omnis oblectatio, momentaneum est. Longum ergo vitae, et breve tempus, cum delectamentum praesenti tantum circumscribat, una et eadem fruitione illum, qui longaevam attigit senectutem, et qui juventa floret, constringit; utriusque sensum oblectamento praesenti errabunde definiens; nullius autem vel e praeteritis, aut futuris, voluptate gaudere cuivis permittens, adeo res indifferens est, longo vel brevi spatio superesse. Imo potius haud est indifferens; si enim a maculis nemo prorsus est immunis, quod et dicto et facto confirmatum videmus, ne si vita ejus sit unius diei, certe qui et abbreviato magis tempore istius vitae exuit tabernaculum luteum, cum paucioribus corporis sordibus hinc excedit. Quocirca qui luget illius obitum, eo quod a praesentibus tam cito liberatur, eo quod minus macularum participavit, polluentium lacrymas fundit, et inter calamitates computat, quod splendidior sponso praesentetur. Sed excessit ante tempus. Quin hanc ego vocem nullus audiam, dictu audacem, cogitatu audaciorem. Ante tempus, ais? Cum nasceretur, cur non dicitur ante tempus in lucem edita? Nascebatur de divino nutu et tempestive. An nosmet nos statuemus arbitros de tempore, quod ad conditorem hinc abibit? Annon ille opifex produxit in tempore, ad se assumet nesciens, opportunum tempus? de gutta in carnem solidavit, in utero formavit, in lucem produxit, ab infantia ad aetatem puerilem custodivit, ad thalamum, ad perfectam aetatem, ecquid horum intempestive? ut cum in aeternum vitam permutat, tum solum agit intempestive? sit longe a lingua pietatem meditante hæc blasphemia, longe ab animo moderato; dignum id est longis lamentis, et multis lacrymis, obrutum hominem tali cogitationum nequitia; non autem mortalia immortalibus mutare: quocirca lugere non oportet illam quæ corpus mortale reliquit, sed illum qui mortificat mentem immortalem, non quam thalamus cœlestis complectitur; sed qui spe mortifera animam sepelivit: sed prævenit abiens parentes; et quid tum? operata forsitan patris et matris interitui, hinc tunc excedere debuit tot plagis cæsa. Hæc qui ait, non patris viscera, sed novercæ affectum refert, non patris aut matris certe amorem; magis illum, qui quod se oblectet quærat, quam quod filiæ exsistat gratum, quique sub desideriis filiæ sui ipsius curam meditatur. Quid tristitiæ est intueri mortem amatorum? excessit hinc filia, a morte libera, hoc triste non est: et quid nos tum commonimus tristitia? si rediviva tibi adesset nata, et astans manum manui misceret, si blando et exhilarante vultu oscula daret et alloqueretur. Quid te affligis, pater? quid lamentaris, quasi mala me excedentem ambirent? Habitare paradisum sortita sum, jucundum oculis spectaculum, jucundius fruitione, experientia omnem excedit fidem; paradisus ille sedes paterna et principalis nostri generis, in quo Dominicæ manus opificium naturale primi nostri parentes, antequam insibilaret serpens, hoc est, beatam vitam agebant: hunc campum ille nequam et incurvus serpens illabi nequit adhuc, nec insusurratos sermones insinuare fraudulenter. Inest ibi nobis mens omni machina superior, omni arte major, non est ibi oculus aperiendus aut majoris oblectationis fruendæ desiderium. Sumus omnes sapientia divina et cœlesti sapientes; vita omnis transigitur in inenarrabilibus nec invidendis bonis, inde tota nobis festivitas et panegyris: splendidi splendide in corporibus incorruptibilibus et purissimis versantes, Deum videmus, quomodo homini videre fas est Deum, illius inexplicabile et incomprehensibili pulchritudine, quasi luxuriantes, continuo tripudiamus, nec satietas adest: luxuriæ abundantia illius summitas sit dilectionis, et illam comitata fruitio inenarrabile illud gaudium, et inexplicabilem exsultationem operatur: adeo ut amor me immensus eo revehat, dum tecum hos sermones fero, nec possum illorum partem vel minimam referre. Accedes tu aliquando eo cum dilecta mea matre, et tum me paucæ quædam de multis, et minutiora enarrasse censebis, teque ipsum de hac tristitia accusabis, qui me in talibus bonis versantem deploras: verum, dilectissime pater, de cætero me lætus præmitte isthinc, nec diutius detine, ne plus incommoderis, et idcirco vehementius affligaris. Si apud te hæc vel similia tecum beata tua filiola colloqueretur, annon permotus inde gemitus abigeres, et lætus lætam abire permitteres? Deinde si filia hæc diceret, an meliori statu erimus, et lamenta rejiciemus? sin communis Conditor, et Dominus clamet: *Qui credit in me, etiamsi morietur vivet* [21]; et, *qui præparavit diligentibus se, quæ oculus non vidit, nec auris audivit, nec in cor hominis ascenderunt* [22]; tanquam infideles nihilo erimus meliores, et plus dolebimus? ubi bonum, justum, ubi ratiocinationes conjunctæ cum decenti aut utili? Ulterius, nonne pudet ornatissimam meam sponsam virilem conditionem in muliebres lacrymas diffundendo et irruendo, femineæ imbecillitatis curam omittere, ne rationabilis et conducens compassio dissipet irrationalem et inutilem. Si viri, per quos feminæ firmantur, non minus quam feminæ plangunt, unde illæ solamen acquirent? quos laudando proponemus ob strenuitatem imitandos? ad quos respiciemus? Verum noli tu quidquam te ipso vel genere tuo indignum perpeti, aut, ut magis tempori congruum dixero, adulterinum: in luctum ne ultra decorum efferamus, nec cum viri sumus, muliebriter passionem feramus, cum multoties multis in locis fortes nos præstiterimus: Opifex ad se transtulit opificium; sed plus dedit quam abstulit: et subsistant precor diu viventes, et parentes gaudio afficientes filii alii filiæque: dolet quod præteriit, lætitia afficiant præsentes, gratias de ablatis agamus, ut stabiliter fruamur iis quos habemus, deque iis gaudium et exsultationem habeamus: pulchrum est successores possidere, possidemus: præclarum est primitias largitori consecrare et omnium datori, quod fecimus, offerre. Incertum prius erat, ques e liberis Deo primitias dare, quos generis destinare successioni oporteret. Nunc si gratanter primitias dederimus, non inter incerta vacillabit spes, sed immoto in statu defixi erimus: Deus nunquam accepit, quin amplius largiatur; semper vel minima maximis et insperatis bonis remunerat. Sin planctu, ut injuria affecti primitias dedecoremus: quanquam nihil ego proloqui infaustum velim, quippe qui sperem te de cætero nullam talem passionem, lamenta, mœrorem admissurum, unde infausti quidquam procuretur: mihi Numen et spe et suffragio faveat; favet autem, et libertatem loquendi concedit, te ab animi mœrore in gratiarum actionem converso, plurima cum antiqua tum recentia exempla, quæ solamen afferant, repræsentare possum. Quin ut quod res est dicam, tota hominum vita hujus est exemplum, quam cogitatione rememorans facile dejectionem omnem amolietur. Majus adhuc dixero, et tremendum illud; ad quos pertinet defunctos deplorare? hic ipse non dicam, sed orbis præconem compello, ut voce sua enuntiet cœleste decretum: *De dormientibus nolo vos ignorare, fratres, ut ne tristitia vos ita afficiamini, quemadmodum et cæteri, qui spem non habent* [23]. Paulus horum est buccinator, cœlesti institutus ludolitterario, qui to-

---

[21] Joan. xi, 24. [22] I Cor. ii, 9. [23] I Thess. vi, 12.

tum mundum omvit prædicando : Christi os clamat, infideles decere, de defunctis tristitia affici, resurrectionis spem exstinguere, non credendo virtutem mysterii secundum Christum. Tristitiam igitur exuamus, ne reatum contrahamus tanti mali ; ne filiam tuam vero damno afficiamur; nam nunc Abrahami sinu fovetur, ibidem non ita longo post hac tempore illam lætam et exsultantem intuebimur : sin contra Domini legem puellam defleo, ab illo pulchro spectaculo expellor. Visne ergo filiam intueri, repelle luctum, per actionem gratiarum declara te dignum lætitia illa? si luctibus adhuc indulgeamus, desiderato nos privamus. Lætitia inibi ploratus nescit. Exsultationis et gaudii nuptialis thalamus locum lugentibus non concedet; nec admittet lacrymantes, quos hæredes gaudii inexplicabilis habet. Visum est factori figmentum refingere ad immortalitatem; hanc felicem ego sortem puellæ non invideo, nec sententiam contra murmurabo eam, quam amplecti deberem : Dominicam largitatem in argumentum ingratitudinis non traxero. Morbo aliquando laborabat filiolus magni regis David, morbus sepulcrum monstrabat. Ille morbum calamitatis loco habens, pronus sternitur, lacrymas implorat numen, a cibo et omni corporis cultu abstinet. At ubi excessit puellus, statim deponebat luctum. Orabat prius ut viscerum stirps subsisteret; postquam vidit Fictorem determinasse abitum, per luctum judicis sententiam violare non erat ausus : sed sublimiorem se omni dejectione præstans, voces emisit gratias agentes, et usitato more se refecit. Ita non affectos esse decet; si infirmatur filius cognatus, amicus, si morbus mortem parturiat : Deum veneror, ut auferat morbum, det, donet desiderantibus desiderium suum : sed translationem ille utiliorem judicat ; decet deinceps de illa dispensatione gratias agere, contentos esse, nec luctu et gemitibus Creatoris judicium violare. Si quis nobis insidictur dæmon, et Jobum rursus deposcit, si malevolum cum servo suo committere Deus velit, si patientiam vult explorare ad convictionem adversarii, si stadium certamini aperit, ut pudefaciat antagonistam, athletam coronet : mæstitiæ argumentum virtutis deprecationem facere non oportet, nec tempus coronarum lamentorum tempus constituere, non certaminis diem, diem lacrymarum ; non per eos quos coronavit patientia; non per coronas ipsas immarcescibiles et splendidas : hæc generosum tuum animum dedecent, judicium solidum, virtutes reliquas. Quocirca, stemus viriliter; stemus confidenter, ut milites cœlestis regis cum hoste congrediamur. Agonothetæ testimonium ne pudefaciamus ; nec adversarii audaciæ in maleferendo applaudamus : nec si quid a principio viriliter gessimus, posterioribus mollefaciamus ; ne simus fortes ad movendam hostis invidiam, in fine autem vincere inepti, et desides convincamur : hostis proclivis ad lapsum, cum videat ferre nos patienter tentationes, ocius absistit a tentando, videns hominem firmiter a fortitudine fundatum. In proximo stat qui coronas donat, splendidis remunerat agonistam coronis ad se susceptum, nec ulterius permittit cum hoste impetendum; quin illum longius amovet. Quod si impudentius instet, artes ejus et insidias difflat; patientis dolores remunerat felicitate et gaudio multiplicato. Horum omnium exemplum præbet beatus rursus Job, cujus participes velut et plagarum facti sumus, gaudii, gloriæ, et resplendentiæ, vel flemus saltem, vel in præsenti, vel in sæculo interminabili, intercedente gloriosissima Domina nostra, Deipara, semper Virgine Maria, cum omnibus sanctis. Amen.

EPIST. LXIV.
Constantino notario.
Montacut. (ep. 239, p. 360).

Tardus fuisti in memoria missorum recolenda ; tardior ad promissa exsequenda; de oblitis mandatis concedenda est tibi venia ; at quod promissum non præstiteris, si fervoris cujusdam donum erat, ad negligentiam solam spectat.

EPIST. LXV.
Nicetæ aspathario, et de rebus privatis pro metropolitis Cyzici et Laodiceæ agenti.
Montacut. (ep. 240, p. 360).

Animam ego tuam Dei amantem novi sua sponte in bonum ferri, et ab ingenita dispositione illis compati, qui pro Christo patiuntur. Sed propterea quod magni faciam de tuis virtutibus gloriari, et debitum a me illud exigi videam, ut commembris et fratribus compatiar : idcirco, ante orationem cogitationes, ante manus orationem, et una cum iis manum supplicem prætendo. Hæc apud te sufficient, scio ; et fortassis fers ægerrime, quod petitionem non exponam, et laboras de admonitione meæ intercessionis, ne scilicet fortassis tuæ perfectionis me oblivio ceperit, cum tu multoties intercessionem præveneris, non exspectata admonitione : et mihi quidem ista sunt persuasissima. Sed dolor mihi conceptus de coathletis et concaptivis meis ita me disponit, ut a longe exordiar intercessionem; at nunc expediam, Dei veri sacerdotes, et nostri consacerdotes ab æstu et frigore consumuntur. Subeat tibi cogitatio, quanto jam tempore decurso de emendicata stipe, et pecunia gravissimis usuris mutuo accepta vix vitam sustinuerint, coacti non aliter quam volucres cœli nidos sibi construere, et aliquod vitæ solatium vel exiguum procurare. Ostende teipsum non dissimilem tui, et Dei desiderium tibi inhærens extra te diffunde; dum illorum miserearis, leniorem nobis redde maxima ex parte dolorem, illorum solando indigentiam. Animæ procurat indulgentiæ veniam, si quis animabus pro Christo afflictis, auxilium ferat. Quid autem aliud ego scribo ? quam ut is qui supplicat rogando, concessa petitione gratias agat ; propterea quod in cæteris mei bene memor fueris, et præsentem petitionem fervide, et sine prætexta excusatione adimpleveris potiusquam adimplebis : Christus omnis misericordiæ et consolationis Dominus ad omne tui voti desiderium aurem apertam omnigenis bonis adaugeat? usque dum regni illius, ubi nulla est successio, beati participem faciat.

EPIST. LXVI.
Stauratio spatharocandidato præfecto insulæ Cypri.
Coteler. (Monumenta Eccles. Græc., t. II, p. 104).

Piscis capito in paludibus plerumque vitam agit. Is, prout marina constat experientia, ventri strenue imperat, temperatumque victum in natatili servat natura. Unde in nullum animal insurgit, neque eorum quæ ad capturam promptissima sunt : sed ei natura est, erga omne marinum genus, instar caducei, et mos instar fœderis ac inviolabilis jurisjurandi. Adeo autem iis quæ diximus custodiendis operam dat, ut si quando ventorum vis et maris procellæ ipsum a consueto pastu abegerint, simulque ingruens fames e patria abduxerit, atque oberrat capito ad quærendum cibum; neque tunc ab eo solvuntur patriæ jura; verum etiam exsul, et sæpe alimento, si ita casus tulerit, ob oculos posito, ac fame compellente ad violationem legum; neque per oblatum illicitur, neque vim inferenti cedit, sed prout diximus, etiam præda in conspectu posita, ipse abstinet, insitamque philosophiam ostendit tum fame tum ventre tum eo quod escæ desiderium extrinsecus movet fortiorem. Quocirca si adhuc vivit quod sese obtulit, non sustinens perdere sibi congener, nequaquam dapem attingit. Sin vero vitæ expers adsit, per id quod non amplius est nec dolorem sentit, violentiam famis solatur ac dissolvit. Capito itaque piscis, ne sensu quidem destituta tangit corpora, nisi valde urgeat fames naturamque vincat. Tu vero qui vivos homines cum facultatibus suis integros, idque inter delicias (quid enim me oportet dicere, nulla compellente necessitate?) adeo impudenter, et coram ipsius patriæ oculis, deglutis inhianter atque insaturabiliter devoras, quam in alia vita excusationem habiturus es, cum ne in hac quidem locum invenias ut cum piscibus conferaris?

EPIST. LXVII.
Quod non oporteat ad præsentes vitæ molestias attendere.
Coteler. (l. c. p. 106).

Grata res homini est, vita sine dolore tranquilla, sed obtentu difficilis, imo ex sententia eorum quorum judicium a recta ratione non aberrat, impossibilis. Ob ea ergo quibus delectamur, Creatori et voluptatis inculpatæ largitori gratiam habeamus; circa molestias autem, in nobis invenire est, ut earum causam, ita et remedium ad curationem. Nam tristium pleraque, non ex seipsis plagam inferunt, sed a nostra opinione accipiunt quod feriant. Privatus est aliquis divitiis? Quid potest privatio contristare? At ego privationem rem gravem puto : patet quod ipse ego nihil adversus me moventem armo, ut in me acerbum emittat jaculum. Siquidem vel invidia, vel commune civitatis aut patriæ infortunium, vel ex externis aliud quidpiam, potuit me etiam nolentem ad paupertatem redigere; at tristitiam inferre nihil horum ullatenus poterit, nisi ipse voluero. Verum charissimi liberi e sinu meo abscesserunt, et in quos intuens gaudebam, omnesque vitæ spes appendebam, ii subito fatale decretum subierunt? Neque illi omnino ex se habent percellere, cum præsertim sicut in nativitate, ita et in exitu legibus naturæ paruerint. Ast ego in summa tranquillitate degentes, tanquam magna tempestate procellaque vexatos *reputans*, meisque ductus cogitationibus, et commiserationem conciens nihil illis conferentem, mihimet ipsi vulnus infligo inutile. At mihi concidit domus? Quid ergo? Si me quoque comprehendit, nihil ad me : neque enim sentio. Quod si multis cadentibus, ego casum evasi, quo modo qui ægre fero collapsa esse inanima, cum gratias agere deberem quod ereptus fuerim, non ipse mihi molestiam concilio? Ita sane et in reliquis omnibus. Nam quæ velut in exemplis prolata sunt, communia sunt cunctis, erga quæ humana vita quotidie, alia sursum alia deorsum agens, versatilem suum volutat circulum. Unum igitur est duntaxat inter hujusce vitæ cuncta, de quo oportet gravem dolorem suscipere, et a quo liberari satagendum est. Cætera vero fere omnia quæcunque contigerint, equidem si mala esse judicem, tanquam molesta mihi incumbent; sin autem ad ea non attenderim, eorum nullum aliquam mihi valet affigere anxietatem. Quidnam ergo est de quo me oportet esse sollicitum, non autem de dolore curam gerere? Animam conservare intactam et liberam a peccatorum spiculis : et si quod eorum ad illam pertigerit, plagamque protulerit ad cicatricem, excitari ad curandum vulnus, sanitatemque revocandam. Reliqua vero omnia, gloria et divitiæ, potentia et robur corporis, quodque pretiosius est, dicendi facultas, pueri sunt in vita ludentes, imo potius ne pueri quidem, sed scena fabulam puerorum repræsentans, vel si quid his est fallacius.

SYNOPSIS EPISTOLARUM PHOTII A MONTACUTIO EDITARUM IN FOL. LONDINI 1651, PROUT NUNC IN HAC NOSTRA EDITIONE SUNT DISPOSITÆ.

Edit. Montacutii.	Editio nova.	Edit. Montacutii.	Editio nova.
Epistola 1	Epistola lib. I, 8	— 2	— I, 13

EPISTOLÆ. — INDICES.

Edit. Montacutii	Editio nova.			Edit. Montacutii	Editio nova.		
Epistola 3	—	—	I, 4	— 77	—	210	
— 4	—	—	I, 5	— 78	epist.	—	III, 25
— 5	—	—	III, 1	— 79	—	—	III, 26
— 6	—	—	I, 6	— 80	—	—	III, 27
— 7	—	—	II, 68	— 81	—	—	III, 28
— 8	—	—	I, 7	— 82	—	—	III, 29
— 9	—	—	II, 1	— 83	—	—	II, 55
— 10	—	—	III, 2	— 84	—	—	II, 79
— 11	—	—	II, 2	— 85	—	—	III, 30
— 12	—	—	II, 69	— 86	—	—	III, 31
— 13	—	—	III, 3	— 87	—	—	II, 11
— 14	—	—	III, 4	— 88	—	—	II, 56
— 15	—	—	II, 46	— 89	—	—	II, 57
— 16	—	—	III, 5	— 90	—	—	II, 80
— 17	—	—	II, 3	— 91	—	—	III, 52
— 18	—	—	I, 11	— 92	—	—	II, 81
— 19	—	—	I, 12	— 93	—	—	III, 33
— 20	—	—	II, 70	— 94	—	—	II, 58
— 21	—	—	III, 6	— 95	—	—	II, 12
— 22	—	—	III, 7	— 96	—	—	II, 13
— 23	—	—	II, 4	— 97	—	—	I, 16
— 24	—	—	II, 5	— 98	—	—	I, 17
— 25	—	—	II, 71	— 99	—	—	II, 59
— 26	—	—	II, 72	— 100	—	—	II, 60
— 27	—	—	II, 73	— 101	—	—	II, 61
— 28	—	—	II, 6	— 102	quæstio 211		
— 29	—	—	III, 8	— 103	epist.	—	II, 82
— 30	nunc quæst. 171			— 104	—	—	II, 62
— 31	— 172			— 105	—	—	III, 34
— 32	epist.	—	II, 47	— 106	—	—	II, 14
— 33	quæstio 173			— 107	—	—	II, 15
— 34	— 193			— 108	—	—	III, 35
— 35	— 194			— 109	—	—	III, 36
— 36	— 195			— 110	—	—	III, 57
— 37	— 196			— 111	—	—	II, 16
— 38	— 197			— 112	—	—	II, 63
— 39	epist.	—	III, 9	— 113	—	—	II, 64
— 40	—	—	II, 7	— 114	—	—	III, 38
— 41	—	—	II, 74	— 115	—	—	II, 17
— 42	—	—	II, 75	— 116	—		II, 18
— 43	quæstio 198			— 117	—	—	II, 83
— 44	epist.	—	III, 10	— 118	—	—	II, 84
— 45	—	—	II, 53	— 119	—	—	II, 85
— 46	—	—	III, 11	— 120	—	—	III, 39
— 47	—	—	III, 12	— 121	—	—	III, 40
— 48	—	—	III, 13	— 122	—	—	II, 86
— 49	—	—	III, 14	— 123	—	—	III, 41
— 50	quæstio 199			Epistola 124	Epistola	lib. III, 42	
— 51	epist.	—	III, 15	— 125	quæstio 212		
— 52	—	—	III, 16	— 126	epist.	—	II, 19
— 53	—	—	III, 17	— 127	quæstio 213		
— 54	quæstio 200			— 128	epist.	—	II, 87
— 55	epist.	—	III, 18	— 129	quæstio 214		
— 56	—	—	III, 19	— 130	epist.	—	III, 43
— 57	—	—	III, 20	— 131	—	—	III, 44
— 58	quæstio 201			— 132	quæstio 215		
— 59	epist.	—	III, 21	— 133	—		216
— 60	—	—	III, 22	— 134	—		217
— 61 { et quæstio 202			II, 54	— 135	—		222
— 62	quæstio 203			— 136	epist.	—	II, 65
— 63	— 204			— 137	quæstio 218		
— 64	— 205			— 138	— 219		
— 65	epist.	lib. II, 76		— 139	— 220		
— 66	—	—	II, 77	— 140	epist.	—	II, 20
— 67	—	—	III, 23	— 141	—	—	II, 21
— 68	—	—	II, 78	— 142	—	—	II, 48
— 69	—	—	II, 8	— 143	—	—	II, 49
— 70	—	—	II, 9	— 144	quæstio 221		
— 71	—	—	II, 10	— 145	— 81		
— 72	quæstio 206			— 146	epist.	—	III, 45
— 73	epist.	—	III, 24	— 147	quæstio 82		
— 74	quæstio 207			— 148	epist.	—	II, 22
— 75	— 208			— 149	—	—	II, 88
— 76	— 209			— 150	—	—	III, 46
				— 151	quæstio 83		

Edit. Montacutii	Editio nova.			Edit. Montacutii	Editio nova.		
Epistola 152	—	84	—	201	—	II,	34
— 153	epist.	— III,	47	202	—	II,	35
— 154	—	— III,	48	203	quæstio 104		
— 155	quæstio 85			204	epist. —	II,	90
— 156	—	86		205	quæstio 105		
— 157	—	87		206	epist. —	II,	36
— 158	epist.	— III,	49	207	—	II,	44
— 159	—	— II,	50	208	quæstio 106		
— 160	—	— III,	50	209	—		107
— 161	quæstio 88			210	—		108
— 162	—	89		211	—		109
— 163	—	90		212	epist. —	II,	92
— 164	—	91		213	quæstio 110		
— 165	—	92		214	—		111
— 166	—	93		215	epist. —	II,	37
— 167	—	94		216	quæstio 112		
— 168	epist.	— III,	51	217	epist. —	II,	91
— 169	—	— II,	23	218	—	II,	45
— 170	—	— II,	66	219	quæstio 113		
— 171	—	— II,	24	220	epist.	II,	38
— 172	—	— III,	52	221	—	II,	39
— 173	—	— II,	25	222	—	II,	40
— 174	—	— I,	14	223	—	II,	41
— 175	—	— II,	26	224	—	III,	59
— 176	quæstio 95			225	—	II,	42
— 177	—	96		226	—	III,	60
— 178	—	79		227	—	II,	43
— 179	epist.	— II,	27	228	quæstio 114		
— 180	quæstio 98			229	epist. —	II,	51
— 181	—	99		230	—	II,	52
— 182	—	100		231	—	II,	93
— 183	epist.	— II,	89	232	—	III,	61
— 184	—	— II,	28	233	—	III,	62
— 185	—	— III,	53	234	—	III,	63
— 186	—	— II,	29	235	—	II,	94
— 187	quæstio 101			236	—	II,	95
— 188	epist. lib.	I,	15	237	—	II,	96
— 189	—	— III,	54	238	—	II,	97
— 190	—	— III,	55	239	—	III,	64
— 191	—	— II,	30	240	—	III,	65
— 192	quæstio 102			241	quæstio 115		
— 193	epist.	— III,	56	242	epist. —	II,	98
— 194	—	— II,	31	243	—	II,	99
— 195	—	— II,	67	244	—	II,	100
— 196	quæstio 103			245	—	II,	101
— 197	epist.	— III,	57	246	quæstio 116		
— 198	—	— II,	32	247	— 117		
— 199	—	— II,	33	248	— 118		
— 200	—	— III,	58				

PHOTII EPISTOLARUM ORDO NOVUS PROUT IN HAC NOSTRA EDITIONE DISPONUNTUR.

LIBER PRIMUS.

Edition. novæ 1ª Latine, Baronius ad an. 859; Græce, Jager, *Histoire de Photius*, pag. 433.
— 2 Latine, Baronius ad an. 861 nº 34; Jager *loc. cit.* pag. 452, cum supplemento ex Ang. Mai, *Biblioth. nov.* t. IV, p. 55.
— 3 (*Memoratur tantum*.)
— 4 Montacut. , 3
— 5 — 4
— 6 — 6
— 7 — 8
— 8 Montacutii 1 et apud Canisium *Antiquæ lectiones*, t. II, part. II, pag. 382 ed. Basnagii.
— 9 Latine, Mai, *Spicileg. Rom.* t. X, part. II, pag. 440-459.
— 10 Latine, Mai *ibid.*, pag. 460-462.
— 11 Montacutii 18
— 12 — 19
— 13 Montacut. 2
— 14 — 174
— 15 — 188
— 16 — 97
— 17 — 98
— 18 Mai, *Scriptor. vet. nov. collect.*, t. I, part. II, pag. 216.
— 19 ⎫
— 20 ⎬
— 21 ⎨ Montacut. *appendice*, p. 385 seq.
— 22 ⎬
— 23 ⎭
— 24 Combefis. *Auctar. novissim.* t. I, pag. 527.

LIBER SECUNDUS.
Edition. novæ epist. 1 Montacutii epist. 9
— 2 — 11
— 3 — 17

EPISTOLAE. — INDICES.

Edition. novæ epist.	Montacutii epist.	Edition. novæ epist.	Montacutii epist.
— 4	— 23	— 78	— 242
— 5	— 24	— 79	— 84
— 6	— 28	— 80	— 90
— 7	— 40	— 81	— 92
— 8	— 69	— 82	— 103
— 9	— 70	— 83	— 117
— 10	— 71	— 84	— 118
— 11	— 87	— 85	— 119
— 12	— 95	— 86	— 122
— 13	— 96	— 87	— 128
— 14	— 106	— 88	— 149
— 15	— 107	— 89	— 185
— 16	— 111	— 90	— 204
— 17	— 115	— 91	— 217
— 18	— 116	— 92	— 212
— 19	— 126	— 93	— 231
— 20	— 140	— 94	— 235
— 21	— 141	— 95	— 236
— 22	— 148	— 96	— 237
— 23	— 169	— 97	— 238
— 24	— 171	— 99	— 243
— 25	— 173	— 100	— 244
— 26	— 175	— 101	— 245
— 27	— 179	— 102	Edita a Francisco Scorso in præfatione ad opera Theophanis Ceramei, fol. Paris. 1644.
— 28	— 184		
— 29	— 186		
— 30	— 191		
— 31	— 194	**LIBER TERTIUS.**	
— 32	— 198	Edition. novæ epist. 1	Montacutii epist. 5
— 33	— 199	— 2	— 10
— 34	— 201	— 3	— 13
— 35	— 202	— 4	— 14
— 36	— 206	— 5	— 16
— 37	— 215	— 6	— 21
— 38	— 220	— 7	— 22
— 39	— 221	— 8	— 29
— 40	— 222	— 9	— 39
— 41	— 223	— 10	— 44
— 42	— 225	— 11	— 46
— 43	— 227	— 12	— 47
— 44	— 207	— 13	— 48
— 45	— 218	— 14	— 49
— 46	— 15	— 15	— 51
— 47	— 32	— 16	— 52
— 48	— 142	— 17	— 53
— 49	— 143	— 18	— 55
— 50	— 159	— 19	— 56
— 51	— 229	— 20	— 57
— 52	— 230	— 21	— 58
— 53	— 45	— 22	— 60
— 54	— 61	— 23	— 67
— 55	— 83	— 24	— 73
— 56	— 88	— 25	— 78
— 57	— 89	— 26	— 79
— 58	— 94	— 27	— 80
— 59	— 99	— 28	— 81
— 60	— 100	— 29	— 82
— 61	— 101	— 31	— 86
— 62	— 104	— 32	— 91
— 63	— 112	— 33	— 93
— 64	— 113	— 34	— 105
— 65	— 136	— 35	— 108
— 66	— 170	— 36	— 109
— 67	— 195	— 37	— 110
— 68	— 7	— 38	— 114
— 69	— 12	— 39	— 120
— 70	— 20	— 40	— 121
— 71	— 25	— 41	— 123
— 72	— 26	— 42	— 124
— 73	— 27	— 43	— 130
— 74	— 41	— 44	— 131
— 75	— 42	— 45	— 146
— 76	— 65	— 46	— 150
— 77	— 66	— 47	— 153
— 78	— 68	— 48	— 154

Edition. novæ epist.	Montacutii epist.	Edition. novæ epist.	Montacutii epist.
— 49	— 85	— 60	— 232
— 50	— 158	— 61	— 233
— 51	— 160	— 62	— 234
— 52	— 168	— 63	— 239
— 53	— 172	— 64	— 240
— 54	— 185	— 65	— 224
— 55	— 189	— 66 Cotelerius . Monumenta Eccles. Græc. t. II, pag. 104, 105.	
— 56	— 190		
— 57	— 193		
— 58	— 197	— 67 Ibid. pag. 106-108.	
— 59	— 200		

PHOTII
MYRIOBIBLON SIVE BIBLIOTHECA.

NOBILISS. ET AMPLISS. VIRIS
QUIRINO RECHLINGERO, MARCO VELSERO,
AUGUSTÆ VINDELICORUM DUUMVIRIS PRÆFECTIS SEPTEMVIRUMQUE COLLEGIO,
DOMINIS AC PATRONIS PLURIMUM OBSERVANDIS. S. P.

Photius ille, omnium eruditorum *tanto petitus ambitu, tanto datus*, tandem e tenebris erutus exit. Etsi enim ea sunt nostra tempora, quibus non injuria dubites, plusne commodi an incommodi respublica litteraria sibi habeat polliceri; propterea quod alibi bella, alibi eruditæ doctrinæ contemptus atque odium, ruinam aliquam minari videantur : tamen cum ab annis haud ita multis, præter exspectationem, diversis e locis, et quidem nonnullis parum pacatis et tranquillis, complures, notæ optimæ, veterum auctorum libri in lucem prodierint, atque etiam nunc quotidie proferantur; animum nequaquam despondendum duxerim. Verum id quidem est, sæculum illud aureum, quod aiunt, fuisse ἡγεμονικόν, alterum, θυμικόν· quibus et sapientiæ et fortitudinis laude homines in primis excelluerunt : sed neque hoc tempore, quod ἐπιθυμητικὸν indigitant, sapientum virorum exempla, virtuteque heroica præditorum desunt : Ἀρχαῖαι δ' ἀρεταὶ (ut Lyrici verbis utar) ἀμφέρονται, ἀλλασσόμεναι γενεαῖς ἀνδρῶν, σθένος. Nimirum omnibus sæculis aliqui divinitus excitantur, qui disciplinas liberales propagatum eunt, quæ solæ genus hominum salvum atque incolume conservant. Quo feliciorem hanc ætatem nostram judico, qua cum alii scriptores antiqui revixerunt, tum inter cæteros ille ipse (quem dixi) in omni genere doctrinarum præstantissimus scriptor Photius. Cui, ut a lumine nomen, ita luce tandiu carendum fuisse, demiror; auctori, cujus e Myriobiblo theologi, medici, historici, oratores, philologi denique uberrimum fructum et jucundissimum capere possunt. Id quod eulogia docent, quæ huic operi nunc primum a nobis edito præponenda curavimus. Nam Eclogas, cum censuris, non ex iis duntaxat libris, qui sunt in manibus fere omnium, Photius attulit : sed longe plura ex illorum monumentis ἀποσπασμάτια, qui vel temporum injuria prorsus amissi, vel quorumdam βιβλιοτάφων invidia nonnisi blattis expositi sunt. Neque ex sacris tantum, sed et exteris scriptoribus. Tam enim horum prodest lectio, judicium si adhibeatur, quam Moysi non obfuit Ægyptiorum, Danieli Chaldæorum, D. Paulo Græcorum disciplinas cognovisse, Israelitis denique vasa ex Ægypto in Palæstinam secum transtulisse. Ideo summa hic fide, qui delectus haberi, unde plus minusve exspectari possit, Photius ostendit. Hoc opus varia et multiplici tam rerum quam verborum refertum supellectile, viri nobilissimi, cur A. V. consecratum velim, multæ causæ sunt. In hac enim urbe illi renasci, characteris elegantia exornari, e vestra illustri Bibliotheca vulnera quædam sanari, accessiones denique fieri, contigit. In hac musæ et gratiæ domicilium nactæ creduntur, quod ii gubernacula reipublicæ teneant, qui ab ineunte ætate litteris omnibus dediti hoc genus laborum et probant, et eos adjuvare gestiunt, qui omnem in eodem operam ponunt. In hac, vestro auspicio, recentibus iisque pervenustis typis alia atque alia utriusque linguæ πονημάτια, brevi temporis spatio, excusa sunt. In hac denique nunquam defuerunt viri, quorum auctoritate codd. mss. et impressorum thesaurus augeretur atque ornaretur. Inter quos huic quoque Photiano operi locum decernere A. V. meque patrocinio, quo hactenus, clementer complecti ut digneris, oro etiam atque etiam. Bene valete, viri amplissimi, publice et privatim incolumes, ac perpetuo florentes.

Augustæ Vind. XII *Kal. April. Ann. MDCI.*

A. V. O. *DAVID HOESCHELIUS, Augustanus.*

NOBILISSIMO MARCO VELSERO, CÆSARIS CONSILIARIO,
REIPUB. AUGUSTANÆ DUMVIRO PRÆFECTO,
AND. SCHOTTUS ANTUERP. DE SOCIETATE JESU, LIB. MER. DD.

Si magnum illud militantis in terris Ecclesiæ columen B. Hieronymum presbyterum non piguit, Marce duumvir, catalogum ecclesiasticorum texere scriptorum, ex Eusebio Cæsariensi, ac scriptis cujusque, cur pudere me debeat, aut pœnitere laboris immensi, tædiique constanter absorpti in Photianæ *Bibliothecæ* interpretatione, quam tibi volens dedico consecroque, nondum equidem animadvertere possum. Ille jam inde ab initio nascentis Ecclesiæ telam orsus, altiusque a capite arcessens, sacrorum Ecclesiæ scriptorum seriem ad sua usque tempora produxit, ut legitima et pura a spuriis, et a palea triticum posteri segregarent. Hunc dein gloriosum, publiceque utilem laborem, variarum gentium auctores continenter pertexendum rati, de suæ quisque gentis scriptoribus catalogos conscripsit. In Iberia quidem Isidorus atque Ildefonsus sanctissimi viri; in Gallia Gennadius Massiliensis, et Honorius Augustodunensis; in Belgio nostro Sigebertus Gemblacensis; in Germaniaque nuper Trithemius abbas, excussis omnibus omnium bibliothecarum angulis, id præstiterunt. In Græcia vero primis illis, ut ætate, sic et eruditione fortasse æqualis Photius, hanc cum sacrorum, tum externorum *Bibliothecam* concinnavit librorum, quos a se lectos, Tarasii fratris rogatu recensuit, dum in Syria Constantinopolitani imperatoris orator versaretur, idque prius (ut ex opere quisque mecum judicabit), quam aulica ambitione corruptus, præcipitavit. Verum hoc utilior quam reliquorum in Occidente post Hieronymum Photii hic labor exstitit, ut majus etiam longe quam cæterorum simul omnium volumen excrevit, quod non recenseat modo veterum, qui in manus inciderunt scripta, sed et eclogas inde permultas, seu excerpta, totidem verbis, enumeratione sola minime contentus, transcripserit : forte quod animo provideret, menteque præsagiret, fore ut temporum injuria plerique, ut accidit, interciderent funditusque perirent, quorum certe ne nomina quidem, nedum ingenii monumenta, absque Photio esset, nostram ad ætatem pervenissent. Quod opus seu thesaurum verius, pridem exoptatum, ac diu multumque frustra investigatum, cum Tarracone Procli Chrestomathia Latine a me reddita, velut ex ungue leonem, æstimare cœpissem, nactus tandem Romæ sum. Describendum enim arbitratu meo permisit, quem honoris causa libenter nomino, illustrissimus Ascanius Columna, purpuratorum patrum ornamentum. Post vero cum id diligenter ad variorum exemplarium fidem comparatum, typographus Augustanus elegantibus typis evulgasset, efflagitarunt pene convicio familiares, quibus multum et vellem et deberem, ut Latina donare civitate promptuarium eruditionis, quo ad plures emanaret utilitas, pro virili contenderem. Cessi ergo amicorum precibus victus, et periculosæ plenum opus aleæ aggressus, ad exitum tandem, Deo vires animumque suppeditante, constanter adduxi. Quid sim assecutus, secutus certe, tuum, vir doctissime, lectorisque non imperiti judicium esto. Num quid amplius? Etiam. Patrocinium adhæc laboris plane Herculei, more institutoque majorum, abs te potissimum justis de causis imploro. Quod enim Græce apud vos Photius lumen primum aspexerit, Latinam quoque interpretationem subjungendam jus fasque censui, tum quod Augustanæ bibliothecæ nomen commune invitarit : quæ bibliotheca Vindelicorum, civitatis Germaniæ vere Augustæ, cum alios alia ad spectandam urbis civiumque elegantiam moveant, me potissimum, ob librorum calamo in membranis exaratorum et copiam, et vetustatem, in sui admirationem rapuit detinuitque. Ad quam quidem ornandam respublica vestra catalogum exemplarium quæ possideret, per Europam disseminasse non contenta, doctos etiam homines inusitata et prorsus singulari humanitate invitat quo eos ipsos libros invicem conferendo, ac veluti gladiatorum paria committendo, in hominum lucem aspectumque commodo publico producant. Quod utinam exemplum dynastæ ac reges secuti, in iisdem pedem vestigiis ponerent, ac libros sanctorum Patrum ineditos cognosci atque evulgari sinerent; næ plures longe Græcarum litterarum usum interpretando revocarent, nec amplius veluti muta tacerent, quæ in densis hodie tenebris, tineas pascendo, delitescunt. Sed id optare citius quam sperare liceat; nisi si Velserorum similes exoriantur, qui concordissimi fratres (vos enim bona venia appello Antoni, Matthæe, ac Paule) rem litterariam longe lateque provehitis, disciplinarum pomœria profertis, doctisque hominibus doctissimi ipsi opem re consilioque ferre non cessatis : ut jam ubique gentium non sit Phœbo gratior ulla,

Quam quæ Velseri præscripsit pagina nomen.

Te, te igitur, Marce, quæso obtestorque, ut qua cœpisti benevolentia, nostra complecti ne graveris; exstetque apud posteros pace tua, meæ in te observantiæ memorisque animi hoc qualecunque monumentum; quod locum, si videbitur, in Bibliotheca vestra, ex qua cum tot aliis Græce typis prodiit, Latine quoque reperiat. Si quis autem ex his vigiliis fructus ad alios legendo perveniet, quod studium quidem certe, ad interpretationem locis obscuris facem scholiis allucendo, tibi amice magne, grata posteritas acceptum referat. Soles enim ἀκλείστους θύρας παρέχειν σοφοῖς ἀνδράσι, quod de se aput Philostratum Vespasianus Aug. profitetur, cum sis ipse spirans quædam Bibliotheca. Suscipe itaque adversus obtrectatorum calumnias, operis vigiliarumque nostrarum libens volensque tutelam. Sic tibi illucescant, Deum venerans precor, ineuntis anni MDCVI Kalendæ feliciter. Antuerpiæ.

ERUDITORUM ALIQUOT
DE PHOTIO PATRIARCHA CONSTANTINOPOLITANO JUDICIA

Zonaras *Annalium* Tom. III.

Προχειρίζεται δὲ πατριάρχην τὸν Φώτιον, ἄνδρα τῶν ἐπισήμων πρωτοασηκρῆτις τότε τυγχάνοντα, καὶ ἐν λόγοις ὀνομαστότατον. In ejus locum suffecit Photium, virum insignem, primarium a secretis, et eruditionis nomine celeberrimum.

CEDRENUS.

Ὁ Βάρδας Φώτιον, ἄνδρα ἐπὶ σοφίᾳ γνώριμον, πρωτοασηκρήτην τηνικαῦτα ὑπάρχοντα, προχειρίζεται πατριάρχην. Bardas ergo Photium, celebrem sapientia virum, et secretariorum eo tempore principem, patirarcham creat.

FRANCISCUS TURRIANUS Proœmio in *Apostolicas Constitutiones* Clementis Romani.

Photius Constantinopolitanus in *Bibliotheca* sua, sic enim appellat volumen ingens de libris a se lectis, etc.
Photius incredibilis lectionis et acris judicii auctor.

Eruditissimus et incredibili lectione auctor, etc. In eo præsertim opere quod *Bibliothecam* de libris a se lectis nominavit, in quo tam accurate, tam acri ingenio, tam considerate, tam docte, tam distincte, tam libere de tanta multitudine et varietate librorum judicium facit, ut nihil animadversione dignum prætermisisse videatur.

Quam sit autem grave in hoc judicio et quantæ auctoritatis Photii testimonium, intelligere licet et existimare, etc. Tum in primis ex Bibliotheca, sic enim inscripsit, ut paulo ante dixi, ingens volumen de libris omnis generis a se lectis, in quo ita fere cujusque argumentum, et genus styli ac doctrinæ discernit et notat, ut qui summas illas legat, totos libros et ingenia auctorum nosse sibi videatur. Quis igitur nostræ ætatis se cum Photio conferre audeat, sive ingenium ejus spectemus, sive πολυμαθίαν et πολυπειρίαν;

Ex litteris Joannis Livineii ad D. H.

Photii scriptum urgeri, puto vehementer e re litteraria esse. Est enim varium, et omnibus ingeniis ac studiis valde serviens. Deinde quanti æstimas, scire nos saltem quot bonorum scriptorum in omni genere doctrinæ, qui viro illi φιλολογωτάτῳ visi lectique, naufragium fecerimus.

Ex litteris Jos. Scaligeri ad eumdem.

Utinam, mi Hœscheli, in Photii editione exornanda te juvare possem. Librum quidem totum in duos tomos distinctum, manu Henrici Stephani scriptum olim legi, opus varium, ex cujus editione incertum, majorne redundatura sit in te gloria, an in alios utilitas. Certe tam egregium scriptum non alio editore dignum erat, quam te, qui tot bonorum auctorum editione et eruditionem tuam et propensum in litteras animum testari volueris. Neque ego, neque Vulcanius noster te juvare in hoc possumus, qui nulla exemplaria ejus libri habemus. Sed si habes, ut dicis, duo, puto te omnibus aliis æquo animo carere posse.

Ex litteris Isaaci Casauboni ad eumdem.

Ain' tu autem? esse te in eo ut Photii *Bibliothecam* edas? o munus vere munificum! o te liberalem! facile est ex iis quæ sunt edita de illius libris tanquam ex unguibus leonem æstimare.

ISAACUS CASAUBONUS DAVIDI HŒSCHELIO S. P. D.

§ Photium tuum quanta poteram diligentia inter aulicos strepitus, avidissime certe percurri. Ostendi etiam munus tuum doctis magnisque viris: quorum in hac regia urbe numerus haudquaquam pœnitendus. Omnes tibi et præstantissimo Velsero gratias agere immortales, quorum auctoritate et industria utilissimum scriptorem proximo autumno se habituros sperant. Principem inter hujus ordinis viros locum obtinet præses Thuanus: quem ego virum divinitus datum censeo sæculo isti in exemplum pietatis, integritatis, probitatis, et ut uno verbo dicam πάσης ἀρετῆς καὶ καλλονῆς ψυχῆς. Sunt et multi alii qua in aula, qua in senatu Parisiensi λάμποντες ἀστέρες ὡς vestri studiosissimi, et purioris litteraturæ amantissimi. Omnes hi Photium vestrum cupidissime exspectant, eximie autem Franciscus Pithœus, de quo nuper scripseram, esse in ejus manibus Photii exemplar, collaturum me tuum codicem cum illo: et excerptas inde γραφὰς διαφόρους isthuc missurum. Neque ab illo neque a me insuper habita ea cura, sed paucorum foliorum comparatione didicimus, nihil aut parum omnino auxilii ad ornandam tuam editionem a Pithœi libro esse exspectandum. Quare aliud censeo agamus. Equidem si domi in Museo meo quæ sunt a te missa legissem, aut otii plusculum habuissem ad id negotium, plura et meliora in eo Scriptore observassem et tecum communicassem. Sed crede mihi serio affirmanti, nihil occupatius, nihil a studiis alienius ea vita, quam in hac aula hactenus viximus. Ut scires tamen etiam in summis hisce occupationibus Photium tuum nobis esse lectum, paucula quædam illevimus huic chartæ, quæ tum nobis in mentem venerunt. Nam gravius aliquid frustra nunc a me exspectaveris. Vale, vir doctissime, et me constanter ama. Lutetiæ Parisiorum 5 Kalend. Junias MDC.

PROLEGOMENA.
EX NOTIS ANDREÆ SCHOTTI,
AD CHRESTOMATHIAM PROCLI.

Ἀνεγνώσθη, lectum est, vel Ἀνεγνώσθησαν, lecta sunt. Sic de singulis a se cum judicio lectis libris Photius patriarcha Constantinopolitanus ἐν τῇ Βιβλιοθήκῃ τῶν ἀνεγνωσμένων αὐτῷ βιβλίων loquitur, ut oculato testi fides habeatur. Nec enim ex aliorum sermone, vel obiter, et tanquam per transennam inspecto opere, ut fere hoc sæculo, de toto opere judicium sibi ferendum existimabat, sed a capite ad calcem perlecto, libere judicat censor et criticus gravissimus, summi et ingenii et judicii, de scriptoribus ducentis amplius et septuaginta, philologis, poetis, historicis, oratoribus, philosophis et theologis : qui maximam partem, temporumne injuria, an majorum incuria, perierunt. Et quidem de styli charactere, scriptorum numero, et titulis, quæ γνήσια, quæ ψευδεπίγραφα, quid laude, et imitatione, quid contra vituperatione dignum in singulis deprehendisset, sine fuco et odio, more majorum, pronuntiat. Denique qua quisque tempestate floruerit, cæteraque, longum esset enim ire per singula, audacter dijudicat.

J. LIPSIUS MARCO VELSERO S. M. D.

Senecam nostrum a te acceptum, et vere acceptum, id est, gratum fuisse, gaudeo. Annon esset, scriptor optimus viro optimo? Quod ais desiderare quosdam reliqua : pauca sunt, et hodie mos obtinet reliquatores esse, imo conturbatores. Detur venia, aut certe mora aliqua, valetudini : et fortasse altera editio dabit. Sunt et in illis libris, quæ volenti haud peribunt. At tu de elogio debere profiteris. Et sic loqueris? judicio, dicere debebas : et ideo nihil debere. Mihi crede, ut si juratus in senatu sententiam dicerem, sic dixi. Amo te jamdudum, mi Velsere, sed affectus illam animi lucem non obtenebrat. Sed, heus, est quod communi litteratorum nomine commendemus, vel petamus. Andreæ Schotti, magni amici nostri, Photius, Latinus jamdiu apud vos est, et quando ipse lucem, nos eum videbimus? Certe inter paucos ille scriptor meretur : qui solus tot clarissimorum ingeniorum monumenta a fato eripuit : toto dico fato, et saltem nomina et scriptorum velut membra servavit. Quam multos ille legit, ex iis elegit, et, ut sic loquar, defloravit, quos nosse nobis aliter non esset? E sacris, profanis, tractatoribus, historicis, oratoribus, poetis, et nihil est in Græca omni litteratura, aut ut verius dicam, libraria, quod ille vir non libarit. Pulcherrimus mos in mensa legendi, vel audiendi : sed iste pulchrior utiliorque, annotandi, censendi, excerpendi. Photius fecit, et qui ad nos pervenerunt, solus. David Hœschelius vester, et vestris etiam auspiciis, Græcum primitus, et varie atque industrie castigatum, dedit : sed nosti quo ventum sit ignavia ævi, pauci hæc legunt aut capiunt, et nisi Latina addantur, pene dicam non dedisse. Ergo A. Schottus, vir bono publico natus, allaboravit, et Latinum totum dedit, et tibi commisit. Ecce jure te flagitamus. Fac quod soles et natus es, rem publicam vel privatæ tuæ damno juva. Mi Velsere, da hanc operam, etsi quam trepidis et pene desperatis Europæ rebus! Pannonia, et jam Illyricum finitimum, sollicitos nos habent :

Quo pondus istud verget? ubi ponet minas?

Ubicunque, stemus, et in honesto firmi, omnem fati vim excipiamus; imo vincamus, id est, feramus.
Vale. Lovanii, postridie Natalis Dominici, anno MDCVI.

IN PHOTIANÆ BIBLIOTHECÆ INTERPRETATIONEM,
A R. P. ANDREA SCHOTTO DE SOCIETATE JESU LATINE EDITAM.

Feder. Jamotius, Med.

Schottus ab obscura ducit caligine nomen
  Photius ut clari luminis omen habet.
Cum tamen hunc Schottus tenebrosis eximat umbris,
  Lumine cum lustret Photica scripta novo : ·
(Scripta quibus censor veterum monumenta virorum
  Photius obsignat liberiore nota)
Vera licet veris si ponere nomina rebus
  Qui modo Schottus erat, Photius alter erit.

Franc. Schottus Jureconsultus ac senator Antuerp.

Photi scripta, prius qui cæco carcere clausus,
  Horridus, invisus, nocte latebat iners,
Eduxti; quoniam dias in luminis oras,
  Frater amande, animi dimidiumque mei,
Gratulor et lætor, prisco dehinc more parentum
  Grates grata velit solvere posteritas.
Lux tenebræ hic fausto conspirant omine, lucens
  Namque obscura prius *Bibliotheca* patet.
Lux micat e tenebris en mutua : noxque vicissim
  Lumen, et atra dies a jubare accipiunt.

A Fallor an aspicient pulsa caligine ocelli
  Lucem, mente Deum justitiæque jubar?
Photi munus erit tot lecta volumina Graium,
  Schotti erit hæc Latio reddita posse legi.

Joannes Bochius S. P. Q. Antuerpiensi a Secretis.

Nil nisi nomen habens a lumine, luminis expers
  Photius, et tenebris obrutus atque situ,
Squallebat, tineasque diu pascebat inertes
  Abditus, et patriis sedibus exsul erat.
Aspectuque carens hominum, procul orbe latebat
  Hesperio, clausus carcere, lucis inops.
At Schotus obscuris nomen qui ducit ab umbris
  (Mira cano tenui carmine, vera tamen)
Eruit in densa positam caligine lucem :
B Sic reparant tenebræ lumina, noxque diem.
OEdipodioniæ redeunt ænigmata Sphingis,
  Nec sua nostra minus sæcula monstra ferunt.
Quisquis at umbrarum sub nomine clara tuetur,
  Quæ Schotus illustri lumina mente tegit,
Insignisque viri raras examinat artes,

Quas stupet et Latium, Græcia tota stupet :
Non mirum est illam radios emittere, dicet,
Lampada, lumen habet *Photius* unde suum.
Nec rutilas præferre faces mirabitur umbram,
Quæ lucem hanc aliis pluribus ante tulit.
Salvete, o tenebræ, fulgenti luce coruscæ,
Sit satis hoc vestris muneris esse decus :
Photius in medium quod purior exeat orbem,
Lux e nube, redux carcere, nocte jubar.

Maximilianus Vriendius senatui Gandavensi a Secretis.

Res mira, at vera est, non claro lumine *Schottum*
Clarorem a nebulis spargere posse suis.
Ducis et expertem decus et jubar addere luci,
Scriptaque tot veterum detenebrare Patrum.
Mentior, at vetus ille novus modo *Photius*, olim
Clarus, at inde ævo nubilus atque situ.
Qui patria de nocte novas modo lucis in oras
Emica, Ausoniæ illustris honore togæ :
Ille suo solus dignam pro vindice causam
Dicet, et accepti luminis usque memor,
Uni plus *Schotto* debere fatebitur, ipsi
Quam sibi, quam soli, quam patrioque solo.

Jeremias Pierssenœus jureconsultus.

Quis credat *cæcas* progignere posse *tenebras*
Lumina, Phœbeis lucidiora oculis?
Non ego, non *physica* quisquam de gente sacerdos,
Ullaque non *Sophiæ* docta magisteria.
Hoc nisi jam nobis jussisset credere *Schottus*,
Photius et cæcis lucidus a tenebris.
Qui nunc *Schotti* opera (ante nitentia nubilus ora, et
Multis dente ævi saucia vulneribus)
Integrior patrio prodit redimitus amictu.
Nec minus Ausonia clarior in tunica.
Non secus ac noctis nigra cum veste videmus
Obnuptum Solem, vel pluviis nebulis,
Veste tenebrarum scissa, et sudo æthere, tela
Ejicere hesterna lucidiora die.
Quare dum roseo fulgebit lucifer ore,
Et veniet fuscum nox adoperta caput,
Photi ab illustri radiabit *lumine Schottus,*
Et *Schotti cæcis Photius a tenebris.*

Ἄδηλον.

Ite pii manes, et *Photi* nobile lumen
Judicii, qua sol porgit utramque facem.
Schottus te Hesperiis, *Schottus* te sacrat Eois,
Schottus et Eois gratus et Hesperiis.
Cuncta videns nimirum hæc mundo scita dabat *mens*
Stare loco mundi prima elementa jubens,
Ut cæco lux alma chao viduata serenet
Omnia, tum lucem nox inimica premat :
Inque vicem noctis nova lux superenatet æquor,
Et niteat veteri grata parente magis.
In veterum molem scriptorum *Photius* olim
Indiderat lucem, judicii radio :
At radium excipiens texit longinqua vetustas :
Schottus ab ingenio rettulit ecce diem.
Nunc tandem portis mundi bipatentibus infer,
Damnatum tenebris nobile *Photii* opus.
Photius ingenti potuit clarere nitela :
Sed mage præsidii lumine *Schotte* tui.
Ite pii manes *Schotto* duce, et auspice *Schotto,*
Semiadaperta prius, nunc adaperta via est.

Ἄδηλον.

Nomen habes, *Scote*, a tenebris, a lumine nomen
Photius : ille librum, conficis ipse notas.
Umbra sit interpres lucis, quis crederet unquam?
Hoc lucem est tenebris gignere, nocte diem.
Quas non discutiet tua lux, o *Scote*, tenebras,
Si lucem illustrat nominis umbra tui !

Ἄδηλον.

Dum tua præclaros auctores scripta recensent,
Hos inter *Scotto* debuit esse locus.
Quid facias, docte o *Photi*, cum tempora nostra
Sint procul a vestris dissita temporibus ?
Ne dubita : *Scottus*, quo nunc interprete prodis,
Quot celebras homines, tot subit ipse locos.
Si te, *Scotte*, potes transacta in sæcula ferre,
An taceant nomen secla futura tuum ?

AND. SCHOTTI SOC. JESU. IN PHOTII BIBLIOTHECAM

PROLEGOMENA.

Qui sibi scriptores antiquos interpretandi partes olim sumpserunt, ut qui Platonem atque Aristotelem philosophorum principes illustrandos Græci censuerunt, Alexander Aphrodisieus, Themistius, Simplicius, Proclus, Olympiodorus, Ammonius, et Philoponus, ii fere præfari solent copiose, de auctore, scripto, argumento, modo ac methodo, ordine et tempore; tum de seipsis, suaque opera, et ita re flagitante, interdum de causis suscepti operis disserunt. Idem mihi more institutoque majorum in præsens, etsi μετάφρασιν, non ut illi παράφρασιν afferam, visum est faciundum. Equidem non ignorabam, simul atque arduam hanc *Photianæ Bibliothecæ* Latine interpretandæ provinciam efflagitantibus amicis suscepi, fore plerosque qui id mihi vitio verterent, parumque me dignum existimarent, cæsa inter et porrecta, quod aiunt, alienis in vestigiis pedem ponere. Quorum autem in reprehensionem noster hic labor incurret, ii fere duorum generum sunt. Alii enim me reprehendent; plures Photium infesti damnabunt : utrisque, si potero, faciam satis; certe si id non consequar, dabo pro virili operam, ut a legendo minime deterreantur. Principio itaque de me, paucis tamen, et sine fuco ac modeste : mox de Photio videbimus. Inaudieram pridem, unum et item alterum in Iberia Græcarum litterarum peritissimum, Photii *Bibliothecam* e Græco in Latinum sermonem commodo publico convertere cœpisse, sed cœpisse tantum, ac vix dimidia operis parte supersedisse, sive Græci exemplaris mendis deterritos, seu laboris fuga in tanta voluminis, cum mole, tum varietate, seu denique utraque de causa cessisse. Romæ quoque tertium perfecisse quidem narrabant, sed ad edendum adduci non potuisse. Græcum itaque codicem magno ære nactus, constantiam a Deo precatus, urgendum opus assidue ad extremum, si qua hinc ad alios utilitas rediret, existimavi. Neque me fugiebat, ex quo interiores hasce litteras tractavi, quam difficile sit bonum agere interpretem, alienique sensus metaphrasten, ut, nisi par sis in utriusque orationis facultate, justam reprehensionem non effugias : quoque major hac in re de bonis Græcis Latina bona efficientium raritas, eo difficilior provincia doctis hominibus, qui eam ipsi plerumque refugiunt, censeatur, ut ad hanc diem usquequaque qui satisfecerint, vix singulos singulæ ætates tulisse videantur: cum decem amplius Aristotelis Ethica Nicomachia, totidemque Rhetorica, nostra parentumque memoria interpretari sint conati, quod in singulis qui antecessissent, posteriores aliquid desiderarent. Quidni? igitur posterorum de me judicium reformidem? Elaboravi equidem, quoad ejus fieri potuit, ut non sensa modo verbis comprehensa sequerer (a-secutusne sim alii statuent), et non tam verba numerarem, quam sensum ex fide bona appenderem, sed etiam, ut res ipsas, fontesque auctorum a Photio lectorum studiose investigarem. Verum cum eorum plerique temporum injuria interciderint, eo molestior interdum labor interpretandi exstitit, ut hariolandum nonnunquam fuerit, dum, qui adhuc latent scriptores, Photii opera in apertum proferantur, quod ut cœptum 'nuper, ita futurum amplius doctorum hominum investigatione non diffido. Diversorum item scriptorum tanta varietas, quanta est in omni philologia, oratoria, historia cum sacra, tum profana, in philosophia, arte medica, ac denique scientiarum regina theologia, negotium quoque facessivit, quod Deo bene juvante tandem superavimus. Auxit et rei difficultatem in singulis auctoribus κρίσις idque Hermogenis potissimum de ideis methodo : quæ ut Aristotelea ac Tulliana longe subtilior est, ita admiratores quidem plurimos sed imitatores paucos hodie reperit. Præter Dionysium enim Halicarnasseum in *Rhetoricis*, et Ulpianum Græcum Demosthenis explanatorem, quotus eam quisque hoc sæculo tractat? Trapezuntii olim talem *Rhetoricam* cum stupore vidit Italia; duos fortasse Germania numerarit, Sturmium et Erythræum ; Gallia Julium Scaligerum libris *De poetica;* Hispania unum lit-

A teris cognitum laudare potest Pet. Joannem Nunesium rhetorem ac philosophum, editis *Rhetoricorum* lib. IV, Hermogenis quidem præceptionibus, et Aphthonii ac Theonis, sed Tullianis exemplis. Sunt autem Hermogenis idearum genera septem Σαφήνεια, Μέγεθος, Κάλλος, Γοργότης, Ἦθος, Ἀλήθεια, Δεινότης. Deinde Σαφήνειαν dividit in Καθαρότητα, καὶ Εὐκρίνειαν; tandem τὸ μέγεθος in sex alias formas partitur : in Σεμνότητα, Τραχύτητα, Λαμπρότητα, Σφοδρότητα, Ἀκμὴν καὶ περιβολήν ; post moratam orationem quatuor metitur dicendi formis : τῇ Ἀφελείᾳ, Γλυκύτητι, Δριμύτητι καὶ Ἐπιεικείᾳ. Dici etiam vix potest quantum hic tædii absorbendum, cum quot quantisque mendorum monstris conflictandum fuerit, vix ut amplius Herculem fabulosum illum heroa in Augiæ stabulo perpurgando laborasse existimem.

Ad stylum quod attinet, qui in Photio pro re nata varius exsistit, equidem sic temperavi, ut terso castoque sermone Latino, hoc est Romane, si possem, dicerem, sensaque mentis perspicue repræsentarem. Nam vel Tullii umbram, ob dicendi perspicuitatem juxta ac suavitatem, libens amplector, præ horrido illo, hujus ævi atque obscuro, quale Heracliti σκοτεινοῦ fuit, orationis genere. Scholia rei illustrandæ ad oram καὶ ταυτολογούμενα identidem apposui, sumpto subsidio a memoria lectioneque scriptorum veterum : et in critico hoc genere similia invicem componendo, digitum ad fontem, quod aiunt, intendere potius, quam transcribere pretium operæ duxi. Interdum tamen longiora paulo scholia adhibui, cum aut antidoto opus fuit, iique erant refellendi, qui in alia omnia discedunt, aut plura ejusdem auctoris attulimus, ut eorum ex parte laborem minueremus, qui vel ecclesiasticos annales magno Ecclesiæ commodo moliuntur, vel auctores ipsos longe quam antea auctores melioresque dabunt. Cum autem enumeratio ac censura Photio esset principio duntaxat proposita, post, quasi metanœa ductus, eidem placuit Excerpta atque adeo opuscula describere, et in tomum alterum conjicere, mentis augurio, quantum conjicio, fore ut pleraque scripta temporum longinquitate fatiscerent, aut funditus perirent. Nec fefellit augurium. Plerique enim auctores qua hominum incuria, qua vetustatis omnia vastantis injuria, interciderunt. Quamobrem in Excerpta illa longiora pauciores notas in extremo opere apponendas curavi, ut in Plutarchi, Aristidis, Memnonis, et Agatharchidæ ἀποσπασμάτια : quorum interpretes eruditos, ut non contempsi, sic et illorum observationes admisi. In Ctesiæ Persicis atque Indicis, ne sis nescius, diversam interpretationem adhibui et illustravi ab ea, quæ in extremo Herodoto typographorum Στεφάνου opera circumfertur. Et vero curis secundis, posterorumque industriæ aliquid hic fuit relinquendum. Nam quod vere togatorum ait doctissimus M. Varro in lege Mœnia : « Ut in bona segete neque nullum est spicum nequam, neque in mala non aliquod bonum; ita nemo est reprehensus (inquit, vi *De lingua Latina*), qui e segete ad spicilegium reliquit stipulam. » Si quid autem hic peccatum, homo enim sum, ne modicæ te

Offendant maculæ, quas aut incuria fudit,
Aut humana parum cavit natura.

Quæso quoque rogoque doctiores, quibus hæc non elaboravi, ut meliora proferant: quod tantum abest ut laturus sim moleste, ut gratiam sim etiam habiturus maximam; nosque doceant, maledictis modo et calumniis abstineant, studiis φιλανθρωπίας nedum Christiano homine indignis. Valeant vero qui tantum sibi falsæ laudis arrogant, quantum de aliis per nefas detrahunt: Illis ego vetus illud accinam : Ἰδοὺ Ῥόδος; ἰδοὺ, καὶ τὸ πήδημα.

Habes de interpretatione; venio ad alterum, gravius tamen ac difficilius ad profligandum quæstionis caput, de Photio Constantinopolitano ejusque scriptis, ut hanc *Bibliothecam* erroris labe vacare demonstrem. Ac primum de moribus videamus, hinc de ingenii monumentis, quæ, paucis demptis, ad hanc diem in tenebris nimis diu delituerunt, nunc illustris juxta ac docti duumviri Marci Velseri auspiciis utraque lingua exeunt, non levi proventu fructuque, ut spero et opto, bonarum artium ac disciplinarum, quo pauciores hoc sæculo, cætera felicium ingeniorum feraci, interiores litteras, Græcas præsertim, pertractant. Auctores ejus vitæ recensendæ laudamus, ne quid falso commenti videamur, de Græcis antiquis, ac pene æquævibus, Zonaram, Glycam, Manassem, Nicetam, Curopalatam, quique hunc magnam partem transcripsit Cedrenum, Metrophanis item et Styliani epistolas, acta denique synodi octavæ legitimæ. Exstaret Nicephori Callisti liber *Annalium ecclesiasticarum* tertius et vicesimus, quo de Photio, ejusdem ævi rebus gestis diserte pertractarat, non admodum laboraremus, sed extremi illi libri temporum calamitatem, cæteris salvis, minime effugerunt : nisi forte in Græciæ, quæ libertatem suam, studiorumque ardorem pridem decoxit, angulo aliquo, pulvere, situ, ac squalore obsiti, ut alia plurima veterum scripta, delitescant. Ab Ignatio igitur patriarcha narrationis initium paulo altius repetamus.

Nicephori Augusti, ejus qui Irenem Augustam imperio expulit, ex filia Eutropia atque Michaele Imperatore cognomento Rangabe, nepos fuit Ignatius. Hunc in minori ætate, et Theophylactum fratrem majorem natu, virilibus exsecuit ; quo facto, repetendi imperii, quamvis paterni atque aviti, spe penitus arcebantur : præterea Ignatium monachi ritu tondendum curavit. Timeat enim tyrannidis vis non minus quam metuatur necesse est, nec minus sit ipsa sollicita quam subditi. Omnino rebus commutatis, imperioque ad Theophilum Michaelis Trauli filium devoluto, Theodora Theophili uxor, cum viro defuncto imperium pro Michaele filio Porphyrogeneta procuraret, fama quæ de Ignatii virtutibus celebris erat, permota, et alioqui pro muliebri ingenio nobilissimi viri calamitatem miserata, nulla ipsius culpa, aliena tantum pravitate contractam, Methodio Constantinopolitano patriarcha vita functo, Ignatium salutis anno DCCCXLVII, magna bonorum omnium gratulatione, substituendum curavit. Initia ac media læta fuerunt, par spei fructus. Secuta est major Porphyrogenetæ ætas, qua sui compos, vitiis mancipatus, matre Theodora rerum procuratione amota, Bardæ seque et imperium regendum permisit, nulla famæ cura, pravo homini perditus juvenis : sed in reliqua nequitia eam tamen laudem meruit, quod litterarum professores stipendio de publico designato, Constantinopoli erudiendæ juventuti constituit, Leone scholis præfecto, magni nominis ea tempestate philosopho. Cæterum Bardam Cæsarem creatum, et acceptam potestatem non publica salute, sed scelerum licentia definientem, usque eo, ut uxore repudiata cum nuru sua stupri consuetudinem haberet, piorum cœtu Ignatius anathematis ignominia notatum expulit, ac veluti Baptistes alter Herodem increpavit. Magnus sane vir, sed meliore sæculo dignus. Perculit ea severitas impotentem hominis animum, ut quem revereri, atque ut medicum amare debuerat, synodo facta episcopatu spoliatum in Mytilenem insulam relegavit. Substituitur per nefas Photius πρωτοασηκρῆτις Zonaræ, usitata sequiori sæculo voce, a Commentariis et Senator urbanus anno Christi DCCCLIX, hoc est, post undecimum patriarchatus Ignatii, de foro repente in Ecclesiæ præfecturam translatus. Raptim omnia et perturbate sunt facta, neque quid legibus sanctum est considerant, ira et ambitione pessimis consultoribus agitati. Nicolaus Romanus Pontifex eo nomine primus, rei gestæ nuntio commotus, episcopos duos Rodoaldum et Zachariam Constantinopolim mittit, cum potestate sacrarum imaginum hostes (quæ pestis late in Oriente grassabatur) novis edictis coercendi, atque in Ignatii causa ejus legati, ut cognitione instituta, visa modo explorataque, in re præsenti renuntiarent. Adjungit litteras ad Augustum sigillatim, quæ exstant, in Photium gravissimas : contra fas æquumque, atque omnia vetustatis exempla in Ecclesiæ præfecturam irrupisse, ex profano repente Christi pastorem gregis prodiisse, vero præsertim pastore superstite. Legati fraude inducti, studiove principibus gratificandi, Ignatium jure damnatum videri prævaricando prænuntiant. Nicolaus quidem atroci nuntio famaque percussus prævaricationis factum legatorum accusavit. Omnino ea temeritate pronuntiandi magis Ignatii causa confirmari visa est, prorsus ut Barda Cæsare deinceps, et Michaele Augusto insidiis Basilii Macedonis sublatis, Adrianus II pontifex Romanus Nicolai defuncti vestigiis incedens, synodo Constantinopoli habita cii episcoporum, anno salutis DCCCLXXXVIII, (quæ inter generales octava germana est, Græceque ac Latine studio

Matthæi Raderi nostræ societatis presbyteri, post Anastasii Bibliothecarii versionem, lucem nuper aspexit), Photio amoto, Ignatius ut restitueretur perfecerit. Pontifex sane magni animi neque minoris consilii, qui exacta senem ætate, rebus quamvis gerendis inutilem, maluit Ecclesiæ gubernaculis restitui, quam concedere, ut novo ac damnato exemplo disciplinæ labefactandæ aditus relinqueretur. Etsi Nectarius, Tarasius Photii patruus, ejusque successor Nicephorus, et in Occidente Ambrosius e laicis repente episcopi sint creati. Hæc ille præstitit. Ignatii vero subsecuta morte, nova Constantinopoli synodus ληστρικὴ Photium restituit anno DCCCLXXVII, episcoporum CCCLXXXIII, in pristinum locum, initio consensu Rom. Pont. Joannis VIII, uti ejus synodi sessio prima declarat, his verbis : *Quod Dominus noster Apostolicus admittit dominum Photium in patriarcham, testatur Pontificalis stola a summo Pont. domino nostro Joanne ad eum missa : quam propterea direxit, ut omnes intelligant, et certo sciant, dominum Photium recipi a summo pontifice in patriarcham. Cumque hoc dixisset, dedit Photio pontificalem stolam, humerale indumentum, penulam, et sandalia.* Hæc synodus : argumento concilialæ initio cum Joanne pontifice gratiæ : qui cum eo nomine, ut parum virilis, audiret male, re mature cognita, in ambonem publicum progressus, Photium, veteri anathemate repetito, diris iterum devovit. Quare Ecclesiam ille præpostere, primum quidem occupatam, diu tenere non potuit. A Leone Augusto, cognomento Philosopho, qui patri Basilio successit loco motus, in Armeniarum monasterium anno DCCCLXXXVI ad vitæ exitum (sic arbitror) sive a Catholicis coactus, seu sponte, incertum, secessit. Santabareni amicitia in primis fraudi illi damnoque fuit, venefici ac præstigiatoris, multaque scelera alia in ficta sanctitatis specie tegentis. Sic Augustus putabat ; alii, in his ipse Augusti pater, in sanctissimis monachis numerare soliti erant. Sic sunt hominum judicia cum temporibus alternantia. Tametsi aliæ causæ afflictæ sunt, ut jure pelli videretur, illa exstitit verissima : pœnis scelerum agentibus divina vindicta, atque male occupati honoris conscientia dedere præcipitem, Stephano Augusti fratre in ejus locum subrogato. Is controversiæ inter Romanos et Constantinopolitanos pontifices, nobilis cum primis atque diuturnæ, exitus fuit. Is Photii pseudopatriarchæ casus. Adhuc, brevi tamen vitæ Photianæ scenam seu tragœdiam verius utcunque exhibui, qui bis patriarchatum pernefas, repugnante pont. max., pulso Ignatio, invasit, bis quoque abdicare coactus : privatus tandem et inglorius secedens periit. Nunc elogium ejus, permistis tamen virtuti vitiis, e Niceta Paphlagone in Vita B. Ignatii patriarchæ apponam : Ἦν δὲ οὗτος ὁ Φώτιος οὐ τῶν ἀγενῶν τε καὶ ἀνωνύμων, ἀλλὰ καὶ τῶν εὐγενῶν κατὰ σάρκα καὶ περιφανῶν, σοφίᾳ τε κοσμικῇ, καὶ συνέσει τῶν ἐν τῇ πολιτείᾳ στρεφομένων εὐδοκιμώτατος πάντων ἐνομίζετο. Γραμματικῆς μὲν γὰρ καὶ ποιήσεως, ῥητορικῆς τε καὶ φιλοσοφίας, ναὶ δὴ καὶ ἰατρικῆς, καὶ πάσης, ὀλίγου δεῖν, ἐπιστήμης τῶν θύραθεν. Τοσοῦτον αὐτὸ τὸ περιὸν, ὡς μὴ μόνον σχεδὸν φάναι τῶν κατὰ τὴν αὐτοῦ γενεὰν πάντων διενεγκεῖν, ἤδη δὲ καὶ πρὸς τοὺς παλαιοὺς αὐτὸν διαμιλλᾶσθαι. Πάντα γὰρ συνέτρεχεν ἐπ' αὐτῷ ἡ ἐπιτηδειότης τῆς φύσεως, ἡ σπουδή, ὁ πλοῦτος, δι' ὃν καὶ βίβλος ἐπ' αὐτὸν ἔρρει πᾶσα. Πλέον δὲ πάντων, ὁ τῆς δόξης ἔρως δι' ὃν αὐτῷ καὶ νύκτες ἄϋπνον περὶ τὴν ἀνάγνωσιν ἐμμελῶς πεφυλακότι. *Erat Photius homo minime obscurus aut ignobilis, sed claris et illustribus oriundus natalibus, rerumque civilium et politicarum usu prudentiaque et sapientia clarissimus ; grammaticæ quoque litteraturæ et carminis pangendi, dicendique laude, quin et philosophiæ et medicinæ, atque omnium prope liberalium disciplinarum externarum studio, cognitioneque tantopere floruit, ut ævi sui facile princeps haberetur : imo et cum veteribus jam posset componi. Omnia quippe confluxerant in illum : aptitudo quædam, et naturæ vis et felicitas, opes, quibus sibi librorum omnium maximam copiam comparabat; et quod præ cunctis, gloriæ laudisque cupido, qua flagrans, totas noctes, ut lectioni assidue vacaret, insomnes ducebat.* Idemque Nicetas graphice eum visque coloribus depingit. Ex quo, scriptisque Græcorum omnium, ampliss. Cæsar card. Baronius, sacræ pater historiæ tomo *Annalium Ecclesiast.* X, sua est mutuatus. Equidem non sum adeo demens, mentisque inops, ut Photii vitia defendenda aut flagitia excusanda suscipiam. Jam enim judicatus est. Gravis certe ira odiumque atque ambitio, hominem cætera sæculi sui doctissimum, egerunt tandem præcipitem. Hinc illæ lacrymæ. Aula nimirum quæ multis hodieque mentem eripit, et infatuat, Photium quoque excæcavit, ut non injuria vetus poeta, nescio quis, aula exire, qui pius esse velit, suadeat.

Illud mihi in præsentia de *Bibliotheca*, quæ in manibus est, pace piorum præfari testarique liceat, scriptam a Photio videri, imo effici, dum Cæsaris legatum in Assyria agens, nondum patriarchatus dignitatem per nefas ambiit. Argumenta sunt principio de sacrarum imaginum cultu passim illum catholico ritu et sentire et prædicare, ut in Evagrio codice 29; in synodo Sidetana, cod. 52 ; in Clemente Alexandrino, cod. 110; in Lucio Charino, cod. 114 ; in Pierio, cod. 119 ; in Procopio Gazæo, cod. 160. Deinde, quod summos Rom. Ecclesiæ pontifices, sanctosque Occidentis Patres B. Leonem, Irenæum, Ambrosium, Augustinum, cæteros, hoc in opere honorifice semper appellet. Tertio quod initio septem enumerare synodos singularique tractatu, tom. 1 *Conciliorum*, octavam autem veram, qua restitutus in patriarchium Ignatius, Adriani II auctoritate, ac ne alteram quidem ληστρικήν, cui ipse flagitiose præfuit, damnataque, ut diximus, est explosa, nusquam hic nominet (citatur tamen, etsi præpostere a Joanne Zonara, Theodoro Balsamone, et Gratiano in *Decretis*, c. 7, q. 1, c. *Hoc nequaquam* 45); jactaret haud dubie, prædicaretque, ut suo plerumque perire sorex indicio consuevit, ac tegere odii flammam præcordiis hærentem quin evomeret nequisset. Quidam tamen homines eruditi, quibus ut assentirer nondum mihi imperare potui, secessus opportunitate, cum iterum abdicare patriarchatu coactus esset, invitatum, ad scribendum accessisse arbitrantur, quo solatio litterarum animum curis gravem sustentaret, molestiasque omnes in librorum lectione et suavitate deponeret. Mihi vero, salva amicitia, verior sententia prior videatur. Tantum de scriptionis tempore, illud modo ἐν παρόδῳ adjiciam, centesimo amplius anno post Ignatii Photiique ævum, in eadem Byzantina sede resedisse Joannem Xiphilinum Trapezuntium, montis Olympi monachum, annis XI, mens. VII, cujus exstent Augustorum Vitæ e Dione Cassio ; qui Dion ea in parte epitomes opera mutilatus intercidit, quemadmodum et T. Livius multo maximam partem abbreviatoris culpa, ut Justini compendio Pompeium Trogum a stirpe amisimus. Post etiam Theodosio, cui Maximi cognomentum Nicetes tribuit, patriarcheium tenente, Eustathius Thessalonicensis episcopus, cum Manuele Constantinop. imperatore contentionem super Deo Mahometi habuit ; cujus et in Homerum poetarum prope Deum, et Dionysii Afri περιήγησιν explicationes uberes, et multiplici doctrina refertas hodieque legimus, non autem Photius, ut ætate prior. Poetas cæteroquin, quos hoc in opere non attigit haud præteriisset, nisi quod fabulosas narrationes, quæ ad historiam pertinere videantur, delibavit. Redeo a diverticulo domum. Demus scelestissimum mortalium Photium exstitisse, turbasse Orientis Ecclesiam, ad defectionemque in προεδρίας contentionem Græcos primum sollicitasse, quandoquidem vero nullum in hoc opere ejus criminis vestigium appareat, contra plurima occurrant, quæ scriptorum nemo ne attigit quidem, nedum pertractavit, quæ, obsecro, invidia sit repudiare omnino, ac rejicere, et ne digito quidem tangere velle, cum acerrimos fidei Christianæ perduelles Porphyrium, Lucianum, Eunapium, et Zosimum legamus. Hic vero Ecclesiæ orthodoxæ capitum Rom. pontificum encomia reperies, beatorum Cœlestini, Leonis, ac Gregorii : ut et Latinorum Patres Ambrosios, Augustinos, alios, laudari diximus. Hæreses, sectariosque passim, ut diris devotos exsecrandosque, fugiendos Photius monet : Eunomios, inquam, Novatianos, Basilium Cilicem, Philostorgium Arianum, ipsumque adeo scelesti Arii caput.

Offenditur quoque non nemo titulo *Bibliothecæ*, in speciem arrogantiore. Neque enim volumen unum bibliothecam, ut nec mortalium unum, collegium efficere de plano pronuntiat. Reprehendat alius Μυριόβιβλον, inscribi, ac veluti in limine quod aiunt impingat. At meminerit, ut *sexcentos* Romane, sic et Græce mille pro infinitis dicis gratia adhiberi. Priori vero respondeo, si veterum exempla requirat (recentium enim bibliothecarum pleni sunt omnes omnium plutei, plena pulpita), Apollodori Atheniensis se Photius ac Diodori Siculi auctoritate, qui et sic inscribunt, tueatur. Cæterum justius titulum hunc foribus appendit : quod, cum fabulosas deorum hominumque narrationes venditent, hic sacros juxta ac profanos scriptores homo Christianus, jucunda quadam vicissitudine tædium omne levante, partim recenseat sigillatim, judiciumque ferat, partim Excerpta accurate exhibeat librorum, qui temporibus interciderunt : Βιβλιοθήκην jure indignando, quod Ægypti reges librorum optimorum cumulum Ψυχῆς ἰατρεῖον, *Animi medicinas*, teste Diodoro, nominarint, et Asinius Pollio apud Plinium Romæ bibliothecam dedicando, ingenia hominum rem publicam fecerit. Hoc autem in genere titulorum sudatum antiquitus, ut, quod in mercibus vinoque solet, edera appensa labor commendaretur. Tironis Tullii vigiliæ, quæque exstant prudentum in jure responsa, pandectæ, inscripti. Omnigenam historiam copiæque cornu Phavorinus, Hesychius illustris atque Ælianus sua nuncupant. Cestum seu a deæ balteo, sive a pugilum armis, Julius Africanus et Celsus, in quem styli acumen Origenes strinxit, scripta nominarunt, qui et Origenes *Stromata* scripserat, ut *Stromatea* Clemens Alexandrinus ab argumento varie picto, stragulisque belluati operis, quibus Themistocles hominis sermonem comparare solitus. B. Cyrillus Alexandrinus, et ipse Glaphyra suum in Pentateuchum, et alterum περὶ ὁμοουσίου Commentarium librorum quatuordecim *Thesaurum* nominavit (quales esse libros omnes Domitius Piso ante exoptarat). Ut et novem Musarum nominibus Herodotus et Cephalion apud hunc ipsum Photium scripta distinxerunt. Taceo, prudens; sunt enim prope innumerabiles reliquos, qui titulis operi additis mira varietate luserunt, tantumque sibi indulgendum rati, quantum sua quisque miraretur ac prædicaret. Neque libris modo *Bibliothecæ* titulus datus, sed hoc amplius, et hominibus, ut Dionysium Longinum rhetorem Eunapius Sardianus Ἔμψυχον βιβλιοθήκην, *spirantem Bibliothecam vivamque adeo Musæum* appellare non dubitat.

Verum de veterum Græcorum Romanorumque bibliothecis non describo, scrinia compilans, otioque abutens, quæ nuper Belgii ocellus Lipsius noster diserte ad nobiliss. virum Carolum Croium disseruit ; Analecta duntaxat corollarii vice damus.

Missis itaque Paulo Æmilio, L. Corn. Sulla et L. Lucullo librorum servandorum (ut generosos maxime homines decuit, semperque decebit) studiosis, T. Pomponius Atticus elegans et ipse Romanos inter et splendidus bibliothecam instruens Hermathenis, aliisque statuis atque imaginibus ornavit. Quin et de imaginibus in bibliothecis collocari solitis, paucis est versibus commentatus. Ad quem et animo fratris loco conjunctissimus M. Tullius : « Libros, inquit, tuos conserva, et noli desperare eos meos facere posse : quod si assequor, supero Crassum divitiis, atque omnium vicos et prata contemno. » Quid? prætereo Asinii Pollionis illam e Dalmatarum manubiis publicatam Romæ bibliothecam, Cæsarum quoque a C. Julio inchoatam, perfectamque ab Augusto, Octaviam ac Palatinam sileo, Trajani præterea Ulpiam. Adrianus enim imp. Pompeiano et Commodo coss. cum insignes et plurimas ædes Athenis Atticis fecisset, et agonem instituisset, si fastis Cassiodori fides, bibliothecam miri operis exstruxit. Juliani adhæc, τοῦ παραβάτου, cætera eruditi, in libris colligendis studium exstitit. Testis ipse locuples Epist. ad Ecdicium Ægypti præfectum : Ἄλλοι μὲν ἵππων, ἄλλοι δὲ ὀρνέων, ἄλλοι θηρίων ἐρῶσιν · ἐμοὶ δὲ βιβλίων κτήσεως ἐκ παιδαρίου δεινὸς ἐντέτηκε πόθος. Quidam equis, alii avibus, nonnulli feris voluptatem capiunt; ego jam inde a puero librorum cupiditate flagravi. Hujus Augusti Bibliothecam vicissim Jovianus, hortante conjuge, et adjutante Theophilo eunucho, ringentibus interim Antiochenis, ut auctor est Suidas, cremavit. Externa quid commemorem, Ægyptios, et Attalicos reges colligendis libris magnificos? notum Ptolemæum Philadelphum septingentorum millium librorum cumulum contulisse, qui cumulus Alexandrino, proh dolor! tumultu conflagravit. Ecquis adeo in litteris hospes, qui LXX interpretum sacras Litteras ex Hebræo ejusdem jussu vertentium historiam ignoret? Tacitus tamen sine flagitio præterire non possum, quantum studii in conquirendis libris regio atque heroico animo idem Ptolemæus posuerit, ut est a Galeno medicorum principe lib. I De natura hominis, rursumque lib. III Epidem. Hippocratis memoriæ proditum, Atheniensibus nimirum, frumenti inopia annonæque charitate laborantibus, non prius frumentum concessisse (quod esset Ægyptus Græciæ, ut Sicilia Italiæ fertilitate sua horreum) quam tragicorum principum Æschyli, Sophoclis atque Euripidis describendorum copiam fecissent. In qua quidem re ea fide versatum, ut præter vectigalium immunitatem, xv talenta iisdem pignori dederit, quam quidem pecuniam post libens volensque dono misit, et exempla descripta remisit. Nam de Aristotelis Peripateticæ scholæ principis ac Theophrasti bibliotheca a Neleo Corisci F. coempta, et hæredibus, ne ab Attalicis regibus auferretur, humi defossa, quia nuper in Parallelis disseruimus, verbum non addam. Clearchi quoque Heracleæ Ponticæ primi tyranni, ejus qui Platonis et Isocratis auditor exstitit, bibliotheca a Memnone apud hunc ipsum Photium mire prædicatur, cujus laudis adorea cæteros omnes tyrannos longo post se reliquerit intervallo. Sed unde digressi paululum, eo redeamus. Tumultuarium quidem opus, ne quid taciturnitate prævaricari videar, Photianam hanc *Bibliothecam* exstitisse hæc indicant ; eadem sæpe repetita, hiatus interdum, atque hiulca loca, neglectus stylus, rejecta denique in alteram operis partem librorum, quos jam recensuerat, excerpta longiora. Ad oram quoque nonnulla collocata; et, quod mireris, eosdem libellos κατὰ πόδας, pene repetitos, ut Dionysii Ægei *Dictyaca*, Hieroclis et Himerii aliorumque non pauca, prorsus ut credam Photium memoria sua juvanda potius quam ut cæteris promiscue prodesset, hoc opus consarcinasse, aut certe postremam manum non adjecisse, lima nitidiori opere futuro. Aulicis nimirum negotiis, atque ambitione transversim raptum, mentem alio, alio aures divisisse.

Hactenus de Photii vita, et *Bibliotheca* lectorum librorum : restat ut cætera ejus scripta in vulgus edita, quo vel in hoste virtutem miremur, recenseam. Scripsit in B. Pauli Epistolas Commentarium : unde pleraque hausta in Catenam suam Œcumenius transtulit, at non contemnendum theologum agnoscas : quod eo gratior doctis hominibus (qui eo se adjutos in Paulo explanando fateantur ingenue) labor hic exsistat, quo difficiliores in iis epistolis nodos occurrere B. Petrus apostolatus collega pronuntiavit. Exstant et Photii opera *Canones apostolorum, conciliorumque veterum leges sacrosanctæ* in volumen unum corpusque collecta, distinctaque capitibus, quod et *Nomocanona* nominavit, opus spissum et varium, multæque lectionis, visiturque Græce in Germaniæ bibliothecis ; quod Theodorus Balsamon illustrandum censuit, verteruntque Latine Gentianus Hervetus, homo Gallus, itemque Belga Henricus Agylæus. Qualem inter Latinos diligentiam Burchardus Vormatiensis, Ivo Carnotensis, ac Gratianus monachus imitati sunt longo intervallo, haud minore operæ pretio. Edidit et septem œcumenicorum conciliorum acta, visunturque principio Conciliorum tomis digestorum, quæ Græce in Belgicis bibliothecis calamo exarata asservantur. Epistolæ ejus in Augustana bibliotheca habentur. Encyclicam ad patriarchales Orientis sedes, sive ejus est, seu Sisinnii, ut quidam putant, apostolica sedes, ut et prædatoriam ejus synodum, merito damnat. Exstat item epistola ad Michaelem Bulgarorum principem, a Franc. Turriano Societatis nostræ eruta, Latineque reddita, ut et *sex dissertationes de divinitate et incarnatione*, leguntur tomo V *Lectionum Antiq.* Henrici Canisii jureconsulti clariss. Huc accedunt et ejusdem Photii *Tractatus de voluntatibus in Christo*, quæ dicuntur γνωμικὰ θελήματα eodem Turriano interprete. Sed jam vela contrahamus, et Photium scriptores varie recensentem audiamus; linguis animisque favete.

Facultas R. P. Provincialis Societatis Jesu, per superiorem Germaniam.
Hanc Photianæ Bibliothecæ ex Græco versionem, interprete P. Andrea Schotto, Societatis nostræ

sacerdote, ab aliquot Patribus Græcarum litterarum peritis visam et probatam, ego Georgius Roseffius, Societatis Jesu per Germaniam superiorem provincialis, potestate mihi ab admodum R. P. N. generali Claudio Aquaviva concessa, typis mandari permitto: cui rei hoc testimonio manu mea subscripto, et sigillo munito, fidem facere volui. Augustæ, Kalendis Septembris. Anno MDCV.

GEORGIUS ROSEFFIUS.

INDEX AUCTORUM BIBLIOTHECÆ PHOTIANÆ
ALPHABETI SERIE ET CODICUM NUMERO ASCRIPTO.

A

Achilles Tatius. De rebus Leucippes et Clitophontis libri VIII, cod. LXXXVII.

Acta disputationis hæreticorum, coram Joanne patriarcha Constantinopolitano, cod. XXIV.

Adriani Isagoge S. Scripturæ, cod. II.

Adriani declamationes, cod. C.

Ænesidemi Ægei de Pyrrhoniis libri VIII, cod. CCXII.

Æschinis orationes III et epistolæ XI, cod. LXI et CCLXIV.

Aetii Amideni operis medici libri XVI, cod. CCXXI.

Agatharchidæ Histor., cod. CCXIII. Inde excerpta, cod. CCL.

Alexandri Admirabilium collectio, cod. CLXXXVIII.

Amyntianus in Alexandrum M. et alia, cod. CXXXI.

Andocidæ orationes, cod. CCLXI.

Andronicianus contra Eunomianos, cod. XLV.

Anonymus contra Judæos et Quartadecimanos, cod. CXV.

Anonymi testimoniorum de Christo e gentium scriptis libri XV, cod. CLXX. — Pythagoræ Vita cod. CCXLIX. — S. Gregorii Vita, cod. CCLII. — Martyrium VII puerorum sub Decio, cod. CCLIII. — Martyrium Timothei apostoli, cod. CCLIV. — Martyrium S. Demetrii, cod. CCLV. — Acta SS. Metrophanis et Alexandri, cod. CCLVI. — Vita et martyrium Pauli episc. Constantinop., cod. CCLVII. — Vita et certamen magni Athanasii, cod. CCLVIII.

Antiphontis Atheniensis rhetoris orationes, cod. CCLIX.

Antonii Diogenis Incredibilium de Thule insula libri XXVI, cod. CLXVI.

Aphthonii Sophistæ declamationes, cod. CXXXIII.

Apologiæ de Origene et ejus dogmatibus libri V, cod. CXVII.

Apollinarius Hierapolita De pietate et veritate adversus gentes, cod. XIV.

Apollodori grammatici Bibliotheca, cod. CLXXXVI.

Appiani Alexandrini Historiæ Romanæ libri XXIV, cod. LVII.

Aristidis oratio Panathenaica, cod. CCLVI. — Ejusdem orationes quatuor pro rhetorica, cod. CCXLVII. — Ejusdem oratio pro Quatuorviris, cod. CCXLVIII.

Arriani Parthica et in Epictetum sermones, cod. LVIII. — Ejusdem de Alexandri M. rebus gestis libri VII, et Indica, cod. XCI. — De rebus post Alexandrum gestis libri X, cod. XCII. — Ejusdem Bithynica, cod. VIII et XCIII. — Ejusdem Gesta Dionis ac Timoleontis in Sicilia, cod. XCIII.

Asterii Amasiæ episc. homiliæ variæ: 1. Sermo de pœnitentia; 2. In Stephanum protomartyrem; 3. De eo qui in latrones incidit; 4. de Pharisæo et Publicano; 5. De Zacchæo; 6. De filio prodigo; 7. De centurionis servo; 8. De jejunio; De cæco a nativitate; 10. De Jairo, et muliere sanguinis profluvio laborante, cod. CCLXXI.

Athanasii (S.) epistolæ, cod. XXXII. — Ejusdem in Ecclesiasten, et Cantica canticorum commentarius, cod. CXXXIX. Ejusdem contra Arium libri V, cod. CXL.

Auctoris incerti de sacro Paschæ festo volum. III, cod. CXVI.

B

Basilii Cilicis Eccles. Historiæ libri III, cod. XLII. — Ejusdem contra Joannem Scythopolitam libri XVI, cod. CVII.

Basilii Magni confutationis Eunomii hæretici libri III, cod. CXXIX. — Ejusdem Ascetica, cod. CXLIV et CXCI. Ejusdem Hexaemeron, cod. CXLI. — Item orationes ethicæ, cod. CXLII. — Epistolæ, cod. CXLIII.

Basilii Seleuciæ episc. orationes XV. Et Vita primæ martyris Theclæ, cod. CLXVIII.

Boethi vocum Platonicarum Collectanea, cod. CLIV. — Ejusdem de dubiis apud Platonem vocibus opusculum, cod. CLV.

C

Caius presbyter, De universo, cod. XLVIII.

Cæsarii capita ecclesiastica, cod. CCXX, CCX.

Candidi Historiarum libri III, cod. LXXIX.

Cassiani monachi Regulæ monachorum Ægypti, De octo (vitiosis) cogitationibus, libellus trium collationum, cod. CXCVII.

Cephalæonis Musæ, sive historiæ epitomes libri IX, cod. LXVIII.

Charini (L.) Periodi apostolorum, cod. CXIV.

Choricii Sophistæ declamationes variæ, cod. CLX.

Christianorum liber, Octateuchi expositio libris XII, cod. XXXVI.

Chrysippi Hierosolymorum presb. historia de Gamaliele et Nicodemo, cod. CLXXI.

Chrysostomi. *Vide* Joannis.

Clementis Alexandrini presb. scripta, et Hypotyposeon sive disputationum libri VIII, cod. CIX. — Ejusdem liber contra gentes, et Pædagogi libri III, cod. CX. — Ejusdem Stromatei libri VIII, cod. CXI.

Clementis Rom. pontificis Constitutiones apostolorum, Recognitiones et alia, cod. CXII et CXIII. — Ejusdem Epistolæ ad Corinthios II, cod. CXXVII.

Cononis in Philoponum invectiva, cod. XXIII.

Cononis narrationes L, cod. CLXXXVI.

Ctesiæ Cnidii Persicarum rerum libri XXIII. — Ejusdem fragmenta — Ejusdem Indicorum liber, cod. LXXII.

Cyrilli (B.) Alexandr. contra Nestorium libri V, codd. XLIX, et CLXIX. Ejusdem Thesaurus, cod. CXXXVI. Epistolæ variæ ac Scholion de incarnatione Unigeniti, cod. CLXIX.

D

Damascii Incredibilium libri IV, cod. CXXX. De Vita Isidori, cod. CCXLII.

Demosthenis orationes, cod. CCLXV.

Dexippi De rebus post Alexandrum gestis libri IV. — Epitome historica usque ad Claudii imperium et Scythica, cod. LXXXII.

Diadochi Photicæ veteris Epiri episc. definitiones X, et capita C, cod. CCI.

Dinarchi orationes, cod. CCLXVII.

Diodori Lexicon e decem oratoribus, cod. CL.

Diodori Siculi Historiarum libri XL, cod. LXX. Indeque excerpta, cod. CCXLIV.

Diodori Tarsensis episc. varia de Spiritu sancto argumenta, cod. CII. — Idem contra fatum, cod. CCXXIII.

Diogenis Antonii. *Vide* Antonii.

Dionis Cassii Historiarum libri XXX, cod. LXXI.

Dionis Chrysostomi orationes LXXX, cod. CCIX.

Dionysii Ægei Dictyaca, codd. CLXXXV et CCXI.

Dionysii Halicarnassei Historiarum libri XX, cod. LXXXIII. Ejusdem historiarum synopseos libri V, cod. LXXXIV.

Ælii Dionysii Halicarnassei dictionum Atticarum libri X, cod. CLII.

Dorothei de vocibus externorum more usurpatis libellus, cod. CLVI.

E

Ephræm (S.) patriarchæ Theopolitani orationes variæ, cod. CCXXVIII.

Ephraim Syri homiliæ XLIX, cod. CXCVI.

Epiphanii (S.) Panariorum libri VII, cod. CXXII. — Ejusdem Ancoratus, cod. CXXIII. — Ejusdem de mensuris et ponderibus liber, cod. CXXIV.

Evagrii Scholastici ecclesiast. Hist. libri VII, cod. XXIX.

Eudociæ Augustæ metaphrasis metrica in Octateuchum, cod. CLXXXIII. — Ejusdem metaphrasis metrica in Zachariam et Danielem prophetas, et in B. Cyprianum martyrem, lib. III, cod. CLXXXIV.

Eugenii in Philoponum invectiva, cod. XXIII.

Eulogii Alexandrini archiepisc. contra Novatianos libri V, cod. CCVIII. — Indeque excerpta, cod. CCLXXX. — Ejusdem contra Severum et Timotheum hæreticos lib., cod. CCXXX. — Item contra Theodosium et Severum hæreticos Acephalos liber, cod. CCXXVI. — Ejusdem oratio invectiva in Theodosianos et Cainitas cod. CCXXVII. — Ejusdem orationes XI, cod. CCXXX.

Eunapii Chronicorum post Dexippum libri XIV, cod. LXXVII.

Eunomii hæretici libellus, cod. CXXXVII. — Ejusdem refutationis B. Basilii libri III. Item epistolæ XL, cod. CXXXVIII.

Eusebii declamationes cod. CXXXIV.

Eusebii Cæsariensis episc. scripta pleraque, codd. IX, X, XI, XII, XIII. Ejusdem Ecclesiast. historiæ libri X, cod. XXVII. — Item contra Hieroclem, cod. XXXIX. Ejusdem Apologiæ pro Origene libri VI, cod. CXVIII. — Ejusdem de Vita Constantini Magni libri IV, cod. CXXVII.

Eusebii episcopi Thessalonicæ contra Andream quemdam inclusum libri X, cod. CLXII.

Eustratii Magnæ eccles. presb. de animis vita functorum tractatus III, cod. CLXXI.

Exemplar actorum ab Occidentis episcopis contra Nestorianos et Pelagianos, cod. LIV.

G

Galenus de sectis medicorum, cod. CLXIV.

Gelasius Cyzicenus Cæsareæ Palæstinæ episc., synodi primæ scriptor, cod. XV. — Ejusdem Hist. Ecclesiast. libri III, cod. LXXXVIII. — Ejusdem prooemium in additamentum ad Ecclesiast. Historiam Eusebii Pamphili, cod. LXXXIX. — Ejusdem liber contra Anomœos, cod. CII.

Georgius episc. Alex. de Vita B. Chrysost. cod. XCVI.

Germani patriarchæ CP. Apologia pro Gregorio Nysseno, cod. CCXXXIII.

Gregorii Nysseni pro S. Basilio fratre contra Eunomium opera duo, codd. VI et VII.

H

Heliodori Æthiopicῶν libri X, cod. LXXIII.

Helladii Besantinoi Chrestomathiæ, codice CCLXXIX.

Helladii Lexicon, cod. CXLV ; forte ejusdem.

Heracleani episc. Chalcedonis contra Manichæos libri XX, cod. LXXXV.

Hermias Sozomenus. *Vide* Sozomenus.

Herodiani Historiarum libri VIII, cod. XCIX.

Herodoti Halicarnassei Historiarum libri IX, cod. LX.

Hesychii Illustris Milesii omnigenæ atque Romanæ historiæ libri VI. — Item res a Justino seniore imp. gestæ, cod. LXIX.

Hesychii presb. Constant. in æneum serpentem sermones IV, cod. LI.

Hesychii presb. Hierosolym. Encomium in S. Thomam apostolum, cod. CCLXIX. — Item in Jacobum et Davidem psalmographum, cod. CCLXXV.

Hieroclis de providentia et fato libri VII, cod. CCXIV. — Ejusdem de Providentia excerpta cod. CCLI.

Himerii Sophistæ declamationes, cod. CLXV. Indeque excerpta, cod. CCXLIII.

Hippolyti libellus contra hæreses, cod. CXXI.

Hippolyti episc. et mart. Interpretatio Danielis, et homilia de Christo et Antichristo, cod. CCII.

Hyperidis orationes, cod. CCLXVI.

I

Irenæi adversus hæreses libri V, cod. CXX.

Isæi orationes LXIV, cod. CCLXIII.

Isidori Vita. *Vide* Damascius.

Isocratis orationes XXI indeque excerpta, cod. CCLX. — Et epistolæ IX, cod. CLIX. Ejusdem ad Archidamum epistola nunc primum edita, *ibid.*

J

Jamblichi de rebus Rhodanis et Sinonidis libri XVI, cod. XCIV.

Joannis Carpathii consolatorius ad Indiæ monachos centum capitum, cod. CCI.

Joannis (S.) Chrysostomi in mortem et ascensionem Christi, itemque in Pentecosten orationes XXV. — Ejusdem epistolæ ad Olympiadem et alios, cod. LXXXVI. Ejusdem homiliarum in Genesin volumina tria, cod. CLXXIII, CLXXIII, CLXXIV. Ejusdem oratio in S. Paulum, cod. CCLXX. — Et in XL martyres, cod. CCLXXIV. Homiliæ, de Spiritu sancto; in Natalem Christi; in dictum, *Sufficit tibi gratia mea*, et, *Si qua ergo in Christo nova creatura*; De pœnitentia, cod. CCLXXVII.

Joannis Moschi Pratum, sive Hortulus novus, cod. CXCIX.

Joannes Philoponus de resurrectione, cod. XXI. — Idem in Hexaemeron, cod. XLIII. — Indeque excerpta, cod. CCXL. — Et contra quartam synodum, LV. — Ejusdem libellus contra Joannem patriarcham CP., cognomento Scholasticum, cod. LXXV. Idem contra Jamblichi opus de simulacris, cod. CXV.

Joannis presbyteri Ægeatæ Eccles. historiæ libri V, cod. XLI. — Idem contra quartam synodum, cod. LV.

Joannis Scythopolitæ contra Eutychianos libri XII, cod. XCV.

Joannis Stobæi Eclogarum, Apophthegmatum, et vitæ præceptionum libri IV, cod. CLXVII.

Jobii monachi Commentarii de Verbo incarnato libri IX, capita XLV, cod. CCXXII.

Josephus et Caius presbyter De universo, cod. XLVIII.

Josephi Judæi De bello Judaico libri VII, cod. XLVII. — Ejusdem Antiquitatum Judaicarum libri XX, cod. LXXVI. — Et excerpta cod. CCXXXVIII.

Juliani Lexicon e decem oratoribus, cod. CL.

Julii Africani historia et alia, cod. XXXIV.

Justi Tiberiensis Judæorum regum Chronicon, cod. XXXIII.

Justini martyris Apologia pro Christianis, quæstiones, et alia, cod. CXXV.

L

Leontii episc. Arabissi sermo de creatione et Lazaro redivivo, cod. CCLXXII.

Lesbonactis orationes politicæ, cod. XVI; apud Themistium, cod. LXXVI.

Lexicon puræ Ideæ, gravis styli, sermonis politici, cod. CXLVI, CXLVII, CXLVIII.

Lexica varia in decem Græc. oratores, a cod. CXLV usque CLIX.

Libanii sophistæ orationes et epistolæ, cod. XC.

Lucii Patrensis Metamorphoses, cod. CXXIX.

Luciani opera varia, cod. CXXIX.

Lycurgi orationes, cod. CCLXVIII.

Lysiæ orationes, cod. CCLXII.

M

Malchi Sophistæ Byzantinæ historiæ libri VII, cod. LXXVIII.

Marci monachi Asceticorum libri VIII; et adversus Melchisedecitas lib. I, cod. CC.

Martyrium. *Vide* Anonymi.

Maximi declamationes, cod. CXXXV.

Maximi (B.) monachi et confessoris quæstionum e sacra Scriptura CLXIV solutiones, cod. CXCII. — Ejusdem epistolæ XXVII, cod. CXCIII. — Ejusdem liber asceticus, et centuriæ de dilectione, cod. CXCIII. — Ejusdem epistola ad Georgium Eparchum: Theologicorum Moraliumque capitum centuriæ sive libri II, et epistolæ V, cod. CXCIV. — Ejusdem epist. ad Marianum et Dialogus cum Pyrrho de duabus in Christo voluntatibus, cod. CXCV.

Memnonis historica excerpta de Heracleæ Ponticæ tyrannis, cod. CCXXIV.

Methodii (S.) episc. et mart. liber de resurrectione, cod. CCXXXIV. — Ejusdem de creatis, cod. CCXXXV. — Item de libero arbitrio, cod. CCXXXVI. — De castitate, cod. CCXXXVII.

Metrodori calculus paschalis, cod. CXV.

Modestus archiepisc. Hierosolym. in Marias unguenta ferentes et Hypapanten, cod. CCLXXV.

Mœridis Atticista, cod. CLVII.

N

Nicephori (S.) patriarchæ Constant. Historica epitome, cod. LXVI.

Nicias monachus contra Philoponum, Severum, et contra gentes, cod. L.

Nicomachi Gerasini theologiæ arithmeticæ libri II, cod. CLXXXVII.

Nili monachi de oratione capita CLIII, cod. CCI. — Ejusdem orationes in resurrectionem et ascensionem Domini, cod. CCLXXVI.

Nonnosi Historia legationum, cod. III.

O

Olympiodori Historiarum libri xxii, cod. LXXX.
Oratores (in) decem Graeciae Lexica varia, a cod. CXLV usque ad CLIX.
Oribasii medici Galeni compendium ad Julianum imp., cod. CCXVI. — Ejusdem medicinalium collectorum ad Julianum imp. libri LXX, cod. CCXVII. — Ejusdem compendium ad Eustathium filium libri iv, cod. CCXVII.—Ejusdem ad Eunapium libri iv, cod. CCXIX.
Origenis De principiis libri iv, cod. VIII.

P

Palladii declamationes, cod. CXXXII.
Pamphili martyris Apologiae pro Origene libri v, cod. CXVIII.
Pamphilae Historiae miscellae libri viii, cod. CLXXV.
Pausaniae Lexicon, cod. CLIII.
Philippi Sidetae Christianae historiae libri xxiv, cod. XXXV.
Philonis Judaei legum sacrarum Allegoria et viri civilis vita, hoc est, de Joseph., cod. CIII. — Ejusdem Essenorum et Therapeutarum vivendi ratio, cod. CIV. — Ejusdem Caius imp. reprehensus et Flaccus reprehensus, aliaque scripta, cod. CV.
Philostrati Tyrii de vita Apollonii Tyanei libri vii, cod. XLIV. — Indeque excerpta, cod. CCXII. Ejusdem Lexicon e decem oratoribus, cod. CI.
Philostorgii Ecclesiasticae Historiae libri xii, cod. IX.
Phlegontis Trallani Olympicorum et Chronicorum collectio, cod. XCVII.
Phrynichi Arabii apparatus oratorii libri xxxvi, cod. CLVIII.
Pierii presb. scriptorum libri xii, cod. CXIX.
Plutarchi vitae Parallelae, cod. CCXLV.— Ejusdem vitae decem Graeciae oratorum a cod. CCLIX ad CCLXIX.
Pollionis Lexicon, cod. CXLIX.
Polycarpi mart. Epistola ad Philippenses, cod. CXXVI.
Praxagorae Atheniensis de rebus Constantini Magni libri duo Ionica dialecto, cod. LXII.
Procli Chrestomathia de Poetica, cod. CCXXXIX.
Procopii Caesariensis rhetoris Historiarum libri viii, cod. LXIII.
Procopii Gazaei Homericorum versuum metaphrases, cod. CLX.
Procopii Sophistae Scholae commentariorum in Octateuchum, et in libros Regum ac Paralipomena, cod. CCVI.— Idem in Isaiam prophetam, cod. CCVII.
Provinciarum imperii post Alexandri Magni obitum divisio a variis facta, ex Arriano, Dexippo, Justino et Q. Curtio cod. LXXXII.
Ptolemaei Hephaestionis Novarum historiarum libri vi, cod. CX.

R

De republ. libri vi, cod. XXXVII.

S

Sergii confessoris historia, cod. LXVII, CLXI.
Socratis Eccles. Historiae libri vii, cod. XXVIII.
Sopatri excerptorum variorum libri xii, cod. CLXI.
Sophronii pro sancto Basilio adversus Eunomium, cod. V.
Sophronii patriarchae Hierosolym. synodica epist. cod. CCXXXI.
Sotion De fluminibus, etc. cod. CLXXXIX.
Sozomeni Histor. Eccles. libri ix, cod. XXX.
Stephanii Gobari Tritheitae haeretici Oppositarum quaestionum liber, cod. CCXXXII.
Synesii Cyrenaei scripta, cod. XXVI.
Synodus iii, iv, v, vi, vii ; codd. XVI, XVII, XVIII, XIX, XX.
Synodus Sidetana, aliaque contra Messalianos, cod. LII.
Synodus ad Quercum illegitima contra B. Joan. Chrysostomum, cod. LIX.

T

Themistii in Philoponum invectiva, cod. LXXIII. —Ejusdem orationes civiles xxxvi, cod. LXXIV. — Ejusdem Apologia pro S. Theophobio, cod. CVIII.
Theodorus Tarsensis. *Vide* Diodorus.
Theodorus presb. de scriptis S. Dionysii Areopagitae, cod. I.
Theodori Antiocheni pro S. Basilio adversus Eunomium libri xxv, cod. IV.— Ejusdem interpretatio Geneseos, cod. XXXVII.
Theodori monachi Alexandrini adversus Themistium libri iii, cod. CVIII.
Theodori Mopsuestiae de Persarum magia libri iii, cod. LXXXI.
Theodoreti Histor. Eccles. libri v, cod. XXXI. —Ejusdem contra haereticos libri xxvii, cod. XLVI. —Rursumque quinque, cod. LVI. — Et Eranistae libri iii, cod. XLVI. — Ejusdem interpretatio Danielis, Octateuchi expositio, et in libros Regum ac Paralipomenon, cod. CCLV. — In xii prophetas minores, cod. CCV. — Item in S. Joan. Chrysostomum libri v, cod. CCLXXVII.
Theodosius monachus contra Joan. Philoponum, cod. XXII.
Theognosti Alexandr. et sacrorum librorum interpretis, Hypotyposeon libri vii, cod. CVI.
Theonis archiatri Alexandrini Homo, cod. CCXX.
Theophanis Byzantii Historiarum lib. x, cod. CCIII.
Theophrastus de animalibus quae colores mutant. — De nervorum resolutione. — De animi defectione. — De vertigine. — Quare cruda ova converti non possint. — De lassitudine. — De animantibus quae cum copia visuntur. — De animantibus quae invidia laborare falso dicuntur.— De sudoribus. — De apibus, cod. CCLXXVIII.
Theophylacti Simocattae Historiarum libri viii, cod. LXV.
Theopompi Historiarum libri liii, cod. CLXXVI.
Timaei Lexicon vocum Platonicarum, cod. CLI.

V

· Victorini Lampadii F. orationes consulares, cod. CI.

Vindanii Anatolii Beryti Collectaneorum de agriculturæ disciplina libri xii, cod. CLXII.

Vitæ SS. Patrum qui magni Antonii tempore floruerunt, cod. CXCVIII.

Z

Zosimi comitis Historiarum libri vi, cod. XCVIII.

AUCTORUM PHOTIANÆ BIBLIOTHECÆ SERIES
CLASSIBUS ET ALPHABETO DISTINCTA.

Philologi, Grammatici et Lexicographi.
Apollodorus Athen. cod. CLXXXVI. — Boethus, CLIV, CLV.—Diodorus, CL.—Ælius Dionysius Halicarnasseus, CLII. — Dorotheus, CLVI. — Helladius Besantinous, CXLV. — Julianus, CL. — Mœrides, CLVII.—Pollio, CXLIX.—Pausanias, CLIII.—Phrynichus Arabs, CLVIII.—Sopater, CLXI.—Timæus, CLI.

Metrica.
Eudociæ Centones Homerici, CLXXXIII, CLXXXIV. — Procli Chrestomathia, CCXXXIX. — Procopii Gazæi Homerica metaphrasis CLX.

Oratores.
Andocides, CCLXI. — Æschines, LXI, CCLXIV. — Dinarchus, CCLXVII.— Isocrates, CLIX, CCLX. Lysias, CCLXII. — Antiphon, CCLIX. — Demosthenes, CCLXV. — Hyperides, CCLXVI.— Isæus, CCLXIII. — Lycurgus, CCLXVIII. — Aphthonius sophista, CXXXIII. — Aristides CCLVI, CCXLVII, CCXLVIII. — Choricius sophista, CLX. —Dion Chrysostomus, CCXI.—Eusebius CXXXIV. — Adrianus imper. C. — Himerius, CLXV, CCXLIII. — Lesbonactes XVI. — Libanius sophista, XC. — Lucianus Samosatensis, CXXIX.— L. Malchus Sophista, LXXVIII.—Palladius, CXXXII. — Victorinus Lampadius. CI.

Historici sacri.
Basilius Cilix, XLII. — Charinus CXIV. — Chrysippus presb. CLXXI. — Evagrius, XXIX. — Eusebius XXVII, CXXVII.— Eustratius, CLXXI; — Georgius Alex. episc. XCVI. — Hermias Sozomenus, XXX. — Hesychius Illustris, LXIX. — Joan. presb. Ægeates XLI.— Joan. Moschus, CXCIX. —Fl. Josephus Judæus, XLVII, LXXVI, CCXXXVIII. — Metrodorus, CXV. — Nicephorus, LXVI. — Philippus Sideta, XXXV. — Philo Judæus, CIII. — Philostorgius, XL. — Sergius CLXI. — Theodoretus, XXXI.—Theophanes Byzantius, LXIV, CCIII.

Profani.
Agatharchides, CCXIII, CCL. — Alexander, CLXXXVIII. — Amyntianus, CXXXI. — Antonius Diogenes, CLXVI. — Appianus, LVII. — Arrianus, XCI, XCII, XCIII. — Candidus, LXXIX. — Cephalæon, LXVIII. — Conon, CLXXXVI. — Ctesias Cnidius, LXXII. — Dexippus, LXXXII. — Diodorus Siculus, LXX, CCXLIV. — Dion Cassius, LXXI. — Dionysius Halicarnasseus, LXXXIII,

LXXXIV. — Eunapius, LXXVII, — Heliodorus, LXXIII. — Herodianus, XCIX. — Herodotus Halicarnasseus, LX. — Julius Africanus, XXXIV. — Justus Tiberiensis, XXXIII. — Memnon, CCXXIV. — Nonnosus, III. — Olympiodorus, LXXX. — Pamphilus, CLXXV. — Philostratus, XLIV, CCXLI. —Phlegon Trallianus, XCVII.—Plutarchus, CCXLV. — Praxagoras Athen. LXII. — Procopius Rhetor, LXIII. — Ptolemæus Hephæstio, CX. — Theophylactus Simocatta LXV. — Theopompus, CLXXVI.

Medici et Philosophi.
Ænesidemus Ægeus, CCXII. — Aetius Amidenus, CCXXI. — Caius presb. XLVIII. Damascius, CXXX, CCXLII. — Dionysius Ægeus, CLXXXV, CCXI. — Galenus, CLXIV. — Hierocles, CCXIV, CCLI. — Joan. Philoponus, XXI, XLIII, CCXV. — Joan. Stobæus, CLXVII. — Nicomachus Gerasenus, CLXXXVII. — Oribasius, CCXVII. — Sotion, CLXXXIX. — Themistius, LXXIV. — Theon Archiatrus, CCXX. — Theophrastus, CCLXXVIII. — Vindalius Anatolius, CLXII.

Theologi.
Adriani, al. Andronichi Isagoge, II. — Andronicianus, XLV. — Apollinarius, XIV. — Athanasius, XXXII, CXXXIX, CXL. — Asterius Amasiæ episc. CCLXXI. — Basilius Magnus, CXXIX, CXLII. — Basilius Seleuciensis, CLXVIII. — Cassianus, CXCVII. — Cæsarius, CCX. — Jo. Chrysostomus CP. episc., LXXXVI, CLXXIII, CLXXIV, CCLXX, CCLXXIV, CCLXXVII.— Clemens Alexandr. CIX, CX, CXI. — Clemens Rom. CXII, CXIII, CXXVII.— Conon, CLXXXVI. — Cyrillus Alexandr. episc. XLIX, CXXXVI, CLXIX. — Diadochus Photicæ episc. CCIX. Diodorus Tarsensis, al. Theodorus, CXI. —Ephræm Theopolita, CCXXVII.— Ephraim Syrus, CXCVI. — Epiphanius, CXXII. — Eugenius, XXIII. — Eulogius, CCVIII, CCXXV, CCXXVI, CCXXVII, CCXXX, CCLXXX. — Eusebius episc. Thessal. CLXII. — Gelasius, LXXXIX, CII. — Germanus patriarcha CP., CCXXXIII.— Gregorius Nyssenus, VI, VII.—Heracleanus, LXXXV.—Hesychii duo, LI, CCLXIX, CCLXXV. — Hippolytus episc. CCII. — Hippolytus Irenæi discipulus, CXXI. — Jobius Monachus, CCXXII. — Joan. Carpathius, CCI. — Joan. Scythopolita, XCV. — Irenæus episc. Lugdun. CXX. —Justinus martyr, CXXV.—Leontius

episc. CCLXXII.— Marcus monachus, CC. Maximus monachus et confessor, CLXIV, CXCIII, CXCIV, CXCV. — Methodius episc., CCXXIV, CCXXXV, CCXXXVI, CCXXXVII. — Modestus episc. Hieros. CCLXXV. — Nicias monachus. L. — Nilus monachus, CLIII, CCLXXVI. — Origenes, VIII. — Pamphilus martyr, CXVIII. — Pierius presb. CXIX. — Polycarpus martyr, CXXVI. Procopius, CCVII. — Sophronius patriarcha Hierosolym., CCXXXI. — Stephanus Gobarus, CCXXXII. Synesius Cyrenæus episc. XXVI.—Synodi variæ, XVI, XVII, XVIII, XIX, XX, LII. — Theodorus Antioch. IV, XXXVIII. — Theodorus monachus, CVIII. Theodorus presb. I. — Theodosius monachus, XXII. Theognostus, CVI.

Eroticōn Scriptores.

Achilles Tatius Alexandr. LXXXVII. — Antonius Diogenes, CLXVI. — Heliodorus, LXXIII. — Jamblichus, XCIV. — Lucius Patrensis, CXXIX.

PHOTII
MYRIOBIBLON SIVE BIBLIOTHECA
LIBRORUM QUOS PHOTIUS PATRIARCHA CONSTANTINOPOLITANUS LEGIT ET CENSUIT.

EX RECENSIONE EMMANUELIS BEKKERI ET EX INTERPRETATIONE ANDREÆ SCOTTI QUAM TYPIS MANDAVIT LAURENTIUS MAURRY, ROTHOMAGI AN. 1653.

---

1 *Descriptio atque enumeratio lectorum a nobis codicum. Quorum per summa saltem capita, cognitionem quæsivit charissimus frater noster Tarasius. Sunt ii, viginti et uno demptis, trecenti.*

Photius, dilecto fratri suo Tarasio, in Domino salutem.

Cum primum ab universo senatu, ipsoque adeo imperatoris suffragio, legatus in Assyriam delectus sum, eorum tibi codicum petivisti argumenta describi, amantissime frater, quorum recitationi non interfuisses. Cupiebas enim habere tu, cum hujus molestæ adeo tibi disjunctionis nostræ solatium aliquod, tum leviter saltem efficiant ac generalem cognitionem eorum voluminum, quæ nondum apud nos præsentes audientesque legisses. Ea sunt in universum, uno duntaxat supra decimam quintam partem dempto, trecenta, tot enim, nisi fallor, te absente legi contigit. Librarium igitur nacti, tuoque voto ac desiderio quasi debitum solventes, edimus aliquando, quotquot horum argumentorum memoria nostra conservarat : serius id quidem forsitan, quam ardens illud tuum desiderium flagransque cupiditas postulabat : attamen citius quam aliorum quispiam sperare poterat. Hoc autem ordine singula sibi argumenta succedent, quo eadem hæc memoria præoccuparit. Præsertim, cum difficile haudquaquam sit (si quis ita malit) seorsim omnia quæ ad historiam faciunt, et rursus quæ ad alium atque alium scopum, describere eaque juxta propriam speciem in unum conjicere.

Verum superfluæ illud contentionis esse ratus, sequor promiscuam absque discrimine varietatem. Movet enim in plerisque identidem impetum desiderii atque ad memoriam nescit offerre fastidium. Quod si quandoque tibi, dum ipsamet studiosius tractabis volumina, brevior videbitur, aut minus accurata quorumdam argumentorum hic esse facta mentio, ne id miraris velim : nam unum aliquem librum singulatim legenti, argumentum ejus animo complecti, illudque, memoriæ ac litteris mandare, non pœnitendum ei opus est, qui id modo velit; at complura simul, idque post temporis aliquod intervallum, accurate meminisse, hoc ego non adeo arbitror esse facile. Jam vero quæcunque in lectis illis libris obvia sunt, et neque tuas forsitan, ob insitam iis facilitatem fugerunt curas, his ne nos quidem tantum studii quantum cæteris adhibuimus : sed eorum major accuratio de industria est prætermissa. An autem aliud quidpiam non inutile una cum his argumentis supra tuam petitionem accedat, id tu melius intelliges. Utilia sane tibi hæc modo edita futura sunt, cum summatim eorum tibi memoriam refricent, quæ tute per te legendo percurristi : tu ut citius reperias si quid in iis quæras; quin etiam ut facilius assequaris ea quæ forte nondum intelligentia perceperis.

1*.
Theodorus presbyter, de scriptis S. Dionysii Areopagitæ (1).

Lectus est Theodori presbyteri liber quo docet argumentis breviter respondebo. Copiosius alii, ut ad Hilduini, Caroli Magni æqualis, Areopagitica Matthæus Galenus, et ad Pachymeræ paraphrasin Godofr. Tilmannus : denique tomo II Annalium ecclesiasticorum ad annum Christi 109, illustriss. Cæsar card. Baronius, sane de omni sacra anti-

---

(1) Exstaret utinam Theodorus iste, De legitimis B. Dionysii Areopagitæ libris, aut quam vellem inde ἐν ἐπιτομῇ excerpta Photius, ut alibi minus fortasse necessaria, repræsentasset. Quoniam vero nostræ tempestatis sectarii eadem reciprocando iterant, ac veluti ab inferis revocant, quatuor hisce

germanum esse sancti Dionysii opus. Solvuntur autem quatuor potissimum argumenta. Primum quidem : Si genuinus est, cur sanctorum Patrum nemo, qui post secuti sunt, ex eo libro sententias aut testimonia citarit? Alterum vero : Quomodo Eusebius Pamphili, sanctorum Patrum scripta enumerans, hujus nullam fecerit mentionem? Tertium : Quomodo traditionum earum, quæ in Ecclesia per incrementa et diuturni temporis spatia creverunt, liber hic sigillatim texat narrationem? **2** Magnus enim Dionysius, ut ex Actis patet, apostolorum æqualis fuit; hic vero liber earum maxime traditionum descriptionem continet, quæ postea sensim in Ecclesia invaluerunt. Non igitur verisimile videri ait, imo falso confictum, quæ longo post tempore a morte magni Dionysii in Ecclesia orta sint atque excreverint, ea Dionysium describenda suscepisse. Quartum : Cur epistolam beati Ignatii hic liber citat? Dionysius enim [ut diximus] apostolorum temporibus floruit : Ignatius vero Trajano Augusto imperante martyrii certamen certavit, et paulo ante mortem eam epistolam, quam hic liber citat, conscripsit. Quatuor his igitur argumentis controversa dissolvere studet Theodorus, efficitque pro virili legitimum illum esse magni Dionysii partum.

II.

Adriani Isagoge S. Scripturæ.

Lecta est Adriani *Introductio in sacram Scripturam.* Utilis liber iis qui ad eam primum aggrediuntur.

III.

Nonnosi Historia legationum.

Lecta est Nonnosi *Historia*, qua legationem suam complectitur ad Æthiopas, et Homeritas, atque Saracenos susceptam, populos tum potentissimos : et ad alias item Orientis gentes. Justinianus Romanum tunc imperium tenebat : præfectus vero Saracenorum Kaisus erat (1), Arethæ nepos : qui et ipse præfectus ille fuit, ad quem Nonnosi avus ab Anastasio imperatore legatus fuerat, et pacis fœdera sanxerat. Quin et Nonnosi pater, cui Abramo nomen, ad Alamundarum præfectum Saracenorum orator aliquando profectus, duos Romanorum duces, Timostratum atque Joannem, belli jure captos, una liberavit, Justino imperatori in ducibus his liberandis subserviens. Porro Kaisus, ad quem Nonnosus missus, duabus præerat gentibus apud Saracenos clarissimis, Chindinis et Maadenis. Ad quem ipsum Kaisum Nonnosi quoque pater, antequam hæc Nonnoso legatio mandaretur, a Justiniano missus est : pacisque fœdera ita constituit, ut Kaisi filium, Maviam nomine, obsidem acceperit, et Byzantium ad Justinianum adduxerit. Post quæ duplici Nonnosus nomine legatus missus est : **2 b** Ut Kaisum, si posset, ad imperatorem adduceret : et ad Auxumitarum regem (cui genti Elesbaas tunc præerat), itemque ad Homeritas proficisceretur, Auxumis permagna est civitas, et quasi Æthiopiæ totius metropolis, magis ad meridiem et orientem vergens, quam Romanum imperium. Nonnosus vero, multis gentium superatis insidiis ferarumque periculis (præter viæ incommoda, multaque discrimina, in quæ sæpenumero incidit), tamen quæ voluit perfecit, et salvus est patriæ redditus.

Kaisum refert, misso iterum Abramo ad illum legato, Byzantium profectum esse, suamque præfecturam Ambro et Jezido fratribus divisisse : ipsum vero Palæstinæ præfecturam ab imperatore administrandam suscepisse, infinitamque hominum subditorum secum multitudinem duxisse.

Quæ nunc sandalia dicta, arbylas appellasse veteres ait : et...

Saracenorum, ait, plerique, tam qui in Phœnicone, quam qui ultra Phœniconem et Taurenos, quos vocant montes degunt, locum quemdam pro sacro habent, alicui deorum consecratum : quo bis quotannis conveniunt. Horum conventuum ipsorum alter mensem durat integrum, ad medium fere ver, quando Tauri signum sol in zodiaco tenet : alter vero in duos alteros menses extenditur agiturque post æstivum solstitium. In his, ait, conventibus summa viget tranquillitas, non solum inter ipsos, sed et cum omnibus advenis. Quin etiam feras cum hominibus, non tantum inter se, pacate tunc degere fabulantur. Narrat et alia multa inopinata, et fabulis non absimilia.

Adulin scribit ab Auxumi quindecim itinere dierum distare. Proficiscenti vero Auxumim Nonnoso cum suis, maximum hoc objectum spectaculum, ad regionem Aven dictam, quæ media est inter Auxumin et Adulin urbes, elephantorum nimirum multitudo non modica, imo millia ferme quinque.

quitate, atque adeo militante in terris Ecclesia, Dei sponsa, optime meritus. Primo igitur a SS. Patribus nunquam advocari B. Dionysium inficiamur. Laudat enim frequenter B. Cyrillus Alexandrinus, Origenes, Damascenus, Agatho et Gregorius I pontifices, aliique. Nam et Maximus martyr, Michael Syngelus, et Georgius Pachymerius non modo defendunt a calumniis, sed et scholiis eruditis illustrant. Adde quod infra quoque in non recenti opere, sanctis scriptoribus annumeratus legatur, cod. 231. II. Eusebii Pamphili silentium suspectum merito esse debet, quod Arianismo infectus ille, ejus scripta recensere idcirco cavit, quia vel imo S. Dionysio Arii causam jugulari posse videret. III. Cæremonias vero ritusque Ecclesiæ jam inde ab apostolorum temporibus exortas, ac veluti per manus traditas in Ecclesiam promanasse, atque in hæc usque tempora apud pios homines perdurasse, nemo negabit, nisi qui, ab Ecclesia Catholica Romana descicentes, in novatorum castra transfugerunt : docetque copioso Franc. Turrianus noster, itemque Baronius card. tomo I Annalium, de Essenis agens. IV. Quod vero B. Ignatii martyris epistolam citat, qui Trajano imperante martyr obiit, nemini mirum videbitur, qui ex eodem illo Baronio B. Dionysium ad ea usque tempora pervenisse, certo cognorit. Sed nos de his σὺν Θεῷ copiosius libro de scriptis sanctorum Patrum in dubium revocatis, ac vindicatis.

(1*) De quo Procop. lib. I De bello Pers. inf. cod. LXIII paulo ante fin., et lib. II.

Pascebant hi elephanti maximo in campo, propiusque accedere nemini **3a** incolarum facile erat, neque pastu prohibere. Hoc illis interim spectaculum occurrit.

De cœli quoque constitutione dicere oportet, quæ est ab Ave ad Auxumin : contra enim æstas illic et hiems accidit. Nam, sole Cancrum, Leonem et Virginem obeunte, ad Aven usque (uti et nobis) æstas est, summaque cœli siccitas. At ab Ave Auxumin versus, et reliquam Æthiopiam, hiems est vehemens, non integro quidem illa die, sed quæ a meridie semper et ubique incipiens, coactis nubibus aerem obducat, et horrendis imbribus oram illam inundet. Quo etiam tempore Nilus late Ægyptum pervadens, maris in modum terram irrigat. Cum autem sol Capricornum, Aquarium et Pisces perambulat, aer vice versa Adulitis in Aven usque imbribus regionem inundat, iis vero qui ab Ave Auxumin, cæteramque Æthiopiam versus jacent, æstas est, et maturos jam fructus terra præbet.

Naviganti a Pharsa Nonnoso, et ad extremam usque insularum delato, tale quid occurrit, vel ipso auditu admirandum. Incidit enim in quosdam forma quidem et figura humana, sed brevissimos et cutem nigros totumque pilosos corpus. Sequebantur viros æquales feminæ, et pueri adhuc breviores. Nudi omnes agunt, pelle tantum brevi adultiores verenda tecti, viri pariter ac feminæ, agreste nihil neque efferum quid præ se ferentes. Quin et vox illis humana, sed omnibus, etiam accolis, prorsus ignota lingua, multoque amplius Nonnosi sociis. Vivunt marinis ostreis, et piscibus e mari ad insulam projectis. Audaces minime sunt, ut, nostris conspectis hominibus, quemadmodum nos visa ingenti fera, metu perculsi fuerint.

IV.

Theodori Antiocheni pro sancto Basilio adversus Eunomium libri XXV.

Lecti sunt Theodori Antiocheni *pro Basilio adversus Eunomium libri viginti quinque*. Est illi phrasis non usquequaque perspicua ; sensibus tamen **3b** et argumentis nimium quantum densus, sacræ Scripturæ testimoniis egregie abundat. Ad verbum fere Eunomii rationes refellit, imperitum cum valde externarum disciplinarum, multoque magis nostræ theologiæ, pluribus ostendens. Hic vero Mopsuestiæ, ut puto, episcopus fuit.

V.

Sophronii de eadem re liber.

Lectus similiter Sophronii *pro Basilio contra Eunomium liber*, Theodoro apertior, et multo doctior ac brevior. Neque enim per omnia Eunomium persequitur, sed illa potissimum exagitat atque refellit, quæ summa capita hæresis Eunomii continere videbantur. Charactere usus est distinguente ac definiente : et ut plurimum solutus illi minimeque vinctus sermo, non ingratus tamen, imo et logicis argumentationibus perquam floridus est.

VI.

Gregorii Nysseni ejusdem argumenti opera duo.

Lectus est Gregorii Nyssæ episcopi similiter *pro Basilio adversus Eunomium liber*. Stylus illi, si cui rhetorum, illustris, et jucunditatem auribus instillans. Sed nec ipse quidem ordine Eunomii scriptum reprehendit. Quamobrem et Theodoro concisior est, et Sophronio latior ; abundat enim enthymematibus atque exemplis. Illud autem vere pronuntiaverim, quantum Gregorius venustate, splendore et mirifica jucunditate antecellit Theodoro, tantum etiam argumentorum copia et ubertate eumdem vincere connititur.

VII.

Lectum est alterum ejusdem Gregorii Nysseni opus, de eadem ipsa re : in quo rationibus validioribus cum Eunomio manus conserens, eum vi expugnat, omnia impietatis firmamenta labefactans. Venustas vero orationis, et splendor jucunditate mistus, etiam in hoc opere decenter se ostendit.

VIII.

Origenis De Principiis libri IV.

Lecti sunt Origenis *De Principiis* libri IV. Horum primus de Patre, et Filio, et Spiritu sancto agit. Quo in libro plurima blaspheme scribit : ut, Filium a Patre factum, Spiritum a Filio : et Patrem quidem per omnia quæ exsistunt pervadere : Filium vero ratione duntaxat præditâ : Spiritum autem ea tantum quæ salva facta sunt. Tradit et alia nimium absurda, impietatisque plena : animarum **4a** migrationes et animata sidera, pluraque id genus alia nugatus. Primo itaque libro fabulose disserit de Patre, et (ut ipse appellat) de Christo, et de sancto Spiritu : insuper et de naturis ratione præditis. Secundo vero, de mundo, rebusque in eo conditis : præterea unum eumdemque esse Deum legis et prophetarum : unum item esse Veteris et Novi Testamenti Deum : de Salvatoris incarnatione : eumdem spiritum in Moyse, et aliis prophetis, sanctisque apostolis fuisse. Ad hæc de anima, de resurrectione, de pœna, de præmiis. Tertio de arbitrii libertate : qua ratione diabolus, contrariæque potestates, juxta Scripturarum doctrinam, cum humano genere pugnent : mundum item ortum habere, et corruptioni obnoxium esse, ut qui a tempore initium sumpserit. Quarto item libro de fine ultimo : divinas esse Scripturas : de ratione denique legendi et intelligendi Scripturas.

IX.

Eusebii Cæsariensis episcopi scripta pleraque.

Lecti sunt *Evangelicæ præparationis* Eusebii libri quindecim : quibus ut plurimum inanem gentium doctrinam vellicat, quamque dissoni ipsi inter se perpetuo fuerint. Meminit vero initio libri decimi quinti, et in eodem extremo, alterius operis, quod *Evangelicam Demonstrationem* nominat, quæ post *Evangelicam Præparationem* consequitur; quod hæc quidem reprehensio fere sit erroris gentium, illa vero confirmatio præconii evangelici.

X.

Lecti sunt Eusebii *Evangelicæ Demonstrationis* libri viginti.

XI.

Lecti sunt et Eusebii *Ecclesiasticæ Præparationis* libri..... in quibus excerpta sunt.

XII.

Lecti sunt item Eusebii *Ecclesiasticæ Demonstrationis* libri.....

XIII.

Lecti sunt Eusebii *Confutationis et Apologiæ* libri duo. Alteri item duo, qui a prioribus duobus cum assertionibus quibusdam differant, in cæteris dicendi genere, ac sensu iidem sunt. Affert vero, ut ab ethnicis profecta, argumenta quædam adversus sinceram nostram religionem; eademque recte, licet non per omnia, refellit. Phrasi neque jucundus uspiam neque perspicuus: homo tamen multæ doctrinæ est · tametsi mentis acumine, affectuumque constantia, quantum in dogmatum accurata tractatione est opus, indigeat. Etenim et hic eum pluribus locis blasphemum in Filium videas, eumdemque secundam causam appellantem, ac summum imperatorem; aliaque id genus Arianici furoris germina apparent. Constantini Magni temporibus floruisse clarum est, fuisseque sancti martyris *Pamphili* virtutis ardentem amatorem, unde et *Pamphili* cognomentum adeptum esse quidam affirmant.

XIV.

Apollinarius Hierapolita De Pietate et Veritate, adversus gentes.

Lectus est Apollinarius *adversus gentes, De Pietate,* itemque *De Veritate.* Hierapolita est scriptor hic, ejus quæ in Asia Hierapoleos creatus episcopus: floruit vero Marci Antonini Veri Romæ imperantis temporibus. Vir sane præstans, et phrasi usus non pœnitenda. Ferunt et alia ipsius scripta commemoratu digna circumferri, sed quæ in meas nondum manus pervenerint.

XV.

Gelasius synodi primæ scriptor.

Lecta et *primæ synodi actio*, tribus comprehensa libris. Gelasii titulum opus profert: nec tam actio quam historia est. Sermo vilis et humilis, nisi quod minima quæque in synodo gesta narret.

XVI.

Synodus tertia.

Lecta est *actio tertiæ synodi*, constans fere epistolis divi Cyrilli ad Nestorium, et impii hujus vicissim ad illum.

XVII.

Synodus quarta.

Lecta est *actio quartæ synodi*, variis quidem libris comprehensa, actionibus vero quindecim: quibus Dioscorus et Eutyches damnati, anathemate cum ipsis percusso et Nestorio; sanctus vero Flavianus etiam post mortem innocens judicio declaratus est; uti quoque Eusebius Dorylæi episcopus, et Theodoretus, et Ibas. Gesta sunt et alia quædam singulatim, et pietatis doctrina confirmata.

XVIII.

5^a *Synodus quinta.*

Lectæ quoque *actiones quintæ synodi*, quibus tractatum *De tribus*, ut vocant, *capitulis*: de Origene, qui cum scriptis suis anathemate damnatus: de Diodoro Tarsensi, et Theodoro Mopsuestiæ, qui et ipsi similiter excommunicati. Anathemate quoque damnata, quæ Theodoretus adversus Cyrillum capita scripsit duodecim. Gesta sunt ante hanc quædam de Zoora, et Anthimo illo, qui ex Trapezuntina Constantinopolitanam sedem invasit: aliaque præterea, quæ hac ipsa synodo comprehenduntur.

XIX.

Synodus sexta.

Lecta sunt *acta sextæ synodi*, actionibus... quibus Sergius, Cyrus, Pyrrhus Constantinopolitanus damnati; Honorius (1) autem Romanus, Po-

---

(1) *Honorius autem Romanus.* Antidotum huic calumniæ veneno adhibendum. Neque enim Honorius pontifex, a sui sæculi scriptoribus laudatus, cum Monothelitis de una in Christo voluntate sensit, ut S. Maximus martyr, ex ore etiamnum superstitis scribæ pontificii, in Dialogo cum Pyrrho testatum reliquit: sed invidia quadam adducti Græci quod suos patriarchas plurimos hac in synodo errorum convictos moleste ferrent, hanc notam Romanæ sedi (cujus nunquam fides, promittente Christo, defecit) per nefas inurere tentarunt. Igitur quod in plerisque aliis solemne iis fuit, ac manifesto sæpius deprehensum, fraude ac fide Græca etiam hanc synodum, addendo, curtando et mutando inquinarunt. Cujus rei idoneos laudare testes possumus, atque adeo plurimos omni exceptione majores. En tibi unum de multis exemplum. Theodorus, patriarcha CP., erroris in hac ipsa synodo convictus, et abdicare coactus, una cum Macario Antiocheno patriarcha, cum primum post Gregorii sibi suffecti mortem, edita fidei legitima professione, postliminio restitutus est, suo sublato nomine, Honorii Pont. R., ab omni hæresi alieni, nomen, parva litterarum mutatione subjecit, pluraque Harpyis unguibus contaminavit. Ejus rei auctorem habemus Anastasium Bibliothecarium. Et quivis actiones legens facile deprehendat, cum alias sæpe interlocutum sit, hic re tam gravi non excussa, legatos nullum pro pontifice verbum fecisse. Imo et Agathonis epistolam synodus probando, et Honorium damnando, secum ipsa profecto stolide nimis pugnaret. Atque his nixa fundamentis fabula, ad hæreticos usque eo manavit, ut et catholicos quosdam in fraudem induxerit.

Plura te, lector, legere cupiam, consultis ampliss. cardinale Roberto Bellarmino, t. 1 *Controv.* III, lychronius, aliique cum illis, unam voluntatem, unamque operationem in Christo asserere ausi: veritatis vero dogma confirmatum.

XX.
Synodus septima.

Lecta sunt *gesta septimæ synodi*, actionibus (1) ... quibus de Iconomachorum hæresi triumphus ductus, et orthodoxorum fides inclaruit.

XXI.
Joannes Philoponus De Resurrectione.

Lectus Joannis Philoponi *De Resurrectione* liber tomis... quibus corporum resurrectionem rejicit, et multa inconsiderate jactat, SS. etiam Patrum auctoritatem risu insectari ausus.

XXII.
Theodosius monachus contra Philoponum.

Lecta est Theodosii monachi eorum, quæ a Joanne Philopono adductæ sunt citationum adversus corporum resurrectionem, elaborata *Confutatio*; in qua et loca sacræ Scripturæ sanctorumque Patrum adducit, quibus Joannis amentia refellitur.

XXIII.
Cononis, Eugenii, et Themistii in Philoponum invectivæ.

Lectæ sunt Cononis, Eugenii, et Themistii *Adversus Joannis Philoponi de carnis Resurrectione deliramenta Invectivæ*, quibus acriter adeo ipsum insectantur, ut etiam omnino a Christiana fide abhorrere hominem affirment, licet 5b in eo cum illo sentirent, quod nec ipsi reciperent Chalcedonense concilium.

XXIV.
Acta disputationis hæreticorum coram Joanne patriarcha CP.

Lectus liber *Acta* continens *disputationis* initæ coram Joanne regiæ urbis episcopo, Justino imperante, *inter Cononem et Eugenium Tritheitas* (2), *et Paulum ac Stephanum*, qui et ipsi Hæsitantium (3) de numero erant. Hic visuntur Conon, et Eugenius Philopono patrocinari. Cum enim Paulus et Stephanus ab ipsis postularent, ut Philopono anathema dicerent, recusarunt. Quin et proferunt testimonia, quod cum Severo et Theodosio ipsorum præceptoribus, eadem sentirent. Hi quidem multas in theologicis pias voces adhibent, ut Trinitatem consubstantialem esse, ejusdemque naturæ, et unum Deum, unamque divinitatem; blasphemant

---

lib. IV, cap. 11, et Cæsare Baronio tom. VIII *Annalium Eccles.* ad annos Christi 680 et 681; et Stanislao Hosio, lib. III *Contra Brentium*. Mitto Franc. Turrianum, lib. de VI, VII et VIII synod. Albertum Pigium lib. IV *Hierarchiæ*, cap. 8, et Joan. Hessel. lib. *De cathedræ Petri firmitate*, cap. 11, et Onuphrium Panvinium ad Honorium Platinæ.

(1) Act. 7, uti Acta testantur, quæ legas apud card. Baron. t. IX. Octavam synodum hic non recenseri, argumentum est de multis, scriptam hanc a Photio Bibliothecam ante exortos de patriarchatu tumultus.

A vero, dum aiunt Patrem et Filium et Spiritum sanctum partiales esse substantias, propriasque divinitates, et proprias naturas. Ita secum ipsi, et cum veritate pugnantes, alia plura id genus deliramenta proferunt.

XXV.
S. Joannis Chrysostomi in mortem et ascensionem Christi, itemque in Pentecosten orationes.

Legimus Chrysostomi nomine inscriptum librum, *Notationes in mortem Christi.* Sunt autem breves orationes duæ et viginti. Habentur et in eodem volumine similes: *In ascensionem Domini* aliæ duæ et viginti; et *in Pentecosten* quoque orationes septemdecim.

XXVI.
Synesii Cyrenæi scripta.

Lectæ sunt episcopi Cyrenes, cui Synesio nomen, *de Providentia*, et *De regno*, aliisque nonnullis *orationes*. Stylus illi sublimis quidem et grandis, sed qui ad popularem simul dictionem aliquantum inclinet.

Lectæ sunt et ejusdem epistolæ variæ, venustate ac dulcedine fluentes, cum sententiarum robore ac densitate.

Prodiit hic e gentilium philosophorum schola, quem aiunt ad divinam Christianorum doctrinam inclinantem, alia quidem facile recepisse, sed, quod equidem haud scio an aliunde, certe ex epistola ipsius ad Theophilum manifeste deprehenditur, de resurrectione dogma suscipere noluisse. Verum ita sentiens (4), nostris tamen est dogmatibus initiatus, imo etiam summo sacerdotio dignus habitus, cum ad aliam viri probitatem, pariterque actam vitam respectu habito, tum quod non posset non, qui sic homo vitam instituisset 6a, resurrectionis lumine illustrari. Nec ea spes fefellit. Facillime enim simul atque episcopus creatus est, resurrectionis etiam doctrinam credidit. Cyrenem vero illustravit, quo tempore Alexandriæ Theophilus præsidebat.

XXVII.
Eusebii Pamphili Ecclesiasticæ Historiæ libri x.

Lecti sunt Eusebii *Ecclesiasticæ Historiæ* libri decem. Auspicatur a nato Christo vero Deo nostro, et per tyrannorum tempora accurate progressus, ad Constantini Magni imperium pertingit, diligentius quæ in Ecclesiis sub illo et ab illo instituta decretaque sunt, pertractans.

---

(2) Ita Philoponi sectatores dicti, quod tres naturas in sacrosancta Trinitate profitendas censuerint. Leont. act. 5, extremo Niceph. lib. XVIII, cap. 49, lege.

(3) Quo nomine appellati Eutychiani atque Severiani, qui neque palam Eutychetis errores profiteri ausi, neque ad Catholicos sese adjungere, nisi prius damnatis tribus capitulis, voluerunt. Card. Baron. et Leont. act. 6 extrema.

(4) Finxisse hanc opinionem sanctissimum virum, ad effugiendum hac arte onus episcopale, demonstrat Baron. card. tom. V ad a. Ch. 410.

XXVIII.
Socratis Ecclesiasticæ Historiæ libri VII.

Lecta est Socratis Ecclesiastica Historia, Eusebium proxime excipiens: ducto quidem initio a Constantini imperio, et ad Theodosii minoris tempora perducendo.

Scriptor hic Ammonium et Helladium, Alexandrinos grammaticos frequentans, etiamnum puer grammaticam edoctus est ab ethnicis doctoribus, ob seditionem patria profugis, et Constantinopoli agentibus. Continet vero hoc opus centum quadraginta annorum res gestas, omnique adeo historia septem est libris comprehensa. Stylus illi non admodum splendidus, sed nec in dogmatibus valde accuratus est.

XXIX.
Evagrii Scholastici Ecclesiasticæ Historiæ libri VII.

Lecta Evagrii Scholastici, expræfecti, nati Epiphaniæ, urbe Cœlesyriæ, *Ecclesiastica Historia libris sex*: inchoans a fine Socratis et Theodoreti historiarum, pertingensque ad Mauricii annum duodecimum imperii. Stylus huic non ingratus: tametsi interdum redundare quodammodo videatur, certe in doctrinæ veritate cæteris historicis accuratior est. Habet autem et de imaginibus quædam exempla.

XXX.
Hermiæ Sozomeni Historiæ Ecclesiasticæ libri IX.

Lecta est Hermiæ Sozomeni Salaminii, scholastici, *Ecclesiastica Historia libri novem*: quam nuncupat Theodosio minori. Auspicatur a consulatu Crispi, ejusque patris Constantini, et perducit ad Theodosii minoris imperium. Hic Constantinopoli jus olim dicebat; estque Socrate in stylo præstantior: a quo etiam in narrationibus quibusdam dissentit.

XXXI.
Theodoreti Historiæ Eccles. libri V.

6^b Lecta est Theodoreti *Historia ecclesiastica*. Omnium quos proxime nominavi convenientem magis historiæ stylum adhibet. Clarus enim et grandis est, minimeque [redundans: nisi quod translationibus interdum audacius, pene inepte utatur. Hic etiam quam cæteri fusius secundæ synodi gesta commemorat: quæ alii tanquam in concursu, dicis gratia, et obiter fere narrant, quasi de ea loqui refugiant. Verumtamen ne ipse quidem omnia sigillatim refert. Historiam inchoavit ab hæresi Arii, pertexuitque et ipse ad Theodosii minoris tempora, et usque ad Diodori excessum, quando Constantinopoli sacrorum antistes Sisinnius fuit.

XXXII.
S. Athanasii epistolæ.

Lectæ Athanasii *epistolæ variæ* (quas inter et de ejus secessu, tanquam Apologia, collocantur nonnullæ), eleganter simul et splendide, clareque compositæ: persuadendi insuper vi, ac venustate floridæ, ut jucundum sit, quam ibi Apologiam scribit, audire.

XXXIII.
Justi Tiberiensis Judæorum regum Chronicon.

Lectum est Justi Tiberiensis *Chronicon*, cujus inscriptio: *Justi Tiberiensis regum Judæorum qui coronati fuerunt*. Hic e Tiberiade Galilææ oppido ortum nomenque traxit. Auspicatur historiam a Moyse, perducitque ad exitum usque Agrippæ septimi e familia Herodis, et Judaicorum regum postremi, qui regnum sub Claudio accepit: crevit sub Nerone, ampliusque dein sub Vespasiano: obiit autem tertio Trajani anno, quo et historiæ finis ducitur. Stylus huic maxime concisus, et pleraque relatu cum primis necessaria prætermittit.

Communi autem Hebræorum vitio laborans, Judæus genere cum esset, de Christi adventu, deque iis quæ ipsi acciderunt, aut de miraculis ab illo patratis, nullam prorsus fecit mentionem. Parentem Hebræum quemdam habuit, cui Pisto nomen: mortalium ipse, ut Josephus ait, nequissimus, et pecuniæ cupiditati ac libidini serviens. Contendit idem in republica cum Josepho, cui multas struxisse insidias fertur: Josephus tamen, 7^a etsi sæpenumero hostem comprehendisset, verbis duntaxat castigatum, impune abire permisit. Historiam vero, quam texuit, magnam partem confictam aiunt, eaque potissimum quibus Romanorum adversus Judæos bellum et Hierosolymorum excidium persequitur.

XXXIV.
Julii Africani historia, et alia.

Legimus Africani illius *Historiam*, qui *Cestos*, ut nominant, libris quatuordecim composuit. Concisus quidem est, nihil tamen cognitu necessarium omittit. Incipit a mundi creatione apud Moysen, perveniteque ad usque Christi adventum. Succincte quoque commemorat gesta jam inde a Christi ætate, usque ad Macrini imperatoris tempora: quo tempore, ut idem affirmat, hoc *Chronicon* absolutum est, annorum scilicet quinquies mille, septingentorum et viginti trium. Opus universum voluminibus quinque continetur.

Hic et ad Origenem scripsit de Susannæ historia, quod in Hebræorum libris ,non legatur, minimeque conveniens sit Hebraico veriloquio illud, Ἀπὸ τοῦ πρίνου πρίσαι, καὶ ἀπὸ τοῦ σχίνου σχίσαι. Quæ excipiens Origenes, scripto refellit.

Scripsit quoque Africanus ad Aristidem, ubi quæ de Salvatoris nostri genealogia Matthæum inter et Lucam dissensio putabatur, nullam esse demonstrat.

XXXV.
Philippi Sidetæ Christianæ Historiæ libri XXIV.

Lectum Philippi Sidetæ opus, cujus titulus *Christiana Historia*, ducto inde initio: « In principio creavit Deus cœlum et terram. » Et persequitur Mosaicæ historiæ quædam succincte, quædam copiose: multis ubique verbis usus. Primus autem liber tomos continet quatuor et viginti : similiter et reliqui tres et viginti libri, quos quidem hactenus vidimus. Multum admodum verborum, sine ulla tamen urbanitate aut gratia profundit : quin et satietatem affert, aut potius molestiam : atque ostentationis plus habet quam utilitatis. Inseruit et plurima historiam nihil attinentia, ut non tam historiam esse, quam alienorum negotiorum tractationem (adeo inepte effunditur) dixeris. Æqualis fuit 7b Sisinnii, et Procli, episcoporum Constantinopolis. Atque in hac quidem historica scriptione sæpe Sisinnium perstringit ; quod (ut ferunt) dum idem munus uterque obiret, et eloquentia primas tenere Philippus videretur, Sisinnius tamen in patriarchalem sedem prælatus fuerit.

XXXVI.
Christianorum liber, Octateuchi expositio libris xii.

Lectus liber est, qui inscribitur *Christianorum Liber, Octateuchi expositio*. Pamphilo cuidam dedicavit eum auctor, qui Justini Romanorum imperatoris temporibus floruit. Incipit super ecclesiasticis quibusdam dogmatibus, sacræ Scripturæ, ut ipsi quidem videbatur, testimoniis contendere. Stylus illi humilis, et structuram adhibet infra communem. Componit et incredibilia quædam, non satis ad historicam fidem : ob quæ fabulosus potius quam verus scriptor haberi merito debeat. Inter illa, hæc fere dogmata proponit : Cœlum (1) non esse orbiculari figura, ac neque terram : sed illud fornicis simile, hanc altera parte longiorem, extremisque partibus cum cœli terminis copulari. Ad hæc, omnia astra moveri, angelis ad motum subservientibus, et id genus alia. Facit quoque mentionem, tanquam aliud agens, libri Geneseos, et Exodi : plurimusque est in narratione et speculatione tabernaculi. Percurrit et prophetas, indidemque apostolos. Solis magnitudinem esse ait duorum climatum. Angelos in cœlo non esse, sed tantum super firmamentum, et nobiscum versari. Christum e terra ascendentem, inter cœlum et firmamentum pervenisse, idque duntaxat cœlorum regnum esse : aliaque his similia absurde profert. Nuncupat priores sex libros Pamphilo cuidam : de reliquis vero sex (sunt enim in universum duodecim) septimum quidem Anastasio, quo cœlos minime dissolvi asserit : octavum dein (qui est in canticum Ezechiæ, et in solis regressum) Petro inscribit : quo in libro et Cantica canticorum explicasse se commemorat. Reliqui quatuor certo nemini dedicantur.

XXXVII.
De Republica libri vi.

8a Lectus *De Republica Liber*, Menam patricium et Thomam referendarium per dialogum loquentes introducens. Continet opus hoc libros sex, quibus δικαιαρχικὸν, ut hic appellatur, novum politiæ genus, diversum ab iis quæ (2) veteres prodiderunt, introducitur : ac Platonis respublica non immerito reprehenditur. Quam vero personæ illæ politiam afferunt, ex tribus politiæ speciebus, regia nimirum, et optimatum, ac popularium, componi oportere aiunt : ut cum harum quælibet, quod purum atque sincerum habet, huc contulerit, hæc tandem vere optima reipublicæ forma constituatur.

XXXVIII.
Theodori Antiocheni interpretatio Geneseos.

Lectus Theodori Antiocheni liber est cum hac inscriptione : *Interpretatio Geneseos* ; libris septem tomus primus absolvitur. Stylus illi neque illustris, neque valde perspicuus. Fugiens vero, quantum in ipso est, allegorias, et historiarum duntaxat expositionem tractans, putide nimis eadem identidem repetit, et ingratus atque fastidiosus legenti accidit. Quin et Nestorii sententiam, quamvis illo prior fuerit, tacite vomit. Hic est Theodorus ille Mopsuestiæ, a quo sæpenumero constat Joannem Philoponum (ut ipsemet fatetur) rationem hujusmodi interpretationis bona fide ac serio exegisse, in suo De universi creatione opere.

XXXIX.
Eusebius contra Hieroclem.

Lecta est Eusebii Pamphili *Confutatio brevis librorum Hieroclis de Apollonio Tyaneo*.

XL.
Philostorgii Ecclesiasticæ Historiæ libri xii.

Lecta est Philostorgii Ariani veluti *Historia Ecclesiastica*. Narrat fere contraria omnibus ecclesiasticis historicis, laudibus extollens, quos novit Arianismo infectos, et conviciis orthodoxos perfundens : ut esse hoc ejus opus non tam historia videatur, quam hæreticorum laudatio, cum nuda et mera vituperatione atque accusatione Catholicorum. Stylus illi comptior, et poeticis sine tædio, minimeque ingratis vocibus utitur. Tropi quoque ac verba significantia, gratiam ipsi cum jucunditate conciliant : nisi quod interdum temere ipsis, vel nimium detortis utendo, in frigidum et importunum sermonem incidit. Ornatur ab eo 8b varie oratio, vel ad satietatem ; ita ut in obscuritatem, nec eam semper gratam, occulte trahatur auditor : in multisque non incommodas loquitur sententias. Incipit autem ab Arii studio in hæresim ac primo incepto, usque ad Aetii impiissimi hominis revocationem. Aetius hic ab ipsis una sentientibus hæreticis, quod illos impietate superaret (ut ipse Philostorgius vel invitus refert) ministerio submotus, postea ab impiissimo Juliano imperatore revocatus, humaniterque acceptus est. Et hæc quidem ipsius historia uno volumine sex libros complexa, ad hoc usque tempus progreditur. Ipse tarchus singulari libello, Heraclides quoque Ponticus, et Nicol. Damascenus.

---

(1) Vide B. Basilii orat. 3 Hexaem. et D. Ambros.
(2) Plato, Aristoteles, Polybius, lib. vi, et Plu-

vero scriptor mendax est, et fabulis minime abstinens, praedicatque doctrinae maxime causa Aetium et Eunomium, quasi soli repurgassent pietatis dogmata tempore contaminata, prodigiose hoc ipsum mentiendo : signorum autem, et vitae gratia laudat Eusebium Nicomediae episcopum (quem etiam Magnum nominat) et Theophilum Indum, aliosque complures. Reprehendit ad haec Acacii in primis Caesareae Palaestinae episcopi severitatem intolerandam, et inexpugnabilem versutiam : quibus artibus ait eum omnibus praevaluisse, tam qui cum illo sentirent, licet mutuo flagrarent odio, quam qui contrariam de religione sententiam sequerentur.

Et haec quidem in praesens legimus. Post non diu in alio volumine sex reliqui reperti, ut implevisse totum opus duodecim libris videatur : quorum librorum principes litterae si connectantur, scriptoris Philostorgii nomen conficiunt. Pervenit ad Theodosii usque Minoris tempora : ac tum desinit, cum mortuo Honorio, Theodosius Romani imperii sceptra Valentiniano Minori, Placidiae et Constantini filio, patrueli suo tradidit.

Quantumvis autem Philostorgius hic in orthodoxos fureret, in Gregorium tamen, Theologi cognomento, incurrere non est ausus, cujus doctrinam vel invitus praedicat : sed Basilio Magno calumniam texere conatus est; qua tamen clarum magis reddidit. Vim enim et venustatem agendi in Panegyricis ipsa rerum evidentia coactus est confiteri : attamen temerarium ipsum homo timidus appellare non veretur, quod contentiosarum orationum rudis, ut ait, Eunomium scriptis oppugnare sit ausus.

XLI.

9a *Joannis Presbyteri Ægeatae Ecclesiasticæ historiæ libri* v.

Lecta est Joannis *Ecclesiastica Historia* : quam a Theodosii Minoris imperio inchoavit, atque ab ipsa Nestorii blasphemia, et e sede deturbatione perduxitque ad Zenonem usque et Petri haeretici, qui Antiochenam sedem per nefas occuparat depositionem. Hujus clarus est et floridus stylus. Refert vero, singula excutiendo, tertiam synodum, quae in Epheso est habita : quin et alteram ibidem coactam, ληστικὴν [id est, *praedatoriam ac latrocinantem*] appellatam, quam hic scriptor divinam facit, ut ejus praesidem Dioscorum cum asseclis. Narrat item Chalcedonense concilium, sed non sine probris, atque calumniis. Unde colligere liceat Joannem presbyterum Ægeatem libri auctorem esse, qui, uti haereticus, peculiare adversus Chalcedonensem synodum opus composuit. Hujus historiae libri decem sunt, ut ille ipse pollicetur, quorum quinque duntaxat legere mihi contigit, historiam continentes (ut jam dixi) a Nestorii blasphemia, usque ad Petri haeretici e sede dejectionem.

XLII.

Basilii Cilicis Ecclesiasticae historiae libri III.

Lecta est Basilii Cilicis *Historia ecclesiastica*. Incipit ab interitu Simplicii urbis Romae episcopi, qui ad Acacium Constantinopolitanum scripsit ne cum Petro qui Mongus cognominatus est, et tunc Alexandriam corrumpebat, communicaret. Hic enim Petrus sanctam Chalcedone habitam synodum publice atque in Ecclesia anathemate damnabat. Per quem et Acacius (recte quidem initio contra ipsum permotus) post, quod ab illo non abhorreret, haeretici opinionem apud multos non effugit, a Romanis vero etiam sede motus est, quae res sub Zenone iterum regnante agitata. Auspicatur itaque ab his quidem temporibus, pervenitque ad Anastasii imp. excessum, qui septem et viginti annos, mensesque tres, ut hic scribit, imperavit cujus imperium excepit Justinus Thrax, ut ibidem refert. Verum ibi fere hic liber absolvitur, a Zenone usque ad Anastasii exitum, et Justini electionem pertingens. Refert item alios duos a se libros fuisse conscriptos, primum et tertium : et illum quidem ab imperio Marciani ducto initio, ad Zenonem usque perduci, unde et secundum sit auspicatus ; tertium vero hujus alterius **9**b libri finem excipere, a Justini temporibus incipiendo.

Est hic scriptor, ad stylum quod attinet, non valde accuratus, sed et sui interdum dissimilis. Affert autem maxime episcoporum ultro citroque missas epistolas, quo narrationi suae, ut affirmat, fidem conciliet : quae cum immensum reddant volumen, in magno tamen verborum acervo vix modicam afferunt historiam, et narrationis insuper perspicuitas, vi atque copia eorum quae interjiciuntur, rescinditur.

XLIII.

Joan. Philoponus in Hexaemeron.

Legimus Joannem Philoponum *in Hexaemeron*, quo in libro purus est et clarus, seque ipse dicendi modo vincit, atque ut Basilio Magno plurimum fere consentit, sic per omnia Theodoro Mopsuestiae repugnat, qui idem ipse argumentum aggressus, *Interpretationem Geneseos*, librum inscripsit, cujus opiniones Philoponus reprehendens, contra nisus est.

XLIV.

Philostrati Tyrii de vita Apollonii Tyanei libri VIII.

Legi Philostrati Tyrii *De vita Apollonii Tyanei* libros octo. Stylo usus est aperto, gratioso, conciso, pleno etiam dulcedine, ac cum ex prisci loquendi formis, tum ex recentioribus elegantiis laudem quaerit.

Narrat Apollonium ad Indos (quos et Brachmanas nominat) profectum esse, ex quibus pleraque divinae eorum sapientiae didicerit. Profectum item ad Æthiopum sapientes, quos et Γυμνοὺς appellat, quod nudi aetatem perpetuo transigant, et ne coeli quidem tempestate atque inclementia vexati amictum induant. Indorum autem sapientes longe ait his antecellere, tum quod solis radiis propiores, mente sunt magis acuta, et pura, tum ex eo quoque, quod aetate sint priores.

Ab Apollonio porro eorum nihil omnino gestum refert, quae fabulose de ipso narrantur: tantum philosophicam quamdam temperatamque ejus vita extollit, qua Pythagoream sectam, cum moribus tum doctrina expresserit. Mortem ipsius obscuram fuisse, et a multis varie narratam scribit, studiose hoc ipsum Philostrato agente. Etenim et viventem dicere solitum, sapientem oportere fallere omnes, ac latere in vita, id si nequeat, mori saltem latentem debere. Sepulcrum ejus nusquam ostendi. **10**a Addit et divitiarum mirificum contemptorem fuisse, ut et suas ipse possessiones germano fratri aliisque sponte concesserit, et a nemine potentiorum pecunias acceperit, quantumvis illi multa merenti obtruderent. Famem Ephesi longe ante providisse, et ortam sustulisse. Leone forte viso, dixisse Amasydis Ægyptiorum regis animam, poenas vitae scelerum dantem, in feram illam commigrasse. Empusam item deprehendisse, sub persona meretricis Menippi se amore captam fingentem. Puellam Romae pridem exspirare visam, in vitam revocasse. Solvisse compedes sibi, dum in carcere constrictus teneretur. Apud Domitianum imp. causam dixisse, pro se et Nerva, qui Domitiano in imperio successit, causaque dicta e foro evanuisse, et ad Demetrium, ac Damin (sic cum iis pacto inito) nullo temporis spatio, sed momento, accessisse, licet dierum aliquot itinere distantes. Talia de ipso Philostratus comminiscitur. Negat tamen pro initiatore habendum, propterea quod eorum operum quaedam effecerit, quae ab illo confecta a quibusdam jactabantur: sed per philosophiam, ac vitae puritatem haec etiam, quae ipse mox narraverit, ab illo profecta fingit. Quin potius exosum magis, ac veneficis, non vero magicae arti deditum fuisse.

Jam de Indis omnia iste, maxima absurda, fideque indigna consuit. Dolia enim apud istos statuit, plena imbrium et ventorum, quibus datum sit regionem complucre in imbrium penuria, iterumque discussis imbribus siccare, dum alternis aquam ventumque e doliis suppeditant. His similia, dementiae plena, et alia plurima prodigiose confingit, itaque libris octo omnis ab illo vanissimi laboris opera consumitur.

XLV.

Andronicianus contra Eunomianos.

Lecti sunt Androniciani *Adversus Eunomianos libelli duo*. Promittit quidem in procemiis grandia, quae tamen non praestitit, in altero praesertim libro. Philosophiae hic perstudiosus est, cum moribus, tum mente, atque dicendi forma; religione vero Christianus.

XLVI.

Theodoreti Contra haereticos libri xxvii*; et Eranistae libri* iii.

Lecti Theodoreti episcopi Cyri *libri septem et viginti, Adversus varias propositiones*. **10**b Primus liber agit contra asserentes, unius fuisse naturae Deum Verbum, et quod ex semine David sumpsit principium, itemque adversus eos, qui divinitati passiones attribuunt. — Secundus liber, cum eisdem e Scriptura manum validius conserit.. — Tertius, de eadem re disputat. — Quartus, sanctorum Patrum continet doctrinam, de gloriosa incarnatione Domini nostri Jesu Christi Filii Dei. — Quintus, haereticorum colligit opiniones, quas componit cum opinione eorum, qui in Christo duas naturas minime agnoscunt, et ostendit magnam eos inter se affinitatem habere. — Sextus, ponit unum esse Filium Dominum nostrum Jesum Christum. — Septimus, epistolae locum tenet, quibus volumen primum absolvitur. — Octavus vero, contra eos, qui multitudine duntaxat veritatem dijudicant. — Nonus, in eos, qui jactant non oportere e Scripturis aut loqui, aut quaerere, sed fidem suam sibi sufficere. — Decimus, in male objicientes illud: « Verbum caro factum est. » — Undecimus, adversus prohibentes duas capere in incarnatione naturas. — Duodecimus, in eos qui asserunt dicentem, aliud esse Verbum, aliud esse carnem, duos filios profiteri. — Decimus tertius, contra dicentes, quod idem sit Christum hominem agnoscere, atque in homine spem collocare. — Decimus quartus, adversus enuntiantes: « Passus est sine passione. » — Decimus quintus, in eos, qui dicunt: « Passus est uti voluit. » — Decimus sextus, in asserentes oportere voces ipsas accipere; non autem earum sensa, ut quae omnium captum excedant, considerare. — Decimus septimus, adversus dicentes: « Verbum per carnem passum est. » — Decimus octavus, contra asserentes, quales Judaei poenas daturi fuissent, si Deum cruci non affixissent. — Decimus nonus, in affirmantes Judaeum illum esse, qui Deum minime crucifixum asserat. — Vicesimus, contra aientes, angelos eos, qui apud Abrahamum cibum sumpserunt, non continuo etiam carnis naturam attulisse. — Vicesimus primus, adversus eos, qui miracula singulatim extenuant, dum carnem negant. — Vicesimus secundus, adversus eos, qui humano generi damnum irrogant, dum concedere nolunt ex nostra natura principium sumptum esse. — Vicesimus tertius, contra jactantes, credere simpliciter iis, quae dicuntur; et non attendere, quid decens sit, aut indecens. — Vicesimus quartus, adversus tollentes naturarum differentiam, post passionem et ascensionem. — Vicesimus quintus, summatim ea repetit, quae per partes hactenus tradita sunt. — **11**a Vicesimus sextus, de post-manifestata compositione seu consubstantiatione. — Vicesimus septimus, de eo quod secundum communem hominem est, exemplo. Clarum vero vel ex solo argumento quinam ex suprascriptis libris orthodoxam corroborent doctrinam, quique ab ea discedant.

Adhuc in eodem ipso Volumine legi tres ejusdem libros superioribus majores. Titulum præferunt ἐρανιστής, ἢ Πολύμορφος (id est, *sodalis*, seu *multiformis*). Horum primus, Deum Verbum immutabile esse docet. Alter, inconfusam, minimeque mistam unionem esse. Tertius impassibilem sive imperturbabilem esse Deum Verbum. Accedit quartus, in quo syllogismis hæc eadem argumenta retexit. Atque hi quidem libri per dialogum ab ipso conscripti sunt, reliqui vero continenti, ac perpetua serie. Stylus ei in omnibus perspicuus (est enim distinctus ac purus) neque jucunditatis expers : proportione vero sensibus exuberat.

XLVII.
Josephi Judæi de libro Judaico libri VII.

Legi Josephum Judæum, *De Judaicæ gentis calamitate atque interitu*. Quo in libro extremo Hierosolymorum excidium narrat, et Masadæ oppidi : et ante hæc Jotapatorum, in quo et ipse Josephus captus; præterea Gischalorum eversionem, et aliorum Judaicorum munimentorum desolationem. Sunt autem hujus operis libri septem. Candidus illi sermo, qui rationum pondus atque momentum cum puritate ac jucunditate exprimere possit. In concionibus persuadendi vi præditus est, ac gratiosus, tum etiam cum suadet opportunitas orationem in contrariam partem flectere. Dextere quoque et copiose enthymematis in utramque partem utitur, sententiasque, si quis alius, adhibet. Orationi insuper affectum imprimendi, et concitandi motus, eosdemque mox leniendi, est peritissimus.

Multa vero signa atque prodigia Hierosolymæ excidium præcessisse commemorat. Bovem ad sacrificium ductam agnum peperisse. Lucem in templo splenduisse. Vocem exinde auditam : « Hinc abeamus. » Templi portas, quas ne viginti quidem viri aperire poterant, sponte patuisse. Exercitum vesperi visum 'armis indutum. Virum, cui nomen Jesus Ananiæ, nihil aliud annis sex et mensibus tribus sonuisse, tanquam furore percitum, quam identidem : « Væ, væ, Jerusalem, » eumdemque cum ea de causa verberibus quoque cæderetur, præter hanc unam vocem, nullam emisisse aliam. Hunc item urbis excidio cum interesset, eamdemque apud se vocem ingeminaret, lapidis ictu 11^b ab hoste occisum esse.

Atque hæc quidem ante urbem captam signa monstrata fuere, intestini vero belli seditio et hostes urbem everterunt. In zelotarum enim factionem et sicariorum divisi, se mutuo Judæi interfecerunt, ipsumque adeo reipublicæ corpus vulgus, ab utrisque acerbe est atque crudeliter dilaniatum. Fames item sic urbem invasit, ut et ad alia flagitia homines impulsi fuerint, et mulier suum ipsa filium comederit. Pestis adhæc famem excipiens, satis omnibus clare ostendit, divinæ id iræ opus esse, ac Dominicæ denuntiationis minarumque, fore nimirum ut urbs funditus eversa periret.

XLVIII.
Josephus, vel Caius Presbyter. De universo.

Lectus est, Josephus *De universo*; qui liber alibi inscriptus legitur, *De universi causa*; in aliis vero libris, *De universi natura*. Suntque libelli duo, quibus secum pugnare Platonem docet. De anima quoque materia, et resurrectione Alcinoum, ut absurde ac falso disserentem, reprehendit, suas vero ipse de his thesibus opiniones opponit ; docetque Judæorum nationem longe esse, quam Græcorum antiquiorem. Putat compositum hominem ex igne, terra, aqua, ac præterea e spiritu, quem *animam* appellat. De quo spiritu hisce verbis usus est : Hujus principem partem apprehendens, una cum corpore formavit, et per omnia membra artusque viam ipsi patefecit. Qui spiritus corpori conformatus, totumque pervadens, eadem forma, qua corpus hoc spectatur, insignitus est : naturam vero frigidiorem habet, ad tria illa, per quæ corpus compactum est. Hæc ille, non satis apte ad Hebræorum de hominis natura doctrinam, neque satis e dignitate reliquorum a se diserte scriptorum elocutus. De mundi quoque generatione per compendium disserit. De Christo autem vero Deo aptissime loquitur, quando et ipsam Christi appellationem illi attribuit, et inenarrabilem ex Patre generationem citra reprehensionem describit. Quæ res ambigendi fortasse cuipiam causam præbeat, sitne hoc Josephi opusculum : etsi nihil dicendi genere a reliquis ejusdem scriptis discedit.

Comperi adnotatum fuisse, non esse Josephi hoc opus, sed Caii cujusdam presbyteri Romæ agentis, quem et auctorem faciunt *Labyrinthi* : cujus etiam dialogus est adversus Proclum quemdam, hæresis Montanistarum defensorem. Cum enim sine titulo opus relictum esset, alii quidem Josepho inscriptum referunt alii Justino martyri, nonnulli Irenæo, quemadmodum et *Labyrinthum* Origeni quidam tribuere. Alioqui Caii est opus ejusdem revera, qui *Labyrinthum* composuit 12^a, quando ille ipse in extremo *Labyrintho* testatum reliquit, esse se libri *De universi natura* auctorem. Verum hic ne liber ille sit, de quo agitur, an alius, nondum mihi liquet. Hunc Caium presbyterum Romanæ Ecclesiæ fuisse affirmant, sub Victore et Zephyrino pontificibus, ordinatumque et gentium episcopum, scripsisse quoque peculiarem alium librum contra Artemonis hæresim, et adversus Proclum, Montani studiosum, accuratam disputationem, in qua tredecim duntaxat B. Pauli epistolas enumeret, non recepta in censum ea, quæ est ad Hebræos.

XLIX.
Beati Cyrilli Alexandrini contra Nestorium libri v.

Lectus est B. Cyrilli Alexandriæ episcopi *Adversus blasphemias Nestorii libri quinque*. Servat in his quoque suam dicendi characterem, et sermonis proprietatem. Clarior vero est quam ad Hermiam scribens, aut in libris *De adoratione in Spiritu*. Sermo illi confictus, et ad propriam dicendi formam contortus, ac veluti solutum numerosque negligens metrum.

L.
Nicias monachus contra Philoponum, Severum, ac gentes.

Lectus Nicias monachus, *Contra Philoponi capita septem*, quorum meminerat in libro quem inscripsit Διαιτήτην (hoc est, *arbitrium*, seu *cognitorem*), stylus ipsi simplex atque concisus, et responsionibus satisfaciens, minimeque redundans.

Legi ejusdem et *Contra impium Severum* adhuc etiam *Contra gentes* libros duos.

LI.
Hesychii presbyteri Constant. In œneum serpentem libri IV.

Lecti sunt Hesychii presbyteri Constantinopolitani *In œneum serpentem libri quatuor*. Sermo illi ad ostentationem comparatus, et concitandis affectibus meditatus videbatur. Hic orationes finguntur Moysis ad populum, et hujus vicissim ad Moysen artificiosa alloquia. Dei quoque ad Moysen et populum, et horum utriusque rursum ad Deum, precationis atque excusationis forma sermones compositi. 12^b Quibus orationibus magnam libri partem consumit, ingens mole volumen efficiens. Porro Scriptor ipse, quantum ex hoc opere dijudicare licet, in orthodoxis est numerandus.

LII.
Synodus Sidetana, aliaque contra Messalianos.

Lecta synodus Sydæ habita adversus hæresim Messalianorum (1), hoc est, Euchetarum seu Adelphianorum. Præfuit synodo Amphilochius, Iconii episcopus, considentibus et aliis viginti quinque episcopis. In eodem ipso libro lecta est ipsius synodi ad magnum Flavianum, episcopum Antiochiæ, Synodica epistola, rerum gestarum rationem reddens.

Quapropter etiam ipse Flavianus synodum indixit adversus eosdem illos hæreticos, accedentibus tribus episcopis; Biza Seleuciæ (2), et Marutha (3) gentis Supharenorum, et Sami, ad quos se cum presbyteri, tum diaconi ad triginta conjunxerunt. Noluit hæc synodus Adelphium pœnitentiam profitentem, hæresimque abjurantem admittere : quod neque ea hæreseos abjuratio, neque pœnitentia, vera atque ex animo facta probaretur.

Hæresis hujus auctores fuere Adelphius, quem dixi, neque monachorum, neque sacerdotum in ordinem lectus, sed plebeius, ac privatus, et Sabbas, monachorum habitum præferens, quem ex rei eventu ἀπόκοπον (hoc est, *Resectum*) nominarunt : alter item Sabbas, et Eustathius venerandus; et Dadoes, et Semesones (4), dæmonis zizania, aliique his adhærentes. Condemnatus vero Adelphius, ejusque sectatores : neque pœnitentiæ locum (quamvis, ut diximus, quæsierint) propterea repererunt, quod, quos anathemate tanquam Messalianos condemnarant, cum his veluti consortibus scripto communicare deprehensi sunt.

Porro scripsit Flavianus ad Osroinenses epistolam, ea quæ gesta essent, edocentem, in qua etiam hæreticos punitos, et excommunicatos refert, responsumque est, acceptis ab episcopis litteris, et Flaviano pro his gratiæ actæ, atque assensum. Scripsit et Litoius (5) Armeniæ episcopus, de Messalianis interrogans, missumque ad illum synodicum de illis decretum atque sententia. Scripsit quoque magnus Flavianus Armenio cuidam episcopo, 13^a iterum de eadem ipsa re : qua quidem altera epistola, etiam queritur et expostulat, patrocinii apud ipsum aliquid Messalianitas invenire. Scripsit et Atticus Constantinopolitanus episcopis in Pamphylia exsistentibus, ut undique Messalianos veluti sacros ac detestandos exturbarent. Quin et idem ad Amphilochium Sidæ præsidentem similiter scripsit.

Sisinnius item Constantinopolitanus, et Theodotus Antiochenus, communem epistolam ad Berinianum, et Amphilochium, cæterosque in Pamphilia episcopos scripsere, cujus epistolæ hæc inscriptio est : « Deo charissimis sacrorum collegis, Beriniano, et Amphilochio, omnibusque adeo in Pamphylia episcopis, Sisinnius, atque Theodotus et universa sancta synodus, quæ Dei gratia, in magna urbe Constantinopolitana coacta est, consecrandi gratia Deo amantissimi episcopi Sisinnii, jussu et auctoritate pientissimi, et Christo chari Imperatoris nostri Theodosii, salutem in Domino. » In ea ipsa synodica epistola Neon episcopus exclamavit, ut, si quis post anathematismum ullo tempore deprehensus fuerit, re aut verbo, in suspicionem malæ hujus sectæ incidisse, nunquam postea locum teneat, ne si millies quidem pœnitentibus constitutas pœnas luiturum se polliceatur. Pari cum hoc periculo et eum subjicit, qui consentiat applaudatque, sive episcopus, sive quis alius ille fuerit. Missa quoque epistola Joannis (6) Antiocheni ad Nestorium, de Messalianitis. Fecit item decretum (de hoc ipso Adelphio hæretico) sacra et

---

(1) De qua Vide Theodoret. lib. IV, c. 10; et Niceph. lib. XI, cap. 15, S. Epiph.
(2) S. Basilio.
(3) Ille forsitan Mesopotamiæ episc. in Hist. de rebus D. Chrysost. valde celebratus.
(4) *Symeones* Theodoreto atque Niceph.

(5) *Letoius* Ecclesiæ Melitinensis episc. Theodoreto lib. IV Hist. cap. 10, *Latoius*, Niceph.
(6) Patriarchæ accipio, qui S. Theodoto successit, atque ad Nestorium scripsisse legitur. Niceph. lib. XIV, cap. 33.

œcumenica synodus Ephesina tertia, quæ et illum cum blasphemiis capitibusque hæreseos, quotquot in illorum libro Ascetico essent, detexit, et anathemati subjecit. Scripsit et Archelaus Cæsareæ Cappadociæ episcopus quatuor et viginti anathematismos capitum ipsorum. Composuit adversus illos et Heraclidas Nyssenus episcopus duas epistolas : quarum in altera etiam testimonium quoddam affertur pro antiquitate sacrarum imaginum.

Insequenti vero tempore Gerontius quoque presbyter et præfectus monachorum in Glitide, scripsit ad Alypium archiepiscopum Cæsareæ Cappadociæ querelas varias adversus Lampetium, qui primus ex dicta hæresi subripere furtim 13^b sacerdotii dignitatem, ac subire potuit, profanus ipse cum esset, atque impostor. Quare Alypius, acceptis litteris, ad Hormizam Comanes episcopum, quæ de Lampetio spargerentur, excutienda misit. Accusationis erant capita hæc : Puellam ulnis amplexum atque exosculatum fuisse. Ipsum Lampetium narrasse, Hierosolymis se cum diaconissa peccasse; accedentibus dein nonnullis qui morbo medicinam quærerent, adducite, dixisse, pulchram mihi puellam, ostendamque tibi sanctimoniam : eos item, qui statis horis psallerent, fœde irrisisse, et conviciis insectatum, tanquam legi adhuc servientes ; aliaque multa id genus nefaria in illo accusata, quæ a Messalianis et fiunt, et dicuntur. Quemadmodum et nos, inquit, dum pro virili conamur quosdam abducere ab hoc errore, qui nuper istinc pullulare cœpit, ingentem sane putredinem perturbationum, atque improbitatis, eorum depascere animos deprehendimus. Verum hic Lampetius, Hormiza episcopo judice, et Gerontio presbytero actore, partim testibus convictus, partim sua ipse confessione reus, omnium calculis sacerdotii dignitate submovetur : assentiente etiam Alypio Cæsariensi, qui miserum illum (deceptus ipse) presbyterum ordinarat. Idem vero sceleratissimus Lampetius librum quemdam composuit, quem *Testamentum* nominavit, cui impietatis suæ dogmata quædam inspersit, eum librum Severus, qui Antiochenam invasit sedem, presbyter etiam exsistens refutavit. Alpheus tamen quidam, Rhinocorurorum episcopus, Lampetium *Apologia* defendit, quasi nihil eorum, de quibus accusaretur, aut dixisset, aut fecisset. Etsi autem in edito quodam a se libro Alpheus iste nihil, quantum cognoscere licet, calumniatur, abdicare nihilominus tanquam sentiens cum Lampetio, coactus est. Alter Alpheus, præceptori cognominis, a Timotheo Alexandrino presbyter ordinatus, ob eamdem hæresim submovetur, ut Ptolomæi, Rhinocorurorum quoque episcopi, ad eumdem ipsum Timotheum relatio testatur.

LIII.
Synodus Carthaginensis et Scripta quædam contra Pelagium, atque Celestium.

Lectus liber, seu *Synodus adversus Pelagium et Ce-* *lestum*, Carthagine in summa æde habita, Honorio Felice Occidentis imperii clavum tenente. 14^a Præsedit in ea Aurelius episcopus, et Dotianus Ptentesii primæ sedis Byzacenæ provinciæ : quibus adfuerunt variis e provinciis sacerdotio præstantes viri, numero ducenti quatuor et viginti.

Damnat hæc synodus anathemate eos, qui assererent Adamum mortalem esse conditum, non autem prævaricationis causa, morte multatum. Similiter et eos qui recens natos infantes baptismo minime indigere dicerent, quod illos peccato originis ex Adamo non putarent obnoxios. Eos quoque qui affirmarent, medio quodam loco paradisum inter et inferos non baptizatos infantes beate vivere. Sex item alia his affinia capita, quæ a Pelagianistis et Celestianis traduntur, anathemate patres jugulant.

Scripserunt vero et Theodosius, et Honorius imperatores contra eosdem hæreticos ad Aurelium episcopum. Post hæc etiam Constantinus, Placidiæ conjux, Valentiniani minoris pater, de Celestio hæretico in exsilium pellendo scripsit decretum ad Volusianum urbis præfectum. Qui quidem Volusianus, sanctæ Melenæ patruus, cum gentibus quidem tunc sentiebat : at dum eum mors legatum Constantinopoli agentem invaderet, ad orthoxam fidem transiit, baptizatusque est a B. Proclo Constantinopolitano. Quo item tempore illam sanctam mulierem forte convenit, cum ipsa Hierosolymis in regiam urbem advenisset. Scripsit et Leo Romanorum Pont. de Pelagianistis conversis, oportere, si jam redeuntes recipi velint, scriptis tabulis errorem suum detestari. In epistola quoque Celestini Roman. Pontificis ad Nestorium, iidem hæretici reprehenduntur. Scripsit idem et ad Galliarum episcopos de fide B. Augustini, et contra eos, qui hæresis licentia nimis elati insolescerent. Scripsit etiam Hieronymus presbyter ad Ctesiphontem contra asserentes ἀπάθειαν (id est impassibilitatem vel imperturbationem) seu contra Pelagium. Hic autem Pelagius monachus fuit, Celestium discipulum nactus.

LIV.
Exemplar Actorum ab Occidentis episcopis contra Nestorianos, et Pelagianos.

Lectus est liber *Contra Pelagianam et Celestianam hæresim*, cujus hæc inscriptio : *Exemplar Actorum ab Occidentis episcopis adversus Nestoriana dogmata*. Hic refert eamdem esse Nestorianam et Celestianam hæresim : testemque laudat Cyrillum Alexandrinum episcopum, 14^b ad Theodosium imp. Nestorianam et Celestianam hæreses conspirare scribentem. Planum id est, inquit. Celestiani enim de corpore, seu membris Christi, hoc est de Ecclesia petulanter ista jactant: non Deum ipsum, id est Spiritum sanctum, fidem ipsis, omniaque ad vitam, pietatem et salutem necessaria ; privatim dividere unicuique, prout velit, sed constitutam hominis naturam (quæ per transgressionem, et peccatum beatitudine excidit, atque a Deo separata, morti tradita est) pro merito voluntatis uniuscujusque; Spiritum sanctum et appellare, et repellere. Nestoriani vero de ipso etiam corporis capite Christo, eadem sentire, et affirmare audent. Asserunt enim, quandoquidem nostrae Christus naturae sit particeps factus, et Deus omnes homines similiter salvos fieri velit, unumquemlibet, etiam per arbitrii sui libertatem, proprium peccatum corrigere, et Deo dignum se facere. Quamobrem qui ex Maria sit editus, non esse Verbum, sed ex ea genitum, ob naturalis voluntatis dignitatem, habere verbum concomitans: cum sola ista nobilitate, et eadem appellatione communicet cum ratione filiationis.

Porro haec quidem Pelagiana, seu Celestiana haeresis, non in Oriente duntaxat viguit, sed etiam Occidentem pervasit, et Carthagine in Africa ab Aurelio atque Augustino deprehensa, et convicta, variisque publice conciliis damnata. Ejecti vero qui cum his sentirent, tanquam haeretici, extra Ecclesiam, temporibus episcoporum Theophili Alexandriae, et Innocentii urbis Romae, tam a Romanis, quam Africanis, caeterisque Occidentis episcopis. Attamen Pelagius hic, in ea synodo quae in Palaestina convenit, cui quatuordecim praesules intererant, absolutus est, cum alia quidem objectorum capitum, ut stulta, omnino abnegasset, atque damnasset, alia vero a se quidem dicta confessus esset, non eo tamen sensu, quo accusatores illa interpretarentur: at prout cum Ecclesiae catholicae doctrina conspirarent. Accusatores erant Neporus, et Lazarus, Gallici episcopi, **15**a qui quaestioni de illo habitae non interfuere, ob alterius eorum invaletudinem veniam precati, ne se sisterent. Sic Augustinus in iis quae ad Aurelium Carthaginis episcopum scripsit, refert.

Post sancti Augustini mortem coeperunt quidam in clero impium illud dogma asserere; male etiam loqui de Augustino, atque adeo conviciis incessere, tanquam arbitrii libertatem tollendam docuisset. Verum Celestinus pontifex Romanus, de sancto viro, et contra eos qui hanc haeresin resuscitarent, ejus orae episcopis scribens, errorem nuper revocatum cohibuit. Cum temporis dein progressu sectae hujus homines per haeresis suae abjurationem Ecclesiae restituti essent, iterum malum ab illis principium sumpsit, ut Septimo episcopo renascens eadem lues, antequam longius serperet, fuerit reprimenda, datis ad Leonem; Romae tum sedem apostolicam tenentem, litteris, qui Leo ferventi zelo contra impios depugnavit. Post non diu rursum veluti exsistere, atque enasci e mala radice impudenter cum coepisset, Romae etiam quidem pro haeresi libere locuti sunt; quos Prosper, homo sane divinus, libellis adversus eos in vulgus editis, facile dissipavit, exstinxitque, Leone etiamnum, quem diximus, Romanam sedem gubernante. Haec eadem haeresis anathemate item damnata est in sacra Ephesina synodo. Damnavit et Joannes Alexandrinus episcopus, in Apologia ad Gelasium urbis episcopum, non solum Pelagianam haeresim, verum etiam Pelagium ipsum, atque Celestium, una cum Juliano, qui in hac ipsis secta successisse deprehensus est.

LV.

Joannes Philoponus et Joannes Ægeates contra quartam synodum.

Lectus est liber Joannis Φιλοπόνου, aut potius Ματαιοπόνου [id est, *laboris amantis*, seu potius *amantis*,] *Adversus sacram et oecumenicam quartam synodum*. Hic stylo sui similis est. Impingere vero impudenter conatur ei synodo Nestorii sectam, atque ab illa hujus anathematismum receptum esse, quod nihil se putaret in hominem peccare quando dogma [ejus] sanciatur. Quod factum etiam ipse anathemati subjectus Nestorius omnibus rebus anteponat, adametque, hoc agendo, atque prodigiose fingendo, quod ejus ingenium mentisque instabilitatem deceat. Ac tales quidem hic scriptor nugas audacter jactitans, quatuor partibus totam comoediam adversus synodum absolvit, re nulla fide digna, neque adeo sanae mentis allata.

15b Lectus est in eodem volumine et Joannis alterius de secta Nestorii, *Contra eamdem sacram quartam synodum liber*. Cujus auctor Ægeatus ille est, impius quidem homo, caeterum verborum splendore ac suavitate, cum perspicuitate et claritate usus.

LVI.

Theodoreti contra Haereses libri v.

Lectus Theodoreti *episcopi Cyri liber contra haereses*, quotquot a Simone Mago ad ipsius usque jam confirmatam aetatem egerminarant. Dedicat hunc Sporacio postulanti talia audire: et pergit porro ad Nestorium, ejusque haeresim, cujus meram fundit reprehensionem; ad ipsam quoque Eutychianam haeresim progrediens. In quinto vero libro (tot enim hocce conficiunt opus) divinorum rectorumque dogmatum epitome per comparationem cum haereticorum fabulis facta, quam non confusum prae illis, sed sincerum, atque irreprehensibile catholicum dogma sit, demonstrat. Stylus huic perspicuus, minimeque redundans.

LVII.

Appiani Alexandrini Historiae Romanae libri XXIV.

Lecta est Appiani *Romana historia*, tribus quidem voluminibus, libri vero quatuor et viginti. Quorum primus de septem Regibus, Romulo, Numa Pompilio, Anco Hostilio, et altero Anco Marcio, Numae nepote, Tarquinio, Servio Tullio, et Lucio Tarquinio agens, eorum opera, resque gestas continet. Horum regum primus, auctor licet urbis Romae, ac conditor fuerit, et paterno potius animo, quam tyrannice imperaverit; caesus tamen est, vel (ut aliis placet) disparuit. Alter, nihilo praecedente in imperando inferior, ac forte praestantior, vitam exacta ætate finivit. Tertius fulmine ictus est. Quartus morbo vita decessit. Quintus a pastoribus jugulatus periit. Sextus similiter cæsus, vitam morte commutavit. Septimus et urbe et regno ob tyrannidem exactus est. Inde soluto regno, ad consules imperium translatum. Hæc quidem primus liber complectitur : unde inscriptio, *Romanorum Regalis*. Secundus liber habet, quæ in reliqua Italia, excepta ea, quæ ad mare Ionium est, gesta sunt : ejus titulus : *Romanorum Italica*. Sequens liber Romanorum bella cum Samnitibus refert (quæ gens copiosa, expugnatuque difficilis, ut vix annis octoginta Romani bello subigere potuerint) quæque gentes cum illis bellum gesserint. Inscribitur : *Romanorum Samnitica*. Quartus vero, quod cum Gallis Romanorum bella referat, inscribitur : *Romanorum 16a Celtica*. Sic et reliqui ordine libri. Quintus, *Romanorum Sicula, et Insularis ;* quod cum Siculis et Insulanis gesta commemoret. Sextus, *Romanorum Iberica*. Septimus, *Romanorum Hannibalica ;* quod cum Hannibale Punicum bellum referat. Octavus, *Libyca, Punica et Numidica*. Nonus, *Romanorum Macedonica*. Decimus, *Romanorum Græca et Ionica*. Undecimus, *Romanorum Syriaca et Parthica*. Duodecimus, *Romanorum Mithridatica*. Et hactenus quidem quæ adversus exteras gentes Romanis edita facinora, bellaque gesta, narrantur; eademque hoc ordine per libros distributa sunt. Quæ vero inter se Romani tumultuantes bella gesserunt, deinceps libri commemorant, quorum inde titulus : *Civilium Bellorum primus, secundus, tertius,* et ordine ad nonum usque librum, qui in universum primus est et vicesimus. Liber autem vicesimus secundus, inscribitur *Ekatontaetia* (id est, annorum centuriæ.) Insequens liber, *Dacica*. Vicesimus quartus, *Arabica*. Atque ista universæ historiæ partitio est. Bellorum autem civilium libris ea primum continentur, quæ Marius et Sylla inter se belligerantes patrarunt. Deinde quæ Pompeius et Julius Cæsar gesserunt, postquam etiam hi factionibus inter se contendere, præliisque ingentibus confligere cœperunt; quando et fortuna Julio favens, terga dare ac fugere Pompeium adegit. Post ab Antonio et Octavio Cæsare, qui et Augustus dictus, gesta cum Cæsaris Julii percussoribus, qua etiam tempestate plerique Romanorum illustres, indicta causa, ad mortem raptabantur. Denique et quæ inter ipsos acciderunt, Antonium, inquam et Augustum, horrendis invicem bellis cum multorum exercituum strage confligentes : et si ab Augusto tandem victoria stetit, qua etiam a sociis desertus Antonius, in Ægyptum profligatus, ubi manum sibi afferens, vitam abrupit. Quo item librorum belli civilis 16b ultimo Ægyptus describitur, ut in Romanorum potestatem venerit : utque res Romana in unius Augusti imperium reciderit.

Historia totius initium ducitur ab Ænea, filio Anchisæ, filii Capyis, qui Trojano bello interfuit, Ilioque capto atque everso fugit, et variis jactatus erroribus, ad Italiæ quoddam littus se applicuit, quod Laurentum dictum ; ubi et castra illius ostenduntur, et ex ipso ora illa maritima Trojana nominatur. Imperabat tum ibi Aboriginibus Italiæ populis Faunus, Martis filius : qui et Æneæ nuptum filiam suam Laviniam dedit, quadringentaque circum circa terræ stadia attribuit, ubi Æneas oppidum ædificavit, quod ab uxoris Laviniæ nomine Lavinium vocavit. Tertio abhinc anno, exstincto Fauno, imperium nactus Æneas est, jure affinitatis ; et Aborigenes ob affinitatem Latini Fauni Latinos nominavit. Tertio iterum anno a Rutulis populis Tyrrheniæ propter Laviniam, illorum Regi antea desponsam, bello tollitur Æneas ; imperiumque Euryleon suscepit, Ascanius cognominatus. Hic Æneæ ex Creusa Priami filia, quam in Ilio uxorem habuerat, filius fuit, etsi alii ex Lavinia natum illi Ascanium ferunt, regni successorem. Mortuo dein Ascanio, quarto post anno quam Albam condiderat, (etenim et hic oppidum condidit, quod Albam nominavit, atque eo ex Lavinio coloniam deduxit) Sylvius regni habenas accepit : hujus Sylvii filium Æneam Sylvium faciunt, Æneæ dein filium Latinum Sylvium nominant : cujus filium Capyn, Capyis vero Capetum fuisse aiunt , et Capeti Tiberinum, hujus rursum Agrippam, cujus Romulum filium ferunt, fulmine sublatum, relicto filio Aventino, ex quo Procas. Hisce omnibus Sylvii memorant additum cognomentum. Procæ duo erant liberi ; natu major Nemetor, minor Amulius dictus. Cum major natu patris morte regnum hæreditate suscepisset, junior vi et per nefas illi ademit, fratrisque filium Egestum sustulit, filiam vero Rheam Sylviam sacerdotem, ne qua liberorum spes esset, fecit. Et Nemetorem quidem, 17a licet frater vitæ insidiaretur, morum comitas, multaque modestia periculo exemit : at Rheam, quod contra sacerdotii legem peperisset, Amulius, ut puniret, comprehendit , duos vero filios ex ea natos in vicinum fluvium, cui Tiberis nomen est, præcipitandos pastoribus tradidit. Liberorum nomen Romus, et Romulus , ab Ænea per matrem genus trahentes. Incertum enim parentem detestati, Æneæ magis nomine gloriabantur.

Auspicatur ergo, uti diximus, historiam ab Ænea, obiter ad hos usque progressus, sed a Romulo urbis conditore accurate singula persecutus, perducit ad Augustum, imo, sparsim saltem, et in transcursu, usque ad Trajanum.

Appianus hic genere Alexandrinus fuit, Romæque initio causas egit : mox dignus habitus qui imperatorum nomine provinciam administraret. Stylus illi tenuis, ac minime redundans : sed historiam quoad ejus fieri potest, veram texit, et militaris disciplinæ, si quis alius, enarrator est. Oratione dejectos militum animos erigere, et ardentiores mitigare, affectusque exprimere, ac si quid aliud imitari dicendo licet, optime novit. Floruit autem Trajani et Adriani temporibus.

LVIII.

Arriani Parthica, Bithynica, et alia.

Lecti sunt Arriani *Parthicorum* libri septemdecim. Hic item omnium optime res gestas Alexandri regis Macedonum conscripsit. Aliud item opus in gratiam Bithyniæ patriæ (hinc enim natus est) composuit, *Bithynicorum* titulo. Ediderat et ab Alanis gesta; quem librum *Alanicam* inscripsit. In primo illo opere bella a Parthis et Romanis gesta refert, ductu atque auspiciis Trajani imperatoris. Vult Parthos a Scythis originem ducere: Macedonum autem imperium excussisse, cum pridem servitutem serviissent, Persis una rebellantibus, hac potissimum de causa. Arsaces et Teridates fratres erant Arsacidæ, ex filio Arsacæ Phriapita geniti. Hi Phereclem ab Antiocho rege (quem deum cognomento appellabant) ejus oræ Satrapam constitutum, quod altero fratrum abuti per vim fœde conaretur, contumeliam non ferentes, necarunt; **17**b consciis etiam aliis quinque. Gentem itaque Macedonum pellentes, imperium ipsi abripuerunt, magnamque sunt potentiam consecuti; ut et cum Romanis æquo sæpe Marte contenderint, interdum etiam victoria bello potiti superiores discesserint. Narrat ad hæc Parthos Sesostridis Ægyptiorum regis tempore, et Jandusi Scytharum, ex Scythia in eum, quem nunc tenent, locum demigrasse: quibus Trajanus Romanorum imp. per vim fractis, fœdere icto, regem constituit.

Hic Arrianus, professione philosophus, unus in Epicteti familiaribus, Adriani, et Antonini Pii, et Marci Antonini imperatorum temporibus viguit; et ob singularem doctrinam (novi Xenophontis cognomentum adeptus) cum aliis in republica magistratus gessit, tum ad ipsum quoque consulatum aliquando pervenit. Scripsit et alia volumina: *Dissertationum Epicteti* præceptoris, quos novimus, libros octo: *Sermonum* vero ipsius Epicteti libros duodecim. Exilis illi dicendi character, et revera Xenophontis imitator est. Alia item scripsisse ferunt; quæ tamen ad manus meas nondum pervenerunt. Certum sane illud, rhetoricæ nequaquam sapientiæ ac facultatis imperitum fuisse.

LIX.

Synodus [ad Quercum illegitima, contra B. Joannem Chrysostomum.

Lectum est illegitime coactum adversus sanctum Joannem Chrysostomum conciliabulum (1): cui præsides adfuerunt Theophilus Alexandriæ, Acacius Berrhœæ, Antiochus Ptolemaidis, Severianus Gabalorum, et Cyrinus Chalcedonis, episcopi: qui, infesto in illum animo cum essent, simul omnia et judices, et accusatores, et testes erant. Tredecim hæc actionibus peracta: duode-

(1) Excitatum hujus in Joannem odium refert Palladius, quod cum venisset in urbem, honesto careret hospitio.

(2) Olympiadem atque Nicetam, et alias beato

A cim quidem contra sanctum Chrysostomum, tertiadecima contra Heraclidem, quem Ephesiis ille ordinarat episcopum: hujus tamen depositionem validam reddere, aliis nonnullis prohibentibus, minime potuerunt. Heraclidæ accusator Macarius quidam nomine fuit, Magnetum episcopus; beati Joannis vero palam hostis, primusque accusator Joannes, ejus diaconus. Accusat hic primo Chrysostomum actione illatæ sibi injuriæ; quod se ejecisset **18**a ob domesticum puerum Eulalium pulsatum. Alterum erat crimen quod Joannes quidam monachus jubente Chrysostomo verberatus esset, ut ait, ac raptatus, ferreaque catena dæmoniacorum more astrictus. Tertium, quod pretiosarum rerum magnam vim divendidisset. Quartum crimen, quod marmora S. Anastasiæ, quæ Nectarius illi ecclesiæ marmoribus ornandæ reliquerat, ipse vendidisset. Quintum, quod per contumeliam appellet clericos viles, corruptos, suis usibus sponte paratos, triobolaresque. Sextum, quod sanctum Epiphanium delirum et parvulum dæmonium appellarit. Septimum, quod Severiano calumniam struxisset, incitatis contra eum decanis. Octavum, quod sycophantiis plenum librum in clerum conscripsit. Nonum, quod totius cleri habito conventu, tres diaconos citarit, Acacium, Edaphium, et Joannem, et quasi humerale ipsius furati essent, accusarit; quærens, utrum et ad alium illud usum aliquem cepissent. Decimum, quod Antonium sepulcrorum violatorem convictum, episcopum ordinarit. Undecimum, quod Joannem comitem in tumultu militari ipse prodiderit. Duodecimum, quod neque incedens ad templum, neque ingrediens, Deum precatus sit. Decimum tertium, quod sine altari diaconorum et presbyterorum ordinationes fecerit. Decimum quartum, quod una ordinatione quatuor simul episcopos crearit. Decimum quintum, quod mulieres suscipiat (2), solus cum solis, aliis omnibus foras emissis. Decimum sextum, quod hæreditatem a Thecla relictam, per Theodulum vendiderit. Decimum septimum, quod Ecclesiæ reditus nemo noverit quo abeant. Decimum octavum, quod Sarapionem (3) accusatum, causamque etiam tum dicentem, presbyterum ordinarit. Decimum novum, quod communicantes cum orbe universo, ipsius voluntate inclusos, et in custodia mortuos, contempserit, ut ne corpora quidem ipsorum sepulturæ mandanda curarit. Vicesimum, quod injuria sanctissimum Acacium affecerit, et ne ad colloquium quidem ipsum admiserit. Vicesimum primum, quod Porphyrium presbyterum Eutropio, ut in exsilium pelleret, tradiderit. Vicesimum secundum, quod item Berenium sacerdotem contumeliis multis male acceptum dediderit (4). Vicesimum tertium, quod illi soli bal-

Joanni ministrantes intelligit.
(3) Vide Socratem lib. VII.
(4) Berrhœensem episc.

neum succendatur, et ubi laverit, Sarapion claudat labrum, ita ut alius nemo lavet. Quartum et vicesimum, quod sine testibus **18**[b] multos ordinarit. Quintum et vicesimum, quod solus e'at, intemperanter Cyclopum vitam degens. Vicesimum sextum, quod idem ipse accuset, idemque testis sit, ac judex. Planum id esse ex illis, quæ cum Martyrio archidiacono, et cum Proæresio Lyciæ episcopo gesta referantur. Vicesimum septimum, quod pugno contuderit Memnonem in Apostolorum sacra æde, et sanguine ex ore ipsius manante, nihilominus eucharistiæ obtulerit mysteria. Vicesimum octavum, quod in throno exuitur et induitur, et pastillum edit. Vicesimum nonum, quod episcopis a se ordinatis pecunias largiatur, ut per illos laboribus clerum opprimat.

Hæc accusationis in sanctum virum capita sunt : qui quidem quartum appellatus non comparuit, citantibus respondens : « Si apertos hostes judicum ordine submoveritis, præsto, inquit, sum, meque sistam ; ut si quis me accusarit, causam dicam : sin id facere detrectaveritis, quoties citabitis, nihil proficietis. » Examinarunt itaque, ut putabant, horum omnium caput primum ac secundum. Hinc cœperunt in Heraclidem, et Palladium Helenopolis, episcopos ambos, conquirere : et Joannes monachus (cujus Joannes diaconus in suis beati Chrysostomi accusationibus meminerat) libellum itidem porrexit, accusans Heraclidem quod Origenista esset, et Cæsareæ Palæstinæ in furto deprehensus fuisset, Aquilini diaconi vestimenta furatus ; et quamvis talis esset, inquit, Joannes episcopus Ephesiorum eum episcopum ordinavit. Accusat præterea ipsum Chrysostomum, quod multa Origenistarum causa adversa passus sit a Sarapione, quodque hunc ille a se miserit. Horum itaque cognitione peracta, inquisitum deinceps est in caput nonum accusationum, mox in vicesimum septimum.

Postea rursum Isaacius (1) episcopus Heraclidem accusat ut Origenistam, minimeque susceptum a sanctissimo Epiphanio, neque in precationis, neque in ciborum communionem. Protulit et idem Isaacius libellum contra Chysostomum, hæc fere continentem : Primum, de Joanne monacho, sæpius jam nominato, quod propter Origenistas vapulasset, et ferro vinctus fuisset. Secundum, quod beatus Epiphanius propter hos Origenistas, Ammonium, Euthymium, Eusebium, Heraclidem, et Palladium, communicare cum illo noluisset. Tertium, **19**[a], quod hospitalitatem, solus quotidie cibum capiens, desereret. Quartum, quod in Ecclesia dicat, mensam esse furiarum plenam. Quintum quod in Ecclesia se ita jactet : *Depereo, insanio*. Sextum, oportuisse illum interpretari, quænam illæ furiæ essent ; et quid sit, *Depereo, insanio ;* has enim Ecclesia voces ignorat. Septimum, quod licentiam peccantibus præbeat, sic docens : « Si iterum peccasti, pœniteat iterum : et quoties peccaveris, veni ad me, ego te sanabo (2). » Octavum, quod in Ecclesia docens blasphemet, Christum orantem ideo non esse auditum, quod non ut oportet, orasset. Nonum, quod ad seditionem populum concitaret, etiam adversus synodum. Decimum, quod ex gentibus quosdam, qui Christianos valde afflixissent, suscepisset, et in Ecclesia haberet, atque defenderet. Undecimum, quod aliorum invadat provincias, ordinetque ibidem episcopos. Duodecimum, quod episcopos injuria afficiat et ἐκπιδγάτους, domo sua pelli jubeat. Decimum tertium, quod clericos inusitatis injuriis contumeliisque affecerit. Decimum quartum, quod aliorum deposita vi rapuerit. Decimum quintum, quod sine conventu, præterque cleri mentem, ordinet. Decimum sextum, quod Origenistas receperit : communicantes vero cum Ecclesia monachos, etsi commendatitias litteras afferrent, in carcerem conjectos non dimiserit : quin et in eo morientes, ne inviserit quidem. Decimum septimum, quod aliena mancipia nondum manumissa, imo et accusata, episcopos ordinarit. Decimum octavum, quod ipsum hunc Isaacium male sæpe multarit.

Harum accusationum primum caput, quod id antea (ut rebantur) examinatum esset, excutere noluerunt ; at in secundum et septimum inquisitum. Mox tertium quoque accusationis a Joanne diacono factæ caput examinatur. In eo capite Arsacius archipresbyter, qui ipsi Chrysostomo successit, et Atticus presbyter, nescio quo modo testes adhibiti, contra beatum Chrysostomum testimonium dixerunt ; ut et Elpidius presbyter. Iidem, et cum ipsis etiam Acacius presbyter, in quartum criminationis caput testati sunt. Postquam ita excussa fuere hæc, prædicti presbyteri, ac præter eos Eudæmon et Onesimus, sententiam accelerari postularunt. Itaque **19**[b] synodi præses Paulus Heracleæ episcopus, omnes sententiam dicere voluit, statutumque ut ipsis visum, beatum virum sede pellendum, incipiente Gymnasio episcopo, et finiente Theophilo Alexandrino, numero omnes quinque et quadraginta. Post missa est ad clerum Constantinopolitanum, tanquam e synodo, epistola de Chrysostomi e throno dejectione. Relatio quoque ad imperatores facta. Ad hæc tres oblati libelli, a Gerontio, Faustino, Eugnomonio, qui se injuste a Joanne episcopatu motos querebantur. Imperatorum vicissim ad synodum missum est rescriptum. Atque in his fere duode-

---

(1) D. Baron. ad annum Christi 403, tom V. legit hic *Acacius episcopum Heraclidem*, etc. Fortassis Isaacius ille monachus, quem una cum Theophilo Alexandriam venisse refert Niceph. lib. xiii, c 17. Pallad. eumdem *Syrulum circumforaneum*, falsorum monachorum ducem appellat.

(2) Socrat. lib. vi. cap. 21, Vide B. Basil. *De pœnit.* et S. Epiphan. *Contra Novat.*

cima actio consumitur. Nam decima tertia, ut diximus, ea continet quæ ad Heraclidem Ephesi episcopum pertinebant.

LX.

Herodoti Halicarnassei Historiarum libri ix.

Leguntur *Historiarum* Herodoti libri novem, numero et nomine totidem Musarum. Hic Ionicæ dialecti norma esse queat', ut Atticæ Thucydides. Fabulas adhibet', crebrasque digressiones, per quas sensus ipsi atque sententiæ dulcedo fluit: quanquam pro historiæ modo, proprioque ipsius, et conveniente charactere, hæc ipsa interdum obscuritatem pariant, recusante veritate fabulis suam obfuscari accurationem, aut plus æquo a re proposita scriptorem digredi.

Auspicatur historiam a Cyri imperio, qui primus Persarum regnum tenuit, unde natus, quomodoque educatus creverit, atque regnarit: et pertingit ad usque Xerxis imperium, ejusque contra Athenienses expeditionem ac fugam. Quartus vero a Cyro rex fuit Xerxes: nam secundus Cambyses erat, et tertius Darius. Qui enim interjectus est Smerdis Magus, his non annumeratur, quod tyrannus fuerit, sibique minime debitum regnum, dolo malo ac fraudibus occupavit. Darii successor, Xerxes filius fuit, in quem historia desinit, neque ad regni ejus finem usque progressa, quia his temporibus Herodotus ipse floruit, ut inter cæteros et Diodorus Siculus testatur. Thucydidem ferunt cum adolescens admodum apud patrem astans, hunc suam Historiam recitantem audiret, illacrymasse, Herodotumque de illo subjecisse: « Quam est tuus filius, Olure, ardenti ad discendum ingenio! »

LXI.

Æschinis orationes iii *et epistolæ* ix.

20[a] Leguntur Æschinis *orationes tres, contra Timarchum*, quæ princeps est orationum ejus, et *Falsæ legationis*. Tertia vero et ultima *Contra Ctesiphontem*. Tres enim duntaxat legitimas esse hasce ferunt: epistolas vero novem. Quamobrem nonnulli orationes ejus *Gratias* nominarunt, cum ob orationis gratiam tum a numero Charitum; *Musas* vero epistolas dixerunt, a numero novem Musarum. Circumfertur et ejus alia oratio, *Deliaca lex* inscripta; quam tamen Cicilius non recipit, sed ad alterum Æschinem Atheniensem, ejus æqualem, hanc orationem, ut partum, refert.

Æschines hic unus est in decem Græciæ oratoribus: qui accusatus aliquando a Demosthene male obitæ legationis, damnatus ideo non est, quod Eubulus, homo popularis, cui subservierat aliquando Æschines, Demosthenem una oppugnans, tantum effecerit, ut antequam dicendi finem Demosthenes fecisset, judices exsurgerent. Post vero cum reprehendisset Æschines decretum, ac si contra legem scriptum esset, quod ex Ctesiphontis sen-

tentia, Demosthenis bono scriptum fuerat; et multam ipse sibi præfinivisset, ni contra legem scriptum esse ostenderet: hoc non ostenso, ut miserat, patria cessit. Quare ad Alexandrum Philippi filium in Asia belligerantem fugere animum induxit; sustinuit tamen, audito ejus obitu, et cognito plenos esse turbarum successores. Ad Rhodum igitur adnavigavit, in eaque diutius hærens insula, pueros docuit. Mirantibus vero auditoribus, hærentibusque, tantus orator cum esset, quomodo a Demosthene victus cessisset: « Si, inquit, bestiam ipsam (Demosthenem nimirum feram appellans) audissetis, non utique hæsitaretis. » Fertur ibi primus et fictiones, et quas ferunt declamationes, illo in otio composuisse. Senex demum e Rhodo in Samum migravit, fatisque concessit. Obscuris natus est parentibus; patre quidem Atrometo, matre vero Glaucothea sacerdote. Fratres duos habuit, Aphobetum et Philocharin. Initio, tertiarum partium histrionem egit, ut erat vocalis: deinde tabellio senatui fuit; post vero non diu ad rempublicam se contulit: fuitque Athenis Atticis Philippicarum partium studiosus; qua etiam de causa a Demosthene civili contentione dissensit. Platonis quoque auditorem, et Anatalcidæ discipulum fuisse ferunt: et sunt utriusque rei indicio 20[b] Æschinis orationes, cum verborum granditate, tum gravitate inventionis. Dionysius vero sophista, cum forte in ejus orationem, quam adversus Timarchum habuit, incidisset, lecto procemii ejus hoc principio, « Equidem nulli unquam aut in judicio periculum creavi, aut in rationibus exigendis molestus fui, » dixissa fertur: « Utinam multis sæpe periculum creasses; utinam multis molestus fuisses, ut multas id genus orationes nobis reliquisses! » Adeo est oratoris hujus charactere delectatus.

Est ejus oratio tanquam sponte nata et extemporanea; non tantam artis, quantam ingenii ipsius admirationem concitans. Etenim cum grandia omnia in ejus orationibus reperias, tum quæ maxime naturæ præstantiam ostendant. In vocibus enim simplex et candidus, clarus tamen, et in orationum compositione, neque valde languidus ut Isocrates, neque contractus et astrictus ut Lysias: ipso insuper spiritu ac contentione nihil Demosthene inferior. Schematibus præterea cum sententiarum, tum verborum ita usus est, non tam ut arte, quam pro subjectæ rei ac negotii necessitate, dicere videatur. Quamobrem et simplex atque inelaborata ejus apparet dictio, ac veluti populari orationi, et privato sermoni maxime conveniens. Non enim vel in ratiocinationibus, vel in enthymematis multus, nimiumque coactus. Cæterum Æschinem, Lysaniæ filium, quem et Socraticum nominant, cum alii plures, tum Phrynichus potissimum, in optimis oratoribus, ut regulam statuit, ejusque orationes post Attici sermonis principes collocat.

LXII.

Praxagoræ Atheniensis de rebus Constantini Magni libri II.

Lecti sunt Praxagoræ Atheniensis *De gestis Constantini Magni historiarum* libro duo : quibus narrat Constantini patrem Constantium Britanniæ et Hispaniæ imperasse ; Maximinum Romæ (1), et cæteræ Italiæ, atque Siciliæ regnum tenuisse : alterum vero Maximinum Græciam, Macedoniam, minoremque Asiam, ac Thraciam occupasse : Diocletianum autem, qui cæteros ætate anteibat, Bithyniam habuisse ; Arabiam item, et Africam, atque Ægypti omnem oram quam Nilus alluit. Igitur Constantinum pater ad Diocletianum Nicomediam erudiendum misit. Aderat tum forte Maximinus ille, qui inferiori Asiæ imperitabat, et insidias adolescenti tendere animum inducens, ad pugnam cum 21a fero leone ineundam composuit. Ille vero feram superans, occidit, deprehensisque insidiis, ad patrem confugit : quo vita simul et imperio functo, regnum filius excepit.

Eo potitus, Gallos et Germanos, gentes finitimas ac barbaras, in potestatem redegit. Cognito dein impotenter ac tyrannice subditis imperare Maxentium (hic post Maximinum Romæ dominabatur), expeditionem adversus eum suscepit, pœnas tyrannidis in subditos exacturus. Mox prælio superior, in fugam tyrannum convertit. Ille vero fugiens, quem hostibus per dolum interitum machinatus est, ipse reperit, in foveam, quam aliis paraverat, delatus. Hujus caput Romani a corpore resectum, hastæque impositum, per urbem gestabant : et victori Constantino libentes se ac volentes etiam hujus regni incolæ dediderunt.

Audito rursum Licinium quoque crudeliter et inhumane suis abuti, cui pars illa imperii obvenerat, quam Maximinus (is qui Constantino per leonem insidias struxerat) tenuerat, mortemque obierat : non ferens intolerandam civibus vim atque injuriam inferri, copias item contra hunc eduxit, quo tyrannidem legitimo commutaret imperio. Licinius vero, intellecta in se expeditione, metu perculsus, immanitatem texit, humanitatisque speciem præferens, jurejurando etiam se obstrinxit, clementem deinceps subditis futurum, quæque fœdere icto promisisset, integre servaturum. Quamobrem bello tunc imperator abstinuit. Post tamen (ut conquiescere improbitas nequit) violati jurisjurandi reum, atque in omne flagitiorum genus delapsum, ingentibus præliis oppugnans, Nicomediæ inclusum, obsedit. Hinc supplicis habitu ad Constantinum fugienti, ademptum imperium est, et Constantino Magno traditum. Sic, quæsito pridem digno imperatore, sibi tandem ille jam dicta imperia omnia vindicavit. Patrium enim regnum hæreditatis jure adiit, Romanum etiam, everso Maximino (2), Græciæ quoque ac Macedoniæ, minorisque Asiæ, exuto, ut diximus, regno Licinio. Verumtamen et alterius partis, cui Diocletianus præfuerat, imperium sibi adjunxit. Nam etiam hanc 21b belli jure Maximino ademptam tenebat, qui Diocletiano successerat, Licinius. Victor itaque, et unum ex omnibus imperium conflans, mox Byzantium cognominem sibi civitatem fecit. Refert autem Praxagoras, tametsi gentium sectæ adhærens, omni virtutum atque honestatis genere, omnique adeo felicitate, omnes omnino qui antecesserint imperatores, facile obscurasse Constantinum : quibus et duo ipsius Historiarum libri terminantur.

Annos natus erat duos admodum et viginti Praxagoras, ut de se ipse testatur, cum hæc commentaretur. Scripserat et libris duobus *De regibus Athenarum*, annum agens undevicesimum. Composuit quoque Historiarum libros sex *De rebus gestis Alexandri Magni regis Macedonum*, primo et tricesimo ætatis anno. Stylus illi apertus est ac jucundus ; nonnihil tamen æquo languidior. Ionica vero et ipse usus est dialecto.

LXIII.

Procopii rhetoris Historiarum libri VIII.

Leguntur Procopii rhetoris *Historiarum* libri octo. Narrat quæ sub Justiniano imperatore Romani cum Persis, Vandalis ac Gotthis gesserunt, ductu potissimum Belisarii, belli imperatoris : cum quo rhetor hic diu multumque familiariter versatus, quæ oculis spectaverat, memoriæ mandavit.

Primo itaque libro isthæc commemorat. Arcadius Romanorum imperator, vita functus, Theodosio filio tutorem Isdigerdam regem Persarum testamenti tabulis reliquit. Quibus ille tabulis acceptis, puerum liberaliter eduxit, regnumque illi sartum tectum servavit. Inde Vararanes, Isdigerda mortuo, succedens, contra Romanos bellum movit ; verum Anatolio, duce Orientis, ad Persas in legationem a Theodosio misso, Vararanes Persarum rex, legatione audita, domum icto fœdere revertit. Post hæc Perozes Persarum rex, Isdigerdam alterum, Vararanæ filium, excipiens, iis Hunnis bellum intulit, qui Ephthalitæ et Candidi nominantur : sunt enim albi coloris : utque egregia specie, sic et cæteris Hunnis dissimiles. Neque Numidarum (3) ritu vagantur, vel agrestes sunt ; sed civilem inter ipsos societatem legibus tuentur, regibusque suis subjiciuntur. Hi ad boream Persis finitimi sunt ; 22a quamobrem etiam finium terminorumque causa in Ephthalitas Perozes exercitum duxit ; sed Ephthalitarum vafritie, ad iniqua primum loca delatus, ignominiose et vix salutem pactus, rediit. Adorans enim, tanquam dominum, Ephthalitarum regem, et nunquam postea bellum se moturum ju-

---

(1) Maximianum, Maximinum et Licinium impp. videtur confundere.

(2) Imo verius Maxentio, ex historiæ fide.

(3) Nomades dicuntur Plin. lib. v, cap. 3, a permutandis pabulis.

rejurando confirmans, evasit. Rupto tamen ille postea fœdere, ductisque iterum copiis, fœde simul cum omni exercitu periit, fossis quibusdam ac puteis ab hoste comparatis haustus, cum quartum et vicesimum regnaret annum; quando et celebratus ille unio, quem dextera gestabat aure, periit.

« Margaritæ, et margari, et margaridæ dicuntur. Invenitur enim Margatus hic apud Procopium rhetorem, aliosque classicos scriptores. Margaridæ est apud Praxagoram, Ionicum scriptorem, libro secundo *Historiarum de vita Constantini Magni*, et alios item auctores. Margaritæ vero frequens est, et a multis usurpatum. »

Dehinc post Perozen Cabades, minimus natu filius, regnum excepit. Is violatarum legum reus factus, in custodiam, cui Lethes nomen, ab ipsis Persis missus, uxoris tandem fraude dilapsus, ad Euthalitas confugit: quorum cum ingentem collegisset exercitum, quem in Persas duxit, regnum sine pugna recuperavit: et Blasen Perozi fratrem jam tum pro se regnantem, desertum a suis captumque, oleo ferventi in oculos misso (sic enim Persis solemne est) excæcavit. Quæ insuper Pacurium inter Persarum regem et Arsacen Armeniorum contigerunt, deque magorum consilio Pacurio contra Arsacen dato, nisi fabulosa hæc sunt, scripsit auctor.

Idem ille Cabades Euthalitis ingenti ære obstrictus, ab Anastasio imper. pecuniam mutuam postulavit. Quam ubi non impetravit, nulla alia de causa repentina incursione bonam Armeniæ partem vastavit, Amidamque obsedit. Dum vero ab ea, potiundæ spe amissa, recedit, fœdum meretricularum spectaculum iterandæ obsidionis causam præbuit. Ira igitur ac furore percitus Cabades in obsidione perdurans, urbem vi expugnat, civesque servos esse jubet. Postea tamen plerosque captivos gratis domum remisit, quos et Anastasius omni est benevolentiæ genere complexus.

Cognito vero Amidam obsideri, ingentes admodum adversus Persas Anastasius **22** *b* copias misit, creatis ducibus Areobindo Orientis duce, qui Olybrii, ejus qui paulo ante in Occidente imperaverat, gener erat: Celere item magistro, Patricio quoque Phryge, et Hypatio cognato patruele. Ad quatuor autem hosce duces accesserunt et Justinus, qui Anastasii imperium excepit, aliique plurimi bello præstantes viri. Exercitum tantum nunquam a Romanis in Persas missum ferunt. At dum moram cunctando nectunt, capta civitas est, neque simul omnes cum Cabade, conserta manu, conflixerunt; sed seorsim singuli turpiter victi, multis suorum desideratis, discesserunt. Tandem tamen, ductis ad Amidam copiis, urbem cinxerunt, dinque hærentes Romani, Persas inclusos, et rerum inopia laborantes, ad septem annorum inducias compulerunt, auctoribus Celere Romano et Aspevede Persa.

Taurus Cilicum mons per Cappadocas primum et Armenios sese extendit, ac terram, quos vocant, Persarmeniorum; dehinc per Albanos porrigitur, et Iberos, et quascunque alias sui juris gentes, quæ Persis dicto audientes, iis in locis habitant. Prætergresso vero Iberorum fines, semita quædam occurrit angustissima, stadiis fere sexaginta producta, quæ in abruptum quemdam penitusque invium desinit locum: ubi neque transitus apparet ullus, præterquam porta tanquam manu constructa, ibidem a natura constituta, quæ Caspia (1) antiquitus dicta. Ultra eam portam campi sunt equitationi accommodi, et nativis aquis referti, ac regio multa equis pascendis, et plana: ubi Hunnorum feregentes omnes habitant, usque ad Mæotidem pertinentes paludem. Hi si quando per Caspiam portam (cujus modo memini) in Persarum et Romanorum regionem tendunt, integris equis quam incitatissimo cursu feruntur. Nam sexaginta his duntaxat, quæ diximus, stadiis cum loci difficultate conflictantur, quotquot ad Iberiæ fines penetrare volunt: cum tamen per alios quosdam exitus profecti, magno labore ægre aliquando in Persarum ac Romanorum oram perveniant. Quod ubi Alexander Philippi filius animadvertit, portas in dicto loco exædificavit: præsidioque ibidem relicto, munivit. Id munimentum Anastasii imperatoris temporibus Ambazuces tenuit, domo Hunnus, Romanorum et Anastasii amicus, qui et portas illas eidem principi tradidit. **23***a* Ille benevolentiam quidem suscepit, at loci curam non item. Itaque Cabades, mortuo Ambazuce, dejectis per vim ejus liberis, portas occupavit. Anastasius, pactis cum Cabade induciis, urbem [de suo nomine,] Persis repugnantibus, ædificavit in regione Daras et Anchu: alteram item in Armenia, proxime ad Persarmeniæ fines, quæ prius Theodosiopolis dicta, quod Theodosius imp. urbis dignitatem ignobili vico attribuisset.

Anastasio vita functo, quamvis multi generis claritate imperio digni reperirentur, cæteris repulsam passis, Justinus succedit: ad quem Cabades, quo filio natu minimo Chosroæ regnum tuto relinqueret, litteras dedit, adoptari ab ipso Chosroen postulans. Justinus postulantis votum libenter accepit, ut et Justinianus sororis ejus filius, qui regni hæres sperabatur. Sed Procli quæstoris consiliis sententiam mutarunt, neque a Justino Chosroes est adoptatus. Legibus enim filios bonorum patris successores, *suosque hæredes exsistere aiebat. Hinc pro Chosroe et pace, a Persis Seoses, qui Cabaden pridem servarat, et Beodes, a Romanis vero Rufinus, et Hypatius, legati missi. Et Beodes quidem Seosem apud Persas ;calumniatus, vita privandum curavit. Rufinus vero Hypatium apud imperatorem insimulando, magistratu dejecit.

Quod inter Bosporum et Chersonem dierum viginti medium interjacet spatium, Hunni incolunt:

---

(1) De Caspiis portis geographi videndi, et Quint. Curt., Arrianus, etc.

qui suis olim legibus degentes, in Justini nuper potestatem venerunt : ut jam Cherson Romani terminus imperii esset. Accesserunt et Iberi Justino imper. una cum Gurgogene eorum duce, a Persis male tractati. Qua de causa Romanos inter et Persas bellum exarsit.

Vivens etiamnum Justinus in societatem imperii ascivit Justinianum, qui, mortuo avunculo, solus imperio potitus est. Belisarius et Sitas prætoriani milites fuerunt, quo tempore Justinianus copias ducebat : a Justino vero militibus in Daras præfectus Belisarius datus est : cum et Procopius hic scriptor a consiliis illi additus. Imperante post solo **23** *b* Justiniano, dux Orientis creatus Belisarius in Persas movere jussus est. Cabades Perozen genere Persam, dignitate meranem, exercitui suo præfecit. Cum autem uterque exercitum circa Daras haberet, Belisario Perozes denuntiavit, paratum sibi in urbe balneum haberet : lavare enim postero die velle. Quamobrem Romani ad pugnam fortiter se comparârunt. In acie dein utriusque exercitu constituto, Andreas quidam Byzantius, gymnasticis exercitationibus atque palæstræ Byzantii præfectus (qui et Buzæ, militum cum Belisario tribuno, domesticus hærebat, Buzæ corpus in balneo curare solitus), cum ad singulare certamen provocatum esset, ignotus omnibus, bis depugnando victor decessit, cœptumque prælium finierunt. Post iterum commisso inter eos prælio, Romani longe superiores evaserunt, cum ingenti Persarum clade. Quo factum est, ut cum Romanis exinde justo prælio dimicare detrectarint, incursiones tamen utrinque factæ.

Cabades alterum in Armeniam Romanis subditam exercitum misit, qui ex Persarmenis, et Saunitis [al. Sauritis], et Saberis constabat. Iis Mermeroes copiis præfectus. Dorotheus vero Armeniæ dux, et Sittas, qui et toti huic Romano exercitui præfuit, manu cum hoste conserta, paucis majores longe copias superarunt : unde et domum Persæ fugerunt. Hac occasione Romani cum alia Persicæ regionis occuparunt loca, tum Pharangium, quod vocant, ceperunt, unde aurum Persæ effodientes, regi pendunt. Zani vero, Sauni antiquitus appellati, liberi, et latronum ritu vicina populantes loca, Sitta duce victi, in jus nostrum, ditionemque concedentes, Christiani facti sunt, et Romanis parent, ut etiam in horum castris una permisti militarint.

Cabades, amisso utroque exercitu, animi pendebat. Sed Alemundarus Persicorum Saracenorum rex, vir bello acer ac strenuus, res Romanorum valde infregit, annis quinquaginta. Hic Cabadi suggessit, **24** *a* Antiochiam præsidio nudatam, finitimaque invaderet. Belisarius, re cognita, quam maturrime occurrit, eductis Isaurorum copiis, et Aretha Romanarum partium Saracenorum rege, qui suam ipse gentem ductabat. Alamundarus vero, et Azarethes metu percussus, retro domum se recepit. Et Belisarius pone sequebatur, non tam cum hoste manus conserere cupidus, quam ut eum insequi se fingeret : donec multis vulgi conviciis, primum quidem clam, deinde etiam palam lacessitus, invitus ad pugnam descendit. Cadentibus initio multis utrinque, ac cæsis, anceps diu pugna fuit ; versis dehinc in fugam Arethæ copiis, atque Isauris, a Persis summa virtute pugnantibus, victoria stetit : ut nisi ex equo ad pedes Belisarius desiliisset, ac reliquis sese adjungendo auxilium attulisset, debellatum eo die esset, cæsique ad unum omnes internecione fuissent. Attamen Azarethes Persarum dux, domum ad Cabaden reversus, victoriæ fructum non tulit. Suorum enim multos in prælio amiserat, licet adversariorum plures cecidissent. Quamobrem inhonoratis adnumeratus est.

Evocat Constantinopolim Justinianus imperatorem Belisarium, ut inde in Vandalos expeditionem suscipiat : Orientique custodem Settam imposuit. Hisce temporibus et Persæ cum Romanis concurrerunt, et, Cabade mortuo, filius Chosroes regni habenas suscepit. Missi ergo ad eum legati, Rufinus, Alexander, Thomas, et Hermogenes : quibus pacem velle se facere dixit perpetuam, centenariorum nimirum centum et decem, Verum re tum infecta discesserunt : nec nisi postea constituta pactaque pax illa est perpetua, imperante sextum jam annum Justiniano. Per eam Romani pecunias, Pharangium, et Bolum arcem Persis reddiderunt, etsi vicissim Romanis Laziorum in finibus oppida, et Dagarem, virum bello strenuum (tradito pro eo et altero non ignobili viro) remiserunt. Mox utrique imperatori structæ insidiæ a subditis. Chosroen quidem, ut turbulenti intemperantisque ingenii virum, Persæ invisum cum habent, Cabaden Zamæ fratris ejus filium, regem sibi facere constituunt. Quo cognito, Chosroes Zamen **24** *b* fratrem, reliquosque germanos, et conjurationis socios necat. Sic tranquillata res est, quiesque data. Cabades tamen, Zamæ filius, admodum adolescens, prudentia Chanarangi Adergi-Dubantæ cædem effugit, quo nomine hic postea a Chosroe est interfectus. Justiniano quoque imper. plebs Romæ insidias comparavit, creato imperatore (tametsi repugnaret) Hypatio Anastasii ejus, qui imperarat, patruele, nata seditione, ortoque tumultu e contentione ludorum circensium. Cæsar itaque Justinianus, Belisario et Mundo ducibus usus, Hypatium occidit, multosque conjurationis hujus socios sustulit, plane ut civium tunc ad triginta millia occubuerint. Imperatori suppetias afferebant Boraides, et Justus Justiniani fratris filius.

In eo ipso libro narrat de Triboniano, qui e Pamphylia genus duxit, et quæstoris munus obiit, deque avaritia ejusdem, ac blandiloquentia. De Joanne item Cappadocum præfecto prætorio, ejusque vitiis plurimis. Ut Antonina Belisarii conjux per Euphemiam filiam ejus callide Joannem circumvenerit, et insidias imperatori struere patefecerit : utque demum, Eusebio Cyzici episcopo ex insidiis occiso, impii sceleris consors habitus, corpore quæstionibus cruciato, inclementer tandem ac severe proscriptus sit.

Libro secundo *Rerum Persicarum* ista refert. Chosroen invidia stimulatum, quod Africæ ditionem Romani tenerent, pacisque propterea fœdera solvere parantem, Vitiges, Gotthorum rex, per Ligures quosdam legatos, dein et per Basacum collocutus, magis inflammavit. Quo cum item tempore Armenii a Romanis defecissent, Sitta duce pugnando interempto, Persisque se permisissent, perpetua illa, ut vocant, pacis fœdera rumpere Chosroes, bellumque gerere animum induxit. Justinianus imperator, re cognita, Anastasium legatum misit hortatum ne pacem solveret. Eadem tempestate et Vitiges a Belisario captus, Constantinopolim est missus. Chosroes nihilominus Romanorum fines invadens Surorum oppidum cepit, Surinosque in servitutem abduxit. **25** *a* Sed tandem undecim captivorum millia ducentis aureis permutans, liberos omnes dimisit, Candido Sergiopolis episcopo pecuniam pollicito : qui cum promissis non staret, ad justam dissolutionem adactus est. Chosroes dein Hierapolim obsidere cœperat, cum illi Berhœæ episcopus (cui Magno nomen) pondo argenti duo millia promisit. Solvit itaque obsidionem rex, pollicitus adhæc omni adeo Orientis Romanorum ditione se excessurum, si mille auri pondo caperet. Interea Buzes, dux Orientis, viribus suis diffisus, cum Chosroe pugnare detrectans, circumcirca oberrabat. Ergo Berhœæ admoto exercitu, Chosroes pecuniarum nimium quantum postulavit, acceptisque pondo argenti millibus duobus, alterum tantum exegit : quam quia cives summam non pendebant, valide urbem oppugnat. Verum accedente Magno oppidi episcopo, et Chosroen deprecante, Berhœenses immunes liberosque abire permisit, quo quisque vellet. Hinc plerique etiam militum ad Chosroen sua sponte transierunt, quod stipendiis eos imperator fraudasset. Ab Antiochenis similiter pecuniam Chosroes postulans, nec impetrans, arcte Antiochiam cinxit. Cumque rex urgeret obsidium, Theoctistus et Mulatzes, una cum iis militibus quos a Libano secum duxerant, clam urbem egressi, fugerunt. Ita Chosroes sine labore Antiochiam ad deditionem compulit, civesque in servitutem redegit. Inde legati ad illum missi, Joannes Rufini filius, et Julianus secretorum scriba : multisque ultro citroque de æquis conditionibus habitis sermonibus, tandem convenit : ut Chosroe statim Romani quinque aureorum millia numerarent, quingentos vero aureos quotannis, tributi alterius nomine, perpetuo penderent, nihil se deinceps molestiæ allaturum promittenti : utque missi iterum ab imperatore legati, pacis conventa firmarent. Verum etiam his ita compositis, Chosroes Apameam profectus, ubi Thomas episcopus præsidebat, magnam ei pecuniarum vim impetravit, ac tandem sacra vasa, templisque dedicata universa secum auferens, discessit : inter quæ circa adorandæ ac vivificæ crucis lignum miraculum contigit. Narratur etiam ludos equestres ibidem spectasse. Inde ad Chalcidem urbem progressus est, et **25** *b* ducentis aureis ab incolis exactis, sine obsidione recessit. Venit hinc Edessam, et tantumdem abstulit : ac signis quibusdam divinis deterritus, hanc quoque urbem non obsedit. (Hæc Edessa illa est in qua Augarus (1), quæque in illo antiquitus per Christum patrata ; idemque hic Augarus, qui ad Augustum, tunc Romanorum imperatorem profectus, amico eo in primis usus, ut illi ad suos redire nonnisi solertia quadam sit datum). Sic igitur Chosroes Edessa discessit. Ea etiam tempestate legatis suis Justinianus rescripsit, paratum se pacta conventa pacis perficere. Chosroes nihilominus Constantiæis pecuniam imperavit, et Daras delatus, urbem cinxit, quam tamen, Martino duce hanc propugnante, de obsidionis successu diffidens, non oppugnavit, sed acceptis mille argenti pondo, in Persidem concessit. Antiochenos vero in recens a se condita urbe in Assyria (quæ diei itinere a Ctesiphonte distabat, et *Antiochia Chosroæ* appellabatur) una omnes habitare jussit, tanta benevolentiæ significatione ac gratia in eos usus, ut principum nemini, præterquam sibi, parere voluerit hippodromiis quoque, aliisque voluptatibus illorum animos ibi oblectans.

Belisarius ex Italia dux revocatus, adversus Chosroen et Persas ineunte : vere missus, et in Mesopotamia versans, nudum fere ab armis exercitum, et ad Persarum nomen trepidantem, accurate armavit, animavitque. Chosroes vero (Lazis eum invitantibus, qui cum suo duce Gunaze jam Persis sese adjunxerant, propterea quod sordidius Joannes cauponaretur, atque tributa exigeret) , adversus Petras urbem movit : quæ urbs Colchidis maritima est, ad Pontum Euxinum sita. Hanc dum obsidet, quandiu quidem Joannes superstes fuit, nihil profecit, cum vero jaculo Joannes jugulum trajectus periit, urbem occupavit. Inquilinos tamen ab injuria liberos dimisit. Sponsione enim illos in deditionem accepit, et solius Joannis bona plurima, quæ monopoliis ille quæsierat, invasit omnia. Belisarius interim sibi frustra tentata, Sisaurorum urbem obsidens, vique oppugnans, pactis conditionibus cepit, et Blescuamen ducem **26** *a*, Persarumque viros gravissimos ibi captos, Constantinopolim misit. Arethas quoque cum exercitu contra Assyrios missus, eam oram deprædatus est : unde magna pecuniarum vi ab Arethæ sociis parata, ad Belisarium redire detrectarunt. Belisarius ipse,

---

(1) De quo D. Baron. tom. I, ad an. Chr. 31, ex Damasceno lib. IV *Orthod. fidei*, cap. 17, ubi Abagarus nominatur. Et lib. I *Contra Iconomachos.* Euseb. lib. c. 13, *Agbarus*; aliis *Acbarus*. Vide et Sur. 16 Aug.

tentato morbis exercitu, et rebus ab Aretha gestis nondum cognitis, Rhecithango insuper et Theoctisto discedere parantibus, ad Phoenicum oram custodiendam, quam Alamandarus vastabat, sic e Persarum regione domum revertit, et Constantinopolim ad Justinianum Augustum accersitus est.

LXIV.
Theophanis Byzantii Historiarum libri x.

Lecti sunt Theophanis Constantinopolitani Historiarum libri decem, quorum primus initium ducit ab illo Persico bello, quod ruptis jam foederibus iis exortum est, quæ Justinus imperator et Chosroes Persarum rex invicem constituerant. Solverant ea Chosroes ipse, et Justinus, Justiniani jam successor, exeunte altero imperii anno. Hinc ergo narrationem auspicatus, pergit ad annum usque belli decimum. Meminit vero hoc ipso primo voluminis libro, scripsisse quoque se quæ sub Justiniano gesta sunt, imo et plures eum decem hisce subjunxisse libros, satis manifeste apparet. Narrat autem hoc libro, qua ratione pacta conventa sint dissoluta, cum Justinus per Comentiolum Suaniam a Chosroe repeteret, ipse vero verbo quidem promitteret, non tamen re præstaret. Refert et in tota Mesopotamia terram movisse, initium nimirum calamitatum, quæ subsecutæ sunt.

In Oriente ad Tanaim Turci degunt, qui Masagetæ antiquitus dicti, a Persis sua lingua *Kermichiones* appellantur. Hi tempestate hac legatos cum muneribus ad Justinum imp. legarunt, ne Abaros reciperet obsecrantes. Ille munera libenter accepit, omnique adeo benevolentiæ atque humanitatis genere complexus domum remisit. Cumque Abari mox accessissent (qui Pannoniam habitare, paceque frui Romanorum precabantur) ob datam Turcis fidem, pactasque conditiones, repulsam tulerunt.

Bombycum originem homo quidam Persa, Justiniano imperante, Constantinopoli ostendit, nunquam antea Romanis cognitam. Hic Persa e Serum regione profectus, vermium semen ferula inclusum, Constantinopolim salvum deportavit **26**b, ac vere ineunte in alimentum mori foliis semina imposuit: quæ foliis nutrita, et in alas se induerunt, et mire cœperunt operari. Ergo bombycum ortum, texendique artificium cum post Turcis Justinus imperator ostendisset, vehementer obstupuerunt; nam Serum illi tum emporia portusque tenebant, quæ Persæ prius tenuerant. Ephthalanus enim Ephtalitarum rex (a quo et appellationem universum genus traxit) Perozen et Persas cum vicisset, submoti his locis Persæ, rerum vero potiti sunt Ephthalitæ, quos post paulo Turci prælio superantes, his etiam finibus pepulerunt.

Justinus Zemarchum ad Turcos legatum misit: qui et publice eos epulis excipiens, omnique adeo officii genere exceptus, Constantinopolim remissus est. Quamobrem etiam Chosroes in Æthiopas, amicos populi Romani (olim Macrobios, nunc Homeri-tas appellatos) expeditionem suscepit, regemque Homeritarum Sanaturcen, opera Meranis Persarum ducis, vivum cepit, urbeque eorum direpta, incolas subjugavit. Armenii a Surina male accepti (maxime in pietatis religionisque negotio) Surinam, conjuratione facta per Vardanum, (cujus fratrem Manuelem ille interfecerat) et alium quemdam Verdum occiderunt; et a Persis deficientes ad Romanos transiere, relictoque oppido quod incolebant, Dubii nomine, in Romanorum regionem commigrarunt. Atque hæc ipsa potissimum causa Persis fuit rumpendi foederis, induciarumque cum Romanis. Desciverunt post hos statim etiam Iberes, et Gorgene ipsos ducente, ad Romanos transierunt. Metropolis autem Iberorum Tiphilis tunc erat.

Marcianus Justini imp. patruelis, Orientis dux jam renuntiatus, in expeditionem adversus Chosroen, octavo imp. Justini ann. missus est. Joannes vero Armeniæ dux et Meranes Persarum, qui et Baramaanes, exercitum colligebant. Et Armeniis quidem socios se conjunxerunt, Colchi, Abasgi, et Saroes rex Alanorum: Meranæ vero Sabiri, et Daganes et Dilmaina gens. Marcianus ad Nisibenorum urbem, signis collatis, Meranem in fugam convertit: eoque prælio mille et ducentos cecidit, **27**a vivos cepit septuaginta, Romanis septem duntaxat desideratis. Mox Nisibenorum mœnia obsidione cinxit. Chosroes, re mature cognita, quadraginta equitum millia, peditum vero amplius centum conducens, auxilium ferre, et cum Romanis confligere properavit. Interea loci apud imperatorem Marcianus affectati imperii accusatur, et calumniæ fidem adhibens Justinus, exercitus eum imperio submovit, Theodorumque Justiniani filium Tziron cognomento, suffecit. Hinc turbatis rebus, Romani quoque obsidionem solverunt, et Chosroes Daras oppugnatam urbem vi cepit.

LXV.
Theophylacti Simocatte Historiarum libri VIII.

Lecti sunt Theophylacti expræfecti, et Scribæ octo libri *Historiarum*. Est hic Theophylactus domo Ægyptius. Dictio illius Veneris aliquid habet, nisi quod figuratis vocibus, et allegoricis sensibus putide nimis ac frequenter ad satietatem usus, in frigiditatem quamdam ac juveniles ineptias dilabatur. Verumtamen et sententiarum illa interjectio minus opportuna, diligentiam arguit et curiosam, et supervacaneam. Cætera bonus, in reprehensionem non incurrit. Auspicatur à Mauricii imperio, pergitque dum Phocas creatus imperator est.

Libro primo hæc narrat: Mauricius a Tiberio tunc imperante renuntiatus imperator est, Joanne eadem tempestate Constantinopolitanæ Ecclesiæ sedem tenente. Præcepta quædam imperator Mauricio dedit, Joannis quæstoris ad eam rem opera usus, qui ad Mauricium ipsum, populumque verba facere, imperatoris loco jussus est. Filiam Mauricio Tiberius despondit, posteroque die quam creatus Mauricius est, hic vita decessit. Morti vicinus visum vidit, hac edita voce : Tibi, o Tiberi, Trinitas Deus nuntiat, impietatis tyrannicae tempora, te imperante, minime ventura. Denuntiabat nimirum tragœdiam nefariae tyrannidis a crudeli Phoca sceleratoque occupandae. Cum Abaris, qui jam Sirmium obsidere cœperant, inducias Mauricius fecit, ea lege, ut Barbaris quotannis cum pecunia numerata, tum vestibus, **27**b auri pondo millia octoginta penderet. Quae, cum biennium induciae servatae fuissent, barbarica quadam et inexplebili cupiditate solutae sunt : viginti enim millia amplius (ut centum essent) additamenti vice postulabant. Hinc postissimum ruptae induciae, captaeque a Barbaris Singedon oppidum, Augusta item, et Viminacium; obsessa et Anchialos urbs. Missi Romanorum legati Elpidius, et Comentiolus ad Abarorum Chaganum, qui, quod liberius locutus apud Barbarum Comentiolus esset, contumeliose accepti. Vertente anno, Elpidius rursum ad Chaganum in legationem profectus, viginti se millia additurum quotannis pollicetur : et Targetium quemdam legatum ab Abaris accipiens, Constantinopolim misit. Postquam vero Abari Romanorum agros, praedas magnas agentes, diripuissent, in Chalcidem insulam Targetius deportatur, sex mensium illi exsilio decreto. Comentiolus deinde adversus Sclavos dux creatus, rem praeclare fortiterque gessit. Pacem iterum cum Romanis Chaganus turbat. Refer auctor de Boscolobra mago, et de multarum urbium Romanorum per Barbaros expugnatione.

Narrat porro Persarum Romanorumque praelium ad Nymphium flumen. Nuptias item Mauricii, et Constantinae Tiberii filiae. Refert et incendium in foro natum, sub initium imperii Mauricii Augusti. De Paulini venefici nece, et miraculo in pelvi Glyceriae martyris. Quomodo et Joannes patriarcha, quod Caesaris lenior esset sententia, ignibus esse tradendum praestigiatorem pronuntiarit, Apostoli etiam verbis in testimonium adhibitis, (*De veneficiis*). Quare Paulinus cum filio, impietatis aeque reo, ense percussi, capitis poenas dederunt. Adhaec de praesidio Aphumorum, et Acbae. In eodem libro Persarum Romanorumque pugna commemoratur, utque Joannis filius Barbarorum astu oppressus fuerit. Magnus item ille terrae motus, qui sub initium quoque principatus Mauricii accidit : deque ejusdem consulatu. Ut Philippicus, Caesaris ducta filia **28**a Gordia gener, Orientis imperii dux renuntiatus : resque praeclare ac fortiter gesserit : deque egressu Romani exercitus e Media, utque aquae penuria vehementer Romani laborarint. Ut item Arzaninen regionem, Romanorum dux in praedam suis dederit, deque Romani exercitus fortitudine : et uti Persarum dux quidquid ad Martyropolim agrorum est vastavit. Legatio etiam Persarum una, et item altera ad Romanos. Et haec quidem libro 1.

Libro secundo, de monte Izala agit : deque insultatione atque jactantia Persarum Cardarigae, exercitus apud eos ducis. De pugna item Philippici, et Romanorum cum Cardariga, et Persis ad Arzamonem pugnata : utque Philippicus non manufactam imaginem gestans obierit, lustraritque exercitum, ac victoria perillustris penes Romanos fuerit : et uti imago illa non manufacta, ad Simeonem Amidae episcopum cum veneratione missa sit : Barbarorum agrum Romani depraedati sunt, fugitque Cardagiras ad urbem Daras. Dareni ab urbe ipsum profligarunt, viribus hostium jam fractum. De Romanis militibus e Quarto Partheorum legione vulneratis : ita vocant eos, qui Berrhœae urbe Syriae, commorabantur. Romanorum expeditio in Arzaninem regionem, Maruthas et Jovius ejus orae duces ad Philippicum, et Romanos defecerunt. Privatas copias Cardarigas, quibus Romanos ex insidiis adoriretur, collegit. Heraclius (ejus Heracli, qui post imperator fuit, pater) a Philippico ad hostem speculatum emissus mirifice servatus est. De Zaberta homine Persa hic agitur, utque a Chlomarorum oppugnatione cessarint Romani. Adhuc de effusa turpique Philippici fuga, turbatoque ordine Romani exercitus. De morbo quo Philippicus correptus est, et de Heraclio, Heraclii post imperatoris patre, in exercitus curam advocato, utque in meridianos Medos Romanorum exercitum subimperator ille duxerit, et vere ineunte, **28**b in Persarum agros Romani irruperint. Complectitur et hic liber, ut contra Abaros Comentiolus expeditionem susceperit, subimperatores nactus Maximum et Castum, utque rebus ab iis praeclare adversus Abaros gestis, vivus tandem Castus in hostium venerit potestatem : utque Ansimuth pedestrium copiarum Romanarum tributum, Abari vivum ceperint, et in Thraciam incursionem exercitus eorum fecerit, Comentiolus interim deliberante, an Abaris occurreret : habitaque est in eam sententiam concio, et altera item contra, ne se hosti objiceret. Quomodo ortus in castris Abarorum rumor, Comentioli adversus Chaganum irruptionem irritam fecerit. De Busa milite, qui in venatione ab Abaris captus, et a suis neglectus contemptusque, Barbaros eam ob causam oppugnandarum urbium machinas fabricare primus docuit. Uti Chaganus Beroen obsederit, sed nihil profecerit. Similiter et Diocletiani urbem oppugnarit, neque ceperit tamen. Mauricium imperatorem Constantinopoli ab incondita Byzantiorum plebe conviciis exceptum. quod ob res infeliciter cum Barbaris gestas, Europa afflicta esset. Misisse itaque Joannem, cognomento Mystacona, belli ducem, Droctone ipsi subimperatore attributo : qui obsessam ab Abaris Adrianopolim, pugna cum hoste commissa praesens servavit. Complectitur etiam hic liber, ut arcem Persarum quamdam vi capere Heraclius sit aggressus : et de Bejudaes, sic dicto castello, utque incredibili Saperis militis fortitudine, Romani praesidium occuparint. Denique ut Philippicus in regia urbe Constantinopoli remanserit.

Tertio libro. In Philippici locum Orientalis militiæ dux suffectus Priscus : cui Philippicus invidens Heraclio scripsit, commeatum exercitui, cibariaque minueret. Priscus quoque in castra profectus, non ad pedes veteri more, ex equo desiliens milites salutavit. Itaque exercitus, tum quod annona accisa esset atque angusta, tum quod sine honore esset ab illo habitus, militari seditione tumultuatus est. Priscus eliphrepha non manu facta illa imagine ipsis tradita, placare per eam gregarium militem tentavit : sed illam etiam lapidibus petierunt. Igitur **29** Constantinam fugit. Invitus interim ab exercitu dux elegitur Germanus. Dum hæc per vim atque tumultum geruntur, multis interim Romani a Persis calamitatibus afflicti. Quare Prisco imperator dignitatem adimit, ejusque in locum Philippicum iterum ducem mittit. Sed et his rursum, turbato exercitu, tumultuatum. Constantina a Persis obsessa periculisque, Germano suppetias ferente, eximitur. Prælium Romanos inter et Persas ad Martyropolim commissum. Victoria illustri eo die penes Romanos fuit, Maruza Persarum duce, cum tribus suorum millibus, ad internecionem cæso, captis vero mille. Reconciliato, Aristobuli opera, cum imperatore exercitu, ad arcem Giligerdorum virtus captivorum militum enituit : et Gregorius Antiochiæ episcopus, suscepta legatione, Philippicum restituit exercitui. Martyropolis, Sittæ fraudibus a Persis capta. Philippicus officio dejicitur, suffectusque ab imperatore Mauricio in ejus locum Comentiolus, cui mandatum commissumque bellum est Persicum. Getæ sive Sclavi, ea tempestate, vicina Thrasiæ populabantur : Roma adversus Longibardos arma induebat : Africa quoque Maurusios superavit. Comentiolo duce, pugnatum juxta Sisarbanum, prope Nisibin, a Persis atque Romanis. Romani militari virtute superiores evasere, Heraclio hastam fortiter tum vibrante. Cecidit eo prælio Phraates ipse Persicarum copiarum dux, castrisque direptis opima spolia lecta. Baram, Turcis devictis, magnas ex eis opes Hormisdæ regi suppeditavit, et strictos gladio Suaniæ minatus est. Romani autem, ductante Romano quodam nomine, conserta manu cum exercitu Barami, collatisque inter se signis, viribus fortiores, illustrem retulere victoriam. Hormisdas ob cladem acceptam, per opprobrium contumeliamque, Baramo vestem misit muliebrem. Hic contumeliam vicissim et injuriam ulturus, datis ad eum litteris, inscripsit : Chrosroes filiæ (non filio) Hormisdæ. Hoc bello et Armenii, Sabbatii persuasione adducti, Joannem ducem suum sustulerunt, et ad Persas deficere parabant. Comentiolus interim ab imperatore missus, et militarem sedat tumultum, et Sabbatium Constantinopolim ducit, qui ad bestias ibi damnatus, Cæsaris tamen clementia morti eripitur. Hormisdas Saramen adversus Baramum mittit : pugnaque victum **29**^{b} Saramen Baramus elephantis devorandum objecit, et palam con-

tra Hormisdam arma tulit. Ilic Baramus eo honoris ante defectionem fuerat evectus, ut ei a rege secundo nemo omnium dignitate antecelluerit. Curopalatæ enim, ut Romanis dicitur, summo magistratu functus est. Recensentur hoc quoque libro obiter, quæ temporibus longe antiquioribus gesta fuerunt : breviterque narrantur ea, quæ sub Justino et Tiberio augustis evenerunt. Hormisdæ quoque Persarum regis crudelitas exponitur, et Persarum regum series a capite arcessitur. Atque hæc quidem libro tertio.

 Quartus liber ista complectitur. Uti apud Persas bellum invaluerit intestinum, quæque in Barami tyrannide acciderint victoriæ, ac res secundæ. Cædem item Pherechani, successumque Zadespræ. Quomodo a Bindoe regno exutus Hormisdas, e vinculis causam dicere postularit, causaque dicta, concionatus sit et Bindoes. In Hormisdæ oculis jugulatus filius, regina quoque in partes dissecta : ipse excæcatus Hormisdas : post etiam a Chosroe filio suo, quem Persæ regem sibi constituerant, fustibus necatus est. Tyrannidis Barami potentia, et Chosroe Persarum regis fuga, utque ad Circesium delatus, ad Mauricium imperatorem tendens, legationem ad eum miserit. Rursum de Baramo, uti dum astu ageret, ut rex ab illis crearetur, nec voti fieret compos, regem se ipse pronuntiarit. Quomodo Cæsar Hierapolim deduxerit Chosroen, addita etiam familia rege digna. De iis, quæ gesta Chosroen inter et Baramum, antequam cum Romanis fœdus fieret : utque ad Mauricium imp. legatione missa, Baramus repulsam tulerit, Chosroes contra impetrarit. De legatione Domitiani, Meletinæ episcopi, et Gregorii præsulis Antiochiæ, ab imperatore ad Chosroen missa. De nece Barami per fraudem a Zamerda et Zoanamba parata, eorumque cæde, qui rei conscii fuissent. De Bindoe, homine Persa, utque e Perside fugerit, quod percussorum Barami socius esset ; de Martyropoli a Chosroe Romanis reddita **30**^{a}, deque Sina flammis exusto. Oratio item solemnis publice de recepta urbe habita a Domitiano Melitinensium præsule. Et de his quartus liber.

 Quintus Liber continet, ut animi dubius, et æger Chosroes, Persarum rex, beatum Sergium martyrem veneratus sit, quem et Barbaræ nationes honore afficere consuevissent, quo malorum liberationem reperiant. Utque cruce aurea, margaritis distincta, eum honorarit : indeque Zadespræ fraudulenta per Rhosam cædes, consilio Bleschanis, aliaque, quæ ex animi sententia Chosroæ obvenerint. De auri pecunia mutua Chosroæ Persarum regi a Mauricio imper. data, ejusdemque regis chirographo acceptæ pecuniæ. Legatio item Chosroæ ut Comentiolo exercitus præfectura adimeretur. Narsen ergo Comentiolus successorem habuit ; fœderatumque Romanorum adversus Baram tyrannum bellum. De regiis Chosroæ ab imperatore missis muneribus, utque claves urbis Daras ille per Dolbam legatum

Cæsari remiserit. Oratio omitiani Melitinæ episcopi, qua hortatur Romanos, ut belli societatem fœdusque ineant cum Chosroe contra Baram, quæ item ante congressum ac prælium Romanorum cum Persis felicia Chosroi secundaque evenerint, utque thesauros regios cum regia ipsa Persica Chosroes receperit per Bindoen. Conjunctio Romanorum copiarum cum ex Armenia, tum ex Oriente. Pugna cum Baramo, victoriaque valde memoranda Romanorum. Quo in prælio, Narsis ductu, capti et Turci, qui tum in fronte crucis signum gestabant, quod sibi impresserant, ut ipsimet narrabant, depellendæ sic olim luis pestilentis causa. Quæ item in Perside a Golinduch acta, quamque illa vitam monasticam egerit austere. Chosroæ in pristinam regiam postliminii reditus, quæque dona Sergio martyri miserit. Ad eumdem sanctum virum legatio ejusdem, ut ex Ilierem, quæ religione Christiana erat, liberos suscipere, et quomodo voti compos redditus, dona iterum egregia templo ejus martyris dedicarit. Chosroes tyrannidis consortes, atque adeo Bindoen ipsum, ut qui in regem manum armarat, mortis pœna vindicavit. De iis quæ prænuntiavit Chosroes, fore, **30**^{b} ut Romani tyrannide pressi tumultuarentur. Legatio Probi Chalcedonensis præfecti: et de imagine Deiparæ Virginis, quæque in ea legatione acciderint. Imperatoris ad Anchialum Europæ urbem profectio, et quod ei in sue oblatum portentum ; utque domum ad palatium revertit, cum Persica legatio, cui Zalamban præerat, jam advenisset. Et in his liber quintus.

Libro sexto hæc insunt: uti exeuntem ex urbe Augustum, marina tempestas exceperit: utque ad Heracleam, dum ibi commoratur, monstrosus partus natus: infans manibus, et oculis carens, adhæc et superciliis ac palpebris, ad femur piscis cauda appendente: et quomodo sublatum hoc monstrum. De tribus illis Sclavis, citharas importantibus, qui ex Oceani partibus ad Chaganum missi ferebantur, et a Mauricio imperatore spectati sunt. Legatio item Francorum ad Cæsarem, qua stipendio se illi militaturos polliciti, repulsam tulerunt. Bossus, et Bettus legationem hanc a Theodoricho missi obibant. De grege cervorum; utque ingens quidam telo ictus in silvam se contulerit: insequente vero hastifero, et altero item Gepædo, ut hic illum ob aurea ornamenta ex insidiis interfecerit, et longo post intervallo cædis reus deprehensus, flammis traditus. Abarorum contra Romanos expeditio, urbisque Singidonis obsidium. Uti Priscus, belli dux delectus, et militiæ Europææ præfectus sit. Ut Chaganus Driziperam delatus beati Alexandri martyris templum obsederit : et quomodo Tzurulo oppido inclusos Romanos Chaganus cinxerit : utque Mauricius astu deceptum Barbarum ab obsidione averterit. Missa ab Abaris ad Romanos legatio, et quæ Ardagastus ab exercitu Romano acceperit incommoda, præterea quæ sub Tatimero acta. Alexandri Tribuni militum fortitudo, Romanorumque res fortiter gestæ, et Sclavorum interitus, horumque vicissim in Romanos impetus. De monstris ad regiam urbem natis, infantes, unus biceps, alter quadrupes. Uti Prisco imperium fuerit abrogatum, quod partem prædæ e Sclavis abductæ **31**^{a} Chagano donasset, utique pro illi Petrus Europæo bello dux præficiatur. De Theodoro item legato ad Chaganum a Prisco ire jusso, et de ejus doctrina, atque rerum gerendarum dexteritate. Et in his liber sextus.

Libro septimo agitur de turbatis Romanorum ordinibus, eorumdemque rebus fortiter gestis contra Sclavos, sive Getas : hoc enim nomine antiquitus appellati sunt. De iis quæ in ignobili quodam Thraciæ oppido Petro et incolis acciderunt : utque Sclavorum præfectus Piragastus sit interfectus. De militum Romanorum virtute, licet aquarum ingenti penuria premerentur. Petro a Sclavis pugna superato, Priscus iterum belli imperator delectus est. Obitus Joannis cognomento Jejunatoris, patriarchæ Constantinopolitani, deque mutuo a Mauricio imperatore accepta pecunia, datoque æris accepti confessique chirographo ; quantoque in pretio vere pius augustus ille relictas a præsule post mortem pannosas vestes habuerit. De Maurusiorum adversus Charthaginem expeditione, utque Gennadii fortitudine bellum illud exstinctum sit. De cometa, qui dies complures visus est. De intestino apud Turcos, et civili bello : accessit de eorumdem republica narratio, ut Turcorum Chaganus, Ephthalitarum principe interfecto, totam eam gentem subegerit : ut Agarenorum adhæc et Colchorum gentem trecentarum millium strage ceciderit, utque insurgentem adversus se Turum interfecerit, quo nomine victoriæ nuntiam epistolam Mauricio imp. scripserit. Idem Abaros quoque sub jugum victos misit. Refert et de gentibus, quæ Taugas incolunt, et de Nucri, in quas devicti Abari dispersi sunt. Item de Var, et Chuni, quorum pars magna jam inde a Justiniani temporibus, in Europa sedes habent, Abarosque sese nominarunt. Turcorum regionem terræ motui, ac pesti minime obnoxiam. De monte qui Aureus sit dictus, ac de ipsa urbe, Taugas. De bombycibus, qui ex se vestes gignunt sericas, et quod serici ingens gignatur ad Chubdam urbem, **31**^{b} quam appellant, copia, quæque in illis vermibus glomerandis fieri solita. De Indis, qui candido sunt corpore. Disceptatio Chagani cum Prisco, de Singidonensibus in servitutem abducendis, Priscique contraria sententia, utque eam urbem Priscus servarit. Quæ per Dalmatiam Barbari gesserint quasque urbes everterint. Quomodo Gundoes a Prisco adversus Barbaros in Dalmatiam missus, res fortiter gesserit.

Undevicesimo imperii Mauricii anno Monachus quidam mortem illi, liberisque ejus prædixit. Stricto enim gladio, a foro ad palatii vestibulum procurrens, Mauricium una cum liberis ferro occisum iri denuntiat. Quin et Herodianus quidam imperatori eventura praenuntiavit : famem scilicet illam, quae post in castris orta. Ut incredibili Chaganus humanitate esurienti exercitui quinque dierum inducias concesserit, quibus absque metu Barbarorum, commeatus annonaque ferretur Romanis, utque vicissim a Prisco donis honoratus, in proxima Mysiae loca discesserit. In Mysia Chaganus cum Comentiolo signis collatis conflixit, perfidiaque Comentioli Romanorum exercitus, clade accepta, caesus a Barbaris est, fuga interim dilapso Comentiolo : quem ad Driziperam urbem deletum cives, ut transfugam repellunt : quare inde ad Muros longos, quos vocant, ille se recepit. Barbari porro pone insequentes Driziperam capiunt, et Alexandri martyris templo incenso, corpus capsa extrahentes contumeliis afficiunt. Verum divina mox ultio martyris est violatores consecuta. Septem enim Chagani filii una die, inguinum morbo correpti, perierunt. Comentiolus in his turbis Constantinopoli haeret. Barbaris interim ad Muros longos propius accedentibus. Unde tantus Constantinopolitanos terror invasit, ut de Europa deserenda, et in Asiam transmittendo deliberarent. Legationem itaque extemplo imperator per Harmatonam ad Chaganum mittendam censuit, splendidisque muneribus, et viginti millium auri pondo accessione, pacem aegre redemit : dicente illo : « Judicet Deus Chaganum inter et Mauritium, romanos item inter **32**^{a} ac Barbaros. » De monstris humana forma in Nilo flumine visis, deque Nili incremento atque eluvione variae discrepantesque sententiae. Ilic vero scriptor Agatharcidae Gnidio assentitur. Quotannis enim ille ait in Aethiopiae locis magnos continentesque coeli imbres decidere ab aestivo solstitio, ad usque autumni aequinoctium. Non sine causa itaque angustius hieme Nilum fluere, quod suas duntaxat e fontibus suapte natura natas vehat undas ; at aestate, decurrentibus in Nilum ex Aethiopia imbribus, crescere nimium quantum, atque augeri. Et haec quidem libro septimo.

Octavus haec fere complectitur: Chosroen ob illorum Saracenorum, qui Romanis parebant, incursiones, rumpere inducias conatum, Georgii tamen legatione persuasum, foedus sartum tectum servasse; Georgium vero Caesaris indignationem incurrisse, quod Chosroes dixisset se, Georgii potissimum gratia, non imperatoris Mauricii causa, ratam pacem fecisse, ut Comentiolus proditionis reus actus, mox Romanorum sibi militum animos, conciliarit ; atque eam ob rem dux iterum exercitus ab imperatore creatus sit. Romanorum pugna commemoratur et Abarorum, Prisco et Comentiolo ducibus: Comentiolo tamen nescio quid causante, et a pugna abstinente, Prisco vero copias ducente. Militum Romanorum fortitudo, et Abarorum caedes quatuor millium. Praelium item alterum, eorumdemque Abarorum millium novem strages. Tertia pugna cum quindecim millium clade Abarorum. Quartum rursus praelium, illustrem Romanis victoriam concessit, caesis ad internecionem Abarorum et Gepaedum triginta millibus. Quinta in pugna penes Romanos victoria quoque stetit : caesi captique Abari, ac vivi quidem in potestatem venere ad tria millia, caeterorum Barbarorum quatuor; aliorum ad haec duo millia et ducenti, et Sclavorum octo millia. Postea tamen Chaganus, decepto Mauricio imperatore, vivos Abaros recepit. De Comentioli praefracto moerore ; utque ejus temeritate Romanorum copiae, quas ad Philippopolim proficisci jubebat, frigore sint exstinctae. Quomodo Petrus iterum belli dux totius Europae, ab imperatore creatus sit. **32**^{b} De nuptiis Theodosii filii Mauricii et filiae Germani. Urbem regiam fame ea tempestate laborasse ; precesque in Ecclesia fundente Mauricio, plebem esse tumultuatam. De ejus mansuetudine ac lenitate, militumque ablegatione; utque eodem sint die revocati. Petrum ab Augusto missum, ut omni ope atque opere Thracicas copias ad oppositam Istri ripam distineret ; deque divinitus Petrum appellante voce. Tumultuantem rursum in castris Romanorum, et contra Mauricium factio instituta, electo ab incondita multitudine Phoca. Petrus fuga interim salutem quaerit, et seditionis ad imperatorem rumor defertur. Plebs autem a Sergio atque Cosma tribunis plebis primum incitata, novis studere rebus incipit ; repertique Prasinorum M. D. Venetorum vero trecenti duntaxat. Hinc plebeiis donativa Mauricius praebuit. Sequitur ad tumultuantes milites ejusdem legatio, et legationis repulsa ; utque regiam urbem praesidio munierit. Exercitus ad Theodosium Mauricii F. legatio, ipsum, aut socerum illius germanum dari sibi imperatorem postulans. Ejus rei nuntius ad Mauricii aures accidit, indeque suspectio in Germanum, ut tyrannidis auctorem. Minae, minarumque Augusti in Germanum per Theodosium generum delatio : et Germani in Deiparae templum, ut in asylum fuga. Hinc Cyros, et Stephanus eunuchus (qui Caesaris liberis morum praefectus fuerat) ad Germanum missi, ut templo digrederetur ; sed irrita legatio fuit. Fustibus caesus Theodosius a parente Mauricio, quod socero suas minas indicasset. Germani e templo B. Virginis ad Sanctae Sophiae transitus, et iterata, ut inde digrediatur, hortatio, sed qua nihil persuadetur, Andrea quodam egressum dissuadente, dum precandi gratia templum frequentat. Turbae iterum, incendiumque Urbanae domus Constantini, patricii, quem Lardyn vulgo cognominabant. Mauricii aestuatio ac fuga, utque exorta maris tempestas fugam ipsi interciderit. Theodosii filii ad Chosroen missio, reductioque Nicaea ex indicio annuli **33**^{a}, quem filio parens Mauricius signi tesserae loco tradiderat. Urbanorum ad tyrannum, in quibus et Hebdomites erat, concursus. Imperium Germanus affectans voto excidit, Prasinis se eum creaturos imperatorem negantibus, quod, ut ipsi affirmabant, factionis esset Venetorum. Ergo Phocas deinde in templo B. Joannis, quod est in Septimo, imperator renuntiatur, Cyriaco regiae urbis patriarcha,

Phocæ in regiam ingressus, et Leontiæ ejus uxoris, ut augustæ consalutatio. Tribunorum plebis ingens tum de locorum statione contentio atque altercatio. Cosmæ partis Venetæ tribuni plebis ab Alexandro propulsatio, et injecta mentio, nondum obiisse Mauricium. Quo factum, ut impetu quodam ad imperatoris cædem tyrannis se proripuerit. Hinc cædes liberorum Augusti in parentis oculis ad Eutropii. Animi sapientia Cæsaris, actis Deo gratiis; utque a Lilio percussus obierit. Legitur et testamentum Mauricii Heraclio imperante inventum. Quomodo regia corpora marinis commissa fluctibus; et funebris in Mauricium laudatio, utque divinæ judicio providentiæ, Romani milites, eorum, quæ in Mauricium flagitiose patrarunt, pœnas dederint, quod post non diu, cædis, tyrannidisque sociorum nemo, in tanta multitudine, superfuerit: peste enim alii, alii cœlesti igne, ferro cæteri ad unum omnes perierunt: atque adeo Heraclius post paulo rerum potitus, cum Rasate Persa bellum gesturus, delectu habito, vix duos ex illis partium studiosis relictos reperit. Ac tum demum Romani Persis superiores esse cœperunt, qui, dum illi nefarii superstites essent, a Persis victi semper discesserant. Cædes a tyranno per Alexandrum intentata Theodosio, Augusti filio; Petro item et Comentiolo; atque Constantino, Lardy cognomento. Falsus etiam rumor de Theodosio exortus est, quasi is tum non fuisset interfectus. Quomodo Alexandriæ statuæ suis sedibus sponte motæ, quæ Byzantii accidissent nuntiarint calligrapho cuidam per Tychæum transeunti cum a cœna domum reverteretur. Ut Mauricius tertiam vectigalium portionem subditis remisisse feratur: triginta quoque Byzantinis donasse talenta, reficiendis aquæductibus. **33**b Quo honore præmioque disciplinarum studiosos publice affecerit. Quæ in fluxu sanguinis Euphemiæ martyris admiranda acciderint: atque Mauricius, rei periculo facto, quod initio non credidisset, miraculum magis confirmarit. Uti Phocas tyrannus Constantiam, Mauricii augusti conjugem, cum filiabus, privatæ domui incluserit. Phocæ ad Chosroen Persarum regem missa legatio: sed irrita. Ruptæ enim induciæ sunt, Chosroe prætexente, quod Mauricium juste vindicaret. Sic Lilius, qui legatus erat, re infecta domum retro revertit. Cædes Alexandri rerum novarum Phocæ socii, eo nomine suspecti, quasi Theodosium, Mauricii filium, quem occidit, servasset. Atque hic universæ finis historiæ.

LXVI.
S. Nicephori patriarch. Constantinopolitani historica Epitome.

Lecta *Epitome historica* Nicephori Constantinopolitanæ sedis antistitis. A Mauricii imp. inter-

(1) Ob defensum enim cultum sacrarum imaginum excruciatus, fortunis exutus, atque in exsilii ærumnis mortuus est, ut docet Græcorum *Menolo-*

itu ducit initium, tenditque ad Leonis et Irenes conjugium. Nihil stylus habet supervacaneum aut obscurum: verborum delectu, orationisque compositione neque nimis dissoluta, neque contra nimis astricta, anxie est usus; sed qualia adhibere possit rhetor quivis, vel perfectus revera orator. Vita enim nove ficta, neque antiquitate usuque probata præterit. Jucunditas adhæc illi gratiam conciliat in dicendo. Denique, ut verbo expediam, plerosque, qui antecesserunt, historica scriptione transeundo obscurat, nisi quod nimia brevitate non videatur omnes venustatis partes explevisse.

LXVII.
Sergii Confessoris Historia.

Lecta est Sergii Confessoris (1) *Historia*. Incipit a Michaelis imp. rebus gestis, recurritque ad impia et nefaria Copronymi facinora: a quibus porro narrare ex ordine pergit ad octavum usque Michaelis annum, res ab eo partim in republica, partim in Ecclesia gestas. Quin et quæ militiæ gessit, quidque de rebus divinis senserit, accurate recenset.

Dictio ejus imprimis perspicua, et non affectate exornata, cum verborum significatu atque compositione, tum cætera orationis dispositione, ut ex tempore fusus illi sermo quodammodo videatur. Oratio enim nativa venustate florida nullam formæ **34**a mutationem ex anxia nimis accuratione admisit. Qualis maxime dictio, quod et studio illi fuit, ecclesiasticam historiam decet.

LXVIII.
Cephalæonis Musæ, sive Historicæ Epitomes libri IX.

Lecta et Cephalæonis *historica Epitome*: cujus arcessit initium a Nino, et Semiramide, pergitque ad Alexandri Magni tempora. Libris novem universa comprehensa est historia, inditis totidem Musarum nominibus, Clius, Thaliæ, Polymniæ, Melpomenes, Terpsichoræ, Euterpes, Calliopes, Eratus, et Uraniæ, quo in opere et Alexandri regis Macedonum gesta refert.

Ionica dialecto est usus; tanta quoque citra decorum brevitate adhibita, ut præter nudam gestarum rerum narrationem, nihil mirandum, aut imitandum afferat. Genus et patriam, ut et ipse non inficiatur, Homeri exemplo, premit silentio. In Sicilia tamen exsilii causa degentem, historiam scripsisse apparet. Quod ergo necessarium erat, patriam et genus profiteri id omisit, quod autem abjecti est animi indicium, [exsilium] memoriæ prodidit. Animi quoque nondum prorsus inanem puerilemque gloriam repudiantis, magnum satis argumentum est, e quot quantisque scriptoribus historia collecta sit, jactare. Ait enim compositum librum primum e libris quingentis et septuaginta, quorum auctores unum et triginta commemorat. Librum vero secun-

gium ad 13 Maii, idque sub Leonis Isaurici tyrannide.

dum e libris ducentis et octo, scriptorum xxv. Tertium e libris DC, scriptoribus vero sex et viginti. Quartum e xxxvi scriptorum libris octingentis et quinquaginta. Quintum, e ducentis libris, quorum scriptores sex et viginti. Sic de reliquis. Nonum e libris . . . . collectum affirmat, scriptoribus vero triginta. Atque hæc fere Cephalæonis historia.

LXIX.
Hesychii illustris Milesii historiæ omnigenæ, atque Romanæ libri vi et res a Justino seniore imp. gestæ.

Lectus et *historicus liber* (auctore Hesychio illustri, patria Milesio, Hesychii et Sophiæ filio) qui veluti comprehensio quædam est totius de mundo historiæ, ut inde quoque titulus *Romanæ* simul, et *omnigenæ historiæ* inscriptionem præferat. Incipit a Belo **34**b Assyriorum rege, et in Anastasii Romanorum imperatoris excessum desinit. Concisus est atque disertus. Nam et dictione usus florida ac significante, et ipsa orationis structura pari est ratione ab illo elaborata, dum verborum maxime gaudet proprietate. Sicubi vero dictionem significantem, etiam cum maxima emphasi, sectatur ita sua translatione auditorem oblectat, ut nihilo obscurius, quin forte clarius, rem ob oculos ponat quam si nulla figura usus fuisset. Veritatis præterea se hic inprimis studiosum promittit.

Cæterum opus sex in partes divisum. Primus liber, quæ bellum Trojanum antecesserunt, refert. Secundus, ab Ilio capto ad Romam usque conditam, gesta. Tertius, quæ ab urbe condita sub regibus acciderunt, donec consulibus Romæ creatis regnum esse desiit, commemorat; Olympiade circiter sexagesima octava. Quartus, ex quo consules Romæ præfuerunt, hoc est, a sexagesima octava Olympiade usque ad CLXXXII, cum consules, Julio Cæsare solum imperante, esse desierunt. Quinto libro ea narrantur, quæ a Julii Cæsaris imperio usque dum Byzantinæ urbis gloria ac virtus ad summum perducta est, contigerunt, Olympiade CCLXXVII inchoante. Sexto libro, ex quo Constantinum Constantinopolis magno suo bono nacta est imperatorem, usque ad Anastasii excessum gesta narrat; quem Cæsarem scriptor hic clementia, ac benignitate, nescio quomodo, multis antecelluisse prædicat : cujus obitus in undecimam indictionem, Magno consule sine collega. Temporum vero periodus, qua historia illa absolvitur, annorum est CIƆ CXC.

Legimus item ejusdem Hesychii alterum opus Justini imperat. res gestas continens : quomodo Anastasio mortuo suffectus Justinus, et hujus vicissim imperium Justinianus exceperit, aliaque annis aliquot sub eo gesta. Ne cætera scriptor memoriæ mandaret, revocatus est morte Joannis filii, quæ mentem hominis adeo perculit, ut commentandi scribendique conatum infregerit.

LXX.
35a *Diodori Siculi Historiarum libri* XL.

Legimus *Diodori Siculi Historiarum libros* quadraginta, qui universam quamdam mundi continent historiam. Est Cephalione longe uberior, saltem cum eadem refert, ut et Hesychio illustri. Stylo utitur perspicuo, nec affectato, sed qui historiam maxime deceat. Neque etiam, ut sic dixerimus, nimium atticissat, aut antiquarius est supra modum, neque contra ad humile dicendi genus se demittit : sed mediocri forma sermonis delectatur, figuratam orationem, aliaque vitans ; nisi quod de gentium diis, et heroibus, poetarum more, fabulatur. Ducit historiæ initium a Græcorum, Barbarorumque fabulosis temporibus, pergitque ad inchoatum bellum, quod cum Gallis Romani gessere ; qua tempestate C. Julius Cæsar (cui ob res gestas Divi cognomentum addidere Romani) plurimas, maximeque bellicosas Gallorum nationes debellavit. Triginta annos, ut de se fatetur, huic scribendæ historiæ impendit, variis interim regionibus discendi gratia peragratis, periculisque, ut fit, obitis ac superatis. Siculus vero fuit, Agyrio [urbe] genus repetens ; qui longo Romanorum usu ac familiaritate, et linguam calluit, et præcipuas quasque res ab ea gente feliciter infeliciterve gestas accurate collegit.

Libris quadraginta historiam complexus est universam : quorum sex prioribus, quæ ante Trojani belli tempora acciderunt, fabulosaque commemorat. Undecim vero insequentibus, quæ a capto Ilio ubique gentium acciderunt, litteris consignata reperies, usque ad Alexandri Magni obitum. Reliquis tribus et viginti libris, quæ deinceps evenerunt, memoriæ prodita leges ; dum exortum est Romanorum cum Gallis bellum, ductu Julii Cæsaris gestum ; qui plerasque et fortissimas eorum gentes debellavit, Romanumque provexit imperium in Britanniam usque : in qua expeditione historia desinit.

LXXI.
Dionis Cassii Historiarum libri LXXX.

Legimus Dionis Cassiani Cocciani seu Coccii *Historiarum* libros octoginta. Hic inchoando ab Æneæ **35**b in Italiam adventu, et Alba urbe, ac Roma condita, tendit continenter, finiens in Antonini, ejus qui Elagabalus est cognominatus, cædem : quem et Tiberinum, et Sardanapalum, et Pseudantoninum, atque Assyrium, a flagitiis nominarunt. Quin et ad Alexandri principatum pervenit, qui percusso Antonino quicum imperarat, ab illo in societatem ascitus solus, periculum sibi comparatum effugiendo, sceptra susceperat. Hunc Alexandrum consulatum iterum secum gessisse scriptor refert, sumptusque, quos in magistratus administrationem Dionem impendisse oportuit, imperatorem ipsum, collegam nimis honorandi cupidum, contulisse. Idem quoque historicus a Macrino imperatore Pergamo ac Smyrnæ præfectus, post in Africa dux fuit. Pannoniam hinc administravit ; consulque iterum, ut dictum est, creatus, revertit domum pedibus jam æger, vitæ reliquum ibi (quod in Bithynia agenti genius ille, ut ait, praedixerat) victurus

Extra hominum caedem, sine sanguine, et absque
[*tumultu.*

Patria illi Nicaea Bithyniae : quam ex parte palus, Ascania dicta, circumluit. Grandis ejus sermo, et tumidus, eo quod rerum ingentium sensa afferat. Veteris item ipsi constructionis sermo plenus, verborumque, quae rerum magnitudini respondeant. Periodi parenthesibus trajectae, et hyperbatorum opportunus usus. Numeri porro, et intercisio, etsi accurate adhibita, ob orationis tamen perspicuitatem, obiter legentibus non sunt manifesta. In narrationibus praeterea et concionibus, Thucydidis maxime est aemulus; nisi quod ad perspicuitatem magis tendit : caetera fere Thucydides illi norma est ac regula.

LXXII.

Ctesiae Cnidii Persicarum rerum libri xxiii.

Lecta Ctesiae Cnidii *Persica*, in libros distributa tres supra viginti. Attamen prioribus sex libris Assyriorum res, et quaecunque Persicum imperium antecesserunt, complexus, non nisi a septimo deinceps res Persicas narrare pergit. Ipso itaque septimo libro, octavo item ac nono, decimo, undecimo et duodecimo, ad tertium usque decimum, quae ad Cyrum, et Cambysen, ac Magum illum, itemque ad Darium et Xerxem pertinent, descripsit ; in omnibus propemodum Herodoto adversatus, 36[a] quem (ut posterior illo scripsit) mendacem in multis, et fabularum confictorem facit. De se vero praedicat, eorum quae scribit majorem partem coram vidisse ; caetera, quae videre non licuerit, ab ipsismet Persis accepisse, atque ita ad historiam scribendam accessisse. At non ab Herodoti tantummodo historia discedit, sed ab ipso etiam Xenophonte Grylli filio alicubi dissentit. Floruit illius Cyri temporibus, qui Dario et Parisatide genitus, frater fuit Artaxerxis, ejus ad quem Persicum regnum devenit.

Mox ergo refert de Astyage, quem et Astyigan vocat, nulla Cyrum ipsi generis propinquitate junctum fuisse. Fugisse autem Astyigan a Cyri conspectu in Ecbatana, ibique in ipsis regiarum aedium criscranis ab Amyti filia, et ejus viro Spitama occultatum, latuisse. At supervenientem Cyrum : non e Spitama solum, atque Amyti, sed ex eorum quoque liberis Spitace et Megaberne, quaestiones de Astyiga per tormenta exerceri imperasse. Ipsum igitur Astyigan, ne pueri nepotes ejus causa torquerentur, sese prodidisse, captumque gravibus ab OEbara compedibus oneratum fuisse ; solutum tamen non ita multo post ab ipso Cyro, parentisque loco habitum observatumque : quin et Astyigae ipsius filiam Amytin pro matre primum in honore a Cyro habitam, eidemque tandem nupsisse ; post virum ejus Spitamam interfectum, propterea quod dum quaereretur Astyigas, ignorare se illum mentitus fuisset. Haec de Cyro Ctesias, ab iis diversa quae Herodotus commemorat. Addit, adversus Bactrios Cyrum bellum gessisse, et aequo marte cum ipsis praelium commisisse. Bactrios dein, intellecto Astyigan Cyro patrem factum, Amytin vero matrem atque uxorem, ultro sese libentesque Amyti ac Cyro dedidisse. Narrat item Cyrum bellum Sacis intulisse, regemque ipsorum Amorgen, Sparethrae reginae maritum cepisse. Hanc ergo, marito capto, exercitum collegisse, atque adversus Cyrum bellum suscepisse, eductisque in aciem virorum trecentis, mulierum ducentis millibus, Cyrum superasse, et vivum cum aliis plurimis, Parmysen Amytis fratrem, ac ternos ejus liberos, cepisse. Horum autem causa postea Amorgen liberum dimissum, quod ipsi prius omnes liberati fuissent.

Scribit aeque Cyrum, Amorgae adjutum ope, Croesum atque Sardeis urbem bello petivisse. Quomodo etiam OEbarae consilio lignea Persarum simulacra 36[b] per muros exhibita, et incolis terrorem incusserint, et urbis capiendae causam dederint. Quo item pacto ante captam urbem, pro obside Croesi filius datus fuerit, cum Croesus ipse antea divino quodam spectro deceptus fuisset. Rursus quomodo dolos nectente Croeso, in parenti. oculis [obses] filius sit interfectus ; utque mater filii caedem intuita, e muro sese praecipitem egerit, nec tamen occubuerit. Ut post captam urbem ad Apollinis, quae ibi erat, aedem Croesus confugerit, perieritque. Ut tertium in templo vinctus a Cyro Croesus, tertium etiam fallente oculos fascino solutus sit, quamvis pluribus templum esset sigillis obsignatum, OEbara ipso ad horum custodiam apposito. Uti et illis qui cum Croeso vincti una fuerant, capita sint amputata, quod eorum proditione vinculis solutus esse Croesus putaretur. Croesum in regiam adductum, firmiusque vinctum, cum fulmina atque tonitrua irruissent, iterum fuisse solutum, ac tum demum a Cyro aegre esse liberum dimissum. Ex eo itaque tempore Cyrum cum aliis eum humanitatis officiis prosecutum esse, tum urbem ei magnam, Barenen nomine, prope Ecbatana dedisse, in qua quinque essent equitum, peltatorum vero jaculatoruimque et sagittariorum ad decem millia.

Refert praeterea, Petisacam eunuchum, magna apud Cyrum auctoritate pollentem, in Persas amandatum, qui Astyigan a Barcaniis adduceret, quod cum ipse, tum Amytis filia parentem videre exoptaret. OEbaran autem consilium Petisacae dedisse, ut in deserto loco aliquo Astyigan relictum fame sitique conficeret ; illudque etiam ita factum esse. Verum scelere per somnia patefacto, Petisacam a Cyro, identidem illud exposcenti Amyti, ad supplicium deditum esse. Illam oculos primum semiviro exsculpsisse, tum pellem detraxisse, ita denique in crucem egisse. Hinc OEbaran, ne idem aliquando pateretur veritum (etsi certo illi affirmaret Cyrus, nihil se ejusmodi unquam permissurum), decem nihilominus dierum inedia ipsum sibi mortem conscivisse. Jam ipsum Astyigan splendide cum primis atque magnifice sepultum fuisse; intactum quippe feris ejus cadaver locis illis desertis permansisse, quod illud ibi leones, dum Petisacas reversus auferret, conservassent.

Cyrus in Derbices, quorum tum rex Amoræus, exercitum ducit; at illi ex insidiis productis elephantis, Cyri equitatum in fugam convertunt. Ipse ibi Cyrus ex equo decidit, et Indus quidam (Derbicibus enim Indi opem in bello ferebant, atque ab his illi, quos ducebant, elephantos acceperant). **37**a Indus igitur ille Cyrum delapsum jaculo sub coxa in femore vulneravit, quo ille ex vulnere postea moritur. Ipsum autem tum adhuc vivum familiares sui sustulerunt, atque in castra concesserunt. Occubuere hoc in prælio Persarum multi, neque Derbicum pauciores. Decem enim etiam horum millia cecidere. Amorges ibi, accepto de Cyro nuntio, propere ad Persas accedit, Sacarum ducens equitum viginti millia. Prælio ergo Persas inter ac Derbices conserto, a Persis atque Sacis fortissime pugnantibus victoria stetit. Occumbit Derbicum rex ipse Amoræus cum duobus filiis. Ceciderunt et Derbicum triginta millia, Persarum novem. Ita regio illa in Cyri ditionem concessit.

Cyrus vero sub mortis tempus filium natu maximum Cambysen regem creat: juniorem dein, Tanyoxarcem nomine, Bactriorum dominum ipsiusque regionis, necnon Choramniorum, Parthiorumque, et Carmaniorum constituit, immunesque suas sibi regiones a tributo habere jubet. E Spitamæ vero liberis, Spitaden Derbicibus præfecit, Megabernem Barcaniis, eosque Amyti matri in omnibus parere præcipit. Datis etiam dextris, et inter se, et cum Amorge amicitiam inire voluit, fausta illis omnia precatus, qui in tuta perstarent benevolentia, dirisque illos devovens qui priores injuriam illaturi essent. Ista locutus, vivere desiit, tertio ab accepto vulnere die, cum annos jam regnasset triginta. Hic finis undecimi Ctesiæ Cnidii librorum.

Duodecimus liber a Cambysis regno inchoatur. Hic, regnum adeptus, patris mox corpus per Bagapatem eunuchum in Persidem sepeliendum misit, reliquaque ex patris decreto administravit. In iis autem qui plurimum auctoritate apud Cambysen valebant, Artasyras erat Hircanius, atque ex eunuchis Izabates, et Aspadates, et qui apud patrem etiam maximus fuerat, Bagapates. Hic enim post Petisacæ mortem exercitum adversus Ægyptum, ipsumque Ægyptiorum regem Amyrtæum ducebat, quem et superavit, cum ei Combapheus, qui apud Ægyptiorum regem multum poterat, pontes ac cæteras Ægyptiorum res prodidisset, quo ipse [per Cambysen] Ægypti præfecturam consequeretur. Id quod et obtinuit. Nam hæc ita ei Cambyses constituerat, per Isabaten primum Combaphei patruelem, et suis ipse verbis postea. **37**b Vivus autem Amyrtæus cum in Cambysæ potestatem venisset, aliud ille nullum incommodum accepit, quam quod in Susa cum sex Ægyptiorum millibus, quos ipsemet delegisset, ablegatus sit. Universa est itaque subacta Ægyptus, occisis in prælio Ægyptiorum millibus quinquaginta, Persarum septem.

Magus interim quidam, cui Sphendadatæ nomen erat, cum fuisset ob delictum a Tanyoxarce verberibus multatus, ad Cambysen accedit, atque apud eum fratrem struxisse in ipsum insidias calumniatur. Addit argumentum rebellionis: non venturum Tanyoxarcen, si advocetur. Jubet igitur Cambyses fratrem ad se venire. Ille, ut tum forte alia res quæpiam manere suadebat, venire distulit. Ergo magus eum audacius ex eo criminari. Amytis interea mater, id quod erat de mago suspicata, Cambysen filium admonebat, ne quam fidem mago haberet. Et fingebat rex, nihil se horum credere, cum tamen crederet maxime. Tertium igitur a Cambyse accersitus frater, venit tandem: et amplexatus est eum rex, nihilo tamen secius de illo interficiendo cogitans. Maturat autem clam matre Amyti meditatum facinus ad exitum perducere: quod equidem perfectum est. Etenim magus, consilium cum rege communicans, tale hoc suggessit. Simillimus Tanyoxarcæ magus ipse cum esset, suadet ut palam quidem atque in propatulo, tanquam falso regii fratris delatori caput sibi amputari jubeat; clam vero atque in occulto Tanyoxarcen ipsum interfici curet, et illius sibi vestem indui, ut ex ipso etiam vestitu pro Tanyoxarce haberi possit. Atque ita factum est. Taurino (1) enim hausto sanguine Tanyoxarces interiit, et illius indutus vestem magus, pro Tanyoxarce agnoscitur, diuque latet omnes, præter Artosyran, Bagapaten, atque Izabaten. His quippe solis rem aperire Cambyses ausus est. Rex inde Labyzum, qui inter Tanyoxarcæ eunuchos facile primus erat, et præter hunc alios ad se vocat: magum in illa veste sedentem exhibet, et numquid hunc Tanyoxarcen agnoscerent, interrogat. Ad quæ Labyzus: Et quemnam, inquit, alium agnosceremus? adeo texit magum corporis habitusque similitudo. Mittitur ergo in Bactrios, omniaque haud aliter quam si ipsemet esset Tanyoxarces, administrat. Post quintum tandem annum res tota per Tybetheum eunuchum, **38**a quem magus pulsaverat, Amyti exponitur. Postulat hæc sibi Sphendadaten a Cambyse dedi. At rex dedere noluit: quamobrem diras illi imprecata, epotoque veneno, moritur. Accidit deinde ut, sacra operante Cambyse, cum victimæ jugularentur, sanguis non flueret; qua sane ex re animo concidere cœpit; ac magis etiam postea, quando ei Roxane carentem

---

(1) Venenosum eum esse docent medici, et non alio veneno exstincti Midas, Themistocles, alii. Vide infr. cod. 190, lib. III, Ptolem. Hephæst.

capite puerum peperit; et magi renuntiarunt, nullum ab eo regni successorem relictum iri, hisce monstris portendi. Quin et astans noctu in somnis mater, minasque ob perpetratam cædem intentans, longe maxime regem perculit. Cum itaque Babylonem venisset, atque ibi parvum lignum cultro poliens, quo tempus falleret, femoris musculum percussisset, undecimo post die mortem obiit, cum annos regnasset duodeviginti.

Bagapates autem et Artasyras consilium, antequam Cambyses moreretur, inierunt, de regno ad magum deferendo; et vero post illius mortem detulere. Corpus Cambysæ Izabates sumptum in Persidem avexit. Unde aliquando reversus, regnantem jam sub Tanyoxarcæ nomine magum prodere apud universum exercitum, atque infamare aggressus, in templum confugit, verum inde extractus, capite pœnas luit. Hinc septem inter Persas illustres viri una adversus magum conspiravere, Onophas, Idernes, Norodabares, Mardonius, Barises, Ataphernes, et Darius Hystaspe filius. Ii cum primi inter se fidem dedissent, post etiam Artasyras assumitur, et Bagapates præterea, qui claves omnes regiarum ædium in potestate habebat. Septem ergo illi, Bagapatæ opera, in regias ædes ingressi, dormientem cum Babylonia pellice magum offendunt. Quos ille, ut vidit, subito prosiliit, et cum nullum sese telum bellicum offerret (clam enim omnia Bagapates subtraxerat), sedile forte aureum confregit, ejusque arrepto pede pugnare cœpit, dum tandem a septem illis viris confossus occubuit, septimo regni aditi mense.

Regnat deinde ex septem illis viris Darius, cum ejus equus (sic inter illos convenerat) arte quadam adhibita, primus post ortum solem hinnisset. Cæterum quo die Sphendadates magus interfectus est, festum ex eo apud Persas, Magophonia dictum, celebratur. Darius hic sepulcrum sibi in bicipiti monte exstrui imperabat, et jam exstruebatur; quod videre ipse cum desideraret, a Chaldæis atque parentibus prohibitus est. Eo tamen parentes ejus ascendere voluerunt **38***b*, sed in præceps acti mortui conciderunt, cum ad serpentum aspectum funes territi remisissent, qui eos sursum trahebant, sacerdotes, quæ res ingentem Dario mœrorem attulit, et vero capita illis quadraginta viris amputata sunt, qui hos attraxerant.

Ariammen præterea Cappadociæ satrapam adversus Scythas proficisci, et viros inde ac feminas captivos abducere Darius imperat. Ille cum triginta navibus quinquaginta remorum trajiciens, mandata perfecit. Cepit inter alios regis Scytharum fratrem Masageten, quem ob illata mala in vincula a rege fratre conjectum reperit. Ergo Scytharces, Scytharum rex, indignatus, contumeliis plenas ad Darium litteras scripsit; et simili ad ipsum modo rescriptum est. Darius tandem octingentorum millium coacto exercitu, et Bosporo Istroque ponte constratis, adversus Scythas quindecim dierum itinere progressus est. Ii arcus sibi mutuo miserunt. Sed cum Scythicus validior esse deprehenderetur, fugiens per pontes Darius, festinanter eos, antequam totus transiisset exercitus, dissolvit. Qua re factum est, ut qui reliqui ad octoginta millia in Europa relicti erant, a Scytharce omnes interfecti fuerint. Darius autem, ponte transmisso, flammis Chalcedonensium domos atque templa combussit: tum quod eos qui apud ipsos pontes erant, rescindere tentassent: tum quod aram, quam ipse transmittens, in Jovis Diabaterii (1) honorem statuerat, illi evertissent. Datis vero ex Ponto revertens, ut Ponticæ præerat classi, insulas passim Græciamque vastabat. Huic apud Marathonem Miltiades occurrens barbaros vicit, ipso etiam occumbente Date, cujus vel cadaver petentibus Persis denegatum est. Darius quoque ad Persas reversus, post oblata sacrificia, et dierum triginta morbum, vita functus est, cum annos vixisset LXXII, post regnum aditum triginta et unum. Obiit item extremum vitæ diem Artasyras; Bagates etiam cum septem ad Darii sepulcrum resedisset annos.

Regnum excipit Xerxes filius, apud quem magnam obtinet auctoritatem Artapanus, Artasyræ filius, æque ut hujus pater apud regis patrem olim obtinuerat: itemque Mardonius ille priscus. De eunuchis autem potentia præstabat Nataeas. Uxorem deinde ducit Xerxes Amistrin, Onophæ filiam: ex qua illi filius nascitur Dariæus, et post duos annos alter, Hystaspes nomine; itemque tertius, Artaxerxes: duæ quoque filiæ, quarum altera de aviæ nomine Amytis dicta; altera Rhodogune.

Xerxes adversus Græcos expeditionem suscepit, tum quod **39***a* Chalcedonenses dissolvere pontem, ut modo dictum est, conati essent: tum quod aram, quam Darius excitarat, disturbassent; tum etiam quod Datin Athenienses occidissent, ejusque cadaver tradere recusassent. Verum antea Babylonem proficisci, et Belitanæ sepulcrum inspicere voluit; et inspexit, Mardonio adjuvante, sed urnam olei non potuit (quemadmodum scriptum fuerat) implere. Inde Ecbatana profecto Xerxæ nuntius affertur de Babyloniorum defectione, deque Zopyro, belli apud illos duce, ab eisdem necato. Atque hunc quidem in modum de his loquitur Ctesias, aliter atque Herodotus. Quæ vero de Zopyro ille refert (hoc uno excepto quod mula ipsius pepererit), cætera saltem noster hic auctor confecta narrat per Megabyzum qui Xerxæ gener, ducta ejus filia Amyti, jam factus erat. Ita Babylon per Megabyzum capta, cui Xerxes, præter alia multa,

---

(1) Solemne quippe gentibus fuit, transitus causa diis sacrificare. Sic Lucull. apud Plut. Euphrati taurum fecit.

molam donavit auream sex talentorum pondo: quod munus apud Persas omnium habetur regiorum munerum præstantissimum. Xerxes itaque Persico exercitu coacto (constabat is, præter currus, millibus hominum octingentis, et triremibus mille), cum Abydum ponte junxisset, in Græciam copias duxit. Ibi primum Demaratus Lacedæmonius ad eum accessit, atque una trajecit, et ne Lacedæmona rex invaderet, impedivit. Inde per Artapanum, decem hominum millia ducentem, conflixit Xerxes ad Thermopylas cum Leonida Lacedæmoniorum duce; quo in prælio cæsæ misere sunt Persarum copiæ, e Lacedæmoniis vix duobus aut tribus desideratis. Viginti postea millia in aciem adduci jubet, qui et ipsi superantur. Cum autem verberibus in pugnam adacti, victi nihilominus etiam tunc fuissent, quinquaginta postridie millia educi præcepit. At cum ne hi quidem aliquid effecissent, pugnare ultra destitit. Thessalus et Tracheniensium principes Calliades atque Timaphernes, cum exercitu aderant. His Xerxes ad se vocatis, unaque Demarato, et Hegia Ephesio, nulla ratione vinci posse Lacedæmonios intellexit, nisi copiis cincti in orbem pugnare cogantur. Quadraginta ergo Persarum millia, ducibus Tracheniensibus illis duobus, per invia transgressi, a tergo Lacedæmonios adoriuntur, qui hoc pacto circumdati, fortiter pugnantes ad unum omnes occubuere. Mittit rursus exercitum Xerxes adversus Platæenses centum et viginti millium, duce Mardonio. Thebani autem regem in Platæenses concitabant. Mardonio occurrit Pausanias Lacedæmonius, Spartanos non nisi trecentos, accolas mille, et ex aliis urbibus ad sex millia secum ducens. Ibi Persico exercitu superato, Mardonius vulneratus aufugit. Idem hic Mardonius ad diripiendam Apollinis ædem a Xerxe missus, ingenti oppressus grandine interiit, magno admodum regis dolore. Xerxes deinde Athenas ipsas petit cum exercitu. Verum Athenienses, centum et decem triremibus instructis, ad Salaminam insulam fugerunt. Urbem itaque vacuam cum cepisset, incendit; præter solam arcem, quam aliquot adhuc ibi relicti propugnabant. Sed cum tandem et hi noctu fugissent, etiam illam exussit. Rex inde ad angustissimum Atticæ locum, quem Heracleum appellant, profectus, aggerem Salaminam versus ducere cœpit, eo consilio, ut pedestri ad insulam itinere transire aliquando possit. At ex Themistoclis Atheniensis et Aristidæ consilio sagittarii ex Creta accersuntur et veniunt; deinde et navali pugna Persæ cum Græcis congrediuntur. Ducebant illi naves supra mille, quibus Onophas præerat, hi septingentas. Vincunt tamen Græci, et quingentas Persæ naves amittunt. Ipse quoque Xerxes consilio rursus et arte Aristidis atque Themistoclis, fugam arripit, interfectis de Persico exercitu, omnibus hisce præliis, non minus centum viginti millibus. Cum autem in Asiam rex trajecisset, et Sardes pergeret, Megabyzum designat, qui templum Delphicum diriperet; sed detrectavit ille facinus; quare Matacas eunuchus injurias Apollini illaturus, omniaque expilaturus mittitur: qui confectis ita rebus, ad regem reversus est.

In Persiam interim Xerxes Babylone venerat cum Megabyzus uxorem suam Amytin (quæ, ut jam antea dictum, Xerxæ filia erat) adulterii insimulat, quamobrem illa acriter a parente increpita, spondet se castam esse.

Artapanus item, qui plurimum apud Xerxen auctoritate valebat, et cum eo Aspamitres eunuchus (qui ipse quoque plurimum apud regem poterat) de Xerxe interficiendo consilium agitant, eademque patrant. Artaxerxæ interim filio persuadent, a Dariæo altero filio patrem esse necatum. Adducitur ergo ab Artapano in Artaxerxæ domum Dariæus, multo cum clamore identidem pernegans se parricidam esse, is tamen capite plexus moritur nihilominus.

Artaxerxes deinde Artapani opera regno potitur. Attamen etiam hujus vitæ Artapanus idem insidias tendit, et, communicato cum Megabyso consilio (qui jam ob suspectam adulterii uxorem suam Amytin, magno in mœrore versabatur), jurejurando sibi mutuo cavent. Verum re tota Megabyzi indicio prodita, eodem mortis genere quod Artaxerxes tollendus fuerat, Artapanus ipse tollitur, atque adeo quæcunque in Xerxem ac Dariæum perpetrata fuerant, patefiunt omnia. Quare Aspamitres quoque, qui Xerxis atque Dariæi cædis conscius fuerat, acerbo in primis ac duro mortis genere, adhibitis per scapham tormentis, afficitur. Post Artapani mortem pugna exoritur inter conjurationis illius socios reliquosque Persas: qua in pugna Artapani filii cadunt, Megabyzo quoque graviter saucio. Quem hujus casum Artaxerxes, itemque Amytis et Rhodogune, ipsarumque mater Amistris vehementer luxerunt. Tandem tamen, etsi ægre admodum, insigni diligentia Apollonidæ Coi medici servatus est.

Desciscunt ab Artaxerxe Bactra, una cum satrapa Artapano altero et pugnatur æquo utrinque Marte. Sed cum jam altero inito prælio in Bactriorum faciem ventus spiraret, superior Artaxerxes efficitur, atque in ejus ditionem Bactria concedit universa.

Defecit et Ægyptus, Inaro Lydio, alteroque Ægyptio quodam defectionis auctoribus, et omnia bello gerendo necessaria comparantur. Quin et Athenienses Inaro petenti quadraginta naves submittunt. Quamobrem Artaxerxes ipse in hanc expeditionem proficisci cogitabat. Verum id ei amicis dissuadentibus, Achæmenidem fratrem cum peditum millibus quadringentis, et navibus octoginta in Ægyptum mittit. Confligit Inarus cum Achæmenide; superant Ægyptii; Achæmenides ipse ab Inaro percussus moritur, corpusque ad Artaxerxen mittitur. In mari quoque victoriam Inarus obtinuit, magnam ibi gloriam indepto Charitimide, qui quadraginta illarum navium, quæ ab Atheniensibus advenerant, præfectus erat. Nam ex quinquaginta navibus Persicis, viginti cum ipsis hominibus captæ sunt, reliquæ triginta periere. **40**b Mittitur post hæc Megabyzus adversus Inarum, qui ad copias quæ reliquæ fuerant, alium ducebat exercitum ducentorum millium, cum navibus trecentis, quibus Oriscus præerat: ut præter naves, reliquæ copiæ quingentorum millium numerum explerent. Nam cum Achæmenides cecidit, e quadringentis millibus quæ duxerat, centum una millia perierant. Pugnatur itaque modo acriter, ac multis utrinque cadentibus, plures tamen Ægyptii occumbunt. Inarum tandem Megabyzus in femore vulnerat, atque in fugam vertit: et viribus Persæ fortiores facti vincunt. Fugiens autem Inarus, Byblum se recepit (urbs hæc in Ægypto est admodum munita) et cum eo Græci omnes, quicunque vel in prælio, vel cum Charimitide cæsi non fuerant. Qua ex re præter Byblum, Ægyptus universa ad Megabazi partes se adjunxit. Et quoniam Byblus expugnari non posse videbatur, Megabyzus cum Inaro et Græcis, quorum erant supra sex millia, fide data paciscitur, nullum eos a rege incommodum accepturos, ac Græcos etiam, cum liberet, domum reversuros. Sartaman igitur cum Ægypto præfecisset, assumpto secum Inaro Græcisque ad Artaxerxen proficiscitur: quem invenit Inaro vehementer iratum, quod is Achæmenidem regis fratrem interfecerat. Porro Megabyzus, quæ gesta fuerant, omnia narrat, et quomodo fide Inaro Græcisque data Byblum ceperit: precibus dein multis apud regem instando, ut salvos eos esse vellet, postulata impetrat: tandemque ad exercitum defertur, Inarum ac Græcos nihil mali esse passuros.

Enimvero Amytis, præ dolore filii Achæmenidæ interitu, indignam rem fore arbitrabatur, nisi cum Græcis Inarus quoque pœnas sibi daret; quare ab rege sibi illos poposcit; verum ille non tradidit; deinde ab ipso Megabyso, sed æque repellitur: donec tandem, dum filio molesta esse non desinit, quod optabat confecit, quintumque post annum Inarum pariter et Græcos a rege accepit. Et crucibus quidem tribus illum suffixit: de Græcis vero quinquaginta (tot enim capere potuit) capita curavit amputari. Magno ergo Megabyzus dolore luctuque oppressus, ut sibi in Syriam regionem suam proficisci liceret, petiit, quo jam occulte cæteros Græcorum præmiserat, eoque aliquando profectus, a rege descivit, magnas omnino copias colligens, ad centum usque et quinquaginta millia, seorsum equitum peditumque. Adversus eum **41**a Osiris mittitur cum ducentis millibus. Conserta dein manu, mutuo sese vulnerant Osiris ac Megabyzus: ille jaculo Megabyzi femur attingens, duos altum digitos vulnus inflixit; hic itidem jaculo Osiris primum femur, deinde et humerum ita percussit, ut etiam ex equo ceciderit; at complexus cum Megabyzus, sublatum servari jussit.

Multi illic Persæ ceciderunt, Zopiro atque Artiphio Megabyzi filiis strenue pugnantibus, ingentique Megabyzus potitur victoria. Osirin autem omni cura conservare studet, quem etiam ad Artaxerxen, ipsum repetentem, dimisit. Mittitur deinde et alter adversus Megabyzum exercitus, unaque Menostrates, Artarii filius: erat Artarius Babylonis satrapa, et Artaxerxæ ipsius frater. Concurrunt iterum exercitus: sed Persæ fugiunt, et Menostates in humero a Megabyzo percutitur, post etiam in capite, at non lethali vulnere, sagitam excepit. Fugit tamen cum suis omnibus, et Megabyzo illustrem victoriam concedit. His rebus ita gestis, monet Megabyzum per legatos Artarius, cum rege ut paciscatur. Ille se pacisci quidem cum rege paratum ostendit, non tamen ad eum proficisci, sed in sua manere provincia velle. Hæc regi nuntiantur, quem Artoxares, e Paphlagonia eunuchus, ipsaque adeo Amistris hortantur, propere ut paciscatur. Ipse itaque Artarius, et Amytis uxor, unaque Artoxares, vicesimum jam agens annum, et Osioros filius Petisas, qui et Spitamæ pater, mittuntur. Hi multis sermonibus ac juramentis securum Megabyzum reddentes, ægre tamen persuadent, ut ad regem proficiscatur. Cui tandem reverso, rex significavit, veniam se illi eorum quæ admisisset, dare. Egressus post hæc aliquando ad venationem rex, a leone invaditur, quem in sublime sese attollentem, jaculo percutiens Megabyzus interficit. Id factum graviter tulit Artaxerxes, quod antequam ipse feram nactus esset, eam Megabyzus confecisset; quare caput ei abscindi imperat. Sed Amistris, et Amytis, et aliorum precibus, mortis ei pœna condonata, ad urbem quamdam Cyrtæ nomine, circa mare Rubrum, relegatur. Artoxares quoque eunuchus, quod sæpius apud regem pro Megabyzo liberius locutus fuisset, in Armeniam mittitur exsulatum. At Megabyzus, quinque in exsilio transactis annis **41**b pisagan sese simulando (*pisagas* autem Persis dicitur *leprosus*, ad quem nemini omnium accedere permittitur), aufugit, domumque ad Amytin reversus, ægre tandem agnitus est. Hinc per Amistrin atque Amytin cum rege reconciliatur: qui eum, uti antea, suæ mensæ participem fecit. Verum cum sex jam et septuaginta vixisset annos, magno regis cum dolore mortuus est.

Post Megabyzi mortem, cum multis admodum viris Amytis consuescebat, ut ante eam mater quoque Amistris. Appollonides ergo, Cous ille medicus, cum Amytis leviter ægrotaret, et ejus ipse amore captus esset, fore dixit ut ea in pristinam valetudinem restitueretur, si cum viris congrederetur, nam vulvæ vexari morbo. Quæ cum illi ars ex voto successisset, atque cum ea concubuisset, ubi feminam contabescere animadvertit, abstinuit a consuetudine. Igitur illa, morte accedente, matri indixit, Appollonidem ut ulcisceretur. Hæc regi ipsi Artaxerxi rem omnem exposuit, et quomodo filia velle de Appollonide supplicium sumi, sibi indicasset. Rex, quidquid matri visum agendi fecit potestatem : quæ cum vinctum Appollonidem integro bimestri excruciasset, vivum postea defodi, eodem ipso tempore curavit, quo Amytis diem suum obiit.

Zopyrus autem, Megabyzi et Amytis filius, utroque orbatus parente, a rege descivit, Athenasque profectus est, propterea quod mater ejus Athenienses olim beneficiis affecerat Caunum ergo ipse, navibus cum asseclis delatus, tradi sibi urbem postulat. Caunii tradere se ipsi quidem urbem paratos responderunt; qui vero ipsum sequebantur Atheniensibus, nequaquam. Quare in Zopyri muros subeuntis caput, saxum Alcides Caunius conjecit, ex quo ille ictu mortuus est. Caunium hunc Amistris avia cruci affixit : ac tandem ipsa quoque senio confecta decessit. Quin et Artaxerxes vita abiit, cum duos et quadraginta regnasset annos. Atque hic finis septimi decimi *Historiarum* libri, inchoaturque octavus decimus.

Regnum Artaxerxæ defuncti filius Xerxes excepit, solus legitimus e conjuge Damaspia, quæ ipso illo die quo Xerxes [postea] vita decessit. Bagorazus vero patris matrisque corpus in Persiam avexit. **42**a Septendecim huic Artaxerxæ spurii filii fuerunt, in quibus Secyndianus, ex Alogune Babylonia : et Ochus, atque Arsites; ille ex muliere quadam Martidene nomine, etiam ipsa Babylonia; Ochus autem hic post etiam regno potitur. Porro præter jam dictos ipsius æque liberi fuere, Bagapæus et Parysatis ex Andia, item Babylonia. Hæc Parysatis Artaxerxæ postea Cyrique mater fuit. Ochum pater, dum adhuc in vivis esset, Hyrcaniorum satrapam constituerat, data ei uxore cui Parysati nomen, quæ Xerxæ filia, ipsiusque Ochi soror erat. Secyndianus vero, ascito sibi Pharnacyo eunucho (qui Bagorazo et Menostane, ac quibusdam aliis auctoritate inferior erat), cum Xerxes die quodam festo ebrius in regia dormiret, ingressi una eum interficiunt, quadragesimo quinto a patris morte die. Ita evenit, ut amborum simul corpora in Persiam aveherentur. Quæ enim antea mulæ currum [cum Artaxerxæ cadavere] protracturæ, tanquam filii quoque cadaver exspectarent, progredi noluerant, eædem, postquam ista contigerunt, magna cum alacritate sunt iter ingressæ.

Ita regno potitus Secyndianus, Menostanem sibi creat Azabariten : reversumque deinde Bagorazum; quando vetus inter eos simultas ardebat, prætexens quod absque suo consilio patris cadaver ibi reliquisset, lapidibus obrui imperavit. Quod factum exercitus moleste admodum tulit : neque ullis largitionibus ille efficere potuit, ut non eum tum ob Xerxæ fratris, tum ob Bagorazi cædem, vehementer odissent. Dimittit postea Secyndianus qui Ochum accerseret. Qui se venturum sæpius pollicitus, non tamen venit, donec multis tandem munitus copiis, regnum occupaturus putaretur. Et vero Arbarius, equitum Secyndiani præfectus, ab eo ad Ochum deficit, post hunc Ægypti satrapa Arxanes : quin et Artoxares ab ipsa usque Armenia ad Ochum accessit : cui etiam invito citarim hi imposuere. Ochus ergo regnum adit, mutatoque nomine Dariæus appellatur. Hic dolis mox juramentisque, Parysatidis monitu, Secyndianum aggreditur : ac multum licet Menostanes hortaretur, ne juramentis Secyndianus crederet, neve cum fallacibus hominibus pactum ullum iniret, credit tamen. Capitur itaque, et in cinerem **42**b conjectus moritur, cum menses sex, et dies quindecim regnasset.

Solus inde regnat Ochus, qui et Dariæus, apud quem auctoritate valebant tres eunuchi : maxime quidem Artoxanes, post hunc Artibazanes, tertio loco Athous. Sed uxorem potissimum in consilium adhibebat : ex qua jam ante aditum regnum binos susceperat liberos, Amistrin filiam, et filium Arsacan, qui mutato post nomine Artaxerxes dictus. Parit autem ipsi et alterum filium jam regnans uxor, cui a sole Cyri nomen imponitur; deinde Artosten, aliosque deinceps ad tredecim usque liberos. (Hæc scriptor hic ex ipsamet se audisse Parysatide refert.) Verum cæteri quidem cito vivere desierunt, superstitibus relictis iis, quos modo nominavimus, cum quarto insuper filio, cui Oxendræ nomen fecerunt.

Defecerunt a rege germanus ejus frater Arsites, eodem patre eademque matre prognatus, et Megabyzi filius Artyphius. Mittitur adversus hos Artasyras, belloque Artyphium invadens, duobus e præliis victus abiit : tertio deinde congressus, Artyphium superat, et quos ille secum habebat Græcos ita muneribus ad se pellexit, ut tandem cum tribus admodum Milesiis relictus fuerit. Quare jurejurando fideque ab Artasia data, regi sese dedidit. Parysatis vero regi ad Artyphium interficiendum incitato id consilii dedit, illo ut tempore non occideret : per eam enim fraudem etiam Arsiten ipsum sese dediturum; ubi hic quoque deceptus captusque esset, tum demum tempus utriusque necandi. Et vero ita factum est, dum et consilio optatus respondit exitus, et uterque in cinerem conjicitur, etsi Arsiten rex perditum noluit, quod tamen Parysatis partim precibus, partim vi, aliquando effecit. Pharnacyas quoque, qui cum Secyndiano Xerxem occiderat, lapidibus obrutus : et Menostanes ipse sibi mortem conscivit, cum jam ad cædem comprehenderetur.

Desciscit Pisuthnes, in quem Tissaphernes mittitur, atque Spithradatas, et Parmises. Tenditque adversus hos Pisuthnes, Lyconen Atheniensem, cum Græcis quorum ille dux erat, secum educens; verum acceptis a regiis ducibus pecuniis, Lycon Græcique Pisuthnem deserunt, quem duces deinde fide data **43**a acceptaque ad regem perducunt. Qui ipsum in cinerem conjicit, ejusque satrapiam

Tissaphernæ tradidit. Lycon interim urbes integras ac regiones pro hujusce proditionis mercede accepit.

Artoxares quoque, qui plurimum apud regem poterat, regnandi cupiditate adactus, insidias regi molitur. Ille eunuchus cum esset, barbam sibi mystacasque ut conficeret, uxori imperavit, quo vir esse putaretur, ab ea ipse proditus capitur, et Parysatidi traditus necatur.

Regis autem filius Arsaces, qui Artaxerxæ postea nomen tulit, Stateiram Idernæ filiam uxorem accipit, et hujus vicissim filius regis filiam. Hæc Amistris, ejus sponsus Terituchmes dicebatur, qui et in patris demortui locum satrapa creatus est. Erat huic soror eodem patre genita, Roxane nomine, quæ cum forma, tum sagittandi jaculandique peritia præstabat : cujus amore captus Terituchmes, ususque consuetudine, Amistrin scilicet oderat, ut eam tandem in saccum conjicere statuerit, a trecentis ita viris, cum quibus ille defectionem meditabatur, confodiendam. Verum Udiastes quidam, qui auctoritate apud Terituchmen pollebat, et litteras jam a rege acceperat promissis plenas, si sua ipsi filia servaretur incolumis, Terituchmen invadit atque interficit, cum prius ipse fortiter invasoribus resistens, eorum multos stravisset, septem enim supra triginta mactasse traditur, Ipsius autem Udiastæ filius Mithridates, qui Terituchmæ armiger erat, nec turbis hisce interfuerat, ubi facinus intellexit, multas patri diras imprecatus est, captamque Zarin urbem, Terituchmæ filio conservavit. At Parysatis matrem Terituchmæ, fratresque Metrosten atque Helicum, sorores item duas, quas præter Stateiram habebat, vivas defodi jussit ; et ipsam Roxanen vivam item secari. Tantumdem de Stateira, Arsacæ filii uxore, rex conjugi imperavit. At cum Arsaces multis matrem patremque lacrymis atque planctibus mitigasset, postquam ipsa **43**b Parysatis flexa est, etiam rex pœnam illi condonavit, hoc addito ad uxorem, fore aliquando ut eam valde pœniteret.

Decimo nono deinde libro refert, ut Ochus, Darixus ex morbo mortuus sit Babylone, cum annos regnasset quinque supra triginta, Arsaces, idemque Artaxerxes mutato nomine, regnum deinde suscipit ; et exacta retro (per cervicem) lingua Udiastæ exsecatur, atque ita moritur, Mithridate ejus filio pro parente satrapa creato : quæ quidem Stateiræ studio non sine magno Parysatidis dolore peracta sunt. Tissaphernes criminatur Cyrum apud Artaxerxem fratrem ; mox ille ad matrem confugit, atque ab objecto crimine absolvitur. Hac ergo a fratre affectus ignominia Cyrus, ad satrapiam suam recedit, ac de rebellione cogitat. Criminatur Oronden Satibarzanes cum Parysatide consuetudinem habere, cum alioquin castissime viveret. Morte igitur multatur Orondes, et mater regi indignatur, venenoque Terituchmæ filium necat. De eo quoque fit hic mentio, qui parentem contra legem per ignem

sepelivit. Unde etiam Hellanicus atque Herodotus mendacii arguuntur. Deficit a fratre Cyrus, Græco simul et barbarico collecto exercitu. Porro Clearchus Græcorum dux erat. Syennesis vero Cilicum rex utrumque, Cyrum dico et Artaxerxem, in bello adjuvabat. Cyrus suum, et Artaxerxes vicissim suum exercitum cohortatus est. Clearchus Lacedæmonius, idemque Græcorum dux, et Menon Thessalus, quorum uterque Cyrum sequebatur, assidue inter se dissidebant, propterea quod Cyrus in omnibus Clearchi consilio uteretur, nulla Menonis habita ratione. Cum multi ab Artaxerxe ad Cyrum transfugerent, nullus tamen ab hoc ad illum transibat. Quam etiam ob causam Artabarius, cum ad Cyrum sese adjungere statuisset, eoque nomine accusatus esset, in cinerem conjectus est.

Cyrus in regium exercitum impressionem facit, victoriaque potitus, dum Clearchum audire non vult, deinde occumbit. Indignis modis a fratre Artaxerxe in Cyri corpus sævitum, nam et caput, et manum ipsam, qua regem hic percusserat, abscidit, eamque velut in triumpho circumtulit. Recedit **44**a cum suis Græcis nocte Clearchus Lacedæmonius, unamque de Parysatidis urbibus occupat. Ita rex fœdus cum Græcis init. Parysatis Babylonem profecta est, Cyrum lugens, cujus vix tandem caput atque manum recuperare potuit ; quæ illa functorum more curavit, et Susa misit. De Bagapate (pergit narrare auctor) qui regis jussu caput Cyri a trunco amputarat : quomodo item regis mater, cum filium in talorum lusu vicisset, Bagapaten ex pacto obtinuerit, et quomodo idem, detracta pelle, in crucem deinde a Parysatide sit actus, quo item tempore magnum illa suum e Cyri morte luctum compressit, multis ad id Artaxerxæ precibus adducta. Uti Artaxerxes dona illi largitus sit, qui Cyri tiaram attulerat : et Carem item illum honorifice exceperit, qui Cyrum a se vulneratum putabat, utque illum ipsum misere excruciatum Parysatis interfecerit. Ut rex petenti Parysatidi Mithridatem quoque condonarit, qui se interfecisse Cyrum gloriatus in mensa fuerat : utque hunc abreptum crudeliter necarit. Hæc libro XIX atque XX narrantur.

Vicesimo autem primo, itemque XXII et XXIII (qui totius etiam historiæ finis est) ista continentur. Quonam pacto Tissaphernes Græcis insidias struxerit, ascitoque in socium sibi Menone Thessalo, per eum dolo ac juramentis Clearchum cæterosque duces in suam redegerit potestatem ; etsi Clearchus insidias prævideret, atque amoliri conaretur. Sed tum vulgus per Menonen deceptum, Clearchum vel invitum coegit ad Tissaphernem accedere : tum Proxenus quoque Bœotius, jam antea dolo circumventus, hoc eum facere hortabatur. Clearchum ille cum cæteris vinctos compedibus, Babylonem misit ad Artaxerxen, ubi omnes ad Clearchum conspiciendum accurrerunt. Ctesias ipse, medicus tum Parysatidis, multa per eam illi humanitatis officia exhibuit. Et vero vinculis virum Parysatis exemisset, dimisissetque, ni Stateira maritum Artaxerxen ad eum interficiendum hortando compulisset. Necatus ergo Clearchus, ad cujus cadaver portentum hocce exstitit, quod, flante vento vehementissimo, magnae altitudinis tumulus sponte sua supra illud coierit. Interfecti insuper quotquot cum eo missi fuerant Graeci, solo Menone excepto.

Conviciis Parysatis Stateiram proscindit, quam et veneno sustulit, hunc in modum praeparato. Cavebat sibi Stateira diligenter 44*b* ab eo malo, quod tamen ei aliquando contigit. Cultelli alterum latus veneno illinitur, caeteris eo partibus non contactis, hoc cultello parva adinstar ovi ovicula (*rhindacen* Persae appellant) in duas secatur partes, et veneno intactam partem sibi assumptam Parysatis comedit, infectam alteram Stateirae porrexit. Haec igitur, ut illam ipsam quae porrexerat, suam vidit partem comedentem, neque ita quidquam potuisset mali suspicari, etiam ipsa coepit una mortiferum venenum comedere. Hinc matri succenset rex, ministrantesque ipsi eunuchi comprehensi torquentur atque necantur. Ginge praeterea comprehenditur, quae Parysatidi familiaris erat, judicioque de ipsa instituto, judicum quidem sententiis innocens absolvitur, sed tamen a rege damnatur; quare et haec cruciatibus inflictis necatur, qua de causa et Parysatis filio, et hic vicissim matri succenset. Post annos octo palmis obsitus Clearchi tumulus apparuit, quas ibi clam Parysatis, quo tempore ille mortuus est, per inservientes sibi eunuchos defoderat.

Causae ob quas ab Evagora rege Salaminis Artaxerxes dissenserit Evagorae nuntii ad Ctesiam, ut ab Abuleta epistolas acciperent : et Ctesiae ad ipsum epistola de reconciliando ipsum cum Anaxagora Cypriorum rege. Nuntiorum Evagorae adventus in Cyprum, redditaeque Evagorae, quas ad ipsum Ctesias dederat, litterae Cononis ad Evagoram oratio de adeundo ad regem, et Evagorae epistola de honoribus, quibus ab illo fuerat affectus. Cononis ad Ctesiam epistola, et tributum ab Evagora regi datum. Epistolas Ctesias accipit, qui de Conone cum rege collocutus, epistolam ad illum mittit. Traduntur Satibarzanae munera ab Evagora missa, nuntiique in Cyprum perveniunt. Cononis epistola ad regem ac Ctesiam, Lacedaemoniorum nuntii ad regem missi ab eo retenti sunt. Regis ad Cononem ac Lacedaemonios epistola, quam Ctesias ipse tulit. Conon a Pharnabazo classi praefectus est. Ctesiae in Cnidium patriam suam, deindeque Lacedaemonem adventus. Ejus disceptatio adversus Lacedaemoniorum legatos apud Rhodum, et 45*a* ut Epheso dimissus fuerit Bactra. Indicae regionis mansionum, dierum, atque parasangarum enumeratio. Catalogus item regum inde a Nino et Semiramide ad usque Artaxerxen: quibus et hoc opus absolvitur.

Scriptoris hujus Ctesiae candidus est ac valde simplex sermo, quo etiam fit ut non injucundus accidat. Usus vero dialecto est Ionica, etsi non per omnia, ut Herodotus, sed in quibusdam tantummodo vocibus. Neque etiam in diverticula quaedam, ut ille importune sermonem avertit, quanquam a fabulis quas illi probrose objicere audet, ne ipse quidem abstinet, in eo praesertim libro, quem Indica inscripsit. Jucunditas vero historiae magnam illi partem in narrationum posita est apparatu, qui multum habet et vehementiae, et inexspectati; quanquam illa etiam rebus pene fabulosis magna cum varietate exornatur. Oratio illi plus aequo dissoluta, ut et in idiotismum trivialemque sermonem incidat. Herodoti autem stylus hac ipsa et simili orationis virtute atque artificio, Ionica dialecti norma est ac regula.

Sequuntur eclogae variae Scholiorum loco.

REGUM PERSICORUM SERIES EX CTESIA.

Rex.	Uxor.	Liberi.	Regnavit.	Mortuus.
I. Cyrus.	Amytis.	Cambyses et Tanyoxarces.	an. xxx.	Ex vulnere in praelio accepto.
II. Cambyses.	Roxane.		an. xviii.	Casu ictus suomet cultello.
III. Sphendadates Magus, aliis Smerdes.			mens. vii.	A VII conjuratis interfectus.
IV. Darius Hystaspae F.		Xerxes.	an. xxxi.	Post XXX dierum morbum.
V. Xerxes.	Amistris.	Darieus, Hystaspes, Artaxerxes, Achaemedides, Artarius, Amytis et Rhodogune.	an. xxii aliis auctoribus.	Ab Artapano et Spamitre pectoribus remptus.
Artapanus Xerxae percussor ab aliis hic inseritur, et dicitur regnum tenuisse mens. vii. Eadem morte, qua Artaxerxem statuerat e medio tollere.				
VI. Artaxerxes, Longimanus appellatus.	Damaspia	Xerxes, solus legitimus; spurii XVII, inter quos Secyndianus et Ochus postea in regnum successerunt.	an. xlii.	Morte naturali.
VII. Xerxes alter.			dies xlv.	Secyndiani et Pharnaciae manu.
VIII. Secyndianus, aliis Sogdianus.			mens. vi, dies 25.	In cinerem conjectus.
IX. Ochus, qui et Dariaeus, Darius Nothus aliis.	Parysatis	Arsaces, Cyrus, Artostes, Oxendras, et alii XIII, qui cito vita abierunt. Amistris filia.	an. xxxv.	Ex morbo, Babylone.
X. Arsaces, idemque mutato nomine Artaxerxes, aliis Mnemon cognominatus.	Stateira.	Adversus hunc Cyrus frater consurgens, in praelio occubuit. *Reliqua hujus dabit Plutarch. in Artaxerxe.*		

Quatuordecim porro Persicorum regum brevem tibi Catalogum exhibebit noster P. Benedictus Pererius Comment. in Daniel, lib. xiii, *initio*

ECTESIÆ PERSICIS VARIORUM AUCTORUM EXCERPTA.
Clemens Alexandrinus Stromateo I.

Assyriorum res multis annis Græcorum rebus antiquiores sunt, ut ex dictis Ctesiæ constat.

Athenagoras Legatione pro Christianis.

Propter Dercetum [Semiramidis matrem] et columbas, et Semiramida venerantur Syri. Quod enim fieri nequit, in columbam versa est Semiramidis, ut habet fabula apud Ctesiam.

Apud Athenæum Dipnosoph. XII.

Ctesias libro Persicorum tertio scribit, omnes quidem quoquot in Asia regnarint, luxui et voluptatibus deditos fuisse, sed præ cæteris Ninyam, Nini et Semiramidis filium. At certe hic quoque voluptatibus domi indulgebat, ita ut a nemine conspiceretur, præterquam ab eunuchis, et suis uxoribus. Talis autem erat et Sardanapalus, quem alii Anacindaraxis, alii Anabaxaris filium fuisse memorant. At cum Arbaces, genere Medus, unus e ducibus qui illi suberant, egisset cum Parameize, etc.

Paulo post de eodem Sardanapalo.

Ctesias autem narrat ipsum ad bellum devenisse, et cum collecto numeroso exercitu ab Arbace regno ejectus esset, mortem obiisse, cum seipsum cremasset, exstructo rogo ad quatuor jugerum altitudinem : cui imposuerat lectos aureos CL ac totidem mensas, et quidem aureas. Struxerat autem in ipsa pyra cœnaculum pedum centum, ex lignis : atque hic quoque lectos straverat, in quibus cum uxore cubuit : pellices autem in aliis. Filios enim tres, et duas filias, cum malum rerum suarum videret, antea miserat in urbem Ninum, ad eum qui ibi regnabat, dederatque illis tria talentorum auri millia. Texerat autem illud ædificium trabibus magnis et crassis, quin etiam multa ligna, et ea quidem crassa, circumposuerat, ita ut nullus pateret exitus : quin etiam talentorum auri imposuerat illi mille myriades, argenti decies mille : nec non vestes et purpuras, et omne genus eorum, quæ ad cultum corporis pertinent. Quæ cum fecisset, accendere pyram jussit, quæ per quindecim dies ardebat. At qui fumum videbant mirabantur, ac putabant illum sacrificare : soli vero eunuchi rem noverant. Sardanapalus igitur, qui prodigiose voluptatibus deditus fuerat, quam potuit generosissime vitam finivit.

Non multo post.

Ctesias vero Annarum regis præfectum, et qui Babyloniæ regionis imperium obtinuerunt, veste et ornatu muliebri usum esse tradit, et ad eum cœnantem, cum regis servus esset, accedere solitas centum quinquaginta psallentes et canentes mulieres. Psallebant autem hæ, et canebant illo cœnante.

Apud Demetrium Phalereum in libro qui Περὶ ἑρμηνείας vocatur.

Stryaglius quidam Medus, cum ex equo Sacidem mulierem dejecisset (apud Sacas enim mulieres eodem quo Amazones modo præliantur) eamque et formosam, et ætate florentem esse vidisset, salvam dimisit. At percusso postea fœdere, cum illa, quam alioqui deperibat, potiri non posset, statuerat quidem inedia vitam finire : scribit tamen prius illi hanc epistolam, qua expostulat : Ego te servavi, et tu per me servata es. At ego per te perii.

Stephanus Byzantius voce Δυρβαῖοι ex Ctesia Persicorum X.

Regio juxta eum adjacet Dyrbæorum, beata plane gens, dives atque justa ; nam neque injuriam cuipiam inferunt, neque mortem. Quod si forte per viam aut aurum invenerint, aut aliud quidquam.....

Athenæus Dipnosophist. X.

Amyntas quoque in libro qui Σταθμοὶ inscribitur, Tapyrorum gentem ita vino deditam esse tradidit, ut ne ad unguendum quidem alia re ulla quam vino utatur. Eadem autem et Ctesias commemorat in libro, quem de Asiaticis tributis scripsit : qui et justissimos esse illos tradit.

Apollonius Histor. mirab. XX.

Ctesias libro rerum Persicarum decimo, camelos esse in ea regione prodit, quarum pili mollitie lanas Milesias æquant. Sacerdotesque et alios proceres vestes ex iis confectas gestare.

Ex Steph. Byzant.

Choramnæi, Persica agrestium hominum natio. (Ctesias Persicorum X). Tanta vero celeritate est genus illud hominum agrestium, ut cervos ipsos insequendo capiat; aliaque multa de his narrat.

Apud Athenæum, Dipnosophist. lib. II.

Rex Persarum, ut scribit libro I Herodotus, aquam in potum suum secum vehit a Choaspi fluvio, qui Susa superfluit : atque ex hoc solo bibit. Hujus autem aquæ decoctæ plena vasa argentea portantes plurimi currus, rotarum quatuor, quos muli trahunt, ipsum sequuntur. At Ctesias Cnidius narrat etiam quomodo regia hæc Choaspis fluvii aqua coquatur, et quomodo vasis imposita, portetur ad regem ; additque illam et levissimam et suavissimam esse.

Apud eumdem, Dipnosoph. IV.

Rex autem Persarum (ut scribunt Ctesias, et Dinon in Persicis) cum virorum millibus quindecim cœnabat, et in cœnam quadraginta talenta insumebantur.

Apud eumdem, libro II.

Ctesias autem Carmaniam oleum acanthinum producere, et eo regem uti, ait. Qui etiam in libro, quem De Asiaticis tributis scripsit, cœnæ regiæ apparatum describens, neque piperis, neque aceti meminit, quod unum inter condimenta est optimum.

Et libro XI.

Verum repudianda sunt nobis fictilia pocula. Apud Persas enim, ut testatur Ctesias, quemcunque rex inhonoratum esse voluerit, fictilibus poculis utitu

Apud eumdem, Dipnosoph. XIII.

Quin etiam Cambysi suscipiendæ in Ægyptum expeditionis (ut scribit Ctesias) causa fuit mulier. Nam cum Ægyptias mulieres in congressu præstare cæteris intellexisset, ad Amasim Ægypti regem misit unam ex ejus filiabus in uxorem posceus. At hic e suis quidem unam haud misit : suspicatus illi non habitum iri honorem uxori debitum, sed pallacæ : verum Apriæ filiam Neutetin. Exciderat autem regno Apries, propter cladem in pugna adversus Cyrenenses acceptam, et ab Amasi fuerat interfectus. Cambyses Neutetidis consuetudine delectatus, et valde in amorem ejus illectus, omnia ex illa discit; et cum orasset eum, ut cædem Apriæ patris ulcisceretur, persuadet ut bellum Ægyptiis inferat.

Ejusdem libro X.

Ctesias autem, apud Indos regi non licere inebriari tradit. At vero apud Persas regi conceditur inebriari die uno, in quo sacrificant Mithræ.

Libro XIV.

Berosus autem Babyloniacorum lib. I, decima sexta die mensis Loi, festum Babylone quinque dierum spatio celebrari ait, Saceas dictum : per quod tempus solere dominos famulis parere : unumque ex his domui præesse, veste, quæ regiæ similitudinem referebat, indutum : quem et Zoganem appellari meminit istius festi Ctesias quoque libro *Persicorum* secundo.

Ex Xenophonte, lib. I De expeditione Cyri.

Cum Cyrus una cum his esset, regem et globum qui illum circumstabat conspicatur. Ac statim continere se non potuit : sed hæc locutus, *Video hominem*, in eum invadit, et infesta hasta per loricam pectus verberat : ut refert Ctesias medicus, qui et vulnus illud se curasse dicit. Dum autem regem ferit, in eum nescio quis tragulam magno impetu jaculatur, et sub oculo vulnerat. Hic pugnantibus rege et Cyro, illisque qui circa illos erant, quam multi quidem ceciderint eorum qui regem circumstabant, Ctesias commemorat (apud illum enim erat) : Cyrus autem et ipse occubuit, et octo fortissimi eorum qui latus ejus cingebant, super illo jacebant.

Ex Plutarcho in Artaxerxis Vita.

Ctesiæ narratio, ut brevibus multa perstringam, hujusmodi est :

Cyrus, trucidato Artaxerxe, equum in regem permisit, et hic in illum, silentio uterque. Occupat Cyri amicus Ariæus ferire regem, nec sauciavit eum : rex missa lancea a Cyro aberravit, Tissaphernem autem fidum Cyro et fortem virum percussit atque interemit. Cyrus intorto per loricam regis jaculo, vulnus pectori illius ingessit, duos digitos altum. Unde ille ictus vi defluxit ex equo ad terram. Fuga et tumultu cohortis regiæ edito, rex assurgens, cum paucis (inter quos Ctesias) tumulum vicinum cepit, quo tenuit se quietum. Cyrum inter hostes volitantem equus ferox longe abstulit : nec tenebris jam cognoscebatur ab hostibus, et ab amicis quærebatur. Erectus autem victoria, ardorisque et fiduciæ plenus, per medios vehebatur hostes, clamans : « Cedite, miseri. » Dum hoc identidem lingua Persica clamat, pars venerabundi decedunt ei via. Ibi cum tiara capiti ejus defluxisset, prætercurrens adolescens Perses (Mithridati nomen erat) tempus Cyri jaculo secundum oculum ferit, inscius qui sit. Eructante vim sanguinis vulnere, captus Cyrus vertigine et sopore collabitur. Equus fugiens oberrabat. Stratum equi prolapsum capit comes illius, qui Cyrum percussit, sanguine redundans. Cyrum ex plaga ægre tandem colligentem se assistentes eunuchi pauci alteri equo imposuere, quo eriperent eum. Quem equitandi impotentem, pedibusque connitentem ire, sustinentes ducebant : corpore quidem, ob vulnus in capite acceptum gravem cespitantemque; sed victorem arbitrantem se, quod fugientes audiret, Cyrum regem alta voce appellantes, atque ut parceret ipsis orantes. Interea Caunii quidam homines, tenues inopesque, qui humilium ministeriorum gratia regis castra sequebantur, confusi forte ut amici fuere cum illis qui circa Cyrum erant. Ii ut tandem punicea sagula eorum advertere (cum regii haberent omnes candida) intellexerunt hostes esse. Ita unus eorum ausus est, ignarus qui esset Cyrum jaculo a tergo ferire. Vulnerata poplitis vena prolapsus Cyrus, tempus simul saucium ad saxum offendit : unde animam exhalavit.

Apud Demetrium Phalereum libro Περὶ ἑρμηνείας.

Oportet autem quæ facta sunt, non statim fateri facta esse; sed paulatim suspensum tenendo auditorem, et nobiscum angi cogendo. Quod Ctesias in allato de Cyri morte nuntio facit. Nec enim nuntius, simul atque ad Parysatin venit, ei Cyrum mortuum esse dicit : hæc enim est, quæ Scythica oratio appellatur. Sed primum quidem, victoria potitum eum nuntiavit : quæ verba illi gaudio anxietati mistum attulerunt. Postea vero interrogat rex : At quomodo se nunc gerit ? Tunc ille : Fugæ se dedit, inquit. Hic ille sermonem excipiens : Tissaphernes horum ei malorum est auctor, inquit. Rursumque interrogat : Cyrus vero ubi nunc est? Respondet nuntius : Ubi fortes viros diversari decet.

Ex Plutarcho in Vita Artaxerxis.

Eduxerat autem Artaxerxes (ut Ctesias auctor est) in aciem quadringena millia : Dinon et Xenophon multo plures fuisse, qui conflixere, memorant. Inito cæsorum numero Ctesias novem millia capitum relata perhibet ad Artaxerxem ; sibi vero non minus viginti millia visos, qui ceciderant. Verum hæc in controversia fuere. Illud vero jam Ctesiæ nobile est mendacium, qui se cum Zacynthio Phayllo, et quibusdam aliis missum refert ad Græcos. Nam Xenophontem non latuit agere in regis contubernio Ctesiam. Si quidem meminit ejus, et constat hosce libros eum voluisse. Quare nuntium eum, et tantæ legationis interpretem non præteriisset tacitus, qui Phayli Zacynthii mentionem faciebat. Sed mire scilicet ambitiosus Ctesias. Nec secius Laconum et Clearchi studiosus, passim in historia aliquas etiam sibi ipse attribuit partes : in quibus cum est, multa et præclara de Clearcho commemorat, et de Lacedæmone.

Postquam autem Clearchum, aliosque duces interposito jurejurando circumvenit Tissaphernes, comprehensosque et vinculis astrictos ad regem misit : rogatum refert se a Clearcho Ctesias, ut pectinis copiam sibi faceret. Quo accepto, curasse eum caput, oblectatumque pectinis usu. Annulum item suum, amicitiæ mutuæ ad necessarios et familiares Lacedæmonios suos insigne, sibi dedisse. Insculptas in pala fuisse caryatidas saltantes. Cibaria quæ Clearcho mittebantur, a concaptivis militibus interversa et consumpta, pauca vero ex illis relicta Clearcho. Cui etiam rei adhibuisse se remedium Ctesias narrat, effecisseque ut copiosiora mitterentur Clearcho, ac militibus separatim præberentur alia ; atque hæc subministrasse, et suppeditasse ex beneficio et sententia Parysatidis. Cum mitteretur quotidie Clearcho inter cibaria, perna, orasse ipsum Clearchum ac subjecisse, modicum pugionem ut in carnem conditum clam sibi mitteret, neque sineret ut regiæ fata sua paterent atrocitati; cæterum abnuisse metu se. Regem deprecanti matri pro Clearchi incolumitate, jurejurando annuisse: verum impulsu inde Stateiræ cunctos fuisse ab eo præter Menonem trucidatos. Hinc Stateiræ tetendisse Parysatidem insidias, virusque ei concinnasse. Verum parum probabilia affert, et conjuncta cum absurda causa, facinus admisisse adeo nefarium, atque in periculum sese præcipitavisse Parysatidem Clearchi gratia, sustinentem justam regis conjugem, liberorumque consortem ad regnum educatorum, necare. Cæterum non obscure exaggerat hæc ad Clearchi commendandam memoriam. Etenim attexit hoc quoque, duces obtruncatos cæteros fuisse a canibus et alitibus laniatos Clearchi cadaveri venti procellam cumulum terræ excitasse, atque injecisse corpori, idque contexisse: quo loco enato palmeto, brevi eximium nemus excrevisse, ac locum eum inumbrasse: itaque magna ductum poenitentia regem, quod virum diis charum peremisset Clearchum. Parysatis ergo (cum odium jam inde ab initio atque æmulationem concepisset in Stateiram, quod cerneret potentiam suam, nonnisi a rege se reverente et honorante proficisci, illius vero amore et fide stabilem firmamque esse) instruxit ei insidias, de summa, uti arbitrabatur, aleam jaciens. Ancillam habebat fidam, quæ plurimum apud ipsum poterat, Gigim dictam: quam administram veneni Dinon tradit fuisse, consciam modo et quidem invitam Ctesias. Illum qui venena dedit, hic Belitaram appellat, ille Melantam. Instituentes autem ex superioribus suspicionibus ac simultate, congredi denuo, et una coenare, cum metu tamen et cautione iisdem epulis atque ab iisdem utebantur paratis. Nascitur apud Persas exigua avis, quæ omni caret excremento habetque intestina omnia adipe differta: unde vento arbitrantur et rore hoc animal vivere; ryntaces dicitur. Hanc autumat Ctesias cultello, quam altero latere illeverat toxico, dissecuisse Parysatidem, atque infecisse alteram partem veneno, suam partem sinceram et puram ori ingestam ipsam mandisse, Stateiræ vero dedisse virulentam. Dinon, non Parysatidem, sed Melantam medicatas carnes secuisse cultro, et Stateiræ apposuisse. Cum animam igitur magnis cum cruciatibus et doloribus ageret mulier, et ipsa olfecit maleficium, et suspicionem regi adversus matrem attulit, feritatem illius, et animum implacabilem cognoscenti. Unde quæstioni exemplo intentus, ministros matris et structores corripuit, ac tormentis laceravit: at Gigim diu Parysatis in cubiculo suo tenuit, deposcentique denegavit regi. Verum cum postea orasset illa, ut domum nocte dimitteretur, certior factus rex, locatis insidiis comprehendit Gigim, eamque rei capitalis damnavit.

Ælianus, De animalium natura, lib. VII, *cap.* 1.

Susidas boves numerandi scientiam tenere Ctesias scribit. Nam Susis regi singulæ quotidie centum cados in hortos sicciores, et minus riguos hauriunt. Quem quidem laborem, sive quod eis sit certus et constitutus, sive etiam quia diu multumque in eo se exercuerunt, promptissime obeunt, nullam enim ad opus remollescere videres. At si supra quem diximus centenarium numerum, vel unum cadum instituerit subvehere, nullis jam eas, inquit, vel blanditiis inducere, vel verberibus adigere ad id poteris.

Apud eumdem, lib. XVI, *cap.* 46.

Porro Ctesias Gnidius refert, in flumine cui nomen Argades, quod ad Persicam Sittacen est, serpentes abunde gigni, capite albas, reliquo corpore nigras, quatuor cubitorum longitudinem habere, et quos percusserint interimere. Interdiu eas haudquaquam videri solere, sub aqua natantes: noctu vero vel aquam haurientibus, vel lintea lavantibus, perniciem afferre. Multi enim huc adiguntur, aut propter aquæ deficientis necessitatem, aut quod negotiis impediti interdiu vestes abluere non quiverint.

Apud Diodor. Siculum lib. II *Biblioth. aliquoties item citatum Ctesiam reperies: uti et apud Joan. Tzetzen in Chiliadib. et Harpocrationem in Lexico.*

Ctesiæ Cnidii Indicorum liber.

Legi et Indica Ctesiæ, magis etiam Ionice libro singulari descripta. Refert Indum fluvium, qua est angustissimus, quadraginta patere stadia, qua latissimus, ducenta. Indos solos, cæteros fere mortales universos multitudine superare. Scribit de verme quodam, qui in flumine est, et solum quidem hunc de cæteris animalibus, in eo nasci. Ultra Indos nullos habitare homines. Per Indicam præterea regionem nunquam pluere: sed flumen eam rigare. De *pantarba* sigillari gemma: atque inter cætera ut hæc LXXVIII sigillares gemmas, lapidesque pretiosos in flumen conjectos (erant ea Bactrii cujusdam institoris) invicem sibi adhærentes retraxerit. De elephantibus, qui muros dissolvunt atque evertunt. De parvis simiis, quarum caudæ ad quatuor cubitos protenduntur. De maximis gallis gallinaceis. De bittaco ave, humano sermone ac voce prædita: accipitris eam esse magnitudine et fronte purpurea, barbamque gestare nigram: alioqui ad collum cærulei coloris est, ad modum cinnabaris. Hominis item in morem Indice hanc avem loqui: imo et Græce, si hunc quoque sermonem docta fuerit.

Agit de fonte, qui humido quotannis auro ita impleatur, ut centum ex eo urcei fictiles anni spatio hauriantur. Fictiles autem esse urceos propterea oportere, quod haustum mox 45*b* aurum concrescat, ut ad illud educendum vas ipsum confringere necesse sit. Fontem ipsum quadratum esse refert, sedecim cubitorum ambitu uniusque altitudine: singulis porro urceis singula talenta auri extrahi. De ferro, quod in hujus fontis fundo reperitur, ex quo duos se habuisse aliquando gladios ipse Ctesias commemorat, unum a rege, alterum a Parysatide regis ipsius matre sibi donatum. Ferri autem hujus eam esse vim, ut in terram depactum nebulas, et grandines, turbinesque avertat, hoc semel se iterumque vidisse, cum rex ipse ejus rei periculum faceret.

De canibus Indicis tantæ magnitudinis, ut cum ipsis quoque leonibus certamen ineant. De magnis illis montibus, ex quibus cum sardo, tum onyches etiam, atque aliæ gemmæ effodiuntur. Ingentem illic sævire æstum, solemque ipsum decuplo quam in aliis regionibus majorem videri: ac multos in ea regione mortales æstu præfocatos exstingui. Mare ibi nihilominus quam Græcum flatu tumere: vero id in summo, ad quatuor usque digitorum altitudinem, fervidum esse; adeoque pisces juxta calorem illum vivere nullo modo posse, sed in imis degere.

Indum fluvium per campestria delatum, ipsos quoque montes interlabi, in iisque locis nasci calamum, quem vocant Indicum, tantæ crassitudinis, quantam duo simul homines expansis ulnis complecti possint, altitudinis vero, quanta est mali ingentis onerariæ navis. Esse tamen inter hos calamos majores minoresque, quemadmodum in magno aliquo monte accidere solet. In marem item feminamque eosdem distingui, et illum quidem admodum esse validum ac firmum, sine medulla, quam tamen habeat femina. De regionis illius animali scribit martichora dicto: humanum id referre vultum, leonis magnitudine, colore cinnabaris in modum rubente. Triplicem illi esse dentium ordinem, aures humanis similes, et oculos æque nostro more glaucos, caudam item cubitali majorem habere, qualem scorpius terrestris, in qua et aculeus, etsi alioqui illa per transversum etiam spinis aspera sit. Aculeum item in vertice gerere, ut scorpius, eoque accedentes ita pungere, ut nec mortem ullo pacto, quicunque percussus fuerit, evadere possit. Jam si quis eminus cum hoc animali pugnam ineat, **46**^{a} non minus ab anteriori illud parte caudam prætendendo, inde velut ab arcu emissas sagittas, aculeos suos spargere atque ferire, quam a posteriore parte rectam illam protendendo, ad jugeri autem spatium jaculari, omnesque quos attigerit certissimo interficere, uno duntaxat excepto elephante, ipsos vero aculeos pedali esse longitudine, tenuissimique funis latitudine. Addit martichora, Græcis ἀνθρωποφάγον (id est, hominivorum) significare, quod homines ut plurimum interimat, voretque, etsi aliis quoque animalibus vescatur. Unguibus etiam hoc animal, non tantum aculeis pugnare, atque hos jaculando emissos identidem renasci. Magnam item esse horum animalium copiam in India, eaque telis ab hominibus confici, quæ elephantis vecti in illud contorqueant.

De summa Indorum justitia, itemque de moribus ac ritibus eorum. De loco illo sacro, quem in tractu inhabitabili ejus regionis sub solis lunæque nomine venerantur: quo nonnisi quindecim dierum itinere a Sardus monte perveniri possit. Solem illic annis singulis per dies triginta quinque lentius urendo refrigerare. ne scilicet dum celebrant festum ac revertuntur, etiam adurantur. Nec tonitrua, nec fulgura, nec pluvias ullas in India esse, sed ventos bene frequentes ac turbines, qui etiam abripiant quidquid apprehenderint. Solem orientem in plerisque Indiæ locis, alteri diei parti frigus, alteri vehementem æstum afferre. Non a sole, sed a natura Indos esse nigros: esse enim inter illos viros quosdam ac mulieres, etsi pauciores, supra omnes alios candidissimos. Atque adeo ejusmodi Indas duas et Indos quinque a se visos auctor refert. In confirmationem porro ejus, quod supra de sole dixerat, triginta eum et quinque dies in India frigidiorem auram afferre, addit: ignem etiam illum, qui ex Ætna erumpit, medium regionis tractum, quod is justorum hominum sit, nequaquam infestare, cum tamen alia circum loca infestet. Quin et apud Zacynthum piscosos inveniri fontes, ex quibus insuper pix educatur. In Naxo quoque fontem esse, e quo vinum, et quidem suavissimum emanet [ita Phasidis fluvii aquam, si justum ipsa diem in vase aliquo conservetur, in suavissimum vinum commutari]. Ignem præterea esse in Lycia, non procul Phaselide, perpetuum, noctes atque dies sine intermissione ardentem, et eum aqua non exstingui, sed magis accendi: fimo tamen illum exstingui. [Hoc item modo assidue in Ætna atque Prusa ignem ascendere.]

Narrat præter ista, in media India homines reperiri nigros, qui Pygmæi appellentur. Eadem hos, qua Indi reliqui, lingua uti, sed valde esse parvos, ut maximi duorum cubitorum, et plerique unius duntaxat cubiti cum dimidio altitudinem non excedant. Comam **46**^{b} alere longissimam, ad ipsa usque genua demissam, atque etiam infra, cum barba longiore, quam apud ullos hominum: quæ quidem ubi illis promissior esse cœperit, nulla deinceps veste uti; sed capillos multo infra genua a tergo demissos, barbamque præter pectus ad pedes usque defluentem, per totum corpus in orbem constipare et cingere, atque ita pilos ipsis suos vestimenti loco esse. Veretrum illis esse crassum et longum, quod ad ipsos quoque pedum malleolos pertingat. Pygmæos hosce simis esse naribus et deformes. Ipsorum item oves agnorum nostrorum instar esse; boves et asinos arietum fere magnitudine, equos item mulosque et cætera jumenta omnia nihilo esse nostris arietibus majora. Tria horum pygmæorum millia Indorum regem in suo comitatu habere, quod sagittarii sint peritissimi. Summos esse justitiæ cultores, iisdemque quibus Indi reliqui, legibus parere. Venari quoque lepores vulpesque, non canibus, sed corvis, milvis, cornicibus, aquilis adhibitis. Lacum apud eos esse octingentorum stadiorum ambitu; cui oleum [nostro simile] supernatet, quoties nullus aspirat ventus; per hunc ergo lacum parvulis navigiis vectos, ex ejus mediutullio scaphiis oleum ad usum haurire. Uti quidem et ex sesamo expresso oleo, ut et e nucibus: præstantius tamen esse illud e lacu haustum. Pisces nihilominus habere hunc lacum.

Abundare quoque scribit hanc regionem argento, neque profundas ejus esse fodinas, sed Bactrias ipsas venas altiores haberi. Quin et aurum habere Indiam: non quod in fluminibus reperiatur, laveturque, ut fit in Pactolo flumine; sed quod multi vastique montes suppeditent, in quibus quod gryphes habitent (aves quadrupedes, lupi magnitudine, leoninis cruribus atque unguibus, pennis toto corpore nigris, at in pectore rubris) hinc scilicet, quod ibi tanta copia sit aurum, difficulter adeo obtineri.

Indorum oves, caprasque asinis esse nostris majores, et plurimum quaternos, imo et senos parere. Caudas vero adeo habere magnas ut fetis amputandæ sint, quo marem admittere possint. Porcum item neque cicurem neque silvestrem tota India reperiri. Palmas Indicas, earumque fructus triplo esse quam apud Babulonios majores. Insuper et fluvium ibi quemdam e petra melle fluere.

47 *a* Multa refert de Indorum justitia, et in suum regem benevolentia, deque illorum mortis contemptu. Fontem quoque apud eos esse ait, cujus aqua, simulatque hausta fuerit, casei in morem coaguletur. Hujus autem coagulati si cui ad tres obolos contriveris, atque in vulgari aqua bibendos dederis, indicare mox illum quæcunque admisit. Eo enim die mente alienatum insanire. Uti ergo eo regem in accusatis, quoties certo cognoscere velit, an objectorum criminum affines sint. Et si quidem ediderint crimen, imperare ut inedia mortem accersant : si vero nihil deprehendatur, liberos dimitti.

Indorum neminem aut capitis, aut oculorum, aut dentium dolore vexari; neminem oris pustulas, aut penitus ullum putrescens ulcus pati.

[De Seris ferri aut, itemque de ulterioribus Indis, immania prorsus illos habere corpora, ut tredecim ibi cubitos alti viri reperiantur, quorum æque vita ducentesimum excedat annum. Visos et in Gaitæ fluminis quadam parte ferinos homines, hippopotami fere cute, quam ne tela quidem perfoderent. In illa ipsa India (ut ferunt) ad intimas marinæ infusæ partes, prælongas gestare caudas incolas, quales vel satyris appingi solerent.]

Serpentem apud Indos esse quemdam memorat, spithamæ longitudine, pulcherrimæ purpuræ specie, capite candidissimo, nullisque omnino dentibus : quem in æstuosissimis illis montibus, ex quibus sardo [gemma] effoditur, venatores capiant. Hunc non mordere quidem, sed quemcunque locum vomitu suo consperserit, eum necessario putredine vitiari. Eumdem per caudam suspensum duplex emittere venenum electri specie prius, et alterum nigrum; illud vivo effluere, hoc mortuo. Prius item illud, si sesami tantum grani quantitate detur, confestim interimere ; ejus qui illud sumpserit cerebro per nares effluente : alterum vero si detur, lentam tabem adducere, quæ vix anni spatio hominem conficiat.

Avem describit δίκαιρον appellatum (δίκαιον, id est, *justum*), Græce dixeris, perdicis ovo non majorem : hanc sua effodere excrementa , ne inveniri possint. Quod si de inventis, quantum sesami granum est, quispiam biberit, mane somno corripi, sensusque expertem dormire, quoad occidente sole moriatur.

Esse et ibi lignum *parebum* dictum, oleæ magnitudine, quod in regiis duntaxat hortis reperiatur, neque florem ullum , neque fructum producens. Quindecim id tantum habere sub terra radices; sed eas ita crassas, ut tenuissima brachii crassitudinem exæquet. Hujus ergo radicis si partem aliquam vel spithamam longam sumpseris, quibuscunque eam rebus admoveris, omnia mox ad se rapturam , aurum, argentum, æs, lapides, cæteraque, præter solum electrum. Sin cubitum longam partem resecueris, jam agnos etiam [et boves, ac cætera animalia] ipsasque adeo aves ad se pertracturam. Nam **47** *b* hujus potissimum auxilio maximam, quas venentur, avium partem incolas capere. Quin etiam , si aquæ vel congium integrum coagulare velis , obolum unum hujus radicis in aquam conjectum, eam coacturum : idem et in vino eventurum , ut manu etiam velut certam tenere possis , postridie tamen solutum iri. Addit etiam cœliacis auxiliari.

Interlui quoque Indiam flumine non ita magno, lato videlicet duo fere stadia. Ὕπαρχος Indis esse fluvio nomen, quod Græce efferas, φέρων πάντα τὰ ἀγαθά, [id est, *afferens bona omnia*]. Triginta diebus hunc per annos singulos succinum in undis vehere : narrari enim in montibus (qui et ipsi alluantur aqua), exstare ex aqua arbores, quæ certo anni tempore, maximeque per triginta continuos dies, amygdalæ, pinus, similisque arboris in morem, lacrymis emittant, quæ in profluentem delapsæ concrescant. Vocari eam arborem Indica lingua *sipacora*, quæ vox Græce significet γλυκὺ , vel ἡδὺ, [id est, *dulce*, *suave*]. Hinc itaque succinum suum Indos colligere. Vitis item instar racemos ferre arbores pro fructu : earumque acinos ponticæ nucis magnitudine esse.

Degere iisdem hisce in montibus homines memorat canino capite, qui ferarum pellibus vestiantur. Sermone hos nullo uti, canum tantum more latratum edere, atque ita mutuo sese intelligere. Dentes illis esse quam canibus majores, et caninos similiter ungues, sed longiores ac rotundiores. Montes incolere ad Indum fluvium usque, et colore esse nigro, insignesque justitiæ cultores, cæterorum Indorum more, inter quos versentur. Intelligere quoque quæ ab Indis dicantur, licet ipsi loqui minime possint, ut propterea latratu, manibus , atque digitis signa dent, quemadmodum fere surdi et muti solent. Vocari hos ab Indis *calystrios*, quod Græci dicerent κυνοκεφάλους, id est *canicipites* [carnibus eosdem vesci crudis], totiusque gentis capita numerari ad centum et viginti millia. Addit ad hujus fluminis, [jam proxime descripti] fontes, florem nasci purpureum, ex quo purpura tingatur, Græca ipsa nihilo inferior, imo multo floridior.

Ibidem et animalia nasci scarabæi magnitudine, instar cinnabaris rubentia, quæ pedes habeant longissimos, et vermium instar mollia sint : nasci hæc in illis arboribus quæ succinum ferunt, earumque fructus ad eum modum depascere atque vitiare, quo phthires apud Græcos vites perdere ac vastare solent. **48**ᵃ Indos itaque animalibus hisce contritis punicea sua saga tunicasque, et quidquid præterea velint, inficere, tinctura longe quam Persica præstantiore.

Narrat insuper hos cynocephalos in montibus habitantes nullum exercere opificium; sed de venatione vivere, ferasque quas occiderint ad solem torrere. Magnam nihilominus pecoris copiam alere, caprarumque et ovium: quarum quidem ovium lac atque oxygala pro potu illis sit. Vesci tamen etiam sipachoræ fructu; e qua [uti dictum est arbore], succinum emanat; dulcem enim illum esse. Hunc item illos fructum arefactum in corbes constipare, ad eum modum quo uvas passas Græci. Eosdem illos cynocephalos ratem quoque extemporariam construere, qua impositum hujus fructus onus, ut et purpuræ (sed purgato prius ejus flore) itemque electri, ad ducenta et sexaginta talenta, quotannis avehant: additis talentis totidem illius pigmenti, quo infectores puniceum colorem inducunt. Electri præterea mille talenta quotannis ad Indorum regem advehere. Imo et alia plura devehere ad Indos venalia, pro quibus vicissim panes, farinam et xylinas vestes accipiant. Habere quoque enses venales, quibus ipsi ad venatum utuntur, cum arcubus et jaculis; peritissimos enim esse jaculandi atque sagittandi, et præterea etiam, quod montes habitent altos atque inaccessos, bello insuperabiles. Regem ipsis pro munere quinto quoque anno præhere trecenta arcuum totidemque jaculorum millia; jam peltarum centum viginti, et gladiorum quinquaginta millia. Nullas item apud hos esse domos, sed in antris degere. In venatione jaculis potissimum feras, vel sagittis petere; easdemque persequendo, quod cursus velocitate præstent, etiam assequi. Horum uxores semel duntaxat per mensem, cum menstrua patiuntur, lavare; alias nunquam. Neque vires unquam omnino lavare, sed manus tantummodo abluere. Oleo tamen ex lacte confecto ter saltem mensibus singulis ungi, et pellibus deinde abstergi. Veste ad hæc uti, non villosa, sed e glabris maceratisque pellibus quam tenuissimis, ipsos æque atque uxores: exceptis forte ditissimis inter eos, et iis quidem paucis, qui lineos gestent amictus. Nec item lectorum novisse usum eos, qui extemporaneos sibi toros exstruant. Hunc apud eos ditissimum haberi, qui plurimum habeat pecoris, ac reliquas opes his propemodum esse similes. Caudam insuper habere omnes, tam viros quam mulieres, supra clunes, caninæ similem, nisi quod major sit, et pilis densior. Quadrupedes item hos, canum more, cum **48**ᵇ mulieribus congredi, aliumque congrediendi modum omnem pro turpi habere. Justissimos eosdem esse, vitæque reliquos inter homines longissimæ. Vivere namque ad centesimum usque et septuagesimum, nonnullosque ad ducentesimum quoque annum.

Hos ultra scribit habitare alios supra fluvii illius fontes, reliquorum Indorum instar nigros, qui neque ipsi quidquam operentur. Quin nec cibo eos vesci ullo, aut aquam bibere; pecoris tantum magnam alere copiam, boum, caprarum, ovium; horum lac bibere, ac nihil præterea. Infantes præterea, qui apud hos nascantur, non habere perforatam corporis sui sedem, neque per eam excrementa ejicere; nam etsi clunes habeant, anus tamen ipse coaluit. Itaque nihil ipsos quidem per anum excernere; sed caseosum quid, illudque non conspissatum, at feculentum tantummodo, per urinæ meatum ejicere. Quod si lacte mane poto, etiam in meridie adbibuerint, dulcem apud eos inveniri radicem quamdam, quæ lac illud in eorum ventre coagulari non sinat. Hujus ergo esu vomitum sibi vesperi provocare, per quem omnia facile ejiciant.

Asinos, scribit, habet India silvestres, equis ipsis pares, et quandoque majores: qui totum albi corpus, caput solum habent purpureum, oculosque cæruleos. Cornu illis cubitale media procedit fronte [cujus scobs in potu datur, tueturque a mortiferis venenis]. Ejus inferior frontique proxima pars, ad duorum palmorum spatium egregie candida, suprema in acumen desinens, cum summo rubore punicea est; quæ vero inter has media intercedit, nigra. Jam qui ex his bibunt (nam et in pocula tornantur ea cornua) ii neque spasmo, ut ferunt, corripiuntur, nec morbo sacro. Imo nec veneno possunt lædi ullo, qui modo ante vel post illud haustum, vinum, aquam, aut aliud quidpiam ex hisce poculis bibant. Ac cum cæteri quidem sive mansueti, sive silvestres asini, aliæque quibus solida ungula est, animalia omnia, neque talos habeant, neque in jecore fel, hæc tamen utraque in his invenire est, et talum certe omnium, quos equidem viderim, pulcherrimum, bovis talo et specie, et magnitudine similem, sed instar plumbi gravem, et minii colore ad intima usque rubentem. Velocissimum quoque est hoc animal ac robustissimum: ut nec equus, nec aliud ullum assequi hoc persequendo possit. Et remissius quidem initio currere solet: sed miro quodam modo, quo diutius currit, eo incitatur magis, ut plus atque velocius currat. Quod igitur alias nunquam per venationem capi posset, ubi suos pullos adhuc parvulos **49**ᵃ ad pascua circumducere cœpit, multo cingitur equitatu: ac dum relictis pullis fuga sibi consulere non vult, sed cornu, calcibus, morsibus ita certat, ut multos cum equos, tum viros interimat, sagittis tandem ac jaculis confossum (cum vivum nequeat) capitur. Carnes ob amaritiem edi non possunt. Neque vero ob aliud quidpiam, quam propter solum cornu et talos hoc animal venantur.

Indorum in flumine vermis nascitur, ait, specie quidem illi non absimilis, qui innasci ficui arbori solet: sed cubitos septem longus (etsi alius alio major, minorque) et ita crassus, ut eum decem annorum puer utroque vix brachio amplecti queat:

duos tantummodo habet dentes, supra unum, alterum infra; his quidquid prehenderit, devorat. Interdiu in cœno fluminis commorans, noctu tantum egreditur. Quod si tum forte in bovem aut camelum inciderit, morsu correptum in flumen trahit, totumque præter solum ventrem, vorat. Capitur grandi hamo cujus ferreis catenis hædum sive agnum alligaverint. Captum per dies triginta suspensum tenent, suppositis vasis, distillatque interea temporis ex eo liquoris tantum, quantum decem cotylæ Atticæ capiant. Post diem tricesimum vermem ipsum abjiciunt, oleumque probe ac tuto reconditum ad solum Indorum regem afferunt; nam aliorum nemini aliquid hujus olei apud se habere licet. Cuicunque autem rei hocce oleum fuerit superfusum, eam accendit; adeoque ligna ipsa atque animalia comburit: neque aliter exstingui potest, quam multi crassique luti injectu.

Sunt apud Indos arbores cedro aut cupresso proceritate pares, palmæ foliis; paulo tamen latioribus et absque sinu sive axilla. Florem habent lauri masculæ similem, sed fructum nullum ferunt. Nomen illis Indice carpion, Græce μυροφόρα. Distillant ea hac non admodum frequenti arbore, olei cujusdam guttæ, quas lana de trunco abstersas in lapideos deinde alabastros exprimunt. Modice illud rubrum est, et crassiusculum suavissimi prorsus odoris, quem etiam ad quintum usque stadium diffundi aiunt. Soli autem regi, ejusque propinquis id habere conceditur. Ex eo cum Indorum rex ad Persarum regem aliquid misisset, vidisse 49*b* se narrat Ctesias, talemque odorem percepisse, qualis neque verbis exprimi, neque cum alio ullo conferri posset.

Caseum item ac vinum omnium suavissimum habere hos narrat, idque se gustando expertum didicisse.

Fons, ait, in Indiis est quadrata forma, quinque circiter ulnarum ambitu. Hujus aqua ita intra saxum continetur, ut a labro ad ipsam trium cubitorum spatium intercedat, aqua vero ipsa trium similiter ulnarum altitudinem teneat. Lavant in ea (cum purgandi corporis causa, tum ut morborum omne genus abarceant) Indorum spectatissimi quique, cum uxoribus ac liberis: et natant in pedes sese conjicientes. Nam quando insiliunt, ejaculatur eos aqua sursum. Neque homines ita solummodo in sublime jacit, sed quodvis etiam animal, vivum illud sit sive mortuum, in siccam ejicit terram: imo et quæcunque in eam injiciuntur; si ferrum, aurum, æs, atque argentum (quæ sola in fundum demittit) excipias. Aqua ipsa perfrigida est, et potu suavis; quæ et strepitum edit magnum, qualis in lebete bullientis. Sanat hæc vitiligine et scabie laborantes: vocaturque lingua Indica *ballade*, Græca ὠφελίμη, id est, *utilis*.

Versatur in illis Indiæ montibus, in quibus calamus Indicus nascitur, genus hominum quoddam ad triginta millia, quorum feminæ semel duntaxat

in vita pariunt fetum, pulcherrime infra supraque dentatum, omnibusque tam feminis quam masculis, jam inde a nativitate, et capitis et superciliorum pili canent. Usque ad tricesimum ergo ætatis, annum, albos habet eorum quilibet totius corporis pilos, qui deinceps nigrescere incipiunt, dum sexagesimo demum anno omnes omnino nigri facti conspiciantur. Octonos habent isti, viri æque ut mulieres, in utraque manu digitos, ac totidem in singulis quoque pedibus. Sunt etiam strenui admodum milites, ut Indorum ex his regem sequantur quinque sagittariorum jaculatorumque millia. Aures vero illis tantæ ait esse magnitudinis, ut ad cubitum usque dependentes brachia obtegant, et a tergo invicem tangentes totos operiant humeros.

Est autem in Æthiopia stupendi prorsus roboris animal quoddam *crocottas* appellatum, vulgo *cynolycus*. Ferunt id humanam imitatum vocem, ex nomine noctu homines evocare, et accedentes devorare, habere idem leonis magnanimitatem, equi velocitatem, et tauri robur, ac ferro quidem expugnari. In Eubœa quoque Chalcidica felle carere illius loci oves, carnesque harum admodum esse amaras, ut ne canes quidem iis vesci queant. Aiunt et ultra Maurusias fauces æstate complui regionem, hieme torreri. In Cyoniorum præterea regione fontem esse quemdam, qui pro aqua oleum scaturiat, quo etiam incolæ ad cibos omnis generis utantur. In regione adhæc, cui Metatridæ nomen, non ita prope mare, esse fontem, qui media nocte vehementissime exundans, magnam ejiciat piscium copiam in terram, ut nec colligendis iis incolæ sufficientes, maximam partem in sicco fetere sinant.

Hæc dum scribit Ctesias atque fabulatur, vult tamen verissima scripsisse videri, additque, vel ipsummet suis spectasse oculis, quæ scribit 50*a*, vel ab oculatis certe testibus accepisse: imo et his longe magis admiranda prætermisisse, ne cui forte, qui hæc nunquam viderit, indigna fide scripsisse videatur. Hic igitur illa desinunt.

LXXIII.
Heliodori Æthiopicon libri x.

Legimus Heliodori *Æthiopica*. Opus est dramaticum, ea phrasi, quæ argumentum conscriptum deceat; multa etenim est in eo sine affectatione simplicitas atque jucunditas. Affectibus præterea rerum partim præsentium, partim speratarum, aut insperatarum, temperata narratio est, salute sæpenumero præter opinionem in mediis calamitatibus allata. Verba quoque adhibentur significantia, et pura, quæ si interdum, ut par est, in figuram deflectantur, perspicua tamen sunt, evidenterque propositam rem exhibent. Periodi etiam, pro subjecta re, aptæ, quippe aliquanto breviores contractioresque. Compositio denique, ut cætera omnia, narrationi ipsi accommodata, qua viri quidem feminæque refertur amor, sed qui castitatis præferat desiderium, custodiamque accuratam.

Dramatis hujus argumentum auctori præbuere Theagenes et Chariclea, caste inter se ac pudice amantes, cum ultro citroque jactati errarunt, et capti etiam identidem, fidem tamen conjugalem constanter servarunt. Ergo nomina horum adducuntur, et summatim quidquid passi sunt egeruntve. Atheniensium festus dies, quo, Chariclea sacerdote, Theagenes cursu certat. Ab oculis tunc natus invicem amor ortusque ex eo morbus in Chariclea, quæ rapta, non invita, e domo Chariclis, qui parens habebatur. Raptor vero, opera Calasiridis, Theagenes. Abnavigatio atque appulsio in Zacynthum. Navarchus Cariclæ amore capitur, et ficta promissio facta a Chalasiride conjugii. In littore Chariclea hospitio accepta, et indicium factum a piscatore, qui receperat, Trachinum quemdam, latronum præfectum, virginis raptum meditari. Hinc Calasiridis fuga et Chariclæ : quos Trachinus insectatus, navem capit, captusque amore est, et Chariclea nuptias velle fingit. Expostulatio Theagenis ut fratris, Calasiridis vero ut parentis, qui et voti compotes redditi. Maris hinc tempestate suborta, et naufragium vitant **50**b, et ad quamdam Ægypti oram navem appellunt. Chariclæ nuptiarum a Trachino facta mentio, et Calasiridis ficti parentis promissa atque deceptio, nuptiali epulo instituto. Peloris amor, incitante Calasiride, et contentio Trachini et Peloris super Chariclea. Strages hinc tandem nata, mutuaque latronum internecio, quam ipsa quoque Chariclea mittendis in illos telis multum promovit. Luctus Chariclæ super Theagene vulneribus strato. Aliorum iterum latronum incursus, qui aspectu Chariclæ consternati animo, eam deinde rapiunt cum Theagene, et ad Thyamin adducunt. Is erat latronum Bucolorum (sic enim appellabantur, qui eam insulam tenebant) præfectus. Ardet et hic Charicleam, Theagenesque frater nominatur. Impetus item in Bucolos fit, pugnaque excitata, horum oritur cædes : Thyamis fuga dilapsus, Hermuthis quoque, et Cnemon, atque Theagenes. Chariclea interim illo in antro [ad quod abducta fuerat] remansit, ad cujus ostium cæsa jacebat Thisbe, qua visa tanquam super Chariclea ingens Theagenis dolor exstitit, donec ex imo antro Chariclea acclamaret. De Thisbes cæde hæsitatio, et super ea Hermuthis luctus, ac fletus. Abitus Cnemonis atque Hermuthis, aliaque ex parte Chariclæ atque Theagenis. Cnemon ab Hermuthi discedens Calasiridi occurrit ; narrant utrinque, quæcunque acciderint ; Cnemon quidem de Thisbe, et Demænete noverca, deque exsilio per testularum suffragia, præter alia adversa : Calasiris vero de Charicle et Chariclea, atque Theagene. Utrinque comploratio ob hæc ipsa mala. Mox Cnemon lætum narrat nuntium, Theagenem et Charicleam superstites etiamnum esse ; se enim cum illis in Thyami manibus fuisse. Nausicles autem, apud quem et Calasiris habitabat, Charicleam adducit, sub Thisbes nomine. Ad hujus ergo nomen turbatur Cnemon, quod nosset eam mortem obiisse : verum mox gaudium oritur super Chariclea. Investigatio primum Theagenis, nuptiæque Cnemonis, et Nausicleæ. Calasiridis item peregrinatio cum Chariclea, ut Theagenem inveniant. Anus deprehensa, quæ filium bello exstinctum lamentaretur, magicisque artibus ac superstitione filii cadaver consuleret : aspicientibus **51**a Calasiride et Chariclea quæ fierent. Interrogat illa iterum diris adhibitis cadaver, alterne filius viveret, et imprecatur mortuus matri, quod vi ageret, ac per nefas ; alterum ergo filium occisum iri, sed illam prius, eo quod injuriam mortuo fecisset. Vetulæ interitus, per hastæ fragmentum invite morientis.

Thyamis et Theagenes cum reliqua latronum manu in Ægypti urbem Memphim ibant, ut sacerdotium ille a fratre Petosiri natu minore occupatum, repeteret. Hinc tumultus ad urbem excitatus. Arsace ad urbem sedens, ab armis discedere, duello vero fratres confligere jubet, victorem sacerdotio dignum idoneumque fore judicans. Singulare dehinc fratrum certamen, Petosiri invito, utpote armis ferendis insueto, Thyamide contra belligerandi peritissimo. Fratrem hic itaque tergum vertere, abjectisque armis se proripere cogit. Insectatur Thyamis, et urbem sæpius cursu ambiunt. Thyamin Theagenes sequitur, quem visum deperit Arsace, Oroondati conjux. Superveniunt Calasiris et Chariclea. Et ille quidem liberos cognito in mutuam cædem ruere (Calasiridis enim filii Thyamis ac Petosiris erant) accurrit, et clamore sublato, ægre cædem inhibuit, quod vix parentem liberi agnoscerent. Chariclea ibi in Theagenem incidit, ac positis deinde armis, sacerdotium Thyamis adeptus a patre est, qui mox vita decessit.

En iterum insidiæ Arsaces in Theagenem adolescentem, et Charicleam. Cybeles quoque ancillæ promptum ad omnia obsequium, domum Arsaces eos evocantis, hujus quoque amor in Theagenem immodicus, machinis omnibus nequitiæ adhibitis, viisque quæsitis omni delinimentorum genere. Pravum huc accedit consilium Cybeles, quæ venenatum Chariclæ poculum miscuit, sospite tamen Chariclea, sibi necem attulit venefica. Cruciatus atque ærumna Theagenis et Chariclæ, quod Arsaces amorem Theagenes detrectaret. Chariclea ignis pœna condemnatur, sed is Pantarbes, lapidis beneficio exstinguitur. Sic evasit in præsentia Chariclea. Arsace interim furibunda necem in posterum diem machinatur Chariclæ. Oroondates, Arsaces maritus, mittit [Bogoam eunuchum] qui noctu hos juvenes secum sumpsit. **51**b Sic enim imperatum fuerat, postquam Cybelis filius, spe potiundi Chariclæ nuptiis frustratus, quæcunque ab Arsace patrata essent, ad herum profectus nuntiasset omnia.

Æthiopum mox irruptio, raptusque Theagenis et Chariclæ, atque ad Hydaspen Æthiopum regem abductio narratur, et ut ille quidem Soli deo, Chariclea vero Lunæ consecretur victima. Hinc certamina et sacrificia, præsentibus Sisimithro, gymnosophistarum principe, cum suis gymnosophistis, atque Persina regis uxore. Postulat Chariclea sui defendendi potestatem fieri apud Hydaspen. Causa dicta est, judicante Sisimithro, testibusque superstitibus probantibus, Hydaspis ac Persinæ filiam esse Charicleam. Regi non satis persuadetur ; qui etiam sic hostiam, patriæ legi moribusque obsecutus, cædere illos parat. Populus contradicit. Sic sursum libera abire jussa Chariclea, quæ quidem liberatio incredibilem omnibus peperit lætitiam. Sed iterum Charicleæ discrimen creatum. Theagenes vinctus, ut hostia aris adhuc destinatur. Variæ multæque eo nomine apud parentem preces, sed ille liberationem Theagenis, impunitatemque abnuit. Animo itaque externata Chariclea, omnia quæ sibi et Theageni adversa accidissent, matri enarrat. Theagenes interim taurum fortiter pugnando superavit, ingenti spectantis plebis voluptate : Æthiopum item maximum palæstra vicit, illustrique victoria parta, plausum etiam populi meruit. Ducitur nihilominus ad aras coronatus, ut hostiæ instar cadat Theagenes. Charicles tum forte Athenis profectus, huic stadio astabat filiamque uti credebat suam ab ipso rege postulat. Spondet rex daturum si amissam reperisset. Verum illam non inveniebat. Arripitur deinde, trahiturque Theagenes ab Charicle clamante : Hic meam Athenis rapuit filiam. Lata denique sententia, qua et Theagenes tandem indemnis est declaratus, ipso etiam adjudicante Sisimithro, neve posthac humanis victimis mortalium damno litaretur statuente. Gaudio hinc cuncti atque lætitia exsultare, Theagenes etiam et Chariclea, quod tot tantisque defuncti periculis invicem potirentur. Sacerdotiis itaque illa quidem matris, hic soceri beneficio acceptis, et re divina facta, nuptias adornant.

Hæc quidem Heliodorus Theodosii F. domo Phœnix Amindenus, conscripsit, finivitque historiam : quem etiam episcopi post dignitate auctum ferunt.

LXXIV.
52a *Themistii orationes Civiles* xxxvi (*a*).

Lectæ sunt *Civiles orationes*, Themistii sex et triginta. Harum aliæ ad Constantinum imper. habitæ : in Valentem quoque, et Valentinianum minorem, sed et in Theodosium August. laudibus eos encomiisque celebrantes. Sermo illi apertus, supervacaneis carens, ac floridus. Verbis usus quidem est vulgaribus, sed in gravitatem aliquantum flexis. Floruit potissimum Valente rerum potito, ut vel orationes ipsæ loquuntur. Constantio imperante, juvenis etiamnum erat, a quo et in senatum Romæ lectus est, quemadmodum Cæsaris de illo ad senatum Rom. missa epistola fidem facit. Pater Themistio Eugenius nomine, qui et ipse philosophiæ operam dedit.

Hujus Themistii in omnia fere Aristotelis scripta feruntur, non solum Commentaria, sed etiam Metaphrases, utiliter et compendio scriptæ : ut *Analyticorum*, ut librorum *De anima*, et *Physicæ auscultationis*, similiumque operum. Platonis etiam quædam exposuit : cætera philosophiæ amans in primis, ac perstudiosus.

Lesbonactis orationes politicæ xvi.

Lectæ sunt et Lesbonactis *Orationes politicæ* sedecim. Hic autem Lesbonax ...

LXXV.
Joan. Philoponi Libellus contra Joannem patriarch. CP. cognom. Scholasticum.

Legi Joan. Philoponi Libellum adversus ea, quæ pro certo dogmate, *De sancta ac consubstantiali Trinitate* divinæ tradidit B. Joannes Scholasticus, archiepiscopus, Constantinopolitanus in oratione sua Catechetica, quam Justino [minore] imperante habuit prima indictione.

Dictionis genere sui similis est, perspicuus videlicet, nihilque intensum habens, aut grave ; verum argumentationis forma, non impius modo, sed et putidus, atque imbecillus est, ut ne umbratili quidem veritatis specie, propria potuerit colorare adversus pios sophismata. Naturas etenim atque essentias, deosque commentus, nullas inde non ore infrenato in Christianam fidem blasphemias vomit istud identidem : « Unum quam multa significat » anxie nimis, nimiumque minute consectans. Ita per suam artificiosam, ut illi quidem videtur, nugacitatem, vel pueriles potius ineptias, mystagogiam nostram theologicam nihili se facere, insolenter jactavit. At non **52**b in hoc solum argumentandi genere infirmus est, ac demens, sed et in aliis omnibus suis, quorum quidem auctor est, scriptis. Excipio illa, quæ, aliorum inventa compilans, sibi vindicavit. Longissime enim infra eos auctores est, qui falsum norunt a vero dijudicare, et ad ipsa sensorum acumina pertingere. Quæ ergo sibi subdititia arrogat, servant illa quidem scriptorum characterem : attamen sunt in iis nonnulla, maligno improboque orationis veluti victu quodam atque apparatu ab ipso corrupta, id quod germanum erat in ipsis auctoris, ac masculum, amiserunt : suntque iis similia compositis, quæ quidem natura optima, ob cibi tamen victusque rationem, illegitimum quid, et improbum præ se ferunt. Veruntamen in hoc ipso libro sanctorum Patrum dicta colligit : ut Gregorii cognomento Theologi, et Basilii Magni, Athanasii item illius variis malis exerciti, ac B. Cyrilli, quæ tamen causam ipsius impiam, quam habet propositam, minime promoveant.

LXXVI.
Fl. Josephi Antiquitatum Judaicarum libri xx.

Legimus Flavii Josephi *Judaicæ antiquitatis* libros xx. A mundi creatione apud Mosen initium ducit, qui cum etsi magnam partem concinit, interdum tamen diversus abit, pergitque usque ad bellum cum Romanis Judaicum. Judæis tum rex imperabat Agrippa, Agrippæ Magni F. qui Jesum Gamalielis F. pontificatu dejecit, suffecitque Matthiam Theophili F. Quo audaciæ post cognitam Hebræis sacerdotii dignitatem primus omnium Antiochus ejusque dux Lysias conando progressus est. Oniam enim illi, cui Menelao cognomentum fuit, pontificio submoverunt necaruntque : quin et filium paternæ dignitatis successione privarunt, subrogato Jacimo e genere quidem Aaronis, sed alterius familiæ. Olim vero per omnem vitam Pontificatum gerere, jam inde ab Aaronis temporibus, et filium in demortui patris dignitatem succedere lex jubebat. Mortuo autem post triennii pontificatum Jacimo, septennio deinde civitas pontifice caruit. Quare cum ex Asamonæi stirpe Matthiæ hujusque filiis gentis Judaicæ esset credita præfectura , bellumque iidem cum Macedonibus gessissent, Jonatham pontificem creant. Ex qua stirpe et Judas cognomento Aristobulus fuit, qui et **53**a diadema capiti primus imposuit. Regis ergo idem hic jure simul, et sacerdotii usus, anno uno superstes, successorem reliquit regni simul et pontificatus fratrem, cui Alexandro nomen. Gessit hic imperium annos septem et viginti. Ab hoc pervenit deinceps regnum cum sacerdotio, Asamonæi posteris servatum, ad Hyrcanum usque, quem Romanorum dux Pompeius, captis Hierosolymis, regno quidem spoliavit, sacerdotium tamen summum Judaicæ gentis gerere permisit. Præfuit in universum annos tres et triginta, cum sub Pharnabazo et Pacoro Parthorum præfectis captus est, suffectusque ab illis rex Aristobuli fratris filius Antigonus. Hunc ipsum, cum annos tres, totidemque menses imperasset, Sosius quidem Romanorum dux et Herodes primus (is qui Antipatri Ascalonitæ sacerdotis, et Cypridis Arabicæ filius fuit) debellarunt. Antonius autem Antiochiam perductum necavit. Ita finem Asamonæa soboles habuit, et imperium Judæorum a Romanis Herodes sumpsit. Ille cuivis pontificatum præbens, successoribus, ut idem auderent, caput exstitit atque exemplum. Pertingit itaque, ut supra diximus, hic scriptor libris viginti, ab orbe condito auspicatus, ad initium usque belli ultimi Judæorum cum Romanis : qua tempestate in Judæa regnavit, auctoritate Romanorum, Agrippa, Agrippæ F. Syriæ vero ac Judææ præfectus fuit Gesius Florus, is qui Albino successit; cujus impotentem dominatum, crudelitatemque Judæorum natio non ferens, tumultuari cœpit, melius esse rata multos simul et in libertate, quam lente ac paulatim, et in servitute exstingui. Altero certe præfecturæ Flori, Neronis vero decimo anno, bellum agitari cœptum, finisque est Josephi Historiæ : de cujus stylo supra dicere memini.

Genus illi Judaicum, et sacerdos ipse, patris quoque stirpem e sacerdotibus longa majorum serie ducebat : nam mater regii sanguinis fuit ex Asamonæorum illa sobole, quæ diutissime inter contribules sacerdotio potita summo, et regno. Natus ergo Josephus ex illa matre, et Matthia, **53**b anno primo Caii Romani imperatoris, jam inde a teneris unguiculis philosophiæ studiis sese dedidit. Annum deinde attingens sextum decimum, animum quoque ad Judæorum sectas appulit (tres autem numerantur) omnesque magno animi studio persecutus est, ut omnium capto experimento, optimam tandem amplecteretur. Atque hæ fere sectæ illæ : Pharisæi, Sadducæi et Esseni. Quas cum percurrisset, in solitudinem secedit, ibique viro tres annos utitur, qui solitariam erat vitam austere pridem complexus, cui vestimentum arborum folia, alimentum vero herbæ sponte natæ præbebant : et frigida insuper sæpius interdiu noctuque lavabat, puritatis continentiæque gratia. Hinc ad undevicesimum ætatis annum urbem repetiit, Pharisæorum potissimum hæresim secutus, quam ei fere similem faciunt, quæ apud gentes Stoica est appellata. Annum agens postea tricesimum, ab Hierosolymitanis ad Galilæam procurandam mittitur. Jam enim turbari res cœperant Judæorum, multisque ipsi agitari tumultibus. Dein Galilæorum ductor creatus, rempublicam bene gessit, et multas variasque æmulorum in republica administranda insidias evitavit. Cum inimicis etiam moderatius agendo, non raro eos in suam redegit potestatem. Bellum item, quod adversus Romanos invitus suscepit, fortiter Jotapitis sustinuit. Vivus tamen in Vespasiani, Romanorum copiis præfecti, potestatem venit : quem in se humanum sensit, ac perbenignum jam tum, et vero amplius postquam Romanum obtinuit imperium : neque solum illum talem expertus est, sed etiam liberos ejus Titum ac Domitianum , qui parentis imperium ordine exceperunt, ut et Romana sit civitate donatus, multisque opibus auctus. Absoluta ab eo historiæ scriptio sexto et quinquagesimo ætatis anno, imperii vero Domitiani Romani Augusti tertio decimo.

LXXVII.
Eunapii Chronicorum post Dexippum libri xiv.

Lecti sunt Eunapii novæ *Chronicorum* post Dexippum editionis libri quatuordecim. Narrationis initium a Claudii Cæsar. imperio ducit, in quem Dexippi historia finitur, desinitque in Honorii et Arcadii liberorum Theodosii tempora, ut tunc historiæ suæ terminum ponat, quando Arsacius, **54**a Joann. Chrysostomo exterminato, solium episcopi occupavit, Arcadiique imperatoris uxor gravida, et mox abortiens, vita decessit. Eunapius hic Sardianus genere (Sardibus enim Lydiæ natus) quod gentium dogmata sequeretur, non parum impius fuit. Qui ergo pietate singulari imperium ornarunt, eos omnino largiter vellicat, atque traducit, maximeque omnium Constantinum Magnum; impios contra extollit, ac præ cæteris Julianum Apostatam, ut fere ad hunc laudandum historicum hocce opus elaborasse videatur.

Pulchra ejus dictio, si quis ista exceperit :

Ἀλεκτρυονώδες, καὶ ἐλαφωδέστερον, καὶ συωδέστερον, καὶ δὴ καὶ τοὺς ἱερακώδεις, καὶ κορακώδεις, καὶ πιθηκώδεις, καὶ τὸ ποταμώδες δάκρυον. Id est: *Gallinaceosum, magis cervinum, magisque suillum, accipitrosi, corvosi, simiosi, et lacryma fluminosa*, et id genus alia. His enim aliisque vocibus generosum dicendi genus corrumpit, atque adeo adulterat. Tropos ad hæc præter modum adhibet, quod historiæ lex vetat. Eximit autem molestiam ut plurimum dicendi vis, et urbanitas. Compositione vero, et perspicuitate, ac periodis ad historiam accommodate ac proprie utitur, nisi quod interdum juridice magis, quam historice implet, texitque orationem. Innovat non pauca in construendo, verum id non ingrate, neque ut periodis reprehendendis ansam præbeat.

Duos autem tomos, qui eamdem Historiam complectantur, scripsit, primum, et secundum. Ac priori quidem, multis in sinceram Christianæ nostræ fidei doctrinam blasphemiis conjectis, gentium contra detestandum errorem magnifice commendat, multa quoque piorum imperatorum facta mordens. Altero vero tomo, quem et novam editionem vocat, ingentem illam conviciorum turbam, quam in Christianam pietatem petulantius antea sparserat, nonnihil contrahit, ac reliquum deinde historiæ corpus utcunque connectens, *Novam*, ut dixi, *editionem* inscribit, quæ nihilominus furoris illius et rabiei, qua primum tomum compleverat, non exiguam etiamnum partem repræsentat. Equidem incidimus in antiquos utriusque editionis libros, seorsim ab invicem divisos et compactos, quibus lectis, utriusque discrimen deprehendimus. Accidit autem in nova editione locos plurimos, ob dictorum facta compendia, obscure truncatos esse, tametsi perspicuitatis rationem auctor magnam habuerit, nihilo tamen minus **54**b (quod id factum sit modo, nescio) non recte, qua compendia occurrunt, connexuit orationem in nova editione, Sensum enim corrumpit eorum quæ ibi leguntur. Atque hic finis esto.

LXXVIII.
Malchi Sophistæ Byzantinæ Historiæ libri vii.

Lecti sunt Malchi Sophistæ *Historiæ Byzantinæ* libri septem. Auspicatur ab eo tempore, quo morbus Leonem imperatorem septimo decimo imperii anno exstinxit. Narrat igitur Zenonis inaugurationem, atque ut idem extorris imperio atque privatus vixerit, ut item Basiliscus, illi suffectus, purpuram deinde posuerit. Mox Zenonis ad imperium reditum, cædemque ejus quem dixi Basilisci, uxore etiam ac liberis, iniqua lege, una trucidatis. Armatum quoque, qui Zenonem reduxerat, sinnilem accepisse mercedem, cum is ab Onulpho neci datus est. Refert item Theuderichi Otriarii F. seditionem : Theuderichi Malamiri F. amicitiam, et cum illo altero Theudericho bellum : certamen etiam adversus Zenonem, et Marciani rebellionem, et ante hanc Berinæ socrus [in Zenonem] insidias, Marcianique perpetuum exsilium. Rursum Berinæ priores Hillo paratas insidias, utque Epidamnum Theuderichus Malamiri F. fraude occuparit. Hæc ubi retulit, res quoque Romanorum attingit : finisque septimi libri mors est nepotis, qui Glycerium Cæsarea potestate exuit, Romanorumque invasit imperium, et clericorum ritu illum attonsum, pro imperatore episcopum constituit, a quo demum insidiis petitus, periit. Hi septem historiarum libri, etiam præcedentes plures ab eo libros fuisse conscriptos, indicant, et initium libri primi de septem idem ostendit. Quin et deinceps historiam persecuturum fuisse, si longior vitæ usura contigisset, extremo libro septimo significat.

Philadelphensis est hic scriptor, et si quis alius in historia scribenda præstantissimus, utpote purus, minime redundans, non confusus, verbis maxime floridis, ac significantibus usus, quæ ad magnitudinem ac pompam aliquam tendant, ne novatis quidem vocibus, quando ille vehemens quid et sonorum, aut granditatem aliquam habent, prætermissis. Itaque quantusquantus est, norma historici sermonis est, **55**a sophistam vero agens, ad rhetoricæ summum apicem pervenit, inter Christianos religionis cultu recensendus.

LXXIX.
Candidi Historiarum libri iii.

Lecti sunt Candidi *historici libri tres*. Inchoat historiam ab electione Leonis, qui e Dacia Illyrica oriundus, cum militari agmini Selymbrianisque cohortibus præesset, Asparis studio imperium adeptus est. Hic Aspar genere Alanus erat, a pueritia militiam secutus, qui ternis nuptiis totidem filios, Ardaburium, Patricium, Ermenarichum duasque filias sustulit. Incipit ergo, uti diximus, historicus ab initio Leonis imperatoris desinit vero cum Anastasius imperator renuntiatus est. Patria illi ea Isauria est, ut ipse fatetur, quæ *Trachea* [sive aspera] dicitur. Tabellio fuit vitæ instituto sub iis qui apud Isauros poterant plurimum : religione vero,Christianus, et quidem orthodoxus. Quartam enim synodum laudibus ornat, meritoque perstringit eos, qui eam oppugnant. Stylum habet historiæ non satis accommodatum. Nam et poetarum phrasibus sine delectu, ac juveniliter abutitur, et compositio ejus durior et absona, dithyramborum ritu, quæ alias iterum in dissolutum atque inconcinnum dilabitur. Constructiones innovat non ad ornatum majorem ac venustatem, ut reliqui solent, sed ita, ut auditu molestus fiat, omnisque adeo expers suavitatis. Interdum autem se ipso verbis melior prorsus evadens, promiscuam historiam, etiam ex admodum dissimilibus, concinnare deprehenditur. Hic Isauriam ab Esau nomen mutuatam dicere audet.

Primo libro narrat Asparis, liberorumque ejus

potentiam, et Leonis per Asparem electionem. De urbis conflagratione exorta, quæque hic ab Aspare, reipublicæ commodo gesta sint. De Titiano et Viviano, utque de illis Aspar cum imperatore contenderit, et quæ ac qualia inter eos verba tum jactata sint. Imperatorem ea ex causa cum Isaurorum genere societatem iniisse, per Tarasicodisam Rusumbladeoti F. quem etiam (Zenonem mutato nomine vocatum) generum sibi ascivit, cum is priorem conjugem, mortalium lege amisisset, Ardaburium item, **55**^{b} quo imperatori adversaretur, Isauros æque suarum partium facere constituisse : atque Martinum quemdam, Ardaburii familiarem, Tarasicodisæ indicasse, quæcunque in imperatorem machinaretur Ardaburius. Quomodo exinde asperius in dies crescente mutua suspicione, Leo imperator Asparem sustulit, ejusque liberos, Ardaburium et Patricium Cæsarem : et si Cæsar excepta plaga inopinato salvus evasit, vixitque ; et alius item ex Asparis filiis Armenerichus, quod abesset tum forte a patre, cædem perinde effugit. Tarasicodisam ergo sibi generum, data Ariadna filia, imperator ascivit, Zenonemque nominatum, exercitus in Oriente ducem creavit. Refert deinde quæ in Africa secunda adversaque gesserit Basiliscus. Leonem quoque multa volentem molientemque, quo Zenonem generum imperatorem renuntiaret, plebe repugnante, minime id quidem efficere potuisset : sed paulo ante obitum, nepotem ex Ariadna et Zenone natum, creasse : ita post Leonis excessum a Leone filio Zenonem patrem, assentiente senatu, esse imperatorem coronatum. Hinc Isaurorum stemma per series descripsit auctor, atque illos esse Esau posteros ac sobolem studiose persuadere conatur. Ut a Verina deceptus Zenon, fugerit cum uxore ac matre ex urbe, imperioque : utque Verina spe adjungendi sibi Patricium magistrum, foreque ut imperaret, generum suum [Zenonem] fugaverit per fraudem, quæ tamen spes eam fefellerit, cum ii, qui in magistratu erant, Basiliscum ejus fratrem imperatorem renuntiarunt. De Isaurorum incredibili Constantinopolitana in urbe cæde, utque post nepotem Romanorum imperatorem, Orestes pater Augustulum Romano præfecerit imperio. Et hæc fere libro primo narrat Candidus.

Altero vero libro ista. Patricius magister, qui cum Verina consuetudinem habebat, indignante ipso Basilisco, periit. Eapropter in fratrem Verina odio concepto, ac Zenonem opibus ad recuperandum imperium adjuvans, extrema quæque a fratre pertulit, ac nisi e templo Armatus eam clam subduxisset, forte et ipsa e medio sublata fuisset. Cum Basilisci deinde uxore adulteratus Armatus, ad summam pervenit potentiam, adeo ut tandem ei bellum, quod adversus Zenonem gerebatur, crediturum fuerit, ad quem tamen certis pactis **56**^{a} Hilli opera conditionibus, defecit. Sub Zenone igitur tanti cum esset nominis Armatus, ut et filium Basiliscum Cæsarem viderit, post nihilominus in frusta discerptus est et puer ipse ex Cæsare inter lectores in Blachernis professus est. Basiliscus ante hæc Marcum filium Cæsarem crearat, ac post etiam imperatorem. Hillus cum Zenone conciliata amicitia imperium eidem recuperare studuit. Basiliscus itaque a seditiosis superatus, cum Zenonide conjuge, ac liberis in templum se recepit, unde Armati fraudibus extractus, et in Cappadociam relegatus, mox cum tota stirpe cæsus est. Cum Petrus ille impius Orientis turbaret Ecclesias, misit Zeno imperator Calandionem, ut Antiochenæ sedis episcopus sacraretur. Cum item pecunia indigeret imperator, quærendæ illi pecuniæ rationes ostensæ sunt. Multi rebus novis contra illum studentes, capti pœnas dederunt. Multa Hillus Romanæ reipublicæ contulit, cum militiæ rebus fortiter gestis, tum domi honestis studiis, ac justitiæ cultu. Post interemptum Romanum Cæsarem nepotem, et ejus successorem Augustulum expulsum, Odoacer Italia, atque ipsa adeo urbe potitus est. Rebellantibus autem huic Occidentis Gallis, et legatione ab ipsis, aliaque ab Odoacro ad Zenonem missa, in Odoacrum magis Zenonis animus inclinavit. Alanus quidam occidere Hillum conatus, cum eum percussisset, ab Epinicio, qui erat Verinæ domesticus, subornatum se ad cædem ait, itaque traditus Hillo Epinicius est, qui data fide et oblivionis, et præmiorum, ordine cuncta enarravit, quæ in Hillum Verina moliretur. Quare Zeno Verinam Hillo tradidit, qui eam in Ciliciæ castellum ablegavit, atque ita tutum sese reddidit. Hillus Pamprepio, homini impio, Marsi opera, factus carus, paulatim omnia ipsius negotia perturbavit. Civile Zenoni bellum fuit, atque intestinum insurgentibus Marciano et Procopio, filiis ejus qui Romæ imperaverat Anthemii quos cum Hillus Zenonis auspiciis devicisset, Marcianus quidem natu grandior ordinatus est presbyter : Procopius vero ad Theuderichum in Thraciam confugit. Quin et extorris in Cappadocia Marcianus, fuga elapsus, quæ ad Ancyram pertinet Galatiam, turbavit, donec captus in Isauriam est relegatus. In Hillum quoque ab imperatore odium conceptum est, auctumque. Atque hæc libro secundo prodita.

56^b Tertius deinde liber cum alia continet, tum quomodo palam in Zenonem Hillus insurrexerit, Leontiumque imperatorem Verina renuntiaverit, utque re infeliciter gesta, obsessi captique capite truncati sint, aliaque ad exitum usque Zenonis.

LXXX.

Olympiodori Historiarum libri XXII.

Lecti sunt *Olympiodori Historiarum* libri duo et viginti, ducto initio ab Honorii Romani imperatoris consulatu septimo, et Theodosii secundo : deduciturque historiam ad id usque tempus, quo Valentinianus, Placidæ et Constantii filius, Romanus imperator declaratus est. Scriptor hic ortum ducit Ægyptiacis Thebis, professione poeta, ut de se fatetur, religione vero gentium imbutus. Dictio illi clara; remissa tamen ac dissoluta, et in protritam devoluta verborum affluentiam. Oratio itaque indigna ut historiæ adnumeretur: cujus ipse fortasse conscius, non historiam hanc a se adornari, sed materiam duntaxat, seu Commentarium Historiæ suppeditari contendit. Adeo informis ac specie carens, etiam ipsemet dictionis suæ character visus est. Et vero nulla idea hic enitet, nisi quis eum alibi simplicitati accedere contendat; etsi neque hanc attingat, dum nimis humili ac vili dictionis genere usus, in idiotismum plebeiumque sermonem prorsus delabitur. Et licet *Silvam* suum ipse opus appellet, libris tamen distinguit, præfationibusque ornare nititur. Historiam inscribit Theodosio [Minori] imperatori qui Arcadii filius, Honorii ac Placidiæ patruelis fuit.

Narrat itaque Stelichonem ad magnam pervenisse potentiam, cum eum Theodosius Magnus parens ipse, suis liberis Arcadio atque Honorio tutorem imposuisset, ac præterea uxorem Serenam duxisset, a Theodosio æque ipsi desponsam. Post etiam, filia sua Thermantia nuptui Honorio imperatori data, illum sibi generum ascivisse: indeque ad summam prorsus evectum potentiam. Multa pro Romanis cum variis gentibus bella gessisse feliciter, donec sanguinaria (1) immanique Olympii opera (qui per Stelichonem imperatori familiaris factus fuerat) ferro mortem excepit.

Addit Alarichum Gothorum præfectum, **57***a* quem olim evocarat Stelicho, ut Honorio Illyricum armis teneret (hæc enim illi provincia a parente Theodosio in partitione regni obvenerat) tum ob Stelichonis cædem, tum quod promissum illi datum non esset, cinxisse, et cepisse Romam, in eaque urbe incredibilem argenti vim præda avertisse. Quin et Honorii Placidiam, Romæ tum agentem, captivam habuisse. Ante captam vero urbem illustrem tum virum, cui Attalo nomen, summam præfecturam gerentem, imperatorem renuntiasse. Actaque esse hæc ob eas, quas diximus causas, et ob Sarum, Gotthum item genere, sed paucorum hominum præfectum (vix enim ducentos, aut summum, trecentos ductabat), cætera generosum virum, armisque invictum, quem quod socium sibi Romani adjunxissent, Alarichi infestum hostem, in perpetuum idcirco hunc renuntiasse Sari amicitiæ. In hac urbis obsidione mutua carne pastos obsessos. Alarichum, vivente etiamnum Stelichone, militiæ mercedem centenarios quadraginta accepisse. Post Stelichonis interitum, suffocatam periisse, et Serenam ejus conjugem, quod Alarichi ad urbem adventus causa exstitisse putaretur. Interfectum antea, intercepto jam Stelichone, filium ejus ex Serena Eucherium. Buccellarii vocabulum Honorii imperatoris a temporibus tributum militibus, non Romanis solum, sed et Gotthis quibusdam. Eodem modo et *fœderatorum* nomen attributum inconditæ, et e diversis conflatæ multitudini. Olympium illum, qui Stelichoni insidiatus erat, officiosum magistrum factum, ea post dignitate excidisse. Dehinc iterum potitum, rursum privatum esse: tandem fustibus a Constantio, qui Placidiam uxorem duxerat, mactatum occubuisse, cum ei ante cædem auriculæ resectæ fuissent. Ita impium illum non impunitum obiisse. Gotthorum, qui cum Rodogaiso erant, primarios viros, *optimatos* appellatos ait, duodecim fere millium numero, quibus omnibus debellatis, Stelichonem cum Rodogaiso societatem iniisse. Alaricho morbi vi exstincto successorem datum Adaulphum, uxoris fratrem. **57***b* Panem siccum scriptor hic buccellatum vocari tradit, illuditque militum cognomini, ut qui hinc Buccellarii sint appellati.

Constantinus ad imperium tyrannice sublatus, ad Honorium legatos mittit excusantes, invitum illum, et a militibus coactum, imperium suscepisse; veniam igitur postulare, societatemque imperii. Imperator propter impendentes molestias tantisper suscepit in societatem. Constantinus hic in Britannia renuntiatus fuerat, militari tumultu ad imperium adactus. Etenim ante Honorii consulatum septimum, in seditionem illic versus exercitus, Marcum quemdam imperatorem crearat: quo ab ipsis sublato, Gratianus suffectus est. Hic ubi menses quatuor, illis jam fastidio ductis, præterfuisset, interficitur. Tum Constantinus Augusti nomine salutatur. Is Justinum, et Neovigasten, militarium copiarum duces creans, relicta Britannia, cum suis trajecit, venitque Bononiam, maritimam urbem sic dictam, primam in Galliæ finibus positam. Ibi moratus, Gallum omnem, et Acytarum militem sibi adjungens, omni est Gallia potitus ad Alpes usque, quæ Italiam a Gallia separant. Huic filii duo erant, Constans, et Julianus. Illum Cæsarem constituit; Julianum deinde eo ipso tempore nobilissimum nominavit.

Attalus contra Honorium imperans, ad Ravennam castrametatus est, missusque ad illum tanquam ab Honorio imperatore ad imperatorem Jovinianus præfectus atque patricius, et Valens, utriusque militiæ dux, et Potamius quæstor, et Julianus notariorum primicerius. Hi Attalo significant ab Honorio sese missos ut cum illo de imperii societate tractent. Abnuit vero ille: concedere tamen se, ut insulam inhabitet malorum expers Honorius, vel alium certe quem velit locum. Respondet adhæc lætabundus Jovianus, indicatque exutum jam ab Attalo una regni parte Honorium imperatorem. Quare Jovium Attalus increpando, nullum ferre morem dixit, ut spoliari dicendus sit imperator, qui sponte sua imperio abdicaret. Verum Jovianus

---

(1) Quem sic perstringit homo ethnicus, laudat B. Augustinus, bonis ad eum datis litteris.

58a saepenumero legatione obita, neque quidquam proficiens, mansit tandem apud Attalum, illiusque patricius est appellatus. Ravennae interim delatiturad Eusebium praepositum potestas : qui post non diu, Allovichi violentia, ac decreto publico, in oculis imperatoris fustibus est occisus. Post etiam dum Alaricho non acquiescit Attalus, et vero maxime Jovii opera, qui Honorii legatos prodiderat, imperio dejicitur manetque privatam apud Alarichum vitam degens. Deinde non multo post iterum imperavit, ac rursum abdicare coactus est. Post haec tandem ad Ravennam profectus, et summis dexterae manus digitis truncatus proscribitur. Allovichus item post paulo, quod Eusebium praepositum sustulisset, imperatoris sententia poenas dedit, atque in ejus conspectu occiditur (1). Constantinus tyrannus, cognita Allovichi morte, Ravennam accedens, ut cum Honorio foedus iniret metu perculsus revertit.

Rhegium metropolim esse Bruttiorum, e qua refert historicus Alarichum, dum in Siciliam trajicere parat, retentum fuisse. Statua enim, inquit, inaugurata, ibi stans trajectum vetabat. Fuerat vero haec, ut fabulatur, ab antiquis inaugurata, cum ut Aetnae montis ignes averteret, tum ut maris transitu Barbaros prohiberet. Altero enim pede perpetuum ignem, altero vero perennem aquam gestabat. Ea igitur statua confracta, tandem ex Aetnaeo igne, et a Barbaris detrimentum Siciliam cepisse. Eversam vero statuam ab Aesculapio, qui in Sicilia possessionum Constantii et Placidiae curator erat.

Constantino tyranno, et Constante filio (qui primum quidem Caesar, post etiam imperator creatus fuerat victis, fugaque dilapsis, Gerontius belli dux cum Barbaris pace libens inita filium suum Maximum qui inter domesticos numerabatur, Caesarem renuntiat. Constantem deinde insecutus, e medio sustulit, et vestigia consectans, Constantinum quoque patrem persequebatur. Dum haec geruntur, Constantinus et Ulphilas ab Honorio adversus Constantinum missi; cumque Arelatem pervenissent **58**b ubi Constantinus cum Juliano filio agebat, hanc obsident. Constantinus ad templum confugiens, sacerdos ordinatur, jurejurando de salute illi dato ; sic urbis portae obsidentibus militibus apertae sunt, missusque est cum Juliano filio Constantinus ad Honorium. Ille vero minime ipsis ignoscens, ob interfectos a Constantino cognatos suos, ad triginta a Ravenna millia, contra jurisjurandi fidem interfici ssos jubet. Gerontius dein, accedentibus Ulphila et Constantino, fugam capessit : deprehensusque quod impotentius exercitui praefuisset, suorum insidiis petitus est. Ignem itaque ipsius aedibus injecerunt : at ille fortiter in adversarios pugnat, uno adjuvante famulo, qui Alanus erat. Re tamen tandem despe-

rata Alanum illum, suamque uxorem, ut ipsi postularant, interimit, ac denique etiam sibi mortem consciscit. Maximus ejus filius, re intellecta, ad foederatos confugit barbaros.

Jovinius apud Mundiacum Germaniae alterius urbem, studio Goaris Alani, et Guntiari Burgundiorum praefecti tyrannus creatus est. Cui ut sese adjungeret Adaulpho auctor fuit Attalus. Et vero hic cum copiis ad illum se confert. Jovinius tamen Adaulphi adventu offensus, obscure, et veluti per aenigmata Attalum accusat ; quod adventum suasisset. Sarus item ad Jovinium venturus erat; sed Adaulphus cognita re, collectis decem millibus militum, occurrit Saro, viros octodecim aut viginti apud se habenti quem gesta heroica, et stupore digna edentem, scutis adhibitis, vivum aegre capere potuerunt, tandemque occidunt. Desciverat autem ab Honorio Sarus, audito Belleridem domesticum suum interfectum ; nullam tamen caedis rationem duxisse imperatorem, nec in percussorem inquirendo vindicasse.

Refert item de Donato, et Hunnis, deque regum eorum sagittandi peritia. Seipsum ad illos et Donatum, oratorem missum scriptor ait ; multisque maris erroribus, periculisque jactatum, tragice narrat. Donatum quoque jurejurando circumventum contra fas jugulatum esse : et Charatonem inter reges primum, ob caedem ira incensum, imperatoris donis rursum mitigatum, placatumque fuisse. **59**a Et haec quidem prima operis decade continentur.

Alteram vero hinc auspicatur. Jovinus fratrem suum Sebastianum, invito Adaulpho, imperatorem creans, in ejus odium incurrit. Adaulphus itaque per internuntios capita se tyrannorum missurum, pacemque initurum Honorio pollicetur. Hi domum ut redierunt, et jusjurando praestitum est, Sebastiani mox caput imperatori mittitur. Jovinus etiam ipse ab Adaulpho obsessus se dedidit, missusque ad imperatorem est : quem Dardanus praefectus sua manu percutiens, interimit, utriusque caput extra Carthaginem palis infixum : ubi et Constantini ac Juliani antea resectum ; Maximini item et Eugenii, qui sub Theodosio magno tyrannidem affectantes, eumdem sunt exitum sortiti. Postulatum est ab Adaulpho, studio maxime Constantii ejus qui illam postea uxorem duxit, Placidiam quam apud se Romae captam habebat, Honorio fratri ut redderet. Sed quod Adaulpho promissa, praesertim de curanda annona, perfecta non fuissent, neque ipsam reddidit, et pacem commutaturus videbatur.

Adaulphus ergo, cum Placidia repeteretur, frumentum vicissim ipse promissum petiit. Cujus conferendi, etsi qui promiserant copiam nullam haberent, nihilo tamen secius consentiunt, si Placidiam reciperent, accepturam. Ad quae simili fere et ipse Barbarus simulatione utebatur. Massiliam interea, sic dictam urbem profectus, dolo eam

---

(1) Aliter haec Sozom. lib. IX, cap. 13.

intercipere tentavit, sed a Bonifacio, nobilissimo viro, vulneratus, et vix salvo capite fugiens, in sua se tentoria recepit : urbe omissa, quæ lætitiæ plena, laudibus, ac bonis ominibus Bonifacium est] prosecuta. Adaulphus idem de Placidiæ nuptiis satagens, Constantio eam postulanti graviores prætexit postulationes : ut si compos illarum non fieret, illa juste retenta videretur.

Constantius olim designatus, consul aliquando Ravennæ creatur, cum quo Constantinopolitanum consulatum Constans gerit. Auri vis justa, sufficiens ad consulatus sumptus tolerandos reperta in Heracliani bonis, qui tyrannidis affectatæ nomine est interemptus; etsi tamen tantum pecuniæ repertum non est, quantum speratum erat. **59***b* Auri enim nondum duo millia [denariorum] inventa, et immobilium insuper bonorum ad bis mille libras. Quas quidem facultates omnes una postulatione ab Honorio Constantius accepit. Erat ipse Constantius, cum prodiret, subtristi vultu ac tetrico, ingentibus oculis sublataque cervice, et plano capite, inclinans se omnino in equi, quo vehebatur, collum ; et sic huc illuc oblique torquens oculos, ut, quod veteri verbo dicitur, « imperio digna forma » omnibus appareret. In cœnis tamen atque symposiis, jucundus adeo civilisque fuit, ut et cum mimis interdum ad mensam ludentibus contenderit.

Adaulpho, studio ac consilio Candidiani, nuptiæ cum Placidia conveniunt. Januario mense nuptiis dictus dies, Narbone Galliæ urbe, in domo Ingenii cujusdam, primarii ejus urbis viri. Hic digniore loco residente Placidia in atrio, Romano more adornato, habituque regio, assedit ipsi et Adaulphus læna indutus, omnique alio amictu Romano. Inter alia nuptiarum dona, donatur Adaulphus etiam quinquaginta formosis pueris, serica veste indutis, ferentibus singulis utraque manu ingentes discos binos : quorum alter auri plenus, alter lapillis pretiosis, vel pretii potius inæstimabilis, quæ ex Romanæ urbis direptione Gotthi deprædati fuerant. Hinc versus canuntur epithalamii, Attalo præcinente, dein Rustacio atque Phœbadio, nuptiisque finis datus, lusu gaudioque ingenti Barbarorum simul, et Romanorum qui cum iis erant.

Post Romam a Gotthis captam, Albinus Urbis præfectus, quod jam eadem ad pristinum rediret statum, scripsit non sufficere præbitam populo partem, multitudine jam aucta civitate; additque uno die numerum initum esse civium quatuordecim millium.

Adaulphus, nato sibi e Placidia filio, cui Theodosio nomen dedit, Romanam amplius rempublicam amare videbatur. Verum Constantio, ejusque asseclis repugnantibus, ejus et uxoris Placidiæ, [pacis ineundæ] conatus frustra fuerunt. Exstinctum autem postea infantem vehementer uterque parens luxit **60***a* argenteaque capsa conditum, juxta Bar- cinonem in templo quodam sepelierunt. Interficitur deinde et Adaulphus ipse (dum equos suos in stabulo, de more, contemplatur) a Gottho quodam ejus domestico, Dobbii nomine, cum hanc veteris odii vindicandi occasionem ille captasset ; hujus enim prior dominus, Gotthicæ partis rex, fuerat ab Adaulpho e medio sublatus. Exinde Dobbium receptum Adaulphus in suam familiam asciverat : qui in ultionem prioris domini, alterum hunc, injecta manu violenta, sustulit. Moriens Adaulphus fratri suo injunxit, Placidia ut [Honorio] redderetur ; utque, si quo[modo possent, Romanæ sibi gentis concordiam [Gotthi] societatemque conciliarent. At qui successit Sari frater Singirichus (studio potius ac vi, quam successione, aut lege creatus) Adaulphi e priore conjuge liberos vi e sinu Sigesari episcopi abreptos, occidit ; atque ipsam Placidiam reginam, in Adaulphi scilicet contumeliam, pedibus ante equum una cum cæteris captivis ambulare coegit, idque [toto illo spatio quod est ab urbe ad duodecimum [usque lapidem . Septem ille dies cum imperasset, interemptus est, et Gotthorum dux Valias constituitur.

Refert hic scriptor audisse se e Valerio clarissimo viro, de argenteis statuis ad Barbaros arcendos inauguratis. Nam Constantii, inquit, imperatoris temporibus, præfecto in Thracia Valerio, indicium factum thesauri reperiundi. Valerius vero ad locum accedens, sacrum illum esse religione ex incolis cognovit, et antiquo ritu statuas ibidem consecratas. Retulit hæc ad imperatorem, rescriptumque accepit, quo jubebatur indicata illa bona tollere. Igitur effosso loco, tres solidæ ex argento fabricatæ reperta sunt statuæ, specie barbarica sitæ, et utroque brachio ansato, veste præterea variegata barbarico ritu indutæ, et comam capite gestantes atque in septentrionem, quæ barbarorum regio est, obversæ. Quæ simul atque statuæ sublatæ sunt paucos post dies, Gotthorum primum gens universam incurrit Thraciam ; futuræque post **60***b* paulo erant Hunnorum ac Sarmatarum incursiones in Illyricum, et ipsam Thraciam : uti Thraciam inter et Illyricum sita sunt hæc consecrationis loca et trium statuarum numerus, adversus omnes gentes barbaras inauguratus videbatur.

De sua scriptor hic navigatione refert multa se adversa pertulisse. Athenas quoque appulisse tradit, suoque studio et cura ad sophisticam etiam sedem evectum Leontium, tametsi id ille nequaquam vellet. Sed et de pallio sophistico memoriæ prodidit, nemini (præsertim vero extero homini), Athenis id gestare licuisse ; nisi sophistarum suffragio ejus gestatio illi concessa, dignitasque ista sophistarum legum ritibus esset confirmata. Ritus autem, qui peragebantur, tales erant. Primum ad publicum balneum deducebantur qui novitii advenissent, sive parvi, sive grandiores : atque inter hos etiam ii qui per ætatem ad pallium sumendum apti erant, quos in medium protrudebant scholastici, a quibus deducebantur, deinde aliis præcurrentibus atque prohibentibus, aliis protrudentibus, et contra tendentibus : quotquot autem prohibentibus vociferantibus : « Sta, sta, non lava, » nihilominus tamen in certamine ii videbantur obtinere, qui in honorem scholastici, quem deducebant, obsistentes retrudebant. Tandem post longam moram, multamque ob illata ex more ultro citroque verba contentionem, is qui deducitur, in calidam cellam inducitur, ibique abluitur. At postquam se induit, pallii dignitatem accipit, atque exinde cum pallio e balneo, celebri et honorifica stipatus pompa, digreditur, decretis luculentis sumptibus in scholarum antistites, qui dicuntur Acromitæ.

Vandali Gotthos appellant *Trulos*, propterea quod hi enecti aliquando fame, tritici trulam a Vandalis aureo uno redimerent. Trula vero nondum tertiam sextarii partem capit.

Dum Vandali Hispanias vastassent, qui in muratas se urbes Romani receperant, eo inediæ adacti sunt, ut invicem se laniando edere cogerentur. Ibi mulier una, quatuor liberorum mater, omnes devoravit ; ad singulos prætexens, reliquos se alere, ac salvare velle, donec omnibus absumptis lapidibus a plebe obruta est.

61a Euplutius magistrianus ad Valium Gotthorum præfectum mittitur, qui pacis fœdera iniret, Placidiamque reciperet. Ille vero commode recepit, missaque frumentatione sexcentorum millium, Placidia Euplutio tradita, ad Honorium fratrem remittitur.

Cum Athenis inquiri cœptum esset, quonam modo conglutinari possent libri, discere quærentibus modum glutinis, Phillatius, scriptoris hujus socius, in re litteraria bene industrius, ostendit, quare et honoris gratia statuam illi cives collocant.

De Oasi auctor multa narrat incredibilia. De ejus primum temperie : et quod sacro ibi morbo non modo nulli laborent, sed etiam si qui aliunde adveniant, eo liberentur, ob benignam aeris temperiem. De copiosa deinde quæ ibidem est arena, deque puteis, qui fossione ad ducentos et trecentos, nonnunquam vero etiam ad quingentos cubitos facta, scaturiginis rivos per orificium effundunt : unde per vices ii, qui communi labore opus fecerunt, hauriunt, et arva sua rigant agricolæ. Arbores perpetuo ibi poma ferre et frumentum illic natum omni frumento esse præstantius, niveque candidius. Interdum bis quotannis hordeum ibi seri, milium autem perpetuo ter. Rigare incolas ruscula sua, æstate tertio quoque die, hieme, sexto, atque hinc tantam terræ fertilitatem conciliari. Nunquam ibi cœlum nubes contrahere. Ad hæc de horologiis, quæ ibidem conficiuntur. Oasim memorat insulam olim fuisse, atque a continente divulsam, eamdemque ab Herodoto vocari [Thalia] *Beatorum insulam*; ab Herodoto autem eo qui Orphei ac Musæi conscripsit historiam nominari *Phæacidem*. Insulam ante fuisse ex eo conjecturas ducit, quod testæ marinæ, et ostrea lapidibus adhærescentia, in eo monte inveniantur, qui ex Thebaide in Oasim ducit. Deinde etiam, quod perpetuo copiosa ibi arena scatet, tresque Oases replet. Nam etiam ipse tres Oases esse tradit. Duas magnas, exteriorem unam, alteram interiorem, e regione sibi invicem oppositas, centum milliarium **61**b spatio interjecto, cum tertia parva, longo interstitio ab alteris duabus separata. Insuper hoc etiam argumento insulam fuisse tradit, quod sæpenumero accidit, ut pisces ab avibus eo delati visantur, aut certe arrosorum piscium reliquiæ : ut inde conjectare liceat, non admodum longe abesse mare. Ait autem et Homerum ex vicina huic Thebaide genus ducere.

Honorius Augustus undecimum, et Constantius iterum consules creati, Placidiæ nuptias conciliant. Sed has ipsa nuptias cum vehementer detrectaret, effecit ut ipsius famulis indignaretur Constantius. Tandem nihilominus ipso quo consulatum iniit die, manu ipsam arreptam Honorius imperator frater ejus invitam Constantio in manum tradit, nuptiæque splendide celebrantur. Hinc nata filia, quam Honoriam nominarunt. Filius item, cui Valentiniano nomen datum, qui superstite etiam num Honorio, Nobilissimus dictus, impellente fratrem Placida. Quin et mortuo Honorio, disjectaque Joannis tyrannide, Romanorum idem Augustus creatus est. Constantius vero Honorii in Augustali imperio collega fit, ab illo quidem ipso, sed pene repugnante, constitutus. Placidia quoque Augusta a fratre et marito dicta est. Dein ad Theodosium, qui fratre Honorii genitus Orientis partibus Augustus imperabat, de Constantii imperatoris electione nuntius mittitur, minimeque receptus est. Hinc morbum Constantius contraxit, suscepti pœnitens imperii, quod non jam (ut antea) eundi redeundique, quo et quando vellet, libertas esset, neque ludicris, ut moris ejus erat, operam dare jam imperatori permitteretur. Igitur septimo imperii mense (quemadmodum et insomnium sic indicaverat : « Sextus abiit; septimus inchoatur.», pleuritide exstinctus est : exstincta simul cum ipso in Occidentem ira, atque expeditione, quam quod ad imperii societatem admissus non esset, animo agitabat. Valia præfecto [Gotthorum] morte absumpto, imperium Teuderichus suscepit.

Scriptor varia maritimo itinere passus vix salvus evasit. **62**a Ubi et prodigiosa quædam de sidere commemorat, in ipsum navigii malum magno cum pondere ingruente, ut jam mergendi viderentur. Uraniam vero meteoron illud a nautis appellatum. Refert de psittaco, quocum annos ipse viginti vixerit, ut nullam fere humanarum actionum, quam non imitaretur, omiserit. Saltabat enim, et canebat, et suo quemque nomine compellabat, aliaque id genus exprimebat.

Refert item historicus, cum apud Thebas et Soenem lustrandorum locorum, cognoscendique studio versaretur, fama excitatos præfectos ac vates eorum Barbarorum, qui ad Talmin incolunt, quos Blemmyas vocant, ipsius optasse congressum atque colloquium. Abripuerunt itaque me, ait, ut illas quoque regiones perlustrarem, in ipsam usque Talmin, a meis contribulibus quinque dierum intervallo distantem, ad urbem quæ dicitur Prima. Hæc olim prima Thebaidis urbs, proxime baarbarico solo aberat, eamque ob causam a Romanis Latino vocabulo Prima nominata, quo etiam nunc nomine vocitatur, quamvis longo jam tempore Barbari eam sibi vindicarint, cum aliis quatuor oppidis Phœnicone, Chiride, Thapide et Talmide. In hac regione smaragdi se fodinas reperisse scribit: unde Ægyptiorum regibus olim smaragdi illa tanta copia suppeditabat. Et hæc quidem barbarorum vates inspicere invitabant: verum id sine bona regis venia non licebat.

De Libanio quodam admiranda refert, Asianum genere hunc Honorio et Constantio imperatoribus Ravennam venisse, summumque veneficum ac magum fuisse. Dicit enim professum esse, admiranda posse se absque armatis hominibus adversus Barbaros patrare. At cum deinde experimentum promissi dedisset, et fama longius manans ad ipsas usque Placidiæ aures rumorem detulisset, necatum illum esse, comminante Placidia conjugi Constantio divortium, nisi e vivis tolleretur Libanius præstigiator atque infidelis.

Constantius genere Illyrius fuit, e Panæso urbe Cadiæ, qui multis obitis jam inde a Theodosii Magni temporibus militiæ muneribus ad summum tandem, uti diximus, imperii apicem evectus est. Is cum cætera fuit laude dignus, tum quod auri nulla cupiditate flagraret, **62**b antequam quidem Placidiæ conjungeretur. Nam ea uxore ducta, pecuniarum avidus evasit. Ipso ergo mortuo, cum postulatis homines Ravennam undique confluxerunt, quos bonis ille per injuriam exuisset. Verum Honorii, inquit, lenitas, et Placidiæ cum eo arcta nimis familiaritas, frustra ut essent hæ quærimoniæ, omnisque adeo juris vis ac potentia, effecit.

Honorii erga sororem insita affectio tanta fuit, ex quo Constantius ejus maritus vita decessit, ut perdite nimis amando, et assidue os ejus osculando, turpis apud multos consuetudinis suspicionem non effugeret. Sed hic amor in tantum brevi vertit odium, allaborantibus Spadusa, atque Elpidia, Placidiæ nutrice, quibus illa tribuebat plurimum; adjurante item ipsas Leonteo illius curatore, ut et seditiones Ravennæ frequenter exsisterent (adhærebat enim ipsi adhuc Barbarorum turba, cum ex Adaulpho, tum ex Constantii imperatoris conjugiis) et vulnera etiam utrinque inferrentur. Donec tandem ob eas ipsas inimicitias, et priori amori par nunc odium, Constantinopolim Placidia fratre prævalente, cum liberis ablegatur. Solus Bonifacius fidem illi servans, cum ex Africa, cui præerat, pecuniam, ut poterat, submisit, tum ad alia ei obsequia præsto fuit. Qui post etiam, ut ad imperium hæc rediret, nihil non fecit, tulitque.

Honorius aquæ intercutis morbo correptus, ante diem vi Kal. Septemb. vitam finiit, missæque in Occidentem litteræ, Augusti mortem nuntiantes. Quæ dum ultro citroque mittuntur, Joannes quidam tyrannidem occupavit, atque ejus inauguratione imperii, tanquam ab aliquo futuræ rei oraculo, jactum est: « Cadit, non stat; » quod vulgus dictum invertens exclamabat: « Stat, non cadit. »

Bonifacius (1) vir erat heroicus, qui cum multis sæpe gentibus barbaris strenue pugnavit, paucis interdum copiis adhibitis, interdum pluribus, nonnunquam vero et singulari certamine: et, ut verbo dicam, barbaras multas, variasque gentes Africa expulit. Idem justitiæ vel in primis studiosus, et abstinens ac pecuniarum contemptor fuit, a quo etiam hujusmodi aliquando patratum facinus. **63**a Rusticus quidam præstanti forma uxorem suam cum Barbaro quodam e confœderatis milite consuescere cognovit, rogavit itaque Bonifacium, dedecus illud familiæ deplorans, ut opem ferret. Ille, cognito loci intervallo, et agri nomine, ubi adulterium patraretur, hominem tum quidem dimisit, in posterum diem ad se redire jussum. Noctu autem, insciis omnibus in agrum illum septuaginta stadiis dissitum profectus, deprehensi cum mœcha Barbari caput amputavit, eademque domum nocte revertit. Redeunti dein, ut mandatum fuerat, postridie marito, Barbari caput obtulit, percontatus an novisset. Ille spectaculo percussus, et quasi sensu motus, **mox** ubi agnovit, multis justitiæ causa actis gratiis, domum lætus rediit.

E magnis Romanæ urbis domibus (ut hic refert) omnia intra se unaquæque habuit, quæcunque mediocris etiam urbs habere potuit; hippodromum, fora, delubra, fontes, varia balnea. Hinc et scriptor sic exclamat:

Est urbs una domus: mille oppida continet una urbs.
Sed et lavacra publica ingenti prorsus fuere magnitudine, e quibus, quæ Antoninianæ nominantur thermæ, ad commodiorem lavantium usum, mille sexcenta habuerunt sedilia e marmore polito fabricata: Diocletianæ, duplo fere plura: Romanæ vero urbis mœnia ex Ammonis geometriæ dimensione, quo tempore Gotthi illam priore incursione infestarunt, viginti et unius milliaris spatium in circuitu habere comperta sunt.

Multas Romæ familias annuos reditus e bonis accepisse quadraginta circiter auri centenarios, absque frumento et vino, aliisque ejus generis, quæ ter-

---

(1) Hic B. Augustino perfamiliaris fuit, ut crebræ utriusque litteræ ostendunt.

tiam æquabant auri partem, si venderentur. Alteras vero post has, decem aut quindecim centenarios in censu habuisse. Probum Alypii filium in prætura, quam Joannis tyranni temporibus gessit, auri centenarios duodecim expendisse. Symmachum vero oratorem, mediocri censu senatorem, ante captam urbem 63*b* filio Symmacho prætturam gerente, centenarios impendisse viginti. Maximum dein, ex opulentis ac beatis unum, in filii prætturam quadraginta centenarios impendisse. Septem autem diebus solemnes ludos prætores celebrabant.

Scriptor hic Ulyssem ait, non circa Siciliam, sed ad extremas Italiæ oras oberrasse : et trajecto Oceano ad inferos descendisse, atque in eo mari variis illis erroribus jactatum fuisse. Quod multis confirmare nititur. Nos et alios plures legimus, in his cum illo consentire.

Remissa est Constantinopoli [a Theodosio Placidia cum liberis, adversus Joannem tyrannum : et illa quidem Augustæ nomen, Valentinianus vero Nobilissimi titulum suscepit. Submissus quoque exercitus, bellique imperator utriusque militiæ, Ardaburius nimirum cum Aspare filio, addito et tertio Candidiano. Ad Thessalonicam [cum ventum esset,] Helicon officiorum magister a Theodosio missus, Valentinianum in illa ipsa urbe Cæsaris veste induit, annos natum non amplius quinque. Cum autem ad Italiam pervenissent, Ardaburius a tyranni militibus capitur, missusque ad illum amicitiam cum eodem init. Ejus interim filius [Aspar] una cum Placidia in magna rerum desperatione luctuque versabantur. Sed Candidianus, multis occupatis urbibus, partaque rebus bene gestis nominis claritate, luctum dissipavit animosque reddidit. Cæso dein Joanne tyranno, Placidia una cum Cæsare filio Ravennam iniit. Helion vero magister et patricius, Romam invasit omnibusque eo confluentibus, Valentinianum jam septennem veste induit imperatoria; ubi historiæ finis est.

LXXXI.
Theodori Mopsuestiæ de Persarum Magia libri III.

Lecti sunt Theodori *De Persica magia et quid hæc a pio cultu differat*, libelli tres : quos Mastubio Armeno, et chorepiscopum agenti, inscribit. Ac primo quidem libro exponit nefandum Persarum dogma, quod Zasrades induxit, sive de Zarvam quem principem omnium facit, et *Fortunam* appellat. Hunc libatione oblata ut Hormisdam gigneret, et illum, et Satanam præterea genuisse. De eorum insu per 64*a* sanguinis mistione. Denique ubi simpliciter impium ac perobscænum dogma ad verbum proposuit, priore illud libro refellit. Reliquis duobus de fidei pia doctrina tractat, ductoque a mundi creatione exordio, ad ipsam legem gratiæ pari modo cursim delabitur.

Hic Theodorus ille Mopsuestius esse creditur. Nestorii enim hæresim, maxime libro tertio, confirmans citat. Quin et peccatorum in pristinum statum restitutionem constringit.

LXXXII.
Dexippi de rebus post Alexandrum gestis libri IV; *Epitome historica usque ad Claudii imperium et Scythica.*

Lecti sunt Dexippi *Rerum post Alexandrum Magnum gestarum* libri quatuor. Lecta et ejusdem altera *Epitome historica, usque ad imperium Claudii Aug.* summa gestarum rerum capita attingens. *Scythica* quoque ejusdem legimus, quibus Romanorum et Scytharum inter se prælia, resque memoratu dignas commemorat. Oratio ejus ut nihil habet redundans, ita pompam quamdam ac majestatem affectat. Unde quis eum jure dixerit alterum esse, sed cum perspicuitate quadam, Thucydidem; potissimum vero in Scythicis illis historiis.

Rerum post Alexandrum gestarum narrationem ab ipso mox regis excessu inchoat, refertque porro ut ad Alexandri fratrem Aridæum, qui ex Philine Larissæa Philippo natus fuerat, Macedonum regnum devenerit; ad illum, inquam, et Alexandri filium, nasciturum ex Roxana, quæ prægnans relicta fuerat; itemque ad Perdiccam et socios, qui Macedonum judicio, regum nomine imperium procurabant. Narrat deinceps, ut Alexandri sit divisum imperium. Asiæ quidem hoc modo. Ptolemæo Lagi filio totius Ægypti, et Libyæ, et omnis ultra hanc regionis Ægypto adjacentis, imperium datum. Cleomenes vero ab Alexandro rege huic Satrapiæ impositus, vicariam Ptolemæo præstare operam jussus est. Laomedon Mitylenæus Syriam tenuit; Philotas, Ciliciam; Pithon vero, Mediam; Eumenes, Cappadociam et Paphlagoniam, gentesque ad Euxinum pontum sitas, ad usque Trapezuntem. Antigonus Pamphyliis et Ciliciæ bus præfectus est, usque ad Phrygiam. Asandro Cares obvenerunt ; Lydi vero Menandro. Leonatus Phrygiam, quæ ad 64*b* Hellespontum est obtinuit. Atque ita quidem Asia distributa. In Europa, Thracia, quidem, et Cherronesus Lysimacho cessit. Antipater autem universæ Macedoniæ, et Græciæ, Illyriis item, et Triballis, atque Agrianis, omnibusque adeo iis, quibus in continente [Europæa] fuerat ab Alexandro adhuc superstite cum plena et summa potestate imperator præfectus. Curatoris porro officium, quæque ad regiam pertinerent tutelam, Cratero mandata. At quod summum est apud Macedonas dignitatis culmen, Perdiccas Hephæstionis chiliarchiam tenuit.

Indorum omnium præfecti Porus et Taxiles fuere. Ac Poro quidem, quæ Indum inter et Hydaspen flumina jacent; Taxili vero reliqua sunt attributa. Pithon alter horum finitimis imperavit, exceptis Paramisadis. Qui vero Indis contermini sunt, sub Caucasiis montibus incolentes, Oxyartæ Bactrio, Roxanes patri, regendi obtigerunt. Huic Roxanæ filius natus post Alexandri patris obitum, quem æque parentis nomine Alexandrum Macedones appellarunt. Arachosiis et Gedrosiis Sibyrtius præfuit. Stasanor [*al.* Stanosor] Soliensis apud Arcios et Drangos regnavit. Philippus Sogdianis imperavit, ut Radaphernes Hyrcaniis, et Neoptolemus Carmaniæ. Persæ Peucestæ paruerunt. Sogdianorum quippe regnum Oropius tenuerat, non a patre relictum, sed ab Alexandro acceptum, Qui postquam in eam calamitatem incidit, ut perduellionis reus regno exuendus esset, communicatum cum alio horum [Sogdianorum] imperium tenuit. Babyloniorum vero, ejusque regionis quæ media Tigrim inter et Euphratem fluvios sita est, ita distributum imperium, ut illis quidem Seleucus, Mesopotamiæ vero Archelaus imperaret. Hic itaque gentium, earumque præfectorum catalogus, postquam Perdiccas ab Alexandri excessu imperia distribuit. In cæteris autem plerisque narrationibus, æque ut in his, cum Arriano plurimum Dexippus consentit.

LXXXIII.
Dionysii Halicarnassei Historiarum libri xx.

Legimus Dionysii Halicarnassei Alexandri filii *Historiarum libros* viginti. Incipit ab Æneæ, capta jam Troja, in Italiam adventu, pergitque singulatim narrare Romam conditam, Romulique et Remi ortum, et ordine deinceps universa usque ad Romanorum cum Pyrrho Epirotarum rege bellum (quod ipsum quoque describit), desinitque in olympiadis cxxviii **65**a annum tertium : a quo tempore historiam inchoasse refert Polybium Megalopolitam. Claruit hic scriptor Augusti imperio; nam finito jam intestino bello quod Augustum inter et Antonium exarserat, in Italiam adnavigavit. Ubi cum annos duos et viginti, ut ipse ait, vixisset, et Latinam linguam accurate (homo Græcus) didicisset, omnemque adeo antiquitatem rerum Romanarum vestigasset, paratis denique universis scribendæ historiæ necessariis, ad rem ipsam aggressus est. Stylus ejus aique dictio, quæ novatorem deceat, et vero per insuetam vulgo viam orationem impellit. At rerum singularum minuta explicatio et sensus, illi quamdam simplicitatem affert, et ne ad ingratum sermonem atque asperum abripiatur, vetat. Digressionibus utitur non raro : quare historiæ fastidium levat, reficitque lectorem interdum, ac retinet. [Ut autem verbo expediam, orationis elegantia rerum particularium narratione et digressione temperata, dictionem in asperitatem abituram lenit.

LXXXIV.
Ejusdem Historiarum Synopseos libri v.

Lecta est ejusdem librorum viginti *Historiarum Synopsis*, quinque ipsa libris comprehensa : in qua, ut se ipse vincere elegantia videtur, ita quoque omni exutum jucunditate putes. Quæ tamen res ad utilitatem magis facit, dum nihil præter necessaria orationi interserit. Dicas eum tanquam regem cum imperio jus dicere, et temperato concisoque dicendi genere, ad hæc etiam compositione ac dictione ipsa vocis quamdam imaginem edere, ut durior quodammodo ex eo ad audientium aures deferatur, quod genus orationis compendio satis aptum, perfectæ atque integræ historiæ minime conveniat. Illud apparet scriptorem hunc Dione Cassio, et Appiano Alexandrino, Romanarum quoque rerum historicis, priorem ætate fuisse.

LXXXV.
Heracliani episcopi Chalcedonis [contra Manichæos libri xx.

Lecti sunt Heracliani Chalcedonensis episcopi *Adversus Manichæos* libri viginti. Oratio illi concisa, minime redundans, atque sublimis, non absque perspicuitate, quam granditas temperat. Atticismum enim cum familiari sermone admiscet, ac **65**b veluti puerorum præceptor, in certamine, plusquam Atticismo, ut sic loquar, contendit. Evertit vero id quod Manichæi appellant *Evangelium*, et *Giganteum librum*, atque *Thesauros*. Recenset item eos, qui ante se in Manichæorum impietatem calamum strinxerunt. Hegemonium nimirum, qui disputationem Archelai adversus ipsum [Manetem] perscripsit : et Titum, qui cum se putavit contra Manichæos scribere, in Addæ magis libros scripsit. Ad hæc et Georgium Laodicensem, qui eadem fere, quibus usus est Titus, argumenta pro veritate adhibet. Præterea Serapionem episcopum Thmueos. Denique et Diodorum illum, qui libris quinque et viginti [cum Manichæis certavit : quorum septem prioribus putat quidem *vividum* se Manichæorum *Evangelium* refellere; at non assequitur : dum non illud, sed quod ab Adda scriptum erat, et *modium* appellatur, evertit : reliquis deinde libris ea sacræ Scripturæ loca pure explanans atque declarans, quæ Manichæi ad ea quæ animo concepissent, accommodare solerent. Et hæc de Diodoro. Horum ergo Patrum, ut eos pientissimus Heraclianus nominat, facta mentione, quæcunque in ipsis non satis firmiter pronuntiata sunt, breviter confirmat, quæ prætermissa pie supplet, quæ satis accurate prodita integre citat, cum nominis honorifica appellatione, additis similiter quæ sibi in mentem venerint.

Spirat hic vir philosophicum robur, aliarum quoque artium opibus egregie instructus. Igitur quæ fabulose nugantur Manichæi, validissime evertit, atque ex ipsa etiam rerum, quæ exsistunt, consideratione, fabulosas ipsorum de Ente nugas refutat. Scriptum est autem hocce adversus Manichæos viginti librorum opus ad Achillium quemdam, qui id postulaverat, quem et fidum et charissimum filium appellat. Perspecto enim Manichæorum impietatem longius serpere, publicis eam scriptis refutari Achillius flagitarat. Et certe ad æternum de hac impietate triumphum, scriptum est hoc opus. Claruit vero hic pientissimus Heraclianus temporibus . . . .

LXXXVI.
B. Joannis Chrysostomi Epistolæ quas relegatus scripsit.

Lectæ sunt Epistolæ sancti Patris Joannis

Chrysostomi, quas injuste atque inhumaniter relegatus ad varios misit : **66** *a* in quibus utilissimæ sunt, quas ad piissimam Olympiadem diaconissam decem et septem conscripsit, et ad Innocentium Pont. Roman., quibus etiam quæcunque pertulit, quantum per epistolam licet, enarrat. Utitur in his usitata sibi dicendi forma. Clarus enim est, atque perspicuus, et persuadendi vi cum jucunditate floridus, nisi quod accuratius videantur scriptæ ad Olympiadem litteræ : neque enim ad epistolicum illæ stylum usquequaque accommodari potuerunt, quod rerum ista magnitudo scribendi legibus vim afferret, easque ad se pertraheret.

LXXXVII.

Achilles Tatius De rebus Leucippes et Clitophontis libri VIII.

Legimus Achillis Tatii Alexandrini *De rebus Leucippes et Clitophontis* octo libros. Est vero dramaticum opus, amores quosdam continens intempestivos. Et dictione quidem ac compositione videtur excellere. Claritudinem enim, atque aptam translationem, quoties ea utitur, adhibet. Definitæ præterea, et perspicuæ, quæque delectationem afferant, pleræque sunt periodi, auditum quoque consonantia quadam lenientes. Verum obscenissimi ejus, et nimis impuri sensus, cum scriptoris sententiam in omni re seria elevant, tum legere volentibus abominandam fugiendamque reddunt lectionem. Exceptis autem nominibus fere personarum, et detestanda illa obscenitate, magnam omnino similitudinem videtur in apparatu ac narrationum fictione cum Heliodori dramate habere.

LXXXVIII.

Gelasii [Cyziceni] Cæsareæ Palæst. episc. Historiæ ecclesiast. libri III.

Legimus historiæ forma Res in Nicæna synodo *gestas*, libris tribus. Refert auctor Hosium Cordubæ episc. et Bitonem atque Vincentium Romanos sacerdotes, Silvestri Romani pontificis legatos, adfuisse, ipsum quoque Eustathium Antiochenum patriarcham, et Alexandrum presbyterum Metrophanis Constantinopolitani legatum; neque enim hic, ætate confectus (centesimum excedebat annum), adesse poterat. Adfuisse et Alexandrum Alexandriæ antistitem, una cum Athanasio, qui post etiam ei in episcopatu successit : et præter eos **66** *b* Macarium Hierosolymorum præsulem, cum magna præterea episcoporum ac sacerdotum multitudine. Indictam autem synodum memorat, anno decimo sexto imperii Constantini ; durasseque factiones ejus ad usque ejusdem primum et vicesimum annum cum semestri, ut nimirum sex ipsos annos [Patres] consederint.

Exturbatum ibi refert Arium, et anathematis fulmine confixum, sed inde iterum conatum impetrare admissionem, tentantibus id sæpenumero Eusebio Nicomediensi præsule, et Eutocio Ariano presbytero ordinato, quem posteriorem, animam agens Constantia imperatoris soror, fratri commendarat. Verum etsi Arium isti in Ecclesiam reducere conati fuerint, non permisisse tamen divinam ultionem, hostem hunc Ecclesiæ suæ templo sanctiorique adyto insultare dum lata in eum sententia, in latrinis voluit vitam terminare eodem illo die quo ipse ejusque sectarii et asseclæ statuerant illius reditu Dei Ecclesiam, et sacra profanare. Accidisse autem hunc [impii] e vita excessum loco publico, quod a foro proxime latrinæ illæ abessent. Constantinum Magnum gavisum scribit, quod integerrimus judex Deus controversiam omnem sententia lata diremisset, misisseque mox ad varios epistolas, quibus justam de Ario vindictam, velut cippo inscriptam omnibus promulgaret. Ita hujus scriptoris narratio consentit cum Athanasio Magno, cum Theodoreto, aliisque plurimis. Nonnullis enim tradere visum, non Constantini Magni temporibus, sed Constantio filio imperante, tam fœdo Arium exitu hominem exuisse. Et hæc quidem liber ille continebat. In alio tamen exemplari, quo eadem prorsus continebantur, hunc titulum libro inscriptum reperi : Gelasii Cæsareæ Palæstinæ episcopi. Ipsa porro dictio ad humilem vilemque stylum plus æquo vergere animadvertitur.

Verum quis hic Gelasius sit, certo non potui cognoscere. Trium enim hactenus Gelasiorum (quos discernere nequeas) Cæsareæ Palæstinæ episcoporum, vel certe (1) duorum libros legimus. Quorum quidem librorum unus *Adversus Anomæos* [hæreticos] conscriptus est : reliqui duo, res continent ecclesiasticas, alteriusque horum jam modo est a nobis obiter facta mentio : **67** *a* cujus sane titulus (ubi quidem illum ascriptum invenimus) is est, quem antea diximus : *Gelasii Cæsareæ Palæstinæ episcopi Ecclesiasticæ Historiæ libri tres.*

Operis autem ipsius principium ejusmodi est : *Quæ in sancta, magna, et universali episcoporum synodo, ex omnibus, ut sic dicam, Romani orbis provinciis, ipsaque adeo Perside congregata,* et reliqua. Desinitque in Constantini Magni obitum, quando divino remissionis [peccatorum] lavacro suscepto, vitæ hujus maculas, quas communi mortalium sorte contraxisse oportuerat, una eluit. Baptismate vero tinctum refert ab orthodoxo sacerdote, sacroque ritu, non, ut quidam prodiderunt, ab hæreticorum aliquo. Longiorem autem hanc baptismati obvenisse moram, quod ipsis Jordanis fluminis aquis tingi vehementer optasset. Affirmat hic scriptor sub Basilisco, qui, Zenone pulso, tyrannidem occupavit, vixisse se, ac legisse concilii acta in antiquis membranis conscripta, dum adhuc pa*Libelli Adversus Anomæos*, sive Eutychen, De duabus naturis in Christo, auctorem esse.

---

(1) Illustriss. certe Baron. t. VI, *ad ann. Chr.* 496, init., eumdem demonstrat Gelasium hujus *Hist.* et

ternis in ædibus versaretur. Ex horum itaque memoria, et ex aliis præterea scriptis, utilia quæque colligendo, historiam composuisse. Meminit insuper, laudatque dicta quædam Gelasii cujusdam quem ipse Gelasium, Ruffinum quoque nominat. Suam porro patriam esse ait Cyzicum : patremque unum de presbyteris ibidem exstitisse. Sic libri hujus loquitur scriptor, atque hæc liber ipse commemorat.

LXXXIX.

Gelasii Cæsareæ Palæstinæ episcop. Prooemium in additamentum ad Ecclesiast. Historiam Eusebii Pamphili.

Jam alter [rerum ecclesiasticarum, de quo supra commemini] liber hunc titulum præfert : *Prooemium episcopi Cæsareæ Palæstinæ in ea quæ ad ecclesiasticam Historiam Eusebii Pamphili adjiciuntur*. Incipit vero hoc modo : « Cæteros quidem, qui ad scribendum animum appulerunt, quique rerum gestarum historias memoriæ prodere statuerunt, » et quæ sequuntur.

Prædicat se avunculum habuisse Cyrillum Hierosolymorum episcopum, qui et sibi ad hæc ipsa scribenda auctor fuerit. Alibi autem legendo hoc quidem comperi, Cyrillum ipsum cum hoc Gelasio Ruffini Romani historiam in Græcum vertisse sermonem, non vero propriam suam aliquam condidisse. Illud certum, Gelasium hunc, quando Cyrilli Hierosolymitani æqualis fuit, proximo illo esse ætate priorem. Et hic certe Gelasius diserta quoque dicendi forma ab illo discrepat 67 *b* : quanquam uterque longe est eo, qui adversus Anomœos scripsit, inferior. Qui quidem episcopus et ipse ejusdem Palæstinæ inscribitur, sed dictione ac varia doctrina, logicisque rationibus (quibus tamen, nescio qui, non aptissime est usus) cæteros duos, qui inferiorem ordinem dicendo tenuisse visi sunt, multo intervallo reliquit. An vero horum aliquis hæc idem conscripserit, et opportune collegerit, addideritque reliqua, cognoscere nondum potui.

XC.

Libanii sophistæ Orationes et Epistolæ.

Lecti sunt Libanii tomi duo. Is in fictis suis, quasque exercitationis tantum causa scripsit, orationibus, se ipso est, quam in aliis præstantior. Nimis enim diligens ac curiosus dum esse vult, nativam effusamque sermonis (ut ita dixerim) gratiam ac venustatem in illis aliis corrupit, atque in obscuritatem delapsus est, multa quidem interpositionibus obscuriora reddendo, quædam etiam ablatis necessariis. Regula est alioqui hoc in genere, ac norma sermonis Attici. Clarum item habet in epistolis scribendis nomen : multaque et varia circumferuntur ab eo conscripta.

XCI.

Arriani De Alexandri Magni rebus gestis libri VII.

Legimus Arriani *De rebus gestis Alexandri Magni libros septem*. Refert ipsum cum Atheniensibus cæterisque Græcis, Lacedæmoniis exceptis, fœdus inivisse, ac dehinc in Asiam trajecisse, prœliisque Persas fregisse, et ad Granicum quidem Darii satrapas, copias ducentes equitum viginti millia, pedites pene totidem, omnes debellasse : ad Issum vero Darium cum exercitu fudisse fugasseque, et liberos, atque adeo uxorem cepisse. In Arbelis, sive in Gaugamelis tandem et ipsum Darium superasse, et hunc fugientem a suis occisum esse. Suffectum deinde ab iisdem in Darii locum regem Bessum, æque postmodum ab Alexandro captum, et ob audacem in Darium injuriam ludibrio affectum, vitaque privatum. Adhæc septies Alexandrum inter pugnandum fuisse vulneratum, regiasque in Pagasis opes sustulisse. Cum item persuasum ei esset Philotam insidias moliri, cum parente Parmenione interficiendum ipsum curasse, Sogdianorum quoque regnorum potitum esse, 68 *a* et Asiæ Scythas prœlio vicisse. Clitum ab Alexandro potu correpto, interemptum, magnumque mox eum facti, ut ad sobrietatem redierat, mœrorem ostendisse : ad hæc et Alexandro a pueris structas fuisse insidias, pœnasque idcirco irrogatas. Petram illam, quæ in Sogdiana regione est, occupatam esse, capta Oxyarti, qui regioni illi imperitabat, conjuge, una cum Roxana filia, quam post Alexander uxorem rite duxerit. Alexandrum ex Bactris ad Indos profectum, pugna illos superasse, urbesque eorum plurimas obsidione cepisse : in his et Aorno (quæ dicitur) occupata, in Asacanorum provinciam pervenisse. Navibus præterea Indo flumine constrato, trajecisse, et Porum Indorum regem uno devictum prœlio, vivum cepisse, humaniterque complexum, latius etiam quam antea regnare jussisse. Indos fluvios, non secus atque Nilum æstate augeri, hieme vero minui memorat. Refert item alium quemdam Porum, Indis quoque imperantem, quem et facinorosum fuisse ait. Alexandrum vero dum hunc persequitur, Hydaspen fluvium transivisse, ejusque accolas Indos bello superasse : horum quoque oppida ingentia, et frequenter habitata armis cepisse, tetendisseque porro ad Hyphasim flumen : quod dum transmittere Alexander pararet, tumultuari militem cœpisse, quod nec labores assiduos toleraret, nec belli quietem, finemque expeditionis videret. Hac de causa, relicta India, reverti coactum Alexandrum. Atque hic quintum librum scriptor clausit.

Sexto itaque libro, frequentes ab Alexandro redeunte pugnas cum hoste commissas, ingentesque partas victorias commemorat. Quibus in prœliis fortiter dimicantem ad superiora quinque vulnera, alia iterum duo accepisse, ac licet e septimo moriturus videretur, commode tamen fuisse curatum. Ex India revertentem, terrestri ipsum itinere profectum esse, Nearcho altera exercitus parte commissa, ac per mare redire jusso. Convenisse utrasque copias, cum maritimas, tum terrestres ad

Carmaniam. A Carmania deinde in Persidem Alexandrum progressum, imperato ut Nearchus in Susianorum regionem cursum, et ad Tigridis fluminis ostia institueret. Hanc autem Nearchi navigationem **68**b Ionica describit dialecto Arrianus, eamque proprio titulo *Indica* indigitat.

Alexander post hæc neglectum Cyri sepulcrum adornavit, et Calanum gymnosophistam, qui flammis se committere vellet, quod morbo tentaretur, patrio exstingui ritu permisit. Nuptias ad hæc cum suas, tum aliorum splendide celebravit. Ipse quidem natu maximam Darii filiam, Arsinoen nomine, duxit, natuque minimam filiarum Ochi, quæ Parysatis dicta. Roxana enim jam antea ducta erat. Drupetin, Darii quoque filiam, Hephæstioni nuptui dedit : Cratero Amastrinam, Ptolemæo vero et Eumeni, Artacanam et Artonem Artabazi filias tradidit ; Nearcho Barsines et Meltoris filiam uxorem dedit ; Seleuco Spitamenis filiam. Cæteris quoque sociis clarissimas Persarum ac Medorum filias numero fere octoginta stabili connubio junxit, factis Persarum ritu ac jure nuptiis. Macedonum quoque veteranos exauctoratos in Macedoniam misit : et Antipatrum interim recens collectas copias sibi adducere jussit. Dum hæc aguntur, Harpalus regias furatus opes, fuga dilapsus est. Hephæstion item vita defungitur, cujus obitu ingenti mœrore consternatus Alexander est, atque incredibiles in rogum ac justa facienda sumptus fecit. Quo item tempore legati ex Africa et Carthagine ad illum missi : imo ex Italia, ut hic refert. Cujus quidem Italiæ incrementum, illos intuitus, denuntiando prædixit. In Babyloniam eundi cupido ipsum incessit, et obitum vates denuntiant : cumque inconsiderate quidam in throno ejus consedisset, ex eo jam certius mortem ejus augures prædixerunt. Classem nihilominus profectioni adornat, ut in Arabas moturus multitudine innumerabiles, qui duos duntaxat deos, Cœlum et Bacchum, colerent. Hæc dum præparat, vi morbi superatus, vita decessit. De ejus excessu varii varie scripserunt, multaque etiam pugnantia prodiderunt. Vixit annos duos supra triginta, et menses octo : quibus octo mensibus, annisque duodecim regnavit. Laudatur mirifice ab hoc scriptore Alexander, ob singularem virtutum fere omnium præstantiam, in quo septimus desinit liber, quem *Indica* excipit *Historia*, libro singulari.

XCII.

Ejusdem Arriani De rebus post Alexandrum gestis libri X.

69a Scripsit idem *Res post Alexandrum gestas* libris decem, quibus militarem exercitus seditionem complectitur, electionemque ea conditione factam Arridæi (quem Philippo patri Alexandri peperit Philine mulier Thessala) ut et Alexander [infans], quem Roxana Alexandro paritura erat, simul regnaret. Quod etiam evenit, edito in lucem infante.

Igitur Arridæum regem renuntiantes, Philippum cognominarunt. Tumultuati vero sunt, et invicem dissenserunt pedites equitesque. In quibus et equitum, et ducum principes erant Perdiccas Oronti F. et Leonnatus Anthæi et Ptolemæus Lagi F. post hos Lysimachus Agathoclis F. et Aristonus Pisæi F. et Pithon Cratevæ F. et Seleucus Antiochi F. et Eumenes Cardianus, qui quidem equitum ductores fuere : peditum vero Meleager. Missæ dehinc variæ utrinque legationes : tandemque convenit inter pedites, qui jam antea regem nominarant, et equitum duces, ut Antipater in Europa belli imperator esset, Craterus regni Arridæi præfectus, Perdiccas vero legionis, quam Hephæstion duxerat, Chiliarchus (quod quidem regni totius erat procurationem illi tutelamque committere), Meleager denique Perdiccæ vicarium præfectum ageret. Cum itaque postea exercitum lustrare Perdiccas simularet, seditionis auctores præcipuos comprehendit, comprehensosque, tanquam jubente Arridæo, ipsoque inspectante, occidit. Quo ex facto terror reliquos persuasit. Post paulo et Meleagrum interfecit. Hinc suspectus omnibus Perdiccas, cæteros quoque ipse suspectos habere cœpit : quos tamen ad præfecturas nihilo secius, tanquam Arridæo jubente, provehere statuit. Et vero Ptolemæus Lagi F. Ægypto et Africæ, omnique illi Arabiæ parti quæ Ægypto adjacet, imperare jussus est. Cleomenes autem, qui ab Alexandro satrapa ibi constitutus fuerat, Ptolemæi vicarius præfectus fit. Syriæ deinde quæ huic satrapiæ subjacet, Laomedon impositus. Philotas Ciliciæ præfectus est, ut Pithon Mediæ. Eumenes vero Cardianus Cappadociam et Paphlagoniam, quæque Ponto adjacent Euxinio suscepit, ad usque Trapezuntem Sinopensium coloniam. Pamphylis, et Lyciis, magnæque Phrygiæ Antigonus datus. Cares **69**b Cassandro obvenerunt ; Lydi Menandro : ut Leonnato illa Phrygia, quæ pertinet ad Hellespontum, quam ab ipso Alexandro Calas quidam nomine obtinebat, etsi deinde Demarcho commissa fuerit. Ita tunc Asia est distributa.

Per Europam vero, Thraciæ quidem et Cherroneso, gentibusque Thraciæ finitimis, usque ad mare quod Salmydessum Ponti Euxini urbem attingit, Lysimachus præfectus datur. At quæ ultra Thraciam usque ad Illyricos, Triballos, et Agrianos pertinent, ipsaque adeo Macedonia, et Epirus ad Ceraunios usque montes pertingens, cum Græcia universa Cratero, et Antipatro obvenerunt. Ita hæc divisio facta : nam plurima loca, ut ab Alexandro relicta erant, indigenis parentia præfectis, indivisa permanserunt.

Interea et Roxana prægnans parit filium, quem mox regem militaris turba renuntiavit : et seditionibus ab Alexandri excessu omnia replebantur. Etenim Antipater cum Atheniensibus, cæteraque Græcia, quam Leosthenes imperator defendebat, bellum gessit : primumque victus, et in angustias adductus, superior tandem evasit, amisso tamen

Leonnato, qui suppetias Antipatro attulerat. Lysimachus quoque cum Seutha Thrace nimis audacter conflixit pro imperio. Cum paucis enim pugnans, etsi strenue se gereret, tamen confectus est. Perdiccas item cum Ariarathe Cappadociæ præfecto conseruit, quod Eumeni ibi imperare jusso non cessisset. Uno itaque hic et altero prælio superior, captum illum suspendit, Eumenemque in regnum restituit. Craterus vero Antipatro portans adversus Græciam auxiliares copias, victoriæ illius auctor, qua victi Græci, exstitit. Quamobrem utrique dicto audientes, imperata deinceps absque tergiversatione fecerunt. Et hæc quidem libris quinque complectitur.

Sextus refert Demosthenem et Hyperidem Athenienses fugisse, Aristonicum item Marathonium, et Himeræum Demetrii Phalerei fratrem, Æginamque primum venisse, ubi dum versarentur, orante Demade, capitis sententia ab Atheniensibus damnatos, quod decretum Antipater perficiendum curarit. Deinde ut Archias Thurius, qui eorum necem perpetrarat, ad extremam **70***a* redactus inopiam atque infamiam, vita decesserit : utque Demades non ita multo post in Macedoniam delatus, a Casandro interfectus sit, ejus primum filio in sinu et oculis parentis jugulato. Causam vero cædis Casandrum allegare, quod parentem suum Demades olim injuria affecisset, cum Perdiccæ scripsit, ut Græcos e putrido ac vetere filo pendentes servare vellet; Antipatrum nimirum his verbis irridendo. Dinarchum Corinthium horum indicium fecisse, atque ita Demadem aliquando avaritiæ ac proditionis, et in re quaque perfidiæ, meritas dedisse pœnas.

Refert etiam hæc. Thibro Lacedæmonius Harpalum (qui superstite etiamnum Alexandro opes ejus furatus, Athenas se receperat) interemit, et sublato quidquid illi pecuniarum reliquum erat, primum quidem in Cydoniam Cretæ urbem venit : sed deinde in Cyrenem cum exercitu sex millium trajecit, accersitus ab Cyrenensium Barcensiumque exsulibus. Apud quos dum variis pugnis, variisque insidiis, interdum vincit, interdum vincitur, in fuga tandem ab Afris quibusdam bigas agentibus comprehensus, ad Epicydem Olynthium Teuchiram adducitur. Huic enim urbem illam curandam commiserat Ophellas, vir Macedo, qui a Ptolemæo Lagi F. Cyrenæis auxilio missus fuerat. Teucheritæ ergo, Ophella illis permittente, Thibronem flagellis cæsum, in Cyrenensium portum de cruce suspendendum mittunt. At cum Cyrenæi nihilominus in rebellione perstarent, ipse denique Ptolemæus accessit, rebusque omnibus tranquillatis, retro domum adnavigavit.

Perdiccas insuper Antigonum insidiose in jus vocabat, verum ille, ut peti se insidiis cognovit, parere recusavit : atque hinc ortæ invicem inimicitiæ. Hoc item tempore e Macedonia Jollas et Archias ad Perdiccam venerunt, adducta in uxorem illi Nicæa Antipatri filia. Quin et Olympias, magni Alexandri mater, mittit ad eumdem, despondetque Cleopatram filiam. Ibi Eumenes Cardianus Cleopatram ducere suadebat : Alcetas vero fratris consilium ad Nicææ magis nuptias inclinabat, cujus item sententia pervicit. Post non diu Cynanes cædes accidit, quam Perdiccas, ejusque frater Alcetas intulerunt. Hæc Cynane eumdem cum Alexandro patrem **70***b* Philippum habuit, sed matrem Eurydicen, atque Amyntæ illius uxor fuit, quem Alexander e medio sustulit, cum in Asiam, expeditione suscepta, moveret. Idem autem ille interemptus Amyntas, Perdiccæ Philippi fratris filius, Alexandri patruelis erat. Nunc itaque Cynane filiam suam Adean, quæ post Eurydices cognomen tulit, Arridæo uxorem adducebat, quam et postea duxit, ipso transigente Perdicca, quo per illas nuptias Macedonum sedaretur seditio, quæ ob sublatam Cynanem accensa, abibat in deterius. Antigonus interim in Macedoniam ad Antipatrum et Craterum profugit, sibique a Perdicca structas insidias exponit, ac tantumdem eum in omnes studiose meditari affirmat. Similiter et Cynanes infortunium tragice exaggerat. Quibus ita expositis, ad bellum ipsos contra Perdiccam gerendum inflammat.

Arridæus quoque Alexandri apud se corpus servans, repugnante Perdicca, ad Ptolemæum Lagi F. accepto corpore proficiscitur, a Babylone per Damascum in Ægyptum iter habens. Qui sæpenumero licet a Polemone Perdiccæ familiari impeditus, pervicit tamen, re ex animi sui sententia gesta. Interea Eumenes Perdiccæ munera Sardeis ad Cleopatram attulit : decretumque jam esse Perdiccæ, Nicæam repudiata, ejus in locum Cleopatram ducere, quod ubi innotuit (Menander Lydiæ satrapa Antigono significavit, et per eum Antipatro quoque et Cratero res publicata), eo etiam vehementius illi ad Perdiccam bello persequendum incitati sunt. Antipater itaque et Craterus e Cherroneso Hellespontum trajiciunt, trajectus custodibus clam per legatos deceptis. Mittuntur et ab his ad Eumenem ac Neoptolemum, Perdiccæ obnoxios, legati : quibus Neoptolemus quidem assentitur, Eumenes vero minime.

Hinc Eumeni suspectus esse cœpit Neoptolemus, et bellum inter se gerunt. Quo in bello viribus superante Eumene, fugit cum paucis Neoptolemus ad Antipatrum Craterumque, quibus et persuadet, ut sibi in bello adversus Eumenem socius Craterus daretur. Nec mora, prœlio utrique cum Eumene confligunt. Dedit vero operam omnem Eumenes, ut ignorarent sui Craterum adversus se belligerare : ne fama adducti, vel castris suis desertis, ad illum transirent, vel certe apud se manentes, **71***a* audaciores minus essent. Qui cum illi dolus atque astus processisset, prœlio quoque victor evasit. Ergo Neoptolemus ipsius Eumenis scribæ manu cæsus cecidit, vir cætera militaris, et bello strenuus

Craterus autem in obvium quemque intrepide pugnans, atque ita incedens ut cognosci potuerit, nihilo tamen secius a Paphlagonibus quibusdam incognitus occiditur, tametsi ille maxime causiam capite dejecisset. Attamen pedestres copiae salvae ad Antipatrum e proelio redierunt; quae res animum reddidit, metumque minuit.

Perdiccas Damasco profectus, adversus Ptolemaeum Lagi F. dimicaturus, in Aegyptum cum regibus et copiis venit. Ptolemaeum itaque cum accusasset, atque ille objecta crimina coram multitudine ita purgasset, ut injuste accusatus videretur, bellum tamen, repugnante licet militum vulgo, Perdiccas infert. Quo in bello jam iterum victus, iisque asperior factus qui ad Ptolemaeum transire vellent, caetera etiam in castris superbior (1), quam imperatorem deceret, a suis ipse equitibus inter pugnandum occiditur. Ptolemaeus vero, sublato Perdicca, ad reges, transmisso Nilo, proficiscitur, donisque allatis, et variis quoque obsequiis tam eos, quam caeteros Macedonum proceres, amanter complexus est. Imo et ipsorum Perdiccae amicorum vicem dolere se palam ostendit: et quibuscunque Macedonibus periculum aliquod imminere videretur, eosdem ille omni ope ac ratione metu liberare studuit. Quo factum est, ut jam tum, atque in posterum omnium ore laudaretur. Habito dein conventu, Pithon et Arridaeus copiis universis, Perdiccae loco, praefecti renuntiati in praesens sunt, et ex Eumenis atque Alcetae sectatoribus ad quinquaginta damnati, idque maxime ob Craterum interfectum, cum Macedones inter se mutuis proeliis dissiderent. Antigonus adhaec e Cypro evocatus, quin et Antipater, ad reges festinare jubentur. Nondum vero adventantibus illis, Eurydice (2) Pithonem et Arridaeum nihil se inconsulta volebat agere. Qui a primo quidem non repugnarunt: post tamen, nihil illi commune cum republica esse responderunt: sibi, dum Antigonus et Antipater veniant, curae rem fore publicam. Illi igitur cum accessissent, Antipatro summa rei commissa est; exercitusque ab Alexandro promissa militiae **71**b praemia poscit. Antipater, cum in praesentia nihil haberet, aequum postulare respondit: at mox, ut nec justam eorum indignationem incurrere possit, quoad ejus fieri poterit exploraturum thesauros regios, quaeque alibi recondita essent: quae certe ipsius oratio jucunda parum fuit exercitui. Quare cum Eurydice quoque criminationes adversus Antipatrum foveret, plebe indignante, seditio cooritur. Quo tempore et ipsa in eum concionatur, Asclepiodoro scriba sermonem ejus referente, et praeter eam item Attalus. Plane ut vix caedi ereptus Antipater sit, patrocinatis apud inconditam plebem Antigono et Seleuco, quorum advocationem Antipater postularat: qui et ipsi propterea non parum de vita periclitati sunt. Morti ergo ereptus Antipater ad suum se recepit exercitum, et equitum praefecti dein evocati convenerunt, vixque tandem seditioni fine dato, Antipatrum rursum, ut antea, summae praeesse rei jubent.

Ibi et ab ipso Asiae facta divisio est, qua priorem illam partim ratam habuit, partim, ubi temporum necessitas exigeret, innovavit. Nam Aegyptum quidem et Libyam, vastamque ultra Africam, et quidquid praeterea bello partum ad occidentem solem jacet, Ptolemaei esse pronuntiat. Laomedonti vero Mitylenaeo Syriam assignat. Philoxenus Ciliciam, quam antea provinciam sortitus erat, retinuit. Jam inter superiores satrapias, Mesopotamiam et Arbelum Amphimacho regis fratri attribuit: Seleucus vero Babyloniae praeficitur. Antigeni, qui primus Perdiccam invaserat, et Macedonum Argyraspidarum (3) ductor erat, praefectura totius Susianae data. In Perside Peucestes confirmatur. Carmaniae Tlepolemus praeponitur, ut Mediae usque ad Caspias portas Pithon. Philippus Parthis: Ariis vero et Drangenorum regioni, Stasander praefectus venit. Bactrianae et Sogdianae Stasamor Soliensis, Arachotarum vero Sibyrtius evenit. Oxyartae, Roxanes patri, Parapamisadae dantur: Indorum autem ea ora, quae Parapamisadis adjacet, Pithoni Agenoris F. tributa. De proximis deinde satrapiis ea quae ad Indum flumen est, et Patala urbs, quae in illa India est maxima, **72**a Porro regi cessit: at quae ad Hydaspen flumen pertinet, Taxilae item Indo, attribuitur, quando non facile esset ipsos dimovere, qui ab Alexandro ipso in imperio constituti, magnam satis potentiam nacti essent. Adhaec qui a Tauro monte ad Boream vergebant, Cappadocas Nicanori attribuit: Magnam vero Phrygiam, Lycaoniam, Pamphyliam, et Lyciam, ut antea, Antigonus retinuit. Cariam Asander accepit. Lydia Clito data, ut Arridaeo ea, quae ad Hellespontum jacet, Phrygia. Pecuniae Susis colligendae Antigenes praeficitur; cui et e Macedonibus, qui maxime tumultuati fuerant, ad tria millia traditi. Corporis praeterea regii custodes ac stipatores nominavit Autolycum, Agathoclis F. et Amyntam Alexandri F. Peucestae fratrem: Ptolemaeum item Ptolemaei F. et Alexandrum Polyspherchontis F. Casandrum vero suum filium, equitum chiliarchum; iisdemque copiis, quibus antea Perdiccas praefuerat, Antigonum praefectum constituit, cui etiam regum curam custodiamque mandans, bellum cum Eumene gerendum atque conficiendum volenti commisit. Antipater ipse, valde ab

---

(1) Justin. lib. xiii: « Perdiccae plus odium arrogantiae, quam vires hostium nocebant, quam exosi etiam socii ad Antipatrum gregatim profugiebant. »

(2) Arridaei conjux, prius *Adea* dicta, Cynanes filia, sup. Quae viri valetudine abutens, ejus sibi officia vindicabat. Justin. lib. xiv.

(3) Ab argenteis ita clypeis appellati quidam Alexandri M. milites, ut refert Justinus lib. xii, et Athenaeus lib. xii.

omnibus ob res bene gestas laudatus, domum revertit. Atque in his nonus clauditur liber.

Decimus porro narrat Eumenem, cognito quæ Perdiccæ accidissent, seque hostem a Macedonibus judicatum, quæ ad bellum essent necessaria, comparasse, et Alcetam Perdiccæ fratrem, fuga salutem ob hæc ipsa quæsiisse. Attalum quoque, qui in civili ab Antipatro defectione nemini secundus fuerat, fugientem pariter cæteris sese exsulibus miscuisse, exercitumque tandem conflasse, peditum decem millium, equitum octingentorum; ac cum his Cnidum, Caunum, et Rhodum invadere conantem, a Rhodiis fortiter, Demarato apud eos classis præfecto, repulsum fuisse. Refert etiam parum abfuisse, cum Sardeis peteret Antipater, quin ad manus cum eo Eumenes venerit. At Cleopatram Alexandri sororem (ne forte apud Macedonum vulgus, quasi belli ipsis causa foret, in crimen illa vocaretur) suasisse ac persuasisse Eumeni, Sardibus ut absceederet. Antipatrum tamen eam **72**b nihilominus cum advenisset, ob amicitiam, societatemque cum Eumene atque Perdicca, non sine probris atque conviciis increpuisse : illamque, supra quam ab eo sexu exspectari poterat, sese defendisse aliaque plurima vicissim objecisse, ac tandem pacatos eos discessisse. Eumenem nec opinato in vicinorum eorum agrum, qui ei non parerent, irrumpentem cum præda magna egisse, tum pecuniæ magnam vim diripuisse, quibus ille suum exercitum magnopere ditarit. Nuntios insuper ad Alcetam ejusque socios misisse, qui copias omnes in unum adducere, atque ita junctis viribus communem hostem oppugnare rogarent. Illos vero aliis aliud suadentibus, tandem minime esse assensos. Antipatrum addit cum Eumene pugnare adhuc non ausum, misisse tamen Asandrum (1), qui cum Attalo atque Alceta dimicaret. Certatum esse hic æquo propemodum Marte : sic tamen, ut inferior Asander discesserit. Casandrum adhæc ab Antigono dissensisse, verum animi perturbationem, Antipatro patre inhibente deposuisse. Apud Phrygiam deinde Casandrum cum parente congressum, ne a regibus longius discederet, sed Antigonum suspectum haberet, hortatum esse. Illum vero cum temperata sua prudentia, tum variis obsequiis atque virtutibus suspicionem pro virili sustulisse. Mitigatum itaque Antipatrum, de illis copiis, quas in Asiam secum transvexerat, peditum illi [Antigono] Macedonici generis octo millia et quingentos tradidisse, equitum vero externorum parem numerum : elephantorum quoque dimidiam partem, id est septuaginta ; quo facilius bellum cum Eumene conficeret. Ita Antigo-

(1) Cui Caria provincia obvenerat.

num bellum hoc administrare exorsum esse : Antipatrum vero, acceptis regibus, cæterisque copiis, tanquam in Macedoniam trajecturum abivisse. Addit iterum ibi tumultuantes milites pecuniam postulasse, Antipatrumque promisisse, ubi Abydum pervenisset, illam sese curaturum præbiturumque fortasse donativum universum : sin vero, majorem certe partem accepturos. Hac ergo spe lactatos, absque seditione deinceps Abydum usque perduxisse; unde ipse noctu (deceptis astu militibus) una cum regibus Hellespontum, ad Lysimachum trajecerit : postridie ergo ejus diei, etiam ipsos transiisse, de pecunia poscenda in præsens quiescentes. Atque hoc libri decimi extremum est.

Est sane scriptor hic nemini eorum qui historiam optime contexuerunt postponendus. **73**a Nam et narrationum brevitate præstat, et importunis digressionibus, aut crebra parenthesi, continentem historiæ tenorem minime lædit. Decori insuper observans, nova orationis compositione magis quam vocabulis usque eo est plane ut alio nullo modo neque clarior, neque dilucidior fieri narratio possit. Dum vero significantes sonantesque ac teretes adhibet dictiones, æqualitate non minus, quam granditate orationem temperat. Verborum item innovatio non est illi longius, sed e propinquo petita, et quæ lumen orationi vel maximum addat, ut sit vocabuli quasi habitus quidam ac gestus potius quam mutatio consuetorum verborum. Quo fit, ut et perspicuitas exoriatur, non in hac solum parte, sed etiam in apparatu, ordine, et narrationis maxime compositione : quod ipsum est totum perspicuitatis artificium. Jam usus tractatioque simplicium ac rectarum periodorum, vel apud indoctos plerumque reperiatur : et vero ad supinum atque humile dicendi genus orationem nimium demittit ; præsertim si merus ille atque impermistus sit usus. Quod hic noster (etsi ad perspicuitatem illud facere videatur) non admisit unquam. Tropis item ellipseos, non ambitum ipsum verborum concidendo, sed voces singulas supprimendo ita utitur, ut ne percipiendi quidem defectus vestigium ullum relinquat : idque adeo, ut si quis quod deest addere tentet, supervacaneum potius addidisse, quam defectum supplevisse, merito censeatur. Schematum etiam copia optime orationem suam adornat. Non enim repente et simul omnium obvium ac nativum usum immutat, sed sensim atque ab initio statim hæc commiscet. Ita neque satietate molestiam affert, neque repentina mutatione turbat. Denique ut semel dicam, si quis post hunc [lectum] ad cæteros historicos sese contulerit, multos etiam antiquorum humiliores deprehendet.

Libuit hic subjicere regni Macedonici, exstincto jam Alexandro, distributionem, ac pene dixerim sectionem : cum ut uno aspectu sese offerat, tum ut Græcorum Arriani ac Dexippi, Latinorumque Justini, Curtii atque Orosii dissensio melius appareat.

DIVISIO PROVINCIARUM IMPERII ALEXANDRI MAGNI A PERDICCA FACTA.

Apud Arrianum hic in principio cod. XCII.

Cum prius, ex pacto pedites inter equitesque,

Antipater	Exercitus dux per Europam.
Craterus	Tutor regni Arridæi.
Perdiccas	Tribunus militaris pro Hephæstione constituti fuissent :

Ptolemæus Lagi F.		Ægypto, Libyæ, et Arabiæ, quoad hæc Ægypti fines attingit.
Cleomenes		Loco Ptolemæi vicaria potestate.
Laomedon		Syriæ.
Philotas		Ciliciæ.
Pithon		Mediæ.
Eumenes Cardianus	imperare jussus	Cappadociæ, Paphlagoniæ, et Euxino Ponto finitimis, Trapezuntem usque.
Antigonus		Pamphylis, Lyciis, et Phrygiæ majori.
Casander		Caribus.
Menander		Lydis.
Leonnatus		Phrygiæ, quæ est ad Hellespontum.

Sic Asia partita.

IN EUROPA VERO.

Lysimachus		Thraciæ, Cherroneso, omnibusque Thracibus finitimis gentibus, ad Salmydessum Euxini Ponti.
Craterus	imperare jussus	Omnibus quæ ultra Thraciam sunt locis usque ad Illyrios Triballos et Agrianas, ipsi quoque Macedoniæ, et Epiro ad Ceraunios usque montes, et omnibus Græcis.

ALTERA PROVINCIARUM DIVISIO PER ANTIPATRUM.

Ex eodem Arriano hic in epitome libri noni.

Ptolemæus		Ægyptum, Libyam, et vastam, quæ has ultra est, regionem.
Laomedon Mitylenæus		Syriam.
Philoxenus		Ciliciam.
Amphimachus		Mesopotamiam et Arbelem.
Seleucus		Babyloniam.
Antigenes		Susianam satrapiam.
Peucestes		Persida.
Tlepolemus		Carmaniam.
Pithon		Mediam usque ad Caspias portas.
Philippus		Parthyæorum regionem.
Stasander	accepit	Aræorum et Drangenorum provinciam.
Stasanor Soliensis		Bactrianen et Sogdianen.
Sibyrtius		Arachotos.
Oxyartes Roxanes P.		Parapamisadas.
Pithon Agenoris F.		Finitimos Parapamisadibus.
Porus Indus		Quæ ad Indum fluvium sunt, et Patala urbem.
Taxiles Indus		Provinciam ad Hydaspen fluvium.
Nicanor		Cappadocas.
Antigonus		Phrygiam majorem, Lycaonas, Pamphylios, Lycios, ut prius.
Asander		Cariam.
Clitus		Lydiam.
Arridæus		Phrygiam ad Hellespontum.
Antigenes		Collectionem vectigalium Susianorum.
Autolycus Agathoclis F.		
Amyntas Alexandri F.		
idemque Peucestæ frater	accepit	Regii corporis custodiam.
Ptolemæus Ptolemæi F.		
Alexander Polyspercontis F.		
Casander Antipatri F.		Præturam equitum.
Antigonus		Imperium in Perdiccæ olim copias, et regem præsidium.

DIVISIO IMPERII MACEDONICI
Perdicca distribuente.
Apud Dexippum sup. cod. LXXXII.

In Asia.

Ptolemæo Lagi F.	} obvenit {	Ægyptus universa, et Libya, et quidquid ultra Ægyptum attingit.
Cleomeni		Ptolemæi vicarium præfectum agere.
Laomedonti Mitylenæo		Syria.
Philotæ		Cilicia.
Pithoni		Media.
Eumeni.		Cappadocia, Paphlagonia, et quidquid ad Pontum Euxinum vergit Trapezuntem usque.
Antigono		Pamphyli et Cilices usque ad Phrygiam.
Asandro		Cares.
Menandro		Lydi.
Leonnato		Phrygia ad Hellespontum.

In Europa.

Lysimacho	} obvenit {	Thracia et Cherronesus.
Antipatro		Omnes Macedones, Græci, Illyrii, Triballi, Agrianes, et quæcunque in Epiro.
Cratero		Tutoris ac curatoris regii dignitas.
Perdiccæ		Chiliarchia Hephæstionis.

Apud Indos.

Pero	} obvenerunt {	Indum inter et Hydaspen populi.
Taxilæ		Indi reliqui.
Pithoni alteri		Indorum finitimi, exceptis Paramisadibus.
Oxyarti Bactrio		Caucaseis subjecti montibus populi, Indis proximi.
Roxanes patri		
Sibyrtio		Arachosii atque Gadrosii.
Stasanori Soliensi		Aræi et Drangi.
Philippo		Sogdiani.
Rhadapherno		Hyrcania.
Neoptolemo		Carmania.
Peucestæ		Persæ.
Oropto		Sogdianorum pars.
Seleuco		Babylonii.
Archelao		Mesopotamia.

MACEDONICARUM PROVINCIARUM PARTITIO.
Apud Justinum libro XIII.

	Ptolemæus	Ægyptum, et Africæ Arabiæque partem.
	Laomedon Mitylenæus	Syriam.
	Philotas cum filio	Ciliciam et Illyricos.
	Acropatos	Mediam Majorem.
	Alcetas Perdiccæ frater	Mediam Minorem.
	Synus	Susianam gentem.
	Antigonus Philippi F.	Phrygiam Majorem.
	Learchus	Lyciam et Pamphyliam.
	Cassander	Cariam.
	Menander	Lydiam.
	Leonnatus	Phrygiam Minorem.
	Lysimachus	Thraciam, et regiones Pontici maris.
	Eumenes	Cappadociam cum Paphlagonia.
	Seleucus Antiochi F.	Summum castrorum tribunatum.
Accipiunt a Perdicca	Cassander Antipatri F.	Præfecturam stipatorum regis satellitumque.
	Taxiles	Res Indum inter et Hydaspen flu.
	Pithon Agenoris F.	Colonias in Indiis conditas.
	Parapomenus	Fines Caucasi montis.
	Axiarches	Dracas.
	Statanor	Argæos.
	Amyntas	Bactrianos.
	Scythæus	Sogdianos.
	Nicanor	Parthos.
	Philippus	Hyrcanos.
	Phratafernes	Armenios.
	Neoptolemus	Persas.
	Peucestes	Babylonios.
	Artous	Pelasgas.
	Archesilaus	Mesopotamiam.

DIVISIO IMPERII MACEDONICI A PERDICCA FACTA.

Apud Q. Curtium lib. x.

Rex Ptolemæus Laomedon Philotas Antigonus Cassander Menander Leonnatus Eumenes Pithon Lysimachus Perdiccas	obtineret	Summam imperii. Ægyptum et Africæ gentes, quæ in ditione erant. Syriam cum Phœnice. Ciliciam. Lyciam cum Pamphylia, et majore Phrygia. Cariam. Lydiam. Phrygiam minorem Hellesponto adjunctam. Cappadociam cum Paphlagonia usque ad Trapezunta. Mediam. Thraciam, appositasque Thraciæ Ponticas gentes. Præfecturam copiarum, quæ regem sequebantur.

XCIII.
Ejusdem Arriani Bithynica.

Legi *Bithynica* ejusdem libris octo : quibus de Bithynia fabulosas narrationes, cæteraque ad ea pertinentia, accurate perscribit : patriæ nimirum patriam historiam offerens. Nicomedia enim genus se ducere hoc opere ostendit ; **73**b eaque in urbe natum, altum litterisque imbutum, sacerdotium Cereris, ejusque filiæ Proserpinæ (quibus sacram esse urbem scribit) gessisse. Meminit vero hoc ipso in libro et aliorum operum : quorum alterum quidem Timoleontis Corinthii res in Sicilia gestas continet ; alterum vero res Dionis Syracusani, memoratu dignas refert, cum Syracusas hic omnemque adeo Siciliam a Dionysii secundi (qui primi filius fuit) tyrannide liberavit : insuperque a barbaris, quos ut tyrannidem firmaret, Dionysius eo adduxerat. Apparet vero hoc opus, quo patriam descripsit post Alexandri magni, Timoleontis, et Dionis rerum gestarum historias, quarto loco confectum esse : et initio quidem certe, ex quo animum ad scribendum appulerit, hoc sibi consulto argumentum proposuisse et præfixisse ; verum quod rebus illis hujus apparatus indigeret, tardius absolvisse. Hanc enim ipsemet cessationis tardæque editionis causam affert.

A fabulosis ergo, ut jam diximus, narrationibus ducendum putavit initium, pergitque porro ad excessum Nicomedis ultimi, qui vita decedens, Romanis regnum testamento reliquit : qui quidem Romani jam inde regibus parere desierant, ex quo urbe Roma exactus est Tarquinius Superbus.

XCIV.
Jamblichi De rebus Rhodanis et Sinonidis libri XVI.

Lecta est Jamblichi *Actio fictitia*, amores repræsentans. Qui etsi honestius paulo Achille Tatio, furtorum arcana detegit, longe tamen impudentius Heliodoro illo Phœnice. Hi enim tres, eodem fere sibi proposito scopo, amatorium argumentum tractarunt ; attamen Heliodorus gravius atque decentius : minus vero quam ille decenter hic Jamblichus ; obscene vero atque inverecunde Achilles ille, qui Leucippes ac Clitophontis amores libris octo narravit. Cujus etiam fluxa et mollis dictio est, ac si quid in ea plausibile, non id ad firmitatem rigoremque, sed ad titillationem quamdam, ut sic loquar, atque lasciviam distortum est. Porro Jamblichus, quod ad verborum et compositionis **74**a præstantiam ac narrationum ordinem attinet, dignus sane fuerat, qui rhetoricum suum artificium atque facultatem non in ludicris his fictisque, sed in vel maxime seriis rebus ostenderet.

Personæ ergo dramatis inducuntur Sinonis et Rhodanes, pulchra uterque forma et conjugii lege ut copulati, sic etiam invicem amantes. Garmus Babyloniæ rex, amissa conjuge, Sinonidis captus amore, uxorem eam ducere maturabat : renuente vero Sinonide, aureo illa torque vincta est, et Rhodanes propterea (Damæ et Sacæ eunuchis regiis commisso negotio) tollendus in crucem erat. Verum studio Sinonidis inde liberatus, effugit uterque hic crucem, illa nuptias. Idcirco Damæ et Sacæ aures naresque præciduntur, et ad fugitivos investigandos missi, duas in partes divisi, se comparant, propiusque factum est nihil, quam ut ab insequente Dama ad pratum quoddam Rhodanes caperetur. Piscator enim quidam pastores indicavit, qui quæstionibus torti, pratum illud vix tandem demonstrant. Quo in prato et aurum Rhodanes repererat, ab inscriptione columnæ, cui leo insidebat, ostensum.

Hirci quoque spectrum quoddam Sinonica illic amare cœpit : quæ causa fuit, ut Rhodanes ex eo prato excederet. Damas vero, repertam ibi Sinonidis coronam solatio Garmo submisit. Ipsi fuga dilapsi, inciderunt in vetulam quamdam in tugurio habitantem, antrumque subeuntes latent, quod antrum per stadia omnino triginta effossum, fauces habebat densis arbustis obstructas. Damas hic instat, anusque altercatur, sed strictum ut vidit gladium, exanimata est. Equi quibus vehebantur Rhodanes atque Sinonis capiuntur, locumque exercitus cinxit, in quo se illi absconderant. Disruptum forte unius, qui locum obibat, æreo clypeo, in superiori defossi antri parte, et per vacuum resonante echo, indicium fit latere nonnullos. Itaque fossa circumfoditur : et Damas per omnes partes inclamat, ut qui intus erant, audierint, atque ad abditos speluncæ recessus diffugerint, et ad alterum tandem ejus foramen delaberentur. Hic apum agrestium examen fodientes (milites) invadit, melle interea in fugitivos defluente. Apes ipsæ **74**^{b} ac mel, serpentum esu, veneno infecta erant; inde quos illæ ad fossam pupugerunt, partim labefactarunt, partim etiam occiderunt. Fame ad hæc Rhodanes atque socia coacti, cum (hujus quoque aliquid) linxissent, postquam id in ventrem defluxit, ad viam veluti mortui afflicti sunt. Copiæ autem illæ obsidentes, cum ab apibus illatum bellum sustinere non possent, terga vertunt, Rhodanemque nihilominus persequuntur: at dum prostratos quos insequebantur vident, cursu pertranseunt, cadavera revera esse putantes. In hoc antro crines attonsa est Sinonis, ut iis aqua ipsis hauriretur, quos repertos inibi Damas Garmo misit, signum, quo intelligeret, in proclivi esse ut (fugitivi) capiantur. Stratis utique juxta viam Rhodane et Sinonide, tanquam ad mortuos accessit exercitus: ac patrio more alii quidem vestes projicientes operiebant, alii vero aliud quid eorum, quæ ad manum erant, carnium ac panis partem objecerunt, sicque abscesserunt. Neque vero hi ob mellis esum veterno capti, nisi ægre expergiscebantur, dum corvi pro carne inter se pugnantes, Rhodanem, et hic Sinonida assurgere cogunt. Jam itaque excitati, aliam quam exercitus viam ingrediuntur, quo minus ii esse, qui quærebantur, agnoscerentur. Inventis deinde asellis duobus, conscendunt ipsi, oneraque imponunt, quæ secum attulerant, ex iis rebus quas velut mortuis exercitus adjecerat. Hinc in diversorium se recipiunt, unde tamen fugientes, juxta plenum forum in aliud diversorium concedunt. Accidit interea fratrum ibi cædes, cujus accusati, post etiam liberantur. Fratrum enim natu major, qui minorem veneno sustulerat, hos quidem accusarat, sed sibi ipsi manus inferendo, omni rursus crimine liberarat. Rhodanes inscius venenum hinc secum aufert; subeuntque post hæc latronis domum, qui in viatores grassabatur, quos et sibi epulandos apponebat. Missi autem huc a Dama milites, postquam latronem comprehenderunt, ignem in ejus domum injecerunt; quo igne et illi comprehensi, ægre admodum mortem evaserunt, per jugulatos et in ignem conjectos asinos transitu sibi parato. Visi igitur a militibus noctu, qui domum accenderant, et interrogati quinam essent, umbras se esse eorum, quos latro ille jugulasset, responderunt: ita pallore macieque vultus, ac vocis remissione militibus satisfecerunt, terroremque incussuerunt. Fugam rursum inde capessentes, **75**^{a} in puellam forte ad sepulcrum illatam inciderunt, atque ad spectandum affluenti se turbæ immiscent. Hic senex Chaldæus propter astans, sepeliri puellam vetat; spirare enim ac vivere etiamnum affirmans, ut res ipsa declaravit. Rhodani etiam vaticinans, prædixit aliquando regnaturum. Tumulus ergo puellæ inanis deseritur, multa ibi veste, quæ in sepulcro exurenda fuerat, relicta, cum esculen-

A tis ac poculis, quibus Rhodanes cum socia lautius epulati, raptis deinde indumentis quibusdam, sese in eodem sepulcro dormituri collocant. At qui latronis domo ignem injecerant, cum deceptos exorto jam sole se esse animadvertissent, vestigia Rhodanis ac Sinonidis sunt insecuti, rati socios esse latronis. Igitur ad sepulcrum per vestigia delati, cum eos jacere ibi viderent, nihilque moveri (quod somno vinoque sepulti essent) cadavera se videre credebant: neque attigerunt, incerti an eo ferrent vestigia. Discessit inde Rhodanes, fluviumque trajecit, cujus aqua dulcis ac limpida regi quoque Babyloniæ potum præbebat: ac dum Sinonis ibi vestimenta vendit, quasi sepulcrum expilasset, comprehenditur, et ad Soræchum Soræchi publicani filium, Justi cognomento, pertrahitur, qui regi Garmo mittere eam ob pulchritudinem constituit. Qua de causa fratrum illud venenum Rhodanes atque Sinonis miscent. Mortem enim optabant potius, quam Garmum videre. Soræcho interim ancilla significat, quid Rhodanes et Sinonis molirentur. Clam igitur ille mortiferum illud pharmacum abjicit, impletque somnifero potu calicem, quo hausto, ut somno capti sunt, vehiculis imponuntur ad regem devehendi. Dum propius accedunt, ecce tibi Rhodanes, e somno experrectus, inclamat, excitatque Sinonida, ac mox illa gladio pectus suum vulnerat. Cuncta ibi, quæ ad eos spectarent, percunctatus Soræchus, fide data intellexit universa, vinculisque eos liberat: qui in Veneris ostendit fanum in ea insula, ubi vulnus Sinonidis sanetur.

Narrat porro a re proposita nonnihil digrediens, de delubro illo, atque insula, quam Euphrates et Tigris circumfluentes efficiant. Veneris ibi sacerdotis feminæ tres fuisse liberos Euphratem, Tigrim et Mesopotamiam: vultu quidem hanc deformem genitam, sed a Venere post donatam venustate (tanta), ut de ipsa etiam lis exorta tres inter amantes fuerit, decretumque judicium Borocho, sive Borycho arbitro, qui suo sæculo judicum præstantissimus habebatur. Addit **75**^{b} contendisse hos tres, judiciumque subiisse, propterea quod huic quidem Mesopotamia cyathum, unde bibere solita, præbuerat; alteri deinde direptum capiti suo floridum sertum circumposuerat; tertio vero osculum tulerat: qui sane tertius judicio victor cum esset, nihilominus contentionem viguisse, dum certantes mutuis se vulneribus confecissent. Refert igitur veluti digrediens, de Veneris fano, utque necesse fuerit matronas eo accedentes publice enuntiare, quæ in eo delubro cubantibus insomnia visa essent. Ubi et de Pharnucho et Pharsiride, ac Tanaide (unde etiam flumen Tanais) accuratam instituit narrationem: mysteriaque Veneris circa Tanaidem habitantibus, hujus esse Tanaidis, atque Pharsiridis. In insula vero supra scripta, rosas edentem Tigrim exstinctum: quod cantharis rosæ foliis invicem adhuc implicatis subsederat; additque post adhibita incantamenta, matrem ipsius persuasum habuisse, Tigrim jam heroem esse factum. Hic Jamblichus magiæ species persequitur ; magum enim esse locustarum, et magum leonum, et magum murium (atque inde etiam τὰ μυστήρια ἀπὸ τῶν μυῶν derivari, cum cæterarum prima murium magia sit), magum quoque grandinis, et magum serpentum, et divinationis e mortuis, ac ventriloquum, quem, inquit, ut Græci Euryclea, sic et Sacchuran Babylonii appellant. Se quoque Babylonium hic scriptor facit, ac magiam didicisse, et Græcorum ei disciplinas adjunxisse : floruisse vero temporibus Soaemi Achæmenidis filii, Arsacæ nepotis : qui rex regibus oriundus, creatus tamen et Romæ senator, imo consul fuerit, ac deinde rex iterum majoris Armeniæ. Hujus igitur se ætate viguisse affirmat, cum Romæ imperium Antoninus haberet. Qui cum Verum imperatorem fratrem simul et generum (suum) mitteret cum Vologæso Parthorum rege bellum gesturum, tum prædixisse et bellum hoc esse oriturum, et quando debellandum esset. Addit Vologæsum quidem ultra Euphratem ac Tigrim flumina victum fugisse, Parthorum vero regionem in Romanorum ditionem concessisse.

Tigris et Euphrates [sacerdotis illius] filii, **76**ᵃ persimiles invicem erant, et Rhodanes utrosque forma referebat. Post alterum igitur illum filium, per rosam, ut diximus, enectum, Rhodanes in insulam una cum Sinonide trajecit : et mater Rhodanem aspiciens, inclamat natum suum exstinctum revixisse, filiamque pone subsequi eum jubet. Dissimulat hæc Rhodanes, insulanorum simplicitatem ludificans. Damas interea, quæ Rhodani accidissent, quæque Soræchus cum illo gessisset, indicio cognovit. Index vero ac delator medicus ille fuit, quem Soræchus, ut Sinonidis vulnus curaret, clam submiserat. Capitur hoc nomine Soræchus, et ad Garmum adducitur. Mittitur et delator cum Damæ litteris, ad Veneris sacerdotem, quibus Sinonida comprehendere jubetur. Medicus ergo sacræ insulæ flumen permeans, seipsum de more camelo appendit, litterasque [jumenti] dextræ auri imponit. Verum delatore illo fluminis undis merso, camelus ad insulam adnatavit, ubi Rhodanes rem totam didicit, sublata e jumenti aure Damæ epistola. Quare fuga inde se proripiunt, occurruntque Soræcho ad Garmum regem ducto, et una in hospitium divertunt. Ibi noctu Rhodanes auri cupiditate injecta, facile persuadet, Soræchi ut custodes jugulentur. [Quo facinore perpetrato,] fugit cum his Soræchus, mutuam hanc prioris suæ beneficentiæ mercedem nactus. Porro Damas comprehendit Veneris sacerdotem, et de Sinonide quæstionem instituit : atque ubi tandem sententia condemnatus est senex, ut e sacerdote carnifex efficiatur, mores quoque carnificis ac consuetudines Euphrates discit. Pater, idemque sacerdos Euphratem pro Rhodane habet appellatque. Fugit et soror Euphratia Mesopotamia. Dein ad Sacan Euphrates ipse adducitur, interrogaturque de Sinonide : pro Rhodane enim habebatur, atque examinabatur. Indicat ergo Sacas Garmo regi captum esse Rhodanem, captandam quoque propediem Sinonida. Euphrates enim quasi Rhodanes esset, in judicio respondet, Sinonida, dum ipse caperetur, fugisse. Coactus nimirum et ipse Sinonida appellare sororem suam Mesopotamiam.

Rhodanes interim et Sinonis una cum Soræcho in fugam versi agricolæ tugurium subeunt, cui filia erat eleganti forma, nuper admodum viduata viro, **76**ᵇ ejusque desiderio crines attonsa. Hæc torquem illam auream vendere mittitur, quam e vinculis Rhodanes atque Sinonis attulerant. Verum ad aurifabrum agricolæ filia ut venit, puellæ hic venustate, et torquis parte, quam ipse fabricasset, detonsaque coma conspecta, ipsam esse Sinonida suspicatur. Mittit igitur ad Damam, assumptisque custodibus, abscedentem puellam clam observat. Illa, quid ageretur suspicata, in desertum se recipit domicilium : ubi et illa, quæ de puella quadam Trophima nomine, et de servo amante, atque homicida, itemque de mundo muliebri aureo narrantur, contigerunt : nefanda insuper illa servi facinora, quando et manus ille sibi intulit, ut rustici filia sanguine aspersa metuque percussa, fugerit, territis æque, et in fugam versis custodibus. Ad patrem itaque filia reversa, narrat ea quæ acciderant. Quare fugam inde capessit Rhodanes. Litteræ autem ante hæc ad Garmum ab aurifabro missæ fuerant de reperta Sinonide : fidemque fecerat, cum torques empta, atque ad eum missa, tum cætera quæ de rustici ille filia suspicando cogitarat. Rhodanes hic, dum fuga sibi consulturus discedit, osculum rustici filiæ offert. Quamobrem ira Sinonis incanduit, dum in suspicionem primum venit basii, quæ deinde suspicio (quando ex Rhodanis labiis detersit sanguinem, qui puellam osculando ei adhæserat) magis etiam est confirmata. Hinc interimere vult rusticam puellam Sinonis, retroque ad illam sese contulit, furenti similis. Soræchus, quia furibundum ejus impetum refrenare non posset, insequitur; succeduntque in domum divitis quidem hominis, sed perditis moribus, cui Setapo nomen. Hic Sinonidis amore captus, pergit eam sollicitare, et illa, redamare se fingens, ebrium Setapum noctu, et in amoris initio, ferro conficit; domum deinde sibi aperiri illa jubet, et rei gestæ ignarum Soræchum ibi relinquens, ad rustici filiam properat. Verum cognito Soræchus ejus discessu, pone sequitur, comitesque secum ducit de Setapi servis aliquot, quos ut agricolæ filiæ cædem prohiberet, mercede conduxerat. Assecutus igitur eam carpento imponit (nam et hoc sibi paraverat) **77**ᵃ, ac retro revertitur. Redeuntibus autem illis, cæteri servi Setapi, qui jam interfectum herum deprehenderant, furibundi accurrunt, captamque Sinonida, et vinculis colligatam, ad Garmum veluti homicidii ream, pœnasque daturam ducunt. Soræchus ergo, pulvere aspersus caput, et Persicæ involutus tunicæ, ad Rhodanem infortunium refert. Ad quæ certe Rhodanes necem sibi conscivisset, ni Soræchus obstitisset, Garmus interim, acceptis Sacæ litteris de capto Rhodane, et ab aurifabro de Sinonide retenta, gaudio perfusus ad sacrificandum diis accedit, nuptiasque parat. Præconis item voce ubique denuntiari jubet, ut vincti omnes solvantur atque dimittantur. Ita Sinonis, quæ a Setapi servus in vincula ducebatur, publico decreto soluta, ac [missa facta est. Damam præterea occidi Garmus jubet, traditurque illi ipsi carnifici, quem ipsemet ex sacerdote carnificem fecerat. Indignabatur etenim, quod apud alios Rhodanes, ut putabat, ac Sinonis constricti tenerentur. Damæ succedit frater ejus Monasus.

Narratio deinde instituitur de Berenice Ægyptiorum regis filia, deque immani ejus et infando amore, utque ad hujus Mesopotamia colloquium ac familiaritatem pervenerit. Capta itaque post hæc Mesopotamia a Saca, cum fratre suo Euphrate ad Garmum adducitur, qui, litteris aurifabri certior factus aufugisse Sinonida, et illum interfici, et omnes ad hanc custodiendam, atque adducendam lictores missos, una cum uxoribus ac liberis, defodi vivos jubet. Canis interim Rhodanis, Hyrcanus appellatus, repertis in abominando illo diversorio miseræ puellæ, ac perdite amantis illius atque sicarii servi corporibus, hunc primum devorat, mox etiam paulatim puellæ viscera mandebat, cum pater ipse Sinonidis ad eum quoque locum accessit. Agnito igitur Rhodanis cane, et puellam semesam animadvertens, canem quasi Sinonida ulturus mactavit, seque ipse laqueo suspendit, tumulato tamen prius, compositoque reliquo puellæ corpore, inscripto e canis sanguine titulo, *Hic sita est pulchra Sinonis*. Accesserunt huc forte Soræchus et Rhodanes, visoque ad tumulum interfectum canem, et Sinonidis parentem laqueo suspensum; lecto adhæc sepulcri titulo, Rhodanes quidem primum vulnus sibi inflixit, suoque **77**b sanguine Sinonidis titulo ascripsit : *Et Rhodanes pulcher*; Soræchus laqueo caput inseruit. Dum autem ultimum Rhodanes vulnus inferre sibi parat, ecce ibi agricolæ filia ingenti clamore accurrit : Non est, inquiens, o Rhodane, Sinonis quæ hic jacet. Nec mora laqueum Soræchi discindit, Rhodanique gladium eripit. Hinc narrando, quæ infelici puellæ accidissent, et de auro defosso, ad quod ipsa recipiendum venisset, vix tandem persuadet. Sinonis interea, vinculis expedita, domum fugit agricolæ, furore etiamnum in ejus filiam agitata ; qua non reperta, parentem de ea percunctatur. Ille viam monstrat, et insequitur ipsa stricto gladio. Ut vero ad Rhodanem prostratum pervenit, illamque [rustici filiam] solam assidentem, et pectoris vulnus refrigerantem, (Soræchus enim medicum accersitum ierat) furore et zelotypia magis incensa, in puellam cum impetu ruit. At Rhodanes, collectis ad eam violentiam nonnihil a vulnere viribus, accurrit, avertitque ab illa Sinonida, et ferrum eripuit. Illa igitur præ ira

A domicilio exsiliens, et furibunda procurrens, Rhodani tantum hoc objiciens dixit : « Hodie te ad Garmi nuptias invito. » Soræchus dein reversus, et re omni cognita, Rhodanem consolatur; curataque plaga, cum pecunia puellam ad parentem remittunt.

Interea Euphrates ad Garmum ducitur, quasi Rhodanes esset, et pro Sinonide Mesopotamia. Ducitur et Soræchus, verusque Rhodanes. Verum cognito Garmus Mesopotamiam non esse veram Sinonida, Zobaræ eam tradidit, ad Euphratem fluvium capite truncandam, ne qua, inquit, alia Sinonidis nomen, ejus exemplo, falso usurpet. Zobaras tamen Mesopotamiæ possessus amore, servavit eam, et ad Berenicen Ægypti, jam patre exstincto, reginam unde ipse olim abductus fuerat, adducit, et Mesopotamiæ nuptias Berenice facit. Qua etiam de causa bellum invicem Garmus et Berenice minantur. Euphrates item parenti suo, ut carnifici, traditus atque agnitus, servatur : et parentis officio fungitur, ita se humano nullo sanguine pater contaminat. Post tamen, ut carnificis ille filia e carcere egressus, liber evasit. **78**a Ibidem et de carnificis concubina, ejusque legibus ac moribus, et ut rustici filia, posteaquam Sinonis, regi Syriæ nupta, iræ vindicandæ potestatem nacta est, vi abrepta fuerit, atque damnata ad concumbendum cum carnifice. Septum itaque carnificum introiens, cum Euphrate congressa est : qui ejus personam fingens pro ipsa e septo egreditur, et illa vicissim pro Euphrate lictoris munere functa est. Et hæc quidem ita gesta. Soræchus autem cruci affigendus damnatur, locusque definitur ubi Rhodanes et Sinonis hospitati primum fuerant, in prato illo, atque ad fontem, quibus etiam in locis antea Rhodanes auri thesaurum deprehenderat, quem nunc quoque Soræcho, ad patibulum ducto, indicavit. Alanorum tum forte exercitus, mercede a Garmo fraudatus, et hostiliter in eum animatus, eodem in loco, ubi cruci affigendus erat Soræchus, consederat. Hic Soræchum, pulsis iis qui eum ad mortem ducebant, liberavit. Ille vero, reperto quod monstratum erat, auro, atque arte quadam et astu e fossa deducto, Alanis persuasit, se a diis hæc atque alia edoctum scire. Paulatim autem eos deliniendo ita assuefecit, ut illum pro rege suo agnoscerent, bellumque cum Garmi exercitu gesserit ac vicerit; sed hæc post evenerunt. Verum quo tempore ad patibulum Soræchus ducebatur, eodem et Rhodanes ab ipso Garmo coronato atque saltante, ad priorem illam crucem iterum ductus est, atque affixus. Dum autem ibi Garmus largius se ingurgitat, et choream circa crucem una cum tibicinis mulieribus ducens, lætus sese oblectat, litteræ a Saca missæ Garmo redduntur, de Sinonide Syriæ regi etiamnum adolescenti nuptui data. Quo nuntio Rhodanes pendens exhilaratus est : at Garmus ad inferendum sibi necem ruebat : sustinuit tamen, ac mox Rhodanem invitum a cruce, in qua mori maluisset, liberum dimisit, militaribusque ornatum insignibus, ejus belli quod adversus Syriæ regem movebat, imperatorem creat, tanquam amantem adversus rivalem. Sic blande, sed simulate, acceptus a Garmo est. Nam cæteris ille inferioribus ducibus per litteras clam imperavit, si forte victoria potiti, Sinonida vivam cepissent, Rhodanem ut interficerent. Vicit vero Rhodanes, et suam Sinonida recuperavit, ac Babyloniis imperavit. Quod et hirundinis augurium antea denuntiarat. Ipso enim præsente Garmo, cum is 78*b* Rhodanem mitteret, et aquila hanc insectatur, et milvus, at licet aquila ungues illa effugerit, a milvo tamen rapta est. Atque hic sedecim librorum finis est.

XCV.

Joannis Scythopolitæ Contra Eutychianos libri XII.

Lectus est Joan. Scythopolita scholasticus, *Adversus Ecclesiæ desertores*, sive, *Contra Eutychen, et Dioscorum, ejusdemque sectæ asseclas*, qui in duabus naturis prædicare Christum recusabant. Rogaverat opus hoc conscribi patriarcha quidam, cui Juliano nomen: quod et libris duodecim absolutum est. Scriptoris autem oratio clara est ac pura, verbisque utitur historico stylo accommodatis. Contra hæresim præterea neque languide pugnat, neque sacræ Scripturæ abutitur testimoniis: ac ne logicas quidem, ubi illæ ad rem ipsam pertinent, disputationes prætermittit. Ipse vero auctor hujus sectariorum scripti, in quem Scythopolita scribit, nomen suum tegit, titulo duntaxat hoc operi callide præfixo: *Adversus Nestorium*, ut ipsa nimirum libri inscriptione simpliciores furtim ad legendum alliciat. Fortasse Basilius Cilix est auctor, qui post etiam dramaticum, et dignum sua religione Dialogum contra Joannem composuit.

XCVI.

Georgius episc. Alexandrinus, De vita B. Chrysostomi.

Lectus liber Georgii episc. Alexandriæ hac inscriptione: *Res B. Chrysostomi.* Qui vero hic Georgius sit, non habeo certo affirmare. Dictio certo simplex in humilem admodum stylum delabitur: neque saltem, quod vel litteratoribus in promptu, nominum verborumque accuratam adhibet constructionem. Refert autem ex Palladio episcopo, qui dialogi forma pulchre ac studiose Chrysostomi res conscripsit, itemque ex Socrate, aliisque nonnullis, historiam a se collectam.

Magnus igitur Joannes, nobilibus, apud Antiochiam, parentibus, Secundo atque Anthusa natus est. Meletius vero Armenus, qui Antiochenæ tunc Ecclesiæ præerat, salubri hos doctrina (cum gentium antea cultum sectarentur) informavit, et salutifero 79*a* baptismatis lavacro aptos reddidit; eorum tamen filio prius instituto atque baptizato. Joannes itaque ludum frequentare litterarium jussus, jam inde a puero summam modestiam, animique demissionem præferebat. Quamobrem, neque pueros, ut solet, divitiis et gloria affluentes, emolliri, neque hos se consectari sinebat, sed neque equo vehi sustinebat. Deinde Antiochiæ in grammaticis quidem et rhetoricis Libanio, Andragathio vero in philosophicis operam dedit. Mortuo vero parente, matri in luctu solatium alloquiis attulit, et a ludicris omnibus abstinens, ac voluptate prorsus sibi interdicens, disciplinarum duntaxat studio animum adjungebat.

Quare Athenas ad uberiorem ingenii cultum profectus, brevi cæteris ita antecelluit omnibus, ut et Anthemius, qui tum ibi Minervæ sacerdos erat, illi invideret, et sapientes inter princeps ipse haberetur. Ergo urbis quoque præfectus, Demosthenes nomine, sapientem hunc Joannem multo cum honore ad se vocabat: ad quem ille magna tamen cum animi demissione atque modestia accedebat. Ibi disputatione forte cum Anthemio instituta, superior Joannes evasit, non doctrina modo et intelligentia, sed pietate quoque. Atque hoc tum ab illo primum est ibi patratum miraculum, quod Anthemius divina Joannis lingua, et precatione convictus discesserit, ab ipsomet urbis episcopo postea cum omni familia baptismo tingendus. Præfectus autem, quod pridem baptizatus esset, catechesi instruitur magnaque omnino hominum paganorum multitudo ad hos accessit. Jam ipse quoque urbis episcopus Joannem ordinare, et pro se episcopum relinquere in animo habebat.

Ea re cognita, clam ille, ac celeriter in patriam adnavigavit, ubi dum juris dicendi auctoritatem ei cives sui mandare vellent, solitariam vitam prætulit, octavum decimum, non amplius, ætatis annum agens. E condiscipulorum adhæc turba, qui eidem præceptori operam dederant, persuasit tunc Theodoro, qui post Mopsuestiæ episcopus fuit, et Maximo Seleuciæ quoque postea episcopo, rejecta vita quæ stuaria ac publica, privatam ac simplicem ut amplecterentur. Plurimum vero Basilio usus est Magno, (non illo altero, ut alii affirmant), quem et Meletius diaconum ordinavit, et Joannes cæteris in amicitia prætulit. Hic 79*b* ante Joannem mundo cum valedixisset, ad idem vitæ genus amicum quoque accersivit, quem matris hactenus cura impediebat. Zeno forte tum episcopus Hierosolymis profectus lectorem hunc [nostrum] Antiochenæ Ecclesiæ constituit: cujus et mater post paulo moritur. Patriis ergo ille opibus in egenos distributis, urbeque relicta, in monasterium extra oppidum se dedit, fitque ibi speculum ac norma religiosorum omnium.

Hesychius quidam monachus e Syria, futurorum præscius, duos vidit viros candidis indutos vestibus, quorum alter librum quem tenebat, claves alter Joanni tradiderit. Ille se Petrum apostolum esse dicebat, alter Joannem theologum. Hæc monachis Hesychius narravit, cavens tamen ne qua ad Joannem perferrentur. Ne summam, inquit, ob humilitatem, nostrum monasterium relinquat. Tunc quoque religiosis eum exercitationibus vehementer exercitum ferunt, et asceticas praeterea orationes conscripsisse.

Sed et miracula in hoc monasterio patravit. Civis enim cujusdam capitis partem alteram dolor usque eo invaserat, ut et dexter oculus dependeret; ille ergo, ad Joannem accedens, sanitatem extemplo recepit. Archelaus praeterea quidam, divitiis et auctoritate pollens, lepram in facie nactus, jussus in lacu, unde fratres frigidam biberent, lavare, morbo liberatus est: qui, et facultatibus suis distributis, in eodem illo ubi restitutus erat coenobio, rebus hujus mundi valedixit: ac praeter hunc alii plurimi. Quidam Eucleus nomine, daemonis improbitate altero amisso oculo, monachis aggregandus venit: qui et a sancto viro detonsus oculum recepit. Mulier quoque sanguinis fluxu annos septem afflicta, valetudinem recuperavit. Leo etiam, ut ferunt, viatores multos abripiebat; at cum rogatus Joannes crucis eis signum impressisset, hujus mox ille vi exanimatus est.

Post quadriennium deinde, ob frequentem accedentium turbam, monasterio excessit, et biennium adhuc in spelunca quadam, insomnis plerumque, nec unquam toto illo tempore humi stratus, delituit. Emortuis autem hic prae frigore iis corporis partibus, quae ventrem ac renes attingunt, in urbem hoc malo coactus revertit, ubi a Meletio diaconus ordinatus, altari **80**a quinque per annos ministravit. Scripsit tum ad Stagirium libros tres, et *De sacerdotii dignitate*, et *De incomprehensibili*. Verum Meletio Constantinopoli exstincto, in monasterium beatus Joannes revertit: quem Flavianus, Meletii in sede Antiochena successor, apparitione divina monitus, e coenobio in urbem reductum presbyterum creat. Quae sane visio et Joannem ordinari, et Flavianum ordinare mandabat. Columba item illa advolans, quae jam ordinandi capiti insedit, quanta Dei gratia replendus ille esset, satis ostendit. Antiochiae itaque sacris operatus est ad annos duodecim. Erat autem ob ardens probitatis studium jam inde ab adolescentia severus atque asper, et iracundiae potius, quam verecundiae morem gerens. Varios rursum Antiochiae conscripsit commentarios: et episcopo urgente ex tempore est de superiore loco ad populum concionatus.

Feminae Eucliae nomine filius, febri ad medicorum desperationem correptus, a Joanne curatus est aqua, quam ille cruce signatam ad aspergendum dederat. Mulier item quaedam sectae Marcionistarum (cujus conjux ea in urbe magistratum quemdam gerebat) dysenteria graviter laborans, desperata jacebat: sanitate vero per illum recepta, ipsa cum conjuge, omnique adeo familia, compluresque alii Marcionistae, haeresi abjurata, ad orthodoxos redierunt.

Nectario deinde Constantinopolitano patriarcha vita functo, evocatur Antiochia Chrysostomus, multum repugnantibus Antiochenis, qui suum ipsi bonum amittere nolebant. Pervicit tamen Caesaris jussum, ordinatque hunc invitus Theophilus Alexandriae praesul. Timendi enim erant ei accusationum libelli nisi ordinationi annuisset. At dum ille communi decreto ordinatur, a daemoniis obsessus quidam ejus ope liberabitur.

Magnus itaque jam ordinatus Chrysostomus illum continuo morem sustulit, quo coelibatum professi, diversi sexus contubernales apud se alebant. In injustos item, ventrique ac libidini deditos, longis invectus est orationibus. Erat adhaec pauperum ita studiosus, ut hinc a plerisque Eleemosynarius cognominatus sit. Uno dicam verbo, et virtutem omnem docebat, et ab omni vitio deterrebat. Misit autem et in Phoeniciam monachos, qui idolatriae illic etiam num deditos ab errore in viam reduceret: **80**b per quos item imperatoris legibus armatos, idolorum fana subvertit, subversionis sumptibus piis aliquot feminis suppeditantibus. Celticam adhaec [militum] turbam Arianismo infectam, ordinatis qui ejus gentis linguam callerent sacerdotibus, orthodoxorum gremio restituit. Ad Istrum insuper misit, qui Noniadas ibi Scythas ad Christianae fidei veritatem volentes adduxerunt. Marcionis praeterea haeresim, in Oriente tum repullulantem, funditus exstirpavit. Nocturnos psalmorum hymnos auxit. Solus vero cibum capere solebat, tum quod vino ob capitis «calorem prorsus abstineret (nisi id forte aestate tantum cum rosaceum biberet), tum etiam quod aegro stomacho esset, ut ea fere quae ipsi apponebantur, non ederet, sed alia pro his appeteret: tertio denique, quod frequenter negotiis vacans, absque cibo diem transigeret. Clero autem rigidus nimis atque asper videbatur. Et Serapion ejus diaconus ingentem illi invidiam conflavit. Etsi multos etiam alias ob causas Joannes ab Ecclesia relegavit. Conflictatus deinde Serapion etiam cum Severiano Gabalorum episcopo, ingens hujus excitavit in Joannem odium, quod ad extremum usque spiritum retinuit. Amabatur tamen Joannes singulari studio a populo, ob crebras in templo conciones: ut ipse vicissim sancti Pauli epistolas valde adamabat, quas et explanavit; visusque est a Proclo tribus continuo noctibus Paulus apostolus, suarum illi suggerens epistolarum interpretationem.

Offendit insuper Augustam Joannes propter Theuderichum patricium. Ab iniqua enim exactione, quam Augusta exigebat, cum aegre hominem liberasset, illeque post facultatum maximam partem, ut gratuitum Deo donum, Ecclesiae pauperibus attribuisset, in iram hinc Eudoxia invidiamque incensa est. Eutropius legem ferendam curarat, ne ad ecclesiam confugientibus sacri immunitas loci valeret. Sed post non diu cum Eutropius ipse ad ecclesiam perfugisset, legis suae fructum tulit. Eo igitur ad aram prostrato, reprehensionis plenam orationem adhibuit Joannes, qua plurimorum in se odium concitavit. Nimis enim inhumane afflictum hominem accipere visus est. Arianis sacras ecclesias ademit, et, imperatoris implorata ope, Constantinopoli exegit.¶ Antiphonis item [alternis cantandis,] quibus illi compositis plebem circumveniebant, **81**a eosdem superavit: ita adjuvante

Augusta, ut et argenteæ cruces ad antiphonorum cantum decorandum adhiberentur. Cæterum antiphonorum originem ad Ignatium illum divinum hominem referunt, laudes Dei concinentes angelos hac in re imitantem. Gainas Arianus, cum potentia valeret plurimum, templum Arianis suis in urbe ab imperatore postulabat. Sed Joannes ibi tum præsens, ingenti cum libertate rem penitus improbavit, obstititque ne postulata ille obtineret sua. Post igitur cum copias idem, contra imperatorem insurgens, collegisset, Joannes, nihil veritus, reliquis omnibus id postulantibus, ad barbarum legationem instituit, ac rebellionem compressit.

Eusebius Valentianopolis post Celbianum episcopus, contra Antoninum Ephesiorum antistitem libellos obtulit, quibus ille septem accusationis capita complexus est; sacrilegia tria; deinde quod puerum homicidam, quem idcirco ne reprehendisset quidem, apud se haberet: tum quod quidquid ad Ecclesiæ utilitatem a Basilina Juliani matre relictum esset, ipse vendidisset, sibique vindicasset: quod uxore præterea, quam pietatis antea studio deseruerat, rursus familiariter uteretur, ac sobolem etiam ex ea sustulisset : septimum denique, quod pecunia corruptus ordinaret. In septimum autem crimen, cum id omnium gravissimum videretur, inquisitum est. At dum judicium hoc in longum protenderetur (de industria enim improbe agere etiam ipse accusator dicebatur), Antoninus interim diem clausit extremum. Quare magnus Joannes Ephesum ipse proficiscitur, pecuniaque ordinatos, et crimen fassos, sex numero, sedibus submovit. Totidem alios in ea ipsa Asia ob idem crimen episcopatu expulit. In Antonini vero locum Heraclidem diaconum suum suffecit, unde et seditio exorta est. Pro submotis item illis aliis, pietate, cæterisque virtutibus longe meliores episcopos creavit. Qui tamen omnes, pulso post in exsilium Chrysostomo, episcopatu privati sunt, receptique suis rursum sedibus, qui judicio ejecti erant.

Severianus quidam Gabalorum episcopus, cognito Antiochum Constantinopolim venisse, atque per dicendi gratiam rem auxisse familiarem, eodem et ipse accessit. Huic igitur Joannes Ephesum proficiscens, suas, dum abesset, docendi in Ecclesia vices commendavit. Hinc ergo imperatori Severianus omnibusque adeo innotuit.

A Callitropa, pronucleri cujusdam vidua, iniquæ exigebantur multæ. Paulacius vero **81**^b Alexandriæ Augustalis his exprimendis, quæ nummorum quingentorum summam conficiebant, miseram exercebat. Confugit hæc ad Augustam, quæ a Paulacio auri libras centum multæ nomine exegit: e quibus tamen misere huic afflictæ mulierculæ sex tantum et triginta nummi cesserunt. Illa igitur velut in communem tempestate jactatorum portum, ad magnum se recepit Joannem : qui mox dicam Paulacio scripsit de quingentis viduæ aureis persolvendis. Eudoxia hinc simultatem cum Joanne suscepit, liberum dimitti Paulacium satagens ; neque tamen ei mos geritur, sed justa nihilominus postulans justus præsul, quod per nefas ille retinuerat, injuria affectæ mulieri restituit. Qua in re et miraculum accidit. Extrahere enim Paulacium dum studet Eudoxia, vel invito Joanne, ecce tibi hastam ferens angelus apparuit, qui missos ab Augusta satellites terrore percellens, ne mandata illi persequerentur, effecit. Ex his ! ergo atque similibus [præclaris beati Joannis facinoribus] Acacius Berrhϙæ, Theophilus, Antiochus, et Severianus, adjuvante maxime atque præeunte Eudoxia, improba illa in Joannem consilia moliri cœperunt : subsecutis confestim et aliis multis, quibus ille suis increpationibus molestus fuerat.

Theophilus Petrum Alexandriæ archipresbyterum hoc nomine accusavit, quod Manichϙæ mulieri eucharistiam tradidisset. Hic vero pro sui defensione afferebat, et conversam illam esse, et nonnisi ejus jussu mysteriorum participem factam. Qua in re fidei testem laudavit Isidorum presbyterum, advenis Alexandriæ recipiendis præfectum. Hic ille est, quem ob virtutem Theophilus antea ad Damasum miserat, quique Flaviano amicitiam Roma societatemque attulerat, cum jam vicesimum annum utraque Ecclesia ab altera dissideret. Hic, inquam, Isidorus secundum Petrum testimonium dixit. Quare Theophilus ira incensus, Petrum extemplo Ecclesia submovit, in Isidorum vero illum admirandum virum, quas impudicitiæ plenas finxerat tabulas, protulit, et puerum accusatorem pretio subornavit. Quod ubi facinus deprehensum est, magis etiam iracundia Theophilus excanduit : etsi illa quoque alia ex causa accensa est. Mille enim nummos, quos inopibus distribuendos Theodota tribuerat, Isidorus acceperat et distribuerat, nihil horum Theophilo conscio. Secessit igitur devitandæ iracundiæ in montem Nitriæ, quietemque inibi in solita cella quæsivit : cum eo tempore monasteriorum per Ægyptum præfecti essent Dioscorus, **82**^a Ammonius, Euthymius, et Eusebius germani fratres, quos a corporum proceritate *Longos* appellabant. Gliscebat ea tempestate contentio cum Anthropomorphitis hæreticis. Versis autem ex eo in seditionem, turbasque per Ægyptum concitantibus monachis aliquot indoctis, et agrestibus, Theophilus, ab his circumsessus, præ metu, ut apparet, hujusmodi eos sophismate delusit : *Sic vestras*, inquit, *facies vidi, ut faciem Dei.* At cum hi præterea ab ipso postularent, ut Origenes quoque, quod is humana Deum forma carere assereret, anathemate damnaretur; facturum se recepit, sicque mortem devitavit. Hac igitur ille arrepta occasione adversus Longos fratres (qui jam recusabant diutius ejus uti contubernio, quod Deo, ut res est, formam esse humanam tribuendam negarent), apud Ægypti monachos, per calumniam eos traduxit, et imperitam illam multitudinem cum in illos concitavit, tum in Isidorum, quem diximus : cujus etiam nomine cum illis libentius certare cœperat. Post multas ergo illatas injurias structasque insidias, post ignem quoque injectum ipsorum cellis, fuga sibi denique consulentes, Constantinopolim veniunt. Ibi Joannes ille benignissimus excepit quidem illos fratres, humaniterque complexus est; propter Theophilum tamen in communionem minime admisit, sed eum per epistolam ad concordiam invitavit. Ille nihil audit. Longi interim fratres Theophilum oblatis libellis accusabant : et suasit hic vicissim quibusdam, ut illos acusarent. Tandem cum nihil hi probare adversus Longos possent, in custodiam missi, flagellisque graviter cæsi, partim in vinculis mortui sunt, partim in insulam Præconesum deportari jubentur. Joannes hinc Theophilum de oblatis adversus eum accusationis libellis certiorem facit. Ad quæ bile accensus ille : « Arbitror, inquit, non ignorare te Nicæni concilii canones, iisque prohiberi, ne episcopus de peregrino, alteriusque diœcesis judicium exerceat. Si ignoras, disce, atque, ab accusationis meæ libellis abstineto. » Verum qui hæc tunc Theophilus scripsit, post ipsemet alienæ diœcesis hunc ipsum Joannem, suo judicio condemnavit. Monachis deinde ab accusando Theophilo minime cessantibus, decrevit imperator, ut Theophilus judicio sisteretur. At invidia interim nimium invalescens, illum ipsum, ubi advenit, qui de Joanne sententiam ferret, judicem constituit.

Theognosti senatoris proscripti et in exsilium mortui uxor. agrum sibi **82**b relictum habebat, quem Eudoxia invita eripuit. Illa igitur ad viduarum propugnatorem Joannem se recepit : qui pro vidua libere multa perorans, adeo nihil profecit, ut etiam Augustam in sui odium concitarit. Quare mandatum dedit, ut cum festo die Exaltationis [sanctæ crucis], qui in decimum quartum Septembris incidit, in templum iniqua imperatrix ventura esset, portæ illi clauderentur. Conficitur præsulis mandatum, et pudore suffusa, iraque incensa Augusta, domum revertit ; exindeque hæc sancti viri e sede depulsionem, exsilium, aliaque adversa, quæ indignatio suggerebat, machinari cœpit. At vero dum ad templum illa progressa fores sibi obseratas offendit, de comitatu ejus quidam gladium in claudentes stringens, manum sibi subito exaruisse sensit, qui tamen post sancti viri genibus accidens, sanitatem recuperavit.

Magnus quoque Epiphanius, quem Theophilus callide deceptum in Joannem incitarat, Constantinopolim veniens, ecclesiasticum quibusdam suis factis ordinem turbavit. Diaconum namque in Septimo (sic enim locus templi Sancti Joannis appellatur) contra canonem ordinarat, deindeque sine bona Chrysostomi venia rem divinam fecerat, et Origenis scripta ab eo damnari postularat. Refert vero hunc scriptor noster (quod et in Epiphanii Vita legitur), minime consensisse, ut quibusdam placuit, in Chrysostomi expulsionem, licet ab ipsa Augusta eo adigeretur. Meminit idem de pronuntiatis invicem vaticiniis (1) : quibus significabatur neutrum ipsorum visurum aliquando thronum suum. Accidit præterea, priusquam condemnaretur Joannes, ut cognito indignari sibi Eudoxiam, bene longam haberet in malas feminas orationem. Hanc plebs rapiens, in Augustam pronuntiatam interpretabatur. Mox igitur ut Theophilus Constantinopolim advenit, apparatæ in magnam athletam Joannem machinationes procedunt. Cumque synodo nunquam interfuisset, Theophilus tamen cum suis decretum in eum tulit, frustra inclamante ipso, ac publice testificante, paratum esse, et ad synodum venire, et ad objecta respondere, modo manifestos ipsius hostes concilio subducerent. Aderant tum Joanni quadraginta adhuc episcopi, adversus Theophilum parati pro ipso pugnare : quos ille quiritantes, cum lacrymis obtestando sedabat, atque hortabatur Ecclesias ne discinderent. Sede ita pulsus, in Bospori Hieron ablegatur. At cum deinde terra divinitus concuteretur **83**a Constantinopolim iterum reducitur, sedique restituitur invitus. Pastoralis enim præfecturæ curam recipere se velle negabat, priusquam iniquum illud judicium, propositum excussumque foret. Eudoxia post non diu furore rursum incensa, quod liberius perstricta fuisset, propter statuam, quæ juxta templum posita illi fuerat (magnus enim inde strepitus in templo excitabatur), iterum in beatum hominem calumniæ adornantur. Quæi sane res, etsi præter spem Theophilo accidit optatissima, veritus tamen ille civium odium, ipse quidem non accessit (valde enim jam invisus esse cœperat, tum quod pulso Joanne, cum Longis tamen fratribus, per quos illi antea insidiabatur, communicasset, tum quod legere ipse Origenis scripta, quo nomine Joannem criminabatur, non desineret) non accessit, inquam, odii metu ; sed pro se alium submisit, pronuntiatum, ne in judicium quidem vocandum Joannem, ut qui post ejectionem sacra obire munia non dubitasset, cum Antiochena synodus post expulsionem sacerdotii munus ad hunc obeunti, nullum defensionis locum reliquerit. Ad quæ Joannis studiosi, Arianorum illum esse canonem consessumque excipiebant, ad insidias duntaxat Athanasii struendas comparatum. Hinc eam ipsam synodum Patres Sardicensis concilii nullam esse censuisse, et Athanasio non solum defendendi sui potestatem fecisse, verum etiam sacerdotium una cum Marcello administrare permisisse.

Igitur prohibent, Chrysostomus sacris ne operetur, neve omnino ad ecclesiam veniat. Christi tum Natalium festus dies instabat, mansitque ad festum Pentecostes et dies insuper quinque cessans, et ab omni ecclesiastico abstinens officio. Tum enim omnino et ecclesia pulsus et urbe, Cucusum exsu-

---

(1) Quæ et Sozomenus commemorat lib. VIII, cap. 15.

latum missus est. Quo item tempore et ignis templi primum suggestum corripiens, multa quoque circumcirca flammis absumpsit. Plerique etiam inimicorum Joannis exempla dederunt, partim fœdis morbis, partim divinitus immissa clade vita exuti. Cucusum ergo deportatus Joannes (ut hic quidem perhibet scriptor) et docuit ibi pro concione, et ordinavit multos episcopos, ac plures etiam sacerdotes, atque diaconos. Multa item miracula in eo exsilio cum vivus, tum mortuus edidit. Obiit vero non multo post, cum episcopus Comanorum Basiliscus, idemque martyr, finem ei secundum quietem prædixisset: conditusque est in ejusdem martyris tumulo.

Theophilus autem cum suis condemnarunt Heraclidem 83*b* Ephesi episcopum absentem, et Serapionem, multa affectum injuria, Heracleæ episcopatu, in quo ipsum magnus Joannes post prius exsilium reversus ordinarat, ejiciunt. Heraclidæ deinde sufficiunt Victoris tribuni eunuchum, hominem fœdissimum. Alios item episcopos numero fere viginti vexatos sedibus submoverunt.suis; presbyteros quoque ac diaconos plurimos, et plures etiam laicos, quotquot Joanni addicti esse deferebantur; imo pias etiam matronas, quarum fama celebres fuere Olympias Pentadia, Procla et Sylvana.

Innocentius interim urbis Romæ episcopus valde pro beato Joanne laboravit, etsi frustra consumptus labor est. Misit enim hoc nomine apocrisiarios, quos hi contumeliose remiserunt. Litteras item scripsit, quibus tamen nihil eorum quæ studiose conabatur perfecit; vix ut tandem Arsacius Joannis nomen in diptycha retulerit. Donec Proclus multo post ejus in urbem corpus attulit. Hæc hactenus.

Scriptor ipse quidem præter historiæ fidem narrasse quædam visus est. Verum quid prohibet utilia lectorem seligere, cætera præterire?

XCVII.
Phlegontis Tralliani Olympicorum et Chronicorum collectio.

Lecta mihi Phlegontis Tralliani, ejus qui Adriani Augusti libertus fuit, *Olympicorum et Chronicorum Collectio*. Opus inscribitur Alcibiadi cuidam, qui unus e corporis custodibus Adriani imperatoris fuit. Auspicatur vero a prima Olympiade: quod priora, ut et alii fere omnes affirmant, nullum hactenus accuratum verumque scriptorem sint nacta, sed aliter atque aliter ea, in quæ forte inciderunt? Neque inter se convenientia scripserint, etiam ii qui ex hac scriptione gloriam quæsissent. Initium igitur operis a prima, uti diximus, ducit Olympiade, perrexitque, ut ipse ait, ad Adriani usque tempora.

Equidem legi usque ad CLXXVII Olympiada, qua victor fuit Hecatomnus Milesius, stadii cursu et recursu, armato vero cursu ter vicit Hypsicles Sicyonius dolicho, Caius Romanus, et Aritonymias Cous, pentathlo Isidorus Alexandrinus, lucta Aptotus, periodo Atyanas Hippocratis Atramittei F. pugillatu Sphodrias Sicyonius, pancratio Sosigenes Asianus. Jam puerorum stadio vicit Apollophanes Cyparissius, lucta Soterichus Eleus 84*a* pugillatu Calas Eleus, uti pancratio et armato cursu Hecatomnus Milesius. Ter hic eodem ipso die coronatus est, stadio ejusque recursu, et armato cursu, Aristolochus Eleus quadriga victor, equo vero singulari Agemon Eleus. Hellanico Eleo biga cessit, et equuleorum quadriga. Cletiæ Elei equuleorum biga fuit, et Callippi Pelei singularis equuleus.

Lucullus eo tempore Amisum obsidebat; sed Murena in obsidione cum duabus legionibus relicto, ipse cum tribus aliis adversus Cabeiros duxit, et in hibernis ibidem castra locavit. Idem Adrianum cum Mithridate confligere jubet, quo etiam prælio superior fuit. Romæ quoque terra movit, multaque afflixit, et alia præterea plurima hac ipsa Olympiade contigerunt. Nam anno tertio censæ sunt Romæ myriades nonaginta et una. Sinatruce Parthorum rege exstincto, successit Phraates cognomento Deus; et Phædrum Epicureum mortuum, Patron excepit. Virgilius item Maro hoc ipso anno Idibus Octobris natus est. Quarto vero hujus Olympiadis anno Tigranes et Mithridates, collectis peditum quadraginta milibus, equitum triginta, instructaque Romanorum more acie, cum Lucullo dimicantes victi sunt: cæsis e Tigranis copiis quinque millibus, et his pluribus captis, præter cæteram hominum colluviem, Capitolium Romæ Catulus dedicavit: et ad Creticum bellum profectus cum triginta legionibus Metellus, insulam eam tenuit: ubi et manu cum Laosthene conserta, victor imperator est appellatus, Cretensibus intra oppida murosque compulsis. Athenodorus pirata Deli incolas captivos abducens, deorum, qui vocantur, signa destruxit; at Cajus quidam Triarius urbis ruta cæsa instaurans, Delum muro cinxit.

Ad hanc itaque Olympiadem usque libros quinque perlegimus. Auctoris stylus neque omnino humi serpit, neque Atticum usquequaque characterem servat. Alioquin illa nimis putida ipsius accuratio atque diligentia in Olympiadibus percensendis, singulorumque certaminum nominibus, et rebus gestis, atque ipsis etiam oraculis referendis, non tædium modo lectori affert, dum per eam reliqua omnia in hoc libro obteguntur, neque apparere sinuntur: verum etiam injucundum propemodum reddit sermonem, quique 84*b* gratiæ nihil habere indicetur et vero omnis generis deorum responsa sine modo inculcat.

SCHOLION. Suidas hujus Phlegonis (ut quidem ille inflectit) catalogum texit, librosque Olympiadum sedecim attribuit. E quorum primo libro, hoc quod damus fragmentum excerptum videtur. Ex XIV vero libro illustre affert testimonium Eusebius in *Chronico*, quod hic etiam apponere placuit.

« Exponenda mihi videtur causa, ob quam Olympia institui contigit. Est autem hæc : Post Pisum, Pelopem, atque Herculem, qui primi solemnem conventum ac certamen Olympicum instituerant, cum Peloponnesii eam festivitatem aliquandiu internisissent, per id scilicet tempus quod ab Iphito ad Coroephum usque Eleum, duodetriginta Olympiadum numeratur, certamenque neglexissent, seditio in Peloponneso fuit coorta. Ibi Lycurgus Spartanus, Prytanei filius, Europi nepos, Sosi pronepos (qui Sosus patrem habuit Prodeum, avum Aristodemum, proavum Aristomachum : fuit autem hic Cledoei filius, cujus pater Hyllus, Hercule et Dejanira fuit natus) et Iphytus Hæmonis, aut (ut alii perhibent) Praxonidæ F. ab Hercule prognati, Eleus domo, ac Cleosthenes Cleonici F. Pisæus, ut populum ad concordiam pacemque reducerent, cum Olympicam festivitatem statuerunt ad pristinam formam redigere, tum certamen gymnicum edere. Itaque Delphos miserunt, qui deum percunctarentur, an hoc eorum probet consilium. Is respondit, bona eventura, si id exsequantur : jussitque ferias indici urbibus, quæ certaminis esse vellent participes. Quo oraculo in Græcia renuntiato, discus ejus conscriptus est a Græcorum judicibus, quos ipsi Hellanodicas vocant, formam agendorum Olympiorum indicans. Cæterum Peloponnesios non admodum id certamen gratum habentes, molesteque id ferentes, pestis invasit, frugumque pernicies afflixit. Itaque ii qui ante a societate istorum ludorum desciverant, denuo Lycurgum pestis amolitionem ac remedium poposcerunt. Pythia vero sic respondit :

> *O qui telluris famosam totius arcem*
> *Mortales inter natuque et laude supremi*
> *Incolitis, quæ fata Dei cano discite jussu.*
> *Neglecta altitonans irascitur ob sacra vobis*
> *Juppiter, immenso qui maximus imperat orbi.*
> *Cujus Olympia vos cultu spoliastis avito :*
> *Quæ-princeps Jovis ut Pisus celebraret honorem*
> *Instituit : post huncque Pelops, quo Græcia rege*
> *Floruit, unanimesque habuerunt mœnia cives,*
> *Œnomao instituit certamina lumine casso.*
> *Tertius hæc Pelopi satus Amphitruone dicavit*
> *Tantalidæ, grati servans pia jura nepotis.*
> *Hæc sacra, et ludos abolere hos Juppiter ausis*
> *Iratus pestem immisit diramque, famemque :*
> *Verum instauratis cessabunt hæc mala sacris.*

« Peloponnesii, ubi hoc eis renuntiatum oraculum fuit, fidem derogantes, denuo communi de sententia miserunt ipsi, qui accuratius deum de oraculo interrogarent. Pythia autem hæc retulit :

> *O Peloponnesi cives, altaria circum*
> *Ite, sacris factisque animis advertite dicta*
> *Vatum, qui leges et jura paterna sequuntur,*
> *Vatum Eleorum monitis parete volentes.*

« Hoc oraculo accepto, Peloponnesii concesserunt Eleis, ut certamen Olympicum instituerent, et ferias urbibus denuntiarent. Porro autem postea temporis Elei cum opitulari vellent Lacedæmoniis, Elos urbem oppugnantibus, Delphos consultum miserunt : et respondit Pythia in hanc sententiam :

> *Exsortes belli, patriam defendite vestram,*
> *Et pacis Græcos communia jura docete*
> *Auctores, anni veniant dum gaudia quinti.*

« Hoc oraculo dato, Elei bello abstinuerunt, et Olympia curaverunt. Quinque Olympiades ita sunt exactæ, ut coronaretur nemo. Sextum placuit oraculum scitari, an victoribus coronæ essent imponendæ, eamque ob rem missus ad fanum dei rex Iphitus : deus sic est fatus :

> *Iphite, victorem malo donare caveto.*
> *Verum, sylvestris fructu redimitor olivæ,*
> *Quem circum teneris inclusit aranea filis.*

« Cum ergo venisset Olympiam, inque loco multi essent oleastri, unum eorum deprehendens araneis circumdatum, ædificio cinxit : atque ex ea arbore corona data est victoribus. Primus coronatus est Daicles Messenius, Olympiade vii stadio victor. »

Eusebius porro ista refert : « Bithynia terræ motu concussa, et in urbe Nicæna ædes plurimæ corruerunt. Quæ omnia his congruunt, quæ in Passione Salvatoris acciderunt. Scripsit super his et Phegon [*Phlegon* emenda] qui Olympiadarum egregius supputator est, in xiv libro ita dicens : « Quarto autem « anno ccii Olympiadis, magna et excellens inter omnes, quæ ante eam acciderant, defectio solis est facta : « dies hora sexta ita in tenebrosam noctem versus, ut stellæ cœlo visæ sint, terræque motus in Bithynia « Nicenæ urbis multas ædes subvertit. » Hæc supradictus vir.

Exstat ejusdem Phlegontis libellus ἀκέφαλος *De mirabilibus et longævis*, cum Anton. Liberalis *Metamorphosibus* et aliis libellis in Germania vulgatus.

XCVIII.
Zosimi comitis Historiarum libri vi.

Legitur *Historicum opus* libris sex Zosimi comitis, et ex advocato fisci. Impiam hic paganorum secutus religionem, in pluribus adversus pios sæpius latrat. Alioqui brevis est, dictione perspicuus ac purus, nec suavitatis expers. Incipiens autem hi- A storiam jam inde, ferme dixerim, ab Augusto, et imperatores omnes ad Diocletianum usque percurrens, nudam quasi designationem successionemque eorum commemorat : dum latius tandem a Diocletiano, de iis qui imperio potiti sint, libris quinque tractare pergit. Primus enim liber imperatores ab Augusto ad Diocletianum usque recenset, sextique finis in iis desinit temporibus, quibus Alarichus Romam iterum obsidens, civibus ad inopiam redactis, obsidionem solvit, eisque imperatorem dedit Attalum, quem tamen deinde rursus abdicavit imperio, quod regnum sibi traditum minus recte videretur administrare: atque ad Honorium Augustum Ravennæ tum agentem fœdus cum eo initurum misit. Asarus vero, Gothus et ipse, simultates adversus Alarichum exercens, cum trecentis quibus præerat, Honorianis partibus adjunctus, bellique societatem pollicitus, Alarichi rebus impedimentum objecit. Atque hunc sexti Historiarum libri finem facit.

Dixerit autem aliquis hunc non suam Historiam scripsisse, sed Eunapianam descripsisse, et partim brevitate duntaxat ab illa differre, partim etiam quod Zosimus non, ut ille, Steliconem conviciis proscindat. Cætera propemodum idem est in historia, pios præsertim imperatores criminando. Arbitror autem duas hunc quoque, sicut et illum, editiones instituisse, etsi priorem hujus editionem non vidi, conjicere tamen ex editionis novæ, quam nos legimus, inscriptione licet, etiam alteram hunc, sicut et Eunapium, publicasse. Verum magis hic planus est, et brevior, uti diximus, quam Eunapius, figurisque nonnisi raro utitur.

XCIX.
Herodiani historiarum libri VIII.

Legimus Herodiani *historiarum* libros octo. Incipit a Marci [Aurelii Antonini philosophi] Rom. imperatoris excessu, pergitque porro narrare, ut Commodus Marci filius **85***a* imperium adeptus, a paternis moribus, assentantium opera, degenerarit; tandemque a Marcia pellice, et Læto atque Electo, paratis insidiis exstinctus sit. [Lib. II.] Pertinax hinc imperium tenuit, grandævus jam, honestisque moribus. Quem milites, modestiæ nomine exosum, in curiam ejus irrumpentes obtruncant. Hinc Julianus a militibus non diu post emptum pecunia imperium, ipsorum jugulatus manibus, amisit. [Lib. 3.] Niger autem, mitis quantum apparebat vir, superstite etiamnum Juliano ad imperium evectus est. Hunc Severus, vir solers tolerandisque laboribus exercitus, et alioquin astutus, imperii nactus habenas, pugna victum sustulit, et obstantia quæque partim validis præliis, partim callidis artibus superavit. Verum in subditos insolentior redditus est, et morbo exstinctus, dum Britannos bello aggreditur. [Lib. IV.] Antoninus inde filiorum ejus natu major, fœdere cum his inito revertit, sociumque imperii, vel invitus sumpsit Getam fratrem: quem post paulo in Juliæ utriusque matris sinu interemit. Hic crudelitate, omnique turpitudine vincere omnes contendens, dum circa Syriam versatur, insidiis petitur, quas illi Macrinus cædem veritus, et prævertere conatus, comparavit. [Lib.v.] Sublato igitur Antonino, regnat Macrinus, vir ætate quoque grandævus, ignavus minimeque continens, cætera vero lenis ac mitis. Jam Mesa, quæ Juliæ soror erat, duas habebat filias, Sœmida, et Mammæam: quarum majori quidem filius erat Bassiani nomine: alteri vero Alexinus: furtivo uterque concubitu ex Antonino, ut ferebatur, geniti. Exercitus autem, minima capta occasione, Bassianum in castris imperatorem renuntiat, addito Antonini cognomento, victusque dein prælio Macrinus, ac fugiens e Phœniciæ atque Syriæ finitimis, Chalcedonem se recepit, Romam inde petere cogitans. Sed qui ex Antonini studiosis ad hoc missi fuerant, anteveniunt, caputque resectum revertentes asportarunt. [Lib. VI.] Atque ipse quidem Antoninus dum matri paret, modeste satis imperavit, et Alexinum in filium adoptatum Cæsarem creavit, imposito ei Alexandri nomine. Verum postquam adulatoribus se commisit, **85***b* nullum turpitudinis atque intemperantiæ genus prætermisit. Quin et Alexandro insidiari cum cœpisset, a militari manu prohibetur, quos ipse punire propterea meditatus, ab iisdem interficitur. Alexander ergo, Mammææ filius, annos imperavit quatuordecim; recte sane atque clementer, quantum quidem in ipso fuit, et sine ullo omnino sanguine. Sed matris Mammææ, ut hic refert, pecuniarum cupiditate, ac sordibus factum est, ut uterque, Maximo electo, militari seditione necatus sit.

[Lib. VII.] Maximinus post hunc annos fere tres ferociter ac tyrannice imperavit, homo fastuosus, moribusque sævus. Quamobrem Africæ præfectum a se constitutum, moribus similem, milites ibi tumultuantes, atque in imperatorem insurgentes, Gordianum olim proconsulem, jam octogenarium, imperatorem creant, vel invitum; cujus mox Roma libentibus electionem animis accepit, honoresque omnes Maximino ademit: Gordiano insuper Gordiani filio in Cæsarem illecto. At dum Maximinus bellum adornat, videns Gordianus, (qui jam una cum filio Carthaginem occuparat) in summam rerum omnium desperationem se adductum, laqueo vitam abrupit. Filius vero, commissa dein cum Maximo pugna, interfectus periit. Romani hic incredibili dolore ex horum interitu percussi, simul metuentes, atque odio Maximinum prosequentes, imperatores Romæ renuntiant Balbinum, et Maximum. In quos ut rursum militaris excitata seditio est, imperavit una cum eis et Gordianus, Gordiani majoris ex filia nepos, admodum adhuc puer. [Lib. VIII.] Maximo post adversus Maximinum profecto, interfectus a suis militibus Maximinus est, allatumque caput ejus ad Maximum, et inde Romam. Nec longo interjecto tempore, tumultuantes denuo milites, palatio educentes Balbinum, et Maximum, omnibus contumeliis cruciatibusque affectos interimunt, et uni Gordiano tredecim circiter annos nato imperium mandant. Hoc libri octavi extremum est.

Scriptoris hujus dictio clara est, atque perspicua, quin et jucunda: vocibus autem utitur temperatis, neque supra modum Atticis, quibus nativa illa communis sermonis gratia quodammodo violetur: nec rursus in humilitatem quamdam ita demissis, ut artem omnem illae fugisse videantur. Ad haec nec supervacaneis tumet, nec necessarium quid omittit : sed, ut uno verbo absolvam, **86** *a* omnibus historiae virtutibus paucis sane cedit.

C.
Adriani Declamationes.

Lectae sunt Adriani Augusti variae *Declamationes*, dicendi moderatione temperatae, nec injucundae.

CI.
Victorini Lampadii filii Orationes consulares.

Lectae sunt Victorini Lampadii filii Antiocheni *Orationes consulares variae*, simul et *imperatoriae* in Zenonis Augusti laudem : quo imperante, ad extremam hic pervenerat senectutem. Dictionem ejus, in qua nihil redundans, perspicuitas, usitatusque loquendi modus exornant.

CII.
Gelasii Caesareae Palaestinae episcopi, liber contra Anomaeos,
Et Diodori Tarsensis de Spiritu sancto argumenta.

Lectus est liber singularis Gelasii Caesareae Palaestinae episcopi *adversus Anomaeos*. Hujus oratio minime superflua, sed gravis ac vehemens, Atticis permista vocibus, et axiomatis accuratius instructa, ne ratiocinationibus quidem indigens, per omnia denique insignis est : tantum putide nimis ac pueriliter, quasi nuper dialecticorum libros inspexisset, logicae artis regulis, ipsisque adeo vocibus abutitur : etsi excusationem intempestivi hujus sermonis scripto suo adnectat. Verum id, quod excusatione post noverat indigere, nec jam inde a principio suscipiendum illi fuerat. Quanquam neque ipse libri ordo reprehensione caret.

Continebantur autem hoc eodem libello varia etiam argumenta Diodori Tarsensis *De sancto Spiritu* : quibus et Nestorii labe se jam inde contaminatum ostendit.

CIII.
Philonis Judaei legum sacrarum allegoria, et viri civilis vita.

Lectus est Philonis Judaei *sacrarum legum Allegoria*, et *De vita viri civilis*.

CIV.
Ejusdem Essenorum et Therapeutarum vivendi ratio.

Lecta et eorum vivendi ratio, qui philosophicum vitae genus apud Judaeos sive contemplando, sive agendo sectati sunt. Hi Esseni, illi Therapeutae appellabantur. Ac proximi quidem non monasteria tantum, atque σεμνεῖα (has ipsas ille voces adhibet) aedificarunt, sed etiam vivendi normam iis, qui nunc solitariam degunt vitam praescripserunt.

CV.
Ejusdem Caius (imp.) reprehensus, et Flaccus reprehensus.

Legitur ejusdem liber, cui titulus *Caius reprehensus*, aliusque *Flaccus reprehensus*. Quibus in libris magis, quam in aliis, **86** *b* dicendi vis ejus ac venustas apparet. Peccat tamen non raro ideis transmutandis, caeterisque a Judaica secta alienis describendis. Floruit Caii Caesaris temporibus, ad quem et pro sua gente (Hebraea) legationem se suscepisse scribit, regnante in Judaea Agrippa. Circumferuntur ejusdem alia quoque varia opuscula, quibus disputationes fere de moribus continentur, Veterisque Testamenti explanationes, ad allegoriam ut plurimum ipsa littera aptata. Et vero ab hoc arbitror omnem allegoricum sacrae Scripturae sermonem in Ecclesiam promanasse. Ferunt eumdem Christianis etiam sacris initiatum, ab his tandem dolore quodam atque iracundia descivisse. Verum antea Claudio Augusto imperante adita Roma, in beatum Petrum apostolorum principem incidisse, eoque usum familiariter ; atque hinc etiam factum esse, ut et discipulorum beati Marci evangelistae, sancti Petri auditoris, mentionem laudationemque posuerit. Hos enim (aiunt) apud Judaeos philosophicam duxisse vitam, iste commemorat : horum domicilia, monasteria appellat, eosdemque meditationi deditam vitam jejunio, atque precatione degere, nihil interim opum possidendo, praedicat.

Duxit autem Philo genus a sacerdotibus, patria Alexandrinus, tantamque sibi apud Graecos artis dicendi peritia celebritatem peperit, ut vulgo etiam sermone illud usurparetur : Aut Plato philonizat, aut Philo platonizat.

CVI.
Theognosti Alexandrini Hypotyposeon libri VII.

Lecti sunt Theognosti Alexandrini libri septem, hac inscriptione : « Beati Theognosti Alexandrini, et sacrorum Librorum interpretis *Hypotyposes*. » Primo libro de Patre agit, eumque esse rerum opificem ostendere nititur : etiam contra eos, qui materiam Deo coaeternam faciunt. Libro vero secundo argumenta quidem ponit, quibus effici ait necessario Patrem habere Filium. At cum Filium dicit, creaturam esse ipsum demonstrat, et ratione praeditis tantum praeesse. Ad plura id genus alia, una cum Origene Filio ascribit, sive eadem impietate ductus; sive, ut quis dixerit, illius defendendi studio, exercitationis isthaec gratia, et non ex sua sententia proponens, sive a veritate nonnihil abduci sinens, ob imbecillitatem captumque auditoris, qui nulla fortasse fidei Christianae cognitione imbutus, **87** *a* minus poterat accuratiorem de religione cognitionem admittere, ut Filii propterea qualemcunque cognitionem auditori utiliorem existimarit esse, quam si omnino nec agnitus ille sit, nec auditus. Verum ut maxime in disputatione hoc pacto rectam sententiam declinare, ab eaque recedere non omnino absurdum, aut reprehensione dignum videatur (nam ibi pleraque ejus, qui contra disputat, sententia et opinione, ac quasi vi fiunt). In scripta tamen oratione, quæ legis instar omnibus in communi proponenda sit, si quis hanc sui purgandi causa, blasphemiæ conscriptæ defensionem afferat, is sane ad imbecillum confugiet patrocinium. Jam ut secundo libro, ita et tertio, de Spiritu sancto tractans, argumenta quidem adhibet, quibus Spiritum sanctum esse conatur ostendere; verum cætera, ad modum Origenis libro *De principiis*, etiam hic nugando delirat. Quarto dein libro *de angelis et dæmonibus* inania atque, ut ille, jactitans, exilia ipsis corpora inducit. Quinto vero et sexto pertractat ut Deus hominem induerit, tentatque suo more demonstrare incarnationem Filii fieri potuisse. Multa et hic nugatur, maximeque dum illud asserere audet, imaginatione quidem nostra Filium aliis atque aliis locis circumscribi, re tamen atque actu ipso non esse circumscriptum. Septimo denique libro, quem *De Dei creatione* inscripsit, aliquanto pie magis cum de aliis tractat, tum præsertim de Filio in extrema operis parte.

Dictio ejus plena est, et nihil habet redundans. Vocibus item ut in Attica, minimeque affectata oratione, ita utitur venuste, ut nec in compositione quidem a consueto loquendi modo recedat : imo nec perspicuitatis, et accurationis caua a magnitudine deflectat. Floruit vero ✱✱✱

CVII.

Basilii Cilicis contra Joannem Scythopolitam libri XVI.

Lectus est liber Basilii presbyteri Cilicis, adversus Joannem Scythopolitam, cui et Causidici nomen, et alia sexcenta impingit : ut, in suspicionem Manichææ sectæ venisse : sacrum Quadragesimæ tempus ad tres tantum hebdomadas revocasse, iisdemque nec ab avium carnibus abstinuisse : ad gentium sacra accessisse : ut plurimum præterea 87*b* ventri plus satis deditum, non absoluto jam sacro communicasse, sed post Evangelium una cum pueris mysteria sumpsisse, statimque ad mensam advolasse. Talia fere toto libro sparsa ac disseminata, petulanter in virum illum jactat. Opus ipsum dramaticum est, Leontio cuidam id efflagitanti inscriptum. Personas fingit hic Lampadium quemdam, qui pro Basilio certet, cum Marino, qui Joannis partes tuendas susceperit. Hunc post dissertationes aliquot, damnato eo, quem defendendum susceperat, ad Lampadium sese adjungentem inducit, ac post eum victum Tarasium quemdam iterum certamen redintegrantem. Ubi illa hos et interrogare, et respondere comminiscitur, quæ cum sibi conductura, tum patrocinanti adversario reprehensionem ac perplexitatem paritura viderentur. In sedecim autem libros opus universum divisit : quorum tredecim priores dialogi forma sunt ab eo, contra primum duntaxat Joannis librum, tanto cum studio ac diligentia conscripti : reliquis vero tribus ea oppugnat, quæ in secundo suo et tertio libro Joannes asseruerat.

Primo igitur libro post præfationem absolutam, duobus capitibus oppugnandis insistit. Primum quidem illud : « Verbum passum est in carne[1]. » Alterum vero : « Idem est dicere Christum, atque dicere Deum. » Jam secundo libro temere se affectum injuria ostendere conatur : et illud : « Egredietur virga de radice Jessæ[2]. » Male a Scythopolita Joanne intellectum esse. Tertio deinde libro, de illo scilicet quærit loco, quomodo intelligendus : « Nunc clarificatus est Filius hominis, et Deus clarificatus est in illo[3], » et quæ ibi sequuntur. Quarto libro, quomodo dicatur proprium esse Dei corpus, tum de unitate, et de illo : « Unxit te Deus tuus[4]; et de illo : « Ego sanctifico meipsum[5]. » Quo in libro Marinus contradicendi partes relinquens scilicet, cum Lampadio consentit. Quinto vero libro, ubi et Tarasius certamen subire Marini loco fingitur, accusationes Joannis acerbius suscipit, totusque adeo liber in iis fere consumitur. Sexto tum libro vehementius etiam invehitur in unionem Christi Servatoris nostri. 88*a* De illo quoque disputat : « Unxit te Deus, Deus tuus ; » docetque quid ipsius Ecclesia censeat de illo : « Caro factum est[6]. » Libro octavo in varias absurditates præcipitat, dum illo agit : « Verbum caro factum est[7], » itemque de illo : « Nemo ascendit in cœlum, nisi qui de cœlo descendit, Filius hominis, qui est in cœlo[8]. » Nono libro de illo agit : « Petra autem erat Christus[8*]; » et de illo : « Ecce vita vestra suspensa est in oculis vestris[9]. » Rursum de illo : « Porta hæc clausa erit[10], » quæ omnia impie interpretatur. Decimo vero libro de illo : « Vobis verbum salutis missum est[11]; » deque eo : « Qui Filio suo non pepercit[12]. » Et : « De Verbo vitæ, quod manus vestræ contrectaverunt[13]. » Iterum de illo : « Sic Deus dilexit mundum, ut Filium suum unigenitum daret[14], » et quæ sequuntur. In undecimo libro de illo tractat loco : « Hic Deus noster : non reputabitur alius coram ipso. Deinde in terra visus est, et cum hominibus conversatus est[15]. » Rursum super illo : « Exsurge, Deus, judica terram[16], » Deque altero loco : « Qui videt me, videt et Patrem[17]. » Tum adversus eos, qui dicerent non posse apostolos propter imbecillitatem audientium verum docere. Duode-

---

[1] 1 Petr. IV, 1. [2] Isa. II, 1. [3] Joan. XII, 31. [4] Psal. XXXXIV, 8. [5] Joan. XVII, 19. [6] Joan. I, 14. [7] ibid. [8] Joan. III, 13. [8*] 1 Cor. X, 4. [9] Deut. XXVIII, 66. [10] Ezech. XXXXIV, 2. [11] Act. XIII, 26. [12] Rom. III, 32. [13] Joan I, 1. [14] Joan. III, 16. [15] Baruch. III, 36-38. [16] Psal. LXXXI, 8. [17] Joan. XIV, 9.

cimo libro docet unum e Trinitate passum. Et de illo item : « Si enim cognovissent, non ipsum Dominum gloriae crucifixissent [18]. » Ubi et quod non dicamus duos Christos, infirma malaque ratione defendit : ad suam ipse voluntatem nimirum sensumque defensionem accommodans. Tertio decimo denique libro quaerit : Quomodo non sint duo Filii. Et vero ex iis quibus defensionem instituit, duos esse Filios dicere necesse sit. Qua in re Tarasius veluti jam victus silentium tenet. Desinit et Basilius, sive Lampadius studiose interrogare ac respondere. Libri porro tres, quartus decimus, quintus decimus, et sextus decimus, perpetua contexti oratione, in secundum et tertium librum assertionum Joannis Scythopolitae incurrunt.

Fuit hic Basilius presbyter, ut de se ipse affirmat, Antiochenae Ecclesiae, quo tempore thronum ibi tenebat Flavianus, a Romanique clavum imperii moderabatur Anastasius. Dictio ejus in dialogis potissimum humilis est, ut nec a vocibus e trivio sumptis sibi temperet. Sed et in compositione parum accuratus, peccare non raro, atque solœcismum facere deprehenditur 88[b]. Verum uti perspicuus in his esse laboravit, ita quoque in suis adversus pios argumentis vehemens sane est, atque visu tritus, ut omnem plane vitam in hoc vano contra pietatem studio consumpsisse videatur. Etsi vero Nestoriana haeresi infectus est, Nestorium tamen sibi nequaquam vindicat, sed Diodorum atque Theodorum patres laudat. Et contra divinum quidem Cyrillum non tam impudenter in eos blasphemat. Attamen Joannem hunc, in quem stylum strinxit, alii praeterquam nulli rei, praeterquam Cyrilli duodecim capitibus inniti refert, ac duodecimo, ait, maxime, quo Deum ille passum subintroducit. Atque in his finem accipit frustra ille ab eo susceptus labor. Opus vero, ut supra dicere memini, Leontio dedicat cuidam, quem sanctissimum, Deoque charissimum, et Patrem magnifice praedicat.

CVIII.

Theodori Monachi Alexandrini Adversus Themistium liber.

Themistii Apologia pro sancto Theophobio.

Lectus est Theodori Alexandrini monachi *adversus Themistium* liber, cujus haec inscriptio : Confutatio brevis, qua superioris temporis denuo repetita illa Themistii contra Patres temeraria maximeque absurda contentio refellitur : a nobis nunc elaborata, occasione objectarum ab ipso contra veritatem quaestionum, atque enuntiationum, cum dilucida explicatione objecti argumenti. » Talis hic igitur libri titulus, ut liber potius, quam titulus libri videatur. Uterque vero Theodorus aeque ac Themistius, haeretici et partium studiosi fuerunt, eorum qui divinitatem passam esse asseverant, Severo nimirum addicti. Caeterum Themistius, sive Calonymus (hoc enim sibi cognomentum quoque addidit) etiam Agnoetarum sectae caput fuit : de qua et librum conscripsit, affixo titulo : *Colonymi seu Themistii apologia pro sancto Theophobio.* Quo in libro ipsum quoque Severum, cui tamen addictus erat (tanta est vis falsitatis, tale et mendacii amantes) perstringens, dictorum a Theodoro rationes exigit. Themistii enim quatuor argumenta illa, quibus se inscitiam in Christo probasse arbitrabatur, Theodorus singulatim expendens atque aestimans, singula sexcenta continere absurda ostendit. Hinc rursum Themistius : acceptam veluti cladem reparans, singularem librum in Theodorum conscripsit. Theodorus autem tribus vicissim libris, et 89[a] quae ille reprehenderat, refutat, et suam de hac re veram opinionem exponit. Uterque scribendi non imperitus, perspicuitatem solida cum vehementia in dicendo sectatus est.

CIX.

Clementis Alexandrini presbyteri Scripta.

Lecta sunt Clementis Alexandrini presbyteri tria librorum volumina, quorum unius inscriptio est, *Hypotyposes*; alterius, *Stromateus*; tertii vero *Paedagogus.*

Hypotyposeon, sive Dispositionum libri VIII.

Hypotyposes quidem disceptationem continent locorum aliquot Veteris Novique Testamenti, quae etiam summatim explicat, et interpretatur. Etsi autem recte in quibusdam sentire visus est, in aliis rursus impie omnino fabuloseque disserit. Asserit enim materiam aeternam esse, et ideas veluti certis decretis induci fingit. Filium quoque in rebus creatis numerat. Adhaec animarum migrationes, multosque ante Adamum mundos prodigiose comminiscitur. Evam praeterea, ex Adamo, non ut sacri libri tradunt, sed obscene atque impie educit. Angelos quoque, cum feminis congressos, liberos inde sustulisse somniat. Quin et Verbum carnem non esse factum, sed ita visum duntaxat. Duo ad haec Patris Verba finxisse deprehenditur, quorum minus mortalibus sit visum. Imo ne hoc quidem ; sic enim scribit : « Dicitur quidem et Filius Verbum aequi-voce cum Patrio Verbo. Verum neque hoc illud Verbum est, quod caro factum est, neque etiam Patrium illud Verbum : sed vis quaedam ac potestas Dei, tanquam a Verbo ipso profluens, mens effecta, hominum animos pervasit. » Quae quidem omnia sacrae Scripturae testimoniis aliquot astruere nititur. Quanquam et alia id genus sexcenta blasphema voce nugatur, seu ipse, sive quis alius, ejus personam indutus ; plane ut octo ipsos libros hisce blasphemiarum portentis, de iisdem identidem disserendo, ac sparsim atque confuse, veluti stupore perculsus Scripturas producendo, repleverit. Uni-

---

[18] I Cor. II, 8.

versi autem operis scopus fuisse videtur Geneseos, Exodi, Psalmorum, Epistolarum beati Pauli, et Catholicarum, ac denique Ecclesiastici interpretatio. Hoc interim fatetur ipse discipulum se fuisse Pantæni. Sed de *Hypotyposibus* hactenus.

CX.
Ejusdem Pædagogi libri III.

Jam *Pædagogus* tribus libris 89*b* conscriptus, vitam moresque informat; quibus et alium quemdam præmittit, adjungitque singularem librum, quo gentium refellit impietatem (1). Nihil autem simile habent hi omnes cum *Hypotyposibus*, quando et stolidis illis ac blasphemis opinionibus omnino vacant, et dictio ipsa in his floridior ad temperatam quamdam gravitatem non sine jucunditate assurgit, et varia illa, quæ in iis est, rerum cognitio, nihil habet minus conveniens. Extremo vero libro etiam de imaginibus commeminit.

CXI.
Ejusdem Stromatei libri VIII.

Stromateon autem libri quoque octo sunt, adversus paganos atque hæreses pugnam instituentes : in quibus item sparsim, et non ordine capita recensentur. Cujus quasi rationem reddere in extremo libro septimo hisce fere verbis videtur : « Hæc cum a nobis jam antea pertractata sint, et morum illa rudior formula per summa velut capita, quantum polliciti sumus, sparsim descripta : iis, quæ ad veram excitant cognitionem, dogmatibus ita hic illic inspersis, ut res illas sacras nactus quispiam, qui mysteriis nostris initiatus non sit, haud facile comperiat, » et quæ sequuntur. Hæc igitur, ut ipse fatetur, causa fuit, cur ista sine ordine congesserit. Reperi autem in pervetere exemplari hoc opus non solum *Stromateon* nomine inscriptum, sed integre ad hunc modum : *Titi Flavii Clementis presbyteri Alexandrini Gnosticarum secundum veram philosophiam commentationum Stromateus* I, II, III, IV, V, VI, VII, VIII. Ac primi quidem septem eumdem præferunt titulum, iidemque prorsus sunt in omnibus codicibus. Verum octavus, cum inscriptione, tum rei subjectæ materia, variat. In quibusdam enim inscribitur : *Quis dives salvetur*, ejusque principium est : « Qui laudatorias orationes, » et reliqua. In aliis vero, *Stromateus octavus*, ut et reliqui septem libri, inscribitur, et incipit : « Sed neque philosophi antiquissimi, » quæque sequuntur. *Stromateon* autem liber hic alicubi non sana tradit; non tamen ut *Hypotyposes*. Nam multa etiam quæ ibi dicta fuerunt, oppugnat.

Feruntur autem ab eodem alia non pauca conscripta. Et vero etiam alii composuisse testantur *De paschate, De jejunio, De obtrectatione, De canonibus ecclesiasticis*, et *Adversus eos qui Judæorum errorem sequuntur*, 90*a*, quem Alexandro Hierosolymorum episcopo nuncupasse videtur. Claruit vero Severo et Antonino ejus filio Romæ imperantibus.

CXII, CXIII.
Clementis Romani Pont. Constitutiones apostolorum, Recognitiones et alia.

Legimus Clementis Romani pont. librorum volumina duo. Horum alteri hic est titulus : *Constitutiones apostolorum per Clementem* continetque synodicos canones illos qui apostolorum cœtui ascribuntur. Alterum autem volumen, epistolæ forma Jacobo fratri Domini dedicatur. Habet hoc *Acta*, quæ dicuntur, *Petri apostoli, et cum Simone Mago dissertationes : Recognitionem* adhæc *Clementis, ejusque parentis, tum aliorum fratrum*. Quamobrem etiam in quibusdam codicibus hæc ei inscriptio tribuitur : *Clementis Romani Recognitio*, in aliis tamen, uti diximus, epistola præligitur tanquam ad fratrem Domini Jacobum ; et hæc neque eadem, neque ut ab eodem profecta, sed in libris nonnullis, veluti a Petro apostolo ad Jacobum missa, in aliis rursus tanquam a Clemente ad Jacobum, alia atque alia ut modo diximus. Harum prior ostendit ipsummet Petrum res a se gestas conscripsisse, et Jacobo eas postulanti misisse : altera vero refert Clementem Petri jussu easdem res gestas litteris proditas, postquam ille jam ad immortalem commigrasset vitam Jacobo transmisisse. Ex quo conjectura capitur bis fuisse res gestas sancti Petri editas, ac cum temporis longinquitate periisset altera, illam Clementis tandem solam perdurasse. In omnibus enim libris, quos quidem videre mihi contigit (non paucos illos certe) post diversas illas epistolas atque inscriptiones, idem omnino sine variatione hoc operis initium reperi : *Ego Clemens*, et quæ ordine deinceps sequuntur. Refertum autem hoc opus absurdis nugis, non sine plurimis ex Arii opinione in Filium blasphemiis. Constitutiones porro tribus ex capitibus duntaxat reprehensioni videntur obnoxiæ. Ex mala nimirum fictione, quam depellere non est admodum difficile : deinde quod contra Deuteronomium criminationes quasdam adducant, quæ et ipsæ dilui facillime possunt : denique ex Arianismo, quem item acrius paulo instando, refellere queas. Liber attamen Actorum Petri (qui de Recognitionibus inscriptus est) perspicuitate ac gravitate, ad hæc puritate 90*b* et vehementia, aliisque orationis dotibus, rerum item variarum doctrina, tantum Constitutiones ipsas superat, nulla ut hos inter comparatio, ad sermonem quod attinet, fieri debeat.

Hic Clemens ille est, de quo beatus Paulus in ea quæ est ad Philippenses epistola : « Cum Clemente et reliquis cooperatoribus meis, quorum nomina scripta sunt in libro vitæ. » Scripsit idem magni faciendam ad Corinthios epistolam , quæ a plerisque tanto in pretio est habita, adeoque

---

(1) Qui hodie nomine *Protreptici ad gentes*, notior exstat.

laudata, ut etiam publice legi soleret. At quae secunda dicitur ad eosdem, ut spuria rejicitur. Quemadmodum et longa illa disputatio, beati Petri et Appionis nomen falso praeferens. Hunc Clementem alterum a Petro urbis Romae episcopum fuisse quidam autumant, alii vero quartum. Linum enim et Anacletum inter utrumque pontifices intercessisse, ac tertio demum Trajani imperatoris anno vitam finiisse.

CXIV.
Lucii Charini Periodi apostolorum.

Lectus liber est hoc titulo : *Apostolorum Periodi*. Complectitur Acta Petri, Joannis, Andreae, Thomae, et Pauli, auctore, ut liber ipse ostendit, Lucio Charino. Dictio ejus omnino inaequalis ac varia : constructione vero ac vocibus utitur interdum quidem non abjectis, ut plurimum tamen forensibus, ac protritis : nec ullum in eo aequalis, et subitariae dictionis, ac nativae, quae hinc exsistere solet gratiae (quo modo evangelicus et apostolicus sermo conformatus est) vestigium apparet. Scatet item stultis, et secum pugnantibus narrationibus. Alium enim Judaeorum Deum, eumque malum esse asserit, cujus Simon Magus minister fuerit, alium rursus esse Christum, quem bonum facit. Omnia ergo inquinans atque confundens, eumdem illum et Patrem vocat et Filium. Jactat vero, neque revera hominem factum, sed tantum apparuisse. Varia item forma saepe discipulis visum, nunc juvenem, mox iterum senem, rursumque puerum ; nunc majorem, nunc minorem, interdum et maximum, vertice etiam coelum attingentem. Multas etiam super cruce nugas fingit atque ineptias, neque Christum fuisse cruci affixum, sed alium pro eo, et hinc illum eos, qui in crucem egerant, irridentem facit. Conjugia insuper legitima rejicit, omnemque adeo generationem malam esse, 91*a* et a malo asserit, aliamque daemonum formationem comminiscitur. Mortuorum adhaec hominum, boum, ac jumentorum absurdas puerilesque resurrectiones prodigiose fingit. In Actis quoque beati Joannis imaginum usum cum Iconomachis vituperare videtur. Vis verbo dicam ? quantus est liber, puerilia continet sine numero, et inopinata, maligneque conficta, ac falsa, imo stulta, et inter se pugnantia, impia denique et detestanda tot, ut qui eum omnis haeresis fontem atque auctorem dixerit, non ille a veritate vel minimum discesserit.

CXV.
Liber anonymus contra Judaeos et Quartadecimanos, itemque Metrodori Calculus Paschalis.

Legi incerti auctoris librum, qui titulum praefert : *Disputatio adversus Judaeos, unaque sentientes haereticos, et Quartadecimanos, ut vocant, qui primo Hebraeorum mense sanctum Paschae festum non celebrant*. Hujus oratio vehemens est, neque redundans, fas'u jactantiaque non vacans. Asserit vero sacra quinta (die) legale non edisse Pascha Dominum Jesum Christum (neque enim illum ejus edenti statutum fuisse diem), sed sequenti. Ac neque tum, quae ederit, ex legis praescripto edisse. Nam neque agnum, neque azyma, neque aliud quidpiam eorum fecisse, quae legale servantes Pascha, more rituque majorum observant. Itaque privatam tantum, mysticam illam tamen, vult coenam edisse, atque ex ea discipulis panem, et calicem porrexisse.

Alius item liber conjunctus erat Metrodori cujusdam, *Calculus* nimirum *de sacro Paschae festo celebrando* novem decennalium cyclorum viginti octo in seipsum quasi in orbem redactus. Hic autem Metrodorus, quicunque tandem est (nihil enim aliud de illo dicere statui) a Diocletiano, inchoando quingentorum triginta trium annorum dies festos collegit, idque (quantum videtur) secundum accuratam illam, quam vocant, quartae-decimae lunae computationem. Etenim neque hunc Ecclesia, neque vetus traditio dies illos servasse videntur.

CXVI.
Auctoris incerti de sacro Paschae festo volumen III.

Lectus quoque liber est, qui scriptoris non expresso nomine inscribitur : *De sacro Paschae festo volumen tertium libris octo*.

Simplici dictione, styloque apertissimo scriptum opus, multa sane atque praeclara sensa continet. Scriptor hic libro quarto Metrodorum saepe reprehendit, ac dum sacris sese Scripturae testimoniis communit, non pauca, explanatoris fere methodo, 91*b* in sex dierum opus utilia hisce de Paschate libris intexuit. Dedicat vero Theodoro, quem dilectum fratremque appellat. Scripsit eadem de re alios quoque libros, verum hic uberior est atque utilior ; ut qui in re tenui utilia quaeque ad rem pertinentia afferat. Nam de bissexto, et mense intercalari, solisque ac lunae epactis, et enneacaedecaeteridibus, et de ratione ac via haec investigandi, singula excutiendo dilucide tradit. De mensibus item, et neomenia, et hebdomade, ejusque diebus, et quinam communes anni appellantur, quique interjecti anni. De curriculo praeterea solis octo et viginti annorum, et novendecim annorum lunae, ac quarto decimo ejusdem die. Rursum de mensibus lunaribus ac solaribus, et neomenia mensis cum lunaris tum solaris, qui lunari sit par, deque mense exacto ac justo : de annorum denique mundi supputatione. Refert idem secundum illos alios adventus sui annos, Christum Dominum ac Deum nostrum lege praescriptum Pascha celebrasse, non item eo, quo proditum est. Quod consideratione sane dignum, cum Chrysostomus et Ecclesia tunc ipsum doceant legitimum Pascha perfecisse, antequam mysticam institueret coenam.

CXVII.
Apologiae de Origene, et ejus dogmatibus libri v.

Legimus librum pro Origene, ejusque Deo invisis

dogmatibus. Libris quinque opus absolvitur, quod nec scriptoris nomen in titulo exhibet. Dictio neque clara est, neque pura, nec laudandum quid præferens. Scriptor autem ipse pro Origene ejusque sententiis hos fere testes laudat, Dionysium Alexandrinum, Demetrium quoque et Clementem, aliosque plurimos. Præ cæteris vero Pamphilo martyri innititur, atque Eusebio Cæsareæ Palæstinæ episcopo. Cæterum hæc Apologia non solutio est ut plurimum eorum quæ Origeni objiciuntur, sed accusationis potius astipulatio. Adeo hic a blasphemis illius opinionibus liber omnino non est. Itaque et animas ante corpora exsistere fatetur, sacræ quoque Scripturæ ac sanctorum Patrum testimoniis ad hunc errorem stabiliendum, ut putat, adhibitis: et corporum quoque aliam fingit resumptionem. Verum de sancta Trinitate **92**^{a} nihil erratorum affert. Quin etiam hoc asserit de Origene, nihil eum, quod quidem ad dogma de Trinitate attinet, errasse: pugnantem tantum cum Sabellii hæresi, cujus tum improbitas magnopere sese efferebat, et personarum Triadem, manifestam maxime multisque modis differentem, demonstrare conantem, a recto atque officio etiam in contrariam partem abreptum fuisse videretur. Enimvero pro aliis ejus dogmatibus, quibus neque satis speciose assentiri audet, neque putat posse prædictam causam aptari, pro hujusmodi, inquam, dogmatibus, multam adhibet operam, ut demonstret, vel excitationis duntaxat causa hæc ab eo esse dicta, vel certe ab aliis, qui diversa sentirent, ejus scriptis inserta fuisse. Testem hujus laudat eum ipsum hoc clamantem atque contendentem, cum viventem etiamnum ipsum talem deprehendisse fallaciam refert. Ipsa dein capita, ob quæ falso illum accusari asserit, quindecim in universum numerat; eademque meras esse calumnias, ex ipsiusmet scriptis allatis argumentis, libro quarto convincit: ad quæ item refellenda ubi ad quintum venit librum, cæterorum quoque pro ipso affert testimonia. Ipsa vero capita hæc sunt: aiunt illum docere : 1. Filium non esse invocandum. 2. Neque esse ipsum absolute bonum. 3. Neque Patrem cognoscere, ut seipsum. 4. Rationales naturas in brutorum corpora ingredi. 5. Esse in diversas corporum species migrationem. 6. Christi Servatoris animam non aliam quam ipsiusmet Adami fuisse. 7. Non esse pœnam delictorum sempiternam. 8. Neque carnis resurrectionem. 9. Adhæc magiam malam non esse. 10. Astronomiam eorum quæ fiunt causam esse. 11. Unigenitum præterea regnum nullum obtinere. 12. Sanctos [angelos] delapsos in mundum venisse, non ad aliorum obsequium. 13. Deum Patrem ne a Filio quidem videri posse. 14. Cherubim Filii esse cognita. 15. Rursum, quod Dei imago, relata ad illum cujus est imago, quatenus est imago, veritas non est. Hæc fere depellit, uti diximus, quasi falso Origeni objecta, omnique ope ecclesiasticum esse virum et orthodoxum ostendere nititur. At non,

bone vir, si quis ostensus est haud omnibus omnino modis impius esse, mox etiam in quibus manifestæ blasphemiæ tenetur, pœnam effugiet.

CXVIII.

Pamphili martyris, simul et Eusebii, Apologiæ pro Origene libri iv.

Lecti sunt Pamphili martyris, et **92**^{b} Eusebii *pro Origene* libri sex : quorum quinque sunt a Pamphilo in carcere, præsente etiam Eusebio, elaborati: sextus vero, postquam jam martyr ferro privatus vita, ad unice desideratum Deum migrarat, ab Eusebio est absolutus. Quanquam alii quoque plurimi eo ipso tempore magni nominis viri apologiis Origenem defendendum susceperunt. Aiunt igitur Origenem Severi imperatoris persecutione Leonidæ patri scriptum misisse, quo ad martyrii curriculum eum exacueret: et sane stadium fortiter decurrens ille bravium accepit. Addunt ipsummet Origenem summo studio idem certamen suscipere conatum fuisse, sed matrem impetum vel ipso invito refrenasse : quod ipsum item epistola quadam sua testatum reliquit. Quin Pamphilus martyr, et alii cum eo plurimi, res Origenis ex illis ipsis, qui hominem viderant, accuratius perscrutati, narrant, eum celebri martyrio tum vita decessisse, cum Cæsareæ Decius suam in Christianos crudelitatem effunderet. Alii tamen volunt ad Galli ac Volusiani usque tempora perdurasse, et sexagesimum nonum ætatis annum agentem Tyri mortuum, in eademque urbe sepultum. Quæ quidem verior narratio est : si modo germanæ sunt, quæ feruntur, epistolæ illius post Decii persecutionem conscriptæ. Omnes autem omnino disciplinas ipsum et percepisse et docuisse ferunt. Hunc item Origenem (quem etiam Adamantium cognominatum ex eo tradunt, quod rationes, quas colligaret, adamantinis quibusdam quasi vinculis non absimiles viderentur) auditorem fuisse Clementis ejus qui *Stromateus* dictus est, ejusdemque in catechetica schola quæ Alexandriæ erat, successorem. Clementem porro Pantæni fuisse discipulum, scholæque successorem : et Pantænum rursus iis usum magistris, qui apostolos vidissent : quin et illorum nonnullos audiisse.

Cæterum hinc in Origenem excitatam omnem tempestatem commemorant. Demetrius Alexandriæ præsul Origenem multum laudans, in paucis charissimum habebat. At cum hic absque bona episcopi venia Athenas profecturus esset, Theotecnus Cæsareæ Palæstinæ tum archiepiscopus, secus eum quam oporteret, presbyterum ordinavit, non improbante factum hoc Alexandro Hierosolymorum episcopo. **93**^{a} Illinc Demetrio amor in odium vertit, laudesque mox cum vituperatione commutatæ. Synodus insuper episcoporum coacta et presbyterorum quorumdam contra Origenem: quæ, ut Pamphilus refert, decretum fecit Alexandria quidem pellendum Origenem, neque in ea versari aut docere permittendum; sacerdotii tamen dignitate nequaquam submovendum. Verum Demetrius una cum Ægyptii episcopis aliquot, sacerdotio quoque illum abjudicat, subscribentibus etiam edicto huic, quotquot antea suffragati ei fuissent. Ita igitur Alexandria in exsilium pulsum Origenem, Theotecnus Palæstinæ episcopus libenter Cæsareæ et degere jussit, et de superiore loco docendi potestatem fecit. Has ille causas affert, ex quibus omnes illæ calumniæ in Origenem eruperint.

Ejus porro Apologiam, ut diximus, Pamphilus una cum Eusebio, communi carcere inclusi, conscripserunt, eademque ad eos, qui pro Christi nomine ad metalla damnati exercebantur, consolationi miserunt, quorum princeps erat Paternuthius, qui post Pamphili per martyrium emigrationem, brevi interjecto tempore, flammis et ipse cum aliis vita pulsus est. Pamphili præceptor Pierius fuit, ipse quoque scholæ Alexandrinæ magister, martyrque idem, una cum fratre Isidoro certaminis coronam adeptus est : quibus etiam templum, domusque a piis hominibus constructa referunt. Beatus autem Pamphilus presbyter erat, et Origenis eum pleraque, quibus sacram explanavit Scripturam, sua manu exarasse scribunt.

CXIX.
Pierii presbyteri scriptorum libri XII.

Lectum est Pierii presbyteri (quem una cum Isidoro fratre germano martyrii pro Christi nomine certamen subiisse, Pamphili quoque martyris in sacrarum Litterarum studio doctorem, atque Alexandrinæ scholæ præfectum fuisse ferunt) volumen librorum duodecim. Stylus illi clarus, ac perspicuus, et quasi sponte fluens, nihil exquisitum præ se fert, sed velut ex tempore fusus, placide ac leniter, sensimque decurrit. Enthymematis autem, si quis alius, maxime abundat. Plurima quoque præter ea quæ in Ecclesia hodie obtinent, veteri fortassis more, tradit. De Patre tamen et Filio pie 93*b* credit, nisi quod substantias duas, totidemque naturas esse dicit: substantiæ et naturæ nomine (quantum ex iis quæ hunc locum antecedunt et consequuntur, colligitur) pro hypostasi usus; non ita vero, ut qui Ario adhærent. Verumtamen de Spiritu sancto periculose nimis, atque parum pie docet, dum hunc inferioris esse gloriæ, quam sit Pater et Filius, affirmat. Habet item testimonium quoddam in eo libro qui inscribitur « in Evangelium Lucæ, » ex quo demonstrare licet, imaginis honorem et irreverentiam, prototypi esse honorem sive irreverentiam. Obscurius deinde etiam hic, secundum Origenis nugas, indicat animas præexsistere. In eo vero libro, quem in Pascha, et Oseam prophetam scripsit, agit quoque de Cherubim a Mose factis, et de Jacobi lapide, ubi factos quidem illos fatetur, at divinæ tantum providentiæ ratione fuisse concessos

A nugatur : quasi aut nihil fuerint, aut aliud quidpiam fuerint, aut aliud [saltem illa fuerint] quæ facta sunt. Neque enim [inquit] vestigium aliud præferebant alicujus formæ, sed alarum duntaxat speciem fabulatur illos ferre.

Hic Pierius presbyter fuit Ecclesiæ Alexandrinæ, cum Theonas illi patriarcha præesset, Carusque ac Diocletianus Romanum tenerent imperium. Quem eo assiduus labor atque ingenii felicitas provexit, cum magnam insuper non absque utilitate voluptatem in suis ad plebem concionibus afferret, ut Origenes alter cognominaretur; erat quippe tunc eorum in numero, qui maximo in pretio haberentur, Origenes. Addunt in dialecticis atque rhetoricis versatum, temperantiæ quoque et ultro susceptæ paupertatis amatorem fuisse. Nec desunt, qui eum martyrio vitam finiisse tradant, etsi alii post persecutionem reliquum vitæ Romæ transegisse malint.

CXX.
Irenæi Adversus hæreses libri IV.

Legimus scriptorum Irenæi episcopi Lugdunensis (est autem Galliæ Celticæ urbs Lugdunum) libros quinque sic inscriptos : *Elenchus atque Confutatio falsæ doctrinæ* sive *contra hæreses*. Quorum primus de Valentino agens atque ab impio ejus errore ducens initium, rursum quasi relato pede, altiusque origine repetita, narrat porro a Simone Mago usque ad Tatianum, qui Justini Martyris primum discipulus, in errorem tandem hæresis præcipitavit. Disserit præterea de iis, qui proprie Gnostici appellantur, itemque de Cainis, exsecranda illorum 94*a* dogmata exponens. Et hæc quidem libro primo. Nam secundo ea refellit quæ ab hæreticis impie asseruntur. Tertius varia adversus illos affert sacræ Scripturæ testimonia. Quartus autem ab hæreticis objectas quæstiones diluit. Quintus tandem, quæcunque per parabolas a Christo dicta factave fuerint, cum ex reliqua ejusdem salutifera doctrina, tum ex apostolorum epistolis, hæreticorum imposturis refellendis aptissima esse demonstrat.

Plura vero ejusdem sancti Irenæi ac varia scripta et epistolæ circumferuntur; etsi in aliquibus ecclesiasticorum dogmatum certa veritas spuriis rationibus fucari videtur, quæ observassse convenit.

Aiunt hunc *Polycarpi ejus qui sanctus martyr et Smyrnæ episcopus fuit, discipulum fuisse, presbyterum vero Pothini, cui et in Lugdunensi episcopatu successit. Victor ea tempestate Romæ pontificium tenuit : quem crebris litteris hortatus est Irenæus, ne ob Paschatis dissensionem ab Ecclesia aliquos abdicaret.

CXXI.
Hippolyti libellus contra hæreses.

Legi libellum Hippolyti (qui Irenæi discipulus fuit) contra duas et triginta hæreses. Auspicatus a Dositheanis usque ad Noeti et Noetianorum hæreses : quas refert, Irenæo disserente, argumentis profligatas : horumque argumentorum summam colligentem se, libellum hunc conscripsisse. Oratio ejus clara est, ac nonnihil gravis, minimeque redundans, etsi ad Atticum sermonem non tendat. Refert autem cum alia non omnino proba, tum epistolam ad Hebræos non esse Pauli apostoli. Ferunt item hunc conciones ad populum, Origenis imitatione, habuisse, illoque familiarissime utentem, tantum esse factum scriptorum ejusdem admiratorem, ut ad divinam Scripturam commentario illustrandam hortando impulerit : additis etiam illi suo sumptu septem notariis, qui dictata celeriter exciperent, totidemque librariis, qui accurate describerent. Hæc igitur subministrantem Hippolytum, sine remissione solitum exigere opus, quod elaborasset Origenes : atque hinc etiam operis exactorem epistola quadam ab eo nominari. Commemorant autem et hunc alia præterea plurima scripsisse.

CXXII.
Sancti Epiphanii Panariorum libri vii.

94b Legimus sanctissimi episcopi Epiphanii adversus octoginta hæreses *Panaria*, voluminibus tribus in libros septem distributa. Ducto igitur a barbarismo initio, tendit inde usque ad Messalianos : cæteris, qui ante ipsum contra hæreses scripserunt, copiosior atque utilior : propterea quod quæ reliqui utilia continebant, hic nequaquam prætermisit ; sed quæcumque præter illa studiose reperire potuit, adjunxit. Dictio ejus humilis, ac plane talis, qualem ejus esse oportuit, qui Atticæ elegantiæ rationem nullam duceret. Infirmus vero ut plurimum est in conflictibus adversus impias hæreses susceptis. Est tamen ubi f rtiter aggreditur atque irruit, quamvis neque verborum ipsius, neque constructionis proprietas ulla ex parte præstantior efficiatur.

CXXIII.
Ejusdem Ancoratus.

Legimus ejusdem *Ancoratum* quæ quasi comprehensio quædam brevior est *Panariorum.*

CXXIV.
Ejusdem De mensuris et ponderibus liber.

Legimus ejusdem *De mensuris et ponderibus* libellum.

CXXV.
Justini Martyris Apologia pro Christianis, Quæstiones et alia.

Lecta est Justini Martyris *Apologia pro Christianis*, cum adversus gentes, tum adversus Judæos. Et præterea alter ejus tractatus *contra primum et secundum librum physicæ auscultationis*, sive contra formam, materiam et privationem, rationibus epicherematicis ac violentis, quod ex usu est inferens : itidemque *Contra quintum illud corpus, motumque sempiternum*, quem rationum suarum vi Aristoteles peperit, *Quæstionum* denique *contra [Christianam] religionem summariæ solutiones.*

Est autem vir ille ad philosophiæ tum nostræ, tum potissimum profanæ summum evectus fastigium, multiplicisque eruditionis et historiarum copia circumfluens. Sed rhetorico artificio nativam philosophiæ suæ pulchritudinem colorare haud studio habuit. Quamobrem etiam oratio ejus, pollens alioqui ac valida, scientificumque servans stylum, rhetoricæ illa condimenta non spirat, nec illecebris et blandimentis vulgus auditorum attrahit. Porro quatuor adversus gentes composuit tractatus : quorum primum Antonino cognomento Pio, filiisque ipsius, ac senatui obtulit. Alterum similiter ipsius successoribus : in tertio autem de dæmonum natura disseruit. Quartus denique liber, 95a et ipse contra gentes, *Elenchus* [sive *Refutatio*] inscribitur. *De Dei* insuper *monarchia* conscriptus ab eo liber est, et alius, cui titulus *Psaltes*; tum etiam *Contra Marcionem* libri sunt lectu necessarii, et *Contra omnes hæreses* utile opus.

Fuit ipse Prisci Bacchii filius : patriamque habuit Neapolim, Palæstinæ provinciæ. Romæ autem commoratus, sermonibus ibidem ac vita, pariter ut habitu philosophum egit. Itaque ferventi cum esset pietatis amore ac studio incensus, Crescentem quemdam ex iis qui Cynici vocantur, adversarium habuit, cum ipsi, tum vitæ cultuique ac religioni ejus obnitentem : a quo tandem insidiose accusatus, ita ut toto ipsius vitæ instituto dignum erat, insidias istas pertulit. Martyrii namque hac ansa captata, splendide lætoque animo pro Christo mortem oppetiit.

CXXVI.
Clementis Epistolæ ad Corinthios ii, *et sancti Polycarpi Epistola ad Philippenses.*

Legi libellum, quo Clementis *Epistolæ duæ ad Corinthios* continebantur. Quarum prima ipsos accusat, quod seditionibus, turbis ac schismatis violarint, quam inter eos servari oportuerat, pacem concordiamque : hortaturque ab hoc malo temperare. Simplex ejus oratio est ac perspicua, ad ecclesiasticam et inelaboratam accedens dicendi formam. Reprehendat vero hoc in illis quispiam, quod extra Oceanum mundos aliquos collocet. Deinde forte et illud, quod phœnicem avem unicam tanquam pro verissimo adhibet argumento. Tertio, quod summum sacerdotem præsidemque Dominum nostrum Jesum Christum appellans, ne illas quidem Deo convenientes et sublimiores de eo voces pronuntiet, tametsi nec aperte ipsum ullibi in his blasphemet. Altera vero epistola et ipsa institutionem admonitionemque vitæ continet melioris : atque ipso mox initio Christum Deum prædicat, etsi dicta quædam peregrina velut e sacra Scriptura subducit, quibus ne prima quidem epistola omnino vacat. Interpretationes præterea locorum quorumdam alieniores profert. Alioquin ipsa quæ in his epistolis insunt sensa, nonnihil abjecta, continentem quoque seriem ac consequentiam non servant.

Legebatur autem in eodem libello et Polycarpi Epistola ad Philippenses, multis referta admonitionibus, cum perspicuitate ac simplicitate, ecclesiastici more interpretis. Refert quoque **95**[b] divini Ignatii litteras ad illos se misisse, postulatque certior vicissim fieri, si quid forte de eo inaudierint.

CXXVII.
Eusebii Pamphili De vita Constantini M. libri IV.

Leguntur Eusebii Pamphili *De vita Constantini Magni August.* laudatorii libri quatuor. Continent autem hujus viri cum cæteram vivendi formam, jam inde a pueritia inchoando, tum quæcunque ad ecclesiasticam pertinentia historiam ille gessit, ad extremum usque finem, hoc est, quatuor et sexaginta annorum spatio. Est porro etiam in hoc opere sui satis in dictione similis, nisi quod nonnihil ad splendorem magis trahitur oratio, vocesque ad floridum alicubi genus tendunt : etsi jucunditatis et gratiæ in explicando modicum adhibere, ut in aliis quoque libris, videtur. Afferuntur vero loca plurima in his quatuor libris ex universa ejus decem librorum *Ecclesiastica Historia.*

Refert ergo hic Nicomediæ baptizatum magnum Constantinum, hactenusque lavacrum distulisse, quod in votis haberet in Jordane baptismo tingi : quis vero baptizarit, silentio præterit. De Ariani insuper hæresi prorsus nihil manifeste commemorat, neque an Constantinus illi aliquando adhæserit, neque an eam abjecerit, sed neque an recte, aut secus senserit Arius : tametsi necessitas eum compelleret horum meminisse, quando et magna pars fuit synodus rerum a magno Constantino gestarum, et alioquin illa ipsa vicissim postularet exactissimam his de rebus historiam. Itaque dissensionem quidem ortam Arium inter et Alexandrum commemorat (sic nimirum hæresim appellare ac tegere videtur), ac dissidii hujus gratia valde indolentem pientissimum imperatorem allaborasse, cum per epistolam, tum per Hosium Cordubensis Ecclesiæ episcopum, ut, missa contentione illa mutua, et hujusmodi quæstionibus, ad amicitiam concordiamque dissidentes adigeret : atque ubi non persuasit synodum undique convocasse et natam contentionem pace permutasse. Quæ tamen neque accurate neque perspicue ab eo scribuntur. Quare præ pudore videtur hic Arium, et a synodo factum contra illum decretum, publicare non voluisse, ut nec ejus erroris socios, aut simul expulsorum justam ultionem, quin neque illam, **96**[a] quam divinitus sumptam omnis oculus vidit, justam Arii vindictam : quando horum nihil in lucem proferens, synodi ipsius rerumque in ea gestarum historiam obiter tantum percurrit. Quo etiam fit, ut de divino Eustathio narraturus, ne nominis quidem meminerit; tantum abest ut quæ in ipsum audacissime machinati sunt, reque ipsa præstiterunt, recensuerit. Igitur ad dissensionem duntaxat atque tumultum ea referens, tranquillitatem rursum commemorat episcoporum eorum, qui cum Antiochiam imperatoris studio atque opera convenissent, seditionem turbamque pace commutarunt. Similiter ubi narrationem instituit de iis quæ in magnum illum athletam Athanasium improbe comparata fuerunt, seditione quidem ac tumultu impletam iterum Alexandriam, refert, sed eam episcoporum, qui imperatoris auctoritate niterentur, præsentia placatam fuisse. Neque interim quis seditionem concitarit, aut quænam illa fuerit, neque quo pacto contentionem alii sedarint, omnino manifeste ostendit. Quin fere quotiescunque episcoporum inter ipsos de fidei capitibus contentiones, vel aliæ denique dissensiones fuerunt, eumdem servat in narrando celandi modum.

CXXVIII.
Luciani Opera varia.

Leguntur Luciani *Pro Phalaride.* [orationes duæ], et mortuorum amantiumque dialogi varii ; alii item diversi de rebus libelli, in quibus fere singulis gentium res comice irridet : ut in diis fingend s errorem illorum atque amentiam ; in libidinem præterea immoderatum impetum atque intemperantiam; poetarum item apud ipsos prodigiosas opiniones ac fictiones, indeque natum in republica errorem ; reliquæ etiam vitæ inconstantem cursum atque casus : philosophorum ad hæc ipsorum fastu plenos mores, qui nonnisi fictarum inanium que opinionum referti sint; denique gentes tanquam per comœdiam, uti diximus, pedestri numerisque soluta oratione irridere studio illi fuit. Ex eorum autem numero esse videtur, qui nihil omnino certi pronuntiant. Aliorum enim perstringens atque irridens opiniones, ipse quid sentiat tacet : nisi quis hanc illius fuisse certam opinionem contendat, nihil esse certo de rebus ullis statuendum. Ad stylum quod attinet, longe optimus : dictione usus significante ac propria, quæque efficax dicendi genus deceat. Distinctionis adhæc atque puritatis, æque ut perspicuitatis et aptæ magnitudinis, si quis alius perstudiosus est. Compositionem quoque adeo commode concinnat, ut lector credat non se orationes legere, **96**[b] sed jucundum aliquod carmen, sine manifesto cantu, audientium auribus instillari. Uno verbo, ut repetam, venustissima ejus oratio est, nec satis subjectæ rei decens, quam ille voluit ridendo ludere. Quod autem de iis unus ipse fuerit, qui nihil certo assererent, vel libro inscriptum hoc epigramma satis ostendit :

Scripsi hæc Lucianus prisci stultique peritus :
 Stulta etenim, vulgo credita docta tamen.
Ergo nil hominum certo mens concipit unquam,
 Ast quod miraris, ridiculum est aliis.

CXXIX.
Lucii Patrensis Metamor,hoses

Lectæ sunt Lucii Patrensis *Transformationum*

narrationes variæ. Dictio ejus clara, pura et dulcedine delectans : fugiens vero orationis novitatem, supra modum prodigiosas consectatur narrationes, ut jure dixeris alterum eum esse Lucianum. Priores certe duo ipsius libri, tantum non descripti sunt a Lucio ex Luciani libro, qui inscribitur est *Lucius, vel Asinus,* nisi contra ex Lucii libris a Luciano ille transcriptus est. Ac si conjectare licet (neque enim uter tempore prior fuerit, cognoscere hactenus potui) Lucianus potius transcripsisse videtur. Nam quasi copiosiores Lucii libros, resecatis quæ ad proprium pertinere scopum minime videbantur, Lucianus accidisset, iisdemque verbis et compositionibus cætera uni aptasset narrationi, *Lucium, seu Asinum,* quem inde furto compilavit, librum inscripsit. Fabulosarum autem fictionum ac nefandæ turpitudinis pleni sunt utriusque libri, hoc solo discrimine, quod Lucianus, ut cæteros suos libros omnes, ad irridendum atque perstringendum gentium superstitiosum deorum cultum, hunc quoque composuerit ; Lucius vero serio agens, et certas ratus hominum in alios transformationes, et brutorum rationis expertium in homines, ac vice versa, aliasque antiquarum fabularum ineptias ac nugas his litteris prodiderit atque contexuerit.

CXXX.
Damascii Incredibilium libri IV.

Lecti sunt Damascii libri quatuor, quorum quidem primus sic inscribitur : *De incredibilibus fictionibus capita* CCCLII. Alter deinde : *Incredibilium de dæmoniis narrationum capita* LII. Tertius porro : *De animis a morte apparentibus incredibilium narrationum capita* LXIII. Quartus denique : *Naturarum etiam incredibilium capita* CV. In quibus omnibus plurima reperies, quæ neque fieri 97a neque credi possint, male conficta et stulta mendaciorum portenta, impio atque atheo Damascio vere digna : qui dum Evangelii lumen orbem terrarum illustraret universum, ipse in densissima idololatriæ caligine immersus jacuit. Brevis ac velut compendiaria hic ejus est oratio, non incompta tamen, neque perspicuitatem, ut in talibus narrationibus solet, negligens.

CXXXI.
Amyntianus in Alexandrum Magnum, et alia.

Lectus est Amyntiani de Alexandri laudibus liber. Dedicat eum Marco Antonino Romanorum imperatori : prædicatque se stylo res Alexandri gestas æquaturum. At deprehensus est in orationis progressu calidus quidem et audax promissor, in promisso vero implendo, frigidus atque imbecillus. Multo enim in dicendo iis etiam inferior est, qui ante ipsum de Alexandro scripserunt. Tenui atque elumbi usus est dicendi genere. Etsi autem perspicuitate non caret, plurima tamen necessaria prætermittit.

Scripsit idem, cum alios non unius generis libros, tum *Vitas* invicem *comparatas ;* ut Dionysii et Domitiani, libris duobus ; Philippi quoque Macedonum regis et Augusti, libris totidem. Fertur ejusdem et *de Olympiadis* Alexandri matris *Vita* liber singularis.

CXXXII-CXXXV.
Palladii, Aphthonii, Eusebii, et Maximi Declamationes.

Lectæ sunt Palladii Sophistæ *Declamationes variæ,* Aphthonii quoque et Eusebii Sophistarum, item Maximi sophistæ Alexandrini. Verum cæteros Palladius omni dicendi artificio multis partibus superavit.

CXXXVI.
Cyrilli Thesauri.

Leguntur Cyrilli *Thesauri.* Epicherematis refertus est liber, pugnatque valide ac varie cum Arii et Eunomii furibunda rabie. Etenim et logicis argumentis sapienter illorum destruit amentiam, quibus dum sacræ Scripturæ annectit attexitque testimonia, quam sit illa doctrina futilis omni ex parte divulgat. Adhibet idem nuda quoque sacræ Scripturæ testimonia, ut quo se fastuosi vertant, obsepti undique atque conclusi, non habeant. Est autem inter omnia ejus scripta liber hic maxime perspicuus, iis potissimum, qui logicorum argumentorum sensum capere possunt.

CXXXVII.
Eunomii hæretici libellus.

Legi libellum Eunomii, quo 97b suam ipse prodit impietatem, cujus hic titulus :... Libellum hunc, quod Eunomianis in admiratione esset, de industria, ne ad alios perveniret, occultatum vix tandem nactus Basilius magnus, fortiter eum ac splendide, omnemque adeo dicendo vim ac facultatem pervadens, evertit ac jugulavit. Diceres eum Babylonicum infantem ad firmam fidei petram allidendo contudisse, ac putidi cadaveris instar risu dignum ostendisse, quod tantam antea sui admirationem concitarat.

CXXXVIII.
Ejusdem Eunomii Refutationis B. Basilii Magni libri III. *Item Epistolæ* XL.

Lectum ejusdem impii hominis tres libros continens volumen, quod velut confutatio est illarum ineptiarum, quas in ipsius reperiri blasphemiis sanctus Basilius demonstrarat. Hoc in opere parturiendo, multas eum annorum Olympiadas ædiculæ inclusum suæ absumpsisse ferunt ; ac vix tandem post multorum annorum intervallum, abortiendo improbum illum ac prodigiosum, quem furtivis congressibus conceperat, fetum in lucem ejecisse. Quin tunc etiam miserum illic fovendo partum, ipsis quoque sectæ assecis non temere exhibuisse, veritum nimirum maxime, nequando et hoc opus in Basilii manus prius veniens, quam coalesceret, dissiparetur, et antequam floreret, præmature corruptum marcesceret. Igitur studiose, velut alter in fabulis Saturnus, natum devorando texit atque abscondit, quandiu quidem Basilius in fluxa ista vita degens metum incuteret. Postquam vero vir ille divinus, peregrina habitatione relicta, in suam, hoc est, in cœlestem commigravit hæreditatem, et ingenti illo metu discusso, vix tandem sero edendi advenit occasio, ne tunc quidem omnibus, sed amicis duntaxat [evulgare] ausus est. In quem incidentes Theodorus et Gregorius Nyssenus, atque Sophronius (quorum supra est a me habita mentio), multis verborum plagis, non secus quàm priorem [illum ejusdem libellum] Basilius, conficientes, jugulatum jam et præ impuritate olidum, in auctorem suum conjecerunt. Has itaque tum impietas pœnas dedit. Ad stylum quod attinet, tantum is ab omni et gratia et jucunditate remotus est, ut ne cognovisse quidem, an tale quid exstaret, videatur. Jactantiam tantummodo quamdam prodigiose ostentat, sonumque dissonum stridendo edere affectat, tum consonantium alterna vicissitudine, tum vocibus pronuntiatu difficilibus, et quæ multis abundant consonantibus ; idque poetico more, vel, ut verius dicam, dithyrambico potius ritu. Compositio ipsius coacta est, et vi compressa, 98a atque extusa, ut necesse habeat illius scripta legens, aerem vehementer labiis verberare, si modo aperte pronuntiare velit, quæ forte nanciscens atque contorquens, aut collidens etiam, ac temere interjiciens, imo et truncans, vix tandem ille conjunxit. Longas quoque interdum et immodice productas periodos facit : obscuritatem insuper atque incertitudinem per omne opus offundens, cum ut vulgo videatur ipsa suæ eloquentiæ vi eorum longe captum excedere; tum ut, quod in ejus sensis atque cogitatis imbecillum est (ut est sane plurimum) hac ipsa obscuritate, et intelligendi difficultate obtegere, sententiæque celare vitium possit. Videtur vero et logicis inniti argumentis, dum partim alios hoc nomine insectatur, partim ipse libentissime iis utitur, tametsi frequenter (cum sero hoc studium arripuerit, neque ad ejus intima penetrarit) in multis sæpe merito erroris notatur.

Ejusdem quoque *Epistolæ ad varios* lectæ numero quadraginta. At dum in his item eamdem dicendi formam subtiliter affectat, qui omnino epistolicæ dictionis nec leges audiverat unquam, nec in iisdem se exercuerat, publicam per ea infamiæ notam incurrit.

CXXXIX.

Beati Athanasii in Ecclesiasten et Cantica canticorum Commentarius.

Legi magni Athanasii *in Ecclesiasten et Cantica canticorum Commentarium*. Dilucide dicit, ut in omnibus suis scriptis. Ad earum tamen epis.olarum gratiam et venustatem, quibus secessum excusat suum, quæque ad exsilium pertinent expo-

nit, neque hic liber, neque alius ejus (qui quidem in meas inciderit manus) attingit.

CXL.

Ejusdem contra Arium libri v.

Lecti sunt ejusdem sancti viri *contra Arium ejusque dogmata* libri quinque.

Hujus dictio perspicua, ut et in cæteris ejus omnibus, sobria item et candida, vehemensque ac profunda, et argumenta valide torquens : ejus vero ubertas in his ac fecunditas admodum sane fuit mirabilis. Dialecticis adhæc usus est argumentis, non illis nude propositis, et ipsismet ex ea arte petitis vocibus (quod pueri recentioresque discipuli, juveniliter sese ac gloriose ostentantes, solent), verum philosophorum more, magnificeque prolatis, ac per nudas duntaxat notiones, et has quidem bene ornatas. Sacræ quoque Scripturæ testimoniis ac 98b demonstrationibus valide communitur : et ut uno verbo absolvam, solus hic liber ad Arianismum universum refellendum sufficere queat. Imo qui Gregorium Theologum, sanctumque Basilium dixerit ex hoc tanquam fonte haustos egregios illos et limpidos librorum suorum rivos contra eumdem errorem profudisse, sane a scopo minime aberrarit.

CXLI.

Basilius Magnus in Hexaemeron.

Legimus B. Basilium *in Opus sex dierum*, [seu de mundi fabrica]. Præstantissimus est in libris omnibus. Pura enim dictione, significante, propria, et omnino civili ac panegyrica, si quis alius, uti novit : sensuumque ordine ac puritate primus, et nemini secundus apparet. Jam persuadendi quoque vim, ac jucunditatem cum perspicuitate amat, atque ita ejus fluit oratio, quasi ultro, tanquam e fonte rivulus, scaturiret. Verisimilitudine autem usque eo est usus, ut si quis ejus sermones pro civilis orationis exemplo sibi proposuerit, in iisque sese exercuerit (modo ne eorum, quæ huc conferunt, præceptionum rudis sit), nullum alium præterea, quantum quidem existimo, desideraturus esse videatur ; non ipsum quoque Platonem, sive Demosthenem, quos tamen versandos antiqui præcipiunt iis, qui in oratores civiles ac panegyricos evadere cupiant.

CXLII.

Ejusdem Orationes ethicæ.

Legimus ejusdem et *morales orationes* : in quibus omnibus supradicta dicendi virtus maxime elucescit.

CXLIII.

Ejusdem Epistolæ.

Leguntur ejusdem *Epistolæ* cum canonicæ, tum reliquæ, sane multæ, ad varios missæ. Ex his et viri mores, quam admirandi fuerint, facile apparet, et norma esse queant (si alia nulla suppetat) conscribendarum epistolarum.

CXLIV.
Ejusdem Ascetica.

Legimus et *Ascetica*, hoc est monasticæ vitæ præceptiones : ex quarum quidem præcepto qui vixerit, cœlesti certe regno aliquando potiatur. Hic unum illud insolitum videas, quod in plerisque capitibus indicationibus sit usus.

CXLV.
Helladii Lexicon.

Legi *Lexicon* Helladii alphabeti serie conscriptum, maximum eeorum quæ novimus Lexicorum, non verborum duntaxat in eo 99*a* facta collectione, sed interdum etiam incisorum quam elegantissimorum, quæ et perfecta cola non raro adæquent. Voces autem ipsæ maximam partem e soluta sunt oratione, non evincta numeris, quales habet Diogeniani collectio. Nec item hic ordinem alphabeti per singulas servavit syllabas, sed in ipso duntaxat vocabuli principio. In immensum plane crevit hæc congeries, ut nec quinque justis voluminibus opus integrum contineri queat; nos illud in septem divisum partes nacti sumus. Scribentibus sane perutilis liber, quique variam rerum cognitionem consectantur. Nam et oratorum adhibet testimonia, et eorum præterea, qui in poetica magnam sunt laudem consecuti.

CXLVI.
Lexicon puræ ideæ.

Lexicon legi *ideæ puræ* litterarum ordine. Magnus et hic liber, ut multi potius, quam unus esse videatur. Utilis autem, si quis alius, iis est, qui hanc ideam tractant.

CXLVII.
Lexicon gravis styli.

Legi *ideæ gravioris Lexicon*, quod ipsum quoque in immensum crevit, ut legentibus aptius fore arbitrer, si in duos opus illud aut tres tomos distribuatur. Digestum item est litterarum ordine, pateque utile esse iis qui sublimi tumidoque dicendi genere excellere studio habent.

CXLVIII.
Lexicon sermonis politici.

Vidimus *Lexicon civilis sermonis* seorsim, tribus voluminibus, ingens plane opus ac vastum. Utilissimum, si quod aliud, ad præclare rem suam agendam, et ex quo facillime objectiones suppetant. Non enim nunc ediscere, sed adnotare tantum hic voces, quibus indigeat, legentem oportet : qui quidem non omnino in antiquis scriptoribus legendis hospes sit. Alphabeti ordine hoc item opus contextum est.

CXLIX.
Pollionis Lexicon.

Legimus et Pollionis *Lexicon* alphabeticum. Plurimas quidem voces poeticas continet : paucio- res tamen quam Diogenianus, cujus duplo majus opus.

CL.
Juliani, Philostrati Tyrii, et Diodori Lexicon e decem oratoribus.

Legi Juliani *Lexicon*, vocum e decem Græciæ oratoribus alphabeti serie collectarum. Immensus vero hic item liber, qui cum voces omnium, quæ apud Athenienses 99*b* certa atque constituta habebantur, explicat, tum quidquid ad privatam ipsorum historiam pertinens rhetores hi adhibuerunt, sive patrio aliquo more usurparunt. Illud certe manifestum, ad oratorias conciones legendas hoc opus plurimum conferre posse.

Incidimus autem, et in Philostrati Tyrii ejusdem argumenti non ignobile opus : etsi præstantior tamen hic Juliani labor.

Juliano præterea in nullo inferior Diodorus quoque idem argumentum tractavit, nisi quod testimonia plerumque Julianus advocat. Uter vero tempore prior sit (alter enim alterum descripsisse, et non ab utroque separatim collectum opus videtur), uter, inquam, ab altero mutuatus sit non habeo dicere.

CLI.
Timæi Lexicon vocum Platonicarum.

Lectum est Timæi ad Gentianum *De vocibus apud Platonem* alphabeti serie, breve opusculum libri unius.

CLII.
Ælii Dionysii Halicarnassei Dictionum Atticarum libri x.

Continebat idem volumen et Ælii Dionysii Halicarnassei *Atticorum Verborum* primæ editionis libros quinque : in quibus a prima littera ad ultimam usque Atticas voces elementorum serie collegit. Dedicat opus illud Scymno, laborque hic his perutilis exsistit, qui Atticæ linguæ studio tenentur, et in Atticis versantur scriptoribus. Quæcunque enim Atheniensibus patrio more vocabula cum in festis, tum in foro usitata sunt, hinc haurire licet; imo et si quid aliud proprie illi usurpant, facile hic reperias. Idque adeo maxime, si quis non primæ editionis tantum tomos scrutetur, sed et secundæ, quæ et ipsa libros quinque continet, et ab A usque ad Ω Attica nomina complectitur, quæ prima editio non continebat quidem : sed aptis ea scriptorum testimoniis non confirmabat. Copiosius enim in secunda editione, uberiusque veterem loca laudata adhibentur. Quare si quis ex utraque editione unam fabrefecerit, næ ille utilissimum opus nullo negotio exhibuerit.

CLIII.
Pausaniæ Lexicon.

Legi in hoc ipso volumine 100*a* *Lexicon* Pausaniæ, litterarum serie concinnatum, nihilo illis prioribus minus Atticæ linguæ studiosis utile futurum, imo et magis. Etsi enim testimoniorum minus afferat, in quibusdam tamen alphabeti litteris plures habet voces, ut cum utroque Ælii Dionysii Halicarnassei opere unum hoc (etsi testimoniorum minus, ut diximus, adhibeat) mole saltem ipsa adæquare liceat. Si vero quis Ælii duabus illis editionibus Pausaniæ quoque librum adjiciens unum corpus effecerit (et facile conanti fuerit) pulcherrimum hic opus, et utilissimum scriptores Atticos versanti, elaboraverit.

CLIV.
Boethi Vocum Platonicarum Collectanea.

Legimus in eo ipso codice, et Boethi *Vocum Platonicarum Collectanea*, serie litterarum. Utilius longe hoc opus Timæi Collectione, Melaniæ cuidam inscriptum.

CLV.
Ejusdem opusculum de dubiis apud Platonem vocibus.

Conscripsit et alterum *Opusculum* Athenagoræ nuncupatum, cui titulus : *De dubiis apud Platonem vocibus*. Horum libellorum si quis vocabula in unum conferens componat, compositasque Timæo addiderit, is sane magnam Platonis lectoribus utilitatem attulerit.

CLVI.
Dorothei De vocibus externorum more usurpatis libellus.

Lectus ibidem Dorotheus *De externorum more usurpatis vocibus*, alphabeti ordine; quod item utilissimum esse studiosis opus apparet.

CLVII.
Mœridis Atticista.

Lectus ad hæc etiam Mœridis *Atticista ;* qui libellus et ipse litterarum serie decurrit.

CLVIII.
Phrynichi Arabi Apparatus oratorii libri xxxvi.

Legi Phrynichi Arabii *Oratorii apparatus* libros sex et triginta. Collectio est vocum atque incisorum, etsi ex his aliqua, quæ nimirum venuste, et cum novitate non indecenter dicta atque composita fuere, ad membra etiam integra extendantur. Horum pleraque et in Helladii Collectaneis reperias licet : sed ea passim ibi in vasta illa congerie dispersa jacent, hic vero simul id genus collecta. Quando et Phrynicho talia congerere propositum fuit, et Helladius, si quid hujusmodi, dum vocabula simpliciter accumulat, **100** in communem vocabulorum librum retulit, id tantum cum cæteris una inclusum, ibique relictum voluit. Alphabeti autem hæc etiam ordine digeruntur.

Floruit hic scriptor, imperante Romæ Marco Antonino Augusto ejusque filio Commodo, cui etiam operis initium ita inscribit : « Commodo Cæsari Phrynichus Salutem. » Commodo itaque librum dedicans, dum in sua ad eum Præfatione ad discendi studium hortatur, et opus hoc verbis extollit, septem sese ait supra triginta in illum A usque diem composuisse libros, quos et imperatori obtulerit, seque alios totidem præter hos editurum promittit, si longior vitæ usura daretur. Horum nos sex tantum et triginta, uti dictum est, legimus, a prima littera ad extremam usque deductos.

Etsi vero imperatori eos libros se offerre ait, variis tamen eosdem nuncupasse constat. Confestim enim primum illorum Aristocli cuidam mittit, eumque velut ludum quemdam natali Aristoclis die accommodum fieri exoptat, quo ille se oblectet. Similiter et alterum librum, imo et tertium eidem inscribit. Quartum dein Juliano cuidam civi suo, atque amico : addens id eo factum, quod Aristocli quidem ab initio opus exhibere destinasset ; at postquam Cæsaris decreto Romæ in intimum consilium ascitus esset, hunc sibi pro illo amicum sociumque honesti laboris adoptasse, quo et judice, et cognitore suorum scriptorum esset usurus. Verum ista locutus, atque pollicitus, quintum tamen subinde librum Menodoro cuidam amico, et erudito viro exhibet : qui et reprehenderat, quod parcius antea illam de nominum inflexione quæstionem agitasset. Jubente ergo Menodoro sententiam dicere, hunc se ait librum conscripsisse. Serius autem id præstitisse, quod in tria morborum genera incidisset, in urinæ nimirum stillicidium, senectutis comitem, in diuturnum graveque mentis delirium ; et sanguinis e ventre fluxum, morbosque alios quamplurimos. Siquidem autem hic aliquando liberatus superesset, in hoc opus ad exitum adducturum se pollicetur, et si quid forte aliud ipse jubeat ab honesta doctaque novitate non alienum. **101** At sextum nihilominus librum rhetorici hujus apparatus, iterum alii cuidam Tiberino dedicat.

Ut et septimum alteri Menophilo, quem ad summum eruditionis culmen pervenisse ait, et integras etiam loquendi formulas suppeditasse, non parum profuturas ad ea comprobanda, quæ sexto hujus *Oratorii Apparatus* libro traduntur. Exhortari ergo etiam hunc ad voces hujusmodi quamplurimas scriptis amplificandas. Octavum rursum Juliano dedicat, rogatque si quid minus perfectum exciderit morbo laboranti, corrigere ne gravetur. Nonum Rufino inscribens, Aristoclem ait huic causam scriptioni dedisse ; quod autem ad finem eadem deducta sit, ipsum auctorem futurum ; propterea quod nactus ea quæ hactenus erant edita, et utilitatem eorum agnoverit, et laborem probaverit. Decimum porro, gradu iterum reducto, ad Aristoclem refert. Sequens quoque Menodoro rursum offertur : ubi et in Aristidæ etiam tum vigentis orationes sese incidisse affirmat, ac virum laudibus in cœlum tollit. Refert et Marcianum eum qui *Critica* conscripsit, Platone atque Demosthene despecto, Bruti Romani epistolas cæteris anteponere, atque hunc pro norma omnis in dicendo virtutis statuere. Quæ quidem a Phrynicho allata sunt, non quod hoc judicium ipse probaret ; at ne quis miretur, si quidam Aristidis alteram item ad Nicoclem, unamque *De pace*. gloria superatum existiment hunc virum, qui ad summum in orationibus gloriae decus pervenisset. Laesit enim nonnullorum invidia ipsum quoque Aristidem, ut et alios plurimos doctrina excellentes viros. Undecimus quoque idem dicatur Menodoro. Sequentium vero (ne et nos hic loquacitatis nimiae cum illo incusemur) alius quidem liber Rhigino, alius Aristocli, rursum alius Basididi Milesio Sophistae nuncupatur : in quo ait, simul ut a morbo recreatus esset, hunc se et illum scripsisse : postulatque errata, quae morbi vitio, ut fit, accidissent, lima sua emendet. Reliquos omnes libros, quos quidem nos vidimus, Menophilo rursum usque ad Ω obtulit.

Utile sane hoc opus esse constat, cum scribendi tum bene dicendi studiosis. Collectas autem a se voces **101***b* ad hunc modum discernere se ait, ut aliae oratoribus tribuantur, aliae historicis addicantur, aliae familiari aptentur sermoni ; nonnulla etiam vocabula conviciis subserviant, ad haec et in amatoriis adhibeantur. Sinceri deinde et puri et Attici sermonis regulam, normam atque exemplum esse praestantissimum vult, Platonem atque Demosthenem, cum reliquo novem Graeciae oratorum choro, Thucydidem quoque et Xenophontem, et Aeschinem illum Lysaniae filium Socraticum appellatum. Critiam item Calaeschri filium et Antisthenem cum germanis ejus orationibus duabus de Cyri et Ulyssis laudibus. E comicis, Aristophanem cum suis, ubi quidem Atticos imitentur. De tragicis, Aeschylum illum maxime grandiloquum ac Sophoclem suavem, et usquequaque sapientem Euripidem. Hos caeteris omnibus anteponit sive oratoribus, sive historicis sive poetis. Ex his tamen rursum caeteris praefert, quos, ait, ne ipse quidem Momus reprehenderit, aut omnino accesserit ; non etiam si maxime deus ille, quem Corycaeum fabulae indigitant, illis inhiasset. Platonem indicat, Demosthenem, et Lysaniae filium Aeschinem, propter hujus septem Dialogorum excellentiam : quos etiam quidam scriptis ejus eximentes, ad Socratem referunt. Sed haec hactenus.

Scriptor hic, si quis alius, varia tinctus est doctrina, verbosus alioqui, et modum excedendo redundans. Enimvero ipsum hoc opus, nihil necessariorum omittendo, quinta totius parte potuit absolvisse, cum interim ipse, intempestiva sua verborum profusione, inutilem extenderit in vastitatem. Ita dum eleganti ac venustae orationis silvam aliis accumulat, ne illa quidem ipsa, de qua caeteris praecepta tradit, recte satis Phrynichus est usus.

CLIX.

Isocratis Orationes XXI *et Epistolae* IX.

Legimus Isocratis oratoris *unam supra viginti Orationes, et Epistolas novem*. Deliberativi quidem generis orationes habet ad Demonicum et ad Nicoclem, quae admonitiones continent perutiles ; et alteram item ad Nicoclem, unamque *De pace*. *Panegyrica* autem etsi illa proposita deliberatio videatur, qua Graecis, concordia inter ipsos inita, sociali bello barbaros esse oppugnandos persuadeatur, **102***a* longe tamen maxima illius orationis pars in Atheniensium laudibus recensendis consumpta est. *Areopagiticus* quoque in suasoriarum numero, Athenienses ad virtutem incitat, cum a majorum laudibus, tum eorum reprehensione, qui adhuc superstites essent. *Plataicus* item deliberatio est, uti et *Archidamus* qui inscribitur, Lacedaemonios ad bellum cum Atheniensibus super Messeniis gerendum hortatur. At oratio illa *Contra Sophistas* inscripta, eosdem a se dissidentes accusat. Sequens deinde, quod titulus ipse praefert, Busiriden laudat. Undecima *encomium* est *Helenae*. Duodecima vero Evagorae laus, unde et *Evagoras* inscribitur, Nicocli ejusdem filio dedicata. Oratio sequens, cui *Philippi* titulus est, suasorii rursum generis, Philippum adhortatur, ut et Graecorum studeat concordiae, et de communi adversus barbaras Asiae gentes expeditione adjuvanda cogitet. *Panathenaicus* laudatio est urbis Athenarum, majorumque ejus illustrium : quam se scribere coepisse ait, annos jam natum quatuor et nonaginta ; morbo autem gravi triennium vexante, tertio demum ante centesimum aetatis annum ad exitum eam adduxisse. Oratio vero, cui *De permutatione* titulus, judicialis esse videtur, continetque purgationem eorum, quibus Isocratem Lysimachus esset calumniatus. Hanc anno aetatis octogesimo secundo, orationum caeterarum maximam conscripsit, et mistam quidem eam magisque variam, quam e reliquis ullam, insertis insuper aliarum ejus orationum segmentis, quibus non corrumpere se juventutem, sed rem juvare publicam ostendit. Forensis aeque est et illa *Contra Callimachum* ; similiter et *Aeginetica* de haereditate contendens. Judiciorum quoque sunt, oratio *Adversus Euthynum pro Nicia* et *Trapezitica*, et *Adversus Lochitem*, injuriarum plagarumque poenam reposcens. Has quidem Isocratis orationes unam et viginti legimus. Jam e novem ipsius epistolis, una est ad Dionysium Siciliae tyrannum, altera ad Archidamum, duae ad Philippum, una ad Alexandrum, alia ad Antipatrum. Quin et ad Timotheum, et ad Mitylenaeorum magistratus nona.

Caeterum orator iste rhetoricae artis praeceptiones **102***b* discipulis tradere maluit, quam ut reliqui novem Graeciae oratores, quos inter et Demosthenes, rempublicam gerere : tametsi ut ante horum tempora dicendi laude clarebat, ita nec eorum temporibus ulli gloria cederet. Maxima est in eo, ut cuivis legenti statim patet, orationis distinctio ac puritas ; tantamque in eadem elaboranda accurationem praefert, ut in supervacaneum quoque incidat ornatum diligentiamque. Quin operosus nimis hic ejus conatus, non tam argumentis fecundum, quam decoris servandi parum studiosum eum declarat. Jam neque lenior saltem affectus ullus, neque simulatione carens sinceritas, neque incitatior paulo dicendi ulla vis in eo deprehenditur. Granditatis duntaxat tantum, quantum ad civilem orationem satis est, non male, et pari fere cum perspicuitate ab eo adhibetur. Etsi justo languidior ejus sit oratio, nec parum illa membrorum æqualium ad fastidium usque copia, minutam ejus anxiamque diligentiam arguat. Verum hæc adversus ejus in dicendo præstantiam dicta sint, ad ea tantummodo indicanda, in quibus lapsa, sibique dissimilis ejus virtus fuit. Nam cum quibusdam certe, qui orationes scribere instituunt, comparatus, etiam vitia ipsius in virtutibus numerari queant.

Habes syllabum Isocratis Orationum, et Epistolarum. Intercidisse autem quædam, idoneos testes habeo. Orationes enim quatuor desiderat Dionysius Halicarnasseus, Cæcilius Romanus septem, undecim Suidas. Epistolarum vero unam ad Antipatrum legit Photius, nos quærimus. Nam ad Archidamum, quæ hactenus latuit, e Cod. Ful. Ursini Rom. hominis doctissimi descriptam, et jam Latine utcumque loquentem, volentes damus. Duas autem ad Philippum, et ad Jasonis liberos alteram, invisas Photio, vulgatas observo.

Isocrates Archidamo Lacedæmoniorum regi.

Cognito, Archidame, quam multi te, parentemque tuum, cum vestro genere universo laudibus ornare aggressi essent, eam ipsis dicendi materiam, cum facilis admodum esset et obvia, relinquendam putavi. Illud enim mihi in animo est, hortari te, non ad ejusmodi expeditionem aliquam quales hoc tempore suscipiuntur: sed ad ea, ex quibus civitati non minus tuæ, quam Græciæ plane universæ commodorum maximorum auctor futurus sis. Neque vero istud scribendi argumentum delegi, quod nescirem, quidnam esset ad pertractandum facilius: sed ex eo potius, quod certo scirem, quam arduum foret parumque obvium adinvenire tibi, quas geras res, præclaras, magnas, utiles, cum tamen virtutes vestras laudare non ita magna cum difficultate potuissem. Neque enim de meo afferre, quæ de his dicerentur, opus fuisset: quando ex ipsis per vos gestis rebus, talis mihi ac tanta dabatur laudandi facultas, ut quæ de aliis prædicantur laudes, ne vel tantillum cum ea conferri possint, qua vos celebrati estis. Quisnam enim aliquando vel ab Hercule Joveque ipso genus ducentium nobilitatem superet, quam omnes æque consentiunt in vobis solis inveniri: vel virtutem eorum, qui Doricas in Peloponeso urbes condiderunt, atque hanc regionem universam tenuerunt: vel illam præliorum tropæorumque multitudinem, quæ vestro ductu atque auspiciis facta statutaque sunt? Quinam etiam dicendi materia deesse possit ei, qui velit cum fortitudinem ac temperantiam totius civitatis, tum a vestris majoribus institutum reipublicæ statum percensere? Quam item non licuisset adhibere orationem ad explicandam cum parentis tui prudentiam, tum ejus in adversis rei gerendæ rationem, tum illud, quod eo regnante in ipsa urbe commissum est prœlium? In quo tunc quidem prœlio, postquam dux tu ipse creatus cum paucis adversus multos pugnando omnibus antecelluisti, urbem simul ipsam servasti. Quo quid præclarius ab ullo afferri possit? Neque enim vel urbes expugnare, vel hostium magnum numerum interimere magnum adeo est, aut honorificum, ut fuit e tantis periculis liberare patriam, non illam vulgarem aliquam, sed quæ tantopere virtutis causa emineret.

De quibus nemo non dico cum ostentatione, sed plene narrando disseruerit, nec cum verborum ornatu, sed enumerando duntaxat, et sine discrimine quidvis effundendo dixerit, qui non ex eo magnam sibi laudem paraverit.

Ego itaque, qui vel de his poteram satis multa dicere, illud quoque sentio, facilius in primis esse de præteritis copiose disserere, quam de futuris admonendo, verba facere. Omnes deinde homines majorem habere gratiam suis laudatoribus, quam consilia suggerentibus, quando illos ut sui studiosos libenter excipiunt, hos vero, si forte injussi admonent, pro turbatoribus habent.

Quæ etsi omnia satis providi antea, nihilo tamen secius ab his, quæ ad gratiam ineundam dicenda essent, abstinere volui; de iis tantummodo dicturus, quæ nemo alius ausit: ratus decere eos, qui de æquitate atque prudentia cum æqualibus certant, nequaquam illa sibi deligere, quæ ipsi facillime oratione persequi possint, sed quæ difficillime persuaderi queant: neque rursum ea quæ auditu sint jucundissima, sed ex quibus emolumenti plurimum afferant, cum civitatibus suis, tum Græcis omnibus, quorum ego modo causa ad te accessi.

Magnum autem hic mihi admirationem concitant cæteri, quibus vel agendi est, vel dicendi aliqua facultas, quod nulla unquam de communibus rebus illorum animos cogitatio subeat, neque infelicis Græciæ commiseratione ducantur, cujus jam status miserandum in modum adeo deformatus est ut angulus in ea nullus reperiatur, qui non bellorum, seditionum, cædium, et infinitorum malorum plenus sit. Quorum quidem partem longe maximam sustinent ii qui Asiæ maritima incolunt, et a nobis omnibus fœderibus exclusi, non barbaris tantummodo gentibus permissi sunt, sed iis item Græcis, qui etsi lingua nobiscum utantur eadem, a moribus certe Barbarorum nihil discrepant. Quos equidem, si quidquam in nobis esset mentis reliquum, nequaquam sineremus per tantam nostram negligentiam coire, a quibusvis in expeditionem educi, majoraque et validiora colligi agmina e vagis, quam legitimo imperio gubernatis hominibus. Qui cum exiguam admodum regionis ejus partem, quæ regi paret, damno afficiant, Græcas potius, ad quascunque accesserint civitates, devastant, dum in his alios interficiunt, alios suis sedibus pellunt, alios bonis exuunt. Taceo puerorum ac mulierum injurias ; et forma in his maxime præstantes violari, cæteras etiam iis quibus corpora sua tegunt, exui, ut nudæ jam a multis conspiciantur, quas in peregrina veste antea nunquam ne ornatus quidem gratia vidisses, præterquam quod aliquæ in vilibus præ inopia pannis pereuntes obeant. Quæ cum tanto hactenus tempore mala durent; nulla tamen hæc vel civitas ex iis quæ Græcos inter principatum obtinet, vel vir de principibus aliquis molestius tulit : unum excipio parentem tuum. Solus enim Agesilaus, quod noverimus, in magno semper vixit desiderio, tum Græcos in libertatem vindicandi, tum belli Barbaris inferendi. Qui tamen et ipse una saltem adhuc in re aberrasse visus est. Neque mireris velim, si tecum ego disserens, mentionem faciam eorum, quæ minus ille recte sensit. Nam et libere semper animi sensa proferre soleo, et malim ob justam reprehensionem, invidiam sustinere, quam per immeritam laudem gratificari. Me igitur quæ attingunt, hoc sese modo habent.

Verum ille, qui in cæteris alios superabat omnes, cum esset maxime temperans, idemque justissimus, ac reipublicæ studiosissimus, duplicem præ se tulit cupiditatem, præclaram illam quidem utramque per se, ut apparebat; sed ita invicem dissidentes, nunquam ut simul ambæ confici possent. Cupiebat itaque et cum rege [Persarum] bellum gerere, et amicos, qui ad se confugissent, in civitates suas reducere, ac negotiis ibi publicis summa cum potestate præficere. Ergo illud inde sequebatur, ut et ob studium erga alios, in bellis ac calamitatibus Græci versarentur, et propter exortam inde rerum perturbationem, neque otii satis, neque virium ad lacessendos bello Barbaros invenirent. Quare vel ex iis quæ tunc temporis contigerunt, non est difficile intelligere, non expedire (ubi recta saltem obtineant consilia) bellum inferre regi prius, quam Græcos quispiam inter se conciliatos ab hoc contendendi furore abduxerit. Qua de re, ut alias disserui, ita neque modo supersedebo. Tametsi maxime quidam ex iis qui alios docere se posse pollicentur, cum sint ipsi doctrinæ omnis expertes, et mea carpere audent, quæ tamen imitari desiderant, amentis forsitan esse dicant, quod Græciæ me calamitatum cura tangat aliqua, quasi mea oratione melius cum illa agi deinceps possit aut deterius. Quos merito sane pusilli nimis, ac parum virilis animi omnes æque censeant; quod se philosophos jactitantes, non solum ipsi parvis e rebus gloriolam aliquam venentur, sed aliis quoque, qui de majoribus consilia suggerere possint, non desinant invidere. Atque illi quidem, imbecillitati et ignaviæ obsequentes suæ talia forsan dicturi sunt : ego vero, quanquam octogesimum jam natus annum penitus deleci, magnifice tamen adeo de me adhuc sentio, ut putem non tantum mei vel in primis fuisse muneris de his dicere, sed etiam tecum agendo præclara suggessisse consilia, ac fortasse per hæc aliqua recte esse gerenda. Quin et cæteros ego Græcos existimo, si ex omni suorum numero deligendi ipsis essent, eum qui Græcos posset optime oratione sua incitare ad invadendos bello Barbaros, tum qui celerrime conficere posset, quæ utiliter gerenda viderentur, nullos omnino alios nobis præposituros. Et vero quomodo non alioqui turpem prorsus rem committeremus, cum honorifica forent adeo illa, quibus nos omnium judicio ornaremur? Etsi a me quod proficisci potest, minoris id sane momenti est; cum non ita soleat esse arduum, suam de re quapiam sententiam proferre. Cum tuum sit ad ea animum, quæ modo indicavimus, advertentem dispicere, Græciæne res negligendæ tibi sint, eo quod paulo ante dixi genere nato, Lacedæmoniorum duci, regi quoque declarato, et maximum inter Græcos nomen sustinenti, an potius præsentia sint omittenda negotia, quo his majora suspicias. De quibus sane ego illud sentio, in hæc duo potissimum, cæteris omnibus prætermissis, esse tibi incumbendum, ut Græcos hisce bellis, ac miseriis, quibuscum hodie conflictantur, liberes : utque barbarorum coerceas insolentiam, qui jam pluribus, quam par sit, bonis abundant. Id autem confieri posse, meas partes duxi commonefacere.

CLX.

Choricii Sophistæ declamationes variæ, et Procopii Gazæi Homericorum versuum Metaphrases.

Lectæ sunt Choricii Sophistæ Gazæi *Declamationes Orationumque classes variæ*. Gaudet hic accurata distinctione atque puritate : ac si quando utilitatis alicujus gratia etiam circumductione utitur, tam eam opportune adhibet, in periodi longitudinem nequaquam excurrendo, nihil ut perspicuitatem lædat. Mitior item affectus apud ipsum egregio candore temperatur, neque tamen ideo a docta recedit diligentia. Selectis utitur plerumque vocibus, etsi non semper genuinum illæ suum servent usum. Interdum enim ob nudam figurarum deflexionem in frigidam incidit dictionem : et est ubi ad poeticum potius stylum delabitur. Vincit autem seipsum, præstantiorque est, dum in descriptionibus ac laudationibus versatur. Religionis item amans, Christianorum sacra ritusque veneratur : nisi quod nescio qua negligentia, et sine ulla causa, cum minime decet, fabulas historiasque gentilium scriptis suis admisceat : interdum etiam cum de rebus sacris disserit. Varia autem plurimaque ab illo litterarum monumentis prodita in manibus versantur. Reperias enim ejus fictorum argumentorum orationes panegyricas, lamentabiles, nuptiales, refutationes, et id genus alia. Æqualis fuit Justiniani Augusti, discipulus vero Procopii rhetoris (non illius Cæsariensis tamen) **103[a]** unus e summis viris : qui temporibus illis multa et utilia scribendo, perpetuum sui memoriam hominibus paululum modo humanioribus reliquit. Altero item in ea ipsa sua patria doctore usus est, perinde rhetore, cui jam ætate affecta gratissimum accidit discipulum suum videre docendi pro se munus occupantem. Hujus quoque libri multi variæque doctrinæ circumferuntur, lectu atque imitatione digni. Est item liber ejus integer *Homericorum versuum Metaphrases*, variis dicendi formis commutatæ, quæ summam viri cum dicendi facultatem, tum declamitandi vim satis per se queant ostendere, quam virtutem, quoad ejus a discipulo fieri potest, in Orationibus Choricius expressit. Uterque pius est, ac sæpenumero in suis orationibus, neque abs re, de sacro faciendarum imaginum usu disserunt. Ex Procopii vero præceptoris obitu epitaphii argumentum Choricio est oblatum.

CLXI.
Sopatri Excerptorum variorum libri xii.

Lectæ sunt *Eclogæ variæ doctrinæ* libris duodecim Sopatri sophistæ. Collegit autem hoc opus e multis et diversis historicis, atque scriptoribus. Primus itaque liber de fabulosis gentium diis agit. Electa hæc ex Apollodori libro tertio *De diis*, qui patria Atheniensis grammaticam docuit. Nec vero e tertio duntaxat libro hæc selegit; sed et e quarto, quinto, ac nono. Item e primo, duodecimo, decimo quinto, et decimo sexto, usque ad quartum et vicesimum. Quibus collectaneis, quæ de diis fabulose ficta sunt, quæque historice narrantur, complectitur universa, ut et de heroibus, ac Dioscuris, de iis item, qui apud inferos degunt, aliaque id genus plurima. Colligit hæc quoque e secundo libro Jubæ *De pictura*, et vero etiam ex Athenæi Naucratitæ filii *Dipnosophistis*. Et ex his quidem primus liber compositus, tantumdemque comprehendit.

Aliter deinde liber e Pamphiles Soteridæ filii *Epitomarum* libro primo, ac deinceps ad decimum usque, et ex Artemonis Magnetis filii *Narrationibus de recte factis mulierum*. Ad hæc etiam e Diogenis Cynici *Apophthegmatis*, aliisque diversis. Quin et ex octavo libro Sapphus. Quæ secundi libri collectanea sunt.

103[b] Tertius tum liber legitur ex *Omnigena Favorini Silva*, ex ejus, inquam, N, Ξ, et ordine sequentibus, uno excepto T, usque ad Ω. Variæ hic afferuntur historiæ, et impositorum nominum rationes, atque id genus alia, in quæ tertius desinit liber.

Quartus autem ex incerti auctoris libro concinnatus, cujus titulus est: *Admirandorum Collectanea*, et ex Aristoxeni *Miscellaneorum commentariis*, ac ne iis quidem omnibus, sed a decimo sexto duntaxat libro, atque ex octavo libro Rufi, *Dramaticæ Historiæ*. Hic incredibilia atque inopinata maxime reperias, et cum tragœdorum, tum comœdorum varia gesta, sermones, vitæque instituta, et similia, ex quibus quartus liber conficitur.

Quintus vero collectus e Rufi *Musicæ historiæ* libris primo, secundo, et tertio, ubi tragicorum, ac comicorum variam invenies historiam. Quin et dithyrambos scribentium, et aulœdorum ac citharœdorum, epithalamiorumque carminum, et hymenæorum, atque cantilenarum in chorea enumerationem. Item de saltatoribus, aliisque in Græcorum theatris usitatis certaminibus. Unde item, et quo genere nati fuerint, qui apud ipsos viri sive feminæ, ad summum in his decus pervenerunt. Quinam etiam singulorum auctores ac principes studiorum exstiterint : et qui horum regibus aut imperatoribus in deliciis, et amici fuerint. Hoc amplius, qui ludi, et unde, in quibus artem quisque suam ostendit. De festis quoque diebus, qui a toto Atheniensi populo celebrantur. Hæc igitur omnia, et si quid his forte simile, legentibus quintus liber exhibet.

Sextus ab illo collectus liber, ex ejusdem Rufi *Musicæ historiæ* libro quarto, et quinto. Tibicinum vero, et carminum, quæ vel a viris, vel a feminis ad tibiam cantata fuere, narratio instituitur. Homerus item, Hesiodus, et Antimachus poetæ, aliique plurimi ex hoc poetarum genere, magnam hujus narrationis partem efficiunt. Addit vero et de feminis vaticinandi arte claris. Quæ item, et unde dictæ Sibyllæ. Atque hæc quidem a Rufo mutuatur. Sumit et e secundo libro **104**[a] *Halieuticon* Damostrati. Quin et ex Diogenis Laertii *De philosophorum vita*, libro primo, quinto, nono, et decimo, ubi philosophorum res exponit. Unde nimirum nata primum divina illa res philosophia, utque viguerit : qui quarum sectarum auctores ac principes exstiterint, quos quisque sui studiosos, aut artis forsitan æmulos habuerit, quos singuli mores præ se tulerint, unde genus duxerint; quale ab initio vitæ genus sectati sint, quibusque temporibus floruerint. Hinc de rhetoribus, rebusque ad artem dicendi pertinentibus, ex hoc cognoscas libro licet. Idem etiam ex Ælii Dionysii scriptis *De Alexandria urbe* decerptus liber, et ex Hellanici *Ægyptiacis*. E quibus ubi fabulosa et fictitia multa cum aliorum item magna varietate collegeris, in sexti tandem libri extremum incides.

Septimus postea liber ex Herodoti *Historia* velut e floribus eleganter ac varie contextus est.

Octavus autem liber excerpta continet e veteri quodam codice, qui ille ipse, cui colligentis haud est ascriptum nomen. Feminas hic recenset, quarum illustris gloria famaque esset : virorum item quorumdam præclare gesta, et ab his instituta dicendi artis gratia colloquia. Amicitiæ quoque vim, et proborum hominum apophthegmata refert. Sublegit hæc Plutarchi opuscula : *Quomodo adolescentem audire deceat poetas; De natura et laboribus*. Ut nimirum multi sæpenumero labore vitiosam naturam correxerint; alii contra bonam ignavia corruperint : utque in multis, qui in pueritia tardi omnibus videbantur, atque inepti, florente post ætate acrius ingenium ac perspicacius emicuerit. Librum item, *De inutili verecundia; De garrulitate; De iracundia; Quomodo quis ex inimicis utilitatem capiat; De animi tranquillitate; Politicas ipsius præceptiones;* ' *De divitiis; Quomodo se quis in virtute proficere sentiat.* Rursum *Valetudinis tuendæ,* et *Conjugales ejusdem præceptiones.* In quibus plurima reperias cum gesta prædicatione digna, tum ad multa tibi perutilia. Hæc fere octavus liber complectitur.

Jam nonus ex ejusdem similiter Plutarchi libellis compendio factus. Ut ex opusculo *De sera Numinis vindicta*, e Vita Demetrii ac Bruti Romani; ex libro cujus index est **104**b *Clarorum virorum Apophthegmata.* Ex libello *De fluminibus; Quomodo assentatorem ab amico discernas.* ' Rursum ex Cratetis Vita, ' Daiphantique, et ' Pindari : et ex opusculo, quod *Regum atque imperatorum Apophthegmata* inscripsit; atque ex *Convivialium* ejus *Sermonum* libris, a primo ad octavum usque. Hæc fere Plutarchus suppeditavit. Allata vero nonnulla e Rufi *Historiæ Romanæ* libris, primo, secundo, tertio et quario : in quibus occurrent pleraque memoratu non indigna, tametsi horum quædam in fabulas incidant, et prolixiores nugas. Ita se nonus habet liber.

Decimus vero coaluit e Cephalionis Erato, quo libro Alexandri gesta referuntur. Item ex Apollonii Stoici libris, quæ sint unquam mulieres philosophatæ, quidve aliud præclare gesserint, et per quas familiæ aliquando in concordiam redactæ, ex Theagenis quoque *Macedonicis patriis.* Rursum e Plutarchi Vitis Niciæ, Alcibiadis, Themistoclis, Thesei, Lycurgi, Solonis et Alexandri Philippi filii. Item e Vitis Cymonis, ac Lysandri, Demosthenis, Periclis, Pelopidæ, Phocionis, et Aristidæ : quorum pleraque memoranda, admirationeque digna. Atque hic decimus liber est.

Undecimus perinde e Plutarchi Vitis selecta continet, puta Epaminondæ, Dionis Agesilai, Agidis, Cleomenis, Eumenis Cardiani, Philopœmenis, Timoleontis, et Arati , qui Achæorum creatus tribunus plebis decies septies copias eorum duxit, multa in eo imperio præclare gerens. Rursum e Vita Pyrrhi Epirotarum regis. Quin et ex Aristophanis grammatici, *De animalibus* libro primo, et secundo, atque ex *Historiæ theatricæ* Jubæ regis libro decimo septimo. Atque his quidem undecimus liber constat.

Duodecimus denique coacervatus est e variis : ut e Callixeni *Pictorum ac statuariorum Relatione*; ex Aristonico, *De Museo Alexandrino*; ex Aristotelis, *Politicis*; Thessalorum, inquam, Achæorum, **105**a Pariorum, Lyciorum; Chiorum, atque adeo omnium quos ille suis in Politicis commemorat, quorum non vulgarem esse usum constat. Qua in re Sopatri labor hoc duodecimo ejus libro consumitur.

Magnam sane utilitatem hæc legentibus lucubratio affert. Etsi enim fabulis, prodigiis, mendaciis, atque incredibilibus, ut sæpius a me dictum, non caret, ex his ipsis tamen, quæ ad variam veluti e penu aliquo promendam doctrinam faciunt, etiam ad virtutem atque honestatem facientia decerpere quam plurima licet. Ad bene dicendi vero facultatem, ut ipsemet ad amicos præfatur, non modicum eadem afferunt emolumentum, insignemque utilitatem legenti pariunt. Dictio ejus varia, neque unius formæ, tametsi perspicuitatem in omnibus servavit.

CLXII.

Eusebii episcopi (Thessalonicæ) contra Andream quemdam libri x.

Lecti sunt Eusebii cujusdam, ut dignitate episcopi, sic et fide orthodoxi, decem libri adversus Andream quemdam inclusum, qui horum illi scribendorum causam dedit. Scripserat enim hic ad Eusebium epistolam, quam παραναγνωστικὸν nominarat, jurejurando ipsum ad eam legendam adigens. Qua lecta, Eusebius primum quidem hominem increpat, imperitiam juxta ejus, atque audaciam reprehendens, ostendendo in ipsis etiam syllabis lapsum; et cum versum nullum potuerit sine solœcismo facere, ad scribendum tamen sese extulisse, instituti sui, simul et quietis oblitum. Hæreticam dein illius sententiam pluribus refellere aggreditur. Erat enim ille ex eorum numero, qui ab improba quam tenebant opinione, *Aphthartodocetæ* sunt dicti. Primum itaque ostendit illi rationem esse reddendam, cur in una duntaxat significatione *corruptionis* vocabulo accepto, de solo id peccato dici arbitretur : cum suo vocabulorum usu sancti Patres tradiderint, ad varias omnino res hanc vocem extendi. Secundo, quod immortale, et impatibile, et incorruptibile ex ipsa unitione corpus Christi Domini dixerit, quemadmodum et Julianus ausus est asserere, cum tamen in eadem hac affirmet epistola contra Severum et Julianum, hunc a se susceptum esse laborem, ut qui duas naturas, vel substantias duas in Christo dicere non sustineant, neque duas proprietates, neque actiones duas. Tertio quod Adami corpus asserat ante lapsum, neque **105**b mortale esse conditum, neque suapte natura corruptibile, ut nimirum ex hoc, pro ipsius opinione, illud item sequeretur, Christum Dominum ex ipsa conjunctione incorruptibile corpus, atque impatibile assumpsisse. Ubi sentiendum ipsi fuerat, atque dicendum Adami corpus mortale quidem natura sua fuisse, ac patibile, verum divina gratia immortale atque impatibile custoditum, donec eum prævaricatio custodia illa privavit. Hæc enim concors est sanctorum Patrum sententia. Quarto, quod hunc mundum incorruptibilem, interitusque expertem asserat, cum tenendum sit corruptibilem eum esse, atque mutabilem. Plura id genus alia capita, prima hac responsione episcopus, partim obscure, partim blaspheme dicta reprehendens, corrigere hæc eadem Andream cohortatus est.

Verum ille, accepta de emendandis suis admonitione, in sinistram inclinavit, et deteriora arripuit (1). Alterum enim mox librum scripsit, quo plenius ea quae prius asseruerat, et (ut arbitratur) demonstratione quadam astruit. In quem librum decem hos, uti diximus, pius ille Eusebius conscripsit: quibus probat ipsum non contentum illis fidei terminis, quos sacra concilia statuissent, peculiarem quamdam fidei expositionem audacter composuisse: multa quoque sanctorum Patrum dicta decerpta atque adulterata, vi in suam detorsisse sententiam. Veteri ad haec, et Novo Testamento, sanctis Patribus eum adversari, dum incorruptibilem et expertem interitus mundum asserit. Mutationem praeterea illum, transformationem, ac fluxum, reprehendenda esse dicere, non minus quam illae quae ex vitiositate ortum habent perpessiones; ac Christum propterea Dominum nostrum immutabile corpus, atque impatibile, et incorruptum, minimeque fluxum assumpsisse. Rursum autem cum reprehendit, dum affirmat mundum hunc aeternum esse, et ingenerabilem atque incorruptibilem; neque tamen elementorum illam transmutationem recipit, quae ad aeternitatem illius constituendam affertur, utpote quod haec etiam inter illas passiones sit, quas reprehensibiles illae esse certo docet. Deinde quod Adamum incorrupto et immortali suapte vi, et impatibili corpore effictum dicat: hoc amplius addito, ipsum quoque terrae lutum, ex quo formatum corpus erat, corruptionis expers fuisse. Reprehendit eumdem iterum quod *corruptionis* vocabulo, unicam duntaxat subesse notionem asseruerit. Ubi etiam illud demonstrat, neque corruptionis, **106**a neque mortis neque vitiosae alicujus passionis, sed neque culpandarum quidem cogitationum auctorem esse Deum, tametsi corruptibilium ac mortalium substantiarum auctor exsistat: quod illa de non exsistentium numero sint, et per se ipsa subsistentiam nullam habeant. Carpit item Andream, quod Christi Domini corpus ex ipsa Verbi unitione impatibile, incorruptibile, et incommutabile dixerit; ostenditque ipsum ad hoc stabiliendum, ut quidem putabat, reliqua illa de mundo, et Adamo absurde tradidisse. Demonstrat autem eodem hoc in opere Eusebius, quot quantisque notionibus corruptionis vocabula in sacris Litteris usurpentur. Etenim dici ait de naturalibus minimeque reprehendendis affectionibus, et de labore, morbo, atque senectute usurpari. Nam et adolescentiae corruptio senectus est, ut et labores fatigationesque, robur corporis destruunt. Dicitur insuper de corporis afflictione in Asceticis, ac spirituali certamine. Sic enim loqui Apostolum: « Licet is, qui foris est, noster homo corrumpatur, tamen is, qui intus est, renovatur de die in diem: » et quae sequuntur. Adhiberi quoque affirmat in illata corpori afflictione, sive in tabe et plagis, atque punitione. Dici vero et de noxa sive partis sive totius in animantibus, semine ac stirpibus: imo et de morte ipsa. Adhaec de dissolutione usurpari, ac de fluxu corporum, quae humi conditis accidere solet. Praeterea de vitiosa quoque in malum affectione, sive de peccatis. Tot igitur modis *corruptionis* nomen adhiberi cum possit, lapsum esse merito Andream ostendit, qui unam duntaxat his vocibus subesse significationem tradiderit.

Confirmat deinde hasce suas Reprehensiones e libris sacrae Scripturae, veteris juxta, ac novi instrumenti: Patrum item lectissimorum sententiis, Athanasii, et trium Gregoriorum, admirandorum, inquam, illius patratoris, et Gregorii Theologi, ac beati Nysseni episcopi. Basilii similiter Caesareae antistitis, et Joannis Chrysostomi, Cyrilli Alexandriae, et Constantinopolitanae sedis praesulis Procli, sancti adhaec martyris Methodii, et Codrati. Quorumdam enim ex his dicta quaedam Andreas avulserat, ac perverterat, simulque malitiose, aut imperite interpretando, errorem suum ex illis, ut sibi quidem persuasit, confirmarat. Verum ob haec omnia, quae modo dixi, justas Eusebio poenas dedit, **106**b ob adulterationem (2), inquam, sanctorum Patrum, et improbitatem, atque inscitiam: quodque haereticorum dicta quaedam compilans, sanctis ea Patribus attribuere sit ausus.

Ostendit postea ex iis, quae ineptiendo proferebat, statuere illum certo, nihil Christum Dominum resurgendo mutatum de corruptione in incorruptionem, aeque esse impatibilem in humanitate, ut in divinitate: ausumque blasphemos appellare caeteros, qui sentirent et dicerent, mortali ac patibile corpore versatum in terris Christum Dominum, cum ipse non erubesceret, etiam post superatos cruciatus, et mortem ac corruptionem sublatam, patibile esse Domini corpus prodigioso mendacio asserere, nihil interim advertens, dum orthodoxos Phthartolatras (3) per injuriam appellat, suis ipsum verbis Pathetolatram (4) se revera probare. Addit dein iterum sanctorum Patrum sententias, ostenditque patibile ac mortale, et quod hinc sequitur, corruptibile Christi corpus fuisse, usque ad gloriosam ejus resurrectionem: inde vero immortale atque impatibile per ipsam esse redditum. Vanum item esse Andream indicat, qui orthodoxis probrosum Phthartolatrarum objiciat cognomentum; in Arium enim, Aetium, Eunomium, Apollinarium atque Nestorium, non in pios, hanc quadrare appellationem. Illud quoque docet Eusebius, Dominum Deumque nostrum, ut naturales, minimeque reprehendendas perpessiones, tanquam naturae opifex atque architectus assumpsit (quae non passiones (5) proprie, sed opera naturae magis proprie appellentur), sic proprie dictas pas-

---

(1) Quare nec multo post damnatus in concil. Rom., ut refert card. Baron. ad ann. Chr. 601, sub fin.

(2) Sicut et Eusebii hujus apud se depositam ad B. Greg. epistolam corrupit et sermones errorum plenos ejusdem pontif. nomine falso inscripsit.

(3) Quasi dicas Corruptibilicolas.

(4) Pari forma Patibilicolam dixeris.

(5) Theologi nostri in scholis hodie Propassiones nominant.

siones, sive a vitiositate profectas, omnino suscipere non potuisse: non item quo ante resurrectionem ederat ac biberat modo, etiam post resurrectionem cum discipulis una edisse ac bibisse; sed prius illud quidem ex naturæ legibus fecisse, fluxam carnem cibo ac potu revera reparando atque corroborando, hoc vero supra naturæ ordinem procurandæ salutis nostræ gratia gessisse, ut discipuli crederent, et per illos fideles omnes, idem omnino corpus, quod cruciatibus excarnificatum, atque in crucem actum fuisset, a mortuis surrexisse: neque aliud esse ab illo, quantumvis jam ad incorruptionem et indolentiam transformatum esset. Hæc ubi Eusebius divine docuit, decimum tandem librum absolvit. Stylus ei clarus est, et simplex puroque dicendi genere utitur, atque, ubi opus est, etiam bene distincto.

CLXIII.

Vindanii Anatolii Beryti Collectaneorum de agriculturæ disciplina libri XII.

Legi Vindanii Anatolii Beryti *De agriculturæ disciplina collectanea*. **107**a Conflatus autem hic ab eo liber est e Democriti et Africani atque Tarantini scriptis, Apuleii quoque et Florentii, Valentis, Leonis Pamphili; tum vel maxime ex Diophanis *Paradoxis*. Opus duodecim absolvitur libris, utile sane, ut ipsa nos experientia in multis docuit, ad terram excolendam, laboresque rusticos; Quin fere cæteris utilior hic liber, quotquot in ea ipsa re elaborarunt. Continet tamen nonnulla prodigiis similia, fidemque excedentia, et Græcis referta fabulis, quæ præterire pium decet agricolam, cætera quæ usui futura sint, arripientem. Et vero alii omnes, qui de re rustica scripserunt, eadem fere de iisdem, quantum videre potui, prodiderunt, neque in multis adeo dissentiunt. Quibus autem inter se dissident, in his Leonis experimenta cæteris anteponuntur omnibus.

CLXIV.

Galenus De sectis medicorum.

Legimus Galeni librum *De sectis*. Disserit autem de sectis quæ in arte medica inter se conspirarunt. Eas tres ait esse potissimas. Unam *logicam* appellatam, quam et *dogmaticam* agnominat, et *analogisticam*. Alteram vero *empiricam* dictam: hanc *observatricem* quoque ac *memorialem* nominat. Tertiam denique *methodicam*. Differunt autem inter se cum aliis rebus, tum inventionis modo. Dogmaticus enim medicus, ex eo quod ratiocinando curandi methodos reperiat, artem suam constituit. Empiricus vero non ratiocinatione, sed experimento atque observatione artem colligit. Jam methodicus, qui et ratione usum se, et experimento profitetur, etsi horum neutro satis accurate utatur, ab utrisque illis merito distinctus censebitur.

Liber hic tres in partes secatur: quarum in prima quidem empiricam atque dogmaticam graphice describit: ubi etiam, qualis utriusque natura sit, ostendit. Altera vero parte duas invicem sectas valde contendentes, et de principatu certantes componit. Tertia denique methodicam producit, et quidem cum aliis suprascriptis duabus pugnantem, qualibet e tribus sectis sua jura proferente, et reliquas vincere satagente. Atque hic tertii libri finis est. Illud clarum, opus hoc inter cætera artis medicæ scripta omnibus præferri oportere. Siquidem discere convenit, quæ secta inter omnes optima sit, ut eam deinde secteris. Videtur autem non proprie medicus habendus liber hic, sed procemii vicem præbere, atque ad philosophiam potius pertinere. **107**b Certum item illud, ad dictionem quod attinet, atque compositionem, purum eum esse, ac venustum. Harum enim ubique formarum studiosus imprimis Galenus exstitit, tametsi in plerisque scriptis intempestivis suis sermonibus ac digressionibus, prælongisque periodis non sine molestia libros commisceat, dictorum sensum obscuret, et orationis seriem quodammodo abrumpat, lectorem etiam ipsum longioribus hisce deliramentis in negligentiam abducens: quibus saltem vitiis vacat hoc de sectis opus.

CLXV.

Himerii sophistæ Declamationes.

Lectæ sunt Himerii sophistæ *Declamationes* seu *Orationes variæ*. Suasoriæ duæ, judiciales tres: quarum etiam edit argumenta. Et suasoriarum quidem primam Hyperidi affingit, quasi super Demosthene deliberatio sit. Alteram vero ipsi Demostheni, consultationem super Æschine efformanti. Trium reliquarum prima contra Epicurum, velut impietatis reum instituitur. Altera adversus divitem, qui pauperis integram domum scelestis suis facinoribus exhauserat, ipsumque adeo pauperem inducit causam hanc perorantem. Tertia Themistoclem facit adversus Persarum regem sententiam dicentem, quando hic ad amoliendum bellum promissa pacis afferebat.

Hæ autem ab eo sunt orationes conscriptæ, ut in iis quodammodo, plus quam in cæteris, dicendi vim suam, sententiarumque florem pro viribus exhiberet. Ad imitationem enim Demosthenis circumductionibus abundat, ac multis schematibus varie distinguitur. Ideis item pulchre orationes temperat, sublimi se dicendi genere magis efferens. Verbis ad hæc utitur, quæ (ad formam saltem quod attinet) neque ob propriam suam notionem, neque ob emphasim a perspicuitate recedunt: etsi, quia nominum dissolutiones ut plurimum sunt, aures quidem cum jucunditate peregrino suo sono feriunt: sed non æque a vulgo intelliguntur. Clarus quoque est earum rerum observatione, quæ ad distinctam orationem proprie pertinent. Utitur etiam, ut diximus, complexione cum alibi, tum ubi rei alicujus rationem reddit. Dum vero incitatis schematibus suam redditionem apponit, simul etiam omnem, quæ ex illis orta fuerat, obscuritatem tollit. Hyperbatum praeterea, ac tropum, **108**a etsi rarius quam complexionem, frequenter tamen hic et scite adhibet, non sine contentione atque velocitate, cum quidem ita opus est. Talem igitur se in iis, quas enumeravi, orationibus exhibet.

Subjicit iis Polemarchicum [ut vocat] : quae quidem oratio eorum qui pro patriae libertate cum Persis fortiter pugnando ceciderunt, laudatio est, et belli simul brevem laudem continet. Hanc excipit Areopagitica, sive pro libertate Rufini filii, quae fictitia non est, ut neque sequens in eumdem filium recens vita functum monodia. Dehinc epithalamius sermo in Severum socium, qui nec ipse fictitius est, et iterum argumentum praefixum habet. Deinceps Diogenes, seu Propempticus. Haec quoque argumento ornatur ac dialogorum more fictis personis conformata est. Hinc ad socios Syntacterius, quando Corinthum proficiscebatur. Propempterius alter ad Flavianum Asiae consulem factum. Deinde in Pisonem advenam. Rursum *Protreptica*, quae et *Diogenes* inscribitur. Hinc *Schedium*, ob contentionem in schola exortam. In Cyprorum adventum. In primum suum e Cappadocia auditorem. Mox ingenii quoddam specimen, quando ut diceret rogatus recusavit primum : de quo tamen ipso postea disseruit, Pulchra omnia etiam esse rara. In Musonium Graeciae proconsulem ; in Severum quoque advenam, Symplegadae praefectum. Hinc sermocinatio ; in Ursacium comitem ; in Severum sodalem ; in Scylacium Graeciae proconsulem ; in Ephesios hospites, ac Mysos, Leonisque cives ; in sodales e patria ; in Athenaeum comitem ; in Privatum Romanum, qui Ampelii proconsulis filium instituebat; in reditum Corintho; in Phoebum Alexandri proconsulis filium : in Arcadium medicum et comitem. Oratio quoque propemptica in amicos, qui nuper venerant; altera item in Flavianum; Epithalamium quoque dictum in Panathenaeum. Hinc sermocinatio una, et item altera. Disputatio habita Philippis, cum evocatus a Juliano imperatore iter illac haberet. Post oratio habita in urbe, in ipsius Constantinopolis laudem, ac Juliani Caesaris. In sacrificium Mythrae. Dissertatio in Sallustium praefectum, cui et argumentum annexum ; iterum in Flavianum proconsulem ; in sodalis sui natalem diem. Sermocinatio quoque in sanitatem socii ; in insidiantes ; **108** b in Basilium proconsulem ; in eumdem rursum ; in Hermogenem pariter, qui Graeciae proconsulatum gerebat ; in Plotianum itidem proconsulem ; iterumque in Ampelium proconsulem ; in Graeciae proconsulem Praetextatum, atque sodales. Hinc ad Julianum imperatorem discessum adornans. Deinde Nicomediae habita oratio hortatu praetoris Pompeiani. Mox in advenas; rursum in advenam ; deinde in Zenonem socium; et in Aphobinum advenam ; in eum qui a Neptuni oraculo reverterat ; in eos pariter qui ex Ionia adventassent ; in Ionas hospites. Ex tempore quoque in sociorum laudem recitatum. Oratio, quam amico Constantinopolitano tradidit. Sermo quoque inter amicos post reditum e patria. De suo docendi munere extemporalis disputatio. Objurgatio eorum qui negligenter orationes audirent. Schedium in quosdam ad se ventilantes discipulos, qui respuere frenos videbantur. In Cytianum cum sociis, qui cum petulantia eum audierant, dum schedium suum recitaret. Adhortatio quoque ad rerum varietatem in dicendo sectandam. Dissertatio post vulneris medelam. Dein oratio post reditum Corintho. In Stylum ac socios. In urbem Lacedaemoniorum, quando somnio obsequens, Amiclaeum deum precaturus accessit : et non oportere recitationes omnes publice pronuntiare. Sermocinatio, oportere in gymnasio versari. Altera Corinthi edita.

Has, puto, nec plures orationes Himerii sophistae fere septuaginta, me praesente, studiose legisti. In quibus omnibus eadem dictionis forma, eademque figura servata ; circumductionem ita ac tropum adhibet, taedium ut nullum pariat ingeniosus et quasi familiaris redditus troporum usus. Imo nemo hactenus, mea quidem sententia, aut venustius, aut jucundius tropis usus est. Exemplis porro ex historia, fabulisque omnigenis scripta ejus referta sunt, vel ad demonstrationem, vel similitudinem, vel voluptatem, et pulchritudinem rei, de qua agitur : quibus orationem suam et emendatiorem efficit, et varie exornat. Quin et exordia interdum ipsa, atque epilogi, et quae quasi contentiones (vocant), his ab eo rebus exornantur : non raro insuper iis antea delineatis quae post tractaturus est. Verum in dicendo talis tantusque cum esset **109**a. impie tamen de religione sensisse perspicuum est, latenterque mordentes imitatus canes, Christianos allatravit. Vixit Constantio et impiissimo Juliano imperatoribus, atque Athenis eloquentiae ludo doctor praefuit.

CLXVI.

Antonii Diogenis Incredibilium de Thule insula libri XXIV.

Lecti sunt Antonii Diogenis *Incredibilium de Thule insula libri quatuor et viginti*. Dramatici sunt, et dictio ipsa ita clara, ita pura, ut minus egeat perspicuitate. Per narrationum quoque diverticula jucunditatis plurimum sensis inest: quando et ad fabulas propius accedit elocutio, et incredibilium narrationum silvam, cum verisimili tamen fictione atque apparatu sibi suppeditat.

Inducitur itaque Dinias quidam nomine, ut exigebat historia, una cum filio Demochare patria profugus, qui per Pontum, et a Caspio atque Hyrcanio mari ad Riphaeos, ut vocantur, montes, et Tanais fluminis ostia primum delati : ingentibus deinde adacti rigoribus ad Scythicum conversi Oceanum, atque hinc ad Orientalem tendentes, ad solis orientis partes venerunt; unde circulo facto, exterius mare longo tempore, variisque erroribus circumiere. Errorum socii fiunt Carmanes, Meniscus et Azulis: atque in Thule denique insula stationem interim errorum quamdam constituerunt. In hac ipsa insula cum Dercyllide quadam Dinias consuetudinem habuit: quae genere Tyria, et claris in ea urbe natalibus orta, cum fratre Mantinia hoc in loco versabatur. Cum illa igitur Dinias consuescens, ejus audit fratrisque jactationes, et quanta mala Paastius quidam, Ægyptius sacrificulus, intulerit. Hic enim cum vastata ejus patria, Tyrum migrasset, et hospitio acceptus a parentibus horum fratrum, Mantiniae atque Dercyllidis, benevolus primum in bene de se meritos, familiamque adeo universam esse videretur: ingentibus postea malis domum, hosque et eorum parentes affecit. Refert deinde quomodo in Rhodum, post tantas familiae calamitates, cum fratre abducta sit, indeque in Cretam errore delata fuerit, mox ad Tyrrhenos et rursum inde ad Cimmerios, quos nominant, utque apud hos inferos spectarit, et eorum multa, quae ibidem sunt, didicerit: Myrto magistra usa, **109**b sua quadam pedisequa, quae olim vita abierat, et a morte dominam docebat.

Hæc itaque narrare incipit Dinias Cymbæ cuidam nomine, domo Arcadia, quem commune Arcadum legatum miserat Tyrum, Diniam ibi rogantes, ut ad ipsos in patriam suam rediret. At quoniam ipsum jam gravis senii aetas prohibebat, fingitur hic referre, tum ea quae ipsemet erroribus jactatus viderat, tum quae ab aliis conspecta acceperat, quaeque a Dercyllide in Thule narrata didicerat: supradictum, inquam, ejus errorem, utque, post suum illa reditum ab inferis, cum Ceryllo et Astraeo (jam enim a fratre segregata erat) ad Sirenes venerit sepulcrum; et quae rursum ipsa ex Astraei sermone cognoverit de Pythagora, et Mnesarcho: qualia vicissim Astraeus ex Philotide didicerit, et in oculis ipsius spectrum, visumque plane fabulosum: et quascunque rursum Dercyllis ad suos reversa errores retulit, ut in hominum civitatem inciderit in Iberia, qui noctu quidem viderent: interdiu autem quotidie caecutirent. Quae item ibi Astraeus tibia canens, hostibus eorum fecerit, utque benevoli inde dimissi in Celtas inciderint, gentem immanem ac stolidam, quos in equis ipsi effugerint, quaeque in mutato equorum colore acciderint: ut hinc ad Aquitanos penetrarint, quantosque honores ibi adepti sint Dercyllis atque Ceryllus; et hoc amplius Astraeus, quod oculorum suorum incremento atque decremento, lunae quoque designaret alternationes, quodque contentionem dirimeret, duos inter reges de principatu contendentes, qui juxta tales lunae vicissitudines invicem succedebant in imperio, ut ob ista etiam populo illi Astraeus charus acceptusque fuerit.

Narrat praeter haec Dinias, Dercyllida cum alia vidisse atque pertulisse, tum ut ad Artabros pervenerit, ubi feminae bella gerunt, viri autem domum custodiunt, ac muliebria quaeque obeunt officia: quae item apud Asturum gentem ipsi Ceryloque contigerit, et quae Astraeo quoque privatim acciderint: utque praeter omnem spem frequentia apud Asturos pericula cum effugissent Ceryllus cum Dercyllide, poenam tamen ille, **110**a quam improbitatis olim causa commeritus esset, non effugerit, sed ut inopinato pericula haec evaserit, ita etiam tandem excarnificatum fuisse. Refert postea quaenam per Italiam Siciliamque oberrans illa viderit. Ut in Eryce Siciliae civitate comprehensa, ad Saenisidemum, qui tunc Leontinis imperabat, adducta fuerit: ubi rursum in Paapidem, sceleratissimum illum hominem, apud regem agentem inciderit, reperitque nec opinato calamitatis ingentis solatium, Mantiniam fratrem, qui diu multumque jactatus, varia quoque et incredibilia, quae cum in hominibus ac caeteris animantibus, tum circa solem ipsum et lunam, plantasque, et insulas potissimum spectarat, sorori commemoravit, uberemque admodum praebuit fabularum materiam, quas Diniae postmodum illa referret, quae hic omnia ipse connexuisse, et Cymbae Arcadi retulisse fingitur.

Addit dehinc, ut Mantinias cum Dercyllide (Paapidis pera cum libris, herbarumque arcula sublata) Rhegium e Leontinis trajecerint, indeque Metapontium, ubi eos Astraeus assecutus, Paapin vestigia eorum subsequi significarit, utque Astraeum hi in Thraciam, et Massagetas ad Zamolxin socium proficiscentem secuti sint. Quid item ille hac in profectione conspexerit, ac quomodo in Zamolxida inciderit, apud Getas jam tum pro deo cultum: quaeque dicere, ac postulare pro se Astraeum jusserint Dercyllis atque Mantinias; ut ibi oraculum illis datum sit, in Thulen insulam deferri fatis esse destinatum: tandem tamen in patriam redituros, sed cum alia prius adversa passuros, tum impietatis in parentes (tametsi deliquissent inviti) poenas daturos: vitam nimirum ipsis cum morte alternis vicibus commutatam iri, et noctu quidem victuros, interdiu vero semper mortuos futuros. Refert insuper, ut hoc audito vaticinio, inde discesserint, Astraeo cum Zamolxide summa apud Getas in existimatione relictis: quae item ad Boream videre admiranda atque audire ipsis contigerit.

Hæc cum omnia Dinias in Thule Dercyllide narrante audisset, eadem nunc referre pergit Cymbae Arcadi. Ad haec etiam, ut Paapis, Dercyllidis vestigia insecutus, in ea **110**b insula ipsis supervenerit, et arte sua magica hoc effecerit, ut interdiu morerentur, nocte vero accedente reviviscerent, hoc tantum ritu ad illud efficiendum usus, quod publice in illorum faciem conspueret. Thruscanum item quemdam, Thule oriundum, Dercyllidis amore captum, viso amatam suam Paapidis malis artibus in eum morbum incidisse, ingentem adeo ex eo cepisse dolorem, ut subito Paapida invadens gladio percusserit, atque interfecerit. Hunc vix tandem Tyrios malorum reperisse exitum. Thruscanum tamen postquam Dercyllida mortuæ similem jacere conspexit, mortem sibi quoque conscivisse. Hæc igitur omnia, et alia id genus plurima, ut eorum sepulturam, et e tumulo reditum, amores Mantiniæ, quæque hinc illis acciderunt, et ejus farinæ multa cum Dinias in Thule insula, Dercyllide referente, cognovisset, inducitur nunc eadem Cymbæ Arcadi commemorans. Atque hic tandem finis est tertii et vicesimi libri, Antonii Diogenis *Incredibilium de Thule* inscripti, cum nihil pene, ac nisi pauca tantum ab initio hujus operis de hac insula memoriæ prodiderit.

Quartus vero et vicesimus liber inducit Azulin narrantem, atque inde etiam Diniam ad ea quæ antea Cymbæ retulisset, Azulidis gesta cumulantem. Quomodo nimirum præstigiarum illarum rationem deprehenderit, quibus Paapis Dercyllida et Mantiniam ludificarat, nocte quidem ut viventes apparerent, interdiu vero mortui : utque malum illud depulerit, cum modum ac rationem hujus cruciatus, ejusque curandi viam didicisset ex perula Paapidis, quam secum Mantinias atque Dercyllis attulerant. Neque hoc solum, sed et illud reperit, quomodo Dercyllis et Mantinias parentes jacentes ingenti malo liberare possent. Hos enim illi ex Paapidis præscripto, quasi hoc sibi profuturum esset, gravi affecerant incommodo, cum longo eos tempore mortuorum instar jacere fecissent. Accedit huc, uti Dercyllis, et Mantinias in patriam properarint, parentibus ut vitam salutemque redderent.

Dinias interim una cum Carmane et Menisco, separato ab ipsis Azulide, ultra ipsam Thulen etiam oberravit ; quo quidem in errore quæ supra Thulen incredibilia viderit, nunc inducitur referre Cymbæ : ea nimirum a se conspecta esse dicens, quæ et astrorum studiosi docere solent. Qualia sunt ista : habitare quosdam posse sub polo arctico, et noctem inveniri unius mensis, aliamque qua breviorem, 111*a* qua longiorem, ut sex etiam mensium, et summum anni unius spatium teneat. Neque vero noctem solum eo usque produci, sed diem etiam ipsum noctibus his proportione respondere : aliaque id genus a se visa nuntiat. Homines item conspexisse se, et quædam alia fabulatur, qualia mortalium nemo vidit, nec audivit, sed ne mente quidem effinxit. Hoc autem omnium maxime omnem excedit fidem, quod Boream versus profecti ad lunam propius, tanquam ad purissimam quamdam tellurem, accesserint, indidemque cernere potuerint ea quæ vidisse par est eum, qui nugas hujusmodi supra fidem confinxerit. Ad hæc et Sibyllam vaticinandi artem a Carmane didicisse tradit, ac vota post ista quemque sua et preces concepisse, atque ut optarant, res dein singulis cecidisse : hinc enim e somno ait excitatum se Tyri in templo Herculis repertum : unde cum surrexisset,

ipsam quoque Dercyllida et Mantiniam reperisse, cum cætera belle hactenus egisse, tum parentes suos e longo illo sive somno, sive interitu potius, feliciter excitasse beatamque modo in omnibus vitam ducere.

Hæc Cymbæ Dinias fabulose retulit, prolatisque cupressinis tabulis, inscribere eas jubet Erasinidem Atheniensem, Cymbæ comitem, litterarum non imperitum. Ostendit etiam ipsis Dercyllida (hæc enim cupressinas illas tabulas attulit) Cymbæque negotium dedit, ut duplici exemplo eis hactenus narrata inscriberentur : et alteram quidem tabellarum ille penes se haberet : alteram vero Dercyllida cum e vita decessisset, suo in tumulo capsulæ impositam collocaturam.

Diogenes igitur, idemque Antonius, qui hasce omnes prodigiis similes fabulas Diniam facit Cymbæ narrantem, Faustino tamen scribit : *De incredibilibus se, quæ ultra Thulen essent,* scribere, et Isidoræ sorori, litteris cum primis deditæ, hæc ipsa dedicare. Veteris præterea comœdiæ poetam se profitetur : ac licet falsa, eaque incredibilia finxerit, habere tamen de his fabulis testes longe antiquiores, e quorum scriptis summo hæc labore contulerit. Singulis deinde libris auctores laudat, qui eadem antea in litteras miserint, ne teste scilicet idoneo carere etiam incredibilia illa viderentur. Ipso igitur operis initio epistolam ad Isidoram sororem scribit, qua licet hoc 111*b* illi volumen inscriptum esse ostendat, Balagrum nihilo secius quemdam ibi uxori suæ, Philæ nomine, Antipatri filiæ, scribentem narrantemque facit, cum ab Alexandro Macedonum rege Tyrus caperetur, et ignis plurima devastaret, venisse ad Alexandrum militem, qui se peregrinum quid, præterque opinionem indicandum habere diceret. Esse enim quid extra oppidum spectatu dignum. Regem itaque assumptis una secum Hephæstione et Parmenione sociis, militem secutum ad tumulos e lapide subterraneos quosdam pervenisse, quorum alius sic esset inscriptus : *Lysilla vixit annos* XXXV. Alter vero sic : *Mnason Mantiniæ filius vixit annos* LXVI, *post* LXXI. Alius vero titulus erat : *Aristion Philoclis filius vixit annos* XLVII, *post* LII. Alius rursum sic inscriptus lapis : *Mantinias Mnasonis filius annos vixit* XLII, *noctesque* LX *et* IDCC. Item alius : *Dercyllis Mnasonis filia annos vixit* XXXIX *noctesque* LX. *et* IDCC. Sextus vero tumulus hoc epigrammate : *Dinias Arcas vixit annos* C *et* XXV. His lectis dum animi pendent (præterquam in primo tumulo, cujus clarior erat titulus), ad parietem inciderunt in arculam e cupresso fabricatam, cui sic inscriptum : *Hospes quisquis es, aperi ut discas quæ admiraris.*

Aperto igitur ab Alexandri sociis scriniolo, cyparissinas inveniunt tabellas, quas, ut apparet, Dercyllis ibi Diniæ mandato collocarat. Hæc fere uxori scribentem Balagrum inducit, quodque cyparissinas istas tabulas transcribens, eidem conjugi transmiserit. Ab hac occasione fertur deinceps oratio ad cupressinarum lectionem, scriptionemque tabularum, et Dinias quoque adest narrans, quæ prædiximus Cymbæ. Ad hunc ergo modum, ac de his fere rebus dramatis est fictio ab Antonio Diogene composita.

Videtur autem ipse tempore prior esse iis qui talia studiose confinxerunt, ut Luciano, Lucio, Jamblicho, Achille Tatio, Heliodoro, atque Damascio. Nam et *Verarum* Luciani *narrationum et transformationum* Lucii fontem hunc et radicem dixeris. Quin et eorum quæ de Sinonide ac Rodane, de Leucippe ac Clitophonte, de Chariclea ac Theagene, deque fictis eorum rebus, erroribus, amoribus quoque et raptu atque periculis composita sunt, Dercyllis, Ceryllus, Thruscanus ac Dinias exemplum præbuisse merito censeri queant. Qua vero tempestate **112**a fabularum hic auctor, Diogenes ille Antonius vixerit, non habeo certo affirmare. Illud tantum conjicere liceat, non ita diu post Alexandri Magni tempora floruisse. Meminit item Antiphanis cujusdam se antiquioris, quem id genus prodigiosis narrationibus simillima conscripsisse ait. Ex ipsis vero potissimum, ut et e cæteris hujus farinæ fictis narrationibus duplex parari, eaque non modica utilitas potest. Primum quidem, quod hinc, etsi qui injuste quidpiam admiserunt, effugere sæpius videantur, tandem tamen meritas dare pœnas, discas. Insontes deinde multos, ingentibus vicinos periculis, præter spem omnem sæpenumero servari.

CLXVII.
Joannis Stobæi Eclogarum, Apophthegmatum, et vitæ Præceptionum libri iv.

Legimus Joannis Stobæi *Eclogarum, Apophthegmatum, et Præceptionum vitæ* libros quatuor, voluminibus duobus. Dedicat eas, cujus maxime gratia collectos affirmat, Sestimio filio suo. Collegit autem (ut ipsemet indicat) e [philosophis,] poetis, oratoribus, atque ex iis qui in omni republica rebus gestis claruerunt, partim eclogas, partim apophthegmata, partim denique instituendæ vitæ præcepta, quæ instar columnæ alicujus erigere voluit, quo ad hanc rerum lectarum stelen dubium nonnihil filii ingenium componeret, meliusque redderet.

Primus autem liber totus est physicus: alter deinde aliqua sui parte ad sermonem ab initio pertinet: cætera vero, et longe maxima, ethicus est. Tertius denique et quartus, pauca si demas, ethica rursum et politica continent. Primus itaque liber capita complectitur, LX, ad quæ veterum sententias celebriaque dicta redegit. Sunt autem ista: Postquam de Deo disseruit, cunctorum eum Opificem esse, et providentia sua gubernare universum. Secundum caput de iis agit, qui providentiam tollunt, divinasque facultates eas, quæ illam ipsam ad universum administrandum consequuntur. 3. Deinde de constituta a Deo justitia ad hominum facta inspicienda, et peccata punienda. 4. De divina necessitate, qua necessario cuncta quæ ex Dei voluntate sunt, fiunt. 5. De fato, et apto eorum quæ fiunt ordine. 6. De fortuna sive casu. 7. Temere huc illuc fortunam ferri. 8. De temporis natura ac partibus, et quot quantarumque rerum causa sit. 9. De venere cœlesti et divino amore. 10. De principiis, et elementis, atque universo. 11. Hinc **112**b De materia. 12. De idea. 13. De causis. 14. De corporibus, eorumque sectione, et de minimo. 15. De figuris. 16. De coloribus. 17. De mistione et temperamento. 18. De vacuo, loco, et spatio. 19. De motu. 20. De ortu atque interitu. 21. De mundo; et, Animatusne sit ac Providentia regatur, atque ubi principatum habeat, et unde nutriatur. 22. De mundi ordine; et An unum sit universum. 23. De cœli natura ac divisione. 24. De siderum natura, figura, motu, significatione. 25. De solis natura, magnitudine, figura, conversionibus, defectu, signis et motu. 26. De lunæ natura, magnitudine, figura et illustratione, deque eclipsi, ejusdem intervallo, ac signis. 27. De lactea via. 28. De cometis, transvolantibus stellis, ac similibus. 29. De tonitruis, fulguribus, fulminibus, igneis turbinibus, et typhonibus. 30. De iride, de corona, parelio, ac virgis. 31. Item de nubibus, nebula, pluviis, rore, nive, pruina, et grandine. 32. De ventis. 33. De terra: sitne una, et finita. 34. Quantæ magnitudinis terra sit, deque ejus situ. 35. De figura ipsius terræ. 36. Fixane terra sit atque immota, an mobilis. 37. De terræ motu. 38. De mari; quonam pacto æstus ejus [modo recedat, modo accedat. 39. De aquis. 40. De universo. 41. De natura, causisque ex ea ortis. 42. De animantium generatione, cæterisque. 43. Quot sint animantium genera: et, An omnia ratione sensuque prædita? 44. De somno et morte. 45. De stirpibus. 46. De animantium nutrimento, edendique appetitu. 47. De natura hominis. 48. De mente. 49. De anima. 50. De sensibus, et sensuum objectis: et, An etiam veræ sint sensiones? 51. Quot sint sensus, cujusque naturæ singuli, atque efficaciæ. 52. De visu, et speciebus visibilibus. 53. De auditu. 54. De odoratu. 55. De gustatu. 56. De tactu. 57. De voce; et, An corporis expers, ac quid sit in ea præcipuum. 58. De imaginatione, ac dijudicandi facultate. Nonum vero et quinquagesimum: De opinione. Sexagesimum denique: De respiratione atque [ejus] affectionibus. Et hæc quidem libri primi capita sunt, taliaque continent, ad naturam nimirum pertinentia, pauci duntaxat initio exceptis, quæ ad metaphysica quispiam rectius retulerit. Per hæc ergo capita, ut diximus, veterum sententias, sive consentientes, sive repugnantes legendas Stobæus apposuit. Hoc ipso tamen libro, antequam ea, quæ modo recensui, aggregatur capita, **113**a de aliis duobus disserit. Quorum primum philosophiæ laudatio est, et ea quidem ex variis congesta scriptoribus. Alterum vero de sectis, quæ in ea conspirarunt. Ubi pariter veterum opiniones de geometria, musica et arithmetica describit.

Alter dein liber XLVI absolvitur capitibus. Primum quidem de sacrorum interpretibus, et quod a mortalibus spiritualium vera natura comprehendi nequeat. 2. Hinc de arte disserendi. 3. De bene dicendi facultate. 4. De Oratione, ac litteris. 5. De arte poetica. 6. De charactere, seu forma orationis. 7. De morum philosophia 8. De iis quæ in nostra sunt potestate. 9. Neminem sponte esse improbum. 10. Qualem deceat esse philosophum. 11. Pietatem erga Deum colendam esse. 12. Piis ac justis Numen auxilio esse. 13. De vaticinio. 14. Sapientum consuetudinem magni esse faciendam : fugiendos vero, ac declinandos improbos atque imperitos. 15. De eo quod videtur tantum, et de eo quod vere est. 16. Non e verbis, sed moribus de homine esse judicandum. 17. Eos qui aliis insidientur, seipsos potius imprudentes lædere. 18. De nominis gloria. 19. De fama. 20. Modum esse optimum. 21. Virtutem ægre parari : vitium contra facile acquiri. 22. Non oportere stultorum judicii rationem habere. 23. Fictionem sive hypocrisin, quæ non iis tantum apud quos exercetur, sed ipsis quoque fingentibus nocet, ex animo esse pellendam. 24. Curiositatem esse vitandam : præbere enim ansam invidiæ, atque calumniæ. 25. Optimum esse resipiscere, in quibus ipse deliqueris. 26. Convicium minime esse bonum. 27. In conviciando considerandum, ne in eadem ipsi quandoque errata inciderimus. 28. De vitæ necessitate. 29. Opportune res agi debere. 30. De voluntate : non esse eam temere differendam. 31. Adversis affligi summæ sæpenumero utilitati esse : maxime vero imprudentibus. 32. De educatione atque institutione. 33. Optimum bonorum omnium esse amicitiam. 34. Morum similitudinem amicitiam conciliare. 35. In adversis suis atque periculis non esse negligendos amicos. 36. Non esse amicis juvandos, cum quid injuste faciendum suscipiunt. 37. De fidis atque infidis amicis. 38. Cito esse cum amicis in gratiam redeundum, eorumque vitia ferenda, cum erratorum oblivione. 39. In adversis fidos explorari amicos. 40. Præcepta amicitiæ. 41. De inimicitiis, et, 113^b quo se quis modo cum hoste gerat. 42. Qua ratione ex inimicis capi possit utilitas. 43. De benemerendi studio. 44. Majus esse beneficium quod in tempore confertur. 45. De remunerandis beneficiis. 46. Non esse benigne faciendum improbis, neque ab iis beneficium ullum accipiendum. Denique de gratitudine. Atque hæc summa capitum secundi libri.

Tertius dehinc capita continet XLII. Primum de virtute. Alterum de vitio. 3. De prudentia. 4. De imprudentia. 5. De temperantia. 6. De intemperantia. 7. De fortitudine. 8. De timiditate. 9. De justitia. 10. De habendi cupiditate atque injustitia. 11. De veritate. 12. De mendacio. 13. De loquendi libertate. 14. De assentatione. 15. De prodigalitate. 16. De parcimonia [seu tenacitate]. 17. De continentia. 18. De incontinentia. 19. De patientia [seu malorum tolerantia]. 20. De iracundia. 21. De cognoscendo seipsum. 22. De fastu. 23. De cæco sui amore. 24. De conscientia. 25. De memoria. 26. De oblivione. 27. De jurejurando. 28. De perjurio. 29. De laboris studio. 30. De ignavia. 31. De pudore. 32. De impudentia. 33. De silentio. 34. De tempestiva oratione. 35. De dicendi brevitate. 36. De garrulitate. 37. De benignitate. 38. De invidia 39. De patria. 40. De peregrina terra. 41. De arcanis, et 42. De calumnia.

Quarti denique libri capita hæc sunt. Primum de republica, alterum de legibus et consuetudinibus. 3. De plebe. 4. De potentibus in civitate. 5. De principatu ; et Qualem esse principem ac magistratum deceat. 6. Optimum esse unius imperium. 7. Regni administrandi præceptiones. 8. Vituperatio tyrannidis. 9. De bello. 10. De audacia. 11. De juventute. 12. De belli imperatoribus ; et, De iis quæ militiæ usui esse possint præcepta. 13. De pace. 14. De agricultura*. 15. De tranquillitate. 16. De navigatione (et naufragio). 17. De artibus*. 18. De dominis et servis. 19. De Venere vulgari (quæ generationis humanæ causam fovet). 20. De amore voluptatum corporis. 21. De pulchritudine*. 22. De nuptiis, et ejus capitis cætera. 23. Connubialia præcepta. 24. De liberis, et ejus generis reliqua. 25. Debito parentes honore a liberis esse afficiendos [et, An per omnia eis obedire conveniat]. 26. Quales deceat esse parentes erga liberos, [et quod utrinque naturali quadam necessitate mutuo afficiantur]. 27. Fraternum amorem, et animi affectum, erga cognatos esse honestissimum [quodque hi necessarii sint.] 28. De rei familiaris tuendæ ratione. 29. De nobilitate [nobiles illos esse, qui ex virtutis præscripto vivant, tametsi nec bonis moribus præditis parentibus orti sint] et reliqua ejusdem argumenti. 30. De ignobilitate. 31. De divitiis, et hujus generis cæteris. 32. De inopia. 33. Divitiarum paupertatisque comparatio. 34. Vitam esse perbrevem, curarumque plenam. 35. De tristitia, ejusque molestia. 36. De morbo 114a et medelis. 57. De valetudine, ejusque permansione. 38. De medicis, et medicina. 39. De felicitate. 40. De infelicitate. 41. Instabilem esse mortalium prosperitatem. 42. De his qui præter meritum felices sunt. 43. De his qui præter meritum infelices sunt. 44. Quæcunque accidunt, constanter esse ferenda [hominibus, quorum est ex virtute vitam instituere]. 45. Secundas res ostendi, adversas contra tegi oportere [et rebus præstantibus recte utendum]. 46. De spe. 47. De insperatis eventibus. 48. De aliorum infortunio gaudendum non esse. 49. Infelices indigere condolentibus. 50. De senectute, aliaque huc spectantia. 51. De morte [et eam evitari non posse]. 52. De Vita. 53. Vita et mors invicem comparata. 54. De luctu. 55.

De sepultura. 56. Consolatoria. 57. In vita functos non esse exercendam contumeliam. 58. Plurimorum a morte memoriam cito evanescere.

Hæc quarti libri LVIII capita sunt : cum quatuor ipsorum librorum in universum octo sint supra ducenta, quibus, uti diximus, sententias, testimonia, et chreias ex eclogis et apophthegmatis, ac vitæ præceptis Stobæus proponit.

Philosophi autem, ex quibus ista collegit, hi fere sunt : Ægimæus, Æschines Socraticus, Albinus, Amelius, Anacharsis, Anaxagoras, Anaxarchus, Anaximander, Anaximenes, Antipater Istiæus, Antisthenes, Apelles, Apollodorus, Apollonius, Apollophanes, Arcesilaus, Archænetus, Archedemus, Hecatæus, Archelaus, Archimedes, Archytas, Arianus, Aristagoras, Aristander, Aristarchus, Aristippus, Aristobrotus, Ariston, Aristonymus, Aristoteles, Aristoxenus, Asclepiades Aristæi, filius ; Atticus ; Beronice, Berosus, Bias, Bion, Boethus, Brotinus ; Callicratides, Callimachus, Carneades, Cebes, Charondas, Chilon, Chion, Chrysippus, Cleanthes, Cleobulus, Clineas, Clitomachus, Coriscus, Crantor, Critias, Critolaus, Criton, Damarmenes, Damippus, Demetrius , [Democritus,] Demonax , Didymus, Diocles, Diodorus, Diogenes, [Dion,] Diotimus, Dius, Ecphantus, Ecpolus, Empedocles, Epandrides, Epicharmus, Epictetus, Epicurus Gargitius, Epicurus Atheniensis, Epidicus, Epigenes, Erasistratus, Eratosthenes, Erysus, Euclides , Eudoxus, Evenius, Euphrates, Euryphamus , Euristratus, Eusebius, Glauton, Harpocration, Heraclides, Heraclitus, Herme, **114**^b Herophilus, Hierax, Hierocles, Hieronymus, Hippalus, Hippias, Hippodamus, Hipponus, Hypsæus, Ion, Jamblicus, Juncus , Leophanes , Leucippus, Longinus, Lucius, Lyus, Lyncon, Lysis (Epaminondæ præceptor), Maximus, Melissus, Melon, Menechmus, Mendenus, Metopus, Metrocles, Metrodorus, Moderatus, Mnesarchus, Musonius, Naucratus, Naumachius, Nicolaus Nicostratus, Nictis, Numenius, Ocellus, Onatus, Onetor, Panacæus, Panætius, Parmenides, Pempelus, Periander, Perictiones, Phavorinus, Pherecydes, Philoxenus, Phintis, Pittacus, Plato, Platinus, Plutarchus, Polemon, Polybius, Porphyrius, Porus, Posidonius, Protagoras, Pyrrhon, Pythagoras, Pytheas, Pythiades, Reginus, Rufus, Scythinus, Seleucus, Serenus, Severus, Socrates, Solon, Sosiades, Sotion, Speusippus, Sphærus, Stilpon, Straton, Taurus, Teles, Timæus, Timagoras, Timon , Thales, Theagenes, Theages, Themistius, Theobulus, Theocritus, Theodorus, Theophrastus, Thrasillus, Xenocrates, Xenophanes, Zaleucus, Zeno, Zoroaster. Ili vero ex Cynicorum secta, Antisthenes, Crates, Diogenes, Hegesianax, Menander, Monimus, Onesicritus, Polyzelus, Theomnestus, Xanthippus. Igitur philosophi, ex quibus hanc collectionem fecit, isti sunt.

Poetæ autem hi : Achæus, Æschylus, Agathon, Alcæus, Alcidamas, Alexander, Alexis, Amphis, Anacreon, Anaxandrides, Anaxilles, Andronicus, Antimachus, Antiphanes, Apollodorus, Apollonides, Aralochus, Aratus, Archilochus, Archippus, Aristæus, Aristarchus , Aristocrates , Aristophanes, Aristophon, Astydamas, Athenodorus, Axinicus, Bacchyllides, Bathon, Bion, Biotus, Callimachus, Callinicus, Carcinus, Cercidas, Chæremon, Chares, Chœrilus, Cleanthes, Clebinetus, Cleobulus, Clinias, Clitias, Clitomachus, Crantor, Cratinus, Demetrius, Dicæogenes, Dictys, Diodorus, Dionysius, Diphylus, Epicharmus, Eratosthenes, Evenus, **115**^a Euphorion, Euphron, Eupolis, Euripides, Euthydamus, Heliodorus, Heniochus, Hermolochus, Herodes, Hesiodus, Hipponax, Hippothoon, Hippothous, Homerus , Hypobolimæus, Hypsæus, Ion, Iophon, Isidorus, Julius, Laon, Leonides, Licymnius, Linus, Lycophron, Melino, Menander, Menippus, Menophilus, Metrodorus, Mimnermus , Moschion, Moschus, Myron, Naumachius, Neophron, Neoptolemus, Nicolaus, Nicomachus, Nicostratus, Olympias, Orpheus, Panyasis, Parmenides, Patrocles, Pausanias, Phanocles, Pherecrates, Philæus, Philetas, Philemon, Philippides, Philippus, Philiscus, Philonides, Philoxenus, Phintys, Phocylides, Phœnicides, Phrynichus, Pindarus, Pisander, Polyides, Pompeius, Posidippus, Rhianus, Sappho, Serapion, Sclerius, Simonides, Simylus, Sopater, Sophocles, Sosicrates, Sosiphanes, Sositheus, Sotades, Staginus, Stesichorus, Stehenides, Susaron, Telessilla, Therelephus, Theocritus, Theognis, Thespis, Timocles, Timostratus, Tyrtæus. Xenarchus, Xenophanes, Zeno, Zenodotus, Zopyrus. Verum poetæ, quorum sententias his capitibus est persecutus, isti fuerunt.

Rhetores deinde et historici, regesque ac duces, quando horum quoque testimonia collegit, ii sunt : Ælianus, Æschines, Agathon, Antiphon, Archelaus, Aristides, Aristocles, Caius, Callisthenes, Chrysermus, Clitophon, Cornelianus, Ctesias, Demades, Demaratus, Demosthenes, Ephorus, Gorgias, Hegesiades, Hegesius [Herodotus], Hyperides, Isæus, Isocrates, Lysias, Nicias, Ombrinus [al. Obrimus], Philostratus, Polyænus [Prodicus], Protagoras, Sostratus, Theodorus, Theopompus, Theseus, Thrasillus, Thucydides, Timagoras, Trophimus , Xenophon, Zopyrus. [Reges et imp.] Agathocles, Agesilaus, Agis, Agrippinus, Alexander , Anaxilaus, Antigonus, Archidamus, Chares, Charias [al. Chabrias], Charillus, Clitarchus, Cotys, Darius, Dionysius, **115**^b Epaminondas, Eudamidas, Hipparchus, Iphicrates, Lamachus, Leonides, Lycurgus, Mallius, Pericles, Phalaris, Philippus, Phocion, Ptolemæus, Pyrrhus, Scipio , Scyllurus , Semiramis, Themistocles, Timotheus. [Medici, philosophi, et alii.] Æsopus, Alcmæon medicus, Antigenidas, Antyllus medicus, Apelles, Ariunestus, Aristides Justus, Aristophanes, Aristoteles, Brasson, Cato, Cephisidorus, Cleostratus, Clitomachus, Dicæarchus, Diocles medicus, Dion, Dionysius, Erasistratus medicus, Eratosthenes, Eubulus, Euphranias, Euryphron medicus, Euryximachus, Euxitheus, Galenus medicus, Glaucon, Hermarchus, Hermippus, Hippocrates medicus, Licymnius, Metrocles, Metrodorus, Mysson, Nicostratus, Prausion, Seriphius, Simonides, Sostratus, Sotion, Speusippus, Theocritus Theopompus, Tymarides, Thynon.

Tot illa capita, in quæ veterum dicta Joannes contulit Stobæus, et ex his potissimum philosophis, poetis, oratoribus, regibus atque imperatoribus, hæc eadem collegit. Cæterum utile hoc opus, cum iis, qui horum scripta operaque legerunt, ut eorum per hæc memoria renovetur, tum iis in primis, qui non legerunt, quod assiduo sese in his exercendo, brevi admodum tempore pulchra multa et varia, summatim comprehensa, mente recondere cum fructu queant. Communis autem utrisque hæc utilitas accedet, quod quæ investigabunt absque labore, et brevi, ut apparet, inventuri sint, qui se a capitibus his ad fusiorem pertractationem conferre volent. Imo et quibusvis dicere, et scribere volentibus perutile hoc opus futurum sit.

CLXVIII.

Beati Basilii Seleuciæ episcopi Orationes xv.

Lectæ sunt sancti Basilii episcopi Seleuciæ *Orationes* quindecim. Prima in illud : « In principio fecit Deus cœlum et terram. » Post hanc in Joseph, in Adamum, in Cain et Abel, in Abrahamum, in Moysen, Eliam; **116**a et Jonam. Item nona in Centurionem. Decima in illud : « Navigabant discipuli cum Jesu 11, » et quæ sequuntur. Deinde in illud : « Venite ad me, omnes qui laboratis et onerati estis, et ego reficiam vos 12, » etc. Tum in Publicanum et Pharisæum. Itemque in illud : « Dic ut sedeant hi duo filii mei, unus ad dexteram, et alter ad sinistram 13. » Et in illud : « Quem dicunt homines esse Filium hominis 14 ? » Decima quinta in illud : « Tu es qui venturus es, an alium exspectamus 15 ? »

In quibus quidem ejus orationibus hoc observare licet, magnum cum esse, si quis unquam alius fuit, figuratæ atque incitatæ orationis, pariumque artificem. Perspicuitatem nihilominus ac suavitatem retinet. Verum quia nimius in tropis et schematis incitatis, satietatem parit, sive potius, quia tam assiduus in his est ac totus, nihil ut aliud sine modo occurrat, auditori fastidium et calumniandi ansam præbet, atque ad scriptoris ipsius vituperationem incitat, quasi neque naturam arte moderari, neque regula, quod inordinatum erat, digerere possit Etsi autem tropis hoc modo abundet, ipsumque adeo tropologicum dicendi genus fontis in morem effundat, nunquam tamen ideo vel in frigidum sermonem, nisi perraro delabitur, vel obscuritate aliqua sensum obumbrat : sed si quid ob tropologiam intelligi minus commode poterat, id cum accelerata membra atque periodi, tum dictionum ipsarum significantia facile tollit. Cæterum, ut jam dixi, satietas gratiam omnem hebetat, et purorum illa troporum affluentia artificii legibus nullam dicendi libertatem concedit.

Hic autem potius Basilius, quam Magnus ille Cæsareæ episcopus, videtur beatissimi Chrysostomi amicus ille, et contubernalis fuisse, ad quem etiam librum De sacerdotio scriptum miserit. Multa enim in hujus Basilii orationibus vestigia apparent orationum ac sensuum illius, eorum præsertim, quibus sacram explanat Scripturam ; ut uterque sibi utilia ex eodem fonte hausisse videatur. Et vero figurarum ille cum significantia tum familiaris usus, permagnum est singularis cum Joanne consuetudinis, lectorumque librorum ejus argumentum. Utitur enim iisdem et divinus ille vir, licet moderate et opportune, atque ita, ut et tumorem, qui ex illis nascitur, simplicitate temperet ingenioseque molliat, et orationem suam universam civili sermoni persimilem efficiat.

116b Idem vero hic Basilius ille est, qui primæ martyris Theclæ præclare gesta, et certamina, atque victorias metris persequitur : cujus item alia scripta [præter ista] circumferuntur.

CLXIX.

Beati Cyrilli Contra Nestorii blasphemias libri v. *Epistolæ variæ, et Scholion de incarnatione Unigeniti.*

Lecti sunt sancti Cyrilli *Adversus Nestorii blasphemias* libri quinque, quorum primus quidem calumniarum Nestorii capita decem refellit. Alter deinde quatuordecim. Tertius vero sex. Quartus denique ac quintus singuli septem. Elocutionem autem ipsam hic ad peculiarem illum suum, quem in orationibus sequitur, dicendi modum ita conformavit, paululum ut magis ad humile dicendi genus tendat.

Erat in eodem volumine ad ipsum quoque Nestorium epistola, qua in viam illum reducere, et amice corrigere nititur. Quin et Nestorii ad Cyrillum responsio, qua capita illa, quæ sua hic epistola complexus fuerat, damnanda esse censet. Altera item Cyrilli epistola [ibi legebatur] ex Alexandrina synodo ad Nestorium missa, quæ duodecim eum capitum errores abjurare jubebat. Tertia quoque ad Valerium episcopum adversus Nestorium, ejusque dogmata. Item ad Acacium Melitinæ episcopum dogmatica epistola, vel apologia potius unionis atque concordiæ cum Joanne Antiochiæ patriarcha : aliæque variæ ejusdem argumenti litteræ, quarum binæ divinam quoque Nicænæ synodi doctrinam explanant. In quibus quidem omnibus, contentiusne agat, an remissius, propriam ubique dicendi formam tenet.

Erat et hic epistola ad Acacium episcopum Scy-

---

11 Luc. viii, 23.   12 Matth. xi, 28.   13 Matth. xx, 21.   14 Matth. xvi, 13.   15 Matth. xi, 3.

thopolitanum, De emissario (1) capro. Alter item liber sic inscriptus : *Scholion de Unigeniti incarnatione*, quo hæc fere exponuntur : Quid est Christus? Qua ratione intelligendus Emmanuel? Quid est Jesus Christus? Juxta quid Dei Verbum dictum est homo? Juxta quid evacuatum esse Dei Verbum dicitur? Quomodo item Christus unus est? Quomodo etiam unus est Emmanuel? Quamnam dicimus esse exinanitionem? Item de ignito carbone viso ab Isaia [10], aliaque præterea, his tamen affinia, capita decem. Permagnam vero legentibus utilitatem liber hic afferre potest.

CLXX.

Anonymi Testimoniorum de Christo e gentium scriptis libri xv.

117a Legi opus multorum versuum, vel librorum potius (libros enim quindecim quinque voluminibus continebat), in quibus testimonia, locaque integrorum etiam librorum, non modo Græca verum etiam Persica, Thracica, Ægyptia, Babylonica, Chaldaica, quin et Italica, ex iis qui apud singulas harum gentium doctrina clari haberentur : quæ quidem hic scriptor sanctæ, cœlesti atque divinæ Christianorum religioni non inutilia esse conatur ostendere. Cujusmodi affert, de ipsa quoque sanctissima et consubstantiali Trinitate ; quomodo nimirum per eosdem illos prædicetur atque enuntietur. Item de Verbi in carne adventu, signisque divinis, et de cruce, cruciatibus ac sepultura, de resurrectione, atque ascensione, et de sanctissimi Spiritus ignitis linguis in discipulos inexplicabili modo superveniente gratia nec non de tremendo Christi Domini nostri secundo adventu, mortuorumque resurrectione ac judicio, et remuneratione eorum quæ in vita quisque gesserit. Ad hæc de universi fabrica, de providentia, de paradiso, deque similibus. Quin et de virtute Christianorum propria et si quid huic finitimum est. De his omnibus Græcos, Ægyptios, Chaldæos, et quos nominavi cæteros philosophatos, eademque suis ipsorum scriptis divulgasse, ostendere nititur. Neque vero horum tantummodo testimonia congesta laudat, atque advocat, sed et e frigidis Zosimi libris petita. Thebanus fuit hic Panopolita, qui neque argumentis eadem probare neglexit, in quibus et Hebraicarum vocum significationes exponit, et singuli ubinam locorum apostoli salutarem doctrinam prædicarint, quaque ratione humanis curis ac laboribus sint defuncti. Donec ad finem tandem horum librorum, suam quoque affert admonitionem, quam gentium sententiis, ac Scripturæ locis contexit atque confirmat : in qua potissimum hominis illius cum virtutis studium, tum nulli obnoxiam calumniæ pietatem licet agnoscere.

Ad orationis vero ejus ideam quod attinet, ea nulla esse posse videtur. Nam et compositio ita in plerisque neglecta est, ipsæque adeo dictiones, ut nec a trivialibus interdum verbis abstineat : et eorum item quæ scribit sententia nihilo his aliquando melior evadit. Quare etsi laborem viri, **117**b ac scopum cordatus nemo merito reprehendat, ipsum tamen opus non perinde se habet. Non solum enim dissentanea sæpe in multis dicta divinæ nostræ fidei accommodare nititur ; verum etiam fabulas ac somnia, quæ vel ab ipsismet, qui prodiderunt scriptoribus, si quid saperent, irrideantur : quæ tamen ille Christianæ nostræ fidei conducere adeo affirmare non veretur, ut studiose quoque fabularum et somniorum alienum sensum in veros, pios, purosque ac sinceros divini dogmatis sensus traducat : unde ut emolumentum omnino nullum veræ religioni attulisse, ita criminandi occasionem cavillantibus præbuisse, non injuria videatur. Ostendere siquidem deinceps gentes poterunt e nostris quosdam, qui ad commendandam religionem nostram (quæ sola pura est ac vera, neque ulla præterea re opus habet) ejusmodi adhibeant, quæ nihil ad rem pertineant, quin maximam potius partem prorsus aliena sint, quia res illorum conciliare cum nostris coneutur, a quibus tamen nihilominus, quam a lumine tenebræ, disjunctæ sint. Subiit vero ille ingentem hunc laborem, quod ipse identidem testatur, ut ostenso, Christianorum doctrinam in omnibus gentibus prænuntiatam fuisse, et ab eloquentissimis quibusque in singulis nationibus prædicatam, inexcusabiles eos omnes inter gentes esse convinceret, qui divinæ non sint assensi doctrinæ. Qui quidem scopus laudandus sane est, etsi non oportebat eum per dubia et incredibilia confici, sed per ea tantum quorum et facultas ejusmodi esset, et quæ fidem inveniret.

Ejus autem qui hæc volumina collegit, nomen cognoscere ad hanc diem non potui (nec enim libri, quos vidimus, id præferebant) ; illud tantum, Constantinopoli se cum uxore ac liberis ex ea susceptis habitare, atque post Heraclii tempora vixisse ostendit.

CLXXI.

Eustratii Magnæ eccles. presb., De vita functorum animis tractatus iii. — *Chrysippi Hierosolymorum presb. Historia de Gamaliele et Nicodemo.*

Legimus librum Eustratii Magnæ ecclesiæ presbyteri, qui oratione quidem usus est minime laudabili, sed argumentis non admodum culpandis : et dictio ipsa perspicua est. Tria potissimum illi proposita. Primum quidem, beatorum animas, mox ut corpore solutæ sint, operari : nec beatorum duntaxat, sed et omnino, prout quisque meritus sit, omnium hominum. Animas illas, quæ multis sæpenumero sese, variisque modis conspiciendas offerunt, in sua quaque natura apparere, nequaquam

---

[10] Isa. vi, 6.

(1) Cujus emissio atque cæremoniæ Levit. xvi præscripta.

vero divinam virtutem in formas sanctarum animarum traductam 118*a* operationes illas exhibere. Quid enim fingere attinet seu formas, seu figuras, cum promptius ea possint [a] sanctis illis animis, quæ numini visa sunt, perfici? Quod quidem utrumque caput cum Veteris ac Novi Testamenti locis, tum vero diversorum Patrum testimoniis confirmare nititur. Tertium denique caput hoc studiose persequitur, oblata pro iis (1), qui in fide obierant a sacerdotibus sacrificia, atque donaria, vel preces alioquin, supplicationesque, et eleemosynas, pro iisdem factas ad fidelium salutem, ac delictorum remissionem iis valere omnino, pro quibus hæc offerantur. In his autem tertia offerre sacra refert, qui Dominicæ ac triduanæ resurrectionis mysterium in precationis subsidium atque auxilium assumant. Novemdialia similiter, quod post octavum a resurrectione diem visus iterum est a discipulis Christus. Præterea quadraginta, quod post dies totidem a discipulis postremum visus, in cœlos cum humana nostra natura ascendit.

Reperi quoque in eodem illo codice, Pauli in lege magistrum Gamalielem, et credidisse, et baptizatum fuisse. Nicodemum item nocturnum (quondam) amicum, diurnum etiam redditum, martyrioque coronatum, quem et Gamalielis patruelem hæc testatur historia. Baptizatum vero utrumque a Joanne, et Petro, una cum Gamalielis filio, cui Abibo nomen. Beatum igitur Nicodemum a Judæis, cum baptizatum eum inaudissent, plagis multis percussum; quas cum fortiter ipse tolerasset, e vita post non diu decessisse. Hanc codex iste continebat historiam, eamque Chrysippo ascribebat, Hierosolymorum presbytero, qui in laudatione Theodori martyris, quasi aliud agens, Luciani cujusdam meminit, ejusdem æque Ecclesiæ presbyteri, quo tempore Joannes præsul eam sedem tenuit. Hic Lucianus nocte quadam, hora fere tertia, revera, non in somnis, dicitur ea quæ diximus, didicisse. Hæc enim astantem ipsi Gamalielem omnia revelasse: 118*b* verum nimirum esse se Gamalielem, a supradictis apostolis, una cum Abibo filio baptizatum, et in eadem capsa collocatum. Esse et Stephanum protomartyrem in theca orientem versus conditum, atque ad ejus pedes in altero scriniolo Nicodemum jacere, quæ item per quos, et sub quibus passus esset, indicavit: thecamque post hæc proximam suum ac filii corpus continere. His dictis Gamalielem præcepisse Luciano, ne posthac reliquias illas in sole, et pluvia corrumpi per negligentiam sineret. Terræ motum insuper ad hoc visum exortum, multaque plurimorum genera morborum hic curata esse, protomartyris maxime theca medelam afferente.

CLXXII-CLXXIV.
Beati Joannis Chrysostomi Homiliarum in Genesim volumina III.

Legimus Chrysostomi *Homilias in Genesim* unam et sexaginta, in tria distributas volumina: quorum primum quidem viginti, alterum deinde sexdecim, tertium quinque et viginti continebat. Significat autem in horum primo, Quadragesimæ statim initio concionari cœpisse, atque ante jejunii tempus illud decursum, viginti hos sermones una cum aliis item tribus quatuorve, in medio concionum in Genesim (usu ita, ut apparet, veniente) interjectis, ad populum declamitasse. Animadvertas quoque, etsi Orationum nomen præferant hi libri (sic enim in iis reperi exemplaribus, quæ legi), homiliis tamen similes magis esse, cum cæteris rebus, tum quod sæpenumero tanquam præsentes respiciens auditores, sermonem ad eos convertit, interrogat, respondet, ac pollicitationibus utitur. Et ut possit maxime alio in dicendi genere, quam homiliarum isto, similia formare atque exhibere, quia tamen illud assidue constanterque sine ullo dispositionis ordine servat, homilias illas esse satis superque declarat. Habuit autem eas ad populum, ut ex singulis deprehendas, sæpe quotidie, interdum alternis. Ita se primum hoc viginti homiliarum volumen habet. Alterum deinde sedecim orationes complectitur, quarum priores septem durante adhuc Quadragesima habitas, apparet, ut totius Quadragesimæ tempore usque ad hebdomadis sanctæ feriam quartam, viginti septem in Genesim orationes habuisse constet. Neque vero secundi voluminis sermones reliqui novem, et tertii viginti quinque, statim atque continenter 119*a* post Pascha habiti. Nam post homiliam feria quarta majoris hebdomadis habitam, quæ in Genesim septima est atque vicesima, concionatus est deinceps de sancta cruce, hinc de proditione Judæ: atque ita ordine prout festi dies, sive argumenta inciderunt, homiliæ quoque aptatæ sunt. Jam post resurrectionis homilias in apostolorum Acta continenter verba fecit quemadmodum ipse octavam supra vicesimam, quæ sequitur in Genesim orationem auspicatus ostendit, quam, ut apparet, cum reliquis [hujus argumenti] longo post tempore habuit. Quinquaginta enim illis in Acta homiliis recitandis unum ferme annum insumpsit, cum non quotidie unam, sed quinto tantum aut septimo die, et aliquando rarius etiam eas recitarit: et quidam, ut ipsemet tradit, cum tertium jam annum præsul esset. Quas vero in Genesim scripsit, quo sint tempore habitæ, non potui cognoscere. Tantum si illas a se habitas homilias sermone illo XXVIII meminit, quas tertio episcopatus anno composuit: neque de aliis quam in Acta scriptis, ibi mentionem facit (quod equidem haec

---

(1) Antiquum hic mihi morem nota, vita functos sacrificiis, precibus, atque eleemosynis juvandi. De quo et S. Joannis Damasceni exstat oratio in qua etiam tria hæc sacrificandi intervalla observari olim solita videbis.

tenus non potui deprehendere), præsul nimirum cum esset, etiam has contexuerit; viginti quidem et septem secundi anni Quadragesima, cæteras dein triginta quatuor, anno quarto.

Dictio hic illius de more perspicua et pura, splendida insuper ac fluens apparet, multam interim cum sensuum varietatem, tum gratissimorum exemplorum copiam exhibens. In humile tamen hic dicendi genus dictio pronior tanto est ea, qua in homiliis in Acta apostolorum utitur, inferior, quanto hæc a Commentariis in Apostolum ac Psalmos superatur. Cum enim ubique orationem puram, illustrem ac bene dispositam non sine voluptate artificiose contexat : in his maxime scriptis virtutibus illis, exemplorumque ubertate, atque enthymematum copia, et cum ita opus est, etiam gravitate excellit. Quin, ut semel dicam, verbis hæc monumenta, compositione, methodo, sensibus, et id genus apparatu, præstantissime exornata edidit. Cæterum quænam in Apostoli Epistolas Antiochiæ dum ageret, elaboraverit, et accuratiora quidem illa, quæ item præsul conscripserit, ex illis ipsis facile potest dignosci. Quæ autem ad historiam Commentariorum in Psalmos pertinent, cognoscere nondum licuit, nisi quis forte vim, aliasque dicendi virtutes suspiciens, otiosum illa potius, quam publicis immersum negotiis, elaborasse affirmet. Quod sicubi sententiarum aliquæ, **119**b seu interpretationis, seu profundioris indagationis indigebant, neque tamen diligenter satis eas explanavit mirum id minime videri debet. Quæcunque enim auditorum captui accommodata essent, atque ad eorum salutem et utilitatem pertinerent, ea neutiquam ille prætermittebat. Quamobrem neque admirari sanctissimum virum satis unquam possum, quod perpetuo in omnibus suis scriptis auditorum ita utilitatem, tanquam scopum præfixisse sibi videatur, ut cætera vel omnino neglexerit, vel levissime attigerit. Sed et illud penitus præ auditorum utilitate contempsit, quod alicui vel sensus aliquos ignorasse, vel ad profundiora quædam penetrare refugisse, vel id genus alia præteriisse, videri posset.

CLXXV.

Pamphilæ historiæ Miscellæ libri VIII.

Lecti sunt Pamphilæ *Mistarum historiarum libri commentarii* octo. Vixit hæc viro nuptui data, ut ipsa operis initio præfatur : cum quo conjuge annos ipsos tredecim a pubertate conjuncta fuit, et hoc opus meditari cœpit atque conscribere. Scripsit autem, tum quæ ex viro didicit cum quo tredecim, ut diximus, annos conjunctissime vixit, nullo interim die aut hora otiose transacta : tum ea quæ ab aliis accepisset, qui mariti domum plurimi frequentarent, nomine et doctrinæ gloria claris : tum denique quidquid legendo ipsa observasset. Hæc omnia, et quæcunque memoria digna visa sunt, in Commentarium per saturam retulit, et non per proprios singula locos distribuit, sed ut quodque visum est, utque occurrebat, congessit, non quod difficile futurum ipsi esset in suas quæque classes dividere, sed quod jucundius longeque gratius Miscellaneum hoc scriptum, varietatemque, quam generis unius opus existimaret. Utilis sane liber hic omnigenæ doctrinæ. Reperias enim in eo historica non pauca bene necessaria, imo et scite dicta. Rhetorica etiam ac philosophicæ contemplationis quædam, et poeticæ facultatis formas, et si quid hujusmodi forte se offerat.

Ægyptia genere Pamphila hæc fuit, floruitque ea tempestate, cum Nero Romanorum imperium Cæsar tenuit. Dictio vero (quantum ex procemio colligere licet, cumque proprium quid affert, et maxime in sensu) **120**a ut mulieris propria, simplicis est formæ, ac ne verbis quidem ipsis ab idea sit alienior. At quoties veterum dicta commemoranda colligit, varia ejus oratio est, neque uni formæ accommodata.

CLXXVI.

Theopompi Historiarum libri LIII.

Legimus Theopompi *Opus historicum* librorum trium et quinquaginta, qui reliqui sunt. Intercidisse vero sextum, septimum, et nonum, vicesimum atque tricesimum, etiam veteres quidam affirmarunt : neque sane mihi videre hosce contigit. Menophanes autem, vetus et ipse, minimeque contemnendus auctor, ubi de Theopompo disserit, duodecimum quoque periisse scribit, quem tamen nos cum aliis legimus. Narrat duodecimus hic liber res gestas Pacoridis Ægyptiorum regis, ut cum Barcæis fœdus inierit, et pro Evagora Cyprio adversus Persas steterit. Qua ratione inopinato Cypriorum imperio potitus sit Evagoras, Audymone Citico, qui eam tenebat, capto. Qua arte Græci Agamemnonem secuti Cyprum occuparint, Cinnyra cum suis ejecto, quorum posteri reliqui sunt Amathusii. Ut rex cum Evagora bellum gerere animum induxerit, imperatore creato Autophradate Lydiæ satrapa, Navarcho vero Hecatomno : et de pace quam palmarii vice Græcis donavit, utque acrius cum Evagora dimicarit, ac de navali ad Cyprum pugna. Ut Atheniensium civitas infœdere cum rege inito perseverare studuerit. Lacedæmonii vero, secundis rebus elati, pacta conventa ruperint. Quomodo item sub Antalcida pacis fœdus percusserint. Ut Teribazus bellum gesserit, et Evagoræ insidias struxerit, utque apud regem Evagoras illum accusarit, ac cum Oronte transegerit. Ut a Nectenibi occupato Ægyptiorum regno, ad Lacedæmonios Evagoras legatos miserit, quaque ratione Cyprium bellum confecerit. De Nicocreonte, qui insidias locarat, quomodo nec opinato deprehensus sit effugeritque. Quomodo cum ejus filia virgine relicta, et Evagoras et hujus filius Prytagoras, clam alterutro concubuerint, Thrasidæo eunucho (qui genere Eleus erat) **120**b vicissim illis subserviente ad puellæ amorem : utque hæc ipsis interitus causa fuerit, Thrasydæo necem illis procurante. Refert dein, qua ratione Acoris Ægyptius cum Pisidis belli societatem inierit, deque ipsorum regione, et de Aspendiis. De medicis quoque Cois, et Cnidiis, quod Asclepiadæ sint : quodque e Syrno posteri Podalirii primi ‡accesserint. De Mopso vate, ejusque filiabus Rhode, Meliade ac Pamphylia. Ab his Mopsuestiam, et in Lycia Rhodiam, Pamphyliamque regionem nomen accepisse. Ut a Græcis habitari Pamphylia cœpta, mutuo bello arserit : et quomodo Lycii cum Telmissiis, belli duce Pericle eorum rege, pugnarint : nec manus conserere desierint, donec ipsos intra muros compulsos ad concordiam adegerunt. Hæc duodecimo illo libro, quem Menophanes non vidit, continentur.

Theopompus hic Chius genere fuit, genitus patre Damostrate. Patria vero cum parente excessisse fertur, cum Laconum ille rebus studere convictus fuisset, quo mortuo patriæ restitutum aiunt, Alexandro Macedonum rege per epistolam ad Chienses reditum ipsi impetrante, ætatis Theopompi anno quinto et quadragesimo. Verum mortuo dein Alexandro, undique exsulantem in Ægyptum venisse narrant, ibique regem Ptolemæum non solum hominem non excepisse, sed etiam velut nimis curiosum tollere de medio voluisse, nisi amicorum precibus servatus fuisset. Æquales suos ipsemet nominat : Isocratem Atheniensem, Theodectem Phaselitem, et Naucratem Erythræum, quos et secum in dicendi facultate principatum in Græcia tenuisse refert. Sed Isocratem quidem rei familiaris angustia, uti et Theodecten, pretio orationes conscripsisse, ac ludo aperto adolescentes informasse, indeque lucrum reportasse : se vero cum Naucrate, quod vitam tueri honeste possent, assidue in his, in philosophia, inquam, ac dicendi facultate exercitum. Neque vero temere se, aut præter rationem primas sibi vindicare, cum demonstrativi generis orationes non pauciores, quam viginti millium versuum conscripserit : quin et **121**a supra quindecim versuum myriadas, in quibus Græcorum ac Barbarorum res gestas hactenus narratas legere liceat. Ad hæc vero nullam esse ait Græciæ alicujus pretii locum urbemve, quo non ipse pervenerit, publiceque perorans magnum decus, ac virtutis in dicendo suæ monumentum reliquerit. Hæc de se ipsis pronuntians, eos qui apud sæculum prius dicendo claruerunt, ætatis suæ oratoribus longe postponit, ac ne in secundis quidem subsistere posse affirmat, clarumque id esse vel e scriptis utrorumque, et orationibus ad posteros transmissis. Crevisse namque immensum quantum sua ætate hanc ipsam dicendi facultatem. Verum quos ætate priores nominet, equidem aperte non capio. Non enim credo perstringere audeat Herodotum atque Thucydidem, quibus ille viris longe facundia inferior est. Nisi fortasse Hellanicum , aut Philistum historicos innuit, vel Gorgiam, et Lysiam, cæterosque ætati suæ viciniores, obscure significat : quanquam ne hi quidem adeo dicendi inopes fuerunt. Ita Theopompus judicat.

Ferunt eum una cum Ephoro Isocratis fuisse auditorem, ut et libri ipsi satis declarant. Frequens enim est in Theopompi scriptis Isocraticæ formæ imitatio, tametsi in operis accuratione longe a tergo hæreat. Et vero narrandi argumenta præceptorem utrique præbuisse volunt, superioris quidem ætatis Ephoro, Theopompo autem post Thucydidem res Græcorum, pro utriusque scilicet captu, etiam reipsa accommodata. Hinc et Historiarum procemia utrisque cum sensibus tum aliis rebus esse simillima, velut ab iisdem stadii carceribus, ad calcem usque historia decurrente. Digressionibus itaque variæ historiæ quamplurimis, historicos suos implet libros Theopompus. Quamobrem et Philippus ; ille qui cum Romanis bellum gessit, digressionibus hisce sublatis, et Philippi rebus gestis, quas Theopompus scribendas potissimum susceperat, collectis, in sedecim eas duntaxat libros (nihil de suo addens, aut præter digressiones, ut diximus, detrahens) redegit.

Duris autem Samius libro primo Historiarum sic de illo scribit : Ephorus et **121**b Theopompus superioribus longe sunt inferiores. Imitationis enim gratia destituuntur, carentque dicendi venustate, describendo tantum solliciti. Etsi Duris ipse in eadem illa dispositione longe post hos, quos carpit viros, intervallo relinquitur. Verum an huic arroganti Theopompi censuræ (qua veteribus secundas quidem tribuebat) hoc objecerit, non habeo dicere. Hoc tantum vel maxime contenderim, neutrum ipsorum juste satis reprehendendum fuisse. Cleochares vero Smyrleanus de Isocraticis, opinor, omnibus loquens (hoc enim illi est, in comparatione cum Demosthene non postremas illis dare), ait : *Demosthenis quidem orationes militum corpori similes maxime videri, Isocratis vero athletarum.* Illud clarum, Theopompum nemine esse Isocratis discipulorum in dicendo inferiorem.

Cæterum Theopompi genus, institutionem, præceptorem, æquales, libros, civilem vitam, orationum formam, atque institutum singulatim adnumerando, quibus denique temporibus viguerit, quæ item illi in vita contigerint, hactenus exposuerimus.

CLXXVII.

Theodori Antiocheni Contra asserentes peccare homines natura, non voluntate, libri v.

Lectum est opus Theodori Antiocheni (qui Mopsuestus ille episcopus est, ut ex ejus quibusdam epistolis colligimus) hoc titulo : *Contra asserentes peccare homines natura, non voluntate.* Ea disputatio quinque libris absolvitur, quos adversus Occidentales hac labe infectos scripsit. Inde enim oriundum hæresis hujus auctorem in Orientis modo regionibus versari, librosque de recens ab se excogitata hæresi compositos ad populares suos in patriam transmittere narrat, ut jam ibi multos per hanc artem in suam pertraxerit sententiam, integrasque adeo Ecclesias absurdis illis imbuerit opinionibus. Aram vero illorum librorum auctorem sive nomine, sive cognomine, incertum appellat. Hunc etiam quintum Evangelium confinxisse, illudque se in Eusebii Palæstini Bibliothecis reperisse ait. Rejecta præterea divini ac Veteris Testamenti versione; quam Septuaginta interpretes simul convenientes ediderunt, ut et Symmachi, et Aquilæ, aliorumque interpretatione, propriam quamdam suam novamque conficere ausum: cum neque Hebraicæ linguæ, ut illi, a puero assuevisset, neque mentem sacræ Scripturæ didicisset: Hebræis tantummodo quibusdam abjectæ sortis in disciplinam se tradidisse, atque hinc propriam sibi editionem conscribere aggressus. Sectæ vero illius summa capita hæc fere sunt Homines natura, non voluntate peccare. Natura, inquam, non ea qua præditus ab initio conditusque est Adam (illam enim bonam, et boni Dei opus esse asserunt), sed ea quam post peccatum adeptus sit; quando per prævaricationem atque peccatum malam pro bona, mortalemque pro immortali commutavit. Hac quippe ratione natura quoque improbos effectos, qui antea natura boni fuissent, in natura jam, et non in voluntate peccatum sibi acquisivisse. Alterum deinde caput ex illo deductum. Infantes, tametsi recens natos, peccati immunes non esse, cum ob Adæ prævaricationem, natura in peccatis constituta, ad omnes ejus posteros peccatrix (ut ipsi loquuntur) natura propagetur. Afferre autem ipsos et illud ait: « Ecce in iniquitatibus conceptus sum [17], » et si quæ sunt generis ejusdem, sanctum ad hæc baptisma, sacrique corporis communionem in peccatorum remissionem. Quin etiam ipsis infantibus allata hæc præbere, ad propriæ opinionis confirmationem. Neminem præterea mortalium esse justum. Quod ipsum item ex eo, quod initio posuerunt, consequitur: « Non enim justificabitur, inquit Propheta, in conspectu tuo omnis caro [18], » et his similia. Quartum (o blasphemas voces et impias!), ne Christum quidem Deum, assumpta nimirum peccatis infecta natura, sceleris purum esse. Quanquam et in aliis ipsorum blasphemiis observare licet, inquit ille, non vere hos et natura, sed figura duntaxat humanam ipsi naturam attribuere. Quintum, matrimonium, vel certe congrediendi cupiditatem, et seminis missionem, omniaque similia, quibus successione genus humanum propagatur, perversæ naturæ opera esse asserunt: in quam quidem per peccatum lapsus Adam, naturæ mox vitio malorum omnium examen in se susceperit. Hæc sectariorum dogmata sunt.

Porro Theodorus hic recte quidem facit, quod hæc ipsa detestetur ac rejiciat, interdumque optime ac valide ipsorum absurdas et blasphemas opiniones refellat, nec non sacræ Scripturæ locis, quibus illi abusi sunt, proprios sensus adaptando, ut omnino imperitos redarguat. Verum hoc ei perpetuum non est: nam et Nestorii sectam in multis parturire nobis visus est, et Origenis, saltem de fine suppliciorum, mussitare sententiam. Quod autem asserit præterea (jam inde ab initio quidem formatum esse mortalem Adam, sed Deum, ut scilicet peccatum odissemus, ita tantum simulasse, quasi pro peccato pœnæ loco mors imposita fuerit), mihi sane rectam sententiam nullam afferre, sed multis potius objectum esse criminationibus, si quis rationes exigere velit, videtur: quantumvis, ut ipse dixerit, satis acriter hujusmodi opinio adversus hæreticos pugnet. Non enim, si quid cum deteriori pugnet, continuo bonum est: etenim malum quoque secum ipsum pugnat: sed si quid rectæ rationi consentaneum, manifestumque sit sacris Litteris, illud demum recipiendum, tametsi nulla hæresis ei sententiæ resistere audeat.

Nec illud item ego curiose dictum, et Ecclesiæ Dei inauditum, in veritatis dogmatibus numeraverim, cum duas esse peccatorum remissiones asserit. Alteram quidem de commissis: alteram vero (quam nescio qui remissionem quispiam, ut ille loquitur, appellare possit) impeccantiam ipsam sive non amplius peccare. Oportet enim nos, ut apparet, pluribus explanantibus vocabulis uti, ut novam illam peccatorum remissionem declaremus. Quod enim recta loquendi ratio *impeccantiam* nominat, ille peccatorum veniam perfectam, et maxime ratam, integrumque appellat peccati interitum. Ecquænam igitur hæc peccatorum remissio, et ubi facta, undeque originem duxit? Cœpit quidem illa manifestare se, ait, ex quo Christus Dominus carnem induit, et arrhabonis nobis loco tradi: perfecte vero datur, cum pro bonis operibus, tum in illa instauratione, quæ post carnis resurrectionem futura est, qua ut potiamur, tam nos, quam recens nati infantes baptizamur. Satis quidem illa, quæ dicta sunt hactenus, præclara, et quæ tantum non inhiare fini omnes jubeant. Dic ergo deinceps: Et quid hoc rei: aures enim tibi arrectas præbemus. Quænam, inquam, hæc est peccatorum perfecta remissio? Non amplius, inquis, post resurrectionem peccabimus. Quam sane ab ingenti spe nos deturbasti! ut enim nunc quærere omittam; quonam modo dicere liceat, peccatorum remissionem; illud tantum breviter rogabo: Quid ais? Proptereane Christus tibi homo factus est, et cruci affixus, ne tu ibi post resurrectionem iterum pecces? Peccabantne igitur illic, qui vita prius abierunt, quam in mundum Christus veniret? Et si forte non baptizemur, peccabimus ibi adhuc [tuo judicio] et nos, et infantes? Quid? Infideles omnes, rursumne futuro sæculo, et furabuntur, et fornicabuntur, impieque agent, ac latrocinabuntur, omnemque adeo sui desiderii nequitiam adimplebunt? Non enim justas satis vel eorum, quæ hic

---

[17] Psal. L, 7. [18] Psal. CXLII, 2.

commiserunt, quantumvis gravissimas pœnas, reperias.

En tibi ex quibus istam ipsius peccatorum remissionem probare non possim, jam ostendi. Sed fortasse ne ipse quidem volens huc deductus est, tantumque ut dubios sic quærentium nodos dissolvat : Quare pueri sanctissimis mysteriis communicant? Cur baptismate digni judicantur? nisi quia et ipsi peccatis abundant, insito jam in naturam ipsam peccato? In peccatorum enim hæc remissionem conferuntur. Verum oportebat et illam dubitationem, multas alioqui habentem dissolvendi vias, alio modo dissolvere, absurdisque illis, quæ ad ipsius peccatorum remissionem consequuntur, consideratis, nihil ejusmodi prodigiose confingere.

Idem hic Theodorus ille est, qui adversus Eunomium libris octo et viginti non segniter depugnavit, et sancti Basilii, vel ipsiusmet potius veritatis, sententiam confirmavit. Etenim neque voces, neque vocum compositio, neque dogmatum mens, neque varia illa et fusa refutandi ratio, nec id genus alia quidpiam differunt. Etsi autem dictionibus utatur non inusitatis, obscurus tamen est. Quia enim catenatas ut plurimum adhibet periodos, et interpositiones crebras, per quas etiam sensus quam longissime a re proposita recedit : rursum quia nominum obliquis ac participiis redundat, et res easdem frequenter (neque id satis ornate) revolvit ac repetit : quia denique repetitiones illius pluribus, quam narrationes ipsæ (quod omnino sine methodo fit) circumstantiis refertæ sunt, similibusque ex causis non parum obscuritatis scriptis suis aspergit. Apparet autem studiosius versatum fuisse in sacra nostra divina Scriptura, etsi in plerisque a veritate aberret.

CLXXVIII.
Dioscoridis De materia medica libri VII.

Legimus Dioscoridis *De materia* [*medica*] volumen **123**^{b} septem distinctum libris. Quorum in prioribus quinque agit de herbis, stirpibus, aromatibus, confectioneque olei et unguenti. Item de animantibus, et de partium illorum utilitate. De arboribus quoque, et succis, ac lacrymis. Præterea de melle, et lacte, atque adipe : deque iis, quæ frumentacea et oleracea vocantur. Ad hæc de radicibus, plantis, arbustis, herbis, et quæcunque ex his vel liquorem vel fructum ad medicam facultatem utilem habent. Quin et de vini generibus, ac de metallicis quæ nominantur, abunde tractat et plurimorum, de quibus dicere instituerat, figuram, naturam, ortus locum, quo investigata citius cognoscantur, accurate describit. Parcius duntaxat usum rei cujusque, minusque accurate historiam ascribit. Vinorum item varium in his prodit apparatum. Sexto autem libro de iis medicamentis disserit, quæ aut noxia sunt, aut salutaria. Septimo denique et hujus operis ultimo, venenatorum animantium historiam scribit, ac per quænam qui in horum aliquod inciderint, aut perfectam medicinam, aut quidquid saltem solatii afferri possit, reperiant. Atque hic operi huic scopus præfigitur. Quod utilissimum sane est, non medicæ tantum facultati deditis, verum etiam philosophicæ ac physicæ speculationi intentis. Jam quotquot post illum de simplicibus medicamentis scripsisse visi sunt, alii librum hunc duntaxat transcripserunt, aliis ne in ipsa quidem sua scriptione accuratio curæ fuit; sed universam de singulis doctrinam discerpserunt, dum formam, naturam et ortum simplicium seorsim colligunt; seorsimque rursum ac divisim usum et utilitatem perscribunt. Alexander [Aphrodisiensis] vero, Paulus [Ægineta], Aetius, similesque ne formæ quidem rationem habuerunt : sed solius usus summa duntaxat veluti capita libantes, suis ea scriptis inseruerunt. Quanquam Paulus non solum eorum, quæ Dioscorides tradidit, usum minime omisit, sed et multorum, quorum ille non meminit, usum utilitatemque accumulat. Aetius vero præterquam quod nihil ipse addat, multa insuper, quæ Dioscorides scripserat, nescio quo consilio prætermisit. At neque Oribasius, qui his omnibus uberior esse videatur, omnia quorum Dioscorides meminit, in sua retulit collectanea; sed usum a forma naturaque disjunxit. Galenus **124**a item cum herbarum multa genera omiserit, facultatem duntaxat, aut usum earum, quarum quidem meminit, descripsit, frigida sane causa, cur harum et figuram, et naturam prætermiserit, allata. Etsi de metallicis curiosius sane quam Dioscorides egit, non minima ex parte, et quidem utili, virum illum superans, non adeo tamen, quantum herbarum ab illo causa vinci vicissim videtur. Quamobrem mea quidem sententia, ad figuræ, naturæ, atque ortus intelligentiam, Dioscoride nemo facile utilior inveniatur.

Scriptor hic, ut et Galenus testificatur, Anazarbensis est. Incidi tamen aliquando in eos libros, qui Pedacii simul et Anazarbei nomen in titulo præferrent. Omnibus autem, qui ante illum multi ea de re scripserunt, accuratione atque utilitate antecellere videri studet.

CLXXIX.
Agapii libri XXIII.

Legi Agapii, odio digni atque impii hominis, opus trium et viginti libellorum, et alia præterea capita duo supra centum. Quibus omnibus satis ostendit, falso eum sibi Christiani nomen vindicare, cum tantus nemo omnium Christi osor quantus Agapius vel ex his ipsis libellis, deprehendatur : quos Uraniæ cuidam feminæ sectæ suæ studiique sociæ, uti jactat, inscribit. Cum igitur nullum dogma introducat atque confirmet, quod non Christianæ doctrinæ adversetur, principium quoddam malum per se subsistens, ab æterno esse Deo oppositum vult, quod interdum *naturam*, *materiam* nonnunquam, alias etiam *Satanam*, *diabolum*, mundi principem, *sæculi hujus deum*, aliisque sexcentis appellat nominibus. Tradit adhæc, necessario atque invitos peccare homines : et corpus deterioris esse partis, divinæ vero auræ particulam esse animam, atque (o ingentem amentiam!) ejusdem cum Deo naturæ. Vetus dein Testamentum irridet, ac Moysen ipsum cum prophetis ; quin et Domini præcursorem miserrimus ille subsannat. Hos autem ipsos, et Veteris Testamenti dicta factaque omnia (o impietatem summam!) malo illi et cum Deo pugnanti principio ascribit. Paradisi quoque arborem illam Christum esse fabulatur, quem etsi ore quidem venerari se fingit, factis tamen ipsis et opinionibus, quantum exprimi verbis haud potest, blasphemat. Trinitatem insuper consubstantialem fateri se dicere audet exsecrandus ille, sed hoc impie ac malitiose, tantumque ut pietatis hisce vocabulis decipiat, simplicius ac **124**^b minus circumspecte ad eum accedentes, utque pestilente dogmatis veneno, ac quasi dulcedine quadam temperata atque commista, hujus illos noxæ confestim adimpleat. Sic et corpus se Christi honorare ac prædicare ait, et Christum cruci affixum, imo ipsam crucem, baptismum, sepulturam, atque resurrectionem ejus, mortuorumque adeo omnium resurrectionem ac judicium ; et ut semel dicam, omnia fere pietatis ac Christianæ religionis vocabula ad alios, vel absurdos atque abominandos, vel alienos ac stultos, vel ineptos et incongruos sensus transferens atque traducens, suam ita nititur confirmare impietatem. Tantam vero dolo mistam impietatem meditatus est, ut cum intolerabile odium, bellumque implacabile, cooperante illi diabolo, cum semper Virgine Maria ac matre Christi Dei nostri gerat, Mariæ tamen nomen per simulationem usurpare, eamque matrem Christi mendaciter appellare, nec Dei, nec ullius omnino pudoris metu vereatur. Quamobrem et venerandam salutiferamque Christi crucem mille conviciis lacerans, atque ad Judæos propulsandos telum per blasphemiam appellans, dicere nihilominus impudenter audet, honore dignam se ac veneratione Christi Dei crucem ducere, aliis nimirum appellationibus res perverse enuntians. Sic et corpus et sanguinem Christi fabulatur, non illud, quod Christiani agnoscimus, sed quod rabida ipsius ac furiosa mens confinxit : voces quidem piorum admittendo, res vero ipsas allatrando. De sole præterea et luna sine pudore veluti de diis disserit, ejusdemque cum Deo esse naturæ prædicat : neque sensu horum lucem percipi, sed sola mente posse intelligi, mentitur homo sensu carens communi. Hinc et incorporea formæque ac coloris expertia hymnis celebrans, cultum illis majestatemque attribuit. Abstinentiam vero a carnibus atque a re uxoria, tanquam a rebus detestandis, maxime ipse detestandus, simulat. Vinum quoque velut ebrietatis causam aversatur, non considerans vino id vitium minime, sed immoderato indecentique usui tribuendum, ut et ciborum omnium, imo et ipsius aquæ immodicus usus nocet. De aere item infelix ille tanquam de deo quopiam disputat, ut columnam eum et hominem hymnis celebrans. Ignem tamen aspernatur terramque, et pejori hæc parte collocat. Sic aliis quoque deliramentis nugisque multis, cum e Græcorum superstitione emendicatis, tum prodigiose e suo confictis cerebro, malorum colluviem, atque impietatis apicem, suam stabilit sectam. Divellit et dicta quædam **125**^a a sacro Evangelio, epistolisque B. Pauli, quæ et ipsa detorquere molitur, atque ad suum trahere impium dogma. Actis item illis, quæ duodecim apostolorum (1) vocantur, et Andreæ maxime, non solum assentitur, sed etiam inde superbia extollitur. Probat insuper animarum migrationes : alios quidem, qui ad summum virtutis culmen pervenerunt, in Deum resolvendo : alios vero, qui summum improbitatis attigerunt, igni tradendo ac tenebris ; alios denique, qui medio quodam modo vitam instituerunt, in corpora iterum revocando. Testibus præterea sine verecundia, etiam iis ad suam stabiliendam impietatem utitur, qui gentium religionem fuerunt amplexi, maximeque Platone, divinos illos ac sacros (quibus æque nominibus Christum Servatorem afficit) appellans. Alia quoque affert ingentis amentiæ, fraudis, atque impietatis plenissima. In Eunomii item errorem invehi videtur, cum ipse quantum vix credi potest, impie magis quam ille blasphemet.

Dictio ejus et phrasis interdum quidem non contemnenda, præsertim si quid aut describere, aut explicare satagit ; in quibusdam rursus vilis, nihilque a trivialibus differens. Attingit et philosophica quædam dogmata miser ille, in quibus tamen germanum nihil aut genuinum retinet, sed omnia miscet atque confundit. Ad depravandum etenim verum rectumque non parum in agendo strenuus, vel in dicendo solers, ad inveniendum atque excogitandum simplex omnino ac stolidus deprehenditur. Prodest autem impium illius atque ineptissimum opus ad reprehendendum duntaxat, pudoremque incutiendum, cum Manichæorum impiissimam doctrinam, tum hunc ipsum sectantibus.

CLXXX.
Joannis Laurentii Philadelphensis Lydi tractatus tres.

Legi Joannis Laurentii Philadelphensis Lydi tractatus tres : *De prodigiis ; de mensibus*, et *de politicis magistratibus*. At ille *De prodigiis*, mea quidem sententia atque judicio, parum aut nihil a fabulis differt. Alter vero *De mensibus*, etsi inutilia multa continet, ad antiquitatis tamen gratam atque jucundam cognitionem vehementer prodesse potest. Denique *De magistratibus politicis* liber, iis potissimum,

---
(1) De quibus copiose D. Baron. t. I, ad annum Christ. 44.

qui ejusmodi ambiunt, non inelegantem affert historiam.

Utitur autem hic scriptor verborum immutationibus ad satietatem, et plerumque frigide nimis atque audacter, etsi interdum quoque proprie ac venuste. **125**b In aliis item inaequalitate laborat, dum fastuosum agit, ubi non oportet; et contra abjectus est, ubi et hoc minime decet. Adulator adhaec superstitum inexcusabilis, in mortuorum vero et a quibus vindictam non timeret, reprehensiones, immodice effusus. Dictione praeterea utitur interdum quidem selecta, atque Atticorum more sublimi: et est rursum, ubi ea repat humi, atque neglecta sit, nihilque supra trivialem afferat. Verum in libris *De prodigiis*, ac *De mensibus* nemo fortassis idcirco ipsum admodum reprehenderit: quando tamen de politicis agens magistratibus, et historicas referens narrationes, aut aliquos laudandos suscipiens, eamdem retinet dicendi inaequabilitatem, cum in dictionibus atque sensibus, tum in compositione scriptorum, nullam ego veniam deinceps ejusmodi vitia mereri video.

Militavit hic vir sub praefectis annum agens vicesimum primum. Aetatis vero quadragesimo causas egit, deinde et matricularius fuit, post quae tempora et tractatus illos se conscripsisse refert, et imperatoris judicio palatio dignum esse habitum. De tempore quo vixit: Anastasii imperium attigit, et Justini transegit, gubernantis insuper post illum Justiniani emetiens. Religione vero superstitiosior videtur. Gentilium enim sectam colit simul et fidem nostram, sic tamen, ut lector non facile colligat, utrum sic vere sentiat, an potius veluti in scena ludat.

CLXXXI.

Damascii Damasceni liber, De Isidori philosophi vita.

Lectus est Damascius Damascenus *De Isidori philosophi vita*. Liber est multorum versuum, in capita fere sexaginta divisus. Isidori autem vitam scribere instituens, Theodorae cuidam feminae opus inscribit, ethnicorum aeque cultum sectanti, et philosophicae doctrinae, omniumque sive ad poeticam, sive ad grammaticam facultatem spectantium non imperitae, imo et ad geometricam atque arithmeticam speculationem evectae; quam una cum junioribus sororibus Isidorus ipse atque Damascius variis docuerant temporibus. Filia haec fuit **126**a Cyrinae, atque Diogenis, Eusebii F. Flaviani Nep. qui genus duxit a Sampsigeramo, et Monimo, a quibus et Jamblichus originem repetit, viris qui primas in idolatrica superstitione tulerunt. Igitur Damascius Isidori vitam huic dedicat, cujus etiam petitio, accedentibus et aliis quibusdam causis, auctorem ad scribendum impulit, ut testatum ipse reliquit. Neque tamen Isidori magis vitam, quam multorum aliorum, qui vel eadem cum eo, vel praecedente aetate floruerunt, una describit: actis quoque eorum, ac narrationibus cum digressionibus plurimis ad satietatem adjunctis. Ad religionem porro quod attinet, summe is impius fuit, et novis atque anilibus fabellis animum simul ac sermonem refertum gerens. Quare et sanctam fidem nostram, tametsi timide, tectaque malevolentia, non raro tamen allatrat. Quotquot autem verbis extollit, et qua ob doctrinae excellentiam, qua ob ingenii solertiam supra humanam conditionem, ut divinos celebrat, horum cujusque judicem seipsum constituens, nullum non perstringit, in singulis etiam quos laudarat, aliquid desiderans: in acri ingenio praedito, quod non per omnia aeque solers sit: in eo qui incomparabili est scientia, quod non omnia sciat; imo et in eo, qui virtute Deo proximus videatur, quod adhuc multa ei desint. Ita singulos eorum, quos in coelum antea sustulerat, rursum detrahendo humoque allidendo, imperium sibi in omnes et de omnibus latenter arrogat. Quamobrem Isidorum quoque assidue non magis laudat, quam vituperiis onerat. Neque vero ex logicis cum quaestionibus, tum solutionibus, quas vel ex aliis ille pro admirandis, vel de suo pectore (ob celerem mentis agitationem et accuratiorem scientiam arroganter sese efferens) in medium producit, quidquam supra eos, qui in philosophia versari vulgo solent, ab hoc homine paulo felicius confectum reperias; aut rursum ad acumen eum, et volubilem mentis agitationem, quantum saltem homini fas est, nedum quantum Deo, pervenisse, sed neque alia ostentare, quae vel mediocria in rebus philosophicis sint. Mitto quae per summam accurationem deducantur, quibus tamen ille nominibus clarus illustrisque habetur.

Ad stylum quod attinet, pleraque ejus verba non procul a perspicuitate discedunt. Habet item aliquid **126**b aliarum formarum, quae verbis designantur: asperitatem, inquam, qua pronuntiatio asperior, ac vox quasi planior redditur; et in poeticum praeterea usum, raram quidem, sed liberiorem evagationem. Tropi vero ita ejus efformant orationem ut in imperitam quamdam ac frigidam elocutionem, aut duriorem aliquam immutationem nequaquam deferantur, sed suavitatem ut plurimum et gratiam ex seipsis saltem concilient. Verum ut perspicuus sit, maximam vocum partem, universa tamen orationis serie, non item. Nam et compositio ejus non tam composito, quam innovatio quaedam est: et ipsa porro circumductio assiduam afferens satietatem, non perspicuitatis modo factam spem, verum etiam omne omnino in oratione positum studium obscurat. Quare cum jucunda posset alias oratio esse, omni illa gratia, quam his expolitis habere poterat, per ea quae diximus spoliata est. Circumductiones adhaec, neque acriorem sensum aliquem, neque venustatem, neque velocitatem vel obiter attingunt; quibus tamen rebus non inepte quispiam glorietur: verum communium horum atque levium ornamentorum ne ea quidem hic apparent germina, quae ad necessarium usum atque circumstantias pertineant. Jam figurae, nisi longissime cum redundantia per ambitus extenderentur, nunquam eas vires haberent, quibus a medio decorumque servante temperamento abducerent. Vehementia item atque amarities abunde his inest scriptis : quanquam et illa sæpenumero languescit, non mistione ac temperamento idearum, quod foret optimum, sed defectione dictionum et earum partium quæ eam vim habent, ut phrasim valentiorem reddant ac turgidiorem ; quod multis quidem, ejusmodi peculiarem aliquam loquendi formam consectantibus, contingit : non tamen hoc cum laude iis saltem evenit, qui sustinere supra vires susceptum onus non potuerunt. Hoc igitur esto, ut simpliciter dicam, de ejus dictione judicium : nam in eo, qui vitam conscribit, fuerint et alia fortasse plura advertenda. Quid enim opus ipsi erat granditatis uti forma ? legislatoris enim ac præscribentis orationi hoc proprium. Quid dein contentio, tantaque circumductio, et compositionis inusitata ratio ? Sed hæc hactenus.

Damascius autem in dicendi arte tres ipsos annos Theoni operam dedit, præfuitque rhetoricis exercitationibus annos fere novem. Geometriæ et arithmeticæ **127a** cæterarumque artium doctorem habuit Marinum Athenis Procli successorem. In philosophicis disciplinis, Zenodoro Athenis usus est magistro, qui et ipse post Marinum Proclo successit; Ammonio vero Hermiæ filio Alexandriæ, quem non parum cæteris suæ ætatis philosophis antecellere scribit, et maxime in mathematicis. Hujus in Platonicis se auditorem fuisse Damascius scribit, ut et Ptolemæi magnæ astronomicorum syntaxeos. Dialecticæ tamen exercitationis vim usu se ac familiaritate Isidori consecutum contendit, quem et in hac ipsa disserendi facultate omnes quotquot illud sæculum tulit, doctos homines obscurasse commemorat.

CLXXXII.

B. Eulogii, archiepisc. Alexandrini, Contra Navatum libri vi.

Lecti sunt B. Eulogii Alexandrini archiepiscopi *Contra Navatum* (1) et *De administratione* (2) [*ecclesiastica*] libri quinque. Hominis dictio ad verba quod attinet, fere mediocriter est accurata : verum constructione non procul sæpe a solœcismo abscedit. Divinarum adhæc Scripturarum non est imperitus, quarum testimonia feliciter atque apposite cum adversus Navatianos, tum in aliis quibusdam rebus adhibet. Persuadet item, ut ejus dicendi genius est, docetque ac placet.

Refert autem Navatum, Cornelio pontifice, Romanæ esse Ecclesiæ archidiaconum creatum, ad quem ipsum pontificium, pro ejus temporis more, decedente e vita pontifice, deferebatur. Archidiaconum enim succedere summo sacerdoti statutum erat. Verum hunc (ait Eulogius) superbia laborantem Cornelius, et in suam mortem imminentem cum cognovisset, presbyterum ordinat, omnes sic illi ad supremam cathedram perveniendi spes præcidens. Ille vero intentus in occasionem, postquam Cornelius e variis peccatis ad pœnitentiam quosdam recepit, et qua par erat pœna multatos ad immaculatorum mysteriorum communionem admisit ; hac ansa [miser] arrepta, divisus est ab Ecclesia, exprobrans Cornelio quod peccatorum esset receptacor, seque ipsum hæresis propriæ declaravit auctorem : *Catharos* quidem sectæ socios nominans, *Cornelianos* autem universæ cœtum Ecclesiæ.

In his igitur libris quatuor **127b** cum Navatecta in genere scriptor hic pugnans, sacræ Scripturæ locis ipsum misere flagellat : dum quinto singulatim libro martyrum esse reliquias venerandas contendit, quod detrectare per Alexandriam dispersos Navatianos ait : sive hi soli eo morbo laborarint, sive communiter illud hæresis tota profiteretur. At in sexto evertit, qui de Navatiana secta feruntur commentarios, et falso inscriptum *Navati episcopi certamen ;* episcopum (3) enim urbis Romæ fuisse hæresiarcham hunc arroganter jactitant. Sunt autem hi commentarii extremæ utilitatis, tum dictionibus ac sensu, tum etiam compositione, omnibusque adeo quæ in sermone spectantur. Eorum illud est argumentum : Imperantibus Romæ Decio et Valeriano, Perennium ducenarium, accepto ab ipsis mandato, [omnes Romanæ urbis, et circumcirca ditionis Christianos, exquisitis cruciatibus pœnisque acerbis ad idolorum cultum per vim compulisse ; et multos quidem alios tormentis cessisse ; in his autem et Macedonium (4), qui tum urbis Romæ episcopus novem sibi subditos presbyteros habebat, in quibus Navatus unus erat. Macedonium ergo hunc cum illis octo sacrificasse, uno Navato animæ mortem effugiente. Hæc commentarii illi referunt, pugnamque Navati per ineptas Perennii interrogationes, stultioresque Navati responsiones describunt. Addunt cum Navato Marcellum, et Alexandrum Aquileiæ episcopos, Agamemnonem quoque Tiberis episcopum, cæterorumque Christianorum quosdam, fide inviolata servata, una habitasse ædiculam ab ipsis exstructam ; quod iis, qui idolis immolassent, uti simulque sacris operari recusa-

---

(1) Novatianum hunc fuisse, sed a Novato quodam B. Cypriani presb. seductum (quæ Græcis forte ansa confundendi horum nomina), disces ex BB. Cornelii, Cypr. Hieron. et aliorum Latinorum scriptis. Vide Epiphanium hæresi 59 ; Theodor. *Hæret. fab.* lib. III, et *Annal.* II Baron. card., Nicephorum, item Callist. et Suid.

(2) Intelligo potestatem Ecclesiæ in recipiendis lapsis.

(3) Per schisma, cujus hic in Rom. Ecclesia primus auctor adversus Cornelium Pontificem insurrexit.

(4) At nullus hoc nomine unquam Rom. episcop. Quare suspicetur quispiam Macedonii Constantinop. odiose hic ab imperito mendaciorum figulo nomen esse usurpatum, quod crudelitatis illius in Navatianos recentior esset memoria.

rent. Refertur et Alexandrinos episcopos (1) ea tempestate summum urbis Romae praesulatum Navato attribuisse. Atque id quidem commentariorum de certamine Navati est argumentum. Refellit autem haec libro quinto Eulogius (2), ut diximus, mendacia esse eadem illa falsoque conficta, atque incredibilia ex ipsismet quae scripta essent, ostendens.

Librorum igitur quinque beati Eulogii hic scopus est. Qui in confutanda illa secta per sacrae Scripturae loca progressus, explanationes quasdam perutiles attexit, quanquam neque caetera ipsius cum aliorum pia sententia pugnent, **128**a sed accommodate ad sectae illius refutationem assumpta sint.

CLXXXIII.

Eudociæ Augustæ Metaphrasis metrica in Octateuchum.

Lecta est *Metaphrasis Octateuchi*, heroico carmine condita libris octo, pro translatorum scilicet numero ac divisione librorum. Inscriptio autem codicis ab Eudocia Augusta elaboratum hoc carmen affirmabat, quod, tum quia mulieris, et quidem in imperio deliciis affluentis, tum quia praeclarum adeo est, admiratione sane dignum judicator. Etenim illustris est hic labor, ut in heroico carmine, si quis unquam alius. At dum artis legibus altius immergitur, in hoc uno (maximo tamen illo ad eorum laudem, qui propius libros vertendos censent) ab arte deficit, quod neque poeticae libertate, veritatem in fabulas commutando, adolescentum aures demulcere studeat, neque rursum digressionibus auditorem a re proposita abducat, sed ad verbum adeo veteribus illis scriptis suum metrum adaptet, ut iis nihil, qui haec verset, indigere videatur. Nam et sensuum, nihil quidquam aut diffundendo, aut contrahendo, proprietatem servat assidue ; et in verbis, quoad ejus fieri potest, proxima quaeque atque simillima confirmat. Quando porro liber hic eam, quae ex parte versibus orationem struxisset, indicabat, sic fere loquebatur :

Scripsit divina deductum hoc lege volumen
Eudocia, illustri regina e stirpe Leonti.

Et vero Jesu Nave, Judicumque libri inscriptiones iis, quae jam dicta sunt, testimonium praebent.

CLXXXIV.

Ejusdem Eudociæ Metaphrasis metrica in Zachariam et Danielem prophetas, et in B. Cyprianum martyrem libri III.

Legi eodem carminis genere atque idiomate, *Metaphrasim* propheticorum librorum *beati Zachariae et inclyti Danielis*. Eadem autem artificii venustas haec quoque exornabat.

Hoc ipso item volumine continebantur, simili versuum forma conscripti, libri tres in laudem B. Cypriani martyris : ostendebantque vel ipsa carmina, ut liberi matrem solent, hunc quoque Augustae partum esse legitimum. Primus horum liber res beatae Justinae martyris persequitur, ut in Christianorum illa numerum adoptata, parentes quoque suos ab idolorum ad veri Dei cultum transtulerit : utque amore quidam ejus captus, frustra illa sollicitata, ad Cyprianum magicis deditum artibus se contulerit, rogans perdite amanti succurrat, ac puellam sibi obsequentem reddat. Addit **128**b Cyprianum omnes magicae artis rationes incassum tentantem, violentissimos quosque ac perniciosissimos daemones oppugnandae virginis castitati immisisse : hos vero pudore suffusos, victosque sacrosanctae crucis signo, rejectos fuisse, ut ex illis ipsis cognorit. Quare propensum suum in improbos illos spiritus animum deposuisse, omnesque adeo magicos libros flammis tradidisse. Christiana denique fide imbutum, mox etiam baptizatum esse, ac templi janitorem constitutum. Quin et charismatum dona a Deo accepisse, itaque morbis alios, alios daemonibus liberasse, donec tandem archiepiscopi quoque dignitate ornaretur. Et haec quidem liber habet primus.

Secundus deinde, dum a capite paulo altius res Cypriani accessit, ipsummet narrantem inducit suum jam inde a pueritia in idola studium, cultumque daemonum, et discendae magicae artis cupiditatem atque conatum. Quaenam dehinc alia de herbarum variarum, stirpium, atque animantium natura didicerit, utque varia etiam daemonum ludibria viderit. Quomodo item Athenis Argos, indeque in Phrygiam profectus, daemonibus ubique sacrificus constitutus fuerit, ac multam magicae artis exercitationem collegerit. Pergit adhaec narrare, ut in Aegyptum eorumdem causa venerit, atque ad Indos accesserit, quaeque ibi inopinata et valde absurda, cum alia, tum simulacra viderit atque observarit. Addit se, cum tricesimum jam aetatis annum attingeret, ad Chaldaeos venisse, eorumque litteris institutum, astrologiam accurate perdidicisse, quaeque alia cognitu digna apud illos viderentur. Omnia tandem haec vidisse refutata, quando stulto seu potius animis pernicioso labore hisce artibus impenso, a Justina martyre repulsus est. Commemorat item hic nonnulla, quibus alium se ipse interdum magicis artibus exhibuit, aliosque interdum transformavit : utque a daemonum cultu discedens, cacodaemonem minitantem, et ad desperationem usque territantem senserit, ac quomodo horum sit metu liberatus, cum in pium virum incidisset, cui Timotheo nomen. Quomodo praeterea Antiochiae apud frequens

---

(1) Inf. pag. ult. tres hic nominatos manus Navato imposuisse, summique Pontif. dignitatem in eum contulisse, refert Phot. Et exstat Dionys. tunc Alexandr. archiepisc. Navatum reprehenden-

tis epist. apud Euseb. lib. VI, cap. 37, et alios.
(2) Imo sexto. Ex praecedenti proxime enumeratione et manifestissime ex pag. ult.

auditorium narraverit, nefanda multa se ac prodigiosa effecisse, quibus homines ita decipiebat, ut pro deo ipsum haberent. Lacrymis itaque ac luctu genas ob hæc humectantem, ex memoria improborum facinorum in salutis desperationem iterum delapsurum fuisse, nisi Eusebius quidam optimus ad pietatem et pœnitentiam dux, sacræ Scripturæ alloquiis, sacrisque narrationibus, desperationis nebulam dissipans, **129**a claræ spei radiis eum illustrasset, et in domum suam deductum cibum capere jussisset, trium dierum inedia jam maceratum. Refert item, ut in sacrum ab illo templum fuerit adductus, et sua ipse manu coram multitudine magicæ artis suæ libros allatos flammis tradiderit, ac bona insuper sua pauperibus distribuerit, atque ad Christianorum inde cœtum aggregatus sit : Eusebius autem hic, ait, sacerdotii dignitate exornatus erat. Accedit quomodo Aglaidas, gravis ille Justinæ procus, cum [voti compos factus non esset, bona quoque fortunæ pauperibus omnia ,erogaverit, et dæmonibus tanquam deceptoribus nuntio remisso, Christianis sese sacris addixerit : in quo secundi libri finis est.

Tertius denique martyrium complectitur beati Cypriani, et claræ virginis Justinæ, qui Diocletiano et Maximino Romæ imperantibus, morte testimonium dixerunt fidei. Una enim ad martyrii lauream abrepti sunt ; Cyprianus quidem ex patria et urbe Antiochia, cujus etiam archiepiscopatum post Anthimum administrarat ; Justina vero Damasco ; ibi enim illa, postquam Antiochia migrarat (quæ et ipsa virginis patria erat) palam Christum professa est. His ita captis, cum impii ille hominis sermonibus nihil moveretur, vinculis in sublime rapti latera raduntur, hæc autem boum nervis cæditur. Verum ubi nihil illi de constantia remittere tyranno videntur, in custodiam eos seorsum reductos compingit. Unde post evocatos, cum verbis frustra tentasset, in æream sartaginem (pice, adipe, ac cera in eadem simul mistis, multoque igne accenso) martyres Dei conjecit. Ibi cum athletæ illi fortiter in cruciatibus perdurarent, ac potius velut in rore Deum, quod tormentis superiores evasissent, læti laudarent, Athanasius quidam miser, dæmonum sacerdos, beato Cypriano antea perfamiliaris, et assessor tum forte judicis tormenta inferentis, mentis cæcitate correptus, ausus est, deos suos familiares invocans, in ignem quoque ingredi, sed dum miraculum extenuare nititur, si et ipse sine noxa ibidem perduraret, magis illud auxit. Confestim enim ab igne absumptus in cinerem versus est. Hæsitans ergo judex, decrevit martyres ad Diocletianum mittere, et ad eum, tum quæ pertulissent tormenta, tum quemadmodum pœnis essent omnibus superiores, perscribere. Quæ cum imperator Nicomediæ intellexisset, præcepit martyres ad vicinum urbi flumen, cui **129**b Gallo nomen, capite truncari. Cum his, et eadem ipsa hora Theoctistus martyrii palmam accepit, pietatis suæ hoc solo dato indicio, quod martyrem Christi salutasset. Reliquias istorum sanctorum nautæ quidam Roma eo nuper delati, quibus et Theoctistus martyr usus fuerat familiariter, clam custodibus abstulerunt, Romamque vexerunt, ubi et pulchrum ipsis templum Claudii foro proximum excitatum, opera Rufinæ piæ matronæ, quæ generis stirpem a Claudio imperatore repetebat. Et hæc quidem libro tertio.

CLXXXV.
Dionysii Ægei Dictyaca.

Legi bellum Dionysii Ægei, cui *Dictyaca* titulus est, capita centum comprehendentem. Primum est ab utroque parente semen emitti, gignique animal. 2. Secundum, id non ab utroque fieri. 3. E toto corpore seminis fieri excretionem. 4. Non e toto corpore, sed e testibus. 5. Concoctionem per calorem fieri. 6. Concoctionem non fieri per calorem. 7. Per attritum sive subactionem [alimenti] concoctionem fieri. 8. Non fieri. 9. Proprio spiritus [calore] concoctio fit. 10. Id negat. 11. Putrefactione concoctionem fieri. 12. Negat hoc. 13. Caloris proprietate concoctionem esse. 14. Non succorum proprietate concoctionem fieri. 15. Calorem nativum ad qualitatem pertinere. 16. Calorem illum ad hanc non pertinere. 17. Per calorem fieri ciborum digestionem. 18. Idem negat. 19. Digestionem ex eo fieri, quod calor ad se trahat. 20. Non attrahere calorem. 21. Spiritu fieri digestionem. 22. Idem negat. 23. Arteriarum applicatione digestionem fieri. 24. Id negat. 25. Quod per defectum, qui cum vacuitate est, digestio fiat. 26. Non per defectum incertum sive quemcunque digestionem fieri. 27. Glaucedinem ex eo oriri, quod meatus visualis alimento destituatur. 28. Negat id. 29. Per sanguinis illapsum in visualem meatum, glaucedinem fieri. 30. Negat id. 31. Crassitie humorum atque exhalatione glaucedinem fieri. **130**a 32. Idem inficiatur. 33. Phrenitidem per meningis distensionem, sanguinisque corruptionem fieri. 34. Phrenitidem ita fieri negatur. 35. E caloris nimia abundantia phrenitidem accidere. 36. Quod sequitur caput idem negat. 37. Contingere phrenitidem ex inflammatione. 38. Negatur. 39. Lethargum inflammatione gigni. 40. Mox idem negat. 41. Lethargicum morbum distentione fieri et corruptione. 42. Lethargicum non ob multitudinem, sed ob qualitatem eorum, quæ exhalantur accidere. 43. Edendi bibendique appetitum toto corpore diffundi. 44. Non in toto corpore hunc esse appetitum, sed in stomacho. 45. Edendi bibendique appetitum in imaginatione esse. 46. Sitim nasci ex humorum indigentia. 47. Non in humidorum defectu sitim esse. 48. Duplicem quamdam esse in stomacho operationem. 49. Hoc negat. 50. Exteriorem illam cerebri pelliculam, quæ in cavo est, principium esse nervorum. 51. Hoc idem negatur. 52. Pharmaca cum per corpus sparguntur, purgare. 53. Non cum diffunduntur, sed ipso allapsu suo purgare asserit. 54. Pharmacis utendum esse purgativis. 55. Deinde id negat. 56. Venam esse incidendam. 57. Non esse ait. 58. Febricitantibus non utiliter porrigi vinum asserit. 59. Recte iis præberi vinum. 60. Febricitantibus esse balneum adhibendum. 61. Idem negat. 62. Oportere in morborum incrementis clystere uti. 63. Negat id. 64. Utendum esse inunctionibus in principiis. 65. Idem negat. 66. Non esse caput cataplasmatis curandum, sed olfactoria duntaxat adhibenda. 67. Utendum esse in capite cataplasmatis. 68. Quæ vomitum provocent juvare. 69. Non esse utendum iis quæ vomitum cient. 70. Cor sanguinem non emittere. 71. Tamen id asserit. 72. Cor spiritum non emittere, sed arterias illum attrahere. 73. Cor spiritum emittere, neque ab arteriis attrahi. 74. Cor per se moveri. 75. Idem inficiatur. 76. Arterias ex natura sanguinem continere. 77. Arterias non esse sanguinis receptaculum. 78. Omnia vasa ubi prominent ac turgent, simpla esse. 79. Receptacula esse texta involucra. 80. Per nervos sensum ac **130**b motum perfici. 81. Id ita fieri negat. 82. Venarum principium cor esse. 83. Idem statim negat. 84. Jecur esse venarum principium. 85. Mox id inficiatur. 86. Venarum principium esse ventriculum. 87. Id mox inficias ire non dubitat. 88. Receptaculorum omnium originem esse meninga. 89. Negat hoc. 90. Arteriarum principium esse pulmonem. 91. Sequens mox caput id inficiatur. 92. Arteriam illam, quæ juxta dorsi spinam est, arteriarum esse originem. 93. Statim id refellit. 94. Cor arteriarum esse principium. 95. Id negat. 96. Non cor esse principium nervorum, sed membranulam, qua cerebrum continetur. 97. Membranulam illam non esse principium nervorum. 98. Non in corde, sed capite intelligendi vim sitam esse. 99. Insequens vero contra, non capite nos, sed corde intelligere vult. 100. Intelligendi vim in cerebri ventriculo sedem habere.

Hæc quidem omnia Dionysius libello *Dictyacorum* disseruit : neque is sane infructuosus est labor dialecticæ exercitationi, neque ad opinionum quarumdam intelligentiam, quæ medicæ sunt speculationis propriæ. Videtur autem et judicium de his opinionibus ferre, non per omnia tamen sancte incorrupteque judicat.

CLXXXVI.

Cononis Narrationes L, *et Apollodori Grammatici Bibliotheca.*

Lectus est libellus *Narrationum Conanis*, quod quidem opusculum Archelao Philopatori regi inscriptum, e variis veterum scriptis collectas continet narrationes quinquaginta.

Prima est de Mida et Brigibus, ut in thesaurum ille incidens, ingentes subito sit nactus opes, ut post Orpheum in Pieria monte auditum, variis artibus Brigibus imperarit. Quomodo item Silenus juxta Brimium montem Mida regnante, sit visus, ad quem montem gens illa frequenter habitabat, et quomodo adductum sit illud animans peregrina et inusitata forma, cum tamen humanam naturam atque indolem referret. Quomodo etiam omnia, quæ pro cibis apponebantur, in aurum illi sint conversa, utque per hoc persuasis subditis ex Europa in Hellespontum trajicere, ultra Mysiam incoluerit, Phrygibus pro Brigibus parva vocis immutatione suis appellatis. Porro Midas, quod multos haberet internuntios eorum quæ et dicerentur a subditis et gererentur, atque ita tutus ab insidiis usque in extremam ætatem imperium administraret, longas habere aures **131**a dictus est : quas etiam paulatim fama in asininas commutavit. Ita e joco initio sumpto, verum esse tandem, quod dicebatur, creditum est.

Altera narratio de Byblide instituitur. Filia hæc fuit Mileti, fratrem habens Caunum. Habitarunt vero Miletum Asiæ, quam post quidem Iones illi, qui Athenis cum Neleo profecti erant, tenuerunt, tunc autem Cares eam incolebant, populus frequens, ac vicatim habitans. Caunus hic impotenti correptus amore Byblidis sororis, cum ea potiri non posset, multa licet movisset, terram illam deseruit. Qui ubi non comparuit, doloribus plurimis affecta Byblis, paternam et ipsam domum reliquit, et per deserta diu oberrans, atque ob frustratos amores animo fracta, nexo de zona laqueo, ex nuce seipsam suspendit. Inde flente illa lacrymæ fluxerunt, fonsque hinc enatus, quem Byblida indigenæ nominant. Caunus ipse vagus interim oberrans, in Lyciam tandem pervenit. Huic ipsi Pronoe, una et Naiadibus, flumine emergens, quæ Byblidi accidissent narrat, utque amore sit coacta mori. Suadet insuper sibi ut connubio jungatur, quo ejus oræ regnum occupet, quod in eam jam collatum fuerat. Ita Caunus e Pronoe Ægialum sustulit, qui et ipse regnum, patre defuncto, tenuit : collectoque populo sparsim habitante, urbem flumini impositam exædificavit magnam atque opulentam, quam de patris nomine Caunum appellavit.

Tertia : Ad Ionium mare Scheria insula non procul ab Epiro et Cerauniis montibus sita dicitur. Hæc Phæacas incolas tenuit, qui initio quidem indigenæ fuerunt, imposito huic nationi nomine a quodam ejus regionis rege, donec post Corinthiorum pars eo commigravit nomenque exinde commutavit ut Corcyra diceretur, quæ et maris ibidem imperium habuit. Phæace autem insulæ rege mortuo, liberi ejus Alcinous et Locrus inter se dissidentes, ita tandem convenerunt, ut Alcinous quidem Phæacidi imperaret, Locrus vero pretiosas opes mobiles, partemque populi auferens, regione excederet. In Italiam igitur hic adnavigans, a Latino Latorum rege hospitio acceptus est, qui filiam quoque suam Laurinam eidem nuptui dedit. **131**b Qua etiam ex causa Phæaces Italicos hosce Locrenses in cognatos asciverunt. Accidit deinde ut Hercules eadem tempestate elegantes Geryonis boves ex Erythia abigens, in Italiam adveniret, atque a Locro humaniter hospitio exciperetur. Has itaque Latinus boves cum filiam invisens forte aspexisset, cupiditate ductus et ipse abegit. Qua re cognita, Hercules telo ipsum trajectum occidit, bovesque recepit. Locrus ibi Herculi metuens, ne quid gravius forsitan a Latino pateretur (qui excellente erat et animo et corpore), mutata veste in hospitis auxilium egressus est. Hercules vero currentem ipsum intuitus, aliumque esse ratus, qui subsidium ferre Latino maturaret, misso jaculo interimit. Ubi tamen postea rem cognovit, amicum luxit, ac justa illi persolvit, vitaque cum decessisset, populo apparens, urbem in Italia condere eodem loco jussit, ubi Locri sepulchrum fuit. Hinc nomen urbi manet, quæ vel ipso sui nominis vocabulo Locrum honorat. Sic quidem tertia refert narratio. Sed quid ego has ad verbum pene transcribo, cum multo sint illæ brevius mihi percurrendæ?

Quarta narrat de Olyntho oppido, et Strymone Thracum rege: quo item nomine fluvius ille appellatus, qui olim Eoneus dicebatur. Huic tres referuntur nati esse filii, Brangas, Rhesus, et Olynchus. In his Rhesus, pro Priamo ad Ilium militans, Diomedis manu cæsus occubuit. Olynthus ultro cum leone in venatione congressus periit, quem Brangas frater infelicem casum vehementer deplorans, eodem, quo cecidit loco sepeliendum curavit. In Sithoniam vero delatus ipse, urbem ibi condidit, felicem sane ac magnam quam Olynthum pueri de nomine nuncupavit.

Quinta de Rhegino quodam, et Eunomo Locrensi citharœdis. Refert hos venisse Delphos: Rheginos autem atque Locrenses flumine, cui nomen Alex, separari: et illos quidem mutas, Locrenses vero vocales habere cicadas. Cum Rhegino item contendentem Eunomium, cicadæ cantantis auxilio vicisse adversarium. Cum enim septem fidibus cithara esset instructa, unaque chordarum rupta dissiluisset, citharæ advolans cicada reliquum tantus supplevit.

132^a Sexta narratio de Mopso. Mantus hic atque Apollinis filius matre exstincta, pro sorte velut hæreditaria Clarium Apollinis oraculum obtinet. Eadem autem tempestate Calchas Colophonem venit, qua Mopsus oraculum tenens vaticinabatur, post Trojæ excidium errando jactatus. Cum igitur diu multumque inter se contenderent, Amphimachus tandem Lyciorum rex litem diremit. Mopsus enim ad bellum exeuntem prohibuit, victum iri denuntians; Calchas contra victoriam pollicens, ad exeundum hortabatur. At victo deinde Amphimacho, Mopsus majori est honore affectus, Calchas seipsum occidit.

Septima refert Philammonem Philonidis filium, ejus quæ ex Eosphoro et Cleobœa in Atticæ Thorico nata est, excellenti corporis pulchritudine fuisse. Nympharum itaque unam adolescentis amore captam, uterum etiam ex illo gestasse, ac præ verecundia e Peloponneso digressam, et littori [adverso] appulsam Thamyrin peperisse. Qui cum ex ephebis excessit, eam est fidibus canendo laudem consecutus, ut regem eum sibi, tametsi peregrinus esset, Scythæ crearint. Cantu vero cum ipsis Musis contendens, præmiisque victori propositis, illi quidem Musarum conjugium; Musis vero, quod ejus cumque delegissent; canendo superatus, oculorum luminibus orbatus est.

Octava de Proteo Ægyptio vate narrat, cujus filia Theonoe Canobi (is Menelai illius Trojani nauclerus erat) amore capta, voto frustratur. Addit quomodo Canobus formosus adolescens, abeuntibus ex Ægypto, qui ad eam appulerant, Menelao atque Helena, a vipera morsus, tibia tabefacta, post non diu interierit, et a Menelao atque Helena in Ægypto sepultus sit: ubi nunc quoque cognominis ei civitas condita est. Quin et ultimum Nili fluminis ostiorum *Canobus*, vel *Canobicum* a nauclero illo nomen trahit.

Nona de Semiramide narratio est. Hanc non uxorem, ut alii prodiderunt, sed filiam fuisse Nini tradit: et ut breviter dicam, quæcunque alii Atossæ Assyriæ attribuunt, hic ad Semiramidem omnia retulit: haud scio, an quia duobus eam nominibus appellatam censuit: an eorum quæ de Semiramide narrantur, peritior non fuerit. Refert item Semiramidem clam primum, et **132**^{b} ignaram cum filio suo concubuisse: sed deinde cognita re, viri etiam loco publice habuisse. Ex eo itaque tempore, quod prius exsecrandum habebatur, Medis ac Persis jus fasque visum, matribus commisceri.

Decima narratio: Œtho Neptuni et Ossæ filius, Cherronesi Thraciæ rex, filiam ex Mendeide nympha sustulit Pallenen: quam cum multi ambirent, præmium ei positum est, qui Œthonem pugnando superasset, ut et filia et regno potiretur. Igitur interfecti pro nuptiis hisce certantes, Merops Anthemusiæ, et Periphetes Mygdoniæ reges. Hinc decretum ab Œthone, ne secum amplius, sed inter se proci dimicarent, idemque victori præmium fore. Depugnarunt ergo Dryas et Clitus, cæsusque Pallenes fraude Dryas. Id ubi rescivit Œthon, pœnas Pallene morte dedisset, nisi Venus nocte cives omnes appellans, puellam morti eripuisset. Parente vero fatis exstincto, Pallene et Clitus regnum adepti, et a Pallene regio nomen est mutuata.

Undecima de Herculis sacrificio commemorat, quod Lindii cum exsecratione ipsi immolant, utque originem hoc ab aratore quodam Lindio duxerit: qui, cum Hercules alimenta pro Hyllo puero postularet (quem admodum adhuc juvenem in via sibi adjunxerat), non tantum cibum non præbuerit, sed etiam conviciis incesserit. Qua Hercules indignatus re, alterum boum ejus mactans, cœpit ipse epulari, et puero porrigere: agricola interim eminus ei imprecante. Verum Hercules imprecationes irridens, nunquam se suaviores affirmabat gustasse epulas, quam quæ imprecationibus conditæ fuissent.

Duodecima quaedam continet de Troe Erichthonii filio et Dardani nepote, qui in regione Idae [monti] vicina regnavit : genuitque ex Callirrhoe Scamandri filia Ilum (a quo Ilium nominatum) et Assaracum, et Ganymedem, quem Jupiter rapuit. Assaracus hic una cum patre Dardaniae imperavit, quae erat Troum regia. Ilus autem Ilium exaedificavit, vicitque pugna regem Bebrycum, cui Byzae nomen, et Ilium in immensum auxit.

133a Decima tertia refert de Æthilla, quae filia Laomedontis, et Priami soror fuit. Hanc Protesilaus cum aliis captivis ex Ilio navibus avehens, Mendem inter et Scionem post varias tempestates vix naves appellit : cumque aquatum Protesilaus cum suis omnibus longius a littore ad interiora regionis loca procurreret, tum inter caetera Æthilla reliquas allocuta captivas, Si, inquit, cum Graecis in Graeciam abducimur, aurea nobis, quae ad Trojam pertulimus adversa, videantur. Persuasit itaque navibus ignes immittere. Hinc vel inviti cum ipsis Graeci in eadem illa regione remanent, urbemque Scionem ibi conditam una habuerunt.

Quarta decima est de Endymione, qui Aethno Jovis filio, et Protogeneia Deucalionis filia natus, binos suscepit liberos, Eurypylen et Ætolum. Hic e Peloponneso patria ditione excedens in oppositam regionem cum sequentium turba, pulsis Curetibus, commigravit : et pro Curetide, Ætolida nominari fecit. Eurypyles vero et Neptuni filius Elis, mortuo avo materno Endymione, regnum suscepit, conditamque ab Endymione urbem Elim nominavit.

Quinta decima de Pheneatensibus, et Cerere atque Proserpina, quam Pluto raptam matre inscia ad infera regna abduxit, utque Pheneatensibus Ceres, quod ipsi locum ostendissent, qua descenderetur (erat is hiatus in Cylina), cum alia bona sit largita, tum quod nunquam permissura esset, ut centum Pheneatenses in bello caderent.

Sexta decima de Promacho et Leucocoma Gnossiis : urbs autem Cretae Gnossus est. Quomodo Promachus pulchrum Leucocomam adolescentem adamarit ; et quomodo labores atque certamina illi magna et periculorum plena proposuerit, quae omnia Promachus potiundi spe superarit. Qui ubi ne per haec quidem voti compos evasit, Leucocomam vicisssim molestia affecit, quando ultimum suum praemium (galea autem erat fama celebrata) alteri cuidam pulchro juveni, Leucocoma spectante, imposuit. Hinc enim zelotypia victus hic, ferro se ipse interemit.

Septima decima. Dicaeus et Syleus fratres, Neptuni filii, ad Peleum Thessaliae montem habitabant. Inh is Dicaeus quidem erat, quod nomen quoque praefert, justus : Syleum **133**b vero injuriam aliis inferentem Hercules interfecit. A Dicaeo deinde hospitio exceptus, et amore filiae Sylei, quam apud illum educari viderat, captus, uxorem eam duxit. Illa interim peregre agentis Herculis desiderio amoreque saucia, interiit. Ibi Hercules cum recens mortuae funeri forte rediens intervenisset, in ignem una cremandum se conjecisset, nisi qui aderant exsequiis, aegre tandem dissuadendo, prohibuissent. Vicini porro, Hercule jam profecto, puellae sepulcrum aedificio cinxerunt, ac pro monumento fanum Herculis effecerunt.

Octava decima : Locri pugnantes, quod gentis ejusdem Ajax fuerit, in acie instructa vacuum illi locum relinquere solent, perinde ac si in eo ordine constitisset. Ita ergo cum ordinati starent in eo proelio quod ipsis cum Crotoniatis fuit, voluit Autoleon Crotoniates per vacuam illam partem erumpere, hostesque cingere. Verum a spectro vulneratus in femore, fugit atque contabescere coepit, donec ex oraculo in insulam Ponti Achilleum (quae Istrum praeternaviganti supra Tauricam sita est), delatus, cum alios ibi heroas, tum vero maxime Ajacis Locrensis manes placando, sanatus est. Decedenti autem inde Helena negotium dedit, Stesichoro ut nuntiaret, si oculos aspectumque amaret, palinodiam eorum caneret, quae in se conspexisset. Stesichorus igitur confestim hymnos in Helenae laudem composuit, oculorumque lumen recuperavit.

Nona decima : Psamathe Crotopi filia ex Apolline gravida peperit, patremque verita infantem exposuit, Lini nomine indito. Pastor repertum pro suo educavit, sed gregis canes infantem forte lacerarunt. Illa vero cum dolore ex eo valde commoveretur, deprehenditur a patre, qui corruptam eam, et falso in Apollinem vitium referre arbitratus, capitis damnat. Quare Apollo, ob amatae caedem ira commotus, peste Argivos vexavit, consultusque de averruncando malo, Psamathen et Linum placandos respondit. Illi vero praeter caeteros honores illis exhibitos, feminas etiam cum virginibus ad Linum deplorandum miserunt : quae cum deplorationes obtestationibus miscerent, non illorum solum, sed sua etiam infortunia deplorabant. Adeo autem decenter Linum illae luxerunt, ut ex eo a poetis, qui deinceps secuti sunt, in omni paene lamentationum genere Linus decantatus inseratur. Quin et mensem **134**a Arneum appellarunt, quod inter agnos Linus educatus fuisset. Imo sacrificium eidem, festumque diem, Arnida utrumque nominatum, instituerunt, mactantes eo die, quotquot uspiam reperire canes potuissent. At ne sic quidem cessavit malum, donec Crotopus ipse Argos ex oraculo reliquit, conditamque urbem in Megaride Tripodiscium nomine inhabitavit.

Vicesima : Theoclus Chalcidensis captus a Bisaltis (Thraciae hi populi sunt, ex adversum Pallenes habentes) Chalcidenses occulte accersens, Bisaltas prodidit. Turbarunt itaque primum illi subita sua irruptione Bisaltas, post etiam intra moenia compulsos, et Bucoli ac Doli apud eos captivorum opera urbem capientes, Bisaltas ejiciunt. Bucolum tamen proditorem rupta fide jam data cum occidissent, divina propterea in eos ira irruit, donec ex oraculo pulchrum Bucolo illi monumentum ponentes, et tanquam heroi sacrificantes, malum tandem averterunt.

Vicesima prima : Dardanus et Jason Jovis erant filii ex Electra Atlantis filia, habitabantque Samothraciam insulam. Verum Jason apparens Cereris spectrum fœdare stupro conatus, fulmine ictus interiit. Dardanus autem fratris exemplo conterritus in oppositam terram, ubi agri multi, monsque Ida fuit, ratibus (nondum enim navigiorum usus erat) profectus est. Ea vero tempestate regionem illam tenebat Teucer, Scamandri fluminis et nymphæ [Idææ] filius : a quo Teucri incolæ dicti, et Teucria regio. Cum illo Dardanus sermone habito dimidiam regionis partem accipit : urbemque, ubi ratibus appulsus exscenderat, Dardaniam nomine, ædificavit. Teucro deinde vita functo, omnis ea ora in Dardani ditionem concessit.

Vicesima secunda : Cretensi puero tanquam pro amasio datus est draconis fetus. Hunc eo usque educavit ille, studioseque curavit, dum grandior factus metum etiam incolis injiceret. Coegerunt itaque puerum in solitudinem draconem deferre. Et paruit ille, multum plorans. Tandem vero cum ad venationem aliquando adolescens egressus in latrones incidisset, opemque inclamasset : agnita voce draco, et corporibus sese implicans, prædones occidit, atque adolescentem, veteris signa necessitudinis ostendens, periculo eripuit.

134b Vicesima tertia : Alexandri seu Paridis et OEnones (quam uxorem priusquam Helenam raperet, domum duxerat) filius fuit Corythus, pulchritudine patrem superans. Hunc mater ad Helenam misit, cum ut Alexandrum ad zelotypiam provocaret, tum ut Helenæ malum machinaretur. Ut ergo Corythus Helenæ familiarior esse cœpit, superveniens aliquando in thalamum Alexander, et cum Helena filium sedentem conspicatus, ira incensus, suspectum gnatum occidit. OEnone, et ob hanc injuriam, et ob filii interitum, multa Alexandro imprecata, hoc insuper adjecit (ut erat vaticinandi perita, legendarumque herbarum gnara) vulneratum eum aliquando ab Achivis, neque medelam reperientem, se etiam obsecraturum ; atque ita demum discessit. Post igitur Paris in pugna pro Troja adversus Achivos a Philoctete vulneratus, graviterque saucius, ad Idam curru vehebatur, præmissoque nuntio, OEnonem deprecatus est. Hæc contumeliose valde nuntio rejecto, ad Helenam ire Paridem per convicium jussit. Ille interim per viam ex vulnere diem clausit extremum. Antequam tamen de illius interitu quidquam OEnone inaudisset, pœnitentia gravi ducta est, herbisque lectis, curriculo festinabat prævertere. At ubi mortuum esse jam, et quidem ab ea necatum, nuntius retulit, hunc primum, lapide in caput impacto, ob illatam [exprobrando] injuriam occidit, cadaver vero Paridis amplexa, et communem utriusque fortunam diu questa, zona seipsam strangulavit.

Vicesima quarta : In Bœotiæ civitate Thespeia quæ non longe ab Helicone sita est, puer natus Narcissus, pulcher admodum, sed amoris amatorumque contemptor. Quare alii quidem despondere animum amantes cœperunt : Aminiasque tantum assiduus erat et pertinax precator. At cum neque hunc audiret ille, sed gladium insuper mitteret, se ipse pro Narcissi foribus occidit, deum vehementer precatus, ultor sibi ut fieret. Narcissus igitur vultum aliquando suum contemplatus, formæque simulacrum in aqua fontis apparens, et solus et primus incipit cæco sui amore flagrare. Ergo consilii tandem inops, et justas sese dare pœnas arbitratus, quod Aminiam amatorem injuria læsisset, mortem sibi conscivit. Ex eo, responso dato, ut amor magis honoraretur colereturque, præter communem **135**a cultum, privatim quoque sacrificare decreverunt. Ea autem incolarum opinio est, primum ex illa terra exstitisse narcissum florem, in quam effusus Narcissi sanguis fuisset.

Vicesima quinta. Minos Jovis et Europæ filius Cretam rex tenuit, Dædalumque quæsiturus classe instructa navigavit in Sicaniam (quæ hodie *Sicilia* dicitur), ubi a Cocali oræ illius regis filiabus est interfectus. Natio hinc Cretensium, regis sui cædem ultura, bellum adversus Siculos suscepit. Sed victi Cretes cum domum redeunt, ad Iapygas sunt tempestate delati : ibique tum sedes fixerunt, Iapyges pro Cretensibus facti. Post horum pars quædam per seditionem inde expulsa, oraculi responsum illud consulentes acceperunt, ubi quis ipsis terram et aquam præberet, ibi ut habitarent. Atque ita Bottiæorum terram incoluerunt. Ibi enim pueri, panis cæterorumque condimentorum varia genera per ludum et jocum ex luto fingentes, petentibus ipsis panis loco distribuerunt luteos panes : et illi impletum esse oraculum interpretati, sedem a Macedonum rege postulantes, Bottiæorum oram habitandam acceperunt, et Cretensium nomen jam, tertio cum Bottiæorum commutantes, portio nunc sunt Macedonum.

Vicesima sexta narrat Apollinis spectrum, cui Carno nomen, Dorienses sequi solitum, ab Hippota quodam e stirpe Herculis tum esse interfectum, cum in Peloponnesum Heraclidæ redirent. Cum ergo propterea peste graviter laborarent, oraculo accepto e castris Hippoten expulerunt. Erat autem spectrum hoc Doriensibus vatis loco. Et Heraclidæ quidem tum in Peloponnesum trajecerunt : Hippotes vero ille oberrans, filium genuit cui ex re Aletæ nomen dedit. Hic ubi ad ætatem virilem pervenit, Dorici populi parte collecta, pulsisque Sisyphidis, qui tum Corinthi reges erant, cum ipsorum sociis Ionibus, urbem illam denuo incolis replet, pergebatque adversus Atticam, cum oraculi responsum eidem datum, victorem fore, si ab Atheniensium rege abstineret. Hoc oraculo ab Atheniensibus cognito, Codro septuagenario persuadent, libens se pro patria ut devoveat. Ille veste mutata, quasi lignatorum unus essel, a Doriensi quodam interficitur. Dorienses re postea cognita, de victoria desperantes, cum Atheniensibus pacis fœdera inierunt.

Vicesima septima refert de rebus Deucalionis, qui in Phthiotide regnavit, deque Græciæ inundatione ejus temporibus : ac de Hellene filio ejus **135**[b] (quidam Jovis esse dicunt) qui et Deucalione mortuo, in regno successit, habuitque filios tres. Ex his Æolum natu maximum, merito voluit ejus regionis sceptrum tenere, cui ipsemet antea imperaverat, quamque Asopo et Enipeo fluviis disterminaverat. Atque hinc Æolicum genus derivatur. Alter deinde Dorus, accepta a parente populi parte, coloniam alio traduxit, condiditque has ad Parnassi montis radicem urbes, Bœum, Cytinium et Erineum. Ab hoc Dores dicti. Natu denique minimus cum Athenas pervenit, Atticæ quam vocant tetrapolim ædificavit, duxitque uxorem Creusam Erechthei filiam, e qua Achæum et Iona sustulit. Achæus hic, cum cædem imprudens patrasset, pulsus, in Peloponnesum venit, condiditque Achaiam tetrapolim. A quo etiam Achæi originem ducunt. Ion vero, mortuo avo materno Erechtheo, cum virtutis, tum reliquæ dignitatis ergo creatus rex, Atheniensibus imperavit. Unde et Iones appellari cœperunt Athenienses, omnisque adeo regio Ionia dicta.

Vicesima octava : Tennes et Hemithea liberi erant Cycni regis Troadis. Cycnus autem mortua conjuge duxit alteram, quæ insano Tennæ privigni amore capta, cum potiri non posset, suum crimen falso illi imponens accusavit. Parens igitur indicta causa Tennem filium arculæ inclusit, quin et una Hemitheam, fratris infortunio immodice dolentem, atque ita mari commisit. Hæc arcula in insulam quamdam delata, atque ab incolis sublata est, et totius regionis imperio potiuntur Tennes atque Hemithea : ipsa vero insula Tenedos pro Leucophry dici cœpta. Cycnus postea facti pœnitens, et ad insulam profectus, filium precabatur e navi, præteritarum rerum ut obliviscerelur. Ille autem, ne ad insulam appelleret parens, securim arripiens navis retinacula dissecuit. Unde dici cœptum in omni abrupto atque præciso negotio, Tennæ bipennem fuisse adhibitam.

Vicesima nona : Magnetes, qui Magnesiam Asiæ nunc incolunt, antea ad Peneum flumen montemque Pelium habitarunt, et adversus Trojam ductu atque auspiciis Prothoi militantes, Magnetes item dicti sunt. Ille postea hos, decimam Troja reportantes, Delphis ex voto collocavit. Post tamen relicto fano, navibusque conscensis, in Cretam transmiserunt. Inde quoque vi repulsi Cretam deserunt, et in **136**[a] Asiam adnavigantes, malis afflictam nuper conditam Ioniam atque Æolidem liberant, pugnantes una cum his adversus eos, qui mala illa inferebant. Hinc denique eodem quo nunc sunt loco perveniunt, urbemque condunt, quam veteri de nomine patriæ Magnesiam item nuncuparunt.

Tricesima de Pithenio Apolloniate, qui, oves Soli sacras pascens, cum sua incuria sexaginta de grege oves lupi discerpsissent, oculis a civibus est orbatus, quare tellus, irato Deo, fructus Apolloniatis non protulit, donec astu et suburbanis prædiis duobus Pithenium placantes et una insuper domo, quam ipsemet elegisset, sterilitatem effugerunt. Erat autem Pithenius illustris genere, sicut et quotquot alii ejus successores sacrarum curam ovium gesserunt. Ipsa vero Apollonia Græca civitas est in Illyrica regione mari adjacens, quam Lous fluvius, qui in Ionium mare exit, mediam dividit.

Tricesima prima : Tereus, Thracum rex, eorum qui ad Dauliam cæteramque Phocida pertinent, uxorem duxit Procnen, Pandionis Athenarum regis filiam. Hic postquam insano captus amore, per vim constupravit invitam Philomelam, Procnes sororem, linguam quoque ejus exsecuit, veritus nimirum ne factum proderet. At illa peplum texens, dolorem ei suum filis inscripsit. Procne, re cognita, et facinus ulcisci cupiens, filium [Ityn] marito suum epulandum in cœna apposuit. Tum Tereus, ubi vel ex ipsa Procne exsecrandum convivium didicit, et hanc et sororem veluti facti conscias gladio percussurus insequitur. Illis vero per fabulam inde sublatis, Procne quidem in lusciniam, Philomela vero in hirundinem vertitur, canuntque perpetuo suas illas calamitates. Sed et Tereus in upupam avem, ut fabulæ referunt, mutatus : aiuntque hos, ne aves quidem factos, iram deposuisse, quando upupæ perpetuo hirundines atque luscinias insectantur.

Tricesima secunda : De Europa Phœnicis filia e conspectu sublata, utque filios pater ad sororem investigandam dimiserit. In his etiam Cadmus fuit, quicum una et Proteus, Busiridis tyrannidem veritus, ex Ægypto trajicit. Addit quomodo post varios errores nihil invenientes, in Pallenam venerint, utque Proteus, hospitalibus muneribus Clito oblatis, amicitiaque inita **136**[b] (erat Clitus hic rex prudens et justus Sithonum Thraciæ populorum) filiam ejus Chrysonoen uxorem duxerit. Bisaltis deinde patria sua eo bello pulsis, quod ipsis a Clito et Proteo illatum est, regioni illi Proteus imperavit, genuitque patris longe dissimiles liberos, crudeles admodum atque injustos, qui post ab Hercule, quod improbos valde odisset, occisi sunt. Et parens ipse tumulum suis effodit, Herculemque cæde pollutum expiavit.

Tricesima tertia : Democlus Delphus filium genuit insigni forma, cui *Smicro* nomen, navigavitque Miletum ad consulendum oraculum, ducto secum filio annorum tredecim : quem, nimis festinato navigandi studio, atque imprudens, ibi reliquit. Inventum itaque tristem Smicrum, caprarius quidam, Eritharsi filius, ad patrem adducit : qui non secus atque suum filium, cognita pueri et conditione et stirpe, honeste eum apud se habuit. Narrat et de Cycno cum duobus filiis capto, deque contentione, ac de

Leucotheæ spectro. Quomodo hæc pueris dixerit', Milesios ut admonerent, ipsam honorandam, et puerorum certamen gymnicum ipsi exhibendum : lætari enim se puerorum contentione. Addit etiam, ut Smicrus, clari cujusdam apud Milesios viri filiam uxorem duxerit, quæ pariens secundum quietem videre visa sit, solem per os ipsam subire, et per ventrem atque verenda egredi. Quod visum bonum esse omen vates interpretati, peperit illa filium, Branchumque a somnio nominavit, eo quod per fauces ex ipsa sol egressus esset. Hic mortalium formosissimus puer, ab Apolline est adamatus, cum oves pascentem reperisset. Ubi et ara Apollinis amantis consecrata. Branchus vero, Apollinis dono vaticinandi arte donatus, Didymis oracula reddidit, hodieque, inter omnia quæ novimus, Græca oracula, Branchidarum oraculum post Delphicum maximum prædicatur.

Tricesima quarta. Paride mortuo, Helenus et Deiphobus Priami filii super Helenæ nuptiis contenderunt, vicitque per vim et potentium opem Deiphobus, ætate licet minor. Helenus ergo, injuriæ impatiens, in Idam **137**a secedens otium egit : ubi Calchantis suasu, qui Trojam obsidebant Græci ex insidiis eum capiunt : ille partim minis, partim donis, vel potius odio Trojæ, Græcis indicavit, ligneo equo Trojam capiendam, fato esse designatam. Imo et hoc denique, cum Achivi cepissent cœlo delapsum illud Minervæ Palladium, quod inter multa erat minimum. Igitur missi ad Palladium furto auferendum, Diomedes et Ulysses : evaditque in murum per Ulyssis humeros conscendens Diomedes, neque tamen manus tendentem socium attraxit, sed ad Palladium abiit, eoque ablato, ad Ulyssem revertit. Ita cum per plana redirent, interroganti singulatim omnia Ulyssi, hominis astutiam non ignorans, respondit, non quod Helenus Palladium indicasset se accepisse, sed pro eo aliud quoddam. Verum moto forte fortuna Palladio, agnovit Ulysses illud ipsum esse. Quare a tergo se statuens Diomedis, interfecturus illum, gladium strinxit, quo ipsemet Achivis Palladium afferret. At dum plagam inflicturus esset, vidit Diomedes, splendente tum forte luna, ensis vibrati lucem. Ita Ulysses a cæde abstinuit, stringente vicissim gladium Diomede, qui et timiditatem illi exprobrans, et gladii lamina, quod antecedere nollet, humeros verberans, eumdem ante se egit. Unde proverbium natum : *Diomedeia necessitas*, adhiberi solitum in eo, qui aliquid faciat invitus.

Tricesima quinta duos inducit pastores ad Lyssum Ephesini agri montem pascentes : qui apum examen in profundo quodam atque ad descendendum perdifficili antro cum vidissent, alter sportulam ad descendendum ingressus est, alter eam e fune suspensam demittebat. Cum autem qui descenderat, mellis atque auri ingentem copiam reperisset, impositum sportulæ onus tertio attrahere sursum jussit. Auro dein deficiente, seipsum deinceps sportam ingredi acclamavit. At postquam insidiarum ipsi suspicio cum verbo illo in mentem venit, lapidem pro se sportæ imposuit, jussitque attrahere. Alter itaque, ut jam pæne ad oram usque speluncæ onus attraxit, ratus se socium occidere, confestim per præcipitium quoddam sportam præcipitavit, auroque humi defosso, verisimiles de pastore qui desiderabatur, causas interrogantibus commentus est. Hinc cum alter ille in spelunca **137**b pastor nullam salutis viam reperiret, Apollo in somnis jussit, ut acuto lapide sibi corpore lacerato, quietus jaceret. Paruit ille monenti, et vultures tanquam ad cadaver advolantes, ungues-que alii comæ, alii vestibus infigentes, in sublime hominem sustulerunt, avexeruntque illæsum in subjectam vallem. Inde profectus in curiam, cuncta magistratui exposuit. Quare Ephesii insidiatorem illum convictum, aurumque defossum vel invitum ostendere coactum [pro meritis] multarunt : injuria vero affecto auri dimidium attribuentes, alterum dimidium Apollini ac Dianæ obtulerunt. Servatus ergo pastor ille, auroque donatus, ad summas pervenit divitias, et aram in summo montis vertice Apollini, Vulturii nomine, in rei gestæ memoriam sempiternam, dedicavit.

Tricesima sexta. Philonomus Lacedæmonius, Sparta Doriensibus prodita, Amyclas mercedis loco accepit, in eamque ex Imbro atque Lemno incolas coegit. Qui cum tertia dein ætate seditionem adversus Dorienses excitassent, Amyclis pulsi sunt. Assumptis itaque secum e Spartiatis quibusdam, ducibusque usi Polide et Delpho, in Cretam adnavigarunt. Sed dum classis præternavigat, Apodasmus Melum, habitatoribus instruit, indeque Pelieorum genus Spartanos sibi conciliat. Cæteri omnes, Gortynam, repugnante nemine, occupantes, una cum Cretensium accolis eam incoluerunt.

Tricesima septima. A Thaso Cadmi fratre Thasum insulam appellatam refert. Ibi enim illum frater, data exercitus parte, reliquit. Cadmus hic a Phœnicum rege, magnæ alioquin et ipse apud Phœnicas auctoritatis, in Europam missus est. Quippe Phœnices eo tempore viribus plurimum ac potentia, ut ferunt, valebant, magnaque Asiæ parte in potestatem redacta, regiam sedem Thebis Ægyptiis constituerunt. Missus ergo Cadmus, non (ut Græci fabulantur) Europam quæsiturus, quam Phœnicis filiam, tauri mentitus formam Jupiter rapuisset, sed proprium sibi in Europa imperium constituere molitus, raptæ sororis investigationem prætexuit. Atque hinc illa de Europa fabula ad Græcos prodiit. Europam igitur circumnavigans ille, Thasum fratrem, ut diximus, in ea insula reliquit, ipse in Bœotiam tendens, **138**a Thebas illas, quæ nunc appellantur, ædificavit, muroque comitum opera cinctum locum a patriis ita Thebis appellavit. Bœotis autem pugna concurrentibus, victi primum Phœnices, per insidias mox, ac stratagemata, et inusitatum armorum aspectum, superiores evaserunt : neque enim galea et scutum fuerunt unquam Græcis ad eam diem cognita. Ita Cadmus, Bœotorum potitus regione, fugientibus qui cladi supererant in suas quisque urbes, Thebis Phœnicas, qui incolerent, collocat, ipse Harmoniam Martis ac Veneris filiam uxorem ducit. Bœotorum interim animis, ob armorum illum atque insidiarum metum, hæc opinio insedit, cum armis ipsis viros illos e terra exstitisse, ut inde etiam Spartas, velut ex eo ipso loco satos, nominarint. Igitur de Cadmo, Thebarumque inhabitatione vera hæc narratio est : altera illa, fabula auriumque præstigia.

Tricesima octava : Milesius quidam, periclitante sub Harpago Cyri filio patria, Tauromenium, Siciliæ urbem adnavigavit, ibidemque apud notum quemdam trapezitam auro deposito, domum rediit. Cyrus post hæc Miletum in potestatem redegit, nihilque in eam gravius, ut metuerant constituit. Rediit itaque Milesius Tauromenium, ut depositum illud suum reciperet. Ibi mensarius quidem depositum accepisse non abnegabat, sed reddidisse contendebat. Ut vero Milesius, post multas tandem rixas atque contentiones, ad jusjurandum hominem adegit, trapezita tale quid machinatus est : Ferulam tibiæ instar excavans, in eaque depositum liquefactum infundens, probe obturat. Accedens igitur ad jurandum, ferensque pro scipione ferulam, quasi pedibus æger ea fulciebatur. Antequam tamen juraret, Milesio sibi astanti, veluti mox repetiturus arundinem tradidit. Ita dum manibus sublatis dejerat, se depositum eidem, a quo accepisset, reddidisse, Milesius indignans arundinem projecit, simul etiam hominum fidem defecisse clamans. Tum fracta arundine oculis etiam patuit compositum illud auri causa perjurium. Milesius itaque aurum sibi suum vindicavit : trapezita vero præ verecundia, et quod improbus coram omnibus deprehenderetur, laqueo vitam sibi abrupit.

Tricesima nona. [Melanthus ex genere fuit Elidarum, **138**[b] qui Pylo et Messanæ jam inde a Neptuno imperarunt. Hunc cum Heraclidæ expulissent, armis regione potiti sunt. Ille Athenas versus ex oraculo discessit, civitateque donatus, claruit ibi in paucis. Accidit autem ut Athenienses cum Bœotis super Œnoe bellum gererent, placuitque singulari regum certamine litem dirimi. Ibi Thymœtes, qui tum Athenis regnabat, duellum formidans, regno etiam cessit ei, quicunque cum Xantho Bœotorum rege dimicare vellet. Melanthus itaque regni præmio invitatus, pugnandi conditionem accipit, et pacta conficiuntur. Ubi ad manus ventum est, vidit Melanthus visum quoddam imberbis viri specie Xanthum sequi. Ut vero injuste fieri ille exclamavit, quod contra pacta auxiliatorem adduxisset, Xanthus falso sermone turbatus, vertit se : atque ita illico Melanthus lancea trajectum transfodit. Sic uno certamine Œnoen Atheniensibus, sibi regnum acquisivit. Certe Erechthidarum genus ad Melanthidas, quo in numero et Codrus erat, ab hoc traductum est. Athenienses vero postea Baccho Melanthidæ ex oraculo fanum dedicarunt, et quotannis rem divinam fecerunt : Jovi insuper deceptori sacras litantes victimas, quod in pugna dolo fuissent usi.

Quadragesima historia de Andromeda secus narrat, quam Græci fabulantur. Duos fratres fuisse refert, Cephea et Phinea : ac Cephei quidem regnum, Phœnices postea nomen induisse, cum ad eum diem Joppe a maritima civitate appellatum fuisset, habuisseque imperii terminos a mari nostro ad eam usque Arabiam, quæ ad Erythræum mare pertinet. Fuisse item Cepheo insigni pulchritudine filiam Andromedam, quam proci ambirent, Phœnix quidam, et ipse Cephei frater Phineus. At Cepheum postquam varia de utroque secum ipse considerasset, Phœnici tandem despondere filiam statuisse, ac per filiæ raptum consentientem suam voluntatem obtegere. Abreptam igitur fuisse ex deserta quadam insula Andromedam, in quam soleret Veneri sacrificia oblatura secedere. Ita cum Phœnicis hujus rapientis navi (quæ Cetus dicta est, sive a piscis illius similitudine, sive casu aliquo) Andromeda **139**[a] tanquam insciente patre aveheretur, misere eam ejulasse, opemque cum lacrymis invocasse. Ad ea Perseum Danaes filium forte fortuna præternavigantem, cursum inhibuisse : primoque mox puellæ aspectu, pietate simul, et amore captum : tum navigium illud Ceti nomine expugnasse, et vectores tantum non in lapides præ metu versos, occidisse. Atque hunc illum esse Græcæ fabulæ Cetum, hos homines, Gorgonis viso capite, in saxa mutatos. Perseum igitur Andromedam uxorem accepisse, secumque in Græciam navigio vexisse, atque Argos sub illius imperio habitari cœptum.

Quadragesima prima : Antandrum habitarunt Pelasgi. Verum (ut quidam narrant) ex eo, quod hanc ipsis Ascanius pro redemptionis suæ pretio donasset, cum ex insidiis captus ab his dimissusque fuisset : hinc enim Antandri nomine urbem dixisse, quam ἀντὶ ἑνὸς ἀνδρὸς [pro uno viro] accepissent. Ascanius autem hic Æneæ filius, fuit, qui capta jam Troja in Ida regnavit. Alii hinc potius referunt Pelasgos Antandrum incoluisse. Ex Apolline, aiunt, atque Creusa gignitur Anius, et ex hoc Andrus, qui unam insularum inhabitans, nomen quoque suum insulæ reliquit. Sed exortis deinde seditionibus hinc exactus, locum quemdam contemplatus est sub Ida, Andro vicinum, in quo urbem ædificavit, quam ob similitudinem Antandrum nominavit. Andrum interim desertum Pelasgorum gens inhabitavit. Ita Cyzicus quoque incolas habuit Pelasgos. Etenim Cyzicus Apollinis filius, Pelasgis, qui in Thessalia erant, imperans, ab Æolensibus cum suis Pelasgis ejectus, in Cherroneso Asiæ urbem de suo nomine exstruxit, ibique ex humili magnam in potentiam crevit, postquam Cliten filiam Meropis, qui vicina Ryndaco loca rex tenuit, connubio sibi junxit. Jasonis postea comites, qui cum illo ad vellus aureum proficiscebantur, Argo navi ad Cyzicum appulerunt, quam ut Pelasgi Thessalicam esse navim didicerunt, ex veteri illo odio, quod ab his olim expulsi fuissent, noctu Argo oppugnant. Cyzicum ibi pugnam dirimere conantem Jason occidit imprudens, cæsis cum illo et aliis aliquot Pelasgis : ipsa vero Argo in Colchida vela fecit. Itaque Pelasgi de regis sui interitu admodum mœsti, tunc quidem optimatibus suis, quod Cyzicus hæredem nullum reliquisset, rempublicam commiserunt : donec postmodum Cyzico pulsi a Tyrrhenis, qui, Cherroneso **139**b occupata, et his qui Milesiorum pars erant, pugna superatis, ipsimet Cyzicum incoluerunt.

Quadragesima secunda. Gelon Siculus tyrannidem invadere studens, Himeræorum populum colebat, ac pro eo adversus potentiores pugnabat. Unde ipsum plebs adeo adamabat, ut petenti sibi dari corporis custodes, promptissime eos concesserit. Stesichorus tamen Himeræus poeta, suspicatus regnum affectare illum velle, apologum hunc populo recitavit, imaginem eorum, quæ post acciderent malorum. Equus (1), inquit, forte pascens ad fontem bibiturus accedebat, cum cerva interim per agrum illum transiens, et herbam proculcavit, et aquam turbavit. Equus itaque vindictæ admodum cupidus, sed pedum celeritate inferior, venatoris opem imploravit. Ille, si frenum ore acciperet, et tergo sedere pateretur, facillime se hujus injuriam ulturum pollicetur. Quod ubi sic factum est, cerva quidem telis confossa jacuit, sed equus etiam a venatore subjugatum se sensit. Idem, inquit, ego vereor, o Himeræi, ne nunc cum in populari statu sitis, hostibus quidem per Gelonem superiores redamini, sed tandem adhuc eidem Geloni serviatis. Grata enim omnis potentia, adversus eum qui dederit, accipienti est, quando hanc ille non amplius tam facile auferre potest, quam antea contulit.

Quadragesima tertia. Ignis Ætnæi crateres tantas aliquando, fluminis instar, flammas per eam regionem effuderunt, ut Catanæis (urbs autem Græca Siciliæ Catana est) extremum urbis interitum certissimo allaturæ viderentur. Ex ea igitur cives quam citissime fugientes, aurum alii, alii argentum efferebant, alii vero quæcunque subsidium in exilio allatura videbantur. Anapias tantum et Amphinomus, præ omnibus parentes senio confectos, humeris impositos fugientes extulerunt. Cæteros interim flamma adurens exstinxit, quæ in horum circuitu ita diffindi visa est, ut insulæ in modum circumcirca locus igne liber fieret. Quare Siculi Piorum regionem locum eum appellarunt, et lapideas in horum virorum monumenta statuas, divinorum simul illorum atque humanorum factorum testes, collocarunt.

Quadragesima quarta historia refert quomodo Leodamas et Phitres de Milesiorum regno contenderint, regia uterque stirpe oriundi. Plebs ergo cum per horum contentionem malis vexaretur, post multa tandem incommoda finem rixæ **140**a imposuit, facto decreto, ut qui de Milesiis melius mereretur, is demum regnaret. Erant ipsis duo tunc hostes Carystii et Melienses. Adversus Melum, Phitres (huic enim sorte bellum illud obvenerat) expeditione suscepta, re infecta rediit. Leodamas vero, re contra Carystios naviter ac præclare gesta, urbeque eorum vi expugnata, atque in servitutem redacta, Miletum victor reversus, secundum pacta conventa regnavit. Quare ex oraculi præscripto Carystiam feminam captivam infantem uberibus lactantem, cum aliis plurimis donariis, manubiarum decimis, ad Branchidas misit. Ipse vero tunc Branchus et templo et oraculo præerat, qui captivam mulierem magna cura nutrivit, ejusque filium adoptavit. Puer ipse non tam hominum usitato modo, quam divina quadam fortuna crevit, et supra ætatem prudens evasit. Fit igitur a Brancho oraculorum nuntius, Evangelus appellatus. Hic jam adulta ætate in oraculo Brancho successit, principiumque fuit et caput Evangelidarum apud Milesios.

Quadragesima quinta. Orpheus Œagri filius atque Calliopes, quæ una in novem Musis numeratur, Macedonum rex fuit et Odrysidis. Musicam hic artem exercuit, maximeque citharisticam (etenim Thracum illud et Macedonum genus musicæ studiosum est vel imprimis), plebi per eam supra modum gratus. Fama autem fuit, ad inferos ipsum amore Eurydices conjugis adductum, descendisse, ibique Plutonem ac Proserpinam cantu sic conciliasse, ut dono uxorem caperet. Verum hac gratia frui, qua ad vitam illa revocata est, non potuit, quod quæ de ipsa mandata essent, non servasset. Adeo autem oblectare cantibusque demulcere peritus erat, ut et feræ et aves, atque adeo ligna ac lapides, cum ipso una præ jucunditate oberrarent. Interfectus autem est lacerantibus ipsum Thressis ac Macedonicis feminis, quod orgia cum illis non communicaret : ac forsitan etiam aliis de causis. Aiunt enim illum de uxore infelicem, muliebrem omnem sexum odisse. Igitur cum statis diebus Thracum ac Macedonum vulgus armis tectum Libethris conveniret in domum magnifice exstructam, et ad rem divinam comparatam, ibique orgia celebraturi domum ingressi ad portam arma deponerent, observasse hoc mulieres, correptisque armis illis magna ira inflammatas, quod contemnerentur, cum cæteros ibi procumbentes interfecisse, tum **140**b Orphea ipsum membratim dissectum, in mare passim projecisse. Pestilentia deinde regionem illam vastante, eo quod de feminis minime sumptum esset supplicium, rogantes incolas luem depelli, responsum e tripode accepisse : Si Orphei caput repertum humi conderent, fore ut contagio desineret. Ita vix tandem illud ad ostia Meletis fluminis a piscatore quodam esse inventum, etiam tunc canens, nihilque a marinis fluctibus deformatum, nec quidquam eorum passum, quæ solita sint per mortale fatum

---

(1) Eadem usus fabula Horat. lib. 1, epist. 10.

in hominum cadaveribus fœda exoriri : sed elegans potius ipsum, nativoque sanguine imbutum tanto post tempore viguisse. Caput ergo istud acceptum ingenti tumulo mandasse, monumentumque ipsi heroicum ab initio circumdedisse, donec id postmodum obtinuit, ut pro divino fano haberetur. Sacrificiis enim, aliisque rebus quibuscunque dii honorari solent, etiam ipse colitur. Feminis interim omnino inaccessum templum illud est.

Quadragesima sexta : Dum Troja expugnaretur, emisit Priamus in Lydiam duos Hectoris filios, Oxynium et Scamandrum. Capto dein Ilio, Æneas, Anchisæ ac Veneris filius, Græcos fugiens, Idam primo incoluit : sed cum reversi e Lydia Oxynius et Scamander omnia circum Ilium loca ex paterna velut hæreditate relicta, sibi vindicarent ; assumpto Æneas patre Anchise, et quotquot potuit e profugis solem versus orientem de Veneris matris mandato tetendit. Trajecto igitur Hellesponto, venit ad sinum, qui Thermus est nominatus, ubi Anchisen vita functum sepelit, ipseque oblatum ab incolis regnum recusat. Hinc in Brusiadem regionem profectus est, ubi omnibus, quibuscunque uteretur, expetitus gratusque fuit, ob morum nimirum a Venere inditam suavitatem. Ibi mugiente, quæ ipsum ex Ida sequebatur, bove (sic enim Venus antea mandarat), ejus oræ imperium donantibus incolis suscepit, bovemque matri mactavit. Ad hæc urbem condidit, quæ tunc quidem a conditore Ænea, post inflexo nonnihil nomine Ænus dicta. Hæc igitur una narratio, præter alia multa, refertur a Græcis. Altera tamen illa, quæ Romanæ gentis originem ab ipso repetit, et Albæ conditorem facit, simul etiam oraculum, qua incolere jubebatur, ubi ipse cum sociis sacris operatus, mensam quoque absumpsisset, hæc, inquam, narratio valde jam trita est.

Quadragesima septima : Althæmenes, Heraclidarum generis soboles **141**a a Temene tertia, fratribus dissentiens tumultuabatur. Natu ergo minimus cum esset, Peloponneso discedit, Doriensium secum copias, et Pelasgorum quosdam ducens. Miserunt tum quoque Athenienses coloniam cum Neleo, et Codri posteris. Similiter vero et Lacedæmonii eo ipso tempore Philonomi populum alio habitatum miserunt, quem duxit Delphus quidam nomine, et Polis. Utrique Althæmenem in operis societatem vocarunt. Dores quidem, ut in Cretam una navigaret, quod et ipse Doriensis esset, Iones vero, ut in Asiam secum trajiceret, invitabant. Verum Althæmeni cum neutris sese conjungere placuit, maluitque ex oraculi responso quod acceperat, ad Jovem et Solem proficisci, atque ab his habitandi locum postulare. Cretam autem esse Jovis, Solis Rhodum. Evectus igitur e Peloponneso, in Cretam appulit, populique partem, quæ residere ibi vellet, reliquit. Ipse plurimos secum habens Dorienses in Rhodum adnavigavit : quam quidem insulam antiquitus incolæ ibidem nati tenuerant, Iliadum ipsis gente præposita, quos tamen Phœnices post everterant, et insulam occuparant, Phœnicibus quoque aliquando ejectis, Cares successerant : qua tempestate et alias maris Ægæi insulas incoluerunt. Ad hos ergo adnavigantes Dorienses, armis Cares pepulerunt, tresque urbes condiderunt, Lindum, Ielysum et Camirum. Igitur Dorienses, ducta ab Althæmene origine, ad hanc usque ætatem descenderunt. Tria vero illa oppida in unam magnam, opibusque potentem urbem coaluerunt, cui et insulæ Rhodi nomen indiderunt.

Quadragesima octava de Romo et Romulo narrat, nonnihil a reliquis diversa. Amulius, inquit, Numitori fratri necem ex insidiis intulit, filiamque ejus Iliam, ne pareret, neve cum viro consuesceret, Vestæ sacerdotem fecit. Hæc tamen a Marte compressa est, qui post congressum, et quis esset declaravit, et geminos parituram prædixit, bono eam animo esse jubens. Verum partu liberatam Amulius patruus in vincula missam compegit : fetum autem fido cuidam pastori necandum tradidit. Quem ut accepit, patrare ille suis manibus scelus noluit, sed alveo per Tiberim deportandos imposuit. **141**b Alveus autem post multam jactationem tandem circa prominentem ripam caprifici cujusdam, quæ ingens ibi excreverat, radicibus inhæsit, atque inde pueros in ripam, molli et arenoso solo, ejecit. Ibi lupa, quæ recens pepererat, in puerulos forte incidit, et circumgressa, vagientibus, manusque tendentibus manus præbuit. Ita illi alebantur solo suo casu indignantem lupam compescentes. Hoc ubi vidit Faustulus pastor, divinum quid latere ratus, pueros tollit, et pro suis educat. Longo post tempore in eum forte Faustulus pastorem incidit, qui exposuerat, reque omni de pueris cognita, narrat jam adultis, regio illos esse stemmate natos, Martisque sobolem, quæque cum matri, tum avo materno acciderant. Erant autem egregia forma, et corporis robore invicti, insignitaque audacia. Extemplo igitur pugiones arreptos vestibus tegunt, Albamque accedunt. Hic quod inexspectatum esset eorum incœptum, Amulium sine corporis custodibus reperiunt, pœnasque exigentes ferro confodiunt, et matrem e custodia educunt. Plebs quoque dextras jungit, regnantque Albæ, et finitimis in locis. Ingenti deinde hominum multitudine ad eos confluente, relicta Alba, urbem novam ædificant, Romamque appellant, quæ nunc, ut sic dicam, mortalium tenet imperium. In eorum porro, quæ tunc acciderunt, fidem ostenditur in Romano foro sacra caprificus, æneis curiæ cancellis circumdata. Tugurium item in Jovis templo (argumentum illius vivendi formæ, quam Faustulus tenuit) e quisquiliis et tenerioribus virgultis structum, conservant.

Quadragesima nona : In Anaphe insula, quæ supra Theram jacet non procul Lacedæmone, templum erat Apollini Ægletæ sacrum, in quo sacrificabant insulani cum irrisione, tali fere de causa : Jasonem, e Colchide rapta Medea domum redeuntem, valida oppressit tempestas; reque omni desperata, Argivi in navi ad preces votaque confugiunt. Apollo igitur arcum ipsis obtendens, mala omnia avertit, et fulgure e cœlo erumpente, insulam subito terra ex imo maris gurgite emisit, in quam desilientes, quod primum eam sol tunc aspexisset, Anaphen ab eventu nominarunt, et tanquam sacram ædem Apollini Ægletæ statuerunt, festumque diem hilare egerunt cum epulis, eo quod incredibile effugissent malum. Medea interim cum suis ancillis, quas ad contractas 142^a cum Jasone nuptias dono acceperat, post vini potum ludens, scommatis heroas pervigilio excipiebat. Illi vero convicia vicissim mulieribus regerebant. Unde nata consuetudo, ut insulani isti (habitata enim post Anaphe est) anniversario ritu Apollini Ægletæ invicem conviciantes, festum diem ad illorum imitationem celebrarent.

Quinquagesima narratio : Alexander (1) tyrannus a Thebe conjuge interfectus est. Hæc Jasonis ejus, qui in Thessalia quondam regnarat, filia fuit, fratresque uterinos tres, patre Eulabe genitos, habuit, Tisiphonum, Lycophrona et Pytholaum. Illos Alexander ille Pheræorum suspectos habens, e medio tollere studebat. Cognito autem Theben nequaquam æquo laturam animo uterinorum suorum fratrum cædem, ipsam quoque interimere decrevit. Sobrius igitur facile consilium tegebat: at vino captus (ebriosus enim erat) rem aperiebat. Ut ergo Thebe consilium illud intellexit, dato singulis fratribus pugione, ad cædem faciendam, ut se comparent, hortatur. Ipsa Alexandrum mero implens et sopiens, dimissis e conclavi custodibus, quæsito colore, quasi in balneo lavare vellet, fratres mox ad facinus incitat. Qui cum timidius agerent, et maxime natu minimus, inter alia comminata est, se et Alexandrum confestim excitaturam, et ut cædis reos accusaturam. Sic vi illi ad audendum adacti, dormientem Alexandrum jugulant. Nec mora Thebe, corporis custodum præfectis ad se accersitis, et qua minis, qua pollicitationibus usa, persuadet, sibi ut in acquirendo regno adsint. Illi postulata concedunt, atque ipsa imperium quidem sibi sumpsit, nomen vero titulumque regni Tisiphono fratrum natu maximo concessit.

Hactenus ex quinquaginta illis Cononis narrationibus. Attico utitur sermone; compositione vero ac vocibus gratiosus est et venustus : habet tamen alicubi contortum quid, atque a vulgi cognitione remotum.

In eodem item volumine legi Apollodori grammatici libellum cui Bibliothecæ titulus erat. Continebat antiquissimas quasque Græcorum historias, et quæ sive de diis, sive de heroibus temporis ratio dedit opinanda, cum appellationibus fluminum, 142^b regionum, gentium et urbium. Hinc et pleraque antiqua, ad ipsa usque Trojana tempora descendens refert. Virorum quoque nonnullorum inter se pugnas, resque gestas commemorat, et capta jam Troja, errores quorumdam, præcipue Ulyssis, in quem ejus priscarum rerum narratio terminatur. Compendiosa quædam narratio est maxima hujus libelli pars, iis non inutilis, qui vetera complecti memoria volunt. Ascriptum item erat lepidum istud epigramma :

Sæclorum seriem nostra si legeris arte,
Antiqua hinc fiet fabula nota tibi.
Mæonidæ ne volve volumina, neve elegiam,
Ne tragicam Musam, ne melicos numeros.
Multisonos Cyclicum versus ne quære : quod in me
Invenias quidquid maximus orbis habet.

CLXXXVII.

Nicomachi Geraseni Arithmeticorum theologicorum libri II.

Legi Nicomachi Geraseni *De arithmetica ad res divinas applicata* libros duos. Quæ quidem inscriptio magnam admirationem, vehementemque amorem concitare queat : cum opus tamen ipsum (ne id ratiocinationes vanas, perditique otii occupationem esse dicam) longe a titulo suo recesserit. Neque enim hic de numeris ab unitate usque ad denarium disserens (quod in arithmetica sua, eique præmissa isagoge præstitit) illa pertractat, quæ numeris suapte natura insunt, utilemque habent contemplationem : sed ea plurimum, quæ noxii sunt ingenii figmenta ; et ejus quidem ingenii, quod res ipsas ad suam potius speculationem contentiose aptare studeat, quam quod ad rerum naturam mentis suæ cogitata dirigere conetur. Cæterum quod vir ille rerum, quæ subsistunt, naturam ad numerorum essentiam referre, et huic pariter includere aggressus sit, resecando, addendo, permutando, ac divellendo, interdum quidem res ipsas, nonnunquam etiam illos amicos adeo sibi numeros ac deos, idque vel alteram tantummodo partem, vel certe utramque obeundo : etsi hujus rei multæ essent ipsi reddendæ rationes, in medio tamen id relinquatur. De eo tantum [loquor] quod deos et deas videre numeros exoptans, idque ipsis solum attribuens, secundum propriam cujusque definitamque quantitatem: hanc tamen ipsam non servet integram, dum in deorum ordinem numeros refert, sed (ut antea jam diximus) secando, augendo, vel omnino etiam dissipando, sic tandem ipsos ut plurimum pro diis adoret; destruens interim eam quæ ab initio aderat quantitatem, ut per hanc Deus [aliquis] fiat, 143^a et hac [ipsa rursum] eumdem illum spolians. Neque vero aut ineffabilis, aut operta hujusmodi theologia est. Sed hæc ejus sapientior, et amari dignior pars videtur, quod oporteat ingressurum in hanc admirabilem theo-

---

(1) Videndus Cicero *Offic.* II, init.; Valer. Max. lib. IX, cap. 13; Plutarch., *Pelopida*, extremo.

logiam, altiusque in abscondita ejus penetraturum, geometriæ imprimis rudem non esse, sed numerandi quoque rationem accurate tenere: neque item astrorum inspectionem obiter didicisse, quin potius et in musicis speculationibus, atque adeo illius instrumentis esse exercitatum. Ut enim e numeris deos efficiat, eosdemque omnis essentiæ rerum subsistentium auctores ac causas effingat, e singulis jam nominatis disciplinis theoremata quædam huic deorum efflictioni intexit; quorum scilicet ignoratio tanto sit ad hujusmodi mystagogiam impedimento futura, ut frustra suam ad discendum alacritatem præ se ferat ille, quicunque supradictis disciplinis jam antea imbutus non fuerit. Quare oporteat, ut apparet, ætatem universam iis disciplinis diligenter incumbendo contrivisse, atque consumpsisse, antequam ad hæc theologica circa numeros, et prodigiosa commenta veniatur, quo delirare tandem penitus tibi concedatur. Tale quid igitur summatim, vel de solo potius titulo loquendo, Nicomachi Geraseni theologia est.

De unitate ergo (præter alia figmenta non pauca, quæ rebus de ea veris, naturalibusque proprietatibus in eam quadrantibus admiscet) etiam illud refert: Mentem hanc esse, deinde et viro feminam, ac Deum, et materiam quodammodo. Eamdem res omnes revera miscere, et deinceps omnium receptricem esse atque capacem, chaos, confusionem, contemperationem, obscuritatem, tenebras, hiatum, Tartarum insuper hanc, imo Styga esse nugantur, et horrorem, atque impermistionem: barathrum quoque subterraneum, Lethen, rigidam virginem, et Atlantem. Axis præterea ipsis est, et Sol, et Pyralios, Morpho, Jovis arx, ac seminalis ratio. Apollo ad hæc et propheta, et fatidicus. Nominum vero horum ratio, partim a mente est instabili, ac superstitiosa, partim ne a puerili quidem recessit imaginatione. Cæterum unitas hoc pacto a Nicomacho, ejusque præceptoribus simul in deos refertur, et contumelia afficitur.

Dyas deinde, seu binarius, audacia ipsis est ac materia, dissimiliumque causa, et unitatem inter ac multitudinem interstitium. Ex compositione atque permistione solus hic æqualitatem efficit: quare etiam æqualis est, sed et inæqualis est, defectusque et **143**^{b} abundantia: solus item informis, et indefinitus, carensque termino. Solus paritatis principium: nec tamen par, neque rursum pariter par, neque impariter par, neque pariter impar. Verum horum plurima affinia sunt naturali binarii ipsius proprietati. Quæ vero ad prodigiosa commenta pertinent, hæc fere sunt. Fons est omnis concentus, et inter Musas Erato, itemque Harmonia. Tolerantia adhæc, radixque, etsi non actu quodammodo, potestas præterea, et pedes fontibus abundantis Idæ, ac vertices, et Phanes. Quin et a binario æquum esse Jovem, fabularum

hæc figlina theologice disputat: Justitiam ad hæc esse Dyada, et Isin, Naturam, ac Rheam, et Jovis matrem, fontemque distributionis. Est insuper ipsis tanquam Rhea tam Phrygia, quam Lydia atque Dindymene. Demetra quoque et Eleusinia, Diana, Appetitus, Dictynna, Aeria, Asteria, Disamus, et Vesta. Quin etiam Venus, Dione, Michæa, Cythereia. Ignorantia item atque imprudentia, falsum, permistio, simultas, contentio, dissidium, partum denique et mors. Sic fere de binario ab ipsis est theologice disputatum.

Ternarius vero primus omnium actu impar est, primusque perfectus numerus, et medietas, ac proportio: qui unitatis vim in actum atque exporrectionem procedere facit. Idem prima est omnium, et quidem propria unitatum coagmentatio. Hinc porro ad physiologiam numerum hunc traducunt. Causa enim est rei tripliciter separabilis, et infinitatem numerorum definiens: simile quoque, et idem, et ejusdem proportionis, ac determinatum. Verum hæc nondum adeo stolida, quibus isthæc nequaquam similia. Mens quædam ternarius est, et sapientiæ atque intelligentiæ causa: cognitio ad hæc, quæ numeri est pars maxime propria, musicæ quoque universæ potestas, ac compositio: et vero geometriæ vel maxime. Quin etiam hic rerum ad astronomiam, sive ad cœlestium naturam ac scientiam pertinentium vim omnem habet ac continet, eamque ad substantiæ productionem impellit. Virtutes quoque omnes ab hoc numero dependent, atque ab eo proficiscuntur. Deinceps quæ ad fabulas spectant refert. Hinc trias ipsis Saturnia est, et Latona, Amaltheiæ cornu. Ophionia item eam esse nugantur ac Thetin, et Harmonia. Hecaten quoque, et Eranam et Charitiam, atque e Musarum choro Polymniam, Plutonemque et Loxiam, Ursam præterea, et Helicen, atque eam, quæ æquore non mergitur, Damatramen, Dioscoriam, Metin, Trigeminam, Tritona, Maris præsidem, Tritogeneiam, Acheloam, Habitatricem, Truncipedem Curetida, Cratæida, **144**^{a} Harmoniam, Symbeniam, Gamum, Gorgoniam, Phorciam, Trisamum, et Lydium. Talis ipsis ternarius est, atque in tam multos eorum deos refingitur.

Quaternarius item magno ipsis miraculo est, novus deus, et quidem multiplex, vel potius omnideus. Fons enim ipsis est naturalium effectuum, atque naturæ claviger. Sed et suam hic disciplinis constitutionem ac permansionem affert, atque conciliat; imo natura ipsa est et varietas. Idem quoque iis Hercules, et impetus ac maximum robur, virilis potentia, nihilque habens femineum. Mercurius item et Vulcanus, Bacchus, Soritas, Maiadeus, vel Maiades. Est enim Maiæ filius, hoc est binarii, quaternarius. Eriunius adhæc, et Socus, atque Dioscorus. Bassareus insuper, et Bimater (matrem nactus binarium) feminea forma, virili viriliaque patrans, bacchari faciens. Item Harmonita seu Harmonia, et in Musis Urania. Ad hunc fere modum de quaternario nugando philosophantur, ubi et primi libri theologice expositorum a Nicomacho numerorum terminus est.

Altero igitur libro mox a prooemio res illi cum quinario numero est. Hic enim primus medietatem optimam, maximeque naturalem designat per disjunctionem ab utraque extremitate numeri naturalis : cum interim unitati quidem tanquam principio, denario vero tanquam fini coagmentetur : comprehendere simul potens ea omnia, quae in mundi natura apparent. Per unitatem etenim mundus tanquam fixis radicibus stabilitus est ; per denarium vero perfectus, atque in lucem productus. Sed id non nisi ad extremam denarii partem [conficitur] cum universi elementa per quinarium [perficiantur, atque in lucem producantur]. Nam etiam aethera ad quatuor illa adjicit : etsi hanc additionem nunquam admitteret, si vel in quaternarii, vel multorum similium laude versaretur. Sed nondum haec elegantia, aut scita, quae consequuntur, consideranda sunt. Quinarius enim sive pentas quies est a rixis, et alteratio, jubar quoque ac justitia, minimaque extremitas facultatis vivendi. Nemesis adhaec, et Bubastia, jurisdictio, Venus, Gamelia, Androgynia, Cythereia : Zonaea, circulorum praeses, Semidea, arx Jovis, Didymaea, et axis stabilis. Hanc etiam divinam esse sublimibus verbis praedicant, et Pallada, et Credeaten, Ductricem, Acreotin, aequilibrem, expertem jugi. Orthiatin, atque inter Musas Melpomenem, pulchraque voce respondentem, mediorumque medium, et fecundorum culmen. Et sic quidem ille quinarium extollit.

144b Senarius ab illo formae forma, ratione reddita dicitur, et solus inter numeros animae accommodus, atque universi articulatio, animi effector, et qui vitalem appetitum indere solet. Unde etiam senarius Harmonia atque universa natura, et magis proprie ipsamet Venus, cum juga, tum nuptialis, et androgynea theologice ab eo constituitur. Jugalis adhaec et illecebra : pax quoque, amicitia, sanitas, et Acmon, ac veritas. Hexada insuper volunt hi Parcas inter Lachesin esse, principiumque ac dimidium totius, et longe jaculantem, ac Triviam, Dichroniam, Perseiam, Triformem, Amphitriten, Anchidica, et de Musarum numero Thaleiam, ac Panaceiam. Ita neque senarius ab ipsis praeteritus est, quin deum deamque esse omni studio probaretur.

Jam hebdomas (quid dicas?) confestim fit σεπτάς· ubi si consuetudo Σ forte exterat, trahit hoc facile ex duplici littera Ξ, quam ipsa natura ad praecedentis numeri finem veluti sorte attribuit, ut haec adminiculo adversus vulgi insidias augusto illi numero esset. Atque haec admiranda illa demonstratio est, qua ita exsistere docet [vocem] σεπτάς, et cultu dignum numerum ἑπτά. At rursum etiam hic unitatis est ac denarii medietas. Fortuna item, et Occasio, Minerva, Mars, Acreotis, Agelia, Atrytone, et Capta eademque valido patre nata, Tritogeneia, caesios habens oculos, Alalcomeneia, Panteuchia, Ergana et multis precibus expetita, integritas naturae, Amaltheiae stirps, Aegis, Osiris, somnus, vox, sonus, et de Musarum numero Clio. Si libet, etiam judicium, et Adrasteia, et ejusmodi ineptiae multae. Sic plane ille adorandus septenarius, ingenti longoque labore, ut magnus multiplexque deus ab ipsis laudibus celebratur.

Octonarius deinde, etsi nequaquam tantam laudem (ne octava quidem ex parte) obtinuit : quando tamen pro deo etiam hic ipsis est, e sede sua non excidit. Adorant enim ipsum quasi summam Harmoniam et Cadmeiam matrem, ac Rheam mulierificam, Cybelen, Cybeben Dindymen, urbisque custodem, velut amorem item, atque amicitiam, prudentiam, intelligentiam, Oreiam, Themin, legem, natum ante exactos menses, et Musarum Euterpen.

Novenarius item posthabetur, et in deitate, et in longa descriptione, qua septenarius in altum nimium quantum evectus fuerat : at proximum saltem in divinitate gradum cum octonario obtinet. Circumfunditur enim ab ipsis tanquam Oceanus, atque ut visum finiens circulus [Horizonta Graeci vocant] celebratur. Promethea quoque ipsum faciunt, et Concordiam, Perseiam, et Solem indigitant. Quietem quoque a rixis, et similitudinem, Vulcanum, Junonem, Jovis **145**a sororem et conjugem, eminus operantem Paeana, Nysseida, Agyrea, Enyalium, Ageliam, Tritogeniam, Concordiam, Suadam, Curetidem, Proserpinam, et Hyperionem, Musarum denique Terpsichoren.

Denarius denique ipsis est universum, Deus summus, et deorum Deus, quod manuum pedumque decem sint digiti, decemque [ut logici vocant] praedicamenta, et orationis partes decem. Omnia enim ipsis decas ut sit, allocutionem caeteris orationis partibus apponunt et supplementum. Quid attinet dicere, complecti illos hic solida, plana, paria, imparia, pariter imparia, perfecta, prima et simplicia, aequalia, inaequalia, decem ipsas habitudines, sphaerica, circularia, ad genituras atque imitationes spectantia, et his consentientia. Ut iidem ipsis decas sit mundus, coelum, fatum, aevum, potentia, fides, necessitas, Atlas, indefessus deus, Phanes, Sol, Urania, Memoria, Mnemosyne. Et vero omnia, opinor, praedicta deorum nomina decadi attribuissent : nisi his ipsis antea occupatis, propria jam illa aliis fecissent, et continenter eadem de singulis dicere piguisset. Quando enim superdeus ipsius denarius est, qui etiam omnem ejus divinitatis vim, quae in numeris invenitur, obtineat : propterea quoque fusus adeo Nicomachus in hoc describendo esse voluit, quanquam multo adhuc longior sit in monade atque septenario. Verum id ita in monade accidit, quod de reliquis item numeris non modica ibi disputat, et præfationibu insuper extenditur. Ubi et hoc observo, libentius eum sermoni de decade, dum de utroque illo numero disputat, inhærere : quod idem in quinario facit, de quo æque pene multis atque de septenario disserit.

En tibi, charissime frater, per summa capita recensitam Nicomachi illam celebrem, repertuque difficilem in numeris theologiam, quæ tamen hercle ob inaccessa pene sua, præceptuque difficilia sensa, nequaquam perspicax vestrum ingenium atque diligentiam extra humanam propemodum conditionem removere potuit : quandoquidem jam geometrica, arithmetica, cæterasque mathematicas disciplinas (ut et tu scis) plerique nobis non ignoti nihilo negligentius, opinor, tractant, quam Hermeiæ [quondam] filius (neque enim ignoras Ammonii in his artibus dexteritatem); plane ut nullum ipsos latere possit eorum theorematum, quæ numerorum huic studio Nicomachus innexuit. **145**^{b} Verum unde hæc defecerunt? Tempus, opinor, et quod ne utilibus quidem parcatur, dum inutilia quæque facillime labefactantur, validam invexit consuetudinem invictamque vim, per quam etiam id commodi acceperit illud Nicomachi studium, quod pene cum multis utilibus censeretur periisse. Quanquam hodieque attonsum atque accisum ut est, non exiguam (quemadmodum et modo vides, et post etiam, scio, clarius videbis) gloriam parit.

CLXXXVIII.
Alexandri Admirabilium Collectio, et Protagoræ Geometriæ universi orbis libri vi.

Lecta est *Admirabilium* Alexandri *Collectio.* Qui multa quidem prodigiosa hoc volumine atque incredibilia commemorat, sed alios non incelebres laudat auctores, qui eadem prius narrarint. Scribit autem de animalibus, de plantis, de regionibus nonnullis, de fluminibus, de fontibus et herbis, atque id genus aliis. Clara ejus est dictio, summatimque cum narret, non omnino jucunditatis expers est.

In hoc eodem volumine Protagoræ quoque *Geometriæ*, quæ *Universi orbis* titulum præ se ferebat, libri sex continebantur. Horum quinque, etsi non studiosam, neque (ut postea fecit) accuratam, Asiæ tamen, et Africæ, quin et Europæ situs descriptionem complectuntur. Sextus vero liber Alexandri quodammodo Collectioni respondet. Describit enim, quæ in mundo universo paradoxa referuntur : quorum pleraque veteribus accepta refert scriptoribus : plurima etiam a se visa narrat, non minus omnium opinionem, quam superiora illa exsuperantia. Perspicua et hujus dictio est, ac brevis narratio, hoc sexto libro maxime.

CLXXXIX.
Sotion De fluminibus, fontibus, ac lacubus. — *Nicolai Damasceni Morum incredibilium Collectanea.* — *Acestoridæ Mythologiæ politicæ libri* iv.

Legi quæ Sotion sparsim inopinata de fluviis, fontibus ac lacubus referri scripsit. Respondet et hic libellus, conveniique cum Protagoræ sexto, et Alexandri Collectaneis, nisi quod hic de fontibus tantum et lacubus incredibilia commemoret, cum illi ejusmodi de aliis etiam plurimis scribant. Sermo autem non longe ab illorum dictione recessit.

In hoc item volumine lectus est Nicolai liber, Herodi Judæorum regi inscriptus, quo *Incredibilium morum Collectio* continebatur. Incidit autem interdum in eadem inopinata, quæ ab Alexandro collecta fuerunt, ascriptis etiam non paucis ex Cononis narrationibus. Attamen in quibusdam historiis, aliter instituta narratione, dissentit. Hujus quoque oratio **146**^{a} summis quasi capitibus absolvitur, nec a perspicuitate unquam discedit : adhibita interim frequentiore, quam prædicti, inversione ac gravitate. Refert item nonnulla, quæ licet sua novitate turbent, multis tamen in confesso sunt : et rursum incognita multa, sed quæ manifesto tamen cum veritate non pugnent. Gentium enim mores unicuique proprios, ut plurimum commemorat. Quanquam et in his reperias, quæ mox nullam mereri fidem indicent. Damascenus autem hic, uti ego existimo, Nicolaus ille est, qui Augusti temporibus floruit, eoque est usus familiari. A quo et placentarum genus nicolaos Cæsar nominabat, quas ideo ad hunc ille honoris gratia mittere solebat, quod parem sibi familiaritate reddidisset. Hic idem ingenti volumine Assyriam Historiam, quantum potuit ex antiqua memoria legendo assequi, reliquit.

Eo ipso in codice legimus Acestoridæ *Politicarum Fabularum* libros quatuor. Videtur autem hic scriptor majore solertia in libri sui titulo usus esse, quam plerique alii. Quæ enim cæteri in suis scriptis, partim moderatiores cum essent, ne indicarunt quidem, partim pro vero etiam venditare voluerunt, eadem hic veritatis studio Fabulas nominavit, et earum rerum historiam, seu mythologiam (quomodo libenter ipse appellat) composuit. Multa igitur in his reperias, quæ et Conon collegit, et Apollodorus in suam retulit Bibliothecam, congessitque Alexander, et Nicolaus dedicavit, occupavitque Protagoras. Acestoridas porro plurima quoque ab illis prætermissa memoriæ mandavit; etsi in plerisque, quæ et hic et illi narrant, discrepantem videas ipsorum historiam. Plurima igitur hic scriptor, certis confirmata historiis, suos in libros retulit : et vero nonnulla, quæ evidenter ut plurimum demonstrari queant, ut fabularum vocabulum non tam ad calumnianda ejus scripta, quam ad eorum gratiam jucunditatemque indicandam additum esse videatur. At vero, me judice, æquus hic rerum æstimator haberi mereatur, quod falsa multa rebus vere gestis additurus, ambiguo tamen titulo reprehensioni satisfecerit. Ad stylum vero quod attinet, etiam hic similis est præcedentium.

CXC.

Ptolemæi Hephæstionis Novæ ad variam parandam eruditionem historiæ libri vi.

Legi Ptolemæi Hephæstionis *Novæ ad variam parandam eruditionem* **146**b *historiæ libros sex*. Operæ pretium sane hoc opus iis attulerit, qui in multijugæ lectione historiæ horas collocare satagunt. Brevi enim tempore ejusmodi collecta simul cognoscenda suppeditat, quæ nonnisi longo temporis intervallo quispiam per libros passim dispersa laboriose comportare possit. Continent autem prodigiosa multa, et falso conficta : quodque absurdum magis, quarumdam etiam fabellarum causas, ob quas vere evenisse putandæ sint, reddere conatur. Ipse tamen carum collector subinanis est, et in arrogantiam proclivis, neque satis urbanus ejus sermo. Dedicat suum opus Tertullæ cuidam ; quam non dominam solum nominat, sed eam insuper litteris variæque doctrinæ deditam prædicat. Nonnullos interim reprehendit eorum, qui ante se hoc argumentum non recte tractassent. Etsi pleraque ab ipso enarrata (illa maxime, quæ nec improbabilia sint, nec fide indigna) variam, et cognitu non ingratam scientiam suggerunt.

Primo igitur libro, Sophoclis mortem enarrat, præmissa etiam Protesilai. Dein quoque de Hercule scribit, ut igne vitam sibi abstulerit, quod arcum suum intendere non posset, annos jam natus quinquaginta. De Crœso servato in rogo : de Achillis interitu, de Laide meretrice ossis olivæ haustu exstincta. Quæ ubi singulatim retulit, eadem non recte ab aliis antea fuisse tractata docet. Deinceps vero de Alexandro rege commemorat, dum Ephesi Palamedem per dolum occisum in tabula spectaret, turbatum animo fuisse, quod illi per fraudem interempto similis esset Aristoneicus Alexandri in pilæ lusu socius. Tanta nimirum erat Alexandri animi mansuetudo, tantumque amicorum studium. Illud deinde apud Euphorionem in Hyacintho ignoratum :

Solus Cocytus sua vulnera lavit Adonim (1) ;

hoc [ait] significat : Cocytus quidam nomine, Chironis in re medica discipulus, Adonim curavit ab apro sauciatum. Refert item illum, qui apud Herodotum, libro I *Historiarum*, ab Adrasto Gordii filio interfectus dicitur, Agathonem fuisse appellatum, et de coturnice quidem contendentem occubuisse. Cadmum quoque et Harmoniam in leones esse transformatos (2). Tiresiam ad hæc formam suam septies mutasse, et cur apud Cretas ipse Phorbantis sit filia dictus. Erymanthum Apollinis filium excæcatum, quod post congressum cum Adonide A lavantem **147**a Venerem vidisset, et Apollinem indignatum, apri forma induta, dentibus vulneratum necasse Adonim. Quare poeta columbas cibi deorum ministras fecerit, et quid Alexander rex, atque adeo Aristoteles super hac re censuerit : et de Homero ipso atque columbis. Epicharmum poetam ab Achille Pelei filio genus ducere. Patroclum per excellentiam Equitem ab Homero nominari, quasi a Neptuno aurigandi artem didicerit, cum illius hic amator fuit. Ulyssem, quod magnas aures haberet, Outin initio appellatum. At quia pluvia aliquando exorta, cum amplius partum gestare mater gravida non posset, in via pepererat, Odyssea inde esse nominatum. Arcas quidam Peritanus nomine Helenam apud Paridem in Arcadia agentem adulterarat : quare Paris adulterii pœnam irrogans, genitalia illi exsecuit. Unde factum, ut Arcades sic affectos atque exsectos περιτάνους vocent. Achillem Aristonicus Tarentinus cum virginibus apud Lycomedem versantem Cercyseram appellatum esse scribit. Issan quoque Pyrrham Aspetum, atque Promethea. Botryas item Myndius Niobes liberos omnes ab Apolline interemptos tradit. Ulyssi [ait] monitorem (3) parens addidit Myiscum nomine, ex insula Cephalenia. Sequebatur et Achillem monitor [Phœnix] nomine, prudens, Calydonius genere : ut et Patroclum Eudorus. Cæterum Antipater Acanthius refert Daretem, qui ante Homerum *Iliadem* conscripsit, monitorem fuisse Hectoris, auctoremque ne Achillis socium interimeret. Sic Protesilao docet Dardanum affuisse, origine Thessalum : et Antilocho Chalconem Armigerum simul, et monitorem a Nestore patre datum. Hæc primi libri capita.

Altero deinde libro de Hercule agit, ut a dementia elleboro sit liberatus ab Anticyreo, qui hoc remedium Anticyræ Phocidis valde frequens primus reperit : etsi alii aliter purgatum memoriæ prodiderunt. A Nestore quoque Herculem adamatum narrat. Item non Philoctetem, sed Morsimum Trachinium pyram Herculi incendisse. Herculem præterea, devorato a Nemæœ leone **147**b digito uno, novem duntaxat digitos habuisse, exstareque tumulum digiti avulsi. Alii tamen pastinacæ piscis aculeo digitum amissum ferunt. Leonem vero ex lapide Lacedæmone videre se digiti tumulo impositum, symbolum nimirum Herculei roboris. Unde mos inolevit in reliquorum quoque sepulcris, lapideos statuere leones. Verum alii aliter de leone in cippo monumentis imposito tradunt. Ex Herculis rogo magnam locustarum vim enatam, quæ regionem veluti peste vastavit, et quo modo ea lues ex-

---

(1) Sic et Propert. Eleg. ult. lib. 1, *Mortuus inferna vulnera lavit aqua.*

(2) In angues conversos fingit Ovid. *Metamorphos.* IV.

(3) Pædagogorum id, sive potius consiliariorum intimorum genus, heroibus addi solitum maxime junioribus. Quales fere hodie *gubernatores* majoris potestatis significatu, appellamus. Quomodo etiam dixit Stat. :

Indomiti Phœnix moderator alumni.
(Syl. v, Epiced. in patrem.)

Similem huic pædagogorum catalogum (in quo et Phœnix Achilli tributus) lege apud Clem. Alexan. lib. 1 *Pædagogi*, c. 8. Cf. Plutarch. in *Præcept. politic.*

stincta fuerit. Ut Venus propter Adonidem, suum Herculis amasium, Nessum Centaurum, quas Herculi insidias strueret, edocuerit. Ut Nireus, Symæus Herculis amasius, contra Heliconium leonem una pugnarit: quidam tamen Herculis filium Nirea faciunt. Quænam sint illæ apud poetam gratiæ, cum quibus Euphorbi crines componit. Herculem a natali Nilum fuisse appellatum asserit: at post servatam Junonem, interfectis qui illam invadebant Anonymo et Peripnoo gigantibus, exinde (quod bellum a Junone profligasset) nomen mutasse. Auderus Herculis amasius, cum de hujus rogo Theseo nuntiasset, ab eodem est interemptus. Dimidium Hydræ caput aureum fuisse, auctor est Aristonicus Tarentinus. Alexander vero Myndius refert, draconem terra genitum una cum Hercule pugnasse, adversus Nemeæum leonem: quem et enutritum ab Hercule, Thebasque ductum in hujus tentorio mansisse, eumdemque illum esse, qui pullos passeris cum devorasset, in lapidem conversus fuerit. Argo navem in Ossa Thessaliæ monte Hercules quidem exædificavit: nomen vero ipsi inditum ab Argo, Jasonis filio, qui ipsi in deliciis erat, propter quem etiam ille una cum Jasone ad Scythas adnavigavit. Junonem cum Geryone pugnantem ab Hercule vulnus accepisse secundum dexterum uber, et quæ inde consecuta sint. Corythus, genere Iberus atque Herculis amasius, galeam primus fabricavit. Hinc et his armis nomen id primum datum. Sepulcrum illud in Creta, quod Jovis appellatur, Olympi illius Cretensis esse, qui ereptum Saturno Jovem educavit, religionemque edocuit. Verum enim vero nutritorem doctoremque suum Jupiter fulmine, inquit, percussit, quod **148**a gigantes regnum ejus invadere velle suspicaretur. At cum Jovem postea icti cadaver jam habentem facti pœnituisset, neque posset aliter dolorem lenire, suum saltem nomen interempti sepulcro indidit. Cujus sit hoc dictum ab Alexandro Philippi filio usurpatum:

Protea, cupe, bibas vinum humana carne refectus.

Et rursum Proteæ: « Quali consuevit cantione uti Alexander? » et « Cujus id fuit poema? In quemnam epicedium idem ille Philippi filius Alexander conscripsit? »¦Atque hæc secundi libri capita.

Tertio vero libro de Hyllo Herculis filio commemorat, cornu eum parvum ad lævam capitis partem adnatum habuisse, quod Epopeus Sicyonius, cum in pugna illum occidisset, acceperit, tuleritque in eo Stygis aquam, et regnum oræ illius occupaverit. De Stygis aqua in Arcadia ita narrari, cum Cererem filiæ raptum lugentem eo ipso mœroris tempore Neptunus sollicitaret, in equam illa sese præ indignatione transformavit. Delata itaque ad fontem, ubi formam hanc suam conspexit, exhorruit, ipsamque aquam nigram reddidit. De Hecale, et quam multis illud nomen commune fuerit. Alexandri patrem non Philippum fuisse, sed Arcadem quemdam genere, cui Draconi nomen. Atque hinc illam de dracone fabulam manasse. De Ptolemæi cane, qui pro hero depugnarit, utque a morte sectus habere inventus sit cor pilis obsitum. Erat autem genere Molossus, Briarei nomine. De Polydamante. Quid sit apud poetam:

Ut cum Pandarei soboles Chloreis aedon?

et quæ sequuntur. De Palladio a duobus, id est, Diomede et Ulysse, furto fuisse sublatum. De calamo sic sonante: *Auriculas asini Midas habet.* De avibus Acestaliis apud Stesichorum quæsitis. De lapide Gigonio juxta oceanum, quodque solo asphodelo moveatur, cum vi nulla alia cieri aut moveri queat. Ropalum Herculis filium fuisse, et hunc una eademque die patri ut heroi parentasse, et ut deo sacrificasse. Amphiaraum sic appellatum, quod uterque matris parens precatus sit, ut filiæ sine labore parere concederetur. Cujus sit hymnus, qui apud Thebanos in Herculis honorem canebatur, dicebatque ei: *Jovis ac Junonis fili;* ibidemque de iis qui hymnos per singulas urbes cani solitos composuerunt. Philostephanum **148**b vatem ac poetam jam inde a natali die veste numquam esse usum. Matrim quoque Thebanum hymnorum scriptorem per omnem vitam myrti baccis assidue victitasse. Eupompum Samium (qui, quod visu audituque incredibile est, ferum admodum monstrum [id est] draconem alebat) filium habuisse Draconem nomine, acutissimi visus, plane ut per viginti stadia commode cerneret. Hunc igitur mille talentis conductum, et Xerxi sub aurea platano assidentem, narrasse quam videret Græcorum ac Barbarorum navalem pugnam, et Artemisiæ fortitudinem. Plesirrhoum Thessalum hymnorum scriptorem ab Herodoto adamatum, bonorumque hæredem institutum fuisse: eumdem etiam exordium libri primi *Historiarum* Herodoti Halicarnassei fecisse: principium enim Historiarum Herodoti proprium hoc fuisse: « Persarum doctiores memorant, dissensionum auctores exstitisse Phœnicas. Polyzelum Cyrenæum risisse numquam: indeque Agelasti cognomentum illi datum. Deorum cultu cæteros omnes superasse ferunt, alii quidem Antigonum Ephesium, alii Lucium Hermionium, cujus et Theophrastus in epistolis meminit. Achilli atque Deidameiæ natos filios duos, Neoptolemum et Oneirum: occisumque ab imprudente Oreste Oneirum in Phocide, cum hic de figendis tentoriis adversus illum certare cœpisset.

Disserit deinde et de historicis quibusdam casibus. Amyci sepulcro rhododaphnem innatam ait, quam qui gustassent, pugilatus studio capi solitos. Antodorum itaque, cum ex ea lauro edisset, victorem tredecies coronam retulisse: eumdem tamen a Dioscuro Theræo in quarto decimo certamine victum, quemadmodum et ipse Amycus dicitur ab altero Dioscurorum lucta superatus. Crœsum quoque festo Veneris die natum: quo item die Lydi omnes divitias pompæ nomine illi deæ apponunt.

Taurum aliquando sacrificanti patri nuntiatum, natum ipsi esse Themistoclem, et vero hausto idem taurino sanguine periit. Darius Hystaspis filius a matre expositus, equæ uberibus lactatus est, ab Spargapiza equorum pastore : idemque postea hinnitu equi rex creatur. Ibyci poetæ melici servus Hercules nomine, vivus exustus, quod cum latronibus in dominum conspirasset. Orestes Cereris illius festo die, **149**^{a} quæ Erinnys dicta, natus est. Philippus puer etiamnum illas quasi stellas, quas suo decursu desilire advertebat, vesperi sagittis petere conabatur : et Diognetum vatem prædixisse ferunt, dominaturum multis adolescentem. Et sane Aster illi nomen fuit, qui eidem oculum sagitta eruit. Marsyas tibicen, ille qui pelle exutus est, auram vitalem haurire cœpit eo festo Apollinis, quo die omnium quæ sacrificarentur animantium pelles dereptæ illi dedicabantur. De Tityo, qui Alexandro struxit insidias. Claudium imperatorem gravida gestans mater, boletum fungorum desiderio capta comedit, et Claudius fungos veneno infectos devorans periit. De Centauro Lamiæ filio ut adulterans captus sit, quem alii a Peirithoo eunucho, alii a Theseo interfectum aiunt. Tales varii in istis historiis casus atque eventa referuntur, quibus etiam liber tertius tandem absolvitur.

Libro autem quarto hæc narrantur : Helenam primum excogitasse digitis micando sortitionem, et cum Alexandro sortientem vicisse, fuisseque Veneris filiam. Helena adhæc et Achille filium in Beatorum insulis cum aliis natum, quem ob regionis fertilitatem Euphorionem appellarint : ejus autem amore captum Jovem, et minime potientem, nymphasque, quod eum terræ mandassent, in ranas commutasse. Helenam quosdam referre ait venantem in virginali monte raptam a Paride, et hujus pulchritudine captam tanquam deum esse secutam : De zona acu picta quam a Venere acceptam Juno dederit Helenæ, a qua rursum ancilla Astyanassa furto sustulerit, donec eam Venus et huic abstulit. Quid sit illud ab Homero de Helena sic dictum :

Argivum uxores imitata est vocibus omnes.

Dictum Solis et Ledæ filiam fuisse Helenam, vocatamque Leontem : raptam autem fuisse ob iratam Menelao Venerem, quod hecatomben pro nuptiis pollicitus, voti reus deæ non solvisset. De Heleneio herba, quæ in Rhodo nascitur, ab Helena nomen hanc sumpsisse. Visam enim ad eamdem nasci quercum, ex qua se Helena strangularit ; quin et eam qui ederint ad rixam omnino concitari. Adamatum prius ab Helena Menelaum, sic tandem eam uxorem duxisse. Addit narrare quosdam, in Tauros Scythiæ profectum cum Menelao Helenam ad investigandum Orestem, immolatam ibi hanc **149**^{b} Dianæ una cum Menelao fuisse ab Iphigeneia. Velle tamen alios a Theti, marini forma vituli induta, sublatam illam, dum Græci navibus domum redirent. Ferunt, ait, Echo proprium Helenæ nomen inditum, quod aliorum illa vocem imitari egregie posset : Helenam vero dictam, quod eam Leda ἐν ἕλει [in palude] ediderit. Lacedæmone locum quemdam Sandalium appellatum ab Helenæ sandalio, quod illic exciderit, dum illam Alexander persequitur. Sustulisse Alexandrum ex Helena filiam, ortaque de nomine contentione, illum quidem Alexandram, hanc autem Helenam nominari voluisse. Vicisse tandem Helenam talorum jactu superiorem, atque ita filiam matri cognominem factam . quam ab Hecuba, capto jam Ilio, interemptam ferunt. Ab Iliacis usque temporibus, ait, Helenæ multæ nomen sunt mutuatæ : ut Ægisti et Clytemnestræ filia, ab Oreste interfecta ; Veneris item in congressu cum Adonide ministra, Epidamnii filia, et ab Epidauniis Veneris figura culta, divitias inhiantibus largiens ; Faustuli præterea illius filia, qui Romum et Romulum educandum curavit : ut et illa est Helena appellata, quæ ternos edebat quotidie hædos. Dicæarchi quoque Telesini soror, aliæque octodecim, in quibus et ea Homero antiquior Helena est, quæ bellum Trojanum conscripsit, Musæi Atheniensis filia : a qua et Homerus accepisse argumentum creditur, et bilinguem agnum possedisse. Tityri insuper Ætoli filia, quæ singulari Achillem certamine provocans, læsit quidem illum, inflicto mortali pene secundum caput vulnere, sed ipsa occubuit. Helena quoque in hunc censum refertur illa pingendi perita, Timonis Ægyptii filia, quæ suis temporibus gestum Issicum bellum penicillo pinxit, et in Pacis templo a Vespasiano imperatore collocata pictura est. Archelaus porro Cyprius, Stesichori poetæ amicam unice dilectam fuisse ait Helenam quamdam, Micythi filiam : et discessisse hanc a Stesichoro, atque ad Bupalum se contulisse : iratum ergo hinc sui contemptu poetam scripsisse [carmen] : *Helena volens discessit.* Falsam autem esse vult narrationem illam de Stesichoro excæcato. De moly deinde herba apud Homerum agit, quam e sanguine interfecti in Circes insula gigantis enatam ferunt, habereque candidum florem ; Circes autem in pugna socium Solem, etiam **150**^{a} gigantem interemisse, atque inde, quod μῶλος pugnam significet, inditum herbæ nomen. Refert quoque Dionysium fuisse Chironis amasium, et ab eodem comessationes, bacchationesque ac sacrificia didicisse. De Myrtillorum patris ac filii Taraxippo in Olympia. Solum item Neoptolemum Maclotem oraculum Phemonoes ab Ætho, uno e fratribus audivisse aiunt, ac de hoc Ætho libro primo *Historiarum* Herodotum dicere : *Etsi nomen ejus mihi notum, non tamen memorabo.* De duplici apud Homerum appellatione, altera apud deos, altera homines quodque Xanthus solus inter flumina fuerit Jovis filius. De aliis item duplici præditis nomine. Esse adhæc in Tyrrhenia Halis turrim, quæ vocatur, sumpto nomine ab Itali, Tyrrhena venefica, quæ Circes famula cum esset, ex heræ ædibus aufugit. Ad hanc autem delatum Ulyssem, in equum incantationibus commutatum, atque apud eam educatum, donec senio confectus obiit. Ex hac igitur historia etiam nodum illum apud Homerum dissolvi, cum (85) ait :

. . . . *Mors illius ex mari.*

Qui finis quarti libri est.

Quintus post hæc liber ista commemorat. Pugnavit, aiunt, Jason cum Amyco, non autem Pollux. Testatur id regio Jasonia cuspis dicta, et fons juxta manans Helena appellatus. Ex hoc etiam illud Crinagoræ solvitur epigramma :

Et Procli equi viridem 'psalacantham habent.

Quod ignoravit Callimachus, cum sit; Eubuli comici in Bacchum comœdia. Agit et de parodia versus illius. Psalacantha autem herba est Ægyptia, quæ equis circumligata victoriam præbet et felicitatem. Ferunt, addit, alii Psalacantham nympham fuisse in Icaria insula, quæ Bacchum adamans allaboravit ipsi ad potiendum Ariadna, quod et cum ipsa postea congrederetur, quod ubi Bacchus recusasset, Ariadnæ hanc esse insidiatam, atque illum indignatum, convertisse eam in herbam : pœnitentia tamen postea ductum, honoris ergo plantam illam Ariadnæ coronæ, quæ cœlestia jam inter sidera translata erat, circumposuisse. Herbam ipsam alios Artemisiæ, Meliloto alios similem facere.

Athenodorus [inquit] Eretriensis, octavo libro *Memorabilium* refert, Thetin et Medeam de pulchritudine in Thessalia certasse, arbitrumque adhibitum Idomenea Thetidi victoriam adjudicasse. Medeam ergo indignabundam, illud protulisse : *Cretenses semper* 150b *mendaces* : eidemque imprecatam, ne verum unquam diceret, ut ne in hac quidem sententia dixisset. Hinc factum scribit, ut mendaces habeantur Cretenses : adducitque hoc idem narrantem Antiochum lib. II *Civilium Fabularum.* Ilus, ut narrant, Laomedontis pater, equinis setis comante galea utebatur, ut et e Priami liberis Melanippus et Idæus. Achillis item equi, Xanthus et Balius appellati, gigantes primum fuere, solique gigantum pro diis pugnarunt adversus fratres. Ad Thylas Siciliæ naufragium passo Ulysse, Achillis scutum ad Ajacis monumentum emersit, et sepulcro appositum postridie fulmine est ictum. Herculem non Nemeæi leonis pellem gestasse ait, sed Leonis cujusdam e gigantum numero : ob provocatum ad singulare certamen Herculem ab eodem interemptum : et aurea mala custodiens draco, ait, fratrem habuit leonem illum Nemeæum. Irus apud Homerum Bœotius fuit. Candaulæ conjugem, cujus Herodotus nomen reticet, dictam esse Nyssiam. Eam et duplici pupilla, et acutissimi visus fuisse, quod dracontiten lapidem gestaret : ut per ipsas etiam fores Gygen, ad inquirendum egressum, viderit. Quidam tamen ipsam Tudum dictam volunt, alii Clytiam. Abas autem Abro nuncupatam tradit. Ideo vero ejus feminæ nomen ab Herodoto silentio pressum aiunt, quod cum ejus amasius Plesirrhous Nyssiam nomine amicam haberet, Halicarnasseam genere, nec ea potiri, repulsam passus, potuisset, de superiori loco vitam sibi laqueo abruperit. Hinc velut odiosum, ejus ubique nomen refugisse Herodotum. Centauros Herculem fugientes per Tyrseniam fame periisse, suavi Sirenarum cantu deceptos. Abderum Herculis amasium, Patrocli fratrem fuisse. Epipolim Carystiam, Trachionis filiam, muliebrem sexum dissimulantem cum Græcis militasse, sed per Palamedem tandem detectam, a Græcis obrutam esse lapidibus. Quo tempore Alexander Helenam rapiebat, Menelaum Gortynæ, quod Cretensium oppidum est, Jovi hecatomben immolasse. Palamedem pro Agamemnone Græcis imperasse. Cum enim in Aulidem delatus Agamemnon agrestem capram, Dianæ sacram, telo confixisset, atque hinc 151a Græcis navigatione prohibitis Calchas vates respondisset, placari numen, expiarique malum posse, si Iphigeneiam filiam Neptuno immolaret Agamemnon : detrectanti id facere indignati Græci imperium ademerunt, et Palamedem regem crearunt. Addit Philocteten a serpente percussum periisse : et Paridem a Menelao femur hasta ictum, interemptum. Demetrio [inquit] Scepsio mortuo, Tellidis librum ad caput ejus repertum ferunt : ut et Alcmanis natantes [feminas] ad cervical Titonychi Chalcidensis : et Eupolidis Hybristodicas ad Ephialti caput. Cratinique Eunidas apud Alexandrum Macedonum regem. Ita Hesiodi opera et dies Seleucus Nicatoris filius ad caput semper admovit. Quin et Arcadum legislator Cercidas tumulo suo primum et secundum Iliados librum inferri jussit. Pompeius quoque Magnus non prius in expeditiones tendebat, quam primum Iliados librum perlegisset, quod æmulus esset, imitatorque Agamemnonis. Cicero item Romanus Euripidis Medeam evolvens, in lectica, qua gestabatur, capite truncatus est. Diognetus Cretensis [ait] pugilatu victor, coronam non solum non accepit, sed etiam ab Eleensibus pulsus fuit, propterea quod victus, cæsusque ab illo, communi cum heroe nomine Hercules appellatus est. Hunc autem Diognetum ut heroa Cretenses colunt. Homerici cum illum versum de jamjam vulnerando [Menelao] :

Nec, Menelae, tui duxere oblivia divi;

hunc [inquam] versum per parodiam Pythius, mutato Menelai nomine in Menedemi, usurpavit. Posita autem fuit quæstio in cœna Augusti imperatoris qualem versum oraculum per parodiam enuntiasset, et quis oraculo referretur. Menedemum Eleensem Buneæ filium ferunt Herculi ostendisse expurgandi stabuli Augæi rationem, atque adeo flumen avertisse. Eundem una cum Hercule bello Augæam oppugnasse, interfectum humo esse conditum in Lepreo, propter piceam arborem. Instituto autem ejus causa certamine, Herculem ibi cum Theseo certasse, cumque viribus pares essent, jactatum spectatoribus de Thesco: *Alter hic Hercules.* Phantasiam aiunt quamdam Memphitida, Nicarchi filiam ante Homerum **151**b Iliacum bellum et narrationem de Ulysse composuisse, depositumque opus Memphide. Homerum ergo profectum eo, a Phanite sacro scriba commodato illud accepisse, ejusque esse ordinem insecutum. Adonis [narrant] androgynus cum esset, ut vir cum Venere, ut mulier cum Apolline congressus est.

Alpheio item flumini remuneraturus in Olympicis victor Hercules, Alpha ab eo litteram nominavit, primamque omnium collocavit. Nugatur etiam fabularum hic scriptor, dum ait, Moysen Hebræorum legislatorem *alpha* idcirco fuisse appellatum, quod ἀλφῷ [hoc est vitiligine] corpus infectum haberet. Calerius Crassus, imperante Tiberio Cæsare tribunus militum *beta* est appellatus, quod illa libentius herba uteretur, quæ a Romanis *beta* nominatur. Horpyllis vero, Cyzicenum scortum *gamma* dicebatur. Antenor, is qui Cretensium historiam conscripsit, *Delta* cognominatus est, quod bonus esset, et civitatis amans. Cretensibus enim *bonum* δέλτον significare affirmant. Sic Apollonius, Philopatoris temporibus astronomia clarus, Ἐψιλὸν dictus est a figura litteræ E, quæ circumagitur cum luna, in quam ille multum studii contulerat. Satyrus item Aristarchi familiaris Ζῆτα est nuncupatus, ab investigandi rerum causas studio. Narrant et Æsopum ab Idmone hero suo Θῆτα appellatum, quod servili esset indole ac versipellis. Nam θῆτες servos significat. Cupseli adhæc mater, quod pedibus valga esset, Λάμβδα vocata Apollini Pythio. Pythagoram insuper eum, qui numeros omnes descripsit, refert Democydes a tertia cognominatum esse littera. Et hæc quidem quintus continet liber.

Sextus postea liber capita hæc complectitur. Occisum Penthesilea Achillem, Thetidis matris precibus in vitam revocatum, et Penthesilea interempta, rursum ad Orcum rediisse. Lycophronem in Alexandra poemate dicentem :

Qualis Lucinia sterilis centauricida.

Sirenas ibi *centauricidas* significasse. Helenum Priami filium, dilectum ab Apolline, munerique accepisse arcum eburneum, quo Achillem secundum manum feriret; Priamum cum Andromacha, suisque liberis supplicem accessisse **152**a ad Achillem pro Hectoris ossibus; Thetin sex numero liberos e Peleo susceptos latenti igne sustulisse, tandemque Achillem esse aggressam. Peleum ergo re cognita, vi hunc eripuisse, talo tantum dexteri pedis adusto, et apud Chironem collocasse, qui effosso Damysi gigantis corpore, in Palene sito (hic gigantum omnium velocissimus fuerat) sublatoque ejus talo, Achillis aptavit pedi, et medicamentis firmavit. Hunc postea talum excidisse refert, insequente ipsum Apolline, et collapsum sic esse interemptum. Ferunt autem et ab Homero

πoδάρκην appellari, quod Arces alas infanti nato Thetis addiderit : ut sit ποδάρκης, quasi in pedibus Arces alas tenens. Arce hæc, aiunt, Thaumantis erat filia, et Iridis soror, quæ utræque alas habuerunt. Bello vero deorum cum Titanibus, desciscens a diis Arce ad Titanas transfugit : quare profligato jam bello, partaque victoria, Jupiter ei in Tartarum detrusæ alas ademit. Ad Pelei deinde et Thetidis nuptias accedens, muneri alas istas Thetidi obtulit, sicut Peleo in nuptiis donasse aiunt Vulcanum ensem; Venerem scyphum aureum, qui insculptum habebat Cupidinem; Neptunum equos duos, Xanthum et Balium, Junonem pallium, Minervum tibias, Nerea denique Salem, quem vocant divinum in arcula, qui sal incredibilem habeat virtutem ad juvandam edacitatem, edendique appetitum, et ciborum concoctionem. Atque hinc locum illum clarum evadere :

Sale aspersit sacro.

Agit tum de Achille terra genito, et quot post Iliaca tempora fama clari Achilles fuerint. Hic terræ filius Junonem, Jovis congressum fugientem, antro suo recepit, persuasitque ad Jovem redire; et hæc prima fuit, ut ferunt, Jovis et Junonis coitio. Quamobrem Jupiter quoque Achilli pollicitus est facturum se, ut quotquot ejus nomen sortirentur, clari exsisterent. Propterea et Achilles ille Thetidis filius, illustris exstitit. Chironis quoque præceptor Achilles nominatus : unde Pelei filius per Chironem sic appellatus. Adhæc, qui primus ostracismum Athenis excogitavit, Achilles dictus, filius Lysonis. Jovi quoque et Lamiæ Achilles quidam natus, aiunt, **152**b præstantissima plane forma, ut etiam de pulchritudine contendens, Pane deo judice, vicerit. Ea ergo de causa Venerem indignatam, Pani Echus amorem immisisse : et certe sic deformasse, ut ipsa duntaxat specie turpis et amabilis nemini videretur. Insuper et Galati cujusdam filius Achilles vocatus, quem ab ipsa nativitate canum fuisse refert. Fuere et alii fama illustres quinquaginta quatuor Achilles : quorum duo canum instar impudentes, nefandis quoque operibus admirandi. Priamus, inquit, Jovis amasius factus, auream ab eo accepit vitem, quam ille post Eurypilo Telephi filio quod bello auxilium portasset, muneri dedit. Æsopus quoque Delphis interfectus vitam recepit, et ad Thermopylas una cum Græcis militavit. Philoctetem in Lemno insula Pylius, Vulcani filius, medendo sanavit, jaculandi artem vicissim ab eo edoctus. Scamandro flumini natum aiunt filium Melum, insigni corporis forma ejusque causa contendisse aiunt Junonem, Palladem, et Venerem, cujus potissimum sacerdos esset. Paridem ergo judicando secundum Venerem sententiam dixisse, atque ex ea historia fabulam esse de malo ortam. Hypermenes adhæc in sua de Chio narratione, Homeri famulum fuisse refert Scindapsum nomine, huncque mille dragmis a Chiis multatum, quod herum mortuum non exussisset. At qui σκινδαψὸν ab eo nominatum instrumentum lyricum reperit, Eretrius fuit, et Pœciles tibicinæ filius. Hæc fere libri sexti summa est.

Septimo denique libro de his agit : Theodorus Samothrax narrat Jovem natum septem continuos dies risisse, indeque septenarium numerum pro perfecto æstimatum. Achillem, quod ex igne servatus sit, cum illum mater adureret, Pyrissoum [quasi *ab igne servatum*] prius esse dictum. At quia labrum ipsius alterum adustum erat, propterea eum pater Achillem appellavit. Sirenes Telemachum, cum eum Ulysses filium esse didicissent, interfecerunt. Ulysses in Tyrrhenia tibia certavit, ac vicit. Cecinit autem Demodoci poema de Trojæ excidio. Inventus est Stichius Ætolus, Herculis amasius, cum secaretur, hirsutum cor habere. Interfectus vero est ab ipso Hercule, dum furore correptus hic, suos quoque liberos occidit ; adduntque propter solum hunc heroem illum luxisse. Mercurius Pollucis, unius gemellorum, amore captus, **153**a Thessalico eum equo muneris loco donavit. Cum Apollo funebres ederet ludos Pythoni, certavit ibi Mercurius ac Venus, et victrix illa, præmii loco citharam accepit, qua post donavit Paridem, cujus et Homerus sic meminit :

Non tibi profuerit cithara,

et quæ sequuntur.

Apud Bacchylidem quid sit, quod tanquam a Sileno dictum refert, et cui hoc carmen pronuntiatum. Leucas petra, inquit, a Lenco Ulyssis socio nomen sumpsit, qui genere Zacynthius, interfectus est (ut refert Homerus) ab Antipho. Hunc quoque dedicasse ferunt templum Apollini Leucatæ. Eos igitur, qui hoc saliunt saxo amore liberari, atque hanc esse causam. Post interfectum Adonidem, obambulasse narrant, atque eum investigasse Venerem, repertumque Argi, Cypri civitate, in Apollinis Erithii fano, corpus secum avexisse, sermone etiam cum Apolline de Adonidis amore collato. Hunc ergo eam in Leucada petram adduxisse, et præcipitem inde dare sese jussisse : et vero saxo salientem, amoris æstu liberatam. Interrogante porro dea causam, respondisse ferunt Apollinem, quod vates cum esset, sciverit Jovem quoque semper Junonis amore captum, ad saxum hoc accessisse, atque ei insidendo amoris impotentiam sedasse, compluresque alios utriusque sexus mortales amore ardentes, eodem liberatos, ex hoc saxo desilientes. Sic Artemisiam illam Lygdamidis filiam, quæ Persæ militavit, amore captam Dardani Abydeni, dormientis oculos, cum is eam contempsisset, eruisse : amore vero illius deorum ita crescente, ex oraculo ad Leucadem profectam seipsam præcipitasse, et interfectam ibidem esse sepultam. Hippomedonta quoque Epidamnium, adolescentis cujusdam oræ illius amore possessum : cumque repulsam pateretur, quod alteri ille se applicaret,

eumdem occidisse. Verum ad Leucadem profectum, sese ex alto præcipitantem periisse. Nicostratum item comicum Tettigidæam Myrrhinæam amantem, indeque se dejicientem, amore solutum ferunt. Maceta autem Buthrotium aiunt Leucopetram cognominatum esse, quod quater inde se demittens, amoris sit impotentia liberatus. Magnam quoque hominum copiam ita liberatam prædicant. Sic enim Bulagoram Pharagoritem, **153**b Diodorum Auleten perdite amantem, indeque se præcipitasse, in senecta periisse. Periisse quoque Rhodopen Amissenam, dum se inde præcipitat, geminorum duorum, qui Antiochi regis corporis custodes erant, amore captam, quibus nomina erant Cyri et Antiphontis. Charinus quoque iamborum scriptor, eunuchum quemdam Erota, Eupatoris pincernam, perdite amavit, fabulæque de petra illa fidem habens, præcipitavit et ille. At cum ex lapsu crure fracto, doloris jam vi exspiraret, hos versus iambicos effudit :

Fallax peri, peri mala, o Leucas petra :
Charinon, heu, heu, me poetam iambicum
Spei adussisti inanibusque fabulis.
In tantum Erota, o! Eupator si diligat.

Nereus insuper Catanæus Palladis Atticæ amore possessus, saxo accedens se præcipitavit, et liberatus est molestia. Igitur illapsus in piscatoris rete subjectum, quo una cum auri plena cistula extractus est, piscatori etiam de auri capsula litem intendit. Verum Apollo secundum quietem visus, a litigando minis deterruit. Oportere enim ob solutum amorem gratum esse, non autem alienum aurum appetere.

Pana piscem ait esse marinum, Balenæ magnitudine, forma Pani non absimilem. In hoc pisce lapidem reperiri asteriten, quem soli oppositum incendi ferunt, valere etiam ad philtrum : adeoque hunc Helenam lapidem habuisse, insculpta Panis piscis imagine, quo et in obsignando sit usa. Hæc sunt ergo capita libri septimi novæ Ptolemæi Hephæstionis ad variam eruditionem Historiæ.

CXCI.

Sancti Basilii Magni Ascetica.

Legimus beati Basilii episcopi Cæsareæ Cappadociæ, qui vocantur Asceticorum libros duos. Utile sane hoc opus, si quod aliud, pietatis studiosis, quique æterna illa bona consectantur : maxime vero iis, qui in monasteriis ad pietatem veram exercentur. Continet autem cum e sacra Scriptura, variarum quæstionum, quæ ad mores componendos faciant, breviarium : tum his solutiones additas atque explanationes. Eminet porro hujus in libris egregie, non ille modo solemnis adeo ipsi affectus lenior, sed pura etiam perspicuitas : nis' quod in **154**a quæstionibus quibusdam emphaseos aliquid ab eo aspersum appareat, non id adeo vocabulis minus usitatis juveniliter adhibitis, neque compositione per circumductiones obscurata : quin neque aliqua peregrina, et a privato usu civilique sermone remotiore curiositate, aut acrimonia, sed quod hisce de more servatis, emphasim veluti interjiciat; nullo interim [lectori] indito instituti sui sensu, quanquam ea quæ breviter proposuit, plurimum non pertractat, eo quod summa capita duntaxat oratione persequi propositum habens, clarioris explicationis opportunitatem nullam reperiat. Et adhibet ille quidem suum ad persuadendum accommodatum acumen multis quæstionum solutionibus, sed animæ salus atque utilitas plane ubique spectatur. Quanquam non sola brevitate violetur apud eum perspicuitas: verum et ex eo, quod solutionis indigentem orationem claudat, nulla concludendi forma adhibita: ut inter disjectas propositiones, et inferendi et concludendi vi destitutas probationes, mens aberret.

Harum autem rerum causa in variam providentiæ methodum dissecatur, quam sapientiæ tuæ considerandam permitto. In his [tamen] duobus libris non semper ad emphasim recurrit. Statim enim primus liber nihil præ se fert tale, nisi quod semel alicubi per reticentiam malum omen avertat. Nam ad cætera quod attinet, valde ibi est firmus, et æque purus atque dilucidus, perque duos hosce libros decurrit simplicior quidam et perfamiliaris sermo ac compositio, ad vulgi aures comparata atque demissa, et ad solam demum auditorum salutem intenta. Igitur primus ejus liber continet. Quæ sit causa, quantumque periculum hujusmodi cum Ecclesiarum Dei, tum singulorum hominum inter ipsos dissensionis atque dissidii. Deinde, quod omnis præcepti divini transgressio vehementer ac terribiliter punitur, idque e Scripturis sacris demonstratum. Tertio, de fide nostra catholica, sive de pura nostra et sincera confessione sanctissimæ Trinitatis. Liber vero secundus, Christiani hominis quamdam veluti descriptionem per summa capita breviterque proponit: similemque rursum descriptionem eorum, qui docendo Evangelio præfecti sunt. Deinde quasi regulas quasdam asceticas interrogando ac respondendo propositas exponit, numero quinquaginta quinque: iterumque breviores alias trecentas tredecim.

CXCII.

B. Maximi monachi et confessoris Quæstionum e sacra Scriptura solutiones CLXIV.

154b Legimus B. Maximi monachi (1) simul et confessoris Thalassio presbytero sanctissimo atque præfecto inscriptum *Opus, quo Quæstionum e sacra Scriptura solutiones CLXIV continentur*. Cæterum in præfatione disputat de ortu humanarum perturbationum: asseritque peccatum cum nihil sit omnino subsistens (non qualitas, non quantitas, non habitus, non perturbatio denique ipsa naturaliter saltem in exsistentium aliquo considerata); tantum insitarum nobis a natura facultatum esse defectionem suæ actionis a fine, ut sit hoc modo naturalium facultatum ex errante judicio inconsideratus quidam motus, ad aliud quam ad suum finem tendens. Finem vero illum modo dico, quem naturaliter quidem omnia appetunt, sed quem jam deceptus a serpente Adamus non agnovit, totum in sensum pronus, jumentisque similis factus. Imo quantum studii ponebat in cognitione, quæ per sensum adducitur, tantum a divina cognitione recedebat. Rursum quantum in hac recessione perseverabat, tantum etiam rerum cognitarum fruitioni quasi assidebatur, unaque cum iis præceps ferebatur. Quantum item his inhærebat, tantum quoque in eo noxius ille amor sui accendebatur. Quam denique firmiter amori adhærebat sui, tam etiam studiose multas variasque voluptatis rationes comminiscebatur. Hæc enim amoris sui soboles est. Quoniam vero malitia omnis cum iis una rebus interit, quæ illam crearant, ipseque experimento discebat voluptatis omnino comitem esse dolorem, illam vel supra vires retinere conatus, cum dolore acriter pugnabat, fieri posse arbitratus (quod nullo modo poterat) ut ab invicem hisce divulsis, et sola voluptate perfrueretur, et sui amorem huic voluptati permistum retineret. Hinc [ergo ait] omnis perturbationum multitudo. Nam voluptatem præ amore nostri consectantes, doloremque fugientes, inexplicabiles illos perniciosarum passionum ortus mente concipimus. Et quatenus quidem in amore proprio voluptatem consectamur, ex eo gulam gignimus, superbiam, avaritiam et quæcunque pro re nata voluptatem pariunt: sin ex amore proprio dolorem fugimus, iram mox, invidiam, odium, desperationem parimus, et alias id genus, quæ carent affectione dolorem concitante. Ex utriusque porro mistione nascitur simulatio, assentatio, dolus, et si quæ omnino alia improbitatis genera, mistæ sunt versutiæ ægritudines.

155a At postquam (ut jam paulo ante diximus) per deceptionem homo a divina excidit cognitione, et ad sensum sese penitus convertit, creaturam, quæ sub aspectum cadit, pro Deo cœpit perverse agnoscere, ob utilitatem scilicet, quam ex ea corpus percipiebat, creaturæ potius quam Creatori serviens [a]. Quo quidem corpore perniciosum illud præstando obsequium, voluptatem assidue sentiebat, vehementemque dolorem, reipsa semper inobedientiæ illud lignum boni et mali comedens, et sensibilem sibi cognitionem afferens. Quare fortasse, qui lignum boni et mali dixerit, creaturam esse visibilem, a vero non aberrabit. Natura enim ipsa ita comparata est, ut usus ejus voluptatis dolorisque afficiendi vim habeat. Vel rursum: Quia et spirituales habet rationes aspectabilis creatura, quæ mentem nutriunt: et iterum vim quamdam naturalem, quæ sensum quidem delectat, sed mentem pervertit, propterea lignum scientiæ boni

---

[a] Rom. 1, 25.

(1) Lege res ab eo gestas sive scriptas apud Baron. *Annal.* t. VIII.

et mali hæc est appellata. Passionum enim magistra sit iis qui ejus partem aliquam corporeo modo accipiunt. Hinc forte et homini Deus, ne hujus fieret particeps antea interdixit: ut prius (quod par erat) per gratiæ participationem proprio ipse cognito auctore una cum gratis impartita immortalitate, per hanc participationem ad indolentiam et immutabilitatem firmatus, ac velut Deus jam per deificationem factus, cum Deo contemplaretur Dei creaturas, nulloque ab iis accepto detrimento earum cognitionem consequeretur; quasi Deus nimirum aliquis per gratiam, non homo affectus.

Hæc et alia consimilia in procemio philosophatus atque pollicitus (quasi esset alibi perfectius accuratiusque de iis acturus, ac proprium ei negotio tractatum destinaturus). Interrogationes deinceps Responsionesque aggreditur: quarum prima quæstio est: Quid illud significet: *Pater meus modo operatur* [b]. Altera de illo, qui in Evangelio amphoram aquæ bajulat [c]. Tertia de illo: *Nolite possidere duas tunicas* [d]. IV. De maledicta terra in operibus Adam [e]. V. De illo: *Qui natus est ex Deo, peccatum non fecit* [f]. VI. De illo: *Hoc enim et mortuis evangelizatum est* [g]. **155**[b] VII. De illo: *Deus lux est* [h]. VIII. De illo: Quomodo [*Nunc*] *sumus filii Dei*, et quomodo post hæc erimus [i]. IX. De illo: *Qui timet, non est perfectus in dilectione* [j]. Et: *Non est inopia timentibus eum* [k]. X. Quis illi principatus fuerit, quem non servarint angeli, et quæ illis reservantur [l]. XI. Quæ sit illa per carnem commaculata tunica [m]. XII. Quid illud: *Invisibilia enim ipsius a creatura mundi, per ea quæ creata sunt intellecta conspiciuntur* [n]. XIII. Quid illud ibidem: *Coluerunt et servierunt creaturæ potius, quam Creatori* [o,p]. XIV. De illo: *Nam incorruptibilis spiritus tuus est in omnibus* (1). XV. De vitulo quem in deserto conflarunt [q,r]. XVI. De angelo mortem minitantem Mosi in itinere Ægypti [s]. XVII. De illo: *Si factores legis justificabuntur* [t]. Quomodo qui (2) in lege justificantur, gratia excidunt. XVIII. Quid est: *Quicunque sine lege peccaverunt, sine lege etiam peribunt* [u]. XIX. Quid in Evangelio sit ficus arefacta, et quæ ad eam spectant [v]. XX. De illo: *Exspolians principatus et potestates* [x], et reliqua. Et quomodo exuitur, qui nequaquam induit? XXI. Si [demum] sæculis venturis Deus ostendet divitias bonitatis suæ [y], quomodo in nos sæculorum fines pervenerunt [z]? XXII. De illo dicto: *Dabit illi Deus domum David*

patris sui [a]. Quomodo dare potest, cum regnum David ad eas devenerit gentes, quæ natum ex eo non cognoverunt? XXIII. Quid est: *Transeuntes primam et secundam custodiam* [b]? et quæ illa porta ferrea? XXIV. De illo: *Omnis viri caput Christus est*, et quæ sequuntur [c]. XXV. De rege Babylonis, et Juda, et gentium. XXVI. De revelatione Petro super Cornelio facta, utque Cornelii causa quidam adversus Petrum disceptarint [d]. XXVII. Ad quos dictum sit: *Venite, et descendamus, et confundamus ipsorum linguas* [e]. XXVIII. Quid sit in Actis apostolorum: *Qui per spiritum Paulo dixerunt, ne ascenderet Hierosolymam* [f]? XXIX. Quodnam sit poculi et baptismatis discrimen [g]? XXX. De illo: *Si non in manufactis templis habitat Deus* [h]? quomodo in Judæorum templo habitare dictus? XXXI. De illo: *Si forte* **156**[a] *attrectent, aut inveniant Deum* [i]. XXXII. De illo dicto: *Amen dico vobis, quicunque dixerit huic monti* [j], et reliqua. XXXIII. De illo: *Quæcunque orantes petitis, credite quod accipietis* [k]; et quæ sequuntur. XXXIV. De illo, quod jubemur comedere carnem, et bibere sanguinem; non tamen comminuere ossa [l]. XXXV. Quæ fuerint Israelitis animantium, quæ immolabantur, corpora? XXXVI. De vipera, quæ Pauli manum comprehendit. XXXVII. De Sadducæorum quæstione, qua septem viros uni mulieri junctos fingebant [m]. XXXVIII. Quid tres dies illi significant, quibus in deserto turba mansit cum Christo [n]? XXXIX. Quid sibi vult numerus sex hydriarum in nuptiis Canæ Galilææ [o]. XL. Quid sibi vult numerus quinque virorum Samaritanæ, et sexti qui vir ejus non erat [p]? XLI. Quomodo dicimus: Nos peccatum et facere, et scire; Christum autem factum esse peccatum, non scire tamen [q]? XLII. De ligno vitæ ac ligno inobedientiæ [r]. XLIII. Ad quemnam dixit [Deus]: *Ecce Adam factus est quasi unus ex nobis* [s]? Si enim ad filium, quomodo Adam cum filio comparatur? Si vero ad angelos, quomodo rursum angelum, secum componit? XLIV. Quid designet pectusculum oblationis, et armus separationis [t]? XLV. Quid differat ab ænigmate speculum [u]? XLVI. Quid est illud: *Vox clamantis in deserto* [v], et reliqua? XLVII. De cisternis et turribus ab Ozia rege Juda ædificatis [x]. XLVIII. Quid sit rursum in eodem Paralipomenon libro: *Et vidit Ezechias, quod venerat Sennacherib* [y,z], et reliqua. XLIX. Quid iterum in eodem ipso libro: *Et oravit Ezechias rex, et Isaias*

---

[b] Joan. v, 17. [c] Marc. xiv, 13; Luc. xx, 10. [d] Matth. x, 10; Luc. ix, 3. [e] Gen. iii, 17. [f] I Joan. iii, 9. [g] I Petr. iv, 6. [h] I Joan. i, 5. [i] I Joan. iii, 2. [j] I Joan. iv, 18. [k] Psal. xxxiii, 9. [l] Judæ, 6. [m] Judæ, 23. [n] Rom. i, 20. [o,p] Exod. xxxii, 4. [q,r] Exod. iv, 24. [s] Rom. ii, 13. [t] Rom. ii, 12. [u] Matth. xxi, 19; Marc. xi, 20. [v] Coloss. ii, 15. [x] Rom. ii, 3. [y] I Cor. x, 11. [z] Luc. i, 32. [a] Act. xii, 10. [b] I Cor. xi, 3. [c] Act. x, 1 seqq. [d] Gen. ii, 7. [e] Gen. xxi, 4. [f] Marc. x, 38. [g] Act. xvii. 24. [h] Act. xvii, 27. [i] Marc. xi, 23; Matth. xvii, 20. [j] I Joan. iv, 24; Matth. xxi, 22. [k] Joan. vi, et xix, 33; Exodi xii, 9; Num. ix, 9. [l] Act. xxvii, 3. [m] Matth. xxii, 25; Marc. xii, 20; Luc. xx, 29. [n] Matth. xv, 32; Marc. viii, 2. [o] Joan. ii, 6. [p] Joan iv, 18. [q] II Cor. v, 21. [r] Gen. ii, 6. [s] Gen. iii, 22. [t] Levit. x, 14. [u] I Cor. xiii, 2. [v] Isa. xl, 3; Matth. iii,3. [x] II Paral. xxvi, 10. [y,z] II Paral. xxxii, 2.

(1) Sap. xii, 1, secundum LXX vers.: Vulg. *O quam bonus et suavis est, Domine, spiritus tuus!*

(2) Galat. v, 41: *Evacuati estis a Christo, qui in lege justificamini.*

filius Amos [a], et quæ sequuntur? L. Quid est : *Et multi offerebant munera Domino, et dona Ezechiæ regi Juda* [b]? LI. De illo : *Et non juxta retributionem, quam reddidit ipsi Deus, reddidit Ezechias* [c], et reliqua. LII. De Ezechia iterum : *Sepelierunt eum supra sepulcra filiorum David* [d], et quæ sequuntur. LIII. De eo, quod libro primo Esdræ de Zorobabel scriptum est : *Sustulit faciem in cœlum contra Israel* [e]; et de **156**[b] oratione ejus. LIV. De illo : *Omnes erant ex Israel ab anno duodecimo (exceptis pueris ac feminis) myriades quatuor, tria millia, trecenti et sexaginta* [f], et quæ sequuntur. (Qui est in Græco primus.) LV. De illo, quod libro secundo Esdræ scriptum : *Et audierunt inimici tribus Juda et Benjamin, et venerunt scire, quæ esset vox tubarum* [g], et quæ sequuntur. (In Græco item non habentur hæc libro secundo, sed primo, cap. 5, sub fin.) LVI. Quid est : *Multum valet deprecatio justi efficax* [h] ? LVII. De illo : *In quo exsultatis modicum nunc, si opus est contristatos vos* [i], et reliqua. Quomodo contristatus quis in tentationibus exsultare queat. LVIII. *De qua salute exquisierunt atque scrutari sunt prophetæ* ? LIX. De illo : *Quasi immaculati et incontaminati Christi, præcogniti quidem ante constitutionem mundi* [k]. Sed a quo præcogniti ? LX. Quid est : *Quoniam tempus incipit judicium a domo Dei* [l], et reliqua? LXI. De falce, quam volantem vidit Zacharias [m]. LXII. De candelabro aureo, quod idem vates conspexit [n]. LXIII. Quid est : *In qua habitant plures quam centum viginti millia virorum, qui non cognoverunt dextram suam aut sinistram* [o] ? Quinam hi viri sunt, quæque dextra et sinistra? LXIV. Quare post mortem Saul, qui Gabaonitas injuria affecerat, ab innoxio Davide pœna exacta fuerit, fame ejus regione vexata, donec traderet ex semine Saul septem viros Gabaonitis [p].

Has igitur solvere quæstiones divinus ille vir et confessor egregius allaboravit. Oratio ejus comprehensionibus continenter producitur, gaudetque hyperbatis, circumductionibus quoque invalescens ; etsi proprie loqui minime satagit. Ex quibus per scriptum hoc ejus, et obscuritas, et difficultas illud comprehendendi passim decurrit. Asperitatem deinde tumidioris dictionis (quantum ad compositionem cessationesque), sua in oratione sectatus, ne auditu quidem esse jucundus studet. Verborum insuper translatio, nequaquam ad gratiam colligendam lectoremque pelliciendum floride composita est ; sed simpliciter atque incuriose assumitur. Idem præterea sui studiosos propemodum obtundit : adeo procul a littera et nota historia, sive potius ab eo ipso, **157**[a] quod petitum erat, solutiones ipsius recedunt. Tantum si cui forte gratum anagogicis ac contemplationibus mentem implicare, nunquam is sane reperiat hisce aut magis varia, aut diligentius elaborata. Etenim cum aliorum colligit sententias in dubiis quibusdam pronuntiatas, tum et adjicit, quæ ipsius diligentiæ nihilo his minorem, si non majorem, præferunt venustatem atque solertiam, Ubique autem viri pietas, et purum germanumque Christi desiderium elucet.

Ejusdem beati Maximi Epistolæ XVII.

Lectæ adhæc variæ ejusdem Epistolæ de rebus necessariis, et animo utilibus, iis (maxime) qui mores suos corrigere, mentemque in pietate excitatam conservare student, numero viginti septem. Harum erat una bene longa ad Joannem philosophum missa : cujus hæc fere capita : Primum, Increpatio eorum, qui hæreticorum sectatores, ac potissimum Severi, defendendos susceperunt. Alterum deinde, Oportere omni ratione traditam nobis incorruptam servare religionem. Tertium, De differentia, quaque ratione confiteri pie liceat, duas in Christo post unionem naturas. Quartum est, Numerum neque dividere, neque dividi, nec divisionem in universum ullam secundum propriam rationem afferre iis, quibus additur. Quintum, Quomodo pie numerus ad indicandam differentiam adhibeatur. Sextum, Quomodo beati Cyrilli dictum epistola ad Succensum sit accipiendum. Non etiam pugnare hanc vocem *in duabus*, cum iis, qui dicunt unam Verbi naturam carnem esse factam, nisi ex opinione Nestorii impie sumatur. Septimum, rerum sive substantiarum in Christo, esse differentiam, non qualitatum ; omnemque adeo differentiam necessitate quadam adducere secum eorum quorum est, quantitatem : quemadmodum rursus quantitas (sive continua illa sit, sive discreta) numerum se exprimentem adducit. Octavum, impie dici, Christum unam esse compositam naturam : illudque cum veritate pugnare. Nonum, De hypostasi composita, et brevis expositio receptarum de fide vocum, quæ recte de Christo ex usu Ecclesiæ catholicæ proferuntur. Decimum, De Hypostasi composita magis naturalis disputatio, una cum accurata demonstratione, quod in eadem nequaquam incidant, qui Christum profitentur unam compositam hypostasin, cum iis qui dicunt eum esse compositam naturam. Undecimum, **157**[b] Per assumptionem factam esse solam illam Verbi cum carne unionem, tanquam præexsistentis, et ad unionem carnis uniri volentis : quod in alio omnino composito minime observetur. In aliis enim, non per alterutrius assumptionem fit unio, sed ambobus, ex eo quod non est, ad compositi perfectionem atque constitutionem concurrentibus. Hæc ergo est ad Joannem epistola, et ejus illa capita.

Reliquarum deinde tres datæ ad Thalassium

---

[a] II Paral. v, 20. [b] ibid. 23. [c] ibid. 25. [d] ibid. 33. [e] I Esdræ ix, 6. [f] III Esd. v, 41. [g] ibid. 66. [h] Jac. v, 16. [i] I Petr. 1, 6. [j] ibid. 10. [k] ibid. 19. [l] I Petr. iv, 17. [m] Zach. v, 1. [n] Zach. iv, 2. [o] Jonæ iv, 11. [p] II Reg. xxi, 1.

presbyterum ac præfectum ; duæ ad Joannem cubicularium, totidem ad Sophronium monachum cognomento Eucratam: una ad Joannem Sophistam, et altera ad Janiam præfectam. Iterum una Thalassio præfecto ac presbytero missa, altera Jordanæ presbytero, Stephanoque præfecto ac presbytero. Una quoque Cyrisicio episcopo, rursumque altera Joanni cubiculario, similiter et Stephano præfecto, cum una ad Cononem presbyterum ac præfectum. Iterum Thalassio præfecto et presbytero, et duæ ad Joannem episcopum. Rursum Joanni cubiculario, de eo, qui secundum Deum est dolore; et Constantino Illustri ac sacellario duæ. Abbati quoque Polychronio tres, et ad Julianum Alexandrinum, ab Acephalorum hæresi conversum, epistola una, alteraque Georgii Africæ præfecti nomine ad monachas excommunicatas Alexandriæ. In his omnibus viginti septem epistolis, cum alia ejusdem dicendi forma et pietas potissimum enitet, tum obscuritas (euge virum, qui hac in parte saltem epistolæ colat leges atque observet) nusquam temere adhibita fuit. Liquet vero quædam, quæ obscuritatem afferebant, partim hic esse rejecta, partim castigata.]

CXCIII.

Ejusdem beati Maximi Liber asceticus, et centuriæ De dilectione.

Legebatur etiam ejusdem sancti Maximi *Liber asceticus*, per interrogationem responsionemque conformatus. Utilis sane omnibus, tum vero iis maxime, qui pietatis studio deditam ducunt vitam. Eorum enim morum magister est et cultor, quibus cœli civis quis evadat: maximeque charitatis, partim notitiam,] partim exercitationem consequendi, variam sane opportunitatem præbet.

Erat in eodem volumine opus quadringentorum capitum, Elpidio cuidam sanctitatis studioso inscriptum, cui titulum ipsemet **158**a scriptor indidit *De charitate*, idcirco fortasse, quod inde exordium sumpserit, et alibi frequenter de eadem disserat. Quanquam et e multis ibidem problematis ac theorematis [(quibus cum theologia firmatur, tum sanctior ac purior hominis vita redditur) copiosum sane colligere fructum queant ii qui hæc diligenter perlegant.

Dictionis genus candidum præ cæteris atque tornatum hic instituitur: nec quidquam ibi affert, quod reprehendendi causa quispiam excutere possit. Tantum alicubi voces Atticas cæteris non anteponit.

CXCIV.

Ejusdem beati Maximi Epistola ad Georgium eparchum.—Theologicorum Moraliumque capitum centuriæ, sive libri II, Epistolæ v.

Lecta præterea est ejusdem sancti viri *Epistola ad Georgium eparchum*, perutilis sane et compunctionis plena. Dictio vero ejus in perspicuitatem et lenitatem excurrens, minime spuriam sese retinere cum quadringentis illis capitibus quasi cognationem satis declarat.

In eo ipso volumine lectus liber centum constans capitibus, et alter item totidem capitibus absolutus, in quibus non solum divinarum rerum scientia elucet, sed moribus quoque exornandis apta doctrina excellit. Quorum quidem nulla in re cum quadringentis illis capitibus similis genius adulteraretur, si non suppositæ plerisque allegoriæ, affinia hæc ei scripto quodammodo efficerent, quod diligentem illam dubiorum ac solutionum e sacra Scriptura explanationem persequitur, Thalassio presbytero ac præfecto dedicatum. Quanquam horum etiam librorum cum illis capitibus cognatio, per affinitatem cum hoc scripto [confirmata], omnes repellat causas [suspicandi] suppositum eum esse fetum.

In eodem simul volumine legebantur variæ ejusdem *Epistolæ*: quarum prima ad Petrum Illustrem. Ejus titulus: *Oratio brevis de mysterio Christi Domini, et adversus Severi dogmata*. Capita hæc. De numero e natura magis petita tractatio. De differentia et qualitate accuratius, deque horum orthodoxa professione. Pro blasphemia habendum, si quis ita simpliciter dicat Christum unam esse naturam. De composita natura, ejusque ratione: et impie a quibusdam dici, Christum unam esse compositam naturam. Qui dixerit Christum Deum et hominem post unionem, is simul cum ipsis nominibus confitetur naturas necessario post unionem esse; recte, ut apparet, et consequenter iis quæ dixit, credere volens. **158***b* De voce in *duabus*. Recta confessio unius naturæ Verbi ex Patrum sententia, et rejectio unius compositæ naturæ. De hypostasi composita magis naturalis disputatio. Demonstratio item: Non in eadem incidere absurda, qui Christum esse unam compositam hypostasin confitentur, cum iis qui ipsum esse asserunt unam compositam naturam. Per solam assumptionem factam esse illam secundum carnem unionem [Verbi] tanquam præexsistentis et voluntate unionem cum carne operantis. Hæc ad Petrum Illustrem.

Altera deinde ad Cosmam diaconum Alexandrinum scribitur, De communi et proprio, sive de essentia et subsistentia. Hujus caput primum e natura præcipua petita probatio est: Nihil videlicet eorum quæ sunt, idem etiam secundum essentiam et subsistentiam cum altero esse, propterea quod idem nequaquam sit essentia atque subsistentia, adeo ut quæ essentia eadem sunt, subsistentia [saltem] distinguantur; et [contra] quæ subsistentia eadem, essentia sint atque natura diversa. Secundum caput ista exponit: Christus rationibus quidem communibus secundum essentiam propriarum partium cum extremis unitus, salvam in reliquis partium distinctionem retinebat; at vero proprietatibus harum partium veluti totum quoddam ambarum commune, hypostasin exhibebat. Tertium: Quæ secundum hypostasin communes erant rationes partium, totum ipsum, id est Christum, distinguebant ab extremis : quæ vero secundum essentiam erant communia partium ad extrema, Christum veluti totum essentialiter cum extremis jungebant. Quartum : Cum Christus Deus perfectus esset, idemque homo perfectus, [simul et] quod commune his erat habebat, et quod proprium ; quibus et extremorum ad seipsum unionem efficiebat, ac discretionem. Per unionem quidem extremorum, secum salvas in seipso naturas, ex quibus compositus est, testatum faciens, sed discretione extremorum a se, propriæ hypostaseos exhibens unitatem. Quintum : Brevis de differentia disputatio, qua ostenditur essentialem unitorum quantitatem salvam retineri. Sextum : Fusior magisque philosophica tractatio de differentia (et) quantitate, ac de numero, qui harum index est. Septimum : Qui scit non esse idem naturam et hypostasin, is pie) in Christo tradit unitionem ac [differentiam ex quibus illa quidem spectatur secundum hypostasin, hæc vero secundum naturam. Octavum : Severus dum per vim idem esse cogit naturam atque hypostasin, et unionem confundit, et divisionem facit **159***a* ex differentia : unde convincitur, et Trinitatis rationem in quaternitatem diffundere, et unius mysterium Divinitatis in duo secare, et ab omni simul substantiali subsistentia Christum extorrem facere. Nonum : Brevis est expositio, cum recta defensione veræ sanctorum Patrum confessionis. In his ergo illa versatur epistola, ut ex ipsis mox capitibus pateat ejus ad pietatis studium promovendum utilitas. Dictio porro, ut in re tali, perspicuitatem sectatur, neque est inelegans.

Scribit præterea Pyrrho, dignitate tum temporis presbytero, et cathedram summam nondum adepto. Qua in epistola divinum eum prædicat, et orthodoxam fidem ipsi ac sanctimoniam suo testimonio tribuit. Qui et de quibusdam, ut apparet, scribere Maximum cum rogasset, sapiens hic vir non solum tergiversatur, balbum (1) se et infantem appellans : verum contra obtestatur, ut per litteras se potius doceat : Quid operatio, et quotuplex ? et quid præter hanc sit effectus ? quidque ab his differant actio et opus ? et quanam possit ratione dici sentirive, unam esse in Christo operationem ? Atque hæc quidem in epistola ad Pyrrhum.

Ad Thomam insuper quemdam scribit, qui ambiguorum quorumdam locorum solutiones postularat. Erant autem quædam Gregorii Theologi, et divini Dionysii assertiones. Ex illius quidem oratione de Filio , illa « Propterea unitas a principio mota, » et quæ sequuntur ; et : « Unitate quidem ob divitias mota : » quod est ex oratione ipsius altera De pace. Altera hæc : « Uni vero capiti, » et reliqua. Tertia, ex ea ipsa oratione, illa : « Hic enim qui nunc a te contemnitur, » et quæ sequuntur. Quarta : « Ut Verbum enim neque obediens erat, neque inobediens, » et cætera. Divini vero Dionysii illud explicat : « Quomodo dicis, Jesus, qui est supra omnia, cum omnibus est hominibus substantialiter coordinatus, » et reliqua : et alia item varia loca. Quæ quidem epistola illa ad Thomam prima continentur : nam in altera veluti repetitionem quamdam ex opere theologico nonnullorum in eo jam antea expositorum instituit : atque illud insuper eodem modo interpretatur : « Per medium mens carni consuescens, donec quod fortius est victoriam reportarit. » Sed hæc ibi.

CXCV.

Ejusdem sancti Maximi Epistola ad Marianum, et Dialogus cum Pyrrho, De duabus in Christo voluntatibus et operationibus.

Lecta est ejusdem sancti Maximi Epistola, quæ **159***b* Mariano presbytero inscribitur. Hic de naturali voluntate, sive appetitione agit, et de consilio seu deliberatione. Item de præelectione, et de quibusnam consultemus. De sententia præterea, et potestate libera, et opinione. Adhæc de prudentia, hoc est, providentia : et quomodo non per omnia post resurrectionem una erit ac mutua voluntas sanctorum atque Dei, nec una res quam velint omnes, ut quidam asserunt : quibus undecimum accedit caput : Non posse unam Christo attribui voluntatem, sive naturalem dixeris, sive electivam, ut quibusdam visum est. Hæc illa epistola, quæ non ad rectam modo religionem multum affert momenti, sed etiam ad alias multas pulchrasque contemplationes utilis est.

Lectus quoque in eodem ipso volumine *Dialogus de duplici in Christo et voluntate et operatione.* Personæ autem inducuntur Pyrrhus et Maximus : quorum hic quidem orthodoxam tuetur sententiam ; ille vero, etsi hæreticorum propugnat opinionem, tamen quasi consentiens cum orthodoxis, enthymemata ac dogmata pro recta sententia affert : fassus ingenue se initio non recte sensisse. Ipsa porro oratio Romæ (2) eum indicat ad hanc descendisse disputationem : posteaquam nimirum ipse [Pyrrhus] exsilio sibi indicto Constantinopolitana sede excidit. Verumtamen dialogus hic humiliore est conscriptus stylo, sive quod sinceritatem sermonis ex tempore habiti servare auctor studuit, sive quid aliud instituit, cum ne dialecticæ quidem leges satis servarit. Quanquam etiam ita utilis sit piis hominibus hæc disputatio.

CXCVI.

Ephraim Homiliæ XLIX.

Legimus sancti Ephraim *Sermones* undequinquaginta. Quorum primus deplorantem ipsum inducit quæ admiserat in vita, et sequentium deinceps admonitionum prologi vicem præbet. II. Fratribus in cœnobio degentibus adhortatio est. III. Ad pietatem invitat. IV. Eos qui ad monachos

---

(1) Mosis exemplo Exodi IV.
(2) Imo in Africa, ut docet Baron. tom. VIII, ad ann. Chr. 645.

primum adducuntur, informat : ut etiam V, VI, VII, et VIII, quibus et X, quodammodo consentit atque XI. XII, similiter introductorius est, et XIII, XIV, XV, XVI, XVII, XVIII, XIX, usque ad XXIII. Nam qui deinceps sequitur, communem continet admonitionem. **160**^{a} At XXV non oportere locum mutare hortatur. XXVIII. [*Num*. 63.] Non oportere docet coenobii desertorem redeuntem ac poenitentem repudiare. XXIX [*Num*. 64.] Ex historia gesta refert, quam sit perniciosum praesidentibus non obedire : oportere [*Num*. 68] quoque Christianum iram differre, et injuriarum oblivisci. XXX. De perturbationibus animi fugiendis. XXXI. [*Num*. 71.] Abjecto animo qui sint, esse consolatione erigendos. XXXII. Per contradictionem [qua diabolo quemdam repugnantem inducit] temperantiae et castitati robur viresque addit. XXXIII. [*Num*. 51.] De castitate praecepta dat. XXXIV. Quietem atque silentium iis commendat, qui degere una volunt. XXXV. Non esse oculis vagandum docet. Quaedam etiam quasi ad interrogationem factam institutio. An ciborum abstinentia fornicationis frangatur cogitatio, et qua re alia. XXXVI. [*Num*. 74.] De mansuetudine. XXXVII. [*Num*. 75.] Habitus sermo est ad inobsequentes : quos etiam (si non ad extremum interitus praecipitarint) cum Dei metu, tum justo judicio futuro compescit. XXXVIII. [*Num*. 76.] Rectam pietatem edocet. XXXIX [*Num*. 77.] Ad eos, qui sua negligentia labuntur, et excusationes deinde excusant in peccatis. XL. [*Num*. 78.] Ad fratrem lapsum habitus est, et agit de poenitentia. XLI. [*Num*. 79.] Suadet a juramento ac maledicentia abstinendum. XLII. Colligit juste punitum Heli sacerdotem legis : ad eum qui hac ipsa de re dubitabat. De timore porro Dei XLIII sermone disserit : ut et de dilectione XLIV. XLV. [*Num* 82.] Multarum virtutum admonitiones ac doctrinam ad Eulogium, qui haec postularat, explicat. XLVI. Ad negligentem et ignavum monachum habitus, argumentis pulchris ac variis a reditu ad [saecularem] vitam revocare illum studens. XLVII. [*Num*. 84.] Reprehensio est pravorum morum. XLVIII. [*Num*. 85.] Quantum differat solitaria vita a saeculari, ob oculos ponit. XLIX. Secundum Christi adventum describit, et ad poenitentiam homines hortatur.

In his admonitoriis sancti viri sermonibus, jure quis admiretur, quam alte penetret persuadendi vis, quantumque ab his fluat jucunditatis, quam denique affectuum copia referti sint. Oratio tamen ejus, ac figurae nihil mirum, si ad consuetum homiliarum usum, et inelaboratum dicendi genus vergant. Non enim in auctorem sensuum, sed in horum interpretem ea conferenda culpa. **160**^{b} Qui namque Syriacae sunt linguae bene periti, verbis adeo ac tropis excellere norunt, ut ambiguum sit, ab hisne an a sensu recondito, tanta ejus dicendi vis atque elegantia proficiscatur. Quamobrem non tam dictionis humilitas admiranda, quam illud suspiciendum, quomodo per tantam verborum vilitatem, tanta salus atque utilitas in legentes velut effundatur.

Eadem est refertus dicendi vi et gratia ejusdem de humilitate suique despectione sermo, in centum productus capita. Ut nec illa mutuam cum superioribus affinitatem ac similitudinem falso indicat oratio, qua ridere atque extolli negat oportere, sed in moerore potius degendum esse. Ad eumdem modum et illa ad Metebinos monachos ab ipso habita oratio, quae ut lenitatem ac mansuetudinem docet, ita malitiam fugiendam suadet, ducitque ad longanimitatem, iracundia reprehensa. Sic patientia coelum parari ac beatitudinem ostendit, animi simul abjecti prolatam miseriam exponens. Timorem insuper Dei, qui sapientiae aeternae auctor est ac principium, inducit, contemptoremque [Dei hominem] poenis damnat. Ad haec charitatem ad Deum ducere : odium vero daemoni similes efficere, compertum [ait] habetur. Quem item ad modum veritas multorum est recte factorum parens, quibus mendacium perniciem afferat ; ita obedientia beatos reddit, et inobedientia Dei maledictionem multaque praeter eam dedecora acquirit. Puros praeterea ab invidia et aemulatione charitate divites fieri [ostendit] : obnoxios contra diaboli judicio effici, qui hoc morbo laborent, non minus quam qui conviciis jaciendis dediti sint. De temperantia denique atque intemperantia pari modo agit. Atque haec fere oratio illa ad Metebinos monachos continet : quanquam alia quoque plurima sancti viri in Graecam conversa linguam opuscula circumferuntur, dicendi vi ac venustate referta. Syri vero affirmant orationes supra mille scripsisse : quibus etiam testimonium reddit (cujus gravis est in historia, non item in dogmatibus fides) Eusebius ille Pamphili cognomento.

CXCVII.

Cassiani monachi Libri ascetici tres.

Lectus libellus, quo Cassiani monachi, patria Romani, libri duo continebantur. **161**^{a} Eorum alter Castori cuidam episcopo nuncupatur, qui hunc ab illo scribi postularat. Formas autem ac regulas praescribit, ex quarum praescripto vivant in Aegypto monachi per coetus illos distributi, quos ex vocis origine petita ratione, coenobia nominant. Alter quoque liber eidem inscriptus, ab octo illis [vitiosis] cogitationibus titulum mutuatur, quibus gulam, luxuriam, avaritiam, iram, invidiam, acediam, inanem gloriam atque superbiam attribuit. Utilissima vero, si quae alia, haec iis sunt pronuntiata, qui religiosam inire vitam cupiunt. Et vero tanta iis vis inest, ac quasi divinitas, ut et in hunc usque diem, si quis monachorum conventus hac ex forma et hisce praeceptionibus gubernetur, revera tantisper floreat, caeterisque praelucens virtutum esse officina cernatur, cum qui hæc repudiarit cœtus, parvis quibusdam virtutum reliquis [instructus], veluti in fluctibus jactetur, vel etiam naufragium faciat. Quare expedit nihil eorum quæ ibi traduntur contemnere. Nam Dominicæ hæc legis sunt atque evangelicæ disciplinæ expositio et explanatio. Cæterum sensibus ipsa quoque apud eum respondet elocutio, ut quæ non perspicuitatem solum secum afferat, sed ea insuper sit facultate prædita, ut facile ac sine ulla vi hominum animis imprimatur : quin et eosdem persuadere, atque ad institutum suum attrahere queat. Imo sapienter adeo sunt omnia et dextre temperata atque efformata, ut nec tropologiis liber secundus destituatur, sed multa contineat, quæ demulceant atque alliciant : ac plura etiam, quæ cum metum ac terrorem incutiant, tum homines ad pœnitentiam commovendi vim habeant.

Tertium adjunctum his libellum legimus, quem a Castoris episcopi morte inscripsit cœnobii illius moderatori, cujus cœnobii causa, et regulæ illæ [prius] missæ fuerant. Qui quidem libellus iis, quos jam enumeravimus, adsimilis est. Docet enim in primis quid discretio sit : deindeque majorem eam esse cæteris virtutibus, tum unde gignatur, ac quomodo hæc eadem cœlitus plerumque donetur : donec tandem Scripturæ testimoniis probat suum quique animum seniori esse indicandum. Addit præterea quis scopus ac finis eorum esse debeat, qui religiosorum exercitationibus probantur. Hæc Mosen quemdam virtutibus admirandum virum ita docentem inducit, **161**^{b} ut ipsis quoque operibus ob oculos propemodum statutis dogmata sua confirmet. Post quæ Serenum quemdam, vitæ genere nihilo inferiorem, et pari quidem illum doctrina utentem, in medium producit : fieri nimirum non posse, quin turbetur a dæmonibus mens humana, quanquam compelli, atque necessario cogi, ut in malum incidat, nunquam queat. Nostrum enim esse turbam illam motumque vel depellere, vel admittere. Rursum non pervadentes animum dæmones humanas cogitationes cognoscere, sed ex argumentis quibusdam externis eas rimari. Solius enim esse sanctæ Trinitatis, animum cæteraque omnia pervadere. Varia item esse dæmonum genera ; ferocia quidem alia, et valde noxia; alia vero minus : rursumque alia jocosa. Atque hic tertii finis est libri. Sereno interim promittente, expositurum se opportuno tempore quod quæsitum fuerat : illud nimirum : *Non est enim nobis colluctatio adversus carnem et sanguinem* q, *et quæ sequuntur.* Leontio autem tertius hic libellus dedicatur.

CXCVIII.

Sanctorum virorum liber, seu Vitæ sanctorum qui Magni Antonii tempore floruerunt.

Legimus *Sanctorum virorum librum*, qui ipsorum vitas et recte facta narrabat, ad spiritualem [utilia-

q Ephes. VI, 12.

que legentium] profectum atque utilitatem. Epitoma autem erat, ut apparet, et comprehensio *Magni*, quem nominant, *Limonarii* [seu *prati spiritalis*] quo et vitæ opera narrantur, cum magni Antonii et æqualium, tum eorum qui post eos floruerunt. Quemadmodum et qui dictus est *Hortulus novus* his recentiorum ad ætatem usque Heraclii, et paulo etiam viciniorum vitas religiosasque exercitationes describit. Verum hic liber in duo et viginti contractus argumenta, eorum cujusque utilitatem, et obtinendi rationem, variis narrationibus expositam exhibet.

Horum igitur caput primum admonitio est ad perfectionis profectum, et a variis quidem illa instituta personis. 2. Tranquillæ vitæ ac solitariæ fructum ostendit. 3. De continentia agit, quam non in victu duntaxat, sed et in reliquis animi motibus similiter exercendam docet. 4. Ut se munire quisque debeat adversus insurgentes a fornicatione pugnas. 5. De paupertate, utque vitare avaritiam oporteat. 6. De patientia ac fortitudine. 7. Nihil esse per ostentationem agendum. 8. **162**^{a} Non oportere quemquam judicare. 9. De discretione. 10. Sobrium (sive circumspectum) semper esse oportere. 11. Assidue esse, et cum attentione precandum. 12. Hospitalitatem esse ac misericordiam cum hilaritate exercendam. 13. Obedientiam docet. 14. De humilitate. 15. De malorum tolerantia. 16. De dilectione. 17. De iis qui visiones viderunt. 18. De senibus qui miracula patrarunt. 19. De variorum sanctorum Patrum vita Deo grata. 20. Aliquot eorum qui in monastica exercitatione consenuerant scite dicta. 21. Collationes continet senum inter ipsos de suis considerationibus. Ad hæc omnia, 22 et ultimum caput, sententias continet Hesychii presbyteri Hierosolymitani : quibus et liber hic totus absolvitur, utilissimus profecto iis, si quis alius, qui ad cœlestem hæreditatem parandam vitam suam componunt. Adhibet idem, quam promiserat, perspicuitatem quoque : alioqui cætera talis, qualis iis aptus sit viris, qui non de verbis laborent, sed omnem operam atque conatum in operibus exercendis ponant.

CXCIX.

Joannis Moschi Pratum, sive Hortulus novus.

Lectus est liber quatuor et trecentis constans Narrationibus. Hic quoque monasticæ potissimum vitæ conducit, eademque fere cum superiore pertractat, nisi quod eorum virorum dicta factaque imitatione digna colligit, qui post insecuti sunt. Vitas etenim narrat eorum qui jam inde usque ad Heraclii imperium, et deinceps virtute magis claruerunt.

Pratum autem titulum libro indidit auctor, quem et *Hortulum novum* quidam appellant. Scriptor ejus Joannes quidam, Moschi cognomento, qui in B.

Theodosii primum monasterio sæculum valere jubens, cum iis deinde monachis convixit, qui in deserto ad Jordanem exercebantur, quique nova in laura magni Sabæ certabant. Unde rursum ad Antiochiæ oras, et Alexandri urbem, proximamque eremum, et ad Oasin usque delatus, multorum magnorumque virorum res præclare gestas aggregavit, quas partim oculis ipse spectavit, partim recenti tunc auditione didicit. Eadem porro de causa cum etiam insulas Romam versus navigans lustrasset, hisce similibus ibi **162**b quoque conquisitis, et cognitis, hoc opus conscripsit, quod dedicat Sophronio, seu Sophronæ discipulo suo, eidemque hoc ipsum offert, cum jam animo præciperet, instare vitæ hujus in meliorem commutationem.

Operis autem hujus dictio, magis quam præcedentis, ad humiliorem ac rudiorem vergit stylum. Narrationum adhæc non eumdem servatum numerum in omnibus libris deprehendas, cum in quibusdam ad duo et quadraginta supra trecentas sese extendant, idque vel ex capitum quorumdam divisione, vel certe aliorum interjectione, adaucto numero. Cæterum ex his omnibus industrius quisque et Dei amans, fructum capiens, nunquam hujus scripti nimiam prolixitatem accusarit.

CC.

Marci monachi Asceticorum libri VIII, *et Adversus Melchisedecitas liber* I.

Legebantur Marci monachi libri octo : quorum primus titulum præfert De lege spirituali, utilisque exsistit iis qui religiosam agere vitam aggressi sunt, quemadmodum et sequens eos qui ex operibus justificari se putant, in vanam incidere opinionem docet; imo id vel in primis perniciosum esse demonstrat. Adduntur et alia ibi salutaria præcepta, quæ ad spiritalem æque vitam et institutum conducant. Tertius vero liber de pœnitentia, quod hæc ubique deceat, docere pro scopo sibi proponens, ad eumdem prorsus utilitatis gradum tendit.

Perspicua igitur ejus est dictio, quatenus verbis utitur communibus, et summa capita percurrit oratio : etsi quod ad Atticum sermonem non satis accurate linguam componat. Sicubi vero in his obscuritas aliqua cernitur, idee nimirum ab ea, quæ per verba fit [clara] explicatione recedit, quod hæc ejusmodi sint, ut per actionem ipsam potissimum percipi debeant, non quod difficulter eadem expromi oratione possint. Quod non in hisce solum libris usu venit, sed et in aliis deinceps sequentibus. Quin neque in hoc duntaxat scriptore, verum etiam in omnibus ferme iis, qui de asceticis institutis, et de perturbationibus atque affectionibus, quæ per ipsa producuntur opera, docere aliquid studuerunt, ejusmodi obscuritatis vitium alicubi invenitur ; quæ enim ex ipsis est operibus percepta cognitio, non usque adeo verbis explicari contenta est. Sed hæc hactenus. Quartus porro liber interrogantis atque respondentis forma compositus, docet salutiferum baptisma, cum liberationem expiationemque criminum mystice nobis contulisse, tum sancti Spiritus gratiam infudisse : **163**a et id genus alia. Quintus deinde mentis velut consultationem, cum sua ipsius anima ita inducit, ut nos ipsos auctores esse peccatorum, non vero in alios culpam conferendam, demonstret. Sextus autem dialogi forma conscriptus, quo causidicus quidam cum Marco ipso disserens inducitur tractantque hæc fere capita : Qui injuriam acceperit, ulcisci non debere, nec adeo illos damnare, qui injuriam fecerint, cum pœnarum sit potius de peccatis nostris reputanda exactio, quæ ab aliis nobis inferantur injuriæ. Difficile quoque esse hominibus placere. Precationem dehinc cuicunque corporali operi longo esse intervallo præponendam : et quæ sit denique carnis voluntas. Septimus liber [non per dialogum scriptus] de jejunio agit. Octavus tandem Nicolao cuidam monacho inscriptus, quibus potissimum ira ac furor animi sopiatur, vel etiam penitus tollatur, et quibus etiam carnis exstinguatur concupiscentia, edocet. Qui quidem octo libri, etsi plus minusve sint inter se diversi, omnes tamen ad operantem sapientiam quasi manu ducunt. Accessit et nonus liber, quo dum adversus Melchisedecitas (1) depugnat, nihilo interim minus in ipsum parentem suum, hæresis hujus labe contaminatum, vehementer invehitur : qui tamen utilitatem undique investigare desideret, ille ne in hoc quidem legendo operam ludet. Ordo vero istorum librorum non idem in omnibus est codicibus : alia enim quidam præponunt, alia subjiciunt, ut primis etiam aliqui extremum tribuant locum.

CCI.

Diadochi Photicæ veteris Epiri episc. Definitiones X *et Capita* C. — *Nili monachi De oratione capita* CLIII. — *Joannis Carpathii Consolatorius.*

Legi libellum in quo, post decem admodum proœmii capita, centum sequuntur alia, quibus totus absolvitur. Illorum primum fidei est definitio : Conceptus [nimirum] mentis de Deo affectionis expers. Alterum dein definitio spei : Egressio mentis ad ea quæ sperantur. Tertium, patientiæ definitio : Mentis oculis [Deum] invisibilem, perinde ac si visibilis esset intuende, ita indesinenter durare. Quartum, definitio affectionis minime avaræ. Tam esse animatum ad non habendum quam alius quispiam ad habendum. Quintum, definitio cognitionis: Seipsum nescire, extra se positum in Deo. Sextum, humilitatis definitio : Continua oblivio suorum recte actorum. Septimum, definitio vacuitatis iræ : vehemens desiderium non irascendi. Octavum, castimoniæ : Sensus semper Deo affixus. Nonum, **163**b charitatis : Amoris incrementum erga eos qui injuriam inferunt. Decimum, perfectæ immutationis:

---

(1) De quibus ex veterum scriptis plura cardin. Baronius, tom. II, ad ann. Christi 196.]

Mortis horrorem pro gaudio reputare in Dei oblectatione. Decem ergo hisce definitionibus centum illa capita subjecta sunt. Hic autem liber iis vel maxime commodus, qui se [ad perfectionem] exercent, imo et qui in ipsis actionibus perficientibus jam exercitati sunt; nihil interim paulo obscurius afferens ; scientia enim per experientiam percepta, facile se verbis doceri patitur. Auctorem ejus inscriptio ipsa facit Diadochum, Photices illius quæ est in vetere Epiro, episcopum.

In eodem volumine lectus item est Nili monachi liber· in centum et quinquaginta tria capita divisus : quibus precandi formam vir ille divinus exposuit. Feruntur ejusdem et alia plurima lectu digna diversi argumenti opuscula, partim epistolæ, partim historiæ forma conscripta, quæ non operum tantum perfectionem insignem, sed in dicendo quoque facultatem ejus testantur. Verum etsi diffusus æque Diadochus non est , quæ tamen ab ipso conscripta sunt centum capita, nullam partem inferiore gradu collocantur, quam quæ modo retuli. Nam et dictio ita composita est, ut reprehendi nequeat, et sensus ex actionibus natam sapientiam præfert. Cæterum Marci librum cum utraque [quam dixi] forma præcedat, alicubi insuper sententiis antecellit. Dederit vero et ille ad finem cujusque capitis ansam iis qui incorrupte pronuntiant, quod sive accessione alicujus adulteratus, sive alias hallucinatione aliqua abreptus ista dixerit. Vellem enim, ne vere confirmare possem, opinionem saltem ejus damnatam fuisse.

Valde autem in iis, quæ paulo ante recensui, etiam antecellit Joannem illum Carpathium, qui hunc operi suo titulum indidit : *Ad Indiæ monachos, quem postularant, Consolatorius.* Porro centum et hic capitibus librum suum absolvit.

CCII.

Beati Hippolyti episc. et mart. Interpretatio Danielis, et Homilia de Christo et Antichristo.

Legi Hippolyti episcopi ac martyris *Interpretationem Danielis* ; quem etsi ad verbum non explicat, nullum tamen sensum, ut verum dicam, prætermittit. Pleraque porro veteri more, non ut postea fuere accuratius excussa, recenset, quanquam eorum ipsum reddere rationem æquum non est. Decet enim ab iis, qui principium scientiæ alicujus statuerunt, non reposcere rationem eorum quæ præterierunt : 164ᵃ sed contentum esse potius conatu ipso, et iis quæ quatenus licuit, e considerandis assecuti sunt. Cæterum, quod Antichristi adventum (quando etiam mundi hujus aspectabilis interitus sequetur) quem ne discipulis quidem rogantibus manifestavit Christus, Hippolytus hic quingentesimo post Christum anno ascribere ausus sit, quasi a prima mundi constitutione sex millibus annorum tum decursis ejus interitus instaret, hoc sane calidioris quam par sit animi est. Verum hæc ejus assertio humanam ignorantiam potius, quam cœlestem aliquam inspirationem arguit. Genus ejus dicendi clarum in primis ac perspicuum, interpretem satis decet, etsi Atticas revera leges valde repudiat.

Legimus una ejusdem *Homiliam* (93) *de Christo et Antichristo* : in qua eadem dicendi forma servata, et sensuum simplicitas major est ac vetustas.

CCIII.

Theodoreti Cyrensis episc. Interpretatio Danielis.

Legimus Theodoreti episcopi Cyri *Interpretationem Danielis.* Vir sane doctus, non Hippolyto modo, verum etiam aliis multis propheticorum sermonum interpretatione atque explanatione longe antecellit. Dictio ejus commentationi (si cujusquam alius) aptissima. Nam et puris signantibusque verbis abdita quæque et obscura revelat, et jucunditate quadam quasi delinimento, suavique lepore ad sui lectionem invitat. Quin et ex eo quod ad ambages nullas digressionesque a proposito argumento recedat, satietatem non modo nullam affert, sed ea insuper, quæ in dubium vocantur, sine ulla vel confusione vel dissipatione facile, et commoda ratione lectores suos docet. Vocum item ejus delectus, atque ipsa compositio ab Atticæ elegantiæ origine non refugit, nisi quid forte curiosius illic occurrat, quod quis multorum auribus insolitum dicat. Hoc constat, nihil eum, quod ad interpretandum faciat, declinare, adeoque in summum evasisse optimorum interpretum culmen, ut non facile sis aliquem reperturus, qui illo melius obscura explicet. Sunt quidem et alii pure loquentes, qui propositarum sibi rerum sensum haud segniter investigent : at simul et perspicue dicere, et nihil interim cognitu necessarium (vel brevitatis causa) prætermittere ; non item ad diverticula, vel ad doctrinæ ostentationem digredi (nisi hæc forsitan, non sine utilitate, sic adhibeantur, ut percipi nequeat, quod a re proposita discedatur), 164ᵇ hoc certe præ cæteris rebus omnibus a bono Theodoreto studiose curatum est, non in hoc solum opere, sed fere dixerim in omnibus ejus scriptis, quæ multa sane reliquit, quibus sacram Scripturam industria sua mirifice illustravit. Igitur in aliquibus quidem illi in hac divini Danielis expositione cum Hippolyto martyre convenit, sed plura in quibus dissentit : quorum hæc illustriora sunt'''.

CCIV.

Ejusdem Octateuchi expositio, et In libros Regum ac Paralipomena.

Legi ejusdem divini viri explanationem Octateuchi, quæ inscriptionem certe operi egregie congruentem nacta est. *In impedita sacræ Scripturæ loca* ; in quibus et ad libros Regum ac Paralipomena. Utilissimum in primis hoc opus, quodque cum ipsis quasi naturalibus parentis mox genium lectorum oculis subjiciat. Præterquam autem quod hic consueta ipsi dicendi forma egregie eluceat :

habet quoque (si ad majorem perspicuitatem et comprehendendi facilitatem respicias) cum aliud quoddam commodum, tum quod in summa veluti capita per quæstiones solutionesque liber distinctus sit.

CCV.
Idem in xii *Prophetas.*

Legimus ejusdem in *duodecim prophetas* eadem dictionis ac sententiæ venustate adornatum librum.

CCVI.
Procopii sophistæ Scholæ commentariorum in Octateuchum, et in libros Regum ac Paralipomena.

Lectæ sunt Procopii sophistæ *Scholæ commentariorum in Octateuchum Veteris Testamenti, et in Regna ac Paralipomena.* Diffusus autem est interpres hic atque prolixus : non quidem propterea, quod in supervacaneas, quæque ad rem nihil pertineant egressiones divertat, sed quod opinionum eadem de re diversitates sæpenumero commemoret. Et vero etiam præfatur hoc a se opus magnum in molem esse aggestum : quod item maxime ad Theodoreti brevitatem venustatemque assurgit : ut aptissimum illud plane sit, atque utilissimum, si post illum lectum, ad hujus etiam viri labores legendos otium contingat. Dictio ab eo est optime quidem exculta, sed comptior aliquanto*, quam commentarii rudiorem formam deceat.

CCVII.
Idem in Isaiam prophetam.

Legimus ejusdem perstudiosi hominis *In Isaiam prophetam* opus : quod similem suprascriptis servat commentandi rationem, eamdemque dicendi vim præfert, pari cum lectoris (ut constat) utilitate.

165a CCVIII.
Eulogii Alexandrini archiepisc. Contra Navatianos libri v.

Legi B. Eulogii archiepiscopi Alexandrini *Adversus Navatianos* libros quinque. Qui etsi scriptor dicendi elegantia nomen sibi quærere nullo modo curarit, nihil tamen, quo minus Navati sophismatum plenæ assertiones captionesque refellantur, atque ignominia notentur, sermonis neglecti incuria impedimento fuerit. Sacræ enim Scripturæ commentationibus ac contemplationibus abunde instructus, quæ hinc ad suam hæresim asserendam atque propugnandam ille discerpserat, eadem hic interpretando, et una hæresis in iis fraudes detegendo, Navato eripit ac tollit. Quanquam et aliis Scripturarum locis, ipsius venia indignam amentiam, ac peregrinam hæresim, velut cippo eam inscribendo, divulgat. Extremo denique libro falsum illud et improbe confictum, quod Navato ejus studiosi attribuunt, martyrium exagitat. Est igitur hæc Navati confutatio legentibus utilis : præterquam quod hic non paucorum Scripturæ locorum passim sese offerat explicatio, ipsis etiam interpretum principibus profutura. Sed et illius persuadendi vim ac jucunditatem, ut in hoc charactere, nemo qui eum veneretur, contemnendam ducat.

CCIX.
Dionis Chrysostomi Orationes lxxx.

Lectus est Dionis *Orationum* octoginta liber. Patria hic fuit Prusensis, sed tyrannidis dum fugit servitutem, exsul factus, varias oberrando peragravit regiones. Idem in dicendi arte acutus ac solers est habitus, præsertim si de componendis moribus dandum esset consilium. Viguit Trajano Romæ imperante, cum quo diu multumque vixit, et in ea existimatione atque honore, ut et cum Augusto communi interdum carpento veheretur. Patrem habuit Pasicratem, rhetor ipse instituto atque philosophus. Tantam autem morum severitatem affectasse ferunt, ut **165**b leonina sæpe indutus pelle in publicum prodiret. Vocem mittebat placidam et firmam, incessus minime quidem incitatus, sed non ideo segnis aut fractus, a quo nec reliqui corporis motus discrepabant. Gracilis adhæc erat, et corpore haudquaquam vasto.

Orationes conscripsisse plurimas referunt, quarum octoginta in meas inciderunt manus : quæ quidem orationes Chrysostomi [hoc est *aurei oris*] cognomentum illi apud ejus ætatis homines pepererunt. Cæterum pleræque, ut dicebam, orationum ejus quas quidem noverim, suasoriæ. Sed quando æquum est deliberativo generi quiddam etiam judiciale permisceri, parem ipse virtutem in hoc quoque orationis genere ostendit : et inter omnes quidem maxime *Rhodiaca.* Nam et acrius enthymematis instat, et brevem atque contortam orationem (quod saltem ad characterem) adhibet, et vehementia cum ubertate abundat. Exemplis insuper maxime præstat, quæ ubique multa e variis petita rebus, aptissime ad propositum argumentum accommodat. Libentissime quoque fabulosas narrationes aliquas monitionibus intexit, ut eam etiam ob rem simplex dicendi genus consectatus videri possit. Ratius enim Platonis exemplo ejusmodi eum fabulas afferentem videas, quæ (ut in Borysthenica) elationem aliquam granditatemque orationi addant. Simplici igitur idea plurimum est usus (ut paulo ante diximus) in sensibus, vocabulis item familiaribus, et passim obviis, nihilque compositio habet aut sublimitatis ostentandæ, aut captandæ jucunditatis gratia innovatum. Et vero, in verbis saltem, nominumque conjunctione, perspicuum dicendi genus scriptorem hunc propositum habuisse existimes : sed dum longius sententiæ redditionem producit, digressionibusque ut plurimum orationem intertexit, non parum ab hoc instituto deflectit. Quanquam hæc quidem varietas quædam ideæ, characteris proprietas, non pro vitii indicio haberi forsitan possint. At quod exordia, aut quæ exordiorum instar sunt, longissime producat, id jam palam facit, et eum nequaquam familiarium congressibus accommodatam dicendi formam pro civili et historica usurpare, et majus quasi caput, quam reliquum sit orationis corpus, effingere.

Orationum igitur ejus quatuor priores, de regno dictæ sunt. Quinta dein, quæ *Libyca* vocatur, et ab illis etiamnum dependet, fabulam Libyn refert. **166**a Eam excipit sexta, quæ de tyrannide commemorat : ut de virtute septima. Octava, *Diogenis*, sive *Isthmicæ* titulum præferens, facta quædam dictaque Diogenis in Isthmicis narrat. Nona, *Diogenes* quoque dicitur, seu *De servis*. Hortatur singulatim universos, satagere quosque, ac sollicitos esse sui, neglectis quæ extrinsecus adveniant. Non expedire insuper fugitivum servum insequi. Absurdum enim esse, si vel illi, cum improbi sint, sperent absque dominis melius sibi fore, vel heri illorum nequitiæ velut ignari, non judicent melius secum agendum, si nec obiter ullum e fugitivorum servorum stoliditate damnum ferant. Decima oratio *Troica* inscribitur, de eo studiose elaborata, quod Ilium non fuerit captum. Homero igitur asperius adversatur, iisque omnibus contraria describit, quæ sunt ab illo in *Iliade* composita. *Olympica*, seu *De prima Dei cognitione* (quæ idem illud demonstrare conatur) undecima est. Duodecima *Athenis de exsilio habita* titulum præfert. Et habita vere ibidem est, docetque exsilium nihil habere molestiarum : divitias item et gloriam atque imperium citius a possidentibus ad eos qui minime sperabant, transferri : sapientiæ vero studium, ac virtutis exercitationem, et perpetuas in hac vita constantesque divitias esse, et hinc etiam emigrantes comitari. XIII. *Euboica* seu *Venatoria* inscribitur. Inducit autem quosdam hanc in Eubœa vitam ducentes : per quos docet vitam privatam, etsi pauperior sit, longe jucundiorem esse, et utiliorem, quam eorum qui in urbibus turbas juxta ac delicias experiuntur. XIV. *Rhodiaca* nominatur. Absurdum hac oratione morem, qui tum Rhodi invalescebat, reprehendit. Quos enim statuis honorandos censuerant, his nullas statuebant, sed earum, quæ priscis fuerant collocatæ, vel inscriptiones in eorum, qui venturi essent nomina mutantes : vel si temporis injuria non apparerent tituli, novos insculpentes, simul vita functorum gloriam (quantum in ipsis erat) fœdabant, simul quos honorare decreverant, alienis, et quæ nihil similitudinis haberent, imaginibus dedecore potius afficiebant. Qua quidem in oratione ingens Dionis refutandi alios vis atque facultas insigniter elucescit. XV. *Ad Alexandrinos habita*, inscribitur. Vulgi in ea ingenium moresque exponit, ac perstringit. Nequaquam insuper decere, ut etiam populus Alexandrinus, **166**b qui propria tot haberet virtutis incitamenta, exortorum in republica tumultuum ac seditionum velut mancipium fiat. Præsertim vero illum errorem cavendum esse monet, qui in publicis conventibus ac theatris committebatur. *Tarsicarum*, quæ duæ sequuntur, appellationem nactæ sunt. Harum prior post urbem illam cursim lauda-

tam, nunquam civitatum felicitatem metiendam docet a fontibus, fluminibus, venustis porticibus aut ædificiis, fructuumque abundantia, quæque his similia laudantur, sed eas urbes commendari, in quibus disciplina ac virtus civium claresceret. Hæc quoque oratio absurdum quemdam ac probrosum castigat morem in vocis emissione quadam [lasciva] ex Alexandrinorum consuetudine petita, monens ei assuetos ut abstineant, vel potius acerbius ipse in eos incurrens. Altera vero hortatur, ne calumniis magistratus persequantur; neve parvis offensionibus statim irritentur, atque illos temere accusent. XVIII. Cui nullus præfixus titulus, Celænis Phrygiæ urbe habita est. Disserit autem non esse virtutis indicium comam illam promississam, ut nec alia quæ ad corporis cultum pertinent, ac ne horum quidem contraria. Huic et ipsius urbis laudatio adjungitur. XIX. Ipso mox titulo indicat, habitam quidem primum Borysthene, sed recitatam postea in patria. In ea cum alia refert auctor, tum Platonis imitatione prædicat de universitatis opifice apud Borysthenitas se disseruisse, ac de mundi totius ornatu motuque, et elementis ejusdem. Est autem illustrior hæc graviorque præ cæteris orationibus. *Corinthica* autem numero vicesima, Corinthi habita, cives ibi objurgat, quod statua se prius honorassent, quam tamen post ipsius profectionem, falsa quadam calumnia adducti, iterum sustulissent. Proxima est hæc dicendi vi ac virtute *Rhodiacæ* orationi. Quanquam ejus quod exordii loco statuit longitudo, hic, perinde atque alibi fere ubique, virtute vacat. XXI. Inscribitur *De Nicomediensium concordia cum Nicæensibus*. Quam quidem potissimum contendit efficere hæc oratio, quæ non sine jucunditatis ex ea re commemoratione, opportune profertur. Sic enim melius persuadendi vis hominum sese animis insinuare solet. XXII. Nicæa **167**a pronuntiatam titulus significat : *De concordia, seditione jam exstincta*. Hoc autem est hic viri institutum, rem ibi tum gestam laudibus celebrare. XXIII. In patria recitata est, *De concordia cum Apamensibus* : quod ipsum ibi pertractat : ut et proxime sequenti Apamenses hortatur ad concordiam cum Prusensibus ineundam. XXV. *Disputatio est in patriam*. Ignorare vero se fingit causam ipse qui disputat, cur libenter eum et cupide audiant, cum nihil utile ipsius orationes proponant. *Politica* dehinc inscripta est vicesima sexta oratio, recitata in patria : quemadmodum et quæ proxime sequitur, *Benevolentiæ testificatio in patriam*, quod se benevolo eam animo prosequentem honorifice excepisset. Succedit his *Apologia*, seu *Defensio*, de suo in patriam amore. XXIX. *Ante philosophiæ studium in patria habita* inscribitur. Eos autem qui lapidibus ipsum cum alio quodam obruere aggressi essent, ac post etiam ejus domum igni cremandam tradere, clementer objurgans, melius ob civiles turbas esse confirmat peregre vagari, quam domi degere. Civium vero suorum erga se indignationem hinc ortam ait, quod ruens jam ædificium quoddam instaurasset. Tricesima deinde *Concio in patria* inscribitur, idemque respicit argumentum. XXXI. In patria habita, *Politicæ in concione* titulum præfert : suadetque ut posthac, injuriis invicem ac probrosis contumeliis valere jussis, seditionem in concordiam vertant. Similiter et ea quæ sequitur habita est in patria, inscribiturque ex eo quod palam indicat : *Recusatio magistratus in senatu*. Magistratum enim scriptor, ad quem suffragio delectus erat, repudiat. XXXIII. *De administrationibus in senatu*, inscriptionem præfert. In ea post brevem senatus laudem, de iis se purgat Dion, ob quæ in suspicionem venerat : nimirum a paterno non esse profecta consilio, quæ in administranda civitate filius egisset. Proxima *Ad Diodorum* inscripta oratio, et ad virtutem hortatur, et se laudare civitatem ait, quando qui eam laudarat Diodorum laudibus ornat. XXXV. *De Æschylo, Sophocle, et Euripide* : seu, *De Philoctetæ arcu et sagittis*, inscripta est. Philocteten hæc dolo deceptum facit, quo **167**b Ulysses usus, cum illius arcu et sagittis abierit. Sextæ porro et tricesimæ titulus est *De Homero* : cujus poetæ laudes prædicat : quemadmodum et Socratis illa, quæ hujus philosophi nomen præfert. Hinc illa *De Homero et Socrate*. XXXVIII. Oratio, Homeri æmulum fuisse Socratem ostendit, ac discipulum. Ab hoc item philosophum non illam tantum familiarem adeo sibi exemplorum tractationem hausisse, sed reliquam insuper dicendi vim omnem ac venustatem imbibisse. XXXIX. *Agamemnon*, seu *De rege* inscribitur : docetque oportere regem optimis usum consiliariis, iisdem parere, neque suum arbitrium pervicaciter sequi. Proxima vero quæ inscribitur, *Nestor*, quanam ratione reges admonendi sint instruit. Mox *Achilles* sequitur : qui Chironi non acquiescens, monenti prudentia potius atque arte quam audacia aut corporis viribus res bellicas geri, tandem neglecti consilii pœnas dedit. Quæ vero *Philoctetes* post hanc inscripta, fusius ejus infortunia commemorat. Post quas] *Nessus et Dejaneira* [quæ vocatur oratio] absurdius de iis obsequii cujusdam causa conficta, in seriem quamdam atque ordinem meliorem videtur reformare. *Chryseis* [item dicta oratio] laudatio Chryseidis est. *De regno vero et tyrannide* oratio, de his ipsis disserit, ut tres deinceps sequentes *De Fortuna* gratas simul ac philosophicas meditationes exhibent. Ad eumdem modum, quæ has excipiunt, totidem *De gloria* orationes, suadent et monent contemnendam esse vulgi gloriam : ubi pulchræ simul et utiles considerationes inter hortandum miscentur. LII. *De virtute* et inscribitur, et disserit. LIII. Agit *De philosophia*, ut LIV. *De philosopho*. At LV. *De habitu cultuque corporis* inscripta, docet non ob tunicam mox et calceos philosophorum, neque ob externam cultus speciem philosophum

A quemquam esse judicandum. LVI. *De fiducia* titulum sortitur; ut contra huic proxima *De diffidentia*. Suadent hæ cavendum cui fidas, aut te credas; ne iis quidem, qui vel maxime amare videntur. Multos enim aliis confisos in magnam incidisse calamitatem : cum diffidentia munitis manifesta contigerit salus. Sed hæc quidem illa *De diffidentia* oratio. Præcedens enim ediss<rit, fiduciam magna ut plurimum **168**a damna confidentibus attulisse. Argumentum deinde orationis LVIII. quod docet inscriptio, *De lege* est, ut et insequentis LIX. *De consuetudine* : quam quidem tantumdem præstare, quantum lex solet, ostendit, sed cum voluptate id potius atque inductione, quam vi, multoque securius. Duæ vero orationes, quæ sequuntur, *De invidia* agunt, ut LXII. *De divitiis*, quarum molestias atque insidias ita omnibus notas facit, ut utiliorem longe esse statuat justitia comitatam paupertatem. LXIII. Inter Cilicas orationes *De libertate* habita inscribitur. Illum (1) autem liberum pronuntiat, qui suarum sit dominus perturbationum, affectionumque animi, tametsi mille ejus corpori imperent domini; illum contra servum, qui malis suis parens affectionibus, servitutem serviat, licet mundi totius imperium tenere videatur. Quam in sententiam subsequens quoque disserit, *De servitute et libertate* inscripta : ut et sequens, quæ *De servis* altera est. Hinc *De ægritudine*, hortatur non oportere virum generosum ac prudentem vinci aut perturbationi succumbere, sed contemnere potius, atque obterere. LXVII. *De avaritia* inscripta, vitare hoc malum jubet. LXVIII. oratio titulum præfert : *De bene dicendi exercitio*, atque hoc idem argumentum suggerit. Mox LXIX. agit inscribiturque *De sua [alios] audiendi cupiditate*. Septuagesimæ titulus est, *De secessu*, docetque non loca sola sectando, mox etiam vitiosas animi affectiones, aut vitæ tumultus vitari, sed ad seipsum sese convertendo, et ad sui cognitionem contendendo, aliunde accedentis mali exigua interim habita ratione. Proxima ut est *De pulchritudine* inscripta, sic et de adolescente disserit. Ibidem nec apud omnes gentes, etiam barbaras, idem pulchrum videri ait, sed aliud apud alios obtinere. LXXII. *De pace belloque* et agit, et titulum gestat. LXXIII. *Sapientem etiam felicem* prædicat; et sequens *De felicitate* disputat. Hinc *De genio* agitur. Genios autem nonnullat, qui aliorum ita sortiantur imperium, ut per eos aut melius cum subditis agatur, aut pejus. LXXVI. est *De consultando*. LXXVII. Titulus est *Disputatio de iis, quæ in symposiis accidere solent*, eorumque nonnulla etiam narrat, ac mortalium plerosque tunc ad philosophiam respectum habere consuevisse, cum rebus tristibus vita infestatur. **168**b LXXVIII. et altera insequens *Melancomas prima et secunda* inscripta, cum audem adolescentis illius continent, tum memoriam mœroremque in secundarum rerum affluentia

---

(1) Cicero in *Paradoxis*, et Philo Judæus atque Horatius.

vita functi. Ultima et octogesima, quæ *Charidemi* nomen præfert, laudationem simul ac luctum exstincti juvenis commiscet.

CCX.
Cæsarii Capita ecclesiastica ccxx.

Legi Cæsarii librum, *Capita* continentem *ecclesiastica* ccxx, quibus partim enuntiata quædam explicantur, partim quæstiones solvuntur. Dicas autem hunc scriptorem, et ætate etiamnum florere, et cum rhetoricæ quasi fetura, tum externæ non minus quam nostræ philosophiæ eruditione turgere. Quanquam non minima deesse videntur, ut verbo dicam, quo motus illi atque impetus dedecore careant. Attamen clara ejus dictio est (crebro licet ad poeticas voces juveniliter deflectat, atque ab usitata constructione, non sine defectu aliquo, recedat) et ad summam dogmatum accurationem parum sane ei deest. Per quæstiones porro et responsiones, suppositis quoque personis [interloquentibus], composita illi oratio est, et quidem Gregorii, ut aiunt, cujus hunc auctorem esse fratrem *Theologi* cognomentum indicat.

CCXI.
Dionysii Ægei Dictyacorum capita c.

Lecta Dionysii Ægei, *Dictyaca* quæ inscribuntur. Libellus erat centum absoluto capitibus, quorum quinquaginta suam singula sententiam asserebant : totidem vero suam quodlibet astructam antea hypothesin, evertere conabantur; ita ut sua cuique assertioni refutatio statim opponeretur. Ipsa porro elocutio neque admodum exornatur, neque tamen sine venustate negligitur : præsertim cum non ad ostentationem aliquam, sed ad disputationem potius opus hoc comparatum sit a suo auctore, cui tenue dicendi genus et cognatarum rerum series curæ fuit. Utilis autem liber iis est, qui in dialecticis exercentur, atque ista fere suo argumento comprehensa. 1. Ab utroque parente mitti semen, animantiaque gigni; et contra non ab utroque. 2. Ex universo corpore semen excerni : contra vero a testiculis. 3. Concoctionem calore fieri : contra vero non item. 4. Attritu concoctionem fieri : et attritu minime fieri. 5. Putrefactione fieri concoctionem : contra vero minime. 6. **169**^{a} Proprietate spiritus concoctionem fieri : contra non item. 7. Succorum proprietate concoctio fit; vel minime. 8. Proprietate caloris fit concoctio : et non item. 9. Calore digestionem fieri : et non item. 10. Ciborum distributionem per caloris ad se attractionem fieri; vel minime. 11. Spiritu fit digestio : aut non item. 12. Arteriarum applicatione digestio fit : minime vero sic. 13. Digestio fit per absentiam cum vacuitate : et quod per incertam sive quamcunque absentiam fieri soleat digestio. 14. Ex eo glaucedo nascitur, quod alimento suo visualis porus destituatur : et non item. 15. Sanguinis illapsu in visionis porum glaucedo fit oculorum : et non item. 16. Humidorum crassitie, atque exhalatione fit glaucedo : et non fit. 17. Phrenitidem fieri per distensionem meningis, sanguinisque corruptionem : et non ita fieri. 18. Ex caloris excessu nasci phrenitidem : et non item. 19. Per inflammationem phrenitidem nasci : et non item. 20. Lethargum ex inflammatione fieri : et non ita. 21. Per distensionem corruptionemque lethargicos fieri : et non item. 22. Per universum corpus diffundi appetitum edendi atque bibendi : et tantum in stomacho exsistere. 23. Edendi atque bibendi appetitum in imaginatione situm esse. [24. Ex humorum inopia sitim nasci : et non item. 25. In stomacho duplicem spectari efficiendi vim : et vero minime. 26. Inferior cerebri pellicula in concavitate principium est nervorum : et vero minime, sed exterior. 27. Pharmaca diffusa per corpus purgare; et non item, sed ipso allapsu. 28. Non esse utendum purgantibus medicamentis : imo esse. 29. Vini haustum febricitantibus esse concedendum : et non esse, cum perniciosus sit. 30. Balnea febricitantibus utilia esse : imo noxia esse. 31. In morborum incrementis clystere utendum : et non utendum. 32. Non esse morborum initio unctionibus utendum : imo id perutile esse. 33. Caput cataplasmatis curandum : et non item, sed olfactoriis duntaxat utendum. 34. Vomitus provocationem nihil prodesse : imo utilem esse. 35. Cor emittere sanguinem : et contra non emittere. 36. Cor non emittere spiritum, sed arterias potius ipsum attrahere : et contra. 37. Cor a seipso moveri : imo non a seipso. **169**^{b} 38. Sanguinem natura in arteriis exsistere : et arterias non esse sanguinis receptaculum. 39. Vasa omnia in summo simpla esse : imo plicata esse atque involuta. 40. Per nervos sensum esse et motum animantis : et non esse principium. 41. Venarum cor esse principium : et non esse principium; 42. Jecui venarum esse principium : et rursum non esse. 43. E ventriculo venas nasci : et non nasci. 44. Omnium vasorum principium esse meninga, seu cerebri tunicam : et non esse. 45. Spiritum esse arteriarum originem : et contra non esse. 46. Arteria illa, quæ juxta dorsi spinam sita, principium arteriarum est : et non est. 47. Cor esse arteriarum principium : et non esse. 48. Neque cor nervorum principium est; sed cerebrum ambiens pellicula : et non est. 49. In corde non esse intelligendi vim, sed in capite : et contra. 50. Intelligendi vim in medio esse cerebri ventriculo : et non esse. Hæc igitur opus illud [efficere] contendit.

CCXII.
Ænesidemi De Pyrrhoniis libri VIII.

Legi Ænesidemi *Pyrrhoniorum* libros octo. Cujus quidem operis scopus est hoc unum probare : Nihil certo comprehendi aut sensu aut ipsa etiam intelligentia posse. Quare neque Pyrrhonios, neque cæteros, quæ in rebus ipsis lateat, veritatem scire. Reliquarum ergo sectarum philosophos cum alia ignorare multa, tum quod frustra sese assiduis molestiis torqueant atque absumant, quin et hoc ipsum ignorare, quod nihil eorum comprehenderint, quæ jam opinentur se comprehendisse. At qui ex Pyrrhonis instituto [ait] philosophatur, cætera felix, in eo quoque sapit, quod vel in primis intelligat, nihil a se certo comprehensum esse. Imo et hoc studiose agat, ne cui eorum, quæ cognorit, affirmando potius, quam negando assentiatur. Porro tota hujus operis commentatio quid propositum habeat, jam dictum. Libros ipsos Academico cuidam sodali Lucio Tuberoni inscripsit, domo Roma, et claris ibi natalibus orto, quique magistratus gesserit civiles non vulgares.

Primo igitur libro, Pyrrhoniorum et Academicorum discrimen referens, tantum non emissa voce ista dicit: Academicos dogmata constituere, et alia certa atque indubitata ponere, alia rursum sine ulla dubitatione tollere: Pyrrhonios autem dubios hærere, et ab omni dogmate liberos atque solutos esse; ut eorum etiam nemo omnino, aut comprehendi omnia posse **170**a aut non posse dixerit; sed nihilo magis talia, quam talia esse, aut tunc quidem talia, alias vero non talia, vel uni quidem hujusmodi, alii vero non hujusmodi, tertio etiam plane non esse. Neque rursum omnia esse communiter ejusmodi, ut assequi illa quispiam possit, vel quædam saltem horum assequi non possit, sed non magis fieri posse, ut quis ea assequatur, quam ut non assequatur: vel nunc quidem assequi possit, tunc vero non item. Imo neque verum, neque falsum, neque probabile, neque ens, neque non ens, sed idem, ut sic dicatur, non potius verum esse, quam falsum: aut probabile potius, quam improbabile: aut ens, quam non ens, aut jam quidem tale, alias vero aliusmodi: aut uni tale, mox alteri etiam non tale. Nihil enim in universum Pyrrhonios definite, ne hoc quidem ipsum, quod nihil definiatur. Verum cum non suppetat, ut aiunt, quo sensa mentis efferamus, sic loqui solemus. At qui ad Academiam, maximeque ad hanc novam pertinent, inquit, cum Stoicis interdum opinionibus consentiunt, et (si verum fateri volumus) Stoici ipsi, sed qui cum Stoicis pugnent, videntur. Deinde et de multis decreta statuunt. Virtutem enim atque amentiam inducunt: bonum quoque, et malum velut principia ponunt; verum item, et falsum, rursum probabile, et improbabile, ens dein, et non ens, aliaque non pauca certo definiunt: ambigere se tantum dicentes de comprehensiva imaginatione. Quamobrem Pyrrhonii, dum nihil definiunt, omnino irreprehensi permanent; verum Academicis, ait, pares cum aliis philosophis rationes reddendæ. Illud porro maximum: quod illi de re qualibet sibi oblata dubitantes, non tantum eumdem perpetuo teneant ordinem, sed nunquam etiam secum ipsi pugnent, cum hi secum pugnare se, ne sentiant quidem. Simul enim ponere quidpiam, et rursum indubitanter tollere, simul item dicere communiter

aliqua esse comprehensibilia, et non esse, manifestam utique pugnam affert. Alioquin quomodo fieri possit, ut qui cognorit hoc esse verum, illud falsum, adhuc dubitet, atque ambigat: et non certo prius illud amplectatur, alterumque declinet? Nam si ignoratur hoc bonum esse, aut malum: vel hoc verum, illud falsum: et hoc exsistere, illud vero minime: omnino fatendum horum singula comprehendi non posse; sin evidenter sensu vel intelligentia horum quidque percipiatur, comprehensibile jam horum esse quodlibet dicendum est. Hæc, aliaque id genus, ab ipso mox librorum initio discrimen Pyrrhonios inter et Academicos ostendens, hic Ænesidemus Ægeus pertractat, universum **170**b deinceps Pyrrhoniarum [rationum institutum eodem hoc priore libro paucis ac summatim traditurus. Secundo deinde libro singulatim jam, quæ universe dixerat, tractare incipiens, de veris et causis disputat, deque affectionibus, de motu item, et generatione atque corruptione, ac de horum contrariis, adversus hæc omnia dubia illa esse atque incomprehensibilia, validis, ut putat, ratiocinationibus ante oculos ponens. Tertius posthæc liber de motu et sensu, eorumque proprietatibus, similes contradictiones curiosius investigando, ad ea quæ nemo assequi aut comprehendere possit, hæc quoque abripere conatur. Quarto autem libro signa rerum obscurarum, quæ nos manifestas hasce res esse dicimus, ne esse quidem vult: sed decipi inani affectione eos qui hæc opinentur. Movet et ex more alias deinde quæstiones de universa natura, de mundo, de diis, nihil horum percipi posse contendens. Proponit ipsis et quintus liber dubitandi adversus causas occasiones, nihil nullius esse causam tradens, et falli qui causas afferre conentur: numerans etiam modos quibus causas reddere studeant, qui coacti jam in hoc errore versentur. Sextus vero bona et mala, quæque expetenda et quæ fugienda, præposita ad hæc atque rejecta in eamdem ludificatoriam disputationem adducit: quæ quantum in ipso est, a nostra quoque comprehensione atque cognitione excludit. Septimum adversus virtutes instruit, referens varias de iis opiniones nequidquam commentos esse philosophos, seipsos decipientes, quasi jam ad earum actionem contemplationemque pervenissent. Qui ad hos omnes Octavus accedit liber, contra [bonorum] finem disputat, neque beatitudinem illum esse, neque voluptatem neque prudentiam, neque aliud eorum quidpiam quod cujuscunque philosophorum familiæ sectator opinando asserere queat: sed omnino finem non esse, ab omnibus licet decantetur.

Igitur ad hujusmodi concertationem diriguntur Ænesidemi libri, qui Platoni, aliisque ante nos pluribus satis indicarunt, stultitiæ plenum ac nugarum illius opus esse. Nihil item ipsum ad aliquod dogma [confirmandum] prodesse, æque est manifestum, ubi saltem ipsas quoque inhærentes nostræ menti dogmaticas contemplationes expellere **171**a aggressus est. Si qui tamen in dialecticis exercentur, non inutilis hic liber : modo ne horum parum adhuc confirmata mens, hisce ratiocinationibus inhærescat, judiciique perspicacitas vitiata non sit.

CCXIII.
Agatharchidæ Historica.

Legi Agatharchidæ, quem Agatharchum quidam nominant, *Opus historicum.* Hic patria Cnidius, instituto grammaticus fuit. Scribam tamen atque anagnosten insuper fuisse, præstitum his functionibus. Heraclidæ Lembro ministerium, indicium fecit. Fuit et alumnus Cinnæi. Scripsisse autem Asiaticas res libris decem, et de Europæ rebus libris quadraginta novem historiam pertexuisse, didicimus. Ejus autem libri quinque Rubrum mare, quæque ad illud pertinent, exponunt. Et hæc quidem omnia ipsemet extremo libro quinto commemorat. Ubi et ob alias certas causas a scribendo se cessasse ait, quodque exacta jam ætas in senium vergeret. Sunt qui præter hæc alia ab illo conscripta tradunt, quæ mihi videre nunquam contigit. Nam et Compendium aiunt uno libro reliquisse eorum, quæ de Rubro mari scripsisset; item *De Troglodytis* libros quinque, sed et *Epitomen* Lydes ab Antimacho scriptæ; rursum aliud *Breviarium* eorum quæ de collectione admirabilium ventorum scripta exstarent. Historiarum adhæc Excerpta composuisse, atque de amicorum inter ipsos consuetudine.

Est autem hic vir, quantum ejus libris legendis cognoscere potui, grandiloquus, et sententiis abundans. Qui orationis magnitudine ac dignitate præ cæteris quidem gaudet, sed verbis selectioribus non admodum videtur addictus. Neque tamen dum usitatas per omnia consuetasque voces non adhibet, novas ipse format : nisi forte usurpandorum vocabulorum artifex quispiam, novam quamdam speciem præferentem phrasim de non novis vocabulis effecerit. Quod quidem artificium ingeniose adeo tibi subjicit, ut nec innovatum quidquam videatur, nec minor sit, quam si usitatas attulisset voces perspicuitas. Utitur etiam sententiis, quæ ejus prudentiam non minus, quam industriam manifeste declarant. Ad verborum item immutationem rectius assumendam, egregie præ cæteris comparatus est. Jucunditatem porro, quodque animum demulcere, aut diffundere queat, occulte passim ac latenter **171**b per totum opus disseminat. Ad tropos quoque ubi se applicarit, sine ullo molestiæ sensu illos adhibet. Quod quidem in eo efficit non verborum ipsa per se commutatio, sed ingeniosa quædam et suavis ad res alias transitio atque conversio. Etenim nomen pro verbo assumere, rursumque verbum in nomen commutare, voces quoque in orationem diffundere, et orationem in nominis quasi formam cogere, nemo est omnium, quos novimus, hoc ipso peritior. Idem Thucydidem in concionibus apparatu et ubertate imitatus, magnitudine orationis æquat, perspicuitate autem etiam vincit. Talis omnino vir iste est, ab ipsa quoque grammatica gloriam assecutus. Cui etsi rhetoris cognomentum improvidum aliorum judicium non concessit, mea certe sententia non grammaticorum solum, sed ne rhetorum quidem ulli secundus cum docendo, tum scribendo videtur.

CCXIV.
Hieroclis De Providentia et Fato libri vii.

Lectus est Hieroclis liber *De Providentia et Fato,* atque de arbitrii nostri cum divina gubernatione congruentia. Auctor hic professione philosophus, cui liber ipse Olympiodorum quemdam veluti censorem constituit, qui ejus scribendi causam dederit, cum, philosophiæ non vulgaris adamator, ne civilis quidem sapientiæ rudis esset. Clarum enim legationibus Romanis fuisse, multasque ac magnas e barbaris gentibus Romano adjunxisse imperio, quæ ipsi quoque ad magnos apud illas magistratus acquirendos viam straverint. Igitur Olympiodorus, ad quem liber mittitur, talis fuit; ad quem insuper libro primo extremo adjunxit auctor consolationem, cum ille adoptivi filii amissionem supra modum lugens, non dolenti tantum esset animo, sed etiam vultu tristiore. Ipse autem commentarius *De Providentia*, disputationem præfert, ejus qui erga Platonis non aliter, quam erga Aristotelis sententiam animo affectus esset. Conciliare enim horum philosophorum inter se opiniones studet, non solum in iis quæ de Providentia disputant, verum etiam ubi animos docent esse immortales, aut de cœlo quidpiam ac mundo iidem philosophantur. Quotquot autem hos inter se dissentire ac pugnare arbitrati sunt, eos longissime ab eorum sententia abductos, a veritate omnino aberrasse contendit, alios sua sponte contendendi studio atque **172**a vesaniæ sese addicentes, alios præoccupata opinione atque imperitia subactos. Ac prioris quidem ordinis ingentem fuisse numerum refert, donec Ammonii aliquando sapientia orbi illuxit, quem etiam *Divinitus edoctum* appellari prædicat. Hunc enim veterum philosophorum opinionibus perpurgatis, et resectis eo utrinque excreverant nugis, in præcipuis quibusque et maxime necessariis dogmatibus, concordem esse Platonis et Aristotelis sententiam, demonstrasse. Huc igitur Hieroclis scriptio magno studio connitens, et argumentis illa astruit, quæ ipsos sensisse contendit; et acriter cum iis certat, qui contrariam tueri partem conati sunt. Epicureos dico, ac Stoicos, et quotquot forte Platonem atque Aristotelem colunt quidem, sed eorum sensa minus recte explicant. Eos item, qui in genethliaca desudant arte, redarguit, dum fallaces eorum esse ac lubricam de fato opinionem ostendit. Imo et qui Providentiam rerum creatarum commentis quibusdam aut præstigiis tollere audent, iisdem prorsus rationum quasi quæstionibus explorandos subjicit. Ut autem simul omnia dicam, adversus omnes illas opiniones insurgit, quæ indoctiores eo adducunt, ut divinam Providentiam vel omnino non esse, vel nullius esse momenti ac despicatui ducendam putent.

Ex Platonis igitur sententia supponit hæc disputatio Deum natura ante illam [providentiam] esse, velut universæ simul aspectabilis et inspectabilis hujus molitionis opificem, quam ex nulla re subjecta vult a suo artifice productam : ut cui sola sufficeret voluntas, quo rerum natura subsisteret. Cæterum corporea substantia per creationem cum incorporea conjuncta, mundum ex utraque natura perfectissimum, duplicem simul et unum, constitutum esse : in quo summa, media, et ima mundi opifex sapientia juxta cujusque naturam decreverit. Horum prima *ratione prædita cœlestia*, et *deos* vocari ait : quæ vero proximæ post hunc ordinem regioni attributa sunt, ea cum *ratione prædita ætherea*, tum *dæmonas bonos* appellat, bonorum item hominibus interpretes et nuntios factos : humanum denique genus infimum tenere locum, eosque *terrena animantia, et humanas animas*, atque (ut Plato diceret) *mortales homines* appellari tradit. Hæc porro tria genera in uno velut animante, vel choro atque concentu ita esse aptata invicem atque connexa, ut naturalis eorum distinctio per unionem illam, ac nexum mutuum minime confusa conservetur. Ac præesse quidem præstantiora inferioribus : omnibus tamen omnino imperare ipsorum Patrem atque Conditorem Deum. **172**b Hoc ergo ejus tanquam a patre denominatum regnum, et videri, et vere esse Providentiam, quæ quod cuique generi convenit, hoc illi distribuat : at vero justitiam illam, quæ Dei Providentiam comitatur, vocari fatum. Uno enim fati nomine in plures notiones, ab iis qui novitate gaudent, distracto, non aliud tamen fatum sibi videri, quam id quod Aristotelem et Platonem credidisse tradit. Neque enim illam temere positam genethliacorum necessitatem ullo modo admittit, nec stoicam item vim, neque illud etiam fatum, quod Alexander Aphrodisiensis statuit, eoque tandem deducit, ut idem prorsus cum natura corporum Platonicorum efficiat : sed nec eam, quæ carminibus magicis aut sacrificiis a consueto naturæ ordine deflectatur, genesin; sed illud tantummodo fatum, uti diximus, extollit, quod cum suis Plato vult : rerum scilicet evenientium secundum Providentiæ leges judicialem quamdam Numinis operationem, bono ordine ac serie res nostras dirigentem in illum finem, in quem liberæ actiones ex certo proposito feruntur.

At enim isthæc hujus viri scripto cum contineri videas, frequens nihilominus ipsi et magnum certamen est de humanorum animorum priore vita, deque eorum in alia corpora transmigratione. Nam ex animantibus quidem ratione carentibus, aut in bruta transfusionem non recipiens, at vero hominum in hominem transitum studiose defendens, periculosam hanc atque ineptam opinionem sursum deorsum versat. Per illam quidem, ut credit, divinam providentiam corroborans; per hanc, liberum arbitrium, liberumque sui ipsius dominatum astruens; fato certe tam ei grato auxilium ferens : idque non absurdis tantum commentis incitatus, sed etiam ex minime cohærentibus argumentationibus suas, quas putat, probationes producens : cum interim, per quæ revera Providentiæ dogma constitui poterat, ne in mentem quidem illi venerint. Imo vero, si quis huic homini veritatem anteponere studeat, quibus illam argumentis astruere nititur, his ipsis eamdem omnino evertit. Nam qui infirmum argumentum semel veritati substravit (ut alibi, cum res ita postularet, copiosius ostendimus), is in contrariam facile partem converti illam posse, quin et nequaquam subsistere, simul demonstravit. Illa quippe animorum priore vita, et in corpora transmigratione (quam ipse basim ac fundamentum Providentiæ, liberoque arbitrio, ac fato illi subjicit), omnino inter absurda et impossibilia **173**a per veritatem ablegata, nimirum una cum illo, qui per ista hæc molitur efficere, etiam Providentia, et liberum arbitrium et fatum evertitur, atque in nugas operosa illa machinatio abit.

Porro in septem libros universum opus dividitur : quorum primus quidem exponere instituit ea quæ ipse apud se de Providentia, de justitia, et de sententia in nos pro factorum merito ferenda, meditatus esset. Secundus dein, Platonicas colligens opiniones, suas cuique probationes ex ipsis Platonis operibus apponit. Tertius, objectiones proponens, quibus uti quispiam adversus ea quæ tradita sunt, queat, dissolvere harum cavillationes conatur. Quartus oracula, quæ vocantur, ac sacerdotum leges, et Platonis dogmata invicem conciliare studet. Quintus, Orpheo, Homero, et cæteris qui ante Platonem celebrabantur, Platonicam de modo dictis doctrinam tribuit. Sextus, omnes, qui post Platonem fuere, ipso quoque Aristotele principe assumpto, usque ad Ammonium Alexandrinum, cujus in familiaribus celeberrimi Plotinus et Origenes, ad hos, inquam, usque Platonis posteros, qui quidem aliquod sibi nomen sapientiæ pepererunt, ejusdem ad unum omnes cum Platone esse sententiæ, argumentis probat. Quod si qui consentientes Platonis et Aristotelis opiniones dirimere aggressi fuerint, eos et nihili homines, et fugiendos statuit. Multa insuper Platonicorum scriptorum adulterasse eos etiam qui hunc sibi præceptorem ascriberent, ut et Aristotelicorum operum eos, qui se hujus partem maximi facere profiterentur: non aliam id utique ob causam, quam ut committere inter se Stagiritem atque Aristonis filium possent. Septimus liber, proprio sibi sumpto argumento, de Ammonii suprascripti Disputatione studiose disserit, utque Plotinus et Origenes, imo et Porphyrius atque Jamblichus, et deinceps ordine cæteri, qui divina (quemadmodum ipse quidem loquitur) generatione sunt editi, usque ad Plutarchum Atheniensem, quem etiam auctorem talium ipse nominat dogmatum, ut, inquam, hi omnes purgatæ Platonis philosophiæ addicti sint.

Ipsa vero hujus auctoris dictio perspicua est ac pura, et philosophicum decens studium : tametsi **173**[b] fucatis et supervacaneis coloribus, aut bene dicendi varietate non exornetur.

CCXV.

Joannes Philoponus Contra Jamblichi opus De simulacris.

Legi Joannis cognomento Philoponi librum *Adversus Jamblichi opus* quod *De simulacris* inscripsit. Scopus autem Jamblicho propositus est, ostendere, cum divina esse idola (nam ista etiam, simulacri nomine complectitur), tum præsentia Numinis referta : non solum quæ hominum manibus occulta quadam arte fabricata, ob incognitum nimirum artificem cœlo delapsa nominentur (hæc enim et cœlestis esse naturæ, et inde in terram decidisse, unde etiam sint merita nomen accipere), verum etiam quæcunque fundendi arte, et sculpendi atque fabrili certa simul mercede et opera [ab artificibus] conformata essent. Horum igitur omnium opera naturam excedere, et hominum opinione majora esse Jamblichus scribit ; multa partim incredibilia e fabulis narrando , partim in obscuras causas referendo, partim etiam contra atque oculis cernantur, scribere nihil metuendo. Opus integrum duas in partes secat. *Majoremque* alteram, alteram *Minorem* nominat. Utramque Philoponus oppugnat, consueto orationis genere usus, quin et compositionem ad solitam sibi formam adaptans. A puro enim et dilucido non recedit : neque tamen elegantia et Attica phrasi exornatus nitet. Rationum præterea Jamblichi reprehensiones sane generosas, et per ipsas quoque penetrantes causas frequenter tibi exhibet; quas interdum superficie tenus tantum refellentes, et ad sola nomina relatas, longinsque a re controversa recedentes [affert;] etiam cum hæc redarguenti valde est obnoxia, et per se imbecillitatem suam prodit.

CCXVI.

Oribasii medici opera.

Legi volumina quatuor, quibus medicam rem Oribasius a se compositam complexus est : aliaque præterea septem, eadem pene forma ab eodem edita.

Oribasii medici Galeni Compendium ad Julianum imperatorem.

Priore ergo volumine, quæ Galenus medicus conscripserat, ea hic in compendium redigit. Juliano autem Christianæ religionis desertori hunc laborem inscripsit, hoc fere usus principio :

« Jussus a te, dive Juliane imperator, Galeni hominis admirandi perutiles **174**[a] de re medica libros ad pauciora redigere, libenter sane voluntati tuæ sum obsecutus. Iis enim qui ad hanc sese artem applicare volent, (ut ipse ait), et natura forsitan destituuntur, neque aptam sunt nacti ætatem, ne prioribus quidem sæpenumero disciplinis initiati (ut ob eas causas libros illos fusiores ediscere nequeant) sufficient quæ jam scribentur : cum et tempore egeant ad ediscendum breviore, et sensum habitura sint faciliorem ; quando in pauca verba hoc compendium vitata interim obscuritate, redigetur. His vero qui præcedentibus medicinam scientiis exculti, neque per naturam, neque per ætatem prohibentur perfectioribus hic imbui præceptis, hæc quoque synopsis conveniet : cum maxime necessaria quæque breviter iis suggerentur tunc, quando in ipso curandi opere urgebit necessitas. »

Sic igitur Oribasius in hoc opere præfatus, illa solum pollicetur collecturum se, quæ Galeno placuissent, quæque ad medicam artem, et ejus tractationem facerent. Absolvit autem illud opus libris ...

CCXVII.

Ejusdem Medicinalium collectorum libri LXX.

Alterum quoque opus eidem Juliano dedicatum septuaginta libris absolvit : nihilo interim minorem, quam illud prius, sed majorem potius utilitatem sua mole afferens. Ejus autem proloquium hunc in modum instituitur :

« Epitomas, quas tu olim, dive Juliane Cæsar, mihi conficiendas mandaveras, jam pridem (cum in Occidua Gallia versaremur) ad finem, quemadmodum tu voluisti, perduximus : et eas quidem ex iis solis confectas, quæ Galenus conscripsisset. Verum ubi tu iis laudatis alterum mihi laborem adjunxisti, ut perquisitis omnibus quæ medici præstantissimi maxime opportuna dixissent, et quæcunque ad eumdem hunc medicinæ finem pertinerent, unum in volumen redigerem. Id quoque ego pro virili parte, et prompto animo facere decrevi. Supervacaneum igitur, et omnino ineptum arbitratus eadem sæpe scribere, sive quæ ab optimis medicis, sive quæ ab iis qui non ita diligenter res tractaverunt, scripta fuerint : ea solum colligam, quæ nobis reliquerunt ii qui cæteris præstiterunt, nihil eorum omittendo, quæ Galenus dixerit ; si quidem cæteris, qui easdem res pertractaverunt, optima ipse, et via ac ratione, et distinctione adhibita, omnibus antecellit, ut qui principia et **174**[b] sententias Hippocratis assidue consectetur. Ego vero hic hujusmodi uter ordine. Imprimis colligam ea quæ ad partem materialem spectant, deinde quæ de hominis natura atque fabrica dicta sunt ; tum de tuenda sanitate, et reficiendis corporibus agetur : quibus confectis addam quæ ad dignotionem et prænotionem pertinent : ad hæc, quæ de morbis deque symptomatis sunt accedent, et denique ea quæ valent ad corrigendum ea, quæ præter naturam sunt, adhibebuntur. »

Hoc igitur proloquium secundi operis, cujus (perinde ac præcedentis) ab eo argumento ducitur initium, quod alimentorum nobis facultates exponit. Septuaginta vero libris, quæ receperat, pertractat. Opus equidem, ut tempore posterius, ita utilitate prius. Neque enim ea solum, quæ Galenus recte litterarum monumentis prodiderat, continet, sed etiam quæ ab ipso prætermissa alii discenda proposuerunt. Ac mihi quidem sane utilis hic labor videtur, si non cæteris omnibus, quotquot in medicæ artis usum atque contemplationem hactenus collati sunt; at certe præ plurimis; idque vel eo nomine, quod non perspicue tantum sua tradat, nihilque prætermittat, sed eorum etiam quæ congessit pleraque variis vocibus efferantur. Unde si quid forte obscurius hic est ab aliquo prolatum, id mox per aliorum explicationem declaratur. Quare ad medicinæ studium sese applicantibus auctor ego sim, ut hoc potissimum opus assidue versent. Atque hujusmodi quidem Oribasii altera illa est medicæ tractationis et contemplationis collectio.

CCXVIII.

Ejusdem Compendii ad Eustathium filium libri x.

Tertium item ab eodem est elaboratum opus, ut ipsemet in procemio testatur. Secundi illius Compendium, Eustathio filio inscriptum, ac libris novem distinctum, quibus ea morborum medicamenta proponuntur, quæ parari facile possint, in promptuque sint. Cæterum chirurgiæ speciem omnem hisce collectaneis penitus prætermisit. Itaque liber hic memoriam excitando in iis qui in medicæ artis exercitatione ac speculatione jam versati sunt, non modicam affert aut parum promptam utilitatem. Iis item, qui primum ad artis hujus cognitionem hoc compendio pervenire se posse sperant, dicerem brevi tempore non modicum allaturum utilitatis: nisi ex eo quod methodo careat, et nihil definite pronuntiet, quosdam parva rerum harum instructos experientia, **175**ᵃ et æquo tamen promptius ad curationes aggredientes, in ipso vidissem opere compelli ad maximas noxas tum ægris, tum interdum etiam sanis inferendas. Verum novem hisce libris illorum septuaginta compendium includit.

Primo ergo libro disserit de cautione in corporis exercitationibus adhibenda, et de ipsis exercitationibus, de evacuationibus cum universe, tum singulatim: et iis, vel per ea quæ ingenio sunt excogitata, vel per ea quorum domina natura est. De aere ad hæc, et balneis tum nativis, quam artificiosis. Item de sudoribus et cataplasmatis: de olei meri, et olei aqua diluti labro. [De iis denique] quæ cutem rodendo, aut saltem dissolvendo, illam diuturnorum morborum curationem efficiunt, quam *metasyncriticam* methodici appellant.

Secundo libro de simplicium medicamentorum facultate tractat, eorumque delectu: de apparatu, cum ἀκόπων quæ nominantur unguentorum, tum emplastrorum. Post hæc de ponderibus: de latis emplastris, quæ κοπτὰ [sive *contusa*] appellant, deque coctione medicamentorum, quæ ad emplastri confectionem commiscentur.

Tertio libro compositiones medicamentorum omnis generis persequitur.

Quartus de alimentorum facultate, deque horum apparatu, conscriptus: de mulso item, cæterisque potionis generibus, quæ quidem ægrotantibus utilia sint. De lactis insuper potu, ac denique de aquis.

Quintus liber, quæ gravidis ac prægnantibus accidunt, tradit, earumque victum, et quales nutrices eligendæ. De infantis educatione, quæque ei ætati accidere solent. De lassitudine cum ab exercitatione nata, tum ea cujus causa exterius minime apparet: itemque de cutis astrictione. Senum quoque victum hic reperias, et quæcunque corpori extrinsecus advenientia deformitatem conciliant, horumque depulsionem et curationem. Dentium præterea custodiam, et quæ audiendi difficultatem atque oculorum caliginem restituunt: damni ad hæc a saturitate illati curationem, et negotiosæ vitæ victum. De iis etiam quibus alimenta corrumpuntur: et iter agentibus ac navigantibus victus rationem præscribit. Disserit et de carnis extenuatione atque nutritione, post quæ temperamenti cognitionem et ejus eversi curationem tradit.

175ᵇ. In sextum librum ea sunt conjecta, quæ signa sunt ad recte tutoque de morbis judicandum. Curatio item, ac prænotio febrium atque symptomatum: adjunctis et febrium generibus earumque remediis. De fame, de animi defectione ac syncopa, atque de dolore, et singultu agit. Item de canina appetentia, et contra de prostrato appetitu, et curatione immensæ famis. Præterea de nausea et vomitu, et de insomnia, torpore, colliquatione, siti, atque exulcerati ossis sacri medicina.

Septimo vero libro de ulceribus universis, tam quæ simplicia, quam quæ cava dicuntur: imo et de iis quibus cicatrice est opus, atque de carne abundantibus agit: ubi et igne ambustis remedium affert. Item de papulis, de pruritu, de pustulis, quæ phlyctænæ vocantur, et de ulceribus diruptis ac malignis. Ad carbunculos quoque et cancros curationes ascribit: convulsorum item ac luxatorum et ruptorum: quibus ad hæc rebus cuspis, arundo, spina, aut sudes carni infixa evellantur. De reduviis, articulorum ulceribus, sanguinis eruptione. De nervis vulneratis, et articulis luxatis; de inflammatione, et de affectione, quæ ex defluxionibus fit ; de gangrena, et sphacelismo ; de apostematis seu abscessibus et fistulis ; de erysipelate et herpete. Item de scirrhis, oedematis, termintho, epinyctide. De dissectis ligamentis et thymo, ficis atque furunculis. De verrucis et myrmeciis, atque similibus. Ad ganglia, quae appellantur, ad perniones, ac fissuras edit medicamenta ; et ad ulcerata pudenda. De leuce praeterea, alpho, lepra, scabie, impetigine tractat, et de inflationibus : utque theriaca e viperis magno sit elephantiacis adjumento. Et haec quidem septimo continentur libro.

Insequenti vero de memoriae jactura, deque iis qui nimia vigilia, vel gravi somnolentia torquentur, agit Oribasius : tum quid ephialtes sit, morbusque comitialis, et vertigo, apoplexia, atra bilis, insania, vehemens amor, ac lycanthropia : horumque remedia. De cerebri ad haec morbis, et rabidi canis morsu. De paralysi, seu nervorum resolutione, et rigore, qui calefieri nequeat. De convulsionibus ac distinctione, deque capitis doloribus. Ad puerorum insuper adustiones, ad foedum narium odorem, 176^a ad suggillationes sub oculos, et ad ecchymomata inveterata. Item de labiorum fissione. Ad ephelidem quoque ac faciei naevos, oculorumque nigras maculas, et varos, ac ficosas menti eminentias. De foedo alarum odore : de variis oculorum doloribus, de pediculari morbo, de narium obstructione et de strangulatis. Atque hic octavus liber est.

Nonus autem et ultimus, illud morborum genus complectitur, quod circa thoracem ac viscera consistit, et ad verenda usque pertingit. Muliebres etiam morbos recenset, adversus podagram, articularem morbum, et ischiadem remedia praescribit. Quod quidem tertium est ab Oribasio scriptum de re medica opus.

CCXIX.
Ejusdem ad Eunapium libri IV.

Quartum item opus ejusdem esse *Artis Compendium*, Oribasius vult, quatuor illud libris absolvens. Cujus quidem componendi Eunapium (quem et eloquentissimum praedicat) auctorem sibi fuisse commemorat. Remedia vero, quae facile parantur, tradere sibi propositum, ait : quam etiam doctrinam triplici fere modo conficit. Primum enim simplicium facultates universe, et singulatim usum cujusque recenset. Deinde morbi cujusque curationem docet. Tertio praeter partis affectae cognitionem, etiam medicandi rationem exponit. Quarto denique loco illud argumentum tractat, quod ad sanitatem curandam spectat : quod et caeteris jam enumeratis praemittit. Mox ergo cum natura ab infantis educatione auspicatur.

Caeterum hic ad Eunapium labor idem fere ac geminus est cum eo opere, quod ad filium scripsit. Neutrum enim chirurgiae rationem ducit ; et vero in caeteris quoque conspirant, nisi quod ordinem aliqua eumdem vel similem non servant. In quibusdam item alterum altero nonnihil praestat, ut in plerisque locorum morbis, et quantum ad simplicium medicamentorum cognitionem illud, quod ad Eunapium scribitur, opus. Et habet vicissim alibi quidpiam ad Eustathium liber, de quo prae illo gloriari possit. Verum pro utroque suscepto labore habenda homini gratia est. Quod enim in scriptore fuit non incommodi cujuspiam, sed emolumenti potius causa utrumque (ut et quae antea scripserat) elaboravit. Quod autem ad dicendi characterem attinet, dubium esse ac supervacaneum videatur, quidquam judicare. Nam eae variis atque omnigenis 176^b haec sunt ab eo collecta volumina : et vir medicus non sermonis elegantiae peritiaeque reddere rationem prudentibus debet, sed si quam forte medicarum functionum minus recte aut reddidit, aut demonstravit.

Vidi ego alterum ejusdem auctoris opus, totidem libris distinctum, inscriptumque *Paratu-facilia*. Id ad Eugenium quemdam argumentum suum referebat, quem et disertum nominat. Utilem quoque scriptionem fore rusticantibus additur, iterque agentibus, et ubicunque locorum medici copia non suppeteret : veruntamen hic liber etsi titulo, et apposita dedicationi persona, nonnihil differat, caetera tamen nonnisi descriptum esse operis ad Eunapium satis manifeste apparet. Quare in eam cogitando sententiam veni, non esse id unquam ab Oribasio factum : sed vel errorem ejus, qui ab initio missum ad Eunapium librum describendo, titulum quidem in *Paratu-facilia* commutarit, pro Eunapio vero Eugenium subjecerit : vel alium certe quempiam gloriam sibi ex dedicatione quaerentem, ad hoc confugisse commentum, ut pro Eunapio Eugenium, et pro scripto ibi titulo *Paratu-facilia* scriberet.

CCXX.
Theonis archiatri Homo.

Legi Theonis archiatri Alexandrini librum medicum, qui *Homo* inscribitur, et Theoctisto dedicatur. Curationes autem auspicatur ab hominis capite usque ad pedes, affectorum omnium humani corporis partium morbis remedia quaedam afferens. Non tamen aut morbi naturam, nisi in paucis forte, explicat, aut satis distincte illas res tradit de quibus disserere proponit. Descriptis vero jam eorum morborum remediis, qui pedes atque articulos invadere solent, de purgantibus deinde medicamentis simplicibus agit, conaturque et causas quasdam reddere idque, ut mihi quidem videtur, non recte, neque veritatem secutus, cur purgandi facultatem pharmacorum natura exerat. Hinc medicamentorum omnis generis compositionem pertractat, quae sufficientem ad supra nominatos morbos, caeterasque humani corporis affectiones usum praebeant, singulis morbosis partibus, quas omiserat, remedia 177^a ascribens. Emplastra insuper, et adversus lassitudinem remedia, collyria item, ac varias antidotos a variis praescriptas medicis affert. Qua in opus illud consumitur. Liber autem hic eamdem fere utilitatem, quam Oribasii synopsis, afferat.

CCXXI.
Aetii Amideni Operis medici libri xvi.

Legimus Aetii Amideni *De re medica* libros sedecim. Collegit autem totum hocce opus non ex iis tantum scriptoribus, e quibus Oribasius suos sive ad Julianum imperatorem sive ad Eustathium et Eunapium libros, sed ex therapeuticis praeterea Galeni libris, atque ex Archigene et Rufo. Ad haec e Dioscoride, Herodoto, Sorano, Philagrio, Philomene, Posidonio, aliisque nonnullis, qui medendi arte nomen sibi gloriamque pepererunt. A facultatibus autem simplicium medicamentorum, ac ciborum e Galeno breviter haec commemorans, initium ducit, finiturque opus libro sexto decimo, qui de mulierum morbis praecepta tradit: quibus cum alia adnectit capita, tum tergendae faciei, reliquique corporis rationem docet, oenanthariorum insuper praeparatione, et id genus aliis quibusdam adjectis. Sic, uti diximus, opus universum et incipit et desinit. Singulatim autem; primus liber simplicium alimentorum ac medicamentorum facultates breviter perstringit.

Alter dein metallicorum facultatem et usum, animantiumque vel integrorum vel partium eorum utilitatem paucis in medium affert: possit autem totius de simplicibus medicamentis tractationis pars haec non modica censeri.

Tertius ejus liber agit de omnis generis exercitationibus, quaeque exercitationem parent. Hinc post evacuationes, seu humorum eductiones illas occultas, de venae sectione pertractat, non sectionis tantum modos discernens, sed etiam magnitudinis, formarum, temporis opportuni, atque evacuandi mensurae describens. Mox de arteriae sectione, et de sanguinem sistente arteriarum medicamento, de cucurbita, scarificatione, et hirudinum delectu. De victus ratione et usu, de purgantibus medicamentis, et vinorum purgantium vario apparatu. De purgante vino mulso, condito, absinthiato, rosato, melle rosaceo, aceto mulso, itemque de garo purgante. De melle, vino mulso, oxygato, ac jusculo molliente: de lacte, atque olivis purgantibus. De quibus quidem omnibus praeceptiones tradit. Praeterea et de compositis **177**b oxyporis, ac variis purgatoriis, deque pastillis, et buccellatis purgantibus. Aloedaria quoque purgantia describit, similiaque e sale, et illas quinque celebratas hieras. Auxiliantia quoque iis quos purgans medicamentum non purgavit, aut qui supra modum, evacuati sunt. De vomitu, et quibus dandum sit veratrum, quid illud possit, ac qui ad sumendum apti. De exploratione veratri, et praeparatione bibituri. De vario ellebori seu veratri usu atque exhibitione, et de cura eorum qui illud biberunt. De epithematis purgantibus prosequitur, et quaecumque in nobis partes purgentur, puta oculos, aures, et reliquas. De suffimento ad eumdem effectum pertinente, et de iis quae tenuia intestina,

semasque jecoris partes, et his similia evacuant. De aere, ventis ac stellarum significationibus. De aquis item et balneis, partim artificio paratis, partim natura productis. De frigida lotione, deque insessu solii ex oleo, et de faciei aspersione, de perfusione, insessionibus, humectatione, et sicco fomento. De variis cataplasmatum generibus. De dropace, picatione, sinapismo, rubricatione, et in quibus sit metasyncriticis, sive humores ex alto evocantibus auxiliis, utendum. Et haec quidem libro tertio continentur.

Quartus liber, quae ad tuendam valetudinem pertinent, colligit. Auspicatus ergo ab infantium educatione, horum cum morbos, tum remedia exponit. Agit et de omnium aetatum ac conditionum victus ratione. De carnium item diminutione, et gracilium instauratione. De lassitudine ab exercitationibus, deque hujus differentiis; de ea item, quae ex Venere oritur, et cujus causa ignoratur, quam *spontaneam* nominant. Qua cura ad coctionem utendum sit, et de densatae cutis curatione, atque de aestuoso ardore et frictione opportuna. De cruditate, ac crapula, et aequali temperatura. Optimi praeterea temperamenti dinotionem, et calidi aliorumque, cum simplicium, tum compositorum temperamentorum notas (idque non modo corporis totius, sed et capitis cerebri, ventris, cordis, jecoris, ac testiculorum) edocet: horumque omnium, si forte a naturali statu deflexerint, remedia ponit.

Quintus Aetii liber, de morbis, et in primis de febribus disputat, **178**a quorum signa, praenotiones, dinotiones, curationes diligenter sane pertractat, et quaecumque praeterea ad hanc medicam contemplationem spectant: quodnam morbi principium sit judicandum, trifariamque illud dici. Quae item accessio morbi, quaeque remissio: vigor item atque declinatio, cum partialis morbi accessione, tum corporis universi. Quae sint sanitatis signa, vel mortis in aegrotante: et quaenam horum tardius aut citius vel medio modo, ad sanitatem vel interitum pertinere judicentur. De pulsuum signis et urinarum dinotione: ac quid haec designent. De excrementorum notis, vomitusque praenotione ac significatione. De sanguinis e naribus eruptione, et muliebri purgatione. De notis criticis sudorum atque abscessuum; et de indicio et sputo. Medicum praeterea bene peritum cognitarum, morbusne perfecte solutus sit, annon, etiamsi forte solutus videatur; diem etiam atque adeo horam, qua sit aegrotus moriturus. De popularibus et communibus ac pestiferis morbis tractatio, et de iis qui variis ex causis syncope corripiuntur, deque animi deliquio, quod variis item ex causis animanti obvenit. De febricitantium capitis, aurium, atque oculorum dolore, insomnia, luminis hebetatione, ac de eorum curatione quibus sanguinem per nares in febribus effluere contingit, et quomodo sit providendum febricitantibus. De vesica, urinae difficultate, lumborum doloribus, de ulcerato jam osse sacro, ac testibus, et ano. De pustulis per totum corpus diffusis, vel in corporis parte natis, ac de tremoribus, et convulsionibus. Quibus item dulces potiones in febribus maxime utiles sint, præscribit: ibique liber quintus desinit.

Sexto porro libro de capitis et cerebri morbis agit universis, non hos solum edocens, sed remedia quoque ipsorum. Agit et de commorsis a rabido cane, et de apoplexia atque paralysi. De supercilii aut palpebrarum resolutione, itemque de lingua, et vocali instrumento, ac gula dum hoc ipso malo infestantur, et de horum curatione. De canina convulsione, et curatione resolutæ vesicæ, penis et intestini recti. De cruris, alteriusve cujuscunque membri medicina; ac de tetano seu distentione. De capitis **178**b variis doloribus e diversis causis ortum ducentibus, ac de cephalæa et hemicrania. Describit et curationes alopeciarum, capillorum defluentium, et depilium superciliorum. Quæ item capillos tingant, crispent, exstirpent, delabentes juvent, attenuent, unaque horum psilotra. De furfuribus, morbo pediculari, achoribus, quæque capiti accidunt sine causa manifesta pustulis, et horum omnium atque similium incidentium morborum medicina. Item quæ auribus varia variisque de causis mala accidunt, et adversus sanguinis ex ipsis eruptiones: ac de parotidibus. De affectionibus insuper, quæ naribus contingunt, et de sternutatoriis, ac quibus potissimum remediis redundantes sternutationes sedari possint. Horum omnium medelas et curationes libro sexto recenset.

Septimo post hæc libro (quod sexto capitis affectiones et morbos ad aures usque et nares, earumdemque partium curationes esset persecutus) de oculorum nunc natura orditur, et omnigenis morbis, qui circa ipsos oculos concitantur, sive causam aliquam interiorem illi prætendant, sive ab externis proveniant atque gignantur. De arteriarum quoque sectione præcepta tradit, et de scythismo, ac de frontis per submissum scalpellum excoriatione, venarumque delectu: ubi et illitiones, cataplasmata, varia collyriorum genera, quibus oculorum morbi curantur, præscribit. Quæ quidem libro septimo cum cura tractat.

Octavo autem libro refert ab initio quædam de his quæ supercilia exornent: quid suggillatio sub oculo sit: quaque hæc ratione et fiat, et curetur. Quomodo a sole et vento non aduratur facies, ac per quæ hæc eadem sine rugis conservari; atruum colorem exuere, aut alia ratione nitidior reddi, corporisque ipsius cutis odora effici possit. Hinc de omnibus iis morbis qui ad faciem et os atque tonsillas excitantur, pertractat, sive illi ab intrinseco accepta causa prodeant, sive ab extrinsecis evenire soleant. Dentium ergo hic varia continentur incommoda, eorumque curatio: ut et linguæ, gurgulionis, ac cæterorum omnium quæ oris termino definiuntur: quo in numero censentur Cynanche atque Synanche in faucibus consistentes morbi: imo et tonsillarum tumores suprascriptis accedunt. Docet item qua ratione **179**a strangulati, nondum tamen mortui, refocillari possint, tum de arteriarum affectionibus ac remediis disputat. De catharro quoque ac tussi agens, pharmaca simul tussis dolorem levantia describit, cum suffitionibus et epithematis. De orthopnoicis posthæc, et anhelosis, ægreque spiritum ducentibus disserit, ac de palpitationibus circa cor. De pulmonis denique ac pectoris morbis postquam tractavit, librum tandem claudunt præceptiones de pleuritide, tam quæ vere adest, quam quæ adesse putatur, utriusque harum descriptione, quæque ad eas curandas faciunt, adjectis.

Nono libro incipit de cardiacis morbis, pergitque porro de his agere, quibus atra bile stomachus perturbatur: aut si qui præterea morbi ventriculi os infestant. Cataplasmata iis atque auxilia, qui variis stomachi malis torquentur, enumerans. Ibidem de iis quoque agit, qui a stomacho epilepticorum more convelluntur; itemque de inappetentia; de canino appetitu, cruditate, et horum curatione. Docet ad hæc qua ratione crapula laborantibus opitulandum sit, et alvi astrictæ curam præscripsit. Agit insuper de inflatione, et volvulo, seu gracilioris intestini obstructione, ac denique de omnibus, qui colicis doloribus cruciantur. De ventris fluxione, atque de cœliaca, quam vocant, affectione. De colliquatione: de lumbricis cum rotundis, tum latis: de iis quæ ascarides nominantur, deque intestinorum passionibus. Eorum quoque remedia describit, qui aurum, qui æs, vel tale quid deglutiverunt: dysentericis item quæ vel superne vel inferne immittantur remedia commemorat: pastillos, supposita, unguenta, epithemata, donec tandem in sermone lienteria librum finiat.

Decimum librum auspicatur ab imbecillitate jecoris, indeque de omnibus hepatis morbis, et per quæ horum fieri medicina queat, tradit. Hinc ad splenis pergit affectiones, ejusque variam intemperiem cum curandi modis refert: [tales] inflationes, inflammationes, scirrhi, tumores præter naturam atque durities. De ictero tum agit, seu morbo arquato, et de mala corporis habitudine: itemque de hydrope, sive aqua inter cutem: unde singuli hi morbi nascantur, et quomodo curari possint via ac ratione tradit : quo libri decimi labor terminatur.

179b Undecimo libro de diabete (hoc est urinæ profluvio) tractat, et de renum imbecillitate cruentam urinam excernentium. Hinc de calculosis renibus, calculosa vesica, ac de renum inflammatione, duritia, suppuratione. De dysuria quoque et stranguria, atque ischuria. De resoluta vesica, de his, qui se in somnis permingunt: de inflammata vesica ac de sanguinis per eam eruptione, deque exsistentibus in ea grumis, tuberculis, ulceribus: itemque de vesicæ fluxione ac scabie. De satyriasi, priapismo, seminis fluxu, ac in somnis profluvio. Horum omnium morborum causas, quoad ejus fieri potest, explicat, et cautiones curationesque eorum. Extremo vero libro iis quoque, qui Venere uti nequeant, exercitia curationesque statuit.

Duodecimo libro de ischiade et podagra atque arthritide sive articulari morbo agit: horum simul causas cum generales, tum singulares exponens, una cum variis curationibus, et si qui ad hos accedere alii morbi solent. Varias item horum evacuationes, unctiones, malagmata, perunctiones, acopa, unguenta præscribit: purgantia quoque illis accommodata et antidotos, aliaque plurima, quæ opem illis morbis afferre possint.

Tertio decimo libro de morsu infestis animantibus agens, simul quas hæc morsis vel affectiones, vel morbos afferant, singulorumque medelas exponit. Hinc et de feris venenum ejaculantibus similem doctrinam tradit. Quin et plantas atque herbas, quæ venena sint, et utentibus noxia, pari studio demonstrat. De fungis etiam, ac sanguine taurino, deque lacte in ventre coacto ingrumos amplius docet. Quæ item metallica animanti noxia si in ventrem mittantur, et horum explanatio. Ad hæc de frigidæ vel vini potu, qui homini noceat. De strangulatis, et qui in aquis a suffocatione periclitantur, aut ex edito loco præcipitarunt. De præservantibus ac præsagis animantibus, præsertim domesticis. Hinc de Andromachi theriaca ex viperis, quomodo apparetur, **180**a quis usus, quando utendum, quomodo exploranda, qua mensura exhibenda, quibus denique morbis potissimum conveniat, describit. De aliis item theriacis, agit vero de antidoto Mithridatica, ejusque præparatione, usu, atque in quibus prosit: cui etiam alias antidoti species subjungit; de duobus inde Cyphi generibus scribit. Hinc de elephantiasi, de pruriginosis eruptionibus, de psydracis pustulis, atque e sudore subortis papulis, de tibiarum ulcerosis eruptionibus, et de cicatricibus, quæ ex ulceribus relictæ corpus denigrant; de duobus vitiliginis seu alphi generibus agit, et de leuce, ac tandem de lepra, earum ortum et causas, unde originem trahant, curationemque referens. Atque hæc decimus tertius liber docet.

Quarto decimo libro de sedis variis morbis diligenter disserit, et de thymis in pudendis, de rimis atque inflammatione, de noma et carbunculis, et de ulceribus urinarum meatum occupantibus. De scabioso ac pruriginoso scroto, ejusque et testium inflammatione, atque de herniæ speciebus. De emplastrorum confectione, et eorum coquendi modo, quæ his injiciuntur. Ad hæc de nervis sauciatis ac contusis: et de glandulis inguinis, deque inflammatione generatim. De apostematis item, et cavis ulceribus: quid prædictorum unum quodque sit, subjectis singulorum remediis, exponendo. Præter hæc vero etiam, adversus vermes in ulceribus enatos, et ad nomas ac putredines ulcerum, itemque ad sanguinis eruptionem remedia apponit. Scribit et de sinibus, fistulis, gangræna, sphacelo, tumoribus canceratis, carbunculis, erysipelate, erpete, epiny-

ctide, termintho, et papulis sive pustulis. horum ortus simul et apta remedia recensens. Medelam adjicit igne aut aqua ambustorum, flagris cæsorum, abrasionum, intertriginum, carnis contusæ, vel ruptæ, convulsionis, contorsionis, et de luxatis articulis, ac pernionibus. Item de digitorum pterygiis, de paronychiis, de unguibus contusis, subcruentis, non fixis, scabris ac leprosis: quibus etiam remediis effici possit, ut pro delapsis unguibus, alii subnascantur. De annulis quos aliquando contingit digitis infigi. De clavis et pedum rimis, seu fissuris, et de varicibus. **180**b Quæ postquam utiliter omnia, atque ex medendi artis legibus præcepit, in illam tandem medicæ doctrinæ partem desinit, quæ de brachiorum ac crurum dracunculis agit: atque ibi decimo quarto libro finem imponit.

Decimo quinto libro pertractat de tumoribus laxis. De inflationibus, de tumoribus duris, atheromatis, strumis, bronchocelis, meliceridibus, steatomatibus, gangliis, aneurysmate, favis, et hydrocephalis: horum quoque origines, causas, chirurgiam, aliasque curationes exponendo, una cum multorum variique generis emplastrorum præparatione.

Libro decimo sexto et ultimo, de uteri situ, magnitudine, forma scribit. Tempus item quo purgari, ac seminare femina solet. De conceptus earum tempore, et indicio cum fecunditatis, tum an jam conceperint, deque aliis prægnantium affectionibus. De cura item ac sollicitudine iis adhibenda, tum quæ magis ad pariendum aptæ, quæ ineptæ; de ægro partu, et quæ præter naturam nascuntur; de infantis exsectione, et defectu secundæ, seu secundarii involucri. Quibus item de causis vir aut femina steriles sint. Horum omnium prædictorum remedia hoc libro recensentur, ut potiones, pessi et suffitus ad concipiendum. Hinc de uberum, mammarumque morbis omnibus convenienti huic arti scientia pertractat, eorumque constitutiones, ortus, chirurgiam, aliasque curationes attexit. Mox de variis agit causis, cur in feminis menstrua sistatur purgatio. De nimia quoque mensium purgatione, et muliebri fluxu partim rubro, partim albo: tum de uteri strangulatione, de seminis fluxu; admodum bona his statuta curatione. Ad alias quoque matricis varias pergit affectiones, puta apostemata, tumorem, molam, hydropem, ulcera, et id genus alia: ubi de utero obstructo, non perforato, aliisque similibus locutus, medicinas quoque adjicit. Item de nymphæ sectione, cauda, varicosa hernia, thymis, similibusque agit, et eadem iis methodo remedia præscribit. Ilis faciei, cæterarumque corporis partium smegmata jungit, et suffitum compositiones. Atque hic universum medicæ facultatis opus suum Aetius absolvit.

181a Qui quidem hujus viri labor (quantum ego cognoscere potui) Oribasii synopses, sive quam Eustathio, sive quam Eunapio inscripsit, in omnibus superat. Neque enim eo solum præcedit, quod causas reddat, quodque dinotiones, pernotiones, ac definitiones afferat : verum eo etiam, quod curationes copiosius tradat. Neque rursum hos modo tractatus conspicitur superare, sed et quæcunque e Galeno ille in epitomen accurate redegit : tum quod majore cum perspicuitate suam doctrinam proponat, tum etiam quod de pluribus agat morbis. At cum Oribasii collectione, quæ septuaginta libros complectitur, committere se ausus Aetii labor, inferior fortasse judicetur : tum quod tractationem de anatomia prætereat, quam illa explicavit : tum quod considerationem de usu partium, [quæ philosophi potius erat, quam medici curantis opus, similiter hic prætermisit. Quin et easdem forsitan ob causas nonnihil cedat, ut minus illam e Galeni scriptis collectam epitomam vincat. Verum dixerim equidem (animadversa quæ nunc est hominum negligentia, et inclinatione majore in alia omnia, quam in ea, quibus ægrorum curatio perficiatur) hanc collectionem præ aliis scriptis in usum deducenda : iis præsertim, quibus abstrusiorem medicinam scrutari, aut physiologiæ subsidio cognitionem et veritatem consequi, propositum non est, sed ad solam corporum medicinam respectum habere, nulloque quod ad ejus usum pertineat destitui. Qui enim reipsa demonstrare volent curationibus morbos depelli, eos hunc librum manibus diligenter terere, eidemque operam ac studium navare oportebit. Cui admonitioni quisquis parebit, næ ille mox experiundo laboris sui fructum referet.

CXXII.
Jobii monachi Commentarii libri ix.

Lectum Jobii monachi opus libris novem, capitibus vero quinque quidem illis supra quadraginta, sed quibus alia nonnulla interjiciantur ; ipse auctor titulum libro dedit : *De Verbo incarnato commentarius*. Propterea nimirum, quod (ut ait) multas hic de Filio Dei homine quæstiones pertractet. In tractandis igitur controversiis (si generatim loquaris) non pœnitendus quidem ille est, aut remissus : at non ita etiam recte in solutionibus procedit. Nam ut maxime solutionem in plerisque vestiget : in quibusdam interim sola illi, **181**^b quæ apparet, species satisfacit, ut nihil altius ad certiorem veritatem penetret : quin et hoc fortassis alius quispiam dixerit, ipsi etiam sese offerenti speciei conatum ejus cedere. Etsi cum in hoc opere, tum in eo quod contra Severum scripsit, et rectæ religionis est (quod quidem observaverim) amans, laudeque dignus, et diligentiæ non contemnendæ atque in sacrarum præterea Scripturarum commentatione insigniter exercitatus. Jussu autem viri cujusdam virtute clari ad hunc sese laborem aggressum refert.

Lib. 1 *et* 11. — *Cur Dei Filius , non Pater, aut Spiritus sanctus factus homo?*

1. Primam itaque librorum suorum quæstionem proponit : *Cur Dei Filius et non Pater, neque Spiritus sanctus humanam formam induerit* ? cujus esse quæstionis solutionem hanc arbitratur. Quando Filius Verbum est et homo Verbo atque imagine Dei olim cohonestatus, hisce postea excidit : *Comparatusque est jumentis insipientibus, et similis factus est ipsis* q; propterea nimirum Verbum ad eos qui in irrationabilitatem lapsi erant accessit, ruinam nostram reparans, ac nos in pristinam dignitatem postliminio revocans : *Verbum enim*, inquit, *caro factum est* (id est, naturam nostram in irrationabilitatem prolapsam, et nihil jam intelligentiæ habentem, sed totam ad ea, quæ carnis sunt, inclinatam, assumpsit) *et habitavit in nobis* r. 2. Nam hanc etiam ob causam, ait, virgineos recens sinus egressum Verbum excepit præsepium, brutorum mensa, bobus atque asinis alimentum præbens. Bobus quidem, quod puri cum sint, veteris populi Israelis symbolum præferant ; asinis vero, quod ob impuritatem gentium cœtum repræsentent : quos utrosque jam opere atque opinionibus in irrationabilitatem illapsos; Verbum revocavit. Quemadmodum et alicubi propheta Isaias (1) prædixit : *In medio duorum animalium dum clamaveris, memoraberis ; cum appropinquarint anni, cognosceris*. 3. Sagenam quoque in evangelica parabola testimonium esse affirmat extremæ irrationabilitatis, in quam delatum sit humanum genus, ut vel a piscibus maxime mutis, et irrationabilibus nihil differat, quos sagena, quam a Verbo jactam esse constat, inde eduxit, et rationis donum eo destitutis restituit. 4. Illud item Verbi mandatum, quo recepto Petrus, et piscis ore aperto, staterem invenerit, argumentum esse liberati per Verbum humani generis ab irrationabilitate. Staterem enim indicasse asserit regale numisma, vel certe Dominica oracula : *Eloquia enim Domini argentum* **182**^a *igne examinatum* s. Quod autem in piscis ore stater absconditus latuit, confusam atque defossam ratiocinandi vim et gratiam in iis, qui piscium instar bruti evaserant [significasse], quorum Petrus donum, a Verbo utique confirmatus, aperto piscis ore, tollit, conspicuum exhibet, et in medium productum munus ut exsequeretur suum efficit. 5. Idem et ex eo significari ait, quod Verbum incarnatum asinæ ac pullo insederit t. 6. Quinimo et ex illo pisce, qui post resurrectionem prunis impositus torrebatur u. Id enim quod prius erat irrationabile, dum a verbo velut ab igne torretur, non irrationabilitatem solum amittere, sed spiritalem etiam Verbi cibum manifeste fieri. 7. Linguarum insuper illud apostolis donatum [munus, nihil indicare aliud, quam apostolicæ ordinationis decretum, ut scilicet vel ex

---

q Psal. xcviii, 43. r Joan. i, 14. s Psal. ii, 7. t Matth. xxi, 7. u Joan. xxi, 5.

(1) Non hæc apud Isaiam, sed apud Habacum, ii, 2, leguntur, nonnihil aliter.

ipsa figura discerent, propterea se illud esse donum consecutos, quo verbis Verbi mandata subministrarent. 8. Praecursorem etiam illum, *vocem* utique *clamantem Verbi* [r], quem sacrae Litterae praedicant, nihil aliud per ea quae dixit, indicare, quam quod Verbum ad curandum irrationabilitatis morbum accesserit. Hoc et Davidem ipsum pronuntiare : *Misit Verbum suum, et sanavit eos* [s].

Haec igitur duobus primis libris sic exsequitur, ut altero certamine praelusorio juveniliter egerit contra adversarios, dicentes : Propterea Dei Filium hominem factum, atque Salvatorem advenisse, eo quod in adoptionem vocatis, non alium aliquem praeter ipsum Filium oporteret ducem atque instauratorem adoptionis et esse, et appellari.

Lib. III. — Cur Dei Filius sit homo factus ?

9. Tertio vero libro causam reddit : *Cur Dei Filius homo factus ?* Ipsum ergo ait oportuisse Creatorem ac formatorem corruptam creaturam reformare atque innovare. Etsi autem Pater quoque ipse perinde creator est, ut et Spiritus sanctus, nihilo tamen minus omnia per Filium facta esse sacrae Litterae perpetuo docent. Quare plasmatorem oportebat lapsam creaturam ad se recipere, et per reformationem servare. Quid vero de his sacrae Litterae ? *Omnia,* inquit, *per ipsum facta sunt, et sine ipso factum est nihil* [t]. Et : *Ex ipso,* ait, *per ipsum et in ipso sunt omnia* [u]. Itemque : *Per quem fecit et saecula* [v]. Certe qui inde natus est patrum nostrorum chorus, per Filium omnia Patrem facere, divinitus tradiderunt.

Sic illa quaestione profligata, mox ad alteram huic adnatam accedit. 10. Quaerit, *Quamobrem, cum una atque eadem efficacia, gloria, potentia in sancta Trinitate consideretur ac celebretur: perpetuo tamen cum sacra Scriptura, tum SS. Patres, per Filium quidem Patrem omnia fecisse affirment, non autem Filium per Patrem ?* Adeo ibi acriter hanc quaestionem texit. **182** [b] Caeterum ipsa solutio communia esse dicit, quaecunque sive in Patre, sive in Filio divinam decent majestatem, et vero Patri etiam attribui, quaecunque de Filio praedicantur, siquidem ipse Filius non repellit Patrem ab iis operibus, quae dicitur facere Filius: quin una potius inducit atque collaudat. Quando item Dextera Patris est Filius, et Brachium, et Sapientia, et Verbum, et Potentia, Pater, nihil horum esse dicitur Filii : merito per Filium omnia facere Pater dici possit (cum et in nobis eadem cernatur ratio), non e diverso Filius per Patrem.

Affert et aliam causam (non jam allatae controversiae, sed proxime praecedentis) non satis illam, ut mihi videtur, consentaneam. Asserit enim : Quandoquidem omnia per Filium facta esse dicuntur, nisi etiam incarnatio per illum processisset, falsitatis utique argumentum hanc sententiam fuisse daturam. At non qui dicat per Filium facta esse omnia, ipsum mox omnium naturas subiisse dixerit ; absit ! Sed [hoc solum] ipsius haec fuisse creaturas.

Sapienter deinde mundum ab eodem creatum et recreatum asserit. Argumentum enim hoc esse evidens, quo qui Manetis insaniae adhaereant, redargui possint. Nam si impia illa Manichaeorum turba, cum ab eodem utrumque sacra Scriptura perfectum clamat, tamen universi opificium Filii adversario nescio cui attribuit : ad quae non [putas] maledicta confugissent, si ab altero factum mundum, ab altero refectum sacrae Litterae pronuntiassent ?

Ad ea quae modo retulimus capita undecimum illud adjicit. Cum, inquit Jobius, Scriptura Filium per excellentiam quamdam Creatorem vocare soleat, justa simul distributione, et ex consequenti cum judicandi, tum leges ferendi potestatem privatim ipsi decernit, ac multo etiam magis (quando haec deformata erat) creaturae renovandae facultatem. Conditoris etenim est creaturam nosse, et ubi noverit, pro suscipientium conditione leges ferre. Legislatoris **183** [a] vero est judicium ferre, cum in eos qui legem spreverint, tum in eos, qui secundum illam vixerint : *Quare,* inquit, *Pater non judicat quemquam, sed omne judicium dedit Filio* [x]. Et iterum : *Pater diligit Filium, et omnia dedit in manu ejus* [y]. Qui creaturam per semet refingens, et primus leges implens, exemplum nobis degendae vitae seipsum praescribit : quam vitam facile est recte instituere, si modo in principem, et manu ducentem respiciamus. Optimus quippe legislator ille, qui non verbis modo quid agendum, sed actione potius ipsa praeit, quam etiam ob rem dicitur : *Quae coepit Jesus facere et docere* [z].

11. Quaerit deinde : *Quare non per hominem sit facta salvatio ? aut : Quare non angelus quispiam carnem induerit ?* Respondet, tentatam quidem hominum salutem per homines non semel, per Mosem nimirum et prophetas: sed nunquam vel unam aliquam gentem, totam Judaeorum puta, ab illo communi morbo convaluisse : quomodo igitur humanum genus universum, morbo corruptum, sanassent, aut fortem ligassent [a], atque ejus arma abstulissent ? Quomodo vero purus homo ejusdem secum naturae hominem expurgasset, earumdem ipse particeps sordium ? *Nemo enim a sorde mundus* [b]. Neque rursus angeli ullius erat, si illi commissa fuisset incarnatio, principatus et potestates in triumphum ducere, ac palam traducere. Quomodo etiam servus potuisset Dominica ac regia praecepta, legis, inquam, in melius illud evangelicum institutum (per quod nobis [solum] in coelum ascensus datur) immutato ordine reformare, quod

[r] Isa. XL, 3. [s] Psal. CVI, 20. [t] Joan. I, 3. [u] Rom. XI, 36. [v] Hebr. I, 2. [x] Joan. V, 22. [y] Joan. III, 35. [z] Act. I, 1. [a] Luc. XI, 22. [b] Job XIV, 4.

PATROL. GR. ED. LAT. LIII. 27

Salvator fecit, cum diceret: *Dicta sunt hæc in lege, at ego dico vobis* ⁿ. Quomodo item jubente conservo, dæmonia eorumque princeps in tenebras mitterentur, quandoquidem, Michael archangelus pro solo Mosis, et quidem justi, corpore, cum diabolo disputans, per se non est ausus judicium ei inferre blasphemiæ ᵈ? Quomodo servus ipse nos ad ordinem adoptivorum evehere potuisset? aut quomodo ut nunc per Filium, cognitum fuisset genus nostrum una considendi in patrio throno potestatem esse nactum?

Hæc ubi disseruit, causam reddit, cur Jordanes et mare Rubrum, Mose ᵉ quidem atque Elia et Eliseo transeuntibus ᶠ dividantur: tunc præceptum Domini, quod in ipsis erat, reverita (naturæ quippe opus est, pondere illapso, aquam scindi ac discedere; **183**ᵇ sicut per miraculum ab illis patratum nihilo fuerit natura præstantior effecta) Domini vero pede calcante, non jam amplius pelagus naturæ suæ serviens dividatur: sed supra naturam, sui continuatione servata, subserviat Domino, seipso validius effectum. Igitur mare imbecillitatis suæ oblitum, naturam quidem non abnegat; verum miraculo retentæ continuationis Domini, per illud ambulationem clare satis prædicat. Quare non absurdo, ait, conjiciat aliquis indivisibilitatem illam in Domini per aquam ambulatione, Deitatis indivisibilitatem, divisionem vero, quæ Mosis, et aliorum temporibus accidit, humanam crassitudinem significare quodque nos e duobus simus compositi, materia et forma, e quibus et omnia constant corpora.

13. His dictis, ad tertium decimum transit caput, quo quærit: *Cur hominum genus nudam per divinitatem Verbum non redemerit*. Ac primum quidem dicit: Etiamsi maxime hoc ita factum fuisset, nihil tamen impediret, quominus stultiloqui, et omnia audentes (siquidem ex re qualibet vesani illi homines rationem a Deo reposcere insolenter audeant) alium rursus modum salutis requirant, eo qui fuisset non contenti, rursumque alio dato, et eum reprehendant, et alium inconcessum inquirant. Deinde, quæ hac major esse dementia possit, quam id existimare, se quod conferat, nosse præ Deo, qui ut universa in sapientia produxit, ita etiam conservat?

Solvitur vero etiam illud hic: Quomodo Deum tum communis sensus, tum divina Scriptura omnipotentem celebret; divinus vero Paulus dicat: *Deus seipsum negare non potest* ᵍ. Quin alia insuper sexcenta suppetere, quæ Deum non posse æquum sit dicere: ut, non posse bonitatem amittere, neque mutationi ʰ obnoxium esse, et alia id genus. Cui quidem dubitationi solutio mox ista subjicitur: Quæ Deum non posse dicimus, ea neque sunt, neque in rerum naturam cadere omnino possunt. Ubi enim proditum est unquam, ut Deus vel negaret seipsum, vel mutaretur, vel bonitate excideret; aut quod verum erat, falsum fieret? Omnipotens vero et dicitur, et prædicatur, quod quæ ipsum decent, et salutaria sunt rebus creatis, ea facere possit omnia, cum vult. Alioquin hoc ipsum dicere: Non posse Deum, quæ non decent ipsum, ad potentiam pertinet revera. Si enim hæc omnia privatio atque impotentia quædam sunt, quomodo non summæ hoc erit potentiæ ac fortitudinis, infinito quodam spatio supra hæc omnia collocatum esse?

184ᵃ Quanquam nec ille forsitan a recto discedat, qui istud quoque iis quæ jam dicta, adjiciat, nempe ratiocinationem hanc non divinum solum numen oppugnando, conari ejus omnipotentiam evertere, sed illud etiam omni penitus vi moliri, ut omnium rerum naturam confundat atque in aliam formam transmutet. Nam si justitia non potest quod injustitia (nunquam enim injuriam fecerit justitia), vitium utique plus poterit quam virtus: eademque ratione, si homo lapis esse non potest, lapis potentior sit, quam rationis particeps animans. Atqui si hæc iterum invertas, nihilominus quæ viribus potiora judicabantur, rursum imbecilliora videbuntur iis quæ potestate vincebant: et de cæteris omnibus ad eumdem modum. Ita ludicrum quid hujusmodi ratiocinatio est, et nugationis sophisticæ ludibrium. Refellatur igitur horum vel nequitia, vel inscitia, si dicant, quod aut non norint, aut certe novisse nolint, duplex esse potentiæ nomen. Alias enim proprie significare potentiam, qua et Deus omnipotens appellatur, et omnia quæ exsistant ex innata sibi ac propria vi, quæ ad naturam suam pertinent, operari dicantur: alias vero duntaxat, quod decorum et conveniens sit, significare. Cum itaque dicimus *non posse Deum seipsum negare*, hoc dicimus, *neque decens esse Deo, neque convenire propriam naturam inficiari*. Similiter cum dicimus non posse ullam mutationem admittere, vel a bonitate excidere, non decere ipsum dicimus, neque convenire ut aliqua illi vel mutatio vel alteratio attribuatur: quod non modo nullam mutationis significationem habet, sed omnipotentiæ potius firmissimum est testimonium; eademque in cæteris ratio. Sed hæc [illis argumentis] obiter interposita sunto.

14. Jam vero probus sane noster hic auctor quartum decimum hujus operis caput illud statuit, quod majoris esse et præstantiæ et sapientiæ docet creaturæ reformationem, quam formationem; cum cæteris de causis, tum quod per solum verbum formatio confecta sit, reformatio autem nonnisi per ipsiusmet Creatoris operationem. Paulum igitur sapientiæ magnitudinem efferendo, ista loqui ait: *Ut innotescat principibus et potestatibus in cœlestibus per Ecclesiam multiformis sapientia Dei, quam fecit in Christo Jesu* ⁱ. Eum item, qui insuperabilem Dei erga nos amorem ostendere conatur, non hoc com-

---
ᶜ Matth. v, 22. ᵈ Judæ 5. ᵉ Exod. 34, 21. ᶠ IV Reg. 11, 8. ᵍ II Tim. 11, 13. ʰ Malach. 111, 6; Jac. 111, 6. ⁱ Ephes. 111, 10.

memorare, quod ab initio hominem formaverit, neque quod suam ad imaginem hunc effinxerit, ut nec quod magnum aliquod aut admirandum opus susceperit. **184**b Quid igitur? Filii ipsius per carnem adventum refert, per quem utique nostra est patrata reformatio. *Sic enim*, inquit, *Deus dilexit mundum, ut Filium suum unigenitum dederit pro mundi vita* j. Nam quantæ, obsecro, dilectionis fuerit, non dico unigenitum suum pro nobis morti addicere, sed vel hoc ipsum, complacuisse omnino, ut Filius, cum mundi dominus esset, formam servi acciperet: eo quod non posset nuda deitas vel in hominum se conspectum dare, vel per corporeas actiones et opera, eam instituendæ vitæ rationem præmonstrare, quam ille prædicaret, ac per quam nobis salus quærenda esset; vel nos ad educatum nobiscum una disciplinæ exemplar componere atque moderari. Atque hoc illud ipsum esse ait, quod relictis ovibus nonaginta novem k, ad unam illam errantem accesserit, quam et in humeros sustulerit. Neque enim communi illa et usitata ratione, qua universum creavit, verbo quoque naturam nostram reformavit: sed quod pro re nulla alia sustinuit, non pro angelis, non pro ulla alia natura, hoc ad hominum toleravit salutem, servus pro domino factus. Merito igitur, quod modo referebam, reliquisse eum oves nonaginta dici; parabola nimirum ænigmatice indicante, non tantum ad inopinatum magis opus magisque admirabile quam sit creatio, eum recessisse atque transivisse, sed ipsam etiam consuetudinem innovasse, cum non eo modo, quo initio hoc universum condidit, sed novo quodam, quique nulla oratione exprimi possit, renovationem nostram perfecerit.

15. Addit insuper, justa cum ratione ac necessario Verbum nobis per carnem salutem esse operatum. Quando enim jam antea omni alia via ac ratione frustra adhibita (etenim et prophetæ, et populi duces, et mirifica prodigia, et beneficia, minæque, ac pœnæ, vel ex parte vel etiam in universum [præcesserant]) humanum tamen genus in melius mutationem nullam admisit, morbusque insanabilis potius factus est: ex necessitate scilicet tum, atque consequentia, vel potius ex ineffabili bonitatis abundantia, Verbum (assumpta carne) ducem se ac præceptorem, atque instauratorem bona cum Patris voluntate, sancto etiam Spiritu cooperante, præbuit. Quam etiam esse causam contemplationis amantes observant, cur novissimis demum temporibus, non ab initio, ad carnem usque Verbum fuerit exinanitum. Cum enim præcedentem omnem curam atque providentiam non admitterent ii quibus hæc impendebatur, tum denique novissimis temporibus per seipsum nostram reparasse naturam.

185a His aliam quamdam adnectit quæstionem, quæ contra objici posse videatur. Sed oportebat, aiunt, hominem ab ipsomet principio probum ac bonum constitui; quo neque molestiarum tantum facesseret, cum ad deteriora continenter defluendo, multiformi adeo ac varia gubernantis Dei cura ad salutem recuperandam indigeret: neque per injuriam aliquando violaretur, quod semel ad Dei imaginem conditum fuisset. Objici hæc quidem ait: verum audire hujusmodi homines ab ipsa Veritate: *Petitis, et non accipitis, eo quod male petatis* l. Quin et illud insuper ex his absurdum consequi, quod Dei neque providentia, neque judicio ullo modo contenti, ipsum conditorem velint ex suo consilio atque voluntate et formari, et reconcinnari, ipsamque adeo mundi molitionem suo ex decreto, etiamsi tunc lucem nondum aspexissent, dirigi. Idem [addit] illud quoque clare demonstrant, probum simul et improbum esse hominem oportere. Dum enim probum quidem illum esse volunt, et simul necessario talem esse postulant, non liberum solum hoc pacto tollunt arbitrium, sed nullum quoque eorum quæ ab hominibus gerantur præmium esse vel remunerationem statuunt. Involuntarium enim quod est, id neque præmium meretur, neque pœnæ ulli est obnoxium. At certe nihil prohibebat, inquit, eadem homines conditione qua angelos, condi. Enimvero in angelis voluntas libera dominatur, et nihil ab illis necessario agitur. Testis est delapsus Lucifer, et quotquot cum ipso dæmones defecerunt. Verum quomodo nobis expedire magis possit angelorum conditione produci, quando peccatum ipsorum pœnitentiam non recipit, et propterea omni quoque venia careat: nostrum autem mortale genus etiam peccans per pœnitentiam rursum resurgat? Et certe post Christi Domini adventum, etiam in hominibus majora opera videre licet, quam quæcunque ab angelis fiunt: *Ecce ego dico vobis* (inquit Paulus), *licet angelus de cœlo evangelizet vobis, præter id, quod accepistis, anathema sit* m. Et iterum: *Michael quidem archangelus non est ausus judicium inferre blasphemiæ diabolo* n; nos vero accepimus potestatem calcandi supra serpentes et scorpiones, et super omnem virtutem inimici o. Neque angelorum quisquam se vel alium ausus est Deum, aut Dei Filium appellare: hominum vero genus, et dii et filii Dei nominamur p. Cum item dixisset, qui inter illos Lucifer **185**b vocabatur, similem se futurum Altissimo, soliumque supra cœlum collocaturum q, illis ipsis, quæ tum possidebat, bonis amissis, in sæcula ludibrio est, atque condemnatus manet: nobis tamen veritatis decretum potestatem illam fecit, ut similes Patri efficeremur, unaque cum ejus Filio in thronis consideremus. Illud amplius: *Conresuscitavit, et consedere nos fecit in cœlestibus in Christo Jesu* r. Et: *Si sustinebimus, etiam conregnabimus* s. Et: *Scimus* (alius iterum apostolus testatur) *quoniam cum apparuerit, similes ei erimus* t. Itaque his ipsis, qui

---

j Joan. III, 16.   k Luc. XV, 4.   l Jac. IV, 3.   m Galat. I, 8 et 9.   n Judæ 9.   o Luc. X, 19.   p Psal. LXXXI, 6.   q Isa. XIV, 14.   r Ephes. II, 6.   s II Tim. II, 12.   t I Joan. III, 2.

angelorum honorem tantopere ambiunt, jam conces- sus ille est.

Atqui peccamus, inquit, promptius. [Verum.] Sed quanto id promptius, tanto etiam citius resurgimus ; si modo volumus. Mille enim vias pœnitendi, nosque solvendi sapientissimus patronus donavit. At, heus tu angelicæ cognationis amator : majore etiam munere dignus es habitus. Nam cognati jam Christi per carnem effecti sumus. Quod item ab illis peccatum est, tametsi forsitan minus est nostro, majori tamen pœna punitur. *Potentes enim potenter tormenta patientur* u. Rursus quod illis gravissimam affert pœnam, non parem nobis in pari delicto pœnæ adducit gravitatem. Quin etiam in nobis citius deletur, cum illis semel infusum peccatum, maneat indelebile.] Et nobis quidem nostra cum corpore conjunctio, veniæ causa u præbet ; illis vero, quanto corpore præstantiores habentur, tanto etiam minus deprecabilis castigatio infligitur. Quamobrem et vas electionis ait : *Angelos judicabimus, quanto magis sæcularia* v. Et, *Sancti mundum judicabunt*. Nimirum crassæ huic carni alligati, sed quæ meliora sunt, recte peragentes, liberos illos a corporeis vinculis, sed qui aut non paria nostris, aut pejora etiam patrant, judicamus, atque compescimus, minore cum potestate, quod melius erat, perficientes, præ iis, qui majorem facultatem obtinebant. Nobis insuper peccantibus tota est vita ad pœnitentiam atque emendationem proposita, cum angelos semel lapsos pœna mox consecuta sit. *Caligini enim*, inquit, *inferni immersos tradidit in judicium custodiendos servare* (1). Aliis sexcentis argumentis sapientissima Dei erga nos providentia perspicitur, et eorum qui nos angelos potius **186**a quam homines conditos volunt, dementia atque insania palam exponitur. Quanquam, si secundum angelorum naturam hominem fabricasset [Deus], ne sic quidem reprehendendi studium repressum foret ; sed aliam rursus naturam quæreret, quæ angelicum vinceret statum. Interim tu et hoc mihi considera : si ad imaginem Dei conditus Adam angelorum par fuisset, et neque nos angelorum gloria caruissemus, ille tamen paulo infra angelos effectus, ob mentem scilicet elatam, minime quod acceperat conservasset, quo [quæso te] pacto, si majorem nactus esset prærogativam, non etiam graviore lapsu corruisset ? Neque illud omiseris. Quæ per necessitatem fit actio, ea non ratione præditorum est, sed ad irrationabilem atque inanimam naturam pertinet. Quare quæ liberum arbitrium homini adimit ratiocinatio, hæc equum nobis aut bovem, aut piscem, aut quæ stirpium naturam habent, pro ratione prædito animali, inducit. Quod si autem is, qui talia sentit, hujusmodi sibi pœnam irrogat, hoc neque injusto judicio fit (invenit enim parem delicto pœnam), et ipse per se exsecrandam suam opinionem arguit. Talia igitur quædam ubi disseruit, qui proposita modo argumenta exponit [Jobius], in liberi arbitrii laude quintum decimum caput concludit.

16. Caput vero decimum sextum non vulgarem continet quæstionem. Quærit enim admodum curiose, *Cur homo e duobus plurimum natura distantibus compositum sit ?* Ac profligare quidem et solvere quæstionem nititur, sed ipsam dubitationem non satis attingit. Primum ergo Patrum verba subjicit, deinde oportuisse ait ratione adornari terrenam portionem, perinde ut cœlestibus virtutibus cœli ornati fuerint, propterequae compositum animal in terris hominem prodiisse. Hæc et id genus alia contexens, caput hoc absolvit.

17. Quærit hinc, *Cur Deus Verbum homo sit factus ?* Solvitque dubitationem. Partim quidem, inquit, ut nobis exemplar virtutis relinqueret x, per quod nobis ea facultas adsit, qua non necessario, sed libere ac sponte eum imitando, ejusdem vestigiis insistamus. Ubi mox Gregorii cognomento Theologi (2) verba apponit : *Carnem enim gestat* (inquit ille) *propter meam carnem, et animo intelligente propter meam animam miscetur, simili simile repurgans*. Præterea ut rationalem partem ab irrationabili in servitutem redactam, ipse rationale Verbum exsistens repararet, atque in libertatem restitueret. Ad hæc, **186**b quandoquidem Adam victus, Dei in se imaginem innumeris carnis passionibus obruit, et ad posteros noxam transmisit, ideo carnem Dominus induit, et in mari Deitatis suæ nostræ conditionis guttam suscepit, cum ut mortale a vita absorberetur, atque in universum genus beneficium effunderet, tum ut inexplicabile pelagus bonitatis suæ erga nos ostenderet : tum etiam quia opificem ipsum oportebat suæ creaturæ, quæ jam diffluxerat, instauratorem fieri. Addit insuper, ut eorum aliqua, quæ communiter de Trinitate dici solent, sæpenumero sacra Scriptura ad unam peculiariter venerabilium personarum referat. Ita sane creandi vis Patri ex æquo ac sancto Spiritui attributa, certa nihilominus ratione Filio rursus ut excellens quid assignatur. Sic et humani generis redemptionem, quam Verbum perfecit, reperias in Patrem referri : *Locutus est enim*, inquit, *nobis in Filio* y ; et : *Ut innotesceret multiformis sapientia Dei, quam fecit in Christo* z ; et : *Ipsius enim sumus factura, creati in Christo Jesu in operibus bonis* a : facturam videlicet et *opus* reformationem vocat Apostolus. Et rursus : *Cum notum fecisset nunc nobis sacramentum voluntatis suæ, secundum beneplacitum suum, quod proposuit in eo, ad instaurandum omnia in Christo* b. Aliaque id genus plurima. Si enim per Filium omnia esse condita credimus, necessarium certe Patrem quoque creato-

u S*a*p. vi, 7. v I Cor. vi, 3. x I Petr. ii, 21. 10. b Ephes. i, 9, *ut notum faceret*. Vulg. y Hebr. i, 2. z Ephes. iii, 10 et 11. a Ephes. ii,

(1) II Petr. ii, 4. Aliter hæc leguntur in Vulg. *Rudentibus inferni detractos in tartarum tradidit cruciandos, in judicium reservari*.
(2) Homil. *de Natal. Christi*.

rem confiteri, saltem propter idem velle, posse, ac facere. Similiter et Spiritum sanctum. Quippe quod jam reformati sanctimoniam consequantur, atque in reformatione perseverent, id sancti Spiritus creantis atque conservantis præcipue opus est. Spiritu quoque, [de] rebus creatis ait David ^{e}, *omnis virtus eorum*. Et vero clarum quod, dum Propheta ibidem dicit : *Verbo Domini cœli firmati sunt*, *Verbum* ut opificem celebrat. Firmationem enim vocat primam illam coagmentationem productionemque. Ut et quod efficiendi perficiendique potentiam Spiritui tribuat, per ea quæ adjunxit : *Et spiritu oris ejus omnis virtus eorum*. Gregorius (1) quoque divino suo ore dicit : *Primum angelicas potestates cogitat, atque illa cogitatio erat opus, quod Verbo complebatur, et Spiritu perficiebatur*, aliaque sexcenta. **187**a Utiliter ergo, et ad institutionem atque introductionem satis accommodatæ divinæ cognitionis præconium processit. Etenim in Veteri Testamento, velut universorum (2) causa primaria primum prædicatur Pater. Deinde Filius tanquam operatrix causa declaratur. Tertio denique, ut causa perficiens, Spiritus sanctus. Quæ enim perficiendi vim habent, ea pro suo quod a fine habent nomine e profectu et incremento rerum temporumque manifestantur, coronæ videlicet illius instar, quæ ob athleticos sudores in fine renuntiato [victori] adaptatur : quamobrem etiam postquam hominem primum formavit Deus, ut eumdem deinde perficeret, *Inspiravit in faciem ejus spiraculum vitæ* ^{d}.

18. Hæc aliaque similia, quibus Spiritum sanctum perficientem esse doceat, ubi laboriosus hic homo studiose collegit : Propterea, inquit, illuminati catechumeni diebus septem candidati incedunt. Quæ item causa fuit, cur vetus Instrumentum, quod umbratilem baptismi typum gerebat, hoc idem observaret : *Comedite quoque* (ait) *panes, qui positi sunt in canistro consecrationis* ^{e}. De ostio quoque tabernaculi testimonii non exibitis septem diebus ^{f}. Et non dierum duntaxat numerum descripsit olim Vetus Testamentum, sed et quæcunque alia hic consequuntur. Primo etenim nunc baptizamur, deinde unguento ungimur, inde pretioso sanguine dignamur. Sic prorsus et Moses hæc adumbrans, abluit primo aqua eos qui consecrabantur, mox induit et cingit, deinde confert olei unctionem, et tum sanguine aspergit, atque ad panis sumptionem adducit. Quapropter et beatus Lucas in Evangelio ^{g} primum ait benedici Dominici sanguinis calici, et fideles participes fieri, atque ita demum panem sumere; quanquam divinus Apostolus calicis benedictionem alicubi præmittit, interdum vero corporis Dominici benedictioni subjicit. Ait enim : *Calix cui benedicimus, nonne communicatio sanguinis Christi est ? et panis quem frangimus* ^{h}, [*nonne participatio corporis Domini est*]? Et rursum : *Non potestis calicem Domini bibere, et calicem dæmoniorum*. Et : *Non potestis mensæ Domini participes esse* ^{i} [*et mensæ dæmoniorum*]. Alibi vero dicit : *In qua nocte tradebatur* (de Domino loquens), *accepit panem* ^{j}, ac dein de calice disserit.

*Hæc igitur ubi retulit, causam hujus varii ordinis reddere conatur, dum ait : Quandoquidem in nobis primus sanguis constituitur, qui hinc **187**b in carnem convertitur, naturali via Scriptura procedens, hunc etiam ordinem in mysteriorum narratione retinuit. Porro contrarius huic ordo, communis mensæ ritum imitatur. Primo enim in ipsa panis apponitur, ac tum vinum infertur. Communem autem illam mensam, rursum respondere nostræ formationi [addit]. Postquam enim (ut vult Job ^{k}) de luto formati sumus (quod e terra et aqua temperatur), nutritio autem quædam quasi formatio est, replens ac reficiens, quod defluxerat : idcirco quemadmodum in ea quam Deus fecit formatione, aridum ante humidum sumptum est, sic et in ea, quam nos hujus imitatione facimus formatione, panis ante vinum sumitur. Hujusmodi ille fere de ordine ex natura philosophatur; etsi id non satis pro dignitate theologiæ.

Quod autem candidam, qui baptizantur, vestem gerant, inquit, signum illud est angelici splendoris, qui puritatem mentis illis, sine mistione materiæ ac passionum, exhibet; quorum quidem gratiæ cum illuminatus sit particeps effectus, in nitoris accepti donis seipsum conservare debet. Atque in his decimo octavo capiti ab eo finis imponitur.

19. Capite decimo nono causas recenset: *Cur in mundi fabrica referenda, Moses ab angelorum creatione initium non duxerit*. Mosen ergo leges hominibus laturum, cum recte quidem agentibus bonorum promissionem, minas vero a Deo et pœnam sceleratis intenderet, merito ait pro historiarum more illorum etiam omnium creationem adducere, quorum usus vel ad beneficentiam, qui admoniti fuere, vel ad terrorem incutiendum valeret. *Erit enim*, inquit, *cœlum æneum, et terra ferrea* ^{l}. Et quæcunque aliæ hujusmodi creaturæ eorum vel ad usum recte agentium, vel ad correptionem peccantium descriptæ sunt. Cum igitur legislatori propositum fuerit, et mortali generi leges ferre salutares, et ipsis legibus latis præsidium, suppliciorum minis, ac præmiorum promissione, quærere, utrumque horum ex creaturis desumendo : propterea quæcunque ad hunc scopum conducunt, horum etiam creationis historiam pertexuit, iis quæ eo non pertinebant rejectis.

188a Deinde per sensibilem mundum, tan-

---

^{c} Psal. xxxii, 6. ^{d} Gen. ii, 7. ^{e} Levit. viii, 31. ^{f} ibid. 32. ^{g} Luc. xxii, 17. ^{h} 1 Cor. x, 16.
^{i} ibid. 20, 21. ^{j} 1 Cor. xi, 24. ^{k} Job xxxiii, 6. ^{l} Deut. xxviii, 23.

(1) Homil. 38, quæ est in Nativitate Christi.
(2) Quæ et B. Basilii doctrina est lib. *De Spir.* sanct. cap. 16, itemque Greg. Nyss. *Homil. in sanct. baptisma.*

quam per imaginem, voluit Moses artificem ejus, et Creatorem, iis quibus legem ferebat exhibere: qui cum tunc adhuc crassiores essent, et vix e sensilibus atque cognatis rebus, eorum quæ videntur Creatorem possent cognoscere; recte illud confici non potuit, cœpta ab angelis narratione. Ex ignotis enim, non autem ex apparentibus notitiam ignoti parare velle, inutilis sane conatus est, valdeque infirmus. Alioqui Deum si non recte, at aliquo saltem modo Judaica gens, etiam ante legem latam, glorificavit: cum angelorum ne appellationem quidem novisset uno forsitan et item altero excepto, quibus id sancti Spiritus gratia revelarat. Confirmat quæ dicimus hoc ᵐ, quod etiamnum Sadducæi Deum quidem exsistere, et architectum esse mundi fatentur, cum tamen angelos ullos esse pertinaciter negent. Angelorum vero natura atque appellatio a principio ignota, inde primum in notionem venit, ex quo Abrahæ in Deum pietas cognosci cœpit: unde aucta atque amplificata, in omnes deinde pios derivata est. Quanquam hos etiam Moses in fine suæ Historiæ cum alia creatura conjungens: *Lætamini*, inquit, *cœli, et adorent eum omnes angeli ejus* ⁿ.

Tertium illud addit Jobius: si visibilia nobis viciniora, atque ad cognoscendum aptiora, quam invisibilia sunt, recte sensibilium tradens ortum Moses, majora tantisper rudibus tradere ob inaccessam difficultatem, et quæ multa indigerent instructione omittit. Tu porro hic una mecum considera, unum esse admodum de sensibilibus docendum illud, quod a Deo producta sint: cum de intelligibilibus duo hæc docenda veniant, et quod sint, et quod suam ex Deo subsistentiam acceperint. Propterea quoque angelorum non meminit Moses, dum mundi creationem narrare primum incipit; ne qui forte fidem latius extendere cupiunt, atque instabiles sunt, ipsum quoque universum ab angelis conditum esse opinarentur. Si enim cum nullam hujusce causam Moses scribendo dederit, Hebræorum tamen non pauci, et quibus horum placet error, mundum ab angelis, quæque mundo continentur, creata esse nugantur, quanto utique auctior erat futurus morbus, si quid tale ab ipso legislatore Mose scriptum fuisset. Nunc vide mihi ratiocinationis hujus accurationem. Ab Adami prævaricatione ad usque Noe generationem, angelorum natura in hominum 188ᵇ cognitionem minime venit. Quæ prima omnium ætas fuerit. Ac ne in secunda quidem ætate, quæ in audacem illam turris ædificationem desinit. Sed nec tertia se potest ætas angelorum cognitione jactare, quæ usque dum Abraham Deum cognoscere cœpit, ut manifestum est, extenditur. At postquam Abrahæ promissiones illæ, quæ Dominicam incarnationem veluti fundabant, ac præordinabant, factæ sunt, humanæque mentis oculi veritatis luce collustrari magis cœpere, et animi fluctuatio stabili religionis fide confirmari; tunc certe angelus unus introducitur ancillæ Abrahæ Agar ministrans °, qui illam animi pendentem ac deficientem solaretur. Tantumnon hanc vocem mittente historia, magnum esse discrimen inter ministerium et creationem, interque Creatorem et res creatas. Illud enim dominationis est atque imperii; hoc vero obedientiæ ac servitutis. Quamobrem et Paulus præter cæteros legis bene peritus: *Nonne omnes sunt administratorii Spiritus, in ministerium missi* ᵖ? exclamavit. Hac igitur de causa, ut diximus, angelorum creationem initio historia non attigit. Quæ quidem ubi retulit auctor, aliaque adjunxit, quæ (mihi saltem) nequaquam ea videntur ad rem propositam afferre quæ necessaria erant, tertium tandem librum finit.

Lib. IV et V. *Cur Filius Dei homo factus.*

Quartus vero et quintus liber duobus capitibus absolvitur, neque aliud quid attingit, quam [cap. 20] decentissimum fuisse, ut immutabilis nativaque Patris imago nos ad eamdem conditos (sed qui formam illam jam corruperamus) a sordibus mundaret, et pristino decori restitueret: [cap. 21] utque oportuerit veram et hypostaticam sapientiam Dei conversos in insipientiam, et jumentis similes redditos a stultitia liberare, et ad rationabilis creaturæ dignitatem reducere.

Lib. VI. *Cur Creator, et Judex Dei Filius.*

Sextus liber primum illud [22] caput proponit: *Quare Dei Filius opifex dicatur, cum primæ nostræ exsistentiæ, tum reformationis in fine sæculorum, tum etiam Judex omnium, novæ resurrectionis tempore?* His enim tribus inter se connexis, et ad eumdem dominum artificemque 189ᵃ relatis, ipsæ quoque quæstio et solutio connexam atque cohærentem rationem habent. Postquam enim creavit, merito perditos reparat. Quod cum ita sit, consequenter etiam suæ creaturæ legem fert. Unde et illud planum efficitur, ipsius esse sententiam incorruptam ferre, tam in legem servantes, quam in eam sponte violantes. Præmissa igitur quæstione: *Cur cum nulla sit in Trinitate gradus superioris aut inferioris differentia, Filius tamen potius opifex atque formator prædicatur;* manifestum est, hac una soluta, reliquas quoque ex ea deinceps ortas quæstiones dissolvi. Quare affirmat recte ac merito universi creationem ad Filium per excellentiam referri. Cum etenim Verbum in carne ad nos venisset, plures ac majores hæreses de creatione processerunt. In his aliqui verum atque unicum Creatorem ignorantes, in varias causas mundi creationem retulerunt. Unde non in multitudinem solum deorum quidam sese effuderunt, sed et bono malum opponentes, universi gubernationem indivisibilem in contrarias providentias distraxerunt. Quidam rursum individuæ et per omnia æqualis Divinitatis

---

ᵐ Act. xxiii, 8.   ⁿ Deut. xxxii, 42 sec. LXX.   ° Gen. xxi, 17.   ᵖ Hebr. i, 14.

divisores amaros atque injustos se constituentes, tota Dei majestate Patri attributa, Filium ac Spiritum sanctum ab ejusdem naturae participatione repulerunt: hoc pro sua dementia praetextu arrepto, quod et Deum unum (quem etiam Patrem praedicat vetus Lex) celebrarent, et noxam adducentis audaciae essent, Filium vel Spiritum Deum confiteri. Ex his vero fuerint tum qui ignorantia Filii et Spiritus laborarunt; quotquot nimirum Judaeorum atque gentilium tabefecit error; tum qui scientia quidem, sed fallaci praediti (ut Arius atque Macedoniani) ipsum Creatorem impie rebus creatis annumeraverunt. Vide igitur, quando hic error longe adeo lateque invalescere potuit; si etiam creationis universi dignitas definite Patri esset attributa, praetereaque redemptio atque judicium, quis non impiis dementiae color ac praetextus confingeretur, quo Filium ac Spiritum sanctum, vel nullo modo subsistere vel subsistentem in creaturarum ordinem redigere auderent? Propterea igitur Pater Filio justa de causa cedit, cum creationis dignitate ab initio, tum reformationis, tum etiam judicii. **189**b Verumtamen non si in eorum aliquo, quae modo diximus, Filio cessit Pater, mox etiam in omnibus cessit. Neque enim hoc disponentis omnia sapienter Providentiae fuerit, quandoquidem tali nulla penitus apparente occasione, multi impiorum duo Testamenta contrariis legislatoribus assignarunt. Quare convenienti prorsus, quaeque Deum deceat ratione, et sapientiae plena dispensatione, Filio non formatio solum atque reformatio, sed judicium quoque (etsi tribus personis communia haec sint) per excellentiam attribuuntur. Sic igitur objectam quaestionem Dei amans scriptor hic dissolvit: cui et alia accedunt, quae parem nequaquam cum suprascriptis utilitatem habent.

Interim praesenti dubitationi aliud quiddam investigatione dignum admiscet. Quaerit enim: *Cur Filio Pater praeponatur, ac dehinc tertius Spiritus sanctus constituatur?* Respondetque certum esse divinam naturam (cum nec verbis exprimi, nec mente comprehendi queat) neque ratione, neque oratione, hoc ipsum quod est, evulgari vel nominari posse: quibus vero per ineffabilem dispensationem cognoscenda objicitur, non sicuti est, sed ut fas atque utile est iis quibus apparet, sic pulchritudinis suae splendorem immittere infixius in se intuentes, et utcunque fruendam dare: quapropter ut profundius, et magis theologice loquamur, sive Trinitatem, sive unitatem, sive Patrem, sive Filium, sive Spiritum sanctum, sive Deitatem, sive aliud quidpiam incomprehensibile illam et ineffabilem naturam cogitemus, vel nominemus, non haec illa, sed supra haec est. Quamobrem etiam ineffabilium enarrator clamat: *Ex parte cognoscimus, et ex parte prophetamus, cum autem venerit quod perfe-*

q I Cor. xiii, 9 et 10. r Matth. xxviii, 29. s Isa. vi, 2 seqq.

(1) Cap. 13, lib. *De divin. nominibus.*

ctum est, evacuabitur quod ex parte est q. Hujusque germanus discipulus, sapiens ille Dionysius, haec ipsa iisdem propemodum testata verbis reliquit: maxime ubi de perfecto (1) atque uno agit. Quando igitur plurima eorum quae de Deo dicuntur, non id quod est, significant, sed potius manu ducunt, et pro captu nostro per cognatas nobis res atque voces, mentem nostram supra nos attollunt: perspicuum est tale quid illud esse, quod primo loco inter loquendum proferatur Pater, deinde Filius, ac post hunc Spiritus sanctus. Quemadmodum alicubi etiam ipse Dominus, nos instruens, discipulis ait: *Euntes docete omnes gentes,* **190**a *baptizantes eos, in nomine Patris, et Filii, et Spiritus sancti* r. Quoniam ipsa secundum se divina natura, neque praeponi, neque subjici apta est, sed supra omnem tam numeri, quam singularitatis notionem collocatur. Numerus siquidem, et unitas de substantia dicuntur: divinitas vero substantiam superat universam. Quemadmodum igitur Deus omnia quae in tempore exsistunt, sine tempore cognoscit, et indivise, quae divisibilia, ut et fluxa, sine ullo fluxu: sic omnis creata natura, id quod tempus excedit, in tempore cognoscit, et divise, quod dividi non potest, quodque ineffabile est, per cognatam nominibusque et verbis efformatam vocem.

23. Quaerit deinceps, *Cur Filius, cum loquimur, medius assumatur, extremisque locis Pater et Spiritus sanctus?* Respondet: Quoniam justitiae trutina dicitur Deus, proportione quadam cum trutina nostra, ideo quoque in natura divina ordo ejusmodi excogitatus est, ut Filius, medio occupato loco, exactam aequalitatem cum extremis teneat. Ipse enim et a principio creationem, et ad postremum generis [nostri] instaurationem perfecit. Quin etiam trutinae exemplum, infinite potentis Trinitatis aequalem omnino ac parem potestatem subindicat, cum nulla trium personarum, vel plus altera assurgat, vel ad ima magis vergat, sed in aequali et pari, nulloque modo differente gloria et essentia trutinetur, ac theologice expendatur. Unde et in rebus generatis aequalitas datur, et justum aequis ponderibus libratur. Haec fere in vicesimo secundo capite sexti libri, itemque vicesimo tertio ab eo contexuntur.

24, 25. Post haec analogiam quamdam servari asserit a duplici illa Trinitate, quae in alis Seraphim consideratur s. Et medium quidem Patri respondere, extrema vero Filio, ac Spiritui sancto. Triplicem quoque illam et omnino invariatam in se vocis *Sanctus* exclamationem, trium personarum immutabilitatem, quoad essentiam, potentiam et facultatem subindicare. Quin et illorum trium consubstantialitatem atque unitatem velut sigillo obsignari ac coaptari, dum unum duntaxat postea [per vocem] *Dominus* inducitur et infertur. Alarum item geminationem, significare cognitionem illam omnem, quæ per hos in homines derivatur (etsi per immateriales spiritus subministretur), non simplicem, sed materiatam deferri : ex nostris nimirum figuris ac formis, velut compositum quoddam, compositis adaptatam, cum duplex sit materiatum omne, ex materia conflatum et forma. Quanquam et **190***b* intelligibiles potestates, ex sanctificatione et substantia, quod duplicibus alis significetur, conflari volunt. Certum vero quod horum cognitio, perfectissima illa, et quæ omnem cognitionis simplicitatem superat, ut quæ soli creatrici Trinitati ascribatur, inferior atque imperfectior exsistens, non ab omni sit compositione libera. Ad hæc vocem Sanctus sine ulla coagmentatione prolatam, et nullo omnino alio intercedente provocabulo, indicare simplicem, minime compositum, excellentem ac sacrosanctum divinæ naturæ statum, cum omni alia natura et subsistentia comparatæ. Illud vero Sanctus sanctorum, ejusmodi significare sanctimoniam, quæ sit supra omnem aliam, quæ nominari possit, collocata : minimeque cum illa componenda. Quotquot enim ob divinam gratiam sancti dicuntur, profani alioqui atque impuri merito judicari queant, si cum Deo componantur. Ut et omnes reges, servi, et exsistentia, non exsistentia, ad eum qui revera exsistit collata. Excellentiam igitur, ut dictum est, ac singulare quid, et supra reliquæ creaturæ terminos de Deo nuntiat verbum illud Sanctus. Sanctum enim hic dicas, non quod ab omni sorde, quæ corpus aut animam inquinat, purum est; nequaquam. Quænam enim illa Dei laus, aut potius quomodo non extrema ejus vituperatio sit, si id laudationis loco usurpetur, quod Deus ab affectionibus nostris liber exsistat ? Sed distinctam [Dei naturam *vox illa*] et cæteris omnibus antecellentem, atque ab iis sejunctam prædicat. Neque vero insolita sacris Litteris ejusmodi hujus vocabuli significatio, ut ibi : *Omne masculinum adaperiens vulvam, sanctum Domino vocabitur* t, hoc est, selectum. Et rursum Judicum libro : *Paries filium, et non ascendet ferrum super caput ejus, quia sanctificatus* (1) *est puer*. Aliaque sexcenta. Sic sane santificari locum, vel panem, vel vinum dicimus, quæ Deo secernuntur, et ad nullum communem usum referuntur.

Fidem vero ut faciat his (quod materiæ expertes spiritus materialiter nobis materiatis res cœlestes afferant), forcipem illam adducere pergit u, quam unus e Seraphim ad prophetam missus attulit, carbonem complexam. Palam enim est corporalibus in symbolis incorpoream illam potestatem incorporeorum quorumdam atque intelligibilium mysteria significare apud prophetam voluisse, docente nos sacra Scriptura : quemadmodum sine intermedio aliquo, et absque crassiore materia ignis capi non potest : sic nec rerum divinarum quidquam percipi posse sine materialibus symbolis, cæterisque rebus, iis qui susciperent accommodatis. Est autem forceps materiam designans, **191***a* quemadmodum et carbo divinum numen denotat. *Deus enim noster ignis consumens est* v. Et : *Eloquia Domini igne examinata* x. Ipsa quoque vox forcipis tactum significat, qui scilicet in solis apparet sensibilibus. Fortasse vero et Verbi incarnationem, nostri causa factam, obscure designari prædictis symbolis probabiliter dicatur. Ignis enim divinus, carnis nostræ crassitie [interjecta] nobiscum conversatus est. Fieri etiam potest, ait, ut forceps legalem umbram designet, carbo vero Novum Testamentum, cum per legalia symbola Novi mysteria Testamenti ostendantur, ac bene sentientibus tradantur. Addit insuper : Cum corpus Dominicum in sacra mensa propositum est, ideo qui ab utroque latere sacris operantibus [astant] in eorum quæ sex alas gestant symbolum, confecta ex alis flabella supra oblata ibi horrenda mysteria agitare, ut ne sinant initiatos rebus visis inhærere, sed eos mentis oculis supra omne id, quod cum materia conjunctum est, sublatos, faciant per ea quæ videntur, ad invisibilem contemplationem, et inexplicabilem illam pulchritudinem ascendere. Nam tum etiam cum corporaliter Dominus præsens esset, cum timore ac tremore Seraphim ei inserviebant : hujusque timoris et tremoris specimen obscurum esse, alarum illam agitationem, quam ministrantes adhibent. Si vero Seraphim etiam incarnato jam Verbo ministrare declarantur, ut nihil ob ejus in terram descensum de servitute, quæ in cœlo erat, diminuant : clarum quod et alter incorporeorum spirituum ordo Incarnatum cultu latriæ adorabat. Cum enim qui in his primum ordinem tenent, cultum non immutant, mox etiam par a subsequentibus ministerium exhiberi confirmant. Scriptum est enim, quod etiam angeli accedentes ministrabant ei y. Angeli vero appellatio, ut rerum divinarum periti norunt, commune est intelligibilium spirituum nomen. Et iterum de primogenito in orbem terræ introducto Scriptura loquitur: *Et adorent eum omnes angeli Dei* z. Propterea etiam simul atque ad altare sacerdotes accedunt, cantor sacer de superiore loco sic clamat : *Sanctus Deus, sanctus fortis, sanctus immortalis.* Quem hymnum ex veneranda ac tremenda Seraphinorum professione compositum asserit. Non tamen de suo habere hoc inventum, **191***b* sed e Judæorum gente quemdam veritatis doctrina imbutum, qui alios quoque docendi auctoritatem ab Ecclesia accepisset, virum cætera sapientem, vitaque illustrem, hujus doctrinæ Jobio auctorem fuisse, cum unde compositus esset sacer ille hymnus, exponeret. Docere vero ipsum ex Cherubinorum

---

t Num. VIII, 16; Luc. II, 23.   u Isa. VI, 6.   v Deut. IV, 24.   x Psal. XVII, 37.   y Math. IV, 11.
z Deut. XXXII, 42 sec. LXX ; Psal. XCVI, 7; Hebr. I, 6.

(1) Judic. XIII, 5. In Vulg. et LXX *Nazaræus* legitur: quæ vox Hebræis *sanctum*, vel *sanctificatum* significat, ut apud B. Hieronym. videas.

hymno, et psalmo XLI sacrorum cantorum canticum illud conflatum esse. Celebrari enim in hoc Psalmo *Deum fortem vivum* : ac mutatam quidem esse vocem *vivum* in æquipollens vocabulum *immortalis*, ipsa voce *fortis* retenta: ita sacrum illud canticum contextum esse. Porro exprimi voces *Deus* et *Sanctus*, ut distinctio fiat ab idolorum simulacris, quæ terrestria sunt, humanarum manuum opus, et veræ abominationes. *Fortis* vero adversus muta, immobilia et imbecilla idola. *Immortalis* denique, quod idola nec spirent, nec ullam efficiendi vim habeant : sed nec tantillam quidem vitæ partem acceperint. Narrat hoc etiam, eumdem illum sacrum virum sese docuisse, quemadmodum ab aliis quoque scriptoribus refertur, ut beatus Proclus (Constantinopolis is præsul erat) prædicti hymni constructionem, per revelationem edoctus sit, cum angelis sacrum hunc hymnum canentibus, primus ille eamdem deinde doctrinam hausit. Tali disputatione vicesimum quartum et quintum clauditur caput.

26. Capite vicesimo sexto refertur, sex dierum numerum in principio typum esse agnoscendæ Trinitatis, illudque cum ex aliis manifestum evadere, tum ex illo : *Dies diei eructat verbum, et nox nocti indicat scientiam* [a]. Quin et ex illo : *In capite libri scriptum est de me* [b] : quibus [saltem] contigisset percipere sex illis initialibus diebus nihil esse intelligendum eorum, quæ apparerent. Caput enim et principium libri, sive omnis a Deo inspiratæ Scripturæ, est opus sex dierum, quibus mundi creatio perfecta est: cujus ex magnitudine ac pulchritudine Creator ipse agnitus canitur. Imaginem vero referre Trinitatis : et ad mysterii cognitionem conducere eosdem illos sex dies asserit, non minus quam de sex aliis Cherubin symbolica et sacra oratio. Quæ certe docebat Trinitatis creatricis notitiam per materialem atque compositam cognitionem advenire, quinimo simplicis ipsius et incompositæ **192***a* substantiæ trinam proprietatem, per materialem ac compositam ænigmatice denotari; atque hinc etiam per duplicem Trinitatem illius, omnem simplicitatem excedentis Trinitatis cognitionem revelari. Fidem vero astruens rebus visis, septimum diem ait esse figuram illius temporis, in quo nobis requies est a corporeis et gravioribus laboribus, ut alibi etiam Paulus affirmat [c], relinqui sabbatismum populo Dei. Qui enim ingressus est in requiem suam, etiam ipse requievit ab operibus suis, sicut a suis Deus. Si vero figura est septimus dies requietis a nostris materialibus operibus, quando secundum eumdem divinum Paulum [d] cum perfectiore cognitione imperfectiorem commutabimus, merito et sex dierum opus figuram esse materialis cognitionis meditando perspeximus, secundum quam ex parte et in æni-

gmate Deus a nobis cognoscitur. His addit Gregorii Theologi (1) sententiam, qua usque ad tres personas divinitatis mysterium nobis manifestatum dicit : *Unitate mota*, ait, *ob divitias, binario vero superato propter materiam et formam, ex quibus corpora : Trinitate vero propter definitam perfectionem (prima enim [in numeris] trias binarii excedit compositionem) ut neque angustis terminis divinitas contineatur, neque in infinitum diffundatur*. Addit huic et aliam causam cur ad Trinitatem usque divinitas progressa sit, et ait : Quia solus numerorum ternarius libræ figura est manifestissima. Libra vero æqualitatem efficit, simul ac significat. Unde et in numeris solus ternarius medium occupat locum inter utraque extrema parem atque incommutabilem, sic ut nulla omnino in tribus animadvertatur compositio, in quibus sextus speculativo huic homini liber absolvitur.

Liber VII.

Libro septimo [cap. 27] asserit tres politiarum mutationes a sacra repræsentari Scriptura, quas et *Terræmotus* nominat. Primam quidem ab idolorum cultu in legalem reipublicæ ordinationem, in qua solus Pater manifestissime prædicatur. Filius autem et Spiritus symbolis duntaxat et ænigmatis indicantur. Alteram vero ex hac in Evangelium qua magis perspicue Filius et Spiritus sanctus manifestantur. Tertiam denique illam materiæ magis expertem et diviniorem sortem, in qua penitus **192***b* Trinitatis uniformitas, et indivisibilitas, et omnipotentia, quantum natura creata assequi potest, in hominum indubitatam pervenit cognitionem. Primum autem terræ motum prædicat divinus ille David, his verbis : *A facie Domini mota est terra, a facie Dei Jacob* [e]. Addit enim : *Simulacra gentium argentum et aurum, opera manuum hominum* [f]. Rursumque dicit : *Afferte Domino, patriæ gentium, et intrate in atria ejus* [g]. Sed non in Judaicum, et unum tantum atrium : adjungit enim mox : *Commoveatur a facie ejus universa terra, dicite in gentibus quia Dominus regnavit* [h]. Et iterum : *Dominus regnavit, exsultet terra, lætentur insulæ multæ* [i]. Ac deinceps : *Apparuerunt fulgura tua orbi terræ; vidit, et commota est terra* [j]. Multaque id genus apud eumdem. Isaias quoque dixit : *Cum resurrexerit conterere terram* (2). Divinus vero Paulus secundum simul et tertium terræ motum describit, dum Aggæi prophetæ verba inclamat [k]: *Cujus vox terram movit tunc* : *nunc autem denuntiavit dicens* : *Adhuc ego semel moveo non solum terram, sed et cœlum*. Eadem et Gregorium (3) cognomento Theologum scribere affirmat.

28, 29. Hæc locutus, profundius mox inquirere pergit : Cur primus Pater prædicetur? Respondet Dei providentiam circa nos pro illo rerum statu id fecisse, dum hac sapientissima ratione [homines]

---

[a] Psal. XVIII, 3. [b] Psal. XXXIX, 8 et Hebr. X, 7. [c] Hebr. IV, 9. [d] 1 Cor. XIII, 9. [e] Psal. CXIII, 7.
[f] ibid. 13. [g] Psal. XCV, 7. [h] ibid. 9. [i] Psal. CVI, 1. [j] ibid. 4. [k] Agg. II, 7; Hebr. XII, 26.

(1) Orat. II, *De Pace*, num. 17.
(2) Isa. II, 21, ubi *percutere* habet Vulg.

(3) Orat. *De Spiritu sancto* quæ est 37 ad schol. 58. *Vide* et schol. 32, ad orat. 21 apud Bill.

a deorum multitudine abducere studet. Absurdum enim fuisset atque inordinatum eum, qui a deorum multitudine avocare vellet, divinitatis Trinitatem iis animis, qui longo temporum curriculo deorum multitudinem attoniti suspexissent, committere. Præsertim cum Patris notio silenti et muto quasi suffragio Filium ac Spiritum sanctum exsistere confirmaret, eorumque cognitionem colligeret, non lædendo quidem imbecillos, sed religionis firmamenta mystice delineando. Nam Pater Filii omnino Pater est, et Spiritus quoque alicujus esse dicatur. Pater igitur nulli ullam multitudinis deorum ansam præbendo, potuit populo prædicari, maxime cum et apud Hebræos et apud gentes in more positum esset, ut ipsorum etiam hominum Pater Deus vocaretur. Mos enim ille inumbrabat supernaturalem Filii cum Patre conjunctionem, eosdemque simul exsistere, et mutuam ante sæcula inter eos habitudinem esse. Quod autem Deus vocetur *Pater*, ex iis quæ nobis pro hominum more chara esse solent, **193**ᵃ dicimus. Nihil enim est omnium apud nos paterna appellatione aut jucundius, aut honorificentius, aut magis venerandum, sed neque familiarius quidquam vel ad beneficentiam propinquius. Nam et producit Pater antea non exsistentes, et alit, et de liberorum victu satagit : quæ quidem, et magis etiam, pro primæ causæ conditione, ad Deum spectant, unde per participationem ad generantem quoque Patrem pertinent, quo Deum vocare Patrem terrigenum more edocti sumus. Porro *Spiritum*, aut *Filium* ut vocemus Deum, pares e nobis ipsis causas non habemus. Neque vero deorum multitudinem horum (1), cum Patre enumeratio sic funditus abolevisset, aut impietati deditis multiplicandorum deorum occasionem eripuisset, ut Patris solitarie sumpti prædicatio. Utiliter igitur ac provide solus Pater per leges et prophetas clare prædicabatur, cum sic nec prædicationis offendiculum aliquod crassioribus præberetur, et magis speculativis Filii simul notio atque confessio ingereretur. Ubi si Filius prior prædicaretur, non perinde divinæ Providentiæ sapientia procederet, ut neque si sanctissimus ac vivificus Spiritus.

Ad eamdem utique hoc etiam providentiam et cognitionem pertinet, quod Pater non sit incarnatus. Quomodo enim tolerari posset, si pro illo, *Filius meus es tu, ego hodie genui te* ᵃ, ad incarnatum diceret : *Pater meus es tu, hodie genuisti me*? Quid enim non per dementiam designasset Judæorum gens, invenio ex re vix credibili ac minime rationi consentanea audaciæ suæ perfugio, si incarnatus diceret : *Pater sum Dei* ? Quomodo item hæc non videretur fabula, si aliqua de cœlo vox diceretur appellare incarnatum : *Hic est Pater meus dilectus, in quo mihi complacitum est*, vel ipsemet diceret : *Filius misit me, et major me est*, et quæcunque sunt alia generis ejusdem? Eademque hæc dici possint de Spiritu sancto. Quanquam de hoc planius etiam Scriptura sacra, quam de Filio disserat. De Filio enim dicit : *Dextera Domini fecit virtutem* ᵇ. Et : *Verbo Domini cœli firmati sunt* ᶜ ; et similia alibi, quæ intelligentia quidem quadrant, et consentiunt Filii significationi, sed non sine vocum abusione. Jam vide expressum et non detortum Spiritus sancti vocabulum : *Spiritus oris ejus omnis* **193**ᵇ *virtus eorum* ᵈ. Et : *Spiritus Domini replevit orbem terrarum* ᵉ. Et : *Spiritus tuus bonus deducet me in terram rectam* ᶠ ; item : *Spiritus Domini super me* ᵍ. Sic : *Spiritus Domini fecit me* ʰ. Et alibi : *Emittes Spiritum tuum, et creabuntur* ⁱ ; aliaque multa. Ubi et hoc ab ineffabili utique Dei sapientia profectum observes, Filium aliis vocibus in theologia, Spiritum vero sanctum suo tantum nomine appellari. Filii enim vocabulum prolatum, statim per se exsistens, suppositum adducit, quod errore in deorum multitudine laborantibus occasionem præbuisset, ad illum ipsum errorem recurrendi, quem fugere docebantur. Spiritus vero, etsi a piis similiter suppositum per se agnoscitur, vulgo tamen potest et crassioribus ita legi, quasi non aliam inducat personam, atque nihilominus etiam dum profertur : monarchiæ prærogativam firmare. Ut enim dum dicitur : *Anxiatus est spiritus meus* ʲ, non duas id affert personas, sed unitatem peræque retinet personæ ; sic et *Spiritus Dei*, dum ab antiquis audiretur pinguiore modo, et ad eum quo in nobis est, nullius hoc idololatriæ scandalum dabat. Propterea itaque Spiritus plane in Veteri Testamento prædicatur. Filius non item, sed per hujusmodi nomina, quæ et ipsa nequeant unitatem hypostaseos dividere, ut illud : *Dei manus, Brachium, Sapientia, Potentia, Dextera, Verbum*, et quæ sunt generis ejusdem. Ista etenim nec in mortalium natura ipsam unitatem in duo dividunt, aut personam distinguunt. Sicubi vero etiam Filii vocabulum affertur : quando mox ut dicitur *Filius*, differentia significatur personarum ; ut in illo : *Filius meus es tu* ᵏ ; adumbratum hoc et obtectum adducitur. Adjungitur enim : *Hodie genui te* ; Et : *Postula a me* ˡ. Quæ humana cum sint, et divinæ minus apta naturæ, Filii appellationem tegunt et adumbrant. Atque in similibus ad eumdem modum.

At, cur tandem etiam *Dextra* et *Verbum*, et *Potestas Patris*, et similia dicitur Filius, non contra Pater Filii? An quia Pater non e Filio, sed Filius e Patre? Ad hæc, manus quidem, brachiumque ac sapientia, et verbum, hominis esse dicuntur, cum homo dexteræ, vel sapientiæ, vel similium nemo

---

ᵃ Psal. II, 7. ᵇ Psal. CXVII, 17. ᶜ Psal. XXXII, 6. ᵈ ibid. 8. ᵉ Sap. I, 7. ᶠ Psal. CXLII, 10.
ᵍ Isa. LXI, 1. ʰ Job XXXIII, 4. ⁱ Psal. CIII, 30. ʲ Psal. CXLII, 4. ᵏ Psal. II, 7. ˡ Psal. IX, 10.

(1) Filii et Spiritus sancti.

dixerit; quemadmodum non rami arborem, sed ramum arboris esse dicimus. **194**a Spiritus item sanctus *Dei digitus* appellatur ᵐ. Quando autem digitus manus esse dicitur, convenienter non solum Patris, sed et Filii, quæ paterna est dextera, esse dicitur. Verum non sic vicissim Filius sancti Spiritus. Neque enim manus digiti recte dicatur. Neque vero vel ob hæc solum ab initio expediebat pro Patre Filium, aut Spiritum sanctum enuntiari. Etenim hominum Pater Deus, ut modo referebam, dictus est : *Filium vero nostrum* aut *Spiritum* dici *Deum*, absurdum sane ac minime consentaneum judicatum fuisset. Quamobrem etiam Pater tunc prædicatus, ob familiarem scilicet vocis usum, unam vulgo innuebat, ostendebatque personam. [Quo tempore] si Filius aut Spiritus sanctus prædicatus fuisset, omnino personarum dualitas simul probabatur. Qui enim Filium audisset, statim ad Patrem retulisset, et Spiritum sanctum similiter; cujus enim esset Spiritus, quæreret mens : [ac] quos multorum deorum morbus teneret, incurabiles ex ipsa salutari theologia redderentur. Adde jam dictis, fieri non potuisse, ut quemadmodum Filii, ac Spiritus sancti, sic etiam Patris persona prudenti aliqua ratione absconderetur. Nam quod Spiritus Dei dictus sit *Dextra, Sapientia, Potestas*, id multiplicatorum deorum insaniam [non difficulter] effugere potuit. Non enim percipit hic vulgus personarum simul differentiam duci. Cum si *Pater Dei* enuntiatum sit, sive genitum intellexeris, sive eum qui processit, nequaquam jam id, quin personarum discrimen afferat, ignorari amplius possit, neque simile remedium idololatriæ labe infectis afferri. Itaque ne tum quidem, si Pater e contrario *Filii*, vel *Spiritus sancti manus* nominaretur, seipsum abscondere, et dualitatem personarum contegere posset : ne hoc dicam, neminem unquam censere potuisse, ut quæ nunc commemoravimus, vel omnino dicerentur, aut sensum aliquem, aut genium habere judicarentur. Quare igitur Trinitas ab initio *non evulgata est* : quia, quemadmodum laborantibus ex oculis splendidum lucis jubar, etsi salutiferum, maxime noxium est, ita et multorum deorum cultu occæcatis noxia erat Trinitatis theologia, ac perniciosa futura. Verum hæc quidem Dei amans scriptor septimo libro tribus illis graviter pertractat capitibus, quæ post sextum et vicesimum ordine consequuntur.

Tricesimum vero caput persequitur, ut primus motus terræ fundamentum alterius fuerit, utque non solum iis qui sub Mose vixerunt, Deum Patrem **194**b prædicando profuerit, sed et qui tempore gratiæ. Postquam enim effecit ut Deus hominum Pater crederetur : mox etiam quicunque in Deo fiduciam collocaret, merito *Dei Filius* appellatur. Unde patefacta janua, et via aperta est ad incarnationem cognoscendam. Quam etiam ob causam dum Filium secundus ille terræ motus prædicaret (quod jam consuetum esset hanc vocem de meris quoque hominibus usurpare), non sic auditores turbabat prioris Testamenti usu mitigatis auribus, ut non amplius sic vocis hujus occasione insanivierint, quemadmodum insanivissent, nisi usitata illis per Vetus Testamentum esse cœpisset. Quem enim ad modum sub lege Filii aut Spiritus aperta promulgatio, ob eas, quas antea causas diximus, noxia fore videbatur iis, qui adhuc cicatrices inflicti a deorum multitudine vulneris gerebant. Sic certe Patrem vel Spiritum sanctum incarnari, umbraque tegi, et latendi accipere facultatem (ut in Filio factum) impossibile fuisset. Nam si tum quoque, cum Filii appellatio communis esset, atque usu trita, ipsum tamen Filium carne indutum quia *Dei Filium* (quod erat) seipsum dixit ⁿ, ex editori loco præcipitare, et alapis excipere ᵒ, ac tandem cruci furiose affigere aggressi sunt, quod non fecissent et ipsi, et discipuli, [solam] servi videntes formam, si incarnatus dixisset : *Ego sum Pater*, vel *Spiritus sanctus* ? Ergo divinitus, et supra quam dici ac cogitari possit, universa mundi gubernatio una cum hominum salute procurata est.

Attamen mox ab initio Verbum incarnatum non est, cum aliis de causis, tum idcirco quod non oporteret statim maximum medicamentum morbidis afferre, sed quæ vim haberent paulatim morbum abigendi. Ad hæc, ab initio Verbum incarnatum, non modo quantam in fine temporum, adventu suo utilitatem [non] præbuisset, sed incitamentum potius idololatris ad errorem judicatum fuisset. Nam si, cum Græci rerum potirentur, similibus affectionibus obnoxios homines tam facile in Dei evehebant dignitatem, quomodo scientes in carne Verbum apparens, tanquam Deum celebrari, non statim inde fictorum a se deorum exempla peterent, iisque, qui conarentur ab hoc errore avellere, non promptissime exprobrarent, illos ipsos, qui reprehenderent hominem æque pro Deo prædicare ac venerari. Propterea enim quo tempore Græci deos fabricarent, **195**a Patris quoque unitas prædicata est. [Ne item dicerent : Si distulisset, suis se viribus humanum genus salvare potuisset, atque ita summa gratia fuisset ingratis summum ingrati animi vitium. Etsi nihil etiam ab initio vetuisset, salutis loco contentionum amantes homines, sic rursus dubitare : Cur non in fine, sed in principio : aut, cur non in medio temporum cursu, sed in principio Verbum incarnatum est? ita in se mutuo quæstiones secundum triplicem temporum differentiam torquentes.] Oportebat itaque primum illa evacuari, et ea quidem prædicatione, quæ Patrem solum annuntiaret : deindeque deorum effingendorum errore e memoria sublato, verum Deum in carne manifestari. Sic igitur se habet

---

ᵐ Exod. vIII, 19; Luc. xI, 20.   ⁿ Luc. IV, 29.   ᵒ Marc. xIV, 65; Ioan. xIx, 3.

hæc de Verbi in temporis plenitudine incarnatione ratiocinatio. Et quemadmodum primus ille terræmotus per contrarias rationes deorum multitudini medicinam fecit, dum personarum discrimen texit, ita in novissimis quoque temporibus, cum Judaica opinio, in unam personam lege ac tempore corroborata, deorum multitudinem profligasset, et divinitus tunc Dei Filius ac benigne carnem assumpsit, et Trinitatis mysterium paulatim detexit.

31. Addit istis sapienter. omnino Salvatorem, verbis quidem humilibus utendo, divinitatis abscondisse radium, sed per illius opera effecisse, ut omnipotentis virtutis majestas effulgeret, ac per hæc eadem prædicari videretur. Atque hinc etiam, ait, dicebat : *Verba quæ ego loquor, a meipso non loquor ; Pater autem in me manens, ipse facit opera* P. *Credite mihi* (1), *quia ego in Patre, et Pater in me est : alioquin propter opera ipsa credite.* Duas autem has ob causas verborum humilitatem adhibuit ; primum quidem ad Judæorum effervescentem invidiam mitigandam ; deinde vero ut nobis quoque humilitatis exemplum ipsomet facto exprimeret ; tertio etiam, quia verborum splendor non omnino actiones simul emicare facit, cum tamen naturam excedentium et divinorum operum patratio, verborum una secum humilitatem extollat.

Porro hoc loco dicti cujusdam evangelici sensum, exponit : *Quid est facilius dicere : Dimittuntur tibi peccata tua, an dicere ; Surge et ambula* q? Facilius autem primum esse dicit, quoniam illud, *Dimittuntur*, non eam habet verborum pronuntiationem, quasi ex propria auctoritate proprioque imperio proferretur. Nihil enim prohibet ab illo etiam, qui ejus nequaquam sit dominus, remissionem annuntiari. At : *Surge et ambula*, totum a Dominico pendet imperio. Præsertim cum illud **195**b *Surge et ambula*, irreprehensibilem rebus ipsis afferendo auctoritatem, ipsam quoque remissionem compleeteretur. Qui enim ambulandi gratiam donabat, Idem nimirum peccatorum etiam, ob quæ morbo ille tenebatur, remissionem conferebat : perhumani enim Domini est, et flagellum peccatoribus inferre, et flagellatum tam a plaga, quam ab ipsomet peccato liberare. Sciens autem opus hoc non remissionem tantum delictorum confirmaturum, sed potestatem quoque dimittentis ostensurum, addit : *Ut autem sciatis, quia Filius hominis habet potestatem in terra dimittendi peccata*, etc. Cæterum necesse erat incarnationis Dominicæ mysterium velut umbra tegi, cum ut ab audientibus cupidius acciperetur, tum ut id tenebrarum princeps ignoraret. Nam tria divinus Ignatius r sæculi hujus principem latuisse commemorat, Virginitatem Mariæ, Conceptionem Domini, et Cruci affixionem Christi. Affirmat quippe divus Paulus de principibus sæculi hujus : *Si cognovissent, nunquam Dominum gloriæ crucifixissent* s.

32. Hæc ubi dixit, infert sempiternam ac summam Trinitatem semper esse, et similiter Trinitatem, Patrem nimirum, et Filium, et Spiritum sanctum, sed supra omne, quod aut cogitamus, aut loquimur. Quandocunque enim de Deo loquimur aut cogitamus, ex nostris verbis ac rebus ea quæ ad ipsam Triadem spectant, proportione quadam , et dicimus et cogitamus. Sanctissima etenim Trinitas, dignitate ac potentia æqualis, omnia quæ ad nostram salutem faciunt provide operata est : quæque theologice de ipsa speculari possimus, hæc illa nobis, benigne gratificans, identidem admittit. Propterea quidem a principio, ut diximus (ob deorum scilicet multitudinem) sacra Scriptura nobis condescendens, non ut natura aut dignitas Trinitatis se habet, sed quatenus a nobis facilius capi potest eam tradendo, perspicue Patrem indicat. In altero deinde terræmotu Filium, in quo et Spiritus sancti cognitionem, etsi minus perfectam, simul accipimus. Hæc enim in futuro sæculo, et ultimo illo accedit terræ motu, quo tota nobis Trinitas manifestius apparebit ac revelabitur. Etsi enim Spiritus arrham habemus, ut vas electionis testatur t **196**a nondum tamen ad perfectionem spiritalis status pervenimus. Ipsum etenim arrhæ nomen signum quidem perfecti doni est : at non ipsum donum. Idem etiam alibi pignus futuræ hæreditatis esse Spiritum prædicat, et primitias æternorum bonorum u. Quare perfectionem Spiritus nonnisi post redemptionem corporis suscipimus.

Jam quando qui apud homines cum pater, tum filius dicitur, per conjugii societatem declaratur atque cognoscitur, propterea præsentis vitæ duos terræmotus, alterum pertinere ad Patrem, alterum ad Filium, vaticinia tradunt. Rursus cum Spiritus sanctus, etiam ut apud nos est, corporum transcendat crassitudinem, merito ubi cessaverint conjugia, excelsior illa et illustrior vita (vita hæc resurrectionis est : *In resurrectione enim neque nubent neque nubentur* v), proprie attribuatur Spiritui. Illius autem vitæ tempore, in qua patres filios progenerant, Deum Patrem ordine Filio præpositum cognosci oportebat, non quod Trinitas ordinem aliquem exigeret (quis enim ibi ordo sit, ubi æqualitas immutabilis viget?) : sed quod per eum ordinem, qui in ipsa ex apta dispositione est, a liberis parentes honorari hortaretur. Spiritus quoque dignitatem sacra Scriptura extollens, universam Trinitatem *Spiritus* nomine appellat. Quale illud : *Spiritus est Deus : et eos qui adorant eum, in spiritu et veritate oportet. adorare* x. Hoc item : *Omne peccatum remittetur hominibus : ei autem qui blasphemaverit in Spiritum sanctum, non remittetur* y, de tota

---

p Joan. xiv, 10. q Matth. ix, 5. r Epist. 3. s 1 Cor. ii, 8. t II Cor. i, 22. u Ephes. i, 14; Rom. viii, 23. v Matth. xxii, 30. x Joan. iv, 24. y Matth. xii, 31; Marc. iii, 29; Luc. xii, 10.

(1) Vulg. *Non creditis?*

divinitate acceptum, cum prædicto scopo quadrat. Illa quoque per speculum et in ænigmate cognitio supernaturalis in Triade deitatis, per Spiritum nobis in futuro perficitur. Sic enim hic motus ad Spiritum sanctum, quemadmodum duorum præcedentium alter ad Patrem, alter ad Filium refertur. Qui autem ordine primus est terræ motus, extremus idem dignitate et utilitatis magnitudine est. Manifestam enim gratiam multo esse lege [antiqua] majorem et utiliorem. Verum et secundus minor est tertio, siquidem *Nunc videmus per speculum et in ænigmate : tunc autem facie ad faciem* z. Quare etiam, *Cum venerit quod perfectum est, evacuabitur quod ex parte est* a. Et considera [quæso] divina operantis Providentiæ **196**b sapientissimam et æqualem trutinam. Videbatur Pater priscis illis præcipuam dignitatem obtinere : rursumque Filius in nova lege quibusdam minorem, at multis æqualem : Spiritus vero sanctus multis minorem, paucis æqualem. Ut igitur ex hominum opinione orta inæqualitas ad æqualitatem reduceretur, primus ille terræ motus, qui Patri attributus est, minorem dignitatem habuit : secundus dein, qui Filii erat, illo majorem : tertiusque Spiritus sancti, utroque excellentiorem. Ita clare perspicias, quomodo quæ in hominum est opinione inæqualitas, per trium temporum inæqualitatem, in admirandam ac stabilem æqualitatem coierit, Trinitatis majestate veluti splendorem quemdam ac lucem accipiente. Quod vero qui in Trinitate est ordo, vulgi duntaxat ordinationem spectet, non autem ex ineffabili et supernaturali natura promanet, arcanorum ille mysta docet, qui divinitus eam institutionem accepit, ut Filium et Spiritum quandoque ante Patrem locaret : *Divisiones enim gratiarum sunt*, inquit, *idem autem Spiritus : divisiones ministrationum, et idem Dominus : et divisiones operationum, idemque Deus* b. Ad Galatas quoque scribens : *Paulus apostolus, non ab hominibus, neque per homines, sed per Jesum Christum, et Deum Patrem* c. Quare quod divinæ Trinitatis, quæ omnem et ordinem et sermonem excedit, nomina modo præponantur, modo postponantur, non id seriem aliquam naturalem tuetur, sed ad auditorum salutem varie accommodatur. Hæc vero inclytus ardensque divinarum disciplinarum amator tricesimo primo capite et altero studiose laborando pertractavit.

33. Proximo dehinc capite causas reddit, cur tam Novum quam Vetus Testamentum intellectu atque explanatu difficilibus locis intertextum sit, etsi Vetus Testamentum plus, minus vero Novum hujusmodi difficultatum habeat. Et super Mosaico quidem scripto affirmat, quandoquidem typus illa erant et umbra futurorum bonorum, merito ut in typo atque umbra cum verba tum verborum compositionem ejusmodi proferre, per quæ cresceret obscuritas. Quanquam hæc in duplicibus legis tabulis,

A geminam quoque utilitatem præbeant, cum et iis qui mente altius ascenderunt, **197**a interius suum spiritus lumen veluti affulminant, et crassiores litteræ obumbratione delectant. Abscondebantur autem futura bona, in quibus cognitio Trinitatis caput est, ob eas [maxime] causas, quas jam sæpenumero tradidimus, propter audientium imbecillitatem, inquam, utque tenebrarum principem laterent : multorum deorum cultus, cum nullus [deinceps] errantibus atque imperitioribus erroris sui prætextus relinqueretur ex clara et minime velata Trinitatis prædicatione. Ut sacræ Litteræ non dissimiles aureæ terræ videantur, quæ non omnibus neque vulgaribus, sed laboriose tantum ac scienter perscrutantibus, aurum probatum et lucrum labore majus præbet. Quemadmodum itaque paupertatem non evadit, qui fossilem arenam ornamenti, ludi, aut joci causa tractans, nullum interea studium adhibet, ut quod sub ea absconditum latet investiget : sic neque ignorantiam, neque negligentiæ reprehensionem evadere queat, qui, soli litteræ adhærescens, thesaurum in ipsa reconditum non scrutetur, neque latentem in ejus fundo sensuum utilitatem colligere studeat. Et certe hoc ipsum quod divini sensus abditi lateant, pretium eorum maximum et sublimitatem indicat : ac majus simul inquirendi desiderium iis infigit animis, qui Dei et laboris amorem inertiæ anteponunt.

Judæorum insuper improbitas, et in rebus quæ minime attingendæ essent audacia, obscuritatis est in Veteri Testamento nonnulla causa. Ne enim quæ manifesta essent de Christo atque aperta Scripturarum testimonia circumciderent et obliterarent, ideo adumbrate ea promuntur. Tertio etiam ne divinarum præceptionum contemptrix Judæorum natio, si clare didicissent universam aliquando legem præterfluxuram, atque in aliam reipublicæ formam, quæ apud ipsos in honore ac pretio erant, transitura : magis etiam ad contemptum præceptorum Dei ex ipsa hac clara cognitione traherentur. Quid enim amare attinet me, quod mox dissolvetur, et cujus non ita multo post nulla erit utilitas? Propterea nimirum hæc obscuritate atque percipiendi difficultate involvuntur. Nam si absque ulla causa millies a præceptis Dei descierunt Judæi, cum neque de eorum mutatione quidquam cognitum haberent, ut neque quod imperfecta et alterius politiæ figura essent atque umbræ, quid tandem [putas] non egissent, **197**b si tradita ipsis mandata tandem solvenda atque mutanda e Scripturis clarius cognovissent? Alioquin et illa disciplinas tradendi lex ubique obtinebat, ut qui recenter primis elementis imbuerentur, ad perfectionis usque tempus perfectiora quæque celarentur : sed rudioribus duntaxat præceptis discipuli ad perfectorum cognitionem percipiendam præpararentur. Præter hæc autem etiam naturam ita gubernari, et opera sua

---

z I Cor. XIII, 12.   a ibid. 10.   b I Cor. XII, 24.   c Galat. I, 4.

regere videmus. Prima enim sementis atque semina perfectam in se speciem clare nequaquam ostendunt, sed ejus tantum rationes abditas continent: ut granum spica non est, etsi in se spicæ rationem tegit. Eadem naturæ series in aliis quoque fructibus ac seminibus cognoscitur. qualem et lex vetus fere rationem cum gratia servat. Nam quæ gratia perficit, jacti per legem seminis seges habetur. Quibus igitur de causis obscuritatem assumpserit lex Mosaica, utcunque jam dictum.

Nunc quod gratiæ quoque lex obscurior, et non ita cuilibet perspicua sit, auditorum recens adhuc instructio, mentisque imbecillitas in causa est. Unde et vas electionis: *Lac*, inquit, *vobis potum dedi, non escam: nondum enim poteratis* [c]. Quemadmodum autem minus conveniens cibus omnis accipienti noxius, sic et scientia, tametsi verissima proponat, nullam imperfectis utilitatem affert. Etsi enim Novum quam Vetus Testamentum clarius fidei mysterium exponat, cum tamen principii aliquam ac seminis rationem obtineat, etiam hac ratione ad eam quæ nunc innovata est reipublicæ formam, non statim initiatis, sed sensim ac juxta proficientium gradus, quæ perfectiora sunt, manifestat. Canibus præterea (hoc est adversariis et oblatrantibus) ne temere ac sine ratione projicias sancta, aut *margaritas ante porcos* [d] quibus nimirum vita voluptatum cœnum, Dominicum, et quod docendi regulam statuat, præceptum est. Sanctificans item sacrificium mysterium dici solet: mysterium autem commune non est, neque facile profanis adeundum. Quin etiam sancta, spiritualiter quidem a Seraphim atque Cherubim, materialiter vero velamentis, alis, portis ac repagulis undique ambiuntur. Sic igitur sacram quoque Scripturam nostram oportet profanis hominibus abscondi (ut ne sacra injuria aliqua afficiantur) ac solis initiatis atque fidelibus revelari. Alioqui, quando etiam illud, **198** [a] cujus usus facile obtineri potest, nunquam amatur, atque id quod labore multo acquisitum est, merito sacræ Scripturæ thesaurum illum negligentibus abscondunt, quem laboriosis concedunt. Sed et sudantibus honesta omnia, virtutisque non possessio duntaxat, sed fructus insuper obtingit, cum vitium facile paretur, et omnibus in promptu sit. Quidquid item cum labore feliciter confectum est, majus longe sui excitat desiderium: quod autem facile obtinetur, facile etiam rejicitur, propiusque est ut contemnatur, quam ut expetatur. Propterea etiam Adam, qui sine certaminibus aut laboribus divino alloquio cæterisque bonis dignus erat habitus, citius ea quibus utebatur amisit. At postquam doloris ac laboris expertem vitam præcipitii sibi causam fecit, contrariis utique medicamentis sapientissimus medicus morbum curat, lata lege, ut in sudore vultus [e], non corporalis tantum cibus sumeretur, verum et quibus spiritalis amor spiritalem adornat mensam. Adhæc vero, si quivis, nullo etiam labore adhibito, sacræ Scripturæ sensum percipere posset, ubinam eorum qui in hac non sine vigiliis atque laboribus versantur præmia manerent? Aut quis unquam hujus sese studio addicere velit, si minus nihil consequantur ii qui negligenter eam attingerent? Ex iis igitur, quæ hactenus commemorata sunt, æquum simul et utile appareat, quod non explicata magis Scripturæ sensa neque incautius abjecta, vel in communi omnibus, etiam indignis, proposita fuerint.

Verum ob hæc, quæ jam diximus, nemo corum, qui aut laboris amantes sunt, aut spirituali intellectus gratia digni, sacræ Scripturæ obscuritatem accusarit. At negligens et remissus, cur tandem indignetur, si non capiat? Nam si divinarum rerum cognitionem labore aliquo dignam judicat, cur iis non studet rebus quas habet in pretio? Sin ad virtutem hanc nihil esse necessariam putat, cur nullo affectus damno molestiam capit? Quid vero ex ipsa quoque obscuritate, sensum qui quærat, assequi possit? Licet enim, licet cuicumque volenti quæsita facile addiscere. Multorum enim sanctorum virorum labores explicant et elucidant divinas Litteras, quibus inhærere si quis libenter velit, is a proposito minime aberrabit. Quod si facere recuset, manifestum [ejusmodi hominem] nunquam in illarum cognitionem pervenire posse, non, etiamsi omnium essent apertissimæ. Verum autem esse quod diximus, patet, quia sunt qui omnino ne nuda quidem nomina epistolarum apostolicarum noverint; sed neque prophetarum, vel aliorum sacrorum Librorum (sive illi **198** [b] antiquæ Legis sint, sive novæ), vel nudum catalogum voce possint recensere; et certe quæ obscuritas, vel quæ tenebræ, quæve difficultas, nominum indicem cognoscere? quanto vero id studio indiget? Cæterum nolentibus, hæc non minus, quam Scriptura ipsa, incognita manent. Quare non eloquiorum Dei obscuritas vulgo ignorantiæ causa est, sed horum incuria ac negligentia etiam clarissima quæque ignorari fecit. Apud quos clari atque obscuri, ut demonstratum est, nullum discrimen: cum studiosos hæc obscuritas, præterquam quod sinceram ex se utilitatem præbeat, sapientes ac virtute præditos efficiat. Quicunque ad hæc Scripturæ sacræ sententiam illustrari optat, si quidem humanam gloriam quærit, merito a divinæ sapientiæ vestibulo arcetur: sin virtutis duntaxat, et supernæ remunerationis gratiam, quantum laboribus ac sudoribus ipsa processerit, tanta eaque certa retributionis assecutio allaborantibus relinquetur. Sed istud quoque ad sapientiæ illius inexplicabilis providentiam pertinet, quod tollens mox ab initio Deus omnem de sorte nostra querimoniam, expertes ærumnarum delicias nobis in paradiso donat, donec deprehenso ex factis nostris, inuti-

[c] I Cor. III, 2. [d] Matth. VII, 6. [e] Gen. III, 19.

lem hominibus esse labore ac miseria carentem vitam, laborum ac miseriarum pondus vitæ [nostræ] tanquam pro remedio admiscuit : hoc veluti stadium nobis ac palæstram constituens, quæ magnum posset quæstum ac [multa] præmia conciliare. His auctor tricesimum tertium caput, simul et septimum librum absolvit.

Liber VIII.

Octavus liber de duobus certamen instituit. 34. Horum primum solutio cujusdam dubitationis est, quæ rem seriam sane nec inelegantem continet. Refert autem eam dubitationem ortam ex astructione ratiocinationis cujusdam, per quam Deum habere Filium probatur; auctoremque hujus astructionis esse Gregorium Nyssenum. Argumentatio ipsa ita se habet. Quisquis non irrationalem esse Deum confitetur, is etiam omnino Verbum habere concedit, quod immortalis immortale est : immortale autem Verbum, præter eum quem Filium statuimus, nihil esse queat aliud. Illa igitur argumentatio, quæ oportere astruit ut Deus Filium habeat, hujusmodi est. Deinde adversus hæc objectionem amici cujusdam adducit, quem ut reverendissimum celebrat. Objectio vero est, Nihil prohibere, quin eadem de Filio quoque ac de Spiritu sancto assumantur. Deus enim horum **199**a uterque est. Atque ita non in Trinitatem tantum, sed in infinitas personas ex hujus argumenti vi mysterium procedet. Hanc itaque objectionem, acrem sane atque implexam, variis quidem solvere rationibus aggreditur, non tamen (quantum ego judico) satis accurate. Tametsi multum hac in re laborando desudet, tredecim non minus argumentis allatis. Ac pro pietatis quidem cultoribus, eorum quæ ibi dicta sunt aliqua non inepta sint, sed quæ contentioso alicui homini, non modo nihil ad pietatem impellens asserant, ut ridendi potius occasiones præbeant. Dixerit vero quispiam, concisa ac minime superflua usus oratione, adversus eum, qui hac objectione pugnet insolentius. Si quis Patre primum posito, de ipso deinde interroget, utrum rationis particeps an expers sit, atque ex illo conficiat Patri oportere Filium accedere, objectionis hujus curiositatem aliquod forsitan specimen ac robur habere. Sin hoc omisso (neque enim expedit, neque admirandus Gregorius sic orationem hanc protulit) ipsam vocem *Deus* proponat, quod commune est atque indivisibile trium divinarum personarum nomen, ac de hujus tum sive Verbo, sive gignendi vi, imo et afflatu, si voles, interroget, hic et Triadis mysterium astruet, et locum ei nullum dabit, qui velit astructionem ipsam curiosius excutere. Ubi enim æquale vel prope simile sit pro tota divinitate unam aliquam hypostasin accipere, et de hac contentiosius illa disputare, quæ recte poterant, de tota Deitate theologice dici ? Eum enim qui in tantam absurditatem delabitur, nihil prohibet sine ulla solertia nugando hinc concludere, quandoquidem Trinum confitetur Deum, necessarium quoque esse, singulas Triadis personas in aliam Triadem multiplicari. Adversus qualia deliramenta, nulla, opinor, sapiens confutatio intorqueri possit. Verumtamen solutio hujus objectionis talis fuerit, aut si quæ aliæ eadem progrediantur via. Hoc igitur primum est octavi libri caput.

35. Alterum deinde quærit : Cur, cum Filius ac Spiritus sanctus ex Patre pariter procedant, hic Filius, ille Spiritus dicatur, et non ambo filiationis appellationem servent, quemadmodum neque habitudinem ? Hoc ergo ubi dubitavit modo, solutionem adhibet. Omnino [inquit] theologia ex cognitis nobis rebus germanam atque æqualem divinæ naturæ Trinitatem verbis describens, per Patrem, Filium **199**b, et Spiritum sanctum, ineffabile, quodque denominari nequit divinitatis nomen, consuetis nobis cognatisque appellationibus suggessit. Quando autem consuetum est atque conveniens de filiis nostris dicere generationem, de Spiritu vero processionem : *Spiritus* enim inquit, *vadens et non rediens* f Et : *Exibit Spiritus ejus* g. Itemque : *Quoniam Spiritus pertransivit in illo, et non subsistet* h. Quando igitur in humano genere Filio generationem adaptamus, Spiritui vero processionem : pari quoque ratione in natura ineffabili ac supernaturali, et Filium genitum, et Spiritum sanctum procedere, divinitus edocti sumus. Propterea enim Spiritus, Patris æque ac Filii, Spiritus sanctus dicitur : quia etiam apud nos utriusque horum Spiritus [esse recte] dicitur. Pater vero et Filius Spiritus sancti non item, quia neque apud nos. Cæterum quod Deus suapte natura neque dici a nobis, neque cogitari possit, communis omnium sensus admittit : et vero passim in sacris Litteris prædicatur, sanctorumque Patrum nostrorum cœtus pæne universus idem testificatur, quorum ne verba quidem (cum minime dubia sint) designare necesse. Atque hæc libro octavo Jobius persequitur.

Liber IX.

Libro nono modice præfatus, dum Josue filius Nave dicitur exercitus principem illum interrogare : *Noster es, an adversariorum* i ? Non idem petere disputat Jobius aliquisne esset sensibilium hostium, sed an spiritualium ? Multa enim Josue docebant, neque aliquem esse hunc ex hostili acie, ac neque ex proprio exercitu, ut, quod subito astitisset, quodque nemo adversariorum auderet, vel per medias hostium copias transire, vel in conspectum imperatoris venire, quin et, quod tanta usus audacia, nihil omnino hostile fecisset. Alioqui nec sapientissimi imperatoris fuerat ignorare, qualis contribulium esset habitus atque apparatus, qualis

f Psal. LXXVII, 39. g Psal. CLXV, 4. h Psal. CII, 10. i Josue V, 13.

item alienigenarum. Verum noverat quidem Josue junioris, non hoc angelicæ esse mentis aut affectionis, sed parabolam ista, quo beneficii magnitudinem declaret, ita effingere. Quoniam tantum post tam insignem intemperantiam prodigus ille filius expertus est benignitatem, ut ipse quoque angelorum ordo, si invidentia in horum naturam caderet, indignatus utique fuisset, neque tolerabilem putasset tantam benevolentiæ magnitudinem. Quomodo enim alioqui consentaneum sit, lætari eosdem super uno peccatore pœnitentiam agente º, et rursum invidere, quod amantissimi patris amplexibus dignatus esset? Sed enim talis parabolarum fictio esse solet : nec enim ea solum, quæ aut facta aut futura sunt complectuntur, sed et illa, quæ curiosius quispiam eorum commovendi vim, aut jucunditatem, aut consequentiam, aut denique adipiscendi facilitatem utque utilitatem contexendo, adjungeret. Parabolam quoque centum ovium ad angelorum et hominum naturam refert. Meminit aliarum etiam parabolæ de filio prodigo explicationum, sed quibus omnibus prædictam anteponit, quam varia ingenii ostentatione concinnare studet. Hæc septimum ipsius et tricesimum caput studiose tractat. visum illud unum intelligentium spirituum esse, sed hoc cognoscere avebat, utrum quod apparuisset ex hostibus esset, an de illo exercitu, qui protegebat Israel. De hoc ergo in prooemio agit.

36. Quærit postea, Quomodo utraque hæc concedi queant, nos et adeptos esse gratiam angelica dignitate majorem et angelis æquales in resurrectione **200**ª apparituros? Quæ quæstio ita dissolvitur. Primum, nihil prohibet eamdem rem secundum aliud honorem quemdam paulo majorem consequi, secundum aliud vero inferioris esse conditionis. In quantum enim nostro corpore assumpto Dominus id sibi conjunxit, et supra omnes Principatus ac Potestates evectum ad dextram Patris consedere fecit, angelicæ scilicet dignitati nostra natura anteposita est. Quatenus item innotuit *Principatus et Potestatibus in cœlestibus per Ecclesiam* (quæ et in Christum credens populus) *multiformis sapientia Dei, quam exhibuit in Christo Jesu* j, eatenus etiam genus humanum primas retulit. Tertio quod illo insuper munere ex munificentia donati simus, ut iis fruamur rebus, in quas desiderant angeli prospicere k. Quatenus etiam utrisque lapsis Adamo et angelorum ordinibus, illius (non item horum) assumpta natura, salutem attulit. Atque hinc clarum est, majori honore dignam esse habitam naturam nostram. Quod autem in resurrectione sicut angeli erunt homines ¹, non id utriusque generis æqualitatem edocet, sed assimile duntaxat vitæ genus attestatur. Tunc enim, quemadmodum angeli non indigent, sic neque genus humanum nuptiis aut corporum congressu indigebit. Præter ista, nihil prohibet homines angelis æquales, vel paulominus m ab illis diminutos majus aliquod consequi munus, quando quidem illi, qui corporis expertem naturam consecuti sunt, ubi semel e proprio honore et gloria exciderunt, in suo deinceps casu sine pœnitentia remanent : nos vero, cum inferiorem illis conditionem ex ipsamet origine nostra (propter corporis conjunctionem) acceperimus, præceptum deinde transgressi, in peccatis hærere nolumus, sed illorum qui exciderunt sortem, per pœnitentiam recuperare studemus. Et vero per exsuperantiam [divinæ] munificentiæ, cœlum ac Dei regnum pro paradiso hæreditate cernimus.

37. His illa profligata quæstione, ad explanationem parabolæ aggreditur ⁿ, quæ juniorem ac prodigum filium, et seniorem simul cum patre inducit, et eorum historiam ita digerit. In seniore ait filio ostendi angelicas potentias (nam et tempore et modo, nostro generi dignitate præstant), in prodigo vero humanum genus : in patre Creatorem universi ac Dominum repræsentari. **200**ᵇ Indignatum vero seniorem filium revocatione et benigna tractatione

38. Porro quærit tricesimo octavo capite: *Quomodo pro omnibus mortuus esse Christus dicatur, cum nonnisi multis ætatibus postquam infinita hominum progenies et nata et rursum morte deleta esset, Redemptoris incarnatio evenerit?* Nodus autem sic dissolvitur : multis in locis sacram Scripturam testificari, quomodo tunc viventibus, eodem etiam iis, qui apud inferos erant, per Christum redemptionem venisse. Nam princeps apostolorum ait : *In hoc enim mortuus est, et resurrexit, ut et mortuorum et vivorum dominetur* ᵖ. Et rursus : *His qui in carcere erant spiritibus veniens prædicavit* ᵠ, *ut judicentur quidem carne, vivant autem Spiritu* ʳ. Hoc est, ut fideles, qui propter infidelitatem suam peccatores remanserant, damnentur, quasi plane caro facti, et divulsi a Spiritu. Quotquot autem etiam apud inferos, Christo (qui ipsa erat justitia) crediderunt, spirituali lætitia perfruantur. Illud igitur : *Ut judicentur carne,* de incredulis dictum affirmat. At illud : *Vivant Spiritu,* de credentibus. Porro ita sermonem instituit, ut quasi de uno aliquo loqui videatur ; quia etiamsi non eadem sit **201**ª credentium et incredulorum conditio, in unum tamen inferorum ordinem colliguntur. Atque ita etiam de uno eodemque corpore ægrotare idem et valere dicere possumus, secundum aliam nimirum atque aliam sui partem. Quemadmodum autem aliquem igne damnari atque puniri dicimus, sic et sacra Scriptura dicit: *Ut judicentur carne.* Gravissima enim pœna est (maxime resurrectionis tempore) quando ea delectatione perfruuntur justi, quæ humanam omnem superat, et Spiritu vivunt, peccantium tunc

---

j Ephes. III, 10. k I Petr. I, 12. l Matth. XXII, 30; Luc. XX, 36. m Psal. VIII, 6; Hebr. II, 7. n Luc. XV, 11 seqq. o Luc. X, 15. p Rom. XIV, 9. q I Petr. III, 19. r ibid. IV, 6.

multitudinem in nuda carne, et sine ulla spiritali gratia, vitam suam in æternum transigere atque conterere. Verum et aliam licet huic dicto dare explanationem. Ait enim divinus Paulus: *Cujus opus arserit, detrimentum patietur; ipse autem salvabitur, sic tamen quasi per ignem. Et uniuscujusque opus, quale sit, ignis probabit* [a]. Et ne quis existimet, quemadmodum peccatum, sic et peccantem concremandum atque consumendum, propterea addit: ut si opera ardeant atque dispareant, non tamen ipsum peccatorem una disparituram. *Salvabitur* vero, hoc est, perpetuæ manebit pœnæ reservatus. At ne illud, *Salvabitur*, videatur dicere sectariis, quasi peccato expenso, peccatorum quilibet ad justorum atque salvatorum cœtum adjungendus esset (cessante nimirum pœna, ac communi omnibus libertate proposita), post illud, *Salvabitur*, addit, quod eorum sententiam manifestius evertit: *Sic tamen quasi per ignem*, id est, ab ignis pœna non liberatus. Affine igitur et illud est, quod de iis diximus, qui apud inferos Christo credere noluerunt. Hoc enim, *ut judicentur carne*, et quæ sequuntur, indicare videtur judicatos quidem ipsos esse ad eadem, ad quæ caro judicari ac condemnari solet; sed vivere nihilominus, non tanquam corruptibilis caro, et quæ pœnarum gravitate solvatur, verum ita, ut cum expertes interitus per sancti Spiritus potentiam conserventur, incorruptibilis in perpetua pœna, carentem fine et laboriosam vitam degunt. Sic hujus loci explanatio tanquam per digressionem tractatur. Præcipuus enim scopus erat ostendere, non super vivis duntaxat, verum et super olim mortuis Adami posteris communem Dominum ac Salvatorem subiisse mortem, salutemque per ipsum omnibus prædicari, et velut certaminis **201**[b] præmium conferri. Illud ergo primum eorum argumentorum per quæ probari hæc sententia potest.

Secundo igitur loco sic argumentatur: Si virtutis præmia ac coronas resurrectio conciliat, crux vero resurrectionem, qua sine nihil boni consequi quispiam potest, certum est Christum pro salute omnium nostrum morti seipsum tradidisse. Post hæc illam Domini sententiam, rationem reposcendo, explanat, quæ dicit: *Non veni vocare justos, sed peccatores ad pœnitentiam* [t]; negatque hæc ita esse a Salvatore pronuntiata, quasi universam hominum multitudinem in peccatores et justos distinguere voluisse. Pugnat enim, inquit, hujusmodi sensus, non cum sacris tantum Litteris, sed cum ipsa quoque rerum natura. Nam inprimis communis Salvator omnes, non aliquos tantum, præmissis cæteris, et appellabat, et redemptione perfrui concedebat, doctrinam [suam] omnibus esse communem volebat. Evangelium quoque prædicatum esse in toto terrarum orbe, peccatorum illam a justis discretionem penitus evertit. Paulus item ait: *Omnes unum*

sumus in Christo [u]. Imo et parabola de sagena [v] communem captorum conditionem denuntiat. Neque enim hæc alios quidem complectitur, alios vero non persequitur; sed omnes prorsus quotquot inciderit, irretit. Sic et Petro ostensum linteum [x] communiter omnes appellatos designat, non impuros solos, exclusis puris: *Finis quoque legis Christus, ad justitiam omni credenti* [y] non peccatoribus tantum. Verum idem rursum ait: prædicare se vocatis Judæis atque Græcis, Christum Dei virtutem et Dei sapientiam [z]. Iterumque, Quomodo non pugnare illa videantur? *In viam gentium ne abieritis, et in civitatem Samaritanorum ne intraveritis? sed potius ite ad oves quæ perierunt domus Israel* [a]. Quatenus enim, qui perierant, oves erant, justitiæ omnino et virtuti viciniores erant, quam Samaritani atque gentes. Quomodo item filios antea esse satiandos edocet [b], ac tum quæ supersunt canibus relinqui? Sed et discipulos colligens: *In quamcunque ait, civitatem aut castellum intraveritis, interrogate, quis in ea dignus sit* (non quis sit peccator), *et ibi manete, donec inde exeatis* [c]. Hoc item purpuraria illa mulier non ignorans, Barnabæ ac Paulo dixit: **202**[a] *Si judicastis me fidelem, manete apud me* [d]. Et dictum illud apostolis, qui virtutis erant norma: *Vobis datum est nosse mysteria, illis autem non est datum* [e], nimirum indignis. His igitur omnibus jam dictis, quomodo non repugnabit clare illud: *Non veni vocare justos, sed peccatores.* Si quis de hominum divisione in justos et injustos hujus loci sententiam accipiat. Adhæc vero, si justos non vocavit, peccatores autem non accedunt. *Omnis enim qui male agit, odit lucem, et non venit ad lucem* [f]. Et: *Malus homo de cordis sui malo thesauro profert mala* [g]. Item: *Quoties volui congregare filios tuos, et noluisti* [h] Si, inquam, justos non vocavit, peccatores autem resilire, quam accedere (quemadmodum diximus) maluerunt, quibusnam prædicatum est Evangelium? Atque idem mihi jam e factis quoque ipsis observa. Oportebat Dei Matrem in terra esse: eam vocavit, quæ omnibus virtutibus alias omnes superaret. Patrem oportebat, et fratres super terram nominare eum, qui sine patre esset. Non e latronibus hos, et meretricibus, deligendos putavit, sed qui justitia collucerent. Talis Joseph, tales et ejus liberi. Jacobus vero in quantum virtutis gradum ascendisset, quantamque de se opinionem apud Judæorum populum excitasset, vel sola ejus appellatio clamat. Ipsum enim populum propter virtutis magnitudinem, atque agendi cum Deo libertatem Obilam, hoc est, *populum præsidium, et protectionem* vocabant. Rursum, Verbo præcurrere oportuit Præcursorem: et qui prophetis, omnibusque adeo hominibus major esset, præcurrit. Oportuit et testem offerri, qui ejus gloriam testaretur. Simeonem itaque et Annam

---

[a] I Cor. III, 13-15. [t] Matth. IX, 13. [u] Rom. XII, 5; Galat. III, 28. [v] Matth. XIII, 47. [x] Act. x, 11. [y] Rom. x, 4. [z] I Cor. I, 24. [a] Matth. x, 5, 6. [b] Matth. xv, 26. [c] Matth. x, 11. [d] Act. XVI, 15. [e] Matth. XIII, 11. [f] Joan. III, 20. [g] Matth. XII, 35. [h] Matth. XXIII, 37.

vocavit [i.p.] Discipulosne legisse oportuit ? optimos utique delegit : *Scio enim*, inquit, *quos elegerim* [q]. [Oportebat] mortuum resuscitare [Bethaniensem] Lazarum [r]. Sed eum nonnisi ex pia domo, in qua Martha et Maria, quam bonam [s] elegisse partem divina pronuntiavit sententia. Ex gentibus quoque vocari aliquos oportuit : primus omnium Cornelius [t] vocatur, qui quantus virtute (etiam ante baptismum) fuerit, sacræ loquuntur Litteræ. Cruci [u] affiguntur duo latrones : sed cur unus melior paradisum sibi aperit; **202**[b] blasphemus contra, et peccati indelebilia gestans vulnera, ex pœna in damnationem mittitur.

Sic in omni etiam natione, tum familia et genere qui ex virtute viverent videmus vocari, accurrere, vocantemque sequi potius quam qui contrariis essent dediti studiis. Quod si tu prostibulum mihi aut publicanum aliquem adduxeris, etiam illo e numero scias atque ordine ad vocantem Salvatorem accedere qui exiguam saltem humanæ nobilitatis scintillam retinerent, ut merito præ multitudine non accedentium ad Deum, digni habeantur atque dicantur. Ubi est igitur peccatorum vocatio, quando e meretricibus, publicanis et latronibus hosce solos divinam esse vocationem amplexatos videmus, qui inter consortes (quanquam ingenti in malorum barathro) cæteris tamen meliorum rerum studio præstabant. Neque vero illud præterire fas est. Decem erat admodum virginum cœtus : sed nonnisi quinque prudentes sponsali thalamo fruuntur, quinque fatuæ repelluntur [v]. Sic ille qui nuptialem vestem non attulerat, cæteris suum quisque locum tenentibus, solus ejicitur [x]. Quinam vero ab angelo in extremo judicii die occursum Domini assumuntur [y]? Nonne justi et non peccatores? Quid igitur sibi vult illud : *Non veni vocare justos, sed peccatores* [z] ? Hoc est, quod ab integra atque perfecta justitia exciderat humanum genus, vocatum veni, et in eam sortem, educturus, quam amiserat. Etsi enim vitæ genere valde inter se homines illi differant, qui indecentius vixerint, quique continentius, nemo tamen est sine peccato. Consonat huic menti, etiam ipsa sen.entiæ enuntiatio, sine articulo relativo prolata. Nam si dixisset : *Non veni vocare justos, sed ipsos peccatores*, forsitan illa opinio locum habere poterat, quæ peccatores vocatum venisse, non autem justos, opinatur. At cum vox hæc absolute sine relatione prolata sit, omnino periculosam ac fallacem hanc esse opinionem demonstrat. Hoc autem et divinus ille Paulus confirmat, cum ait : *Christus venit in hunc mundum peccatores salvos facere : quorum primus ego sum* [a.b]. Et rursum : *Causati sumus Judæos et gentes omnes, sub peccato esse* **203**[a] *sicut scriptum est : Non est justus quisquam, non est intelligens, non est requirens Deum* [c]. *Omnes enim peccaverunt, et egent gloria Dei* [d]. Illudque: *Venit Dominus quærere, et salvum facere quod perierat* [e]; de toto nimirum hominum genere dicitur, quod etiam supplementum illius centenarii rationabilium ovium designat : quemadmodum et [drachma [f] illa una e decem sordibus obruta. Huic etenim [generi] mors imperavit [g], juxta eumdem beatum Paulum, non quibusdam tantum, et quibusdam non, sed ab Adamo usque ad Mosem, in quibus fuerunt Abel, atque Enos, et reliqua sub lege justorum ac prophetarum multitudo. Ac rursum idem charitatis præco, et incensus amator : *Diligentibus Deum*, inquit, *omnia cooperantur in bonum, iis qui secundum propositum vocati sunt* [h]. Et post hæc : *Quos præscivit, etiam prædestinavit : et quos prædestinavit, hos et vocavit ; et quos vocavit, etiam justificavit, atque glorificavit* [i]. Item : *Elegit nos ante mundi constitutionem* [j]. Non solum ex Judæis, sed etiam ex gentibus. Rursum : *Electio consecuta est : cæteri vero excæcati sunt* [k]. Et, *Qui est Salvator omnium hominum, maxime fidelium* [l] ; ut infinitum fuerit talia vel numerando recensere. Hæc ubi studiosus ille scriptor honorificentius discernit, et tricesimo octavo capiti finem imponit.

39. Eam, quæ in sacris Scripturis videbatur esse dissensio, curiose inquirit, atque perscrutatur. Dubitat enim, quomodo Dominus in sua patria signa facere non posset, *Propter incredulitatem illorum* [m], rursumque ad incusantes quod discipuli dæmonium non ejecissent, culpam in accusantes referendo dixerit : *Propter incredulitatem vestram* [n]. Cum germanus hujus discipulus Paulus contradicat : *Signa enim*, inquit, *infidelibus, non autem fidelibus* [o]. Nodus ab illo sic dissolvitur, ut dicat universe quidem et communiter propter infideles prodigiosa signa fieri, quo hæc ipsos eo adducant, ut salubriter acquiescant ei, qui et admiranda illa patrat, et mente jam antea ab illis præceptus est. Illis tamen solis hæc offerri, qui cum obtemperandi studium sua ex parte afferant, etiam nascentem ex his utilitatem in se admittant. Nam quos ex incredulis sponte sua cæcos ad supernaturalia opera novimus, his signa sine ulla Numinis providentia, et vane oblata videntur. Itaque et incredulis illa **203**[b] proponi, et eadem rursus non proponi oportere, consentaneum congruumque [videtur]. Illud quidem, quia, salutem per hæc consequuntur; hoc vero, quia in profundum interitus demersi, unde alii magnum lucrum colligunt, ipsi malefici ad deteriora abripiuntur. Atque ista hoc capite Jobius.

Sequentibus vero, (40 et 41) curiosam ingressus speculationem, causas reddit : *Quare non pro angelis lapsis sit factus angelus* [Dei Filius], *quemadmodum pro hominibus homo factus est*. Primam

---

[i.p] Luc. II, 25, 36. [q] Joan. XIII, 8. [r] Joan. II, 1 seqq. [s] Luc. X, 42. [t] Act. x, 1 seqq. [u] Luc. XXIII, 29 et seq. [v] Matth. XXV, 1 seqq. [x] Matth. XXII, 1 seqq. [y] I Thess. IV, 16. [z] Matth. IX, 13. [a] 1 Tim. I, 15. [b] Rom. II, 10 seqq. [d] ibid. 23; Psal. XIII, 10 et Psal. LIII, 4. [e] Luc. XIX, 10. [f] Luc. XV, 4, 8. [g] Rom. V, 14. [h] Rom. VIII, 18 seqq. [i] ibid. 19. [j] Ephes. I, 4. [k] Rom. II, 7. [l] 1 Tim. IV, 10. [m] Matth. XIII, 58. [n] Matth. XVII, 19. [o] I Cor XIV, 22.

ergo istam causam affert. Quandoquidem ex omni rationali natura, solus homo carne et materia compactus est (materia vero ad casum prona) atque ex duabus insuper pugnantibus naturis compositus, dum utraque ad suam eum conditionem impellit, divelli debet animal, ac dividi (*Sapientia enim carnis, ut divinus ait Paulus, legi Dei non est subjecta* p), propterea solus homo inter ratione praedita, istiusmodi corporalibus vinculis innexus, deindeque lapsus sui resipiscentiam a seipso offerens, merito et providentia ad surgendum ampliore atque majore indiget, et divino copiosius fruitur auxilio. Ita quod ab initio infra reliquas ratione praeditas creaturas nos esse ostendit, hoc magnae nobis salutis causam attulisse justus Judex declaravit, qui nos colligavit quidem carni ad coercendam superbiam, per quam ipsi angelorum ordines irreparabili lapsu in praeceps acti sunt; sed statutum illud materiae vinculum in infinitae postea beneficentiae occasionem vertit. Quaenam enim aut major, aut praestantior beneficentia esse possit, quam ad dexteram Dei Patris videre sedentem nostram conditionem: et rebellantem quondam naturam obedientem jam ac pacificam, et universorum parenti conciliatam contueri? Quod post hanc assumptam, per suam primitiarum oblationem, Verbum perfeci. Atque hanc mihi pacem mundo per apostolos velut pignoris loco relinquendo, dicere videtur : *Pacem meam do vobis* q. Et : *Non quomodo mundus dat pacem* r. Cui etiam concinit germanus ejus discipulus : *Pax*, inquit, *Dei, quae exsuperat omnem sensum, custodiat corda vestra* s. Et : **204**a *Justificati ex fide pacem habemus ad Deum, per Dominum nostrum Jesum Christum per quem et accessum habuimus* t. Non enim profecto e bello pacem natam mutuam illam inter nos hic intelligere oportet : sed quam habet unusquisque secum, ac per eamdem etiam cum ejus largitore, et imperturbabilis salutis suppeditatore quae et corda nostra custodit, et omnem excedit sensum, et quam mundus dare non potest. Quare cum his non pugnat illud : *Non veni mittere pacem, sed gladium* u. Mundi enim pacem, inquit, non veni mittere. Rursum : *Eritis odio omnibus* v, et id genus plurima. Piorum enim cum Deo affinitas, ad odium, invidiam, et metum impios concitavit. Venit igitur Salvator pacem mittere, quae cum animo ea consentire, quae corporis sunt, facit, quodque deterius est, melioris arbitrio subjicit. Quam quidem nobis praebuit, cum rebelli nostrae naturae pacificam deitatem copulavit. Quod et divinus Paulus docuit, cum ait : *Nam quod impossibile erat legi, in quo infirmabatur per carnem, Deus Filium suum mittens in similitudinem carnis peccati, et de peccato damnavit peccatum in carne* x. Ut jam apte de eadem re dicatur : *Ubi enim abundavit delictum, superabundavit gratia* y. Quamobrem et redemptionis nostrae perfectum a verbo opus, *justitiam Dei, et judicium, et misericordiam* sacra Scriptura praedicat : ut justo judicio Dei, qui inter rationales creaturas soli e luto fabricati sunt, soli etiam tanto honore et ineffabili misericordia digni habiti sint. Indicabat idem et per Oseam dicens : *Sponsabo te mihi in justitia, in misericordia, et in miserationibus* z. Mille item alii sacrae Scripturae loci clamant, ob carnis vincula commiseratione dignum esse habitum humanum genus, et pro annexa nobis materia, incarnationem suam, caeteraque ex ea profecta bona vicissim nobis Dominum donasse : *Recordatus est*, inquit David, *quoniam pulvis sumus* a. Et : *Quoniam caro sumus* b. Et Job : *Memento quod sicut lutum feceris me* c.

Alteram deinde tam egregie humano generi prospicientis curae hanc fuisse causam dixeris, quod nequaquam a principio Conditor naturam perfectam, quemadmodum angelis, **204**b ita et hominibus tribuerit; sed modicis progressibus perfectionem tandem consequi voluerit. Quamobrem et pro virtutis praemio, et pro molestiis toleratis perfectionem rependit : quin et medium mortem inter atque immortalitatem ipsum constituit; alterutrius eligendi facta potestate; cum interim angeli, et si quid aliud ratione praeditum et incorporeum [uspiam exsistit] ex ipso mox ortu naturae perfectionem adepti sint. Unde et David ait : *Potentes virtute, facientes verbum illius* d, hoc est : Quemadmodum eos nihil materiatum, uti nos, vel deorsum trahit, vel impedit, ita cito, et absque mora jussa perficiunt. Exigebat ergo ineffabile Dei justumque judicium, ut imperfectis quidem (quo tempore placitum esset) quod deerat suppleret, quos vero ab initio perfectos reddidisset, non simili his cura provideret : sed ex aequitate judicaret, cum hos contentos illis [rebus] esse debere, quas ipsimet occupassent, tum illis earum rerum defectus supplendos, quibus aliquando privati fuissent. Enimvero quotquot ex angelis lapsi sunt, non ii materia divellente, neque carne retrahente, sed arbitrio id quod malum erat eligente, de sua gloria deturbati sunt. Nos contra et carne interturbante, et natis ex ea affectionibus titillantibus, ad pleraque delicta non sponte volentes, sed nec omnino inviti, delabimur. Daemonum enim genus, tametsi sanguine delectetur, et carneis gaudeat affectionibus, non modo tamen eam naturam non accepit, ut quidquam horum perficere per se possit, sed neque ullam ex se proficiscentem causam habet quae ad nefas trahat. Neque enim gladium dextra vibrat ad caedem, neque nuptias humanas cum adultera consuescens violat. Sed nec iracundia ipsum impellit, caede ut acceptam injuriam vindicet, neque corporeae commistionis amor. Nos vero saepe, materiae pondere incitati, ea quoque perpetramus, quae sponte detestemur eligere, atque ad breve admodum tempus

---

p Rom. vIII, 7.   q Joan. xiv, 27.   r ibid. 28.
v Marc. xiii, 13.   x Rom xiii, 3.   y Rom. v, 20.
14.   c Job x, 9.   d Psal. cii, 20.

s Philipp. iv, 7.   t Rom. v, 1.   u Matth. x, 34.
z Osec. ii, 19.   a Psal. cii, 14.   b Psal. Lxxvii,

sobrietatis contentioni cedentes, rursus ab affectibus nostris captivi abducimur. Unde et Paulus clamabat. *Scio quia non habitat in me, hoc est, in carne mea, bonum. Nam velle adjacet mihi*[e]*, et quæ sequuntur* : iterumque : *Non enim quod volo bonum, hoc facio, sed quod nolo* [*malum*] *hoc ago*[f]. Merito igitur, etsi plura quam dæmones, inquit, peccemus, nos veniam consequemur, non ipsi.

Amplius vero, neque si concesserit quispiam, inquit, 205a nostrum Salvatorem ac Redemptorem angelorum naturam pro illorum salute suscepisse, commodum ipsis ullum ex hac affinitate obveniat. Non enim necessitas ipsos, ut neque homines, a lapsu ad meliorem statum transferat : sed optima quæque operatio, atque propensus in Deum animus, quod est fides immaculata, gratam Deo vitam probamque efficit, quorum nobis dux et præceptor Verbum incarnatum fuit, cum eorum tamen neutrum ad angelici generis (cui hæc ipsa satis erant cognita) instructionem atque doctrinam conduceret; qui ab ipsa sui productione horum scientiam habuissent. Neque enim, ut nos, talibus incorporei indigent. Etenim Dei Filium in carne præsentem dæmones agnoscebant, et judicem eum pœnam inferentem, ac Dominum prædicabant[g]. Et sacræ hoc testatæ Litteræ aiunt : *Tu credis quoniam Deus est, etiam dæmones credunt, et contremiscunt*[h]. Iterumque alibi : *Jesum novi, et Paulum scio : tu vero quis es*[i]? Unde satis patet, dæmonum nationem non solum scire Deum, eumque metuere, et venerari, sed et germanos ejus cultores.

Porro ineffabilis in homines amoris Dei causam et hanc adjungit. Nobis [inquit] inaccessum antea, neminique adhuc visum cœlum (quod *cœlorum* puto *regnum* appellat) aperit. Nam secundum beatum Paulum : *Initiavit nobis viam novam, et viventem*[j]. Et : *Non in manufacta sancta introivit, sed in ipsum cœlum, ut appareat nunc vultui Dei pro nobis*[k]. Et : *Ubi præcursor pro nobis introivit, Christus*[l]. Hanc igitur viam revelavit, ad quam ut nobis præiret, justitiæ exemplar fuit, quo aliquando edocti, desiderio accenderemur, eoque accensi ad rem desideratam præpararemur. Angelis vero cœlum jam inde a principio notum fuit, atque testatum. Nostræ præterea conjunctus naturæ resurrectionem nobis, et incorruptionem atque immortalitatem per suam resurrectionem donavit. Incorporeum vero genus, cum sit immortale, hac non indiget gratia. Nostra insuper causa in carne peregrinatus, a diaboli, qua tenebamur, tyrannide nos liberavit, de principatibus[m] triumphans et potestatibus in cruce, data item nobis potestate calcandi omnem virtutem inimici[n]. Ubi si horum subiisset naturam, quosnam destruxisset[o]? De quibus triumphasset ? Qualem item quibusdam potestatem dedisset, aut in quos ?

205b Ad hæc vero cum nos lapsi sumus, nullum reliquum fuit exemplar, quod eamdem naturam integram retineret. At lapsis dæmonibus innumerabiles nihilominus incorporeorum acies invariate consistunt, quæ et divinæ ordinationis exemplum, et nunquam flexæ rectitudinis specimen exhiberent. Quapropter qui omnia sapienter, et supra quam dici potest, providet ac facit Deus noster, Deique Verbum, cum jam humana natura prolapsa esset, non hanc solum ex infinita sua in homines amoris vi assumit, sed per eam quoque omnibus, qui ejusdem naturæ essent, correctionem, incorruptionem et alia ista innumerabilia bona largitur : cum dæmonis tamen genus assumere neque justum, neque utile esse judicet. Sic 40 et quod sequitur caput ab speculativo et studioso scriptore clauditur.

42. Investigat unde nobis e deteriore in melius, et contra ad deterius e meliori mutatio tam frequens, varia, ac pene continua exsistat : incorporeis vero, aliis bonum sit immutabile, aliis vitium? Causam reddit, quod in nobis cum animi inclinatio in alterutram partem connitatur, ob subjectæ materiæ fluxum atque vacillationem, illa aliquando rationem superet, interdum etiam superetur : in illis, ad quos nequaquam materia irrepere potest, ratio sola in actiones omnes imperium obtineat. Quamobrem illorum quidem casus, qui sponte et imperantis revera more ad deterius delapsi sunt, fit immedicabilis, cum nihil quidquam in se validius habeant, quod sui juris mentem, jam ex se fluentem, ad id quod deterius, revocet : quemadmodum aliis contra, qui sponte ac libere amorem honesti acceperunt, nullo fluxu turbatum illud eorum desiderium conservatur. Cum nos interim veluti duplices quidam, ac propterea etiam male admissorum pœnitentia ducti, non ipsos tanquam alienos incuseramus. Duo vero ubi pugnant, et hi partim vincentes, partim victi : quomodo in his aut victoria, aut lapsus immutabilis sit? Neque vero solum in actionibus iis quæ laudem aut vituperationem merentur, mutatio et refluxus in nobis imperium sine repugnantia non habet : sed in aliis quoque nostris operationibus atque affectionibus. Nam neque semper sedere, neque rursum stare possumus, cum mox juxta alterutrius naturam virium remissio [in his] excessum 206a consequatur. Quod per elementorum in nobis varietatem et pugnam contingere constat. Calor enim ad supera impellit : terrenum vero quod est, deorsum vergit, atque ad terram detrahit; atque in similibus aliis ad eumdem modum quæ sane in incorporeis naturis locum non obtinent. Sed quemadmodum in nobis varietas multiplexque forma, sic in ipsis nihil varium, at una perpetua forma residet. Unde simplices hos atque uniformes illud consequitur, ut alterari atque mutari nonnisi difficulter possint. composita vero comitatur mutatio atque alteratio. Quod autem non omnis om-

[e] Rom. VII, 18. [f] ibid. 19. [g] Matth. VIII, 29. [h] Jac. II, 19. [i] Act. XIX, 15. [j] Hebr. X, 20. [k] Hebr. IX, 24. [l] Hebr. VI, 20. [m] Coloss. II, 15. [n] Luc. X, 19. [o] I Cor. II, 6.

nino immutabilitas ne ab incorporeis quidem naturis abesse videatur (daemon enim ex bono in malum mutatus est) illud forte aliquis praetexat, quod ipsa quoque incorporea natura ex mutatione atque alteratione initium sumpserit. Nam e non exsistentibus et ipsa producta est, tametsi a materiae commistione liberam habet subsistentiam. Ac forsitan etiam ob unicam mutationem, unam quoque ipsi mentis illam in malum mutationem ostenderunt. Haec ubi pius ille, et sacris (vir studiis deditus retulit, Origenis de daemoniis, angelis, hominibus, astris, aliisque sub aspectum cadentibus conditis rebus impias, stolidas, et erroris plenas nugas refellit; sicque finem quadragesimo secundo capiti imponit.

43. In sequenti deinde capite de his duobus quaerit. Primum, cur sanctae et intelligibiles potestates (quod quidem noverimus, atque e sacris Litteris didicerimus) sic virtutem ab initio ad extremum usque immutabilem retineant, quemadmodum improbitatem malignae? Quam item ob causam, cum multi essent homines puniendi, *ignem* dicat Salvator *diabolo et angelis ejus paratum* [p]. Atque ad primam quidem quaestionem, utraque in parte (angelorum, inquam, et daemonum) [naturae] simplicitatem, quae neque composita neque varia sit, in causa esse ponit; ac per hoc eam quoque vim iis inesse, ut oppositas mutationis rationes suscipere nequeant. Ad alteram porro quaestionem respondet: Idcirco ignem diabolo ejusque angelis, non autem hominibus praeparatum, scribi, quoniam in nobis non inopinata sit e malo in melius mutatio, cum illi confirmata sua voluntate, nullam de se spem reliquam fecerint. Praedictam ergo Salvatoris sententiam simul 206[b] pro solutione dubitationis secundae affert, et simul pro altero argumento, quo daemonum naturam e malo non mutari posse ostendatur.

Post haec capite 44 excutitur, qua de causa qui regenerationis lavacro tingendi accedunt, Satanae et operibus ejus nuntium remittant: non item hominibus improbis, eorumque actionibus? Enimvero si non daemonum naturae, sed operibus duntaxat eorum, tanquam malis, renuntiemus, pari ratione oportebat hominum non naturae quidem, at certe operibus renuntiare. Non enim quod majora, difficiliora, ac supra naturam nostram daemonum opera sint, recte quispiam pro dubitationis solutione dixerit. Nam contrarium potius hoc ipsum dubium auget: si quidem illa quispiam non admittat, deprecetur, non quae facere nullo modo possit, sed ad quae agenda propendet. Ipsam igitur dubitationem sic fere instituit: cujus hanc subjicit solutionem. Primam quidem, quod daemones resipiscere non possint: quod utique longe gravius atque abominandum magis est, quam alia multo graviora peccata: sed quae ab hominibus, qui per poenitentiam in viam reduci possint, committuntur. Alteram deinde, quod ab initio Salvator, et securitatis nostrae curator, terminum inimicitiarum immobilem, daemonem inter et homines praefixerit, ut adversus ipsum odium immortale inter seipsos servantes, nunquam amplius oblatam ab ipso fraudem excipiamus: quemadmodum etiam singuli qui baptizantur, tanquam fateantur se ad id usque tempus cum primo suo parente Adamo deceptos fuisse, recte ac sapienter in posterum deceptoris amicitiae renuntiant. De hominibus autem, tametsi improbe vivant, nihil tale Dominus, quin potius contrarium penitus praecepit. Ac de sexcentis id genus aliis, quae hic commemorare poteram, unum illud e maxime necessariis, quod charitati mutuae prospiciens Ecclesiae lex (quam mille modis improbus daemon discindere conatur) omni eam via ac sapientia componere ac conservare jubet. Quare neque ipsos improbos, proximi cum sint [q], pro exsecrandis habere, atque odio esse permittit: sed contra, quoad ejus fieri potest, amare jubet atque diligere. Imo vero ad purganda curandaque malitia cogitare, illosque ad se sumere, nullo autem modo repellere, praecipit. Idemque Paulus inter alia monet, qui Judaeis 207[r] tanquam Judaeus, et omnibus omnia factus est, ut omnino aliquos salvos faceret [r].

Quod si a peccatoribus justorum coetus inde ab initio in hunc usque diem abstinuisset, quis salvus esset? Quomodo mundus sagena captus esset, si, cum peccatores nihil veniam utilitatis afferant, justi insuper illos exsecrarentur ac rejicerent? Sed et quod Petro visum est linteum [s], puris atque impuris animantibus plenum, ad consuetudinem potius malos assumendos, quam repellendos designat. Jam si tum etiam, quando charitatem adeo Dei Verbum ubique imperat, et omnibus aliis virtutibus majorem per suos sectatores clamitat, hostili tamen alii in alios animo sumus, et fere unusquisque proximum, tametsi optimus sit, per invidiam laedimus, atque interdum etiam ei insidias paramus: hac oblata occasione (ut scilicet improbis, ex lege atque pacto nuntius remittendus sit) equidem quantum hominum mores perspicio, ipsos quoque beneficos in nos, qui modo aliquam molestiam, etiam juste afferrent absurde utique et indecenter odissemus atque aversaremur (velamentum nimirum noxiae hujus voluntatis et probrosi illius quo invicem prosequimur odii divinum praeceptum objicientes, et tanquam pro advocato habentes) ac neque ad extremum usque spiritum odium in tales unquam deponeremus, etiamsi solem non occidere super iracundiam nostram Domini bonitas praecipiat [t], atque per benignitatem erga omnes, etiam inimicos, Patris sui imitatores fore declaret, *qui pluit super justos et injustos, et solem suum oriri facit super bonos, et malos* [u]. Et vero si lege decretum foret, ut baptizandi malos homines omnino valere juberent: jam

---

[p] Matth. xxv, 41. [q] Matth. v, 44, 45. [r] I Cor. ix, 29. [s] Act. x, 11 seqq. [t] Ephes. iv, 26. [u] Matth v, 45.

et uxor hoc colore a viro discederet, et vir ab uxore, filius a patre, a matre filia, a domino servus. Confirmaret enim horum quilibet se suo cum Deo inito pacto, legenique hanc sibi propria voluntate corroboratam nunquam transgrediendam statueret. Has igitur ob causas solum diabolum atque dæmonia, et eorum opera jubemur fugere, exsecrari, repellere, ac nos per omnia liberos, ne cum iis sentiamus, conservare, profitentes atque optantes, propter eorum ad malum immutabilem et irrevocabilem inclinationem, et quia **207**[b] peccatis non satiantur, eosdem nos minime admittere. In nos mutuo vero, sive in hominem sive in Deum admissum peccatum sit, celerem et abruptam ferre sententiam non debemus (noxium enim illud innato nobis amori mutuo esse solet), tum quod genus universum a materia dependeat, tum etiam quia lapsis spes restitutionis adhuc reliqua est. Unde si quis dixerit : *Egone vel unum dæmonem imitando sequor* : si quidem verum dicit, non est rejiciendus, sin, ut ille Pharisæus, sese jactitet, et Publicano non esse similem superbius glorietur, is utique damnatur [v]. Neque enim constat, an ille qui stabat jam non deciderit : neque annon sit surrecturus, qui ceciderat. Præter ea vero, quæ jam dicta sunt, etiam illud considerandum, quoniam pœnitentia duci dæmones non possunt ; nos vero pep pœnitentiam ad baptismum accedimus, ex eo quod impœnitentibus renuntiamus, pœnitentiam omnino Deo spondere nos apparet. Et vero qui dæmonibus ob id quod non resipiscant, renuntiavit, quomodo is non impœnitentiæ primum renuntiavit ? Qui etiam prioris suæ nequitiæ atque impietatis veniam petit, quomodo is hominibus, qui iisdem obnoxii sunt passionibus, eamdem quam per pœnitentiam consecutus est misericordiam, secluserit ?

Atque ista quidem hoc capite complexus est. inter quæ illud etiam ait nos in resurrectione angelicam vitam acturos, non jam amplius ad malum ullum pronos, sed in constanti statu confirmatos ; non id quidem ex natura consecuti, sed ut et angelorum ordo, virtute sancti Spiritus. Eadem, inquit, ratione etiam illud dicit : *Qui minor est in regno cœlorum, major est Joanne Baptista* [x], quia scilicet præ abundantia gratiæ spiritalis mutari amplius nequit. Quando enim majorem Joannem inter natos mulierum appellavit, qui in Spiritus sancti donis veritas est, Conditor ac Dominus noster, cum hujus et futuræ vitæ differentiam ostenderet : Etsi nunc, ait, spiritalibus donis major est Præcursor, tanta tamen erit in futura vita harum rerum in melius commutatio, tantaque Spiritus copia, ut qui illis minor est, ampliora dona consecuturus sit, quam qui hic majora acceperunt. Qui enim hic degebat, etiamsi majus quid esset consecutus, nondum tamen habebat immutabilitatem ; qui vero in cœlorum regno minor, quis- quis tandem ille fuerit, quod tulit bonum, id simul stabile et nunquam adimendum tulit, nulli mutationis infirmitati obnoxius.

208[a] Quinto et quadragesimo capite in eam venit quæstionem : Quomodo illi duo, qui primi in utroque [rationalis creaturæ] genere conditi fuere, diabolus et Adam, statim a creatione ceciderunt ? Et Adamum quidem omnium sui generis primum esse conditum, nemini dubium. Quod vero et diabolus tanquam dux antesignanus ceciderit, apud Job, inquit, [legitur] *Hoc est principium creationis Domini, factum, ut illuderetur ab angelis ejus* [y]. Et propheta : *Quomodo cecidit Lucifer, qui mane oriebatur* [z] ? Lucifer enim, cum motu quodam suo propinquior sit cæteris stellis, primus est auroræ nuntius. Quod proportione quadam olim in diabolo, respectu spiritalis justitiæ Solis convenisse, obscurius Scriptura indicat. Sed quod jam agitur : Etsi, inquit, minime jucundum creaturæ utriusque, tam intelligibilis quam quæ sensuum particeps est, primogenitos in interitum ruisse : posteris tamen omnibus illorum lapsus in communiter utile exemplar proponitur, præconis more exclamans, magnum ut incolumitatis suæ curam gerant, ne aut cum istis in eadem incidant mala aut talium certe rerum amore teneantur, per quas in perniciem aliquis ruat : sed omni modo omnique vi inobedientiam, quodque per illam committitur peccatum exsecrentur : quando ipsa quoque creationis velut fundamenta ac bases, dum quantum oportuerat sibi non attendunt, tam turpiter lapsæ sunt. Nam et propterea sapiens hominum formator atque curator ad totius posteritatis emendationem statim, et quodammodo ante tempus utrique pœnam infligit, alterum quidem morte damnando : alteri vero locum permutando, et pro supera beataque vita, tenebras rependendo ac Tartarum, utrique vitio quod conveniat, misto pharmaco. Deum enim aliquem fore se Adam arbitratus, apertosque gestaturum oculos, et boni insuper ac mali cognitione ditandum : mortalis [subito et variis passionibus obnoxius esse demonstratus est, occæcatam ferme ac varia ignorantia plenam naturam sortitus. Qui vero animo jam thronum in cœlo collocarat, ipsi quoque Altissimo similis factus merito sub terram dejectus Tartareas cavernas subiit. Ita hi per insatiabilem cupiditatem ab eo in quo erant bonorum temperamento exciderunt ; medici vero sapientis fuit contrariis opponere contraria medicamenta. Verum in his sacrarum ille rerum peritus, et contemplationis amans scriptor quintum et quadragesimum caput absolvit.

208[b] CCXXIII.
Diodorus Tarsi episcopus Contra fatum.

Lectum est Diodori episcopi Tarsensis *Opus adversus fatum*, libris octo, ac tribus supra quinquaginta capitibus distinctum. Quibus in libris pius quidem est hic scriptor, neque in eam sectam

---

[v] Luc. XVIII, 9 seqq.   [x] Matth. II, 2.   [y] Job. XL, 14, *sec.* LXX.   [z] Isa. XIX, 12.

de Dei Filio, quem impia Nestorii rabies dissecuit, aberrando deflectit. Verum in argumentis, etsi quædam recte satis ac dexteré adhibet, dum fati laudatores oppugnat, alias tamen neque satis clare, neque satis accurate adversariorum dogma persecutus, ea oppugnare aggreditur, quæ speciem duntaxat dogmatis præ se ferant. Inde sæpenumero non cum illis, quibuscum certamen suscepit, sed cum aliis potius quibusdam pugnare censeatur. Quanquam bene sentiens arbiter, non ob id quod minus feliciter alicubi hanc rem agat, reprehensum eum velit : cum ex eo saltem honor illi et gratia merito debeatur, quod non sine sua in multis laude [noxium] de fato errorem opprimere moliatur. In primo quidem certe et quinquagesimo capite, simul dum fati opinionem convellit, etiam Bardisanis (1) sententiam refellit : quæ ipsa ut e dimidio ab illa refecta, ita semi insana etiamnum remansit. Nam etsi animam quidem a fato, et a natalitia notatione quæ dicitur, liberam dimittit, arbitrii libertatem illi conservando, corpus tamen, et quæcunque ad corpus spectant, fato gubernanda subjicit. Divitias, inquam, egestatem, morbum, vitam, mortem, et quæ in nostra non sunt potestate : eaque omnia fati esse affecta tradit. Ergo hunc studiosus ille et sciendi cupidus Diodorus clare ac valide convincit, verbo quidem mediam duntaxat erroris partem prædicare, re autem ipsa totum confirmare : quandoquidem plurimæ corporis sive affectiones per animæ operationem, cooperationem, aut etiam naturæ consensum, accidere solent ac perfici.

Primo igitur libro post alia de fato relata, tum unde tam libere agendi audaciam error sumpserit, adversus eam insurgit opinionem, quæ universum hoc ortu carere asserit (putat enim ex hac opinione illud quoque de fato figmentum conflari) libroque huic ita finem imponit, ut ne in altero quidem ab eadem pugna desistat.

Quamobrem decimo post hæc capite, tam mundum ipsum, quam in eo degentem hominem ortum habere demonstrans, hoc fere modo ad argumentationem aggreditur. Quandoquidem, ait, singulatim hominum **209**ᵃ singuli corruptioni atque generationi obnoxii sunt, manifestum sane ipsam quoque horum naturam ad similem redigi dissolutionem, et nonnisi in solis ex se mutuo successionibus perdurare. Neque enim quod ortu caret, inde suam habere incorruptibilitatem potest, quod unum in alterius locum identidem succedere cogitemus : sed quod id per seipsum, atque ex suamet subsistentia, tale sit. Porro mundum quoque ipsum habere ortum, ex iis est manifestum, quod quæ in ipso sunt, ignis, aqua, terra, aer, ortum habeant. Hæc enim quotidie particulatim et corrumpuntur, et gignuntur. Rursum autem quod terra corruptibilis sit, ex iis perspicuum evadit, quod sive homo, sive alia animalia corrumpantur, in terram convertantur. Nam quod hæc in illam corrumpantur, argumento utique est, ex illa ipsa corrupta ortum suum initio accepisse. Adde quod etiamnum animantia pleraque ex hac versa atque corrupta gignuntur, et fiant. Quod autem convertitur, etiam si forte minus fuerit manifesta ejus corruptio, quomodo id ortu carere possit? Quoniam omnis mutatio ejus quod antea sua natura exsistebat, vel maxime in causa esse solet, cur id ortu non creat. Jam si ortus omnis expers fuisset hominis natura, quomodo eam aut genesis aut fatum dispensaret? Nam quod ortu caret, alterius nequaquam indiget, ut subsistat.

Si quis autem ipsa rerum evidentia coactus, forsitan fateatur, orta quidem esse cum terrestria, tum aquatica et aerea : sed illam tamen genesim, per quam hæc perficiantur, cursu suo continuam quamdam, et ortus expertem corruptionem efficere, illaque, quæ jam diximus, omnia perpetuo et sine ortu operari, hic suamet ipsius sententia redarguitur. Non enim fieri potest ut hæc eadem et orta et non sempiterna sint, et tamen sempiternam admittant dispensationem. Nam ea quidem quæ exsistunt tueri quispiam ac dispensare potest : quæ vero non exsistunt, primum facit, ac tum demum gubernat atque dispensat : non autem prius, quæ non sunt, dispensat atque gubernat, ac deinde eadem creat.

Ortum autem habere etiam elementa, vel ex eo docet, quod mutuo hæc quotidie subsidio egere videamus. Quoniam quod ortu caret, idem quoque immutabile est et nullius indigens. Porro indigent mutuo elementa, non solum ut ipsa serventur, verum etiam ut animantia, quæ in ipsis degunt, conservent. Mundum ad hæc totum habere ortum apparet ex eo, quod hunc coagmentationem quamdam esse percipimus, e cœlo, terra, eorumque quæ in horum medio sunt constantem. Et vero si, ut oculus vel caput in reliquo corpore, sic et cœlum inter mundi partes dignissimum : omnino, quemadmodum caput et oculus, et si dignissima præ cæteris membra, iisdem cum reliquo corpore permotionibus subjiciuntur, sic etiam cœlum (quod iisdem motibus cum terra, **209**ᵇ aqua, aere, et omnibus quæ in eo sunt corruptibilibus obnoxium est) communem nequaquam effugit corruptionem : etenim quomodo, quæ a genesis dispensatione pendent, ortu careant, vel quomodo quæ ad exsistendum aliorum non indiguerunt, jam alienæ, et quidem non bonæ dispensationis cœperunt indigere? Quid vero ex hac dispensatione emolumenti capient, si jam antea ortu carebant? Omnis quippe naturæ ortu carentis mutatio, corruptio est, atque amissio illius exsistentiæ, quæ principio carebat. Quomodo item posuit ea quæ ortu carent a genesis dispensatione pendere, non ut eis donetur illa ortus expers natura, sed ut conservetur [duntaxat]. Si quis vero dixerit eorum

---

(1) Habes eam apud Euseb. lib. IV *De præparat. evang.* cap. 8.

mutationem ortu carere, etiam hoc infert, quod minime omnium fieri potest. Mutatio enim ejusmodi quædam affectio est, quæ principium habet et nullus unquam dixerit mutationem esse sine principio. Quinimo, ut breviter dicam, et elementorum, et quæ ipsis fiunt cum animantium, tum corporum sapientissima mutatio, figurarum ad hæc atque colorum, et reliquarum qualitatum varia differentia, tantum non clamat, ne aut ortu carere mundum, aut naturæ sponte exsistere atque sine providentia esse putemus, sed illud clare sciamus, et indubitate teneamus Deum hisce omnibus et esse, et bene esse largiri.

Verum illud forsitan dicent; cætera quidem ortum habere omnia, sed solam stellarum sive naturam, sive positionem ortu carere. At primo: cujusnam sit genesis illa, priusquam aliquid factum esset? Quis vero elementa creasset? an alius nemo, sed hæc ipsa? Verum quod ortu creat, nunquam sponte sua mutationem ullam subeat. Nam cum omnibus illud gratum esse solet, quod secundum ejus naturam est, tum illi maxime naturæ, quæ ortu careat. Neque vero hæc, si nolit, ab alio quopiam pati res ulla possit. Quoniam quod validius est, vi nulla [minore] cogi queat, et sane nihil illa natura validius, quæ ortum nullum habet. Quomodo item, quæ nullo prorsus modo sunt, sine opifice fieri possint? aut quomodo Deo hanc vim auferentes, sibi vindicare facultatem eam possunt, ut seipsa producant, quæ antea non exsistebant? Si vero semetipsa producere potuerunt quin item a seipsis dispensandi sui facultatem acceperunt, sed aliena cura opus habuerunt? Multo enim factu difficilius est, primum aliquid fieri, quam postquam factum fuerit permanere. Quomodo igitur quod erat difficilius [a sese habuerunt,] quod autem facilius, non haberent, nisi ab alio accepissent? Et quomodo genesis terram, aerem, et alia quæ non fecit, dispensat. Conditoris enim munus est etiam dispensatio, cum non solum omnium quæ ab ipso condita sunt naturam norit, verum etiam quæ potissimum ratione conservari, et unde rursus **210**a confundi queant, atque corrumpi. Si qui porro audeant, elementorum quoque creationem fato tribuere, dicant velim nobis, qualenam astrum, ad suum in zodiacum circulum ingressum, terram perfecerit? Quale etiam aerem, vel ignem, vel aquam? Verum id nunquam dixerint, etiamsi maxime amplius nugari velint. Præterea si, quod facit genesis, non semel facit, sed eadem sæpius post temporum aliquot curricula repetit, ostendant nobis sæpius esse factas multas integras terras, multas integras aquas, multa integra maria, unde etiam mundos infinitos constituant. Ac quemadmodum hoc fieri non potest, ita nec illud, ut vel semel genesis unum aliquod elementum produxerit. Jam si de insania in insaniam delabentes, a Deo quidem creata esse dixerint elementa, verum hæc ab ea genesi dispensari, quæ æque ac Deus ipse ortus expers sit,

multo etiam manifestius amentiam suam produnt. Quorsum enim Deus ordinem nullum servanti genesi creatum a se opus subjiciat? An quod eam ipse sapientiam non habeat, qua illi provideat? At quis hanc tulerit blasphemiam? quis amentiam? creandi quidem potentiam habere Deum, providentiæ non habere tantum, quantum inordinata illa genesis sibi rapuerit? Quin et infinitum præter hæc absurdorum examen consequitur. Verum si, quemadmodum bonitate sua [creaturas] fecit Deus, sic et providet: supervacaneum certe ac stultum est hoc de fato sive genesi commentum. Quomodo item sine ortu cœlum esse possit, quandoquidem compositi mundi, quem undique cingit, pars est? at quod ortum nullum habet, id neque cingere quidquam neque aliorum locus esse possit, sed cum ab his, tum ab aliis affectionibus omnibus liberum est. Quin vel ex ipsa eorum quam confingunt hypothesi, satis apparet, omnino neque cœlum, neque stellas ortu carere. Etenim quasdam earum esse beneficas volunt, quasdam rursus maleficas faciunt, domosque aliis alias attribuunt, in quibus dum versentur, aliæ vel maligniores fiant, vel certe ex benignis malignæ evadant, aliæ contra vel ad beneficentiam (malæ cum sint) delabantur, vel benigniores quam antea reddantur. Quomodo ergo de his vel mente concipi possit, perturbationis ea esse expertia, aut simplicia, aut incomposita, aut sine ortu, aliaque prope infinita? Ubi demum secundus liber absolvitur, unaque decem illa capita, quæ a decimo initio ducto in vicesimum usque pertingunt.

Tertio deinde libro conatur quidem vicesimo primo, secundo, tertio et quarto capitibus reprehendere eos qui cœlum esse globosum statuunt, **210**b sed ejusmodi nequaquam argumentis adhibitis, quæ redarguendi vim habeant. Globosam vero formam cœlo concedere propterea recusat, quod fatum ex tali positione induci putet, quanquam nulla id demonstratio extorquet. Non enim, si cœlum globosum sit, mox etiam fatum necessario ponitur.

Porro vicesimum quintum et sextum caput pias continet rationes, sed quæ ad reprehensionem subjectæ hypothesis robur non adeo magnum præferant. Septimo dehinc et vicesimo de cœlo, deque ejus stellis, opinionibus (quas astrologorum esse ait) allatis, et non satis ipsas sincere adducit, et quæ contra easdem profert argumenta, ea neque demonstrandi vim habere neque saltem veris similia proponere videntur. Jam vicesimum octavum caput adversus easdem opiniones insurgens, per similem quidem demonstrandi rationem delabitur, sed non ita etiam illud ad verisimili aberrat. Proximo autem refert [Astrologos] terram universam in duodecim æquas partes pro pari signorum cœlestium numero partientes, singulas terræ sectiones, una cum earum incolis, ita definite cuique signo attribuere, ut terræ partibus subjectis singula, zodiaci signa incumbant, atque instar nebulæ supra definitam terræ partem devehantur. At cum etiam ex illorum sententia, perpetuo cœlum motu feratur unaque cum ipso et duodecim signa circumagantur, fieri nullo modo posse [docet] ut eamdem illa terræ sectionem perpetuo obtineant, sed pertransibit, ait, juxta cœli progressum omnes terræ sectiones signum quodlibet, dum alias ad ortum, alias ad occasum solis, aliasque ad meridiem una cum cœlesti motu circumagitur, et nunquam in una aliqua sectione fixum manet. Unde fit ut singula signa non minus illam sibi definitam terræ sectionem regant, quam alienam. Adde; si secundum eorum opinionem terra centri ac puncti rationem habet ad cœlum, et quodlibet zodiacum signum cum latitudine, tum longitudine multis partibus est, quam illa, majus : qui fieri omnino potest. ut quælibet duodenarum terræ partium signorum cuilibet ex æquo respondeat, atque coextendatur, ac propterea etiam affinitatem illam cum eo habeat? Præsertim cum neque terra universa sit habitabilis, sed pro maxima parte, præ nimio partim calore, partim frigore, habitari ab hominibus nequeat, ab cæteris item terræ partibus jam inde a principio penitus distincta. Quod si non ratione situs singulis terræ sectionibus signa imperare dixerint, neque ratione corporeæ magnitudinis, quasi terræ nimirum habeant amplitudinem, sed neque 211a ratione naturæ gaudere singulas signiferi partes singulis terræ partibus, frustra omnino juxta figuras signorum, etiam terræ loca distribuunt : ut cum cancri chelis sive forcipibus eminentes quasdam atque exporrectas extra totius molem partes attribuunt ; et tauri rursum cornibus ac pedibus alia quædam loca, quæ propius ad naturalem horum figuram accedant.

Adhæc [si] singula signiferi signa singulis terræ sectionibus, ita naturæ ratione gaudeant, ut et lædant ejus partes ac vitient, vel terræ motibus, vel bellis, vel ignis vastationibus, vel sterilitate, quoties malignum aliquod sidus apparet, et contra juvent maxime, agricultura, ædificatione, ubertate, dum benignum aliquod sidus ad eas defertur ; quomodo adhæc loca quædam reperiuntur, quæ ob nimium sive frigus, sive calorem omnino deserta perpetuo remanent : neque vel beneficum aliquod astrum sublata solitudine temperiem hisce attulit, vel ad habitabiles locos malignum signum ascendens, in meram eos solitudinem ac vastitatem redegit? Etsi enim hic contigerint aliquando eluviones, vel grandinum aut fulminum ictus, quibus ea quæ in ipsis sunt, perirent : attamen συμμετρία rursus hæc loca ad naturalem ubertatem reduxit, cum illis desertis nunquam aliquod hactenus felix astrum profuerit. Sed natura nimirum obtinet, cum in solitudinibus, tum ubicunque, non eadem illa rebus omnibus a Deo indita, ut neque pluvia ibi decidat ubi per naturam non solet, neque nivibus unquam illa careant, quæcunque immania pati frigora consueverunt. Quod si qui forsitan immutabilem hunc in locorum natura ordinem pro indicio atque argumento assumant, quod singula signiferi signa singulis terræ partibus gaudeant : certe fertilitatis in sterilitatem commutationes, terræque ipsius motus, imbecillum esse horum argumentum satis arguunt. Nam etsi felicium locorum temperamentum persæpe perierit, solitudinum tamen inhabitabilis asperitas nunquam immutata est. Hæc igitur illa sunt quæ tricesimo capite ita tractantur, ut consequentiam aliquam et probabilitatem habeant, cætera vero, partim capitibus dicta sunt præcedentibus, partim in speciem duntaxat exteriorem instructa videntur.

At primo et tricesimo capite astrologorum opinionem labefactans, ita quærit : Cur zodiaci signa errantium stellarum domos appellant? An quia hæc in cœlo fixa sunt? Ergo quotquot similiter fixa manent astra, ipsorum æque domus fuerint. Non ; sed quia non errantium stellarum quælibet gaudet 211b errante. Quin igitur et planetæ signorum zodiaci domus appellantur? Quomodo non item domus invicem sunt benefici prosperique planetæ, et malefici : imo et quæ sibi mutuo familiaria sunt zodiaci signa. Si vero propterea, quod signa e multis componantur stellis, cum singuli planetæ unius generis sint; mox etiam quamlibet fixarum stellarum compositionem planetarum constituere domum astrologi coguntur. Multas enim, qui investigare velit, etiam aliarum fixarum compositiones reperiat. Sin quod nullæ præter zodiaci signa una cum planetis effectus fatales operentur, cur non et planetæ domus sunt signorum cœlestium, quemadmodum cum illis una operantur? Sin forte propterea quod signorum cœlestium operationes possint planetæ aut irritas, aut efficaces facere, quomodo non etiam aliorum alii domus sunt, quemadmodum mutuos effectus, ut illi fatentur, et ratos et irritos reddere queunt? Quomodo item sola signiferi signa planetis cooperantur? Num supervacaneus est reliquus fixarum cœtus! Quomodo adhæc planetas aut benigne facere, aut nocere posse asserunt? an propter motum? Nullum igitur e xii illis zodiaci signis prosperum erit vel adversum : sed neque alia ulla non errans stella. Sin ideo, inquit, quod per illa gradiuntur planetæ, jam multo potius sive zonæ, sive aeris illa loca, per quæ isti gradiuntur, hanc bene aut male agendi potestatem habebunt. Neque enim hæc planetarum cœlum, cum multo sint (ut aiunt) inferiora, contingunt. Quorsum tandem luna minui atque augeri potest : et cum cæterorum planetarum progressus, status fixos, ac retrogressiones adducant, solem tamen et lunam ab hoc retrogrado errore liberos sinunt ? Et si parvus qui videtur Saturnus, aliis tamen (ut aiunt) major est planetis, eo quod per altiorem orbem obambulet ; cur major luna quam sol, qui quarto supra illam orbe decurrit ? oportebat enim ipsum multo illa minorem apparere. Quare omnia falsa sunt atque conficta, quæ astrologorum scriptis astruuntur. Sic quidem primum et tricesimum caput absolvitur.

Alterum vero supra tricesimum nihil ad refutandos adversarios affert, quod veri speciem habeat. Sed quam pius in suis ratiocinationibus apparet hic vir, tam etiam (quod saltem ad erroris refutationem attinet) languidum eumdem videas. Jam tertium et tricesimum caput ejusdem est, quoad efficaciam formae. Quae enim ibi ad refutandum coelum esse rotundum affert, **212**a communes esse difficultates queant adversus eos, qui hemisphaericum illud esse statuunt, vel fornicis in modum cavum, vel similem ei aliquam formam tribuunt. Ubi et tertius liber desinit.

Quarto dehinc libro, capite vero tricesimo quarto, quinto et sexto, haec fere tractat. E diversitate, quae cum inter habitabilem orbis partem atque inhabitabilem, tum inter ipsa invicem climata reperitur, refutare genesin sive fatum aggreditur. Quisnam enim astrorum ille motus est, interrogat, quo fit, ut altera quidem terrae pars ob frigus nimium, altera ob intolerabilem calorem habitari omnino nequeat? rursumque alia vel perpetuo liquescens calore, vel assiduis percussa nivibus, et frigoris asperitate velut efferata, nonnisi difficulter incoli possit? Cur non et in his aeris constitutionem immutat perpetua illa genesis, quae tot semper in aliis climatibus mutationes producit? Certum igitur illud, neque planetarum cursum, neque signorum coelestium compositionem, sed unam solis naturam pro intervallo locorumque situ eas, quas jam diximus, varietates efficere. Cur item, cum reliqua ubique terra imbribus irrigetur, solam Aegyptum Nilus, dum certis anni temporibus exundat, atque in illam se effundit, fertilem frugibus reddit? Cur adhaec Thebaidos interiorem regionem, quam Oasin nominant, neque fluvius, neque imber ullus irrigat, sed fontium duntaxat fluxus laetificant, qui magno inquilinorum labore exsistunt, non sponte sua, neque imbribus in terram delabentibus, iisdemque rursus ut per illius venas redditis, ut apud nos contingit. Cujus quidem rei illud signum esto, quod quae montibus subjecta sunt loca, ejusmodi fontes emittant, qui integra etiam flumina non minus limpida quam dulcia producant, cum interim patentissimi quique campi a montibus remotiores, maximeque plani, vel nullam habeant aquam, vel nonnisi modicam eamque gravem et salsam, nec scaturientem illam, sed in fossis inventam, ac neque tota aestate siti sufficientem. Quod si omnia per genesim administrantur, qui fit quod in humidum aliquod signum sibique familiare planeta ingresso, non omnem simul terram impleat pluvia, sed alibi nihilominus aquarum abundantia, alibi pluviarum inopia, eodem prorsus tempore, neque magno admodum locorum intervallo, terra vitietur? quanquam et contraria iterum in his alio tempore contingere videas, nisi forte vel peculiaris quaedam sit illius populi genesis, ut ipsi **212**b fingunt, vel in propinquo alicubi singulari quodam modo exoriens signum communes illas geneseos effectiones evertat, inanisque sit universalis geneseos vis, si non et particularis genesis concurrat. Singularum igitur terrae partium geneses aerem movent, neque signum humidum una cum sibi affini planeta quidquam efficere poterit, particulari fato resistente. Quare praeterea in locis quibusdam rarior est potabilis aqua, in quibusdam vero abundat, et calidis insuper potiuntur aquis incolae sponte productis? Siciliae quoque, Galliae, Lyciae, aliarumque gentium non minimarum, maximi montes, perennem ignem sic emittunt, ut etiam longe positis noctu appareat, neque vel frigoribus imminuatur, vel imbribus exstinguatur, vel terrae germinibus noceat: cum qui his ipsis populi adjacent, tale nihil patiantur, neque ostendere [illi] possint, quid tantam locorum, aeris, aquarum, camporum, montium, differentiam dederit. Nam si duodecim signa zodiaci, et septem planetae [id praestent], quare igitur non eadem ubique operantur? Inopes praeterea et divites, imperantes et subditos, aegros atque sanos, et caetera ubique reperias: quin ergo etiam ubique pluviae et ariditates, et quaecunque antea commemoravimus? Jam auri metallum, argenti, aeris, stanni, plumbi, vel caeterorum metallicorum natura, a quali tandem genesi orta reperitur? Itaque Deum quidem et hanc tantam, et alias innumerabiles varietates nostra potissimum causa terrae impertivisse pie fatemur: a fato vero propterea fabros artifices creari, quo mundi hujus rebus uti possint, id neque nos dixerimus, neque alius recte sentiens quisquam. Praeter ista, si singula climata permanent, sexcentis inter se differentiis jam inde a condito orbe exornata, et nihil a geneseos mutationibus laesa, immobilia prorsus ab aeterno constituerunt (non enim aut alterni fluxus maris, aut ignis inexstincti fontes aut animalium in singulis climatibus differentiae aut aliae innumerabiles, sed immutabiles rerum alterationes unquam cessarunt): tot interim rebus per ipsam genesim immutatis, quomodo sine hac aut fieri quidquam aut permanere aut gubernari posse negant? Libenter autem ab eis quaesierim, qualisnam forte curriculi motus herbis, plantis et animantibus exsistentibus principium dederit: demonstranda enim geniturae horum cujusque hora, qua e terra formabatur: et aliam quidem esse palmae, aliam ficus, canis item suam esse propriam, similiterque **213**a cameli, neque eamdem illam esse equi, columbae, aut hominum, et id genus aliorum. Si ergo possunt dicere, cur non et nunc e terra genesis formet praedicta, doceant nos. Nihil enim, quod semel duntaxat per geneseos ambitum perficiatur, sed idem etiam saepe efficit. Cur insuper ab initio quidem non essent quae producta sunt, nisi e terra formata fuissent: post autem nihil horum e terra germinare possit, sed per mutuam debeat successionem conservari? Aut quomodo cum quae propria maximeque necessaria sunt, genesis non habeat (vim illam puto formandi e terra omnia) conservandi [tamen], perficiendi, atque destruendi potens sit? Praeterea si ex accurata illa horae cognitione, singulis quae gignuntur eventura referunt, homini, inquam, et bovi, avi atque navi, urbi item et caeteris omnibus, quorum praecognitionem habere se asserunt: [at] qua ratione cum terrae, maris, aeris geniturae tempora non noverint, horum affectiones, ac motiones, mutationesque denuntiare se promittunt? quomodo quis istis credat, aut qua ratione immoderatam ipsorum arrogantiam non aversetur? nunquam enim singulatim omnium exhibere proprias genituras poterunt. Et vero etiam consequens est tot esse geniturarum differentias, quot sunt eorum quae producuntur genera. Nam quomodo eadem curriculi genesis canem et leonem producat, hominem item et equum tantopere inter se discrepantes? quomodo item colorum, figurarum, qualitatum varietas sit, nisi varia quoque genesis haec omnia efficeret, ut aiunt? Cum vero non una sit omnium sive actio, sive affectio, non equorum omnium vel porcorum eadem magnitudo, celeritas, fortitudo, vox, non unum etiam cogentur, ut constat, geniturae momentum fateri, sed tot plane, quot erunt eorum quae ab ea perficiuntur differentiae, non terrestrium modo animalium puta et volantium, atque aquatilium, sed et plantarum, et herbarum, et si quid aliud in terra nascatur. Et quomodo immensam adeo temporis momentorum multitudinem forment? Nunquam sane poterunt, non si decem dierum millibus annus ipsis constet. Ita vero maxime horum mendacium prosternitur, si quis animalia frequenter parientia considerat, ut canes, porcos, gallinas, et potissimum quae jam plurimos simul gignunt foetus. Nam porci, pisces, canes, multis pariendis etiam diei integri spatium absumunt. Et vero piscis (quantum ego puto) multos quoque dies, eo quod ovorum illa multitudo **213***b* in myriadas piscium ex ordine transformetur, qui deinde singuli pariuntur. Quibus quidem diebus fieri nullo modo potest, quin volatilia vel terrestria in toto mundo, vel natatilia in toto mari et fluviis et stagnis gignantur.

Verum hinc etiam, quod volo, certius quis discat: quando ver bene temperatum incipit, omnis floret herba et parturit, omnisque lignorum species, sed et multa sive volucrium, sive animantium, sive piscium genera mista invicem concipiunt. Infinita quoque [plantarum] genera eodem tempore perfecta ferunt semina, infinitaeque arbores suos fructus, non uno quidem momento, sed multis diebus, dum in eadem planta alii etiamnum florent, alii crescunt, alii maturescunt. Nec dissimilis est in animalibus omnibus, partus conceptusque proportio: quae idem omnino geniturae momentum habere nullo modo possunt. Adde quod alia per annum integrum foetum utero gestant, quaedam mensibus decem, quaedam diebus quadraginta, aliaque in his plurima reperitur differentia. Quale igitur astrum in quale signum ingrediens dimensum unicuique generi foetum ferendi tempus determinat? Cur autem, cum animantium in genere vitae tempus aequale non sit, aequalem tamen illa uteri gestationem habent? Dicant igitur, an haec etiam a genesi proficiscantur, ut magis irrideantur. Sin per silentium dedecus suum declinent: quomodo aliquid sine genesi fieri negant? Neque tamen hic foetuum differentias affero: quorum alii genitoribus similes sunt, ut homines, equi, leones; alii non item, ut ursae, vespae, apes, et quaecunque ex ovis prodeunt. Pars rursum sine coitu generantur, pars absque eo nequaquam. Et quis innumeras, quae in his reperiuntur, differentias enumeraverit, non animantium modo, verum etiam stirpium et herbarum, aliorumque similium? quorum omnium causas ab his fati auctoribus quaerere justum est: siquidem omnia secundum horum sententiam ex genesi pendent, et quod exsistant, et modus quo exsistunt, et gestari utero, et pati et agere et mori. An forte adversus miseros mortales duntaxat tam accuratus de genesi sermo ab ipsis institutus est: ut, quod in nobis omnium est honestissimum, libertas arbitrii, ignoretur: Deoque pro collatis in genus humanum beneficiis, gratiae non agantur? At quomodo rursum genesis intempestiva illa additamenta adjicit, dum quadricipites foetus secundum hos, aut plures quam natura exigit, sive manus sive pedes perficiat: cum neque reptilibus pedes tribuat, qui illis ad ambulandum sint usui, neque **214***a* oculos talpis, neque aliis ea quibus indigent. Adde quod ea quidem quibus intempestiva illa additamenta dedit, non sinit vivere (quaecunque enim prodigiosae formae sunt, brevis quoque aevi esse solent), et additione sua totam simul horum naturam abolet: quibus vero a natura debita sive pedes, sive manus, sive oculos abstulit, ea ita vivere permittit, ut mutilati corporis solatium nullum habeant. Si quis haec igitur ad fatum referat, is absurditatis auctor non minus quam illud efficitur. Sin naturae esse peccatum agnoscit, omnem accusandi Numinis occasionem tollit. Quemadmodum enim ipsam suis quibusdam currere legibus statuit, sic et eamdem, ratione quadam utili, juxta mortalium conditionem ferri concessit. Ipsa igitur, suum modum servans, nihil quod ulla sit affectum injuria profert: at si in nimietatem vel defectum, in pavorem, vel vehementes affectiones delapsa, adversus latas sibi leges quidpiam admittat, mox neque in iis quae gignuntur sinceritatem servat. Cur insuper quaedam animantia suos foetus non nutriunt, quemadmodum in volatilibus vultures, corvi, piscesque fere omnes; quaedam vero etiam parentes in senio alunt; item alia etiam illegitimum sibi suppositum foetum nutriunt, pleraque vero minime? At quis innumerabiles rerum omnium differentias recenseat? Igitur haec quidem libro quarto continentur.

Libro quinto cum alia persequitur, tum ante haec de fato similiter ista. Si quod parentes gignant, ait, a genesi contingit, manifestum est a parentum genesi et filiorum genesim, et hujus horam definitam esse. Sin minus, ergo gignentium genesis eos qui gignuntur non perficit, frustraque longus de fato sermo habetur. Si enim quod fetus seminetur, gestetur, perfectusque vel imperfectus proveniat, a parentum genesi exsistit, clarum quod horum quoque hora ab eadem proficiscatur. Sin minus hæc, ergo nec illa. Jam si geneses aliæ ex aliis sunt, ipsumque nascendi momentum ab eorum qui genuerunt fato proficiscitur, facile sit hujus amatoribus unam aliquam hominis capere genesim, atque ex ipsa tum patrum, tum avorum, imo et majorum genesim indicare, horumque omnium tam animi quam corporis affectiones actionesque, ac simul figuras, colores et magnitudines. Nec hoc solum, sed etiam ex hac ipsa et illius unius genesi licebit quinam generandi sint prædicere, omnemque adeo futuram ex ordine cognationem, cum suis actionibus, et quæcunque alia supradicta sunt: ut neque præteritorum, neque futurorum quisquam ignoretur. Quod et ipsimet **214**^{b} irriserint. At tu mihi illud quoque inspice: Filiorum, aiunt, genesis infelices reddit parentes, etiamsi forte a propria genesi felicitas ipsis attributa sit. Interdum etiam tollit et vincit patrum genesim ipsa filiorum, quoties videlicet hæc fatalis illius effectus est: sed et patrum genesis infelices reddit liberos et fratrum fratres, eumdemque in modum etiam conjugum; quantumvis forte aliam alter habeat genesim, et aliunde natus sit. Et quod his omnibus magis deplorandum, genesis cogit generantes odium suscipere pro amore erga liberos: liberos item parentibus, atque inter se fratres, conjugesque infestos reddit, et ad cædes provocat, itaque adversus invicem armat naturam, ut totam turbet cognationem. Et ille quidem lamentatur, quod laboret filius, vel mortua sit uxor, aut maritus, ignarus interim quod horum cujusque et genesis, et amorem invicem necessaria conciliarit, et infortunia, dum eorum qui amabantur exitu dolores acerbos objicit. Hæccine sapiens quisquam ferat? Rursum infelices servos esse per dominorum genesim prodigiose iidem referunt: itemque caprarum, boum, et aliorum animantium greges, per genesim possessoris; ut et integros exercitus per genesim regis. Ita innumerabiles geneses per unicam illam unius tantum hominis, sive ad meliora, sive ad deteriora avertuntur: et quidem tam felicium quam infelicium, quæ ob unius genesim infinitas habent varietates ætatum, annorum, mensium, dierum, horarum, patrum, matrum, cognatorum: imo et idem quandoque mortis genus sive gladio, sive mari, sive simili aliquo casu subeunt. Attamen invenio ego et servorum atque militum genesim, quomodo ipsi loquuntur, heros regesque superantem. Fallaciis enim hi aut lenocinio interdum dominos vel alia quapiam ratione aggrediuntur, sua illos genesi in dominos armante. Quod si forte patris familias genesim hanc servis dare nocendi potentiam dixerint, magis etiam difficultatem augebunt. Non solum enim [non] inferiores esse subditos coegit dominorum genesis, sed præterea illum ipsum vincere, cujus est genesis; atque eos qui pro suo fato nunquam tantum ausi fuissent, regis illa genesis in ipsummet provocat. Nam fieri omnino nequit, ut tot simul militum geneses in **215**^{a} domini mortem conspirent. Civitatis item genesis in universam incolarum multitudinem imperium obtinet. Quando enim hæc decidit, infinitas ætatum varietates pluribus genesibus distinctas e medio tollit, uno hoc eodemque excidio evertens. Ad eumdem quoque modum et aer [corruptus] et diluvium totam sæpe gentem delet; neque enim possunt tot geneses unum mortis genus nancisci. Si quis porro illud etsi impossibile sit, admittat tamen rursum, [dicam] civitatis vel aeris genesis a multitudinis genesi vertitur, atque e duobus alterum [concedendum], vel multorum genesim ab illa una irritam reddi, vel certe hanc, propria exutam efficacia, ab illa multorum abripi. Eademque dicere quis posset de lignis, graminibus, herbis et omnibus animalibus. Si igitur geneses aliæ ab aliis invicem evertantur, ita ut filiorum geneses parentum genesim, et horum rursus illorum destruant, et similiter conjugum inter se, ut et domorum genesis illas habitantium, vel contra horum ipsam domorum genesim, atque, ut semel dicam, ea fiant quæ jam dicta sunt, ipsamet sese genesis undique evertit et dissolvit. Sic quidem capite quadragesimo secundo disputat.

Deinde capite proximo, variis actionibus atque affectionibus, iisque vel naturalibus vel liberis, subjici tam quæ in terra, quam quæ in aere et mari exsistunt, etiam nos, inquit, fatemur: ac necessitatem fatalem horum omnium causam esse, id vero et aversamur, et redarguimus, ducto ab inanimis initio ad rationis expertia animantia descendentes, indeque ad hominem ratione præditum sermonem convertentes. Magnes igitur lapis ferrum ad se rapit, nec ipse rapit tantummodo, sed et huic aliquid ad se ferrum rapiendi vim tribuit, et huic rursum aliud, ad plura usque. Dictamus quoque herba venenatis animalibus adeo inimica est, ut vel solo odoratu recepta, nocendi vim omnem eripiat. Sola item inter herbas aglaophotis (1) ita noctu lucet, ut nominis veriloquium indicat, et carpere conantem refugit; idque radicata cum sit, locum ex loco contra naturam mutans: neque enim quæ radicibus hærent transitivo motu prædita sunt. Chamæleon adhæc animal in multos colores corpus mutat, talisque omnino apparet, quale quod illi adjunctum atque subjectum est, sive lignum, sive lapis, seu quid aliud fuerit: ad illius enim colorem etiam suum aptat. Seleucis insuper avis usque adeo locustis est inimica, **215**^{b} ut quotquot ejus umbram subeunt, intereant. Aliis rursum nox est ad viden-

---

(1) Lege Plinium, lib. XXIV, cap. 17, et Ælian. *De animal*. lib. XIV, cap. 27.

dum quam dies accommodatior : aliis etiam alimentum illud est, quod alteri lethale sit, sed et potus non omnibus convenit animantibus. Quædam adhæc in quadrupedibus, volatilia vero omnia, urinam reddendi facultate destituuntur. Et quid attinet sigillatim animantium infinitas differentias tum in cibo, tum in potu, in figura, in cantu et silentio, in mansione et migratione ac reditu, in obsequio et libertate, in temperantia et libidine, in labore et otio, in audacia et timiditate, atque in aliis infinitis recensere? Qualis ergo curriculi fatalis motus talis ut esset, genus quodlibet effecit? cur vero universum genus ejusmodi est, ut neque lepus audeat, neque leo paveat, neque aliud ullum animal, innatam suo generi operationem vitare conetur; sed unumquodque genus totum informe sit, solusque homo mutationibus varietur? Quod si per genesim unumquodque genus in proprio naturæ more ubique conservatur, quomodo contrarium in hominibus reperitur? Etenim in eo timiditas et audacia, iracundia et mansuetudo, improbitas et probitas, omniaque adeo contraria. Ubi est igitur ille geneseos cursus? ubi septem planetæ, et duodecim zodiaci signa? Quid tandem hominibus tantam præbet affectionum studiorumque varietatem, cæteris non item? Asinus enim ubique onera gestat, pardalis rapax est, cæteraque speciei suæ ordinem servant. Eodem prorsus modo et quæ brutis animantibus secundum cujusque speciem inest natura, cum genesim, tum circiter eam exorientes stellas, omnemque illam longam domorum sortionem vincit. Ubi enim Mars? cujusnam bruti animantis dexteram gladio armavit, vel corpus lorica texit, vel galea caput tutatus est, aut crura aut pedes? Nec enim lupum in lupum armavit, neque leonum unquam acies inter se commisit. Quis autem commemorare studeat, quæ recensere queat nemo? Si enim nihil extra genesim fit, quomodo nullum sidus, non errans stella, non juxta alicubi exoriens, non signiferi signum hæc congenitis brutis præbet, quæ cum homine communicavit? non textoriam artem, non ferrariam: neque alios quidem magistros aliis qui ab ejusdem speciei sociis discerent constituit? Si quis forte a nobis doceri animalia contendat, primum quidem pauca ejusmodi ostendet, et cur non etiam omnia doceantur, difficilius erit demonstrare. Deinde nunquam mente aut intelligentia, quemadmodum homo; sed fraude vel timore animalia docentur. Quemadmodum canis, vel simia, vel equus, si verberibus coerceatur, ea quæ ostensa illi sunt observat: non quod hæc **216***a* domino utilia fore existimet, sed quod cædatur, ni faciat. Psittacus quoque astu deceptus [humanam vocem] imitatur, quando per speculum appositum non animadvertit quem imitetur. Clanculo enim post speculum quod objectum est loquuntur, quæ discere ipsos cupiunt: psittacus vero, ratus se alium psittacum videre, voces illas exprimere conatur, nihil interim quæ dicuntur intelligens, cum omnia articulate didicerit. Et vero solus psittacus, non autem aquila, neque aliud ullum animal sic docetur. At quomodo non illud rursum contra genesis legem, quod cum hæc cætera animalia ratione destituta producat, eorum tamen aliqua ab hominibus doceantur, superetque geneseos terminos is qui nunquam hujus legibus solvitur. Si vero etiam apes ab invicem doceri dixerint, in his quoque falsum tuentur: a natura enim, non ab arte operatur apis. Quanquam sic etiam difficultas augeatur. Cur enim neque alia in suo quæque genere inter se aut docent, aut docentur? Quis enim corvos aut vultures volare docuit, quos ne parentes quidem alere solent? Quomodo item genesis, quæ reges ac principes constituere solet, hos eis negavit? nam neque asinus asinorum, neque lupus luporum rex est, neque inter hos alius pauper est, alius dives, neque aliorum ibi quidquam, quibus humanum genus obnoxium est. Ubi igitur una orientes stellæ? ubi ipsorum genesis, atque illa apotelesmatum multitudo? An hæc in solos miseros mortales tantam abripuere potentiam? Atqui vi cæterorum omnium animantium potentissimus homo. Etenim et fortioribus intellectu præstat, et super terram gradiens volatilium tamen dominus est, et in mari natantia captat, et, ut simul dicam, omnibus animantibus ratione atque intelligendi facultate antecellit. Quomodo igitur genesis in eum habet imperium, qui cæteris imperat omnibus, iis vero imperare nequit, quæ hujus imperio continentur? Verum, ut apparet, hæc adversus homines a malo dæmone instructa machina est, ut et pie vivere justeque agere necessitatis esse effectum rati, alieni a Deo efficerentur; et quæ his contraria committerentur, ab eadem proficisci causa persuasi, nullum omnino peccatum prætermitterent. Nulla est igitur prorsus genesis, sed a veritatis hostibus contra veritatem fingitur, quemadmodum ab hujus amicis demonstratur.

Neque enim quod animalia ratione careant, in causa esse diligens rerum perscrutator deprehendet, quominus bruta discant eadem, quæ homines solent, ut neque rationem in homine efficere, quod **216***b* disciplinas prope infinitas comprehendat. Quam multos enim ex illorum sententia genesis efficit surdos, mutos, stultos, inertes, ineptos! Quid igitur ratio profuit ex utero prodeunti cæco, surdo aut simili alicui? Et quibus animantibus inferiores non sunt, sive ad victum quærendum, sive ad discendum? Quid vero apiculæ nocuit, vel araneæ, vel formicæ, quod rationis expers sit, si horum quodlibet facit id, quod ei secundum naturam convenit? Quid denique aliis obfuit animantibus ad suum cujusque opus, quod rationis expertia sint? Numquid propterea quod ratione carerent, impediti fuere sive cycni, sive cicadæ, quominus alis suis cantum ederent? Sed quæ ex ipsa natura canendi peritos producere genesis potest, quomodo non eloquentes ac disertos eadem reddidit? Cur bruta damnas? Numquid nos aliquid, nisi discamus, novimus? Verum bruta animantia, cum ratione destituantur, eorum quæ ad rationem spectant, discere nihil possunt. Quin ergo, cum perinde omnia ratione careant, non ea saltem discunt, quæ ad cætera bruta pertinent; ut grues quæ ad olores, asini quæ ad canes, et ad apes aranea, et sic deinceps quodlibet, quod ad alterum spectat! Non certe quia ratione destituitur, propterea humanæ institutionis brutum capax non est, sed ob naturæ, quam Conditor produxit, differentiam. Quodnam vero illud astrum est, quod hocce signiferi occupato signo ferarum atque jumentorum genus e terra aut ex mari natalitium formavit? Et cur idem nunc quoque non efficit? Jam quæ immaturam mortem adducit genesis, cur non vel decennem aliquem fecit esse senem, vel lanugine saltem faciem vestivit? Et si vitæ spatium cujusque nostrum ad quintum et sexagesimum annum, et nonnunquam etiam longissime infra eum terminum resecuit, qui fit, quod nunquam illud in quintuplum aut decuplum? at quid dico quintuplum, imo vel in triplum aut in duplum extendit?

Quæ ubi vir ille dixit, mox climacteris descriptionem subjecit, ut et astrologicorum nominum ac schematum, accuratius horum expositionem persequendo. Addit deinde, si per stellarum cursum atque schemata omnia animalia gubernantur, quomodo nullum unquam astrum aut schema, aut vicini sideris exortus vel patrem esse mulum fecit, vel matrem mulam, cum tamen hi fecundis non raro animalibus misceantur? Natura nimirum hujus vim elidit, et ubique eam vincit: in temporis productione, in corporum congressu, in gestandi fetus varietate, in ætatum immutatione, in cæteris, **217**^a quæ secundum naturam fiunt omnibus quorum illa nihil potest immutare. Cur enim equus nullus vel asinus hominum effugit flagellum, cum cætera animantia horum ictum non ferant? At si qua, quæ tamen rara sunt, sustinent, ne sic quidem difficultas solvitur. Cur enim non et cætera omnia sustineant numero multo plura? Deinde inter ea, quæ flagris cæduntur, libera sunt bruta, dum adoleverint: nam mox ut onera ferre cœperint, etiam verberari incipiunt. At homo potissimum in pueritia flagellatur: cum autem ad virilem ætatem creverit, aut nunquam, aut saltem raro cæditur. Quare adhæc fibris, suibus, gallis gallinaceis, hominibus, equis, et quibusdam forte aliis, genitalia exsecantur, ferrumque ipsos pro fecundis steriles reddit: cum cætera tamen animantia non modo ab astrorum necessitate nihil lædantur, sed eam etiam irridendam proponant? Cur tandem eadem stellarum positura eumdem cursum tenente, si plantæ amputentur, rursum ramos emittunt, et circumtonsa herba æque ut antea, quin etiam altius erigitur, cum in animalibus, si quod forte membrum dissectum fuerit, oculus, vel nasus, vel digitus, nihil plane fatum ad hujus membri restaurationem adjuvat, etsi hoc ipsum præbere illa quæ sic abstulit, censent? At non naturæ proprietas, sed astrorum motus quidam atque constitutio illud partim bestiis, partim hominibus distribuit. Jam vero quis sues, gallos gallinaceos, capras, boves, et si quid his simile est, ad mortem per gladium subeundam adjudicavit, cum plurima animantia hoc mortis genere non pereant? Olim præterea, cum idolis sacrificandi ritus vigeret, innumerabilis horum quæ jugulantur multitudo una sæpe immolabatur hora. Hoc vero more cessante, non perinde jam hæc animalia gladio subjiciuntur? Siderum tamen constitutio, ut illi loquerentur, constanter eumdem cursum tenes, inæqualiter adeo horum animalium conditionem immutavit, quæ cæterorum priscum vivendi modum invariatum reliquit. Quod si forte alia quoque nonnulla ad hunc fere modum immutata sunt, quando id neque in omnibus, neque in plurimis accidit, æquabilis nihilominus astrorum cursus, et insuper incommutabilis illa necessitas ludibrio exposita est. Et hoc quidem libri v, capitisque quadragesimi tertii extremum est.

217^b Sexto autem libro et capite quadragesimo quarto hæc subjicit. Si geneseos cursus, ait, e terra hominem cæteraque animalia produxit, quomodo nunc sine conjugio nequaquam vel hominem, vel varias illas animantium species producere deprehenditur? Quod si et nunc quædam eorum sic producit, vermes puta et id genus nonnulla, quomodo non etiam omnia alia quæcunque eodem modo e terra ab initio prognata exhibuit? At si forte stellarum cursus homines e terra initio formavit, cur non eos ita produxit, ut simul artibus instructi prodirent? sed longo post tempore et fabrilis ars atque textoria, et historica, geometria, rhetorica, aliæque innumeræ artes humano sunt ingenio primum excogitatæ atque inductæ? Si vero provenisse homines olim scientia instructos e terra nugentur: quomodo tunc sine disciplina docti sunt nati, qui nunc vix multis laboribus atque exercitationibus doctrinam parant? Quo nunc igitur vetus ille cursus recessit, qui ab ipso ortu sapientes homines fingebat? aut unde hic noster prodiit, qui natura sua peritos nonnisi per labores ac longam exercitationem provehit? Quid igitur crudelis Mars tum faciebat, cum homines in mutuam cædem non armarentur? Ubi astrorum cursus ille regum et principum multis post sæculis, ut et pagos habitandi auctor, cum neque mente quidem urbem ullam aut imperium homines excogitassent? Cur adhæc olim homines artium inventores erant, nunc vero inventis contenti longius progredi non student? Manifestum certe datam a Deo hominibus intelligendi vim, post inventa cum tempore et labore, ac potissimum cum cœlesti auxilio ea quæ ad vitam tuendam erant utilia, jam constitisse, neque ultra quidquam frustra comminiscendis novis allaborare. Quomodo item ejusdem provinciæ tota natio aliqua comam nutrit, alia tondetur? Et quædam gens matribus miscetur, plures vero hunc exsecrandum esse morem ducunt? Etsi aliis insuper innumerabilibus differentiis legum, vitæ, ac consuetudinum distinguuntur, neque tamen ullus siderum cursus aut comatos tondet, aut attonsos comam alere cogit, aut alia alios facere, quæ suis ipsi legibus docti non sunt. Hæc autem ipso capite continentur.

Proximo vero illud adducit: Si etiam fati amatores illi fugiendum putent ad vicinarum stellarum exortus (quæ a signis atque planetis diversæ, **218**a fatalibus geneseos eventis affines non sunt, neque inter se consentiunt, sed pro climatum differentiis, singulæ suos suppeditant eventus), dicant velim nobis, ubinam sit geneseos inconcussa illa firmitas atque constantia? Ex iis enim quæ ipsi referunt satis apparet, propriis viribus harum singulas illius effectus rescindere. Quanquam non omnes idem terræ spatium obtinent: qualis sit Persarum atque Iberorum portio, vel Lazorum atque Romanorum, seu aliorum quorumcunque. Quomodo igitur hæc gens oppositis adeo illius gentis vivendi normis, legibus ac moribus gubernatur? Deinde quomodo pleræque gentes suos quæque fines incolentes, in Romanorum terminos irruerunt? Tertio vero, migravit olim populus Judaicus in Ægyptum, neque tamen a patriis legibus recessit: ex Ægypto deinde idem iterum demigrans, Palæstinam et Arabiam inhabitavit, idololatris prius bello pulsis; nec a Mosaica ideo lege descivit, ut neque tunc, cum in captivitatem Babylonem deductus est, sed nec postea per totam terram dispersus patrias leges deseruit. Nullius enim extra zodiacum positæ stellæ ortus, ac neque genesis ipsa, circumcisionis illos aut sabbati præceptum solvere coegit. Quin et nostrum genus, Christianorum inquam, quadringentis abhinc annis exortum, subito orbem, qua patet, occupavit, a suis gente qualibet ritibus abducta, atque ad ducendam ex pietatis præscripto vitam tralata: non id patriam mutando, sed in eadem, ut solebant, habitando; atque ita vetusta illa stellarum harum apotelesmata imbecilla et risu digna relinquendo. Itaque ab hominibus indoctis prolata doctrina, hæc ipsa manifeste evertit, quibus pudibunda cedebat imbellis genesis. Etenim paruit quidem olim Assyriis subactus orbis, hinc Babylon imperavit, deinde Medi imperium exceperunt, et post illos Persæ, donec id tandem ad Macedonas transiit: attamen quæque gens suos retinebat mores, et a suis regebatur regibus, ac saltem communem illum, qui omnibus imperabat, agnoscebat Dominum. Nunc vero, quemadmodum una duntaxat est religio, sic et regium imperium unus tenet, trecentisque gentibus aut amplius, nonnisi una legitima imperii Romanorum majestas præest, **218**b quemadmodum et religio nonnisi una est. Neque tamen aliquem hoc tempore cogit genesis vel idola colere, aut matribus misceri, aut alia quædam patrare, quibus metuendæ gentes illæ non inter se tantummodo discrepabant, sed etiam ab oppositis sibi invicem nationibus distinguebantur. Illud ergo nobis explicent, quomodo religionis atque doctrinarum mutationem fatum inducat, neque tamen cætera mutandi vim ullam habeat? Neminem enim unquam aut suadendo, aut vi cogendo eo adduxisse videtur, ut eum ignominiæ, paupertatis, invaletudinis, servitutis, injuriæ, aut alicujus ex infinitis aliis horum similibus desiderium caperet. Sed quemadmodum ubique visa est natura potentior quam fatales effectiones, sic et ratio, propriæ libertatis dignitate servata, manifeste satis in iis, quæ voluntarie operatur, nugas istas vincere demonstratur.

Verumtamen si pie aut impie agere a genesi proficiscitur, explicent velim nobis, quæ genesis Stoicum reddat? quæ Epicureum? Peripateticum item qualis, aut Platonicum? quæ immolare Baccho, aut Cereri, Solive aut Lunæ? Quæ Ægyptium pecus adorare, vel canem felemve? quæ Manichæum reddat? quæ Valentinos? Quod si indicare nequiverint, ne quoque ultra sese efferant, moneo. In nobis igitur situm, non in geneseos operatione, sic vel sic numen colere. Si vero hoc: utique et colere simpliciter, et [omnino] non colere: e patribus enim totum constat. Quomodo autem non absurdissimum illud sit, improbum per genesim fieri, et eidem tamen improbitatis nomine odio esse? similiter et bonum fieri, atque admirationi esse, et similiter adulterum, aut homicidam? Ab eadem item per vim coactum mala perpetrare, et rursum ob illud ipsum puniri? Legislatores constituere, sceleratos punire, et nihilominus alios vel invitos impellere ad peccandum, seu ad alia quibus referta est hominum vita? Quæ siquidem in nostra sunt potestate, nobis quoque eorum quæ fiunt culpa sustinenda; sin genesis summam potestatem obtinet, aut hæc culpanda, aut is certe, qui hanc condidit. Ita undique fatum non consistere tantum nullo modo posse, sed impium insuper esse, atque probrosum [ostenditur]. Verum his et liber sextus et quintum ac quadragesimum caput absolvitur.

Septimo autem libro quæstionem ab astrologis proponi solitam dissolvit. Dicunt enim, ait: **219**a Unde exsistunt mala, si non a fato proficiscuntur? Quibus sic respondet: Si quæ nobis mutuo mala struimus, discere velitis unde exsistant, dum eorum patratores vestris oculis conspicitis, frustra causam aliam quæritis: sin ea mala, quæ inviti patimur, etiam hujus solutio ad oculum patet. Perturbavimus omnigenæ improbitatis turbine ipsam vitam, facimus quæ odit et aversatur Deus; ideo patimur quæ nolumus, ut ne deinceps in vitia prolabamur. Nisi forte oportuit ita criminibus obnoxios felicitate insuper potiri, quo Deus amplius etiam ignoretur, et nos pronius in mala feramur. At si perpetrare mala per fatum Deus nos cogit, quomodo rursum velut peccantes castigat? Aliud autem est, ut clarum, permittere quemlibet libero arbitrio uti, et quod velit eligere; aliud, ad committenda mala impellere. Quomodo vero vobis, ait, divinæ gubernationis profunditatem ignorantibus, in mentem venit ad geneseos illud figmentum converti? Quia per terram reptantes vos ad Conditoris ipsius judiciorum altitudinem nequaquam ascendistis, propterea in stellas, lunam, solemque, eorum quæ a nobis fiunt causa referre conati estis, et quæ nos ipsos efficere videmus, ea non esse nostra nugari ; quæque astra efficere nullo modo possunt, hæc tamen per illa fieri mendaciter fingere? Quin ego ipse, inquit, dum hæc scribo, a genesi, secundum vos, coactus sum has ejus scribere reprehensiones : ut ita etiam ipsamet acrius adversus seipsam, quam ullus alius extrinsecus eam oppugnans hostis insurgat.

At vero quid juvat ea discere, quæ a genesi exspectantur ? Nam si quidem vitare cognoscentibus conceditur, quæ fato destinata sunt, inepta est prædictio. Vincit enim quæ in nobis est facultas genesim : et maxime, quibus fatum non ignotum, solvere ipsius seriem poterunt ; cum hi magis quam cæteri, quæ a genesi ordinata sunt cognoscentes, nihil eorum quæ ipsa minitatur, accidere sibi patientur. At nec hoc, iterum illi aiunt, extra geneseos seriem est, quod qui hæc cognoverint, eripiantur. Igitur genesis in contraria dividitur, partimque prædictionem adhibet, partim eam ipsam irridet : quo quid magis ridiculum esse queat ? Quanquam et alia rursus ex parte multa est in ea injustitia atque inæqualitas. Cur enim non omnibus hoc persuasit, ut eventura sibi discerent, quo item omnes ex his eriperentur ? Quod si vero ei qui ista cognoverit, effugere tamen non licet ; quid frustra cognoscere juvat, curisque ante tempus consumi, percelli ante ictum, et **219**b ante mortem gravius quam morte ipsa affligi ?

Hoc porro omnibus perspicuum, eos, qui fatum asserunt, et proborum laudes atque coronas e medio tollere, et improbis contra injustam denuntiare pœnam atque correctionem. Nam si necessitate adductus est uterlibet ad ea, quæ agit, jam neque virtuti merces ulla est, neque scelerum pœnam exigere licet : quod non potest non penitus nostram vitam confundere atque invertere, et omnibus in Deum linguam suam acuentibus esse impudentius. Non sufficiebat nimirum miseris, si cogerentur mala cogitare, dicere, facere : sed cum eorum misereri oporteret, odium insuper adjicitur et pœna.

Ubi si quis dixerit, nostrum non esse scire cur Deus talem condiderit genesim ; is dum modeste agere se fingit, pietatem perstringit, ac per ea ipsa etiam magis fit impius, per quæ moderate loqui videtur. Si enim vere bona genesis est, quæ nobis mala apparet, et id quidem per ipsam genesim : non jam hoc meum erratum est, si malam puto, quæ mala non est ; sed ejus potius qui tale per genesim judicium cogitatis nostris inseruit. Nam si meum erratum est, aliena erunt utique a genesi quæcunque ad cogitata pertinent, quæ et sermo et operatio sequuntur, frustraque fuerit genesis. Vera igitur moderatio cautaque hic circumspectio non sit, malam finxisse genesim, deindeque Deo malo-

rum cogitationem concedere ; neque item illud, affirmare eumdem et ad malum impellere, et quos eo per genesim impulerit, nihilominus punire ; non sunt hæc modeste loquentis, sed ipsa demissionis specie in gravem errorem inducentis. At vero pietatem colens soboles, nullam Deo injuriam per illa eadem facit, per quæ ipsum colere se arbitratur, neque ejus tollit bonitatem, malorum ipsi potestatem attribuendo, injuriam enim facere neque modo novit, neque unquam poterit divina potentia : non, quem hæc homicidam fecit, postea castigat ; non ita prohibet labi, ut deinde et cogat non obtemperare præcepto, et puniat negligentem. Hæc neque in Deum cadunt, neque a pia mente admittuntur. Nos autem quæ consentanea sunt mente agitantes, perfecte Deum omnia quæ in mundo fiunt, comprehendere fatemur ; at non etiam ipsi comprehendere hæc contendimus, certi nos nunquam comprehensuros. Cæterum hanc esse veram Dei potentiam agnoscimus, quod neque a malis aliquando superetur, et quod in rerum conditarum utilitatem bonitate utatur. At tu mihi etiam illud considera. Solent in venationibus tauri stimulis excitari, atque ad pugnandum proritari, dolorem quoque **220**a dominis sentientibus, si forte minus excandescant. Verum astrorum ille cursus morte remuneratur eos qui ipsius fatalibus decretis obsecutus fuerit. Servos adhæc nostros immorigeros castigamus, obsequentes præmio afficimus. At illa quæ hæc cogitare ac facere cogit genesis, et labi jubet, et persuasos cruciatibus subjicit. Eadem item nos quidem justos in subditos interdum facit, cum ipsa interim injustissima in nos committere non erubescat. Annon igitur extremæ dementiæ hæc statuere ? Atque hæc quinto et quadragesimo capite disserit.

Quadragesimo sexto capite asserit illos a genethlialogia dementatos, omnium quoque architectum Deum eidem subjicere. Ita enim loquuntur, ait, quemadmodum juste vivere a genesi proficiscitur, sic et orantem exaudiri, et Dei præsentia impleri, et divinis dignari apparitionibus. Per ea igitur quæ asserere ipsi audent, Deum esse geneseos ministrum declarant, atque in eos solos esse beneficum, quibus hujus cursus beneficium accipere benigne concesserit. Quo quid esse possit impium magis ? Sin hæc atque his similia adimunt, jam maximis ab eo bonis divulsis, in unam duntaxat dominari malitiam scripserint. Attamen tempus docuit quam plurimos e bonis malos evasisse ; ita ut probos in improbos commutando, in eos rursum potestatem obtineat, qui ab ejus potentia liberi erant. Adeo dum hæc statuitur, omnia confunduntur atque conturbantur, et vel ipsa sese ante omnia prosternit, ac circumagendo evertit.

Proximum deinde caput (septimum id est et quadragesimum) asserit, Græcos aliquot philosophos hæc animo considerantes, illud de genesi figmentum detestatos esse atque irrisisse, quanquam et cœlum ipsum non secus atque illi globosum assererent; et non aliter de signorum compositione, deque errantium stellarum motu statuerent. Quænam igitur horum sententia est, quod hæc quidem admittant, illud vero nequaquam? Ea quæ terra marique vel in aere et cæteris elementis accidunt præsignificandi, etsi non cogendi aut efficiendi vim habere astrorum cursum arbitrantur. Hunc enim ad eum fere modum futura denuntiare, quo divinandi, aruspicandi, aut similis ars quæpiam solet: ut non propterea hæc eveniant quod prænuntientur, sed ideo prænuntientur, quod eveniant. Neque enim astra per vim gubernare hæc inferiora, sed duntaxat quæ post eventura sint denuntiare. Verum etsi qui **220**b sic sentiunt, magnam illam astrologorum impietatem a se repulerint, ad perfectam tamen veritatem non pervenerunt. Ita septimus liber absolvitur.

Octavus porro liber a quadragesimo octavo inchoatus capite, duos creatos dicit cœlos, unum quidem aspectabili isto superius, quod una cum terra substiterit, alterum vero hoc quod videmus. Horum ergo duorum alterum tecti quasi locum tenere, alterum terræ quidem tecti vicem similiter præbere, sed altiori illi cœlo soli instar esse ac fundamenti; terram adhæc unam esse; cœlestia item potestatibus majoribus esse subjecta, ut et visibilibus ea quæ sub cœlo sunt. Cœlum insuper non rotundum, sed tentorii ac fornicis formam præferre. Pro quidem opinione Scripturæ, ut putat, testimonia profert: non ea solum de figura, sed et de occasu atque ortu solis. Reddit et causam incrementi ac decrementi dierum ac noctium: aliaque id genus curiose investigat, mea quidem sententia, quæ necessaria non sunt, etsi cum sacris oraculis connexionem quamdam habent. Unde pium quidem hunc virum, ex iis quæ refert, judices, at non ita etiam accurata cum ratiocinatione sacrarum Scripturarum testimonia producere dixeris.

Inde ad nonum et quadragesimum caput transitione facta, sacræ nobis Scripturæ leges, admonitionesque, et magnum illud redemptionis nostræ mysterium (nec immerito sane) prædicat; ubi et astrologiam ex iisdem illis divinis libris egregie perstringit.

Hinc ad quinquagesimum caput gradu facto, eumdem illum errorem nihilo segnius oppugnat, præter alia etiam ista referens. Et si quid, ait, ab illis prædictum evenire forte videatur, non id mox [quia prædictum fuit] evenit; multa siquidem et nobis eorum quæ cogitaveramus, acciderunt, et negotii alicujus vel moti jam, vel brevi movendi exspectatione suspensi, illud ipsum tale habuisse principium vel finem postea deprehendimus, qualem speraveramus: neque tamen propterea nos in propriorum ordinem referimus, sed casus esse hunc eventum, atque conjecturæ agnoscimus. Enimvero si quid alienum ab humana vita prædicerent, ac deinde insolitum illud, non dico sæpius, sed semel admodum evenisset, merito admirari licebat. At cum ea quæ plerumque accidere solent prædicere videantur, quid mirum si recte conjiciant? non enim facile est tam multa dicentem aberrare. **221**a Quin illud potius mirandum sit, semper si aberrarent. Jam si etiam dæmones habeant adjutores, quemadmodum sane habent, qui ipsorum prædictionem confirmant, non amplius tum mirer si recte conjectent, sed multo magis si non recte conjiciant. Adjuvant enim eos dæmones, in astrologorum scriptis maxime versati, omni ad hæc perficienda contentione adhibita, quo nimirum, illo de fato errore nimis credulis infuso, contemptum insuper Dei his ipsis persuadeant. Prædicunt autem hujusmodi libri divitias, paupertatem, et quæcunque contingere in hac vita solent, ad quæ sane dæmones suam opem afferre non difficulter possunt. Etenim etiam nos horum non pauca in alios, si modo velimus, vel persuadendo, vel decipiendo, vel vim adhibendo, conferamus. Et vero peccatores in sua tenet potestate dæmonum turba, obsequentesque ducit atque agit quo vult. Velint autem ad astrologorum fallacias nostram componi vitam: ut eventus quidem cum astrologorum prædictionibus consentire animadvertentes, sed eorum auctores non observantes, non solum astrorum cursu decepti fallamur, verum etiam, pietatis ac justitiæ nulla habita ratione, in impietatis abyssum incidamus. Et hoc quidem ipsum, quod illam, quam diximus, compositam adversus homines machinationem hi non animadvertant, dæmonum utique opus fuerit, peccato simul atque impietate ascitis, per quæ prohibeantur [miseri] et horum molitionem, et divinorum similiter judiciorum profunditatem intelligere. Quomodo enim Deus aut dæmonum insidias, aut suæ providentiæ mysteria manifestet iis quibus studio est ejus despicere præcepta? Etenim quæ iniqua esse scimus, perpetramus: neque tamen ea consectamur, quæ laudanda novimus; et adhuc speramus nos ignota percepturos? Ubi ea feceris, quæ didicisti, atque per virtutem teipsum dignum reddideris, ad plura præter ea quæ ante cognoveris percipienda, tum demum mireris, si quæ perfectiora sunt, discere nequiveris. At quandiu perturbationibus refertus es, Deumque contemnis, quomodo tu aut ejus providentiæ mysteria disces, vel contra te dæmonum impetum? Et quomodo non facile vincant dæmones eos quibus tum est Deus propugnator? ad illa nimirum hos attrahentes, quæ astrologorum libri prædicunt: ut fati in eis figmento corroborato, amplius etiam a Deo deficiant.] Atqui, si quanto ad malum studio contendimus, tanto item ad honestatem incumberemus, non ignoraremus **221**b quam Deo charissimus, neque quantum virium contra dæmonem habeamus. Etsi enim ubique Deus, ad eos tamen propius accedit, qui per opera ipsum diligunt. Ubi autem Deus est, quænam illic insidiæ lateant, aut quis omnino adsit insidiator? Quæ ubi disseruit, divinis rursum Eloquiis adversus fatum instructus, homines adhortatur, ut se illo errore liberent. Quod autem in signa et tempora et annos factum esse a Deo solem cum luna et stellis dicitur ª, his ea significari vult, quæ ᵇ sub Jesu filio Nave et ᶜ Ezechia rege, itemque in ᵈ Christi passione contigerunt.

His igitur quinquagesimo capite pertractatis, 51 ad deinceps transit, quo a Bardisane ortos hæreticos redarguit, quod cum profiteantur se prophetas admittere, animas quidem a genesi liberas et sui juris confiteantur, sed corpus nihilominus hujus gubernationi subjiciant. Nam divitias, paupertatem, morbum, sanitatem, vitam, mortem et quæcunque in nostra non sunt potestate, per fati vim effici affirmant. At si secundum Isaiam ᵉ ignorant cœli astrologi quæ futura sint, et ex Jeremiæ ᶠ sententia, vanum hoc omne studium est, quomodo hi suscipere se dicunt prophetas, qui corpus fati servituti subjiciunt? Etenim Deus Judæis sive minas sive pœnas nonnisi corporeas intendit, similiaque parat beneficia, quorum tamen cognitionem non habere astrologos per Isaiam pronuntiavit. Quonam igitur pacto fieri potest, ut et prophetis fides adhibeatur, et corporeorum cum malorum tum bonorum potestas omnis fato concedatur, et huic nimium addicti futura prædicant? nisi forte per insaniam dixerint, bona quidem piis, mala vero impiis distribuere, et ipsum insuper numen fato deservire. At qui animæ genesi non subjiciantur, quando Deus ipse, rerum omnium conditor, una cum hac operatur, fatalibusque effectis subservit? Si vero quæ per angelos olim ac prophetas administrata sunt, ea genesis non efficit, ut nec ea quæ Dominus noster Jesus Christus in carne apparens operatus est, dum innumerabilem humanorum corporum multitudinem sanavit, quorsum adhuc volunt affirmare corpus a genesi administrari? Nam aut illud falsum reddent, quod Deus immorigeris pœnas ministretur, obtemperantibusque benigne faciat : aut certe, si primum illud verum, secundum fabula est. Ad hæc **222**ª qui fieri potest, ut genesi corpora subjecta sint, animæ tamen ejus imperio subducantur? Si enim a genesi accidat inventio thesauri, vel ædificatio domus, vel aliarum aliquarum corporearum rerum sive assumptio, sive abjectio, imo et adulterantium atque mœchantium pœna, necessarium utique animam impelli ad inventionem thesauri [propter ipsum thesaurum], atque ad discendam vel architecturam propter domum, vel textoriam propter vestem. Quin a muliebri amore vinci hanc oportet ut ferat corpus proprii pœnas delicti : imo etiam ad cædem incitari propter genesim, quæ mortis sententiam tulit : et sic de aliis. Vix enim corporeum quidquam fiet, nisi anima obediat atque adjuvet, ut necesse sit Bardisanæ sectatores, vel animum subjicere genesi, vel si hoc non audeant, etiam corpus ab hujus imperio liberum pronuntiare. Ita secundum et quinquagesimum caput finitur.

Proximo vero extremam illam impietatem confutat eorum, qui ipsum quoque Dominum nostrum Jesum Christum genesi subjicere audent, sumpta de ostensa magis stella occasione. Hanc ergo amentiam bene et sapienter refellit, multis illos confodiens argumentis; cum alibi, tum ubi ostendit visam stellam non unam e multis in cœlo fuisse, sed vim quamdam diviniorem in astrum conformatam, quæ omnium Domini nativitatem denuntiaret (1). Porro magos refert a Chaldæis ita accepisse, stellam quamdam olim fore, quæ natum in carne communem Servatorem nuntiaret. Hoc illis vaticinium, tanquam ejusdem artis studiosis, enarrasse Balaamum illum, qui vel invitus imprecationis loco bene precando Israeli, benedictioni suæ nascituri regis ortum, et hujus præconem stellam admiscuisset ᵍ. Duum autem sese videndum obtulit Dominus, præ cæteris nationibus Persis potissimum jam natus apparuit, quod quibuscumque eam expetentibus, sive magis sive incantatoribus, per ipsum gratia et redemptio donaretur.

His ergo atque aliis horum similibus pertractatis, ultimo tandem capite repetitionem prædictorum omnium instituit, simulque quinquagesimum tertium caput, et octavum librum absolvit.

Est autem in loquendo purus atque distinctus, ejusmodi enthymematis atque epicherematis efformatis, qualia ex parte jam in his illius operis excerptis indicavimus.

222ᵇ CCXXIV.
Memnonis Historiarum libri.

Cap. I. — *Summa historiæ sequentis de Heraclea Pontica.*

Memnonis historia, a libro V usque ad XVI, quæ circa Heracleam Ponticam acciderunt (id enim operis institutum est) exponit : tum urbis tyrannos, et res horum gestas moresque, tum aliorum etiam vitam et exitum, et quæcunque eo pertinent, recenset.

Cap. II. — *Clearchi tyranni eruditio, et crudelitas.*

Clearchus (ait) primus tyrannidem in hanc sibi urbem vindicavit, disciplinæ philosophicæ haud equidem rudis (e Platonis enim discipulis unus fuit, et quadriennium Isocrati oratori operam dedit); at enimvero crudelem, si quisquam alius, civibus se exhibuit et cruentum : et ad summum usque insolentiæ processit, ut et Jovis se filium nominaret. Nec colore genuino, quo natura faciem ejus tinxerat, contentus, subinde aliis atque aliis eam fucis illinebat, ut nitida et rubicunda intuentibus videre-

---

ª Gen. I, 14. ᵇ Josue X, 13. ᶜ IV Reg. XX, 9. ᵈ Matth. XXVII, 45. ᵉ Isa. XLVII, 12. ᶠ Jerem. X, 2. ᵍ Num. XXIV, 1 seqq.

(1) Eadem Basil. et Nysseni sententia Hom. *de Nativit. Domini.*

tur. Quin et vestes ad terrores et delicias permutabat. Nec vero in his tantum improbus erat, sed etiam in benefactores ingratus: et in omnibus violentus, ad res nefarias audax. Natura industrius ad cædes eorum quos impeteret, non tantum si quid hostile meditaretur contra populares, sed etiam in exteros. Bibliothecam tamen sibi comparavit, cujus laude antegreditur alios quos tyrannis famosos reddidit. Hic insidias crebro multas, propter cædes, immanitatem, et injurias sibi structas, effugit; sed vix tandem a Chione Matris filio (qui vir erat magnanimus, et necessitudine sanguinis tyranno devinctus) et Leone et Euxenone, cæterisque non paucis, conjuratione inita, vulnus lethale accepit: cujus dolore acerbissimo est exstinctus. Commune enim populi sacrum agebat tyrannus. Opportunam igitur occasionem se adeptos rati qui cum Chione conspiraverant, manu Chionis ensem trans ilia communis patriæ hostis adigunt. Qui inter multos et sævissimos cruciatus magis magisque ingravescentes, et pavores a spectris incussos (erant autem simulacra eorum quos crudelem in modum necaverat), altero die post vitam cum morte commutavit, cum annos exegisset in vita 58, et 12 tyrannicum imperium tenuisset. Apud Persas tunc regno præerat Artaxerxes, et exinde Ochus **223**a patris in imperio successor. Ad quos sæpenumero Clearchus, dum vita fruitur, legatos misit. Qui vero necis auctores tyranno fuerant, prope omnes, partim a satellitibus, in ipso aggressionis articulo (ubi tamen strenuos se viros gerebant) concisi, partim aliquanto post capti, et atrocibus suppliciis (quæ fortiter toleraverunt) affecti, occubuere.

CAP. III. — *Satyri tyranni immanitas et crudelitas, philostorgia in fratrem. Morbus atrox. Vindicta divina etiam in hac vita.*

Satyrus autem, tyranni germanus, et curator puerorum Timothei et Dionysii relictus, imperium suscipit, qui non Clearchum solummodo, verum cunctos etiam tyrannos crudelitate superavit. Non enim de insidiatoribus fratris tantum vindictam sumpsit, sed et in liberos eorum qui etiam rei perpetratæ conscii non essent, non minus sæviit. Atque ita a multis insontibus maleficorum pœnas exegit. Fuit hic omnis doctrinæ philosophicæ et artium ingenuarum omnino expers, ingenio tantum ad sævitiam propenso; nec voluntas ei erat, humanum aliquid et moderatum discendi, nec a natura indita facultas: sed per omnia erat pessimus, etiamsi tempus ipsum infringebat hominem, ut civilis tandem sanguinis et cædis eum satietas caperet. Amoris tamen fraterni primas tulit. Nam, ut dominatum fratris filiis integrum ab injuriis conservaret, adeo ejus rationem habuit, ut licet conjugali uxoris, quam unice amabat, consuetudine uteretur, liberos tamen ex ea procreare nollet, sed omni arte hanc orbitatis et non gignendæ sobolis ceu pœnam sibi irrogaret: ne quem omnino insidiatorem fratris filiis relinqueret. Superstes adhuc, sed senio gravatus, Timotheo, qui de filiis fratris ætate præcessit, rerum summam tradit, nec multo tempore post difficillimo corripitur morbo et immedicabili. Cancer enim inter inguem et scrotum enatus ad interiora pascendo subinde acerbius proserpebat: ex quo, carne laxata, sanies, gravissimos et intolerabiles exspirans odores, profluebat, ut nec ministri nec medici virulentissimum putredinis fetorem sustinerent ac perferrent. Continentes autem et acerrimi dolores totum ejus corpus excarnificabant: quorum vigiliis et convulsionibus eousque mali contagio adaugescebat, donec ad ipsa viscera se insinuans, vitam tyranno abrupit. Quare hic, non minus quam Clearchus, animadvertentibus considerandum exhibuit, pœnas tandem exigi illorum quæ contra divina et humana jura immaniter in cives admisissent. Sæpe enim **223**b inter morbi torturas precatus dicitur, ut quamprimum se mors obrueret, voti tamen compos non ante factus, quam morbi vi et acerbitate consumptus, eo modo fatis debitum exsolvit: postquam 65 in vita, in tyrannide 7 annos compleverat. Et tempestate illa regnum apud Lacedæmonios Agesilaus administrabat.

CAP. IV. — *Timotheus filius Clearchi, princeps III. Ejus merita in rempubl. et privatos. Ejus heroica in bellis virtus. Mors immatura. Habitus ei a fratre honos post mortem.*

Timotheus igitur, imperium adeptus, ita ad moderationem, et quam potuit maxime popularem statum, illud reduxit, ut non ultra tyrannus, sed benefactor et servator ob præclare merita nuncuparetur. Nam de suo nomine creditoribus expedivit, et inopia laborantibus sine fenore, ad negotiationes et alios vitæ usus, pecunias suppeditavit: nec modo insontes, sed et veris criminibus obnoxios carceribus exsolvit. Judex quidem accuratus et severus, cæteroqui tamen humanus et benignus. In rebus fidei suæ credendis minime suspectus. Idcirco et fratrem Dionysium cum in aliis paterno amore et studio complexus est, tum statim imperii consortem ascivit, et successorem sibi destinavit. Sed enimvero ad res bellicas alacri, et qui virum decet, animo ferebatur. Magno enim spiritu, et generoso corporis et animi robore erat præditus. Quin et ad controversias bellorum dirimendas et componendas æquum bonumque se præbebat, nec difficilem. Ad perspiciendum res idoneus, et ad exsequendum bene consideratas strenuus. Ingenio et moribus clemens, misericors et beneficus. In periculis quidem adeundis ferox: at in cætera vita perquam humanus et comis. Ideo, quandiu salva ei vita mansit, hostibus quam maxime formidabilem (ut omnes quibuscum inimicitias susceperat, eum expavescerent), sed civibus suavem et mitem sese præstitit. Hinc accidit ut ad vitæ exitum vocatus, ingens sui desiderium faceret reliquum, et parem desiderio luctum excitaret. Germanus autem ejus frater Dionysius magnificis cadaver sumptibus rogo tradit, et e suis fratri palpebris la-

crymas ceu libans effundit, eque propriis visceribus ei gemitus impendit. Ludos etiam equestres, et
præter hos, gymnicos et thymelicos et scenicos,
alios statim, alios postea, qui magnificentiores essent. peregit. Hæc ix et x libro (quatenus cursim ista
perstringimus) historia Memnonis describit.

CAP. V. — *Dionysius princeps IV , rex fortunatissimus imperii augendi occasiones non negligit. Adversam fortunam studio et fato superat. Lætitiæ
ambitiosæ excessus. Arte declinat pericula. Matrimonium felix, e fortuna Amastris. Mira vicis-
situdo. Imperii amplificati ratio. Fatum. Humana
diligentia. Societas. Affinitas. Summus felicitatis
gradus. Ignavia. Mors et tegata. Benigni cognomentum ex moribus retulit. Curatores filiorum
Dionysii. Amastris Lysimacho nupta.*

Dionysius, gubernaculis imperii acceptis, in augendo eo non vanam collocavit operam. Alexander
enim, Persis ad Granicum profligatis, securam
amplificandi ditiones suas occasionem patefecerat
his, qui vellent : cum, quæ hactenus impedimento
fuerat, Persarum potentia labefactaretur. Sed varias
deinceps fortunæ vices expertus est, maxime cum
Heracleæ **224**a exsules missitandis ad Alexandrum legatis, jam haud dubie Asia potitum, de reditu et patria reipublicæ administratione sollicita-
rent. Quare non multum abfuit quin excidisset
imperio. Et excidisset sane, nisi prudentia et sagacitate mentis, et studiis civium, et suis erga Cleopatram obsequiis, bella, cum minis sibi denuntiata,
effugisset : dum qua cedit, iramque mitigat et di-
lationibus coercet, qua etiam se munit, et contra
præparat. At posteaquam Alexander, dum Babylone agit, vitæ cursum absolvit, vel nece violenta
vel morbo exstinctus, quam primum accepit nuntium Dionysius, Lætitiæ statuam consecravit : et
ad primum famæ adventum, eo affectus est modo
præ exuberanti gaudio, quo repentina hominem
consternatio afficeret. Nam prope erat ut vertigine
correptus prolaberetur, et a sana mente conspiceretur alienus. Hinc, ubi Perdiccas summi imperii
negotia procurabat, Heracleæ exsules ad petita ab
Alexandro etiam hunc instigarunt. Dionysius igitur
eodem utens compendio, quamvis in acie novaculæ
prope consisteret, pericula tamen complura sibi
intentata devitavit. Verum Perdiccas, quod improbe se gereret, ab iis quibus præerat interimi-
tur : et simul fervida illa spes exsulum exstinguitur.
Proinde res Dionysio in statum feliciorem convertuntur. Ad felicitatem vero plurimum ei attulit
momenti secundum matrimonium. Amastrin enim
duxit, filiam Oxathræ. Frater is erat Darii, quem
Alexander imperio exuit, ejusque filiam Statiram
uxorem sibi adjunxit. Patrueles igitur erant hæ feminæ, amore inter se eximio devinctæ, quia a communi educatione et convictu in animis ipsarum radices egerat. Amastrin hanc Alexander, cum Statiram fecisset uxorem, Cratero (qui inter charissimos ei fuit) nuptum dederat. At cum, Alexandro
rebus mortalium propere exempto, Craterus ad

Philam, Antipatro natam, animum adjiceret, Ama-
tris, desertore non invito, domum a Dionysio ducitur. Ex quo ad magnum ei augmentum dominatus sese extulit, tum opum e recentibus nuptiis accessione, tum ipsius etiam principis studio et magnificentia. Nam et Dionysii, qui Siciliæ tyrannum
egerat, omnem ei supellectilem facultas emendi
contigit, quando de imperio illius actum fuit. Nec
vero his tantum roborabatur ei potestas, sed etiam
eo quod prospero successu et favore civium utebatur, et imperium usurpabat in multos antea non
subjectos. Antigono etiam, jam magnifice Asiam
224b tenenti, suppetias tulit, quando Cyprum
oppugnavit, et Ptolemæum, illius fratre natum
(cui Hellesponti satrapiam commiserat) quasi præmium studii sui apud Antigonum invenit, ut generum illum haberet, filia quæ ex priore fuerat suscepta conjugio, in matrimonium ei elocata. Itaque
ad magnam elatus gloriam, tyranni nomen dedi-
gnatur, et regis assumit. Jamque metu et curis liberatus, cum in quotidianis vitam deliciis ageret,
in crassam corporis molem excrevit, pinguedine
supra naturæ modum adauctus. Unde evenit ut non
modo negligenter regnum administraret, sed etiam
somno oppressus, aciculis, licet oblongis, in corpore fixis (id enim solum veterni et stuporis supererat remedium) vix tamen a soporis gravedine
exsuscitaretur. Tribus autem ex Amastri liberis
sibi procreatis, Clearcho, Oxathre, et filia ejusdem
cum matre nominis, jam morti propinquus, uxori
administrationem cunctam, et liberorum, qui
adhuc teneræ admodum ætatis erant, tutelam (adjunctis quibusdam aliis) relinquit : cum vixisset
annos LV, in imperio autem conspicuus fuisset XXX,
in quo se mitissimum (quod dixi) gessit, ita ut
cognomentum Benigni ex moribus referret; magnumque civibus desiderium et luctum post se reliquit.

Nihilo tamen minus, post ejus a mortalibus discessum, res civitatis in secundo fortunæ casu per-
manebant, Antigono filiorum Dionysii et civium
non obiter curam gerente. Qui ubi ad alia studium avertit, Lysimachus in curationem Heracliensium et puerorum successit. Qui et Amastrin uxorem sibi asciscivit, et initio mirifice amavit : sed gli-
scentibus negotiis illam Heracleæ relinquit, ipse
rebus urgentibus occupatur. Nec longo intervallo
post, cum laborum distractione quietem ageret,
Sardes illam accersitam pari amore complectitur :
postquam vero ad Ptolemæi Philadelphi natam,
cui nomen Arsinoe, amorem transtulisset, causam
Amastri præbuit disjunctionis, utque deserto illo
Heracleam occuparet. Quo reversa, Amastrin urbem erexit, et colonis frequentavit.

CAP. VI. — *Clearchus princeps V. Ejus virtus bellica.
Fortuna mutabilis. Degeneratio. Parricidium.*

Clearchus autem, ad virilem tunc ætatem progressus, et civitati Heracleæ præfuit, et in bellis
non paucis, quæ vel ope sua propulsaret ab aliis,

vel illata sibi defenderet, specimen praeclarum edidit. Inter quae etiam, **225**a dum Lysimacho contra Getas belligeranti operam navat, captus est cum rege : eoque ex captivitate soluto, ipse etiam prudentia Lysimachi postea est dimissus.

Clearchus itaque et frater in regno paterno successores, lenitate et beneficentia erga subditos patre longe inferiores evaserunt. Quid quod ad nefarium et exsecrabile facinus sunt delapsi. Matrem enim, quae nihil in eos grande peccaverat, cum navi se commisisset, insigni commento et flagitio, mari suffocandam curarunt.

CAP. VII. — *Parricidii ultio. Lysimachus VI dominus externus et benignus.*

Quam ob causam Lysimachus, saepius in historia ista memoratus (in Macedonia autem tunc rerum potiebatur), etsi propter Arsinoes consuetudinem Amastrin a se abalienarat, cum tamen pristini in amoris ceu igniculum ferret, et immane atque detestabile hoc scelus non tolerandum duceret : animi quidem apud se decreta quam arctissime continuit, antiquae interim necessitudinis studium Clearcho ostentans : sed tamen arte multa, et stratagematis ad fallendum compositis (occultare enim quae vellet, mortalium ingeniosissimus perhibetur) Heracleam, ceu publico recipientium commodo id fiat, ingreditur : et dum intimam patris affectionem larva quadam Clearcho eique addictis prae se fert, parricidas illos e medio tollit, primo Clearchum, deinde etiam Oxathren : et sic justas maternae caedis poenas exigit. Hinc, ubi redacta in clientelam suam civitate, opes tyrannorum dominatu collectas in praedam suam vertisset, et (quod diu exspectaverant) liberam civibus rempublicam restituisset, in proprium se regnum recepit.

CAP. VIII. — *Heraclius tyrannus VII. Muliebris impotentia.*

Reversus igitur ad sua, Amastrin laudibus extollere, ejusque mores et imperium demirari, ut hoc ad id magnitudinis, potentiae et majestatis elatum corroborasset, uniceque praedicare Heracleam : sed ut in partem laudis venirent etiam Tius et Amastris, quam nomine suo celebrem illa condidisset. Haec crebro habens in ore, Arsinoen exstimulavit ut urbium tantopere celebratarum domina tum affectaret, quaeque affectabat sibi donari peteret. At is gravitatem muneris praetendens, initio preces non admittebat, sed tamen, progressu temporis exoratus, concessit. Ingeniosa enim ad circumveniendum fuit Arsinoe, et jam senectus ipsa mansuefactum dederat Lysimachum. Potita igitur Heracleae dominatu Arsinoe, Heraclitum eo Cymaeum mittit, **225**b virum illius observantem et studiosum, sed alioqui praefractum, et in consiliis dandis et exsequendis perquam industrium et acrem. Hic praefectus Heracleae, cum alias res nimis rigide administrat, tum multos civium criminibus onerat, nec

pauciores supplicio afficit : et sic felicitatem vixdum exortam cives denuo amittebant.

CAP. IX. — *De Lysimachi parricidio, in filium Agathoclem, consilio novercae, ejusque interitu.*

Caeterum Lysimachus, fraude Arsinoes, natu maximum et optimum filiorum, Agathoclem, e priore sibi conjuge natum, primo quidem veneno clanculario, sed postea, hoc per vomitum rejecto, sententia impudentissima damnatum necat. In carcerem enim compactum trucidari jubet, insidias patri structas falso criminatus. Ptolemaeus autem, qui sua manu scelus id perpetravit, frater erat Arsinoes, et Cerauni [id est fulminis] cognomentum ab importunitate morum et vecordia retulit. Lysimachus igitur propter filii caedem in odio erat subditorum. Et Seleucus, his cognitis, et quod facile sit regno hominem excutere, civitatibus ab eo deficientibus, proelium cum eo conserit, in quo Lysimachus, dum fortiter dimicat, pilo trajectus occubat. Trajecit autem vir Heracliensis, nomine Malacon, Seleuco militans, subversoque eo, regnum ad Seleuci ditionem (ut pars) accessit. Et hic XII Memnonis liber historicus desinit.

CAP. X. — *Heraclienses, expulso tyranno, se in libertatem asserunt.*

In XIII deinceps haec commemorat, Heraclienses, audito Lysimachi interitu, et quod a populari suo nex ei illata esset, animos confirmant, et pro libertatis recuperandae desiderio fortes se viros declarant, quam per annos 84 tyranni domestici, et post eos Lysimachus, ereptam tenuerant. Quare Heraclidem conveniunt, et u non tantum salvus et incolumis, sed etiam splendido munerum viatico instructus excedat, pristinam modo libertatem obtineant, suadent. At eum tam procul abfuit ut persuaderent, ut etiam ira tyranno inflammari, et nonnullos de suis ad supplicia rapi ab eo cogeret, pacto cum praesidii praefectis inito, ut aequali in republica jure uterentur, et quibus fraudati essent stipendia reciperent, Heraclidem in vincula conjectum ad tempus custodiunt. Metu dehinc soluti, moenia arcis ad fundamenta usque **226** a diruunt, et missa ad Seleucum legatione, Phocritum civitatis principem et curatorem faciunt.

CAP. XI. — *Zipoetes Bithynus Heraclienses infestat.*

At Zipoetes, Bithyniae regulus, Heracleotis infensus, antea Lysimachi, tunc etiam Seleuci causa (nam cum utroque simultates habebat), excursionibus in agro eorum factis, a nullo maleficiorum genere abstinuit. Exercitus tamen ejus, dum huic negotio incumbit, cladium non expers est, sed non multo mitiores, quam infert, recipit.

CAP. XII.— *Seleuci ab Heracliensibus alienatio. Exsulum reditus et reipublicae instauratio.*

Sub haec Seleucus Aphrodisium procuratorem in oppida Phrygiae, quae adjacent Ponto, mittit. Hic rebus quarum causa venerat confectis, post redi-

tum, in aliarum quidem civitatum laude prolixus
erat, Heraclienses autem criminabatur ut Seleuco
parum addictos. Seleucus ergo, hoc irritatus, legatos ad se profectos fastidit, et minis increpitans
terret. Quorum tamen unus Chamæleon nihil his
percussus, ita regem compellat: *Hercules carron
Seleuce* (κάρρων autem Doriensibus eum significat
qui est fortior). Quam vocem cum rex non intelligeret, concepta in ira persistens, se avertit. Legatis igitur, neque domum redire, neque illic manere,
operæ pretium videbatur. Quæ cum Heracliensibus
renuntiarentur, tum cæteris se muniunt, tum copias auxiliares colligunt, et per legatos Mithridatem, Ponti regem, et Byzantinos et Chalcedonios
de ope ferenda sollicitant. At exsules ab Heraclea
qui supererant, ita tandem conveniunt. Nymphidius, quidam ex eorum numero, reditum eis suadet : nec difficilem hunc esse demonstrat, si nihil
eorum quæ majores amisissent moleste viderentur
et turbulente reposcere, et quam minimo negotio
persuasit. Quare cum eo quo consuluerat modo
felicem inveniret successum reditus, tum reducti,
tum quæ recepit illos patria in communi et æqua
versabantur lætitia et voluptate. Nam et humanissime eos cives tractabant, et nihil horum quæ ad
mediocrem vitæ sustentationem conducunt, deficri
patiebantur. Hoc itaque modo in antiquum nobilitatis et gubernationis decus sese vindicarunt.

Cap. XIII. — *Seleucus in expeditione Macedonica a
Ptol. Cerauno trucidatur.*

At Seleucus, successu contra Lysimachum elatus, transitum in Macedoniam instituit (impulit
enim amor patriæ, ex qua cum Alexandro militatum iverat), ibique reliquum vitæ tempus conficere destinans (nam senio confectus erat), Asiam
filio Antigono commendavit. Ptolemæus
autem Ceraunus, Lysimachi regno sub arbitrium
Seleuci redacto, et ipse sub eo vivebat : nec tamen, ceu captivi loco, neglectim, sed ut regia
soboles, in honore et accuratione habitus, imo magnificis etiam promissis ornatus a Seleuco, fore ut
defuncto parente in paternum Ægypti regnum deduceretur. Ita sane liberaliter et honorifice ille
tractabatur. At hominem improbum bene merita
nihilo meliorem fecere. Nam benefactorem insidiis
oppressum trucidat, et equi cursu adjutus Lysimachiam profugit : ubi imposito sibi diademate, cum
satellitum manu speciosissima ad exercitum tendit.
Ibi necessitate compulsi eum recipiunt, et regem
salutant, qui paulo ante Seleuco sacramenti religione astricti erant.

Cap. XIV. — *Antigoni expeditio in Ceraunum, Heracliensium auxilio instructum. Antigoni fuga.*

Antigonus autem Demetrii filius, hoc intellecto
casu, expeditionem suscepit in Macedoniam, pedestribus et nauticis copiis Ptolemæum antevenire
properans. At Ptolemæus expeditas habens Lysimachi naves, instructa acie occurrit : inter quas
erant tum aliæ, tum ab Heraclea accersitæ hexeres
et penteres, et quibus Aphractis est nomen : et una
octeris, leonis feræ nomine insignis, quæ magnitudine et elegantia in admirationem veniebat. In
hac enim 100 viri, suæ quique centuriæ ordine, [remos ducebant, ut ex altera parte 800, ex utraque
autem 1600 numero essent : qui vero de foris pugnarent, 1200. Et duo inerant gubernatores. Postquam in aciem descensum est, superior evadit Ptolemæus, in fugam versa Antigoni classe. Ubi fortius
cæteris pugnarunt naves ex Heracleotide, et palmam inter has tulit octoremis leonifera. Sinistram
itaque fortunam classis expertus Antigonus, in Bœotiam se recepit : et Ptolemæus, transitu in Macedoniam facto, jam firmiter regnum tenebat.

Cap. XV. — *Cerauni flagitia et interitus. Antigoni in
regno Macedoniæ successio.*

Statim igitur, ut improbitas ejus eo magis in
oculos hominum incurrat, Arsinoen sororem, quod
patrium hoc sit Ægyptiis prætendens, matrimonii
fœdere sibi astringit, et natos ei ex Lysimacho
trucidat : quin mox etiam ipsam, non citra contumeliam, regno expellit. Cumque plurima contra
deum hominumque leges intra biennium perpetrasset, accidit ut pars quædam Gallorum fame ex
patria migrare coacta, Macedoniam invaderet, a
quibus, conserto prœlio, rex vivus capitur, elephanto, quo vehebatur, sauciato excussus, et ab
hostibus discerptus, dignum crudelitate sua
exitum invenit. Antigonus autem Demetrii, qui pugna (quod dictum est) navali succubuerat, jam hoste sublato, Macedoniæ regnum occupat.

Cap. XVI. — *Patrocles Antiochi præfectus a Bithynis cum exercitu cæditur.*

Antiochus interim, Seleuci filius, cum vix tandem multis bellis, nec universum tamen patris
regnum recuperasset, expeditam manum in ulteriora Tauri mittit, Patrocle duce, qui Hermogeneum,
Aspendium genere, legatum sibi adoptat. Hic cum
alias urbes, tum Heracleam quoque infestare constituerat : verum Heracliensium legatione placatus
e finibus eorum excedit, et percusso amicitiæ fœdere,
per Phrygiæ agros in Bithyniam se convertit. Exceptus vero Bithynorum insidiis, una cum exercitu
interneciove cæditur, cum strenui viri facinora,
suo loco, in hostes edidisset.

Cap. XVII. — *Heracliensium cum Nicomede societas et urbium recuperatio.*

Hac de causa, Antiocho in Bithynos expeditionem
instituente, rex horum Nicomedes per legatos subsidium ab Heracliensibus petit et impetrat : gratiam
se relaturum, ubi in simili necessitate tempus flagitet, pollicitus. Hac occasione Cierum, et Tium,
et Thinidem terram, multis expensis ad se reduxerunt. Amastrin interea (quæ et ipsa cum aliis
adempta fuerat) tam bello quam pretio recuperare
dum percupiunt, successu carent felice ; propterea
quod qui illam tenebat Eumenes, Ariobazani, Mithridatis filio, gratis eam tradere, quam pecunia

revendere Heracliensibus mallet, vesania irae subactus.

Cap. XVIII. — *Heracliensium cum Zipœta bellum, clades et victoria.*

Sub tempus illud, bellum adversus Zipœten Bithynum, qui Thyniacam cum imperio Thraciam obtinebat, Heraclienses excepit. Quo in bello Heracleotarum bona pars, fortiter dimicando, caesa fuit. Et victoria quidem summa vi potitur Zipœtes : sed ubi sociorum auxilia supervenerant Heracleotis, fuga illam dehonestat. Ergo qui modo succubuerant, cadavera suorum asserunt, et cremant secure : et exinde sub arbitrium suum redigunt, de quibus bello disceptabatur, et ossa interfectorum in urbem relata, magnifice in praeclare meritorum de patria monumento conducunt.

Cap. XIX. — *Antiochi cum Antigono et Nicomede bellum et Heracl. auxilia.*

Circa haec tempora, inter Antiochum Seleuci et Antigonum Demetrii, ingens movetur bellum : et dum magnos utrinque apparatus faciunt in copias militares, tempus satis longum consumitur. Alteri Nicomedes **227***b* Bithyniae rex operam navabat ; Antiocho complures alii. Necdum eruptionem fecerat in Antigonum Antiochus, cum bellum adversus Nicomedem instituit. Hic igitur Nicomedes et aliunde auxilia colligit, et de belli societate Heracleam missis legatis, 13 in subsidium triremes accipit, et tum demum classem suam Antiochi classi opponit. Etsi autem adversas aliquandiu tenebant acies, neutri tamen pugnae initium faciunt, sed absque effectu tandem divelluntur.

Cap. XX. — *Gallorum in Asiam transmigratio, et sedes distincta.*

Postquam vero Galli ad Byzantium delati, maximam ditionis partem depopularentur, fracti bello Byzantini, sociorum, huc illuc missitantes, auxilia implorant, et quisque pro virium modo suppeditat. Heraclienses etiam aureos mille (tantum enim legati petierant) subministrant. Nec longum in medio spatium, cum Nicomedes Gallis [*al.* Galatis] qui incursatis adhuc Byzantinorum finibus, tametsi saepenumero in Asiam trajicere conati, toties ab incepto desistere, adversantibus Byzantinis, coacti essent, certis tamen conditionibus transitum conciliavit. Conditionum formula haec erat : Ut barbari Nicomedi ejusque posteris perpetuo amicitiae foedere conjuncti manerent, absque Nicomedis sententia et voluntate nemini, a quo per legatos sollicitarentur, in bellis opem ferrent : sed amicis hujus amici, et inimicis hostes forent. A Byzantinis etiam starent, si qua necessitas incideret. Societatem praeterea colerent cum Tianis et Heraclensibus, et Chalcedoniis, et Cieranis, et nonnullis qui alias sub jurisdictione gentes haberent. His pactorum legibus Nicomedes Gallorum [*al.* Galatarum] multitudinem in Asiam transmisit. Horum principes in imperio illustres 17 fuere, inter quos praecipui et summi, Leonorius et Lutarius.

Haec igitur Gallorum in Asiam transmigratio, primo quidem, ad incolarum detrimentum progressura existimabatur : sed exitus, commodis ipsorum destinatum hoc ostendit. Dum enim reges popularem civitatibus statum abrogare satagunt, Galli, haec molientibus obsistendo, magis illam corroborant. Nicomedes igitur contra Bithynos primum, illorum auxilio et quos ex Heraclea armasset barbarorum, et provinciam subegit, et concidit incolas : quod alioquin erat praedae, inter se dispertiti sunt Galatae. Ii enim longe lateque terram depopulati retro demum cesserunt : et de subacta id sibi amputarunt, quod nunc Galatiae nomen habet, **228***a* in tres partes distributum. Alios enim Trogmos nominant ; alios, Tolistobogios ; alios, Tectosages. Urbes etiam condiderunt : Trogmi Ancyram, Tolistobogii Tabiam, Tectosages Pesinuntem.

Cap. XXI. — *De Astaco et Nicomedia urbibus Bithynorum principum series.*

Nicomedes autem, in conspicuo felicitatis gradu positus, de nomine suo exstruxit urbem e regione Astaci. Quam Megarensium colonia sub initium Olympiadis XVII frequentarat, Astacum oraculi jussu denominatam, ab Astaco quodam generoso et cordato viro, ex eorum prosapia qui Sparti et terrigenae olim Thebis vocabantur. Haec multum a finitimis appetita, et crebris accisa bellis, Atheniensium colonis postmodum adjectis, vexationum finem, et incrementa gloriae et potentiae non mediocria adepta est, Dydalso tunc inter Bithynos rerum potiente. Quo defuncto, Botiras regnat, ad 76 annos aetate producta. Ei filius Bas succedit : qui etiam Calantum, Alexandri copiarum praefectum, licet optime ad pugnam instructum, profligavit acie, et ut Macedones a Bithynia abstinerent effecit. Vixit hic 71 annos, et de iis 50 regnum tenuit, filiumque habuit successorem Zipœten, qui, clarus bellis, e Lysimachi praefectis alium occidit, alium quam longissime a finibus suis depulit. Quin et ipsum Lysimachum repressit. Posthac Antiocho Seleuci, qui Asiam tamen et Macedones imperio coercebat, superior factus, urbem condit ad Lyperum montem, nomine suo insignem. Hic vbi vitam in 76, et administrationem regni in 48 annos extenderat, 4 filios reliquit. Eumque in regno Nicomedes natu maximus excepit, fratribus non frater, sed lictor factus. Confirmavit tamen etiam hic Bithyniae regnum, maxime eo, quod Galatas sedes in Asiam transferentes adjuvit, urbemque, ut jam indicatum est, sui nominis eduxit.

Cap. XXII. — *Byzantinorum bellum cum Calatianis Heracliensium colonia.*

Interlapso hinc tempore aliquo, Byzantinis bellum adversus Calatianos (Heracleotarum colonia haec est) et Istrianos erupit, propter Tomin, emporium Calatianis vicinum, quod monopolium ex eo facere animo conceperant Calatiani. Propterea utrinque ad Heraclienses de belli societate mittitur legatio. At hi neutri **228***b* parti bellicam opem tribuunt, sed legant ad utrosque, qui pacifice controversiam transigant : tametsi absque effectu hoc ipsis studium exivit. Multis igitur detrimentis affecti Galatidis incolæ, ad pacis demum conditiones descenderint. Nec quidquam fere ab ista calamitate virium potuerunt recipere.

CAP. XXIII. — *Testamentum Nicomedis, et Zeilæ exclusi bellum cum Bithynis, ope Galatarum.*

Nec multum temporis effluxit, cum rex Bithynorum Nicomedes (postquam e priore ei natus conjugio Zeilas ad Armeniorum regem profugisset, expulsus novercæ Etazetæ machinis, cujus liberi adhuc in tenera ætate erant), morte jam imminente, ex altera natos uxore regem scripsit : et curatores, Ptolemæum cum Antigono et populo Byzantinorum, nec non Heracliensium Cianorumque, designavit. Zeilas autem cum instructa manu, cui e Galatis Tolistobogii animos augebant, in regnum paternum redit. At Bithyni, dum conservare dominatum parvulis satagunt, matrem horum Nicomedis fratri in matrimonium elocant, et ipsi accepto a curatoribus exercitu Zeilam opperiuntur. Et crebris utrobique prœliis et viribus usi, pacem ad extremum ineunt : cum Heraclienses in pugnis illis excelluissent, et in compositione belli egissent quæ in rem forent. Idcirco Galatæ Heracleam, ut inimicam, invaserunt, ad Calletem usque fluvium : multaque ditati præda, domum repetierunt.

CAP. XXIV. — *Heracliensium pacificatio inter Antiochum et Byzantinos.*

Sub hæc Byzantinis inferente bellum Antiocho, 40 triremibus Heracleotæ auxiliantur : et horum factum est opera ut ad minas tantummodo progressum haberet bellum.

CAP. XXV. — *Heracl. Mithridati auxiliantur contra Gallos, sed caro. Nymphis historicus.*

Nec longe post e vita mortalium eximitur Ariobarzanes, filiumque relinquit Mithridatem : cui lites cum Galatis intercessere. Quam ob causam hi, contempta pueri ætate, regnum ejus divexant. Cumque inopia rerum laborarent regii, Heraclienses eos sustentant, frumento Amisum advecto, unde facilior esset Mithridaticis victus copia, et egestatis medela. Propter hæc iterum hostiles in Heracleotidem copias mittunt, eamque depopulantur : usque dum ab Heracliensibus per legatos mitigantur. Princeps autem legatus erat Nymphis, historiæ scriptor : qui cum exercitum **229***a* in commune aureis 5000, ducesque seorsum 200 delinivisset, ut a finibus discederent, effecit.

CAP. XXVI. — *Ptolemæi liberalitas in Heraclienses.*

Ptolemæus autem rex Ægypti, altissimum benignæ fortunæ gradum assecutus, magnificentissimas civitates muneribus demereri constituerat. Itaque etiam Heracliensibus 500 artabas (*sic Persæ medimnum vocant*) tritici misit, et templum Herculis e Proconnesio saxo in arce eis exstruxit.

CAP. XXVII. — *Summa narrationum de Romæ initiis et incrementis, regno, consulibus, imperatoribus, bellis cum Pyrrho, Annibale, Perseo, Antiocho.*

Huc auctor progressus ad imperium Romanum excursionem fecit : quo genere orti, quomodo hæc Italiæ loca insederint : quæque ante urbem conditam evenerint et gesta sint. Quos etiam principes habuerint, perstringit : quæ cum aliis bella gesserint, quid condito regno acciderit; et ut tandem regia potestas in consulare mutata fuerit imperium, utque a Gallis Romani devicti, capta propemodum arce cum urbe, nisi maturo superveniens auxilio Camillus eam liberasset : ut etiam Alexandro, in Asiam trajicienti, et per litteras eis denuntianti, ut aut vincerent, si gerendo imperio essent idonei, aut potentioribus cederent, auream coronam (quæ talentis non paucis constaret) contra miserint. Et ut bella gesserint adversus Tarentinos, et Pyrrhum Epiroten, hos auxilio juvantem : et ut, qua patiendo, qua inferendo clades, hostes tandem domuerint, et Pyrrhum Italia expulerint. Quæque cum Carthaginensibus et Annibale negotia confecerint : et quæ contra Hispanos, cum alii, tum Scipio, Marte secundo peregerint : utque hic Hispanorum decreto rex appellatus, honorem non admiserit : ut debellatus Annibal fugerit. Hic ut Ionium mare transmissum, et cum Perseo, Philippi in regno Macedonum hærede, dum fœdus cum patre a Romanis percussum, juvenili temeritate rescindit, sit debellatum, Æmilio Paulo de ipso triumphante. Ut Antiochum, Syriæ et Comagenæ et Judææ regem, duabus pugnis infractum, ex Europa ejecerint.

CAP. — XXVIII. *Heracliensium legati a Romanis in Asia ducibus humaniter accepti.*

Illa igitur huc usque de imperio Romano commoratus auctor. Exinde propositam sibi historiam ita continuat. Heraclienses, Romanorum duces in Asiam transgressos, missis legatis conveniunt, qui comiter accepti, litteras **229***b* humanitatis plenas ab Æmilio Paulo (*al.* Publio Æmilio) retulerant : quibus et amicum ipsis fore senatum, nec ulla in re prudentiam Romanorum et curam (si quando his indigeant) defuturam pollicetur. Deinceps etiam ad Cornelium Scipionem, qui Africam Romanis bello asseruit, legationem misere, testatam prius amicitiam ut confirmarent. Et post hæc eumdem rursus per legatos orant, ut Antiochum in gratiam reponat apud Romanos : et perscripto ad regem plebiscito, ut bellum contra Romanos deponat, adhortantur. Cornelius etiam Scipio, Heracleotis rescribens, hac inscriptione utitur : *Scipio imperator, procos. Romanorum, senatui populoque Heracliensium salutem.* Et his litteris benevolentiam erga ipsos ratam et firmam esse, et bellum cum Antiocho solvisse, Romanos affirmat. Eadem quæ Lucius, etiam P. Cornelius Scipio ejus frater, et classis præfectus, Heracliensibus, post missam legationem respondit. Brevi post Antiochus bellum adversus Romanos redintegrat, et prœlio summis viribus commisso victus, arma deponit, pacis conditionibus acceptis. Quæ et tota eum Asia Minore excludunt, et elephantis naviumque classi eum privant, Comagena et Syria et Judæa tantummodo relictis. Heracliensium dehinc civitas apud imperatorum, (quos modo dixi) missos a Romanis successores, eadem gratia et humanitate potitur : donec ad has tandem leges inter Romanos et Heracleotas processum est : *ut non modo amicitiam inter se, verum etiam societatem, contra quos et quorum gratia opus sit, colant.* Suntque fœderis hujus pacta, ejusdem tenoris et formæ, in tabulas æneas relata duas, quorum altera penes Romanos, in Capitolino, Jovis templo, altera Heracleæ, etiam ipsa in Jovis sacrario est affixa.

Cap. XXIX. — *Heraclienses a Prusia in angustias coacti ; hujusque clades.*

Hæc postquam xiii et xiv Historiæ libro exposuit, xv exorsus hæc refert. Prusias, inquit, Bithynorum rex, mirificæ industrius et gnavus, multisque rebus gestis clarus, inter alia etiam Cierum, Heracliensis ditionis urbem, bello subjecit, pro Ciero Prusiadem nuncupans. Tium etiam eorumdem jurisdictioni obnoxiam cepit : ut sic undique **230***a* mare circumscriberet Heracleam. Inde etiam violenta eam obsidione pressit, et plurimos obsessorum interfecit. Et jam prope erat ut urbs caperetur, nisi Prusiæ, dum scalis sursum nititur, lapide cujuspiam de propugnaculis icto, crus fractum esset, et hic casus ab oppugnatione desistere eum coegisset. Ita enim percussus, lectica, non sine doloris acerbitate, domum a Bithynis suis refertur, nec multis post annis exactis, nomine et re claudus, finem vivendi fecit.

Cap. XXX. — *Heracleæ obsidium a Galatis.*

Nondum in Asiam Romani trajecerant, cum Galatæ, Ponti accolæ, maris tentandi cupiditate, Heracleam prius occupare conantur, non difficile id fore existimantes : siquidem de antiqua potentia multum jam diminutum, et ad contemptum prolabi sensim cœperat. Ideo universis eam copiis impugnant. Ipsa tamen sociorum interim non est immemor, sed quantum occasio præsens facultatis concedit, se contra munit. Obsidione igitur in tempus aliquod extracta, commeatuum inopia in arctum coguntur Galatæ. Ira enim, non apparatu necessario instructus, bellum inferre Galatas novit. Quare cum ad comportandum necessaria castris abscessissent, cives, eruptione facta, et castris potiuntur, et plurimos cædunt. Dispalantes etiam per agros non magno negotio comprehendunt. Atque ita nec pars tertia Galatici exercitus in Galatiam revertitur. A quo successum ad pristinam emergendi fortunam et celebritatem spes concepit.

Cap. XXXI. — *Heracleotæ Romanis auxiliantur. Marrucini populi.*

Romani etiam bello contra Marsos, Pelignos, et Marrucinos (gentium harum sedes est supra Africam, in confiniis Gadium) duabus quadriremibus tectis Heracleotæ auxiliantur. Et bello prospere confecto, multis eximiæ virtutis ornati præmiis, undecimo tandem anno in patriam sunt revecti.

Cap. XXXII. — *Bellum Mithridatis cum Romanis et causæ.*

Post hæc acerrimum Mithridatis adversus Romanos bellum conflatur. Cappadociæ in speciem causa arripitur. Hanc enim Mithridates, cum Ariathum sororis filium, jurisjurandi pacifici dolo in potestatem redactum, sua manu obtruncasset, per vim sibi vindicarat. Ariathum hunc **230***b* ex sorore Mithridatis genuerat Ariathus. Nam a puero ad cædes propensissimus erat Mithridates, cum enim 13 annorum adolescens regnum accepisset, modico interlapso tempore, matrem, regni consortem a patre destinatam, dum carcere vinctam tenet, violentia ista, et temporis diuturnitate confecit. Fratrem etiam necavit. Bello autem subegit reges circa Phasin, usque ad climata trans Caucasum : regnoque magnis viribus amplificato, magnum arrogantiæ tumorem ostentabat. Quamobrem, cum eo magis consilio ejus suspecta haberent Romani senatusconsultum fecerant, ut paterna regibus Scytharum regna constitueret. At is moderate quidem mandatis obsequi : sed interim Parthos et Medos, et Tigranem Armenium, regesque Scytharum, et Iberas, in societatem belli asciscere : aliasque belli causas adjungere. Cum senatus enim Romæ Nicomedem, ex Nicomede et Nysa progenitum, Bithyniæ regem instituisset, Mithridates Nicomedem, Frugi cognomento, illi opposuit. Prævaluit tamen electio Romanorum, Mithridate invito.

Cap. XXXIII. — *Mithridatis victoriæ de Nicomede, et strages civium Rom. in Asia.*

Interjecto tempore, cum Syllæ et Marii in republica Romana seditio exarsisset, Archelaum copiarum ducem Mithridates 15000 peditum, et 1000 equitum, in Bithynos ducere jussit, collatisque signis victor evadit Archelaus. Et fugit cum paucis etiam Nicomedes. Quo cognito Mithridates, cum sub manu essent auxiliares, castris e subjecto Amasiæ campo motis, per Paphlagoniam iter facit, 150000 exercitum adducens. Marius autem sub signis habens Nicomedis copias (quæ ad solam Mithridatis famam dissipabantur), cum exigua Romanorum manu sese subjecit Menophani, Mithridatis tribuno, et repulsus fugit, omni exercitu amisso. Secure igitur Bithyniam invadens Mithridates, et urbes et regionem citra pugnam obtinet : cæterarumque Asiæ civitatum aliæ capiuntur, aliæ in fidem regis concedant. Et repente ingens fit rerum commutatio, Rhodiis solummodo in amicitia Romanorum perdurantibus. Ideoque terra marique bellum contra ipsos movit Mithridates, licet Rhodii virtute et fortuna ita antecellerent, ut prope esset ipsum regem navali prælio in hostium venire manus. **231***a* Intellecto post Mithridates, cives Romanos per urbes Asiæ disper-

Cap. XXXIV. — *Syllæ victoriæ de Taxile et Archelao Mithridatis ducibus.*

Ubi vero Eretria et Chalcis adeoque tota Eubœa ad Mithridatem sese applicarant, aliæque ad eum civitates transiverant, victis etiam Lacedæmoniis, Syllam cum justo agmine Romani emittunt. Cujus adventu civitates, partim sponte deditionem faciunt, partim vi in potestatem ejus veniunt. Nec exiguas Ponticorum copias fundit et fugat. Athenas etiam cepit : et solo urbs æquata esset, nisi ocius senatus Romanus Syllæ proposito infregisset. Post crebros autem conflictus, in quibus excellebant Pontici, cum felici jam successu res commutarentur, alimoniæ inopia regiis incubuit, quod prodige victu abuterentur, et acquisita recte dispensare nescirent. Et in extremam deventum esset calamitatem, nisi Taxiles, capta Amphipoli, ideoque Macedonia ad ipsum deficiente, largam cibariorum facultatem inde subministrasset. Ilic et Archelaus, commistis agminibus, plus quam 60000 hominum sub signis ducebant, et occursuri Syllæ in Phocide habebant stativa. Ille vero, L. Hortensio assumpto, qui 6000 ex Italia adduxerat, satis longum in medio intervallum relinquens, castra ponit. Archelai agmen militibus incomposite ad frumentandum conversis, improviso adortus castra, quotquot robore pollentes cepit Sylla, occidit : a quibus autem nullus invadendi metus erat, hos loco circumdatos ignes accendere jubet, ut a pabulatione revertentes opperiantur, nulla adversi casus suspicione præbita. Hoc ut prudenter ab imperatore provisum erat, feliciter exivit : magnificaque victoria potiuntur Syllani.

Cap. XXXV. — *Heraclienses Chios a Dorylao in servitutem redactos vindicant.*

Chios tunc incusans Mithridates, quod Rhodiis auxilia misissent, Dorylai opera impugnat : qui (multo licet labore) et urbem cepit, et agros Ponticis divisit, et cives navigiis **231**b impositos huc illuc in Ponto distulit. At Heraclienses, quod amicitia ipsis cum Chiis intercessit, Ponticas in transitu naves, quæ captivos vehebant, adorti, ne resistentes quidem (non enim sat virium erat) in urbem deduxere. Et nunc quidem large rebus necessariis suppeditatis reficiunt Chiotas : postmodum vero, eximiis affectos muneribus, in patriam restituunt.

Cap. XXXVI. — *Valerius Flaccus, successor Syllæ, trucidatur a Fimbria hujusque successus.*

Sub ea Romæ senatus Valerio Flacco et Fimbriæ bellum Mithridaticum committit : cum mandatis, ut Syllam, si partes senatus tueatur, adjuvent ; sin minus, cum ipso prius manus conserant. Ille igitur variis initio colluctabatur sortis adversæ casibus. Nam et famem et Martis iniquitatem sustinuit : in plerisque tamen prospero fortunæ usus est. Perque Byzantinorum fines in Bithyniam progressus, et inde Nicæam versus, stativa habuit. At Flaccum, dum indigne fert ab exercitu Fimbriæ plus faveri, imperiumque ejus, utpote mitius et humanius, præferri, ideoque et ipsum et militum nobiliores criminatur, duo præ aliis ira inflammati trucidant. Quo nomine senatus Fimbriæ irasci quidem, sed tamen dissimulata indignatione consultum ei decernendum curare. Ilic ergo, omnes sub imperio copias habens, civitates, alias voluntate ipsarum, alias vi sua adjunxit. Mithridates autem filius, cum Taxile et Diophanto et Menandro, ductorum præstantissimis conjunctus, et magno agmine instructus, Fimbriæ occursat : et primo Barbarorum vires præcellunt. Quare detrimenta in conflictu accepta, stratagemate resarcire cogitans Fimbria (hostis enim numero militum superior erat), cum ad flumen quoddam perventum esset, quod utrumque exercitum divideret, imbre sub auroram forte effuso, ex improviso Romanus imperator fluvium transgressus, hostes in tentoriis somno gravatos ita oppressit, ut ne sentirent quidem : et magna strage edita, præfectorum non multi et equites necem effugerunt. Inter quos etiam Mithridatis regis filius, Pergamum ad patrem, una cum equitum comitatu, **232**a salvus evasit. Tam gravis igitur et insignis clades ubi regiis accidit, plurimæ civitates ad Romanos desciverunt.

Cap. XXXVII. — *Syllæ pax cum Mithridate.*

Interea Mario e fuga domum reverso, metuens Sylla (nam de inimicorum ejus factione ille erat) ne simile, propter injurias in illum, sibi exsilium irrogaret, missa legatione, de pace cum Romanis consilia Mithridati suggessit. Quo pacem cupide amplexo, et rogante ut ad paciscendum convenirent, ille prompte se dat in viam. Cumque per aliquod in medio spatium, alter in alterius occursum processissent, Dardanum, ad transigendum, eis hospitium dedit. Ibi, jussis secedere ministris et comitibus, pacta fiunt in hunc modum : « Mithridates Romanis Asia concedat, Bithynis et Cappadocibus reges præsint gentiles. Mithridati totius Ponti regnum sit confirmatum. Peculiariter vero Syllæ expediat triremes 80 et 3000 talentum, ad reditum quem ipse Romam instituisset. Civitatibus apud Romanos haud sit noxæ quod ad Mithridatem defecerint. » Id quod tamen, juxta pacis formulam, non habuit eventum. Nam multas postea servili jugo oppresserunt. Honorifice dehinc Sylla in Italiam remeat. Mariusque denuo urbe excedit ; et Mithridates ad sua se refert : multasque denuo gentes, quæ propter adversam ejus fortunam desciverant, sub manum redegit.

Cap. XXXVIII. — *Murena bellum adversus Mithridatem renovat. Heraclienses neutri opitulantur.*

Post hæc Murena bello præficitur. Ad quem legatos amandat Mithridates, pacis cum Sylla initæ leges prætexens, et ut ratæ sint firmæque contendens. At is legatione non placatus (erant enim natione

Græci, et vitæ ratione philosophi, qui plus culparent Mithridatem quam commendarent) in regem movit : et Ariobarzani regnum Cappadociæ magis confirmat : et circa ingressum regni Mithridatici, urbem condit Nicæam. Inter hæc Murena et Mithridates, pro se quisque contra alterum legatis, Heraclienses de auxiliis sollicitant. Sed cum potentia Romanorum formidabilis videretur ipsis, et Mithridatis vicinitatem etiam timerent, legatis respondent, in tanta bellorum tempestate, difficulter proprios se lares tueri, nedum aliis **232**b auxiliari posse. Murenæ tamen non pauci dant consilium, ut Sinopem invadens, de regia ipsa bellum moveat. Si enim hanc ceperit, facile etiam cætera in potestatem ventura. At Mithridates, validis hac præsidiis communita, ipse bello gerendo incumbit. Interque initia ubi ad manus ventum erat, regii viribus præpollent. Postea fortuna pugnæ exæquatur. Tandem præliandi tædium hostibus alacritatem animi deminuit. Ideo ad interiora circa Phasin et Caucasum se convertit. Murena vero copias in Asiam traducit, et sua tum quisque administrat.

Cap. XXXIX. — *Luculli et Cottæ in Mithridatem expeditio.*

Nec longe post Sylla Romæ e vivis migrat : et senatus in Bithyniam mittit Aurelium Cottam, in Asiam vero L. Lucullum, cum mandatis ut bellum Mithridati facessant. At Mithridates, cum alium in procinctu habens exercitum frequentissimum , tum triremes 400 naviumque minorum, quas penteconteres et cercuras vocitant, non exiguus erat numerus. Diophantum etiam Mitharum, cum valida manu, in Cappadociam dimittit, ut præsidia in urbibus collocet : et, si Lucullus Pontum ingrediatur, occurrat, et progressum ejus intercludat. Ipse vero 150000 peditum sub vexillis apud se retinet , et 12000 equitum , quos falcati sequuntur currus 120, nec ulla machinarum omnis generis copia abest. Concitato igitur itinere, per Timonitidem, Cappadociam et Galatiam pergens, ad diem nonum Bithyniam attingit. Lucullus interim Cottam in Chalcedoniorum portu stationem habere jubet cum omni classe.

Cap. XL. — *Heraclienses Mithridati se adjungunt et publicanos Romanos interficiunt.*

Mithridatis autem classis Heracleam præterlegens, ab ea non recipitur : forum tamen venale rogantibus præbent : et commerciis, ut fieri solet , initis, Archelaus copiarum navalium ductor, Silenum et Satyrum, nobiles ex Heraclea viros, comprehendit : nec prius dimisit, quam persuasisset ut quinque triremibus ipsum in hoc cum Romanis bello adjuvarent. Hoc facto (quod et Archelaus veteratorie molitus erat) Romanorum inimicitiam populus Heracliensis sibi conciliavit. Cum igitur auctiones publicas Romani in aliis civitatibus instituerent, Heracleam quoque, propter causam ante dictam , his exposuerunt. Cumque auctionatores urbem ingressi , contra reipublicæ morem argentum exigerent **233**a, in mœrorem cives conjecerunt, qui servitutis initium hoc esse existimabant. Quare cum per legationem ad senatum Romanum publicationem bonorum deprecari res postularet, ipsi a quodam in urbe audacissimo persuasi , publicanos e medio tollunt , tam secreto, ut de nece illorum nemini quidquam constaret.

Cap. XLI. — *Pugna ad Chalcedonem cum Mithridate, Romanis funesta.*

Prælio dehinc navali ad Chalcedonem inter Romanos et Ponticos commisso, dum regis et Romanorum pedestres inter se confligunt acies (quarum huic Cotta, illi Mithridates præerat), Basternæ Italorum pedites in fugam vertunt, et prolixam edunt stragem. Eadem fortuna etiam classis usa est, unoque die mare et terra cadaveribus Romanis fœde opplentur 8000 in conflictu navali occisis, 4500 captis ; de pedestri autem exercitu Italorum, 5300. A parte autem Mithridatis Basternæ circiter 30 ; ex reliqua multitudine 700, ceciderunt. Hoc Mithridatis successu omnium animi servilem in modum concidere. Sed Lucullus ad Sangarium fluvium castra habens , cognita ea clade , perculsos militum animos verbis erexit.

Cap. XLII.— *Mithridates ad Cyzicum Marte Luculli et naufragiis domitus.*

Ubi vero magno se spiritu ad Cyzicum Mithridates convertit, copias urbi admovere cupiens, incumbit a tergo Lucullus : et infesta signa inferens, memorabili Ponticos victoria profligat, et viribus exuit. Aliquanto enim plures 10000 in acie cædit, et 13000 capit. Fimbrianus autem miles suspectos habens duces, quasi propter audacissimum in Flaccum facinus non amplius fidem ipsis habeant, tacite ad Mithridatem missitando , transitionem pollicentur. Qui in lucro ponens hanc ad se inclinationem, nocte oborta, Archelaum amandat, qui pacta confirmet, et ad partes regis se adjungentes adducat. At Fimbriani Archelaum ad ipsos profectum in vincula compingunt, et quæ cum eo venerat manum interficiunt. Post hoc infortunium, etiam fames opprimit exercitum regium , et multis interitum affert. tamen adversis ictus casibus, a Cyzici obsidion non absistit, sed brevi, licet multa perpessus esset et egisset, urbe non expugnata recessit : et pedestri quidem agmini **233**b Hermæum et Marium præficit, qui 30000 hominum illuc ducebant : ipse autem per mare reditum instituerat. Ingressoque triremes, multæ variæque malorum formæ ei simul ingruerunt. Nam dum milites soluturi, naves, quarum aliæ jam repletæ, aliæ mox replendæ essent, confertim occupant, et undique illis adhærent, factum est ut præ multitudine imminentium, pars navium deprimeretur, pars etiam subverteretur. Quod conspicati Cyziceni, impetu in castra Ponticorum facto, ægros ibi relictos trucidant, et si quid supererat diripiunt. At Lucullus, peditum agmen a tergo premens , ad Æsipum fluvium assequitur de improviso , magnamque hostium cædem peragit.

Mithridates interim, collectis ut potuit, in Ponto viribus, Perinthum circumsidet et oppugnat : eaque non potitus, in Bythiniam transmittit.

CAP. XLIII. — *Triarii res gestæ contra Mithridatem. Prusa urbs. Fabula de Nicæa et Baccho.*

Postquam vero Barba, robustam Italorum manum adducens, venisset, et Triarius insuper Romanorum dux, motis inde castris, Apameam obsideret, cives, eam aliquandiu pro viribus suis hostem sustinuissent, apertis tandem portis eos intromisere. Prusam etiam urbem Romanus exercitus cepit. Jacet hæc ad Olympum Asiæ montem. Hinc Prusiadem mari impositam cum exercitu petit : Cierum olim nominabant. Quo etiam Argonautas appulisse, et evanuisse Hylam et Herculem, dum requirit eum, circumvagatum, multaque id genus alia contigisse, fama est. Ut urbi appropinquavit, facile Prusienses eum receperunt, Ponticis ejectis. Inde Nicææ, quam præsidium Mithridatis tenebat, imminet. Pontici autem, intellecto cives animis ad Romanos propendere, noctu se ad Mithridatem Nicomediam subducunt. Romani igitur sine molestia urbem suæ potestati subjiciunt. Hæc urbs nomen deducit a Naide quadam nympha, cui Nicææ nomen, et opus est Nicæensium, qui in Alexandri exercitu fuerunt : et post ejus interitum, dum patriam receperunt, hac urbe a se condita et frequentata, in civitatem coaluerunt. Nais autem illa Nicæa Sangario, loci regulo, et Cybele nata fertur. Quæ cum majore virginitatis desiderio quam consuetudinis **234**a cum viro, teneretur, in montibus et venatibus vitam egit. Bacchus quidem efflictim amat puellam, sed hæc amorem frustratur. Quando igitur voti compos alia ratione fieri nequit, fallaciis explere animi desiderium instituit. Nam fontem, ex quo Nicæa a venatione defessa bibere solebat, vino pro aqua replet. Eaque nihil suspicata, dum pro more suo bibit, fallacem intra se haurit liquorem : et sic quamlibet invita, amantis cupiditati subservit. Mero enim et somno correptam Liber comprimit, et Satyrum ex ea liberosque alios suscipit. Nicæenses autem a quibus excitata est Nicæa, et sedibus frequentata, primum erant vicini Phocidi : sed quod subinde rebellarent, Phocenses tandem patria eos expulerunt, et ut urbs eorum eversa deleretur, magno perfecerunt studio. Nicæa ergo hoc modo appellata et condita fuit : atque in Romanorum potestatem devenit.

CAP. XLIV. — *Mithridates cedit Cottæ et Triario, et astu Heracleam occupat.*

Cæterum Mithridates Nicomedeæ subsistebat. Cotta autem, superiora damna resarcire volens, a Chalcedone, ubi succubuerat, Nicomedeam copias transfert, et 150 stadia ab urbe castra metatus, a dimicatione cavet. Ibi, magna adhibita festinatione, citatis itineribus Cottam sponte sua Triarius assequitur, et Mithridates in urbem se recipit. Tum uterque Romanus exercitus ad oppugnationem ejus se parat. At rex cognito gemino conflictu navali,

qua circa Tenedum, qua in mari Ægeo Ponticos a Lucullo victos, nec parem se ad occurrendum præsentibus Romanorum copiis esse, classem in fluvium retro movet, et gravi correptus tempestate, aliquot triremes amittit : ipse tamen cum plurimis in Hypium fluvium defertur. Hic, cum tempestas eum moratur, audito Lamachum Heracliensem, quem antiquo amicitiæ fœdere obstrictum haberet, ad reipublicæ gubernaculum sedere, multis hominem promissis attraxit, ut sibi in urbem recipiendo operam daret. Pecunias etiam miserat hoc nomine. Hic quæ rogaverat, ille præstat. Publico enim extra urbem epulo civibus apparato, **234**b sub quod clausas se non habiturum portas fidem dederat, mero populum inescat, utque eo ipso die ex compacto Mithridates superveniat illis, dat operam. Itaque nec olfacto Mithridatis adventu, urbs in ejus arbitrium venit. Postridie plebem rex convocatam amicis hortatur verbis, utque fidem erga ipsum tueatur hortatus, Connacorigi, cum præsidio 4 millium, urbem custodiendam tradit. Prætextus erat, defensurum se cives, si Romani quid contra moliantur, et conservaturum. Hinc distributis in cives, maxime in magistratus, pecuniis, versus Sinopem navigationis cursum dirigit.

CAP. XLV. — *Pugnæ Rom. cum Mithrid. secundæ.*

Tum Lucullus et Cotta et Triarius Romani duces ad Nicomedeam agminibus conjunctis, in Pontum irruptionem facere destinarunt. At renuntiata Heracleæ oppugnatione, cum de proditione necdum constaret, sed totius simul civitatis voluntate defectionem contigisse arbitrarentur, Luculli consilium erat ut ipse cum robore exercitus per Mediterranea et Cappadociam moveret in regem et totum ejus regnum, et Heracleam oppugnaret Cotta. Triarius autem, assumpta classe, missas in Cretam et Hispaniam Mithridatis naves, in reditu, circa Hellespontum et Propontidem interciperet. Quibus Mithridates auditis, in novos belli apparatus incumbit, et Scytharum reges, Parthumque et generum suum Tigranem Armenium sollicitat. Cæteri quidem denegant : at Tigranes, licet diu cunctaretur, sæpius tamen a filia Mithridatis, non sine molestia, interpellatus, auxilia tandem promisit. Interim diversos contra Lucullum Mithridates præfectos dimittit, et post commissas acies, variæ acciderunt fortunæ vices : in plerisque tamen prospera fortunæ aura afflavit Romanis, et Mithridati animus elanguit. Contractis igitur 40 peditum et 8 equitum millibus, Diophantum et Taxilen, ultra missos ante, dimittit. Qui cum ad antecessores accessissent, principio velitationibus fere assiduis hostiles exercitus inter se vires explorabant. Postea ad duas pugnas equestres deventum est, quarum altera Romani, altera Pontici, victores abiere. Dumque ita bellum ducitur, Lucullus **235**a in Cappadociam, qui commeatum inde afferrent, misit. Quo observato, Taxiles et Diophantus 4 peditum et 2000 equi tum contra mittunt, ut, insidiis in medio positis, impedimenta revertentibus adimerent. Ubi ad manus ventum superant Romani, et subsidiis à Lucullo missis, fuga barbarorum insignis committitur. Quorum vestigiis insistentes Romani, ad ipsa Diophanti et Taxilis castra provehuntur. Ubi valido certamine inito, ad breve tempus obstitere Pontici. Mox ubi primi abscesserunt Duces, tota inclinata est acies: et ipsi copiarum ductores nuntii cladis venerunt Mithridati. Occubuit tunc ingens barbarorum turba.

CAP. XLVI. — *Fuga Mithridatis periculosa.*

Hunc admodum fortuna Mithridatis in pejus devergente, et regiæ uxores necatæ: et ex Cabiris, ubi clam suis aliquandiu se continuerat, rex fugam arripuit: in qua etiam captus esset, insectantibus Gallis, qui tamen regem ignorabant, nisi mula obviam facta (quæ Mithridatis opibus, argento auroque onusta erat) diripiendo moram nexuissent. Itaque rex in Armeniam elabitur.

CAP. XLVII. — *Lucullus Eupatoriam et Amisum capit.*

Lucullus autem adversus Mithridatem Marcum Pompeium mittit ducem, ipseque cum universis copiis in Cabiros movet, urbeque circumsessa, dum barbari certo se pacto ei permittunt, et ipsos in fidem accipit, et castello potitur. Hinc Amisum profectus, et ad deditionem eos cohortatus, ubi non persuadet, omissa illa, ad Eupatoriam obsidionem transfert: et negligenter se illam oppugnare simulat: ut simili negligentiæ exemplo provocatis hostibus, subita mutatione, apud animum cogitata prospere conficeret. Et eventus respondit: eoque stratagemate urbs capta. Dum enim custodes nihil tale opinantur, sed secure agunt, ille jussis arripere scalas militibus mœnia conscendendi copiam facit. Et sic capta Eupatoria extemplo diruitur. Nec multo post capitur etiam Amisus, scalarum admotione etiam hic superatis ab hoste mœnibus. Et initio cædes **235**^{b} non mediocris in cives peragitur: sed postea Lucullus, cæde inhibita, et urbem et regionem superstitibus reddit, et majore in eos clementia utitur.

CAP. XLVIII. — *Mithridates ad Tigranem profugit et frustra exposcitur.*

At Mithridates ad generum delatus, expetitum quidem colloquium non impetrat, sed corporis sui custodiam ab eo accipit, et aliis hospitalitatis officiis afficitur. Misit etiam Lucullus ad Tigranem legatum Appium Clodium, qui Mithridatem exposceret. Is vero non tradit, universorum se criminationem hominum revereri confirmans, si uxoris parentem hosti prodat. Scire se quidem improbum esse Mithridatem, sed tamen affinitatis se habere rationem. Epistolam etiam ad Lucullum in hæc verba rescribit: quæ ad iram ipsum provocavit, eo quod rex in inscriptione imperatoris nomen omisisset, Lucullum quoque regis regum appellationem sibi non attribuisse cavillatus. Hic XV Historiæ liber exit.

CAP. XLIX. — *Cotta Heracleam obsidet.*

Sequens autem historia hæc commemorat. Motis Romanorum castris, adversus Heracleam Cotta contendit. Primo tamen in Prusiadem ducit. Hæc ab amne præterfluente Cieri appellationem tulerat, sed ademptam Heracliensibus rex Bithyniæ de se denominavit. Inde ad mare Ponticum descendit, et maritimam prætergressus oram, mœnibus in vertice positis castra applicavit. Loci autem firmitati Heraclienses fidebant, et Cottæ oppugnationem fortiter urgenti, cum præsidio repugnabant, et plures e multitudine Romana cadebant. Crebra tamen etiam Heracliensium vulnera erant a telis. Quapropter ab oppugnatione receptui Cotta suis canit, et remotius aliquanto castra metatus, totus in hoc est intentus, ut exitum ad res necessarias intercludat obsessis. Annonæ igitur charitate oborta, dimissis ad colonias legatis, alimenta sibi venundati petunt. Et benigne accipitur legatio.

CAP. L. — *Triarius reliquam Mithridatis classem subigit.*

At brevi ante Triarius, Romana classe instructus, a Nicomedea impetum fecerat in Ponticas triremes, quas supra dictum est versus Cretam et Hispaniam emissas. At cum reliquas in Pontum retro abire rescivisset (multæ enim de his et procella et pugnis, suo quæque loco, navalibus interierant), **236**^{a} assecutus illas ad Tenedum, manus conserit; 70 ipsi triremes erant, Pontici autem pauciores aliquanto 80 agebant. Postquam infestis concursatum est proris, regii ad tempus vim hostium initio sustinent: postea universis in fugam effusis, plenam Romanus victoriam et celebrem consequitur. Atque ita classis Mithridatis tota, quanta in Asiam cum ipsa exiverat, subacta est.

CAP. LI. — *Cotta ad obsidendam Heracleam Triarium asciscit.*

Cotta vero ad Heracleam castra habens, nondum toto oppugnationem exercitu aggressus erat, sed aliquos de Romanis particulatim admovebat, multos Bithyni nominis statuens in fronte. Dumque complures vulnerantur et oppetunt, operibus et machinis animum adjicit: quarum testudo præ aliis formidinem incussit obsessis. Totam igitur vim militum, castris excitam, admovet turri cuidam, ruinæ spem præferenti. Verum ubi semel atque iterum percussa, non modo contra opinionem persisteret, sed etiam aries a cætera machina diffractus avelleretur, animus Heracliensium crescere, et perturbatus mœrore Cotta timere cœpit, nunquam urbs ne caperetur. Postero igitur die, cum machina iterum impacta nihil proficeret, instrumentum illud concremat, et fabris capita præcidit, relictoque ad mœnia præsidio, cum cætera militum turba in campo (quod Lycæum vocant) stativa delegit, quo in loco larga erat victus copia. Atque inde omni circa Heracleam regione devastata, in magnam cives difficultatem cogit. Quare denuo ad Scythas, Chersonesi incolas, et Theodosianos, et circa Bosphorum dynastas, de societate legationem mittit, quæ non absque effectu revertitur. Dumque hostes urbi incumbunt, non multo minus ab internis vexatur molestiis. Præsidiariis enim militibus id non satis erat quo plebs urbana victitabat. Verberibus igitur multatos cives, suppeditare quæ in promptu non erant, per vim jubent. Quid? quod præsidiariis longe importunior erat præfectus Connacorix, non modo non prohibens vim suorum, sed etiam libere permittens. Tum agros populatus Cotta, muros iterum adoritur. At cum segnes ad oppugnationem remississque animis videt milites, a conatu desistens, vocatum mittit Triarium, ut cum triremibus quamprimum advolet, **236***b* et commeatus in mari facultatem oppidanis intercipiat.

Cap. LII. — *Triarii victoria navalis de Heracl. et graviss. urbis fames ac pestis.*

Assumptis ergo Triarius quas habebat, navibus, et 20 Rhodiis, quarum summa 43 conficiebat, in Pontum trajicit, et adventu ejus in tempore Cottæ significato, eodem die exercitum ad mœnia appellit Cotta, et imminens Triarii classis apparet. Tum repentino navium adventu Heraclienses turbati, 30 quidem naves in mare deducunt, sed eas non satis complent. Reliqua multitudo ad propugnandum se convertit. Dumque classis Heracliensium contra accedentes hostium naves in altum tendit, primi Rhodii, peritia et fortitudine aliis præcellere existimati, in Heracleoticas impressionem faciunt, et statim tres Rhodiorum et quinque Heracliensium deprimuntur. Et pugnæ hinc supervenientes Romani, multis acceptis damnis, pluribus tamen illatis, Heracleotas fundunt, et ad urbem fugere compellunt, 4 et 10 navibus deperditis. Victrices autem in Magnum subiere portum. Peditatum etiam ab oppugnatione revocat Cotta. Triariani autem in dies singulos e portu subvecti, eos qui frumenta circumsessis importare conarentur, impedierunt. Ingens igitur annonæ charitas urbem tenuit, ut Chœnix (quæ dicitur) ad 80 Atticos procederet. Et super alias ærumnas, etiam pestis homines invasit, vel ex aeris mutatione, vel inconsueta victus ratione exsistens, et per varias calamitatum formas varios hominum interitus efficiebat. Inter quos etiam Lamachus longe acerbiore quam alii, et lentiore mortis cruciatu exstinguitur. Lues hæc maxime præsidiarios corripiebat, ut de 3000 mille interirent.

Cap. LIII. — *Heracleæ proditio, direptio : dissidium Romanorum.*

Atqui Connacorix, hac afflictionum mole fatiscens, urbem Romanis prodere, et Heracleotarum exitio suam permutare salutem statuit. Operam huc conferebat etiam Heracliensis quidam, consiliorum Lamachi æmulator, cui nomen Damophile, præsidio urbis et ipse Lamachi interitu præfectus. At Connacorix a Cotta sane, ut homine moribus importunis et dubia fide, sibi cavet : cum Triario autem rem communicat : nec segnius in eodem cum his studio Damophiles decurrit, et acceptis pactorum conditionibus, **237***a* quibus se beatos fore sperabant, ad proditionem se accingunt. Obiter autem quæ a proditoribus agebantur, in vulgus emanant. In concionem igitur urbs concurrit, præsidiique præfectus advocatur. Tum Brithagoras, vir inter populares præcipuæ auctoritatis, Connacorige convento, quo loco sit Heraclea edisserit, et si ille comprobet, de communi omnium salute cum Triario conferendum esse censet. Hæc cum miserabiliter, multis intermistis precibus, perorasset Brithagoras, surgens Connacorix, pacificationem eam suscipiendam esse negat, sed ut libertatis et melioris fortunæ spei inhærerent, per simulationem suasit. Etenim per litteras se cognovisse regem a Tigrane genero benigne susceptum, nec longum post intervallum sufficiens inde exspectare auxilium. Hanc tum larvam scenicam illis prætendebat Connacorix. Quare his verbis decepti Heraclienses (semper enim quod adlibet expetitur) astute confictis, ut veris, fidem adhibuere. Connacorix, ut in fraudem deductos videt, nocte intempesta, exercitu navibus imposito (per fœdus enim cum Triario initum salvis abire, et si quid lucri fecissent, secum asportare licebat), ipse cum militibus discedit. Damophiles autem, solutis portis, introfusum Romanorum exercitum et Triarium recipit : quorum alii per portam irrumpunt, nonnulli etiam muri pinnacula transcendunt. Tum demum proditos se Heraclienses sentiunt, parsque horum se dedit, pars trucidatur. Res in abdito repositæ et supellectilia diripiuntur, et magna crudelitate in cives desævitur. Nam recurrit animo Romanis, quanta navali conflictu detrimenta accepissent, et quantas sustinuissent ærumnas in oppugnatione. Ideoque nec ab his qui ad deum sacra confugerant temperatum, sed juxta aras et delubra supplices mactati. Quocirca multi trans muros elapsi, mortis inevitabilis metu, per totam disperguntur regionem : nonnullis etiam ad Cottam transfugere coactis. A quibus ille de expugnatione urbis, et hominum strage et direptione bonorum, certior factus, ira totus exardescit, et quam celerrime ad urbem festinat. Moleste etiam simul tulit exercitus, quod non modo gloria rerum fortiter gestarum spoliati, **237***b* sed etiam commodis universis fraudati essent ab iisdem. Ideo implacabili cum gentilibus certamine conserti, mutuis se cædibus hausissent, nisi Triarius, concitatione illorum intellecta, multis pacasset verbis Cottam, et in commune se lucra expositurum sancte promisso, bellum intestinum inhibuisset.

Cap. LIV. — *Cotta Heracleam exspoliatam incendit, et in reditu magnam prædæ partem naufragiis amittit.*

Ubi vero audivit Connacorigem Tium et Amastrin occupasse, sine mora Triarium Cotta dimisit, ut has eis urbes adimeret. Ipse interim, acceptis dedititiis et captivis, cætera per omnem sævitiam administravit. Nam dum opes passim scrutatur, ne sacris quidem parcit. Statuas enim et imagines, tam pulchras quam multas, loco movit : quin et Herculem e foro, et ornatum ejus a pyramide, sumptu, magnitudine, nec non opificio et arte, nullo laudatissimorum operum inferiorem, sustulit. Erat autem clava malleo cusa ex auro purissimo : et leonina ipsi circumfusa, corytusque ex eadem materia, arcu et sagittis refertus. Multa etiam alia æque miranda atque pulchra, e fanis et urbe sublata, navibus intersit. Ad ultimum jussis ignem immittere militibus, multis urbem partibus succendit. Ita capta et subacta est civitas, cum duos oppugnationem annos sustinuisset. Sub hæc Triarius ad urbes sibi demandatas profectus, Connacorigi (is enim proditionem Heracleæ aliarum occupatione dissimulare animo præsumpserat), securitate abeundi facta, civitates sub conditionibus certis recipit. Cotta autem rebus, quo dictum est modo, confectis, pedestres copias una cum equitatu Lucullo tradit, et sociorum auxilia, in suam quæque patriam, dimittit : ipse vero, cum classe avehitur. Ibi navium quæ urbis spolia vectabant, pars supra modum onerata, haud procul a littore solvitur, pars Aparctia vento contra flante, in vada procellis ejectæ, pleraque asportandorum excussere.

Cap. LV. — *Cleocharis Leonippi et Seleuci præfect. Mithrid. Sinopæ dissidium, tyrannis et perfidia.*

Tum Leonippus, cui cum Cleochari Sinopes cura et tutatio commendata fuerat a Mithridate, re desperata, de proditione ad Lucullum mittit. At Cleochares cum Seleuco (nam et hic Mithridatis **238**a erat legatus, officii auctoritate cum cæteris æquatus) Leonippi proditionem odorati, advocata concione, hominem accusant : cives vero criminis hujus actionem non admittunt, quod probum esse existimabant. Ideo Cleocharis factio, gratiam ejus apud plebem metuens, noctu ex insidiis hominem trucidant. Populus quidem hunc casum ægre ferre, sed Cleochares cum suis rerum potiri, et tyrannice res administrare : hac via parricidii in Leonippum pœnas subterfugituros se existimantes. Interim Censorinus, Romanæ classis prætor, triremes agens XV commeatum a Bosphoro Romanorum castris advehentes, prope Sinopen appellit. Contra quem Cleochares et Seleuci triremes Sinopicæ, ductu Seleuci egressæ, navali prælio decernunt, et victis Italis, naves onerarias in suum duces lucrum auferunt. Elatus igitur hac fortunæ benignitate Cleochares cum collega, plusquam antea tyrannico urbem imperio premit. Nam causis legitimo judicio non disceptatis, ad neces oppidanos rapiunt, et ad multa alia crudelitate sua abutuntur. Accidit autem ut in contraria scinderentur studia Cleochares et Seleucus. Ille enim persistendum in |bello, hic trucidatis Sinopensibus universis, urbem Romanis, magnificæ remunerationis pacto, tradendam censebat. Atqui neutra sententiarum comprobata, quidquid possidebant, navibus onerariis ingestum : ad Macharen filium Mithridatis, tum temporis in Colchide agentem, dimittunt.

Cap. LVI. — *Lucullus Macharen, P. Mithrid. in amicitiam recipit. Tyranni fugiunt. Sinope capitur.*

Sub idem tempus Lucullus, Romanorum imperator, ad urbem accedens, valido eam nixu oppugnat, cum Machares etiam amicitiæ et societatis fœdus per legationem petit. Is igitur, petitione benigne admissa, fœdus pro firmo se habiturum respondit, si nullos Sinopensium commeatu juvet. Tum is non solum imperata facit, sed etiam destinata Mithridaticis, ad Lucullum deferenda curavit. Hæc ubi Cleocharis factio videt, spem omnem abjiciunt, magnisque in naves opibus congestis, et urbe ad direptionem militibus concessa (sub noctem ista fiebant), navigiis ad interiora Ponti, quæ a Sanegibus et Lazis incoluntur, aufugiunt, cum reliquam classem incendissent. Excitata igitur flamma, quid actum sit Lucullus animadvertit, scalasque ad mœnia adhibere jussi milites transcendunt. Fit primum cædes non **238**b modica, sed misertus calamitatum Lucullus, ne sæviatur ulterius interdicit. Ad hunc igitur modum etiam Sinope in Romanorum arbitrium venit. Repugnabat etiamnum Amasea, sed non multum intercessit spatii, cum etiam ipsa Romanorum in fidem concessit.

Cap. LVII. — *Mithridates ægre tandem a Tigrane auxilia impetrat.*

Porro Mithridates annum et 8 menses in partibus Armeniæ demoratus, necdum in generi conspectum admissus erat. Hic tamen exoratus tandem, ut coram se sistendi potestatem ei faceret, splendida cum pompa occurrit, et regali socerum magnificentia excipit. Sed triduum absque colloquio cum eo transegit. Lautissimis inde conviviorum apparatibus benevolentiam ei suam cum ostentasset, decies mille instructum equitibus in Pontum remittit.

Cap. LVIII. — *Lucullus Armeniam populatur, et thesauri Tigranis vix servantur.*

Inter hæc Lucullus in Cappadociam ingreditur, et Ariobarzane terræ regulo utens amico, inopinate Euphratem cum equitatu transit, et agmen ad urbem adducit, ubi Tigranis pellices, et de rebus pretiosis ac charis non pauca asservari didicerat. Copias etiam, quæ Tigranocerta oppugnent, et alias, quæ præcipua illic oppida tentent, relinquit. Dum hoc modo Armenia multis oppugnatur partibus, mittit Tigranes qui Mithridatem revocent. Exercitum etiam ad tutandum urbem in qua pellices erant dispositæ, ire jubet. Qui cum eo venissent, interclusis sagittarum grandine exitibus e Romanorum castris, et concubinas et gazas periculo exemptas noctu præmittunt. Ubi illuxit, Romani et Thraces, certamine cum Armeniis feliciter inito, prolixam horum faciunt stragem, nec pauciores vivos capiunt quam cædunt. Præmissa tamen ad Tigranem, tuta manent et salva.

Cap. LIX. — *Luculli victoriæ de Tigrane ad Tigranocerta ; et urbis deditio.*

Hic 80000 contractis, ut Tigranocerta ab urgentibus malis eripiat, propulsetque hostes, descendit.

Confestim vero ut Romanorum exilitatem vidit castrorum, superba per contemptum de iis verba jacit : *Si legati sunt* (inquit) *multi simul venerunt: sin hostes, perpauci.* Quibus dictis, castris locum deligit. At Lucullus, singulari arte et studio instructa acie, suisque fiducia per cohortationem injecta, dextrum cornu statim in fugam agit : mox inclinatio fit in proximo : dehinc terga vertunt omnes. Grandem itaque et præcipitem Armenii fugam capessunt, et pro hominum numero cædes sequitur. Tigranes igitur, diademate et regni insignibus **239**a filio impositis, ad castellum quoddam fugam arripit. Lucullus vero Tigranocertam versus motus, majore conatu in obsidionem incumbit. Tum Mithridatis in urbe legati, desperata rerum summa, Lucullo se dedidere, salutem pacti.

Cap. LX. — *Tigranis cum Mithidate acta, et legatio ad regem Parthorum.*

Mithridates autem ad Tigranem reversus, fiduciam ei addit, et ornatum regium, assueto non viliorem, circumdat. Exercitus etiam colligendi proponit consilium (cum et ipse manum non contemnendam haberet), ut victoriæ damna bello recuperaturo. Verum hic dum plus virtutis et prudentiæ illi tribuit, et magis Romanorum bellis idoneum arbitratur, omnia Mithridati permittit. Ipse interim legatione ad Phradatem Parthum missa, Mesopotamiam et Adiabenen, et magnas (quas nominant) valles ditioni suæ ut permittat exposcit. Cumque etiam Luculli ad Parthum legati venissent, Romanis seorsum amicum et socium se esse fingit, seorsum etiam eadem ad Armenium simulat.

Cap. LXI. — *Odium Romæ in Cottam, et actio, accusante Thrasimede Heracl.*

Interea Romam Cotta reversus, honore a senatu afficitur, et Pontici cognomento, quod Heracleam cepisset, nobilitatur. At ubi sinistra ejus fama Romam pervenit, in publico erat odio, invidiamque tantæ ei opes adaugebant. Cujus declinandæ causa pleraque in ærarium spolia retulit, tametsi nihilo mitiores in se Romanos hoc efficeret, dum e plurimis eum pauca referre persuasum haberent. Captivos etiam Heracleæ statim dimittendos decreto publico sciverunt. Thrasymedes insuper, Heracliensium unus, pro concione Cottam publice accusat, et civitatis suæ erga Romanos benevolentiam commemorat : et, si quid ab hac remiserint, non civitatis voluntate, sed magistratuum fraude et adversariorum vi factum esse. Miserabili etiam querela ob oculos ponit urbis inflammationem, quotque et quanta incendium evastarit, utque simulacra Cotta destructa prædam sibi fecerit, et ædes sacras diruerit, et sexcenta alia crudelissimum in modum peregerit. Ad hæc auri et argenti infinitum prope numerum, cæteramque urbis felicitatem, quam in suum ille commodum averterit, recensebat. His a Thrasymede, cum lamentis et fletu, commemoratis, et {optimatibus Romanorum ad commiserationem casus illius inflexis (accesserat **239**b enim captivorum quoque multitudo, viri et matronæ cum liberis, lugubribus vestimentis amicti, et deprecatorios, cum ejulatu, præ se tendentes oleæ ramos), progressus contra in medium Cotta, ubi pauca lingua patria disseruisset, resedit : et exsurgens Carbo : *Nos*, inquit, *Cotta, capiendam tibi, non exscindendam, urbem demandavimus :* et post eum alii consimili in Cottam criminatione sunt invecti. Multis igitur exsilio dignus videbatur. Moderatione tamen adhibita, latum ei clavum abrogant. Heracleensibus vero agrum et mare et portus restituunt, rogatione perlata, ut nemo horum servituti sit addictus.

Cap. LXII. *Thrasymedis et Brithagoræ studium circa instaurationem Heracleæ et libertatem.*

His ergo Thrasymedes confectis, plebem remisit in patriam : ipse vero cum Brithagora et Propylo, Brithagoræ filio, ad tempus dehinc subsistens, quæ patriæ usus exigeret administravit. Peractisque aliquot annis, cum tribus onerariis navibus in patriam regressus, ceu ad alteram revocatam natalem omni studio reparare contendit. Verum dum omnia molitur, vix ut 8000 vernis etiam annumeratis, colligerentur, effecit. Brithagoras autem, civitate jam augescente, populum in pristinam libertatem vindicandi spem facit, annisque elapsis haud paucis, Romanorum imperio jam ad unum C. Jul. Cæsarem devoluto, ad eum contendit. Legationem cum eo obibant, cum alii ex nobilitate, tum Propylus. Ibi notior factus Cæsari Brithagoras, et propius in amicitiam admissus, promissionem quidem accipit, sed libertatem prima occasione recuperare nequit, quod non Romæ, sed alibi terrarum, Julius in negotiorum distractione versabatur. Non tamen ab incepto destitit Brithagoras, sed per totum fere orbem cum Cæsare circumductus, ipse et Propylus in oculis ejus erat : ut non obscure imperator significaret, petitionem hominis se approbare. Duodecim tandem annos in familiaritate Romanorum emensus, cum jam redire Cæsar instituisset Romam, senecta et laborum assiduitate exhaustus Brithagoras, vivere desinit, et grandem patriæ luctum a se relinquit. Atque ita xvi etiam liber *Historiarum* Memnonis abbreviatus finem habet.

240a Prudens est quidem hæc Historia, et exilem assequens characterem. Perspicuitatis non incuriosus, digressionibus tamen utitur, præsertim necessitate adactus, et externis addendis huc hortantibus. Neque id accidit frequenter, sed ubi stimulari se sentit. Redit vero ad propositum. Verbis, nisi raro immutatis, usitatis utitur. De octo libris præter sedecim, quod eos nondum videre contigerit, non habeo dicere.

De Clearcho tyranno Heracleæ Ponticæ. Ex Suida.

Clearchus Ponticus Athenas venit audiendi Platonis et doctrinæ philosophicæ cupiditate. Sed ejus consuetudine non diu usus (erat enim diis inimicus) in somnis vidit mulierem sibi dicentem : Excede academia, et fuge philosophiam : neque enim ea frui tibi fas est, quæ te infestissimo vultu intuetur. Quibus auditis, redit in expeditionem : et oppressus invidia, patria relicta, conscensaque nave, dum exsul oberrat, pervenit ad Mithridatem, castrisque apud eum positis, laudatur. Non multo post gravis inter Heracleotas exsistit seditio. Deinde in gratiam et concordiam redire cupientes, pacificatorem deligunt Clearchum. Is in reditu, in diversorio quodam rursus in somnis Evopium, Heracleotarum tyrannum sibi dicentem audit : Oportet te tyrannum esse patriæ. Sed et hic philosophiam eum cavere jubebat, renovata somnii Atheniensis memoria. Rerum potitus, crudelissimus fuit, et insuperabili superbia incensus, humana conditione contempta, adorari se, et divinos haberi sibi honores postulavit, et vestes diis familiares induit, eorumque statuis decoras : et filium suum Ceraunon, id est fulmen, appellavit. Interfecit autem eum primum vindicta : deinde Chionis manus, familiaris Platonis, et ejus ad tempus auditoris, qui odio tyranni in illius ædibus hausto patriam liberavit. Tam præclari facinoris socii fuerunt Leonides et Antitheus, ipsi quoque philosophi. Justas autem scelerum pœnas eum dedisse, dictum est.

Ex Diodoro Siculo, lib. xv, De eodem Clearcho.

Eadem vero tempestate Clearchus, ex Heraclea Pontica oriundus, tyrannidem affectavit, ac voti compos factus, æmulatus est Dionysii tyranni instituta, et splendide tyrannidem in Heracleotas exercens, imperium tenuit per annos duodecim.

Ex eodem Diodoro lib. xvi.

Clearchus Heracleæ tyrannus, cum Dionysia (id est Bacchanalia) essent, dum ad spectacula vadit, interfectus est, per annos duodecim imperio potitus.

Ex Theopompo Chio, de eodem Clearcho, apud Athenæum lib. iii.

Multos morte violenta e medio tollebat, ac quamplurimis cicutam bibendam porrigebat. Cum vero innotuisset omnibus hic tyranni mos, propinandi venenum illud, tanquam poculum quod amicitiæ testandæ ergo propinari solet, ex ædibus non egrediebantur priusquam rutam edissent. Hoc enim qui ederint, illis aconiti potum nihil nocere ait.

De Timotheo tyranno Heracleæ Ponticæ, Clearchi filio, Ex Diodoro lib. xvi.

Imperio Clearchi cum successisset filius Timotheus, eo potitus est per annos xv.

Ex eodem Diodoro, eodem libro.

Dum hæc geruntur, Timotheus Heracleæ Ponticæ tyrannus obit, cum per quindecim annos dominatus esset. Ei successit frater Dionysius, qui per duos et triginta annos imperium obtinuit.

Ex Athenæo libro xii, de Clearcho secundo.

Nymphis Heracleotes libro secundo de Heraclea scribit, Clearchum, patriæ suæ tyrannum, ejus filium qui tyrannidem primus invaserat, luxu et quotidiana voracitate sensim in tantam molem carnis extumuisse, ut propter crassitiem, et obesitatem, anhelitus difficultate correptus sit et strangulatu, ideoque medicos præcepisse, ut tenuibus ad id paratis acubus, et prælongis, latera et ventrem configerent, quoties in profundiorem somnum laberetur. Carne in callum spissata ob nimiam pinguedinem, aliquandiu nihil ille sentiebat ; cum vero ad puram adacta carnem acus perforasset, tum expergiscebatur. Iis qui responsa petebant, reddebat, corpori objecta arca, quæ partes reliquas obtegeret, ut facie tantum aperta colloqueretur cum iis qui compellabant.

Aliquanto post : annos quinquaginta quinque natus diem obiit, tyrannide per annos triginta tres continuata, prioresque se tyrannos antecelluit comitate et mansuetudine.

De Zathra et Clearcho fratribus, tyrannis Heracleæ, ex Diodoro lib. xx.

Dum hæc geruntur, Dionysius Heracleæ Ponticæ tyrannus obiit, cum triginta duos annos imperasset. Successerunt autem ejus imperio Zathras et Clearchus, filii; idque per septemdecim annos tenuerunt.

CCXXV.

Eulogii episc. Alexandrini liber contra Severum et Timotheum hæreticos.

Legi beati Eulogii episcopi Alexandrni opus libris duobus comprehensum, estque defensio sancti Leonis pontificis Romani. Accusatio vero Timothei et Severi, qui Tomum reprehendebant. Etenim hæresis utrumque superbe synodum ac Tomum oppugnare compulit : Severum quidem planiorem, accuratiorem vero Timotheum. Domitiano autem Melitenæ opus dedicat.

Primus quidem liber quatuor capitibus absolvitur, alter vero sedecim. Initio autem operis causam reddit suscepti laboris, quo et pii homines scribentem invitarunt. Quibus legem constituit et canonem, scripta dijudicare non oportere ex parte, neque fragmenta quædam sumendo, ex his de tota scriptoris mente judicium ferendum. Hos enim Propheta exsecratur : *Væ prophetis, qui sequuntur spiritum suum, et nihil vident* [h] ! Hanc legem ac regulam et Patrum nostrorum decreta confirmant. Etenim Eustathius Antiochenus episcopus in sex adversus Arianos libris his verbis scribit : *Sed Arianæ scenæ saltatores peccatum fecisse Christum jactant.* Et post non longe illud : *Deum in Christo mundum sibi conciliasse, neque memoria tenent, nec linguæ organis conferunt : sed veluti graves calumniatores et accusatores locum labefactantes, accusationis certamen instituunt.* Deinde et legis decretum : *Oportet vero veritatis studio legitime* **240**[b] *certantes, omnia abunde accipientes, sed non ad fraudem, partim quidem silere, partim vero arripientes offerre.* Sic divinus Basilius ad hunc modum Sozopolitis scribens : *Non recens opinionis hæc impietas, sed et olim ab absurdo insano Valentino inchoata, qui pauca Apostoli verba contrahens, impium sibi figmentum præparavit.* Ut hæretici amentes solent partem aliquam Scripturæ arripere et hanc depravare, propter hanc cætera condemnare, et ab sacrarum lectionum calumniis et divisionibus impium dogma conflare. Sic et apostolorum princeps ab impiis accusatus est, ut dividens Emmanuel : inquit : *Jesum Nazarenum, quomodo unxerit ipsum Deus sancto Spiritu et virtute, qui venit benefacturus et liberans omnes tyrannide oppressos diaboli, quia Deus erat cum eo* [h]. Et profecto Paulum orbem terrarum pietatis præconio percurrentem, similibus injuriis et calumniis perstringit, in quibus concionatus Atheniensibus locutus est [i] : *Annuntiat hominibus ut omnes ubique pœnitentiam agant, eo quod statuit diem, in quo judicaturus est orbem in æquitate in viro, in quo statuit fidem præbens omnibus, suscitans eum a mortuis.* De quibus iterum ad Hebræos scribens ait : *Qui in diebus carnis suæ preces supplicationesque ad eum qui possit illum salvum facere a morte* [j]*, et deinceps.* Calumniator igitur proprii furti et lacerationis judicem seipsum constituens, non ut nude

hominem dicentes Dominum nostrum Jesum Christum, contemneret præcones ipsius, sed non sic veritatis amicus. Et prædictis adjungens, quæ ex alia parte de Salvatore a pietatis præcone denuntiata sunt, extra omnem injuriam pietatis magistros ostendit, ut illud adjungit : *Patres ex quibus est Christus secundum carnem, qui est super omnia benedictus in sæcula, Amen* [k]. Certe et illud : *Qui cum sit splendor gloriæ, et figura substantiæ ejus, portansque omnia Verbo virtutis suæ* [l]. Hæcque primis accommodans, et Nestorium impium in his accusabit, **241**[a] et pietatem clariorem reddet. Et sic rursum divinus Basilius fieri de orationibus judicium suadet, quibus ad monachos ambigue dicta perscribit, et obscure dicta in aliquot sacræ Scripturæ locis visa, ut alia clare dicta loca ostendunt : *Non oportere per aliquot fragmenta et divulsiones scriptoris pietatem judicare,* adeo clarum radium emittit veritas, ut Severum in his cæcutientem, tamen consensum suasisse. Scribit enim ad Julianum Halicarnassæum : *Oportet igitur præceptiones sanctorum sanctæ Ecclesiæ doctorum per occasiones perfecte legere, et non singulatim omnia proferre, et de toto sensu periculose conjectare. Hoc in apostolicis atque evangelicis scriptis, atque adeo in omni divinitus inspirata Scriptura servandum est, quando non in una voce scilicet epistolæ vel operis collocanda est scriptoris pietas.* Sic et veri canonis fulgur Severum cæcum proprio fulgore tamen frui sinit, sed inexplicabile legis robur cognoscere licuit. Uti vero consueta sententia neglexit. Piæ enim memoriæ beati Leonis librum non lege quam prædicavit, sed contraria expendens lingua, et per fragmenta quædam et perniciosis sermonibus præfando, visus est de impietate pie scribere : ipse reus vero exsistens eorum quæ aliis objicere ausus est. Quis enim alius acutius telum in Nestorium impium torsit, quam voce robusta Leo? *Impatibilis Deus dignatus est homo fieri, et immortalis mortis parere legibus.* Hæc sycophanta prætermittit : alia vero quædam dicta resecans ad suum dogma rapit, nec pudet vocis illius prædictæ; neque agnoscere ab ipso cultam vult legem. Si enim integra Leonis epistola per ambiguitates ambulavit, etiam ex quo Acephali, unius personæ divisionem damnant, facilem iis imperitia calumniandi occasionem afferebat. Postquam vero per innumerabilia pietas ostensa est, quomodo non **241**[b] sycophantæ arripiunt alteram a prima impietatem? sed in his capita duo.

Tertium verborum calumniantium, sancti Leonis comparatio, et ex eodem libro redditio, qua injusta calumniantium sententia clarius refellitur.

Hæc autem calumniantur : *Primum enim servat altera natura indeficienter sui proprietatem. Et quemadmodum non tollit servi formam Dei forma,*

[h] Ezech. XIII, 3 [h] Act. x, 38. [i] Act XVII, 30. [j] Hebr. v, 7. [k] Rom. IX, 5. [l] Hebr. I, 31.

sic et servi forma non minuit Dei formam. Quod igitur dictum est secundum se pie mentis germen est; nisi quid contra objiciatur ex ipsa epistola. Sic enim melius impietatis improbitas accusetur. Sic enim habet: *Ipse sempiterni Patris unigenitus sempiternus, genitus ex Spiritu sancto et Maria Virgine. Quæ generatio temporalis divinam ipsius ac sempiternam generationem nihil diminuit, neque ipsi quid postponit,* usque ad illud : *Conceptus est videlicet de Spiritu sancto in utero Virginis matris, ut quæ sic servata integritate ipsum genuerit, quemadmodum et manente virginitate concepit.* Intellexit hoc aliquando Nestorius? Reperiatne itaque contra hæc aliquis quod jure calumnietur, etiamsi ipsum diabolum habeat cooperantem in hac re ab initio homicidam? Quare igitur non ad hæc, etsi quid ambiguum est, adaptamus, sed hæc potius inde sumere audemus.

Cerne Acephalum quomodo non iterum alterum dictum omittens erubescit: *Quæ,* inquit, *in [universa] quantitate relata utrinque sunt, et hominis vilitas et Dei contra magnitudo. Quemadmodum enim cum dicit : Deus mutationem non suscipit; sic homo divinæ dignitatis non consumitur.* Quomodo enim pudore non est affectus dictam vocem opponens, et ad debitum nostræ naturæ conditum esse: *Divina natura unita est patibili naturæ, ut hoc certe nostris medicinis aptum exsistens, unus et ipse mediator Dei et hominum exsistens homo Jesus Christus* ᵐ, *et mori per unam potuit, et finiri per alteram non potuit.*

242ᵃ Rursum tertium ad accusationem trahunt : *Operatur enim utraque forma per alterius communicationem, donec divinitas quidem miraculis clarescat, humanitas vero injuriis excipiatur.* Duos enim esse operantes, docere sententiam, accusatores mentiuntur. Sed ille rursum per seipsum opponens vocem propriam, obstruit os eorum dicens: *Unus ipse et Filius Dei vere, et vere Filius hominis est. Deus quidem quatenus :* « *In principio erat Verbum, et Verbum erat apud Deum, et Deus erat Verbum* ⁿ : » *Homo vero secundum illud,* « *Verbum caro factum est, et habitavit in nobis* ᵒ, » usque ad illud: « *Quem ut hominem.* » Certe audit dæmonis astutia, huic quasi Deus sit angelorum ordo ministrat. Hæc enim tunc dicta dilucide explicat, et quæcunque hæresis calumniari aggreditur, et omni calumnia ostendit superiora.

Quarto carpunt hanc sententiam: *Quando a præcursore Joanne cœpit baptismus, ne ignoretur quia obscuro carnis velamento tegitur divinitas. Vox Dei Patris cœlitus demissa ait :* « *Hic est Filius meus dilectus in quo mihi bene complacui* ᵖ. » Sed mox pudet illos Romani Pontificii dignitatis. Sic enim ait : *Venit igitur in hanc mundi vilitatem Dei Filius e cœlesti descendens throno, et a patria non discedens gloria, novo modo novaque generatione natus.*

Novo quidem modo, ut qui invisibilis erat, visibilis factus sit apud nos, usque ad : *Deus verus, idem etiam verus homo.* Et post hæc : *Quemadmodum igitur, ut multa complectar, non ejusdem est naturæ deflere ex commiseratione amicum mortuum, et mox redivivum, divulgato jam obitu quatriduani mortui, ad vocis jussum resurgere,* et cætera usque ad illud : *Quicunque per revelationem Patris eumdem Dei Filium confessus et Christum.*

Sed rursum hæresis dictum verbum discerpsit : *Etsi maxime in Domino Jesu Christo Dei Filio et hominis una est persona, tamen aliud est illud, ex quo in utroque communis est injuria* **242**ᵇ, *et alterum, ex quo communis opinio orta est.* Sed sanctus vir impudentes per hoc convertit impios. Dicit enim : *Post Domini resurrectionem quæ videlicet veri corporis ipsius facta est, cum alius non resurgat, nisi cruci affixus et mortuus,* usque ad : *sed unum Dei Filium confitemur et carnem.*

Postquam vero invasit hæretica opinio, et hoc depravat : *Per hanc igitur personæ unitatem in utraque natura debitam intelligi.* Etiamsi vero hic propriis armis sycophanta hos invadit, dicens : *In importunitate igitur hominis, et ultima natura, Deus verus natus est totus in iis, quæ ipsius, et totus in nostris,* et deinceps : *Ut manens igitur in forma Dei, fecit hominem, sic in servi forma factus homo est.*

Rursum hæc hæresis oppugnat : *Qualis natura infixa clavis ligno crucis pendet.* Et rursum pietatis miles evertit hostem, multos in se adducens commilitones, nisi quod et sic per se hos complectatur De Eutyche sic enim loquitur : *Qui naturam nostram in unigenito Dei Filio, neque humilitate, neque gloria agnovit resurrectionis, et quæ sequuntur* usque ad illud : *Quid separat Jesum, nisi mysterium humanam ab ipso naturam sejungere, per quem solum salvati sumus, conari stultum per impudente fictiones operari.*

Et quidem beati Leonis dicta quædam temere reprehensa, et quorum pudeat ipsos calumniantes, hæc sunt: quæ talem constringunt unitatem, ut admirentur quomodo in his sycophantæ non confusionem viri reprehenderint, quemadmodum e calumnia oppressis divisionem confingunt. Dicere enim, ut impatibilis Deus non dedignatus est fieri homo mortalis, et mortis non horruit obsequium, et sine tempore factus est cum tempore. Quomodo ignorarunt mali calumniatores, non scripsisse virum per hoc confundi, nisi quod ut divisionem redarguunt hæc, sic et illa confusionem adornant.

Quo tandem scriptor hic **243**ᵃ tendat, geminum hinc adversus Ecclesiam nascitur bellum. Hinc enim Eutychem referens principem, illinc vero Nestorium, et post acceptam plagam, lapsumque pugnam instaurantem, cum utroque pugnans pietatis hic dux, suis ipsos ac mutuis telis vulnerat. Et cum Nestorio quidem dimicans, confusionem per confessionem

---

ᵐ I Tim. II, 5. · ⁿ Joan. I, 1, 2. ᵒ ibid. 14. ᵖ Matth. XVII, 3.

summæ unitatis stultis invehere videtur. Cum Eutyche vero certans, naturarumque diversitatem accurate defendens, differentiam personarum in medium attulisse accusatur. Oportet vero integrum auditorem scriptoris scopum investigare, et totius scriptionis seriem considerare. Duos autem sese hostes nactum, scribens ipse ad pientissimum Leonem imperatorem et Nestorium anathemate feriens et Eutychem, clare docet. Oportebat autem Patrum vigilias circumspecte legisse, et quemadmodum Arianis exilia verba, passionemque in Filii Deitatem referentibus, ut ipsum minorem faciant Patre, Patres dicitis crassioribus uti verbis, Dominicum appellantes hominem, vel assumptum.

CCXXVI.

Eulogii ejusdem liber contra Theodosium et Severum.

Lectus liber Eulogii Alexandrini episcopi, quo piæ doctrinæ causam suscepisse videtur, pudorem propugnatoribus impietatis incutiens. Inscribit vero librum primum pontifici Leoni, accusatus ac reprehensus a Theodosio, alicubi vero a Severo, Acephalis. Perstringit vero illorum dementiam improbitatemque nihil ostendens verum neque concludere necessario, conficta et falsa mendacia, et non contra illum magis armatos, quicum pugnent, nihilominus tamen adversus sanctos omnes, quorum nomina respuunt : non igitur inficiantur, et pro omnibus audacter illos opposuit, quibus sanctum Leonem oppugnant, et contra beatum Cyrillum, quodque mirandum magis, adversus eos, qui decreta opponunt. Has enim voces quas allatrant, Cyrillum sæpius objiciunt **243**b asserentem, aliorumque sanctorum Patrum! catervam. Quo in numero Athanasius, Gregorii, Basilius, Ambrosius et Amphilochius. Denique amentiæ confutatio, Severum ipsum ubique dogmatis auctorem adducit. Quibus usus est beatus Leo [in numeris hæreseos] convitiis a Theodosio et Severo excipitur. Sic illorum dementiam ostendit, et adversariam tuentes partem armis exuit, ut in se ictus assiduos inferentes nihil læderent. Est autem hic scriptor purus ac suavis, et breviter ac leviter accusationes instituens, et sine causa nihil in medium proferens. In quatuordecim capita hæreticis librum beati Leonis dividentibus, non captiones accusationesve, vituperationesque ineptas afferunt, et ipse totidem dividit refutationis capita, fortem ac validam reprehensionem calumniæ Acephali. Additur vero his absolutio a Chalcedonensi synodo, quam hæreticorum mala lingua proscindit, unitatem personæ ipsis verbis non expressam. Plurimos enim Patres ostendit, non modo ante synodum Ephesinam, sed et sequentes, hac ipsa voce non usos [per alia verba pietatem suam ostendisse] quod et synodus perfecit. Non solum vero, sed et beatum Cyrillum in unione cum Occidentalibus hujusmodi verbis non usum ostendit. Asserit autem Cyrillum ostendere unitatem voluisse, tanquam Verbi hypostasis humanæ absque mutatione uniatur naturæ. Enimvero quia quarta sancta synodus scripta Cyrilli ad Nestorium verecunde, et laudabiliter facta (in quibus non semel, sed et bis, et quater personæ unitas Verbi clare declaratur) hæreticorum obstruit ora : quibus ipsam non sapere, neque in persona unitatem confinxerunt, et omnino de quibuscunque Acephali divum Leonem accusare sunt ausi , et Chalcedonensem sanctam synodum, brevi sermone accusationes refellens, et insolubilibus argumentis adversariis pudorem incutiens, ostendit ipsos secum potius, **244**a quam cum iis quos oppugnant, aut cum sanctis Patribus, aut nobiscum certamen habere.

Cæterum hic Eulogius olim sacerdotii gradum Antiochiæ habuit primum, ædemque solum rexit sanctissimæ Deiparæ quæ Justiniana nuncupatur. Aggressus est et alia non ignobilia opera : tandem etiam Alexandriæ præsul renuntiatus est.

CCXXVII.

Eulogii ejusdem invectiva oratio.

Lecta est invectiva ejusdem contra unitatem subito exortam inter Theodosianos, et Cainitas acephalos. Hi enim primum inter se cum dissedissent, postmodum ea quæ ad necem defendebant dogmata invicem tradentes, in unam, sed brevem quandam conspirarunt impietatem. Inde iterum refusa in priorem impietatem pars utraque, discesserunt ad eas ex quibus in unum coaluerant, opiniones. Ostendit igitur quod non ut illis visum est, ipsis œconomiam (1) sua unitas operata est : sed potius fidei illorum proditionem integram propalavit. Divisit autem œconomiæ speciem, quam Dei novit Ecclesia (2), tribus differentiis : arguitque contra conduplicatam eorum impietatem, quod secundum nullam trium illarum procederent initio ab ipsis immortalia impietatis fœdera : sed ut diximus, universæ eorum religionis utraque pars ; nomine unitatis proditionem negationemque perpetravit. Et primo quidem ait quod œconomiæ ratio non obvius quosque rei speculatores et arbitros admittit, sed Christi ministros atque dispensatores mysteriorum Dei et quibus pontificalium thronorum leges crediderunt. De quibus jam dicta Cainitis ac Theodosianis unitas neminem agnovit. Sane ex tunc directa de ipsa incarnatione oratio inchoatur, ubi jam dogma pietatis non læditur. Illo enim incorrupto ac sincero permanente, incarnatio non potest circa aliquid externum, eidem in quo sistat locum reperire. Sæpenumero enim aliqua temporaria œco-

---

(1) Incarnationem sc. hoc loco, incarnationis expositionem.

(2) Quam novit esse divini Verbi dispensationem, qua una voce comprehenditur ejusdem Verbi personalis missio seu incarnatio, et doctrinalis ipsius distributio atque administratio.

nomia ad breve tempus prodiit aliquid indebitum tolerans et amplectens, ut continuum et inconcussum robur pietas acciperet, et ad dissolvendos **244**b eorum qui veritati insidiabantur insultus: qui quidem magnam illaturi perniciem lata omnes via prorumpentes (dum interim Ecclesiæ rectores de accurata veritate nihil quidquam remittunt) rem totam absque controversia effecerunt. Sic Paulus propter inevitabiles Judæorum insidias et propter defectionis occasiones Timotheum circumcidit. Tondetur et ipse caput, et purificatur, qui ad Galatas scribens: *Ecce ego Paulus dico vobis, quoniam si circumcidamini, Christus vobis nihil proderit* ⁴. Sed hanc præceptionem ad breve tempus constituit, quemadmodum et experimentum docet. Per omnia enim et perpetuo Ecclesia seditiones vitat, et integritatem curat.

Altera vero gubernationis forma in verbis capit firmitatem. Quando enim Ecclesiæ dogmatibus recte factis, et per alias voces scandali expertibus promulgatas, tametsi non bene dicti fiunt prætextus, taceri hæc contingit. Qui vero sermones suos disponit in judicio et silentio, sonum priorum dogmatum per omnem terram audiri facit. Qualiter fecisse magnum Athanasium Gregorius cognomento Theologus testatur: *Postquam*, inquit, *consentientes reperit, et verbo nihil discrepantes: nomina rebus commiscens colligat*. Et oratione in Pentecoste, Magistrum eumdem videas ipsum gubernandi formam vincere: *Sed syllabis*, inquit, *offendimini, et voce*; *date vim divinitatis, et dabimus vobis veniam vocis*.

Et tertiam ait esse gubernandi formam, quando sæpe personæ despiciunt, promulgatum decretum accurate contra illos pronuntiatum, nihilominus recta prævalente doctrina. Secundum quam, ait, œconomiam Theophilus cum Gelasio communicat, in tabulis habente scriptum Eusebium Palæstinum. Cyrillus vero a Theodori Mopsuestiæ episcopi, per Orientem eodem modo iterum anathemate percussi, communione non abstinuit. Videbat enim sinceris dogmatibus servari præcipuos religionis articulos. Ad illud enim usque tempus sana doctrina obtinuit, neque hactenus quidpiam Ecclesiæ dogmatum innovatum.

245a Tres igitur in partes œconomiam dividens, et secundum nullam Theodosianorum et Cainitarum unitatem procedere demonstrans, in proditionem conclusos, singulas partes propriæ religionis constituit, et nullibi stetisse, sed confusos, rursus ab invicem divulsos esse, et mutuum gessisse bellum. Hæc et his similia reprehendens, Acephalorum quam dicunt unitatem referens, per alia multa dilucide ostendit. Nullum ab iis incarnationis vestigium relictum, sed manifesta proditio et negatio, pro quibus millies se mortem oppetere velle jactabat. Sic fere de Acephalis hoc ipso libello pertractat.

Complectitur autem opus epistolam quoque scriptam Eutychio archiepiscopo Constantinopolitano, quam etiamnum presbyter scripsit, certitudinem continentem pietatis et fidei orthodoxæ ac catholicæ.

CCXXVIII.

Sancti Ephræm Theopolitani patriarchæ, variæ Orationes.

Lectæ sunt sancti Ephræmii patriarchæ Theopolitani *Orationes variæ*. Syrus quidem fuit genere ac sermone, Græcam vero linguam non mediocriter calluit. Sed et civiles gessit magistratus, e quibus comes tandem Orientis renuntiatus, inde ad summam Ecclesiæ cathedram evectus est. Ferunt autem cum alia laude digna gessisse, tum vero eleemosynis elargiendis enituisse. Libros vero varios composuit, quorum in manus meas tres inciderunt. Omnia pene opera ejus quæ vidimus pro ecclesiasticis dogmatibus pugnant, defenduntque sanctum Chalcedonense concilium extra omnem esse hæreticorum reprehensionem.

Libro quidem primo initio est epistola ad Zenobium quemdam scholasticum Emisenum Acephalorum labe infectum, missa. Propugnat vero irrisum de infestis atque acerbis verbis, quæ in epistola Leonis Romani Pontificis continentur. Præmittit vero horum verborum disputationi, usum quemdam sacri Trisagii hymni. Etenim Zenobius a communi segregatus Ecclesia, colorem hunc quæsivit, quod recens divisa esset ter sancti hymni sententia. Asserit contra Ephræmius, eumdem hymnum Orientales **245**b Christo Jesu attribuere, et propterea nihil peccare tametsi adjiciant: *Crucifixus pro nobis*: Constantinopolitanos vero atque Occidentales, in supremum sacratissimumque bonorum omnium fontem, consubstantialem Trinitatem, sententiam referre; idcirco non sustinere illud addi: *Crucifixus pro nobis*, ne qua passio Trinitati attribuatur. In multis enim Europæ ditionibus pro illo, *qui crucifixus est pro nobis*, hoc reponunt: *Sancta Trinitas, miserere nobis*. Unde pium sententia clarius elucescit, ut in sanctam Trinitatem hoc: *Sanctus Deus, sanctus fortis, sanctus immortalis* accommodent; accurata ac consequenti oratione illud: *qui passus est pro nobis*, ascribunt. Sic igitur alteram utramque partem de his sentire atque asserere, quando in cæteris piis dogmatibus nihil depravare comperiantur. Recte vero facere utrosque hic affirmat, neque ullam reperire rationem cur alterutra reprehendatur, vel in disquisitionem revocetur. Sed hic quidem ita censet, quod ab Acephalis hæreticis male hanc sententiam accipientibus, magnus fiat in pios incursus: merito cæteri Patres nostri illud decreverunt, non oportere illud addere in sacro hymno, *Qui passus est pro nobis*, et convenientem esse hymnum, qui de Trinitate disputat: quando Cherubina cantio in triplici sono sanctitati accedens ab initio, super omnem sanctitatem et

---

⁴ Galat. v, 2.

bonitatem Trinitatis cantus esse cognoscitur. Sed sive bene seu secus de Trisagio hic sic judicat, facile enim occasio ipsi ita judicandi prætextum dedit, non possum equidem nunc de altera sententia certum ferre judicium : nisi quod non sinit, Scholasticum admonens, ab Ecclesiæ corpore non separari.

In hac epistola canonem quoque qui secundus est in secunda synodo Constantinopolitana 150 Patrum, ipse 166 esse, nescio quo auctore, neque cum aliis consentiens numerat : neque in hac ipsa modo, sed et in aliis ejus libris, eamdem ipse quantitatis rationem init.

Auspicatus vero stadium orthodoxæ fidei, præfatur, conferenda non esse quæ de theologicis a Patribus nostris decreta sunt, cum dictis a Leone pontifice de incarnatione. Sed hujus theologica cum theologicis, quæ vero de incarnatione, cum iis quæ analogiam habent. §246ª Quotquot theologiam opponunt incarnationi, hi reprehensionem injustæ præbent sententiæ, in quæ linguam exacuunt, his vero nihilominus nisi moveantur, irreprehensibiles sunt. His præmissis, dicta quædam ex epistola Leonis recitat, quam ad sanctum Flavianum dedit, ex ea, item quam ad Leonem imperatorem misit, quibus claram ostendit viri theologicam doctrinam, eumdemque esse Dei Filium, et hominis, magnifice prædicat, patibilem et impatibilem, immortalem et morti obnoxium. Et uno verbo, summam esse Verbi et hominis unitatem, certo et divinitus explanavit. Quin et iisdem litteris Nestorium aperte communione interdicendum censuit, qui beatam ac Deiparam Virginem non Dei, sed hominis solum matrem appellare est ausus. Primum quoque beatum Leonem perspicue ipsis vocibus pronuntiasse, Dei matrem esse beatam Mariam, cum aliorum ante ipsum Patrum nemo id tam clare extulerit, et hæc quidem capite primo persequitur.

Excipit hoc proximum, quo ostenditur sanctum Leonem reliquis Patribus consentientem, unum Filium esse confiteri : atque unius et ejusdem ut aliam formam, sic et diversam naturæ actionem, nusquam divisionem unitate adducens, sed unum hominem factum Deum Verbum prædicat. Adjicit vero Leonis sententiæ et Cyrilli dogmata, conspirare inter se ostendens, et Gregorii Nysseni, et Julii Romani. Adhæc et verba ponit, quibus utens beatus Leo, impiam Severianorum calumniam subjicit, non semel atque iterum sed quinquies a Cyrillo irrogatam, ambas, inquam, naturas. Non Cyrillum modo victorem hac uti voce, cujus memores Severi asseclæ, impietatem Leoni imputant sed et beatum Basilium, non in hac solum voce cum sanctis Patribus consentire sanctum Leonem ostendit, verum etiam in omnibus adeo et verbis et 246ᵇ dogmatibus, quibus oblatrare hæretici non erubuerunt. Prædictos enim Patres recte cum illo sentire, ut et laboribus exercitum Athanasium, et theologi cognomine præditum Gregorium, Proclum quoque Constantinopoleos, et Amphilochium Iconii præsules, et admirandum illum Joannem Chrysostomum. Et hæc quidem capite secundo.

Tertium, articulos præfixos naturarum in Christo, nequaquam filios duos exhibere, non igitur subjicitur, sed est proprius loquendi sacræ Scripturæ modus; non duas quidem personas, ut diximus, significans, sed unitas naturas inseparabiles et individuas conservans. Etenim hæretica rabies effudit injuriam contra Leonis epistolam sic dicentis : *Quemadmodum miserando mutationem Deus non suscipit, sic homo dignitatis magnitudine non perit.* Quod igitur tertio capite dictum est ex Evangelii et apostolorum sensu, atque adeo ex sanctorum Patrum sententia, divini Ignatii, Julii, Athanasii, Gregoriorum, et Basilii, reprehendit impios, quod articulorum usus (omnes enim hi illis usi sunt) nullam sectionem aut divisionem unitatis significat, quibus addit : *Quæ et utroque versum relata sunt.* Hoc a Leone expressum, non temporis declarationem, sed pro illo, per omnia, accipitur.

Quartum vero caput contra reprehensionem hæreticorum. Innocentem usquequaque ostendit per similem methodum, voces vero consentientes accusato adjiciens, quibus ut solet sanctorum Patrum cœtus utitur. Hoc autem caput verba ipsa sunt Leonis (69), quæ sic fere habent : *Fletu carnis veritatem ostendit, resurrexisse vero ad vocis imperium Lazarum, immaculatam ejus divinitatem declarat. Ab uno enim utraque et dicta et facta.*

Quintum vero hæreticorum prætextum afferens, contra vocum similitudinem ejusdem viri sancti, per similem methodum refellit. Verba illius sunt : *Qualis natura clavis affixa in* 247ª *ligno crucis compacta cruce ?* Hoc quidem capite et Isidori monachi clari, Alexandrini domo et inter præsules illustris, epistolas aliquot de multis adducit, quæ per omnia conveniunt cum iis, quæ ut impia hæretici calumniari solent.

Atque in his quidem epistola ad Zenobium versatur. Aliæ ad Justinianum imperatorem missæ litteræ ; hæc quidem illius pietatem commendans, illa vero de monachis religiosis eremum incolentibus pietatis testimonium luculentum dat. Tertia vero Anthimi synodalia accurate de fidei dogmatibus, et missa et scripta esse ostendit; altera vero ad ipsum mittitur Anthimum post synodalia, eorum laudationem non excusans, quasi nihil Anthimi impietatis in iis appareat, nisi quod minutissime, et accuratissime Anthimum postulet recipi; Eutychen et Eutychis dogmata excommunicari.

Mittitur et ad Domitianum epistola, qui incidens, ut scribit, in ejus quædam verba, turbatus est mente, et solvi dubitationem exoptavit. Verba autem sunt : *Non potest persona personæ, qua persona est, uniri, ut Petrus et Paulus unam eamdemque personam constituere, sed neque substantia cum altera substantia, ut per eam alia subsistit, in identitatem substantiæ convenire : ut, animi et corporis natura, unam non* potest perficere naturam, *nisi quis forte in commune quid quod afferat, secundum illas et prius uniri invicem minime conducebat, ut quod in creaturam fertur, vel hoc, in tempore, vel similia.* Tunc enim non amplius *diversæ naturæ in unam naturam convenerunt. Sed quæ habent substantiæ ab initio consubstantialitatem communitate quadam longissima, idem jus tenere videntur.* Quæ enim Domitianum turbant, et quorum exoptabat solutionem, et nactus erat, hæc erant. Primum quidem non incredibili sermone dubitationem aggreditur. Deinde et per sanctorum Patrum voces propria ac subjecta verba recte concluduntur. Et hæc quidem tractat epistola ad Domitianum.

Altera vero ad quemdam Syncleticum, nomine (Tarsensem) scribitur, proferens et **247**b ista disputationem cum Acephalis. Qua post unionem agnoscentes naturam Patres adducit, et nusquam per illos ullam personarum unionem, neque divisam, neque separatam. Et testimonia idem testantia proferuntur, Cyrilli, inquam, Gregorii Theologi, et aliorum, Deique Ecclesia, omnesque adeo Chalcedonensis synodi Patres, unum Trinitatis Deum Verbum incarnatum et hominem esse factum, cujus et secundum hypostasin unitatem et senserunt, et prædicaverunt, primumque Dei matrem compellasse Elisabeth, cum ait: *Et unde hoc mihi, ut mater Domini mei veniat ad me* r·s ? Clarius vero quam alii postea hanc vocem protulit Leo pontifex. Ad Leonem enim imperatorem sic scribit : *Excommunicetur Nestorius credens Mariam non Dei, sed hominis duntaxat esse Genitricem,* et hæc quidem in subjecta epistola.

Scribit vero ad Anthimum episcopum Trapezuntis, in qua Justinianum ut pium suscipit, et infelicem Eutychem hæresim constituere, quia non sustinuit duas naturas in una hypostasi subsistere, narrat ; et illud per illud perspicue Patres ad unum omnes, et docent et prædicant, sed illius animi impotentiam ferendam non esse, sed ex duabus naturis constare Christum, post unionem non amplius duas, neque in duabus cognosci, unam vero naturam post unitatem prodigiose asseri. Quibus consonare ait prædatoriam illam in Ephesso synodum hæc asserentem : *Ilis et nos omnes conditi sumus,* utque iisdem de causis Chalcedonensis synodus Nestorium et Eutychem condemnarit : et nosse naturas post unitatem in una persona, ab omni est divisione alienum. Idemque beatus Cyrillus omnisque adeo sanctorum Patrum cœtus claris prædicat vocibus. Eutyches ejusque asseclæ, pro unitate quidem, hoc est, duplici unitate (o ingentem dementiam atque impietatem!) duas prædicant naturas, non amplius post unionem, et qui Eutychem sacris interdicunt, **248**a et ejus opiniones, de plano, atque inviti œcumenicam quartam prædicant synodum : non alia enim œcumenica synodus fuit,

sed ea sola, susceptum cum pestiferis ejus opinionibus, ut diximus, in perfida illa synodo Ephesina, hoc omnino rejecit et damnavit. Apparet vero Anthimo hæc scripsisse in regia urbe versanti, et nunquam sacras illius leges violasse, quem et adversus Nestorianos et Eutychianos certare suadet. Hæc quidem epistola illa complectitur.

Quæ vero ad Brasen Persam data est, cum hoc postulasset e sacra Scriptura, sed non e Patribus, de sancta et consubstantiali Trinitate continet, et de incarnatione Verbi, deque gloriosa et sancta Virgine, et Dei Genitrice Maria. Sunt autem eorum Scripturæ, et Vetus Testamentum, et Domini verba, apostolicæque prædicationes, quibus quæstionum veritas et confirmatio allata est, præ cæteris huic uni quæstioni inhæret, in qua de incarnatione Verbi disceptatur, occasione scilicet longiorem hujus disputationem exigente. Hoc autem in hac epistola conatur.

Scribit autem ad aliquos monachos Ecclesiæ defensionem catholicæ et apostolicæ molientes, quos sanctorum Patrum monitionibus conjungere molitur, ostendens eorum sententiam non procul ab hæreticorum opinionibus distare, nullumque ex ea, quemadmodum hæretici solent, commodum accipere, hoc variis testimoniis sanctorum Patrum confirmat. In una eademque persona variam naturæ actionem perspici, et ad omnem pietatis plenitudinem sufficere, Deiparam credere et appellare sanctissimam Virginem. Postquam enim quis dixerit Deum incarnatum Virginem peperisse, angelorum uti videtur theologia.

Scribit idem et alteram epistolam ad Callinici desertores ; cupiens vero eos Ecclesiæ Dei conciliare, ab omni eam liberam hæretica labe ostendit, et qui ad eam labem conventus fiunt, latronum esse speluncam : affertur imitari oportere Simeonem, et Baradatum, et Jacobum, viros virtutis nomine toto terrarum orbe celebres, qui **248**b vitam universam in ecclesiastica disciplina transegerunt. Atque hæc quidem epistola continet.

Proxima vero oratio Ephræmii synodicam actionem explicat, in qua Syncleticus nominatur (quem Tarsi episcopum fuisse paulo ante memoravi) quod libellos non catholicos ab hæreticis accepisset, unde hæreticas hauserit opiniones, et Stephanus monachus Syncletici syncellus appellatus, et pene accusatur uterque præcedenti oratione, propterea quod orthodoxam non amplexarentur fidem, sed Eutychis labe infecti essent. Tamen cum Syncleticus religionem profiteri tandem coactus esset, synodus solvitur. [Tamen inquit, pietatem tandem suscipiente, solvitur synodus.] In hac actione beatum Cyrillum alicubi *natura* pro *persona* usum esse ostendit, cum dicitunam maxime Verbi naturam carnem induisse : non ipsum dicere sæpe eum duas confessum naturas, quemadmodum mutato consilio unam

r·s Luc. 1, 43.

naturam, nisi forte nunc *naturæ* vocem pro *personæ* usurpaverit, et confirmatur id ex aliis Cyrilli locis, eamque esse Ecclesiæ mentem, aliaque id genus utilia adversus hæreticam labem hæc actio certamina continet.

Post hæc inscripta libro epistola ad Magnum episcopum Berrϙæ, hoc, in duabus naturis Emmanuelem agnosci (ut in quarta et generali synodo asseritur), docens atque explanans, et usum esse loquendi, unam Verbi naturam hominem esse factam, contra eos, qui duas ab invicem naturas separant probandi robur habere. Sed non contra negantes naturarum differentiam propter unionem. Quemadmodum una Verbi natura incarnata cum separantibus ab invicem naturas, pugnat : sic et in duabus naturis unionem in persona fateri confundentes reprehendit, et horum conatus retundit. Sic igitur et in duabus naturis unio secundum hypostasim, ut una Verbi natura incarnata, certam contra eos qui secum ipsi et inter se pugnant, non igitur altera cum altera pugnat. Neque enim una Verbi natura incarnata, in sublatione quadam naturæ dicitur : neque unio in duabus naturis quæ secundum hypostasim agnoscitur, divisionem ab invicem affert naturarum. Quare **249**^{a} duarum unio naturarum, confirmatio est unius Verbi incarnatæ personæ inconfusæ, et diversitatis indivisæ quæ prædicatur. Hæc et alia id genus non pauca pro re nata epistolæ conscribens, pietatis dogmata confirmat, impudenter vero confundentium sensum redarguit, et eum cui reddita epistola est admonens, augeri et crescere scripta, quasi non exhausta facultate, scribendi finem facit.

Dein ad Eunoium monachum aliam scribit : qua epistola narrat, neque secum ipsos, neque inter se pugnare sancti Patres, quando de corruptione et incorruptione disserunt et incorruptionem sanitatem quamdam esse, non autem naturæ nostræ sublationem : corruptionem contra morbum quemdam esse. Unde et Adamum ante lapsum incorruptam habuisse carnem, et per omnia nobis similem fuisse Patrum testimoniis confirmans, et alia ad pietatem utilia epistolæ includens finem facit.

Sequuntur hinc ejusdem panegyricæ orationes septem. Prima in festum sanctissimorum prophetarum ; altera in Jesu Christi natalem diem ; tertia in sacra anni jejunia ; quarta in catechumenorum instructionem ; item in festum diem Michaelis archangeli in Daphne ; sexta in sacram Quadragesimam ; denique in unam Quadragesimæ nonam ; octava ad hæc oratio quæ in sacro quaternario ad Neophytos habita.

Primum itaque quod in manus meas volumen incidit, hæc continebat.

CCXXIX.

Ephremii ejusdem liber alius.

Legi ejusdem sancti alterum librum, qui de sacris Antiochiæ legibus narrat libris quatuor. Primus de verbis Cyrilli, in calumniam adductis, quæ ad Succensum [al. Successum] epistola secunda scripsit, et oppugnationem Severianæ profert hæresis. Alter responsio est ad Anatolium scholasticum, de iis quæ discere volebat. Tertius Apologiam concilii Chalcedonensis continet ad Dominum mittens et Joannem, qui Ciciliæ secundæ monachi erant. Quartus ad Orientis monachos, qui et ipsi Severiana correpti labe fuerunt.

Affert autem libro primo calumniæ illam **249**^{b} vocem, ut dictum est ex secunda ad Succensum epistola, his verbis : *Sit nobis iterum exemplo homo inter nos versatus. Duas enim in illo naturas agnoscimus : unam quidem corporis, alteram vero animæ, sed in puras notiones divisas, et ut in tenuibus simulacris, hoc est mentis cogitationibus, differentiam suscipientes, non per partes naturas collocamus, neque utrinque sectionis vim ipsis concedimus, sed unius unam esse intelligimus, quare bina non amplius bina sunt, sed utroque tantum unum perficitur animal.* Hæc sunt quæ in calumniam vocata sunt verba. Cyrillus enim animi et corporis, e quibus homo componitur, vocibus differentiam constituere recusabat. Quamobrem sic ait : *Non per partes naturas ponimus, sed divisio*, inquit. Verum addidit : *Unam esse unius intelligimus*. Et quid hoc ? unam enim hic hypostasin, sed non naturam asserit, idque manifestius reddit ostendens, *Utroque unum animal constituitur*. Quomodo igitur fieri potest unam esse animi, corporisque naturam ? Sed vide iterum alteram hæreseos amentiam, *Intelligere oportet*, inquit, *non dicere*. Quanquam quis nescit recte intellectum, recte etiam dici, contra vero male intellectum, male etiam dici. Si vero quia dicit : *Unam unius intelligimus ?* Illud vero, *unam secundum nos naturam*, dixit : unius quoque duntaxat animalis esse intelligere par est, dicere vero non item. Non igitur asserendum et intelligendum, unam esse naturam, quibus hoc accessit. At quomodo idem integre dixit, quæ dixisse non oportuit ? Sed valeant hæ nugæ. Iterum aiunt, inquit : *Ut bina non amplius esse bina, sed utroque tantum unum perficitur animal.* Igitur duas asserere naturas, non duas amplius dicit manere duas, videlicet de Christo idem ex consecutione consideratur. Et quidem non intelligentes affirmant, primum quidem, ut non omnia in exemplo debent, et per exemplum declarato considerari. Deinde non amplius esse duos, ait : hoc est, non ex parte, et per se subsistere, sed, ut antea diximus, utroque unum animal constitui. Et considera, quomodo non ex utroque, sed per utraque fiat animal. Significans utramque naturam in absolvendo animali conservari. Quando quid prohibuit per illo *per utraque* dicere, pro unam unum perfici animal. Si enim bina bina non maneant, in unam convenerunt naturam, per unam dici oportebat fieri, **250**^{a} animal unum, et neque iterum dixit, *ex utroque una* *natura perfecta est*, sed unum animal hoc est, persona. Et recte non dixit: *Una natura perfecta est.* Hoc enim asserere Apollinarii hæresis est, qui dixit: *Mistio divina Deus et homo unam et eamdem naturam*, et quamvis in prima ad Succensum epistola de eodem exemplo agit: *Et, si videtur, capiamus exempli gratia nostri compositionem, qua homines sumus. Componimur enim ex anima et corpore, duasque perspicimus naturas, corporis alteram, alteram animi : quare in compositione duas naturas conspicit, non igitur amplius esse duos*, neque unam fieri naturam asserit, absit, sed non ex parte et per se subsistere. Diversam vero esse animi et corporis naturam, et post compositionem in composito perspici; testaturque Gregorius cognomento Theologus his fere verbis in oratione *De baptismo : Germinatos nos e duobus entibus animo et corpore, hoc quidem visibili, illo vero invisibili, gemina quoque purgatio, et quæ sequuntur.* Quin et beatus Cyrillus libro nono Commentariorum in Joannem evangelistam ita scribit: *Sacræ nos docent Scripturæ : credere in crucifixum, mortuum, et a mortuis excitatum,' ut non alium exsistentem Filium ipsi quam Verbum.* Deinde: *Non quantum in naturæ unitatem dico, corpus enim corpus non verbum, ets corpus Verbi, sed quantum in usum veræ filiationis.* Ubi igitur substantiæ, hoc est natura corporis, et animæ identitas? vel quomodo hæc una, quorum non licet cupere identitatem naturarum et essentiæ. Eadem quoque magnus Eustathius, Antiochiæ præsul, Antiochus quoque, Ptolemaidis episcopus, cum ait: *Domine, fili David, et duplex ac simplex, unus et duo, non divisæ incarnationis, non duplicatæ' redemptionis, et non Deus patibilis inventus, neque homo per se mundum servans.* Et aureum illud os Ecclesiæ, aliique plurimi SS. Patrum, in duabus naturis atque essentiis unum agnoscunt Christum. E quibus enim incarnatum Verbum compositum est, in iis et est et cognoscitur: Cyrillus rursum exclamat: *Quemadmodum,* inquit, *in divinitate perfectus, ita et* **250**b *in humanitate;* et iterum: *Non ipsum unigenitum Dei Filium, qua parte cognoscitur et revera est Deus, pati in propria natura corpore affirmamus : pati vero potius terrena natura.* Et rursum : *Oportet enim servari necessario utraque, uno et vero Filio.* Et illud : *Non pati divinitus.* Et illud : *Dicere humanitus pati; ipsius enim caro passa est.* Verum doctus Cyrillus ita sensit, at contra hæretici affirmant, *divine passus est simul et humane*. Sed hic rursum ait : *Humanitatis perfectio nostræque naturæ exhibitio allata est, dum diceretur incarnata.* Supra quoque de carne à Verbo assumpta sic loquitur : *Neque diminuta est neque* (ut ipse ait) *furto sublata est, necessario igitur servatur.* Et paulo ante : *Etsi compositionis verbis inest differentia secundum naturam, eorum quæ ad unitatem collata sunt.* Et alibi : *Non commistum est per hoc, ut ipsis videtur, ne in carnis quidem naturam transiit Verbi natura, sed neque carnis natura in illius, sed in proprietate*

secundum naturam, altero manente atque intellecto, ineffabilis atque inexplicabilis unio, unam nobis Filii naturam ostendit; nisi, ut ait, incarnatam. Ecce clare etiam post incarnationem utriusque unitorum, ante dixit manere in iis, quæ secundum naturam.

Scriptor hæc enarrans scribit, ut consubstantiale consubstantiali secundum hypostasin non unitur, neque enim anima animæ in persona unitur, neque corpus corpori. Quæ vero diversa substantia uniuntur, personæ unitatem absolvunt, in unam enim substantiæ proprietatem, quæ ex unitate sunt non convertuntur. Quare, si volumus, unam incarnatam Verbi naturam, id est, unam personam, in seipsam invalescere, agnoscimus unitorum in natura differentiam, unam igitur Verbi incarnatam naturam, unam intelligimus personam. Si enim unam naturam incarnatam asserentes, proprie naturam incarnatam intelligimus, Patrem et Spiritum incarnatos asserimus. Una enim est eademque natura Filii, Patris ac Spiritus sancti : verum considerandum illud accuratius. Sed hæresis quid astruit? Duarum naturarum unitatem asserimus post unam unionem. Verum si naturam et essentiam dicunt, quomodo non confusionem et consubstantialitatem sentientes capiuntur. Si vero unam personam, vel unam hypostasin recte astruunt, cognoscant **251**a summam et indivisam unitatem, neque suscipere sectionem unitatum, neque confusionem, neque consubstantialitatem. Sic enim affirmat beatus Cyrillus *Commentario in Joannem : Unus est Filius et Christus, divisionem non admittens in humanitatem, nisi quod dicere ad dividendum solum Verbi et carnis naturam, non eamdem esse cognitam.* Rursumque ad Eulogium scribens : *Et illud non ignoret, ubi enim unio nominatur, non unius rei collectio significatur, sed duarum, vel plurium, et ab invicem diversarum. Siquidem unitatem dicimus : Confitemur, carnis animatæ perspicue et Verbi facta est unio.* Et rursum ex eadem verbi actione : *Quid agas, quando, qui natura nobis, cum simplex est, evadit duplex?* Et millies invenietur sanctus vir confiteri unum Christum a consubstantialitate Patris et nostri non discrepare. Amphilochius quoque, Iconii episcopus, ita ait : *Apparet certe sanctos Patres nostros consubstantialem asserere Patri Filium secundum divinitatem, et consubstantialem Matri secundum humanitatem, duplicem quoad essentiam sive naturam, non duplicem quoad personam.* Et vero Amphilochius inter fide dignissimos est. Cyrillus enim eo teste utitur contra impium Nestorium ; Ambrosius quoque confessor ille admirabilis sic scriptum reliquit : *Appone uniones divinitatis et carnis, unus in altero vocatur Deus Filius quod in ipso utraque natura sit.* Idem fere testimonium adhibet contra Nestorium Cyrillus in oratione, quæ inscribitur *De expositione fidei.* Sic enim confessor ille scribit : *Asserentes Christum purum hominem, vel patibilem Deum, vel in carnem conversum : vel consubstantiale corpus habere, vel cœlitus delatum, non imaginationem esse, vel mortale Dei*

Verbum, indiguisse vero in resurrectione opera Patris. Aut inanimatum esse corpus, vel sine mente hominem resumpsisse, aut duas Chisti essentias mistione confusas unam factam esse substantiam: et non confitentes Jesum Christum duas esse substantias incommistas, unam vero personam, qua ratione unus Christus, unus Filius, hos sancta et catholica excommunicat Ecclesia. Non enim Verbi et carnis consubstantialitatem, id est, **251**ᵇ unam naturam dixerunt Patres fieri, non certe sanctus Ambrosius contra Apollinarium scribens ait: *Sed in quo illos arguimus pullularunt, alii dicentes : Domini corpus ac divinitatem unius naturæ esse. Quis orcus hanc evomuit blasphemiam ? Ariani vero, quorum error majori contentione pervadit, Patrem, Filium et Spiritum sanctum non unius naturæ asserentes: Christi divinitatem, et carnem unius naturæ esse dicere conati sunt.* Eadem, sed clarius, Athanasius in epistola ad Epictetum.

Scriptor deinceps natura sive substantia, et de hypostasi sive persona, Patrum adhibens testimonia, ut quod commune est vocetur natura, genus, essentia ; quod vero proprium est, hypostasis et persona vocetur et proprie quidem loquitur, cum substantiam dicit essentiam, et vice versa. Abusive autem capere quis potest naturæ nomen pro hypostasi, oportet tamen non ad impiorum libidinem, sed ad sensum piorum intelligere, de persona quidem affirmatur hoc vocabulum, et de perfecto uno pro hypostasi, oportet capere naturæ nomen. Si vero de iis, ex quibus unus perficitur Christus : tunc naturæ vocabulum, pro propria natura et essentia intelligere. Hæc enim observantes, nusquam sanctos ac disertos Patres nostros inter se pugnare videbimus, talemque esse Patrum mentem cognosce et strenuo Cyrillo prima ad Successum epistola : *Non est enim aliquid ullo modo possibile ut in divinitatis essentiam sive naturam transire aliquid creatum queat. Caro enim creatura est:* constat itaque naturam hic pro substantia capi. Rursum in epistola ad Nestorium : *Asserit enim Deum suum Patrem, ut certe Deus cum sit suapte natura atque essentia, etsi natura essentiæ concursum accepit.* Et rursum : *Quando enim divinitus de se ipse testatur : Qui videt me, videt et Patrem* ᵗ. Et : *Ego et Pater unum sumus* ᵘ. *Divinam ejus et inexplicabilem intelligimus naturam, qua unus est cum Patre, per eamdem* **252**ᵃ *substantiam.* Omnibus enim perspicuum est, ut naturam atque essentiam hoc significantem confirmarit. Sanctus quoque Amphilochius, ut clare diximus, similiter. Sed naturam pro substantia capi, ostensum est, abusive quoque et pro hypostasi capi, Cyrillus testatur. Nam in controversiis ait : *Nos igitur illius argumentis pugnamus, unitatem in persona fieri asserimus, nihil aliud apparente secundum hypostasin, quam solam Verbi naturam, videlicet hypostasin, quod est, ipsum Verbum humanæ naturæ revera unitum, sine mutatione et confusione, ut sæpe jam diximus, unus esse percipitur, et est Christus* idem *homo et Deus.* Magnus quoque Basilius Cappadox, cujus fama universum pervagatur orbem, *formam et essentiam idem esse docet.* Proclus quoque Constantinopolitanus patriarcha similiter : ille enim formam essentiam appellavit, hic vero naturam. Sic et Patres nostri e duabus constare naturis dicentes Christum Jesum, e duabus substantiis intelligunt. Quemadmodum et cum in duabus naturis, in duabus substantiis. Et ille tonitrui filius idem docet, cum ait : *Quod fuit in initio, quod vidimus oculis nostris, et manus nostræ contrectaverunt, de Verbo vitæ* ᵘ. Unum et eumdem per quæ diximus manibus tractabilem naturam habere et intractabilem, prædicavit. Verbum enim intractabile tractatum esse ostendit, et invisibile visum fuisse prænuntiavit. Quare Christus unus in palpabili, et impalpabili substantia, ut et in visibili atque invisibili cognoscitur, et aliis præceptor agnoscitur. Si enim et unius personæ alterum : sed nemo sana mente dicere queat, ut eadem natura tractabilis et intractabilis, sub aspectum cadentis et minime, sic et a fidelibus sumptum Christi corpus, et sensibilis essentiæ non cognoscitur, et indivisum a gratia intelligibili manet. Et spiritualis baptismus, totum factum est unum existens, hocque substantiæ sensibilis proprium est, per aquam, inquam, salvat, et quod factum est non perit. At vero impius ille Nestorius, qui cum Deo pugnandi auctor exstitit, impietatem opponere videtur, duas naturas divisas et proprias personas excogitavit, et naturarum secundum hypostases **252**ᵇ divisionem, et una adoratione unum facere conatus est. At vero Eutyches, Dei quoque adversarius, unionem hypostaticam non est inficiatus, atque incarnatum e Virgine Dominum nostrum Jesum Christum, asserere pœnitentia ductus, quod nolebat, didicit. Sed quod prius asseruerat e cœlo detulisse carnem, asserentes exsecratus est. Consubstantiale vero nobiscum, et sæpe ac multum coactus, nequaquam confiteri voluit : verum unam prædicando naturam, cum carnem *nobiscum consubstantialem* debuisset confiteri, excommunicationi subjectus est. Hunc quidem scopum assecuta prima oratio, finitur.

Atera vero capitibus quinque, quorum scientiam Anatolius scholasticus exquisivit, rationem reddit : uno quidem, an nunc etiam Dominus noster Christus in carne cognoscitur ? Altero vero, si compositus Adam formatus est, quomodo immortalis est conditus. Tertio quomodo persuaderi posset etiamnum Joannem evangelistam superstitem esse ? Adhuc vero si immortalis Adam est conditus, quomodo quid utile erat ignorari? Quinto, quid est : *Quod Adam factus est sicut unus e nobis?*

Primum quidem multis Scripturis et Patrum sententiis confirmat. Primo Isaias de Christo incarnando sic habet : *Quis est iste qui venit de Edom* ᵛˑˣ. Hoc est, terrenus : et statim : *Tinctis vestibus de*

ᵗ Joan. xiv, 9. ᵘ Joan. x, 30. ᵛˑˣ Isa. lxiii, 1.

Bosra γ : Hebræi vero *Bosor* carneum appellant. Et mox: *Quare ergo rubrum est indumentum tuum, et vestimenta tua sicut calcantium in torculari* z ? Hoc affectus post affectum, et in invio significat mysterium. Et rursum alius propheta, et in persona Dei, inquit, tanquam interrogantibus angelis : *Quid sunt plagæ istæ in medio manuum tuarum* a ? Et subjicit Salvator : *Plagatus sum in domo eorum qui diligebant me* b. Sed et angeli in ascensionis tempore astantes : *Veniet,* inquiunt, *quemadmodum vidistis eum euntem in cœlum* c. Primus quoque martyr Stephanus martyrii tempore, conspiciens Deum Christum stantem a dextris d, qua forma cum discipulis versatus est, piam ac divinam visionem libere confessus est. **253**a Electionis item vas ad veritatem bene informatus, audiit e cœlo clamantem Christum : *Saule, Saule, quid me persequeris* e. Quo audito, *Quis es*, inquit, *Domine*? *Ego sum Jesus Nazarenus quem tu persequeris* f. *Nazarenus* vero et *Jesus* cum dicit, carnis veritatem ostendit. Idem testatur Gregorius Nazianzenus, et Cyrillus, *Contra Consubstantialistas* libro. Basilius quoque oratione de fide. Quin et Cyrillus ad Acacium Scythopolitanum episcopum scribens, in interpretatione vocis ἀπομπαίου, id est malorum depulsoris, Averrunci, et innumeri alii cum carne venisse ac mansisse, et sic esse ad secundum ejus usque adventum docent. Propterea quoque cœlestis ac terrenus, visibilis atque invisibilis. Visibilis quidem cum divinitate, non secundum divinitatem, sed secundum corpus : rursum quoque invisibilis cum humanitate, non secundum humanitatem, sed divinitatem, creatus et increatus, aliaque secundum piam dictam distinctionem considerantur. Etenim caro nostra Deo Verbo unita hypostatice, non in substantiam Verbi mutata est, etsi Dei caro facta est, neque Verbum in carnem, etsi propriam sibi hanc sumpserit. Sed unus idemque dicitur Christus : servatur vero indivise, et sine mutatione, et quomodo in his et ex his cognoscitur Christus, ex alio in alium non mutari, sed ut sæpenumero dictum, unus idemque est g. Idem generatur, estque sine genealogia secundum aliud atque aliud. Etenim sacra Scriptura ait : *Homo est, quis novit eum, generationem ejus quis enarrabit* ? Sed et rursum clamat, *Liber generationis Jesu Christi filii David* h. Quare secundum divinitatem ingenerabilis est : secundum humanitatem vero generabilis. Idem prænoscit omnia, est enim natura Deus, et rursum ignorare dicitur i extremum diem per carnem nostram : et *Neque me videtis neque Patrem meum videtis* j ; et rursum scilicet humana conditione scitis k: *Et unde sim scitis. Si ego testimonium perhibeo de me ipso, testimonium meum non est verum* l, alibi quoque : *Et si ego testimonium perhibeo de me ipso, verum est testimonium meum* m. Hoc

A quidem respectu divinitatis : illud vero humanitatis respectu. Unus **253**b itaque idemque est incircumscriptus et circumscriptus, tanquam duas generationes habens et substantias, unus tamen. Si vero unius est substantiæ secundum carnem, hoc contra Manem, unam illius confitebuntur generationem, et frustra Filius hominis vocabitur. Hactenus capite primo ista exsequitur.

Alterum vero sic disserit : Si mortalis vel immortalis Adamus initio conditus est, constat Deum non fecisse mortem, neque hominum interitu delectari : invidia dæmonis mors in mundum venit, jussit vero hominem aliquandiu manere incorruptum, præceptum custodiendum ei tradens, quod transgrediens pro incorruptibili corruptibilis evasit. Libertate enim arbitrii donatus homo, abripuit sponte quod deterius est, relicto meliore. Sed immortalem animam et intelligibilem creatam, post lapsum scimus morti tradidisse : idque non corporali modo, verum, quod est gravius, intelligibili. Peccatum enim animi quædam mors est, veluti poenam et sempiternam corruptionem illi parans : *Timete qui potest animam et corpus perdere in gehennam* n. Simplex igitur solus est Deus atque incircumscriptus. Omne enim quod circumscribitur simplex non est, omnia enim præter Deum composita sunt, quia compositum potest et immortale fieri et angeli id testantur et anima, amplius vero testificatur id resurrectio, qua non minus atque primo compositus homo ad immortalitatem resurgens exsistit corpore et animo præditus. *Oportet enim corruptibile hoc induere incorruptionem : et mortale hoc induere immortalitatem* o. Et ne dixerit aliquis, corpus tunc in animæ conditionem migrare. Si enim tenuius fit atque angustius, sed corporis speciem servat, et homo est hominis habens insignia. Testatur id Enoch, Elias, et Joannes tonitrui filius, adhuc in corpore agentes. Hos enim et initia totius conditionis nostræ Conditor abripiens, omnibus ostendit, ut nisi Adam peccavisset, adhuc viveret, nisi quod longam vitam agentes gustant aliquando mortem, etiamsi in momento oculi. Vide eorum fidem, et e tribus **254**a generationibus adducantur, ante legem latam fuit Enoch, post legem Elias, tempore gratiæ decus discipulorum. Quare si Adam non peccasset, cum his incorruptibilis vixisset.

Virginem autem, Joannem sic superesse, ut postulasti, et Enoch et Eliam, traditione habemus, et quod in Evangelio habetur, in hunc sensum trahitur. Dixit Christus qua morte esset moriturus Petrus, et interrogans his auditis de Joanne Evangelista. Patet itaque hunc nihil aliud quam de morte illius quæsisse. *Hic autem quid* ? p. Nihil aliud de ipso ex Salvatore audivit, alio responsionem detorsit, tanquam despiciens et nihili eam faciens doctoris de ipso prophetiam : et Petri in-

---

y Isa. LXIII, 1. z ibid. 2. a Zachar. XIII, 6. b ibid. c Act. I, 11. d Act. IX, 56 seq. e Act. X, 4. f ibid. 5. g Hebr. VII, 3. h Isa. LIII, 8. i Matth. 1, 1. j Marc. XIII, 32. k Joan. VII, 8. l Joan. V, 31. m Joan. VIII, 14. x Matth. X, 20. o I Cor. XV, 53. p Joan. XXI, 21.

terrogatione de morte interrogantis an Joannes esset moriturus: et respondente Domino: *Si 'eum volo manere donec veniam quid ad te* q? Quomodo non illum mansurum in hunc usque diem veritas praedicit. Quamobrem beatus Cyrillus illud : *Sequere me*, de morte Petri dixisse Christum accipit. Illud autem: *Exivit sermo ille inter fratres quia discipulus ipse non moritur* r, et quae sequuntur; non modo nihil pugnat, sed et consonat : non enim quis immortalem dixerit, sed manere cum Enoch et Elia, usque ad secundum Domini adventum, quod et discipulus iste confirmat : *Et non dixit ei Jesus, Non moritur, sed, si eum volo manere donec veniam, quid ad te* s ? et apparet quod immortalem esse negavit, *Manere vero donec veniat*, confirmavit. Si vero Eusebius *Ecclesiasticae* scriptor *historiae*, et tempora quibus vixit numeravit, ad usque Trajani tempora pervenit, nihil prohibet, etiamsi dicat. Hoc unusquisque mente percipiat, tanquam tempora, Enoch ostendat, et quot annos vixerit sacrae Litterae clare ostendant. Sed non propterea quis justus translationem cum corpore inficiabitur. Huic sententiae consentiunt actiones dilecti Joannis, et vita, quas pauci narrant. Cum in aliquo loco, et aiunt, illius monitu positus esset, quaesitus mox inventus non est, sed diffundens sanctimoniam a loco, quo brevi tempore continebatur, a quo tanquam sanctitatis fonte sacrum unguentum hausimus. Illud vero patet praesentem quaestionem, quamvis a veritate abhorret, non afferre animae periculum : fidei enim investigatio, veritatem transiliens, magnum animae naufragium creat ; ideo quoque vel brevis syllaba, quae ad veritatem conferat, defendenda est ; quaestio vero problematum contra pietatem, pulchrum quiddam est, si ad veritatis finem perveniat, si vero ab ea aberret, non pulchrum quidem, tamen perniciem animae non affert. Sic secunda et tertia profligatur quaestio.

Immortalis vero creatus Adam , quid utile, ignoravit, quemadmodum et ante ipsum diabolus cum asseclis. Illud vero : *Ecce Adam tanquam unus e nobis factus est* t, etsi quibusdam per ironiam dictum videtur, verum non ita est : non quod revera factus sit Deus, hoc enim fieri non potest, blasphemumque est. Quid igitur sibi vult: *Ecce Adam tanquam unus e nobis factus est*? Ecce nunc, ait, sensum accepit, quoad imaginari se Deum esse. Ad illius sententiam haec loquitur Deus, accusatque malitiam. Exprobrare vero Deum ad instructionem nostram saepenumero in Scriptura comperimus.

Et haec quidem secunda ratio. Potest autem. illud : *Ecce Adam tanquam unus a nobis factus est*, ironica figura proferri, et a probro sermonem abstinere, et miserabilem sermonem in miseris ostendere. Eligat quisque quod sibi placeat.

Tertia vero oratione ad Domnum et Joannem scribens, monachos in Cicilia secunda, haec de Chalcedonensi refert synodo, rectae fidei normam esse , et Cyrillo placere unam Verbi hypostasin incarnatam praedicare, et unam personam, et sentiri consubstantialem Patri Filium divinitate, et humanitate nobis similem. Hoc nimirum est duas fateri naturas, e quibus unus Christus conditus est. Duas enim generationes unius Christi et Dei nostri cognoscentes, neque carnis, neque Verbi differentiam secundum substantiam ignoramus. Haec vero fides Chalcedonensis concilii praeconium praefert, deinde trecenti et septuaginta episcopi hanc subscribendo consignarunt, in qua admirandi viri Simeon et Jacobus et Baradatus hanc suis Scripturis fidem confirmarunt. Quae cum ita sint, efficitur, ubi una est secundum hypostasim unio, ibi omnem divisionis opinionem evanescere. Nosse enim substantiarum differentiam, non est illas dividere secundum beatum Cyrillum, quia nobiscum *consubstantiale* incarnati Dei Verbi clare concilium praedicavit, quod antea alii sanctissimi Patres docuerunt, nusquam tamen voce oecumenicae synodi decretis confirmata, idcirco prorsus rejectum est. Impia doctrina Eutychis in perfida synodo damnata, ab alia non condemnata. Dum ille justae condemnationis absolvitur traducta in venerabilem Flavianum qui ipsum sustulit, culpa. Licet clare pronuntiantem, unam quidem Verbi naturam incarnatam, hoc est personam, simulque asserentem consubstantialem nobis esse, dicit, sanctos Patres non uti nuda voce, et improbe investigare, sed mentem adhibere scriptori pio, et admonitionis adhibet testes : Athanasii librum *Contra Arianos*, Cyrilli *Thesaurum*, Joannis Chrysostomi *Commentarium in Epistolam ad Galatas* : Ait enim, carne pati Deum Filium, sententiam esse Ecclesiae : pati vero divinitate, haereticorum esse et blasphemum. Affert et varia testimonia ex Cyrilli Scholiis, ex epistola secunda ad Succensum, ex prima ad Nestorium, ex thesauris, ex interpretatione Ἀποπομπαίου, ex Apologia duodecimi Anathematismi, ex epistola quoque ad reginas, et ex *Commentario in Epistolam ad Hebraeos*, item in Isaiam, et in octavum psalmum, et ex oratione *De impatibilitate*, itemque *De perturbatione*, rursum ex *Commentario in Joannem*, lib. septimum, secundum, octavum et nonum *De incarnatione*, loco uno et item altero , ex *Interpretatione Epistolae ad Hebraeos*. Adduntur et Gregorii et Basilii de gratiarum actione testimonia, item ex epistola ad Sosopolitas et ad Apollinatium. Quin et Athanasii athletae magni e diversis sermonibus, Severianis haereticis delirantibus, intelligendo alteram speciem ac diversam naturam in unionem inexplicabilem convenisse, asserendum non esse : magnum vir pius risum movet, et ante hunc virum ipsa communis opinio, et Pauli vox, et cum dicit : *Corde qui-*

---

q Joan. xxi, 22. r ibid. 23. s ibid. t Gen. iii, 22.

dem creditur ad justitiam, ore autem confessio fit ad salutem [u].

Asserit et unam, inquit, personam, hoc est Verbi incarnati hypostasim pronuntiamus, quandoquidem simplicem ponit Jesum D. Dionysius Areopagita, et de hypostatica quidem unione, juste contra pietatem compositum dicitur : compositum vero dicere nemo audeat præter Apollinarium. Manifeste et Christus, hypostasin compositam esse, naturam non item : Intrans autem ad discipulos obturatis ostiis : *Palpate*, inquit, *et videte, quia spiritus carnem et ossa non habet, sicut me videtis habere* [v]; et alibi : *Spiritus est Deus, et eos qui adorant eum, in spiritu et veritate oportet adorare* [x]. Quomodo hæc ergo non pugnant? vel quia secundum essentiam divinitatis carnem non habet, quando essentia composita esse nequit, sed secundum personam et hypostasin carnem habet, ut habere cernitur, et quod non habet secundum substantiam (non enim compositus erat) hoc hypostatice possidet, hypostasis enim composita est, et secundum unam quidem substantiam non habet alteram, sed quod ad personam, utramque habet, quemadmodum et carnem habet ac spiritum hypostatice : substantialiter vero neque spiritus est caro, neque caro spiritus induit naturam. Hoc explanans 256[a] beatus Cyrillus : *Si enim*, inquit, *caro caro est et non deitas, etsi Dei caro facta est, secundum substantiam differentiam invenio, etsi Filium unum esse confitear.* Adhæc in Evangeliis Christus cum dicit : *Ut sint unum sicut et nos unum sumus, Ego in eis, et tu in me* [y]. Utriusque consubstantialem naturæ fuisse ostendit. Unum enim est divina natura cum Patre Dei Verbum, et unum rursum in ipsis, id est secundum nostram essentiam. Dictis assentiens Cyrillus sic dictum explanat : *Quemadmodum*, inquit, *ego in eis, quia carnem illorum gestat, et ut Pater, tu in me, quia tuæ sum essentiæ. Sic volo ut hi quoque in unionem adducti conjungantur invicem; et ut unum corpus in me omnes sint, sicut uno comprehendente templo.* Idem etiam Isaias his verbis asserit : *Puer natus est nobis et filius datus est nobis* [z]; *et Deus est potens ac fortis.* Qua puer est nobis consubstantialis : qua vero Deus, Patri et sancto Spiritui consubstantialis. Gregorius quoque Nyssenus contra Apollinarium scribens : *Si enim in contrariis*, inquit, *proprietatibus utriusque cernitur natura, carnis, inquam, et divinitatis, quomodo una duo?*

Hæc sacer Ephræmius congerens, impie interpretantibus Domini sociis illud : *Et habitavit in nobis* [z*]. Illos enim reprehendit : Nam pro illo : *In terra visus est, et cum hominibus conversatus est* [a] : vocem perverse intellexit, hanc illi æquando : *Lot habitavit in oppidis circa Jordanem, et habitavit in Sodomis* [a*], taxans ineptam consecutionem, verbum illud *Habitavit*, explanat, interpretamentum esse ejus : *Verbum caro factum est*, et reprehensionem mutationem atque alterationem Verbi accusaturis. Dicit enim evangelista : *Verbum caro factum est*, statim subdit, *Et habitavit in nobis*; in unam personam conventum, et inde mutabilem utramque naturam utraque explicans voce. Sic Scripturam contemplatus, Chrysostomum testem adhibet, et præterea Cyrillum, Athanasium, Gregorium Theologum.

Hinc rursum dicta affert, quorum auctores Domnus et 256[b] Joannes, et ostendit ipsos, per se, etiam invitos, fateri inter multos, quæ in sacra Chalcedonensi synodo decreta sunt, et temere hæc ipsos invertere. Illud quidem asserere, Jesum Christum e duabus naturis constare etiam ante unionem, impium penitus et absurdum esse declarat. Semper enim Verbi natura et veluti post incarnationem coæterna Patri et consubstantialis fuit. Sed nunquam caro Verbo unita, neque subsistentium integre erat. Quomodo igitur, nisi quis cum Nestorio sentiat, fieri potest e duabus naturis, antequam incarnaretur, Dominum cogitare vel dicere : pium quidem est et orthodoxum post unionem jam e duabus naturis factum dicere, quemadmodum eum vidimus. Hoc et sacrosanctum concilium Chalcedonense confirmat, clare et evidenter ostendens, in divinitate perfectum Christum et in humanitate. Si quis porro Severianus dixerit duas naturas in Christo duas personas constituere, et hypostases, natura enim sine persona non est, neque non subsistens : sciant Patris sui impudentiam abscondentes, non tamen sapere. Etenim Severus non erubuit exponere et demonstrare, e duabus naturis, personis, hypostasibusque duabus Christum componi. Nisi quod sciendum sit, sæpius in entibus naturam dici, non necessario tamen adduci et personam, veluti aquæ natura, iræ, belli, pugnæque. Ubi, quæso, aliquis e prædictis ut naturam ita personam temere appellavit? et rursum, dicimus singulos homines animæ naturam, et naturam corporis habere : animæ autem personam et corporis, vel animæ subsistentiam, vel corporis habere, ne fabulæ quidem finxerunt.

Sed duarum naturarum unionem, unam hypostasin, unamque personam confiteri, idque pium est, æque sanctorum Patrum sententia. Joannes Chrysostomus quidem Joannis evangelium exponens, undecima homilia sic habet : *Unione et conjunctione Deus Verbum et caro unum sunt, nulla facta confusione, nullaque substantiarum corrupione.* Idque testatur in epistola ad Orientales Cyrillus : *Etsi*, inquit, *diversitas sit naturarum ignota, unus tamen est Christus.* Et Mediolani 257[a] præsul Ambrosius oratione De incarnatione : *Eos autem excommunicationis vinculo stringit Ecclesia apostolica, qui duas naturas habere inconfuse, unamque personam secundum quam unus Christus et unus est Filius ausi sunt inficiari.* Adhæc et Hierosolymitanus Cyrillus, Inco-

---

[u] Rom. x, 10. [v] Luc. xxiv, 39. [x] Joan. iv, 24. [y] Joan. xvii, 21. [z] Isa. ix, 6. [z*] Joan. i, 14.
[a] Baruch. iii, 38. [a*] Gen. xiii, 12.

nii Amphilochius, Proclus Constantinopoleos episcopi, qui in Quadragesimam sic loquitur : *Divina natura increata, et nostræ carnis legitima assumptio, et unus est Filius, personis non separatis, sed mirabili quadam dispensatione duas naturas in unam hypostasin conjungente.* Sed et Paulus Emissenus episcopus, præsentiam Domini declarans, vehementerque illustrans, sic ait : statim princeps et lingua apostolorum dixit : *Tu es Christus Filius Dei vivi* [b]. *Tu es Christus*, duplex natura scilicet [b]. *Tu es Christus, et non dixit Filius, sed Filius Dei vivi*, quo unam personam commonstravit. Quin et Hilarius Gabalitarum confessor et episcopus libro IV *De fide et unitate*, hæc denuntiat, Cyriacus quoque Paphi, unus de trecentis illis et octo Patribus. Id et in libro quem *Gratiano Cæsari* inscripsit Ambrosius episcopus Mediolanensis, et in libro *De Apollinario, et de incarnatione*. Sed et Petrus martyr Alexandriæ præsul, Basilius Cæsareæ Cappadociæ, Gregorius Theologus in natali Domini, et libro II *De Filio*, et epistola secunda ad Cledonium, locupletissime hæc ipsa testantur, et Amphilochius epistola ad Seleucum, et Chrysostomus in primam Pauli ad Timotheum, Proclus quoque Byzantinus in sermone de nativitate Domini. Athanasius etiam Alexandriæ episcopus in epistola ad virgines, et Cyrillus epistola prima et secunda ad Succensum, et ad Orientales, ad Acacium episcopum Melitenes, libro *De incarnatione*, et epistola ad Eulogium sacerdotem, et in thesauris, aliisque variis libris. Has sanctorum Patrum sententias sacra Chalcedonensis synodus coacervans, religionem orthodoxam **257**[b] confirmavit. Quare contra hanc disputare est sanctos Patres tanquam invidiose oppugnare.

Siquidem Christus verus Deus noster, neque proprietatem divinitatis, neque humanitatem divisit, sed omnia unione personarum ipse unus et idem, tam humana quam divina perfecit : iterumque eosdem sanctos, Patres in testes citat : Julium Romanum antistitem, e libro *De unione divinitatis et carnis* in Christo Jesu ; et Athanasium præsulem Alexandrinum, ex epistola ad Maximum philosophum, aliisque opusculis. Tertium etiam librum *Contra Eunomium*, et *De doctrina Christiana* Gregorii Nysseni, et epistolam Basilii Cæsareæ ad Sosopolitas, Cyrillum quoque doctum in libro *De incarnatione*, e *Thesauris*, epistolaque secunda ad Succensum, de interpretatione ad Hebræos, et ex Scholiis.

His allatis, Leonem quoque papam producit, contra impios illos hæreticos, Valentinum, Marcionem, Manem, Apollinarium, Eutychem aliosque similes digladiantem, et idco ab conjuratis illis reprehensum et oppugnatum. Hoc quidem primum. *Quemadmodum enim cum miseretur Deus mutationem non subit : sic homo magnitudine divinæ gloriæ non consumitur.* Secundo : *Utraque forma cum utraque communione cooperatur.* Asserit enim hæresis, duos hos articulos præfixos, *Deus et homo*, duas personas esse, et hypostases binas repræsentare, et sola connexione unionem denotare. Verum hanc impudentiam Athanasius, Gregorii ambo, Epiphanius, Chrysostomus, et ipsemet Dominus confutant, similibus pene et æqualibus ubique usi vocibus. Hac præfixione articulorum ostentantes, non aliquem certum hominem, sed universalem, neque Patris aut Filii hypostasin, sed naturam communem designari, et non in recto casu modo articulos, sed et casibus aliis verbo declinato sumi. Statim Matthæus : *Quicunque dixerit verbum contra Filium hominis, remittitur ei* [b]. Et iterum : *Filius hominis* **258**[a] *venturus est in gloria Patris sui* [c]. Et subdit : *Nemini dixeritis visionem hanc, donec Filius hominis a mortuis resurgat* [d]. Et S. Paulus : *Si enim unius delicto multi mortui sunt, multo magis in gratia Dei, et donum in gratia unius hominis Jesu Christi in plures abundavit* [e]. In his omnibus mentio fit hominis in gignendi casu, nec usquam Christi Jesu personam divisit. Scribens quoque Smyrnæis divus Ignatius, similiter hoc articulo utitur. Et Julius pontifex Romanus in epistola ad Decium, hunc esse jubet anathema, qui Deum incarnatum e Maria hominem non fuerit confessus. Eadem et strenuus Athanasius in libro *De fide*, et Gregorius Theologus in epistola ad Cledonium secunda, etiam variis locis Gregorius Nyssenus, et sacer Basilius in oratione *De fide*, et in lib. II *De hæresi* Epiphanius ; sed et Atticus Constantinopoleos in epistola ad Empsychium, et Joannes Chrysostomus homilia 3 in Epist. Pauli ad Ephesios et in *Thesauris* Cyrillus, et Explicatione Malachiæ prophetæ et Joannis evangelistæ, et in libro IX *De adoratione in Spiritu et veritate* (1). Habet enim ita : *Naturæ enim supernæ habitaculum locupletat virginale templum.* Hæc omnia et cum articulis et divinam et humanam naturam designat. Sed quomodo hic sanctum Leonem in productione articulorum accusat, et cæteros Patres non allatrat.

Sed illud etiam videamus : *Operatur enim utraque forma cum utriusque conjunctione secundum suam proprietatem. Hoc quidem operante Verbo, quod Verbi est : corpore vero ea efficiente, quæ corporis sunt.* Et in his cum sanctis Patribus consentire et convenire videbitur : omnes enim humana homini, divina Deo tribuunt. Quemadmodum doctus ille Cyrillus in Commentario ad Joannem : *Si*, inquit, *Jesus proficere dicebatur sapientia et ætate* [f], *et gratia*, **258**[b] *incarnationis opus est. Permittebat enim Dei Verbum humanitatem suis moptibus ferri* et in Oratione adversus Nestorium : *Aspice*, inquit, *ut ipse nihil remittens ne, cum pateretur, permiserit*

---

[b] Matth. XVI, 15. [b*] Matth. XII, 32. [c] Matth. XVI, 27. [d] Matth. XVII 8. [e] Rom. V, 15. [f] Luc. II, 53.

(1) Hodie tredecim exstant Cyrilli *De adoratione* Romæ editi.

carni in propriam naturam parum posse, etsi propria lege ferretur, et ipsius res dicitur, eo quod proprium sit ejus corpus ; et in *Thesauris : Turbari vero proprium carnis est : potestatem vero habere ponendi, et iterum resumendi animum, opus est potentiæ Verbi.* Et sexcenta alia si quis voluerit e sancto colligere reliquisque Patribus inveniet. Gregorius enim, Athanasius, Amphilochius, Chrysostomus, Ambrosius, reliquusque sanctorum coetus idem promulgarunt.

Postquam vero proposuerunt qui repugnant, ut Gregorius Neocæsariensis, Athanasius, Julius, Cyrillus, Erechthius, unam Dei naturam incarnatam sentiunt. Clare enim vocis sensum explicat dicens, ut ipsa differentiam unitarum naturarum edoceat. Nisi enim humana natura et divina differant, vel omnino carnis in divinitatis essentiam invertatur, vel in carnem divinitas, et sic una fiat : quod est Apollinarii et similium hæreticorum impia blasphemia. Et Cyrillus in secunda ad Successum epistola, naturæ differentiam, et per hanc vocem inficiari manifestum, cum dicit unam Dei Verbi naturam incarnatam, attulit. *Si vero, ut dixi, incarnatione illum dicere, clara est non dubia hujus confessio, factum esse hominem, nihil vetat sentire, quod unus exsistens, et unicus Filius Christus, qui idem Deus et homo est, ut in divinitate perfectus, sic et in humana conditione.* Ecce perspicue declarat, quomodo ab eo dictum consentiat cum Patribus illud : *Una Verbi natura incarnata.* Naturarum differentiam hæc vox dilucide ostendit, et summam et continuam unionem Dei Verbi et carnis declarat, utque unus exsistat Jesus Christus incarnatus, et non duo filii, ut Nestorii prava erat opinio, secundum quod et hæc ab eo vox profecta est. Quid enim aliud hoc significat : **259**a *Idem est Deus et homo,* quam duas naturas unitas in una hypostasi, ut et Gregorius Theologus dicens : *Duas naturas, Deum et hominem,* interpretatus seipsum dicit, *quod qui asserit Christum Deum et hominem, duas naturas unitas personaliter profiteatur.* Et sanctus Cyrillus addens : *Quemadmodum in divinitate perfectum, sic et in humanitate, in duabus naturis cognosci Dominum ostendit.* Quare dicere ipsum unam naturam incarnatam, non in ablatione cognitionis unitorum secundum personam dictum est, sed ut appareat indivisibiliter hominem fieri Dei Verbum, et non in homine, ut in uno prophetarum habitasse. Et similia in hac quis reperiat epistola, quibus duæ naturæ Christi confirmantur. Solum vero divisim ponere naturas, hæreticum est. Unam vero naturam Verbi incarnatam contra Nestorium adducens, non tollit divisionem naturarum, sed dualitatem hypostaseon. Nestorius enim non quia cognoscebat duas in Christo naturas, sed dividendo indivisibile in duas personas ab Ecclesia expellitur. Quare una natura incarnata Nestorium reprehendens, nihil aliud ostendit, quam unam personam Dei Verbi oportere incarnatam prædicare. Quæ sententia est fidei nostræ et synodi Chalcedonensis. Confessor enim Athanasius ait unam tantum naturam Dei Verbi incarnatam, non ad tollendam naturarum differentiam, ait, cognosci naturarum discrimen, quæ hypostaticam impleat unionem, sed et ipse volens ostendere unum esse Filium incarnatum, et cum Paulo Samosatensi præcipue pugnat, qui alium ante sæcula Filium, alterum vero postea summa dementia asseruit. Santus quoque Julius eadem graditur via pugnatque idem cum eodem Paulo Samosatensi et aliis de hac voce. Erechthius, si quidem ut Athanasius, Cyrillus, et Julius, hanc vocem sumit, hoc præstantius fuerit : si vero præter eorum opinionem, nihil admirandum. Eum enim Eutychis morbo afflictum multi sancti viri deprehenderunt, **259**b quem et ipse prodit, sic dicens : *Si quidem ex humano semine Christus fuit, concedam fructum esse secundum radicem : si vero e sancto Spiritu, secundum archangeli Gabrielis vocem Deus genitus est, quandoquidem a Deo generatus sit.* Sic quidem Erechthius, quem verisimile est non intellexisse verba Elisabeth, quæ Mariæ Deiparæ benedicens, exclamavit : *Benedicta tu in mulieribus, et benedictus fructus ventris tui* g. Sed neque Isaiam intellexisse : *Erit radix Jesse, qui stat in signum populorum, in ipsum gentes sperabunt* h, et alia multa.

Post hæc de differentia quam substantia, genus, species ad hypostasin habet, tractat : quia illa commune quiddam ostendunt, hæc vero personam, et quod dicitur gentilibus singulare sive individuum : suæque sapientiæ, ut illi mos, varios adhibet testes, Basilium, Athanasium, Julium, Cyrillum, et ait, ut si quis denique reperiat aliquos Patres, qui naturam appellent hypostasin, non proprie sed abusive dici, intelligatur. Si enim sibi contraria et aliis dicere videantur, sacros Patres nostros injuria afficimus. Abutitur enim naturæ nomine pro hypostasi Athanasius epistola ad Julianum apostatam his verbis : *Unam appellare decet, ac potius confiteri Verbi naturam et hypostasin incarnatam.* Et Julius in epistola ad eos missa, qui de incarnatione Verbi contendebant, quam alibi unam Verbi naturam dixit, ibi personam appellavit. Quin et beatus Cyrillus in Scholiis sic habet : *Quando inconfusæ naturæ nominantur, sive hypostases, inde cognoscemus.* Et in tertio capite Anathematismorum : *Si quis duas Christi unius dividat naturas sive hypostases, post unionem solo copulans vinculo secundum dignitatem, hoc est auctoritatem, et non magis coitione, quæ secundum naturalem unionem est, anathema sit.* Et se ipse elucidans et Nestorium refellens, ostendensque qua ratione ipse duas naturas sentiat, dicit : *Tollentes personas* **260**a *post unionem ; et utrumque dividentes, id est hominem pure, et Deum pure, intelligentes connexionem inter se, secundum solam dignitatem, duos*

g Luc. I, 42. h Isa. XI, 10.

omnino alicubi ponunt filios. Idem autem beatus Cyrillus, qui alibi unam naturam Dei Verbi pronuntiavit incarnatam, dicit : *Certe uni personæ in Evangeliis omnes ponendæ voces, una hypostasi Verbi incarnata. Unus enim Dominus Jesus Christus secundum Scripturas.* Nihil vero commune cum iis qui dicunt duas naturas in propria et particulari hypostasi subsistere, ut Nestorius, et iis qui dicunt eas unitas, cum Verbum per hypostasim uniretur, ut sancta Ecclesia, et sacra synodus et Leo pontifex prædicant. Sed et infinita quædam differentia est inter impietatem et pietatem, et quantum lumen a tenebris distat.

Quia postquam Severiani refutantur sanctorum Patrum testimoniis, qui ante Chalcedonensem synodum floruerunt, et duas naturas in unione hypostatica promulgarunt, ad reprehensionem eorum sese convertunt, prætextum quidem, ut apparet, calumniæ speciosum prætexentes : gravius vero nemine nominato, ipsos veteris comœdiæ ritu conviciantes. Etenim, ut diximus, illi dualitatem naturarum, non ex sententia, neque libenter, neque ex fide confessionis asserunt : verum ut in contraposita falsæ cognitionis cognitione, sed secundum ordinationem occasionemque, et ab hæretica quadam necessitate compulsi. Et quid hoc aliud fuerit nisi eximios magistros ostendere improbos, et veritatis proditores, et propriæ pietati alienam et hæreticam opinionem anteponentes, et ad illorum barathrum potius tractos quam inde aliquos trahentes. Quomodo enim talia cum Paulo dicere liceat, *Quia sermo noster, qui fuit apud vos, non est in illo Est et Non : sed Est in ipso factum est* [1], innumeras, in vita variationes admittentibus et Euripi mutationes imitantibus? Sed quid rursum asserit hæresis? *Venia Patribus danda.* **260**b Si enim vi quadam sententiæ pervincit, tanquam potestatem nacta conviciandi, et condemnandi quod libeat, et rursum dimittere peccatum et tantum non sic exclamans: *Labia nostra a nobis sunt, quis noster Dominus est* [j]? Præterquam quod cum hæreticis Patres pugnarunt, etsi a pietate exciderunt, propterea venia digni, quomodo æqualis nobiscum affectionis, et si quid adulterare videantur, qui Chalcedonensi synodo non interfuerunt, et ad duas hæreses, et hi oppugnantes Nestorii opinionem et Eutychis, tradiderunt. Sed ubique adeo cæca est ac surda impietas, et neque cernere quidquam novit, neque audire, neque quæ illa ipsa proponit. Chalcedonense concilium statim initio, quæ contra Nestorium beatus Cyrillus Ephesi tractavit, iis decretam auctoritatem addidit, et ante hoc duas habitas synodos tanquam fidei defluitrices recepit, et Arium, Macedonium, Nestorium eodem damnavit anathemate : et qui in filiorum dualitatem incarnationis secant mysterium, quemadmodum audentes dicere Unigeniti divinitatem patibilem, pariter condemnant, ita et duas ante unionem Domini naturas confingentes, unam post unionem formantes, eadem compede constringit. Definivit autem, quemadmodum quæ ante hanc synodum, *nemini fas esse aliam profiteri fidem,* hoc est conscribere, vel componere, vel sentire, præter quam tradidit prima et secunda synodus generalis. Qui vero audeant aliud symbolon præter hoc scribere vel docere, qui volunt converti ex Judaismo et ethnicismo, cujuscumque tandem sectæ, privari episcopos quidem aut clericos dignitate, monachos vero aut laicos excommunicari.

Hæc fere a Leone pontifice dicta sunt in epistola ad Flavianum Constantinopoleos, quibus clare ejus pietas elucescit, et ibidem adhortatione atque consilio sermonem claudit, eos qui epistolam suscepturi sunt, adhortans ut errorem deponant, et piorum sententiam amplectantur. Sic quidem libro tertio.

Quartum vero ad Orientis monachos elaboravit, Deopassitarum hæresi infectos, quorum unum, facile falsas criminationes ostendens, crimine se purgat ; quos ab hæretica opinione conatur avertere, de recta fide proferens testimonia, quibus et **261**a in prioribus usus est, Athanasii, Ambrosii, Cyrilli, aliorumque Patrum, quibus Dominum nostrum Jesum Christum in divinitate et humanitate perfectum clarissime ostendit, quorum unum est sancti Ambrosii confessoris Mediolani episcopi, quod in libro *Contra Apollinarium* produxit hoc modo : *Sed in quantum,* inquit, *hos accusamus, prodierunt alii dicentes : Corpus Domini et divinitatem, unius naturæ. O blasphemiam ex Tartaro eructatam! Ariani enim paulo magis ferendi sunt, quorum error per hos confirmatur, Patrem, Filium, et Spiritum sanctum, non unius naturæ asserentes. Quandoquidem Christi divinitatem et carnem, unam dicunt.* Hujus sancti viri verba etiam perstrenuus Cyrillus contra Nestorium adducit, quibus dignum cum fide et admirandum ducit. Dicit vero et idem Cyrillus multis modis pietatem corroborans in libro *De fide : Solutum est templum tempore triduanæ sepulturæ illo volente. Et iterum : Resurrexit, et unitum est ipsi Verbo ineffabiliter, tribus diebus non in illo mistum, vel carne indutum, sed in se servans inconfusam proprietatem naturarum, quæ diversæ erant essentiæ.* Et rursum commentario in Matthæum libro 1 : *Nisi scivisset a Deo infusa Scriptura, hominem et Deum, Christum esse, etsi unus et idem intelligeretur. Tribuit igitur sanctus evangelista tanquam unicuique parti decorum, clarum et inconfusum mysterii sermonem servans. Nam hæc quidem propria esse scivit, et convenientia humanitatis terminis : illa vero excellentiæ ineffabilis deitatis.* Ergo non solum duas naturas, sed et duas operationes Cyrillus confitetur, ut in *Thesauris* loquitur : *Non enim incommutabiles virtutes et operationes ad ea quæ alterius generationis et essentiæ producit. Et rursum : Quemadmodum separatam habent essentiæ vel qualitatis rationem, sic et diversam operationem servant. Et iterum : Non enim unam sane esse natu-*

---

[1] II Cor. 1, 18. [j] Psal. ix, 5.

ralem operationem dabimus Dei et creaturæ, ut neque aliquid creatum ad divinam essentiam **261** *b referamus, neque divinæ naturæ præstantiam ad modum humanitatis reducamus.*

Cum vero illi ad quos scripsi quæsiverunt tenui dictione, quæ ab aliquibus Patribus dicta sunt, ostendit usum qui est in interpretatione Cyrilli ad Hebræos hoc modo : *Non refusionem aliquam naturarum in se mutuo factam esse dicimus, manente potius utraque, hoc, quod est, uniri carni intelligimus Verbum. Et rursum idem in eadem re : Et non dicimus, velut quamdam refusionem in naturis factam esse, ut sitam Verbi naturam in hominis, verbi causa, tenuitatem, sed neque rursum humanam in ipsam Dei : intellecta potius et subsistente utraque in propriæ naturæ termino, factam unionem dicimus, inhabitante corporaliter Verbo in templo, quod ex beata Virgine sumpsit.* Sic et Basilius Cæsareæ Cappadociæ episcopus libro *Contra Eunomium : Propterea omni contentione et cautione considerandum est, quomodo in uno eodemque utriusque naturæ ostendatur veritas.*

Quoniam Patres quidem non unam in Christo, sed duas naturas in personali unione confitentur. Quod et antea dictum est, nunc vero idem recensere nihil prohibet. Dicit enim Gregorius Nyssenus in libro *Contra Apollinarium : Sic igitur in contrariis proprietatibus utraque harum cognoscatur natura, carnis, inquam, et Dei, quomodo una sunt duæ.* Et sanctus Ephræm in libro *De incarnatione,* et in *Margaretam : Non minuta est,* inquit, *connexio assumptionis, ut perdiderit quod habuit; et quod non habuit, adepta sit. Sed perfectum est quod assumpsit, et quod adepta est.* Et Cyrillus epistola ad Eulogium, et prima ad Succensum, et in Oratione de fide, et libro *Contra* impium *Nestorium,* et in *Thesauris* eadem dicit, similiter et libro *De incarnatione,* sic habet : *Sed in unam utrasque collegisse secundum conjunctionem œconomicam naturarum proprietates, multis sermonibus nobis ostenditur. Et post alia : Contendit et certat oratione; verum et sapiens Joannes tantum non connectens* **262***a potestatem proprietatum accidentium utrique naturæ.* Sed e multis aliis locis hæc fas est colligere. Exponens enim prophetam Zachariam sic ait : *Sanctus Ezechiel thronum vidisse se dixit* : « In firmamento super caput Cherubim [k] : » *Dixit se in throno vidisse sedentem quemdam duplicis naturæ.* Et rursum, Commentario in Joannem libro secundo habet : *Cum aliquid facies, quando nobis simplex, naturam ingreditur duplex;* et alia sexcenta. Quomodo non ex duabus naturis dixit sacra synodus Christum esse, luculenter declarans, ante sæcula cum e Patre natum divinitate, et in ultimis diebus nostra causa et ad nostram salutem e Maria Deipara semperque Virgine humanitate. Alioqui si Cyrilli epistolas amplexus sit, quæ ubique illud e duabus naturis vociferantur : quo-

modo non sine causa hæresis adversus sanctum synodum fremit ?

Verum inspice malignitatem hæreticorum. Dicente enim synodo : *De Patre et Filio et Spiritu sancto docent perfectionem, et Domini incarnationem recte sentientibus ob oculos ponunt.* Quatuor in Trinitate personas illam dicere furenter accusator exclamavit. Quare ? quia, cum dixisset Patrem, Filium et Spiritum sanctum, et Domini incarnationem pro persona adjunxit. Verum hanc blasphemiam sanctus scriptor in caput auctorum retorquet, multis testimoniis antiqua traditione hunc ordinem esse ostendens, ut post sanctæ et supernaturalis Trinitatis laudes, unius in Trinitate incarnationem sancta Ecclesia confiteatur, ne autem quaternitatem connumeret. Sic Cyrillus, libro VII *De adoratione in spiritu et veritate,* loquitur; sic et in Evangelium Joannis et Matthæi, aliique permulti.

Clare vero in multis suis libris divus Cyrillus, et in divinitate perfectum, et in humanitate Christum prædicat et tradit. Quibus et sacra consentiens synodus, unum eumdemque Jesum Christum unigenitum in duabus naturis inconfuse et indivise prædicavit. Quibus iterum **262***b* Cyrillus in epistola ad Succensum consentit, dicens : *Intelligentes ergo, ut dixi, incarnationis modum : videamus quomodo duæ naturæ, per unionem inseparabilem, inconfuse, insolubiliter inter se convenerint. Caro enim caro est, non divinitas, licet Dei caro facta sit. Eodem modo et Verbum Deus est, non caro, licet per incarnationem propriam sibi carnem fecerit.* Et deinde : *Quantum profecto sub intelligentiam cadere potest, et sub oculos animæ, quo modo incarnatus est Unigenitus, duas naturas esse dicimus : unum vero Christum, Filium, Dominum, Dei Verbum incarnatum et hominem factum :* Et in epistola ad Orientales : *Duarum naturarum unio facta est, ideo unum Christum, unum Filium, unum Dominum confitemur.* Et in epistola ad Acacium Melitenes episcopum : *Cum itaque curiose incarnationis modus inquiritur, duo quædam inter se ineffabiliter et sine confusione, per unionem conjuncta humana mens omnino videt, incarnatum vero nequaquam intelligit, sed unum ex ambobus Filium, Deum et Christum, et Dominum esse credit, et convenienter id suscipit.* Et in Scholiis : *Factam carnem, et in nobis,* inquit, *habitasse, ut ambobus ostendit, et factum hominem, et proprium suum non dimisisse; nam meminerat qualis esset. Intelligitur autem omnino alter in altero habitans, hoc est, divina natura in humanitate, et non patiens misturam, refusionem aliquam, vel mutationem illius in id, quod non erat. Habitare vero in altero dictum, non idem factum est hoc, quod est in quo habitat.* Magis autem intelligitur illud alterum in altero, in Expositione Levitici : *Propterea duæ sumuntur aves, et cognoscuntur iterum ambæ ut una, nisi quod vivant et puræ sint* [l]. *Vitæ enim et puritatis omnis*

---

[k] Ezech. x, 18.   [l] Levit. v, 7.

capax est ipsum per se Verbum, et templum e virgine sumptum, idem Verbum in se continet. Erat enim proprium ejus corpus, et non aliena gestatio, propterea et unus Dominus Jesus Christus. Et in Expositione Evangelii secundum Matthæum ᵐ : *Stater igitur et verus est, et intelligibilis, et ut in figura ex materia ostensus est idem Dominus noster Jesus Christus duplex character.* Et deinde : *Stater igitur intelligibilis, hoc est numisma regium, qui in unitate duplex character, seipsum* **263**ᵃ *pro nostræ omnium vitæ redemption tulit.* Et rursum libro Contra Arium : *Duplex igitur est de Filio sermo : Referenda igitur ad Deum quæ sunt Dei, et quæ sunt hominis, homini.* Et mox : *Sapientes ergo (dicam enim) et solertes dixerint, duplicem et fidum in his adducentes sermonem, et temporibus convenientibus attribuant sacrorum disputationem;* et libro nono De adoratione in spiritu : — *Ex argento vero et ex duobus est basis. Clarus enim [in terra] et illustris Christus, juxta illud :* ‹ *Deus Dominus, et illuxit nobis* ⁿ. › *Et tanquam duplicem habens sententiam, in hoc enim noscitur Deus et homo. Hoc enim est, ut puto, duplex ex argento habere fundamentum.* Et libro Adversus Nestorium : —*Nam altera quidem præter Dei Verbum caro, et secundum propriæ naturæ Verbum, alia rursum essentialiter ipsius Verbi natura.* Sic et consentit sacræ et œcumenicæ synodo sancti Cyrilli sententia.

Rursum sacro concilio asserente : *Nequaquam naturarum differentia sublata per unionem, sed potius servata utriusque naturæ proprietate, et in unam personam, et in unam hypostasin coalescente* : vide quomodo nullatenus Cyrillus dissentiat. Rursum in epistola prima ad Nestorium ait : *Non ut sublato discrimine naturarum per unionem, sed magis perficientibus nobis unum Dominum, Filium, et Christum, divinitate et humanitate, per ineffabilem consensionem unione.* Et rursum in Scholiis : *Adorat quidem, ut adorandam naturam capiens, et adoratur iterum idem, tanquam adorandæ ulterius naturæ exsistens, quatenus percipitur Deus.* Et vide, ut neque secundum rectum casum, neque secundum accusativum adducit Cyrillus divisionem unius Christi. Rursum ipse in Scholiis loquitur : *Non dividendus igitur unus Dominus Jesus Christus proprie : sed unum et eumdem Jesum Christum oportet sentire, naturarum dicimus differentiam, et inconfuse invicem easdem servantes.* Et in Thesauris : — *Denique quid aliud sit, quam ignorantiam dixit œconomice,* **263**ᵇ *nis iterum servare humanitati convenientem ordinem? Humanitatis enim proprium, non scire futura.* Et in secunda epistola ad Successum : *Si enim et unus dicatur pro nobis Filius Dei incarnatus, non permistus ideo invicem videri, neque in carnis naturam mutata est Verbi natura : sed neque carnis in Verbo, sed in proprietate naturali utraque manente et intellecta. Hæc ipsa sic recipiens solvit scandalum, sed qui con-* traria asserit, subjicitur terribili edicto immaculatæ vocis dicente in evangelicis : ‹ *Væ homini per quem venit scandalum* °. › Sic concilium et Cyrillus. Et non solum Cyrillus, sed et alii sancti Patres, ut consentientes in fide, ita et unius sententiæ cognoscuntur.

Sed adhuc vide hæreseos impudentiam. Reprehendit enim eum, qui epistolam suam Tomum vocaverat, nescientes rudes, quomodo idem Cyrillus et strenuus Athanasius, aliorumque Patrum cœtus, pios labores tomos vocent. Quare frustra Tomi nomen illos decepit, et in hæresim induxit.

Sed non relinquunt hæretici impudentes et inverecundi, hoc, *in quo consentiunt*, ut temporalem et opportunam annuntians conjunctionem, hoc vero, *in quantum*, pro *donec* capi; sed sacer quidem scriptor ostendit adverbium in sacris Litteris, non solum temporalem sensum significare, sed in multis sæpe et infinitum. Sed mihi videtur, *in quantum*, hic non *donec* significare, sed potius pro *quatenus* accipi. Nisi quod beatus Gregorius Theologus easdem voces prædixit ; quem Leo sequitur.

Rursum vero hæresis Leonem calumniatur, quia, inquit, dixit, *unius et ejusdem* hoc, humilitas carnis et magnitudo divinitatis; et certe si non prædixisset *unius et ejusdem*, cito hæreticis occasionem hæreseos dedisset, quod ipse divisim ponat carnem et divinitatem. Etsi vox hoc tunc non significabat. Quando vero dixit *unius et ejusdem*, adjunxit, *humilitas carnis* **264**ᵃ *et magnitudo divinitatis*. Quomodo non ultimæ sit dementiæ innoxium accusare. Quia sanctorum Patrum libri his vocibus scatent, supervacaneum existimo afferre copiam exemplorum, et si quid simile in his verbis beati Leonis intelligitur, oportuit, secundum Gregorium, dubium ad pietatem caute trahere, sed non audacter ad impietatem convertere. Si in nullo libro Theologus Gregorius illos confundat, sanctus Paulus id facit : *In captivitatem redigentes omnem intellectum in obsequium Christi* ᵖ.

Sed rursum in illius verba invadunt, in quibus ait : *Cooperatur utraque forma cum utraque communione, quod proprium est. Verbo quidem operante hoc quod est Verbi, et corpore quæ sunt corporis.* Ecce, inquiunt, duas personas posuit, et propria opera attribuit. Et sane nihil tale neque vox neque consequentia sensus postulat. Ubi enim dixit, ut divisim utraque natura operetur, vel ubi reliquit, cum utriusque conjunctione, hoc est, unione naturarum? Si vero ipse qui hæc dixit, accusatur, Cyrillus non alia dicens in libris Contra Nestorium, etiam accusetur. Dicit enim : *Corpus propriæ naturæ [uti] legibus, et mortem gustasse concedit, et hoc passum esse adjuncto illi utiliter unito Verbo.* Et rursum in Thesauris : *Permittit corpori et humanitati ea quæ illis conveniunt ; et declarationem veram carnem fuisse, et hominem factum secundum Scripturas.* Sed hæc nunc.

ᵐ Matth. xvii, 27.   ⁿ Psal. cxvii, 27.   ° Matth. x, 7.   ᵖ I Cor. x, 5.

Quia forma non hypostasis vel persona rursus intelligitur, sed essentia. Egregius quoque Ecclesiæ doctor Basilius in libro *Contra Eunomium*, clare docet, et Cyrillus in *Thesauris*, dicentes : *Quam accepit formam in forma Dei exsistens, nobis est consubstantialis, et e nobis est. Est vero Dei forma Filius; similis igitur illi cujus etiam in forma est.* Et ante hos magnus ille Paulus : *Qui cum in forma Dei esset, non rapinam arbitratus est esse se æqualem Deo, sed se ipsum* 264*b exinanivit formam servi accipiens* [1]. Clarum est jam quomodo non persona sit Patris Filius, nec ejusdem personæ, sed ejusdem essentiæ, et in qua etiam est. Rursum sanctus Basilius libro *Contra Eunomium*, capite primo sic habet : *In forma in essentia Dei; non enim aliud forma, et aliud essentia Dei est, ne composita sit, qui secundum formam æqualis.* Hæc et Amphilochius, episcopus Iconii, epistola ad Seleucum : *Quare et Dei formam et servi simul desinere in unam personam Filii et Domini Jesu. Sic Christum Dei Filium duarum naturarum, passibilis et impassibilis, mortalis et immortalis, intelligibilis et invisibilis, palpabilis et impalpabilis, sine principio et cum principio, incircumscriptæ et circumscriptæ.* Prænominati viri ut excellentis pietate, beatus Cyrillus secundum tertiam synodum adducit testimonia contra Nestorium. Et sane Proclus Constantinopolitanus, et Cyriacus Paphi episcopus, unus e trecentis et octodecim Patribus hæc habet. Ille quidem in *Pulcheranis* post natalem, et in *Epiphaniæ oratione*, hic idem in *Oratione de incarnatione* eadem dicit. Et Chrysostomus in *Sermone de assumptione*, et Gregorius Nyssenus libro *Contra Eunomium* : — *Quid gloriæ splendor? quid hoc, clavis fixum? Qualis forma ad mortem rapitur, et qualis ab inferno redit?* Sic quidem ubique cum sancta synodo convenit, et cum sancto Leone omnis sanctorum Patrum cœtus.

Sed impudens hæresis rursum contra hunc blaterat, ubi dicit : *Aliud est quod miraculis coruscat, aliud quod injuriis succumbit*, filiorum dualitatem adducit et personarum. Et si dixerit : *Miraculis coruscat et aliud injuriis succumbit*, prætextum habet. Etsi igitur figura sit opinio, quia hoc omnino non dicit, sed aliud quidem miraculis coruscare, aliud vero injuriis succumbere, utraque ejusdem esse dicit, et passionem et miracula, quomodo impietatis 265*a occasionem præbuit? hoc et alii Patres docuerunt. Gregorius Nyssenus libro *Contra Eunomium*, neque quibus magis hæresis ventilatur, neque his uti accusata est. Non enim neutro, sed contra vocem masculinum sermonem instituit. Dicit enim : *Quis lassus e via et quis sine labore totum mundum substituens Verbo?* Per continuationem : *Quid gloriæ splendor, quid clavis confixum?* Hæc clara sunt, inquit, licet nullus explicet.

Iterum irrident beatum Leonem, sic dicentem : *Quod quemadmodum Verbum ab æqualitate a Patris gloria est inseparabile, sic et corpus naturam nostram non reliquit.* Et quid hæc differunt ab eo, quem dicimus esse nobis similem secundum humanitatem et Patri per divinitatem? Quod soli Eutychi non placet, et asseclis ejus. Sed et Leo prædictis hæc addit : *Unus enim et idem vere est Filius Dei, et vere Filius hominis, quod omnes vires impiorum imbelles potest confundere.*

Hæc quidem contra hæreticos pietatem defendens Ephræmius adducit; ponit et idem proprii libri verba, in quibus archiepiscopi illius pietatis illustrat præconium, et neque impudens impiorum audacia aliquid horum apprehendere erubescit, quorum e multis hoc verum est, *Deus impassibilis homo passibilis fieri non dedignatus est, et immortalis subjicere se mortis legibus*. Excommunicat clare per Leonem sanctum concilium Nestorium hoc modo : *Exsecratus sit Nestorius, qui sacram Virginem non Dei, sed hominis modo matrem esse contendit : ut carnis aliam, aliam divinitatis personam statuat.* Quomodo igitur cum Nestorio sentit, cum ejus dogmata condemnet?

Ecce iterum quartam synodum hæretici calumniantur, dicentes eam docuisse non licere proferre, vel scribere, vel componere, vel sentire aliam fidem, præter eam quam ea reposuit; et tamen id synodus non decrevit, quamvis impudentissime id hæretici mentiantur : sed 265*b eam fidem quam trecenti octodecim Patres asseruerunt observans et confirmans, præterquam quod dixit nemini licere aliam fidem proferre, et quæ sequuntur. Ex his omnibus synodi vocibus quas solum oportet legere, maxime manifestum, non alia præparatione vel probatione veritatem receptam indigere, nec aliud definire, aliud facere; sed ut decrevit sic ubique et fecisse cognoscitur, neve etiam pios aliud symbolum profiteri, quam 318 Patres docuerunt et tradiderunt.

Sed rident eos hæretici, ubi dicunt hanc ab omnibus infestari. Quot enim synodi contra primam generalem contradixerunt, quæ et archiepiscopos habuerunt; illam vero centum et quinquaginta Patrum, si non fuit, quidam Ægyptii scire voluerunt, sed permittiatur illis stupiditias.

Cum vero aliquod verbum Julii pontificis, ad quos de propria impietate scripserat, ut putabat prolatum : sapiens ille vir id contra Paulum Samosatensem, secundamque Nestorii hæresim prolatum esse declaravit, et duas naturas seorsim et divisim confiteri prohibere, ut et duas hypostases, duasque personas et filios. Una enim natura in Christo pro hypostasi a Julio relicta est, verumtamen neque veritati, neque sanctis Patribus contradicit. Clare idem ostendit Julius pontifex contra Marcionem, Valentinum, Apollinarium, et Eutychem, sacris tela verbis jaculans. Sic enim in *Oratione de consubstantialitate* scriptum reliquit :

---

[1] Philipp. ii, 5, 6.

Unde necessario, et corporeum universe et divinum universe dici, et qui non potest in unitis differentiis cognosci, quid erit proprium utrique, dissonis repugnantiis concidit : qui vero propria cognoscit, unionemque custodit, neque naturas mentitur, neque ignorare unionem posset. Quibus perspicue patet, quomodo sanctus Julius duas naturas fateatur; nam naturam praedictis verbis pro hypostasi accepit.

Reprehendit enim alia non pauca absurda, quae ii contra quos scripsit sanctus Ephraemius suae epistolae inseruerunt, plena esse impietatis ostendens. **266**a Illud vero mirum videri queat, quae praedixit Cyrillus, eadem iterum a concilio pronuntiari; ut illud, inquam : *Nusquam sublata naturarum differentia per unionem.* Et iterum hoc : *Concurrentibus naturis in unam personam et in unam hypostasin.* Haec sunt quae in Cyrillo infesti calumniantur.

Haec vir Dei Ephraem exsequitur. Apponit vero epistolas sancti Simeonis, qui in seditione Cionensi occubuit, et Baradati ad Basilium Antiochiae episcopum missas ; item ad Leonem imperatorem, **266**b horum utriusque proprie ad alterum duorum secundum unam scripta. Jacobi enim una et ipsa ad sanctissimum Basilium mittitur. Omnes enim candido et simplici stylo conscriptae, sancto vero Spiritu plenae et sacra doctrina. Similiter praedicant Chalcedonensem synodum in sacris hisce dogmatibus constanter manere, communi scriptorum testimonio, et qui eas suscipiunt amare ac praedicare, quae in ea decreta sunt, consolationem admonitionemque continentes.

CCXXX.

Beati Eulogii archiepiscopi Alexandriae orationes xi.

267a Legi sancti Eulogii archiepiscopi Alexandriae orationum undecim volumen. Prima Romanum pontificem cui inscripsit, appellat; qui a scriptore synodicam accepit epistolam, deesse autem illam ostendit, quod quatuor synodorum appellationes neque verbo probarit, neque hic inseruit, neque numerum uniuscujusque synodi significarit, nec sancti Leonis epistolae ad verbum mentionem faciat. Sed neque Eutyches, neque Dioscorus, neque Severus anathemati traditi sunt. Et quia hoc verbum, *in duobus*, obscurius quam par erat, denuntiatum est. Haec erant quae illae synodum recipiens accusabat : sanctus vero vir eorum de quibus accusabatur, rationem reddens, primo quidem comprehensa esse capitibus omnia synodalibus ait, quae, ut recipiantur, digna visa sunt. Verum de his pluribus agere non piget. Hoc vero studiose et pie ad optimum ac perfectissimum exitum adducens : cum alia, tum sacram fidei nostrae addit confessionem, maxime inhaerens sententiae de incarnatione Domini. In qua indivisam et impermistam hypostaseos duarum naturarum unionem profitetur, et utrinque natas haereses gladio dissecat veritatis. Utitur autem verbo mistionis pie quidem, sed non utitur secundum insanum Apollinarium, quomodo hac voce sit utendum testatus, neque secundum audacem Eutychem, sed ut lex pietatis permittit : ut qui nosset unum Filium Dominum nostrum Jesum Christum declarare, duabus naturis indivisis et inconfusis constare in perfecta humanitate et perfecta divinitate : ut permistio secundum illum confusionem non significet, neque inducat divisionem vocis ἐν δύο. Eadem autem sentire Athanasium et Cyrillum praedicat, qui unam verbi naturam incarnatam confessi sunt. Cum enim *incarnatam* dixerunt, assumptam naturam praedicarunt. In his pergens, ut et in aliis ejus scriptis contendit super hac voce, tribus ostendens modis capi posse vocem *incarnatam*. Etenim *incarnata*, pro carnem induta, et veluti effigie conformata, quemadmodum **267**b aes simulacri forma, sumi possit; vel quod conversa verbi natura in carnem, et quasi incarnata una prodiit natura : vel quod una exsistens Verbi natura, secundum incarnationem non amplius sola, sed cum carne spectetur; incommutabilitatem atque integritatem sibi et assumptae carni conservans. Primae itaque duae significationes Apollinarii et Eutychis, tertia vero ex mente apostolorum est, quam et sanctorum Patrum nostrorum coetus inde mutuatus retinuit. Clarum vero est, si quis pie sentire velit, dicendo unam Verbi naturam incarnatam, gratiam adepturum, sentiendo cum iis qui duas naturas inconfusas atque impermistas in uno et eodem Christo esse et cognoscunt, et statuunt. Alioqui cum Apollinario et Eutyche sentit. Etenim unam hic naturam pro persona dictam esse, incarnatam vero pro humana natura : ut nihil intersit dicere unam Verbi naturam incarnatam, vel unam Verbi personam humanam assumpsisse naturam. Quamobrem Patres nostri hanc vocem explanantes adducunt : *Non sublata naturarum differentia per unionem, sed potius utraque conservata in proprio naturae termino et verbo, in uno eodemque Christo Jesu Deo nostro.* Quare si conservata cognoscantur, cognita praedicentur, et quae praedicantur, et numerentur : perspicuum est de dicendo unam Verbi naturam incarnatam, et illud, duas naturas in unione hypostatica indivisas, nullam differentiam piis afferre. Ilis ac similibus prima absolvitur oratio.

Secunda *dogmatica* inscribitur, quae fidei expositionem continet, quae pie et sincere de veritate sentit, et haec de incarnato Christo eodem modo prosequitur, compendiosius haec quam supra exsequens, nihil tamen accurationis omittens, et haec percurrens in admonitionem desinit, et eos qui ab Ecclesia se segregarunt, ad communem consensionem revocare conatur. Hoc libro ait, earum quae in Ecclesia sunt a Verbi ministris traditae doctrinae, quaedam dogmata sunt, quaedam praeconia et differentia : dogmata **268**a cum occultatione et sapientia declarantur, et obscuritati saepe de industria involvuntur, ne profanis sint sancta exposita, et margaritæ porcis objiciantur: præconia sine ulla obscuritate dicuntur, et ea præsertim quæ de præceptorum et divinæ reverentiæ observatione tractant. Esse præterea dogmata quædam obscuriora, quæ omnino, ut ita dixerim, tacentur: solis vero illis mystice tradita, qui fideles habent spiritualem sapientiam per Verbum vivum. Præterea distinctionem eorum, quæ de Christo dicuntur, facit, quædam revera et proprie dicta asserens: alia per transumptionem. Capiuntur enim a nobis, quemadmodum ipse caput sit omnium, quæ a nobis dicuntur, peccatum, maledictum, et si qua similia. Ait enim Apostolus: *Qui non noverat peccatum, pro nobis peccatum fecit* ^r. Et iterum : *Christus nos redemit a maledicto legis, factus pro nobis maledictum* ^s. Sic et inobedientiam nostram et ignorantiam, ut caput integri corporis suscepisse. Et illud ^t, *Deus meus, Deus meus, utquid dereliquisti me?* per ineffabilem amorem, nostra tanquam sua assumpsit.

Tertia oratio adversus calumniantes sanctos Patres et concilium Chalcedonense decertat. Primo vero epistolas ad Succensum a beato Cyrillo conscriptas, et quæ huc pertinere videntur dijudicat. Etenim adversarii ab hujusmodi vocibus tanquam a turre quadam adversus dogmata pietatis incurrunt. Hinc et alias calumnias refellit. Nam hæreticorum opinionem primum quidem proponit secunda epistola ad Succensum, quæ ait, dicere duas esse naturas indivisas post unionem, contrarium esse iis qui unam Verbi naturam incarnatam colunt. Contra quos veritatis patronus disserit, ut qui unam Verbi naturam incarnatam docent, clara voce volunt demonstrare eam quæ est per hypostasim : et quod Verbum hominem præexsistentem non assumpserit, sed revera caro factum sit. Hæc autem vox non satis demonstrat mysterii perfectionem. Ubi enim licet accipere per vocem, fueritne animata assumpta caro, necne? **268**^b et an solum carne indutum, vel revera natum sit caro? Unde porro quod perfecta et inconfusa, concurrentia permanserint? nihil enim horum clarum ex ea reperies. Propterea enim et Apollinario et Eutychi propositus locus convenit, huic quidem conjuncta confundenti, Apollinario vero animatam carnem imaginanti. Quin et hæc vox placet Maneti, imaginariam et adumbratam fingenti incarnationem. Qui vero duas inconfusas asserunt naturas, inconfusa quidem concurrentia conservant, neque li per easdem voces unionem hypostaticam prædicant. Fieri enim potest, ut contra improbe capiant quod unitum est (ut Nestorius) honore et gloria ; et aliis hæreticorum inventis. Ideo et beatus Cyrillus in fine hujus epistolæ, *indivisum*, ait, *additum, videtur nostræ rectæ fidei esse signum : illi vero non ita sentiunt*. Indivisum enim apud illos, secundum novas Nestorii voces, alio modo sumitur. Dicit enim honoris paritate, et voluntatis et auctoritatis indivisum hominem esse, in quo Dei verbum habitavit. Quare dupliciter magnus ille Cyrillus indivisum intelligit : aliud quidem hæretice, aliud vero proprie et orthodoxe. Duobus autem modis indivisum usurpando, vere dixit : dicere unam Verbi naturam incarnatam pugnare contra Nestorianos asserentes duas naturas indivisas. Idem autem quod dictum est, Ecclesiæ est orthodoxæ, si æquivocatio tollatur. Tollitur autem et aliis modis, maxime vero, in assumendo unionem hypostaticam. Eadem enim hæc additio accurate adimplens et fraudem Nestorii discutit, et hæreticos confundit. Imperfecta ergo est utraque vox, ut ex prioribus patet non alteram arripiendo. Itaque intelligo eam vocem quæ dicit unam Verbi naturam incarnatam, et illam quæ dicit duas naturas inconfusas, utramque perficere inter se copulatam. Verbi enim natura incarnata unionem hypostaticam simpliciter profert, qui vero duas asserit indivisas naturas, immistum et inconfusum eorum quæ conjunguntur significat. Igitur divisa vox altera ab altera, et captiose adducta justissimam reprehensionem **269**^a meretur. Quare recte sanctus Cyrillus in Nestorium invectus, ut imperfectam vocem dicentem duas indivisas naturas, et non valentem hæreticorum sectam refutare, accusat, et pugnare [ait] cum illa quæ dicit unam naturam incarnatam. Cum qua si composita veniat, sinceram pietatem ostendit, duas indivisas naturas in unione hypostatica clare prædicans. Sic certe licet quis unam Verbi naturam incarnatam dixerit, et maxime cum Apollinario dimicans, aut Manete , aut Eutyche, imperfecte proferat, et illorum sententiam potius adjuvans, et Cyrilli sententiam oppugnans, et invertens, et constringens eos qui duas naturas indivisas in unione hypostatica confitentur.

Quod autem duas naturas confiteri in unione hypostatica, congruat cum Ecclesia unam naturam Verbi incarnatam docente, Cyrillus accurate veritatis custos, clare ostendit. Orientis enim episcopos negantes unam Verbi incarnatam, duas vero naturas in unione hypostatica et docentes et sentientes, recte et lubentissime excepit. Sanctus enim Joannes, qui Antiochenam tenuit sedem, scripsit, *duarum factam esse unionem naturarum, et ideo unum Christum, unum Filium, unum Dominum nos confiteri : secundum hanc inconfusæ unionis intelligentiam, confitemur Deiparam Virginem Dei matrem esse, quia Dei Verbum incarnatum est, et carnem induit*. Ardens ille veritatis studiosus Cyrillus, hæc et his consimilia Scripturis asserens, non modo libenter et jucundissime accessit, sed et Paulum Emisenum qui ab ipso missus erat in publico cœtu concionaturus, quæ et sibi et mittenti Cyrillo fuerit sententia, laudibus excepit, et ut eadem sentientem magnificit. Concio vero persequitur illud : *Verbum*

^{r, s} II Cor. v, 21. ^t Galat. iii, 13. ^t Psal. xxi, 1 ; Matth. xxvi, 46.

caro factum est, et habitavit in nobis ᵘ. [Secundo interpretatus est : *Verbum caro factum est, et habitavit in nobis.*] Hoc est **269**ᵇ in nostra natura. Talia Paulus ille prædicans, Cyrilli laudibus ornatur.

Respice iterum Joannem duas naturas declarantem, et unum Filium : *Aliud tabernaculum, aliud inhabitans; aliud templum, aliud inhabitans Deus. Attende dicto ; non dixi : Alius est et alius , ut de duobus Christis aut duobus filiis : sed aliud et aliud, ut de duabus naturis. Quando ergo dixit : Habitavit in nobis, et duas dixit naturas, tum et hoc addidit : « Et vidimus gloriam ejus, gloriam quasi Unigeniti. »* Hæc et id genus alia sancti evangelistæ Joannis verba docent vera esse cum prædictis dogmata. A propria auspicatus doctrina ait : *Sanctus Isaias propheta Christi doctorum eloquentiam prænuntians ait :* «*Haurietis aquas in gaudio de fontibus Salvatoris* ᵛ.*»* Ecce *hausimus nobis aquas e divino fonte, prædicti, inquam, doctoris, qui sancti Spiritus facibus accensus, ostendit nobis magnum et sanctum Salvatoris mysterium.* Sic sanctum Joannem duas naturas sursum deorsum vertentem, fervidus ille veritatis adamator Cyrillus sacrum fontem appellat, lumine sancti Spiritus plenum, et clarum prædicatorem magnorum et sanctorum Christi mysteriorum. Neque hunc solum, sed de commemorato antea Paulo ad Joannem scribens, qui de voce dixit : *Veniente Alexandriam confratre et domino pio, et sacris iisdem initiato, animi voluptate impleti sumus, et valde probabiliter, ut viri ita mediantis.* Et iterum : *Modum excedens, et non facile excusandum Ecclesiarum dissidium contigit, nunc maxime Domino impleti sumus, proferente epistolam beato Paulo episcopo, irreprehensibilem habens fidei professionem.* Sic quidem jucunditate dignum Paulum fuisse, et allatam Orientalium fidem irreprehensibilem prædicare. Ad hæc accurate ostendens, in quibus cum Orientalibus consentiat, et quæ communiter **270**ᵃ allegant, ne contentiosam transferre securitatem, accipiat ad quod volet, pacificam consensionem, et constitutionem verbis ipsis caput hoc postremum facit : *Scimus viros divinos Scripturæ peritos quas de Domino voces protulerint, partim dum veluti uni personæ illas communicant, partim dum velut in duas distribuunt, et quasdam Deo dignas respectu divinitatis Christi, quasdam abjectas respectu humanitatis tradunt.* Quibus adjungit et suum judicium : *Quæ cum nostris vocibus conveniunt, sic et illos sentientes reperimus;* «*Unus enim Dominus, una fides, unum baptisma* ˣ. *»* Sensimus *universorum Salvatorem Deum aliis invicem congaudentes, quia divinæ Scripturæ, et traditioni sanctorum Patrum fidem habent consentientem, quæ apud vos et nos sunt Ecclesiæ. Et quis alius sit generosior et fide Cyrillo dignior, ad Cyrillum in*terpretandum*, et ejusdem sententiam puram et hæreticis misturis non inquinatam constituere, in quibus indifferenter opinari se et Orientales de pietate renuntiarunt?* Ostendit clare non differre et hoc, in una persona, vel in una hypostasi duas naturas indivisas confiteri, et hoc, unam Verbi naturam incarnatam ,anima rationali et intelligibili.

Non ad Orientales modo scribens, similem illis testatur opinionem, sed accusantibus nonnullis, quod duas naturas confitentes Orientales suscepit, ipse ad Valerianum Iconii episcopum scribit, Orientales Nestorium damnasse, et sanctorum Patrum consensionem sinceram servare, sanctam Virginem Dei Genitricem nobiscum confitentes, et unum esse Christum, Filium et Dominum a Deo Patre genitum Deum Verbum, et ultimis temporibus e muliere in carne natum, et perfectum eum esse in divinitate, et perfectum in humanitate, non in duos filios et Christos et Dominos separantes, et hæc oppugnare audentes, ut mendaces et fraudulentos et mendacii sui patrem prætexentes, detestari hortatur ac refugere, Sed et in ea, quæ ad Acacium Melitinensem episcopum, de his Orientalibus sic habet : *Non dividere eos* **270**ᵇ *unum Filium et Christum, quem e Patre dicunt ut Deum, et ex muliere natum in carne ut hominem, et quomodo non intelligatur secundum humanitatem nostri similis, neque Patri secundum divinitatem, nisi intelligatur simul et Deus et homo idem. Quod Nestorius negavit.* Sic non solum duas naturas Orientales asserentes salvat: sed tametsi quis accuset, propugnator fit, et quod mirum videatur, etsi non apponant *indivise*, non dicit ipsos naturas dividere. Scivit enim et unum Christum, unam personam, et unam hypostasin, qui dicit eumdem Deum et hominem, et Deiparam Virginem, nihilominus etiamsi addat *indivisos*, ut confitens ex dictis unionem hypostaticam, simul et hoc indivisum vere adducit. Qui idem tutæ et divinæ adamator doctrinæ iterum ad Acacium scribens : *Licet*, inquit, *duas naturas dicere, nec divisionem naturarum ullo modo intelligere, cum quis adjungat prædictis unionem hypostaticam.* Et ad Eulogium scribens, consentientem existimavit secum, unam Verbi naturam incarnatam credentem, cum duas naturas indivisas in unione hypostatica confitentur.

Reprehendunt quidam expositionem quam faciunt Orientales, et aiunt : *Quare ipsos duas naturas confitentes tulit, et præsul laudavit Alexandriæ?* Nestoriani asserunt illum quoque sic sentire, eos involventes, qui nihil accurate sciant. Oportet autem reprehendentibus hæc respondere, non omnia quæ astruunt sectarii, vitari et reprehendi debere : quare Orientales duas naturas confitentes admittit;

ᵘ Joan. I, 14. ᵛ Isa. XII, 3. ˣ Ephes. IV, 5.

pie enim illi asserunt; Nestorium damnat, non quia duas naturas dixit, sed quia, duas asserens naturas, unionem hypostaticam non recipit : quemadmodum non unam Verbi naturam esse incarnatam. Mox enim subdit : *Tametsi duas naturas Nestorius dicat, differentiam carnis et Dei Verbi significans, sed nondum unionem hypostaticam nobiscum confitetur. Nos enim hæc conjungentes, unum Christum, unum Filium, unum Dominum confitemur.* Hoc communis ipsius et Orientalium confessio. Deinde rursum adducit : *Unam Verbi naturam incarnatam confitemur;* quasi diceret : Nos differentiam coeuntium confitentes, duas quidem asserimus naturas, sed et unionem tradentes, **271** a hoc statim adjungimus, unam Verbi esse naturam incarnatam : hoc siquidem de unitorum differentia, illud vero hypostaticam unionem ostendit. Ex quibus de Nestorio dicit, tantum non clamat : Ut si nobiscum unionem Nestorius asserit, unum Christum, unum Dominum, unum Filium confitens, recepimus illum duas dicentem naturas : siquidem, eadem voce differentiam carnis ac Dei Verbi conatur ostendere, sed ne decerpere veritatem conatus sit. Si vero duas naturas dicere, ut ipse dixit, differentiam significat carnis et Dei Verbi, et hanc servare oportet [post] unionem : nimirum duas naturas docet post unionem servare. Differentia scilicet servata, necesse est ea servari de quibus differentia. Et Orientales secum ait consentire, et nequaquam unam Verbi naturam incarnatam asserentes, sed duas quidem asserentes naturas hypostatica unione unitas, indifferentes voces clare ostenditur. Quare synodus, etsi non lingua, tamen sententia unam novit Verbi naturam incarnatam prædicat.

Non modo e dictis hoc facile est perspicere, sed etiam ex eo libello quem propria manu sanctus Flavianus conscripsit, et Theodosio imperatori inscripsit : concilium vero ante alios hunc legi præcepit. Sic enim ibi ad verbum : *Etenim e duabus natur.s Christum post incarnationem in una hypostasi confitentes et in una persona unum Christum, unum Filium, unum Dominum confitemur : deinde et unam naturam Verbi incarnatam, et carnem indutam dicere non negamus, quia e duobus unum et eumdem esse Dominum nostrum Jesum Christum.*

Tu vero et illud considera. Concilium continenter dicit eumdem et unum Christum. Hoc vero quid aliud est quam unionem hypostaticam confiteri, vel, si placet, unam Verbi naturam incarnatam? Etenim absque hæreticorum cavillationibus, usus hic antea allatus differentiam continet ad prædictum sensum.

Quemadmodum autem ex humanitate atque divinitate Christum Dominum ex duabus naturis similiter synodus prædicans iterum laudat : sic et in divinitate et **271** b humanitate dicens in duabus opinatur naturis ac confitetur. Non enim ex his est Christus, neque hæc, neque illa, non in quibus, sed e quibus est, et in quibus agnoscitur. Et hæc fere

sunt. Sic quoque beatus Ambrosius libro IV *De incarnatione* docet : *Ibi Deus ab æterno esse carnis mysteria prævidit, nec separatus, sed unus. Postquam utrumque unus, et unus in utroque, hoc est, in divinitate et humanitate.* Rursus idem alio libro, unde mutuatus est doctus Cyrillus contra Nestorium, sic bonus inquit Ambrosius : *Unus Dei Filius in utraque specie verba facit, quando utraque præditus natura est.* Hoc vero dictum corrupit Severus, nihil injuriarum omittens. Vertit enim unam vocem in alteram, ut persuadeat apparere voce non naturam, sed loquendi formulam, quod ipsum reprehendi merito debet. Verumtamen refellitur ob usum vocis prædictum cum dicit in utroque idem designare. Quid sibi vult hoc *eodem* pro *in utroque*, hoc est conjungens divinitati et humanitati, quare si *in utraque* dicat; ut sincere habent verba Ambrosii, sive *in utroque*, ut improbus ille sophista vocem depravat, nihilominus duæ offenduntur naturæ. Idcirco, ut diximus, Ambrosius quod *in utroque* est dicens, hoc est in *utraque re*, ad divinitatem et corpus, vocem traduxisse videtur. Et idem ad Albinum scribens : *Ut perfectus*, inquit, *in utraque natura sit*. Sed hactenus de his.

Si vero quis nobis Athanasium proferat libro *De incarnatione*, Gregorium item Thaumaturgum in libro *De fide particulari*, prohibentes duas in Christo asserere naturas : sciat ille (ut sæpe jam diximus) neque reliquos Patres duas naturas asserere, neque unam complecti, sed et frequenter rejeciose; post enim adductam *indivisi* vocem, neque temere amplexos esse, neque improvide illum explanasse; neque enim sumpserunt inordinatum. Conveniente vero cum prædictis unione hypostatica, nemo **272** a pius visus est qui hanc vocem valde adamaverit. Nemo igitur dicat, nihil enim hoc ad pietatem, ut in Christo duas naturas dicere Patres prohibeant; sed ostendat, quando aut ubi confitentes unionem hypostaticam duas dicere naturas indivise prohibebant? Etenim et sic vide quomodo dicat Athanasius : *Non duas naturas prædicamus unum Filium, unam adoratam et unam non adoratam*. Et quis ignorat, adoratum et non adoratum in duas quidem hypostases dividunt unum, hypostaticam unionem prædicant?

Sed magni Athanasii sensus clarus est. Testimonium quod Gregorii Thaumaturgi nomine subjicitur, illius quidem esse dicitur, sed Apollinarii esse absurditas ibi manifeste declarat. Habet enim : *Et est verus Deus sine carne in carne visus, perfectus in vera et divina perfectione, non duæ personæ, neque duæ naturæ. Neque enim quatuor adorare dicimus.* Vides quomodo pateat impietas. Nam perfectum dicens in divinitate, humanitatem reticuit; et adjicere, *sine carne in carne apparens*, impiæ culturæ acerbum est germen.

Sed enim testimonium quod hæresis affert ex epistola Julii Romani ad Dionysium, haud dubie non est genuinum. Etenim sanctus Cyrillus in synodo Ephesina ex epistola ad Decium [*fort.* Decimum] ejus usum adducens, non dignatus est in memoriam hujus venire, quam in synodo cognovit his verbis : *Filius Dei habitans in hominibus, non in homine operans, perfectus Deus in carne, perfectus homo in Spiritu, non duo filii, unus quidem genitus Filius carnem assumens, alter vero homo morti obnoxius, assumptus a Deo : sed unus unigenitus in cœlo, unigenitus in terra Deus.* Julii papæ quidem verba in synodo lecta hæc fere, sive veram sonat vocem, quam ex epistola ad Dionysium adducunt, et maxime Nestorium damnans hanc non contempsit.

Ad hæc et illud sciendum, beatum Cyrillum hominem ponere pro exemplo, non ut ostendat unam naturam in Christo capere, sed ut **272**[b] per hoc unionem constituat hypostaticam. Etenim in nostri comparatione, diversæ formæ corpus et animam, ut unita unam perfectam hominis naturam, non adjecit *corporatam et animatam;* in Verbo unam naturam dicens, statim adjungit *incarnatam*. Rarius enim illam tacuisse, non repugnantiam sententiarum, sed magis confirmationem testatur. Sæpenumero enim quod quis assiduo clamat, et validam ejus opinionem omnibus inculcans, novit ut confessum et clarum, interdum tacendo, silentio non contemnit quod sæpius dixit : sed ostendens ita firmum atque apertum esse, ut nec verbis, nec commemoratione amplius indigeat. Sic igitur doctus et pius minime vacillans Cyrillus unam docet Verbi naturam, et illam incarnatam ; et hoc non simpliciter, sed anima rationali et intelligibili, hæc assumens, et antea fundans in omnium animis per cognitionem, et non dubitationem, et naturæ comprehensionem ex parte asserens, omisit reliquum efferri et audire : etenim multa cogitat, non verbis et nominibus sensum credit, sed mente verba et nomina conferens atque accommodans. Attende quid libro primo *Thesaurorum* dicat, et quid in epistolis ad Succensum. Ibi enim dicit : *Deum Verbum pro nobis summum pontificem factum, tanquam vestem aliquam, ex Maria hominem, vel templum resumere.* Hic vero : *Non homo igitur factus est, non autem hominem assumit.* Quomodo ergo ibi quidem, *non assumpsit*, hic vero *assumpsit?* Seipsum explanat ; adducit enim Nestorio videri. Quid hoc aliud est nisi verbis sensum credere, verba sensum repræsentare? Quamobrem sicubi dixisse videatur Deum Verbum hominem non assumpsisse, hac ipsa doctrina prædicavit, non omnino ipsum negare, hoc non dici : quomodo erga alios sic loqui prohibeat, quod ipse facit? sed non sic loqui ut Nestorio visum est.

Clarus itaque Eulogius unam Verbi naturam incarnatam indicans, hoc etiam addit ; ut si quis præceptoris sensum accuratius cupiat investigare, **273**[a] inveniet voce nihil aliud voluisse, quam incommutabilitatem Verbi ostendere : Ne dictum alio, sed ad divinitatem Unigeniti referatur. In dialogo enim qui *Unus Christus* inscribitur : *Unum Filium et unam ejus naturam dicimus, licet in assumptione carnis fieri intelligatur habentis animam intelligibilem.* Quibus nihil aliud quam immutabilitas divinitatis declaratur. Non igitur una Verbi natura, ut diximus, incommutabilitatem declarat divinitatis, non autem duas naturas secundum hypostasin unitas tollit. Sic igitur intellexit pius ille scriptor, quod a præceptore ad Eulogium dictum est : *Unus denique Filius et una natura incarnati Verbi*, hoc est non conversa, nec a propria perfectione declinans.

Et illud ad sensum referre oportet, ut beatus Cyrillus nusquam unam Christi naturam dicere videatur : sed unum Christum, unam personam, et ubique unam Christi hypostasin, non autem unam naturam. Et contra prohibet in epistolis ad Succensum, unam naturam in composito dicere : *Si enim hoc tollimus, e duabus diversis naturis unum solumque Christum esse post unionem indivisum, afferent adversari : Si una natura totum, quomodo incarnatus est?* Totum autem dicens, et post unionem dicens, certum est quod hæc non ante unionem, sed post unionem, quod quidem et compositum dicit. Etenim totum quoddam est Christus : si vero non una natura totum, at supra naturam certe. Cum his sentiens Gregorius cognomento Theologus, etsi utrumque unum dicat, sed non natura, sed concilio. Quanquam infelix Eutyches e duabus naturis unionem confitebatur, post unionem unam nefande dicebat. Unde illum merito Chalcedonensis, et antea Constantinopolitana synodus condemnavit. Sed famosus Dioscorus, nihil illum ab Apollinario differentem magno studio suscipit. Impius vero Apollinarius libro suo *De incarnatione*, vide quid scribat : *O nova creatura et divina mistio ! Deus et homo unam conficiunt naturam.* Unde impietatis veluti aquæductus alii post illum derivarunt. Tu et antiquum vide lutum. Valentinus vero ad **273**[b] verbum sic ait : *Galilæos duas in Christo naturas dicentes, risu copioso excipimus : nos vero visibilis et invisibilis unam naturam esse dicimus.* Et vero Manichæus et Scythianum scribens et eos reprehendens, qui duas dicunt naturas, hæc dicit : *Sempiterni luminis Filius propriam in monte Thabor naturam ostendit, non duas habens naturas, sed unicam in visibili atque invisibili.* Polemon quoque præceptorem suum Apollinarium laudavit, sacris nostris Patribus dans crimini, quæ Patribus in Chalcedonensi synodo Severiani, vide quid dicat : *Non pejus hic intelligere Deum et hominem eumdem dicentes, non erubescunt unam Verbi naturam incarnatam, quemadmodum unum compositum confitentes. Si enim perfectus Deus et perfectus homo idem, duæ naturæ igitur unus, quemadmodum nova Cappadocum dicit divisio et Athanasii opinio, et Italorum fumus, et simulant quidem, quasi nostri, se sentire quæ sanctus noster Pater Apollinarius ; sed prædicant, quemadmodum duo Gregorii, naturarum dualitatem.* Quomodo non licuit Eutychis, Apollinarii, Valentini, Manichæi, hanc impietatis vim sustinere, et morbum sic repentem, et humanas animas depascentem remisisse, nisi sacri Chalcedonensis conventus divinus zelus, duas naturas indivisas Christi in unione hypostatica, pie et convenienter praedicasset? Haereticis sic delirantibus, nisi pietatis turris finctum sistat, nihil vetat submersos multos in plano esse. Quare nisi antedictis Patribus duarum naturarum cognita fuisset vox, necessitatem haberet synodus propter illorum amentiam hanc invenire ac praedicare. Parum vero ab omnibus sanctis illis cognita, quomodo exorari non poterat contra hostes hanc publicis decretis reprehendere? Quemadmodum enim ad impium Arium, aliam substantiam Patris et Filii blaterantem, Nicaena synodus consubstantialitatem decrevit, et nusquam hac voce apud Patres exstante, contra vero prohibente, a quibus Paulus Samosatensis haereticus declaratus est; sic etiam praedictos impios sacra synodus, cum duas in Christo naturas agnoscit, **274**a oppugnavit: non ipsa prima impias illas voces reperiens, sed multorum antea praeceptorum auctoritatem secuta.

Si vero quis contendat Julium in Christo unam naturam dicere, primum quidem nunquam clarum, si genuinus hic sermo; secundum par est cognoscere, ut posterius Julio, apud Romanos, naturae et hypostaseos studiose nomen indicavit, et frustra haeretica zizania semen ibidem student suffocare. Injudicatis enim vocibus manentibus, non obviam ivit impietas, potius valde consequens pro hypostaseos voce naturae uti. Sed illud de Julio licet dicere.

Ad haec haeretica impudens sententia dicit: Quare non quemadmodum ex duabus naturis dicentes hominem, deinde post unionem et unam ipsius naturam? Neque etiam Christum e duabus naturis dicentes, unam ejusdem naturam post unionem confitemur? Unam quidem naturam scimus compositam, ac resolutorio usi schemate, duas coincidentes agnoscimus. Sed haec quaerit haeretica impudentia. Discant imperiti, hoc compositum unam naturam sine impedimento dici, quando nec proprie in eodem simplicia, ex quibus compositus est, nomina dicantur. Velut hominem nullus corpus proprie, neque animam proprie appellabit. Neque enim corporis neque animae termino includitur. Abusive quidem saepe et leniter familiaris sermo parum limatus, et sacrae Scripturae spiritus usus libertate, ex parte totum hominem denominant: nolumus subire jugum servitutis dialecticae vanitatis. Quando ineffabilis atque incomprehensibilis unionis neque exemplar magis proprium sumere quis possit; et asserentes Christum ex humanitate et divinitate constare, dicimus eumdem, similiter et Deum eumdem et hominem. Quapropter proprie ac vere semper Virgo Maria Deipara dicitur. Quapropter hominem exemplar temere ab imprudentibus in calumniandi occasionem vertit, et evertendae unionis secundum hypostasin inconfuse et indiscrete duarum in Christo naturarum.

Quia Christus Deus noster utrumque est proprie, **274**b unde est, et dicitur veluti Deus et homo: alii multi clamant, et sanctus Cyrillus [in epistola ad Succensum, unum et eumdem hoc et illud esse dicit. Et similiter ad Valerianum Iconii episcopum scribit: *Quare confitemur quod a carne quidem est, carnem esse, quod a Deo Deum esse, secundum idem utraque Christus, unus Filius, unus Dominus, cum propria sua carne.* Utraque enim quid aliud confirmat, quam eumdem esse Deum et hominem. Sed licet haec vociferetur Cyrillus, tamen allatrare nonnulli ausi sunt, quasi Christus ex divinitate atque humanitate, [neque homo neque Deus sit. Neque Pauli illud divinitus inspiratum et elata voce dictum reverentur, qui clamat: *Jesus Christus heri et hodie, ipse et in saecula*[y]. Per illud: heri et hodie, eumdem hominem confessus; per hoc, *in saecula*, eumdem Deum praedicat. Et iterum: *Unus Deus, unus et mediator Dei et hominum homo Jesus Christus*[z]. Quare proprie Christus et Deus et homo. Atque Athanasius, germanum se Pauli discipulum ostendens, sic ait: *Cum Christus etiam Deus sit.* Basilii et sanctorum Gregoriorum, et aliorum sanctorum Patrum, si quis omnia colligere testimonia studeat, in infinitum trahetur oratio. Sapiens enim Cyrillus, orbis doctorem testem Paulum adducens, *Contra nolentes Virginem fateri Deiparam:* sic enim habet orationis titulus; vide quid dicat: *Vocem quidem non pronuntiavit,* scilicet hanc « Deipara: » *Deum autem Christum super omnia praedicavit*[a]. Et rursum: *Nisi Deum et hominem crediderit*[b], *non addidit,* « *secundum carnem.* » *Hoc enim praecipue de non solum homine, sed aliud quid secundum substantiam exsistente dicitur.* Idem homo divinus in altero anathematismo eadem vociferatur: *Si quis minime confiteatur hypostatice carni ex Patre Deo Verbum unitum, et esse unum Christum cum propria sua carne eumdem nimirum Deum et hominem, anathema sit.* Et similiter in oratione quam *Reginis* inscripsit, *Unum nobis sic exhibitum esse Christum, eum simul Deum et hominem exsistentem;* aliaque innumerabilia. Patet **275**a igitur magnam et infinitam differentiam esse in mysteriis Christi et humana forma: qui quidem ex quibus est non dicitur haec; ex quibus vero prodiit, perspicue haec nominatur.

Sed haereticorum vesania quartam synodum vituperat, quod decretum posuerit, contenditque tale propositum a prima synodo Ephesi habita omnino prohibitum fuisse. Quamvis si secundum illorum delirium synodus aliud decretum omnino producere vetuit, haec ante alias contra se condemnationis sententiam protulit. Definit enim hoc adumbrans, qualia neque alia ante ipsam definivit. Sed hypostatica unio hujus est definitio, quae ab antiquis conciliis non statuta est. Certe et Constantinopolitanam 150 Patrum, ex quibus delirant ipsi, condemnat, quae cum Spiritu pugnantem [Macedonium]

---

[y] Hebr. xiii, 8.   [z] I Tim. ii, 5.   [a] Rom. ix, 5.   [b] Rom. i, 3.

tollens, e Nicæna synodo declaratæ definitioni, de Spiritu sancto doctrinam convenienter addidit. Si enim præcedentes apponendo reprehensionem effugiunt, neque illas secutæ in similibus dissimiliter damnabuntur. Sic stultum omnino commiscet et convertit. Ephesina etenim synodus fidem quidem aliam, cujus dogmata contraria Nicænæ sint synodo, omnino exponi vetuit. Sinceris vero in hac servatis, quæ occasio postulat, apponere illius opus fuit, et rerum natura, et Ecclesiæ traditio videtur semper hoc adamasse. Quare et Alexandriæ, nondum œcumenica synodo coacta, delectos in ea sacerdotes beatus Cyrillus congregans, et fidem scriptam disponens, ad Nestorium misit.

Sic quidem effugit injustas accusationes pietas. Hæresis aliis reprehensionibus insultare non erubescit, dicens Chalcedonensem synodum cum Cyrilli verbis pugnare. Hic enim in epistolis ad Successum et alibi Christum e duabus naturis docet, illa vero hanc vocem expellens duas naturas indivisas vicissim constituit. Adeo calumniari quam veritatem sectari studio magis est hæreticis. Dioscorum namque id quod **275**b ex duabus naturis compositum erat admittentem, duas vero naturas recusantem, quod Eutychianam saperet hæresin, synodus repudiavit. Neque simpliciter damnavit illud ex duabus naturis Christum astruere, sed dicere cum Eutyche et Dioscoro. Per dicere duas naturas indivisas cum pio sensu, illam etiam ex duabus naturis, simul introduxit. Quia Eutyches e duabus dixit naturis, impie vero, constat. Non igitur gratam aliquam Cyrillo vocem, sed impiam Eutychis sententiam synodus rejecit. Etenim secundum medium earum rerum quæ Chalcedone gesta sunt, lecta fide sancti Flaviani, in qua scriptum : *Post incarnationem e duabus naturis constare confitemur Christum, in una hpyostasi, unaque persona, unum Christum, unum Filium confitentes*, exclamavit synodus, ipsos sic sentire, et Patrum fidem hanc esse cognoscere. Quomodo ergo hæc dicens, vel cum Cyrillo pugnat, vel asserentes pie e duabus naturis aversatur? Hæc persequens episcopus Eulogius et admonitionem prædictis addens, ad unionem Ecclesiæ desertores revocantem, sermoni finem imponit.

Proxima quoque oratio contra calumniatores Chalcedonensis synodi serio agit; utitur vero etiam hic exemplo hominis, quo pie usus est Cyrillus, impie vero novum quid profert. Asserit unam naturam de Christo, quemadmodum et de homine dici. Nisi quatenus pro pietate agit, contra ipsam magis pugnat, licet non sentiat. Asserit enim de dissimilibus partibus, totum partium nominibus non nominari, sed propria appellatione agnosci. Si vero hoc, unius esse cognoscitur naturæ, hæresis sic captionem nectit. Hic vero Verbi discipulus Eulogius vaniloquentiam illius redarguens Patrum testimoniis, ostendit proprie et vere unum Dominum Jesum Christum et Deum appellari et hominem. Quare si in quibus totum partium nomina non recipit, neque una inducitur, in quibus totum partium appellationes proprie suscipit; in his enim et una natura cognoscetur.

Quare sapiens auctor adducit divum Cyrillum seipsum elucidantem, quomodo **276**a et cur exemplo hominis usus sit. Theodoro enim Mopsuestiæ humanum exemplum calumniante, ut non conveniens Christi mysterio, sic et in dicto tomo I repugnat Cyrillus : *Unum et eumdem esse cognoscimus, et e Deo Patre divine et e muliere secundum carnem. Utimur autem exemplo, servantes ubique unione indivulsum, divisionem rejicientes*. Audis unde Cyrillus exemplum sumat : non enim ut tu unam in Christo naturam nove fingas, verum ut Theodorus et Nestorius pudefiant exempli usu servante beato Cyrillo unione sectionis expers et individulsum. Tu vero forsitan exemplum secutus, neque Deum neque hominem proprie dicere sustineas eumdem Christum? Quia neque homo exemplum, neque corpus proprie, neque anima, si cogas eum hæc dicere : quandoquidem de unione ineffabili in Christo, unde ipse constat, proprie hæc dicuntur. Non igitur licet homo unius dicatur naturæ, ulla consequentiæ ratio exiget, et Christum unius esse ideo naturæ. Quare et admirandum illum Cyrillum, unam quidem hominem asserentem naturam invenies, unam vero dicentem Christi non deprehendes. Si vero duas quis naturas metuat dicere, ne divisionem inducat : primum quidem adeo simpliciter, neque dicat duas naturas, apponat vero indivisas, deinde confiteatur et unam hypostaticam personam, et unam hypostasin : aut illorum loco, si quis volet, unam Verbi naturam incarnatam. Hoc igitur ad accuratam amussim dicto, Cyrillus neque accusatoribus præbet occasionem quasi divisas docens naturas. Etenim Orientalibus duas naturas dicentibus, et aliis illos accusantibus quasi alteram ab altera dividant, ad Acacium scribit. Quando duas naturas dicendo, et individuum adjunxere, et in uno eodemque Christo duas naturas se videre testati sunt : contradicentes filiorum diaboli loco tenet. Qui vero idem sentiunt quod Orientales, impossibile est aliquando divisionem inducere. Vide etiam Athanasium, quæ de incarnatione Verbi scribens contra Apollinaristas exponit. Cum enim dicit per **276**b utraque, nemo Christianorum suspicatus est per dualitatem divisionem fieri. Dicit vero : *Sed qui est natura Deus, generatur homo, ut utraque sint unus perfectus, per omnia idem Deus, et homo.* Sed et Gregorius cognomento Theologus in *Apologetico* ait : *Hoc exinanita deitas, hoc assumpta caro, hoc nova mistio, Deus et homo, unum e duobus, et per unum utraque.* Et sane ad Valerianum Iconii episcopum scribens Cyrillus : *Quare ex confesso,* inquit, *quod a carne caro est, quod e Deo Deus. Est vero secundum ipsum utraque Christus; ut ergo non dividit Deus et homo unum Christum, neque dictio utraque : sic neque illud duo, nisi quod nonnulli sensum dividant, nec boni satoris ullum fructum proferre valentes.*

Tu vero mihi considera iterum novatam jam hæresim. Cyrillus, ait, duas naturas dicere indivisas damnavit, contradicere putans opinioni dicenti unam esse Verbi incarnatam naturam; facilius autem ejus fastus dejicitur. Dupliciter enim hic individuum, ut et in aliis suis sermonibus prædictus scriptor ostendit, ut apparet. Et hoc quidem Nestorio amicum, illud piis honoratum, et propterea inter se certant. Hoc enim relatione individuum, ut arma Nestorii excutitur: illud vero *hypostasi indivisum*, vel hypostatica unio, clare et prædicatur et explanatur. Quare sicut si quis unionem in Christo asserens, non coaptet unioni hypostasin, suspectum verbum reddit: sic si quis duas naturas indivisas dixerit, non adjungens hoc, *secundum hypostasin*, in eamdem suspicionem incidit. Ad eumdem modum asserens Dei Verbum assumere hominem, nisi vocem *assumere* aliunde exponat (nam fieri potest, ut ex Nestorii mente seu opinione, vel ex orthodoxa ratione explicata auditoribus causam [vel errandi vel recte sentiendi] præbeat), culpa minime vacat. Quapropter Cyrillus in conciliandis controversiis acutus, in *Thesauro* suo, a Deo Verbo assumptum ex Maria hominem veluti vestem aut templum affirmat; in epistolis vero ad Succensum: *Igitur homo factus est*, inquit, *non autem hominem assumpsit, ut Nestorius docet*. Atque advertes judicii solertiam et prudentiam. Hic assumptum hominem ut templum sancte asserit, et tamen **277**a Nestorium, hominem [a Deo] assumptum asserentem damnat. Utrumque sane recte pieque. Etenim Nestorius hominem una cum hypostasi humana assumptum nugabatur. Cyrillus igitur docet Deum assumpta humanitate, sive præexsistente sive subsistente hypostasi humana, sed humana natura in ipsa divina hypostasi substistente, sine ulla tamen divinitatis immutatione vere hominem factum. Sapienter ergo parique modo divus Cyrillus in epistola ad Succensum disputat, dicitque eum qui duas naturas post unionem asserit indivisas, nec tamen addit: *secundum hypostaticam unionem*, pugnare cum iis, qui unicam tantum Verbi naturam incarnatam asserunt. Nequaquam ergo vox *assumpta*, nisi integre accipiatur, sed nude tantum pronuntietur, sufficit ut cum iis conveniatur consentiaturque, qui unam Verbi naturam incarnatam docent. Quod si quis rursum, duas indivisas naturas asserens, addat etiam: *secundum hypostaticam unionem*, recte et pie loquetur, habebitque Cyrillum suffragatorem. Sed attende extremam epistolæ partem, quemadmodum ratiocinetur: *Vox*, inquit, *indivise, adjecta videtur esse nota certa nostræ et orthodoxæ sententiæ; sed illi vocem non ita intelligunt*. Quod si ita ut nos eam acciperent, recte sentirent, et cum Cyrillo consentirent, apud quem illud, indivise, recte intelligunt ii, qui vocem secundum hypostaticam unionem accipiunt. Hæreticis autem etiam indivisum est divisum seu divulsum. Nam illud ipsum secundum hypostaticam unionem divellunt dividuntque. Ita quoque reprehendas eos qui duas indivisas naturas admittunt, sed negant eas secundum hypostaticam unionem conjunctas; revera enim adversantur iis qui unicam Dei Verbi naturam sentiunt esse incarnatam. *Illos tamen*, inquit, *non reprehenderim, qui duas professi naturas in hypostatica unione indivisas considerant, uti nec Orientales coarguerim, qui idem sentiunt. Sed neque hos contra me venire, neque pugnare adversus eos, qui unam Verbi naturam aiunt incarnatam pronuntiarim.*

Sed tu mecum dispice, nec unam quidem Verbi naturam (si ita nude et simpliciter loquare), incarnatam sine reprehensione dici posse. Nam et una Verbi natura incarnata diceretur ab iis qui putant inanimatam carnem esse assumptam; et qui ex coeuntium permistione [naturam assumptam] blasphemant; et qui naturam Verbi in carnem mutatam, insaniunt. Accuratissimus autem doctor Cyrillus singulas **277**b hæreticorum pariter exsecratus sententias, per vocem in medio positam, duas naturas [in Christo] concurrentes indivisas et inconfusas planissime demonstrat. Refellit porro hanc magis, dum docet naturam incarnatam, anima rationis et intelligentiæ plena fuisse animatam. Quapropter et Orientales, uti sæpe dictum est, quamvis hanc vocem non pronuntient, aliam tamen quæ eamdem vim habet, ponant (duas enim naturas in hypostatica unione se venerari dixerunt) neque vocem, *indivisas*, usurpent [*al*. auferant], recte sentire declaravit. Quin neque verbis ipsis, illa secundum hypostasin, in scriptis suis expresserunt; sed ex dictis quibus unum et eumdem ex Patre ab æterno, et ex Maria Dei Genitrice ultimis temporibus natum confitentur, eumdemque Deum et hominem venerantur; quæ dicta-cum videret respondere unioni secundum hypostasin, verbo se cum illis sentire aperte contestatus est.

Sciendum ergo a Patribus, qui hypostaticam unionem profitentur, hac voce, duarum quarumdam naturarum concurrentium indivulsam unionem asseri. Quod si autem duæ illæ naturæ inconfusæ permansere, nihil proposita vox [veritati] officit. Eodem modo cum dicitur, unam Verbi naturam esse incarnatam, eumdem fere sensum habet. Rapi autem a multis hæreticis hoc ad cujusque arbitrium, non negatur; ut proinde vox non sit ita nude acceptanda, sed quemadmodum Cyrillus rerum divinarum sciens illam usurpavit, hoc est, ut addas anima rationali et intelligenti [carnem] animatam, et duarum naturarum inconfusam conjunctionem intelligas. Ita ergo utraque voce non accurate excussa, unam quidem personam explicant, sed inconfusum duarum naturarum concursum non explanant. Rursum qui duas naturas indivisas tradunt, id quidem quod est inconfusum exposuere, sed unam esse personam aut hypostasin non declaravere. Ut proinde sit necesse ab iis qui duas naturas indivisas profitentur, aut adjungi, secundum hypostaticam unionem; aut unam Verbi naturam esse incarnatam, aut eumdem simul Deum Aciunt. Nam recta piaque sententia divinitatem supra esse et hominem. Absque altero enim dictorum, vox proposita, ut imperfectum quid jure sane reprehendatur. Hæc et his genuina cum auctor explicasset, adjecta ad concordiam [ineundam] adhortatione, libro huic præsenti finem imponit.

Quinta deinceps oratio disputat contra illos, qui humano ingenio **278** *a* Christianam fidem comprehendi posse existimant: in quo pie planeque divine philosophatur, atque dicendi ratione Christianam religionem certam ostendit, quodque illa potissimum sequitur prædicat; et docet quemadmodum proprietatum differentiæ in nobis aperte distinctæ sint, quibus alter ab altero differt, notæque singulares alterius alicujus personæ proprietates [individuo illi assignent], communes fieri prohibeant. In sancta autem Trinitate proprietates manent immutabiles, et per indivisam unionem copulantur; cumque sit una personarum potentia, habent tamen in ipsa differentia divinam et inexplicabilem inter se conjunctionem, secundum quam in Patre Filius, et Pater in Filio, et Filius in Patre et Spiritu sancto, et Spiritus sanctus in Filio et Patre cognoscitur, conjunctione ubique dominante, neque iudivisum in proprietatibus separante. Sed aliud est Esse supremæ Trinitatis, aliud nostrum. In Trinitate Ens est supra Esse; at nostrum Esse neque proprie Ens est. Quomodo enim sit proprie Ens quod a non Ente descendit, et quod natura sua in non Ens desinit? Quanquam a Conditore suo hoc per amorem honore et munere dignatum est, ut sit semper, et immortalitatem assequatur. Deus igitur nobis est unus, et Trinitas [seu trinus] cognoscitur fons infinitæ et incomprehensæ sapientiæ, et quæ sanctificat, virtutis. Unde unus Deus et Dominus, et rex, et ipse Pater est, et perfectionis auctrix Sapientia, et Virtus sancti Spiritus. Indivisus enim Pater, a sua ipsius sapientia, et virtute sanctificantis Spiritus, in una natura adorandus, nec in unum atque unum Deum dividendus, quemadmodum in nobis, qui incommunicabili proprietatum discrimine et differentia operationis distinguimur et separamur, totaque divisione ab invicem per differentiam subsistimus. Quapropter non est in illa, ut in nobis dicendum, hoc hujus esse primum, aut aliud hujus secundum aut tertium. Unitas enim vere est Trinitas, et Trinitas Unitas. Nec quia unitas est, idcirco contrahit Trinitatem; nec quia Trinitas, dividit Unitatem. Neque enim *unum* in divina substantia, ut in rebus creatis accipimus, in quibus nec *unum* proprie est intelligere. Nec enim *unum* numero in nobis etiam proprie est unum; nam quod in nobis dicitur unum, non est proprie unum, sed aliquid unum: hoc autem unum est, et non unum, **278** *b* utpote quod habeat nomen *unus*, et reipsa in multa dividatur.

Quando autem theologi divinam naturam unum quid esse prædicant, ut mentem, id propter solam divinam Verbi seu impatibilem generationem fa-

naturam mentis [humanæ] collocatam pie asserit. Identitas enim etiam in mente spectatur, itemque diversitas, et motus et quies, nec omnino caret duplicitate. Sed quies quidem in ipsa propter essentiæ identitatem spectatur: diversitas autem et motus, propter naturalem vim et operationem. Neque enim est idem dicere unum [per se] et unum respectu alterius. Unde quamvis unus sit subjecto, tamen quando seipsum considerat, et noscitur a seipso pro uno et simplici duplex esse probatur; quod etsi quid simile habet [uni], proprie [tamen] ab uno, et a beata [Dei] natura prorsus alienum est. Hinc neque numero unum est, aut ut principium numeri; neque ut magnitudo, vel ut principium magnitudinis, omnem enim magnitudinem et partem, et compositionem vincit. Et si fas liberius loqui, unum est divinitas secundum simplicitatem essentiæ, non ut unum sub triplici nomine consideratum, aut in partes divisum, aut ex pluribus compositum; inexplicabile enim est, nec ullo nomine hoc *unum* exprimi potest: quia ipsius unius etiam est causa, et unitatis cujuscunque unicus effector; omnibus quoque tam uno, quam multis ipsa simplicitate superior, eo quod proprie unum sit, et in omnibus et super omnia intelligatur; quod omnia quidem quæ sunt, condidit, in supersubstantiali autem et sibi propria singularitate fundatum, a theologis unitas et singularitas vocatur: nec aliud esse cognoscitur, quam Filius in Patre, et Pater in Filio: Spiritus quoque sanctus procedens ex Patre, et principium quidem habens Patrem, sed per Filium in creaturas, pro sua erga electos beneficentia descendens: sic tamen ut nec generatione [Filii] imminuta noscatur essentia, nec in processione [Spiritus sancti] ejusdem divisio facta existimetur: generatione non per imminutam essentiam spectata, neque processione secundum divisionem cognita. Si enim hæc concesserit quispiam, tum secundum fabulas paganorum usque ad quaternarum, quinarum ac tandem progressum in infinitum concedere cogeretur. Itaque quidquid Deus est proprie unum est, quod nullam admittit multitudinem, tanquam perfecta veraque secundum naturalem, si ita loquendum est, unitatem, spectatum. Unde, quamvis hypostases seu personas, seu proprietates nuncupamus, quas mens cognovit, pro facultate nostra interpretari conati, nequaquam hoc unum dividimus aut unitatem partimur, aut unitatem divellimus; sed hanc in æterna unitate pie **279** *a* perpendentes, illam in tribus personis una profitemur neque ea quæ supra mentis captum sunt, rationi humanæ subjiciendo, neque curiosa et vafra investigatione illa quæ inveniri nequeunt vitiando. Quapropter illos, qui hos limites egressi aut unitatem hanc inenarrabilem partiuntur, aut tres personas ad unitatis angustias redigunt, ut hostes pietatis profligamus.

Hæc et hoc genus alia prosecutus, contra

eos disputat, qui hypostasin nihil aliud esse contendunt, quam nudam proprietatem, pluribusque veræ pietatis rationibus impiam illorum sententiam retundit. Etenim si idem est persona et proprietas, dum Verbi hypostasin incarnatam dicimus, manifestum est id quod inde sequitur, et manifestius ob blasphemiam, quæ tacite in caput illorum retorqueatur, qui hæc dicere cogunt. Quomodo porro Spiritus sanctus si proprietas est, potest a Patre procedere, et a Patre in opus creaturæ ex beneficio mitti. Quinimo omnis persona rerum subsistentium per se subsistit : Quomodo ergo proprietas per se subsistat, si illud positum ante non sit, cujus proprietas esse dicitur? In tribus quoque personis sacer Patrum senatus divinam essentiam esse docet : in tribus autem proprietatibus nemo affirmavit, sed contra potius in essentia et per essentiam cognoscuntur esse proprietates. Essentiam autem per proprietates nemo asseruerit. Etsi enim a Theologo dictum est unam naturam in tribus esse proprietatibus, idem tamen non est proprietas et proprium. Deinde etiamsi abusus sit Nazianzenus voce [proprietas], non illico tamen quis asserat, idem esse personam, et proprie dictam proprietatem ; cum vero et proprietas, quasi per signum exprimat se constituat personam, quemadmodum Basilio et plerisque Patribus videtur, quid absurdi dictum est a sancto Gregorio [unam naturam] in tribus esse proprietatibus? cur non decernat idem esse personam et proprietatem, sed quasi ab optimo signo, hoc est proprietate, denominet hypostasim? Addit ergo, intellectualibus perfectionibus per se subsistentibus. Quod nemo nisi mente destitutus, de proprietatibus accipiat. Præter ea quæ dicta sunt, prima synodus personas quidem consubstantiales declaravit ; quis autem, nisi insanus, proprietates dixerit consubstantiales? Quod si quis proprietates **279**b ausus est dicere consubstantiales, eo quod sæpe in eadem essentia videantur concurrere, ille ipse sui oblitus, aliam consubstantialitatis significationem finxit. Præsertim autem heterogenea, seu quæ diversi generis sunt (sic quantitatem et qualitatem et quæcunque alia simul in unam naturam nullo modo convenire possunt, appello), hæc novus ille doctor seu legislator sic jubet ac si sint ejusdem naturæ ejusdem simul substantiæ concipi et appellari. In nostra enim substantia aperte cernitur quantitas, et qualitas, et quod est ad aliquid relatum, et si quis per hæc [naturam nostram] in principia incommunicabilia simul diviserit. Atque hoc quidem absurdum dogma copiosam nobis præbuit materiam refutandi.

Enimvero nec ita quidem didicit tacere contentiosus litigator. Docent enim nonnulli ex substantiæ et proprietatis copulatione constare personam. Quæ sententia manifeste asserit [in Deo] compositionem ; at ubi erit illud simplex et ab omni concretione materiæ liberum in sanctæ Trinitatis deitate? Quin et Basilium Magnum hujus sententiæ auctorem laudant : cum [interim] nolint capere, a sapiente illo viro neque definitam esse nec descriptam hypostasin, quando copulationis nomen usurpavit, sed cum vellet reprimere Anomium (qui ingenitum et essentiam confundere, et differentiam inter genitum et ingenitum ad rationem substantiæ transferre contendebat, ut non solum differentes, sed etiam contrarias ponat in Patre et Filio substantias) : propterea disponens sermones suos in judicio Basilius, in disputationis certamine cum Anomio, proprium componit cum communi, inconfusa nobis et distincta via ad capiendam veritatem demonstrata. Non potest enim humana mens simplici et unico conceptus impetu, simul illud unicum ac simplex [in divinitate] et triplicem personarum numerum capere ; propterea, ut magister docet, per proprietatum adjectionem distinctum in his format personarum conceptum. Methodus sane succurrit imbecillitati, efficitque ut quod intelligi prius non poterat, facile intelligatur. Nullo modo ergo [divus Basilius] Deitatis simplicitatem, aut personam quamcunque Divinitatis compositam voluit. Hinc adjecit, impossibile esse proprium et singularem de Patre aut Filio sine proprietatum, quibus intelligendi facultas distinguatur, adjectione formare conceptum. Et quod antea vocarat compositionem, id nunc appellavit adjectionem, ut id quod dixerat, magis declararet. *Modi ergo* **280**a *seu tropi, ad indicandam proprietatem ab illo* (Basilius) *in docendo adhibiti, simplicitatis rationem non evertunt. Alioqui omnia quæ de Deo dicuntur, Deum nobis compositum probabunt.*

His explicatis, egregius Eulogius aliam quæstionem proponit. Enimvero, inquit, quando contendunt proprium cum communi esse conjunctum, aut mentiuntur, cum hoc faciunt, aut vere affirmant. Si mentiuntur, quorsum verba proferimus, quorum subjectum argumentum non capias? Si vere affirmant, sequetur Trinitatis personam ad quam vocem referimus, esse aliquid compositum. Atque hæc quidem est proposita quæstio. Respondet ad hanc ex antedictis. Cum enim, inquit, humana mens ob [naturæ] imbecillitatem, Entis rationem non possit assequi, verbis aliquo modo compositis uti, et proprium cum communi copulare cogitur, eo quod [esse divinum] simpliciter et secundum se [prout a parte rei est] explicare non possit. Quod si fieri posset, uti simplex illud, simplici voce, non minus quam compositione verborum, sufficienter exprimeretur, mens [nostra] nequaquam [compositis] abuteretur. Sed vocum imperfectio incomprehensibile non comprehendit [aut assequitur]. Enimvero magister ipse qui conjunctis verbis usus erat, postea frequenter alibi Deum omni ex parte simplicem et sine ulla compositione esse prædicavit, qui tantum non clamat, conjunctionem verborum et compositionem in defectus locum adhiberi, qua ad veritatis cognitionem deducamur ; nunquam autem id sibi sumere, ut simplicitatem naturæ et ab omni concretione liberam redigat ad compositionem aut duplicitatem : inexplicabili enim et incomprehensa ratione [Deus] cum unus sit, trinus tamen cognitus, partim quidem secundum incomprehensam et quæ nostram facultatem intelligendi superet rationem consideratur, partim qua a nobis intelligi et comprehendi potest. Atque ita hanc quæstionem visus est expedivisse.

Quod si cui nihilominus dicendum videtur, quæstionem adhuc in iis, quæ a principio dicta sunt, hærere, addat ille superiori causæ, quod etiam tum cum Deum inexplicabilem affirmamus, id non nisi verbis enuntiemus, sicut et, quod supra intelligentiam est nostram, adumbramus per intellectum ; quod æternum, per temporum rationes motusque explicamus ; quod continuum et immobile, per mobiles et discretas imagines animi repræsentamus. Ut si quis ea quæ nobis in divina natura contemplanda occupatis accidunt, una cum re ipsa cogeretur intueri (1) [et conferre], rem sus deque sit acturus, et quod caput est, ipse seipsum in inextricabilium difficultatum barathrum præcipitaturus.

280b Sanctus Eulogius porro ex proposita dubitatione, aliam quæstionem nascentem explicat. Si enim, inquit, neque proprietas est hypostasis neque essentiæ et proprietatis conjunctio, quid erit aliud ? Et solvitur quæstio cum dicit : Nos ab Ecclesia didicimus ut unam personam ex Trinitate (2) appellemus hypostasin. Quid vero est hypostasis ? Si de rebus creatis sit quæstio, facile erit respondere, eo quod in his errare, et scopum non attingere non sit adeo gravis noxa. Si autem de simplici et beata natura, nihil extra divinorum Patrum traditiones et decreta, tuto responderi potest. Fas tamen est cum Scriptura dicere, quod hypostasis Filii sit imago Dei invisibilis, quæ totum in seipsa Patrem refert. Quod si etiam eamdem Patris esse sapientiam, aut Verbum, aut virtutem Patris dixero, a divinis Litteris non dissentiam. Et qui ex divinis eloquiis de Patris et Spiritus sancti personis similia affirmabit quærentibusque respondebit, is pie recteque affirmabit. Tu porro inferre poteris, explicans rationem hypostaseos Filii : Deum de Deo, ab æterno, impatibili modo genitum : pariterque de Spiritu sancto, Deum de Deo ab æterno procedentem atque profluentem : similique modo Patris hypostasin, verbo explicaturus, dices : Ex quo Deus Verbum genitum est, tali generationis processu, in quo ne per cogitationem quidem ulla seu divisio, seu passio reperiri possit. Si vis autem Spiritum sanctum [ad Patrem aliquo modo declarandum adhibere, dices :] Ex quo, inenarrabili et incomprehenso impatibilique modo, coæterne procedit, et si quid aliud hujuscemodi dicere fas est, Scriptura divinitus inspirata spiritualem nobis sapientiam propinante et studium nostræ voluntatis juvante. Atque ne sic quidem explicata seu dicta, omni imaginatione humana, quæ nobis [perpetuo] conjunctionem obtrudit, carebunt. Sed non utendo voce compositionis et conjunctionis, non videtur auditorem perturbare aut offendere. Atque in his ab eo etiam hæc præsens oratio absolvitur.

Scribit vero idem vir sanctus ad Domitianum Melitensem episcopum, asseritque haud abs re esse unam Dei naturam Verbi naturam profiteri incarnatam. Ille enim sanctum Eulogium non extra culpam affirmabat, quod illam vocem usurpasset. Sed Eulogius cum ex præteritis sæpe orationibus, **281**a et recte vocem intelligentibus nihil impietatis subesse ostendisset, docet eos qui dicunt unam Verbi naturam incarnatam esse, non affirmare unam naturam simpliciter ex ambabus factam naturis, ita ut conjunctæ inter se confundantur, sed illud potius velle, unigenitum Patris Filium secundum hypostasin carni unitum, qui idem Deus et homo est, quemadmodum et Theologo placet. *Verbum*, inquit, *caro factum est, et habitavit in nobis*b. Hæc cum fuse disseruisset et defendisset, eadem etiam Cyrillum docere affirmat, in quibus potissimum dicit : *Si nos una Verbi natura posita tacuissemus, nec addidissemus, « incarnatam* [eam naturam], *sed quasi extrinsecam poneremus œconomiam seu dispensationem ; esset illis probabilis causa si vellent quærere, ubi esset in humanitate perfectio, aut quomodo nostra subsisteret essentia? Sed quoniam in humanitate perfectio, et nostræ substantiæ declaratio per verbum, incarnatam, allata est, desinant arundine se fulcire.* Duas ergo naturas hæc vox, *incarnata*, indivise constrictas posuit, ut idem clamitat Cyrillus. Hinc sæpe unam Verbi naturam videtur dicere incarnatam. Quod si unam duntaxat Christi naturam simpliciter profiteretur, nonne damnaretur ? Quid autem sit natura humana aut (ut idem alibi docuit), caro intelligenti anima informata, ut vel propterea rursum utrumque in unionem convenientium indivisibiliter conservetur ? Patet ergo ex dictis, eos qui secundum Cyrillum orthodoxe [seu catholice] docent unam naturam Verbi incarnatam, non ad alium finem respicere, quam quemcumque alium, qui talem vocem [seu modum loquendi] ipsis proponit, quæ duas [nempe] in Christo Domino naturas penitus junctas indivise asserit. Dum enim beatus Cyrillus docet per ipsam incarnationem utrumque in unionem coeuntium indivisibiliter conservari, quis alius scopus seu finis ab eo spectaretur, quam qui duas in Salvatore Christo naturas indivise copulatas prædicat recipitque ? Et hoc clarius in epistola altera ad Succensum exponit. Cum enim explicasset in illa, quid sit hoc ipsum quod declarat unam naturam Verbi incarnatam, et do-

---

b Joan. I, 14.

(1) In ipso niteretur intueri, hoc est : ad ipsum esse seu divinam naturam niteretur transferre.

(2) Seu Patrem seu Filium, etc.

cuisset, verum et naturalem esse [Dei] Filium, quamvis secundum assumptam carnem non inanimam, sed intelligenti anima informatam, ex muliere prodierit homo, **281**b cumque intulisset non propterea divisum iri [Christum] in duas personas aut filios, sed ita quoque mansurum unum, adjungit quomodo non sine carne, nec extra corpus, sed suum ac proprium habeat corpus, secundum unionem nempe indivulsum. Et in epistola ad te, aliisque locis multis, eadem docere legitur. At Severiani differentiam post concurrentium naturarum unionem aversati malitiose et impie primum quidem ponunt voces, quæ differentiam naturarum declarant; deinde vero cum illas ipsas scilicet invertunt, unam Verbi naturam aiunt incarnatam. At non ita religio catholica, sed addita hac voce, illico deinceps ostendit per hanc rursus salvari ex conjunctis] alteram indivisibili ratione unitis, quæ [pietas catholica] coarguit impios, dum ostendit unam Verbi naturam incarnatam nihil aliud esse quam indivulsam secundum hypostasim unionem, natura [utraque] integra et inconfusa semper conservata. Duas enim indivisas naturas asserit, quasi duarum convenientium naturarum differentiam indicans : et unam Verbi naturam incarnatam, quasi ipsum Patris ante sæcula Verbum humana assumpta natura incarnatum docens.

Hæc et his similia, postquam pro vocis propositæ defensione dixit, ostenditque eadem a synodo Chalcedonensi judicata et prædicata, cum per alia, tum ex iis quibus synodus sancti Flaviani professionem fidei ipsius manu scriptam confirmavit, vindicat vocem [seu formulam illam Ecclesiæ] ab hæreseos suspicione; vindicatque seipsum a non sincera opinione, quam illi Domitianus suspiciose objecerat, quod existimaret vocem talem non sincere ex animo ab eo usurpari et proponi, sed dispensatione quadam, ut per eam auditores nullo negotio ad unitatem revocaret, causasque dissensionum ab Ecclesia catholica præcideret. Hæc et hoc genus alia cum perscripsisset (quæ et in superioribus libris exposuerat) et sese ardentem Chalcedonensis synodi, atque sancti Leonis papæ epistolæ multis ac variis scriptis propugnatorem exhibuisset, epistolæ finem imposuit.

Scribit idem venerandus vir ad Christophorum quemdam, quem ipse sanctissimum in inscriptione litterarum appellat, **282**a rogatus ab eo ut ad quasdam ex sacris Litteris dubitationes responderet. Quæstiones porro hæ sunt : *Et fecit Deus David numerare populum*c. Et infra : *Quia numeravit, indignatus est contra eum* d. Respondet Eulogius, in divinis Litteris Deum quemadmodum et Dominum non solum verum Deum, sed etiam ipsius mali principem nominari. In hoc intellectu Paulus dixit : *In quibus Deus hujus sæculi excæcavit mentes in-*

*fidelium*e. Et Salvator : *Nemo potest duobus dominis servire*f. Hinc in primo Paralipomenon aperte dicit Davidem a Satana incitatum fuisse ut numeraret populum : nisi quod nostrum exemplar cum eo quod a te missum est, non convenit. Ita enim habet : *Et addidit furor Domini irasci contra Jerusalem, et commovit David in ipsis* g, et quæ sequuntur. Ita ut videatur is qui dictus est in Paralipomenis diabolus, hic *ira Domini* appellari. Atque sive sic [ut ego lego], sive ut tu scripsisti, se locus Scripturæ habet, existimo tamen certam apertamque esse quæstionis solutionem. Quod ergo vox *Dominus*, et vox *Deus*, in sacra Scriptura æquivoca sit, eademque (uti sæpe dictum est) in contrarium sensum accipiatur, explicatum est. Nihil tamen obstat, quominus etiam alium inde locum similem firmemus. Etenim in lege de Paschate celebrando lata [postquam dixit] ungendum sanguine superliminare et postes : *Vos*, inquit, *non aggrediemini unusquisque januam suam usque mane, et transibit Dominus percutiens Ægyptios, et videbit sanguinem in superliminari et in utroque poste, et pertransibit Dominus ostium, et non sinet percussorem ingredi domus vestras ad percutiendum* h. Clarum est alium esse Dominum, quem dicit transiturum ad percutiendos Ægyptios, et alium qui prohibeat ne ingrediatur percussor in domos Israelitarum et percutiat ipsos. Tale etiam est illud de Balaam dictum i. Dicit enim Scriptura permisisse quidem illi Deum ut iret ad eos qui illum vocabant; iratum vero Deum quod proficisceretur ad illos. Et hic alium insinuari ait Deum qui illum moneat ut proficiscatur, et alium qui ira commoveatur in illum. Neque enim irascebatur illi, quod mandatum exsequeretur, qui id præceperat, sed vel imperantem non oportebat **282**b irasci, aut si irasceretur ob ipsius discessum, non oportebat imperare. Ergo Eulogius quæstionem per homonymiam [seu æquivocationem declaratam] videtur solvere. Sed mihi videtur a Theodoreto aliisque sanctis Patribus dubitationis quæstio melius esse soluta. Dicit vero, Davide in numerando populo peccante, populum dedisse poenas, non quod ille numerando peccarit, sed parricidæ Absaloni bellum patri inferenti suppetias tulerit populus, et seditione eadem abreptus prætulerit illum qui ex sua ambitione seu superbia regnum rapuerat, illi qui a Deo in regem unctus erat. Ergo soluta, ut videtur, prima quæstione, solvit et alteram, quæ ita habet. Quomodo intelligendum est quod Apostolus alibi dicit : *Christum habitare in cordibus nostris* j; alicubi vero : *Quotquot in Christo baptizati estis, Christum induistis* k, cum magnum sit discrimen inter tabernaculum et indumentum. Vestis enim summam tantum cutem tangit, tabernaculum vero totum recipit. Affirmat enim distincta ratione eumdem esse regem et pastorem; regem quidem hominum, pastorem

---

c II Reg. xxiv, 1. d ibid. 2. e II Cor. vi, 4. f Luc. xvi, 13. g I Paral. xxi, 1; II Reg. xxiv, 1. h Exod. xii, 22, 23. i Num. xii, 20. j Ephes. iii, 17. k Galat. iii, 27.

vero brutorum appellavit, ad varium usum eorum, qui beneficiis ab eo afficiuntur. Neque enim quisquam recte dicatur rex animantium, neque pastor hominum. Ita praesentem quoque locum licet interpretari : *Habitat enim, ut ipse sanctus Paulus docet, sapientia Dei in iis quibus imperat, et qui in illo radicati et superaedificati sunt*[1]. Induit autem Christum qui illum postea rursum exuere potest. Quapropter merito de radicatis in eo dicitur illum habitare in eis. Aliis autem ob inexplicabilem clementiam suam indumentum fit, quibus tegumentum praebet, ne ab aquilone vento aspero frigidoque, qui pestilentem et exitiabilem animabus afflat auram, conversi ad Christum pereant : *A facie enim aquilonis exardescent mala*[m]. His igitur duabus quaestionibus solutis, epistolam hanc cum votorum comprecatione finit.

Idem adhuc Eulogius in libro seu argumento nono declaravit ea quibus vitae solitariae laus continetur, et quid sit monachus describit, atque rationem ejus vivendi exponit. Hortatur vitae monasticae cultores, ut ad professionis praescriptum vitam instituant, et se ad solitariam vitam et Ecclesiae unitatem **283**a conforment. Erant autem, quos illius admonitio respicit, ex factione et secta Severiana, uti non est obscurum, quibus, quomodo [haereticorum ipsorum majorum] sententiae cum ipsis auctoribus et cum aliis ejusdem sectae pugnent, nec usquam quidquam stabile et solidum habeant, aperiens declaransque ex illorum absurditate, si ad Ecclesiae unionem respiciant ostendit. Ilos enim producit, ut asserentes differentias post unionem servari, uti Severum ; illos autem ut negantes servari, uti Timotheum, cum in aliis ipsius scriptis, tum in iis quibus sanctum Leonem oppugnat. Ipse vero non solum dicit non servari differentias, sed etiam impietatis reos peragit illos quicunque differentias post unionem servari docent. Sed Severus rursus dum docet differentias servari, res tamen quibus differentia cognoscitur, negat servari. Nec constanter hoc ubique docet : inconstans enim, et Vertumnus aliquis aut Proteus est in fide ; etenim in quibusdam libris confitetur ipsas etiam res servari. Adeo non solum inter se ipsi, sed neque sibi ipse quisquam constans dogma Babylonicum, nempe et a vera pietate alienum cudunt. Hinc [sumpta occasione] hortatus dissidentes, ut in Ecclesiae sententiam descendant, cursim narrat a Marciano Chalcedonensem synodum coactam ; Leonem, Marciano mortuo, suffectum summae rerum praefuisse : Aegyptios concilium evertere conatos orbem totum tumultibus implesse, impie ficteque rumores sparsisse, Cyrillum a synodo damnatum, Nestorium receptum fuisse. Quorum [inquit] insanum furorem reprimens Leo decreta concilii Chalcedonensis actaque cum encyclicis seu circularibus mandatis per totum orbem misit, singulisque episcopis et presbyteris, nec non iis qui in religiosa et monastica vita celebres habebantur praecepit, uti sententiam suam scripto profiterentur. Quod episcopi, numero mille sexcenti, prompte sane exsecuti sunt, nemine qui aliter sentiret deprehenso praeter Amphilochium Sidae pontificem, qui tamen et ipse paulo post concilii sententiae subscripsit consensitque. A quibus stetit et Simeon qui in columna coelitum vitam aemulabatur [Simeon stylita], et Baradatus, aliique eamdem vivendi rationem secuti. His oratione decursis, cum **283**b Severum anathemate proscriptum dixisset, disputationem fine concludit.

Sequens oratio eamdem praefert inscriptionem, et adhortationem ad eos continet, qui ab Ecclesia dissidebant, qua monet, ut suas inter se pugnas, suorumque dissensiones haereticorum, cum Ecclesiae recto consensu respiciant componantque. Ostendit praeterea unde factum sit ut opinatio haeretica in infinitas quasi sectas et sententias distracta et divulsa sit. Interrogans enim [haeresis] Ecclesiae filios an, quemadmodum duas [in Christo] naturas asserant, asserant similiter et duas personas , et cum respondent unam esse in Christo hypostasin, quaerit an etiam asserant unam naturam ? Sed nihil horum hactenus unquam quae haeresis quaesivit, ab [Ecclesiae filiis] audivit. Vicissim autem et ab Ecclesia interrogatur haeresis, cur id quaerat ? an quod existimet naturam et personam esse idem, et propterea putet eos qui asserant duas naturas, etiam asserere duas personas ? Aut contra, qui unam profiteantur personam, etiam unam profiteri naturam censet ? Hinc nato contentionis initio, bellum illud haereticorum inter se digladiantium multiplex et implacabile exstitit, idemne sit natura et hypostasis. Etenim si dicimus unam in Trinitate naturam esse, necessario dicendum erit, unam quoque esse hypostasin. Aut si tres hypostases , natura quoque in tres erit partienda naturas. Hinc commenti sunt aliud esse naturam, et aliud essentiam. Naturam rursum diviserunt in generalem et singulares naturas. Et cum ad Sergium scribit Severus : *Unam*, inquit, *essentiam Christum esse volumus dicere, ne concurrentium differentiam auferamus. Num vel una semel nata essentia aut etiam qualitate, quomodo mansit naturarum, ex quibus unus exsistit Christus, secundum essentiam differentia? Si enim una qualitas est et essentia, frustra deinceps ponit differentiam*. Et sane, quibus fundamentis nixus unam asserere essentiam Severus recusat, iisdem vel invitus negare cogitur unam esse in Christo naturam. Nonnulli porro ex impudentioribus, naturam, personam, essentiam idem esse admittentes, non horruerunt affirmare etiam in sancta Trinitate tres esse essentias, unde et tres deos et tres deitates, etsi non verbo, mente tamen docent. Et hi quidem damnantur veluti tres essen-

[1] Coloss. ii, 7. — [m] Jerem. vi, 1.

tias **284**ª in Trinitate prodigiose cudentes, hi vero quod non proprie Deum Patrem aut Filium, aut Spiritum sanctum dici censeant. Isti vero fortasse sint, qui tantum signatas seu figurativas proprietates putant esse hypostases. Ita in multas sententias et errores alios illorum dissecta secta progressa est, quemadmodum et de differentia concurrentium in Christo naturarum. Aliis enim nugatoribus visum est perire differentiam post unionem naturarum : aliis servari differentiam judicatum; qui et ipsi bifariam divisi sunt. Nam qui differentiam manere volunt, nolunt tamen ea manere per quæ exsistit differentia. Alii vero et illa manere, cogente necessaria consequentia, sæpe concedentes (alia hæc et insania atque amentia), duas tamen naturas appellare penitus aversantur. Vox enim *duo*, inquiunt, per partes et per se res differentes ostendit. His breviter disputatis, longa exhortatione hunc quoque librum finit.

Aliam orationem componit contra Agnoitas sive *ignorantes*. Monachos autem quosdam ait ex Palæstina solitudine excitasse [pravum] dogma, qui Domino nostro Jesu Christo ignorantiam, ex iis quæ ipse dixit, assignare conati sunt : *Ubi posuistis Lazarum* [inquit Dominus]ⁿ ? et : *Nemo novit horam, aut diem illum, neque Filius hominis* º, atque item ex aliis hoc genus verbis. Sanctus autem Eulogius iste, Christum Jesum Dominum nostrum, neque secundum humanitatem quidem, multo minus vero secundum divinitatem ignorasse sepulcrum Lazari, neque etiam illum ultimum diem contendit. Neque enim humanitas Christi in unam inaccessibilis et substantialis sapientiæ hypostasin admissa quidquam velut rerum præsentium, ita futurarum poterit ignorare : neque falsum esse potest quod dixit : *Omnia quæcunque habet Pater, mea sunt* ᵖ, nisi et Patri, nihil non audentes, ignorantiam ascribent. Enimvero hoc quod dixit Salvator : *Ubi posuistis Lazarum?* eo dixisse ait, ut id præsentes Judæi scirent, illorumque memoriam firmaret. Imo non hoc solum, sed et alia quædam id genus fecisse affirmat, ut illud : *Solvite eum, et sinite abire* ᵍ, ut ex iis quæ speciatim viderant, et quæ audierant, fidem oculorum testatam et indubitatam [Judæis] faceret; memoriæ vero illorum factum nunquam oblitterandum infigeretur. Docet etiam alia de Christo dicta per figuram, alia secundum rei veritatem. Figurate dicitur illum pro nobis **284**ᵇ peccatum et maledictum factum esse; neque enim fuit quidquam horum. Sed veluti sibi caput vindicat ea quæ sunt reliqui corporis, ita Christus ea quæ corporis sunt sibi assignat. Secundum rei veritatem autem dicitur homo factus, et esuriisse, et sitivisse, et hoc genus similia. Quod si ergo quis velit dicere, eum figurate et anaphorice aliquid ignorare, eo quod corpus non sit extra ignorantiam, aut humana vox cujus ipse caput est, is non absurde loquetur, neque interim Patris sapientiam ignorasse aliquid docebit. Sed si illa verba : *Ubi posuistis eum ?* ad Christi ipsius, imperiti homines, referunt ignorantiam, quomodo non eamdem ignorantiam in Patrem rejicient, quando interrogat et dicit ad Adamum : *Ubi es* ʳ ? et ad fratricidam : *Ubi est Abel frater tuus* ˢ ? et : *Clamor Sodomorum et Gomorrhæorum multiplicatus est, et peccata eorum magna valde : descendam ergo et videbo utrum clamorem suum* [qui venit ad me] *opere compleverint necne, ut sciam* ᵗ. Interrogat et Jesus dæmonium: *Quod tibi nomen est?* et illud respondet : *Legio mihi nomen est, quia multi sumus* ᵘ. Quin et cæcos interrogat : *Quid vultis faciam vobis* ᵛ ? Et quomodo non patet, hæc non ex ignorantia quæsita? Sed a dæmonibus quidem quærit, quanta sit obsidentium multitudo, ut discipulis ostendat se jam multis esse superiorem, et fidem firmet : animosque addit *calcandi super serpentes et scorpiones, et super omnem virtutem inimici* ˣ. Cæcos autem interrogat, ut petitionem ab illis eliciat. Quantum enim beneficium ex petitione accipimus, tantum afficimur ad beneficium [agnitum et] acceptum. Illud autem quod de extremo judicii die dictum, quod illud nemo novit, neque angeli, neque Filius, nisi solus Pater, id quidam ob eam rationem dictum existimant, ut discipuli arbitrati quotidie diem ultimum imminere semper vigilarent. Sed nihil obstat quominus et hoc figurate dictum interpretemur, quemadmodum et illud : *Tu scis insipientiam meam* ʸ, et illud, *Deus, Deus meus, utquid me dereliquisti* ᶻ ? Sunt qui censeant illum dixisse quod ignoraret ultimum diem, ut humanæ naturæ signum proprium quod illi inest, declararet et ostenderet; non quod ipse ignoraret : absit ! [quod ipse ignorarit]. Quicunque enim vel divinitati ipsius, vel humanitati ignorantiam **285**ª ascribet, nunquam certissimæ temeritatis crimen effugiet. Sed cum, ut beatus Cyrillus docet, subtili mentis conceptu et animi imaginibus per contemplationem, rem a re dividimus, tum videmus proprias naturæ utriusque, ut in se est, notas et proprietates. Aut, ut Gregorius Theologus tradit, quando naturæ ratione distinguuntur, etiam nomina naturarum simul dividuntur. Sed nudæ puræque humanitatis signum proprium est ignorantia. Hac ratione ergo Christi humanitati, ut simplici et puræ humanitatis naturæ consideratæ [præcise secundum ea quæ a se ipsa habet] adscribi poterit ignorantia. Et hoc est quod Theologus explicavit, quando dixit : *Scit quidem ut Deus, nescit vero ut homo*. Quibus dictis addit, quod si qui ex Patribus ignorantiam in Salvatore ex parte humanitatis admiserunt, id tamen non ut dogma sanxerunt, sed Arianorum insaniam repressuri (qui omnia [quæ in Christo erant] humana ad

ⁿ Joan. XI, 34. º Marc. XIII, 32. ᵖ Joan. XVI, 15. ᵍ ibid. 35. ʳ Gen. III, 9. ˢ Gen. IV, 9. ᵗ Gen. XVIII, 20. ᵘ Marc. V, 9. ᵛ Matth. XX, 32. ˣ Luc. X, 19. ʸ Psal. LXVIII, 6. ᶻ Psal. XXI, 2; Matth. XXVI, 46.

Unigeniti divinitatem transtulerunt, ut increatum Dei Verbum creaturam ostenderent), rectius hæc de humanitate dici posse existimarunt, quam humana ab illis [Arianis] ad divinitatem trahi. Etsi forte qui dixerit, etiam Patres figurate seu anaphorice locutos esse, religiosius videbitur judicasse. His expositis, dicendi finem facit.

Liber postremus orationem continet, cui titulus : *Decretum in Samaritanos editum*. Argumentum orationis hujusmodi : Plebs Samaritana in contrarias divulsa factiones, inter se dissidebat, et peregrinis se opinionibus propugnabat. Alii enim Jesum Nave eum esse censuerunt, de quo Moyses dixit : *Prophetam vobis excitabit Dominus Deus ex fratribus vestris, ut me* [a]. Alii rejecta hac sententia, Dosthen quemdam nomine, sive Dositheum prædicarunt Samaritanum etiam gente æqualem Simoni Mago. Et hunc illum esse a Moyse prædictum, portentose commenti, ab ipsius nomine Dostheni cognominati sunt. Hic in divinos Dei prophetas maledicus, potissimum tamen in Judam unum de duodecim patriarchis contumeliosus, nihil reveritus immensas de illo in voluminibus Mosaicis perscriptas laudes. His ergo prophetis omnibus explosis exsibilatisque ipse sibi omnia et vaticinia, et **285**[b] reliquam divinitatem arrogavit. Octateuchum spuriis scriptis et omni genere mistis corruptelis adulteravit, aliosque libros stultitia et portentis plenos, divinisque legibus contrarios consarcinavit, suisque asseclis reliquit. Resurrectionem quoque negavit: Hæ ergo factiones ita in dissidentes, contrarias et impias sectas et opiniones dissectæ fuerant. Utraque porro factio libellos pro sua sententia, et contra adversariam partem, suum quæque prophetam alteri præferendo porrexit. Sanctus Eulogius cum synodo frequentissima, pontificibus plena insignibus atque illustribus dignitate viris, judex his præsedit. Marcianus susceptum imperium Romanum septimum jam annum administrabat. Beatus Eulogius discussis quæ ab utraque parte asserebantur, et utraque erroris a veritate procul remoti convicta, illum a prophetis prædictum Messiam, ex Scripturis sacris docuit esse Dominum nostrum Jesum Christum verum Deum : illos vero gravissimo errore laborasse; hos quidem quod Jesum Nave illum prophetam prænuntiatum fingerent : illos vero quod Dosthen seu Dositheum impium portentose comminiscerentur. Atque ita concilium solvit. Sed argumentum et decretum cum Eulogio periit : tertius liber superstes in nostras manus pervenit.

In hoc auctor resurrectionem ex Moysis tabulis testatam facere connixus hæc disputat : Quod nisi verissima esset de resurrectione sententia, quomodo diceret ad Abrahamum Deus : *Tu autem ibis ad patres tuos cum pace, sepultus in senectute bona* [b]. Quomodo enim abiret, et ad quos abiret, si ille nullus amplius futurus erat, et non essent ii amplius ad quos abiturus erat? Et quomodo rursum paulo infra de illo divinum ait eloquium : *Et deficiens mortuus est Abraham in senectute bona, provectæque ætatis, et plenus dierum, congregatusque est ad populum suum* [c]? Quænam congregatio fit ad id, quod non est? Et quomodo id quod est, addi potest iis quæ non sunt? Quid porro de Jacob dicit? *Congregati sunt omnes filii et filiæ, ut lenirent dolorem patris, et noluit consolationem accipere, sed ait: Descendam ad filium meum* **286**[a] *lugens in infernum* [d]. Quomodo intelligitur descensus ejus qui non exsistit? et quomodo descendit ad filium, qui ex deliramento exsecrati Dosithei, nullus usquam esse potest? Rursum Jacob quando benedicit filiis, ait : *Ego congregor ad populum meum* [e]. Si noverat suam naturam [seu essentiam] una cum præsenti vita finitum iri, quomodo dixit qui mortuus, nusquam amplius fuit, se ad populum suum qui nusquam erat, congregari? Advertesis, quid ipse Dominus et Deus universorum dicat ad Moysen, quando illum in extremum Nebo deduxit, et ostendit illi terram quam daturus erat in hæreditatem Israel. Addit enim : *Et videbis eam* : deinde : *Et apponeris ad populum tuum et tu, sicut appositus est et Aaron frater tuus* [f]. Illud autem quos non moveat, Deo ipso clamante affirmanteque : *Ego sum Deus Abraham, et Deus Isaac, et Deus Jacob?* Ecquomodo erit Deus, Deus verus eorum qui nusquam futuri sunt, sed in nihilum redacti? Eccur paradisum ad orientem plantavit in terra Edem, in quo hominem, quem formarat, posuit, si illum statim quidem peccaturum norat, et e paradiso in exsilium ejectum iri, neminem vero postea ex hominibus in illo habitaturum? Etenim si omnes, sive qui piam sive impiam hanc vitam exegerunt, decurso vitæ præsentis stadio in nihilum recidunt, nec quisquam manet, qui paradisum ut hæres occupet, divinisque gaudiis in illo perfruatur, quomodo non hæc ingrata adversus Deum, et impia opinio, frustra creatum ostendit, et per hanc in illum injuriam, ipsum communem rerum effectorem Deum contumeliose perstringit, quando illum ea fecisse insimulat, quæ nec mediocriter prudens unquam faceret?

Sic impiam Dosithei de resurrectione sententiam ex sacra Scriptura refutans, ostendit mundum corrumpi, quem ille incorruptibilem, animam vero corruptibilem monstrose fingebat : angelorum naturam a Deo factam, quam insanus ille inter ea quæ nusquam exsistunt, ponebat ; dæmonum quoque genus factum esse, et manere ; Dostheni vero idola seu simulacra, dæmonas esse dictitabant, aliud genus dæmoniorum nullum agnoscebant ; eo insaniæ illum esse progressum ostendit.

286[b] In hoc [porro] libro quæstionem addit, cur, cum multa essent animalia inter munda numerata, quinque tantum sacrificata fuerint, et ab

---

[a] Deut. xviii, 15. [b] Gen. xv, 15. [c] Gen. xxv, 3. [d] Gen. xxxvii, 35. [e] Gen. xlix, 29. [f] Deut. xxxii, 49, 50.

antiquis [Judæis] ad rem divinam adhibita, hircus nempe, et aries, et bos, turtur et columba ? Respondet, antiqua figuram esse, et pleraque ad ænigmatum cognitionem referri. Quinque autem ex mundis sacrificari ait, quod per illa quinque sensus nostros pari numero voluerit insinuare : his enim purificatos seu mundos nos adjungere Verbo vult legislator et decernit. Atque hæc quidem [ex orationibus Eulogii] excerpta sunt.

CCXXXI.
Sophronii Hierosolymitæ synodica Epistola.

Legi *Epistolam synodicam* Sophronii patriarchæ Hierosolymitani, Honorio Romano Imperatori missam. Hæc epistola plena est pietate, novis passim verbis, ut equi pullus saltibus gaudens, nisi quod rectam opinionem diligenter examinet, et sacrorum dogmatum non fortuitam esse cognitionem ostendat. In hac epistola invenias Magnum cum Apollinario excommunicatum et Theodoretum ab Ecclesia non abmissum, etsi ubi Cyrillum damnavit, pravum et malum asseruerit. Sed et quod alius sit Origenes antiquus, alius qui post illum vocatus Adamantius, quodque cum aliis hæreticis condemnetur Jacobus Syrus, a quo hæreticorum Acephalorum secta nomen traxit. Rogat autem hæc epistola, si quid prætermissum sit eorum|quæ dici debuerant, Honorium Romanum imperatorem, ut qui posset, ea et impleret et corrigeret. Habiturum autem se magnam gratiam, si voto non frustratus fuerit, et nunquam beneficii immemorem fore. Hæc autem in hac Oratione synodica sancti Sophronii epistola tradit.

In hoc volumine continebantur testimonia sanctorum variorum Patrum, qui ante quartam synodum fuerunt, et qui post illam floruerunt, et post nati sunt. Quæ testimonia duplicem in Christo Deo nostro operationem prædicarunt, quarum principes et præcipui erant, Leo veteris Romæ pontifex, et quarta illa **287**a œcumenica synodus, Petrus sanctissimus Myrorum episcopus, Gennadius Constantinopolis, et Photicæ episcopus nomine Diadochus, et Euphræmius Antiochiæ præsul, qui etiam contra Acephalos in multis libris strenue certavit. Et Dionysius copiosus quidem verbis, copiosior tamen speculatione, discipulus sancti Pauli, Christi martyr, Atheniensium episcopus ; et Justinus martyrii sanguine philosophiam confirmans ; et strenuus Athanasius Alexandriæ præsul ; et Gregorius, theologiæ arcanum vas ; et decus Ecclesiæ, Basilius ; et verborum flumen Nyssenus ; et fortis athleta Cyrillus ; et in Dei sententia libere confitenda infractus Ambrosius, Mediolani antistes ; et aureus ore et lingua Joannes Constantinopoleos episcopus ; et Severianus Gabalorum ; et sanctus Theodotus, qui Ancyræ præfuit; et Joannes, Constantinopolitano genere et cognomine Cappadox, homo vere virtutis domicilium ; et beatus Eulogius, episcopus Alexandriæ, qui multis verbis Acephalorum sententiam refellit ; et Joannes antistes Scythopolitanus, qui docte et pie de syn-

odo Chalcedonensi scripsit ; et Heraclianus episcopus Chalcedonensis, qui cum Manichæis maximum certamen iniit ; et Leontius solitariam et monasticam vitam ducens ; et beatus Anastasius Theopolitanus, et Symeonius monachus et presbyter. Testimonium vero quod sanctum agnoscit ex epistola ejus ad Justinianum imperatorem, quæ etiam contra Nestorianos et Eutychianos digladiatur, depromptum est. Ipse vero Justinianus pius imperator in iis quæ ad Zoilum patriarcham Alexandrinum scripsit, hanc epistolam *Thesaurum* nominavit, etiam profecto Constantinus quidam dignitate quæstoria (nam ipse quoque contra impium Theodosium scripsit), unde testimonia de duabus in Christo operationibus describuntur. Ad hos omnes accedit Theophilus unus e piis et doctis, qui in scriptis suis cum Severo plurimum pugnat, quem odiosus et contentiosus sectarius librarium ipse pessimus scriptor per contumeliam **287**b nominat. Hæc quidem testimonia quæ liber hic continebat e sanctis illis prius nominatis Patribus deprompta sunt. Utilia vero essent ad reprehendendum eos qui unam tantum in Christo operationem asserunt. Continebatur etiam testimonium in supradictis quoddam e libro quodam sine inscriptione positum. Liber vero unde testimonium erat petitum Severum his orationibus reprehensum clare demonstrabat.........

CCXXXII.
Stephani Gobari Tritheitæ liber.

Legi librum Stephani Tritheitæ cognomine Gobari. Opus magni videbatur laboris, fructum vero non æqualem operæ tulit. Laudis enim studium magis quam magnam utilitatem præ se fert. Ipsa capita quæ tractat, quæque in communes et ecclesiasticas quæstiones retulit, minimum quinquaginta duo erant, paucis his adjectis particularibus. Hæc duplices sententias includunt, et non solum duplices, sed etiam repugnantes. Sententias vero has non argumentis, nec verbis sacræ Scripturæ confirmavit, sed testimoniis tantum , ut scriptor putavit, variorum Patrum, quorum alia sententiam Ecclesiæ, alia contrariam continebant. Contrariam quidem, antiqua testimonia, et antiquorum hominum non multum de certa sententia laborantium asseverant, quarum aliqua non amplexi sunt, sed tamen ei qui hæc collegit amplecti visi sunt : ecclesiasticam vero opinionem confirmant testimonia virorum qui vere senserunt. Hæc autem sunt capita, de quibus per testimonia duplex, et contraria sententia proponitur :

Proprietas, et figura, et forma hypostasis est, sed non conjunctio substantiæ, et proprietatis, nec per se subsistens. — Hoc primum nonnulla testimonia confirmarunt ; deinde rursum postea contrarium alia, hoc est, formam et proprietatem, et characterem hypostasin non esse, sed hypostaseos figuram. Et in aliis capitibus, ne in singulis eadem repetere cogamur, testimonia diversa contrarium asserentia, videntur utrumque prolatum confirmare. — Joannes Baptista Octobri mense conceptus est, cujus contrarium, non in hoc, sed Novembri. — Deipara Dominicæ conceptionis in mense Novorum annuntiationem accepit, nimirum Aprili, quem Hebræi Nisam **288**a dicunt, peperit vero Dominum nostrum Jesum Christum mensibus novem evolutis, hoc est quinto Januario, media nocte, quæ est octavo Idus Januarias ; huic opinio contraria, non in illo mense, quem diximus, sed die vicesimo quinto Martii annuntiationem accepisse, et peperisse Salvatorem non quinto Januarii, sed octavo Kalendarum Januarii. — In resurrectione idem omnino corpus quo nunc induimur, assumemus, nullam mutationem in incorruptibile assumentes ; et e contrario, non corruptibile hoc idem nos corpus assumemus. — Eadem forma resurgemus, et non eadem, sed alia. — Qua ætate quis mortuus est, eadem resurget ; contrarium, non ita, sed pueri in perfecta statura resurgent, et non simul omnes, sed divisim. — Tenue, aerium, ætherium, et spirituale tempore resurrectionis corpus assumemus ; et non hoc, sed terreum, densum, et solidum. Deitatem humana esse forma, et animatam ; et illud ad imaginem corpoream figuram ostendere, qua et homo ad imitationem archetypi conditus est. Angelos habere corpora ejusdem figuræ, qua sunt hominum, et e divina substantia animam humanam prodiisse. Et his contraria : Deitatem [non esse humana forma, nec omnino figuratam, sed neque quidquam aliud prædictorum natura esse. Similiter nec angelos corporeos, sed incorporeos esse, humanamque animam non esse e divina substantia. — Aliud fuisse hominis corpus ante prævaricationem, quod splendidum vocant, et aliud post transgressionem, carneum scilicet, ut nunc est (et hoc sunt pelliceæ tunicæ), quod in resurrectione deponemus. Et e contrario, pellitas (*pelliceas* vetus interpres) tunicas non esse carnem. — Primo resurgent justi, et cum iis omnia animalia, [et post] mille annos vivent, laute comedentes, bibentes, generantes, et post hæc universalis fiet resurrectio ; et e contrario, neque justorum præcedet resurrectio, neque post mille annos deliciæ, neque generatio erit. — Post resurrectionem in paradiso **288**b justorum erit commoratio ; et non in paradiso sed in cœlis, et paradisus non in cœlo, nec in terra, sed in iis quæ interjecta sunt.—Superna Jerusalem est paradisus, et in tertio cœlo, et arbores in eo, sensu præditæ sunt, et intellectum habent et rationem, et homo post prævaricationem inde in terram delatus est. Deinde et contrarium. Paradisum non in tertio esse cœlo, sed in terra. — Bona quæ præparata sunt justis, oculus non vidit, nec auris audivit, nec in cor hominis ascenderunt. Quanquam Hegesippus vir antiquus et apostolicus, libro quinto Commentariorum haud scio an offensus dicit frustra hæc dici, et eos qui hæc dicunt in sacram Scripturam, et contra Christum dicentem : *Beati oculi vestri videntes, et aures vestræ hæc audientes* g, etc., mentiri. — Damnati peccatores in punitione absolvuntur a malitia, et post absolutionem liberantur a pœna. Quanquam non omnes damnandi liberantur, et absolvuntur, sed aliqui, tantum, et hanc esse Ecclesiæ sententiam, neminem e pœna eripi.—Uri et non comburi, est incorruptibiliter corrumpi. Titus autem, episcopus Bostrorum, contra Manichæos scribens, primo libro ait : *Quomodo corruptio suimet corruptio ? Semper enim aliud quid corrumpit, non seipsum. Si seipsum corrumperet, principium non habuisset : corrumpetur enim seipsum corrumpens. Fieri enim non potest incorruptibilem corruptionem communi sensu percipi aliquando posse*. Et clarum est hunc sanctum virum in altero sensu dixisse impossibilem esse corruptionem non corruptam, et sanctum Joannem secundum alterum sensum. Hic quidem incorruptibilem esse corruptionem dixit, pro perpetuo viventem, et semper existentem ; ille vero corruptionem incorruptibilem non esse, hoc est, non posse corruptionem impassibilitatem esse, et incorruptionem, et accidentium servatricem [impassibilitatem]. Sed cum utraque sententia ita se habeat, Gobarus auctor operis differentem sententiam non intelligens, pugnantes quodammodo inter se tradidit conclusiones. — Futurum sæculum octavum est : et contra non octavum, [sed nonum est. — Salvatoris nostri Jesu Christi **289**a corpus tenue erat post resurrectionem, et agile, cœleste, leve, neque tangibile : et ideo intravit clausis januis b. Et tangibile et crassum corpus est aliud a tenui : et eo quod est diversæ figuræ et diversæ substantiæ. Hujus contrarium est : Dominum nostrum, Jesum Christum post resurrectionem, nec purum, nec subtile, nec agile corpus habuisse : magica vero arte, non ipsius corporis natura, januis clausis intrasse. — Christus non deposuit carnem post resurrectionem, sed una cum carne in dextra sedet Patris ; et e contrario, veniet judicare vivos et mortuos, non carnem indutus, sed divinum habens corpus. — Non veniet Dominus in secundo adventu, sed nuda divinitate. Hoc vero Gobarus caput constituens, et testimonia adducens Titi episcopi Bostrorum, milleque alia habens quæ adducere posset testimonia, Dominum Jesum Christum in sola divinitate venturum, omnia omisit, et nullius meminit, ubique præsultantem suam impietatem, quæ in negando, carnis unam naturam esse, impudens est, ostendens. — Corpus impassibile, invulnerabile. et immortale, alterius est substantiæ et generationis quam corpus nostrum : et mortalia in incorruptionem, et immortalitatem transeuntia, mutationem substantiæ admittunt. — Definitio unaquæque perfecta manens, definitorum conservat naturam : si quis vero ab illo aliquid sustulerit,

g Matth. XIII, 16. h Joan. XX, 26.

cive addiderit, definitum dissolvitur. Hæc duo igitur capita, quemadmodum et parva illa prius dicta, ex una parte tantum, et non ex utraque oppositorum testimoniis muniuntur. Deus Verbum totus est in omni, et super omne, et totus est corpore quod sibi hypostatice adunivit, et simpliciter divinitatis substantia tum natura, cum virtute et operatione, omnia complet, et per singula creata communicando se ad universum transit. Et non ita. Deus sua substantia est extra universum, in omnibus vero suis est virtutibus. — Ante mundi creationem Deus angelos creavit. Et non sic, sed primo die quo mundum fecit. — **289**[b] Angeli et dæmones corporibus uniuntur, et contra, neutri horum corporibus uniuntur.— Angeli et rationales animæ, et omnes creaturæ intelligibiles, natura ipsa, et secundum naturam incorruptibiles et immortales sunt. Et e contrario, non natura, sed gratia sunt immortales; natura vero solus Deus.

Angeli descendentes e cœlo in terram, carnem habuerunt, et genitalia, et cum mulieribus commisti gigantes procrearunt : et docuerunt illos artes et malas artes. Gigantes vero cum brutis congredientes, homines prodigiosos genuere, et dæmones tam virili quam muliebri specie. Illi angeli puniuntur, ubi terrarum ignis editur atque erumpit, et calida aqua. Animæ peccatorum dæmonia sunt. Et contra omnes angeli rebelles, cum sine carne fuerint non per se, sed usi hominibus velut instrumentis, congressi sunt cum feminis; at potius neque per se, neque hominibus [usi velut mediis, et non mutantur hominum animæ in dæmonia. — Cœlum rotundum est, neque in orbem vertitur. Et non est rotundum, et in orbem vertitur. — Hoc quod dictum : *Spiritus Domini ferebatur super aquas*[i], hic Spiritus sanctus fuit; et contra Spiritus sanctus non fuit, sed unum e quatuor elementis. — Dies Dominicus idem est, et octavus et primus ; et non sic. — Animæ hominum sunt corpora intelligibilia, et eadem figura sunt, qua forma exterior corporis; et e contrario, incorporea est anima, et corporeis non subjicitur figuris.—Animæ hominum ante mundi constitutionem fuerunt, et cœlis in corpora transierunt, ut Moses et prophetæ, Socrates, Plato, Joannes Baptista, apostolorumque animæ, et ipsa etiam Christi. Et e contrario, non ante corpora in cœlo erant hominum animæ, sed in corporis ortu substiterunt. Ante fuit corpus, deinde anima : vel potius, nec prius sunt, nec post sunt, sed simul exsistunt. Corpus Adami fecit Deus e terra : et non e terra, sed ex aqua et vento.—Spiraculum quod Deus inspiravit in faciem Adami temporarium fuit, nec ut æternus Spiritus; et non temporarium fuit, sed animus **290**[a] immortalis.— Temporarium spiraculum non fuit, neque anima, sed mens, ut e tribus partibus homo constituatur, mente, anima et corpore. Et nihil dictorum fuit inspiratum illud spiraculum, sed Spiritus sanctus. Et non ipse fuit anima, neque meus appellatus, sed creans animam.—Terra, aqua,

et reliqua elementa mutantur in fructus, et plantas, et cibus in corpora et nervos, et reliqua membra corporis. Et e contrario : terra non convertitur in plantas, et fructus, nec alimentum in corpus nostrum.—Post mortem anima neque corpus, neque sepulcrum excedit. Et e contrario, non manet cum corpore anima, neque in sepulcro. Hic mille testimoniis abundans Gobarus, Severiani solum Gabalorum antistitis, et Irenæi adhibuit.—Omne generatum corruptibile est et mortale, voluntate Dei manet insolubile et incorruptibile. Et e contrario, natura corruptum non potest incorruptibile esse voluntate Dei. Contraria enim docet sibi hoc asserens, et impossibilitatem Creatori assignat. Ad hanc opinionem confirmandam testimonium adducit Justini Martyris, libro quo gentium errores refutat, et contra Platonis argumentum dicentis : *Cum facti estis, immortales non estis, neque omnino indissolubiles; neque igitur dissolvemini, nec moriemini morte, nacti legem, quæ mea voluntate fortior est.* Ipse quidem Martyr Platonicum arguens sophisma ostendit Platonem Creatorem inducere, quasi contra se ipsum loquatur et nullam consequentiam dictis adhibeat : vel enim necesse est omne generatum corruptibile esse secundum priorem definitionem, vel eum dicendo omne generatum corruptibile esse mentiri. Gobarus, gentile argumentum evertens nititur ad Ecclesiæ opinionem traducere.

Hæc igitur priora capita duobus et contrariis testimoniis, ut putavit, adornans, ad ea quæ unius partis tantum sunt descendit. Et primo quidem dicit, quod totius opusculi caput est tricesimum octavum, quomodo de Domini incarnatione beatus Eustathius Antiochenus antistites docuerit, et ut beatus **290**[b] Cyrillus Alexandrinus, et qua ratione hoc doctores Ecclesiæ intellexerint : *De die illo, vel hora nemo scit, neque angeli, neque Filius, nisi Pater*[j]; et quomodo hoc Severus intellexerit.

Hæc capita unius opinionis prosequens descendit iterum ad ea quæ duplices opiniones continent, et caput constituit. Dominus noster Jesus Christus lacte e beata Virgine nutritus est, et non lacte nutritus est.— *Minimus in regno cœlorum major est Joanne Baptista*[k], de se ipso dixit Salvator ; et non de se ipso, sed de Joanne evangelista.—Dominus noster Jesus Christus tricesimo ætatis anno crucifixus est, et non tricesimo, sed tricesimo tertio. Et non tricesimo tertio, sed quadragesimo ; et nec tricesimo tertio, nec etiam solum quadragesimo, sed amplius, non multum a quinquagesimo distans.—Eo tempore quo Jesus Christus tradidit discipulis novi Testamenti mysterium, pascha secundum legem comedit, et quod tunc non comederit pascha legale.—Æneus serpens quem Moses in eremo erexit, typus fuit Christi, et non typus, sed antitypus.—Fuit Thomas, qui servo summi sacerdotis auriculam amputavit ; et non fuit Thomas, sed Petrus.—Tempore passionis deitas e corpore Chri-

---

[i] Gen. 1, 2. [j] Marc. xiii, 32. [k] Luc. vii, 28.

sti discessit, et non discessit ab anima nec a corpore.— Salvator lytrum pro humano genere comprehenso, proprium inimico sanguinem dedit, inimico hunc eligente. Et e contrario, non inimico, sed Deo Patri hunc obtulit. — Gloriosius et admirabilius Christus resurrexit quam in monte transfiguratus est. Et resurgens non mutavit corpus in gloriam sibi debitam, sed tale monstravit quale erat ante mortem. Et hoc quidem dicit Cyrillus, sed contrarium Dionysius Alexandrinus.

Duodecimo primi mensis Christum Maria in domo Simonis leprosi unguento unxit, et decimo tertio Christus sacram cœnam discipulis dedit. Decimo quarto salutarem passionem subiit. Decimo quinto resurrexit a mortuis, et decimo sexto assumptus est. Vel non 291a ita : sed decimo quarto sacram cœnam manducavit, decimo quinto crucifixus est, decimo sexto resurrexit. Vel neque hoc, sed post triduum, et in Dominica facta est resurrectio, e post quadraginta dies assumptus est.

A vespera quinta cum Dominus cœnam discipulis dedit, tunc corpus suum sacrificavit.

Hactenus quidem de communibus doctrinis Ecclesiæ et quæstionibus per omnia fere capita disseruit, plerumque per contraria testimonia alteram contradictionis partem confirmans, pauca vero unius opinionis testimoniis confirmans. Hinc autem quædam capita particularia numero octodecim tractat, ut : Quales opiniones habuerit Severus de sanctis Ecclesiæ sacerdotibus? et quomodo sentiat de iis quæ dicta sunt a Cyrillo et Joanne in epistola ad Thomam Germaniceæ episcopum? et quod ea quæ dicta sunt de restauratione rerum a Gregorio Nysseno non probet, neque Papiam episcopum Hieropolitanum, et martyrem, nec sanctum Irenæum Lugdunensem, ubi dicunt regnum cœlorum esse fruitionem quamdam ciborum sensibilium.

Divus Basilius sanctum Dionysium Alexandrinum in locis multis non admittit, maxime ubi Arianorum hæresim confirmat. Defendit illum non ut impia sentientem, sed quod nimio Sabellium oppugnandi studio verbo tenus in contrariam deflexerit opinionem. Quin et de Spiritu sancto impia illum verba fundere. — Magnus Athanasius hunc Dionysium defendit : *Dionysius*, inquit, *nunquam sensit cum Arianis, nec veritatem ignoravit, nec ab aliis episcopis impietatis damnatus est, nec Arianas voces locutus est, tanquam docendo*. Quin et Theodoretus eadem de hoc Dionysio habet. — Apponit ad hæc testimonia, et quomodo Theophilus et cum eo tota synodus erga beatum Joannem Chrysostomum affecta fuerit. — Qualem habuerint opinionem de beato Joanne Chrysostomo episcopo Constantinopolitano Cyrillus et Atticus. — Quid senserit sanctus Isidorus Pelusiota de Theophilo et Cyrillo Alexandriæ episcopis, deque Joanne Chrysostomo ; illos 291b odii erga Joannem Chrysostomum accusavit, hunc vero laudavit et coluit. — Severus, impulsus ut beatum Isidorum reprehenderet, non inventa causa aliqua, affingit illi quod cum Origene senserit, etsi idem iterum per sese, a veritate superatus id revocet. — Ad hæc qualem opinionem habuerit Hippolytus et Epiphanius de Nicolao e septem diaconis uno : et quod valide illum condemnent. — Divinus Ignatius et Clemens Stromateus, Eusebius Pamphili, Theodoretus Cyri episcopus Nicolaitarum damnant hæresim, sed ipsum Nicolaum talem fuisse negant. — Hippolytus et Irenæus epistolam Pauli ad Hebræos dicunt non esse illius. Clemens quidem, et Eusebius, aliorumque Patrum consessus hanc etiam aliis adnumerant, et aiunt hunc Clementem hanc ex Hebræo transtulisse.—Origenem et Theognostum magnus ille Athanasius Alexandrinus in multis libris admittit. Et Titus Bostrorum, et Gregorius Theologus in epistolis eumdem Philocalum nominat. Et Nyssenus laudabiliter ejus mentionem facit, et Dionysius Alexandrinus ad hunc eumdem scribit : et post mortem illius scribens ad Theotecnum Cæsariensem episcopum laudat Origenem, atque Alexander Hierapolitanus ad Origenem scribens, verbis eum plurimum delinit. — Theophilus et Epiphanius Origenem plurimum aversantur. — Quid senserit beatus Hippolytus de hæresi Montanistarum, et quid Gregorius Nyssenus.

Hæc quidem particularia magis quam capita in his. Iterum vero in quid communius delabitur, et affert testimonia. — Anima omnis mortui juvatur maxime per preces, oblationes, et eleemosynas pro se factas. Et e contrario non sic.

Hactenus quidem reperimus Gobarum capitum suorum libellum confecisse.

CCXXXIII.

Germani patriarchæ CP. liber apologeticus pro Gregorio Nysseno.

Legi librum auctore Germano, qui primum Cyzici ordinatus, post Constantinopolitanus patriarcha fuit, qui liber inscribitur, *Retribuens et legitimus* : quod perinde est ac 292a si dixeris : De vera et legitima retributione, quod rependatur hominibus prout vixerint. Et hæc quidem tituli inscriptio. Contendit vero Gregorium Nyssæ episcopum ejusque scripta ab Origenis errore esse immunia. Etenim quibus delirium illud placet, dæmonibus et hominibus in æternam pœnam conjectis liberationem inde exspectandam : illi (quod virum doctrina singularem, et eloquentia insignem cum agnoscerent, claramque sanctitatis existimationem per omnium ora decantatam viderent) aggressi sunt claris et salutaribus ejus scriptis obscura ac perniciosa Origeniani somni venena admiscere, virtutique hominis, et doctrinæ celebri hæreticam occulte amentiam subjicere. Quare partim additamentis falsis partim rectis argumentis violenter detortis, multa ex irreprehensibilibus ejus monumentis calumniari conati sunt. Contra quos Germanus pietatis patronus acutum veritatis gladium stringens, et vulnere prostratos hostes relinquens, victorem superioremque eum constituit in quem hæretica colluvies insidias struxerat et posuerat. Hujus stylus in hoc opusculo purus ac clarus, verborumque tropos feliciter arripiens, phrasi venusta et eleganti, non ad frigiditatem vergens, proposito valide insistens, par etiam in contentionibus suscipiendis, nihilque citra necessitatem immiscens, nihil quod dictu sit necessarium praetermittens, tum constructione et epicherematibus, tum enthymematibus, et est veluti clara sanae doctrinae norma. Ita et illorum si quis vehementes, claras, et gratas, et spiritualem doctrinam ostentationi praeferentes scribere orationes cupit, egregium est exemplum, et imitatione dignum.

Notat enim primo haereticum dogma, quod daemones in antiquum statum, et eos qui in flagitiis suis moriuntur, post poenas definitas in beatorum numerum aggregandos nugatur. Refellit vero fabulis plenam impietatem, primum e Domini **292**b verbis, hinc ex apostolicis decretis, quibus et prophetarum testimonia adjicit, clare ostendentia, ut aeterna est justorum ineffabilis fruitio, sic et peccantium sempiternam atque infinitam poenam futuram : non modo autem testimoniis allatis haereticum atque profanum condemnat venenum, verum etiam e sanctis Patribus. Quinetiam validius, ex ejusdem propriis scriptis quorum perfide haeresis patronum accipere aggressa est : ex his omnibus piis sententiis et verbis calamitosam illam animaeque perniciosam fabulam a toto clero ecclesiastico illam amovere, pium vero dogma, malitiam exosum confirmare et erigere apparet, ad eumdem quoque modum instruere ac munire veritatis vallum, unde hostem arcere in promptu sit. Dicta reliqua deinde sancti Patris affert, quibus improbi ac nequam sectarum, caupones, vinum aquae miscentes adulterare illa, quin potius ecclesiasticas doctrinas conati sunt. Has porro sacras sententias adducens de Origenistis in propriis sententiis convictis quibus illi male utebantur, triumphum egit. Reprehendens tum quod legitima quidem audacibus et impudentibus additamentis illegitima redderent, tum vero additamenta continuantes, nova magna arrogantia et stupiditate ad haereticam suam opinionem ea audacter detorquerent. Et, ut breviter dicam omnia, sancti hujus Patris scripta ab omni haeretica pravitate, et a calumnia, quae in impietatem vergit, immunia esse declarat. Haec porro immunitas et improbitatis refutatio et ex antecedentibus loci depravati, et ex consequentibus conficitur et demonstratur ; et ex aliis sexcentis beati Gregorii Nysseni libris, qui orthodoxe et legitime sentiunt, recte excutiens, ut nemo melius in salutares preces ac laudes Dei laborem finiit. Libri autem quos insidiis excipere haeretici moliti sunt, et quos Germanus veritatis propugnator primarius ab latronum insultu sine noxa servavit, sunt *Dialogus ad Macrinam sororem de anima* ; et *Liber catecheticus*, et ille qui *De perfecta vita* narrationem continet.

---

[1] Thren. III, 34.

CCXXXIV.

Excerpta ex Oratione S. Methodii de Resurrectione.

293a Legi sancti Methodii episcopi et martyris, ex Oratione de resurrectione ; cujus compendii hoc est argumentum :

Corpus non esse vinculum animae, ut Origenes existimavit ; neque animas carceribus illigatas a Jeremia propheta dici [1], eo quod in corporibus sint : neque enim animae operationes a corpore impediri affirmat, imo corpus circumferri potius, et cooperari ea ad quae anima invitat. Enimvero quomodo illud Gregorii Nazianzeni, et multorum aliorum intelligendum ?

Origenes asseruit corpus post praevaricationem animo vinculi loco adjunctum esse, cum prius sine corpore viveret. Quin et hoc corpus quod gestamus causam esse peccatorum ; propterea etiam vinculum appellavit, ut quod animam a bonis operibus prohibere possit.

Quod si corpus animae ut vinculum copulatum est post praevaricationem, aut datum est bonorum aut malorum animae. Impossibile est bonorum ; nullus enim medicorum aut artificum aliorum porrigit remedium peccanti, ut plus peccet : multo minus Deus. Sequitur ergo, malorum : atqui videmus, ut primum Cain hoc corpore vestitus homicidium fecerit ; posteri vero ad quae scelera prolapsi sint, manifestum est. Ergo corpus non est vinculum malorum, nec ullum penitus vinculum [aut carcer], nec illud anima post praevaricationem primum induit.

Homo, inquit, secundum naturam, dicitur verissime neque anima sine corpore, neque corpus sine anima, sed illud quod ex anima et corpore in unam pulchritudinis formam componitur. Origenes vero, ut Plato, solam animam dixit constituere hominem.

Differentiam inter hominem et caetera animalia esse dicit : animalibus variae species et diversae formae datae sunt, quantas nimirum valida et visibilis natura Deo jubente produxit ; homini vero datum est ut esset similis Deo, Deique formae, et omnia quae ad perfectam et primigeniam Patris et Filii unigeniti imaginem spectant. Et qua ratione hoc [datum sit] sanctus ait investigandum.

293b Phidiam statuarium ait, cum Pisaeam statuam ex ebore formasset, imperasse ut oleum interius infusum semper ex statua promanaret, ut illi immortalem vim hoc modo conciliaret.

Diabolus, inquit, est spiritus, circa materiam, a Deo factus, ut et Athenagorae placuit (quemadmodum et reliqui angeli ab eodem Deo facti sunt), cui materia et quae ad materiae formas pertinent, administratio commissa est. Ad hoc enim angeli creati a Deo, ut rebus ab ipso effectis praeessent : ut Deus quidem communem et generalem omnium providentiam gerens, qua rerum omnium potestas et imperium ab ipso pendet. Reliqui vero angeli in iis officiis ad quæ illos Deus fecit, et præfecit, mansere: diabolus vero arrogantia elatus, et in rebus suæ fidei commissis, invidia adversus nos concepta, perfidus factus est. Quemadmodum et ii, qui postea corporum amore capti, cum filiabus hominum per amorem sunt congressi. Nam et ipsis Deus, uti et hominibus, liberum dedit [ad bonum eligendum, aut malum] arbitrium.

Et per pelliceas tunicas mortem intelligit. Narrat enim de Adam: quem Deus omnipotens cum immortalem fecisset, sciens eum ex insidiis [diaboli] malum factum, uti et ille erat qui eum deceperat, diabolus, propterea illi pelliceas vestes concinnavit, quasi illum induens mortalitate, ut per corporis solutionem omne quod in eo malum erat, moreretur.

Sancto Paulo binas revelationes contigisse dicit: neque enim Apostolus, inquit, paradisum in tertio cœlo collocat, uti norunt qui !subtilia ejus verba animadvertunt, quando dicit: *Scio hominem hujusmodi raptum usque ad tertium cœlum* m. Et: *Scio hujusmodi hominem, sive in corpore, sive extra corpus, Deus scit; quoniam raptus est in paradisum* n. Duas illustres revelationes se vidisse significat: bis manifeste raptus; semel quidem usque ad tertium cœlum [semel autem in paradisum. Illud enim: *Scio raptum hujusmodi usque ad tertium cœlum*] proprie significat illi apparitionem factam in tertio cœlo. Illud vero: *Scio rursum raptum hujusmodi hominem, sive in corpore sive extra corpus, Deus scit, quoniam raptus est in paradisum*: alteram rursum apparitionem sibi factam in paradiso ostendit. Hæc autem eo dicit quod contrarium sentientes paradisum tantum spiritualem ponerent ex apostolico dicto, velut qui supra cœlum esset, ut inde concluderent sine corpore futuram in paradiso vitam.

Docet etiam malum facere aut non facere esse in nostra potestate, quia non penderemus pœnas de malis coactis, aut præmia reciperemus pro benefactis. Sed cogitare vel non cogitare mala, in nostra potestate non est. Hinc divum Paulum ait dicere: *Non quod volo hoc facio; sed quod nolo, hoc facio* o, hoc est, Non quod volo cogitare, hoc cogito; sed quod nolo. Porro eradicatum esse vitium mala cogitandi, affirmat per potestatem mortis naturalis. Propterea enim a Deo peccatori mors infertur, ne malum esset æternum. Sed qua ratione hoc intelligendum est? Sciendum hoc etiam ab aliis nostris Patribus esse traditum: morientibus per mortem peccata nec augeri nec minui.

Compendiosa expositio dictorum quorumdam apostolicorum ex eodem sancti Methodii libro.

Legi ex eodem illius libro compendiosam dictorum quorumdam apostolicorum explanationem. Videamus quid ad Apostolum habeamus dicere. Illud enim, quod ab eo dictum est: *Ego vivebam sine lege* p, aliquando [nempe] sursum in paradiso, ut ab initio posuimus, ante legem, non extra corpus, sed cum corpore nostro, vitam in protoplastis actam indicit, extra concupiscentiam tamen viximus, ignari penitus quæ vis [aut impetus] esset concupiscentiæ. Etenim non habere ad cujus præscriptum vivas, neque explicandi jussi divini (quo pacto vivendum sit, ut vel debito præmio afficiaris, vel damneris) liberam potestatem, hoc ab omni rerum crimine absolvit, quia nemo appetit ea quæ non prohibentur. Et quamvis concupierit, non tamen accusabitur. Appetere enim non cadit in præsentia, et ea quæ in potestate sunt posita [sed in præsentia quidem, non tamen in potestate nostra posita]. Quomodo enim hoc quispiam amet, a quo non arcetur, et quo non indiget? Hinc *concupiscentiam nesciovissem, nisi lex dixisset: Non concupisces* q. Audientes enim: *De ligno scientiæ boni et mali non comedetis. In quocumque enim die comederitis ex eo, morte moriemini* r, tunc concupiscentiam arripuerunt et conceperunt. Ideo bene dictum est: *Concupiscentiam nesciebam, nisi lex dixisset: Non concupisces* s. Nec comedere [appetivissem] nisi dictum fuisset: *Non comedetis ex illo*. Hinc enim peccatum mihi illudendi occasionem accepit. Dato enim mandato, diabolus occasionem habuit excitandi in me concupiscentiam. Nam sine lege peccatum erat mortuum. Non data enim lege, peccatum quasi inefficax erat. Ego autem vivebam ante legem inculpate, ut qui normam non haberem secundum quam viverem. *Sed cum venisset mandatum, peccatum revixit. Ego autem mortuus sum, et inventum est mihi mandatum quod erat ad vitam, hoc esse ad mortem* t. Nam post legem a Deo latam, et mandatum mihi datum quid faciendum esset, operatus est in me concupiscentiam diabolus. Nam promissio [præceptum] Dei mihi data ad vitam et immortalitatem, ut obediens illi, vitam ad immortalitatem semper efflorescentem habeam, et gaudeam, contemnenti illam in mortem vertit: cum diabolus, quem hic peccatum nominavit, eo quod ipse architectus seu auctor sit peccati, qui accepta, per præceptum, occasione me per inobedientiam decipiendi, deceptum occidit, hæc scilicet damnationis sententia: *Quacumque die comederitis ex illo, moriemini*; reum pergit, *ut lex quidem sancta, et præceptum Dei sanctum, justum et bonum*, ad salutem nempe, non ad exitium datum: nihil enim inutile vel noxium a Deo fieri credimus. Quid ergo? Num bonum mihi mortem creavit, quod mandatum mihi datum summi boni causa fieri debebat? Absit; quia lex Dei mihi nequaquam causa fuit, ut corruptionis jugum subirem, sed diabolus; ut per bonum, malum

---

m II Cor. xii, 2. n ibid. 3. o Rom. vii, 15. p Rom. vii, 9. q Exod. xx, 17. r Gen. ii, 17. s Rom. vii, 7. t ibid. 9, 10.

palam fieret, qui effecit apud me ut fieret et deprehenderetur summus peccator peccati et fabricator : *Scimus enim quod lex spiritualis est* [u], eoque nulli ullius damni causa : [spiritualia enim ab irrationali concupiscentia et peccato procul habitant: *Ego autem carnalis sum, venundatus sub peccatis* [v], quasi diceret: Ego autem carnalis sum, et in medio boni et mali in libero arbitrio constitutus, ut in mea potestate sit, quid **295**a velim eligere : *Posui enim ante faciem tuam*, inquit, *vitam et mortem* [x]. Ego pronus ad violandam legem spiritualem videlicet præcepti ; et [promptus] ad materialem [seu carnalem] serpentis videlicet suggestionem, propter hanc electionem venundatus cecidi in peccatum, obnoxius diabolo. Hinc ergo obsidens me peccatum insidet et incolit atque inhabitat in carne mea, pœna mihi legem prævaricanti imposita, ut venundarer peccato. Hinc illud dictum : *Quod operor non intelligo ; et quod odi, facio* [y]; non est de factis intelligendum, sed de solo cogitatu. Neque enim est in nostra potestate cogitare aut non cogitare absurda: sed uti, vel non uti cogitationibus reipsa in nobis est. Nam arcere cogitationes uti nobis non incidant, non possumus, cum aliunde suggestas admittamus : sed consentire, aut patrare non cogimur. Propterea *Velle mihi quidem adjacet*, ne mala cogitem ; *perficere autem, ut illa exstinguam, ne amplius menti occurrant, non habeo* [z]. Quia hoc, ut dicebam non est in nostra potestate, ut sit sensus talis hujus dicti : *Non enim, quod volo bonum facio*. Volo enim ne cogitare quidem, quæ mihi noceant; [hoc etenim bonum prorsus inculpatum est. Et hoc quidem, quod volo bonum , non facio; *quod vero nolo, facio malum* [a]. Nolo cogitare, cogitando interim quæ nolo cogitare. Atque propter hæc ipsa forte David Deum [supplex] adiit, iratus cogitationibus suis, quas passus est invitus: *Ab occultis meis munda me, et ab alienis parce servo tuo. Si mei non fuerint dominati, tunc immaculatus ero, et emundabor a delicto magno* [b]. Et ipse Apostolus alibi : *Consilia destruentes, et omnem altitudinem extollentem se adversus scientiam Dei, et in captivitatem redigentes omnem intellectum in obsequium Christi* [c].

Si quis autem in eodem [Pauli] loco progredienti ausus dixerit, quasi doceat Apostolus, quod non solum ratiocinando malum oderimus, et quod nolumus, faciamus ; sed etiam in operando id ipsum, eo quod dicat : *Non quod volo facio bonum : sed quod nolo malum, hoc facio* [d], ab hoc, qui vere, ita **295**b ut dicit, sentit, petimus explicari , quid sit illud malum quod Apostolus oderat, et nolebat facere. Faciebat enim, et bonum, quod volebat facere, tamen non faciebat; sed contra potius, quoties volebat bonum facere, toties bonum, quod volebat, non faciebat, sed malum, quod nolebat, faciebat. Quemadmodum vero nos quoque, ut peccatum penitus abjiciamus adhortatur : *Imitatores*, inquit, *mei estote, sicut et ego Christi* [e] : ita non faciendo quæ nolebat, subjicit ante dicta. Sed solum cogitando quomodo Christi sedulus erit imitator?

Bonum igitur, nisi haberemus hostes et adversarios, erat jucundissimum. Sed quia hoc erat impossibile, et quæ volumus, nequimus : nolumus enim adversarios, qui nos in vitia trahant (quod esset sine sudore salvari). Et hoc quod volumus, non fit, sed quod nolumus. Oportebat enim nos probari; ne dedamus, o anima, ne dedamus nos in malo : *Sed accipientes armaturam Dei protegentem nos, induamur loricam justitiæ, et calceemus pedes in præparationem Evangelii, in omnibus sumamus scutum fidei, in quo possimus omnia tela nequissimi ignea exstinguere, et galeam salutis, et gladium spiritus, quod est verbum Dei, ut possitis stare adversus insidias diaboli, consilia destruere* [f] *, et omnem altitudinem extollentem se contra scientiam Christi* [g]. — *Quoniam non est nobis colluctatio adversus carnem et sanguinem* [h].

Non enim quod volo, hoc ago ; sed quod odi, hoc facio. Si autem quod nolo, illud facio, consentio legi, quoniam bona est. Nunc autem non amplius ego operor illud, sed quod habitat in me peccatum. Scio enim quia non habitat in me, hoc est in carne mea, bonum [i], recte dicens [divus Paulus]. Meministis enim, quemadmodum antea a nobis explicatum est, postquam accidit ut homo deceptus præceptum contemneret, ab illo tempore peccatum, propter inobedientiam, originem accepit in homine habitandi. In hunc enim statum res incidit. Ærumnis anxiis et cogitationibus importunis oppressi, Dei spiritu exuti sumus, et **296**a corporali concupiscentia impleti, quam callidus nobis serpens immisit. Hinc Deus mortem, qua deleret in nobis peccatum, excogitavit, ut ne in nobis, si immortales mansissemus, etiam concupiscentia semper repullulans immortalis esset. Unde Apostolus : *Scio enim quod non habitet in me, hoc est, in carne mea, bonum;* quod cum dicit, vult declarare peccatum in nobis, post prævaricationem, per concupiscentiam nidificasse, cujus velut nova germina, cogitationes carnem titillantes in nobis semper excitantur. Duo enim cogitationum genera exsistunt, alterum a concupiscentia, se in corpus nostrum insinuante, natum, quod ex sensu, ut dixi, seu cogitatione, corporalis spiritus constat; alterum autem a lege divini præcepti [profectum], quam uti naturalem legem a Deo insitam accepimus, quæ mentem nostram ad virtutem excitat. Unde condelectamur legi , in animo, hoc enim interior homo est. Legi vero diaboli [condelectamur] [secundum inhabitantem in carne concupiscentiam. Diabolus enim, qui repugnat, et oppugnat legem Dei quasi impetum quemdam mentis ad bonum; hic est qui sensus nostros

---

[u] Rom. vii, 14. [v] ibid. [x] Deut. xxx, 15. [y] Rom. vii, 15. [z] ibid. 18. [a] ibid. 19. [b] Psal. xviii, 13, 14. [c] II Cor. x, 4, 5. [d] Rom. vii, 19, 20. [e] I Cor. xi, 1. [f] Ephes. vi, 11-17. [g] II Cor. x , 5. [h] Ephes. vi, 12. [i] Rom. vii, 15 18.

corporales et vitiosos semper impellit ad impietatem. Tres enim Paulus hic manifeste mihi leges explicare videtur : unam secundum insitum in nobis bonum, quam aperte vocavit legem mentis : alteram, quæ fit ex diaboli impetu seu tentatione, cum sæpe ad improbas animam pertrahit imaginationes, quam ait repugnare legi mentis. Tertiam secundum peccatum ex concupiscentia inveterascentem in carne, quam legem peccati habitantem in membris appellavit, qua inductus [homo] sæpe ad peccatum et improbas actiones pellicitur. Videtur enim quasi nobis ipsis nunc hoc melius, nunc illud deterius; et cum id, quod nobis videtur natura melius, deteriore illo potentius fuerit, animus toto impetu fertur in bonum; quando vero id quod deterius est, regnum insolenter affectarit, homo rursum contraria via in deteriores cogitationes et consilia præceps agitur. Eapropter Apostolus ab eo velut morte et exitio cupit liberari j, quemadmodum et Propheta : *Ab occultis meis munda me*, inquit k. Ipsa ergo verba hoc declarant Apostoli dicentis : *Condelector enim legi secundum* **296**b *interiorem hominem; video autem legem in membris meis contradicentem legi mentis meæ, et captivantem me in lege peccati, quæ est in membris meis. Infelix ego homo, quis me liberabit de corpore mortis hujus* l? Non corpus mortem appellans, sed legem peccati in membris per prævaricationem in nobis latitantem, et semper ad mortem peccati animam trahentem. Statim ergo infert (utique liberatus, a quali morte liberari cupiebat : quis autem illum liberavit?) : *Gratia Dei per Jesum Christum* m. Itaque, o Aglaophon, animadvertendum, si hoc corpus, ut existimatis, mortem appellavit, non Christum quasi liberatorem suum a tali postea malo nominasset. Quid deinde Christi adventus singulare nobis attulisset; quid omnino Apostolus, veluti per Christi adventum confirmatus, ut a morte per Deum liberaretur, hoc prædicaret? quando omnibus, etiam antequam Christus in mundum veniret, mori datum est, ut non hoc corpus, o Aglaophon, mortem appellet, sed peccatum quod per concupiscentiam habitat in corpore, a qua ipsum Deus per adventum Christi liberavit.

Lex enim vitæ spiritus in Christo Jesu liberavit nos a lege peccati et mortis n : ut is qui Jesum ex mortuis excitavit, propter spiritum ejus inhabitantem in nobis, vivificet mortalia corpora nostra, peccato in corpore ad abolitionem damnato, ut justificatio naturalis legis secundum præceptum nos ad bonum trahentis accensa appareat. Nam infirmam partem naturalis boni, quæ victa a concupiscentia in corpore degente ægrotabat, sanavit Deus, mittens Filium suum, qui similem carnem carni peccati assumpsit, ut peccato ad internecionem profligato, ne repullularet in carne, et proprietas naturalis legis impleretur in iis qui non secundum concupiscentiam carnis, sed secundum desiderium et ductum spiritus ambulant. Lex enim spiritus vitæ, quod est Evangelium (quæ alia est ab **297**a ante dictis legibus, per prædicationem ad obedientiam et remissionem peccatorum posita) liberavit nos a lege peccati et mortis, devicto penitus peccato quod carni dominabatur.

Plantas ait [Methodius] nec a terra ali nec augeri. Dubitet, inquit, quispiam quomodo terra immutata in tantam arborum amplitudinem assumi (seu crescere) possit. Oportebat enim locum in quo arbor excrevit, et circumjacente terra subducta in ligni naturam excavari. Inanis ergo illorum talis de corporum fluxu consideratio. Quomodo enim ulla ratione terra per radices in truncos ingressa, et per venas in omnes earum ramos diffusa, in folia et fructus commutatur? Proceræ quidem arbores cedrus, vel pinus, vel abietes, et multas frondes et fructus quotannis ferunt. Licet enim videre, ut nihil subjectæ terræ in vastitatem quercus assumant. Oportebat enim, si verum sit, terram per radices ascendentem in lignum mutari, omnemque circumcirca locum terræ cavari : quia quod aridum est non ita potest affluere ut humor semper affluit, cum proximus submovetur. Jam vero et ficus similesque stirpes in ædium recessibus frequenter satæ, nihil omnino ex ædificio in se vertisse videntur. Ergo si multorum annorum fructus ex illis et folia quis colligeret, ingentem in domorum penetralibus terræ copiam ex illis factam videret. Unde absurdissimum est existimare terram in fructuum ubertatem mutari, et folia consumi, quamvis per hanc omnia fiant, cum terræ sede locoque utuntur. Neque panis sine mola, loco, tempore et igne fit, et tamen nihil horum est aut fit panis, uti et in sexcentis idem est videre.

Hoc Pauli : *Scimus enim, quoniam si terrestri domus nostra hujus habitationis dissolvatur* o, etc. Origenistæ ad tollendam corporum resurrectionem aiunt tabernaculum accipi pro corpore, et cœlestem domum nulla manu factam, quæ illi spiritualia indumenta vocant. Hinc dicit sanctus Methodius, **297**b per terrestrem domum, brevem hanc vitam abusive intelligendam, et non hoc habitaculum. Si enim per terrestrem domum dissolvendam corpus nostrum ab eo intelligi putatis : quid habitaculum sit docete, cujus domus sit dissolvenda. Aliud enim est habitaculum, aliud habitaculi domus, et aliud nos, quorum est habitaculum. Si enim, inquit, terrestris domus nostra habitationis dissolvitur ; quasi figurato non esse animas ostenderet, habitationem vero corpus, domum autem habitationis usuram carnis in præsenti vita. Si ergo hæc corporis vita instar domus dissolvatur, habebimus in cœlo non manufactam, inquit, quod hæc vita differentiæ causa manufacta propterea dicatur, eo quod omnis cultus et studia vitæ hujus manibus

j Rom. vii, 24. k Psal. xviii, 13. l Rom. vii, 22-24. m ibid. 25. n Rom. viii, 2. o II Cor. v, 1.

administrentur et gerantur. Corpus enim, cum sit opus Dei, manufactum non dicitur, eo quod non sit arte hominum effectum. Si autem corpus propterea manufactum dixerint, quod a Deo sit effectum, tunc etiam animæ, et angeli, et ipsa in cœlis indumenta manufacta dicentur. Omnia quippe hæc Dei sunt opera. Quæ est ergo domus manufacta? Hæc, inquam, brevis vita, ope humana sustentata seu condita: *In sudore*, inquit, *vultus tui vesceris pane tuo* p; qua dissoluta illam immortalem non manufactam occupamus, quemadmodum Dominus ipse declaravit, cum dixit: *Facite vobis amicos de mammona iniquitatis, ut cum defeceritis, recipiant vos in æterna tabernacula* q. Quod enim ibi Dominus appellavit *tabernacula*, hic Apostolus vocat *indumenta*. Quod ibi *amicos iniquitatis*, hic Apostolus *domus* dissolvendas diversorii seu habitationis. Quemadmodum ergo, cum dies vitæ nostræ præsentis defecerint, bona opera, animas nostras ad compensanda benefacta, quæ in vita iniquitatis possedimus, (eo quod mundus sit in maligno positus) recipient r: ita brevi hac vita soluta, animæ ante resurrectionem habitationem habebunt apud Deum, donec instauratam et nunquam casuram recipiamus domum. Unde et ingemiscimus, nolentes corpus hoc exuere, sed super ipsum reliquam vitam induere s. Illud enim domicilium cœleste, **298**a quod superinduere cupimus, est immortalitas quam ubi induerimus, absorbebitur penitus a vita æterna consumptum, quidquid in illa infirmum et mortale.

Per fidem enim ambulamus, non per speciem, hoc est, per fidem adhuc progredimur, statum illic obscurissima consideratione contemplantes, et non aperte, ut videre, et frui, et esse in illo possimus.

Hoc autem dico, fratres, quod caro et sanguis regnum Dei possidere non possint, neque corruptio incorruptionem hæreditabit t. Cum carnem vocat, non hanc carnem intellexit, sed irrationalem impetum contra lascivas animæ voluptates. Cum ergo dicit: *Quod caro et sanguis regnum Dei non possidebunt*, simul declaravit, quod *neque corruptio hæreditabit incorruptionem*. Corruptio autem non est id quod corrumpitur, sed quod corrumpit. Morte enim prædominante, corpus in corruptionem vergit. Vita autem in eo rursum manente, manet incorruptio. Quare cum inter confinia corruptionis et incorruptionis caro nata sit, nec sit corruptio nec incorruptio, victa est a corruptione, propter delectationem, incorruptionis opificium, quamvis esset in possessione [incorruptio]. Hinc [caro] nata est in corruptionem. Et postquam victa est a corruptione, et morti propter castigationem tradita, non reliquit illam corruptioni ad victoriam in hæreditatem, sed rursum victa per resurrectionem morte reddidit incorruptioni, ut ne corruptio incorruptionem in hæreditate acciperet, sed potius incorruptio corruptibile [absorberet]. Dicit enim: *Oportet enim corruptibile hoc induere incorruptionem, et mortale immortalitatem* u. Corruptibile autem et mortale induere immortalitatem et incorruptionem quid aliud sit, quam seminatum in corruptione, resurgens in incorruptione: *Ut sicut portavimus imaginem terreni, portemus et imaginem cœlestis* v? Imago enim terreni, quam portavimus, illud est: *Terra es, et in terram reverteris* x. Imago autem cœlestis est resurrectio ex mortuis et incorruptio.

Justinus vero Neapolitanus vir haud longe ab apostolorum temporibus et virtutibus remotus, quod mortale est hæreditate accipi dicit, vitam vero hæreditatem accipere. Et carnem quidem mori, vivere vero regnum cœlorum. Quando vero Paulus **298**b a sanguine regnum Dei possideri posse negat, non dicit hoc, ut carnis regenerationem videatur negare, sed ut doceat, non possideri regnum Dei, quod est vita æterna, a corpore, sed corpus a vita. Si enim regnum Dei, quod est vita, a corpore possideretur, eveniret ut vita a corruptione absorberetur. Nunc contra id quod mortuum est, a vita possidetur, ut in victoria mors a vita absorbeatur, et corruptibile ab incorruptibili possideri videatur; liberum tamen a morte et peccato factum; sed ut serviat et ministret immortalitati, ut corpus sit incorruptionis, non incorruptio corporis. *Quod mortui in Christo resurgent primum, deinde nos qui vivimus* y. De hoc ita censet sanctus Methodius: Hoc est [inquit]: Ipsa nostra hæc corpora. Nos enim qui vivimus, animæ sumus, qui excitata e terra corpora mortua accipimus, ut in occursum Domini simul cum ipsis rapti gloriose celebremus illi festum resurrectionis. Pro quibus æterna nobis tabernacula non interitura aut solvenda accepimus.

Vidi, inquit, in Olympo monte Lyciæ ignem sponte sua in montis cacumine ex imo terræ enascentem, juxta quem stirps, pyragnus (1) [nomine] exsistit adeo florida, virens, et opaca, ut e fonte potius nata videatur. Quam igitur ob causam cum naturæ corruptibiles sint, et corpora ab igne consumantur, hæc sola stirps non solum non exuritur, sed magis etiam efflorescit, quamvis natura facile exuri possit, præsertim ad ipsius radices igne eructante? Ramos ergo ex circumjacentis silvæ arboribus, in ignem illic erumpentem conjeci, qui subito flammis correpti in cinerem redacti sunt. Quid ergo sibi vult hoc miraculum? Signum et indicium futuri diei Deus hoc exhibuit, uti sciamus, flammis olim omnia absumpturis corpora quæ in puritate et justitia vitam transegere, per ignem non secus ac frigidam aquam transitura.

Vide, inquit, utrum non beatus **299**a Joannes, cum

---

p Gen. III, 19. q Luc. XVI, 9. r I Joan. V, 19. s II Cor. V, 2. t I Cor. XV, 50. u ibid. 53. v ibid.
49. x Gen. III, 19. y I Thess. IV, 15, 16.

(1) *Salix torrentis*, Vulg.

dicit: *Dedit mare mortuos suos, qui in eo erant: et mors et infernus dederunt mortuos suos, qui in ipsis erant*[z]; partes ab elementis redditas ad uniuscujusque reparationem, ostenderit? Mare quidem [constat] esse naturam humidam, infernum autem, aerem ab obscuritate, quod non videatur, quemadmodum Origenes explicat, mortem item esse terram, eo quod mortuus in ea reponatur. Unde et pulvis est appellata mors in Psalmis, Christo dicente *se in pulverem mortis deductum esse* [z'].

Ait [Methodius]: Quidquid ex puro aere et puro igne componitur, et angelicis naturis consubstantiale est, illud non potest habere terrae et aquae qualitatem, quia necessario ipsum esset terrestre. Tale autem et ex hisce [aere et igne] resurrecturum corpus fingit Origenes, quod spirituale appellavit.

Atqui, inquit, quae species erit resurgentis, si forma haec humana, velut inutilis ipsi, exstinguatur, quae ex omnibus in animalia cadentibus formis est amabilior, qua Numen ipsum utitur, quemadmodum sapientissimus Paulus explanat: *Vir quidem non debet velare caput suum, quoniam imago et gloria Dei est* [a], ad quod rationalia quoque angelorum corpora sunt exornata. Eritne ergo [corporis resurgentis forma] circularis, aut angularis, aut cubica, aut pyramidalis? Variae enim sunt figurarum species; sed hoc est impossibile. Ecqua haec sors esset, formam Deo similem (similem enim animam esse corpori ipse quoque fatetur) velut deteriorem abjici, et [corpus] sine pedibus manibusque resurgere?

Transformatio, inquit, est ad immortalitatem et gloriam transmutatio. Nunc enim corpus est in desiderio et humilitate: unde Daniel *vir desideriorum* est appellatus [b]. Tunc autem transfigurabitur in corpus impassibile, non mutato in deterius ornatu membrorum, sed exstincta corporalium voluptatum concupiscentia.

Coarguens dein Origenem ait: Origenes igitur vult non eamdem carnem cum anima conjunctum iri, sed qualem nunc singulorum formam, secundum speciem corpus carni imprimit, [talem sed] in alio corpore spirituali impressam resurrecturam, ut unusquisque rursum idem videatur secundum formam; et hanc esse **299**[b] promissam nobis resurrectionem. Cum enim, inquit, corpus materiale fluxum sit, et in seipso nequaquam persistat, sed deficiat et crescat secundum figuram, quae formam exprimit, sub qua [specie] continetur et figura, necesse est ut resurrectio in sola specie fiat. Deinde post pauca dicit: Si igitur, o Origenes, resurrectionem in sola specie in spirituale corpus mutata, exspectandam contendis, et visionem Eliae et Moysis nobis pro certissima demonstratione exhibes: *Quemadmodum illi*, inquis, *post mortem non alia, quam viventes olim habebant, species apparuerunt: ita et nos resurgemus*: Moyses autem et Elias ante Christi passionem et resurrectionem, formam hanc, quam ais, habentes resurrexerunt et apparuerunt. Quomodo ergo Christus [o Origenes] primogenitus mortuorum a prophetis et apostolis celebratur? Si enim primogenitus mortuorum Christus esse creditus est, primogenitus vero is est, qui ante omnes ex mortuis resurrexit: Moyses autem jam ante Christi passionem hanc habens formam apostolis apparuit, secundum quam impleri ais resurrectionem; atqui non formae sine carne est resurrectio, aut enim solius formae est resurrectio, ut doces; et [hac ratione Christus] non potest esse amplius primogenitus mortuorum, eo quod animae post mortem secundum formam ante Christum hoc habuerint ut apparerent: an revera, primogenitus est, ut est; et impossibile est prorsus ut aliqui ante illum dignati fuerint ea resurrectione ut non amplius morerentur. Si autem nemo ante illum surrexerit: Moyses autem et Elias non in corpore, sed tantum per formam apostolis apparuerunt; profecto resurrectio manifeste in carne [futura esse] declaratur. Absurdissimum enim est resurrectionem sola forma definire, quando animae post exitum a corporibus nunquam apparent secundum formam, quod ad resurrectionem sint repositae. Si autem aderit illis hoc quod ab illis nunquam auferetur, quemadmodum in Moysi et Eliae anima adfuit; neque corrumpitur secundum te, neque perit, semper praesens cum illis, non forma profecto resurgit, quae nunquam cecidit. Quod si quis indignatus dicat: Si nemo resurrexit antequam Christus descenderet **300**[a] ad inferos, quomodo memorantur quidam ante illum surrexisse, inter quos viduae Sareptanae filius, et Sunamitidis filius, itemque Lazarus? respondendum hos resurrexisse ut iterum morerentur. Nos autem de iis pronuntiamus, qui post resurrectionem nunquam amplius sunt morituri. Quod si de Eliae anima dubius dixerit, quasi Scripturis affirmantibus illum in carne assumptum esse, nos doceamus illum apostolis absque carne apparuisse? respondendum quod, etsi diceremus illum apostolis in carne apparuisse, illud tamen pro nobis magis faceret. Ostenderetur enim propterea quoque corpus nostrum immortalitatis esse capax, quemadmodum ostensum est in Enoch translato. Si enim incorruptionis capax non esset, haud potuisset tanto tempore sine labe corruptionis permanere. Ergo cum corpore apparuit, erat ille quidem moriturus, sed nondum adhuc surrexerat. Et haec ut demus Origeni, qui formam secundum eadem lineamenta post mortem a corpore sejunctam, animae reddi dicit, quod nulla prorsus ratione fieri potest, eo quod forma carnis prius in alterationibus corrumpatur, quemadmodum et figura fusae statuae ante totius operis solutionem: qualitas enim a materia secundum hypostasin separatur quidem a fusa statua, forma in aere deleta, sed quae non amplius

[z] Apoc. xx, 13. [z'] Psal. xxi, 16. [a] I Cor. xi, 7. [b] Dan. ix, f23.

secundum substantiam subsistat. Quia vero forma a carne in morte recedere dicitur, age quomodo recedat videamus. Separari aliquid ab aliquo dicitur aut facto et subsistentia, aut cogitatione, aut facto quidem, seu operatione, sed non hypostasi : ut si quis triticum et hordeum mista inter se secernat. Quatenus enim secundum motum secernitur, operatio dicitur; quatenus vero secreta per se subsistunt, hypostasi divisa dicuntur. Cogitatione vero seu ratione, quando materiam a qualitatibus distinguimus, et qualitates a materia. Operatione tantum et non hypostasi, cum separatum aliquid ab aliquo non amplius fuerit, substantiæ hypostasin non habens. Intelligat autem quispiam hoc etiam in rebus mecanicis, quomodo se habeat, si statuam videat, aut equum ex ære fusum. Haec enim contemplatus videbit naturalem formam in his mutari, et in aliam figuram mutata transformari, a qua prior forma naturalis deletur. Etenim si quis signa in hominis aut **300**b equi figuram effigiata collique faciat; figuræ formam videbit exstinctam, materiam manere. Itaque absurdum est affirmare formam quidem nequaquam corruptam resurgere, corpus autem, in quo forma descripta est corrumpi. Atqui sane, inquit, in spirituale transferetur corpus. Ergo fateri necesse est eamdem proprie formam primam non resurgere, eo quod simul mutata et corporea sit cum corpore. Etsi enim in spirituale corpus translata sit : ipsa tamen eadem non erit primum proprie subjectum [quod ante fuit], sed quædam illius in subtili corpore transformata similitudo. Si autem non eadem forma, neque idem corpus resurgit, sed aliud pro alio : simile enim alterum simile sibi est: illud ipsum, ad cujus exemplum factum est, fieri non potest.

Formam ait esse id, quod in figura formæ uniuscujusque, membrorum identitatem exhibet.

Verbum quod dixit propheta Ezechiel de mortuorum resurrectione ͨ Origenes allegorice interpretatus est, et ad Israelitarum ex captivitate Babylonica reditum quasi per vim detorsit, quem post multa sanctus Methodius coarguens hoc dicit : Neque Judæi plenam sinceramque libertatem assecuti sunt, neque hostibus devictis majori cum potestate Hierosolymam incoluerunt. Imo sæpe cum instaurare urbem conarentur, ab aliis populis sunt impediti. Unde et intra quadraginta sex annos vix templum absolverunt, cum illud Salomon septem annis ab ipsis fundamentis excitatum perfecisset. Et quid opus est verbis? A Nabuchodonosore et successoribus ejus in Babylone usque ad Persarum in Assyrios expeditionem, et Alexandri imperium, et bellum jam cum Romanis incrudescens sexies ab hostibus Hierosolyma eversa sunt. Et hoc Josepho teste qui dicit : *Anno altero Vespasiani imperatoris, capta autem et ante jam*

ͨ Ezech. xxxvii, 1 seqq. ͩ Luc. xvi, 27, 28.

(1) Error Methodii animas esse corporeas.

quinquies fuerat, iterum excisa est Hierosolyma. Asochæus enim Ægypti rex, et hujus successor Antiochus, deinde Pompeius, deinde post hos Sosius cum Herode captam urbem incenderunt. Ante hos vero Babylonis rex expugnatam vastavit.

Origenes præterea hæc dicit : De Lazaro **301**a et divite dubitari potest, aliis quidem simplicius dictum putantibus, quasi ambo in corporibus suis assumptis digna factis in vita præmia receperint : aliis subtilius, quia, cum post resurrectionem nemo in vita relinquatur, non existimant hæc in resurrectione contigisse. Dicit enim dives : *Habeo quinque fratres, ne et ipsi veniant in locum hunc tormentorum, mitte Lazarum, qui nuntiet ipsis, quæ hic fiunt* ͩ. Quærunt ergo per hæc linguam et digitum et sinus Abrahæ, et compellationis vocem, et fortasse figuram illam seu formam statim cum animæ excessu, similem corpori crasso et terreno. Res ita potest intelligi : Si quando quis ex mortuis narratur apparuisse, videtur in simili forma, quam in carne habuit. Deinde Samuel apparens, ut manifestum est, spectabilis probat se corpore indutum fuisse. Si maxime demonstrationibus urgeamur fateri, animæ naturam incorpoream esse, hanc videri [demonstrationem]. Sed et dives punitus, et pauper in sinu Abraham requiescens ante Salvatoris adventum, et ante consummationem sæculi, et propterea ante resurrectionem, dum dicuntur hic quidem apud inferos puniri, ille vero in sinu Abrahæ requiescere, docent etiam nunc post excessum e vita animam corpore uti. Ad hæc vir sanctus respondet, figuram aliam visu similem sensibili huic, animam post emigrationem ex hac vita habere; animam incorpoream professus ad Platonicam fere rationem definit. Dum enim dicit illam post excessum ex hac vita vehiculo egere et veste, eo quod nuda comprehendi tenerive non possit, quomodo ergo per se non sit incorporea? Cum autem incorporea sit, quomodo non expers erit [per se] passionum, seu dolorum? Comitatur enim ipsam, si incorporea sit, uti nec pati, nec teneri possit. Ergo si concupiscentia irrationali nulla ratione fuit tacta, neque corporis dolentis patientisque sensu ullo fuit tacta, (nam incorporeum quomodo corporis sensu, aut corpus incorporei affectu tangatur?) sequitur convenienter prædictis ut incorporea esse videatur. Si autem cum corpore patiatur, quemadmodum **301**b ex iis qui apparuerunt comprobatur, incorporea esse non potest. Ergo solus Deus natura ingenita, nullius indigens, et indefessa nec fatigabilis prædicatur, qui, cum incorporeus sit, propterea est invisibilis. Deum enim nemo vidit; animæ vero (1) a Patre universorum corpora rationalia conditæ, in membra ratione percipienda exornatæ, hanc figuram acceperunt : unde apud inferos, ut in Lazaro et divite [est videre] linguam, et digitum, et alia membra habere dicuntur, non quod alienum corpus cum illis exsistat informe, sed quod ipsæ animæ, ab omni tegumento nudatæ per se natura sua secundum substantiam tales sint.

Addit in fine vir sanctus, illud dictum : *In hoc Christus mortuus est ut vivorum et mortuorum dominetur* [e], de animabus et corporibus accipiendum esse, vivis scilicet animabus, utpote immortalibus, mortuis vero corporibus.

Quod si corpus humanum omnium animalium aliorum corporibus est nobilius, quia ipsius Dei manibus efformatum et rationalis animæ præstantius vehiculum : quomodo hoc tam brevis est ævi, cum multa animalium irrationalium corpora sint hoc multo longioris vitæ? Manifestum ergo illius substantiam post resurrectionem longævam [sive æternam] fore.

CCXXXV.
Ex libro sancti Methodii de creatis excerpta.

Legi e sancto Methodio episcopo martyre per compendium excerpta de genitis seu creatis.

Illud Christi : *Nolite projicere sanctum canibus, neque margaritas vestras ante porcos* [f]; dixit margaritas esse eos qui in Ecclesia sanctiora divinæ religionis mysteria capiunt : porcos vero, qui in omni genere impietatis et voluptatis veluti porci in cœno adhucvolutantur (1). His, inquit, a Christo dictum est non esse cœlestia mysteria projicienda, eo quod hæc capere non possint, veluti impietatis et feris fœdisve voluptatibus jam ante occupati. Sanctus Methodius ait, si per margaritas intelligendæ sunt venerandæ sacræque Litteræ, per porcos autem homines impietati et voluptatibus dediti, quibus apostolica 302*a* dicta ad pietatem et Christi fidem ducentia non sint accommodata, sed celata, vide ne dicas ullum Christianorum apostolicis præconiis ex prioris vitæ impietate conversum esse. Neque enim ulla ratione divina Christi mysteria projecerint iis, qui propter infidelitatem similes sunt porcis. Aut ergo omnibus Græcis, et aliis infidelibus hæc mysteria a Christi discipulis sunt proposita et prædicata, illosque ab impietate ad Christum converterunt (uti et nos credentes confitemur), et illud dictum : *Ne projicite margaritas vestras ante porcos*, non potest amplius ita accipi, uti dictum est : aut hoc ita, ut dictum est, accepto seu intellecto, dicendum erit nobis, nulli infidelium quos porcis comparamus, per apostolica documenta quæ animas instar margaritarum illuminant, fidem in Christum et ab impietate libertatem partam esse. Sed hoc blasphemum est dicere. Ergo margaritæ hoc loco non sunt accipiendæ pro sanctioribus [Ecclesiæ] disciplinis, neque porci pro impiis. Neque illud dictum, *Nolite projicere margaritas vestras ante porcos*, ita explicandum est : Ne projicite impiis et infidelibus divina et fidem in Christum perficientia præcepta ; sed margaritæ pro virtutibus accipiendæ sunt, quibus veluti pretiosis gemmis anima exornatur. Non abjiciendas autem eas porcis, hoc est, non projiciendas virtutes, castitatem nempe, temperantiam, justitiam et veritatem: has, inquam, non objiciendas esse impuris voluptatibus: hæ enim porcis comparantur : ne has depascentes, illos vitam porcis similem vivere cogant, et animam omni vitiorum genere compleant.

Origenes, quem centaurum appellat, asserebat universum hoc [quod creatum est] soli sapienti et nullius indigo Deo coæternum esse. Dicebat enim, Sicut non est opifex sine opificio, poeta sine poematis, imperator sine subjectis, necesse est enim ut opifex ab opificio, poeta a poematis, et imperator a subjectis nominetur, [ita] necesse est creata a principio a Deo facta esse, nec tempus ullum esse, quo hæc non fuerint. Si enim fuit tempus quo non fuerunt opificia, ergo opificiis nullis exsistentibus, neque opifex est. Vide quæ sequatur [ex dictis] impietas : quin alterari etiam et mutari sequetur immutabilem 302*b* et invariabilem Deum. Si enim non ab æterno omnia creavit, manifestum est illum a non faciendo ad faciendum transiisse. Sed hoc una cum antedictis absurdum est, ergo dici non potest non esse principii expers et Deo coæternum hoc universum.

Huic respondet alia quasi persona per interrogationem [sermocinationis] sive dialogi] : Nonne Deum existimas principium et fontem sapientiæ, gloriæ, et simul omnis virtutis substantialiter et non ascititie? Sane, inquit, sed quid hoc ad rem? Nonne absolu'e per seipsum perfectus est et nullius indigens? Ita est. Impossibile enim est, ut id quod nullius indiget, sit propter alterum aliquid, [quam etiam] nullius indigens. Impossibile [inquam]. Quidquid enim propter alterum perfectum est, necesse est dicatur imperfectum. Hoc enim solum quod propter seipsum sui ipsius perfectio est et in seipso manet, perfectum esse censendum est? Verissime censes. Quod autem neque ipsum, propter seipsum, neque ipsum sui ipsius est perfectio, dices alieni non egentem? Nequaquam. Deus ergo non perfectus propter aliud existimabitur. Quod enim propter aliud perfectum est, nonne est necesse ut id in seipso sit imperfectum? Necesse. Nonne ergo Deus ipse propter seipsum et non propter aliud perfectus judicabitur? Rectissime. Nonne aliud est Deus mundi, et aliud mundus Dei? Omnino. Non igitur Deus et creator et omnipotens, perfectus est dicendus propter mundum? Nequaquam, ne propter mundum, præsertim mutabilem, ac non propter seipsum [potius] dicatur secundum

---

[e] Rom. xiv, 9.   [f] Matth. vii, 6.

(1) Forte Origenes quem refutat.

se perfectus, merito convenienter. Quamobrem dives, nonne propter divitias dives appellandus est? Recte. Et sapiens secundum participationem essentialis sapientiæ, qui non est ipsa sapientia, sapiens tamen dicendus est? Sane. An ergo et Deus, qui non est mundus, propter mundum tamen sic dives, benefactor et creator nominandus est? Nequaquam, apage. Nonne ipse in seipso et propter seipsum dives ac potens est? Videtur. Eratne etiam ante mundi molitionem, omnino nullis indigens, pater nempe et omnipotens, et creator, adeo ut propter seipsum et non propter aliud sit hæc omnia? Necessarium est. Si enim propter mundum, et non propter seipsum alius [a mundo exsistens, omnipotens esse intelligeretur (pace tua Deus, cogor ita loqui); ipse secundum seipsum imperfectus esset, et indigens his, quorum causa omnipotens et creator est supernaturalis. Rejiciendus ergo perniciosus error eorum, qui dicunt de Deo, Deum non propter seipsum, sed propter **303***a* subjectas res et creatas, quæ mutabiles sunt, esse omnipotentem et creatorem.

Etiam ita ratiocinare: Si non ab æterno, inquis, mundus est conditus, et olim non fuit, necesse est Deum impatibilem et inalterabilem mutari. Etenim necesse est illum prius nihil facientem a non faciendo ad faciendum transire et mutari; dicebant enim: Requievitne Deus a mundo faciendo necne? Requievit; alioqui enim nondum esset perfectus. Ita est. Si ergo facere, a non faciendo, Deo alterationem affert, nonne etiam non facere, a faciendo? Ita prorsus. Mutatum autem diceres eum hodie operantem, ab eo quod erat cum non operaretur? Nequaquam. Neque ergo ideo illum mutari necesse erit, quod faciat mundum, ab eo quod erat, quando non faciebat. Atque [ita] non necessario dicendum erit hoc universum exsistere cum illo propter hoc ipsum illi coæternum, ne cogamur dicere illum esse mutatum.

Atqui sic mecum disputant: Diceresne genitum, quod generationis principium non habet? Non equidem. Quod enim caret generationis principio, necessario est ingenitum. Si autem genitum est, concedis ab aliqua causa esse genitum: prorsus enim impossibile est sine causa generationem esse? Impossibile. Nonne ergo et mundum, et quæcunque sunt in illo? Nonne vel ab aliquo, vel Deo creatore postea factum dicemus cum prius non esset? Perspicuum est a Deo. Impossibile enim est, ut quod generationis principio circumscribitur, id infinito esse coinfinitum? Impossibile.

Ergo iterum, centaure, ad principium disputationis revertamur. Affirmatisne ea quæ exsistunt, divina scientia facta esse necne? Iterum dicent: Minime, sed ab elementis, vel materia, aut firmamentis, aut quibus hæc verbis appellare vultis, nihil enim interest. His enim absque creatione præexsistentibus, temereque oberrantibus, Deus [illa] secernens, omnia fabricatus est, velut præstans pictor ex multis coloribus unam exprimit ideam seu imaginem. Nec hoc [dicent]. Omnino enim refugient contra seipsos hoc testari, ne dato quod materia habuerit principium secretionis et transformationis, cogantur fateri Deum [cœpisse materiam prius indigestam seu informem verbo perfecte **303***b* digerere et expolire.

Age vero quoniam Deo juvante dicendo ad hunc locum pervenimus, si cui statua basi sua collocata, elegansque sit, cujus concinnam pulchritudinem spectatores mirentur, sed dissentientes inter se conentur evincere partim esse genitam [factam], partim vero ingenitam [non factam]; quæsierim ego ex vobis qua de causa ingenitam dicatis, an propter artificem ut ne unquam ab opere vacuus esse censeatur, an propter seipsam? Atqui si propter artificem, quomodo ingenita erit cum ab artifice efformetur? Nam si expers omnis penitus artis et rudis, effingatur ad quamcunque velit artifex formam seu figuram, quomodo erit ingenita, [manum] passa et tractata? Si rursum propter seipsam perfecta et ingenita, dicatur, secundum perniciosam vestram sententiam, arte non egere, necesse erit fateri statuam per se sponte [sine artifice] factam. At neque hanc admissuri orationem, mordacius respondebunt, simulacrum quidem ingenitum non esse dictitantes, genitum autem esse generationis principio semper carens, ut opifex opificio ab æterno major dicatur. Agite vos, nonne, illis dicemus, Si neque tempus, neque ævum retro ullum reperiatur, quando statua perfecta non fuit, quid illi artifex præstitit? aut quid efformavit in illa? Dicite. Nam si ipsa nullius indiga principium generationis nullum habet, ita secundum vos, potius creator nunquam creavit, neque creare dicetur. Atque ita rursum ad idem revoluta oratio, cogetur opus suasponte factum fateri. Quodsi enim, quamvis rudissimam statuam molitus sit artifex, illa tamen [generationis] principium habebit, quo informem et rudem artifex cœpit tractare et expolire. Ergo nec erat nec erit perpetuo idem semper mundus (comparandus est enim artifex Deo, et statua mundo). Quomodo ergo, o stupidissimi, exsistimatis creaturam Creatori coæternam [adeoque] Creatore [non] indigere? Coæternum enim, cum nullum generationis principium admittat, necesse est ut sit etiam ingenitum et ejusdem potentiæ. Quod autem ingenitum est, id manifeste etiam per se perfectum **304***a* et immutabile, nulliusque egens et incorruptibile erit. Et si ita se res habet, ex vestra sententia mundus erit immutabilis.

Ecclesiam ab evocandis voluptatibus (hoc est exstirpandis) dictam ait.

Porro sanctus dicit: Duas in supra dictis affirmabamus esse effectrices facultates: unam quæ ex rebus non exsistentibus sola voluntate, sine partium distinctione simul atque vult, quidquid vult efficit; est autem hic Pater: alteram, quæ perficit, variatque et exornat, secundum prioris potentiæ ideam, quod jam ante factum est, et hic est Filius, omnipotens nempe et invicta manus Patris, qua materiam ex nihilo prius creatam, postea perficit seu exornat. Affirmat etiam sanctum librum Job esse Mosis.

Docet praeterea super illis verbis : *In principio creavit Deus coelum et terram* [g]; eum qui principium ipsam dixerit esse sapientiam, non aberraturum. Dicitur enim apud quemdam e coe:u sacro scriptorum sic de seipsa loqui : *Dominus condidit me initium viarum suarum ad opera sua, ante saeculum fundavit me* [h]. Erat enim consequens et decentius omnia quae creata sunt, esse hac posteriora, cum per eam facta sint. Considera, annon et hoc evangelistae, *In principio erat Verbum, et Verbum erat apud Deum*, haec consequatur? *Et Deus erat Verbum : hoc erat in principio apud Deum* [i]. Principium enim, a quo germinavit verissimum Verbum, fatendum est esse Patrem conditorem universorum : in quo erat [Verbum]. Illud autem, *Hoc erat in principio apud Deum*, potentiam Verbi, quam habuit apud Patrem, antequam mundus crearetur, insinuare videtur, cum potentiam *principium* appellat. Ergo post proprium aeternumque principium quod Pater est, Verbum quoque est aliorum principium per quod omnia creantur.

Origenes postquam multa fabulatus est de universi aeternitate, etiam hoc infert : Neque ergo ab Adam, ut quidam affirmant, cum prius non esset homo, tunc omnium primus formatus in mundum venit. Neque mundus rursum, ante sex dies, quam crearetur Adam, coepit fieri. Quod si quis haec cupiat dispicere, prius perpendat, annon secundum **304**[b] Mosen sit facilis numeratu unus dies, iis qui ita Mosen exponunt? prophetica voce hic etiam acclamante : *A saeculo et usque in saeculum tu es, quoniam mille anni ante oculos tuos, tanquam dies hesterna quae praeteriit, et custodia in nocte* [i]. Mille annis in unum diem conclusis, in oculis Dei, a condito mundo usque ad requiem nostram (1), optimi calculandi magistri affirmant sex dies praeteriisse. Annum vero sexies millesimum, ab Adamo ad nos usque aiunt extendi. Ergo a nobis usque ad principium in quo Deus creavit coelum et terram tredecim dies numerantur (nam in septimo mundi millenario judicium aiunt futurum), quibus Deus antiquior, ut vos ipsi secundum vestram insaniam dicitis, nihil quidquam [ante id tempus] egit aut creavit, et Patris nomine ac Creatoris privatus est. Si autem tredecim dies sunt in oculis Dei a mundo condito, quomodo Sapientia in Jesu Sirach dicit : *Arenam maris, et pluviae guttas, et dies saeculi quis dinumeravit* [k]? Haec serio disputans Origenes vide quomodo nugetur.

CCXXXVI.
Ejusdem, De libero arbitrio.

Legi ejusdem quaedam ex libro *De libero arbitrio*, pariterque (nactus ipse ejusmodi compendium) unde sint mala, et quis eorum auctor. Deus enim is non est; neque enim malis delectatur, quin etiam mala facientes abominatur. Quapropter censui aliquid exsistere cum Deo, quod materiam nominant, ex qua universa condidit, ex qua mala esse mihi videntur. Cum enim materia informis esset et absque ulla figura, et insuper temere inerraret, non passus est eam omnino ita casu circumferri, sed perficere coepit, optimamque a pessimis secernere voluit. Itaque ergo molitus est ea quae Deo ad creandum erant apta. Quaecumque vero, ut sic loquar, erant feculenta, illa, ut ad creationem inepta, ut erant reliquit. Unde mihi nunc videntur profluxisse mala. Haec quidem ille; contra quem disputat [Methodius]. Quod si fieri nullo modo possit, ut duo simul sint increata, nec te quidem ignorare puto; aut enim illa inter se unita, aut separata esse necessario dicendum erat. Si quis unita dixerit : erit unum increatum, unaquaeque enim pars horum erit alteri similis, partes enim inter se pares sunt unum increatum, et non erunt increata, neque **305**[a] enim hominem ex multis partibus constantem in multa creata dividimus. Si vero divisa seu separata quis dixerit [illa increata duo], necesse est ut sit aliquod medium inter utrumque, quod separationem illorum ostendat. Hoc autem si sit idem cum altero ex duobus, cum illo unitum est, et rursum erit necesse quaerere aut conjunctionem aut separationem alterius ab altero. Unionem enim videre impossibile est, si alterum sit idem cum eo, et unitum esse concedatur. Sic enim uniretur etiam id quod a principio idem cum eo fuisse concessum est. Si autem separatum fuisse ratio docet, rursum quaerendum est per quod fuit separatum, donec infinitorum nobis copia increatorum occurrat. Quod si quis etiam tertiam sententiam habuerit, hoc est, neque separatum fuisse Deum a materia, neque rursum velut in parte [seu cum altera partium] unitum, sed esse Deum in materia velut in loco, et materiam in Deo, is intelligat, quod si locum Dei, materiam esse dixerimus, necessario etiam materia circumscriptus, veluti loco includetur, unaque cum materia temere circumferetur. Etenim illo temere moto in quo est, necessario etiam id una movetur quod est in illo. Totamne materiam Deus occupabat, an partem illius tantum? Si partem tantum, ergo minor erat illa, utpote una tantum illius parte totus circumscriptus ; si totam, quomodo hanc creavit? Necesse est enim ut dicamus Deum fuisse aliquo modo in se retractum, ut contractione facta illam partem, a qua se retraxit, crearet ; aut illum una cum materia creasso, cum non haberet locum, quo se interim reciperet. Si vero quis asserat |materiam in Deo fuisse, quaerendum est an Deus a seipso loco fuerit divisus, et velut in aere animalia sunt, illo diviso, locus sit factus iis rebus quae in eo fiunt? aut velut in terra aqua ? Et siquidem ut in aere, tunc Deum

---

[g] Gen. I, 1.   [h] Prov. VIII, 22.   [i] Joan. I, 1, 2.   [j] Psal. LXXXIX, 2, 4.   [k] Eccli. I, 2.

(1) Usque ad requiem nostram, id est usque ad creationem hominis postquam quievit Deus.

divisum cogemur asserere: si autem ut aqua in terra, cum materia esset informis et indigesta, et mala præterea in se contineret, necesse erit dicere Deum rerum informium et malarum esse auctorem. Et adverte, quemadmodum materiam supponendo, ne malorum conditorem Deum affirmare cogaris, Deum facias receptaculum malorum.

Quin et ita argumentare: Materiam ergo informem ais exstitisse cum Deo, ex qua mundum creavit? Ita mihi videtur. Nonne igitur, si informis erat materia [sine qualitatibus], formatus est mundus a Deo? in mundo autem sunt qualitates; qualitatum conditor fuit Deus. Ita est. Quoniam vero tibi videtur impossibile esse ut **305**^{b} ex nihilo fiat aliquid, responde ad quæstionem: Videnturne tibi qualitates mundi ex non subjectis qualitatibus factæ? Videntur. Et has esse aliquid aliud a substantia existimas? Ita, aliud. Nonne ergo, si Deus qualitates ex non subjectis qualitatibus condidit, quæ ex substantiis non sunt factæ, cum substantiæ non sint qualitates, erit necesse dicere illas ex nihilo a Deo esse creatas: supervacaneum autem erit docere nihil a Deo ex nihilo factum esse. Enimvero res de hoc [argumento] ita decidatur. Nam etiam apud nos videmus quædam per homines ex nihilo fieri, ut si exemplum ab architectonicis capiamus: quando hi urbes ex non urbibus condunt, et templa ex non templis. Quodsi, quia his substantiæ subjectæ sint, existimas ab illis hæc ex rebus exsistentibus fieri, falleris ratione. Neque enim substantia condit civitatem, aut templa, sed ars quæ circa substantiam (seu materiam) versatur, quæ non ex subjecta aliqua arte quæ sit in substantia, producitur, sed ex ea quæ non est in illis, exsistit. Sed videris mihi hac ratione dictis occurrere, ab artifice per artem aliquid in substantia fieri: respondeo ad hoc, nec in homine quidem artem ex subjecta arte aliqua fieri, eo quod non possit substantia ex se artem procreare. Est enim ars ex illis accidentibus, quæ tum habent suum esse, quando in substantia aliqua fiunt: homo enim etiam sine tectonica erit homo. Tectonica autem nulla erit, nisi prius homo exstiterit. Unde artes in hominibus ex non ente procreari necessario dicendum est. Ergo si hoc ita se habere in hominibus ostendimus, quomodo non æquum erit dicere, non solum qualitates a Deo ex non exsistentibus, sed etiam substantias posse fieri? Dum enim possibile videtur, ut aliquid ex nihilo fiat, ostenditur etiam substantias ex nihilo fieri posse.

Iterum vero disceptandum est de malis. Mala videnturne tibi esse substantiæ, an qualitates substantiarum? Qualitates. Materia eratne sine qualitatibus, et informis? Erat. Sunt enim hæc omnia composita cum substantia ex iis quæ accidunt substantiæ. Neque enim homicidium est substantia, neque quidquam aliorum malorum, sed ab operatione denominantur. Neque enim cædes est homo, sed faciendo hanc, homicida inde cognominatur, qui non est ipsa cædes, neque, ut compendio dicam, quidquam ex aliis malis est substantia, **306**^{a} sed mala dici potest faciendo aliquid mali. Similiter ratiocinare: Si quid aliud animo conceperis quod homini sit causa malorum: velut est illud malum, quod situm est in subministrando et suggerendo [hisce hominibus] ut faciant mala. Est enim et ipse malus, ob ea quæ facit; propterea enim malus esse dicitur, quod sit auctor malorum. Quæ vero quis facit, is non est id ipsum quod facit, sed ipsius operatio, unde ipse nomen mali sibi acquisivit. Etenim si ipsum esse dixerimus id quod facit, facit autem cædes, adulteria et hoc genus similia, erit ipse hæc [quæ facit]. Si autem est ipse hæc, habet suum esse, quando fiunt, quando autem non fiunt, etiam ipse esse desinit. Fiunt autem hæc ab hominibus; homines ergo erunt horum auctores, et ut sint, vel non sint, causæ. Atqui si ob ea quæ quisque facit, malus est; quæ autem facit principium habent, ergo cœpit et ille esse malus, et cœperunt esse ipsa quoque mala. Quod si verum est, ergo nemo ab æterno malus, neque æterna sive ingenita sunt mala.

Enimvero, amice, præsentem quidem disputationem mihi contra alium opportunius videris instituisse. Unde enim ille visus est orationis fundamenta sumere, inde tu bene visus concludere. Vere enim disputasti: si materia informis seu sine qualitatibus fuit, qualitatum autem auctor Deus; mala vero qualitates sint, malorum ergo conditor Deus erit. At mihi falsum videtur, materiam informem seu sine qualitatibus esse. De nulla enim substantia possis affirmare illam informem esse. Quin hoc ipso quod informem appellat, qualitatem ejus declarat, et qualis materia sit describit, quod est species qualitatis. Quare, si tibi placet, altius ordire disputationem. Mihi enim materia qualitates ab æterno habere videtur. Ita quippe, o amice, et mala ex eodem fonte promanare assero. Si materia suis affecta qualitatibus ab æterno fuit, cujus erit creator Deus? Sive enim substantias dixerimus creatas, affirmamus illas jam ante fuisse; sive rursus qualitatis, et illas exstitisse asserimus. Ergo et substantiæ et qualitatum conditorem asserere Deum supervacaneum mihi videtur.

Sed interrogatus responde: Qua ratione Deum creatorem esse dicis, an quod substantias, quæ aliquando fuerunt, in nihilum redegerit? an quod substantias quidem conservarit, sed qualitates earum mutarit? Nulla mihi videtur subtantiarum mutatio facta, sed tantum **306**^{b} qualitatum, quarum causa creationem esse Deum asseveramus. Et quemadmodum si quis dicat, ex lapidibus factam esse domum, de quibus non solet dici, quod adhuc substantia maneant lapides, sed lapides domus dicuntur: nam ex qualitatum compositione domum factam dico: ita censeo Deum, manente substantia, mutationem quamdam qualitatum fecisse, cujus causa mundum hunc a Deo procreatum esse affirmo. Videnturne tibi quoque mala, substantiarum esse qualitates? Videntur. Fueruntne hæ qualitates ab æterno, in materia, an principium exsistendi habuerunt? Fuisse has qualitates ab æterno cum materia existimo. Non arbitraris mutationem aliquam qualitatum esse a Deo factam? Arbitror factam. In melius? Mihi videtur. Ergo si qualitates materiæ inter mala sunt numeratæ, Deus autem materiæ qualitates in melius aliquid convertit, necessario quærendum est unde mala sint. Aut enim omnes, cum malæ essent, in melius sunt conversæ : aut aliæ quidem erant malæ, aliæ vero non. Et malæ quidem mutatæ non sunt in melius : reliquæ vero, quæcunque erant commodæ, ornatus causa a Deo mutatæ sunt. Ita ego censeo, ab æterno qualitates fuerunt constitutæ. Quomodo ergo malas qualitates, ut a principio fuerunt, relictas dicis? An potuisse illas [a Deo] tolli? aut Deum quidem voluisse, non potuisse tamen eas tollere? Si potuisse ais, et noluisse, facis illum auctorem horum malorum : quod potuerit efficere ut non essent mala, et tamen illa, ut erant, esse permiserit. Quoniam cum partem aliquam materiæ perficeret, partem autem illius negligeret, cum et illam in melius posset mutare, mihi videtur causa malorum, quod partem materiæ reliquerit malam. Ergo in exitium partis [partem Deus] condidit. Imo illius causa hæc pars summa injuria affecta mihi videtur : quam materiæ partem a malis secretam exornavit. Antequam enim perpoliretur, nullus illi sensus malorum aderat : nunc vero singulæ illius partes sensum capiunt malorum. Accipe ab homine exemplum : priusquam animal fiat, mala non sentit. At ubi **307***a* a Deo formatus homo fit, tunc simul et mali incumbentis sensum accipit. Ita hoc, quod a Deo beneficii causa materiæ collatum dicis, potius in exitium illius procreatum deprehenditur. Si vero dicas a Deo mala tolli non potuisse; hæc impossibilitas aut arguit illum natura esse imbecillum, aut timore a fortiore aliquo victum : vide utrum horum omnipotenti et bono Deo velis assignare.

Sed iterum de materia responde. Estne simplex aliqua materia an composita? Si enim simplex et uniformis materia fuit, quomodo vero compositus est mundus, et ex diversis substantiis constat? fieri non potest ut dicatur hoc compositum ex materia factum, eo quod composita non possint ex uno informi componi [subsistereve] : compositum enim simplicium aliquorum mistionem indicat. Quod si iterum materiam dicas esse quid compositum; omnino debuit ex simplicibus componi, et erant olim separata simplicia, quibus compositis facta est materia. Composita autem ex simplicibus constant et subsistunt. Erat aliquando cum materia non esset, hoc est, antequam simplicia componerentur. Si vero fuit aliquando tempus, qua materia non fuit : non fuit autem unquam tempus quo ingenitum non erat : non erit ergo ingenita [ab æterno] materia. Hoc autem hinc sequetur multa fore ingenita : si enim Deus ingenitus, et erant simplicia ingenita, ex quibus materia composita est, non erunt amplius duo et sola ingenita, ut prætermittam quærere quid fuerint illa simplicia, materia an forma. Multa enim et hinc absurda sequentur.

Videturne tibi nihil eorum quæ exsistunt, ipsum sibi ipsi contrarium? Videtur. At igni contraria est aqua; et luci tenebræ; et frigido calidum; et arido humidum? Mihi ita videtur. Ergo si nihil eorum quæ exsistunt ipsum sibi contrarium est, hæc autem sibi repugnant; ergo non erunt una materia, neque ex una materia composita.

Rursum velim audire. Videturne tibi partes sibi mutuo nocere? Videntur. Materiæ partem agnoscis unam ignem, alteram aquam, et ita reliquas? Ita censeo. Quid vero? non videtur tibi aqua nocere igni, lux tenebris [adversari] et alia quæcunque sunt his similia? Videtur. Nonne ergo, si partes inter se sibi mutuo non nocent, hæ autem se mutuo perimunt, non erunt inter se partes : si autem **307***b* non erunt mutuæ inter se partes, non erunt unius materiæ : imo nec erunt materia, eo quod nihil sibi ipsi sit contrarium seu noxium. Cum ergo se ita habeant opposita, patet inde ea non esse materiam.

Atque de materia satis dictum. Veniendum autem est ad malorum disquisitionem, et necessario excutienda hominum mala. Mala hominum suntne species mali, an partes? Si species, non erit aliud malum, præter has species, secundum seipsum eo quod genera in speciebus inquirantur, et subsistant : si autem hoc [genus est], malum erit genitum : nam species genitæ probantur : ut est cædes, adulterium, et hoc genus similia. Si autem partes alicujus mali species has esse velis : sunt autem hæ genitæ : necesse erit ut et totum illud genitum sit. Quorum enim partes genitæ sunt, necessario et hæc tota similiter sunt genita, totum enim ex partibus constat. Ac totum quidem non erit, partibus non exsistentibus; partes vero aliquæ erunt, quamvis totum non adsit. Nullius autem rei exsistentis pars altera est genita, altera ingenita : si autem et hoc orationi concedam, Malum fuit olim, cum totum integrum non esset, hoc est, antequam Deus materiam crearet. Tunc autem totum integrum exstitit, quando a Deo homo conditus est. Partium enim mali auctor est homo. Hinc ut totum integrum mali exsisteret, auctor erit, qui condidit [illum] Deus. Quod impium est. Si vero neutrum horum dixeris esse malum, sed mali alicujus opus esse affirmas, tum genitum esse ipsum doces. Opus enim cujuscunque principium exsistendi habet. Ad hæc, præter hæc nullum aliud malum assignare potes; quod enim opus aliud malum, præter id quod inter homines est, potes exhibere? Nam quod is qui operatur, non sit secundum rationem substantiæ, malitia, sed secundum ipsam operationem mali, jam ostensum est.

Dicit Methodius natura nihil esse malum, sed usu mala, fieri mala.

Libero cum arbitrio, inquit Methodius, factum esse dico hominem, non tanquam malo aliquo jam ante exsistente, cujus eligendi, si vellet, potestatem haberet : sed sola causa erat, obediendi Deo vel non obediendi. Hoc enim tunc erat in ipsius arbitrio. **308**a Et homo conditus a Deo præceptum accipit, et hinc jam malum incipit. Non enim paret divino mandato. Et hoc et solum erat malum, inobedientia, quæ ibi cœpit exsistere.

CCXXXVII.
Excerpta e libro sancti Methodii De castitate.

Legi similiter ejusdem quædam ex libro *De castitate*, ut in simili compendio sunt edita. Primus, inquit, Abraham cum in testamento circumcisionis legem acciperet, nihil aliud insinuare videtur, suæ ipsius carnis membrum circumcidendo, quam hoc, non amplius esse liberorum procreationem, in creata ex eodem sanguine carne instituendam : singulos suæ sororis exemplo docens quemadmodum carnis voluptas in congressu sit resecanda.

Ego, inquit præterea, mihi clare videor ex Scripturis sacris animadvertisse [1], per virginitatis institutionem a verbo non esse omnino sublatam liberorum generationem. Neque enim, quia stellis major est luna (1), propterea aliorum siderum lumen exstinguit : nec quia aliis cibis dulcius est mel et suavius, propterea alia sunt acerba et amara existimanda.

Illud : *Filii adulterorum imperfecti* [m], de veritatem adulterantibus ait esse dictum, quo falso sibi arrogant sapientiam, et Scripturas depravant, immaturamque producunt sapientiam, quique per speciem pietatis docent errores. Aliter [hoc dictum] non est intelligendum ; neque enim de liberis ex adulterio non pariendis, et in hunc hanc sensibilem edendis potest accipi : quia non solum multi nati sunt, sed etiam nati ex adulterio alios pepererunt.

Neque de spirituali et divina perfectione potest explicari, multorum enim adulterorum filii pleni fuerunt Spiritu sancto. Dubitat etiam : Si, inquit, animæ a Deo, et non a patre [naturali] nascituris dantur, quomodo dat etiam ex adulterio procreatis ? videtur enim adulteris cooperari. Si enim non crearet animam, non nascerentur. Solvit quæstionem multis et perspicuis exemplis.

Illa ex Genesi prolata, quale est : *Hoc nunc os ex ossibus meis, et caro ex carne mea ; hæc vocabitur virago* [mulier], *quoniam de viro suo sumpta est. Quamobrem relinquet homo patrem suum et matrem suam, et adhærebit* **308**b *uxori suæ, et erunt duo in carne una* [n]. Hæc negat secundum litteram explicanda, sed spiritualiter de Christo et ejus Ecclesia. Divum quoque Paulum ait, post dictorum verborum expositionem dicere : *Hoc mysterium magnum est, dico autem ego, in Christo et Ecclesia* [o]. Quin et hoc : *Crescite et multiplicamini* [p], non de hominibus ex seminis commissione procreatis, et alimento crescentibus solum esse dictum, sed de natis et perfectis secundum Spiritum, quemadmodum Paulus clamat : cum filios appellat illos quos ita [per spiritum] genuerat : *Filioli*, inquit, *quos iterum parturio, donec Christus in vobis formetur* [q], et iterum : *In Christo Jesu enim per Evangelium ego vos genui* [r].

Illud etiam in Evangelio per parabolam dictum : *Quis est ex vobis homo, qui habet centum oves, et unam perdidit ex illis* [s], et quæ sequuntur : Per nonaginta novem oves intelligendæ sunt cœlestes potestates sive angeli ; una autem perdita hominem significat, sive naturam humanam, propter quam ait Verbum Patris e cœlo descendisse.

Illud : *Super flumina Babylonis* [t], etc., ab animabus dictum existimat : organa enim habitacula sua appellant, quæ suspenderunt a funibus castitatis, ut laquearia tangerent, ne rursum detractæ intemperantiæ lacu volutarentur. Babylon autem *perturbatio* aut *confusio* explicatur, et vitam hanc influentibus sitam ostendit, in cujus medio sedentes iniquitatis fluminibus irruentibus conclusi inundamur. Quare cum lacrymis et gemitu clamamus ad Deum, ne organa nostra a stirpe castitatis per fluctus voluptatum avulsa pereant. Per salicem enim Scripturæ ubique adumbrant figuram virginitatis. Quia flos salicum si in aqua decoctus sumatur, quidquid ad coitum excitat et libidinem, exstinguit, donec genitalem sementem penitus sterilem reddat. Quemadmodum et Homerus declaravit, qui salices propterea frugiperdas nominavit.

Illud Jeremiæ : *Sponsam sollicitam esse, ne obliviscatur ornamenti sui, et virginem ne pectoralis sui* [u-v], **309**a docet non committenda nec laxanda esse fraudibus frena seu vincula temperantiæ. Per pectora enim sensus animi, sane convenienti ratione, et mens nostra intelligitur. Pectorale autem, propositum animi ad castitatem colligans, est charitas in Christum.

Illud : *Sume mihi vitulam triennem, et arietem triennem, et turturem, et columbam* [x], ait significare [hoc] : affer mihi jugi expertem animam, instar vitulæ, et omni malitia carentem ; corpus item et rationem : corpus quidem veluti capram, quia per altas rupes et præcipitia incedit ; rationem vero ut arietem, ne exsultans excidat a veritate. Sic enim inculpabilis eris, quemadmodum Abraham, si mihi animam et sensus mentemque consecraris, quæ figurate dicit vitulam et capram, et arietem triennem, quasi optimam Trinitatis cognitionem tollentia. Forte etiam et primam et mediam, et ultimam vitæ ætatem [Deo consecrandam] insinuant, ut qui maxime velit nos et annos pueritiæ, et virilis ætatis, et senectutis pari pietate traductos sibi offerre. Ad quem modum etiam in Evangeliis Dominus nobis præcipit: *Quapropter et vos similes estis hominibus*

---

[1] Matth. xix, 3 seqq. ; I Cor. vii, 2 seqq. [m] Sap. iii, 16. [n] Gen. ii, 23, 24. [o] Ephes. v, 32. [p] Gen. i, 28. [q] Galat. iv, 19. [r] I Cor. iv, 15. [s] Luc. xv, 4. [t] Psal. cxxxvi, 1. [u-v] Jerem. ii, 32. [x] Gen. xv, 9.

(1) Secundum aspectum, non secundum rem

qui exspectant [Dominum suum quando revertatur a nuptiis, ut cum venerit, et pulsaverit, confestim aperiant ei: beati estis, quia faciet vos discumbere, et transiens ministrabit vobis. Et si in secunda, et tertia, beati estis ʸ.

Considerate enim quod tres vigilias ponendo, vespertinam, alteram, et tertiam, tres quoque ætatis mutationes significarit: adolescentiam, virilem ætatem, et senectutem, quod velit nos, cum venerit mundum [in judicio] assumpturus, paratos esse ac puros quamvis adhuc in pueritia versantes; similiter secundam et tertiam vigiliam indicat. Vespertina enim vigilia est florentis ætatis humanæ status, quo incipit rationis imperium passionibus agitatum turbari; altera vero, quando deinceps in perfectum virum evadens incipit mens perpetuis negotiorum tumultibus occupari. Tertia vero, quando infinitæ cupiditatum imagines corpore jam marcescente et in senium vergente sensim deficiunt. Quapropter æterna fidei **309**ᵇ lampas in corde fovenda est, lumbique temperantia accingendi, vigilandum, et Dominus noster semper exspectandus.

Sicera, inquit, est quidquid, extra vinum e vite expressum, inebriat.

Duo vitis genera ait in Scriptura poni : alterum optimum, alterum pessimum. Etenim: *Ego*, inquit *Dominus, sum vitis vera, vos palmites* ᶻ. Mala autem et agrestis est diabolus furorem distillans, quemadmodum Moses de eo scribens ait : *De vinea Sodomorum vinea eorum, et vitis eorum uva fellis* ᵃ; et quæ sequuntur.

Aurum ærugini non esse obnoxium docet.

Illa: *Assimilatum esse regnum cœlorum decem virginibus* ᵇ, vult significare, omnes idem vitæ genus seu studium arripuisse, propter significationem et vim elementaris litteræ *Iota* [quæ decem valet]. Ornarunt enim seipsas simili cultu, ut idem vitæ genus omnes profiterentur, sed non eodem omnes modo exierunt ut occurrerent sponso. Hæ enim alimenta copiosa præbuerunt lampadibus oleo fovendis : illæ vero cessarunt per ignaviam. Hinc in quinque pari numero divisæ sunt. Quia quinque sensus sunt , quos illæ quidem puros custodierunt, quos plurimi vocarunt portas sapientiæ; hæ vero per malitiam deformarunt. Nam dum colunt temperantiam et sanctificantur, magis abundarunt vitiis quam justitia seu virtutibus, unde etiam evenit ut damnarentur; sive enim recte agamus sive peccemus, per hos [sensus] utraque et præclare facta et improbe fiunt : et virtus generosa, et male facta vincunt. Et quemadmodum virgo ait, continentiam esse oculorum, et aurium, et linguæ, et reliquorum deinceps sensuum, ita quæ hic fidem impræstabilem quinque viarum virtutis, visus [inquam] olfactus, gustatus et auditus custodiunt, illæ quinque virgines appellantur, eo quod quinque sensuum specula sive imagines Christo puras, (ab unaquaque [sensuum imagine] sanctitatem veluti lampadem clare fulgentem) sistant. Nam quinque lychnis lampas vere nostrum corpus est, quod anima instar facis circumfert, Christoque Sponso repræsentat, ad diem resurrectionis apparens, perque omnes sensus clarissimos fidei radios diffundens, quemadmodum ipse Christus docuit cum dixit : **310**ᵃ *Ignem veni mittere in terram, et quid volo nisi ut jam ardeat [Accendatur]* ᶜ. Terram nostra tabernacula corpora dicit, in quibus voluit vim seu operationem doctrinæ suæ ferventem et celeriter mobilem [subtilem] accendi ; oleum autem justitiæ et sapientiæ comparandum : per moram illud temporis intervallum dixit, quod usque ad Christi adventum [judicium] porrigitur; dormitionem vero et soporem virginis, exitum ex hac vita. Mediam noctem vero Antichristi regnum, qua nocte angelus perditor domos pervadet. Clamorem autem qui dicit : *Ecce sponsus venit, exite obviam ei* ᵈ, vocem e cœlo et tubam quando omnes resurgentibus propriis corporibus, nubibus vecti obviam rapientur Domino ᵉ.

Cum de virginibus et castis animis plurima dixisset, et hoc infert. Has igitur solas animas, electam sponsam suam, Verbum vocat, reliquas vero concubinas, adolescentulas et filias appellans hunc in modum : *Sexaginta sunt reginæ, et octoginta concubinæ, et adolescentularum non est numerus. Una est columba mea, perfecta mea ; una est matri suæ electa genitrici suæ. Viderunt eam filiæ, et beatam prædicaverunt eam reginæ, et concubinæ laudabunt eam* ᶠ. Cum enim multæ sint filiæ, ut patet, Ecclesiæ, una tamen est electa et pretiosa in oculis ejus præ omnibus, status nempe virginum. Et reginas videtur prophetia velle insinuare, [quia non ad unum regem reginæ hæ adducebantur, sed unaquæque velut domina per se et regina erat, aliarumque post hac auctrices et principes.] Illas regias, quæ ante diluvium vixerunt, animas Deo placentes, hoc est, Abelis, Sethi, Enochi. Concubinas autem, quæ post diluvium fuerunt, animas prophetarum, quæ priusquam Ecclesia Deo desponsaretur, qui velut cum concubinis versatus in copiosa et sincera sapientiæ doctrina vero submisit oracula, ut caperent illi fidem salutis. Concubinas autem nominavit Verbum prophetarum animas, quia non aperte ut Ecclesiam sibi eas copulavit, sacrificans illam in figura vituli saginati. Sexaginta autem reginas inde, ut reor, ab Adamo protoplasto usque ad Noe per successionem viros Deo placentes vocavit, quia isti aliis [aliorum] præceptis ad salutem acquirendam non **310**ᵇ indiguerunt, eo quod adhuc recens esset illis mundi sex diebus conditi molitio. Meminerunt enim mundum a Deo sex diebus perfectum esse, quæque in paradiso acciderunt. Hinc ergo animas hasce, quæ Deo a condito mundo per successionem placere desiderarunt, et quasi, si fas ita loqui, primi sæculi

ʸ Luc. xii, 5-27. ᶻ Joan. xv, 5. ᵃ Deut. xxxii, 32. ᵇ Matth. xxv, 1. ᶜ Luc. xii, 49. ᵈ Matth. xxv, 6. ᵉ I Thess. iv, 16. ᶠ Cant. vi, 7, 8.

neptes, et vicinas illi ingenti sex dierum operi, sexaginta reginas figurate appellavit, eo quod, ut dixi, hæ post sex dierum opera, vixerint. Magno enim illi [sancti] honore sunt affecti, cum dignati colloquio angelorum Deum non per somnium sed apertam visionem spectarunt. Perpendite enim quantam fiduciam habuerit Seth ad Deum, quantam Abel, quantam Enoch, quantam Mathusala, quantam Noe primi justitiæ cultores? Sed de his satis. De concubinis iterum dicendum.

Ab iis qui post diluvium vixerunt, Dei cognitio paulo longius recessit, aliaque ratione docti sunt, serpente jam passim idololatria. Deus ergo ne genus humanum oblivione honestatis penitus aboleretur, suum Filium per prophetas jussit dictare, adventum ejus in mundum carne assumpta futurum, quo spiritualis octonarii gaudium et cognitio prædicaretur ad exhibendam remissionem peccatorum, et resurrectionem, per illum enim circumcisum iri hominem, vitia, inquam, et corruptionem. Illinc catalogum prophetarum ab Abrahamo cœptum, propter circumcisionis, quæ octonarium continet numerum, antiquitatem, a qua lex pendet, concubinas appellavit. Nam antequam sponsa Ecclesia Verbo desponderetur, concipientes divinam sementem spiritualis octonarii, circumcisionem prænuntiarunt. Ad multitudinem vero rursum innumerabilem (hominum), quæ pro majorum imperio juste vivit, et viriliter et generose contra vitia decertat, adolescentulas appellat. Sed ex iis neque reginæ, neque concubinæ, cum Ecclesia comparantur. Hæc enim perfecta et electa præ omnibus nominata, quæ ex omnibus constat et concinnata est, est apostolorum, quæ sponsa flore pulchritudinis et castitatis superat omnes. Quapropter beata ab aliis prædicatur, quia hæc aperte vidit et audivit, quæ illæ videre et audire desideraverunt. *Beati oculi*, **311***a* inquit Dominus discipulis, *qui vident, quæ vos videtis. Dico enim vobis, quod multi prophetæ desideraverunt videre quæ videtis, et non viderunt; et audire quæ auditis, et non audierunt* g. Nonne propterea beatam prædicant ipsam prophetæ, quod quibus ipsi non potuerunt, his Ecclesia potita sit, et dignata. Possit quis sponsam etiam aliter explicare, et dicere carnem esse intemeratam Domini, cujus causa patrem deseruit et in terram huc descendit, illique per incarnationem copulatus est. Hinc figurate illam columbam appellavit, quod animal sit cicur et sub tectis degens, convictuque hominum delectetur. Et in quadragesimo quarto psalmo: *Stans regina a dextris* h. (Deo sibi sinistras sumente) aureo virtutis cultu exornata; cujus pulchritudinem concupivit Rex, caro est, ut dixi, illa illibata et beata, quam secum in cœlum deportavit Verbum, atque in dextra Patris collocavit, vestitu deaurato exornatam, quod mystice est studiis innocentiæ seu incorruptionis.

(Dicit) quod παρθενία dicatur a παρὰ θεία mutatione unius litteræ, quasi quæ sola illum, qui virginitatis intemerata contineat mysteria Deo comparet, quo bonum nullum inveniri majus potest.

Virtutem, ait, sive propter seipsam, sive quod animas sublimet et in cœlum tollat hanc nominis appellationem accepisse.

Cum dictis hactenus etiam hoc ait videri facere. Oraculum cœlitus a Patre Christo in Jordane datum: *Filius meus es tu, ego hodie genui te* i. Observandum hic, illud filium suum esse, indefinite et sine tempore dictum. *Es* enim *filius* suo ipsi dixit, et non (dixit) *factus es*; declarans neque novum seu recentem ipsum adeptum esse filiationem, neque finem habuisse eum qui prius exstiterit, sed eumdem semper esse. Illud vero: *Ego hodie genui te*; volui, inquit, eum qui prius jam inde ante sæcula in cœlis fuerat etiam mundo generare, hoc est, prius ignotum, notum reddere. Nimirum, iis qui multimodam Dei sapientiam nondum intelligunt nunquam adhuc natus est Christus, hoc est, nunquam cognitus et revelatus.

Plurima ex Apocalypsi sancti Joannis **311***b* dicta ad Ecclesiam et virginales animas refert. Quinimo omnia fere dicta aliunde interpretatur, nec ad litteram, sed allegorice in hoc dialogo exponit.

Refellit eos qui fatum ponunt, his verbis: Si astra mortalibus calamitates et malam mentem conciliant, circa luxuriam et vitæ inconstantiam occupata, ipsis hominibus infeliciora sunt, quod non ipsa (astra) ament mala; sed homines etiam ut ea designent, cogant. Præterea si nulla actio sine desiderio fit, et omne desiderium careat desiderato, Deus autem nullius sit indigens, ergo nec malitiam meditatur. Astrorum natura propior est Deo, adeoque melior bonorum hominum virtute; ergo astra mali sunt expertia, nec ullius indigent. Ad hæc, ad refellendum, quod genesis quædam operetur, (dicit: Hoc lex) prohibet, impostores punit, minisque Genethliacorum doctrinam proscribit: ergo lex contraria est genesi. Quæcunque enim lex prohibet, genesis definit; quæcunque autem cogit genesis facere, ea lex interdicit; ergo lex inimica genesi est. Si autem inimica, ergo legislatores non sunt legislatores secundum genesin. Hoc est, non sunt genesi necessario per fatum subjecti. Nam dum contraria genesi decernunt, genesim destruunt. Ergo aut genesis est, et tolluntur leges: aut leges sunt, et non sunt quæ genesi respondent. Sed non est possibile, inquiunt, quisquam ut nascatur, ut quidquam a quoquam fiat sine genesi, neque digitum sine fato posse moveri aiunt. An ergo secundum genesin nati Minos, Rhadamantus, Dracon, Lycurgus, Solon, Seleucus legislatores, leges condiderunt quæ damnarunt furta, cædes, et hoc genus alia, quæ fato fieri seu genesi contendunt, quod fieri non potest, nam genesis a seipsa ever-

---

g Luc. x, 24, 25. h Psal. xliv, 10. i Psal. 2, 7.

teretur, dum ipsa seipsam exauctorat. Hinc enim ponat genesis leges quæ adulteria et alia crimina damnant, illinc vero [eadem genesis] cædes et adulteria operetur : nihil enim idem a seipso diversum, secum pugnat, idemque ad sui ipsius exitium vergit. Ergo genesis nulla est.

Temperantiæ virtutem ait utiliorem esse vitio intemperantiæ, idque patere ex regibus, magistratibus, belli ducibus, filiis, civibus, servis, pædagogis : singuli enim horum, cum **312** *a* temperanter vivunt, prosunt sibi et reipublicæ ; cum intemperanter sibi et reipublicæ nocent.

Lex, inquit, *figura et umbra est imaginis*, hoc est Evangelii ; Evangelium vero imago futuræ in secundo Domini adventu, veritatis.

Dictum in Levitico de scenopegiis seu tabernaculis refert ad resurrectionem hominum secundo Domini adventu futuram : tabernaculum enim uniuscujusque corpus interpretatur ; septem autem dies figuram ait septem sæculorum, aliaque id genus analogice exponit.

Anagogice illud [in Judicum libris *j*] in Judices dictum accipit : *Euntia iverunt ligna ut ungerent super se regem. et dixerunt olivæ : Regna super nos. Et dixit eis oliva : Deserens pinguedinem meam, quam in me glorificavit Deus et homines, abibo ut dominer inter ligna ? Et dixerunt ligna ficui : Veni, regna super nos. Et ait eis ficus : Deserens dulcedinem meam, et fructum meum bonum, abibo ut imperem lignis ? Et dixerunt ligna viti :* usque ad illud : *Et dixerunt rhamno, et quæ sequuntur.* Hæc, inquit, constat non esse de lignis dicta, sed de animabus hæc narrantur, quæ ante Christi incarnationem luxuriæ vitiis inquinatæ, accedunt rogantes ut misericordiam a Deo impetrent, et ut jam miseratio super eas regnet et viscera misericordiæ, quam oleæ figura expressit Scriptura. Et advertite utrum non a protoplasto usque ad Christum deinceps Scriptura præcepta significet, quibus sua diabolus opponendo adumbrata figmenta, genus humanum decepit. Ficum quippe cum præcepto homini in paradiso dato comparavit, quia deceptus homo foliis fici nuditatem suam velavit ; vitem vero legi post diluvium Noe datæ, eo quod vino sopitus fuerit irrisus ; oleam vero legi Mosis in deserto, quia oleum sanctum sive gratia prophetica, prævaricantibus illis defecerat ab hæreditate. Rhamnum comparat datæ legi ad salutem mundi apostolis, quia per illorum doctrinam castitatem didicimus, cui soli similem nullam potuit speciem diabolus invenire. **312** *b* Hinc quatuor Evangelia edita sunt, Deo quater humanitatem [incarnationem] annuntiante, et quaternis legibus docente, quarum tempora aperte, per fructuum discrimina intelliguntur. Ficus enim propter dulcedinem et nutritionem, legem ante prævaricationem latam declarat. Nonnunquam enim ficus in Scriptura in meliorem partem accipitur. Vitis vero ob vini jucunditatem et lætitiam, eorum qui ex ira Dei et diluvio servati sunt, timorem et sollicitudinem in gaudium versa insinuat. Olea vero, propter olei fructum, intimam Dei misericordiam significat ; Deo rursum homines ad impietatem post diluvium prolapsos tolerante, et dignante quibusdam legem dare et apparere. Rhamnus autem virginitatem denotat. Rhamnus enim arbor casta est, et fortasse ex simili quadam cum virgine natura stirps hæc ῥάμνος, καὶ ἅγνος appellatur ; rhamnus quidem propter robur et fortitudinem contra voluptates, ἅγνος vero, quod omni ex parte casta et pura sit. Unde et Eliam ferunt a facie Jezabelis mulieris fugientem ad rhamnum primum venisse, atque exauditum fuisse, cibumque accepisse, quia fugientibus stimulum carnis, et feminam, et voluptatem, perfugium et tegumentum, castitatis lignum germinavit, quod ab adventu principis virginum Christi, regnum in homines obtinuit. Hoc enim unicum castitatis regnum, cujus ipsos nunquam pœniteret, post Christi adventum arripuerunt homines, cum singulorum aliorum, quibus datæ fuerant leges ante Christi adventum, regnorum habenas a seipsis celeriter excussissent, et contrario falsoque parere et se subjicere maluissent. Quanquam sæpe pœnitentes quæsiverunt iterum regale Dei legis imperium recteque factorum animi vitiis corruptorum renovationem. Nam hostium manibus, et ignominiæ passionibus traditi, rursum imperio præceptisque Dei regi voluerunt, ut ex infinitis ærumnis malisque eriperentur. Sed hæc legum regna propter letentia et immedicabilia **313** *a* vulnera animarum, noluerunt illis imperare, donec Deus, quartum miseratus hominem, misit castitatem, a Scriptura rhamnum congruenter appellatam, quæ illi imperaret, quæ voluptatibus superatis, etiam in reliquum tempus illis interminata est, quod, nisi sibi parerent omnes, et sincere ad se accederent, futurum ut omnes flammis absumerentur ; nullam enim post hanc aliam legem aut doctrinam secuturam, sed judicium et ignem. Hinc deinceps homo cœpit justitiam colere, Deoque constanter per fidem adhærere, et se a diabolo sejungere.

Observandum, dialogum hunc qui *Symposium* inscribitur, sive de castitate, magnam partem adulteratum esse : offendes enim in illo adjectas et Arianas vanasque opiniones, aliasque male sentientium fabulas.

Notandum. Quid sit cur solus homo ex omnibus a Deo creatis rebus dicatur, factus secundum imaginem Dei ? Nihil enim in homine reperiat quis nobile, quo careat angelica natura : non immortalitas, nam et angelus immortalis ; non liberum arbitrium, nam si angeli, ut sentit Theologus, [Nazianzenus] magis [quam homines] propendent in bonum, secundum hoc intellige nullo modo posse

---

j Judic. ix, 8 14.

accipi illud secundum similitudinem. Si imperium dicas (dignatus est enim homo a Deo imperio piscium et aliorum in ipsa mundi fabricati descriptione), ne sic quidem angelos ostendes esse diversos. Dominari enim plures angelorum gentibus, et nationibus singulatim e Scriptura didicimus k. Si autem, quod subjectos non tractabiles sibi reddant, quemadmodum illi multa animalia, differentiam constituas, nihil nisi risum jactas, neque enim homo cujus imaginem ferre dicitur (apage dictum), subjectos reddit sive ostendit mansuetos. Quid igitur est illud, *secundum imaginem*? Nam quicunque corporeæ figuræ elegantiam commenti sunt, omnibus suis argumentis hominem neque ab angelorum quidem formæ communione pro ratione quæstionis liberarunt. Ab angelis enim humanam indutam esse formam, nobis divinæ! Litteræ prodiderunt. Si autem opificis et effectoris substantiæ humanæ effigiem in homine dicis manere (creat enim Deus, universa inexplicabili et incomprehenso modo producendo ea quæ non sunt), etiam homo quandoque 313*b* ex sua substantia et natura, satu seminis similem sibi hominem creat, quandoque vero artificio multa opificum artificia, quamvis ex nulla re prius existente, fingit; enimvero et hoc, si quid probabile habet, facile refellitur. Nam et qui solitariam vitam degunt, et propterea quod videantur illud, *ad imaginem*, servare, posteaquam seipsos supra omne artificium humanum et artem perfecerunt, miseri viderentur, quod hoc ipso illud, *secundum similitudinem*, perdidissent. Quid ergo est hoc, *secundum similitudinem*? Virtutum industria partarum thesaurus est. Angeli enim quamvis virtutem habeant, non dicuntur tamen per laborem et industriam partam habere quia non sollicitantur a peccato. Sed quamvis hoc concederetur, ab angelis virtutem sine labore possessam, aut hi quoque illud, *ad imaginem*, sine labore habendo magis Deo similes habebunt hanc: aut, si hi non, multo minus homo, quia cum illius, aut ante illius imaginis possessionem, multis ærumnis et laboribus exantlatis hanc assequitur.

CCXXXVIII.

Flavii Josephi Antiquitatum Judaicarum libri.

Legi Josephi *Antiquitates*, quarum Excerpta, quæ de Herode narrant, describunt instaurationem templi, ut Judæorum occupaverit dominium, utque ejus stirps imperium adepta sit, ut denique in optimatum regnum verterit, principatum summis pontificibus invadentibus, et alia quæ his adjunguntur.

Josephus, ad finem libri quinti decimi *Antiquitatum*, tradit. Octavo decimo regni Herodis anno perfectum templum Hierosolymis: quod Salomon rex exædificavit, quod eversum iterum captivi e Babylone reducti Persarum rege Dario coadjuvante erexerunt sex et quadraginta annis. Hunc Herodem refert, auferentem fundamenta antiqua, alia vero contra illa jacientem, duplo priore majus fecisse. Superavit enim altitudine templum quod captivi erexerunt templum Salomonis mensuris quibusdam. Continebat templum Herodis centum cubitos longitudine: altitudo amplius viginti, quos etiam transcendit, tempore fundamentis subsidentibus, quam etiam Neronis imperio Judæi attollere cogitarunt. Ædificatum vero templum ab Herode uno anno et sex mensibus Josephus refert, et domus, et monumenta 314*a* quæ circum erant octo integris annis. Lapides quibus templum ædificatum candidos ac firmos, singulos fuisse longitudine cubitorum viginti quinque, altitudine octo, latitudine duodecim; finitum vero hac industria. Eo in opere magna Herodis enituit diligentia: advexit prius omnem materiam, erantque illi plaustra, mille lapides vehere consueta, decem millia opificum, sacerdotum, qui in adytis servirent mille. His enim ædificare lignaque cedere instituit, sacras illis omnibus vestes coemens, et apparatus, voluntatem, opinione citius ad exitum perduxit, et magnam gratiam apud populum conciliavit sibi. Sacrificat autem Herodes absoluto templo trecentas vaccas; quantum vero Judæi sacrificarint, dici non potest.

Hic vero Herodes filius fuit Antipatri Idumæi, et Arabissæ cui nomen Cypris, quo regnante, Christus e Virgine ad redimendum genus humanum natus est. In quem sæviens peccavit, et contrucidatis tot infantibus, qua crudelitate ac cæde omnes retro tyrannos superasse fertur. Ejus uxoris Mariammes, quæ Alexandræ pontificis Hyrcani filiæ filia fuit, venustas corporis tanta fuit, ut nulla unquam illi par fuisse videretur. Ex hac igitur duo nati filii Aristobulus, et Alexander, qui pulchritudine, orationisque gratia, manuumque promptitudine, nihil non regium habere, omnium ore ferebantur. Contra hos omnes calumniis Antipatri efferatus est. Primo quidem in uxorem, deinde filios, et demum Antipatrum e priore natum uxore. Acerbo morbo vexatus, vexabatur enim intestinorum exulceratione, nonnisi erectus anhelabat, pedes tumebant phlegmate humido, et graves coli passiones, verenda putrefacta scatebant vermibus: et alia multa. Et quinto post cædem Antipatri filii die etiam vitam finiit. 314*b* Vivens annos omnes [septuaginta], imperans ex illis sex et triginta. Regnat vero illegitime, et præter spem suam, studio Antonii ducis Romanorum pecunia corrupti, et Augusti commendatione, decreto ad confirmationem senatus Romani.

Herodis hujus, qui primus externorum Judæis imperavit, pater fuit Idumæus natione ex Ascalone, filius Antipæ, etiam Antipas prius vocatus, deinde Antipater. Hic multis pecuniis abundans, factiosus ingenio et seditiosus, cum Hyrcano Judæorum pontifice, eo quod faveret Aristobulo fratri Hyrcani, inimicitias gessit. Quare cum multas sæpe conciret turbas, eo permovet Hyrcanum ut regnum iterum requirat omnibus modis, quod illo donante habuerat Aristobulus frater interfectus. Hæc fratrum discordia magna malorum causa ipsis, et cognationi, gentique Judæorum fuit, et cur regnum ad externos delaberetur. In hac discordia multa Antipater pro Hyrcano contra Aristobulum visus est fecisse. Tandem Aristobulus una cum liberis captivus ducitur. Inde fuga ereptus, ad rem Judæorum iterum se convertit, iterumque obsessus a Romanis cum filio Antigono (hic enim cum patre una captivus fuit) capitur, Romamque mittitur, et ligatus comprehensus est, cum regalem et pontificalem dignitatem annos tres et sex menses gessisset, illustris et magnanimus in regno factus. Hyrcano quidem pontificatus tributus est, nondum vero regnum : sed populus propriis legibus vivebat, populi præfectus pro rege data sibi potestate dictus est. Antipater autem, pontificatum gerente Hyrcano, ad magnam potentiam pervenerat. Nam cum Romanis ducibus contra rebellantes auxiliando pugnabat, regnumque Judæorum propter robur injuste, et concedente Hyrcano adeptus est. Julius vero Cæsar Aristobulum carcere solvens in Syriam contra Pompeianos mittere decrevit. Sed illum prævenientes Pompeiani veneno corrumpunt. Et Scipio, mittente Pompeio illo Aristobuli **315** a puerum Alexandrum accusante, quæ prius in Romanos peccaverat, securi percussit.

Declaratur vero a Julio Cæsare Antipater post victoriam contra Pompeium præfectus Judææ : qui in Judæam veniens Phasaelo filio Hierosolymorum vicinorumque imperium dedit. Post se vero Herodem admodum juvenem, decimo quinto ætatis anno Galilææ principem declarat, nihil a juventute prohibitum magnum quid et virile præstare. Hæcque faciens Antipater, et nihilominus a populo cultus, quam si rex esset. Nihil tamen prorsus a fide et benevolentia erga Hyrcanum pontificem maximum alienatus est. Finit Antipater splendidam et claram omnino vitam, occulte veneno, Malcho pincernam pecunia corrumpente, ut veneno potum inficeret. Malchus hic quidam Judæus erat, nectendorum dolorum peritus, et data suspicione, juramento suspicionem lenit, et fictione amicitiæ. Sed nihil minus, ut videbatur, in Herodem hoc ingenio machinantem facere, aut etiam vehementiorem incidens, pœnam postulantem paternæ cædis, pugionibus confossus interficitur.

Antigonus vero filius Aristobuli, Fabio pecuniis corrupto, et Ptolomæo Hymenæi filio, propter matrimonium (soror enim ejus nupserat illi) et aliis nonnullis, aggressus est descendere in Judæam. Sed Herodes pugna congressus vicit, et e Judæa expellit, et ab Hierosolymis, et ipso Hyrcano honorifice parta victoria, susceptus est. Antonius vero dux Romanorum, pecuniis excæcatus, Herodi et fratri Phaselo Judæorum tetrarchias dedit, Hyrcano contra hæc non indignante, populum vero accusantibus Herodianis, nihil amplius erat quam ut supplicium subirent, loco pœnæ sumendæ ob quæ accusaverant : quia Antonius corruptus fuerat auro, et Hyrcanus cum Herodianis sentiret. Jam enim filiæ filiam Mariamnem Herodes desponsam habebat.

Ptolomæo vero Hymenæo vita defuncto Lysanias filius accepit imperium , et Pacorus **315**b regis filius et Bazapharmanes satrapa Parthus, occuparunt Syriam. Lysanias vero habens secum satrapam, init amicitiam cum Antigono Aristobuli filio et Antigonus promittit Parthis mille talenta se daturum, et quingentas mulieres, si paternum imperium darent, interfecto Hyrcano et Herodianis. Propterea Pacorus et Bazapharmanes adducunt Antigonum et illato ab Herodianis bello, multi utrinque cæduntur, multum Herode laboribus celebrato. Tandem Herodes et Phasaelus dolo capiuntur a Parthis, et Phasaelus cædem hostium prævertens, illiso ad petram capite finivit vitam : captivus vero tenebatur Hyrcanus. Et denique Parthi Hierosolyma occupantes, vix illos Herode, animi præstantia et celeritate consilii, manuumque robore cum familia fugiente, pecunias Hierosolymitanorum rapuerunt, præter eas quæ erant Hyrcani ; octoginta vero erant talenta, et sic in patrium regnum Antigonum constituerunt. Antigonus vero Hyrcano ; ne amplius sacerdotium gereret (nam qui aliqua parte corporis mutili sunt, non sunt apti ad sacerdotia apud Judæos), aures incidit, et Parthis secum ut ducant committit.

Herodes nequaquam quiescebat ; sed primum quidem ad Malichum Arabum regem vadit , auxilium juxta paternam amicitiam inventurum se sperans : frustratus vero Brundisium ad Antonium ducem Romanum, inde cum illo Romam contendit, deplorans ea quæ accidissent, fratrisque mortem. Cogitaverat vero fratri uxoris, filio filiæ Hyrcani, si quo modo posset, regnum tradere ; diffidebat enim omnibus modis sibi externo id posse contingere. Sed Augustus et Antonius eodem usi consilio regem Judæorum creant, et contra Antigonum sæpe cum illo pugnantes post multas clades et bella, Antigonum captivum ducunt, Sosio, Romano duce, finem huic bello imponente. Illum vero magis in imperio confirmant. Antonius dux accipiens captivum Antigonum, vinctum triumpho servare decrevit. **316**a Cognito autem Judæorum populum odio in Herodem nova moliri, Antigonum Antiochiæ securi percussit. Hyrcanus autem, cum Herodem regnare intellexit, imploravit Phraatem regem : et simul postulante Herode in patriam mittitur, multa se sperans ab Herode consecuturum. Herodes vero speciem benevolentiæ et primi honoris in eum magnam ostendit : deinde vero ei corruptionem largitionum objiciens, et proditionem apud Arabes, hominem interfecit annum octogesimum primum agentem, cum magna et ineffabili clementia et incuriositate k. Quin et Aristobulum Hyrcani filium, Mariamnæ uxoris fratrem, adnitente Alexandra puerorum matre, et Ma-

---

k *Archæol.* lib. xv, cap. 9.

riamna, summum pontificem decimo septimo ætatis anno creat. Et deinde in Jericho in piscina illic suffocari jussit. Sed Herodes quidem talis, qualis esse jam dictum est.

Moriens Herodes Archelaum filium Cæsare permittente successorem regni constituit. Cæsar vero Augustus dimidiæ regni partis Archelaum creans dominum, et regis titulo ornaturum se dixit, si clementer et juste regnum administratum cognovisset. Alteram vero partem dividens, Philippum et Antipatrum tetrarchas, Herodis et ipsos filios constituit. Sed Archelaus cum violenter more paterno Judæos regeret, Cæsari supplicante populo, tyrannide oppresso, decimo anno regno excidit, et condemnatur ut habitaret Viennam Galliæ urbem, et inde recidit Judæa e regno in præfecturam[l].

Herodes tetrarcha Galilææ et Peræa, filius magni Herodis, amavit, ut scribit Josephus, fratris sui Herodis uxorem Herodiadem, quæ et ipsa magno Herode oriunda, nata e filio Aristobulo, quem ipse interfecit. Erat huic frater Agrippa : hanc Herodes a viro disjungens, uxorem duxit[m]. Hic est qui magnum Joannem Præcursorem interfecit, ut ait Josephus, ne populum ad seditionem concitaret. Omnes enim ob excellentiam virtutis, Joannis vocem sequebantur. Sub illo Salvator est passus.

Agrippa primi Herodis nepos, Aristobuli ejus, qui interemptus est filius, frater **316**[b] Herodiadis, sexcentis casibus et mutationibus obnoxius, tamen e custodia et vinculis, quibus illum comprehensum Tiberius moriens reliquerat, C. Cæsaris providentia, rex tetrarchiæ Philippi renuntiatur. Hic erat prioris Herodis frater : adeptus est et Lysaniæ tetrarchiam, et in Judæam navigat, omnibus obstupescentibus, et tam subitam mutationem admirantibus. Cum quibus et Herodias perculsa lethale vulnus accipit invidia : nec desiit virum turbare, donec Romam ire coëgit, et in regnum sibi adjungere studere. Sed ille eam comitatus est, secutusque Agrippa et assecutus est jam solventes. Accersens Herodem apud C. Cæsarem, quod Romanis semper infestus fuerit. Tiberio enim adhuc superstite, cum Sejano adversario Romanorum amicitiam iniisse, et nunc apud Artabanem regem Parthorum eadem contra Romanos moliri : obtinet ut loco regni, quod somniaverat, propria tetrarchia excidat, et Lugdunum turpi exsilio multatus abeat[n]. Herodias vero libens cum marito in exsilium vadit. Tetrarchiam ipsius Caius Agrippæ tradit. Hunc Agrippam ad discrimen filii, etiam magnum Agrippam vocant, et gratiosum hunc Josephus ait Judæis imperasse. Hic Judæis, ut videbatur, gratum faciens, Jacobum Joannis fratrem gladio percussit, et apostolorum caput Petrum voluit, licet aberraverit, occidere[o]. Hic ex argento contextam vestem indutus, et plebem allocutus, cum voces ejus (postquam assentatio-

nis modum excessisset, et ad summam impietatem pervenisset) audiens, non increpans statim pœnas dedit , Ingenti enim circa ventrem dolore nato, post quinque dies absumptus est : ætatis annum agens quinquagesimum quartum, regni septimum. Quorum quatuor Caio Romæ imperante, regnavit ; tribus cæteris Philippi tenuit tetrarchiam, quarto anno accipiens Herodis tetrarchiam. Reliquos tres sub Claudio, quibus Judæam, Samariam, Cæsaream, permittente Cæsare, possedit. Sic obiit Agrippa, bubone (avis genus sic apud Romanos **317**[a] vocatum est) quinque ante mortem diebus super capite apparente, qui et regnum prænuntiasse] putat Josephus. Moritur quatuor relictis liberis, filio Agrippa decimum septimum ætatis annum agente ; tribus vero filiabus Berenice, Mariamne , et Drusilla : quarum illa sexto decimo ætatis anno Herodi patris fratri nupsit. Mariamne decimum, Drusilla septimum annum absolverat. Quas Sebasteni nulla de causa nisi ob suam dementiam violenter rapientes, et in Lupanaribus collocantes, omnem in illas injuriam fandam atque infandam ostenderunt. Quibus infensus Claudius, nihil tamen dignum hac insolentia effecit.

Agrippa Agrippæ filius, mortuo patre Romam navigat. Claudius vero illi paternum imperium dare statuerat, sed retentus nonnullorum sententiis qui ætatem juvenilem Agrippæ causarentur , Fadum Judææ prætorem mittit, Agrippam vero Chalcidis, cui ante Herodes mortuus præfuerat, regem creat. Quarto post anno donat et illi Philippi tetrarchiam, et Batanæam, adjungens et Trachonitin, quæ antea Lysaniæ fuit, et illa dando ademit illi Chalcidem. Agrippa sororem Drusillam Azizo Emesææ regi circumciso in uxorem dedit. Epiphanes enim Antiochi quanquam pollicitus circumcisionem non accepit. Inde sponsalia soluta sunt. Solvitur et Drusilla ab Azizo, et Felici Judææ præfecto cum multa ob pulchritudinem ejus moliretur, nubit. Mariamnem vero dat Archelao filio Helciæ, cui et vivens pater eam destinaverat, et ex illis nascitur Berenice. Claudio defuncto succedens Nero, donat Agrippæ fato quodam Galilææ Tiberiadem, et Tarichæam, imperans ut ipsi obediret. Addit et Juliadem urbem Peræa, et decem circum oppida. Hic est Agrippa, apud quem divus Paulus, præsidente Festo, peroravit[p].

Post Fadum, Judææ prætorem, mittitur Cumanus, post quem Romam ob crimina evocatum Felix mittitur; post quem Festus, deinde Albinus, postremo Florus. Cujus secundo anno propter mala quæ ab illo supra modum fiebant, Judaicum bellum contra Romanos duxit initium, duodecimo anno impii Neronis. **317**[b] Ananus Anani filius pontificatum adeptus, quo privatur Josephus, audax fuit, et supra modum temerarius. Erat enim sectæ Sadducæorum, qui crudeles sunt in judiciis, et ad omnem arrogantiam inclinantes. Hic igi-

---

[l] Lib. xvii, cap. 1. [m] Lib. xviii, 7. [n] Lib. xviii, 9. [o] Matth. xiv, 3; Marc. vi, 17; Luc. iii, 19; Act. xii, 1 sqq. [p] Act. xxiii, 1 sqq.

tur Ananus, Festo in Judæa defuncto, et Albino nondum obtinente officium, auctoritate sua præses fuit, et Jacobum fratrem Domini cum aliis condemnans ut legis violatores lapidibus occidi jussit: unde Judæorum mitissimi indignati, et ipse Agrippa rex, ejiciunt, cum tribus mensibus imperasset, et loco illius Jesum Damneum collocarunt.

Mortuo Aarone fratre Mosis, filii ejus in sacerdotium succedunt, et deinceps omnes ex ejus stirpe. Invaluerat enim lex patria, ne quis nisi e sanguine Aaron sacerdotium gereret. Fuerunt igitur ab Aarone usque ad Phanasum, qui tempore belli a tumultuantibus pontificatum accepit, anni octoginta tres. Inde a deductione e deserto, ubi et tabernaculum fabricatum est, usque ad templum quod Salomon exstruxit, tredecim pontificatum gesserunt; qui singuli eum per totam vitam obtinuerunt. Fuit illorum dominatio prima aristocratica sive optimatum; deinde ad unum redacta est, ad reges tertio. Igitur ab exitu ex Egypto, usque ad ædificationem templi Hierosolymitani, anni sunt sexcenti et duodecim. Post hos vero tredecim pontifices, et post ædificationem templi octodecim pontificatum gesserunt a Salomone rege, in templo sacrati. Donec Nabuchodonosor Babyloniæ rex templo incenso Judæos captivos in Babyloniam avexit Amæa pontifice. **318**a Horum tempus pontificatus sunt anni trecenti sexaginta sex, menses sex, decem dies. Post captivitatem vero septuaginta elapsis annis Cyrus, Persarum rex, captivos in patriam suam abire permisit. Unus igitur e reductis captivis pontificatum accipit, et inde quindecim ejus posteri usque ad Antiochum, Eupatoris filium, populo imperante, et horum tempus anni quadringenti et quatuordecim. Primus hic Antiochus et dux ejus Lysias, Oniam, Menelaus cognomento, pontificatu abdicant, interficientes illum in Berœa, et contra substituunt Jacimum, e stirpe quidem Aaronis, sed non e recta linea. Ideo et Ananias mortui Oniæ patruelis in Ægyptum profectus, in Ptolemæi Philometoris et Cleopatræ uxoris amicitiam veniens, persuadet illis, condens in Heliopoli templum Deo simile ei quod est in Jerusalem, ut se pontificem crearent. Jacimus annos tres sacerdotium cum rexisset moritur: cui intra septem annos nemo succedit. Rursum vero posteri filiorum Asamonæi imperium populi nacti, et cum Macedonibus pugnantes Joannem pontificem creant, qui cum septem annis præfuisset moritur, Tryphone illi necem moliente, cui succedit Simon frater. Verum et hunc dolo in convivium interfectum a genero sequitur filius nomine Hyrcanus. Hic moriens, Judæ qui et Aristobulus nominabatur relinquit regnum. Sequitur hunc frater Alexander, morbo quidem exstinctum, sed sacerdotium cum regno obtinentem, nam et diadema habuit primus Judas uno anno. Regnans vero Alexander et pontificatu erens, annos 27 vitam finit, Alexandræ uxori permittens constituere pontificatum gerentem. Ibi illa pontificatum Hyrcano dat filio natu majori; ipsa regnum novem annos cum gubernasset moritur: totidem annis sacerdotium gerit Hyrcanus. Post hujus mortem junior filius contra fratrem bellum gerens, nomine Aristobulus, et auferens pontificatum, tam hoc, quam matris regno potitur. Tertio anno imperii, et mensibus totidem Pompeius veniens, et urbem vi capiens, ipsum Romam cum filiis captivum misit. Hyrcanum vero pontificem designans populi imperium ei permisit, sed coronam eum ferre noluit. Imperavit vero præter novem primos, annis quatuor et viginti. Basapharmanes et Pacorus dynastæ Parthorum, cum Hyrcano bellum gerentes, eum vivum ceperunt: Antigonum vero Aristobuli filium regem constituerunt. Tres vero annos et tres menses illum imperantem Sosius **318**b et Herodes expugnarunt. Antonius vero captum Antiochiæ securi percussit. Regnum autem Herodes a Romanis adeptus, non amplius e genere Asamonæo pontifices constituit: obscuros vero aliquos, et solum e sacerdotibus oriundos, præter unum Aristobulum, nepotem e filia Hyrcani a Parthis capti, cujus soror cum Mariamne vixit. Hunc Aristobulum metuens tanquam nobilem, et per se conspicuum, ne populus ad eum inclinaret, Jerichunte in piscina suffocari jussit. De sacerdotum constitutione similia molitus filius ejus Archelaus, et post illum Romani, qui imperium invaserunt. Sunt igitur ab Herodis temporibus qui pontificatum gesserunt, usque ad diem quo templum et urbem capiendo vastavit flammis viginti octo. Tempus illorum, anni ad centum et septem. Et aliqui scilicet administrarunt sub Herodis et Archelai imperio. Post hæc ad optimates devoluta est administratio, populi vero curam sacerdotes summi gerebant.

CCXXXIX.

Procli Chrestomathia seu Laudabilia de re poetica.

Lecta sunt *Laudabilia*, quæ Proclus e Grammaticis excerpserat.

Liber hic in quatuor dividitur: ac primo quidem has esse orationis et poematis virtutes: differre vero in eo quod plus minusve est. Et plasmatis, hoc quidem tenue, illud vero plenum, atque grande, tertium vero medium. Ac plenum quidem maxime ad summam admirationem concitandam aptum, mirificeque instructum, et poeticam venustatem ostendens. Tenue vero tropis ornatam quamdam et familiarem compositionem sequitur. Verum ex attenuatis magis coagmentatum est: unde luctuosis plurimum rebus ac tristibus optime accommodatur. Medium, vel nomen ipsum significarit, inter utrumque esse interjectum. Florida vero per se non est dicendi figura, sed antedictis mista cum eis simul effertur: convenit autem locorum, pratorum lucorumque descriptionibus: qui vero a memoratis dicendi figuris aberrarunt, a grandi ad duram elatamque, **319**a a tenui ad humilem a media ad otiosàm et solutam deflexerunt. Præcipit autem et de poematis dijudicatione; ubi ἦθους et πάθους tradit differentiam; poeticesque aliud narrativum esse, aliud imitativum. Narrativum porro dividitur in epos, elegiam, iambum et melos. Imitativum vero in tragœdiam, satyras et comœdiam.

Melos primo reperit Phemonoe Apollinis sacerdos; hexametris oracula reddere solita. Et quoniam oracula res ipsæ sequebantur, consonæque erant, hinc, quod hexametris constat, id omne epos dictum. Alii vero, propter accurationem, et valde insignem excellentiam, quæ in hexametris elucet, putant commune nomen totius sermonis hexametrum sibi vindicasse, vocatumque epos : quemadmodum et Homerus poetæ nomen sibi, et Demosthenes oratoris usurpavit. Quando et trimetra ἔπη vocaverunt. Inter epicos vero poetas excellit Homerus, Hesiodus, Pisander, Panyasis et Antimachus. Recenset horum, quantum fieri potest, genus, patriam, et quædam opera, quæ carminibus composuerunt. Disserit vero et de epico, quem vocant Cyclo, qui ex Cœli et Terræ, quam poetæ fabulantur, commistione originem duxit; deinceps ex ipsa Cœlo tres filios centimanos agnoscunt genitos, totidemque alios producunt Cyclopas. Disputat de diis breviter, aliisque rebus, quæ Græcorum fabulis proditæ : et quidquid etiam ad historiæ veritatem pertinet. Terminatur epicus Cyclus, ex variis poetis perfectus, ad exscensionem usque Ulyssis in Ithacam, in qua et a filio Telegono, ignaro quod pater esset, interficitur. Epici vero Cycli poemata hodieque servari ait, studioseque a multis frequentari, non tam virtutis causa, quam propter aptum ordinem et cohærentem earum rerum quæ in ipsis continentur. Memorat etiam nomina et patrias eorum, qui epicum Cyclum fecerunt. Quin etiam de Cypriis poematis narrat. Et hos quidem ad Stasinum Cyprium hæc referre : illos vero ad Hegesiam **319**b Salaminium : quosdam etiam Homero tribuere, data vero pro filia Stasino, a cujus patria Cypria hoc opus appellatum : sed huic rationi auctor non assentitur : neque enim Κύπρια accentu (ut loquitur) in antæpenultima inscribi hæc poemata.

Elegiam vero heroico et pentametro versu constare, aptari vero iis qui obierunt, unde et nomen accepit : *luctum* enim ἔλεγον veteres appellarunt, eosque qui vita functi essent, his celebrarunt. Posteriores vero elegiis ad res varias abusi sunt. Hoc metro excelluisse refert Gallinum Ephesium, et Mimnermum Colophonium, sed et Philetam Coum Telephi filium et Callimachum Batti filium Cyrenæum.

Iambum similiter ad conviciandum olim, ait, comparatum p. Ἰαμβίζειν enim linguæ quadam proprietate, *contumeliam dicere*, significabat : alii ex Iambo ancilla, genere Thressa, derivant. Hanc

p Apollodorus lib. II Biblioth.

ferunt, Cerere ob raptam filiam tristitia affecta Eleusinem venisse, et lapidi, qui hodieque ἀγέλαστος, quasi risus expers, et tristis, vocatur, insidentem, ludicris quibusdam dicteriis risum deæ concitasse. Apparet autem iambum olim tam in vituperationem quam laudationem ex æquo conscribi solitum, quando in conviciis contumeliisque, quidam metro insolentius usi sunt, Inde ἰαμβίζειν ad convicia consuetudine quadam recidisse, quemadmodum a comicis comœdiari dictum. Iambicorum poetarum Archilochus Parius facile princeps, et Simonides Amorginus : vel, ut quidam volunt, Samius, et Hipponax Ephesius : quorum primus quidem tempore Gygis, alter vero Ananiæ Macedonis : Hipponax vero Darii temporibus floruerunt.

Melici autem carminis varia genera faciunt in multasque partes dividunt. Quædam enim ad deos pertinent, alia ad homines, alia denique ad fortuitas calamitates. Ad deos quidem referuntur, hymnus, prosodion, pæan, dithyrambus, nomos, Adonidia, Iobacchus, **320**a hyporchemata. Ad mortales vero pertinent encomia, epinicii, scolia, amatoria, epithalamia, hymenæi, silli, lamentationes, et epicedia. Ad deos simul et homines, parthenia, daphnephorica, oschophorica et precatoria. Hæc enim in deorum laudem ita composita, ut et hominum prædicationes complexa sint. Fortuitæ vero calamitates mellici carminis speciem minime constituunt, quam tamen poetæ tentaverunt : puta pragmatica, emporica, apostolica, gnomologica, georgica et epistalica.

Hymnum sic dictum aiunt, quasi ὑπόμνησις, id est, commemoratio quædam sit, et quasi in memoriam revocet res gestas eorum qui hymnis celebrantur; vel ἀπὸ τοῦ ὕδειν αὐτάς, quod valet, *prædicare ipsas*. Vocabant autem in universum omnia, quæ in gratiam sacrorum ministrorum scripta erant, hymnos : propterea prosodion, aliaque supra enumerata, hymno distincte subjici videantur, ut species generi. Quare audire licet qui scribant, hymnos prosodios, hymnos encomios, hymnos pæanos, et de cæteris eadem ratione. Prosodion dicebatur, cum ad aras aut templa accederent, et in accessu ad tibiam canebatur. At qui proprie hymnus vocabatur, ab astantibus ad citharam concinebatur.

Pæan autem carminis genus, nunc ad omnes deos refertur ; olim vero attribuum Apollini, et Dianæ, ut pestis morbique depellerentur, cantari solitum : vocis tamen abusione etiam prosodia a quibusdam pæanum nomine appellantur.

Dithyrambus vero in Bacchum conscriptus, a quo nomen accepit, vel quod apud Nysan in antro dithyrambo, hoc est, bifori, sit educatus, vel quod λυθέντων τῶν ῥαμμάτων, hoc est, apertis suturis Jovis, repertus sit : vel quod bis genitus videatur, semel ex Semele, iterumque ex femore. Repertum vero fuisse Corinthi dithyrambum Pindarus refert. Primum vero qui hoc carmine cecinerit, Aristoteles (1) Arionem fuisse prodit, qui primus cyclium chorum duxit.

Nomos quidem in Apollinem conscriptus, a quo appellationem sumpsit. Nominus enim Apollo, qui ita appellatus est quod veteribus choros constituentibus, et ad tibiam vel lyram **320**b nomon canentibus, Chrysothemis Cretensis primus stola usus insigni, et accepta cithara, Apollinem imitatus solus cecinerit nomon, qui cum eo genere vehementer probatus esset, permansit hic modus certaminis. Terpandrum vero nomon absolvisse apparet, cum heroicum carmen adhibuit : post Arion Methymnæus non parum auxit, poeta ipse, et citharœdus. Phrynes vero Mitylenæus novam rationem commentus est. Hexametrum namque cum soluto carmine conjunxit, pluribus etiam, quam septem chordis usus : postea Timotheus eum, qui nunc est, ordinem induxit.

Est autem dithyrambus incitatus, et multum furoris cum saltatione ostendens, ad vehementioresque affectus comparatus, ad eos præsertim, qui illi numini sunt congruentes : et concitatus est numeris, et dictione utitur simpliciori ; nomos contra per affectus et numeros leniores remittitur, composito gradu, et magnifico incedens : verbis præterea duplicibus utitur. Quin et utrumque [genus carminis] congruenti utitur harmonia. Illud quidem Phrygiam et Hypophrygiam adhibet ; nomos vero systemate citharœdorum, Lydio scilicet, temperatur. Videtur autem dithyrambus in rusticorum lusu et hilaritate, inter pocula repertus esse : nomos vero a pæane fluxisse ; sed hic patet latius, ad mala averruncanda conscriptus, ille vero proprie in Apollinis laudem, unde et furibundum nihil habet, ut dithyrambus. Illic enim temulentia et ludicra puerilia sunt ; hic vero supplicationes, varius etiam ordo. Ordine namque et systemate moderato incedit ejus concentus.

Adonidia dicuntur, quæ in Adonim referebantur. Iobacchus canebatur in festis et sacrificiis Bacchi, tinctus multo et insolenti fremitu. Hyporchema vocabant carmen cum saltatione decantatum ; ὑπὸ enim veteres pro μετὰ sæpe **321**a usurparunt. Hujus inventores fuisse referunt, hi quidem Curetas, alii vero Pyrrhum Achillis filium : unde saltationis genus quoddam Pyrrichiam [Pyrrichan, vel Pyrrichen] nominant. Epinicios, cantus post victoriam in honorem eorum qui victoriam essent adepti, conscribebatur. Scolion, carmen quasi obliquum, inter pocula accinebatur : unde Παροίνιον, hoc est, debacchatio vinolenta, aliquando est appellatum : remissum vero compositione, et simplex maxime. Dictum vero, σκολιόν, non ut quibusdam placuit per ἀντίφρασιν, quæ ut plurimum bonum omen propositum habet, non contra bonum omen in sinistrum traducit. Sed quod præoccupatis jam sensuum instrumentis, et auditoribus vino languentibus, tunc barbiton in convivium inferretur, singulique debacchantes, non sine maximo periculo, ad carmen illud proferendum incurvarentur. Quod igitur ipsis accidebat propter ebrietatem, hoc in carmen traducentes, quod simplicissimum erat, σχολιόν, id est, incurvum, et tortuosum, appellabant. Ἐρωτικά, seu amatoria, mulierum, puerorum, et virginum casus amatorios decantant. Epithalamia vero novis nuptis, thalamum jam ingressis, juvenes simul et virgines thoro astantes accinebant. Hymenæum autem in nuptiis decantatum ferunt, propter desiderium, investigationemque Hymenæi, Terpsichoræ filii, quem ducta uxore evanuisse aiunt. Alii vero in honorem Attici Hymenæi, quem latrones persecutum, raptas virgines Atticas liberasse commemorant. Ego vero felicis vitæ acclamationem esse puto, præsentibusque fidam matrimonii societatem cum mutuo amore comprecari. Æolica dialecto votum innectendo, quasi ὁμονοεῖν et ὁμονοεῖν, id est, una habitare et eadem sentire eos concorditer viventes optarent. Sillus parce convicia irrisionesque hominum continet. Threnus et epicedium hoc differunt, quod jacente jam cadavere, hoc pro funere recitetur : ille vero nullo certo tempore circumscribatur.

Parthenia quæ dicuntur, virginum choris adaptabantur, sub qua etiam daphnephorica, quasi sub genus cadunt. Lauros enim nono quoque anno ad Apollinis sacra inferentes sacerdotes, hymnis eum per virgineos choros celebrabant : cujus hæc causa redditur. Æoles **321**b quotquot Arnen, eaque circum loca habitabant, ex oraculo inde egressi, obsidione cingentes Thebas vastabant, quas et Pelasgi obsidebant : cum simul utrisque Apollini statuus dies festus esset, inducias pacti sunt, et lauris amputatis, ab his quidem in Helicone, ab illis vero juxta Melanem fluvium, Apollini intulerunt. Polematas vero Bœotorum dux, juvenem quemdam secundum quietem vidit, solidam armaturam ipsi offerentem, votaque fieri præcipientem in Apollinis honorem nono quoque anno a laureatis. Tertio post die conserta manu, hostem vicit, ipseque lauri gestatione votum solvit : hinc mos ille religiose observatus. Hæc Daphnephoria oleagineum lignum lauris coronant, variisque floribus exornant, cujus in apice ænea sphæra imposita ; ex hac minores dependent : medio vero ligno purpureæ coronæ adaptantur, minores quam quæ summo fastigio impositæ. Imam vero ligni partem circumvestiunt crocotula. Significat autem ipsis suprema quidem sphæra, solem, quo Apollinem designant : huic vero subjecta, lunam significat. Globuli vero appensi, stellæ et astra sunt ; coronæ annuum cursum significant : trecentos enim et sexaginta quinque conficiunt. Præest autem daphnephoriis puer patrimus, et matrimus, cui ma-

---

(1) Agelius lib. x, cap. 19, Orchium cecinisse Arionem ex Herodoto commemorat.

xime conjunctus, gestat coronatum lignum, quod κωπῶ ipsi vocant. Daphnephorus vero sequitur, tangens laurum : comis quidem demissis et fluxis, aureaque corona redimitus, splendidaque veste, et talari indutus, calceisque, quos ab Iphricate Ἰφι-κρατίδας Græci vocant q. Hunc virginum chorus comitatur, ramos ad supplicationem, quæ hymnis celebrabatur, prætendens. Mittebant autem lauri gestationem ad Apollinis Ismenii et Galaxii fanum.

Τριποδιφορικὸν carmen, tripode prælato a Bœotis canebatur, institutumque hac de causa. Pelasgi quidam Panactum, Bœotiæ urbem vastabant, Thebani vero defensabant, missisque in Dodonam legatis, de belli victoria consulebant. Oraculum vero Thebanis responsum dedit, si **322**a impiissimum crimen admitterent, fore ut victoria potirentur. Visum igitur ipsis, impiorum facinorum maximum fore, vatem quæ reddidisset ipsis oraculum, interfecerunt. Quæ vero sacerdotes templo præerant, repetebant supplicium de cæde a Thebanis. Thebani vero ut solæ mulieres sententiam de se ferrent, detrectabant. Communi itaque judicio facto, virorum simul ac mulierum, et viris candidos calculos pro illis ferentibus, effugere Thebani. Cognito tandem id ab oraculo illis mandatum fuisse, tripodem unum ex iis, qui sacri erant apud Bœotos, gestantes, ac tecte, tanquam sacrilegi, circumferentes, Dodonam remiserunt. Quæ res cum feliciter cessisset, exinde in solemne festum vertit.

Oschophorica vero carmina ab Atheniensibus canebantur : chori autem adolescentes duo, muliebri veste induti, palmites vitis gestantes, plenos maturis uvis, quod ipsi ὄσχην vocarunt, unde et carminibus nomen inditum, festum auspicabantur. Primum vero Thesea hoc inchoasse ferunt. Postquam enim sponte sua in Cretam navigationem instituisset, patriam tributi vexatione liberavit : beneficium gratitudinis ergo reddens Minervæ, et Libero, qui ipsi in Dia insula apparuerant. Fiebat autem a duobus adolescentibus, in umbra educatis, sacris ut operarentur, adhibitis ministris*r*. Ducebatur autem ab Atheniensibus hæc pompa ex Liberi fano in Palladis Sciriadis templum : insequebaturque adolescentes illos chorus, et canebant id genus carmina. Ex singulis vero tribubus puberes inter se cursu certabant, quique alios antevertisset, ex quintuplici, quæ dicebatur phiala, et cinno (qui ex oleo, vino, melle, caseo et farina hordeacea temperabatur) bibebat.

Precatoria carmina ab iis componebantur, qui aliquid Deum rogarent. Pragmatica vero, quæ res gestas aliquorum continent. Emporica, quæ quasi peregrinationem et negotiationem ostentarent, a quibusdam conscripta sunt. Et apostolica, quæ dum quid mitteretur ad aliquem, fiebant. Gnomologica notum est admonitiones de moribus continere. Georgica vero, agri et stirpium tempestivitates et curam. Epistaltica, quæ ad obeunda mandata aliquibus composita mittebantur.

Hactenus quidem ex duobus Procli libris ea excerpsimus, quæ ex grammaticis laudabilia ipse deprompserat.

CCXL.
Joannes Philoponus in Hexaemeron.

322b Legi Joannem Philoponum *In Hexaemeron*. Dedicat librum Sergio Constantinopolitano, cujus suasu se laborem suscepisse præfatur, seque eo respexisse, ut ostenderet mundi ortum apud Mosem rebus apparentibus respondere.

Moses nec physicum nec astronomum agere voluit, sed homines ad Dei cognitionem, per mundi etiam creationem trahere et invitare conatus est. Magnum hoc et splendidum mundi opus a Deo factum, neque a se principium habere, neque ingenerabilem materiam, neque Deo coæternam. Platonemque, quem Græci sapientissimum existimarunt, etsi sæculis multis posterior fuerit, nec ex plebe cuique libros suos scripserit, sed iis qui præ cæteris in philosophia ingentes progressus fecerunt, Mosem in mundi conditi enarratione imitatum fuisse. Sed Mosem sublimius multo rem refert enarrasse. Nihil ait in mundi creatione esse, rerumque ordine quin Mosis verbis respondeat ; contra vero multa eorum, quorum a physicis investigatæ causæ, e Mosis scriptis desumpta sunt. In multis magnum Basilium, et Theodorum Mopsuestiæ laudibus merito extollit, etsi non in omnibus quæ reprehendit, licet non pauca jure vellicet.

Principium variis modis cum dicatur, refert illud : *In principio*, nunc temporarium principium indicare : dicere vero, inquit, temporarium, non cujus generationem tempus præcedat, ut unius cujusque nostrum : sed primum temporis nunc, quo Deus cœlum et terram in medium produxit, sine ullo temporis intervallo. Omne enim principium omnino aliud esse dicit, quam in cujus dicitur principium, idque exemplis ostendit. Quare in principio temporis, et non in tempore, cœlum terramque condidit Deus. Sed unum hoc significat principium, in quo cœlum et terra condita sunt. Secundo, prima **323**a fabricæ pars, ut initium navis est carina, domus fundamenta. Hinc apparet et eodem modo significationem principii intelligi posse, cœlum et terram in principio facta esse. Tale enim fundamentum et principium rerum, Deus cœlum et terram, primum posuit, in aliis significationibus principii non ita.

Pro his *In principio*, vertens sic Aquila, Ἐν κεφαλαίῳ, occasionem dedit cogitandi, συνηρημένως τὸ, in principio significare junctim et simul cœlum et terram facta esse. Neque enim hoc ex illis prius, hoc vero posterius factum est. Κεφάλαιον enim appellare solemus conjunctionem omnium simul in unum, et frequens hujus usus. Ostendit et additum

---

q Diodorus Siculus lib. xv Biblioth ; Suidas et Pollux.   r Sic et Plut. in *Theseo*.

vocabulum σὺν [id est simul] conjunctionem; quia multa demonstrat. Dicit enim: *In capite creavit simul coelum, simul terram* [a]; in principio significat simul duo esse facta. Nonnulli illud, ἐν κεφαλαίῳ non eo modo, sed metaphoram a summa corporis parte, quæ caput est, ductam esse volunt, et ad hoc principium retulerunt.

Cœlum et terram dicens per extrema media conjunxit, ut etiam omnia loquuntur. Extrema autem hæc rite vocantur, terra orbis centrum sustinens, omnium inferiorum est principium; cœlum vero omnia ambiens, omnium finis est. Iterum vero cœlum descendendo, initium est, ejusque respectu terra tunc finis, media vero sunt, aqua, aer, et ignis. Ideo pergit: *Tenebræ super abyssum; aquam abyssum* vocat, tenebras vero luce carentem *aerem.* Etenim proprie dicuntur tenebræ cum lumen abest. Et consuetudo tenebras obscurum aerem vocat, vel speciem aeris nocturnam, vel ex alio accidente.

Tenebras palpabiles, quales senserunt Ægyptii[b], duabus de causis dici vult, vel quod splendor nullus cœlestis immistus est aeri, ob densitatem ejus, ut palpari, et tangi per resistentiam a contingentibus queat: vel quod tangendo duriora corpora instar cæcorum sic progrediantur, et hoc ipso cognoscant sic attrectata. *Abyssus* ab omnibus multa aqua dicitur, et in profundum demersa, quamque capere non valemus, nec oculis consequi.

Ideo etiam Moses abyssum hanc aquam vocat, nisi quod etiam nomine aquæ nominet. *Ac Spiritus enim* **323**[b] *Domini ferebatur super aquas.* Super aquas enim aer ipse innatat. Nomen autem aeris Moses non usurpavit: vel eo quod Hebræi nondum certum aeri nomen dedissent, vel quod sufficeret Mosi vocabulo *aquæ* utrumque denotare. Magnum enim aer et aqua communionem habent, et sæpius in sequentibus hoc nomine de utroque utitur.

Moses angelorum eorumque creationis nullam mentionem facit, quasi mundi historiam scripserit. Verum non est dicendum istos simul exstitisse vel post cœlum factos esse, sed antea; idque e rerum natura, sacrisque Litteris conatur demonstrare: depugnans scilicet adversus Theodorum ejusque rationes, quibus angelos una cum cœlis factos esse asserit, et magnum Basilium ejusdem sententiæ adducens, pro quo etiam videtur decertandum. Recensens igitur summatim demonstrationes, quibus ille angelos cum mundo non simul creatos probat, addit: Vide tandem ex quibus cœlestis eorum ortus constet. Primo, quod nec Moses, nec alia Scriptura sacra dicit cum cœlo factos esse. Secundo quod non sint corpora, nec corporibus organicis ut anima postea vincti. Tertio, e cœlesti eorum potentia. Quarto, quod Deum assidue videant; quibus omnibus creaturæ mundanæ carent. Quinto, quod irrationales animæ cum corporibus non sint creatæ, etsi sine corporibus esse nequeant. Postremo, quod hominum animus, ne cum proprio corpore quidem sit creatus. Hoc enim e terra, ille per se divina participat generatione, etc.

CCXLI.
Apollonii Tyanei Vita e Philostrato.

Legi *Vitam Apollonii* auctore Philostrato. Babylonis, inquit, muri quadringentorum stadiorum et octoginta ambitum complectuntur: in altitudinem vero tria semijugera attolluntur, cum sint paulo minus unius jugeris latitudine. Secat autem mediam Babylona Euphrates, cum formæ similitudine, quem Euphraten occultus subit pons, regiam, quæ in utraque ripa est, invicem modo invisibili conjungens. Fertur enim mulier Medea aliquando id regnum sortita fluvium junxisse, quo modo antea nemo. Lapides enim et æs, præterea bitumen et reliqua **324**[a] conglutinationi in aquis faciendæ ab hominibus inventa, ad fluminis ripas ubi coacervavit, fluminis aquas in paludes derivavit, atque exsiccato fluminis alveo, duarum ulnarum specum excavavit, ut ad regias, quæ utrinque fluminis ripas adjacent, per eam, quam diximus, foveam non secus ac per aridam terram aditus intercederet, ita ut fornicis altitudo fluminis alveo adæquaretur. Fundamenta processerant, et parietes specus; quasi bitumen aqua indigeret, ut lapidesceret, et induraretur, Euphrates humido fornicis tecto immissus est, atque hæc jungendi ratio fuit. Regia autem ære adoperta fulget, thalami vero, et porticus, ac virorum domicilia partim argento, partim aureis velis, partim auro ipso veluti lineamentis condecorata sunt. Ait Apollonium in porticum venisse, cujus jus suprema pars in formam tholi fabricata cœli faciem imitabatur saphiro lapide adoperta: qui lapis maxime cæruleum cœli colorem refert. Erant illic imagines deorum, quos illi colunt, exsculptæ, auratæ luce affusa videntur. Is autem locus est, ubi rex jus dicere consuevit; ex testitudine vero iynges aviculæ quatuor pendebant (quas motacillas vulgo vocant), Nemesim illi exhibentes, admonentesque regem, ne se supra hominem efferret. Has vero dicunt magos, cum in regiam venissent, jussisse fieri. Vocant autem ipsas deorum linguas.

Apollonius et alii post illum, Persarum regno exeuntes, cum ad Caucasum appropinquaverunt, olentis terræ jucundum odorem senserunt. Hunc autem montem principium facimus Tauri, qui per Armeniam et Ciliciam, et ad Pamphiliam usque et Mylen procedit, quæ Mycale in mare juxta quod Cares habitant, definiens, Caucasi finis putatur, non autem principium ut quibusdam placet. Mycales enim altitudo non admodum magna est, Caucasi autem summitates in tantum exsurgere perhibentur, ut sol circa ipsa scindatur. Complectitur autem altera parte Taurus conterminam Indiæ Scythiam omnem juxta Mæotidem, et sinistrum

---

[a] Gen. i, 1.   [b] Exod. x, 21.

Pontum, viginti millium stadiorum longitudine. Tantum enim terræ modum complectitur Caucasi ambitus. Quod autem nostra ex parte appellatus Taurus supra Armeniam prætendatur, quod longo tempore creditum non est, testantur pantheræ, quas in Pamphyliæ parte, quæ aromata profert, captas esse comperimus. Tales enim feræ **324***b* aromatibus gaudent, et ex longinquo odorem attrahentes, et ex Armenia per montes proficiscentes, ad styracis lacrymas feruntur, quoties venti ab ea parte flantes ab arboribus id gummi stillantibus odorem perferunt. Accepi etiam in Pamphylia pantheram captam fuisse, aureum torquem circa collum habentem Armeniis litteris hujusmodi inscriptum : *Rex Arsaces deo Nysæo*. Regnabat autem temporibus illis in Armenia Arsaces. Is, ut opinor, feram eximia præ cæteris magnitudine Baccho sacravit. Bacchus enim Nysæus a Nysa, quæ in India est, nuncupatur, non ab Indis solum, sed omnibus gentibus, quæ ad Orientem spectant. Illa vero, quam dixi, fera cicurata ab homine aliquandiu est, attrectari demulcerique patiens. Adveniente autem vere, ubi veneris eam cupido stimulavit, maris desiderio tacta in montes secessit, eodem quod gestabat ornamento. Capta autem fuerat in inferiore Tauri parte aromatum odore allecta. Caucasus autem, Mediam atque Indiam terminans, in mare Rubrum altero cubito descendit. Transeuntibus autem Caucasum quadricubitos homines occurrisse ferunt, colore subnigros, aliosque vidisse cubitorum quinque, cum trans flumen Indum pervenissent. Cum jam montem transgressi essent, viri occurrerunt qui elephantis vehebantur. Hi autem sunt, qui regionem colunt intra Caucasum montem et Cophenem fluvium, homines plane inculti, et elephantorum sessores, quorum alii etiam camelis insidebant, quibus ad cursum utuntur Indi, hisque uno die mille stadiorum iter conficiunt, et genua nullibi flectunt. Indum fluvium Apollonius cum suis trajecit, cujus latitudo, qua navigatur, stadiis ferme XL extenditur : ortum e Caucaso ducit, et jam inde cæteris Asiæ fluviis major : deinde procedens multos navigabiles fluvios ex se producit.

Ultra fluvium autem pergentes ipsos dux a Satrapa datus, recta ad Taxala duxit : ubi regia erat Indorum regis. Qui secus Indum fluvium habitant, lineis vestibus amiciuntur. Linum autem plurimum in agris nascitur. Calceamenta ex papyro facta gestant; nobiliores vero bysso induuntur. Byssus ex arbore nascitur : quæ inferiore sui parte populo similis est, foliis autem salici. Cum vidisset Apollonius byssum, gavisus est, quia fusco amictui, quem gestabat, non dissimilis admodum esset. Taxila vero magnitudine **325***a* ab antiqua Nino non multum differt, et Græco more ædificata est. Erat autem regia Pori, regnum obtinentis.

Fontes Hyphasidos fluvii, cui appropinquasse dicit Apollonium, Hydraote superato, plurimisque gentibus peragratis, hujus, inquam, fluvii fontes e solo scaturiunt, estque fluvius ipse a principio navigabilis, paululum vero procedens navibus invius est. Petræ namque superiori parte acutæ, atque inter se densæ, sub aqua latentes ab alveo prominent, quibus aqua illisa, et in se conversa innavigabilem fluvium reddit. Latitudo vero Istrum adæquat, qui Europæ fluminum maximus habetur. In ripis ejus arbores nascuntur, similes iis qui ad Istrum nascuntur, a quibus unguentum distillat, quo in nuptiis Indi perungi consuevere. Pisces etiam quos Taos appellant in hoc duntaxat flumine oriri perhibent : vocantur autem eodem quo et pavones nomine, quia ipsis et cæruleæ sunt cristæ, squamæ vero versicolores, cauda vero aurea, in quamcunque voluerit partem versatilis. Est præterea in eodem flumine bellua albo vermi similis : ex qua capta oleum fit ad usus ignis accommodatum, quod nisi vitro contineri non possit. Capitur autem regi tantummodo ejuscemodi bellua, qua ille diruendorum mœnium causa utitur. Nam ubi murorum propugnacula ejusmodi pinguedo tetigerit, ignis excitatur, quibuscunque rebus quas homines adversus ignem excogitaverint, potentior. Asinos præterea silvestres, palustribus locis capi dicunt. Esse autem hujusmodi feris in fronte cornu, quo taurorum more generosissime pugnent. Conficere autem Indos ex illis cornibus pocula : asseruntque nullis morbis eo die affici, qui ex ejusmodi poculo potaverit, neque si vulnerati fuerint, dolere, et ex igne etiam incolumes egredi, neque ullis venenis lædi, quæcunque nocendi gratia in potu dantur. Idcirco regum esse illa pocula, et regi tantum ejusmodi feræ venationem permitti. Fabulosa hæc esse, et regum Indiæ morbi mortesque testantur. Hæc vero bellua, ut eam descripsimus, talis apparet.

Inde Caucasi illam partem transcenderunt, quæ in Rubrum mare porrigitur. Ea vero diversis aromatum generibus consita est. Montis namque cacumina Cinnamomum ferunt, quod novis sarmentis assimilatur : bonitatis autem ejus experimentum dat capra. Si quis enim **325***b* Cinnamomum capræ porrexerit, tanquam catulus manu demulceri affectat, abeuntemque insequitur, nares quoad potest ipsi admovet : quod si pastor eam amoverit, non secus queritur, quam si loto privaretur. In montis autem præruptis arbores, e quibus thus distillat, proceræ nascuntur, et aromatum aliæ species multæ, inter quas et piperis arbores sunt, quod piper, tanquam agricolæ, genus quoddam simiorum colit. Piperis arbor illi similis esse traditur, quam Græci ἄγνον (id est, *castam*) appellant, tum partibus aliis, tum maxime fructuum racemis. Nascitur autem in extremis præruptisque locis, generi hominum inaccessis, ubi simiorum, quas diximus, populus montis cavernas, et omnia foramina incolit. Simios autem magni faciunt Indi, quoniam piperis, ut sic dicam, vindemiatores sunt : quapropter et armis et canibus leones, et cæteras feras ab ipsis arcent. Irruit autem in simium leo aegrotus, medicinae quidem gratia, namque hujusmodi simiorum carnes leonum morbis medentur, senescens vero, pastus cibique causa. Nam ubi propter senium cervos aut apros venari leones nequeunt, simias devorant, quod superest virium in illas exercentes. Quae de pipere, haec sunt u·v. Accedentes Indi ad arbores, quae in parte montis infima nascuntur, fructusque ab illis decerpentes, parvas quasdam propter arbores areolas faciunt, quo piper congerunt, ipsum projicientes, ceu rem neglectam et minimi ab hominibus existimatam. Simiae vero in aviis abditae desuper aspicientes, ubi nox advenit, Indorum opus imitatae, avulsos arborum ramusculos in areas, quas diximus, conferunt. Inde vero nullo labore colligunt.

Superato monte subjectam planitiem conspicatus Apollonius cum suis, fossis aqua redundantibus interfectam animadverterunt. Erant autem fossarum aliae rectae, aliae obliquae, aquam a Gange derivantes. Has autem fossas partim terminis designandis, partim irrigandis agris, cum sitissent, servire dicebant. Sunt autem agri omnium qui apud Indos coluntur feracissimi, et ibi haereditas omnium maxime opima. Protenditur enim in longitudinem dierum quindecim secus Gangem ambulantibus, decem autem et octo e mari ad montem usque simiarum patet, cui planities aequa extenditur. Terra autem colore nigra est, et frugum omnium ferax, ubi spicas, arundinum instar, conspici dicunt. Fabas autem triplo majores iis quae in Ægypto nascuntur. Sesamum quoque proferre, et milium eximiae magnitudinis. Praeterea nuces iisdem in locis nasci perhibent. Vites autem parvae admodum, quantae apud Maeones Lydosque ibi nascuntur. Vinum tamen ex illis expressum, **326**^{a} gustatu et odore jucundissimum esse aiunt. Aliam praeterea arborem illic inveniri ait lauro similem: quae folliculum mali Punici magnitudine profert. Folliculo autem pomum inest colore caeruleum, ac veluti pulcherrimus hyacinthus: suavissimum vero omnium, quae toto anno nascantur.

Cum autem e monte descenderent, invenerunt draconum venationem. Omnis enim Indiae regio draconibus abundat, et multitudine et magnitudine mirandis. Itaque paludes plenae, pleni montes, neque tumulus iis vacuus reperitur. Verum palustres pigri tardique, suntque longitudine cubitorum triginta, et vix caput attollentes: sunt vero draconibus feminis similes, et terga habentes subnigra, et caeteris minus squamosa. Campestres palustribus per omnia superiores. Nam et in majorem porrecti sunt longitudinem, et velocius fluminibus, quamvis rapacibus, feruntur, ita ut illos evadere nihil possit. His autem crista nascitur, juvenibus mediocriter prominens, provectis vero aetate grandior, et valde assurgens, estque ignita et ferrata. Hi vero jubas et cervicem altius attollunt, et eorum squamae instar argenti fulgent. Oculorum autem pupillae lapides sunt tanquam ignis fulgentes. Horum serpentum vim maximam esse ferunt ad morbos periculosissimos tollendos. A venantibus reperiuntur campestres dracones (cum enim elephantem aliquem convulserint, utraque bellua interit) et eos capientibus lucro sunt oculi, pelles, dentes. Sunt autem membris apris ingentibus pares, sed corpore graciliorem et in quamcunque partem versatiles, rostro autem validissimo tanquam ingentes pisces. Montani vero dracones squamas habent coloris fulvi, longitudine autem excedunt campestres, barbaque illis est cincinnata, et ipsa coloris aurei, et supercilia majora habent quam campestres, oculi autem superciliis subsunt, torve, graviterque aspicientes, qui dracones perinde ac si essent aenei sibilant, quandocunque per terram serpunt. E cristis vero quae rubrae sunt, velut ignis scintillare videtur; et isti quoque elephantos capiunt. Ipsi vero ab Indis hoc modo capiuntur: pallium coccineum litteris aureis superintextum, ante cubicula extendunt; scripta autem incantatoria verba somnum videntur inducere, **326**^{b} his draconum oculi, quanquam durissimi, superantur. Ipsi quoque plurima verba ex arcana sapientia superincantantes, eo draconem perducunt, ut caput latebris exserat, et litteris pallio intextis superindormiat, dormienti autem instantes Indi, securi cervicem feriunt, scissoque capite lapillos intus exstantes auferunt. Traduntur enim montanorum draconum capitibus inesse lapilli, specie et aspectu jucundi, et splendorem quemdam coloribus inducentes: viribus autem potentiaque mirabiles, sicut annulus, quem habuisse Gygem, vulgatum est. Evenit autem interdum, ut draco Indum cum securi et arte, intra cubile trahens devoret, etiam ipsum pene montem concutiens. Tales autem dracones montes, qui ad Rubrum mare pertinent, dicuntur incolere. De longitudine autem vitae hujusmodi belluarum, et cognoscere difficillimum est, et, si dicatur, incredibile. Fistulae sonitum audire visi sunt, quasi pastoris gregem colligentis, qui cervas albas pascebat. Mulgent autem ipsas Indi, quod lac earum maximum nutrimentum putant.

Inde quatuor dierum iter progressi, per felicem et bene cultam regionem ad oppidum, id quo sapientes habitant, qui vulgo Brachmanae vocantur, pervenerunt, et cum iis satis diu versati sunt: de quibus se dicunt vidisse, et audisse, quae nemo sanus crederet: Impium dogma de transmigratione animarum per Ægyptios ad Pythagoram hinc credunt emanasse. Comas autem nutriunt, sicut quondam Lacedaemonii, et Thurii; vittam quoque albam circumdabant, et nudis pedibus ambulabant. Vestis autem eorum in superhumeralis formam composita est. Ipsius materia lanugo est, quae sponte sua in illis locis crescit, alba quidem, veluti quae in Pam-

---

u·v Horapollo lib. II, cap. 76.

phylia nascitur. Ex ea sacram vestem conficiunt, quia mollior est, a solis e terra vellitur. Gestant annulum et baculum.

Dicunt lapidem pantarbem nomine nasci, magnitudine unguis qui in pollice. Gignitur vero in concavis terræ, profunditate jugerum quatuor. Tantum vero ipsi spiritus inest, ut intumescat, et plerumque scindatur terra, ubi ejusmodi lapis concipitur. Evellere autem ipsum nemini licet, nisi qui ejus sit sacris **327**a initiatus : qui noctu diem velut ignis ostendit, quoniam igneus est ac radiosus : sin vero post diem aspiciatur, innumeris rutilationibus oculos ferit. Id autem quod in ipso lumen fulget, spiritus est potentiæ occultæ. Lapides enim sparsim jactat, et in mare condit : postmodum vero hic lapis ad eos dimissus, distributione sui spiritus colligit, ita ut coacervati lapides tanquam examen apum illi subjaceant. Quin etiam addit ille nugator Philostratus, hæc Iarcham Apollonio dixisse, et lapidem illi ostendisse, et omnes ejus potentias.

Pygmæos autem sub terra degentes ait supra Gangem posita loca incolere, et sicut fama de ipsis prædicat vivere. Sciapodes vero [id est, *qui sibi umbram pedibus parant*] et macrocephalos, et hujusmodi monstra quotcunque Scylacis historiæ decantant, nec apud Indos, nec alibi terrarum usquam vivere censeo. Aurum vero quod gryphes effodere dicuntur, petræ sunt aureis guttis minutissimis conspersæ, quas hæc fera rostro discindit. Sunt enim hujusmodi aves in India, magnitudine autem et viribus leonibus pares, et alarum præsidio in leones, elephantos, et dracones involant, superioresque evadunt. Volant autem non multum, sed quantum parvulæ aves. Non enim pennatæ sunt, sed rubra pellicula alarum costæ connectuntur. Solam vero Tigrim insuperabilem illis esse dicunt, quoniam fugiendi celeritate ventos æquare dicitur. Hic de Phœnice ave eadem cum aliis scribit. Quatuor menses apud Indos Apollonium fuisse tradit, Inde dextra quidem Gangem, sinistra vero Hyphasin fluvios habens ad mare descendit, itinere decem dierum a sacro monte confecto, descendentes autem multa alia viderunt : simiarum genus longe diversum ab iis, quas apud piperis arbores invenerant. Sunt enim hæ nigræ, villosæque et parvis hominibus similes. Pervenerunt vero ad mare Rubrum. Rubrum autem mare vehementer cæruleum esse tradunt, denominatum autem Rubrum a rege Erythra.

327b Post hæc autem navem conscendentes, leni vento deferebantur, admirantes Hyphasidis ostium, qui præceps terribilisque effunditur. Decurrit enim peloca petrosa, angusta, atque prærupta, ubique refractus uno ostio mare ingreditur pernicioso admodum iis, qui navigando littori nimium adhæserint. Indi quoque fluminis ostia se vidisse perhibent, ubi civitas posita est nomine Patala, fluenti Indo adjacens, eo quoque convenisse quondam tradunt Alexandri classem, ejusque gubernatorem ducemque Nearchum. Quæ vero ab Orthagora de Rubro mari narrantur, quod ibi scilicet ursa non conspicitur, neque meridiem signare navigantes possunt, quanquam apparentia illi astra ordinem permutant suum, hæc et illis visa sunt. Meminerunt etiam parvæ insulæ, quam Byblon appellant, ubi maxima conchylia, muricesque et ostrea eximiæ magnitudinis nasci perhibentur. Ostrea quoque petris adnascuntur decuplo majora iis quæ apud Græcos inveniuntur. Ibi etiam in alba testa lapis margarita capitur, quæ in ostreis locum cordis dicuntur obtinere. Attigisse quoque ferunt Eupegadem [*al*. Podagem] Oritarum regionem : apud quos æneæ sunt petræ, æneaque arena, æris etiam frusta deferre fluvios asserunt, et auream terram ducunt, propter pretium æris. Dicunt et se ichthyophagis locutos esse, qui urbem incolunt nomine Stobera : ubi ex magnorum piscium membranis vestes intexunt ; ibique pecudes etiam sapore esse piscibus similes, quod pisces comedant, quæque minime naturæ suæ conveniant. Indi vero Carmani cognominati, genus plane mansuetum, adeo piscosummare accolunt, ut nunquam servandi causa pisces reponant, neque ipsos sale condiant : sunt enim ipsis captu semper faciles quotquot volunt.

Valara quoque ferunt applicuisse. Sunt autem Valara emporium myrtis palmisque abundans : lauros quoque nonnullas, et hortos plurimos ibi videri tradunt omnibus abundantes. Opposita est autem regioni illi sacra insula, quam Seliram vocant. Qua parte insula pelagus respicit, immensa est maris altitudo. Fert autem ostrea testa alba pinguedine refecta, lapidem **328**a nullum producunt. Inde maris tranquillitatem observantes, mare oleo infuso leniunt, et tunc Indi ad ostrea capienda urinando se demergunt, ita instructi paratique sunt, sicut ii qui spongias carpunt. Est autem iis ferreus later, et alabastrum unguenti, atque ita prope ostrea considentes Indi unguento, quasi esca ad fallendum utuntur, tunc aperiuntur ostrea et unguento inebriantur : dein ferreo stylo perforata saniem quamdam emittunt, hanc venator ferreo latere excipit, qui in varias multiplicesque formas concavatus est : ea vero post modum sanies lapidescit in modum naturalis margaritæ, quæ albus est sanguis ex Rubro mari. Reliqua maris hujus pars fera est, impacata tota. Cete etiam illic aggregari feruntur. Quapropter naves tutelæ causa tintinnabula quædam tam a prora, quam a puppi deferunt, quorum sonitu terrefactæ belluæ navibus non appropinquant. Post hæc ingressi ostia Euphratis, aiunt inde Babylonem adnavigasse.

Quarto libro nihil aliud quam fabulas mendaciaque ad Apollonio gratificandum, eumque laudandum confinxit [Philostratus]. Europæ, Africæque promontoria stadiorum sexaginta sinum continentia, Oceanum ad externa maria immittunt, et Africæ quidem promontorium nomine Abyla, leones continet, in superciliis montium habitantes. Ejus montis interior pars ad Getulos Tingasque pertinet, gentes efferas, atque Libycas. Per Oceanum vero navigantibus stadia nongenta protenditur usque ad Salecis fluminis ostia. Illinc autem quantum ulterius protendatur, non facile conjectare quis posset. Nam post eum fluvium deserta Africa est, nec homines ultra reperiuntur ulli. Europæ promontorium Calpis dictum, dextera navigationem continet stadiorum sexcentorum, terminaturque ad antiquas Gades.

Oceani conversiones ipse quoque apud Celtas tales aspexi, quales etiam fama feruntur. Causam vero sæpenumero conjectans, ob quam tam vastum pelagus accedat recedatque invenisse Apollonium censeo, qui in earum una, quas ad Indos scripsit, epistola, ait Oceanum a ventis sub aqua exsistentibus impulsum, ex multis hiatibus quos ventos partim sub ipso, partim **328**^{b} in terra circa ipsum ad exteriora diffundi, ac rursus retrocedere, postquam tanquam anhelitus, ventus resedit. Huic opinioni fidem facit, quod apus Gades ægrotantibus accidit. Nam quo tempore crescens aqua regionem inundat, animæ moribundos non deserunt, quod profecto non eveniret, nisi spiritus ipse in terram secederet. Quæ autem circa lunam apparere dicunt, nascentem, plenam et decrescentem, eadem omnia circa Oceanum fieri animadverti. Ejus enim mensuras sequitur simul cum ipsa decrescens augescensque, et nox dein, rursusque dies noctem excipit, apud Celtas quidem paulatim discedentibus aut lumine, aut tenebris sicut apud nos etiam accidit. Circa Gades autem et columnæ confertim tanquam fulgura ante oculos cadere dicuntur. Perhibent quoque beatorum insulas Africæ finibus definiri, ad inhabitabilem promontorii partem vergentes.

Gades autem in Europæ lateribus positæ sunt. Superstitiosi sunt illic circa sacrificia. Senectæ namque aram dicarunt: solique hominum festis cantibus mortem collaudant. Sunt apud ipsos Arti et Paupertati aræ positæ, sicut Ægyptio, et alteri Thebano Herculi. Alterum namque finitimam usque ad Erythiam penetrasse ferunt cum Geryone, ejusque boves sustulisse. Alterum vero sapientia excellentem, totum terræ ambitum dimensum esse. Præterea qui Gades incolunt Græci esse perhibentur, nostroque more eruditi. Arbores illic etiam esse tradunt, quæ nusquam alibi terrarum inveniuntur, appellatas autem Geryonias, et duas tantum esse. Oriæ sunt autem juxta sepulcrum, quod illi Geryoni statuerunt, speciem ex pinu piceaque commistam habentes. Sanguinem vero stillare, sicut Heliadem populum auro manare, dicunt. Insula vero in qua templum situm, æqualis est magnitudine ipsi templo; nulla autem ejus pars est petrosa, sed politis carceribus similis. Colunt in eodem templo ambos Hercules. Simulacro illis nulla sunt: sed Ægyptio quidem aræ sunt duæ æneæ, absque simulacro, Thebano autem una tantum: Hydræ insuper et Diomedis equi et duodecim Herculis labores in lapidem incisa conspiciuntur. Pygmalionis insuper aurea oliva in ipso Herculis templo dedicata: digna quidem, ut volunt admiratione ob ramum cui similis est, admirabilior vero fructu, quo abundat e smaragdo ficto. Et Teucri etiam Telamonii **329**: balteus aureus eodem in loco, monstratur. Quomodo autem, aut qua de causa ad Oceanum pervenerit, se nescire dicunt. Quæ autem in templo sunt columnæ, ex auro argentoque simul fuso, et in unum colorem redacto factas esse narrat. Esse autem quadrangulares velut incudes, et eorum capita litteris inscripta sunt non Ægyptiis, neque Indicis, neque ab aliquo penitus cognitis. Apollonius autem, cum de hac re sacerdotes nihil dicerent: *Non permittit me*, ait, *Ægyptius Hercules tacere quæ sciam. Hæ columnæ terrarum Oceanique vinculum sunt: ipse vero Hercules in domo Parcarum inscripsit: ne qua elementis contentio accideret, neque amicitiam disjungant, qua invicem tenentur.*

Navigarunt quoque fluvium Bætim, qui maxime naturam fluxus et refluxus Oceani declarat. Excrescente enim pelago fontes repetit, spiritu quodam ipsum a mari depellente. Regionem vero ab eo flumine Bæticam cognominatam optimam uberrimamque esse tradunt, civitatibusque et pascuis bene instructam. Derivatur autem per omnes urbes; agri vero egregie culti affatim omnia ferunt: cœli temperies talis est, qualis autumni tempore in Attica mysteriorum diebus esse solet.

Omnia quæ de Ætna poetæ dicunt, ait Apollonium, ut fabulas repudiasse, sic loquendo. Fabula enim quam reprehendimus, non est Æsopi apologis similis, sed iis qui fingere norunt, et poetarum, qui Typhœum quemdam vel Enceladum sub monte ligatum dicunt, mortique obluctantem, hunc ignem anhelando evomere. Ego autem gigantes fuisse dico, multisque locis direptis tumulis ejusmodi corpora ostendi, quos, ut fertur, cum diis pugnasse non credo, sed forsan deorum ædes ac templa violasse: quod autem cœlum aggressi fuerint, nec illic deos consistere permiserint, dicere, insania quædam est, insanius etiam credere. Neque vero oratio hæc, quamvis sit vulgatior, a nobis probatur. Vulcanum in Ætna fabrilem artem exercere, ibique incudem resonare: multi namque alii montes diversis terrarum locis igniti sunt, nec tamen gigantes ibi aut Vulcanum esse quisquam dicit; ut igitur montes ardeant, causa quænam hujusmodi esse dicitur? Terra bitumini sulfurique commista, **329** b natura sua turgescit, et nondum ignem reddit. Quod si cavernosam terram esse contigerit, ut sub ipsam spiritus aliquis ingrediatur, tunc flammam attollit, quæ magis magisque aucta, velut aqua e montibus defluens in campos effunditur: quandoque etiam ad mare delata, quasi fluminis cujusdam impetum facit.

Æthiopia totius terræ, quæ sub sole est, occidentale cornu occupat, sicut Indi id quod spectat ad Orientem; estque illa secus Meroem Ægypto conjuncta, et ad desertam Libyæ partem porrecta, mari terminatur, quod Oceanum poetæ vocant, uno eodemque nomine totum quod terram ambit, mare nuncupantes. Fluvium autem Nilum Ægypto tribuunt. Qui ex Catadupis initium sumens Ægyptum, quam universam inundat, in Æthiopiam ducit. Magnitudine quidem Indiæ non conferenda est Æthiopia, neque ulla alia continentis pars, quæ hominibus nota sit. Quod si totam Ægyptum Æthiopiæ adjiciamus (id enim facere fluvium arbitramur), non tamen ambæ conjunctæ magnitudinem Indiæ adæquabunt. In utraque vero fluvii sunt inter se similes Indus et Nilus. Ambo continentem obliniunt æstatis tempore, cum maxime id terra expetit, solique fluviorum crocodilos educant et hippopotamos. Terrarum vero similitudinem testantur aromata utrobique nascentia, leones præterea et elephanti, qui in utraque capti servire coguntur. Præbet insuper utraque feras, quæ alibi nusquam reperiuntur, et homines nigros aliæ nullæ continentis partes ferunt, et in iis Pygmæorum natio. Indorum vero gryphes et Æthiopum formicæ, quanquam sint forma dissimiles, eadem tamen agere student. Nam aurum utrobique custodire perhibentur, et terram auriferam amare.

Cum eo venisset Apollonius ubi Ægyptus Æthiopiaque terminatur (Sycaminum autem illa vocant), aurum non signatum invenit. Linum præterea atque ebur, et radices varias : unguentum insuper, et diversorum generum aromata. Omnia autem in via secta sine custode passim jacebant. Hæc vero causa est : merces invehunt Æthiopes, quæ in Æthiopia proveniunt; Ægyptii vero eas omnes cum sustulerint, eodem comportant mercem Ægyptiam æqualis pretii : rebus suis ea redimentes, quibus careant. Qui vero continenti viciniores habitant, nondum **330** *a* plane nigri, colore vero invicem conveniunt, ab aliis diversi. Nigrescunt enim minus quam Æthiopes, paulo autem magis quam Ægyptii.

Deinde refert Apollonium in Memnonis regiam pervenisse. Ducebat eos adolescens Ægyptius nomine Timasii. Male acceptum dicit Apollonium euntem ad Gymnosophistas Æthiopum, et non simili honore quo ab Indorum Brachmanis affectus fuerat; et hac quidem de causa, Euphrates quidam philosophus, inimicitias cum Apollonio gerens, famam Apollonii apud Gymnosophistas calumniis in eum jactis minuens, illos in Apollonium excitavit. Multo sapientiores esse Indos Brachmanas Gymnosophistis Æthiopiæ dixit. Vivere ait nudos illos sub dio, incolere montem egregie a natura formatum, parum a Nili ripis distantem. Mari et Nilo navigans ad eos Apollonius accessit.

Parvo igitur tempore cum Gymnosophistis versatus et disputans cum sociis, profectus est ad montes via sinistra Nili. Quæ autem ibi viderunt memoratu digna sunt hæc : Catadupa montes sunt terrei, similes Tmolo, qui in Lydia est, ab ipsis autem Nilus defluens ex ea quam avellit terra Ægyptum impin-

guat. Sonitus autem fluctuum e montibus erumpentium et cum strepitu in Nilum cadentium horrenda quædam res, et auditu intolerabilis apparet, multique prope accedentes (1) auditum amiserunt.

Procedenti autem Apollonio ejusque comitibus tumuli apparuerunt arbores ferentes : quarum folia, corticemque et lacrymas inter fructus Æthiopum numerant. Viderunt etiam secus viam leones, pantheras, et alias hujusmodi feras, quarum nulla in eos impetum facere tentavit, sed tanquam hominum conspectui stupentes præteribant : cervos insuper et capreas, struthionesque et asinos silvestres complures, et animalium varia genera, inter quæ fuere silvestres boves et hircoboves. Sunt autem hujusmodi belluarum aliæ ex cervo hircoque compositæ, quæ ex diversis denominationem capiunt animalibus. Ossa insuper hujusmodi ferarum et semesa earumdem cadavera invenerunt. Leones enim calida præda semel saturati, **330***b* reliquias amplius attingere dedignantur, confidentes, ut opinor, novam rursus se prædam posse venari.

Illic Æthiopes habitant *Nomades* appellati, qui civitates in curribus positas habent. Proximi autem illis sunt, qui elephantes venantur, illosque in frusta divisos vendunt, unde cognomen adepti *Elephantophagi* vocantur. Nasamones et Anthropophagi, Pygmæi quoque et Sciapodes, hi, inquam, omnes Æthiopiæ gentes sunt, perveniunt autem ad Oceanum Æthiopium, quo solum vi tempestatis delati inviti trajiciunt.

Cum illi de feris quas viderant loquerentur, et naturam admirarentur, quæ tam varia diversaque animalium genera pascit, sonitus quidam eorum aures percussit, tanquam tonitru nondum invalescentis, sed adhuc intra nubis concavitatem inclusi. Tum Timasion : *Prope est*, inquit, *o viri, cataracta, quæ ascendentibus prima, descendentibus ultima occurrit, quatuor enim sunt.* Deinde stadia ferme decem progressi, viderunt fluvium ex monte defluentem, nihilo majorem quam Marsya sit, atque Mæander, ubi primum in unum confluunt, ulterius vero processerunt, nec ullas amplius feras videbant. Nam cum sint natura pavidæ, juxta quietas aquas habitant potius, quam juxta confragosas et obstrepentes. Inde post stadia ferme quindecim aliam audierunt cataractam difficilem sane et intolerabilem auditu, et quæ priorem duplo ferme superaret : quam cum ex loco longe quam prior altiore præcipitari vidisset Damis, comites aliquos, tum etiam seipsum, ita stupefactos auribus referi, ut se ab Apollonio semoverent, rogarentque ne ulterius progrederetur. Verum ille constanter Nilo quodam nomine duntaxat, Timasioneque comitantibus, cataractæ tertiæ propinquavit, inde ad socios reversus, nuntiavit suspensos illic esse vertices Nili, altitudine ferme stadiorum octo : ripam vero quæ montibus opponitur, supercilium habere lapicidinæ incunarrabilis,

---

(1) Vide de Catadupis Ciceronem in Somnio Scipionis, lib. vi *De republica*.

fontes vero ex montibus pendentes decidere in petrosam ripam, inde in Nilum refundi aquam spumantem et æstuantem. Accidentia vero, quæ inde oriantur multiplicia sunt, magisque varia quam quæ in aliis cataractis eveniunt, et qui illic e montibus resonat fragor asperrimus est, et inenarrabilem Nili ortum reddit. Iter vero quod ad primos fontes ducit, perarduum est, et non solum accessu, **331**a sed, cogitatu etiam difficile. Multa etiam de dæmonibus illic exsistentibus prædicant, qualia sapienter in suis hymnis Pindarus de dæmone cecinit, quem hujusmodi fontibus præesse dixit, ut Nilum moderaretur.

Ait Domitianum imperatorem vetuisse, ne quis castraretur, ne vites plantentur, sed quæ jam plantatæ essent etiam exscinderentur, et Apollonium ad hæc dixisse: *Quia ego forsitan nec pudendis, neque vino indigeo. Ignoravit vero vir admirandus, hominibus se parcere, et terram castrare.*

Philostratus libro septimo et octavo libertatem dicendi Apollonii erga tyrannos, et maxime Domitianum describit, et quomodo accusatus fuerit, et ultro in judicium venerit. Quomodo in carcere servatus, et quomodo liberatus, solutus et defensus, ex judicio decesserit. Hæc asserit, et magnum non fuisse, verum etiam, si quem alium, magiam abominatum esse fortiter probat, etsi multa portentosa de illo scribat. Dicit etiam obscuram fuisse ipsius mortem, et vitam celebrem: et eam ipsum, dum viveret, mente agitasse. Dicere enim solitum: *Vivens late*; sin minus, *Moriens late*: virtutibus hunc refert studuisse, et Pythagoram maxime imitatum fuisse.

Dulci et varia narrandi ratione usus est Philostratus, et verbis huic rei convenientibus, et simili constructione, qualem nemo scribendo inservit. Videntur enim nonnulli incomposite magis dicere quam composite. Hunc vero scimus doctissimum fuisse, et a recto non aberrantem, propriam constructionis novitatem adhibuisse; sed quæ antiqui dixerunt rarius, iis liberius usque ad satietatem usum esse: licitum esse eorum usum demonstrans, nec id frustra, sed dulcedinis gratia. Hujusmodi enim oratio conciliandi vim habet et venustatem quamdam.

Ex eadem Vita excerpta quæ prætermissa sunt, ac pulchritudine verborum et compositione excellunt.

331b Pythagoras ipse, et Democritus cum magis versati, multaque dæmonia fassi, nullam tamen ejus artis partem attigerunt. Quis enim ignorat Anaxagoram in Olympia, cum nulla pluviæ suspicio immineret, pelliceam vestem indutum processisse ut imbrem denuntiaret, nec ita multo post ingentem pluviam secutam esse, unde putatus est divinus cœlestisque fuisse, idque arte magica: mihi quoque qui in eadem versatus sum; etenim omnes orationes rhetoricas ipse laudavit et amavit, ex quibus discere licet quam divinus philosophus fuerit. Cygni qui in prato pascebantur, quasi in chorum dispositi dormientem Apollonii matrem circumstetere, et alis (ut eorum mos est) sublatis, ingenti clangore omnia circum loca replebant, leniter per prata spirante Zephyro. Eorum cantu exsiliens mulier puerum peperit. Quævis enim perculsio valet etiam ante tempus partum provocare. Oculos omnium in se converterat etiam adversariorum, qui et convicia jacere, injuriamque facere soliti. Et linteo dederunt omnes potiusque doctrinæ Athenienses, suburbium in quo elegantes horti erant. Cilicum erat sermo ˣ: *Quo curris? Num ad impubem?* quod de Apollonio dicebant, sic ut communi proverbio celebraretur. Divitias optimas habuit fratri æquales, et multa erat de ejus philosophia fama. Interroganti aliquando Apollonium Euxeno, cur non scriptis aliquid mandaret, cum scribendi characterem probum et excitatum nactus esset: *Quia*, inquit, *nondum tacere didici*. Fames oppresserat civitatem, venale erat ervum, omniaque ad victum necessaria illis deerant; fontes non fluebant, cupressi velut germina terra dabat. Utebatur genere dicendi non dithyrambico, aut poeticis nominibus intumescente, nec rursus nimis jejuno, neque consuetudinem Atticam excedente, injucundam enim putabat orationem, quæ ab Attica mediocritate decederet. Sententiæ breves et fortes erant. Nominibus autem utebatur propriis, atque ad res ipsas accommodatis: et quæ ab ipso proferebantur, fulminis instar resonabant. Antiquam Ninum profectus est, ibi statuam barbaro more positam conspexit. Est autem Ino Inachi filia, cui ab utroque tempore parva, et quasi mox progressura, prominent cornua. **332**a Porro Damis Apollonium veluti Deum suspiciebat, quo utebatur sapientiæ magistro, et quod discebat, memoria repetebat. Erat illi vox Assyrio accommodata modulo, neque nimium loquax. Eretrii in regione Medorum habitant, non longius a Babylone, quam diurno itinere cursor expediret.

Cum Eretrii tumulum seminassent, vicini barbari circa messis tempus discurrentes adultas jam fruges prædabantur. Ferunt et in atrium venisse, cujus suprema pars in formam tholi fabricata cœli faciem imitabatur, saphiro lapide adoperta, qui lapis maxime cæruleus cœli colorem refert. Deinde parum subsistens: Disces, inquit, o Dami, eunuchos amare, et cupiditatem, quæ per oculos inducitur, in illis non exstingui, sed calidam et vigentem in ipsis permanere. Quod si humana quædam ars esset domina potensque cupiditates ejusmodi depellere ex animo, viverent cum virtutis oculis: nunc vero congredientem inveni et virum agentem. Jaculatus est avem, quæ Promethei viscera depascebatur. [Occurrunt hominibus, qui elephantis vehebantur:

ˣ Philostr. lib. I, cap. 6.

hi autem sunt, qui regionem colunt, inter Caucasum montem et fluvium Cophenum, homines plane inculti et elephantorum sessores.] Inter se collocuti sunt, et convivio exceperunt, et Nyssam a Baccho plantatam esse, qui Thebis vitium semina eo transtulit. Alexander honoris fuit cupidus, tum etiam antiquitatis nimis amator. Elephantes, ut experientia docuit, trecentos quinquaginta annos vivunt. Si leones comprehendant leænas e pardis concepisse, catulos lacerant, et sobolem tanquam adulterinam expellunt, ita ut triduo a cibis abstineat leæna, quamvis belluarum voracissima sit. Minores elephanti præcedunt, ne fosso altius solo majorum elephantorum viam impediant. Apollonius non credit, viperarum filios matrem perimentes prodire. Nec enim **332**b hoc quis videre potest, nec natura id patitur, neque comprobat experientia. Indus habet serpentes septuaginta cubitorum, et eorum ornatum eos mirari magis, quam fastum Babyloniæ. Neque Homerum laudatorem habuit, a quo multi improbi egregie celebrati sunt. Dicere jam paravi, ut nihil aliis relinquatur. Inde Apollonius effecit ut rex ille multis patribus totaque philosophia Phraota inferior esset. Ait Apollonium cum Iarcha collocutum, libros deinde de divinatione et de sacrificiis conscripsisse, cum esset multa admodum discendi cupidissimus. Dixit Iarchas multa bona erga homines divinationem fecisse, in quibus præcipuum est medicinæ donum. Non enim, inquit, ii, qui sapientes in hac arte habiti sunt Æsculapii filii, tam multum processissent, nisi Apollinis filius Æsculapius ex patris præscripto et vaticinio morbis utilia remedia composuisset, quæ ille deinceps filios docuit ac familiares, quales herbas humidis ulceribus, qualesque siccis et ardentibus oporteat adhibere : potiones insuper medicamentorum miscere, quibus hydropici sanentur, sanguinis fluxus sistatur, et alia multa quæ curationum vim habent. Indicas gryphes magnitudine et viribus leonibus pares esse tradit, et alarum præsidio in leones, elephantos, ac dracones involare et superare : volant autem non multum, sed quantum parvulæ aves. Non enim plumatæ sunt ut reliquæ aves, sed rubra pellicula alarum costæ tanquam digiti connectuntur. Itaque in altum elatæ aliquantum volare, et e sublimi pugnare. Solam vero Tigrim insuperabilem illis esse dicunt, celeritateque ventos æquare. Dicitur jucundissimus fuisse et rei nauticæ peritissimus; non ut Socratici, alia omnia deserens, et soli philosophiæ studens, etc., etsi omnium pulcherrima sit civitatum, et mare proprium, Zephyrique fontes habeat, sed pulchrius est illam viris illis condecorari.

333a Dicebat bene constituendam civitatem discordi indigere concordia. Quod autem dico, tale quid est : Seditio quæ ad gladios mutuasque lapidationes cives deducit, e civitatibus exterminanda penitus est. Civitas enim puerorum institutione et legibus et viris indiget, a quibus verba et actiones prodeunt. Mutua autem civium æmulatio pro communi civitatis bono, seu quod alius alio melius sententiam dicat, aut magistratum rectius gerat, aut præclarius legatione fungatur : talis, inquam, contentio et æmulatio, civitati plurimum confert. Quod si quis horum suo operi peragendo defuerit, quasi rem nauticam imperite tractet, male sese navis habebit, et ipsemet quasi procella quædam navim lædet. Verum si æmulatione quadam inter se certantes laborabunt, ne quis altero deterior in suo opere inveniatur, recte probeque in portu navis firmabitur, prosperoque cum lætitia tota navigatio peragetur, eorum in consultando rectitudo tantum ipsis proderit, quantum si Neptunus tutelam, securitatemque polliceretur. Etenim supplicavit, et multa de misericordia locutus est. Lapidum acervum super eum coacervasse. Somnia recte conjicient. Erat autem autumni tempus, et mare minus securum. Cum Orpheus nuper e Thracia advectus esset, superstitit, et superstans : *Apollo, desine,* inquit, *quæ mea sunt occupare : jam satis enim te canentem pertuli*. Apollonius intellexit. Sed alium sermonem Damis inducere volebat. Ostende nobis imaginem tuam, o Achille. Tu namque valde juvaberis meis oculis, si ipsis tuæ præsentiæ utaris. De Musarum vero et Nereidum lacrymis, quas mea causa fusas esse homines perhibent. Musæ huc non perveniunt. Nereides autem nunc et frequenter accedunt. Ad hæc Achilles, nec Barbari, inquit, nobis erant multo inferiores, usque adeo per id tempus virtus in terra florebat. Jam enim Gallorum cantus audiebantur ; verum adolescens tanquam e gravi somno excitatus, oculos frequenter terebat, et ad solis radios faciem vertens, verecundia etiam perfusus, quod omnes in se respicientes animadverteret, nec ulterius petulans apparebat. Mutans igitur chlamydes, et reliquum Sybariticum cultum, venit in desiderium vestis sordidæ et tritæ, et in mores Apollonii abivit. Si enim est tripudiatio Laconica, simul **333**b tripudiabo : sin mollis est, et feminea, non amplius mulierum imitatrice, ut ait Euripides, larva utar, nec verbis. Pocula in mensa statuuntur, et hauriebant sitientes. Quando nuptiæ fervent, ait, et forte cras. Sapientiam suam simulabat, et lingua quidem satis promptus, sed mollior ad incommoda toleranda, sollicitus de adolescentibus.

De feris non facile dixeris an matres discerpserint. Nero hoc cibo satiatur, insanior Oreste, et Alcmæone, sed facti prætextus illis auctores erant. Ille quidem mortuus, hic in portu venditus. Ille opera matris ab imperatore tum sene adoptatus, et imperium hæreditatis jure consecutus, ad intemperantiam delabitur, homo ebriosus, nec insuavi voce. Omnium oculis expositus est, qui in principem conjiciuntur. Æsopi ranæ, inquit, et asini, nugæ pueris, aniculisque tractandæ. A pueritia in illis enutriti, et in illis consumpta infantia est. De singulis animalibus opiniones habemus : hæc quidem ut imperio digna, illa ut simpliciora. Ægypti aures ad Apollonium arrigebant. Claudius, etsi tantus erat, multa tamen puerilia praeterea exhibuit. Mulierculis imperium submisit, quo homines reguntur. Adulterinum enim aurum, et nigrum erat e lacrymis procedens. Assentabatur, et referebat de noverca sermonem voce demissa, nec venerea attigit, nec aliter in eum quis petulantiam ostendit. Sed erat agrestiore ingenio ac praeduro. Visus est et gymnasticam scite attigisse. Expedit sapienti purum esse a cibo, qui spirat libidinem, quae per oculos venit : et invidiam, quae magistra injustis contentionum ac dissensionum est. Non eget veritas incantamentis, et arte violenta. Vitium auro ornatum et torquibus vesteque purpurea, genarum rubore, criniumque cincinnis, oculorumque coloribus, et aureis calceis petulanter depictum est : virtus vero laboriosa **334***a* adjuncta est horrido aspectui, studet squalore ornari, nec lanam, quae ab animato carpitur, gestat. Etenim visa est mihi hominum superstitiosorum esse, qui mentem puram habent, cujus immortalitas, et initio carentia generationis fontes. Apollonius ait : Haec me ad Indos duxerunt cogitantem, quia subtiliores intellectu tales homines purioribus occupati cogitationibus, veriores in opinionibus de diis et natura, quasi vicini diis et ad initia vivificae et calidae solis substantiae habitantes. Sed et arenae numerum nosse dicit Apollonius, et maris mensuram omnem comprehendisse. Videri et aliqua apud reliquos mirabilia, in quibus fortiter et eleganter Apollonium narrantem audiverunt : mitigans vero illum Thespesion. Dicitur et elegantias verborum Phraatae ab Indis attulisse. Hoc enim tempus et Indi ad sacerdotes. Videris mihi bene concoquere et egregie comedere. Si enim antiquas leges et vetustiores cognoscere licuisset, poteram illas severius excutere. Multi et absurdi sermones inter aequales renascentur.

Cum Titus Hierosolyma evertisset, et omnia circumloca cadaveribus opplesset, coronare illum voluere, sed ille seipsum putavit indignum. Non enim se esse talium operum auctorem, sed Deo iracundiam contra Judaeos monstranti suas manus praebuisse : hos tales accusatores irrident, in illos stimulos linguae suae vibrantes. Ad praeceptores se contulit, qui mentem illius et linguam erudierant. Magnum, inquit, mensarium video : infelicem quidam dixit, cui nihil est praeter pauca, quae non sufficiunt ad domum pascendam. Persuadet homini ut daret sibi vicies mille, repositurum se quinque. Ille vero thesaurum amans, nunquam donare omnino recusavit, sed putavit aequalem se habere partem, tanto vero minorem, quanto duas myriades in manibus existentes, in sua esse potestate : agrum vero pro illis in pruina jacere, et grandine et aliis incommodis, quae fructus corrumpunt.

334*b* Philosophia sic aliquos commovet, ut habitum rejicientes, illi quidem occurrerint, relictis suis ad Occidentem ad Celtas, illi in deserta Africae et Scythiae, aliqui in eos sermones inciderunt, qui ad flagitia accendunt. Sedentibus aliis sub platano, cicadae in cantu erant, cum ver eas ad cantandum incitaret. Hac oratione Demetrii superatus Damis : Tu quidem, inquit, cum hic viro adsis amicus, nunc certe magnum illi bonum videris afferre. Quae enim parva ratio haberetur, si suadeam, ne in gladios jam nudatos incurreret, neve in tyrannidem rueret, qua nihil crudelius. Quid de te decernendum nescio : (judex) affectus est tanquam ii qui decernere capiunt, veriti ne non verum judicent, et reum perditionis ipsorum facit te. Vult enim quae non decent ; facienda vero dirigens ad juris sententiam. Non audienti similis disserebat cum Damide supra delta, ubi Nilum aiunt dividi. Verumtamen hic quidem divitias valide munientes, et tam diligenter veluti muro cingentes, de illis nunc periclitamur domi, placentae coctae sunt. Istri enim illos et Danaides terminant fluvii non faciles ad transgrediendum. Omnes Apollonium intuiti sunt, illius vero faciem suspexerunt, et divina quaedam in facie ejus species oculos praestinguebat : Ut tonderer, veni, inquit, o rex, de capillis periclitans. Apollonio vincto ingreditur aliquis carceres, dicens se emisse pretio, ut in carcerem ad illum aditum daretur, et venire ut de salute consilium daret. Erat hic Syracusanus, Domitiani mens et lingua. Python orator Byzantinus aptus erat ad mala persuadenda. Vel comam aliquid praeter id quod est : est vero, ut puto, vigens et splendens. Ego vero non solum convenire pro pecuniis, sed illos expuli, tanquam non sanos. Ego adhuc juvenis propter pecuniam irrisus sum, paterna bona satis ampla uno solum vidi **335***a* die : fratribus meis reliqui, et amicis, et cognatis pauperibus. Sapientis viri comae parcat ferrum : non enim illud admovere licet, ubi omnes sensuum fontes, omnia vota, et oracula conspiciuntur, et oratio sapientiae interpres. Nervam quovis imperio dignum puto, et omni orationebonis votis prosequente. Bellatorem enim, curarum non ullem dicit Apollonius. Euphrati adulatori quid dico pecuniae, imo fontes sunt divitiarum : et in mensis disputat caupo administer, publicanus, fenerator : omnia factus, et vendita et vendentia. Impressusque semper potentium januis, adest frequentius quam ipsi janitores. Custodit divitias suas aliis, Aegyptium hunc pascens pecuniis, et acuens in me linguam, quae meretur exsecari. Juventus digna erat omnium admiratione, et ad philosophiam admodum proclivis, et in nulla urbe injucundus erat, sed dignus qui amaretur.

CCXLII.
Ex Isidori philosophi Vita Damascio auctore.

Legi *Vitam Isidori philosophi.*

Nemo adeo sero discere coepit, tardique est ingenii, quin fere ex omnibus et dicentibus et scribentibus audierit, Aegyptios omnium post homines natos esse antiquissimos. Haec vero sapientia intus in penetralibus fabulosae illius veritatis abscondita, adeo lente revelatur, eo quod divinus ille animae splendor ad Deum sensim duntaxat converti possit. Colunt, inquit, prae cæteris diis Ægyptii Osirim et Isim; illum omnia condere, et figuris, numerisque materiam adornare arbitrati ; hanc vero immensis perennis vitæ rivulis illius fabricam irrigare ac saginare. Ex his constat Theocrasia, hoc est divina temperatio, aut potius perfecta unio est, reditus animarum nostrarum ad Deum reversarum, et e multa distractione in unum collectarum. Etenim non de avulsione luculenter dico, qua huc demissæ et terrenum indutæ corpus, a se invicem illæ divulsæ sunt, et revera a furiosis, et **335**^{b} a terrenis affectibus per mundum sparsæ sunt, qui non modo cum Typhone comparandi, sed adhuc multo, ut puto, perturbatiores sunt. Verum cujus gratia hæc omnia? Jam tempus adjungere, et iterum narrationem extra argumentum exspatiantem revocare : et conjungitur illa e terrestri hac vita ad cœlestem illum fornicem avolans. Sed statim quis existimaret ea quæ dicta sunt, beatitudinem sonare. In promptu est interrogare : Unde, o amice, manifestum est, dicat aliquis, tuum illum philosophum ab hac turba animarum ortum duxisse? Ego autem ad illa non decertando, more judiciorum, sed mitius respondebo, neque contendendo, ut sit in disputatione, ubi acerrime certatur, sed ut leges sunt eorum, qui Vitas describunt, ea sola quæ vera esse credo, producens, quæque a præceptore audivi. Severus imperator Romanus fuit, Romanorumque pater legis præscripto. Qui et lapidem se ait vidisse, in quo continetur figura lunæ vario modo mutatæ ex alio in aliud, et contra solem auctæ et minutæ, et lapidi etiam solem inesse. Isidorus igitur quæstionem scire videbatur, dicere vero noluit, et hoc e somno quodam mirabili discere quam accuratissime conatus est. Tam enim prompto somniandi ingenio et arte fuit magnus Isidorus, ut sæpius opera quæ ipsius prædictioni respondent, explorata demirer. Sunt sane etiam pene omnes Alexandrini felices et apti in somniando, et ideo illi etiam nunc somnia oracula cognominant. Cum vero experrectus esset, non videbat illam inexplicabilem visionem. Neque enim adeo clarum neque profundum vibrabat splendorem, ut contectus a sensibilibus alio reverberaretur, intus tamen accendatur et luceat. Sed cum extra hæc consistit anima, sensu non amplius operante vi somni remissiore, tunc soli sibi relictæ animæ adest semper interior Dei lux, et obstaculis jam libera, magis accenditur, et sæpissime ad exteriora effunditur, donec tandem ipsam imaginationem collustret. Duplicem **336**^{a} inde rationem divinarum visionum dixit : hanc quidem sensibilem vigilantium, imaginariam alteram dormientium : utraque autem veram continentiam postulat. Videbatur sapiens maturusque Isidorus, quin etiam gravis morum constantia, facies pene quadrangula, eloquentis Mercurii quoddam sacrum simulacrum : oculi, ut sic loquar, vere gratiosam in se sitam Venerem, utque sic efferam, infixam sibi sapientissimam Palladem continebant. Illud non omittam, ipsi oculi a contrariis in unam eamdemque speciem inexplicabilem simul referebantur, stabant simul firmiter, et velociter ita movebantur, ut versari viderentur circa eamdem speciem, et quidvis in eadem repræsentabatur : simul et gravitatem, venustatemque præferebant, et iidem cum vellent, profundius abditi aut expeditiores : utque verbo dicam, erant oculi illi perfecta animæ simulacra, non solius animi, sed et inhabitantis in ea divinæ influentiæ. Sensus moderate in illo affecti erant, ut soli necessitati servientes, nec soli sensus, sed etiam imaginatio, quæ certa imago est : neque memoria admodum valens supra vulgus, et ab oblivione non omnino remota. Etenim, ut verisimile est, voluit illum Deus animum potius declarare (1). quam utrumque cum corpore, et philosophiam in utroque non relinquere, sed soli animo infigere. Ut ego jam quosdam reperi, qui exterius philosophantur luculenter, et utuntur memoria multarum capaci opinionum, et facile valent inexplicabiles contexere syllogismos, multaque in iis facultas est divinorum sensuum, intus vero anima egent, et inopes sunt veræ scientiæ. Sin quandoque iratus videbatur, ratio imperabat, et ira parebat. Neque enim poterat mansuescere, neque iracundiam in hominum vitiis reprehendendis exuere. Promptissimus erat bene de aliis merendo, verum adhuc promptior in flagitiis carpendis : ideoque multorum animos sæpe offendit, eorum scelera blandis verbis extenuare non sustinens, nec loco veræ amicitiæ valde detestandam adulationem adhibens. Sic erga omnes affectus erat, ut neque contentiones **336**^{b} amaret, neque inimicitias sponte susciperet, quæ omnia ejus forma digna erant.

Hæc noster philosophus ob zelum ad hominum mores corrigendos, et ob inimicitias odiumque, quibus flagitia hominum prosequebatur. Solers fuit et industrius, et facilem se comemque præbebat. Facile enim adnumeraverit quis eum mansuetis, quasi non accurate hæc investigaret, quod præ lenitate minus esset suspicax, si quid tamen suspectione futura antevertente dignum fuisset, si quid doli aut insidiarum esset, minime eum fefellit. Cum tres sint partes vel species animæ, vel ut cui placet appellare, triplicem fieri rationem vitæ dixit, quam quælibet trium illarum comprehenderet, sed ad eam, quæ una omnia vinceret sese conformare, illamque cæteras ratione maxime anteire, quam aliquis Saturni vitam, vel auream ætatem, vel genus proxime ad deos accedens appellare possit, quam fabulæ involucro poetæ in tripode Musarum sedentes deprædicant. Hic cum simplicitate tantum veritatem dilexit, ut supra modum verax esse, nec fictum aliquid in se continere videretur. Pecuniæ acquirendæ non studebat, sed rei domesticæ a

---

(1) Ex Platonicorum sententia.

inatura gubernandæ peritus erat, quin etiam in aliis omnibus gnavus, domus curam gerebat, magnamque diei partem in eo studio ponebat, partim ipse agendo, partim ordinando.

Cum aurora surgeret, etiam surgebat, animo adhuc oraculis intento, et narrabat somnium. Ego autem non insomnium loco somnii, loco veritatis veritatem, vigilantem, loco dormientis, exaggeravi, ut audivi sic scribens : Cum incidisset in eam calamitatem ut bona proscriberentur, is qui prius depositum fraudasset, ille depositum, bonaque sua, quæcunque poterat, antecapiens, apud civem fide dignissimum deposuit, quæ cum Epidaurius cum aliis admisisset, quod fraudavit, depositum intellexit, erant quidem qui suadebant res domesticas invaderet, et nihil daret ei **337**a qui initio fraudasset : hic vero in iis quæ illi credita erant, non putavit decere infidelem esse, nec fidem omnium virtutum utilissimam hac infelicitate, quæ rationi consentanea videretur, contaminare. Nolebat vero justus videri, sed reipsa esse, veritate ipsa copiosum prudentiæ fructum colligens, atque ostendet, quantum sciverit singularum rerum explicatio.

Pauca quidem locutus est, multa vero e sermonibus seniorum audivit. Magnus vir non parvum discrimen adibat, quin ubi fugaces alii per ignaviam fugiunt, illic periculum subibat, juxta Poetam :
Virtus ubi clara virorum cernitur.

Et sane vere videbatur reprehendere accurate expendenti : familiaritate vero et humanitate mundum excedere visus est : et propterea eum mirabantur accusati, et erga eum ut litium amantem male affecti erant. Verum ille exemplar veræ concordiæ in seipso circumferens, ex illo cæteros æstimabat.

Tria esse omnes asserunt principia prima et maxima ejus cognitionis, quæ res contemplari solet, amorem honesti et boni peritissimum indagatorem, acutam solertemque ingenii facultatem, quæ brevi ad multa ferri possit, promptissimam ad intelligendum et cognoscendum vestigia rerum quærendarum, quæ vera, quæ falsa ad adipiscendum sint : e tribus his laboris amor indefessus oritur, non permittens animum quiescere, donec ad investigandi finem venerit, qui est veritatis inventio.

Solertiam et acrimoniam Isidorus dixit esse imaginationem non facile mobilem, neque ingenium facile opiniones comminiscens, neque solam, ut aliquis putarit, intelligentiam volubilem, et gignentem veritatem. Neque enim has esse causas, sed ad intelligendum causæ servire : divinum vero esse instinctum, sedate aperientem et repurgantem animæ oculos, et intelligibili lumine illustrantem; ad verum falsumque et videndum et cognoscendum. Bonam constitutionem ipse appellavit, nullumque sine ea esse emolumentum, neque oculorum sanorum commodum sine cœlesti lumine asseruit. Speculationi aptum animum habebat simul et rebus gerendis, non **337**b ad hæc inferiora inclinatum, sed statim se elevantem etiam parva occasione ad præstantissimas illas contemplationes. Ipsisque Platonis perfectis notionibus non secundum consuetos aliorum philosophorum conatus inhæsit. Post Platonem vero etiam Jamblichi mirabilibus commentis. Videmus multos philosophorum et audimus, hos quidem putantes Jamblichum intellectu difficilem esse, illos vero hunc superba grandiloquentia verborum magis quam rerum veritate se efferentem. Rhetoricas poeticasque artes parum attigit, sed ad sanctiorem Aristotelis philosophiam se convertit, vidensque illam necessariis ratiocinationibus magis quam proprio sensui credere, et ut via ac ratione procedat, divinis autem imaginationibus non adeo uti, parum etiam de hac sollicitus fuit : ubi autem Platonis sententias gustavit, non jam aspicere, ut ait Pindarus, dignatus est ulterius. Sed finem consecuturum speravit, si in Platonis sententiarum adyta penetrare potuisset, et eo omne suum studium, impetumque convertit. Antiquissimos philosophos Pythagoram et Platonem ut deos coluit, et eorum animas alatas, quas in locum supercœlestem, inque campum veritatis, et pratum elevatas divinis putavit ideis pasci. De recentioribus vero Porphyrium, Jamblichum, Syrianum, Proclum, et alios mediæ ætatis, magnum thesaurum collegisse divinæ scientiæ dicit. Eos autem qui in caducis et humanis studiis libenter occupantur, vel qui intelligere acute ac scire multa volunt, non magnopere conferre ad sublimem ac divinam sapientiam. Antiquorum enim Aristotelem et Chrysippum ingeniosissimos et discendi cupidissimos, quin etiam laboriosos, nec tamen omnino ad summum ascendisse. Recentium vero Hieroclem, et similes, scientiis humanis nulli quidem fuisse inferiores, sed in divinis notionibus non admodum fuisse versatos tradit. Librorum copiam reprehendit, quæ potius multarum opinionum, quam cognitionum causa est. Uno vero solo præceptore acquiescens, ad hunc unum **338**a seipsum effingebat, illius dictata exscribendo. Præsentia, ut apparet, hæc non amavit, nec statuas adorare volebat : sed jam ad ipsos accessit deos intus latentes, non in adyto, sed in arcano sui, quod aliquando summæ est ignorantiæ. Qua ratione igitur ad eos, cum sic essent, adiit? vehementi amore, eoque latente. Et quis alius amor nisi occultus ? et quemnam hunc dicimus, sciunt qui experti sunt : dicere autem non possumus, ac ne cogitare quidem. Dixerit quispiam illum non verba, sed rerum dicere substantias. Promptissime inveniebat de quibus ipse dubitabat apud alios, et de quibus alii apud ipsum disceptabant, non multarum quidem rerum cognitione, et alienarum doctrinarum scientia obruendo veritatem, dubitantes autem confutando, sed excellentis ingenii vi, ac plane divina ; et immenso desiderio divina pervestigandi veritatem compertam, vaticinanti similis erat. Poterat perspicere quid reconditum tegeret oratio, quidve sanum inesset. Marinus, qui Procli successor, et Isidori cum cæteris in Aristotelcis doctor, cum librum multorum versuum scripsisset in Philebum Platonis, cumque legere juberet Isidorum, et judicium ferre an evulgari posset, ille libro lecto, sententiam suam libere patefecit, nullam tamen inconcinnam vocem emisit, hanc tantum: videri magistro digna. Marinus hoc intelligens, librum igni tradidit.

Hoc etiam a cæteris philosophis distabat Isidorus, quod non sola syllogismorum vi se aut suos vellet adhærere veritati : cumque veritas non una videatur via, nolebat eos ratione, veluti cæca in rectam viam ductrice, impelli. Sed persuadere semper adnisus est, et oculos ad animam referre : aut si incessent, repurgare. Cum imperatorum res gestas scribere jussus, obscautus est : de quo opere dicam, quod scio, cum eo perducta erit oratio : non dico modo, quasi ne audire quidem debuerim. Neque Leontius, qui optime **338**^{b} sibi consultum putabat, cum dicendi libertate infelici ac infortunata domum revertit, neque dives factus, nec servatus, ut putabat, sed divina privatus pietate, animo corruptissimo ac perditissimo fuit. Sic quidem omnem vitam in infortuniis transegit. Nemo adeo immiti fuit animo et barbaro, qui sacro Isidori ab ore verbis manantibus non persuasus fuit et mitigatus, talis in labris viri insidebat suadela, non humanum opus, sed divinum, natura sua admiratione dignus erat. Ingenti quidem corpore et spectabili proceritate, visu pulcher et facilis, ad maturam ætatem cum pervenisset, comis et suavis, commodus, et colloquentibus utilis : mediocri nec delicato usus est cibo, neque propter paupertatem noxio, neque propter divitias opiparo : sed et musicam adhibuit temperatam, et Dorico modo revera accommodatam. Solus ipse inter homines, quos audivimus , antiquum proverbium re ipsa coarguit, non juvenibus, sed senibus ac senum congressu delectabatur.

Dixeris, et solus inter homines quos audivit, vel cognovit, vel etiam sic, qui ad famam venerunt, vel quorum fama innotuit, vel, quos fama novimus, quos memoria servavit, vel quos oblivio non delevit, aliaque similia.

Alexandrini pannos sordium muliebrium nominabant Phylacea. Non erant legitimæ nuptiæ, nisi sacerdos dei matrimonia manu sua notasset. Hierocles, qui scholas Alexandriæ instituit, constans et magnificus excellenti ingenio et facundia pulcherrimorum nominum, et verborum facilitate et copia, in sui admirationem auditores rapiebat, cum Platonis oratione venusta et docta semper contendens. Hic aliquando Platonis Gorgiam sociis explicabat. Unus vero auditorum Theosebius explicationem descripsit. Iterum vero, ut verisimile est, secundam explicationem Hieroclis Gorgiam **339**^{a} explicantis post aliquod tempus similiter descripsit, et collatis prioribus cum secundis, nihil, ut sic dicam,

eorumdem invenit. Utraque tamen, quod sane auditu novum est, Platonis, quoad ejus fieri poterat, institutum continebat. Hinc colligitur quanta viri illius in sententiis copia. Uxorem quoque ex qua liberos susciperet, ducit, cujus postquam dæmonium mansuetioribus verbis egredi recusaret, juramentis illud Theosebius, quamvis nec magiæ esset peritus, nec miracula patrasset, exire compulit. Juravit solis radios prætendens, per Deum Hebræorum (1). Dæmon vero expulsus est clamans, se quidem deos colere, sed etiam hunc revereri. Omnem igitur rudentem movit, et omnia fecit et dixit, suadendo et hortando, prout ei animus fuit , nihil infectum cupiens relinquere, quod suscepisset. Theosebius multa dixit de scholis Epicteti : has vero moralis Musæ fictiones ipse confinxit. Omnium vero temperantissimus Theosebius, et congressus est cum muliere prolis causa. Cum vero liberos non produxissent, fecit annulum temperantiæ Theosebius. Mulier, inquit, olim dedi annulum, procreatricis conjunctionis conciliatorem, hunc vero jam tibi do temperantiæ magistrum , adjutorem tibi semper futurum temperantis officii. Si igitur potueris, et cupieris mecum vivere caste : sin minus, licet tibi bona cum venia alii nubere, dum te amicus amicam relinquam. Ipsa autem conditionem libens accepit.

Ammonius in poetarum narratione ac correctione Græcarum vocum occupatam artem dilexit. Hic fuit Ammonius, qui habuit asinum , quem aiunt poeticas audiendo disciplinas sæpe pabulum neglexisse, licet etiam appositum esset, et esurire cogeretur : sic poetico studio asinus capi visus est. Mediocriter, inquit, Isidorus poetica attigit, parum **339**^{b} de eis sollicitus, quod non instruant animum, sed imaginatione linguaque tenus maneant, et illa cum omnibus exploratis notionibus pugnant, ideoque in his infirmior fuit, unde etiam hymnos quos scripsit, aliquis videat sublime quid et divinum continere, versuum tamen speciem non habere. Theon non admodum ingeniosus fuit nec acutus, sed studiosus ac laboriosus, si quis alius : ideoque poetas et oratores callebat, memoriaque tenebat et ad summam utrorumque artis accurationem venire sibi videbatur, versus tamen et orationes, licet plurimum amaret, scribere non valuit. Commissa pugna contra Scythas ante conspectum urbis Romæ, quos Attila contra Valentinianum, qui post Honorium Romæ imperabat, duxit, tanta utrinque facta est cædes, ut nemo pugnantium ab utraque parte servaretur, præterquam duces, paucique satellites eorum. Hoc vero omnium narratu maxime incredibile : cum cecidissent pugnantes, corpore defatigati, animo adhuc erecti, pugnabant tres integras noctes et dies, nihil viventibus pugnando inferiores, neque manibus, neque animo. Visæ igitur et auditæ animarum formæ pugnantes, et

---

(1) Christum intelligit. Judæi enim et Hebræi initio sunt appellati Christiani.

armis strepentes, et antiquas, similesque bellorum facies in hunc usque diem videri aiunt, nisi quod omnia illa faciendo, quæ vivi homines bellando solent, ne parvam quidem edere vocem possint, et unum spectrum quidem videri in campo juxta Sudam [*al.* Soedam], qui olim palus fuit : videri autem mane visionem, aurora jam terram illustrante. Secundo in Cubis campo Cariæ. Ibi enim non quotidie, sed interdum aliquibus diebus, nec illis certis, circa crepusculum matutinum aurora oriente, in aere frequentia animarum spectra umbrarum figura inter se pugnantia videri. Et nostra tempestate multi narrarunt homines bonæ fidei, juxta Siciliam in campo nominato **340** *a* Tetrapyrgio, et in aliis non paucis locis videri equitum pugnantium simulacra, idque maxime æstatis tempore, cum ardentissimus est meridies.

Severi equus (qui Romanus erat, spem faciente Anthemio, Romam eversam iterum per ipsum erigendam Romam, hac spe cum prius discessisset, reversus consulatum adeptus) : hujus igitur equus, quo multum usus est, tractatus scintillas e corpore multas, et magnas ejecit, donec illi portentum hoc ad consularem dignitatem Romæ illum evexit. Sed et Tiberio asinus, ut refert Plutarchus Chæronensis, adhuc juveni, et in Rhodo operam danti eloquentiæ, imperium eodem eventu præsignificavit. Sed et Balemerin unum ex Attilæ aulicis de suo corpore jecisse scintillas. Hic Balemeris pater fuit Theodorici ejus, qui nunc summum totius Italiæ imperium tenet. Dicit autem etiam de seipso auctor: Etiam mihi cum et induor, et exuor, etsi id raro admodum accidit, accidit tamen, ut scintillæ ingentes exsiliant, aliquando cum sonitu, interdum etiam flammæ integræ vestem illustrent, nihil tamen exurant, et se ignorare quo hoc portentum tenderet. Vidisse se ait et hominem quemdam e capite scintillas evibrantem, et flammam, cum vellet, e capite veste asperiore attrito excitantem. Impulit equum quam potuit celerrime, indiguit et aliis rebus. Reipublicæ administratione excidens, ad quietam otiosamque vitam se contulit, odio eorum qui in republica molesti erant. Venerunt ad Severum Brachmauni juxta Alexandriam, et proprio hospitio illos et debito cultu suscepit. Hi de gentis more domi admodum graviter vixerunt, neque balnea publica, neque conspectum ullum urbanum quærentes, sed externum omne fugerunt. Comedebant palmas et oryzam, aquam bibebant. Erant illi non e Brachmannis, qui in montibus degunt, neque ex Indis, qui urbes incolunt : sed utrorumque vitam prorsus sectabantur, Brachmannorum **440** *b* apud populum negotia, si quibus indigerent, et populi apud Brachmannos peragentes. Dixerunt illi de Brachmannis montanis, quæcunque de iis scriptores divulgant : imbres precibus illos petere, et etiam eosdem avertere, famem, pestemque, aliaque mala, quæ curari non possunt, precibus posse depellere. Dixerunt iidem unipedes homines apud se esse, et dracones ingentis magnitudinis septicipites, et alia valde inusitata.

Dixit Severus videri Gorgoniadem herbam, ejusque radicem omnino similem esse puellæ, caput crinibus tectum serpentinis habenti. Divinationem e nubibus, antiquis ne auditu quidem notam, quamdam mulierem Anthusam temporibus Leonis imperatoris Romani refert invenisse. Quæ in Ægis Ciliciis nata dicebatur, originem primam a Cappadocibus habitantibus ad Comanum montem Orestiadum trahens, referens genus suum ad Pelopem. Hæc sollicita de viro, cui militare aliquod munus demandatum, quique ad bellum Siculum cum aliis missus erat, oravit in somno, ut futura cognosceret, et oravit ad solem orientem versa ; pater vero ejus in somnis jussit illam ad solem etiam occidentem orare, et illa orante, per serenum subito nubes circa solem orta est, et deinde aucta in hominem formata est ; alia vero nubes orta, et in æqualem crescens magnitudinem, in leonem ferum mutata est. Leo vero ingenti hiatu oris facto hominem deglutit. Species illa hominis e nube facta Gotho fuit similis. Nam post paulo Leo rex ducem Gothorum Asperem, et filios fraudulenter necavit. Ex illo tempore in hunc usque diem Anthusa assidue meditata est, qua ratione e nubibus prædicere divinando posset. Ægyptii Sothin Isin esse asserunt, Græci hanc ad Sirium stellam referunt, et Sirium tanquam canem Orionis venatoris comitem pingunt : quin potius in cœlo depictum ostendunt. **341** *a* Aliqui per impudentiam statuas fregerunt et perdiderunt, et sacro auxilio destituti cives, humana opera et arte portum vix sibi servant Ægyptii. Illi persequebantur, uxoris, inquam, ministri, canem ex Africa fugientem struthionis diripientem carnes : fodientibus vero apparet, prominetque antiquissimi templi pinnaculum.

Hermias natione Alexandrinus, pater Ammonii et Heliodori. Hic fuit natura bonus et simplex, auditor Syriani cum Proclo. Laboris studio nulli inferior : solers tamen non admodum fuit, nec firma ad rem argumenta invenire poterat, neque magnus veritatis investigator. Quare non poterat contra dubitantes fortiter dimicare, quamvis ea memoria valeret, ut recitaret quæcunque a præceptore docente audivisset, quæque scriptis mandata essent. Sed mentis celeritas cum discendi studio non vigebat. Virtuti egregiam operam navavit, ut nihil in eo Momus ipse reprehendere, nec livor odisse posset. Cum imperitus ei librum venderet, et pretium minus quam valeret exigeret, hominis errorem correxit, et pluris emit. Nec semel hanc justitiam, cujus nullam alii rationem habent, verum etiam sæpius, quoties venditorem debitum pretium ignorare contigisset, ostendit : non aliorum more fortuito lucro deditus, ratus aliquam se injuriam facturum, si volens a volente etiam quovis modo emeret. Nam dolum quemdam esse in contractu et fraudem, non indicare errorem, sed veritatem occultare, et cum sit injuria non violenta sed fortuita, plerosque latere, nec furari aliquid, instar latronum, cum periculo, sed a lege quidem absolvi, justitiam autem corrumpere. Habuit fratrem Gregorium omnino dissimilem, plus nimio acutum, et ad quaestiones et disciplinas expeditum; caeteroquin inquietum, nec placidis moribus, sed nonnihil emotae mentis. Post autem crebro morbo correptus est, ut rationis usu parum valeret, **341**b et organum valde mutaretur. Natus est Hermiae ex Aedesia filius, caeteros philosophorum filios superans: et Aedesia cum filio jam septem natos menses, ut fieri amat, jocabatur, et Babium et puellum voce diminutiva appellabat. Pater audiens conquestus est, et increpuit hanc puerilem diminutionem, et articulatam increpando vocem protulit: aliaque multa de illo puero mira dicuntur, eum scilicet vitam in corpore non tolerasse, sed septimo anno vivere desiisse, nec ejus animam terrestrem aliquem locum excepisse. Syri et maxime qui in Damasco habitant, pueros recens natos Babia vocant. Jam vero et adolescentes a dea Babia, quae apud illos putatur esse, sic vocant. Jam enim nonnulli eorum, qui aures fractas habent, et sensum depravatum, in comoediam et in risum philosophorum arcana converterunt. Panicum quoddam animal vidisse ait Hieracem Alexandrinum Ammonio aequalem cum ex Aethiopia Byzantium proficisceretur, quod depictis et delineatis admodum simile, et audisse illum vocem animalis hujus circa Alexandriam, veluti si strideret. Ammonius fuit diligentissimus, et multos explicatores, qui olim floruissent, juvit, maxime autem Aristotelem sectabatur. Quinetiam non solum aequalibus suis, verum etiam aliis Proclo antiquioribus praestitit, prope dixerim qui unquam exstiterunt, in geometria et astronomia. Proclus os Isidori, tanquam divinum et plenum philosophicae vitae, admiratus est: oculi celeritatem mentis demonstrantes, et jucunda gravitas emicans, sincerusque pudor philosophum ad ipsum convertebat.

Eunoius tardae mentis fuit, modo juvenili insolentia tumens, et in orationibus turgidus. Superianus jam triginta annorum rhetorica auspicatus est, quanquam ingenio tardior esset, tamen nimio studio tandem Athenis clara et celebri urbe designatur sophista, **342**a non multum gloria Lachare inferior. Lachares studio magis quam ingenio claruit orator; ingenii ejus tarditatem scripta satis arguunt, sacrum fuisse virum, et sacro divinarum rerum flagrasse amore. Metrophanes sophista natus ex Lachare. Refert auctor vidisse se simulacrum Veneris, quod in templo Herodes sophista dedicarat. Hoc, inquit, contemplans, sudavi prae stupore et admiratione; adeoque gaudio perfusus sum, ut domum redire non possem; et saepius abiturius ad videndum rediderem. Tantam illi pulchritudinem artifex immiscuerat, non blandum quid aut molle, sed tortuum et masculum, armatam quidem, sed velut quae a victoria laetabunda revertitur. Hierum

Plutarchi filium sub Proclo philosophantem in domo Quirini vidisse refert adeo parvum caput humanum, ut cicer adaequaret magnitudine et forma, unde et nomen capiti ex cicere inditum esse: caeteroquin humanum caput esse, oculos et vultum habere, et superius crines, et integrum os, et ore tantam vocem emittere, quantam mille homines. Haec de ciceris hoc capite prodigiose refert auctor, aliaque innumerabilia, digna impii Damascii et scriptione et fide.

Salustius Cynicus non tritam philosophiae viam tenuit, sed quae adversus reprehensiones et risiones tuta est firmaque, et ad laborem pro virtute suspiciendum. Rarius induebat, vel iphicratidas, vel usitata sandalia. Visus est corpore nunquam diu infirmus, nec animo aeger. Sed, ut dici solet, erecta cervice laborem subibat, honesta item et laudabilia studia, et id genus alia homine digna.

Carthaginensium rex Gezerichus, audito Romanos dolo et **342**b praeter juramentum, Marcellinum, qui contra se cum eis belligeraret interemisse, magno gaudio elatus est, spe victoriae, et locutus est verba non Carthaginensem, sed Romanum imperatorem decentia: *Romani*, inquit, *sinistra manu dexteram amputarunt*. Marcellinus vero Dalmatiae, cui cum imperio praeerat, dux erat, sed gentilis. Salustius inspiciens obvriorum oculos, praedixit frequenter singulis mortem violentam. Causam vero, qua ante praenosceret, ne ipse quidem dicere poterat, quanquam interrogatus praetenderet oculorum obscuritatem et tenebras, et humore plenos esse, qualis in luctu pupillis ipsis oculorum contineretur. Et ait quemdam Uranium nomine, Apamenum civem in Syria, et dominantem Caesareae in Palaestina, ex oculis nosse eodem modo plurimos praestigiatores admodum exsecrandos; et quemdam Nomum civem, Sum auctor, ait, ex visu oculorum occurrentium, latentes homicidas agnovisse. Isidorus et ipse Asclepiades, cum trajecissent mare Aegaeum, aiunt se vidisse in flumine Nilo caesariem, mira magnitudine et forma. Statim vero comedente utroque juxta Nilum (aderat et tertius noster philosophus) accurrit a Nilo caesaries, ut videbatur, quinque cubitorum: et alia monstra narrat. Juxta Heliopolin Syriae, ait Asclepiadem in montem Libani ascendisse, et vidisse multa betulia vel baetula, de quibus multa prodigiose, dignaque impio ore prosequitur, dicitque se et Isidorum haec postea vidisse. Sacra progenies per se vixit vitam felicem et piam, philosophicam, divinarumque rerum investigatricem, sancto igne aras accenderunt.

Pardalis semper sitit, accipiter nunquam, ideoque rarius videtur bibere, Hippopotamus injusta bellua, unde et in hieroglyphicis litteris crudelitatem significat, patrem necat, matrem violat. Suchus vero justus est, quod nomen **343**a crocodili et species est: nullum enim animal laedit. Duodecim tempora felis distinguit, singulas noctes et dies urinam singulis horis emittens, semper instar instrumenti cujusdam horas dirigens: quin etiam lunae dies ait numerare proprio fetu. Quinctiam felem A septem primo, sex secundo partu, tertio quinque, quarto quatuor, quinta tres, sexto duos, septimo unum edere, et tot esse fetus felis, quot habet luna dies. Cebus est simiæ species et semen circa solis et lunæ congressum emittit. Oryx animal sternutans ostendit Sothin oriri. Ne duces eorum perniciosis civitati contentionibus distraherentur, prædicebat ex secreta quadam visione. In pariete lumen densum apparet, transformatur tanquam concretus in faciem revera divinam et supernaturalem, non dulci venustate, sed severa efformatam, visu pulcherrimam, tamen in severitate illa blandum quid ostendit; hunc Alexandrini loco Osiridis et Adonidis in deorum mysteriis coluerunt. Erat in Heraisci philosophi natura aliquid quod inquinamenta generationis aboleret. Si quam impura loquentem mulierem de quacunque tandem re audisset, statim ei caput doluit: atque ita viventi semper quædam divinitas aderat; mortuo vero, cum lege usitata sacerdotibus Asclepiades tradere pararet, cum cætera, tum Osiridis vestes, quibus tegeretur corpus, statim, cum lumine e sindonibus undique arcanæ descriptiones elucebant, et circum has species quædam divinorum simulacrorum videbantur. Fuit et primus ejus ortus sacer et mysticus. Fertur enim ex utero matris prodiisse, indice silentii digito labiis adhærente, quo modo et Ægyptii fabulantur Orum, et ante Orum solem natum esse. Itaque cum digitus labiis adhæreret, sectione illi fuit opus, et labrum semper leviter 343^b incisum permansit, conspicuum omnibus signum inenarrabilis illius nativitatis. Dicitur Proclus Heraiscum se doctiorem confessus esse. Quæ enim ille scivit, et Heraiscus norat; sed quæ Heraiscus, non item Proclus.

Dicit Anthemium Romæ imperatorem gentilem, et cum Severo, qui idola adoraret, sensisse, quem ipse consulem designat, et inter se occulta consilia agitasse de exsecrabili idolorum cultu redintegrando. Illum et Leontium, quem ipse elegit cum Zenone imperatore eadem et sensisse et voluisse in impietate, ad eam ducente Pamprepio asserit. Pamprepii nugas et infidelitatem erga amicos, violentamque mortem, eodem quo alii modo et idem scribit: fuit genere Ægyptius, arte grammaticus. Non sum promptus ad rem narrandam, cujus incerta est veritas, et apta ad inimicitias concitandas. Relinquens igitur Pythium, ad Heraiscum reverti volo Euboeum, cui promissæ capitis comæ in humeros demittuntur.

Phœnices et Syri Saturnum, El, et Bel, et Bolathen nominant. Ipse et Asclepiodotus olim ejus magister ad natandum in Mæandrum descenderant. Mæander utrosque mediis vorticibus hauriens sub aquam traxit, donec Asclepiodotus paulum elevatus, ut possit solem intueri, *Morimur*, inquit, *et aliquid infandum addere potuit.* Tum vero repente nulla aperta adhibita ope, in ripa fluminis jacebant semimortui : deinde animis receptis e mortis fluctibus liberati sunt. Adeo divinam virtutem in se Asclepiodotus, et quidem in corpore adhuc exsistens, continebat. Cares illam regionem Apollinis Aulas [id est, tibias] appellabant. Asclepiodotus igitur Aulis domum ad Veneris urbem, sole occidente, reversus est. Statim vero lunam orientem jam plenam vidit, quanquam non esset in signo, quod 344^a e diametro soli opposita erat. Sed profecto et hanc imaginem abolevit, quæ omnia abolet necessitas. Alexandrinus erat natione: quoad fortunæ bona obscuris natus parentibus, alioquin probis et piis.

De Jacobo medico (qui propius quidem genere Alexandrinus erat, longius Damascenus, filius medici, qui quadraginta annos in experientia posuerat, et pene orbem terrarum exercitatione artisque judicio pervasit, qui et Jacobum filium medicam artem totidem annos docuit), de Jacobo igitur, quemadmodum et alii, mirabilia dicit, quod audiens mulierem sternutantem frequentius, omnes amiserit dentes, hocque solo accidente, omnia quæ ad mulierem spectant, et formam coloremque corporis, et magnitudinem, et in anima quicunque naturæ mores magis convenirent, enuntiarit. Jacobi, inquit, pater post multos per orbem errores Byzantium venit, et medicos ibi reperit, qui nihil in arte sua perfecte scirent, nec ipsi experientia, sed ex aliorum doctrina cognovissent: non sanantes, sed nugantes: ambo vero, pater et filius impii erant. Utebantur illi adversus morbos purgationibus multis et balneis. Ad chirurgicam ferro igneque non admodum erant prompti. Sed et pessima ulcera diæta pellebant, venarum sectiones repudiabant. Divites sanans hortatus est, ut pauperibus ægrotantibus opem ferrent, et ille nulla mercede sanavit, publico contentus frumento. Ait auctor, vidisse se Athenis statuam Jacobi et visam fuisse sibi admodum ingeniosi hominis, severi, et gravis. Hic Jacobus celebris Proclum Athenis ægrotum curans, jussit illum a crambe abstinere, olera plurima comedere. Hic, more Pythagoræ, malvam comedere noluit. ¶

Asclepiodotus non omnino ingeniosus, ut multis hominibus visum est, sed in dubitationibus acutissimus, ad intelligendum non adeo solers, neque ipse sui similis, alioquin et res divinas, obscuras, et 344^b sub intelligentiam cadentes, et eximios illos sensus Platonis intelligebat: ad Orphicam Chaldaicamque altiorem cognitionem, quæ communem philosophorum captum excederet, longe erat inferior. In physicis omnium sui sæculi erat doctissimus: similiter et in mathesi, unde et præter alia magnam ingenii gloriam consecutus est. In morali philosophia, et quæ de virtutibus est, semper novum quid invenire, et contemplationem ad inferiora visibiliaque trahere conabatur: nihil quidem, ut ita loquar, ex antiquis intelligentiis servans, omnia condensans et colligens in naturam mundi. Natus ad musicam Asclepiodotus, deperditum tamen *enarmonicum* non potuit revocare, quanquam alia duo cantus genera rescinderet et reprimeret, alterum *chromaticum* appellatum, alterum *diatonicum*; harmoniam tamen non invenit, quamvis magades, ut dixit, mutarit, et transposuerit, non minus quam viginti et duas. Causa cur non inveniret, hæc est: minimam moderationem harmonicarum dimensionum, quam diesin (hoc est, primum sonum, qui in cantibus percipitur) vocant, e nostro sensu perdidit, et etiam aliud genus enarmonicum simul corrupit. Asclepiodotus a Jacobo medicinam discens ad vestigium illum sequitur, in multis etiam superat. Nam amissum olim usum albi ellebori, nec etiam a Jacobo observatum, ipse renovavit, et illo insanabiles morbos inusitato modo sanavit. Asclepiodotus nullum e novis medicis, præter Jacobum, probavit, ex antiquis post Hippocratem, Soranum Cilicem, Maleoten. Quocirca uxorem suam Damianen Asclepiodotus pudicissimam, et quod rarum est, magnanimam, virilisque mentis in administratione familiæ, quemadmodum in consuetudine castam nec voluptuariam reddidit. Hierapoli in Phrygia templum erat Apollinis; subtus spiraculum erat lethiferi spiritus. Spelunca hæc superne nec avibus prætervolantibus sine periculo est, sed quæcumque illac volant, moriuntur. At iis, qui sacrificiis sunt initiati, **345**^{a} facile fuit ingredi, et in illa spelunca sine ulla noxa degere. Refert auctor se et Dorum philosophum, cupiditate captos intrasse, et illæsos egressos esse. Dicit scriptor cum tunc Hierapoli dormiret, in somnis sibi visum esse Attin, sibique a matre deorum festum, quod dicitur Hilariorum, mandatum, quod indicabat nostram conservationem ab inferis. Reversus itaque in Veneris urbem narravi Asclepiodoto visionem: ille rei miraculo obstupuit, et mihi pro hoc somnio non somnium narravit, sed minoris rei narrationem rependit majore. Dixit se etiamnum juvenem in hanc regionem venisse, et naturam ejus expertum. Bis itaque et ter vestem naribus applicans, ne, licet respiraret sæpius, corruptum noxiumque aerem attraheret, sed aerem bonum et salutarem, quem aliunde adduxerat in veste concludens, ingressus est in speluncam scatentem calidis aquis, sequens semper inviam voraginem, et ad finem descensus pervenit. Via enim circa profunditatem abrupta est: at tunc ob multitudinem aquarum etiam homini invia erat. Sed descensor fatidico furore correptus ad finem accessit. Asclepiodotus igitur sapientia sua incolumis hinc evasit, sed et postea spiritum lethali similem e variis speciebus miscendum excogitavit, negligens et philosophorum sacerdotumque rationes, nihil secus atque Mysorum Phrygumque dicta: sed tamen Patricius ausus fuit eodem contra philosophorum decreta pergere. Quædam dixit: Ego agrestis et rustica sum. Sed surgens e somno, et innitens, inquit, scabello, civilis et comis fuit, non solum in serio, sed etiam in puerili aliquando colloquio, ut et jucundissimus cum quibus versaretur, cum utilitate esset. Deum invocavit in gravi periculo, ut cataractas aquarum quæ adhuc restarent, amoveret. Uxorem vicinam partui una adduxit. Adhuc in sponda jacenti contigit illi e vestigio Dicen videre, egregiam puellam, expeditam, **345**^{b} tunica sine manicis, lutei coloris, et purpureis clavis exstantibus decoratam: caput vitta ligatum, sine amiculo, vultu nonnihil severo et fronte contracta. Non aliquid ad illum, sed et ad introitum. Asclepiodotus Procli discipulus, in summis tenebris sine lumine legit, astantesque homines dignovit. Aliquando itaque in Caria ait se caput draconis in agrum Pytheæ Caris cadens, et allatum a Pythea ipso, magnitudine maximi tauri capitis vidisse. Refert etiam Asclepiodotum vidisse et vivum draconem sublimem in aere concretum, a vento conceptum, nubibus condensatis immobilem stare, et instar magni conti extensum. Hunc itaque et vidisse, astantibusque monstrasse, cumque nubes magis magisque constiparentur, feram evanuisse. Marinus, inquit, Procli successor, genus ducebat Neapoli in Palæstina, juxta montem cui nomen Hargarizus (1). Deinde blasphemans, impius, inquit, ille scriptor addit: In quo monte Jovis summi sacratissimum templum est, ibi et Abraham primus antiquorum Judæorum sacratus fuit, ut idem dixit Marinus. Samaritanus initio factus cum esset Marinus, eorum opinionem repudiavit, quasi ab Abraham sacrificiis recens in novam degenerasset opinionem: et ad gentilismum se convertit. Verumtamen labori et assiduis curis incumbens, multorum etiam ingeniosissimorum et antiquissimorum gloriam suo nomine Marinus obscuravit. Noluit vero illum Isidorus interrogare infirmitate corporis laborantem, metuens ne homo turbaretur. E dictis tamen et scriptis ejus (quæ non admodum multa sunt) facile erat colligere Marinum non fecundum et probe subactum noematum agrum fuisse, qui segetem sapientis rerum naturalium contemplationis proferret.

Ptolemæus astronomicæ scientiæ princeps scripsit, ut loquitur Plato, placita interpretum ad senectutis oblivionem, relinquens sibi et condens monumenta. **346**^{a} Proclus videns istum defluxum corporis, adolescenti metuit. Hic igitur mortuus, tunc beatus, anima, inquam, animæque imago aperte mihi in hoc scabello sedenti astitit: credere autem oportet sermoni, quem visio philosophi principis confirmat et recens alterius fama vere secundi post illum et insuper tertius suggestus, et qui hæc scripsit propter eorum quæ nuntiavimus, pompam veritatis studiosam. Proclus ea spe, quam de se conci-

(1) Mons in sacris Litteris Garizin. Deut. xi, 29; Judic. ix, 7; et II Machab. vi, 2.

tarat nec Platonis dignitatem aspernari, nec Jamblichi, nec Plutarchi judicium oppugnare, nec supra communiter utile consilium sapere potuit: sed quantum crescebat instituti magnitudo in dicendo, tanto minus persuadere sibi patiebatur Isidorus, quod majus esset onus, quam ferre posset. Sollicitus vero erat Proclus de aurea revera Platonis catena, ne nobis urbem Atheniensem relinqueret. Sollicitus etiam de Marino propter corporis infirmitatem. Verus philosophiæ amor inseritur, et omni terreno vinculo disrupto, Athenas odio omnium bonorum, divitiarumque contemptu venit. Talis etiam philosophus Zenodotus fuisse dicitur, qui solus dignus fuit deliciæ Procli vocari, de quo maximam etiam spem concepit, nec erga illum superbe se gerebat, neque sinister erat, nec colloquio tumidus, licet præditus esset nobilitate imperio parta, et generositate morum, apertoque studio curaque verborum. Alios ad grave concilium convocatos, non modo superabat Theogenes, sed jam etiam aliquis erat philosophus. Divitiæ successionum [in ludo] non, ut nonnulli putant, temporibus Platonis fuere. Plato enim pauper fuit, et unum hortum in Academia habuit, cujus proventus trium erat nummorum. Proventus vero omnium divitiarum sub Proclo mille nummorum aut etiam plurimum fuit, quod multi morientes opes suæ scholæ relinquerent. Jam **346**b enim ad extremum sermonis, quem reliquimus, devenimus, Asclepiodotus omnibus vitæ splendoribus ornatus fuit. Nulli eorum connubium objiciunt, sed soli reipsa philosophi ad summum pervenerunt. Asclepiodotus ingenii dextri, gener magni Asclepiodoti per filiam, sponsus jam erat, vir magnæ diligentiæ. Fons erat aquam sacram et potabilem effundens, ut quod poetarum more dixit auctor, os ejus et reliqua facies domicilium sit gratiarum. Si quando enim et illi re aliqua indiguissent, omnes ad illum tanquam amici ad amicum accesserunt. Isidorus multum præstabat Hypatiæ, non solum ut vir mulieri, sed ut geometriæ deditæ reipsa philosophus.

Severianus constanti animo fuit, et quid cum animo cogitasset, re exsequi paratus, agendo consilium antevertebat. Itaque sæpe vita ejus impegit: non enim facile erat crescere, et ad amussim proficere, ut Theodorus Asinæus profecit sub Porphyrio, qui statim initio sola necessaria corpori conferret, et omnem vitam caste traduceret. Pamprepius brevissimo tempore eloquentissimus et doctissimus fuisse visus est, sic incubuit primis doctrinæ rudimentis, quas grammatica et poetica docent. Erat natione Ægyptius, et poeticam in patria cum didicisset, Athenas profectus est; sed Athenienses grammaticum eum fecerunt, puerorumque scholæ eum præesse voluerunt. Zeno natura timidus erat, et videns illum judicibus charum, et maximæ auctoritatis, sibi de eo cavit, et quod illi minus fideret, quiescere non poterat, sed omnibus modis tentavit, omnesque machinas adhibuit Zeno, ut illum amoveret. Sed princeps inter eos qui rerum potiebatur Petrus nomine, vir impudens et improbus: cujus erat forte opinionem examinare, sed forsitan et hic evicerunt Pamprepii **347**a lenta semper responsa et longius bellum protrahentia.

Pamprepius in Ægypto agens, Isidoro verbis significavit quod non faveret Illo; sed jam proditionem molienti similis esset, et Romano imperio inhiaret. Hæc rupes superius in latitudinem extensa, inferius angustior quidem, sed quæ suffulciat suspensam latitudinem valde sublimem, superantem ei subjectam, et sustinentem montis crepidinem. Similem dixeris illam magno collo sustinenti caput ingens, dignumque visu. Rursum ad Isidorum orationem revocemus. Non inflatus erat Isidorus, nec in colloquio difficilis, nec Stoicam affectationem ignoravit: nuncque videbatur hilaris, et lætus, et corpore venusto, et animo sursum erecto, adhæc alienus a mortis cura. Improbum hominem et vita infami, contra Athanasium sectantem fortiorem sententiam. Hæc Juliani vasculis immiserant. Isidorus arculam aliaque vascula disposuit, ut parata et in prompta essent, tanquam in mercatum missurus, turbam hominum collectam ad profectionem. Imperavit etiam servis, ut jam strigiles pararent, et philosophos in carcerem denuo conjecit, eo quod secundo convicti essent. Julianus silentio excepit, tulitque in tergo multas plagas tympanis illatas. Nam multis fustibus cæsus est, nihil omnino locutus, videns supellectilia ad navigationem parata: Cur hoc, inquit, facis? custodes portuum te capient. Decessit igitur non multo post, et domi meæ diversabatur. Ivit igitur Athenas, Proclo sepulcralia cum thure allaturus. Extrema malitia et incurabilis meretur statim supplicium, quæ vero paulatim deflexerit, venia statim digna est. Plurimis vero remedia peccata admittentibus, justitia differt malorum remedia: sive quod subsidium habeant a virtute, si forte effugerint magis **347**b sectiones et ustiones: sive quod ob facinoris magnitudinem festinato sint remedio indigni; sive quod quibusquam antequam peccata puniantur, pro bonis gratia debeatur.

Philosophorum fastus in monendo potest etiam virum barbarum exasperare; etsi philosophi putant tolerare oportere, et casum æquo animo ferre. In mulierem sacram incidit, cui miro modo divinæ auræ particula insita erat. Aquam enim puram cum infudisset vitreo poculo, videbat in aqua poculi rerum futurarum species, et illa prædicebat ex visione, quæ omnino futura essent; hujus experimentum nos quoque cepimus. Anatolius Joannem flagris cæsum bonis cum exuisset, statim vitam finiit. Conveni necessario Emesionem. Non enim æquo animo tulissem ejus stultitiam, sed legatio adire me compulit. Arabiæ aqua Stygia subterlabens exonerat se in Bostra Arabiæ, quæ sub Severo imperatore in civitatem redacta est, cum olim præsidium fuisset, in gratiam vicinorum Dionysiorum a regibus Arabicis muris cinctum. Cum intellexisset Io toties decantatam, et nomen civitati ab œstro bovis inditum esse, amavit illam propter originem fabulosam quæ est de Io vagante. Hic vero cognovit esse Theandritem deum specie virili animisque vitam castam inspirare.

Dicitur in eo loco aqua Stygia esse, in quo Arabiæ campus est, qui ab ortu solis Diam usque desertam urbem extenditur. Deinde repente hiatus aperitur in immensam voraginem, saxis undique impendentibus, et aliquibus plantis silvestribus, horridis, et incultis e petris nascentibus opacatur. Descensus a sinistris ingredienti angustus et scabrosus, longus stadiis quindecim, nisi quod non solum viri, sed etiam feminæ valde expeditæ illam ingrediantur. Descendenti horti et agri plurimi in sequenti valle occurrunt. Summa pars et angustissima habet receptaculum, quo omnis undique aqua Stygia influit, 348*a* quod ab altissimo loco fertur, in aere spargitur, deinde iterum inferius concurrit. Spectaculum hoc et naturæ opus religione plenum et terribile est. Nemo est, qui viderit, quin timore sancto repleatur. Quædam e donariis quæ aquæ injiciuntur, deferuntur in profundum, tametsi levia, quibus ipse deus propitius est : quibus vero minus, ea licet gravissima, supernatant, et exspuitur foras admirando quodam modo. Jurare per campum illum et aquas incolæ experimento edocti horrent, quare minimum jurant (1). Si quis aliquando pejeraverit, intra annum corpore hydrope tumefacto moritur, nemoque unquam pœnam evasit.

Fertur et Bacchus Lycurgum et cæteros Arabes comites ejus vino domuisse, cum ex utre exercitum irrorasset hostilem, unde et urbem Damascum appellavit. Quidam urbi nomen a quodam gigante tribuunt, cui nomen Ascus, quem Jupiter illic domuit; alii alias hujus nominis rationes reddunt. Auctor ex hac urbe originem duxit. Ut studium aptum ad rhetoricam, omnemque curam ad os et linguam convertere, ab anima autem rerum sanctarum ac divinarum cogitationem avertere. Hæc, inquit auctor, intelligens, aliquando oratorias exercitationes reliqui, et sic novem anni elapsi sunt, viximus simul omnibus et noctibus et diebus, menses octo. Videram, inquit, bætulum in aere motum, vestibus interdum tectum, aliquando vero etiam manibus medici portatum. Nomen medici, qui bætulum gestabat, erat Eusebius, qui etiam dixit accidisse sibi aliquando nec opinanti subitum impetum errandi ab Emesa urbe, pene media nocte, quam longissime ad montem illum, in quo Palladis templum veteri magnificentia conditum est, et ivisse sese celerrime ad cacumen montis, et ibidem tanquam e via fessum desedisse, et vidisse globum ignis celeriter decidentem, et leonem ingentem in globo constitutum, et illum statim evanuisse : seque 348*b*, igne jam exstincto, ad globum cu-

currisse, et illum tanquam bætulum accepisse, et rogasse cujus dei esset, et respondisse illum esse Gennæi. Gennæum Heliopolitæ colunt, erecta quadam leonis forma in templo Jovis. Ivisse eadem nocte via non minus quam decem et ducentorum stadiorum, ut aiebat, continuo. Eusebius non erat dominus bætuli motuum, ut alii aliorum, sed hic petebat et orabat : ille vero locum dabat oraculis. Hæc et multa similia nugatur dignus profecto bætuliis lapidibus : quin etiam formam ejus describit. Globus quidem, inquit, egregius, colore subcandido, diametro longus palmo, sed interdum major apparebat, interdum minor, interdum purpureus, et litteras ostendit nobis in lapide descriptas, idque colore tingabarino, ut vocant, et in muro fixit. Unde sciscitanti oraculum dedit, et vocem emisit e tenui fistula, quam interpretatus est Eusebius. Vanæ mentis ille alia multa miranda de bætulo narrat : *Equidem putaram divinius esse oraculum bætuli, Isidorus dæmonium potius esse dixit. Esse enim aliquem dæmonem moventem illum, non unum ex admodum malis, non omnino immaterialis, nec omnino puris.* Bætulorum alium alii incumbere, ut ille criminans dicit, deo, Saturno, Jovi, Soli, et aliis.

Maximinus, inquit, religione erat gentilis, oculis adeo terribilibus, ut intuentium aversaretur oculos. Cujus sibi conscius, ut plurimum terram, non ipsos homines obvios respiciebat, et etiam multa vidit visa, quæ alii non videbant. Poterat et dæmones noxios immittere, et aliunde immissos coercere. Cum impie quid ageret Byzantii, gladii pœna affectus est, nec philosophicam vitam intelligens, si quis e multitudine injuriam ei inferret 349*a* ignorabat civilia et gravia negotia. Cunctatio longior ei fuit, quam spes festinandi in Cariam vel Athenas ferret. Venio ad precationes, quas ad deum habuit, et Cyllenio tardante, et negotia differente, nihil Isidorus perfecit, parcens pretiosissimæ rei, juxta sententiam sapientis, tempori. Videns meipsum divino lumine illustratum, quantam putas animi contentionem fecisse ? Insanus factus cum esset, abrepta securi, sibi virilia amputat. Et ego hæc Isidoro nuntiavi, qui semper sapienter, et divinus sacris sermonibus attendit, cum putaret se de corpore periclitari. Hoc vero exemplum propriæ voluntatis est, hæc grati animi ergo, pauca pro multis reddenti. Navigabamus Samum, corpus vero tumebat a pedibus infra incipiens, usque ad inguina et verenda ; consopitus sum in navi ; deinde in somnis polluor, vittam, sacram vestem, stolam, faciei simulacrum, fasciam. Tantum philosophiam audivimus contemni nunquam Athenis, quantum vidimus vituperari ab Hegia. Archiadas patrem et alios multos superabat non parum virtute. Philosophica minus curabat, tanquam adeo ineptus, propter pa-

---

(1) Virgilius, *Æneid.*, lib. VI, v. 323 :
*Cocyti stagna alta vides, Stygiamque paludem,
Di cujus jurare timent et fallere numen.*
At Jupiter lege veluti solutus jurat :

.... *Stygii per flumina fratris,
Per pice torrentes, atraque voragine ripas,*

(*Æneid.* lib. IX, v. 105-106.)

trimonium blandiens, vita pius si quis alius. Eupithius ingeniosior erat, moribus tamen idiota; imo etiam idiota et simplicior : imbecillum illius erat corpus, et non multum a morte sejunctum. Hic quidem statim ægre audivit defensionem, quasi spei illius consilium speciosum non satisfaceret. Talia multa dicens et occinens, persuasit Marinus Isidoro ut reciperet decretum de successione, et successor creatus est, nomine magis quam reipsa, Platonicæ doctrinæ. Quod si divinior res est, ut tu ais, Hegia, **349***b* (dicebat illi Isidorus) sacerdotalis administratio, idem ego affirmo; sed primum homines esse deos futuros necesse est. Ideoque et Plato dixit majus bonum homini accidere non posse, quam philosophiam. Sed hoc contigit nunc stare in acie, non novaculæ, sed ultimæ revera senectutis. Ignorabat se aggredi ad corrigendas res incurabiles et nequissimas, nihil amplius vero profecit. Vere ineunte, mortuo Marino, voluit Isidorus Athenas deserere ; monebat autem Syrianum et Hegiam Isidorus, quam necessarium sit, philosophiam labentem restituere.

Quæ verbis ornata prætermissa sunt, ea necesse est cum excerptis conjungi.

Per artem quamdam dubiam, et extra humanam spem constitutam, in secretis arcana pro se ipsis divinæ spei quærentes, et pro aliis Ægyptiis, totius ordinis. Sed hinc alicunde a tertio ortu, qui circa mundum est ligare funem revocatæ servationis. Severus patricius Romanus et alia narrabat multa Alexandriæ agens, et lapidem se vidisse, in quo lunæ erant mutantes varie formam secundum solem, quandoque crescentes, interdum decrescentes ; lapidi ipse etiam sol inerat. Unde dicuntur hi lapides synoditæ vocari : et dixit se etiam solarem lapidem vidisse, non qualem multi vidimus, radios ex sese aureos effundentem, sed discum solis forma in medio lapide esse, et inde ignis globum videri, ab illo vero radios exsilire, usque ad circumferentiam : esse enim globosum et integrum lapidem. Vidisse et lunarem non aqua maceratum, qui deinde exhibet lunulam, et ideo aquilunarem vocatum : sed natura se vertentem secundum motus lunæ. Mirabile est hoc opus naturæ, sed multa obscura et non intelligibilia de eo narrantur. Multi dicunt periisse Ægyptium. Fama tamen salutis **350***a* nuntia vulgabatur, et forsitan res involuntaria sit, et idem fortasse etiam rebus immortalibus accidit : optima monens, et oratione hortans eos qui in opere torpescerent.

Cum tres sint animæ species, triplex etiam politicæ ratio, quarum quælibet tres illas habet, sed una præcipua forma est, a qua appellatur, ac prima quidem rationem secuta est ducem, cujusmodi vita et respublica sub Saturno fuit, quæ aurea ætas dicitur, vel genus proximum diis, ut fabulæ modo poetæ in tripode musæ sedentes tradunt. Alia quæ iracundia inflammata, in bella et pugnas ruit, et ut summatim dicam, principatus et gloriæ cupiditate æstuans :

cujusmodi fuisse audivimus eam, de qua crebræ narrationes historiarum. Alia quæ appetitu regitur, luxu et deliciis diffluens, corrupta, abjecto et muliebri animo ignaviæ dedita, incerta sorte jactata, avara, vilis, servilis, qualis nunc est hominum vita. Propendebat in peregrinationem, non vanam, aut deliciosam, inhiantem hominum substructionibus spectandis, aut urbibus magnis ac pulchris : sed sicubi quid mirandum audiret, vel augustum, sive occultum, sive apertum, ipsismet oculis videre volebat. Ipsam animam in sacris precibus totum divinitatis oceanum esse dixit : primo a corpore in se collectam; deinde a suis moribus recedentem, et a rationalibus notionibus deflectentem ad res, quæ menti cognatæ sunt; tertio divinitus afflatam et mutatam in insolitam serenitatem, non humanam, sed Deo convenientem. Hunc laudans Isidorus in ore habuit. Commodior enim persuasio, præceptioque præ aliis materiis, vulgo ab historia, et maxime a recentiore potius quam antiquiore, et audientibus aliquid notius afferens. At illi in disciplinis etiam Ægyptiis Isidorum socium, sodalemque assumpserunt investigandi veritatem sacram, quæ in profundo lateret, et illis sæpe in quæstionibus antiquæ **350***b* sapientiæ lumen accendit. Omnis illi solertia non a libris et disciplinis alienis per memoriam suppetebat, sed habitum quemdam firmum et fecundissimum, qui omnia comprehenderet hujus veritatis, ab initio habuit. Et occidet hominibus, ut qui divinum ejus ortum ferre nequeant : coactus est curam filiorum gerere, ut bene instituerentur. Verborum in explicando parcior fuit, quam ut satis sensa animi explicaret : neque enim natura, exercitatioque eum hic destituebat, sed studium ipse ad perspicuitatem convertebat. Nominum concinnitatem et ostentationem aliis relinquens, rem sectatus est : non plura verba locutus quam sensa mentis essent, neque plura sensa quam rerum natura pateretur, justitiam, quæ Deum veneratur, in lucem ferens. Gaudebat Isidorus viso Proclo, ratus in eo se venerandum et gravem philosophiæ vultum vere videre. Cum etiam Proclus Isidori faciem ut divinam fuerit miratus, plenaque intus philosophiæ vitæ. Salustius non amplius forensi, sed oratoriæ arti intendit animum. Publicatas etiam Demosthenis orationes memoriæ mandavit omnes. Adhæc satis erat, disertus, non recentiores sophistas imitans, sed cum vetere scriptionis splendore certans, orationesque scripsit non multo his inferiores. Nudis pedibus orbem terrarum, ut fertur, ambiit. Ἔδη capit pro ipsis delubris. Ponitur eadem vox et pro statuis : item pro templi pavimento. Millies insomnia vidit, ut uno verbo dicam. Semel vero etiam verum visum apparuit homines circumspiciens, pro accurate contemplans, præter consuetum morem loquendi. Liberi erant ab humanis impedimentis, quæ plerumque sunt. Nemo in divinis rebus adeo hebes est, quin sentiat omnem Dei vim, maxime autem in puniendis improbis. Non aberraret a vera musa, **351**a vel a sacra veritate. Socii alius opinionis, et sectatores, et ad philosophiam roborabantur, quanquam initio philosophandi dexteritatem non assequerentur. Voto usus, ad familiarem humanumque sensum a portentosis spectris rediit, et elocavit ad tempus matrimonio aptum. Sed etiam philosophiæ induto pallio, tanquam sponsa philosophica in divinis rebus exercente religione, et quæcunque efferri, et quæcunque non efferri possunt. Ille Aphrodisiadem secessit, et cum uxore sine liberis vixit.

Hilarius philosophus, amans voluptates venereas, Proclo non est usus magistro. Dixit persuasum longiorem sibi fore in corpore vitam, ob dexteritatem uxoris : et hæc dixit, non gratum sibi esse confitens, ut alicui videri possit, sed ægre ferens moram in corpore, et ad uxorem referens, quantum homini licet, mortis dilationem, uxorisque laudavit facilitatem, et collætatus est. Deus primam matrimonii spem miseratus, dedit illi signum futuræ stirpis, et tandem uxorem suam maritus gravidam vidit. Asclepiodoto tenebræ, quominus legeret, impedimento non erant. Narravit et alia, quæ audiisset, et de ejus visa multa digna admiratione. Vox cujusnam esset incertum, navem sistere jussit, et de ὁμακοῦου est, quod ipsi videmus et audimus. Et usque ad mortem castus vixit, nec quisquam est, etiam inter inimicos, qui eum reprehenderit. Marinus inepto ingenio, nec excellentem Parmenidis expositionem præceptoris sui tulit, ad ideas vero contemplationem demisit, a supernaturalibus unitatibus : Firmi et Galeni notionibus ut plurimum motus, aut incorruptis conceptibus mentis beatorum virorum. Justitiam coluit, et quæ philosophum decent, non adulatorios mores, aut sordidos. Marinus propter seditionem Athenis Epidaurum secessit, subodoratus insidias vitæ comparatas. Marinus et ipse Proclus non una solum, **351**b sed ambabus manibus Isidorum amplexi sunt. Proclus videns illius animi indefessam alacritatem, discendi ardorem insatiabilem, multas in illius animum derivare doctrinas et sacras et philosophicas gaudens perrexit, sinus mentis illi pandentis, et audiendi cupidinem afferentis. Cessit metuens utriusque reprehensionem, querelam et indignationem. Concitavit incredibilem quemdam motum, eumque non a natura profectum. Fuit sane Attica mulier, quæ multas norat artes persuadendi, ut ipse docuerat, non una manu, ut loquimur, sed ambabus largiens. Talis fuit corpore et animo, ut ii, cum quibus colloqueretur, quando tempus erat, severitate et constantia morum verborumque obstupuerint. Gratiosus erat apud gratiosos. Loco philosophiæ otiique felicis, ad rempublicam seipsum et ad magistratus contulit. Natura contentiosus erat, et insuperabilis in quavis re, cui animum applicuisset. Gloriæ amans si quis alius, objurgatoriis verbis operibusque usus, et quæ virtutem animi foras producerent. Cum superioribus semper contendit. Solus voluit in pretio haberi, cum deesset illi comitas, quæ superiorem revereretur : plurimi vero respiciendo ad antiqua sperabant. Pamprepius instrumentum idoneum fuit necessitatis reflantis honestati. Procedente tempore dixit, pro eo quod instat.

Damascius enumerans eos qui sacram et indissolubilem fidem nostram insane oppugnarunt, etiam ut apparet, invitus et coactus veritatis vi hæc scribit. Conatus est Julianus imperator, sed ultra quatuor annos non progressus est. Cogitavit et idem postea Lucius dux militiæ Byzantii sub Theodosio, qui conatus imperatorem interficere, in palatium venit et tentans gladium educere, perterritus decessit. Vidit enim repente mulierem inusitatæ magnitudinis et terribilem, a tergo Theodosium amplexantem. Post hæc magnus orientis ductor Zeno id conatus est, sed violenta morte præpeditus fuit. Nam **352**a cadens ex equo crus confringens exspiravit. Deinde Severianus noster civis nostro tempore, cum aliis nonnullis compluribus, parum abfuit quin multaretur morte propter consciorum perfidiam, et aliorum fortasse, et Armorichi filii Asperis, qui conjurationem Zenoni detexit. Præter hos et Marsus et Illus, quorum Marsus, in ipsa rebellione, morbo exstinctus est. Caput in hostium exercitum jaculatur, superne e rupe præcipitatur. Ammonius amans turpis lucri, et omnia ad quamcunque utilitatem referens, paciscitur cum eo, qui tunc inspecturus venerat, quænam esset prævalitura opinio. Supellectilia erant omnis generis librorum, cum liberis operam dabat gratia reipublicæ. Verbis primum, inquit auctor, specimen edidi, rhetoricæ pallium induens : quare erat pallium etiam oratorium, ut philosophicum. Natura homines otiosæ vitæ virtutem tribuunt, cum meo quidem judicio sic se non habeat. Virtus enim in media republica in civilibus officiis et sermonibus versans, animum ad fortitudinem exercet, et experientia magis confirmatur quid sanum sit et integrum : quidque fictum et adulterinum latitet in hominum vita. Hoc omne reprehenditur, et citius emendatur : boni vero et utilitatis quantum est in rebus publicis, quantum et confidentiæ et fortitudinis. Quare orationes privatim habentes, et multa optime et graviter de justitia et temperantia philosophantes, ad res coacti descendere, valde inepte se gerunt. Proclum Athenas ire adhuc in corpore exsistentem.

Agapius gravis simul et facilis, antiquam linguam supra vulgarem imitatus, omnes in se Byzantinos convertit. Admirationi fuit Alexandriæ disertis hominibus : omnibus enim artibus instructus erat. Volebat **352**b grammaticos et rhetores examinare et judicare, et, ut paucis dicam, in sapientia quadrangulus esse videbatur, et etiam erat. Magnum honorem Gesius consecutus est, non solum quod arte medica valeret, et docendo et operando : sed etiam ob omnem aliam eruditionem, dialecticis sese instruens. Isidoro Domnam uxorem ducente, natus est filius, quem Proclum nominavit.

Domna quinto post partum die mortua, maritum philosophum mala fera, amaroque conjugio liberavit. Æsculapius Beryti non est Græcus, neque Ægyptius, sed alius Phœnix indigena. Nam Saduco nati sunt filii, quos Dioscuros et Cabiros interpretantur. Octavus natus est Esmunus, quem Æsculapium interpretantur. Hic visu pulcherrimus, et juvenis, qui visus admirationem excitaret, quem, ut ait fabula, Astronoe dea Phœnissa mater eum adamavit. Solitusque in saltibus venari, ut vidit deam sibi insidiantem, et se dum fugeret insequentem, et jamjam comprehensuram, pudenda securi sibi amputat. Ipsa hoc casu dolens, et Pæana vocans juvenem, recreatum vitali calore in deos retulit, a Phœnicibus Esmunum vocatum ob calorem vitæ. Alii dignantur Esmunum octavum interpretari. Octavus filius Saduco erat, qui in densis tenebris magnam lucem accendit. Hanc juvenis orationem exceperunt et valde admirati sunt Mariniani. Nondum tamen difficultate argumenti rupta, me orationis vis attraxit, ut ad sequentia me ab illa revocarem, et instante vita, eos successores imitarer, quos Proclus elegerat. Quodque novum auditu, cum generosa solidaque gravitate videbatur præsentibus gratus. Plurima conatus ad communem auditoribus utilitatem, interdum vero jocando de illa gravitate remittens, et peccantes ingeniose carpens, ut risu increpationem tegeret. **353**a Altitudine et longitudine egregius, ut antiqua et fabulosa jam vera sint, et a me petebat occultam admissionem.

Theosebius castitatis annulum, quem accedens vilis quispiam dedit, adornans uxori dedit, dicens: *Olim tibi annulum dedi conjunctionis filiorum procreandorum, nunc tibi do temperantiæ, qui tibi ad castam domus custodiam adjumento futurus est.* Illa vero libenter accepit, et reliquo tempore cum viro caste vixit. Hoc munimento non in uxore solum, sed etiam in se magnitudinem animi testari solebat. Etenim juvenis cum esset, testatus est etiam ipse, eruditionis certamen subiisse se cum hostibus, qui generationem procurarent, tam extrinsecus imminentes, quam intus proditionem molientes; reclamans autem omnibus sensibus, maxime tactui reclamabat. Hunc enim esse revera terrestrem, rebellem, trahentem animam ad perennem fontem generationis.

CCXLIII.
Himerii Sophistæ Declamationes.

Legi quasdam *Declamationes* Himerii Sophistæ. Elegantiorum vero ejus sermonum collectio exarata istorum editionem recondit.

Ex oratione Hyperidis pro Demosthene. Ex Theoria.

Suspecta et periculosa omnibus hæc deliberatio est, magnamque habet difficultatem, antequam auditori persuadeat. Ad populum hæ duæ habitæ, et quam optime elaboratæ: siquidem non simplicibus et nudis nominibus utuntur, sed iis, quæ emphasi quadam consilium clarius exhibent.

Hujus Declamationis hoc prooemium.

Philippus, Athenienses, non Demosthenem solum hoc uno edicto, sed et reliquos vestros oratores, qui cum illo se totos reipublicæ **353**b dederant, existimavit se ablaturum. Hactenus quidem Philippum Attica prohibuimus, urbique ad hæc usque tempora libertatem integram conservavimus. Nunc enim sponte calamitatibus premi velle videbimur, nec Philippi imperium detrectare, qui ad barbaros primum conversus, et totam illic regionem depopulans, deinde ad vicina urbi nostræ, totique Græciæ loca undecunque nos infestans descendit, venatores hac in re callidos imitatus, qui eo tempore tantum feris parcunt, quo se ad venandum magis comparant. Nihil tamen nobis ut victis eripuit, nec Peloponnesus perfossa, neque ruina Phocensium, neque Eubœa cum Medorum tropæis tyrannide oppressa, nec Arcadia in servitutem redacta, nec Elea fortuna, nec nostrum imperium coegit immutare. Quin et tentatam Chersonesum cognoscimus, et Hellespontum inimicum habebimus. Quænam, obsecro, pestis, aut terræmotus tot civitates exinanivit, tot nationes evertit, ac perdidit, quot ipse Philippus, ejusque tempora? Probe enim scivit fore, si quis Demostheni auscultaverit, nihil se unquam hoc impediente consequi, nec eorum, quæ habet, quidquam occupare posse. Nec dona solum dat ad urbes corrumpendas, proditorum consiliis excitatus, neque solum præmia pro patria nostra proponit, neque modo in populum improbos inducit; sed in oratores ac rhetores dolos machinatus est, quam rem omnes festi loco, ac veluti panegyrin duxerunt, tum ille non verbis, sed more suo tacite cœpit nocere. Imponebat etenim mari terram, superque medios montes navigabat, terræque vice mari, marisque loco terra utebatur, et urbs in triremes pro Attica demigrans, omnia quæcunque in palatiis solent, super aquam exhibuit. Non Macedones finibus insistunt suis, prius scilicet clementer exactis tributis a nobis conservati, sed exacta civitate nostra ex imperio, irrepserunt in eum locum, quem nobis majores nostri reliquerunt. Quænam Philippum lex ad mare duxit, et illud elementum contingere coegit, cui non multum dissimilis est? Quando quidem enim lex, et rerum occasio idem postulant, utilitate incitatus utrique morem gerunt, quod aliud usus seu occasio, aliud leges suadent. **354**a Omittens legis verba, utilitatem sequor. Et quis vestrum ignorat, quomodo illi olim nostris legislatoribus valere jussis, et Solone, Dracone, aliisque omnibus neglectis, Macedonum Philippique amicitiam, legis loco, et patriæ, reique pretiosæ duxerint? Infamia notatum a Deo [pro in columna triumphantem] ob ea quæ ausus fuit. Suspectum habeo Æschinem. Turbat enim me comœdia Phocensis, quam nobis non in scena adumbrate, sed reipsa egregius ille histrio, tertias partes sortitus exhibuit. Verumtamen cum hæc ita se habent, hominem risu excipiunt, et Pisistratum sæpenumero appellant, neque erubescunt, ut ignavum et mollem scommatibus petere, nunc etiam metuentes ne tandem etiam urbem tyrannide opprimat, quæ maxime a se mutuo differunt. Qui integris classibus ad reges e Piræo delatus est. Hæc corrumpunt rempublicam, Philippo vero viam sternunt.

Ex oratione in qua Demosthenem inducit de revocando Æschine consultantem, vulgato rumore Alexandrum exsules revocaturum.

Cum utrumque acerbum sit, et edictum sponte solvere, et hæc sustinere præter voluntatem ex mandato, minus malum existimavi sponte solvere, quam invite tolerare. Nam fieri quidem potest, ut hoc aliquando humanitatis gloriam consequatur, qui vero aliis obediunt, sibi ipsis infamiam, imperantibus vero honorem conciliant.

Æschines confert cum regibus sermones pro suggestu, et post exsilium propter Ctesiphontem amplius sollicitat reges. Homo universam Asiam armis peragrans, et ingenio id demum adnitens, ne habeam cum quibus contendam. Per eos tantum elatus est Philippus, per quos Græcorum animi deciderunt : a quibus commilitones, loci opportunitates, omnis fortiter gerendarum rerum occasio data erat. Thebanorum quidem calamitas advocabat Græcos, Alexander vero hanc urbem post Thebas reverebatur, quanquam et tunc aliquid habuerit, quod urbi huic objiceret. Non enim Thebanorum victorum sacra exclusimus, ne ad eorum lamenta Bacchum hymno invocaremus. Quemadmodum **354***b* enim urbs, si vir sincerus compareat, qui gratiam queat referre gloriæ particeps futura est, sic et malo referente gratiam, infamia notatur. Neque alio scribente, et contra leges agente, ego obmutuerim, sed conscensis rostris Solonem invocans, et rempublicam compellans, dixerim : Leges non abrogo, neque exsules recipio ex mandato, ac ne jubente quidem Phocensium percussore, neque foedus ineo, sed quandiu portus habuero, quandiu robustam ætatem, quandiu tropæa numeravero, quandiu adhuc una e Piræo triremis adducetur, non deseram leges, neque rempublicam relicturus sim, nec patiar hujus civitatis gloriam diripi, nec veritus fortunæ casus, ego ipse mihi manus inferam, antequam servitutem videam. Redeat igitur Demosthene, non Alexandro jubente, Æschines, præter legem agente oratore, non imperante rege, redeat quasi exsul misericordiam consecutus, non tanquam ex præcepto nobis metuendus. Hæ Atheniensium voces e quibus urbem agnosco. Vos enim estis, qui pro institutis majorum, et pro libertate, terra marique tropæa fixistis. Tanto exercitu advenit Xerxes, terram et mare permutans, ut petentes glebam et cyathum loco concionis in barathrum conjecerit. At ipsa civitas elementis his fortior permansit. Quoniam licet aliis, ut sic dixerim, singula eorum quæ gesta sunt, eadem natura esse videantur, specie tamen distinguuntur : verbi gratia aliquis proximum percutit ; in certa-

mine si vicerit, coronam habebit, extra certamen poenas dabit.

Deploravimus urbem hanc olim a tyrannis eversam, tamen ultro quam defendere debuimus, eam Medis incendendam tradidimus. Ille cum Philippo, etiam post calamitatem Chæronensem, societatem non iniit. Fuit nobis aliquando illa consuetudo, ut Græciæ præessemus, et pro libertate contra tyrannos depugnaremus. Ortum a Miltiade hæc lex habuit, floruit sub Themistocle, pervenit usque Cimonem, servata est sub Pericle, culta sub Alcibiade, et ego eam servatam voluissem, sed libidine assentationeque proditorum abrogata est. Imperio alios exuimus, **355***a* non contradixisti, a patrio more discessimus : non conquestus es. Non cessit urbs nostra Lacedæmoniorum urbi ad Siciliam. Verum tota insula unam ætatem extra patriam transegit[: urbs vero hæc etiam ad Occidentem prudentia inexpugnabilis permansit. Fac, si libet, improbum esse Æschinem, perniciem Phocensium, proditorem. Thraciæ, interitum Cersoclepti, et si quibus aliis nominibus injuriose populum tractans, appellatus est. Athenîs enim semper una cum fertilitate, contra Græcos, o Athenienses, succrevit et vitium. Multos quidem degeneres sæpenumero urbs conservavit, non eorum factionem probans, sed calamitatem miserata. Nemini unquam contra leges, quandiu prudentiam retinuit, subjecta fuit. Quid igitur non jam denuntio, quin vita prius decedo, quam videam hanc urbem servitute oppressam ? Ego idem ipse sane non talem esse rumorem existimo, qualem nonnulli fingunt, primum Alexandri mores considerans, et quisnam ille sit, qui simul et aggreditur et proficit : imo vero rebus, quas aggreditur, famam, et eos qui nuntiant, antevertit. Cum alia multa magnaque opera sua, quæ adulatores confingunt, celeritate potius, quam virtute eos, quos adoritur, antequam adesse diceretur, et visus fuisse audiret, superans, confecerit instar fulminis, et tonitrui, quod sæpe antequam exspectetur, præcedit. Sic Sardes occupavit, sic Cariam evertit, sic Lyciam distraxit, sic Pamphyliam invasit, sic viderunt eum Cilices, sic incubuit Persis, sic Darium perterruit. Et, proh dolor ! quam vicina etiam calamitas ! Sic et Thebas diripuit. Sic cecidit urbs illa in umbilico Græciæ, antequam audiissem, cumque ego adhuc calamitatem ejus ignorarem, sepulcrum suorum facta est. Hoc autem impedit quominus primum prosequar. Secundo vero scivit Alexander, quamvis eum quis admodum rebus secundis ebrium putarit, etc. Cur ergo non tollo tropæa ? Cur columnas non everto ? cur inscriptiones non expungo ? Nam hæc omnia virtutis memoriam existimo continere, ut justis in honorem, deterioribus in opprobrium cedant.

Merito Salaminii Variam **355***b* post pericula porticum admirabantur. Nam quæ in terra superfuerant reliquæ, eas in mare pro hac consumpserunt. Parnassus contorsit in mari montis vertices, et partibus suis loco telorum pro hac gente pugnavit. Diviserunt Græci inter se pugnas, et distribuerunt cum elementis et officia, Lacedæmonii terra, nos mari pugnaturi, illi trecentis hominibus Thermopylas, nos totidem triremibus omnes Græciæ aditus occlusimus. Nemo vero erat, qui posset resistere adolescenti illi Macedonio, totum qua patet orbem pervadenti, et pene constrictanti ipsam fortunam iisdem rebus secundis quibus ille nos infestat. Ille regi promissiones explens, re infecta rediit, sed id commodi accepit, ut servaretur. Semper quidem vos faciles tyrannis præbuistis, ut illi quidem ditescant, civitas vero bonis spolietur. Necessarius quidem metus, tandem sero, lenteque admodum Æschinis consuetudinem retinete : urbis triremes incendet, non per Antiphontem, aut alios occultos, ut prius, sed per se ficta improbitate. Populus Atheniensis licet famam Indorum ut arma et bella metuat, Æschinem revocat. Negligit revocare Aristidem, qui non propter delictum, sed virtutis nomine exsulavit. Si enim Solonis legibus parerent, justum certe non proscriberent. Jacet Babylon, cæsus est Darius, Indos evertit, Persas subegit, soli Athenienses virtute sua reliqui sunt, quorum robur toties Persæ experti sunt, quotier pugna contenderunt.

Ex Declamatione cui titulus est : « *Epicurus Providentiam negans, impietatis accusatur.* »

Ex theoria.

Scivit rhetorica sibi philosophiam materiam dicendi parare : sublimior enim dicendi vis, instar tyranni est.

Exordium orationis.

Discet nunc aperte Epicurus, si antea ignorabat, doctus, sed convictus, Providentia regi universum. Quod enim mali condemnentur, puniantur, et poenas luant, **356**[a] manifestum est indicium non naturæ temere ac frustra ruentis, sed legis atque instituti, et rationis administrandi, et hoc amplius, ipsius Providentiæ est argumentum. Jam itaque aliquid, Athenienses, commemoratione dignum accidit. Venit in judicium Epicurus vultu subtristi, et suam, quam de voluptate habet, opinionem tetrico vultu corrupit. Duplici de causa odio dignissimus, cum quod aliter doceat privatim, tum quod aliter publice exhibeat. Ibi enim voluptatem quidem jactat, ut jucunditatem ex omnibus rebus colligat : hic vero gravitatem mentitur, ut judices conciliando subripiat. Novum sane judicium, homo propter naturam mundi judicatur, et perversus Sophista, propter providentiam pœnam subit. Perit omnis virtus per doctrinam Epicuri et sermones. Pereunt concilia, et judicia, honestatis præmia, improbitatis supplicium, quin et supra cœlum evadit impietas, nullusque est locus qui impudentiæ et audaciæ Epicuri sit expers. Et hac de causa, antiquis philosophiæ vestigiis insistere erubuit, et eamdem quam priores ire viam neglexit. Eorum porro animi angustiam potissimum incusat, qui a nobis propter doctrinas impias puniti sunt, quare omnes adhuc impietate longo intervallo superare parat. Cur non accusetur, qui tale ac tantum nomen ausus est sibi affingere ? at ubi hæc profitetur ? Ubinam convenit et commiscetur voluptas laboribus, fortitudo deliciis ? Academia lupanaribus, philosophia potationibus, temperantium vita cum impudicis adolescentibus ? Et quid prædixit, qui ausus est ? Bellum et arma universæ naturæ legibus indicit, contra omnem ætatem dementiam effundit, et de impiis sectatoribus eos plurimum colit, qui voluptatem ante alios demirantur.

Prius vero defensionem ejus consideremus : an doctrinæ ejus pœnam exigis ? Minime, sed impietatis. Licet enim docere quodlibet, impio esse non licet. Si probare potes non esse eos impios in verbis, verba non damno : at si verbis inest impietas, non propter illa pœnam dabis, sed eo magis punire, quia ad impietatem confirmandam his verbis usus es. Non enim pœnam in judicio dabit, si quis, etsi liceat uti ad ea quæ oportet, ad rem non convenientem verbis uti velit : **356**[b] contra vero, si rem honestam inhonestis verbis inquinarit, ob verba pœnam luet. Vocamus hoc in judicium oratores, et si quis lentus accesserit, frequenter communi civitatis suffragio vel invitus ab dicendum cogitur. Venit aliquis juvenis vel juvencula (nam ob hanc ætatem præclarus ille conventus ordinatus est) in venerandam Epicuri scholam, audacia superat ille Ixionem, ferocia Salmonem, temeritate Tantalum : sed hæc in fabulis, et per umbram vix credimus. Sed non in fabulis Epicurus, verum in doctrinis actionibusque hos superare convincitur. Quibus in locis hæc illi ausi sunt ? Alius in montibus, alter in saltibus, ille in barbaris quibusdam et abjectis regionibus, ut etiam locus veniam peccatis dare videatur. Verum Epicurus hæc docet Athenis. Athenas cum dico, pietatis caput intelligo. Num tibi videtur Socrates, quem imiteris dignus ? Et quid dignum, inquit, cur reus sim commisi ? Hoccine mihi ais, Epicure ? majus jam crimen est, non impietatis modo, sed quia nunc etiam novum adjungis. Unde jam duplici de causa reus factus es. Aras non evertisti ? at eas frustra esse ostendisti, cum Providentiam e rerum natura tollis, ob quam aras exstruximus. Sacrificia nova non introduxisti ? at omnia sustulisti. Non absolvatur Epicurus, quia non eadem quæ priores de diis sensit. Fieri enim non potest, ut unus in urbe civis omnibus modis sit impius : si vero unusquisque pro his [quæ fecit adducens ea quæ non fecit, supplicium evadet, quis impietatis pœnas dabit ? cum nulli sint omnino impii, et liceat reis pro malefactis benefacta proferre. Non sunt a sapientibus hæ frustrationes admittendæ. Non enim adhibenda defensio est eorum, de quibus quis non accusatur, verum de quibus coram judicibus accusatur, et ob quæ disceptatores sedent. Illi vero, æquissimis omissis, ad facillima dilabuntur. Æquissimum enim est objectum diluere : facillimum ea defendere, de quibus non accusatur. Si igitur quia pœnas nondum dedisti, ideo Providentiam negas, recte judicasti; sin propter naturam universi, **357**a stulte. Sed unde hanc de atomis et chao adeo trito opinionem invenisti? inordinata quædam volutio, et motus hoc universum turbat, et antiquum chaos est, et tuis verbis antiquius, neque definitis naturæ legibus obtemperat. Porro autem omnia ordine procedunt, quod maximum Providentiæ argumentum puto, omnia scilicet conservari; nam inordinatio corruptionem, ordo vero conservationem inducit.

Quid adimis Delphis, sicut e cœlo, providentiam? verumtamen movebatur Parnassus, et contra persas jaciebatur: montium vero vertices pro telis torquebantur. Cecidere autem Persæ, in petris sepulti. Verum cum Epicurus hæc in deos dicere audeat, montes non concutiuntur, non Hymettus evibratur? non fulmina, non tonitrua hunc una cum Academia hominum oculis eripiunt. Callidum deorum inventum intelligo, hunc vestris judiciis reservarunt, ut Atheniensis senatus eadem quæ Pythius vates Apollo decernat. Si vel tantummodo scribere ausus fuisset, quantum satis esset ad tollenda Providentiæ signa, puniendus fuisset ut impius. Si autem in eam ipsam Providentiam impius sit, cujus simulacra sunt cœlum, terra, elementorumque naturæ: an parcemus tanquam modicum facinus patrarit? Bene enim est, inquit, improbis, at quænam tamen major improbitate infelicitas? Male vero est sapientibus. An aliam felicitatem putas virtute meliorem? ita; non una est cujusque hominis vitæ ratio a natura et voluntate, sed dividuntur quidem hominum intentiones: tribuunt vero unicuique proprium sibi finem. Nullus imperium omnium ambit sapiens, cujus possessores plurimi beatos prædicant, nec, si minus consequatur, damnum putat. Quid ergo spectat, quid intendit, cur laborat, cur noctu vigilat, et interdiu studet? Ut virtutem consequatur. Hanc quomodo obtinebit? et qua ratione divinæ illius prædæ compos fiet? Opibus et divitiis non acquiritur virtus, neque corporis robore. Omnem enim oleagineam coronam excedit. Virtute bellica? Et quænam tropæa chariora quam de vitio statuuntur? Non igitur sapienti pauperi paupertatem objicias: non enim spectat divitias. **357**b Neque ægrotanti invaletudinem exprobres, siquidem melior pars illius salva sit, neque improbres, si a civitati imperantibus vincatur, quandoquidem etiam fortioribus superior est. Tantum enim abest ut vir sapiens horum possessionem sectetur, vel se infelicem, si careat, existimet, ut etiam aliqui, maxime eorum qui sapientia et virtute claruerunt, iis se sponte privarint, quo liberi ab omni externo impedimento, immortalis virtutis divitias emerent. Anaxagoras omnia patriæ pascua dimisit, reipsa declarans quænam agricultura sapientibus conveniat. Ultro Democritus morbum concivit, ut pars melior sana esset.

Quid ergo Providentiam incusas, tanquam non recte quid sit justum distribuentem? Si enim omnia externa bona despiciunt, quomodo non habentes moleste ferant, vel ut assequantur laborent? Quis enim dives non existimet opes maximo impedimento esse? Divinarum autem et humanarum rerum cognitio, et talis ac tantæ sapientiæ magnitudo, tibine videatur supervacaneum quid mercaturam facienti, et sarcinam sollicite gerenti, et onus ei, qui honores ac magistratus in civitate sectatur? Non ergo eos infelices appellato, qui omnium sunt felicissimi, neque infortunatos, qui ditissimi sunt, neque pauperes quorum thesaurus immortalis est: neque ignobiles et abjectos, quos pro diis habemus. Sæpe enim multi improbi sunt voluntate, ab aliquibus tamen utilitati potius quam veritati servientibus laudantur.

Libenter sane eos interrogarem, qui sapientibus infelicitatem exprobrare student, an tales fuerint antequam sapientes fierent, an vero postea felicitatem amiserint. Si prius non est, non est virtutis culpa: sin vero ex quo sapientiam acquisierint, non ea quæ desiderabant, sed ea quæ non desiderabant, amiserunt. Hic vero calamitatem illam deridet, et in judicio hanc consuetudinem exsibilat. Nam quibus nihil eorum, ut puto, quæ antea solitus erat, objecit, his quia neque imperium objecerat, sperarat fore, ut idcirco non majori pœna et supplicio dignus exsisteret, quoniam tanta, et talia fecisset, quorum exempla non possunt reperiri. Sin hi qui majora ausi sunt, quia majora commiserunt, pœnam non luent, quænam ratio est eum puniri qui minora commisit? Quid autem? Si eos dimittamus, **358**a qui præter solitum nihil fecerunt, nonne fiet omnibus potestas volentibus committere quæ non consueverunt, quandoquidem et primo eadem ausis impune cessit? Non enim oportet magis criminum exsuperantias judicia tollere, quin potius eorum causas exsistere æquum est, quod opera simul et voluntas odio habeantur. Velle enim novum flagitii genus addere iis quæ commisit duplici nomine reprehendendus sit, cum quod nefas patrasset, tum quod ea committere quæ antea nemo ausus sit; at nihil te eorum quæ antea commiseris, fecisse inquies. Ipsum acceptorum infortuniorum excessum narras. Qui vero in recentioribus malis non habent quos imitentur, intolerabilem miseriam suam existimant, eo quod sociis iis in rebus, quæ illis adversæ fuerunt, prospere cesserit.

Ex Declamatione, in causa patris percussoris filii.

Aliquisne injuriam a filio accepit? Non et mulier violata est? An ab utroque damnum illatum est? Nunquid et stupri causa cædes facta? Quis necis auctor exstitit? Mitigatur dolor quia ignoro. Audet adulterium committere, et occultis dolis honestam familiam evertit. Non tamen tantum malum majori quodam malo gravius reddit, filium adjiciens matri, et illis mœchantium corporibus leve reddens adulterii crimen. Fortunæ bona sortitus est? At non et intactam ejus domum relinquemus. Non ego frustra minatus sum, o cives. Capti, prostrati sumus, obmutescimus, et respublica memoria excidit. Cædibus nobis vocem eripuisti, et tragicis illis actionibus facundum hoc os obturasti. Vix quæ dicenda sunt profero : in posterum non amplius civitatis orator futurus, sed meæ solius calamitatis. Cujus sunt hæc facinora? Nonne omnia tua? Nonne mea illa quidem dextera, sed tuo consilio omnes perierunt? Nondum id, quod caput est malorum, commemoravi : spectacula, inquam, claræ illæ tuæ scenæ, quæ suo tempore acta sunt. Quam lætum finem tragicis addis infortuniis, et iis calamitatem auges, quibus in comœdiis luctus leniri solet. Sic igitur omnia quæ contra nos adornavit undique colligens proferens **358**^{b} profert. Quid de paupertate diceres? An, quod nullus prohibet, lex accuset, ac condemnet? Dein me interrogat, num liceat puerum necare, num liceat proli, quam suscepisti, injuriam facere? Si autem utrumque lex permittat, et quod licitum est, assumpsisti, et quod non licet conjunxisti, non per utrumque absolveris potius, quam pœnam subibis eorum, quæ huic adjungis, et quæ non licent. Licet mihi, inquit. Divitis hæc verba, et tyrannicæ superbiæ responsum. Ego vero tibi benigne atque humaniter respondeo. Dabis enim pœnas dum hi judices sedebunt. Nosti quid hominem absolvat? facere licuisse. At si licentia abusus es, hanc punio, quod hac occasione omnem licentiæ naturam exuerit. Pulchrum est commisceri, sed tum demum, cum id suspicione vacat. Sin autem domum quis perfodiat, insidietur uxori, cognationem violet, familiam corrumpat, fictam humanitatem simulet omni odio plenam, quæ adjunctam interim justitiam non habentia, permissu quodam fiunt. Hæc quod eam assumpserint quo videntur minus reprehendenda, eo sunt injustiora. Sed adoptandi forte gratia quærebas filium, cur non ante partum voluntatem tuam indicasti? aut cur adhuc puerum post partum non postulasti? An fortasse neutrum horum volebas? Sed defectu hæredis apprehensum non indicasti? Nonne secundum leges adoptionem fecisti? Hæc nobis quis respondebit, contra leges factam non esse? Impudens meretrix per fraudem ausa est, et infelix puer in miseram matrem exsecrabili amoris scypho misere inebriatus est, et patris dextra malis artibus in charissimorum suorum cædem conversa est. Lugeo igitur eos quos non ut hostes necavi, et lacrymans victimis assideo, quas legitime factas putabam, quemque ante cædem adulterum existimavi, hunc post cædem filium agnovi. Nunc omnino vulneratus es, nunc et fascias sepulcrales accipis, fili. Extremum te invocabo non nominibus, quæ per adulterum sortitus es, sed quæ per generationem nostram. Non enim tu meorum calamitatum causa, sed alius. Libenter autem hoc primum quæsierim a divite, bonisque moribus, an contra **359**^{a} improbus juvenis fuisse ei videatur? Si enim bonus, on obscurum est, cujus hæ sint factiones : sin improbus erat, patri reddi oportebat. Deinde non scivisti hæc eum patrare solitum? An sciens prudens non prohibuisti? Si enim ignorabas, ad patrem custodiam pertinere dicis? Si vero sciebas, ut verisimile est, futura adhuc nec facta prohibere debebas. Hoc enim curæ, illud nequitiæ indicium est; hoc benevolentiam, illud simulationem declarat. Adolescens est, omnem culpam sustinet. Si enim emittere vocem voluisset, si aliquis deus (qualia multa apud poetas audimus) illum tam diu reliquisset, dum judicio sisteretur, nonne in mediis vulneribus et plagis clamaret : Ego adulter, ego prævaricator improbe dives. Sero enim me appellationes eas, quæ tibi conveniant, docuisti, sed misertum, inquit, te cladis satis indicasti, cupiens a te adolescentem paternis sepulturis dignum reddi, opportune sane. Non enim fœdus servasti, et tunc in mentem tibi venit conjungere cognatos, quando implacabile bellum in gladio et adulterio collocasti.

Sic dicat, et scribat, et vitæ paternæ seriem inveniat, plura signa non petam e vestigiis totam naturam deprehensam. Fac morbo et peste exstinctum efferri, plorabo vel tunc agnitum, cum mihi nomen patris solo sepulcro servaveris. Erit mihi solatio filium morbo exstinctum non in tragœdia ad Manes mittere. Nunc vero, o tragicam, o immaturam et crudelem signorum declamationem! Jam agnoscere filium coactus sum, quando ignorare præstitisset : et tum demum patris nomen ascisco, cum filii percussor deprehendar. Sine me solum adulterium deplorare, des in uno dramate infortuniis meis locum. Quid autem me diversis poetis tradis? Quid ad singulas meas calamitates scenam, et spectacula adornas? Nunc vero numerum calamitatis meæ vidisti, et tum adimplere sepulcrum meum cupis, cum familiam exhauseris. Sepelire meum vis filium? Honeste quidem : non enim mihi contentione cessisti. Permitte me fortunam meam deplorare : at tu interfectum si libet terræ manda, atque illi pro sepultura da **359**^{b} fascias. Tuæ enim manus hoc sepulcro dignæ sunt. Unde autem funus efferam? E domo? Et quodnam sepulcrum hac infelici domo dirius? Hic infelicia corpora, et sacer sanguinis ab omni parte effusus est, multaque cædes (triste spectaculum!) in medio jacet : hanc domum dirarum, dæmonum, ac furiarum ambit cohors. Nunc vero proh malorum ingentem cumulum!) in filium armatus est pater, mater in nefario cum filio congressu per vim occisa.

Sed, o hostem bello, peste, tyrannide graviorem, et magis patriæ, quam familiæ nostræ proditorem, quam pro quibus meritis civitati gratiam refers? pro imperio, pro honoribus, pro his quibus te talibus ac tantis indignum sæpissime dignum existimavit, illam in theatrum produxisti, et civitatem fecisti tanquam tragœdorum argumentum. Calamitas quidem mea vitæ meæ terminis definietur ; at tua flagitia tuique mores cum civitatis vita interibunt.

Tu vero dic, et scribe, decerne, et constitue: et hanc primo, si libet, legem ferto : *In posterum in judicio pauper non loquatur, loquenti pœna irrogetur, inter plebeios referatur.* A te vero (quid enim tibi amplius verbis et syllabis opus est?) manifestior ob eam calamitatem lex scripta est, splendide tibi exstructus est suggestus, hoc exemplo omnis pauperibus præcisa est lingua. Tu dic solus, impera solus, nemo contradicet, forsitan neque humilia deinceps tractabis, neque uno tribunali tum potentiam definies. Sed statim sublimiore quam his tibi opus fuerit scena, et dramatibus infandam tragœdiam repræsentantibus. Ut vero magis omnes terreas finge et pinge injuriam meam, et imagine meam calamitatem exhibe. Difficile est artem, quæ rei naturam adeo atrocem effingat, reperire : nihil tamen horum malorum non audet dives. Adeste quidem ex prato aliquo pestilentium Furiarum pigmenta atque colores; supponatur autem tabula dira et nefanda composita materia, serviat picturæ ignis, qualem ultores hujusmodi cædium dæmones solent excitare : quære pictorem tragicum quidem arte et manu, animo vero magis **360**a tragicum. Jube vero seriem fortunarum mearum in tabula depingat, nihil ante narrationem pingat, neque dicentem, neque concionantem, neque coronatum, nec quidquam eorum quæ fortunatis solent accidere. Plena sit tota meis calamitatibus tabula. Primo pingatur infelix pater, suis manibus infantem in solitudinem ferens, deplorans, lugens infortunium, exiens, rediens, deponens, attollens, cedens naturæ, et rursum necessitate victus; imitetur pictor, quoad ejus fieri potest, sermonem gemebundo vultu, ut omnes per picturam verba intelligant. Dein pinge insignes illos amores: potissimum vero nihil in depingendo filio temere fingas, fac illum tardum, mox rem aggredientem, respuentem, animo perturbatum, metu autem coactum, refugientem adulterium, nondum intelligentem, quia a matre cogitur. Stet et alibi infelix anus, et eam, si libet, amore correptam describe jam rugosam, et crinibus canam, ut rei novitatem magis obstupescas. Venias demum ad picturæ caput, arma infelicem pauperem in charissimos, et talia excogita, quæ licet ficta, crudelitatem tuam valeant explere. Impone denique dramati finem, teipsum scilicet in cæde signis quibusdam eminentem, ridentem, hilarem, et quasi re bene gesta exsultantem. Serva et mihi per deos aliquam partem tabulæ, ne quis quæsierit : *Ubi infelix pauper? Quomodo vixit? Qua ratione post tot casus vitam egerit?* Verum non hæc tibi perpetua fuerit felicitas, o dives, et te oportet dramatis partem esse. Nemo unquam insignem aliquam spectavit tragœdiam, in qua tyranni non e pristina fortuna exciderunt (1).

Ex Declamatione cujus hæc inscriptio: Athenienses post Medicum bellum, contra Barbaros bellum decrevere. Quo cognito, rex accepta damna, si bello abstineant, resarturum sese promisit. « Assentientibus Atheniensibus contradicit Themistocles. » — *Proœmium*.

Numquam adducar, ut credam, Athenienses, regem in nobis tentandis finem facturum, etsi invenerit cives nostros **360**b arte militari superiores. Equidem nihil admirandum puto, si rex eadem rursus attentet. Qui enim in timore ac paupertate versantur (2), quid mirum si ad artes confugiant, quo suæ medeantur calamitati? Quare non hoc omnino absurdum est. Justius vero quis oratores nostros admiretur, si nos prodendi occasionem sibi adhuc esse putarent, quando ne rex quidem ipse potentia sua nos fortiores esse negat. Decet autem nihilo nos inferiores existimare illius de nobis viri existimatione. Absurdum enim est nos Barbaros armis superare, consilio autem iisdem inferiores esse. Quin et has de nobis omnibus voces diis significavit, et Pythium Apollinem de triremibus consului. Quid freta propter me turbas? Quid montes secas, ut instar maris serviant? Quid terra tegis undas? sine stet Athos, nec montibus, sed mari innatet classis. Quod licet horum exiguam habuisti rationem, minimeque curasti, cœlestia vero et superna cave ne attingas. Non jaculis mihi pro die noctem inducas, neque e sagittis exercitus tui nubes densa solem cooperiat. Sed nihil intentatum relinquis, ut nimirum Athenarum civitas Medorum historiæ partem aliquam obtineat. Visus es fama ipsa terribilior, quod experientia didicimus, nunc in continentem terram miranda illa facinora, nunc in mare grandium rerum conatus tuos transferens, et nunc quidem in flumina copias, nunc in solem jacula, in fluctus flagra mittis. Mons procellis agitatus navigatur, fretum integrum ponte commisso pedibus trajicitur. Per medium Athon navigant triremes, in fluctibus currentem Medorum vidit equitatum Hellespontus. Trecenti Spartani erant milites, auxiliares copiæ, reliqui vero diversarum erant gentium. Scivimus bellum periculosius priori te conflasse, non mille et trecentas ad urbem triremes adducis, nec fluctus terra tegis continente, neque terram militibus angustam tuis reddis, et elementa tuo usui loco moveri cogis. Novisti enim me his omnibus fortiorem exstitisse. Babylone copias adducens **361**a urbem oppugnas, et per præcones nos machinis tuis adoriris, et gloriam, præcipuum reipublicæ nostræ ornamentum legationibus perfringis, non autem tropæis terra marique erectis, hæcque beneficii et gratiæ nomine appellas. Si illa scribenda existimetis, quæ manibus facienda sunt, at quæ scripta sunt non facienda, ut illustres vestris appareatis decretis, factis autem dissimiles. Bene habet. Ille consilio egregius, gestis non ita excellens, nunquam perfectam laudem reportavit, sed semper cum ex-

---

(1) Juvenalis *Sat.* x, vers. 12 :
*Ad generum Cereris sine cæde et vulnere pauci
Descendunt reges, et sicca morte tyranni.*

(2) Persius :
Magister artis ingeniique largitor venter.

ceptione laudatus est. Nam finem omnes, ut consilium admirentur, exspectant. Hic autem a rebus experimentum capiens ob hæc utraque, quæ optime tenet, suspicitur : ob sententiam cum judicavit : dein ob factum cum decreta factis non coarguit.

Libenter autem eos qui contradicunt, interrogarim, utrum, cum bellum confirmaveramus, contradixerint, an quietem amantes consentire cum consultantibus dignati sint. Si non contradixerint, non modo nobis, verum etiam sibi ipsis repugnantia facere videntur, his eos accusare nitentes, quos in judicium vocare statuentes, dum res prosperæ essent, silentium induxerunt. Neque enim e pravo ingenio libentes se utilitatem occultasse dicent. Verum si contradicentes causa ceciderint, quomodo non ignaviæ rei, hæc iterum aggredientes dicere, quæ prius qui ausi sunt, minores esse contradicentibus convicti sunt ? Si vero dissolvimus, quæ decrevimus, non erit utique obscurum, nos et nimiæ facilitatis simul et temeritatis crimen subituros : temeritatis quidem, quod initio cum oporteret investigare utile nunc non potuimus : nimiæ facilitatis cum ea quæ decrevimus statim, et ex tempore commutavimus. Nondum maximum crimen dico, quia videbimur necessitate victi nobis ipsis velle adversari, quod sane inexcusabiles nos reddit. Cum igitur non sit ferendum eis qui peccarunt, etiam sublato tali crimine, quomodo non simul venia indigni videamur, turpitudinem mutare lucro. Si quis vero commilitonum hujus urbis donis a rege acceptis, civitatis decretum solvere aggrederetur, vel societatem frangere auderet, nunquid irasceremini, et pœnam a solvere volentibus quæ decrevisti sumeretis? **361**^{b} Equidem omnino sentio. An vero cum aliis vestra decreta frangere non permisistis, hoc vos fecisse videbimini? Et in quibus alio faciente supplicium non omitteretis, in iis vos ultro delinquere cognoscemini? Porro autem cavendum est, ne omnia, et revera mala, et quæ mala putantur agamus, ea autem cavenda sunt magis de quibus alium antea accusavit. Nam de quibus quis semel ut malis conquestus fuisse deprehenditur, et iterum eadem facere convincitur, et inimicus, et sceleratus est : sceleratus quidem ea faciendo, quæ facere non oportebat : inimicus vero, cum iis illos prohibere nititur, quæ, licet verbo odisse appareat, operibus tamen diligere videatur.

Dic, si libet, legislatorum verba, numera deinde, si cupias, civitatis trophæa. Nam omnia civitatis facinora bene gesta militares leges appello. Quid jam omnibus his effectum est? non pacisci scilicet cum Barbaris, gentem alienam exsecrari, implacabile bellum cum hostibus existimare : et sane merito. Quos enim naturales hostes arbitrabantur, ab his aliquid detrimenti semper exspectantes, lege cohibuerunt, ne quid mali paternorum, maximum urbis præsidium eorum infidelitatem existimantes. Solent enim scelerati homines, et lucro dediti specie amicitiæ lucrari plura, quam tunc cum aperte bellum denuntiant. Atheniensium statuta Pythia oracula nuncupo. Persa non uno tempore aut uno momento, neque hoc modo belli tempore hostis noster, sed omni urbis nostræ vita, non Platæas modo diruit, et populum ultro ad bellum pro libertate susceptum exterminavit. Non enim hæc animo volventes, quæ rex adversa habuit, illum crimine liberare debemus, sed ea reputantes, quæ victor fecisset eamdem illi pœnam irrogare oportet. Neque justum est eadem nos victores perpeti, quæ ab iisdem victi subiissemus. Hic vero statim antequam hostes inducerent, a quibus circumventi erant, irrumpens, et vindictam exigens, neque tempus defendendi sui **362**^{a} illis dedit, et magnam sibi, ne quid pateretur, securitatem attulit, et quibus semel irrupit, his in posterum a victis omnem accessionem circumscripsit. Dona, inquiunt, populo misit rex. Cyrsili mihi verba dicis, et mali nuntii successores. Et hæc ausus es Athenis dicere, ubi et alterum id prius dicentem sepelivimus. Cum vero ignoremus quo modo navalis pugna judicanda sit, non sane honestum est, ob quæ studia laudati videmur, et in quibus nati sumus, jam ea hoc consilio oblitterare. Nam quibus initio exigua virtutis cura est, non magna his pereuntibus jactura fit : quibus vero virtutis tanta ac talia statuta sunt exempla, si priorem gloriam posterioribus actionibus repudiasse arguantur. Omnes enim mihi Xerxi propinquiores ob munera et beneficia. Atque etiam si gratis donum dedisset, esset forsitan justa quædam causa iis qui regi patrocinantur, quanquam hoc neque Atheniensibus dignum sit. Si remunerationem ab urbe petat, manifestum sane est nihil utique gratis dedisse, quando pro iis rependi sibi mutuum cupiat. Si vero ab eo simpliciter donante non est æquum accipere, quanto minus par est, quando non gratuito donat, sed remunerationis ejusmodi gratia, qua satis testatur, suum velle pensari beneficium. Agedum promissa hæc videamus. Ea, inquit, reponam, quæ bello dejeci. Hunccine mihi bellandi prætextum dicis, et pugnæ potius quam fœderis tesseram profers, nec vides iis verbis, quibus regi urbem conciliare niteris, nos ad bellum magis excitari? O quam diversa sunt hæc verba! Perditorem eumdem vocas et amicum, interfectorem et socium; eamdem legis epistolam plenam injuriis et donis, permiscens mere mala et dona, beneficia, et damna, Barbaros, et Græcos. Hoc studes urbis commodum videri quærere, sed verius illud, cum urbis nostræ ruinam regi honoris initium facias. Quid ergo ad triremes non vadimus, sed sustinemus regem patriæ ruinam afferentem ? Sed et historian nostram curiose Xerxes quæsivit, quasi et cum urbis præconiis bellum suscepturus. **362**^{b} Quare si ab altero injuriam, ab altero beneficium accepimus, illum quidem ut hostem tractare, hunc vero ut beneficium remunerari oportuit. Quod si utrumque idem præstitit, utrum decet beneficium attendere pro iis quæ promittit, vel exigere, cujus accusatur injuriæ? Quænam sunt, quæ ille læsa dicit? per has litteras beneficium dicis gratia pollicetur, Athenas omnino restauraturum se significat; hoc scilicet obscure dicitur, licet aperte verbo nominare non audeat: *Athenas*, inquit, *restaurabo*. Tu urbem Palladis? Tu civitatem Thesei, et Cecropis? Deinde Erichthonii et Cecropes, et Thesei, et Codri obscurabuntur? Hæc omnia civitati Xerxis debebunt? Conditor, dux laudum, præconiorum materia? Hei mihi his malis! Victus a me Xerxes capit urbem. Quid vero et nosmet contra Græcos jubet pugnare? Non enim æquum nos illi, qui circum hanc urbem mira edit facinora, non venire auxilio; et merito; non enim tum aciem dignam erectis tropæis instruemus. Xerxe duce vicinis nostris bellum inferentes, propter quos visus est Persis non victor, sed tanquam exsul et fugitivus, his urbem condere, et his benefacere cupiet? Quod si putaret acceptam cladem armis instaurare posse, exercitum adduceret, non autem legatos mitteret. At cum viribus diffidat suis, fraudem pro armis adhibet. Cum autem copias recensuisset, tum demum fraudem armorum loco produxit. Quinetiam urbem hanc apud cæteros Græcos infamem reddere contendit, ut nos eorum auxilio desertos redderet, et nobis solis bellum postea inferret. Et ex his verbis patet donum dicis gratia offerre. Illius erat manifeste litteris inscribere hanc velle se urbem instaurare. Hoc autem non declarans, simpliciter se damna bello illata resarturum dicit, adverbii amphibolia, quæ mala cogitavit, epistola significavit. Quod autem erat urbis nostræ insigne? Magnificentia ædificiorum, antiquæ ubicunque virtutis testimonia, naturæ ornatus, qui majus urbi addit ornamentum quam artificium. Qualis cernitur hic arx, ubi tale, cœlo excepto, **363**ᵃ hospitium est deorum? Quale templum Poliadis Minervæ? et huic vicinum delubrum Neptuni. Conjunximus enim post contentionem deos per reges in templis cum aliis. Non recipio formulam sacrorum ab homine, qualem per præconem arcere solemus. Quis reparabit homines quos bello perdidit? Quis reddet mortuorum corpora, quæ bello abstulit? Viri enim, ut aiunt, urbes sunt, non domus ipsæ; si damna se instauraturum pollicetur, ex his quædam non integre restituere potest, quædam non paria prioribus reddere potest. Quomodo illius in his promissio ut impossibilis non redarguatur ab omnibus? Illi Lacedæmonios trecentos ad Pylas non sustinuerunt, sed in oculis regis tot myriades ceciderunt adversus unum agmen, quasi flagris ordinatæ. Ipse rex in Asiam nos vocat, ostendens demptis pugnis tutum secum bellum fore. Una acies contra totam Asiam instructa et trecenti Spartani prius acies Thermopylas, deinde morte occludentes, honorabilius sepulcrum, quam sint tropæa excitarunt. Ego quoque de Thebanis supplicium sumendum putavi. Accusati sunt Græcia Persis proditionis gentis suæ, et urbs mea Persicum contra Græcos assumpsit exercitum. Cum Persæ victi sunt, non modo Athenienses, sed et omnes Græci lucrum reportarunt. Utinam etiam ad Pylas occurrissemus, Lacedæmonii pro sepultura tropæum ostenderint. In Xerxem hæc dico, in Xerxem, inquam, o Apollo, qui usque ad aras tuas bellum gessit, et ignem sacro tripodi tuo subjicere conatus est, per quem edis oracula. Volo regionibus de meis recte factis nomen imponi, et maria, ac flumina potius a meis tropæis, quam antiquis nominibus denominari. Objiciet aliquis, quando urbem, vel unde reficiemus? Quam amplius urbem quæris, cum habeas triremes pro nova urbe, et ductorem Apollinem. Objicit autem pro mœnibus mare, et pro turribus insulas, et pro ornatu tropæa. Si et terminos studes cognoscere, obivit fama totum terrarum orbem, **363**ᵇ terram qua itur, mare qua navigatur. Hos Athenienses duce Themistocle consecuti sunt terminos. Postulabo a Xerxe non oleaginum ramum Palladis, sed platanum: ut duo Palladis tropæa juxta arcem videantur, contra Neptunum olea, contra Barbaros platanus.

Ex Oratione militari. — *Prœmium.*

Non astipulor iis, qui eorum, qui memoriter solent dicere, legem reprehendunt, verum laudatoribus assentior. Absurdum enim est cum a memoria dicendi subsidium petant oratores, contra eamdem dicere. Legislator enim metum mortis orationis dignitate eximens, audaciam strenuam in periculis, omnibus injecit. Laudis causam, mea quidem sententia, omnes communem habent: at horum virorum præ cæteris eximia est. Quidam enim dum alios laudare conantur, ut genus ac stirpem prædicent, ad majorum encomia orationem convertunt, aut patriam unde majores exstiterunt. Omnes enim qui laudantur, exteri fere fuerunt. Sed adversus hos hæc lex non vicit, sed simul Athenienses nominaverat, et hac appellatione ostendis indigenas esse. Vivebant sine armis, tela non producebant, equis uti non didicerant. Usui tamen esse docuit equos in certaminibus ac præliis. In certaminibus ramo et germine oleagino victoriam denuntiabant. Cum ramo oleæ dico, deam indico. Hoc enim Palladis insigne existimo. Nec vero id quod hujusmodi quis dixerit, difficile est ad inveniendum: saltem ut hæc non imitans procul ab iis rebus sit, quas quidem partim pro civitate majores illic jacentium, partim vero pro universa Græcia filii parentes suos imitati, per omnem ætatem et successionem gentis fortitudinem proferentes susceperunt. Heraclidarum vero potentiam admittentes, alterius quidem injurias compescuerunt, sibi vero fortunam mutantes, totius Peloponnesi reges pro exsulibus fecerunt. Invidia autem tunc temporis in hanc urbem tria bella Doricum simul, et Bœoticum et insuper Chalcidense concitarunt. **364**ᵃ Qua igitur ratione his omnibus urbs restitit? Ceciderunt Bœoti, Dores servati quieverunt; Chalcidenses omnes abducti sunt. Tria vero tunc fixit tropæa, sed illustrior est quam victoria celeritas. Uno die Eubœis et Bœotis tropæa erecta sunt. Etenim cum cupiam omnibus gloriæ aliquam partem iis tribuere, qui superioribus illis temporibus pro patria, omnique populo, pugnando primas ferebant, visus sum ne his quidem satis dignam contulisse, rerum gestarum magnitudinem verborum exilitate deterendo, neque attingendo ea quorum laudem auditores pridem exspectantes indignari videntur, quod eorum fiat minime desiderio satis. Hæc igitur jam oratione tractanda. Necessitate vero parem dicendo non esse, non unis proprium crimen, sed commune omnium fuerit.

Persæ totum terrarum orbem uno regno volentes includere, spe sua frustrati sunt, cum una parte Occidentalis regni cupiditatem implere non potuerint. Classis enim ex Ionia solvens, iterumque multitudine navium æquor tegens, insulasque Ægæi maris, dissipata est. Naxiorum quidem civitatem ad mare statim invadit, ubi eam urbem funditus una cum nomine diruerunt, et gentem in triremes imposuerunt. Operæ pretium non duxerunt cum Eretriensibus armis decertare, quod eorum fortunam Persico bello inferiorem putarent. Inter se manibus consertis ita invaserunt Eretrienses, ac si in sagena concluderent. Cum Marathonem attigissent, spes labefactata est. Probe enim experimento docti didicerant, quantum inter nos et Eretrienses interesset. Tum navalis quidam miles adversus integram triremem ausus est depugnare. Urgens fugientes ad mare Phœniciæ, navi manus injecit, fortiorem existimans tota navi dextram. Veriti autem Barbari, ne navis eorum Atticæ dextræ in prædam cederet, securi manum amputant: ipse vero saucius sine manu jacebat, triremem tamen mordicus tenens. O vos primi, qui Persarum fortunam illusistis! O vos qui majora vincitis quam natura humana permittat! O qui occumbitis cum ea rerum gestarum historia, quam neque ante vos, nec post tempus tulit! O qui illustriorem 364[b] nacti estis tropæo sepulturam, qui nomen Marathonis solis cursibus extenditis! Marathon tenet vestra corpora, animas ipsi dii, qui vobiscum pugnarunt, gloriam terra continet ac mare. Xerxes autem huic urbi infestus nihil intactum reliquit, sed omnia movebat et concutiebat, quasi Neptunus terram et simul mare concuteret: terra et mare suam invicem naturam permutabant. Imposuit terram fretis, et Phœnicum naves per continentem misit. Tunc omni spe majora miracula vidimus, per Hellespontum equitatus Medorum, per Athonem triremium classis iter fecit. Quin et ad cœlum usque audaciam suam Xerxes extendit, et suis prodigiosis factis transilivit a mari in terram, a terra in cœlum, inde in solem. Nam jaculans solis lumen obtexit, navigans maris naturam mutavit, iter faciens cum exercitu terræ angustiam incusavit. Prætereo maria triremibus cooperta; taceo exercitum naturæ numerum excedentem; omitto gentes alimentis præbendis impares, et regem ubique metum incutientem, ubinam vero esset propter copiam exercitus, ignoratum. Hujusmodi itaque tumultu, ac tanto terrore terra universa fremente, et omnibus Græciæ interitum augurantibus, hi quidem tantum commodi in calamitatibus sperabant, quantum ab ipsorum civitatibus Persæ abessent: civitas vero nostra regi omnia turbanti non cessit, nec metu rumoris, turpe quid antequam sentisceret decrevit, sed statim post primam legationem rege superior fuit. Ipse quidem servitutis poposcit conditiones: illi libertatis remiserunt. Capitale erat siquis legatis munera daret. Nihil vero omnino illos terrebat, nihil, cur virtutis obliviscerentur, efficiebat. Non Lacedæmonii jam victi, qui Græcis adeo profuerunt, ut fortiter dimicando occubuerint, non verberari fluctus, non puniti venti, et mollis contra naturam Barbarus, terrebant. O majora ausos Xerxe [contra naturam.]: O animos elementis fortiores ostendentes! O Persarum telis animo concidentes! O duobus tropæis classem decem annorum illudentes! Vos eum qui per totum orbem et mare ivit, coegistis furtim et clementer salutem suam quærere: qui soli ostendistis 365[a] omnibus hominibus omnes copias virtute posse coerceri.

Sed hæc etiam silentio prætereamus, et factæ cum rege pacis recordemur, quæ hanc urbem omni tropæo illustriorem reddit, et merito. Hoc sæpe fortuna fit, sed illud, regem libenter urbi cedere spatio itineris equi unius diei, superiori mari abstinere, intra Chelidoneas, et Cyaneas naves non mittere, quomodo non sinceram undecunque urbi gloriam parat?

Etenim Atheniensium varia tropæa, et navales et pedestres pugnas, et qua ratione tyrannidi omnique potentiæ restiterint, alias diversis temporibus pro hac gente varia certamina recipientes, nec mihi facile est recensere, nec siquis id prius aggressus sit. Quare existimo unum et idem monumentum conjungi oportere, quemadmodum qui renuntiant in stadio victores, sic et huic verbi secundum legem consecrandum esse. O qui omnem terram et mare qua iter est [victoria et] tropæis, et qua iter non est, gloria et splendore complevistis, qui soli maximis rebus gestis tempus et invidiam superastis, qui omnem terram non columnis, sed tropæis dimensi estis. Dixi forsitan minus quam causa exigebat, non tamen minus quam alii plurimi. Reliquum est, ut postquam omnes acclamarint memoriæ, sic omnes discedant.

Ex Areopagetica, seu qua Rufinum filium suum liberali causa manu asserit. — Proœmium.

Viri qui olim de victoriis cum diis decertabatis, et nunc cum Atheniensibus de libertate. Igitur legibus obtemperans ea solum dico, quæ necessaria. Ego et pater apud vos sophistæ fuimus, et num argutus fuerim, vos novistis (hoc enim frequenter usurpo, et meam institutionem theatra loquuntur) num Atticus pater fuerit, hæc declarat oratio. Nolo enim Atheniensium sobolem liberam non appellare. Libertatem etiam ante pubertatem filio committo. Meus est, Atheniensis est, donum est publicum civitati plus caeteris honoratae. Hic enim est Plutarchi, quo vos omnes magistro utimini. hic Minuciani, qui sua voce **365**b plurimos persaepe liberos fecit, hunc Nicagorae filium vobis adduximus, et hanc meam prolem. Sophistarum vobis, philosophorumque recenseo seriem, decus sane Atticae. Omisi saepe sophistarum nomina, nunc patris omitto. Dedistis filium mihi, quoniam Atheniensis est, accipite jam eumdem vestra sententia liberum redditum. Quare dimittite mihi vestro decreto filium, et dein vocem illam liberalem, seu vindicias secundum libertatem acclamante, ut tanquam Atheniensis (quod est ac si dicerem liber) apud vos et dicat, et scribat, et, si dii velint, etiam in Republica honores assequatur.

E funebri laudatione, quam in filium eumdem Rufinum habuit. — Proœmium.

Quod jam mortuo Rufino verba facere incipiam facio inique, nisi a numine quodam ad monodiam dramatis servatus sim: loquar tamen. Non enim mihi fas est oratione illum non deplorare horum eloquentiae studiorum alumnum. Nesciebam itaque infelix pro balneis me tibi sepulcrum, pro domibus bustum, et tumulum, pro divitiis et voluptate funeralia, quae hominibus omnium tristissima sunt, erigere. Dixisti, primo nuper ad populum perorans: omnem quae sub sole est terram indecoris meis verbis implebo. Persuasit aliquando Pericles, sed postquam ab Anaxagora factus esset orator, tu orator e cunabulis exstitisti. Alcibiades totum suggestum occupavit, sed in flore juventutis, et aetate adolescentiae. [At tu etiamnum uberibus et lacte nutritus.]

O dolor Aeschyli dignus cothurno! Herculem teras pervagari, oportuit et 12 adeo labores subire, ut terrarum orbem veluti virtutis suae testem relinqueret. Tu vero intra tuos commoratus terminos, egregie factis Herculis columnas nobis superasti. Quod, quaeso, numen auream caesariem familiae detondit meae? quis gloriae meae splendorem exstinxit? quaenam furiam genarum ruborem, blandum jucundumque vultus tui risum eripuit? Qua ratione, heu me, passus es, o Liber, e delubris tuis sacrum diripi juvenem? Commune hoc adversum te meamque familiam Erinnyes tropaeum fixerunt. Cur ei thalamum nuptialem inferiorem non apparavi, quandoquidem superiorem ei Parcae inviderunt. Hem, quibus quam tristibus servatus sum luctuosis sermonibus! **366**a Omnia cum orationum argumenta tractarim, unum luctus semper declinavi; nesciebam enim me meis lamentis servari. Jam pridem cogitabas tuum hinc discessum, jam pridem aliis, qui poterant, conjiciendum reliquisti, quod hac sorte melior esses. O qui antea aetatis terminos virtutum dotibus transisti, jam vero morte commutasti! qui fraterno amore etiam Dioscuros superasti. Illi quidem pro Helena bellum gesserunt, raptum tamen prohibuerunt. Tu vero fratris tui germani custos omni muro eras fortior, tu omnibus morbis solo animi robore semper restitisti. Improbus fortasse daemon, et crudelis ideo tecum contendit, et multis praeliis superatus tandem aliquando clandestinis et fallacibus machinis te prostravit. Neque vero cessisti ad extrema usque daemoni, ut possumus audire, sed corpore licet cesseris, animo non cessisti. Verum strangulavit ille, perque vim abstulit; tu vero in ipso laqueo animam agebas, amabilem tibi nutricem voce inclamans, donec te omni ope destitutum, sic laqueo conclusit. Noverat enim quod saepe victus, patre praesente et juvante, discesserat. Viceras et obstinatos immobilesque judicum animos: et tum primum severum illum concessum risisse apparuit. Desiderio tui mentes illas flexisti, quas dii ipsi judicio disceptantes flectere nequierunt. Occlusisti jam mihi morte portas urbis, occlusisti Eleusina. Qua ratione Minervae sacrificabo, quae pro te Furiam contra daemonem illum non excitavit? Quomodo deum patrium colam pater ob filium contristatus? O audaces sermones! Jacet Rufinus, et vos adhuc floretis? O infelix lingua, Musarum prius instrumentum, nunc vero turpis daemonis! O qui clarius Lucifero splenduisti! qui laetissimum mihi tum diem ostendisti, cum te primum sol conspexit! Jam vero rursum tristissimum, quo acerbum illum, et tragicum nuntium percepi! O qualem casum pro hac spe, o daemon, mihi destinasti! Defleo jam quem Minuciano vehementiorem, Nicagora graviorem, Plutarcho eloquentiorem, Musonio sapientiorem, Sexto fortiorem, et omnibus denique superioribus illustriorem **366**b melioremque speraveram oratorum. Ego ipse victoriam tibi adhuc juveni concedebam, tuamque orationem mea splendidiorem longe arbitrabar, et balbutiente te de studiorum ratione praejudicavi, sed haec omnia tibi daemon auferens effugit, et mihi dolorem lacrymasque pro te reliquit. Ornabo te ludis funebribus et posteritati nomen tradam tuum, et hac saltem parte daemonem vincam, ut ille quidem corpus habeat, animam astra, omnes homines famam.

Ex Epithalamio ad Severum. — Ex praefatione.

Operae pretium forsitan visum non fuerit, ante epithalamia artificiosa dicere. Nam ubi Hymenaeus, chori, poeticaeque libertatis licentia est, quis ibi arti locus? Cum autem in his ipsis sine arte nihil peritum facere oporteat, breviter de his loqui visum. Sit igitur haec optima epithalamiorum norma, considerare verba, ut in poeticis solet, rem ut in chria, modulum, pro argumenti ratione. Quibus omnibus si accesserit oratio, apertiorem contextum reddet.

Epithalamii Proœmium.

Ferunt Apollinem post clarissimas victorias, quas feriendo lyram adamavit, ac thalamos conjugale cecinisse melos. Venerem etiam in curru Gratiarum et Amorum chorum colludentem ducit, et crines flore hyacintho constringens, præter eos qui fronte dividuntur, reliquos vento spargi permittit, forte in lyra illidantur. Horum vero alas et cæsariem auro vestiens, ante currum mittit ministrantes, et altas quatientes faces. Cum vero Pelopi persuasisset amor Hippodamiæ, ut Cupidini et Veneri serviret, tum etiam Apollo collecto Nereidum choro, in summo littore illi thalamum statuit, cujus vicem unda dense agitata, et sublimis in lecti morem flexa, ita ut thorum imitaretur implebat. Erant illic deus et natura: ille quidem fetu indigebat, hæc vero quæ pareret. Ut autem hæc inchoarentur, omnia omnibus pro thalamo erant. Ex his utique nuptiis cœlum et sol generata sunt, astrorum cœtus, lunæ splendor, uterque polus, circum **367**a quos primus primarum nuptiarum Dei ortus volvitur. Secundum deinde connubium Oceani, et Tethyos natura [monstravit] a quibus nati fluvii et lacus, scaturigines, et fontes, putei, omniumque aquarum caput mare; hic autem natæ plantæ, et animalia; hinc terra incolitur; hinc pisces assumit mare; hinc alis penetrabilis aer. Postremo vero connubium ipsum hominem contemplatorem divinarum, terrenarum vero opificem rerum produxit (hominem enim terræ esse filium, et Atticam partus dolore quasi disruptam tale germen produxisse, ludicra Atticæ venustatis fabula confinxit). Quinetiam Venerem ipsam in mari latitantem, fractis partu fluctibus, Soli splendentem cædem nuptiæ exhibuerunt. Si et fluviorum amores dicere inciperem, magnus se dicendi campus offerret. Nam diligere omnes ipsum mare videntur, ideoque in illud citato cursu et fontibus deferri [quasi inter se mutuo ut amicam conantur amplecti].

Hoc vero fervet, ac delectatur in morem lecti sinuatum; quasi contra alios fluvios exsultans, quod solo Neptuni amore teneatur. Sic flumina æqualiter orientia et æqualiter a simili origine deducta, communionem dilexerunt. Fertur olim Olympias Alexandri partu felix, Cabiron mysteria in Samothracia, peragendo, vidisse rem divinam agens Philippum etiamnum juvenem, et videndo amore captam, et quasi nuptiarum vota in sacris fecisse. Sponsa autem generis stirpem referebat ad Thraciæ quidem indigenas, sed qui a regibus ortum trahebant. Florent perinde ut verni calices, ut uvæ ejusque agri, quæ uno tempore, et florent, et avelluntur, temperantes ambo, faciles moribus, solis operibus naturalibus a se invicem sejuncti. Hæc artem Minervæ lanificium, ille laboribus Mercurii venustatem consecutus est; hæc de radio, ille de sermone sollicitus. Ille quidem adhuc adolescens, primam ætatis lanuginem producit, hæc vero nubilis redditur. Cupidines e rosis **367**b corollas nectentes, quas e Veneris decerpunt, cum libet, hortis, thalamo suspendunt. Suada, Desiderium, et Cupido, omnem tibi ornatum addiderunt. Cupido insidet oculis, inde mirabiliter resplendens.

Desiderium genas rubicundiores reddit, quam rosarum calices natura, quando verno tempore sub initium apertæ summis foliis rubescunt. Suada in labiis tuis habitans, gratiam suam cum verbis instillat. In capite plurima efflorescit flava coma, et in fronte divisa. Etenim si ego natus poeta essem, ut libere de sponsa loquerer juxta thalamum consistens, Fortunæ et cupidinibus, et generalibus diis vota facerem, his ut ad extremum usque sagittas vibrarent, illi ut vitam daret; tertiis denique, ut legitimæ prolis generationem largirentur, ut una cum scypho nuptiali et curam de natalitiis adhiberemus.

E dialogo inscripto « Diogenes, » vel « Propempticon. » — Ex præfatione.

Faciendum semel est initium in novo genere argumentorum, quod præmissæ orationes etsi novæ sint, non possint artificio vetustatem induere, ut nunc fecimus. Hoc enim argumentum more dialogi concinnantes, nec usum nec gravitatem dialogos decentem corrupimus. More Platonis nos id aggredimur, licet moralis sit oratio, tamen physica, ac theologica moralibus commiscentes, et videndum est utrum hoc genus dicendi Platonis qui fabulis res divinas involvit, assecuti simus, et cæteras dialogorum virtutes, inspirationes, inquam, ordines, et episodia; dein et lepores, et actio in genere meliorem ostendit compositionem, si recte successerit. Cum autem dialogi initio humiles sint, ut ipse dicendi character simplicitatem adjiciat, in sequentibus simul et rem auferant; an hoc præstiterimus, aliorum esto judicium, quibus hæc audire contigerit.

368a *Hujus dialogi Proœmium.*

Silentii jam tempus est, non loquendi, cum oratio proprios alumnos a grege suo demittens deploret. Verumtamen (nam in omni eventu dicendum est) age et ipse, sustine orationem, quam incidens sollicitudo conflavit, si vobis gratum est, etiam ad vos pronuntiabo. Uterque tantis intervallis a capite ab invicem distantes, quanto media Europæ ab extremis Asiæ locis separantur, in hujus amorem concurrerunt, uterque præripere primos partus hujus linguæ conatus, non imitatus sacram legem, qui inspectori, et sacris initiato tempus attribuit, sed eumdem, et sacerdotem simul, et inspectorem sacræ hostiæ in hac tua oratione esse declarans, dedisti his aquis sine satietate impleri. Annon audivisti quomodo homines illi ante cicadæ fuerint; deinde Musarum amore ob perpetuum cantum in melos soluti, ex hominibus in aves, ex una cantione in aliam transformati sint? Audi fabulam: Cum Jupiter homines condidisset, omnia alia eo ornamento fuerunt, quo nunc sunt (45*). Cupido autem nondum animis hominum insidebat, sed habens deus ille ingentes alas in cœlo habitabat, et in solos deos tela vibravit. Metuens autem ne pulcherrima omnium creatura pessumiret, Cupidinem ad homines custodiendos misit. Ille datam a Jove potestatem abripiens, omnibus scilicet mentibus insidere, vel in omnibus coelestibus ac profanis, æque habitare loco templi voluit. Sed multas et gregales mentes amore vulgari sponsarum occupari dedit. Ipse vero deorum coelestiumque mentes incoluit, et illas in libidinosam amentiam furore incitans, infinitis bonis humanum genus affecit. Quando igitur videris tardam quamdam naturam, et ad amorem lentam, cogita nunc donis illius cupidinis indignum fuisse: cum vero incitatam et fervidam mentem, et flammæ instar ad amabilem amicitiam ducentem, puta illam a dono Cupidinis venire. Unum mihi, o amice Socrates, dicis, amatorum optime, partem virtutis Cliniæ, fortitudinem scilicet in periculis, quam exercitatione **368**^{b} sæpe exhibet, interpretem orationum non exspectans. Dat eidem hanc licentiam, quam primo Pericli cum pro urbe bellum gereret. Hæc est sincera ratio. Si vero hunc videas judiciaria sede expulsum, implora cum gemitu legem, quia auro victus est. Nam simul florens cum urbe regia, circum quam ingentia maria separantur, et idem cum ea gloriæ suæ fundamenta jaciens, quandiu in cunabulis adhuc corpus urbis fingebatur, alia imperia e regia potestate decrevit. Cum vero indigeret sedula opera tanquam statua perfecta, quam adumbratam prius viderant, eamdem potestatem assumpsit, ut idem initium et finem omni ornamento urbis fecerit. Urbes excitatas, populum crescentem, Tartessi vitam, cornu Amaltheæ, caput omnis felicitatis. Sed quæ est erga hunc juvenem studii causa? Tota mens nuper a supernis sedibus digrediens, infixam adhuc fert speciem simulacrorum illorum, quæ tum vidit, cum hilarem choream cum variis diis saltavit. Cum igitur viderit illic pulchritudinem, quam tunc vere descripsit, intra mentem divinam abscondidam, desiderat et gaudet hoc spectaculo, et se ipsam splendore scientiaque elevans, cum hoc loco conjungere festinat. Tale quid mihi in adolescente accidit. Nam veluti in speculo hujus in animo speciem animi mei apparentem videns, ea sum delectatus, et ideo amavi, et quasi alterum me hujus animum quæsivi. Probe potest omnia memoria custodire, quæcunque sub duce gesserit animo philosophus, orationibus non his modo, sed et omnibus, quæ e Musarum, et Apollinis pratis pullulant. Unde omnis doctrinæ fructus discerpens tanquam veris corollam, his animum suum ornavit. Si dicere necesse fuerit, ne amplius quæras cujus sit filius, et ad quem pertineat: sic primam imaginem accuratius quam quivis pictor expressit. Bonus quidem socius, si cum duce pugnandum sit, bonus etiam sua sponte. Juste igitur poetæ, et cum iis pictores et fictores Cupidini senectutem demunt, juvenem hunc deum, et pubescentem fingunt, fraudem illius ætate juvenili **369**^{a} demonstrantes. O qui tantum lingua vales, quantum audio Cineam Thessalum, qui cum rege Pyrrho omnem terram et mare emensus non machinis, sed oratione urbes evicit. Non enim ille hujus magister per vestros, o sermones, amores, propter quos ego beatas paternas abjiciens opes, juxta secretas Ilissi ripas habitavi. Alexander totius mundi partium tropæis potitus. Tum enim e meridie confluit æstas, aurora mitigat solem, et elatos in proram fluctus dividit Zephyro.

Ex oratione ad Socios dum iret Corinthum. — *Proœmium.*

Veteres lyram fabricantes, si quando in aliam terram properarent, peregrinationem non vacantem Musica faciebant, seu cantu, et carmine chorum suum retinuerunt.

Ex orationibus reliquis diversis diversorum argumentorum.

O aulam regiam, et fortunam auri alatam! Non vi e regno ejectus es, sed libenter excidisti, non secus quam si superbus quis in puerilibus voluptatem capere contenderet. Auream cæsariem permutasti rubente corona rosarum. Sed quænam horum gratia rependitur fuga et cursus, et tantæ amicitiæ renuntiatio. Vici, te judice, æstatis tempore cicadam, minatus etiam sum philomelis Atticis, si quando mihi etiam Atticum theatrum statueris, me omnino hac voce effecturum penes te, ut eorum linguæ instar fabulæ sint. O tui stemmatis lumen clarissimum, idque sæpe generi tuo exstitisti, quod sæpius avus tibi sol. Etenim ex hac pulchra conjunctione, hic quidem altiores sedes illustranti, quasi matutinus aliquis lucifer consurrexit, suis repercussionibus radios suos imitatus. Ille vero juvenum cœtum illustrans, ut taurus aliquis ductor, armenti petulcus, lasciviit in Musarum pratis, ut pullus lunaticus, et numine plenus, et Homericum juvenem Thetidis (Achilles) filium, et hæc verba, *Bonus orator actorque rerum*, imitatus est. Si ad me poetarum licentia pertineret, ostendissem tibi et Ilissum hunc **369**^{b} lacrymantem, depinxissem tristi colore pulchram Callirrhoes undam. Trivialis Pan te evocatorem animarum, dulce fistula carmen personans deduceret. Venus vero, et hujus filii Cupidines, desiderii tibi miscentes potum, viam tuam honorifice comitarentur.

Ex oratione propemptica. — *Proœmium.*

Alexander filius Jovis (comparat enim illum cœlo et Jovi rerum gestarum contra Græcos gloria), cum Europam nominis sui fama implesset, in Asiam se convertit, continentem suis propriis adnitens gestis conjungere. Timothei provocans tibiam (nam adeo magnum et tali rege dignum canebat) ut illo canente solverit navium rudentes. Fer tabulam, et ego orationes pingam. Nam habet etiam oratio, ut puto, non ineptos ad imitandum colores. Erat in pictura navis, et mare, et ut existimo, Ægæum fuit. Multæ enim insulæ hinc, et illinc sparsæ in mari erant, ut Ægæum autem alia imprimis mare esse videretur, pictum erat non violentum, aut terribile, neque usque elevans fluctus, qualia contra naturas illic audet sæpius Ægæum, sed tranquille strati erant fluctus, omnis aqua in littoribus volvebatur, in luteum colorem parum mutata unda. Primi Phryges tibiam inflare invenerunt, et sacrificiis adhibere cymbala. Hoc vero contra utramque navis partem in proram jam attritum, tanquam auream materiam reddebat. Hic vero et artem [admirari] æquum est. Aqua enim marina divisa circa proram, auri repercussionibus splenduit, et in similem colorem mutasse mare videbatur. Proinde date mihi artificium Zeuxidis, et Parrhasii scientiam. Delphi igitur urbs dicata Apollini, colit semper hunc deum, et tripudiant adhibito pæane circum tripodem. Quin etiam Elei lacrymantur, amnem [*Alphæum*] Pisæum ad Siculum usque fontem comitantes, quasi metuentes, ne amnis decessum meditans, aliis hominibus aquam largiatur. Celeriter et philomelæ et cygni, omnisque cantus simul volabunt. Nostræ enim Musæ jam naviculam audent compingere, et fugam minantur **370**a et mare, licet fluctibus sæviat. Abjiciens e manibus lyram, silentium cantionum suadebit. Navis prætoria in portubus, velum supremum sublime, quale radiis claris et maritimis extendi solet. Parva in gratiam Hesperidum prata, parvæ ad magnitudinem pyramides Ægyptiæ, et si quid Persarum et Assyriorum manus construentes posteris spectandum tradiderunt. Sed ad amicas Athenas hæc classis, quæ suis adeo te amoribus incenderunt, ut amorem erga hanc linguam semper circumferas. Quid autem responsum communis omnium statuæ apud alias habituræ denegas? Fabula Cimmeriis populis occidentalibus solem eripuit, sed metuens, ne redargueretur, obscuris verbis tegere rumorem adnixa est. Nos vero nullus poeta mentiri putaverit, post tuam peregrinationem auferre solem cupiens, o amica patria. Nunc tibi injuriam intulisse me sentio, tuos amores despiciens, insido amatori omnia cupiens largiri. Sed parum horum legem secutus, ad inhonestatem orationem converti, licet mihi desiderium Dii impleverint. Iterum enim sceptra, iterum judicii sedes. Hoc Ephyra attulit, urbs non solum ad admirationem fabulis illustrata, ut pleræque omnes Græciæ, sed etiam judicanti oculo felicitatem afferens. Sic hujus gens infinitis orationibus, operibus et similibus exsultat. Recordandum est hujus jam gentis non tamen totius (non omnia narrare, magno mihi oneri esset) : unum ex iis qui ab illis nuptiis progeniti sunt, assimilabo sapientiam animæ statuis. Sinus Ionicus alluens mitigat littus fluctu, juxta hanc oram tripudiat Nereidum chorusᶻ, omnes albæ, lac quale fieret arte pastorum, oculis glaucis, ornatæ musco, præterea albam spumam e mari summis stillantes crinibus. Illa vicissim sponsum amabat, et arrhabone nuptias confirmat. Producit enim medio mari fontem. Hæc vero sciens hoc beneficium a sponsa protectum esse, aliis nautis undam eripit, solis vero his reservat amabilem potum ut hauriant qui e sponsa sunt, quod **370**b etiam

contra virtutem factum est. Promptus ad discendum illi est animus, celer ad intelligendum, memoria innata, prompta est ad dicendum, ad tegendum idonea, ad latendum paratior. Hoc sapientius, simulque diis gratius : aptior vero ad obvium deprehendendum, voluptate fortior, amicitia inferior, per sapientiam summa, apta ad dicendum, inexpugnabilis amicitia, strenuus in timore, cum privatus est summus, cum in magistratu æquus. Privatum honestans consilio, eloquentia imperii severitatem mitigans. Quinetiam fortunam videas, quasi hujus vitæ rationem propter felicitatem aversantem. Legatus fuit in animadvertendo serius, vita, ut etiam in oratione, grandis : ad dicendum sapiens, ad audiendum instructior, in omnibus egregius. Plenus laude jam, et omnem in se Græciam convertens, suis facinoribus ad regiam dignitatem ascendit, priusquam pullularet barba, primaque lanugo tonderetur. Hæc poetarum instar fecit oratio, rosis nectere coronam, ducere circum urbem hanc ex Helicone Musas, quam Europa extrema exiguo freto a Gadibus usque Asiam extendit. Ad Istrum se convertit, nec veritus est flumen Barbarum glacie in morem campi constratum. Cum vero deus omnem illam virtutem explorare voluisset, et adversæ aliquando fortunæ ventum constituit, ut qualis esset, talis opinione, et in rerum fluctibus vitæque tempestate omnibus videretur, et in hac etiam parte celebraretur. Quis poeta, vel orandi peritus voce digna explicet ea, quæ ille fecit? Nec Siciliæ aliquam Scyllam et Charybdin stravit, sed virorum etiam Cyclone illo pastore Siculo crudeliorum, mille contra se motas acies, non consertis manibus, nec telis, aut hostis, sed prudentia et oratione ubique terrarum subegt. Hic vero Telchinum dux, et Coryphæus nuncupatus, lethali accepto vulnere, bellum gemens deplorat. Universa Asia non quam sic nunc appallamus, attribuentes huic soli parti totius continentis nomen, incipit ab Indis superioribus, ad orientem vero et septentrionem, Rubro mari et Phaside, ad meridiem et occasum Ægypto et mari Ionio, ad alias **371**a terras divisa et terminata, extenditur vero deducto latere a Propontide in Pamphyliam, quam Ægæum ex uno initio etiam hoc latere oriens, totam alluit. At homines urbes incolentes non cicada aut tunica majores suos unde eos olim genitos puto, sed virtute et sapientia manifeste ostendunt. Meles enim iste (non enim par est hujus linguæ auctorem silentio præterire) ortus est in suburbiis Smyrnæis, produxerunt eumdem varii fontes, non procul a se invicem scaturientes, unde statim flumen profluens exæstuat, et e fontibus onerariis remisque enavigabile redditur. Pertransiens vero utrasque ripas, cypresso, et arundinibus vernans, et juxta mare fluctus communicat. Si fluxus illos fas est nominare. Non enim sonantem audieris, neque aquam ferri putaris. Verum ut Amasius

---

ᶻ Horat. *Odæ*.

quispiam cupiens amatæ concubitum occultare, furtim mari miscetur, fluctum fluxu mitigans. Nunc etenim more poetarum ventum cupiens dicere, deinde verbum poeticum proferre nequiens, e propria arte appellare volo ventum. Factus vero ob fluctus mollior, dividens aquas circum proram assurgit. Non en'm diros optans amores, tuum pernavigare mare nititur, sed cupit omnes Iones venerandis temperantiæ mysteriis initiare. Sermo est apud Rhodios aurum pluisse, Jove aperiente illis auream nubem : fortunam vero vestram, quam per illum consequemini, non narrat ambigua quædam fabula, sed ad oculum res gestæ patebunt. Reducet nobis pulchrum ver, non luscinias, non cygnos, vel cicadas, sed solem eumdem aureis radiis Ioniam illustraturum. Ante alios autem omnes, pullorum nostrorum sacer ille et insolens pullus equinus dux est : quales Deo soli Nisæi donant. Hunc ego pullum frenis Musarum adornans, et totum Charitum mitris reviniens, quasi deo cuidam gregis meæ primitias ferens dicavi. Cæruleæ stellæ oriuntur jucunda claritate resplendentes. Hæc oratio mea parum curat futura antevertere, **371**b cantuique sensim procedenti concionem festinantem conjungere studet. Tum quidam puto, intelligent revertentem aspicientes, iterum Musarum carminibus illi applaudent.

Ex alia suasoria. — Proœmium.

Lysippus itaque non manibus solum, sed etiam ingenio insignis. Qualia enim ille ab ingenio ausus est? Depinxit diis occasionem, et imagine adumbrans, naturam ejus per colores exposuit. Sic autem artificium quantum licet meminisse, se habet. Pingit quemdam figura ætate venustum, ephebum, comatum e temporibus ad frontem usque : hinc ad terga usque nudum, dextram armatam ferro, et tenentem sinistra bilancem, alatis plantis, non ut sublimis super terram in altum efferatur, sed ut terram attingere videatur, ignoretur vero occulte terræ insistere. Glaucus autem, ut arbitror, occultans hanc certaminis occasionem, solus ad coronatorem venit, et primus coronam accepit. Omnia enim bona in occasione, et diligens jaculator est, qui novit opportuna tela mittere. Lusciniæ sane e terra in cœlum volitant. Fabula enim audet in cœlum cantu aves tollere. Veniunt igitur ad olorem, qui mansit in campo quodam verno, donec Zephyro ad cantum explicaret alas.

Ex oratione in crudelem Ægyptium.

Ægyptii incrementum Nili per cubitos denuntiant, et mensura metiuntur aquas, et cubitus illis materia laudis est. Ducesque strenuos videbit tropæis minoribus mille victorias prædicare. Parvus fuit in Artemisio Themistocles (etenim supra regis majores præclare gessit) major in Psytalia, magnus in Salamine. Illic enim totam Asiam pugnando demersit.

E propemptica.

Et hoc forsitan recte facis. Nam necesse utique est, eum qui laudari desiderat, etiam res illas desiderare unde laus procedit. Non enim filiis Periclis præclare gesta suffecerunt, sed indigni paterna virtute exsistentes, **372**a ad majoris reprehensionis materiam paternam celebritatem adepti sunt. Aliorumque filii multorum fortium virorum fuere, quibus omnibus parentum gloria non ad pleniorem laudem, sed ad improbitatis accusationem fuit. Forsitan dixeris Quis : igitur erit mentis cultus? Virtus et eloquentia. Illa quidem imperans et dominans eloquentiæ : hæc vero tanquam fidelis bonæ reginæ ministra, illius præcepta omni contentione perficiens. Est et multiplex virtutum chorus, quem totum invenies in disciplinarum gymnasio versans, has ut nutrices et matres earum tibi conciliantes. Et sane dico per has illarum fruitionem adventuram. Filii vero a præceptoribus abdicati, in urbem illam ducebantur. Midas Phryx cupiens Satyrum comprehendere, vino aquam miscet, et somno captum et sopore, Satyrum venatorum more comprehendit.

Ex oratione extemporanea in seditionem prope ludum concitantem. — Exordium.

An aliquod in nostris orationibus, amici, medicamentum est ad discordiam sedandam conveniens? et quid nostra ars tantum efflorescere cupit, quantum Homerus de cratere Helenæ, quem Jovis proles hospitibus porrigebat, in lacrymis Menelai confingit? vel Helenæ poculum non herba aliqua fuit, non ars quædam Ægyptia hilarem potum præparare edocta : sed dulcis quidam sermo et sapiens, potens instar medicamenti iracundiam in medio pectore æstuantem exstinguere. In Ægyptum poesis fabulam trahit, ut eam matrem argutiarum insinuet. Parumne rex aliquando sapuit? non permisit id Timotheus, sed cantu in cœlum usque regis animum abduxit. Immoderatene æstuabat animus? præsens ille elatum animum pulsando citharam domabat. Mœstusne erat? statim ridentem ostendebat. An voluptatibus tenebatur? post cantum statim castissimum videbas Alexandrum, et, ut omnia dicam, talem videre eum licebat, qualem tibi eum Timotheus reddidisset. Mitigat aura fluctus ipse Zephyrus. Orator Atticus, et oratio Græca non tollet **372**b seditionem si solum perorarit? Cum Xenophon militaret (nam et post Socratis disciplinam etiam hastam tulit); ingenium quippe commodum et congruum. Delicatus fuit Alcibiades cum Athenis habitaret, sobrius cum Lacædemone. Persas propter delicias solus reprehendit. Si vero aliquando necesse esset eum operam dare eloquentiæ, et in philosophicis exerceri, totum Lyceum et Academiam convocabat. Texentes hanc de illis historiam.

Ex oratione in adventum Cypriorum. — Exordium.

Poetæ Veneri deæ Cyprum, ut Delon Apollini assignant. Cyprus enim urbs vasta ; cives accurate Græce loquuntur. Mare Venerem e Cœlo peperit. Partus vero hos, quales aliquando sunt, sacra verba tangere jubent. Opus enim erat Venerem demum concipi. Sistitur tum mare, et statim serenitatem inducit, mollibus fluctibus propter partum illum exsultans. Vulgari Veneri nihil cum cœlesti illa communæ est. Producit illa impuros, et natura impudicos amores : hæc aureos habet filios, et aurea sunt horum tela. Scopus autem eorum sunt juvenes, et immortales animæ.

Ex oratione in quemdam Cappadocem.

Non venit Scytha telo vectus per Istrum vel Tanain, sed in universam terram et mare. Eloquentia tela snnt Apollinis, et flumen fabulam habens dignam, quæ a Græcis audiatur. Venit ad Indos Bacchus, ad gentem, quæ Bacchi beneficium negat, Bacchæ et Satyrus exercitus fuit, thyrsi et nebrides arma. Illi vero simul ac viderunt Deum, eum exceperunt, armisque dejectis, cum Baccho pugnare cœperunt. Cum autem in Cappadociæ fines pulsi sunt, in ripa fluminis tentoria fingunt, cui nomen indituri erant. Oportebat vero eos aquis lavari : mutatur fluvius, argenteaque aqua cum Indis versata nigra fit. Illi vero id quod ipsi erant, hoc et esse, et loqui fluvium voluerunt. Hinc fama juvenem trahit : 373^a vestræ vero divitiæ non aurum Gygis, vel Lydii, sed filii quidam vigore ætatis pubescentes et florescentes, visu quidem tumidi et superbi, tanquam si e medio Jovis pectore nati essent.

Ex oratione, cum rogatus specimen distulit ac postea dixit. — Exordium.

Persæ jaculandi studium fovent, omnisque vita illis in pharetra et jaculis. Legem probo, magnum indicium laboriosi pectoris. Rara enim præmia esse decet. Ante Persas hanc legem etiam natura scivit, cum nemo Oceanum viderit, nisi media relicta terra extremis ejus finibus circumvagatus foret. Quis de pyramidibus esset sermo, nisi procul hinc spectarentur, vel quis de lapide Memnonis apud Æthiopes, nisi illum mater extra omnem conspectum posuisset. Hæc vera esse, et non fabulose dici credimus, quia lapis loquitur cum sola humana voce, vix etiam rosam naturam hominibus largitur, nec illa simul nascitur, et in aerem expanditur, sed magnam partem vigoris in calice retinet, sero autem erumpit et aperitur. Sed neque fructus autumnales colligere licet, quando homines cupiunt, sed etsi ficus legere velis, exspectas tamen tempus autumni nominatum. Æs Dodonæum quia semper tinnit, artificium ipsum in fabulam dies invidiosa convertit, consuetudo enim satietatem facile parit, et licentiam ferocia corrumpit. Terram incolentes, mare quærimus, et rursum navigantes mentem conjicimus in segetem. Nauta felicem prædicat agricolam, et nautam contra arator fortunatum putat. Hæc omnia pueriles lusus. Satietatem gignit consuetudo. Fugiamus satietatem, pueri. Sæpe hæc ferocia tanquam sagitta ferit, et ipsis jam amoribus. Hoc enim aliquando proverbio didici.

Ex oratione in Musonium proconsulem Græciæ. — Exordium.

Coegisti me theatra negligentem, et de publicis concionibus orationem avertere conantem, legem solvere. Rumpit et silentium cygnus cum audierit Apollinem lyram ferientem, et Zephyrus lyricum quid sonans ex antris ad solem 373^b provocat aedonem. Audent nautæ se mari committere et vir Bacchicus securus excitat lasciviam. Illi cum ver mare mulcet, hic cum Bacchum thyrsum sensit vibrasse. Te quidem ut puto, poeta quidam audaculus non neglexit cum Apolline ipso componere. In tantum tibi jacula, et sagittæ grata, in quantum Apollinem imitantur, incruenta perpetuo manent. Non licet cuspidi tuæ hominem interimere, sed aliquis effugit judicium tuum, et scivit te publicum gladium contra cædem extendere. Sic pullus bene domatur, et catulus scite informatur, cum sine calcari domitor equum, cum sine flagello magister canem manu demulcens enutrire cupiet. Quid Cyrum Persis commendavit? lenes mores et placidi. Felix semper hæc urbs adversus Barbáros fuit. Nuntiat modo victoriam populo quidam e nobilibus, qui sic strenuitatem ejus admirati sunt, ut apud Athenienses hac oratione statuam posuerint.

Ex oratione in Severum advenam. — Exordium.

Achilles etiam inter prælia lyræ memor fuit, et qui campos armorum fulgore illustrabat, hic in tentorio suam citharam aptavit. Cantus argumentum, amabat virtutem Achilles, virorumque gloriam nunc bellando, nunc cantando imitabatur. De deliciis suis dii inter se certabant. Neque Pallas armis instructa armis contendit, neque Neptunus, quo armatur, tridentem protulit. Verum illa oleam excitavit, hic fluctibus contra sonuit. Et decreta solvitur lis, et Minerva vicit judicio : hæc tibia modulata est, altera citharam pulsavit, tertia fistulam inflavit.

Ex oratione ad voluptatem captandam comparata. — Exordium.

Cum Musæ in Helicone ducunt choreas, omnia circum mihi cantu replentur. Cantat cicada, et fabulam cantu suo refricat in memoriam. Quia, inquit, ego olim homo cum essem semper cecini, et cum natura mutata est, non una cum vita desiderium amisi. Philomelarum et 374^a hirundinum genus, et cygnorum copia circum deas canunt.

Ex oratione in Ursicium comitem.

Quæcunque pictores etiam poterunt oratores, omnis potius imitatio ad orationem comparata minor est. Narrant Abarim philosophum genere hyperboreum, lingua quidem Græcum, veste habituque Scytham fuisse. Sin alibi locutus fuerit, hoc e media Academia, et Lycæo existimari. Dicitur Triptolemus sublatus esse a Cerere, ut pastoralem mensam suavi tritico commutaret. Venit Athenas Abaris instrictus sagittis, humeris portans pharetram, astricta chlamyde, circa lumbos aurea erat zona, femorale ab imis pedibus in nates usque extensum. Hanc ubique orationem reperimus, ut in harmonia lyrica cum animo consonantem. Comis fuit in conveniendo, in rebus magnis tacite peragendis industrius, in re præsenti videnda peracutus, in futura præcavenda circumspectus, sapienti cupidus, amicitiae cultor, pauca committens fortunae, omnibus tamen ob prudentiam commissus.

Ex oratione in Severum collegam.

Quis magis illo, vel cum celeritate justitiam sectatus est, vel cum ratione sectatus, magis eam publice demonstravit? quis sic in agendo subtilis, quis in puniendis sontibus ita tardus? Quis adeo auri victor? quis ita cupidus humanitatis, et tantae erga miseros clementiae? Maturus quidem in verbis, in rebus et operibus maturior.

Ex oratione in Cylaceum Graeciae proconsulem.

Clypeus, auro coruscat, et Vulcaniam refert artificio dextram, quae sola ob sapientiam artificio naturam valet adumbrare. Meander Cariae fluvius, quantum magnitudine a Nilo superatur, tantum natura superat terra, quam Aegyptiis largitur, de hoc fabulam fingit. Ille vero nautis mare eripiens, agricolis dedit aratris pro aquis sulcos scindere. Videas campum, ubi prius fuit mare, videas lascivientes hinnulos loco delphinorum, loco nautae hortantis, pastoris sonantem fistulam audias.

374b Ex oratione in advenas Ephesios. — Exordium.

Cum Apollo divinatorium tripodem collocans omnibus oracula redderet, omnes gentes omnesque urbes fama hac ad Deum attrahebantur.

Ex oratione in populares suos. — Exordium.

Etenim jam denium tempus est, juvenes, etiam civibus lyram nostram adaptandi. Quid urbem proferre dicemus? sed cum non in curribus nos vehamur, neque studia poetarum amplectamur, age viris et oratione urbem muniamus. Quid ex omnibus magnam Homeri famam in furorem egit? Num virorum gloria? Ego virtutem quaero, et ob hanc viros celebrare cupio. Principium virtutis duplicia sunt indicia, cum regis decreta, tum subditorum amor. Cum subditis amorem, cum operibus naturam par est considerari, et aliquis reperiet opera aequalia cum natura, a qua diriguntur. Quaenam principium naturae signa? acerrimo esse judicio, sublimi animo, in benefaciendo promptum, moribus esse popularibus, eloquentia si dicendum esset, Periclem vincere, si quid agendum, Alcibiadem imitari, urbem potius amare, pecuniasque potius contemnere, quemadmodum Periclem fecisse diximus, in agendo vehementiorem multo esse Clinia, ad agendum vel sine arte lyra quavis aptiorem esse. Talem aliquem Proteum esse Aegyptiae fabulae ostendunt, cum eumdem nunc in aquam, nunc in arborem, et flammam mutant. Promptitudinem naturae per hoc significare volunt.

Ex oratione in Privatum Romanum. —Procemium.

Amor ignis Eleusini traxit etiam Anacharsim Scytham ad mysteria.

Ex oratione, cum Corintho reversus esset.

Si casus aliquis corpora separaret, animo tunc prospiciendum, et amore amor amicorum non est disjungendus: agnosco affectum; animum meum explicat poesis.

375a E propemptica in Ampelium. — Exordium.

Solus e Graecis, o adolescentes, hujus fugae laqueos reperiam. Heri fugam minatus est currus, hodie visus est meis retibus constrictus esse. Fertur Alexander vetustis et materiam artificibus dedisse, ita ut Lysippus et Apelles formam ipsius partiti, ille quidem coloribus, hic vero aere naturam regis explicuerint. Cum vero oratio corpus transcendens, cum animi venustate et decore conjungatur. Sit et haec vera delineatrix, nullum gubernatorem peritum omni habens navigatione. Infinitum cum inopia confunditur. Exercitatio praesumit artem quam didicit. E carceribus ad calcem cursum dirigite. Facilis es! communis haec est virtus. Malum odisti? cum malo etiam bellum gessit. Injustorum naturam donorum fugisti? ipsae etiam animae suae januam damnoso auro, justitiamque coarguenti occlusit. Noverat enim justitiam, non esse cum tenuibus opibus infamiam, sed cum improbitate divitias, virtuti inimicas et gloriae. Haec initium laudum est, quia et initium rerum. Hoc vero deinde, quid quis dixerit? quid observaverit? Discere enim infinitum est, non dicere, ingratum. Quemadmodum illi qui pulchras statuas intuentur, conjiciunt oculos in eam quae primo occurrit, deinde aliam post aliam spectantes dubitant quam prius conspiciant. Potius vero (quid enim mihi opus antiqua similitudine?) ut ii qui aliquam e multis novis statuis novam vident, aspicere summatim omnes e pulchritudine quae est, in toto circumfusa coguntur, particulatim vero alia alio ducente cupiditatem, admiratione spectaculum abrumpunt: sic et facta tua undique convenientia aliam historiam postulant, nec his orationis terminis includi volunt. Quis facta vel justitiam, vel privatam operam, vel reipublicae curas, inopiae providentiam, vel principum temperantiam cum clementia, dicere poss t? Propter te Sparta sordidum crinem in venustam caesariem commutans, in deliciis agit. Quis infinitam aedificiorum copiam pro 375b dignitate recenseat? Suffecit Pericli ad commendationem Propylaea, et Parthenon, et Dario domus regalis, aureaque vitis Artaxerxi Theodori Samii opus, cum Medus ille inutile hoc opus adversa natura in deliciis haberet. Tu autem a Thermopylis incipiens, ad usque extremum Peloponnesi recessum, omnem locum medium urbes esse declarasti. Fuit quidam vicus Colyttas in urbis meditullio vocitatus, populi quidem habens nomen, sed fori usu celebris, antiquus gloria, venit ille huc fama ductus. Videns vero naturam loci admiratus est: ornatu vero urbis magis confusus est, non tamen desiit in re gerenda propter urbem pudore suffundi. Tu vero fabulas credibiles esse ostendisti. Cum lapides tui amantes ingemiscant, et lacrymas libent velut ab amata separatus furtim amasius, ut ego vereor, ne tui desiderium damnum aliquot excitet,

Ex oratione in Anatolium præfectum. — Exordium.

Jupiter per Mercurium e cœlo tesseram mittens, apud Homerum, jussit Achillem socii casum deplorantem arma sumere. Agedum ergo etiam nos tanquam cœlesti aliquo impulsu in festivitate dolorem solventes, Apollini cantemus. Nos nostris artibus magnum illum principem cepimus. Non hæc sunt nugæ, aut Attici sales, Bacchum e Thebis peregrinum, Neptunum e fluctibus amantem, sicuti ad urbem Lacones ludunt, sed verum colloquium, sed institutio et sanctio, radix bonorum et initium. Ipse vero hoc germine animum suum plantat, Atticis irrigans aquis. Semper vero omnia pulchra rara, et immortalem gloriam intelligentibus conciliant. Primus sapiens Anacharsis e Scythia in Græciam venit; primus Pelops e Lydia immortalibus in serenitate vectus equis, et mercedem novæ divisionis accipit, ut dederit regioni cognomen. Et laus illa quidem adhuc in littoribus : fluctuat vero oratio non videns portum apparentem. Optimum igitur forsitan fuerit, hunc imagine ejus naturam exprimentem, Phidiam in eo imitari. Non ignorabat Phidias, quis et in quibus Jupiter esset, scilicet animo **376**a sapientior quam dextra. Cupiens igitur una imagine Jovis ingenium exprimere auro commiscens ebur, Eleis quidem Olympium, aliis hominibus Jovem una imagine talem, ut est, effingens. Volo tibi e divinis coloribus tabulam pingere, terreni enim colores tempore eluuntur : sententiam vero et opinionem, si cui placet nominare tabulam, non contendam. Quandoquidem et mihi hoc ingens corpus improbitatis morbo (quod terram quidem nos centrum divini illius mundi putamus), tunc Lacheseos fusus cœlum tela penetrans, e Jovis penetralibus animam sinceram trahit, divinarum imaginationum substantiam ad nos transferentem. Hæc parit justitiam, hæc fortitudinem, ex illa propriam sententiam pure ipsa anima habet : hanc vero sequitur magna virtutum similium societas, sublimitas mentis, excellentia animi, libera vox, manus beneficiis non alliciendæ, amicitiæ studium, veritatis amor, incommutabilis sententia ex amicitia virtutem non dijudicans, sed virtute amicitiam ponderans.

Ex oratione in Phœbum proconsulis filium. — Exordium.

Sapientiæ initiis humiliore lingua responsuri, verisimile puto fore, ut sophisticis etiam rationibus occurrant. Isocrates sophista (notum omnibus hoc nomen cum orationibus puto, quia ob illum Sophistæ poeticam negligentes, propriam legem amplexi sunt). oratione quidem semper eloquentiæ amatoribus regalia scholarum suarum patefecit.

Ex oratione in Arcadium medicum et principem.

Descripsit pueros circum thalamum ludentes, et suis eos fistulis facit specimen exhibere. Nunc vero aliud certamen, aliud stadium, Musarumque delubrum sacris sacerdotibus apertum ab amicissimis aleatoribus. Aiunt Democidem illum Crotoniatam, primum Græcam [medicinam] apud Barbaros coluisse.

E propemptica in socios advenientes.

Animosus, orationi miscens affectum, et fortis audivit : vita mollis, mensuram ponens **376**b naturæ, temperantiam assumpsit. Mare mutat naturam in multas formas. Purpurascit quidem cum in tranquillitatem sedarit fluctus, obscuram vero speciem habet cum fluctibus turbatum efferatur.

E propemptica in Flavianum. — Exordium.

Conjecisti me, meliorem parantem lyram, o amice, ut te scilicet post Africam salutarem, repente fugiens in inamœnam Musam. Visum nondum est ver, et tempestas Hellespontiaca irrumpens animam suffocavit. Nondum solem vidimus, et radios aversus mutavit, Græcisque noctem inducere minatus est. Prius ingemiscimus, quam riserimus, prius diis viarum præsidibus vota dedimus, quam sacrificia te reduce fecerimus, orationem timidiorem quam dextram coargui, ea præstare negligentem, quæ cera et ferrum audent. Semper enim gloria ex Africa in Græciam profecta est. Ventum quidem fecit jocantem et ludentem, quales pictores in tabulis artificio suo ebrias Lydas faciunt. Parum igitur orationem e medio trahemus, et deinde de Africa libere fluere permittemus. Nemo vincit, quia omnia admiratur, sed oratio amorem secuta tanquam violentum fluxum. Parum ad aliam viam delata deflexit. Reducenda igitur oratio ad Africam. Pericles accusatus est ut eloquentia nemini secundus, accusatus est Themistocles, ut mente tardior atque oblusior, Plato propter ingenium, ob leges Solon, et norunt omnes, unumquemque ut solis, ut omnibus sic exsultare. Quid faciam ? quid consilii capiam ? Mittam ducem Romanis ? Lautus populus sobrium ignorat aurigam. Celeriter mihi Carthago indignatur, urbs supra Africam ob virtutem Romanæ urbis æmula, urbs totam Italiam suis ornamentis depascens, urbs propter id non prima, propter quod Romam veretur. Periclitatur mihi magna urbs, et tota continens male gubernatur. Mittamus ipsum magnum victoriæ aurigam. Novit hæc rex, et aureæ statim tabellæ sententiam præcesserunt. Cum huc in oratione venissem,

Quid primum, quid deinde canam, quo fine si-
[lebo ?

Monentur enim undique negotia, æquale est et dubium **377**a æque et non dicere, et dicere : hoc multitudine, illud vero magnitudine prohibetur. Dicendum igitur non quod res est, sed quod licet. Videntes autem eumdem per pratum ut per tranquillitatem classem instruere, et in fluctibus tanquam in portu ludentem, hi quidem tanquam aerem amatorem desiderant, hi metuunt tanquam omni metu superiorem, excellentiorem pompam duxit quam

Vulcanus. Contra fluctus sonat populus, et contra impetum applausus ex urbe, et fremitum maris Carthaginensis clamor complevit. Veniam dent omnes, et senex et juvenis, si adhuc loquar. Scivit enim scivit amor orationem propriam facere. Hic morbo laboravit majore quam fortuna sua pateretur, iniquitate non minore. Et vero nemo miretur an hæc ille contra hunc virum ausus fuerit. Viri boni, qui ante nos fuerunt, a malis hominibus accusati sunt. Accusavit Periclem Cleon, fugit Hyperbolum Nicias, in crimen vocavit Demades Demosthenem, Cleophon Alcibiadem proscripsit. Vir Seriphius conviciatus est Themistocli. Nam qui excellentiori fortunæ invident, cogunt audaciæ adæquare. Dignitatem minorem virtutis et calliditatis constituit.

CCXLIV.
E Diodoro Siculo Excerpta.

Diversos e Diodori *Bibliotheca* libros legimus, tricesimum secundum [tricesimum quartum], quadragesimum octavum, tricesimum primum, secundum, quartum, sextum, septimum, octavum, e quibus hæc descripsimus.

Multi, iique diversi tradidere, multos e specie qua feminæ putabantur, in virilem et sexum et naturam transiisse. Cæterum Diodorus res Alexandri Cœlo-Syriæ, et Antiochiæ regis prosequens, hæc ad prodigium addidit. Cum Alexander, inquit, victus e pugna in civitatem Arabiæ Abas ad Dioclem regem, apud quem et filium Antiochum adhuc infantem deposuerat, cum quingentis aufugisset, ecce duces illi Heliadis, qui sese Alexandro conjunxerant, de proprio commodo legationem 377^b clam adornant, et dolo sese Alexandrum necaturos promittunt. Annuente vero postulatis Demetrio, non modo regem suum prodiderunt, verum etiam interfecerunt. Non est prætereundum prodigium illud, quod mortem Alexandri præcessit; licet fortasse propter novitatem fidem excedere videatur.

Paucis ante diebus, cum juxta Ciliciam Alexander rex oraculum consuleret, quod Apollinis Sarpedonii templum ibidem diceretur, respondisse fertur illi deus, cum ut locum caveret, qui geminum deum protulisset. Ambiguum tunc temporis, et obscurum visum est; post regis autem mortem, verum oraculum fuisse cœptum est intelligi, his de causis. Diophantus quidam e Macedonia in civitate Abis in Arabia habitabat, qui ducta uxore Arabissa filium genuit ejusdem nominis Diophantum, et filiam nomine Heraidem. Filium, antequam juvenesceret amisit, sed filiam nubilem cuidam Samiadi dotatam dedit: qui exacto uno cum uxore anno, procul a domo peregrinatus est. Herais autem, ut dicitur, interea in novum omnino morbum, et sane incredibilem incidit. Nam ingens circa alvum natum est tuber, quod cum in dies excresceret, et locus intus condensaretur, consuluntur medici. Hi ulcus circa ostium vulvæ esse asserunt, quocirca adhibent medicamenta, quibus tuber hoc possint supprimere.

Septimo autem die disrupta summa cute, excidit ex pudendo inguem adjunctis testibus, et hæc ruptio hicque affectus nec medico, nec quoquam externo præter matrem duasque ancillas præsente accidit. Itaque rei novitate perculsæ, omnem curam Heraidis gerunt, et id quod accidisset occultant. Mulier vero liberata morbo, sumpta veste feminea, domestica exercitia, et uxoria 378^a exsequitur. Qui prodigium cognoscebant, judicant eam hermaphroditum esse, et ideo virile quoddam gestasse, quia coiens cum viro contrario naturæ modo coivit. Latuit hoc externos. Reversus autem Samiades, ut par est, super uxore rogitat, quæ præ pudore non fuit ausa comparere. Quod acerbe ferens Samiades, institit amplius, et consortium cum uxore sua postulavit: patre vero renuente, et causam dicere erubescente, magna orta est contentio. Itaque pro uxore sua socero diem dicit, et ut fit in dramatis, prodigium fortuna in crimen convertit. Cum jam judices consedissent, et causæ essent allatæ, adesse jubetur persona de qua contendatur. Jam vero dubitant judices, utrum viro conjugem, aut filiam patri adjudicent; censent tandem id veritatem indicare, uxorem viro esse adjungendam. Ipsa mox audacter vestem fictam solvens, ostendit palam virum sese esse, lamentabilem tollens vocem, ad quid cogerent virum cohabitare viro? Obstupescere omnes, et admirabili voce se perculsos testari. Tunc Herais remoto pudore, virilem habitum rejecto femineo memoratur assumpsisse. Medici autem his visis sic dixerunt: Eodem loco et femineum et virilem sexum tegi, et pelliculam quæ testes tegeret, novo more perviam factam esse, quo retrimenta naturæ transirent; quare patentem illum locum obducere, et claudere, virilemque naturam promptam reddere coacti sunt, omnibus adhibitis medicamentis. Herais vero induto nomine Diophanti conscripta est inter equites, et militaris una cum rege Abas secessit. Tunc vero oraculum quod antea occultum fuit, verum fuisse apparuit. Nam Abas cum rex confugisset, ibidem etiam biformis Diophantus fuit. At Samiades quod amori primoque matrimonio serviisset, pudore, et contra naturam 378^b nuptiis initis afflictatus, Diophantum hæredem bonorum suorum scripsit, et sibi ipsi vitam eripuit. Vide quomodo femina virilem animum et audaciam assumat, et vir femina fiat imbecillior.

Simile priori triginta post annos in Epidauro prodigium contigit. Kallo quædam fuit Epidauria parentibus orbata, quæ puella esse videbatur. Habebat enim ea quæ feminis natura concessit, verum non pervia juxta hunc locum, alia via a nativitate excrementa naturæ transmittebant. Ad ætatem nubilem ubi pervenisset, nupsit cuidam civi, duosque annos in matrimonio cum viro exegit. Sed conjunctionem feminis usitatam non admittens, inversam, et contra naturam sustinere debuit. Post autem multis doloribus circa uterum ingens oritur tuber, quod e multis medicis, qui eo confluxerant, nemo sanare potuit. Pharmacopola vero quidam se curaturum promisit. Hic tumentem illum locum aperiens, virilia membra et testes, et virgulam non perviam inde eduxit. Rei novitate omnes obstupescunt. Pharmacopola tum reliquis partibus læsis medicatus est. Primo quidem summitatem pudendorum parum secans, perduxit usque ad initium vesicæ, et fistulam inseruit argenteam, qua excrementa pertransirent, locum vero ante patentem sanavit, et clausit ; quare hoc loco sanato, duplicem mercedem poposcit , primo quia mulierem liberasset a morbo, et virum ex ea perfectum perfecisset. Kallo vero virili veste sumpta, et viri moribus rejectis radio textorio, et mulierum opificio, una littera nomini adjuncta; scilicet n, Kallon vocitata est. Narrant quidam illam antequam in virilem formam mutaretur, Cereris sacra viris ipsis non adeunda, vidisse, et ideo impietatis accusatam fuisse.

Similia Neapoli , et aliis in locis plurima facta dicuntur prodigia, non quod masculinus et femininus sexus **379**a in geminum locum collocatus sit, quod fieri non potest, verum quia natura aliqua membra corporis, in hominum stuporem, et fraudem falso describat. Quare nos hæc digna censuimus quæ litteris non oblectationis causa legentium, sed utilitatis mandarentur. Multi enim superstitiose putant hæc prodigia esse, nec solum rudes, sed etiam integræ gentes et urbes. Fama est initio belli Marsici, juxta Romam Italum quemdam Androgynum uxore ducta prioribus non absimilem, reum factum apud senatum fuisse, qui superstitiosus nimium, et a Tyrrhenis aruspicibus persuasus, hominem vivum jussit exuri. Verum senatus ignorans morbum, injuste hunc similis participantem quidem naturæ, non revera autem monstrum, damnavit. Non multo post Athenienses eadem de causa morbum ignorantes, quemdam vivum ait exussisse. Nugantur etiam quidam hyænas utriusque naturæ esse (56), et intra annum sibi invicem coire; sed res tota falsa. Nam utramque naturam simplicem, et non permistam habent, et male tradiderunt ii, qui temere observarunt. Muliebri sexui adjacet quiddam simile secundum naturam parti virili, et virili contrario modo quod referat speciem muliebris. Hæc quidem de omnibus animalibus non crescentibus, et ad perfectum incrementum pertingere non valentibus, quamvis multa et varia revera accidant prodigia, dicta sunt ad superstitionem tollendam.

Hæc Diodorus circa finem libri tricesimi secundi *Historiarum* prosequitur, licet etiam alii, et plurimi de prodigiis scripserint.

Ex libro tricesimo quarto.

Obsidenti, inquit, Antiocho regi Hierosolyma, eo usque Judæi restiterunt, donec necessaria omnia defecissent. Tunc de componenda re legatos miserunt, et eos plerosque regios amicos. Itaque suasere regi, ut violenter urbem dirueret, et gentem Judæorum funditus everteret. **379**b Solos enim eos esse qui cum aliis gentibus nihil habeant commune, et omnes in hostium numero ponant, et clarum esse quomodo majores eorum , ut impii et exsecrabiles a diis ex omni Ægypto expulsi, et quomodo leprosi confertim loco mundationis velut detestandi profugi ejecti sint, et mox Hierosolymis loca contermina abripientes hanc gentem ordinaverint, et odium erga omnes homines induxerint. Quare et aliam omnino vitæ institutionem complecti, nec cum alia gente omnino velle comedere, nec etiam velle benefacere. Ad hæc ei majorum odium suorum erga hunc populum in memoriam revocarunt. Antiochus enim dictus Epiphanes devictis Judæis intravit Sancta sanctorum, adiit solis sacerdotibus adeunda, et invenit ibidem lapideam statuam viri barba promissa, tenentis manibus librum insidentisque asino, quam putabat Mosis esse, qui urbem et condiderit, et gentem fundarit, et odiosas illas omnibus gentibus leges tulerit. Ipse vero cupiens obducere odium omnium gentium, leges dissolvere conatus est. Quare statuæ conditoris, et altari Dei subdiali porcam ingentem sacrificavit, et sanguine illos perfudit, et carnem coquens, jussit sacros eorum libros , qui leges continerent, jure illo corrumpi, et oblitterari : ignem nunquam deficientem, et semper, ut aiunt, ardentem, in templo exstingui, et carnem suillam summum sacerdotem, aliosque Judæos comedere coegit. Hæc narrantes illi amici, Antiochum vehementer ad totam gentem perdendam, aut saltem ad evertendas leges, et vitæ institutionem mutare cogendum incitarunt. Verum rex magnanimus, moribusque mansuetus, impositisque tolerandis tributis, et muro privans civitatem Hierosolymorum, acceptis obsidibus, Judæos crimine liberavit.

Hæc Diodorus de Mosaicis institutis et legibus, de conditore Hierosolymorum, de exitu ex Ægypto mentitur. Et in reprehensione Judæorum **380**a in mendacio perseverans, ne sibi ipsi contradicere videatur, tanquam alios narrantes inducit, quibus Antiochi amicitiam adjungit. Hæc quoque de Judæis libro XL *Bibliothecæ* habet.

Ex quadragesimo circa medium.

Scripturus bellum contra Judæos par esse existimavi principium prius et ortum hujus gentis et instituta recensere. Multi apud Ægyptios olim perniciosæ hujus calamitatis causam ad Deum referunt. Cum multi et varii peregrini Ægyptum incolerent, diversis sacrificandi utentes ritibus, factum est ut patrii erga deos cultus deficerent, quod incolæ, nisi alienigenas dimitterent, malorum indicium fore suspicati sunt. Statim itaque iis ejectis profugis præstantissimi efficacissimique (ut quidam nugantur) in Græciam, locaque vicina illapsi sunt, præstantes habentes ductores, quorum principes Danaus et Cadmus exstiterunt. Reliqua vero turba eam regionem, quæ nunc Judæa dicitur, non procul ab Ægypto distantem, et in illa usque tempora penitus desertam occupavit. Hanc porro coloniam Moses prudentia et robore cæteros excellens deduxit, qui hanc regionem invadens, multas urbes condidit, et unam, quæ nunc celeberrima est, appellatam Hierosolyma ; maxime autem religionem et cultum eis colendum dedit, venerationes et sacrificia edocuit, et de eis quæ ad rempublicam pertinent leges tulit et decreta. In duodecim tribus populum divisit, existimans hunc numerum esse perfectissimum, et anno duodecim mensibus completo persimilem. Imagines deorum omnino non sculpsit, quod putaret humana Deum non videri forma, sed cœlum terram ambiens esse Deum, et omnia suo imperio gubernare. Sacrificia vitæque **380**b rationes diversas prorsus ab aliis gentibus ordinavit. Nam quia externos urbe sua interdicerent, odiosam sane vitam, et aliis invisam induxit. Jussit insuper ut qui genti præessent, grati essent populo, et maxime auctoritate potentiores, quos sacerdotes esse voluit, et eos præcepit circa altaria Deique cultum et sacrificia exerceri, et ex his optimos judicio viros judices constituit, quibus et legum institutique custodiam attribuit. Non ordinavit Judæis regem, sed imperium populi ei censuit committendum, qui prudentia et virtute inter sacerdotes aliis præstare videretur ; hunc summum pontificem appellant, quem velut nuntium sibi divinorum præceptorum esse ducunt, hunc edicta in populi congregationibus et conciliis, ait proferre, cui Judæi ita obtemperant, ut statim pontifice loquente cadentes in terram adorent. Additum est in fine legis : *Hæc Moses loquitur Judæis, obediens Deo*. Magnam etiam bellicarum institutionum curam adhibuit, juvenesque ad tolerantiam et fortitudinem, et ad omnem malorum patientiam exerceri voluit. Multa quoque contra varios populos bella gessit, magnamque subigens sorte eam divisit ; æquales populo portiones, sacerdotibus majores assignavit : ut latiores terminos possidentes, continenter sine ulla molestia Dei sacrificiis occuparentur. Nec etiam licitum erat pauperibus portiones proprias divendere, ne aliqui per avaritiam coementes inopes excludant, et in causa sint ut populus minuatur. In regione pueros ali voluit, qui exiguo sumptu alebantur, et ideo copiosa et fecunda semper Judæorum natio exstitit. Diversi quoque ab aliis in nuptiis et sepulturis fuerunt. Sed propter accessiones quæ postea e multis victoriis acciderunt, monarchia quarta scilicet Persarum, et deinde Macedonum, multa patriis Judæorum institutis decesserunt.

381a Ita hic de moribus et legibus majorum, et discessu eorum ex Ægypto, deque sacro Mose, in multis mentitur, plurima etiam non attingens. In accusationibus quas contra veritatem profert, deflectit, ad alium dictorum narrationem referens. Subdit enim statim : *Hæc de Judæis Hecatæus Milesius tradidit*.

E libro quadragesimo octavo.

Quæ Joviano imperatori ab aliquibus mortis causa fuisse traditur, ut scilicet dormiens in domo recens inalbata, et igne propter humorem excitato, vaporibus e madida calce prodeuntibus exstinctus sit, hanc sponte Catulum subiisse longo ante tempore narrat Diodorus ; nam in libro quadragesimo octavo, initio, hæc habet. Cinnani et Mariani consilium inierunt cum præstantissimis ducibus, ut firma in pace viverent, et tandem ita concluserunt, ut inimicorum clarissimos quosque, et de imperio contendere valentes interficerent, ut scilicet pura factione eorum reddita, reliquo regione, ut vellent, sine timore cum amicis suis rempublicam administrarent. Quare statim pactas conditiones et fidem neglexerunt, et cædes condemnatorum impune et ubique factæ sunt. Quintus vero Lutatius Catulus, qui clarissimum de Cimbris triumphum egerat, populo prius charissimus a quodam tribuno plebis apud populum reus mortis factus est : quare metuens periculum ex accusatione, speransque auxilium aliquod ad Marium se contulit : ipse autem antea amicus ejus, tunc elatus superbia, secius erga eum affectus est, nullumque aliud responsum dedit nisi, *Moriendum est*. Catulus vero desperata salute properans sine injuria vitam terminare, seipsum vita privavit, idque novo et inusitato more, nam includens seipsum in domo recens dealbata, et vaporem e calce igne et fumo excitans, respirandi facultate impeditus exstinctus est.

Ex tricesimo primo.

Hæc dum geruntur, Romam **381**b venere legati Rhodiorum, ad diluenda quibus impediti fuerant crimina. Videbantur enim in bello, quod adversus Perseum gestum est, animis ad regem inclinasse, et quam cum Romanis habebant amicitiam, prodiisse. Cumque nihil legatione sua proficerent, desponsabant animos, et cum lacrymis colloquia habebant. Cum autem eos in senatum introduxisset unus tribunorum, nomine Antonius, primus orationem de legatione habuit Philophron, et secundum post eum, Astymedes. Illi cum multa suppliciter et deprecatorie dixissent, et ad extremum (ut est in proverbio) cygneam cantionem cecinissent, ægre responsa acceperunt, per quæ ab extremo quidem metu liberati sunt, sed de criminibus acerbe objurgati.

Quare licet apud Romanos videre præstantissimos quosque de gloria contendentes, per quos omnia pene maxima a populo perficiuntur. Sed in aliis urbibus sibi ipsis omnes invident, Romani vero invicem laudant, unde evenit optime et fortissime rem ut gerant, rempublicam amplificare studentes et alii injuste sentientes, et seipsos circumvenientes patriam perdant.

Perseum ultimum regem Macedoniæ, postquam is sæpe cum Romanis amicitiam iniit, sæpe item non contemnendo exercitu bellum gessit, tandem Æmilius debellatum cepit, et præclarum ob eam victoriam triumphum egit. Perseus vero tantis agitatur calamitatibus ut similes esse videantur ejus casur fabulis rerum nunquam gestarum, ne discedere quidem e vita volebat. Priusquam enim senatus de eo pronuntiasset, quid faciendum esset urbano prætori, conjecit eum in carcerem, qui est Albæ, cum natis. Est autem carcer ille, antrum subterraneum profundum, magnitudine maxime, quantum est cœnaculum novem lectorum. Estque tenebrarum plenum ac fetoris, propter multitudinem hominum rei capitalis damnatorum, qui in eum locum traduntur, quorum maxima pars illis temporibus hic claudebatur. Conclusis enim in tam angusto loco tot hominibus, efferebantur miserorum corpora, et confusis inter sese omnibus, quæ vel ad victum, vel ad alios usus pertinent **382**^{a}, tantus fetor exsistebat, ut nullus accedentium facile durare posset. Igitur ille per dies septem loco hoc miseriam pertulit, ut etiam extremæ conditionis hominum et statuum cibum accipientium ope indigeret. Hic enim ejus vicem propter infortuniorum magnitudinem dolentes, quæ ipsi accipiebant, hæc ei benigne lacrymantes impertiebant. Igitur ei gladius ad occisionem, et restis ad strangulationem projectus est, data utriusvis optione. Verum nihil tam dulce miseris videtur quam vivere, etiamsi morte dignam miseriam patiantur. Ac tandem in his necessitatibus vitam finivisset, nisi Marcus Æmilius curiæ præsidens, et suam dignitatem et patriæ æquitatem retinens, senatum cum gravi reprehensione commonefecisset, ut si humano metu non terreretur, at Nemesim ultricem certe vererentur, quæ in eos animadvertere solet, qui potestatibus superbe utuntur. Itaque ille in mitiorem datus custodiam, et vanas spes fovens, similem superioribus casibus exitum vitæ sortitus est. Postquam enim biennium vitæ cupidus duravit, cum custodes barbaros offendisset, prohibitus est ab illis somno frui, atque ita vitam finivit.

Dicunt sese (inquit) Cappadociæ reges ad Cyrum Persam referre genus suum, contenduntque prognatos esse se uno septem Persarum, qui magum occiderunt, et ductam quidem a Cyro cognationem sic enumerant. Cambyse Cyri patris sororem fuisse germanam Atossam. Ex hac et Pharnace Cappadociæ rege natum fuisse Pedagamum, et hujus filium fuisse Smerdim: cujus porro Artamnam, et hujus Anaphan, qui fortitudine et audacia excelluerit, et unus septem Persarum fuerit. Igitur suam ad Cyrum cognationem sic enumerant, et ad Anaphan, cui perhibent propter virtutem sic concessum fuisse Cappadociæ principatum, ut Persis tributa non penderet. Eo vita defuncto imperavit ejusdem nominis filius. Post cujus obitum superstitibus duobus filiis, Datama, **382**^{b} et Arimnæo, successisse imperio Datamam, virum et bello et aliis regni partibus laudatum, qui cum Persis prælio congressus et strenue præliatus, in eo occubuerit. Regnum accepit filius Ariamnes, cujus fuere filii Ariarathes et Olophernes. Is Ariamnes cum annos quinquaginta imperasset, nec ullum opus dignum memoria fecisset, obiit. Ejus in imperium successit natu grandior filius Ariarathes, qui supra modum amasse fratrem dicitur, et ad clarissimos ordines evexisse, utque idem cum Persis adversus Ægyptios missus, belli socius fuisse, et cum magnis honoribus revenisse, quos Persarum rex Ochus propter virtutem in eum conferebat, vitamque in patria reliquisse, superstitibus filiis Ariaratha et Arysa; frater autem et Cappadociæ imperium habens (nec enim germanam prolem habebat), grandiorem fratris filium Ariarathem adoptavit. Per ea tempora Alexander Macedo Persas debellavit, deinde obiit. At Perdiccas omnium tunc rerum gubernator, Eumenem misit ducem Cappadociæ, ac debellato Ariaratha et in pugna interfecto, tam ipsa Cappadocia quam finitimæ regiones, in Macedonum potestatem venerunt. Ariarathes vero postremi regis filius in præsentia desperans, concessit cum paucis in Armeniam. Haud multo post tempore, Eumene et Perdicca mortuis, et Antigono ac Seleuco subsecutis, ille acceptis ab Armeniorum rege Ardoata copiis, et Macedonum ducem Amyntam interfecit, et Macedones celeriter e finibus ejecit, domesticumque imperium recuperavit. Habuit hic tres filios, quorum natu maximus Ariamnes regnum accepit, qui affinitatem contraxit cum Antiocho cognomine Deo, ejus filiam Stratonicam Ariarathæ filiorum suorum natu maximo collocavit. Cumque esset filiorum supra modum amans, puero diadema imposuit, eum totius in regno imperii atque juris ex æquo secum socium fecit. Mortuo patre Ariarathes solus regnavit, et e vita discedens regnum filio suo admodum puero reliquit. Hic duxit in uxorem filiam Antiochi Magni, nomine Antiochidem, versutam admodum. **383**^{a} Hanc, cum liberos non gigneret, supposuisse ferunt sibi duos filios ignorante viro, videlicet Ariarathem et Olophernem. Aliquanto post tempore cum semen suscepisset, ipsam præter spem peperisse duas filias, et unum filium, nomine Mithridatem. At tunc virum de subditis consuluisse, et fecisse ut grandior cum mediocribus facultatibus Romam mitteretur, et junior in Ioniam, ne de regno cum germano filio contenderent. Hunc adultum Ariarathem aiunt cognominatum, et litteris Græcis imbutum, atque ob cæteras virtutes laudatum fuisse. Et pater quidem filio patris amanti studebat se vicissim amantem filii exhibere: atque eousque processit eorum mutua benevolentia, ut pater toto imperio cedere filio certaret, ille contra demonstraret fieri non posse, ut a parentibus adhuc viventibus ejusmodi beneficium admitteret. Hic, postquam parentem fata vocarunt, regnum accepit, tum in reliquis vitæ moribus eximium se præbens, tum philosophiæ operam navans. Quo factum est ut Cappadocia olim Græcis ignota, tunc eruditis fuerit receptaculum. Idem cum Romanis amicitiam societatemque renovavit. Aliaque plurima de relatione regum Cappadociæ præsentium usque ad Cyrum.

Ex eodem.

De Lucii Æmilii, qui Persem debellavit, sepultura hæc habet, quam propter ista maxime dicit illustrem. Solent enim Romani qui nobilitate et majorum suorum gloria præstarent, mortuorum imagines ad similitudinem vitæ, totiusque corporis delineationem effingere, ut vitæ seriem servantes, et juxta imaginis cujusque propriam virtutem haberent quos imitarentur. Eodem modo unusquisque e parentibus ejusmodi statuas, et ornamenta habuit et præcessit, ut ex eorum picturis quisque intelligat, quantas **383***b* in republica dignitates singuli et honores gesserint.

Nominat Hispanos et Lusitanos. Addit enim quomodo Memmius prætor ad urbem in bello in Hispaniam cum copiis sit missus, et ut Lusitani cum eo congredientes, exscendentem imparatum occupant, pugnaque eum superant, magnamque exercitus partem cædunt, facta autem Hispanorum victoria jam celebri, Arevaci existimantes se Iberis fortiores adhuc esse, hostem contempserunt, et in concione populus, hac præsertim de causa, contra Romanos bellum movit.

Ex tricesimo secundo.

Licet Carthaginensum mœnia quadraginta cubitos altitudine, et latitudine viginti duos excederent, Romanorum tamen machinæ, et virtus fortior quam murus fuit, sic ut urbem ceperint, et solo æquaverint.

Masinissa rex Africanorum, qui amicitiam cum Romanis tenuit, annos nonaginta in vigore vixit: filios decem moriens reliquit, quos Romanis in tutelam commisit. Erat et corporis firmitate præstans, et duritiei ac laboribus a pueritia assuetus. Etenim stans in vestigiis totum diem manebat immotus, et sedens non surgebat usque ad noctem, toto die laboribus meditans, et in equo continenter toto die et nocte sedens, et equitationibus utens non defatigabatur. Est ejus valetudinis vigorisque signum hoc maximum, quod fere jam nonagenarius, filium haberet quadrimulum, corporis robore præstantem. In agrorum cultura usque adeo excelluit, ut singulis filiis reliquerit agrum decem millium jugerum omni instrumento ornatum. Regnavit præclare annos sexaginta.

Nicomedes patrem Prusiam persequens, ad aram Jovis confugientem interfecit, et nefanda cæde imperium invadens, Bithyniæ regnum adeptus est.

Lusitani primo parem ducem non habentes, facile superabantur, bellum cum Romanis gerentes. Postea Viriathum adepti multum Romanis incommodarunt. Erat is ea gente **384***a* Lusitanorum, qui Oceanum accolunt. Pastor fuit a teneris montanæ vitæ assuetus, adjuvante etiam corporis natura. Nam et robore et celeritate reliquarumque partium agilitate Hispanos longe antecellebat, cum cibo exiguo, et multis exercitationibus uti consuefecisset, et somno duntaxat quantum esset necesse. An summa ferrum continenter gestans, et cum bellnis et latronibus manus conferens, vulgo celebris evasit, et ab illis dux electus, brevi latronum catervam se circum congregavit. Atque in bellis proficiens, non solum admirationi fuit propter robur corporis, verum etiam dux excellens visus est. Erat autem in dispertienda præda justus, et eos qui egregie pugnaverant, pro dignitate donis extollebat. Tandem cum jam non latronem, sed principem sese exhibuisset, bellum gessit cum Romanis, multisque præliis superior evasit, adeo ut etiam ducem Romanorum Vitellium cum ipso exercitu profligaverit, captivumque ceperit, et gladio necaverit, et alia multa in bello feliciter gesserit, donec Fabius belli adversus illum dux creatus est. Inde non paulo inferior esse cœpit. Deinde creatus, et Fabio superior factus, eum in pacta descendere indigna Romanis coegit. Verum Scipio adversus Viriathum dux electus, quæ acta fecit irrita, et superatum sæpe Viriathum, ad extremam deinde cladem compulsum, adeo ut pacem spectaret, per domesticos dolo interfecit, et ejus imperii successorem Tautamum ejusque socios percullit, et ut pax arbitrio suo fieret, effecit, atque illis agrum et urbem dedit ad habitandum.

Ex libro tricesimo quarto.

Cum post deletos Carthaginenses, Siculorum res annis sexaginta in florentissima fortuna permansissent, tandem servile bellum apud eos hac de causa exortum est. Vitæ commoditatibus magnopere aucti, ac divitias ingentes adepti, magnam servorum multitudinem emere soliti erant: quorum veluti greges quosdam, simulatque e locis in quibus nutriebantur eduxeran*t*, certis illos notis compungebant: et eos quidem qui juniores erant, pastores constituebant: aliorum autem opera ad alia ministeria prout cujusque usus postulabat, utebantur. Verum præterquam quod erga eos asperos ac rigidos in imperandis ministeriis **384***b* exhibebant, etiam eorum victus ac vestitus vix ullam gerere curam dignabantur. Unde fiebat, ut eorum bona pars vitam rapto sustentaret, omniaque sanguine redundarent: utpote prædonibus, tanquam militum exercitibus, longe lateque grassantibus. Provinciarum autem præfecti prohibere quidem conabantur, sed cum supplicium de iis sumere non auderent propter magnam dominorum potentiam atque auctoritatem, suam quisque provinciam sinere impune diripi cogebatur. Nam cum plerique e dominis equites Romani essent, et judices constituerentur accusationum quæ adversus præfectos e provinciis afferebantur, formidolosi ipsis præfectis erant. Jam vero cum ærumnis premerentur servi, et cum aliis modis pessime acciperentur, tum vero plagis subinde præter rationem et injuriose contunderentur, patientiam abrumpere cœperunt. Itaque opportunum tempus nacti, in unum convenientes, de defectione sermones inter se conferre solebant, donec tandem verba ad rem contulerunt. Erat enim servus quidam Syrus urbe Apamea natus (cujus dominus Antigenes vocabatur, eratque Enna ortus) vir magicis incantationibus et circulatoriis captionibus ac præstigiis deditus. Hinc se futura prædicere instinctu afflatuque divino ipsi in somnis apparentium simulabat : multisque per eam qua utebatur hac in parte solertiam ad dexteritatem imponebat. Ab his autem primordiis longius progressus, non solum ex somniorum visis futura pronuntiabat, sed et vigil cernere se deos, et ex iis res futuras audire fingebat. Cum autem in multis vaticinationibus mendax comperiretur, interim tamen casu eventus quarumdam rerum vere prædictionibus ejus responderent, et falsa quidem ejus vaticinia nemo coargueret, vera autem cum applausu diligenter notarentur, hominum opinio de eo in dies augebatur. Postremo artificium excogitavit, quo flammam ex ore cum quodam fanatico furore emittebat, et cum flamma simul vaticina verba Phœbadum in morem fundebat. Ignem enim in nucem aut aliquid hujusmodi utrinque perforatum, simulque materiam quæ illum alere posset, imponebat, deinde ori indens et afflans, modo scintillas, modo flammam accendebat. Hic ante defectionem jactare consueverat, apparentem sibi in somnis Syriam deam dignitatem regiam polliceri. Et hoc non aliis solum, sed et suo ipsius domino assidue dictitabat. Cum autem risu res hæc exciperetur, Antigenes ex hisce prodigiosis mendaciis voluptatem capiens, in conviviis ad quæ invitatus erat, Eunum (ita enim hic præstigiator vocabatur) assectam habebat, eumque super regno interrogabat, et quomodo erga unumquemque eorum, qui in cœtu illo erant, gerere se decrevisset. Cum autem ille ita iis responderet, ut in suis sermonibus minime vacillaret, polliceretur que fore, ut dominos suos leniter clementerque acciperet, mera denique monstra illis super aliis variis rebus narrare pergere **385**a omnibus conviviis risum movebat. Ex quibus nonnulli ferculorum non pœnitendas portiones ablatas e mensa ei porrigebant, atque inter porrigendum hortabantur, ut regnum adeptus accepti ab ipsis beneficii memor esset. Sed enim quæ prodigiosa esse videbatur vaniloquentia, minime vanum nacta est tandem exitum, regni adoptionem.

Principium autem totius defectionis fuit hujusmodi. Ennensis quidam nomine Damophilus, vir elato ingenio præditus, indignis modis supra quam credi possit servos suos acceperat : ejusque uxore Megallide certatim eos suppliciis variis afficiens, et omnem erga eos sensum humanitatis exuente, exactionem et dominorum cædem inter se conjurant, Eunumque adeuntes interrogant, an suum ipsorum conceptum a diis concederetur. Hic autem illis assentiens a diis concedi respondet, verba cum solitis præstigiis fundens : simulque illis, ut primo quoque tempore illud aggrediantur, persuadet. Statim igitur coacta quadringentorum conservorum manu, et in eum quem pro tempore poterant armati modum, in urbem Ennam irrumpunt, ducem habentes Eunum, suis in emittenda ex ore flamma præstigiis utentem. Domos autem ingressi, stragem magnam edunt, ne lactentibus quidem infantibus parcentes : sed eos ab ubere matris raptos solo alligentes. In mulieres autem quæ contumeliæ et petulantiæ genera exercuerint (idque in ipsorum maritorum conspectu), verbis exprimi nullis pro dignitate potest. Illis enim se magna servorum urbis multitudo adjunxerat. Cæterum cum in dominos omnia exempla cruciatusque edidissent, ad cædem aliorum se converterunt. Eunus autem cum Damophilum in suburbanis hortis una cum uxore rusticari audisset, illuc quosdam e suis misit, qui ambos inde in urbem vinctos protraxerunt, variis in via contumeliis affectos. Soli autem ejus filiæ servi prorsus pepercerunt, et ne minima quidem eam injuria vel contumelia affecerunt, ob humanos ejus mores, et animum ad commiserationem erga servos propensum, atque adeo iis auxiliandi cupidum. Quod quidem argumento erat servos non crudelitate naturæ talia perpetrare in alios, sed illatas sibi injurias ulciscentes. **385**b Cæterum Damophilum cum sua Megallide cum in urbem protraxissent ii, quibus datum erat negotium, ut diximus, in theatrum eos produxerunt, ubi defectorum universa congregata erat multitudo. Cumque Damophilus arte aliqua saluti suæ consulere conans, multorum ex illis voluntates ad se oratione sua inclinaret, Hermeas et Zeuxis acerbo eum odio prosequentes, impostorem vocitabant : minimeque exspectantes dum populus certum de eo judicium pronuntiasset, alter ensem per latera ejus adigit, alter securi cervicem ejus abscindit. Hic vero Eunus rex creatur : non quod vir fortis esset ille quidem, vel bonus imperator, sed ob suam præstigiatoriam artem, quodque defectionis auctor fuisset. Quin etiam nominis ejus fuit habita, aliqua ratio, utpote quod velut augurium esset futuræ illius erga subditos benevolentiæ. Itaque defectores cum rerum summam ad eum detulissent, advocata concione, ex Ennensibus qui vivi capti erant, omnes eos interfecit, qui fabricationis armorum imperiti erant : peritos autem vinctos operi faciendo addixit. Megallidem præterea in servarum potestatem tradidit, ut pro suo arbitrio in eam animadverterent. Illæ autem eam primum cruciatibus affecerunt, deinde præcipitem dederunt. Ipse quoque proprios occidit dominos, Antigenem et Pythonem. Tandem vero imposito capiti diademate, rebusque suis omnibus regali splendore adornatis, sua item uxore (quæ et ipsa Syra erat ejusque civis) declarata regina, ex eorum numero qui prudentia cæteris antecellere videbantur, aliquot sibi consiliarios delegit. Ex quibus erat Achæus, non tantum nomine, sed et natione Achæus, vir et consilio præstans et manu mirum in modum promptus. Hic trium dierum spatio cum sex hominum armasset millia, ut tempus dabat, cum his vero et alios haberet ascitis et securibus, aut fundis, aut falcibus, aut sudibus præustis, aut coquorum verubus instructos, tota regione prædas agens peragrabat. Simul vero multitudinem infinitam servorum asciscens Romanos etiam imperatores bello ausus est lacessere, consertisque manibus cum eis, militum numero potentior, victoria sæpe potitus est, utpote plusquam decem hominum millia ducens.

Dum hæc aguntur, Cilix quidam cui Cleon nomen erat, auctor defectionis aliorum servorum fuit, et cum ad eam spem erecti omnium animi essent, fore ut orta seditione hi adversus illos arma caperent, atque ita sibi mutuum exitium afferentes, Siciliam tumultu liberarent, præter omnium exspectationem coitionem inter se fecerunt; quippe cum Cleon nudo Euni mandato se submitteret, ut sub illo, ut rege, imperatoris munia **386***a* obiret, militum propriorum quinque millia habens. Hoc autem fuit triginta fere a defectione diebus. Non multo post commissa pugna cum imperatore L. Hypossæo Roma veniente cum octo millibus Siculorum militum, victoria potiti sunt, utpote qui viginti millia essent. Aliquando post autem eorum numerus usque ad centum millia crevit. Cumque adversus Romanos prælia subinde gererent, sæpe ex iis gloriam reportabant, raro autem clade accepta redibant. Cujus rei cum dissipatus esset rumor, jam servi centum quinquaginta Romæ conspiratione inter se facta ad defectionem incensi erant, in Attica autem plusquam mille; iisdem vero Deli, multisque aliis in locis. Sed unoquoque in loco ii quorum curæ negotia publica demandata erant, subito rebus in discrimen adductis opitulati, cum gravia de illis supplicia sumpsissent, cæteros quibus jam et ipsis spes accensa defectionis erat, metu represserunt, et ad saniorem mentem revocarunt. At vero in Sicilia malum in dies ingravescebat, cum et urbes una cum ipsis civibus caperentur, et multi exercitus a defectoribus desererentur. Sed tandem Rutilius romanus imperator Tauromenium ipsis recuperavit, postquam vehementissime illud oppugnasset, et defectores qui in eo erant ad summas angustias redegisset, atque ad tam acrem famem compulisset, ut cum primo liberorum suorum corporibus vesci cœpissent, mox, ad uxorum corpora se convertissent, postremo ne sibi quidem invicem parcerent, sed alii alios vorarent. Eodem tempore Comanum Cleonis fratrem ex urbe dum obsideretur, fugientem cepit, et ad extremum arce a Sarapione Syro prodita, quotquot in urbe fugitivi erant, in potestatem imperatoris venerunt, quos etiam cruciatibus affectos præcipitavit. Inde Ennam profectus similem ejus obsidionem aggreditur, defectores ad summam desperationem adigens. Cumque Cleonem imperatorem urbe egressum, ac heroica quadam fortitudine præliatum vulneribus mox confodisset, hanc quoque urbem cepit, idque proditione. Ita enim eam situs ipse munitam reddebat, ut vi expugnari a nullo modo posset. Eunus autem assumptis sexcentis, ad loca quædam prærupta, ut erat ignavus, fuga se recepit. Sed qui cum eo erant, exitium sibi inevitabile impendere scientes (jam enim Rutilius imperator ad eos cursu contendebat), ut manus hostium prævenirent, sibi mutuo cervices abscindebant. At Eunus, præstigiator pariter et rex, cum præ timiditate in quasdam speluncas confugisset, una cum quatuor ex suis inde extractus est, coquo, pistore, **386***b* et eo cujus manu in balneo fricabatur, quarto autem eo, qui inter epulas oblectamenta ei afferebat. Is extractus inde, et in carcerem conjectus, in magnam pediculorum vim resoluto corpore, apud Morgantinam dignum suis temerariis ausis nactus est vitæ exitum. Postea vero Rutilius, tota Sicilia cum parva eaque selecta manu celerius omnium spe peragrata, a prædonibus eam omnino liberavit.

Ex libro XXXVII.

Eodem tempore quo Marius Africæ reges Bocchum et Jugurtham magno prælio debellaverat, et Afrorum infinita prope millia occiderat, ipsum deinde Jugurtham (a Boccho comprehensum, sibi susceptum adversus bellum condonari cupiente) captivum abduxerat, quo item Romani graves apud Galliam in Cimbrico bello clades non sine magno dolore acceperant: eodem, inquam, tempore Romam advenerunt quidam e Sicilia, plurima servorum millia defecisse nuntiantes. Quo accepto nuntio, summis in angustiis totus populus Romanus versari cœpit, utpote cui militum delectorum 60,000 in bello adversus Cimbros apud Galliam occubuissent, nec de integro parem exercitum in expeditionem educere posset.

Cæterum ante hunc in Sicilia rebellantium servorum tumultus tales et in Italia excitati fuerant, sed parvi ac minime diuturni: velut numine, quam atrox futura esset in Sicilia rebellio, præsignificante. Primus autem apud Nuceriam exstiterat, cum triginta servi conjurationem fecissent, et quamprimum pœnas dedissent. Secundus Capuæ, cum ducenti servi rebellassent, ac sine mora deleti fuissent. Tertius autem miro quodam exortus est modo. Erat quidam Titus Minutius eques Romanus et prædivite natus patre, qui alienæ famulæ formosissimæ amore captus, ut in ejus amplexum veniret effecit. Tandem vero ita eam deperire cœpit, ut a domino illius septem talentis Atticis emeret, cum ad hanc emptionem cum amoris insania compelleret, quam ægre alioqui a domino **387***a* illius impetrabat. Sed illa ubi advenit, isque solvendo non esset, ut sibi dies triginta prorogarentur obtinuit. Rursum et hoc spatio exacto, cum ille pactum pretium exigeret, hic nullam solvendi nominis rationem inire posset, interea vero amor invalesceret, novum et inauditum facinus aggressus est. Iis enim qui debitum exigebant, insidias struere, et monarchicam quamdam potentiam sibi assumere instituit. Nam coemptis quingentis panopliis, tempus pretii persolutioni præfixit, fideque impetrata, eos clanculum in agrum quemdam deferendas curavit. Deinde cum suos servos ad defectionem sollicitasset, numero quadringentos, sibique diadema imposuisset, purpuram quoque cum aliis insignibus regiis assumpsisset, tandemque servorum auxilio regem se constituisset, primum quidem eos qui pactum pretium exigebant, virgis cæsos securi percussit : postea vero cum sua illa servitia armasset, vicinas villas peragrare placuit, in quibus eos qui se prompto et alacri animo socios defectionis adjungebant, armabat : quotquot autem repugnabant, eos interficiebat. Cum igitur plures septingentis milites coegisset, eosque in centurias distribuisset, ac locum in quo erat vallo circumjecto clausisset, ad se eos qui deficiebant, recipiebat. Qua defectione Romam nuntiata, senatus de ea consilium prudens iniit, felicemque ejus exitum habuit. Siquidem ex iis qui in Urbe erant imperatoribus uni L. Lucullo subigendorum fugitivorum negotium dedit. Hic autem eo ipso die cum Romæ sexcentos milites lectos conscripsisset, Capuam contendit, peditum millia quatuor, equites quadringentos collecturus. Minutius ubi Lucullum concitato cursu adventare intellexit, collem natura loci munitum occupavit cum universis suis copiis, quæ tria hominum millia et quingentos efficiebant, atque amplius. Et primo quidem conflictu stetit a fugitivis victoria quippe qui e superiore loco prælium inirent ; postea cum Apollonium imperatorem exercitus Vettii [Minutii] Lucullus largitionibus corrupisset, fidemque publicam dedisset pœnam illi remissum iri, eum ad prodendos socios impulit. Quare illo Romanis operam suam navante, atque adeo ipsi Vettio [Minutio] manus inferente, hic supplicium sibi capto impendens veritus, mortem sibi conscivit. Simul vero defectionis participes cæsi fuerunt, præter eum qui illos prodiderat Apollonium. Et hæc quidem anteverterunt maximam qui in Sicilia contigit defectionem 387*b* quasi quæ ejus quoddam præludium essent. Ea autem hinc orta est.

In Marii adversus Cimbros expeditione senatus auxilia ex transmarinis nationibus accersendi potestatem Mario dederat. Marius igitur ad Nicomedem Bithyniæ regem de mittendis ad se auxiliaribus copiis scribit. Is responsum dat, bonam Bithynorum partem a vectigalium publicorum redemptoribus direptam servire servitutem per provincias. Cum autem senatus consultum esset, ne quis ex populi Romani sociis, qui quidem liber esset, in provincia ulla serviret, et ut imperatores curam eorum manumittendorum gererent, accidit ut imperator Licinius Nerva, qui tum forte in Sicilia erat, decretum senatus observans, multos ex servis judiciis constitutis manumitteret, adeo ut intra paucos dies plures octingentis in libertatem assererentur. Jamque erant animi omnium illius insulæ servorum in spem libertatis erecti, cum graves auctoritate viri ipsum imperatorem conveniunt, eumque uno omnes ore, ut ab incepto desistat, rogant. Atque hic sive pecuniis expugnatus, sive gratiam aucupatus, judicium hac de re accuratius exercere desiit : et ad se venientibus ut libertate donarentur, ut ad suum quisque dominum reverterentur, imperare cœpit. Tum vero servi coitione facta Syracusas relinquere, et ad Palicorum delubrum confugere, ibique inter se de defectione sermones conferre. Fama autem hujusce tam audacis servorum facinoris per Ancyliorum loca jam vulgata, primi se in libertatem vindicarunt triginta duorum ditissimorum fratrum servi : quorum dux erat quidam nomine Oarius. Hi primum suos heros noctu dormientes jugularunt, deinde ad vicinas etiam progressi villas servorum animos ad libertatis studium accenderunt, adeo ut illa ipsa nocte concursus ad eos factus sit aliorum centum et viginti atque amplius. Hi occupato loco natura munito, arte haud paulo munitiorem reddiderunt, assumptis et aliis octoginta servis, qui armati essent. Provinciæ autem imperator Licinius Nerva, cum repente superveniens eos obsidere cœpisset, nihil ullis conatibus promovere poterat. Quamobrem nullis viribus expugnabile præsidium illud esse cernens, ad proditionem animum convertit. Ejus autem ministrum habuit quemdam Titinium cognomento Gadæum, spe salutis adductum : fuerat enim hic Titinius ante duos annos [Romæ] capitis condemnatus, sed pœnam effugerat, multosque ex hominibus 388*a* liberis ejus regionis prædabundus interficere solebat, servis contra ne minimum quidem negotii facessens. Unde cum multos ibi servos sibi fidos haberet, ad castellum, tanquam et ipse pro virili parte adversus Romanos præliaturus, accedit. Benevole autem comiterque receptus, etiam imperator fortitudinis ergo creatus fuit. Quam dignitatem adeptus, castellum prodidit. Tum vero ex defectoribus alii quidem in prælio concisi fuerunt, alii vero pœnæ metu, quam se captos manere sciebant, se præcipites dederunt. Prima igitur fugitivorum seditio repressa hoc modo fuit.

Verumenimvero militibus ad sedes suas dimissis, affertur a quibusdam nuntius, servos 80 conjuratione facta P. Clonium qui equestris ordinis fuit, interfecisse, magnamque sibi manum adjungere. Quinetiam ipso imperator consiliis aliorum deceptus, jam bona suorum militum parte dimissa, defectoribus ad se melius muniendos tempus dabat. Tandem tamen cum qualicunque potuit manu ad eos contendit, trajectoque fluvio Alba, defectores in monte Capriano stationem agentes prætergressus est, et ad urbem Heracleam perrexit. Cum igitur de ignavia imperatoris rumores sparsissent, utpote illos prælio lacessere non ausi, multos ex servis ad defectionem animabant, adeo multis undique circumfluentibus, seque iis, quorum facultatem tempus locusque dabant, armis instruentibus, ut intra primos septem dies octingentis plures armati fuerint, postea vero usque ad duorum millium numerum creverint. Postquam autem imperator apud Heracleam de auctis eorum viribus certior factus fuit, ducem adversus eos Marcum Titinium creavit, eumque cum sexcentis ex Enna praesidiariis militibus misit. Hic vero defectores adortus praelio (cum illi et numero superiores essent, et in eo quoque meliori conditione forent, quod locis difficilem aditum praebentibus defenderentur), una cum iis qui illi astabant terga dedit, multisque interfectis, reliqui abjectis armis vix sibi fuga salutem quaesiverunt. Defectores igitur tot armaturis, simul etiam victoria subito potiti, in suo incepto audacius pergebant, et omnium servorum animi ad spem libertatis erigebantur. Cumque multi in dies deficerent, brevi tempore supra quam credi possit auctus eorum numerus fuit. Siquidem intra paucos dies plures sex millibus numerati fuerunt. Tum vero coacto concilio, et deliberatione de summa rerum proposita, ante omnia crearunt regem Salvium quemdam, **388**b qui aruspicinae peritus habebatur, et in mulierem corona cantu tibiarum, ad insaniam usque perstrepere solitus erat. Hic regnum adeptus, cum urbes desidia mollitiem fovere existimaret, eas sibi vitandas judicavit. Quare defectoribus tres in partes divisis, totidemque ducibus unicuique parti attributis, effusis populationibus peragrare regionem totam, omnesque certum ad locum, certoque tempore remeare imperavit. Illi cum aliorum animalium, tum vero equorum copiam suis excursionibus adepti, brevi peditum viginti millia, equitum duo effecerunt: idque hominum qui jam tirocinium non sine summa laude posuerant. Repente igitur ad urbem munitam Morgantinam magno impetu contendunt: eamque tum validis, tum assiduis impressionibus oppugnare occipiunt. Imperator autem cum eodem nocturnis itineribus pervenisset, tanquam ad ferendas urbi suppetias, ducens militum circiter decem millia, partim Italicorum, partim ex Sicilia, defectores circa obsidionem occupatos invenit. Cum ergo in eorum castra irruptionem fecisset, et exiguum illic praesidium reperisset, magnam autem captivarum multitudinem, magnam item alius praedae omnis generis, nullo negotio castra illorum submovit, iisque direptis ad urbem Morgantinam iter convertit. At defectores repente in illum irruentes vicissim, cum e loco superiore pugnarent, violenta irruptione facta, secundam fortunam experiri, Romani imperatoris copiae terga vertere coeperunt. Caeterum quia rex defectorum imperaverat edicto, ut omnibus arma abjicientibus parceretur, bona pars iis abjectis in fugam se dabat. Quo quidem stratagemate Salvius adversus hostes usus, castra sua recuperavit, victoriaque simul et magna multitudine armorum potitus est. Caesi autem in hoc praelio fuerunt ex Italis et Siculis non plures sexcentis, propter edicti illius clementiam, sed capta fuerunt circiter quatuor millia. Porro cum ad Salvium, rebus ab illo bene gestis, multi confluerent, duplicato exercitu, atque aperto potius campo, Morgantinae obsidionem redintegravit, jussitque proclamari se iis libertatem, qui ibi essent, servis donaturum. Sed enim eorum dominis vicissim eam illis proponentibus, dummodo secum adversus hostes dimicarent, eam ab ipsis accipere maluerunt, tantaque animi pugnaverunt alacritate, ut obsidionem submoverent. Verumenim vero imperator postea **389**a denegans promissam illis libertatem, in causa fuit cur ad defectores plurimi transfugerent.

Jam vero et apud Aegestaeos, pariterque Lilybaeenses, ac finitimos illis populos, eadem defectionis cupiditas, ceu morbus quidam per servorum greges serpebat. Eorum autem dux constituitur Athenio quidam vir fortitudine praestans, ortus autem e Cilicia. Hic cum res domesticas duorum opulentissimorum fratrum dispensaret, et ejus quae fit ex astris scientiae peritissimus esset, servos in suam sententiam pertraxit: primum quidem eos, quos sub potestate habebat, numero circiter ducentos; postea vero et vicinos, adeo ut quinque dierum spatio mille et amplius congregarentur. Ab his autem rex creatus, impositoque capiti diademate, secus quam caeteri defectores suas rationes instituebat. Neque enim omnes quotquot deficiebant, recipiebat, sed ex iis strenuissimos quosque in suorum militum numerum allegens, reliquos cogebat, repetitis pristinis opificiis, unumquemque eumdem quem antea locum tenere, et quarum rerum dispensatio esset ejus officii, eam studiose suscipere. Qua ex re largum etiam comparabat suis commeatum. Porro fingebat deos per astra futurum se universae Siciliae regem praesignificare, ideoque oportere tam ipsi regioni, quam animalibus et fructibus, qui in ea essent tanquam propriis parcere. Tandem vero cum supra decem millia hominum coegisset, Lilybaeum inexpugnabilem urbem obsidere est ausus; sed se operam perdere animadvertens, obsidionem tanquam deorum imperio solvit, utpote aliqua non mediocri impendente calamitate obsidione non abstinentibus. Cum igitur ab urbe recedere pararet, appulerunt naves, quaedam delectam Maurorum advehentes manum, auxilio Lylibaeensibus missam: cui praeerat quidam nomine Gomon. Hic cum suis noctu et improviso Athenionem suas copias ducentem adortus, cum multos iter facientes prostrasset, non paucos autem vulnerasset, ad urbem pedem retulit. Quare illa Athenionis ex castris vaticinatio in pretio et admiratione erat.

Inter ea autem valde confusus perturbatusque erat rerum Siciliae status, vereque malorum Ilias eam occupaverat. Neque enim servi duntaxat, sed etiam ex liberis hominibus ii qui egestate premebantur, omne latrocinii flagitiique genus exercebant. At ne quis hanc perditam nequitiam nuntiare posset, obvium quemlibet, servum pariter et ingenuos trucidabant. Unde fiebat, ut qui in oppidis **389**b erant, ea quae intra muros essent, vix propria existimarent: quae autem extra, aliena et domino exlegi violentaeque potentiae subdita. Multa denique alia contra fas et æquum perpetrare audebant in Sicilia.

Salvius autem qui Morgantinam obsidebat, factis in totam illam regionem incursionibus, ad Leontinum usque campum, totum exercitum ibi recollegit in quo numerabant triginta millia, et quidem selectorum. Tum vero Italis heroibus sacra fecit, unamque e purpureis vestibus dicavit, gratus ac memor beneficii, in quo illum victoriam dantes affecerant. Tandem vero cum regis nomen sibi asciviset, pro Salvio Tryphon a defectoribus appellari cœpit. Habens autem in animo Triocala occupare, ibique regiam suam statuere, evocat etiam Athenionem, et quidem eum ut rex imperatorem accersens. Hic vero cum omnes arbitrarentur fore ut Athenio primum et altissimum dignitatis gradum obtinere vellet, atque hinc orto inter defectorum principes dissidio, facile huic bello finem impositum iri, fortuna tanquam de industria copias fugitivorum augens, duces eorum in concordiam adduxit. Trypho enim magnis itineribus ad urbem Triocala cum universo suo exercitu pervenit. Eodem et Athenio magna celeritate contendit, ex suis tria duntaxat adducens millia, et Tryphoni ut imperator regi dicto audiens. Reliquum autem exercitum ad depopulandos longe lateque agros, servitiaque ad defectionem sollicitanda miserat. Verum postea Trypho suspicatus fore ut Athenio prima quoque occasione, adversus ipsum arma caperet, eum in carcerem conjecit. Cæterum præsidium illud alioqui munitissimum in dies magis ac magis muniebat, et magnifici structuris adornabat. Aiunt autem Triocala fuisse nominatam quod τρία καλά (id est tria pulchra) ei inessent. Primum quod scaturigines plurimæ aquarum in ea exstarent, quæ dulcedine magnopere commendarentur. Deinde quod adjacentes agri vineta simul et oliveta haberent, essent vero et culturæ mirum in modum idonei. Postremo, quod natura locus ita munitus foret, ut nihil supra posset, quippe qui magnam quamdam et inexpugnabilem haberet rupem : quam urbis ambitu, qui mille passus amplectitur, cum cinxisset, fossaque in summam altitudinem producta circumdedisset, pro regia sua habuit, omnium quæ humanæ vitæ usus postulat abundantia refertum. Construit insuper basilicam : forum item numerosæ hominum turbæ capax. Præterea ex prædictis insigni prudentia viris delegit quot satis erant, eosque sibi consiliarios statuit, atque assessores in juris disceptationibus habere instituit. Jam vero et toga prætexta tunicaque lati clavis amictus jus reddebat, **390**a lictoresque illi cum securibus præibant : quæ denique regiam dignitatem efficiunt, et quæ ornant, ea omnia consectantur.

Cæterum imperatorem adversus defectores senatus Romanus delegit L. Licinium Lucullum, habentem Romanorum quidem et Italorum militum quatuordecim millia, Bithynos autem, Thessalos Acarnanes 800, ex Lucania vero 600, quibus præerat Cleptius imperator, rei militaris scientia et fortitudine celeberrimus. Alios præterea 600, adeo ut universi numerum septemdecim millium efficerent. Cum his copiis Siciliam occupat. Tryphon igitur culpam Athenioni condonans, ad deliberationem de bello in Romanos gerendo eum adhibuit. Et Tryphonis quidem consilium erat, ut Triocalis manentes, inde pugnam committerent : Athenio autem auctor erat, ne seipsos obsidione intercludi paterentur, sed potius in aperto campo dimicarent. Cum igitur potior visa esset hæc sententia, juxta Scirthæam castrametati sunt, quadraginta millibus non pauciores. Aberant vero ab iis Romanorum castra passibus 1250. Primo igitur velitares pugnæ subinde committebantur : sed cum tandem utrinque aciem instruxissent, diuque ancipiti Marte pugnatum esset, ac multi ab utraque parte cecidissent, Athenio stipatus 200 selectis equitibus, strage omnia circumquaque implevit : verum genu utroque vulneratus, postea et tertio vulnere in alia corporis parte accepto, pugnæ utilis esse desiit. Quamobrem fugitivi animum despondentes, fugæ se dederunt. Athenio autem cum mortuus crederetur, latitavit, et simulata aliquantisper morte, cum primum nox advenit, fuga sibi salutem peperit. Præclaram vero adepti sunt Romani victoriam, Tryphonis comitibus et illo ipso in fugam conversis, multisque in fuga cæsis, tandem viginti millia cæsorum compererunt esse. At reliqui commoditate noctis usi, ad Triocala confugerant, quanquam et hos interficere facile erat imperatori, si persecutus eos fuisset. Adeo autem abjecerant animos servi, ut etiam de redeundo ad dominos, sequeeorum potestati committendo, deliberatio ab iis proposita fuerit. Eorum tamen vicit sententia, qui auctores erant ut ad extremum usque spiritum dimicarent, nec ipsi seipsos prodentes in manus hostium se traderent. Sexto post die imperator ad obsidenda Triocala venit, qui cum hostes cæderet, vicissimque ab illis cæderetur, tandem inferior discessit. Qua ex re multum fiduciæ ac spiritus defectoribus rediit. **390**b Nec vero ipse imperator ulla in parte (sive præ desidia, sive quod muneribus corruptus esset) officio suo satisfaciebat. Unde etiam postea in judicium a Romanis vocatus, multatusque fuit.

At Caius Servilius missus imperatori Lucullo successor, ipse quoque nihil quidquam memorabile gessit : quare eodem quo Lucullus modo multatus exsilio luit. Dum hæc geruntur, moritur rex Trypho. Regno succedit Athenio. Hic urbes obsidendo, totamque regionem incursionibus pro libidine infestando, præda ingenti, non obsistente Servilio potitus est.

Porro exacto annuo spatio Romæ quintum consul cum Caio Acilio [al. Aquileo] creatus fuit Caius Marius. Missus autem Acilius adversus defectores imperator, ita se fortiter gessit, ut defectores illustri prælio superaverit. Quinetiam cum ipsorum rege Athenione conserta manu heroicum prælium commisit; tandemque cum interfecit, accepto solo vulnere in capite, ex quo sanatus aliquanto post fuit. Moxque defectorum reliquias bello persecutus est decem millia hominum. Verum hi cum impetum ejus non sustinuissent, sed ad loca munita confugissent ; non tamen Acylius omnia tentare prius desiit, quam eos expugnatos in potestatem redegit. Cum autem superessent adhuc mille, quorum dux erat Satyrus, primum quidem conatus est armis eos subigere, postea vero cum legatis nissis se dedissent, in præsens quidem pœnam remisit, sed Romam abductos cum bestiis commisit, ubi proditum est a quibusdam, eos maxima cum laude vitam finivisse. Nam certamen cum bestiis detrectasse, et ad publicas aras mutuis vulneribus occubuisse, cumque ultimum ex iis ipse Satyrus interfecisset, eum post reliquos omnes, cum magno ac plane heroico animi robore, sibi manus intulisse. Bellum igitur servile in Sicilia, cum annos durasset propemodum quatuor, hunc fere tragicum exitum habuit.

Venit, inquit, e Pessinunte Phrygiæ sacerdos quidam magnæ deorum matris nomine Battaces, qui se jussu deæ asserens adesse, in senatu coram magistratibus dixit sacra deæ polluta esse, atque ideo Romæ publice expiari debere. Ferebat ad id vestem, aliaque corporis ornamenta **391**a nova et nunquam Romanis visa, coronamque auream magnitudine inusitata, et stolam floribus intextis et inauratam, regio sane splendore. Itaque e rostris ad populum verba faciens, ad superstitiosum cultum eos incitavit, et hospitiis publicis et diversoriis exceptus a tribuno plebis A. Pompeio coronam ferre prohibitus est. Ab altero autem tribuno deductus in rostra, et de templi expiatione interrogatus superstitiosum sane responsum reddidit. Itaque a Pompeio seditiose tractatus, et cum injuria ad hospitium deductus, non amplius prodiit, non se modo, verum etiam deam injuriose habitam esse dicens. Pompeius vero ex tempore febri vehementi corripi cœpit, unde paulo post mutus factus est, anginæque doloribus supra modum vexatus post diem tertium exspiravit, multique eo quod sacerdotem, ipsamque deam offendisset, divina quadam providentia exstinctum suspicabantur. Superstitionibus enim mirum in modum dediti Romani sunt. Quare Battaces sacræ stolæ indutus ornamento, amplioribus a viris multis et feminis hospitiis exceptus, Romaque discedens cum pompa dimissus est. Solent Romani milites ducem, quando adversus hostes cum illis pugna contendens, supra sex mille hostium profligasset, imperatorem, hoc est regem renuntiare.

Ex libro XXXVII *et* VIII *et aliis sequentibus.*

Ait Diodorus bellum quod dicitur Marsicum, sua ætate cæteris antecedentibus majus esse : et ideo ab auctoribus rebellionis Marsicum denominatum esse. Siquidem Itali omnes Romanis bellum hoc intulerunt. Belli causa prima fuit, quia Romani compositis sobriisque et continentibus moribus, per quos tantopere creverant, ad perniciosum deliciarum et intemperantiæ studium desciverunt. Nam ob hanc corruptelam orta plebis adversus senatum seditione, cum deinde senatus Italorum opem implorasset, et eis optatum illud Romanæ **391**b civitatis jus pollicitus fuisset, idque se lege sanciturum promississet, cum promissorum nihil Italis præstaretur, exarsit ex illis bellum adversus Romanos, Romæ consulatum gerentibus Lucio Marcio Philippo, et Sexto Julio, Olympiade supra centesimam septuagesima secunda. In hoc bello diversi variique casus et urbium expugnationes utrique bellantium parti contigerunt, nutante quasi data opera in utramque partem victoria, et neutris stabili permanente. Tamen postquam utrinque cecidit immensa hominum multitudo, sero et ægre Romani victoriam adepti, firmas vires obtinuerunt. Oppugnabant autem Romanos Samnites, Asculani, Lucani, Picentini, Nolani, et aliæ urbes atque gentes, in quibus erat illustrissima et maxima et communis urbs nuper ab Italis perfecta Corfinium, in qua cum cætera quæ magnam urbem et imperium confirmant, constituerunt, tum forum permagnum, et curiam, et cætera omnia ad bellum necessaria copiose, et pecuniæ multitudinem, et cibariorum largum commeatum.

Constituerunt et senatum novum quingentorum virorum, ex quibus qui patriæ imperio digni essent, producerentur, et qui de communi salute consultare possent, iisque belli curam mandarunt, summa potestate consessoribus permissa. Ili leges tulerunt ut duo consules quotannis crearentur, et duodecim duces. Consules creati sunt Quintus Pompædius Silo, natione Marsus, et suæ gentis primarius. Alter ex Samnitum genere Caius Aponius Motulus, ipse quoque gloria rebusque gestis suæ gentis clarissimus. Et tota Italia in partes duas divisa, eas consulares præfecturas atque partes constituerunt. Et Pompædio quidem regionem assignarunt ab eo loco qui Cercola appellatur, usque ad Adriaticum mare, eos tractus qui ad occasum et septentriones vergunt, et duces ei sex atribuerunt. Reliquum Italiæ, videlicet eam partem, quæ spectat ad orientem et meridiem, assignarunt Caio Motulo, adjunctis ei itidem sex ducibus. Itaque postquam suum imperium et omnia scite, et, ut summatim dicam, ad imitationem Romani et antiqui ordinis composuerunt, deinceps vehementius futuro bello incumbebant, cum quidem Italiam communem urbem **392**a nuncupassent, et ita bellum gessere cum Romanis, ut maxima ex parte fuerint superiores, donec Cneius Pompeius consul et belli dux electus, et Sulla dux sub altero consule Catone, nobilissimis præliis Italos non semel, sed sæpius vincendo, illorum res eo redegerunt, ut profligatæ fuerint. Igitur non amplius bellarunt, sed Caio Coscinio in Iapygiam duce misso, sæpe victi sunt, atque ita superati, et ex multis pauci relicti, communi sententia novam deserunt urbem Corfinium, quoniam Marsi et omnes finitimæ gentes desciverant ad Romanos. Consederunt autem in Æsernia Samnitum, creatis sibi quinque ducibus, quorum uni maxime Quinto Pompædio Siloni omnium imperium crediderunt, propter ejus imperandi virtutem atque gloriam. Is de communi ducum sententia magnum exercitum comparavit, adeo ut in universum, cum iis qui jam erant, fuerit circiter triginta millia. Præter hos congregavit etiam servos, a se libertate donatos, et ut tempus ferebat armatos non multo pauciores decem millibus, et equites mille. Ac prælio cum Romanis congressus, quorum dux erat Mamercus, Romanos paucos interficit, et suorum supra sex millia amittit. Per idem tempus Metellus in Apulia Venusiam, urbem satis magnam, et milites multos habentem, expugnavit, et plusquam tria millia captivorum cepit. Jamque superantibus in dies magis magisque Romanis, mittunt Itali ad Mithridatem regem Ponti, pollentem tunc bellica manu atque apparatu, petentes ut in Italiam adversus Romanos adduceret copias, ita enim facile conjunctis copiis posse Romanorum vires deturbari. Mithridates responsum dat, ducturum se copias in Italiam, postquam Asiam subegerit, id enim agebat. Hanc ob rem prorsus rejecti rebellatores despondebant animos. Erant enim reliqui Samnitum pauci, et Sabelli Nolæ degentes, et præter hos Lamponius et Cleptius, habentes Lucanorum reliquias. Itaque Marsico bello jam tunc exolescente, **392**b superioris temporis seditiones civiles Romæ novos motus faciebant, multis illustribus viris belli imperium adversus Mithridatem ambientibus, propter præmiorum magnitudinem. Nam et Caius Julius, et Caius Marius, is qui sexies consulatum gesserat, inter se contendebant et plebis pars altera alteri suffragabatur. Exstiterunt et aliæ turbæ. Jam Sylla consul Roma profectus, ad congregatas apud Nolam copias venit, et multos finitimorum perterritos coegit, et seipsos et urbes dedere. Cum autem Sylla in Asiam adversus Mithriditatem profectus fuisset, et Roma magnis tumultibus et civilibus cædibus destinaretur, Marcus Aponius et Tiberius Cleptius, præterea Pompeius, reliquorum Italorum duces in Bretia [Brutia] degentes, Asiæ urbem validam cum diu obsedissent, non potuerunt capere, sed relicta in obsidione parte exercitus, reliqua parte Rhegium acriter obsidentes, sperantes, si hac potiti fuerint, facile in Siciliam transportaturos copias, et insula potituros omnium quæ sub sole essent beatissima. Verum ejus dux Caius Orbanus magno exercitu et apparatu et alacritate usus, percutit Italos apparatus magnitudine, atque Rhegienses ex periculo eripuit. Deinde cum exarsisset apud Romanos Syllæ et Marii civilis seditio, alii Syllæ, alii Marii partes secuti sunt, et eorum pars major bellis cecidit, reliqua ad victorem Syllam descivit : atque ita tandem una cum seditione civili exstinctum est bellum illud Marsicum appellatum, cum fuisset maximum.

Exstitit autem, exolescente jam bello Marsico, ingens seditio civilis, cujus duces erant Sylla et Caius Marius, juvenis adhuc Caii Marii filius, ejus qui toties (septies enim) consulatum gessit. In ea seditione interfecta sunt hominum multa millia, ac superior factus Sylla, et dictator creatus Felicem seipsum nominavit, quæ eum arrogantia non fefellit. Armis enim superior propria morte occubuit. Marius vero prœlio cum Sylla congressus, quamvis generose prœliatus, **393**a tamen victus Præneste confugit, una cum mille quingentis militibus, et in ea urbe conclusus, nec parum diu obsessus, coactus est (ab omnibus derelictus, nec ullam salutis viam videns) unius fidelis famuli manum finiendis miseriis invocare. Et ille obsecutus, uno ictu herum vita privavit, et seipsum insuper jugulavit. Et sedata est quidem seditio, verum reliquæ Lelli reliquiæ factionis Marianæ Syllæ aliquandiu repugnarunt, donec ipsæ quoque cum aliis profligatæ sunt. Verumtamen post horum finem, inter Pompeium (cui propter rerum gestarum magnitudinem, quas Romanis partim Syllam juvando, partim ipse suo Marte gessit, Magno cognomen fuit), inter hunc, inquam, et Julium Cæsarem accensa discordia ad civiles cædes Romanos iterum sese convertere coegit. Pompeio deinde egregie omni ex parte superato, et ad Alexandriam interfecto, imminuta est consulum potestas, et sub unius Julii Cæsaris dominatum redacta, tandemque seditio sedata. Illo deinde interfecto, adversus Brutum et Cassium ejus interfectores civile bellum motum est, auctoribus Lepido et Antonio et Octaviano Augusto, consulatum gerentibus. Quod bellum cum finem armis non tarde accepisset, et Cassius atque Brutus victi occisique fuissent, non multo post erupit in apertum occulta Antonii et Augusti de primatu contentio, ac post fusum utrinque multum cognati sanguinis, stabilitæ sunt vires Augusti, et ei summa potestas per omnem vitam permansit, postquam consulare imperium, ordinem, potentiamque suam in posterum amisit.

Illustrium ait dignitatem tertium a patriciis ordinem sustinere.

Ante Augusti monarchiam, hæc magistratuum nomina habebant Romani : Patricios, qui *consilium* et *senatus* vocabantur ; tribunos plebis, qui populo præsunt ; censores, consules, quorum potestas omnes excedebat ; dictatorem, qui et potestatem, **393**b sed majorem, quæque rationem reddere non cogeretur, habebat; duces, tribunos, imperatores militares, proconsules, aliaque similia. Proconsulis [*forte* consulis] quidem insignia hæc sunt, secures duodecim, toga prætexta. Dictatoris quidem secures, et cætera.

CCXLV.

E Plutarchi Parallelis excerpta.

Legimus e Plutarchi *Parallelis* diversos libros,

quorum compendiosa descriptio hæc selecta magnam utilitatem discentibus continet.

E Dionis Vita.

Timæus Philisti in tyrannos studium atque fidem, occasionem sane reprehendendi non injustam arripiens, ad satietatem usque conviciis hominem proscindit. Sane qui tum ab eo vivente injuria affecti fuissent, ignosci iis poterat, quod iræ impotentis essent. Eos autem qui posteriores tempore historias scripserunt, nihil ejus factis læsos, oratione autem etiam adjutos, commune hominum judicium dehortari debuit, ne contumeliose aut scurriliter calamitates eis exprobrarentur, quibus quominus injuria fortunæ etiam optimus quisque feriatur, nihil obstat. Neque vero sanus Ephorus, qui Philistum prædicans, quamvis fuerat callidissimus, malos mores et injusta facta honestis in speciem præscriptionibus tegere, atque excusare crederetur, id tamen omni conatu atque opera crimen diluere non potuit, hominem fuisse eum tyrannorum studiosissimum, et qui maxime omnium luxum, potentiam, divitias nuptiasque tyrannorum suspiceret atque admiraretur. Tutissimum est neque laudare Philisti facta, neque fortunas exprobrare.

394a Ex Bruto.

Hujusmodi in primis epistolis fuit Brutus. Jam vero aliis ad Cæsarem, aliis ad Antonium discedentibus, et exercitibus velut sub præcone prostantibus, atque ei qui plus dedisset se adjungentibus, desperatis plane rebus Italia excedere statuit, pedestrique itinere per Lucaniam ad mare Eleam venit. Inde Romam Porcia reversura, cum conaretur occultare dolorem quem animo ob digressum mariti summum capiebat, victa est contemplatione picturæ cujusdam, generosa alias fortisque mulier. Erat autem picturæ Græcum argumentum, Andromacha Hectorem comitans, puerum ab eo redditum accipiens, inque maritum respiciens. Hanc picturam intuenti Porciæ, affectuum suorum objecta effigies lacrymas excussit, interdiuque sæpe eo accedens ploravit.

Ex Paulo Æmilio.

In quo passionum variarum morborumque internorum principatum duxit avaritia. De Perseo Macedonum rege ait Plutarchus.

Ex Demosthenis Vita.

Omnibus auditis legatis Atheniensium qui ad se venerant, Philippus accuratissime Demostheni respondit. Honore autem et humanitate eum, qua cæteros, non eadem est prosecutus, Æschinem et Philocratem magis amplexus. Quamobrem iis Philippum laudantibus, quod et facundissimus esset et formosissimus, et optimus potator, invidiæ succumbens ad irridendas eas laudes se contulit, nullam regiam laudem hic esse dicens, sed primum rhetori, alterum mulieri, tertium spongiæ convenire.

Mortua filia Demosthenes, cum de obitu occulte Philippi coghovisset, ut animos Atheniensium bona futurorum spe injecta præoccuparet, læto vultu in senatum prodiit, somnium se vidisse ferens, quod magnum aliquam populo felicitatem protenderet. Paulo post adfuere, qui Philippum vita excessisse enuntiarent. Progressus est etiam in publicum Demosthenes splendide vestitus ac coronatus, septimo a morte filiæ suæ die, quod Æschines exprobrandi causa refert, inhumanitatem ei erga liberos objiciens : mollis ipse et degeneris animi, si luctum et ejulatum mansueti animi et suorum amantis signa censuit, sine doloris autem sensu et molliter casus hujusmodi ferre, in vitio posuit. Equidem Atheniensibus decorum fuisse, ob mortem regis, qui tam clementem victis se eis præbuerat coronas ferre, atque etiam sacrificare, nequaquam affirmo : nam præterquam quod invidiosum hoc est, indignum etiam ingenuis hominibus erat, quem viventem honoribus affecissent, ac civitate donassent, **394**b ob ejus mortem exsultare gaudio, defunctoque insultare. Quod autem domesticam calamitatem deflendam mulieribus reliquit Demosthenes, ipse ea, quæ e republica esse crederet agenda suscipiens, id laudo, profectumque a forti animo civilique judico, cujus officium est semper reipublicæ intentum esse, eique res casusque domesticos postponere, semperque dignitatem suam tueri, multo magis quam in scenis histriones faciunt regis aut tyranni personam agentes : quos ipsos videmus non ut ipsis libitum est vel ridere vel plorare, sed ut ratio propositi ad agendum argumenti requirit. Jam si contra officium est, ictum aliquem infortunio negligere, patique ut is omnis expers consolationis mœrore se suo conficiat, sed et levandus verbis ejus dolor est, et abducendus ad rerum lætiorum cogitationem animus, quomodo ex oculis laborantes a contuitu rerum splendidarum suoque fulgore eos ferientium, deflectere aspectum in virides et molles colores jubemus, quod tandem patriæ lugenti melius consolandi genus adhibeat aliquis, quam si domesticas calamitates cum publicis temperarit, melioribus deteriora obscuret?

Victus munere, inquit, Harpali Demosthenes, perculsusque perinde ac si præsidium sibi esset impositum, ejus partibus se adjunxit. Et convocata multitudine, quæ de Harpali rebus animadversura, contradixerat enim iis qui servare cuperent et eum suscipere, antequam auro manum implesset : recte et bene collo lana et fasciis accurate involuto in concionem prodiit, jussusque ad dicendum surgere, vocem sibi intercidisse innuit. Urbaniores autem homines cavillabantur, non angina, sed argentangina nocte correptum oratorem dicentes.

Postquam in exsilium propter accepta ab Harpalo (75) munera pulsus esset Demosthenes, adolescentes qui ad se conveniebant, et consuetudine ipsius utebantur, a republica dehortabatur dicens, se, si ab initio duæ propositæ fuissent viæ, altera ad suggestum et concionem, altera ad certum exitium ducens, ac si præscivisset mala quæ in republica versantibus incumbunt, terrores, invidias, calumnias, contentiones, utique eam ingressurum fuisse qua recta ad interitum isset.

395a *E Cicerone.*

Sane actio, inquit, Ciceroni haud leve momentum ad persuadendum contulit : idemque magna vociferatione utentes oratores irridens, ob imbecillitatem ad clamorem, veluti claudos ad equos confugere dicebat. Conviciis acerbioribus inimicos vel adversarios dicteriis insectari videtur oratorium, proximum vero risus captandi causa offendens multorum in se odia concitavit. Et ex hac dicacitate multos paravit inimicos, Clodiusque cum aliis hanc occasionem nactus conspiravit. Omnium minimum apud Romanos numisma æreum est quadrans. Fertur, inquit, Cæsar cum primis diebus pro Ciceronis salute certasset, tertia die concessisse, ut amicus proscriberetur. Fuit autem permutatio ita instituta, ut Cæsar Ciceronem, Lepidus Paulum fratrem, Lucium Cæsarem avunculum Antonius proscribi permitterent. Adeo ira eis et rabies omnes humanas cogitationes excusserant : imo autem illi demonstrarunt, nullam esse belluam homine, potestate ad exsequendum, quod perturbato animo decrevit, armato, ferociorem.

Ex Phocione.

Fuit Phocion severus et tetricus. Cum exercitus conscribendi causa pro tribunali sedens Aristogitonem sycophantam, qui in concionibus ad bellum excitare populum solitus fuerat, procul cum baculo et crure obligato adire videret, exclamavit : *Scribe Aristogitonem etiam claudum et nequam*. Ac mirari quidem possit non nemo, quomodo ita severus et durus nomen Boni invenerit. Sed arbitror ut difficile esse, ita tamen fieri posse, uti idem homo, sicut et vinum, dulcis simul et austerus sit : quemadmodum contra nonnulli cum suaves videantur, acerbissimi sunt utentibus et plurimum nocent. Ferunt sane Hyperidem etiam aliquando ad populum ita locutum : *Cogitate, Athenienses, non modo an sim acerbus, sed etiam annon offensus talis sim.* Equidem Phocion inimicitiæ causæ nemini civium malefecit, ac ne inimicum quidem ullum putavit : quantum res ipsa postulabat, ut adversariis suorum, quæ ob utilitatem patriæ iniisset, consiliorum resisteret, asperum se pervicacemque præbuit. **395**b Privatim communem omnibusque benignum et mitem sese exhibuit, ita ut inimicis quoque infortunium passis auxilium tulerit, et in judicio periclitantium saluem defenderit.

Ipsum Antipatrum Macedonum ducem dixisse perhibent, se de duobus amicis, quos Athenis haberet, Phocione et Demade, alteri ut acciperet persuadere, alterum dando saturare nequivisse.

E Catone.

Cum se ad discendum Cato contulisset, tardus fuit ad percipiendum ; quæ autem [percepisset, ea firmiter memoria retinebat. Quomodo videmus qui bono sunt ingenio præditi, cito eos memoriæ mandare : qui autem nonnisi cum magno labore discunt, eos memoriter quæ apprehenderunt tenere, eo quod singula quæ didicerunt, quasi inuruntur eorum animis.

Ex Alexandro.

Album ait Alexandrum fuisse, ruboremque in pectore præsertim et facie albedini admistum habuisse. Suavissimum odorem ab ore et universa ejus carne exhalasse, ita ut et tunicæ fragrantia repletæ inde sint, ut multi tradiderunt. Causa fortasse fuit calidum et igneum corporis temperamentum. Bonus enim odor, Theophrasto si credimus, exsistit cum humores a calore coquuntur : itaque siccæ et torridæ orbis terrarum partes plurima et optima gignunt aromata, quod sol humorem, qui in summis corporibus veluti materia putredinis innatat, attollit. Et consentaneum est Alexandrum ob calorem corporis bibacem iracundumque fuisse.

Cum Bucephalum tredecim talentis venalem, adductum a Philonico Thessalo Philippus dimitteret, quod neque sessorem admitteret, neque vocem ullius eorum qui cum Philippo erant auscultaret, id ægre ferens Alexander, petiit a patre ut equum acciperet, et accipiens ab omnibus pro effero et indomito judicatum, freno correptum adversus solem obvertit, nimirum animadvertens equum umbræ, quæ agitata et tremens ei appropinquaret alias, conspectu perturbari; deinde cum paululum palpasset, manuque leviter ducta demulsisset, ut ira repletum vidit, sensim abjecta chlamyde sese in eum extulit, **396**a tutoque consedit, et violenter equum impulit, et aliqui ex iis qui aderant, anxie taciteque spectabant, ne quod incommodum adolescenti accideret, aliqui manibus plaudentes jucunde, omnes vero similiter stupescebant, postquam exsultans gaudio salvus retro acto equo rediit, omnium acclamatione sublata : Philippus præ lætitia etiam illacrymasse commemoratur, caputque filii, cum ab equo descendisset, osculatus dixisse : *O nate, regnum tibi par quære, Macedonia enim te non capit.* Alexander, inquit, seipsum vincere quam hostes magis regium existimans esse, nec ullam filiarum Darii alioqui pulcherrimarum, neque ullam aliam ante nuptias attigit mulierem, Barsina excepta, quæ vidua fuit. Cum autem ovis agnum peperisset, qui in capite figuram et colorem tiaræ, et ex utraque ejus parte testiculos haberet, abominatus id prodigium, a Babyloniis, quos ejus rei causa ex more quodam secum ducebat, expiatus, ad amicos etiam dixit, se non sui, verum ipsorum causa perturbatum esse, ne ipso defuncto summam rerum ad ignobilem et imbellem aliquem hominem fatum devolveret. Sed hunc ejus mœrorem aliud lætius ostentum sustulit. Etenim Proxenus stratoribus regiis præfectus, cum tentorio regis locum foderet juxta Oxum fluvium, fontem liquoris pinguis aperuit, cujus cum summum esset haustum, purum deinde et perlucidum oleum scaturiit, neque odore quidquam, neque gustu ab oleo, neque nitore etiam et pinguedine differens, et vero nullae sunt in ista regione oleae. Oxum autem mollissimam habet aquam, adeo ut lavantibus cutim pinguedine quadam inungat. Mirifice eo prodigio Alexander delectatus est. Fuit et Philippo filius Aridaeus, ex ignobili scorto Philina prognatus, mentis non plane compos, quod corporis morbo ei eveniebat. Verum is morbus non naturae vitio, quinimo in puero eo satis bona atque ingenua indoles apparuisse dicitur, sed postmodum venenis ab Olympiade corruptus, sanae mentis jacturam fecisse.

Ex Caesaris Vita.

Ferunt proxima, quam **396**b Ariminum pervenisset (urbs ea est magna in Celtica, quam subito impetu invadens occupavit) nocte obscoenum Caesari insomnium visum, nempe se cum matre sua corpus miscere.

Ex Eumenis Vita.

Enimvero secundae res etiam ingenio modico et submisso praeditos attollunt, ut magni sibi videantur, cristasque erigant, cum excelso loco collocatos se vident. Vera animi magnitudo et constantia rebus adversis ferendis emendandisque casibus elucescit: cujus rei exemplum Eumenes praebuit. Magis enim illius nobilitas animae apparuit et patuit, et alacritas ingenii omnibus calamitatibus longe superioris. Eapropter sentiens eos sese mutuo contemnere, ipsum metuere, et in hoc esse, ut capta occasione occidant, pecunia sibi opus esse simulavit, eoque sub praetextu, ab iis quibus maxime odio erat, multa talenta mutuo accepit, ut ii fidem ipsi haberent, et metu admittendi crediti ab insidiis desisterent. Ita evenit, ut alienam ille pecuniam corporis sui custodem habuerit, et aliis salutem suam data pecunia redimentibus, solus ipse accipiendo tutum se praestitit. Philopolemus [id est, *militiae amans*] est, qui utilitatem securitati praefert; polemicus [id est *militaris*] bello possidens securitatem.

E Sertorii Vita.

Agenti Sertorio in Hispania nautae quidam ei occurrunt, qui nuper ex Atlanticis insulis redierant. Duae sunt insulae stricto admodum freto distinctae, decem stadiorum millibus ab Africa remotae: caedemque insulae Beatorum Fortunatae, dicuntur. Imbribus modicis idque raro rigantur, plerumque lenibus ac roscidis ventis perflatae, non arationibus modo et plantationi fertilem terram praebent, sed et ultro fruges effundunt, quae sua et copia et dulcedine sufficiant ad alendum otiosum, et nullis negotiis deditum populum. Aer innoxius est, annique tempestates mediocri mutatione iis in insulis variantur. Etenim qui versus eas partes a terra feruntur boreae et subsolani, cum in vastum ob longitudinem distantiae incidunt locum, dissipantur, et antequam eo perferantur, concidunt; Cauri autem et Zephyri qui ab alto circumflant **397**a, pluvias a mari modicas rarasque infundunt, plerumque humectis serenitatibus refrigerant, incolasque placide alunt. Ita usque ad barbaros etiam constans et probata percrebuit opinio, esse illis in insulis Elysios istos campos, et beatorum, quam descripsit Homerus, habitationem. His de rebus ut auditu percepit Sertorius, mirabilis eum invasit amor eas insulas incolendi, tyrannideque et bellis evitatis in pace et quiete vivendi. Verum turbavit et dissipavit hunc amorem Cilicum adventus, et novorum bellorum administratio.

Sertorium memoriae proditum est, neque voluptati, neque metui obnoxio ingenio fuisse: natura et imperterritum rebus adversis, et qui res secundas moderate ferret; neminem eo tempore ducem magis aperta praelia vitasse, callidissimum vero furtivis belli operibus, in occupandis locis natura munitis, et fluminibus trajiciendis, aliisque id genus rebus quae celeritate, astutia, et mendacio conficiuntur, perliberalem in praemiis virtutum conferendis, in suppliciis moderatum. Quanquam extremo vitae cursu videtur id quod in obsides statuit, ostendisse animum ejus non vere mansuetum fuisse, sed crudelitatem ejus arte quadam necessitatis causa fuisse celatam. Mihi autem ut veram virtutem rationeque recta stabilitam, nunquam videtur fortunae vis in contrarium posse convertere, ita consilia tamen alias recta bonasque naturas indigne gravibus calamitatibus afflictas, non absurdum puto credere una cum fortuna mutari. Id quod ego tum Sertorio accidisse puto, jam fortuna eum destituente, rebusque ipsis exasperatum, injurias malorum atrocius ultum arbitror.

Ex Demetrii Vita.

Demetrius statura patre fuit inferior, tametsi magnus; figura autem et pulchritudine faciei ita insigni et eximia, ut eam fingendo pingendoque assequi nemo potuerit. Nam una cum venustate et elegantia gravitas terrorque in vultu inerat, et heroica quaedam ac regia majestas juvenili alacritati admista. Sic ingenium quoque erat, et ad perterrendos homines, et ad conciliandam sibi eorum gratiam aptum.

Insolentissimum fuit Stratoclis **397**b (in enim scitarum istarum fuit et subtilium auctor blanditiarum) commentum, qui legem promulgavit, ut si qui publico edicto ad Antigonum vel Demetrium mitterentur, ii non legati, sed theori, id est consultores nominarentur: quod nomen eorum est, qui Pythiae aut Olympiae a majoribus tradita sacrificia pro civitatibus in solemni Graecorum conventu peragebant. Iis illi adulationibus Demetrium alioqui sana mente praeditum demulcentes corruperunt. Atheniensibus obsessi a Philippo tabellarios intercipientes, lectis reliquis epistolis, missam ab Olympiade non aperuerunt, sed obsignatam adhuc Philippo miserunt. Neque vero ulla regi convenientior actio est quam justitiæ exsecutio. Mars enim, ut Timotheus ait, tyrannus est, legem vero omnium regem Pindarus appellat. Usque ad Demetrium Antigoni, qui Poliorcetes appellabatur, nemo hominum viderat ante quindeciremem aut sedeciremem. Postea quidem temporis Ptolemæus Philopator quadragintaremem construxit, longam 280, altam ab imo fundo usque ad summum puppis 48 cubitos, remigibus quater mille, et nautis præterea quadringentis instruebatur, recipiebatque classiariorum in foris et tabulato prope tria millia (sed nautæ 400, remiges 4000, et milites 3000; erant in summa 7400). Verum hæc navis spectaculo magis et ostentationi quam usui fuit, quod difficulter neque sine periculo commoveri posset, parumque ab ædificiis fixis differret.

Ex *Antonii* Vita.

Multa Antonius ignoravit, non tam ob socordiam, quam simplicitatem, qua ductus facile suis credebat. Erat enim simplici ingenio, et tarde sentiebat; cum autem sensisset se peccasse, gravi movebatur pœnitentia, et apud eos ipsos quos offendisset, confitebatur. Magna et supplicia et præmia irrogabat, modi tamen in gratificando, quam puniendo erat negligentior. Jocis autem ejus nimiæque dicacitati hoc aderat remedium, quod se vicissim mordere patiebatur, neque minori cum voluptate ridebatur, quam ridebat, quæ res illi maximo fuit malo. Qui enim libere secum jocarentur, **398**a ab eis serio loquentibus nequaquam putabat sibi adulari: itaque laudando facile decipiebatur. Non enim intelligebat esse, qui adulationi libertatem veluti subausterum condimentum admiscerent, quo protervæ inter pocula loquacitati tædium et satietatem dimoveant, idque consequantur, ut assentantes et concedentes, quoties de re gravi sermo incideret, non gratiam captare, sed prudentia inferiores videantur.

Ex *Pyrrhi* Vita.

Fuit Pyrrhus vultu regio quidem, sed terribiliore quam venerabiliore. Non habuit multos dentes, sed supra erat unum os continuum, in quo dentium intervalla tenuibus veluti sulcis detinebantur. E liene laborantibus salutem afferre credebatur, si gallum album mactans, supinatis illis dextro pede leviter viscera premeret, neque fuit quisquam ita vel pauper vel vilis, cui rogatus eam medicinam facere dedignaretur; gallum ipse Pyrrhus accipiebat atque immolabat, iisque et erat honor gratissimus. Et ferunt pedis ejus pollicem vim divinam habuisse, atque etiam cremato post mortem corpore, hunc illæsum intactumque ab igne fuisse repertum.

Ex *Marii* Vita.

Mario et temperantiæ ac tolerantiæ testimonia perhibentur; et hujus quidem indicium exstat. Varicibus enim magnis cum utrumque ejus crus laboraret, deformitatem ægre ferens, medicum accersivit, eique non ligatus crus alterum præbuit, ac nihil ipse motus, nullo edito gemitu, constanti vultu tacitus incredibiles secturæ dolores pertulit; ad alterum transeunte medico, non sustinuit, remedium hoc non dignum esse inquiens, cujus causa tanti cruciatus tolerarentur.

Marius ex Africa cum exercitu transvectus et consulatum accepit, et triumphum duxit, Jugurtham captivum incredibile Romanis spectaculum exhibens, quo vivo victoriam de hostibus nemo ne sperasset quidem : adeo ad omnem fortunam se accommodare callidus, astutiæ magnæ admistam ferociam habebat. In triumpho præterea illata narrant auri ter mille ac septem pondo, argenti non signati quinquies millia 775, signati 287 millia denarium.

Solent milites laboriosos, quique taciti prompte **398**b imperata faciunt, *mulos Marianos* appellare (erat enim Marius indefatigabilis), quod sua ipsi facerent, et cum hac in re imitarentur. Quidam quia Marius olim sub Scipione militans curiose arma et carros inspicienti, adduxit bellicosum equum optime enutritum, et mulum cæteris habiliorem et cicuritate et robore præstantem multo; cumque imperator Marii jumentis oblectaretur, et sæpe eorum recordaretur, inde ortum ut qui per cavillum ob laborum assiduitatem et tolerantiam laudaretur, *Marianus mulus* appellaretur,

Devictis centum millibus Teutonum a Mario, Massilienses ferunt ossibus vineas sepiisse : tellurem vero consumptis in ea cadaveribus, ac per hiemem imbribus delapsis, ita pinguem redditam, putredine in profundum penetrante repletam, ut legitimo tempore abunde fructuum protulerit, et quod Archilochus dixit, hoc modo agros pinguescere, id tum fuisse confirmatum. Neque abs re est, quod post magna prœlia immodicæ pluviæ decidant: sive deus aliquis terram puris et cœlestibus aquis lustrat atque proluit, sive cadaveribus et pinguedine humida gravemque emittentibus exhalationem, ita aer coit, alioquin facile etiam levissimis de causis mutationi obnoxius. Digni itaque admiratione Cornuti servi : multis enim bello civili morte sine causa condemnatis, variisque cædibus perpetratis, cum herum suum occultassent, aliud quoddam cadaver de mortuorum acervo arreptum collo trahentes, aureum annulum digito accommodantes, Marianis ita satellitibus ostenderunt, et ornato funere, quasi herile esset sepeliverunt : neque id quisquam sensit, eoque modo Cornutus clam opera servorum in Galliam evasit.

Ex *Arati* Vita.

Arato cum Aristippo et militibus acri pugna congrediente, et tyranno a Crete quodam nomine Tragisco necato, et **399**a amissis ipsorum plusquam 1500 viris, et nemine suorum amisso. Argos tamen neque cepit neque liberavit. Agis enim et Aristomachus minor cum exercitu regio irruperant eo, et rerum potestatem occupaverant. Magnam quidem partem cavillorum, dicteriorumque et scurrilium insectationem, quibus eum adulatores tyrannorum traducebant, refutavit ; qui in gratiam dominorum dictitare solebant, duci Achæorum tempore prœlii alvum conturbari, vertiginem et gravem soporem oboriri simul atque tubæ sonitum exaudivisset. Itaque ut primum aciem instruxisset, et tesseram dedisset, percontari solitum centuriones, et quid sua præsentia opus foret, jacta jam alea ; atque ita digredientem quam longissime, eventum pugnæ exspectare. Hæc quidem ita obtinuit opinio, ut philosophi etiam in scholis disputent, tremorne cordis et mutatio coloris, et alvi solutio præsente periculo timidorum sit, an cujusque intemperiei in corpore et frigiditatis ; Aratum enim bonum semper ducem habitum, cui tamen ea semper in obeundis periculis acciderint. Quia antiqua lex erat, ne quis intra muros sepeliretur, eamque legem magna comitabatur superstitio, Delphos miserunt ea de re sciscitatum Pythiam, quæ permisit. Et tum cæteri Achæi, tum vero Sicyonii gavisi sunt, mutatoque in festivitatem luctu, coronati albisque induti vestibus corpus ejus statim in urbem deportarunt, pæanes choreis accinentes : ac loco delecto qui omnium conspectui pateret, tanquam conditorem servatoremque urbis sepeliverunt. Loco etiamnum est nomen Arateum. Mortuus est specie familiaritatis veneno et dolis, cæde a Taurione perpetrata, Philippo Peloponnesio tyranno edicente, ut impune illi quæ fecisset cederent.

Ex Artaxerxis.

Mater Artaxerxis fuit Parysatis, solers sane femina, et taxillos jacere non indocta. Metus tyranno stimulus ad cædem acerrimus.

399[b] Ex Agide [Ex Cleomene].

Antigonus Macedoniæ rex vocatus ad auxilium ab Achæis contra Cleomenem, pugna superavit et fugavit Cleomenem, et cum esset Lacedæmone potitus, humaniter cives tractavit, dignitatemque Spartæ nullo modo conculcavit, aut ludibrio habuit, sed leges remque publicam Spartanis reddidit, et in Macedoniam tertio die discessit, quod eam bello ardere atque a barbaris vastari inaudivisset. Jam et morbus ipsum occupaverat, in phthisim vehementem vergens, defluxumque ex capite continentem. Non tamen ei succubuit, sed ita in certamine pro regno suo perduravit, ut maxima parta victoria, ingentique barbarorum cæde peracta, majori cum gloria mortem obiret. Philarchus scribit eum in ipso prœlio vociferatione corpus rupisse ; quod vero non est dissimile. In confabulationibus hominum ferebatur, eum post prœlium clamantem præ gaudio, *O pulchrum diem*, multum sanguinis exspuisse, acutaque febri decessisse.

Cum Cleomenes ab Antigono superatus in Ægyptum profugisset, initio a rege magno honore affectus est. Deinde haud longo post tempore sine injuria, propter iniquam suspectionem et malevolentiam accusatorum, deficiente erga eum affectu, conjectus est a rege in carcerem, ad mortem quæsitus. Ille vero cum aliis sexdecim sociis cum gladiis domo exsiliens, per vicos currit, et ad libertatem populum vocat. Laudant miranturque cives Cleomenis audaciam et animum, sequi et opem ferre ausus est nemo metu tyranni. Illi autem obvios quosque trucidarunt, et inter eos duos inimicissimos, cumque magnam ad se confluentem hominum multitudinem interfecissent, tandem etiam interfecti sunt, et in crucem acti. Post dies haud multos, ii qui in crucem actum corpus Cleomenis custodiebant, justæ magnitudinis draconem viderunt caput ejus circumplicasse, faciemque operuisse, ita ut nulla carnivora avis advolaret. Id superstitionem regi injecit et metum, quod vir diis charus et **400**[a] præstantioris humanæ naturæ interfectus videbatur. Alexandrini etiam frequentes ad eum locum commeantes, heroem Cleomenem et deorum filium appellavere tantisper, dum eum errorem doctiores minuerunt, docentes putrefacto bovis cadavere apes, equi vespas, asini scarabeos generari : in humano autem corpore confluente sanie, quæ est circa medullam, et in unum coalescente angues nasci, id quod intelligentes antiqui, et omnibus animantibus draconem potissimum heroibus consecraverunt.

Ex Titi Flaminini.

Cum Isthmia celebrarentur, ac multitudo hominum in stadio consedisset spectandi gymnici certaminis causa, eo magis, quod illo tempore Græcia a bellis vacabat, spemque libertatis propositam cernens, manifesta in pace diem festum agebat : postquam tuba silentium undique est factum, progressus in medium præco ita pronuntiavit : Senatus Romanus et Titus Quinctius imperator consul, devicto Philippo et Macedonibus, absque præsidiis esse liberos, et immunes, suis legibus vivere jubet, Corinthios, Locros, Phocenses, Eubœenses, Achæos, Phthiotas, Magnetas, Thessalos, Perrhæbos. Primum neque omnes plane, neque perfecte vocem præconis exaudierunt ; eratque promiscua et tumultuaria in stadio commotio admirantium, sciscitantium, repetique edictum poscentium. Ut vero iterum, facto silentio, altiori voce eadem præco proclamavit, exauditumque est ab omnibus edictum, tantus, quantum credibile vix sit, clamor præ lætitia omnium exortus, ad mare usque pervasit. Quotquot in theatro erant, assurrexere omnes, neque jam quisquam certantium spectaculo tenebatur, prosilire omnes, amplecti et alloqui Græciæ servatorem atque propugnatorem properabant. Atque eo tempore id re ipsa apparuit, quod de immenso immodicoque clamore dici solet. Corvi enim qui tum forte prætervolabant, in stadium deciderunt. Cujus rei quidem causa est aeris perruptio. Nam vox cum magna atque multa effertur, ea divulsus aer, volantes non sustinet, facitque ut aves ita atque si in vacuo sint loco, delabantur, nisi potius ictu tum quodam aeris aves veluti sagitta transfixae, deturbentur atque decidant. Potest et ad aeris vorticem seu procellam transferri : cum maris ille instar, **400**^{b} ob clamoris magnitudinem involvatur, rursumque cum impetu sese explicet. Caeterum Quinctius, nisi celerrime dimissis ludis impetum et concursum populi declinasset, haud profecto salvum potuisse evadere crediderunt, tam multis simul undique ei se circumfundentibus.

Plutarchus, sicut in hac Quinctii et in aliis vitis compositis ait, Neronis [Trajani] erat temporibus.

CCXLVI.

Ex Aristidis Oratione Panathenaica, quae est Athenarum laudatio.

Legi Aristidis *Panathenaicam Orationem*, verborum ac nominum explanationem comprehendentem et periodorum, etiam sensus potestate, et ornatu praeparato. Terra quidem ad omne fetus genus fuit instructa. Haec autem beneficia cum a diis accepissent, ita coeperunt eorum auctores imitari, ut aliis ipsi loco deorum fuerint, et hac primum ratione dignos se donis istis esse comprobaverint, quod iis recte fuerint usi. Nec enim vel sub terram existimaverunt defodienda, vel alios sibi aequales evasuros esse timuerunt : sed ita demum se, quantum reliquis praestarent, posse ostendere putarunt, si essent erga omnes benefici. Sed me oratio fluctus instar transversum rapuit, itaque ad id, unde digressus fueram, redeo. Divina igitur pompa commeatum in omnes regiones, tanquam pecuniam theatralem dimittunt. Maximum autem beneficium est illud, quod omnes undique afflictos susceperunt, ac foverunt. Nulla namque Graeciae gens est, ut ita dicam, quae hac civitate non sit usa. Quorum omnium meminisse primo factu sit difficile, et pares memoriae sermones accommodare, quae prima sunt et antiquissima exponam. Cum Hercules e vivis excessisset, urbs ei primum templa et aras consecravit.

[Subjecta phrasis per ellipsim, aliquid blandi habens, qua saepe utitur.]

Et nunc civitatis stant beneficio Messenii. Etenim sola cum omnium fortuna perpetuo contendit urbs, omniumque clades in melius conata est convertere, vetusque dictum immutavit. Ostendit enim se amicos infelices nequaquam fugere, cum permultos etiam, a quibus antea dissidebat, post acceptas clades in amicitiam receperit. Nec quos felices admiserat, **401**^{a} infelices factos dimiserit, quasi fortunae humanitatem accommodaret, sed infortuniis ad beneficiorum occasionem sit usa, de suo plerisque impertiens, quae prius nunquam vel speraverant. Et jam ad utrumque terrae terminum vestri habitant liberi, partim ad Gades usque a Massilia pertinentes, partim per Tanaim, ac palu-

dem diffusi. Sequitur ea nunc orationis pars, a multis, ut opinor, exspectata, quae res belli summo discrimine gestas complectitur, quas equidem metuo majorem narrandi difficultatem dicenti, quam civitati olim gerendi, exhibituras esse : non tamen necesse eas jam est attingere. Atqui hoc ipsum primum, quod omnes, qui sunt in necessitate constituti, ad hanc urbem utroque, ut aiunt, pede confugiunt ; nec ad aliud ullum oppidum respiciunt, id evidenter omnique columna clarius ostendit, eam ab initio statim Graeciae principem, non modo non ignobilem fuisse, ac de rebus duabus pulcherrimis, fortitudine et humanitate (aut potius justitia) testimonium illi perhibet. Etenim isti omnes instar praeconum ipsius fuerunt, qui experientia docti praedicarent, Athenienses et justissimos esse, et injuriam optime coercere, aliasque civitates hujus indigas pro se singulas Graeciae numerum explere, hanc autem vere tanquam urbem inter pagos eminere, apparatu et prudentia aequali instructam, ut justis fortiorem, ita potentibus aequiorem, aut potius et justis exacte justiorem, et violentis potiorem, ita ut utrosque utroque superet. Atque haec quidem communia sunt exempla.

[Hoc orationis schema variis nominibus appellatur. Etenim dicitur streptolytum, diallelon, enagonium, diagonium, chiastum, implicatum, solutum, subjecti mali amolitio. Streptolytum quidem, quia ex aequivalentibus solvit dicta ; enagonium vero quia videtur habere **401**^{b} certamen in inductione sensuum ; chiastum, quia duarum propositionum, justi scilicet et potentis, quod quidem oportebat dare justo, dat potenti, quodque potenti, iterum dat justo, sensum permutans. Dicitur autem subjecti mali amolitio, cum subjicit ut justis, facile pati injuriam, ut fortibus vero injuriam facere, sustulit utriusque malitiam. Quale est : *Justa est et non patiens* ; *et fortis et injuriam faciens haudquaquam*. Si enim in fine posuit nominis comparativum, sed non est schema comparativum, sed ut dictum est, subjecti mali machinatur amolitionem.]

Nam cum Amazonibus, quarum facta superarunt naturam, equestri praelio commisso, totam gentem deleverunt, cum eis nullus ad Atticam usque restitisset, verum omnia solo adaequassent, a Thermodonte quasi centro profectae.

Unde tunc omnia quasi fune rupto retrocesserunt, dissoluto Amazonum et imperio, et excursu, et urbe, et sic communi subvenit naturae, effecitque, ut jam dubium sit, an unquam exstiterint. At nunc cum par labor in quaestione omittendorum, et digna eorum, quae clarissima videantur, explicatione sit ponendus, nec quisquam adhuc vel nuda narratione sit omnia complexus, quamvis alioqui plurima singuli, de hac una civitate, atque adeo plura quam de reliquis omnibus, dixerint, non licet nobis accuratius tractare singula, et plurima sunt omittenda, ut maxima quae sunt referamus, quandoquidem certe nemo sit, quin libenter ista in medium proferat. Nam cum Graeci de summa rerum cum barbaris decertarent, parva terrae parte cum ingenti commissa, et pro virtute ac salute certamen esset, tum civitas utramque gentem præter omnem spem vicit, et alteram esse parvam sibi appendicem, alteram tanto deteriorem, quanto videbatur major, declaravit. Tum vero facta sunt a verbis, aliena videlicet a nostris, superata, cum plebiscitum omni tropæo præclarius, verbis pariter et re vicit, quandoquidem manibus statim fuit comprobatum, non modo sublatis, ut fieri solet, sed etiam præcones perdentibus. **402**a De eo autem, qui litterarum fuerat interpres, populum quidem in suffragium miserunt, ut judicii formam, quoniam Græcus erat, præter cæteros haberet : nihilominus tamen et ipsum interemerunt, quasi ne voce quidem sola barbaris esset inserviendum. Itaque id quo ille maxime nitebatur, eum fefellit, cum illi censerent hominem municipalem interpretis officio contra urbem, et Græcos pro hostibus fungi non debere. Tum in barathrum projecti sunt, sic ut alii responsa regi intulerint.

[Sublatus interpres Samius erat genere, nomine vero Mys.]

Civitas autem pompam potius ducere, quam ad certamen se comparare videbatur. Templa namque omnia aperuerat, sacerdotibus convocatis, ac diis antiquo more supplicationes faciebat. Ac primum quidem cursus eos omnes, qui ob coronæ præmium suscipi solent, longe superabant, æqualem præmiorum excellentiæ præstantes alacritatem ; in fine vero sese ipsi vincebant. Tanta [vero fuit hujus apparatus et facti superbia, ut existimarent barbari se, si modo visi essent, tantum effecturos, ut omnes velut in ludis mox cederent, ultroque se dederent. Atque hæc prima inter homines publica virtutis cum divitiis, et prudentiæ Græcæ cum turba et apparatu barbarico exstitit controversia, quæ non sermonis eloquentia, sed factorum demonstratione temporisque opportunitate fuit dirempta. Nec enim isto spectaculo in metum, sed alacritatem illi conversi sunt, nec insolentiam eorum, quæ cernebant, obstupuerunt, sed cum viderent quot essent vincendi, lætati sunt, quoniam se istam occasionem a fortuna omnium fortiter superandorum nactos putabant, et hoc fore tanti exercitus commodum, quod abundantem sui usum esset præbiturus, ac se jamjam magnifico seque digno quasi convivio excipiendos putabant. Nam et equi, et tela, et naves, tum phaleræ, et torques, canes, omnesque opes, fortunæ dona, proponuntur fortioribus, et hæc omnia largitur victoria. Quæ cum apud se duces, et inter se milites expendissent, tum a diis, et amico orsi Apolline, curriculo tanquam patente campo processerunt, **402**b nec barbaris videndi quid agerctur, spatium dederunt. Verum pariter et acies rumpebantur, et homines occidebantur, et capiebantur equi, naves, opes, instar Panicæ ejusdem choreæ. Quid quod etiam mortuus quidam, cum barbarorum telis confossus esset, stetit erectus, ac tanquam immortalis esset, reliquos perterruit. Sed tum revera turbam se esse, maximeque seipsos impedire cognoverunt, cum essent majore numero, quam cui aliquis initio sustinuisset resistere. Ut jure dicendum sit cum Jovem liberatorem ob res gestas urbs colat, Græcos urbem ac populum Atheniensem liberatoris loco habere debere. Quocirca si inæqualitas inferiorum est, omnibus hi victoriam ademerunt. Filius Darii Xerxes, qui omnium regum cogitationes superavit, et nihil mirandum non tentavit, cum et patris conatus inopia fuisse impeditos crederet, civitatemque et Græcos nusquam comparituros contemneret, duplex instituit certamen, quo partim illi antecelleret, partim hanc egregie puniret. Quin etiam cum effectis cœlestibus, omnique tum visu, tum rumore insolito [non, cum patre duntaxat], videtur certasse, quasi qui suam esse terram voluisset ostendere.

[Floridius hoc dixit Isocrates, sic rem enuntians, veluti cum Jove creata dividens, Jovi cœlum, sibi vero terram distribuens.]

Quos terrores terra marique suis non incussit ? cujus minas primum nemo poterat attentis auribus audire, cum ad ultimas terræ fines progrederentur, ea prædicentes, quæ ex ipsius tantum ingenio poterant prodire. Atlantici denique maris colonias viles redditurum, et extra eam quæ habitatur terram, conditurum : jamque ipsos coacturum mutilatos in mare exaggerare, aqua exhausta, lapidibus effussis, tantum habentes membrorum, quantum ad opus sufficeret. Nec vero cum ista tam insolita, omnique metu majora minatus esset, substitit, verum factis verba longe superavit, præterquam quod urbi nihil potuit nocere. Athos **403**a ad rei memoriam relictus est. Cameli vero tam aurei quam argentei collucebant, longissimum occupantes spatium. Sin umbram desiderabat, præsto erat arbor aurea, quæ umbram faceret. Itaque et nocte auro atque argento diem, interdiu, cum suos jaculari juberet, noctem inducebat. Sed et Græcos ad commune certamen convocabat, quod erubesceret, ut arbitror, sola se barbaris Græca opponere, ut apud Marathonem fecerat. Nec enim in aliis ipsa spem salutis suæ ponebat, verum alii, qui salute simul et libertate indigerent, in ipsa spem suam collocarant. Quæ autem unquam vel alacritas præclarior, vel animi fortitudo evidentior in ullis hominibus exstitit ? Cum hi terra cesserint, ne vel terra vel mari servirent, quod rerum suarum et conservationem in servitutis occasionem, et amissionem in novarum opum subsidium, vertendam existimarent, ita ut aliorum fortunas, suarum jactura tuerentur. Proinde, utrum malitis, eligite. Hæc ergo cum dixissent, num aliis verbis, quam quæ cum æquitate congruerent, nec essent in tali necessitate contemnenda, usi fuissent ? Si tamen etiam communia fuissent omnia, nemine altero superante, omnesque ex æquo contribuissent, ducibus insuper paribus, ut tanquam in collatione communi, pro rerum qualitate duces fuerint constituendi, nonne illi inter omnes ut sidera elucebant, omniumque consequebantur suffragia? idque non modo scientiæ jure, quod illi minus existimabant, quanquam tamen in talibus negotiis summum esse solet. Alii quidem nomine gaudebant, alii officio ducum fungebantur, eoque majorem obtinuerunt dignitatem, quod ipsis imperatoribus imperabant. Nihil etenim, quod uni cuidam Atheniensium improbaretur, rarum habebatur. Quapropter ut Lacedæmoniorum dux singularum navium imperabat ducibus, ita Athenienses ducum duci. Et enimvero demonstrandi studium, sermoque alius ab alio tractus longius nos abduxit; quapropter quoniam de quibus volebam interim disserui, **403**[b] ad rem ipsam redeo.

Quos ergo pulchriores his virtutis, vel cultores, vel demonstratores reperias? qui nec auro, nec argento, nec ferro, nec re denique ulla vinci potuerunt, sic ut hæc omnia non majorem regi usum afferrent, quam si etiam tum sub terra delituissent, cum illi paupertatem divitiis, securitati pericula, humanitati regis tantæ justitiam præponerent. Sed ne quid aliunde adducam, huic uni inhæream, ad cæteram ac continuam orationis partem me convertam. Sed in hunc sermonem pene invitus eccidi, narrationis serie magis quam voluntate ductus, cum nequaquam huc tenderem.

[Narrationis serie, vel pro dignitate dicit, quemadmodum recta est via, vel, ut contigit in via esse, sæpenumero enim a via aberrans, alio vadit ducente amico.]

Contra totum imperium Persarum discrimen in terra subirent, ac pro singulis hominibus gentes integras tum occiderent, tum caperent. Quid quod eodem die duo parta sunt tropæa, cum navale prælium terrestri fuisset adæquatum. Soli enim ex iis qui communem instituerunt rempublicam et suam regionem pro aliena habuerunt, et aliena quæ esset, non sibi alienam, sed iis qui eam cum scelere incolerent, custodum denique more vixerunt, non ut qui in præsidiis collocati sunt, aut unum aliquem locum obeunt, sed ut Græcorum omnium per totam terram circitores nominare oportebat. Donec tandem cognovit rex, perinde se contra urbem bellum cepisse, ac si igni late grassanti oleum opposuisset. Nihil enim damni erat, quod non pateretur, sic ut ipse consumeretur sese, ac regionis spatium salutis subsidium habere se intelligeret.

[Propriam regionem contra seipsum. Ex hac enim Athenienses, scilicet Asia velut ex arce illum ejecerunt.]

Nam hactenus quidem usque ad Peneum imperabat, aut potius (magnam enim partem detraho, quanquam multum dicere videor) usque ad Atticam, **404**[a] donec Atheniensibus in mari occurrit. Tanto jam spatio Delphos, terræ totius Græciæque umbilicum transierat. Ac per urbis certamina, et marinas expeditiones usque eo redactus est, ut polliceretur se nec terminos duos, Chelidoneas et meridiem, Cyaneas ad septentriones, navigio deinceps superaturum, et a mari ad quingenta undique stadia recessurum, adeo ut orbis ille pro corona capitis Græcis esset, et in ipso jam regio agro præsidia collocarent sua.

Quem autem pulchriorem vel pacis vel belli, tam contra Græcos quam contra Barbaros, exitum quis reperiat, quam quo res has urbs conclusit? Quanquam nec hæc ipsa, quæ tot tantaque sunt, sine multis Græcorum obstaculis peregit, omnibus eam quasi diripientibus. Etenim quod non Græci contentionem et bellum contra ipsam suscepissent, nihil tamen de Græcorum cura remisit: verum pro communi salute bellum cum rege terra marique gessit, quantæ est animi magnitudinis, præter quod in tot partes se divisit, atque omnia non secus atque singula curavit, et cum animi fortitudine, tum apparatus magnitudine admirandam se præbuit. Nam et contra Barbaros ita se gessit, quasi ab omnibus negotiis vacaret, nec interim Græcis, si qui erant infesti, occasionem gerendi, quæ vellent, præbuit: verum et his ita se obviam dedit, ut quinas vel etiam plures simul res ab ea gestas, velut ea quæ numerantur conjunctim, commemorare liceat. Vicerunt enim Peloponnesios navali prælio ad Cecryphaliam, et Æginetas ad Æginam, et rursum Peloponnesios. Deinde Megariensium mœnia ad mare usque protenderunt, libertatem eorum simul cum regione defendentes. Tum Corinthios ante Megarenses primum superarunt, et iterum urbem vicerunt post dies duodecim, cum injuste tropæum surripuissent. Quæ tametsi magni momenti non sunt, dicentur a me tamen, licet festinem, quandoquidem appendix rem totam absolvet. Cum enim abessent urbis copiæ, partim ad Ægyptiorum subsidium, naves plures, quam tunc erant in tota Græcia, partim in Æginæ obsidione, aggressi sunt hostes **404**[b] Megara invadere, quod existimabant Atheniensium otium sibi in occasionem rei gerendæ cedere, aut saltem si urbs rursum vinceret, Æginæ obsidionem solutum iri: siquidem illi aliunde opem ferre non possent. Illi autem adeo hoc commentum riserunt, ut qui ad Æginam erant, non magis quam qui in Ægypto rem omnem ignorabant, loco se moverent.

Quinimo sola privato periculo communi utilitati studuit, et beneficiorum copia principatum sibi comparavit, more communi mutato. Non enim quod oppida subjugarat, sed quod libera fecerat, imperium est adepta: ita ut eodem tempore et Græcis libertas, et urbi fuerit imperium tributum. Huic enim soli ultro paruerunt reliqui, et hunc populum communi suffragio jusserunt imperare, adeo ut cum armis Barbaros coegisset, socios tamen nihil precatus fuerit, sed ipsorum precibus compulsus principatum acceperit, quo ad justitiæ, non injuriæ notam uteretur. Ut autem singulatim rem totam explicem, sola hæc civitas, Barbaris invitis, Græcis autem petentibus, imperium est adepta. Quis unquam digne vel expendat, vel admiretur? Ut autem insignis illa clades accepta fuit (cur enim hoc taceam, cum et ipsum ad urbis magnitudinem ostendendam pertineat?) quae ita sit ad reliquas res progressa, quasi totam cepisset Siciliam, nec copias amisisse, sed novas comparasse videretur. Ac morum quidem facilitatem, temperantiam, vitaeque rationem ad fugam turpitudinis susceptam, nemo facile pro dignitate dixerit. Verum cum Graeci omnes illos circumsisterent, et antiqui hostes tum primum ex fortuna spem cepissent, novi autem e Sicilia accederent, omnibus vero sociis, omnium tam insularum quam regionum aliarum rebellione, in hostes mutatis, illud praeterea flagitium praeter opinionem commissum esset, ut regem contra urbem advocarent ii, quos ab eo urbs servaverat : ille vero libens advenisset, **405**^a ac tum militibus, tum navibus, tum etiam pecunia opem illis ferret, omnibus terrae marisque locis in belli subsidium praestitis : non erat quisquam, qui non crederet prima fronte urbem jamjam direptum iri, quam Graeci simul et barbari bello vexarent. At hi eam fecerunt rerum mutationem, quasi apparatus ille non damnum ipsis potius quam auxilium attulisset, ipsique adeo hostes belli duces se praebuissent. Tropaeis Hellespontum distinxerunt, aliis alio fugatis, ac velitationes potius quam praelia cum obviis committentes, quemadmodum tum a nobis, tum ab aliis antea dictum fuit. Denique ad Cyzicum simul cum Lacedaemoniis, Graecis, barbaris, et Pharnabazo congressi, naves omnes, praeter eas quas depresserant, ceperunt. Itaque quae tanta laboraret seditione civitas, hoc tempore ne mentionem quidem pacis fecit ullam, cum illi quibus tot initio suppeditarant commoda, clade accepta, mox ad pacem confugerent.

Cumque ipsa simul contra omnium impetus opponere se coacta sit, hostes plerique partem ejus aliquam infestarunt, universas copias nunquam sunt aggressi. Quapropter et civitatem hanc, et multos saepe vicisse, et perpetuo invictam permanere merito dixerimus. Quid quod ipsa nunquam unquam potius est, nec ejus consilium mutavit, quandoquidem reliquae clades ad exercitum referuntur, cum ipsa tam consilia hostium quam facta subjugarit, partim Xerxe ex voto egregie fugato, partim Lacedaemoniis, et absentibus, et praesentibus, atque victis repressis.

[Ad quid inclinavit, nisi ad cupiditatem pacis?]

Etenim Lacedaemonii cum nec pacem cum Thebanis facere dignarentur, solis Athenis honeste se cessuros rati, et cum aliis ex Peloponneso conjuncti ejus salutem non tam afferre quam postulare possent, **405**^b erant vero paulo plures quam quinquaginta, primi hujus consilii auctores, pariter contra Lacedaemonios, mari terraque imperantes, et eos qui in urbe erant, periculose objecerunt : quod existimarent sibi vel liberis vivendum, vel ignavis oppetendum esse, ne solem conscium intuerentur.

Ut enim juxta communem hominum naturam aegrotavit, ita juxta suam fuit sanata, laudemque ex eo majorem, quam cladem percepit. Quod cum fecissent, tum deinde hostibus fortitudine, et amicis aequitate superatis, partim bellicis viribus, partim maturo post res gestas consilio, patriam recuperarunt. Quapropter si quis omnia non studeat complecti, is acceptam in bello cladem potest dissimulare, quandoquidem sequentes res eodem, quo priores, consilio sunt et eventu peractae.

[Qua exsuperantia hanc evehendam esse urbem existimandum.]

Jam illud nihilo secius quàm superiora, tum narrare tum admirari debemus, quod cum Lacedaemonii ea quae triginta viris contra populum mutuaverant, postquam inter eos convenit, populus ex parte persolvit, quo firmitas foederibus major accederet. Populus enim ibi collectus, aliis in adversis bene sperandi exemplum praebebat, simulque in manus, ac prope in sermonem convenerat, quasi pro se invicem dimicaturi, ut dici non possit, utrum detestanda magis esset adversariorum seditio, quam vero civitati hoc modo liberatae optanda. Et cum pacis mentionem feci, parum quiddam de ea repetam.

Quapropter et sola Barbaros et prima vicit, cum aliisque conjuncta, ipsa non minus socios atque hostes superavit. Quemadmodum qui venari nesciunt, si quid insperantes ceperint, non dimittunt, nec nisi charissime vendunt, imbecillitate sua rei pretium metientes. Haec autem cum se toto genere praestare cognosceret, nunquam sordidius se gessit, quoniam de absentibus non levius quam de praesentibus sperabat, **406**^a ideoque citius omnia hostibus, quam illi sua peterent reddidit.

Comparationes istas aegre fero, quanquam et ipse quibusdam absurde facere videbor, qui in eum sermonem, quem vituperabam, inciderim, cumque ea de causa, propter quam fuerat omittendus, habuerim. Quinimo hinc vel maxime perspicitur, nec magnam illos ab urbe gratiam inire, nec haec esse de industria tractanda. *Sed per transennam quemadmodum nunc ego facio.* Quapropter si quis a nobis etiam haec velit praeteriri, hactenus certe dicta sunt.

Et Lacedaemonii qui pro Graecis, ut principes opponere se solebant, puerorum vicem urbis comparatione subeunt. Quid quod tam invitus in hunc sermonem incidi, ut etiam tropaea quae recensebo, ab aliis esse urbi parta cupiam, ne plerisque Laconicum nomen esset inserendum. Quoniam vero res ipsae nos huc adigunt, haec non tam contentionis gratia dicemus, quam ne res omnes transeamus, ut in quibusdam fecimus, nec est leviter progrediendum. Nec tam unum ediderunt beneficii genus, quam nullum omiserunt. Multae autem eorumdem temporum res velut in historia mihi occurrunt, quas adeo non possum facile cunctas explicare, ut ne duci quidem uhi queam sufficere. Earum vero quas, quibus omissis, recensebo? Jam illud maximam meretur admirationem, omnemque superat humanam naturam : cum possent Lacedæmoniis terra marique pro famulis uti, vel calamitati suæ relinquere, quos et socii, et finitimi, et servi omnes oppugnabant : nihilominus æquo jure eos admiserunt, et cum Thebani instar flammæ ad urbem Laconicam et reliquas Peloponnesi partes ferrentur, soli ex Græcis et barbaris restiterunt. Quas ob res eo loco sunt ab omnibus habiti, ut urbs totius societatis curia constitueretur. Præterea utrum civitatem, an fœdera reprehendunt? Si enim civitatem accusant, nihil de rebus maximis, **406**[b] a quibus urbs celebratur, videntur cognoscere; sin fœdera, utique aliis ea dissimilia judicant : itaque fit, ut quod in vituperium rei proferunt, eo laudent urbem. Nam et civitatis et hominis cujusvis vitium ita demum cognoscitur, si mala in eo vel sola, vel bonis plura, aut majora (ut et hoc adjiciamus) cernuntur. Qui autem omnibus examinatis, unum aliquid, aut item alterum reprehendunt, ii reliquis omittendis tacite laudant præsertim si non de homine, verum de civitate, eaque totius Græciæ antiquissima, plurimisque rebus præclare gestis celeberrima judicium fiat. Omne enim imperium a potentioribus contra æquitatis legem exercetur. Quomodo alioqui aut æquum sit, aut justum, ut quis alienæ terræ tributum imponat, aut leges præter necessitatem ferat, aut jura illis vel jussa det, aut belligeret, aut quæ sua non sunt occupet? quandoquidem ista præter æquitatem fiunt. Quare si quis exactius juris naturam velit perquirere, nec potius aliquid rerum naturæ concedere, quam sophistam agere, is jam protinus omnia imperia et magistratus abrogabit, cum ea potentioribus serventur, atque etiam ad deos ipsos præ nimia sapientia procedet, eosque, quod non æquo jure cum hominibus agant, sed imperium sibi arrogent, calumniabitur. Sed hæc, ut arbitror, ab iis disputantur, qui in angulis educati, solem nunquam viderunt, a quo solent aliæ stellæ lumine privari. Sin hæc necessario cum omni imperio cohærent, estque hoc imperii jus, ut princeps potiori sit jure quam cæteri : ita demum cedam, si qua vel Græca, vel barbara potestas minus imperii jure, quam populus Atheniensis, usa demonstretur. Quemadmodum enim in præclaris consiliis optimi alicujus viri morem secutus est, ita in iis quæ calumniantur nonnulli, non secundum communem hominum naturam, sed imperii necessitate ductus peccavit. Cumque potentia sua imperium esset ab initio adeptus, per humanitatem ultro dimisit, ac ipse **407**[a] pene sibi criminum est auctor factus. Nam cum maxima erga omnes familiaritate atque moderatione usus esset, eosque magis in reipublicæ societatem quodammodo vocasset, quam principatus jure cohibuisset, idem fere, quod solet benignis dominis accidere, passus est, ut non propter cæteram æquitatem gratiosus esset, sed cum quid postularet, aperte vim facere videretur. Quin siquidem in eos, qui pro civibus sese gerebant, hæc perpetravit, nihil vero quominus incusetur : sin vero quia partim defecerant, eumque præter dignitatem contumeliose acceperant, partim apertos se hostes profitebantur, dubium non relinquitur, quin ii qui necessitatem attulerunt, crimen omne sustineant. Nam et illi eo quasi pignore videntur eaque fiducia elati peccasse, non quod urbe perpetuo se potiri posse crederent, sed quod nec victos gravius quidquam esse passuros confiderent, cum Athenienses natura essent ad homines conservandos propensi. Quod enim de Mitylenensibus decretum revocarunt, quæ potest civitas primis consiliis vincere? Ut enim quæ pridie statuerant, judicii erant et injuriæ acceptæ : ita quæ postridie mutarunt, solius erant urbis, cum quidem triremis una est alteram assecuta. Jam cum hominis cujusvis defensionem cum facto conjunctam omnes recipiant, miror eos urbis res gestas tot ac tantas, quibus illa se purgat, non considerare. An vero solem quidem ac lunam, non ob damna, quæ nobis dant, accusabimus, sed propter commoda ab ipsis profecta mirabimur : de urbe non ex universa ejus natura, et cum omnibus consuetudine ac familiaritate, sed ex offensionibus aliquot judicabimus? Non puto : nisi quis etiam fulmina deorum, ac tonitrua, motusque terræ velit calumniari, neglectis communibus atque universis beneficiis. Quamvis autem multa quoque posteriorum temporum bella, inusitata et inaudita constantia, narrationi meæ reliqua sint, tempus tamen me deficit. Quapropter unum si addidero, totum de hac re sermonem concludam.

Natura quasi sciens fore ut rebus gestis alios urbs longe vinceret, orationes ei et litteras pro dignitate tribuit, quo et ipsa suis gauderet ornamentis, et aliis, si opus esset, **407**[b] una cum reliquis impertiri posset. Cum ergo prius Græcos ad vos confugientes servaveritis, nunc omnes homines gentesque cunctas pulcherrime excipitis, xenio sapientiæ, et doctrinæ duces omnibus vos præbentes, cunctosque purgantes. Jam cum quinque memorentur regna (nec vero plura nascantur), in eorum antiquissimum Assyrium, primæ urbis res gestæ, et quæ iis propitiis acta sunt, inciderunt; in secundo crevit urbs; tertio ipsa vicit; quarto cum sola restitit, tum optime omnium liberavit : in hoc autem omnium optimo ac maximo, totius Græciæ primas tenet, ita ut non debeat ei quisquam antiquum statum loco præsentis exoptare. Quanta vero fuerit urbis ab omni tempore præstantia, facile admodum cognosceremus si ejus ornamenta non quidem omnia (nam id omnino fieri non potest), sed aliquot in varias urbes ac regiones distribuentes, earum deinde comparationem quasi poetarum aut chorearum instituamus; non enim mihi facile videtur, vincentem invenire : ut si aliæ, verbi gratia, de prima hominis creatione glorientur, quædam de frugibus vel primum inventis, vel plurimum communicatis, nonnullæ de legibus aut feriis solemnibus constitutis, aliæ de situ commodissimo; quædam de sapientia, vel rebus bellicis, nonnullæ de Græcis exceptis, vel coloniis deductis; reliquæ denique de alia re quavis, quæ urbi contigerit. Sic apertissime quanto reliquas intervallo urbs superet, ostendemus, cum ipsa, quæcunque toti Græciæ separatim sufficerent, sola complectatur. Quin et donum quod sit maximum, non facile discernetur, verum si hic civitatum quoque fiat contentio, ut alia Cereris fructus afferat, alia Bacchi, nec solius vitis, sed et aliorum, quæ seruntur: tertia vero Minervæ donum, idque duplex, multis utique civitatibus gloriandi materiam, ceu de præstantissimo munere singulis dabimus. **408**a Atque hæc quidem hactenus. Magnitudo autem urbis et reliquus apparatus, omnino fortunæ Atheniensum, et nominis amplitudini respondet, sive ipsum civitatis ambitum, qui maximus est et pulcherrimus in tota Græcia, consideres, sive mœnia ad mare quondam usque pertinentia, et itineris diurni longitudinem complexa, aliosque ad mare circulos urbanis oppositos. Quid quod vici quidam oppidis aliis splendidiores cernuntur, omnisque ornatus, tam qui a natura, quam qui ab arte petitur, æqualiter et urbi tributus est, et regioni. Ad naturam quidem pertinet aer tam eximius, et portus, qui singuli multorum instar esse possint. Tum arcis ipsius situs, et velut auræ gratia afflans undique. Jam illud in his notatu dignum, cum aliæ urbes cœli bonitate regioni suæ cedant, urbs tamen quem tota Attica bonum, eum habet optimum ac purissimum aerem, adeo ut vel eminus e cœlo superiore tanquam jubare cognoscatur. Atque hæc quidem e natura sunt, pauca de multis collecta. Quæ autem ad artem referuntur, eorum quid vel maximum vel primum ponam nescio. Sunt enim hic et templa maxima omnium atque pulcherrima, et simulacra, exceptis cœlestibus facile prima, tam venusta, quam nova, et bibliothecæ, qui proprius est Athenarum ornatus, et lavacra multum delicata, istique diætæ convenientia, et curricula atque gymnasia. Quocirca si quis Erichthonios, Cecropes, fabulas, fruges, tropæa, terrenas res et marinas, litteras, viros, reliqua omnia quibus ætatem transegit, urbi detrahat, eaque ratione, qua reliquas civitates, quæ sese nunc venditant, consideret, **408**b victoriam nihilominus iis quæ adhuc in ipsa cernuntur, facile auferet.

Verum sola inter omnes urbes, et vetera veteribus, et nova novis, aut potius et vetera novis, et nova veteribus superat. Quibus addo et alia ejusdem.

[Quia sæpe figurate loquitur. Sic et tu hunc locum illustrabis, sic disponens: *Vetera quidem veteribus vincit, nova vero veteribus.* Aut potius pro hoc, si vis: *Et adhuc vetera veteribus superat, nova vero novis.* Deinde quomodo dicit: *Sed et vetera novis, et nova veteribus.* Melius vero quis dixerit, aut explicarit quis magis proprie, aut non aberraverit, et sæpe alias.]

Omnia denique, ut sic dicam, vel apud vos duntaxat exstant, vel a vobis orta sunt: et trium unum aliquod contigit, et partim a vobis ceperunt, vel partim apud vos vel optima vel plurima cernuntur. Multi quoque cum nihil rerum suarum, de quo jure glorientur, proferre possint, ad Trojana confugiunt tempora, ac de gloria contendunt, quanquam nec sic aliquid, quod habeant commune, afferunt, cum ab unius alicujus viri fama pendeant, quales agricolæ qui inopum more ad ditiorem aliquem se referunt. Ac urbs quamvis perfugio hoc non indigeat, nequaquam tamen caret illo condimento. Communis etenim Græcorum poeta, in urbium et navium numero Atheniensium ducem ait peritissimum fuisse: scutatos ornare viros, et corpora equorum.

Ad Menestheum Alexandrum Paridem pertinet.

Ut enim reliquis omissis populi duntaxat potentiam spectemus: quicunque eodem reipublicæ genere usi sunt, ii ut cupiditates suas ac libidines citius atque violentius exercuerunt, ita dignitate et splendore Atheniensibus longe cesserunt. Quin et prima divitias nec secuta est urbs, nec admirata, cum neque ditiores unquam extulerit, illud ipsis modo deberi, ut nihil ob eam rem paterentur incommodi, rata: neque eos qui virtute præstarent, licet opibus inferiores essent, minoris unquam fecerit. **409**a Existimavit enim turpe fore, si servorum non opulentissimi, sed fidelissimi, quique cæteris meliores censerentur, liberorum hominum dignitas opibus, non qualitate cujusque æstimaretur. Sin erat viribus opus, nemo cum illis erat conferendus, qui pleniorem quovis pentathlo victoriam referrent.

[Rem dicit pro persona: oportet enim dicere: *vincentes Penthalos.* Sed ipse dicit, penthali lucta, cursu, jaculo, disco, pancratio, vel pro his in quinque certantes, vel in quinque certaminibus vincentes. Non quod pentathli omnia vincerent, sufficiunt enim illis tria ad victoriam. Dicitur vero Peleus, cum esset cum Argonautis, primum certamen instituisse. Quinque vero certamina erant quæ prædicta sunt: quidam vero pro pancratio numerant saltum.]

Quis populus hoc acutior reperiatur, et mansuetior, aut qui celebriores oratores? Quid? quod aquilam in nubibus vocat eam deus, aliarum civitatum comparatione. Huic enim soli urbi duo contraria evenerunt. Quod cum plurima de ipsa et præclarissima homines dixerint, minimas tamen omnium laudes fuit consecuta. Ut enim præter cæteras admirationi fuit, ita nihil de se pro dignitate dici audivit. Itaque cum mirarer audire me sapientiæ curiam, et Græciæ larem atque columen, et similia, quæ de urbe canebantur, nunc mihi ea minora videntur omnia. Quin si civitas ulla deorum ministra et cognata, vel humanæ naturæ simulacrum vocari debet, hæc id nominis jure obtinebit. Quas ob res, o Græci, nec invidera debetis urbi, nec verecunde cedere potius, quam eam certatim pro viribus extollere. Nam si Athenienses fuerint superiores, erit vestra victoria. Etenim cum omnes optimi esse nequeunt, tum ut ex ducis præstantia laudem capit civitas, ita si princeps urbs honorem sortiatur se dignum, is ornatus ad omnes pertinet. Quemadmodum igitur Athenienses ipsi non ægre tulerint, si quis ipsorum arcem celebret.

[Pro, pulcherrimam et honoratissimam omnis Atticæ, si quis dicat arcem.]

Ita vos quoque urbem pro arce quadam, vel fastigio Græciæ ac sociorum habentes, verbis eam et factis ornare, itaque laudem communicare, nec ea vos privari existimare decet. Hæc igitur a nobis oratio pepli instar ad ornatum pompæ Panathenaicæ confecta sit, quæ ut gratiam mereatur, efficiet eadem dea et cui oratio est et urbs consecrata.

CCXLVII.
Ex ejusdem Aristidis IV Orationibus pro rhetorica adversus Platonis Gorgiam—Excerpta.

409[b] Lectæ sunt ejusdem *De rhetorica Orationes adversus Platonem*, necessitatem eidem hujus ostendentes.

Existimo equidem eum, qui vel recte dicturus, vel æquum sit suffragium laturus, non id spectare debere, nec invidere, si quem priorum ac celebrium virorum, aliter eadem de re dixisse contingat, sed cujus ubique maximam oportet haberi rationem, huic quoque ab utra parte consistit veritas, inquirere, atque eo victoriam deferre. Etenim foret absurdum, si in concionibus et judiciis, non ei qui primum dixisset fides haberetur, verum probe scirent omnes fore ut si hac ratione disceptarentur ista, reorum nullus evaderet, quando quidem omnes post actorem dicunt : in ipsis autem litteris, et quod de iis exercetur, judicio non ii qui sententiam suam comprobarent, sed essent tempore priores, vincerent. Est autem admodum iniquum eos qui corpus exercent et colunt, adeo magnam et priorem habere honestatis ac justitiæ speciem.

[Scilicet bona ordinatione, cum omne bene ordinatum secundum rationem sit, male vero ordinatum præter rationem.]

Qui in litteris excellunt, et absque earum studio ne vitam quidem expetendam putent, eos tam ignavos [dixit *ignavos* propter non contradicentes; *iniquos*, propter reprehendentes eos qui contradicunt], aut potius iniquos esse, ut uno ad omnia utantur argumento, si quis exstiterit prior, ac pro veritate nomina admirentur, quasi non oportere quidquam reperiri melius existiment, ac leges quidem **410**[a] ipsas, si sit utile mutare; qui autem de iis, quorum est natura perpetua, tractant sermones, eos post primos non recipere, verum priores quasi terminos, aut columnas venerari, nec ea, quemadmodum in legibus priores per contrarias abrogantur, solvere, verum eodem loco etiam alios habere : et juramentis quidem publicis hoc ascribere licet, demere et addere, quidquid posterius consultantibus visum fuerit, quas autem eadem semper et ubique libertate decebat examinari litteras, eas superioribus duntaxat temporibus tribui, veluti si quis primos tantum homines sanos esse dicat oportere, nec hanc ratiocinationem ipsis primam, quos honorant, inutilem esse animadvertere. Nam si tempori omnia sunt tribuenda, eoque metienda dignitas, non amplius is, qui nunc illis habetur ab omnibus honor, locum habebit. Hac enim ratione Jasus et Criasus, atque Crotopus et Phoroneus, ac si quis est in fabulis Argus et Deucalio, qui nunc celebrantur, palmam obtinebunt. Atque si ita judicemus, ne Codrus quidem cur glorietur habebit, qui cum istis quos dixi comparatus, puer sit nec antiquus : atque ita paulatim si quis ante lunam exstiterit, inquireremus. Jam Homeri atque Hesiodi, atque eorum qui hactenus excelluerunt, Platonis si placet, et Demosthenis, et qui paulo ante vixerunt, ne ad longissimum quidem tempus similis est speranda gloria. Sed si id omnibus est manifestum hos, cum natura et industria præstitissent, majores suos superasse, neque posteriores erant omnes omnibus modis arcendi, neque rejiciendi, si quis hoc etiam tempore de re proposita sententiam queat ferre; verum ex ipsis quos colimus, aliud esse præcedere, aliud præstare, cognoscendum est. Et antiquos quidem omnes venerari oportet, non horrere, nisi forte litteris insignes, majore quam ipsas litteras, honore censeamus afficiendos : quod ipsum si erga quempiam alium, erga Platonem certe sic esse debemus affecti, non alium requiro testem, cum sufficiat ipse, non tantum quoniam ubique clamat et edicit nihil esse veritati præferendum, sed et exemplo non magno. Etenim si ille cum Homerum, qui tanto ante ipsum tempore floruit, multis de causis incusaret, ratione non caruit, qua contra indignantes uteretur, licebit nimirum secundum Platonem ipsum, et eos qui illum laudant atque omni absolvunt crimine, si quis aliquid contra illum dicere cœperit, auditionem sustinere :

410[b] nec prius id crimini vertere, quam ille rationibus ad propositum pertinentibus deficiatur. Indignum enim foret, cum ille, quam palam constituerat accusare, defensione sua quodammodo non privarit, verum duobus aut tribus defensionem forma dialogorum tribuerit : si nos, qui rem totam sustinere possumus et volumus, id non auderemus, quasi non esset amplius Platoni respondendum, quæ ipse sibi voluerit. Absurdum deinde mihi videbitur, si Plato rhetoricam, cujus et ipse partem fortasse consecutus aliquam erat, vituperare non est veritus : nos pro rhetorica, ne quis illius causa indignetur, dicere pudebit. Præterea, siquidem nihil oporteret contradicere, sed eam deserti vadimonii velut in curia damnari, idque dicendi magistram, alia quædam hæc esset ratio. Sin quemquam oporteat, nobis hoc propemodum conveniet, ut ex hac quoque re primum instituti nostri jus declaremus. Nec enim æquum est, ut a qua id accepimus, quo cæteris patrocinari possemus, ea suis destituatur bonis, nec potius vel talis, qualem Plato voluit, videatur, vel ut videri possit efficiatur. Nam quod vulgo dicitur silentium confirmare crimina, id unum ac simplex non est : verum simul et jure suo privabitur, et dignitatem totam amittet.

In his nulla prorsus inest demonstratio, nec argumentum necessarium, sed pro concessis sumuntur, de quibus erat prius disputandum, quasi ab auditoribus ea sibi dari petiisset. Atqui si ea de quibus quæritur ridiculum est pro concessis ponere, quomodo vel æquum sit ea quæ ridiculum sit quærere, initio ponere : vel non ridiculum, utrum ars dicendi et coquendi ejusdem sint naturæ, quærere? At ipse hoc tantum **411**a concessum sumpsit. Licebit autem id cognoscere, si quis sublato rhetoricæ nomine, philosophiam in ejus locum substituat, atque ita iisdem utatur omnibus. Nec vero vel rusticum quisquam, vel frigidum hunc fore sermonem existimet. Primum enim cum duarum artium vel facultatum, eos qui alteram sectantur, si de alteris quidpiam secus dixerint, nihil ineleganter agere dicturi sumus, alteris merito eandem concedemus defendendi rationem. Deinde non offensæ gratia, sed demonstrationis, quæ in his nusquam apparet, proferetur.

Atque magis multo videbimus, si rationem relinquamus. Quo fit, ut omnes propemodum dii suffragio suo testentur, contemnendam esse orationem eam quæ vel artem quærit, vel id quod cum ea non sit conjunctum, vituperat. Ergo si quis carmen sine arte fecerit, hoc non difficile, sed divinum sæpe judicabitur (quemadmodum rhetores sint) optime sine arte dixerit, magnum erit? Equidem cur id fiat non video. Absurdum enim foret, cum poeta sine arte oratorem possit imitari et optime dicere, si orator ipse sine arte optime dicere non possit. Quod si ergo, Jupiter ac dii omnes, furor est aliquis sana mente melior, quique divinitus homini donetur, cur id omne quod arte careat vituperemus, aut cur rhetoricam turpem temere duxerimus? Sed alicubi præclarius esse ac iis gratius esse arti non servire. Aperte enim jam Plato profitetur, non esse in rebus maximis artem quærendam. Atqui si fide dignus est Plato, hic est ipse, qui victoriam arti non tribuat. Si nec hoc quisquam concedat, cur propter ejus verba turpis habeatur rhetorica? Ego vero ut illum ubique fide dignum, si quemquam Græcorum alium, existimo, ita libenter ex ejus sectatoribus quæsierim, num hæc illi magis quam illa, sint credenda. Quin ut maxime sit vir gravis, nobis dat testimonium, adeoque nostro commodo gravis est. Nam cum nos quidem et nobiscum, et cum illo consentimus, **411**b ille vero nec secum nec nobiscum, non tam contradicit hoc pacto nobis, quam non vera se dicere fatetur. De hac certe parte, quod multi sint auxilio divino sanati, non amplius ex verbis cum Platone disputabo, nec invidebit mihi vel Æschines Lysaniæ filius, vel alius quisquam, si meipsum potius illorum dicta confirmare posse, quam illius indigere testimonio dixero. Etenim revera, quemadmodum vates rerum cognominibus initiati, ab ipsis diis hoc didici, quorum opera ex iis quæ medicorum nullus nec quomodo appellaret sciebat, nedum quomodo sanaret, nec in humana natura exstitisse cognoverat, variis dei consolationibus et consiliis elapsus, præter omnem fidem vivo. Cum autem nihil in his artis habeat quisquam, ac potius artis contemptus ad deos fugere eos cogat, tamen nec dii, quod ipsorum pace dixerim, hanc sententiam nostram rejiciunt, nec multos ex iis qui divinum auxilium artii prætulerunt, pœnituit. Nec vetat quidquam quominus horreant etiam medici, postquam intellexerunt pleraque. Utrum ergo somnia res humanas diis commendant, an quia dii homines curant, eos etiam servant per somnia? mihi quidem hoc placet. Quid erat ergo quod prohibeat?

Græcanicarum lingua longe maxima, inquit Cratinus. Etenim hæc Socratis ingenio tam propria et accommoda sunt habita, ut huic etiam opinioni repertus sit locus. Opinor autem Socratem quoque ipsum, quamvis nulla ejus exstet scriptio, non minus quam vel gravis Plato, vel festivus Æschines, verum etiam pulchrius, ac vere palam nobis testimonium perhibere. Illud certe constat eum dixisse nihil se scire, idque omnes qui cum eo sunt versati profitentur. Constat autem et hoc, sapientissimum a Pythia fuisse Socratem judicatum. Quomodo igitur hæc se habent, cum eum qui ignoret omnia, sapientissimum esse judicatum, non sit fas de deo credere? Jam arti, ut apparet, negabat se studere, nec falso. **412**a Nam Anaxagoram quidem, cum quo versatus est, non magni videtur fecisse. Cum itaque nihil eorum quæ erant cognita necessaria ignorare possit is, cui præsto erat dæmonium, nihil tamen se scire dicebat ipse ; nec id falso, quandoquidem nec deus eum sapientissimum esse falso dixerat. Quomodo ergo dicit se nihil scire? Arte, ni fallor. Jam si neutro modo sapientissimus fuisset, nec cum de se mentiretur, quoniam turpe est mentiri, nec cum vera diceret, nisi artis usus revera turpis esset : simul et Socrates utroque pacto, tum iis quæ negabat, tum quæ fatebatur, et per Socratem deus, qui illum sapientissimum judicavit, de utroque testatus est, ac duplex Socratis testimonium suo tertio confirmavit.

[Hæc argumentatio cornuta est, talemque sensum ostendit : Dicit [inquit] Socrates nihil se scire. Si verum hunc concedimus dicere, Socrates non est sapiens : si falsum, iterum non sapiens est, et per utraque sapiens, quibus et se negat qui scire (nihil enim scivit arte, et verum dixit nihil se scire) et quibus confitetur dæmonium sibi dicere. Dupliciter enim testatur. Primo quia dæmonium sibi insinuare dicit, secundo cum nihil se scire affirmat, et utrumque testimonium obsignat ipse Apollo, sapientissimum hunc esse pronuntians, hoc est, neque falsum, neque turpe esse, nihil scire arte.]

Quod si poetarum quoque sunt arcessenda testimonia, quanquam vel omnium, vel præcipuorum colligere dicta sit difficile, tamen quæ de nobilissimis selecta proferri possunt, ignavi foret omittere. Et communiter quidem poetæ omnes reipsa testimonium præbent, siquidem ea ratione quæ artem superat poetæ sunt effecti. Verum hoc testimonio jam non indigeo, quoniam supra relatum est, sed eo quod in verbis consistit.

Nec hoc frustra, vel quasi appendicem superiorum adjungens, sed hoc demonstrans et **412**^{b} indicans, ornatum istum et splendorem, non tam ex arte, quam divino afflatu proficisci. Inventionem igitur, o Plato, disciplina meliorem censet Hesiodus, et artem posteriorem natura; et merito quidem ita sentiens atque dicens, nec immemor laureæ, quam ut acceperat, mox e pastore poeta fuerat redditus. Nam et artes ipsas atque opificia, natura præstantes utique primum invenerunt homines: nec enim artes naturas condiderunt, verum naturæ præstantissimæ invenerunt artes. Quo fit ut et ordinis et facultatis ratione priores naturæ debeantur. Quod si nec hominibus prorsus artium concedimus inventionem, sed his deos eas demonstrasse dicimus, ad præstantem nimirum erant aliquem referendæ. Jam si hoc apud omnes erit manifestum, non deos ab hominibus, sed homines a diis artes accepisse; atque illos præceptores, nos esse discipulos, tanto videbitur disciplinæ præstare inventio, quanto melior est homine Deus. Ut enim illi invenerunt omnia, ita nos inventis utimur. Recte igitur ac merito, et ut eum qui deorum afflatu hæc ipse loquebatur, decebat, Heliconis accola, eum quidem *sibi qui cuncta invenit ipse*, primum ac præstantissimum, ceu deum ac diis propinquum posuit, auditorem vero ac discentem secundum.

Etenim si disciplina esset optima, non esse prima. Nam ab alio discendum foret. Itaque non esset prior doctor, si disciplina melior ac prima poneretur. Unde enim is, qui tuo quoque testimonio Variam exornavit, quod sequeretur audivisset, si discipulus inventori præstaret, nec esset necessario secundus, si quid unquam discendum foret? Omnis enim discipulus, eo utique ipso quod indiget disciplina, deteriorem se profitetur. Itaque nisi sibi primum ipse se indigere persuadeat, quomodo vel discat, **413**^{a} vel alteri docenti obtemperet? Quocirca est absurdum eum, qui semetipsum deteriorem fateatur, atque ob id ipsum laudetur, præstantiorem dicere. Alienum a ratione foret, si ne hoc quidem animadverteremus, non modo naturas initio artes constituisse, sed et in ipsis artibus eos, qui natura valerent, excelluisse. Nam artis quidem causa similes oportebat omnes esse, qui eadem didicissent, atque etiam posteriores prioribus semper deteriores, donec ad artis solutionem esset ventum (nec enim poterat quis ab alio accurate percipere omnia, quin aliquid semper effugeret), naturæ autem vi et excellentia gloriam sibi viri præclarissimi pepererunt. Nec quisquam vel Dædalum vel superiores præ Phidia miratur, verum contra artes ex parvis et vilibus initiis majores ac perfectiores sunt redditæ. Quod si est manifestum, licet nunc primum dictum sit, maximi artifices non quatenus artes cognoverunt, maximi exstitere, sed quatenus eas superarunt. Illis igitur artibus, ut par est, non æquum videtur artem naturæ præponi: non ergo ante hanc fuit, neque eo quo nunc modo, neque gloriata est.

Verum, ut puto, non artes sustulisse viros magnos, sed qui potentia primi essent honorabiles, artes fecisse, non manentes a quibus accepissent, verum inspecta verborum, alii rerum natura, pueros præ se majores fecerunt videri. Sed artes omnes, ut dixi, naturæ sunt inventum. Etenim si artes essent artes producturæ, nullum exstaret principium. Cum enim nondum essent artes, reperiri non potuerunt, quandoquidem quæ non erat, invenire nihil poterat. Quamobrem tum inventorum ratione, tum sequentium victoriam reportat natura. Hac igitur quoque ratione apparet naturam quidem principis, artem vero disciplina constantem, ministri ac melioris parentis, obtinere locum. Atque ea quidem, quæ pro rhetorica, etiamsi artem non esse eam posuerimus, **413**^{b} dici possent, multis omissis, hæc fere sunt ac talia. His autem ita demonstratis, existimabit forsitan aliquis pejorem nos deinceps partem sectari, si etiam artem esse voluerimus docere. Ego vero nec de supradictis quidquam muto, nec Platoni concedo, nihil habere artis rhetoricam, sed quantum in ea artis est (ut ipsius utar Platonis verbis), tantumdem prosequar. An vero contraria non sunt, si et intendere eam veluti in scopum dixeris, et eadem de causa, ratione carere? Omnes enim qui collineant, ratione utique utentes, collineant; nec enim licet ratione non utentem collineare, siquidem ratio jaculationem efficiat. Nam collineare est rem attingere, ut qui aberrant, non bene collineant. Itaque non qui collineat aberrat, sed qui aberravit non collineavit, et merito; siquidem nemo dum ratione utitur, errat, verum simulatque rationem amisit, errat. [Id quod cuique profuturum est, deligentes.] Atque hæc quidem, Plato, adamantinis tuis demonstrantur necessitatibus. Cum rhetoricam conjicere miraris? Eodem enim modo atque divinatio videtur se habere, nisi quod cum divinatio post conjecturam desinat, rhetorica non tantum conjicit, sed et ea, quæ optima censuerit, per ministros perficit. Itaque divinationis occupat locum, et artis militaris, quam quidem ad civilem scientiam pertinere non negabit

Plato. Quo igitur modo civilis scientiæ partis erat simulacrum rhetorica, si non isto? At ita simulacrum non erit.

[Hoc per ironiam, nisi quatenus similis est arti militari, et reliqua, ex discretione, quia neque secundum hos posset simulacrum esse.]

Jam quod ait, oratores ea quæ populo placeant, suadere, atque id solum spectare, id omnino sophisticum esse, si non puer, vir certe prudens ostenderit. Nam mihi quidem contra videtur, nec rhetoricam quidquam habere magis proprium, quam ut ea, quæ populo videntur, non statim fieri permittat, nec oratores quidquam potius, quam optima quæque **414**a spectare, nec vel ipse populus diffiteri, quin in rebus considerandis, ac toto vitæ habitu et conditione, præstent ipsi oratores, idque ex honoribus, quos eis tribuit, manifestum fieri objicit. Sin eos populo dicis cedere, et facere imperata non imperare, famulam pro domina sumis, et cum plebicolas vituperes, putas tibi rem esse cum oratoribus. Verum nec plebicolæ magni se faciunt, quod civitati serviant, et oratores hac ipsa de causa sibi placent, quod non quæ populo, sed quæ sibi videantur optima dicant. Quod si multitudinis obtemperarent libidini, et pro judicium arbitrio concionarentur, ne libere loqui quidem possent unquam, nedum aliis se proferre. At norunt se non voluptatibus servire, sed cupiditates moderari, nec vulgus spectare, vel ei parere, sed ab eo spectari, eique imperare, atque inde nomen acceperunt, in libertatis signum, ut demagogi vocarentur, non quod a populo ducantur, o qui sursum omnia ac deorsum invertis, sed quod eum ducunt, quemadmodum et pædagogos, opinor, appellamus, non qui pueris serviant, sed qui eos ducant. Quidquid enim horum dixeris, princeps, præfectus, præceptor, id oratori conveniet, atque ejus erit nomen. Et omnes quidem principes natura subjectis suis præstant; si quis autem in potestate etiam gratificatur, et persuadet, non cogit, atque ultra officium suum, etiam suorum cupiditatem spectat, hic est vere politicus ille Homeri.

Ne igitur oratores per convicium gratificari dicas, sed bene dicendo gratiam quoque captare, atque ita meritam laudem rhetoricæ tribues, **414**b eamque similibus remuneraberis officiis. Quomodo ergo aliquis tam variis populi sententiis serviet, aut quomodo cupiditatibus aliorum obsequetur? Postquam enim multis serviendum est, ii autem non consentiunt inter se, nec omnibus eadem rntione gratificari quisquam possit, quomodo poterit eorum libidini orator servire? simul enim et his gratificabitur, et illos offendet. Itaque non tam jucunda, quam molesta erit ejus oratio. Quocirca si persuasionis effectrix est rhetorica, et persuadere debent oratores, non adulantur, quandoquidem multitudini non serviunt, sed ei persuadent. Sin oratores populi sequuntur libidinem, non est persuasionis effectrix rhetorica, quandoquidem eos

a multitudine persuaderi, non ipsos persuadere docet. Proinde ubi sit mendacium considera. Etenim Plato nobis Platonem refutat, et quod est maximum, non procul, verum in his ipsis sermonibus permisit. Nec inter alias artes, quas modo memorabam, sit recensenda; sed et plurimum rationis habeat, aut potius tota ratione constet, et maximum, primum, ac perfectissimum sit in rebus humanis, omnisque voti, ut ita dicam, finis. Existimo igitur omnes id, quicunque possunt, assensuros esse, non eadem natura homines esse natos, sed e duabus partibus: alteram vim inferre, et aliena invadere solere, quam præstantiorem quis dixerit, non quidem virtute sed viribus: alteram vero vinci, et cum prohibere nequeat, invitam concedere, quæ est imbecilliorum. Hac ergo de causa homines, vel dii hominum gratia, tale quid invenerunt, quod et vim cohiberet, et æquitatis omnibus ac justitiæ pignus esset, idemque tam vulgo prodesset quam iis qui vim excercebant. Nam nec hi suarum erant injuriarum mercedem evasuri, quin imbecillioribus a se invicem primum paulatim interfectis, atque ita reliquis semper sublatis, se mutuo denique invaderent, quemadmodum de Spartis legitur, nisi forte hoc etiam indicat fabula.

Commune quoddam toti generi fuit **415**a inveniendum remedium, quod omnibus esset utile: fortibus, imbecillibus, justis, ita ut illi vel injuste agere vetarentur, vel cum injuria puniretur, hi vero secure viverent, postremi autem quotquot ultro justitiam colebant, mercedem decentem consequerentur. Inventa est igitur rhetorica, prodiitque justitiæ custodia, et humanæ vitæ copula, ne vel manibus, vel armis, vel occupatione, vel multitudine ac magnitudine, vel alia re aliqua inæquali res discernerentur, potius quam ratio suum cuique tranquille tribueret. Hæc igitur est origo rhetoricæ et natura, hoc ejus propositum, ut omnes homines conservet, et vim persuasione repellat. Quapropter eamdem rhetorica quam ars legum ferendarum est naturam sortita, si quidem utramque diligenter velimus inspicere, atque adeo pars est rhetoricæ ars legum, atque in omnibus inferior. Quomodo? Primum enim ipsis etiam legibus oratione erat opus ad persuadendum. Etenim si leges ea de causa, ut suum cuique concederetur, erant ferendæ, id autem fortissimis quibusque placiturum non erat, omnino fuit adhibere orationem necessarium. Nam vim quidem non licebat iis inferre, qui liberi nati essent, nec hæc erat legum origo, quæ contra vim ferri debebant. Itaque per vim ferri non poterant, cum id primum contra leges futurum fuerit. Quapropter et hic rhetorica spectat idem quod judicialis: hoc vero superat, quod utramque [legis factoriam et judicialem] sola complectitur. Etenim cum vellet judicialis arti legum ferendarum, quasi in prœlio, opem ferre, idem ipsi quod illi contigit. Nam et illi rhetorica primum, ut per eam legibus aditus pateret, opus fuit, et judicialis cum auxiliantis habitum sumpsisset, ipsa prius rhetoricæ desideravit auxilium. Quoniam enim facultatem juvandi requirebat, eam sine rhetorica consequi non poterat. Utrum ergo partis simulacrum est rhetorica, an partes scientiæ civilis, quas dicis, **415**b sub rhetorica continentur? Nam mihi quidem ut [vere non rhetoricam] in istis videtur suggillare, nec civilis partis eam simulacrum esse ostendere, verum quasi rhetoricæ simulacrum aliquod sumpsisset, in eo studium omne ponere, nec ipsam attingere, velut Stesichori Trojani

.... *Helenæ simulacra tenentes,*

quasi ipsam haberent. Tantum tamen erit discriminis, quod est rhetoricæ dissimile simulacrum. Itaque cum neutrum se malle dicit, acceptam quoque injuriam in malo se ponere ostendit, sic ut præstet quidem injuriam pati quam facere, non tamen quam nec pati nec facere, ut recte quidem, ut arbitror, et sentiens et dicens. Quapropter si rhetorico pati quidem injuriam prohiberet, verum inferre cogeret, ne sic quidem prorsus esset mala, cum id quod est malum, injuriam pati, prohiberet, pejor tamen meliore, quandoquidem accipere injuriam quam inferre præstat. Sin et hoc prohibet, nec ad illud cogit, hujus quidem ratione nec bona censebitur, nec mala, ut id nunc concedamus, illius vero prorsus bona. Præterea qui statuit injuriam non inferre, non simul et ipse a malefaciendo abstinebit, et injuriam a nemine patietur. Illud enim ipsum est injuriam facere, cum quis ei cui non oportebat, malefacit. Itaque donec erit inter homines malitia, injuriam exspectabit. Qui autem ne lædatur cavet, is etiam ne quis lædat prohibet. Etenim quemadmodum simul et læditur ipse et lædit alios, ita qui ne lædatur cavere potest, is etiam ne quis lædat potest prohibere. Quamobrem si non affici injuria rhetoricæ tribuit, non afficere, philosophiæ, tanto quam philosophia deterior rhetorica est, quanto afficere injuria quam afflici. Cum autem illi hoc; quando quis nec patitur injuriam nec facit, præfert, rursum præfertur philosophiæ rhetorica, quandoquidem simul cum injuria acceptione etiam factionem tollit. Nam ut leges vetant quemquam lædi, simul etiam lædere profecto vetant.

[Hæc apposite magis quam necessario dicit Aristides; quæ enim de non ferenda injuria et rhetorica argutatur, iis ostendit meliorem philosophia esse rhetoricam. **416**a Hæc de non facienda injuria, et philosophia indifferenter ponens philosophiam meliorem rhetorica quis demonstret.]

Quod si rhetoricam ad justitiam omnino juvandam probamus esse inventam, et eodem quo leges esse loco, non tantum injuriæ acceptionem evadet orator, ut videtur, et factionem confirmabit, verum nihil magis quam factionem prohibebit. Nec enim suis tantum rebus consulet, sed ne alii damnum faciant prohibebit, siquidem eadem de causa rhetoricam qua et leges constabit inventam esse. Jam qui alios ad recte agendum cogit, ipse multo prius ad id se præparavit. Nec enim potest et justitiæ opem ferre, et eam primus ipse violare. Verum tametsi hoc nititur Plato, non magnum esse rhetoricæ usum probare, quod non tam vitiosum sit injuriam pati quam facere, cur non etiam leges omnes hac ratione abrogat?

Sed quasi collegium esset condemnatum, una cum legibus quæ idem sentiunt, expelletur, ac tum rhetoricam emittemus ac traducemus, cum leges simul honeste poterunt emitti. O vir præclare et omnium inventor mirabilium rerum, si nullius est momenti injuriæ acceptio, quæque eam prohibet facultas, nullius est ponderis, nec quidquam boni efficit, sed adeo ignobilis est et illiberalis ut adulationis atque umbræ sit particula : cur, obsecro, tu librariam istam constituens urbem, talem ei tribuis rempublicam quæ nihil illi noceat, ac militarem tribum seorsum collocari jubes primo loco, ne quid patiatur, nec ab hostibus injuriam accipiat? Nam si hoc sufficiebat injuriam non facere, quid erat timendum postquam ad id eam præpararas? Quod si etiam nocet injuriam inferentibus, si pœnas non dederint, ac debet quisque secundum tuam sententiam etiam seipsum cum injuriam fecit, accusare, et liberos et parentes ipsos, omissis inimicis : quin optas ut hostes **416**b urbem aggressi capiant, ac viros quidem omnes ad aras trucident, mulieres autem cum liberis captivas ultra Gades, si videtur, divendant, templis vero spoliatis omnia diruant, nec vel sepulcra suæ petulantiæ relinquant expertia ; ut postquam maximas fecerint injurias, in maximis sint malis, dum pœnas non luunt? Verumtamen tantum abest ut ista studeas, ut prohibeas, et impedias, vitamque militarem, ne quid fieret tale, institueris : ac si quis exstiterit proditor, eum non jubes coronari nec prædicari, sed idem de ipso quod alii statuis. Dic, per Jovem prodigiosum, quid nobis de hisce est existimandum? Jam age, o bone vir, leges qua de causa tanto numero seorsum nobis fers? Etenim nisi magnum quiddam est pœnas sumere et injurias prohibere, cur ista narras, et ut nemo in urbe lædatur, caves?

Atqui, quæ nos dicimus, ea simul et aliis, et Platoni videntur ; quæ vero hic ait, non rebus tantum, sed et ipsius Platonis verbis et consiliis repugnant. Ac si illa quidem recte se habere concedantur, aliorum quoque sententia et suffragium accedet, sin his assentiamur, deest aliorum omnium calculus. Est autem fortius, quod et omnibus et Platoni videtur, quam quod nec cuiquam nec Platoni. Quapropter non tam hujus testimonium propter aliorum suffragium fugiemus, quam aliorum testimonio hujus adjiciemus suffragium. Atque hæc quidem etiam facti testimonium continere crediderim. Nam qui verbis cum altero disceptans, verbis aliis adversarium sibi serio testimonium dare confirmat, is facti producit testimonium. Verumtamen etiam ulterius volo progredi, ut quoniam unius et ejusdem, cum quo disputatur suffragium probat, et verbis eum et factis mecum sentire ostendam. Tu quidem hospitis Syracusani communis patriae hostis causa non semel, sed iterum ac ter **417**a mare senex navigabas. Nec tyranni consuetudinem fugiebas, quasi morae praetextus te consolaretur, quo videlicet Dio domi maneret, ac rebus suis frueretur. Si quis autem in sua patria ne cives sui, parentes, ac fratres patiantur injuriam, caveat, et sese atque illos servet, atque adeo tyrannum futurum et Dionysio similem possit reprimere, verbisque facta coercere, et legibus partam securitatem apud omres confirmare, nihil eum facere magni dicemus, nec laudabimus talem, sive sit, sive non sit, ars dicenda? An quia sola injuriae factio magnum erat malum, nullum autem accepto? Ego etenim nec ipse hoc Platoni crimini verto, si de causa quavis in Siciliam proficisci voluit, nec si quis id alius objecerit, sanum crediderim, nec omnino quidquam praeter ea quae ad rem pertinent curiose sector, quandoquidem nullum tanti sit victoriae praemium. Sed ea quae fecit ipse, et qua de causa fecerit clare dixit, pro rhetorica facere affirmo. Quinimo quantum fortitudini prudentia, tantum rhetorica bellicae praestat alacritati. Ut enim summatim dicamus, nihil est aliud rhetorica quam prudentia cum facultate dicendi conjuncta; ut non ipse tantum quis optima quaeque facere, sed etiam aliis persuadere possit. Atque haec quidem etiam satis arbitror esse confirmata, vel etiam nimis fortasse. Nunc autem ad ipsum colophonem, ut quis dixerit, verborum Platonis contendo. Nec enim solum ex iis per quae refutatur, idem eum testari ostendam, sed et quasi coram voce sua testimonium daret. Quapropter cum vel laedere cogat, vel laedi permittat, et ut ex praecedentibus est effectum, nec laedere nec laedi quemquam permittat : siquidem eadem est etiam philosophiae definitio, philophiae quoddam genus erit rhetorica; sin philosophia sufficit ut neminem laedat, perfectior est rhetorica.

417b Quis enim nescit rhetoricam a tyrannide tantum distare quantum a vi persuasionem ? at haec nemo contraria dicere verebitur. Etenim qui fieri potest ut oratores pariter et adulentur, et inter satrapas sint? Tyranni vero tantum ab adulatione absunt, ut omnes vi cogant, nec ab iis vel aequi quidquam possit quisquam consequi, nedum praeter officium cuiquam inserviant, adeo ut tyrannus heri quoque mensuram propemodum transeat. Nam adulatore quidem nihil est humilius, nec quod ad servitutem sit propensius : tyranno autem nihil est ferocius, nec quod imperium amet magis. Quare si adulatio fuerit rhetorica, nihil ad eam tyrannorum pertinent crimina : sin una cum tyrannide magis adulationem terminis superavit, manifestum est in alteris mendacium. Tantum enim a tyrannide distat rhetorica, quantum a Dionysio Plato, si et hoc dicendum est. Etenim neque ubi valebit rhetorica, tyrannis orietur, donec ea valebit : neque ubi regnabit tyrannis, valebit rhetorica : sed et orator nihil non agit ne quis oriatur tyrannus, tam sibi quam reipublicae providendo, ne quis ipsi verborum persuasione intercepta res ipse administret : et tyranni nihil curant, nec metuunt magis, quam ne quis dicendi persuadendique peritus oriatur, qui collecta multitudine, eoque quod fieri debeat persuaso ac patefacto, imperio simul ipsos et potestate privet. Itaque necessaria inter utrosque constat inimicitia : cum alterorum salus ac potestas in eo consistat, ut alteri omnino non sint. Cur ergo sibi invicem contradicunt oratores? quanquam enim hoc a Platone dictum non est, tamen ut undique decidatur controversia, nec hoc non discussum relinquemus, cum praesertim sit omnium, **418**a quae ille protulit, ut in mendaciis firmissimum. Nempe quia nobis ipsi quoque in sermone contradicimus, ut ego jam nunc feci. Neque tamen ideo priora non manent. Nam et qui philosophari dicuntur, non iisdem omnes profecto utuntur rationibus, verum maxime contrariis. Nihil tamen vetat, quominus philosophia secundum eos qui veritatem assequuntur, praeclara sit res, nec duplex, neque sibi ipsi contraria. Quid ergo dicemus? An utrosque philosophari cum dicunt contraria, aut philosophiam ita, ut dixi, esse praeclaram? Quin etiam gubernatores videas contra se invicem ex navibus decertare, cum tamen ars gubernandi navem servet. Similiter et oratores cum sibi invicem contradicunt, ut aliquis dixerit, non tollitur ultimum rhetoricae fundamentum, sed quid rationi sit consentaneum spectare debemus, cujusque rei causa sit inventa meminisse (inventa est autem ars dicendi a justis). Quamobrem de rhetorica haec sit oratio.

[Prima haec oratio solum de rhetorica, caetera de rhetorica et rhetoribus.]

Ex Aristidis contra Platonem pro rhetorica. — Proœmium secundae orationis.

Quoniam vero Miltiadem quoque ac Themistoclem, et Cimonem atque Periclem attigit, nec eos omnium optime rempublicam ait administrasse, nihil fortasse nunc de iis opus est contendere. Nam hi quidem, si vere eos accusavit Plato, merito mali censeantur, nec tamen rhetorica, etiamsi pessimi fuerint, in quoquam refutatur. Itaque quamvis hoc concedamus, nihil tamen injuriae fiet rhetoricae. Verumtamen si de his quoque non satis candide locutus fuisse convincatur, omnino contentiosus esse deprehendetur. Quamobrem de his quoque dicere sit operae pretium.

Exemplum ipsi aliis patientiae in periculis et necessitatibus exhibendae nosmet praebendo, nostramque, si dicere permittis, virtutem demonstrando fuimus. Cur ergo nobis adulationem et ministerium objicis? Cur cum eos, qui privatim nutricatus praemia non solverent, improbos sis judicaturus, ipse non magnam nobis communis Graecorum salutis ac nutrimenti, quod opera nostra partim tu, partim alii in libertate estis consecuti, gratiam **418**b rependis? Haec si dicerent illi quosnam evolvens sapientiæ labyrinthos, aut quid omnino dicens, respondere posset? Quinimo citius ad hæc quivis, quam Plato, responderet. Quid ita? Quoniam in iis ipsis, quæ ad Dionis amicos scripsit, et in quibus mortuus ab ipso Dio loquens, tanquam vivus introducitur, hæc continentur.

Est autem omnium absurdissimum, quod cum his utatur, quando rhetoricam docet esse adulationem, quasi hi fuerint oratores, rursum eos ipse adulatione liberat, quandoquidem hac eos usos non ait, cum de calamitatibus ipsorum loquitur. Quapropter et hic in alterutro cernitur mendacium. Nam si adulatio est rhetorica, adulatores omnino hi fuerunt, quoniam oratores, ut ait; sin hi nihil habent adulationis, quomodo propter eos adulatio dicetur rhetorica, aut quid his erat opus exemplis. Jam nec non æquum videtur, omissis illorum consiliis, calamitates in quas inciderunt, prætexere. Nec enim, si res ipsis e sententia non successit, improbi exstiterunt, verum si non optimis sunt usi consiliis. Ut enim illud est fortunam accusare, ita hoc sententiam refutare.

Quomodo vero ferri hoc queat, cum Alcibiadem quidem et Critiam Socratis sodales, qui tot ac tantis criminibus et apud populum et apud optimates obnoxii fuerunt, ut Critia quidem nihil potuerit vel fingi sceleratius, qui inter triginta Græcorum pessimos primus fuerit, cum hos, inquam, negant argumento esse, quod juventutem Socrates corrumperet, aut eorum peccata quidquam ad Socratem pertinere, qui nec ipse se cum juvenibus colloqui negaret: verum si populus Atheniensis, inter multas ac magnas res quas tum pro se tum pro Græcis gessit, quædam recte ac decenter decrevit nonnulla quoque in præfectos peccavit, ea censent præfectis ipsis esse imputanda? Atqui deos quoque eadem ratione liceret accusare, quorum tanta debeat esse providentia ut omnem injustitiam et ingratum animum **419**a ex humanis tollerent, ne quid amplius homines usquam delinquerent. Nunc autem quomodo vel providere nobis putentur, donec ii quibus imperant peccare non desinant, vel non merito a quibusdam contemni? Et auriga quidem si calcitrosos habet equos, cicures ac mansuetos reddit, et denique tuto et commode quocunque vult vehitur, dii vero nondum ex hominibus injustitiam sustulerunt, cum tamen ab omni ævo rerum administrationi præfuerint, atque etiam quosdam eorum in sese peccare cognoverint. Cum autem hæc nemo sanus serio dixerit, nisi ad refutandum, ut nos, liquido cernitur Platonis calumnia. Etenim si quæ nec dii unquam fecerunt, nec ab ipsa urbis præside Minerva juste posset petere, hæc a Themistocle et Pericle requirit, quomodo calumniæ crimen effugiat, quæro. Sed, ut arbitror, populi quidem naturam nec mutare potuerunt, nec abolere, quæ quidem est ea, nunquam ut omnes probi et inculpati exsistant, cum autem vel providendum erat aliquid non sine periculo, qua quidem in re

simul et vulgi, et optimatum gratiam merebantur, vel cum potestate populus a rebus gravissimis avertendus, ac naturæ peccata vel tantillum corrigenda, his profecto nunquam sibi nec populo defuerunt. Quibus rebus ultra nostram disputationem et confirmationem, Plato suffragatur ipse, atque hic etiam nobis testimonium perhibet eadem dexteritate qua et in superioribus, quotiescunque fuit opus. Absurdum est autem quorum facta prædicat eorum gubernationem suggillare, quæque eorum qui paruerunt virtutis ponit indicia, non iis qui persuaserunt primum tribuere. Hæc enim intra fabulam sunt alicubi conjecta non oscitanter, ut opinor, nec temere, sed ut simul et laterent quam maxime, et si quis ea post invenisset, ne ab ipso quidem viderentur esse præterita. Ita mediam quamdam invenit viam, atque etiam ad finem totius sermonis rejecit, quæ si posuisset in initio, non potuisset, credo, reliqua deducere.

419b Nec enim id quærebatur, utrum facilius esset exsistere vel non exsistere verum oratorem. Nam hoc quidem et nos testamur, ac, si Stentoris haberemus vocem proclamaremus, et Nilus si ostiis septem loqui posset, ut apud Homerum Scamander. Sed utrum fieri per naturam posset, an minus, hoc erat in quæstione positum. Nec enim simpliciter modo, neque ut nunc ostendimus, ipsum sibi contradixisse, sed et dum illos reprehendit hunc Aristidem, quem laudavit, laudare non posse, aut si hunc recte laudat, illos eadem de causa reprehendere non posse declarabimus. Etenim hoc malæ ipsorum administrationis signum ponit, quod ab Atheniensibus male sint tractati, quasi qui fuerant ab ipsis optimi redditi, non debuissent in eos peccare, per quos etiam ab aliis lædendis abstinere didicerant. Quæ cum ita posuisset, et aurigas ac similia huc adduxisset, Aristidem tamen non modo non reprehendit, sed et inter cæteros eximium judicavit. Atqui si ab Atheniensibus male multari, malæ ipsorum gubernationis erat signum, ne Aristides quidem recte eos rexit, quandoquidem nec ipse impune evasit, quin excideret: idque non in curia, sicut Pericles et Miltiades, nec per eos quos populi causa offenderat, verum ab ipso testularum suffragio condemnatus. Sed gubernator omnia novit; et ipsum quidem plures ultra mille servare, oratorem vero non Ægyptiis navibus, nec etiam classe tota salutem deliuire, sed et portus ipsos et urbes, non tantum decem hominum millium capaces, pro navibus decem millium pondo, verum etiam non facile sub mensuram cadentes suo regere imperio. Ac gubernator quidem postquam appulit, arte non amplius utitur, oratori vero nullus est vacuus locus. Verum ne sermo sermoni succedat, cum sufficiant ea quæ sunt potiora, omittam in præsentia longiorem hac de re **420**a disputationem. Rhetoricam per omnes virtutum partes penetrare, cum per prudentiam sit inventa pro justitia, temperantiaque et fortitudine conservetur. Item et in his licet animadvertere. Etenim cum sit hoc concionari, ea quibus opus est invenire ac disponere, ac decorum cum ornatu et potestate observare, inventio quidem prudentiae debetur, cum nequeat is qui prudentia careat, utile quidquam invenire, temperantia vero administrationi praeest, et imperantium ac parentium concordiae. Nam pro justitia decorum ponatur, quod in eo consistit, ut quanta et qualia singulis rebus conveniant, observetur. Fortitudinem autem nihil adeo requirit, ut oratio. Nihil enim exterminat longius ac despicit aeque ignobilitatem quam oratio. Quae cum ita se habeant, haec admonendo proficit, et accusando fidem facit. Nam qui quid dicendum sit novit, quid faciendum sit non ignorat : et nemo potest agenda praecipere, qui quid agendum sit ignorat. Nam quanto melius est imperare quam ministrare, tanto praestat quae oportet dicere quam facere. Ut enim ille multis consilium impertit, ita hic instar alterius est cujusvis. Quare sicut architecti fabris necessario praestant, quamvis in eodem versentur opera, sic eos qui in foro et dicendo praecellunt, horum ministris poeta meliores posuit, et illustres appellavit, idque admodum recte. Quod si fabula quoque narranda est, vereor equidem, ne quis aniculas nobiscum *unde vi* posse agere dicat per jocum comicus. Proferam tamen fabulam, non temere in seipsa desinentem, sed et cum rerum fide conjunctam. Et quoniam Prometheus sigillatim omnibus, sensus et alia corporis membra formarat, non ita Mercurio praecepit Jupiter, quasi theatralem pecuniam **420**b distribueret, ut omnes ex ordine rhetoricam, quasi oculos, manus, aut pedes consequerentur, sed optimos quosque et nobilissimos, ac natura validissima praeditos seligeret, quibus hoc donum impertiret, quo sese pariter et alios servare possent. Jam cum ad homines a diis esset delata rhetorica, tum et belluarum terrorem potuerunt effugere, et inimicitias undique deposuerunt, ac societatis invenerunt initium. De montibus itaque descendentes, alii ad alia loca sibi invicem appropinquarunt, ac primum quidem sub dio, postea vero invalescente jam sermone, urbem construxerunt, ac divisionem sui instituerunt non fortuitam, ut olim, sed in formam dignitatemque collegiorum paulatim redactam. Atque hunc quidem habeat finem fabula, capite quoque, ni fallor, non inepto praedita. Verumtamen non esse fabulam hanc, nec rem fictam sed veram, atque ipsarum rerum rationem, ex ipsis patet. Quapropter si etiam propius sermonem deduxero, mirum nisi delicias in demonstrationibus facere videbimur, nec ullum poterit argumentum fortius, a quoquam vel sperari, nedum inveniri. Neque enim ipse tantum Plato, ut saepe ante, sed et in his ipsis sermonibus, mirabili videlicet opere palam fatetur rhetoricam optima quaeque agere. Haec de oblectatione et utilitate, ut saepius, dicta sunt. Haec duo vero maxime rhetoricam ditant, et cum utilitate, gratiam mirabilem habent.

PATROL. GR. ED. LAT. LIII.

ut cum ad arma homines descendunt, utrinque missos legatos suscipiunt, animadvertentesque mittunt oratores, suscipientes orationis naturam, pudore affecti, quia non ab initio pro salute, utilitateque communi generis venerunt. Quod si quis objiciat Platonem non eam quam nos defendimus rhetoricam criminari, sed e duabus alteram, primum non ideo minus ea quae sunt a nobis dicta constant, **421**a sed hac ipsa de causa recte omnia decenterque prolata vincitur. Nam quemadmodum ille malam recte suggillat, ita nos cum contrariam laudamus, recte, ni fallor, facimus. Deinde non tollit haec excusatio nostram probationem potius, quam eum sic quoque sibi ipsi contradixisse declarat, qui cum duplicem voluisset esse rhetoricam, deinde tanquam unius et simplicis accusationem instituit. Etenim si verum hoc est alteram reprehendere, alteram seorsim laudare conveniebat, sicut in sermonibus de amore habitis fecit, et honestum quidem majoribus laudibus quam alterum conviciis est prosecutus.

Idem porro de tota quoque philosophia dici poterit, ac de virtutis partibus, si quis eas dividens, primum duas ponat prudentias, alteram qua optima quaeque intelligimus, alteram qua dolose agimus; deinde temperantiam duplicem, alteram expetendam et civilem, alteram supinorum et stupidorum, tum justitiam rectam et humilem alteram; denique fortitudinem duplicem, unam cum prudentia conjunctam, alteram insaniam et furorem. Verum hoc est, opinor, confundere nomina, ac separatae sunt a se sapientia et astutia, temperantia, et stupiditas, justitia et simplicitas, fortitudo et audacia. Neutrum vero vel honestum est, vel difficile, nec vitiis virtutis titulo blandiri, nec virtutes additis unicuique vitiis suis, calumniari, in tantum haec inter se distinguuntur. Si enim prorsus sic existimat Plato, ut quidem negare nolim, et veram excepit rhetoricam, aequum est cavere, ne decipiantur, et hoc ipsum ignorent plerique, ac citius, quam conducat de rebus tantis, quasi puro suffragio statuant. Omnino autem et ubique nobis excidunt calculi, primusque suffragium fert ipse Plato, et medius, ut aiunt, atque postremus. Ac videor. cum Platoni contradico, maxime cum ipso sentire, et, ut hoc joci causa addam, **421**b eum secundum comicos ad oratores quasi aufugientem retracturus, qui postquam didicerit, se jactet.

Oratio tertia Aristidis inscripta Platonicae ad Capitonem. — Prooemium.

Nunc te magis etiam amamus, cum Platonem tanto studio prosequeris, quem ego dixerim colere me, secundum Homerum :

Non secus atque meum caput.

Etenim quamvis omnes illius comparatione nihil sunt, sibi tamen quisque, ut aiunt, est charissimus. Sed quid aio? Equidem nescio an sis crediturus, dicam tamen quod est verum. Nam si eum nobiscum ne comparandum quidem esse dixisses,

38

non ita lætatus essem, ac postquam te præoccupatum ostendisti. Adeo mihi amicus est vir, et amicis omnibus potior. Simile autem circa Demosthenem, quoque mihi quiddam contigit, quod jam narrabo. Senator quidam Romanus, ex Africa oriundus, Maximus nomine, vir gravis, et orator inter Romanos primus, ut aiunt quibus hæc sunt curæ, is Demosthenis orationibus mirifice erat addictus, et nostris quoque istis nescio quo pacto capiebatur. Tertiam ad Leptinem orationem forte conscripseram ex tali occasione. Cum in manibus haberem Demosthenis orationem, postquam ad capita veni, quæ a Leptine dicenda, ipse intercipiebat. Deposito libro mecum eorum quoddam consideravi. Postquam autem duo vel tria, quæ ad rem pertinebant, inveneram, ad alia deinde perrexi, atque ita tentanti semper idem contigit, donec a fimbria tunicam tandem, aut si mavis ab ungue leonem absolvi. Hanc igitur orationem cum ei vellem recitare, prædixi futurum, ut ad Leptinem adinventa, cum oratione ad Leptinem inveniret. Num, inquam injuriam, facio? Tum ille generose, et ut quivis se gessisset philologus : An ignoras, inquit, a Demosthene me stare? Et ego : Eumdem igitur, inquam, quem ego colis, ita ut, si me vicerit, non sit inimicus coronandus, sed is cui simul uterque libamus. Ut autem **422**a libellos recitari jussit, et seria res agi cœpit, ea fere dixi : Equidem, ni fallor, idem de Demosthene quod tu existimo, difficulter eum superari posse. His auditis ille lætatus est, quemadmodum ego lætatus eram, cum eum Demostheni esse addictum cognovissem, et orationis recitandæ copiam fecit. Qualiter autem deinde fuerit affectus, ipse norit : et tu, si quando in eum incides memineris. Quinimo nos etiam ad Platonem pertinemus, si non quantum philosophi, at quatenus eum amare possimus. Age vero videamus apertius, quid te in iis offenderit : quæ ad ipsum a nobis prolata quidam aiebant. Equidem conabar demonstrare ipsum ubique nobis suffragari. Nam sive quod ineptivimus, nihil est opus Stesichori palinodia, medebitur spongia : sive etiam melius aliquid diximus, quam quod tale mereatur præmium, tu nihilominus ne lauda, si nolis, verum saltem ignoscere dignare. Dicebas autem, ut audio, ægre te ferre, quod Siculæ peregrinationis memineram, atque ita Platonis vitam carpere videbar, cum hoc seorsum a disputatione poni debuerit, atque hanc non amantis tantum, verum etiam in dicendo temperantis esse accusationem. Sed vide ne me inculpatum culpes. Nec enim ego de Platone tanquam in judicio male loquebar, nec ejus peregrinationes accusabam, quo deterior haberetur. Sed per has eum quoque mihi et rhetoricæ testimonium perhibere affirmabam [sed nondum de his]. Verum quid me, obsecro, facere oportebat ? Utrum prorsus omittere Siculam peregrinationem, tanquam arcanum quiddam ? At nec decreti conscius eram, quod vetaret, et causæ conducebat, atque etiam verum erat, (etenim non semel

navigavit, ut Dio jus suum consequeretur). An vero Platonis amicis hoc dolet ? Alius hic est sermo non ad me, sed quemvis alium prolatus. Num etiam hac in re injuriam feci, **422**b quod ex ejus legibus quædam descripsi ? At vide ut, quoniam indignantur, hoc etiam ostendant, non ipsum sibi, cum quid ait, contradicere : *Iis autem qui beate vivunt, illud primum suppetere debet, ut nec alios afficiant injuria, nec ab aliis ipsi afficiantur,* etc. Verum hæc recte et necessario sunt in medium prolata, an hoc quoque si non adoramus, ut cistam mysteriis plenam, inique facimus ? At ego non putabam hoc esse mysteria proferre, et alia. Quocirca jubebam usque ad finem auscultare, quisquis controversiam totam cogniturus, et rectum suffragium laturus esset.

[Quia Aristides prædictorum anacephalæosin reditum dicit : Dicas vel collectionem, epilogum, compendium, commemorationem, vel prædicta concludere, enumerare, renumerare, [et si quæ sunt similia] de integro incipere, vel receptionem facere.]

Adeo enim omni reverentia ac honore sumus eum prosecuti, ut si ipse contra nos dicturus fuisset, non potuerit sibi magis, credo, parcere. Verum hoc quoque, optime Capito, aliud agens consideravi, nihil aliud hominem, quam simulacra in ore habere, ac tum poetas simulacrorum virtutis imitatores esse, tum rhetoricam civilis partis simulacrum.

Aula simulacris scatet.....

diceret ad ipsum Homerus. Non hæc audaciora sunt ac magis temeraria, quam nostra cum Platonem peregrinatum esse diximus, idque non peregrinationem suggillantes, sed ea causam nostram confirmantes. An vero philosophiæ privavimus eum opinione, quemadmodum ipse tragicos quidem nihili facit. Homerum autem tragicum vocavit, non tam honoris gratia quam ut et illos per hunc mutilaret, et hunc, dum honorat, deprimeret. Indignum erit igitur, si tragicos ipse et comicos et civitatem sibi et rempublicam atque leges componet : nobis autem ne de dicto quidem aliquo licebit tum ipso **423**a disceptare, idque non unguentis delibuto, sed laudibus maximis, quibusque nec ipse de se majores audire sustinuisset.

Lectæ sunt ejusdem orationes communi defensione similem tractantes quæstionem.

CCXLVIII.

Ex Aristidis Platonica pro quatuor viris. — De Pericle. — Proœmium.

Sæpius iisdem de rebus petere non existimo necesse, præsertim cum non ad viros ullos dicturi simus, quam pro viris optimis, nec paucis, neque Platone junioribus potius quam antiquioribus, si quis hoc quoque forte reverentia dignum censeat. Quapropter cum id, quo tendebat oratio, concessum esset, qui potuerat nocere, si viros intactos reliquisset? At nunc quasi parturiret, undique communita ad ipsos via, sic insidiose sermonem aggreditur. Neque vero parvum est discrimen. Nam illud quidem erat pro veritate ipsa decertare, hoc autem non ego quidem unquam, sed alius quis per calumniam non procul a malignitate abesse dixerit. Pericles igitur tam severe vixit, quippe ne ridere quidem sit unquam visus. Quinimo quod ad reipublicæ curam et æqualitatis amorem pertinebat, nemini cedebat animi magnitudine, quod non eadem quæ vulgus spectaret, paucos habebat similes. Quod autem Socrati inter sophistas, hoc illi inter oratores a natura præcipue datum fuit, ut elatum populum ac superbientem facillime comprimeret: desperantem rursus, et abjectum dicendo revocaret, ac spe repleret, quemadmodum ille cum adolescentibus agere solebat. Denique urbis dignitas erat Pericles, ut qui nec multitudinis cupiditatibus obtemperaret, sed ipse populo imperaret, nec quod illis videbatur, diceret, sed quod **423**b sibi videretur id illos facere cogeret: nec adulatoris fungeretur officio, sed omnem adulatoribus, quantum in se erat, intercluderet aditum: cum, quatenus probus erat et æquus, patris vicem populo præstaret, quatenus autem omnes coercebat, et in sua potestate habebat omnia, plusquam tyrannus esset. Unde licet evidenter perspicere Periclem, si quem alium, sponte justum fuisse. Nec enim usquam iniquitati potius quam justitiæ studuit, nec ut majorem obtineret locum curavit, cum id quovis Pisistrato facilius posset: verum quasi arcem ad leges servandas et omnes communiter juvandos occupasset, ita se gerebat.

[Sic forte: quod in medio jacet, æquale est, si dicas omnes, velut in orbem fertur, vel quia arx media jacet in urbe.]

At postquam ille mortuus est, jam et Siciliam somniabant, et Italiam affectabant, et Carthaginem atque Africam appetebant, atque omnia circumspiciebant, nec ipsis quidquam sufficiebat, et longiorem belli fecerunt appendicem. Hæc autem, o Plato, et Socrates, suadebat vester non socius, sed sodalis, ut tu dixeris an potius dixisti. Quocirca quis ea vel juste Pericli, vel non necessario tribuat Alcibiadi? Qui civitatem, quam acceperat consiliis obtemperare valentem, in talem furorem egit? Quocirca cum nulli esset lucro deditus, justitiæ manifestum dabat specimen, ut et temperantiæ, dum vitam modestam voluptati præferebat: fortitudinis etiam, cum non ad gratiam nec submisse, sed liberrime cum populo agebat. Denique cum solus et futura præscire, et præsentibus uti potuerit, merito prudentiæ laudem, si quis res humanas consideret, consequatur. Ergo quem de cunctis virtutis partibus, licet fortem, justum, prudentem, temperantem vocare, eum inter adulatores Plato posuit? *Nam loquaces*, inquit, *otiosos*, **424**a *ignavos, et avaros, postquam stipendia jussit facere, Athenienses reddidit. Ac de loquacibus, otiosis et ignavis*, Plato, indidem supputa.

Ne quis forte deus Trojanos excitet usquam,
Supputa, depone, quiesce, tace.

At tu Mantinensem quidem hospitam, et Milesiam novisti laudare, ac quoscunque libet, facile prædicas: Græcorum autem principes, ubique celebres, temere deprimis. Id autem eo facis, quod dignitatem eorum non cognoscas, sed ut honeste dicam, nimium sermoni indulges.

Quomodo potuit Athenienses corrumpere, vel loquaces reddere [Pericles], qui etiam in vestris libris ipsis, ne quid esset temere prolatum, caverit. Quinimo contra mihi videtur eos assuefecisse, ne quid temere dicerent vel facerent. Deinde in alia quidem re non esset fortasse magni momenti comicum testimonium: at in eloquentiæ judicio, ut illos quasi viles contemnam, nunquam tam superbus ero. Cratinus quidem Græcanicarum maximam vocavit ejus linguam (90), cum diceret idem quod sentiebat, nonnihil tamen veritati ex arte acerbitatis aspergeret, verumtamen facere non potuit, quin primas ei tribueret, ejusque in dicendo declararet excellentiam. Aristophanes fulgurare eum ac tonare ac miscere dixit inter concionandum. Nihil enim curo si quid in eo reprehendit, sed quantum ad hanc rem attinet, ejus utor testimonio. Sed nondum hæc omnia; verumtamen illud confessus est, perfectum evasisse oratorem. Cur ergo qui tantum præstitit, ac solus omnium suffragia tulit, Athenienses ad ineptam garrulitatem credatur incitasse? Nam ego quidem contra magis eum silentii quam temeritatis causam fuisse existimarim. In aliis certe facultatibus videmus, ubi multi sunt inter se similes, multa negotia, majoremque contentionem existere: postquam autem unus aliquis excelluerit, **424**b reliquos cedere. Similiter in dicendo, cum quis princeps exsistit, acquiescunt plerique, nec sibi negotium facessunt, verum quam possunt cautissime dicunt et modestissime. Nec enim eo quo quis excellit, alios deteriores reddit, et in iis præsertim in quibus excellit. At non esse inhonestam, nec ignominiosam, nec etiam accusationem vel venia, sed aliquo majore præmio dignam ipsam dicendi vim, si demonstrare vellem, puderet me deorum eloquentium. Tamen hoc saltem dicam (quod s quis moleste fert alius, in me totum avertat, nec ego de fortuna conquerar) vim dicendi cum proba et modesta vita, qualis in hominem maxima posset cadere, conjunctam me malle, quam decies millies Darium Hystaspis filium fieri, et ejus respectu jam omnia mihi videri sordere. Quin nec Platonem fere aliud habere quidquam præter verba, scio, eique dictionem gratulor, et quamvis per jocum se dicat istud minime curare, non temere credam, sed id admodum studere intelligam, ac tum maxime, cum videtur quasi ludens loqui. Itaque domesticum proderemus thesaurum, si ista carperemus.

[Proverbium de iis qui domestica criminantur.]

Verum de his ne dicendum quidem est, ac tanto minus, quanto major est vis dicendi. Ergo eum ego, qui tam acer vigil, ac propemodum alatus fuit, vel ipsum otiosum fuisse, vel alium reddidisse credam? Nihil equidem scire viderer, cum ille non Athenienses modo, sed ne hostes quidem otiari permiserit. Talem enim movendi suis necessitatem attulit, ut ipsi quoque mores suos mutare cogerentur. Idque juste fiebat, inquit Demosthenes. Verumtamen eum Plato otiosos ac ignavos ait fecisse : *Cretensis mare*, dicat aliquis.

[Proverbium in eos qui simulant ignorare. Sunt enim Cretenses periti navigationis, et dicitur insulanus mare ignorare, et Siculus mare.]

Verum quamvis **425***a* in hoc gravius quam cæteri, premeretur, quod illi quidem rebus præsentibus dolebant, ipse autem cives ita videbat affectos, ut ad rem gerendam essent inutiles, nec hostibus modo cederent, sed et ipsi tanquam fortunæ præsenti auctori irascerentur : ac præter duo fortunæ mala (bellum et morbum), duo hæc eos sibi videret conscivisse, dolorem et indignationem, et in mediis hæreret periculis, undique, ut ita dicam, desertus : nihil tamen timuit, nec remisit, neque sententiam quasi colorem mutavit, cum pariter cum civibus et hostibus pugnaret, sed quasi artem eos aliquam doceret, eodem utebatur quo prius tenore, nec periculorum gratia decreta sua abolevit, neque in securitate duntaxat philosophatus est : verum quemadmodum si de numeris et mensuris fuisset interrogatus, idem et olim respondisset et postea, ita quoque tunc idem de summa rei statuebat, nec vel pericula fugere, vel seipsum castigare, et ipsorum causa, qui cum temporibus mutati essent, ruborem suscipere dignabatur. Quocirca non hoc erat dicendum, copias eum non eduxisse, sed id cum esset faciendum, et pugnandum, omisisset, considerandum. Nam et Lacedæmonios aiunt, cum eos aliquando premerent Thebani, ut vel ad pugnam exire, vel deteriores esse confiteri juberent, ita respondisse : utri quidem essent meliores vel ab utrisque pro Græcia res gestas testari, cæterum non ad hostium occasionem vel præceptum se pugnaturos esse, sed cum sibi visum foret, nec in ea re Thebanorum uti velle consilio. Atque ego quidem sicut loquor, sic etiam plurimum delector magnificentia, quemadmodum mihi persuadeo. Civitatum autem multas esse video quasi [*peccata dicit*] appendices, quibus necessario sit tanquam in corpore concedendum. Nam et corpora pulcherrima quam turpissima, ex iisdem esse rebus composita, quatenus autem de singulis plus vel minus fuerint adepta, hactenus deteriora vel meliora censeri. Similiter etiam civitates, quamvis optime videantur constitutæ, naturam tamen humanam necessario sequuntur. Nam et in hoc universo, quod ita est **425***b* rerum omnium bonarum particeps, ut ei nihil deesse videatur, multa quæ displiceant reperias; nec tamen idco universum

ipsum accusas, aut ejus auctorem, nec alium aliquando meliorem opificem exstiturum credis : sed hæc a natura sinis attrahi, nec tibi negotium facessis. Quid ergo mirum, si quid Athenis etiam tale fuit, quemadmodum et alibi fortasse, quod concesserint præfecti, quo simul et vulgi inopiæ mederentur, ex qua non minima oriuntur delicta, sic quæ videbantur posse tolli, et caverent ne quid etiam pejus efficerent, si eos omnino coercerent. Quid enim non exspectandum fuerat a tot hominibus, ac tam acribus, quique tantas opes haberent, nisi quis partem cum iis aliquam communicasset? Nonne fore ut omnia conarentur sumere ? Ne hæc amplius, o Plato ! verum aut non erant Athenienses tales quales dicis, aut quivis potius quam Pericles ejus rei causam præbuit. Quandoquidem ille nec viles edebat lineas, nec obscuras, vel adulterinas, vel obliquas ducebat lineas.

Ex iis quæ de Cimone.

[Cimon natus patre Miltiade, stupidus visus initio, postea rebus multis bellicis commendatus est. Ejectus ostracismo rediit, vicitque apud Eurymedontem, fluvium terra marique, obsidensque Citium Cypri urbem, exstinctus est.]

Vellem autem cum alio mihi, quam cum Platone institutam esse contentionem, tam de hoc quam de reliquis, ut omnibus, quibus possem argumentis audacter uterer, neque quasi vector, cum secundo liceret vento ferri, præ timore vela constringerem : aut quasi equestri contendens certamine, cum liceret celerrime progredi, sponte me inhiberem, quo præcedenti parcerem. Adeo multo diligentius observo, ne quid in Platonem dicam gravius, et quasi ferocire videar, quam ut illorum unumquemque suis ornem laudibus; nam **426***a* non minoris est mihi hujus et gratia. Verumtamen si utrumque consequemur, ut et illorum dissolvamus crimina, et Platoni omnem tribuamus honorem ac reverentiam, atque in utroque juste nos geramus, mediocriter nobiscum agetur. Nam si contraria contrariis definiemus, quo pacto sua singulis constabit natura? Si enim imperium in servitute ponatur, vix aliud quidquam servitutem effugerit, et si imperium esse servitutem ponimus, quid prohibet quominus eadem ratione servitutem esse imperium ponamus, atque ita res circumagatur, nec unquam eodem maneat loco : verum imperium prius ad servitutem redactum, per eam rursus fiat imperium : servitus autem prius ad imperium redacta, per illud ipsum rursus exsistat servitus. Itaque vagentur ac transmutentur hæc nomina, quæ sunt rerum contrariarum, aut potius rebus ipsis contraria.

[Rebus dicit graviter cum unum esse et idem imperium et servitutem confirmet.]

Tales, o Plato, Græciæ præbebat adjutores : itaque donec vivebat Cimon, peribant Barbari metu Græcorum.

[Demosthenicum hoc schema; ait enim metu legatos mortuos, timore vero Græcos, pro, timore Græcorum, vel quia sic terruerunt Græcos, ut prope mortui fuerint.]

At eum ostracismo expulerunt, ne vocem ejus per decem annos audirent. Certe; sed eum ante annos decem exactos revocarunt, ut ejus audirent vocem. Ita eum desiderabant. Verum tu quem condemnarint, dicis; quam sententiam mutarint, non cogitas; quæque vel non recte decreverunt, utrisque exprobras; quæ recte, consuluerunt nec illis veniam putas, nec huic maximum præbere virtutis testimonium. Cumque ii qui eum condemnarunt, ipsi sententiam mutarint, nec antiquum servarint decretum, tu id quasi ratum semper fuisset objicis, nec Athenienses hac in re vis imitari, ut a crimine virum absolvas : verum si quid acerbius ipsi fecerunt, hoc imitaris, omittis reliqua, Quid? quo multo majus est et gloriosius **426**b ejectum redire, quam prorsus non ejici. Nam ut hoc etiam cuilibet contingit, ita illud non erat omnium. Atque ut hoc fortunæ quis potuisset tribuere, ita nisi reliquis præstantior habitus fuisset, illud ei non contigisset. Ut enim quis ejiciatur aut exsulet invidia facit, vel aliud simile; ut ante tempus revocetur, nihil præter virtutem efficit, propter quam illum et absentem sunt reveriti, et, ut adesset, e re sua fore existimarunt, quodque est omnium maximum, seipsos potius quam illum condemnare maluerunt. Quare sive per se vir est considerandus, cur, si quid in eum quis peccavit, recensemus? sive ex aliis, maximos in eum honores collatos videmus. Sed nondum hæc; mox enim magis erunt forte congrua.

[Scilicet in communi defensione.]

De Miltiade. — Proœmium.

Nunc autem ad Miltiadem nobis redit oratio, quem ego laudare potius erubesco quam reprehendere : ita videor omnia minora quam cupiam dicturus esse. Miltiades autem jampridem docuerat Athenienses nullum præter leges agnoscere dominum, nec justo et injusto potiorem habere quemquam metum, nec tam valentem necessitatem propter quam deteriores fierent. Per justum vero et injustum illis uti poterat. Sed quemadmodum agricolæ aliquot post mensibus, non mox post sementem, messem faciunt, et simul omnia non faciunt, ita Miltiades illo quoque antiquis pactis suos cum fecisset, habebat in tempore paratos, qui non in necessitate operam disciplinis darent (turpiter enim hic se gessisset chorus), sed per otium se ad necessitatem comparassent. Quapropter etiam sub Miltiade pone alios plurimum ex illius facultate percepisse, alios mediocriter, atque in hoc vicissitudinem colloca : nam et in populo quispiam aures habet surdiores. Quid? quod nec sol quidem omnes potest calefacere, atque aliquis meridie serena sub accessionem febris aliquando riguit. Verum hæc res instar præconis fortissimos quosque Græcorum evocabat, et qui dudum optimis consiliis ante **427**a valuissent, ac quomodo servare servarique deberent, scirent. Sin ab ipsis præconibus ac responso exorsi injunxerunt Atheniensibus ut certamen pro Græcorum libertate meditarentur, nec gloriam suam projicerent, neque abjectis armis metui cederent . verum iis resumptis metum abjicerent, atque hoc potius gravissime metuerent, ne deterioribus nec avitæ dignitati cederent; si hoc eos modo ad commune de summa rerum certamen occurrere voluerunt, et eventum exspectare, quasi in utramque partem felices æque essent futuri, non video quid in hac re fuerit vilis ministerii, aut quomodo hæc gubernatoris sint consilio similia? Vides igitur quanto superet gubernatorem intervallo. Atque ii quidem quotquot huic paruerunt, magnanimi magnifice mortui sunt, et omnium Græcorum præclarissimam mortem obierunt, sepulcrum pro virtutis monumento consecuti; et cum sub terra jaceant, ipsam conservant terram, nec ab ea servantur, ad Hesiodi appellationem proxime accedentes, quam ille ad finem aurei generis usurpavit his verbis :

Divi sub terris sacrique bonique vocantur,
Custodes hominum, depulsoresque malorum.

Nam et illos si non divos sed divinos appellaveris, merito possis subterraneos quosdam custodes et conservatores Græcorum, malorum depulsores, et undique optimos dicere : ac regionem non minus tutam præstare, quam in Colono situm Œdipum, aut si cujus alibi sepulcrum vivis prodesse creditur (93). Quid quod artificem esse dicendi Panem Mercurii filium Platonis est dictum. Jam et hoc modestiæ illum signum considera, quodque si vel aureum habuisset animum, non eum potuisset explorare diligentius. Quid? quod existimo Miltiadem etiam, si deorum subiret judicium, omnium calculis absolutum iri, nec, ut Orestes, alteram duntaxat partem consecuturum, nec injuria. Nam ut ille matrem juste occidit, ita hic Græciam juste servavit, nec patriæ modo sed et communi gentis **427**b Græcæ naturæ pulcherrime omnium nutrimenti præmia rependit. Cumque singulæ civitates suos habeant generis auctores, hunc merito communem Græci generis auctorem quis dixerit. Quinetiam crimen existimo, quod postea sustinuit, si quid de eo etiam dicendum est, maximum jam esse illius præstantiæ signum. Cunctos enim censebant ipsius virtute superari, nec ubi Miltiades adesset, quidquam vinci, aut capi non posse. Et eum ego qui tam fortis, tam prudens, tam modestus fuit, ac virtutem per totam vitam coluit, adulationis partem sectatum credam? Quique cum reus ageretur, non vulnera judicibus ostenderit, cum haberet Cimonem : non liberos sustulerit, cum haberet Cimonem; hunc ego adulatorem appellem, atque adulationem fuisse illius demonstrationis ac vitæ scopum dicam? Merito vero non ipsos quis adulari diceret, ac serviliter non ingenue nos gerere, qui, dum alterius aucupemur gratiam, sponte veritatem opprimamus.

Miltiades pro Themistocle. — Exordium.

Restat igitur Themistocles, quem quidem minime decebat e secundis primas ferre, quanquam hoc illi maxime soli contigit. Quin potius quis ab eo sit secundus, difficile, credo, sit inventu. Tanto enim Marathonium illum, aut quocunque eum voles appellare nomine, intervallo superavit omnibus in se cadentibus rebus, quanto Darium Xerxes omni vicisse apparatu creditur. Atque ille quidem regis præfectos, hic ipsum vicit regem, qui post Marathoniam pugnam alterum adduxit exercitum, post Salaminam in fugam se dedit. Nam ut illa clade excitatus, ita hac ad desperationem fuit redactus, sic ut salutem in lucro poneret. Sciebat enim tum quidem eximiam copiarum suarum advenisse partem : nunc autem se cum omnibus prope hominibus esse devictum. Ac Miltiadis quidem fortitudo in unum incidit negotium, licet ea in omni uteretur administratione; Themistoclem vero posteriora semper prioribus excipiebant majora, et, ut est in proverbio, alius **428**^{a} eum relinquebat fluctus, alius comprehendebat, donec per undas decumanas victor evasit. Quid ergo vetat quominus breviter ostendamus qualibus in rebus qualem se Themistocles exhibuerit? At hoc nihil ad rem fortassis faciet. Nam quæ nemo verbis posset complecti quomodo quis illum ex iis cernat? Nisi si hoc cogitabit quæ nemo posset pro arbitrio dicere, hæc eum pro arbitrio gessisse. Etenim decem annis tota parturiebat continens, cum singuli homines Marathoniam pugnam studerent ulcisci, omnisque apparatus ex omni terra marique cogebatur. Cum autem Ægyptius interea defecisset, rex ea facile ad deditionem coacta, rursus ad eadem redibat. Decimo demum anno regiones ac gentes omnes convenerunt, quasi in alium locum terra migraret, ac metuebat rex, ne non caperet omnes Græcia, et quamcunque volebat castrorum partem, quasi toti imperaret orbi, occupabat. Nec eos tantum solis perterruit, quantum maris ac terræ defectus, ad cupiditatem potius, ut arbitror, quam usum regis procuratus. Deinde muri exstruebantur, ut simul decies mille numeraret viros; sol autem telis obtegebatur, ac mare navibus, terra militibus, aer jaculis erat plenus. Præsentia quoque et futura eodem habebantur loco, sic ut omnes tenerentur, omniaque tanquam Neptuno descendente commoverentur. Themistocles cum in se suscepisset omnia, suumque consilium propugnaculi instar constituisset, et solus rectis oculis, tum præsentibus omnibus, tum futuris rebus obstitisset, nec ut ii qui solem aspiciunt, se avertisset, quod omnibus propemodum acciderat, non modo Græcorum spem non fefellit, sed et exspectationem magnopere mutavit. Nam cum plerique nihil non extremum se perpessuros crederent, et ad turpes rationes ac difficilia perfugia se conferrent, tantam fecit rerum mutationem, ut si quis eos discessum Barbarorum interrogasset, num nec illos bellum intulisse, nec se res eas gessisse, eaque dis-

crimina **428**^{b} subiisse vellent, mortem sibi omnes potius, quam ut ista non peregissent, optaturi fuissent.

[Parum abesse, fere, propemodum, propius factum est nihil, non procul erat, non procul dixero, ut ita dicam, ut dictum videatur, ut id dictum dicam, parum abesse, parum abest quin dicam, tantum non.]

Usque eo non spem tantum, etiam qui longissime speraverunt, sed et votum fere omnium superavit. Die enim per deos (aut alius sermoni succedat!) quid facere tum Themistoclem oportuerit, in eo rerum statu? Utrum convocatis Atheniensibus, de ideis disserere, ac quid esset ipsum justum, et ipsum honestum docere, quidque semper esset, nec ullum haberet ortum? Ac cito eos et ortus, ac natura et omnia defecissent? An id unde primum fortitudo sit et ignavia dicta, quærere, et utrum fluerent an non omnia : an male res suas fluere comperissent? Verum quid omnino dicendum aut faciendum erat? Hæc enim tertia jam interrogatio, quasi tessera, profertur. Unde vero Themistoclem examinabimus, utrum revera consiliarius, præfectus ac dux fuerit, an aliud mereatur nomen? Atqui est alterutrum necesse, ut vel res ab eo gestas quis reprehendat, vel quid quod faciendum fuerat omiserit, prælata honestati voluptate ac facilitate, ostendat. Et quanquam prudentiam res gestas subsequentem, et in otio factas reprehensiones, non esse magni momenti tradunt; tamen etiam hoc concedam, ac si quis vel factum melius, vel sermones præstantiores, vel consilium justius adhiberi potuisse ostenderit, vel omnibus utilius per quod ipse instituitur, ipse crimen in me suscipiam.

[Vel sic dicas : Non esse magni momenti dicunt. Multa enim quæ studio ac meditatione bene consueta apparuerunt, suo tempore malorum causæ fuisse visæ sunt. Vel etiam sic : Multa enim in consiliis judicata recta esse, exsequendo damna attulerunt : similiaque non plura alia, sed talia nunquam, eaque manifeste malefacta, neque consueta accusatis, non magnam præbeant licentiam loquendi. Vel sic : Accusati non satis consuete facere videantur, si hic **429**^{a} pro se causam dicant. Etenim quomodo consentient cum gestis non recte præcedentibus tanquam bene. In his enim inerat necessitas unde processit enthymema, in illis vero necessitas nulla, et epicherematis substantiam constituit.]

Ipse qui sciebat futurum, si summum jus quærerent, et de principatu contenderent, ut pessum irent omnia, nec quid agerent scire possent : ipse, inquam, Atheniensibus persuaserit, ut sese submitterent, ac Lacedæmoniis in præsentia principatum concederent, eumdem seipsis a volentibus Græcis recuperaturum pollicitus. Nec vero fidem fefellit, ac nomen potius fere principatus, quam ipsum jussit imperium concedere. Nam si rem spectemus ipsam, sibi imperium, illis nomen detulerunt, ac præter communem salutem, et cum hostes fortitudine, tum socios mansuetudine superatos, dignitatem quoque præclarissimam sunt et augustissimam consecuti, quandoquidem ducum duces erant redditi. Hoc edictum non adulator, quantum judico, nec qui oculos demitteret, aut auditoribus se submitteret, sed deorum aliquis per Themistoclis os protulit. Cum videret ipsos lacrymantes, audiret liberos ac mulieres quiritantes, aliquot necessario relinqueret, ac videretur urbs propemodum vi capta, merito (nam et futura erant omnibus incerta, parvaque spe atque infida subnixa, et præsens rerum status, amissionem urbis, bonorum vitæque totius prioris continebat.) Eosque tanquam pueros firmo animo et cogitationibus, non oculis tantum stantibus deducebat.

Nonne ergo indignum est, o terra, ac dii, dictorum factorumque duces (nec enim cohibere me possum) Socratem fugientem laudare, eumque Lachete honestius discessisse dicere ; Themistoclem autem, qui fugandis hostibus, non fugiendis fortitudinem piam declarabat, ejusque virtutis fructum tota percepit Græcia ignaviæ ac mollitiei nomine tam facile donare? Qui etiam ex Euboea victor intercedebat, ea gessit interea, quæ nemo unquam aliorum ad fugam festinantium. Et ais non esse **429**[b] magni admodum pretii salutem. Quin ergo diis etiam servatoribus, qui et singulatim nos conservant, et earum rerum ferendarum Græcis tunc auctores fuerunt. Verum omittam maledictionem : quid autem consequatur, difficilius est conjicere ex oratione, quam explicare.

Jam aliud est in mari medio de re nautica disserere, suamque ostendere fortitudinem, aliud extra tempestatem ad parietem sedentem. Quæ cum Plato probe sciat, sponte negligit, et Themistoclem accusat, qui Athenienses in triremes compulerit.

[Proverbium : Dicitur in eos qui aliud pro alio faciunt aut permittunt. Ortum a Priamo et Helena, qui e muris Græcos de se disserentes videbant.]

Ego vero, siquidem vincere quis posset, ut non se servaret prius, aliquid a te dici putarem ; cum autem vel navali prælio vincendum, vel terrestri pereundum fuerit, quæ hæc fuisset philosophia, cum liceat magnificentissime servari, temere mori ? Ac prorsus equidem non intelligo, cur terrestris victoria pulchra sit, turpis marina, vel cassis atque corium magni sint pretii rudentes ac remi nullius.

Sin tota erat occupata terra , exercitus instar maris inundabat, omnia diripiebantur, nec vel respicere licebat. Verum in angustia non Peloponesi modo, sed etiam spei sedebant, nec usque vel terrarum vel maris futuri credebantur, cur ita de Achivis ex turre judicamus.

[Proverbium : ut Priamus et Helena ex muris.]

Solus porro vel inter paucos admodum videtur hoc dictum Themistocles comprobasse , **430**[a] quod cum Alcæus poeta protulisset olim, multi postea usurparunt : non lapides, non ligna, nec fabrorum artem civitates efficere : sed ubi viri sunt, qui se ipsos servare norint, ibidem et urbes esse et moenia. Ita si suo duntaxat consilio his in rebus usus esset Themistocles, cur quis diceret ab illo fuisse accusatum? Cum autem deus quoque idem jusserit, quid consequatur, ut equidem vereor dicere : ita quivis facile intelligit. Themistocles certe prorsus absolvitur. Hunc enim si solverint nodum, *Donec tribuant honores Apollini*, juxta Delphicum tripodem, quem de Barbaris dedicarunt Græci, stanto. Ac deus quidem divinam vocavit Salaminem, quippe ad quam majora quam pro viribus humanis erant facta peragenda. Plato autem horum auctorem, quique Salaminem illos deduxit, Græcis nocuisse dicit, nec iis qui voluptati plebis subservirent, meliorem prorsus exstitisse. Quare cum post navale prælium essent omnes in Isthmum collecti, et ex arca Neptuni de principatu sententiam ferrent, quamvis in ea liceat aliquam ingrati animi turpitudinem Græcorum accusare, possumus tamen de cætero gratum animum laudare, ac pro Themistocle suscipere. Cum enim seipsum quisque primo posuisset loco, secundum omnes pronuntiarunt Themistoclem. Ergo de principatu sententia, ex eo quod est omnibus in natura situm ut neminem quis magis quam se diligat, præveniebat, ideoque nec momentum habebat ullum, nec erat venia indigna : verum quam de secundis ferebant partibus, ea veritatis erat illustre testimonium, nec eos aliter censere posse ostendebat. Quapropter si prædictum fuisset initio, ne quis sibi palmam tribueret, omnes erant Themistoclem pronuntiaturi, quem quidem omnibus aliis præferebant singuli : nec aliter primus, ac tum secundus fuisset. Similiter et nunc, postquam eum secundo posuerunt loco, perinde fecerunt, ac si primo posuissent. Veruntamen ne sic quidem inferiores tulit potius, quam **430**[b] utroque vicit. Nam prima quidem erat a veritate, et a seipso consecutus, quandoquidem idem quod alii, solus juste fecerat ; secunda vero jam ei concessa fuerant sic ut omni ratione primus esset. Et quoniam posteriores quoque clades ejus recensere possem, ac quomodo totum negotium fuerit confectum, qualemque in his iste se præbuerit, declarare : vellem equidem eam nobis ab oratione afferri necessitatem, ut etiam de his esset dicendum. Nam ea nec leviora, ni fallor, vel minora forent iis quæ jam relata sunt. Verum quoniam et argumentum superant, et nimium crescit oratio, omittam ea, et hoc tantum hac etiam de re addam, eum postquam contra Græciam fuit militandum, mori maluisse, qua quidem re cum crimen omne dissolvit, tum ostendit manifeste quanti priores gestas res et reipublicæ administrationem faceret, nec unquam se scientem quidquam virtute et officio prius habiturum, non divitias, non liberos, non spem, non ipsam salutem. Atque existimo equidem et sacerdotes, et quisquis alius Athenis preces faciebat merito tum quidem publice quotannis hoc fuisse inter alia oraturos, ut aliquis apud ipsos Themistocli similis nasceretur, et inter cæterum proventum hoc etiam bonum terra produceret. Nec enim minorem videntur mihi fructum fuisse percepturi, quam si omnia cum centesimo, vel etiam majore fenore, regio protulisset. Ac puderet me propemodum, cum tot ac talia dixerim, testes insuper adhibere, nisi unius esset aliquod momentum testimonii, quod proferendum censeo. Videamus ergo quid Æschines Socratis sodalis, Platonis autem condiscipulus, dixerit : *Quoniam igitur Themistoclis ausus es vitam carpere, vide qualem adoriaris virum. Itaque cogita unde sol oriatur, atque ubi occidat. Non est*, inquit, *hoc difficile, Socrates, cognoscere.*

Postquam plurimas laudes, hanc quoque adjungit : *Tantum hic illi prudentia præstabat. Quare cum aliquando esset ex urbe expulsus,* **431***a gratias ei ceu conservatori suo retulit, et cum alia multa dona, tum Magnesiæ totius imperium dedit, sic ut exsul esset meliore, quam Athenis cives plerique, qui probe videbantur conditione. Quis igitur illo tempore potentissimus fuisse dicatur alius quam Themistocles, qui regem ab ortu ad occasum solis imperantem, Græcorum dux devicerit. Hoc igitur,* inquiebam, *cogita, Alcibiade, illi, qui talis esset, scientiam talem non suffecisse, ne ejiceretur, et a suis ignominia notaretur.* Atque ut Æschinem cum Platone nolim comparare, nec ea de re contendere, verum hoc judicium sophistis ineptis malim relinquere, ita quo major est ac doctior Plato), hoc magis illa pro Themistocle credi, aio debere. Nam hic quidem quæ audivit, vel his certe proxima videtur tradere : ille autem ingenio utitur suo, quemadmodum et alia multa sub nomine Socratis tractat, de quibus nihil eum fatetur disputasse. Ac recte quidem et juste facit, dum præceptorem studet ornare, nisi quod nec alios, qui non merebantur, insuper dedecorare velle debebat.

Ex communi defensione. — Exordium.

Atque hæc quidem fere sunt, quæ de viris erant dicenda, sic ut nec ea quæ dici oportebat, omitteremus, nec omnia sigillatim putaremus esse referenda, ne cui ineptire videremur. Sed offensionibus populi nititur, quasi ipsi, quoniam nonnulli minus recte de illis statuerint, pejores habendi sint, aut cum alii quidam in eos peccaverint, nec nos a conviciis abstinere debeamus. Quinimo cum etiam ipsis qui peccaverint merito venia tribuatur, mirum erit si illis qui eos ad optima quæque duxerant, et quibus, cum peccarent, non obtemperaverant, negabitur. Jam Plato **431***b nihil eorum quæ ex illorum consilio recte gesserunt, considerari permittit : quæ autem in illos ipsos peccaverant, in iis tantum ab illorum voluntate recesserunt, ut ea culpentur, et fructus quidem eos, quos ex illorum institutione perceperant, transilit : quæ autem non tam ex institutione prodierant, quam ex humana natura superfuerant, hæc illis tribuit, qui ne quid hi peccarent, omnem lapidem moverant : velut si quis litteratores, qui pueros litteras docent, et quantum possunt scribere, in causa fuisse diceret, si quid minus recte postea per se scriberent. Quod si non cunctos docuerunt, nec accuratissime, neque ut volebant maxime, cur id quod effugit, ad ipsorum quis magistros referat ? Nec enim hunc fructum ex illorum consuetudine perceperant potius, quam non jam id illis poterant acceptum ferre. Quocirca non quia illos attendebant, peccabant, sed quia non attendebant, usque eo illa quæ persuadebantur recte illis suadebant. Civilem vero scientiam nisi Athenienses omnes docuerint, Themistocles, Pericles, Miltiades et Cimon, atque cunctos ex ordine tributim ac viritim meliores reddiderant, scientia quasi theatrali pecunia distributa, ne ipsos quidem ea in re excelluisse dicemus. Nec illud Protagoræ tui tibi sufficit, si vulgus vel ex parte aliqua ad virtutem perduxerunt; verum nisi omnia quam rectissime populus, et quasi vir unus administravit, id jam præfectis imputas. Num ergo mirum erit, si nec illi, cum multa bona docuissent Athenienses ac noxas multas impedivissent, semper eos cohibere potuerunt, neque morbos immortales curarunt, sed a populi natura, sive potius communi hominum sunt victi, nec iniquitatem prorsus e civitate potuerunt exstirpare : quemadmodum cum agricolæ quotannis agri detrimenta exscindunt, nec per totum semen penetrant. Hoc modo si et illos, cum civitatem purgare vellent, **432***a necessarium injustitiæ atque ingrati animi semen effugit, et remansit, nec ipsis obtemperarunt omnia, quinetiam per se populus nonnulla statueret, cur hæc improbitatem viris afferant, aut ipsis imputentur aliena ? Quasi quis exorta seditione, et his meliori parti præpositis, tum aliorum in hos peccata his ipsis tribueret. Quomodo autem sit æquum, qui nec ea fecerint, et insuper prohibere voluerint. Quod si nec eos quorum est fama læsa iisdem putabit ansis uti debere, idque non ad maledicendum vicissim sed ut se per alios absolvant, quomodo eum probabit qui prior nulla coactus necessitate maledixit, ut per quæ illos pejores videri curabat dextrum quid putare jusserit. Enimvero nesciebas te his proverbiis teneri, *ignem verberare, lapidem coquere, saxa seminare*. Quod enim illi ex admonitionibus tuis ac sermonibus lucrati sunt, quam rem vel divinam vel humanam post eum diem quo tibi aures præbuerat Dionysius, vel Dio, rectius administrarunt ! Tanto nostros nos, o Plato, quam tu tuos, meliores efficimus. Quod si horum indolem dices meliorem fuisse, hac quoque in re nostram declaras prudentiam, qui spem in his aliquam posuerimus, cum tu toto erraveris cœlo, quando cum illis utiliter te disputaturum credidisti. Deinde sicut ea in quibus alios viceruit indoli tribuis, sic etiam si quid tibi satis temere videntur egisse, hoc eidem indoli imputa ; neque cum quæ nobis imperantibus gesserunt ea nostro consilio detrahis, quæ per se in nos peccarunt ea nostræ iniquitati ascribe. Ut enim illarum rerum nos quoque auctores fuimus, ita horum nequaquam.

Et Pollis iterum Platonem reducebat, ac Dionysium vel absentem reverebatur, et ejus mandata in animo conservabat, te quem videbat et alloquebatur nihili faciebat : sic ut admirabilis tua persuadendi vis **432***b* imperio Dionysii cederet, et illi Pollis quamvis talia præceperat, operam suam navabat, tibi nullam, etsi Spartanus erat, et in ea nutritus republica cui tu secundas vel primas potius tribuis, itaque frustra videbaris urbem Spartanam tot illi laudibus exornasse. Quocirca Laconicæ quondam classis præfectus, tantum in dignitatem tuam peccavit, quantum nec Persarum quisquam, nec Scytharum, qui vocem tuam prorsus intelligere non poterant. Atqui siquidem volebas eum [navarchum Peloponnesiorum Pollin] melius aliquid in te, quam Dionysium, consulere, nec ille te attendebat, verum absentis, et qui turpissima præceperat, totus erat, multum a tyranno vincebaris, nec jure cuiquam potes objicere, si quid minus alicui persuadere potuit : sin tu quidem fortunam præsentem æquo ferebas animo, ille vero silentium tuum non reverebatur, nec sermone quovis potentius ad conveniens consilium de te capiendum judicabat, quomodo jus tuum consequebaris, aut ingenii tui, quem meritus eras, fructum capiebas ? At non ideo tu pejor, si Pollis ac Dionysius delirarunt : neque nos, bone vir, si quis erga nos, Atheniensis improbus exstitit. Et vendente Pollide Græcorum quidem nullus te sacrum caput redemit (usque eo cuncti tua tenebantur eloquentia), verum Afer quidam, Anniceris nomine, quem nemo nisi tua calamitate fuisset abusus. Nunc vero non Platonem, sed famam et celebritatem sibi comparavit. Ne forte putes nos rationes tuas ignorare, aut falsas credere, cum negas virum meliorem a pejore posse injuria affici vel lædi. Quæ cum sciamus, et vere dici testemur, ille tamen magnus amator tuus, nihil petulantiæ nec contumeliæ reliquum fecit, et quamvis tu nullam patereris injuriam, ille nihilominus ea potius quibus injuriam, quam in quibus honorem tibi deferre se putaret, faciebat. Quocirca noli, admirande Plato, utrumque transfigere, idque alterum amicum, **433***a* hostem alterum ? Verum teipsum et hos pete, quos potius debebas pro amicis habere. Alioqui non tam quid accuses, quam quid prius excuses videndum tibi fuerit, siquidem tua quoque tanta sunt. Sin ipsum per se considerandum est consilium, nec tuum culpari jure potest, nec etiam eadem de causa nostrum, quo accedit ut voti compotes facti simus, et hæc tum tuis studiis, tum nostris offensis sunt majora. Quare cum tu nos redarguere studes, teipsum quoque refellis : nos, dum nobis suppetias ferimus, tuam quoque rem agimus. Quinimo tua defensio nobis quoque convenit, verum tibi non tot, quot nobis sunt adjumenta. Itaque ut nobis quis parcat, incertum sit an et tibi ; sin te condemnet, nobis fortasse veniam dabit. Quod si nec nobis parcat, nihil erit ibi sperandum : usque eo victoria nostra cedit in tuum commodum. *Quapropter etiam tua require, non mea.* Inquit ad quemdam Teucer.

Agamemnoni exprobranti genus tanquam spurium,

nec omnia conare studiose scrutari, neque cum tria sint consideranda, animus, facta, fortunæ, duobus omissis, arripe tertium, cujus item pars maxima nobiscum facit. Etenim si his initio relictis, pro Græcia nos devovere debuissemus, non eramus recusaturi, neque Codro tantum cessuri : atque ad id tu, credo, adhortatus esses. Age vero utrum hoc maluisses, ut nihil a nobis gestum unquam fuisset, nec in nos civium quisquam peccasset (itaque tam in nos quam in illos, erant alii peccaturi) an ut hæc quoque, si fuerat opus, quo fierent illa, contigissent. Hæc, arbitror, malles. Ergo cum utrumque te quam neutrum malle dicis, cum omnia quæ requirebantur in administrationem nostram incidisse consiteris, tum plura urbi, de quibus glorietur, quam ob quæ reprehendatur, suppetere. Quin ergo laudas potius quam vituperas. Denique cur ab lis rationes repetimus solis, qui soli rerum auctores non fuerunt. Nam nec primos reprehendimus aurigas, si quis eosdem equos alius deteriores **433***b* reddiderit. Verum et aurigæ equorumque domitores, magistri fiunt, pluris, cum alii eamdem potestatem nacti, non eodem modo se gerunt, idque eodem tempore. Age vero, quæ viris his acciderint, etiam percurramus. Neque enim omnes eodem modo populus condemnavit, neque id illi communi decreto sunt passi, neque etiam prorsus omnes. Verum Themistocles quidem et Cimoni ostracismo sunt expulsi. Id autem non erat odii, nec quia alienus erat ab illis plebis animus, sed legem hac de re conscriptam habebant, quæ ut olim se habuit (id enim omittam, nisi quis eam valde voluerit laudare), illorum tamen delictum non carebat excusatione, cum haberet aliquem decorem, quandoquidem ex lege proficiscebatur. Lex autem sic erat, ut eos *qui cæteris antecellerent in annos decem ablegarent.* Nec aliud deerat crimen, neque quasi convicta res esset ira. Indignum sit ergo, si eos, quos nec ipsi poterant qui ejecerunt reprehendere, nos istorum causa reprehendamus, ut qui certi nihil sciamus, sed rumorem quemdam, eumque obscurum accusemus. Sed ut huc redeam, quod ad gloriam comprimendam hoc exsilii genus introduxerunt, ea res, quantum ab adulatione fuerint hi remoti, indicat clarissime. Quocirca ne nimis elati fierent, hac sola de causa illos ablegarunt. Itaque non contra ipsos hoc dixisti, sed insciens pro ipsis. Egregie tu quidem potes, quæ dicuntur observare, et alios refellere. Nam cum calamitates eas, in quas tempore Pisistratidarum incurrerant, considerassent, videntur neminem voluisse cæteris præferri, sed omnes æqua vigere potestate. Rectene igitur Cimonem atque Themistoclem ejecerunt ? Equidem non dico, non tamen prorsus impudenter, sed ut et ipsi defensionem haberent, et illi non inhonestam paterentur injuriam. Pericli vero, donec in pace vigebat civitas, nullum nec magnum nec parvum crimen est impositum, verum deorum instar colebatur, et quamvis prius etiam Athenienses non paucos contra **434ᵃ** foedifragos in praelium eduxerat, non tamen inculpatus modo, sed et facile primus fuerat. Postquam vero simul et agro carere cogebatur, et pestis cuncta vastans incumbebat; nec erat malorum ulla requies, tum demum calamitatibus succumbentes in illum sunt exacerbati. Atque hic mihi aurigarum exemplum recordare, nec enim pennis potius quam curribus tuis capietis. Sed non potuit Nestoris equus parere vulneratus, non illo tantum, sed et reliquis equis hoc casu turbatis. Quid? Quod nec frenum in hoc tumultu facile poterat demere, verum tanquam in aeneo vehiculo stabat manens, nisi quod commovere se poterat. Domi male habebant [pro infeliciter.]

Aurigam excusserunt. Quemadmodum excusserant, ab eo tam probe fuerant olim gubernati, ut et factum suum cognoverint, et sententiam mutarint, eumque denuo se regere, et quocunque vellent ducere jusserint. Quin si et prioribus annis multis gratiosus fuit, et post condemnationem rursum maximus evasit, nimirum ex utroque, tam principio quam fine, admirandus exstitit. Nec enim offensa res priores obscuravit, verum honor post delatus omnem delevit calamitatem. Non enim medium tempus utique praestat, verum simul utrumque medio. Nam sive priora secteris, in honore primum fuit, sive posteriora, in condemnatione non perseverabant, sed rursus ut potiorem attendebant. Neque vero duo duntaxat uni opponuntur, verum ne singulorum quidem temporum spatium est ullo modo aequale. Quinimo nec omnes eum judices condemnasse censendi sunt, sed aliqui etiam Pericli recte suffragati sunt. Nos igitur meliores atque optimos reddiderat. Quid ad haec, Graecorum optime, dicemus? Utrum recte illos haec in te commisisse, an te illorum esse insaniae reum? Equidem neutrum dixerim. Verumtamen posset aliquis tuis verbis respondens, bifariam contra te et Socratem hoc torquere, quasi recte quodammodo vobis, quamvis **434ᵇ** injustissime haec acciderint, quandoquidem tales discipulos protulistis. Quare si asseclarum peccata praesidum culpam continet, teipsum et sodalem potius, aut saltem non minus quam Periclem et quos volebas accusasti. Sin vos estis insontes, eodem quoque illi modo debent esse, siquidem aequalitatis meministi, nec geometriam sponte transgrederis. Ergo quem ipse a crimine absolvisses, eum criminis ejusdem accusas? Quid autem absurdius quam alteri dicenti non credere, ipsum accusare? propter quae dicentem pejorem fores habiturus, propter ea Periclem velle improbum videri? Et cum eos qui illum condemnarunt improbes, nos ad similem condemnationem hortari, quasi rei alicujus praeclarae, et non ejus, quae nec illos docuerit, participes futuri simus. Illi vero suam condemnationem ipsi non excusarunt, sed rursum tanquam probum et justum in oculis tulerunt: nos eum cui nullum possumus aliud crimen imponere, propter condemnationem contemnemus? Et eorumdem hominum peccatis nitemur, recte facta non attendemus? Cum praesertim illorum peccata fateamur, aut potius accusemus. Quam id, obsecro, rationis habet speciem? Equidem non intelligo. At Plato cladem pro injuria suggillat, cum fortunam decreti loca considerans, tum aliorum delicta his imponens. Si vero equis calcitrantibus eos qui condemnati sunt confert, aliquid se contra illos gravius arbitratur dicere. Quod si condemnantes cum diis duodecim conferre possent (1), a vituperandis reis, credo, abstinuisset. Caeterum si viros utroque modo volet Plato reprehendere, quasi acutum quiddam arripuerit, quid vetat quominus aliquis par pari reddens, utroque rursum modo sic dissolvat? Si eos recte et juste condemnarunt Athenienses, non erant ab illis corrupti: nam cum recte agebant, non eos illi corruperant. Quare si merito sunt condemnati, non hic pejores erunt, **435ᵃ** sin eos injuste condemnarunt, injuriam passi sunt viri, non intulerunt: tales autem adjuvandi sunt, non accusandi, aut si juvari nequeunt, saltem accusari non debent. Ego vero elegantioribus haec relinquo. Ipse autem quid affirmo? aut quam rationem sequor? Non possunt utrique simul accusari, et vulgus et viri, nisi alteros manifeste calumniari volumus. Etenim si recte sint condemnati, ipsi quidem fuerint improbi; populus officio suo functus est. Itaque non debet ob hanc rem quidem culpari, an ergo cum eum cum ferocientibus bestiis comparamus, recte nos facere dicemus? Sin peccavit populus, una cum ipsius peccato virorum probrum diluitur. In hoc enim ipso Athenienses deliquisse dicuntur, quod illos exsilio, pecunia, vel alia re quacunque multarunt. Quid autem haec affert ratio? nihil eos horum meritos esse. Atqui si male fecerant, meriti erant; quoniam autem meriti non erant, liquido colligitur male nihil fecisse. Jam qui probis maledicunt, et calumnias ingerunt, non utique probe faciunt. Nos igitur pro accusatione utrorumque justam utrorumque defensionem proferemus, ac nec populi totius hanc esse culpam, nec illos sicubi offenderunt, pejores haberi debere dicemus. Nec enim ut athletis solet, sic et poetis praestantioribus semper defertur victoria, verum et

---

(1) Dii majores duodecim: quos apud Apuleium Ennius sic recenset: Juno, Vesta, Minerva, Ceres, Diana, Venus, Mars, Mercurius, Jovis, Neptunus, Vulcanus, Apollo.

hic Pindaricum illud locum habet, verissime enim cecinit ille:

In circo autem fortuna, non robur, vincit.

Itaque conspicatus Eumelum Achilles, cadentem e curru misertus dixit:

Optimus extremo vir equos agit ordine fortes.

Atqui absurdum erat hæc ita deinceps conjungere, atque eumdem optimum et extremum dicere. Verumtamen itajres, inquit, humanæ ferunt. Hoc enim videntur mihi verba velle, eumdem esse et optimum et extremum, quod olim Orontem Persam de digito dixisse ferunt, eumdem situ alio nunc decem millia, nunc unum duntaxat ostendere. Quare ad Platonis exemplum mihi certe videtur **435***b* Eumelus in cæteris spectare, cum non victoria tantum privatus est, sed

Et cubitos atque est nares laceratus et ora

equis optimis et a quibus nunquam fuerat dejectus.

[Orontes Persa excidens imperio: *Digitus*, inquit, *nunc unum, nunc millia ostendit.*]

Quocirca sive amicis, sive opibus vales, sive gloriam inter cives es consecutus, noli te extollere, nec plus tibi quam liceat, tribuere. Ut omnia sibi suppetant, a fortuna vinceris. Hæc sibi vult certamen istud; hæc Homerus dicit. Nihil est in rebus humanis securum, nihil æquabile, nihil sibi sufficiens: verum, cum tempus feret, fortem vincet imbecillior, Babylon una cum mœnibus capietur, Persas rursum populabuntur alii. Hæc enim omnia in orbem feruntur. Quod si gubernatores omnes cunctos vectores salvos præstarent, ac medici omnes cunctos sanarent ægrotos, et majores ac potiores vincerent, atque hi omnes semper florerent, nec quisquam eorum qui recte cœpisset agere, erraret, neque votum a facultate quidquam differret, immortales forent res omnes humanæ, nec precibus fortassis opus esset, neque nos, ut nunc, dolium alterum perfudisset. Ne mireris igitur, si Pericles, cum scientiam et artem habebat, a Deo et fortuna vincebatur, neque temporum obliviscere, quibus ipse non parum tribuis, et ille non optimis, ut apparet, tunc usus fuit. Multa inter homines facta sunt et fient miranda, inter quæ sunt etiam quæ his viris contigerunt, ut nemo negat. Verum ea nondum convincunt, illos nec boni quidquam scivisse, nec meliorem quemquam reddere potuisse, siquidem poterant et artem tenere et probi esse, quanquam eo quidem tempore majoribus carebant adjumentis. Libenter autem quæsierim si quis pro Platone velit respondere, cum ipse Plato rempublicam non administrarit, nunquid causæ dicet quisquam, præter id, quod apud ipsum dicit Socrates? Quid enim aliud? Ergo si in ea quorum tu metu publica non curabas, illorum aliquis incidit, eum non optima quæque suasisse contendis? Atqui si nihil **436***a* erat periculi, cur patiam nullam in re juvisti? Sin erat paratus interi-

tus, cur miraris illorum quemquam in cladem incidisse, et cum optima consilia ipse cum periculis conjungas, illos postquam offenderunt optimi fuisse consilii negas. Cum igitur illi nullam secuturam cladem justitiæ prætexuerunt, verum largiter ac simpliciter communi bono impenderunt; Socratis sermoni obtemperarunt. Itaque vel eos nec justis nec bonis rebus ostende studuisse, vel probos fuisse concede, quidquid consecutum sit, atque eo magis quo minus rei difficultatem reformidarunt: *Essent enim secundum rationem tuam temerarii.* Deinde tantum abfuit, ut illorum gloriam diminuere cogerentur, quo major ipse videretur, ut suam administrationem ad illos retulerit. Deinde nec hostes erant iidem, verum contra acres et accinctos viros Demosthenem opponere, eosque Atheniensibus vicinos et finitimos, et caduceo pariter ac ferro utentes, et pleraque furtim auferentes.

[Philippus proditione multa valuit, velut bonum adventitium adducens, et de Pericle eos monuit et aliis.]

Sed quod volebam dicere, uter erit humanior, et in dicendo dexterior hoc loco censendus, is qui nulla cogente necessitate male de viris loqui studuit, an qui nec alterius stimulis est excitatus, neque ut seipsum laudaret, alios vituperare voluit? Mane, obsecro, potesne quisquam sibi ipse magis contrarius deprehendi? qui tum quos adulatores esse contenderat, negat adulatoria usos fuisse, tum ea de quibus eos absolverat, reprehendit. Itaque quibus eos argumentis conabatur convincere, iisdem coactus est absolvere: quibus autem absolvit quos adulationis insinuarat, iis rhetoricam vult adulationem esse convincere. Quinimo **436***b* ut ad firmissima veniamus, si eos adulatores quodammodo per crimina fuerat effecturus, atque ita sermonem absoluturus, quamvis etiam ficta protulisset crimina, aliquid tamen dixisse visus fuisset: cum autem omnibus quæcunque putaret contra eos dici posse prolatis, postea velut judex, qui alterum audivit loquentem, eos absolvit, quis est usus verborum, aut quomodo omnia sint pariter et frustra dicta? Hic autem quid ait? *Etenim præfectus urbis nunquam quisquam injuste pereat per eam rempublicam cui præfectus est.* Quomodo, per deos immortales, hæc ejusdem dicamus esse sententiæ, aut eadem spectare, ut simul et quia justitiam tueatur, necesse habeat per eam rempublicam cui præfectus est, perire; et si pereat, nunquam id injuste ab ea cui præest republica patiatur. Quæ est in his verbis similitudo? quæ consensio? Verum et illud considero, si rhetorica sit adulatio, omnes hanc adulationem exercuisse, quandoquidem oratores erant. Cur igitur hos absolvit, vel quamdam dixit esse veram rhetoricam? Sin bona res est, et expetenda rhetorica, nimirum hi optimarum rerum curam gesserunt. Cur igitur vel hos optime dixisse negat, vel rhetoricam vocat adulationem? Quod si duplex est rhetoricæ genus, quorum alterum sit adulatio, turpisque concio, alterum justitiae cura, alterutrum in his manifeste cerni oportet. Cur igitur aufers utrumque? Sin utrumque recte aufers, tertia quaedam praeter utramque erit rhetoricae species. Itaque non jam duplex erit rhetorica, neque tamen Plato quae esset tertia ostendit. Quod si ad gratiam sunt et voluptatem omnino conficta, et ex adulatoribus unum se facit, dum jucunda pro veris refert, nulla praesertim necessitate impulsus, sin juste sunt et vere dicta, quae requiritur major criminum solutio, aut quis commodior ipso Platone testis, qui hic quidem eos continuo absolvat, alibi vero **437**a prorsus laudet etiam, et Stesichori palinodiam imitetur. At qui eum neget esse Graecorum optimum, is quidem pessimus sit et Graecorum et Barbarorum. Verumtamen nonnihil etiam ingenio utitur, quemadmodum potestate reges, sicut et in ipsa dictione facit aliquando, dum libertatem usurpat loquendi, atque etiam in argumentis ipsis:

[Fingit hic et inducit mortuos, quasi praesentes ac disserentes.]

Nec Euripidis iambicum illud esse dicemus:

Sapientium commercio princeps sapit,

quamvis id sapientum quidam dixerit, cum sit ex *Ajace* Sophoclis, qui *Locrus* inscribitur, sumptum. Sed haec licentiae dialogorum et consuetudini tribuuntur. Etenim cum sint omnes figmenta, et quocunque quis velit modo possit nectere, fit ut nec ipsa verba sint admodum veritati consona. Simul et libertatem videtur atque magnificentiam nonnihil sectari, nec ad exactam rationem referre cuncta; verum, quod jam dixi, ingenio concedit. Et haec nos ita temere recipiemus? Non igitur eum cognoscere videbimur.

Nemo certe, qui solam admiretur Academiam reliquam Atticam hostilem et inimicam habeat, Athenienses amare dicatur : neque cum reliquos omnes ridendos proposuerimus, tum fore sperandum est, ut Platonem quisquam admiretur. Id enim non in honorem Platonis, sed aliorum potius omnium ignominiam, atque adeo Platonis ipsius cederet. Nam cum putamus eum non posse, si quis alius probus habeatur, pluris fieri, tale quiddam efficimus. Neque convenit contractum cum aliis odium, fidei apud alios occasionem fore credere. Nam si Platoni non malefaciendo debitam viris laudem tribuimus, nemini, credo, facimus injuriam. Haec enim politica sunt, humana ac diis ab omni aevo placita. Verum si res est improba tragoedia, atque improborum hominum scriptum, quis te dicat esse tragicum? Quod enim **437**b prorsus est turpe, id nullo modo potest honestum fieri. Deinde negas quemquam debere improbos imitari, vel ad exemplum deterius se componere; nec ipse hoc ubique praestas, verum imitaris Sophistas, sycophantas, Thrasymachum, quem plane impudentem fuisse aiunt,

quia nunquam erubuit, janitores, pueros cunctos homines. Sed, ut arbitror, Graecum illum, facile, gratiosum, varium ac divinum, quod adhaec omnia te ducit, ingenium, fateri te cogit, horum quoque singula suum habere usum cum tempore et gratia conjunctum. Atque hos omnes voluptati studere affirmas. Utrum te igitur minus, an plus, quam deceat, ponere dicemus? Etenim voluptati quoque poetas studere creditur. Quapropter cum id quod adjiciendum erat aufers, minus quam decet, dicis. Cum autem ex eo adulationem illis imponebat, plus profecto quam requirebatur tua continebat oratio. Poteras enim, vir praeclare, simul et juvenes ad justitiam confortari, et senioribus suum tribuere. Etenim ut laudari non potuissent, silentio tamen poterant praeteriri, neque fueras ob eam rem rationem non relatarum accusandus. Sed non hoc aliquem ad indignationem commoveat maxime, quod Plato Graecorum facile princeps, et qui merito plurimum sibi tribuat, magnitudine quadam et ingenii libertate quosdam accusare voluit; sed et quod nonnulli nullius pretii homines, hac occasione sumpta, rem in consuetudinem trahunt, atque etiam de Demosthene, quem ego Mercurii cujusdam eloquentiae loco in terras arbitror descendisse, nihil non audent effutire. Quis vero vivos hos ferat, qui saepius soloecismum committunt quam loquuntur, alios contemnunt, quantum erant ipsi contemnendi, in caeteros anquirunt, in se nunquam; virtutem extollunt, non exercent; vagi obambulant : *vita simulacra carentum;* Hesiodi fuci, Archilochi simiae, duabus formis pro tribus vaccae tragicae praediti. Qui cum se Jovi negent cedere, pecunia tantopere vincuntur, et aliis conviciantur : non quod res ipsas condemnarint, sed quia cum paria facere non possint, invident. Quod si **438**a quis ipsis de continentia disputantibus oppositus placentas ostendat et monilia, linguam demittunt, ut ensem Menelaus. Nam si Helenam videant ipsam, Helenam autem! si vel ancillam qualem finxit Menander Phrygiam, Sophoclis satyros revera pro ludicro curant haberi. Qui privationem vocant communionem; invidiam autem philosophiam, et inopiam pecuniae contemptum. Cum autem humanitatem profiteantur, neminem juverunt unquam, et qui voluit ipsis uti, eos infestant. Et alios quidem vix occurrentes aspiciunt, divitum autem gratia ad fines regionis occurrunt, quemadmodum Phryges propter oleas. Etenim hi sunt, qui impudentiam et offensam putant esse libertatem, humanitatem in accipiendo ponunt. Quid? quod ad eam sapientiam pervenerunt ut pecuniam non exigant, quod autem pecuniam valet, accipere norint, in sententia perseverent : sin turgidior sit effectus sacculus Gorgonem ceperit Perseus. Non alieni ab impiorum Palaestinorum moribus. Nam et illi hoc habent impietatis signum, quod deos esse non putent, atque hi a Graecis, atque adeo bonis omnibus quodammodo dissentiunt, in reliquis quidem rebus umbra sua magis muti : cum autem aliquis criminandus et calumniandus est, vix æri Dodonæo, verum culicibus potius in tenebris perstrepentibus conferendi, ad rem maxime necessariam peragendam maxime inutiles, ad ædes perforandas, et perturbandos atque inter se committendos domesticos, omnemque administrationem sibi arrogandam, omnium aptissimi. Sed in latibula submersi miranda quædam comminiscuntur, ad umbram nescio quam verba eructantes, inquit Sophocles, anthericum metentes, funiculum in arena nectentes, telam nescio quam retexentes. Quantum enim in sapientia proficiunt, tantumdem amittunt, magnopere sibi placentes, cum rhetoricæ maledixerint, quasi non etiam famuli **438**b sæpe, ac præsertim magistræ, dominos intra dentes exsecrentur. Quinetiam satyrus quidam scenicus olim est Herculi imprecatus, ad cujus adventum confestim succubuit. Nec immerito videntur mihi cunctis maledicere, quandoquidem hac re plurimum valent, qui ut nullius hominis mentionem faciant, male tamen dicunt omnia, ita quod habent in medium conferunt. Atque etiam pulcherrimum philosophiæ nomen sibi tribuunt, quasi locum in theatro præoccupasent. Atque equidem, et Platoni debitum honorem tribui, et virorum dignitati opem tuli non ignaviter. Quod si quis hæc refutare potest, si id eadem servata mihi benevolentia, qua Platonem ego sum prosecutus, fecerit, eum ego nunc et in posterum amicum non hostem judicabo.

CCXLIX.
Excerpta e Vita Pythagoræ.

Legimus et *Vitam Pythagoræ.*

Excepit, inquit, docendi munere Pythagoram Plato nonus successor, Archytæ senioris discipulus, decimus Aristoteles. Pythagoræ autem discipuli, qui contemplationi dediti erant, Sebastici [id est *pii*] vocati sunt; qui circa humana versarentur, Politici; qui mathesin, geometriam, astronomiam amarent, Mathematici; qui familiares ei essent, Pythagorici : horumque discipuli Pythagorei; quique aliter extrinsecus eum imitarentur, Pythagoristæ. Omnes hi animalibus abstinentes, certo tempore e victimis solis gustabant. Centum et quatuor vixisse annis fertur Pythagoras, et Mnesarchus etiamnum juvenis unus filiorum obiisse; successit huic Telauges, Saraque et Myia illius filiæ, ipsaque Theano, non discipula modo, verum et filia fuisse memorantur. Differunt, ut aiunt Pythagorei, unitas et unum : unitas quidem in rebus quæ sub intellectum cadunt, ab iis collocatur; unum vero in ipsis numeris, et eodem modo duo in numeratis dualitatem infinitam perhibent. Unitas quidem secundum æqualitatem et medium sumitur : dualitas autem secundum exsuperantiam, id quod minus est. Itaque medium et modus non possunt plus aut minus fieri, sed excessus **439**a et defectus, cum in infinitum procedant, atque ideo asseruerunt dualitatem infinitam. Et licet omnia e monade et dualitate in numeros referant, omniaque quæ exstant numerum appellent, decimo tamen numerus completur. Decimus vero fit a quatuor nobis ordine numerantibus numeris. Idcirco omnem numerum quaternarium appellant. Tribus quoque asserebant modis seipso hominem meliorem fieri. Primo cum diis colloquendo : accedentem enim ad eos tunc potissimum ab omni se maleficio abstinere necesse est, et quoad ejus fieri potest Deo assimilari. Deinde bene de aliis merendo : Dei enim hoc proprium est in eoque Deum imitatur. Tertio denique moriendo : si enim animus, qui in vita ipsa est vitæ causa, paululum a corpore separatus, seipso redditur melior : siquidem in somnis per insomnia, et in exstasibus morborum, divinator fit, multo sane tunc præstantior seipso fit, cum jam postremo e corpore migravit. Apud eosdem exordium rerum omnium est unitas, deinde punctum initium lineæ, linea superficiei, et superficies triplicis in quantitate dimensionis, vel, ut vocant, corporis. Verum ante punctum cognoscimus monadem. Quare corporum initium est unitas, sicut omnia corpora e monade componuntur. Adhæc, propter transmigrationem animarum, quam stulto sane consilio veram putant, ab animatis abstinent; deinde quia ingenium gravant, ob nimium nutrimentum et digestionem. Quin et fabas non edunt, nimium secundum eos inflationi obnoxias, et nimis alentes, aliisque de causis, quæ fabarum esum prohibeant. Plurima Pythagoras prædixisse fertur, et omnia accidisse. Platonem a Pythagoreis in Italia speculativam et physicam aiunt, et a Socrate ethicam didicisse; apud Zenonem vero, et Parmenidem Eleatas fundamenta logices jecisse, qui omnes e Pythagoræ schola profecti sunt.

Juxta Pythagoræ, Platonis, et Aristotelis opinionem, duodecim coloribus **439**b oculus judicat, de albo, et nigro, et de cæteris interjectis, flavo, fusco, pallido, rubro, cæruleo, purpureo, rutilo, et luteo. De acuta et gravi voce judicium fert auris. Odoratus bonos et malos sentit odores, et alios putridos, humidos, liquidos, vaporatos. Gustu dulcia sapiunt et amara, et alia quinque media In universum autem septem sunt sapores, dulcis, amarus, asper, acidus, mollis salsus, austerus. Plurimorum censor est tactus. Tangit enim gravia et levia, et quæ inter hæc sunt ; calida item et frigida, et quæ interjacent ; dura et mollia, et horum media ; sicca, et humida, et quæ intersunt. Reliqui, quidem quatuor sensus in solo capite stationem habent, et propria occupant organa. Sed per caput, et totum corpus habitat tactus, aliisque sensibus communis est : in manibus autem præsertim vis illius emicat.

Asserunt insuper duodecim orbes in cœlo esse, et primum quidem et remotissimum firmamentum, ubi et summus Deus, cæterique intelligentia præditi dii, ut vocat Aristoteles, aut secundum Platonem, ideæ. Deinde septem planetæ sequuntur, Saturni, Jovis, Martis Veneris, Mercurii, solis ac lunæ; post planetas ignis, mox aer, quem sequitur aqua, omnibus ultima subest tellus. Duodecim orbium firmamentum causa est prima: et quanto quodque illi vicinius, tanto etiam firmius et melius esse aiunt et quæ longius absunt, non ita firma sunt; et usque ad lunam hic ordo servatur, infra lunam minime. Necessaria vero omnia mala terra sustinet, quandoquidem instar fundi totum mundum sustinet et receptaculum necessarium est eorum quæ in imo subsistunt. Et has omnes partes providentia, firmaque ordinatione, et divina quadam necessitate Deo propria, aiunt gubernari. Sed quæ infra lunam quatuor causis: Deo, fato, nostro consilio, et fortuna. Verbi gratia, navem ipsam conscendere, et non, in nostra est potestate; tempore sereno procellas et **440**a tempestatem subito oriri, fortunæ est; navem mersam præter spem conservari, divina fit Providentia. multis autem et diversis modis accidit fatum, et sic differt a fortuna: quoniam serie quadam ordinate, et consequenter fit, cum fortuna suapte fiat, et prout contingat. Ut e puero juvenescere, et ad reliquas usque ætates commode ascendere, uno fati modo accidit. Zodiacus, ut placuit Aristoteli diligenter investiganti, propter generationem eorum quæ in terra ad universi complementum gignuntur, oblique movetur. Nam æquali si distantia verteretur, unum semper anni idemque tempus esset, vel æstatis, vel hiemis, aut cujusvis alterius. Nunc vero quoniam sol aliique planetæ e signo in aliud signum egrediuntur, quatuor in anno tempestates sunt, quo fit ut propter hanc in alia signa mutationem et fructus proveniant, aliæque animalium generationes oriantur. Sol quidem, ut privatim ipse et vere, ut puto, sensit, centies magnitudine terram excedit, quamvis alii tantum tricies asserant. Sunt qui magnum annum Saturni ambitum esse doceant: quia cæteri sex errantes breviori tempore cursum suum conficiant. Saturnus enim triginta annis, Jupiter duodecim, duobus Mars, sol uno, ut et Mercurius et Venus, circulum absolvit. At luna quia infima est, et minimum sortita orbem, uno mense. Primus Pythagoras cœlum esse mundum dixit, quia perfectum est, omnibusque animantibus ac signis pulchris decoratur. Plato et Aristoteles uno consensu immortalem dicunt animum, quamvis alii altam mentem Aristotelis non intelligentes, mortalem esse animam eum dicere existimant. Dicitur homo μικρόκοσμος (id est mundi compendium) non quia quatuor ut reliqua animalia etiam minima constet elementis: verum quia omnes mundi virtutes continet. Nam sunt in mundo dii, quatuor elementa, bruta, plantæ. Has omnes potentias possidet homo, habet rationem pro divina virtute, habet pro natura elementorum movendi vim, **440** b crescendi, suique similem productricem: singulis his inferior est. Ac quemadmodum pentathlus omnes habens virtutes, in singulis tamen minor est eo, qui unum aliquod certamen callet: ita et homo omnes habens virtutes, in singulis sigillatim superatur. Minorem enim rationis usum habemus quam ipsi dii, et minus de elementis quam ipsa elementa. Cupiditas et iracundia nostra minor quam brutorum: a plantis nutriendi et accrescendi qualitate vincimur. Quare ut e variis compositi rebus, vitam quæ ægre traducatur habemus. Alia enim omnia ab una tantum natura reguntur, nos vero homines variis qualitatibus distrahimur, ut, nunc a deo trahimur ad meliora, nunc vincente vi animali ad deteriora; sic et in cæteris potentiis. Si quis igitur coluerit quod in nobis ipsis divinum est, instar aurigæ vigilis ac periti, poterit singulis virtutibus, permistione, inquam, elementorum, ira, cupiditate, habituque rationis experte, quoad par est uti. Difficillimum est seipsum nosse, quamvis facile videatur: quod Pythii Apollinis esse dicunt, licet ad Chilonem unum e septem sapientibus referant. Nos autem hortatur, ut quisque, quid possit, cognoscat. Sed nihil est aliud, *nosse se ipsum*, quam totius mundi naturam nosse, quod sine philosophia fieri non potest, quodque Deus nos monet. Cognitionis octo sunt organa: sensus, imaginatio, ars, opinio, prudentia, scientia, sapientia, mens. Artem, prudentiam, scientiam, mentem, communem cum diis habemus. Sensum et imaginationem cum bestiis. Nobis autem solummodo propria est opinio. Sensus est fallax cognitio per corpus. Imaginatio motus quidam in animo. Ars est habitus cum ratione laborans; additur hoc, *cum ratione*, quia etiam aranea operatur, verumtamen sine ratione. Prudentia est habitus, qui in rebus recte peragendis continetur. Scientia est habitus eorum quæ semper et similiter eadem fuerunt. Sapientia plurimarum causarum cognitio. Mens initium et fons omnis boni. Tres sunt docilitatis partes: solertia, memoria et ingenii vis. Memoria **441**a custodit ea quæ quondam quis didicit. Vis ingenii est intelligendi velocitas. Solertia est ex iis, quæ quis didicit, ea investigare quæ non didicit. Tria sunt quæ cœli nomine dicuntur: primo firmamentum; secundo distantia illa quæ est a firmamento usque ad lunam; tertio universus mundus, cœlum, inquam, et terra. Optima et pessima nata sunt, inquit, ad semper operandum, Deus scilicet et plantæ. Deus enim, et quæ illa proxima sunt, mente et ratione semper operantur; itemque germina: nam nocte et die nutriuntur. Non semper autem homo in opere, neque bruta animantia, sed medio pene tempore dormiunt, et quiescunt. Græcos ait moribus barbaros semper superasse, ob temperiem aeris quo vivunt; Scythas vero et Æthiopes, illos frigore scilicet vexatos, hos vero cute æstu exustos et ingentem inter calorem et humorem alentes, quia male temperatum cœlum sortiti sunt, violentos et audaces semper exstitisse. Sic vicissim eos qui mediæ zonæ et montibus vicini sunt, de temperie loci illius, cui subsunt, participare. Ideoque ait Plato, Græcos disciplinas quas a Barbaris acceperint, eas melius proferre, et maxime Athenienses. Quapropter rei bellicæ et picturæ primi inventores exstitere, et omnis artis mechanicæ et militaris, oratoriæ, et disciplinarum. Non igitur, ut dixi, adventitiæ Athenis sunt scientiæ, sed ibidem natura insitæ, idque ex aere tenui et puro, ut non solum terram attenuet (quam ob causam etiam sterilis est Attica), sed et ingenia hominum subtilia reddat. Inde contingit tenuem quidem aera terræ nocere, ingeniis vero prodesse. Etesiæ venti ardentissimo æstatis tempore flant, hac de causa : sol jam sublimis, et a locis meridionalibus ad septentrionem conversus, solvit humida ad boream, quæ soluta aerem, deinde ventos gignunt : e quo- B rum numero et etesiæ sunt, e spiritu scilicet, qui ex humidis solutis ad septentrionem 441*b* oritur. Ad oppositas vero plagas meridionales feruntur, eoque delata in altissimos Æthiopiæ montes decidunt. Cum autem condensati et frequentes fuerint, pluvias creant, e quibus æstivo tempore Nilus (11) auctus exundat, ex australibus locis, et aridis profluens, idemque Aristoteles investigando comperit. Ipse enim ingenii præstantia hoc deprehendit, cum æquum putasset Alexandrum Macedonem ad ea loca mittere, ut oculis causam incrementi Nili fluminis cognosceret. Propterea asserit hoc non amplius dubium esse. Clare enim patet e pluviis augeri. Et sane mirum quod in locis Æthiopiæ maxime siccis, ubi numquam hiems est neque pluvia, tempore æstatis densissimi oriuntur imbres.

INDEX ANALYTICUS

IN LIBROS QUATUOR ADVERSUS MANICHÆOS, IN SPIRITUS SANCTI MYSTAGOGIAM, IN HOMILIAS, ODAS, NEC NON ET IN LIBROS TRES EPISTOLARUM PHOTII.

(Index analyticus in Photii *Bibliothecam* invenitur ad calcem tomi sequentis.)

Revocatur lector ad columnas editionis hujusce. Litteræ, a, b, c, d, *inchoantem, mediam et desinentem paginam signant.*

—

A

Abbati quæ debeatur a monachis reverentia, 435 a.
Abstinentiæ donum cum summa cura custodiendum ; ad passiones retundendas utilissimum, 431 a.
Actio acquirit vires per imitationem, 339 b. Actionem quamcunque consilium præcedat, 543 b.
Adamus in paradiso collocatus; illius tentatio et lapsus, 287 d.
Adulatio fugienda; morbos exulcerat, et reddit insanabiles, 451 a.
Adulatores fugiendi, 341 a.
Adversa forti animo toleranda, 316 c; adversis dejici, secundis attolli, levitatis et insipientiæ est, imo et pusillanimitatis, 351 a.
Affectio superat naturam, 285 d.
Amantes redamandi, 474 d; 475 b.
Ambrosius (S.) affirmat Spiritum sanctum a Filio procedere, 144 b, d ; 146 a; 149 c; 159 b; 410 c.
Amicitia a justitia non disjungenda, 437 b.
Amicus amicis non gravis, 307 b. Amicus improbus jam non amicus dicendus, 468 b. Amicus est res necessaria, sed magis necessarius sermo justi, 437 b. Amici qui non eligendi, 310 c , quomodo tractandi, *ibid.* d ; quomodo ab adulatoribus differant, 341 a. De amicis absentibus cur optime loquendum, 341 c; illis contra æquum nihil concedendum, 347 b.
Amor Dei et proximi totius legis summa, 357 a, b. Amor tutius est firmamentum imperii quam metus, 345 c; utroque tamen opus est principi, *ibid.* Amori cur a.æ a pictoribus tribuantur, 455 c.
Anathema jure latum, terribile ; injuria, ridiculum, 421 a, b.
Angelorum hymnus, in Nativitate Christi decantatus omnes creaturas sensibiles ad unum refert conditorem, 96 d.
Animæ alium, et alium corporis fingere conditorem, Deo oppositum furoreque ac insania plenum est, 40 d ; 48 b. Animæ plaga gravior quam corporis, 317 c. Animæ per peccatum inflicti livores, ipsam reddunt etiam post curationem apte dispositam et paratiorem ad stigmata per peccatum inurenda, 415 d. Animam meliorem quæ dona reddunt, 321 c, d. De animabus impia quædam dogmata, 329 c, d.
Annus periodus est temporum, sicut tempus est mensura motus sensibilis, 57 c.
Apostoli, præcones dogmatum Dominicorum, 145 d.
Aqua a bono Creatore profecta, 86 b.
Ararat, regionis nomen, 354.
Arcana quæ divulganda, quæ reticenda, 241 b, c.
Arius hæreticus 302, 305, 337; illius errores refelluntur et damnantur 324, a, b, c.
Armeniacorum regio, 15, b. Armeniaca Ecclesia cur ab orthodoxa separata fuerit, 354 et *seq* ; 364, 365.
Augustinus (S.) dicit Spiritum sanctum a Filio procedere, 144 b, c; 146 a ; 149 c ; 159 c; 410 c.
Aurem ad audiendum formavit Deus, 50 d.
Aurum quaquaversum res humanas ducit, 346 b.
Avaritia et humanitas nullum admittunt inter se commercium, 473 b. Avaritia regnum cœlorum occludit, eleemosyna aperit, 439 b.

B

Baptismus Christi, et omnia quæ tunc contigerunt, adversus duo Manichæorum principia militant, 43, 44. Baptismus a laico collatus, an sit invalidus et ideo reiterandus, 394 , 395. Baptizatos oleo ungere ad quem pertineat, *ibid.*
Beatitudo cœlicolarum quæ, et quanta, 389 d. 390 a.
Bellum sine consilio non gerendum, 352 a.
Beneficiorum quæ acceperis, meminisse oportet ; quæ feceris, oblivisci, 345 d. Beneficio qui digni sunt, qui indigni, 347 a. Beneficium nemini contra æquum est ferendum, 347 b , non exprobrandum, *ibid.* c ; quomodo remunerandum, *ibid.* Ubi semel conferuntur beneficia, semper continuanda, et quare, 347, 348. Beneficia, imperiorum nervi, principum membra, 350 b.
Benevolentia est longe excellentius et multo tutius firmamentum imperii quam metus ; quomodo acquirenda,

INDEX ANALYTICUS.

542 b. Benevolentia subditorum, armis, fortitudine et exercitu valentior et tutior, 352 a.

Boni cupiditas ab impetu bono proficiscitur, 58 c.

Bonitatis Dei argumentum et signum est odium malorum et humanitas, 62 a.

Bonorum afflictio, malorumque prosperitas, quomodo stet cum Providentia divina, 448 c, d.

C

Canones leges sunt ecclesiasticæ quæ actiones Christianorum regunt, 385 a. Canonum custodia a quovis bono debetur, magis vero ab eis qui dignatione alios præstant, 315 b, c.

Capillorum resecatio signum est conversionis a mortuis operibus puræ, 311 d.

Celeres sunt ad malefaciendum, qui sunt a Deo alieni, 3. 0 c.

Celeritas sæpius inconsulta ; res præcipitationi non credendæ, 486 c.

Chalcedonensis synodus : eorum qui aderant numerus, illius præsides, una cum actionibus describuntur, 327, 328.

Charitas Christiana quæ, et quæ illius commoda vel effectus, 419 c, d. Charitas nunquam de sua statione dejicitur, 419 d.

Chrismate inunctos an licet denuo inungere, 370 d.

Christus omnia ad salutem nostram et facit et monet, 49 b. Christus post resurrectionem suam in Patris sinum, quem nunquam deseruerat, rediit, 52 d. Christus est caput, apex et initium totius legislationis, 55 a. Christi mysterium et adventus potestates et principatus hujus mundi, ipsumque mundi dominum latuere, 59 a ; 66 b. Christus minister circumcisionis factus, 74 c. Christus lux mundi, substantialis Dei sapientia, 115 c. Christi doctrina de Spiritu sancto, 133 et seqq. Cur per passionem, non per potentiam, mundum Christus servare voluerit, 455 a, b. Christus, Verbum Dei et Patris, ex semper Virgine natus, cum anima rationali, 302 c, d. Christus Deus est homo, divina humanaque natura præditus, 566. Christum habere duas naturas, sed hypostasin unicam contra Nestorium probatur, 327 a ; 328 c, d. A diversitate naturarum fluxit diversitas voluntatum et operationum, 331 a, b. Christi imago veneranda et adoranda, 332 d. Christus, nisi juxta figuram nostram non circumscribatur, Christus non est, 466 b.

Cibus corporis non est Mali opus, ut nugantur Manichæi, 92 d. Cibi polluti participatio, ad quam pœnam obnoxia, 401 c, d.

Cœlibatus, res divina, naturam superans, 349 a.

Cœlum et quæ in eo sunt omnia, terra et quæ continet a Deo uno et optimo creata sunt, 42, 43. Cœlum thronus est veri Dei, 51 a. Cœlorum gaudia describuntur, 389 d. 390 a.

Cognatorum mors non immodice deflenda, 461 et seqq., 488 et seqq.

Compassio erga laborantes et cruciatos superat leges doctrinæ cujusque et medicinæ, 420 d. Quæ nobis accidunt, fortiter ; quæ aliis cum compassione toleranda, 346 c.

Concilia œcumenica quare amplectenda, 323 a Concilia septem generalia describuntur, 651 et seqq. Vide Synodus.

Concordia subditorum, fulcrum principum, 345 a.

Conjugium indissolubile, 58 a, b ; 120 a. Conjugium alienum a legibus sacris non facit parentum absentia, nec illorum præsentia quod profanatum est sanctitati reddit, 404 a.

Conscientia, quam sapienter rerum Conditor nostræ naturæ inseruit, ad rerum agendarum contuitum, 381 d.

Consilium rectum manibus multorum auteferendum, 313 b. Manus cum consilio junctæ duplex tropæum, 352 a.

Constituta quæ sunt, custodire oportet, 313 a.

Consuetudines paternæ vix aut ne vix quidem corrigi possunt, maxima adhibita diligentia, cura et laboribus, 447 a.

Contraria contrariis excluduntur, veluti bonum malo pellitur, 363.

Convicia parum differunt a verberibus, 350 a.

Corpus hominis ad malum principium, ut illius opus, referri non potest, sicut volunt Manichæi, 46, 47 ; 62 a, b ; 74 d ; 87 c, d. Corpus per animam morbis affligitur, 317 c ; an cum anima resurrecturum, 529 d. Corporis passiones congruos animi affectus exprimunt, 403 a. Corporis habitus, figura, motus non contemnenda, 339 b.

Creatio animæ et corporis ad duo principia opposita referri non potest, 40, 41.

Crux venerabilis et veneranda, destructionis mortis causa, 302 d. Crux Christi in qua sanguis ille ebulliit, in quo mundus mundabatur, veneranda et adoranda, 333 a. Crucem mittit Photius ad monachum Athanasium, 455 d.

D

David cecidit, sed surrexit, 446 b.

Desperatio robustum est et inevitabile telum, 349 d ; ad eam nemo adigendus, ibid.

Deus Veteris Testamenti idem est ac Domini nostri Jesu Christi Pater, 50 b. Deus bonus et hominum amans, 61 d. Dei invisibilia ex visibilibus creaturis intelliguntur, 62 c. Deus fons misericordiæ in illos qui ipsum respiciunt, superborum vero et elatorum fastum et supercilium deprimit et coercet, 73 b. Deus Pater omnium conditor, omnium etiam conditor Deus Filius, 76 a ; 77 c. Deus sincero affectu adamandus atque colendus, 336, d. Deus, cui omnia etiam occulta aperta sunt, 78 b. Deus unus est et solus communis omnium tum cœlestium tum terrestrium formator et Dominus, 48 c, d ; 57 a ; 67, 68.

Diabolus, organo serpentis utens, Evam tentat et dejicit, 287 d. Diaboli in humanum genus varii conatus, 369 a, b.

Digamorum benedictio an licita, et quando, 400, 401.

Discordiæ inter amicos in contemptum adducunt universum hominum propositum, 340 c.

Divinitas in substantiam majorem et minorem discindi non potest, 524 b.

Divisio viam ad dissolutionem pandit, 83 d.

Divitias simul et virtutem amare, impossibile, 439 b. Divitiæ regnum cœlorum occluduntur, 473 b.

Dona vera quæ sint, 321 c, d.

E

Ebrietas principum, naufragium subditorum, 349 d. Ebrietate abrepti homines, plurimum solent delinquendo labi, 349 c. Ebrietas aliorum vitiorum fons, a regno Dei submovet, 438 b.

Ecclesia, purissimus et intemeratus Christi thalamus, 147 c. Ecclesia sacris redimita et resplendescens imagunculis, Sponsa Christi, 333 d. Adversus illam dæmon hæreses plurimas, tumultus, pugnas, contentiones et prælia concitavit, 334 a, b.

Eleemosyna, oleum sacrum, facem accendit luculentam, qua passiones consumuntur, et gressus in virtutis vias diriguntur, 451 a ; aperit regnum cœlorum 475 a.

Eloquentia pollent nonnunquam, qui manu debiles, 456 b, c.

Ephesina synodus. Vide Synodus.

Episcopi, velut luminaria et duces, statuuntur ut plebis animos acmentes illustrent, 405 a, b.

Epistolas quinam optime scripserint, 454 c, d.

Eremitæ palmæ arbori conferuntur, 447 c.

Error in multas partes abit, 42 b.

Eutyches et illius dementia damnantur, 303 b, c ; 327, 328 ; 361, 362.

Euxinus pontus, unde sic nominatus, 418, b.

Excommunicatio ab impiis lata, ridicula, 421 a, b.

F

Felicitas subditorum principis depraedicat prudentiam et justitiam, 352 b.

Feminarum intuitus, telum velox et animæ lethiferum, 349 a, b.

Festivitates solemnes quid significent, 333 c, d.

Fidendum illi qui tibi fidem adhibet, 348 d.

Fides recta mores producit honestos, et operum puritas fidem esse divinam probat, 322 b. Fides Christiana sola, sine ulla aberratione, ad Deum perducit et salutem, 321 d. Per eam, tanquam in speculo, Trinitatis divinitatem contuemur, 52 a. Fides et religio Christianorum omnimoda perfectione paganorum religionem superat et transcendit, 336 a. Fidei communio est omnium optima, et maxima veræ dilectionis causa, 302 a. Fidem exprimere debet vitæ conversatio, 334 c. Fidem qui transgreditur Christianam, tolerandus non est, 383 c.

Finis initio correspondeat, 334 c.

Fraus nusquam probanda, 346 a.

Furor, cæca passio, utile ab inutili discernere nequit, 348 a.

G

Gabriel, copiarum dux, nativitatem Domini ex Virgine, Virgini annuntiat, 53 c ; per illum loquitur Deus, 53 c ; 95 d.

Generatio, conceptionis et gestati uteri terminus, 288 d.
Gloriari de iis quæ occultanda potius fuerant, terminos excedit humanæ improbitatis, 418 b.
Gramen agri et illius magnificentiæ ad malum principium referri non potest, 93, d; 95 b.
Gratia dignus est, qui naturam gratiæ et nomen veneratur, 347 a. Gratiæ procrastinatæ vel dimidiatæ, gratiæ non sunt, 347 b, c.
Gravitas cum pondere quodam et cautione conjuncta, eam possidentem conspicuum reddit, 339 d.

H

Hæresis omnis per concilia refellitur, et omnis innovatio, 325 a. Hæreses christiana pietas debellavit et fugavit, 331 d. Hæreses octoginta recenset Epiphanius, 357; præcipuæ describuntur, 363, 369 d.
Herbas quam ignorat vulgus medicorum, 433 c.
Homicida, qui præter ordinatam mortem, per aliam viam vita privat homines, 487 b, c.
Homo, animal rationale, ex visibilibus et invisibilibus compactus consistit, 84 a. Homo qui ex luto fluxaque natura constat, non potest se immunem ab omni humano lapsu perpetuo conservare, 146 b; nullus, ne quidem perfectissimus, a maculis purus et sordibus, 446 a; nullus, ne quidem pessimus, quin alicujus virtutis particeps sit, ibid. Homines ita comparati, ut sine doloris sensu pati nequeant, 318 a.
Honor qui honorabiliorem divinioremque animam efficit, solus expetendus, 313 b.
Hospitalitas quid, et quæ illius merces, 429 c, d.
Humanæ res omnes versatiles, instabiles, et minime firmæ, 351 a. Humana simul diffluunt et evanescunt cum tempore; virtus vero inconsumptibilis, 481 a.

I

Iconomachi, dicti Christomachi, a synodo Nicæna damnati, 304 a, b; 333 d; 378 a. Illorum facinora, 352 a, b. Judæorum erga Christum malitiam supergressi sunt, 352 c, d Idololatriæ nomen aversantur, et tamen intolerabilius quam idololatræ in divina Christianorum mysteria insaniunt, ibid.
Idolum venerandam Christi imaginem per quam idololatricus error eliminatur, vocant hæretici, 332 a.
Ignis, qui animo tantum cerni potest, non auctor fuisse potuit principium mali, 41 c, d. Ignis, si opus mali est, quomodo bonus Deus, boni Filius, homines baptizat in Spiritu sancto et igne, 44 b. Si malus ignis est conditor, quomodo diabolo paratus est ignis? Non enim ipse sibi paravit supplicium, 44 c, d. Ignis se nutrientem materiam annihilat, et iracundia animum exedit quem obsedit, 348 c. Ignis non modo arripientes lædit, sed fumus oculos perstringit eorum qui non longe ab illo consistunt, 468 a.
Imagines Christi, crucis et sanctorum honorandæ, et quatenus, 333 b, c; 466 b, c. Imaginibus honor habitus, honor est eorum qui repræsentantur, sicut infamia et dedecus transit ab imagine ad imaginatum; 332 b, c.
Imperare sibi oportet qui aliis vult imperare, 343 d.
Impii apud principem, illum vituperari faciunt, 342 a.
Improbi bonitatem qua quis præditus est, depopulantur, 340 d.
Improbitas nunquam commendanda, et quare, 343 a. Improbitas virtuti adversatur, nec in amicitiam coalescent aliquando, 424 b. Improbitatis passio, cum superior evaserit omni admonitorum medicina, vel per supplicii gravitatem, vel per mortem intercipitur, ne in deterius procedat, 447 d. Improbitatis humanæ terminos excedit, qui gloriatur de iis quæ potius fuerant occultanda, 418 b.
Impunitas ad culpam trahit, 384 d.
Incarnatio via est ad generationem, 288 d.
Incessus qualis esse debeat, et præsertim in principe, 339 c.
Indigenti excusatio est paupertas, si deliquerit contra justitiam, non item de divite, 342 a.
Infirmitates infirmorum validiores portare debent, 419 c.
Ingrati munificentiam erga ipsos in contumeliam pervertunt, 345 c.
Injuriam inferre, cur principem maxime dedeceat, 341 d.
Injustitia multitudinem ad se rapit, 429 d.
Injustos punire, innocentes protegere debet princeps, 345 a.
Institutionis possessio, ætate provectiori vitæ baculus firmissimus est, 479 d.
Invidia seditionem parit, 28 b. Invidia in quovis homine mala, in principe pessima, 343 b. Invidere pessimum,

invideri optimum, 343 c. Facilius est afflictos misereri, quam prosperis non invidere, 340 c.
Ira furori et igni comparatur, 348 c. Irato nihil proderit admonitio, ibid. Iratus neminem punito, ibid.
Itinera quamvis longa, ubi alis amoris dilectio instruitur, expedite transmeantur, 415 c.

J

Judæi per cœlum et terram, caput et Hierosolyma jurare consueverant, 49 c; 92 c. Judæi et Manichæi contra Deum pugnare deprehenduntur, illi miracula, hi vero creaturas Dei hosti ascribentes, 56 b.
Judicis optimi descriptio, 343 d; seipsum imprimis debet judicare, 344 c.
Juramentum proclive, perjurium stans in procinctu, 343 d. Jurare, animum generosum minime decet, ibid.
Justinianus qui post Heraclium imperium acceperat, ad ignem hæreticos damnat, 27 d. Cum ecclesiasticis dogmatibus conspirabat, 329 b; erexit templum Sanctæ Sophiæ, 355.
Justitia amicitiæ præferenda, 437 b. Justitia cæca, 482 b.
Justi in regno Patris sui lucebunt instar solis, 52 b; si cum miseriis hic colluctentur, non mirandum, 417 c.

L

Laborem spes roborat, et spem labores progignunt, 352 a.
Laico an baptizare liceat, 393, 394.
Laus. Quinam sunt laudandi, qui non, 343 b. Laudanda non est, quantumvis felix, improbitas, 343 a. Laudare quemquam in faciem non debemus, 456 a.
Lex pædagogus erat ad ea quæ sunt gratiæ, 55 b. Legis et gratiæ connexio et cognatio, 65 d; 94 c; 106 b; 114 d. Leges Mosaicæ ad malum principium referri nequeunt, 95 b, c. Leges a principe quomodo observandæ, 342 b, c. Legum minorum inutilis violatio, tritiores homines ad majorum contemptum facit, 310 c.
Lingua mendacis veritatem dicere refugit, 117 c. Lingua debiles, aliquando manu prompti, 436 b, c.
Luna a sole lucem suam mutuata, sine dote gratis aerem illustrat, 463 a.

M

Macedonius hæreticus, 150 c. Illius deliramenta, 159 b. In Spiritum sanctum blasphemus, refellitur, et damnatur, 325, 326. Illius excommunicatio, 305 a.
Magistratus quales instituendi, 344 b.
Malorum moles et excessus mentis emotionem et alienationem operantur in oppressis, 379 d.
Manes, 15 a; 17 b; 366. Manes Græca lingua furiosus, Persica vero disertus interpretatur, 23 a. Illius doctrina de abnegatione Petri, 19 b; 21 b. Impiam adversus Patrem et Filium dilatans garrulitatem, 135 d. Se Paracletum et Spiritum sanctum nominavit, 23 a. A rege Persarum damnatus, in carcerem conjicitur, 23 c. E custodia elapsus, in Mesopotamiam ab Archelao episcopo exagitatur, 23, a. Illius mors infamis, 24 a; 25 b.
Manichæorum dubia varia et illorum solutiones, 40 et seqq.; 82 et seqq.
Maria, B. Virgo, Deipara nominanda, et quare; 327 c. Illius imagines venerandæ, 333 c. Mariæ nativitas, 281 et seqq.
Martyres et confessores Christi ante impios judices constituti laudantur, 448 c.
Materiam esse difficulter a philosophis probatum, 439 c.
Medicorum ignorantia et errores circa herbarum nomina et usus, 433 c.
Meditatio mater est operationis rectæ; impetus improvisus cum peccato hæret, 426 c. Meditationis utilitas, 339 a.
Memoria rerum anxiarum malum acrius efficit, ac sublevari non sinit mœrorem, 379 d.
Mendacium veritatem dicere refugit, 117 c. Mendacium vitandum, et præsertim ab iis qui cum potestate sunt, 346 d. Mendaciorum portentosus quidam enarrator, 475 c, d; nomine, ut videtur, Anatolius, 487 c.
Mens firma et immota sæpe humilia in sublime attollit, et deprimit sublimia in humilitatem, 437 a.
Miles, non quod cum fugitivis non censeatur, clarus et illustris fit, sed si bello præstantior quam commilitones, 388 d.
Misericordia et humanitas iis quibus affertur vis, debentur, non objurgatio et contemptus, 305 d.

Mœnia diruta, urbem in contemptum ducunt, 542 d.
Monachos contra abbatem suum insurgere, absurdum, 445 a, b.
Monasticam vitam ingressuri, an per totum triennium necessario sint explorandi, 425 a, b, c.
Morbus si mortem parturiat, quid stupendum, 493 c.
Mores principum legis vice sunt apud subditos, 343 a.
Mors amicorum patienter ferenda, 461 *et seqq*. Morti subditum est universum hominum genus, 461 a. Ejus naturam Christus immutavit, 463 d. Mors animæ, non corporis, lugenda, 464 a, b ; 491 a.
Mortuos lugere feminarum potius quam virorum, 492 b ; paganorum potius quam Christianorum, 493 a.
Mulieres quæ sacram communionem ad vinculis detentos d ferunt, quales esse debeant, 398 a. Mulierum genus calli ium ad captandum, 53 a.
Mundus sensibilis non opus est mali principii, et quare, 45 a, b, c.

N

Natura operationis cujuscunque fons, 331 a. Natura cunctis hominibus est communis, persona peculiaris, etc., 359. Natura hominum apprime comparata ad futuras difficultates prævidendas, præsertim ubi propria ipsius causa agitur, 320 a. Naturæ donis non abutendum, 345 c. Natura um a diversitate in Christo fluxit diversitas voluntatum et operationum, 331 a, b.
Nestorius Antiochia ad Orontem flumen sita oriundus, Constantinopolitanus episcopus, 326 c. Illius errores refelluntur et damnantur, 303 b ; 326, 327 ; 360, 361.
Nestorius Satanæ minister, 366.
Nuptiæ clericorum licitæ an illicitæ sint, 310 a, b ; 375 a, b.

O

Occidentales populi, si historicis credatur, voluptatibus ventris et rerum venerearum erant addicti, 446, 447.
Odium proximi communem Creatorem injuria afficit, 56 c. Odio habentes diligere, virtutis opus et divinum, 480 c.
Opinio sui, magnum malum ; stultum reddit hominem ; omni ope vitanda. 451 b, c.
Oratio assidua mentem servat mundam ab impuris cogitationibus, 450 d. Oratio connectit Deo hominem, eique familiarem reddit, 338 a ; illius utilitas et effectus, *ibid*. b, c. Oratio privata et publica, 358 c. Orandum pro regibus, 390 b.
Ordinare aliquem ex testimonio, etiamsi indignus postea deprehendatur qui ordinatur, ordinantem |culpæ obnoxium non reddit, 399 c. Si aliquem esse adulterum sciens ordinaverit, omnino ei episcopatu et sacerdotio excidi, 402 a.
Origenes et illius errores damnantur, 303 d ; 329 c, d.

P

Palmæ arbori conferuntur eremitæ, 447 c.
Panis communis in corpus Christi mutatur, et commune vinum sanguis ejus fit, 311 c.
Parabola hominis bonum semen in agrum suum spargentis, 52 a ; 120 c, d. Parabola ovis perditæ humanam substantiam manus beneficæ opus exsistere docet, 112 b, c. Parabola drachmæ deperditæ eamdem sententiam nobis commendat, 113 a. Parabola filii prodigi eamdem sententiam probat, 113, 114.
Paradisus terrestris, res delectabilis et amoris plena, 287 c. Paradisus cœlestis quam gloriosus ; illius lætitiæ et gaudia e describuntur, 491 c, d.
Passionum initia et causas declinare oportet, 349 c.
Paulus (S.) divinus et cœlestis, 62 c ; 67 b ; os Christi, 62 d ; cognitione Veteris et sapientia Novi Testamenti illustris, 63 b ; seipsum Deo penitus consecravit, 65 b ; gnarus et doctor mysteriorum Dei, 66 b, d ; orbis doctor, 68 d ; 411 d ; præco gratiæ, 70 b ; et veritatis, 72 c ; 75 d. Magnus magister Ecclesiæ, 336 c ; spectator et doctor rerum absconditarum, 76 b ; 87 d ; præco Ecclesiæ orbisque doctor, vir cœlestis, 138 d ; dogmatum brectorum norma, 138 d ; cursu divinæ prædicationis breviorem suo studio telluris magnitudinem ostendit, 139 c ; Ignita Spiritus lingua, 141 b ; sonora et nunquam tacens Ecclesiæ tuba, 145 c. Paulus, qui humanam naturam insignibus suis moribus nobilitavit, 147 a. Malorum consortium cum aliis vetuerit, cur ipse non vitaverit, 424, 425.
Paupertas non deflenda ; justus non deseritur, 445 c.
Peccare humanum est; peccato admisso inhærere, diabolicum, 443 c.
Peccatum, sicut vulnus, etiam post curationem, vestigia et cicatrices relinquit, 443 d. Peccatum omni studio vitandum, *ibid*. Peccatorum ignorantiæ magna est differentia, ab iis quæ a scientibus contra jus fasque proficiscuntur 400, a.
Pecuniæ amor regnum cœlorum occludit, 473 a.
Perjurium animam in contemptionem Dei præcipitem agit, 56 c.
Persecutio gravis, Domini benedictio suavis, 390 b.
Persecutio adversus episcopos et sacerdotes describitur, 449, 450.
Persuasio justa non tam procedit a dicentis facultate, quam a dispositione audientis, 426 d.
Petrus (S.), apostolorum coryphæus, 43 a ; cui claves et ingressus portarum cœlestium creduntur, 336 c.
Phlebotomia an per æstatem tuta, 433 c.
Photius ad Nicolaum papam Romæ scribit, et illi mittit professionem fidei, 299 *et seqq*. ; iterum scribit ob impetrandam sui in patriarchatu confirmationem, 504 *et seqq*. Patriarchatum a se coacto initum deplorat, 300, 301. Mala quibus afficitur, depingit, 306 a, b. Bardam sibi hostem esse dolet, 317 *et seqq*. Patriarchatum sibi diuidiatum queritur , 318 b, c. Pro Christodulo, qui per ebrietatem offenderat, deprecatur, 319 c, d. Michaelem Bulgariæ principem de officio principis docet, 321 *et seqq*. Michaeli Cæsari gratulatur, 367 a ; ad omnes Orientis episcopos mittit Encyclicam, et probare quod non licet dicere Spiritum procedere a Patre et a Filio, sed a Patre solo, conatur, 368 *et seqq*. Ab exsilio ad episcopos scribit, mala quibus obruitur referens, 379 *et seqq*. Amentiæ accusator, et proditionis, et divinarum legum contemptus, 379 b, c ; de pecunia reposita, 381 a. Libros sibi ablatos dolet, 380 c ; 391 b. Ad episcopos omnicas epistolas mittit, 399 *et seqq*. Aquileiensi metropolitæ Spiritum a solo Patre procedere probare conatur, 406 *et seqq*. Erat in medicina peritus, 433 c. Phlebotomiam, contra aliorum medicorum sententiam, per æstatem præscribit. 433 a, b. Qualia dona ab ægrotis ejus ope convalescentibus desiderabat, *ibid*. Amici cu usdam mortem vehementer deplorat, 427 b, c. — Illius inimici : Alexander comes, 471, 483. Baanes præpositus, 478, 480. Bardas Cæsar, 521 ; Basilius imperator, 390. Joannes metropolita Nicomediæ, 415 ; Joannes patricius, 472, 475, 478 ; Manuel patricius, 481, 487 ; Metrophanes monachus, 446, 447 ; Paulus Cæsareæ archiepiscopus, 423 ; Sabas anachoreta, 447 ; Sabas Pissadorum præfectus, 435 ; Theodorus Laodicensis, 417, 418 ; Zosimus monachus. 444. — Illius amici : Athanasius monachus, 444, 447 ; Dorotheus abbas, 437, 438 ; Euschemon Cæsareæ metropolita, 421, 423, 424, 429 ; Eustathius Antiochenus patriarcha, 415 ; Georgius diaconus, 441 ; Georgius Nicomediæ archiepiscopus, 416, 423, 426 ; Nicephorus monachus, 453, 454, 455, 456, 457, 460 ; Nicetas protospatharius, 494 ; Zacharias Chalcedonensis metropolita, 419, 420, 421, 430, 433.
Pietas, etiam dum irascitur, proximi sui commiserationem non abjicit, 128 d.
Pœna merita pueros quoque decet, 398 b. Pœna eorum est eadem quorum delicta non differunt, 68 a. Pœnas infligere frequentiores iracundi potius quam prudentis est, 342 c.
Pœnitentia quæ sub afflictione nascitur, nullum affert lucrum, 81 c.
Polygamia, res turpissima et detestabilis, belluis conveniens, 349 b.
Pontificatus, jugum ipsis angelis tremendum, 299 a.
Potestatem quanto majorem quis obtinet, tanto majore virtute præcellere debet, 342 a.
Principia duo, eaque sibi invicem opposita, dari in iis quorum voluntas non है libera illecebris mali non subjecta est, nec dicere nec opinari fas est, 65 b.
Principis officium est, non tantum sui ipsius salutis habere rationem, sed et pari cura populo sibi concredito prospicere, 334 b. In principibus culpæ, vel etiam levissimæ, ut magnum flagitium omnium judicio denotatur, 333 a. Principem oportet multiplici præditum esse probitate, 338 a ; gravitatem et decorem præ se ferre, vultu, coma, vestitu, 339 b, c ; imprimis sibimetipsi imperare debet, 343 d ; nec familiariter nimis, nec nimis tumide cum plebecula se gerere, 343 d ; miseris subvenire, 352 b ; Deo gloriam ascribere prospere gestorum, *ibid*. Promptus ad renumerandum, tardus vero ad puniendum esse decet, 348 d ; 353 a. Vita pro principe, 352 d.
Proditor qui beneficiis hostem afficit, 345 b. Proditor dum prodit amatur, ubi autem prodiderit, odio habetur, 346 b. Proditorum duo genera, *ibid*.
Promissa implenda, 316 d. Promittere aliquid vehementer non expediat, 346 d.
Prophetam recipere in nomine prophetæ, 429 c, d. Prophetarum chorus in sacris oraculis quæ ediderunt, ut opus Dei et ministri boni comparuerunt, 104 b.

Providentiam adjuvat pœnitentia, 513 b.
Proximi dilectio, et illa quidem perfecta, quid et in quo consistat, 337 a, b.
Prudentes homines nec prosperis inflantur, nec dejiciuntur adversis, 350 d. Prudentis est quantocius ut collapsus resurgat, et lapsum sic suum instituat, ne deinceps labatur, 350 a.
Prudentia quomodo acquirenda, 339 a, b.
Pusillanimitas et timiditas fugienda, 457, 458.

R

Redargutio qualis esse debeat, 486 d.
Regnum Dei divisionem et separationem non admittit, 84 a.
Reliquiæ sanctorum venerandæ, 333 a, b.
Rempublicam præstat magis ex improba probam quam ex parva magnam facere, 342 d.
Resurrectio est, quia mors, 331 a. Resurrectionem negabat Origenes, 329 c ; an solæ animæ, an cum suis corporibus resurrecturæ, ibid. d.
Reverentia in parentes semper adhibenda 383 b.
Risus immoderatus constantiam et gravitatem contumelia afficit, 340 a.

S

Sabbatorum jejunia an illicita, 370 c ; 374 d.
Sabellius, 128 a ; 148 a ; 302 b ; 358. ipse monstrosum Filiopaternitatis commentum excogitavit, 129 a.
Sacerdos an cum uxore sua et Barbaris violata cohabitare possit, 395, 396. Sacerdotes an uxorem ducere liceat, 370 c, d ; 374, 375 ; an baptizatos oleo ungere, 570 d.
Sacrificia sacrata nostræ religionis spectant ad sacerdotes, 338 d. Sacrificium pulcherrimum, vita pura et animus rectus, 339 a.
Sadducæorum incredula et male sedula factio, 59 a ; 109 a.
Sancta et Sancta sanctorum quæ ad Vetus pertinent Testamentum, non a malo orta sunt, 70 a, b. Sancti ante tribunal impiorum constituti, describuntur et laudantur, 448 b, c.
Saracenorum infantes an baptizandi in eorum regione et domibus, 395, 396.
Scandalum quid, et quibus suppliciis obnoxium, 382 d.
Scortatio perdit corpus simul et animam, 56 c.
Securitatem et portum qui nondum assecutus est, deterioris est conditionis eo, qui jam utrumque tenet, 111 b.
Seditiones quomodo sedandæ, 350 b, c.
Sermonis velocitas cavenda, 339 c, d.
Severus non tam debet esse princeps quam opinionem fovere severitatis, 342 c.
Spiritus sanctus ex Patre procedit, testante ipso Filio, 125 a ; hanc doctrinam sancierunt septem primæ synodi generales, 126, 127. Spiritui adimi non potest quidquam eorum quæ Filio et Patri insunt, 127 b. De Spiritu sancto Christi doctrina, 133 et seqq. Spiritus a Patre processio est perfecta, quoniam Deus perfectus ex Deo perfecto, 135, a, 371 d. Spiritus consubstantialis Patri, quia ex ipso procedit, consubstantialis Filio, non quia procedit, sed quia ex una indivisaque causa ab æterno simul eodemque ordine uterque prodiit, 140 b. Spiritus si creatura est, certe et ille creatura fuerit, cujus Spiritus est, 525 c ; probatur Spiritum esse Deum, 326, 326. Spiritus sanctus a solo Patre procedit, 371 et seqq. ; 405 et seqq.
Stupri duo genera esse possunt, quorum alterum mistum habet cum necessitate consensum, alterum omnino necessarium, 396 a, b.
Sycophantæ aspernandi, 321 b ; 310 b ; unica sycophantæ vox sæpe civitates et domos subvertit, ibid.
Symbolum Constantinopolitanum, 322 c.
Synodi septem œcumenicæ, et varii hæretici ab illis damnati. 303, 304. Illorum locus, multitudo, præsides una cum actionibus describuntur, 323 et seqq.

1° Nicæna, 323, 324, 358, 359. 2° Constantinopolitana I, 324, 325, 359, 360. 3° Ephesina, 326, 327, 361, 362. 4° Chalcedonensis, 327, 328. 5° Constantinopolitana II, 329, 330. 6° Constantinopolitana III, 330, 331. 7° Nicæna II, 331, 352 ; 377, 578.

T

Taciturnitas prudentis viri longos sermones sæpe obturat, 436 d.
Templum veteris instrumenti non solum sanctum erat, sed et sanctificandi vi pollebat, 50 d ; 106 a, b. Templum B. Mariæ in palatio a Basilio Macedone extructum describitur et laudatur, 292 et seqq. Templa Deo et sanctis ejus secundum leges ecclesiasticas ædificanda, 338 d ; illorum usus, ibid.
Tenebræ, quæ ratione tantum intelliguntur, ab initio tales fuerunt, neque permittunt ut illarum conditorem culpa vacare credamus, 41 c.
Tentationes tentantibus tentationes fiunt; non tentantibus causant coronas, 482 d.
Terrestria ad malum principium referri non possunt, et quare, 44, 45, 46 c, d; 89 b, c.
Testamentum vetus ad malum principium referri nequit, 57 et seqq. ; 65 et seqq. Ex sancti Pauli textibus lucide probatur, 69 et seqq. ; item ex prophetis, 104, 105.
Theologia gratiæ si semel ab ipsamet gratia subvertatur, nusquam firma poterit permanere, 132 a.
Timor sanctorum longe differt a pusillanimitate, 457 d.
Trinitas omnium opifex, omnipotens, sanctissima, supersubstantialis substantia, 302 b ; Trinitatis infinita natura, æque pertinet ad singulas tres personas, 359 ; in Trinitate neque majus neque minus, 360. Trinitatis uniformem et transcendentem divinitatem per fidem tanquam in speculo contuemur, 322 a. In Trinitate si duo principia admittantur, inde polytheismi dogma impium irrepet, atque adeo atheismus, 128 b ; 136 b.
Turpiloquia vitanda, 310 a.
Tyranni suas injurias vindicant, alienas vero insuper habent; reges autem contra, 341 d ; suam statuunt securitatem in discordia, 345 a.

U

Urbanitas multos lædit ; contemptum potius parit quam gratiam, ideo a principe prudenti vitanda, 350 b.

V

Venia quam longissime ab accusatione distinguitur, 431 a. Venia libenter concedenda, 431 a, b.
Verba multa quæ simili efferuntur, forma vocis, similem sensum nullatenus exhibent, 140 c. Verba non meliorant actiones, sed per actiones verba licet interpretari, 384 d. Verbis et eloquentiæ non fidendum, 436 c, d.
Veritas congressum odit mendacii, 418 c. Veritate nihil amicius, 305 c.
Vindicta non sumenda, et quare, 346 c.
Virtus, utcumque despectui habeatur, res inexpugnabilis, et apprime utilis, 475 a ; 481 a. Virtus bellica principem non tam excolit quam benignitas, 344 a.
Vita præsens non luxu sed certaminibus transeunda, 415 a, b. Vita præsens si fuerit stadium, quæ ventura est præmiorum politia erit, 417 c. Vitæ præsentis molestiis non attendendum, 495, 496.
Vituperio qui sint digni, 345 b.
Vocibus Dominicis adversari, extremæ plenum est blasphemiæ, 406 a.
Volubilitas verborum sine ulla dispositione vel ordine, furiosum quiddam et insanum videtur, 339 c, d.
Voluntati sæpius non respondet possibilitas aut facultas; et voluntas ipsa sæpe cum cognitione non conspirat, 336 d. Voluntas in laboribus suscipiendis prompta, involuntariorum telum frangit, 350, a.
Voluptas fugienda, et quare, 343 d ; 349 a, b.

ORDO RERUM
QUÆ IN HOC TOMO CONTINENTUR.

PHOTIUS, PATRIARCHA CONSTANTINOPOLITANUS.

PARS SECUNDA. — OPERA DOGMATICA.
Præfatio Christ. Wolfii in libros iv contra Manichæos. 9
LIBRI IV ADVERSUS MANICHÆOS. 15
Liber primus. — Narratio de Manichæis recens repullulantibus. 15
Liber secundus. — Dubia et solutiones Manichæorum. 40
Liber tertius. 57
Liber quartus. — Contra repullulantem Manichæorum errorem, ad Arsenium monachum presbyterum et præfectum sacrorum. 82
LIBER DE SPIRITUS SANCTI MYSTAGOGIA. 122
Præfatio J Hergenroetheri. 122
DOCTRINA seu MYSTAGOGIA DE SPIRITU SANCTO. 126
LIBELLUS contra veteris Romæ asseclas ostendens Spiritum sanctum ex solo Patre procedere, non vero etiam ex Filio. 158
Pars altera ejusdem operis. 159
ANIMADVERSIONES historicæ et theologicæ in librum de Spiritus sancti Mystagogia. 162
PARS TERTIA. — OPERA PARÆNETICA. 282
Homiliæ. 282
Homilia prima. — In SS. Mariæ nativitatem. 282
Hom. II.— De Symeone Christum in ulnas suscipiente. 290
Hom. III. — De Encomiis. 291
Hom. IV. — Encomium S. Athanasii. 296
Carmina. 296
Sticheron in S. Methodium Constantinopolitanum. 296
Odæ tres in Basilium imperatorem. 298
PARS QUARTA. — OPERA HISTORICA. 299
EPISTOLARUM LIBRI TRES. 299
LIBER I.— Continet epistolas ad Romanos pontifices, ad patriarchas, ad episcopos, ad imperatores et ad principes. 299
Epistola prima. — Nicolao papæ. 299
II. — Eidem Nicolao papæ. 304
III. — Ad Orientales patriarchas et œconomum ecclesiæ Antiochenæ. 317
IV. — Bardæ magistro, patricio et curopalatæ. 317
V. — Eidem, deprecatio pro Christodulo a secretis qui periclitabatur. 319
VI. — Bardæ magistro, patricio et curopalatæ, pro clerico Blasii in periculis constituto. 319
VII. — Bardæ Cæsari. 321
VIII. — Ad Michaelem Bulgariæ principem; de officio principis. 321
IX. — Ad Zachariam patriarcham Armenorum. 354
X. — Ad Asutium principem Armenorum. 365
XI. — Michaeli imperatori a Deo coronato. 367
XII. — Eidem. 368
XIII. — Encyclica ad archiepiscopales thronos per Orientem obtinentes. 368
XIV. — Ad episcopos, ab exsilio suo. 379
XV. — Ab exsilio, ad episcopos similem passos persecutionem. 390
XVI. — Piissimo et maximo regi Basilio. 390
XVII. — Eidem. 394
XVIII. — Leoni Calabriæ archiepiscopo, Responsa canonica. 394
XIX. — Ad episcopos epistola canonica. 399
XX. — Ad eosdem, 401
XXI. — Ad eosdem. 402
XXII. — Ad eosdem. 402
XXIII. — Ad eosdem. 403
XXIV. — Ad archiepiscopum et metropolitam Aquileiensem. 404
LIBER II. — Continet epistolas ad episcopos, clericos, monachos, sanctimoniales, plerumque familiares, commendatitias aut consolatorias. 415

Epistola prima. — Joanni metropolitæ Heracleæ. 415
II. — Eustathio patriarchæ Antiocheno. 415
III. — Joanni metropolitæ Nicomediæ. 415
IV. — Ignatio Sophorum episcopo. 416
V. — Georgio Nicomediæ metropolitæ. 416
VI. — Joanni Heracleensi metropolitæ, cum per Armeniam defectio agitaretur. 417
VII. — Theodoro metropolitæ Laodiceæ. 417
VIII. — Ignatio Sophorum episcopo. 417
IX. — Theodoro metropolitæ Laodiceæ. 418
X. — Eidem. 418
XI. — Eidem. 418
XII. — Eulampio archiepiscopo sceuophylaci. 418
XIII. — Antonio Bosphori archiepiscopo. 418
XIV. — Zachariæ Chalcedonis metropolitæ. 419
XV. — Eidem. 420
XVI. — Gregorio Syracusæ archiepiscopo. 420
XVII. — Ignatio archiepiscopo Claudiopolitano. 420
XVIII. — Michaeli Mitylenes metropolitæ. 421
XIX. — Euschemoni et Georgio metropolitis. 421
XX. — Theodoro metropolitæ Laodiceæ. 422
XXI. — Eidem. 422
XXII. — Euthymio Catanensi metropolitæ. 422
XXIII. — Georgio metropolitæ Nicomediensi. 423
XXIV. — Theodoro metropolitæ Laodiceno. 423
XXV. — Euschemoni Cæsareæ archiepiscopo. 423
XXVI. — Paulo Cæsareæ archiepiscopo lapso. 423
XXVII. — Zachariæ metropolitæ Chalcedonis. 424
XXVIII. — Eulampio archiepiscopo et sceuophylaci. 424
XXIX. — Euschemoni archiepiscopo Cæsareæ. 424
XXX. — Zachariæ metropolitæ Antiocheno. 424
XXXI. — Theodoro metropolitæ Laodiceensi. 426
XXXII. — Amphilochio metropolitæ Cyzici. 426
XXXIII. — Georgio metropolitæ Nicomediæ. 426
XXXIV. — Georgio metropolitæ Nicomediæ, cujus clericos peregre diem clauserat extremam, post ordinationem ipsius ad presbyteratum. 427
XXXV. — Euschemoni Cæsareæ archiepiscopo. 429
XXXVI. — Paulo metropolitæ Laodiceæ. 430
XXXVII. — Eidem. 430
XXXVIII. — Eidem. 430
XXXIX. — Zachariæ metropolitæ Chalcedonis. 430
XL. — Paulo metropolitæ Laodiceæ. 433
XLI. — Zachariæ metropolitæ Chalcedonis. 433
XLII. — Michaeli Mitylenes metropolitæ. 433
XLIII. — Eidem. 434
XLIV. — Amphilochio Cyzici metropolitæ. 434
XLV. — Joanni metropolitæ Heracleæ. 435
XLVI. — Sabæ Pissadorum hegumeno. 435
XLVII. — Theoctisto hegumeno. 436
XLVIII. — Theodoro hegumeno. 436
XLIX. — Eidem. 436
L. — Nicolao hegumeno monasterii Sancti Nicephori. 437
LI. — Dorotheo hegumeno monasterii Cedranorum 437
LII. — Eidem. 438
LIII. — Georgio diacono et hospitalario. 438
LIV. — Eidem. 438
LV. — Theophani diacono et protonotario. 438
LVI. — Georgio diacono et hospitalario. 439
LVII. — Eidem. 439
LVIII. — Eidem. 439
LIX. — Gregorio diacono et chartulario Amasiano, 459
LX. — Eidem. 440
LXI. — Eidem. 440
LXII. — Georgio diacono et cubliciusio. 441
LXIII. — Damiano xenodocho. 441
LXIV. — Gregorio diacono et chartulario. 442
LXV. — Georgio diacono et orphanotropho. 442
LXVI. — Anastasio presbytero et bibliothecario Romano 442
LXVII. — Damiano xenodocho. 442
LXVIII. — Paulo monacho lapso. 443
LXIX. — Monacho E. collapso. 443
LXX. — Athanasio monacho et anachoretæ. 443
LXXI. — Zosimæ monacho et anachoretæ. 444

LXXII. — Athanasio monacho, et anachoretæ. 444
LXXIII. — Eidem. 444
LXX V. — Barnabæ monacho. 445
LXXV. — Sophronio monacho. 445
LXXVI. — Metrophani monacho apostatæ. 446
LXXVII. — Eidem. 446
LXXVIII. — Euthymio monacho collapso. 446
LXXIX. — Marco Siculo monacho collapso. 446
LXXX. — Sabæ anachoretæ, cum apostatis immorato. 447
LXXXI. — Athanasio monacho et anachoretæ. 447
LXXXII. — Metrophani monacho et anachoretæ. 447
LXXXIII. — Theodosio monacho apostatæ. 448
LXXXIV. — Eidem. 448
LXXXV. — Acacio monacho et medico. 450
LXXXVI. — Eidem. 451
LXXXVII. — Isacio monacho. 451
LXXXVIII. — Metrophani monacho et hesychastæ e Sicilia. 452
LXXXIX. — Arsenio monacho, presbytero et anachoretæ. 452
XC. — Nicephoro philosopho monachum agenti. 453
XCI. — Nicephoro philosopho manacho. 453
XCII. — Athanasio monacho et anachoretæ. 453
XCIII. — Arsenio monacho anachoretæ. 453
XCIV. — Nicephoro philosopho, monasticam vitam amplexo. 454
XCV. — Arsenio monacho et anachoretæ, postquam dimissi ad illum fuerant qui, de Bulgaria profecti, vitam monasticam ingredi cupiebant. 455
XCVI. — Nicephoro philosopho monacho. 455
XCVII. — Eidem. 456
XCVIII. — Eidem. 456
XCIX. — Eidem. 457
C. — Eidem. 460
CI. — Eusebiæ monachæ et hegumenæ, de sororis boitu consolatoria. 461
CII. — Theophani monacho. 465
LIBER III. — Continet epistolas ad officiales laicos et magistratus sæculares. 467
Epistola prima. — Joanni spathario et Peloponnesi duci. 467
II. — Sergio magistro et Dromi logothetæ. 467
III. — Basilio patricio, urbis præfecto. 467
IV. — Sergio magistro et logothetæ. 468
V. — Eliæ protospathario. 468
VI. — Theophylacto patricio, et duci Armeniacorum. 468
VII. — Pantoleonti protospathario. 469
VIII. — Leonti spathario, cognominato Draconi. 470
IX. — Joanni spathario Chrysocheri. 470
X. — Leonti legothetæ Madiam. 471
XI. — Alexandro comiti. 471
XII. — Basilio quæstori. 471
XIII. — Joanni patricio et sacellario. 472
XIV. — Joanni patricio et sacellario per Angurios. 472
XV. — Anastasio tributi collectori. 473
XVI. — Eidem. 473
XVII. — Eidem. 473
XVIII. — Galatoni a secretis. 473
XIX. — Joanni spathario. 474
XX. — Michaeli patricio et sacellario. 474
XXI. — Arsenio monacho. 474
XXII. — Joanni patricio, et Græciæ duci. 475
XXIII. — Bardæ patricio, et Macedoniæ duci. 475
XXIV. — Joanni patricio et sacellario apud Angurios. 475
XXV. — Tarasio patri. 476
XXVI. — Joanni spathario. 476
XXVII. — Constantino spathario Tyrrheni generis perversis moribus prædito. 476
XXVIII. — Leonti, qui cum esset logotheta, monachus fiebat, et affecto mœrore ab amico. 476
XXIX. — Basilio exactori. 477
XXX. — Michaeli, protospathario. 477
XXXI. — Joanni patricio et sacellario apud Angurios 478
XXXII. — Baanæ præposito et patricio. 478
XXXIII. — Joanni patricio et Græciæ duci. 478
XXXIV. — Leonti et Galatoni fratribus et a secretis. 479
XXXV. — Damiano hospiti. 479
XXXVI. — Michaeli protospathario. 479
XXXVII. — Nicetæ protospathario. 479
XXXVIII. — Banæ præposito et patricio. 480
XXXIX. — Theophilo præposito. 480
XL. — Eliæ protospathario. 480
XLI. — Theophilo protospathario. 480
XLII. — Theodoto spatharocandidato. 481

XLIII. — Joanni patricio et sacellario apud Angurios. 481
XLIV. Tarasio patricio fratri. 481
XLV. — Manueli patricio. 481
XLVI. Joanni protospathario, et Drungario Ploimi. 482
XLVII. — Tarasio fratri. 482
XLVIII. — Basilio quæstori. 482
XLIX. — Alexandro comiti. 483
L. — Tarasio patricio fratri. 483
LI. — Pantaleonti spathario. 483
LII. — Constantino notario. 483
LIII. — Joanni patricio. 484
LIV. — Mariano patricio et domestico scholarum. 485
LV. — Eidem. 485
LVI. — Theophilo spathario et sacellario. 486
LVII. — Eliæ spathario et Drungario Ploimi. 486
LVIII. — Sergio spathario fratri. 486
LIX. — Theophylacto spathario. 487
LX. — Manueli patricio. 487
LXI. — Leonti et Galatoni fratribus, a secretis. 487
LXII. — Arsaber spathario. 488
LXIII. — Tarasio patricio, fratri, de obitu filiæ suæ consolatoria. 488
LXIV. — Constantino notario. 494
LXV. — Nicetæ spathario, et de rebus privatis pro metropolitis Cyzici et Laodiceæ agenti. 494
LXVI. — Stauratio spatharocandidato, præfecto insulæ Cypri. 495
LXVII. — Quod non oporteat ad præsentes vitæ molestias attendere. 495
Synopsis Epistolarum. 495
Epistola D. Hœschelii nuncupatoria. 503
Epistola alia And. Schotti nuncupatoria. 506
Eruditorum aliquot de Photio judicia. 507
Carmina in Photii Bibliothecæ interpretationem. 510
PROLEGOMENA. 511
Index alphabeticus auctorum Bibliothecæ Photianæ. 523

BIBLIOTHECA SIVE MYRIOBIBLON. 533
Epistola Photii ad Tarasium nuncupatoria. 533
Codex primus. — Theodorus presbyter, de scriptis S. Dionysii Areopagitæ. 534
II. — Adriani Isagoge S. Scripturæ. 535
III. — Nonnosi Historia legationum. 535
IV. — Theodori Antiocheni pro sancto Basilio adversus Eunomium libri xxv. 537
V. — Sophronii de eadem re liber. 537
VI. — Gregorii Nysseni ejusdem argumenti opera duo. 538
VII. — Ejusdem, de eodem. 538
VIII. — Origenis de Principiis libri iv. 538
IX-XIII. — Eusebii Cæsariensis episcopi scripta pleraque. 539
XIV. — Apollinarius Hierapolita De pietate et veritate, adversus gentes. 539
XV. — Gelasius synodi primæ scriptor. 540
XVI. — Synodus tertia. 540
XVII. — Synodus quarta. 540
XVIII. — Synodus quinta. 540
XIX. — Synodus sexta. 540
XX. — Synodus septima. 541
XXI. — Joannes Philoponus De resurrectione. 541
XXII. — Theodosius monachus contra Philiponum. 541
XXIII. — Cononis, Eugenii, et Themistii in Philoponum invectivæ. 541
XXIV. — Acta disputationis hæreticorum coram Joanne patriarcha CP. 541
XXV. — S. Joannis Chrysostomi in mortem et ascensionem Christi, itemque in Pentecosten orationes. 542
XXVI. — Synesii Cyrenæi scripta. 542
XXVII. — Eusebii Pamphili Ecclesiasticæ Historiæ libri x. 542
XXVIII. — Socratis Ecclesiasticæ Historiæ libri vii. 543
XXIX. — Evagrii Scholastici Ecclesiasticæ Historiæ libri vii. 543
XXX. — Hermiæ Sozomeni Historiæ Ecclesiasticæ libri ix. 543
XXXI. — Theodoreti Historiæ Ecclesiasticæ libri v. 543
XXXII. — S. Athanasii Epistolæ. 543
XXXIII. — Justi Tiberiensis Judæorum regum Chronicon. 544
XXXIV. — Julii Africani historia, et alia. 544
XXXV. — Philippi Sidetæ Christianæ Historiæ libri xxiv. 544
XXXVI. — Christianorum liber, Octateuchi expositio libris xII. 545
XXXVII. — De Republica libri vi. 545

ORDO RERUM.

XXXVIII. — Theodori Antiocheni interpretatio Geneseos. 516
XXXIX. — Eusebius contra Hieroclem. 516
XL. — Philostorgii Ecclesiasticæ Historiæ libri xii. 516
XLI. — Joannis presbyteri Ægeatæ Ecclesiasticæ Historiæ libri v. 517
XLII. — Basilii Cilicis ecclesiasticæ Historiæ libri iii. 548
XLIII. — Joan. Philoponus in Hexaemeron. 548
XLIV. — Philostrati Tyrii de vita Apollonii Tyanei libri viii. 548
XLV. — Andronicianus contra Eunomianos. 549
XLVI. — Theodoreti contra hæreticos libri xxvii; Eranistæ libri iii. 550
XLVII. — Josephi Judæi de libro Judaico libri vii. 551
XLVIII. — Josephus vel Caius presbyter, De universo. 552
XLIX. — S. Cyrilli Alexandrini Contra Nestorium libri v. 552
L. — Nicias monachus contra Philoponum, Severum, ac gentes. 553
LI. — Hesychii presbyteri Constantin., in æneum serpentem libri iv. 553
LII. — Synodus Sidetana, aliaque contra Messalianos. 553
LIII. — Synodus Carthaginensis et scripta quædam contra Pelagium et Cœlestinum. 555
LIV. — Exemplar Actorum ab Occidentis episcopis contra Nestorianos et Pelagianos. 555
LV. — Joannes Philoponus et Joannes Ægeatus contra quartam synodum. 558
LVI. — Theodoreti contra hæreses libri v. 558
LVII. — Appiani Alexandrini Historiæ Romanæ libri xxiv. 558
LVIII. — Arriani Parthica Bithynica et alia. 561
LIX. — Synodus ad Quercum illegitima, contra B. Joannem Chrysostomum. 561
LX. — Herodoti Halicarnassei Historiarum libri ix. 565
LXI. — Æschinis orationes iii, et epistolæ ix. 565
LXII. — Praxagoræ Atheniensis de rebus Constantini Magni libri ii. 567
LXIII. — Procopii rhetoris Historiarum libri viii. 568
LXIV. — Theophanis Byzantii Historiarum libri x. 575
LXV. — Theophylacti Simocatte Historiarum libri vii. 576
LXVI. — S. Nicephori patriarchæ Constant. historica Epitome. 585
LXVII. — Sergii Confessoris Historia. 586
LXVIII. — Cephalœonis Musæ, sive Historicæ epitomes libri ix. 586
LXIX. — Hesychii illustris Milesii Historiæ omnigenæ, a que Romanæ libri vi, et res a Justino Seniore imperatore gestæ. 587
LXX. — Diodori Siculi Historiarum libri xl. 587
LXXI. — Dionis Cassii Historiarum libri lxxx. 588
LXXII. — Ctesiæ Cnidii Persicarum rerum libri xxiii. 589
LXXIII. — Heliodori Æthiopicon libri x. 618
LXXIV. — Themistii Orationes civiles xxxvi. 621
LXXV. — J. Philoponi Libellus contra Joannem patriarcham CP., cognom. Scholasticum. 622
LXXVI. — Flaviani Josephi Antiquitatum Judaicarum libri xx. 622
LXXVII. — Eunopii [Chronicorum post Dexippum libri xiv. 624
LXXVIII. — Malchi Sophistæ Byzantinæ Historiæ libri vii. 625
LXXIX. — Candidi Historiarum libri iii. 626
LXXX. — Olympiodori Historiarum libri xxii. 628
LXXXI. — Theodori Mopsuestiæ de Persarum Magia libri iii. 639
LXXXII. — Dexippi de rebus post Alexandrum gestis libri iv; Epitome historica usque ad Claudii imperium et Scythica. 640
LXXXIII. — Dionysii Halicarnassei Historiarum libri xx. 641
LXXXIV. — Ejusdem Historiarum Synopseos libri v. 641
LXXXV. — Heracliani episcopi Chalcedonis contra Manichæos libri xx. 642
LXXXVI. — S. Joannis Chrysostomi Epistolæ quas relegatus scripsit. 642
LXXXVII. — Achilles Tatius de rebus Leucippes et Clitophontis libri viii. 643
LXXXVIII. — Gelasii Cyziceni Cæsareæ Palæst. episc. Historiæ ecclesiasticæ libri iii. 643
LXXXIX. — Gelasii Cæsareæ Palæstinæ episcopi Procœmium in additamentum ad Historiam ecclesiasticam Eusebii Pamphili. 645

XC. — Libanii Sophistæ Orationes et Epistolæ. 645
XCI. — Arriani de Alexandri Magni rebus gestis libri vii. 645
XCII. — Ejusdem Arriani de Rebus post Alexandrum gestis libri x. 647
XCIII. — Ejusdem Arriani Bithynica. 659
XCIV. — Jamblichi de rebus Rhodanis et Sinonidis libri xvi. 659
XCV. — Joannis Scythopolitæ contra Eutychianos libri xii. 667
XCVI. — Georgius Alexandrinus episcopus, De vita B. Chrysostomi. 667
XCVII. — Phlegontis Tralliani Olympicorum et Chronicorum collectio. 675
XCVIII. — Zosimi comitis Historiarum libri vi. 678
XCIX. — Herodiani Historiarum libri viii. 679
C. — Adriani Declamationes. 681
CI. — Victorini lampadii filii Orationes consulares. 681
CII. — Gelasii Cæsareæ Palæstinæ episcopi, liber contra Anomæos, et Diodori Tarsensis de Spiritu sancto argumenta. 681
CIII. — Philonis Judæi legum sacrarum Allegoria, et de viri civilis vita. 681
CIV. — Ejusdem Essenorum et Therapeutarum vivendi ratio. 681
CV. — Ejusdem Caius reprehensus, et Flaccus reprehensus. 682
CVI. — Theognosti Alexandrini Hypotyposeon libri vii. 682
CVII. — Basilii Cilicis contra Joannem Scythopolitam, libri xvi. 683
CVIII. — Theodori monachi Alexandrini adversus Themistium liber. Themistii Apologia pro sancto Theophobio. 685
CIX. — Clementis Alexandrini presbyteri scripta. 686
CX. — Ejusdem Pædagogi libri iii. 687
CXI. — Ejusdem Stromateon libri viii. 687
CXII, CXIII. — Clementis Romani pontificis Constitutiones apostolorum. Recognitiones et alia. 688
CXIV. — Lucii Charini Periodi apostolorum. 689
CXV. — Liber anonymus contra Judæos et Quartadecimanos, itemque Metrodori Calculus Paschalis. 689
CXVI. — Auctoris incerti de sacra Paschæ festo, volumen iii. 690
CXVII. — Apologiæ de Origene, et ejus dogmatibus, libri v. 690
CXVIII. — Pamphili martyris, simul et Eusebii, Apologiæ pro Origene, libri iv. 692
CXIX. — Pierii presbyteri scriptorum libri xii. 693
CXX. — Irenæi adversus hæreses, libri iv. 694
CXXI. — Hippolyti libellus contra hæreses. 694
CXXII. — Sancti Epiphanii Panariorum libri vii. 695
CXXIII. Ejusdem ancoratus. 695
CXXIV. — Ejusdem de mensuris et ponderibus, liber. 695
CXXV. — Justini martyris Apologia pro Christianis, Quæstiones et alia. 695
CXXVI. — Clementis Epistolæ ad Corinthios II, et S. Polycarpi Epistola ad Philippenses. 696
CXXVII. — Eusebii Pamphili De vita Constantini Magni, libri iv. 697
CXXVIII. — Luciani Opera varia. 698
CXXIX. Lucii Patrensis Metamorphoses. 698
CXXX. Damascii Incredibilium libri iv. 699
CXXXI. — Amyntianus in Alexandrum Magnum, et alia. 699
CXXXII-CXXXV. — Palladii, Aphthonii, Eusebii, et Maximi Declamationes. 700
CXXXVI. — Cyrilli Thesauri. 700
CXXXVII. — Eunomii hæretici libellus. 700
CXXXVIII. — Ejusdem Eunomii Refutationis B. Basilii Magni libri iii. Item Epistolæ xl. 700
CXXXIX. — B. Athanasii in Ecclesiasten et Cantica canticorum Commentarius. 701
CXL. — Ejusdem contra Arium, libri v. 702
CXLI. — Basilius Magnus in Hexaemeron. 702
CXLII. — Ejusdem Orationes ethicæ. 702
CXLIII. — Ejusdem Epistolæ. 702
CXLIV. — Ejusdem Ascetica. 703
CXLV. — Helladii Lexicon. 703
CXLVI. — Lexicon puræ ideæ. 703
CXLVII. — Lexicon gravis styli. 703
CXLVIII. — Lexicon sermonis politici. 703
CXLIX. — Pollionis Lexicon. 703
CL. — Juliani, Philostrati Tyrii, et Diodori Lexicon e decem oratoribus. 704
CLI. — Timæi Lexicon vocum Platonicarum. 704

ORDO RERUM.

CLII. — Ælii Dionysii Halicarnassei Dictionum Atticarum libri x. 704
CLIII. — Pausaniæ Lexicon. 704
CLIV. — Boethi vocum Platonicarum Collectio. 705
CLV. — Ejusdem Opusculum de dubiis apud Platonem vocibus. 705
CLVI. — Dorothei de vocibus externorum more usurpatis libellus. 705
CLVII. Mœridis Atticista. 705
CLVIII. — Phrynichi Arabi Apparatus oratorii, libri xxxvi. 705
CLIX. — Isocratis Orationes xxi et Epistolæ ix. 707
CLX. — Choricii sophistæ Declamationes variæ, et Procopii Gazæi Homericorum versuum Metamorphoses. 712
CLXI. — Sopatri Excerptorum variorum libri xii. 715
CLXII. — Eusebii episcopi Thessalonicæ contra Andream quemdam, libri x. 716
CLXIII. — Vindanii Anatolii Beryti Collectaneorum de agriculturæ disciplina, libri xii. 719
CLXIV. — Galenus, De sectis medicorum. 719
CLXV. — Himerii sophistæ Declamationes. 720
CLXVI. — Antonii Diogenis Incredibilium de Thule insula, libri xxiv. 722
CLXVII. — Joannis Stobæi Eclogarum, Apophthegmatum et Præceptionum vitæ, libri iv. 727
CLXVIII. — Beati Basilii Seleuciæ episcopi Orationes xv. 733
CLXIX. — Beati Cyrilli contra Nestorii blasphemias, libri v. Epistolæ variæ, et Scholion de incarnatione Unigeniti. 734
CLXX. — Anonymi Testimoniorum de Christo e gentium scriptis, libri xv. 735
CLXXI. — Eustratii Magnæ ecclesiæ presbyteri, De vita functorum animis tractatus, iii. — Chrysippi Hierosolymorum presbyteri Historia de Gamaliele et Nicodemo. 736
CLXXII-CLXXIV. — B. Joannis Chrysostomi Homiliarum in Genesim, volumina iii. 738
CLXXV. — Pamphilæ Historiæ Miscellæ, libri viii. 739
CLXXVI. — Theopompi Historiarum, libri liii. 740
CLXXVII. — Theodori Antiocheni contra asserentes peccare homines natura, non voluntate, libri v. 742
CLXXVIII. — Dioscoridis De materia medica, libri vii. 745
CLXXIX. — Agapii, libri xxiii. 746
CLXXX. — Joannis Laurentii Philadelphensis Lydi tractatus tres. 748
CLXXXI. — Damascii Damasceni liber, De Isidori philosophi vita. 749
CLXXXII. — B. Eulogii archiepiscopi Alexandrini contra Navatum, libri vi. 751
CLXXXIII. — Eudociæ Augustæ Metaphrasis metrica in Octateuchum. 753
CLXXXIV. — Ejusdem Eudociæ Metaphrasis metrica in Zachariam et Danielem prophetas, et in B. Cyprianum martyrem, libri iii. 755
CLXXXV. — Dionysii Ægei Dictyaca. 756
CLXXXVI. — Cononis Narrationes L. et Apollodori Grammatici Bibliotheca. 757
CLXXXVII. — Nicomachi Geraseni Arithmeticorum theologicorum, libri ii. 776
CLXXXVIII. — Alexandri collectio admirabilium, et Protagoræ Geometriæ universi orbis, libri vi. 781
CLXXXIX. — Sotion de fluminibus, fontibus et lacubus. — Nicolai Damasceni Morum incredibilium Collectanea. — Acestoridæ Mythologiæ politicæ, libri iv. 781
CXC. — Ptolemæi Hephæstionis Novæ ad variam eruditionem Historiæ, libri vii. 783
CXCI. — S. Basilii Magni Ascetica. 794
CXCII. — B. Maximi monachi et confessoris Quæstionum e sacra Scriptura solutiones CLXIX. 795
CXCII bis. — Ejusdem B. Maximi Epistola xvii. 800
CXCIII. — Ejusdem B. Maximi Liber asceticus et centuriæ de dilectione. 801
CXCIV. — Ejusdem B. Maximi Epistola ad Georgium eparchum. — Theologicorum moraliumque capitum centuriæ, sive libri ii, epistolæ v. 801
CXCV. — Ejusdem B. Maximi Epistola ad Marianum, et Dialogus cum Pbyrrho, de duobus in Christo voluntatibus et operationibus. 804
CXCVI. — Ephraim Homiliæ XLIX. 804
CXCVII. — Cassiani monachi libri ascetici tres. 806
CXCVIII. — Sanctorum virorum liber, seu Vitæ sanctorum qui Magni Antonii tempore floruerunt. 807
CXCIX. — Joannis Moschi Pratum, sive Hortulus novus. 808
CC. — Marci monachi Asceticorum libri viii, et adversus Melchisedecitas, liberi. 809

CCI. — Diadochi Photicæ veteris Epiri episcopi definitiones x et capita c. — Nili monachi De oratione, capita CLIII. — Joannis Carpatii consolatorius. 810
CCII. — B. Hippolyti episcopi et martyris Interpretatio Danielis, et Homilia de Christo et Antichristo. 811
CCIII. — Theodoreti Cyrensis episcopi Interpretatio Danielis. 812
CCIV. — Ejusdem Octateuchi expositio, et in libros Regum et Paralipomenon. 812
CCV. — Idem in XII prophetas. 813
CCVI. — Procopii sophistæ Scholæ commentariorum in Octateuchum, et in libros Regum ac Paralipomena. 813
CCVII. — Idem in Isaiam prophetam. 813
CCVIII. — Eulogii Alexandrini archiepiscopi, Contra Novatianos, libri v. 813
CCIX. — Dionis Chrysostomi Orationes LXXX. 814
CCX. — Cæsarii Capita ecclesiastica. 819
CCXI. — Dionysii Ægei Dictyacorum, capita c. 819
CCXII. — Ænesidemi De Pyrrhoniis, libri viii. 820
CCXIII. — Agatharchidæ Historica. 823
CCXIV. — Hieroclis De Providentia et fato, libri vii. 824
CCXV. — Joannes Philoponus, Contra Jamblichi opus, De simulacris. 827
CCXVI. — Oribasii medici Opera. 827
CCXVII. — Ejusdem Medicinalium collectorum libri LXX. 828
CCXVIII. — Ejusdem Compendii ad Eustathium filium libri x. 829
CCXIX. — Ejusdem ad Eunapium, libri iv. 831
CCXX. — Theonis archiatri Homo. 832
CCXXI. — Ælii Amideni Operis medici libri xvi. 833
CCXXII. — Jobii monachi Commentarii libri ix. 839
CCXXIII. — Diodorus Tarsensis episcopus Contra fatum. 884
CCXXIV. — Memnonis Historiarum libri. 908

Caput primum. — Summa historiæ de Heraclea Pontica. 908
Cap. ii. — Clearchi tyranni i eruditio et crudelitas. 908
Cap. iii. — Satyri tyranni ii immanitas. 909
Cap. iv. — Timotheus filius Clearchi princeps iii. Ejus merita in rempublicam et privatos. Ejus heroica in bellis virtus. Mors immatura. Habitus ei a fratre honor post mortem. 910
Cap. v. — Dionysius princeps iv, rex fortunatissimus imperii augendi occasiones non negligit. Adversam fortunam studio et fato superat. Lætitiæ ambitiosæ excessus, etc. 911
Cap. vi. — Clearchus princeps v. Ejus virtus bellica. Fortuna mutabilis. Degeneratio. Parricidium et ejus ultio. 912
Cap. vii. — Lysimachus vi, dominus externus, benignus. 913
Cap. viii. — Heraclitus tyrannus vii. Muliebris impotentia. 913
Cap. ix. — De Lysimachi parricidio in filium Agathoclem, consilio novercæ, ejusque interitus. 914
Cap. x. — Heraclienses expulso tyranno, se in libertatem asserunt. 914
Cap. xi. — Zipætus Bithynus Heracl. infestat. 914
Cap. xii. — Seleuci ab Heracl. alienatio. Exsulum reditus et reipublicæ instauratio. 914
Cap. xiii. — Seleucus in expeditione Macedon. a Ptol. Ceranno trucidatur. 915
Cap. xiv. — Antigoni expeditio in Ceraunum, Herael. auxilio instructum. Antigoni fuga. 915
Cap. xv. — Cerauni flagitia et interitus. Antigoni in regno Macedoniæ successio. 916
Cap. xvi. — Patrocles Antiochi præfectus, a Bithynis cum exercitu cæditur. 916
Cap. xvii. — Heracliensium cum Nicomede societas et urbium recuperatio. 916
Cap. xviii. — Heracliensium cum Zipæta bellum, clades et victoria. 917
Cap. xix. — Antiochi cum Antigono et Nicomede bellum, et Heracliensium auxilia. 917
Cap. xx. — Gallorum in Asiam transmigratio, et sedes distincta. 917
Cap. xxi. — De Astaco et Nicomedia urbibus, Bithyniæ principum sedibus. 918
Cap. xxii. — Byzantinorum bellum cum Calatianis Heracleotarum colonia. 918
Cap. xxiii. — Testamentum Nicomedis, et Zeilæ excludi bellum cum Bythynis, ope Galatarum. 919
Cap. xxiv. — Heracleotarum pacificatio inter Antiochum et Byzantinos. 919

Cap. xxv. — Heraclienses Mithridati auxiliantur contra Gallos. 919
Cap. xxvi. — Ptolemæi liberalitas in Heraclienses 919
Cap. xxvii. — Summa narrationum de Romæ initiis, et incrementis, regno, consulibus, imperatoribus, bellis cum Pyrrho, Annibale, Perseo, Antiocho. 920
Cap. xxviii. — Heracliensium legati a Romanis in Asia ducibus humaniter accepti. 920
Cap. xxix. — Heraclienses a Prusia in angustias coacti; hujusque clades. 921
Cap. xxx. — Heracleæ obsidium a Galatis. 921
Cap. xxxi. — Heracleotæ Romanis auxiliantur. Marrucini populi. 921
Cap. xxxii. — Bellum Mithridatis cum Romanis, et causæ. 922
Cap. xxxiii. — Mithridatis victoria de Nicomede, et strages civium Romanorum in Asia. 922
Cap. xxxiv. — Syllæ victoriæ de Taxile et Archelao Mithridatis ducibus. 923
Cap. xxxv. — Heraclienses Chios a Dorylæo in servitutem redactos vindicant. 923
Cap. xxxvi. — Valerius Flaccus successor Syllæ trucidatur a Fimbria, hujusque successus. 923
Cap. xxxvii. — Syllæ pax cum Mithridate. 924
Cap. xxxviii. — Murena bellum adversus Mithridatem renovat. Heraclienses neutri opitulantur. 924
Cap. xxxix. — Luculli et Cottæ in Mithridatem expeditio. 925
Cap. xl.' — Heraclienses Mithridati se adjungunt, et publicanos Romanos interficiunt. 925
Cap. xli. — Pugna ad Chalcedonem cum Mithridate Romanis funesta. 926
Cap. xlii. — Mithridates ad Cyzicum Marte Luculli et naufragiis domitus. 926
Cap. xliii. — Triarii res gestæ contra Mithridatem. Prusa urbs. Fabula de Nicæa et Baccho. 927
Cap. xliv. — Mithridates cedit Cottæ et Triario, et astu Heracleam occupat. 927
Cap. xlv. — Pugnæ Romanorum cum Mithridate secundæ. 928
Cap. xlvi. — Fuga Mithridatis periculosa. 929
Cap. xlvii. — Lucullus Eupatoriam et Amisum capit. 929
Cap. xlviii. — Mithridates ad Tigranem profugit, et frustra exposcitur. 929
Cap. xlix. — Cotta Heracleam obsidet. 930
Cap. l. — Triarius reliquam Mithridatis classem subigit. 930
Cap. li. — Cotta ad obsidendam Heracleam Triarium asciscit. 930
Cap. lii. — Triarii victoria navalis de Heracliensibus, et gravissima urbis fames et pestis. 931
Cap. liii. — Heracleæ proditio, direptio, et dissidium Romanorum. 931
Cap. liv. — Cotta Heracleam exspoliatam incendit, et in reditu magnam prædæ partem naufragiis amittit. 932
Cap. lv. — Cleocharis, Leonippi et Seleuci præfectorum Sinopæ dissidium, tyrannis et perfidia. 933
Cap. lvi. — Lucullus Macharen præfectam Mithridatis in amicitiam recipit. Tyranni fugiunt. Sinope capitur. 934
Cap. lvii. — Mithridates ægre tandem a Tigrane auxilia impetrat. 934
Cap. lviii. — Lucullus Armeniam populatur, et thesauri Tigranis vix servantur. 934
Cap. lix. — Luculli victoria de Tigrane ad Tigranocertam, et urbis deditio. 934
Cap. lx. — Tigranis cum Mithridate acta et Legatio ad regem Parthum. 935
Cap. lxi. — Odium Romæ in Cottam et actio, accusante Thrasimede Heracliensi. 935
Cap. lxii. — Trasimedis et Brithagoræ studium circa instaurationem Heracleæ et libertatem. 936
Codex CCXXV. — Eulogii episcopii Alexandrini Liber contra Severum et Timotheum hæreticos. 939
CCXXVI. — Ejusdem Eulogii Liber contra Theodosium et Severum. 943
CCXXVII. — Ejusdem Eulogii Oratio invectiva. 944
CCXXVIII. — S. Ephræm Theopolitani patriarchæ Orationes variæ. 946
CCXXIX. — Ephræmii ejusdem Liber alius. 951
CCXXX. — B. Eulogii archiepiscopi Alexandriæ Orationes XI. 975
CCXXXI. — Sophronii Hierosolymitæ synodica epistola. 985
CCXXXII. — Stephani Gobari Tritheitæ Liber. 1006
CCXXXIII. — Germani patriarchæ CP. liber apologeticus pro Gregorio Nysseno. 1012
CCXXXIV. — Excerpta ex Oratione S. Methodii de Resurrectione. 1014
Compendiosa expositio dictorum quorumdam apostolicorum ex eodem S. Methodii Libro. 1015
CCXXXV. — Ex Libro sancti Methodii de creatis excerpta. 1027
CCXXXVI. — Ejusdem De libero arbitrio. 1034
CCXXXVII. — Excerpta e Libro sancti Methodii De castitate. 1037
CCXXXVIII. — Flavii Josephi Antiquitatum Judaicarum Libri. 1045
CCXXXIX. — Procli Christomathia, seu Laudabilia de re poetica. 1052
CCXL. — Joannes Philoponus in Hexaemeron. 1058
CCXLI. — Apollonii Tyanei Vita e Philostrato. 1060
CCXLII. — Ex Isidori philosophi Vita Damascio auctore. 1076
CCXLIII. — Himerii sophistæ Declamationes. 1099
CCXLIV. — E Diodoro Siculo Excerpta. 1133
CCXLV. — E Plutarchi *Parallelis* Excerpta. 1156
CCXLVI. — Ex Aristidis Oratione Panathenaica. 1167
CCXLVII. — Ex ejusdem Aristidis iv Orationibus pro rhetorica adversus Platonis Gorgiam, Excerpta. 1179
CCXLVIII. — Ex Aristidis Platonica pro quatuor viris.
CCXLIX. — Excerpta e Vita Pythagoræ. 1217

FINIS TOMI QUINQUAGESIMI TERTII.

Parisiis. — Ex typis L. MIGNE.

ETAT DE QUELQUES PUBLICATIONS DES *ATELIERS CATHOLIQUES* AU 28 FÉVRIER 1861.

COURS COMPLET DE PATROLOGIE, ou Bibliothèque universelle, complète, uniforme, commode et économique de tous les saints Pères, docteurs et écrivains ecclésiastiques, tant grecs que latins, tant d'Orient que d'Occident; reproduction chronologique et intégrale de la tradition catholique pendant les douze premiers siècles de l'Église, d'après les éditions les plus estimées; 285 vol. in-4° latins y compris les tables, du prix de 5 fr. l'un. Le grec et le latin réunis forment 337 vol. et coûtent 5 fr. par chaque vol. latin, 8 fr. par chaque vol. grec. Les Pères de l'Église d'Occident seuls avec les tables forment 223 vol. Prix : 1123 fr., la série gréco-latine est forte de 112 vol., prix : 8 ou 9 fr. le vol. soit que l'on souscrive ou non à la série des Pères latins; or .... on purement latine de l'Église grecque est renfermée c.... viron 60 vol. Prix : 5 ou 6 fr. le vol., selon qu'on est, ou nou, souscripteur à la Patrologie latine.

COURS COMPLETS D'ÉCRITURE SAINTE ET DE THÉOLOGIE, 1° formés uniquement de Commentaires et de Traités partout reconnus comme les chefs-d'œuvre, et désignés par une grande partie des évêques et des théologiens de l'Europe, universellement consultés à cet effet; 2° publiés et annotés par une société d'ecclésiastiques, tous curés ou directeurs de séminaires dans Paris. Chaque *Cours*, terminé par une table universelle analytique et par un grand nombre d'autres tables, forme 28 vol. in-4°. Prix : 138 fr.

TRIPLE GRAMMAIRE ET TRIPLE DICTIONNAIRE HÉBRAIQUE et CHALDAIQUE, 1 énorme vol. in-4°. Prix : 15 fr.

COLLECTION INTÉGRALE ET UNIVERSELLE DES ORATEURS SACRÉS DU PREMIER ET DU SECOND ORDRE, ET COLLECTION INTÉGRALE OU CHOISIE DE LA PLUPART DES ORATEURS SACRÉS DU TROISIÈME ORDRE, selon l'ordre chronologique, afin de présenter, comme sous un coup d'œil, l'histoire de la prédication en France pendant trois siècles, avec ses commencements, ses progrès, son apogée, sa décadence et sa renaissance, 67 vol. in-4°. Prix : 535 fr., 6 fr. le vol. tel ou tel Orateur en particulier. Tout à part.

COLLECTION INTÉGRALE ET UNIVERSELLE DES ORATEURS SACRÉS depuis 1789 jusqu'à nos jours. 53 vol. in-4°. Prix : 163 fr. Cette seconde série, outre les orateurs défunts, contient la plupart des vivants; elle est, de plus, accompagnée les mandements épiscopaux d'un intérêt public et permanent, des *Œuvres* complètes des meilleurs prônistes anciens et modernes, des principaux ouvrages connus sur l'art de bien prêcher ; enfin, de vingt tables différentes présentant les matières sous toutes les faces. 19 vol. ont paru.

ENCYCLOPÉDIE THÉOLOGIQUE ou série de Dictionnaires sur chaque branche de la science religieuse, offrant en français et par ordre alphabétique, la plus claire, la plus variée, la plus facile et la plus complète des Théologies. Ces DICTIONNAIRES sont : ceux d'Écriture sainte, — de Philologie sacrée, — de Liturgie, — de Droit canon, — des Hérésies, des schismes, des livres jansénistes, des Propositions et des livres condamnés, — des Conciles, — des Cérémonies et des Rites, — des Cas de conscience, — des Ordres religieux (*hommes et femmes*), — des diverses religions, — de Géographie sacrée et ecclésiastique, — de Théologie morale, ascétique et mystique, — de Théologie dogmatique, canonique, liturgique, disciplinaire et polémique, — de Jurisprudence civile-ecclésiastique, — des Passions, des vertus et des vices, — d'Hagiographie, — d'Astronomie, de Physique et de Météorologie religieuses, — des Pèlerinages, — d'Iconographie chrétienne, — de Chimie et de minéralogie religieuses, — de Diplomatique chrétienne, — des Sciences occultes, — de Géologie et de Chronologie chrétiennes, 52 vol. in-4°. Prix : 318 fr. Tous ont paru.

NOUVELLE ENCYCLOPÉDIE THÉOLOGIQUE, contenant les DICTIONNAIRES de Biographie chrétienne et antichrétienne, — des Persécutions, — d'Éloquence chrétienne, — de Littérature *id*., — de Botanique *id*., — de Statistique *id*., — d'Anecdotes *id*., — d'Archéologie *id*., — d'Héraldique *id*., — de Zoologie, — de Médecine pratique, — des Croisades, — des Erreurs sociales, — de Patrologie, — des Prophéties et des miracles, — des Décrets des Congrégations romaines, — des Indulgences, — d'Agri-silvi-viti-Horticulture, — de Musique chrétienne, — d'Épigraphie *id*. — de Numismatique *id*., — des Conversions au catholicisme, — d'Éducation, — des Inventions et Découvertes, — d'Ethnographie, — des Apologistes involontaires, — des Manuscrits, — d'Anthropologie, — des Mystères, — des Merveilles, d'Ascétisme, — de Paléographie, de Cryptographie, de Dactylographie, d'Hiéroglyphie, de Sténographie et de Télégraphie, — de Cosmographie, — de l'Art de vérifier les dates, — des Confréries. — d'Apologétique. 53 vol. in-4°. Prix : 318 fr. Tous ont paru.

TROISIÈME ET DERNIÈRE ENCYCLOPÉDIE THÉOLOGIQUE, contenant les DICTIONNAIRES des Sciences politiques, — des Musées, — d'Économie charitable, — des Bienfaits du christianisme, — de Mythologie, — de la Sagesse populaire, — de Tradition patristique et conciliaire, — des Légendes du christianisme, — des Origines *id*., — des Abbayes, — d'Esthétique, — d'Antiphilosophisme, — des Harmonies de la raison, de la science, de la littérature et de l'art avec la foi catholique, — des Superstitions, — de Théologie scolastique, — des Livres apocryphes, — de Discipline, — d'Orfèvrerie religieuse, — de Technologie, — des Sciences physiques et naturelles, — des Cardinaux, — de Papes, — des Objections populaires, — de Linguistique, — de Mystique, — du Protestantisme, — des Preuves de la divinité de Jésus-Christ, — du Parallèle entre les diverses doctrines philosophiques et religieuse d'une part, et la foi catholique de l'autre, — de Bibliographie, — de Bibliologie, — des Propositions de Foi, — des Antiquités bibliques, — des Savants et des Ignorants, — de Philosophie, — d'Histoire Ecclésiastique, — de Physiologie, — des Missions, — des Cantiques, — de Législation canonico-civile, théorique et pratique, — des Controverses historiques, — de la Chaire, — de la Doctrine catholique, établie toute entière par les seuls canons des Conciles, — des Leçons de Littérature chrétienne en prose et en vers. De cette dernière série il ne reste plus qu'une douzaine de volumes à publier.

DÉMONSTRATIONS ÉVANGÉLIQUES : de Tertullien, Origène, Eusèbe, S. Augustin, Montaigne, Bacon, Grotius, Descartes, Richelieu, Arnauld, de Choiseul du Plessis-Praslin, Pascal, Pélisson, Boyle, Bossuet, Bourdaloue, Loke, Lami, Burnet, Malebranche, Lesley, Leibnitz, La Bruyère, Fénelon, Huet, Clarke, Duguet, Stanhope, Bayle, Leclerc, Du Pin, Jacquelot, Tillotson, De Haller, Sherlock, Le Moine, Pope, Leland, Racine, Massillon, Ditton, Derham, D'Aguesseau, de Polignac, Saurin, Buflier, Warburton, Tournemine, Bentley, Littleton, Fabricius, Seed, Addison, De Bernis, J.-J. Rousseau, Para du Phanjas, Stanislas I*er*, Turgot, Statler, West, Beautée, Bergier, Gerdil, Thomas, Bonnet, de Crillon, Euler, Delamarre, Caraccioli, Jennings, Duhamel, S. Liguori, Butler, Bullet, Vauvenargues, Guénard, Blair, de Pompignan, de Luc, Porteus, Gérard, Diessbach, Jacques, Lamourette, Laharpe, Le Coz, Duvoisin, De la Luzerne, Schmitt, Poynter, Moore, Silvio Pellico, Lingard, Brunati, Manzoni, Perrone, Palay, Doriéans, Campien, F. Pérennes, Wiseman, Buckland, Marcel de Serres, Keith, Chalmers, Dupin ainé, Sa Sainteté Grégoire XVI, Cattet, Milner, Sabatier, Morris, Bolgeni, Chassay, Lombroso et Consoni ; contenant les apologies de 117 auteurs répandues dans 180 vol. ; traduites, pour la plupart, des diverses langues dans lesquelles elles avaient été écrites; reproduites INTÉGRALEMENT, non par extraits : ouvrage également nécessaire à ceux qui ne croient pas, à ceux qui doutent et à ceux qui croient. 20 vol. in-4°. Prix : 120 fr.

HISTOIRE DU CONCILE DE TRENTE, par le cardinal Pallavicini, précédée ou suivie du Catéchisme et du texte du même concile, de diverses dissertations sur son autorité dans le monde catholique, sur sa réception en France et sur toutes les objections protestantes, jansénistes, parlementaires et philosophiques auxquelles il a été en butte; enfin d'une notice sur chacun des membres qui y prirent part. 3 vol. in-4°. Prix : 18 fr.

COURS COMPLET D'HISTOIRE ECCLÉSIASTIQUE, 25 vol. in-4°. Prix : 150 fr. Les 16 premiers vol. ont paru.

PERPÉTUITÉ DE LA FOI DE L'ÉGLISE CATHOLIQUE, par Nicole, Arnaud, Renaudot, etc., suivie de la Perpétuité de la Foi sur la confession auriculaire par Denis de Sainte-Marthe, et des 13 Lettres de Scheffmacher sur presque toutes les matières controversées avec les Protestants. 4 vol. in-4°. Prix : 24 f.

CATÉCHISMES philosophiques, polémiques, historiques, dogmatiques, moraux, disciplinaires, canoniques, pratiques, ascétiques et mystiques, de Feller, Aimé, Scheffmacher, Rohrbacher, Pey, Lefranfois, Allez, Almeyda, Fleury, Pomey, Bellarmin, Meusy, Challoner, Gother, Surin et Olier, 2 v. in-4°. Pr : 13 f.

PRÆLECTIONES THEOLOGICÆ, de PERRONE. 2 forts vol. in-4°. Prix . 12 fr.

MONUMENTS INÉDITS SUR L'APOSTOLAT DE SAINTE MARIE-MADELEINE EN PROVENCE, et sur les autres apôtres de cette contrée, par M. Faillon, de Saint-Sulpice, 2 forts vol. in-4°, enrichis de 300 gravures. Prix : 16 fr.

LUCII FERRARIS PROMPTA BIBLIOTHECA, canonica, juridica, moralis, theologica, etc., 8 v. in-4°. Prix : 60 fr.

ŒUVRES TRÈS-COMPLÈTES DE SAINTE THÉRÈSE, de S. Pierre d'Alcantara, de S. Jean de la Croix et du bienheureux Jean d'Avila ; formant ainsi un tout complet de la plus célèbre École ascétique d'Espagne, 4 vol. in-4°. Prix : 24 fr.

ŒUVRES COMPLÈTES DE BOSSUET, dont beaucoup inédites. 11 vol. in-4°. Prix : 60 fr.

ŒUVRES COMPLÈTES de THIÉBAUT, 8 vol. in-4°. Prix : 50 fr.

ŒUVRES COMPLÈTES de FRAYSSINOUS, 1 v. in-4°. Pr. : 6 f.

ŒUVRES COMPLÈTES du cardinal de LA LUZERNE, évêque de Langres, 6 vol. in-4°. Prix : 40 fr.

ŒUVRES COMPLÈTES de BERGIER, 8 vol. in-4°. Prix : 50 fr.

ŒUVRES COMPLÈTES de LEFRANC DE POMPIGNAN, évêque de Vienne, et ŒUVRES RELIGIEUSES de son frère l'académicien, 2 vol. in-4°. Prix : 14 fr.

ŒUVRES COMPLÈTES de DE LA TOUR, chanoine de Montauban, 7 vol. in-4°. Prix : 45 fr. — Les *Mémoires liturgiques et canoniques* valent seuls au delà de ce prix. Ils sont au nombre de 51.

ŒUVRES COMPLÈTES de BAUDRAND, 2 v. in-4°. Prix : 14 fr.

Les souscripteurs à 20 ouvrages à la fois, parmi les ouvrages ci-dessus, jouissent, EN FRANCE, de trois avantages : le premier est de ne payer les volumes qu'après leur arrivée au chef-lieu d'arrondissement ou d'évêché ; le second est de recevoir les ouvrages *franco* chez notre correspondant ou le leur, ou d'être remboursés du port; le troisième est de ne verser les fonds qu'à leur propre domicile et sans frais.

www.ingramcontent.com/pod-product-compliance
Lightning Source LLC
Chambersburg PA
CBHW060359230426
43663CB00008B/1330